MALHERBE,
BOILEAU DESPRÉAUX,
J. B. ROUSSEAU.

TYPOGRAPHIE DE FIRMIN DIDOT FRÈRES,
RUE JACOB, 56.

BOILEAU.

# OEUVRES COMPLÈTES

DE

# BOILEAU DESPRÉAUX,

PRÉCÉDÉES

## DES ŒUVRES DE MALHERBE,

SUIVIES DES ŒUVRES POÉTIQUES

## DE J. B. ROUSSEAU.

A PARIS,

CHEZ FIRMIN DIDOT FRÈRES, LIBRAIRES,

IMPRIMEURS DE L'INSTITUT DE FRANCE,

RUE JACOB, 56.

M DCCC XXXVII.

# OEUVRES

CHOISIES

# DE MALHERBE.

## PRÉFACE DE L'ÉDITEUR.

« Malherbe apprit à la France ce que c'était que la poésie, et parvint à contenter l'oreille, ce juge délicat et sévère. Il inventa l'art d'écrire avec pureté et bienséance, montra que l'éloquence prend sa source dans le choix des pensées et des paroles, et prouva que souvent l'heureux arrangement des choses et des mots est préférable aux choses et aux mots eux-mêmes. J'avoue que Philippe Desportes laisse apercevoir quelques-unes des intentions et, pour ainsi dire, quelques-uns des traits du dessin de Malherbe ; que son style vieilli est soumis à un rhythme moderne, et renferme un agrément et une délicatesse qui ne peuvent appartenir qu'à notre siècle ou à celui qui l'a précédé ; mais ses beautés, en petit nombre, étouffées d'ailleurs par la multitude de ses défauts, ne doivent être regardées que comme l'effet du hasard ; et l'art n'existe pas où règne l'arbitraire. Malherbe, au contraire, toujours égal, n'a pu s'élever si haut sans s'être imposé des règles certaines. Doué d'un goût pur et délicat, difficile pour lui-même, un peu trop sévère peut-être pour les autres, il réforma et dirigea l'esprit de ses contemporains avec tant de bonheur, qu'on peut le regarder comme le maître de cette foule d'auteurs distingués qui font aujourd'hui la gloire de la France. A considérer la beauté de ses ouvrages, et non leur étendue, personne n'a rendu plus de services que lui aux lettres françaises ; et tandis que les grands écrivains de l'antiquité n'ont brillé que dans un genre, puisque Virgile est abandonné de son heureux génie lorsqu'il écrit en prose, et Cicéron de son éloquence lorsqu'il fait des vers ; Malherbe a obtenu le double titre d'excellent poëte et d'habile prosateur. »

Ce jugement, prononcé par Balzac [1], adopté par ses contemporains, confirmé par Boileau, respecté par la postérité, nous dispense de tout autre éloge. Il ne nous reste qu'à rendre compte du matériel de l'édition que nous offrons aujourd'hui au public.

Elle ne contient pas toutes les Œuvres de Malherbe, et cependant elle est plus complète qu'aucune de celles qui ont paru jusqu'à ce jour.

La première, publiée en 1630, deux ans après sa mort,
par son cousin François d'Arbaud, sieur de Porchères, à qui il avait confié ses manuscrits, renferme la traduction du Traité des Bienfaits de Sénèque [1], celle du XXXIIIe livre de Tite-Live, les lettres diverses [2], et les poésies.

L'année suivante vit paraître la seconde édition dans le même format que la première [3].

Ménage fit imprimer les œuvres de Malherbe en 1666 et en 1689, avec un commentaire fort étendu sur les poésies. Ce commentaire, surchargé quelquefois d'érudition, nous a fourni un très-grand nombre de notes propres à faire ressortir les beautés du texte, ou nécessaires à son intelligence ; il fut réimprimé en 1723 par les frères Barbou, qui y joignirent les remarques de Chevreau [4].

Saint-Marc, en 1757, a publié les poésies seulement [5], et les a accompagnées de quelques observations empruntées pour la plupart à Ménage. Des indications de date, des rectifications de texte, qui ont dû nécessiter de nombreuses recherches, donnent quelque prix au travail de ce savant et laborieux éditeur. Cependant nous devons faire remarquer ici que Saint-Marc, dominé peut-être par le désir de prouver qu'aucune littérature n'était étrangère à Malherbe, a cité comme ses modèles des auteurs italiens qui n'écrivirent qu'après lui.

Depuis, on a vu reparaître sous divers formats les œuvres de notre poëte, et toujours d'une manière incomplète. L'édition la plus récente contient, il est vrai, sa correspondance avec Peiresc, mais elle manque de correction : l'éditeur, qui a ignoré le vrai nom du frère de Peiresc, qui a pris *Besançon* pour *Byzance*, n'a cité les traductions de Malherbe que pour leur refuser toute espèce de mérite. Ces inadvertances et quelques autres qu'il nous serait facile de signaler ont fait perdre à cette édition le caractère *monumental* qu'on croyait lui avoir assuré.

Il ne s'agissait donc que de rassembler tout ce qui pouvait caractériser ce grand écrivain, et faire connaître l'étendue et la flexibilité de son talent ; c'est pour atteindre ce double but que nous réunissons ici :

---

[1] Nous l'avons extrait et traduit d'une de ses lettres latines à Sithon. Tome II, pag. 65, col. 1re, in-folio. (Paris, 1665.)

[1] Malherbe a encore traduit ses épîtres ; et cette traduction a été publiée à Paris chez Antoine de Sommaville, 1658, petit in-12.
[2] Elles y sont divisées en trois livres.
[3] In-4°.
[4] Les Œuvres de François Malherbe, avec les Observations de M. Ménage, et les Remarques de M. Chevreau sur les Poésies. Paris, 1723, 3 vol. in-12.
[5] A Paris, chez Joseph Barbou, 1757, in-8°.

1° Les mémoires de Racan sur la vie de Malherbe. Ces mémoires offrent quelques négligences de style; mais ils sont l'ouvrage d'un contemporain, d'un disciple, d'un ami de Malherbe, et portent l'empreinte précieuse du temps, qu'une simple notice ne saurait reproduire.

2° Les poésies de Malherbe avec les commentaires de Ménage et les remarques de Racan, Chevreau, Saint-Marc, etc. Nous avons recueilli, en forme de *variorum*, toutes les observations utiles faites sur ce grand poëte, et dans la classification de ses poésies nous avons suivi l'ordre adopté par tous les écrivains de l'antiquité, parce que cet ordre, en réunissant sous un même titre les poésies du même genre, est à la fois le plus naturel et le plus commode pour le lecteur.

3° Un choix de ses lettres diverses. Celles adressées à Louis XIII, à M. de Termes, à M. de Mentin, à Racan, à madame la princesse de Conti, méritent une distinction particulière. C'est dans la dernière surtout que Malherbe, s'élevant à la plus haute éloquence, a imprimé à la prose française le même mouvement, le même nombre, la même énergie qu'il avait donnés à la poésie.

4° Un extrait de sa correspondance avec Peiresc, composé de tout ce que cette correspondance offre de plus intéressant sur l'histoire, les mœurs et la cour, pendant les vingt-cinq premières années du dix-septième siècle. On y trouve quelques lettres inédites, dont les manuscrits sont à la Bibliothèque du roi.

5° Ses observations critiques sur le texte du XXXIII° livre de Tite-Live. Elles sont pleines de justesse et de goût, et prouvent en même temps la sagacité et l'érudition de Malherbe.

6° Enfin, un recueil de pensées qu'il a traduites ou imitées de Sénèque. Remarquables par leur précision, par l'énergie et le tour de l'expression, elles justifieraient, s'il en était besoin, les traductions d'où nous les avons extraites du reproche inconcevable qu'un éditeur moderne a osé leur adresser [1].

Du reste, le texte est établi d'après les manuscrits et d'après les pièces originales imprimées séparément du vivant de Malherbe, ou insérées dans des recueils publiés de son temps. Nous n'avons rien négligé pour donner à cette partie de notre travail toute la perfection dont elle était susceptible, et nous osons dire que, sous ce rapport, notre édition n'est pas indigne de figurer dans la collection dont elle fait partie.

# VIE DE MALHERBE,
## PAR RACAN [2].

François de Malherbe naquit à Caen, environ l'an 1555. Il était de l'illustre maison de Malherbe Saint-Aignan, qui a porté les armes en Angleterre sous un duc Robert de Normandie [1]; et cette maison s'était rendue plus illustre en ce pays-là qu'au lieu de son origine, où elle s'était tellement rabaissée, que le père de notre Malherbe n'était qu'assesseur à Caen [2]. Il se fit de la religion un peu avant que de mourir; son fils, dont nous parlons, en eut un déplaisir si sensible, qu'il en quitta le pays, et s'alla habituer en Provence, à la suite de monsieur le grand-prieur [3], qui en avait le gouvernement. Il entra dans sa maison à l'âge de dix-sept ans, et le servit jusques à ce qu'il fut assassiné par Artivity [4].

Pendant son séjour en Provence, il s'insinua dans les bonnes grâces de la veuve d'un conseiller, et fille d'un président, dont je ne sais pas les noms [5]; il l'épousa après quelques années de recherche, et il en eût plusieurs enfants, qui sont tous morts avant lui. Les plus remarquables sont une fille qui mourut de la peste à l'âge de cinq ou six ans, et qu'il assista jusqu'à la mort, et un fils qui fut tué malheureusement en duel par monsieur de Piles [6].

Les actions les plus remarquables de sa vie, et dont je me puis souvenir, sont que, pendant la Ligue, lui et un nommé de la Roque [7], qui faisait joliment des vers, et qui est mort à la suite de la reine Marguerite, poussèrent monsieur de Sully si violemment, l'espace de deux ou trois lieues, qu'il en a toujours gardé du ressentiment contre Malherbe; et c'était la cause, à ce qu'il disait, qu'il

---

Racan en Touraine, l'an 1589, mort au même lieu en février 1670, fut d'abord page du roi, sous le duc de Bellegarde son parent, qui, pour obéir à Henri IV, avait pris Malherbe dans sa maison. Il étudia et se forma sous Malherbe; mais il est resté fort au-dessous de son maître : son style a peu de force, et manque quelquefois de correction. Les Mémoires que nous réimprimons ici ont paru pour la première fois en 1651; depuis, ils ont été insérés dans un recueil ayant pour titre : *Divers Traités de morale et d'éloquence*, publié par Saint-Ussans, en 1672.

[1] Robert III, fils de Guillaume le Conquérant. Payen-Malherbe, pour avoir appelé en duel Louis, fils de Philippe-Auguste, perdit la seigneurie de Bocton-Malherbe, dans le comté de Kent, près de Lenham. Camden, roi d'armes anglais, parle de la maison de Malherbe Saint-Aignan.

[2] « C'était, dit le cardinal du Perron, la fleur du pays, et un grand ami de mon père. »

[3] Henri d'Angoulême, fils naturel de Henri II. Il fut assassiné le 2 juin 1586.

[4] Philippe Altouvitis ou Altovity, baron de Castellane.

[5] Ce président se nommait de Coriolis, et sa fille, Madeleine.

[6] En 1627, Marc-Antoine de Malherbe allait être nommé conseiller au parlement de Provence, lorsqu'il fut tué. Suivant l'abbé Goujet, il a laissé des vers où l'on trouve plus de feu, mais moins de correction que dans ceux de son père. Le P. Bougerel, de l'Oratoire, avait vu quelques-unes de ses poésies.

[7] Ses poésies ont été recueillies et imprimées en 1609, sous ce titre : *Les Œuvres du sieur de la Roque, de Clairmont, en Beauvoisis, revues et augmentées de plusieurs poésies, outre les précédentes impressions. A la royne Marguerite.*

n'avait jamais pu tirer de faveurs de Henri quatrième, pendant que monsieur de Sully gouvernait les finances.

Je lui ai ouï conter aussi plusieurs fois qu'en un partage de fourrage ou de butin qu'il avait fait, il y eut un capitaine d'infanterie assez fâcheux qui le maltraita d'abord jusques à lui ôter son épée, ce qui fut cause que ce capitaine eut pour un temps les rieurs de son côté; mais enfin, Malherbe ayant fait en sorte de retirer son épée, il obligea ce capitaine insolent d'en venir aux mains; d'abord il lui donna un coup à travers le corps, qui le mit hors de combat, et alors ceux qui l'avaient méprisé auparavant le félicitèrent de sa belle action.

Il m'a souvent dit encore qu'étant habitué à Aix, depuis la mort de monsieur le grand prieur son maître, il fut commandé de mener deux cents hommes de pied devant la ville de Martigues. Cette ville étant infectée, les Espagnols l'assiégeaient par mer, et les Provençaux par terre, pour empêcher que ses habitants ne communiquassent le mauvais air; et ils la tinrent si étroitement assiégée par lignes de communication, qu'ils réduisirent le dernier vivant à mettre le drapeau noir sur la ville avant la levée du siège. Voilà ce que je lui ai ouï dire de plus remarquable en sa vie, avant notre connaissance.

Son nom et son mérite furent connus de Henri le Grand, par le rapport avantageux que lui en fit monsieur le cardinal du Perron[1]. En une certaine rencontre, le roi lui demandant s'il ne faisait plus de vers, il lui dit que, depuis que Sa Majesté lui avait fait l'honneur de l'employer en ses affaires, il avait tout à fait quitté cet exercice, et qu'il ne fallait point que personne s'en mêlât après un certain gentilhomme de Normandie habitué en Provence, nommé Malherbe, qui avait porté la poésie française à un si haut point, que personne n'en pouvait jamais approcher.

Le roi se souvint de ce nom de Malherbe; souvent même il en parlait à monsieur des Yveteaux, alors précepteur de monsieur de Vendôme, et qui en toutes rencontres offrait à Sa Majesté de le faire venir de Provence; mais le roi ne lui en donna point d'ordre, de sorte que Malherbe ne vint à la cour que trois ou quatre ans après que le cardinal du Perron eut parlé de lui.

Étant donc venu à Paris par occasion, pour ses affaires particulières, monsieur des Yveteaux prit son temps pour en avertir le roi, et aussitôt Sa Majesté l'envoya querir : c'était en l'année 1605. Comme le roi était sur le point de partir pour le Limosin, Sa Majesté lui commanda de faire des vers sur son voyage, qu'il lui présenta à son retour; c'est cette excellente pièce qui commence :

O Dieu, dont les bontés de nos larmes touchées.

Le roi fut si content de ces vers, que désirant le retenir à son service, il commanda par avance à monsieur de Bellegarde de lui donner sa maison, jusqu'à ce qu'il l'eût fait mettre sur l'état de ses pensionnaires.

Monsieur de Bellegarde lui donna sa table, un cheval et mille livres d'appointements. Racan, qui était alors page de la chambre, sous monsieur de Bellegarde, et qui commençait à faire des vers, eut par cette rencontre la connaissance de Malherbe, dont il apprit ce qu'il a jamais su de la poésie française, ainsi qu'il l'avoue lui-même dans une lettre qu'il a écrite à monsieur Conrart.

Cette connaissance, et l'amitié qu'il contracta avec Malherbe, dura jusqu'à sa mort, arrivée en 1628, quatre ou cinq jours avant la prise de la Rochelle[1], comme nous le dirons ci-après.

A la mort de Henri le Grand, la reine Marie de Médicis gratifia Malherbe de cinq cents écus de pension, ce qui lui donna moyen de n'être plus à charge à monsieur de Bellegarde. Depuis ce temps-là, il a fort peu travaillé, et je ne pense pas qu'il ait guère fait autre chose que les odes pour la reine mère, quelques vers de ballet, quelques sonnets au roi, à Monsieur et à des particuliers, et cette dernière pièce qu'il fit avant que de mourir, qui commence :

Donc un nouveau labeur, etc.

Pour parler de sa personne et de ses mœurs, sa constitution était si excellente, que j'ai ouï dire à ceux qui l'ont connu en sa jeunesse, que ses sueurs mêmes avaient quelque chose d'agréable, comme celles d'Alexandre.

Sa conversation était brusque, il parlait peu; mais il ne disait mot qui ne portât : en voici quelques-uns.

Pendant la prison de monsieur le Prince[2], le lendemain que madame la Princesse[3] fut accouchée de deux enfants morts, pour avoir été incommodée de la fumée qu'il faisait en sa chambre, au bois de Vincennes, il trouva un conseiller de Provence de ses amis en une grande tristesse chez monsieur le garde

---

[1] Il n'était alors qu'évêque d'Évreux.

[1] Cette ville, qui, cédant aux instigations de l'Angleterre, s'était révoltée contre l'autorité légitime, se rendit, après un siège de plus de quatorze mois, le 28 octobre 1628. Le roi y fit son entrée le 1ᵉʳ novembre suivant.
[2] Henri de Bourbon, prince de Condé.
[3] Charlotte-Marguerite de Montmorency, qui fut l'objet des poursuites violentes de Henri IV, et l'honneur de laquelle Malherbe composa plusieurs pièces de vers au nom du roi.

des sceaux du Vair; il lui demanda la cause de son affliction : le conseiller lui répondit que les gens de bien ne pouvaient avoir de la joie après le malheur qui venait d'arriver de la perte de deux princes du sang, par les mauvaises couches de madame la Princesse. Malherbe lui repartit ces propres mots : Monsieur, monsieur, cela ne vous doit point affliger, vous ne manquerez jamais de maître.

Une autre fois, un de ses neveux le venant voir au retour du collége, où il avait été neuf ans, il lui demanda s'il était savant, et lui ouvrant son Ovide, il l'obligea de lui en expliquer quelques vers; son neveu se trouvant fort empêché, et ne faisant qu'hésiter, Malherbe lui dit plaisamment : Croyez-moi, soyez vaillant, vous ne valez rien à autre chose.

Un jour, dans le cercle, un prude[1] l'abordant, lui fit un grand éloge de madame la marquise de Guercheville[2], qui était là présente, comme dame d'honneur de la reine, et après lui avoir conté toute sa vie, et la constance qu'elle avait eue aux poursuites de feu Henri le Grand, il conclut son panégyrique par ces mots, en la montrant à Malherbe : Voilà, dit-il, ce qu'a fait la vertu. Malherbe aussitôt lui montra de la même sorte la connétable de L....[3], qui avait son tabouret auprès de la reine, et lui dit : Voilà ce qu'a fait le vice.

Un gentilhomme de ses parents faisait tous les ans des enfants à sa femme, dont Malherbe se plaignait, en lui disant qu'il craignait que cela n'apportât de l'incommodité à ses affaires, et qu'il n'eût pas le moyen de les élever selon son état; à quoi le parent lui répondit qu'il ne pouvait avoir trop d'enfants, pourvu qu'ils fussent gens de bien. Malherbe lui dit fort sèchement qu'il n'était point de cet avis-là, et qu'il aimait mieux manger un chapon avec un voleur qu'avec trente capucins.

Quand son fils fut tué par monsieur de Piles, il alla exprès au siége de la Rochelle pour en demander justice au roi; mais n'en ayant pas eu toute la satisfaction qu'il en espérait, il disait tout haut dans la cour d'Estrée, qui était alors le logis du roi, qu'il voulait demander le combat contre monsieur de Piles. Quelques capitaines des gardes et autres gens de guerre qui étaient là se souriaient[1] de le voir, à son âge, parler encore d'aller sur le pré; et Racan, comme son ami, le tira à part pour lui donner avis qu'il se faisait moquer de lui, et qu'il était ridicule, à l'âge de soixante-treize ans qu'il avait, de se vouloir battre contre un homme de vingt-cinq. Sans attendre qu'il achevât sa remontrance, il répliqua brusquement : C'est pour cela que je le fais; je hasarde un sou contre une pistole.

La façon de corriger son valet était assez plaisante; il lui donnait dix sous par jour pour sa vie, ce qui était honnête en ce temps-là, et vingt écus de gages par an. Quand donc il l'avait fâché, il lui faisait une remontrance en ces termes : Mon ami, quand on offense son maître, on offense Dieu, et quand on offense Dieu, il faut, pour avoir absolution de son péché, jeûner et donner l'aumône; c'est pourquoi je retiendrai cinq sous de votre dépense, que je donnerai aux pauvres à votre intention, pour l'expiation de vos péchés.

Étant allé visiter madame de Bellegarde un matin, un peu après la mort du maréchal d'Ancre, comme on lui dit qu'elle était allée à la messe, il demanda si elle avait quelque chose à demander à Dieu, après qu'il avait délivré la France du maréchal d'Ancre.

Monsieur de Méziriac, accompagné de deux ou trois de ses amis, lui apportant un livre d'arithmétique d'un auteur grec, nommé Diophante, qu'il avait commenté, et ses amis louant extraordinairement ce livre, comme fort utile au public, Malherbe leur demanda s'il ferait amender le pain.

Il fit presque une même réponse à un gentilhomme de la religion, qui l'importunait de controverses, lui demandant, pour toute réplique, si l'on boirait de meilleur vin, et si on vivrait de meilleur blé à la Rochelle qu'à Paris.

Il n'estimait aucun des anciens poètes français, qu'un peu Bertaut; encore disait-il que ses stances étaient *nihilaudos*[2], et que, pour mettre une pointe à la fin, il faisait les trois derniers vers insupportables.

Il avait été ami de Régnier le satirique, et l'estimait, en son genre, à l'égal des Latins; mais il survint entre eux un divorce, dont voici la cause. Étant allés dîner ensemble chez l'abbé Desportes, oncle de Régnier, ils trouvèrent qu'on avait déjà servi les potages; Desportes, se levant de table, reçut Malherbe

---

[1] Cette qualification ne s'applique aujourd'hui qu'aux femmes.

[2] Antoinette de Pons, dame de Guercheville, était fille d'Antoine, sire de Pons, comte de Mareines. Elle fut d'abord mariée à Henri de Silly, comte de la Roche-Guyon, puis à Charles du Plessis, seigneur de Liancourt; et tous deux prirent, de son chef, le titre de marquis de Guercheville. Pendant qu'elle était veuve de son premier mari, Henri IV, qui avait éprouvé sa vertu, lui dit que puisqu'elle était véritablement dame d'honneur, elle le serait de la reine son épouse.

[3] De Luynes.

---

[1] *Souriaient entre eux.*

[2] On donnait alors le nom de *nihilaudos*, ou *nichilaudos* à un pourpoint dont le corps, le haut et le bas des manches étaient garnis de velours, et qui n'en avait point au dos. Voyez le Dictionnaire étymologique de Ménage; et Antoine Duverdier, dans sa *Préparation de l'apologie d'Hérodote.*

avec grande civilité; et offrant de lui donner un exemplaire de ses psaumes, qu'il avait nouvellement faits, comme il se mit en devoir de monter en son cabinet pour l'aller querir, Malherbe lui dit qu'il les avait déjà vus, que cela ne méritait pas qu'il prît cette peine, et que son potage valait mieux que ses psaumes. Cette brusquerie déplut si fort à Desportes, qu'il ne lui dit pas un mot durant tout le dîner; et aussitôt qu'ils furent sortis de table, ils se séparèrent, et ne se sont jamais vus depuis. Cela donna lieu à Régnier de faire la satire contre Malherbe, qui commence :

Rapin le favori, etc.

Il n'estimait point du tout les Grecs, et particulièrement il s'était déclaré ennemi du galimatias de Pindare. Pour les Latins, celui qu'il aimait le plus était Stace, et après lui Sénèque le tragique, Horace, Juvénal, Ovide et Martial. Il faisait peu de cas des poëtes italiens, et disait que tous les sonnets de Pétrarque étaient à la grecque, aussi bien que les épigrammes de mademoiselle de Gournay [1].

Il se faisait presque tous les jours, sur le soir, quelques petites conférences dans sa chambre, où assistaient particulièrement Coulomby, Maynard, Racan, Dumoutier [2] et quelques autres, dont les noms n'ont pas été connus dans le monde; et un jour un habitant d'Aurillac, où Maynard était alors président, venant heurter à la porte de cette chambre, et demandant si monsieur le président n'y était point, Malherbe se leva brusquement, et parlant au provincial : Quel président, dit-il, demandez-vous? Apprenez qu'il n'y a point ici d'autre président que moi.

Quelqu'un lui disant que monsieur Gaumin avait trouvé le moyen d'entendre le secret de la langue punique, et qu'il y avait fait le *pater noster*, il dit aussitôt brusquement : Je m'en vais tout à l'heure y faire le *credo;* et à l'instant il prononça une douzaine de mots qui n'étaient d'aucune langue, en disant : Je vous soutiens que voilà le *credo* en langue punique. Qui est-ce qui me pourra dire le contraire?

Il s'opiniâtra fort longtemps avec un nommé monsieur de la Loi à faire des sonnets irréguliers; Coulomby n'en voulut jamais faire, et ne les pouvait approuver. Racan en fit un ou deux; mais ce fut le premier qui s'en ennuya, et comme il en voulait détourner Malherbe, en lui disant que ce n'était pas faire un sonnet que de passer par-dessus les règles ordinaires, qui veulent que les deux premiers quatrains aient la même rime, Malherbe lui répondit : Eh, bien monsieur, si ce n'est un sonnet, ce sont des vers. La même anecdote se trouve dans Segrais, qui la rapporte de la manière suivante : « Malherbe avait inventé une espèce de sonnet sans observer la règle des rimes; et sur ce qu'on lui dit qu'on ne le recevrait pas, parce qu'on était accoutumé aux autres, il repartit : *Ce sera une sonnette.* » Toutefois il s'en ennuya, et il n'y a eu que Maynard [1], de tous ses écoliers, qui ait continué d'en faire jusques à la mort. Malherbe les quitta de lui-même, lorsque Coulomby et Racan ne l'en persécutaient plus; c'était son ordinaire de s'opiniâtrer d'abord contre le conseil de ses amis, et de s'y rendre après de lui-même.

Il avait aversion des fictions poétiques; et en lisant une élégie de Régnier à Henri le Grand, qui commence :

Il était presque jour, et le ciel souriant, etc.

et où il feint que la France s'éleva en l'air pour parler à Jupiter, et se plaindre du misérable état où elle était pendant la Ligue, il demandait à Régnier en quel temps cela était arrivé, et disait qu'il avait toujours demeuré en France depuis cinquante ans, et qu'il ne s'était point aperçu qu'elle se fût enlevée hors de sa place.

Il avait un frère aîné avec lequel il a toujours été en procès; et comme un de ses amis se plaignait de cette mauvaise intelligence, Malherbe lui dit qu'il ne pouvait pas en avoir avec les Turcs et les Moscovites avec qui il n'avait rien à partager. Il perdit sa mère environ l'an 1615, c'est-à-dire étant âgé de plus de soixante ans; et comme la reine mère envoya un gentilhomme pour le consoler, il dit à ce

---

[1] M. de Racan alla voir un jour mademoiselle de Gournay, qui lui fit voir des épigrammes qu'elle avait faites, et lui en demanda son sentiment. M. de Racan lui dit qu'il n'y avait rien de bon, et qu'elles n'avaient pas de pointes. Mademoiselle de Gournay repartit qu'il ne fallait pas faire attention à cela; que c'étaient des épigrammes à la grecque. Ils allèrent ensuite dîner ensemble chez M. de Lorme, médecin des eaux de Bourbon. M. de Lorme leur ayant fait servir un potage qui n'était pas fort bon, mademoiselle de Gournay se tourna du côté de M. de Racan, et lui dit : Monsieur, voilà une méchante soupe. — Mademoiselle, repartit M. de Racan, c'est une soupe à la grecque. Cela se répandit tellement, que l'on ne parlait en plusieurs endroits que de *soupe à la grecque*, pour dire un mauvais potage; et pour marquer un méchant cuisinier, on disait : *Il fait de la soupe à la grecque.* (MÉN.)

[2] François de Cauvigny, sieur de Coulomby, Colomby, ou Collombi, l'un des premiers membres de l'Académie française, était cousin de Malherbe, et mourut vers 1648. — Dumoutier était un peintre célèbre, homme d'esprit et poëte. Il a fait quelques vers assez bons, qu'on trouve dans les recueils du temps. (ST-MARC.)

---

[1] François Maynard, né en 1582, d'un savant conseiller au parlement de Toulouse, fut secrétaire de la reine Marguerite, et plut à la cour de cette princesse par son esprit et son enjouement. Il se livra avec succès à la poésie, fut nommé conseiller d'État, et mourut en 1646.

gentilhomme qu'il ne pouvait se revancher de l'honneur que lui faisait la reine qu'en priant Dieu que le roi son fils pleurât sa mort aussi vieux qu'il pleurait celle de sa mère.

Il ne pouvait souffrir que les pauvres demandant l'aumône dissent : *Noble gentilhomme ;* il disait que *noble* était superflu, et que s'il était gentilhomme il était noble.

Quand les pauvres lui disaient qu'ils prieraient Dieu pour lui, il leur répondait qu'il ne croyait pas qu'ils eussent grand crédit au ciel, vu le mauvais état auquel il les laissait en ce monde, et qu'il eût mieux aimé que monsieur de Luynes, ou quelque autre favori, lui eût fait la même promesse.

Monsieur de Termes reprenant Racan d'un vers qu'il a changé depuis, et où il y avait, parlant d'un homme champêtre :

Le labeur de ses bras rend sa maison prospère....

Racan lui répondit que Malherbe avait usé de ce mot *prospère* en ce vers :

O que nos fortunes prospères [1] . . . . . . . .

Malherbe, qui était présent, lui dit brusquement : Eh bien, morbleu! si je fais une sottise, en voulez-vous faire une autre?

Quand on lui montrait quelque vers où il y avait des mots superflus, il disait que c'était une bride de cheval attachée avec une aiguillette.

Un homme de robe et de condition lui apporta des vers assez mal polis, qu'il avait faits à la louange d'une dame, et lui dit avant que de les lui montrer, que des considérations particulières l'avaient obligé de faire ces vers. Malherbe les lut avec mépris, et lui demanda, après qu'il eut achevé, s'il avait été condamné à être pendu ou à faire ces vers-là, parce qu'à moins de cela il ne devait point exposer sa réputation en produisant une pièce si ridicule.

S'étant vêtu un jour extraordinairement, à cause du grand froid, il avait encore étendu sur sa fenêtre trois ou quatre aunes de frise verte; et comme on lui demanda ce qu'il voulait faire de cette frise, il répondit brusquement : Je pense qu'il est avis à ce froid qu'il n'y a pas de frise dans Paris : je lui montrerai bien que si. En même temps, ayant mis à ses jambes une si grande quantité de bas, presque tous noirs, qu'il ne se pouvait chausser également qu'avec des jetons, Racan arriva en sa chambre comme il était en cet état-là, et lui conseilla, pour se délivrer de la peine de se servir de jetons, de mettre à chacun de ses bas un ruban de quelque couleur, ou une marque de soie, qui commençât par une lettre de l'alphabet : comme au premier, un ruban ou un bout de soie amaranthe; au second, un bleu; au troisième, un cramoisi, et ainsi des autres. Malherbe, approuvant ce conseil, l'exécuta à l'heure même; et le lendemain, venant dîner chez monsieur de Bellegarde, en voyant Racan, il lui dit au lieu de bonjour : J'en ai jusqu'à l'*l ;* de quoi tout le monde fut fort surpris, et Racan même eut de la peine à concevoir d'abord ce qu'il voulait dire, ne se souvenant pas alors du conseil qu'il lui avait donné le jour précédent.

Il disait aussi, à ce propos, que Dieu n'avait fait le froid que pour les pauvres et pour les sots, et que ceux qui avaient le moyen de se bien chauffer, et bien habiller, ne devaient point souffrir le froid.

Quand on lui parlait des affaires d'État, il avait toujours ce mot en la bouche, qu'il a mis dans l'épître liminaire de Tite-Live adressée à monsieur de Luynes : Qu'il ne fallait point se mêler de la conduite d'un vaisseau où l'on n'était que simple passager.

Une fois le roi Henri le Grand lui montrant la première lettre que le feu roi Louis XIII avait écrite à Sa Majesté, Malherbe, ayant remarqué qu'il avait signé Loys au lieu de Louis, demanda assez brusquement au roi si monsieur le dauphin avait nom Loys. Le roi, étonné de cette demande, en voulut savoir la cause; Malherbe lui fit voir qu'il avait signé Loys, et non pas Louis, ce qui donna lieu d'envoyer quérir celui qui apprenait à écrire à monseigneur le dauphin, pour lui enjoindre de faire mieux orthographier son nom; et voilà d'où vient que Malherbe disait être cause que le défunt roi s'appelait Louis.

Comme les états généraux se tenaient à Paris [1], il y eut une grande contestation entre le tiers-état et le clergé, qui donna sujet à cette belle harangue de monseigneur le cardinal du Perron ; et cette affaire s'échauffant, les évêques menaçaient de se retirer, et de mettre la France en interdit. Monsieur de Bellegarde entretenant Malherbe de l'appréhension qu'il avait d'être excommunié, Malherbe lui dit, pour le consoler, qu'au contraire il s'en devait réjouir, et que devenant tout noir, comme sont les excommuniés, cela le délivrerait de la peine qu'il prenait tous les jours de se peindre la barbe et les cheveux.

Une autre fois il disait à monsieur de Bellegarde : Vous faites bien le galant et l'amoureux des belles dames : lisez-vous encore à livre ouvert? c'était sa façon de parler, pour dire s'il était prêt encore à les servir. Monsieur de Bellegarde lui dit que oui. Mal-

---

[1] Voyez ci-après, liv. 1er, n° 4.

[1] En 1614. Ce fut leur dernière session.

herbe répondit en ces mots : Parbleu, monsieur, j'aimerais mieux vous ressembler en cela qu'en votre duché et pairie.

Un jour Henri le Grand lui montra des vers que l'on lui avait donnés, et qui commençaient :

> Toujours l'heur et la gloire
> Soient à votre côté ;
> De vos faits la mémoire
> Dure à l'éternité.

Malherbe, sur-le-champ, et sans en lire davantage, les retourna de cette sorte :

> Que l'épée et la dague
> Soient à votre côté ;
> Ne courez point la bague
> Si vous n'êtes botté ;

et là-dessus il se retira sans faire aucun jugement.

Je ne sais si le festin qu'il fit à six de ses amis, et où il faisait le septième, pourrait avoir place en sa vie. D'abord il n'en avait prié que quatre, savoir : monsieur de Foucquerolles, enseigne ou lieutenant aux gardes du corps; monsieur de la Mazure, gentilhomme de Normandie, qui était à la suite de monsieur de Bellegarde; monsieur de Coulomby et monsieur Patris. Mais le jour de devant que se devait faire le festin, Yvrande et Racan revinrent de Touraine de la maison de Racan; étant descendus chez Malherbe, sitôt qu'il les vit, il commanda à son valet d'acheter encore deux chapons, et les pria de venir le lendemain dîner chez lui; enfin, pour le faire court, tout le festin ne fut que de sept chapons bouillis, dont il leur en fit servir un à chacun, et leur dit : Messieurs, je vous aime tous également; c'est pourquoi je vous veux traiter de même, et ne prétends point que vous ayez d'avantage l'un sur l'autre.

Tout son contentement était de s'entretenir avec ses amis particuliers, comme Racan, Coulomby, Yvrande et autres, du mépris qu'il faisait de toutes les choses que l'on estime le plus dans le monde. En voici un exemple : il disait souvent à Racan que c'était une folie de se vanter d'être d'une ancienne noblesse; et que plus elle était ancienne, et plus elle était douteuse; qu'il ne fallait qu'une femme lascive pour pervertir le sang des Césars, et que tel qui pensait être issu d'un de ces grands héros était peut-être venu d'un valet de chambre ou d'un violon [1].

Il ne s'épargnait pas lui-même en l'art où il excellait; il disait souvent à Racan : Voyez-vous, monsieur, si nos vers vivent après nous, toute la gloire que nous en pouvons espérer est qu'on dira que nous avons été deux excellents arrangeurs de syllabes : que nous avons eu une grande puissance sur les paroles, pour les placer si à propos chacune en leur rang, et que nous avons tous deux été bien fous de passer la meilleure partie de notre âge dans un exercice si peu utile au public et à nous-mêmes, au lieu de l'employer à nous donner du bon temps, ou à penser à l'établissement de notre fortune.

Il avait aussi un grand mépris pour tous les hommes en général; et après avoir fait le récit du péché de Caïn et de la mort d'Abel son frère, il disait à peu près : Voilà un beau début! ils n'étaient que trois ou quatre au monde, et l'un d'eux va tuer son frère! que Dieu pouvait-il espérer des hommes après cela? n'eût-il pas mieux fait d'éteindre dès l'heure même, pour jamais, l'engeance? Voilà les discours ordinaires qu'il tenait avec ses plus familiers amis; mais ils ne se peuvent exprimer avec la grâce qu'il les prononçait, parce qu'ils tiraient leur plus grand ornement de son geste et du son de sa voix.

Monsieur l'archevêque de Rouen [1] l'ayant prié d'entendre un sermon qu'il devait faire en une église près de son logis, au sortir de table, il s'endormit dans une chaise; et comme monseigneur de Rouen voulut le réveiller pour le mener au sermon, il le pria de l'en dispenser, disant qu'il dormirait bien sans cela.

Il parlait fort ingénument de toutes choses, et avait un grand mépris pour toutes les sciences, particulièrement pour celles qui ne servent qu'au plaisir des yeux et des oreilles, comme la peinture, la musique et même la poésie; sur quoi Bordier se plaignant à lui qu'il n'y avait des récompenses que pour ceux qui servaient le roi dans les armées et dans les affaires, et qu'on abandonnait ceux qui excellaient dans les belles-lettres, il répondit que c'était en user fort sagement, et qu'il y avait de la sottise de faire un métier de la poésie; qu'on n'en devait point espérer d'autre récompense que son plaisir, et qu'un bon poète n'était pas plus utile à l'État qu'un bon joueur de quilles.

Un certain jour qu'il se retirait fort tard de chez monsieur de Bellegarde, avec un flambeau allumé devant lui, il rencontra monsieur de Saint-Paul, gentilhomme de condition, parent de monsieur de Bellegarde, qui le voulait entretenir de quelques nouvelles de peu d'importance; il lui coupa court, en lui disant : Adieu, adieu, vous me faites brûler

---

[1] On retrouve la même pensée dans Boileau :
> Et comment savez-vous si quelque audacieux
> N'a point interrompu le cours de vos aïeux ;
> Et si leur sang tout pur, ainsi que leur noblesse,
> Est passé jusqu'à vous de Lucrèce en Lucrèce ?
> *Sat.* V, v. 85.

[1] François de Harlay, mort le 22 mars 1652. Son neveu, qui portait le même nom, fut désigné pour lui succéder à l'archevêché de Rouen, et mourut archevêque de Paris, le 6 août 1695. (ST-MARC.)

pour cinq sous de flambeau, et tout ce que vous me dites ne vaut pas six blancs.

Dans ses heures, il avait effacé des litanies des saints tous les noms particuliers, disant qu'il était superflu de les nommer tous les uns après les autres, et qu'il suffisait de les nommer en général : *omnes sancti et sanctæ Dei, orate pro nobis* [1]. Il avait aussi effacé plus de la moitié de son Ronsard, et en cotait à la marge les raisons. Un jour, Yvrande, Racan, Coulomby et quelques autres de ses amis, le feuilletaient sur sa table, et Racan lui demanda s'il approuvait ce qu'il n'avait point effacé : Pas plus que le reste, dit-il. Cela donna le sujet à la compagnie, et entre autres à Coulomby, de lui dire que, si l'on trouvait ce livre après sa mort, on croirait qu'il aurait pris pour bon ce qu'il n'aurait pas effacé; sur quoi il lui répondit qu'il disait vrai, et tout à l'heure il acheva d'effacer le reste.

Il était assez mal meublé, logeant ordinairement en chambre garnie; il n'avait même que sept ou huit chaises de paille; et comme il était fort visité de ceux qui aimaient les belles-lettres, quand les chaises étaient toutes remplies, il fermait sa porte par dedans; et si quelqu'un venait y heurter, il lui criait : Attendez, il n'y a plus de chaises; estimant qu'il valait mieux ne les point recevoir que de leur donner l'incommodité d'être debout.

Une fois, en entrant dans l'hôtel de Sens, il trouva dans la salle deux hommes qui jouaient au trictrac, et qui disputant d'un coup, se donnaient tous deux au diable qu'ils avaient gagné. Au lieu de les saluer, il ne fit que dire : Viens, diable, viens, tu ne saurais faillir; il y en a l'un ou l'autre à toi.

Il y eut une grande contestation entre ceux du pays d'*Adiousias*, qui étaient tous ceux de delà la Loire, et ceux du pays de deçà, qu'il appelait du pays de *Dieu vous conduise*, savoir s'il fallait appeler le petit vase dont on se sert pour manger du potage *cuiller* ou *cuillère*. La raison de ceux du pays d'*Adiousias*, d'où était Henri le Grand, ayant été nourri en Béarn, était que ce mot étant féminin, il devait avoir une terminaison féminine. Le pays de *Dieu vous conduise* alléguait, outre l'usage, qu'il n'était pas sans exemple de voir des mots féminins avoir des terminaisons masculines, et qu'ainsi l'on dit : *une perdrix* et *une met* [1] à boulanger. Enfin, cette dispute dura si longtemps, qu'elle obligea le roi d'en demander à Malherbe son sentiment; et son avis fut qu'il fallait dire cuiller. Le roi néanmoins ne se rendant point à ce jugement, il lui dit ces mêmes mots : Sire, vous êtes le plus absolu roi qui ait jamais gouverné la France, et avec tout cela vous ne sauriez faire dire de deçà la Loire, une *cuillère*, à moins de faire défense, à peine de cent livres d'amende, de la nommer autrement.

Monsieur de Bellegarde, qui était Gascon, lui envoyant demander lequel était mieux dit de *dépensé* ou *dépendu*, il répondit sur-le-champ que *dépensé* était plus français; mais que *pendu, dépendu, rependu*, et tous les composés de ce vilain mot, qui lui vinrent à la bouche, étaient plus propres pour les Gascons.

Quand on lui demandait son avis de quelques vers français, il renvoyait ordinairement aux crocheteurs du port au foin, et disait que c'étaient ses maîtres pour le langage; ce qui peut-être a donné lieu à Régnier de dire :

Comment! il faudrait donc, pour faire une œuvre grande,
Qui de la calomnie et du temps se défende,
Et qui nous donne rang parmi les bons auteurs,
Parler comme à Saint-Jean [2] parlent les crocheteurs!

Comme il récitait des vers à Racan, qu'il avait nouvellement faits, il lui en demanda son avis. Racan s'en excusa, disant qu'il ne les avait pas bien entendus, et qu'il en avait mangé la moitié. Malherbe, qui ne pouvait souffrir qu'on lui reprochât le défaut qu'il avait de bégayer, se sentant piqué des paroles de Racan, lui dit en colère : Morbleu! si vous me fâchez, je les mangerai tous; ils sont à moi, puisque je les ai faits; j'en puis faire ce que je voudrai.

Il ne voulait pas qu'on fît autrement des vers qu'en sa langue ordinaire; il soutenait que l'on ne saurait entendre la finesse des langues que l'on n'a apprises que par art; et, à ce propos, pour se moquer de ceux qui faisaient des vers latins, il disait que si Virgile et Horace revenaient au monde, ils donneraient le fouet à Bourbon et à Sirmond.

Il disait souvent, et principalement quand on le reprenait de ne pas bien suivre le sens des auteurs qu'il traduisait ou paraphrasait, qu'il n'apprêtait pas les viandes pour les cuisiniers : comme s'il eût voulu dire qu'il se souciait fort peu d'être loué des gens de lettres qui entendaient les livres qu'il avait traduits, pourvu qu'il le fût des gens de la cour; et c'était de cette même sorte que Racan se défendait

---

[1] Ce passage et quelques autres de ces Mémoires ont fait soupçonner Malherbe d'avoir peu de religion; mais il me semble que c'est assez mal à propos, et que cette accusation ne serait pas mieux fondée sur cette anecdote qu'on lit dans le *Ménagiana* : « M. de Racan allant voir Malherbe un samedi, lendemain de la Chandeleur, à huit heures du matin, le trouve mangeant du jambon : Ah! monsieur, dit-il, la Vierge n'est plus en couche. Oh! repartit Malherbe, les dames ne se lèvent pas si matin. » (St-Marc.)

[1] Mait, ou maict, mactra : huche. (St-Marc.)
[2] La place de Grève. (St-Marc.)

de ses censures, en avouant qu'elles étaient fort justes ; mais que les fautes dont il le reprenait n'étaient connues que de trois ou quatre personnes qui le hantaient, et qu'il faisait ses vers pour être lus dans le cabinet du roi et dans les ruelles, plutôt que dans sa chambre ou dans celle des autres savants en poésie.

Il avait pour ses écoliers les sieurs de Touvant, Coulomby, Maynard et Racan. Il jugeait d'eux fort diversement : il disait, en termes généraux, que Touvant faisait fort bien des vers, sans dire en quoi il excellait ; que Coulomby avait bon esprit, mais qu'il n'avait point le génie à la poésie ; que Maynard était celui de tous qui faisait les meilleurs vers, mais qu'il n'avait point de force ; qu'il s'était adonné à un genre de poésie auquel il n'était pas propre, voulant parler de ses épigrammes, et qu'il ne réussirait pas, parce qu'il manquait de pointes. Pour Racan, qu'il avait de la force, mais qu'il ne travaillait pas assez ses vers ; que le plus souvent, pour s'aider d'une bonne pensée, il prenait de trop grandes licences, et que de ces deux derniers on ferait un grand poëte.

Racan ayant dès sa plus tendre jeunesse fait connaissance avec Malherbe, il le respectait comme son père ; et Malherbe, de son côté, vivait avec lui comme avec son fils ; cela donna sujet à Racan, à son retour de Calais, où il fut porter les armes en sortant de page, de lui demander, en confidence, de quelle sorte il se devait gouverner dans le monde. Il lui proposa quatre ou cinq sortes de vies qu'il pouvait faire.

La première et la plus honorable était de suivre les armes ; mais d'autant qu'il n'y avait point pour lors de guerre plus près qu'en Suède ou en Hongrie, il n'avait pas moyen de la chercher si loin, à moins que de vendre tout son bien pour s'équiper et pour fournir aux frais du voyage.

La deuxième était de demeurer dans Paris, pour liquider ses affaires qui étaient fort brouillées ; et celle-là lui plaisait le moins.

La troisième était de se marier, dans l'espérance qu'il avait de trouver un bon parti, en vue de la succession de madame de Bellegarde, qui ne lui pouvait manquer : sur quoi il disait que cette succession serait peut-être longue à venir, et que cependant, épousant une femme qui l'obligerait, il serait contraint d'en souffrir, en cas qu'elle fût de mauvaise humeur.

Il proposait encore de se retirer aux champs ; mais cela ne lui semblait pas séant à un homme de son âge et de sa condition.

Sur toutes ces propositions faites par Racan, Malherbe, au lieu de répondre directement, commença par une fable en ces mots : Un bonhomme, âgé environ de cinquante ans, ayant un fils de treize ou quatorze ans au plus, n'avait qu'un petit âne pour le porter lui et son fils dans un long voyage qu'ils entreprenaient ensemble. Le père monta le premier sur l'âne ; après deux ou trois lieues de chemin, le fils, qui commençait à se lasser, le suivit à pied de loin, et avec beaucoup de peine, ce qui donna sujet à ceux qui le voyaient passer de dire que ce bonhomme avait tort de laisser aller à pied cet enfant, et qu'il aurait mieux porté cette fatigue là que lui : le bonhomme mit son fils sur l'âne, et suivit à pied. Cela fut trouvé encore étrange par d'autres qui disaient que ce fils était bien ingrat, et de mauvais naturel, de voir fatiguer son père, pendant qu'il était lui-même à son aise ; ils s'avisèrent donc de monter tous deux sur l'âne, et alors on y trouva encore à redire. Ils sont bien cruels, disaient les passants, de monter ainsi tous deux, sur cette pauvre petite bête, qui à peine serait assez forte pour en porter un. Comme ils eurent ouï cela, ils descendirent tous deux de dessus, et le touchèrent devant eux. Ceux qui les voyaient aller de cette sorte se moquaient de les voir à pied quand l'un et l'autre pouvaient alternativement se servir de l'âne ; ainsi ils ne surent jamais se mettre au gré de tout le monde : c'est pourquoi ils se résolurent de faire à leur volonté, et de laisser à chacun la liberté d'en juger à sa fantaisie. Faites en de même, dit Malherbe à Racan, pour toute conclusion ; car, quoi que vous puissiez faire, vous ne serez jamais généralement approuvé de tout le monde, et l'on trouvera toujours à redire à votre conduite.

Monsieur de la Fontaine a mis cet apologue en vers [1], et l'a ajusté de cette manière :

> L'invention des arts étant un droit d'aînesse,
> Nous devons à l'apologue à l'ancienne Grèce ;
> Mais ce champ ne se peut tellement moissonner,
> Que les derniers venus n'y trouvent à glaner.
> La feinte est un pays plein de terres désertes :
> Tous les jours nos auteurs y font des découvertes.
> Je t'en veux dire un trait assez bien inventé :
> Autrefois à Racan Malherbe l'a conté.
> Ces deux rivaux d'Horace, héritiers de sa lyre,
> Disciples d'Apollon, nos maîtres pour mieux dire,
> Se rencontraient un jour, tout seuls et sans témoins,
> ( Comme ils se confiaient leurs pensers et leurs soins )
> Racan commence ainsi : Dites-moi, je vous prie,
> Vous qui devez savoir les choses de la vie,
> Qui par tous ses degrés avez déjà passé,
> Et que rien ne doit fuir en cet âge avancé,
> A quoi me résoudrai-je ? Il est temps que j'y pense.
> Vous connaissez mon bien, mon talent, ma naissance.
> Dois-je dans la province établir mon séjour ?
> Prendre emploi dans l'armée, ou bien charge à la cour ?
> Tout au monde est mêlé d'amertume et de charmes :
> La guerre a ses douceurs, l'hymen a ses alarmes.

[1] C'est la première fable du troisième livre.

Si je suivais mon goût, je saurais où buter;
Mais j'ai les miens, la cour, le peuple à contenter.
Malherbe là-dessus : Contenter tout le monde !
Écoutez ce récit avant que je réponde.
J'ai lu dans quelque endroit qu'un meunier et son fils,
L'un vieillard, l'autre enfant, non pas des plus petits,
Mais garçon de quinze ans, si j'ai bonne mémoire,
Allaient vendre leur âne un certain jour de foire.
Afin qu'il fût plus frais et de meilleur débit,
On lui lia les pieds, on vous le suspendit;
Puis cet homme et son fils le portent comme un lustre.
Pauvres gens ! idiots ! couple ignorant et rustre !
Le premier qui les vit de rire s'éclata :
Quelle farce, dit-il, vont jouer ces gens-là ?
Le plus âne des trois n'est pas celui qu'on pense.
Le meunier, à ces mots, connaît son ignorance;
Il met sur pied sa bête, et la fait détaler.
L'âne, qui goûtait fort l'autre façon d'aller,
Se plaint en son patois. Le meunier n'en a cure;
Il fait monter son fils, il suit; et, d'aventure,
Passent trois bons marchands. Cet objet leur déplut;
Le plus vieux au garçon s'écria tant qu'il put :
Holà, ho ! descendez; que l'on ne vous le dise,
Jeune homme, qui menez laquais à barbe grise.
C'était à vous de suivre, au vieillard de monter.
Messieurs, dit le meunier, il vous faut contenter.
L'enfant met pied à terre, et puis le vieillard monte,
Quand trois filles passant, l'une dit : C'est grand'honte
Qu'il faille voir ainsi clocher ce jeune fils,
Tandis que ce nigaud, comme un évêque assis,
Fait le veau sur son âne, et pense être bien sage.
Il n'est, dit le meunier, plus de veaux à mon âge;
Passez votre chemin, la fille, et m'en croyez.
Après maints quolibets coup sur coup renvoyés,
L'homme crut avoir tort, et mit son fils en croupe.
Au bout de trente pas une troisième troupe
Trouve encore à gloser. L'un dit : Ces gens sont fous !
Le baudet n'en peut plus; il mourra sous leurs coups.
Hé quoi ! charger ainsi cette pauvre bourrique !
N'ont-ils point de pitié de leur vieux domestique ?
Sans doute qu'à la foire ils vont vendre sa peau.
Parbleu ! dit le meunier, est bien fou du cerveau
Qui prétend contenter tout le monde et son père.
Essayons toutefois si par quelque manière
Nous en viendrons à bout. Ils descendent tous deux.
L'âne se prélassant marche seul devant eux.
Un quidam les rencontre, et dit : Est-ce la mode
Que baudet aille à l'aise et meunier s'incommode ?
Qui de l'âne ou du maitre est fait pour se lasser ?
Je conseille à ces gens de le faire enchâsser.
Ils usent leurs souliers, et conservent leur âne :
Nicolas, au rebours; car, quand il va voir Jeanne,
Il monte sur sa bête, et la chanson le dit.
Beau trio de baudets ! Le meunier repartit :
Je suis âne, il est vrai, j'en conviens, je l'avoue;
Mais que dorénavant on me blâme, on me loue,
Qu'on dise quelque chose, ou qu'on ne dise rien,
J'en veux faire à ma tête. Il le fit et fit bien.
Quant à vous, suivez Mars, ou l'Amour, ou le prince;
Allez, venez, courez, demeurez en province;
Prenez femme, abbaye, emploi, gouvernement,
Les gens en parleront, n'en doutez nullement.

Encore qu'il reconnût, comme nous avons déjà dit, que Racan eût de la force dans ses vers, il disait néanmoins qu'il était hérétique en poésie, pour ne se tenir pas assez étroitement attaché à ses observations. Voici particulièrement de quoi il le blâmait : premièrement, de rimer indifféremment à toutes les terminaisons en *ant* et *ent*, comme *innocence* et *puissance*, *apparent* et *conquérant*, *grand* et *prend*.

Il le reprenait aussi de rimer le simple et le composé comme *temps* et *printemps*, *séjour* et *jour*. Il lui défendait encore de rimer les mots qui ont quelque convenance, comme *montagne* et *campagne*. Il ne voulait pas non plus que l'on rimât les dérivés, comme *admettre*, *commettre*, *promettre*, et autres de même nature, qui tous dérivent de *mettre*. Il ne pouvait souffrir pareillement que l'on rimât les noms propres les uns aux autres, comme *Thessalie* et *Italie*, *Castille* et *Bastille*; et sur la fin il était devenu si rigide en ses rimes, qu'il avait même peine à souffrir qu'on rimât des mots qui eussent tant soit peu de convenance, parce que, disait-il, on trouve de plus beaux vers en rapprochant les mots éloignés, qu'en joignant ceux qui n'ont quasi qu'une même signification. Il s'étudiait encore à chercher des rimes rares et stériles, dans la créance qu'il avait qu'elles le conduisaient à de nouvelles pensées, outre qu'il disait que rien ne sentait davantage son grand poëte que de tenter des rimes difficiles; il ne souffrait point qu'on rimât *bonheur* et *malheur*, disant que les Parisiens ne prononçaient que l'*u* de l'un et de l'autre.

Il reprenait encore Racan de rimer *eu* avec *vertu*, parce qu'il disait qu'on prononçait à Paris *éu* en deux syllabes.

Outre les réprimandes qu'il lui faisait pour ses rimes, il le reprenait encore de beaucoup de choses touchant la construction de ses vers, et de quelques façons de parler hardies, qui seraient trop longues à déduire, et qui auraient meilleure grâce dans un art poétique que dans sa vie; c'est pourquoi je me contenterai de faire encore une remarque sur ce sujet.

Au commencement que Malherbe vint à la cour, c'est-à-dire en 1605, il n'observait pas encore de faire une pause au troisième vers des stances de six; il demeura toujours en cette négligence durant le règne de Henri le Grand, comme il se voit en la pièce qui commence :

Que n'êtes-vous lassées [1].

On en peut remarquer autant en la seconde stance qu'il fit pour madame la Princesse, et je ne sais s'il n'a point encore continué dans cette même négligence, en 1612, aux vers qu'il fit pour la place Royale, tant y a que le premier qui s'aperçut que cette observation était nécessaire pour la perfection des stances de six, fut Maynard; et c'est peut-être pour cette raison que Malherbe le considérait comme l'homme de France qui savait le mieux faire des vers. D'abord, Racan, qui jouait un peu du luth, se rendit en faveur des musiciens, qui ne peuvent faire leur reprise aux stances de six, s'il n'y a repos au

[1] Liv. III, n° 3.

troisième vers; mais quand Malherbe et Maynard voulurent qu'aux stances de dix, outre le repos du quatrième vers, on en fît encore un au septième, Racan s'y opposa, et ne l'a presque jamais observé. Sa raison était que les stances de dix ne se chantent presque jamais, et que, quand on les chanterait, ce ne serait pas en trois reprises; c'est pourquoi il soutenait que c'était assez d'en faire une pause au quatrième vers. Voilà la plus grande contestation qu'il ait eue contre Malherbe et ses écoliers; et c'est pour cela qu'on l'appelait hérétique en poésie. Malherbe voulait aussi que les élégies eussent un sens parfait de quatre en quatre vers, même de deux en deux vers, s'il se pouvait; à quoi jamais Racan ne s'est accordé.

Il ne voulait pas qu'on nombrât en vers de ces nombres vagues, comme cent ou mille; et il disait assez plaisamment, quand il voyait nombrer quelqu'un de cette sorte: Peut-être n'y en avait-il que quatre-vingt-dix-neuf; mais il estimait qu'il y avait de la grâce à nombrer nécessairement, comme en ce vers de Racan:

> Vieilles forêts de trois siècles âgées.

C'est encore une des censures à quoi Racan ne pouvait se rendre, et néanmoins il n'a osé s'en licencier qu'après sa mort.

Ses amis particuliers, qui voyaient de quelle manière il travaillait, disent avoir remarqué trois sortes de styles en sa prose.

Le premier était en ses lettres familières qu'il écrivait à ses amis, sans préméditation; et néanmoins, toutes négligées qu'elles étaient, on y remarquait toujours quelque chose d'agréable, qui sentait son honnête homme.

Le deuxième était en celles qu'il ne travaillait qu'à demi, où l'on trouvait beaucoup de dureté et de pensées indigestes, qui n'avaient aucun agrément.

Le troisième était dans les choses que, par un long travail, il mettait dans leur perfection; et là sans doute il s'élevait au-dessus de tous les écrivains de son temps.

De ces trois divers styles, le premier se remarque en ses lettres familières à Racan et à ses autres amis; le second, en ses lettres d'amour, qui n'ont jamais été beaucoup estimées; et le troisième, en la consolation de madame la princesse de Conti [1], qui est presque le seul ouvrage qu'il ait achevé.

Il se moquait de ceux qui disaient que la prose avait ses nombres; et il s'était si bien mis dans l'esprit que de faire des périodes nombreuses c'était faire des vers en prose, que plusieurs, par cette seule considération, ont cru que les épîtres de Sénèque n'étaient point de lui, parce que les nombres et l'harmonie sont observés dans leurs périodes.

Celle pour qui il a fait des vers sous le nom de Caliste était la vicomtesse d'Auchy, dont le bel esprit a paru jusques à sa mort; et sa Rodante était madame la marquise de Rambouillet. Voici la raison pour laquelle il lui donna ce nom-là.

Racan et lui s'entretenaient un jour de leurs amours, c'est-à-dire du dessein qu'ils avaient de choisir quelque dame de mérite et de qualité, pour être le sujet de leurs vers. Malherbe nomma madame de Rambouillet, et Racan madame de Termes, qui était alors veuve; il se trouva que toutes deux avaient nom Catherine, savoir : la première, qu'avait choisie Malherbe, Catherine de Vivonne; et celle de Racan, Catherine Chabot. Le plaisir que prit Malherbe dans cette conversation lui fit promettre d'en faire une églogue, sous les noms de Mélibée pour lui, et d'Arcas pour Racan; et je suis étonné qu'il ne s'en est point trouvé quelques commencements en ses manuscrits, car je lui en ai ouï réciter près de quarante vers.

Prévoyant donc que ce nom de Catherine, servant à tous deux, ferait de la confusion dans cette églogue qu'il se promettait de faire, il passa tout le reste de l'après-dînée avec Racan à chercher des anagrammes sur ce nom, qui eussent assez de douceur pour pouvoir entrer dans des vers; ils n'en trouvèrent que trois : Arthénice, Éracinthe, et Charintée. Le premier fut jugé plus beau; mais Racan s'en étant servi dans sa pastorale qu'il fit incontinent après, Malherbe méprisa les deux autres, et se détermina à Rodante, ne se souciant plus de prendre un nom qui fût anagramme.

Malherbe était alors marié, et fort avancé en âge; c'est pourquoi son amour ne produisit que quelque peu de vers, entre autres ceux qui commencent :

> Chère beauté, que mon âme ravie, etc. [1].

et ces autres, que Boisset mit en air :

> Ils s'en vont ces rois de ma vie [2]

Il fit aussi quelques lettres sous le nom de Rodante; mais Racan, qui avait trente-quatre ans moins que lui, et qui était alors garçon, changea son amour poétique en un amour véritable et légitime, et fit quelques voyages en Bourgogne pour cet effet. C'est ce qui donna lieu à Malherbe de lui écrire une lettre [3], où il y a des vers pour le divertir

---

[1] Lettres choisies, n° 15.

[1] Voyez ci-après, liv. III, n° 8.
[2] Ibid. n° 2.
[3] Voyez le n° 23 des Lettres choisies.

de cette passion, sur ce qu'il avait appris que madame de Termes se laissait cajoler par M. Viguier, qui l'a épousée depuis; comme aussi, d'autre côté, quand il sut que Racan était résolu de se marier en son pays, il le manda aussitôt à madame de Termes, en une lettre qui est imprimée.

Il mourut à Paris vers la fin du siége de la Rochelle[1], où Racan commandait la compagnie de M. Deffiat; ce qui fut cause qu'il n'assista point à sa mort, et qu'il n'en a su que ce qu'il en a ouï dire à M. de Porchères d'Arbaud[2]. Il ne lui a point celé que, pendant sa maladie, il n'eût eu beaucoup de difficulté à le faire résoudre de se confesser, lui disant qu'il n'avait accoutumé de le faire qu'à Pâques. Il était pourtant fort soumis aux commandements de l'Église. Quoiqu'il fût fort avancé en âge, il ne mangeait pas volontiers de la viande aux jours défendus, sans permission; il allait à la messe toutes les fêtes et tous les dimanches, et ne manquait point à se confesser et communier à Pâques, à sa paroisse; il parlait toujours de Dieu et des choses saintes avec grand respect; et un de ses amis lui fit un jour avouer, devant Racan, qu'il avait une fois fait vœu d'aller à Aix, à la Sainte-Baume, tête nue, pour la maladie de sa femme; néanmoins il lui échappait de dire que la religion des honnêtes gens était celle du prince : c'est pourquoi Racan s'enquit fort soigneusement de quelle sorte il était mort. Il apprit que celui qui l'acheva de résoudre fut Yvrande, gentilhomme qui avait été nourri page de la grande écurie, et qui était son écolier en poésie, aussi bien que Racan. Ce qu'il lui dit pour le persuader de recevoir les sacrements, fut qu'ayant toujours fait profession de vivre comme les autres hommes, il fallait aussi mourir comme eux; et Malherbe lui demandant ce que cela voulait dire, Yvrande lui dit que quand les autres mouraient ils se confessaient, communiaient et recevaient les sacrements de l'Église. Malherbe avoua qu'il avait raison, et envoya querir le vicaire de Saint-Germain, qui l'assista jusqu'à la mort. Il avait souvent ces mots à la bouche, à l'exemple de M. Coeffeteau[3] : *Bonus animus, bonus deus, bonus cultus.*

On dit qu'une heure avant de mourir, après avoir été à l'agonie, il se réveilla comme en sursaut pour reprendre son hôtesse, qui lui servait de garde, d'un mot qui n'était pas bien français à son gré; et comme son confesseur lui en fit réprimande, il lui dit qu'il ne pouvait s'en empêcher, et qu'il voulait défendre jusqu'à la mort la pureté de la langue française.

## SUPPLÉMENT
## A LA VIE DE MALHERBE.

Malherbe se piquait extraordinairement de noblesse; et ce n'est pas sans peine qu'il consentit à traiter pour son fils d'un office de conseiller au parlement de Provence. Ses amis lui représentèrent en cette occasion que M. de Foix, nommé à l'archevêché de Toulouse, était auparavant conseiller au parlement de Paris; et qu'après un gentilhomme parent des rois, et allié de toutes les maisons souveraines de l'Europe, le fils d'un gentilhomme de Caen, quoique de la race de ceux qui suivirent en Angleterre Guillaume le Conquérant, pouvait sans scrupule exercer une charge de conseiller : cet exemple le décida. (BALZAC, *Entretien* XVIII.)

La dernière année de sa vie, Malherbe perdit son fils unique, qui fut tué en duel par un gentilhomme de Provence. Cette perte le toucha sensiblement. Je le voyais tous les jours dans le fort de son affliction, et je le trouvai agité de plusieurs pensées différentes. Il songea une fois à se battre contre celui qui avait tué son fils; et comme nous lui représentâmes, M. de Porchères d'Arbaud et moi, qu'il y avait trop de disproportion de son âge de soixante-douze ans à celui d'un homme qui n'en avait pas encore vingt-cinq : C'est à cause de cela que je me veux battre, nous répondit-il; ne voyez-vous pas que je ne hasarde qu'un denier contre une pistole?

On lui parla ensuite d'accommodement, et un conseiller du parlement de Provence, son ami particulier, lui porta parole de dix mille écus. Il en rejeta la proposition, et nous dit l'après-dînée ce qui s'était passé, le matin, entre lui et son ami. Mais nous lui fîmes considérer que la vengeance qu'il désirait étant apparemment impossible, à cause du crédit que sa partie avait à la cour, il ne devait pas refuser cette légère satisfaction qu'on lui présentait, que nous appelâmes

Solatia luctus
Exigua ingentis, misero sed debita patri.

Eh bien, dit-il, je croirai votre conseil ; je pourrai prendre de l'argent, puisqu'on m'y force; mais je proteste que je ne garderai pas un teston pour moi de ce qu'on me baillera : j'emploierai le tout à faire bâtir un mausolée à mon fils. Il usa du mot de

---

[1] En 1628.
[2] Cousin de Malherbe, et son premier éditeur.
[3] Nicolas Coeffeteau, évêque de Marseille, auteur d'une *Histoire romaine*, d'un *Traité des passions*, et de quelques autres ouvrages bien écrits pour le temps. (ST-MARC.)

# SUPPLÉMENT A LA VIE DE MALHERBE.

*mausolée*, au lieu de celui de *tombeau*, et fit le poëte partout.

Peu de temps après il fit un voyage à la cour, qui était alors devant la Rochelle, et apporta de l'armée la maladie dont il vint mourir à Paris. Ainsi le traité des dix mille écus ne fut point conclu, et le dessein du mausolée demeura dans son esprit. Il fit seulement imprimer un factum, et trois sonnets qui n'ont point été mis dans le corps de ses autres ouvrages.

L'un de ces sonnets commençait par le vers suivant :

Mon fils qui fut si brave, et que j'aimai si fort.

Ils étaient tous excellents, et ce n'est pas une petite perte que celle que nous en avons faite. (BALZAC, *Entretien* XXXVII.)

Il disait les plus jolies choses du monde; mais il ne les disait point de bonne grâce, et il était le plus mauvais récitateur de son temps. Nous l'appelions l'anti-mondory. Il gâtait ses beaux vers en les prononçant, outre qu'on ne l'entendait presque pas, à cause de l'empêchement de sa langue et de l'obscurité de sa voix. Il crachait pour le moins six fois en récitant une stance de quatre vers, et ce fut ce qui obligea le cavalier Marin à dire de lui qu'il n'avait jamais vu d'homme plus humide, ni de poëte plus sec. (*Ibid.*)

Malherbe était un des courtisans les plus assidus de madame Desloges, et la visitait réglément de deux jours l'un. Un de ces jours-là, ayant trouvé sur la table de son cabinet le gros livre du ministre Dumoulin contre le cardinal du Perron, et l'enthousiasme l'ayant pris à la seule lecture du titre, il demanda une plume et du papier sur lequel il écrivit ces dix vers :

Quoique l'auteur de ce gros livre
Semble n'avoir rien ignoré,
Le meilleur est toujours de suivre
Le prône de notre curé.
Toutes les doctrines nouvelles
Ne plaisent qu'aux folles cervelles ;
Pour moi, comme une humble brebis,
Sous la houlette je me range :
Il n'est permis d'aimer le change
Que des femmes et des habits.

Madame Desloges ayant lu les vers de Malherbe, piquée d'honneur et de zèle, prit la même plume, et de l'autre côté du papier écrivit ces autres vers :

C'est vous dont l'audace nouvelle
A rejeté l'antiquité,
Et Dumoulin ne vous rappelle
Que ce que vous avez quitté;
Vous aimez mieux croire à la mode :
C'est bien la foi la plus commode
Pour ceux que le monde a charmés ;

Les femmes y sont vos idoles,
Mais à grand tort vous les aimez,
Vous qui n'avez que des paroles.

La conclusion des deux épigrammes plaira sans doute aux profanes et à ceux qui font les galants. Pour moi, je tiens que, sur les matières de religion, il faut toujours s'éloigner du genre comique. La première n'est pas assez grave pour un homme qui parle tout de bon; et l'autre est trop gaillarde pour une femme qui parle à un homme. (BALZAC.)

Un jour que Malherbe se promenait à Caen avec M. le Picard, conseiller au bailliage de cette ville, un pauvre vient à passer et leur demanda l'aumône. Malherbe, qui avait l'âme assez tendre, et qui était charitable, le rebuta en disant : « Voyez-vous bien ce coquin; il est velu depuis la plante des pieds jusqu'au sommet de la tête, velu par le cou, velu par les bras et les mains, velu par les jambes, velu par tout le corps : *Ergo aut robustus, aut dives, aut lascivus;* s'il est fort, qu'il travaille; s'il est riche, il n'a besoin de rien; s'il est libertin, je ne dois pas fournir à ses débauches. » (MOISANT DE BRIEUX, lettre II, page 110.)

Il reprenait un jour dans des vers qu'on lui montrait, et l'auteur lui disant qu'il n'avait fait que l'imiter : « Si je faisais un p.. repartit Malherbe, voudriez-vous en faire un aussi ? » (SEGRAIS.)

Madame de Rambouillet avait pour lui beaucoup d'estime : « Il parle peu, disait-elle; mais il ne dit rien qui ne mérite d'être écrit.» (*Le même.*)

Il est impossible de rien faire de parfait ; et quand on s'est bien gêné pour contenter la plus saine partie du monde, où va cette renommée? à diminuer notre fortune, et bien souvent à nous faire passer en récompense (comme j'ai appris que Malherbe disait autrefois) pour de grands arrangeurs de syllabes, et pour des personnes qui ont eu une puissance suprême sur les lettres et sur les mots, afin de leur faire trouver leur place et leur ordre un peu mieux que le commun. (*Le même.*)

Lassé de terminer par *je vous baise les mains* ses lettres à madame d'Auchy, qu'il a immortalisée sous le nom de Caliste, et voulant lui marquer plus de respect, il remplaça cette formule épistolaire par *je vous baise les pieds;* ce qui faisait dire plaisamment à Balzac que Malherbe ne baisait les pieds à Caliste que parce qu'elle portait le nom d'un pape.

La principale occupation de Malherbe étant d'exercer sa critique sur le langage français, à quoi on le croyait fort expert, quelques-uns de ses amis le prièrent un jour de faire une grammaire de notre langue. Il leur répondit que, sans qu'il prît cette peine, on n'avait qu'à lire sa traduction du XXXIIIe livre de Tite-Live, et que c'était de cette sorte qu'il fallait écrire. (SOREL, *Biblioth. française*.)

Malherbe fut un homme supérieur : son nom marque la seconde époque de notre langue. Marot n'avait réussi que dans la poésie galante et légère : Malherbe fut le premier modèle du style noble, et le créateur de la poésie lyrique. Il en a l'enthousiasme, les mouvements et les tournures. Né avec de l'oreille et du goût, il connut les effets du rhythme, et créa une foule de constructions poétiques adaptées au génie de notre langue. Il nous enseigna l'espèce d'harmonie imitative qui lui convient, et comment on se sert de l'inversion avec art et avec réserve. ( LA HARPE.)

# POÉSIES.

## LIVRE PREMIER.

### ODES[1].

#### I.

##### AU ROI[2].

SUR LA PRISE DE MARSEILLE[3].

1596.

Enfin, après tant d'années,
Voici l'heureuse saison
Où nos misères bornées
Vont avoir leur guérison.
Les dieux, longs à se résoudre,
On fait un coup de leur foudre,
Qui montre aux ambitieux
Que les fureurs de la terre
Ne sont que paille et que verre
A la colère des cieux[4].

Peuples, à qui la tempête
A fait faire tant de vœux,
Quelles fleurs à cette fête
Couronneront vos cheveux?

Quelle victime assez grande
Donnerez-vous pour offrande?
Et quel Indique séjour
Une perle fera naître
D'assez de lustre pour être
La marque d'un si beau jour?

Cet effroyable colosse,
Cazaux[1], l'appui des mutins,
A mis le pied dans la fosse
Que lui cavaient les destins.
Il est bas, le parricide :
Un Alcide, fils d'Alcide,
A qui la France a prêté
Son invincible génie,
A coupé sa tyrannie
D'un glaive de liberté[2].

Les aventures du monde
Vont d'un ordre mutuel,
Comme on voit au bord de l'onde
Un reflux perpétuel.
L'aise et l'ennui de la vie
Ont leur course entre-suivie
Aussi naturellement
Que le chaud et la froidure ;
Et rien, afin que tout dure,
Ne dure éternellement.

Cinq ans Marseille, volée
A son juste possesseur,
Avait langui désolée
Aux mains de cet oppresseur.
Enfin le temps l'a remise
En sa première franchise ;
Et les maux qu'elle endurait
Ont eu ce bien pour échange,

---

[1] C'est Ronsard qui a introduit le mot grec ᾠδή dans notre langue.
[2] Henri IV.
[3] Marseille révoltée fut replacée sous l'autorité royale par Charles de Lorraine, duc de Guise, fils aîné du *Balafré*. Malherbe était alors en Provence. Cette ode, qui peut être regardée comme son coup d'essai dans la poésie lyrique, est bien inférieure à celles qui suivent, et cependant on ne connaissait rien encore qui pût lui être comparé.
[4] Racine, dans ses chœurs d'Esther, fait parler ainsi une jeune Israélite qui implore le secours du Dieu de Sion :

Que les méchants apprennent aujourd'hui
  A craindre ta colère ;
Qu'ils soient comme la poudre et la paille légère
  Que le vent chasse devant lui.
                  Acte I, sc. v.

Comme Malherbe, il paraît avoir emprunté cette idée de ces passages de l'Écriture : *Sint tanquam pulvis ante faciem venti. — Et sicut stipulam ante faciem venti.* (Psalm. XXIV, v. 5 ; LXXXII, v. 12.)

[1] Charles Cazaux, ou Cazaut, consul de Marseille, s'étant rendu maître absolu dans cette ville, avec Louis d'Aix, avait appelé les Espagnols à son secours, pour s'y maintenir contre les forces du roi, commandées par le duc de Guise.
[2] Allusion à Pierre de Libertat, qui, aidé de son frère Barthélemy, tua Cazaux. Bayon, leur trisaïeul, avait acquis le surnom de *Libertat* pour avoir délivré Calvi de deux tyrans qui la voulaient livrer aux Espagnols. Voyez l'*oraison funèbre de Pierre de Libertat*, par du Vair.

Qu'elle a vu parmi la fange
Fouler ce qu'elle adorait.

Déjà tout le peuple more
A ce miracle entendu ;
A l'un et l'autre Bosphore ¹
Le bruit en est répandu :
Toutes les plaines le savent
Que l'Inde ² et l'Euphrate lavent ;
Et déjà, pâle d'effroi,
Memphis se pense captive,
Voyant si près de la rive
Un neveu de Godefroi ³.

## II.
### AU ROI.

SUR LE MÊME SUJET.

1596.

Soit que, de tes lauriers la grandeur poursuivant,
D'un cœur où l'ire juste et la gloire commande
Tu passes comme un foudre en la terre flamande,
D'Espagnols abattus la campagne pavant ;
    Soit qu'en sa dernière tête
    L'hydre civile t'arrête ;
    Roi, que je verrai jouir
    De l'empire de la terre,
    Laisse le soin de la guerre,
    Et pense à te réjouir.

Nombre tous les succès où ta fatale main,
Sous l'appui du bon droit aux batailles conduite,
De tes peuples mutins la malice a détruite
Par un heur ⁴ éloigné de tout penser humain.
    Jamais tu n'as vu journée
    De si douce destinée ;
    Non celle où tu rencontras
    Sur la Dordogne en désordre
    L'orgueil à qui tu fis mordre
    La poussière de Coutras ⁵.

Cazaux ⁶, ce grand Titan qui se moquait des cieux,

---

¹ Le Thracien et le Cimmérien. (MÉN.)
² L'Indus.
³ C'était alors une opinion reçue parmi le peuple, et convenue entre les poëtes, que la maison de Lorraine tirait son origine de Godefroi de Bouillon ; mais les généalogistes n'en demeuraient pas d'accord.
⁴ *Heur*, pour *bonheur*, n'est plus en usage que dans cette phrase : *il n'y a qu'heur et malheur en ce monde*.
⁵ Henri n'était encore que roi de Navarre, lorsqu'il gagna la bataille de Coutras. Cette bataille, dans laquelle le duc de Joyeuse perdit la vie, se donna le 20 octobre 1587.
⁶ Voyez l'ode précédente.

A vu par le trépas son audace arrêtée ;
Et sa rage infidèle, aux étoiles montée,
Du plaisir de sa chute a fait rire nos yeux ¹.
. . . . . . . . . . . . . . . .

Ce dos chargé de pourpre, et rayé de clinquants,
A dépouillé sa gloire au milieu de la fange,
Les dieux, qu'il ignorait, ayant fait cet échange
Pour venger en un jour les crimes de cinq ans.
    La mer en cette furie
    A peine a sauvé Dorie ² ;
    Et le funeste remords
    Que fait la peur des supplices
    A laissé tous ses complices
    Plus morts que s'ils étaient morts.

## III ³.
### A LA REINE.

POUR SA BIENVENUE EN FRANCE ⁴.

1600.

Peuples, qu'on mette sur la tête
Tout ce que la terre a de fleurs ⁵ ;
Peuples, que cette belle fête
A jamais tarisse nos pleurs :
Qu'aux deux bouts du monde se voie
Luire le feu de notre joie ;
Et soient dans les coupes noyés
Les soucis de tous ces orages
Que, pour nos rebelles courages,
Les dieux nous avaient envoyés.

---

¹ Cette strophe s'est trouvée incomplète dans les papiers de Malherbe.
² Charles Doria, Génois, qui commandait les galères d'Espagne que Cazaux devait introduire dans le port de Marseille. (MÉN.)
³ A la réserve de deux ou trois mots qui ont vieilli, il n'y a rien dans cette ode qui ne soit encore aujourd'hui à la mode, et dans toute la justesse de nos règles. Tous les autres vers de ce temps-là sont plutôt gothiques que français. (MÉN.) — C'est le premier ouvrage où Malherbe se montre véritablement poëte. Il y brille par la richesse de l'invention, par l'abondance des pensées et des images, et par la hardiesse des figures. La versification en est noble, grande et soutenue ; l'élocution brillante, élevée et quelquefois sublime. ( ST-MARC. ) — C'est de cette ode, présentée à Sa Majesté à Aix, l'an 1600, que date l'estime que le cardinal du Perron conçut pour Malherbe, et qu'il conserva pour lui jusqu'à la fin de sa vie.
⁴ Marie de Médicis venait partager le lit et la couronne de Henri IV.
⁵ La reine arriva en France dans une saison où il n'y avait point de fleurs sur la terre, car elle y arriva au commencement du mois de novembre. Mais il est permis aux poëtes de changer ces sortes de circonstances, pourvu qu'en les changeant ils soient d'accord avec eux-mêmes, et qu'ils ne se contredisent point. Ainsi notre poëte, dans cette même ode, fait tuer d'une épée Achille, qui fut tué d'une flèche. (MÉN.)

A ce coup iront en fumée
Les vœux que faisaient nos mutins
En leur âme encore affamée
De massacres et de butins [1].
Nos doutes [2] seront éclaircies ;
Et mentiront les prophéties
De tous ces visages pâlis,
Dont le vain étude s'applique
A chercher l'an climatérique
De l'éternelle fleur de lis [3].

Aujourd'hui nous est amenée
Cette princesse que la foi
D'amour ensemble et d'hyménée
Destine au lit de notre roi.
La voici, la belle Marie,
Belle merveille d'Hétrurie,
Qui fait confesser au soleil,
Quoi que l'âge passé raconte,
Que du ciel, depuis qu'il y monte,
Ne vint jamais rien de pareil.

Telle n'est point la Cythérée,
Quand, d'un nouveau feu s'allumant,
Elle sort pompeuse et parée
Pour la conquête d'un amant :
Telle ne luit en sa carrière
Des mois l'inégale courrière :
Et telle dessus l'horizon
L'Aurore, au matin [4], ne s'étale,
Quand les yeux même de Céphale
En feraient la comparaison [5].

Le sceptre que porte sa race,
Où l'heur aux mérites est joint,
Lui met le respect en la face ;
Mais il ne l'enorgueillit point.
Nulle vanité ne la touche ;
Les grâces parlent par sa bouche ;
Et son front, témoin assuré
Qu'au vice elle est inaccessible,
Ne peut que d'un cœur insensible
Être vu sans être adoré.

Quantes fois [1] lorsque sur les ondes
Ce nouveau miracle flottait,
Neptune en ses caves profondes
Plaignit-il le feu qu'il sentait !
Et quantes fois en sa pensée
De vives atteintes blessée
Sans l'honneur de la royauté
Qui lui fit celer son martyre,
Eût-il voulu de son empire
Faire échange à cette beauté !

Dix jours, ne pouvant se distraire
Du plaisir de la regarder,
Il a, par un effort contraire,
Essayé de la retarder.
Mais, à la fin, soit que l'audace
Au meilleur avis ait fait place,
Soit qu'un autre démon plus fort
Aux vents ait imposé silence,
Elle est hors de sa violence,
Et la voici dans notre port.

La voici, peuples, qui nous montre
Tout ce que la gloire a de prix ;
Les fleurs naissent à sa rencontre
Dans les cœurs et dans les esprits :
Et la présence des merveilles
Qu'en oyaient [2] dire nos oreilles
Accuse la témérité
De ceux qui nous l'avaient décrite,
D'avoir figuré son mérite
Moindre que n'est la vérité.

O toute parfaite princesse,
L'étonnement de l'univers,

---

[1] La poésie, qui se plaît aux hyperboles, aime les pluriels. Horace a dit de même : *Paces, obliviones*, etc. (MÉN.)

[2] Soit en vers, soit en prose, Malherbe a toujours fait ce mot féminin. (MÉN.)

[3] C'est-à-dire à tirer l'horoscope de la France, qui n'aura point de fin. — « Malherbe, dit Balzac, a eu le premier cette fantaisie des fleurs de lis, à laquelle je ne pus jamais être complaisant. Il me demanda mon suffrage, que je lui refusai dans la liberté de notre conversation ; et, bien que je l'appelasse mon père, il fut impossible au fils de laisser au père ni le royaume des fleurs de lis, ni l'empire du croissant. Tout petit garçon que j'étais, je lui résistai en face, et m'opposai à l'autorité que sa vieillesse et son mérite lui avaient acquise. Je le priai de se souvenir du mot d'un de nos anciens, qu'il ne faut pas que la prose enjambe sur la poésie. Je lui remontrai que chaque genre se doit contenter du sien, et que de démarquer les bornes qui séparent les frontières, c'est commencer le désordre et la confusion. » — On ne dit plus aujourd'hui ni en vers ni en prose, *le royaume des fleurs de lis* ; mais on a conservé *l'empire du croissant*.

[4] Pléonasme. Les Latins ont dit de même : Parler avec la bouche, écouter avec les oreilles : *Ore locuta est, vocem his auribus hausi* ; et les Grecs : Ὀφθαλμοῖσιν ἰδεῖν, ἠδ' οὔασιν οὔσαν ἀκοῦσαι. (MÉN.)

[5] Il paraît, par ces vers, que Malherbe a cru que Céphale était amoureux de l'Aurore ; en quoi il s'est trompé. C'était au contraire l'Aurore qui était amoureuse de Céphale, et Céphale était fidèle à Procris, comme il le témoigne lui-même au livre septième des Métamorphoses. (MÉN.)

[1] Nos anciens poètes se servaient volontiers de ce mot ; il est aujourd'hui tout à fait hors d'usage ; mais comme le mot *combien de fois* est trop languissant pour être mis en vers, il serait à souhaiter que quelque grand poète le remit en usage par son autorité. (MÉN.)

[2] Ce temps du verbe *ouïr* n'est plus usité.

Astre par qui vont avoir cesse[1]
Nos ténèbres et nos hivers,
Exemple sans autres exemples,
Future image de nos temples !
Quoi que notre faible pouvoir
En votre accueil ose entreprendre,
Peut-il espérer de vous rendre
Ce que nous vous allons devoir ?

Ce sera vous qui de nos villes
Ferez la beauté refleurir,
Vous, qui de nos haines civiles
Ferez la racine mourir ;
Et par vous la paix assurée
N'aura pas la courte durée
Qu'espèrent infidèlement,
Non lassés de notre souffrance,
Ces Français qui n'ont de la France
Que la langue et l'habillement.

Par vous un dauphin nous va naître,
Que vous-même verrez un jour
De la terre entière le maître,
Ou par armes, ou par amour ;
Et ne tarderont ses conquêtes,
Dans les oracles déjà prêtes,
Qu'autant que le premier coton[2],
Qui de jeunesse est le message,
Tardera d'être en son visage
Et de faire ombre à son menton.

Oh ! combien lors aura de veuves
La gent[3] qui porte le turban !
Que de sang rougira les fleuves
Qui lavent les pieds du Liban !
Que le Bosphore en ses deux rives
Aura de sultanes captives !
Et que de mères à Memphis[4],

En pleurant, diront la vaillance
De son courage et de sa lance[1],
Aux funérailles de leurs fils !

Cependant notre grand Alcide,
Amolli par vos doux appas,
Perdra la fureur qui, sans bride,
L'emporte à chercher le trépas :
Et cette valeur indomptée,
De qui l'honneur est l'Eurysthée[2],
Puisque rien n'a su l'obliger
A ne nous donner plus d'alarmes,
Au moins, pour épargner vos larmes,
Aura peur de nous affliger.

Si l'espoir qu'aux bouches des hommes
Nos beaux faits seront récités
Est l'aiguillon par qui nous sommes
Dans les hasards précipités ;
Lui, de qui la gloire semée
Par les voix de la renommée
En tant de parts s'est fait ouïr,
Que tout le siècle en est un livre,
N'est-il pas indigne de vivre,
S'il ne vit pour se réjouir ?

Qu'il lui suffise que l'Espagne,
Réduite par tant de combats
A ne l'oser voir en campagne,
A mis l'ire et les armes bas :
Qu'il ne provoque point l'envie
Du mauvais sort contre sa vie ;
Et puisque, selon son dessein,

---

[1] Façon de parler de ce temps-là. On dit encore quelquefois dans le discours familier, *il n'a point de cesse* ; mais on ne dit plus du tout *il n'a point cessé*. Pour *sans cesse*, il est toujours du bel usage. (MÉN.)

[2] Expression poétique du temps. Ronsard avait dit :

> A peine sur son menton,
> Un coton
> De soie se laisse épandre.
> Liv. I, hymne IX.

[3] Les poëtes usaient fréquemment, autrefois, du mot *gent*. Aujourd'hui on ne s'en sert plus guère au singulier (il est toujours en usage au pluriel), si ce n'est en vers burlesques, comme a fait M. Scarron, qui a dit, en parlant des pages, *la gent à grègue retroussée*. Je crois qu'on a cessé de dire *la gent*, à cause de l'équivoque de *l'agent*. (MÉN.)

[4] Malherbe affectait ces rimes neuves, je veux dire ces rimes de mots extraordinaires, comme turban, Liban, Memphis, Escurial, Malée, Pléiades, Atride, Chiron, Pise, Éridan, Ilion, Tyr, Palestine, Phrygie, Égée, et autres semblables. Et en effet, elles plaisent par leur nouveauté. Je remarquerai ici au sujet de *turban*, de *Liban* et de *Memphis*, que Théophile se moque assez plaisamment en quelque endroit de ses poésies, de certains poëtes de son temps qui croyaient avoir bien imité Malherbe, quand ils l'avaient imité par ces rimes. (MÉN.)

[1] On ne dit point la *vaillance d'un courage*, et on ne dit guère *la vaillance d'une lance*, quoique le peuple dise *vaillant comme son épée* et *vaillant comme l'épée*. M. Patru[*], qui est un des hommes de France qui sait le mieux le français, a corrigé de la sorte cet endroit de Malherbe :

> En pleurant diront sa vaillance,
> Et les coups mortels de sa lance.    (MÉN.)

[2] Eurysthée était un roi de Mycènes, qui, voulant faire périr Hercule, pour complaire à Junon, l'engagea dans plusieurs actions périlleuses. (MÉN.)
Cette comparaison peut être regardée comme une des plus nobles et des plus heureuses hardiesses qui soient en notre langue ; cependant elle manque de justesse en un point : Eurysthée, servant la haine de Junon, n'exposait Hercule aux plus grands dangers qu'à dessein de l'y faire périr. L'honneur n'exposait la valeur d'Henri IV à tous les dangers de la guerre, que pour augmenter la gloire et la puissance de ce monarque. (ST-MARC.)

[*] Célèbre avocat, plein de science et de probité.

Il a rendu nos troubles calmes,
S'il veut davantage de palmes,
Qu'il les acquière en votre sein ¹.

C'est là qu'il faut qu'à son génie.
Seul arbitre de ses plaisirs,
Quoi qu'il demande, il ne dénie
Rien qu'imaginent ses désirs :
C'est là qu'il faut que les années
Lui coulent comme des journées,
Et qu'il ait de quoi se vanter
Que la douceur qui tout excède
N'est point ce que sert Ganymède
A la table de Jupiter ².

Mais d'aller plus à ces batailles
Où tonnent les foudres d'enfer,
Et lutter contre des murailles
D'où pleuvent la flamme et le fer;
Puisqu'il sait qu'en ses destinées
Les nôtres seront terminées,
Et qu'après lui notre discord
N'aura plus qui dompte sa rage,
N'est-ce pas nous rendre au naufrage,
Après nous avoir mis à bord ³?

Cet Achille de qui la pique
Faisait aux braves d'Ilion
La terreur que fait en Afrique
Aux troupeaux l'assaut d'un lion,
Bien que sa mère eût à ses armes
Ajouté la force des charmes ⁴,
Quand les destins l'eurent permis,
N'eut-il pas sa trame coupée
De la moins redoutable épée
Qui fût parmi ses ennemis ⁵?

Les Parques d'une même soie
Ne dévident pas tous nos jours;
Ni toujours par semblable voie
Ne font les planètes leurs cours.
Quoi que promette la Fortune,
A la fin, quand on l'importune,
Ce qu'elle avait fait prospérer
Tombe du faîte au précipice;
Et, pour l'avoir toujours propice,
Il la faut toujours révérer.

Je sais bien que sa Carmagnole ¹
Devant lui se représentant,
Telle qu'une plaintive idole,
Va son courroux sollicitant,
Et l'invite à prendre pour elle
Une légitime querelle :
Mais doit-il vouloir que pour lui
Nous ayons toujours le teint blême,
Cependant qu'il tente lui-même
Ce qu'il peut faire par autrui?

Si vos yeux sont toute sa braise,
Et vous la fin de tous ses vœux,
Peut-il pas languir à son aise
En la prison de vos cheveux,
Et commettre aux dures corvées
Toutes ces âmes relevées
Que, d'un conseil ambitieux,
La faim de gloire persuade
D'aller, sur les pas d'Encelade,
Porter des échelles aux cieux ²?

Apollon n'a point de mystère,
Et sont profanes ses chansons,
Ou, devant que le Sagittaire
Deux fois ramène les glaçons,
Le succès de leurs entreprises,
De qui deux provinces conquises
Ont déjà fait preuve, à leur dam ³,
Favorisé de la victoire,
Changera la fable en histoire
De Phaéton en l'Éridan.

¹ J'aurais dit :
Qu'il les cueille dans votre sein.
(MÉN.)
² *Vanter, Jupiter.* Notre poète emploie encore ailleurs ces rimes vicieuses que nous appelons *normandes*, parce que les Normands, qui prononcent *er* ouvert comme *er* fermé, les ont introduites en poésie. (MÉN.)
³ *Après nous avoir mis au port*, eût été plus poétique. (MÉN.)
⁴ Malherbe veut dire que Thétis, outre les armes belles et fortes qu'elle donna à son fils Achille, faites par Vulcain, le plongea dans l'eau du Styx; ce qui le rendit invulnérable par tout le corps, excepté au talon par où elle le tenait en l'y plongeant. Mais il ne le dit pas nettement; car son expression tend plutôt à faire croire que Thétis charma les armes qu'elle donna à Achille. (MÉN.)
⁵ Dictys de Crète, et Ptolémée, fils d'Éphestion, racontent qu'Hélénus blessa Achille à la main. Darès de Phrygie soutient qu'Hector, Memnon et Troïlus le blessèrent à la cuisse. Ainsi, ce que disent les poètes que le corps d'Achille était invulnérable, excepté au talon, n'est qu'une fable. Mais les poètes sont obligés de suivre la Fable et non pas l'histoire. (MÉN.)
¹ La plus forte ville du marquisat de Saluces. (MÉN.) — Il s'agit ici de la guerre de Savoie commencée en 1600, pour recouvrer le marquisat de Saluces dont le duc de Savoie s'était emparé dès 1598, et dont Carmagnole est la capitale.
(ST-MARC.)
² Allusion à la guerre que faisaient alors en Savoie les Français commandés par Lesdiguières, sous les ordres de Henri IV, qui y assistait en personnes (ST-MARC.)
³ Abréviation de *damnum*, dommage. On dirait aujourd'hui à *leurs dépens.*

Nice, payant avec honte
Un siége autrefois repoussé [1],
Cessera de nous mettre en compte
Barberousse qu'elle a chassé;
Guise [2], en ses murailles forcées
Remettra les bornes passées
Qu'avait notre empire marin [3];
Et Soissons [4], fatal aux superbes,
Fera chercher parmi les herbes
En quelle place fut Turin.

## IV.

SUR L'ATTENTAT COMMIS EN LA PERSONNE DU ROI,
LE 19 DÉCEMBRE 1605 [5].

1606.

Que direz-vous, races futures,
Si quelquefois un vrai discours
Vous récite les aventures
De nos abominables jours?
Lirez-vous, sans rougir de honte,
Que notre impiété surmonte
Les faits les plus audacieux,
Et les plus dignes du tonnerre
Qui firent jamais à la terre
Sentir la colère des cieux?

O que nos fortunes prospères [6]
Ont un change bien apparent!
O que du siècle de nos pères
Le nôtre s'est fait différent!
La France, devant ses orages,
Pleine de mœurs et de courages
Qu'on ne pouvait assez louer,
S'est faite aujourd'hui si tragique,
Qu'elle produit ce que l'Afrique
Aurait vergogne [7] d'avouer.

Quelles preuves incomparables
Peut donner un prince de soi,
Que les rois les plus adorables
N'en quittent l'honneur à mon roi?
Quelle terre n'est parfumée
Des odeurs de sa renommée?
Et qui peut nier qu'après Dieu,
Sa gloire, qui n'a point d'exemples,
N'ait mérité que dans nos temples
On lui donne le second lieu?

Qui ne sait point qu'à sa vaillance
Il ne se peut rien ajouter,
Qu'on reçoit de sa bienveillance
Tout ce qu'on en doit souhaiter,
Et que, si de cette couronne
Que sa tige illustre lui donne,
Les lois ne l'eussent revêtu,
Nos peuples, d'un juste suffrage,
Ne pouvaient, sans faire naufrage,
Ne l'offrir point à sa vertu?

Toutefois, ingrats que nous sommes,
Barbares et dénaturés
Plus qu'en ce climat où les hommes
Par les hommes sont dévorés,
Toujours nous assaillons sa tête
De quelque nouvelle tempête
Et, d'un courage forcené
Rejetant son obéissance,
Lui défendons la jouissance
Du repos qu'il nous a donné!

La main de cet esprit farouche
Qui, sorti des ombres d'enfer,
D'un coup sanglant frappa sa bouche [1],
A peine avait laissé le fer,
Et voici qu'un autre perfide,
Où la même audace réside,
Comme si détruire l'État,
Tenait lieu de juste conquête,
De pareilles armes s'apprête
A faire un pareil attentat!

O soleil! ô grand luminaire!
Si jadis l'honneur d'un festin
Fit que de ta route ordinaire
Tu reculas vers le matin,
Et d'un émerveillable change

---

[1] En 1543, les Français, sous les ordres du duc d'Enghien, par terre, et les Turcs, sous ceux de Barberousse, par mer, tenaient assiégée la ville de Nice. Philippe Doria, Génois, qui commandait la flotte de Charles-Quint, fit lever ce siége. (MÉN.) — Soliman avait envoyé Barberousse au secours de François 1er, avec cent trente galères.
[2] Charles, duc de Guise.
[3] Nice appartenait autrefois aux Français, comme faisant partie du comté de Provence. (ST-MARC.)
[4] Charles, comte de Soissons, célèbre par sa passion pour Catherine de Bourbon, sœur de Henri IV.
[5] Étienne de Lisle, procureur à Senlis, se jetant sur le roi, comme il passait à cheval sur le Pont Neuf, le tira par son manteau qu'il fit tomber. Cet homme fut pris tout aussitôt, et mené à la Bastille; mais comme par ses interrogatoires il parut aliéné d'esprit, le roi lui pardonna. (MÉN.)
[6] Nos puristes font aujourd'hui, je ne sais pourquoi, difficulté de se servir du mot *prospère*. (MÉN.)
[7] Ce mot, qu'on écrivait autrefois *vergongne*, a été banni de la poésie comme peu propre à exprimer la honte et la pudeur, et ne tardera pas de l'être tout à fait de la prose.

[1] Jean Châtel, qui, en 1594, avait frappé d'un poignard Henri IV, à la lèvre supérieure.

Tu couchas aux rives du Gange,
D'où vient que ta sévérité,
Moindre qu'en la faute [1] d'Atrée,
Ne punit point cette contrée
D'une éternelle obscurité?

Non, non, tu luis sur le coupable
Comme tu fais sur l'innocent;
Ta nature n'est point capable
Du trouble qu'une âme ressent :
Tu dois ta flamme à tout le monde;
Et ton allure vagabonde,
Comme une servile action
Qui dépend d'une autre puissance,
N'ayant aucune connaissance,
N'a point aussi d'affection.

Mais, ô planète belle et claire,
Je ne parle pas sagement;
Le juste excès de la colère
M'a fait perdre le jugement.
Ce traître, quelque frénésie
Qui travaillât sa fantaisie,
Eut encore assez de raison
Pour ne vouloir rien entreprendre,
Bel astre, qu'il n'eût vu descendre
Ta lumière sous l'horizon.

Au point qu'il écuma [2] sa rage,
Le dieu de Seine était dehors
A regarder croître l'ouvrage [3]
Dont ce prince embellit ses bords.
Il se resserra tout à l'heure
Au plus bas lieu de sa demeure;
Et ses nymphes dessous les eaux,
Toutes sans voix et sans haleine,
Pour se cacher furent en peine
De trouver assez de roseaux.

La terreur des choses passées,
A leurs yeux se ramentevant [4],
Faisait prévoir à leurs pensées
Plus de malheurs qu'auparavant;
Et leur était si peu croyable
Qu'en cet accident effroyable
Personne les pût secourir,

Que, pour en être dégagées,
Le ciel les aurait obligées
S'il leur eût permis de mourir.

Revenez, belles fugitives;
De quoi versez-vous tant de pleurs?
Assurez vos âmes craintives,
Remettez vos chapeaux de fleurs :
Le roi vit; et ce misérable,
Ce monstre vraiment déplorable,
Qui n'avait jamais éprouvé
Que peut [1] un visage d'Alcide,
A commencé le parricide,
Mais il ne l'a point achevé.

Pucelles, qu'on se réjouisse,
Mettez-vous l'esprit en repos;
Que cette peur s'évanouisse,
Vous la prenez mal à propos :
Le roi vit; et les destinées
Lui gardent un nombre d'années
Qui fera maudire le sort
A ceux dont l'aveugle manie
Dresse des plans de tyrannie
Pour bâtir quand il sera mort.

O bienheureuse intelligence,
Puissance, quiconque tu sois,
Dont la fatale diligence
Préside à l'empire français!
Toutes ces visibles merveilles
De soins, de peines et de veilles,
Qui jamais ne t'ont pu lasser,
N'ont-elles pas fait une histoire
Qu'en la plus ingrate mémoire
L'oubli ne saurait effacer?

Ces archers aux casaques peintes [2]
Ne peuvent pas n'être surpris,
Ayant à combattre les feintes
De tant d'infidèles esprits.

---

[1] *Faute* dit trop peu pour un crime que le soleil ne put éclairer. (MÉN.)
[2] Suivant Ménage, le mot *écumer* recevait quelquefois alors une signification active.
[3] La grande galerie du Louvre.
[4] *Rappeler, représenter*, ont fait oublier ce mot, qui, vers la fin du dix-septième siècle, était encore admis dans le style épistolaire.

[1] Au lieu de *ce que peut*. C'était, au temps de Malherbe, une licence poétique. L'article pronominal serait indispensable aujourd'hui pour la correction de la phrase.
[2] *Casaque*, manière de saye, habillement usité ès compagnies d'hommes d'armes et archers et costiliers d'iceux; elle est bigarrée par demy-losanges, ou de diverses étoffes de deux ou plusieurs couleurs, ou d'une même étoffe de plusieurs couleurs, servant de sur-vêtement à l'homme armé, pour cognoissance de la compagnie dont il est. Lesquelles couleurs étoient et sont la livrée, cognoissance, ou enseigne, qu'on disoit anciennement des chefs et capitaines de telles compagnies, pour s'entre-discerner les unes des autres en une armée ou bataille, se rallier plus aisément, et voir par le chef et général de l'armée quels étoient les bien ou mal-faisants en une journée, assignée, ou forcée, et en une rencontre. (NICOT. *Trésor de la langue française*.)

Leur présence n'est qu'une pompe;
Avecque peu d'art on les trompe.
Mais de quelle dextérité
Se peut déguiser une audace,
Qu'en l'âme aussitôt qu'en la face
Tu n'en lises la vérité?

Grand démon d'éternelle marque,
Fais qu'il te souvienne toujours
Que tous nos maux en ce monarque
Ont leur refuge et leur secours;
Et qu'arrivant l'heure prescrite
Que le trépas, qui tout limite,
Nous privera de sa valeur,
Nous n'avons jamais eu d'alarmes
Où nous ayons versé des larmes
Pour une semblable douleur.

Je sais bien que par la justice,
Dont la paix accroît le pouvoir,
Il fait demeurer la malice
Aux bornes de quelque devoir;
Et que son invincible épée
Sous telle influence est trempée
Qu'elle met la frayeur partout
Aussitôt qu'on la voit reluire:
Mais, quand le malheur nous veut nuire,
De quoi ne vient-il point à bout?

Soit que l'ardeur de la prière
Le tienne devant un autel,
Soit que l'honneur à la barrière
L'appelle à débattre un cartel,
Soit que dans la chambre il médite,
Soit qu'aux bois la chasse l'invite,
Jamais ne t'écarte si loin,
Qu'aux embûches qu'on lui peut tendre
Tu ne sois prêt à le défendre,
Sitôt qu'il en aura besoin.

Garde sa compagne fidèle,
Cette reine dont les bontés
De notre faiblesse mortelle
Tous les défauts ont surmontés.
Fais que jamais rien ne l'ennuie;
Que toute infortune la fuie;
Et qu'aux roses de sa beauté
L'âge, par qui tout se consume,
Redonne, contre sa coutume,
La grâce de la nouveauté.

Serre d'une étreinte si ferme
Le nœud de leurs chastes amours

Que la seule mort soit le terme
Qui puisse en arrêter le cours.
Bénis les plaisirs de leur couche;
Et fais renaître de leur souche
Des scions si beaux et si verts,
Que de leur feuillage sans nombre
A jamais ils puissent faire ombre [1]
Aux peuples de tout l'univers.

Surtout, pour leur commune joie,
Dévide aux ans de leur dauphin,
A longs filets d'or et de soie,
Un bonheur qui n'ait point de fin:
Quelques vœux que fasse l'envie,
Conserve-leur sa chère vie;
Et tiens par elle ensevelis
D'une bonace continue
Les aquilons, dont sa venue
A garanti les fleurs de lis.

Conduis-le, sous leur assurance,
Promptement jusques au sommet
De l'indubitable espérance
Que son enfance leur promet;
Et, pour achever leurs journées,
Que les oracles ont bornées
Dedans le trône impérial,
Avant que le ciel les appelle,
Fais-leur ouïr cette nouvelle,
Qu'il a rasé l'Escurial.

## V [2].

### AU ROI,

SUR L'HEUREUX SUCCÈS DU VOYAGE DE SEDAN [3].

#### 1606.

Enfin, après les tempêtes,
Nous voici rendus au port;
Enfin nous voyons nos têtes
Hors de l'injure du sort:
Nous n'avons rien qui menace
De troubler notre bonace;

---

[1] Métaphore bien suivie et bien exprimée: *faire ombre*, c'est *donner protection*. Virgile a dit dans le même sens:
..... O, qui me gelidis in vallibus Hæmi
Sistat, et ingenti ramorum protegat umbra!
Georg. lib. II, v. 489. (Mén.)

[2] Cette ode est une de celles que Malherbe estimait le plus. (Racan.)

[3] Le duc de Bouillon, qui, à la tête de quelques mécontents, s'était réfugié à Sedan, venait de se réconcilier avec Henri, et Sedan avait été le prix de cette réconciliation.

Et ces matières de pleurs,
Massacres, feux et rapines,
De leurs funestes épines
Ne gâteront plus nos fleurs [1].

Nos prières sont ouïes,
Tout est réconcilié ;
Nos peurs sont évanouies,
Sedan est humilié.
A peine il a vu le foudre
Parti pour le mettre en poudre,
Que, faisant comparaison
De l'espoir et de la crainte,
Pour éviter la contrainte
Il s'est mis à la raison.

Qui n'eût cru que ces murailles,
Que défendait un lion,
Eussent fait des funérailles
Plus que n'en fit Ilion ;
Et qu'avant qu'être à la fête
De si pénible conquête
Les champs se fussent vêtus
Deux fois de robe nouvelle,
Et le fer eût en javelle
Deux fois les blés abattus ?

Et toutefois, ô merveille !
Mon roi, l'exemple des rois,
Dont la grandeur nonpareille
Fait qu'on adore ses lois,
Accompagné d'un génie
Qui les volontés manie,
L'a su tellement presser
D'obéir et de se rendre,
Qu'il n'a pas eu pour le prendre
Loisir de le menacer.

Telle qu'à vagues épandues
Marche un fleuve impérieux
De qui les neiges fondues
Rendent le cours furieux :
Rien n'est sûr en son rivage ;
Ce qu'il treuve [2], il le ravage,
Et, traînant comme buissons
Les chênes et leurs racines [3],
Ote aux campagnes voisines
L'espérance des moissons :

Tel, et plus épouvantable,
S'en allait ce conquérant,
A son pouvoir indomptable
Sa colère mesurant.
Son front avait une audace
Telle que Mars en la Thrace ;
Et les éclairs de ses yeux
Étaient comme d'un tonnerre
Qui gronde contre la terre
Quand elle a fâché les cieux.

Quelle vaine résistance
A son puissant appareil
N'eût porté la pénitence
Qui suit un mauvais conseil,
Et vu sa faute bornée
D'une chute infortunée,
Comme la rébellion
Dont la fameuse folie
Fit voir à la Thessalie
Olympe sur Pélion ?

Voyez comme en son courage,
Quand on se range au devoir,
La pitié calme l'orage
Que l'ire [1] a fait émouvoir :
A peine fut réclamée
Sa douceur accoutumée,
Que, d'un sentiment humain
Frappé non moins que de charmes,
Il fit la paix, et les armes
Lui tombèrent de la main.

Arrière, vaines chimères
De haines et de rancœurs ;
Soupçons de choses amères,
Éloignez-vous de nos cœurs :
Loin, bien loin, tristes pensées
Où nos misères passées
Nous avaient ensevelis !
Sous Henri, c'est ne voir goutte
Que de révoquer en doute
Le salut des fleurs de lis.

O roi qui du rang des hommes
T'exceptes par ta bonté,
Roi qui de l'âge où nous sommes
Tout le mal as surmonté !
Si tes labeurs, d'où la France
A tiré sa délivrance,
Sont écrits avecque foi,

---

[1] Expression trop figurée, et d'ailleurs un peu embarrassée. Le poëte veut dire : les massacres, les feux et les rapines, qui sont des matières de pleurs, ne troubleront plus notre joie par des afflictions. (MÉN.)
[2] C'est ainsi que ce mot s'écrivait et se prononçait alors.
[3] La dernière partie de ce vers n'est point superflue, comme quelques-uns le prétendent. Elle marque l'impétuosité du débordement. V. Hom. *Iliad.* liv. IX, v. 537. (MÉN.)

[1] Ce mot se retrouve souvent dans Malherbe. Il est beau, et on ne doit point faire difficulté de s'en servir en poésie, et surtout en parlant des dieux et des rois. (MÉN.)

Qui sera si ridicule
Qu'il ne confesse qu'Hercule
Fut moins Hercule que toi[1] ?

De combien de tragédies,
Sans ton assuré secours,
Étaient les trames ourdies
Pour ensanglanter nos jours!
Et qu'aurait fait l'innocence,
Si l'outrageuse licence,
De qui le souverain bien
Est d'opprimer et de nuire;
N'eût trouvé pour la détruire
Un bras fort comme le tien?

Mon roi, connais ta puissance,
Elle est capable de tout;
Tes desseins n'ont pas naissance,
Qu'on en voit déjà le bout;
Et la fortune, amoureuse
De la vertu généreuse,
Trouve de si doux appas
A te servir et te plaire,
Que c'est la mettre en colère
Que de ne l'employer pas.

Use de sa bienveillance,
Et lui donne ce plaisir
Qu'elle suive ta vaillance
A quelque nouveau désir.
Où que[2] tes bannières aillent,
Quoi que tes armes assaillent,
Il n'est orgueil endurci
Que, brisé comme du verre,
A tes pieds elle n'atterre,
S'il n'implore ta merci.

Je sais bien que les oracles
Prédisent tous qu'à ton fils
Sont réservés les miracles
De la prise de Memphis,
Et que c'est lui dont l'épée,
Au sang barbare trempée,
Quelque jour apparaissant
A la Grèce qui soupire,
Fera décroître l'empire
De l'infidèle croissant.

Mais, tandis que les années

Pas à pas font avancer
L'âge où de ses destinées
La gloire doit commencer,
Que fais-tu, que d'une armée
A te venger animée
Tu ne mets dans le tombeau
Ces voisins dont les pratiques
De nos rages domestiques
Ont allumé le flambeau?

Quoique les Alpes chenues
Les couvrent de toutes parts,
Et fassent monter aux nues
Leurs effroyables remparts;
Alors que de ton passage
On leur fera le message
Qui verront-elles venir,
Envoyé sous tes auspices,
Qu'aussitôt leurs précipices
Ne se laissent aplanir?

Crois-moi, contente l'envie
Qu'ont tant de jeunes guerriers
D'aller exposer leur vie
Pour t'acquérir des lauriers :
Et ne tiens point otieuses[1]
Ces âmes ambitieuses
Qui, jusques où le matin
Met les étoiles en fuite,
Oseront, sous ta conduite,
Aller quérir du butin.

Déjà le Tésin tout morne
Consulte de se cacher,
Voulant garantir la corne[2]
Que tu lui dois arracher :
Et le Pô, tombe certaine
De l'audace trop hautaine,
Tenant baissé le menton
Dans sa caverne profonde,
S'apprête à voir en son onde
Choir un autre Phaéton.

Va, monarque magnanime;
Souffre à ta juste douleur
Qu'en leurs rives elle imprime

---

[1] Je ne condamne pas ces belles figures; je dis seulement qu'elles ne sont plus à mon usage. (BALZAC, Entret. XXXI.)
[2] Ménage a condamné, comme provinciale, cette façon de parler qui était encore d'un fréquent usage du temps de Corneille, et que J. J. Rousseau et Buffon ont vainement essayé de faire revivre.

[1] C'est le mot latin *otiosus* à peine francisé; il a été banni de notre langue. *Oiseux* et *oisif*, quoique plus éloignés de leur origine, sont restés.
[2] Les poètes ont donné des cornes aux fleuves, et les ont peints en forme de taureaux. Il y a diversité d'opinions sur cette imagination, mais la véritable raison pour laquelle on les a peints de la sorte, c'est parce que leurs bras ressemblent aux cornes des taureaux; et, pour cette ressemblance, ces bras ont été appelés des *cornes* par les anciens poëtes latins. (MÉN.)

Les marques de ta valeur :
L'astre dont la course ronde
Tous les jours voit tout le monde
N'aura point achevé l'an,
Que tes conquêtes ne rasent
Tout le Piémont, et n'écrasent
La couleuvre de Milan 1.

Ce sera là que ma lyre,
Faisant son dernier effort,
Entreprendra de mieux dire
Qu'un cygne près de sa mort 2 ;
Et, se rendant favorable
Ton oreille incomparable,
Te forcera d'avouer
Qu'en l'aise de la victoire
Rien n'est si doux que la gloire
De se voir si bien louer.

Il ne faut pas que tu penses
Trouver de l'éternité
En ces pompeuses dépenses
Qu'invente la vanité ;
Tous ces chefs-d'œuvres antiques
Ont à peine leurs reliques 3 :
Par les Muses seulement
L'homme est exempt de la Parque ;
Et ce qui porte leur marque
Demeure éternellement.

Par elles traçant l'histoire
De tes faits laborieux,
Je défendrai ta mémoire
Du trépas injurieux ;
Et, quelque assaut que te fasse 4
L'oubli, par qui tout s'efface,
Ta louange, dans mes vers
D'amarante 5 couronnée,
N'aura sa fin terminée
Qu'en celle de l'univers.

---

1 Allusion aux armes du duché de Milan, au milieu desquelles était peinte une couleuvre dévorant un enfant.
2 Tous les poëtes ont dit que les cygnes chantaient agréablement, et surtout lorsqu'ils étaient sur le point de mourir. Mais la vérité est que les cygnes ne chantent point, lorsqu'ils vont mourir, et qu'ils ne chantent jamais agréablement. (MÉN.)
3 *Reliques* pour *reste* a bonne grâce dans les compositions relevées. *Non tam refert quid dicas, quam quo loco.* (MÉN.)
4 On dit *livrer, donner*, et non pas *faire un assaut*, si ce n'est chez les maîtres d'armes. (CHEVREAU.)
5 *Amarante*, formé du grec ἀμάραντος, qui ne se flétrit pas Cette fleur est le symbole de l'immortalité.

## VI.

### A M. LE DUC DE BELLEGARDE 1,

GRAND ÉCUYER DE FRANCE.

1608.

A la fin c'est trop de silence
En si beau sujet de parler ;
Le mérite qu'on veut celer
Souffre une injuste violence.
Bellegarde, unique support
Où mes vœux ont trouvé leur port,
Que tarde ma paresse ingrate
Que déjà ton bruit 2 nonpareil
Aux bords du Tage et de l'Euphrate
N'a vu l'un et l'autre soleil ?

Les Muses, hautaines et braves,
Tiennent le flatter odieux,
Et, comme parentes des dieux 3,
Ne parlent jamais en esclaves :
Mais aussi ne sont-elles pas
De ces beautés dont les appas
Ne sont que rigueur et que glace,
Et de qui le cerveau léger,
Quelque service qu'on leur fasse,
Ne se peut jamais obliger.

La vertu, qui de leur étude
Est le fruit le plus précieux,
Sur tous les actes vicieux,
Leur fait haïr l'ingratitude ;
Et les agréables chansons,
Par qui leurs doctes nourrissons
Savent charmer les destinées,
Récompensent un bon accueil
De louanges que les années
Ne mettent point dans le cercueil.

Les tiennes, par moi publiées,
Je le jure sur les autels,

---

1 Malherbe composa cette ode deux ans avant la mort de Henri IV. Il faisait alors partie de la maison du duc de Bellegarde, qui lui donnait mille livres de pension avec la table, et lui entretenait un homme et un cheval.
2 *Bruit* est ici pour *renommée*. Les Italiens disent de même *il grido*. (MÉN.)
3 Il est vrai que les Muses sont des déesses ; mais ce sont des déesses d'un ordre inférieur à Jupiter, à Apollon, à Mars, à Bacchus, à Junon, à Vénus, à Diane, à Minerve et à tous ces autres dieux qu'on appelle *majorum gentium*. Ainsi, quand Malherbe a dit que les Muses étaient parentes des dieux, il a entendu parler des dieux du premier ordre, qu'il a appelés *dieux* par excellence. (MÉN.)

En la mémoire des mortels
Ne seront jamais oubliées ;
Et l'éternité que promet
La montagne au double sommet
N'est que mensonge et que fumée,
Ou je rendrai cet univers
Amoureux de ta rénommée,
Autant que tu l'es de mes vers.

Comme, en cueillant une guirlande ¹,
L'homme est d'autant plus travaillé
Que le parterre est émaillé
D'une diversité plus grande ;
Tant de fleurs de tant de côtés
Faisant paraître en leurs beautés
L'artifice de la nature,
Qu'il tient suspendu son désir,
Et ne sait en cette peinture
Ni que laisser, ni que choisir :

Ainsi, quand pressé de la honte
Dont me fait rougir mon devoir,
Je veux une œuvre concevoir
Qui pour toi les âges surmonte,
Tu me tiens les sens enchantés
De tant de rares qualités
Où brille un excès de lumière,
Que, plus je m'arrête à penser
Laquelle sera la première,
Moins je sais par où commencer.

Si nommer en son parentage ²
Une longue suite d'aïeux ³
Que la gloire a mis dans les cieux
Est réputé grand avantage,
De qui n'est-il point reconnu
Que toujours les tiens ont tenu
Les charges les plus honorables
Dont le mérite et la raison,
Quand les destins sont favorables,
Parent une illustre maison ?

Qui ne sait de quelles tempêtes
Leur fatale main autrefois,
Portant la foudre de nos rois,
Des Alpes a battu les têtes ¹ ?
Qui n'a vu dessous leurs combats
Le Pô mettre les cornes bas ²,
Et les peuples de ses deux rives,
Dans la frayeur ensevelis,
Laisser leurs dépouilles captives
A la merci des fleurs de lis ?

Mais de chercher aux sépultures
Des témoignages de valeur,
C'est à ceux qui n'ont rien du leur
Estimable aux races futures ;
Non pas à toi, qui, revêtu
De tous les dons que la vertu
Peut recevoir de la fortune,
Connais que c'est que du vrai bien,
Et ne veux pas, comme la lune,
Luire d'autre feu que du tien.

Quand le monstre infâme d'Envie,
A qui rien de l'autrui ne plaît,
Tout lâche et perfide qu'il est,
Jette les yeux dessus ta vie,
Et te voit emporter le prix
Des grands cœurs et des beaux esprits
Dont aujourd'hui la France est pleine,
Est-il pas contraint d'avouer
Qu'il a lui-même de la peine
A s'empêcher de te louer ?

Soit que l'honneur de la carrière
T'appelle à monter à cheval,
Soit qu'il se présente un rival
Pour la lice ou pour la barrière,
Soit que tu donnes ton loisir
A prendre quelque autre plaisir
Eloigné des molles délices ;
Qui ne sait que toute la court ³
A regarder tes exercices
Comme à des théâtres accourt ?

Quand tu passas en Italie,
Où tu fus querir pour mon roi
Ce joyau d'honneur et de foi
Dont l'Arne à la Seine s'allie,

---

¹ Cette façon de parler est très-belle ; et ceux qui y trouvent à dire, parce qu'on ne cueille point de guirlandes, mais seulement des fleurs dont on fait ensuite des guirlandes, ne savent ce que c'est que la poésie. Pline a dit de même, et plus hardiment encore : *in hortis seri et coronamenta jussit Cato. Hist. natur.* lib. XXI, cap. I. (MÉN.)

² Ce mot, quoique vieux, ne laisse pas d'être beau, et il est bien plus poétique que celui de *parenté*. (MÉN.)

³ Le duc de Bellegarde était de la maison de Saint-Lary, c'est-à-dire, de saint Hilaire : *de sancto Hilario* ; c'est ainsi que cette maison est appelée dans les titres latins. Le maréchal de Bellegarde était son oncle ; et c'est de ce maréchal et de celui de Termes, allié à la même maison, que Malherbe entend parler quand il dit que les parents du duc de Bellegarde ont toujours occupé en France les charges les plus honorables. (MÉN.)

¹ Le maréchal de Termes commandait en Italie. (MÉN.)
² Voyez, ode V, la note de Ménage sur la corne du Tésin.
³ Ménage voulait qu'on écrivît toujours *court*, et non pas *cour*, ce mot venant du latin *curtis*, ou *cortis*, de même que l'italien *corte*, et non pas de *curia* ; mais l'usage a prévalu sur l'étymologie.

Thétis ne suivit-elle pas
Ta bonne grâce et tes appas
Comme un objet émerveillable?
Et jura qu'avecque Jason
Jamais Argonaute semblable
N'alla conquérir la toison.

Tu menais le blond Hyménée,
Qui devait solennellement
De ce fatal accouplement [1]
Célébrer l'heureuse journée.
Jamais il ne fut si paré,
Jamais en son habit doré
Tant de richesses n'éclatèrent;
Toutefois les nymphes du lieu,
Non sans apparence, doutèrent
Qui de vous deux était le dieu.

De combien de pareilles marques,
Dont on ne me peut démentir,
Ai-je de quoi te garantir
Contre les menaces des Parques,
Si ce n'est qu'un si long discours
A de trop pénibles détours,
Et qu'à bien dispenser les choses
Il faut mêler, pour un guerrier,
A peu de myrte et peu de roses
Force palme et force laurier!

Achille était haut de corsage [2];
L'or éclatait en ses cheveux;
Et les dames avecque vœux
Soupiraient après son visage;
Sa gloire à danser [3] et chanter,
Tirer de l'arc, sauter, lutter,
A nulle autre n'était seconde :
Mais, s'il n'eût rien eu de plus beau,
Son nom, qui vole par le monde,
Serait-il pas dans le tombeau?

S'il n'eût, par un bras homicide [1]
Dont rien ne repoussait l'effort,
Sur Ilion vengé le tort
Qu'avait reçu le jeune Atride,
De quelque adresse qu'au giron
Ou de Phœnix, ou de Chiron [2],
Il eût fait son apprentissage,
Notre âge aurait-il aujourd'hui
Le mémorable témoignage
Que la Grèce a donné de lui?

C'est aux magnanimes exemples
Qui, sous la bannière de Mars,
Sont faits au milieu des hasards,
Qu'il appartient d'avoir des temples;
Et c'est avecque ces couleurs
Que l'histoire de nos malheurs
Marquera si bien ta mémoire,
Que tous les siècles à venir
N'auront point de nuit assez noire
Pour en cacher le souvenir.

En ce long temps où les manies
D'un nombre infini de mutins
Poussés dans nos mauvais destins
Ont assouvi leurs félonies,
Par quels faits d'armes valeureux,
Plus que nul autre aventureux,
N'as-tu mis ta gloire en estime,
Et déclaré ta passion
Contre l'espoir illégitime
De la rebelle ambition!

Tel que d'un effort difficile
Un fleuve [3] au travers de la mer,
Sans que son goût devienne amer,
Passe d'Élide en la Sicile;
Ses flots, par moyens inconnus
En leur douceur entretenus
Aucun mélange ne reçoivent,
Et, dans Syracuse arrivant,
Sont trouvés de ceux qui les boivent
Aussi peu salés que devant :

Tel, entre ces esprits tragiques,
Ou plutôt démons insensés,
Qui de nos dommages passés
Tramaient les funestes pratiques,
Tu ne t'es jamais diverti

---

[1] Pour relever le mot *accouplement*, je lui aurais donné l'épithète de *divin*, au lieu de *fatal*; mais Malherbe a une grande prédilection pour ce dernier adjectif. (MÉN.)

[2] Lycophron lui donne neuf coudées, et Philostrate prétend qu'il avait dix-huit pieds.
Le mot *corsage* est vieux, mais il est beau, et je ne sais pourquoi on ne s'en sert plus. (MÉN.) — Il a passé de l'ode dans la pastorale.

[3] Je ne me souviens point d'avoir lu qu'Achille sût bien danser. Mais Stace lui attribuant la connaissance de tous les exercices, Malherbe a pu dire qu'il excellait dans celui de la danse; et même il pouvait se passer de l'autorité de Stace. Sénèque dit de Scipion qu'il aimait à danser : *Scipio triumphale et militare corpus movit ad numeros*. Mais il ajoute : *Non molliter se infringens, ut nunc mos est, etiam incessu ipso ultra muliebrem mollitiem fluentibus, sed ut illi antiqui viri solebant, inter lusum ac festa tempora, virilem in modum tripudiare : non facturi detrimentum, etiam si ab hostibus suis spectarentur*. (MÉN.)

---

[1] Mauvaise épithète. Ce n'est pas honorer un héros que de lui donner un bras homicide. (ST-MARC.)

[2] Chiron fut le premier gouverneur d'Achille, et Phœnix le second. (MÉN.)

[3] L'Alphée, fleuve du Péloponèse.

De suivre le juste parti;
Mais, blâmant l'impure licence
De leurs déloyales humeurs,
As toujours aimé l'innocence,
Et pris plaisir aux bonnes mœurs.

Depuis que, pour sauver sa terre,
Mon roi, le plus grand des humains,
Eut laissé partir de ses mains
Le premier trait de son tonnerre,
Jusqu'à la fin de ses exploits,
Que tout eut reconnu ses lois,
A-t-il jamais défait armée,
Pris ville, ni forcé rempart,
Où ta valeur accoutumée
N'ait eu la principale part?

Soit que, près de Seine et de Loire
Il pavât les plaines de morts,
Soit que le Rhône outre ses bords
Lui vît faire éclater sa gloire,
Ne l'as-tu pas toujours suivi,
Ne l'as-tu pas toujours servi,
Et toujours par dignes ouvrages
Témoigné le mépris du sort
Que sait imprimer aux courages
Le soin de vivre après la mort?

Mais quoi! ma barque vagabonde
Est dans les syrtes bien avant,
Et le plaisir, la décevant,
Toujours l'emporte au gré de l'onde.
Bellegarde, les matelots
Jamais ne méprisent les flots,
Quelque phare qui leur éclaire:
Je ferai mieux de relâcher¹,
Et borner le soin de te plaire
Par la crainte de te fâcher.

L'unique but où mon attente
Croit avoir raison d'aspirer,
C'est que tu veuilles m'assurer
Que mon offrande te contente:
Donne-m'en, d'un clin de tes yeux,
Un témoignage gracieux;
Et, si tu la trouves petite,
Ressouviens-toi qu'une action
Ne peut avoir peu de mérite
Ayant beaucoup d'affection.

Ainsi de tant d'or et de soie

¹ Les poëtes doivent éviter ces mots propres des arts, et dire les choses figurément. (MÉN.)

Ton âge dévide son cours,
Que tu reçoives tous les jours
Nouvelles matières de joie!
Ainsi tes honneurs fleurissants
De jour en jour aillent croissants,
Malgré la fortune contraire!
Et ce qui les fait trébucher
De toi ni de Termes ton frère
Ne puisse jamais approcher!

Quand la faveur, à pleines voiles,
Toujours compagne de vos pas,
Vous ferait devant le trépas
Avoir le front dans les étoiles,
Et remplir de votre grandeur
Ce que la terre a de rondeur,
Sans être menteur, je puis dire
Que jamais vos prospérités
N'iront jusques où je désire,
Ni jusques où vous méritez.

## VII.

### A LA REINE,

SUR LES HEUREUX SUCCÈS DE SA RÉGENCE¹.

#### 1610.

Nymphe qui jamais ne sommeilles
Et dont les messages divers
En un moment sont aux oreilles
Des peuples de tout l'univers,
Vole vite; et de la contrée
Par où le jour fait son entrée,
Jusqu'au rivage de Calis²,
Conte sur la terre et sur l'onde
Que l'honneur unique du monde,
C'est la reine des fleurs de lis.

Quand son Henri, de qui la gloire
Fut une merveille à nos yeux,
Loin des hommes s'en alla boire
Le nectar avecque les dieux,
En cette aventure effroyable,
A qui ne semblait-il croyable

¹ Henri IV était tombé sous le fer parricide de Ravaillac, le 14 mai 1610, et Marie de Médicis, sa veuve, avait pris les rênes de l'État, attendu la minorité de son fils, depuis Louis XIII. En considération de cette ode, la reine fit à Malherbe une pension de 1,500 livres, somme importante alors.
² On a dit pendant longtemps, soit en Espagne, soit en France, Calis et Cadis indifféremment. Mais, suivant Ménage, le dernier est plus conforme à l'étymologie: Cadix vient du latin gades, et le latin gades, du punique gadir, qui signifie une haie.

Qu'on allait voir une saison
Où nos brutales perfidies
Feraient naître des maladies
Qui n'auraient jamais guérison?

Qui ne pensait que les Furies
Viendraient des abîmes d'enfer
En de nouvelles barbaries
Employer la flamme et le fer;
Qu'un débordement de licence
Ferait souffrir à l'innocence
Toute sorte de cruautés,
Et que nos malheurs seraient pires
Que naguères sous les Busires[1]
Que cet Hercule avait domptés?

Toutefois, depuis l'infortune
De cet abominable jour,
A peine la quatrième lune
Achève de faire son tour;
Et la France a les destinées
Pour elle tellement tournées
Contre les vents séditieux,
Qu'au lieu de craindre la tempête
Il semble que jamais sa tête
Ne fut plus voisine des cieux.

Au delà des bords de la Meuse,
L'Allemagne a vu nos guerriers
Par une conquête fameuse[2]
Se couvrir le front de lauriers.
Tout a fléchi sous leur menace;
L'aigle même leur a fait place,
Et, les regardant approcher
Comme lions à qui tout cède,
N'a point eu de meilleur remède
Que de fuir[3] et se cacher.

O reine qui, pleine de charmes
Pour toute sorte d'accidents,
As borné le flux de nos larmes
En ces miracles évidents,
Que peut la fortune publique
Te vouer d'assez magnifique,
Si, mise au rang des immortels
Dont ta vertu suit les exemples,
Tu n'as avec eux dans nos temples
Des images et des autels?

Que saurait enseigner aux princes
Le grand démon qui les instruit,
Dont ta sagesse en nos provinces
Chaque jour n'épande le fruit?
Et qui justement ne peut dire,
A te voir régir cet empire,
Que, si ton heur était pareil
A tes admirables mérites,
Tu ferais dedans ses limites[1]
Lever et coucher le soleil?

Le soin qui reste à nos pensées,
O bel astre! c'est que toujours
Nos félicités commencées
Puissent continuer leur cours.
Tout nous rit, et notre navire
A la bonace qu'il désire:
Mais, si quelque injure du sort
Provoquait l'ire de Neptune,
Quel excès d'heureuse fortune
Nous garantirait de la mort?

Assez de funestes batailles
Et de carnages inhumains
Ont fait en nos propres entrailles
Rougir nos déloyales mains:
Donne ordre que sous ton génie
Se termine cette manie,
Et que, las de perpétuer
Une si longue malveillance,
Nous employions notre vaillance
Ailleurs qu'à nous entre-tuer[2].

La Discorde aux crins de couleuvres,
Peste fatale aux potentats,
Ne finit ses tragiques œuvres
Qu'en la fin même des États.
D'elle naquit la frénésie
De la Grèce contre l'Asie[3];
Et d'elle prirent le flambeau
Dont ils désolèrent leur terre,

---

[1] Busiris était un tyran d'Égypte fameux par ses cruautés. Son histoire est si connue, que ce serait abuser du loisir des lecteurs que de la rapporter ici. *Quis aut Eurysthea durum, aut illaudati nescit Busiridis aras?* Isocrate, dans son oraison intitulée *la Louange de Busiris*, dit que Hercule et Busiris n'ont pas vécu en même temps; ce qu'il prouve par le témoignage des historiens. Mais, outre qu'il y a eu plusieurs Hercules, et qu'il peut y en avoir eu un du temps de Busiris, les poëtes, comme nous l'avons déjà dit, sont obligés de suivre la Fable, et non l'histoire. (MÉN.)
[2] La ville de Juliers, reprise par le maréchal de la Châtre, joint au prince Maurice de Nassau.
[3] *Fuir* est aujourd'hui monosyllabe.

[1] Équivoque. Il s'agit ici des limites de la France, et non de celle du soleil.
[2] « Ce mot, dit Ménage, n'est pas de la belle poésie; et, dans nos vers, le simple doit être préféré au composé, quand ils ont tous deux même signification. » Ménage n'a pas remarqué que *tuer* n'aurait pas rendu la pensée de Malherbe.
[3] La guerre de Troie.

Les deux frères de qui la guerre [1]
Ne cessa point dans le tombeau.

C'est en la paix que toutes choses
Succèdent selon nos désirs ;
Comme au printemps naissent les roses,
En la paix naissent les plaisirs ;
Elle met les pompes aux villes,
Donne aux champs les moissons fertiles,
Et, de la majesté des lois
Appuyant les pouvoirs suprêmes,
Fait demeurer les diadèmes
Fermes sur la tête des rois.

Ce sera dessous cette égide
Qu'invincible de tous côtés
Tu verras ces peuples sans bride
Obéir à tes volontés ;
Et, surmontant leur espérance,
Remettras en telle assurance
Leur salut, qui fut déploré,
Que vivre au siècle de Marie,
Sans mensonge et sans flatterie,
Sera vivre au siècle doré.

Les Muses, les neuf belles fées [2]
Dont les bois suivent les chansons,
Rempliront de nouveaux Orphées
La troupe de leurs nourrissons ;
Tous leurs vœux seront de te plaire ;
Et si ta faveur tutélaire
Fait signe de les avouer,
Jamais ne partit de leurs veilles
Rien qui se compare aux merveilles
Qu'elles feront pour te louer.

En cette hautaine entreprise,
Commune à tous les beaux esprits,
Plus ardent qu'un athlète à Pise [3]
Je me ferai quitter le prix ;
Et quand j'aurai peint ton image,
Quiconque verra mon ouvrage
Avouera que Fontainebleau,
Le Louvre, ni les Tuileries,
En leurs superbes galeries
N'ont point un si riche tableau.

[1] La guerre de Thèbes entre Étéocle et Polynice, fils d'Œdipe.
[2] Ce mot est très-beau. Il vient du latin *fata*, *fatæ*; et ainsi il convient bien aux Muses. Les poëtes s'en servent aussi en la signification des *Nymphes*. (MÉN.)
[3] Ville d'Élide dans le Péloponèse, près du fleuve Alphée, où, de cinq ans en cinq ans, on célébrait les jeux olympiques

Apollon à portes ouvertes [1]
Laisse indifféremment cueillir
Les belles feuilles toujours vertes
Qui gardent les noms de vieillir.
Mais l'art d'en faire des couronnes
N'est pas su de toutes personnes ;
Et trois ou quatre seulement,
Au nombre desquels [2] on me range,
Peuvent donner une louange
Qui demeure éternellement.

## VIII [3].

### A LA REINE,

PENDANT SA RÉGENCE.

1614.

Si quelque avorton de l'Envie
Ose encore lever les yeux,
Je veux bander contre sa vie [4]
L'ire de la terre et des cieux,
Et dans les savantes oreilles
Verser de si douces merveilles,
Que ce misérable corbeau,
Comme oiseau d'augure sinistre
Banni des rives de Caïstre [5],
S'aille cacher dans le tombeau.

Venez donc, non pas habillées [6]
Comme on vous trouve quelquefois,
En jupes dessous les feuillées
Dansant au silence des bois ;
Venez en robes où l'on voie
Dessus les ouvrages de soie.

[1] C'est un des proverbes des Grecs, que les portes des Muses sont ouvertes à tout le monde : ἀνεῳγμέναι μουσῶν θύραι. (MÉN.)
[2] *Lequel* est banni de la poésie. Malherbe pouvait dire : *au nombre de qui l'on me range ;* mais son vers n'eût pas été si harmonieux. Du reste, il est à remarquer que, dans toutes ses poésies, il ne s'est servi de *lequel* qu'en cet endroit, et dans l'ode à M de Bellegarde. (MÉN.)
[3] Racan disait que cette ode n'avait ni commencement ni fin, et ne la regardait que comme un fragment.
[4] On a critiqué ce vers comme présentant à l'esprit une idée obscène. Les anciens ont repris de même *arrige aures*, dans Térence, et *arrigere animos* dans Salluste. Il faut avoir l'imagination extrêmement gâtée pour trouver dans les auteurs de semblables ordures. *Quod si recipias, nihil loqui tutum est*, dit Quintillien, au sujet de celui qui trouvait une obscénité en ces mots de Virgile : *incipiunt agitata tumescere*. (MÉN.)
[5] Fleuve de Lydie très-fréquenté par les cygnes, s'il faut en croire les poëtes. On dirait aujourd'hui *du Caïstre*.
[6] Malherbe invoquait peut-être les Muses dans une strophe qui n'est pas venue jusqu'à nous, mais peut-être aussi a-t-il cru sa pensée assez clairement exprimée pour n'avoir pas besoin de les nommer ici.

Les rayons d'or étinceler ;
Et chargez de perles vos têtes,
Comme quand vous allez aux fêtes
Où les dieux vous font appeler.

Quand le sang bouillant en mes veines
Me donnait de jeunes désirs,
Tantôt vous soupiriez mes peines [1],
Tantôt vous chantiez mes plaisirs :
Mais, aujourd'hui que mes années
Vers leur fin s'en vont terminées,
Siérait-il bien à mes écrits
D'ennuyer les races futures
Des ridicules aventures
D'un amoureux en cheveux gris ?

Non, vierges, non : je me retire
De tous ces frivoles discours ;
Ma reine est un but à ma lyre
Plus juste que nulles amours ;
Et quand j'aurai, comme j'espère,
Fait ouïr, du Gange à l'Ibère,
Sa louange à tout l'univers,
Permesse me soit un Cocyte,
Si jamais je vous sollicite
De m'aider à faire des vers [2] !

Aussi bien, chanter d'autre chose
Ayant chanté de sa grandeur,
Serait-ce pas après la rose
Aux pavots chercher l'odeur,
Et des louanges de la lune
Descendre à la clarté commune
D'un de ces feux du firmament
Qui, sans profiter et sans nuire,
N'ont reçu l'usage de luire
Que par le nombre seulement ?

Entre les rois à qui cet âge
Doit son principal ornement,
Ceux de la Tamise et du Tage
Font louer leur gouvernement :
Mais en de si calmes provinces,
Où le peuple adore les princes,
Et met au degré le plus haut
L'honneur du sceptre légitime,

Saurait-on excuser le crime
De ne régner pas comme il faut [1] ?

Ce n'est point aux rives d'un fleuve
Où dorment les vents et les eaux
Que fait sa véritable preuve
L'art de conduire les vaisseaux :
Il faut en la plaine salée
Avoir lutté contre Malée [2],
Et, près du naufrage dernier,
S'être vu dessous les Pléiades [3]
Éloigné de ports et de rades,
Pour être cru bon marinier.

Ainsi quand la Grèce, partie
D'où le mol Anaure [4] coulait,
Traversa les mers de Scythie
En la navire qui parlait [5],
Pour avoir su des Cyanées [6],
Tromper les vagues forcenées,
Les pilotes du fils d'Éson [7],
Dont le nom jamais ne s'efface,
Ont gagné la première place,
En la fable de la Toison.

Ainsi, conservant cet empire
Où l'infidélité du sort,
Jointe à la nôtre encore pire,
Allait faire un dernier effort,
Ma reine acquiert à ses mérites
Un nom qui n'a point de limites,

---

[1] C'est-à-dire, *vous chantiez mes peines en soupirant*. Tous nos poëtes français, tant anciens que modernes, se sont servis du mot *soupirer* en la signification active, pour *plaindre*. Les poëtes italiens ont aussi usé de *sospirare* en la même signification ; ce qu'ils ont pris comme nous des Latins :

Te tenet : absentes alios suspirat amores.
TIBUL. *Eleg.* VII, v. 42. (MÉN.)

[2] Les serments des poëtes sont comme ceux des buveurs : autant en emporte le vent.

---

[1] Expression familière et prosaïque. (MÉN.)
[2] Malée, aujourd'hui *Capo Malio*, dit *Sant' Angelo*, promontoire de Laconie, fameux par plusieurs naufrages.
[3] Ce nom, sur l'origine duquel on n'est pas d'accord, se donne à sept étoiles réunies et placées dans la constellation du Taureau. Suivant l'opinion la plus vraisemblable, il dérive de πολεῖν, qui signifie *tourner en rond* ; et c'est ainsi que l'année a été appelée πλείων par Hésiode ; suivant la plus commune, *Pléiades* dérive de πλεῖν, qui signifie *naviguer* ; et cette opinion est fondée sur ce que le lever des Pléiades étant vers la fin du printemps et le commencement de l'été, elles marquent par leur lever le temps propre à la navigation. (MÉN.)
[4] Fleuve de Thessalie, ainsi nommé, parce que son cours était toujours paisible, *mol*, et à l'abri du vent.
[5] Le navire Argo, qui porta Jason dans la Colchide, et dont Valérius Flaccus a dit :

Venturos canit errores, canit et jovis iras
Vocibus humanis, stellati conscia cœli.

Les poëtes ont feint que ce navire parlait, parce qu'il était fait des chênes de Dodone, qui rendaient des oracles. (MÉN.)
Du temps de Ménage, on regardait encore le mot *navire* comme plus noble au féminin qu'au masculin. Il a depuis perdu le premier de ces deux genres.
[6] Les Cyanées, appelées aussi par les anciens Symplegades, et aujourd'hui les Pavonares, sont deux écueils très-dangereux, voisins du Bosphore de Thrace, l'un en Europe et l'autre en Asie.
[7] Jason.

Et, ternissant le souvenir
Des reines qui l'ont précédée,
Devient une éternelle idée
De celles qui sont à venir.

Aussitôt que le coup tragique
Dont nous fûmes presque abattus
Eut fait la fortune publique
L'exercice de ses vertus,
En quelle nouveauté d'orage
Ne fut éprouvé son courage!
Et quelles malices de flots,
Par des murmures effroyables,
A des vœux à peine payables
N'obligèrent les matelots!

Qui n'ouït la voix de Bellone,
Lasse d'un repos de douze ans,
Telle que d'un foudre qui tonne,
Appeler tous ses partisans,
Et déjà les rages extrêmes,
Par qui tombent les diadèmes,
Faire appréhender le retour
De ces combats dont la manie
Est l'éternelle ignominie
De Jarnac et de Moncontour?

Qui ne voit encore à cette heure
Tous les infidèles cerveaux
Dont la fortune est la meilleure
Ne chercher que troubles nouveaux,
Et ressembler à ces fontaines
Dont les conduites [1] souterraines
Passent par un plomb si gâté,
Que, toujours ayant quelque tare [2],
Au même temps qu'on les répare
L'eau s'enfuit d'un autre côté?

La paix ne voit rien qui menace
De faire renaître nos pleurs;
Tout s'accorde à notre bonace :
Les hivers nous donnent des fleurs;
Et si les pâles Euménides [3]
Pour réveiller nos parricides
Toutes trois ne sortent d'enfer,

Le repos du siècle où nous sommes
Va faire à la moitié des hommes
Ignorer que c'est que le fer.

Thémis, capitale ennemie
Des ennemis de leur devoir,
Comme un rocher est affermie
En son redoutable pouvoir ;
Elle va d'un pas et d'un ordre
Où la censure n'a que mordre ;
Et les lois, qui n'exceptent rien
De leur glaive et de leur balance,
Font tout perdre à la violence
Qui veut avoir plus que le sien.

Nos champs même ont leur abondance
Hors de l'outrage des voleurs;
Les festins, les jeux et la danse
En bannissent toutes douleurs.
Rien n'y gémit, rien n'y soupire,
Chaque Amarylle [1] a son Tityre :
Et, sous l'épaisseur des rameaux,
Il n'est place où l'ombre soit bonne
Qui soir et matin ne résonne
Ou de voix ou de chalumeaux.

Puis, quand ces deux grands hyménées
Dont le fatal embrassement
Doit aplanir les Pyrénées
Auront leur accomplissement,
Devons-nous douter qu'on ne voie,
Pour accompagner cette joie,
L'encens germer en nos buissons,
La myrrhe couler en nos rues [2],
Et sans l'usage des charrues
Nos plaines jaunir de moissons?

Quelle moins hautaine espérance
Pourrons-nous concevoir alors,
Que de conquêter [3] à la France
La Propontide [4] en ses deux bords,
Et, vengeant de succès prospères

---

[1] Expression normande. On dit *conduits*, et à la cour, et à Paris, et dans les autres provinces. (MÉN.)

[2] Ménage regardait ce mot comme indigne de la majesté de l'ode.

[3] Les Furies ont été appelées *Euménides*, non par antiphrase, comme l'ont pensé quelques grammairiens, mais parce que Minerve les adoucit en faveur d'Oreste, après qu'il eut été absous, dans l'Aréopage, du meurtre qu'il avait commis en la personne de sa mère. (MÉN.)

[1] Les Italiens disent indifféremment *Filli*, *Fille*, *Fillide* et *Fillida*. *Nobis non licet esse tam disertis*. Nous ne disons que *Phylis*. (MÉN.) — Les six derniers vers de cette strophe sont admirables, et respirent toute la grâce et toute la douceur de Virgile. M. le duc du Maine les appelait *un beau paysage*.

[2] Cette hyperbole est excessive, et le mot *rues* manque de noblesse. (MÉN.)

[3] De *conquærere*, *conquistare*, *conquærire*, composés et synonymes de *quærere*, nous avons fait les mots *conquerre*, *conquêter* et *conquérir* : le dernier seul nous est resté.

[4] Bras de mer entre l'Hellespont et le Pont-Euxin. C'est aujourd'hui la mer Blanche, ou mer de Marmara.

Les infortunes de nos pères
Que tient l'Égypte ensevelis [1],
Aller si près du bout du monde,
Que le soleil sorte de l'onde
Sur la terre des fleurs de lis?

Certes, ces miracles visibles,
Excédant le penser [2] humain,
Ne sont point ouvrages possibles
A moins [3] qu'une immortelle main;
Et la raison ne se peut dire
De nous voir en notre navire
A si bon port acheminés :
Ou, sans fard et sans flatterie,
C'est Pallas que cette Marie
Par qui nous sommes gouvernés.

Mais, qu'elle soit nymphe ou déesse,
De sang immortel ou mortel,
Il faut que le monde confesse
Qu'il ne vit jamais rien de tel;
Et quiconque fera l'histoire
De ce grand chef-d'œuvre de gloire,
L'incrédule postérité
Rejettera son témoignage,
S'il ne la dépeint belle et sage,
Au deçà de la vérité.

Grand Henri, grand foudre de guerre,
Que, cependant que parmi nous
Ta valeur étonnait la terre,
Les destins firent son époux;
Roi dont la mémoire est sans blâme,
Que dis-tu de cette belle âme
Quand tu la vois si dignement
Adoucir toutes nos absinthes [4]
Et se tirer des labyrinthes
Où la met ton éloignement?

Que dis-tu, lorsque tu remarques
Après ses pas ton héritier,
De la sagesse des monarques
Monter le pénible sentier,
Et, pour étendre sa couronne,
Croître comme un faon de lionne?

Que s'il peut un jour égaler
Sa force avecque sa furie,
Les Nomades [1] n'ont bergerie
Qu'il ne suffise à désoler.

Qui doute que, si de ses armes
Ilion avait eu l'appui,
Le jeune Atride [2] avecque larmes
Ne s'en fût retourné chez lui;
Et qu'aux beaux champs de la Phrygie,
De tant de batailles rougie,
Ne fussent encore honorés
Ces ouvrages des mains célestes
Que jusques à leurs derniers restes
La flamme grecque a dévorés?

### IX.

### POUR LE ROI [3]

ALLANT CHATIER LA RÉBELLION DES ROCHELLOIS,
ET CHASSER LES ANGLAIS QUI EN LEUR FAVEUR
ÉTAIENT DESCENDUS EN L'ÎLE DE RHÉ.

1627.

Donc un nouveau labeur à tes armes s'apprête :
Prens ta foudre, Louis, et va comme un lion
Donner le dernier coup à la dernière tête
    De la rébellion.

Fais choir en sacrifice au démon de la France
Les fronts trop élevés de ces âmes d'enfer;
Et n'épargne contre eux, pour notre délivrance,
    Ni le feu ni le fer.

Assez de leurs complots l'infidèle malice
A nourri le désordre et la sédition :
Quitte le nom de Juste, ou fais voir ta justice
    En leur punition.

Le centième décembre [4] a les plaines ternies,
Et le centième avril les a peintes de fleurs,

---

[1] Allusion aux croisades.
[2] Hellénisme. Les Grecs construisaient de même leurs infinitifs avec l'article, pour en faire des substantifs. Nous disons encore aujourd'hui : le boire, le manger, etc. Cependant nous ne dirions pas *le penser*.
[3] *A moins que* est conforme à la grammaire; mais *à moins de*, plus doux à l'oreille, a prévalu.
[4] Il y a peu d'exemples d'*absinthe* au féminin, et Malherbe lui-même l'a fait ailleurs masculin; mais il y a encore moins d'exemples d'*absinthes* au pluriel. Cependant les Latins ont dit *absinthia*. (MÉN.)

[1] Peuples ainsi appelés de νομή, qui signifie *pâturages*, parce que ces peuples campaient dans leurs pâturages avec leurs troupeaux. C'est de là qu'est venu le mot *numide*. (MÉN.)
[2] Ménélas. Ovide, au XII<sup>e</sup> livre de ses Métamorphoses, et au III<sup>e</sup> de l'Art d'Aimer, l'a de même désigné par *minor Atrides*.
[3] Louis XIII.
[4] Les poëtes se servent volontiers de ce mois pour marquer les années; mais je ferais difficulté de dire, ou plutôt je ne dirais point du tout, le vingtième ou le trentième décembre, pour dire la vingtième ou la trentième année, à cause de l'équivoque du vingtième et du trentième jour du moins de décembre. (MÉN.)

Depuis que parmi nous leurs brutales manies
Ne causent que des pleurs.

Dans toutes les fureurs des siècles de tes pères,
Les monstres les plus noirs firent-ils jamais rien
Que l'inhumanité de ces cœurs de vipères
Ne renouvelle au tien?

Par qui sont aujourd'hui tant de villes désertes,
Tant de grands bâtiments en masures changés,
Et de tant de chardons les campagnes couvertes,
Que par ces enragés?

Les sceptres devant eux n'ont point de priviléges,
Les immortels eux-même¹ en sont persécutés; [léges
Et c'est aux plus saints lieux que leurs mains sacri-
Font plus d'impiétés ².

Marche, va les détruire, éteins-en la semence;
Et suis jusqu'à leur fin ton courroux généreux,
Sans jamais écouter ni pitié, ni clémence
Qui te parle pour eux.

Ils ont beau vers le ciel leurs murailles accroître,
Beau d'un soin assidu travailler à leurs forts,
Et creuser leurs fossés jusqu'à faire paraître
Le jour entre les morts;

Laisse-les espérer, laisse-les entreprendre :
Il suffit que ta cause est la cause de Dieu,
Et qu'avecque ton bras elle a pour la défendre
Les soins de Richelieu;

Richelieu, ce prélat de qui toute l'envie
Est de voir ta grandeur aux Indes se borner,
Et qui visiblement ne fait cas de sa vie
Que pour te la donner.

Rien que ton intérêt n'occupe sa pensée,
Nuls divertissements ne l'appellent ailleurs,
Et de quelques bons yeux qu'on ait vanté Lyncée ³,
Il en a de meilleurs.

Son âme toute grande est une âme hardie,
Qui pratique si bien l'art de nous secourir,

Que, pourvu qu'il soit cru, nous n'avons maladie
Qu'il ne sache guérir.

Le ciel, qui doit le bien selon qu'on le mérite,
Si de ce grand oracle il ne t'eût assisté,
Par un autre présent n'eût jamais été quitte
Envers ta piété.

Va, ne diffère plus tes bonnes destinées,
Mon Apollon t'assure et t'engage sa foi
Qu'employant ce Tiphys ¹, Syrtes ² et Cyanées ³
Seront havres pour toi.

Certes, ou je me trompe, ou déjà la Victoire,
Qui son plus grand honneur de tes palmes attend,
Est aux bords de Charente en son habit de gloire,
Pour te rendre content.

Je la vois qui t'appelle, et qui semble te dire :
Roi, le plus grand des rois, et qui m'es le plus cher,
Si tu veux que je t'aide à sauver ton empire,
Il est temps de marcher.

Que sa façon est brave et sa mine assurée!
Qu'elle a fait richement son armure étoffer!
Et qu'il se connaît ⁴ bien, à la voir si parée,
Que tu vas triompher!

Telle, en ce grand assaut où des fils de la Terre
La rage ambitieuse à leur honte parut,
Elle sauva le ciel, et rua ⁵ le tonnerre
Dont Briare mourut.

Déjà de tous côtés s'avançaient les approches :
Ici courait Mimas, là Typhon se battait,
Et là suait Eurythe à détacher les roches ⁶
Qu'Encelade jetait.

A peine cette Vierge eut l'affaire embrassée,
Qu'aussitôt Jupiter en son trône remis
Vit selon son désir la tempête cessée,
Et n'eut plus d'ennemis.

Ces colosses d'orgueil furent tous mis en poudre,
Et tous couverts des monts qu'ils avaient arrachés;

---

¹ Ménage fait remarquer que la grammaire voulait *eux-mêmes*, au pluriel, et que Malherbe pouvait dire : *même les immortels en sont persécutés*; mais qu'il a sans doute trouvé ce vers peu satisfaisant pour l'oreille. *Impetratum est a consuetudine ut peccare suavitatis causa liceret.*
² Pour être correct aujourd'hui, il faudrait dire : *font le plus d'impiétés.*
³ Lyncée était un des Argonautes. Il avait la vue si bonne qu'elle pénétrait les choses les plus solides, comme les arbres, les murs et la terre. (MÉN.)

¹ Pilote du navire des Argonautes.
² Les Syrtes sont deux golfes de la Méditerranée, sur les côtes de Barbarie, où les vaisseaux sont entraînés par la rapidité des courants.
³ Nous avons déjà remarqué ce mot dans la huitième strophe de l'ode VIII.
⁴ Cette locution répond au *si conosce* des Italiens.
⁵ La signification de ce mot qui vient du latin *ruere* est moins étendue aujourd'hui qu'elle n'était du temps de Malherbe : *lança le tonnerre* serait l'expression propre.
⁶ Dans ce vers, on sent le travail du géant qui détache la roche; dans le suivant, on la voit partir. (LA HARPE.)

Phlègre¹ qui les reçut pue² encore la foudre
Dont ils furent touchés³.

L'exemple de leur race à jamais abolie
Devait sous ta merci tes rebelles ployer :
Mais serait-ce raison qu'une même folie
N'eût pas même loyer⁴?

Déjà l'étonnement leur fait la couleur blême;
Et ce lâche voisin⁵ qu'ils sont allés querir,
Misérable qu'il est, se condamne lui-même
A fuir⁶ ou mourir.

Sa faute le remord : Mégère le regarde,
Et lui porte l'esprit à ce vrai sentiment,
Que d'une injuste offense il aura, quoiqu'il tarde,
·Le juste châtiment.

Bien semble être la mer une barre assez forte
Pour nous ôter l'espoir qu'il puisse être battu :
Mais est-il rien de clos dont ne t'ouvrent la porte
Ton heur et ta vertu?

Neptune, importuné de ses voiles infâmes,
Comme tu paraîtras au passage des flots,
Voudra que ses Tritons mettent la main aux rames,
Et soient tes matelots.

Là rendront tes guerriers tant de sortes de preuves,
Et d'une telle ardeur pousseront leurs efforts,
Que le sang étranger fera monter nos fleuves
Au-dessus de leurs bords.

Par cet exploit fatal, en tous lieux va renaître
La bonne opinion des courages français;
Et le monde croira, s'il doit avoir un maître,
Qu'il faut que tu le sois.

¹ Champ ou vallée de Thessalie, témoin de la guerre des dieux avec les géants.
² Notre délicatesse s'offenserait aujourd'hui de ce mot qu'on retrouve dans la plupart des écrivains de ce temps-là.
³ Le mot *touchés* est trop faible pour peindre une action si terrible. Malherbe a voulu imiter les Latins, qui disent *touché de la foudre*, pour *foudroyé* :
De cœlo tactas memini prædicere quercus.
VIRG. Bucol. eclog. I, v.
Mais il n'a pas pris garde qu'ils ne le disent que des choses sur lesquelles la foudre est simplement tombée, et non pas de celles que la foudre a fracassées et réduites en poudre. (MÉN.)
⁴ *Loyer* signifie proprement *le prix, la récompense*; toutefois il se dit aussi du châtiment et de la punition. Les Latins ont usé de même du mot *pretium*, en ces deux significations. (MÉN.) — Ce mot a vieilli; c'est une perte pour la poésie. (MAR-MONTEL.)
⁵ L'Anglais.
⁶ Malherbe, qui avait l'oreille bonne, ce qui n'est pas une des moindres parties du poète, a toujours fait *fuir* de deux syllabes, et *fuit* d'une syllabe; et en cela il a été suivi par plusieurs poëtes célèbres, et approuvé de Vaugelas. (MÉN.)

Oh! que, pour avoir part en si belle aventure,
Je me souhaiterais la fortune d'Éson,
Qui vieil comme je suis, revint contre nature
En sa jeune saison¹!

De quel péril extrême est la guerre suivie
Où je ne fisse voir que tout l'or du Levant
N'a rien que je compare aux honneurs d'une vie
Perdue en te servant?

Toutes les autres morts n'ont mérite ni marque :
Celle-ci porte seule un éclat radieux,
Qui fait revivre l'homme, et le met de la barque
A la table des dieux.

Mais quoi! tous les pensers dont les âmes bien nées
Excitent leur valeur et flattent leur devoir,
Que sont-ce que regrets, quand le nombre d'années²
Leur ôte le pouvoir?

Ceux à qui la chaleur ne bout plus dans les veines
En vain dans les combats ont des soins diligents
Mars est comme l'Amour; ses travaux et ses peines
Veulent de jeunes gens.

Je suis vaincu du temps, je cède à ses outrages³;
Mon esprit seulement, exempt de sa rigueur,
A de quoi témoigner en ses derniers ouvrages
Sa première vigueur.

Les puissantes faveurs dont Parnasse m'honore
Non loin de mon berceau commencèrent leur cours:
Je les possédai jeune, et les possède encore,
A la fin de mes jours.

Ce que j'en ai reçu je veux te le produire :
Tu verras mon adresse; et ton front, cette fois,
Sera ceint de rayons qu'on ne vit jamais luire
Sur la tête des rois⁴.

Soit que de tes lauriers ma lyre s'entretienne,

¹ Éson, père de Jason, fut rajeuni par les enchantements de Médée. (Voyez Ovide, dans le VII° livre de ses Métamorphoses.) — On écrit et on prononce aujourd'hui *vieux* devant une consonne.
² Malherbe s'affranchit ici des règles de la grammaire, qui voudrait *le nombre des années*; et Ménage pense que cette hardiesse n'a rien de contraire au génie de notre langue, toujours prête à favoriser l'impatience et la vivacité de la nation.
³ Boileau, attaqué d'une hydropisie de poitrine, et près d'expirer, répondait par ce vers de Malherbe aux personnes qui le questionnaient sur sa santé. C'est ainsi que le législateur du Parnasse, jusqu'à son dernier moment, rendait hommage à celui qu'il regardait comme le père de la poésie française. Boileau mourut le 13 mars 1711, âgé de 75 ans.
⁴ Cette strophe serait une des plus belles de Malherbe, si le premier vers répondait aux suivants.

Soit que de tes bontés je la fasse parler,
Quel rival assez vain prétendra que la sienne
Ait de quoi m'égaler ¹ ?

Le fameux Amphion, dont la voix nonpareille
Bâtissant une ville étonna l'univers,
Quelque bruit qu'il ait eu, n'a point fait de merveille
Que ne fassent mes vers.

Par eux de tes beaux faits la terre sera pleine,
Et les peuples du Nil, qui les auront ouïs,
Donneront de l'encens comme ceux de la Seine
Aux autels de Louis.

## X ².

### A M. DE LA GARDE ³,

AU SUJET DE SON HISTOIRE SAINTE.

1628.

La Garde, tes doctes écrits
Montrent les soins que tu as pris
A savoir tant de belles choses;
Et ta prestance et tes discours
Étalent un heureux concours
De toutes les grâces écloses.

Davantage, tes actions
Captivent les affections
Des cœurs, des yeux et des oreilles,
Forçant les personnes d'honneur

De te souhaiter tout bonheur
Pour tes qualités nonpareilles.

Tu sais bien que je suis de ceux
Qui ne sont jamais paresseux
A louer les vertus des hommes;
Et dans Paris, en mes vieux ans,
Je passe à ce devoir mon temps,
Au malheureux siècle où nous sommes.

Mais, las! la perte de mon fils ¹,
Ses assassins d'orgueil bouffis,
Ont toute ma vigueur ravie;
L'ingratitude et peu de soin
Que montrent les grands au besoin
De douleurs accablent ma vie.

Je ne désiste pas pourtant
D'être dans moi-même content
D'avoir vécu dedans le monde,
Prisé, quoique vieil, abattu,
Des gens de bien et de vertu;
Et voilà le bien qui m'abonde.

Nos jours passent comme le vent;
Les plaisirs nous vont décevant;
Et toutes les faveurs humaines
Sont hémérocalles ² d'un jour :
Grandeurs, richesses, et l'amour,
Sont fleurs périssables et vaines.

Nous avons tant perdu d'amis,
Et de biens par le sort transmis
Au pouvoir de nos adversaires!
Néanmoins nous voyons, du port,
D'autrui les débris et la mort,
En nous éloignant des corsaires.

Ainsi puissions-nous voir longtemps
Nos esprits libres et contents
Sous l'influence d'un bon astre!
Que vive et meure qui voudra :
La constance nous résoudra
Contre l'effort de tout désastre.

Le soldat, remis par son chef,
Pour se garantir de méchef,
En état de faire sa garde,
N'oserait pas en déloger

---

¹ Quand Paul III demanda au Tasse de lui nommer le plus grand poëte de l'Italie, le Tasse regarda fixement le pape, et se posant le doigt sur l'estomac, répondit : *Io,* c'est-à-dire, moi. Il est presque naturel à tous les grands hommes de parler librement d'eux-mêmes. Le comte Maurice de Nassau, prince d'Orange, à qui on demandait quel était le plus grand capitaine de l'Europe, répondit *que le marquis de Spinola était le second;* quelque modeste que fût la réponse, le comte fit voir qu'il mettait le marquis de Spinola au-dessous de lui.(MÉN.)
Quel nombre! quelle cadence! quelle beauté d'expression! On doit pardonner à Malherbe cette sorte de jactance, perroise aux poëtes quand on peut les supposer inspirés, un peu ridicule quand on sent qu'ils ne le sont pas, et dans tous les cas sans conséquence. (LA HARPE.)

² Cette ode n'était sûrement pas destinée à voir le jour. Tirée par le P. Bougerel des Lettres de Malherbe à M. de Peiresc, elle fut imprimée pour la première fois dans la continuation des *Mémoires de littérature et d'histoire* de Sallengre. Malherbe la composa sur la fin de ses jours, et déjà atteint de la maladie dont il mourut : l'état de faiblesse où il se trouvait ne lui permit pas de faire disparaître les nombreuses négligences qu'elle renferme.

³ N. de Villeneuve, seigneur de la Garde, du Freinet et de la Motte, frère cadet d'Arnauld de Villeneuve, gentilhomme ordinaire de Henri III, ensuite capitaine de cinquante hommes d'armes des ordonnances, et gouverneur de la ville de Draguignan. Ces deux frères étaient de la maison de Villeneuve, l'une des plus illustres de Provence. (ST-MARC.)

¹ Voyez au commencement de ce volume l'Extrait de Balzac, placé à la suite des Mémoires de Racan; et le n° 48 des Lettres choisies.

² *Hémérocalles*, éphémères, dont la beauté ne dure qu'un jour. *D'un jour,* fait ici un pléonasme.

Sans congé, pour se soulager,
Nonobstant que trop il lui tarde.

Car s'il procédait autrement,
Il serait puni promptement
Aux dépens de sa propre vie :
Le parfait chrétien tout ainsi,
Créé pour obéir aussi,
Y tient sa fortune asservie.

Il ne doit pas quitter ce lieu
Ordonné par la loi de Dieu;
Car l'âme qui lui est transmise
Félonne ne doit pas fuir
Pour sa damnation encourir,
Et être en l'Érèbe remise.

Désolé je tiens ce propos,
Voyant approcher Atropos
Pour couper le nœud de ma trame;
Et ne puis ni veux l'éviter,
Moins aussi la précipiter :
Car Dieu seul commande à mon âme.

Non, Malherbe n'est pas de ceux
Que l'esprit d'enfer a déceus[1]
Pour acquérir la renommée
De s'être affranchis de prison
Par une lame, ou par poison,
Ou par une rage animée.

Au seul point que Dieu prescrira
Mon âme du corps partira
Sans contrainte ni violence;
De l'enfer les tentations,
Ni toutes mes afflictions,
Ne forceront point ma constance.

Mais, la Garde, voyez comment
On se disvague[2] doucement,
Et comme notre esprit agrée
De s'entretenir près et loin,
Encor qu'il n'en soit pas besoin,
Avec l'objet qui le récrée.

J'avais mis la plume à la main
Avec l'honorable dessein
De louer votre sainte Histoire;
Mais l'amitié que je vous dois
Par delà ce que je voulais
A fait débaucher ma mémoire.

Vous m'étiez présent à l'esprit
En voulant tracer cet écrit;
Et me semblait vous voir paraître
Brave et galant en cette cour,
Où les plus huppés à leur tour
Tâchaient de vous voir et connaître.

Mais ores à moi revenu,
Comme d'un doux songe avenu
Qui tous nos sentiments cajole,
Je veux vous dire franchement,
Et de ma façon librement,
Que votre Histoire est une école.

Pour moi, dans ce que j'en ai veu,
J'assure qu'elle aura l'aveu
De tout excellent personnage;
Et, puisque Malherbe le dit,
Cela sera sans contredit :
Car c'est un très-juste présage.

Toute la France sait fort bien
Que je n'estime ou reprends rien
Que par raison et par bon titre;
Et que les doctes de mon temps
Ont toujours été très-contents
De m'élire pour leur arbitre.

La Garde, vous m'en croirez donc,
Que si gentilhomme fut onc
Digne d'éternelle mémoire,
Par vos vertus vous le serez
Et votre loz[1] rehausserez
Par votre docte et sainte Histoire.

# LIVRE SECOND.

## STANCES[2].

### I.

#### 1586.

Si des maux renaissants avec ma patience
N'ont pouvoir d'arrêter un esprit si hautain,

---

[1] Déçus.
[2] On se fourvoie.

---

[1] Louange, gloire.
[2] Nous avons pris ce mot des Italiens, qui appellent ainsi les couplets de leurs chansons. Il vient de *stanza*, repos, parce qu'on s'arrête ordinairement à la fin de chaque stance. (MÉN.)

Le temps est médecin d'heureuse expérience :
Son remède est tardif ; mais il est bien certain.

Le temps à mes douleurs promet une allégeance,
Et de voir vos beautés se passer quelque jour ;
Lors je serai vengé, si j'ai de la vengeance
Pour un si beau sujet pour qui j'ai tant d'amour.

Vous aurez un mari sans être guère aimée ;
Ayant de ses désirs amorti le flambeau ;
Et de cette prison de cent chaînes formée
Vous n'en sortirez point que par l'huis du tombeau.

Tant de perfections qui vous rendent superbe,
Les restes d'un mari, sentiront le reclus ;
Et vos jeunes beautés flétriront comme l'herbe
Que l'on a trop foulée et qui ne fleurit plus.

Vous aurez des enfants des douleurs incroyables,
Qui seront près de vous, et crieront à l'entour ;
Lors fuiront de vos yeux les soleils agréables,
Y laissant pour jamais des étoiles autour.

Si je passe en ce temps dedans votre province,
Vous voyant sans beautés, et moi rempli d'honneur,
Car peut-être qu'alors les bienfaits d'un grand prin-
Marieront ma fortune avecque le bonheur :  [ce [1]

Ayant un souvenir de ma peine fidèle,
Mais n'ayant point à l'heure autant que j'ai d'ennuis,
Je dirai : Autrefois cette femme fut belle,
Et je fus autrefois plus sot que je ne suis.

## II.

### LES LARMES DE SAINT PIERRE,

IMITÉES DU TANSILLE [2].

### AU ROI [3].

1587.

Ce n'est pas en mes vers qu'une amante abusée
Des appas enchanteurs d'un parjure Thésée,
Après l'honneur ravi de sa pudicité [4],

Laissée ingratement en un bord solitaire,
Fait, de tous les assauts que la rage peut faire,
Une fidèle preuve à l'infidélité [1].

Les ondes que j'épands d'une éternelle veine
Dans un courage saint ont leur sainte fontaine,
Où l'amour de la terre et le soin de la chair
Aux fragiles pensers ayant ouvert la porte,
Une plus belle amour se rendit la plus forte,
Et le fit repentir aussitôt que pécher.

Henri, de qui les yeux et l'image sacrée [2]
Font un visage d'or à cette âge ferrée,
Ne refuse à mes vœux un favorable appui ;
Et si pour ton autel ce n'est chose assez grande,
Pense qu'il est si grand qu'il n'aurait point d'offrande
S'il n'en recevait point que d'égales à lui.

La foi qui fut au cœur d'où sortirent ces larmes
Est le premier essai de tes premières armes [3],
Pour qui tant d'ennemis à tes pieds abattus [4],
Pâles ombres d'enfer, poussières de la terre,
Ont connu ta fortune, et que l'art de la guerre
A moins d'enseignements que tu n'as de vertus.

De son nom de rocher, comme d'un bon augure,
Un éternel état l'Église se figure ;
Et croit, par le destin de tes justes combats,
Que ta main relevant son épaule [5] courbée,
Un jour qui n'est pas loin elle verra tombée
La troupe qui l'assaut et la veut mettre bas [6].

Mais le coq a chanté pendant que je m'arrête
A l'ombre des lauriers qui t'embrassent la tête ;

tueux : *et sanctiorem et magis admirabilem faciunt orationem*, dit Quintilien : c'est pour cette raison que Virgile se sert *d'olli*, de *fuat*, et de quelques autres mots semblables. (MÉN.)
[1] Il ne faut pas s'étonner de rencontrer souvent des fautes dans le poëme des *Larmes de saint Pierre*. C'est un ouvrage de la première jeunesse de Malherbe, et qu'il ne voulut jamais se donner la peine de corriger. (COSTAR.)
On trouve plus loin quelques autres exemples de ce style affecté, connu sous le nom de *concetti*, que nous avait imposé l'Italie. Corneille et Molière n'ont pu s'y soustraire tout à fait : le premier, dans *Cinna*, acte IV, sc. II ; et le second, dans le *Misanthrope*, acte III, sc VII, reproduisent ce vers de Malherbe.
[2] Malherbe donne ailleurs à Henri IV un visage d'Alcide ; mais malheureusemet ni cette *image sacrée*, ni ce *visage d'Alcide* ne purent préserver le dernier des Valois et le premier des Bourbons, des poignards de Clément et de Ravaillac.
[3] Malherbe veut dire qu'une foi pareille à celle qui était dans le cœur de saint Pierre fut le sujet des premiers exploits de Henri III. (COSTAR.)
[4] Aux journées de Jarnac et de Moncontour.
[5] Costar a essayé vainement de justifier cette expression par l'exemple de saint Chrysostôme, qui donne des épaules aux anges.
[6] Nous dirions aujourd'hui *mettre à bas*. Ce n'est point ici le *deponere* des Latins. (MÉN.)

---

[1] Henri d'Angoulême, dont Malherbe était alors gentilhomme, et qui mourut assassiné au mois de juin 1586.
[2] Le Tansille était un gentilhomme de Nole, ville du royaume de Naples, et mourut en 1569. Son poëme, qui fut imprimé en 1596 à la suite de l'imitation de Malherbe, a pour titre : *Lagrime di santo Pietro dal signor Luigi Tansillo*.
[3] Henri III. Il fut assassiné à Saint-Cloud, par Jacques Clément, le 1er août 1589.
[4] Ce mot n'est plus usité par les prosateurs, mais il l'est toujours par les poëtes. Les mots anciens employés sans affectation rendent le vers et plus merveilleux et plus majes-

Et la source déjà commençant à s'ouvrir
A lâché les ruisseaux qui font bruire leur trace,
Entre tant de malheurs estimant une grâce
Qu'un monarque si grand les regarde courir.

Ce miracle d'amour, ce courage invincible,
Qui n'espérait jamais une chose possible
Que rien finît sa foi que le même trépas,
De vaillant fait couard, de fidèle fait traître,
Aux portes de la peur abandonne son maître,
Et jure impudemment qu'il ne le connaît pas.

A peine la parole avait quitté sa bouche,
Qu'un regret aussi prompt en son âme le touche;
Et, mesurant sa faute à la peine d'autrui,
Voulant faire beaucoup, il ne peut davantage
Que soupirer tout bas, et se mettre au visage
Sur le feu de sa honte une cendre d'ennui.

Les arcs qui de plus près sa poitrine[1] joignirent,
Les traits qui plus avant dans le sein l'atteignirent,
Ce fut quand du Sauveur il se vit regardé :
Les yeux furent les arcs, les œillades les flèches
Qui percèrent son âme, et remplirent de brèches
Le rempart qu'il avait si lâchement gardé.

Cet assaut, comparable à l'éclat d'une foudre,
Pousse et jette d'un coup ses défenses en poudre;
Ne laissant rien chez lui que le même penser
D'un homme qui, tout nu de glaive[2] et de courage,
Voit de ses ennemis la menace et la rage,
Qui le fer en la main le viennent offenser.

Ces beaux yeux souverains qui traversent la terre
Mieux que les yeux mortels ne traversent le verre,
Et qui n'ont rien de clos à leur juste courroux,
Entrent victorieux en son âme étonnée,
Comme dans une place au pillage donnée,
Et lui font recevoir plus de morts que de coups.

La mer a dans le sein moins de vagues courantes[3]
Qu'il n'a dans le cerveau de formes différentes,
Et n'a rien toutefois qui le mette en repos;
Car aux flots de la peur sa navire[4] qui tremble
Ne trouve point de port, et toujours il lui semble
Que des yeux de son maître il entend ce propos :

Eh bien! où maintenant est ce brave langage,
Cette roche de foi[1], cet acier de courage?
Qu'est le feu de ton zèle au besoin devenu?
Où sont tant de serments qui juraient une fable!
Comme tu fus menteur, suis-je pas véritable?
Et que t'ai-je promis qui ne soit avenu?

Toutes les cruautés de ces mains qui m'attachent,
Le mépris effronté que ces bouches me crachent,
Les preuves que je fais de leur impiété,
Pleines également de fureur et d'ordure,
Ne me sont une pointe aux entrailles si dure
Comme le souvenir de ta déloyauté.

Je sais bien qu'au danger les autres de ma suite
Ont eu peur de la mort, et se sont mis en fuite;
Mais toi, que plus que tous j'aimai parfaitement[2],
Pour rendre en me niant ton offense plus grande,
Tu suis mes ennemis, t'assembles à leur bande,
Et des maux qu'ils me font prends ton ébattement.

Le nombre est infini des paroles empreintes
Que regarde l'apôtre en ces lumières[3] saintes;
Et celui seulement que sous une beauté
Les feux d'un œil humain ont rendu tributaire
Jugera sans mentir quel effet a pu faire
Des rayons immortels l'immortelle clarté.

Il est bien assuré que l'angoisse qu'il porte
Ne s'emprisonne pas sous les clefs d'une porte,
Et que de tous côtés elle suivra ses pas;
Mais, pour ce qu'il la voit dans les yeux de son maître,
Il se veut absenter, espérant que peut-être
Il la sentira moins en ne la voyant pas.

La place lui déplaît où la troupe maudite
Son Seigneur attaché par outrage dépite;
Et craint tant de tomber en un autre forfait,
Qu'il estime déjà ses oreilles coupables
D'entendre ce qui sort de leurs bouches damnables,
Et ses yeux d'assister aux tourments qu'on lui fait.

---

[1] Ce mot est fort beau, et ceux qui font difficulté de s'en servir, parce que l'on dit *une poitrine de mouton, une poitrine de veau*, sont ridicules. (MÉN.)

[2] *Jeter en poudre*, *nu de glaive*, expressions nobles, hardies, et qui font oublier la faiblesse des deux stances précédentes.

[3] Cette comparaison est familière aux poëtes. Virgile a dit : *Magno curarum fluctuat æstu*. Les pensées et les passions sont comme des vents qui agitent l'esprit. (MÉN.)

[4] Nous avons déjà remarqué que du temps de Ménage le mot *navire* prenait encore le genre féminin dans la haute poésie.

[1] Puisqu'on dit *un courage d'acier*, ne peut-on pas dire *une foi de roche?* Cependant je ne puis m'empêcher de trouver étranges ces façons de parler. (COSTAR.)

[2] Une chose parfaite est une chose accomplie ; *parfaitement* ne peut donc être joint à un comparatif, comme l'a fait ici Malherbe; et moins encore avec un superlatif, comme l'emploient ceux qui finissent leurs lettres par ces mots : *Je suis parfaitement votre très-humble serviteur*. Cette faute est très-ordinaire à tous les faiseurs de lettres, et même au grand épistolier M. de Balzac. (MÉN.)

[3] Les Latins disent de même *lumina*, et les Italiens *lumi* pour signifier *les yeux*.

Il part ; et la douleur qui d'un morne silence
Entre les ennemis couvrait sa violence,
Comme il se voit dehors, a si peu de compas[1],
Qu'il demande tout haut que le sort favorable
Lui fasse rencontrer un ami secourable
Qui, touché de pitié, lui donne le trépas.

En ce piteux état il n'a rien de fidèle
Que sa main qui le guide où l'orage l'appelle ;
Ses pieds, comme ses yeux, ont perdu la vigueur ;
Il a de tout conseil son âme dépourvue,
Et dit en soupirant que la nuit de sa vue
Ne l'empêche pas tant que la nuit de son cœur.

Sa vie, auparavant si chèrement gardée,
Lui semble trop longtemps ici-bas retardée ;
C'est elle qui le fâche et le fait consumer ;
Il la nomme parjure, il la nomme cruelle ;
Et, toujours se plaignant que sa faute vient d'elle,
Il n'en veut faire compte et ne la peut aimer.

Va, laisse-moi, dit-il, va, déloyale vie ;
Si de te retenir autrefois j'eus envie,
Et si j'ai désiré que tu fusses chez moi,
Puisque tu m'as été si mauvaise compagne,
Ton infidèle foi maintenant je dédaigne ;
Quitte-moi, je te quitte et ne veux plus de toi.

Sont-ce tes beaux desseins, mensongère et méchante,
Qu'une seconde fois ta malice m'enchante,
Et que, pour retarder d'une heure seulement
La nuit déjà prochaine à ta courte journée,
Je demeure en danger que l'âme, qui[2] est née
Pour ne mourir jamais, meure éternellement ?

Non, ne m'abuse plus d'une lâche pensée ;
Le coup encore frais de ma chute passée
Me doit avoir appris à me tenir debout,
Et savoir discerner de la trève la guerre,
Des richesses du ciel les fanges de la terre,
Et d'un bien qui s'envole un qui n'a point de bout.

Si quelqu'un d'aventure en délices abonde,
Il te perd aussitôt, et déloge du monde ;
Qui te porte amitié, c'est à lui que tu nuis ;
Ceux qui te veulent mal sont ceux que tu conserves,
Tu vas à qui te fuit, et toujours le réserves
A souffrir, en vivant, davantage d'ennuis.

On voit par ta rigueur tant de blondes jeunesses,
Tant de riches grandeurs, tant d'heureuses vieillesses,
En fuyant le trépas, au trépas arriver :
Et celui qui chétif[1] aux misères succombe,
Sans vouloir autre bien que le bien de la tombe,
N'ayant qu'un jour à vivre il ne peut l'achever.

Que d'hommes fortunés en leur âge première,
Trompés de l'inconstance à nos ans coutumière,
Du depuis se sont vus en étrange langueur,
Qui fussent morts contents, si le ciel amiable[2],
Ne les abusant pas en ton sein variable,
Au temps de leur repos eût coupé ta longueur !

Quiconque de plaisir a son âme assouvie,
Plein d'honneur et de bien, non sujet à l'envie,
Sans jamais en son aise un malaise éprouver,
S'il demande à ses jours davantage de terme,
Que fait-il ignorant, qu'attendre de pied ferme
De voir à son beau temps un orage arriver ?

Et moi, si de mes jours l'importune durée
Ne m'eût en vieillissant la cervelle empirée,
Ne devais-je être sage, et me ressouvenir
D'avoir vu la lumière aux aveugles rendue,
Rebailler[3] aux muets la parole perdue,
Et faire dans les corps les âmes revenir ?

De ces faits non communs la merveille profonde,
Qui, par la main d'un seul, étonnait tout le monde,
Et tant d'autres encor, me devaient avertir
Que, si pour leur auteur j'endurais de l'outrage,
Le même qui les fit, en faisant davantage,
Quand on m'offenserait, me pouvait garantir.

Mais, troublé par les ans, j'ai souffert que la crainte,
Loin encore du mal, ait découvert ma feinte,
Et sortant promptement de mon sens et de moi,
Ne me suis aperçu qu'un destin favorable
M'offrait en ce danger un sujet honorable
D'acquérir par ma perte un triomphe à ma foi.

Que je porte d'envie à la troupe innocente
De ceux[4] qui, massacrés d'une main violente,
Virent dès le matin leur beau jour accourci !
Le fer qui les tua leur donna cette grâce,
Que, si de faire bien ils n'eurent pas l'espace[5] ;
Ils n'eurent pas le temps de faire mal aussi.

---

[1] On dit la *règle*, la *mesure* des actions ; et on ne dit point le *compas* : par caprice de l'usage. (MARMONTEL.)
[2] Cet hiatus est d'autant plus remarquable, que Malherbe a toujours regardé le concours des voyelles, en vers, comme une grande négligence. (MÉN.)

[1] *Chétif* est ici pour *malheureuse*. Les Italiens emploient *cattivo* dans le même sens.
[2] Ce mot a été relégué dans le style du palais : *partage amiable*, *amiable composition*.
[3] Il semble que Malherbe ait toujours, en prose et en vers, préféré *bailler* à *donner*.
[4] Les *Innocents*, sacrifiés à la fureur d'Hérode.
[5] *Espace* se dit aujourd'hui du lieu seulement, *intervalle* du temps.

De ces jeunes guerriers la flotte vagabonde
Allait courre[1] fortune aux orages du monde,
Et déjà pour voguer abandonnait le bord,
Quand l'aguet d'un pirate arrêta leur voyage ;
Mais leur sort fut si bon que d'un même naufrage
Ils se virent sous l'onde et se virent au port.

Ce furent de beaux lis qui, mieux que la nature,
Mêlant à leur blancheur l'incarnate peinture
Que tira de leur sein le couteau criminel,
Devant que d'un hiver la tempête et l'orage
A leur teint délicat pussent faire dommage,
S'en allèrent fleurir au printemps éternel.

Ces enfants bienheureux, créatures parfaites,
Sans l'imperfection de leurs bouches muettes,
Ayant Dieu dans le cœur, ne le purent louer :
Mais leur sang leur en fut un témoin véritable :
Et moi, pouvant parler, j'ai parlé, misérable,
Pour lui faire vergogne et le désavouer.

Le peu qu'ils ont vécu leur fut grand avantage,
Et le trop que je vis ne me fait que dommage,
Cruelle occasion du souci qui me nuit !
Quand j'avais de ma foi l'innocence première,
Si la nuit de la mort m'eût privé de lumière,
Je n'aurais pas la peur d'une immortelle nuit.

Ce fut en ce troupeau que, venant à la guerre
Pour combattre l'enfer et défendre la terre,
Le Sauveur inconnu sa grandeur abaissa ;
Par eux il commença la première mêlée ;
Et furent eux aussi que la rage aveuglée
Du contraire parti les premiers offensa.

Qui voudra se vanter, avec eux se compare,
D'avoir reçu la mort par un glaive[2] barbare
Et d'être allé soi-même au martyre s'offrir ;
L'honneur leur appartient d'avoir ouvert la porte
A quiconque osera d'une âme belle et forte
Pour vivre dans le ciel en la terre mourir.

O désirable fin de leurs peines passées !
Leurs pieds, qui n'ont jamais les ordures pressées,
Un superbe plancher des étoiles se font ;
Leur salaire payé les services précède ;
Premier que d'avoir mal ils trouvent le remède,
Et devant le combat ont les palmes au front.

Que d'applaudissements, de rumeur et de presse,

Que de feux, que de jeux, que de traits de caresse,
Quand là-haut en ce point on les vit arriver !
Et quel plaisir encore à leur courage tendre,
Voyant Dieu devant eux en ses bras les attendre,
Et pour leur faire honneur les anges se lever !

Et vous, femmes, trois fois, quatre fois bienheureu-
De ces jeunes Amours[1] les mères amoureuses, [ses,
Que faites-vous pour eux, si vous les regrettez ?
Vous fâchez leur repos, et vous rendez coupables,
Ou de n'estimer pas leurs trépas honorables,
Ou de porter envie à leurs félicités.

Le soir fut avancé de leurs belles journées ;
Mais qu'eussent-ils gagné par un siècle d'années ?
Ou que leur avint-il en ce vite départ,
Que laisser promptement une basse demeure,
Qui n'a rien que du mal, pour avoir de bonne heure
Aux plaisirs éternels une éternelle part ?

Si vos yeux, pénétrant jusqu'aux choses futures,
Vous pouvaient enseigner leurs belles aventures,
Vous auriez tant de bien en si peu de malheurs,
Que vous ne voudriez[2] pas pour l'empire du monde
N'avoir eu dans le sein la racine féconde
D'où naquit entre nous ce miracle de fleurs.

Mais moi, puisque les lois me défendent l'outrage
Qu'entre tant de langueurs me commande la rage,
Et qu'il ne faut soi-même éteindre son flambeau,
Que m'est-il demeuré pour conseil et pour armes,
Que d'écouler ma vie en un fleuve de larmes,
Et la chassant de moi l'envoyer au tombeau ?

Je sais bien que ma langue ayant commis l'offense,
Mon cœur incontinent en a fait pénitence.
Mais quoi ! si peu de cas ne me rend satisfait.
Mon regret est si grand, et ma faute si grande,
Qu'une mer éternelle à mes yeux je demande
Pour pleurer à jamais le péché que j'ai fait.

Pendant que le chétif en ce point se lamente,
S'arrache les cheveux, se bat, et se tourmente,

---

[1] Suivant Vaugelas, *courre fortune* était alors plus en usage que *courir fortune*.

[2] Desmarets a raison de soutenir, dans la préface de son CLOVIS, que le mot *glaive* est très-beau et très-poétique, et de blâmer ceux qui font difficulté de s'en servir. (MÉN.)

[1] Pour ne pas mêler les choses sacrées avec les profanes, Malherbe devait dire :

De ces anges nouveaux les mères amoureuses.
(MÉN.)

[2] *Voudriez* est aujourd'hui de trois syllabes. Du temps de Malherbe, la langue n'était pas encore fixée sur ce point, et on ne distinguait pas les mots dans lesquels *iez* ou *ier* est précédé d'une consonne muette et d'une liquide d'avec ceux où il n'est précédé que d'une seule consonne. C'est Corneille qui établit cette distinction en donnant trois syllabes à *meurtrier* :

Jamais un meurtrier en fit-il son refuge.
*Le Cid*, acte III, sc. I.

En tant d'extrémités cruellement réduit,
Il chemine toujours; mais, rêvant à sa peine,
Sans donner à ses pas une règle certaine,
Il erre vagabond où le pied le conduit

A la fin, égaré (car la nuit qui le trouble
Par les eaux de ses pleurs son ombrage redouble),
Soit un cas d'aventure, ou que Dieu l'ait permis,
Il arrive au jardin où la bouche du traître,
Profanant d'un baiser la bouche de son maître,
Pour en priver les bons aux méchants l'a remis.

Comme un homme dolent que le glaive contraire
A privé de son fils et du titre de père,
Plaignant deçà delà son malheur avenu,
S'il arrive en la place où s'est fait le dommage,
L'ennui renouvelé plus rudement l'outrage
En voyant le sujet à ses yeux revenu :

Le vieillard, qui n'attend une telle rencontre,
Sitôt qu'au dépourvu sa fortune lui montre
Le lieu qui fut témoin d'un si lâche méfait,
De nouvelles fureurs se déchire et s'entame,
Et de tous les pensers qui travaillent son âme
L'extrême cruauté plus cruelle se fait.

Toutefois il n'a rien qu'une tristesse peinte,
Ses ennuis sont des jeux, son angoisse une feinte,
Son malheur un bonheur, et ses larmes un ris,
Au prix de ce qu'il sent quand sa vue abaissée
Remarque les endroits où la terre pressée
A des pieds du Sauveur les vestiges écrits.

C'est alors que ses cris en tonnerres s'éclatent,
Ses soupirs se font vents que les chênes combattent;
Et ses pleurs, qui tantôt descendaient mollement,
Ressemblent un torrent qui, des hautes montagnes,
Ravageant et noyant les voisines campagnes,
Veut que tout l'univers ne soit qu'un élément.

Il y fiche ses yeux, il les baigne, il les baise,
Il se couche dessus, et serait à son aise
S'il pouvait avec eux à jamais s'attacher.
Il demeure muet du respect qu'il leur porte :
Mais enfin la douleur se rendant la plus forte,
Lui fait encore un coup une plainte arracher.

Pas adorés de moi, quand par accoutumance
Je n'aurais comme j'ai de vous la connaissance,
Tant de perfections vous découvrent assez;
Vous avez une odeur de parfums d'Assyrie;
Les autres ne l'ont pas; et la terre flétrie
Est belle seulement où vous êtes passés.

Beaux pas de ces beaux pieds que les astres connaissent;
Comme ores à mes yeux vos marques apparaissent!
Telle autrefois de vous la merveille me prit,
Quand, déjà demi-clos sous la vague profonde,
Vous ayant appelés, vous affermîtes l'onde,
Et, m'assurant les pieds, m'étonnâtes l'esprit.

Mais, ô de tant de biens indigne récompense!
O dessus les sablons inutile semence!
Une peur, ô Seigneur! m'a séparé de toi;
Et d'une âme semblable à la mienne parjure,
Tous ceux qui furent tiens, s'ils ne t'ont fait injure,
Ont laissé ta présence et t'ont manqué de foi.

De douze, deux fois cinq, étonnés de courage,
Par une lâche fuite évitèrent l'orage,
Et tournèrent le dos quand tu fus assailli;
L'autre qui fut gagné d'une sale avarice,
Fit un prix de ta vie à l'injuste supplice;
Et l'autre, en te niant, plus que tous a failli.

C'est chose à mon esprit impossible à comprendre,
Et nul autre que toi ne me la peut apprendre,
Comme a pu ta bonté nos outrages souffrir.
Et qu'attend plus de nous ta longue patience,
Sinon qu'à l'homme ingrat la seule conscience
Doive être le couteau qui le fasse mourir ?

Toutefois tu sais tout, tu connais qui nous sommes,
Tu vois quelle inconstance accompagne les hommes,
Faciles à fléchir quand il faut endurer.
Si j'ai fait comme un homme en faisant une offense,
Tu feras comme Dieu d'en laisser la vengeance;
Et m'ôter un sujet de me désespérer.

Au moins, si les regrets de ma faute avenue
M'ont de ton amitié quelque part retenue,
Pendant que je me trouve au milieu de tes pas,
Désireux de l'honneur d'une si belle tombe,
Afin qu'en autre part ma dépouille ne tombe,
Puisque ma fin est près, ne la recule pas.

En ces propos mourants ses complaintes se meurent :
Mais vivantes sans fin ses angoisses demeurent,
Pour le faire en langueur à jamais consumer.
Tandis, la nuit s'en va, ses lumières s'éteignent,
Et déjà devant lui les campagnes se peignent
Du safran que le jour apporte de la mer.

L'Aurore d'une main, en sortant de ses portes,
Tient un vase de fleurs languissantes et mortes :
Elle verse de l'autre une cruche¹ de pleurs;

---

¹ Quoique l'Aurore soit une grande pleureuse, je ne crois pas qu'on puisse lui faire verser des larmes dans une cruche, pour les répandre ensuite sur la terre, si ce n'est en vers bur-

Et, d'un voile tissu de vapeur et d'orage
Couvrant ses cheveux d'or, découvre en son visage
Tout ce qu'une âme sent de cruelles douleurs.

Le soleil, qui dédaigne une telle carrière,
Puisqu'il faut qu'il déloge, éloigne sa barrière;
Mais, comme un criminel qui chemine au trépas,
Montrant que dans le cœur ce voyage le fâche,
Il marche lentement, et désire qu'on sache
Que, si ce n'était force, il ne le ferait pas.

Ses yeux par un dépit en ce monde regardent;
Ses chevaux tantôt vont et tantôt se retardent,
Eux-mêmes ignorants de la course qu'ils font :
Sa lumière pâlit, sa couronne se cache;
Aussi n'en veut-il pas cependant qu'on attache
A celui qui l'a fait des épines au front.

Au point accoutumé, les oiseaux qui sommeillent
Apprêtés à chanter dans les bois se réveillent;
Mais, voyant ce matin des autres différent,
Remplis d'étonnement ils ne daignent paraître,
Et font à qui les voit ouvertement connaître
De leur peine secrète un regret apparent.

Le jour est déjà grand, et la honte plus claire
De l'apôtre ennuyé l'avertit de se taire;
Sa parole se lasse, et le quitte au besoin :
Il voit de tous côtés qu'il n'est vu de personne;
Toutefois le remords que son âme lui donne
Témoigne assez le mal qui n'a point de témoin.

Aussi l'homme qui porte une âme belle et haute,
Quand seul en une part il a fait une faute,
S'il n'a de jugement son esprit dépourvu,
Il rougit de lui-même, et, combien qu'il ne sente
Rien que le ciel présent et la terre présente,
Pense qu'en se voyant tout le monde l'a vu.

### III.

POUR M. DE MONTPENSIER[1],

A MADAME[2],

DEVANT SON MARIAGE.

1592.

Beau ciel par qui mes jours sont troubles ou sont calmes,
Seule terre où je prends mes cyprès et mes palmes,
Catherine, dont l'œil ne luit que pour les dieux,
Punissez vos beautés plutôt que mon courage,
Si, trop haut s'élevant, il adore un visage
Adorable par force à quiconque a des yeux.

Je ne suis pas ensemble aveugle et téméraire;
Je connais bien l'erreur que l'amour m'a fait faire,
Cela seul ici-bas surpassait mon effort;
Mais mon âme qu'à vous[1] ne peut être asservie,
Les destins n'ayant point établi pour ma vie
Hors de cet océan de naufrage ou de port.

Beauté par qui les dieux, las de notre dommage,
Ont voulu réparer les défauts de notre âge,
Je mourrai dans vos feux, éteignez-les ou non[2],
Comme le fils d'Alcmène en me brûlant moi-même;
Il suffit qu'en mourant dans cette flamme extrême
Une gloire éternelle accompagne mon nom.

On ne doit point, sans sceptre, aspirer où j'aspire;
C'est pourquoi, sans quitter les lois de votre empire,
Je veux de mon esprit tout espoir rejeter.
Qui cesse d'espérer, il cesse aussi de craindre;
Et, sans atteindre au but où l'on ne peut atteindre,
Ce m'est assez d'honneur que j'y voulais monter.

Je maudis le bonheur où le ciel m'a fait naître,
Qui m'a fait désirer ce qu'il m'a fait connaître :
Il faut ou vous aimer, ou ne vous faut point voir.
L'astre qui luit aux grands en vain à ma naissance
Épandit dessus moi tant d'heur et de puissance,
Si pour ce que je veux j'ai trop peu de pouvoir.

Mais il le faut vouloir, et vaut mieux se résoudre,
En aspirant au ciel, être frappé de[3] foudre,
Qu'aux desseins de la terre assuré se ranger.
J'ai moins de repentir, plus je pense à ma faute;
Et la beauté des fruits d'une palme si haute
Me fait par le désir oublier le danger.

---

lesques, où les plus grandes extravagances passent aujourd'hui pour les plus grandes beautés. (MÉN.)

[1] Dès qu'Henri III fut mort, Henri de Bourbon, duc de Montpensier, à la tête des seigneurs de la cour, reconnut pour héritier légitime de la couronne Henri de Bourbon, roi de Navarre, et le proclama roi de France. (ST. MARC.)

[2] Catherine, princesse de Navarre, sœur de Henri IV. Elle était recherchée en mariage par le duc de Montpensier et par le comte de Soissons, cousin-germain du roi.

[1] Cette transposition n'est pas supportable. (MÉN.)

[2] Hermogène dit que les vers qui finissent par un monosyllabe sont plus agréables que les autres, quoiqu'ils soient moins graves; mais je remarquerai qu'il faut toujours consulter l'oreille, et qu'elle n'est pas satisfaite ici. (MÉN.)

[3] De tout temps, les poëtes ont sacrifié l'article à la mesure du vers.

## IV[1].

### VICTOIRE DE LA CONSTANCE.

#### 1596.

Enfin cette beauté m'a la[2] place rendue
Que d'un siége si long elle avait défendue :
Mes vainqueurs sont vaincus; ceux qui m'ont fait la loi
    La reçoivent de moi.

J'honore tant la palme acquise en cette guerre,
Que si, victorieux des deux bouts de la terre,
J'avais mille lauriers de ma gloire témoins,
    Je les priserais moins.

Au repos où je suis tout ce qui me travaille,
C'est la doute que j'ai qu'un malheur ne m'assaille
Qui me sépare d'elle, et me fasse lâcher[3]
    Un bien que j'ai si cher.

Il n'est rien ici-bas d'éternelle durée;
Une chose qui plaît n'est jamais assurée :
L'épine suit la rose; et ceux qui sont contents
    Ne le sont pas longtemps.

Et puis qui ne sait point que la mer amoureuse
En sa bonace même est souvent dangereuse,
Et qu'on y voit toujours quelques nouveaux rochers
    Inconnus aux nochers?

Déjà de toutes parts tout le monde m'éclaire;
Et bientôt les jaloux ennuyés de se taire,
Si les vœux que je fais n'en détournent l'assaut,
    Vont médire tout haut.

Peuple qui me veux mal, et m'imputes à vice
D'avoir été payé d'un fidèle service,
Où trouves-tu qu'il faille avoir semé son bien,
    Et ne recueillir rien[4]?

Voudrais-tu que ma dame, étant si bien servie,
Refusât le plaisir où l'âge la convie,
Et qu'elle eût des rigueurs à qui mon amitié
    Ne sût faire pitié?

Ces vieux contes d'honneur, invisibles chimères,
Qui naissent aux cerveaux des maris et des mères,
Étaient-ce impressions qui pussent aveugler
    Un jugement si cler[1]?

Non, non : elle a bien fait de m'être favorable,
Voyant mon feu si grand et ma foi si durable;
Et j'ai bien fait aussi d'asservir ma raison
    En si belle prison.

C'est peu d'expérience à conduire sa vie,
De mesurer son aise au compas de l'envie,
Et perdre ce que l'âge a de fleur et de fruit,
    Pour éviter un bruit.

De moi, que tout le monde à me nuire s'apprête,
Le ciel à tous ses traits fasse un but de ma tête,
Je me suis résolu d'attendre le trépas,
    Et ne la quitter pas.

Plus j'y vois de hasard, plus j'y trouve d'amorce :
Où le danger est grand, c'est là que je m'efforce;
En un sujet aisé moins de peine apportant
    Je ne brûle pas tant.

Un courage élevé toute peine surmonte;
Les timides conseils n'ont rien que de la honte;
Et le front d'un guerrier aux combats étonné
    Jamais n'est couronné.

Soit la fin de mes jours contrainte ou naturelle,
S'il plaît à mes destins que je meure pour elle,
Amour en soit loué : je ne veux un tombeau
    Plus heureux ni plus beau.

## V.

### DESSEIN DE QUITTER UNE DAME QUI NE LE CONTENTAIT QUE DE PROMESSE.

#### 1598.

Beauté, mon beau souci, de qui l'âme incertaine
A, comme l'océan, son flux et son reflux;
Pensez de vous résoudre à soulager ma peine,
Ou je me vais résoudre à ne la souffrir plus.

Vos yeux ont des appas que j'aime et que je prise,

---

[1] Malherbe apporta ces stances de Provence à Paris, quand il y vint en 1605. (MÉN.)
[2] Comme on racontait à Malherbe que M. des Yveteaux se moquait de ce *m'a la pla*, il répondit plaisamment que c'était bien à M. des Yveteaux à trouver *malapla* mauvais, lui qui avait dit *parablamafla*. En effet, il avait mis dans un vers, *comparable à ma flamme*. (MÉN.)
[3] Les Italiens disent indifféremment *lassare* ou *lasciare*. (MÉN.)
[4] Le plus grand défaut des vers, c'est d'être trop prosaïques, comme le plus grand défaut de la prose est d'être trop poétique. (MÉN.)

[1] *Clair* s'écrivait ainsi dans son origine.

Et qui peuvent beaucoup dessus ma liberté ;
Mais pour me retenir, s'ils font cas de ma prise,
Il leur faut de l'amour autant que de beauté.

Quand je pense être au point que cela s'accomplisse,
Quelque excuse toujours en empêche l'effet ;
C'est la toile sans fin de la femme d'Ulysse [1],
Dont l'ouvrage du soir au matin se défait.

Madame, avisez-y ; vous perdez votre gloire
De me l'avoir promis et vous rire de moi.
S'il ne vous en souvient, vous manquez de mémoire,
Et s'il vous en souvient, vous n'avez point de foi.

J'avais toujours fait compte, aimant chose si haute,
De ne m'en séparer qu'avecque le trépas ;
S'il arrive autrement, ce sera votre faute
De faire des serments, et ne les tenir pas.

## VI.

### CONSOLATION A CARITÉE [2],

#### SUR LA MORT DE SON MARI.

1599.

Ainsi, quand Mausole [3] fut mort,
Artémise accusa le sort,
De pleurs se noya le visage,
Et dit aux astres innocents
Tout ce que fait dire la rage
Quand elle est maîtresse des sens.

Ainsi fut sourde au reconfort,
Quand elle eut trouvé dans le port
La perte qu'elle avait songée,

Celle de qui les passions [1]
Firent voir à la mer Égée
Le premier nid des alcyons [2].

Vous n'êtes seule en ce tourment
Qui témoignez du sentiment,
O trop fidèle Caritée !
En toutes âmes l'amitié,
De mêmes ennuis agitée,
Fait les mêmes traits de pitié.

De combien de jeunes maris,
En la querelle de Pâris,
Tomba la vie entre les armes,
Qui fussent retournés un jour,
Si la mort se payait de larmes ;
A Mycènes [3] faire l'amour !

Mais le destin, qui fait nos lois,
Est jaloux qu'on passe deux fois
Au deçà du rivage blême :
Et les dieux ont gardé ce don,
Si rare que Jupiter même
Ne le sut faire à Sarpédon [4].

Pourquoi donc, si peu sagement
Démentant votre jugement,
Passez-vous en cette amertume
Le meilleur de votre saison,
Aimant mieux plaindre par coutume,
Que vous consoler par raison ?

Nature fait bien quelque effort
Qu'on ne peut condamner qu'à tort :
Mais que direz-vous pour défendre
Ce prodige de cruauté

---

[1] La toile de Pénélope se dit proverbialement des ouvrages qui ne s'achèvent jamais. (MÉN.)

[2] Ce poëme, que Malherbe composa en Provence, est beau depuis le commencement jusqu'à la fin. M. du Perrier, avocat au parlement d'Aix, croit avoir ouï dire à son père, l'ami familier de Malherbe, que Caritée était une dame de grand mérite et de grande beauté, veuve d'un gentilhomme provençal, seigneur de Saint-Etienne, nommé l'Evêque. (MÉN.) — Trois éditions de cette pièce, antérieures à l'année 1610, prouvent combien était peu fidèle la tradition de ces personnes de la vieille cour, sur la foi desquelles Saint-Évremont a dit que Malherbe avait composé ces stances pour consoler Marie de Médicis de la mort de Henri IV. (ST-MARC.)

[3] Mausole, fils d'Hécatomne, roi de Carie, épousa Artémise sa sœur, et succéda à son père. Artémise l'aima avec la passion la plus ardente dont jamais femme ait aimé son mari. Après sa mort, elle avala ses cendres. Elle ne se contenta pas de lui avoir donné ce tombeau vivant, pour me servir de l'expression de Valère Maxime *, elle lui en fit faire un de marbre, et si magnifique, qu'il a été mis au nombre des sept merveilles du monde, et que de son nom on a appelé mausolées tous les autres tombeaux magnifiques. (MÉN.)

* Liv. IV, ch. VI.

[1] Remarquez *les passions* pour *la passion*. Desportes a dit de même dans le premier sonnet à Diane :

Je n'agrandirai point, riche d'inventions,
Vos beautés, vos dédains, ma foi, mes passions.
(MÉN.)

[2] Alcyone et Ceyx son époux furent changés en oiseaux marins *. — Il est impossible de faire un meilleur usage de la mythologie. Les fables, suivant la remarque judicieuse de Plutarque, sont l'âme de la poésie ; mais il y a de l'adresse à s'en bien servir. Nous ne devons recourir qu'à celles que tout le monde sait. Ronsard, pour en avoir employé qui ne sont connues que des savants, et qui ne se trouvent que dans les scoliastes, au lieu d'acquérir la réputation de docte, a mérité celle de pédant. Il ne faut pas non plus les prodiguer, et, comme disait Corinne au sujet de Pindare, les répandre avec le sac, mais avec la main. (MÉN.)

[3] Ville du Péloponèse, capitale des États d'Agamemnon.

[4] Prince de Lycie, fils de Jupiter et de Laodamie, selon les uns ; de Jupiter et d'Europe, selon les autres. Il fut tué par Patrocle : et Homère, à cette occasion, dit qu'il ne lui servit de rien d'être fils de Jupiter.

* Voyez les Métam. d'Ovide, liv. XI, ch. IX.

Par qui vous semblez entreprendre
De ruiner votre beauté?

Que vous ont fait ces beaux cheveux,
Dignes objets de tant de vœux,
Pour endurer votre colère,
Et, devenus vos ennemis,
Recevoir l'injuste salaire
D'un crime qu'ils n'ont point commis?

Quelles aimables qualités
En celui que vous regrettez
Ont pu mériter qu'à vos roses
Vous ôtiez leur vive couleur,
Et livriez de si belles choses
A la merci de la douleur?

Remettez-vous l'âme en repos,
Changez ces funestes propos;
Et par la fin de vos tempêtes
Obligeant tous les beaux esprits,
Conservez au siècle où vous êtes
Ce que vous lui donnez de prix.

Amour autrefois en vos yeux
Plein d'appas si délicieux,
Devient mélancolique et sombre,
Quand il voit qu'un si long ennui
Vous fait consumer pour une ombre
Ce que vous n'avez que pour lui.

S'il vous ressouvient du pouvoir
Que ses traits vous ont fait avoir
Quand vos lumières étaient calmes,
Permettez-lui de vous guérir,
Et ne différez point les palmes
Qu'il brûle de vous acquérir.

Le temps d'un insensible cours,
Nous porte à la fin de nos jours;
C'est à notre sage conduite,
Sans murmurer de ce défaut,
De nous consoler de sa fuite,
En le ménageant comme il faut.

## VII.

### CONSOLATION A M. DU PERRIER [1].

#### 1599.

Ta douleur, du Perrier, sera donc éternelle?

Et les tristes discours [1]
Que te met en l'esprit l'amitié paternelle
L'augmenteront toujours?

Le malheur de ta fille [2] au tombeau descendue
Par un commun trépas,
Est-ce quelque dédale où ta raison perdue
Ne se retrouve pas?

Je sais de quels appas son enfance était pleine;
Et n'ai pas entrepris,
Injurieux ami, de soulager ta peine
Avecque son mépris.

Mais elle était du monde, où les plus belles choses
Ont le pire destin;
Et, rose, elle a vécu ce que vivent les roses,
L'espace d'un matin [3]

Puis, quand ainsi serait que, selon ta prière,
Elle aurait obtenu
D'avoir en cheveux blancs terminé sa carrière,
Qu'en fût-il avenu?

Penses-tu que plus vieille en la maison céleste
Elle eût eu plus d'accueil,
Ou qu'elle eût moins senti la poussière funeste
Et les vers du cercueil?

Non, non, mon du Perrier; aussitôt que la Parque
Ote l'âme du corps,
L'âge s'évanouit au deçà de la barque,
Et ne suit point les morts.

Tithon [4] n'a plus les ans qui le firent cigale;
Et Pluton aujourd'hui,
Sans égard du passé, les mérites égale
D'Archémore [5] et de lui.

[1] François du Perrier, gentilhomme de Provence, était fils de Laurent du Perrier, avocat au parlement d'Aix, petit-fils de Gaspard du Perrier, conseiller au même parlement, et petit-neveu de Jacques du Perrier, chevalier de Rhodes, tué au siége de Rhodes, comme nous l'apprenons de l'histoire de Provence de Nostradamus et du Martyrologe de l'ordre de Saint-Jean de Jérusalem. (MÉN.)

[1] Remarquez ici le choix du rhythme, et comme ce petit vers qui tombe régulièrement après le premier, peint l'abattement de la douleur. C'est là le vrai secret de l'harmonie dont on parle tant aujourd'hui : il ne s'agit pas de la travailler avec effort, il faut la choisir avec goût. (LA HARPE.)

[2] Marguerite du Perrier, sur la mort de laquelle tous les beaux esprits de Provence, et François du Perrier lui-même, firent des vers.

[3] Quelle douceur! quelle sensibilité! quelle expression! (LA HARPE.)

[4] Tithon ayant demandé à l'Aurore l'immortalité, et l'ayant obtenue, oublia de lui demander une jeunesse éternelle. Devenu vieux, et s'ennuyant de vivre, il fut changé en cigale.

[5] Lycurgue, roi de Némée, eut un fils nommé Ophéltès, qu'il fit élever par Hypsipile. Les sept princes grecs qui allaient

Ne te lasse donc plus d'inutiles complaintes :
Mais, sage à l'avenir, [tes
Aime une ombre comme ombre, et des cendres étein-
Éteins le souvenir.

C'est bien, je le confesse, une juste coutume
Que le cœur affligé,
Par le canal des yeux vidant son amertume,
Cherche d'être allégé.

Même quand il advient que la tombe sépare
Ce que nature a joint,
Celui qui ne s'émeut a l'âme d'un barbare,
Ou n'en a du tout point.

Mais d'être inconsolable, et dedans sa mémoire
Enfermer un ennui,
N'est-ce pas se haïr, pour acquérir la gloire
De bien aimer autrui ?

Priam, qui vit ses fils abattus par Achille,
Dénué de support,
Et hors de tout espoir du salut de sa ville,
Reçut du reconfort.

François, quand la Castille, inégale à ses armes,
Lui vola son dauphin [1],
Sembla d'un si grand coup devoir jeter des larmes
Qui n'eussent point de fin.

Il les sécha pourtant, et, comme un autre Alcide,
Contre fortune instruit [2],
Fit qu'à ses ennemis d'un acte si perfide
La honte fut le fruit.

Leur camp, qui la Durance avait presque tarie
De bataillons épais,
Entendant sa constance, eut peur de sa furie,
Et demanda la paix [3].

De moi [1], déjà deux fois, d'une pareille foudre
Je me suis vu perclus ;
Et deux fois la raison m'a si bien fait résoudre,
Qu'il ne m'en souvient plus.

Non qu'il ne me soit grief que la tombe possède
Ce qui me fut si cher ;
Mais en un accident qui n'a point de remède
Il n'en faut point chercher.

La mort a des rigueurs à nulle autre pareilles :
On a beau la prier ;
La cruelle qu'elle est se bouche les oreilles,
Et nous laisse crier.

Le pauvre en sa cabane, où le chaume le couvre,
Est sujet à ses lois ;
Et la garde qui veille aux barrières du Louvre
N'en défend point nos rois.

De murmurer contre elle, et perdre patience,
Il est mal à propos ;
Vouloir ce que Dieu veut est la seule science
Qui nous met en repos.

## VIII.

### PROSOPOPÉE D'OSTENDE [2].

#### 1604.

Trois ans déjà passés, théâtre de la guerre,
J'exerce de deux chefs les funestes combats,
Et fais émerveiller tous les yeux de la terre
De voir que le malheur ne m'ose mettre à bas.

A la merci du ciel en ces rives je reste,

---

assiéger Thèbes, ayant rencontré Hypsipile qui tenait entre ses bras le petit Opheltès, la prièrent de leur montrer quelque fontaine ou quelque ruisseau pour faire boire leur armée, qui mourait de soif. Elle les mena vers une fontaine, et, afin de marcher plus à son aise, elle laissa son nourrisson sur l'herbe. Un serpent mordit Opheltès, qui mourut sur-le-champ de cette morsure. Lycurgue, imputant la mort de son fils à Hypsipile, voulut la faire mourir. Les princes grecs, qui étaient cause de cet accident, l'en empêchèrent, et, pour consoler Lycurgue, ils instituèrent les jeux Néméens en l'honneur d'Opheltès, qu'ils surnommèrent *Archémore*, parce que sa mort fut le commencement de leurs malheurs. (MÉN.)

[1] François, dauphin de France, fils aîné de François I$^{er}$, mourut empoisonné, le 28 février 1536, âgé de dix-huit ans, et l'on accusa d'une mort si prématurée la cour de Madrid, qui redoutait les talents militaires de ce jeune prince.

[2] On parlait ainsi anciennement, témoin le proverbe: *Contre fortune bon cœur*. (MÉN.)

[3] En la même année (1536), Charles-Quint fit une irruption en Provence ; mais son armée y fut totalement détruite : ce qui l'obligea à faire une trêve, renouvelée pour dix ans, en 1538.

[1] Vaugelas préférait, en poésie, *de moi* à *pour moi* ; mais son sentiment n'a pas été adopté.

[2] Imitée de la pièce suivante de Grotius :

« Area parva ducum, totus quam respicit orbis,
« Celsior una malis, et quam damnare ruinæ
« Nunc quoque fata timent, alieno in littore resto,
« Tertius annus abit, toties mutavimus hostem ;
« Sævit hiems pelago, morbisque furentibus æstas ;
« Et minimum est quod fecit Iber. Crudelior armis,
« In nos orta lues : nullum est sine funere funus,
« Nec perimit mors una semel. Fortuna, quid hæres?
« Qua mercede tenes mistos in sanguine manes?
« Quis tumulos morions hos occupet, hoste perempto,
« Quæritur, et sterili tantum de pulvere pugna est. »

Grotius pouvait être dans sa vingtième année, lorsqu'il composa ces vers que Malherbe a plutôt imités que traduits, restant quelquefois au-dessous de l'original, mais lui prêtant aussi quelquefois des beautés. Pasquier en a fait une traduction plus littérale. Celle de du Vair, citée par Gassendi dans la Vie de Peiresc, ne se trouve point dans l'édition de ses œuvres. (ST. MARC.)

Où je souffre l'hiver froid à l'extrémité;
Lorsque l'été revient, il m'apporte la peste,
Et le glaive est le moins de ma calamité.

Tout ce dont la Fortune afflige cette vie,
Pêle-mêle[1] assemblé, me presse tellement
Que c'est parmi les miens être digne d'envie
Que de pouvoir mourir d'une mort seulement.

Que tardez-vous, destins? Ceci n'est pas matière
Qu'avecque tant de doute il faille décider;
Toute la question n'est que d'un cimetière[2].
Prononcez librement qui le doit posséder.

## IX.

### PARAPHRASE DU PSAUME VIII.

#### 1604.

O Sagesse éternelle, à qui cet univers
Doit le nombre infini des miracles divers
Qu'on voit également sur la terre et sur l'onde!
    Mon Dieu, mon Créateur,
Que ta magnificence étonne tout le monde!
Et que le ciel est bas au prix de ta hauteur!

Quelques blasphémateurs, oppresseurs d'innocents,
A qui l'excès d'orgueil a fait perdre le sens,
De profanes discours ta puissance rabaissent:
    Mais la naïveté
Dont même au berceau les enfants te confessent
Clôt-elle pas la bouche à leur impiété?

De moi, toutes les fois que j'arrête les yeux
A voir les ornements dont tu pares les cieux,
Tu me sembles si grand, et nous si peu de chose,
    Que mon entendement
Ne peut s'imaginer quelle amour te dispose
A nous favoriser d'un regard seulement.

Il n'est faiblesse égale à nos infirmités;
Nos plus sages discours ne sont que vanités,
Et nos sens corrompus n'ont goût qu'à des ordures;
    Toutefois, ô bon Dieu,
Nous te sommes si chers, qu'entre tes créatures,
Si l'ange a le premier, l'homme a le second lieu.

Quelles marques d'honneur se peuvent ajouter
A ce comble de gloire où tu l'as fait monter?
Et, pour obtenir mieux, quel souhait peut-il faire,
    Lui que, jusqu'au Ponant[1],
Depuis où le soleil vient dessus l'hémisphère,
Ton absolu pouvoir a fait son lieutenant?

Sitôt que le besoin excite son désir,
Qu'est-ce qu'en ta largesse il ne trouve à choisir?
Et, par ton règlement, l'air, la mer et la terre,
    N'entretiennent-ils pas
Une secrète loi de se faire la guerre
A qui de plus de mets fournira ses repas?

Certes je ne puis faire, en ce ravissement,
Que rappeler mon âme, et dire bassement:
O Sagesse éternelle, en merveilles féconde!
    Mon Dieu, mon Créateur,
Que ta magnificence étonne tout le monde!
Et que le ciel est bas au prix de ta hauteur!

## X.

### POUR LES PAIRS DE FRANCE,

#### ASSAILLANTS AU COMBAT DE BARRIÈRE.

#### 1605[2].

Eh quoi donc? la France féconde
En incomparables guerriers,
Aura jusqu'aux deux bouts du monde
Planté des forêts de lauriers,
Et fait gagner à ses armées
Des batailles si renommées,
Afin d'avoir cette douleur
D'ouïr démentir ses victoires,
Et nier ce que les histoires
Ont publié de sa valeur!

Tant de fois le Rhin et la Meuse,
Par nos redoutables efforts,
Auront vu leur onde écumeuse
Regorger de sang et de morts;
Et tant de fois nos destinées
Des Alpes et des Pyrénées
Les sommets auront fait branler,
Afin que je ne sais quels Scythes,

---

[1] *Pêle-mêle* est toujours de la haute poésie. Il vient de *pessulum* et de *misculum*. *Pessulum* est le diminutif de *pessum*, qui signifie *le fond* : *pessum ire* veut dire *aller au fond*. (MÉN.)

[2] *Cimetière* est un de ces mots que la poésie a laissés au langage populaire, uniquement parce qu'un usage trop familier les avilit. (MARMONTEL.)

[1] J'ai ouï dire que la cour se moquait autrefois de ce vers où se trouve le mot *Ponant* qui reçoit chez le peuple une signification différente de celle que lui donne ici Malherbe. (MÉN.)

[2] Le dimanche (25 février) eut lieu le combat à la barrière, le seul qui se soit fait sous le règne de Henri IV. (*Bassompierre*, journal de sa vie, année 1605.)

Bas de fortune et de mérites,
Présument de nous égaler!

Non, non : s'il est vrai que nous sommes
Issus de ces nobles aïeux
Que la voix commune des hommes
A fait asseoir entre les dieux,
Ces arrogants, à leur dommage,
Apprendront un autre langage,
Et, dans leur honte ensevelis,
Feront voir à toute la terre
Qu'on est brisé comme du verre
Quand on choque les fleurs de lis.

Henri, l'exemple des monarques
Les plus vaillants et les meilleurs,
Plein de mérites et de marques
Qui jamais ne furent ailleurs;
Bel astre, vraiment adorable,
De qui l'ascendant favorable
En tous lieux nous sert de rempart,
Si vous aimez votre louange,
Désirez-vous pas qu'on la venge
D'une injure où vous avez part?

Ces arrogants, qui se défient
De n'avoir pas de lustre assez,
Impudemment se glorifient
Aux fables des siècles passés;
Et d'une audace ridicule
Nous content qu'ils sont fils d'Hercule¹,
Sans toutefois en faire foi :
Mais qu'importe-t-il qui puisse être
Ni leur père ni leur ancêtre²,
Puisque vous êtes notre roi?

Contre l'aventure funeste
Que leur garde notre courroux,
Si quelque espérance leur reste,
C'est d'obtenir grâce de vous,
Et confesser que nos épées,
Si fortes et si bien trempées,
Qu'il faut leur céder ou mourir,
Donneront à votre couronne

Tout ce que le ciel environne,
Quand vous le voudrez acquérir.

## XI¹.

PRIÈRE POUR LE ROI HENRI LE GRAND,
ALLANT EN LIMOZIN².

1605.

O Dieu, dont les bontés, de nos larmes touchées,
Ont aux vaines fureurs les armes arrachées,
Et rangé l'insolence aux pieds de la raison;
Puisqu'à rien d'imparfait ta louange n'aspire,
Achève ton ouvrage au bien de cet empire,
Et nous rends l'embonpoint comme la guérison³!

Nous sommes sous un roi si vaillant et si sage,
Et qui si dignement a fait l'apprentissage
De toutes les vertus propres à commander,
Qu'il semble que cet heur nous impose silence,
Et qu'assurés par lui de toute violence
Nous n'avons plus sujet de te rien demander.

Certes quiconque a vu pleuvoir dessus nos têtes
Les funestes éclats des plus grandes tempêtes
Qu'excitèrent jamais deux contraires partis⁴,
Et n'en voit aujourd'hui nulle marque paraître,
En ce miracle seul il peut assez connaître
Quelle force a la main qui nous a garantis.

Mais quoi! de quelque soin qu'incessamment il veille,
Quelque gloire qu'il ait à nulle autre pareille⁵,
Et quelque excès d'amour qu'il porte à notre bien,
Comme échapperons-nous en des nuits si profondes,
Parmi tant de rochers qui lui cachent les ondes,
Si ton entendement ne gouverne le sien?

Un malheur inconnu glisse parmi les hommes,
Qui les rend ennemis du repos où nous sommes :

---

¹ Quelques historiens prétendent que les Scythes doivent leur origine à un certain Scytha, fils d'Hercule. (Voyez Hérodote, au livre IV. (MÉN.)
² *Ancêtre* ne s'emploie jamais au singulier. Les ancêtres sont ceux que les Latins appellent *majores* : « *Parentes* usque ad tritavum apud Romanos proprio vocabulo nominantur *ulteriores*; qui non habent speciale nomen, *majores* appellantur. Item liberi usque ad trinepotem, ultra hos, *posteriores* vocantur, » dit le jurisconsulte Paulus, en la loi 10, au Digeste, *de Gradibus*. Et comme on ne dit pas élégamment en latin *major meus*, on ne dit pas non plus en français *mon ancêtre*. (MÉN.)

¹ Quand l'Académie n'avait rien à faire, elle lisait et examinait quelques-uns de nos poètes; et, pour cet effet, il fut ordonné qu'il y en aurait toujours dans le lieu de l'assemblée. Elle mit près de trois mois à examiner ces stances; encore n'acheva-t-elle pas, car elle ne toucha point aux quatre dernières. (PELLISSON, Histoire de l'Ac. franç.)
² On écrit et on prononce aujourd'hui *Limousin*.
³ On dit, *rendre la santé, rendre la vie*, mais non *rendre la guérison*. (PELLISSON.)
⁴ Malherbe voulait que les sixains eussent un repos à la fin du 3ᵉ vers. Ici cependant il va jusqu'au 4ᵉ sans se reposer; mais il ne faut pas s'en étonner, parce qu'il fit ces stances et plusieurs autres de ses pièces avant que de s'être imposé cette loi. (PELLISSON.)
⁵ *A nulle autre pareille, à nulle autre seconde*. Boileau a fait justice de cette phrase, qu'on regardait avant lui comme très-poétique, et qui a disparu de notre langue.

La plupart de leurs vœux tendent au changement ;
Et, comme s'ils vivaient des misères publiques,
Pour les renouveler ils font tant de pratiques,
Que qui n'a point de peur n'a point de jugement.

En ce fâcheux état ce qui nous réconforte,
C'est que la bonne cause est toujours la plus forte,
Et qu'un bras si puissant t'ayant pour son appui,
Quand la rébellion, plus qu'une hydre féconde,
Aurait pour le combattre assemblé tout le monde,
Tout le monde assemblé s'enfuirait devant lui.

Conforme donc, Seigneur, ta grâce à nos pensées :
Ote-nous ces objets qui des choses passées
Ramènent à nos yeux le triste souvenir ;
Et comme sa valeur, maîtresse de l'orage,
A nous donner la paix a montré son courage,
Fais luire sa prudence à nous l'entretenir.

Il n'a point son espoir au nombre des armées,
Étant bien assuré que ces vaines fumées
N'ajoutent que de l'ombre à nos obscurités.
L'aide qu'il veut avoir, c'est que tu le conseilles ;
Si tu le fais, Seigneur, il fera des merveilles,
Et vaincra nos souhaits par nos prospérités.

Les fuites des méchants, tant soient-elles secrètes,
Quand il les poursuivra n'auront point de cachettes ;
Aux lieux les plus profonds ils seront éclairés :
Il verra sans effet leur honte se produire,
Et rendra les desseins qu'ils feront pour lui nuire
Aussitôt confondus comme délibérés.

La rigueur de ses lois, après tant de licence,
Redonnera le cœur à la faible innocence
Que dedans[1] la misère on faisait envieillir.
A ceux qui l'oppressaient il ôtera l'audace ;
Et, sans distinction de richesse ou de race,
Tous de peur de la peine auront peur de faillir.

La terreur de son nom rendra nos villes fortes ;
On n'en gardera plus ni les murs ni les portes ;
Les veilles cesseront au sommet de nos tours ;
Le fer, mieux employé, cultivera la terre ;
Et le peuple, qui tremble aux frayeurs de la guerre,
Si ce n'est pour danser n'aura plus de tambours[2].

Loin des mœurs de son siècle il bannira les vices,
L'oisive nonchalance et les molles délices,
Qui nous avaient portés jusqu'aux derniers hasards ;
Les vertus reviendront de palmes couronnées,
Et ses justes faveurs aux mérites données
Feront ressusciter l'excellence des arts.

La foi de ses aïeux, ton amour et ta crainte,
Dont il porte dans l'âme une éternelle empreinte,
D'actes de piété ne pourront l'assouvir ;
Il étendra ta gloire autant que sa puissance,
Et, n'ayant rien si cher que ton obéissance,
Où tu le fais régner il te fera servir.

Tu nous rendras alors nos douces destinées ;
Nous ne reverrons plus ces fâcheuses années
Qui pour les plus heureux n'ont produit que des pleurs.
Toute sorte de biens comblera nos familles,
La moisson de nos champs lassera les faucilles,
Et les fruits passeront la promesse des fleurs.

La fin de tant d'ennuis dont nous fûmes la proie
Nous ravira les sens de merveille et de joie ;
Et, d'autant que le monde est ainsi composé
Qu'une bonne fortune en craint une mauvaise,
Ton pouvoir absolu, pour conserver notre aise,
Conservera celui qui nous l'aura causé.

Quand un roi fainéant, la vergogne des princes,
Laissant à ses flatteurs le soin de ses provinces,
Entre les voluptés indignement s'endort,
Quoique l'on dissimule on en fait peu d'estime ;
Et, si la vérité se peut dire sans crime,
C'est avecque plaisir qu'on survit à sa mort[1].

Mais ce roi, des bons rois l'éternel exemplaire
Qui de notre salut est l'ange tutélaire,
L'infaillible refuge et l'assuré secours,
Son extrême douceur ayant dompté l'envie,
De quels jours assez longs peut-il borner sa vie,
Que notre affection ne les juge trop courts ?

Nous voyons les esprits nés à la tyrannie,
Ennuyés de couver leur cruelle manie,
Tourner tous leurs conseils à notre affliction ;
Et lisons clairement dedans leur conscience
Que, s'ils tiennent la bride à leur impatience,
Nous n'en sommes tenus qu'à sa protection.

Qu'il vive donc, Seigneur, et qu'il nous fasse vivre !

---

[1] *Dedans* est aujourd'hui considéré comme adverbe, et ne peut plus se construire avec un régime.

[2] Cette stance est fort belle. M. de Racan trouve pourtant à redire de ce qu'on parle de danser au son des tambours, dans un poëme adressé à Dieu ; ce qui lui semble peu respectueux. Mais à cela on peut répondre qu'on dansait devant le tabernacle, et que David excite les hommes à louer Dieu par le son des tambours : *Laudate Deum in tympanis et choro*. (MÉN.)

[1] L'Académie essaya vainement d'exercer sa critique sur cette stance ; elle n'y trouva qu'à louer. Pellisson y reprend pourtant le mot *vergogne*, que nous avons déjà remarqué dans la 4ᵉ ode.

Que de toutes ces peurs nos âmes il délivre,
Et, rendant l'univers de son heur étonné,
Ajoute chaque jour quelque nouvelle marque
Au nom qu'il s'est acquis du plus rare monarque
Que ta bonté propice ait jamais couronné !

Cependant son Dauphin d'une vitesse prompte
Des ans de sa jeunesse accomplira le compte ;
Et, suivant de l'honneur les aimables appas,
De faits si renommés ourdira [1] son histoire,
Que ceux qui dedans l'ombre éternellement noire
Ignorent le soleil ne l'ignoreront pas.

Par sa fatale main qui vengera nos pertes
L'Espagne pleurera ses provinces désertes,
Ses châteaux abattus et ses camps déconfits ;
Et si de nos discords [2] l'infâme vitupère [3]
A pu la dérober aux victoires du père,
Nous la verrons captive aux triomphes du fils [4].

## XII [5].

### AUX DAMES,

POUR LES DEMI-DIEUX MARINS CONDUITS PAR NEPTUNE.

1606.

O qu'une sagesse profonde
Aux aventures de ce monde
Préside souverainement,
Et que l'audace est mal apprise
De ceux qui font une entreprise
Sans douter de l'événement !

Le renom que chacun admire
Du prince qui tient cet empire
Nous avait faits ambitieux
De mériter sa bienveillance,
Et donner à notre vaillance
Le témoignage de ses yeux [1].

Nos forces, partout reconnues,
Faisaient monter jusques aux nues
Les desseins de nos vanités ;
Et voici qu'avecque des charmes
Un enfant qui n'avait point d'armes
Nous a ravi nos libertés !

Belles merveilles de la terre,
Doux sujets de paix et de guerre,
Pouvons-nous avecque raison
Ne bénir pas les destinées
Par qui nos âmes enchaînées
Servent en si belle prison ?

L'aise nouveau de cette vie
Nous ayant fait perdre l'envie
De nous en retourner chez nous,
Soit notre gloire ou notre honte,
Neptune peut bien faire compte
De nous laisser avecque vous.

Nous savons quelle obéissance
Nous oblige notre naissance
De porter à sa royauté ;
Mais est-il ni crime ni blâme
Dont vous ne dispensiez une âme
Qui dépend de votre beauté ?

Qu'il s'en aille à ses Néréides
Dedans ses cavernes humides,
Et vivre misérablement
Confiné parmi ses tempêtes :
Quant à nous, étant où vous êtes,
Nous sommes en notre élément.

## XIII.

### POUR M. LE DUC DE BELLEGARDE.

1607.

Philis, qui me voit le teint blême,
Les sens ravis hors de moi-même,
Et les yeux trempés tout le jour,
Cherchant la cause de ma peine,
Se figure, tant elle est vaine,
Qu'elle m'a donné de l'amour.

---

[1] *Ourdir*, au figuré, est un mot très-beau et très-poétique ; il est étrange que nos poëtes ne veuillent plus s'en servir. (MÉN.)

[2] *Discord* est vieux ; il était énergique et plus sonore que *différend* : les poëtes devraient le rajeunir. (MARMONTEL.)

[3] Ce mot, déjà vieilli du temps de Vaugelas et de Ménage, est perdu pour notre langue.

[4] Cette pièce offre peu de stances où l'on ne rencontre quelque chose que l'on souhaiterait pouvoir changer, en conservant ce beau sens, cette élégance merveilleuse, et cet inimitable tour de vers qu'on trouve partout dans les excellents ouvrages de Malherbe. (PELLISSON.)

[5] Ces stances furent faites pour MM. de Guise, de Bellegarde, et autres seigneurs, qui représentaient la mer dans le carrousel des quatre éléments. (MÉN.) — La reine avait, le 20 février 1606, mis au monde madame Chrétienne ou Christine, depuis duchesse de Savoie, et c'est pour célébrer son heureuse délivrance que fut donné ce carrousel.

[1] On voit bien que Malherbe a voulu dire, *rendre ses yeux témoins de notre vaillance* ; mais il n'a pas exprimé sa pensée avec cette correction et cette clarté qui font le caractère principal de son style.

Je suis marri que la colère
M'emporte jusqu'à lui déplaire;
Mais pourquoi ne m'est-il permis
De lui dire qu'elle s'abuse,
Puisqu'à ma honte elle s'accuse
De ce qu'elle n'a point commis?

En quelle école nonpareille
Aurait-elle appris la merveille
De si bien charmer ses appas,
Que je pusse la trouver belle
Pâlir, transir, languir pour elle,
Et ne m'en apercevoir pas?

O qu'il me serait désirable
Que je ne fusse misérable
Que pour être dans sa prison!
Mon mal ne m'étonnerait guères [1]
Et les herbes les plus vulgaires
M'en donneraient la guérison.

Mais, ô rigoureuse aventure!
Un chef-d'œuvre de la nature
Au lieu du monde le plus beau
Tient ma liberté si bien close,
Que le mieux que je m'en propose
C'est d'en sortir par le tombeau.

Pauvre Philis malavisée,
Cessez de servir de risée,
Et souffrez que la vérité
Vous témoigne votre ignorance,
Afin que, perdant l'espérance,
Vous perdiez la témérité.

C'est de Glycère que procèdent
Tous les ennuis qui me possèdent,
Sans remède et sans réconfort.
Glycère fait mes destinées;
Et, comme il lui plaît, mes années
Sont ou près ou loin de la mort.

C'est bien un courage de glace
Où la pitié n'a point de place,
Et que rien ne peut émouvoir;
Mais, quelque défaut que j'y blâme,
Je ne puis l'ôter de mon âme,
Non plus que vous y recevoir.

## XIV.
### POUR LA VICOMTESSE D'AUCHY [1].
#### 1608.

Laisse-moi, raison importune,
Cesse d'affliger mon repos,
En me faisant mal à propos
Désespérer de ma fortune :
Tu perds temps de me secourir,
Puisque je ne veux point guérir.

Si l'Amour en tout son empire,
Au jugement des beaux esprits,
N'a rien qui ne quitte le prix
A celle pour qui je soupire,
D'où vient que tu me veux ravir
L'aise que j'ai de la servir?

A quelles roses ne fait honte
De son teint la vive fraîcheur?
Quelle neige a tant de blancheur,
Que sa gorge ne la surmonte?
Et quelle flamme luit aux cieux
Claire et nette comme ses yeux?

Soit que de ses douces merveilles
Sa parole enchante les sens,
Soit que sa voix de ses accents
Frappe les cœurs par les oreilles,
A qui ne fait-elle avouer
Qu'on ne la peut assez louer?

Tout ce que d'elle on me peut dire,
C'est que son trop chaste penser,
Ingrat à me récompenser,
Se moquera de mon martyre;
Supplice qui jamais ne faut [2]
Aux désirs qui volent trop haut.

Je l'accorde, il est véritable,
Je devais bien moins désirer;
Mais mon humeur est d'aspirer

---

[1] Malherbe aurait dû suivre sa métaphore et dire : *Mes fers ne m'étonneraient guères ; je les romprais par le moindre effort.* Ce défaut de suite dans les métaphores, très-ordinaire chez les poëtes de nos jours, était déjà reproché par Quintillien aux écrivains de son temps : « In primis est custodiendum ut quo ex genere cœperis translationis, hoc desinas : multi enim cùm initium à tempestate cœperunt, incendio aut ruinâ finiunt ; quæ est inconsequentia rerum fœdissima. » (*Institut. orat.* lib. VIII, cap. VI.) Malherbe lui-même était grand ennemi de ces métaphores non continuées, et reprenait ce vers d'Horace :

Et male tornatos incudi reddere versus.

Il disait plaisamment à ce sujet que conseiller à un poëte de remettre sur l'enclume un vers mal tourné, c'était dire à un cuisinier : Cette pièce de bœuf n'est pas assez bouillie; qu'on la remette à la broche. (MÉN.)

[1] Racan croit que Malherbe fit ces stances pour lui-même.
[2] *Ne manque.*

Où la gloire est indubitable.
Les dangers me sont des appas :
Un bien sans mal ne me plaît pas.

Je me rends donc sans résistance
A la merci d'elle et du sort ;
Aussi bien par la seule mort
Se doit faire la pénitence [1]
D'avoir osé délibérer
Si je la devais adorer.

## XV.

### SUR UN DÉPART [2].

#### 1608.

Le dernier de mes jours est dessus l'horizon :
Celle dont mes ennuis avaient leur guérison
S'en va porter ailleurs ses appas et ses charmes.
Je fais ce que je puis, l'en pensant divertir ;
Mais tout m'est inutile, et semble que mes larmes
Excitent sa rigueur à la faire partir.

Beaux yeux à qui le ciel et mon consentement,
Pour me combler de gloire, ont donné justement
Dessus mes volontés un empire suprême,
Que ce coup m'est sensible ! et que tout à loisir
Je vais bien éprouver qu'un déplaisir extrême
Est toujours à la fin d'un extrême plaisir !

Quel tragique succès ne dois-je redouter
Du funeste voyage où vous m'allez ôter
Pour un terme si long tant d'aimables délices,
Puisque, votre présence étant mon élément,
Je pense être aux enfers et souffrir leurs supplices,
Lorsque je m'en sépare une heure seulement !

Au moins si je voyais cette fière beauté,
Préparant son départ, cacher sa cruauté
Dessous quelque tristesse ou feinte ou véritable,
L'espoir qui volontiers accompagne l'amour
Soulageant ma langueur, la rendrait supportable,
Et me consolerait jusques à son retour.

Mais quel aveuglement me fait désirer ?
Avec quelle raison me puis-je figurer
Que cette âme de roche une grâce m'octroie,

Et qu'ayant fait dessein de ruiner ma foi,
Son humeur se dispose à vouloir que je croie
Qu'elle a compassion de s'éloigner de moi ?

Puis, étant son mérite infini comme il est,
Dois-je pas me résoudre à tout ce qui lui plaît,
Quelques lois qu'elle fasse, et quoi qu'il m'en avienne,
Sans faire cette injure à mon affection,
D'appeler sa douleur au secours de la mienne,
Et chercher mon repos en son affliction ?

Non, non : qu'elle s'en aille à son contentement,
Ou dure, ou pitoyable, il n'importe comment ;
Je n'ai point d'autre vœu que ce qu'elle souhaite :
Et quand de mes souhaits je n'aurais jamais rien,
Le sort en est jeté, l'entreprise en est faite,
Je ne saurais brûler d'autre feu que le sien.

Je ne ressemble point à ces faibles esprits
Qui, bientôt délivrés comme ils sont bientôt pris,
En leur fidélité n'ont rien que du langage :
Toute sorte d'objets les touche également ;
Quant à moi, je dispute avant que je m'engage ;
Mais quand je l'ai promis, j'aime éternellement.

## XVI.

### POUR M. LE DUC DE BELLEGARDE.

#### A MADAME LA PRINCESSE DE CONTI [1].

#### 1608.

Dure contrainte de partir,
A quoi je ne puis consentir,
Et dont je ne m'ose défendre,
Que ta rigueur a de pouvoir !
Et que tu me fais bien apprendre
Quel tyran c'est que le devoir !

J'aurai donc nommé ces beaux yeux
Tant de fois mes rois et mes dieux,
Pour aujourd'hui n'en tenir compte,
Et permettre qu'à l'avenir
On leur impute cette honte
De ne m'avoir su retenir !

---

[1] Malherbe se reprochait de n'avoir pas arrêté le sens au quatrième vers de cette stance, comme aux précédentes. (RACAN.)

[2] M. de Racan croit que ces stances on été faites par Malherbe pour la vicomtesse d'Auchy ; mais madame la marquise de Rambouillet m'a assuré qu'il les avait faites pour madame la comtesse de la Roche, à qui Théophile a adressé une de ses lettres. (MÉN.)

[1] Fille de Henri, duc de Guise, dit le Balafré. C'était une femme d'un grand mérite, fort spirituelle, et qui aimait les beaux esprits. Elle affectionnait particulièrement Malherbe, qui lui écrivit, à l'occasion de la mort du chevalier de Guise, son frère, une lettre de consolation, regardée comme un chef-d'œuvre d'éloquence et de style *. Il lui a encore adressé un de ses sonnets.

Suivant Racan, ces stances étaient destinées à madame d'Auchy.

* Voyez les *Lettres choisies*.

Ils auront donc ce déplaisir,
Que je meure après un désir
Où la vanité me convie ;
Et qu'ayant juré si souvent
D'être auprès d'eux toute ma vie,
Mes serments s'en aillent au vent !

Vraiment, je puis bien avouer
Que j'aurais tort de me louer
Par-dessus le reste des hommes ;
Je n'ai point d'autre qualité
Que celle du siècle où nous sommes,
La fraude et l'infidélité.

Mais à quoi tendent ces discours,
O beauté qui de mes amours
Êtes le port et le naufrage ?
Ce que je dis contre ma foi,
N'est-ce pas un vrai témoignage
Que je suis déjà hors de moi ?

Votre esprit, de qui la beauté
Dans la plus sombre obscurité
Se fait une insensible voie,
Ne vous laisse pas ignorer
Que c'est le comble de ma joie
Que l'honneur de vous adorer.

Mais pourrais-je n'obéir pas
Au Destin, de qui le compas
Marque à chacun son aventure,
Puisqu'en leur propre adversité
Les dieux, tout-puissants de nature,
Cèdent à la Nécessité ?

Pour le moins j'ai ce réconfort,
Que les derniers traits de la mort
Sont peints en mon visage blême,
Et font voir assez clair à tous
Que c'est m'arracher à moi-même
Que de me séparer de vous.

Un lâche espoir de revenir
Tâche en vain de m'entretenir :
Ce qu'il me propose m'irrite ;
Et mes vœux n'auront point de lieu,
Si par le trépas je n'évite
La douleur de vous dire adieu.

## XVII.

LA RENOMMÉE AU ROI HENRI LE GRAND,
DANS LE BALLET DE LA REINE.

1609.

Pleine de langues et de voix,
O roi, le miracle des rois,
Je viens de voir toute la terre,
Et publier en ses deux bouts
Que pour la paix ni pour la guerre
Il n'est rien de pareil à vous.

Par ce bruit je vous ai donné
Un renom qui n'est terminé
Ni de fleuve ni de montagne ;
Et par lui j'ai fait désirer
A la troupe que j'accompagne
De vous voir et vous adorer.

Ce sont douze rares beautés,
Qui de si dignes qualités
Tirent un cœur à leur service,
Que leur souhaiter plus d'appas,
C'est vouloir avec injustice
Ce que les cieux ne peuvent pas.

L'Orient, qui de leurs aïeux
Sait les titres ambitieux,
Donne à leur sang un avantage
Qu'on ne leur peut faire quitter
Sans être issu du parentage
Ou de vous ou de Jupiter.

Tout ce qu'à façonner un corps
Nature assemble de trésors
Est en elles sans artifice ;
Et la force de leurs esprits,
D'où jamais n'approche le vice,
Fait encore accroître leur prix.

Elles souffrent bien que l'Amour
Par elles fasse chaque jour
Nouvelle preuve de ses charmes ;
Mais sitôt qu'il les veut toucher,
Il reconnaît qu'il n'a point d'armes
Qu'elles ne fassent reboucher.

Loin des vaines impressions
De toutes folles passions,
La vertu leur apprend à vivre,
Et dans la cour leur fait des lois

Que Diane aurait peine à suivre
Au plus grand silence des bois.

Une reine qui les conduit
De tant de merveilles reluit,
Que le soleil, qui tout surmonte,
Quand même il est plus flamboyant,
S'il était sensible à la honte,
Se cacherait en la voyant.

Aussi le temps a beau courir,
Je la ferai toujours fleurir
Au rang des choses éternelles,
Et non moins que les immortels,
Tant que mon dos aura des ailes,
Son image aura des autels.

Grand roi, faites-leur bon accueil,
Louez leur magnanime orgueil
Que vous seul ayez fait ployable;
Et vous acquérez sagement,
Afin de me rendre croyable,
La faveur de leur jugement.

Jusqu'ici vos faits glorieux
Peuvent avoir des envieux;
Mais quelles âmes si farouches
Oseront douter de ma foi,
Quand on verra leurs belles bouches
Les raconter avecque moi?

## XVIII [1].

### POUR HENRI LE GRAND,

#### 1609.

« Donc [2] cette merveille des cieux,
Pource qu'elle [3] est chère à mes yeux,
En sera toujours éloignée!
Et mon impatient amour,
Par tant de larmes témoigné,
N'obtiendra jamais son retour [4]!

« Mes vœux donc ne servent de rien!
Les dieux, ennemis de mon bien,
Ne veulent plus que je la voie!
Et semble que les rechercher
De me permettre cette joie
Les invite à me l'empêcher!

« O beauté, reine des beautés,
Seule de qui les volontés
Président à ma destinée,
Pourquoi n'est comme la Toison
Votre conquête abandonnée
A l'effort de quelque Jason?

« Quels feux, quels dragons, quels taureaux,
Quelle horreur de monstres nouveaux,
Et quelle puissance de charmes
Garderait que jusqu'aux enfers
Je n'allasse avecque mes armes
Rompre vos chaînes et vos fers [1]?

« N'ai-je pas le cœur aussi haut,
Et pour oser tout ce qu'il faut
Un aussi grand désir de gloire
Que j'avais lorsque je couvri
D'exploits d'éternelle mémoire
Les plaines d'Arques et d'Ivry?

« Mais quoi! ces lois dont la rigueur
Tiennent mes souhaits en langueur
Règnent avec un tel empire,
Que si le ciel ne les dissout,
Pour pouvoir ce que je désire,
Ce n'est rien que de pouvoir tout.

« Je ne veux point, en me flattant,
Croire que le sort inconstant
De ces tempêtes me délivre;
Quelque espoir qui se puisse offrir,
Il faut que je cesse de vivre,
Si je veux cesser de souffrir.

« Arrière donc ces vains discours,
Qu'après les nuits viennent les jours,
Et le repos après l'orage!
Autre sorte de réconfort
Ne me satisfait le courage,
Que de me résoudre à la mort.

« C'est là que de tout mon tourment
Se bornera le sentiment;

---

[1] Ces stances sont parfaitement belles depuis le commencement jusqu'à la fin. Elles ont été faites, ainsi que les trois pièces suivantes, pour le roi (Henri IV), amoureux de madame la princesse Charlotte-Marguerite de Montmorency, femme de Henri de Bourbon, premier prince du sang, fille du dernier connétable de Montmorency. (MÉN.)
[2] Vaugelas approuve l'emploi de cette particule affirmative au commencement de la période; et la seule raison qu'il en donne, c'est que pour conserver les mots il faut en varier l'usage.
[3] L'oreille a préféré *parce que* : on dit cependant *pour cette raison*, aussi bien, et quelquefois mieux que *par cette raison*. On dit *c'est pour cela*, et on ne dit jamais *c'est par cela*. (MARMONTEL.)
[4] M. le Prince venait de quitter la cour, qui se tenait alors à Fontainebleau, et s'était retiré à Moret avec madame la Princesse.
[1] *Rompre vos chaînes* suffisait, quoiqu'il y ait des chaînes qui ne sont point de fer. (MÉN.)

Ma foi seule, aussi pure et belle
Comme le sujet en est beau,
Sera ma compagne éternelle,
Et me suivra dans le tombeau. »

Ainsi d'une mourante voix
Alcandre, au silence des bois,
Témoignait ses vives atteintes ;
Et son visage sans couleur
Faisait connaître que ses plaintes
Étaient moindres que sa douleur.

Oranthe, qui par les zéphyrs
Reçut les funestes soupirs
D'une passion si fidèle,
Le cœur outré de même ennui,
Jura que, s'il mourait pour elle,
Elle mourrait avecque lui.

## XIX.

### SUR LE MÊME SUJET.

1609.

« Quelque ennui donc qu'en cette absence
Avec une injuste licence
Le Destin me fasse endurer,
Ma peine lui semble petite
Si chaque jour il ne l'irrite
D'un nouveau sujet de pleurer !

« Paroles que permet la rage
A l'innocence qu'on outrage
C'est aujourd'hui votre saison ;
Faites-vous ouïr en ma plainte :
Jamais l'âme n'est bien atteinte,
Quand on parle avecque raison [1].

« O fureurs dont même les Scythes
N'useraient pas vers des mérites
Qui n'ont rien de pareil à soi !
Ma dame est captive, et son crime
C'est que je l'aime, et qu'on estime
Qu'elle en fait de même de moi.

« Rochers où mes inquiétudes
Viennent chercher les solitudes
Pour blasphémer contre le sort,

Quoique insensibles aux tempêtes [1],
Je suis plus rocher que vous n'êtes
De le voir et n'être pas mort.

« Assez de preuves à la guerre
D'un bout à l'autre de la terre
Ont fait paraître ma valeur ;
Ici je renonce à la gloire,
Et ne veux point d'autre victoire
Que de céder à ma douleur.

« Quelquefois les dieux pitoyables
Terminent des maux incroyables :
Mais, en un lieu que tant d'appas
Exposent à la jalousie,
Ne serait-ce pas frénésie
De ne les en soupçonner pas ?

« Qui ne sait combien de mortelles
Les ont fait soupirer pour elles,
Et, d'un conseil audacieux,
En bergers, bêtes et satyres,
Afin d'apaiser leurs martyres,
Les ont fait descendre des cieux [2] ?

« Non, non ; si je veux un remède,
C'est de moi qu'il faut qu'il procède,
Sans les importuner de rien ;
J'ai su faire la délivrance
Du malheur de toute la France :
Je la saurai faire du mien.

« Hâtons donc ce fatal ouvrage ;
Trouvons le salut au naufrage ;
Et multiplions dans les bois
Les herbes dont les feuilles peintes
Gardent les sanglantes empreintes
De la fin tragique des rois [3].

« Pour le moins, la haine et l'envie
Ayant leur rigueur assouvie,
Quand j'aurai clos mon dernier jour,
Oranthe sera sans alarmes,
Et mon trépas aura des larmes
De quiconque aura de l'amour. »

---

[1] Bertaut exprime à peu près la même pensée dans les vers suivants :

Le mal n'est guère grand qui se peut bien dépeindre,
Et je sais mieux souffrir que je ne sais me plaindre.

[1] On ne trouve que les deux premières lettres de ce vers dans les éditions de 1630 et 1631. Peut-être la lecture du manuscrit offrait-elle ici quelque difficulté que Ménage seul aura pu lever. Quoi qu'il en soit, je m'étonne que Saint-Marc n'ait pas constaté ce fait.

[2] Jupiter se changea en pasteur pour Mnémosyne ; en taureau, pour Europe ; en cygne, pour Léda ; en satyre, pour Nyctéis. (MÉN.)

[3] Ces quatre vers sont merveilleux, et je les achèterais volontiers d'une centaine des miens. (MÉN.)

A ces mots, tombant sur la place,
Transi d'une mortelle glace,
Alcandre cessa de parler;
La nuit assiégea ses prunelles;
Et son âme, étendant les ailes,
Fut toute prête à s'envoler.

Que fais-tu, monarque adorable?
Lui dit un démon favorable;
En quels termes te réduis-tu?
Veux-tu succomber à l'orage,
Et laisser perdre à ton courage
Le nom qu'il a pour sa vertu?

N'en doute point, quoi qu'il avienne,
La belle Oranthe sera tienne;
C'est chose qui ne peut faillir.
Le temps adoucira les choses,
Et tous deux vous aurez des roses
Plus que vous n'en saurez cueillir.

## XX.

ALCANDRE PLAINT LA CAPTIVITÉ DE SA MAÎTRESSE [1].

1609.

« Que d'épines, Amour, accompagnent tes roses!
Que d'une aveugle erreur tu laisses toutes choses
  A la merci du sort!
Qu'en tes prospérités à bon droit on soupire!
Et qu'il est malaisé de vivre en ton empire
  Sans désirer la mort!

« Je sers, je le confesse, une jeune merveille,
En rares qualités à nulle autre pareille,
  Seule semblable à soi;
Et, sans faire le vain, mon aventure est telle
Que de la même ardeur que je brûle pour elle
  Elle brûle pour moi.

« Mais, parmi tout cet heur, ô dure destinée,
Que de tragiques soins, comme oiseaux de Phinée [2],
  Sens-je [3] me dévorer!

Et ce que je supporte avecque patience,
Ai-je quelque ennemi, s'il n'est sans conscience,
  Qui le vît sans pleurer?

« La mer a moins de vents qui ses vagues irritent
Que je n'ai de pensers qui tous me sollicitent
  D'un funeste dessein;
Je ne trouve la paix qu'à me faire la guerre;
Et si l'enfer est fable au centre de la terre,
  Il est vrai dans mon sein.

« Depuis que le soleil est dessus l'hémisphère,
Qu'il monte ou qu'il descende, il ne me voit rien faire
  Que plaindre et soupirer.
Des autres actions j'ai perdu la coutume;
Et ce qui s'offre à moi, s'il n'a de l'amertume,
  Je ne puis l'endurer.

« Comme la nuit arrive, et que, par le silence
Qui fait des bruits du jour cesser la violence,
  L'esprit est relâché,
Je vois de tous côtés sur la terre et sur l'onde
Les pavots qu'elle sème assoupir tout le monde,
  Et n'en suis point touché.

« S'il m'avient quelquefois de clore les paupières,
Aussitôt ma douleur en nouvelles matières
  Fait de nouveaux efforts;
Et, de quelque souci qu'en veillant je me ronge,
Il ne me trouble point comme le meilleur songe
  Que je fais quand je dors.

« Tantôt cette beauté, dont ma flamme est le crime,
M'apparaît à l'autel, où, comme une victime,
  On la veut égorger.
Tantôt je me la vois d'un pirate ravie;
Et tantôt la fortune abandonne sa vie
  A quelque autre danger.

« En ces extrémités la pauvrette [1] s'écrie:
Alcandre, mon Alcandre, ôte-moi, je te prie,
  Du malheur où je suis!
La fureur me saisit, je mets la main aux armes:
Mais son destin m'arrête; et lui donner des larmes,
  C'est tout ce que je puis.

« Voilà comme je vis, voilà ce que j'endure
Pour une affection que je veux qui me dure
  Au delà du trépas.
Tout ce qui me la blâme offense mon oreille;

---

[1] Pendant le petit nombre de jours que le prince de Condé fut à Moret, il y tint madame la princesse dans une espèce de captivité. (St. MARC.)
[2] Phinée, roi de Bithynie et de Paphlagonie, après avoir perdu la vue pour avoir révélé aux hommes les secrets des dieux, fut tourmenté par les Harpies.
[3] Tous les Parisiens disent *senté-je*, *menté-je*, *rompé-je*, *perdé-je*, etc. Pour *rompé-je* et *menté-je*, je suis revenu à leur avis, parce que *romps-je* et *mens-je* se prononcent comme *ronge* et *mange*, et que les règles de la grammaire doivent céder, en ces occasions, à la douceur de la prononciation. Mais pour ces autres mots, *sens-je*, *perds-je*, qui ne sont pas

difficiles à prononcer, et qui ne font point d'équivoque, quoique je ne m'en serve plus, je ne puis encore blâmer ceux qui les emploient. (MÉN.)

[1] Ce mot ne serait pas admis aujourd'hui dans la poésie noble. (MÉN.)

Et qui veut m'affliger, il faut qu'il me conseille
De ne m'affliger pas [1].

« On me dit qu'à la fin toute chose se change,
Et qu'avecque le temps les beaux yeux de mon ange
Reviendront m'éclairer.
Mais voyant tous les jours ses chaînes se rétraindre [2],
Désolé que je suis, que ne dois-je point craindre?
Ou que puis-je espérer?

« Non, non, je veux mourir; la raison m'y convie :
Aussi bien le sujet qui m'en donne l'envie
Ne peut être plus beau;
Et le sort, qui détruit tout ce que je consulte,
Me fait voir assez clair que jamais ce tumulte
N'aura paix qu'au tombeau. »

Ainsi le grand Alcandre aux campagnes de Seine
Faisait, loin de témoins, le récit de sa peine,
Et se fondait en pleurs.
Le fleuve en fut ému, ses nymphes se cachèrent,
Et l'herbe du rivage où ses larmes touchèrent
Perdit toutes ses fleurs.

## XXI.

### POUR ALCANDRE,

AU RETOUR D'ORANTHE A FONTAINEBLEAU [3].

1609.

Revenez, mes plaisirs, ma dame est revenue;
Et les vœux que j'ai faits pour revoir ses beaux yeux,
Rendant par mes soupirs ma douleur reconnue [4],
Ont eu grâce des cieux.

Les voici de retour ces astres adorables
Où prend mon océan son flux et son reflux;
Soucis retirez-vous; cherchez les misérables;
Je ne vous connais plus.

Peut-on voir ce miracle où le soin de nature
A semé comme fleurs tant d'aimables appas,

Et ne confesser point qu'il n'est pire aventure
Que de ne la voir pas?

Certes, l'autre soleil d'une erreur [1] vagabonde
Court inutilement par ses douze maisons [2];
C'est elle, et non pas lui, qui fait sentir au monde
Le change des saisons.

Avecque sa beauté toutes beautés arrivent;
Ces déserts sont jardins de l'un à l'autre bout :
Tant l'extrême pouvoir des grâces qui la suivent
Les pénètre partout!

Ces bois en ont repris leur verdure nouvelle
L'orage en est cessé, l'air en est éclairci;
Et même ces canaux ont leur course plus belle,
Depuis qu'elle est ici.

De moi, que les respects obligent au silence,
J'ai beau me contrefaire et beau dissimuler;
Les douceurs où je nage ont une violence
Qui ne se peut celer.

Mais, ô rigueur du sort! tandis que je m'arrête
A chatouiller [3] mon âme en ce contentement,
Je ne m'aperçois pas que le destin m'apprête
Un autre partement [4].

Arrière ces pensers que la crainte m'envoie!
Je ne sais que trop bien l'inconstance du sort :
Mais de m'ôter le goût d'une si chère joie,
C'est me donner la mort.

## XXII [5].

### PLAINTE SUR UNE ABSENCE.

1609.

Complices de ma servitude,
Pensers où mon inquiétude

---

[1] Encore que nous disions *les étoiles errantes*, nous ne disons pourtant point *l'erreur des étoiles*. *Erreur* est proprement, en notre langue, une fausse opinion.
[2] Les douze signes du zodiaque.
[3] Ce mot déplaisait à Ménage. Il ne connaissait pas l'heureux emploi qu'en a fait Racine dans ces vers admirables, qui peut-être lui ont été inspirés par la lecture de Malherbe :

Ce nom de Roi des Rois et de chef de la Grèce
Chatouillait de mon cœur l'orgueilleuse faiblesse.
*Iphig.* acte 1, sc. 1.

[4] Le prince de Condé ne tarda pas, en effet, de s'enfuir de Fontainebleau. Il se retira d'abord en Flandre, et ensuite à Milan, avec la princesse son épouse, et ne rentra en France qu'en 1610, après la mort du roi.
*Partement*, pour *départ*, se retrouve dans quelques poëtes postérieurs à Malherbe; mais ce mot n'est plus usité aujourd'hui que dans le style marotique.
[5] Malherbe était en Bourgogne lorsqu'il composa ces stances; elles sont fort belles, et même assez passionnées. (MÉN.)

---

[1] Malherbe était, sans doute, un grand poëte, et l'on peut dire de lui ce que Quintillien a dit de Stésichore, « qu'il soutenait avec la lyre le poids de la poésie épique; » mais il n'était ni tendre ni passionné, et ces trois dernières stances sont à peu près les seules dans ses poésies où il rappelle le ton de Tibulle et de Properce. (MÉN.)
[2] Restreindre.
[3] Le prince de Condé, redoutant la colère du roi, quitta bientôt Moret, et ramena la princesse à la cour. (St. MARC.)
[4] Le composé est ici pour le simple. J'aurais dit :

Rendant par mes soupirs ma tristesse connue. (MÉN.)

Treuve son repos désiré,
Mes fidèles amis et mes vrais secrétaires [1]
Ne m'abandonnez point en ces lieux solitaires,
C'est pour l'amour de vous que j'y suis retiré.

Partout ailleurs je suis en crainte ;
Ma langue demeure contrainte :
Si je parle, c'est à regret ;
Je pèse mes discours, je me trouble et m'étonne,
Tant j'ai peu d'assurance en la foi de personne :
Mais à vous je suis libre, et n'ai rien de secret.

Vous lisez bien en mon visage [2]
Ce que je souffre en ce voyage
Dont le ciel m'a voulu punir ;
Et savez bien aussi que je ne vous demande,
Étant loin de ma dame, une grâce plus grande
Que d'aimer sa mémoire et m'en entretenir.

Dites-moi donc sans artifice,
Quand je lui vouai mon service,
Faillis-je en mon élection ?
N'est-ce pas un objet digne d'avoir un temple,
Et dont les qualités n'ont jamais eu d'exemple ;
Comme il n'en fut jamais de mon affection ?

Au retour des saisons nouvelles,
Choisissez les fleurs les plus belles
De qui la campagne se peint ;
En trouverez-vous une où le soin de nature
Ait avecque tant d'art employé sa peinture,
Qu'elle soit comparable aux roses de son teint ?

Peut-on assez vanter l'ivoire
De son front, où sont en leur gloire
La douceur et la majesté ;
Ses yeux, moins à des yeux qu'à des soleils sembla- [bles ;
Et de ses beaux cheveux les nœuds inviolables,
D'où n'échappe jamais rien qu'elle ait arrêté ?

Ajoutez à tous ces miracles
Sa bouche de qui les oracles
Ont toujours de nouveaux trésors ;
Prenez garde à ses mœurs, considérez-la toute :
Ne m'avouerez-vous pas que vous êtes en doute
Ce qu'elle a plus parfait, ou l'esprit ou le corps ?

Mon roi, par son rare mérite,
A fait que la terre est petite
Pour un nom si grand que le sien ;
Mais si mes longs travaux faisaient cette conquête,
Quelques fameux lauriers qui lui couvrent la tête,
Il n'en aurait pas un qui fût égal au mien.

Aussi quoique l'on me propose
Que l'espérance m'en est close,
Et qu'on n'en peut rien obtenir,
Puisqu'à si beau dessein mon désir me convie,
Son extrême rigueur me coûtera la vie,
Ou mon extrême foi m'y fera parvenir.

Si les tigres les plus sauvages
Enfin apprivoisent leurs rages,
Flattés par un doux traitement ;
Par la même raison pourquoi n'est-il croyable
Qu'à la fin mes ennuis la rendront pitoyable,
Pourvu que je la serve à son contentement ?

Toute ma peur est que l'absence
Ne lui donne quelque licence
De tourner ailleurs ses appas ;
Et qu'étant, comme elle est [1], d'un sexe variable,
Ma foi, qu'en me voyant elle avait agréable,
Ne lui soit contemptible [2] en ne me voyant pas.

Amour a cela de Neptune
Que toujours à quelque infortune
Il se faut tenir préparé.
Ses infidèles flots ne sont point sans orages ;
Aux jours les plus sereins on y fait des naufrages,
Et même dans le port on est mal assuré.

Peut-être qu'à cette même heure
Que je languis, soupire et pleur ,
De tristesse me consumant,
Elle, qui n'a souci de moi ni de mes larmes,
Étale ses beautés, fait montre de ses charmes,
Et met en ses filets quelque nouvel amant.

Tout beau, pensers mélancoliques,
Auteurs d'aventures tragiques,
De quoi m'osez-vous discourir ?
Impudents boute-feux de noise et de querelle,
Ne savez-vous pas bien que je brûle pour elle,
Et que me la blâmer c'est me faire mourir ?

Dites-moi qu'elle est sans reproche,

---

[1] Le mot *secrétaire*, pour désigner une personne qui a la confidence et le secret d'une autre, a été fréquemment employé en ce sens par nos poëtes anciens et modernes. Cependant j'apprends de M. de Racan que, lorsque Malherbe publia ces stances, on blâma cet endroit. S'il y a quelque chose à redire ici, ce n'est pas au mot de *secrétaires*, c'est à celui de *vrais*: (MÉN.)
[2] Il parle à ses pensers comme à des personnes. Il n'y a rien de plus commun dans la poésie que de personnifier ainsi les choses inanimées. (MÉN.)

[1] Ce *comme elle est* est superflu, et quand il ne le serait pas, il n'a pas bonne grâce en vers. (MÉN.)
[2] Vaugelas pense que Malherbe a préféré ici *contemptible* à *méprisable*, pour éviter de rimer, à la césure, avec *agréable* qui termine le vers précédent.

Que sa constance est une roche,
Que rien n'est égal à sa foi.
Prêchez-moi ses vertus, contez-m'en des merveilles;
C'est le seul entretien qui plaît à mes oreilles :
Mais pour en dire mal n'approchez point de moi.

## XXIII [1].

### BALLET DE MADAME [2].

DE PETITES NYMPHES, QUI MÈNENT L'AMOUR
PRISONNIER AU ROI [3].

1610.

A la fin, tant d'amants, dont les âmes blessées
　　Languissent nuit et jour,
Verront sur leur auteur leurs peines renversées,
Et seront consolés aux dépens de l'Amour.

Ce public ennemi, cette peste du monde;
　　Que l'erreur des humains
Fait le maître absolu de la terre et de l'onde,
Se trouve à la merci de nos petites mains.

Nous le vous amenons dépouillé de ses armes,
　　O roi, l'astre des rois!
Quittez votre bonté, moquez-vous de ses larmes,
Et lui faites sentir la rigueur de vos lois.

Commandez que sans grâce on lui fasse justice :
　　Il sera mal aisé
Que sa vaine éloquence ait assez d'artifice
Pour démentir les faits dont il est accusé.

Jamais ses passions, par qui chacun soupire,
　　Ne nous ont fait d'ennui ;　　　　[pire
Mais c'est un bruit commun que dans tout votre em-
Il n'est point de malheur qui ne vienne de lui.

Mars, qui met sa louange à déserter la terre
　　Par des meurtres épais,
N'a rien de si tragique aux fureurs de la guerre
Comme ce déloyal aux douceurs de la paix.

Mais, sans qu'il soit besoin d'en parler davantage,
　　Votre seule valeur,
Qui de son impudence a ressenti l'outrage,
Vous fournit-elle pas une juste douleur?

Ne mêlez rien de lâche à vos hautes pensées;

[1] J'ai appris de M. de Racan que Malherbe fit cette pièce en un jour. (MÉN.)
[2] Elisabeth de France, depuis reine d'Espagne.
[3] Henri IV.

Et par quelques appas
Qu'il demande merci de ses fautes passées,
Imitez son exemple à ne pardonner pas.

L'ombre de vos lauriers admirés de l'envie
　　Fait l'Europe trembler;
Attachez bien ce monstre, ou le privez de vie,
Vous n'aurez jamais rien qui vous puisse troubler.

## XXIV [1].

### VERS FUNÈBRES,

SUR LA MORT DE HENRI LE GRAND.

1610.

« Enfin l'ire du ciel et sa fatale envie,
Dont j'avais repoussé tant d'injustes efforts,
Ont détruit ma fortune, et sans m'ôter la vie,
　　M'ont mis entre les morts.

« Henri, ce grand Henri, que les soins de nature
Avaient fait un miracle aux yeux de l'univers,
Comme un homme vulgaire est dans la sépulture
　　A la merci des vers.

« Belle âme, beau patron des célestes ouvrages,
Qui fus de mon espoir l'infaillible recours,
Quelle nuit fut pareille aux funestes ombrages
　　Où tu laisses mes jours?

« C'est bien à tout le monde une commune plaie,
Et le malheur que j'ai, chacun l'estime sien ;
Mais en quel autre cœur est la douleur si vraie
　　Comme elle est dans le mien?

« Ta fidèle compagne, aspirant à la gloire
Que son affliction ne se puisse imiter,
Seule de cet ennui me débat la victoire,
　　Et me la fait quitter.

« L'image de ses pleurs, dont la source féconde
Jamais depuis ta mort ses vaisseaux n'a taris,
C'est la Seine en fureur qui déborde son onde
　　Sur les quais de Paris [2].

[1] Cette pièce, qui ne fut point imprimée dans le *Recueil de vers sur le trépas d'Henri le Grand*, donné par du Peyrat en 1610, se trouve, pour la première fois dans l'édition de 1630; ce qui vient sans doute de ce que Malherbe, comme le dit Ménage d'après Racan, n'avait pas mis la dernière main à ses vers. (St. MARC.)
[2] Malherbe, ordinairement si sensé et si juste, ne l'est pas toujours. Il est ampoulé quelquefois, ou plutôt, ce fleuve, égal et paisible dans sa course, devient tout à coup un torrent impétueux qui fait du fracas, et qui tombe dans des précipices. (BOUHOURS.)

« Nulle heure de beau temps ses orages n'essuie,
Et sa grâce divine endure en ce tourment
Ce qu'endure une fleur que la bise ou la pluie
 Bat excessivement.

« Quiconque approche d'elle a part à son martyre,
Et par contagion prend sa triste couleur ;
Car, pour la consoler, que lui saurait-on dire
 En si juste douleur ?

« Reviens la voir, grande âme : ôte-lui cette nue
Dont la sombre épaisseur aveugle sa raison !
Et fais du même lieu d'où sa peine est venue
 Venir sa guérison.

« Bien que tout réconfort lui soit une amertume
Avec quelque douceur qu'il lui soit présenté,
Elle prendra le tien, et, selon sa coutume,
 Suivra ta volonté.

« Quelque soir en sa chambre apparais devant elle,
Non le sang à la bouche et le visage blanc,
Comme tu demeuras sous l'atteinte mortelle
 Qui te perça le flanc.

« Viens-y tel que tu fus, quand aux monts de Savoie
Hymen en robe d'or te la vint amener ;
Ou tel qu'à Saint-Denis, entre nos cris de joie,
 Tu la fis couronner.

« Après cet essai fait, s'il demeure inutile,
Je ne connais plus rien qui la puisse toucher ;
Et sans doute la France aura comme Sipyle[1]
 Quelque fameux rocher.

« Pour moi, dont la faiblesse à l'orage succombe,
Quand mon heur abattu pourrait se redresser,
J'ai mis avecque toi mes desseins en la tombe :
 Je les y veux laisser.

« Quoi que pour m'obliger fasse la destinée,
Et quelque heureux succès qui me puisse arriver,
Je n'attends mon repos qu'en l'heureuse journée
 Où je t'irai trouver. »

Ainsi de cette cour l'honneur et la merveille,
Alcippe[2] soupirait, prêt à s'évanouir.
On l'aurait consolé ; mais il ferme l'oreille,
 De peur de rien ouïr.

[1] Il est constant parmi les géographes que Sipyle est une montagne ; mais il n'est pas bien constant parmi eux en quel pays elle est située. (MÉN.) — Quelques-uns la placent dans l'Asie mineure, près du Méandre.
[2] M. de Bellegarde.

## XXV[1].

### A LA REINE, MÈRE DU ROI,

PENDANT SA RÉGENCE.

1611.

Objet divin des âmes et des yeux,
 Reine, le chef-d'œuvre des cieux,
Quels doctes vers me feront avouer
 Digne de te louer ?

Les monts fameux des vierges que je sers
 Ont-ils des fleurs en leurs déserts,
Qui, s'efforçant d'embellir ta couleur,
 Ne ternissent la leur ?

Le Thermodon[2] a vu seoir autrefois
 Des reines au trône des rois :
Mais que vit-il par qui soit débattu
 Le prix à ta vertu ?

Certes nos lis, quoique bien cultivés,
 Ne s'étaient jamais élevés
Au point heureux où les destins amis
 Sous ta main les a mis[3].

A leur odeur l'Anglais se relâchant,
 Notre amitié va recherchant ;
Et l'Espagnol (prodige merveilleux !)
 Cesse d'être orgueilleux[4].

De tous côtés nous regorgeons de biens ;
 Et qui voit l'aise où tu nous tiens
De ce vieux siècle aux fables récité
 Voit la félicité.

Quelque discord murmurant bassement
 Nous fit peur au commencement :

[1] Ces stances, dont tous les vers sont masculins, ne purent être chantées, parce que le premier vers est trop court d'une syllabe. J'ai appris cette particularité de M. de Racan, de qui j'ai appris aussi que Malherbe n'avait point d'oreille pour la musique, et qu'il n'a jamais pu faire des vers sur les airs que les musiciens lui donnaient. (MÉN.)
[2] Fleuve de Thémiscyre, province de Cappadoce, voisine du pays des Amazones.
[3] Ce défaut d'accord, entre le verbe et son nominatif, a été regardé par Ménage et Saint-Marc comme une faute d'impression : il n'y faut voir peut-être qu'une licence poétique autorisée par l'exemple des Grecs et des Latins, qui mettent souvent au singulier un verbe régi par un pluriel neutre. Quoi qu'il en soit, Ménage n'a pas osé toucher ici au texte de Malherbe.
[4] On venait d'entamer les négociations relatives au double mariage qui fut conclu, l'année suivante, entre Louis XIII et l'infante d'Espagne, le prince d'Espagne et madame Élisabeth de France.

Mais sans effet presque il s'évanouit
Plus tôt qu'on ne l'ouït.

Tu menaças l'orage paraissant,
Et tout soudain obéissant,
Il disparut comme flots courroucés
Que Neptune a tancés.

Que puisses-tu, grand soleil de nos jours,
Faire sans fin le même cours,
Le soin du ciel te gardant aussi bien
Que nous garde le tien!

Puisses-tu voir sous le bras de ton fils
Trébucher les murs de Memphis,
Et de Marseille au rivage de Tyr
Son empire aboutir!

Les vœux sont grands : mais avecque raison
Que ne peut l'ardente oraison!
Et, sans flatter, ne sers-tu pas les dieux
Assez pour avoir mieux?

## XXVI[1].

### LES SIBYLLES,

SUR LA FÊTE DES ALLIANCES DE FRANCE ET D'ESPAGNE.

1612.

LA SIBYLLE PERSIQUE.

Que Bellone et Mars se détachent,
Et de leurs cavernes arrachent
Tous les vents des séditions;
La France est hors de leur furie,
Tant qu'elle aura pour alcyons
L'heur et la vertu de Marie[2].

LA SIBYLLE LIBYQUE.

Cesse, Pô, d'abuser le monde :
Il est temps d'ôter à ton onde
Sa fabuleuse royauté.
L'Arne, sans en faire autres preuves,
Ayant produit cette beauté,
S'est acquis l'empire des fleuves.

LA SIBYLLE DELPHIQUE.

La France à l'Espagne s'allie;
Leur discorde est ensevelie,
Et tous leurs orages finis.
Armes du reste de la terre
Contre ces deux peuples unis
Qu'êtes-vous que paille et que verre!

LA SIBYLLE CUMÉE.

Arrière ces plaintes communes,
Que les plus durables fortunes
Passent du jour au lendemain!
Les nœuds de ces grands hyménées
Sont-ils pas de la propre main
De ceux qui font les destinées?

LA SIBYLLE ÉRYTHRÉE.

Taisez-vous, funestes langages,
Qui jamais ne faites présages
Où quelque malheur ne soit joint;
La Discorde ici n'est mêlée,
Et Thétis n'y soupire point
Pour avoir épousé Pélée.

LA SIBYLLE SAMIENNE.

Roi, que tout bonheur accompagne,
Vois partir du côté d'Espagne
Un soleil qui te vient chercher.
O vraiment divine aventure,
Que ton respect fasse marcher
Les astres contre leur nature!

LA SIBYLLE CUMANE[1].

O que l'heur de tes destinées
Poussera tes jeunes années
A de magnanimes soucis!
Et combien te verront répandre
De sang des peuples circoncis
Les flots qui noyèrent Léandre[2]!

LA SIBYLLE HELLESPONTIQUE.

Soit que le Danube t'arrête,

---

[1] Ces stances furent mises en musique par Boisset, et chantées le premier jour des fêtes du Camp de la place Royale, données les 5, 6 et 7 avril 1612, pour la publication des mariages arrêtés du roi Louis XIII avec l'infante d'Espagne Anne d'Autriche, et de madame Élisabeth, sœur du roi, avec le prince depuis roi d'Espagne, Philippe IV. (ST-MARC.)
Il existe une relation imprimée de ces fêtes; elle a pour titre : LE CAMP DE LA PLACE ROYALE, et renferme toutes les stances comprises ici sous le n° 26.
[2] De Médicis.

[1] Les anciens regardaient cette sibylle comme l'auteur des livres sibyllins, et l'honoraient sous le nom d'Amalthée. Il ne faut pas la confondre avec la sibylle Cumée, ou de Cumes, ville de l'Ionie.
[2] Léandre périt dans l'Hellespont, en traversant le détroit à la nage pour aller voir Héro renfermée dans une tour à Sestos.

Soit que l'Euphrate à sa conquête
Te fasse tourner ton désir,
Trouveras-tu quelque puissance
A qui tu ne fasses choisir
Ou la mort ou l'obéissance?

LA SBIYLLE PRHYGIENNE.

Courage, reine sans pareille!
L'esprit sacré qui te conseille
Est ferme en ce qu'il a promis.
Achève, et que rien ne t'arrête;
Le ciel tient pour ses ennemis
Les ennemis de cette fête.

LA SIBYLLE TIBURTINE.

Sous ta bonté s'en va renaître
Le siècle où Saturne fut maître;
Thémis les vices détruira;
L'Honneur ouvrira son école;
Et dans Seine et Marne luira
Même sablon que dans Pactole.

UNE SIBYLLE, au nom de tous les Français.

Donc après un si long séjour,
Fleurs de lis, voici le retour
De vos aventures prospères;
Et vous allez être à nos yeux
Fraîches comme aux yeux de nos pères,
Lorsque vous tombâtes des cieux.

A ce coup s'en vont les destins
Entre les jeux et les festins
Nous faire couler nos années,
Et commencer une saison
Où nulles funestes journées
Ne verront jamais l'horizon.

Ce n'est plus comme auparavant,
Que, si l'Aurore en se levant
D'aventure nous voyait rire,
On se pouvait bien assurer,
Tant la Fortune avait d'empire,
Que le soir nous verrait pleurer.

De toutes parts sont éclaircis
Les nuages de nos soucis;
La sûreté chasse les craintes;
Et la Discorde, sans flambeau,
Laisse mettre avecque nos plaintes
Tous nos soupçons dans le tombeau.

O qu'il nous eût coûté de morts,
O que la France eût fait d'efforts,
Avant que d'avoir par les armes
Tant de provinces qu'en un jour,

Belle reine, avecque vos charmes
Vous nous acquérez par amour¹!

Qui pouvait, sinon vos bontés,
Faire à des peuples indomptés
Laisser leurs haines obstinées,
Pour jurer solennellement,
En la main de deux hyménées,
D'être amis éternellement?

Fleur des beautés et des vertus,
Après nos malheurs abattus
D'une si parfaite victoire²,
Quel marbre à la postérité
Fera paraître votre gloire
Au lustre qu'elle a mérité?

Non, non, malgré les envieux,
La raison veut qu'entre les dieux
Votre image soit adorée;
Et qu'aidant comme eux aux mortels,
Lorsque vous serez implorée,
Comme eux vous ayez des autels.

Nos fastes sont pleins de lauriers
De toute sorte de guerriers;
Mais, hors de toute flatterie,
Furent-ils jamais embellis
Des miracles que fait Marie
Pour le salut des fleurs de lis?

TOUTES LES SIBYLLES, en chœur.

A ce coup la France est guérie :
Peuples, fatalement³ sauvés,
Payez les vœux que vous devez
A la sagesse de Marie.

## XXVII.⁴

PARAPHRASE DU PSAUME CXXVIII.

1614.

Les funestes complots des âmes forcenées
Qui pensaient triompher de mes jeunes années

---

¹ La grammaire voulait : *Vous nous en acquérez*. (MÉN.)
² On dit bien *abattu d'un coup;* mais je ne pense pas qu'on puisse dire *abattu d'une victoire*. (MÉN.)
³ Nous avons déjà remarqué que Malherbe affectionnait singulièrement *fatal*, et le prenait ordinairement en bonne part.
⁴ J'ai appris de M. de Racan, l'ami particulier et le disciple favori de Malherbe, que ces vers avaient été faits au nom du roi Louis XIII, à l'occasion de la première guerre des princes, en 1614. (MÉN.)
Les princes mécontents de la régence étaient Henri II

Ont d'un commun assaut mon repos offensé.
Leur rage a mis au jour ce qu'elle avait de pire :
　　Certes, je le puis dire;
Mais je puis dire aussi qu'ils n'ont rien avancé.

J'étais dans leurs filets, c'était fait de ma vie;
Leur funeste rigueur, qui l'avait poursuivie,
　　Méprisait le conseil de revenir à soi;
Et le coutre aiguisé s'imprime sur la terre
　　Moins avant que leur guerre
N'espérait imprimer ses outrages sur moi.

Dieu, qui de ceux qu'il aime est la garde éternelle,
Me témoignant contre eux sa bonté paternelle,
　　A selon mes souhaits terminé mes douleurs.
Il a rompu leur piége; et, de quelque artifice
　　Qu'ait usé leur malice,
Ses mains, qui peuvent tout, m'ont dégagé des leurs.

La gloire des méchants est pareille à cette herbe
Qui, sans porter jamais ni javelle ni gerbe [1],
　　Croît sur le toit pourri d'une vieille maison.
On la voit sèche et morte aussitôt qu'elle est née;
　　Et vivre une journée
Est réputé pour elle une longue saison.

Bien en est-il malaisé que l'injuste licence [2]
Qu'ils prennent chaque jour d'affliger l'innocence
　　En quelqu'un de leurs vœux ne puisse prospérer :
Mais tout incontinent leur bonheur se retire,
　　Et leur honte fait rire
Ceux que leur insolence avait fait soupirer.

<small>prince de Condé; César, duc de Vendôme; et Alexandre, grand prieur de France, tous deux enfants naturels de Henri IV. Ils s'éloignèrent de la cour avec Henri, duc de Mayenne, fils du chef de la Ligue; les ducs de Longueville, de Guise, de Nevers, de Rohan, de Luxembourg, de la Trimouille, etc. Cette cabale qui avait pour chef le duc de Bouillon, fut dissipée par le traité conclu à Sainte-Menehould, le 15 mai de la même année; et le roi, âgé de treize ans, fut reconnu majeur; le 2 octobre suivant.
[1] Cette façon de parler est hardie, mais elle n'est pas sans exemple. Une javelle est une poignée d'épis; une gerbe, ce sont plusieurs javelles liées ensemble. Ainsi une herbe qui ne porte jamais ni gerbe, ni javelle, est une herbe dont on ne fait jamais ni de gerbes ni de javelles; et pour user des paroles de David, *de quo non implevit manum suam qui metit, et sinum suum qui manipulos colligit.* (MÉN.)
[2] *Bien*, au commencement de la période, a aussi bonne grâce en vers qu'il l'a mauvaise en prose, pourvu qu'il soit placé avec goût, comme M. de Malherbe, et cet excellent ouvrier, avait accoutumé de le faire. (VAUGELAS.)</small>

## XXVIII.

RÉCIT D'UN BERGER AU BALLET [1] DE MADAME,
PRINCESSE D'ESPAGNE.

1615.

Houlette de Louis, houlette de Marie,
Dont le fatal appui met notre bergerie
　　Hors du pouvoir des loups,
Vous placer dans les cieux en la même contrée
　　Des balances d'Astrée,
Est-ce un prix de vertu qui soit digne de vous?

Vos pénibles travaux sans qui nos pâturages,
Battus depuis cinq ans de grêles et d'orages,
　　S'en allaient désolés,
Sont-ce pas des effets que, même en Arcadie [2],
　　Quoi que la Grèce die,
Les plus fameux pasteurs n'ont jamais égalés?

Voyez des bords de Loire et des bords de Garonne,
Jusques à ce rivage [3] où Thétis se couronne
　　De bouquets d'orangers,
A qui ne donnez-vous une heureuse bonace,
　　Loin de toute menace
Et de maux intestins et de maux étrangers?

Où ne voit-on la paix, comme un roc affermie,
Faire à nos Géryons [4] détester l'infamie
　　De leurs actes sanglants;
Et la belle Cérès, en javelles féconde,
　　Oter à tout le monde
La peur de retourner à l'usage des glands?

Aussi dans nos maisons, en nos places publiques,
Ce ne sont que festins, ce ne sont que musiques
　　De peuples réjouis;
Et que l'astre du jour ou se lève ou se couche,
　　Nous n'avons en la bouche
Que le nom de Marie et le nom de Louis.

Certes, une douleur quelques âmes afflige
Qu'un fleuron de nos lis séparé de sa tige

<small>[1] Ce ballet, connu sous le nom du *Triomphe de Pallas*, et dans lequel madame Élisabeth représentait Pallas, fut exécuté le 19 mars 1615, dans la grand'salle de Bourbon, lorsque Louis XIII et la reine sa mère se disposaient à partir pour aller conduire cette princesse, et recevoir en même temps l'infante Anne d'Autriche, que le roi devait épouser. (ST-MARC.) — Malherbe, sur la fin de ses jours, préférait cette pièce à toutes les autres.
[2] Province du Péloponèse, célèbre dans l'antiquité par ses pâturages et par les chants de ses bergers.
[3] La Provence.
[4] Géryon, géant de la Bétique, qui, selon la Fable, avait trois corps, et qui fut tué par Hercule.</small>

Soit prêt à nous quitter :  —[craindre,
Mais quoi qu'on nous augure et qu'on nous fasse
  Elise ¹ est-elle à plaindre
D'un bien que tous nos vœux lui doivent souhaiter?

Le jeune demi-dieu ² qui pour elle soupire
De la fin du couchant termine son empire
  En la source du jour ;
Elle va dans ses bras prendre part à sa gloire :
  Quelle malice noire
Peut sans aveuglement condamner leur amour?

Il est vrai qu'elle est sage, il est vrai qu'elle est belle
Et notre affection pour autre que pour elle
  Ne peut mieux s'employer :
Aussi la nommons-nous la Pallas de cet âge.
  Mais que ne dit le Tage
De celle qu'en sa place il nous doit envoyer !

Esprits malavisés, qui blâmez un échange
Où se prend et se baille un ange pour un ange,
  Jugez plus sainement.
Notre grande bergère ³ a Pan ⁴ qui la conseille ;
  Serait-ce pas merveille
Qu'un dessein qu'elle eût fait n'eût bon événement?

C'est en l'assemblement de ces couples célestes
Que, si nos maux passés ont laissé quelques restes,
  Ils vont du tout finir.
Mopse qui nous l'assure a le don de prédire ;
  Et les chênes d'Épire ⁵
Savent moins qu'il ne sait les choses à venir.

Un siècle renaîtra, comblé d'heur et de joie,
Où le nombre des ans sera la seule voie
  D'arriver au trépas.
Tous venins y mourront comme au temps de nos pè-
  Et même les vipères  [res ;
Y piqueront sans nuire, ou n'y piqueront pas.

La terre en tous endroits produira toutes choses ;
Tous métaux seront or, toutes fleurs seront roses,
  Tous arbres oliviers ;
L'an n'aura plus d'hiver, le jour n'aura plus d'ombre :
  Et les perles sans nombre
Germeront dans la Seine au milieu des graviers.

Dieux, qui de vos arrêts formez nos destinées,
Donnez un dernier terme à ces grands hyménées ;
  C'est trop les différer ;

¹ La princesse Élisabeth.
² L'infant, depuis Philippe IV, roi d'Espagne.
³ La reine mère, Marie de Médicis.
⁴ Le maréchal d'Ancre, qui gouvernait alors.
⁵ La forêt de Dodone était située dans la Chaonie, province du royaume d'Épire.

MALHERBE.

L'Europe les demande, accordez sa requête.
  Qui verra cette fête,
Pour mourir satisfait, n'aura que désirer.

## XXIX.

SUR LE MARIAGE DU ROI ET DE LA REINE.

1615.

Mopse ¹, entre les devins, l'Apollon de cet âge,
  Avait toujours fait espérer
Qu'un soleil qui naîtrait sur les rives du Tage
En la terre du lis nous viendrait éclairer.

Cette prédiction semblait une aventure
  Contre le sens et le discours,
N'étant pas convenable aux règles de nature
Qu'un soleil se levât où se couchent les jours.

Anne, qui de Madrid fut l'unique miracle,
  Maintenant l'aise de nos yeux,
Au sein de notre Mars satisfait à l'oracle,
Et dégage envers nous la promesse des cieux.

Bien est-elle un soleil ; et ses yeux adorables,
  Déjà vus de tout l'horizon,
Font croire que nos maux seront maux incurables
Si d'un si beau remède ils n'ont leur guérison.

Quoi que l'esprit y cherche, il n'y voit que des chaînes
  Qui le captivent à ses lois.
Certes, c'est à l'Espagne à produire des reines,
Comme c'est à la France à produire des rois.

Heureux couple ² d'amants, notre grande Marie
  A pour vous combattu le sort ;
Elle a forcé les vents, et dompté leur furie :
C'est à vous à goûter les délices du port.

Goûtez-les, beaux esprits, et donnez connaissance,
  En l'excès de votre plaisir,
Qu'à des cœurs bien touchés tarder la jouissance,
C'est infailliblement leur croître le désir.

Les fleurs de votre amour, dignes de la racine,
  Montrent un grand commencement :
Mais il faut passer outre, et des fruits de Lucine
Faire voir à nos vœux leur accomplissement.

¹ Mopse était fille d'Apollon et de Manto, fils de Tirésias.
² *Couple* est masculin lorsqu'on parle des personnes, féminin quand il s'agit d'animaux ou de choses inanimées. Cependant dans nos provinces d'Anjou et du Maine nous disons *un couple d'œufs*, *un couple de perdrix*, etc. Saint-Gelais a dit *un couple de bons perroquets ;* et Pasquier, au liv. VIII de ses lettres, p. 8, parlant des gasconismes de Montaigne, le blâme d'avoir fait *couple* masculin. (MÉN.)

Réservez le repos à ces vieilles années
 Par qui le sang est refroidi.
Tout le plaisir des jours est en leurs matinées :
La nuit est déjà proche à qui passe midi.

## XXX.

### SUR LA GUÉRISON DE CHRYSANTE.

#### 1616.

Les destins sont vaincus, et le flux de mes larmes
De leur main insolente a fait tomber les armes ;
Amour en ce combat a reconnu ma foi :
 Lauriers, couronnez-moi.

Quel penser agréable a soulagé mes plaintes,
Quelle heure de repos a diverti mes craintes,
Tant que du cher objet en mon âme adoré
 Le péril a duré ?

J'ai toujours vu ma dame avoir toutes les marques
De n'être point sujette à l'outrage des Parques :
Mais quel espoir de bien, en l'excès de ma peur,
 N'estimais-je trompeur ?

Aujourd'hui c'en est fait, elle est toute guérie[1] ;
Et le soleil d'avril, peignant une prairie,
En leurs tapis de fleurs n'ont jamais égalé
 Son teint renouvelé.

Je ne la vis jamais si fraîche ni si belle ;
Jamais de si bon cœur je ne brûlai pour elle,
Et ne pense jamais avoir[2] tant de raison
 De bénir ma prison.

Dieux, dont la providence et les mains souveraines,
Terminant sa langueur, ont mis fin à mes peines,
Vous saurais-je payer avec assez d'encens
 L'aise que je ressens ?

Après une faveur si visible et si grande,
Je n'ai plus à vous faire aucune autre demande :
Vous m'avez tout donné, redonnant à mes yeux
 Ce chef-d'œuvre des cieux.

Certes, vous êtes bons ; et combien que nos crimes
Vous donnent quelquefois des courroux légitimes,
Quand des cœurs bien touchés vous demandent se-
 Ils l'obtiennent toujours.                 [cours,

Continuez, grands dieux ; et ne faites pas dire

[1] Ce vers manque de noblesse. (MÉN.)
[2] Il fallait *avoir eu*. (MÉN.)

Ou que rien ici-bas ne connaît votre empire,
Ou qu'aux occasions les plus dignes de soins
 Vous en avez le moins.

Donnez-nous tous les ans des moissons redoublées ;
Soient toujours de nectar nos rivières comblées :
Si Chrysante ne vit et ne se porte bien,
 Nous ne vous devons rien.

## XXXI[1].

#### 1619.

Enfin ma patience et les soins que j'ai pris
Ont, selon mes souhaits, adouci les esprits
Dont l'injuste rigueur si longtemps m'a fait plaindre.
 Cessons de soupirer :
Grâces à mon destin, je n'ai plus rien à craindre,
 Et puis tout espérer.

Soit qu'étant le soleil dont je suis enflammé
Le plus aimable objet qui fût jamais aimé,
On ne m'ait pu nier qu'il ne fût adorable ;
 Soit que d'un oppressé
Le droit bien reconnu soit toujours favorable,
 Les dieux m'ont exaucé.

Naguère que j'oyais la tempête souffler,
Que je voyais la vague en montagne s'enfler,
Et Neptune à mes cris faire la sourde oreille,
 A peu près englouti,
Eussé-je osé prétendre à l'heureuse merveille,
 D'en être garanti ?

Contre mon jugement les orages cessés
Ont des calmes si doux en leur place laissés,
Qu'aujourd'hui ma fortune a l'empire de l'onde ;
 Et je vois sur le bord
Un ange, dont la grâce est la gloire du monde,
 Qui m'assure du port.

Certes, c'est lâchement qu'un tas de médisants,
Imputant à l'Amour qu'il abuse nos ans,
De frivoles soupçons nos courages étonnent ;
 Tous ceux à qui déplaît
L'agréable tourment que ses flammes nous donnent
 Ne savent ce qu'il est.

S'il a de l'amertume à son commencement,

[1] Malherbe fit ces stances pour Charles Chabot, fils du marquis de Mirebeau, et comte de Charny, qui était amoureux de Charlotte de Castille, fille de Pierre de Castille, contrôleur général des finances, et petite-fille du célèbre Pierre Jeannin, surintendant des finances. Le comte de Charny mourut en 1621, sans laisser d'enfants, et sa veuve épousa en secondes noces Henri Taillerun ou Taillerand, comte de Chalais, qui fut décapité à Nantes, en 1626. (MÉN.)

Pourvu qu'à mon exemple on souffre doucement
Et qu'aux appas du change une âme ne s'envole,
    On se peut assurer
Qu'il est maître équitable, et qu'enfin il console
    Ceux qu'il a fait pleurer.

## XXXII.

### 1619.

Louez Dieu par toute la terre,
Non pour la crainte du tonnerre
    Dont il menace les humains,
Mais pource que sa gloire[1] en merveilles abonde,
Et que tant de beautés qui reluisent au monde
    Sont les ouvrages de ses mains.

Sa providence libérale
Est une source générale
    Toujours prête à nous arroser.
L'Aurore[2] et l'Occident s'abreuvent en sa course;
On y puise en Afrique, on y puise sous l'Ourse;
    Et rien ne la peut épuiser.

N'est-ce pas lui qui fait aux ondes
Germer les semences fécondes
    D'un nombre infini de poissons;
Qui peuple de troupeaux les bois et les montagnes,
Donne aux prés la verdure, et couvre les campagnes
    De vendanges et de moissons?

Il est bien dur à sa justice
De voir l'impudente malice
    Dont nous l'offensons chaque jour;
Mais, comme notre père, il excuse nos crimes;
Et même ses courroux, tant soient-ils légitimes,
    Sont des marques de son amour.

Nos affections passagères,
Tenant de nos humeurs légères,
    Se font vieilles en un moment[3];
Quelque nouveau désir comme un vent les emporte:
La sienne, toujours ferme, et toujours d'une sorte,
    Se conserve éternellement.

[1] C'est-à-dire ses actions louables, admirables et dignes de gloire. Malherbe a employé souvent ce mot dans le même sens. (COSTAR.)
[2] L'*aurore* est ici pour l'*orient*. Cette façon de parler est hardie, mais elle est belle. (MÉN.)
[3] On pourrait se demander comment ces affections sont passagères puisqu'elles vieillissent, ou comment elles vieillissent puisqu'elles sont passagères. Mais il faut considérer que Malherbe ne dit pas qu'elles sont *anciennes*. Il dit qu'elles se font *vieilles*, et *vieilles en un moment*, pour marquer qu'elles s'affaiblissent, s'altèrent et se corrompent en peu de temps. (COSTAR.)

## XXXIII.

### CONSOLATION

A M. LE PREMIER PRÉSIDENT DE VERDUN,

SUR LA MORT DE SA FEMME[1].

### 1621.

Sacré ministre de Thémis,
Verdun, en qui le ciel a mis
    Une sagesse non commune,
Sera-ce pour jamais que ton cœur abattu
    Laissera sous une infortune,
Au mépris de ta gloire, accabler ta vertu?

Toi de qui les avis prudents
En toute sorte d'accidents
    Sont loués même de l'envie,
Perdras-tu la raison jusqu'à te figurer
    Que les morts reviennent en vie,
Et qu'on leur rende l'âme à force de pleurer?

Tel qu'au soir on voit le soleil
Se jeter aux bras du sommeil,
    Tel au matin il sort de l'onde.
Les affaires de l'homme ont un autre destin:
    Après qu'il est parti du monde,
La nuit qui lui survient n'a jamais de matin.

Jupiter ami des mortels[2],
Ne rejette de ses autels
    Ni requêtes ni sacrifices:
Il reçoit en ses bras ceux qu'il a menacés;
    Et qui s'est nettoyé de vices
Ne lui fait point de vœux qui ne soient exaucés.

Neptune, en la fureur des flots
Invoqué par les matelots,
    Remet l'espoir en leurs courages;
Et ce pouvoir si grand dont il est renommé
    N'est connu que par les naufrages
Dont il a garanti ceux qui l'ont réclamé.

[1] Malherbe fut près de trois ans à composer ces stances, et quand il les publia, M. de Verdun était remarié en secondes noces; ce qui leur fit perdre beaucoup de leur grâce. (RACAN.)
[2] Tout ce passage est pris de Ronsard, liv. V, od. IV. Et cependant Malherbe estimait si peu ce poëte, qu'il avait effacé toutes ses poésies depuis un bout jusqu'à l'autre. Je me souviens d'avoir ouï dire à Gombaud que, quand Malherbe lisait ses vers à ses amis, et qu'il y rencontrait quelque chose de dur ou d'impropre, il s'arrêtait tout court, et leur disait ensuite: *Ici je ronsardisais.* Je ne suis pas de l'avis de ceux qui méprisent Ronsard jusqu'à l'effacer tout entier; mais je suis encore moins de l'avis de ceux qui l'adorent jusqu'à lui dresser des autels, et je tiens avec M. de Balzac qu'il n'est que le commencement et la matière d'un poëte. (MÉN.)

Pluton est seul entre les dieux
Dénué d'oreilles et d'yeux
A quiconque le sollicite :
Il dévore sa proie aussitôt qu'il la prend ;
Et, quoi qu'on lise d'Hippolyte,
Ce qu'une fois il tient, jamais il ne le rend.

S'il était vrai que la pitié
De voir un excès d'amitié
Lui fît faire ce qu'on désire,
Qui devait le fléchir avec plus de couleur
Que ce fameux joueur de lyre
Qui fut jusqu'aux enfers lui montrer sa douleur?

Cependant il eut beau chanter,
Beau crier, presser et flatter,
Il s'en revint sans Eurydice ;
Et la vaine faveur dont il fut obligé
Fut une si noire malice,
Qu'un absolu refus l'aurait moins affligé.

Mais, quand tu pourrais obtenir
Que la mort laissât revenir
Celle dont tu pleures l'absence,
La voudrais-tu remettre en un siècle effronté
Qui, plein d'une extrême licence,
Ne ferait que troubler son extrême bonté ?

Que voyons-nous que des Titans
De bras et de jambes luttants
Contre les pouvoirs légitimes¹ ;
Infâmes rejetons de ces audacieux
Qui, dédaignant les petits crimes,
Pour en faire un illustre attaquèrent les cieux?

Quelle horreur de flamme et de fer
N'est éparse, comme en enfer,
Aux plus beaux lieux de cet empire?
Et les moins travaillés des injures du sort
Peuvent-il pas justement dire
Qu'un homme dans la tombe est un navire au port ?

Crois-moi, ton deuil a trop duré,
Tes plaintes ont trop murmuré ;
Chasse l'ennui qui te possède,
Sans t'irriter en vain contre une adversité
Que tu sais bien qui n'a remède
Autre que d'obéir à la nécessité.

Rends à ton âme le repos
Qu'elle s'ôte mal à propos

Jusqu'à te dégoûter de vivre :
Et, si tu n'as l'amour que chacun a pour soi,
Aime ton prince, et le délivre
Du regret qu'il aura s'il est privé de toi.

Quelque jour, ce jeune lion
Choquera la rébellion,
En sorte qu'il en sera maître :
Mais quiconque voit clair ne connaît-il pas bien
Que, pour l'empêcher de renaître
Il faut que ton labeur accompagne le sien ?

La Justice, le glaive en main,
Est un pouvoir autre qu'humain
Contre les révoltes civiles :
Elle seule fait l'ordre ; et les sceptres des rois
N'ont que des pompes inutiles,
S'ils ne sont appuyés de la force des lois.

## XXXIV¹.

### POUR Mᵍʳ LE COMTE DE SOISSONS.

#### 1622.

Ne délibérons plus, allons droit à la mort ;
La tristesse m'appelle ² à ce dernier effort,
Et l'honneur m'y convie :
Je n'ai que trop gémi.
Si parmi tant d'ennuis j'aime encore ma vie,
Je suis mon ennemi.

O beaux yeux, beaux objets de gloire et de grandeur,
Vives sources de flamme où j'ai pris une ardeur
Qui toute autre surmonte,
Puis-je souffrir assez
Pour expier le crime et réparer la honte
De vous avoir laissés ?

Quelqu'un dira pour moi que je fais mon devoir,
Et que les volontés d'un absolu pouvoir
Sont de justes contraintes :
Mais à quelle autre loi
Doit un parfait amant des respects et des craintes
Qu'à celle de sa foi ?

Quand le ciel offrirait à mes jeunes désirs

---

¹ La France était alors troublée par les huguenots. Ces troubles ne s'apaisèrent qu'en 1629, un an après la prise de la Rochelle.

¹ Malherbe fit ces stances à la prière du comte de Soissons, sur la passion de ce prince pour madame Henriette de France, aujourd'hui reine mère d'Angleterre, qu'on lui faisait espérer en mariage. (MÉN.) — Son père avait déjà vainement recherché la main de Catherine, sœur de Henri IV.

² Les poëtes parlent ainsi d'eux-mêmes en un même lieu, et au singulier et au pluriel. Les exemples en sont si fréquents, que ce serait abuser et de mon loisir, et de celui de mes lecteurs, que d'en rapporter des exemples. (MÉN.)

Les plus rares trésors et les plus grands plaisirs
    Dont sa richesse abonde,
      Que saurais-je espérer
A quoi votre présence, ô merveille du monde,
    Ne soit à préférer !

On parle de l'enfer et des maux éternels
Baillés pour châtiment à ces grands criminels
    Dont les fables sont pleines :
    Mais ce qu'ils souffrent tous,
Le souffré-je pas seul en la moindre des peines
    D'être éloigné de vous ?

J'ai beau par la raison exhorter mon amour
De vouloir réserver à l'aise du retour
    Quelque reste de larmes ;
    Misérable qu'il est !
Contenter sa douleur et lui donner des armes,
    C'est tout ce qui lui plaît.

Non, non ; laissons-nous vaincre après tant de com-
Allons épouvanter les ombres de là-bas    [bats;
    De mon visage blême ;
    Et, sans nous consoler,
Mettons fin à des jours que la Parque elle-même
    A pitié de filer.

Je connais Charigène, et n'ose désirer
Qu'elle ait un sentiment qui la fasse pleurer
    Dessus ma sépulture ;
    Mais, cela m'arrivant,
Quelle serait ma gloire ! et pour quelle aventure
    Voudrais-je être vivant [1] ?

## XXXXV.
### POUR UNE MASCARADE.

Ceux-ci, de qui vos yeux admirent la venue [2],
Pour un fameux honneur qu'ils brûlent d'acquérir,
Partis des bords lointains d'une terre inconnue,
S'en vont au gré d'amour tout le monde courir.

    Ce grand démon, qui se déplaît
      D'être profané comme il est,
    Par eux veut repurger son temple ;
    Et croit qu'ils auront ce pouvoir
    Que ce qu'on ne fait par devoir
    On le fera par leur exemple.

Ce ne sont point esprits qu'une vague licence
Porte inconsidérés à leurs contentements ;
L'or de cet âge vieil où régnait l'innocence
N'est pas moins en leurs mœurs qu'en leurs accou-
    La foi, l'honneur et la raison,    [trements.
    Gardent la clef de leur prison ;
    Penser au change leur est crime,
    Leurs paroles n'ont point de fard ;
    Et faire les choses sans art
    Est l'art dont ils font plus d'estime.

Composez-vous sur eux, âmes belles et hautes,
Retirez votre humeur de l'infidélité ;
Lassez-vous d'abuser les jeunesses peu cautes [1],
Et de vous prévaloir de leur crédulité.

    N'ayez jamais impression
    Que d'une seule passion,
    A quoi que l'espoir vous convie.
    Bien aimer soit votre vrai bien ;
    Et, bien aimés, n'estimez rien
    Si doux qu'une si douce vie.

On tient que ce plaisir est fertile de peines [2],
Et qu'un mauvais succès l'accompagne souvent :
Mais n'est-ce pas la loi des fortunes humaines
Qu'elles n'ont point de havre à l'abri de tout vent ?

    Puis, cela n'avient qu'aux amours
    Où les désirs, comme vautours,
    Se paissent de sales rapines :
    Ce qui les forme les détruit ;
    Celles que la vertu produit
    Sont roses qui n'ont point d'épines.

## XXXVI.

Quoi donc ! ma lâcheté sera si criminelle ;
Et les vœux que j'ai faits pourront si peu sur moi,
Que je quitte ma dame, et démente la foi
Dont je lui promettais une amour éternelle ?

Que ferons-nous, mon cœur ? Avec quelle science
Vaincrons-nous les malheurs qui nous sont préparés ?
Courrons-nous le hasard comme désespérés ?
Ou nous résoudrons-nous à prendre patience ?

Non, non ; quelques assauts que me donne l'envie,
Et quelques vains respects qu'allègue mon devoir,
Je ne céderai point, que de même pouvoir
Dont on m'ôte ma dame on ne m'ôte la vie.

Mais où va ma fureur ? quelle erreur me transporte,

---

[1] Après la mort de Malherbe, Boisset le père composa sur ces vers un air parfaitement beau et qu'on peut regarder comme son chef-d'œuvre. (MÉN.)
[2] Ce début n'est pas heureux et ressemble trop à une narration en prose.

[1] Ce mot n'est plus en usage. Nous avons cependant conservé *cauteleux* qui en dérive.
[2] Latinisme. (MÉN.)

De vouloir en géant aux astres commander ?
Ai-je perdu l'esprit, de me persuader
Que la nécessité ne soit pas la plus forte ?

Achille, à qui la Grèce a donné cette marque
D'avoir eu le courage aussi haut que les cieux,
Fut en la même peine, et ne put faire mieux
Que soupirer neuf ans dans le fond d'une barque [1].

Je veux, du même esprit que ce miracle d'armes,
Chercher en quelque part un séjour écarté
Où ma douleur et moi soyons en liberté, [mes.
Sans que rien qui m'approche interrompe mes lar-

Bien sera-ce à jamais renoncer à la joie
D'être sans la beauté dont l'objet m'est si doux :
Mais qui m'empêchera qu'en dépit des jaloux
Avecque le penser mon âme ne la voie ?

Le temps qui toujours vole, et sous qui tout succom-
Fléchira cependant l'injustice du sort, [be,
Ou d'un pas insensible avancera la mort
Qui bornera ma peine au repos de la tombe.

La fortune en tous lieux à l'homme est dangereuse :
Quelque chemin qu'il tienne, il trouve des combats ;
Mais, des conditions où l'on vit ici-bas,
Certes, celle d'aimer est la plus malheureuse.

### XXXVII [2].

#### PARAPHRASE DU PSAUME CXLV.

N'espérons plus, mon âme, aux promesses du monde;
Sa lumière est un verre, et sa faveur une onde
Que toujours quelque vent empêche de calmer [3].
Quittons ces vanités, lassons-nous de les suivre :
   C'est Dieu qui nous fait vivre,
   C'est Dieu qu'il faut aimer.

En vain, pour satisfaire à nos lâches envies,
Nous passons près des rois tout le temps de nos vies
A souffrir des mépris et ployer les genoux :

Ce qu'ils peuvent n'est rien ; ils sont, comme nous
   Véritablement hommes, [sommes,
   Et meurent comme nous.

Ont-ils rendu l'esprit, ce n'est plus que poussière
Que cette majesté si pompeuse et si fière
Dont l'éclat orgueilleux étonne l'univers ;
Et, dans ces grands tombeaux où leurs âmes hautaines
   Font encore les vaines,
   Ils sont mangés des vers.

Là se perdent ces noms de maîtres de la terre,
D'arbitres de la paix, de foudres de la guerre ;
Comme ils n'ont plus de sceptre, ils n'ont plus de flat-
Et tombent avec eux d'une chute commune [teurs ;
   Tous ceux que leur fortune
   Faisait leurs serviteurs [1].

## LIVRE TROISIÈME.

### CHANSONS.

#### I [2].
#### 1606.

Qu'autres que vous soient désirées,
Qu'autres que vous soient adorées,
Cela se peut facilement :
Mais qu'il soit des beautés pareilles
A vous, merveille des merveilles,
Cela ne se peut nullement.

Que chacun sous votre puissance
Captive son obéissance,
Cela se peut facilement :
Mais qu'il soit une amour si forte
Que celle-là que je vous porte,
Cela ne se peut nullement.

Que le fâcheux nom de cruelles
Semble doux à beaucoup de belles,
Cela se peut facilement.

---

[1] Malherbe a cru qu'Achille, pendant le siége de Troie, qui dura dix ans, en avait été neuf dans ses vaisseaux ; en quoi il s'est trompé. Achille ne se retira dans ses vaisseaux qu'après qu'on lui eût enlevé Briséis ; et quand on lui enleva Briséis, il y avait déjà plus de neuf ans que les princes grecs étaient devant Troie.
[2] Ces quatre stances valent mieux que tout ce que Malherbe a jamais fait, et prouvent qu'on travaille plus heureusement sur de beaux sujets que sur des niaiseries. (LANCELOT.)
[3] Malherbe aime fort ces omissions de pronoms possessifs. Ainsi il dit *glisser*, pour *se glisser*; *plaindre*, pour *se plaindre*; *évanouir*, pour *s'évanouir*; *renfermer*, pour *se renfermer*. Pétrarque a dit de même *muover* pour *muoversi*. (MÉN.)

[1] Malherbe n'a point paraphrasé la fin du psaume ; il craignait de ne la pouvoir rendre en notre langue, ainsi qu'il l'a souvent dit à plusieurs personnes qui me l'ont répété. (MÉN.)
[2] Cette chanson fut faite par Malherbe, conjointement avec la duchesse de Bellegarde et Racan, à l'imitation d'une chanson espagnole dont le refrain était *Bien puede ser, no puede ser*. (MÉN.)

Mais qu'en leur âme trouve place
Rien de si froid que votre glace,
Cela ne se peut nullement.

Qu'autres que moi soient misérables
Par vos rigueurs inexorables,
Cela se peut facilement :
Mais que de si vives atteintes
Parte la cause de leurs plaintes,
Cela ne se peut nullement.

Qu'on serve bien lorsque l'on pense
En recevoir la récompense,
Cela se peut facilement :
Mais qu'une autre foi que la mienne
N'espère rien, et se maintienne,
Cela ne se peut nullement.

Qu'à la fin la raison essaie
Quelque guérison à ma plaie,
Cela se peut facilement :
Mais que d'un si digne servage
La remontrance me dégage,
Cela ne se peut nullement.

Qu'en ma seule mort soient finies
Mes peines et vos tyrannies,
Cela se peut facilement :
Mais que jamais par le martyre
De vous servir je me retire,
Cela ne se peut nullement.

## II.

SUR LE DÉPART DE LA VICOMTESSE D'AUCHY[1].

1608.

Ils s'en vont ces rois de ma vie,
 Ces yeux, ces beaux yeux,
Dont l'éclat fait pâlir d'envie
 Ceux même des cieux.
Dieux, amis de l'innocence,
 Qu'ai-je fait pour mériter
Les ennuis où cette absence
 Me va précipiter?

Elle s'en va cette merveille,
 Pour qui nuit et jour,
Quoi que la raison me conseille,
 Je brûle d'amour.
Dieux, amis de l'innocence, etc.

[1] Charlotte des Ursins, vicomtesse d'Auchy, a fait une Paraphrase sur l'épître de saint Paul aux Hébreux. Malherbe la désignait ordinairement sous le nom de Caliste.

En quel effroi de solitude
 Assez écarté
Mettrai-je mon inquiétude
 En sa liberté?
Dieux, amis de l'innocence, etc.

Les affligés ont, en leurs peines,
 Recours à pleurer :
Mais quand mes yeux seraient fontaines,
 Que puis-je espérer?
Dieux, amis de l'innocence, etc.

## III.

POUR HENRI LE GRAND,

SUR LA DERNIÈRE ABSENCE DE LA PRINCESSE DE CONDÉ.

1609.

Que n'êtes-vous lassées,
 Mes tristes pensées,
De troubler ma raison,
 Et faire avecque blâme
Rebeller mon âme
Contre sa guérison!

Que ne cessent mes larmes,
 Inutiles armes!
Et que n'ôte des cieux
 La fatale ordonnance
A ma souvenance
Ce qu'elle ôte à mes yeux!

O beauté nonpareille,
 Ma chère merveille,
Que le rigoureux sort
 Dont vous m'êtes ravie
Aimerait ma vie
S'il me donnait la mort!

Quelles pointes de rage
 Ne sent mon courage
De voir que le danger,
 En vos ans les plus tendres,
Menace vos cendres
D'un cercueil étranger!

Je m'impose silence
 En la violence
Que me fait le malheur :
 Mais j'accrois mon martyre,
Et n'oser rien dire
M'est douleur sur douleur.

Aussi suis-je un squelette;

Et la violette
Qu'un froid hors de saison,
Ou le soc, a touchée,
De ma peau séchée
Est la comparaison.

Dieux, qui les destinées
Les plus obstinées
Tournez de mal en bien,
Après tant de tempêtes
Mes justes requêtes
N'obtiendront-elles rien?

Avez-vous eu les titres
D'absolus arbitres
De l'état des mortels
Pour être inexorables
Quand les misérables
Implorent vos autels?

Mon soin n'est point de faire
En l'autre hémisphère
Voir mes actes guerriers,
Et jusqu'aux bords de l'onde
Où finit le monde
Acquérir des lauriers.

Deux beaux yeux sont l'empire
Pour qui je soupire;
Sans eux rien ne m'est doux;
Donnez-moi cette joie
Que je les revoie,
Je suis dieu comme vous.

## IV.

### 1614.

Sus, debout, la merveille des belles!
Allons voir sur les herbes nouvelles
Luire un émail dont la vive peinture
Défend à l'art d'imiter la nature.

L'air est plein d'une haleine de roses,
Tous les vents tiennent leurs bouches closes;
Et le soleil semble sortir de l'onde
Pour quelque amour plus que pour luire au monde.

On dirait, à lui voir sur la tête
Ses rayons comme un chapeau de fête,
Qu'il s'en va suivre en si belle journée
Encore un coup la fille de Pénée[1],

[1] Daphné.

Toute chose aux délices conspire,
Mettez-vous en votre humeur de rire;
Les soins profonds d'où les rides nous viennent
A d'autres ans qu'aux vôtres appartiennent.

Il fait chaud, mais un feuillage sombre
Loin du bruit nous fournira quelque ombre,
Où nous ferons parmi les violettes,
Mépris de l'ambre et de ses cassolettes.

Près de nous, sur les branches voisines
Des genêts, des houx et des épines,
Le rossignol, déployant ses merveilles,
Jusqu'aux rochers donnera des oreilles.

Et peut-être à travers des fougères
Verrons-nous, de bergers à bergères,
Sein contre sein, et bouche contre bouche,
Naître et finir quelque douce escarmouche.

C'est chez eux qu'Amour est à son aise;
Il y saute, il y danse, il y baise,
Et foule aux pieds les contraintes serviles
De tant de lois qui le gênent aux villes.

O qu'un jour mon âme aurait de gloire
D'obtenir cette heureuse victoire,
Si la pitié de mes peines passées,
Vous disposait à semblables pensées!

Votre honneur, le plus vain des idoles,
Vous remplit de mensonges frivoles:
Mais quel esprit que la raison conseille,
S'il est aimé, ne rend point la pareille?

## V.

### CHANTÉE AU BALLET DU TRIOMPHE DE PALLAS[1]

### 1615.

Cette Anne si belle,
Qu'on vante si fort,
Pourquoi ne vient-elle?
Vraiment elle a tort.

Son Louis soupire
Après ses appas;
Que veut-elle dire
De ne venir pas?

[1] Malherbe n'estimait pas plus cette chanson qu'elle ne lui avait coûté. Il l'avait faite en moins d'un quart d'heure.

S'il ne la possède
Il s'en va mourir;
Donnons-y remède,
Allons la querir.

Assemblons, Marie,
Ses yeux à vos yeux :
Notre bergerie
N'en vaudra que mieux.

Hâtons le voyage;
Le siècle doré
En ce mariage
Nous est assuré.

## VI.
### POUR M. LE DUC DE BELLEGARDE.
#### 1616.

Mes yeux, vous m'êtes superflus :
Cette beauté[1] qui m'est ravie
Fut seule ma vue et ma vie :
Je ne vois plus ni ne vis plus.
Qui me croit absent, il a tort;
Je ne le suis point, je suis mort.

O qu'en ce triste éloignement,
Où la nécessité me traîne,
Les dieux me témoignent de haine,
Et m'affligent indignement!
Qui me croit absent, il a tort;
Je ne le suis point, je suis mort.

Quelles flèches a la douleur,
Dont mon âme ne soit percée?
Et quelle tragique pensée
N'est peinte en ma pâle couleur?
Qui me croit absent, il a tort;
Je ne le suis point, je suis mort.

Certes, où l'on peut m'écouter
J'ai des respects qui me font taire;
Mais en un réduit solitaire
Quels regrets ne fais-je éclater!
Qui me croit absent, il a tort;
Je ne le suis point, je suis mort.

Quelle funeste liberté
Ne prennent mes pleurs et mes plaintes,
Quand je puis trouver à mes craintes
Un séjour assez écarté!
Qui me croit absent, il a tort;
Je ne le suis point, je suis mort.

Si mes amis ont quelque soin
De ma pitoyable aventure,
Qu'ils pensent à ma sépulture;
C'est tout ce de quoi j'ai besoin.
Qui me croit absent, il a tort;
Je ne le suis point, je suis mort.

## VII.
### POUR LE MÊME[1].
#### 1616.

C'est assez, mes désirs, qu'un aveugle penser
Trop peu discrètement vous ait fait adresser
    Au plus haut objet de la terre;
Quittez cette poursuite, et vous ressouvenez
    Qu'on ne voit jamais le tonnerre
Pardonner au dessein que vous entreprenez.

Quelque flatteur espoir qui vous tienne enchantés,
Ne connaissez-vous pas qu'en ce que vous tentez
    Toute raison vous désavoue,
Et que vous allez faire un second Ixion[2]
    Cloué là-bas sur une roue
Pour avoir trop permis à son affection?

Bornez-vous, croyez-moi, dans un juste compas,
Et fuyez une mer qui ne s'irrite pas
    Que le succès n'en soit funeste.
Le calme jusqu'ici vous a trop assurés,
    Si quelque sagesse vous reste,
Connaissez le péril, et vous en retirez.

Mais, ô conseil infâme! ô profanes discours
Tenus indignement des plus dignes amours
    Dont jamais âme fut blessée!
Quel excès de frayeur m'a su faire goûter
    Cette abominable pensée
Que ce que je poursuis ne peut assez coûter?

D'où s'est coulée en moi cette lâche poison[3]

---

[1] Il s'agit peut-être ici de la jeune reine Anne d'Autriche, femme de Louis XIII. Le duc de Bellegarde, qui n'avait pas craint d'être le rival de Henri IV auprès de la belle Gabrielle, était bien capable de former des vœux téméraires pour cette princesse. (St-Marc.)

[1] Cette chanson et celle qui suit étaient destinées à M. de Bellegarde, alors amoureux d'une dame de la plus haute condition qui fût en France, et même en Europe. (Mén.)
[2] Ixion, puni dans les enfers pour avoir attenté à Junon.
[3] Du temps de Malherbe, et avant lui, *poison* s'employait ordinairement au féminin; ce qui était plus conforme à l'étymologie, puisqu'il vient de *potio*. — L'usage a également pré-

D'oser impudemment faire comparaison
De mes épines à mes roses;
Moi de qui la fortune est si proche des cieux,
Que je vois sous moi toutes choses,
Et tout ce que je vois n'est qu'un point à mes yeux?

Non, non, servons Chrysante; et, sans penser à moi,
Pensons à l'adorer d'une aussi ferme foi
Que son empire est légitime.
Exposons-nous pour elle aux injures du sort;
Et, s'il faut être sa victime,
En un si beau danger moquons-nous de la mort.

Ceux que l'opinion fait plaire aux vanités
Font dessus leurs tombeaux graver des qualités
Dont à peine un dieu serait digne;
Moi, pour un monument et plus grand et plus beau,
Je ne veux rien que cette ligne :
L'EXEMPLE DES AMANTS EST CLOS DANS CE TOMBEAU.

## VIII.
### A RODANTHE[1].

#### 1623.

Chère beauté que mon âme ravie
Comme son pôle va regardant,
Quel astre d'ire et d'envie
Quand vous naissiez marquait votre ascendant,
Que votre courage endurci,
Plus je le supplie, moins ait de merci?

En tous climats, voire au fond de la Thrace,
Après les neiges et les glaçons,
Le beau temps reprend sa place,
Et les étés mûrissent les moissons :
Chaque saison y fait son cours;
En vous seule on trouve qu'il gèle toujours.

J'ai beau me plaindre et vous conter mes peines,
Avec prières d'y compatir;
J'ai beau m'épuiser les veines,
Et tout mon sang en larmes convertir;
Un mal au deçà du trépas,
Tant soit-il extrême, ne vous émeut pas.

Je sais que c'est : vous êtes offensée,

valu sur l'étymologie, pour le mot *navire*, et ces deux exemples peuvent servir à réfuter ce que dit M. de Vaugelas, que notre langue préfère le féminin au masculin. (MÉN.)

[1] Sous ce nom, Malherbe désigne Catherine de Vivonne, marquise de Rambouillet. Cette chanson fut faite sur un air donné; ce qui peut expliquer l'irrégularité du dernier vers de chaque couplet.

Comme d'un crime hors de raison,
Que mon ardeur insensée
En trop haut lieu borne sa guérison;
Et voudriez bien, pour la finir,
M'ôter l'espérance de rien obtenir.

Vous vous trompez : c'est aux faibles courages
Qui toujours portent la peur au sein
De succomber aux orages,
Et se lasser d'un pénible dessein.
De moi, plus je suis combattu,
Plus ma résistance montre sa vertu.

Loin de mon front soient ces palmes communes
Où tout le monde peut aspirer;
Loin les vulgaires fortunes,
Où ce n'est qu'un, jouir et désirer.
Mon goût cherche l'empêchement;
Quand j'aime sans peine, j'aime lâchement.

Je connais bien que dans ce labyrinthe
Le ciel injuste m'a réservé
Tout le fiel et tout l'absynthe
Dont un amant fut jamais abreuvé :
Mais je ne m'étonne de rien;
Je suis à Rodanthe, je veux mourir sien.

## IX.

C'est faussement qu'on estime
Qu'il ne soit point de beautés
Où ne se trouve le crime
De se plaire aux nouveautés.

Si ma dame avait envie
D'aimer des objets divers,
Serait-elle pas suivie
Des yeux de tout l'univers?

Est-il courage si brave
Qui pût avecque raison
Fuir d'être son esclave
Et de vivre en sa prison?

Toutefois cette belle âme,
A qui l'honneur sert de loi,
Ne hait rien que le blâme
D'aimer un autre que moi.

Tous ces charmes de langage
Dont on s'offre à la servir
Me l'assurent davantage,
Au lieu de me la ravir.

Aussi ma gloire est si grande
D'un trésor si précieux,
Que je ne sais quelle offrande
M'en peut acquitter aux cieux ¹.

Tout le soin qui me demeure
N'est que d'obtenir du sort
Que ce qu'elle est à cette heure
Elle ² soit jusqu'à la mort.

De moi, c'est chose sans doute
Que l'astre qui fait les jours
Luira dans une autre voûte
Quand j'aurai d'autres amours.

### X.

Est-ce à jamais, folle Espérance,
Que tes infidèles appas
Empêcheront la délivrance
Que me propose le trépas?

La raison veut, et la nature,
Qu'après le mal vienne le bien :
Mais en ma funeste aventure
Leurs règles ne servent de rien.

C'est fait de moi, quoi que je fasse.
J'ai beau plaindre et beau soupirer ³,
Le seul remède en ma disgrâce,
C'est qu'il n'en faut point espérer.

Une résistance mortelle
Ne m'empêche point son retour;
Quelque dieu qui brûle pour elle
Fait cette injure à mon amour.

Ainsi trompé de mon attente,
Je me consume vainement;
Et les remèdes que je tente
Demeurent sans événement.

Toute nuit enfin se termine;
La mienne seule a ce destin,
Que d'autant plus qu'elle chemine ⁴,
Moins elle approche du matin.

Adieu donc, importune peste,
A qui j'ai trop donné de foi.
Le meilleur avis qui me reste,
C'est de me séparer de toi.

Sors de mon âme, et t'en va suivre
Ceux qui désirent de guérir.
Plus tu me conseilles de vivre
Plus je me résous de mourir.

# LIVRE QUATRIÈME.

## SONNETS ¹.

### I.

### A RABEL ², PEINTRE,

#### SUR UN LIVRE DE FLEURS.

1603.

Quelques louanges nonpareilles
Qu'ait Apelle encore aujourd'hui,
Cet ouvrage plein de merveilles
Met Rabel au-dessus de lui ³.

L'art y surmonte la nature :
Et, si mon jugement n'est vain,
Flore lui conduisait la main
Quand il faisait cette peinture.

---

¹ Cette façon de parler est remarquable. Je ne me souviens pas de l'avoir vue ailleurs. (MÉN.)
² Il faut *elle le soit*. Nos anciens auraient dit : *el' le soit*. (MÉN.)
³ Remarquez *plaindre* en signification active. Malherbe s'est encore servi ailleurs de cette façon de parler, que je ne tiens pas mauvaise. (MÉN.)
⁴ Les poëtes postérieurs à Homère ont donné un char à la Nuit, et selon cette fiction, on peut bien dire que la nuit che-

mine, parlant de la nuit en général; mais je ne pense pas qu'on puisse dire de même : *d'autant plus que ma nuit chemine, moins elle approche du matin.* (MÉN.)
¹ Ce mot était déjà en usage parmi nous dès le commencement du règne de saint Louis; car il se trouve dans une des chansons que Thibaut, comte de Champagne, avait faites pour Blanche de Castille, mère du roi, et dans le roman de *la Rose*, dont l'auteur, Guillaume de Loris, mourut en 1260, sous le règne de saint Louis. Mais il n'est pas certain que cette sorte de poëme fût dès lors réglée à quatorze vers, disposés comme le sont aujourd'hui nos sonnets. (MÉN.)
² Je ne connais de peintre de ce nom que celui dont l'Étoile dit dans son journal d'Henri IV, au mois de mars 1604 : « Le mardi 4, mourut à Paris Jean Rabel, peintre, un des premiers en l'art de pourtraicture, et qui avait un bel esprit. » (ST-MARC.) — Ce livre de fleurs était, du vivant de Ménage, entre les mains de M. le duc de Mazarin.
³ Si Apelle a des *louanges nonpareilles encore aujourd'hui*, par quelle invention Rabel peut-il être au-dessus de lui? (COSTAR.) — Ces *louanges nonpareilles qu'Apelle a encore aujourd'hui* doivent être entendues à l'égard des autres peintres, et non pas à l'égard de Rabel. (MÉN.)

Certes il a privé mes yeux
De l'objet qu'ils aiment le mieux,
N'y mettant point de marguerite [1]:

Mais pouvait-il être ignorant
Qu'une fleur de tant de mérite
Aurait terni le demeurant [2]?

## II.

A MADAME LA PRINCESSE DOUAIRIÈRE

### CHARLOTTE DE LA TRIMOUILLE[3].

1605.

Quoi donc! grande princesse en la terre adorée,
Et que même le ciel est contraint d'admirer,
Vous avez résolu de nous voir demeurer
En une obscurité d'éternelle durée?

La flamme de vos yeux, dont la cour éclairée
A vos rares vertus ne peut rien préférer,
Ne se lasse donc point de nous désespérer,
Et d'abuser les vœux dont elle est désirée[4]?

Vous êtes en des lieux[5] où les champs toujours verts,
Pource qu'ils n'ont jamais que de tièdes hivers,
Semblent en apparence avoir quelque mérite :

Mais si c'est pour cela que vous causez nos pleurs,
Comment faites-vous cas de chose si petite,
Vous de qui chaque pas fait naître mille fleurs?

## III.

### AU ROI.

1607.

Je le connais, destins, vous avez arrêté
Qu'aux deux fils[6] de mon roi se partage la terre,

[1] On ne sait à qui Malherbe a voulu faire allusion ici.
[2] Remarquez que la plupart des stances et des sonnets de Malherbe finissent par des rimes masculines. Ces rimes ferment mieux la période que les féminines ; cependant celles-ci, comme plus languissantes, sont plus convenables à la fin dans un sujet triste. (MÉN.)
[3] Charlotte-Catherine de la Trimouille ou Trémouille était alors veuve de Henri I de Bourbon, prince de Condé, mort à Saint Jean-d'Angély le 5 mars 1588. Malherbe fit ce sonnet en arrivant à la cour. (MÉN.)
[4] La ressemblance des rimes masculines et féminines de ces deux quatrains forme une consonnance peu agréable à l'oreille. (MÉN.)
[5] En Provence.
[6] Le dauphin, depuis Louis XIII, et le duc d'Orléans, qui mourut en 1611, et qu'il ne faut pas confondre avec Gaston, connu plus tard sous le même titre.

Et qu'après le trépas ce miracle de guerre
Soit encore effroyable en sa postérité.

Leur courage, aussi grand que leur prospérité,
Tous les forts orgueilleux brisera comme verre ;
Et qui de leurs combats attendra le tonnerre
Aura le châtiment de sa témérité.

Le cercle[1] imaginé qui de même intervalle
Du nord et du midi les distances égale
De pareille grandeur bornera leur pouvoir.

Mais étant fils d'un père où tant de gloire abonde,
Pardonnez-moi, destins, quoi qu'ils puissent avoir ;
Vous ne leur donnez rien s'ils n'ont chacun un monde.

## IV.

### AU ROI.

1608.

Mon roi, s'il est ainsi que des choses futures
L'école d'Apollon apprend la vérité,
Quel ordre merveilleux de belles aventures
Va combler de lauriers votre postérité!

Que vos jeunes lions vont amasser de proie,
Soit qu'aux rives du Tage ils portent leurs combats,
Soit que, de l'Orient mettant l'empire bas,
Ils veuillent rebâtir les murailles de Troie[2]!

Ils seront malheureux seulement en un point :
C'est que, si leur courage à leur fortune joint
Avait assujetti l'un et l'autre hémisphère,

Votre gloire est si grande en la bouche de tous,
Que toujours on dira qu'ils ne pouvaient moins faire,
Puisqu'ils avaient l'honneur d'être sortis de vous.

## V.

### A M. DE FLURANCE[3],

SUR SON LIVRE DE L'ART D'EMBELLIR.

1608.

Voyant ma Caliste si belle,
Que l'on n'y peut rien désirer,

[1] L'équateur.
[2] Allusion à l'ancienne fable qui fait descendre les Français d'un prétendu fils d'Hector, nommé Francûs ou Francion.
[3] David Rivault, seigneur de Flurance (et non de *Fleurance*, comme le portent les éditions précédentes), naquit à Laval

Je ne me pouvais figurer
Que ce fût chose naturelle.

J'ignorais que ce pouvait être
Qui lui colorait ce beau teint
Où l'Aurore même n'atteint
Quand elle commence de naître.

Mais, Flurance, ton docte écrit
M'ayant fait voir qu'un bel esprit
Est la cause d'un beau visage,

Ce ne m'est plus de nouveauté,
Puisqu'elle est parfaitement sage,
Qu'elle soit parfaite en beauté [1].

## VI.

SUR L'ABSENCE DE LA VICOMTESSE D'AUCHY.

1608.

Quel astre malheureux ma fortune a bâtie [2],
A quelles dures lois m'a le ciel attaché,
Que l'extrême regret ne m'ait point empêché
De me laisser résoudre à cette départie [3]?

Quelle sorte d'ennuis fut jamais ressentie
Égale au déplaisir dont j'ai l'esprit touché?
Qui jamais vit coupable expier son péché
D'une douleur si forte et si peu divertie?

On doute en quelle part est le funeste lieu
Que réserve aux damnés la justice de Dieu,
Et de beaucoup d'avis la dispute en est pleine :

Mais, sans être savant et sans philosopher,
Amour en soit loué, je n'en suis point en peine ;
Où Caliste n'est point, c'est là qu'est mon enfer.

---

ou aux environs de Laval, vers 1571. Il embrassa d'abord la profession des armes, et fut fait gentilhomme de la chambre de Henri IV en 1603. Deux ans après il accompagna le jeune comte de Laval au siége de Gomar, contre les Turcs, et y fut blessé de deux coups de cimeterre et d'un coup de hache. Son seigneur y perdit la vie. Rentré en France, Rivault s'adonna entièrement aux lettres, dans lesquelles il avait déjà fait de grands progrès, et fut successivement nommé sous-précepteur, lecteur, précepteur du roi et conseiller d'État. Il mourut en 1616, âgé de quarante-cinq ans. (MÉN.)

[1] Pour parler juste, il fallait dire, *puisqu'elle est parfaitement sage, qu'elle soit parfaitement belle.* Mais les grands poëtes négligent ces petits ajustements. (MÉN.)
[2] Le propre des astres est d'*éclairer*, et non pas de *bâtir*. (CHEVREAU.)
[3] *Départie* pour *départ* n'est plus en usage, non plus que la *venue* pour l'*arrivée*. (MÉN.)

## VII.

POUR LA MÊME.

1608.

Il n'est rien de si beau comme Caliste est belle [1].
C'est une œuvre où nature a fait tous ses efforts ;
Et notre âge est ingrat qui voit tant de trésors,
S'il n'élève à sa gloire une marque éternelle.

La clarté de son teint n'est pas chose mortelle :
Le baume est dans sa bouche, et les roses dehors ;
Sa parole et sa voix [2] ressuscitent les morts,
Et l'art n'égale point sa douceur naturelle.

La blancheur de sa gorge éblouit les regards [3] ;
Amour est en ses yeux, il y trempe ses dards,
Et la fait reconnaître un miracle visible.

En ce nombre infini de grâces et d'appas,
Qu'en dis-tu, ma raison? crois-tu qu'il soit possible
D'avoir du jugement, et ne l'adorer pas?

## VIII.

POUR LA MÊME.

1608.

Beauté de qui la grâce étonne la nature,
Il faut donc que je cède à l'injure du sort,
Que je vous abandonne, et, loin de votre port,
M'en aille au gré du vent suivre mon aventure!

Il n'est ennui si grand que celui que j'endure ;
Et la seule raison qui m'empêche la mort,
C'est la [4] doute que j'ai que ce dernier effort
Ne fût mal employé pour une âme si dure.

Caliste, où pensez-vous? qu'avez-vous entrepris?
Vous résoudrez-vous point à borner ce mépris
Qui de ma patience indignement se joue?

Mais, ô de mon erreur l'étrange nouveauté!

---

[1] *Si beau comme* est un normanisme.
[2] Malherbe n'est pas le premier qui ait mis quelque différence entre la voix et la parole, et il y en a en effet. (MÉN.)
[3] Cela est dit hardiment pour *éblouir les yeux*. Racine, dans *Mithridate*, a consacré cet emploi du mot *regard* :

Et mes derniers regards ont vu fuir les Romains.
Acte V, sc. dern.
(MÉN.)

[4] *Doute* était alors du genre féminin.

Je vous souhaite douce, et toutefois j'avoue
Que je dois mon salut à votre cruauté.

## IX.

#### FAIT A FONTAINEBLEAU, SUR L'ABSENCE DE LA MÊME.

#### 1608.

Beaux et grands bâtiments d'éternelle structure,
Superbes de matière, et d'ouvrages divers,
Où le plus digne roi qui soit en l'univers
Aux miracles de l'art fait céder la nature :

Beau parc et beaux jardins qui, dans votre clôture,
Avez toujours des fleurs et des ombrages verts [1],
Non sans quelque démon qui défend aux hivers
D'en effacer jamais l'agréable peinture :

Lieux qui donnez aux cœurs tant d'aimables désirs,
Bois, fontaines, canaux, si parmi vos plaisirs
Mon humeur est chagrine et mon visage triste,

Ce n'est point qu'en effet vous n'ayez des appas;
Mais, quoi que vous ayez, vous n'avez point Caliste;
Et moi, je ne vois rien quand je ne la vois pas.

## X.

#### SUR LE MÊME SUJET.

#### 1608.

Caliste, en cet exil j'ai l'âme si gênée,
Qu'au tourment que je souffre il n'est rien de pareil ;
Et ne saurais ouïr ni raison ni conseil,
Tant je suis dépité contre ma destinée.

J'ai beau voir commencer et finir la journée,
En quelque part des cieux que luise le soleil ;
Si le plaisir me fuit, aussi fuit le sommeil,
Et la douleur que j'ai n'est jamais terminée.

Toute la cour fait cas du séjour où je suis,
Et, pour y prendre goût, je fais ce que je puis ;
Mais j'y deviens plus sec plus j'y vois de verdure.

En ce piteux état si j'ai du réconfort,
C'est, ô rare beauté! que vous êtes si dure,
Qu'autant près comme loin je n'attends que la mort.

[1] J'ai ouï dire à M. de Racan que M. d'Urfé reprenait ces *ombrages verts*. Il avait tort, quoique M. Sarrazin et Colletet aient dit des *ombrages noirs*. (MÉN.)

## XI.

#### A LA MÊME.

#### 1608.

C'est fait, belle Caliste, il n'y faut plus penser :
Il se faut affranchir des lois de votre empire ;
Leur rigueur me dégoûte, et fait que je soupire [1]
Que ce qui s'est passé n'est à recommencer.

Plus en vous adorant je me pense avancer,
Plus votre cruauté, qui toujours devient pire,
Me défend d'arriver au bonheur où j'aspire,
Comme si vous servir était vous offenser.

Adieu donc, ô beauté, des beautés la merveille!
Il faut qu'à l'avenir ma raison me conseille,
Et dispose mon âme à se laisser guérir.

Vous m'étiez un trésor aussi cher que la vie :
Mais puisque votre amour ne se peut acquérir,
Comme j'en perds l'espoir j'en veux perdre l'envie.

## XII.

#### AU ROI.

#### 1609.

Quoi donc! c'est un arrêt qui n'épargne personne,
Que rien n'est ici-bas heureux parfaitement,
Et qu'on ne peut au monde avoir contentement
Qu'un funeste malheur aussitôt n'empoisonne!

La santé de mon prince en la guerre était bonne,
Il vivait aux combats comme en son élément ;
Depuis que dans la paix il règne absolument,
Tous les jours la douleur quelque atteinte lui donne [2] !

Dieux, à qui nous devons ce miracle des rois,
Qui du bruit de sa gloire et de ses justes lois
Invite à l'adorer tous les yeux de la terre,

Puisque seul après vous il est notre soutien,
Quelques malheureux fruits que produise la guerre,
N'ayons jamais la paix, et qu'il se porte bien!

[1] Pour *je regrette*.
[2] Le 16 janvier 1609, Henri IV fut attaqué de la goutte, qui le retint plus de quinze jours au lit.

## XIII.

### A MONSEIGNEUR LE DAUPHIN,

DEPUIS LOUIS XIII.

1609.

Que l'honneur de mon prince est cher aux destinées !
Que le démon est grand qui lui sert de support !
Et que visiblement un favorable sort
Tient ses prospérités l'une à l'autre enchaînées !

Ses filles sont encore en leurs tendres années,
Et déjà leurs appas ont un charme si fort,
Que les rois les plus grands du ponant et du nord
Brûlent d'impatience après leurs hyménées.

Pensez à vous, Dauphin ; j'ai prédit en mes vers
Que le plus grand orgueil de tout cet univers
Quelque jour à vos pieds doit abaisser la tête.

Mais ne vous flattez point de ces vaines douceurs :
Si vous ne vous hâtez d'en faire la conquête,
Vous en serez frustré par les yeux de vos sœurs.

## XIV.

### ÉPITAPHE DE M<sup>lle</sup> DE CONTI,

MARIE DE BOURBON.

1610.

Tu vois, passant, la sépulture
D'un chef-d'œuvre si précieux
Qu'avoir mille rois pour aïeux
Fut le moins de son aventure.

O quel affront à la nature,
Et quelle injustice des cieux,
Qu'un moment [1] ait fermé les yeux
D'une si belle créature !

On doute pour quelle raison
Les destins si hors de saison
De ce monde l'ont appelée ;

Mais leur prétexte le plus beau,
C'est que la terre était brûlée
S'ils n'eussent tué ce flambeau [2].

[1] Elle ne vécut que quatorze jours. (MÉN.)
[2] *Tuer un flambeau* est une façon de parler figurée, mais devenue si commune, qu'elle a cessé d'être noble et poétique. J'eusse mieux aimé :

S'ils n'eussent éteint ce flambeau. (MÉN.)

## XV.

### AU ROI,

POUR LE PREMIER BALLET DE M<sup>gr</sup> LE DAUPHIN.

1610.

Voici de ton État la plus grande merveille,
Ce fils où ta vertu reluit si vivement ;
Approche-toi, mon prince, et vois le mouvement
Qu'en ce jeune Dauphin la musique réveille.

Qui témoigna jamais une si juste oreille
A remarquer des tons le divers changement ?
Qui jamais à les suivre eut tant de jugement,
Ou mesura ses pas d'une grâce pareille ?

Les esprits de la cour s'attachant par les yeux
A voir en cet objet un chef-d'œuvre des cieux,
Disent tous que la France est moins qu'il ne mérite :

Mais moi, que du futur Apollon averti,
Je dis que sa grandeur n'aura point de limite,
Et que tout l'univers lui sera trop petit.

## XVI.

### A LA REINE,

SUR LA MORT DE M<sup>gr</sup> LE DUC D'ORLÉANS,

SON SECOND FILS.

1611.

Consolez-vous, madame ; apaisez votre plainte :
La France, à qui vos yeux tiennent lieu de soleil,
Ne dormira jamais d'un paisible sommeil,
Tant que sur votre front la douleur sera peinte.

Rendez-vous à vous-même, assurez votre crainte,
Et de votre vertu recevez le conseil,
Que souffrir sans murmure est le seul appareil
Qui peut guérir l'ennui dont vous êtes atteinte.

Le ciel, en qui votre âme a borné ses amours,
Était bien obligé de vous donner des jours      [bre ;
Qui fussent sans orage et qui n'eussent point d'om-

Mais ayant de vos fils les grands cœurs découverts,
N'a-t-il pas moins failli d'en ôter un du nombre,
Que d'en partager trois en un seul univers ?

## XVII.

### ÉPITAPHE DU MÊME.

#### 1611.

Plus Mars que Mars de la Thrace,
Mon père victorieux
Aux rois les plus glorieux
Ota la première place.

Ma mère vient d'une race
Si fertile en demi-dieux,
Que son éclat radieux
Toutes lumières efface[1].

Je suis poudre toutefois,
Tant la Parque a fait ses lois
Égales et nécessaires.

Rien ne m'en a su parer :
Apprenez, âmes vulgaires,
A mourir sans murmurer.

## XVIII.

### A M. DU MAINE[2].

#### SUR SES ŒUVRES SPIRITUELLES.

#### 1611.

Tu me ravis, du Maine, il faut que je l'avoue;
Et tes sacrés discours me charment tellement,
Que le monde aujourd'hui ne m'étant plus que boue,
Je me tiens profané d'en parler seulement.

Je renonce à l'amour, je quitte son empire,
Et ne veux point d'excuse à mon impiété,
Si la beauté des cieux n'est l'unique beauté
Dont on m'orra[3] jamais les merveilles écrire.

Caliste se plaindra de voir si peu durer

La forte passion qui me faisait jurer
Quelle aurait en mes vers une gloire éternelle :

Mais si mon jugement n'est point hors de son lieu
Dois-je estimer l'ennui de me séparer d'elle
Autant que le plaisir de me donner à Dieu?

## XIX.

### A LA REINE.

#### 1612.

J'estime la Ceppède[1], et l'honore, et l'admire,
Comme un des ornements des premiers de nos jours:
Mais qu'à sa plume seule on doive ce discours[2],
Certes, sans le flatter, je ne l'oserais dire.

L'esprit du Tout-Puissant, qui ses grâces inspire
A celui qui sans feinte en attend le secours,
Pour élever notre âme aux célestes amours
Sur un si beau sujet l'a fait si bien écrire.

Reine, l'heur de la France et de tout l'univers,
Qui voyez chaque jour tant d'hommages divers
Que présente la muse aux pieds de votre image;

Bien que votre bonté leur soit propice à tous,
Ou je n'y connais rien, ou, devant cet ouvrage,
Vous n'en vîtes jamais qui fût digne de vous.

## XX.

### ÉPITAPHE DE LA FEMME DE M. PUGET[3], QUI FUT DANS LA SUITE ÉVÊQUE DE MARSEILLE.

#### 1614.

Celle qu'avait Hymen à mon cœur attachée,
Et qui fut ici-bas ce que j'aimai le mieux,
Allant changer la terre à de plus dignes lieux,
Au marbre que tu vois sa dépouille a cachée.

Comme tombe une fleur que la bise a séchée,
Ainsi fut abattu ce chef-d'œuvre des cieux;
Et, depuis le trépas qui lui ferma les yeux,
L'eau que versent les miens n'est jamais étanchée.

---

[1] Ce second quatrain contrarie le premier. Les demi-dieux étant plus que les rois, et la naissance du duc d'Orléans étant plus illustre du côté de son père que de celui de sa mère, l'expression de Malherbe pèche contre l'exactitude. (MÉN.)

[2] Soldat de fortune, qu'on appelait autrement le baron de Chabans. Après avoir été ingénieur et aide de camp dans les armées du roi, il servit comme lieutenant d'artillerie dans celle des Vénitiens. Étant de retour en France, il fut tué auprès des Minimes de la place Royale, par M. de l'Enclos, père de mademoiselle de l'Enclos, si célèbre par son luth, son esprit et sa beauté. (MÉN.)

[3] Nous disons présentement *on m'oira, nous oirons, vous oirez*. (MÉN.) — Ce futur du verbe *ouïr* n'est plus usité.

---

[1] Premier président de la chambre des comptes de Provence. L'illustre famille des la Ceppède vient d'Espagne, et a donné le jour à sainte Thérèse. (MÉN.) Jean de la Ceppède mourut à Avignon en 1623.

[2] Imprimé en 1613, à Toulouse, sous le titre de *Théorèmes spirituels sur la vie et la passion de N. S.* etc.

[3] fils de M. de Pommeuse-Puget, trésorier de l'épargne. Sa femme était fille de M. Hallé, doyen des maîtres des comptes de Paris.

Ni prières ni vœux ne m'y purent servir ;
La rigueur de la mort se voulut assouvir,
Et mon affection n'en put avoir dispense.

Toi dont la piété vient sa tombe honorer,
Pleure mon infortune ; et, pour ta récompense,
Jamais autre douleur ne te fasse pleurer !

## XXI.

### A MADAME LA PRINCESSE DE CONTI.

#### 1619.

Race de mille rois, adorable princesse,
Dont le puissant appui de faveurs m'a comblé,
Si faut-il qu'à la fin j'acquitte ma promesse,
Et m'allége du faix dont je suis accablé.

Telle que notre siècle aujourd'hui vous regarde,
Merveille incomparable en toute qualité ;
Telle je me résous de vous bailler en garde
Aux fastes éternels de la postérité.

Je sais bien quel effort cet ouvrage demande ;
Mais si la pesanteur d'une charge si grande
Résiste à mon audace et me la refroidit [1],

Vois-je pas vos bontés à mon aide paraître,
Et parler dans vos yeux un signe qui me dit
Que c'est assez payer que de bien reconnaître.

## XXII.

### AU ROI [2].

#### APRÈS LA GUERRE DE 1621 ET 1622 CONTRE LES HUGUENOTS.

#### 1623.

Muses, je suis confus ; mon devoir me convie
A louer de mon roi les rares qualités ;
Mais le mauvais destin qu'ont les témérités
Fait peur à ma faiblesse, et m'en ôte l'envie.

A quel front orgueilleux n'a l'audace ravie
Le nombre des lauriers qu'il a déjà plantés ?
Et ce que sa valeur a fait en deux étés
Alcide l'eût-il fait en deux siècles de vie ?

[1] Le propre de la pesanteur n'est pas de refroidir ; c'est d'accabler. (MÉN).
[2] Louis XIII, fils et successeur de Henri IV.

Il arrivait à peine à l'âge de vingt ans [1],
Quand sa juste colère assaillant nos Titans
Nous donna de nos maux l'heureuse délivrance.

Certes, ou ce miracle a mes sens éblouis,
Ou Mars s'est mis lui-même au trône de la France,
Et s'est fait notre roi sous le nom de Louis.

## XXIII.

### A MONSEIGNEUR LE DUC D'ORLÉANS [2].

#### 1624 [3].

Muses, quand finira cette longue remise
De contenter Gaston et d'écrire de lui ?
Le soin que vous avez de la gloire d'autrui
Peut-il mieux s'employer qu'à si belle entreprise ?

En ce malheureux siècle où chacun vous méprise,
Et quiconque vous sert n'en a que de l'ennui,
Misérable Neuvaine [4], où sera votre appui,
S'il ne vous tend les mains et ne vous favorise ?

Je crois bien que la peur d'oser plus qu'il ne faut,
Et les difficultés d'un ouvrage si haut,
Vous ôtent le désir que sa vertu vous donne :

Mais tant de beaux objets tous les jours s'augmentants,
Puisqu'en âge si bas leur nombre vous étonne,
Comme y fournirez-vous quand il aura vingt ans ?

## XXIV.

### A M. LE CARDINAL DE RICHELIEU.

#### 1624.

A ce coup nos frayeurs n'auront plus de raison,
Grande âme aux grands travaux sans repos adonnée :
Puisque par vos conseils la France est gouvernée,
Tout ce qui la travaille aura sa guérison.

Tel que fut rajeuni le veil âge d'Æson,
Telle cette princesse [5] en vos mains résignée

[1] Il était né le 7 septembre 1601.
[2] Gaston, duc d'Orléans, frère du roi.
[3] Ménage croyait que ce sonnet avait été fait en 1628 ; mais il se trouve imprimé dans un recueil daté de 1627. Pour donner aux deux derniers vers un sens raisonnable, nous avons cru devoir le faire remonter à 1624. Gaston avait alors quinze ans.
[4] Ronsard s'est servi plus d'une fois de *neuvaine*, en parlant des Muses. Ce mot ne me déplaît pas, et je serais bien aise qu'on le réintégrât dans cette acception. Les Latins ont appelé de même les Muses *Novensiles*. (MÉN.)
[5] Costar, et après lui Ménage, n'ont vu qu'une hardiesse poétique dans cette métamorphose de la France en Princesse

Vaincra de ses destins la rigueur obstinée,
Et reprendra le teint de sa verte saison.

Le bon sens de mon roi m'a toujours fait prédire
Que les fruits de la paix combleraient son empire,
Et comme un demi-dieu le feraient adorer :

Mais, voyant que le vôtre aujourd'hui le seconde,
Je ne lui promets pas ce qu'il doit espérer,
Si je ne lui promets la conquête du monde.

## XXV.
### AU ROI.
#### 1624.

Qu'avec une valeur à nulle autre seconde,
Et qui seule est fatale à notre guérison,
Votre courage, mûr en sa verte saison,
Nous ait acquis la paix sur la terre et sur l'onde ;

Que l'hydre de la France, en révoltes féconde,
Par vous soit du tout morte ou n'ait plus de poison :
Certes c'est un bonheur dont la juste raison
Promet à votre front la couronne du monde.

Mais qu'en de si beaux faits vous m'ayez pour témoin,
Connaissez-le, mon roi, c'est le comble du soin
Que de vous obliger ont eu les destinées.

Tous vous savent louer, mais non également :
Les ouvrages communs vivent quelques années ;
Ce que Malherbe écrit dure éternellement [1].

## XXVI.
### A M. LE MARQUIS DE LA VIEUVILLE,
#### SUPERINTENDANT DES FINANCES.
#### 1624.

Il est vrai, la Vieuville, et quiconque le nie
Condamne impudemment le bon goût de mon roi;
Nous devons des autels à la sincère foi
Dont ta dextérité nos affaires manie.

Tes soins laborieux, et ton libre génie,
Qui hors de la raison ne connaît point de loi,
Ont mis fin aux malheurs qu'attirait après soi
De nos profusions l'effroyable manie.

Tout ce qu'à tes vertus il reste à désirer,
C'est que les beaux esprits les veuillent honorer,
Et qu'en l'éternité la muse les imprime.

J'en ai bien le dessein dans mon âme formé ;
Mais je suis généreux, et tiens cette maxime,
Qu'il ne faut point aimer quand on n'est point aimé.

## XXVII.
### POUR LE CARDINAL DE RICHELIEU.
#### 1626.

Peuples, çà de l'encens, peuples, çà des victimes,
A ce grand cardinal, grand chef-d'œuvre des cieux,
Qui n'a but que la gloire, et n'est ambitieux
Que de faire mourir l'insolence des crimes !

A quoi sont employés tant de soins magnanimes
Où son esprit travaille et fait veiller ses yeux
Qu'à tromper les complots de nos séditieux,
Et soumettre leur rage aux pouvoirs légitimes [1] ?

Le mérite d'un homme ou savant ou guerrier
Trouve sa récompense aux chapeaux de laurier
Dont la vanité grecque a donné les exemples :

Le sien, je l'ose dire, est si grand et si haut,
Que, si comme nos dieux il n'a place en nos temples,
Tout ce qu'on lui peut faire est moins qu'il ne lui faut.

## XXVIII.
### SUR LA MORT DE SON FILS [2].
#### 1627.

Que mon fils ait perdu sa dépouille mortelle,
Ce fils qui fut si brave, et que j'aimai si fort,
Je ne l'impute point à l'injure du sort,
Puisque finir à l'homme est chose naturelle.

---

[1] Il sied bien aux poëtes de se louer : la bonne opinion qu'ils ont d'eux-mêmes est un effet de leur enthousiasme. De tout temps, et chez toutes les nations, ils en ont usé de la sorte. (MÉN.)

[1] Les huguenots commençaient à remuer.
[2] Suivant Balzac, Marc-Antoine de Malherbe fut tué en duel par un gentilhomme provençal, nommé de Piles, à peine âgé de vingt-cinq ans, et qui avait pour second un sieur de Bormes, fils de M. Cauvet, conseiller au parlement d'Aix. Voltaire a dit depuis que le père de celui qui tua en duel le fils de Malherbe avait été égorgé devant le Louvre, au massacre de la Saint-Barthélemy [*]. De nos jours, on a fait ressortir la contradiction

[*] Notes sur le second chant de la Henriade.

Mais que de deux marauds la surprise infidèle
Ait terminé ses jours d'une tragique mort;
En cela ma douleur n'a point de réconfort,
Et tous mes sentiments sont d'accord avec elle.

O mon Dieu, mon Sauveur, puisque par la raison
Le trouble de mon âme étant sans guérison,
Le vœu de la vengeance est un vœu légitime,

Fais que de ton appui je sois fortifié;
Ta justice t'en prie, et les auteurs du crime
Sont fils de ces bourreaux qui t'ont crucifié!

## XXIX.

### SUR LA MORT D'UN GENTILHOMME

#### QUI FUT ASSASSINÉ.

Belle âme, aux beaux travaux sans repos adonnée,
Si parmi tant de gloire et de contentement
Bien te fâche là-bas, c'est l'ennui seulement
Qu'un indigne trépas ait clos ta destinée.

Tu penses que d'Ivry la fatale journée,
Où ta belle vertu parut si clairement,
Avecque plus d'honneur et plus heureusement
Aurait de tes beaux jours la carrière bornée.

Toutefois, bel esprit, console ta douleur;
Il faut par la raison adoucir son malheur,
Et telle qu'elle vient prendre son aventure.

Il ne se fit jamais un acte si cruel:
Mais c'est un témoignage à la race future
Qu'on ne t'aurait su vaincre en un juste duel.

qui se trouve entre ces deux écrivains, et on a prétendu que ce qui avait donné lieu à la méprise de Voltaire, c'est que le nom de *Piles* était commun à M. de Clermont, l'une des victimes de la funeste journée de Saint-Barthélemy, et à Ludovic de Fortia, assassin du jeune Malherbe, et frère puiné de Paul de Fortia, gouverneur de Marseille.

# LIVRE CINQUIÈME.

## POÉSIES DIVERSES

### ET FRAGMENTS.

## I.

### SUR LE PORTRAIT D'ÉTIENNE PASQUIER,

#### AVOCAT AU PARLEMENT DE PARIS,

#### QUE L'ON AVAIT PEINT SANS MAINS.

#### 1585.

Il ne faut qu'avec le visage
L'on tire tes mains au pinceau:
Tu les montres dans ton ouvrage,
Et les caches dans le tableau.

## II.

### FRAGMENTS.

#### AUX OMBRES DE DAMON.

#### 1604.

L'Orne[1] comme autrefois nous reverrait encore
Ravis de ces pensers que le vulgaire ignore,
Égarer à l'écart nos pas et nos discours;
Et couchés sur les fleurs, comme étoiles semées[2],
Rendre en si doux ébat les heures consumées,
　　Que les soleils[3] nous seraient courts.

Mais, ô loi rigoureuse à la race des hommes!
C'est un point arrêté que tout ce que nous sommes,
Issus de pères rois et de pères bergers,
La Parque également sous la tombe nous serre;
Et les mieux établis au repos de la terre
　　N'y sont qu'hôtes et passagers.

Tout ce que la grandeur a de vains équipages,
D'habillements de pourpre et de suite de pages,
Quand le terme est échu, n'allonge point nos jours.
Il faut aller tout nus où le destin commande;

[1] Rivière qui passe à Caen. Elle est désignée dans Ptolomée sous le nom de ὄλενα, dont on a fait le mot Orne. (MÉN.)
[2] Les fleurs ont été appelées par les poëtes *les étoiles de la terre*; on peut de même appeler les étoiles *les fleurs du ciel*. (MÉN.)
[3] C'est-à-dire *les jours*. (MÉN.)

Et de toutes douleurs la douleur la plus grande,
C'est qu'il faut laisser nos amours :

Amours qui, la plupart infidèles et feintes,
Font gloire de manquer à nos cendres éteintes,
Et qui, plus que l'honneur estimant les plaisirs,
Sous le masque trompeur de leurs visages blêmes,
(Acte digne du foudre!-) en nos obsèques mêmes
Conçoivent de nouveaux désirs.

Elles savent assez alléguer Artémise,
Disputer du devoir et de la foi promise;
Mais tout ce beau langage est de si peu d'effet,
Qu'à peine en leur grand nombre une seule se treuve
De qui la foi survive, et qui fasse la preuve
Que ta Carinice te fait.

Depuis que tu n'es plus, la campagne déserte
A dessous deux hivers perdu sa robe verte,
Et deux fois le printemps l'a repeinte de fleurs,
Sans que d'aucun discours sa douleur se console,
Et que ni la raison ni le temps qui s'envole
Puisse faire tarir ses pleurs [1].

Le silence des nuits, l'horreur des cimetières,
De son contentement sont les seules matières;
Tout ce qui plaît déplaît à son triste penser;
Et si tous ses appas sont encore en sa face,
C'est que l'amour y loge, et que rien qu'elle fasse
N'est capable de l'en chasser.

. . . . . . . . . . . . . . . . . . . . . . . . .
. . . . . . . . . . . . . . . . . . . . . . . . .
. . . . . . . . . . . . . . . . . . . . . . . . .

Mais quoi! c'est un chef-d'œuvre où tout mérite
Un miracle du ciel, une perle du monde, [abonde,
Un esprit adorable à tous autres esprits;
Et nous sommes ingrats d'une telle aventure,
Si nous ne confessons que jamais la nature
N'a rien fait de semblable prix.

J'ai vu maintes beautés à la cour adorées,
Qui, des vœux des amants à l'envi désirées,
Aux plus audacieux ôtaient la liberté :
Mais de les approcher d'une chose si rare,
C'est vouloir que la rose au pavot se compare,
Et le nuage à la clarté.

Celle à qui dans mes vers, sous le nom de Nérée [2],

J'allais bâtir un temple éternel en durée,
Si sa déloyauté ne l'avait abattu [1],
Lui peut bien ressembler du front, ou de la joue;
Mais quoi! puisqu'à ma honte il faut que je l'avoue,
Elle n'a rien de sa vertu.

L'âme de cette ingrate est une âme de cire,
Matière à toute forme, incapable d'élire,
Changeant de passion aussitôt que d'objet;
Et de la vouloir vaincre avecque des services,
Après qu'on a tout fait, on trouve que ses vices
Sont de l'essence du sujet.

Souvent de tes conseils la prudence fidèle
M'avait sollicité de me séparer d'elle,
Et de m'assujettir à de meilleures lois :
Mais l'aise de la voir avait tant de puissance
Que cet ombrage faux m'ôtait la connaissance
Du vrai bien où tu m'appelais.

Enfin, après quatre ans, une juste colère
. . . . . . . . . . . . . . . . . . . . . . . . .
Que le flux de ma peine a trouvé son reflux :
Mes sens qu'elle aveuglait ont connu leur offense;
Je les en ai purgés, et leur ai fait défense
De me la ramentevoir plus.

La femme est une mer aux naufrages fatale;
Rien ne peut aplanir son humeur inégale;
Ses flammes d'aujourd'hui seront glaces demain :
Et s'il s'en rencontre à qui cela n'avienne,
Fais compte, cher esprit, qu'elle a, comme la tienne,
Quelque chose de plus qu'humain.

III.

SUR M<sup>lle</sup> MARIE DE BOURBON [2].

1610.

N'égalons point cette petite
Aux déesses que nous récite
L'histoire des siècles passés :
Tout cela n'est qu'une chimère;
Il faut dire, pour dire assez :
Elle est belle comme sa mère.

---

[1] Cette stance est admirable, à *dessous* près, qui est un adverbe, et dont Malherbe a fait une proposition. (CHEVREAU.)

[2] *Nérée* est ici l'anagramme de *Rénée*, qui, d'après ce que j'ai ouï dire, était le nom d'une dame de Provence. Depuis que René, roi de Sicile, a possédé cette province, à titre de comte, son nom y est en effet devenu fort commun. — Les poëtes déguisent d'ordinaire sous des anagrammes les véritables noms de leurs maîtresses. Ainsi du Bellay, par un renversement de lettres, a appelé *Olive*, sa maîtresse dont le nom était Viole. (MÉN.)

[1] On objecte que la déloyauté de Nérée ne peut pas avoir abattu ce temple, puisqu'il n'était pas encore bâti : on répond qu'il était bâti dans l'esprit du poëte, et que c'est là que la déloyauté de la nymphe l'a abattu. (MÉN.)

[2] Fille de François de Bourbon, prince de Conti, et de Louise-Marguerite de Lorraine, fille de Henri I, duc de Guise.

## IV.

### FRAGMENT DE CHANSON.

#### 1610.

Infidèle mémoire,
Pourquoi fais-tu gloire
De me ramentevoir
Une saison prospère
Que je désespère
De jamais plus revoir?

## V.

### SUR LA PUCELLE D'ORLÉANS,

BRULÉE PAR LES ANGLAIS.

#### 1613.

L'ennemi, tous droits violant,
Belle amazone, en vous brûlant,
Témoigna son âme perfide;
Mais le destin n'eut point de torts :
Celle qui vivait comme Alcide
Devait mourir comme il est mort.

## VI.

SUR CE QUE LA STATUE ÉRIGÉE EN L'HONNEUR DE LA PUCELLE, A ORLÉANS, ÉTAIT SANS INSCRIPTION.

#### 1613.

Passants, vous trouvez à redire
Qu'on ne voit ici rien gravé
De l'acte le plus relevé
Que jamais l'histoire ait fait lire :
La raison qui vous doit suffire,
C'est qu'en un miracle si haut
Il est meilleur de ne rien dire
Que ne dire pas ce qu'il faut.

## VII.

AU NOM DE M. PUGET, POUR SERVIR DE DÉDICACE A L'ÉPITAPHE DE SA FEMME.

#### 1614.

Belle âme qui fus mon flambeau,
Reçois l'honneur qu'en ce tombeau
Je suis obligé de te rendre.
Ce que je fais te sert de peu ;
Mais au moins tu vois en la cendre,
Comme j'en conserve le feu.

## VIII.

### FRAGMENT.

#### 1614.

Ames pleines de vent, que la rage a blessées,
Connaissez votre faute, et bornez vos pensées
  En un juste compas;
Attachez votre espoir à de moindres conquêtes :
Briare avait cent mains, Typhon avait cent têtes [1],
Et ce que vous tentez leur coûta le trépas.

Soucis, retirez-vous, faites place à la joie,
Misérable douleur dont nous sommes la proie;
  Nos vœux sont exaucés.
Les vertus de la reine et les bontés célestes
Ont fait évanouir ces orages funestes,
Et dissipé les vents qui nous ont menacés.

## IX.

### FRAGMENT.

#### 1614.

Allez à la malheure [2], allez, âmes tragiques,
Qui fondez votre gloire aux misères publiques,
  Et dont l'orgueil ne connaît point de lois ;
Les fléaux de la France et les pestes du monde.
Jamais pas un de vous ne reverra mon onde,
  Regardez-la pour la dernière fois.

## X.

### FRAGMENT.

#### 1614.

O toi, qui d'un clin d'œil, sur la terre et sur l'onde,
  Fais trembler tout le monde,

---

[1] Briare, ou plutôt Briarée, car c'est ainsi qu'il faut l'appeler, avait cent mains. Apollodore dit qu'outre ses cent mains, il avait cent têtes. Pour Typhon, il n'avait qu'une tête dont il touchait les cieux, mais au bout de ses deux mains, dont l'une pouvait atteindre à l'orient et l'autre à l'occident, il avait, suivant le même auteur, cent têtes de dragon, et on prétend que c'est là ce que notre poëte a voulu dire ; je ne le pense pas. (MÉN.)

[2] Ce mot a subi toutes les vicissitudes de la langue : formé du latin *mala hora*, il s'écrivit d'abord *male heure*, puis *mal'heure*, ensuite *malheure* ; enfin il perdit son *e* muet final, et changea de genre sans changer de signification. Il ne lui reste plus qu'à perdre la lettre médiane pour devenir tout à fait méconnaissable. Ce retranchement sera un des premiers indices de la décadence de notre langue.

Dieu, qui toujours est bon et toujours l'as été,
Verras-tu concerter à ces âmes tragiques
　　Leurs funestes pratiques?
Ne tonneras-tu point sur leur impiété?

Tu vois en quel état est aujourd'hui la France
　　Hors d'humaine espérance.
Les peuples les plus fiers du couchant et du nord
Ou sont alliés d'elle, ou recherchent de l'être;
　　Et ceux qu'elle a fait naître
Tournent tous leurs conseils pour lui donner la mort!

## XI.

POUR METTRE AU-DEVANT DES HEURES
DE CALISTE [1].

1614.

Tant que vous serez sans amour,
Caliste, priez nuit et jour,
Vous n'aurez point miséricorde.
Ce n'est pas que Dieu ne soit doux:
Mais pensez-vous qu'il vous accorde
Ce qu'on ne peut avoir de vous?

## XII.

SUR LE MÊME SUJET.

1614.

Prier Dieu qu'il vous soit propice
Tant que vous me tourmenterez,
C'est le prier d'une injustice:
Faites-moi grâce, et vous l'aurez,

## XIII.

FRAGMENT [2].

1617.

Va-t'en à la malheure, excrément [3] de la terre,
Monstre qui dans la paix fais les maux de la guerre,
　Et dont l'orgueil ne connaît point de lois.
En quelque haut dessein que ton esprit s'égare,
Tes jours sont à leur fin, ta chute se prépare:
　Regarde-moi pour la dernière fois.

[1] La vicomtesse d'Auchy.
[2] Ces vers furent faits sur le maréchal d'Ancre, peu de temps après sa mort.
[3] Dans ce fragment, il n'y a qu'un mot qui ne me plaît pas, et que je voudrais avoir changé pour un autre. *Excrément de la terre* me semble trop bas pour un tyran, c'est-à-dire pour un criminel illustre né à la ruine de la patrie, altéré du sang des citoyens, et partant, plus haï que méprisé. (MÉN.)

C'est assez que, cinq ans, ton audace effrontée,
Sur des ailes de cire aux étoiles montée,
　　Princes et rois ait osé défier:
La fortune t'appelle au rang de ses victimes;
Et le ciel, accusé de supporter tes crimes,
　　Est résolu de se justifier.

## XIV.

POUR METTRE AU-DEVANT DES POEMES DIVERS
DU SIEUR DE LORTIGUES, PROVENÇAL [1].

1617.

Vous dont les censures s'étendent
Dessus les ouvrages de tous,
Ce livre se moque de vous:
Mars et les Muses le défendent.

## XV.

SUR UNE IMAGE DE SAINTE CATHERINE.

1619.

L'art, aussi bien que la nature,
Eût fait plaindre cette peinture [2]:
Mais il a voulu figurer
Qu'aux tourments dont la cause est belle
La gloire d'une âme fidèle
Est de souffrir sans murmurer.

## XVI.

IMITATION DE MARTIAL.

1619.

Jeanne, tandis que tu fus belle,
Tu le fus sans comparaison;
Anne à cette heure est de saison,
Et ne vois rien si beau comme elle.
Je sais que les ans lui mettront
Comme à toi les rides au front,
Et feront à sa tresse blonde
Même outrage qu'à tes cheveux.
Mais voilà comme va le monde:
Je te voulus, et je la veux.

[1] Annibal de Lortigues, de la ville d'Apt, était un soldat qui se mêlait de versifier. Ses poésies furent imprimées à Paris, chez Jean Gesselin, en 1617. (MÉN.)
[2] Malherbe a voulu dire que le peintre était assez habile pour exciter la compassion en faveur de cette peinture, comme la nature fait plaindre les personnes qui souffrent et qui endurent quelque tourment. (MÉN.)

## XVII.

### QUATRAIN

MIS AU-DEVANT DU LIVRE DE JEAN DU PRÉ [1].

1620.

Tu faux [2], du Pré, de nous pourtraire
Ce que l'éloquence a d'appas ;
Quel besoin as-tu de le faire ?
Qui te voit ne la voit-il pas ?

## XVIII.

### ÉPIGRAMME

POUR SERVIR D'ÉPITAPHE A UN GRAND [3].

1621.

Cet Absynthe [4] au nez de barbet
En ce tombeau fait sa demeure.
Chacun en rit ; et moi j'en pleure :
Je le voulais voir au gibet.

## XIX.

### POUR LE PORTRAIT DE CASSANDRE,

MAÎTRESSE DE RONSARD.

1622.

L'art, la nature exprimant,
En ce portrait m'a fait telle :
Si n'y suis-je pas si belle
Qu'aux écrits de mon amant.

## XX.

### FRAGMENT [5].

1624.

. . . . . . . . . . . . . . . . . . . . . . . .
. . . . . . . . . . . . . . . . . . . . . . . .
Et maintenant encore en cet âge penchant
Où mon peu de lumière est si près du couchant,
Quand je verrais Hélène, au monde revenue
En l'état glorieux où Paris l'a connue,
Faire à toute la terre adorer ses appas,
N'en étant point aimé, je ne l'aimerais pas.
Cette belle bergère, à qui les destinées
Semblaient avoir gardé mes dernières années,
Eut en perfection tous les rares trésors
Qui parent un esprit et font aimer un corps :
Ce ne furent qu'attraits, ce ne furent que charmes ;
Sitôt que je la vis je lui rendis les armes,
Un objet si puissant ébranla ma raison ;
Je voulus être sien, j'entrai dans sa prison,
Et de tout mon pouvoir essayai de lui plaire,
Tant que ma servitude espéra du salaire.
Mais comme j'aperçus l'infaillible danger
Où, si je poursuivais, je m'allais engager,
Le soin de mon salut m'ôta cette pensée ;
J'eus honte de brûler pour une âme glacée,
Et, sans me travailler à lui faire pitié,
Restreignis mon amour aux termes d'amitié.

## XXI.

### FRAGMENT

A M. LE CARDINAL DE RICHELIEU [1].

1624.

Grand et grand prince de l'Église,
Richelieu, jusques à la mort,
Quelque chemin que l'homme élise,
Il est à la merci du sort.
Nos jours filés de toutes soies
Ont des ennuis comme des joies ;
Et de ce mélange divers
Se composent nos destinées,
Comme on voit le cours des années
Composé d'étés et d'hivers.

Tantôt une molle bonace
Nous laisse jouer sur les flots ;
Tantôt un péril nous menace,
Plus grand que l'art des matelots :
Et cette sagesse profonde

---

[1] Écuyer, seigneur de la Porte, conseiller du roi et général en sa cour des aides de Normandie. Son livre intitulé *le Pourtraict de l'Éloquence française, avec dix actions oratoires*, fut imprimé à Paris, chez Jean Lévêque, in-8°.

[2] *Tu as tort.*

[3] Le connétable de Luynes, mort le 15 décembre 1621.

[4] L'absynthe est aussi appelée *aluine* : de là cette mauvaise allusion.

[5] Ces vers ont été faits pour madame la marquise de Rambouillet. Je les ai tirés d'une lettre à M. de Racan, où Malherbe, après les avoir rapportés, ajoute : « Vous savez trop bien que c'est que de vers, pour ne connaitre pas que ceux-là sont de ma façon. Si vous en goûtez la rime, goûtez-en encore mieux la raison. » Il est à remarquer que ces vers sont les seuls que Malherbe ait faits en rime plate. (MÉN.)

[1] Malherbe avait composé ces deux stances plus de trente ans avant que le cardinal de Richelieu, auquel il les adressa, fût cardinal, et il en changea seulement les quatre premiers vers, pour les accommoder à son sujet ; mais le cardinal de Richelieu, qui avait connaissance que ces vers n'avaient pas été faits pour lui, ne les reçut pas agréablement quand on les lui présenta : ce qui fit que Malherbe ne les continua pas. (MÉN.)

Qui donne aux fortunes du monde
Leur fatale nécessité
N'a fait loi qui moins se révoque,
Que celle du flux réciproque
De l'heur et de l'adversité.

## XXII.

### INSCRIPTION

POUR LA FONTAINE DE L'HÔTEL DE RAMBOUILLET[1].

1626.

Vois-tu, passant, couler cette onde,
Et s'écouler incontinent?
Ainsi fuit la gloire du monde,
Et rien que Dieu n'est permanent.

## XXIII.

### FRAGMENT

SUR LA PRISE DE LA ROCHELLE.

1628.

Enfin mon roi les a mis bas,
Ces murs qui de tant de combats
Furent les tragiques matières,
La Rochelle est en poudre, et ses champs désertés
N'ont face que de cimetières
Où gissent les Titans qui les ont habités.

## XXIV.

### FRAGMENT.

. . . . . . . . . . . . . . . . . . . . .

Elle était jusqu'au nombril[2]
Sur les ondes paraissante,
Telle que l'aube naissante
Peint les roses en avril.

## XXV.

### ÉPIGRAMME.

Tu dis, Colin, de tous côtés,
Que mes vers, a les ouïr lire,
Te font venir des crudités,
Et penses qu'on en doive rire.
Cocu de long et de travers,
Sot au delà de toutes bornes,
Comment te plains-tu de mes vers,
Toi qui souffres si bien les cornes?

## XXVI.

### ÉPITAPHE D'UN GENTILHOMME[1].

N'attends, passant[2], que de ma gloire
Je te fasse une longue histoire
Pleine de langage indiscret.
Qui se loue irrite l'envie :
Juge de moi par le regret
Qu'eût la mort de m'ôter la vie.

## XXVII.

### ÉPITAPHE DE M. D'IS[3].

Ici dessous gît monsieur d'Is.
Plût or' à Dieu qu'ils fussent dix,
Mes trois sœurs, mon père et ma mère,
Le grand Éléazar mon frère,
Mes trois tantes, et monsieur d'Is!
Vous les nommé-je pas tous dix?

## XXVIII.

### A MONSIEUR COLLETET,

SUR LA MORT DE SA SŒUR.

En vain, mon Colletet, tu conjures la Parque
De repasser ta sœur dans la fatale barque;
Elle ne rend jamais un trésor qu'elle a pris.
Ce que l'on dit d'Orphée est bien peu véritable.

---

[1] Il y a auprès de Lectoure une maison de campagne où ces vers sont gravés au pied d'une fontaine, d'un caractère qui paraît ancien; la commune créance du pays est qu'ils sont de du Bartas, et que du Bartas les fit en faveur de sa sœur, à qui cette maison appartenait. Mais j'ai ouï dire à madame la marquise de Rambouillet que Malherbe les avait faits, à sa prière, pour la fontaine de l'hôtel de Rambouillet, où ils furent gravés lorsque cette fontaine fut revêtue de pierre la première fois. Malherbe était l'homme du monde le moins plagiaire; et d'ailleurs ces vers sont plus élégants que ni le siècle, ni le style de du Bartas ne le comportent. Il ne faut donc point douter que ces vers ne soient de Malherbe. On les a encore fait graver depuis peu au pied de la fontaine du couvent des Capucins, à Angers. (MÉN.)

[2] Ce mot, dans le sens propre, n'appartient qu'aux médecins et aux sages-femmes qui disent les choses par leur nom; mais la bienséance et l'honnêteté ne nous permettent pas de les imiter. (CHEVREAU.)

[1] Ami de l'auteur, et qui mourut âgé de cent ans. (Édition de 1630.)

[2] Les anciens enterraient leurs morts dans les chemins publics. De là vient que sur les tombeaux on parle ordinairement aux passants : *Adsta, viator; perge, viator, iter.* Ce qui se pratique encore sur nos tombeaux, quoique cette coutume d'enterrer les morts dans les chemins ne soit pas en usage parmi nous. (MÉN.)

[3] Malherbe était son parent et son héritier. (MÉN.)

Son chant n'a point forcé l'empire des esprits,
Puisqu'on sait que l'arrêt en est irrévocable.
Certes, si les beaux vers faisaient ce bel effet,
Tu ferais mieux que lui ce qu'on dit qu'il a fait.

## XXIX.

### FRAGMENT.

. . . . . . . . . . . . . . . .

Tantôt nos navires, braves
De la dépouille d'Alger,
Viendront les Mores esclaves
A Marseille décharger;
Tantôt, riches de la perte
De Tunis et de Biserte,
Sur nos bords étaleront
Le coton pris en leurs rives,
Que leurs pucelles captives
En nos maisons fileront [1].

## XXX.

### FRAGMENT

#### D'UNE ODE POUR LE ROI.

Je veux croire que la Seine
Aura des cygnes alors
Qui pour toi seront en peine
De faire quelques efforts :
Mais vu le nom que me donne
Tout ce que ma lyre sonne,
Quelle sera la hauteur
De l'hymne de ta victoire,
Quand elle aura cette gloire
Que Malherbe en soit l'auteur!

## XXXI.

### FRAGMENT D'UNE ODE.

INVECTIVE CONTRE LES MIGNONS DE HENRI III.

Les peuples, pipés de leur mine,
Les voyant ainsi renfermer,
Jugeaient qu'ils parlaient de s'armer
Pour conquérir la Palestine,
Et borner de Tyr à Calis [1]
L'empire de la fleur de lis :
Et toutefois leur entreprise
Était le parfum d'un collet,
Le point-coupé d'une chemise,
Et la figure d'un ballet.

De leur mollesse léthargique
Le Discord, sortant des enfers,
Des maux que nous avons soufferts
Nous ourdit la toile tragique.
La justice n'eut plus de poids;
L'impunité chassa les lois;
Et le taon des guerres civiles
Piqua les âmes des méchants
Qui firent avoir à nos villes
La face déserte des champs.

---

[1] En général, les troisièmes personnes du futur finissent désagréablement les vers : il faut éviter de s'en servir ailleurs que dans les discours familiers. (MÉN.)

[1] Cadix.

# LETTRES CHOISIES.

### 1. — A M. L'ÉVÊQUE D'ÉVREUX[1].

Monsieur,

Il y a huit ou dix mois que je fus averti qu'au dernier voyage de Lyon, vous trouvant un soir au souper du roi, sur un discours qui se présenta, vous prîtes occasion de me nommer à Sa Majesté, et le fîtes avec des termes qui furent jugés de ceux qui les ouïrent ne pouvoir partir que d'une singulière et du tout extraordinaire affection en mon endroit. Ce rapport, qui me fut fait premièrement par un gentilhomme de mes amis, me fut, à n'en mentir point, une merveille si grande, que je ne pense avoir jamais rien ouï de quoi je demeurasse plus étonné. Je n'ignorais pas combien le bienfaire est un doux exercice aux âmes généreuses, et savais bien qu'en la vôtre cette qualité se trouvait aussi admirable qu'en nulle autre. Mais, étant de si longue main accoutumé de vivre parmi les épines, que je ne pouvais tenir une rose que pour un songe ou pour un prodige, si je vous estimais capable de faire une notable courtoisie, je ne le pensais nullement être de la recevoir. Toutefois ce même avis m'ayant été confirmé par une infinité de personnes d'honneur, qui se disaient y avoir été présentes, il faut que je le tienne pour véritable, et que, contre ma coutume, je me lâche à quelque vanité. Tout ce qu'il y a de beaux esprits au monde savent combien l'aiguillon de la gloire a la pointure douce, et les stoïques même n'écrivent contre elle que pour l'acquérir[2]. C'est pourquoi, si je me réjouis d'avoir été loué d'une bouche que toute les bouches du monde confessent ne pouvoir assez louer, je ne pense rien faire qui ait besoin d'être justifié. Tout ce qui me travaille et qui me trouble, c'est l'envie que j'avais de trouver des paroles de reconnaissance qui fussent aucunement proportionnées à l'obligation. Mais puisque ce m'est chose si difficile, et que d'ailleurs la dissimulation de ce qui s'est passé en un lieu si célèbre ne me peut être que malhonnête et mal assurée, je me résoudrai, pour le meilleur expédient, de recourir à votre même bonté, qui, n'ayant point usé de sa courtoisie selon la petitesse de mon mérite, n'en exigera point aussi le remercîment selon la grandeur du bienfait. J'ai toujours tenu ma servitude une offrande si contemptible, qu'à quelque autel que je la porte, ce n'est jamais qu'avec honte, et d'une main tremblante. Vous pouvez estimer, monsieur, ce que je dois faire en votre endroit et en cette occasion. Telle qu'elle est, je vous la dédie avec la même dévotion et aux mêmes lois que les choses qui sont dédiées aux temples, c'est-à-dire, pour ne l'en pouvoir jamais retirer qu'avec sacrilége. Si la fortune, par quelque voie digne de sa bizarrerie, me voulait donner moyen de vous en rendre quelque preuve, ce serait une gratification à laquelle je donnerais très-volontiers tout ce que j'en ai jamais reçu d'injure par le passé. Je suis ici accroché encore pour quelques jours à deux ou trois méchants procès, et n'attends que d'avoir trouvé quelque fil à ce labyrinthe pour m'en retourner en nos quartiers. Ce ne sera pas sans vous aller baiser les mains, en quelque part que vous serez, et vous témoigner à quel prix je mets l'honneur de vos bonnes grâces. Continuez-les-moi, s'il vous plaît, monsieur; et, puisque mon impuissance me défend toute autre chose, contentez-vous que je prie Dieu, comme je fais de tout mon cœur, pour l'accroissement de vos prospérités.

D'Aix, ce 9 de novembre 1601.

### 2. — A M. DE TERMES[1].

Monsieur,

Je viens d'apprendre la perte que vous avez faite de monsieur votre fils; et celui même qui m'en a donné la nouvelle m'a donné cette vanité, que de tous ceux qui en cette occasion vous consoleront, il croit que

---

[1] Jacques Davy Duperron, élu cardinal en 1604. Sa famille, originaire de Normandie, était fort liée avec celle de Malherbe.

[2] C'est la pensée de Cicéron, qui a dit : « Ipsi illi philosophi, etiam in illis libellis, quos de contemnenda gloria scribunt, nomen suum inscribunt. In eo ipso in quo prædicationem, nobilitatemque despiciunt, prædicari de se, ac nominari volunt. » (*Pro Archia poeta*, § x.) On la retrouve dans Pascal, qui a su lui donner le charme de la nouveauté : « Ceux, dit-il, qui écrivent contre la gloire, veulent avoir la gloire d'avoir bien écrit; et ceux qui le lisent veulent avoir la gloire de l'avoir lu : et moi, qui écris ceci, j'ai peut-être cette envie, et peut-être que ceux qui le liront l'auront aussi. » (*Pensées*, première partie, art. v, n° 3.)

[1] Le maréchal de Termes était allié à la maison de Bellegarde, à laquelle appartenait le duc de Bellegarde, patron de Malherbe.

je suis celui que vous écouterez le plus volontiers, et qui aura le plus de pouvoir sur votre esprit. Je sais bien, monsieur, qu'il n'y a si mauvais père qui sans quelque regret puisse être privé du plus mauvais fils qui soit au monde. C'est pourquoi, ayant toujours reconnu en vous un parfaitement bon naturel, et en monsieur votre fils des qualités parfaitement aimables, je ne veux pas nier qu'en la nouveauté de cet accident vous ne fussiez extrêmement insensible si votre ennui demeurait en la médiocrité. Les amitiés que les opinions nous impriment commencent légèrement et finissent de même; un faible soupçon les ébranle, une petite offense les ruine : celles qui ont leur naissance dans les sentiments de la nature s'attachent en nous avec des racines si profondes, qu'il n'y a qu'une violence prodigieuse qui soit capable de les en arracher. Mais, après tout, monsieur, quand vous vous serez abandonné au désespoir, et que, pour complaire à votre douleur, vous aurez désobligé tous ceux qui vous prient de la diminuer, doutez-vous que le temps n'obtienne de vous ce que vous n'aurez pas voulu accorder à la raison? Vous avez beaucoup perdu, je l'avoue; ce serait un compliment injurieux de vouloir, pour faire cesser vos plaintes, calomnier celui pour qui vous les faites : mais avec quel prétexte pouviez-vous espérer de ne le perdre jamais? J'ai bien certes ouï parler de quelques personnes, voire de quelques races à qui Dieu a donné des priviléges extraordinaires; mais de celui de ne mourir pas, je suis encore à en voir le premier exemple. Remettez-vous devant les yeux toutes les maisons que vous connaissez; en trouverez-vous une où vous n'ayez vu des larmes pour le même sujet qui est aujourd'hui la cause des vôtres? Laissons là les conditions privées : s'il y a quelque chose de grand au monde, vous m'accorderez qu'il est au Louvre; et cependant, sans nous souvenir des choses passées, n'y voyez-vous pas aujourd'hui notre très-bonne et très-belle reine en deuil pour la mort du roi son père? père de qui chacun sait qu'elle était incomparablement aimée, et roi qui ne tenait guère moins que la quatrième partie du monde en l'étendue de ses États. Non, non, la mort n'est ennemie ni d'un peuple ni d'une famille; elle est ennemie du genre humain. Et comme sa nécessité n'a point de remède, sa rigueur n'a point aussi d'exception. Autant de fois que nous voyons les portes de nos voisins tendues de noir, autant de fois sommes-nous avertis que les nôtres auront le même parement au premier jour. Je sais bien que vous direz que c'est l'ordre de la nature que le père meure premier que le fils. Il est vrai qu'il n'y a père ni mère qui ne tienne le même langage. Mais à quel propos voudrait-on que la mort suivît les affections de la nature, elle qui fait profession de n'être au monde que pour la ruiner? Les années sont toutes de douze mois; c'est une borne où toujours elles arrivent, et qu'elles n'outrepassent jamais. Il n'en est pas de même de nos vies; leur durée est courte ou longue, comme il plaît à celui qui nous les donne. Tantôt il arrache le fruit en sa verdeur, tantôt il en attend la maturité, tantôt il le laisse pourrir sur l'arbre; mais, quoi qu'il fasse, les créatures doivent cette soumission à leur Créateur, de croire qu'il ne fait rien que justement. Il n'offense ni ceux qu'il prend jeunes, ni ceux qu'il laisse devenir vieux. De demander pourquoi il fait les choses avec cette diversité, c'est une question dont peut-être nous serons éclaircis quand nous serons en lieu où la lumière sera plus grande. Pour cette heure, nous sommes dans les ténèbres, qui nous rendent nos curiosités inutiles. Il y a des sondes pour les abîmes de la mer : il n'y en a point pour les secrets de Dieu. Croyez-moi, monsieur, ôtez-vous ce trouble de l'esprit; il n'y saurait continuer qu'à la diminution de votre honneur. Vous avez satisfait à la mémoire du fils que vous avez perdu; pensez à ceux qui vous sont demeurés. Ils sont branches de la même souche, et vous donnent les mêmes espérances; ayez-en le même soin, et vivez pour leur donner le même secours. Je vous en conjure par cette charité qui est la cause de votre ennui, et vous en conjure encore par l'affection extrême que vous avez toujours portée à madame votre femme. Vous lui devez toutes sortes de bons exemples; donnez-lui celui de se conformer à la volonté de Dieu; et craignez que, vous voyant si opiniâtre à vous affliger, elle, qui est d'un sexe où il semble que la tendresse de cœur soit une louange, ne se porte à des extrémités qui ajoutent un second malheur à celui qui vous est arrivé. Finalement, monsieur, souvenez-vous que vous avez un frère [1], que non-seulement notre cour, mais toutes les cours étrangères prennent pour un patron de vertu. Vous lui avez des obligations aussi grandes que vous le sauriez désirer d'un père. Portez-lui ce respect de croire que, quoi que la fortune vous ôte, vous aurez toujours assez tant qu'elle vous le conservera. Si, à ces considérations, qui sans doute sont essentielles, vous en voulez ajouter de glorieuses, représentez-vous l'honneur que vous fait le roi, de se servir de vous aux principales charges de son armée; et par cet emploi croyez être obligé à ne connaître point

[1] M. de Bellegarde.

d'intérêt dont vous deviez être touché comme du sien. Vous le voyez, en âge de dix-neuf ans, sur le point de terminer une affaire si épineuse, que jusqu'à présent un homme eût semblé avoir faute de sens commun, qui eût seulement parlé de la commencer. Vous avez part à ses travaux, ayez-en aux joies que sa prospérité donne aux gens de bien, et vous préparez aux conquêtes qu'indubitablement il va faire, les plus grandes et les plus importantes à cette couronne que jamais ait faites aucun de ses prédécesseurs. Vous avez toujours tellement aimé la gloire, que quand la France a été sans brouilleries, vous êtes allé chercher la guerre en Hollande, au Piémont, et généralement partout où vous l'avez pensé trouver : ne faites point qu'on vous demande ce qu'est devenu votre courage en cette occasion. Les victoires que nous avons sur nos ennemis ne sont jamais tellement nôtres, que nous n'en devions une partie à la fortune, ou à l'assistance qui nous est donnée d'ailleurs : celles qui légitimement nous appartiennent, et desquelles personne ne prend part avec nous, sont celles que nous avons sur nos passions, quand en dépit d'elles nous gardons nos âmes en leur assiette, ou les y remettons bientôt après que le trouble les en a fait sortir. Je ne suis pas si malavisé que de vous penser dire des choses que vous ne sachiez mieux que moi; mais l'inclination que vous avez toujours eue à m'estimer plus que je ne vaux, et me vouloir plus de bien que je n'en mérite, m'obligeant à vous rendre toutes sortes de devoirs, j'ai pensé que, sans une ingratitude manifeste, je ne pouvais ne contribuer quelque chose au soulagement de votre affliction. Si j'y réussis, j'aurai touché le but que je me propose; sinon, je vous aurai pour le moins fait voir combien vos bonnes grâces me sont chères, et combien je désire, monsieur, que vous continuiez de m'aimer, et de me tenir pour votre très-humble et très-obligé serviteur.

### 3. — AU MÊME.

Monsieur,

Je suis mieux avec la fortune que je ne pensais, puisque j'ai encore l'honneur que vous vous souvenez de moi. J'y serai comme je désire, quand je vous pourrai témoigner jusqu'où m'a touché le ressentiment d'une faveur aussi peu attendue, que certes je reconnais que je l'ai peu méritée. La plainte que vous faites de mon silence mériterait bien un remercîment extraordinaire. Mais ne savez-vous pas, monsieur, qu'il ne faut rien chercher de bon chez ceux qui sont malheureux comme je suis, et que tout les fuit, jusqu'aux paroles même qui ont de l'éclat? Contentez-vous qu'avec un langage sans ornement, comme l'affection est sans fard, je vous die que jusqu'à la mort, au delà de laquelle on ne peut rien promettre, les obligations que j'ai à monseigneur et à vous vivront en ma mémoire, et en mon cœur la dévotion qu'elles y ont produite de vous être, monsieur, très-humble et très-fidèle serviteur.

A Paris, ce 13 avril 1613.

### 4. — A MADAME DE TERMES.

Madame,

J'ai vu depuis huit ou dix jours une lettre où vous me faites l'honneur de vous souvenir de moi. Je vous jure que cette faveur, aussi peu attendue que méritée, m'a tellement surpris, qu'elle m'a quasi persuadé de faire plutôt semblant de ne l'avoir point reçue, qu'en le confessant ne vous remercier pas, ni selon mon devoir, ni selon ma volonté. Quoi que c'en soit, madame, si j'ai failli d'avoir délibéré là-dessus, je le répare en me rangeant du côté de la bonne foi. Celui qui m'a mis en cet état de la gloire est M. de Racan, qui est ici pour demander à madame de Bellegarde[1] congé de se marier avec une fille d'Anjou, que l'on dit être assez riche. Cela lui étant accordé, comme je crois qu'il sera sans beaucoup de peine, il fait compte de s'en retourner; tellement que si quelqu'un de ses amis des lieux où vous êtes a envie de danser à ses noces, il est temps qu'il se prépare. Pour l'épithalame, il ne lui coûtera rien; il fera ses écritures lui-même. Après cela, adieu les Muses: Il aura bien à monter ailleurs que sur Parnasse. On se promet force ballets à ce carême-prenant; mais, madame, vous n'y serez point; et par conséquent la Bourgogne aura quelque chose de plus que la cour, au jugement de tous ceux qui ont le goût bon, et particulièrement de votre très-humble et très-obéissant serviteur.

### 5. — A M. ***.

Monsieur,

Il est certain que de tous ceux qui tâcheront de vous donner quelque consolation au malheur qui vous est arrivé, il y en aura peu qui ne le fassent plutôt par une louable coutume que par une connaissance véritable de votre affliction. On ne parle guère bien des choses que quand on en parle par expérience. J'ai fait autrefois une perte semblable à celle que vous venez de faire. C'est pourquoi, monsieur, prenant sur le sentiment que j'en eus alors la me-

[1] Racan était cousin germain de madame de Bellegarde.

sure de celui que vous avez à cette heure, je ne vois pas que, sans vous faire un déplaisir extrême, il soit possible de ne rien condamner en l'extrémité de votre douleur. Si elle n'était ce qu'elle est, elle ne serait pas ce qu'elle doit être. Les rois veillent pour tout le monde quand ils vivent; et, par cette raison, quand ils meurent tout le monde est tenu de les regretter. Mais, en cette concurrence de personnes affligées, qui doute que ceux à qui durant leur vie ils ont fait des gratifications particulières ne soient en leur mort obligés de se montrer les plus affligés, et s'estimer vaincus si quelqu'un est arrivé jusqu'à ce point de les avoir égalés? Je ferai donc, monsieur, tout au rebours des autres de qui vous recevrez le même compliment, et vous avouerai que, sans être incomparablement touché de la privation d'un si grand et si bon maître comme était le vôtre, vous ne pouvez satisfaire à l'honneur de l'avoir possédé. Tout ce que j'ai à vous dire, et que vous pouvez ouïr sans vous faire tort, c'est, monsieur, que vous considériez la faiblesse des choses du monde que nous admirons comme les plus fortes, et que, sans en chercher d'autres exemples, vous la considériez en celui même que vous avez aujourd'hui devant les yeux. Les deux premiers royaumes du monde, à l'envi l'un de l'autre, se préparaient aux solennités d'un mariage qu'ils venaient de contracter. Notre joie et la vôtre disputaient à qui serait la plus généreuse à trouver des magnificences convenables à la majesté du sujet. Et voici que, lorsque nous estimions que la fortune fût toute nôtre, elle a fait voir qu'elle ne l'était pas tant qu'elle voulût rien changer aux règles ordinaires de son instabilité. Jugez, monsieur, par cet accident, quelle fumée c'est que la gloire du monde, et le peu de sujet que nous avons d'en faire état. Je ne doute pas que, de toutes les méditations que vous pouvez faire pour votre soulagement, celle-ci ne soit la plus utile. Je ne vous en proposerai donc point d'autre. Seulement ajouterai-je que votre vertu n'étant ni moins connue ni moins aimée du fils qu'elle a été du père, vous devez vous assurer à l'avenir de la continuation des mêmes faveurs que vous avez eues par le passé. Je prie Dieu, monsieur, de tout mon cœur, qu'il vous en fasse la grâce, et à moi celle de vous témoigner toute l'affection qui se peut espérer et désirer de votre très-humble et très-affectionné serviteur.

6. — A M<sup>me</sup> LA MARQUISE DE MONTLORT.

MADAME,

Vous eussiez eu plus tôt de mes lettres, si j'eusse cru que plus tôt vous eussiez été capable de les lire. Mais certainement jusques ici je vous estimais si justement occupée à regretter votre perte, que je faisais conscience de vous interrompre, et pensais que, sans vous priver d'un contentement extrême, je ne pouvais essayer de diminuer votre douleur. A cette heure que vous avez eu quelque loisir de resserrer le débordement de vos larmes, et recueillir vos esprits dissipés en la nouveauté de cet accident, il est temps que, par un témoignage de compatir avec vous, j'évite la mauvaise opinion que vous pourriez donner mon silence, et vous fasse voir que, si quelques-uns m'ont précédé en la diligence de plaindre votre affliction, pour le moins ne m'ont-ils point surpassé en la vérité de la ressentir. Il faut avouer, madame, que ce me serait un labeur fort agréable de pouvoir faire quelque chose pour votre consolation. Votre mal en a besoin; vos qualités y convient tous ceux qui vous connaissent, et l'affection particulière que je vous ai vouée semble me le commander. Ce qui m'en empêche, c'est que je ne crois point qu'aux plus belles paroles du monde il y ait assez de persuasion pour adoucir une nécessité si amère, comme celle où vous êtes aujourd'hui réduite de ne voir jamais ce qu'autrefois vous avez vu avec tant de plaisir. Je sais bien qu'en pareilles occasions une des raisons principales que l'on nous propose, c'est la condition bienheureuse de ceux pour qui nous sommes affligés. Mais serais-je si mauvais estimateur, ou de votre mérite, ou de l'amour que feu monsieur le marquis vous a portée, que je pusse douter qu'au milieu même de la béatitude éternelle il ne tourne les yeux vers la terre, et qu'avec quelque soupir il ne témoigne que les joies du ciel ne lui sont point si chères, qu'il ne lui souvienne toujours de la gloire qu'il a eue de vous posséder? Je ne veux pas nier qu'en la compagnie où il est à cette heure les délices qu'il goûte soient infinies; mais je sais bien, madame, qu'il en avait d'incomparables en la vôtre. C'est pourquoi, de vouloir que vous soulagiez votre malheur par la considération de sa félicité, je n'y vois point d'apparence; et de vous dire qu'en ce qui est ordonné par les lois irrévocables, le seul expédient est de se disposer à les souffrir, je vous estime trop par-dessus le commun pour vous tenir des langages si vulgaires. J'ai perdu assez de choses, qui peut-être ne m'ont été ôtées que pour me châtier d'une fâcheuse inclination que j'ai d'aimer avec trop de violence : mais toutes les remontrances qu'on m'a su faire ne m'ayant jamais de rien servi, je serais injuste d'exiger de vous une résolution que je n'ai pu obtenir de moi-même. Le temps, qui termine toutes choses, a été mon remède; et sans doute, madame, il sera le vôtre, quelque effort que votre obstination fasse de l'en empêcher. La procédure en est lente, mais le succès en est infaillible. Contribuez-y ce qui dépend de vous. Je n'entends pas que vous oubliiez votre mari. Les obligations que vous avez à toute sa maison me sont trop connues pour vous donner un si mauvais conseil, et vous trop sage pour le recevoir. Ce que je veux, c'est que vous défendiez à votre mémoire les objets qui ne le vous peuvent ramentevoir qu'avec ennui. L'humeur mélancolique s'attache volontiers aux imaginations qui l'entretiennent. Quand il vous en viendra de semblables, rejetez-les, et ne recevez que celles qui vous exciteront à vous divertir. Surtout, madame, voyez de tirer ce profit de votre dommage, que la fortune qui vous a surprise vous trouve mieux préparée à l'avenir. Vous êtes jeune; et par conséquent ayant à vivre longtemps, il est vraisemblable que ce combat n'est pas le dernier que vous aurez avec elle. Faites-lui sentir que si elle a eu de l'avantage sur vous, elle ne le doit pas tant à sa force qu'à votre nonchalance, et que, lorsque vous serez sur vos gardes, elle n'en voudra pas à vous si facilement. Considérez en votre malheur ce que vous avez toujours négligé en celui des autres, que le verre n'est point si fragile comme ce qu'il y a de plus ferme en la prospérité des hommes, et que tous ces noms d'ombre, songe, vent et fumée, que nous donnons ordinairement à cette misérable vie, sont encore de trop glorieux titres, et des comparaisons trop élevées pour exprimer son infirmité. Ce n'est point chose qu'il vous faille représenter avec un long discours, vous étant la vertu si naturelle comme elle est, et même ayant devant vous l'exemple de madame la comtesse, qui est le meilleur que je vous saurais proposer. L'inconvénient lui est commun avec vous; mais l'expérience qu'elle a des choses du monde lui a donné, sinon plus de courage, au moins plus d'instruction de surmonter les adversités. Elle est demeurée si droite parmi une infinité de chutes et de ruines qu'elle a vues en ce malheureux siècle, que sans lui faire injure on ne saurait douter qu'elle ne résiste à cette infortune aussi victorieusement qu'à toutes celles qui l'ont assaillie par le passé. C'est là que je vous remets, et à l'assistance de Dieu, en laquelle il n'y a rien qu'une belle âme comme la vôtre ne doive espérer. Je l'implore pour vous de tout mon cœur, et vous supplie, madame, que je sois toujours conservé en l'honneur de vos bonnes grâces, comme votre très-humble serviteur.

## 7. — A M. DE CRILLON[1].

Monsieur,

Vous vivez en la mémoire de tous ceux qui ont l'honneur de vous connaître : il n'est pas raisonnable que vous soyez moins en la mienne, ayant des occasions si justes et si pertinentes comme j'ai de vous y conserver. Ces paroles vous témoigneront comme je l'ai fait jusqu'à cette heure, et comme je le veux continuer à l'avenir. Elles viennent de la cour, et par conséquent sont suspectes; mais, ayant à se présenter devant le plus grand et plus glorieux courage qui soit au monde, elles ont quitté l'artifice et l'hypocrisie, pour lui être d'autant plus agréables qu'elles seront selon son humeur. Je ne vous entretiens point de ce que nous avons ici sur le tapis, pource que ce porteur a de quoi vous satisfaire de ce côté-là. Bien vous dirai-je que l'on va ici entamer des affaires où sans doute l'on regrettera votre épée, comme la plus brave dont la France ait jamais fait peur à ses ennemis. Mais vous avez assez vécu pour autrui; il est temps de vivre pour vous. Faites-le, monsieur, et Dieu veuille que ce soit aussi longtemps comme le désirent ceux qui savent votre mérite, et entre eux, avec plus de passion que nul autre, votre très-humble et très-affectionné serviteur.

## 8. — A M. * * *.

Monsieur,

Je ne pensais répondre à votre première lettre, que le gentilhomme qui me l'avait rendue ne s'en retournât en vos quartiers. Mais, sans mentir, la seconde me serre le bouton de trop près, pour me dispenser de prendre un si long délai. Vous avez une inclination si naturelle à la courtoisie, et confirmez tellement par la fréquentation de monsieur votre beau père, qui en est une source inépuisable, que les indignes même en ressentent la superfluité. Je suis de ce nombre, monsieur; mais au moins ne suis-je pas de ceux que le désespoir de payer la dette précipite à la méconnaissance de leur obligation. Il vient quelquefois de si bonnes années, que les terres les plus stériles récompensent par une bonne cueillette ceux qui prennent la peine de les cultiver. Il en sera de même, s'il plaît à Dieu, de

[1] Louis de Berthon de Crillon fut un des plus grands capitaines de son siècle. Sa valeur lui mérita l'amitié de Henri IV. Ce prince, après la bataille d'Arques, où Crillon n'avait pu se trouver, lui écrivit ce billet fameux dans les annales de la bravoure et de la chevalerie française : « Pends-toi, brave Crillon, nous avons combattu à Arques et tu n'y étais pas! Adieu, je vous aime à tort et à travers. » Il mourut à Avignon, en 1615, âgé de soixante-quatorze ans.

ma mauvaise fortune à vous rendre l'honneur que vous me faites de m'aimer. En cette espérance, je vous supplie, monsieur, de me le continuer, comme à votre serviteur très-humble et très-affectionné.

### 9. — A. M. ***.

Monsieur,

Tant que votre douleur a été nouvelle, étant si raisonnable comme elle était, il y eût eu de l'injustice de vous empêcher de rendre à la nature ce que les plus insensibles n'ont pas le pouvoir de lui refuser. Mais certainement, à cette heure que le temps vous doit avoir mis hors de ces termes, il n'y a point d'apparence que vous ne vous serviez de votre sagesse accoutumée, et ne preniez en vous ce que vous donneriez à ceux qu'un pareil accident aurait affligés. Tout ce que nous possédons est périssable, et nous-mêmes le sommes encore plus que tout ce que nous possédons. Réveillez-vous, monsieur, en la considération du flux et reflux des choses du monde, et n'attendez point d'ailleurs ce que de si notables exemples vous doivent avoir appris de sa vanité. Il n'y a pas bien longtemps que vous vîtes le Louvre troublé du plus effroyable accident que le malheur y pouvait faire naître; aujourd'hui le ballet de Madame s'y prépare avec une magnificence à qui l'on croit qu'il ne se vit jamais rien de pareil. S'il plaît à Dieu, il en sera de même de votre maison. Réservez-vous à cette vicissitude, et la méritez en vous conformant à la volonté de celui qui ne fait jamais rien que pour notre salut. C'est de sa grâce que vous en doit venir la résolution. Je lui demande pour vous, avec une affection aussi véritable que celle dont je suis, monsieur, votre très-humble et très-obligé serviteur.

### 10. — A M. ***.

Monsieur,

C'est le crime des grands seigneurs et des belles dames de ne se travailler guère pour la conservation des amitiés. La facilité d'acquérir ce qu'ils n'ont point leur persuade aisément de faire peu de cas de ce qu'ils ont. Je ne suis, Dieu merci, ni l'un ni l'autre. Voilà pourquoi vous offensez la nôtre, si vous ne croyez que je l'honore comme votre mérite m'y oblige. Il est vrai que je ne vous ai point écrit; mais vous savez qu'il eût fallu et faudrait encore faire tourner le sas pour avoir de vos nouvelles. Assez de gens vous témoigneront avec quel soin je me suis efforcé d'en apprendre; mais, ne trouvant personne qui en fût mieux informé que moi, je me suis résolu de perdre mon temps en quelque autre besogne, et ignorer avec patience ce que je ne pouvais rechercher plus avant qu'avec trop de curiosité. Si vous aviez d'aussi pertinentes raisons de votre silence comme j'ai du mien, vous n'eussiez pas pris tant de peine de vous justifier à mes dépens. Vous avez écrit en assez de lieux, pour juger que vraisemblablement je puis avoir vu quelqu'une de vos lettres, et que par conséquent, si j'étais plus hargneux que je ne suis, j'aurais de quoi gronder à bon escient. Mais il ne faut pas traiter ses amis à toute rigueur. C'est beaucoup de jeter les yeux sur leurs fautes : ce serait trop de les y arrêter. Et puis la joie de voir que je suis conservé en votre mémoire vaut bien que je vous quitte l'appréhension que vous m'avez donnée d'en être effacé. Je le fais de bon cœur, et vous conjure de me tenir la promesse que vous me faites de continuer à m'aimer. C'est à cette condition que je continuerai à être toute ma vie votre très-humble serviteur. Je suis trop vain pour rendre mes affections gratuites, et vous trop honnête pour les demander à meilleur marché. Vous ne me dites rien de votre retour. Si c'est qu'il ne doive être de longtemps, vous avez fait sagement de ne gâter point les douceurs de votre lettre par le mélange de cette amertume. Mais aussi, si c'est le contraire, vous n'obligez guère ceux qui vous désirent, de leur épargner la consolation de vous attendre. Adieu, monsieur, je vous baise les mains.

### 11. — A M. ***.

Monsieur,

Puisque vous désirez que la cour soit à Paris, j'espère que bientôt vous aurez ce contentement. J'ai vu cette après-dînée une lettre de madame la princesse de Conti à madame sa mère, où elle leur mande qu'au quinzième de ce mois Leurs Majestés seront bien près de Paris, si elles n'y sont arrivées. Nous aurons à cette heure-là force nouvelles, et vous en aurez votre part. Jusque-là ne me demandez que ce que savent les crocheteurs. Le mariage de monseigneur et de mademoiselle de Montpensier fut arrêté il y a aujourd'hui huit jours. Je crois qu'à cette heure l'affaire est faite. Toute la cour est pleine de joies; mais elles ne sont pas toutes d'une mesure. Je crois qu'après celle de la mariée, qui sans doute est incomparable, il n'y en a point de plus grande que celle de la reine mère. Cette princesse est si bonne, que les vœux de tous les gens de bien sont que sa postérité soit en la race de nos rois tant que la France sera France, c'est-à-dire jusqu'à la fin du monde. Je sais bien que nous en aurons du côté du roi. Car, à quel propos nous imaginerions-nous une stérilité en un roi et une reine tous deux en la fleur de leur âge, bien faits, bien composés, qui s'aiment avec passion, et qui, puisque rien ne se fait sans la bénédiction de Dieu, doivent pour leur piété se la promettre autant que princes qui jamais aient porté cette couronne? La prudence humaine y a joué son personnage ; c'est aux bons destins de la France à faire le demeurant. Je prends pour bon augure que Monseigneur ait fait faire sa demande par M. le président le Coigneux, son chancelier. Le mot me plaît, et me fait espérer que l'on y travaillera comme il faut. Cette nouvelle est assez bonne pour tenir lieu d'une douzaine.

12. — A M. \*\*\*.

Monsieur,
Je suis à demi glorieux que la fortune m'ait fait recevoir quelque commandement de vous ; je le serai tout à fait quand elle m'aura donné le moyen de vous témoigner mon affection. Le jour même que votre paquet me fut rendu, il me survint quelque affaire qui m'empêcha de pouvoir bailler votre lettre à monsieur le garde des sceaux. Je priai M. de Peiresc de faire cet office ; ce qu'il fit selon sa courtoisie accoutumée. La réponse qu'il en eut, et que j'en eus moi-même lorsque je lui en parlai, fut telle que je l'avais attendue, et que véritablement elle se devait attendre de lui. Je sais bien qu'il est malaisé d'avoir du désir sans avoir aussi de la peur. Ce sont deux passions qui ne vont guère l'une sans l'autre. Mais vous deviez penser que monsieur le prince de Piémont avait à démêler une fusée qui le touchait de plus près que celle de ses voisins, et que, quand votre partie eût eu de l'indiscrétion assez pour l'en importuner, ce prince avait trop de jugement pour vouloir hasarder son crédit en une chose dont le succès lui était si mal assuré. Tant y a que je ne suis pas d'avis que cette appréhension vous empêche de dormir. Je ne saurais m'imaginer que vous soyez choqué de ce côté-là ; et quand vous le seriez, je ne vois pas que ce puisse être jusqu'à vous faire choir. Tout ce que vous pouvez espérer d'un homme sur qui vous avez un pouvoir absolu, espérez-le de moi, s'il vous plaît, non en cette occasion seulement, mais en toutes. Je vous le jure, et le jure encore à cette dame avec laquelle cette affaire vous est commune, et vous prie tous deux de croire que je suis de tout mon cœur votre très-humble et très-affectionné serviteur.

13. — A M. \*\*\*.

Monsieur,
Je vois bien qu'à force de m'aimer vous me persuaderez que je vaux quelque chose. Pour faire monter ma gloire à son dernier point, il ne resterait que d'avoir quelque moyen de vous servir ; mais ce sera quand je serai plus heureux que je ne suis. J'en attendrai l'occasion pour l'embrasser, à son arrivée, comme je ferais une belle maîtresse, si j'étais encore en l'âge de vingt ans. Quant à l'avis dont vous voulez que je participe, c'est une faveur que je ne saurais jamais reconnaître. Je vous prie de croire que ce qui dépendra et de moi, et de tous ceux à qui une fausse opinion de mon mérite peut avoir donné quelque envie de me gratifier, y sera employé avec toutes sortes de soins et d'affection. Vous savez le train des affaires, et quelles résistances l'on y trouve. C'est à vous de prendre garde que celles que nous aurons à combattre ne soient point invincibles, et aussi que, si nous importunons nos amis, ce soit chose qui vaille la peine. Ce serait pour se désespérer, de s'être rompu les dents à casser une noix véreuse. Quand vous me manderez ce que c'est, vous me manderez aussi comme vous désirez que je m'y conduise. Je serai bien aise que ce soit le plus tôt qu'il se pourra. J'ai toujours cru que la plus sûre et plus prompte voie d'avoir des nouvelles en choses de conséquence était celle des messagers ordinaires, en mettant au-dessus du paquet quelque douceur qui, par leur intérêt, excite leur fidélité. Si vous êtes de mon opinion, nous nous servirons de cet expédient ; sinon, vous me prescrirez celui que vous jugerez être le plus à propos. Pour cette fois, je mettrai ma lettre entre les mains du gentilhomme qui m'a fait tenir la vôtre. Je ne vous envoie point de vers, pource que je n'en ai point fait de nouveaux. Ceux que j'avais commencés pour la reine sont encore sur le métier. Ma paresse est telle que vous la connaissez ; et outre cela la fortune lui baille toujours quelque divertissement, qui ne saurait être si petit que je n'y trouve une excuse fort raisonnable de me reposer. Quand ils seront faits, je vous jure que le premier hors de la cour qui les aura, ce sera vous, comme celui de qui je veux honorer et estimer l'amitié, autant que de personne qui m'y ait jamais obligé. Je ne vous écris point de nouvelles, pource qu'il n'en est point, et que d'ailleurs cette lettre, demeurant peut-être longtemps par les chemins, vous ferait rire de celles que vous recevriez hors de saison. Adieu donc, monsieur ; je vous baise bien humblement les mains, et vous supplie que vous ne vous lassiez point d'aimer celui qui ne se

lassera jamais d'être votre serviteur très-humble et très-affectionné.

A Paris, ce 29 de mars 1613.

14. — A M. ***.

Monsieur,

Je voudrais bien que celui qui m'a rendu votre lettre fût venu par deçà pour un meilleur sujet que celui qui l'y a amené. Mais nous sommes tous en la juridiction de la fortune. Elle nous baille le vent en proue et en poupe comme il lui plaît. Tant y a qu'elle ne peut rien sur moi qu'elle ne puisse sur tout le monde. Monsieur le Prince s'est réjoui cinq ou six mois de la grossesse de madame sa femme, et voilà qu'elle se déchargea hier de deux enfants morts. Après les personnes de cette classe-là, je serais malavisé si je pensais que tout me dût venir à souhait. Il faut souffrir ce qu'on ne peut éviter. Parmi ce déplaisir, ce ne m'est pas une petite satisfaction de me voir toujours en votre mémoire et en vos bonnes grâces. Je vous supplie, monsieur, comme de la chose du monde que je désire le plus, que j'y sois conservé, et que vous croyiez que de tous ceux qui vous honorent je suis et je serai toute ma vie le plus votre serviteur.

15. — A Mme LA PRINCESSE DE CONTI[1].

Madame,

Ne pouvant aller à Saint-Germain sitôt que je désirais, pour une affaire qui m'est survenue, et cependant ne voulant pas faillir à ce que je dois, je m'informe continuellement de votre santé. Les obligations que je vous ai me la rendent chère; et d'ailleurs le mauvais état où je vous ai vue partir, pour la nouvelle que vous veniez de recevoir de la mort de monsieur le chevalier votre frère[2], me fait craindre que le temps, quelque bon médecin qu'il soit, n'ait de la peine à vous y donner du soulagement. Ce que j'en apprends, c'est qu'à Saint-Germain vous soupirez comme vous soupiriez à Paris; qu'à toute sorte d'objets vous recommencez vos plaintes; que les consolations ne sont pas mieux reçues de vous que de coutume, et finalement que vous êtes bien peu différente de ce que vous étiez le premier jour que ce pitoyable message vous fut apporté. Je sais bien, madame, que. pour condamner vos larmes il faudrait ignorer le plus juste ressentiment qui soit en la nature. Les autres passions ont leurs bornes étroites, et ne sauraient si peu s'étendre qu'elles ne soient hors de la bienséance. Celle d'aimer est alors extrêmement louable, quand elle est extrêmement violente. Et sans mentir, si jusques ici vous eussiez moins fait que ce que je vous ai vue faire, je me fusse permis de diminuer quelque chose de l'opinion que j'ai de votre bon naturel. Mais aujourd'hui que de l'amour d'un frère vous semblez passer à la haine de vous-même, et faites appréhender à vos serviteurs quelque mauvaise issue de cette obstination à vous affliger, je ne puis que, pour l'intérêt de la vertu, dont vous êtes presque le seul appui en cette cour, je ne vous supplie très humblement de trouver bon que je quitte la complaisance pour me courroucer à votre douleur, et vous faire voir que sans honte vous ne pouvez céder à un ennemi qui, n'ayant autre force que celle que lui donne votre faiblesse, indubitablement cessera de vous poursuivre aussitôt que vous aurez cessé de reculer. Que pensez-vous faire, madame? Où est allée cette crainte de Dieu qui si exactement vous a toujours fait conformer à ses volontés? En quelles ténèbres s'est ensevelie cette lumière d'esprit dont vous êtes renommée entre les premières princesses de la terre? Auriez-vous été si nonchalante en la considération du cours du monde, que vous n'eussiez pas reconnu que l'instabilité des choses humaines y fait tous les jours quelque nouveau trouble; et que, pour y trouver une vie qui n'ait jamais eu de traverse, il la faut chercher parmi celles qui n'ont duré que du matin jusqu'au soir? Vous avez l'honneur d'approcher la reine de si près, et lui rendez une assiduité si grande en tous lieux et à toutes heures, qu'il n'y a personne qui la connaisse comme vous faites. Vous voyez que sa piété envers Dieu ne peut être plus grande, sa bonté envers les hommes plus générale, ni sa conduite aux affaires plus diligente. C'est chose que toutes les bouches publient, que toutes les plumes écrivent, et que sans être méchant jusqu'à la rage, ou stupide jusqu'à la brutalité, il est impossible de contredire. Et néanmoins fut-il jamais des ennuis sensibles comme ceux que le malheur a donnés et donne continuellement à son incomparable vertu? Je laisse à part la mort du feu roi, en la perte duquel, si une main plus forte que celle des hommes ne l'eût visiblement soutenue, elle avait de quoi ne se ressouvenir jamais qu'avec larmes du contentement de l'avoir possédé. Je ne dis rien non plus de celle de feu Monseigneur, prince

---

[1] Louise-Marguerite de Lorraine, fille de Henri Ier, duc de Guise, morte le 30 avril 1631, seconde femme de François, prince de Conti, sourd-muet, fils de Louis de Bourbon, premier prince de Condé. On a d'elle l'*Histoire des amours de Henri IV*; Cologne, 1664, in-12.

[2] François-Alexandre Paris, chevalier de Malte, lieutenant général en Provence, tué d'un éclat de canon, au château de Baux, le 1er juin 1614.

dont l'inclination aux choses sérieuses, excédant la mesure de son âge, faisait croire que les interprétations de ces feux du ciel que nous vîmes à Fontainebleau, sur le point de sa naissance, tant fussent-elles avantageuses, ne l'étaient point assez pour témoigner ce qu'il fallait espérer de sa grandeur. Je parle seulement de ces brouilleries monstrueuses que lui font tous les jours ceux mêmes à qui ses libéralités ont donné plus d'occasion de la servir. Considérez-les, madame; et, depuis le premier jour de sa régence ( lequel, avec tout ce qu'il y a de gens de bien en ce royaume, je n'appelle jamais autrement que le jour de la résurrection de l'État), comptez, si vous pouvez, toutes les persécutions que jusqu'à cette heure elle a souffertes; il sera malaisé qu'après un si grand exemple, vous ne supportiez patiemment que, de tant d'adversités dont la vie est pleine, il y en ait quelqu'une qui soit parvenue jusqu'à vous. Vous me direz qu'en toute autre affliction que celle où vous êtes, vous eussiez eu moins de peine à vous commander. Je n'en sais rien, madame. Il vous est demeuré assez de personnes de qui, si vous les aviez perdues, je ne doute point que vous ne fissiez les mêmes regrets et ne tinssiez le même langage. Mais prenons le cas que cela soit et que, de tous les ennuis dont vous pouviez être touchée, cettuy-cy tienne véritablement le premier lieu. Avec quelle apparence, madame, exigeriez-vous ou cette soumission ou cette civilité de la fortune, qu'ayant à vous ôter quelque chose, elle voulût savoir de vous ce qu'il vous déplairait le moins d'avoir perdu? Est-ce une courtoisie qu'il faille attendre d'un ennemi, et d'un ennemi sans miséricorde comme elle est, qu'ayant tiré l'épée pour vous frapper, il vous demande en quel endroit vous avez envie de recevoir le coup? Ne savez-vous pas que c'est à elle à choisir de nous et du nôtre ce que bon lui semble, et à nous de nous résoudre qu'à la première occasion ou nous serons emportés nous-mêmes, ou nous lui verrons emporter le demeurant? Je vous accorde que la mort de monsieur votre frère est une perte inestimable. Je ne la restreins ni à vous ni aux vôtres. Le roi et la reine, que j'ai vus en votre chambre le pleurer avec vous, et qui ont fait l'honneur à monsieur votre aîné de lui aller rendre le même office jusque chez lui, vous ont assez témoigné de quelle affection ils participent à votre douleur. Toute la cour, voire toute la France, en a fait de même. Et certes ce jeune prince, qui en la beauté du corps n'était surmonté de personne, ajoutait à cet ornement une douceur d'esprit, une générosité de courage et une pureté de conscience, qui ne démentaient point l'opinion qu'on a toujours eue que votre maison est si grande qu'elle ne peut rien produire de petit. Mais quoi! madame, puisqu'il était homme, fallait-il pas qu'il souffrît ce qu'ont souffert tous les hommes qui devant lui sont venus au monde, et que souffriront infailliblement tous ceux que les siècles futurs y verront venir après lui? Il le fallait, madame. Nous avons beau être distingués en la condition de vivre, nous sommes tous égaux en la nécessité de mourir. C'est une loi qui ne reçoit ni dispense ni privilége. Naissant dans la splendeur des palais ou dans l'obscurité des cabanes, sur le drap d'or ou sur le fumier, parmi les tapisseries ou parmi les araignées, nous en sommes aussi peu exempts d'une façon que d'autre. Oui; mais il pouvait vivre quatre-vingts ans, et il est demeuré au deçà de vingt-six. Voulez-vous, madame, être satisfaite sur cette plainte? Souvenez-vous de quelle horloge son heure a été sonnée. N'a-ce pas été de celle qui, faite quant et les siècles, par l'auteur des siècles mêmes, gouverne le soleil comme le soleil gouverne les nôtres, et, d'une souveraineté absolue, assigne le commencement et la fin à tout ce qui est d'un bout à l'autre de l'univers? De ce côté-là, madame, comme il ne faut point espérer de grâce, aussi ne faut-il point craindre d'injustice. Monsieur votre frère n'a pas vécu ce qu'il pouvait vivre, je l'avoue; mais il a vécu ce qu'il devait. Et si celui qui lui prêta la vie était comptable de ses actions, il vous ferait voir que lorsqu'il la lui a redemandée, ç'a été sans lui faire perdre une minute du temps qu'il lui avait baillé pour la posséder. Je ne m'arrête pas là, madame; je veux de cette considération vous faire passer à une autre. Que savez-vous si pour la rétribution de ses dévotions extraordinaires, cette providence éternelle, qui toujours est disposée au bien de ses créatures, ne lui a point voulu ôter le loisir de faire chose qui pût gâter la réputation que son intégrité lui avait acquise, et diminuer les contentements que sa prospérité vous avait donnés? Il est certain que les vertus et les vices s'accompagnent en nos mœurs, comme font les joies et les ennuis en nos aventures. Que savez-vous donc si, lorsqu'il est mort, les vertus et les joies de sa vie n'étaient point consumées? et si ce n'a point été lui faire grâce que de lui retrancher des jours qu'il ne pouvait passer qu'entre des vices et des ennuis? Ses inclinations étaient véritablement portées au bien; mais quels pernicieux conseillers sont-ce que la chaleur d'un âge où les passions sont furieuses, la hardiesse d'une condition à qui tout semble être permis, et la communication des compagnies fâcheuses, que dans le monde il est aussi malaisé de ne voir point, comme les voyant il est impossible d'en éviter l'imitation? La constitution du corps n'est jamais si forte, qu'à la fin, parmi ceux qui sont malades, on ne devienne malade, ni les ressorts de l'âme si fermes, qu'on ne se corrompe quand on est longtemps parmi ceux qui sont corrompus. Et puis, serait-ce une bonne conséquence, il eût toujours été homme de bien, il eût donc toujours été heureux; il n'eût jamais fait de mal, il ne lui en fût donc jamais arrivé? La fortune use impérieusement de ses affections. Elle suit qui bon lui semble, mais elle ne s'attache à personne; et si elle aime, ce n'est jamais qu'avec liberté de haïr quand il lui plaira. Trop de gens l'ont accusée de légèreté, trop de preuves l'en ont convaincue, et l'en convainquent tous les jours, pour en avoir autre opinion. Pouviez-vous, madame, voir tant de traits de son inconstance à l'endroit des autres, sans l'appréhender en ce qui touchait monsieur votre frère, et vous représenter que, tout ainsi qu'en mourant de bonne heure il vous a donné de quoi murmurer de la brièveté de sa vie, il pouvait, en mourant plus tard, vous donner occasion de vous ennuyer de sa longueur? Je sais bien que la belle saison des fleurs est la promesse d'une grande récolte. Mais combien de fois est-il arrivé que tantôt une fortune de grêle, tantôt un ravage de pluies, tantôt un excès de sécheresse, et tantôt quelque autre mauvaise disposition de l'air, ne nous a laissé cueillir pour des fruits que des feuilles, et de la paille pour des épis? Monsieur votre frère pouvait, comme chevalier de Malte, désoler toute la côte de Barbarie, ruiner Alger, brûler Tunis et Bizerte, rompre le commerce de Constantinople en Alexandrie, resserrer les galères du Turc au delà du Bosphore, et donner la souveraineté des mers du Levant à l'étendard de sa religion. Il pouvait aussi, comme lieutenant général d'une armée royale, mettre pied à terre en la Syrie, redresser les croix de Lorraine en la Palestine, porter les fleurs de lis aux dernières contrées des Indes, et se couronner de palmes plus hautes et plus glorieuses que ne furent jamais celles de ses prédécesseurs. Certes, en cela il n'y avait rien d'impossible, ou plutôt rien qui avec beaucoup de vraisemblance ne se pût espérer de lui. Mais, madame, voyons le revers de la médaille. Ne pouvait-il pas arriver que, par quelqu'un de ces inconvénients qui mettent les terreurs paniques dans les armées, la sienne se serait mise en fuite, et que, sans avoir part à la faute, il aurait eu part au déshonneur? Ne pouvait-il pas tomber aux mains des Turcs, et se voir, selon leur coutume, confiné dans la tour de la mer Noire; ou plus cruellement encore être mis en quelque autre prison, d'où tout l'or du monde n'eût pas été suffisant de le racheter? Ces nouvelles, madame, vous eussent été des afflictions insupportables. Mais en voici encore une qui n'est pas moindre. Se pouvait-il pas faire qu'étant sensible comme il était aux aiguillons de l'honneur, et chatouillé de la réputation de deux combats qui lui étaient aussi glorieusement succédés, que généreusement il les avait entrepris, il en eût essayé un troisième, où, témoignant le même courage, il n'eût pas trouvé le même événement? Avec quel déplaisir, ou plutôt avec quel désespoir l'eussiez-vous vu rapporter alors, sinon mort, au moins estropié pour le reste de sa vie, et peut-être ayant au lieu le plus éminent de son visage les marques de son malheur et de l'avantage de son ennemi? Sortons, madame, de la considération de ces inconvénients, et tournons les yeux sur une infinité de maladies qui le pouvaient réduire en tel état que, pour son repos, vous eussiez été obligée de faire contre sa vie les mêmes vœux qu'aurait su faire un qui l'aurait haï mortellement. Je sais bien que sa bonne complexion lui pouvait faire espérer une grande santé. Mais combien voyons-nous de maux si étranges, que nous ne savons ni qu'imaginer pour en trouver la cause, ni qu'employer pour en avoir la guérison? Feu monsieur le cardinal de Lorraine, du titre de Sainte-Agathe, frère de monsieur de Lorraine qui est aujourd'hui, fut d'une température où il n'y avait rien à désirer. Sa façon de vivre ne pouvait être ni meilleure ni plus réglée qu'elle était. Et cependant quelles gênes, je ne dis pas des communes, mais de celles qui font frémir les bourreaux mêmes, ne seraient préférables à ce qu'il souffrit depuis le vingt et neuvième an de son âge, que ses douleurs commencèrent, jusques au quarantième, que leur continuation le porta dans le tombeau? Cette maladie fut durant onze ans l'exercice de tous les médecins, non pas de l'Europe, mais du monde. Des remèdes ordinaires on vint aux extraordinaires. L'Église pria pour lui, et comme pour un très-grand prince, et comme pour un très-digne prélat. Enfin, après n'avoir rien oublié de tout ce qui se peut essayer, ce que l'on avança fut que, trois ans devant qu'il mourût, ses tourments, avec quelque diminution bien légère, aboutirent à une débilité de toutes les parties de son corps, si grande et si universelle, que des fonctions de la vie il ne lui en demeura que celles de voir et de parler. Vous en savez l'histoire, pource qu'elle est de votre maison, et nous la savons tous, pource qu'elle est de notre siècle. Repassez-la, madame, devant vos yeux, et vous m'avouerez que si vous eussiez vu monsieur votre frère en aussi

7.

mauvais termes, vous n'eussiez guère moins donné que votre vie et qu'il eut perdu la sienne dans le berceau. Toutefois, madame, soyons tout à fait indulgents à votre désir, et nous figurons que, par un bonheur digne d'être mis entre les prodiges, sa santé, aussi bien que sa fortune, fût perpétuellement demeurée au meilleur état où vous la pouviez souhaiter. Ne savez-vous pas qu'il est du cours de notre vie comme de celui de l'année, où les premiers mois ont le soleil presque sans point de nuages, et les derniers des nuages presque sans point de soleil? Pensez-vous que vous l'eussiez toujours vu tel qu'il était, ou quand, avec monsieur votre mari, en la place Royale, habillé selon le dessin dont vous-même aviez pris la peine de faire l'invention, et regardé non moins pour la bonne grâce et la justesse de ses courses que pour l'éclat et la magnificence de son entrée, il faisait douter s'il n'était point l'astre même duquel il se disait le chevalier? ou quand en la compagnie de monsieur votre aîné, conduisant les ambassadeurs d'Espagne à l'audience des mariages, plein de bonne mine, et plus brillant que les pierreries dont il était couvert, il attirait à soi les bénédictions de tout ce que nous étions à la galerie, et obligeait ceux mêmes qui le voyaient avec envie de parler de lui avec admiration? Non, non, madame, la vie des hommes a sa lie aussi bien que le vin. Le vivre et le vieillir sont choses si conjointes, que l'imagination même a de la peine à les séparer. Celui qui a tout créé a tout enfermé dans le cercle des âges, afin que rien ne soit exempt de leur juridiction. L'éternité n'est qu'au ciel. En la terre tout se change, tout s'altère, non d'année en année, de mois en mois, ni de semaine en semaine, mais de jour en jour, d'heure en heure, et de moment en moment. Nous ne sommes plus ce que nous étions hier; nous ne serons pas demain ce que nous sommes aujourd'hui; et déjà, madame, je ne suis plus celui que j'étais quand je me suis mis à vous écrire cette lettre. Les années gâtent les marbres; elles ne pouvaient donc pas épargner monsieur votre frère. Il fallait qu'il cessât d'être ce qu'il était, de pouvoir faire ce qu'il avait fait, et que, par conséquent, il renonçât aux bals, aux ballets, aux faveurs des dames, aux combats de barrière, aux courses de bague, et généralement à tous ces passe-temps où la galanterie oblige les jeunes gens de s'occuper. Je sais bien qu'il eût toujours ouï rendre de grands témoignages à son mérite, et qu'autant de fois qu'il eût été question de faire quelque semblable partie, on eût fait mention de lui comme d'un prince à qui autrefois les plus accomplis avaient quitté le premier lieu. Mais jugez, s'il vous plaît, madame, à quels termes est réduit un homme, quand, pour avoir de la gloire, il est renvoyé à la mémoire des années passées; et que, tout vivant qu'il est, il ouït parler de lui de même façon que s'il était mort. Avec quelle douleur est-il croyable que monsieur votre frère se fût vu n'être plus que spectateur des choses dont il avait été la meilleure et principale part? Et vous-même, madame, quand vous l'eussiez vu dépouillé par la vieillesse des ornements que la jeunesse lui avait donnés, vous fussiez-vous empêchée de retrancher quelque chose, sinon de votre affection, au moins du contentement que vous aviez pris à le regarder? Prenez la peine, madame, de vous entretenir sur ce que je vous dis, et vous ne trouverez pas qu'en ce retranchement de jours il ait été si maltraité que vous le vous figurez. Il est mort jeune; mais il est mort heureux. Ses amis ne l'ont guère possédé; mais sa mort est la seule douleur qu'ils ont jamais eue pour l'amour de lui. Il a peu joui des douceurs du monde; mais il n'en a pas goûté les amertumes. Il n'y a fait guère de chemin; mais il n'y a marché que sur des fleurs. Ce que la vie a de raboteux, d'âpre et de piquant, était en ce reste d'années qu'il n'a point vues. Que si au genre de mort vous trouvez de quoi murmurer, comme je crois que vous faites, que s'en faut-il que cette plainte ne soit aussi délicate que les précédentes? Je parle avec liberté, madame, mais je pense le pouvoir faire, pource que je parle avec affection. Ne savez-vous pas que la plupart des choses du monde, ayant deux visages, sont trouvées ou bonnes ou mauvaises selon qu'elles sont considérées? Et si vous le savez, pourquoi ne regardez-vous pas celle-ci du côté qu'elle vous peut donner du contentement? Que me dites-vous, comme il est très-véritable, que monsieur votre frère, ayant à mourir, a été bien heureux de rencontrer une mort qui l'ait exempté d'être cinq ou six semaines, ou peut-être cinq ou six mois dans un lit, à souffrir outre la rigueur de son mal l'importunité des remèdes que l'on eût inutilement essayés pour le guérir? Il a eu quatre heures pour nettoyer son âme des souillures de la terre, et les a si dignement employées, que, sans faire injure à cette bonté miséricordieuse qui n'est jamais déniée aux repentances véritables, il n'est pas possible que nous doutions qu'il ne possède aujourd'hui les félicités du ciel. Quel loisir lui eussiez-vous désiré davantage? Lui pouvait-il mieux arriver que de ne souffrir guère ce qu'il avait à souffrir nécessairement? Je pense, madame, vous avoir conté qu'à l'entrée que douze ou quinze jours auparavant il avait faite en une petite ville (et crois que c'était celle même où, par un excès de joie il fut reçu d'une compagnie de femmes en habit d'amazones ), ayant mis pied à terre à la porte de son logis, et s'y étant arrêté pour voir repasser l'infanterie qui était venue au-devant de lui, comme quelques-uns de ce nombre infini de noblesse qui ne l'abandonnait jamais le priaient de se retirer, de peur des inconvénients que le plus souvent on voit arriver en semblables occasions, il leur répondit en riant qu'ils ne s'en missent point en peine, et qu'il fallait un coup de canon pour le tuer. Que vous semble de cela, madame? Pouvez-vous lui être si bonne sœur que vous êtes, et lui souhaiter une autre fin que celle qu'il a déclaré lui-même lui être la plus agréable? Je ne sais pas le jugement que vous en pouvez faire; mais quant à moi, puisque par la sagesse infinie de notre reine, vraiment bonne, vraiment grande et vraiment adorable, il est impossible à nos factieux de ressusciter la guerre, et que, pour cette raison, monsieur votre frère ne pouvait mourir en aucune de ces occasions recherchées par ceux de son courage et de sa profession, je ne puis prendre ce qui lui est arrivé que pour une gratification de la fortune, qui, le traitant selon son humeur, a voulu qu'au milieu même de la paix il eût en sa mort quelque image de guerre; et se conformant encore à ce qu'il avait dit, que des armes communes n'étaient pas capables de lui ôter la vie, a choisi celles qu'il avait approuvées, et que véritablement, comme les plus furieuses, elle a cru les plus propres à témoigner l'estime qu'elle faisait de sa valeur. Mais prenons le cas qu'il se fût noyé dans une rivière, qu'un cheval se fût abattu sous lui et lui eût rompu le cou, que la chute d'une maison l'eût accablé, ou que par quelque autre accident vous en eussiez été privée, n'eussiez-vous pas toujours dit ce que vous dites, et toujours pleuré comme vous pleurez? Je n'en doute point, madame. En quelque verre qu'on vous eût baillé ce breuvage, vous ne pouviez que lui faire mauvaise mine. Otons donc ce prétexte à votre douleur, et voyons si elle en a de plus considérables. Elle est trop ingénieuse et trop diligente pour laisser en arrière quelque raison dont elle se pense justifier. Vous n'avez point vu mourir monsieur votre frère. Je m'assure que cette circonstance est de celles où vous croyez avoir quelque sujet de vous arrêter. Mais, madame, quand en cela vous eussiez été servie selon votre souhait, que vous en pouvait-il réussir, ni pour votre soulagement, ni pour le sien? Vous l'eussiez vu nager dans le sang, il vous eût vue noyer en larmes. Et qui doute que la présence des objets, faisant son effet ordinaire, ne lui eût accru le sentiment de sa douleur, et à vous celui de votre affliction? Mais il eût pris plaisir de mourir entre les siens. Eh quoi! madame, n'estimez-vous rien qu'il soit mort aux bras d'une troupe de gentilshommes, qui en cet accident furent bien à peine empêchés de se précipiter eux-mêmes, et s'ajouter aux exemples de ceux qui n'ont point voulu garder leurs vies après avoir perdu celle de leurs amis? Il n'est pas croyable, madame, comme avec cet art de charmer les esprits, qui certainement est fatal à votre maison, il avait universellement acquis les volontés de toute cette province. Je vous ai fait voir les lettres que M. du Vair et M. de la Ceppède m'en ont écrites, où l'expression du regret qu'ils en ont est si claire que l'on ne peut douter de leur affection. Et d'ailleurs, l'un étant premier président au parlement, et l'autre ayant la même charge en la cour des comptes, vous pouvez bien juger que ce goût leur est commun avec une infinité de bons serviteurs du roi, dont leurs compagnies sont aussi remplies que nulle autre qui soit en ce royaume. Cela me gardera de vous en produire d'autres témoignages. Et puis comme sauriez-vous ignorer chose qui touche monsieur votre frère, vous qui, selon la coutume de ceux qui aiment, ne tenez point de temps mieux employé que celui que vous donnez à vous en faire entretenir? Ne savez-vous pas que, le lendemain que son corps fut arrivé à Arles, le peuple, criant et gémissant d'une façon qu'il semblait, après l'avoir perdu, ne vouloir plus rien sauver, arracha les clous de sa bière, décousit le drap où il était enseveli, et ne trouvant aucun changement en son visage, en fit faire un portrait qui a été mis en leur maison de ville, pour être à ceux qui vivent un avertissement de ne se lasser jamais de le plaindre, et à leur postérité une exhortation comme héréditaire d'en garder la mémoire éternellement? Ne savez-vous pas que cette même ville et celle d'Aix ayant disputé l'honneur de lui donner sépulture, la résolution que l'on a prise d'en laisser le corps aux uns et envoyer le cœur aux autres a été le seul expédient qui les a pu mettre d'accord? Vous le savez, madame, et par conséquent ne pouvant douter qu'en un lieu où il était si chèrement et si passionnément aimé, il ne soit mort aussi content que dans l'hôtel de Guise, vous avez de quoi en être satisfaite, et moi de quoi cesser d'en contester avec vous. Je crois qu'il ne me reste plus que l'assemblement que vous faites de l'intérêt du roi et de la reine avec le vôtre. Vous prévoyez, ce vous semble, des occasions où les gens de bien seront nécessaires : tellement qu'après avoir pleuré pour vous la perte d'un frère, vous pleurez pour Leurs Majestés celle d'un serviteur que sa fidélité, son bras et son courage leur faisaient estimer l'une des plus fermes défenses de leur État. Ce n'est pas d'aujourd'hui, madame, que je reconnais comme vous aimez la reine. Je sais qu'en vos propos ordinaires, et aux lettres où vous parlez d'elle, vous ne l'appelez jamais autrement que votre bonne maîtresse; et, qui plus est, je vous ai ouï dire plusieurs fois que, si elle était morte, vous ne voudriez pas vivre une heure après. C'est pourquoi je ne m'étonne pas que vous soyez en peine de son repos. Nous avons tous cette coutume, que le salut des choses qui nous sont chères n'est jamais si assuré, que nous n'y soupçonnions quelque danger. Et certainement c'est là que la peur a bonne grâce, si elle peut jamais l'avoir en quelque part. Mais, madame, à regarder les choses, non selon ce qu'elles semblent en apparence, mais selon ce qu'elles sont en effet, combien s'en faut-il que nous ne soyons si mal qu'on nous le veut persuader? Il se peut faire que nos derniers feux ont laissé quelque chaleur en leurs cendres. Mais qu'y a-t-il en cela qui soit digne des alarmes que nous prenons? Quel doute pouvons-nous faire que la reine qui les a éteints ne les empêche de se rallumer? Si nous étions aux premiers jours de son administration, la nouveauté nous en pourrait être suspecte. Mais aujourd'hui qu'elle a vu les affaires aux formes les plus extravagantes qu'elles puissent être, et que si victorieusement elle nous a mis hors du bourbier où notre fureur nous avait précipités, à quel propos cette appréhension? Comme ses yeux sont les plus beaux du monde, ils sont aussi les plus clairvoyants. Il n'y a nuage qui les offusque, artifice qui les trompe, ni charme qui les éblouisse. Tant qu'ils veilleront pour nous, assaille-nous qui voudra, le passé nous doit assurer de l'avenir. Au pis aller, il ne faut plus que trois ou quatre ans au roi pour faire le monde sage, et châtier ceux qui ne le seront pas. Toutes grandes qualités ont en lui de très-grands commencements. C'est un jeune lion qui aura bientôt de la force aux ongles; et alors malheur aux oppresseurs de son peuple et aux contempteurs de son autorité! Attendons-en le terme avec patience; nous y touchons du bout du doigt. Que si nous sommes si malheureux qu'entre ci et ce temps-là nous ne puissions compatir avec le repos, et que nos mauvaises humeurs fassent renaître quelque désordre, l'honneur qu'en ces dernières occasions la reine a fait à monsieur votre aîné de le désigner lieutenant général en l'armée du roi, ne vous est-ce pas une obligation de croire avec elle qu'il n'y a rien que l'on ne se doive promettre de sa valeur? Ce n'est pas un prince du rang du commun. Tous ceux qui sont de sa qualité ne sont pas de son mérite. La nourriture qu'il a prise dans les périls de la guerre, où monsieur votre père le mena si jeune, qu'il a presque aussitôt su combattre que marcher, et, sans mettre en compte ses autres actions, aussi infinies comme elles sont infiniment glorieuses, la seule reprise de Marseille, qu'il ôta aux séditieux le jour même qu'ils la devaient bailler aux étrangers, sont des considérations assez fortes pour autoriser toute la bonne opinion qu'on saurait avoir de lui. Ne lui faites pas cette injure, de croire que si nous avons des monstres, il nous faille une autre épée que la sienne pour les exterminer. Ne désobligez ni lui ni messieurs vos deux autres frères, avec des plaintes qui leur fassent croire que vous préférez ce que vous avez perdu à ce qui vous est demeuré. La diminution de leur nombre n'a rien diminué de leur grandeur. Ils sont ce qu'ils étaient, et peuvent ce qu'ils pouvaient auparavant. Consolez-vous en eux et avec eux. La nature est satisfaite, il est temps que la raison soit écoutée. Les hommes, qui ne sont que vers de terre, ou, pour mieux dire, qui ne sont rien, s'offensent quand on murmure contre eux. Ils veulent que leurs actions soient réputées irrépréhensibles, et le veulent si absolument qu'il se faut résoudre d'approuver tout ce qu'ils font, ou de les avoir pour ennemis. Je vous laisse à penser, madame, comme Dieu peut trouver bon que nous le soumettions à notre censure. Vous avez toujours eu peur de lui déplaire. Ne soyez point dissemblable à vous-même en cette occasion. S'il fait des choses contre notre goût, il n'en fait point qui ne soient pour notre bien. Je sais qu'il n'est pas raisonnable de vouloir venir à compte avec lui. Sa qualité d'arbitre souverain de nos biens et de nos vies y résiste, et vous savez trop bien ce qui lui est dû pour écouter cette proposition. Mais quand cela serait, et que je vous représenterais qu'il vous a fait naître des maisons de Lorraine et de Clèves, toutes deux si renommées, qu'il n'y a coin de la terre qui n'en connaisse la gloire, et toutes deux si grandes, que l'Europe n'a point de rois à qui l'une ou l'autre ne vous fasse appartenir; quand, de votre naissance venant à votre personne, je vous ferais prendre garde aux grâces de corps et d'esprit qu'il vous a données, si miraculeuses qu'il y a de quoi vous faire plus que ce que vous êtes d'extraction, et qu'à cela j'assemblerais l'honneur qu'il vous fait d'être aimée d'une reine qui porte la première couronne du monde, et reine si accomplie en toute sorte de mérites, que ses vertus ne la font point régner plus sagement que ses beautés la font régner de bonne grâce, quelle si mauvaise estimation sauriez-vous faire de la moindre de ces obligations, que vous n'y soyez plus que récompensée, non-seulement de la perte que vous avez faite de monsieur votre frère, mais de tout ce que la fortune vous saurait jamais ôter à l'avenir? Je sais bien que la privation des choses nous étant amère, selon que la possession nous en a été douce, il est malaisé que, sans des regrets incomparables, il vous ressouvienne des soins dont monsieur votre frère a continuellement obligé votre affection. Mais, puisque l'espérance de revoir ceux que nous aimons est la consolation de leur éloignement, pourquoi ne peut-elle être employée en cette absence, comme en toutes celles qui autrefois l'avaient séparé de vous? Il n'y a point d'apparence qu'il doive revenir au monde; mais y en a-t-il que vous ne devez point aller au ciel? On y va, madame, par le chemin que vous prenez. La piété l'y a mené, la piété vous y mènera. Ce sera là qu'un jour avec lui vous aurez en la source même les plaisirs que vous n'avez ici que dans les ruisseaux. Ce sera là que les étoiles que vous avez sur la tête seront à vos pieds; là, que vous verrez passer les années, fondre les orages, gronder les tonnerres au-dessous de vous. Et alors, madame, si parmi les glorieux objets dont vous serez environnée il vous peut souvenir des choses du monde, avec quel mépris regarderez-vous ou ce morceau de terre dont les hommes font tant de régions, ou cette goutte d'eau qu'ils divisent en si grand nombre de mers? Quelle risée ferez-vous de les voir tantôt empêchés après les nécessités d'un corps auquel ils n'ont pas sitôt baillé une chose qu'il leur en demande une autre, et tantôt inquiétés de la faiblesse d'un esprit qui tous les jours les met en peine de se délivrer par un second vœu de ce qu'ils ont obtenu par le premier? Prévenez, s'il est possible, ces généreuses pensées. Commencez à parler du monde comme vous en parlerez quand vous en serez sortie. Reconnaissez-le pour un lieu où, jusqu'à ce que vous ayez tout perdu, vous perdrez tous les jours quelque chose; et de ces méditations faites un préjugé à votre belle âme, qu'ayant eu son origine du ciel, elle est de celles qui auront quelque jour la grâce d'y retourner. Il y a environ deux ans que, faisant office de bonne parente au roi et à la reine d'Angleterre, vous les consolâtes de la mort du prince de Galles avec une lettre où je puis dire avoir vu des conceptions et des paroles que je ne vis jamais ailleurs. Tournez aujourd'hui vos armes contre vous-même, et vous commandez en la mort d'un frère ce que vous avez exigé d'un père et d'une mère en la perte d'un fils. Toute la France a les yeux tournés sur vous, pour y voir le combat d'une douleur infiniment sensible et d'un courage extrêmement relevé. Les vœux des spectateurs sont différents comme sont leurs passions. Soyez du côté de ceux qui vous désirent la victoire. Ce que notre infortune a de plus cuisant, c'est la joie qu'en reçoivent nos ennemis. Les vôtres ont eu le plaisir de voir chanceler votre constance; faites qu'ils aient le déplaisir de la voir demeurer debout. Enfin, madame, si vous ne voulez avoir soin de vous-même, ne privez pas madame votre mère de ce que vous lui devez. Tant que vos larmes couleront, il est impossible que les siennes s'arrêtent. Vous n'ignorez pas qu'à prendre les choses comme la nature les a rangées, son affection n'aille devant la vôtre. Donnez-lui l'exemple de se résoudre. Toute la cour, qui adore sa bonté, vous en supplie par ma bouche; et vous supplie aussi de vous souvenir qu'étant votre compagnie et la sienne la plus agréable relâche que prenne la reine en cette infinité de travaux dont nous la persécutons, il est à craindre que, si vous continuez en l'état où vous êtes, elle n'en reçoive pas le contentement accoutumé. Il n'y a rien de si contagieux que la tristesse, ni que plus facilement la communication fasse passer d'un esprit à l'autre. Prenez-y garde, madame. Le plus louable soin que nous pouvons avoir, c'est de contribuer ce qui dépend de nous à la conservation d'un si précieux trésor. Recueillons-y nos vœux, rassemblons-y nos affections, et oublions tout pour son service, comme nous la voyons s'oublier soi-même pour notre salut. Je veux croire que, quand vous fermeriez l'oreille à toutes les raisons du monde, vous l'ouvririez à ce qui est de sa considération; et qu'après avoir été conjurée par une chose qui vous est si chère comme elle l'est, et qui peut sur vous ce qu'elle y peut, vous ne sauriez plus rien ouïr qui ne vous soit importun. Ce sera donc ici que je finirai ma lettre. Je m'y suis plus étendu que je ne pensais; mais votre divertissement en sera plus long, et vous y connaîtrez mieux la fin que je m'y suis proposée, qui est, madame, de vous témoigner que je suis et veux être toute ma vie votre très-humble et très-affectionné serviteur.

A Paris, ce 29 de mars 1614.

### 16. — A M. DE MENTIN.

Monsieur,

Quand je serais retenu à prier tous les hommes du monde, il serait impossible que je le fusse en votre endroit. Je connais votre courtoisie, et la connais si généreuse, que je penserais lui avoir donné de quoi se plaindre, si je lui avais fait perdre une occasion de m'obliger. L'affaire où j'ai besoin de votre assistance n'est pas une affaire nouvelle. Il y aura bientôt trois ans que vous vous employâtes à me faire avoir pour mon fils un office de conseiller au parlement de Provence. Le traité qui s'en fit alors fut interrompu par une brouillerie qui lui survint. Il est aujourd'hui question de le renouer, et, s'il est possible, de le conduire à sa perfection. Vous vous émerveillerez qu'ayant autrefois si peu estimé la longue robe, je sois à cette heure si affectionné à la rechercher. Il est vrai qu'en mes premières années j'y ai eu une très-grande répugnance. Mais, soit qu'avec plus de temps j'aie eu plus de loisir de considérer les choses du monde, soit que la vieillesse ait de meilleures pensées que la jeunesse, il s'en faut beaucoup que j'en parle comme je faisais en ce temps-là. Je suis bien toujours d'avis que l'épée est la vraie profession du gentilhomme. Mais que la robe fasse préjudice à la noblesse, je ne vois pas que cette opinion soit si universelle comme elle a été par le passé. Tous les siècles n'ont pas un même goût. Nos pères ont approuvé des choses que nous condamnons, et en ont condamné que nous approuvons. Il est vrai que par la voie des armes on arrive à des dignités bien relevées; mais la montée en est si pénible, que pour y parvenir il faut que la fortune, contre sa coutume, aide extraordinairement à la vertu. Il n'en est pas de même aux offices des cours de parlement; toute la peine est de commencer. Depuis qu'une fois on y a mis le pied, on peut dire qu'on a fait la principale partie du chemin. Ce ne sont pas charges qui portent un homme dans les nues, mais elles le mettent assez haut pour en voir beaucoup d'autres au-dessous de soi. On me dira que les gentilshommes qui les prennent deviennent compagnons de plusieurs qui ne le sont pas. Je l'accorde; mais quel remède? Ne vaut-il pas mieux pour eux qu'ils deviennent leurs compagnons que s'ils demeuraient leurs inférieurs? La plus auguste compagnie qui soit au monde est sans doute celle des cardinaux; et cependant, parmi les princes de Bourbon, d'Autriche, de Médicis, et autres maisons souveraines de l'Europe, n'avons-nous pas vu le cardinal d'Ossat, qui, tout excellent personnage qu'il était, avait une extraction si pauvre et si basse que, jusques à cette heure, elle est demeurée inconnue, quelque diligence qu'on ait apportée à la chercher? Le parlement de Paris, entre ses conseillers, en a eu un de la maison de Foix. Après cela, je ne crois pas qu'il y ait gentilhomme qui ne se rendît ridicule s'il en faisait le dégoûté. Pour moi, je confesse librement que je suis très-marri de n'avoir été sage quand je le devais et pouvais être; mais le regret en est hors de saison. J'ai fait la faute en ma personne; je la veux réparer en la personne de mon fils. Quand je l'aurai mis où je le veux mettre, il sera en la compagnie de plusieurs gentilshommes très-gentilshommes, et dans un parlement où la justice est aussi religieusement administrée, et le roi aussi fidèlement servi, qu'en nul autre de ce royaume. De là, s'il est galant homme, il est de condition pour arriver aux premières charges de la profession. S'il le fait, à la bonne heure; sinon, toujours sera-t-il en lieu où il aura moyen de bien faire à ses amis et empêchera ses ennemis de lui faire mal. Je vois bien, monsieur, que je vous entretiens de mes nigeries avec beaucoup de privauté; mais, étant père aussi bien que moi, je ne doute point que vous ne lisiez ma lettre avec le sentiment dont je la vous écris. Si vous voulez que je vous parle des affaires publiques, j'en suis content; aussi bien sont-elles en si bon état que, si mon affection ne me trompe, le vieux mot εὑρήκαμην, συγκαίρωμην, ne fut jamais dit si à propos comme nous le pouvons dire aujourd'hui : réjouissons-nous, perdons la mémoire des misères passées; nous avons trouvé ce que nous cherchions, ou, pour mieux dire, nous avons trouvé ce qu'il n'y avait point d'apparence de chercher. Nos maladies, que chacun estimait incurables, ont trouvé leur Esculape en notre incomparable cardinal; il nous a mis hors du lit; il s'en va nous rendre notre santé parfaite, et après la santé un teint plus frais, et une vigueur plus forte qu'en aucun siècle qui nous ait jamais précédés. La chose semble malaisée, et l'est à la vérité : mais, puisqu'il l'entreprend, il le fera. L'esprit, le jugement et le courage ne furent jamais en homme au degré qu'ils sont en lui. Pour ce qui est de l'intérêt, il n'en connaît point d'autre que celui du public. Il s'y attache avec une passion, si je l'ose dire, tellement déréglée, que le préjudice visible qu'il fait à sa constitution, extrêmement délicate, n'est pas capable de l'en séparer. Il s'y restreint comme dans une ligne écliptique, et ses pas ne savent point d'autre chemin. Voit-il quelque chose utile au service du roi, il y va sans regarder ni d'un côté ni d'autre. Les empêchements le sollicitent, les résistances le piquent, et rien qu'on lui propose ne le divertit. Il n'y a pas longtemps que nous avons eu des ministres qui avaient du nom dans le monde. Mais combien de fois, contre l'opinion commune, ai-je dit, avec ma franchise accoutumée, que je ne les trouvais que fort médiocres, et que s'ils avaient de la probité, ils n'avaient du tout point de suffisance, ou s'ils avaient de la suffisance, ils n'avaient du tout point de probité? Prenons garde à leur administration, et jugeons des ouvriers selon les œuvres. Ne trouverons-nous pas que de leur temps ou les factieux n'ont jamais été choqués, ou s'ils l'ont été, ç'a été si lâchement, qu'à la fin du compte la désobéissance s'est trouvée montée au plus haut point de l'insolence, et l'autorité du roi descendue au plus bas du mépris? Il semble qu'il ne se puisse rien dire de plus honteux : si fait; les perfidies et les rébellions avaient des récompenses, et Dieu sait si après cela il fallait douter qu'elles n'eussent des imitateurs. Qui sait mieux que vous, ou plutôt qui ne sait point que par leur connivence nous avons eu des gouverneurs qui ont régné dans les provinces, et si absolument régné, que le nom du roi n'y était connu qu'autant que, pour le dessein qu'ils avaient, il leur était nécessaire de s'en couvrir? Cependant ces grands conseillers pensaient avoir bien rencontré quand ils avaient dit que c'était assez gagner que gagner temps. Misérables! qui ne s'apercevaient pas que ce qu'ils appelaient gagner temps était véritablement le perdre, et nous réduire à des extrémités d'où il était à craindre que le temps ne pût jamais nous retirer. Jugez si en cette dernière brouillerie il se pouvait rien désirer de mieux que ce qui s'y est fait; et si, sans sortir de la modération requise en une affaire si épineuse, la dignité royale n'a pas été remise en un point où ceux que l'on ne peut empêcher de la haïr, seront pour le moins empêchés de l'offenser. Vous voyez bien qu'il y aurait là-dessus beaucoup de choses à dire : mais, à mon gré, la plus courte mention de nos folies est la meilleure. Et puis, pour louer cet admirable prélat, on ne saurait manquer de matière; il ne faut avoir soin que de la forme. La seule paix qu'il a faite avec l'Espagnol est une action qui jusqu'ici n'a jamais eu d'exemple, et qui peut-être n'en aura jamais à l'avenir. Je fais cas de l'avantage que nous y avons eu pour nous et pour nos alliés; mais ce que j'en estime le plus, c'est que la chose s'est faite si secrètement et si promptement, que la première nouvelle que nous en avons eue a été la publication. Où en serions-nous, à votre avis, si l'on eût suivi les longueurs tant pratiquées autrefois par ceux qui maniaient les affaires, et tant célébrées par je ne sais quels discoureurs, qui ne parlent jamais avec plus d'assurance que quand ils parlent de ce qu'ils n'entendent point? Qu'eût-ce été autre chose, que donner loisir aux intéressés dedans et dehors le royaume de ruiner l'affaire, et, par l'interposition de leurs difficultés, nous retirer du port où la dextérité de ce judicieux pilote nous a si heureusement fait arriver? Au demeurant, on se tromperait de s'imaginer qu'en bien faisant il eût devant les yeux autre chose que la gloire. Comme elle est le seul aiguillon qui l'excite, aussi est-elle la seule récompense qu'il se propose. Il est vrai que le roi, lui commettant ses affaires, lui fit expédier un brevet de vingt mille écus de pension. Mais il est vrai aussi qu'il ne l'accepta qu'avec protestation de ne s'en servir jamais, et ne le garder que pour un témoignage d'avoir eu quelque part en la bienveillance de Sa Majesté. Vous ne doutez point qu'entre ceux qui ont l'honneur de lui appartenir, il n'y en ait assez que leur mérite peut faire prétendre aux principales charges de cette cour; et cependant, quand le roi leur en veut faire quelque gratification extraordinaire, ne le voyons-nous pas y résister avec une modestie si opiniâtre, qu'à moins que d'un commandement exprès que Sa Majesté lui fasse il n'est pas possible qu'il y apporte son consentement? Les inclinations d'un bon naturel sont en lui aussi fortes qu'en nul autre, et par conséquent il ne faut pas croire que l'établissement des siens lui déplaise; mais il craint qu'il ne soit soupçonné de chercher en leur fortune ce qu'il ne veut devoir qu'à sa vertu. La dépense qu'il fait aujourd'hui pour rebâtir la Sorbonne de fond en comble, qui ne s'éloignera guère de cent mille écus, est assez considérable pour ne pas être oubliée entre les marques de sa générosité; mais ce que je vous vais dire est bien autre chose. Comme, après avoir jeté les yeux sur tous les défauts de la France, il a reconnu qu'il ne s'y pouvait remédier que par le rétablissement du commerce, il s'est résolu, sous l'autorité du roi, d'y travailler à bon escient, et, par l'entretenement d'un suffisant nombre de vaisseaux, rendre les armes de Sa Majesté redoutables aux lieux où le nom de ses prédécesseurs a bien à peine été connu. Toute la difficulté qui s'y est trouvée, c'est que, ayant été jugé que pour l'exécution de ce dessein il était nécessaire que le gouvernement du Hâvre fût entre ses mains, et le roi le lui ayant voulu acheter, il n'a jamais été possible de le lui faire prendre qu'en lui promettant de le récompenser de son propre argent. Il avait, à sept ou huit lieues de cette ville, une maison embellie de toutes les diversités propres au soulagement d'un esprit que les affaires ont accablé : il a oublié le plaisir qu'il en recevait, ou plutôt le besoin qu'il en avait, pour se résoudre à la vendre, et en a employé les deniers à l'achat de cette place. Tout ce que le roi a pu obtenir de lui, ç'a été que, lorsque les coffres de son épargne seront mieux fournis qu'ils ne sont, il ne refusera pas que par quelque bienfait Sa Majesté ne lui témoigne la satisfaction qu'elle a de son service. Ce mépris qu'il fait de soi et de tout ce qui le touche, comme s'il ne connaissait point d'autre santé ni d'autre maladie que la santé ou la maladie de l'État, fait craindre à tous les gens de bien que sa vie ne soit pas assez longue pour voir le fruit de ce qu'il plante. Et d'ailleurs, on voit bien que ce qu'il laissera d'imparfait ne saurait jamais être achevé par homme qui tienne sa place. Mais quoi? il le fait, pource qu'il le faut faire. L'espace d'entre le Rhin et les Pyrénées ne lui semble pas un champ assez grand pour les fleurs de lis. Il veut qu'elles occupent les deux bords de la mer Méditerranée, et que de là elles portent leur odeur aux dernières contrées de l'Orient. Mesurez à l'étendue de ses desseins l'étendue de son courage. Quant à moi, plus je considère des actions si miraculeuses, moins je sais quelle opinion je dois avoir de leur auteur. D'un côté, je vois que son corps a la faiblesse de ceux qui ἄρουρας καρπὸν ἔδουσιν; mais de l'autre, je trouve en son esprit une force qui ne peut être que τῶν ὀλύμπια δώματ' ἐχόντων. Tel qu'il est, et quoi qu'il soit, nous ne le perdrons jamais que nous ne soyons en danger d'être perdus. Le roi, qui le voit mal voulu de tous ceux qui aiment le désordre (et vous savez qu'ils ne sont pas en petit nombre), a désiré qu'il ait quelques soldats pour le garder. C'est chose que tout autre eût demandée avec passion; et, néanmoins, vous ne sauriez croire la peine qu'il a eue à y condescendre. Une seule raison l'y a obligé; il avait tout plein de parents qui, pour le soin qu'ils avaient de sa conservation, ne le voulaient jamais abandonner. Cette assiduité ne pouvant continuer sans que leurs affaires domestiques en fussent incommodées, il leur en a par ce moyen ôté le prétexte, et leur a fait trouver bon qu'ils se retirassent en leurs maisons. Quoi que c'en soit, s'il n'a été assez hardi pour contredire en cela tout à fait à la volonté du roi, il a été assez généreux pour n'y consentir qu'à la condition d'entretenir ces soldats à ses dépens. Nous avons lu, vous et moi, assez d'exemples de courages que leurs qualités éminentes ont élevés au-dessus du commun : mais qu'en matière de mépriser l'argent un particulier ait eu si souvent son roi pour antagoniste, et que toujours il en soit demeuré victorieux, c'est une louange que je ne vois point que jusques ici les plus hardis historiens aient donnée à ceux mêmes qu'ils ont flattés le plus inpudemment. Sa Majesté, au soin qu'elle a eu de le garantir des méchants, a encore ajouté celui de le délivrer des importuns; et, pour cet effet, a mis auprès de lui un gentilhomme, avec charge expresse de, indifféremment, faire fermer la porte à ceux qui, pour leurs affaires, le viendront persécuter. Voilà, certes, une bonté de maître digne de l'affection du serviteur. Dieu nous conserve l'un et l'autre! Je ne crois pas qu'il y ait homme de bien en France qui ne fasse le même souhait. Pour moi, il y a longtemps que je sais que vous êtes l'un de ses adorateurs; le séjour qu'il a fait en Avignon vous donna l'honneur de le connaître; sa vertu vous en imprima la révérence : je m'assure que ce qu'il a fait depuis ne vous aura point changé le goût. C'est pourquoi j'ai été bien aise de me décharger avec vous des pensées que j'avais sur un si agréable sujet. J'ai été un peu long; mais, quand on est couché sur des fleurs, il y a de la peine à se lever. Adieu, monsieur; tenez-moi pour votre serviteur très-humble et très-affectionné.

A Saint-Germain en Laye, le 14 d'octobre 1616.

## 17. — A SA SŒUR.

Mademoiselle ma sœur,

Le porteur de cette lettre me vient tout présentement d'avertir que mon neveu, votre fils, avait été reçu aux Jésuites. Il est six heures du soir, et s'il n'était si tard j'irais le trouver, pour apprendre plus particulièrement ce qui en est. Je remettrai la chose à demain au matin, et vous donnerai avis de tout. Bien crois-je que de lui ôter une opinion de si longtemps enracinée en son esprit, ce ne sera pas chose sans difficulté; et, pour vous parler encore plus librement, je crois qu'il sera du tout impossible. Il n'y a poix qui tienne comme ces imaginations mélancoliques. Je m'assure qu'il ne se peut rien dire là-dessus que vous ne lui ayez dit ou fait dire par tous ceux dont vous avez cru que les remontrances dussent être de quelque considération en son endroit. Mais ce que les pères ne peuvent faire, il ne faut pas que les mères ni les parents se le promettent. Il prit la peine de me venir voir aussitôt qu'il fut arrivé en cette ville; et, dès l'heure même, je lui en touchai quelque chose, mais légèrement, pour l'opinion que j'avais qu'il n'y pensait plus, et que vous ne l'eussiez pas envoyé ici si vous ne l'eussiez cru du tout guéri de cette maladie. Je le verrai donc, et lui dirai ce qu'en même sujet je dirais à mon propre fils. Si c'est avec effet, à la bonne heure; sinon, il se faut résoudre à souffrir ce qui ne laissera pas d'être quand nous ferons tout ce que nous pourrons pour l'empêcher. Quelque habit que l'on porte en ce monde, et par quelque chemin que l'on y marche, on arrive toujours en même lieu. Cette vie est une pure sottise. Nous l'estimons trop, et de là vient cette folle coutume d'approuver et condamner les choses avec trop de passion. L'indifférence est un grand garant contre les bizarreries de la fortune. Si elle nous voyait résolus à vouloir ce qu'elle veut, peut-être voudrait-elle plus souvent ce que nous voudrions. Vous direz que nous faisons bien aisément les philosophes aux choses qui ne nous touchent pas. Je vous jure, ma sœur, que, n'ayant qu'un fils, je ne serais pas bien aise que cette fantaisie lui prît ; mais, quand cela serait, je me payerais des mêmes raisons que je vous représente. La meilleure condition où il pouvait arriver par le chemin où vous l'aviez mis, était d'être ou conseiller ou président en un parlement. Mais, ma sœur, quelle différence pensez-vous que je trouve entre ces gens-là et les jésuites ? Nulle, je vous jure, puisque d'ici à cent ans mon neveu ne sera ni jésuite ni président. Et, si vous voulez encore vous arrêter à la vanité, ne voyez-vous pas des jésuites aussi près des rois que tous ceux de qui vous estimez davantage la condition ? Je sais bien qu'il est impossible de ne désirer à nos enfants une chose plutôt qu'une autre ; mais je sais bien aussi qu'il n'y a que l'événement qui nous puisse apprendre si c'est leur bien ou leur mal que nous leur désirons.

## 18. — A M. COEFFETEAU,

ÉVÊQUE DE MARSEILLE [1].

Monsieur,

Je viens d'apprendre, par une lettre que M. de Peiresc m'a écrite, le don que le roi vous a fait de l'évêché de Marseille. Voilà, grâces à Dieu, un grand démenti et une grande vergogne tout ensemble au galant homme qui disait que l'on tenait à la cour que vous en aviez assez. Je m'assure que non-seulement en votre diocèse, mais en toute la Provence, cette nouvelle sera reçue comme elle doit. Pour moi, outre la part que je prends en la joie commune, j'en ai une si particulière, qu'elle va jusques au transport. Le moyen que les rois de se faire bien obéir, c'est de bien régner ; et le bien régner, à mon avis, ne consiste en aucune chose tant qu'en la distribution des charges aux personnes de mérite. Je prie Dieu que le nôtre, qui a témoigné son bon goût en votre élection, le continue en votre promotion si avant que, comme vous êtes au comble de la doctrine et de la vertu, vous arriviez à celui de la dignité. Je fais cette prière de tout mon cœur ; mais, monsieur, c'est à condition que vous m'aimerez toujours, et toujours me tiendrez pour votre serviteur très-humble et très-affectionné.

. . . . . . . . . . . . . . . . . . 1621.

[1] Nicolas Coeffeteau, nommé évêque de Marseille en 1621, est auteur de plusieurs ouvrages qu'on ne lit plus.

A MONSIEUR LE MARÉCHAL
## 19. — DE BASSOMPIERRE [1].

Monsieur,

Il est vrai que la fortune a trop longtemps délibéré sur la récompense d'un mérite si grand et si manifeste comme le vôtre ; mais, quoi que c'en soit, à la fin elle s'y est résolue. Et, sans mentir, vos actions lui ayant de tout temps fait connaître qu'elle vous devait des gratifications extraordinaires, les services qu'avec tant de périls vous avez rendus au roi en ce dernier trouble l'en ont si vivement sollicitée, qu'il fallait que, sans plus de remise, elle s'acquittât de cette dette, ou qu'ouvertement elle se déclarât ennemie de votre vertu. Je ne sais avec quelles paroles une joie qui est commune à toute la cour, voire à toute la France, vous aura été représentée par ceux qui vous auront fait ce compliment. Pour moi, je ne vois rien qui vous puisse mieux exprimer la mienne, que de vous dire que j'ai été aussi aise que vous soyez parvenu à un honneur que je vous avais toujours désiré, comme je le fus de voir tomber nos idoles d'un lieu où je ne les avais jamais regardées qu'avec abomination. Je ne suis pas de si mauvaise humeur que je permette aux sujets de se bander contre les volontés du prince ; mais aussi, quand ceux qui sont aimés de lui mettent ses affaires en désordre, je suis trop peu fait à la complaisance pour avouer qu'il soit ni raisonnable ni possible d'en recevoir du mal et de ne leur en souhaiter point. Une des principales marques de la bénédiction de Dieu sur le roi et sur le royaume, c'est que la faveur se rencontre en des personnes qui, de même soin que le pilote, travaillent au salut du navire, et n'aient point de plus grand intérêt que celui de sa prospérité. Je vous ai toujours reconnu d'une inclination tellement portée à toutes grandes choses, que, si cela doit jamais être, c'est vous de qui nous en devons espérer le premier exemple. Dieu veuille que cela soit, et que le point où les autres terminent leur grandeur ne soit que le premier degré de la vôtre ; à la charge toutefois, monsieur, que vous me conserverez en vos bonnes grâces, et que toujours vous me ferez l'honneur de me tenir pour votre très-humble et très-obéissant serviteur.

[1] François de Bassompierre, colonel général des Suisses, puis maréchal de France, naquit en Lorraine l'an 1579. Le cardinal de Richelieu le tint douze ans à la Bastille. Il mourut en 1646. C'était un des hommes les plus savants et les plus vaillants de son siècle.

## 20. — A M. DE RACAN [1].

Monsieur,

J'ai reçu votre lettre du dix-septième de ce mois. Elle m'a été, comme tout ce qui vient de vous, très-chère et très-agréable; mais, étant amis au degré que nous le sommes, et vivant ensemble comme nous vivons, je ne saurais vous taire le déplaisir que vous me faites de continuer un dessein dont j'ai tant de fois essayé de vous dégoûter. Vous aimez une femme qui se moque de vous. Si vous ne vous en apercevez, vous ne voyez pas ce que verrait le plus aveugle qui soit aux Quinze-Vingts; et, si vous vous en apercevez, je ne crois pas qu'au préjudice de l'écrivain de Vaux vous prétendiez à vous faire empereur des Petites-Maisons. Il est malaisé que je n'aie dit devant vous ce que j'ai dit en toutes les bonnes compagnies de la cour, que je ne trouvais que deux belles choses au monde, les femmes et les roses, et deux bons morceaux, les femmes et les melons. C'est un sentiment que j'ai eu dès ma naissance, et qui, jusques à cette heure, est encore si puissant en mon âme, que je n'y pense jamais que je ne remercie la nature de les avoir faites, et mon ascendant de m'avoir donné la forte inclination que j'ai à les adorer. Vous pouvez bien penser qu'un homme qui tient ce langage ne trouve pas mauvais que vous soyez amoureux. Il le faut être, ou renoncer à tout ce qu'il y a de doux en la vie; mais il le faut être en lieu où le temps et la peine soient bien employés. On se noie en amour aussi bien qu'en une rivière. Il faut donc sonder le gué de l'un aussi bien que de l'autre, et n'éviter pas moins que le naufrage la domination de je ne sais quelles suffisantes, qui veulent faire les rieuses à nos dépens. Celle à qui vous en voulez est très-belle, très-sage, de très-bonne grâce et de très-bonne maison. Elle a tout cela, je l'avoue; mais le meilleur y manque : elle ne vous aime point; et, sans cette qualité, tout et rien ne valent pas mieux l'un que l'autre. Vous avez ouï dire qu'avec le temps et la paille les nèfles se mûrissent. C'est ce qui vous fait espérer que si vous n'êtes aimé à cette heure, vous le pourrez être quelque jour. Je vous accorde que ce n'est pas une difficulté que vous ne puissiez vaincre; mais accordez-moi aussi que vous aurez bien de la peine à la combattre. En matière des choses futures, l'oui et le non trouvent des amis, qui parient les uns d'un côté, et les autres de l'autre : en celle-ci, je m'assure que la pluralité sera pour la négative, et que vous-même, tout mal mené que vous êtes de votre passion, si vous aviez gagé pour l'affirmative, vous tiendriez votre argent, sinon pour perdu, au moins pour bien égaré. La persévérance fait des miracles, il est vrai, mais ce n'est pas toujours, ni partout. S'il y a des exemples de son pouvoir, il y en a de sa faiblesse. Et puis quand un homme aurait de la patience pour toute autre chose, serait-il pas aussi lâche que la lâcheté même s'il en pouvait avoir pour le mépris? L'indignation, à mon gré, n'est juste en occasion du monde comme en celle-ci. Quand une femme refuse ce qu'on lui demande, ce n'est pas qu'elle condamne la chose qui lui est demandée, c'est que le demandeur ne lui plaît pas [1]. Je voudrais que vous eussiez entretenu l'homme qui vient du lieu où est votre prétendue maîtresse; vous auriez appris qu'en un mois qu'il y a été, il ne s'est presque passé jour qu'il ne l'ait vue aux compagnies, parée et ajustée d'une façon qui ne montrait pas qu'elle eût envie de revenir au logis sans avoir fait un prisonnier. Vous prendrez peut-être la chose à votre avantage, et direz qu'elle ne le faisait que pour se divertir des pensées mélancoliques où la plongeait votre éloignement. Je vous en sais bon gré. Quand on se veut tromper, il ne se faut point tromper à demi. Vous êtes en possession de souffrir des rebuts, vous en avez fait l'apprentissage en plusieurs bonnes écoles; il est temps de faire votre chef-d'œuvre, et prendre vos lettres de maîtrise. Or sus, prenez-les, soyez dupe et archi-dupe, si bon vous semble, ce ne sera jamais avec mon approbation. Je vous regarderai faire, comme on regarde un ami se perdre, après qu'on a fait tout ce qu'on a pu pour le sauver. Je ne saurais nier que, lorsque j'étais jeune, je n'aie eu les chaleurs de foie qu'ont les jeunes gens; mais ce n'a jamais été jusques à pouvoir aimer une femme qui ne me rendît la pareille. Quand quelqu'une m'avait donné dans la vue, je m'en allais à elle. Si elle m'attendait, à la bonne heure. Si elle se reculait, je la suivais cinq ou six pas, et quelquefois dix ou douze, selon l'opinion que j'avais de son mérite. Si elle continuait de fuir, quelque mérite qu'elle eût, je la laissais aller; et tout aussitôt, le dépit prenant chez moi la place que l'amour y avait tenue, ce que j'avais trouvé en elle de plus louable, c'était où je trouvais le plus à redire. Son teint, quelque naturel qu'il fût, me semblait un masque de blanc et de rouge, ses discours une pure coquetterie; et généralement, avec une haine accommodée à mes sentiments, je démentais tout ce que l'affection s'était efforcée de me persuader en

---

[1] Honorat du Beuil, marquis de Racan, fut l'élève et l'ami de Malherbe.

[1] On a dit depuis en vers :

Ce n'est pas que l'amour ne lui soit agréable,
C'est que l'amant ne lui plaît pas.

sa faveur. Voilà comme j'ai toujours vécu avec les femmes;

Et maintenant encore en cet âge penchant,
Où mon peu de lumière est si près du couchant,
Quand je verrais Hélène au monde revenue,
En l'état glorieux où Pâris l'a connue,
Faire à toute la terre adorer ses appas,
N'en étant point aimé, je ne l'aimerais pas [1].

Vous savez trop bien que c'est que de vers pour ne connaître pas que ceux-là sont de ma façon. Si vous en goûtez la rime, goûtez-en encore mieux la raison. Il ne faut pas trouver étrange que les femmes, en une affaire où il leur va de l'honneur et de la vie, prennent du temps à se résoudre; et même que, par quelque résistance, elles piquent un désir qui sans doute se relâcherait si, à notre première semonce, elles se rendaient avec une trop prompte et trop complaisante facilité. Leur retenue fondée sur quelqu'une de ces considérations est supportable. Mais quand elles nous fuient ou par aversion qu'elles ont de nous, ou pource qu'un autre tient déjà ce que nous poursuivons, c'est là qu'un bon courage se doit roidir, et ne continuer pas un voyage où il est bien assuré qu'il ne ferait que se lasser. Heureux sont ceux qui voient clair en ces ténèbres! Elles sont négligées de la plupart des hommes; mais elles ne laissent pas de les faire choir dans de grands précipices. Je prétends en finesse moins qu'homme du monde; mais, sans vanité, je puis dire que, quand je me suis adressé à une femme, il ne m'est jamais arrivé de me tromper en la connaissance de son humeur. L'espérance seule m'a appelé : quand elle m'a failli, on n'a point été en peine de me dire deux fois que je me sois retiré. Croyez-moi, faites-en de même; et, après tant de mauvaises récoltes, soyez plus diligent à choisir le terroir où vous sèmerez. Vous avez, aussi bien que moi, une certaine nonchalance qui n'est pas propre aux choses de longue haleine. C'est assez que vous ayez été malheureux en Bretagne, ne le soyez point en Bourgogne. Je vous crie merci de vous persécuter comme je fais; mais je prends trop de part à vos intérêts pour en user d'autre façon. Ceux qui donnent des conseils indulgents à leurs amis leur veulent plaire; ceux qui en donnent de libres ont envie de leur profiter. Dieu veuille que, vous avertissant de ne perdre point votre temps, je ne perde point le mien. Je vous manderais volontiers des nouvelles pour vous ôter le goût de cette aigreur; mais je meurs de sommeil. Le roi se porte bien, et use toujours des conseils de M. le cardinal de Richelieu. Cela se voit assez au bon état où sont les affaires. Si quelqu'un y trouve à redire, qu'il prenne de l'ellébore. Adieu, monsieur. Quoi que je vous aie dit, je ne laisserai pas de faire tenir votre lettre. Ce sera produire un nouveau témoignage de votre honte; mais votre volonté soit faite. En récompense vous ferez, s'il vous plaît, la mienne; c'est-à-dire que vous me conserverez en vos bonnes grâces, et me tiendrez toujours pour votre très-humble serviteur.

## 21. — AU MÊME.

Monsieur,

Je tenais la plume quand j'ai reçu votre lettre du huitième de ce mois, et je ne l'ai point quittée que je ne vous aie fait réponse. Voyez si je suis diligent ou si je suis paresseux, lequel qu'il vous plaira. Vous m'avez ôté d'une grande peine où j'étais, pource que, m'ayant écrit que vous partiriez le lendemain des Rois pour venir ici, et ne vous y voyant point, je pensais que votre indisposition serait augmentée, et que votre malheureuse carcasse ne serait plus en autre état que d'être jetée à la voirie. Je me réjouis que cela ne soit point, et que vous ayez encore de la santé assez pour boire, manger et dormir. Pour le reste, je sais que vous vous en passez bien. Vous seriez monstrueux, ou même monstre tout à fait, si, à l'âge de trente-cinq ans, vous valiez mieux qu'à vingt ou vingt-cinq ans. Vous avez donc tort de vous souvenir d'Artenice [1]. La bonne dame ne songe point à vous; ne songez point à elle. Je le vous dis en prose, et le vous dirai en vers en quelque pièce que je voudrais bien faire si je pouvais : j'y ferai tout mon effort. Pour nouvelles, nous attendons aujourd'hui M. de la Ville aux Clers, qui revient d'Angleterre, chargé de pierreries qui lui ont été données par le père et par le fils. Vous savez l'entreprise faite par cet heureux homme, M. de Soubise, sur le port de Blavet. Il y avait envoyé deux vaisseaux, commandés par deux des meilleurs corsaires, Gentillot et Fleury; mais ils y sont demeurés pris, eux et leurs vaisseaux. Je l'ai ouï de la propre bouche de la reine mère du roi. Nous aurons dans la fin de ce mois le duc de Buckingham pour venir épouser Madame. Si vous voulez donc être des noces, il vous faut hâter. J'oubliais à vous dire que nous avons ici le prince Thomas, qui a épousé mademoiselle de Soissons, qui était à Fontevrauld. Elle s'appelle aujourd'hui la princesse de Carignan. Pour lui, il ne veut point changer de nom, et veut toujours être le prince Thomas. La Valteline est toute à nous; et, s'il s'en faut quelque chose, ce n'est qu'un fort qui

---

[1] Voyez ci-dessus, poésies, liv. IV, le fragment d'une pièce adressée à madame la marquise de Rambouillet.

[1] Madame de Termes, alors veuve.

n'est pas meilleur que les autres qui se sont rendus. Adieu, monsieur; en voilà plus que vous n'en vouliez. Les financiers, que j'oubliais, sont toujours persécutés et hors d'espérance de composition, et moi toujours votre très-humble serviteur.

A Paris, ce 18 de Janvier 1625.

## 22. — AU MÊME.

Monsieur,

On me vient de rendre votre lettre du premier de ce mois. Vous voulez que je la doive à la fortune, et moi je la veux devoir à celui qui me l'a écrite. Vous êtes mon ami, elle est mon ennemie : jugez auquel des deux j'aime mieux avoir à faire. Il y a trop longtemps qu'elle et moi sommes mal ensemble pour me soucier d'y être bien à l'avenir. Je sais que son pouvoir est aussi grand qu'il fut jamais, et que sa volonté n'est pas meilleure; mais, pour le peu de temps qu'il me reste à vivre, que saurais-je craindre ni d'elle ni de personne? Qui me voudra nuire, qu'il se hâte; sinon il y a de l'apparence qu'il ne me trouvera pas au logis. Ce langage-là vous semblera peut-être bien hardi; mais, tel qu'il est, il est pris dans le sens commun, contre lequel, la religion à part, vous savez qu'il n'y a orateur au monde qui me pût rien persuader. Vous m'obligez de me prier de vous aller voir; et si mes affaires m'en donnaient le loisir, je vous jure que je le ferais plus volontiers que vous ne le sauriez désirer. Mais les melons dont vous me faites fête, quelque bons qu'ils soient, ne valent pas ceux de l'épargne. J'ai le courage d'un philosophe pour les choses superflues; pour les nécessaires, je n'ai autre sentiment que d'un crocheteur. Il est aisé de se passer de confitures; mais de pain, il en faut avoir ou mourir. Nous avons ici faire à un superintendant dont je ne doute point que la probité ne soit hors de toute censure; mais la peur qu'il a de choir le fait aller si bellement, qu'il n'y a patience qui ne se lasse de le solliciter. Vous pouvez penser comme là-dessus feu M. le président Jeannin et M. de Castille, son gendre, sont regrettés, non de moi seulement, mais de tous ceux qui sont en la peine où je suis. L'un est hors du monde, et l'autre hors des affaires; tellement que tout ce que je saurais dire d'eux ne peut être soupçonné de flatterie. Mais il faut avouer que, si les finances ont jamais été religieusement et judicieusement administrées, ç'a été entre les mains de ces deux grands personnages. Ils aimaient le bon ménage autant que nul autre; mais comme ils savaient qu'il y a des pensions ridiculement obtenues, qui ne peuvent être que ridiculement continuées, aussi reconnaissaient-ils qu'il y en a de si justes, que les ôter ce serait décrier le jugement du prince, et pour peu de chose lui faire perdre l'affection de ses sujets, qui lui est plus nécessaire que son argent. Pour moi, je ne dispute de mérite avec personne, et crois que de tous ceux à qui le roi fait du bien il n'y en a pas un qui n'en soit plus digne que moi. Mais si je n'ai autre avantage, pour le moins ai-je celui de n'être point venu à la cour demander si l'on avait affaire de moi, comme la plupart de ceux qui y font aujourd'hui le plus de bruit. Il y a, en ce mois où nous sommes, justement vingt ans que le feu roi m'envoya quérir par M. des Yveteaux, me commanda de me tenir près de lui, et m'assura qu'il me ferait du bien. Je n'en nommerai point de petits témoins. La reine mère du roi, madame la princesse de Conti, madame de Guise sa mère, monsieur le duc de Bellegarde, et généralement tous ceux qui lors étaient ordinaires au cabinet, savent cette vérité, et savent aussi qu'une infinité de fois il m'a dit que je ne me misse point en peine, et qu'il me donnerait tout sujet d'être content. A ce compte-là, je ne crois pas que je ne doive, en quelque façon, être tiré hors du commun. Toutefois, pource que les choses ne vont pas toujours comme elles doivent, et que mon absence diminuerait encore le peu de soin que ma présence fait avoir de moi, je suis résolu de ne bouger d'ici que je n'aie porté mon affaire à son dernier point. Si, après cela, il me reste encore quelques jours de cette automne, je les vous donnerai de très-bon cœur. Pour l'hiver, je suis d'avis que nous le passions à Paris. C'est un lieu où toutes choses me rient. Mon quartier, ma rue, ma chambre, mon voisinage, m'y appellent, et m'y proposent un repos que je ne pense point trouver ailleurs. Quand j'étais jeune, le goût de la jeunesse m'y eût ramené; mais à d'autres saisons, d'autres pensées. Ce n'est plus à un homme de mon âge à chercher les plaisirs; quand il les chercherait, il ne les trouverait pas : il lui doit suffire de n'être point dans les incommodités. Je finirais ici, mais je sais bien que vous ne serez point marri que je vous conte des nouvelles, sinon pour autre chose, au moins pour vous donner de quoi entretenir la petite noblesse qui vous viendra visiter. Ce que je sais, je le puise en la cour en ovale, où la source n'est pas trop claire; mais je vous dirai peu de choses dont je n'aie eu la confirmation au cabinet. La Valteline est toujours nôtre. C'est, à ce que l'on dit, la seule occasion de la venue de M. le légat; mais ses propositions ne plaisent pas; elles sont trouvées trop partiales. Nous avons eu de ses bénédictions, je ne sais s'il aura des nôtres. Les Espagnols sont toujours devant Verrue. C'est un lieu, à ce que disent ceux qui l'ont vu, qui vaut un peu mieux que Chaillot, mais qui n'a garde d'être si bon que Lagny. Cependant, jusques à cette.heure, le duc de Feria s'y est morfondu, en dépit même de la canicule. M. le maréchal de Créqui s'est logé entre les assiégés et les assiégeants, où, selon sa coutume, son jugement et son courage font des merveilles. Si vous demandez le succès que j'en attends, je crois que les Espagnols auront vu les clochers et les cheminées de cette bicoque, mais pour les rues, il faudra qu'ils s'en rapportent à ce que la carte leur en apprendra. Je conseille à ces pauvres gens que, s'ils prétendent à la monarchie universelle, comme on leur veut faire accroire, ou qu'ils aillent plus vite en besogne, ou qu'ils voient d'obtenir un sursois[1] de la fin du monde, pour achever leur dessein plus à leur aise. Au train qu'ils vont, un terme de cinq ou six siècles ne leur fera point de mal. Encore ai-je peur que, tandis qu'ils seront trois ans à prendre une autre Ostende, on ne leur prenne une autre Écluse en quinze jours, et que de cette façon ils ne soient toujours à recommencer. La partie qui est aujourd'hui dressée contre eux leur va tailler de la besogne, et si de la circonférence ils ne sont rappelés au centre, pour le moins sera-t-il malaisé que de cette secousse il ne leur tombe quelque plume de l'aile. Les huguenots ont ici leurs députés. Je ne sais si leur intention est aussi bonne que leur langage est honnête; mais, au pis aller, notre galimatias vaudra bien le leur. Quand ils obtiendront qu'on leur pardonne le passé, s'ils ont ce qu'ils désirent, ils auront plus qu'ils ne doivent espérer. Il me semble qu'après quatre-vingts ans il serait temps que, s'ils ne sont las de leur folie, ils le fussent de leur misère. La reine mère a pris ses eaux, son visage montre l'opération qu'elles ont faite. Il y a vingt-cinq ans que j'ai l'honneur de la connaître et d'en être connu, mais je ne la vis jamais en meilleur état qu'elle est aujourd'hui. Je ne sais à quelle cause je dois rapporter un effet si miraculeux, sinon que, pour les biens extraordinaires qu'elle fait en la terre, elle est extraordinairement comblée des grâces du ciel. Au demeurant, on ne vit jamais témoignages d'affection réciproque, comme ceux que nous voyons tous les jours entre le roi et elle. Chacun sait comme les affaires qu'elle a eues l'ont endettée. Avec tout cela elle donne au roi l'entretenement de six mille hommes de pied et six cents chevaux. Dieu fasse vivre cette grande reine! Une des considérations dont je console ma vieillesse, c'est que je serai hors du monde quand elle en partira. M. le cardinal de Richelieu a été si mal, que j'ai été huit ou dix jours que je n'entrais jamais au château qu'avec appréhension d'ouïr cette funeste voix : *Le grand Pan est mort*. A cette heure, grâces à l'ange protecteur de la France, il est hors de péril, et les gens de bien hors de crainte. Il s'en est allé chercher quelque repos en sa maison de Limours. De là il faisait compte d'aller à Forges prendre des eaux. Mais, soit qu'il ait estimé n'en avoir plus de besoin, soit que, comme il est tout généreux et tout né à la gloire, il ait voulu, aux dépens même de sa santé, demeurer en un lieu où il pût continuer à Leurs Majestés l'assiduité de son service, il a rompu son voyage. Vous savez que mon humeur n'est ni de flatter ni de mentir ; mais je vous jure qu'il y a en cet homme quelque chose qui excède l'humanité, et que, si notre vaisseau doit jamais vaincre les tempêtes, ce sera tandis que cette glorieuse main en tiendra le gouvernail. Les autres pilotes me diminuent la peur, celui-ci me la fait ignorer. La sainte vie du roi lui attire toutes sortes de bonnes fortunes ; mais, à mon gre, la plus visible et la plus éminente est celle d'avoir en ses affaires l'assistance de cet incomparable prélat. Jusques ici, quand il nous a fallu bâtir de neuf, ou réparer quelque ruine, le plâtre seul a été mis en œuvre : aujourd'hui nous ne voyons plus employer que du marbre ; et, comme les conseils sont judicieux et fidèles, les exécutions sont diligentes et magnanimes. Vous direz que, l'honorant comme je fais, je devrais lui en avoir donné quelque témoignage par mes écrits. Il est vrai ; mais vous savez aussi bien que moi qu'un esprit troublé n'est capable de rien faire qui soit net. Toutes offrandes ne sont pas propres à un autel de la grandeur du sien. J'ai quelques petites affaires d'où il faut que je sorte devant que d'entreprendre ce que je lui prépare. Jusques à ce que cela soit, j'aime mieux m'en taire que de dire chose qui soit indigne de lui et de moi. Ç'a toujours été mon avis, qu'on ne saurait trop penser à ce qu'on ne saurait assez bien faire. Adieu, monsieur. Je suis votre serviteur très-humble et très-affectionné.

A Fontainebleau, le 10 de septembre 1625.

## 23. — AU MÊME.

Monsieur,

Nous voilà revenus à Paris ; il est temps de renouveler ma paresse. Elle a dormi aussi longtemps qu'Endymion, ou guère ne s'en faut ; mais certainement, si je ne vous ai fait réponse à deux lettres que j'ai reçues de vous, toute la faute n'en est pas à elle. J'étais à Fontainebleau, qui est un lieu d'où

---

[1] On dit aujourd'hui *sursis*. Nous conservons l'orthographe de Malherbe toutes les fois qu'elle peut servir à l'histoire de la langue.

personne ne va chez vous; et de les envoyer à Paris, pour de là vous les faire tenir, il n'y avait pas d'apparence de persuader à un homme défiant comme je suis que, passant par tant de mains, elles pussent, sans courre quelque fortune, arriver jusques aux vôtres. Ne soyez point en peine du paquet de mes lettres que vous avez fait venir; je l'ai reçu. Il y avait deux lettres dedans qui s'adressaient à vous; je les vous envoie. Cela justifiera peut-être ceux que vous accusiez. Pour les lettres de madame des Loges, n'en soyez point en peine. Je n'ai garde de les faire voir à personne, car je ne sais où elles sont. Je sais bien pourtant que je les ai serrées, mais la question est de savoir où. Nous les chercherons à votre venue. Pour la dame de Bourgogne [1], je ne lui écrirai point, puisque vous ne l'approuvez pas. Aussi n'en avais-je pas grande envie. Je me donne pas volontiers de la peine aux choses dont je n'espère ni plaisir ni profit. Si elle m'eût envoyé de la moutarde, son honnêteté eût excité la mienne. Mais elle n'a que faire de moi, ni de vous non plus, quoique vous disent ses lettres. Elle écrit bien, mais ce qu'elle écrit ne vaut rien. Si elle venait ici, vous seriez perdu, car elle se moquerait de vous sur votre moustache; et, s'en moquant au lieu où elle est, votre déplaisir est moindre d'une chose que vous ne voyez pas. Je suis complaisant à l'accoutumée, c'est-à-dire incomplaisant tout à fait. Mais je n'y saurais que faire; il n'y a moyen que je force mon humeur : elle est bonne : je voudrais que la vôtre lui ressemblât. J'espère qu'à la fin vous deviendrez sage, et que vous direz comme moi :

Quand je verrais Hélène au monde revenue,
Pleine autant que jamais de charmes et d'appas,
N'en étant point aimé, je ne l'aimerais pas.

Je n'ai plus rien à vous dire. Si vous voulez que l'on mette quelque chose du vôtre dans le recueil de lettres que l'on va faire, dépêchez-vous. M. Faret m'avait dit qu'il vous en voulait écrire, et qu'il m'enverrait sa lettre pour la mettre en mon paquet; mais, jusques à cette heure, il n'en a rien fait. S'il me l'envoie devant qu'il soit clos, elle y sera mise; sinon, il faudra prendre une autre voie. De nouvelles, nous n'en avons point. On dit que nous avons été battus à la Valteline; mais comment, je n'en sais rien. Je ne m'informe jamais des particularités d'une chose que je voudrais qui ne fût point du tout. J'aimerais autant un mari à qui on aurait dit que sa femme l'aurait fait cocu, qui voudrait savoir si c'aurait été sous un poirier ou sous un pommier, sur le bord du lit ou dessus, quelle jupe elle avait, comme était vêtu le galant. Des choses fâcheuses, ce n'est

[1] Madame de Termes.

que trop d'en savoir le gros, sans en demander le menu. J'en ai fait ainsi de cette nouvelle. Nous en avions une autre, que le comte de Tilly avait été défait par le roi de Danemarck. Celui qui avait fait le conte avait tué le père, le fils, le neveu; je crois que, s'il eût pu tuer tous ses descendants d'ici au jour du jugement, il les eût tués. Mais tout cela s'est trouvé, sinon du tout faux, pour le moins en la plus grande partie. L'on dit qu'il s'est fait quelque léger combat, où il a perdu quatre ou cinq cents hommes, et le roi de Danemark deux ou trois cents. Dieu nous en donne davantage! Mes vœux ne s'arrêtent pas là, car j'aime les Espagnols autant que jamais. La cour est à Saint-Germain. La reine mère du roi était allée à Monceaux; mais elle s'en ira de là à Saint-Germain. Qui croit qu'elle repassera par ici, qui croit que non. Pour moi, je m'y en vais lundi ou mardi. Nous vous attendons à la Saint-Martin. C'est le vrai temps pour vous en venir, car toutes Leurs Majestés seront à Paris. Vous m'avez dit que je vous avais écrit quelque lettre sur la mort de M. du Vair que vous ne trouviez pas mauvaise. Elle n'est point parmi celles qui ont été envoyées par deçà. Si vous la trouvez, envoyez-la-moi; car tout ce que l'on m'a envoyé ne vaut rien.

A Paris, ce 18 d'octobre 1625.

## 24. — AU MÊME.

MONSIEUR,

Vous êtes honnête homme de ne me demander qu'une lettre en quinze jours. Vous mesurez ma paresse à la vôtre, et faites bien. Elles sont toutes deux si excellentes que, s'il en fallait faire le jugement, je serais bien empêché à qui donner la pomme. Je ne vous remercie point de vos nouvelles; la quantité en est petite, et la qualité chétive. Si vous ne me voulez écrire rien de meilleur, ne m'écrivez point; je veux dire de nouvelles, car je serai toujours bien aise d'avoir de vos lettres. Mais je ne veux pas que vous y mettiez autre prix que celui de vous souvenir de moi. C'est assez pour me les faire recevoir, non pas d'aussi bon cœur que vous recevez celles d'Artenice ( car cela n'étant pas possible, il n'est pas aussi à désirer ), mais avec un contentement à qui nul autre que celui-là ne peut faire comparaison. Je ne sais si vous lirez bien ma lettre; mais, outre ma nonchalance ordinaire, j'y ajoute encore quelque chose d'extraordinaire, pour ne vous donner pas moins de peine à lire mes lettres que j'en ai à lire les vôtres. Pour les ducs et pairs j'humilie ma vanité, pour les autres je demeure aussi grave qu'un Espagnol. Si nous continuons vous et moi, je vois bien que nous arriverons à un point que vous ne pourrez non plus lire les miennes que moi les vôtres. Au demeurant, si je n'eusse connu votre écriture, je vous déclare que jamais je n'eusse cru, à voir votre lettre si bien formée, qu'elle fût venue de vous. Vous m'obligez de me désirer chez vous, et je vous jure que je m'y désire aussi. Mais ce n'est point pour vos pois ni pour vos fèves, c'est pour être avec vous. Je ne vous en mentirai point; je vous irais voir de bon cœur, mais je ne serais pas sitôt chez vous qu'il m'en faudrait revenir, et vous savez que je suis en un âge qui n'aime pas le travail, ou plutôt qui n'en a pas besoin. M. Royer est en un lieu où il fera vos affaires. Dieu veuille que M. Bardin se trouve aussi disposé à faire les miennes! Je me réjouis furieusement d'avoir à faire à M. d'Effiat. Sous sa protection en second lieu (car, pour le premier, je le donne à monseigneur le cardinal), j'espère que, si je n'ai tout ce que je désire, j'aurai tout ce que j'espère. Adieu, monsieur. Je vous écris à bâtons rompus : lisez-le de même; je ne m'en soucie pas, pourvu que vous m'aimiez, et me teniez toujours pour votre très-humble serviteur.

A Paris, ce 11 de juillet 1626.

### 25. — AU MÊME.

Monsieur,

Je vois bien que, si les Muses vous ont fait passer pour un rêveur, Mars ne vous donnera pas meilleur bruit. Vous n'en êtes encore qu'au collet de buffle, et déjà vous ne vous souvenez plus de vos amis. Vous pouvez penser ce que ce sera quand vous en serez à la cuirasse. Peut-être chercherez-vous une excuse en la nouveauté de votre mariage; et certes, je sais bien que la cage d'hyménée n'est pas plus gracieuse que les autres, et que les oiseaux n'y entrent pas sans quelque étonnement pour les premiers jours. Mais, de quelque cause que vienne votre silence, je ne suis pas assez complaisant pour ne vous en dire pas mon sentiment. Si ce sont les pensées de Mars qui vous occupent, la guerre ne sera pas si longue, Dieu aidant, que pour elle vous deviez tout à fait quitter les exercices de la paix. Si ce sont les soins d'hyménée, les rossignols ne sont muets que quand ils ont des petits, et je sais bien que vous n'en êtes pas encore là. Je vous jure que, si jamais vous revenez sur Parnasse, je n'y aurai point de crédit, ou je vous y ferai fermer la porte; et si vous y entrez par surprise ou autrement, vous n'y aurez que des feuilles de chou pour des feuilles de laurier. Pensez-y, et vous amendez. C'est assez raillé : parlons à cette heure à bon escient. Je veux, monsieur, et vous en prie, que vous m'aimiez toujours, comme je vous assure que je suis toujours votre très-humble et très-affectionné serviteur.

A Paris, ce 13 de mai 1628.

### 26. — A M<sup>gr</sup> LE CARDINAL DE RICHELIEU.

Monseigneur,

Je n'ai pas eu sitôt le dessein de vous écrire, que toutes sortes de pensées ne se soient venues offrir à moi pour être employées en un si agréable sujet. Le nombre m'en a bien plu, mais ce n'a pas été jusques à les recevoir toutes, de peur que les lire ne vous fût une importunité. Je me suis restreint aux moins artificielles, comme à celles qui expriment mieux la franchise de mon naturel, et par conséquent vous feront voir plus clairement la sincérité de mon affection. Pour les autres, je les réserve à m'en servir en quelque occasion où il y aura plus à travailler. Mon premier autel est celui du roi; vous le voulez bien comme cela, monseigneur : le vôtre est le second. Je ne vous dis rien que je ne die en toutes les compagnies où je me trouve, et que je n'écrive à tous ceux à qui j'écris dans les provinces. Je vous envoie des vers [1] que j'ai faits pour Sa Majesté, où j'ai fait quelque mention de vous, petite à la vérité, autant pour votre mérite comme pour mon désir; mais, par cet ouvrage, monseigneur, vous jugerez de quoi je suis capable. J'ai deux grands ennemis, l'extrémité de ma vieillesse, et le malheur de ma constellation. Pour le premier, il est sans remède; pour le second, toute mon espérance est en votre protection. Je la vous demande, monseigneur, et me la promets, sur la seule assurance qu'il vous a plu de m'en donner. Je vous mets en tête un grand monstre, quand je vous propose ma mauvaise fortune; mais aussi êtes-vous un grand Hercule. Vous avez vaincu celle de la France, vous viendrez bien à bout de la mienne. Contre celle-là, il vous a fallu employer des soins et des veilles qui ont mis votre santé en danger; contre celle-ci, vous n'avez qu'à lui faire paraître que les traverses qu'elle me donne ne vous plaisent pas. Le moindre signe que vous lui montrerez de votre courroux la mettra en désordre, et lui fera désirer de se réconcilier avec moi. Je vous en supplie très-humblement, monseigneur, et de croire que si jusques à cette heure je n'ai rien fait qui vous y oblige, ce n'a été qu'à faute d'être en état de ne pouvoir penser qu'à vous. Votre gloire n'est pas un objet où il ne faille que la moitié d'un

---
[1] L'ode au roi Louis XIII, pag. 33

esprit. Tout ce que notre siècle en a de meilleurs, il ne faut pas qu'ils pensent d'y réussir que fort médiocrement. Pour le mien, l'opinion commune lui donne bien quelque rang parmi ceux qui ne sont pas des pires; mais je ne serai point satisfait de lui qu'il ne vous ait donné, monseigneur, quelque extraordinaire preuve que je suis extraordinairement votre très-humble et très-obéissant serviteur.

## 27. — A M. L'ÉVÊQUE DE MENDE.

Monsieur,

La civilité a aussi bien ses inconvénients que le reste des choses du monde; et pour le moins a-t-elle celui-ci, qu'elle attire les importunités. Si vous en doutez, mon impudence le vous va faire connaître. Il plut à monseigneur le cardinal, il y a quelques jours, de me promettre qu'aussitôt que M. d'Effiat serait de retour il me ferait payer de ma pension, et y ajouta encore qu'il me ferait mes petites affaires. Ce témoignage de sa bonté fut grand, comme véritablement il n'y a rien de petit en lui; mais ce qui le rendit plus glorieux, fut qu'il prévint ma requête, et ne voulut pas que j'eusse la peine de lui demander une chose dont il pût connaître que j'eusse besoin. Aujourd'hui que M. d'Effiat est arrivé, il est question de me ramentevoir a monseigneur le cardinal, afin qu'il se souvienne, tant de l'assistance qu'il m'a offerte en cette occasion que de celle qu'il m'a promise en l'office de trésorier de France dont il a plu au roi me gratifier. C'est chose que vous pouvez faire, et je prends la hardiesse, monsieur, de vous prier de me vouloir faire ce bon office, et de l'accompagner de quelque parole de recommandation sur l'une et l'autre de ces affaires. La monnaie dont les petits payent les bienfaits des grands, c'est la gloire. J'espère que de ce côté-là on ne m'accusera jamais d'ingratitude. Je suis en un âge où il est vraisemblable que les Muses, qui sont femmes, ne font pas grand compte de moi, et que pour le mieux elles ne me bailleront que quelque brin de lavande, quelque tulipe, ou quelque autre de ces chétives fleurs qui ne sont bonnes que pour le chapeau d'un nouveau marié de Clamart ou de Vaugirard. Mais quand je les conjurerai au nom de ce demi-dieu, je m'assure qu'elles n'ont point de jardin qui ne me soit ouvert, et qu'il n'y a œillets ni roses qu'elles-mêmes ne prennent la peine de me cueillir. Elles sont retirées dans les solitudes, il est vrai; mais c'est sur des montagnes si hautes, que sans être au monde elles ne laissent pas de savoir tout ce qui s'y fait. Et parce qu'elles savent bien que nous sommes en un siècle où il n'y a point d'appui pour elles que celui de cet adorable prélat, elles ne sont pas si malavisées que de refuser un protecteur qui leur est si nécessaire. Je fus dernièrement trouver un homme pour quelque petite affaire, et je crois que, sans offenser sa conscience, il lui était aisé de me satisfaire. La peur que j'ai d'être refusé me fait toujours prendre gardé de ne jamais rien demander qui ne soit raisonnable; et d'ailleurs j'avais quelque sujet de croire que cet homme aimât les vers. Je le trouvai toutefois si peu courtois, et si fort résolu de ne me point gratifier, que je m'en revins avec un déplaisir de lui avoir jamais rien demandé, et avec une protestation de ne lui demander jamais rien. Je suis encore en cette même opinion. La nécessité est forte; mais, à ce que je vois, elle ne l'est pas assez pour me faire faire une seconde prière à un homme à qui la première n'a de rien servi. Il me pouvait faire du bien; je lui pouvais donner des louanges : il me semble que ce qu'il eût eu de moi valait bien ce que j'eusse reçu de lui. Puisqu'il ne l'a pas voulu, il le faut laisser là. Me voilà déchargé d'une grande peine. Aussi bien suis-je fort aise de n'avoir autre objet que celui de ce grand cardinal. C'est un sujet où il n'y a que trop de matière. Ma fortune est un monstre qui ne mourra jamais, ou mourra de la main de cet Hercule. C'est à lui seul, et de lui seul que je veux parler. Pour vous, monsieur, en la peine que vous prendrez de le faire souvenir de moi, vous aurez ce déplaisir d'avoir obligé un homme incapable de toute revanche; mais vous le consolerez, s'il vous plaît, du contentement de vous être acquis un très-humble et très-affectionné serviteur.

## 28. — A M. DE BALZAC [1].

Monsieur,

Vous avez raison de dire qu'il faut peu de chose pour vous obliger. Il y faut certes si peu, que, si je prétendais à votre succession, dès demain je présenterais requête pour vous faire bailler un curateur. C'est tout un; quelque préjudiciable que soit cette humeur, elle est généreuse; ne la changez point, si vous me croyez. Quant à moi, qui ne veux rien au delà de ce qui m'appartient, je tourne les yeux de tous côtés pour trouver sur quoi est fondé l'honnête remercîment que vous me faites. Et après avoir tout examiné, je ne puis que deviner, si ce n'est qu'il y a cinq ou six semaines que, me trouvant en un lieu où l'on mit vos ouvrages sur le tapis, je fus du côté des

---

[1] Jean-Louis Guez, seigneur de Balzac, était regardé par Malherbe comme le restaurateur de notre langue. Il mourut en 1654, à l'âge de soixante ans.

approbateurs. Ce fut chez madame des Loges, de laquelle vous savez les qualités excellentes, et je crois qu'à la cour il y a peu de gens qui les ignorent. Le marquis d'Essideuil, le baron de Saint-Surin, M. de Racan, et M. de Vaugelas, y étaient. Il y en avait encore quelques autres dont je ne sais point les noms; mais ce qu'ils dirent me fit connaître ce qu'ils valaient. A ce compte-là, vous m'accorderez bien que le lieu ne pouvait être plus propre, ni la compagnie meilleure pour l'affaire dont il était question. Je vois bien que l'on vous a dit que je défendis votre cause. Il est vrai, mais sans intention d'en mériter le gré que vous m'en savez. Je ne donnai rien à notre amitié; je ne donnai rien à la complaisance ; je ne fis que ce qui est de mon inclination et de ma coutume, je pris le parti de la vérité. Pour celui contre qui l'on vous a mis si fort en colère, je ne sais quel rapport on vous en a fait, mais je vous jure qu'il parla de vous et de vos écrits avec une modération si grande, qu'il semblait plutôt proposer des scrupules pour en avoir l'avis de la compagnie, que pour dessein qu'il eût de nuire à votre réputation. Toutefois prenons les choses d'un autre biais, et posons le cas que son sentiment fût conforme à l'interprétation que vous en faites : ne savez-vous pas que la diversité des opinions est aussi naturelle que la différence des visages ; et que vouloir que ce qui nous plaît ou déplaît plaise ou déplaise à tout le monde, c'est passer des limites où il semble que Dieu même ait commandé à sa toute-puissance de s'arrêter? Quelle absurdité serait-ce qu'aux jugements que font les cours souveraines de nos biens et de nos vies les avis fussent libres, et qu'ils ne le fussent pas en des ouvrages dont toute la recommandation est de s'exprimer avec quelque grâce, et tout le fruit de satisfaire à la curiosité de ceux qui n'ont rien de meilleur à s'entretenir? Je ne crois pas qu'il y ait de quoi m'accuser de présomption, quand je dirai qu'il faudrait qu'un homme vînt de l'autre monde pour ne savoir pas qui je suis. Le siècle connaît mon nom, et le connaît pour un de ceux qui y ont quelque relief par-dessus le commun. Et néanmoins ne sais-je pas qu'il y a de certains chats-huants à qui ma lumière donne des inquiétudes, et qui, se trouvant en des lieux où la faiblesse de ceux qui les écoutent leur laisse tenir le haut du pavé, font, avec je ne sais quelles froides grimaces, tous leurs efforts pour m'ôter ce qu'il y a si longtemps que la voix publique m'a donné? Non, non ; il est de l'applaudissement universel comme de la quadrature du cercle, du mouvement perpétuel, de la pierre philosophale, et telles autres chimères : tout le monde le cherche, et personne ne le trouve. Travaillons à l'acquérir tant qu'il nous sera possible; nous n'y réussirons non plus que les autres. Ceux qui ont dit que la neige est noire ont laissé des successeurs qui, s'ils ne disent la même impertinence, en diront d'autres qui ne seront pas de meilleure mise. Il est des cervelles à fausse équerre, aussi bien que des bâtiments. Ce serait une trop longue et trop forte besogne de vouloir réformer tout ce qui ne se trouverait pas à notre gré. Tantôt nous aurions à répondre aux sottises d'un ignorant; tantôt il nous faudrait combattre la malice d'un envieux. Nous aurons plus tôt fait de nous moquer des uns et des autres. La pluralité des voix est pour nous. S'il y a quelques extravagants qui veuillent faire bande à part, à la bonne heure. De toutes les dettes, la plus aisée à payer, c'est le mépris. Nous ne ferons pour cela ni cession ni banqueroute. Aimons ceux qui nous aiment; pour les autres, si nous ne sommes à leur goût, il n'est pas raisonnable qu'ils soient au nôtre. Mais aussi en faut-il demeurer là. Il ne se trouvera que trop de gens qui, n'ayant point de marque pour se faire connaître, voudraient avoir celle d'être nos ennemis; gardons-nous bien de leur donner ce contentement. Écrive contre moi qui voudra; si les colporteurs du Pont-Neuf n'ont rien à vendre que les réponses que je ferai, ils peuvent bien prendre les crochets, ou se résoudre à mourir de faim. On pensera peut-être que je craigne les antagonistes; non fait : je me moque d'eux, et n'en excepte pas un, depuis le cèdre jusques à l'hysope. Mais je sais que juger est un métier que tout le monde ne sait pas faire. Il y faut de la science et de la conscience, qui sont choses qui ne se rencontrent pas souvent en une même personne. La cause d'un ami est presque toujours bonne ; celle d'un ennemi presque toujours mauvaise. Il n'en fut jamais une si juste que celle de Ménélas contre le traître qui lui vola sa femme ; et cependant en l'entreprise que fit la Grèce pour avoir la réparation de cette injure, les affections des dieux furent tellement partagées, que parmi eux le ravisseur ne trouva pas moins de protection que le mari. Qui plus est, quand il fut question du combat d'Hector et d'Achille, qui devait décider l'affaire, Jupiter lui-même, tout père des dieux qu'il est, fut si peu résolu du parti qu'il devait prendre, que, sans vouloir rien prononcer de lui-même, il se fit apporter des balances, pesa les vies de l'un et de l'autre, et en remit l'issue à ce qu'il plairait à la destinée en ordonner. Après un exemple où nous voyons ceux qui doivent tonner sur les injustices en faire eux-mêmes de si remarquables, pensez, je vous prie, ce que doit espérer celui qui est exposé au jugement des ignorants, dont, grâce à Dieu, nous avons ici un nombre.

Je suis marri que je n'en puis avoir meilleure opinion. Mais leur voyant tous les jours faire cas de je ne sais quels écrits qui, devant les jurés du métier, ne passent que pour des pois pilés de l'hôtel de Bourgogne, je ne crois pas qu'il y ait chose ni si mauvaise qui ne leur puisse plaire, ni si bonne dont ils n'osent faire les dégoûtés. C'est trop demeurer sur un si maigre sujet ; il en faut sortir, et répondre à ce que vous me dites de notre ami [1]. Vous l'obligez de le défendre, il en a bon besoin. Du côté des bergeries, son cas va le mieux du monde ; mais certes , pour ce qui est des bergères, il ne saurait aller pis. Cette affaire veut une sorte de soins dont sa nonchalance n'est pas capable. S'il attaque une place , il y va d'une façon qui fait croire que s'il l'avait prise il en serait bien empêché ; et s'il la prend, il la garde si peu, qu'il faut croire qu'une femme a été bien surprise quand elle a rompu son jeûne pour un si misérable morceau. Vous dites que vous lui ressemblez, mais à qui le persuaderez-vous ?

Peut-être à quelque juif, mais non pas à Malherbe.

Vous n'êtes pas , à mon avis, si rude joueur que cet assommeur de monstres qui, en une nuit, vit les cinquante filles de son hôte, mais à beaucoup moins que cela, on ne laisse pas de passer pour bon compagnon. Vous ferez le discret tant qu'il vous plaira : le mot qui vous est échappé, que les femmes sont la *plus belle moitié du monde*, n'est pas d'un homme qui n'ait que faire d'elles. Je vois bien ce que c'est ; vous voulez assurer les maris, afin que, n'ayant point de soupçon de vous, ils vous laissent faire vos recherches en toute liberté. Cela s'appelle être habile homme, et tendre des piéges comme il faut ; continuez. Je serai bien aise que vous soyez heureux, à la charge que vous aurez pitié de ceux qui ne peuvent l'être. J'ai fait ce que fait le reste des hommes : j'ai désiré la longue vie, et vous voyez où la longue vie m'a réduit. Je ne suis pas enterré, mais ceux qui le sont ne sont pas plus morts que je suis. Je n'ai, grâce à Dieu, de quoi murmurer contre la constitution que la nature m'avait donnée. Elle était si bonne qu'en l'âge de soixante et dix ans je ne sais que c'est d'une seule des incommodités dont les hommes sont ordinairement assaillis en la vieillesse ; et si c'était être bien que de n'être point mal, il se voit peu de personnes à qui je dusse porter envie. Mais quoi, pource que je ne suis point mal, serais-je si peu judicieux que je me fisse accroire que je suis bien? Je ne sais quel est le sentiment des autres, mais je ne me contente pas à si bon marché. L'indolence est le souhait de ceux que la goutte, la gravelle, la pierre ou quelque semblable indisposition, mettent une fois le mois à la torture : le mien ne s'arrête point à la privation de la douleur ; il va aux délices, et non pas à toutes ( car je ne confonds point l'or avec le cuivre ), mais à celles que nous font goûter les femmes en la douceur incomparable de leur communication. Toutes choses, à la vérité, sont admirables en elles ; et Dieu qui s'est repenti d'avoir fait l'homme, ne s'est jamais repenti d'avoir fait la femme. Mais ce que j'en estime le plus , c'est que, de tout ce que nous possédons, elles sont seules qui prennent plaisir d'être possédées. Allons-nous vers elles, elles font aussitôt la moitié du chemin ; leur disons-nous *mon cœur*, elles nous répondent *mon âme*; leur demandons-nous un baiser, elles se collent sur notre bouche ; leur tendons-nous les bras, les voilà pendues à notre cou. Que si nous les voulons voir avec plus de privauté, y a-t-il péril ni si grand ni si présent où elles ne se précipitent pour satisfaire à notre désir ? Si après cela il y a malheur égal à celui de ne pouvoir plus avoir de part en leurs bonnes grâces, je vous en fais juge, et m'assure que vous aurez de la peine à me condamner. Mais il ne faudrait guère continuer ce discours pour me porter à quelque désespoir. Brisons là ; aussi bien ma lettre est déjà trop longue. Si vous la trouvez telle, vous en pardonnerez la faute au plaisir que j'ai pris de m'entretenir avec vous, et de là jugerez, s'il vous plaît, monsieur, combien en quelque bonne occasion il me sera doux de vous témoigner que je suis et veux toujours être votre serviteur très-humble et très-affectionné.

29. — A M. DE BOUILLON-MALHERBE.

Monsieur mon cousin ,

Vous me confirmez toujours l'opinion que j'ai, il y a longtemps, que vous m'aimez plus que je ne vaux. Si le fils ne paye ce que doit le père, vous courez fortune d'en être très-mal assigné. Je suis en un âge où il ne me faut plus prêter qu'en intention de perdre. Si vous voulez assurer votre dette, faites un héritier, et la lui donnez. J'espère que, quand vous le verrez, vous le trouverez digne d'une bonne fortune. Quant aux nouvelles, je ne vous en dirai qu'une, qui en vaudra une douzaine : c'est que le succès des affaires sera tel que je l'ai toujours prédit, c'est-à-dire que nous aurons la paix. M. de Thou en a donné cette espérance par la dépêche que l'on vient de recevoir de lui. Le roi est obéi partout, et il ne se trouve personne qui prête l'oreille à ce que l'on propose contre son service. C'est tout

[1] C'est sûrement de Racan qu'il s'agit ici.

ce que je vous puis dire : et aussi crois-je que c'est tout ce que vous voulez ouïr. Ainsi Dieu confonde toujours les desseins de ceux qui nous voudront troubler! N'ayant plus guère de jours à vivre, je serai bien aise que le repos n'en soit point interrompu. Adieu, monsieur mon cousin. Je vous baise bien humblement les mains, et vous supplie de m'aimer toujours comme votre plus humble et plus affectionné serviteur.

A Paris, ce 13 de mars 1614.

### 30. — AU MÊME.

MONSIEUR MON COUSIN,

Il se faut laisser vaincre à vos courtoisies, à peine de recevoir un affront. Vous avez le premier intérêt en la gloire du nom de Malherbe; c'est à vous de faire le principal effort pour la relever. Il y faut de la fortune. Jusques ici elle nous a tellement abandonnés, qu'il y aura bien de la peine à nous la réconcilier. Je vous en laisse le travail, comme au plus capable de le faire. Mon âge me défend de rien entreprendre qui soit ni long ni difficile. C'est aux jeunes à planter des chênes, les vieux comme moi ne doivent plus planter que du persil, des choux, des épinards, et autres telles denrées. Je voudrais bien vous écrire des nouvelles, mais cette semaine peneuse[1] les a étonnées. Je crois que, et à Troie et au camp des Grecs, on ne fait que prier Dieu. C'est à lui qu'il faut recourir, et de lui qu'il faut attendre ce qui nous est propre. Hors de son aide, tout est vain, tout est songe, ombre et fumée. Je le prie, monsieur mon cousin, qu'il vous donne les prospérités que je vous désire, à la charge que vous continuerez d'aimer, et de bon cœur, celui qui de tout le sien est votre très-humble et très-affectionné serviteur.

A Paris, ce 29 de mars 1614.

### 31. — AU MÊME.

MONSIEUR MON COUSIN,

Je ne vaux pas le soin que vous avez de moi; mais je ne me plaindrai pas de vous pour cela. Je ne saurais trop souvent recevoir des témoignages d'une chose qui m'est si chère comme la continuation de votre amitié. Mon affection vous est plus assurée que je ne le saurais exprimer. Si je le pouvais faire, je m'y amuserais plus volontiers qu'à vous dire de nos nouvelles, les reconnaissant indignes d'être écrites, et sachant bien que celles des États, qui sont aujourd'hui les principales, vous sont mandées par des gens qui en sont mieux avertis que moi. Pour celles de la cour, je ne sais que vous dire, sinon que madame de Longueville arriva hier. L'on attend monsieur son fils au premier jour. Je crois que nous l'aurons pour gouverneur, quoi que l'on vous dise. Il n'y a pas d'apparence qu'il ne quittât un œuf pour un chapon, et je crois qu'il ne viendrait point, s'il n'avait envie de contenter le désir de Leurs Majestés. Si cela est, je m'en réjouirai pour notre province, qui aura un si grand prince; sinon, il faudra en cela, comme en toute autre chose, vouloir ce que Dieu veut. Je ne vous dis rien de la paulette[1] : qui croit qu'elle ira par terre, qui ne le croit pas; je ne sais qu'en dire. Pour le moins aurons-nous quelque nombre de gentilshommes pour conseillers aux cours souveraines. Il faut attendre l'horloge, qui nous sonnera quelle heure il est. Adieu, monsieur mon cousin. Je suis toujours votre très-humble et très-obéissant serviteur.

A Paris, ce 1er de décembre 1614.

### 32. — AU MÊME.

MONSIEUR MON COUSIN,

Je m'étonnais certainement d'être si longtemps sans avoir de vos nouvelles; mais je ne pensais pas que la cause en fût si triste comme elle est. Il faut louer Dieu, de quelque façon et en quelque temps qu'il dispose de nous ou des nôtres. Bien est-il malaisé de recevoir de si pesants coups sans donner quelque signe de ressentiment. Mais il en faut toujours revenir là, que c'est un passage nécessaire à tout ce qui vit au monde, et que si aujourd'hui nous perdons et pleurons, demain nous serons perdus et pleurés à notre tour. Je vous en dirais davantage; mais en semblables occasions les paroles ont plus d'ostentation que d'effet. Nous attendons ici les remontrances du parlement. On tient que c'est pour demain. Si ces gens eussent rejeté le rétablissement de la paulette, ils donneraient meilleure opinion qu'ils ne font, et leur harangue serait de meilleure odeur. Mais où sont ceux qui ne sont point sensibles à leur intérêt? Je ne sais si c'est au ciel, mais je sais bien qu'il n'y en eut jamais en terre, et qu'il ne faut pas espérer qu'il y en ait jamais. Les préparatifs des mariages se font avec hâte. L'on croit que l'on partira à la mi-juin. Je ne pense pas que ce soit précisément au quinzième, mais je tiens que ce ne sera pas bien longtemps après. Adieu, monsieur mon

---

[1] Ce mot, qui depuis longtemps n'est plus en usage, s'employait autrefois comme synonyme de *piteuse*.

[1] Droit annuel sur les charges de magistrature, ainsi nommé de son inventeur, Charles Paulet.

cousin. Je suis votre très-humble et très-affectionné serviteur.

A Paris, ce 20 de mai 1615.

### 33. — AU MÊME.

Monsieur mon cousin,

J'ai reçu le Sénèque que m'a envoyé mon cousin de Boutonvilliers. Si j'eusse cru qu'il n'y eût eu que cela, je ne l'eusse pas demandé. Je ne laisse pas de vous en remercier, et lui aussi. C'est ma coutume de vous donner de la peine. La fortune, qui m'offre tant d'occasions de vous employer, m'en donnera, s'il lui plaît, quelqu'une de vous servir. Je vois bien que l'on vous baille de grandes alarmes en ce pays-là. Et certainement nous n'en sommes pas plus exempts que les autres ; mais les faux bruits ne durent pas si longtemps ici qu'ils font aux provinces. Il y a en cette cour plusieurs personnes bien judicieuses qui pensent comme vous qu'il serait bon de différer le voyage. Ce n'est pas mon opinion : je crois que tout au contraire c'est de là, et non d'ailleurs, que dépend notre repos. L'événement décidera cette question. Je n'ose vous dire que l'on s'en va lundi, pource que ce partement a déjà eu tant de fausses assignations, que je crains que celle-ci ne soit pas plus véritable que les autres. Toutefois à la fin il en viendra une bonne, et, si ce n'est lundi, ce sera bientôt après. Ce serait une grande impuissance aux deux plus grands rois du monde, que trois ou quatre malcontents, sans hommes et sans argent, les empêchassent en un si juste dessein. Cela ne sera pas, mon cher cousin : on voudrait bien faire peur, mais il y a trop peu d'apparence. Pour moi, je n'ai fait jusqu'ici que me moquer de toutes ces levées de boucliers, et je ne vois rien qui me doive faire changer d'avis. Dieu conduise, s'il lui plaît, tout à bonne fin ! Votre serviteur très-humble et très-affectionné à jamais.

A Paris, ce 13 d'août 1615.

### 34. — AU MÊME.

Monsieur mon cousin,

J'ai ce matin reçu votre paquet dans lequel étaient les mémoires que vous m'avez envoyés. Je les ai vus, et couru par-dessus, sans y voir rien trouvé qui puisse servir à l'ouvrage qui se fait. C'est pourquoi je vous les renvoie. Il n'est question que de trouver des choses générales, où toute la noblesse soit comprise ; et faut que ce soient de vieux documents de trois ou quatre cents ans. Dans ces cahiers où sont les mémoires de notre noblesse, il est fait mention d'un livre de Navarre, héraut d'armes, et d'une histoire d'outre-mer. Si cela se pouvait recouvrer, ce serait une bonne affaire. Car, comme je vous ai déjà mandé, celui qui travaille à l'histoire de Normandie, n'y met rien du sien, mais ramasse, avec tout ce qu'il a déjà d'imprimé sur ce sujet, tout ce qu'il peut trouver de livres écrits à la main. Et certainement c'est ce qui sera le meilleur, pource que, s'il parlait des maisons ou personnes en particulier, il serait suspect d'avoir donné quelque chose à son affection. De cette façon, ne faisant que mettre en lumière de vieux livres, ce qui y sera n'aura ni doute ni soupçon de faveur ou flatterie. Pour notre maison, vous n'aurez que faire de vous en mettre en peine : il n'y a pas un livre où elle ne soit ; et tout exprès je ne veux en façon du monde voir celui qui fait le recueil, pour ne donner matière de croire qu'il y ait mis quelque chose à ma requête. Le livre que j'avais envoyé querir en Angleterre est venu, mais il est imparfait. J'y renvoie pour avoir ce qui reste, et pour avoir aussi de leur main le catalogue de ceux qui ont suivi le duc Guillaume en Angleterre. Il ne faut pas douter que nous n'y soyons, aussi bien qu'aux mémoires qui s'en trouvent par deçà. Vous aurez vu ce que dit de nous Camdenus. Je lui ai fait écrire par un de ses amis, pour savoir de lui d'où il l'a tiré. Entre autres seigneuries très-grandes que perdit Payen-Malherbe pour avoir appelé Louis, fils de Philippe-Auguste, il met Bocton-Malherbe en la comté de Kent près de Lenham, qui a été si longtemps en cette maison qu'il en a retenu le nom. J'ai fait venir la carte d'Angleterre, où est ladite seigneurie de Bocton-Malherbe. J'espère que par la réponse de M. de Camdenus nous apprendrons quelque chose de plus. Je n'ai que faire de l'arbre de généalogie que feu mon père avait dressé ; car, comme je vous ai dit, il n'est pas question de rien dire de nous en particulier, mais de faire généralement imprimer tout ce qui se trouve de l'histoire de Normandie, où puisque nous nous trouvons, il faut louer Dieu ; pource que, si nous n'y étions, ce serait en vain que nous désirerions ni espérerions de nous y faire ajouter. Je suis, monsieur mon cousin, votre serviteur très-humble et très-affectionné.

A Paris, ce 16 de juin 1618.

### 35. — AU MÊME.

Monsieur mon cousin,

J'ai reçu votre lettre du 24 du passé, et avec elle celle de M. de Cagny. Ce n'a pas été sans m'étonner de ce que vous m'écrivez que, par une de mes lettres, je vous avais assuré que je tenais de lui-même ce que je vous mandais, qu'il avait un livre de la noblesse de Normandie qui avait passé avec le duc Guillaume. Je vous supplie, mon cousin, de revoir ma lettre, et vous trouverez que c'est chose dont je ne vous parlai jamais. M. de Cagny a grande raison de dire qu'il ne me connaissait point, pource que c'est un homme que je n'ai point l'honneur d'avoir jamais vu. Un nommé M. de Montchrestien est celui de qui je le tenais, et qui me l'a dit, non une fois ou deux, mais une douzaine. Depuis ma dernière lettre, nous avons recouvert[1] deux rôles d'Angleterre, où nous sommes en l'un et en l'autre. Il y en a un qui est en rimes, l'autre est en prose; l'un imprimé, et tiré d'un plus gros livre, et l'autre écrit à la main. Ç'a été M. Camdenus qui les a envoyés par deçà, sur ce que j'avais désiré savoir de lui d'où il avait tiré ce qu'il avait écrit de l'antiquité de notre maison. Il a signé le mémoire que je lui en avais fait envoyer, *Guilelmus Camdenus, rex armorum*, et y a encore ajouté quelques particularités sur le même sujet. Cela ne doit pas empêcher que nous ne gardions toujours curieusement notre arrêt: car ce n'est pas tout que de prouver que la maison des Malherbe de Saint-Aignan est ancienne, il faut montrer comme nous en sommes sortis. Et là-dessus je vous dirai qu'il me souvient qu'autrefois un de mes oncles, religieux de Saint-Étienne, fit renouveler nos armoiries, qui sont au nombre de plusieurs autres en la bordure d'une salle où l'on dit que le duc Guillaume fit mettre toutes celles des grands de son État qui l'avaient accompagné à sa conquête. Je voudrais bien que cela se fût fait avec quelque forme de justice, et qu'il y eût assisté quelque officier qui en eût baillé acte; pource que, de toutes les preuves que nous saurions avoir, celle-là est la plus claire et la plus illustre. Si cela ne se fit alors, il se pourrait faire à cette heure, en faisant rapporter par les anciens religieux comme ils ont de tout temps vu lesdites armes en ladite salle, et qu'ils les avaient aussi vu rafraîchir, pour ôter le soupçon que l'on pourrait avoir que ce fût chose faite à poste. Je ne sais pas comme ma sœur de Malherbe porte patiemment que son aîné se soit fait jésuite; mais pour moi j'estime si peu le monde, que je n'estime pas en quel habit nous fassions le peu de chemin que nous avons à y faire. Je voudrais qu'il y en eût encore un religieux, et deux chevaliers de Malte, afin qu'il n'en demeurât qu'un qui fût un peu à son aise. J'attends toujours le retour de M. de Vignacourt, pour le prier de faire, avec M. le grand maître son frère, qu'il donne à un de mes neveux une place de page chez lui,

[1] On dirait aujourd'hui *recouvré*.

pource que par ce moyen il pourra être reçu chevalier dès à cette heure, là où sans cela il ne le pourrait être qu'à seize ans. Pour nouvelles, il n'y a ici rien sur le tapis que l'affaire de Béarn. M. de Montpouillan, fils de M. de la Force, gouverneur de ce pays-là, a eu commandement de se retirer de la cour; ce qu'il a fait avec beaucoup de larmes. Mais le roi veut être obéi de tous ses sujets: aussi est-il bien raisonnable, et crois que ceux qui feront les fous s'en trouveront mal. Dieu nous garde la paix, comme je crois qu'il fera.

A Paris, ce 2 d'août 1618.

### 36. — AU MÊME.

Monsieur mon cousin,

Nous avons eu bien de la peine à avoir une chose qui ne vaut guère. Le rôle de M. de Cagny n'est pas ce que l'on cherche: il faut des choses dont l'écriture soit si vieille que l'on ait de la peine à la lire; et au reste il est tout plein de gloses et de ratures qui y ont été mises suivant l'intérêt de ceux à qui le livre a passé par les mains. La nouveauté ne s'en peut nier, pour la mention qu'il y fait de la reine Élisabeth, qui vivait encore il n'y a que dix-huit ou vingt ans. Je le vous renvoie donc; aussi bien, comme je pense vous avoir écrit, M. Camden en a envoyé deux depuis un mois, desquels l'un est imprimé en Angleterre, et l'autre est une copie très-ancienne. Celui qui fait cette recherche est un Tourangeau qui a appointement du roi pour y travailler. Tout son travail n'est que de recueillir de vieux documents et les faire imprimer; car du sien il n'y met rien du tout. Vous n'y verrez rien du nôtre en particulier, que le nom de notre maison parmi les anciennes de France. Ce M. de Valles, dont vous parlait M. de Cagny en sa lettre, présenta, il y a environ un mois, une requête au conseil, pour faire quelque recherche des faux nobles. M. de Valetot Bailleul, maître des requêtes, lui fut baillé pour commissaire. Il me dit que, si je le voulais aller voir, il me montrerait les papiers qu'il avait produits, où nous et nos armes étions au rang des plus anciens. Mais je ne m'en suis point mis en peine, pource que ce n'est point chose qui soit mise en doute. Ceux qui s'imaginent que je prenne la peine de travailler au recueil qui se fait ne me connaissent guère bien. Premièrement j'aime fort à ne rien faire; secondement je n'ai que faire de me travailler pour une noblesse reconnue partout comme la nôtre; et tiercement c'est une affaire où l'auteur ne peut gratifier personne, quand il le voudrait faire, pource qu'il ne fait que transcrire les rôles qu'il recouvre. Toute ce qu'il y peut mettre du sien, c'est de juger de l'antiquité des écritures, encore qu'il se trouve des marques qui la font assez paraître. Au demeurant, monsieur mon cousin, votre cousin mon fils ne vous avait pas écrit pour vous obliger à lui répondre, mais seulement pour vous témoigner ce qu'il vous était. Ce sont toujours nouvelles preuves de votre courtoisie. Il sera bien heureux, s'il peut assez vivre et assez heureusement, pour avoir une occasion de s'en ressentir. En quelque façon qu'il le puisse faire, ce ne sera jamais ni comme je désire, ni comme vous l'y obligez. Pour des nouvelles, nous n'en avons point. Le roi est allé à Villers-Coterets, où il sera quelques jours, et de là s'en reviendra à Meaux, et de Meaux à Paris. il y a ici un chaous[1] de la part du Grand Seigneur, qui a apporté une lettre de son maître pour excuse du mauvais traitement fait à l'ambassadeur de France il y a quelques jours. Mais le roi, qui avait su sa venue, et qu'il avait charge de passer en Hollande et en Angleterre, a cru que cette satisfaction, qui semblait n'être faite qu'en chemin faisant, n'est pas suffisante, et a fait instance qu'il en vînt un exprès ; ce qui a été fait, et déjà il est à Marseille. Voilà, monsieur mon cousin, comme nous sommes pauvres de nouvelles. Puisque cette stérilité vient du bon état où nous sommes, louons Dieu, et le prions qu'il la nous entretienne.

A Paris, ce 27 de septembre 1618.

### 37. — AU MÊME.

Monsieur mon cousin,

Je dors devant que vous écrire : regardez quelle lettre vous pouvez attendre de moi. Je me réjouis que ma procédure vous plaise, de ne me charger plus de ménage en l'âge où je suis. Il y en a assez au monde qui en feraient de même, s'ils pensaient y avoir aussi bonne grâce que moi. Il y a ici un homme qui a une eau tellement amie de nature, qu'elle remet ceux qui en usent en leur première force. J'attends l'événement d'un essai qu'il en fait sur une personne de ma connaissance, pour en user si elle réussit. J'en ai goûté cette après-dînée de la main d'une très-belle dame. Le goût en est tel que d'encre ; la couleur très-belle et très-claire. Je vous en dirai davantage si l'expérience me fait voir que ce soit chose qui le mérite. Elle a été proposée à M. le garde des sceaux. Le plus beau que j'y voie, c'est qu'il ne veut point d'argent si l'on ne guérit point. Je suis marri que ce cocu vous ait fâché. J'eusse plutôt attendu d'être mordu d'un agneau, ou becqueté d'un pigeon, qu'offensé d'un cocu. Puisqu'on n'est pas assuré de ces gens-là, il n'y a personne de qui l'on ne doive soupçonner du péril. Le roi revient demain pour voir danser le ballet de la reine, et lundi s'en retournera à Saint-Germain. M. de Roquelaure a envoyé ici un courrier pour se plaindre de M. du Maine, qui lui assiége la Réole. L'occasion est que M. du Maine ayant eu commandement du roi de resserrer au château Trompette toute l'artillerie de son gouvernement, M. de Roquelaure n'a pas voulu bailler celle qu'il avait à la Réole, et M. du Maine s'est résolu à l'avoir, et y est allé avec du canon pour forcer la place. Les amis de M. de Roquelaure font quelque assemblée pour l'assister. Voilà où en est l'affaire, et tout cela ne veut rien dire. La paix pour cela ne laissera pas de continuer, si autre chose ne l'interrompt. Je vous supplie, monsieur mon cousin, de me tenir toujours en vos bonnes grâces. C'est une requête que je vous fais souvent, mais aussi est-ce une chose que je désire de tout mon cœur. Adieu.

Ce 16 de février 1619.

### 38. — AU MÊME.

Monsieur mon cousin,

L'Aubigné que je vous envoie demeurera avec vous, s'il vous plaît. C'est en cette intention que je le vous ai envoyé. Nous parlerons des secondes noces de notre bon ami quand il sera ici. Vous me dites que s'il y passe ce sera par considération. C'est une besogne où qui a de l'amour pense tout faire avec la raison. Quoi que c'en soit, et quoi qu'en disent les mauvaises langues, c'est une douce chose que la compagnie d'une femme ; et sur ce sujet je dis un jour à la reine mère du roi un mot qui la fit rire, qu'il n'y avait que deux belles choses au monde, les roses et les femmes, et deux bons morceaux, les femmes et les melons. Mais, mon cousin, après tous les soins que nous aurons apportés à en faire une bonne élection, nous y pourrons aussitôt faire hasard que rencontre, et, quoi qui en arrive, il le faut attribuer à la fortune et non à notre jugement. Recommandez donc à Dieu notre ami, comme l'on fait un homme qui se met sur la mer; les succès de l'un et de l'autre ont mêmes espérances et mêmes craintes. Le mal que j'appréhende le plus pour lui, c'est, comme je vous ai dit, le nombre des enfants ; les autres incommodités ont leurs remèdes, celle-ci n'en a du tout point. Pour ce que vous m'écrivez au bas de votre lettre, touchant l'Histoire d'Aubigné, vous avez en ce volume que je vous ai envoyé tout ce qu'il a fait imprimer. Je crois bien qu'il sera suivi

---

[1] *Chiaoux*, espèce d'huissier, envoyé turc.

d'un troisième; mais il a si mal rencontré en ce commencement, que je crois qu'il y pensera de plus près à l'avenir. Vous pouvez juger comme il doit parler véritablement des affaires du Levant et du Midi; puisqu'en ce qui s'est fait auprès de lui, et, par manière de dire, à sa porte, il rencontre si mal. Le meilleur que j'y voie, c'est que ses mensonges ne feront pas geler les vignes, et que les denrées seront en la halle au prix qu'elles ont accoutumé : c'est de quoi il est question; tout le reste, vanité, sottise et chimères. Adieu, monsieur mon cousin. Je suis toujours votre très-humble et très-affectionné serviteur.

A Paris, ce 14 de février 1620.

### 39. — AU MÊME.

Monsieur mon cousin,
Je suis payé de la rescription que vous avez pris la peine de m'envoyer. J'y avais hier envoyé mon valet; il s'en était revenu avec un refus. J'y suis allé ce matin, j'en ai rapporté ce que je demandais, et l'ai rapporté avec des courtoisies que j'estime avoir beaucoup ajouté à l'obligation. Il m'est alors souvenu d'un mot que je pense être de Normandie : « Visage « d'homme fait vertu; » et encore d'un d'Italie, qui est meilleur : « Chi vuol, vadi; chi non vuol, mandi. » Gardez-vous bien, mais je vous en supplie à mains jointes, mon cher cousin, de penser que je doute en façon quelconque de votre amitié; j'en ai trop de preuves, et suis trop éloigné du vice d'ingratitude pour reconnaître si mal ce que je vous dois. Je ne vous puis rien dire de l'affaire bénéficiale, que monsieur le garde des sceaux ne soit ici. Ce sera, Dieu aidant, pour la fin de cette semaine. Je vous avoue qu'en ces matières-là, comme en toutes, je suis parfaitement ignorant; mais je pense n'avoir pu mieux faire que d'envoyer mot à mot l'extrait de votre lettre; je suis toujours défiant aux choses que je n'entends point. Si vous vous êtes mal expliqué, ce sera à votre dam. Pour moi je suis bien assez présomptueux pour en espérer du bien, si l'avis a été baillé comme il faut; nous ne serons pas longtemps sans en savoir des nouvelles. Pour celles du monde, le roi arriva samedi à onze heures du matin, après avoir mandé à la reine qu'elle lui envoyât ses carrosses à Étampes et sur le chemin, pour être ici lundi au soir. Sans mentir, mon cher cousin, nous avons un grand roi, qui a toutes les vertus des rois, et pas un seul de leurs vices; aussi est-il de bon père et de bonne mère. Dieu nous les fasse vivre, et nous donne de sa race! elle est bonne. Pour l'affaire de la Rochelle, je demandai à madame la princesse de Conti ce qui en était; elle me dit qu'elle croyait qu'elle s'accommoderait, et que l'assemblée se séparerait. Je fis la même question à M. le maréchal de Cadenet, qui me dit qu'il n'en savait rien. Si vous me demandez ce que j'en crois, je pense que le roi sera le maître, ou que la déclaration faite contre les pauvres députés aura lieu. Je serais marri qu'il y en eût quelqu'un de nos amis, et encore plus de nos parents. C'est une belle chose que de bien raisonner; tout le monde ne le sait pas faire. Adieu, monsieur mon cousin. Je vous baise les mains, et vous rends mille grâces de tant de bons offices : ne vous en lassez point, vous les faites à l'homme du monde qui est de meilleur cœur, votre serviteur très-humble et très-affectionné.

A Paris, ce 10 de novembre 1620.

### 40. — AU MÊME.

Monsieur mon cousin,
Je ne me suis guère trompé en toutes ces levées de boucliers qui se sont faites depuis la mort du feu roi; mais certes en la dernière je confesse que je n'y ai vu goutte. Il n'y avait pas d'apparence qu'une montagne si grosse enfantât une si petite souris. Sept ou huit princes, et autant de ducs ou maréchaux de France, avec tant d'autres seigneurs couverts et découverts, avoir fait une partie, et l'avoir si mal jouée, cela nous apprend bien qu'il y a d'autres mains que celles des hommes qui font mouvoir les ressorts du monde. La force et la prudence sont de puissantes machines; mais si le destin n'est avec elles, une chènevotte et cela c'est tout un. Vos philosophes d'état ont bon temps de vous donner appréhensions qu'ils vous donnent : dormez, mon cher cousin, sûrement et sur ma parole. S'il est question du présent, j'en sais, non pas autant qu'eux, mais autant que de bien plus huppés qu'ils ne sont. Si je ne suis du conseil, je vois des gens qui en sont, et qui, s'ils ne sont au lever et au coucher du roi, ne laissent pas d'en savoir jusques aux moindres particularités; et s'il faut méditer sur l'avenir, je crois que j'y vois aussi avant qu'ils sauraient faire, qui qu'ils soient; mais tous ces orages qu'ils se figurent sont pures visions; l'envie qu'ils ont de faire croire à ceux qui sont hors de la cour qu'ils ont grande part aux affaires, leur fait faire tous ces discours à perte de vue. Monsieur mon cousin, le texte est clair et net, tout le monde le voit et l'entend; pour les gloses, chacun les fait à sa fantaisie. Les affaires du roi vont bien; et souvenez-vous qu'elles iront toujours bien, et que de plus de cinq ou six ans vous n'entendrez parler que d'obéis-

sance, et de paix par conséquent. M. le cardinal de Guise a désarmé; M. du Maine, M. d'Épernon, et généralement tous en ont fait de même ; il n'y a plus personne armé que le roi seul. Si vous me demandez pourquoi, je crois que c'est pour Béarn; c'est là, à mon avis, que le paquet s'adresse ; mais ils ne seront si mal avisés d'attendre le coup. M. de la Force, à qui l'on imputait ce refus d'obéir, est en cour avec les soumissions telles qu'on saurait les désirer. Jusqu'à cette heure les pauvres huguenots ont fait les mauvais, sur une opinion qu'ils avaient qu'on n'oserait les fâcher ; mais je ne leur conseille pas à l'avenir d'avoir cette présomption : le roi les fera jouir sans doute de ce qui leur a été accordé par les édits des feus rois, mais aussi il faudra qu'ils se contiennent dans les bornes qui leur sont prescrites. Le roi est parti pour aller en Guyenne, mais les reines n'y vont point ; tellement que je ne crois pas que son voyage soit long, et ne pense pas que, de quelque côté qu'il aille, il trouve, non pas de la résistance, mais du murmure. Mauregard, le curé de Millemont, et tous les autres faiseurs de prophéties, mentent; vos astrologues ne sont pas plus clairvoyants qu'eux : il ne faut pas avoir peur de leurs almanachs plus que des autres. En voilà trop ; adieu, monsieur mon cousin ; ne m'épargnez pas vos lettres, quoi que dient les crocheteurs de Guerin. Quand je serais ménager, ce que je ne suis pas, ce ne serait pas en choses qui me sont chères comme vos lettres. Surtout aimez-moi toujours, et me tenez toujours pour votre serviteur très-humble.

### 41. — AU MÊME.

Monsieur mon cousin,

Vous ne recevez jamais de mes lettres sans quelque importunité, et moi jamais des vôtres sans quelque faveur. Votre paquet me vient d'être rendu, et dedans, le contrat de la constitution de rente que je désirais. Je vous ai déjà protesté que le nombre de vos bienfaits a épuisé mes remercîments; n'en attendez donc plus de moi. Je suis marri de ne vous pouvoir offrir quelque revanche ; mais il faudrait être mieux avec la fortune que je ne suis pour en attendre cette gratification : elle en fera ce que bon lui semblera. Ma consolation est que, comme vous m'avez toujours aimé gratuitement, vous en ferez de même à l'avenir, et donnerez votre affection, non à l'espérance de quelque revanche, mais à la seule satisfaction de votre bonté. Je continue toujours en la volonté de faire venir mon fils par deçà; mais avec quel succès ce sera, il faudrait pour le deviner être plus clairvoyant que je ne suis. Dieu lui a donné des grâces dont ses amis peuvent espérer du service ; il y ajoutera, s'il lui plaît, celle de les employer avec quelque fruit. Pour nos nouvelles, je m'assure que l'on vous aura conté le passage du prince de Galles ; je crois que par cette impatience il a voulu témoigner à sa maîtresse la grandeur de son amour. Il vit recorder le ballet de la reine, et y vit celle qu'autrefois il a désirée pour femme : ce sera à lui, quand il aura vu celle d'Espagne, de juger s'il a perdu ou gagné. Quant à moi, mon cousin, je vous dirai sans cajolerie que la nôtre est une des plus gentilles princesses qui soient au monde, et que je ne crois point qu'il y ait, non une personne de sa qualité, mais une demoiselle en France de qui l'esprit ne perdît sa cause s'il était mis en comparaison avec le sien. J'ai été ce matin à l'audience du milord Hay, de laquelle je n'ai rien entendu ; mais j'ai pris garde que le roi lui a fait bon visage et à l'accueil et au congé. Le sujet de l'audience était l'excuse du prince de Galles en ce petit équipage, et ainsi déguisé comme il était. Nous attendons M. le Prince cette semaine. Il y en a qui s'imaginent quelque nouveauté à sa venue; pour moi, je ne suis pas de leur avis. On avait grandement parlé d'un voyage de Picardie ; mais s'il n'est tout à fait rompu, il est pour le moins différé, au grand contentement de toute la cour, et de moi particulièrement, qui eusse eu la peine d'aller faire donner mon arrêt à Compiègne. Je ne baillerai point votre lettre à M. de Saint-Clair que je ne voie qu'il en soit besoin ; mais étant les choses comme elles sont, je pense que ce soit une œuvre supérogatoire. J'oubliais à vous dire qu'il y eut hier huit jours que le roi envoya un courrier à Montpellier pour faire lâcher M. de Rohan, que M. de Valence avait retenu ; je ne sais ce qu'il en sera. Tant y a que M. de Soubise est toujours ici, ce qui ne serait pas si son frère avait eu quelque mauvaise intention ; mais vous savez comme aux affaires d'État la défiance et la sûreté vont l'une quand et l'autre. Monsieur mon cousin, je vous baise bien humblement les mains, comme votre très-humble et très-affectionné serviteur.

A Paris, ce 13 de mars 1623.

### 42. — AU MÊME.

Monsieur mon cousin,

Il ne me souvient pas que j'aie reçu une seule de vos lettres sans y avoir fait réponse à l'heure même, sinon par le même messager, au moins par quelque autre qui partait le même jour ; que s'il est avenu autrement, je vous prie de croire qu'il y a eu quelque empêchement que je n'ai pu éviter. Je suis assez religieux en ces choses-là; si en toutes autres je l'étais autant, je pourrais passer pour un grand homme de bien. Je vous remercie des vers que vous m'avez envoyés : il ne partira jamais rien de M. Patris que je n'estime pour son mérite, et que je n'aime pour l'affection que je crois qu'il me porte. Je vous enverrais en revanche ceux des ballets du roi et de la reine; mais il est trop tard pour les recouvrer; et certainement vous n'y trouveriez rien, à mon avis, qui vaille les désirer; s'ils ont quelque recommandation, c'est qu'ils sont faits à la cour et pour Leurs Majestés. Vous trouverez en ce paquet un petit écrit que vous lirez avec plus de merveille que vous ne feriez cette poésie de carême-prenant. L'histoire est assez particulièrement écrite; ce qui y manque, c'est la punition du calomniateur qui fut pendu il y a cinq ou six jours à la croix du Tiroir. Et m'a-t-on dit que l'on avait envoyé à Baye sur Baye pour prendre et amener ici un certain ecclésiastique que l'on prétend avoir été instigateur de cette belle affaire. Pource que vous vous plaignez de ce que je vous avais écrit que ceux qui avaient branlé ne tomberaient pas, je ne vous ai rien écrit en cela qui ne fût selon l'opinion générale de toute la cour. Entre plusieurs raisons que je vous en pourrais donner, j'en choisirai une que je crois que vous jugerez avoir été suffisante pour me faire écrire ce que je vous ai écrit . . . . . . . . . . . . . . . . . . .

Si je ne me lassais d'écrire, je vous en dirais bien davantage, pour vous faire connaître qu'il n'est pas possible que quelquefois on n'écrive des choses qui ne sont pas véritables. En voici une où il n'y a point de réponse. Il y eut samedi huit jours que le roi, étant venu voir la reine sa mère, lui dit tout haut, et je l'ouïs avec beaucoup d'autres, qu'Alberstat avait été pris par le pays, qui s'était élevé contre lui, l'avait pris dans une maison assez faible, et l'avait mené pieds et poings liés à l'empereur. Cette nouvelle lui avait été écrite par son ambassadeur, qui réside à Bruxelles : et cependant elle s'est trouvée si fausse, que l'on tient que lui et le comte de Mansfeld seront ici dans cinq ou six jours. Vous pouvez juger, si je vous avais écrit cette nouvelle-là, la tenant de la bouche du roi, s'il y aurait eu de quoi m'accuser. En voilà trop, monsieur mon cousin, pour ma justification, et même à l'endroit d'un juge qui m'aime comme vous faites. Nos nouvelles sont que le milord Rich est ici depuis le soir du ballet. Il ne vient pas, ce dit-on, de la part du roi d'Angleterre, mais seulement pour passer son temps en cette cour. Toutefois on croit qu'il vient pour sentir les volontés sur le mariage de madame et du prince de Galles. Il y en a toujours qui veulent croire que le mariage d'Espagne se fera. Pour moi, je persiste en ma première opinion, qu'il ne se fera point. La fin des États d'Angleterre nous en apprendra la vérité. Je suis las de vous écrire : c'est assez pour cette fois. Je vous envoie demi-douzaine de copies d'un sonnet que je donnai au roi il y a cinq ou six jours. Vous en donnerez, s'il vous plaît, une à M. d'Escagneul, et l'autre à M. Patris; des autres vous en ferez ce que bon vous semblera. L'effet qu'il a eu, ç'a été cinq cents écus que le roi m'a donnés par acquit patent, où j'ai été si favorablement traité, que M. de Champigny, qui l'a contrôlé, l'a voulu envoyer lui-même, par M. des Noyers, son neveu, à M. le garde des sceaux, qui tout aussitôt l'a scellé avec toutes sortes d'éloges, à ce que m'a dit M. des Noyers. Adieu, monsieur mon cousin. Je suis votre très-humble et très-affectionné serviteur.

A Paris, ce 28 de février 1624.

### 43. — AU MÊME.

Monsieur mon cousin,

Ce que je fais à cette heure, je désirerais l'avoir fait dès hier. Mais je n'avais point de nouvelles à vous mander, et étais allé pour en apprendre. Cela ne m'a pas réussi. Tout ce que je sais, c'est que madame la princesse de Conti a écrit à madame sa mère, qui m'a fait voir la lettre, que, si Leurs Majestés ne sont à Paris le 15 de ce mois, elles n'en seront pas bien loin. Après cela, ne me demandez que ce que savent les crocheteurs. Le mariage de monseigneur et de mademoiselle de Montpensier est déjà une vieille nouvelle. Il fut arrêté il y eut hier huit jours. On en attend l'accomplissement au premier jour. La joie est par toute la cour, aux uns au cœur et au visage, aux autres au visage seulement. Celle de la reine mère, après celle de la mariée, est, à mon avis, la plus grande et la plus véritable. Cette bonne princesse désire de voir perpétuer sa postérité en la race de nos rois, et certes son désir est légitime. Nous ne saurions enter de meilleure greffe que la sienne. Je crois que les vœux de tous les gens de bien ont le même but : pour le mien, je sais bien que vous n'en doutez pas. Voilà tout ce que j'ai à vous dire là-dessus. Pour autres nouvelles, je vous envoie la harangue de M. le garde des sceaux. Vous y verrez de grandes marques de probité et d'éloquence. J'y loue tout, mais j'y admire cette comparaison des mines et des menées des factieux. Vous m'en direz votre goût. Adieu, monsieur mon cousin, je suis votre très-humble et très-affectionné serviteur.

A Paris, ce 2 d'août 1626.

## 44. — AU MÊME.

Monsieur mon cousin,

Je ne sais sur quoi vous vous fondez pour ne croire pas que, devant qu'il soit Pâques, la Rochelle sera en l'obéissance du roi. Je suis bien de contraire opinion : je ne crois pas qu'elle soit si longtemps sans se rendre. On y travaille par deux voies : l'une par la stecade[1] prétendue de Pompée Targon, de laquelle je n'ai pas grande espérance, comme aussi n'ont presque tous ceux qui en viennent. L'autre est par une digue ou chaussée que l'on tire du travers du port, depuis le fort Louis jusqu'au fort de Coreilles. Il y a huit ou dix jours qu'il y en avait cent dix pas de faits : vous pouvez penser que depuis la besogne est bien avancée; l'on tient qu'elle sera achevée pour tout le mois de janvier. On doit laisser au milieu la place d'un canal, qui sera rempli de vaisseaux maçonnés qui se font à Bordeaux. Il y a douze ou quinze jours que la reine mère me dit, je dis à moi, pource que je le lui demandai, qu'il y en avait déjà trente d'achevés. Je lui ouïs dire aussi, lundi au soir, que la digue était si bonne et si ferme que la mer n'en avait pas ébranlé la moindre pierre qui y fût. Les choses étant comme cela, je ne suis pas d'avis que vous gagiez; et d'ailleurs, pour avoir mon portrait, vous n'avez que faire de gageure. La demande que vous m'en faites est trop obligeante pour ne la vous accorder pas. Je désire seulement que vous me donniez temps jusqu'à ce que nous soyons dans les chaleurs. Il est vrai que je n'ai jamais que mauvaise mine; mais en hiver je l'ai pire qu'en été. Je vous en ferai donc faire un ce mois de mai, et en ferai faire un autre pour me faire mettre en médaille, pour en tirer une cinquantaine, et de cette façon satisfaire à beaucoup de personnes qui me font la même prière que vous. Il y a une douzaine de mes parents ou de mes amis à Caen à qui j'en veux donner. Il m'en faut pour cette ville et pour Provence. Ce ne serait jamais fait de m'amuser à me faire peindre. Je suis bien aise, monsieur mon cousin, que mes lettres vous soient agréables. Vous en parlez selon mon goût, quand vous dites qu'en les lisant vous pensez m'ouïr deviser au coin de mon feu. C'est là, ou je me trompe, le style dont il faut écrire les lettrés. J'espère, quand je me serai tiré de l'affaire où m'a mis la mort de votre cousin, en faire imprimer un volume entier, où je mettrai celles que vous m'avez envoyées, et avec elles celles que je vous écris tous les jours, que vous garderez, s'il vous plaît, pour y être mises quand je les aurai revues et habillées à la mode. Vous me garderez, s'il vous plaît, celles que vous avez reçues de moi depuis les premières, non pas toutes, mais celles où vous jugerez qu'il y aura de la matière pour faire quelque chose. Vous aurez dans quinze ou vingt jours, Dieu aidant, cent ou six-vingts vers que je vais envoyer au roi. Ils lui seront présentés par M. le cardinal de Richelieu, que vous croyez bien qui n'y sera point oublié. Pour nos nouvelles, lundi Montagny fut mis à la Bastille. Il vint par eau depuis Melun jusques auprès de ce pavillon qui est au bout du jeu de mail de l'arsenac[1]. Le marquis de Rotelin, qui le reçut et le livra à M. de Tremblay, m'a dit qu'il le trouva fort étonné. Je ne pense pas qu'il soit traité d'autre façon qu'en prisonnier de guerre. On dit que M. de Bullion vient pour l'interroger. Il se peut faire qu'il est déjà venu. Les drapeaux pris sur les Anglais furent hier apportés au Louvre aux deux reines. On leur fit faire un tour dans la cour, et de là on les porta à Notre-Dame. Il y en a quarante-quatre; ils ont été dix-neuf jours par les chemins. Le frère aîné de M. de Saint-Simon en a été le conducteur, et de quatre petites pièces qui ont été prises sur les mêmes ennemis. Les drapeaux ont tous au bout d'en haut et au coin qui est vers le bois un morceau de taffetas blanc d'environ trois pieds en carré. En ce taffetas blanc il y a une croix rouge, qui touche à toutes les quatre faces de ce carré. M. le Prince est devant Soyon sur le Rhône, où il assiége Brison. Les assiégés ont fait une sortie sur nous, où il est demeuré deux des leurs prisonniers, qui ont été pendus à l'heure même. Il était venu vers M. le Prince deux députés de Privas, pour le prier de leur donner quelque temps pour disposer les choses à l'obéissance. Il leur en donna autant qu'il fallait pour aller et pour revenir, c'est-à-dire pour envoyer à Privas. La chose ne s'étant point faite, il fit aussitôt pendre les deux députés, qu'il avait retenus pour cet effet. J'ai grande opinion du service que rendra ce prince au roi en cette occasion. Dieu lui en fasse la grâce, et là et partout donne à Sa Majesté les prospérités que les gens de bien lui désirent. Adieu, monsieur mon cousin. Excusez la hâte dont je vous écris. J'use avec vous librement, et comme votre serviteur très-humble et très-affectionné.

A Paris, ce 22 de décembre 1627.

## 45. — AU MÊME.

Monsieur mon cousin,

Je ne sais pas si je mentirai en mes prophéties,

---

[1] Estacade.

[1] Nous suivons ici l'orthographe de Malherbe. Nicot, l'auteur du *Trésor de la langue française*, qui vivait à la même époque, écrivait *arcenal*. Depuis, ce mot a perdu sa lettre étymologique.

mais-je sais bien que je ne mentirai pas au terme que je vous demande pour le portrait. Je suis bien près de la mort, mais je pense que trois ou quatre mois m'en feront la raison. Pour les choses du monde, j'ai l'honneur d'être tous les jours au cabinet; et à cette heure même je n'en fais que de venir, y ayant demeuré trois heures exprès pour apprendre quelque chose digne de vous écrire. Mais vous savez plus de nouvelles que moi. Le duc de Lorraine, qui a désarmé il y a trois semaines et plus, vous fait peur. Il en est de même de M. de Savoie, qui a fait chanter le *Te Deum*, et fait faire des feux de joie à Turin pour la défaite des Anglais, et a envoyé ici vers Leurs Majestés un ambassadeur extraordinaire pour s'en réjouir avec elles. Avec tout cela je vois bien qu'on ne laisse pas de vous en faire de mauvais contes. Ne croyez point de léger, mon cousin; et, quand on vous dira quelque chose, considérez l'intérêt de celui qui la vous dira, et là-dessus raisonnez selon le sens commun; vous trouverez qu'au lieu de corps, on ne vous présente que des fantômes. Je ne sais pas, certes, d'où vous avez appris cette prétendue intelligence sur la Fère; mais je sais bien que c'est une chose si absurde que, quand je m'en suis voulu enquérir, si on ne m'eût connu on m'eût fait passer pour dupe. Le marquis de Nesle, qui en est gouverneur, était ce soir chez la reine mère. Je lui ai donné de quoi rire quand je lui ai demandé ce qui en était. On ne vous a pas mieux averti de ces douze vaisseaux que nous avons eu bien de la peine à mettre ensemble depuis dix-huit jours. M. de Guise en a vingt-cinq ou vingt-six français, et quelque trentaine d'Espagne. Je crois que, puisque l'on n'en assemble point davantage, on ne juge pas qu'il faille plus de dépense, et que cela suffira pour ranger la Rochelle à son devoir. L'Anglais, s'attaquant au roi, est un petit gentilhomme de cinq cents livres de rente qui s'attaque à un qui en a trente mille. Je ne sais, monsieur mon cousin, si je vous ai dit qu'il n'y a que deux rois en Europe capables de mener du canon en campagne; si je ne le vous ai dit autrefois, je le vous dis à cette heure, car il est vrai. On ne compte que deux puissances en la chrétienté, la France et l'Espagne : pour les autres, ce sont leurs suivants, et rien plus. Quant aux grands qui fomentent la guerre, ne vous imaginez pas qu'il y en ait un si hardi de faire semblant d'y penser. S'ils se pouvaient tous accorder, c'est bien chose assurée qu'ils feraient du mal. Mais ni en France, ni en lieu du monde, on ne voit jamais entre ces gens-là un consentement universel. Ils ne sont pas sitôt d'accord, que leurs intérêts les séparent; chacun a peur que son compagnon ne s'avance à ses dépens. Cela n'est point en France seulement, c'est partout où il y a des hommes. Pour moi, je crois, avec beaucoup de gens d'esprit, que la huguenoterie court fortune par toute l'Europe d'être voisine de sa fin : toutes les apparences vont là. Il me semble qu'un peu de bon raisonnement vous doit faire rire quand on vous menace des Anglais. Ils sont venus, avec cent ou six vingts vaisseaux, nous surprendre et nous attaquer en un lieu où nous ne pouvions aller. Il n'est donc pas vraisemblable que, venant en terre ferme, ils fassent mieux leurs affaires, étant bien certain qu'ils n'auront pas sitôt pied à terre, qu'ils n'aient quinze ou vingt mille hommes sur les bras contre cinq ou six mille hommes qu'ils pourront amener. Quant à moi, je les crains comme je crains ceux du Grand-Caire. Voilà, monsieur mon cousin, mes sentiments. La reine mère du roi attend dimanche ou lundi le lieutenant de ses gardes, qu'elle a envoyé vers le roi. Il nous dira des nouvelles; et si elles sont importantes je vous en ferai part tout aussitôt. Il ne me souvient point de celui pour qui j'ai fait des vœux, dont vous êtes si étonné. Ce n'est pas ma coutume d'aimer ceux qui n'aiment point le roi et qui le servent mal à faute d'affection ou à faute d'expérience. Ma mémoire est usée : si vous ne me ramentevez l'homme dont il est question, je ne le saurais deviner. Mais je suis trop long. Adieu, monsieur mon cousin. Je vous donne le bonsoir.

A Paris, ce 21 de janvier 1628.

### 46. — AU MÊME.

Monsieur mon cousin,

Je ne pensais pas, quand je vous écrivis ma dernière lettre, que la réponse que vous m'y feriez dût être accompagnée d'une si pitoyable nouvelle comme celle que vous me mandez. Ce n'est pas que la fortune ne me soit toujours suspecte; mais étant notre vie exposée à autant de ses injures que nous avons de choses qui nous sont chères, il n'est pas possible de prévoir qui sera le premier endroit où nous en serons assaillis. Je dois bien croire, monsieur mon cher cousin, et votre lettre me le fait paraître assez clairement, que vous êtes encore en un état où les consolations vous seraient des offenses; c'est pourquoi vous n'en recevrez point de moi. Vous avez perdu une des meilleures et des plus aimables femmes du monde : j'aurais mauvaise grâce de vous parler ou d'être insensible en cette infortune, ou de ne la sentir que légèrement. Non, non, mon cher cousin, satisfaites à votre devoir, satisfaites à votre bon naturel, et satisfaites encore à la pauvre défunte, qui sans doute ne peut être mieux assurée du plaisir que vous avez eu en sa compagnie, que par les témoignages que vous rendrez du regret d'en être privé. Je vous donne certes un conseil bien extraordinaire, mais je le fais d'autant plus hardiment, que je sais qu'il est selon votre humeur, et que vous savez qu'il est selon la mienne. J'en ai fait de même quand j'en ai eu les mêmes occasions. Dieu, qui vous a envoyé cette affliction, vous la récompensera, s'il lui plaît, par la conservation de ce qui vous reste. Je la vous souhaite, monsieur mon cher cousin, et avec elle toutes sortes de nouvelles prospérités, comme celui qui est toujours votre très-humble et très-affectionné serviteur.

### 47. — A M. DE COLOMBY.

Monsieur mon cousin,

Vous me donnez tout à la fois deux très-grandes joies : l'une de me faire savoir la bonne santé de vous et de vos affaires; l'autre de me promettre que nous aurons le bien de vous voir en ces quartiers. Je l'ai bien toujours ainsi espéré, même en cette saison où l'excellence de toutes sortes de fruits montre l'avantage qu'a la Provence sur les plus beaux lieux de ce royaume. Mais j'ai tant d'expérience des intrigues de la fortune, et des difficultés inopinées qu'ordinairement elle fait naître aux choses que nous tenons les plus certaines, que je n'attends jamais qu'avec beaucoup de doute ce que j'ai désiré avec tant soit peu d'affection. Qu'on die ce qu'on voudra de la prudence humaine, je ne la veux pas exclure de l'entremise de nos affaires, quand ce ne serait que de peur de trop autoriser la nonchalance; mais, pour ce qui est des événements, il faudrait d'autres exemples que ceux que j'ai vus jusques à cette heure, pour me faire croire qu'elle y ait aucune juridiction. Qui est heureux ira aux Indes sur une claie; qui est malheureux, quand il serait dans le meilleur vaisseau du monde, il aura de la peine à traverser de Calais à Douvres, sans courir fortune de se noyer. J'étais venu ici pour y passer autant de temps que le roi en mettrait à faire le tour de la Guyenne et du Languedoc. Je m'attendais d'y recevoir quelque contentement parmi les miens, et ne voyais rien qui fût capable de m'en empêcher. Cependant, deux jours après que j'y fus arrivé, je ne sais quel petit fripon d'officier fit une niche à mon fils, pour laquelle il a été contraint de garder la chambre, et moi privé du contentement que j'étais venu chercher à ma maison. Certes la cour est bien l'océan où se font les grandes tempêtes; mais les provinces, comme petites mers, ont des agitations qui ne laissent pas voyager sans inquiétude. Mes amis me disent que c'est un juif à qui j'ai affaire, et que je ne dois pas trouver étrange que mon fils soit persécuté par ceux mêmes qui ont crucifié le fils de Dieu. Ils disent vrai; mais à quel propos cette considération? un pauvre homme qui aurait été volé se consolerait-il quand on lui dirait que celui qui a pris son argent est de la race des plus grands voleurs qui jamais aient mis le pied dans une forêt? Que m'importe qui m'ait frappé? le coup que donne un juif est-il moins sensible que celui que donne un chrétien? Certes je me suis autrefois étonné de voir cette nation haïe et décriée comme elle est. Mon avis était qu'il fallait éplucher un homme en sa vie, et non pas en son origine, et qu'autant valait-il avoir son extraction de Sériphe que d'Athènes. Mais j'apprends aujourd'hui que la voix du peuple est la voix de Dieu. Il est très-certain que jamais il ne fut une haine plus juste que celle que l'on porte à cette canaille. Nous ne faisons que leur rendre la pareille. Si tout ce que nous sommes de chrétiens n'avions qu'une tête, ils nous la couperaient avec plus de plaisir qu'ils ne pensent avoir de mérite à se couper le prépuce. Ceux qui les approchent de plus près ajoutent à leurs louanges qu'ils sentent je ne sais quoi de relent. Pour moi, qu'ils sentent si mal qu'ils voudront, c'est chose dont je n'ai que faire; j'en serai quitte pour n'en approcher point. Ce que j'y vois de meilleur pour moi, c'est que le moyen qu'a ce maroufle de me nuire n'est pas égal à sa volonté; mais toujours aurai-je de la peine et de la dépense à démêler cet écheveau. Je vous en conterai l'histoire à notre première vue. Ce que je vous en écris pour cette heure n'est que pour vous faire voir que je suis toujours en ma vieille opinion, que le monde n'est qu'une sottise, et que par conséquent l'homme dont vous me parlez a été un sot de le quitter si timidement comme il a fait. S'il eût regardé les choses de la terre avec l'œil dont je les regarde, il eût pris le chemin du ciel avec plus de résolution. Mais comme je ne m'étonne pas de sa courte vie, pource que son visage bouffi et mal coloré ne la lui pouvait faire espérer plus longue, aussi eussé-je été bien trompé si un esprit de la taille du sien, quelque mal logé qu'il fût, n'eût eu de la peine à quitter son hôte. Peut-être, mon cher cousin, vous imaginerez-vous que je suis en mauvaise humeur : nullement, je le vous jure; et si vous preniez la peine de venir jusques ici, comme je vous en conjure de tout mon cœur, vous me trouverez aussi disposé à rire que vous m'ayez jamais vu. Mais il n'y a point de discours où je me laisse emporter si volontiers qu'à mépriser ce que les dupes estiment. Je suis très-marri du malheur de notre ami. S'il est galant homme, il voudra ce que Dieu veut, et se moquera aussi bien de sa mauvaise fortune que de celui qui en est l'auteur. Quand un homme a les choses nécessaires, si on lui ôte les superflues, on ne l'offense pas, on le décharge. Mais je crains que sa philosophie n'aille pas jusques à ce point. Pour Mansfeld, nous en avons ici de meilleures nouvelles que les vôtres. On m'écrit de Paris, du neuvième de ce mois, qu'il est sur le point de se retirer. Il ne faut pas voir trop clair pour connaître que l'homme de la frontière est de ceux qui l'ont attiré; mais il est en possession de réussir mal en tout ce qu'il entreprend. Voilà pourquoi si de cette nuée il sort pluie, grêle, ni autre sorte de mauvais temps, je veux que vous me teniez pour le plus ignorant astrologue qui jamais ait regardé les étoiles. J'ai eu depuis quatre ou cinq jours des inhibitions du conseil pour ôter à ce parlement la connaissance de ma brouillerie. Il me reste encore quelque information à faire pour évoquer : c'est à quoi je travaille. Cela fait, si le roi s'en retourne, me voilà prêt à le suivre, et s'il demeure, prêt à demeurer auprès de lui. Je ne pense pas être plus heureux sous le fils que j'ai été sous le père; mais il n'importe : le temps que j'ai à vivre est si peu de chose, que je ne dois pas faire difficulté de le hasarder. Je prie, Dieu monsieur mon cousin, qu'il vous ait en sa puissante garde; et vous, que vous me teniez toujours pour votre serviteur très-humble et très-affectionné.

### 48. — AU ROI LOUIS XIII,

A L'OCCASION DE LA MORT DE SON FILS,
QUI FUT TUÉ EN DUEL.

Sire,

Les vers que Votre Majesté vient de lire [1] passeront, s'il lui plaît, pour un très-humble remercîment de la promesse qu'elle m'a faite de ne donner jamais d'abolition à ceux qui ont assassiné mon fils. Une bonté médiocre se fût contentée de me l'avoir dit une fois. La vôtre, qui, en l'amour de la justice et en la haine des crimes, n'est semblable qu'à soi-même, après me l'avoir réitéré, y voulut encore ajouter ce favorable commandement, que je travaillasse à faire prendre les meurtriers, et que je ne me souciasse point du demeurant. Il me semble bien, Sire, que des paroles prononcées de la bouche d'un roi, le plus grand et le meilleur qui soit au monde, me doivent être en telle révérence, que, sans être criminel moi-même, je ne puisse faire doute de leur vérité : mais,

[1] Cette lettre était apparemment précédée de l'ode IX :
Donc un nouveau labeur à tes armes s'apprête.

Sire, sur quelle sûreté peut se reposer un esprit de qui le trouble est si grand et si déplorable comme le mien? Cauvet, conseiller d'Aix, beau-père de de Piles, et père de Bormes, qui sont les deux abominables assassins de mon pauvre fils, prêche partout la vertu de ses pistoles, parle de la poursuite que j'en fais, non avec l'humilité d'un qui a besoin de miséricorde, mais avec la présomption d'un qui se tient assuré de triompher. C'est cela, Sire, qui m'amène une seconde fois à vos pieds, pour vous faire souvenir de votre promesse, et vous en demander la confirmation. Pour ce qui est des faveurs dont Cauvet se promet d'être appuyé, je ne m'en mets point en peine; il en sera ce qu'il pourra; mais je sais bien qu'un homme d'honneur y pensera deux fois devant que de se ranger de son parti. Protéger une méchanceté, et la commettre, sont actions qui partent presque d'une même source; et qui fait l'un, Sire, ferait l'autre, s'il en espérait la même impunité. Puis, quand il se trouverait des âmes assez perdues pour l'assister, sur quelles apparences, s'ils ont quelque lumière de bon sens, sauraient-ils fonder leur intercession? Si par les qualités mes parties se pensent rendre considérables à mon préjudice, qui est-ce qui ne sait point qu'un nombre infini de personnes vivent encore à Marseille, qui ont vu arriver le père et l'oncle de Cauvet, et là, petits marchandots, avec des balles de cannelle, poivre, gingembre, raisins et autres denrées, commencer leur trafic, qui de deux ou trois mille livres qu'ils pouvaient avoir alors, est abouti à près de deux millions, que tout le monde croit qu'ils aient aujourd'hui? Je n'ai parlé que du père et de l'oncle; mais Cauvet, tout hardi qu'il est, oserait-il nier qu'il n'ait fait le métier lui-même, et qu'assez de fois son nom n'ait été écrit au livre de l'écrivain de vaisseau? Quant à de Piles, si un secrétaire d'État, appuyé d'une personne qui pouvait tout auprès du feu roi votre père, ne lui eût fait donner la chétive capitainerie du château d'If, vacante par la mort d'un valet de chambre de Henri III, ensuite de laquelle il a fait depuis quelques autres petites grivelées, ne serait-il pas à cette heure ou à Carpentras ou en Avignon, caché parmi ses parents dans les ordures de la honteuse condition où il est né? Pour ce qui est de moi, Sire, il est bien vrai que la maison des Malherbe Saint-Aignan dont je suis, et dont je porte le nom, est depuis deux cents ans en si mauvais termes qu'elle ne saurait être pis, si elle n'était ruinée entièrement; et quand je dis cela, je ne pense laisser rien à dire à mes ennemis : mais il est vrai aussi que non-seulement dans l'histoire de Normandie, mais en la voix commune de tout le pays, elle est tenue pour l'une de celles qui suivirent il y six cents ans le duc Guillaume à la conquête d'Angleterre, et que, pour le justifier, l'écusson de leurs armes est encore aujourd'hui, parmi trente ou quarante des principales du temps, en l'abbaye de Saint-Étienne de Caen, dans une salle que la fortune plutôt qu'autre chose exempta du ravage que fit la fureur des premiers troubles en tout le reste de cette maison. Si mes parties s'en veulent éclairer, qu'ils aillent sur le lieu : leur propre vue leur apprendra ce qui en est. Mais peut-être s'imaginent-ils qu'ils donneront à ce crime une couleur qui en diminuera l'abomination; c'est chose qu'ils ont déjà tentée inutilement : s'ils y retournent, je ne crois pas que ce soit avec plus de succès. Cette maudite affaire ne fut pas sitôt arrivée, que Cauvet, qui voudrait avoir des juges à sa fantaisie, ou plutôt qui n'en voudrait point avoir du tout, dépêcha par deçà un des siens pour avoir une interdiction du parlement de Provence, et en chemin faisant le chargea de conter la nouvelle de la façon qu'il lui était expédient qu'elle fût crue. Son homme s'acquitta de sa commission le mieux qu'il put; mais ce furent des ténèbres qui ne durèrent guère. Il arriva dans cinq ou six jours une infinité de lettres de Provence, qui, par des narrations véritables et non suspectes, démentirent ce que ridiculement ce messager avait publié. M. de Guise même, qui avait été prévenu de cette imposture, me fit l'honneur de me venir voir, et m'avoua que du premier abord il avait cru ce que l'homme de Cauvet avait dit; mais que, depuis, ceux qui font ses affaires en Provence lui avaient écrit au vrai comme la chose s'était passée, que l'action était très-vilaine, et que de bon cœur il m'assisterait en ce qui dépendrait de lui. Voilà comme réussit à Cauvet le premier essai qu'en cette occasion il fit d'abuser le monde. A cette heure que la chose est décriée comme elle est, et que, sur les informations faites par trois juges différents, et les dépositions de plus de quarante témoins, les assassins ont été condamnés à mort, je ne vois pas avec quelle apparence il pourrait reprendre le même chemin. Aussi crois-je bien que ce n'est pas là que lui et les siens jettent les plus assurés fondements de leur espérance. Ils me voient en un âge où il est malaisé que ma vie soit plus guère longue; ils font ce qu'ils peuvent pour en attendre la fin. Il ne se passe guère de semaine que sur des vétilles ils ne m'assignent au conseil. Contre tous leurs artifices, M. le garde des sceaux est mon refuge. Les bonnes causes sous lui ne doivent rien craindre, ni les mauvaises rien espérer. Son intégrité est une muraille d'airain; il n'y a moyen d'y faire brèche. Tout le monde bénit l'élection que Votre Majesté en a faite : je crois qu'il ne sera pas marri que j'en fasse de même, et qu'avec les autres je publie sa vertu, pource que véritablement elle est une des plus fortes et des plus nécessaires pièces dont Votre Majesté puisse composer la félicité de l'État. L'ordonnance veut que toute audience soit déniée aux criminels, que premièrement ils ne soient remis en prison. Je sais bien que c'est ce que mes parties ne feront pas, et par conséquent je me dois rire d'eux si, quoi qu'ils fassent dire en leur absence, ils s'imaginent d'être écoutés dans le conseil. Je suis trop long, Sire; j'abuse de votre loisir : mais si les plus faibles passions sont rebelles à la raison, il ne faut pas penser que les fortes demeurent dans l'obéissance. Je m'en vais finir, après que j'aurai dit à Votre Majesté une chose que peut-être elle n'entendra pas sans étonnement. Mon pauvre fils, ayant été tué à quatre lieues d'Aix, y fut apporté, pour, selon son désir, être inhumé en l'église des Minimes, qui est au bout de l'un des faubourgs. Le peuple ne sut pas sitôt que le corps était arrivé, qu'il y courut en telle abondance, qu'il ne demeura au logis que les malades. Comme il fut question de le mettre en terre, ils dirent tous résolument qu'ils le voulaient voir encore une fois. Les religieux en firent quelque difficulté, mais il fallut qu'ils cédassent. La bière fut ouverte, le drap décousu, et le peuple satisfait de ce qu'il avait désiré. Quelles bénédictions furent alors données au pauvre défunt, et quelles imprécations faites contre les meurtriers! C'est chose vue et attestée de trop de gens pour m'y arrêter. Il suffit, Sire, que je supplie très-humblement Votre Majesté de considérer quelles étaient les mœurs d'un homme que toute une ville a regretté de cette façon. Ce n'est rien de nouveau de plaire à cinq ou six personnes; mais de plaire à tout un peuple, et lui plaire jusques à si haut point, il est malaisé que ce soit que par le moyen d'une vertu bien reconnue, et dont les témoignages aient une bien claire et bien générale approbation. Aussi ne douté-je point, Sire, que Votre Majesté, qui a une aversion de toutes sortes de crimes, ne trouve, en cette circonstance entraordinaire, de quoi faire sentir à mes parties un extraordinaire courroux. Tuer qui que ce soit est toujours un mauvais acte; mais tuer un homme de bien, et le tuer poltronnement et traîtreusement, c'est mettre le crime si haut qu'il ne puisse aller plus avant. J'ai certes de la peine à croire qu'il y ait homme qui osât parler pour ceux qui ont commis celui-ci. Toutefois, pource qu'il y a des esprits bossus et boiteux aussi bien que des corps, s'il avenait à quelque effronté d'en prendre la hardiesse, souvenez-vous, Sire, que ceux qui vous prient d'une injustice vous tiennent capable de la faire, et là-dessus jugez quelle opinion vous devez avoir des personnes qui l'ont si mauvaise de Votre Majesté. Pour moi, qui ai accoutumé de nommer les choses par leur nom, je ne saurais dire sinon que je les tiens pour gens sans conscience, et à qui le succès de vos affaires bon ou mauvais est indifférent. Qu'on examine vos prospérités comme on voudra, il ne s'en trouvera point d'autre cause que la sainteté de votre vie. Je n'ôte rien à la gloire de votre épée. Vos mains avaient bien à peine la force de la mettre hors du fourreau, que Votre Majesté en fit des choses qui furent admirées de toute l'Europe. Je n'ôte rien non plus aux soins incomparables qu'apporte M. le cardinal de Richelieu à la direction de vos affaires, aux profusions excessives qu'il fait de son bien pour votre service, ni aux assiduités infatigables qu'il y rend avec un péril extrême de sa santé. Au contraire, j'estime ce très-grand prélat jusque-là que je ne le vois jamais tant soit peu indisposé, que je ne soupçonne quelque grande indignation de Dieu contre l'État. Mais, Sire, qu'en cette occasion de l'île de Rhé la mer se soit humiliée devant vous; que, de si revêche qu'elle est, elle soit devenue si complaisante c'est, pour en parler comme il faut, une affaire où il y a quelque chose de plus que de l'homme. Je sais bien les dévotions qu'a faites pour vous la reine votre mère, reine aussi grande qu'elle est bonne mère, aussi bonne qu'elle est grande reine, et telle, en toutes ses qualités, que c'est ne savoir que c'est de perfection, que de croire qu'il y ait rien à désirer. Je n'ignore pas aussi celles que la reine y a contribuées : reine si belle et si vertueuse, que, hors l'honneur qu'elle a eu d'épouser Votre Majesté, le monde ne lui pouvait donner de mari qui la méritât. Mais quelque ardeur de prière qu'elles y eussent apportée l'une et l'autre, eussent-elles obtenu pour un prince de piété commune ce qu'elles ont obtenu pour vous? Non, non, Sire; il n'y a personne qui raisonnablement se puisse plaindre, quand je dirai que Votre Majesté n'a mis ses affaires au bon état où elles sont, que par le soin de plaire à Dieu, et la crainte de l'offenser. Continuez, Sire, de marcher dans un chemin si assuré. Haïssez toujours le mal : Dieu vous fera toujours du bien. Je ne crois pas qu'il y ait chose au monde que vous désiriez et qui vous soit si désirable comme d'être père. Vous le serez, Sire, par beaucoup de raisons; mais ce n'en sera pas une des moindres que la compassion que vous aurez eue d'un père affligé comme je le suis; et, dans peu de jours, Votre Majesté remettra tellement les re-

belles dans leur devoir, que ce que j'ai dit sera véritable :

Enfin mon roi les a mis bas,
Ces murs qui de tant de combats
Furent les tragiques matières.
La Rochelle est en poudre, et ses champs désertés
N'ont face que de cimetières
Où gisent les Titans qui les ont habités.

C'est là, Sire, que tendent les vœux de tous les gens de bien, et, autant que de nul autre, ceux de votre très-humble, très-obéissant et très-affectionné serviteur,

F. DE MALHERBE.

# LETTRES
ET FRAGMENTS
# DE LA CORRESPONDANCE
AVEC M. DE PEIRESC[1].

## 1.

Monsieur,

J'écris toujours très-mal, mais ce soir j'y fais des merveilles, pource qu'il est tard et que je suis si lassé de brouiller le papier, que je vous jure que je ne sais ni que je fais ni que je dis; et puis, au même temps que ce porteur est entré en ma chambre, il s'est rencontré avec lui un laquais qui est venu exprès de Paris m'apporter une lettre. Je vous laisse à penser comme je suis glorieux : la réponse a épuisé tout ce que j'avais de belles paroles, et a lassé l'esprit aussi bien que la main : il vaut donc mieux me taire que de ne rien dire qui vaille. Je vous envoie les vers de M. Criton, bien gâtés et bien fripés; mais nous sommes à Fontainebleau, où nous ne pourrons pas en recouvrer comme à Paris. J'en envoie un à monsieur

---

[1] Nicolas-Claude Fabry, seigneur de Peiresc, conseiller du roi au parlement de Provence, appartenait à une famille illustre et originaire de Pise, établie en France depuis le treizième siècle. Il se livra toute sa vie avec ardeur à l'étude des lettres et des sciences, et parcourut l'Italie, l'Allemagne, l'Angleterre, et la Hollande, dont il consulta les bibliothèques et les dépôts scientifiques pour éclairer ses recherches sur l'antiquité. Il entretenait une correspondance suivie avec tout ce qu'il y avait d'hommes instruits en Europe, et comptait au nombre de ses alliés Pierre Séguier, chancelier de France, et Philibert de Pompadour, lieutenant du roi en Limousin. Ses relations intimes avec le garde des sceaux du Vair le mirent à même d'être utile à Malherbe. Il mourut en 1637, à cinquante-sept ans. Sa vie écrite en latin par Gassendi, est pleine de détails curieux sur la science et sur les savants de cette époque.

le premier président [1], qui est un petit plus entier ; mais votre amitié me défend les cérémonies. Pour des nouvelles, il n'y en a du tout point que le mariage de M. le marquis de Rosny avec la fille de M. de Créqui, moyennant quatre cent mille livres que lui donne M. Lesdiguières. On attend de jour à autre la prise de Rhinberghe : je ne sais ce que cela nous amènera ; pour moi, je ne prévois que paix. Le vendredi après votre partement, comme je parlais, en la chambre du roi, avec M. de Saint-André, de vous, M. le Grand me fit entrer au cabinet, où, de nouveau, le roi me fit promettre de lui donner des vers ; tellement qu'à cette heure il ne s'y faut plus endormir. Vous les aurez, mais qu'ils soient faits [2]. J'ai fait chercher à Paris les vers faits par M. Barclay pour le roi d'Angleterre. Si je ne vous impatiente, permettez que je voie les vôtres, et je vous les renverrai par celui même qui me les apportera. Que direz-vous de mon effronterie? Mais vous le voulez ainsi, et puisque je ne puis vous servir, pour le moins je vous veux contenter. Adieu, monsieur, j'avais de la peine à me mettre en train, et à cette heure je ne me puis taire. Tenez-moi en votre bonne grâce pour votre serviteur le plus affectionné, le plus humble et le plus fidèle que votre honnêteté ait jamais acquis. Dieu veuille que vous puissiez lire mon écriture, et vous ait en sa très-sainte garde.

A Fontainebleau, en la chambre que vous savez où je suis accommodé comme un prince, votre très-humble et très-affectionné serviteur,

F. DE MALHERBE.

Le 2 d'octobre 1606.

Je vous prie, monsieur, si vous écrivez à M. Camden en Angleterre, souvenez-vous de lui ramentevoir ce qu'il vous a promis touchant notre généalogie. Marc-Antoine [3] vous servira comme y ayant la principale obligation, ou pour le moins ayant, s'il plaît à Dieu, à en jouir plus longtemps.

Vous lui écrirez, s'il vous plaît, qu'en l'abbaye de Saint-Étienne de Caen, que bâtit le duc Guillaume, sont nos armoiries, parmi un grand nombre de celles des seigneurs qui l'accompagnèrent à la conquête d'Angleterre, et que ce sont des hermines de sable sans nombre en champ d'argent, et six roses de gueules, afin que légèrement il n'écrive pas d'autre façon.

2.

10 octobre 1606.

Le roi se porte très-bien, Dieu merci ; monseigneur le dauphin excellemment : la reine est grosse. Tout ne saurait aller mieux. On tient que le roi s'en va demain faire la chasse à Montargis, et de là à Halliers, qui est à M. de Vitry, vers Orléans. Mais la reine ne bouge d'ici, ni beaucoup d'autres, desquels je serai l'un. L'évêque de Rieux est à Paris, avec la peste à la gorge [1]. M. de Tyron n'est pas mort, mais il n'est guère mieux ; ses abbayes sont données à M. de Verneuil, sinon Josaphat, qu'a eue M. de Loménie. Le reste est comme vous l'avez laissé, sinon que nous avons nos coudées plus franches. Je suis où j'étais, mais je ne couche plus sur les fagots.

3.

MONSIEUR,

Depuis ma lettre écrite, M. de Tyron est mort et enterré ; je suis marri de vous avoir mal informé ; Rhinberghe, comme vous avez su, est rendue. Il en est sorti huit cents blessés et trois mille deux cents hommes sains et gaillards. Les Espagnols, à qui l'on avait promis double paye après que Rhinberghe serait prise, se sont mutinés, pource que l'on ne la leur a pas baillée. Cela a empêché que le siége de Mons ne s'est pas encore fait. Hier le roi, dans sa galerie, bailla le bonnet à M. le nonce. Demain nous allons à Nemours, puis à Montargis, puis à Briare, puis à Sully, et enfin en tant de lieux que je ne sais où j'en suis. La peste de Paris serait bien plus supportable que toutes ces incommodités. Ceux qui en viennent disent qu'il ne se voit pas un carrosse emmy les [2] rues ; vous pouvez bien penser que le contenu n'y est non plus que le contenant. Souvenez-vous de ce que je vous écrivis dernièrement, et, pour l'honneur de Dieu, pardonnez à mon impudence ; elle est étrange, mais une courtoisie comme la vôtre est bien capable d'excuser de plus grands crimes. Aimez-moi toujours, monsieur. Vous verrez bientôt près de quatre cents vers que j'ai faits sur le roi. Je suis fort enthousiasmé, pource qu'il m'a dit que je lui montre que je l'aime et qu'il me fera du bien.

*Vedremo quel che ne seguirà.*

Votre affectionné serviteur,

F. DE MALHERBE.

De Fontainebleau, ce 15 d'octobre 1606.

[1] Voyez le *Journal de l'Estoile*, tome III, pages 378, 385, et suivantes.
[2] *Au milieu des.*

---

[1] Guillaume du Vair, depuis garde des sceaux, était alors premier président du parlement de Provence.
[2] Un éditeur moderne a cru apercevoir ici une locution normande ; il n'y fallait voir qu'une ellipse : « mais attendons qu'ils soient faits. »
[3] C'est son fils, qui fut tué en duel dans le courant de l'année 1627.

4.

Monsieur,

J'ai reçu deux de vos lettres tout en un jour; mais pour cela je ne louerai pas votre diligence, car j'avais été près d'un mois sans en recevoir : je vous y répondrai par un messager qui doit partir au premier jour; cette-ci sera une recommandation pour M. Morant, premier commis du trésorier de l'épargne. Imaginez-vous tout ce qui se peut dire et écrire pour vous prier de vouloir assister un mien ami, et pensez que je le vous dis et le vous écris. Ne regardez point à celui qui vous prie, mais à celui pour qui vous êtes prié. Il n'y a rien au monde de si courtois ni de si officieux; et je m'assure que, quand par deçà il s'offrirait quelque sujet de se revancher en votre endroit, vous penseriez que je vous aurais fait un plaisir bien grand et bien particulier, de vous avoir fait intercéder pour un homme de son mérite. Après vous avoir dit cela, ce serait chose superflue de vous dire que j'estimerai ce que vous recevrez pour lui comme fait à moi-même; car ce serait vous bailler une mauvaise dette pour une bonne; mais puisque vous m'aimez, je me dispenserai de croire que ma prière ne lui sera point inutile. Je vous la fais donc très-affectueuse, monsieur, et de me tenir éternellement pour votre très affectionné serviteur.

F. DE MALHERBE.

. . . . . . Janvier 1607.

5.

26 avril 1607.

Nos nouvelles sont que M. d'Orléans ait cuidé n'être que Mons sans queue; le roi ayant dit, aussitôt qu'il fut né, qu'il ne voulait pas qu'il eût plus de dix mille livres de rentes en fonds de terre, et que, s'il servait bien son frère, il lui donnerait des pensions. Toutefois, hier au matin, il dit qu'il voyait bien que ce nom de M. d'Orléans était déjà tellement publié dedans et dehors le royaume, par les dépêches qui y avaient été faites, qu'il n'y avait plus d'ordre de le supprimer; si bien que ce sera M. d'Orléans, mais titulairement et non autrement. Il naquit le lundi, lendemain de Pâques, à dix heures du soir. Le roi est extraordinairement transporté de cette joie; je pense que ce qui la lui accroît, c'est qu'on dit qu'il lui ressemble entièrement. En cette conformité, on remarque la grandeur du nez et l'éclair des yeux du père. Dieu lui en donne la valeur et la bonne fortune! La nuit d'entre le jeudi et le vendredi ensuivant, il fut vu par les gardes un certain feu en forme d'oiseau, qui s'éleva du jardin des canaux, passa par-dessus la cour du cheval et par-dessus le château, alla crever en la cour du donjon, à l'endroit de l'horloge, avec très-grandissime bruit; on dit comme d'un pétard; mais s'il eût été aussi grand, il eût réveillé tout le monde, ce qu'il ne fit pas. Le roi, comme cela lui fut récité, s'en réjouit fort, et dit que souvent, devant des batailles et en des siéges de villes et autres entreprises, il avait vu de semblables choses, mais toujours avec bonne issue, et qu'il espérait que s'il avait la guerre il ferait bien ses affaires.

. . . . . . . . . . . . . . . . . . . . . . . . . . . .
. . . . . . . . . . . . . . . . . . . . . . . . . . . .
. . . . . . . . . . . . . . . . . . . . . . . . . . . .

Voilà trop de choses sérieuses; il faut venir à quelque chose de plus de goût. Madame la comtesse de Moret est à Moret, prête d'accoucher; le roi la fait visiter continuellement, et lui-même y est allé une fois. M. le prince de Joinville est à Nanci. M. de Lorraine est amoureux; mais éperdument, d'une demoiselle que vous avez vue ordinairement avec mademoiselle de Rohan, nommée mademoiselle de la Patrière; elle est huguenote; et, avec tout cela, il l'alla dernièrement accompagner jusqu'au lieu de sa cène. *Quid non mortalia pectora cogis, cunni sacra fames!* Il n'a guère moins de quatre-vingts ans; je vous laisse à penser ce que cet exemple permet à ceux qui n'en ont que cinquante-trois ou cinquante-quatre. Mademoiselle des Essars a été malade quelques jours en cette ville. M. Laurent, par le commandement du roi, écrivit à M. Martin de la voir avec soin en sa maladie, ce qu'il a fait. Je lui ai ouï dire qu'il l'estime grosse. Elle est aujourd'hui à une lieue près de Fontainebleau, en un lieu nommé le Pressoir. Elle était assez bien auprès du roi; mais l'on doute de quelque brouillerie, pource que M. de Beaumont, que sans occasion elle a voulu brouiller, et qu'en effet elle a brouillé en calomniant ses actions d'Angleterre, lui a rendu la pareille, par le moyen d'un grand nombre de lettres passionnées qu'il a fait voir au roi qu'elle lui avait écrites. Ce ne serait jamais fait de vous écrire les changements de la maison de la reine Marguerite, non-seulement au commencement des quartiers, mais aussi au milieu; c'est vous en dire assez que de vous dire que tout y va comme de coutume.

Dans huit ou dix jours, nous nous en allons à Fontainebleau; si vous prenez la peine de m'écrire, vous adresserez votre paquet à M. Ycart, qui loge à la rue des Vieilles-Étuves, à l'Écu de France.

## 6.

*2 septembre 1607.*

Messeigneurs le dauphin et d'Orléans sont à Noisy; le roi les va voir demain.

M. d'Orléans fut pris hier la nuit d'une petite fièvre; l'on tient que ce ne sera rien.

La femme qui baillait le lait pour sa bouillie est morte de peste à Saint-Germain.

Madame la marquise de Verneuil s'en est retournée à Verneuil : elle attendit le roi en cette ville; il la fut voir une fois. Fortant, cet Espagnol qui avait été en peine avec elle, a eu commandement de s'en aller dans dix jours hors du royaume, pource que le roi a cru qu'il traitait quelque chose avec l'ambassadeur d'Espagne. Il part aujourd'hui à deux heures, pource qu'il n'a plus que huit jours; il m'a fait voir son passe-port, qui est d'hier 1er de ce mois.

Madame la comtesse de Moret est bien avec le roi; mais depuis trois jours on lui a ôté un jeune homme qui était son domestique, nommé Gillot; il avait été au comte de Grammond. On a aussi défendu de la voir à un gentilhomme breton qui la hantait fort, nommé Grandbois; il est proche parent de M. le Grand.

Les inimitiés du sieur don Juan et du sieur Conchini ne se réconcilient point. Il y a un nommé Jean-Paul Guerre en prison, pour être soupçonné d'avoir voulu tuer le sieur Conchini. L'écuyer du sieur don Giovan, l'allant visiter en prison, y a été retenu sur ce qu'il offrit vingt écus au geôlier pour le laisser parler à lui.

Il y a un jeune homme qui vint à Monceaux trouver le roi pour le supplier que par son moyen il fût rétabli en la société de Jésus, de laquelle, après y avoir été quatre ans, il a été banni pour avoir falsifié la signature de son général : tout cela n'est rien; mais ce qui en a fait très-grand bruit, c'est qu'il dit qu'il est fils du roi et d'une demoiselle de Béarn, qui le fit porter en la frontière d'Espagne tout aussitôt qu'il fut né; le roi ne se souvient point d'avoir jamais vu cette demoiselle. Cet homme est fin, souple, âgé d'environ vingt-sept à vingt-huit ans, la barbe et les cheveux noirs, le front fort délié; il fut dès l'heure mis entre les mains du grand prévôt. Je ne sais s'il y est encore, car on n'en parle plus.

Le sieur don Juan fait parler du mariage de la comtesse de Chemilly.

## 7.

Monsieur,

Si c'était autre que M. du Perrier[1] qui s'en allât en Provence, vous n'auriez point de lettre de moi. Vous ne m'écrivez point : voilà pourquoi je vous veux rendre la pareille, afin que la faim d'avoir non de mes lettres, mais des nouvelles, vous range à la raison, et, malgré vous, vous oblige à me donner ce contentement. Le porteur est trop bien informé de toutes nos nouvelles, et trop éloquent pour vouloir rien ajouter à sa suffisance. Vous n'aurez donc autre chose de moi, sinon la prière que je vous fais et que je vous ferai toujours de m'aimer et de me tenir pour votre très-humble et affectionné serviteur.

F. DE MALHERBE.

A Paris, ce 7 d'octobre 1607.

## 8.

*12 novembre 1607.*

La cour est depuis un mois à Fontainebleau, et nous à Paris, Dieu merci. On parle diversement du retour du roi par deçà; toutefois je pense qu'il ne reviendra pas que nous ne soyons près des fêtes : ses exercices sont le jeu et la chasse. Monsieur le connétable y est arrivé, à ce que je viens d'apprendre. Il y a eu trois à quatre maisons fermées à Saint-Non, à cause de la peste; de sorte qu'on a fait déloger la musique du roi qui y était, et les maçons qui travaillent au canal ont été mis à la héronnière. Tout est sain en cette ville, hormis je ne sais quelle petite-vérole qui nous a fait mourir trois ou quatre personnes seulement, dont Pardillon, autrement nommé Panjas, est un, et une belle jeune demoiselle nommée la Patrière, est l'autre; le fils du capitaine Gasgny est la troisième. Il y en a eu tout plein de malades; mais tout est guéri. Le flux de sang a eu aussi quelque cours, toutefois avec peu de dommages. M. de Bressieux en a cuidé mourir, et est encore au lit, mais hors de danger, grâce à Dieu. Pour les affaires de Flandre, on y tient la paix faite; mais il n'y a rien d'assuré. Madame la marquise de Verneuil est en cette ville, qui, depuis peu de jours, a reçu de notables gratifications du roi, et entre autres une pension, pour M. Gyé son frère, de dix mille écus, à ce que l'on dit : je le crois malaisément; mais quoi qu'il en soit, il faut qu'elle soit bonne, car il s'en est allé remercier le roi d'Angleterre de celle qu'il lui donnait, et la lui remettre. M. de Sully est en faveur plus que jamais, et dit-on que si M. le connétable mourait, il serait pour avoir sa charge. J'ai été longtemps sans vouloir, non pas croire,

---

[1] François du Perrier, gentilhomme de Provence, lié d'amitié avec Malherbe qui, pour le consoler de la mort de sa fille, lui adressa des stances regardées généralement comme un des chefs-d'œuvre de la poésie française. (Voyez, ci-dessus, poésies, liv. II, n° 7.)

mais ouïr cette nouvelle; mais quand je l'ai ouï dire à des personnes qui vont au cabinet, j'ai cru qu'il n'y avait rien qui ne se pût faire. On parle de sa catholisation : les siens disent qu'il n'y pense pas; mais s'il pense à l'un, je crois qu'il pense à l'autre.

## 9.

Monsieur,

Vous m'avez oublié, j'en ferai de même si je puis; mais non ferai, car vous auriez des excuses, et moi non. Nos nouvelles sont aussi froides que la saison. Nous allons courre la bague le lendemain des Rois : vous saurez qui l'aura gagnée. Je vois bien que de ce carême-prenant il ne se parlera d'autre chose. Le roi courra; cela met toute la cour en débauche. Adieu, monsieur, en voilà trop pour un paresseux comme vous. Pour M. du Perrier, il aura dent pour dent, ou œil pour œil, lequel il voudra, c'est-à-dire rien pour rien. Car puisqu'il ne m'écrit point, il n'a que faire de mes lettres. Je ne laisserai pas pour cela de lui baiser les mains, et de l'assurer que je suis son serviteur. Mandez-moi, s'il vous plaît, si vous avez reçu les rabats, aiguillettes, etc.

Je suis toujours votre très-humble et très-affectionné serviteur.

F. DE MALHERBE.

A Paris, ce 1er de janvier 1608.

## 10.

20 janvier 1608.

Le grand nombre de nouvelles dont vous avez rempli votre lettre me convie de vous en faire de même, mais je n'ai de quoi, pource que le froid a gelé tous les desseins qui se faisaient pour honorer notre carême-prenant. Nous avons laissé celui des lices, barrières et autres telles galanteries, et sommes réduits aux ballets. Nous en attendons un au premier jour de la façon de M. de Vendôme, duquel sont tous les galants de la cour, au moins une grande partie. Si le froid n'avait fait autre mal que cela, ce serait peu de chose; mais il a tellement gelé notre rivière, que la charge de cotrets coûte trente-cinq sols : voilà le principal grief. Il est vrai que encore avons-nous à nous contenter d'elle, au prix de la Loire, qui s'est arrêtée au pont d'Amboise, et ne passe plus par-dessous, à cause des glaces qui s'y sont amoncelées, si bien qu'il y a trois ou quatre lieues de pays noyé tout à l'entour; le mal continue tous les jours, et tout ce pays-là n'est aujourd'hui qu'un étang glacé, si ce que l'on a rapporté est véritable. Le roi passa vendredi la Seine sur la glace, à l'endroit de l'arsenac[1], vous pouvez penser à quel jeu il jouait : il y a beaucoup de marauds qui n'en feraient pas de même.

. . . . . . . . . . . . . . . . . . . . . . . . . . . .
. . . . . . . . . . . . . . . . . . . . . . . . . . . .
. . . . . . . . . . . . . . . . . . . . . . . . . . . .

Je vous avais dit au commencement de cette lettre que je n'avais que vous écrire, et cependant, sans y penser, je vous ai presque fait un volume, pource-que ma mémoire, qui ne se souvenait de rien au commencement, s'est échauffée sur la besogne; encore me vient-il de souvenir d'une chose que je veux que vous sachiez, c'est que le marché d'enclore les faubourgs dans la ville est fait, et y commencera-t-on à ce printemps. La besogne est que de deçà on continuera ce qui est commencé hors des Tuileries jusqu'à la porte Saint-Denis, et du côté de l'Université, depuis le bord de l'eau vis-à-vis des Tuileries jusqu'à la porte Saint-Victor vis-à-vis de l'arsenac. Le roi prête pour cet ouvrage cent mille livres, et on lui en rend deux cent mille d'ici à quatre ans. Il s'est retenu six places, dont il en donne une à M. le Grand, les autres à M. de Bassompierre, M. d'Épernon, M. de Rohan; il ne me souvient pas de la cinquième : la sixième, il la réserve pour lui, et s'appellera Bourbon, pource que, en bâtissant le Louvre, le Bourbon qui est devant la porte sera mis bas. Saint-Nicolas et Saint-Thomas du Louvre seront transportés là, pour raser cet espace d'entre le Louvre et les Tuileries.

## 11.

20 août 1608.

Je me suis bien moins troublé de ce que vous m'écrivez qu'il a plu du sang à Aix et en quelques autres endroits circonvoisins. Les histoires sont pleines de semblables accidents, mais avec tout cela il est malaisé de me le persuader; s'il était arrivé si souvent, il ne serait pas possible que de tant de fois une il ne se fût fait à la vue du monde, et qu'il n'y eût eu quelque collet d'homme ou couvre-chef de femme qui n'en eût reçu quelques gouttes[2]. Ces esprits que l'on tient être ordinairement parmi nous font pas toujours des actions sérieuses; ils s'amusent parfois à des nigeries : je pense que ceci en est aussi bien une comme ce que je vis il y a quinze ou seize ans en nos quartiers de la Basse-Normandie. Il s'y coula un bruit parmi le peuple que dans les couettes des lits il y

---
[1] C'est ainsi que s'écrivait alors le mot *arsenal*. Nous l'avons déjà remarqué.
[2] Ce fait, ainsi que les pluies de pierres, a été constaté et expliqué par la physique moderne.

avait des pelotons de plumes que les sorciers y avaient mis pour travailler ceux qui couchaient dessus, et encore, y ajoutait-on, pour les faire mourir dans le bout de l'an. Quelques-uns, ou par un scrupule de religion, ou par une gravité de philosophie, négligèrent cet avis; les autres furent curieux et voulurent voir ce qui en était; ce nombre fut le plus grand. Voilà pourquoi, croyant que ce qui se fait avec la multitude se fait, sinon avec raison, au moins avec excuse, je fis visiter deux couettes, où il fut trouvé en chacune une pelote de plumes de gorge de chapon, le tuyau vers le centre, mais tissues si ferme et avec tant d'artifice, que manifestement on y remarquait une autre main que celle des hommes. Ces pelotes étaient justement de la grosseur et de la forme ronde et plate de ces grands oignons que vous avez à Bourg. Tous ceux qui firent la même recherche trouvèrent la même chose: là-dessus chacun faisait des discours à perte de vue, comme c'est la coutume; mais enfin ce ne fut rien. Quelquefois, quand les rois sont au cabinet, les peuples croient qu'ils parlent de changer le pôle arctique à l'antarctique, et le plus souvent ils prennent des mouches[1]. Les démons en font de même; ils se plaisent à nous en bailler à deviner. Pour moi, il faut que les préjugés soient bien extravagants pour me brouiller l'esprit. Je me réserve à la venue des maux, sans les prévenir en les attendant. Il y a eu quarante ans de guerres continuelles en France, où il s'est répandu cent mille muids de sang, et cependant il n'en a jamais plu une goutte.

### 12.

Monsieur,

Nous arrivâmes hier au soir en cette ville, d'où, non plus que de Paris, je ne veux point perdre d'occasion de vous assurer du pouvoir que vous avez sur moi. Il est bien acquis: il est raisonnable qu'il soit durable. Si vous vous fâchez que je vous répète ceci après vous l'avoir dit tant d'autres fois, pensez que je n'ai de quoi remplir ma lettre si je ne me sers des compliments ordinaires. Ils sont courts afin que vous connaissiez que je n'en use que pour faute d'autre sujet. Votre amitié toute solide n'aime point les cérémonies, ni moi aussi, mais la nécessité me le fait faire. Nous allons commencer nos états généraux au premier jour de la semaine qui vient. J'ai bien envie qu'ils soient achevés promptement, afin de m'en retourner.

Aimez toujours votre très-humble et très-affectionné serviteur,

F. DE MALHERBE.

Dijon, ce I*er* de septembre 1608.

### 13.

Monsieur,

Je serai à la fin importun par ma diligence; mais n'importe, faites le jugement de moi qu'il vous plaira, pourvu que vous croyiez que vous venez en ma mémoire comme l'un des hommes du monde de qui j'estime plus l'amitié. Je vous ai répondu à ce que vous m'écriviez de M. de la Cépède. Faites-moi cet honneur de me mander si vous avez reçu ma lettre, et s'il se tient pas satisfait. J'honore trop ses belles qualités pour souffrir qu'une si frivole calomnie lui donnât quelque mauvaise impression de moi. Nous avons ici les nouvelles de la course de bague de jeudi et vendredi derniers; mais vous les avez aussi bien que nous. Voilà pourquoi je m'en tais et ne remplirai ce reste de papier que de vous prier de baiser les mains pour moi à monsieur le premier président, et l'assurer que je suis son très-humble serviteur. Je vous jure que je suis et serai le vôtre éternellement.

F. DE MALHERBE.

De Dijon, ce jeudi 4 de septembre 1608.

### 14.

3 octobre 1608.

Si vous revenez à Paris d'ici à deux ans, vous ne le connaîtrez plus: le pavillon du bout de la galerie est presque achevé; la galerie du pavillon au bâtiment des Tuileries est fort avancée; les fenêtres de l'étage de bas sont faites; l'eau de la pompe du Pont-Neuf est aux Tuileries; mais le plus grand changement est en l'île du Palais, où l'on fait un quai qui va du Pont-Neuf au pont aux Meuniers, comme l'autre va du Pont-Neuf au bout du pont Saint-Michel. On fait en cette même île une place que l'on appellera, à ce que l'on dit, la place Dauphine, qui sera très-belle et bien plus fréquentée que la Royale. On refait le pont Saint-Cloud, dont il y avait plusieurs arches rompues. On va faire un pont de bois à Surène, pour aller à Saint-Germain sans passer plus de bac; le bois en est presque tout amassé. M. de Sully a été à Rouen pour y faire un pont neuf, pource que l'on n'a voulu entreprendre de rebâtir le vieil. Il y a à cette heure un grand ordre à Paris pour les boues, pource que les maisons sont taxées à deux fois plus qu'elles ne l'étaient;

---

[1] « Les princes et les rois, dit Pascal, se jouent quelquefois. Ils ne sont pas toujours sur leurs trônes; ils s'y ennuieraient: la grandeur a besoin d'être quittée pour être sentie. » (*Pensées*, première partie, art. IX, n° 49.)

mais j'ai peur que cette grande furie ne durera pas, et qu'insensiblement nous retournerons au premier désordre, et qu'il y fera crotté comme devant.

15.

25 mars 1609.

Nos nouvelles sont que le roi se porte fort bien, Dieu merci. Nous attendons l'accouchement de la reine dans dix-huit ou vingt jours. Vous avez su la mort de M. de Montpensier, qui fut le dernier de mai; on lui dressa une effigie au logis où il est décédé; elle fut servie durant trois jours, qui commencèrent le lundi d'après sa mort. M. le comte de Soissons fit difficulté de la garder, et dit que les princes du sang ne gardaient que les rois, et que Monsieur, frère du roi, n'avait été gardé que par des gentilshommes. On tint conseil là-dessus, où il fut résolu d'en avoir la volonté du roi, qui était lors à Chantilly. Il ordonna que M. de Fervaques, maréchal de France, avec trois chevaliers du Saint-Esprit, le garderaient, ce qui fut fait. MM. de Sordeac, le marquis de Tresnel, et un autre dont il ne me souvient plus, y furent députés avec lui (M. de Fervaques). Le mercredi après dîner, sur les trois heures, la reine envoya madame la princesse, de sa part, donner de l'eau bénite au corps qui était sous l'effigie. Comme elle fut revenue, elle y retourna de son chef, et quand et elle mesdames les princesses de Conti et de Soissons, madame le Grand, et quelques autres dames, jusqu'au nombre de sept, en princesses et en tout. Madame de Montpensier s'est retirée à l'hôtel du Bouchage, où l'on commença enfin à se consoler. Madame de Montpensier, par les exhortations de monsieur son père, et par les prières que le roi lui a faites de se réjouir, montre une merveilleuse constance. M. Fenouillet, vendredi, donna la harangue funèbre. Il cuida y avoir du bruit pour les séances; et si M. d'Épernon n'avait été retenu, les choses fussent allées plus avant. Il aima mieux n'y être point que de céder au parlement : c'est assez de ce sujet. Jeudi dernier se fit le baptême d'une fille du sieur Conchine [1] : le roi y fut compère, et madame la princesse commère. Elle eut nom Marie. La reine y fut, et s'y fit une belle collation; don Juan s'y trouva, et au retour, tout d'un coup, sans avoir donné aucune démonstration de mécontentement, demanda congé au roi, mais avec protestation qu'il y était résolu. Le roi lui offrit la continuation de sa pension hors du royaume, pour un gage, à ce qu'il dit, qu'il continuerait d'être son ami. Don Juan lui répondit qu'il n'en voulait d'autre gage que sa parole, et promit au roi que toutes fois et quantes qu'il aurait besoin de ses services, il le viendrait trouver, et que jamais il ne servirait ses ennemis. Il est parti aujourd'hui sur le midi. M. le Grand a eu son logis en don du roi : c'est l'hôtel de Châlons, qui est une des belles maisons de Paris. On ne sait point l'occasion du partement du sieur don Juan; mais tous croient que c'est du déplaisir qu'il a de voir le sieur Conchine tant favorisé, et qu'il se fâcha que la reine fût allée à son baptême, et que, tant que le roi fut à Chantilly, elle n'allât jamais chez lui voir la comédie, comme elle lui avait promis. Vous avez su comme M. le comte de Moret a été légitimé, il y a environ trois semaines ou un mois; aussi a été mademoiselle Jeanne de France, fille de mademoiselle de la Haye : la mère et la fille s'en vont à Fontevrault attendre la vacation d'une abbaye que le roi leur a destinée. Elle s'est un peu piquée de ce que le roi est parti sans lui dire adieu : sa faveur a été de courte durée. Je sais bien qu'il y a d'autres nouvelles; mais il ne m'en souvient pas, et ce sont là les principales.

16.

23 juin 1609.

Il s'est fait ici une penderie d'un prêtre sorcier qui avait fait des enrageries plus que diaboliques [1]. J'aime mieux que vous le sachiez d'ailleurs que d'en gâter le papier, car cela fait horreur d'y penser.

17.

19 juillet 1609.

J'ai peur que nos nouvelles ne vous soient vieilles, pource que je ne vous puis rien écrire que des noces de M. de Vendôme, qui furent faites il y aura mardi prochain quinze jours. Toutes les particularités, que possible vous n'avez pas sues d'ailleurs, vous pourront être agréables. L'épousée et le reste des dames furent si longtemps à se parer, que la messe ne se dit que sur les cinq heures du soir par M. de Paris; elle avait un manteau ducal et une couronne ducale. Ce manteau ducal était de velours cramoisi violet, attaché sur les épaules avec

---

[1] C'est le maréchal d'Ancre, que Malherbe appelle tantôt Conchini, tantôt Conchine.

[1] « Atteint et convaincu d'avoir dit la messe tout au rebours, idolâtre et sacrifié au diable maintes fois et en plusieurs lieux ès environs de Paris, et même sous un gibet. » (*Journal de l'Estoile*, tome III, page 520.)

des nœuds de pierreries; il était doublé d'hermine sans aucune fleur de lis; la queue en était longue d'environ trois aunes ou un peu davantage, large, de deux lés de velours, et ronde par le bout. La couronne ducale était toute de pierreries, c'est-à-dire diamants : car d'autres pierres, il ne s'en parle du tout plus; elle pouvait avoir quatre doigts de haut et autant de diamètre. Sa robe était de toile d'argent, et n'en paraissait que le devant qui était tout couvert de grandes enseignes de pierreries. La compagnie partit de la chambre de la reine [1], où la mariée, accompagnée de toutes les dames qui devaient assister à la cérémonie, l'était allée trouver. On descendit par le degré du quartier de la reine. Les Suisses et autres gardes faisaient une haie des deux côtés, jusqu'à une barrière qui était dressée à l'entrée de la chapelle. Le roi, extrêmement paré de pierreries et plus de bonne mine, avec une cape, un bonnet et un bas attaché, menait la mariée du côté droit. M. le Grand, aussi fort paré, la menait du gauche; mademoiselle de Vendôme portait la queue de la mariée; après marchaient madame la Princesse, madame la princesse de Condé, madame la princesse de Conti, madame la comtesse de Soissons, madame de Guise, madame de Luxembourg, madame de Sully et madame de Rohan : ces deux dernières marchaient ensemble, pource que le rang appartenait à madame de Rohan, qui ne voulut pas laisser sa mère derrière. Toutes ces dames avaient des mantes de gaze noire, rayées les unes d'or et les autres d'argent, rattachées et couvertes partout d'un nombre infini de pierreries [2]; madame la Princesse et madame de Guise en avaient de crêpe, comme veuves. De la messe, on alla droit au festin royal, qui se fit en la salle accoutumée à telles choses, et où vous vîtes que l'on fit le festin du baptême. On y usa de mêmes cérémonies; la table était dressée en potence, mais sans être relevée sur un échafaud de deux ou trois degrés, comme celle de M. le Dauphin à son baptême, ainsi à plain-pied. Au côté de la cheminée étaient l'épousée, le roi, la reine et M. le Dauphin; en la table qui descendait en bas étaient les princesses, au même rang qu'elles avaient marché à la cérémonie ( mademoiselle de *Vendôme était assise entre mademoiselle de Soissons et madame de Luxembourg* ), hormis madame de Guise, qui n'y assista pas. Elle me dit que c'était pource qu'elle ne pouvait voir le bâton du grand maréchal sans se souvenir de Monsieur son mari; mais je crois que c'était qu'elle cherchait sa commodité. Madame de Rohan, à table, précédait madame sa mère; après madame de Sully était madame de Guercheville; au-dessous de cette table y en était une autre un peu plus bas, où étaient les filles de la reine. De ce festin on alla au grand bal, où l'on marcha selon les rangs des hommes [1]. Cette feuille ne suffirait pas à vous en dire les particularités.

18.

23 août 1609.

Je vous avais écrit dernièrement que le sieur de Courtenay-Blesneau avait tué un monde de gens en sa maison; mais enfin il s'est trouvé qu'il n'a tué que ce la Rivière, qu'il soupçonnait d'adultère avec sa femme, et un portier qui fut un peu long à lui ouvrir la porte et lui donna la peine de la rompre. Tandis que l'on employa le temps à cela, la dame descendit par une fenêtre, et au travers des fossés du château se sauva au village chez un greffier. Le galant en pensa faire de même, mais il fut tué à coups d'arquebuse dans le fossé. On parle d'une demoiselle qui eut le bras coupé; les autres disent qu'elle est seulement blessée à l'épaule. Les parents du mort, qui sont grands et en grand nombre, en veulent avoir raison, et disent qu'il a été tué botté et éperonné, et par conséquent innocent; mais il sera malaisé qu'ils le fassent croire avec une si faible raison; je m'en rapporte à ce qui en est. Mais tant y a que nos dames sont fort en alarme, et que si Courtenay vient ici elles ne solliciteront pas pour lui.

. . . . . . . . . . . . . . . . . . . . . . .
. . . . . . . . . . . . . . . . . . . . . . .
. . . . . . . . . . . . . . . . . . . . . . .

---

[1] La reine ne fut pas à la messe, pource qu'elle avait été fort travaillée d'une colique les jours précédents, et ne s'en trouvait pas encore bien. (*Note de Malherbe.*)

[2] Elles étaient attachées sur leurs épaules, où la gaze faisait trois bouillons séparés, et pendaient sur les épaules, de là leur descendaient jusqu'au coude, en faisant douze bouillons; l'attache était la même depuis le gondi de la manche jusqu'au coude; et de là elles se rejetaient sur le derrière des robes. Les dames n'étaient conduites que de leurs écuyers ordinaires, et leurs queues n'étaient point portées. (*Note de Malherbe.*)

[1] M. de Soissons faisait son office de grand maître; le roi était donc entre M. le prince de Joinville et monseigneur d'Aiguillon. De la façon, on alla droit au grand bal, en la salle d'auprès la chapelle. Le roi mena la mariée. La reine fut menée par M. le Dauphin. M. le Prince mena madame la princesse de Conti; M. le prince de Conti, madame la princesse de Condé; M. de Vendôme, madame la comtesse de Soissons; M. le prince de Joinville, madame de Nevers; M. le duc de Nevers, madame de Guercheville (on doit dire madame de Ragny); M. le Grand, madame de Sully; monsieur le maréchal, MM. de Guercheville et de Ragny, n'avaient point de femmes. On dansa environ une heure, et la reine se retira en faveur, comme je crois, de la mariée, qui était si chargée de ses habits, qu'elle était digne de pitié. (*Note de Malherbe.*)

Madame de Moret est à Moret; le comte dit que le roi alla pour coucher avec elle, il y eut jeudi quinze jours, et qu'elle ne lui voulut jamais rien permettre, si bien qu'il se fâcha à bon escient; tant y a qu'elle partit le matin même et s'en alla à Moret, où elle est encore. La reine Marguerite a été cinq à six jours à Monceaux passer le temps; l'on tient qu'elle revient aujourd'hui.

19.

28 octobre 1609.

La pauvre madame de Saint-Luc est en travail depuis quatre heures du matin. La reine, qui s'informe pour son intérêt des grossesses et des couches, en a parlé tout du long de son souper, et, entre autres choses, a dit qu'elle croyait que madame de Saint-Luc était plus mal qu'on ne lui avait rapporté, mais qu'on avait peur de l'étonner en l'état où elle était; toutefois que, quant à elle, elle n'appréhendait point cela, et qu'elle savait bien qu'il n'en serait que ce que Dieu en avait ordonné. Il y a environ demi-heure qu'elle a envoyé un des garçons de sa chambre en savoir des nouvelles. Cela montre qu'elle y pense, quelque mine qu'elle fasse. Dieu nous gardera, s'il lui plaît, une si bonne reine. Elle est extrêmement grosse, et dit-on qu'elle ne le fut jamais tant. Elle disait hier au soir qu'elle ferait une fille, et que la chambre où elle devait accoucher y était fatale; qu'elle y avait fait madame Chrétienne; que la reine Élisabeth y avait fait sa fille, et en allégua encore quelques autres exemples. Elle commence demain une dévotion de trois jeudis. Son pavillon, pour la mettre quand elle aura accouché, est déjà pendu et dressé en sa ruelle, et celui de son travail est pendu au haut du plancher, troussé dans une enveloppe d'écarlate, comme l'on pend une lanterne pour être toute prête à laisser choir quand on s'en voudra servir. Je ne vous ai entretenu que d'accouchées, mais c'est faute d'autres choses.

. . . . . . . . . . . . . . . . . . . . . . . . . . . . . . . .
. . . . . . . . . . . . . . . . . . . . . . . . . . . . . . . .
. . . . . . . . . . . . . . . . . . . . . . . . . . . . . . . .

Je vous mandai dernièrement que le marquis de Rosny et mademoiselle de Créqui avaient été mariés; mais je ne vous mandai pas que l'épousée fut menée avec la mante, qui ne lui fut mise qu'à Charenton. L'on disait qu'elle se fût gâtée dans le carrosse : cela est remarqué, pource que cet honneur ne se fait qu'aux duchesses. M. de Sully lui donna un ameublement de chambre de velours cramoisi violet, sans or, et y avait un dais qui ne se baille aussi qu'aux duchesses. Toutefois on dit que depuis il l'a fait ôter.

Je ne sais ce qui en est. Hier elle demanda le tabouret, au moins fut-il demandé pour elle. La réponse ne fut pas faite sur-le-champ; je ne sais pas si on l'a faite aujourd'hui.

. . . . . . . . . . . . . . . . . . . . . . . . . . . . . . . .
. . . . . . . . . . . . . . . . . . . . . . . . . . . . . . . .
. . . . . . . . . . . . . . . . . . . . . . . . . . . . . . . .

Le roi a été ici sept ou huit jours, et s'en est parti assez mal content de tous les sujets qui l'y avaient amené. La marquise lui a fait des demandes qu'il n'a pas jugé être à propos de lui accorder. L'on dit qu'elle demandait cinq villes, dont Metz en était l'une; on y met Caen, Calais, Antibes : mais de cela chacun en parle diversement. Tant y a qu'ils se sont séparés en mauvais ménage. Sa Majesté a vu Néry, qui a consenti à tout ce qu'il a voulu; mais on dit que le roi ne s'y trouva pas bien disposé. Pour madame de la Haye, le roi n'a vu ni elle ni sa fille, dont elle est infiniment affligée. Monsieur le connétable a dit franchement au roi qu'il ne pouvait consentir au mariage de son fils avec mademoiselle de Verneuil, à cause du mal que fait la reine à madame la marquise. Pour mademoiselle de Vendôme, il la voudrait bien; mais on doute que le roi ne la destine ailleurs.

Madame de Mercœur, avec cette même liberté, a dit qu'elle suppliait très-humblement le roi de ne lui parler plus du mariage de M. de Vendôme avec sa fille, parce qu'elle n'en voulait point ouïr parler, et que de le faire était chose à quoi elle ne se pouvait résoudre. M. de Sully, qui porta cette parole, lui remontra qu'il faudrait donc payer les cent mille écus de dédit. Elle a répondu que tout son bien est au roi, qu'il en fera comme bon lui semblera, qu'elle se contenterait que le roi lui laissât, comme à sa fille, de quoi vivre.

M. le comte de la Roche-Guyon perdit l'autre jour cent mille écus contre M. le prince de Joinville et M. de Termes. On lui fera composition; mais il lui en coûtera toujours trente ou quarante mille écus. Sa mère, madame de Guercheville, était malade à Fontainebleau. Si elle sait cette nouvelle, c'est pour la faire mourir; on dit que la reine la lui a dite.

20.

MONSIEUR,

Depuis mon paquet fermé, M. du Moustier m'a apporté sa réponse. Je la vous envoie, et vous dis derechef que les bruits de la guerre de Clèves ne vous gardent pas de boire frais. Dieu ne nous veut pas tant de mal, et notre roi est trop redoutable pour avoir peur de brouillerie, tant qu'il vivra. Je prie Dieu que ce soit d'ici à cent ans, ou autant que les jours de l'homme se peuvent étendre.

Bonsoir, monsieur; je suis et serai toujours votre très-humble serviteur.

F. DE MALHERBE.

A Paris, ce 2 de décembre 1609.

21.

5 janvier 1610.

Je suis allé tout exprès souper au Louvre pour apprendre des nouvelles; je commence ma lettre par là, pource que nous avons, ce me semble, fait trève de cérémonies. Je m'assure qu'en l'état où sont les affaires on vous conte force billevesées par delà, et peut-être vous en dirai-je moi-même quelqu'une; mais au moins si je mens, c'est après des auteurs qui doivent savoir autre chose que ce qui se dit en la basse-cour. Je vous ai mis tout ce que j'en sais dans un papier à part, afin que plus aisément vous le puissiez communiquer à ceux que bon vous semblera. Je n'écris point à monsieur le premier président, pource que je me suis retiré trop tard. Vous m'excuserez, s'il vous plaît, en son endroit, et lui ferez voir les vers que je vous envoie. Le sujet vous apprendra pour qui ils sont faits. Ils ont été extrêmement agréables, et m'ont fait renouveler fort belles promesses : Dieu sait quand j'en verrai quelque effet. Adieu, monsieur; le sommeil me presse. Avec plus de loisir, une autre fois vous aurez plus de discours.

. . . . . . . . . . . . . . . . . . . . . . . .
. . . . . . . . . . . . . . . . . . . . . . . .

Je me viens de souvenir qu'en votre dernière lettre vous me disiez qu'on faisait par delà des contes des amours d'un homme de robe longue et d'une belle veuve. Je vous jure, monsieur, que ce m'est un énigme[1]. Vous savez qu'en cette cour on ne parle point de gens qui portent cet habit-là, et que, parmi nos galants, il leur serait malaisé d'avoir bonne grâce auprès des dames. Si vous m'en écrivez plus clairement, je vous en ferai réponse plus particulière; mais, sans autre plus grande information, je vous puis dire qu'il ne se parle de rien à la cour qui soit ni près ni loin de ce que l'on vous en conte par delà. Vous m'obligerez de me mander ce que c'est, afin que j'en rie comme je crois que vous en riez. J'ai tourné les yeux sur toutes les veuves de la cour, mais je n'y vois rien où je puisse soupçonner aucune recherche d'un homme de la qualité dont vous m'écrivez. J'ai montré votre lettre à M. de Valaves, qui

[1] *Énigme* était alors du genre masculin.

en est aussi en peine comme moi; mais il n'y est pas tant comme pour la colère où vous êtes contre lui : je lui ai dit, et sais bien que j'ai dit vrai, que ce sont plaintes d'amour que les vôtres. Je m'assure que l'arrivée de M. de Bougean par delà vous aura satisfait sur tout ce dont vous vous plaigniez, et vous aurez reçu par lui tout ce que vous désiriez. Il y a longtemps qu'il le vous eût envoyé; mais toutes personnes ne lui semblaient pas capables de porter sûrement et fidèlement des choses dont vous faites tant de cas. Pour le peu de fois que vous dites qu'il vous a écrit, il m'a juré que depuis son retour, et surtout depuis que la fin de son affaire lui a donné quelque relâche, vous devez avoir eu plus d'une douzaine de ses lettres, si bien que je suis d'avis que la paix soit faite entre vous. Je vous avais dit que ma lettre serait courte, faute de loisir; mais je me démens pour le plaisir que j'ai de parler avec vous. Dieu veuille, monsieur, que ce soit quelque jour en présence, et cependant croyez que je n'estime amitié au monde plus que la vôtre : vous me la conserverez, s'il vous plaît, *comme à votre plus humble et plus affectionné serviteur à jamais.*

. . . . . . . . . . . . . . . . . . . . . . . .
. . . . . . . . . . . . . . . . . . . . . . . .
. . . . . . . . . . . . . . . . . . . . . . . .

Les fêtes de Noël ont quelque chose de fatal à la fortune de M. de Sully : il avait demandé au roi un certain office de prévôt en Bourbonnais; le roi lui dit qu'il l'avait baillé à madame de Mercœur pour M. de Vendôme, et qu'il le leur demandât. Madame de Mercœur et M. de Vendôme, aussitôt qu'ils le surent, le lui envoyèrent offrir. M. de Sully le lendemain manda au roi que madame de Mercœur les avait trompés tous deux. Il voulait dire que le roi, qui l'avait remis à elle, n'avait pas cru qu'elle fût si libérale, comme certainement il était vrai; car il tança fort M. de Vendôme d'avoir donné une chose d'importance si légèrement. M. de Vendôme lui répondit que M. de Sully avait tant de puissance et d'autorité en France, qu'ils ne pouvaient faire leurs affaires sans lui, et que si l'office eût valu deux fois autant, ils le lui eussent baillé. La première fois que M. de Sully vint voir le roi, il lui dit l'offre que M. de Vendôme et madame de Mercœur lui avaient faite. Le roi lui dit qu'il se devait contenter que sa femme en avait trois mille écus, et son serviteur deux mille, et qu'il se laissait d'être dérobé; avec une infinité d'autres tels discours : et là-dessus, le roi entrant dans la chambre de la reine, dit : Enfin cet homme est insupportable; il n'y a plus de moyen d'en endurer. Voilà les choses. Le lendemain le roi lui fit meilleure chère que jamais. Madame la marquise de

Verneuil a été encore un mois à une lieue de cette ville, en un village nommé Charonne. Le roi ne l'a jamais vue, encore qu'elle a été tout ce temps-là si près de cette ville pour voir si le roi changerait point d'avis; mais cela n'a de rien servi. Elle s'en va demain à Verneuil. Hier monsieur son fils la fut voir, et comme il prenait congé d'elle, elle lui dit : Mon fils, baisez très-humblement les mains au roi de ma part, et lui dites que si vous étiez à faire, il ne vous eût jamais fait avec moi. Nous avons mille drôleries; mais je m'ennuie d'écrire; ce sera pour une autre fois. Voilà pour cette heure ce qu'il y a de plus relevé.

La reine fait demain sa première sortie; elle fera ses pâques à l'église de Saint-Germain.

M. de Lesdiguières s'en va duc. Il s'en retourne, à ce qu'on dit, dans huit ou dix jours.

## 22.

11 janvier 1610.

Vendredi dernier, M. le Dauphin jouant aux échecs avec la Luzerne, qui est un de ses enfants d'honneur, la Luzerne lui donna échec et mat; M. le Dauphin en fut si fort piqué, qu'il lui jeta les échecs à la tête : la reine le sut, qui le fit fouetter par M. de Sommeray, et lui commanda de le nourrir à être plus gracieux; elle l'a jugé nécessaire pource que ce prince, extrêmement généreux, ne veut rien souffrir qui ne lui cède. Il fut à l'arsenac il y a trois ou quatre jours; j'ai ouï dire à un gentilhomme qui y était présent que M. de Sully lui fit un grand accueil; mais que, quoi qu'il lui fît, jamais il ne s'arrêta à lui et ne le regarda presque point. Il y a, depuis huit ou dix jours, au grand cabinet de la reine, un tableau où l'infante d'Espagne est peinte de son long, avec cette inscription : *Dona Anna Mauricia d'Austria*; l'autre soir, M. le Dauphin la montrait à quelques-uns de ces petits qui sont nourris auprès de lui, et leur disait : Voilà ma femme. M. de Sommeray lui dit que peut-être les Espagnols ne la lui voudraient pas bailler; et il répondit tout aussitôt : Eh! il la faudra aller prendre. Ce prince est pour donner de la besogne à la jeunesse qui sera de son siècle : il est d'un naturel extrêmement bon; mais il veut être respecté, comme il est raisonnable.

## 23.

Monsieur,

Il y a environ trois ans que je vous écrivis en faveur de M. Morant, pour une affaire qu'il avait en votre parlement, à quoi vous étant employé comme vous faites généralement à tout ce qui vient de ma part, vous lui avez fait croire qu'après l'équité de sa cause il ne pourrait avoir en votre endroit une intercession de plus d'effet que la prière que je vous ferais de l'assister de votre protection. Il n'y avait point d'apparence que lui ayant rendu cet office en un temps où je commençais seulement à le connaître, je le lui refusasse à cette heure qu'il m'a obligé par une infinité de bienfaits. Vous souffrirez donc, monsieur, s'il vous plaît, que je craigne plus d'être ingrat en son endroit qu'indiscret au vôtre, et trouverez bon que je vous supplie bien humblement de continuer en cette occasion le témoignage de la bonne volonté que vous lui avez fait paraître. Vous n'obligerez point une personne courtoise et officieuse, mais la courtoisie et l'officiosité même, s'il m'est permis d'user de ce mot. Pour moi, j'ai renoncé avec vous aux cérémonies; et quoique vous me fassiez en cela une faveur extraordinaire, je ne vous dirai point avec autres paroles que les accoutumées, que je suis à jamais votre plus humble et plus affectionné serviteur.

F. de Malherbe.

A Paris, ce 13 de janvier 1610.

## 24.

24 mars 1610.

Le roi se porte fort bien, grâce à Dieu; aussi fait la reine et M. le Dauphin, et le reste de MM. les enfants. M. d'Orléans a été fort mal d'une grosse dent qui lui perçait; à cette heure il se porte très-bien et n'a plus de dents à percer. De tous les enfants du roi c'est celui, à ce que l'on dit, qui a le plus grand horoscope; mais rien qui soit venu d'un si grand père ne saurait être petit. Puisque nous sommes sur l'*infanterie*, je vous dirai d'un train que mademoiselle de Conti est décédée, et a laissé M. le prince son père fort affligé; car ce pauvre père ne bougeait d'auprès du berceau; c'était, à ce que l'on dit, la plus belle et la plus grande enfant qui se pouvait voir; elle est décédée en l'abbaye de Saint-Germain, où elle fut portée aussitôt qu'elle naquit. Madame la princesse avait résolu d'y faire sa couche, et y avait fait tout préparer pour cet effet; mais elle fut surprise de son accouchement dans le Louvre, où elle est encore à cette heure ignorante de l'inconvénient qui lui est arrivé. Dieu la consolera, s'il lui plaît, et l'espérance qu'elle aura d'un fils au bout d'un an.

. . . . . . . . . . . . . . . . . . . . . . . .
. . . . . . . . . . . . . . . . . . . . . . . .
. . . . . . . . . . . . . . . . . . . . . . . .

La citadelle de Metz est en l'état où elle était quand M. d'Épernon y alla, le roi ayant voulu, quelques instantes prières que M. d'Épernon lui ait su faire, que celui qu'il en avait ôté y ait été rétabli. Ce n'est pas que M. d'Épernon ne soit fort bien avec le roi; mais le roi veut être roi, et le sera tant qu'il vivra; si bien que je conseille à vos remueurs de Provence, qui faisaient des desseins sur l'opinion qu'ils avaient d'un changement, de ne se hâter pas tant une autre fois, s'ils ne veulent d'aventure se faire pendre ou couper le cou; car à ce prix-là tout est permis. Il y avait un livre sur la presse nommé *la Chasse de la bête romaine*, de quoi l'imprimeur est fort en peine. L'auteur est un jeune ministre de Poitou contre lequel on a décrété; s'il est pris, je crois qu'il fera un miracle des plus grands qui se soient jamais faits par homme de son métier, s'il n'y laisse le moule du bonnet ou du pourpoint.

25.

24 mars 1610.

Le roi fut dimanche dernier ouïr le Portugais[1] à Saint-Nicolas des Champs; il arriva demi-heure après que le sermon fut commencé. Il entretint fort madame la marquise, et après le sermon il ouït vêpres et complies avec elle, et lui donna encore assignation, à la sortie, au logis de madame sa mère, où l'un et l'autre se rendirent; ce fut la récompense de ne l'avoir point vue depuis dix mois. Je ne sais si ce feu se rallumera; il serait quasi à désirer, mais il est malaisé : elle dit qu'elle est la bête du roi; et son explication, c'est qu'ordinairement on fait peur aux petits enfants de la bête, quand on ne peut en venir à bout d'autre façon, et que le roi fait de même d'elle; que, quand il veut fâcher le monde, il dit qu'il verra la marquise : elle a toujours des bons mots. Madame des Essarts est ici plus belle que jamais; mais pour cela il ne s'en parle pas autrement. Madame la comtesse de Moret est tout à la dévotion, encore qu'elle ne puisse persuader beaucoup de gens que ce soit à bon escient; mais vous savez comme le monde est mal disant et mal pensant : cela a toujours été et sera toujours.

26.

23 avril 1610.

Le couronnement se prépare toujours avec toute la diligence que l'on peut. Les boutiques du Palais sont transportées, les unes aux Augustins, les autres dans la cour du Palais, et font une rue depuis la porte du Palais qui est devant la Vieille-Draperie jusqu'au pied du grand degré; le passage des carrosses y est condamné par un pieu qu'on a planté au milieu de la porte. L'on fait compte de marquer les logis dans la rue de Saint-Denis pour y mettre ceux de la cour; mais le petit peuple ne le trouve pas bon, pource qu'ils font compte que cette journée leur vaille un an entier : cela ne se fera pas sans quelque peu de tumulte; pour moi, je me résous à une pistole pour ma place à une fenêtre.

27.

6 mai 1610.

Pour la guerre de Flandre, elle continue fort et ferme avec une dépense extrême, et particulièrement celle de l'artillerie, de qui l'équipage est le plus beau qui fut jamais, se monte, à ce que l'on dit, à cinq mille écus par jour; car les chevaux seuls, qui sont six mille, se montent, en raison de vingt-cinq sous les uns, et quarante sous les autres (parce qu'il y a deux sortes de marchés, le vieil et le nouveau), à trois mille écus par jour. Il se fait une levée nouvelle de Suisses, qu'ils appellent *aventuriers*, pource qu'ils ne sont point de ceux que les cantons doivent par leurs traités, mais doivent servir aux assauts, escarmouches, et généralement en toutes sortes d'occasions; ce que ne font pas les autres. Nous avons nouvelles de Bourgogne qu'en la levée de six mille, il s'en est trouvé en la montre, à Saint-Jean de Lône, plus de deux mille davantage, qui sont gens volontaires qui viennent pour apprendre le métier. On fait compte, outre cela, d'environ quinze mille hommes de pied français; et pour la cavalerie, il y aura trois mille chevaux payés, c'est-à-dire des gendarmes et chevau-légers, qui sont entretenus en temps de paix; des compagnies comme celles du roi, de la reine, de M. le Dauphin; et autres cinq cents carabins, dont M. de Gray, frère de madame la marquise, a le commandement; et puis la cornette blanche, qui se montera à plus de quinze ou dix-huit cents chevaux. Les États fournissent douze mille hommes de pied ; savoir : quatre mille Français, quatre mille Anglais et quatre mille Hollandais, et quinze cents chevaux. Les Allemands de notre parti baillent vingt-cinq mille hommes de pied et quatre mille chevaux. Spinola se trouvera entre eux et nous; son armée est de quinze à seize mille hommes de pied et deux mille chevaux, et ce qui viendra de la part de l'empereur. L'ambassadeur de l'archiduc dit hier à quelqu'un, de qui je le tiens, que son maître avait retenu madame la princesse, pour obliger le roi et monsieur le connétable, qui l'avait prié d'empêcher qu'elle n'allât en Espagne où son mari la voulait envoyer, et que, pour la

---

[1] Prédicateur célèbre en ce temps-là.

retenir, il avait promis à M. le Prince de la lui garder; de sorte qu'il n'y avait point d'apparence qu'il la renvoyât, et encore moins lui étant demandée avec menaces de lui faire la guerre s'il ne la rend. Il ajoute à cela qu'il se lève, outre l'armée de Flandre, une armée en Espagne et une autre en Italie, qui seront sur pied dans un mois ; je ne sais ce qui en sera. Il vient un légat de la part du pape, que l'on dit devoir être ici dans huit ou dix jours. Le roi fait dépêcher le plus que l'on peut, afin qu'il soit déjà à l'armée quand il arrivera. Je pense qu'il accommodera ces affaires par la dissolution du mariage de M. le Prince ; à quoi tout semble assez disposé. On parle de le remarier à madame de Montpensier ; je dis qu'on en parle, mais je n'en assure rien.

28.

19 mai 1610.

Jeudi au soir, au retour du couronnement de la reine, un nommé la Brosse, qui a été médecin de M. de Soissons, dit à M. de Vendôme qu'il avertît le roi que le lendemain il courrait une grande fortune; que s'il en échappait, il irait encore jusques à vingt-cinq ans. Cet avis fut donné au roi par M. de Vendôme; mais il n'en fit que rire, et pensa qu'il en serait comme d'une infinité d'autres qu'il avait reçus sur le même sujet. La réponse fut : C'est un fou, et vous en êtes un autre. Le lendemain au matin, soit que le roi pensât à cet avis ou autrement, il pria Dieu extraordinairement, et même se fit apporter ses heures dans le lit ; de là il s'en alla aux Tuileries selon sa coutume, et ouït messe aux Feuillants. Après dîner, il fut quelque temps au cabinet de la reine, où il fit et dit mille bouffonneries avec madame de Guise et madame de la Châtre. Madame de Guise sortit pour s'en aller solliciter un procès, et lui un peu après pour s'en aller à l'arsenac. Il délibéra longtemps s'il sortirait, et plusieurs fois dit à la reine : M'amie, irai-je, n'irai-je pas ? Il sortit même deux ou trois fois, et puis tout d'un coup retourna, et disait à la reine : M'amie, irai-je encore ? et faisait de nouvelles doutes d'aller ou de demeurer. Enfin il se résolut d'y aller, et ayant plusieurs fois baisé la reine, lui dit adieu : et entre autres choses que l'on a remarquées, il lui dit : Je ne ferai qu'aller et venir, et serai ici tout à cette heure même. Comme il fut en bas de la montée où sa carrosse[1] l'attendait, M. de Praslin, son capitaine des gardes, le voulut suivre. Il lui dit : Allez-vous-en, je ne veux personne ; allez faire vos affaires. Ainsi, n'ayant autour de lui que quelques gentilshommes et des valets de pied, il monta en carrosse, se mit au fond à la main gauche, et fit mettre M. d'Épernon à la main droite ; auprès de lui, à la portière, étaient M. de Montbazon, M. de la Force ; à la portière du côté de M. d'Épernon étaient M. le maréchal de Lavardin, M. de Créqui ; au-devant, M. le marquis de Mirabeau et monsieur le premier écuyer. Comme il fut à la Croix-du-Tiroir, on lui demanda où il voulait aller ; il commanda qu'on allât vers Saint-Innocent. Étant arrivé à la rue de la Ferronnerie, qui est la fin de celle de Saint-Honoré, pour aller à celle de Saint-Denis, devant la Salamandre, il se rencontra une charrette qui obligea la carrosse du roi à s'approcher plus près des boutiques de quinquailleux[1] qui sont du côté de Saint-Innocent, et même d'aller un peu plus bellement sans s'arrêter toutefois, combien qu'un qui s'est hâté d'en faire imprimer le discours l'ait écrit de cette façon. Ce fut là qu'un abominable assassin, qui s'était rangé contre la prochaine boutique, qui est celle du *Cœur couronné percé d'une flèche*, se jeta sur le roi et lui donna, coup sur coup, deux coups de couteau dans le côté gauche : l'un prenant entre l'aisselle et le tétin, va en montant sans faire autre chose que glisser ; l'autre prend contre la cinq et sixième côte, et, en descendant en bas, coupe une grosse artère, de celles qu'ils appellent *veineuses*. Le roi, par malheur, et comme pour tenter davantage ce monstre, avait la main gauche sur l'épaule de M. Montbazon, et de l'autre s'appuyait sur M. d'Épernon, auquel il parlait. Il jeta quelque petit cri, et fit quelques mouvements. M. de Montbazon lui ayant demandé : Qu'est-ce, Sire? il lui répondit : Ce n'est rien, ce n'est rien, par deux fois ; mais la dernière, il le dit si bas qu'on ne le put entendre. Voilà les seules paroles qu'il dit depuis qu'il fut blessé. Tout aussitôt la carrosse tourna vers le Louvre. Comme il fut au pied de la montée où était monté en carrosse, qui est celle de la chambre de la reine, on lui donna du vin. Pensez que quelqu'un était déjà couru devant porter cette nouvelle. Le sieur de Cérizy, lieutenant de la compagnie de M. de Praslin, lui ayant soulevé la tête, il fit quelque mouvement des yeux, puis les referma aussitôt sans les plus ouvrir. Il fut porté en haut par M. de Montbazon, le comte de Curson en Quercy, et mis sur le lit de son cabinet, et, sur les deux heures, porté sur le lit de sa chambre, où il fut tout le lendemain et le dimanche ; un chacun allait lui donner de l'eau bénite. Je ne vous dis rien des pleurs de la reine, cela se doit imaginer. Pour le peuple de Paris, je

---

[1] Le genre de ce mot n'était pas encore fixé, et on lui donnait indifféremment le masculin ou le féminin.

[1] Quincailliers.

crois qu'il ne pleura jamais tant qu'à cette occasion. Tout le monde monta à cheval, les uns allant aux portes, les autres aux places, les autres aux ponts, avec une affection extrême de témoigner sa fidélité. L'on envoya quant et quant deux compagnies des gardes à M. de Sully pour conserver l'arsenac et la Bastille s'il en était besoin; mais tout cela fut inutile, car jamais il n'y eut autre trouble que celui de la douleur générale qu'apporta ce pitoyable inconvénient. On donna des gardes aux ambassadeurs, et nommément à celui d'Espagne, que le peuple voulait tuer à l'heure même; et l'eût fait sans M. de Corbozon, qui l'en empêcha; les gardes lui furent levées devant-hier. Le lendemain, le roi et la reine allèrent au parlement, accompagnés de tout ce qu'il y avait de princes et de grands en cette cour, hormis de M. de Vendôme; madame sa femme y fut, qui contesta le rang avec madame de Longueville, qui lui demeura. Il s'y passa quelques autres particularités; mais ce ne serait jamais fait : il suffit de dire que, d'un consentement universel, le roi fut couronné, et la reine déclarée régente. Le jour même, il en fut fait de même à Rouen et à Orléans, et partout généralement il ne se parle que de concorde et d'obéissance. Ce coquin est d'Angoulême, nommé François de Ravaillac, grand et puissant homme, âgé d'environ trente-cinq ans, la barbe rouge et les cheveux noirs; il est extrêmement résolu et jusques ici n'avait rien dit, sinon que ce matin : on ne dit point ce qu'il a dit. On parle si diversement de lui, que je ne sais quasi qu'en écrire. M. d'Aix le fut voir, auquel il répondit de sorte que l'on dit qu'il ne jugeait pas qu'il fût à propos de le faire trop parler. Il dit qu'il était résolu à tout ce qu'on lui voudrait ou qu'on lui voudra faire endurer; toutefois on lui a dit qu'on allait écorcher devant lui son père et sa mère, et de fait on les est allé querir; cela lui a un peu attendri le cœur. Il fut trouvé saisi de quelques billets pleins de croix et caractères inconnus. M. de Vitry, qui le garda au commencement, dit qu'il en avait un où au-dessus était écrit : *Stances pour empêcher de sentir les douleurs des supplices*. Il dit que de tout autre jour il ne pouvait courir fortune qu'au vendredi, mais qu'il avait vu l'occasion trop belle pour la laisser perdre. Son couteau était une espèce de baïonnette qu'il dit avoir prise en un cabaret; le manche en est blanc, il n'a qu'environ deux doigts de dos, le reste est tranchant des deux côtés. Il dit qu'il y a fort longtemps qu'il a cette résolution, et que plusieurs fois il l'a quittée, toutefois qu'elle lui est toujours revenue. Il s'est confessé, à ce qu'il dit, plusieurs fois d'un homicide volontaire, toutefois qu'il n'a jamais désigné à ses confesseurs que ce fût le roi, d'autant qu'il sait bien qu'en matière de crime de lèse-majesté les confessions se révèlent; il a nommé entre ses confesseurs un jésuite nommé le père d'Aubigny. Il a été trois ans feuillant; mais ayant eu quelque vision qu'il révéla aux religieux, ils le chassèrent de leur couvent. Enquis d'où lui était arrivée premièrement cette méchante pensée, il dit que comme il fut en la conciergerie de cette ville, où il a été longtemps prisonnier (les uns disent à cause d'un vol dont il se purgea; il dit qu'il y était pour six mille francs, auxquels il était condamné), étant un soir dans sa chambre, seul, il vit voler près de sa chandelle un papillon qu'il jugea plus grand que les autres; que plusieurs fois il le voulut prendre, mais toujours il disparaissait : cela lui fit croire que c'était autre chose qu'un papillon. Après avoir rêvé quelque temps, il se coucha sur la paille; et s'étant endormi, il lui fut avis qu'il voyait soixante hommes armés de toutes pièces, qui se battaient auprès de lui, et qu'ayant discouru quelque temps là-dessus en lui-même, il jugea que c'était un préjugé de guerre, et que le moyen de continuer la paix était de tuer le roi. Comme on lui remontra que c'était au contraire le moyen d'allumer la guerre, il dit qu'il le reconnaissait bien à cette heure, mais que lors il ne le jugeait pas comme cela. Lorsque le bruit de la mort du roi fut porté chez M. de Beaulieu, il y avait un nommé Bouchet, qui a longtemps demeuré en Flandre, qui dit tout aussitôt qu'il se doutait bien qui avait fait le coup, et conta que, depuis environ un an, il y en a en ce pays-là dix-huit ou vingt qui font pénitence publique, et tous les mercredis et samedis se battent emmy les rues; le plus méchant d'entre eux s'appelle le roi, et est couronné d'épines. Ce sont tous gens qui, à en juger par leur pénitence, doivent avoir fait des méchancetés exécrables, et qui sont aisés à induire en leur proposant quoi que ce soit pour accourcir leur pénitence, et se soumettent de faire tout ce qui leur est commandé par un confesseur; il avait opinion que cela pouvait venir de quelqu'un de cette manière de gens, pource qu'il avait vu depuis quatre jours leur roi en cette ville. Ces gens s'appellent battus, et lui le roi des battus. Ce Bouchet fut tout aussitôt même reconnaître ce criminel; mais il trouva que ce n'était pas lui. Les uns disent qu'il a été maître d'école à Tours; les autres, à Montpellier; les autres, qu'il a été des gardes de l'archiduc; les autres, son laquais; aucuns disent qu'il est marié à Bruxelles, et qu'il a trois enfants; la plupart ne croient pas qu'il soit marié, bien tiennent pour certain qu'il a été maître d'école. Il a été pris trois ou quatre autres coquins, l'un pour avoir dit que le fils ne survivrait guère après l'autre; qu'il y avait beaucoup de gens qui priaient Dieu pour ce maraud, et qu'il en était un, et que quant à lui il avait eu autrefois la même imagination. Il a été pris aussi un gentilhomme qui, voyant passer le roi, dit : Voilà un beau roi ! On ne parle que de telle peste, et cela, grâce à Dieu, est le plus grand trouble que nous ayons ; car tout est aussi tranquille ici, et par tous les quartiers de deçà, que s'il n'était point arrivé de changement. On prépare les funérailles du roi ; je crois que vendredi prochain l'effigie sera mise en public ; cette cérémonie se fera aux Tuileries pour empêcher que tout le monde ne vienne au Louvre, et aussi qu'il est plus à propos que cela se fasse hors du lieu où est le nouveau roi. Pour cette heure, le corps du roi est dans une bière de plomb, en la chambre qui va des cabinets à la galerie, sur un lit couvert de drap d'or frisé, avec une croix de satin blanc : deux archers du hoqueton blanc, l'un d'un côté, l'autre de l'autre, sont au chevet du lit ; et au pied deux hérauts d'armes avec leurs cottes, qui sont celles mêmes qu'ils portaient au couronnement. A la main droite du lit est un autel où l'on dit messe tous les jours, et des deux côtés du lit il y a toujours des religieux qui prient ; le lit est entre les deux croisées qui regardent sur la Seine, les pieds viennent vers la cheminée. Le roi Henri troisième sera enterré quatre ou cinq jours auparavant : il y en avait qui proposaient de les enterrer l'un quand l'autre ; mais la reine ne l'a pas voulu. Je crois que, cela fait, le roi fera son entrée. Tous les arcs que l'on avait dressés demeurent, et en a-t-on seulement ôté les tableaux. Je suis las d'écrire, mais si vous dirai-je encore que M. de Guise a protesté à la reine qu'il ne permettrait plus que M. de Vendôme le précédât, et que ce qu'il en a fait autrefois, ç'a été pour le respect du roi. Ceci me fait ressouvenir d'un des points de la harangue que fit monsieur le premier président quand la reine fut déclarée régente, qui est que l'âge et l'expérience du feu roi, le bien qu'il avait fait à la France de l'avoir tirée de tant de misères, avait été cause qu'ils ont passé au parlement beaucoup de choses contraires au bien du peuple ; mais à l'avenir si on leur en proposait de semblables, ils suppliaient le roi et la reine de les excuser s'ils en usaient d'autre façon. On a conseillé à M. de Sully de remettre ses charges ; il dit qu'il le veut faire : ses amis l'en pressent ; et croit-on qu'il le fera, quoique la reine les lui ait confirmées. Comme M. de Soissons fut venu, il l'alla trouver, et l'accompagna au Louvre. J'avais dit qu'il n'y avait rien de changé ; mais si a ; et, ne fût-ce que cela, l'armée demeure debout jusqu'à ce que l'on ait vu ce que diront les étrangers.

29.

19 mai 1610.

Cet abominable, de qui le diable s'est servi en cette occasion, est d'Angoulême, nommé François de Ravaillac, homme de trente-cinq ans, les cheveux d'un châtain noir, la barbe rouge, haut et puissant, les épaules larges et l'estomac de même ; il a les yeux gros et fort enfoncés en la tête, les narines fort ouvertes ; et, à le prendre tout ensemble, il est extrêmement mal emminé. Il m'a été dépeint comme cela par ceux qui l'ont vu. Je suis allé après dîner à la Conciergerie pour le voir, si d'aventure on le menait devant Messieurs ; mais cela avait déjà été fait dès ce matin, tellement que ce sera, Dieu aidant, pour vendredi prochain.

30.

....... Mai 1610.

Les portes furent fermées, il y a trois ou quatre jours, pour chercher un qui avait dit que les choses iraient mieux qu'elles n'avaient fait durant la vie du roi. Je m'assure que l'on vous aura dit ce qui fut dit ici ; que c'était un qui avait dit que le fils ne vivrait pas longtemps après le père, et que plutôt il le tuerait lui-même : quoi que c'en soit, il ne fut point pris. L'on avait cherché aussi le prévôt de Pluviers [1] ( c'est une petite villotte de la Beauce), pource que le jour que le roi fut tué, et à l'heure même, étant à jouer aux quilles en un jardin, il dit tout haut à la compagnie : Messieurs, à cette heure même le roi vient d'être tué ou fort blessé. Il en fut informé, et les informations apportées par deçà. J'ai parlé à l'homme qui les a vues : il ne fut non plus pris que l'autre. Pour moi, je le crois innocent, pource que le meurtrier même ne savait pas à quelle heure il aurait moyen de faire son coup. L'on nous a conté ici le même d'une religieuse de Picardie, près de Villers-Houdan, qui s'écria, à ce qu'ils disent, que l'on tuait le roi, à l'heure même que la chose se faisait ; mais pource que en ces lieux-là il y naît force miracles, et bien souvent plus de bons que de mauvais, j'ai peur qu'il n'y ait eu quelque mère Thérèse qui nous ait produit cettui-ci. Le meilleur et le plus beau que j'y voie, c'est que l'obéissance est partout si grande que jamais elle ne le fut plus. Nous avons eu un grand roi, nous avons une grande reine ; Dieu soit loué que les choses sont allées d'une autre façon que les gens de bien n'avaient craint, et les méchants espéré. On se console partout ; et jusques au Lou-

[1] Aujourd'hui Pithiviers. On disait autrefois l'un et l'autre.

vre, ce sont des merveilles de la bénédiction de Dieu sur ce royaume.

## 31.

26 juin 1610.

J'attendais à vous écrire que nous vissions la fin de nos cérémonies ; mais puisque ce porteur s'offre, il ne s'en retournera point sans que je vous en écrive une partie : vous serez moins importuné de les lire à deux fois. L'effigie du roi a été en vue durant onze jours : elle en fut ôtée lundi au soir ; le mardi et le mercredi furent employés à ôter les tapisseries d'or et de soie de la salle basse, et y en mettre de serge noire avec une ceinture de velours noir tout à l'entour ; et lors le corps du feu roi fut mis sur des tréteaux, au lieu même où avait été l'effigie. Le jeudi, qui était le jour de la Saint-Jean, il ne se fit rien. Hier, qui était vendredi, le roi lui fut donner de l'eau bénite ; il partit pour cet effet de l'hôtel de Longueville, et vint au Louvre en cet ordre : le grand prévôt, habillé de sa robe et chaperon de deuil, entra le premier avec ses archers, qui sous leurs casaques avaient des robes de deuil ; après venaient les cent gentilshommes avec leurs becs de corbin en la main ; ceux-ci étaient suivis de quatre-vingts ou cent gentilshommes, des principaux de la cour et de quelques officiers, tous avec la robe de deuil. Le roi était conduit par deux cardinaux. Joyeuse à main droite, et Sourdis à gauche ; il était vêtu d'une robe de serge violette, et avait sur la tête un chaperon de même couleur : sa robe avait cinq queues ; celles de devant étaient portées par M. le chevalier de Guise à main gauche, et M. le prince de Joinville à main droite ; les deux d'après, par M. le comte de Soissons à main droite, et M. de Guise à gauche ; celle du milieu, par M. le prince de Conti. L'entrée de la salle était à la porte du bout ; et pour cet effet le roi et le convoi entraient par la porte qui va au grand degré, où il était attendu par MM. les maréchaux de Lavardin, Brissac, et Bois-Dauphin, au bas de trois marches qu'il fallait qu'il montât ; et au haut justement, et sous la porte, était M. le Grand ; tous vêtus de robes de deuil, avec leurs colliers de l'ordre par-dessus. La queue de Monsieur était portée par M. de Béthune ; celle de M. le duc, par M. le comte de Curson : derrière le roi et messieurs ses frères il n'y avait que MM. de Montbazon et d'Épernon, comme ducs ; après eux il n'y avait que de la confusion. Le roi fut quelque temps dans la salle, et puis sortit avec sa suite par la porte du milieu de la salle qui est vis-à-vis de la porte du Louvre, et s'en alla à sa chambre par le degré du coin. Aujourd'hui, du matin, le parlement et la cour des comptes, et quelques autres, y sont venus ; mais je me suis contenté d'y avoir vu le roi. Les ambassadeurs y doivent venir, qui dit après dîner, qui dit demain : tant y a que la basse-cour du Louvre demeure toujours tendue de quatre ceintures de serge et une ceinture de velours ; les serges vont jusque devant la porte du Louvre, mais le velours n'est que dans la basse-cour. Je vous ai récité tout d'un trait cette cérémonie, je retourne à celle de l'effigie. Il se fit deux effigies par commandement, Dupré en fit l'une, et Grenoble l'autre ; il s'en fit une troisième par M. Bourdin d'Orléans, qui se voulut faire de fête, sans en être prié : celle de Grenoble l'emporta, pource qu'il eut des amis ; elle ressemblait fort à la vérité, mais elle était trop rouge, et était faite en poupée du Palais. Celle de Dupré, au gré de tout le monde, était parfaite ; je fus pour la voir, mais elle était déjà rendue. Je vis celle de Bourdin, qui n'était point mal : cette effigie fut vêtue d'un pourpoint de satin cramoisi rouge, d'une robe de velours violet, fleurdelisée et doublée d'hermine, et d'un manteau de même ; un bonnet de satin cramoisi en tête, et une couronne par-dessus ; les bottines étaient de velours violet fleurdelisé, les semelles de velours cramoisi rouge ; le lit sur lequel elle était en son séant, avec des carreaux de drap d'or qui lui soutenaient la tête, était couvert d'un drap d'or frisé, bordé à l'entour de velours violet fleurdelisé, qui couvrait jusques au bas des trois marches du haut dais sur lequel l'effigie était relevée. Des deux côtés de l'effigie étaient deux carreaux de drap d'or, sur l'un desquels, à main droite, était le sceptre, et sur l'autre, à main gauche, la main de justice. Des deux côtés de l'effigie étaient deux autels où il y avait à chacun deux cierges de cire blanche, brûlant continuellement ; et au pied de l'effigie en étaient quatre autres, puis un siège avec un carreau auprès pour s'agenouiller quand on viendrait prier Dieu pour le roi ; et un peu plus loin en était un autre couvert de drap d'or, tout de même que l'autre, sur lequel il y avait un bénitier pour donner de l'eau bénite. Du côté droit de l'effigie étaient de longs bancs couverts de drap d'or, sur lesquels se mettaient ceux qui étaient de garde ; et de l'autre, à main gauche, étaient les gens d'église : au bout de ces bancs qui étaient vers l'effigie, étaient, près chaque premier banc, deux chaises de drap d'or, pour les grands qui seraient de garde. J'y fus à l'heure du souper de l'effigie, mais il n'y avait personne ; quand j'y arrivai, M. de Vendôme y était, mais il était sur le point de partir, et n'était que sur le banc : madame d'Angoulême y vint, mais elle ne fit que donner de l'eau bénite et s'en aller. Tout ce que dessus était séparé du reste de la salle par des barrières; il y avait une entrée au milieu, et deux aux deux bouts. La salle était toute tendue de tapisseries d'or et de soie, et ces grandes étaies de bois que vous y avez vues étaient couvertes de drap d'or. La table du souper était à cinq ou six pas de l'effigie, entre deux piliers; le service en fut fait ni plus ni moins que le roi était servi lorsqu'il vivait, sans que l'on criât ni grand panetier, ni grand sommelier, comme on se le faisait croire. A toutes les croisées de la salle, qui sont douze ou quinze, il y avait un autel à chacune, et s'y disait cent messes par jour, devant que l'effigie fût mise en la salle. Le roi, depuis sa mort, avait été continuellement en sa chambre sous un lit couvert d'un drap d'or et une grande croix de satin blanc au milieu, avec deux autels des deux côtés, et deux bancs au pied du lit, pour ceux qui étaient de garde et pour les religieux qui y chantaient continuellement. Chaque grand de la cour, prince, maréchal ou officier, avait deux heures de service à l'effigie, avec dix ou douze gentilshommes à la fois. Le corps est à cette heure sur des tréteaux, dans un coffre, couvert d'un drap d'or et une grande croix de satin blanc; sur le coffre, à l'endroit de la tête, sont deux carreaux de drap d'or l'un sur l'autre, et dessus une couronne d'or. Je ne sais si j'oublie quelque chose; si je le fais, excusez ma mémoire, qui ne vaut rien. Pour la cérémonie du couronnement, le récit en est hors de saison, comme est celui de l'exécution du coquin. Je vous avais mandé que la Brosse avait fait avertir le roi que le lendemain il serait tué, ou courrait la plus grande fortune qui se peut courir sans mourir; mais il n'en est rien; celui qui l'avait dit tout haut dans la chambre de la reine, et qui se vantait que la Brosse s'était adressé à lui, se donnait cette vanité, comme depuis il s'est vérifié : l'on dit qu'il est assez coutumier de faire de semblables traits. Je vous avais écrit du prévôt de Pluviers : depuis il a été pris; et craignant que ses affaires n'allassent pas bien, non pour aucun dessein contre le roi, mais pour magie et fausse monnaie dont il était accusé, il s'est étranglé dans la prison, et fut brûlé publiquement il y a aujourd'hui huit jours. Le livre de Mariana a aussi été brûlé publiquement; et semble que les jésuites sont beaucoup déchus de leur crédit, parce qu'on leur impute cette doctrine de tuer les tyrans. Je ne sais ce qui en est, mais les curés déclament fort haut contre eux; et s'ils ont fait ce qu'on dit, d'avoir voulu divertir M. le maréchal de la Châtre d'aller en Clèves, ce sera pis que jamais. Monsieur le maréchal les excuse tant qu'il peut, et dit que ce qu'il en avait dit était choses qu'il avait imaginées;

mais on croit le premier avis. Tant y a qu'il est parti. Son armée est de cinq mille hommes de pied français, trois mille Suisses et douze cents chevaux; les douze mille hommes de pied et quinze cents chevaux de Hollande le viennent joindre vers Trèves, et de là ils s'en vont joindre nos alliés. Il demanda une faveur à la reine, comme ayant l'honneur d'être son premier capitaine; elle lui donna une chaîne de diamants de cinq ou six cents écus. Le roi Henri III fut enterré mardi au soir à Saint-Denis, dans le caveau de cette chapelle que la reine sa mère avait fait faire. Le mercredi le service fut fait par M. le cardinal de Joyeuse, qui y alla le mardi au soir pour cet effet. M. le Grand et M. d'Épernon allèrent, il y a aujourd'hui huit jours, à Compiègne, querir le corps avec quatre-vingts à cent chevaux. L'on pensait mettre la feue reine mère au même caveau, mais il y eut de la peine à y mettre le roi son fils; il faudra du temps pour ranger les coffres qui y sont, et lui faire place; elle est cependant dans un coffre de plomb, recouvert d'un autre de bois, sans drap, sans cierge, et sans autre chose que ce qu'aurait une bien chétive demoiselle. La fortune se joue des rois en leur vie et en leur mort, afin qu'ils se souviennent qu'ils sont du nombre des hommes.

32.

17 juillet 1610.

Jeudi au soir la reine fit faire nouveau serment à messieurs les maréchaux, envoya querir les capitaines des gardes, à qui elle défendit d'obéir ni reconnaître autre que le roi, elle et leur colonel; ce qu'ils lui promirent. M. le comte de Soissons, deux ou trois heures devant que M. le Prince arrivât, s'en vint au Louvre avec deux cents chevaux et plus même; il avait été commandé aux habitants d'être en armes, et à ceux qui n'en avaient point d'en acheter. Aujourd'hui, grâce à Dieu, l'on reconnaît que ces ombrages étaient sans fondement, et n'a-t-on autre espérance que de repos par les actions et langages de M. le Prince. Il salua le roi et la reine dans la chambre de la reine, où elle l'attendait au coin de la cheminée qui est au pied du lit du roi. Il ne se fit devant le monde, autre chose qu'une simple salutation, en laquelle M. le Prince mit le genou fort bas; il y en a qui disent qu'il le mit à terre; la reine dit elle-même qu'elle n'en sait rien. Cela fait, elle entra dans le cabinet, où il la suivit, et parlèrent ensemble autant que vous serez à lire cette page. Monsieur le comte, M. de Vendôme et quelques autres étaient dans le même cabinet, qui ne s'approchèrent point : bien y eut-il un cardinal qui ne fut pas si retenu, et voulut avoir part à leurs discours; M. le comte, s'en moquant, dit à M. de Vendôme : Allez dire à ce prince de votre sang qu'il s'ôte de là. Après fort peu de paroles, la reine lui dit qu'il s'allât débotter, et lui commanda qu'elle le vît après souper. Il s'en alla donc à son logis, à l'hôtel de Lyon, près la porte de Bussy, et y fut accompagné par M. de Guise et M. le chevalier son frère; ils pouvaient avoir chacun soixante ou quatre-vingts chevaux : ils y furent si peu, que je crois qu'ils ne firent que le mettre dans sa chambre. M. le Prince fut après souper voir la reine, avec soixante ou quatre-vingts chevaux. Aujourd'hui, de matin, il s'est promené en carrosse, ayant M. le prince de Joinville auprès de lui, et près de quatre-vingts chevaux à l'entour de la carrosse; et l'après-dînée, à cheval, avec même suite. M. de Guise et ceux de sa maison sont parfaitement bien avec lui; M. de Bouillon et M. de Sully sont encore de ce parti : pour moi, je crois que tout le monde sera sage, et que l'on en sera quitte pour l'augmentation des pensions. L'on m'a dit qu'il demande quatre cent mille livres, et l'état de connétable après la mort de M. le connétable. Je crois que de cela il pourra avoir cent mille écus de pension. M. d'Épernon est un peu piqué de ce que M. de Requien a toujours été auprès de lui, et qu'il a dit tout haut qu'on lui avait fait injustice, et que la chose est de mauvais exemple. M. de Sully le fut trouver avec environ cent chevaux, entre lesquels furent M. de Créqui, le comte de Schomberg et M. de la Guelle, mestre de camp du régiment, à qui M. d'Épernon dit qu'il avait oublié son colonel ce jour-là, mais que son colonel l'oublierait toute sa vie. Il fit grande réception à M. de Sully. Comme j'écrivais ceci, est arrivé céans un gentilhomme qui l'a tout aujourd'hui accompagné, qui m'a dit qu'il a été voir M. le premier président de Thou et le président Molé; s'il se gouverne par ce conseil, il ne faut pas douter que tout n'aille bien. Ce matin la reine lui a fait présent de la maison de Gondy, dont monsieur le chancelier lui a porté parole, et lui doit donner pour trente mille écus de meubles; il a eu dès ce matin pour sept ou huit mille écus de vaisselle d'argent : la table est de quarante serviettes. Ce gentilhomme m'a dit qu'il a ouï dire à M. de Biron qu'on lui a accordé quatre cent mille livres de pension, qui sont trois cent mille plus qu'il n'avait; il doit avoir douze écuyers, à quatre cents livres de gages, deux chevaux et deux hommes défrayés; vingt-cinq gentilshommes à mille livres, un cheval et un laquais défrayé, et six à mille écus de gages. Avec cela, je ne crois pas qu'il puisse avoir sujet de se plaindre. La reine a promis à M. de Guise trois cent mille livres pour aider à l'acquitter : il fait compte de vendre Montargis autant; si bien qu'il demeurera du tout quitte. Il recherche mademoiselle de Montpensier ; on tient qu'il a pour rival M. de Savoie; on avait même parlé de M. le Prince : toutefois l'on tient qu'il ne se démariera point. Il vit madame la Princesse à Mariemont, quand il alla voir les archiducs; mais ce fut de loin et sans parler à elle. L'infante lui ayant dit qu'elle lui voulait faire une requête, il lui répondit qu'il aimerait mieux être mort que de lui désobliger, mais qu'il la suppliait de ne lui parler point de voir sa femme : ainsi les choses sont encore en ces termes. Il donne à l'archiduc une épée de huit ou dix mille écus, et que certainement on dit être la plus belle chose qui se puisse voir ; il donne au sieur Spinola deux poignards que l'on tient valoir deux mille écus; il lui voulut rendre quatre mille pistoles qu'il lui avait prêtées; mais il lui fit réponse qu'il ne les pouvait reprendre, pource qu'il les avait déjà comptées au roi son maître. Le comte de Fuentes, qui lui avait prêté deux mille écus, ne les voulut non plus reprendre; tellement que lui qui ne leur voulut pas céder de générosité, ne pouvant faire autrement, donna tout cet argent à leurs officiers ; il donna à la gouvernante de l'infante un diamant de quinze cents écus.

. . . . . . . . . . . . . . . . . . . . . . . . . . . . . . . .
. . . . . . . . . . . . . . . . . . . . . . . . . . . . . . . .
. . . . . . . . . . . . . . . . . . . . . . . . . . . . . . . .

Jeudi il vint un gueux au Louvre, qui, ayant été interrogé sur ce qu'il cherchait, répondit qu'il voulait parler à quelqu'un des gardes. On lui fit venir un de ceux de la reine, auquel il bailla un billet contenant avis à la reine de se garder soigneusement et ne se mettre plus de coton [1] aux oreilles. Il fut fort menacé pour savoir qui lui avait baillé ce billet ; mais on n'en sut tirer autre chose sinon qu'un homme qu'il avait trouvé emmy la rue le lui avait baillé, et lui avait donné un quart d'écu pour le porter. Je pensais finir cette lettre : mais il me vient de souvenir d'une chose qui est digne d'être sue : c'est qu'un nommé Razilly, gentilhomme de Poitou, a trouvé une invention de faire qu'un vaisseau percé à jour de coups de canon n'ira point à fond. La reine voulut que l'épreuve s'en fît aux Tuileries, à portes closes, en présence de M. de la Châtaigneraie, capitaine de ses gardes, en une petite nacelle qui est sur l'étang, laquelle on renversa la quille en haut et y fit-on tirer quatre coups de mousquet; et de plus M. de la Châtaigneraie, pour plus d'assurance, fit,

---

[1] Le père Coton ou Cotton, Jésuite célèbre par ses talents oratoires et par la conversion du fameux Lesdiguières, jouissait alors d'un grand crédit à la cour.

avec une cognée, mettre ces quatre trous ensemble, de sorte qu'il y avait de l'ouverture pour passer la tête, sans que pour tout cela il y entrât une seule goutte d'eau, et n'y avait autre chose que je ne sais quoi qu'il fit mettre en l'un des bouts du vaisseau. Comme ils en furent sortis, il fit prendre par son homme ce qu'il y avait mis, et tout aussitôt il alla au fond, où il est encore. L'on ne sait que s'imaginer : la commune opinion est que cela se fait par magie ; pour moi, je n'en sais que dire : peut-être le saura-t-on quand le secret aura été payé.

### 33.

#### 25 septembre 1610.

Je vous écrivis par M. Bejul, il n'y a que trois jours ; depuis, le sieur Concini a été fait marquis d'Ancre, lieutenant général de Péronne, Montdidier et Roye, premier gentilhomme de la chambre, par la résignation que lui en a faite M. le maréchal de Bouillon. Hier il bouffonnait avec M. de Guise de son marquisat d'Ancre, et disait que cela s'était rencontré fort à propos, à cause qu'en Italie il est descendu des comtes de la Plume. M. de Guise lui répondit qu'avec une comté de Plume et un marquisat d'Ancre, il ne lui fallait plus qu'une devise de papier pour assortir tout l'équipage.

### 34.

#### 13 février 1611.

Il y a deux jours que l'on trouva une affiche à la porte de l'arsenac : *Maison à louer pour le terme de Pâques ; il se faut adresser au marquis d'Ancre, au faubourg Saint-Germain*. Vous avez su que M. le marquis d'Ancre est lieutenant de roi en Picardie : l'on dit qu'il offre cent mille écus à M. de Trigny de la citadelle d'Amiens ; le reste, vous l'apprendrez de M. de Valaves [1], ou des lettres de M. de Saint-Caral à monsieur le premier président. Sa diligence exacte me soulagera de ce côté-là, et pour cette fois vous m'excuserez à lui si je ne lui écris ; car le messager part, à ce qu'il dit, présentement.

### 35.

#### Jour de Pentecôte 1611.

Le roi, avec une patience merveilleuse, a aujourd'hui touché les malades, que l'on tient avoir été jusques au nombre de onze cents. La dernière fois qu'il toucha, pour éviter que quelque malheureux ne fît rien de mal à propos, les malades, à mesure qu'il les touchait, étaient tenus par des archers qui étaient derrière eux ; mais cette fois, pour ne faire paraître la défiance, on s'est contenté de leur faire joindre les mains. Il y avait eu avis qu'avec cette occasion un coquin devait entreprendre contre la personne du roi ; et l'avis venait du sieur de Vousay, lieutenant de M. de Châteauvieux, à la Bastille : si bien que ce M. de Vousay a toujours été derrière le roi pour prendre garde s'il verrait quelque visage semblable à celui que l'on lui avait dépeint. Tout s'est bien passé, grâce à Dieu.

. . . . . . . . . . . . . . . . . . . . . . . . . . . . .
. . . . . . . . . . . . . . . . . . . . . . . . . . . . .

Il s'est trouvé cette semaine un grand nombre de placards affichés aux coins des rues ; de vous dire les ordures dont ils étaient pleins, cela ferait mal au cœur : vous les devinerez bien. Il s'est trouvé aussi un homme perdu qui a fait un livre où il traite force belles questions. On l'a mis à la Bastille, où il fait le fou, croyant que cette échappatoire le garantisse ; mais je tiens que son affaire est faite. Je ne vous dirai point de quoi parlait ce livre en particulier ; je vous dirai en gros qu'il attaquait la reine, son mariage et sa régence. Cette chose est encore fort obscure, pource que l'on n'en parle qu'à l'oreille ; quand le temps l'aura éclaircie, je vous en écrirai ce qui s'en pourra écrire. Au demeurant, en dépit de toutes ces âmes damnables, Leurs Majestés se portent fort bien, et verront la mort de tous ceux qui désirent la leur.

### 36.

#### 31 juillet 1611.

Il y a quelques jours que, sous couleur de rencontre fortuite, il se fit un combat sur le Pont-Neuf : le tué, qui est un d'Arques, gentilhomme de M. le duc d'Aiguillon, a été depuis deux jours promené dans un tombereau par plusieurs endroits de la ville, et puis traîné à la voirie ; le tueur, qui est un Baronville, fils de Montecot, s'est sauvé en Angleterre, par la recommandation, à ce que l'on dit, de M. le prince de Joinville : il fera bien de s'y tenir, et, par le traitement que l'on a fait au mort, jugera ce que l'on ferait au vivant, s'il tombait entre les mains de la justice.

---

[1] Et non pas *Valves*, comme l'ont nommé les derniers éditeurs. C'était le frère de Peiresc qui, à son exemple, prit le nom d'un des fiefs de sa famille. (Voyez Gassendi, *De vita Peireskii*, Parisiis, 1641, in-4°, p. 18.)

## 37.

*1er août 1611.*

Le conte dit qu'il y a cinq à six jours que le comte de Brême, sur les onze ou douze heures du soir, étant allé à l'hôtel de Nemours, où madame d'Aumale est logée, il monta à la chambre de mademoiselle de Senectaire, qui y loge aussi, et ayant frappé à sa porte, comme on lui eut dit qu'elle était couchée, et qu'il se retirât, il appela une demoiselle nommée Chambonnez, qui est à mademoiselle de Senectaire, laquelle aussitôt lui ouvrit la porte, comme pour parler seulement à lui, pource que ayant autrefois servi madame de Bouillon, mère du comte de Brême, elle se croyait obligée à ce respect envers lui. L'on dit que, comme il fut dedans, il se voulut jouer un peu insolemment avec mademoiselle de Senectaire, qui était au lit; elle se jeta à la ruelle, et se coucha contre terre. Toutefois, si le conte dit vrai, elle ne put pas si bien faire qu'il ne lui déchirât sa chemise depuis le haut jusqu'au bas, et ne prît tout plein d'avantages sur elle. Ce conte ayant été fait à la reine, même en présence du marquis de Nesle, cousin germain de mademoiselle de Senectaire, ce que ceux qui faisaient le conte ne savaient pas, il se crut obligé à en retirer raison; et s'étant tous deux rencontrés à l'hôtel de Guise, comme le comte de Brême en fut sorti à pied, le marquis de Nesle le suivit de même; et de quinze ou vingt pas ayant crié au comte qu'il tournât et mît la main à l'épée, il fit bien l'un, mais non pas l'autre, s'amusant à des satisfactions qui ne contentant pas le marquis de Nesle, il en voulut lui-même prendre une autre, et lui donna deux coups d'épée sur les oreilles : le cordon de son chapeau et son rabat en furent coupés. Les amis du comte de Brême lui ayant fait sentir cette lâcheté, et particulièrement M. le marquis de Manny, qui est brave gentilhomme, il s'est retiré d'ici, l'on ne sait pourquoi faire : les uns tiennent qu'il veut demander le combat, les autres en jugent autrement. Le marquis de Nesle est demeuré ici avec une garde que la reine lui a baillée : le premier président l'a voulu faire prendre; mais la défense de Sa Majesté y est intervenue, et devant cela l'assistance de M. de Guise, qui lui a bien servi. Il pensait qu'hier on le vînt prendre : si bien que tous ses amis s'allèrent enfermer avec lui en son logis, et nommément M. le prince de Joinville; mais depuis la défense de la reine, cette rigoureuse poursuite s'est adoucie : nous verrons où la chose aboutira.

## 38.

Monsieur,

J'ai reçu vos nouvelles avec le contentement que je devais, pource qu'elles viennent d'un bon auteur, et qu'elles m'assurent du bon succès des affaires du roi, qui est toujours une des principales passions des gens de bien, même en une cause si juste comme celle qui est aujourd'hui sur le tapis. Je voudrais bien pouvoir prendre quelque revanche de tant de faveurs; mais que peut une fortune stérile comme la mienne, et en un lieu écarté comme celui où je suis ? J'attendrai le changement de l'un et de l'autre. Cependant je vous envoie un petit extrait que j'ai fait d'un cahier en parchemin que MM. les religieux de cette abbaye de Saint-Étienne m'ont fait voir. Ce qui m'y a semblé de meilleur est ce que je vous envoie; le reste ne sont que donations qui leur ont été faites. J'ai aussi entre mes mains deux cahiers en parchemin dont le titre est : *Incipiunt epistolæ Lamfranci Dorobernensis archiepiscopi*. Mais il n'y a que huit feuillets en l'un et quatorze en l'autre. Si vous désirez les voir, je les vous enverrai; sinon, je les leur rendrai. Je suis très-marri que je n'aie quelque chose de plus digne, et qui donne plus de prétexte à mes importunités; mais, s'il vous plaît, vous m'excuserez avec la même courtoisie dont vous m'obligez. Bonjour, monsieur; votre serviteur très-humble et très-affectionné.

F. DE MALHERBE.

A Caen, ce 21 d'août 1611.

Je vous supplie, monsieur, m'apprendre que c'est que l'affaire de M. Arnaud.

« Eo tempore quo genti Normannorum comes Wilhelmus præerat, qui et Anglos postmodum suo subjugavit imperio, princeps idem, sancta devotione præventus, ecclesiam perpulchram et peramplam in honore beati protomartyris Stephani, in loco qui Cadomus dicitur, construi fecit. Qua ex parte decenter constructa, virum valde scientia imbutum, nomine Lamfrancum, de prioratu Becci, ad hoc opus perficiendum accepit, et eum ecclesiæ quam construebat abbatem præfecit. Sed cum non multo post comes idem Angliam sibi armis subjugasset, abbatem eumdem totius Angliæ archiepiscopum primatem constituit; in loco vero ejus alium, nomine Wilhelmum, ejusdem ecclesiæ monachum, abbatem substituit. In cujus tempore cum prædictam mirifice consumasset ecclesiam, convocatis in unum Normannorum episcopis et principibus, accito quoque de transmarinis partibus archiepiscopo Lamfranco, ecclesiam ipsam in honore gloriosissimi martyris Stephani dedicari fecit; et quæcumque illi nunc dabit vel antea dederat, sua suorumque auctoritate, filiorum ac principum, in perpetuum habenda firmavit. Reliquias quoque pretiosissimi martyris Stephani pretio non parvo adquisivit : unam videlicet particulam de brachio ipsius, quod in civitate Bisuncio habetur, et una ampullulam de sanguine illo qui de eodem brachio mire et veraciter fluxisse narratur. Capillorum etiam partem cum corio capitis, et lapide quo ipse martyr percussus fuit, rex idem gloriosus alio tempore comparavit. Qui videlicet capilli adhuc ita sunt pulchri et candidi, quasi modo de ejus capite fuissent incisi ; servantur autem in quodam pulcherrimo vasculo de crystallo inclusi. Est itaque totum pulchrum : capilli albi et pulchri; lapis etiam unde percussus fuit albus, vas pulchrum et album ; et aspicientibus rem adeo pulchram, magnam faciunt admirationem. Tanto igitur thesauro comparato, beatissimi martyris Cadomensis ecclesia propriis margaritis, sui scilicet Stephani reliquiis est adornata. Cum autem postmodum abbatem Wilhelmum Cadomensem rex fieri decrevisset archiepiscopum Rothomagensem, alium quidem, nomine Gislebertum, in loco illius subrogavit. Sed non multo post tempore idem rex huic vitæ finem fecit : quamdiu tamen rebus humanis interesse potuit, dilectæ sibi ecclesiæ indefessus procurator permansit, et quos ibi congregaverat monachos paterno affectu fovit et dilexit. Cum vero diem mortis suæ sibi imminere sensisset, precæpit regni sui principibus, ut corpus illius Cadomum deferent, atque in ecclesia sui dulcissimi domini, sancti scilicet Stephani, sepelirent. Principes autem illius, sicut præceperat, cum defunctus fuisset, eum Cadomum attulerunt, atque in ecclesia sancti Stephani, quam ipse construxerat, coram oculis monachorum suorum, qui de illius eleemosyna vivunt, sepelierunt. Hoc autem ideo factum est, ut tanto dulcius pro anima illius misericordiam Creatoris exorarent, quanto frequentius in præsentia sua corporis illius sepulturam qui eos ibi congregaverat inspicerent. »

Ce que dessus est un cahier de parchemin contenant huit feuillets, en la quatorzième page, et vient jusques à la moitié de la quinzième. Cette pièce est la dernière de celles qui sont audit cahier : elle n'a point de titre; les précédentes sont donations faites à ladite abbaye, tant par ledit Guillaume que plusieurs autres. L'écriture est fort ancienne, et toutefois si lisible qu'il n'y a rien dont l'on puisse douter.

39.

5 janvier 1613.

Je vous écrirai plus au long par le premier qui partira; celle-ci sera seulement pour vous dire que le baron de Luz, aujourd'hui une heure après-midi, a été tué par M. le chevalier de Guise, au bout de la rue de Grenelle, dans la rue de Saint-Honoré. Le baron de Luz était en son carrosse avec trois ou quatre des siens; M. le chevalier venait du Louvre, et avait avec lui M. de Cuges et M. le chevalier de Grignan, à cheval tous trois. Il a mis pied à terre, et a crié à M. de Luz qu'il en fît de même, et qu'il lui voulait dire un mot. Le baron de Luz est descendu ; et ont fait dans l'autre côté de la rue deux ou trois tours de huit ou dix pas, ou environ, parlant ensemble. Ce qu'ils dirent, personne ne le peut rapporter ; seulement on a vu que M. de Luz a voulu embrasser M. le chevalier, qui l'a repoussé d'un coup dans l'estomac, et lui a dit qu'il mît la main à l'épée, ce qu'il a fait ; et ayant tiré chacun deux ou trois coups, le baron de Luz a reçu de M. le chevalier un coup au-dessous du tétin gauche, et a commencé à chanceler. M. le chevalier est remonté à cheval, et s'en est allé le petit pas vers la porte Saint-Honoré. Le baron de Luz est entré dans l'allée d'un cordonnier, entre *le Temps perdu* et *la Bannière de France*, et au bout de l'allée a monté cinq à six marches dans le degré, là où il est tombé mort, en disant : *Jesu, Maria !* Je venais alors du dîner de la reine, et l'avais laissée au second. Je suis sorti par la cour des cuisines, et m'en suis venu par la rue Jean-Saint-Denis, au bout de laquelle, étant dans la rue Saint-Honoré, j'ai vu venir d'en bas quatre chevaux qui s'en venaient froidement et au petit pas, comme si rien ne fût avenu. Je me suis arrêté pour saluer M. le chevalier ; et n'ai vu en lui aucune marque d'émotion, que le visage un peu pâle.

40.

8 janvier 1613.

J'ai aujourd'hui rencontré M. le marquis d'Ancre avec vingt-cinq ou trente chevaux à l'entour de sa carrosse[1] ; je ne crois pas pourtant qu'il ait sujet de craindre : il fut voir madame la princesse de Conti, et lui dit que M. le chevalier était un brave prince, et qu'il était son serviteur. On m'a dit que la réponse fut qu'en cette occasion on le verrait. Je voudrais bien que tout ceci fût passé; car jusqu'à ce

[1] Nous avons déjà remarqué que le mot *carrosse* s'employait alors indifféremment au masculin ou au féminin.

que nous en soyons dehors, notre belle et bonne reine sera en mauvaise humeur : hors de cela tout est paisible. L'on m'a dit que le baron de Saugeon est encore prisonnier; celui qui l'a pris est ici : je veux savoir de sa propre bouche comme s'est passée cette affaire, et vous en donnerai avis. Nous avions ici un compagnon du moine Bourré, à qui on avait donné le nom de *Tasteur* : l'on dit que c'était un bon compagnon qui avait des gantelets de fer, et au bout des doigts des ergots de fer, de quoi il fouillait les femmes; et qu'il y en avait à tous les quartiers. Depuis quelques jours les dames se sont rassurées, car on dit que le Tasteur est prisonnier : il s'est fait là-dessus de bons contes, mais ce sont toutes inventions.

. . . . . . . . . . . . . . . . . . . . . . . . . .
. . . . . . . . . . . . : . . . . . . . . . . . . .
. . . . . . . . . . . . . . . . . . . . . . . . . .

M. le chevalier de Guise, samedi veille des Rois, à trois heures après midi, dînant à la grande écurie, deux heures après qu'il eut tué le baron de Luz, récita le fait de cette façon :

« M'étant trouvé auprès de M. de Guise mon frère, il n'y a que deux jours, un gentilhomme lui vint donner avis que M. de Luz, entretenant M. du Maine, l'avait assuré qu'il s'était trouvé au conseil secret de Blois, où la mort de feu monsieur mon père avait été résolue, et qu'il avait empêché M. le maréchal de Brissac de l'en avertir : ce qui fut cause que, dès l'heure, je fis dessein de lui faire mettre l'épée à la main. Pour à quoi parvenir, ce matin j'ai fait prendre garde quand il sortirait de son logis. On m'est venu rapporter qu'il en était parti, et qu'il avait pris le chemin de la rue Saint-Antoine; je m'en suis donc allé de ce côté-là, accompagné du chevalier de Grignan, de mon écuyer, et de deux laquais. J'ai défendu aux deux gentilshommes de mettre la main à l'épée, si l'on ne voulait entreprendre sur moi; et à mes deux laquais, qui n'avaient que chacun un bâton en la main, de se mêler d'autre chose que d'arrêter les chevaux du carrosse si d'aventure le baron de Luz, après que je l'aurais convié de mettre pied à terre, refusait de le faire et commandait à son carrossier de s'avancer. Ne l'ayant point trouvé au quartier de Saint-Antoine, je m'en suis venu au Louvre, où j'ai trouvé son carrosse à la porte; j'y ai fait prendre garde, et suis allé donner le bonjour à madame la princesse de Conti, de laquelle j'ai ouï la messe. Cela fait, je suis sorti du Louvre, et y ayant encore vu le carrosse du baron de Luz, je m'en suis venu vers son logis, estimant bien qu'il ne faudrait pas de s'y en revenir. Comme j'ai eu fait quelque chemin dans la rue de Saint-Honoré, je suis retourné sur mes pas; comme j'ai été revenu à l'entrée de la rue du Louvre, j'ai vu venir son carrosse; ce qui m'a fait tourner tout aussitôt comme pour aller vers la porte de Saint-Honoré. Comme j'ai été à la barrière des Sergents, je me suis tourné et l'ai vu à trente pas de moi. Je suis allé droit à lui; et lui ai dit tout haut : « Monsieur, monsieur le baron, je vous supplie que « je vous die quatre paroles. » Il a répondu : « Oui, « tant qu'il vous plaira. » Il était au derrière de sa carrosse, et avait deux gentilshommes à chacune des portières, qui tous ont mis pied à terre; moi et les miens en avons fait de même en même temps. Cela fait, je l'ai pris par la main, et l'ai tiré à part à dix pas de nos gens, et lui ai dit : « Monsieur, j'ai su que « vous avez dit à M. du Maine, en la présence de « plusieurs gentilshommes d'honneur, que vous fû- « tes du conseil de Blois, où il fut résolu de tuer mon- « sieur mon père, et qu'hier même vous le dites à la « reine Marguerite. Je ne veux point là-dessus de ré- « ponse de vous que l'épée à la main, si vous en avez « le courage : çà, l'épée à la main; il faut mourir. » Sur cela, il s'est voulu jeter sur moi; je l'ai repoussé d'un coup de poing que je lui ai donné en l'estomac, et, me retirant deux pas en arrière, ai mis l'épée à la main. Il en a fait de même, et tirant l'un contre l'autre en même temps, j'ai paré son coup avec le bras que j'avais enveloppé de mon manteau; le mien lui a porté dans le côté gauche assez avant, et tout aussitôt il s'est retiré dans une maison prochaine, et je m'en suis venu vers deçà. »

Voilà le récit qu'en fit, selon la vérité, M. le chevalier : ce qui est attesté de tous ceux qui l'ont vu. Un gentilhomme normand nommé Bellefontaine, l'un de ceux qui étaient dans le carrosse du baron de Luz, saisit par derrière M. le chevalier au collet; le chevalier de Grignan le colleta, et lui fit lâcher prise. M. le chevalier remonta à cheval, et les siens avec lui, et au petit pas s'en alla au Roule, cinq ou six cents pas hors du faubourg Saint-Honoré. M. de la Boulaye, lieutenant des chevau-légers de M. de Verneuil, qui survint à ce combat, et en a témoigné la vérité comme elle est ci-dessus récitée, l'accompagna jusqu'à la porte; et ayant demandé à M. le chevalier ce qu'il voulait qu'il fît, et que son épée et sa vie étaient à son service, il le pria de s'en aller au Louvre, et de témoigner à tout le monde ce qu'il avait vu; ce qu'il fit. J'avais oublié à dire que M. le chevalier, remontant à cheval, s'adressant au peuple qui était là amassé, leur dit : Messieurs, vous me serez témoins que personne n'a mis la main à l'épée que moi. Comme il se fut séparé de M. de la Boulaye, il envoya un laquais à la grande écurie voir si M. de Termes y était. M. de Termes à l'heure même monta à cheval, avec huit ou dix gentilshommes qui avaient dîné avec lui, et le ratteignit environ les Feuillants. Ayant fait quelque chemin avec lui, il le laissa aller, et s'en vint à l'hôtel de Guise conter l'affaire à M. de Guise, qui fut d'avis qu'il s'en revînt à Paris. M. de Termes s'en retourna donc le trouver, et l'amena dîner à la grande écurie. Toutefois cet avis qu'il s'en revînt à Paris fut changé, et lui fut mandé qu'il ne revînt point qu'on ne le mandât. Ainsi, après qu'il eut dîné et changé de bottes, il s'en alla à Saint-Denis, où il a été quelques jours, et depuis à Meudon, attendant que sa paix soit faite avec la reine.

### 41.

12 janvier 1613.

J'avais oublié à vous dire qu'il y a un avis proposé et reçu par le conseil, à ce que m'a dit M. Florence, pour acquitter cinq millions de livres de rente que fait le roi, sans aucune surcharge ni exaction nouvelle. Le proposant est un nommé Bizet. Il m'a montré sa proposition, qui contient mille belles choses pour l'embellissement de cette ville, et entre autres un pont neuf qui s'appellera le pont Saint-Louis, pour passer du quai des Célestins à celui de la Tournelle vers la place Maubert, tel que celui de Châtelleraut. Il s'en est proposé aussi un autre par M. de Lonsac, de faire venir tous les ans à Paris douze cent mille voies de bois d'Auvergne et quatre cent mille de charbon, pour laisser reposer les forêts du roi et autres qui se diminuent fort. Il doit bailler le bois à vingt sous de meilleur marché sur chaque voie. Là-dessus, il demande d'être dressé de quelques parties qu'il dit lui être dues ; l'on m'a dit aussi que son avis a été reçu et sa demande accordée.

### 42.

21 janvier 1613.

M. le chevalier de Guise est en cette ville ; mais c'est sans y être, c'est-à-dire sans se faire voir. Il n'a point encore été au Louvre ; l'entérinement de sa grâce sera que, la première fois qu'il verra la reine, il se mettra à genoux devant elle : cela s'appelle que qui est mort a tort, et qu'une autre fois quand un homme de cette qualité appellera quelqu'un pour sortir du carrosse et lui dire un mot, il faut faire le sourd, et sans descendre, lui répondre qu'on l'ira trouver à son logis. L'on dit que cette grâce est faite sur une d'un roi de Navarre, qui autrefois tua un comte d'Anjou. Je m'en rapporte à ce qui en est.

### 43.

28 février 1613.

Samedi dernier, environ deux heures après minuit, la garde-robe de la reine fut volée, et toutes ses robes emportées ; il s'en est retrouvé quelques-unes qui tombèrent dans le cloître de Saint-Nicolas, derrière la cour des cuisines, et furent trouvées par les prêtres allant du matin au service : il en est encore demeuré deux, avec toutes les nippes et force sachets de poudre. Il sera toutefois malaisé que les larrons en fassent leur profit, pource qu'il y aura sans doute quelque chose qui, en l'exposant, fera découvrir le reste. Dieu veuille que la fortune se contente de ce petit malheur, parmi tant de prospérités qu'elle donne à notre bonne reine ! Puisque je suis sur les crimes, je vous dirai qu'un nommé Guinegaud, qui avait répondu pour M. du Maine pour dix ou douze mille écus, étant poursuivi du payement et exécuté en son bien, fit saisir le buffet de M. du Maine, le jour même qu'il devait faire festin à MM. les princes. M. du Maine, n'y pouvant autrement remédier, lui envoya des pierreries, et par ce moyen empêcha que sa vaisselle d'argent ne fût transportée. Il arriva, à trois ou quatre jours de là, que ce Guinegaud fut rencontré par deux laquais qui lui ayant demandé s'il s'appelait pas Guinegaud, et lui ayant répondu qu'oui, lui donnèrent tant de coups de bâton que, jusqu'à cette heure on l'avait tenu pour mort. L'on dit que M. du Maine, étant prêt à partir, dit tout haut qu'on ne se devait point mettre en peine qui avait fait battre Guinegaud, et que c'avait été lui ; l'on dit même, et l'a-t-on dit en fort bon lieu, qu'il l'avait ainsi envoyé dire aux commissaires de la cour du parlement, qui en informaient, à la poursuite de Guinegaud.

### 44.

17 septembre 1613.

Je fus samedi au soir à la comédie par commandement exprès de la reine ; sans cela je m'étais résolu de ne les voir point qu'on ne fût de retour de Fontainebleau. Arlequin est certainement bien différent de ce qu'il a été ; aussi est Potrolin : le premier a cinquante-six ans, et le dernier quatre-vingt-sept ; ce ne sont plus âges propres au théâtre ; il y faut des humeurs gaies et des esprits délibérés, ce qui ne se trouve guère en de si vieux corps comme les leurs. Ils jouèrent la comédie qu'ils appellent *Dui Simili*, qui est les *Ménechmes* de Plaute. Je ne sais si les sauces étaient mauvaises ou mon goût corrompu, mais j'en sortis sans autre contentement que de l'honneur que la reine me fit de vouloir que j'y fusse; nous en verrons, s'il plaît à Dieu, davantage, et en jugerons avec plus de loisir.

### 45.

27 octobre 1613.

Je viens tout à cette heure de la comédie des Espagnols, qui ont aujourd'hui commencé à jouer à la porte Saint-Germain dans le faubourg; ils ont fait des merveilles en sottises et impertinences, et n'y a eu personne qui ne s'en soit revenu avec mal de tête; mais pour une fois il n'y a point eu de mal de savoir ce que c'est. Je suis de ceux qui s'y sont excellemment ennuyés, et en suis encore si éperdu, que je vous jure que je ne sais ni où je suis ni ce que je fais : je n'avais que faire de le vous dire; vous l'eussiez bien vu par ce discours, qui est devenu fâcheux par contagion des leurs.

### 46.

Jeudi la reine fut faire prendre un clystère à Monsieur : il y eut là un grand combat; je n'y étais pas; mais la reine, à son retour au cabinet, conta l'histoire. Elle lui dit qu'elle était venue pour le mener à Fontainebleau, mais que, devant que d'y venir, il fallait qu'il fût du tout gaillard, et que pour cet effet il prît un petit bouillon. Il répondit qu'il le prendrait. Là-dessus la reine lui dit qu'il le fallait prendre par derrière, et que, s'il le prenait, elle lui donnerait un petit *crochetin* d'argent qu'elle lui montra. Il reconnut tout aussitôt ce que la reine voulait dire, et lui dit : Je vois bien que c'est que de votre bouillon à prendre par derrière, c'est un clystère déguisé; je n'en veux point, je n'ai que faire de Fontainebleau ni de *crochetin*. A cette heure-là, la reine demanda des verges et le fit prendre comme pour le fouetter. Ces menaces ne servirent de rien, il en fallut venir à la force : elle le fit donc prendre par trois ou quatre, et le rendit immobile. Comme il se vit en cet état, il se disposa à faire ce que l'on voulut. Hier il prit un petit sirop : je ne veux pas attribuer à la médecine, à laquelle je ne crois pas beaucoup, la bonne disposition où il est, car je ne l'ai jamais vu que bien; mais, de quelque part que sa santé vienne, elle est fort bonne, grâces à Dieu. Je le vis hier au soir, deux heures, au cabinet, courant et jouant de la meilleure humeur que l'on pouvait désirer. La reine Marguerite vint sur les sept heures du soir dire adieu à la reine, qui l'était allée voir le jour de devant. Monsieur courut quand et quand vers elle; elle lui prit la main et la lui baisa. La reine lui dit qu'il ne baillât pas sa main, et qu'il l'embrassât et la baisât; ce qu'il fit. Elle fut une heure au cabinet en particulier avec la reine, et sur les neuf heures se retira; la reine l'accompagna hors du cabinet jusques à la porte du cabinet du conseil, et là la baisa, et toutes deux se saluèrent avec beaucoup d'affection, comme certainement la reine l'aime et l'estime fort, comme fort disposée à tout ce qui est du bien de l'État.

### 47.

27 novembre 1613.

M. le maréchal de Fervaques mourut la semaine passée; le lendemain que la nouvelle arriva, M. le marquis d'Ancre se trouva maréchal de France, lieutenant de roi en Normandie, et M. le marquis de Villeroi, son prétendu gendre, lieutenant de roi en Picardie, aux places que ledit sieur marquis d'Ancre tient. Trois jours après, M. de Souvray est publié maréchal de France, et ne reste audit sieur marquis d'Ancre que la lieutenance de roi de Normandie; et, depuis, tout cela est changé à la française : l'on en tenait un peu en bredouille. Mondit sieur le marquis d'Ancre est demeuré maréchal de France, et on a donné pour récompense à M. de Souvray soixante mille écus, la lieutenance de roi de Bordeaux donnée à M. de Montbazon. La reine a écrit aujourd'hui de sa main à madame la maréchale d'Ancre, en ces termes : *A la maréchale d'Ancre, ma cousine...* tout de sa main. Mademoiselle d'Aumale la jeune est morte; de manière que tient-on qu'à présent le mariage de M. le duc du Maine avec celle qui reste se parachèvera. Peu d'heures avant sa mort, parlant au chirurgien qui la traitait, elle dit qu'elle savait bien que ce serait lui qui l'ouvrirait : elle lui ordonna de la façon qu'elle voulait qu'il mît ses entrailles et son cœur, et lui dit qu'il disposât de ses affaires, que bientôt il la suivrait, et qu'il en fît état; de manière que ce pauvre homme n'a point eu de bien depuis sa mort, et ne le peut-on résoudre qu'il ne meure dans peu de temps. Cela ne vous importe guère, mais je le vous dis pource que je le connais, et que j'ai peine de le consoler. M. de Beaulieu-Rugé, premier et plus ancien secrétaire d'État, a passé de cette à meilleure vie; en quoi je fais une notable perte, pour être un de mes meilleurs seigneurs et amis. Je pris peine à voir l'abord à Fontainebleau de M. le Grand à M. le maréchal d'Ancre, lequel manqua tellement d'assurance, sentant sa conscience le toucher, et pour voir le peu de temps qu'il y avait qu'il venait de conjurer sa ruine, qu'il ne lui dit que ces cinq paroles : Vous soyez le bienvenu, monsieur : vous avez bien demeuré à venir; vous avez beaucoup de gens; combien sont-ils? Je suis votre serviteur; commandez-moi. A la première il lui fut répondu : Vous soyez bienvenu, monsieur; à l'autre : J'ai vu mon ami en passant, qui m'a fait retarder; à la troisième : Ce sont mes amis qui ont voulu prendre la peine de m'accompagner; puis il dit à la quatrième : Je ne les ai pas comptés; et à la fin : Adieu, monsieur. Je vous ai fait le discours de cet abord, pource qu'il me semble un peu étrange. La reine a commandé à M. le Grand de se tenir auprès de Sa Majesté. Le feu roi, que l'on disait absolu, commanda que l'on réimprimât les *Métamorphoses d'Ovide* en belles et grandes lettres : il prévoyait bien, le bon prince, que l'on les pratiquerait après sa mort.

48.

13 janvier 1614.

Le maréchal d'Ancre disait que le roi était servi en drôle, mais qu'il le ferait servir en roi. Toutefois, comme l'on a voulu en venir à la preuve, l'on a trouvé que les Français ne se laissent pas volontiers ranger à ce qui n'est ni de la coutume ni de leur humeur, et a-t-on laissé le moutier où il était. Vous avez eu des almanachs de Morgart; il est à la Bastille, d'où il sera malaisé qu'il sorte que pour aller en Grève. J'ai aujourd'hui eu l'honneur de dîner avec madame de Longueville, qui ayant envoyé chez M. Mangot savoir s'il était au logis, pource qu'elle avait affaire à lui, on lui a rapporté qu'il était à la Bastille : je crois que c'était pour cette affaire-là. Il n'y aura pas de mal de retrancher cette liberté des pronostiqueurs, qui parlent de la vie et des affaires des rois comme de celles des marchands. Si ce pauvre homme, devant que d'entreprendre son almanach, eût regardé ce qui lui en devait succéder, il se fût reposé, à mon avis, plutôt que de travailler à ce prix-là.

. . . . . . . . . . . . . . . . . . . . . . . .
. . . . . . . . . . . . . . . . . . . . . . . .
. . . . . . . . . . . . . . . . . . . . . . . .

Mercredi au soir, le roi étant allé à ses affaires, il fut crié par un valet de chambre, selon la coutume, que ceux qui n'étaient point des affaires sortissent. Entre ceux qui demeurèrent, furent M. Pluvinel et M. Florence. Comme le roi fut au lit, et le rideau tiré, M. le maréchal d'Ancre dit tout haut que, puisqu'il ne gagnait rien de faire dire que l'on sortît, il le dirait lui-même; et s'adressant à M. Florence, lui dit : C'est particulièrement pour vous que je le dis; vous n'avez que faire ici à cette heure. M. Florence lui ayant répondu qu'il avait accoutumé d'y demeurer, et qu'il croyait que sa charge l'y obligeait,

M. le maréchal lui répliqua qu'il n'y avait que faire, et que, si le roi avait affaire de lui, on l'appellerait; qu'il ne se souciait pas de lui, et qu'il se mettrait bien aux bonnes grâces du roi sans lui. Cela fait, il s'adressa à M. Pluvinel, auquel il tint le même langage, sinon en paroles, du moins en substance. Toutefois cette humeur s'est passée; et depuis ils y ont toujours été, sans que M. le maréchal leur en ait rien dit. Le roi, durant ces discours, était au lit, où son aumônier le faisait prier Dieu, et ne dit autre chose.

49.

16 janvier 1614.

Hier, entre onze heures et le minuit, le pauvre de Porchères, se retirant, fut attaqué par trois hommes à cheval auprès de son logis, qui est en la rue de l'Arbre-Sec, et reçut quelques coups d'épée sur la tête, et un autre au corps; mais la boucle de sa ceinture lui sauva la vie : il fut jeté par terre, et l'un d'eux dit : Il est mort; allons-nous-en. Son laquais eut un doigt coupé. Il ne sait d'où cela peut venir, pource qu'il ne croit point avoir d'ennemis. La reine ce soir a dit : Je me doute bien d'où cela vient, mais je ne le dirai pas. Madame la princesse de Conti a parlé à elle à l'oreille; et s'est trouvé, à ce qu'a dit madame la princesse, que la reine et elle étaient de même opinion. M. d'Andelot et moi étions l'un auprès de l'autre derrière madame la princesse, qui nous sommes dit l'un à l'autre ce que nous en pensions, sans nous rien nommer, et croyons avoir pensé la même chose qu'elles : nous en avons trouvé d'autres de notre opinion; mais le tout sans rien nommer, et pour cause. De quelque part que cela soit venu, le pauvre homme n'est pas bien. Il y a bien de la peine à vivre au monde.

50.

27 janvier 1614.

Cette nuit il s'est fait un combat de deux à deux dans la place Royale. Voilà déjà le second qui s'y fait; et sans un empêchement qui fut donné à deux autres qui s'y étaient assignés, ce serait le troisième. Le sujet de ce dernier est que M. des Marais, fils de madame de Sully, s'étant enfermé dans une chambre à l'arsenac pour voir le ballet avec quelques dames, défendit qu'on y laissât entrer homme du monde que M. de Saint-Maur. M. de Rouillac vient et frappe à la porte; M. des Marais, croyant que ce fût Saint-Maur, ouvre la porte : il voit le marquis de Rouillac, et la referme. Il lui dit : Vous êtes bien cruel; l'autre lui répondit : Je ne suis pas beau. Le marquis de Rouillac se retira et rencontra Saint-Maur, à qui il conta ce refus, et lui dit qu'il n'avait pas eu envie d'entrer, mais de faire entrer un gentilhomme anglais qui était là présent, lequel il pria Saint-Maur de faire entrer, ce qui fut fait. Voilà l'attendant de la querelle; le suivant, c'est que, s'étant assignés à la place Royale, Rouillac contre des Marais, et Saint-Vincent contre Saint-Maur, Rouillac, s'étant jeté sur des Marais, le porta par terre, et lui donna force coups de pommeau d'épée ( car ils n'avaient dague ni les uns ni les autres ), pour lui faire demander la vie. L'on dit que des Marais lui dit qu'il fît ce que bon lui semblerait de lui, et que la dispute qu'ils avaient ne valait pas qu'il la lui ôtât, toutefois qu'il fît ce qu'il voudrait. Là-dessus, Saint-Vincent, second de Rouillac, ayant reçu un grand coup d'épée au travers du corps, et tel que son ennemi ne pouvait retirer son épée, cria à Rouillac qu'il était mal et qu'il le vînt secourir, ce qu'il fit, et donna à Saint-Maur, qui ne pouvait retirer son épée du corps de Saint-Vincent, un grand coup d'épée dans la souris du bras, dont il mourut trois heures après, n'y ayant jamais eu moyen de lui arrêter le sang. Rouillac se retira à l'hôtel de Guise, où l'on dit qu'il est encore, les autres disent que non.

Cette après-dînée le roi et Madame ont tenu l'enfant d'Arlequin. La fille de M. le maréchal d'Ancre a la petite-vérole.

Il y a en cette ville une femme sans pieds et sans mains, qui écrit, coud et enfile son aiguille avec la langue fort bien, et fait promptement, à ce que l'on dit. Quand je l'aurai vue, j'en écrirai plus particulièrement.

51.

20 février 1614.

Hier au soir il arriva que M. de Vendôme, qui était gardé fort gracieusement, se sauva vers les sept heures. Ce M. des Ruaux était l'un de ceux qui en avaient la charge; de sorte qu'étant parti, tout le commandement demeura à un exempt nommé la Borderie, qui avait recherché cette commission et l'avait eue par l'instante poursuite qu'il en avait faite. En cette chambre de M. Vendôme, il y avait une antichambre; et tant la chambre que l'antichambre avaient porte sur une même montée, qui est celle qui va à la chambre de madame la princesse de Conti. La porte de la chambre demeurait fermée de sa serrure ordinaire, à laquelle l'on avait ajouté un cadenas : ainsi n'entrait-on que par la porte de l'antichambre, laquelle était gardée par dedans de huit archers qui n'entraient point dans la chambre de M. de Vendôme, mais seulement l'exempt qui les commandait. Comme le soir fut venu, M. de Vendôme dit qu'il ne se trouvait pas bien et qu'il ne voulait point souper; de manière que l'exempt, qui avait accoutumé de manger à sa table, s'en alla souper à son train. Étant de retour, M. de Vendôme, qui peut-être n'avait pas encore son cas prêt, le pria d'aller vers la reine la supplier très-humblement qu'il eût l'honneur de parler à elle avant qu'elle partît pour aller à Châlons, où elle devait aller le lendemain si la première résolution eût été suivie, et aussi qu'elle le fît garder en quelque chambre du côté de la galerie, afin qu'il eût la commodité de s'y promener; il lui donna encore quelques autres commissions pour lui donner sujet de demeurer plus longtemps hors de la chambre. L'exempt s'en va vers la reine, qui lui dit : Dites-lui que je lui permettrai de me voir avant que je parte, et que pour ce qu'il me demande, j'y aviserai et j'en résoudrai. L'exempt sort et s'amuse encore quelque temps ailleurs; enfin il s'en revient à la chambre de M. de Vendôme, où ayant jeté les yeux de tous côtés, et ne le voyant point, il demanda à madame Vendôme : Où est monsieur? Elle lui répondit : Me l'avez-vous baillé en garde? Là-dessus il s'écria qu'il était perdu, et descendit en bas, et se mit à crier : Fermez les portes, M. de Vendôme est sorti ! Les portes sont aussitôt fermées, et fut crié aux armes chez la reine. A ce bruit, tout le monde y courut; les compagnies des gardes qui l'ouïrent prirent les armes et s'en vinrent aux barrières, la pique basse : de sorte que M. de Guise, le prince de Joinville, et M. le Grand, qui étaient à l'hôtel du Bouchage avec M. le cardinal de Joyeuse, eurent peine d'entrer au Louvre. Vous pouvez penser comme la reine fut en colère, et justement. La Borderie fut mis au For-l'Évêque, où il est encore; et croit-on que le moindre mal qui lui en arrivera sera de perdre sa charge. Pour les soldats, leur justification est qu'ils avaient défense d'entrer dans la chambre de M. de Vendôme. Ce soir tout le monde contait des nouvelles à la reine, et une infinité se vantaient de l'avoir rencontré; mais plutôt pour se faire de fête que pour vérité qu'ils sussent de cette affaire; et entre autres j'ai ouï que la reine a répondu à l'un qui lui disait qu'il avait été rencontré sur les cinq heures du soir : Comme est-ce que cela se pourrait faire? il n'échappa qu'à sept. Tout ce que l'on en sait, c'est qu'il sortit par la porte des cuisines, et s'en alla par la rue de Saint-Thomas du Louvre se rendre à la porte de Saint-Honoré où l'on dit qu'il se botta, et s'en alla au Bourget, qui est sur le chemin de Soissons où l'on croit qu'il soit allé.

## 52.

### 6 avril 1614.

Je vous dirai que le roi, hier au soir, venant au cabinet de la reine, lui fit voir un paquet qu'il venait de recevoir de M. de Boinville. Ce paquet fut à l'heure même ouvert, et dedans furent trouvées deux lettres, l'une au roi, l'autre à M. de Guise; en celle du roi, qui fut, et l'autre aussi, lue tout haut par madame la princesse de Conti, anagnoste ordinaire du cabinet, il supplie le roi de lui permettre le combat avec le duc de Guise (ce sont ses termes); et pource que ledit duc pourrait s'arrêter sur les qualités, il supplie Sa Majesté de lui donner de la noblesse et de l'honneur assez pour s'égaler à lui. Dans cette lettre, il appelle M. de Guise *notre ennemi*, comme ennemi du roi et le sien. En un endroit de cette lettre, il y avait ces mots : *Cette ingrate race de Lorraine*. Comme madame la princesse en fut là, elle se mit à rire, et dit à la reine, en rougissant, de quoi l'on lui fit la guerre : Vraiment, il est bien ingrat des bons offices que je lui ai rendus auprès de Votre Majesté! D'après cela continua de lire; elle lut aussi celle qu'il écrivait à monseigneur de Guise, qui était un cartel. La plainte qu'il fait de lui, c'est que, durant sa prison, *ayant eu loisir de penser à ses affaires*, il a trouvé que M. de Guise lui avait fait de mauvais offices auprès de Sa Majesté. Cet entretien donna à rire à la compagnie durant un quart d'heure. La reine dit qu'il s'était fait huguenot. Je vous avais mandé qu'on faisait des habits pour la petite reine : c'est une robe qui se fait à l'hôtel de Luxembourg par des Turques, dont il y a deux lés de faits, et dit-on que c'est la chose du monde la plus belle. J'ai su depuis du sieur Jacome, tailleur de la reine, que c'est pour madame la maréchale d'Ancre pour les noces du roi; mais qu'elle ne désire pas que l'on le sache.

## 53.

### 31 mai 1614.

Hier, entre huit et neuf heures du soir, un homme inconnu fut pris en la cour du Louvre, près du petit degré qui va droit à la chambre de la reine. L'archer voyant cet homme de mauvaise mine, et qui s'abouchait, lui demanda ce qu'il demandait; il dit qu'il cherchait le roi : enquis ce qu'il lui voulait, il dit qu'il le voulait tuer. Là-dessus il fut saisi et mené en la chambre de M. de Vitry, capitaine des gardes du corps, qui est en quartier, là où il dit qu'il voulait tuer le roi; et sa raison était qu'il ne croyait pas que la paix pût être en France autrement. Il fut fouillé exactement, et ne lui fut trouvé dague, couteau, ni fer quelconque; et là-dessus, comme on lui demanda comme il le pensait tuer, il dit qu'il le voulait tuer de son haleine. Ce mot *haleine* a déjà été commenté, et a-t-on dit qu'il avait été saisi d'une longue *alène*, dont il voulait tuer le roi. M. de Vitry, qui le fouilla et fit fouiller en sa présence, m'a dit qu'il n'avait chose quelconque propre à tuer : seulement avait-il force lettres dans ses poches, qui lui avaient été baillées à Metz, d'où il venait, adressantes à plusieurs personnes de cette ville. Les uns disent qu'il est de Metz, les autres de Nancy. Quand il fut pris, il lui prit un grand tremblement et presque une défaillance. L'on dit qu'il avait dit qu'avec le roi il voulait tuer toute la maison de Lorraine, pour la même raison; que sans cela il ne pouvait pas y avoir de paix en France. Il fut à l'heure même mené au For-l'Évêque : l'on a assuré à madame de Guise, à son dîner, qu'il avait été mis entre les mains de la cour; mais cela était faux, car il est encore au For-l'Évêque. Je crois qu'il soit fou, et cette opinion avec tout le monde; mais *in magnis stultitia luenda est* aussi bien que *fortuna*. L'on n'a rien dit de tout ce que dessus au roi, de peur de l'intimider sans sujet.

## 54.

### 1er juin 1614.

Celui qui fut pris pour avoir dit qu'il voulait tuer le roi s'appelle *Isaac le Cardinal;* il a dit être venu deux fois en la petite montée qui va à la chambre de la reine, en cette intention. C'est un homme noiraud, d'environ trente-quatre ou trente-cinq ans, de moyenne taille. Comme il fut mené en la chambre de M. de Vitry, il commença en ses réponses à faire le fou, mais d'une façon que l'on connaissait qu'il y avait de l'artifice. Il fut mis nu en chemise pour être fouillé, et alors il se mit à danser; tantôt il s'agenouillait, tantôt il s'asseyait. Il commença à s'étonner lorsque le sieur de Fugneroles, enseigne des gardes du corps, qui est à cette heure en exercice, lui attacha les bras par derrière, et que l'on parla de l'envoyer en prison; et alors il dit que c'était le diable qui l'avait tenté. Il a été envoyé en la Bastille, du For-l'Évêque où il avait été mis premièrement. Il est de Nancy, et avait tout plein d'affaires en cette ville pour des marchands de Lorraine, comme l'on a vu dans tout plein de lettres qu'il avait dans un sac de cuir, lequel il avait quand il fut pris.

Tous ces marchands ne parlent point de lui autrement que d'un homme sage. Il était logé à la Truanderie, chez une madame Pasté, devant le *Puits d'Amour*. Depuis qu'il est en prison, il a dit qu'il avait un couteau, mais qu'il l'avait laissé choir. J'ai su tout ceci de la bouche du sieur de Fugneroles, qui fut celui qui l'interrogea et tourmenta en la chambre de M. de Vitry.

. . . . . . . . . . . . . . . . . . . . . . . . . . .
. . . . . . . . . . . . . . . . . . . . . . . . . . .

Comme M. de Longueville eut vu le roi, et lui eut tenu compagnie jusques à la moitié de son souper, il s'en alla aux Tuileries trouver la reine : elle était au bout de la grande allée, où elle oyait chanter le Villars et un page que la reine Marguerite y avait amenés; la reine était debout. M. de Longueville, après deux grandes révérences, lui baisa le bas de la robe. Elle lui fit signe avec la main qu'il se relevât, ce qu'il fit, et se retira deux pas en arrière sans dire mot quelconque. Lors la reine lui dit : D'où êtes-vous parti aujourd'hui? Il répondit qu'il était parti de Trie, à cinq postes d'ici. Puis elle lui dit que la barbe lui était venue, et qu'il la fallait couper : ce fut là tout le discours. La reine était masquée, qui fut cause que l'on ne put rien juger de sa passion par son visage.

## 55.

4 juillet 1614.

Je crois que vous avez su que madame de Remiremont, sœur du landgrave, qui était en cette ville il y avait fort longtemps, fut, par la menée de ses parents, qui n'étaient pas contents de sa vie, enlevée dans un carrosse le 15 du passé; on l'a menée chez un sien beau-frère.

Il se fit une galanterie, il y a sept ou huit jours, de laquelle vous pouvez avoir ouï parler, qui est que l'on voulut enlever la fille d'un Barré, qui, pour la garder plus sûrement du comte de Montsoreau, qui la lui voulait enlever, l'avait emmenée de Tours, d'où il est, en cette ville. Il y a prise de corps contre M. le marquis de Mauny, Lesigny et un Fiesque, qui devait être le marié; il y avait quelques autres dans le carrosse, mais ils ne se sont point trouvés en l'information. Le père et la mère, avertis de l'entreprise, supposèrent pour leur fille une fille de chambre, qui, sortant de l'église, fut tout aussitôt enlevée et jetée dans la carrosse, duquel on avait subtilement arraché l'esse, tandis qu'il était devant l'église à attendre la demoiselle; si bien qu'à cent pas de là la carrosse alla par terre; ils se sauvèrent, et la fille demeura. On a par arrêt défendu à M. Barré d'appointer ni transiger de cette affaire, à peine de dix mille livres. La fille a huit cent mille livres en mariage.

Le onzième du passé, il se fit en Bretagne un tour qui n'en doit rien à cettuy-là. Un nommé M. de Montbarrot, gentilhomme breton, qui peut avoir quatorze ou quinze mille livres de rente, n'a qu'une seule fille, qui est son héritière. Il était allé voir M. de Rohan à Saint-Jean d'Angély; un la Roche-Giffart, aussi gentilhomme breton, de huit ou dix mille livres de rente, se servant de cette commodité, assisté de cent chevaux, et peut-être se fiant de sa retraite aux troupes de M. de Vendôme, qui étaient à deux lieues de là, pource qu'il est des grands amis de M. de Vendôme, s'en vint de nuit mettre le pétard devant la maison de M. Montbarrot, et enleva cette héritière; laquelle il mena tout aussitôt chez sa mère, où l'on tâcha de lui persuader de le vouloir épouser. Elle n'en veut point ouïr parler, ni M. de Montbarrot, aussi. M. de Vendôme l'a envoyé querir pour accommoder l'affaire : on ne croit pas qu'il le puisse.

## 56.

5 octobre 1614.

Vous aurez ouï un bruit que M. le maréchal d'Ancre fut appelé hier ou soir de la part de M. de Longueville. Voici le fait et la vérité. Il y a quelques jours que ceux d'Amiens ayant remontré à M. de Longueville qu'un certain pont-levis qui est entre la citadelle et la ville, et que ceux de la citadelle lèvent tous les soirs, leur est nécessaire, à cause que n'ayant autre passage pour aller à la porte de Montreuil, cette porte, s'il venait quelque alarme de nuit, demeurerait sans défense; M. de Longueville un matin s'en alla ouïr messe en une église voisine, et en même temps envoya des charpentiers et serruriers pour arracher les chaînes de ce pont. Ceux de la citadelle, au nombre de cinquante ou soixante mousquetaires, sortirent la mèche sur le serpentin, et pointèrent leurs canons vers la ville, disant qu'il fallait quitter le pont. M. de Longueville y voulut aller; toutefois il fut conseillé de n'en rien faire, de peur de quelque mousquetade. Il se retira donc à son logis. Toute la ville se mit en armes contre la citadelle; mais il fit tant, en parlant aux uns et aux autres, que chacun se retira, et tout demeura en paix. Il en écrivit donc à la reine par un gentilhomme nommé Montigny, qui arriva il y a cinq jours. Le même jour qu'il arriva, il fut voir M. le maréchal d'Ancre, et lui demanda, de la part de M. de Longueville, s'il avouait ce qu'avaient fait ses soldats. Il répondit qu'il était le très-humble serviteur de M. de Longueville ; mais que pour l'affaire dont il lui parlait, c'était chose dont il ne savait du tout rien, et qu'il s'en informerait pour lui en rendre réponse. La reine dit au gentilhomme qu'elle enverrait quelqu'un à Amiens savoir ce que c'était, pour, après en avoir su l'importance, en ordonner. Le gentilhomme fut la Feuillade, qui n'est parti que ce matin. Le gentilhomme de M. de Longueville hier au soir s'en alla trouver M. le maréchal d'Ancre, et lui dit qu'il pouvait avoir une réponse de la citadelle, et qu'il le priait derechef de lui dire ce qu'il rapporterait à son maître. Il lui dit que, pour l'intérêt du roi, c'était chose à quoi il ne voulait pas toucher, et que si ses soldats avaient fait quelque chose mal à propos, il le désavouait comme étant le très-humble serviteur de M. de Longueville. Cependant M. le maréchal d'Ancre étant sorti hier, sur les neuf heures, de sa maison, avec son valet de chambre et Montbazon, qui est celui qui tua Prety et Condamine en deux duels, et ne se trouvant point encore à cette heure, l'on croit qu'il a été appelé.

. . . . . . . . . . . . . . . . . . . . . . . . . . .
. . . . . . . . . . . . . . . . . . . . . . . . . . .
. . . , . . . . . . . . . . . . . . . . . . . . . . .

Lundi on fit un conte à la reine à son dîner, que Monsieur avait demandé quand on le déclarerait majeur. Le sieur de Marillac, à qui il faisait cette demande, lui répondit que l'on ne faisait cela qu'aux rois. Lors il demanda s'il y avait point d'autre royaume que la France ; on lui répondit que oui, mais qu'il y avait des rois partout. Il demanda s'il n'y avait pas un royaume de Turcs : on lui dit que oui ; et alors il dit : C'est bien ; mais que je sois grand, je vous en rendrai bon compte.

57.

17 octobre 1614.

M. de Sully arriva mardi, ce me semble ; et le lendemain de matin il fut trouver le roi aux Tuileries, qui le reçut si bien qu'il ne se pouvait mieux. Il le fit mettre dans son carrosse, et l'amena au Louvre, parlant toujours à lui par les chemins. La reine se coiffait au cabinet du lit : le roi entra seul, et dit à la reine que M. de Sully était là. La reine commanda qu'il entrât, et alla cinq ou six pas au-devant de lui, et lui dit : M. de Sully, vous soyez le bienvenu, je suis bien aise de vous voir ; et lui répéta ces paroles plusieurs fois. Il n'y a ici personne qui ne soit bien aise de sa venue, et qui ne désire qu'il rentre au maniement des affaires.

58.

13 février 1615.

M. le Prince fait un ballet avec douze conseillers du parlement ; il l'a toujours répété jusqu'à cette heure : toutefois il semble que l'ardeur s'en attiédisse. Si M. de Gordes a oublié à vous dire un bon mot que lui dit M. de Sully, je le vous dirai. M. le Prince avait convié plusieurs gentilshommes à son ballet, mais ils s'en excusèrent, si par faute d'argent, ou pour autres considérations, c'est à vous à le deviner : tant y a qu'en ayant parlé à M. de Sully, afin que M. le marquis de Rosny voulût être de la partie, et M. de Sully lui ayant dit que son fils était marié et avait des enfants, que ce n'était plus à lui à danser, M. le Prince lui répliqua : Je vois bien que c'est, vous voulez faire de mon ballet une affaire d'État. —Nullement, monsieur, lui répondit M. de Sully ; tout au contraire, je tiens vos affaires d'État pour des ballets.

59.

28 mars 1615.

J'oubliais à vous dire que la reine Marguerite mourut hier au soir à onze heures. M. de Valaves a été la voir ; pour moi, je la tiens pour vue, car il y a une presse aussi grande qu'à un ballet, et n'y a pas tant de plaisir. La reine a dit qu'elle veut payer ce que légitimement elle devra ; et que si elle ne le faisait, elle aurait peur qu'elle ne la vînt tourmenter de nuit. Elle fait cas que les dettes n'iront qu'à quatre cent mille livres ; mais l'on tient qu'elle doit plus de deux cent mille écus. Ce matin, la chambre de la reine était si pleine de ses créanciers, que l'on ne s'y pouvait tourner.

60.

17 juillet 1615.

Le roi, étant hier après dîner aux Tuileries, dit qu'il boirait volontiers du cidre ; on en alla tout aussitôt quérir chez le comte de Thorigny. Cependant il continua de jouer dans les allées. M. de Souvray et M. le Prince demeurèrent à se reposer, attendant que le cidre fût venu. L'on apporta deux bouteilles et deux verres ; M. de Souvray et M. le Prince burent de l'une de ces bouteilles. Le roi, arrivant incontinent après, demanda s'il y avait du cidre ; on lui dit que oui, et qu'il était fort excellent. Il demanda pourquoi on avait bu devant lui ; M. de Souvray lui dit qu'on lui avait laissé une bouteille à laquelle on n'avait point touché : il fit mine de se contenter, puis demanda en quel verre ils avaient bu ; on le lui montra. La fortune voulut que celui qui fit l'essai le fît en l'autre verre; de sorte que le roi, quelque remontrance que lui fît M. de Souvray que le feu roi son père buvait même avec les moindres soldats, ne voulut jamais boire. Il y eut bien de la contestation; enfin il ne but point, et s'en plaignit à la reine. M. de Souvray fit aussi sa plainte : les conclusions furent au désavantage du roi, mais elles ne furent pas exécutées.

Mardi au soir, le roi se voulant coucher, M. le marquis d'Ancre commença à le détacher. M. de Souvray dit à un valet de chambre : Détachez le roi. Il s'approcha et se mit en devoir de le faire. M. le marquis, sans rien dire, le repoussa tout doucement de la main, et continua de vouloir détacher. Le valet de chambre se reculant, M. de Souvray lui dit derechef : Faites ce que je vous commande, détachez le roi; ce qu'il fit, et M. le marquis se retira.

### 61.

Monsieur,

Vous êtes le premier qui m'avez donné des nouvelles du succès de mon affaire. Il y a longtemps que je sais votre soin à obliger vos amis. Tout le monde n'y va pas de même pied que vous. Je vous en remercie de tout mon cœur, et désire qu'en une meilleure occasion je vous puisse témoigner la même diligence. La favorable expédition que j'en ai eue a bien été ma première joie, mais la plus grande a été la confirmation que j'y vois de la bienveillance de monseigneur le garde des sceaux. S'il m'en vient quelque chose, je ne le tiendrai d'autre que de lui, comme certainement son appui est la seule considération qui me tient à la cour. Dieu me fera, s'il lui plaît, la grâce que, devant que je prenne le dernier congé des muses, je ferai quelque ouvrage qui me déchargera, non de ce que je lui dois, car il y aurait de la présomption de l'espérer, mais du blâme d'ingratitude que je mériterais infailliblement si je ne disais rien d'une vertu si grande et que j'ai eu l'honneur de connaître de si près. Pour les lettres patentes qu'il me faut avoir en conséquence de cet arrêt, je n'ose vous en importuner; mais s'il vous plaît en solliciter M. Salomon, qui a acheminé l'affaire là où elle est, vous m'obligerez infiniment. Il faudra, s'il vous plaît, que ce soit M. du Pusieux qui les expédie, et non autre, pour une occasion que je vous dirai à notre première vue. Cela vient assez à propos, pource que c'est lui qui fit la réponse de mon placet. Pour la Conchine, je crois que vous aurez loisir de la voir en ses beaux atours; car, à ce que m'ont dit des gens qui le doivent bien savoir, la chose ira jusques à samedi. Je baillai moi-même hier votre lettre à M. Hervier. Il avait pris médecine, ce qui me donna loisir de l'entretenir deux heures : aussi fut-ce là que j'appris des nouvelles de cette affaire. Il me dit qu'il ne vous écrirait point, et que vous aviez entendu de M. de Modène tout ce qu'il vous en pouvait mander. Je reçus hier sur le midi votre paquet, et m'étonnai qu'étant recommandé comme il était, il fût demeuré si longtemps par les chemins. Cela m'a fait douter de vous répondre par la voie de la poste que je voyais si mal assurée. D'ailleurs ayant eu l'honneur de dîner avec madame Alleaume, à laquelle j'avais baillé votre lettre hier, j'ai appris d'elle que monseigneur le garde des sceaux avait écrit à M. Ribier que mardi prochain il partirait de Fontainebleau. Toutefois enfin je m'y suis résolu afin que vous fussiez servi à votre gré. Je vous envoie les lettres qui avaient été adressées par M. de la Guillaumie chez M. Ribier. Elles étaient entre les mains de madame Alleaume, qui faisait difficulté de les vous envoyer sur le bruit que la cour serait ici au premier jour. Elles sont dans ce paquet. Si vous le recevez, vous les recevrez aussi. Madame Alleaume croit qu'elles viennent de M. de Riez; et pour cette opinion, avec la considération que je vous ai dite, elle ne s'était point hâtée de les vous envoyer. C'est, monsieur, tout ce que j'ai à vous dire. Si vous voyez M. de Racan, vous lui direz, s'il vous plaît, qu'il ne s'en aille pas de chez lui sans voir un spectacle qui vaut bien que l'on vienne du bout de la France pour le voir. Adieu, monsieur; je vous baise bien humblement les mains, et suis votre très-humble et très-obéissant serviteur.

F. DE MALHERBE.

A Paris, ce dimanche 25 de juin 1617.

# OBSERVATIONS

CRITIQUES

## SUR LE TEXTE DU XXXIII<sup>e</sup> LIVRE[1]

## DE TITE-LIVE.

Il y a quelques lieux en cette version où j'ai suppléé des choses qui défaillaient au texte latin, et

---

[1] Retrouvé en Allemagne vers la fin du seizième siècle, et traduit pour la première fois par Malherbe, qui, sous le titre d'Avertissement, donne à la suite de sa traduction les Observations que nous reproduisons ici.

d'autres où j'ai changé des paroles dont la corruption était manifeste. Si ceux qui examineront ces difficultés ne sont de mon avis, je serai bien aise qu'ils en donnent de meilleurs. Pour le moins, aurai-je cette satisfaction de leur avoir témoigné ma diligence.

*Acceptæ ad Aoum fluvium in angustiis cladi* TERRA *Macedonum phalange ad Atracem vi pulsos Romanos opponebat.* Il n'y a personne qui ne voie qu'il y a ici du malentendu. J'avais cru du commencement que, au lieu de *terra*, il fallait lire *ter a,* pource que c'était ce qui se pouvait imaginer de plus approchant. Mais ne se trouvant pas en l'histoire, comme aussi il n'est pas vraisemblable qu'en même lieu, près d'Atrace, les Romains eussent eu trois rencontres avecque les Macédoniens, j'ai quitté cette opinion, et suis revenu à l'incertitude où j'étais auparavant. Querengus, pour *terra*, substitue *territa :* ce qui m'empêche d'être de son avis, c'est que Philippe, ayant à donner du cœur à ses soldats, n'eût pas été bon orateur de leur ramentevoir leur lâcheté ; vu même que bientôt après il dit qu'en cette occasion les Macédoniens étaient demeurés invincibles, et que toujours ils le seraient quand la partie serait bien faite. Ainsi, ne voyant pas que ni de *ter a*, ni de *territa*, il se puisse rien faire de bon, j'ai tâché, sans employer ni l'un ni l'autre, d'interpréter le reste le plus à propos, et au plus près de l'intention de l'auteur qu'il m'a été possible.

*Nam eas ( Thebas Phtias ) populi romani jure belli factas esse dicebat, quod, integris rebus, exercitu ab* ADMOTO, *vocati in amicitiam, regiam societatem Romanæ præposuissent.* Au lieu de *admoto*, je lis *amoto*, pource que, outre que *ab se admoto* ne se peut dire qu'avec extravagance, la vérité du fait est que Quintius, qui pensait surprendre les Thèbes de Phtie, comme il avait fait celles de Béoce, se fiant sur une intelligence qu'il y avait, s'en approcha seulement avecque quelque cavalerie légère, et, de peur de mettre les habitants en alarmes, laissa le reste de son armée assez loin pour n'être pas aperçue, et assez près pour lui servir au besoin qu'il en pourrait avoir.

*Necquicquam inde obsessa oppugnataque urbs est, recipi, nisi aliquanto post, Antiochum non potuit.* Stratonicée, dont il parle, était entre les mains de Philippe, et ne passa jamais en celles d'Antiochus. D'ailleurs, en ce même livre, il est dit que les Romains, ayant mis Philippe à la raison, lui firent quitter Stratonicée, et la donnèrent aux Rhodiens. *Adjicit Valerius Antias Attalo absenti Æginam insulam, elephantosque dono datos, et Rhodiis Stratonicæam Cariæ, atque alias urbes quas Philippus tenuisset.* Comme donc peut subsister ce qu'il a dit auparavant, que *Stratonicæa recipi, nisi aliquanto post, per Antiochum non potuit?* Il y a, certes, de la présomption à changer témérairement ce qu'il y a dans le texte ; mais aussi serait-ce une discrétion bien niaise et bien ridicule, de suspendre son jugement en des choses visibles comme celle-ci. Le moyen d'excuser Tite-Live est de s'en prendre à quelque copiste qui a pris ici Paris pour Corbeil. Il y a encore, en ce même livre, une grande bévue, qui est qu'en la proclamation faite à Corinthe des peuples et des villes que les Romains entendaient remettre en leur liberté, Tite-Live comprend en des termes exprès les Phocéens et les Locriens ; puis un peu après il dit que les Romains en firent un présent aux Étoliens. Glaréanus ne croit point cette libéralité. Pour moi, je ne vois pas que des propositions si contraires puissent toutes deux être véritables, ni qu'il y ait quelque explication qui puisse démêler cette fusée. Ceux qui auront du loisir de reste y penseront, si bon leur semble. Je n'aime pas tant le travail, que j'en veuille prendre pour une chose de si peu de fruit.

*Summa justitia suos rexit; unicam fidem sociis præstitit; uxorem ac liberos duos superstites habuit; mitis ac magnificus amicus fuit. Regnum adeo stabile ac firmum reliquit, ut ad tertiam stirpem possessio ejus descenderet.*

Il ne faut pas être bien grand critique pour reconnaître qu'il y a ici une transposition, et qu'il faut lire : *Summa justitia suos rexit, unicam fidem sociis præstitit; mitis ac magnificus amicus fuit; uxorem ac liberos duos superstites habuit; regnum adeo stabile ac firmum reliquit, ut*, etc. De cette façon, les choses, qui autrement sont confuses, seront en leur place. Ce qui appartient aux mœurs, comme avoir été bon roi, bon allié, bon ami, se trouvera d'un côté ; et de l'autre, ce qui touche l'état de sa maison, qui est que sa femme le survécquit, et deux fils avecque elle, auxquels il laissa sa succession. Qui ne voit cette lumière, ne voit pas celle du jour en plein midi. Au reste, il n'y a point de doute que Tite-Live ne se soit abusé de ne donner ici que deux fils à Attalus. Les autres historiens en nomment quatre ; et lui-même, au trente-septième livre, fait dire à Eumènes, fils aîné d'Attalus, parlant au sénat, qu'il n'y a simple soldat qui avecque plus d'assiduité ait tenu pied aux armées romaines, que lui et ses frères. A ce compte-là, ils ne pouvaient pas être moins de trois.

*Quaternum millium pondo argenti vectigal, in*

*decem annos ; triginta quaterna millia pondo, et ducenta; præsens viginti millia pondo.* Il y a ici trois sortes de sommes, qui, par la paix, furent imposées à Philippe. La première est *quaternum millium pondo argenti vectigal in decem annos*, qui font, durant dix ans, six mille marcs d'argent par an. La dernière est de trente mille marcs qu'il devait bailler comptant. Tout cela semble assez clair. Il reste la somme du milieu, *triginta quaterna millia pondo, et ducenta*, qui vaut cinquante et un mille trois cents marcs ; et c'est là que sont les ténèbres. Glaréanus dit qu'il n'y voit goutte. Comme de fait, dans le Tite-Live latin, où toutes les sommes du texte sont évaluées à la marge, il n'y a mot de celle-ci. Quant à moi, j'aime mieux faire louer ma modestie en n'y touchant pas, que blâmer ma hardiesse en voulant expliquer une chose à quoi tant de grands personnages confessent n'avoir rien entendu.

*Terrestres copias ab* ABYDO *trajecit Chersonesi urbem*. J'ai suivi en ma traduction l'opinion de Glaréanus et de Sigonius, qui lisent *terrestres copias Madytum trajecit Chersonesi urbem*. Car, de lire *Abydum*, il n'y a point d'apparence, vu qu'Abyde est du côté de l'Asie, en la Troade. Seste est au bord de l'Hellespont du côté de la Thrace. Madyte est plus avant en terre ferme. De Seste à Madyte, il peut y avoir cinq de nos lieues ; et de Madyte à Lysimachie, dix. J'en parle selon nos cartes : si elles sont fausses, je m'en rapporte à ceux qui les ont faites. Ces deux villes, Abyde et Seste, sont assez connues par les amours de Léandre et d'Héro.

Antiochus, en la conférence tenue à Lysimachie, répond aux Romains, après plusieurs autres choses : *Nec ex Philippi quidem adversa fortuna spolia ulla se petiisse, aut adversus Romanos in Europam* TRAJECISSE. FUERIT, *quo victo omnia, quæ illius fuissent, jure belli Seleuci facta sint*, etc. Il n'y a personne qui ne voie qu'en ce lieu défaillent quelques paroles, ou plutôt quelques lignes. Polybe, de qui ceci est tiré mot à mot, récite la même chose de cette façon : « Il disait (Antiochus) qu'il était passé en Europe avec que des forces, pour recouvrer la Chersonnèse et les villes qu'il avait en Thrace ; que ces lieux-là lui apartenaient, et non à autre, pource que premièrement ils avaient été à Lysimachus, lequel ayant fait la guerre à Séleucus, et ayant été vaincu par lui, Séleucus, par le droit de l'épée, était devenu maître et de cela, et de tout ce que Lysimachus avait eu en sa domination. » Qui voudra voir le texte grec, aille au dix-septième livre de Polybe, vers la fin. A ce même propos, on peut encore lire au trente-quatrième livre de Tite-Live, le langage que tient à Quintius, Hégésianax, ambassadeur d'Antiochus. Ce serait, à la vérité, une chose indigne, et que les oreilles auraient peine à supporter, qu'on voulût faire perdre à Antiochus les villes de Thrace et de la Chersonnèse, que Séleucus son bisaïeul, l'épée à la main, a conquises sur Lysimachus en une bataille où il tailla son armé en pièces, et le fit demeurer lui-même sur la place. Après ces deux textes, il n'y a doute quelconque que ce qui est imparfait dans le texte de Tite-Live, ne soit r'habillé en ma traduction selon la vérité du fait.

Si en quelques autres lieux j'ai ajouté où retranché quelque chose, comme certes il y en a cinq ou six, j'ai fait le premier pour éclaircir des obscurités qui eussent donné de la peine à des gens qui n'en veulent point ; et le second, pour ne tomber en des répétitions, ou autres impertinences, dont sans doute un esprit délicat se fût offensé. Pour ce qui est de l'histoire, je l'ai suivie exactement et ponctuellement ; mais je n'ai pas voulu faire les grotesques qu'il est impossible d'éviter quand on se restreint dans la servitude de traduire de mot à mot. Je sais bien le goût du collège, mais je m'arrête à celui du Louvre. Si le lecteur est juste, il considérera que c'est ici la version d'un livre dont il n'y a exemplaire au monde que celui que nous a donné un manuscrit nouvellement trouvé à Bamberg, et que par conséquent les défauts dont il est plein ne se peuvent réparer qu'en devinant. S'il est injuste, je lui rendrai la pareille qui est due à ceux qui offensent les premiers. Le mépris qu'il aura fait de mon ouvrage, je le ferai de son jugement.

# PENSÉES

TRADUITES OU IMITÉES

## DE SÉNÈQUE.

Le temps est la seule chose que l'homme possède, et celle qu'il méprise le plus.

Le seul remède qu'on peut apporter à la fuite du temps, c'est de le bien employer en tout âge.

Il est bien tard d'épargner le vin quand on est à la lie.

Être partout, c'est n'être en nulle part. Ceux qui passent leur vie à voyager font beaucoup d'hôtes et point d'amis.

## PENSÉES IMITÉES DE SÉNÈQUE.

Ce n'est pas être pauvre que d'avoir peu, mais bien de désirer davantage que ce qu'on a.

On n'est pas moins blâmable de ne se fier à personne que de se fier à tout le monde.

Il avient souvent que, faisant paraître que nous avons peur d'être trompés, nous avertissons les autres de nous tromper, et donnons un honnête prétexte de faillir à ceux que nous ne tenons pas pour gens de bien.

La plus grande partie des hommes flotte entre la crainte de la mort et les tourments de la vie, pource qu'ils n'ont ni la volonté de vivre, ni la science de mourir.

Jamais la fortune ne met un homme si haut, qu'elle ne le menace de souffrir en soi-même ce qu'elle lui permet de faire à l'endroit des autres.

Quiconque méprise sa vie est maître de celle d'autrui.

Depuis l'heure que vous êtes né, on vous mène continuellement à la mort.

Soyez exempt de souhait, et vous le serez de crainte.

Si l'on me voulait donner toute la sagesse du monde, à condition que je la posséderais moi seul et ne l'enseignerais à personne, je n'en voudrais point : la jouissance du bien ne peut être agréable, si l'on n'y associe quelqu'un.

Le chemin est long par les préceptes, mais court et facile par les exemples.

Mangez pour apaiser la faim, buvez pour étancher la soif, habillez-vous pour n'avoir point de froid, et vous contentez d'une maison où le vent et la pluie ne vous puissent offenser, qu'elle soit ou de gazon ou de marbre, que vous importe?

La nature, qui s'est proposé de faire vivre les hommes ensemble, a voulu que les amitiés eussent un certain aiguillon qui nous sollicitât à les rechercher.

Il n'y a que le sage capable de se plaire : toute folie porte avec elle un dégoût de sa condition.

Il faut vivre avec les hommes comme vu de Dieu, et parler avec Dieu comme écouté des hommes.

Nul ne peut savoir sa force sans l'avoir éprouvée.

Il y a plus de choses qui nous font peur qu'il n'y en a qui nous font mal, et bien souvent nous sommes en peine plutôt par opinion que par effet.

Il s'est trouvé des criminels qui ont plus vécu que l'exécuteur qui les avait menés au supplice.

La pauvreté nous met à couvert de l'envie et de la haine.

Il se perd bien quelque vaisseau dans le port ; mais que pensez-vous qu'il se fasse en pleine mer?

Nous commençons les choses ; la fortune les finit.

La souplesse des bras, la dilatation des épaules et l'affermissement des reins, ne sont pas occupations d'une âme bien faite, et un homme de lettres ne fait rien pour s'y arrêter : faites-vous si gras et si charnu que vous pourrez, un bœuf le sera toujours plus que vous.

Les sages résolutions sont plus fortes à garder qu'à prendre. Il faut persévérer et ne cesser jamais de vous fortifier, que vous n'ayez fait un bon naturel de ce qui n'est qu'une bonne volonté.

Les désirs de la nature sont limités ; ceux de l'opinion n'ont où s'arrêter, parce qu'une chose fausse n'a pas de bornes : qui va par le chemin, trouve quelque bout ; qui est égaré, n'en trouve point.

Les richesses ne mettent pas fin aux misères, mais les changent.

La frugalité n'est autre chose qu'une pauvreté volontaire.

Il faut, en la sécurité, se préparer aux étonnements, et au milieu des caresses de la fortune se résoudre à ses outrages : les soldats, en pleine paix, marchent en bataille, travaillent aux tranchées, et se lassent à des labeurs superflus pour se fortifier aux nécessaires.

Où il y a trop de colère, il n'y a jamais assez de jugement.

Puisque vous avez eu des valets, vous avez eu des ennemis.

C'est le mal ordinaire des grands de penser être aimés de ceux qu'ils n'aiment point, et croire que pour acquérir des amis, ce soit assez de les obliger.

Le principal office de la sagesse, et sa marque la plus évidente, c'est que les œuvres ne démentent point les paroles, et qu'en toutes occurrences, un homme se trouve toujours égal à soi.

Il n'y a personne qui sorte riche du ventre de sa mère : quiconque vient au monde, il faut qu'il se contente d'un peu de lait pour sa nourriture, et d'un morceau de drap pour son habillement; et cependant, de si petits commencements viennent ces ambitions disproportionnées à qui les royaumes entiers ne sont pas encore assez.

La vertu nous rend immortels, et non les biens de la fortune.

Nous serons un jour couverts d'une profonde épaisseur de siècles qui tomberont sur nous; il y aura quelques esprits qui lèveront la tête, et longtemps disputeront la conservation de leur mémoire, mais à la fin ils succomberont eux-mêmes, et, comme les autres, seront noyés en l'abîme d'un silence perpétuel.

Tous ceux que la fortune produit à la vue du monde, et que les rois font les pièces principales de leur État, sont honorés, et leurs maisons fréquentées tandis qu'ils vivent; mais ils n'ont pas sitôt fermé les yeux qu'on n'en parle plus.

Le moyen d'échapper aux occupations publiques, c'est d'en mépriser les honneurs et les récompenses.

Nous entrons au monde meilleurs que nous en sortons.

Quand un vaisseau se brise, ceux qui se jettent à la nage ne se chargent point de leurs hardes.

Le bien vivre est si facile que tout le monde le peut faire, et le vivre longuement si difficile, qu'il n'y a pas un qui puisse ajouter une heure seulement à son dernier jour.

La vraie joie consiste en la bonne conscience, au mépris des vanités, des choses casuelles, et en un règlement de vie uniforme.

Il ne suffit pas de rire pour être joyeux; il faut que l'âme soit gaie, en bonne assiette, et si relevée que toutes choses demeurent au-dessous d'elle.

C'est mal vivre que de commencer toujours à vivre.

Il en est qui commencent de vivre quand il est temps de cesser; il y en a qui cessent de vivre, et n'avaient pas encore commencé.

Chaque jour emporte une partie de notre vie, et la dernière heure n'est pas celle qui fait la mort, mais qui l'accomplit.

La prison ne fit point taire Socrate : on lui donna le moyen de se sauver; mais il n'en voulut rien faire, et demeura pour apprendre aux hommes le mépris de deux choses qu'ils appréhendent le plus : la mort et la prison.

Nous ne sommes guère moins enfants que les enfants mêmes : ceux qu'ils aiment le plus, qu'ils ont le plus accoutumé à voir tous les jours, leur font peur quand ils sont masqués. Les choses ont leur masque aussi bien que les hommes; il le leur faut ôter, et les regarder en leur visage naturel.

Chacun se laisse emporter, les sots et les poltrons, comme les galants et les braves : ceux-ci pour avoir trop de cœur, et ceux-là pour n'en avoir point.

La nuit presse le jour, le jour la nuit; l'été, l'automne, l'hiver et le printemps, sont le commencement et la fin les uns des autres. Tout se passe, mais c'est pour revenir; je ne vois rien que je n'aie vu, je ne fais rien que je n'aie fait.

La solitude ne nous persuade jamais que du mal.

La vieillesse affaiblit le corps et fortifie l'âme, en la délivrant des vices.

Ce ne sont ni les disputes, ni les discours profonds, ni les préceptes de philosophie, qui font paraître la force de l'âme; bien souvent ceux qui ont le courage plus bas ont le langage plus haut. C'est à rendre l'esprit qu'on voit ce qu'un homme a dans le cœur.

Regardez quel âge vous avez, et vous aurez honte d'avoir les mêmes volontés et les mêmes desseins que vous aviez quand vous étiez encore enfant.

Connaître sa faute, c'est être en voie d'amendement; car qui ne pense point faillir ne saurait vouloir qu'on le reprenne.

La vieillesse est une maladie sans remède.

La nécessité de mourir doit ôter l'appréhension de la mort.

Quelque lâche et timide que soit un homme, quand il voit la mort présente, il se dispose à ne vouloir point éviter ce qui n'est point évitable.

A la jeunesse succède la vieillesse, à la vieillesse la mort.

Qui ne veut point mourir serait content de n'avoir point vécu.

La mort est la condition de la vie : quand on nous donne l'une, on nous permet l'autre.

Il n'est point de bien sans vertu, ni de mal sans vice.

Tout le bien que peut avoir un homme, c'est de s'assurer de soi-même; et en cela seul est la cause et l'établissement de la félicité.

Les belles âmes se nourrissent au labeur.

Ce n'est rien que de ne refuser point le travail, il le faut chercher.

Pour faire jugement d'un grand personnage, comme d'une belle femme, il faut tout voir.

Un arbre, quelque grand qu'il soit, n'est point admirable en une forêt toute de même hauteur.

La constance est la marque d'un homme sage.

Ce ne serait guère d'honneur à un vieillard d'apprendre à lire : il faut acquérir quand on est jeune, pour jouir quand on est vieil.

Les choses cessent, elles ne périssent point. La mort même, qui nous est si formidable, et que nous fuyons avec tant de soin, ne nous ôte point la vie, mais seulement lui donne quelque intermission.

Le péché ne va jamais sans pénitence et sans douleur.

Il est de notre esprit comme de la flamme : il s'élève toujours en haut, et peut aussi peu descendre que reposer.

Le grand flux de bouche a plus du charlatan qui veut arrêter le monde à son banc, que de l'homme d'honneur qui traite quelque chose de grave, et se propose l'instruction de ceux qui l'écoutent.

La modestie est aussi requise au langage d'un homme d'honneur, comme en son allure.

La selle de velours et le mors doré ne font point la bonté d'un cheval.

La faiblesse, en beaucoup de gens, cache les vices.

Il n'est point de serpents si venimeux qu'on ne puisse manier sûrement, tandis qu'ils sont roides de froid.

La grandeur n'a point de certaine mesure; c'est la comparaison qui l'accroît ou la diminue : un bateau, grand sur une rivière, est petit sur la mer.

Vous ne trouverez pas un homme seul qui pût vivre à porte ouverte. Les portiers sont de l'invention de notre conscience; ce n'est point la magnificence qui nous a sollicités de les avoir. Nous vivons d'une façon que nous sommes surpris si nous sommes vus sans y penser.

Le plus pauvre a autant de prédécesseurs que le plus riche : il n'y a homme de qui la première origine ne soit au delà de toute mémoire. Platon dit qu'il n'y a point de valet qui ne soit de race de rois, ni de roi qui ne soit de race de valets : tout se bigarre de cette façon avec le temps.

Un homme à qui on demande s'il a des cornes, n'est pas si mal avisé que de se porter la main au front pour savoir ce qui en est, ni si grossier qu'il ne sache bien qu'il n'en a point.

Quand nous ne ferions autre chose qu'y penser, la vie nous devancerait toujours.

Combien pensez-vous qu'il y eut d'hommes de bonne maison, et qui, par le service qu'ils faisaient à la guerre, s'acheminaient à la qualité de sénateur, qu'en la défaite de Varus la fortune fit descendre à des services indignes, et rendit les uns bergers, et les autres gardiens de quelque loge au milieu des champs? Et puis, méprisez un homme pour être en un état où vous pouvez être réduit.

Vivez avec vos inférieurs, comme vous voulez que vos supérieurs vivent avec vous.

Ne voyez-vous pas comme nos pères ont reconnu qu'il y avait trop d'envie au nom de maître, et trop d'injure au nom de serviteur? Ils appelaient le maître *père de famille*; et quand ils voulaient signifier les serviteurs, ils disaient *ceux de la maison*.

Il dépend de nous d'être ou bons ou mauvais; mais d'être employés à une chose ou à l'autre, cette distinction appartient à la fortune.

Où il y a de la crainte, il ne peut y avoir de l'amour.

Le déguisement est la chose du monde la moins convenable aux mouvements d'une belle âme, et la plus indigne de ses desseins généreux et relevés.

Il est des fautes que nous imputons aux lieux ou aux temps, ne prenant pas garde que rien n'en est cause que nos vices, qui nous accompagnent en quelque part que nous allions. Que sert de se flatter? Notre mal ne vient point de dehors; il est dans nous,

nous l'avons au sein : et de cette ignorance d'être malade vient la difficulté principale de nous guérir.

Il n'est point de sage qui n'ait été fol.

Il faut apprendre les vertus et désapprendre les vices.

Les meilleures mains pour les armes sont celles qui ont tenu le manche de la charrue.

Vous connaîtrez un méchant au rire : il n'est point d'imperfections qui n'aient des marques extérieures qui les découvrent.

Si l'éloquence n'apprend à vivre plutôt qu'à parler, il y a plus de danger que de profit à l'écouter.

C'est une marque d'être sage que de confesser qu'on a été fol.

Il n'y a point de repos que celui qui vient de la raison. La nuit n'ôte point les ennuis : au contraire, elle les fait naître, et ne guérit point nos inquiétudes, mais leur donne seulement une autre forme. Les songes de ceux qui dorment ne sont pas moins turbulents que les occupations de ceux qui sont éveillés.

L'immortalité n'a point d'exception ; et le privilége des choses éternelles, c'est qu'il n'y a rien qui puisse les offenser.

Nos corps sont emportés comme l'eau d'une rivière ; tout court avec le temps.

Quand nous sommes gens de bien, nous avons du plaisir d'être avec nous.

Nous ne sommes point tristes pour nous, mais pour autrui. Nos douleurs ont une vanité comme nos autres actions.

La pesanteur du corps est le supplice de l'âme.

Le corps, quelque laid qu'il soit, n'est jamais sans grâces quand il est accompagné d'un bel esprit.

Toute vertu a sa mesure, et toute mesure ses bornes.

Les œuvres de la vertu sont hors de toute juridiction : rien ne les peut ni forcer ni vaincre. Que la fortune les manie doucement ou rudement, comme il lui plaira, c'est tout un.

Personne n'aime son pays parce qu'il est grand, mais parce que c'est son pays.

Un soldat qui sans peur aura été en garde hors de la tranchée, en une nuit que l'ennemi n'aura point donné d'alarme, peut bien être aussi brave que celui qui après avoir eu les jarrets coupés, aura combattu sur les genoux, et ne se sera jamais voulu rendre.

Une vie hors de toute appréhension, et qui n'a jamais contesté contre la fortune, est une mer morte.

La plus belle et la plus excellente chose du monde, c'est la vertu, et jamais les choses ne peuvent être que bonnes et désirables quand elles se font par son commandement.

Les vices ne se font point servir sans payer ; mais auprès de la vertu, chacun vit à ses dépens et sur sa bourse.

Nous sommes continuellement en appréhension de la mort ; semblables à ces vieux locataires que la longueur du temps a tellement acoquinés en une maison, que quelques incommodités qu'ils y reçoivent, il leur est impossible d'en vouloir partir.

La première chose que doit faire un homme qui veut tirer une flèche, c'est de savoir ce qu'il veut frapper.

La vertu qui dompte la mauvaise fortune est celle même qui règle la bonne.

Tout ce que nous voyons se promener sur nos têtes, et ce que nous foulons sous nos pieds, se diminue chaque jour de quelque chose, et à la fin doit cesser entièrement.

C'est le vice ordinaire de toute ambition, de ne regarder jamais derrière soi ; et non-seulement de l'ambition, mais de toutes cupidités, parce qu'elles commencent toujours par la fin.

De deux hommes de bien le plus riche n'est pas le meilleur ; non plus que de deux pilotes, qui sont aussi bons l'un que l'autre, vous ne direz pas que celui-là soit le plus suffisant, qui a le plus grand et le plus beau vaisseau.

Les vrais biens solides et non périssables sont ceux que la raison nous donne ; les autres ne sont biens que par opinion.

Le futur est absent comme le passé : nous ne sentons ni l'un ni l'autre. Or, où il n'y a point de sentiment, il n'y peut avoir de douleur.

Quiconque est à soi, peut dire qu'il possède le

plus précieux et le plus inestimable bien qui soit au monde.

Les biens de fortune nous arrivent sans y penser, mais la sagesse ne vient point sans travail.

Puisque c'est la raison seule qui rend l'homme parfait, c'est elle seule qui par sa perfection le rend heureux.

Un voyage est imparfait jusqu'à ce que vous soyez où vous vous êtes proposé d'aller; mais en quelque lieu que la vie s'arrête, elle est parfaite, si elle est vertueuse.

Les déguisements n'ont rien de solide; la mensonge n'est jamais bien épaisse. Vous n'en sauriez approcher si peu, que vous n'y voyiez le jour à travers.

L'esprit, à l'exemple du corps, se fortifie par l'exercice des vertus.

Un homme de bien met au bienfait plus qu'il n'y a, et moins à l'injure.

C'est un abus d'être plus joyeux en recevant un bienfait qu'en le rendant. Comme le payer est plus agréable que l'emprunter, par la même raison nous devons être plus aises de rendre une courtoisie que de la recevoir.

On s'abuse de penser que la fortune ait les mains longues : elle les a courtes, et si courtes qu'elle ne frappe que ceux qui se trouvent auprès d'elle.

Que nous sert de nous cacher des hommes, puisqu'il n'est rien qui ne soit découvert à Dieu?

Si nous avons quelque imperfection, l'ivresse la met en sa montre, et nous fait perdre la honte qui est le principal obstacle à nos mauvaises intentions.

En beau temps, tout le monde est pilote.

Il n'y a si vieil arbre qui ne se puisse transplanter.

Quand on étiquette le sac d'argent, on n'y met point le prix du sac : il ne se parle que de l'argent qui est dedans. Il en est de même de ceux qui sont riches; ils ne sont que les accessoires et les dépendances de leurs revenus.

L'herbe répond à la graine : ce qui est bon ne peut dégénérer.

Les biens nous donnent de la générosité; les richesses nous donnent de l'insolence, qui n'est qu'une générosité contrefaite.

De toutes les bouteilles vides qui sont au monde, il n'y a pas moyen d'en remplir une.

Si nous nous moquons de ceux qui remplissent leurs maisons d'une infinité de meubles précieux, plutôt pour la montre que pour l'usage, que dirons-nous de ceux qui font en leur esprit un ramas inutile de sciences qui ne leur servent de rien?

Étudiez non pour savoir plus de choses que les autres, mais pour en savoir de meilleures.

Vous ne verrez jamais un taureau lâche et failli de cœur marcher à la tête du troupeau.

Le moyen de pouvoir tout ce qu'on veut, c'est de ne penser pouvoir autre chose que ce qu'on doit.

C'est dans les murailles de marbre, et sous les planchers dorés qu'habite la servitude.

La nouveauté donne de la pesanteur aux infortunes.

La fortune commence quelquefois notre agrandissement par une injure.

Nous sommes inégaux quand nous venons au monde, mais nous sommes égaux quand nous en partons.

Une âme est vraiment généreuse, qui fait bien pour l'amour du bien même sans penser ailleurs, et qui, pour avoir trouvé beaucoup de méchants, ne laisse pas de chercher un homme de bien.

Un bienfait survit à la chose donnée.

Fuyons l'ingratitude comme le plus grand crime qui se puisse commettre; supportons-la comme la plus petite injure que nous puissions recevoir.

Un plaisir qu'on fait à tout le monde n'oblige personne.

Il y a de l'ingratitude à remercier sans témoins.

Qui prie achète bien ce qu'il reçoit : ç'a toujours été l'opinion des gens d'honneur, qu'il n'y a rien de mieux vendu que ce que les prières font obtenir.

Celui qui donne tôt, donne avec affection : aussi lui voyez-vous paraître le cœur au visage, et sa façon riante donne un témoignage indubitable du contentement qu'il a de faire plaisir.

Quand tu veux faire plaisir, souviens-toi que ce que tu donnes au temps, tu l'ôtes à l'obligation.

La gloire de donner ne peut être où est la nécessité de recevoir.

Qui donne beaucoup à l'espérance, ne réserve guère à la mémoire.

Celui qui oublie un bienfait est tellement coupable d'ingratitude, que pour être innocent il lui suffisait de n'oublier point.

La vertu ne s'abaisse jamais à porter la queue; si elle le fait, elle cesse d'être vertu.

Il n'y a point de bienfait où il n'y a point de jugement, pource que rien n'est vertueux si le jugement ne l'accompagne.

On ne saurait perdre son bien plus honteusement que de le donner mal à propos.

On n'est pas toujours ingrat pour ne rendre point; et quelquefois aussi on ne laisse pas de l'être après avoir rendu.

Les ingrats ne craignent rien, pource qu'on n'a point fait de loi contre eux, avec cette opinion peut-être, que la nature y avait assez pourvu; comme il n'y a point de loi qui commande l'amour des enfants envers les pères, ni l'indulgence des pères envers leurs enfants.

L'homme est né sans armes : la société seule est le rempart de sa faiblesse, et la couverture de sa nudité.

Les lois sont la défense de ceux mêmes qui les outragent le plus.

La mort la plus différée n'est pas la plus heureuse, comme la vie la plus longue n'est pas la meilleure.

Il faut doucement hocher la bride aux esprits, pour les faire tourner du côté qu'on veut.

C'est l'intention qui distingue le bienfait de l'injure, et non pas l'événement.

C'est une vanité des grands de vouloir qu'on fasse grand cas de pouvoir entrer chez eux, et d'être le plus près de leur porte, pour à l'ouverture mettre le premier pied dans une maison où il y a puis après tant d'autres portes qu'après être entré dedans, on se trouve encore dehors.

L'opinion et la renommée sont choses qui nous doivent suivre, et non pas nous mener.

FIN DES ŒUVRES DE MALHERBE.

# PRÉFACES DE BOILEAU.

## I. PRÉFACE
#### POUR LES ÉDITIONS DE 1666 A 1674.

### LE LIBRAIRE AU LECTEUR.

Ces satires dont on fait part au public n'auraient jamais couru le hasard de l'impression, si l'on eût laissé faire leur auteur. Quelques applaudissements qu'un assez grand nombre de personnes amoureuses de ces sortes d'ouvrages ait donnés aux siens, sa modestie lui persuadait que, de les faire imprimer, ce serait augmenter le nombre des méchants livres, qu'il blâme en tant de rencontres, et se rendre par là digne lui-même, en quelque façon, d'avoir place dans ses satires. C'est ce qui lui a fait souffrir fort longtemps, avec une patience qui tient quelque chose de l'héroïque dans un auteur, les mauvaises copies qui ont couru de ses ouvrages, sans être tenté pour cela de les faire mettre sous la presse. Mais enfin toute sa constance l'a abandonné à la vue de cette monstrueuse édition [1] qui en a paru depuis peu. Sa tendresse de père s'est réveillée à l'aspect de ses enfants ainsi défigurés et mis en pièces, surtout lorsqu'il les a vus accompagnés de cette prose fade et insipide que tout le sel de ses vers ne pourrait pas relever : je veux dire de ce JUGEMENT SUR LES SCIENCES [2], qu'on a cousu si peu judicieusement à la fin de son livre. Il a eu peur que ses satires n'achevassent de se gâter en une si méchante compagnie : et il a cru enfin que, puisqu'un ouvrage, tôt ou tard, doit passer par les mains de l'imprimeur, il valait mieux subir le joug de bonne grâce, et faire de lui-même ce qu'on avait déjà fait malgré lui. Joint que ce galant homme qui a pris le soin de la première édition, y a mêlé les noms de quelques personnes que l'auteur honore, et devant qui il est bien aise de se justifier. Toutes ces considérations, dis-je, l'ont obligé à me confier les véritables originaux de ses pièces, augmentées encore de deux autres [3], pour lesquelles il appréhendait le même sort. Mais en même temps il m'a laissé la charge de faire ses excuses aux auteurs qui pourront être choqués de la liberté qu'il s'est donnée de parler de leurs ouvrages en quelque endroits de ses écrits. Il les prie donc de considérer que le Parnasse fut de tout temps un pays de liberté ; que le plus habile y est tous les jours exposé à la censure du plus ignorant ; que le sentiment d'un seul homme ne fait point de loi ; et qu'au pis aller, s'ils se persuadent qu'il ait fait du tort à leurs ouvrages, ils s'en peuvent venger sur les siens, dont il leur abandonne jusqu'aux points et aux virgules. Que si cela ne les satisfait pas encore, il leur conseille d'avoir recours à cette bienheureuse tranquillité des grands hommes comme eux, qui ne manquent jamais de se consoler d'une semblable disgrâce par quelque exemple fameux, pris des plus célèbres auteurs de l'antiquité, dont ils se font l'application tout seuls. En un mot, il les supplie de faire réflexion que, si leurs ouvrages sont mauvais, ils méritent d'être censurés ; et que, s'ils sont bons, tout ce qu'on dira contre eux ne les fera pas trouver mauvais [1]. Au reste, comme la malignité de ses ennemis s'efforce depuis peu de donner un sens coupable à ses pensées même les plus innocentes, il prie les honnêtes gens de ne se pas laisser surprendre aux subtilités raffinées de ces petits esprits qui ne savent se venger que par des voies lâches, et qui lui veulent souvent faire un crime affreux d'une élégance poétique.

J'ai charge encore d'avertir ceux qui voudront faire des satires contre les satires, de ne se point cacher. Je leur réponds que l'auteur ne les citera point devant d'autre tribunal que celui des Muses ; parce que, si ce sont des injures grossières, les beurrières lui en feront raison ; et, si c'est une raillerie délicate, il n'est pas assez ignorant dans les lois pour ne pas savoir qu'il doit porter la peine du talion. Qu'ils écrivent donc librement : comme ils contribueront sans doute à rendre l'auteur plus illustre, ils feront le profit du libraire ; et cela me regarde. Quelque intérêt pourtant que j'y trouve, je leur conseille d'attendre quelque temps, et de laisser mûrir leur mauvaise humeur. On ne fait rien qui vaille dans

---
[1] Publiée à Rouen en 1665.
[2] Petit discours de Saint-Évremont, qui se trouve joint aux œuvres de Despréaux dans l'édition de 1665.
[3] Les satires III et V, qui paraissaient alors pour la première fois.

[1] Tout ce qui suit fut ajouté dans la préface de 1668.

de Despréaux, qui, peut-être incertain lui-même de l'année et du jour où il était né, et se croyant lié par la réponse qu'il avait faite au roi [1], persista toute sa vie à se dire ou à se croire plus jeune d'un an qu'il n'était en effet.

Ses premières années n'eurent rien de remarquable; et d'Alembert le félicite d'avoir été le contraire de *ces petits prodiges* de l'enfance, qui souvent sont à peine *des hommes ordinaires* dans l'âge mûr; esprits avortés que la nature abandonne, comme si elle ne se sentait pas la force de les achever. Pesant et taciturne, il était si loin d'annoncer ce qu'il serait un jour, que son père en tirait, par comparaison avec ses autres frères, cet horoscope peu flatteur pour l'amour-propre paternel, mais bien démenti par l'événement, que *Colin* (Nicolas) serait un *bon garçon qui ne dirait jamais de mal de personne*. Dongois, son beau-frère, n'en augurait pas mieux quelques années plus tard, et condamnait à n'être jamais qu'*un sot* l'un des hommes qui eut le plus d'esprit, puisqu'il connut le mieux en quoi consiste *le bon esprit*.

Despréaux fit ses premières études au collége d'Harcourt (aujourd'hui collége royal de Saint-Louis); et il y achevait à peine sa quatrième, lorsqu'il fut attaqué de la pierre. Il fallut le tailler; et l'opération, très-mal faite suivant L. Racine, lui laissa, pour le reste de sa vie, de douloureux souvenirs de cette époque. Cette circonstance suffirait, selon moi, pour réduire à sa juste valeur l'anecdote supposée que de graves philosophes ont donnée pour cause de la *sévérité de mœurs*, de la *disette de sentiment* que l'on remarque dans les ouvrages de Boileau [2].

Il ne tarda pas à reprendre le cours de ses études, et il entra en troisième au collége de Beauvais, où son bonheur l'adressa à l'un de ces hommes précieux pour l'enseignement, qui savent distinguer dans un jeune élève le germe du vrai talent, des vaines apparences auxquelles il est si facile et si dangereux quelquefois de se méprendre. M. Sévin, professeur de Boileau, reconnut bientôt en lui de rares dispositions pour la poésie, et prédit, sans balancer, l'avenir brillant qui l'attendait dans cette carrière. Encouragé par l'horoscope, et merveilleusement secondé par la nature, le jeune disciple s'abandonna tout entier à son penchant, ne s'occupa plus que de vers et de romans, et commença, au collége même, une tragédie, dont il avait retenu, et citait encore longtemps après ces trois hémistiches :

Géants, arrêtez-vous !
Gardez pour l'ennemi la fureur de vos coups !

qu'il opposait hardiment aux meilleurs de *Boyer*. Ce n'était pas élever bien haut les prétentions de l'amour-propre. La famille de Boileau ne vit pas sans inquiétude se développer en lui le goût et le talent de la poésie; elle *en pâlit*, dit-il,

Et vit, en frémissant,
Dans la poudre du greffe un poète naissant.

Gilles Boileau, son frère aîné, qui se mêlait aussi de vers, trouva surtout fort impertinent que ce *petit drôle s'avisât* d'en faire; et le *poète naissant* fut condamné à l'étude du droit, et même reçu avocat, le 4 décembre 1656. Mais il manifesta bientôt si peu de dispositions, ou plutôt tant de répugnance pour le barreau, que l'on ne s'obstina pas plus longtemps. Le praticien disgracié passa donc des bancs de l'école de droit sur ceux de la Sorbonne : nouvelle tentative qui ne réussit pas mieux que la première, mais procura au poëte théologien un bénéfice, le prieuré de Saint-Paterne, qui lui rapportait huit cents livres de rente, dont il jouit huit ou neuf ans. Bien convaincu à cette époque de la nullité de sa vocation pour l'état ecclésiastique, il remit le bénéfice entre les mains du collateur, et après avoir calculé ce qu'il lui avait valu pendant le temps qu'il l'avait possédé, il fit distribuer cette somme aux pauvres, et principalement à ceux du lieu même. « Rare « exemple, dit L. Racine, donné par un poëte accusé « d'aimer l'argent ! » Cette restitution eut, suivant d'autres biographes, une destination différente : elle servit à doter une jeune personne qu'il avait aimée, et qui se faisait religieuse [1]. Peu importe, au surplus, l'emploi de la somme : le premier mérite consiste ici dans la noblesse du procédé.

Libre enfin du greffe, de la Sorbonne et du barreau, et devenu, par la mort de son père, maître absolu de ses goûts, de ses actions et de sa modique fortune, Boileau ne songea plus qu'à suivre la route que lui traçait son génie. Parmi les poëtes qui avaient fait l'étude et les délices de ses premières an-

---

[1] Le roi lui avait demandé la date de sa naissance : « Sire, répondit Boileau, je suis venu au monde une année avant Votre Majesté, pour annoncer les merveilles de son règne. »

[2] « On lit, dans l'*Année littéraire*, que Boileau, encore enfant, jouant dans une cour, tomba : dans sa chute, sa jaquette se retroussa, et un dindon lui donne plusieurs coups de bec sur une partie très-délicate. » Voilà l'*accident* auquel Helvétius attribue, sans balancer, la haine de Boileau pour les jésuites, qui avaient amené les dindons en France; son admiration pour Arnauld, la satire sur l'*Équivoque*, et l'épître sur l'*Amour de Dieu !* « Tant il est vrai, ajoute-t-il ensuite, que ce sont souvent des causes imperceptibles qui déterminent toute la conduite de la vie, et toute la suite de nos idées. » (*De l'Esprit*, Disc. III, chap. I, note *a*.)

[1] Les biographes ne sont point d'accord sur cette dernière circonstance.

nées, il paraît que l'instinct l'avait surtout dirigé vers les satiriques; et qu'Horace, Perse et Juvénal, l'avertirent les premiers de son talent. La société du malin Furetière, grand admirateur, mais imitateur médiocre de Régnier, acheva de déterminer sa vocation pour le genre dangereux, mais nécessaire alors, de la satire littéraire. On applaudissait, il est vrai, aux chefs-d'œuvre de Corneille, aux premières pièces de Molière; mais Chapelain était encore l'oracle de la littérature; l'Académie portait le deuil de Voiture, et Cotin était une espèce d'autorité. Que de motifs pour enflammer la bile satirique d'un jeune poëte qui, né avec un esprit juste, un tact sûr et délicat, et un fond intarissable de haine pour les sots, se sentait le courage et les moyens de tenter la réforme du Parnasse français, et d'achever ce que Molière avait si glorieusement commencé quelques années auparavant! Mais en frappant d'un ridicule éternel l'abus de l'esprit et le jargon des ruelles, ce grand homme n'avait attaqué que les effets, sans remonter à la cause du mal; et, quoiqu'il eût forcé pour un temps *les précieuses à se cacher*, les progrès du mauvais goût n'en étaient pas moins sensibles, et la décadence des lettres moins prochaine.

Voilà ce que n'ont point assez considéré, ce me semble, ceux qui, défenseurs beaucoup trop officieux des Pelletiers et des Cotins, ont, plus d'un siècle après, essayé de renouveler le tumulte excité sur le Parnasse à l'apparition des premières satires de Boileau, et de réhabiliter des noms et des ouvrages à jamais proscrits. Voltaire appelle quelque part [1] les satires de Boileau *les fautes de sa jeunesse;* et le félicite de les avoir couvertes par le mérite de ses belles *Épîtres*, et de son admirable *Art poétique*. Mais le *mérite* de ces ouvrages, en effet *admirables*, eût-il été reconnu d'un siècle perverti par les doctrines des détracteurs des anciens? Le charme continu d'une versification constamment pure, harmonieuse, eût à peine effleuré des oreilles accoutumées aux sons rauques et discordants des versificateurs alors en réputation; de quel prix eût été pour les admirateurs de Scudéri et de Chapelain cette puissance de raison, qui donne un si grand caractère aux ouvrages de Boileau, et à leur auteur un rang si distingué parmi les poëtes? Il fallait donc commencer par désabuser le siècle, si complètement trompé sur les véritables objets de son admiration, et chasser l'usurpation de toutes les avenues du trône où allait s'asseoir enfin la légitimité poétique et littéraire.

[1] *Mémoire sur la Satire.*

Telle fut l'heureuse révolution opérée par les premières satires de Boileau [1], révolution qui ne lui attira que les ennemis auxquels il devait s'attendre, mais qui lui procura d'illustres appuis, sur lesquels il était loin de compter, et qu'il réconcilia avec la satire, par l'estime même que leur inspirait le poëte satirique [2].

A peine la bonne route fut-elle indiquée, que tous les bons esprits s'empressèrent de la suivre. Le premier qui s'y fit remarquer fut le jeune Racine, dont on jouait alors l'*Alexandre*. Malgré la distance, déjà sensible, qui sépare cette pièce des *Frères ennemis*, Racine avait beaucoup à profiter encore dans les conseils de Boileau, et l'on ne tarda pas à s'en apercevoir. L'amitié la plus constante unit ces deux grands poëtes, qui s'éclairaient, s'encourageaient, se consolaient mutuellement, et doublaient ainsi la force qu'ils opposaient de concert aux attaques souvent réitérées de la médiocrité jalouse. Quand Racine doutait presque lui-même du mérite d'*Athalie*: *Je m'y connais*, disait Boileau; *le public y reviendra*. Et lorsque Boileau, rebuté par les nombreuses critiques qu'essuyait sa satire *contre les femmes*, se repentait de l'avoir faite, son ami le rassurait en lui disant. *L'orage passera*. Cette liaison, si respectable en elle-même, et qui eut peut-être sur nos destinées littéraires plus d'influence que l'on ne croit, n'avait cependant pas son principe dans la conformité d'humeurs: peu de caractères ont été au contraire plus opposés que ceux de Racine et de Boileau: mais la droiture du cœur et la justesse de l'esprit étaient de part et d'autre les mêmes; et l'indulgence réciproque faisait le reste.

C'est surtout à la cour que ce contraste ressortait de la manière la plus frappante. Brusque, tranchant, incapable de taire ou de déguiser sa pensée, Boileau ne faisait pas grâce à *ce misérable Scarron*, en présence même de madame de Maintenon; et Racine, tremblant, déconcerté, lui disait en sortant: « Je ne pourrai donc plus paraître à la cour avec « vous! » Boileau convenait de ses torts, et y retombait à la première occasion. Louis XIV lui-même n'était pas à l'abri de sa franchise; mais il lui don-

[1] Il en parut d'abord sept, en 1666 (un volume in-16; Paris, Claude Barbin); le Discours au Roi *sanctifiait* déjà les pages * de ce premier recueil.
[2] Eh! qu'importe à nos vers que Perrin les admire?
. . . . . . . . . . . . . . . . . . . . . . . . . . . . . . . . . .
Pourvu qu'ils puissent plaire au plus puissant des rois,
Qu'à Chantilly Condé les lise quelquefois;
Qu'Enghien en soit touché, que Colbert et Vivone,
Que la Rochefoucauld, Marsillac et Pompone, etc.
. . . . . . . . . . . . . . . . . . . . . . . . . . . . . . . . . .
Et plût au ciel encor, pour couronner l'ouvrage,
Que Montausier voulût lui donner son suffrage!
*Épître* VII.

* Expression de Boileau, *sat.* IX.

nait alors un tour délicat qui la faisait agréablement passer. Le roi lui montrant un jour quelques vers qu'il s'était amusé à faire : « Sire, dit le poëte con- « sulté, rien n'est impossible à Votre Majesté : elle « a voulu faire de mauvais vers, et elle y a parfaite- « ment réussi. » Le duc de la Feuillade donnait de grands éloges à un méchant sonnet de Charleval, et alléguait, en faveur de son jugement, celui du roi et de la dauphine. « Le roi, dit l'inflexible Boileau, s'en- « tend à merveille à prendre des villes ; madame la « dauphine est une princesse accomplie ; mais je « crois me connaître en vers un peu mieux qu'eux. » Indigné de l'insolence du poëte, le duc s'empresse de rapporter ce propos au roi, qui lui répond : « Oh! pour cela, il a bien raison. »

Personne, d'ailleurs, ne savait corriger avec plus d'habileté que Boileau ce que sa franchise pouvait avoir de trop rude quelquefois, et tirer un compliment adroit de ce qui n'eût été qu'une vérité dure dans la bouche d'un autre. Il lisait un jour au roi un passage de l'histoire de son règne, où se trouvait *rebrousser chemin.* Louis XIV l'arrête à ce mot, qui le choque : Boileau en soutient vivement la propriété, allègue des autorités, et reste seul de son sentiment. « Tous les courtisans, dit-il, m'aban- « donnèrent, et M. Racine tout le premier. » Il n'en persista pas moins : « Cela est assez beau, dit-il « au roi, que de toute l'Europe je sois le seul qui « résiste à Votre Majesté. » (*Lettre à Brossette,* du 2 décembre 1706.)

Boileau avait quarante-huit ans ; il ne lui restait plus rien à faire pour sa gloire, et il n'était point encore de l'Académie française. « Je veux que vous « en soyez, » lui dit un jour le roi ; et peu de temps après il fut proposé pour la place restée vacante par la mort de Colbert ; mais la Fontaine, son concurrent, fut préféré ; et ce choix ayant contrarié l'intention manifestée par le roi, il ne donna son agrément à l'élection de la Fontaine que six mois après, et lorsque Boileau, présenté de nouveau, eut été admis sans opposition [1]. Il vint donc prendre place le 1ᵉʳ (et non le 3) juillet [2] 1685 dans une compagnie dont il avait sacrifié sans ménagement les principaux membres à la défense des saines doctrines, et dont le reste [3], si l'on en excepte Racine et la Fontaine,

[1] En remplacement de M. de Bezons, conseiller d'État, mort le 22 mars 1684.
[2] M. Delort, auteur de *Mes Voyages aux environs de Paris,* ouvrage qui réunit l'agrément des détails à l'utilité des recherches, a le premier rectifié la date fautive du 3 juillet ; et le secrétaire actuel de l'Académie française, M. Raynouard, a vérifié, par les registres mêmes de l'Académie, la justesse de l'assertion. (*Journal des Savants,* mars 1824.)
[3] C'étaient MM. Potier de Novion, Charpentier, Perrault, Tallemant, Michel le Clerc, Irland de Lavau, etc.

valait à peine *l'honneur d'être nommé.* Ils firent du moins preuve d'esprit dans cette circonstance ; et le dépouillement du scrutin n'offrit pas une boule noire. Le malin récipiendaire ne dissimula, dans son discours, ni sa *surprise de l'honneur extraordinaire, inespéré,* qu'il recevait ; ni surtout sa reconnaissance pour le monarque qui lui ouvrait en effet les portes de l'Académie, *quelque juste sujet qui dût pour jamais lui en interdire l'entrée* [1]. Boileau porta dans ses relations académiques toute l'indépendance de son caractère. Il ne se rendait guère aux assemblées que quand il s'agissait de combattre un projet, ou de repousser une élection qui lui déplaisait. C'est ainsi qu'après s'être opposé de toutes ses forces à la nomination du marquis de Saint-Aulaire, protégé par une cabale puissante, à la tête de laquelle se trouvait le prince de Conti, il se transporta à l'Académie exprès pour donner sa boule d'exclusion ; et cette boule fut la seule [2]. Du reste, peu jaloux de représenter sa compagnie dans les occasions solennelles, il céda volontiers, pendant son directorat (trimestre d'avril 1693), à deux de ses confrères, Charpentier et l'abbé Dangeau, le droit et l'honneur de recevoir trois nouveaux académiciens, l'abbé Bignon, la Bruyère et M. de la Loubère. Un essaim, détaché de l'Académie française [3], avait formé dès 1663 ce qu'on appela d'abord *la petite Académie,* aujourd'hui celle *des inscriptions et belles-lettres.* Boileau n'en fit partie qu'en 1694 : mais il y apporta, à ce qu'il paraît, beaucoup de zèle et d'assiduité ; car l'académicien chargé de cette partie de son éloge remarque que, sur quatre cents séances tenues depuis 1694 jusqu'en 1701, il n'envoya que quarante-huit fois s'excuser de son absence [4]. Il se croyait sans doute, en sa qualité d'historiographe du roi, obligé de suivre avec intérêt des travaux qui avaient pour objet l'histoire métallique de ce règne fameux.

Cette inaltérable constance de caractère et de fidélité à ses devoirs se retrouve dans les principes littéraires, comme dans la conduite morale de Boileau. Toujours étranger aux disputes qui agitaient alors et pensèrent compromettre plus d'une fois les croyances religieuses, il resta l'ami de *Port-Royal* et le défenseur du grand Arnauld, sans cesser d'estimer pour cela les jésuites les plus distingués par leurs lumières et la sagesse de leurs doctrines [5].

[1] Expression de Boileau, dans son *remercîment.*
[2] Voyez les *lettres* CXXXVIII et CXXXIX.
[3] Discours prononcé par M. Petit-Radel, de l'Académie des inscriptions, lors de la translation des cendres de Boileau.
[4] Id. ibid.
[5] « La vérité est que je me déclare dans mes ouvrages ami des écrivains *de l'école d'Ignace,* etc. » *Lettre à Brossette,*

Il faut surtout remarquer, à son éloge, qu'il ne confondit jamais l'homme et l'ouvrage dans ses satires, et qu'il n'*effleura pas même les mœurs* de ceux dont un devoir sévère le forçait d'immoler les écrits à la risée qu'eux-mêmes avaient provoquée. Du reste, sa probité littéraire égalait en lui la probité morale : s'il fut quelquefois injuste, il ne le fut que par erreur, par prévention, ou tout au plus par humeur. Mais s'il revenait volontiers sur le compte des personnes, il est presque sans exemple qu'il revînt de même sur celui des ouvrages. Il se réconcilia de bonne foi avec Quinault, et même avec Perrault, mais sans rien rétracter des jugements qu'il avait portés sur eux, et qui sont devenus ceux de la postérité. Ce n'est pas que dans la confiance intime de l'amitié il attachât un bien grand prix au talent qui lui avait fait une si haute réputation. Jouant un jour aux quilles, dans son jardin d'Auteuil, avec le fils de Racine, encore fort jeune, il lui arriva de les abattre toutes d'un seul coup : « Convenez, dit-il en s'adressant au jeune homme, « que je possède deux talents utiles à la société et « à l'État ! celui de bien jouer aux quilles, et de bien « faire des vers ! » Il se reprochait, sur la fin de sa vie, les soins qu'il donnait à la dernière édition de ses ouvrages. « Quelle pitié, disait-il, de s'occuper « encore de rimes, et de *toutes ces niaiseries du* « *Parnasse*, quand je ne devrais songer qu'au compte « que je suis près d'aller rendre à Dieu ! »

La piété dans Boileau était solide, éclairée : elle tenait à l'élévation de son caractère, ouvertement ennemi de toute espèce d'affectation. Racine, toujours surpris que la franchise de son ami lui réussît partout, et même à la cour, tandis que la réserve qu'il s'imposait n'avait pas le même succès, lui en demandait un jour la raison. « Elle est toute sim« ple, lui répondit Boileau : vous allez à la messe tous « les jours, et je n'y vais que les fêtes et diman« ches. » Ce n'est pas qu'il suspectât, à cet égard, la sincérité de Racine; mais il craignait pour lui que des yeux jaloux ne vissent, dans cet excès de zèle, plutôt l'intention de se faire remarquer des hommes que le désir de plaire à Dieu.

Boursault rapporte dans ses lettres une conversation de Boileau avec un abbé qui possédait plusieurs bénéfices, et qui lui disait : « Cela est bien bon pour « vivre. — Je n'en doute pas, répondit le poëte; mais « pour mourir, Monsisur. l'abbé, pour mourir ? »

Inflexible sur l'article des devoirs rigoureusement prescrits, il n'en sacrifiait à aucune considération particulière la stricte observation ; et, fidèle à sa propre maxime,

L'Évangile au chrétien ne dit en aucun lieu :
Sois dévot [1] ;

il ne cherchait point à paraître *dévot;* mais il était sincèrement *chrétien :* sa vie et sa mort l'ont prouvé. Voilà quel fut, au fond,

Cet homme horrible,
Ce censeur qu'ils ont peint si noir et si terrible !

Plusieurs de ceux qui chargeaient son portrait de ces couleurs odieuses ont trouvé en lui un protecteur, un ami, un bienfaiteur même au besoin. Sa bourse fut ouverte à Cassandre, qui ne l'épargnait pas, et à Linière, qui le remboursait en couplets satiriques. Mais quelle délicatesse dans son procédé envers l'honnête Patru, dont il achète la bibliothèque, sous la condition expresse qu'il gardera ses livres jusqu'à sa mort ! Apprend-il que la pension de Corneille se trouve supprimée, il court à Versailles offrir le sacrifice de la sienne, ne pouvant *sans honte*, disait-il, recevoir une pension du roi, tandis qu'un homme tel que Corneille en serait privé. Et le roi envoya deux cents louis à Corneille, pauvre, âgé, et infirme [2]. On n'a point oublié l'éclatant hommage rendu par Boileau à la supériorité du génie de Molière. Louis XIV lui demandait quel était l'homme de lettres qui honorait le plus son règne : Sire, c'est « Molière ! — Je ne le croyais pas, répondit le roi : « mais vous vous y connaissez mieux que moi. » Il louait avec la même franchise ce qui pouvait se trouver de bon dans les écrivains même qu'il avait le plus critiqués. Voici, par exemple, deux vers qui l'étonnaient dans Scudéri :

Il n'est rien de si doux, pour des cœurs pleins de gloire,
Que la paisible nuit qui suit une victoire.

« Est-ce bien Perrault, disait-il, qui a fait ces six « vers, » au sujet des traductions du grec en fran« çais ?

Ils devraient, ces auteurs, demeurer dans leur grec,
Et se contenter du respect
De la gent qui porte férule.
D'un savant traducteur on a beau faire choix,
C'est les traduire en ridicule,
Que de les traduire en français.

Il est cependant une grande injustice littéraire que l'on ne pardonne point à la mémoire de Boileau : c'est son silence sur la Fontaine, nommé une seule fois [3], et sous des rapports peu favorables, dans

---

[1] Épître x.
[2] Les jésuites ont disputé à Boileau cette belle action, pour en faire honneur au P. la Chaise. Mais c'est Boursault qui rapporte le fait dans ses lettres; et Boursault n'aimait pas Boileau.
[3] Satire x, v. 66.

du 7 novembre 1703. Il cite ailleurs *les illustres amis* qu'il compte parmi les jésuites. (*Lettre* du 7 décembre.)

ses ouvrages en vers. Ce n'est certainement pas faute, dit la Harpe, d'avoir senti le talent de la Fontaine, et la dissertation sur *Joconde* en fait foi. Avouons-le plutôt, avec M. Auger : « Le mérite de la Fontaine paraît n'avoir frappé que froidement ses contémporains.... La Fontaine lui-même, on le sait, se croyait inférieur à l'affranchi d'Auguste; son siècle le crut ainsi : et, pour cette seule fois, sans doute, on fut injuste envers un écrivain, en l'estimant ce qu'il s'estimait lui-même. Longtemps ce poëte charmant, les délices de tous les âges, ne parut guère propre qu'à amuser des enfants. » (*Éloge de Boileau*, p. xxxv. )

Boileau mourut d'une hydropisie de poitrine, le 13 mars 1711, à dix heures du soir, âgé de soixante-quatorze ans quatre mois et treize jours. « La compagnie qui suivit son convoi, et dans laquelle j'étais, dit Louis Racine, fut fort nombreuse; ce qui étonna une femme du peuple, à qui j'entendis dire : « Il avait « bien des amis ! on assure pourtant qu'il disait du « mal de tout le monde. » Il fut enterré dans l'église basse de la Sainte-Chapelle de Paris, au-dessous de la place même occupée par le *lutrin* qu'il a rendu si fameux.

Ses cendres y reposèrent paisiblement jusqu'à l'époque désastreuse où la tombe même ne fut plus un refuge sacré, et se vit contrainte de rendre les dépôts que la piété avait mis sous la garde de la religion. Hommage et reconnaissance à celui qui conçut alors la noble pensée d'ouvrir un nouvel asile à ces ombres illustres, si tristement exilées de leur première demeure [1], et de les réunir dans une espèce d'Élysée, où elles pussent du moins attendre en paix des jours meilleurs.

Ces jours sont arrivés : tout est rentré dans l'ordre primitif; les morts eux-mêmes ont repris leur rang; et la terre consacrée a recueilli de nouveau ce que le temps avait épargné des dépouilles mortelles de nos grands hommes. Celles de Boileau ont été solennellement transférées le 14 juillet 1819, du Musée des Monuments français, à l'église paroissiale de Saint-Germain des Prés, et placées dans la chapelle de Saint-Paul. MM. Daru, au nom de l'*Académie française*, et Petit-Radel, au nom de celle *des inscriptions et belles-lettres*, ont dignement interprété, dans cette circonstance, les sentiments de leurs honorables compagnies. Une table de marbre noir a consacré ce pieux événement par l'épitaphe suivante :

HOC. SUB. TITULO
FATIS. DIU. JACTATI
IN. OMNE. ÆVUM. TANDEM. COMPOSITI
JACENT CINERES
NICOLAI. BOILEAU. DESPRÉAUX
PARISIENSIS
QUI. VERSIBUS. CASTISSIMIS
HOMINUM. ET SCRIPTORUM. VITIA
NOTAVIT
CARMINA. SCRIBENDI
LEGES. CONDIDIT
FLACCI. ÆMULUS. HAUD. IMPAR
IN. JOCIS. ETIAM. NULLI. SECUNDUS
OBIIT
XIII. MART. MDCCXI
EXEQUIARUM. SOLEMNIA. INSTAURATA
XIV. JVL. MDCCCXIX
CURANTE. URBIS. PRÆFECTO
PARENTANTIBUS. SUO. QUONDAM
REGIA. UTRAQUE
TUM. GALLICÆ. LINGUÆ
TUM. INSCRIPTIONUM
HUMANIORUMQ. LITTERARUM
ACADEMIA.

---

[1] M. Alexandre Lenoir, aujourd'hui conservateur des monuments de l'église royale de Saint-Denis.

# OEUVRES
## COMPLÈTES
# DE BOILEAU DESPRÉAUX.

## NOTICE
### SUR
### BOILEAU DESPRÉAUX,
#### PAR M. AMAR.

Gilles BOILEAU, greffier de la grand'chambre du parlement de Paris, et père du poëte qui a rendu à jamais ce nom si célèbre, descendait d'*Estienne Boyleaux, Boileaue*, ou *Boylesve*, prévôt de la ville de Paris au treizième siècle [1].

Telle était la réputation de sagesse et de probité dont jouissait ce magistrat, que quand Louis IX, qui donnait alors à la terre le spectacle, trop rarement renouvelé pour le bonheur des peuples, d'un grand saint dans un monarque accompli, songea, en 1258, à régulariser les fonctions du prévôt de Paris; il s'occupa, dit Joinville, de faire rechercher par tout le pays *un bon justicier, bien renommé de prud'homie*; et il le trouva *dans la personne d'Estienne Boyleaux*, qui fut ainsi le premier prévôt de Paris nommé par le roi.

Boileau eut raison, dans la suite, de se montrer fier d'une pareille descendance, et de la faire constater légalement par un arrêt *en bonne forme*. (Voyez la *Lettre à Brossette* du 9 mai 1699.) C'est à l'auteur de la satire *sur la noblesse* qu'il appartenait surtout de sentir le prix de la véritable, de celle qui est la récompense de la vertu et des services rendus à l'État.

Le père de Boileau n'était par moins distingué au Palais par sa probité que par sa grande expé-

[1] *Biographie universelle*, tome V, page 435.

rience dans les affaires; quoique d'une fortune médiocre, et chargé d'une nombreuse famille, il soigna si heureusement l'éducation de ses fils [1], que le barreau, l'Église, et surtout les lettres, s'honoreront à jamais du nom de Boileau.

Celui qui était destiné à porter si loin la gloire du Parnasse français, et, suivant l'expression du sage et profond Vauvenargues, *à éclairer tout son siècle*, Nicolas BOILEAU naquit le 1er novembre 1636, à Crônes (petit village près de Villeneuve Saint-George), selon L. Racine; à Paris, suivant d'autres biographes, et dans la chambre même qu'avait habitée Jacques Gillot, l'un des auteurs de la *Satire-Ménippée*. Ce point de biographie n'est point encore suffisamment éclairci : une circonstance cependant qui semblerait donner quelque poids à l'opinion de L. Racine, c'est le surnom de *Despréaux* donné à Boileau, et emprunté d'un petit *pré* situé au bout du jardin de cette maison de campagne, où le père de notre poëte venait passer le temps des vacances. Mais laissons Paris et Crônes se disputer l'honneur d'avoir vu naître Boileau : un homme tel que lui appartient à la France tout entière, qui se glorifiera éternellement de l'avoir donné à l'Europe.

L'erreur ou l'incertitude des biographes a pu résulter de ce que les titres, qui constataient la naissance de Boileau à Crônes, ayant disparu dans l'incendie qui consuma la presque totalité de ce village, il ne resta plus d'autre preuve légale que les registres de famille où le père de notre poëte consignait la naissance de chacun de ses enfants. Il y a eu également confusion dans les époques, mais par la faute

[1] BOILEAU DE PUIMORIN, né d'un premier lit, en 1625, mort en 1683. — Gilles BOILEAU, né à Paris, en 1631; reçu à l'Académie française, en 1659; mort en 1669. — Jacques BOILEAU (l'abbé), également né à Paris, le 16 mars 1635; mort le 1er août 1716. — Il sera souvent question d'eux dans ce commentaire.

la colère. Vous avez beau vomir des injures sales et odieuses, cela marque la bassesse de votre âme, sans rabaisser la gloire de celui que vous attaquez ; et le lecteur qui est de sang-froid n'épouse point les sottes passions d'un rimeur emporté. Il y aurait aussi plusieurs choses à dire touchant le reproche qu'on fait à l'auteur d'avoir pris ses pensées dans Juvénal et dans Horace : mais, tout bien considéré, il trouve l'objection si honorable pour lui, qu'il croirait se faire tort d'y répondre.

## II. PRÉFACE

POUR L'ÉDITION DE 1674, IN-4°.

AU LECTEUR.

J'avais médité une assez longue préface, où, suivant la coutume reçue parmi les écrivains de ce temps, j'espérais rendre un compte fort exact de mes ouvrages, et justifier les libertés que j'y ai prises ; mais, depuis, j'ai fait réflexion que ces sortes d'avant-propos ne servaient ordinairement qu'à mettre en jour la vanité de l'auteur, et, au lieu d'excuser ses fautes, fournissaient souvent de nouvelles armes contre lui. D'ailleurs je ne crois point mes ouvrages assez bons pour mériter des éloges, ni assez criminels pour avoir besoin d'apologie. Je ne me louerai donc ici, ni ne me justifierai de rien. Le lecteur saura seulement que je lui donne une édition de mes satires plus correcte que les précédentes, deux épîtres nouvelles[1], l'*Art poétique* en vers, et quatre chants du *Lutrin*[2]. J'y ai ajouté aussi la traduction du *Traité* que le rhéteur Longin a composé *du Sublime ou du merveilleux dans le discours.* J'ai fait originairement cette traduction pour m'instruire, plutôt que dans le dessein de la donner au public ; mais j'ai cru qu'on ne serait pas fâché de la voir ici à la suite de la Poétique, avec laquelle ce traité a quelque rapport, et où j'ai même inséré plusieurs préceptes qui en sont tirés. J'avais dessein d'y joindre aussi quelques dialogues en prose que j'ai composés ; mais des considérations particulières m'en ont empêché. J'espère en donner quelque jour un volume à part. Voilà tout ce que j'ai à dire au lecteur. Encore ne sais-je si je ne lui en ai point déjà trop dit, et si, en ce peu de paroles, je ne suis point tombé dans le défaut que je voulais éviter.

[1] Les épîtres II et III.
[2] Les deux derniers ne parurent qu'en 1683.

## III. PRÉFACE

POUR L'ÉDITION DE 1674, IN-12[1].

AU LECTEUR.

Je m'imagine que le public me fait la justice de croire que je n'aurais pas beaucoup de peine à répondre aux livres qu'on a publiés contre moi ; mais j'ai naturellement une espèce d'aversion pour ces longues apologies qui se font en faveur de bagatelles aussi bagatelles que sont mes ouvrages. Et d'ailleurs ayant attaqué, comme j'ai fait, de gaieté de cœur, plusieurs écrivains célèbres, je serais bien injuste si je trouvais mauvais qu'on m'attaquât à mon tour. Ajoutez que, si les objections qu'on me fait sont bonnes, il est raisonnable qu'elles passent pour telles ; et, si elles sont mauvaises, il se trouvera assez de lecteurs sensés pour redresser les petits esprits qui s'en pourraient laisser surprendre. Je ne répondrai donc rien à tout ce qu'on a dit, ni à tout ce qu'on a écrit contre moi ; et, si je n'ai pas donné aux auteurs de bonnes règles de poésie, j'espère leur donner par là une leçon assez belle de modération. Bien loin de leur rendre injures pour injures, ils trouveront bon que je les remercie ici du soin qu'ils prennent de publier que ma Poétique est une traduction de la Poétique d'Horace ; car, puisque dans mon ouvrage, qui est d'onze cents vers, il n'y en a pas plus de cinquante ou soixante tout au plus imités d'Horace, ils ne peuvent pas faire un plus bel éloge du reste qu'en le supposant traduit de ce grand poëte, et m'étonne après cela qu'ils osent combattre les règles que j'y débite. Pour Vida[2], dont ils m'accusent d'avoir pris aussi quelque chose, mes amis savent bien que je ne l'ai jamais lu, et j'en puis faire tel serment qu'on voudra, sans craindre de blesser ma conscience.

## IV. PRÉFACE

POUR LES ÉDITIONS DE 1683 ET 1694.

Voici une édition de mes ouvrages beaucoup plus exacte que les précédentes, qui ont toutes été assez peu correctes. J'y ai joint cinq épîtres nouvelles[3] que j'avais composées longtemps avant que d'être

[1] C'est par erreur que Brossette attribue cette préface à une édition de 1675.
[2] Marc-Jérôme Vida, né à Crémone en 1470, a composé un *Art Poétique* en vers latins. Il mourut évêque d'Albe en 1566.
[3] Les épîtres V, VI, VII, VIII et IX.

engagé dans le glorieux emploi[1] qui m'a tiré du métier de la poésie. Elles sont du même style que mes autres écrits, et j'ose me flatter qu'elles ne leur feront point de tort : mais c'est au lecteur à en juger, et je n'emploierai point ici ma préface, non plus que dans mes autres éditions, à le gagner par des flatteries, ou à le prévenir par des raisons dont il doit s'aviser de lui-même. Je me contenterai de l'avertir d'une chose dont il est bon qu'on soit instruit : c'est qu'en attaquant dans mes satires les défauts de quantité d'écrivains de notre siècle, je n'ai pas prétendu pour cela ôter à ces écrivains le mérite et les bonnes qualités qu'ils peuvent avoir d'ailleurs. Je n'ai pas prétendu, dis-je, que Chapelain, par exemple, quoique assez méchant poëte, n'ait pas fait autrefois, je ne sais comment, une assez belle ode[3] ; et qu'il n'y eût point d'esprit ni d'agrément dans les ouvrages de M. Quinault, quoique éloignés de la perfection de Virgile. J'ajouterai même, sur ce dernier, que, dans le temps où j'écrivis contre lui, nous étions tous deux fort jeunes, et qu'il n'avait pas fait alors beaucoup d'ouvrages[4] qui lui ont dans la suite acquis une juste réputation. Je veux bien aussi avouer qu'il y a du génie dans les écrits de Saint-Amant, de Brébœuf, de Scudéri, et de plusieurs autres que j'ai critiqués, et qui sont en effet d'ailleurs, aussi bien que moi, très-dignes de critique. En un mot, avec la même sincérité que j'ai raillé ce qu'ils ont de blâmable, je suis prêt à convenir de ce qu'ils peuvent avoir d'excellent. Voilà, ce me semble, leur rendre justice, et faire bien voir que ce n'est point un esprit d'envie et de médisance qui m'a fait écrire contre eux. Pour revenir à mon édition, outre mon remercîment à l'Académie et quelques épigrammes que j'y ai jointes, j'ai aussi ajouté au poëme du Lutrin deux chants nouveaux qui en font la conclusion. Ils ne sont pas, à mon avis, plus mauvais que les quatre autres chants, et je me persuade qu'ils consoleront aisément les lecteurs de quelques vers que j'ai retranchés à l'épisode de l'Horlogère, qui m'avait toujours paru un peu trop long. Il serait inutile maintenant, etc. [4].

[1] Boileau et Racine avaient été nommés historiographes du roi en 1677.
[2] Adressée au cardinal de Richelieu, et recueillie dans la *Bibliothèque poétique*, t. II, p. 153.
[3] Quinault n'était encore connu que par quelques mauvaises tragédies, lorsque Boileau le nomma dans ses satires.
[4] Boileau mit depuis le reste de cette préface devant *le Lutrin*.

# AVERTISSEMENT

PLACÉ DANS L'ÉDITION DE 1694,

A LA SUITE DE LA PRÉFACE.

## AU LECTEUR.

J'ai laissé ici la même préface qui était dans les deux éditions précédentes, à cause de la justice que j'y rends à beaucoup d'auteurs que j'ai attaqués. Je croyais avoir assez fait connaître par cette démarche, où personne ne m'obligeait, que ce n'est point un esprit de malignité qui m'a fait écrire contre ces auteurs, et que j'ai été plutôt sincère à leur égard que médisant. M. Perrault, néanmoins, n'en a pas jugé de la sorte. Ce galant homme, au bout de près de vingt-cinq ans[1] qu'il y a que mes satires ont été imprimées la première fois, est venu tout à coup, et dans le temps qu'il se disait de mes amis, réveiller des querelles entièrement oubliées, et me faire sur mes ouvrages un procès que mes ennemis ne me faisaient plus. Il a compté pour rien les bonnes raisons que j'ai mises en rimes pour montrer qu'il n'y a point de médisance à se moquer des méchants écrits ; et, sans prendre la peine de réfuter ces raisons, a jugé à propos de me traiter dans un livre[2], en termes assez peu obscurs, de médisant, d'envieux, de calomniateur, d'homme qui n'a songé qu'à établir sa réputation sur la ruine de celle des autres. Et cela fondé principalement sur ce que j'ai dit dans mes satires, que Chapelain avait fait des vers durs, et qu'on était à l'aise aux sermons de l'abbé Cotin.

Ce sont en effet les deux grands crimes qu'il me reproche, jusqu'à vouloir me faire comprendre que je ne dois jamais espérer de rémission du mal que j'ai causé, en donnant par là occasion à la postérité de croire que, sous le règne de Louis le Grand, il y a eu en France un poëte ennuyeux, et un prédicateur assez peu suivi. Le plaisant de l'affaire est que, dans le livre qu'il fait pour justifier notre siècle de cette étrange calomnie, il avoue lui-même que Chapelain est un poëte très-peu divertissant, et si dur dans ses expressions, qu'il n'est pas possible de le lire. Il ne convient pas ainsi du désert qui était aux prédications de l'abbé Cotin. Au contraire, il assure qu'il a été fort pressé à un des sermons de cet abbé ; mais en même temps il nous apprend cette jolie particula-

[1] Brossette fait remarquer que la première édition des *Satires* étant de 1666, il fallait dire *près de trente ans*.
[2] Le *Parallèle des anciens et des modernes*.

rité de la vie d'un si grand prédicateur, que sans ce sermon, où heureusement quelques-uns de ses juges se trouvèrent, la justice, sur la requête de ses parents, lui allait donner un curateur comme à un imbécille. C'est ainsi que M. Perrault sait défendre ses amis, et mettre en usage les leçons de cette belle rhétorique moderne inconnue aux anciens, où vraisemblablement il a appris à dire ce qu'il ne faut point dire. Mais je parle assez de la justesse d'esprit de M. Perrault dans mes Réflexions critiques sur Longin; et il est bon d'y renvoyer les lecteurs.

Tout ce que j'ai ici à leur dire, c'est que je leur donne dans cette nouvelle édition, outre mes anciens ouvrages exactement revus, ma *Satire contre les femmes*, l'*Ode sur Namur*, quelques *Épigrammes*, et mes *Réflexions critiques sur Longin*. Ces réflexions, que je j'ai composées à l'occasion des *Dialogues* de M. Perrault, se sont multipliées sous ma main beaucoup plus que je ne croyais, et sont cause que j'ai divisé mon livre en deux volumes. J'ai mis à la fin du second volume les traductions latines qu'ont faites de mon ode les deux plus célèbres professeurs en éloquence de l'Université; je veux dire M. Lenglet et M. Rollin. Ces traductions ont été généralement admirées, et ils m'ont fait en cela tous deux d'autant plus d'honneur, qu'ils savent bien que c'est la seule lecture de mon ouvrage qui les a excités à entreprendre ce travail. J'ai aussi joint à ces traductions quatre épigrammes latines que le révérend père Fraguier[1], jésuite, a faites contre le Zoïle moderne. Il y en a deux qui sont imitées d'une des miennes. On ne peut rien voir de plus poli ni de plus élégant que ces quatre épigrammes, et il semble que Catulle y soit ressuscité pour venger Catulle : j'espère donc que le public me saura quelque gré du présent que je lui en fais.

Au reste, dans le temps que cette nouvelle édition de mes ouvrages allait voir le jour, le révérend père de la Landelle[2], autre célèbre jésuite, m'a apporté une traduction latine qu'il a aussi faite de mon ode, et cette traduction m'a paru si belle, que je n'ai pu résister à la tentation d'en enrichir encore mon livre, où on la trouvera avec les deux autres.

## V. PRÉFACE

### POUR L'ÉDITION DE 1701.

Comme c'est ici vraisemblablement la dernière édition de mes ouvrages que je reverrai, et qu'il

[1] Claude-François Fraguier, de l'Académie des belles-lettres et de l'Académie française, mort le 13 mai 1728.
[2] Connu depuis sous le nom de Saint-Remi.

n'y a pas d'apparence qu'âgé comme je suis de plus de soixante-trois ans, et accablé de beaucoup d'infirmités, ma course puisse être encore fort longue, le public trouvera bon que je prenne congé de lui dans les formes, et que je le remercie de la bonté qu'il a eue d'acheter tant de fois des ouvrages si peu dignes de son admiration. Je ne saurais attribuer un si heureux succès qu'au soin que j'ai pris de me conformer toujours à ses sentiments, et d'attraper, autant qu'il m'a été possible, son goût en toutes choses. C'est effectivement à quoi il me semble que les écrivains ne sauraient trop s'étudier. Un ouvrage a beau être approuvé d'un petit nombre de connaisseurs, s'il n'est plein d'un certain agrément et d'un certain sel propre à piquer le goût général des hommes, il ne passera jamais pour un bon ouvrage, et il faudra à la fin que les connaisseurs eux-mêmes avouent qu'ils se sont trompés en lui donnant leur approbation.

Que si on me demande ce que c'est que cet agrément et ce sel, je répondrai que c'est un je ne sais quoi qu'on peut beaucoup mieux sentir que dire. A mon avis, néanmoins, il consiste principalement à ne jamais présenter au lecteur que des pensées vraies et des expressions justes. L'esprit de l'homme est naturellement plein d'un nombre infini d'idées confuses du vrai, que souvent il n'entrevoit qu'à demi; et rien ne lui est plus agréable que lorsqu'on lui offre quelqu'une de ces idées bien éclaircie et mise dans un beau jour. Qu'est-ce qu'une pensée neuve, brillante, extraordinaire? Ce n'est point, comme se le persuadent les ignorants, une pensée que personne n'a jamais eue, ni dû avoir : c'est, au contraire, une pensée qui a dû venir à tout le monde, et que quelqu'un s'avise le premier d'exprimer. Un bon mot n'est bon mot qu'en ce qu'il dit une chose que chacun pensait, et qu'il la dit d'une manière vive, fine et nouvelle. Considérons, par exemple, cette réplique si fameuse de Louis douzième à ceux de ses ministres qui lui conseillaient de faire punir plusieurs personnes qui, sous le règne précédent, et lorsqu'il n'était encore que duc d'Orléans, avaient pris à tâche de le desservir. « Un roi de France, leur ré- « pondit-il, ne venge point les injures d'un duc « d'Orléans. » D'où vient que ce mot frappe d'abord? N'est-il pas aisé de voir que c'est parce qu'il présente aux yeux une vérité que tout le monde sent, et qu'il dit, mieux que tous les plus beaux discours de morale, « qu'un grand prince, lorsqu'il « est une fois sur le trône, ne doit plus agir par « des mouvements particuliers, ni avoir d'autre vue « que la gloire et le bien général de son État? »

Veut-on voir au contraire combien une pensée

fausse est froide et puérile? Je ne saurais rapporter un exemple qui le fasse mieux sentir que deux vers du poëte Théophile, dans sa tragédie intitulée *Pyrame et Thisbé*, lorsque cette malheureuse amante ayant ramassé le poignard encore tout sanglant dont Pyrame s'était tué, elle querelle ainsi ce poignard :

> Ah! voici le poignard qui du sang de son maître
> S'est souillé lâchement. Il en rougit, le traître!
> 
> Acte V, scène dernière.

Toutes les glaces du Nord ensemble ne sont pas, à mon sens, plus froides que cette pensée. Quelle extravagance, bon Dieu! de vouloir que la rougeur du sang dont est teint le poignard d'un homme qui vient de s'en tuer lui-même soit un effet de la honte qu'a ce poignard de l'avoir tué! Voici encore une pensée qui n'est pas moins fausse, ni par conséquent moins froide. Elle est de Benserade, dans ses Métamorphoses en rondeaux, où, parlant du déluge envoyé par les dieux pour châtier l'insolence de l'homme, il s'exprime ainsi :

> Dieu lava bien la tête à son image.

Peut-on, à propos d'une si grande chose que le déluge, dire rien de plus petit ni de plus ridicule que ce quolibet, dont la pensée est d'autant plus fausse en toutes manières, que le dieu dont il s'agit en cet endroit c'est Jupiter, qui n'a jamais passé chez les païens pour avoir fait l'homme à son image, l'homme dans la Fable étant, comme tout le monde sait, l'ouvrage de Prométhée?

Puisque une pensée n'est belle qu'en ce qu'elle est vraie, et que l'effet infaillible du vrai, quand il est bien énoncé, c'est de frapper les hommes, il s'ensuit que ce qui ne frappe point les hommes n'est ni beau ni vrai, ou qu'il est mal énoncé, et que par conséquent un ouvrage qui n'est point goûté du public est un très-méchant ouvrage. Le gros des hommes peut bien, durant quelque temps, prendre le faux pour le vrai, et admirer de méchantes choses; mais il n'est pas possible qu'à la longue une bonne chose ne lui plaise; et je défie tous les auteurs les plus mécontents du public de me citer un bon livre que le public ait jamais rebuté, à moins qu'ils ne mettent en ce rang leurs écrits, de la bonté desquels eux seuls sont persuadés. J'avoue, néanmoins, et on ne le saurait nier, que, quelquefois, lorsque d'excellents ouvrages viennent à paraître, la cabale et l'envie trouvent moyen de les rabaisser, et d'en rendre en apparence le succès douteux[1] : mais cela ne dure guère; et il en arrive de ces ouvrages comme d'un morceau de bois qu'on enfonce dans l'eau avec la main : il demeure au fond tant qu'on l'y retient; mais bientôt, la main venant à se lasser, il se relève et gagne le dessus[1]. Je pourrais dire un nombre infini de pareilles choses sur ce sujet, et ce serait la matière d'un gros livre : mais en voilà assez, ce me semble, pour marquer au public ma reconnaissance et la bonne idée que j'ai de son goût et de ses jugements.

Parlons maintenant de mon édition nouvelle. C'est la plus correcte qui ait encore paru : et non-seulement je l'ai revue avec beaucoup de soin, mais j'y ai retouché de nouveau plusieurs endroits de mes ouvrages; car je ne suis point de ces auteurs fuyant la peine, qui ne se croient plus obligés de rien raccommoder à leurs écrits, dès qu'ils les ont une fois donnés au public. Ils allèguent, pour excuser leur paresse, qu'ils auraient peur, en les trop remaniant, de les affaiblir, et de leur ôter cet air libre et facile qui fait, disent-ils, un des plus grands charmes du discours : mais leur excuse, à mon avis, est très-mauvaise. Ce sont les ouvrages faits à la hâte, et comme on dit, au courant de la plume, qui sont ordinairement secs, durs et forcés. Un ouvrage ne doit point paraître trop travaillé, mais il ne saurait être trop travaillé; et c'est souvent le travail même qui, en le polissant lui donne cette facilité tant vantée qui charme le lecteur. Il y a bien de la différence entre des vers faciles et des vers facilement faits. Les écrits de Virgile, quoique extraordinairement travaillés, sont bien plus naturels que ceux de Lucain, qui écrivait, dit-on, avec une rapidité prodigieuse. C'est ordinairement la peine que s'est donnée un auteur à limer et à perfectionner ses écrits qui fait que le lecteur n'a point de peine en les lisant. Voiture, qui paraît aisé, travaillait extrêmement ses ouvrages. On ne voit que des gens qui font aisément des choses médiocres; mais des gens qui en fassent même difficilement de fort bonnes, on en trouve très-peu.

Je n'ai donc point de regret d'avoir encore employé quelques-unes de mes veilles à rectifier mes écrits dans cette nouvelle édition, qui est, pour ainsi dire, mon édition favorite : aussi y ai-je mis mon nom, que je m'étais abstenu de mettre à toutes les autres. J'en avais ainsi usé par pure modestie; mais aujourd'hui que mes ouvrages sont entre les mains de tout le monde, il m'a paru que cette modestie pourrait avoir quelque chose d'affecté. D'ailleurs j'ai été bien aise, en le mettant à la tête de mon livre, de faire voir par là quels sont précisément les ouvrages que j'avoue, et d'arrêter, s'il est possible, le cours d'un nombre infini de méchantes pièces qu'on

---

[1] Boileau citait pour exemples l'*École des femmes* de Molière, et la *Phèdre* de Racine.

[1] J. B. Rousseau a remarqué que la même pensée se trouve dans la seconde ode des *Pythiques* de Pindare.

répand partout sous mon nom, et principalement dans les provinces et dans les pays étrangers. J'ai même, pour mieux prévenir cet inconvénient, fait mettre au commencement de ce volume une liste exacte et détaillée de tous mes écrits; et on la trouvera immédiatement après cette préface. Voilà de quoi il est bon que le lecteur soit instruit.

Il ne reste plus présentement qu'à lui dire quels sont les ouvrages dont j'ai augmenté ce volume. Le plus considérable est une onzième satire que j'ai tout récemment composée, et qu'on trouvera à la suite des dix précédentes. Elle est adressée à M. de Valincour, mon illustre associé à l'histoire. J'y traite du vrai et du faux honneur; et je l'ai composée avec le même soin que tous mes autres écrits. Je ne saurais pourtant dire si elle est bonne ou mauvaise; car je ne l'ai encore communiquée qu'à deux ou trois de mes plus intimes amis, à qui même je n'ai fait que la réciter fort vite, dans la peur qu'il ne lui arrivât ce qui est arrivé à quelques autres de mes pièces, que j'ai vues devenir publiques avant même que je les eusse mises sur le papier; plusieurs personnes à qui je les avais dites plus d'une fois les ayant retenues par cœur et en ayant donné des copies. C'est donc au public à m'apprendre ce que je dois penser de cet ouvrage, ainsi que de plusieurs autres petites pièces de poésie qu'on trouvera dans cette nouvelle édition, et qu'on y a mêlées parmi les épigrammes qui y étaient déjà. Ce sont toutes bagatelles que j'ai la plupart composées dans ma première jeunesse, mais que j'ai un peu rajustées pour les rendre plus supportables au lecteur. J'y ai fait aussi ajouter deux nouvelles lettres; l'une que j'écris à M. Perrault, et où je badine avec lui sur notre démêlé poétique, presque aussitôt éteint qu'allumé; l'autre est un remercîment à monsieur le comte d'Ériceyra, au sujet de la traduction de mon Art poétique faite par lui en vers portugais, qu'il a eu la bonté de m'envoyer de Lisbonne, avec une lettre et des vers français de sa composition, où il me donne des louanges très-délicates, et auxquelles il ne manque que d'être appliquées à un meilleur sujet. J'aurais bien voulu pouvoir m'acquitter de la parole que je lui donne à la fin de ce remercîment, de faire imprimer cette excellente traduction à la suite de mes poésies; mais malheureusement un de mes amis[1], à qui je l'avais prêtée, m'en a égaré le premier chant; et j'ai eu la mauvaise honte de n'oser récrire à Lisbonne pour en avoir une autre copie. Ce sont là à peu près tous les ouvrages de ma façon, bons ou méchants, dont on trouvera ici mon livre augmenté. Mais une chose qui sera sûrement agréable au public, c'est le présent que je lui fais, dans ce même livre, de la lettre que le célèbre M. Arnauld a écrite à M. Perrault à propos de ma dixième satire, et où, comme je l'ai dit dans l'Épître à mes vers, il fait en quelque sorte mon apologie. J'ai mis cette lettre la dernière de tout le volume, afin qu'on la trouvât plus aisément. Je ne doute point que beaucoup de gens ne m'accusent de témérité d'avoir osé associer à mes écrits l'ouvrage d'un si excellent homme; et j'avoue que leur accusation est bien fondée; mais le moyen de résister à la tentation de montrer à toute la terre, comme je le montre en effet par l'impression de cette lettre, que ce grand personnage me faisait l'honneur de m'estimer, et avait la bonté *meas esse aliquid putare nugas!*

Au reste, comme, malgré une apologie si authentique, et malgré les bonnes raisons que j'ai vingt fois alléguées en vers et en prose, il y a encore des gens qui traitent de médisance les railleries que j'ai faites de quantité d'auteurs modernes, et qui publient qu'en attaquant les défauts de ces auteurs, je n'ai pas rendu justice à leurs bonnes qualités, je veux bien, pour les convaincre du contraire, répéter encore ici les mêmes paroles que j'ai dites sur cela dans la préface de mes deux éditions précédentes. Les voici :

« Il est bon que le lecteur soit averti d'une chose : « c'est qu'en attaquant, etc...[1] »

Après cela, si on m'accuse encore de médisance, je ne sais point de lecteur qui n'en doive aussi être accusé, puisqu'il n'y en a point qui ne dise librement son avis des écrits qu'on fait imprimer, et qui ne se croie en plein droit de le faire du consentement même de ceux qui les mettent au jour. En effet, qu'est-ce que mettre un ouvrage au jour? N'est-ce pas en quelque sorte dire au public : Jugez-moi. Pourquoi donc trouver mauvais qu'on nous juge? Mais j'ai mis tout ce raisonnement en rimes dans ma neuvième satire, et il suffit d'y renvoyer mes censeurs.

---

[1] Lisez dans la préface des éditions de 1683 et 1694 jusqu'à ces mots : *Pour revenir à mon édition.*

---

[1] L'abbé Régnier Desmarais, secrétaire de l'Académie française.

# OEUVRES DE M. DESPRÉAUX,

SELON L'ORDRE QU'ELLES SONT ICI IMPRIMÉES, L'AGE AUQUEL IL LES A COMPOSÉES, ET L'ANNÉE OU IL LES A PUBLIÉES [1].

| PIÈCES. | AGE de l'auteur. | ANNÉES. |
|---|---|---|
| Discours au Roi. | 27 | 1664 |
| Satire I. | 21 | 1658 |
| — II. | | |
| — III. | | |
| — IV. | 26 | 1663 |
| — V. | | |
| — VI. | 24 | 1661 |
| — VII. | 25 | 1662 |
| — VIII. | 30 | 1667 |
| — IX. | 29 | 1666 |
| — X. | 55 | 1692 |
| — XI. | 63 | 1700 |
| Épître I. | 30 | 1667 |
| — II. | 29 | 1666 |
| — III. | 33 | 1670 |
| — IV. | 35 | 1672 |
| — V. | | |
| — VI. | 39 | 1676 |
| — VII. | | |
| — VIII. | 40 | 1677 |
| — IX. | 36 | 1673 |
| — X. | 56 | 1693 |
| — XI. | 57 | 1694 |
| — XII. | 58 | 1695 |
| Art poétique. | 35 | 1672 |
| Le Lutrin. | 36 | 1673 |
| Ode sur Namur. | 55 | 1692 |
| Vers sur la Macarise. | 19 | 1656 |
| Sonnet sur une parente. | 15 | 1652 |
| Stances sur l'Ecole des Femmes. | 25 | 1662 |
| Arrêt burlesque. | 38 | 1675 |
| Discours sur la satire. | 29 | 1666 |
| Lettre à M. de Vivonne. | 39 | 1676 |
| Remerciment à l'Académie. | 47 | 1684 |
| Les Héros de Romans. | 27 | 1664 |
| Réflexions sur Longin. | 57 | 1694 |
| Dissertation contre M. le Clerc. | 73 | 1710 |
| Traduction de Longin. | 37 | 1674 |
| Lettre à M. le comte d'Ericeyra. | 68 | 1704 |
| Epigrammes faites en divers temps. | | |

Voilà au vrai, *dit M. Despréaux dans un écrit que l'on a trouvé après sa mort*, tous les ouvrages que j'ai faits : car pour tous les autres ouvrages qu'on m'attribue, et qu'on s'opiniâtre de mettre dans les éditions étrangères, il n'y a que des ridicules qui m'en puissent soupçonner l'auteur. Dans ce rang on doit mettre une satire très-fade contre les frais des enterrements; une autre encore plus plate contre le mariage, qui commence par ce vers :

On veut me marier, et je n'en ferai rien;

celle contre les jésuites, et quantité d'autres aussi impertinentes. J'avoue pourtant que, dans la parodie des vers du *Cid*, faite sur la perruque de Chapelain, qu'on m'attribue encore, il y a quelques traits qui nous échappèrent à M. Racine et à moi, dans un repas que nous fîmes chez Furetière, auteur du Dictionnaire, mais dont nous n'écrivîmes jamais rien ni l'un ni l'autre ; de sorte que c'est Furetière qui est proprement le vrai et l'unique auteur de cette parodie, comme il ne s'en cachait pas lui-même.

# ORDRE CHRONOLOGIQUE

D'UNE GRANDE PARTIE DES OUVRAGES DE BOILEAU.

| ANNÉES. | AGE de l'auteur. | PIÈCES. |
|---|---|---|
| | | Sonnet sur la mort d'une parente. |
| 1653—1656 | 17—20 | Philosophes rêveurs, Soupirez nuit et jour, } chansons. |
| | | Ode contre les Anglais. |
| 1660 | 24 | Satires I et VI. |
| 1662 | 26 | Dissertation sur Joconde. |
| 1663 | 27 | Satire VII. |
| | | Stances à Molière. |
| 1664 | 28 | Satires II et IV. |
| | | Les Héros de Romans. |
| 1665 | 29 | Discours au Roi. |
| | | Satires III et V. |
| 1666 | 30 | Préface I. |
| 1667 | 31 | Satires VIII et IX. |
| 1668 | 32 | Discours en prose sur la satire. |
| 1669 | 33 | Epîtres I et II. |
| 1669—1674 | 33—38 | Art poétique. |
| 1672 | 36 | Epître IV. |
| 1672—1674 | 36—38 | Les quatre premiers chants du Lutrin. |
| 1673 | 37 | Epître III. |
| | | Préfaces II et III. |
| 1674 | 38 | Épître V. |
| | | Traduction de Longin. |
| 1675 | 39 | Epîtres IX et VIII. |
| 1677 | 41 | Epîtres VII et VI. |
| 1681—1683 | 45—47 | Les deux derniers chants du Lutrin. |
| | | Préface IV. |
| 1683 | 47 | Discours à l'Académie française. |
| 1685—1690 | 49—54 | Plusieurs Epigrammes. |
| | | Satire X. |
| 1693 | 57 | Ode sur Namur. |
| | | Les neuf premières Réflexions sur Longin. |
| | | Préface V. |
| 1694 | 58 | Lettre à Arnauld. |
| | | Epitaphe d'Arnauld. |
| 1695 | 59 | Epîtres X, XI et XII. |
| | | Lettre à Maucroix. |
| 1698 | 62 | Satire XI. |
| 1699 | 63 | Epigrammes XIV et XIX. |
| | | Epitaphe de Racine. |
| 1700 | 64 | Lettre à Perrault. |
| 1701 | 65 | Préface VI. |
| 1703 | 67 | Préface des trois dernières Epîtres. |
| | | Lettre à le Verrier. |
| 1705 | 69 | Satire XII. |
| | | Discours sur le Dialogue des Héros de Romans. |
| 1710 | 74 | Les trois dernières Réflexions sur Longin. |
| 1685—1698 | 49—62 | Correspondance avec Racine. |
| 1699—1710 | 63—74 | Correspondance avec Brossette. |

---

[1] S'il faut en croire l'éditeur de 1713, ce catalogue fut composé par Boileau lui-même. Quoi qu'il en soit, on trouvera ci-après un tableau plus détaillé et plus exact de ses œuvres et des époques de leur publication.

# DISCOURS AU ROI.

## 1666.

Jeune et vaillant héros, dont la haute sagesse
N'est point le fruit tardif d'une lente vieillesse,
Et qui seul, sans ministre, à l'exemple des dieux [1],
Soutiens tout par toi-même, et vois tout par tes yeux,
Grand roi, si jusqu'ici, par un trait de prudence,
J'ai demeuré pour toi dans un humble silence,
Ce n'est pas que mon cœur, vainement suspendu,
Balance pour t'offrir un encens qui t'est dû :
Mais je sais peu louer ; et ma muse tremblante
Fuit d'un si grand fardeau la charge trop pesante,
Et, dans ce haut éclat où tu te viens offrir,
Touchant à tes lauriers, craindrait de les flétrir.

Ainsi, sans m'aveugler d'une vaine manie,
Je mesure mon vol à mon faible génie :
Plus sage en mon respect que ces hardis mortels
Qui d'un indigne encens profanent tes autels ;
Qui, dans ce champ d'honneur, où le gain les amène,
Osent chanter ton nom, sans force et sans haleine ;
Et qui vont tous les jours, d'une importune voix,
T'ennuyer du récit de tes propres exploits.

L'un, en style pompeux habillant une églogue [2],
De ses rares vertus te fait un long prologue,
Et mêle, en se vantant soi-même à tout propos,
Les louanges d'un fat à celles d'un héros.

L'autre, en vain se lassant à polir une rime,
Et reprenant vingt fois le rabot et la lime,
Grand et nouvel effort d'un esprit sans pareil!
Dans la fin d'un sonnet te compare au soleil [3].

Sur le haut Hélicon leur veine méprisée
Fut toujours des neuf Sœurs la fable et la risée.
Calliope jamais ne daigna leur parler,
Et Pégase pour eux refuse de voler.
Cependant à les voir, enflés de tant d'audace,
Te promettre en leur nom les faveurs du Parnasse,
On dirait qu'ils ont seuls l'oreille d'Apollon,
Qu'ils disposent de tout dans le sacré vallon :
C'est à leurs doctes mains, si l'on veut les en croire,
Que Phébus a commis tout le soin de ta gloire ;
Et ton nom, du midi jusqu'à l'ourse vanté,
Ne devra qu'à leurs vers son immortalité.
Mais plutôt, sans ce nom dont la vive lumière
Donne un lustre éclatant à leur veine grossière,
Ils verraient leurs écrits, honte de l'univers,
Pourrir dans la poussière à la merci des vers.
A l'ombre de ton nom ils trouvent leur asile,
Comme on voit dans les champs un arbrisseau débile,
Qui, sans l'heureux appui qui le tient attaché,
Languirait tristement sur la terre couché.

Ce n'est pas que ma plume, injuste et téméraire,
Veuille blâmer en eux le dessein de te plaire ;
Et, parmi tant d'auteurs, je veux bien l'avouer,
Apollon en connaît qui te peuvent louer ;
Oui, je sais qu'entre ceux qui t'adressent leurs veilles,
Parmi les Pelletiers on compte des Corneilles [1].
Mais je ne puis souffrir qu'un esprit de travers,
Qui, pour rimer des mots, pense faire des vers,
Se donne en te louant une gêne inutile ;
Pour chanter un Auguste, il faut être un Virgile :
Et j'approuve les soins du monarque guerrier [2]
Qui ne pouvait souffrir qu'un artisan grossier
Entreprît de tracer, d'une main criminelle,
Un portrait réservé pour le pinceau d'Apelle.

Moi donc, qui connais peu Phébus et ses douceurs,
Qui suis nouveau sevré sur le mont des neuf Sœurs,
Attendant que pour toi l'âge ait mûri ma muse,
Sur de moindres sujets je l'exerce et l'amuse :
Et, tandis que ton bras, des peuples redouté,
Va, la foudre à la main, rétablir l'équité [3],
Et retient les méchants par la peur des supplices,
Moi, la plume à la main, je gourmande les vices ;
Et, gardant pour moi-même une juste rigueur,
Je confie au papier les secrets de mon cœur.
Ainsi, dès qu'une fois ma verve se réveille,
Comme on voit au printemps la diligente abeille
Qui du butin des fleurs va composer son miel,
Des sottises du temps je compose mon fiel :
Je vais de toutes parts où me guide ma veine,
Sans tenir en marchant une route certaine ;
Et, sans gêner ma plume en ce libre métier,
Je la laisse au hasard courir sur le papier.

Le mal est qu'en rimant ma muse un peu légère,
Nomme tout par son nom, et ne saurait rien taire.
C'est là ce qui fait peur aux esprits de ce temps,
Qui, tout blancs au dehors, sont tout noirs au dedans :
Ils tremblent qu'un censeur, que sa verve encourage,
Ne vienne en ses écrits démasquer leur visage,
Et, fouillant dans leurs mœurs en toute liberté,
N'aille du fond du puits tirer la vérité [4].

---

[1] Le 10 mars 1661, le lendemain de la mort du cardinal Mazarin, Louis XIV, à peine âgé de vingt-trois ans, tint son premier conseil, dans lequel il déclara son intention formelle de gouverner par lui-même, et de s'*aider* des conseils de ses ministres, seulement *quand il les demanderait*.

[2] Charpentier avait fait, en ce temps-là, une églogue pour le roi, en vers magnifiques, intitulée *Églogue royale*. (BOIL.)

[3] On trouve une semblable comparaison dans un des sonnets de Chapelain.

[1] Le grand Corneille composa, en 1662, un discours en vers pour remercier le roi de l'avoir compris au nombre des savants célèbres à qui il avait accordé des gratifications.

[2] Alexandre le Grand. (BOIL.)

[3] *Ton bras va, la foudre à la main*. Il faut être poète, disait Boileau, et sentir les beautés de la poésie, pour justifier cette faute qui n'en est pas une.

[4] Démocrite disait que la vérité était dans le fond d'un puits, et que personne ne l'en avait encore pu tirer. (BOIL.)

Tous ces gens, éperdus au seul nom de satire,
Font d'abord le procès à quiconque ose rire :
Ce sont eux que l'on voit, d'un discours insensé,
Publier dans Paris que tout est renversé,
Au moindre bruit qui court qu'un auteur les menace
De jouer des bigots la trompeuse grimace ;
Pour eux un tel ouvrage est un monstre odieux ;
C'est offenser les lois, c'est s'attaquer aux cieux :
Mais, bien que d'un faux zèle ils masquent leur faibles-
Chacun voit qu'en effet la vérité les blesse :  [se,
En vain d'un lâche orgueil leur esprit revêtu
Se couvre du manteau d'une austère vertu ;
Leur cœur, qui se connaît, et qui fuit la lumière,
S'il se moque de Dieu, craint Tartufe ¹ et Molière.
Mais pourquoi sur ce point sans raison m'écarter ?
Grand roi, c'est mon défaut, je ne saurais flatter :
Je ne sais point au ciel placer un ridicule,
D'un nain faire un Atlas, ou d'un lâche un Hercule ;
Et, sans cesse en esclave à la suite des grands,
A des dieux sans vertu prodiguer mon encens.
On ne me verra point, d'une veine forcée,
Même pour te louer déguiser ma pensée ;
Et, quelque grand que soit ton pouvoir souverain,
Si mon cœur en ces vers ne parlait par ma main,
Il n'est espoir de biens, ni raison, ni maxime,
Qui pût en ta faveur m'arracher une rime.
Mais lorsque je te vois, d'une si noble ardeur,
T'appliquer sans relâche aux soins de ta grandeur,
Faire honte à ces rois que le travail étonne,
Et qui sont accablés du faix de leur couronne ;
Quand je vois ta sagesse, en ses justes projets,
D'une heureuse abondance enrichir tes sujets,
Fouler aux pieds l'orgueil et du Tage et du Tibre ¹,
Nous faire de la mer une campagne libre ²,
Et, tes braves guerriers secondant ton grand cœur,
Rendre à l'aigle éperdu sa première vigueur :
La France sous tes lois maîtriser la Fortune,
Et nos vaisseaux, domptant l'un et l'autre Neptune,
Nous aller chercher l'or, malgré l'onde et le vent,
Aux lieux où le soleil le forme en se levant :
Alors, sans consulter si Phébus l'en avoue,
Ma muse tout en feu me prévient et te loue.
Mais bientôt la raison arrivant au secours
Vient d'un si beau projet interrompre le cours,
Et me fait concevoir, quelque ardeur qui m'emporte,
Que je n'ai ni le ton, ni la voix assez forte.
Aussitôt je m'effraye, et mon esprit troublé
Laisse là le fardeau dont il est accablé ;
Et, sans passer plus loin, finissant mon ouvrage,
Comme un pilote en mer, qu'épouvante l'orage,
Dès que le bord paraît, sans songer où je suis,
Je me sauve à la nage, et j'aborde où je puis.

¹ Molière, en ce temps-là, fit jouer son *Tartufe*. (BOIL).
— La défense de jouer *Tartufe*, composé en 1664, ne fut levée qu'en 1669.

¹ Le roi se fit faire satisfaction, dans ce temps-là, des deux insultes faites à ses ambassadeurs à Rome et à Londres ; et ses troupes, envoyées au secours de l'empereur, défirent les Turcs sur les bords du Raab. (BOIL.)
² Allusion à la victoire remportée en 1665 par le duc de Beaufort sur les corsaires de l'Afrique.

# SATIRES.

## DISCOURS SUR LA SATIRE.

### 1668.

Quand je donnai pour la première fois mes satires au public, je m'étais bien préparé au tumulte que l'impression de mon livre a excité sur le Parnasse. Je savais que la nation des poëtes, et surtout des mauvais poëtes [1], est une nation farouche qui prend feu aisément, et que ces esprits avides de louanges ne digéreraient pas facilement une raillerie, quelque douce qu'elle pût être. Aussi oserai-je dire, à mon avantage, que j'ai regardé avec des yeux assez stoïques les libelles diffamatoires qu'on a publiés contre moi. Quelques calomnies dont on ait voulu me noircir, quelques faux bruits qu'on ait semés de ma personne, j'ai pardonné sans peine ces petites vengeances au déplaisir d'un auteur irrité qui se voyait attaqué par l'endroit le plus sensible d'un poëte, je veux dire par ses ouvrages.

Mais j'avoue que j'ai été un peu surpris du chagrin bizarre de certains lecteurs [2] qui, au lieu de se divertir d'une querelle du Parnasse dont ils pouvaient être spectateurs indifférents, ont mieux aimé prendre parti et s'affliger avec les ridicules, que de se réjouir avec les honnêtes gens. C'est pour les consoler que j'ai composé ma neuvième satire, où je pense avoir montré assez clairement que, sans blesser l'État ni sa conscience, on peut trouver de méchants vers méchants, et s'ennuyer de plein droit à la lecture d'un sot livre. Mais puisque ces messieurs ont parlé de la liberté que je me suis donnée de nommer, comme d'un attentat inouï et sans exemple, et que des exemples ne se peuvent pas mettre en rimes, il est bon d'en dire ici un mot, pour les instruire d'une chose qu'eux seuls veulent ignorer, et leur faire voir qu'en comparaison de tous mes confrères les satiriques j'ai été un poëte fort retenu.

Et pour commencer par Lucilius, inventeur de la satire, quelle liberté, ou plutôt quelle licence ne s'est-il point donnée dans ses ouvrages? Ce n'était point seulement des poëtes et des auteurs qu'il attaquait; c'étaient des gens de la première qualité de Rome; c'étaient des personnes consulaires. Cependant Scipion et Lélius ne jugèrent pas ce poëte, tout déterminé rieur qu'il était, indigne de leur amitié : et vraisemblablement, dans les occasions, ils ne lui refusèrent pas leurs conseils sur ses écrits, non plus qu'à Térence. Ils ne s'avisèrent point de prendre le parti de Lupus et de Métellus, qu'il avait joués dans ses satires; et

---

[1] Ceci regarde particulièrement Cotin, qui avait publié une satire contre l'auteur. (BOIL.)
[2] Le duc de Montausier.

ils ne crurent pas lui donner rien du leur en lui abandonnant tous les ridicules de la république :

> Num Lælius, et qui
> Duxit ab oppressa meritum Carthagine nomen,
> Ingenio offensi, aut læso doluere Metello,
> Famosisque Lupo cooperto versibus?
> HORAT. sat. I, lib. II.

En effet, Lucilius n'épargnait ni petits ni grands; et souvent des nobles et des patriciens il descendait jusqu'à la lie du peuple :

> Primores populi arripuit, populumque tributim.
> *ibid.*

On me dira que Lucilius vivait dans une république où ces sortes de libertés peuvent être permises. Voyons donc Horace, qui vivait sous un empereur, dans les commencements d'une monarchie, où il est bien plus dangereux de rire qu'en un autre temps. Qui ne nomme-t-il point dans ses satires? et Fabius le grand causeur, et Tigellius le fantasque, et Nasidiénus le ridicule, et Nomentanus le débauché, et tout ce qui vient au bout de sa plume. On me répondra que ce sont des noms supposés. Oh! la belle réponse! comme si ceux qu'il attaque n'étaient pas des gens connus d'ailleurs : comme si l'on ne savait pas que Fabius était un chevalier romain qui avait composé un livre de droit; que Tigellius fut en son temps un musicien chéri d'Auguste; que Nasidiénus Rufus était un ridicule célèbre dans Rome; que Cassius Nomentanus était un des plus fameux débauchés de l'Italie. Certainement il faut que ceux qui parlent de la sorte aient fort peu lu les anciens, et ne soient pas fort instruits des affaires de la cour d'Auguste. Horace ne se contente pas d'appeler les gens par leur nom; il a si peur qu'on ne les méconnaisse, qu'il a soin de rapporter jusqu'à leur surnom, jusqu'au métier qu'ils faisaient, jusqu'aux charges qu'ils avaient exercées. Voyez, par exemple, comme il parle d'Aufidius Luscus, préteur de Fondi :

> Fundos, Aufidio Lusco prætore, libenter
> Linquimus, insani ridentes præmia scribæ,
> Prætextam, et latum clavum, etc.
> Sat. v, lib. I.

« Nous abandonnâmes, dit-il, avec joie le bourg de « Fondi, dont était préteur un certain Aufidius Luscus; « mais ce ne fut pas sans avoir bien ri de la folie de ce « préteur, auparavant commis, qui faisait le sénateur et « l'homme de qualité. »

Peut-on désigner un homme plus précisément, et les circonstances seules ne suffisaient-elles pas pour le faire reconnaître? On me dira peut-être qu'Aufidius était mort alors : mais Horace parle là d'un voyage fait depuis peu. Et puis, comment mes censeurs répondront-ils à cet autre passage ?

Turgidus Alpinus jugulat dum Memnona, dumque
Diffingit Rheni luteum caput, hæc ego ludo.
Sat. x, lib. I.

« Pendant, dit Horace, que ce poëte enflé d'Alpinus « égorge Memnon dans son poëme, et s'embourbe dans la « description du Rhin, je me joue en ces satires. »

Alpinus vivait donc du temps qu'Horace se jouait en ces satires ; et si Alpinus en cet endroit est un nom supposé, l'auteur du poëme de Memnon pouvait-il s'y méconnaître ? Horace, dira-t-on, vivait sous le règne du plus poli de tous les empereurs : mais vivons-nous sous un règne moins poli ? et veut-on qu'un prince qui a tant de qualités communes avec Auguste soit moins dégoûté que lui des méchants livres, et plus rigoureux envers ceux qui les blâment !

Examinons pourtant Perse, qui écrivait sous le règne de Néron. Il ne raille pas simplement les ouvrages des poëtes de son temps : il attaque les vers de Néron même. Car enfin tout le monde sait, et toute la cour de Néron le savait, que ces quatre vers, *Torva Mimalloneis*, etc. dont Perse fait une raillerie si amère dans sa première satire, étaient des vers de Néron [1]. Cependant on ne remarque point que Néron, tout Néron qu'il était, ait fait punir Perse ; et ce tyran, ennemi de la raison et amoureux, comme on sait, de ses ouvrages, fut assez galant homme pour entendre raillerie sur ses vers, et ne crut pas que l'empereur, en cette occasion, dût prendre les intérêts du poëte.

Pour Juvénal, qui florissait sous Trajan, il est un peu plus respectueux envers les grands seigneurs de son siècle. Il se contente de répandre l'amertume de ses satires sur ceux du règne précédent : mais, à l'égard des auteurs, il ne les va point chercher hors de son siècle. A peine est-il entré en matière, que le voilà en mauvaise humeur contre tous les écrivains de son temps. Demandez à Juvénal ce qui l'oblige de prendre la plume. C'est qu'il est las d'entendre et la *Théséide* de Codrus, et l'*Oreste* de celui-ci, et le *Télèphe* de cet autre ; et tous les poëtes enfin, comme il dit ailleurs, qui récitaient leurs vers au mois d'août, *et augusto recitantes mense poetas*. Tant il est vrai que le droit de blâmer les auteurs est un droit ancien, passé en coutume parmi tous les satiriques, et souffert dans tous les siècles.

Que s'il faut venir des anciens aux modernes, Régnier, qui est presque notre seul poëte satirique, a été véritablement un peu plus discret que les autres. Cela n'empêche pas néanmoins qu'il ne parle hardiment [2] de Gallet, ce célèbre joueur *qui assignait ses créanciers sur sept et quatorze*; et du sieur de Provins, *qui avait changé son balandran* [3] *en manteau court*; et du Cousin, *qui abandonnait sa maison de peur de la réparer*; et de Pierre du Puis, et de plusieurs autres.

[1] Bayle en doute : voyez le *Dictionnaire critique*, au mot Perse. Despréaux opposait à cette opinion de Bayle l'autorité de l'ancien scoliaste de Perse.
[2] Voyez la satire xiv de Régnier.
[3] Casaque de campagne. (BOIL.)

Que répondront à cela mes censeurs? Pour peu qu'on les presse, ils chasseront de la république des lettres tous les poëtes satiriques, comme autant de perturbateurs du repos public. Mais que diront-ils de Virgile, le sage, le discret Virgile, qui, dans une églogue [1] où il n'est pas question de satire, tourne d'un seul vers deux poëtes de son temps en ridicule ?

Qui Bavium non odit, amet tua carmina, Mævi,

dit un berger satirique, dans cette églogue. Et qu'on ne me dise point que Bavius et Mævius en cet endroit sont des noms supposés, puisque ce serait donner un trop cruel démenti au docte Servius, qui assure positivement le contraire. En un mot, qu'ordonneront mes censeurs de Catulle, de Martial et de tous les poëtes de l'antiquité, qui n'en ont pas usé avec plus de discrétion que Virgile? Que penseront-ils de Voiture, qui n'a point fait conscience de rire aux dépens du célèbre Neuf-Germain, quoique également recommandable par l'antiquité de sa barbe et par la nouveauté de sa poésie ? Le banniront-ils du Parnasse, lui et tous les poëtes de l'antiquité, pour établir la sûreté des sots et des ridicules? Si cela est, je me consolerai aisément de mon exil ; il y aura du plaisir à être relégué en si bonne compagnie. Raillerie à part, ces messieurs veulent-ils être plus sages que Scipion et Lélius, plus délicats qu'Auguste, plus cruels que Néron? Mais eux qui sont si rigoureux envers les critiques, d'où vient cette clémence qu'ils affectent pour les méchants auteurs? Je vois bien ce qui les afflige : ils ne veulent pas être détrompés. Il leur fâche d'avoir admiré sérieusement des ouvrages que mes satires exposent à la risée de tout le monde, et de se voir condamnés à oublier dans leur vieillesse ces mêmes vers qu'ils ont autrefois appris par cœur comme des chefs-d'œuvre de l'art. Je les plains sans doute : mais quel remède? Faudra-t-il, pour s'accommoder à leur goût particulier, renoncer au sens commun? Faudra-t-il applaudir indifféremment à toutes les impertinences qu'un ridicule aura répandues sur le papier? Et au lieu qu'en certains pays [2] on condamnait les méchants poëtes à effacer leurs écrits avec la langue, les livres deviendront-ils désormais un asile inviolable où toutes les sottises auront droit de bourgeoisie, où l'on n'osera toucher sans profanation ?

J'aurais bien d'autres choses à dire sur ce sujet : mais comme j'ai déjà traité cette matière dans ma neuvième satire, il est bon d'y renvoyer le lecteur.

# SATIRE I.
## 1660.

Damon, ce grand auteur dont la muse fertile [3]
Amusa si longtemps et la cour et la ville ;

[1] Eglog. III, v. 90.
[2] Dans le temple qui est aujourd'hui l'abbaye d'Ainay, à Lyon. (BOIL.)
Palleat ut......
Lugdunensem rhetor dicturus ad aram.
JUVÉNAL, *Sat.* I, v. 43.
[3] J'ai eu en vue Cassandre, celui qui a traduit la *Rhétorique* d'Aristote. (BOIL.)

Mais qui, n'étant vêtu que de simple bureau [1],
Passe l'été sans linge, et l'hiver sans manteau ;
Et de qui le corps sec et la mine affamée
N'en sont pas mieux refaits pour tant de renommée ;
Las de perdre en rimant et sa peine et son bien,
D'emprunter en tous lieux, et de ne gagner rien,
Sans habits, sans argent, ne sachant plus que faire,
Vient de s'enfuir, chargé de sa seule misère ;
Et, bien loin des sergents, des clercs et du palais,
Va chercher un repos qu'il ne trouva jamais ;
Sans attendre qu'ici la justice ennemie
L'enferme en un cachot le reste de sa vie,
Ou que d'un bonnet vert le salutaire affront [2]
Flétrisse les lauriers qui lui couvrent le front.
 Mais le jour qu'il partit, plus défait et plus blême
Que n'est un pénitent sur la fin du carême,
La colère dans l'âme et le feu dans les yeux,
Il distilla sa rage en ces tristes adieux :
Puisqu'en ce lieu, jadis aux muses si commode,
Le mérite et l'esprit ne sont plus à la mode ;
Qu'un poëte, dit-il, s'y voit maudit de Dieu,
Et qu'ici la vertu n'a plus ni feu ni lieu ; [roche
Allons du moins chercher quelque antre ou quelque
D'où jamais ni l'huissier ni le sergent n'approche ;
Et, sans lasser le ciel par des vœux impuissants,
Mettons-nous à l'abri des injures du temps,
Tandis que, libre encor malgré les destinées,
Mon corps n'est point courbé sous le faix des années,
Qu'on ne voit point mes pas sous l'âge chanceler,
Et qu'il reste à la Parque encor de quoi filer :
C'est là dans mon malheur le seul conseil à suivre.
Que George vive ici, puisque George y sait vivre,
Qu'un million comptant, par ses fourbes acquis,
De clerc, jadis laquais, a fait comte et marquis :
Que Jaquin vive ici, dont l'adresse funeste
A plus causé de maux que la guerre et la peste ;
Qui de ses revenus écrits par alphabet
Peut fournir aisément un Calepin complet [3],
Qu'il règne dans ces lieux ; il a droit de s'y plaire.
Mais moi, vivre à Paris ! Eh ! qu'y voudrais-je faire ?
Je ne sais ni tromper, ni feindre, ni mentir ;
Et, quand je le pourrais, je n'y puis consentir.
Je ne sais point en lâche essuyer les outrages
D'un faquin orgueilleux qui vous tient à ses gages,
De mes sonnets flatteurs lasser tout l'univers,
Et vendre au plus offrant mon encens et mes vers :

[1] Sorte de *bure*, étoffe grossière.
[2] Du temps que cette satire fut faite, un débiteur insolvable pouvait sortir de prison en faisant cession, c'est-à-dire en souffrant qu'on lui mit, en pleine rue, un bonnet vert sur la tête. (Boil.)
(V. Pasquier, *Recherches de la France*, liv. IV, ch. x.)
[3] Dictionnaire volumineux composé par Ambroise Calepine, ou de Calepio, né à Bergame en 1435.

Pour un si bas emploi ma muse est trop altière.
Je suis rustique et fier, et j'ai l'âme grossière :
Je ne puis rien nommer, si ce n'est par son nom ;
J'appelle un chat un chat, et Rolet un fripon [1].
De servir un amant, je n'en ai pas l'adresse ;
J'ignore ce grand art qui gagne une maîtresse ;
Et je suis, à Paris, triste, pauvre et reclus,
Ainsi qu'un corps sans âme, ou devenu perclus.
 Mais pourquoi, dira-t-on, cette vertu sauvage
Qui court à l'hôpital, et n'est plus en usage ?
La richesse permet une juste fierté ;
Mais il faut être souple avec la pauvreté :
C'est par là qu'un auteur que presse l'indigence
Peut des astres malins corriger l'influence,
Et que le sort burlesque, en ce siècle de fer,
D'un pédant, quand il veut, sait faire un duc et pair [2].
Ainsi de la vertu la fortune se joue :
Tel aujourd'hui triomphe au plus haut de sa roue,
Qu'on verrait, de couleurs bizarrement orné,
Conduire le carrosse où l'on le voit traîné,
Si dans les droits du roi sa funeste science
Par deux ou trois avis n'eût ravagé la France.
Je sais qu'un juste effroi l'éloignant de ces lieux,
L'a fait pour quelques mois disparaître à nos yeux :
Mais en vain pour un temps une taxe l'exile ;
On le verra bientôt, pompeux en cette ville,
Marcher encor chargé des dépouilles d'autrui,
Et jouir du ciel même irrité contre lui ;
Tandis que Collelet, crotté jusqu'à l'échine [3],
S'en va chercher son pain de cuisine en cuisine,
Savant en ce métier, si cher aux beaux esprits,
Dont Montmaur autrefois fit leçon dans Paris [4].
 Il est vrai que du roi la bonté secourable
Jette enfin sur la muse un regard favorable,
Et, réparant du sort l'aveuglement fatal,
Va tirer désormais Phébus de l'hôpital.
On doit tout espérer d'un monarque si juste :
Mais, sans un Mécénas, à quoi sert un Auguste ?
Et fait comme je suis, au siècle d'aujourd'hui,
Qui voudra s'abaisser à me servir d'appui ?
Et puis, comment percer cette foule effroyable
De rimeurs affamés dont le nombre l'accable ;

[1] Celui dont il s'agit ici fut condamné dans la suite à faire amende honorable, et banni à perpétuité. (Boil.) — Charles Rolet était un procureur fort décrié. Le président de Lamoignon, pour désigner un fripon insigne, disait : C'est un Rolet.
[2] Louis Barbier, abbé de la Rivière, d'abord régent au collége du Plessis, puis aumônier de Gaston, duc d'Orléans, fut fait évêque de Langres, duc et pair, en 1665.
[3] C'est de François Colletet qu'il s'agit ici. Son père, mort dès l'année 1659, avait été remplacé à l'Académie française par Gilles Boileau.
[4] Pierre de Montmaur, parasite célèbre, né dans la Marche, fut successivement charlatan à Avignon, avocat et poète à Paris, et professeur de langue grecque au Collége Royal.

Qui, dès que sa main s'ouvre, y courent les premiers,
Et ravissent un bien qu'on devait aux derniers ;
Comme on voit les frelons, troupe lâche et stérile,
Aller piller le miel que l'abeille distille?
Cessons donc d'aspirer à ce prix tant vanté
Que donne la faveur à l'importunité.
Saint-Amant n'eut du ciel que sa veine en partage :
L'habit qu'il eut sur lui fut son seul héritage,
Un lit et deux placets composaient tout son bien ;
Ou pour en mieux parler, Saint-Amant n'avait rien [1].
Mais quoi ! las de traîner une vie importune,
Il engagea ce rien pour chercher la fortune,
Et, tout chargé de vers qu'il devait mettre au jour,
Conduit d'un vain espoir, il parut à la cour.
Qu'arriva-t-il enfin de sa muse abusée?
Il en revint couvert de honte et de risée [2] ;
Et la fièvre, au retour terminant son destin,
Fit par avance en lui ce qu'aurait fait la faim.
Un poëte à la cour fut jadis à la mode ;
Mais des fous aujourd'hui c'est le plus incommode :
Et l'esprit le plus beau, l'auteur le plus poli,
N'y parviendra jamais au sort de l'Angeli [3].
    Faut-il donc désormais jouer un nouveau rôle?
Dois-je, las d'Apollon, recourir à Barthole [4]?
Et, feuilletant Louet allongé par Brodeau,
D'une robe à longs plis balayer le barreau ?
Mais à ce seul penser je sens que je m'égare.
Moi ! que j'aille crier dans ce pays barbare,
Où l'on voit tous les jours l'innocence aux abois
Errer dans les détours d'un dédale de lois,
Et, dans l'amas confus des chicanes énormes,
Ce qui fut blanc au fond rendu noir par les formes ;
Où Patru gagne moins qu'Huot et le Mazier [5],
Et dont les Cicérons se font chez Pé-Fournier [6] !
Avant qu'un tel dessein m'entre dans la pensée,
On pourra voir la Seine à la Saint-Jean glacée,
Arnauld à Charenton devenir huguenot [7],

Saint-Sorlin janséniste, et Saint-Pavin bigot [1].
    Quittons donc pour jamais une ville importune
Où l'honneur a toujours guerre avec la fortune ;
Où le vice orgueilleux s'érige en souverain,
Et va la mitre en tête et la crosse à la main ;
Où la science, triste, affreuse, délaissée,
Est partout des bons lieux comme infâme chassée ;
Où le seul art en vogue est l'art de bien voler ;
Où tout me choque enfin, où... Je n'ose parler.
Et quel homme si froid ne serait plein de bile
A l'aspect odieux des mœurs de cette ville?
Qui pourrait les souffrir ? et qui, pour les blâmer,
Malgré muse et Phébus n'apprendrait à rimer ?
Non, non ; sur ce sujet pour écrire avec grâce,
Il ne faut point monter au sommet du Parnasse,
Et, sans aller rêver dans le double vallon,
La colère suffit, et vaut un Apollon.
    Tout beau, dira quelqu'un, vous entrez en furie.
A quoi bon ces grands mots ; doucement, je vous prie :
Ou bien montez en chaire ; et là, comme un docteur,
Allez de vos sermons endormir l'auditeur :
C'est là que bien ou mal on a droit de tout dire.
    Ainsi parle un esprit qu'irrite la satire,
Qui contre ses défauts croit être en sûreté,
En raillant d'un censeur la triste austérité ;
Qui fait l'homme intrépide, et, tremblant de faiblesse,
Attend pour croire en Dieu que la fièvre le presse ;
Et, toujours dans l'orage au ciel levant les mains,
Dès que l'air est calmé, rit des faibles humains.
Car, de penser alors qu'un Dieu tourne le monde,
Et règle les ressorts de la machine ronde,
Ou qu'il est une vie au delà du trépas,
C'est là, tout haut du moins, ce qu'il n'avouera pas.
Pour moi qu'en santé même un autre monde étonne,
Qui crois l'âme immortelle, et que c'est Dieu qui tonne,
Il vaut mieux pour jamais me bannir de ce lieu :
Je me retire donc. Adieu, Paris, adieu.

## SATIRE II.

1664.

### A MOLIÈRE.

Rare et fameux esprit, dont la fertile veine
Ignore en écrivant le travail et la peine ;
Pour qui tient Apollon tous ses trésors ouverts,
Et qui sais à quel coin se marquent les bons vers,
Dans les combats d'esprit, savant maître d'escrime,
Enseigne-moi, Molière, où tu trouves la rime.

---

[1] Marc-Antoine-Gérard de Saint-Amant passa la plus grande partie de sa vie à voyager, et à faire de mauvais vers. Il mourut pauvre et méprisé, en 1660.
[2] Il s'y était présenté avec un poëme de *la Lune*, où il louait surtout Sa Majesté de ce qu'elle savait parfaitement nager.
[3] L'Angeli, né d'une famille noble, mais pauvre, suivit le prince de Condé dans ses campagnes de Flandre, comme valet d'écurie. De retour en France, le prince présenta l'Angeli à Louis XIII, qui, charmé des saillies de son esprit, l'attacha à son service en qualité de *fou*.
[4] Barthole, Louet, Brodeau, jurisconsultes et arrêtistes fameux.
[5] L'indigence et la probité de Patru sont passées en proverbe, tandis que Boileau a flétri la richesse de Huot et le Mazier, peu délicats sur le choix de leurs causes.
[6] Pierre Fournier, procureur au parlement, signait *P. Fournier*, pour se distinguer de quelques-uns de ses confrères qui portaient le même nom : on ne l'appela plus que *Pé-Fournier*.
[7] Antoine Arnauld, qu'on appelait le grand Arnauld, a publié plusieurs ouvrages éloquents contre les calvinistes.

[1] Jean Desmarets de Saint-Sorlin a écrit contre les religieuses de Port-Royal. — Sanguin de Saint-Pavin était connu par le dérèglement de ses mœurs.

On dirait, quand tu veux, qu'elle te vient chercher :
Jamais au bout du vers on ne te voit broncher ;
Et, sans qu'un long détour t'arrête ou t'embarrasse,
A peine as-tu parlé, qu'elle-même s'y place.
Mais moi, qu'un vain caprice, une bizarre humeur,
Pour mes péchés, je crois, fit devenir rimeur,
Dans ce rude métier où mon esprit se tue,
En vain, pour la trouver, je travaille et je sue.
Souvent j'ai beau rêver du matin jusqu'au soir ;
Quand je veux dire blanc, la quinteuse dit noir ;
Si je veux d'un galant dépeindre la figure [1],
Ma plume pour rimer trouve l'abbé de Pure [2] ;
Si je pense exprimer un auteur sans défaut,
La raison dit Virgile, et la rime Quinault [3] :
Enfin, quoi que je fasse ou que je veuille faire,
La bizarre toujours vient m'offrir le contraire.
De rage quelquefois, ne pouvant la trouver,
Triste, las et confus, je cesse d'y rêver ;
Et, maudissant vingt fois le démon qui m'inspire,
Je fais mille serments de ne jamais écrire.
Mais, quand j'ai bien maudit et muses et Phébus,
Je la vois qui paraît quand je n'y pense plus :
Aussitôt, malgré moi, tout mon feu se rallume :
Je reprends sur-le-champ le papier et la plume,
Et, de mes vains serments perdant le souvenir,
J'attends de vers en vers qu'elle daigne venir.
Encor si pour rimer, dans sa verve indiscrète,
Ma muse au moins souffrait une froide épithète,
Je ferais comme un autre ; et, sans chercher si loin,
J'aurais toujours des mots pour les coudre au besoin :
Si je louais Philis EN MIRACLES FÉCONDE,
Je trouverais bientôt, A NULLE AUTRE SECONDE ;
Si je voulais vanter un objet NONPAREIL,
Je mettrais à l'instant, PLUS BEAU QUE LE SOLEIL ;
Enfin, parlant toujours d'ASTRES et de MERVEILLES,
DE CHEFS-D'OEUVRE DES CIEUX, de BEAUTÉS SANS PAREILLES,
Avec tous ces beaux mots, souvent mis au hasard,
Je pourrais aisément, sans génie et sans art,
Et transposant cent fois et le nom et le verbe,
Dans mes vers recousus mettre en pièces Malherbe [4].
Mais mon esprit, tremblant sur le choix de ses mots,
N'en dira jamais un, s'il ne tombe à propos,
Et ne saurait souffrir qu'une phrase insipide
Vienne à la fin d'un vers remplir la place vide :
Ainsi, recommençant un ouvrage vingt fois,
Si j'écris quatre mots, j'en effacerai trois.

Maudit soit le premier dont la verve insensée
Dans les bornes d'un vers renferma sa pensée,
Et, donnant à ses mots une étroite prison,
Voulut avec la rime enchaîner la raison !
Sans ce métier fatal au repos de ma vie,
Mes jours pleins de loisir couleraient sans envie.
Je n'aurais qu'à chanter, rire, boire d'autant,
Et, comme un gras chanoine, à mon aise et content,
Passer tranquillement, sans souci, sans affaire,
La nuit à bien dormir, et le jour à rien faire [1].
Mon cœur exempt de soins, libre de passion,
Sait donner une borne à son ambition ;
Et, fuyant des grandeurs la présence importune,
Je ne vais point au Louvre adorer la fortune :
Et je serais heureux, si, pour me consumer,
Un destin envieux ne m'avait fait rimer.
Mais depuis le moment que cette frénésie
De ses noires vapeurs troubla ma fantaisie,
Et qu'un démon jaloux de mon contentement
M'inspira le dessein d'écrire poliment,
Tous les jours, malgré moi, cloué sur un ouvrage,
Retouchant un endroit, effaçant une page,
Enfin passant ma vie en ce triste métier,
J'envie, en écrivant, le sort de Pelletier [2].
Bienheureux Scudéri [3], dont la fertile plume
Peut tous les mois sans peine enfanter un volume !
Tes écrits, il est vrai, sans art et languissants,
Semblent être formés en dépit du bon sens :
Mais ils trouvent pourtant, quoi qu'on en puisse dire,
Un marchand pour les vendre, et des sots pour les li-
Et quand la rime enfin se trouve au bout des vers, [re,
Qu'importe que le reste y soit mis de travers ?
Malheureux mille fois celui dont la manie
Veut aux règles de l'art asservir son génie !
Un sot, en écrivant, fait tout avec plaisir ;
Il n'a point en ses vers l'embarras de choisir ;
Et, toujours amoureux de ce qu'il vient d'écrire,
Ravi d'étonnement, en soi-même il s'admire.
Mais un esprit sublime en vain veut s'élever
A ce degré parfait qu'il tâche de trouver ;
Et, toujours mécontent de ce qu'il vient de faire,
Il plaît à tout le monde, et ne saurait se plaire.
Et tel, dont en tous lieux chacun vante l'esprit,
Voudrait pour son repos n'avoir jamais écrit.
Toi donc, qui vois les maux où ma muse s'abîme,

---

[1] Ce trait était d'abord dirigé contre Ménage.
[2] Michel de Pure naquit à Lyon, au commencement du dix-septième siècle. Il a traduit Quintillien ; l'Histoire des Indes, du P. Maffée ; l'Histoire Africaine, de Bigaro ; et la Vie de Léon X, de Paul Jove.
[3] Voyez la IV⁰ préface de Boileau.
[4] François de Malherbe, le père de la poésie française, naquit à Caen vers l'an 1555.

[1] La Fontaine a depuis imité ce vers dans son épitaphe.
[2] Pierre du Pelletier, mauvais poète, déjà nommé dans le Discours au Roi. Il eut la bonhomie d'apercevoir ici une louange, et de faire imprimer cette satire dans un recueil de poésies où se trouvaient quelques-uns de ses vers.
[3] Georges de Scudéri, auteur d'un grand nombre de pièces de théâtre, du poëme d'*Alaric*, et de plusieurs romans. Cependant *Cyrus* et *Clélie*, imprimés sous son nom, appartiennent à Madeleine Scudéri, sa sœur.

De grâce, enseigne-moi l'art de trouver la rime ;
Ou, puisqu'enfin tes soins y seraient superflus,
Molière, enseigne-moi l'art de ne rimer plus.

## SATIRE III[1].

### 1665.

Quel sujet inconnu vous trouble et vous altère ?
D'où vous vient aujourd'hui cet air sombre et sévère,
Et ce visage enfin plus pâle qu'un rentier
A l'aspect d'un arrêt qui retranche un quartier[2] !
Qu'est devenu ce teint dont la couleur fleurie
Semblait d'ortolans seuls et de bisques nourrie,
Où la joie en son lustre attirait les regards,
Et le vin en rubis brillait de toutes parts ?
Qui vous a pu plonger dans cette humeur chagrine ?
A-t-on par quelque édit réformé la cuisine ?
Ou quelque longue pluie, inondant vos vallons,
A-t-elle fait couler vos vins et vos melons ?
Répondez donc enfin, ou bien je me retire.
Ah ! de grâce, un moment, souffrez que je respire ;
Je sors de chez un fat, qui, pour m'empoisonner,
Je pense, exprès chez lui m'a forcé de dîner.
Je l'avais bien prévu. Depuis près d'une année,
J'éludais tous les jours sa poursuite obstinée.
Mais hier il m'aborde, et, me serrant la main :
Ah ! monsieur, m'a-t-il dit, je vous attends demain.
N'y manquez pas au moins. J'ai quatorze bouteilles
D'un vin vieux.... Boucingo[3] n'en a point de pareilles ;
Et je gagerais bien que, chez le commandeur[4],
Villandri[5] priserait sa sève et sa verdeur.
Molière avec Tartufe y doit jouer son rôle[6] ;
Et Lambert[7], qui plus est, m'a donné sa parole.
C'est tout dire, en un mot, et vous le connaissez. —

[1] Horace, liv. II, sat. VIII, et Régnier, dans sa X⁵ satire, ont traité le même sujet.
[2] Les rentes sur l'hôtel de ville venaient d'éprouver une réduction qui donna lieu à l'épigramme suivante :

De nos rentes, pour nos péchés,
Si les quartiers sont retranchés,
Pourquoi s'en émouvoir la bile ?
Nous n'aurons qu'à changer de lieu :
Nous allions à l'hôtel de ville,
Et nous irons à l'Hôtel-Dieu.
Le chevalier D'ACEILLY.

[3] Fameux marchand de vins.
[4] Jacques de Souvré, *commandeur* de Saint-Jean de Latran, et ensuite grand prieur de France, était fils du maréchal de Souvré, gouverneur de Louis XIII, et oncle de madame de Louvois.
[5] Gentilhomme de la chambre du roi, fils de Balthazar le Breton, seigneur de Villandri.
[6] La comédie du *Tartufe* avait été défendue en ce temps-là, et tout le monde voulait avoir Molière pour la lui entendre réciter. (BOIL.)
[7] Lambert, fameux musicien, qui promettait à tout le monde, et manquait presque toujours de parole, mourut, en 1696, à l'âge de quatre-vingt-sept ans. Il avait marié sa fille à Lulli.

Quoi ! Lambert ? —Oui, Lambert : à demain.—C'est assez.
Ce matin donc, séduit par sa vaine promesse,
J'y cours midi sonnant, au sortir de la messe.
A peine étais-je entré, que, ravi de me voir,
Mon homme, en m'embrassant, m'est venu recevoir :
Et montrant à mes yeux une allégresse entière :
Nous n'avons, m'a-t-il dit, ni Lambert ni Molière ;
Mais, puisque je vous vois, je me tiens trop content.
Vous êtes un brave homme : entrez ; on vous attend.
A ces mots, mais trop tard, reconnaissant ma fau-
Je le suis en tremblant dans une chambre haute, [te,
Où malgré les volets, le soleil irrité
Formait un poêle ardent au milieu de l'été.
Le couvert était mis dans ce lieu de plaisance,
Où j'ai trouvé d'abord pour toute connaissance,
Deux nobles campagnards, grands lecteurs de romans,
Qui m'ont dit tout Cyrus[1] dans leurs longs compli-
J'enrageais. Cependant on apporte un potage.[ments.
Un coq y paraissait en pompeux équipage,
Qui, changeant sur ce plat et d'état et de nom,
Par tous les conviés s'est appelé chapon.
Deux assiettes suivaient, dont l'une était ornée
D'une langue en ragoût de persil couronnée ;
L'autre, d'un godiveau tout brûlé par dehors,
Dont un beurre gluant inondait tous les bords.
On s'assied : mais d'abord notre troupe serrée
Tenait à peine autour d'une table carrée,
Où chacun malgré soi, l'un sur l'autre porté,
Faisait un tour à gauche, et mangeait de côté.
Jugez en cet état si je pouvais me plaire,
Moi qui ne compte rien ni le vin ni la chère,
Si l'on n'est plus au large assis en un festin,
Qu'aux sermons de Cassagne ou de l'abbé Cotin[2].
Notre hôte cependant s'adressant à la troupe :
Que vous semble, a-t-il dit, du goût de cette soupe ?
Sentez-vous le citron dont on a mis le jus
Avec des jaunes d'œufs mêlés dans du verjus ?
Ma foi, vive Mignot et tout ce qu'il apprête[3] !
Les cheveux cependant me dressaient à la tête :
Car Mignot, c'est tout dire ; et dans le monde entier

[1] Voyez la note sur Scudéri, page 186.
[2] Mauvais prédicateurs morts vers la fin du dix-septième siècle. Le premier a traduit les *Dialogues de l'orateur* de Cicéron, et les Œuvres de Salluste. Le dernier a été joué dans les *Femmes savantes*, sous le nom de Trisson.
[3] Jacques Mignot, pâtissier-traiteur, rue de la Harpe, vis-à-vis la rue Percée, avait la charge de maître-queux* de la maison du roi, et celle d'écuyer de la bouche de la reine. Il se crut blessé dans son honneur et obligé de rendre plainte ; mais les magistrats refusèrent de l'entendre en lui disant que l'injure dont il se plaignait n'était qu'une plaisanterie et qu'il en devait rire le premier. Pour se venger, il fit imprimer, à ses frais, une satire de l'abbé Cotin contre Boileau, et la répandit dans le public avec ses biscuits, auxquels elle servait d'enveloppe, et qui dès lors eurent une vogue prodigieuse. Boileau en donnait souvent des divertissements à ses amis.

* Chef de cuisine. *Queux* vient de *coquus*, cuisinier.

Jamais empoisonneur ne sut mieux son métier.
J'approuvais tout pourtant,de la mine et du geste,
Pensant qu'au moins le vin dût réparer le reste.
Pour m'en éclaircir donc, j'en demande : et d'abord
Un laquais effronté m'apporte un rouge-bord
D'un auvernat¹ fumeux, qui, mêlé de lignage,
Se vendait chez Crenet² pour vin de l'ermitage³,
Et qui, rouge et vermeil, mais fade et doucereux,
N'avait rien qu'un goût plat, et qu'un déboire affreux.
A peine ai-je senti cette liqueur traîtresse,
Que de ces vins mêlés j'ai reconnu l'adresse.
Toutefois avec l'eau que j'y mets à foison
J'espérais adoucir la force du poison.
Mais, qui l'aurait pensé? pour comble de disgrâce,
Par le chaud qu'il faisait nous n'avions point de glace.
Point de glace, bon Dieu! dans le fort de l'été⁴!
Au mois de juin! Pour moi, j'étais si transporté,
Que donnant de fureur tout le festin au diable,
Je me suis vu vingt fois prêt à quitter la table;
Et, dût-on m'appeler et fantasque et bourru,
J'allais sortir enfin quand le rôt a paru.
Sur un lièvre flanqué de six poulets étiques
S'élevaient trois lapins, animaux domestiques,
Qui, dès leur tendre enfance élevés dans Paris,
Sentaient encor le chou dont ils furent nourris.
Autour de cet amas de viandes entassées
Régnait un long cordon d'alouettes pressées,
Et sur les bords du plat six pigeons étalés,
Présentaient pour renfort leurs squelettes brûlés.
A côté de ce plat paraissaient deux salades,
L'une de pourpier jaune, et l'autre d'herbes fades,
Dont l'huile de fort loin saisissait l'odorat,
Et nageait dans des flots de vinaigre rosat.
Tous mes sots, à l'instant changent de contenance,
Ont loué du festin la superbe ordonnance,
Tandis que mon faquin, qui se voyait priser,
Avec un ris moqueur les priait d'excuser.
Surtout certain hâbleur, à la gueule affamée,
Qui vint à ce festin conduit par la fumée,
Et qui s'est dit profès dans l'ordre des coteaux⁵,

A fait en bien mangeant l'éloge des morceaux.
Je riais de le voir avec sa mine étique,
Son rabat jadis blanc, et sa perruque antique,
En lapin de garenne ériger nos clapiers¹,
Et nos pigeons cauchois,² en superbes ramiers;
Et, pour flatter notre hôte, observant son visage,
Composer sur ses yeux son geste et son langage;
Quand notre hôte charmé, m'avisant sur ce point :
Qu'avez vous donc, dit-il, que vous ne mangez point?
Je vous trouve aujourd'hui l'âme tout inquiète,
Et les morceaux entiers restent sur votre assiette.
Aimez-vous la muscade? on en a mis partout.
Ah! monsieur, ces poulets sont d'un merveilleux goût!
Ces pigeons sont dodus; mangez, sur ma parole.
J'aime à voir aux lapins cette chair blanche et molle.
Ma foi tout est passable, il le faut confesser,
Et Mignot aujourd'hui s'est voulu surpasser.
Quand on parle de sauce, il faut qu'on y raffine;
Pour moi, j'aime surtout que le poivre y domine :
J'en suis fourni, Dieu sait! et j'ai tout Pelletier
Roulé dans mon office en cornets de papier.
A tous ces beaux discours j'étais comme une pierre,
Ou comme la statue est au Festin de Pierre³;
Et, sans dire un seul mot, j'avalais au hasard
Quelque aile de poulet dont j'arrachais le lard.
Cependant mon hâbleur, avec une voix haute,
Porte à mes campagnards la santé de notre hôte,
Qui tous deux pleins de joie, en jetant un grand cri,
Avec un rouge-bord acceptent son défi.
Un si galant exploit réveillant tout le monde,
On a porté partout des verres à la ronde,
Où les doigts des laquais, dans la crasse tracés,
Témoignaient par écrit qu'on les avait rincés,
Quand un des conviés, d'un ton mélancolique,
Lamentant tristement une chanson bachique,
Tout mes sots à la fois ravis de l'écouter,
Détonnant de concert, se mettent à chanter.
La musique sans doute était rare et charmante!
L'un traîne en longs fredons une voix glapissante;
Et l'autre, l'appuyant de son aigre fausset,
Semble un violon faux qui jure sous l'archet.
Sur ce point un jambon d'assez maigre apparence
Arrive sous le nom de jambon de Mayence.
Un valet le portait, marchant à pas comptés,
Comme un recteur suivi des quatre facultés⁴.

¹ Vin fort rouge, des environs d'Orléans, que les cabaretiers mélangeaient habituellement avec le lignage, moins fort en couleur, pour en faire des vins clairets et rosés.
² Fameux marchand de vins, qui tenait le cabaret de *la Pomme de Pin*, déjà cité dans Rabelais, Villon et Régnier.
³ Coteau du Dauphiné, situé sur le Rhône, et réputé pour ses bons vins.
⁴ On n'a commencé en France à boire à la glace que vers le milieu du dix-septième siècle. Cet usage était cependant connu des anciens Romains.
⁵ *Les coteaux.* Ce nom fut donné à trois grands seigneurs, tenant table, qui étaient partagés sur l'estime qu'on devait faire des vins des coteaux qui sont aux environs de Reims. Ils avaient chacun leurs partisans. (BOIL.) Suivant Boileau, ces trois seigneurs étaient le commandeur de Souvré, le duc de Mortémar et le marquis de Silleri. Ménage prétend qu'on appela *les coteaux* des délicats qui ne voulaient du vin que d'un

certain coteau. C'étaient, suivant lui, MM. Laval, marquis de Bois-Dauphin; la Trémouille, comte d'Olonne; Mornai, abbé de Villarceaux, et Brûlart, comte du Broussin.
¹ Lapins domestiques.
² Du pays de Caux en Normandie.
³ Comédie de Molière imitée de l'espagnol, jouée en 1665, et mise en vers par Thomas Corneille.
⁴ L'université faisait alors quatre processions par année, à la tête desquelles marchait le recteur, précédé de bedeaux ou

Deux marmitons crasseux, revêtus de serviettes,
Lui servaient de massiers, et portaient deux assiettes.
L'une de champignons avec des ris de veau,
Et l'autre de pois verts qui se noyaient dans l'eau.
Un spectacle si beau surprenant l'assemblée,
Chez tous les conviés la joie est redoublée ;
Et la troupe, à l'instant cessant de fredonner,
D'un ton gravement fou s'est mise à raisonner.
Le vin au plus muet fournissant des paroles,
Chacun a débité ses maximes frivoles,
Réglé les intérêts de chaque potentat,
Corrigé la police, et réformé l'État ;
Puis, de là s'embarquant dans la nouvelle guerre,
A vaincu la Hollande ou battu l'Angleterre.
Enfin, laissant en paix tous ces peuples divers,
De propos en propos on a parlé de vers.
Là, tous mes sots, enflés d'une nouvelle audace,
Ont jugé des auteurs en maîtres du Parnasse.
Mais notre hôte surtout, pour la justesse et l'art,
Élevait jusqu'au ciel Théophile et Ronsard [1],
Quand un des campagnards, relevant sa moustache,
Et son feutre [2] à grands poils ombragé d'un panache,
Impose à tous silence, et, d'un ton de docteur :
Morbleu ! dit-il, la Serre est un charmant auteur [3].
Ses vers sont d'un beau style, et sa prose est coulante.
La Pucelle [4] est encore une œuvre bien galante,
Et je ne sais pourquoi je bâille en la lisant.
Le Pays [5], sans mentir, est un bouffon plaisant :
Mais je ne trouve rien de beau dans ce Voiture.
Ma foi, le jugement sert bien dans la lecture.
A mon gré, le Corneille est joli quelquefois.
En vérité, pour moi j'aime le beau français.
Je ne sais pas pourquoi l'on vante l'Alexandre [6] ;
Ce n'est qu'un glorieux qui ne dit rien de tendre.
Les héros chez Quinault parlent bien autrement,
Et jusqu'à je vous hais, tout s'y dit tendrement [7].
On dit qu'on l'a drapé dans certaine satire [8] ;

Qu'un jeune homme... Ah ! je sais ce que vous voulez dire,
A répondu notre hôte : « Un auteur sans défaut,
« La raison dit Virgile, et la rime Quinault. »
— Justement. A mon gré, la pièce est assez plate.
Et puis, blâmer Quinault ! Avez-vous vu l'Astrate [1] ?
C'est là ce qu'on appelle un ouvrage achevé.
Surtout l'anneau royal me semble bien trouvé [2].
Son sujet est conduit d'une belle manière,
Et chaque acte, en sa pièce, est une pièce entière.
Je ne puis plus souffrir ce que les autres font.
Il est vrai que Quinault est un esprit profond,
A repris certain fat, qu'à sa mine discrète
Et son maintien jaloux j'ai reconnu poëte ;
Mais il en est pourtant qui le pourraient valoir.
Ma foi, ce n'est pas vous qui nous le ferez voir,
A dit mon campagnard avec une voix claire,
Et déjà tout bouillant de vin et de colère.
Peut-être, a dit l'auteur pâlissant de courroux :
Mais vous, pour en parler, vous y connaissez-vous ?
Mieux que vous mille fois, dit le noble en furie.
Vous ? mon Dieu ! mêlez-vous de boire, je vous prie,
A l'auteur sur-le-champ aigrement reparti.
Je suis donc un sot, moi ? vous en avez menti,
Reprend le campagnard ; et, sans plus de langage,
Lui jette pour défi son assiette au visage.
L'autre esquive le coup ; et l'assiette volant
S'en va frapper le mur, et revient en roulant.
A cet affront l'auteur, se levant de la table,
Lance à mon campagnard un regard effroyable ;
Et, chacun vainement se ruant entre deux,
Nos braves s'accrochant se prennent aux cheveux.
Aussitôt sous leurs pieds les tables renversées
Font voir un long débris de bouteilles cassées :
En vain à lever tout les valets sont fort prompts,
Et les ruisseaux de vin coulent aux environs.
Enfin, pour arrêter cette lutte barbare,
De nouveau l'on s'efforce, on crie, on les sépare ;
Et, leur première ardeur passant en un moment,
On a parlé de paix et d'accommodement.
Mais, tandis qu'à l'envi tout le monde y conspire,
J'ai gagné doucement la porte sans rien dire,
Avec un bon serment que, si pour l'avenir
En pareille cohue on me peut retenir,
Je consens de bon cœur, pour punir ma folie,
Que tous les vins pour moi deviennent vins de Brie ;
Qu'à Paris le gibier manque tous les hivers,
Et qu'à peine au mois d'août l'on mange des pois verts.

---

massiers, et suivi des quatre facultés : les Arts, la Médecine, le Droit et la Théologie.

[1] Théophile Viaud et Ronsard. Ces deux poëtes jouissaient d'une grande célébrité avant Boileau.

[2] *Feutre* s'employait quelquefois alors comme synonyme de *chapeau*.

[3] Jean Puget de la Serre, mort en 1665, a fait quelques tragédies en prose.

[4] Jean Chapelain est l'auteur de *la Pucelle* ou *la France délivrée*, poëme héroïque en vingt-quatre chants, dont les douze premiers seulement ont été publiés. Boileau le désigna quelquefois, dans ses premières éditions, sous le nom de Pucelain.

[5] René le Pays, sieur du Plessis-Villeneuve, né à Nantes en 1636, directeur général des gabelles de Dauphiné et de Provence, avait publié en 1664, sous le titre d'*Amitiés, Amours et Amourettes*, un recueil de lettres et de poésies.

[6] Tragédie de Racine.

[7] Voyez les scènes VI et VII, acte II, de *Stratonice*, tragédie de Quinault.

[8] Dans la précédente, vers 19 et 20.

[1] Autre tragédie de Quinault.
[2] Voyez les scènes III et IV, acte III, de l'*Astrate*.

## SATIRE IV.

### 1664.

### A L'ABBÉ LE VAYER [1].

D'où vient, cher le Vayer, que l'homme le moins
Croit toujours seul avoir la sagesse en partage, [sage
Et qu'il n'est point de fou qui, par belles raisons,
Ne loge son voisin aux Petites-Maisons [2] ?
　Un pédant, enivré de sa vaine science,
Tout hérissé de grec, tout bouffi d'arrogance,
Et qui, de mille auteurs retenus mot pour mot,
Dans sa tête entassés, n'a souvent fait qu'un sot,
Croit qu'un livre fait tout, et que, sans Aristote,
La raison ne voit goutte, et le bon sens radote.
　D'autre part un galant, de qui tout le métier
Est de courir le jour de quartier en quartier,
Et d'aller, à l'abri d'une perruque blonde,
De ses froides douceurs fatiguer le beau monde,
Condamne la science; et, blâmant tout écrit,
Croit qu'en lui l'ignorance est un titre d'esprit;
Que c'est des gens de cour le plus beau privilége,
Et renvoie un savant dans le fond d'un collége.
　Un bigot orgueilleux, qui, dans sa vanité,
Croit duper jusqu'à Dieu par son zèle affecté,
Couvrant tous ses défauts d'une sainte apparence,
Damne tous les humains, de sa pleine puissance.
　Un libertin d'ailleurs, qui, sans âme et sans foi,
Se fait de son plaisir une suprême loi,
Tient que ces vieux propos de démons et de flammes
Sont bons pour étonner des enfants et des femmes;
Que c'est s'embarrasser de soucis superflus,
Et qu'enfin tout dévot a le cerveau perclus.
　En un mot, qui voudrait épuiser ces matières,
Peignant de tant d'esprit les diverses manières,
Il compterait plutôt combien, dans un printemps,
Guénaud [3] et l'antimoine ont fait mourir de gens,
Et combien la Neveu [4], devant son mariage,
A de fois au public vendu son pucelage.
　Mais, sans errer en vain dans ces vagues propos,
Et pour rimer ici ma pensée en deux mots,
N'en déplaise à ces fous nommés sages de Grèce,
En ce monde il n'est point de parfaite sagesse : [soins,
Tous les hommes sont fous, et, malgré tous leurs
Ne diffèrent entre eux que du plus ou du moins.

---

[1] L'abbé le Vayer, auteur d'une traduction de Florus, était fils du célèbre Lamothe le Vayer, et mourut dans l'année où cette satire fut composée.
[2] On appelait ainsi l'hôpital des fous, qu'on y tenait renfermés dans de petites cellules séparées. C'est aujourd'hui l'Hospice des ménages, rue de Sèvres.
[3] Médecin de la reine.
[4] Infâme débordée, connue de tout le monde. (Boil.)

Comme on voit qu'en un bois que cent routes séparen
Les voyageurs sans guide assez souvent s'égarent,
L'un à droite, l'autre à gauche, et, courant vaine-
La même erreur les fait errer diversement : [ment,
Chacun suit dans le monde une route incertaine,
Selon que son erreur le joue et le promène;
Et tel y fait l'habile et nous traite de fous,
Qui sous le nom de sage est le plus fou de tous.
Mais, quoi que sur ce point la satire publie,
Chacun veut en sagesse ériger sa folie;
Et se laissant régler à son esprit tortu,
De ses propres défauts se fait une vertu.
Ainsi, cela soit dit pour qui veut se connaître,
Le plus sage est celui qui ne pense point l'être,
Qui, toujours pour un autre enclin vers la douceur,
Se regarde soi-même en sévère censeur,
Rend à tous ses défauts une exacte justice,
Et fait sans se flatter le procès à son vice.
Mais chacun pour soi-même est toujours indulgent.
　Un avare, idolâtre et fou de son argent,
Rencontrant la disette au sein de l'abondance,
Appelle sa folie une rare prudence,
Et met toute sa gloire et son souverain bien
A grossir un trésor qui ne lui sert de rien.
Plus il le voit accru, moins il en sait l'usage.
Sans mentir, l'avarice est une étrange rage,
Dira cet autre fou non moins privé de sens,
Qui jette, furieux, son bien à tous venants,
Et dont l'âme inquiète, à soi-même importune,
Se fait un embarras de la bonne fortune.
Qui des deux en effet est le plus aveuglé?
L'un et l'autre, à mon sens, ont le cerveau troublé,
Répondra chez Frédoc [1] ce marquis sage et prude,
Et qui sans cesse au jeu, dont il fait son étude,
Attendant son destin d'un quatorze ou d'un sept,
Voit sa vie ou sa mort sortir de son cornet.
Que si d'un sort fâcheux la maligne inconstance
Vient par un coup fatal faire tourner la chance,
Vous le verrez bientôt, les cheveux hérissés,
Et les yeux vers le ciel de fureur élancés,
Ainsi qu'un possédé que le prêtre exorcise,
Fêter dans ses serments tous les saints de l'église.
Qu'on le lie; ou je crains, à son air furieux,
Que ce nouveau Titan n'escalade les cieux.
Mais laissons-le plutôt en proie à son caprice.
Sa folie, aussi bien, lui tient lieu de supplice.
Il est d'autres erreurs dont l'aimable poison
D'un charme bien plus doux enivre la raison :
L'esprit dans ce nectar heureusement s'oublie.
　Chapelain veut rimer, et c'est là sa folie [2].

---

[1] Frédoc tenait, place du Palais-Royal, une maison de jeu, alors très-fréquentée.
[2] Cet auteur, avant que son poëme de *la Pucelle* fût im-

Mais bien que ses durs vers, d'épithètes enflés,
Soient des moindres grimauds chez Ménage sifflés,
Lui-même il s'applaudit, et, d'un esprit tranquille,
Prend le pas au Parnasse au-dessus de Virgile.
Que ferait-il, hélas! si quelque audacieux
Allait pour son malheur lui dessiller les yeux,
Lui faisant voir ses vers et sans force et sans grâces
Montés sur deux grands mots, comme sur deux échas-
Ses termes sans raison l'un de l'autre écartés, [ses,
Et ses froids ornements à la ligne plantés?
Qu'il maudirait le jour où son âme insensée
Perdit l'heureuse erreur qui charmait sa pensée!

Jadis certain bigot, d'ailleurs homme sensé,
D'un mal assez bizarre eut le cerveau blessé,
S'imaginant sans cesse, en sa douce manie,
Des esprits bienheureux entendre l'harmonie.
Enfin un médecin fort expert en son art
Le guérit par adresse, ou plutôt par hasard :
Mais voulant de ses soins exiger le salaire,
Moi, vous payer? lui dit le bigot en colère,
Vous dont l'art infernal, par des secrets maudits,
En me tirant d'erreur m'ôte du paradis! [dire,
J'approuve son courroux; car, puisqu'il faut le
Souvent de tous nos maux la raison est le pire.
C'est elle qui, farouche au milieu des plaisirs,
D'un remords importun vient brider nos désirs.
La fâcheuse a pour nous des rigueurs sans pareilles;
C'est un pédant qu'on a sans cesse à ses oreilles,
Qui toujours nous gourmande, et, loin de nous toucher,
Souvent, comme Joli¹, perd son temps à prêcher.
En vain certains rêveurs nous l'habillent en reine,
Veulent sur tous nos sens la rendre souveraine,
Et, s'en formant en terre une divinité,
Pensent aller par elle à la félicité :
C'est elle, disent-ils, qui nous montre à bien vivre.
Ces discours, il est vrai, sont fort beaux dans un
Je les estime fort : mais je trouve en effet [livre;
Que le plus fou souvent est le plus satisfait.

## SATIRE V.

1665.

### AU MARQUIS DE DANGEAU².

La noblesse, Dangeau, n'est pas une chimère,
Quand, sous l'étroite loi d'une vertu sévère,

Un homme issu d'un sang fécond en demi-dieux
Suit, comme toi, la trace où marchaient ses aïeux.
Mais je ne puis souffrir qu'un fat, dont la mollesse
N'a rien pour s'appuyer qu'une vaine noblesse,
Se pare insolemment du mérite d'autrui,
Et me vante un honneur qui ne vient pas de lui.
Je veux que la valeur de ses aïeux antiques
Ait fourni de matière aux plus vieilles chroniques,
Et que l'un des Capets, pour honorer leur nom,
Ait de trois fleurs de lis doté leur écusson¹,
Que sert ce vain amas d'une inutile gloire,
Si, de tant de héros célèbres dans l'histoire,
Il ne peut rien offrir aux yeux de l'univers
Que de vieux parchemins qu'ont épargnés les vers;
Si, tout sorti qu'il est d'une source divine,
Son cœur dément en lui sa superbe origine,
Et n'ayant rien de grand qu'une sotte fierté,
S'endort dans une lâche et molle oisiveté?
Cependant, à le voir avec tant d'arrogance
Vanter le faux éclat de sa haute naissance,
On dirait que le ciel est soumis à sa loi,
Et que Dieu l'a pétri d'autre limon que moi.
Enivré de lui-même, il croit, dans sa folie,
Qu'il faut que devant lui d'abord tout s'humilie.
Aujourd'hui toutefois sans trop le ménager,
Sur ce ton un peu haut je vais l'interroger.
Dites-moi, grand héros, esprit rare et sublime,
Entre tant d'animaux, qui sont ceux qu'on estime?
On fait cas d'un coursier, qui, fier et plein de cœur,
Fait paraître en courant sa bouillante vigueur;
Qui jamais ne se lasse, et qui dans la carrière
S'est couvert mille fois d'une noble poussière :
Mais la postérité d'Alfane et de Bayard²,
Quand ce n'est qu'une rosse, est vendue au hasard,
Sans respect des aïeux dont elle est descendue,
Et va porter la malle, ou tirer la charrue;
Pourquoi donc voulez-vous que, par un sot abus,
Chacun respecte en vous un honneur qui n'est plus?
On ne m'éblouit point d'une apparence vaine :
La vertu d'un cœur noble est la marque certaine.
Si vous êtes sorti de ces héros fameux,
Montrez-nous cette ardeur qu'on vit briller en eux,
Ce zèle pour l'honneur, cette horreur pour le vice.

---

primé, passait pour le premier poète du siècle. L'impression gâta tout. (BOIL.)

¹ Prédicateur célèbre de cette époque. Il était alors curé de Saint-Nicolas des Champs; il fut ensuite nommé à l'évêché de Saint-Pol de Léon, et bientôt après à celui d'Agen. Ses prônes ont été souvent réimprimés.

² Philippe de Courcillon, marquis de Dangeau, remplaça Scudéri à l'Académie française, en 1668, et le marquis de l'Hôpital, en 1704, à l'Académie des sciences. Il a laissé, manuscrits, de volumineux *Mémoires*, dont madame la comtesse de Genlis a publié un *Extrait* en quatre volumes in-8°.

¹ Philippe-Auguste, ayant été renversé de son cheval à la bataille de Bovines, Déodat, ou Dieu-Donné d'Estaing, contribua puissamment à tirer le roi du danger qu'il courait, et sauva même son *escu*. Le brave chevalier demanda et obtint, pour prix de ce service, l'honneur d'ajouter une troisième fleur de lis aux deux que portait déjà l'écusson de la maison d'Estaing.

² Chevaux célèbres dans nos vieux romans.

Respectez-vous les lois? fuyez-vous l'injustice?
Savez-vous pour la gloire oublier le repos,
Et dormir en plein champ le harnois sur le dos?
Je vous connais pour noble à ces illustres marques.
Alors soyez issu des plus fameux monarques,
Venez de mille aïeux; et, si ce n'est assez,
Feuilletez à loisir tous les siècles passés :
Voyez de quel guerrier il vous plaît de descendre;
Choisissez de César, d'Achille, ou d'Alexandre :
En vain un faux censeur voudrait vous démentir,
Et si vous n'en sortez vous en devez sortir.
Mais, fussiez-vous issu d'Hercule en droite ligne,
Si vous ne faites voir qu'une bassesse indigne,
Ce long amas d'aïeux que vous diffamez tous
Sont autant de témoins qui parlent contre vous;
Et tout ce grand éclat de leur gloire ternie
Ne sert plus que de jour à votre ignominie.
En vain, tout fier d'un sang que vous déshonorez,
Vous dormez à l'abri de ces noms révérés,
En vain vous vous couvrez des vertus de vos pères :
Ce ne sont à mes yeux que de vaines chimères;
Je ne vois rien en vous qu'un lâche, un imposteur,
Un traître, un scélérat, un perfide, un menteur,
Un fou dont les accès vont jusqu'à la furie,
Et d'un tronc fort illustre une branche pourrie.
Je m'emporte peut-être, et ma muse en fureur
Verse dans ses discours trop de fiel et d'aigreur :
Il faut avec les grands un peu de retenue.
Eh bien! je m'adoucis. Votre race est connue,
Depuis quand? répondez. Depuis mille ans entiers :
Et vous pouvez fournir deux fois seize quartiers.
C'est beaucoup. Mais enfin les preuves en sont claires
Tous les livres sont pleins des titres de vos pères;
Leurs noms sont échappés du naufrage des temps.
Mais qui m'assurera qu'en ce long cercle d'ans,
A leurs fameux époux vos aïeules fidèles
Aux douceurs des galants furent toujours rebelles?
Et comment savez-vous si quelque audacieux
N'a point interrompu le cours de vos aïeux,
Et si leur sang tout pur, ainsi que leur noblesse,
Est passé jusqu'à vous de Lucrèce en Lucrèce?
Que maudit soit le jour où cette vanité
Vint ici de nos mœurs souiller la pureté!
Dans les temps bienheureux du monde en son enfance
Chacun mettait sa gloire en sa seule innocence;
Chacun vivait content, et sous d'égales lois,
Le mérite y faisait la noblesse et les rois;
Et, sans chercher l'appui d'une naissance illustre,
Un héros de soi-même empruntait tout son lustre.
Mais enfin par le temps le mérite avili
Vit l'honneur en roture, et le vice ennobli;
Et l'orgueil, d'un faux titre appuyant sa faiblesse,
Maîtrisa les humains sous le nom de noblesse.

De là vinrent en foule et marquis et barons :
Chacun pour ses vertus n'offrit plus que des noms.
Aussitôt maint esprit fécond en rêveries
Inventa le blason avec les armoiries;
De ses termes obscurs fit un langage à part;
Composa tous ces mots de cimier et d'écart,
De pal, de contrepal, de lambel et de fasce,
Et tout ce que Ségoing[1] dans son Mercure entasse.
Une vaine folie enivrant la raison,
L'honneur triste et honteux ne fut plus de saison.
Alors, pour soutenir son rang et sa naissance,
Il fallut étaler le luxe et la dépense;
Il fallut habiter un superbe palais;
Faire par les couleurs distinguer ses valets;
Et, traînant en tous lieux de pompeux équipages,
Le duc et le marquis se reconnut aux pages.
Bientôt, pour subsister, la noblesse sans bien
Trouva l'art d'emprunter, et de ne rendre rien;
Et, bravant des sergents la timide cohorte,
Laissa le créancier se morfondre à sa porte :
Mais, pour comble, à la fin le marquis en prison
Sous le faix des procès vit tomber sa maison.
Alors le noble altier, pressé de l'indigence,
Humblement du faquin rechercha l'alliance,
Avec lui trafiquant d'un nom si précieux,
Par un lâche contrat vendit tous ses aïeux;
Et, corrigeant ainsi la fortune ennemie,
Rétablit son honneur à force d'infamie.
Car, si l'éclat de l'or ne relève le sang,
En vain l'on fait briller la splendeur de son rang;
L'amour de vos aïeux passe en vous pour manie,
Et chacun pour parent vous fuit et vous renie.
Mais quand un homme est riche il vaut toujours son [prix;
Et, l'eût-on vu porter la mandille[2] à Paris,
N'eût-il de son vrai nom ni titre ni mémoire,
D'Hozier[3] lui trouvera cent aïeux dans l'histoire.
Toi donc qui, de mérite et d'honneur revêtu,
Des écueils de la cour as sauvé ta vertu,
Dangeau, qui, dans le rang où notre roi t'appelle,
Le vois, toujours orné d'une gloire nouvelle,
Et plus brillant par soi que que par l'éclat des lis,
Dédaigner tous ces rois dans la pourpre amollis;
Fuir d'un honteux loisir la douceur importune;
A ses sages conseils asservir la fortune;
Et, de tout son bonheur ne devant rien qu'à soi,
Montrer à l'univers ce que c'est qu'être roi :
Si tu veux te couvrir d'un éclat légitime,
Va par mille beaux faits mériter son estime;

[1] Charles Segoing, avocat, auteur du *Trésor héraldique* ou *Mercure armorial*, publié en 1657.
[2] Petite casaque que portaient encore les laquais à cette époque.
[3] Grand généalogiste.

Sers un si noble maître; et fais voir qu'aujourd'hui
Ton prince a des sujets qui sont dignes de lui.

## SATIRE VI.
### 1660.

Qui frappe l'air, bon Dieu! de ces lugubres cris?
Est-ce donc pour veiller qu'on se couche à Paris?
Et quel fâcheux démon, durant les nuits entières,
Rassemble ici les chats de toutes les gouttières?
J'ai beau sauter du lit, plein de trouble et d'effroi,
Je pense qu'avec eux tout l'enfer est chez moi :
L'un miaule en grondant comme un tigre en furie,
L'autre roule sa voix comme un enfant qui crie.
Ce n'est pas tout encor : les souris et les rats
Semblent, pour m'éveiller, s'entendre avec les chats,
Plus importuns pour moi, durant la nuit obscure,
Que jamais, en plein jour, ne fut l'abbé de Pure[1].
Tout conspire à la fois à troubler mon repos,
Et je me plains ici du moindre de mes maux;
Car à peine les coqs, commençant leur ramage,
Auront de cris aigus frappé le voisinage,
Qu'un affreux serrurier, laborieux Vulcain,
Qu'éveillera bientôt l'ardente soif du gain,
Avec un fer maudit, qu'à grand bruit il apprête,
De cent coups de marteau me va fendre la tête.
J'entends déjà partout les charrettes courir,
Les maçons travailler, les boutiques s'ouvrir :
Tandis que dans les airs mille cloches émues
D'un funèbre concert font retentir les nues;
Et, se mêlant au bruit de la grêle et des vents,
Pour honorer les morts font mourir les vivants.
Encor je bénirais la bonté souveraine,
Si le ciel à ces maux avait borné ma peine.
Mais si seul en mon lit je peste avec raison,
C'est encor pis vingt fois en quittant la maison :
En quelque endroit que j'aille, il faut fendre la presse
D'un peuple d'importuns qui fourmillent sans cesse.
L'un me heurte d'un ais dont je suis tout froissé;
Je vois d'un autre coup mon chapeau renversé.
Là d'un enterrement la funèbre ordonnance
D'un pas lugubre et lent vers l'église s'avance;
Et plus loin des laquais l'un et l'autre s'agaçants
Font aboyer les chiens et jurer les passants.
Des paveurs en ce lieu me bouchent le passage.
Là je trouve une croix de funeste présage;
Et des couvreurs grimpés au toit d'une maison
En font pleuvoir l'ardoise et la tuile à foison.
Là sur une charrette une poutre branlante
Vient menaçant de loin la foule qu'elle augmente;

Six chevaux attelés à ce fardeau pesant
Ont peine à l'émouvoir sur le pavé glissant.
D'un carrosse en tournant il accroche une roue,
Et du choc le renverse en un grand tas de boue,
Quand un autre à l'instant s'efforçant de passer
Dans le même embarras se vient embarrasser.
Vingt carrosses bientôt arrivant à la file
Y sont en moins de rien suivis de plus de mille;
Et, pour surcroît de maux, un sort malencontreux
Conduit en cet endroit un grand troupeau de bœufs;
Chacun prétend passer, l'un mugit, l'autre jure.
Des mulets en sonnant augmentent le murmure.
Aussitôt cent chevaux dans la foule appelés
De l'embarras qui croît ferment les défilés,
Et partout des passants enchaînant les brigades
Au milieu de la paix font voir les barricades[1];
On n'entend que des cris poussés confusément :
Dieu pour s'y faire ouïr tonnerait vainement.
Moi donc, qui dois souvent en certain lieu me rendre
Le jour déjà baissant, et qui suis las d'attendre,
Ne sachant plus tantôt à quel saint me vouer,
Je me mets au hasard de me faire rouer.
Je saute vingt ruisseaux, j'esquive, je me pousse :
Guénaud[2] sur son cheval en passant m'éclabousse :
Et, n'osant plus paraître en l'état où je suis,
Sans songer où je vais, je me sauve où je puis.
Tandis que dans un coin en grondant je m'essuie,
Souvent, pour m'achever, il survient une pluie :
On dirait que le ciel, qui se fond tout en eau,
Veuille inonder ces lieux d'un déluge nouveau.
Pour traverser la rue, au milieu de l'orage,
Un ais sur deux pavés forme un étroit passage;
Le plus hardi laquais n'y marche qu'en tremblant :
Il faut pourtant passer sur ce pont chancelant,
Et les nombreux torrents qui tombent des gouttières
Grossissant les ruisseaux, en ont fait des rivières.
J'y passe en trébuchant; mais malgré l'embarras,
La frayeur de la nuit précipite mes pas.
Car, sitôt que du soir les ombres pacifiques
D'un double cadenas font fermer les boutiques;
Que, retiré chez lui, le paisible marchand
Va revoir ses billets et compter son argent;
Que dans le Marché-Neuf tout est calme et tranquille,
Les voleurs à l'instant s'emparent de la ville.
Le bois le plus funeste et le moins fréquenté
Est, au prix de Paris, un lieu de sûreté.
Malheur donc à celui qu'une affaire imprévue
Engage un peu trop tard au détour d'une rue!
Bientôt quatre bandits lui serrant les côtés,
La bourse!.. Il faut se rendre; ou bien non, résistez,

---

[1] Voyez les notes de la satire II.

[1] Allusion aux troubles de la Fronde.
[2] C'est le médecin à l'antimoine dont il est question dans la satire IV.

Afin que votre mort, de tragique mémoire,
Des massacres fameux aille grossir l'histoire.
Pour moi, fermant ma porte, et cédant au sommeil,
Tous les jours je me couche avecque le soleil :
Mais en ma chambre à peine ai-je éteint la lumière,
Qu'il ne m'est plus permis de fermer la paupière.
Des filous effrontés, d'un coup de pistolet,
Ébranlent ma fenêtre, et percent mon volet ;
J'entends crier partout : Au meurtre ! On m'assassine !
Ou : Le feu vient de prendre à la maison voisine.
Tremblant et demi-mort, je me lève à ce bruit,
Et souvent sans pourpoint je cours toute la nuit.
Car le feu, dont la flamme en ondes se déploie,
Fait de notre quartier une seconde Troie,
Où maint Grec affamé, maint avide Argien,
Au travers des charbons va piller le Troyen.
Enfin sous mille crocs la maison abîmée
Entraîne aussi le feu qui se perd en fumée.

Je me retire donc, encor pâle d'effroi :
Mais le jour est venu quand je rentre chez moi.
Je fais pour reposer un effort inutile :
Ce n'est qu'à prix d'argent qu'on dort en cette ville.
Il faudrait, dans l'enclos d'un vaste logement,
Avoir loin de la rue un autre appartement.
Paris est pour un riche un pays de cocagne :
Sans sortir de la ville, il trouve la campagne :
Il peut dans son jardin, tout peuplé d'arbres verts,
Recéler le printemps au milieu des hivers ;
Et, foulant le parfum de ses plantes fleuries,
Aller entretenir ses douces rêveries.
Mais moi, grâce au destin, qui n'ai ni feu ni lieu,
Je me loge où je puis, et comme il plaît à Dieu.

## SATIRE VII.
### 1663.

Muse, changeons de style, et quittons la satire ;
C'est un méchant métier que celui de médire ;
A l'auteur qui l'embrasse il est toujours fatal :
Le mal qu'on dit d'autrui ne produit que du mal.
Maint poëte, aveuglé d'une telle manie,
En courant à l'honneur, trouve l'ignominie ;
Et tel mot, pour avoir réjoui le lecteur,
A coûté bien souvent des larmes à l'auteur.

Un éloge ennuyeux, un froid panégyrique,
Peut pourrir à son aise au fond d'une boutique,
Ne craint point du public les jugements divers,
Et n'a pour ennemis que la poudre et les vers :
Mais un auteur malin, qui rit et qui fait rire,
Qu'on blâme en le lisant, et pourtant qu'on veut lire,
Dans ses plaisants accès qui se croit tout permis,
De ses propres rieurs se fait des ennemis.

Un discours trop sincère aisément nous outrage :
Chacun dans ce miroir pense voir son visage ;
Et tel, en vous lisant, admire chaque trait,
Qui dans le fond de l'âme et vous craint et vous hait.
Muse, c'est donc en vain que la main vous démange :
S'il faut rimer ici, rimons quelque louange,
Et cherchons un héros, parmi cet univers,
Digne de notre encens et digne de nos vers.
Mais à ce grand effort en vain je vous anime :
Je ne puis pour louer rencontrer une rime ;
Dès que j'y veux rêver, ma veine est aux abois.
J'ai beau frotter mon front, j'ai beau mordre mes
Je ne puis arracher du creux de ma cervelle [doigts,
Que des vers plus forcés que ceux de la Pucelle ¹.
Je pense être à la gêne ; et pour un tel dessein,
La plume et le papier résistent à ma main.
Mais, quand il faut railler, j'ai ce que je souhaite.
Alors, certes, alors je me connais poëte :
Phébus, dès que je parle, est prêt à m'exaucer ;
Les mots viennent sans peine, et courent se placer.
Faut-il peindre un fripon fameux dans cette ville,
Ma main, sans que j'y rêve, écrira Raumaville ².
Faut-il d'un sot parfait montrer l'original,
Ma plume au bout du vers d'abord trouve Sofal ³ :
Je sens que mon esprit travaille de génie.
Faut-il d'un froid rimeur dépeindre la manie,
Mes vers, comme un torrent, coulent sur le papier ;
Je rencontre à la fois Perrin et Pelletier,
Bonnecorse, Pradon, Colletet, Titreville ⁴ ;
Et, pour un que je veux, j'en trouve plus de mille.
Aussitôt je triomphe et ma muse en secret
S'estime et s'applaudit du beau coup qu'elle a fait.
C'est en vain qu'au milieu de ma fureur extrême
Je me fais quelquefois des leçons à moi-même ;
En vain je veux au moins faire grâce à quelqu'un :
Ma plume aurait regret d'en épargner aucun ;
Et, sitôt qu'une fois la verve me domine,
Tout ce qui s'offre à moi passe par l'étamine.
Le mérite pourtant m'est toujours précieux :
Mais tout fat me déplaît, et me blesse les yeux ;
Je le poursuis partout, comme un chien fait sa proie,
Et ne le sens jamais qu'aussitôt je n'aboie.
Enfin, sans perdre temps en de si vains propos,
Je sais coudre une rime au bout de quelques mots.

---

¹ Poëme héroïque de Chapelain, dont tous les vers semblent être faits en dépit de Minerve. (BOIL.) — Voyez ci-devant, page 189.
² Libraire du Palais ; son véritable nom était Sommaville.
³ Nom supposé.
⁴ Poëtes décriés. (BOIL.) — L'abbé Perrin, qui suivant l'expression de Voltaire, *croyait faire des vers*, a donné une traduction en vers de l'*Énéide*. — Pradon eut la sottise de se croire un instant l'égal de Racine. — Sur Pelletier et Colletet, voyez ci-devant, pag. 184 et 186. Bonnecorse a fait le *Lutrigot*, parodie du *Lutrin*. Le dernier est tout à fait oublié.

Souvent j'habille en vers une maligne prose.
C'est par là que je vaux, si je vaux quelque chose.
Ainsi, soit que bientôt, par une dure loi,
La mort d'un vol affreux vienne fondre sur moi,
Soit que le ciel me garde un cours long et tranquille
A Rome ou dans Paris, aux champs ou dans la ville,
Dût ma muse par là choquer tout l'univers,
Riche, gueux, triste ou gai, je veux faire des vers.
 Pauvre esprit, dira-t-on, que je plains ta folie!
Modère ces bouillons de ta mélancolie;
Et garde qu'un de ceux que tu penses blâmer
N'éteigne dans ton sang cette ardeur de rimer.
 Eh quoi! lorsque autrefois Horace, après Lucile [1],
Exhalait en bons mots les vapeurs de sa bile,
Et, vengeant la vertu par des traits éclatants,
Allait ôter le masque aux vices de son temps;
Ou bien quand Juvénal, de sa mordante plume
Faisant couler des flots de fiel et d'amertume,
Gourmandait en courroux tout le peuple latin,
L'un ou l'autre fit-il une tragique fin?
Et que craindre, après tout, d'une fureur si vaine?
Personne ne connaît ni mon nom ni ma veine.
On ne voit point mes vers, à l'envi de Montreuil [2],
Grossir impunément les feuillets d'un recueil.
A peine quelquefois je me force à les lire,
Pour plaire à quelque ami que charme la satire,
Qui me flatte peut-être, et d'un air imposteur,
Rit tout haut de l'ouvrage, et tout bas de l'auteur.
Enfin c'est mon plaisir; je veux me satisfaire :
Je ne puis bien parler, et ne saurais me taire;
Et, dès qu'un mot plaisant vient luire à mon esprit,
Je n'ai point de repos qu'il ne soit en écrit :
Je ne résiste point au torrent qui m'entraîne.
 Mais c'est assez parlé; prenons un peu d'haleine :
Ma main, pour cette fois, commence à se lasser.
Finissons. Mais demain, muse à recommencer.

[1] Caius Lucilius, grand-oncle de Pompée, et le plus ancien des satiriques romains.
[2] Le nom de Montreuil dominait dans tous les féquents recueils de poésies choisies qu'on faisait alors. (Boil.) — Matthieu de Montereul, ou Montreuil, a laissé en outre un recueil de lettres d'un style élégant et dépouillé d'affectation. Il fut toute sa vie au nombre des amis de Boileau, et mourut à Valence en 1692.

## SATIRE VIII [1].

### 1667.

### A M. M.... ( MOREL ),

DOCTEUR EN SORBONNE [2].

De tous les animaux qui s'élèvent dans l'air,
Qui marchent sur la terre, ou nagent dans la mer,
De Paris au Pérou, du Japon jusqu'à Rome,
Le plus sot animal, à mon avis, c'est l'homme.
 Quoi! dira-t-on d'abord, un ver, une fourmi,
Un insecte rampant qui ne vit qu'à demi,
Un taureau qui rumine, une chèvre qui broute,
Ont l'esprit mieux tourné que n'a l'homme? Oui sans doute.
Ce discours te surprend, docteur, je l'aperçoi.
L'homme de la nature est le chef et le roi :
Bois, prés, champs, animaux, tout est pour son usage,
Et lui seul a, dis-tu, la raison en partage.
Il est vrai, de tout temps la raison fut son lot :
Mais de là je conclus que l'homme est le plus sot.
 Ces propos, diras-tu, sont bons dans la satire,
Pour égayer d'abord un lecteur qui veut rire;
Mais il faut les prouver, en forme. — J'y consens.
Réponds-moi donc, docteur, et mets-toi sur les bancs.
Qu'est-ce que la sagesse? Une égalité d'âme
Que rien ne peut troubler, qu'aucun désir n'enflamme;
Qui marche en ses conseils à pas plus mesurés
Qu'un doyen au Palais ne monte les degrés.
Or cette égalité dont se forme le sage,
Qui jamais moins que l'homme en a connu l'usage?
La fourmi tous les ans traversant les guérets,
Grossit ses magasins des trésors de Cérès;
Et dès que l'aquilon, ramenant la froidure,
Vient de ses noirs frimas attrister la nature,
Cet animal, tapi dans son obscurité,
Jouit, l'hiver, des biens conquis durant l'été.
Mais on ne la voit point, d'une humeur inconstante,
Paresseuse au printemps, en hiver diligente,
Affronter en plein champ les fureurs de janvier,
Ou demeurer oisive au retour du bélier.
Mais l'homme, sans arrêt dans sa course insensée,
Voltige incessamment de pensée en pensée :
Son cœur, toujours flottant entre mille embarras,
Ne sait ni ce qu'il veut ni ce qu'il ne veut pas.
Ce qu'un jour il abhorre, en l'autre il le souhaite.
Moi j'irais épouser une femme coquette!

[1] Cette satire est tout à fait dans le goût de Perse, et marque un philosophe chagrin qui ne peut plus souffrir les vices des hommes. (Boil.)
[2] Claude Morel, doyen de la faculté de théologie, et chanoine théologal de Paris, était surnommé *la Mâchoire d'âne*, parce qu'il avait la mâchoire fort grande et fort avancée.

J'irais, par ma constance aux affronts endurci,
Me mettre au rang des saints qu'a célébrés Bussi [1] !
Assez de sots sans moi feront parler la ville,
Disait, le mois passé, ce marquis indocile,
Qui, depuis quinze jours, dans le piège arrêté,
Entre les bons maris pour exemple cité,
Croit que Dieu, tout exprès, d'une côte nouvelle
A tiré pour lui seul une femme fidèle.
   Voilà l'homme en effet : il va du blanc au noir :
Il condamne au matin ses sentiments du soir :
Importun à tout autre, à soi-même incommode,
Il change à tous moments d'esprit comme de mode :
Il tourne au moindre vent, il tombe au moindre choc,
Aujourd'hui dans un casque, et demain dans un froc.
Cependant à le voir, plein de vapeurs légères,
Soi-même se bercer de ses propres chimères,
Lui seul de la nature est la base et l'appui,
Et le dixième ciel ne tourne que pour lui.
De tous les animaux il est, dit-il, le maître. —
Qui pourrait le nier ? poursuis-tu. — Moi, peut-être.
Mais, sans examiner si vers les antres sourds
L'ours a peur du passant, ou le passant de l'ours ;
Et si, sur un édit des pâtres de Nubie,
Les lions de Barca videraient la Libye ;
Ce maître prétendu qui leur donne des lois,
Ce roi des animaux, combien a-t-il de rois !
L'ambition, l'amour, l'avarice, la haine,
Tiennent comme un forçat son esprit à la chaîne.
   Le sommeil sur ses yeux commence à s'épancher :
Debout, dit l'Avarice, il est temps de marcher ! —
Hé ! laissez-moi. — Debout ! — Un moment. — Tu répli-
A peine le soleil fait ouvrir les boutiques. — [ques ? —
N'importe, lève-toi. — Pourquoi faire, après tout ? —
Pour courir l'Océan de l'un à l'autre bout,
Chercher jusqu'au Japon la porcelaine et l'ambre,
Rapporter de Goa [2] le poivre et le gingembre. —
Mais j'ai des biens en foule, et je puis m'en passer.
On n'en peut trop avoir ; et pour en amasser
Il ne faut épargner ni crime ni parjure ;
Il faut souffrir la faim, et coucher sur la dure :
Eût-on plus de trésors que n'en perdit Galet [3],
N'avoir en sa maison ni meubles, ni valet ;
Parmi les tas de blé vivre de seigle et d'orge ; [ge. —
De peur de perdre un liard, souffrir qu'on vous égor-
Et pourquoi cette épargne enfin ? — L'ignores-tu ?
Afin qu'un héritier, bien nourri, bien vêtu,
Profitant d'un trésor en tes mains inutile,

De son train quelque jour embarrasse la ville. —
Que faire ? Il faut partir : les matelots sont prêts.
Ou, si pour l'entraîner l'argent manque d'attraits,
Bientôt l'ambition et toute son escorte
Dans le sein du repos vient le prendre à main-forte,
L'envoie en furieux, au milieu des hasards,
Se faire estropier sur les pas des Césars ;
Et, cherchant sur la brèche une mort indiscrète,
De sa folle valeur embellir la gazette.
   Tout beau, dira quelqu'un, raillez plus à propos ;
Ce vice fut toujours la vertu des héros.
Quoi donc, à votre avis, fût-ce un fou qu'Alexandre ?
Qui ? cet écervelé qui mit l'Asie en cendre !
Ce fougueux l'Angeli [1], qui de sang altéré,
Maître du monde entier, s'y trouvait trop serré ?
L'enragé qu'il était, né roi d'une province
Qu'il pouvait gouverner en bon et sage prince,
S'en alla follement, et pensant être dieu,
Courir comme un bandit qui n'a ni feu ni lieu ;
Et, traînant avec soi les horreurs de la guerre,
De sa vaste folie emplir toute la terre :
Heureux, si de son temps, pour cent bonnes raisons,
La Macédoine eût eu des Petites-Maisons [2] ;
Et qu'un sage tuteur l'eût en cette demeure,
Par avis de parents, enfermé de bonne heure [3] !
Mais, sans nous égarer dans ces digressions,
Traiter, comme Senault, toutes les passions [4],
Et, les distribuant par classes et par titres,
Dogmatiser en vers, rimer par chapitres,
Laissons-en discourir la Chambre et Coeffeteau,
Et voyons l'homme enfin par l'endroit le plus beau.
   Lui seul, vivant, dit-on, dans l'enceinte des villes,
Fait voir d'honnêtes mœurs, des coutumes civiles,
Se fait des gouverneurs, des magistrats, des rois,
Observe une police, obéit à des lois.
   Il est vrai. Mais pourtant sans lois et sans police,
Sans craindre archers, prévôt, ni suppôt de justice,
Voit-on les loups brigands, comme nous inhumains,
Pour détrousser les loups courir les grands chemins ?
Jamais, pour s'agrandir, vit-on dans sa manie
Un tigre en factions partager l'Hyrcanie [5] ?
L'ours a-t-il dans les bois la guerre avec les ours ?
Le vautour dans les airs fond-il sur les vautours ?
A-t-on vu quelquefois dans les plaines d'Afrique,
Déchirant à l'envi leur propre république,

---

[1] Bussi, dans son Histoire galante, raconte beaucoup de galanteries très-criminelles des dames mariées de la cour. (BOIL.) — L'*Histoire amoureuse des Gaules* fit disgracier le comte de Bussi-Rabutin, qui en était l'auteur.
[2] Ville des Portugais dans les Indes orientales. (BOIL.)
[3] Fameux joueur, dont il est fait mention dans Régnier. (BOIL.) — Satire XIV.

[1] Il en est parlé dans la première satire. (BOIL.)
[2] C'est un hôpital de Paris, où l'on enferme les fous. (BOIL.) — Voyez ci-devant la note de la page 190.
[3] On dit que Charles XII, indigné, arracha ce feuillet des œuvres de Boileau.
[4] Senault, la Chambre et Coeffeteau, ont tous trois fait chacun un *Traité des passions*. (BOIL.)
[5] Province de Perse, sur les bords de la mer Caspienne (BOIL.)

« Lions contre lions, parents contre parents¹,
« Combattre follement pour le choix des tyrans? »
L'animal le plus fier qu'enfante la nature
Dans un autre animal respecte sa figure;
De sa rage avec lui modère les accès;
Vit sans bruit, sans débats, sans noise, sans procès.
Un aigle, sur un champ prétendant droit d'aubaine²,
Ne fait point appeler un aigle à la huitaine;
Jamais contre un renard chicanant un poulet
Un renard de son sac n'alla charger Rolet³;
Jamais la biche en rut n'a, pour fait d'impuissance,
Traîné du fond des bois un cerf à l'audience;
Et jamais juge, entre eux ordonnant le congrès⁴,
De ce burlesque mot n'a sali ses arrêts.
On ne connaît chez eux ni placets ni requêtes,
Ni haut ni bas conseil, ni chambre des enquêtes.
Chacun l'un avec l'autre en toute sûreté
Vit sous les pures lois de la simple équité.
L'homme seul, l'homme seul, en sa fureur extrême,
Met un brutal honneur à s'égorger soi-même.
C'était peu que sa main, conduite par l'enfer,
Eût pétri le salpêtre, eût aiguisé le fer :
Il fallait que sa rage, à l'univers funeste,
Allât encor des lois embrouiller un Digeste;
Cherchât, pour l'obscurcir, des gloses, des docteurs;
Accablât l'équité sous des monceaux d'auteurs;
Et pour comble de maux, apportât dans la France
Des harangueurs du temps l'ennuyeuse éloquence.
  Doucement, diras-tu : que sert de s'emporter?
L'homme a ses passions, on n'en saurait douter;
Il a comme la mer ses flots et ses caprices :
Mais des moindres vertus balancent tous ses vices.
N'est-ce pas l'homme enfin dont l'art audacieux
Dans le tour d'un compas a mesuré les cieux;
Dont la vaste science, embrassant toutes choses,
A fouillé la nature, en a percé les causes?
Les animaux ont-ils des universités?
Voit-on fleurir chez eux les quatre facultés⁵?
Y voit-on des savants en droit, en médecine,
Endosser l'écarlate et se fourrer d'hermine?
  Non, sans doute; et jamais chez eux un médecin
N'empoisonna les bois de son art assassin.

Jamais docteur, armé d'un argument frivole,
Ne s'enroua chez eux sur les bancs d'une école.
Mais, sans chercher au fond si notre esprit déçu
Sait rien de ce qu'il sait, s'il a jamais rien su, [mes,
Toi-même réponds-moi : Dans le siècle où nous som-
Est-ce au pied du savoir qu'on mesure les hommes?
  Veux-tu voir tous les grands à ta porte courir?
Dit un père à son fils dont le poil va fleurir;
Prends-moi le bon parti : laisse là tous les livres.
Cent francs au denier cinq combien font-ils?—Vingt livres.—
C'est bien dit. Va, tu sais tout ce qu'il faut savoir.
Que de biens, que d'honneurs sur toi s'en vont pleuvoir!
Exerce-toi, mon fils, dans ces hautes sciences;
Prends, au lieu d'un Platon, le Guidon des finances¹ :
Sache quelle province enrichit les traitants,
Combien le sel au roi peut fournir tous les ans.
Endurcis-toi le cœur : sois arabe, corsaire,
Injuste, violent, sans foi, double, faussaire.
Ne va point sottement faire le généreux :
Engraisse-toi, mon fils, du suc des malheureux;
Et, trompant de Colbert² la prudence importune,
Va par tes cruautés mériter la fortune.
Aussitôt tu verras poëtes, orateurs,
Rhéteurs, grammairiens, astronomes, docteurs,
Dégrader les héros pour te mettre en leur place,
De tes titres pompeux enfler leurs dédicaces,
Te prouver à toi-même, en grec, hébreu, latin,
Que tu sais de leur art et le fort et le fin.
Quiconque est riche est tout : sans sagesse il est sage;
Il a, sans rien savoir, la science en partage;
Il a l'esprit, le cœur, le mérite, le rang,
La vertu, la valeur, la dignité, le sang;
Il est aimé des grands, il est chéri des belles :
Jamais surintendant ne trouva de cruelles.
L'or, même à la laideur, donne un teint de beauté³:
Mais tout devient affreux avec la pauvreté.
  C'est ainsi qu'à son fils un usurier habile
Trace vers la richesse une route facile :
Et souvent tel y vient, qui sait, pour tout secret,
Cinq et quatre font neuf, ôtez deux, reste sept.
Après cela, docteur, va pâlir sur la Bible;
Va marquer tes écueils de cette mer terrible;
Perce la sainte horreur de ce livre divin;
Confonds dans un ouvrage et Luther et Calvin⁴;

---

¹ Parodie. Il y a dans le Cinna : *Romains contre Romains*, etc. (BOIL.) — Acte 1, scène III.
² C'est un droit qu'a le roi de succéder aux biens des étrangers qui meurent en France, et qui n'y sont point naturalisés. (BOIL.) — *Aubin* vient de *alibi natus*.
³ Voyez la note de la page 184.
⁴ Épreuve honteuse et immorale à laquelle était assujetti le mari accusé d'impuissance. — Cet usage fut aboli sur le plaidoyer de M. le président de Lamoignon, alors avocat général. (BOIL.)
⁵ L'université est composée de quatre facultés, qui sont : les Arts, la Théologie, le Droit, et la Médecine. Les docteurs portent, dans les jours de cérémonie, des robes rouges fourrées d'hermine. (BOIL.)

¹ Livre qui traite des finances. (BOIL.)
² C'est le seul ministre des finances qui ait conservé son emploi jusqu'à sa mort, arrivée en 1683.
³ Boileau avait mis d'abord :

L'or même à Pellisson donne un teint de beauté.

Paul Pellisson-Fontanier, né à Castres en Languedoc, était d'une laideur telle, qu'on disait de lui qu'il abusait de la permission que les hommes ont d'être laids. Il mourut en 1692, membre de l'Académie, dont il avait écrit l'histoire.
⁴ Chefs de la religion réformée, morts, le premier, en 1546, le dernier, en 1564.

Débrouille des vieux temps les querelles célèbres ;
Éclaircis des rabbins les savantes ténèbres :
Afin qu'en ta vieillesse un livre en maroquin
Aille offrir ton travail à quelque heureux faquin,
Qui, pour digne loyer de la Bible éclaircie,
Te paye en l'acceptant d'un « Je vous remercie. »
Ou, si ton cœur aspire à des honneurs plus grands,
Quitte là le bonnet, la Sorbonne et les bancs ;
Et, prenant désormais un emploi salutaire,
Mets-toi chez un banquier ou bien chez un notaire :
Laisse là saint Thomas s'accorder avec Scot [1],
Et conclus avec moi qu'un docteur n'est qu'un sot.
  Un docteur ! diras-tu. Parlez de vous, poëte :
C'est pousser un peu loin votre muse indiscrète.
Mais, sans perdre en discours le temps hors de saison,
L'homme, venez au fait, n'a-t-il pas la raison ?
N'est-ce pas son flambeau, son pilote fidèle ?
  Oui. Mais de quoi lui sert que sa voix le rappelle,
Si, sur la foi des vents tout prêt à s'embarquer,
Il ne voit point d'écueil qu'il ne l'aille choquer ?
Et que sert à Cotin [2] la raison qui lui crie :
N'écris plus, guéris-toi d'une vaine furie ;
Si tous ces vains conseils, loin de la réprimer,
Ne font qu'accroître en lui la fureur de rimer ?
Tous les jours de ses vers, qu'à grand bruit il récite,
Il met chez lui voisins, parents, amis en fuite ;
Car, lorsque son démon commence à l'agiter,
Tout, jusqu'à sa servante, est prêt à déserter.
Un âne, pour le moins, instruit par la nature,
A l'instinct qui le guide obéit sans murmure ;
Ne va point follement de sa bizarre voix
Défier aux chansons les oiseaux dans les bois :
Sans avoir la raison, il marche sur sa route. [goutte ;
L'homme seul, qu'elle éclaire, en plein jour ne voit
Réglé par ses avis, fait tout à contre-temps,
Et, dans tout ce qu'il fait, n'a ni raison ni sens.
Tout lui plaît et déplaît, tout le choque et l'oblige ;
Sans raison il est gai, sans raison il s'afflige ;
Son esprit au hasard aime, évite, poursuit,
Défait, refait, augmente, ôte, élève, détruit.
Et voit-on, comme lui, les ours ni les panthères
S'effrayer sottement de leurs propres chimères ;
Plus de douze attroupés craindre le nombre impair [3],
Ou croire qu'un corbeau les menace dans l'air ?
Jamais l'homme, dis-moi, vit-il la bête folle

Sacrifier à l'homme, adorer son idole ;
Lui venir, comme au dieu des saisons et des vents,
Demander à genoux la pluie ou le beau temps ?
Non ; mais cent fois la bête a vu l'homme hypocondre
Adorer le métal que lui-même il fit fondre ;
A vu dans un pays les timides mortels
Trembler aux pieds d'un singe assis sur leurs autels ;
Et sur les bords du Nil les peuples imbéciles,
L'encensoir à la main, chercher les crocodiles.
  Mais pourquoi, diras-tu, cet exemple odieux ?
Que peut servir ici l'Égypte et ses faux dieux ?
Quoi ! me prouverez-vous par ce discours profane
Que l'homme, qu'un docteur, est au-dessous d'un
Un âne, le jouet de tous les animaux, [âne,
Un stupide animal, sujet à mille maux ;
Dont le nom seul en soi comprend une satire !
  —Oui, d'un âne : et qu'a-t-il qui nous excite à rire ?
Nous nous moquons de lui : mais s'il pouvait un jour,
Docteur, sur nos défauts s'exprimer à son tour ;
Si, pour nous réformer, le ciel prudent et sage
De la parole enfin lui permettait l'usage ;
Qu'il pût dire tout haut ce qu'il se dit tout bas ;
Ah ! docteur, entre nous, que ne dirait-il pas !
Et que peut-il penser lorsque dans une rue,
Au milieu de Paris, il promène sa vue ;
Qu'il voit de toutes parts les hommes bigarrés,
Les uns gris, les uns noirs, les autres chamarrés ?
Que dit-il, quand il voit, avec la mort en trousse,
Courir chez un malade un assassin en housse ;
Qu'il trouve de pédants un escadron fourré,
Suivi par un recteur de bedeaux entouré ;
Ou qu'il voit la justice, en grosse compagnie,
Mener tuer un homme avec cérémonie ?
Que pense-t-il de nous, lorsque sur le midi
Un hasard au palais le conduit un jeudi [1],
Lorsqu'il entend de loin, d'une gueule infernale,
La chicane en fureur mugir dans la grand'salle ?
Que dit-il, quand il voit les juges, les huissiers,
Les clercs, les procureurs, les sergents, les greffiers ?
Oh ! que si l'âne alors, à bon droit misanthrope,
Pouvait trouver la voix qu'il eut au temps d'Ésope ;
De tous côtés, docteur, voyant les hommes fous,
Qu'il dirait de bon cœur, sans en être jaloux,
Content de ses chardons, et secouant la tête : [bête !
Ma foi, non plus que nous, l'homme n'est qu'une

---

[1] Jean Duns, chef des Scotistes, opposé aux Thomistes, fut longtemps appelé Scot (*Scotus*), parce qu'on le croyait Écossais. Il vivait dans le quatorzième siècle.
[2] Il avait écrit contre moi et contre Molière. Ce qui donna occasion à Molière de faire *les Femmes savantes*, et d'y tourner Cotin en ridicule. (BOIL.)
[3] Bien des gens croient que lorsqu'on se trouve treize à table, il y a toujours dans l'année un des treize qui meurt ; et qu'un corbeau aperçu dans l'air présage quelque chose de sinistre. (BOIL.)

[1] C'est le jour des grandes audiences. (BOIL.)

## SATIRE IX [1].

1667.

### A SON ESPRIT.

C'est à vous, mon Esprit, à qui je veux parler;
Vous avez des défauts que je ne puis celer :
Assez et trop longtemps ma lâche complaisance
De vos jeux criminels a nourri l'insolence ;
Mais, puisque vous poussez ma patience à bout,
Une fois en ma vie il faut vous dire tout.
On croirait, à vous voir dans vos libres caprices
Discourir en Caton des vertus et des vices,
Décider du mérite et du prix des auteurs,
Et faire impunément la leçon aux docteurs,
Qu'étant seul à couvert des traits de la satire
Vous avez tout pouvoir de parler et d'écrire.
Mais moi, qui dans le fond sais bien ce que j'en crois,
Qui compte tous les jours vos défauts par mes doigts,
Je ris, quand je vous vois, si faible et si stérile,
Prendre sur vous le soin de réformer la ville,
Dans vos discours chagrins plus aigre et plus mordant
Qu'une femme en furie, ou Gauthier en plaidant [2].
  Mais répondez un peu. Quelle verve indiscrète
Sans l'aveu des neuf Sœurs vous a rendu poëte ?
Sentiez-vous, dites-moi, ces violents transports
Qui d'un esprit divin font mouvoir les ressorts ?
Qui vous a pu souffler une si folle audace ?
Phébus a-t-il pour vous aplani le Parnasse ?
Et ne savez-vous pas que, sur ce mont sacré,
Qui ne vole au sommet, tombe au plus bas degré ;
Et qu'à moins d'être au rang d'Horace ou de Voiture [3],
On rampe dans la fange avec l'abbé de Pure [4] ?
  Que si tous mes efforts ne peuvent réprimer
Cet ascendant malin qui vous force à rimer,
Sans perdre en vains discours tout le fruit de vos veil-
Osez chanter du roi les augustes merveilles :   [les,
Là, mettant à profit vos caprices divers,
Vous verrez tous les ans fructifier vos vers ;
Et par l'espoir du gain votre muse animée,
Vendrait au poids de l'or une once de fumée.
Mais en vain, direz-vous, je pense vous tenter
Par l'éclat d'un fardeau trop pesant à porter :

Tout chantre ne peut pas, sur le ton d'un Orphée,
Entonner en grands vers la Discorde étouffée ;
Peindre Bellone en feu tonnant de toutes parts,
Et le Belge affrayé fuyant sur ses remparts [1].
Sur un ton si hardi, sans être téméraire,
Racan pourrait chanter, au défaut d'un Homère [2] ;
Mais pour Cotin et moi, qui rimons au hasard,
Que l'amour de blâmer fit poëtes par art,
Quoique un tas de grimauds vante notre éloquence,
Le plus sûr est pour nous de garder le silence.
Un poëme insipide et sottement flatteur
Déshonore à la fois le héros et l'auteur :
Enfin de tels projets passent notre faiblesse.
  Ainsi parle un esprit languissant de mollesse,
Qui, sous l'humble dehors d'un respect affecté,
Cache le noir venin de sa malignité.
Mais, dussiez-vous en l'air voir vos ailes fondues,
Ne valait-il pas mieux vous perdre dans les nues,
Que d'aller sans raison, d'un style peu chrétien,
Faire insulte en rimant à qui ne vous dit rien,
Et du bruit dangereux d'un livre téméraire
A vos propres périls enrichir le libraire ?
  Vous vous flattez peut-être, en votre vanité,
D'aller comme un Horace à l'immortalité ;
Et déjà vous croyez dans vos rimes obscures
Aux Saumaises futurs préparer des tortures [3].
Mais combien d'écrivains, d'abord si bien reçus,
Sont de ce fol espoir honteusement déçus !
Combien, pour quelques mois, ont vu fleurir leur li-
Dont les vers en paquet se vendent à la livre !  [vre,
Vous pourrez voir, un temps, vos écrits estimés
Courir de main en main par la ville semés ;
Puis de là, tout poudreux, ignorés sur la terre,
Suivre chez l'épicier Neuf-Germain [4] et la Serre [5] ;
Où, de trente feuillets réduits peut-être à neuf,
Parer, demi-rongés, les rebords du Pont-Neuf [6].
Le bel honneur pour vous, en voyant vos ouvrages
Occuper le loisir des laquais et des pages,
Et souvent, dans un coin renvoyés à l'écart,
Servir de second tome aux airs du Savoyard [7] !
  Mais je veux que le sort, par un heureux caprice,
Fasse de vos écrits prospérer la malice,
Et qu'enfin votre livre aille, au gré de vos vœux,

---

[1] Cette satire est entièrement dans le goût d'Horace, et d'un homme qui se fait son procès à soi-même, pour le faire à tous les autres. (BOIL.)
[2] Avocat célèbre et très-mordant. (BOIL.) — On le désignait sous le nom de Gauthier la Gueule.
[3] Vincent Voiture, qui mourut vers le milieu du dix-septième siècle, a laissé un recueil de lettres, et diverses poésies. Ceux qui ont fait un crime à Boileau de l'avoir mis au même rang qu'Horace, ne se sont pas assez souvenus que Voiture est un des premiers qui aient écrit purement notre langue.
[4] Voyez la note ci-devant, page 186.

[1] Cette satire a été faite dans le temps que le roi prit Lille en Flandre, et plusieurs autres villes. (BOIL.)
[2] Honorat de Beuil, marquis de Racan, fut l'élève et l'ami de Malherbe. Il mourut en 1670.
[3] Saumaise, célèbre commentateur. (BOIL.) — Il mourut en 1653. Parmi ses nombreux ouvrages, on remarque l'apologie de l'infortuné Charles I$^{er}$.
[4] Auteur extravagant. (BOIL.)
[5] Auteur peu estimé. (BOIL.)
[6] Où l'on vend d'ordinaire les livres de rebut. (BOIL.)
[7] Chantre du Pont-Neuf. (BOIL.) — Ses chansons ont été recueillies en un petit volume ; il se nommait Philippot.

Faire siffler Cotin chez nos derniers neveux :
Que vous sert-il qu'un jour l'avenir vous estime,
Si vos vers aujourd'hui vous tiennent lieu de crime,
Et ne produisent rien, pour fruit de leurs bons mots,
Que l'effroi du public et la haine des sots?
Quel démon vous irrite, et vous porte à médire?
Un livre vous déplaît : qui vous force à le lire?
Laissez mourir un fat dans son obscurité :
Un auteur ne peut-il pourrir en sûreté?
Le Jonas inconnu sèche dans la poussière :
Le David imprimé n'a point vu la lumière :
Le Moïse commence à moisir par les bords.
Quel mal cela fait-il [1]? Ceux qui sont morts sont morts :
Le tombeau contre vous ne peut-il les défendre?
Et qu'ont fait tant d'auteurs, pour remuer leur cendre?
Que vous ont fait Perrin, Bardin, Pradon, Hainaut [2],
Colletet, Pelletier, Titreville, Quinault,
Dont les noms en cent lieux, placés comme en leurs niches,
Vont de vos vers malins remplir les hémistiches?
Ce qu'ils font vous ennuie. O le plaisant détour!
Ils ont bien ennuyé le roi, toute la cour,
Sans que le moindre édit ait, pour punir leur crime,
Retranché les auteurs, ou supprimé la rime.
Écrive qui voudra : chacun à ce métier
Peut perdre impunément de l'encre et du papier;
Un roman, sans blesser les lois ni la coutume,
Peut conduire un héros au dixième volume [3].
De là vient que Paris voit chez lui de tout temps
Les auteurs à grands flots déborder tous les ans;
Et n'a point de portail où, jusques aux corniches,
Tous les piliers ne soient enveloppés d'affiches.
Vous seul, plus dégoûté, sans pouvoir et sans nom,
Viendrez régler les droits et l'État d'Apollon!
Mais vous, qui raffinez sur les écrits des autres,
De quel œil pensez-vous qu'on regarde les vôtres?
Il n'est rien en ce temps à couvert de vos coups :
Mais savez-vous aussi comme on parle de vous?
Gardez-vous, dira l'un, de cet esprit critique :
On ne sait bien souvent quelle mouche le pique.
Mais c'est un jeune fou qui se croit tout permis,
Et qui pour un bon mot va perdre vingt amis.
Il ne pardonne pas aux vers de la Pucelle,
Et croit régler le monde au gré de sa cervelle.
Jamais dans le barreau trouva-t-il rien de bon?
Peut-on si bien prêcher qu'il ne dorme au sermon?
Mais lui, qui fait ici le régent du Parnasse,

N'est qu'un gueux revêtu des dépouilles d'Horace [1].
Avant lui Juvénal avait dit en latin
Qu'on est assis à l'aise aux sermons de Cotin;
L'un et l'autre avant lui s'étaient plaints de la rime,
Et c'est aussi sur eux qu'il rejette son crime :
Il cherche à se couvrir de ces noms glorieux.
J'ai peu lu ces auteurs : mais tout n'irait que mieux,
Quand de ces médisants l'engeance tout entière
Irait, la tête en bas, rimer dans la rivière.
  Voilà comme on vous traite : et le monde effrayé
Vous regarde déjà comme un homme noyé.
En vain quelque rieur, prenant votre défense,
Veut faire au moins, de grâce, adoucir la sentence :
Rien n'apaise un lecteur toujours tremblant d'effroi,
Qui voit peindre en autrui ce qu'il remarque en soi.
Vous ferez-vous toujours des affaires nouvelles?
Et faudra-t-il sans cesse essuyer des querelles?
N'entendrai-je qu'auteurs se plaindre et murmurer?
Jusqu'à quand vos fureurs doivent-elles durer?
Répondez, mon Esprit, ce n'est plus raillerie :
Dites.... Mais, direz-vous, pourquoi cette furie?
Quoi! pour un maigre auteur que je glose en passant,
Est-ce un crime, après tout, et si noir et si grand?
Et qui, voyant un fat s'applaudir d'un ouvrage
Où la droite raison trébuche à chaque page,
Ne s'écrie aussitôt : L'impertinent auteur!
L'ennuyeux écrivain! le maudit traducteur!
A quoi bon mettre au jour tous ces discours frivoles,
Et ces riens enfermés dans de grandes paroles?
Est-ce donc là médire, où parler franchement?
Non, non; la médisance y va plus doucement.
Si l'on vient à chercher pour quel secret mystère
Alidor à ses frais bâtit un monastère :
Alidor! dit un fourbe, il est de mes amis,
Je l'ai connu laquais avant qu'il fût commis.
C'est un homme d'honneur, de piété profonde,
Et qui veut rendre à Dieu ce qu'il a pris au monde.
  Voilà jouer d'adresse, et médire avec art;
Et c'est avec respect enfoncer le poignard.
Un esprit né sans fard, sans basse complaisance,
Fuit ce ton radouci que prend la médisance.
Mais de blâmer des vers ou durs ou languissants,
De choquer un auteur qui choque le bon sens,
De railler d'un plaisant qui ne sait pas nous plaire,
C'est ce que tout lecteur eut toujours droit de faire.
Tous les jours à la cour un sot de qualité [2]
Peut juger de travers avec impunité,
A Malherbe, à Racan préférer Théophile,

---

[1] Ces trois poëmes avaient été faits, *le Jonas* par Coras, *le David* par Las Fargues, et *le Moïse* par Saint-Amand. (BOIL.)
[2] Haynaut, ou plutôt Hesnaut, mourut en 1682. Au nombre de ses poésies se trouvent plusieurs sonnets parmi lesquels on distingue celui contre Colbert, et celui de l'*Avorton*.
[3] Les romans de *Cyrus*, de *Clélie*, et de *Pharamond*, sont chacun de dix volumes. (BOIL.)

[1] S. Pavin reprochait à l'auteur qu'il n'était riche que des dépouilles d'Horace, de Juvénal et de Régnier. (BOIL.)
[2] Un homme de qualité fit un jour ce beau jugement en ma présence. (BOIL.)

Et le clinquant du Tasse à tout l'or de Virgile.
Un clerc, pour quinze sous, sans craindre le holà,
Peut aller au parterre attaquer Attila[1] ;
Et si le roi des Huns ne lui charme l'oreille,
Traiter de visigoths tous les vers de Corneille.
Il n'est valet d'auteur, ni copiste, à Paris,
Qui, la balance en main, ne pèse les écrits.
Dès que l'impression fait éclore un poëte,
Il est esclave né de quiconque l'achète :
Il se soumet lui-même aux caprices d'autrui,
Et ses écrits tout seuls doivent parler pour lui.
Un auteur à genoux, dans une humble préface,
Au lecteur qu'il ennuie a beau demander grâce;
Il ne gagnera rien sur ce juge irrité,
Qui lui fait son procès de pleine autorité.
Et je serai le seul qui ne pourrai rien dire!
On sera ridicule, et je n'oserai rire !
Et qu'ont produit mes vers de si pernicieux,
Pour armer contre moi tant d'auteurs furieux?
Loin de les décrier, je les ai fait paraître :
Et souvent, sans ces vers qui les ont fait connaître,
Leur talent dans l'oubli demeurerait caché :
Et qui saurait sans moi que Cotin a prêché?
La satire ne sert qu'à rendre un fait illustre :
C'est une ombre au tableau qui lui donne du lustre.
En le blâmant enfin, j'ai dit ce que j'en croi ;
Et tel qui m'en reprend, en pense autant que moi.
Il a tort, dira l'un, pourquoi faut-il qu'il nomme?
Attaquer Chapelain ! ah ! c'est un si bon homme!
Balzac en fait l'éloge en cent endroits divers.
Il est vrai, s'il m'eût cru, qu'il n'eût point fait de vers.
Il se tue à rimer : que n'écrit-il en prose?
Voilà ce que l'on dit. Et que dis-je autre chose?
En blâmant ses écrits, ai-je d'un style affreux
Distillé sur sa vie un venin dangereux ?
Ma muse, en l'attaquant, charitable et discrète,
Sait de l'homme d'honneur distinguer le poëte.
Qu'on vante en lui la foi, l'honneur, la probité;
Qu'on prise sa candeur et sa civilité ;
Qu'il soit doux, complaisant, officieux, sincère :
On le veut, j'y souscris, et suis prêt à me taire.
Mais que pour un modèle on montre ses écrits;
Qu'il soit le mieux renté de tous les beaux esprits[2] ;
Comme roi des auteurs qu'on l'élève à l'empire;
Ma bile alors s'échauffe, et je brûle d'écrire ;
Et, s'il ne m'est permis de le dire au papier,
J'irai creuser la terre, et, comme ce barbier,
Faire dire aux roseaux par un nouvel organe :

[1] L'une des dernières pièces du grand Corneille, jouée sans succès en 1667.
[2] Chapelain avait, de divers endroits, 8,000 livres de pension. (BOIL.) — Son avarice était extrême, et, à sa mort, on trouva chez lui 50,000 écus.

Midas, le roi Midas, a des oreilles d'âne.
Quel tort lui fais-je enfin ? Ai-je par un écrit
Pétrifié sa veine et glacé son esprit?
Quand un livre au Palais se vend et se débite,
Que chacun par ses yeux juge de son mérite,
Que Bilaine[1] l'étale au deuxième pilier,
Le dégoût d'un censeur peut-il le décrier ?
En vain contre le Cid un ministre se ligue[2] ;
Tout Paris pour Chimène a les yeux de Rodrigue.
L'Académie en corps a beau le censurer :
Le public révolté s'obstine à l'admirer.
Mais lorsque Chapelain met une œuvre en lumière,
Chaque lecteur d'abord lui devient un Linière[3].
En vain il a reçu l'encens de mille auteurs ;
Son livre en paraissant dément tous ses flatteurs.
Ainsi, sans m'accuser, quand tout Paris le joue,
Qu'il s'en prenne à ses vers, que Phébus désavoue;
Qu'il s'en prenne à sa muse allemandé en français.
Mais laissons Chapelain pour la dernière fois.
  La satire, dit-on, est un métier funeste,
Qui plaît à quelques gens, et choque tout le reste.
La suite en est à craindre : en ce hardi métier
La peur plus d'une fois fit repentir Régnier.
Quittez ces vains plaisirs dont l'appât vous abuse :
A de plus doux emplois occupez votre muse ;
Et laissez à Feuillet[4] réformer l'univers.
  Et sur quoi donc faut-il que s'exercent mes vers?
Irai-je dans une ode, en phrases de Malherbe,
Troubler dans ses roseaux le Danube superbe ;
Délivrer de Sion le peuple gémissant ;
Faire trembler Memphis, ou pâlir le croissant ;
Et, passant du Jourdain les ondes alarmées,
Cueillir, mal à propos, les palmes Iduméees ?
Viendrai-je en une églogue, entouré de troupeaux,
Au milieu de Paris enfler mes chalumeaux,
Et, dans mon cabinet assis au pied des hêtres,
Faire dire aux échos des sottises champêtres ?
Faudra-t-il de sang-froid, et sans être amoureux,
Pour quelque Iris en l'air faire le langoureux,
Lui prodiguer les noms de soleil et d'aurore,
Et toujours bien mangeant mourir par métaphore ?
Je laisse aux doucereux ce langage affété
Où s'endort un esprit de mollesse hébété.
  La satire, en leçons, en nouveautés fertile,
Sait seule assaisonner le plaisant et l'utile,
Et, d'un vers qu'elle épure aux rayons du bon sens.,
Détromper les esprits des erreurs de leur temps.
Elle seule, bravant l'orgueil et l'injustice,
Va jusque sous le dais faire pâlir le vice;

[1] Libraire du Palais. (BOIL.)
[2] Voyez l'*Histoire de l'Académie*, par Pellisson. (BOIL.)
[3] Auteur qui a écrit contre Chapelain. (BOIL.)
[4] Fameux prédicateur, et chanoine de Saint-Cloud. (BOIL.)

Et souvent sans rien craindre, à l'aide d'un bon mot,
Va venger la raison des attentats d'un sot.
C'est ainsi que Lucile[1], appuyé de Lélie[2],
Fit justice en son temps des Cotins d'Italie,
Et qu'Horace, jetant le sel à pleines mains,
Se jouait aux dépens des Pelletiers romains.
C'est elle qui, m'ouvrant le chemin qu'il faut suivre,
M'inspira dès quinze ans la haine d'un sot livre;
Et sur ce mont fameux où j'osai la chercher,
Fortifia mes pas et m'apprit à marcher.
C'est pour elle, en un mot, que j'ai fait vœu d'écrire.
 Toutefois, s'il le faut, je veux bien m'en dédire,
Et, pour calmer enfin tous ces flots d'ennemis,
Réparer en mes vers les maux qu'ils ont commis.
Puisque vous le voulez, je vais changer de style.
Je le déclare donc : Quinault est un Virgile;
Pradon comme un soleil en nos ans a paru;
Pelletier écrit mieux qu'Ablancourt[3] ni Patru[4];
Cotin, à ses sermons traînant toute la terre,
Fend les flots d'auditeurs pour aller à sa chaire;
Sofal est le phénix des esprits relevés;
Perrin[5].... Bon, mon Esprit! courage! poursuivez.
Mais ne voyez vous pas que leur troupe en furie
Va prendre encor ces vers pour une raillerie?
Et Dieu sait aussitôt que d'auteurs en courroux,
Que de rimeurs blessés s'en vont fondre sur vous!
Vous les verrez bientôt, féconds en impostures,
Amasser contre vous des volumes d'injures,
Traiter en vos écrits chaque vers d'attentat,
Et d'un mot innocent faire un crime d'État[6].
Vous aurez beau vanter le roi dans vos ouvrages,
Et de ce nom sacré sanctifier vos pages;
Qui méprise Cotin n'estime point son roi,
Et n'a, selon Cotin, ni Dieu, ni foi, ni loi. [nuire?
 Mais quoi! répondrez-vous, Cotin nous peut-il
Et par ses cris enfin que saurait-il produire?
Interdire à mes vers, dont peut-être il fait cas,
L'entrée aux pensions où je ne prétends pas?
Non, pour louer un roi que tout l'univers loue,
Ma langue n'attend point que l'argent la dénoue;
Et, sans espérer rien de mes faibles écrits,
L'honneur de le louer m'est un trop digne prix.
On me verra toujours, sage dans mes caprices,
De ce même pinceau dont j'ai noirci les vices,
Et peint du nom d'auteur tant de sots revêtus,
Lui marquer mon respect, et tracer ses vertus.
Je vous crois; mais pourtant on crie, on vous menace.
Je crains peu, direz-vous, les braves du Parnasse.
Hé! mon Dieu! craignez tout d'un auteur en courroux,
Qui peut... — Quoi? — Je m'entends. — Mais encor? — Tai-
[sez-vous.

## SATIRE X.

1693.

## AU LECTEUR.

Voici enfin la satire qu'on me demande depuis si longtemps. Si j'ai tant tardé à la mettre au jour, c'est que j'ai été bien aise qu'elle ne parût qu'avec la nouvelle édition qu'on faisait de mon livre, où je voulais qu'elle fût insérée. Plusieurs de mes amis, à qui je l'ai lue, en ont parlé dans le monde avec de grands éloges, et ont publié que c'était la meilleure de mes satires. Ils ne m'ont pas en cela fait plaisir. Je connais le public : je sais que naturellement il se révolte contre ces louanges outrées qu'on donne aux ouvrages avant qu'ils aient paru, et que la plupart des lecteurs ne lisent ce qu'on leur a élevé si haut qu'avec un dessein formé de le rabaisser.

Je déclare donc que je ne veux point profiter de ces discours avantageux; et non-seulement je laisse au public son jugement libre, mais je donne plein pouvoir à tous ceux qui ont tant critiqué mon ode sur Namur, d'exercer aussi contre ma satire toute la rigueur de leur critique. J'espère qu'ils le feront avec le même succès; et je puis les assurer que tous leurs discours ne m'obligeront point à rompre l'espèce de vœu que j'ai fait de ne jamais défendre mes ouvrages, tant qu'on n'en attaquera que les mots et les syllabes. Je saurai fort bien soutenir contre ces censeurs Homère, Horace, Virgile, et tous ces autres grands personnages dont j'admire les écrits : mais pour mes écrits, que je n'admire point, c'est à ceux qui les approuveront à trouver des raisons pour les défendre. C'est tout l'avis que j'ai à donner ici au lecteur.

La bienséance néanmoins voudrait, ce me semble, que je fisse quelque excuse au beau sexe de la liberté que je me suis donnée de peindre ses vices : mais, au fond, toutes les peintures que je fais dans ma satire sont si générales, que, bien loin d'appréhender que les femmes s'en offensent, c'est sur leur approbation et sur leur curiosité que je fonde la plus grande espérance du succès de mon ouvrage. Une chose au moins dont je suis certain qu'elles me loueront, c'est d'avoir trouvé moyen, dans une matière aussi délicate qu'est celle que j'y traite, de ne pas laisser échapper un seul mot qui pût le moins du monde blesser la pudeur. J'espère donc que j'obtiendrai aisément ma grâce, et qu'elles ne seront pas plus choquées des prédications que je fais contre leurs défauts dans cette satire, que des satires que les prédicateurs font tous les jours en chaire contre ces mêmes défauts.

---

[1] Poëte latin, satirique. (BOIL.) — Ses *Fragments* ont été recueillis et commentés par François Douza.
[2] Consul romain. (BOIL.)
[3] Nicolas Perrot d'Ablancourt a traduit *Thucydide*, *Xénophon*, *Lucien*, les *Commentaires de César*, *Tacite*, et quelques discours de *Cicéron*. Il était de l'Académie française, et mourut en 1664.
[4] Célèbre avocat au parlement de Paris, dont on a recueilli les plaidoyers.
[5] Auteurs médiocres. (BOIL.)
[6] Cotin, dans un de ses écrits, m'accusait d'être criminel de lèse-majesté divine et humaine. (BOIL.)

## LES FEMMES.

Enfin bornant le cours de tes galanteries,
Alcippe, il est donc vrai, dans peu tu te maries :
Sûr l'argent, c'est tout dire, on est déjà d'accord ;
Ton beau-père futur vide son coffre-fort ;
Et déjà le notaire a, d'un style énergique,
Griffonné de ton joug l'instrument authentique[1].
C'est bien fait. Il est temps de fixer tes désirs.
Ainsi que ses chagrins l'hymen a ses plaisirs :
Quelle joie, en effet, quelle douceur extrême,
De se voir caressé d'une épouse qu'on aime !
De s'entendre appeler petit cœur, ou, mon bon !
De voir autour de soi croître dans sa maison,
Sous les paisibles lois d'une agréable mère,
De petits citoyens dont on croit être père !
Quel charme, au moindre mal qui nous vient mena- [cer
De la voir aussitôt accourir, s'empresser,
S'effrayer d'un péril qui n'a point d'apparence,
Et souvent de douleur se pâmer par avance !
Car tu ne seras point de ces jaloux affreux,
Habiles à se rendre inquiets, malheureux,
Qui, tandis qu'une épouse à leurs yeux se désole,
Pensent toujours qu'un autre en secret la console.
  Mais quoi ! je vois déjà que ce discours t'aigrit.
Charmé de Juvénal[2], et plein de son esprit,
Venez-vous, diras-tu, dans une pièce outrée,
Comme lui nous chanter que, « dès le temps de Rhée[3],
La chasteté déjà, la rougeur sur le front,
Avait chez les humains reçu plus d'un affront ;
Qu'on vit avec le fer naître les injustices,
L'impiété, l'orgueil et tous les autres vices :
Mais que la bonne foi dans l'amour conjugal
N'alla point jusqu'au temps du troisième métal[4] »
Ces mots ont dans sa bouche une emphase admirable:
Mais, je vous dirai, moi, sans alléguer la Fable,
Que si sous Adam même, et loin avant Noé,
Le vice audacieux, des hommes avoué,
A la triste innocence en tous lieux fit la guerre,
Il demeura pourtant de l'honneur sur la terre :
Qu'aux temps les plus féconds en Phrynés, en Laïs[5],

Plus d'une Pénélope[1] honora son pays ;
Et que, même aujourd'hui sur ce fameux modèle,
On peut trouver encor quelque femme fidèle.
  Sans doute, et dans Paris, si je sais bien compter,
Il en est jusqu'à trois[2] que je pourrais citer.
Ton épouse dans peu sera la quatrième :
Je le veux croire ainsi. Mais, la chasteté même
Sous ce beau nom d'épouse entrât-elle chez toi,
De retour d'un voyage, en arrivant, crois-moi,
Fais toujours du logis avertir la maîtresse.
Tel partit tout baigné des pleurs de sa Lucrèce,
Qui, faute d'avoir pris ce soin judicieux,
Trouva... tu sais[3]. — Je sais que d'un conte odieux
Vous avez comme moi sali votre mémoire.
Mais laissons là, dis-tu, Joconde et son histoire :
Du projet d'un hymen déjà fort avancé,
Devant vous aujourd'hui criminel dénoncé,
Et mis sur la sellette aux pieds de la critique,
Je vois bien tout de bon qu'il faut que je m'explique.
  Jeune autrefois par vous dans le monde conduit,
J'ai trop bien profité pour n'être pas instruit
A quels discours malins le mariage expose :
Je sais que c'est un texte où chacun fait sa glose ;
Que de maris trompés tout rit dans l'univers,
Épigrammes, chansons, rondeaux, fables en vers,
Satire, comédie ; et, sur cette matière,
J'ai vu tout ce qu'ont fait la Fontaine et Molière ;
J'ai lu tout ce qu'ont dit Villon et Saint-Gelais[4],
Arioste, Marot, Boccace, Rabelais ;
Et tous ces vieux recueils de satires naïves[5],
Des malices du sexe immortelles archives.
Mais, tout bien balancé, j'ai pourtant reconnu
Que de ces contes vains le monde entretenu
N'en a pas de l'hymen moins vu fleurir l'usage ;
Que sous ce joug moqué tout à la fin s'engage ;
Qu'à ce commun filet les railleurs mêmes pris,
Ont été très-souvent de commodes maris ;
Et que, pour être heureux sous ce joug salutaire,
Tout dépend, en un mot, du bon choix qu'on sait faire.
Enfin il faut ici parler de bonne foi :
Je vieillis, et ne puis regarder sans effroi
Ces neveux affamés dont l'importun visage
De mon bien à mes yeux fait déjà le partage.
Je crois déjà les voir, au moment annoncé,
Qu'à la fin sans retour leur cher oncle est passé, [voie,
Sur quelques pleurs forcés qu'ils auront soin qu'on

---

[1] *Instrument*, en style de pratique, veut dire toutes sortes de contrats. (BOIL.)
[2] Juvénal a fait une satire contre les femmes. (BOIL.) — C'est la satire VI de Juvénal.
[3] L'un des noms de Cybèle, fille du Ciel et de la Terre, et femme de Saturne.
[4] Paroles du commencement de cette satire. (BOIL.) Voyez le v. 15 et suiv.
[5] Phryné, courtisane d'Athènes. — Laïs, courtisane de Corinthe. (BOIL.) — La première, qui vivait trois siècles avant Jésus-Christ, avait acquis de si grandes richesses, qu'elle offrit de rebâtir à ses frais la ville de Thèbes. Suivant Aulu-Gelle, c'est Laïs qui, par le prix excessif qu'elle mit à ses faveurs, donna lieu au proverbe : *Ne va pas qui veut à Corinthe*. Démosthène y fit un voyage inutile.

[1] Femme d'Ulysse, célèbre par sa fidélité à son époux.
[2] Ceci est dit figurément. (BOIL.)
[3] Allusion à l'histoire de Joconde, mise en vers par la Fontaine.
[4] Poètes français du quinzième siècle. Le véritable nom du premier était Corbueil. Il fit plus de bruit encore par ses friponneries que par ses poésies.
[5] Les Contes de la Reine de Navarre, etc. (BOIL.)

Se faire consoler du sujet de leur joie.
Je me fais un plaisir, à ne vous rien celer,
De pouvoir, moi vivant, dans peu les désoler,
Et, trompant un espoir pour eux si plein de char-
Arracher de leurs yeux de véritables larmes. [mes,
Vous dirai-je encor plus? Soit faiblesse ou raison,
Je suis las de me voir le soir en ma maison
Seul avec des valets, souvent voleurs et traîtres,
Et toujours; à coup sûr, ennemis de leurs maîtres;
Je ne me couche point qu'aussitôt dans mon lit
Un souvenir fâcheux n'apporte à mon esprit
Ces histoires de morts lamentables, tragiques [1],
Dont Paris tous les ans peut grossir ses chroniques.
Dépouillons-nous ici d'une vaine fierté.
Nous naissons, nous vivons, pour la société;
A nous-mêmes livrés dans une solitude,
Notre bonheur bientôt fait notre inquiétude;
Et, si durant un jour notre premier aïeul,
Plus riche d'une côte, avait vécu tout seul,
Je doute, en sa demeure alors si fortunée,
S'il n'eût point prié Dieu d'abréger la journée.
N'allons donc point ici réformer l'univers,
Ni, par de vains discours et de frivoles vers
Étalant au public notre misanthropie,
Censurer le lien le plus doux de la vie.
Laissons là, croyez-moi, le monde tel qu'il est.
L'hyménée est un joug, et c'est ce qui m'en plaît :
L'homme, en ses passions toujours errant sans guide,
A besoin qu'on lui mette et le mors et la bride;
Son pouvoir malheureux ne sert qu'à le gêner;
Et, pour le rendre libre, il le faut enchaîner.
C'est ainsi que souvent la main de Dieu l'assiste.

Ha! bon! voilà parler en docte janséniste,
Alcippe; et, sur ce point si savamment touché,
Desmares [2] dans Saint-Roch [3] n'aurait pas mieux prê-
Mais c'est trop t'insulter; quittons la raillerie; [ché.
Parlons sans hyperbole et sans plaisanterie.
Tu viens de mettre ici l'hymen en son beau jour :
Entends donc; et permets que je prêche à mon tour.

L'épouse que tu prends, sans tache en sa conduite,
Aux vertus, m'a-t-on dit, dans Port-Royal [4] instruite,
Aux lois de son devoir règle tous ses désirs.
Mais qui peut t'assurer qu'invincible aux plaisirs,
Chez toi, dans une vie ouverte à la licence,
Elle conservera sa première innocence?
Par toi-même bientôt conduite à l'Opéra,
De quelle air penses-tu que ta sainte verra

D'un spectacle enchanteur la pompe harmonieuse,
Ces danses, ces héros à voix luxurieuse;
Entendra ces discours sur l'amour seul roulants,
Ces doucereux Renauds, ces insensés Rolands, [me,
Saura d'eux qu'à l'Amour, comme au seul Dieu supré-
On doit immoler tout, jusqu'à la vertu même [1];
Qu'on ne saurait trop tôt se laisser enflammer ;
Qu'on n'a reçu du ciel un cœur que pour aimer;
Et tous ces lieux communs de morale lubrique
Que Lulli [2] réchauffa des sons de sa musique?
Mais de quels mouvements, dans son cœur excités,
Sentira-t-elle alors tous ses sens agités !
Je ne te réponds pas qu'au retour, moins timide,
Digne écolière enfin d'Angélique et d'Armide,
Elle n'aille à l'instant, pleine de ces doux sons,
Avec quelque Médor pratiquer ces leçons [3].

Supposons toutefois qu'encore fidèle et pure
Sa vertu de ce choc revienne sans blessure.
Bientôt de ce grand monde où tu vas l'entraîner,
Au milieu des écueils qui vont l'environner,
Crois-tu que, toujours ferme aux bords du précipice,
Elle pourra marcher sans que le pied lui glisse;
Que, toujours insensible aux discours enchanteurs
D'un idolâtre amas de jeunes séducteurs,
Sa sagesse jamais ne deviendra folie?
D'abord tu la verras, ainsi que dans Clélie,
Recevant ses amants sous le doux nom d'amis [4],
S'en tenir avec eux aux petits soins [5] permis;
Puis bientôt en grande eau sur le fleuve de Tendre,
Naviguer à souhait, tout dire et tout entendre.
Et ne présume pas que Vénus, ou Satan,
Souffre qu'elle en demeure aux termes du roman :
Dans le crime il suffit qu'une fois on débute;
Une chute toujours attire une autre chute.
L'honneur est comme une île escarpée et sans bords :
On n'y peut plus rentrer dès qu'on en est dehors.
Peut-être avant deux ans, ardente à te déplaire,
Éprise d'un cadet [6], ivre d'un mousquetaire,
Nous la verrons hanter les plus honteux brelans,
Donner chez la Cornu [7] rendez-vous aux galants;

---

[1] Blandin et du Rosset ont composé ces histoires. (BOIL.)
[2] Célèbre prédicateur. (BOIL.)
[3] Paroisse de Paris. (BOIL.)
[4] Maison religieuse où la plupart des filles de condition étaient élevées. Elle fut persécutée et supprimée comme janséniste, en 1710.

[1] Maxime fort ordinaire dans les opéras de Quinault. (BOIL.)
[2] Jean-Baptiste Lulli, né à Florence en 1633, quitta sa patrie de bonne heure, et vint s'établir à Paris où il mourut en 1687.
[3] Voyez les opéras de Quinault, intitulés *Roland* et *Armide*. (BOIL.)
[4] Roman de *Clélie*, et autres romans du même auteur *.
(BOIL.)
[5] *Petits Soins* est un des villages du pays de *Tendre*. Voyez *Clélie*, première partie.
[6] *Cadet* est ici pour jeune officier. Ce mot servait alors à désigner les puînés de famille noble.
[7] Une infâme, dont le nom était alors connu de tout le monde. (BOIL.)

* Mademoiselle de Scudéri.

De Phèdre dédaignant la pudeur enfantine,
Suivre à front découvert Z....¹ et Messaline²;
Compter pour grands exploits vingt hommes ruinés,
Blessés, battus pour elle, et quatre assassinés :
Trop heureux si, toujours femme désordonnée,
Sans mesure et sans règle au vice abandonnée,
Par cent traits d'impudence aisés à ramasser,
Elle t'acquiert au moins un droit pour la chasser!

Mais que deviendras-tu si, folle en son caprice,
N'aimant que le scandale et l'éclat dans le vice,
Bien moins pour son plaisir que pour t'inquiéter,
Au fond peu vicieuse, elle aime à coqueter?
Entre nous, verras-tu d'un esprit bien tranquille
Chez ta femme aborder et la cour et la ville?
Hormis toi, tout chez toi rencontre un doux accueil :
L'un est payé d'un mot, et l'autre d'un coup d'œil.
Ce n'est que pour toi seul qu'elle est fière et chagrine :
Aux autres elle est douce, agréable, badine;
C'est pour eux qu'elle étale et l'or et le brocard,
Que chez toi se prodigue et le rouge et le fard,
Et qu'une main savante, avec tant d'artifice,
Bâtit de ses cheveux le galant édifice.
Dans sa chambre, crois-moi, n'entre point tout le [jour.
Si tu veux posséder à Lucrèce³ à ton tour,
Attends, discret mari, que la belle en cornette
Le soir ait étalé son teint sur la toilette,
Et dans quatre mouchoirs, de sa beauté salis,
Envoie au blanchisseur ses roses et ses lis.
Alors tu peux entrer : mais, sage en sa présence,
Ne va pas murmurer de sa folle dépense.
D'abord, l'argent en main, paye et vite et comptant.
Mais non, fais mine un peu d'en être mécontent,
Pour la voir aussitôt, de douleur oppressée,
Déplorer sa vertu si mal récompensée.
Un mari ne veut pas fournir à ses besoins!
Jamais femme, après tout, a-t-elle coûté moins?
A cinq cents louis d'or, tout au plus chaque année,
Sa dépense en habits n'est-elle pas bornée?
Que répondre? Je vois qu'à de si justes cris,
Toi-même convaincu, déjà tu t'attendris,
Tout prêt à la laisser, pourvu qu'elle s'apaise,
Dans ton coffre, à pleins sacs, puiser tout à son aise.
 A quoi bon, en effet, t'alarmer de si peu?
Eh! que serait-ce donc si le démon du jeu
Versant dans son esprit sa ruineuse rage,
Tous les jours, mis par elle à deux doigts du naufrage,
Tu voyais tous tes biens, au sort abandonnés,

Devenir le butin d'un pique¹ ou d'un sonnez²?
Le doux charme pour toi de voir chaque journée,
De nobles champions ta femme environnée,
Sur une table longue et façonnée exprès,
D'un tournoi de bassette³ ordonner les apprêts!
Ou, si par un arrêt la grossière police
D'un jeu si nécessaire interdit l'exercice,
Ouvrir sur cette table un champ au lansquenet,
Ou promener trois dés chassés de son cornet :
Puis sur une autre table, avec un air plus sombre,
S'en aller méditer une vole au jeu d'hombre;
S'écrier sur un as mal à propos jeté;
Se plaindre d'un gâno⁴ qu'on n'a point écouté?
Ou, querellant tout bas le ciel qu'elle regarde,
A la bête gémir d'un roi venu sans garde!
Chez elle, en ces emplois, l'aube du lendemain
Souvent la trouve encor les cartes à la main :
Alors, pour se coucher les quittant, non sans peine,
Elle plaint le malheur de la nature humaine,
Qui veut qu'en un sommeil, où tout s'ensevelit,
Tant d'heures sans jouer se consument au lit.
Toutefois en partant la troupe la console,
Et d'un prochain retour chacun donne parole.
C'est ainsi qu'une femme en doux amusements
Sait du temps qui s'envole employer les moments;
C'est ainsi que souvent par une forcenée
Une triste famille à l'hôpital traînée
Voit ses biens en décret sur tous les murs écrits,
De sa déroute illustre effrayer tout Paris.
Mais que plutôt son jeu mille fois te ruine,
Que si la famélique et honteuse lésine
Venant mal à propos la saisir au collet,
Elle te réduisait à vivre sans valet,
Comme ce magistrat⁵ de hideuse mémoire
Dont je veux bien ici te crayonner l'histoire.

Dans la robe on vantait son illustre maison.
Il était plein d'esprit, de sens et de raison;
Seulement pour l'argent un peu trop de faiblesse
De ces vertus en lui ravalait la noblesse.
Sa table toutefois, sans superfluité,
N'avait rien que d'honnête en sa frugalité :
Chez lui deux bons chevaux, de pareille encolure,
Trouvaient dans l'écurie une pleine pâture,
Et, du foin que leur bouche au râtelier laissait,

---

¹ La plupart des commentateurs pensent que, par cette initiale, Boileau a voulu dépayser le lecteur.
² Messaline, femme de l'empereur Claude, est fameuse par ses débordements.
³ Jeune Romaine célèbre par sa chasteté.

¹ Terme du jeu de piquet. (BOIL.)
² Terme du jeu de trictrac. (BOIL.)
³ *Bassette, lansquenet, hombre*, noms de différents jeux de cartes successivement introduits en France par les Italiens.
⁴ Terme du jeu d'hombre. (BOIL.)
⁵ Le lieutenant criminel Tardieu. (BOIL.) — Jacques Tardieu, neveu de Jacques Gillot, l'un des principaux auteurs de la *Satire Ménippée*, épousa Marie Ferrier, fille d'un ministre protestant qui depuis abjura le calvinisme. Ces deux époux furent aussi fameux par leur avarice que par leur fin tragique.

De surcroît une mule¹ encore se nourrissait.
Mais cette soif de l'or qui le brûlait dans l'âme
Le fit enfin songer à choisir une femme,
Et l'honneur dans ce choix ne fut point regardé.
Vers son triste penchant son naturel guidé
Le fit, dans une avare et sordide famille,
Chercher un monstre affreux sous l'habit d'une fille ;
Et, sans trop s'enquérir d'où la laide venait,
Il sut, ce fut assez, l'argent qu'on lui donnait.
Rien ne le rebuta ; ni sa vue éraillée,
Ni sa masse de chair bizarrement taillée ;
Et trois cent mille francs avec elle obtenus
La firent à ses yeux plus belle que Vénus.
Il l'épouse ; et bientôt son hôtesse nouvelle,
Le prêchant, lui fit voir qu'il était, au prix d'elle,
Un vrai dissipateur, un parfait débauché.
Lui-même le sentit, reconnut son péché,
Se confessa prodigue, et, plein de repentance,
Offrit sur ses avis de régler sa dépense.
Aussitôt de chez eux tout rôti disparut,
Le pain bis, renfermé, d'une moitié décrut :
Les deux chevaux, la mule, au marché s'envolèrent :
Deux grands laquais, à jeun, sur le soir s'en allèrent ;
De ces coquins déjà l'on se trouvait lassé,
Et, pour n'en plus revoir, le reste fut chassé.
Deux servantes déjà, largement souffletées,
Avaient à coups de pied descendu les montées,
Et, se voyant enfin hors de ce triste lieu,
Dans la rue en avaient rendu grâces à Dieu.
Un vieux valet restait, seul chéri de son maître,
Que toujours il servit, et qu'il avait vu naître,
Et qui de quelque somme amassée au bon temps
Vivait encore chez eux, partie à ses dépens.
Sa vue embarrassait ; il fallut s'en défaire :
Il fut de la maison chassé comme un corsaire.
Voilà nos deux époux sans valets, sans enfants,
Tout seuls dans leur logis libres et triomphants.
Alors on ne mit plus de borne à la lésine :
On condamna la cave, on ferma la cuisine ;
Pour ne s'en point servir aux plus rigoureux mois,
Dans le fond d'un grenier on séquestra le bois.
L'un et l'autre dès lors vécut à l'aventure
Des présents qu'à l'abri de la magistrature
Le mari quelquefois des plaideurs extorquait,
Ou de ce que la femme aux voisins escroquait.
  Mais, pour bien mettre ici leur crasse en tout son
Il faut voir du logis sortir ce couple illustre ; [lustre,
Il faut voir le mari tout poudreux, tout souillé,
Couvert d'un vieux chapeau de cordon dépouillé,
Et de sa robe, en vain de pièces rajeunie,
A pied dans les ruisseaux traînant l'ignominie.
Mais qui pourrait compter le nombre de haillons,
De pièces, de lambeaux, de sales guenillons,
De chiffons ramassés dans la plus noire ordure,
Dont la femme aux bons jours composait sa parure ?
Décrirai-je ses bas en trente endroits percés,
Ses souliers grimaçants vingt fois rapetassés,
Ses coiffes d'où pendait au bout d'une ficelle
Un vieux masque¹ pelé presque aussi hideux qu'elle ?
Peindrai-je son jupon bigarré de latin,
Qu'ensemble composaient trois thèses de satin :
Présent qu'en un procès sur certain privilége
Firent à son mari les régents d'un collége ;
Et qui, sur cette jupe à maint rieur encor,
Derrière elle faisait dire ARGUMENTABOR ?
  Mais peut-être j'invente une fable frivole.
Démentes donc tout Paris, qui, prenant la parole,
Sur ce sujet encor de bons témoins pourvu,
Tout prêt à le prouver, te dira : Je l'ai vu ;
Vingt ans j'ai vu ce couple, uni d'un même vice,
A tous mes habitants montrer que l'avarice
Peut faire dans les biens trouver la pauvreté,
Et nous réduire à pis que la mendicité.
Des voleurs, qui chez eux pleins d'espérance entrè-
De cette triste vie enfin les délivrèrent : [rent²,
Digne et funeste fruit du nœud le plus affreux
Dont l'hymen ait jamais uni deux malheureux !
  Ce récit passe un peu l'ordinaire mesure :
Mais un exemple enfin si digne de censure
Peut-il dans la satire occuper moins de mots ?
Chacun sait son métier. Suivons notre propos.
Nouveau prédicateur aujourd'hui, je l'avoue,
Écolier ou plutôt singe de Bourdaloue³,
Je me plais à remplir mes sermons de portraits.
En voilà déjà trois peints d'assez heureux traits :
La femme sans honneur, la coquette et l'avare.
Il faut y joindre encor la revêche bizarre,
Qui, sans cesse, d'un ton par la colère aigri,
Gronde, choque, dément, contredit un mari.
Il n'est point de repos ni de paix avec elle :
Son mariage n'est qu'une longue querelle.
Laisse-t-elle un moment respirer son époux,
Ses valets sont d'abord l'objet de son courroux ;
Et sur le ton grondeur lorsqu'elle les harangue,
Il faut voir de quels mots elle enrichit la langue :
Ma plume ici, traçant ces mots par alphabet,
Pourrait d'un nouveau tome augmenter Richelet⁴.

¹ Avant l'usage des carrosses, la mule était la monture ordinaire des magistrats, et les soulageait dans l'exercice de quelques-unes de leurs fonctions. Celles de Tardieu consistaient à accompagner les criminels jusqu'à l'échafaud.

¹ La plupart des femmes portaient alors un masque de velours noir lorsqu'elles sortaient. (BOIL.)
² Le lieutenant criminel et sa femme furent assassinés, dans leur maison, le 24 août 1665.
³ Célèbre jésuite. (BOIL.)
⁴ Auteur qui a donné un dictionnaire français. (BOIL.)

Tu crains peu d'essuyer cette étrange furie :
En trop bon lieu, dis-tu, ton épouse nourrie
Jamais de tels discours ne te rendra martyr.
Mais, eût-elle sucé la raison dans Saint-Cyr¹,
Crois-tu que d'une fille humble, honnête, charmante,
L'hymen n'ait jamais fait de femme extravagante ?
Combien n'a-t-on point vu de belles aux doux yeux,
Avant le mariage anges si gracieux,
Tout à coup se changeant en bourgeoises sauvages,
Vrais démons, apporter l'enfer dans leurs ménages,
Et, découvrant l'orgueil de leurs rudes esprits,
Sous leur fontange² altière asservir leurs maris!
    Et puis, quelque douceur dont brille ton épouse,
Penses-tu, si jamais elle devient jalouse,
Que son âme livrée à ses tristes soupçons
De la raison encore écoute les leçons?
Alors, Alcippe, alors, tu verras de ses œuvres :
Résous-toi, pauvre époux, à vivre de couleuvres ;
A la voir tous les jours, dans ses fougueux accès,
A ton geste, à ton rire intenter un procès ;
Souvent, de ta maison gardant les avenues,
Les cheveux hérissés, t'attendre au coin des rues ;
Te trouver en des lieux de vingt portes fermés,
Et, partout où tu vas, dans ses yeux enflammés
T'offrir non pas d'Isis la tranquille Euménide³,
Mais la vraie Alecto⁴ peinte dans l'Énéide,
Un tison à la main, chez le roi Latinus,
Soufflant sa rage au sein d'Amate et de Turnus.
    Mais quoi ! je chausse ici le cothurne tragique.
Reprenons au plus tôt le brodequin comique,
Et d'objets moins affreux songeons à te parler.
Dis-moi donc, laissant là cette folle hurler,
T'accommodes-tu mieux de ces douces Ménades⁵
Qui, dans leurs vains chagrins, sans mal toujours malades,
Se font, des mois entiers, sur un lit effronté,
Traiter d'une visible et parfaite santé ;
Et douze fois par jour, dans leur molle indolence,
Aux yeux de leur maris tombent en défaillance ?
Quel sujet, dira l'un, peut donc si fréquemment
Mettre ainsi cette belle aux bords du monument?
La Parque, ravissant au son fils ou sa fille,
A-t-elle moissonné l'espoir de sa famille,
Non : il est question de réduire un mari
A chasser un valet dans la maison chéri,
Et qui, parce qu'il plaît, a trop su lui déplaire ;

Ou de rompre un voyage utile et nécessaire,
Mais qui la priverait huit jours de ses plaisirs,
Et qui, loin d'un galant, objet de ses désirs...
Oh ! que, pour la punir de cette comédie,
Ne lui vois-je une vraie et triste maladie ! [jours,
Mais ne nous fâchons point. Peut-être avant deux
Courtois et Deniau¹, mandés à son secours,
Digne ouvrage de l'art dont Hippocrate traite,
Lui sauront bien ôter cette santé d'athlète ;
Pour consumer l'humeur qui fait son embonpoint,
Lui donner sagement le mal qu'elle n'a point ;
Et, fuyant de Fagon² les maximes énormes,
Au tombeau mérité la mettre dans les formes.
Dieu veuille avoir son âme, et nous délivrer d'eux !
Pour moi, grand ennemi de leur art hasardeux,
Je ne puis cette fois que je ne les excuse.
Mais à quels vains discours est-ce que je m'amuse ?
Il faut, sur des sujets plus grands, plus curieux,
Attacher de ce pas ton esprit et tes yeux.
Qui s'offrira d'abord ? Bon, c'est cette savante
Qu'estime Roberval, et que Sauveur fréquente³.
D'où vient qu'elle a l'œil trouble et le teint si terni ?
C'est que sur le calcul, dit-on, de Cassini⁴,
Un astrolabe en main, elle a dans sa gouttière,
A suivre Jupiter⁵ passé la nuit entière.
Gardons de la troubler. Sa science, je croi,
Aura pour s'occuper ce jour plus d'un emploi :
D'un nouveau microscope on doit, en sa présence,
Tantôt chez Dalancé⁶ faire l'expérience,
Puis d'une femme morte avec son embryon
Il faut chez du Verney⁷ voir la dissection.
Rien n'échappe aux regards de notre curieuse.
    Mais qui vient sur ses pas ? C'est une précieuse,
Reste de ces esprits jadis si renommés
Que d'un coup de son art Molière a diffamés⁸.
De tous leurs sentiments cette noble héritière
Maintient encore ici leur secte façonnière.
C'est chez elle toujours que les fades auteurs
S'en vont se consoler du mépris des lecteurs.
Elle y reçoit leur plainte, et sa docte demeure
Aux Perrins, aux Coras, est ouverte à toute heure.
Là du faux bel esprit se tiennent les bureaux :
Là tous les vers sont bons, pourvu qu'ils soient nouveaux.
Au mauvais goût public la belle y fait la guerre ;

---

¹ Célèbre maison près de Versailles où l'on élève un grand nombre de jeunes demoiselles. (BOIL.) — Elle fut fondée en 1686 par madame de Maintenon.
² C'est un nœud de ruban que les femmes mettent sur le devant de la tête pour attacher leur coiffure. (BOIL.)
³ Furie dans l'opéra d'*Isis*, qui demeure presque toujours à ne rien faire. (BOIL.)
⁴ Une des furies. (BOIL.)
⁵ Bacchantes. (BOIL.) — On donnait ce nom aux femmes qui célébraient les *orgies* de Bacchus.

¹ Médecins de Paris. (BOIL.)
² Premier médecin du roi. (BOIL.)
³ Illustres mathématiciens. (BOIL.) — Joseph Sauveur fut choisi pour enseigner les mathématiques au roi d'Espagne Philippe V et au prince Eugène.
⁴ Fameux astronome. (BOIL.)
⁵ Une des sept planètes. (BOIL.)
⁶ Chez qui on faisait beaucoup d'expériences de physique. (BOIL.)
⁷ Médecin du roi connu pour être très-savant dans l'anatomie. (BOIL.)
⁸ Voyez la comédie des *Précieuses*. (BOIL.)

Plaint Pradon opprimé des sifflets du parterre;
Rit des vains amateurs du grec et du latin;
Dans la balance met Aristote et Cotin;
Puis, d'une main encor plus fine et plus habile,
Pèse sans passion Chapelain et Virgile;
Remarque en ce dernier beaucoup de pauvretés,
Mais pourtant confessant qu'il a quelques beautés;
Ne trouve en Chapelain, quoi qu'ait dit la satire,
Autre défaut, sinon qu'on ne le saurait lire;
Et, pour faire goûter son livre à l'univers,
Croit qu'il faudrait en prose y mettre tous les vers.
A quoi bon m'étaler cette bizarre école
De mauvais sens, dis-tu, prêché par une folle?
De livres et d'écrits bourgeois admirateur,
Vais-je épouser ici quelque apprentie auteur?
Savez-vous que l'épouse avec qui je me lie
Compte entre ses parents des princes d'Italie;
Sort d'aïeux dont les noms?... Je t'entends, et je vois
D'où vient que tu t'es fait secrétaire du roi:
Il fallait de ce titre appuyer ta naissance.
Cependant, t'avouerai-je ici mon insolence?
Si quelque objet pareil chez moi, deçà les monts,
Pour m'épouser entrait avec tous ces grands noms,
Le sourcil rehaussé d'orgueilleuses chimères;
Je lui dirais bientôt: Je connais tous vos pères;
Je sais qu'ils ont brillé dans ce fameux combat
Où sous l'un des Valois Enghien sauva l'État.
D'Hozier n'en convient pas: mais quoi qu'il en puisse
Je ne suis point si sot que d'épouser mon maître. [être
Ainsi donc, au plus tôt délogeant de ces lieux,
Allez princesse; allez, avec tous vos aïeux,
Sur le pompeux débris des lances espagnoles,
Coucher, si vous voulez, aux champs de Cérisoles[1];
Ma maison ni mon lit ne sont point faits pour vous.
J'admire, poursuis-tu, votre noble courroux.
Souvenez-vous pourtant que ma famille illustre
De l'assistance au sceau[2] ne tire point son lustre;
Et que, né dans Paris de magistrats connus,
Je ne suis point ici de ces nouveaux venus,
De ces nobles sans nom, que, par plus d'une voie,
La province souvent en guêtres nous envoie.
Mais eussé-je comme eux des meuniers pour parents,
Mon épouse vînt-elle encor d'aïeux plus grands,
On ne la verrait point, vantant son origine,
A son triste mari reprocher la farine.
Son cœur, toujours nourri dans la dévotion,
De trop bonne heure apprit l'humiliation:
Et, pour vous détromper de la pensée étrange
Que l'hymen aujourd'hui la corrompe et la change,

Sachez qu'en notre accord elle a, pour premier point
Exigé qu'un époux ne la contraindrait point
A traîner après elle un pompeux équipage,
Ni surtout de souffrir, par un profane usage,
Qu'à l'église jamais, devant le Dieu jaloux,
Un fastueux carreau soit vu sous ses genoux. [te....
Telle est l'humble vertu qui, dans son âme emprein-
Je le vois bien, tu vas épouser une sainte;
Et dans tout ce grand zèle il n'est rien d'affecté.
Sais-tu bien cependant, sous cette humilité,
L'orgueil que quelquefois nous cache une bigote,
Alcippe, et connais-tu la nation devote?
Il te faut de ce pas en tracer quelques traits,
Et par ce grand portrait finir tous mes portraits.
A Paris, à la cour on trouve, je l'avoue,
Des femmes dont le zèle est digne qu'on le loue,
Qui s'occupent du bien, en tout temps, en tout lieu.
J'en sais une, chérie et du monde et de Dieu,
Humble dans les grandeurs, sage dans la fortune,
Qui gémit, comme Esther, de sa gloire importune,
Que le vice lui-même est contraint d'estimer,
Et que sur ce tableau d'abord tu vas nommer[1].
Mais pour quelques vertus si pures, si sincères,
Combien y trouve-t-on d'impudentes faussaires,
Qui, sous un vain dehors d'austère piété,
De leurs crimes secrets cherchent l'impunité,
Et couvrent de Dieu même, empreint sur leur visage
De leurs honteux plaisirs l'affreux libertinage!
N'attends pas qu'à tes yeux j'aille ici l'étaler;
Il vaut mieux le souffrir que de le dévoiler.
De leurs galants exploits les Bussis, les Brantômes
Pourraient avec plaisir te compiler des tomes:
Mais pour moi, dont le front trop aisément rougit,
Ma bouche a déjà peur de t'en avoir trop dit.
Rien n'égale en fureur, en monstrueux caprices,
Une fausse vertu qui s'abandonne aux vices.
De ces femmes pourtant l'hypocrite noirceur
Au moins pour un mari garde quelque douceur.
Je les aime encor mieux qu'une bigote altière,
Qui, dans son fol orgueil, aveugle et sans lumière
A peine sur le seuil de la dévotion,
Pense atteindre au sommet de la perfection;
Qui du soin qu'elle prend de me gêner sans cesse
Va quatre fois par mois se vanter à confesse;
Et, les yeux vers le ciel, pour se le faire ouvrir,
Offre à Dieu les tourments qu'elle me fait souffrir.
Sur cent pieux devoirs aux saints elle est égale;
Elle lit Rodriguez[2], fait l'oraison mentale,
Va pour les malheureux quêter dans les maisons,

[1] Combat de Cérisoles, gagné par le duc d'Enghien en Italie. (BOIL.) — Sur les Espagnols le 4 avril 1544.
[2] Une des principales fonctions des secrétaires du roi était d'assister au sceau dans les chancelleries.

[1] Madame de Maintenon.
[2] Jésuite espagnol, auteur du *Traité de la perfection chrétienne*, traduit en français par l'abbé Régnier-Desmarest.

Hante les hôpitaux, visite les prisons,
Tous les jours à l'église entend jusqu'à six messes :
Mais de combattre en elle et dompter ses faiblesses,
Sur le fard, sur le jeu, vaincre sa passion,
Mettre un frein à son luxe, à son ambition,
Et soumettre l'orgueil de son esprit rebelle,
C'est ce qu'en vain le ciel voudrait exiger d'elle.
Et peut-il, dira-t-elle, en effet l'exiger?
Elle a son directeur, c'est à lui d'en juger :
Il faut, sans différer, savoir ce qu'il en pense.
Bon! vers nous à propos je le vois qui s'avance.
Qu'il paraît bien nourri! Quel vermillon! quel teint!
Le printemps dans sa fleur sur son visage est peint.
Cependant, à l'entendre, il se soutient à peine ;
Il eut encore hier la fièvre et la migraine : [ter,
Et, sans les prompts secours qu'on prit soin d'appor-
Il serait sur son lit peut-être à trembloter.
Mais de tous les mortels, grâce aux dévotes âmes,
Nul n'est si bien soigné qu'un directeur de femmes.
Quelque léger dégoût vient-il le travailler,
Une froide vapeur le fait-elle bâiller,
Un escadron coiffé d'abord court à son aide :
L'une chauffe un bouillon, l'autre apprête un remède;
Chez lui sirops exquis, ratafias vantés,
Confitures surtout, volent de tous côtés :
Car de tous mets sucrés, secs, en pâte, ou liquides,
Les estomacs dévots toujours furent avides :
Le premier massepain pour eux, je crois, se fit,
Et le premier citron à Rouen fut confit [1].
    Notre docteur bientôt va lever tous ses doutes;
Du paradis pour elle il aplanit les routes,
Et, loin sur ses défauts de la mortifier,
Lui-même prend le soin de la justifier.
« Pourquoi vous alarmer d'une vaine censure?
Du rouge qu'on vous voit on s'étonne, on murmure :
Mais a-t-on, dira-t-il, sujet de s'étonner?
Est-ce qu'à faire peur on veut vous condamner?
Aux usages reçus il faut qu'on s'accommode :
Une femme surtout doit tribut à la mode.
L'orgueil brille, dit-on, sur vos pompeux habits ;
L'œil à peine soutient l'éclat de vos rubis :
Dieu veut-il qu'on étale un luxe si profane?.
Oui, lorsqu'à l'étaler notre rang nous condamne.
Mais ce grand jeu, chez vous comment l'autoriser?
Le jeu fut de tout temps permis pour s'amuser :
On ne peut pas toujours travailler, prier, lire :
Il vaut mieux s'occuper à jouer qu'à médire.
Le plus grand jeu, joué dans cette intention,
Peut même devenir une bonne action :
Tout est sanctifié par une âme pieuse.
Vous êtes, poursuit-on, avide, ambitieuse;

Sans cesse vous brûlez de voir tous vos parents
Engloutir à la cour charges, dignités, rangs.
Votre bon naturel en cela pour eux brille ;
Dieu ne nous défend point d'aimer notre famille.
D'ailleurs tous vos parents sont sages, vertueux ;
Il est bon d'empêcher ces emplois fastueux
D'être donnés peut-être à des âmes mondaines,
Éprises du néant des vanités humaines.
Laissez là, croyez-moi, gronder les indévots,
Et sur votre salut demeurez en repos. »  [nonce.
    Sur tous ces points douteux c'est ainsi qu'il pro-
Alors, croyant d'un ange entendre la réponse,
Sa dévote s'incline, et, calmant son esprit,
A cet ordre d'en haut sans réplique souscrit.
Ainsi, pleine d'erreurs qu'elle croit légitimes,
Sa tranquille vertu conserve tous ses crimes ;
Dans un cœur tous les jours nourri du sacrement
Maintient la vanité, l'orgueil, l'entêtement,
Et croit que devant Dieu ses fréquents sacriléges
Sont pour entrer au ciel d'assurés priviléges.
Voilà le digne fruit des soins de son docteur.
Encore est-ce beaucoup si, ce guide imposteur
Par les chemins fleuris d'un charmant quiétisme [1],
Tout à coup l'amenant au vrai molinosisme,
Il ne lui fait bientôt, aidé de Lucifer,
Goûter en paradis les plaisirs de l'enfer.
Mais dans ce doux état, molle, délicieuse,
La hais-tu plus, dis-moi, que cette bilieuse
Qui, follement outrée en sa sévérité,
Baptisant son chagrin du nom de piété,
Dans sa charité fausse où l'amour-propre abonde,
Croit que c'est aimer Dieu que haïr tout le monde.
Il n'est rien où d'abord son soupçon attaché
Ne présume du crime et ne trouve un péché.
Pour une fille honnête et pleine d'innocence,
Croit-elle en ses valets voir quelque complaisance :
Réputés criminels, les voilà tous chassés,
Et chez elle à l'instant par d'autres remplacés.
Son mari, qu'une affaire appelle dans la ville,
Et qui chez lui sortant a tout laissé tranquille,
Se trouve assez surpris, rentrant dans la maison,
De voir que le portier lui demande son nom ;
Et que parmi ses gens, changés en son absence,
Il cherche vainement quelqu'un de connaissance.
    Fort bien! le trait est bon! Dans les femmes, dis-
Enfin vous n'approuvez ni vice ni vertu.    [tu,
Voilà le sexe peint d'une noble manière :
Et Théophraste même, aidé de la Bruyère [2],

[1] Les plus exquis citrons confits se font à Rouen. (Boil.)

[1] Il reste à peine le souvenir de cette inintelligible dispute du *Quiétisme*, à laquelle les noms de Bossuet et de Fénélon donnèrent seuls une importance qu'elle ne méritait pas. Miguel Molinos, qui introduisit le quiétisme à Rome, fut condamné par l'inquisition à une prison perpétuelle.

[2] La Bruyère a traduit les *Caractères de Théophraste*, et a

Ne m'en pourrait pas faire un plus riche tableau.
C'est assez : il est temps de quitter le pinceau ;
Vous avez désormais épuisé la satire.
Épuisé, cher Alcippe ! Ah tu me ferais rire !
Sur ce vaste sujet si j'allais tout tracer,
Tu verrais sous ma main des tomes s'amasser.
Dans le sexe j'ai peint la piété caustique :
Et que serait-ce donc si, censeur plus tragique,
J'allais t'y faire voir l'athéisme établi,
Et, non moins que l'honneur, le ciel mis en oubli ;
Si j'allais t'y montrer plus d'une Capanée [1]
Pour souveraine loi mettant la destinée,
Du tonnerre dans l'air bravant les vains carreaux,
Et nous parlant de Dieu du ton de Des-Barreaux [2] ?
  Mais sans aller chercher cette femme infernale,
T'ai-je encor peint, dis-moi, la fantasque inégale
Qui, m'aimant le matin, souvent me hait le soir ?
T'ai-je peint la maligne aux yeux faux, au cœur noir ?
T'ai-je encore exprimé la brusque impertinente ?
T'ai-je tracé la vieille à morgue dominante,
Qui veut, vingt ans encore après le sacrement,
Exiger d'un mari les respects d'un amant ?
T'ai-je fait voir de joie une belle animée
Qui souvent, d'un repas sortant tout enfumée,
Fait, même à ses amants, trop faibles d'estomac,
Redouter ses baisers pleins d'ail et de tabac ?
T'ai-je encore décrit la dame brelandière
Qui des joueurs chez soi se fait cabaretière [3],
Et souffre des affronts que ne souffrirait pas
L'hôtesse d'une auberge à dix sous par repas ?
Ai-je offert à tes yeux ces tristes Tisiphones,
Ces monstres pleins d'un fiel que n'ont point les lionnes,
Qui, prenant en dégoût les fruits nés de leur flanc,
S'irritent sans raison contre leur propre sang ;
Toujours en des fureurs que les plaintes aigrissent,
Battent dans leurs enfants l'époux qu'elles haïssent,
Et font de leur maison, digne de Phalaris [4],
Un séjour de douleurs, de larmes et de cris ?
Enfin t'ai-je dépeint la superstitieuse,
La pédante au ton fier, la bourgeoise ennuyeuse,
Celle qui de son chat fait son seul entretien,
Celle qui toujours parle et ne dit jamais rien ?

---

fait ceux de son siècle. (BOIL.) — Jean de la Bruyère mourut d'apoplexie en 1696. Il était âgé de cinquante-sept ans.

[1] Capanée était un des sept chefs de l'armée qui mit le siége devant Thèbes. Les poëtes ont dit que Jupiter le foudroya à cause de son impiété. (BOIL.)

[2] On dit qu'il se convertit avant que de mourir. (BOIL.) — Jacques de Vallée, seigneur Des-Barreaux, né à Paris, 1602, mourut à Châlons-sur-Saône en 1674. On le regarde généralement comme l'auteur du fameux sonnet :

Grand Dieu, tes jugements sont remplis d'équité, etc.

[3] Il y a des femmes qui donnent à souper aux joueurs, de peur de ne les plus revoir, s'ils sortaient de leur maison. (BOIL.)

[4] Tyran en Sicile très-cruel. (BOIL.)

---

Il en est des milliers ; mais ma bouche enfin lasse
Des trois quarts pour le moins veut bien te faire grâce.
J'entends : c'est pousser loin la modération.
Ah ! finissez, dis-tu, la déclamation.
Pensez-vous qu'ébloui de vos vaines paroles
J'ignore qu'en effet tous ces discours frivoles
Ne sont qu'un badinage, un simple jeu d'esprit
D'un censeur dans le fond qui folâtre et qui rit,
Plein du même projet qui vous vint dans la tête
Quand vous plaçâtes l'homme au-dessous de la bête ?
Mais enfin vous et moi c'est assez badiner,
Il est temps de conclure ; et, pour tout terminer,
Je ne dirai qu'un mot. La fille qui m'enchante,
Noble, sage, modeste, humble, honnête, touchante,
N'a pas un des défauts que vous m'avez fait voir.
Si, par un sort pourtant qu'on ne peut concevoir,
La belle, tout à coup rendue insociable,
D'ange, ce sont vos mots, se transformait en diable,
Vous me verriez bientôt, sans me désespérer,
Lui dire : Eh bien ! madame, il faut nous séparer ;
Nous ne sommes pas faits, je le vois, l'un pour l'autre.
Mon bien se monte à tant : tenez, voilà le vôtre.
Partez : délivrons-nous d'un mutuel souci.
  Alcippe, tu crois donc qu'on se sépare ainsi ?
Pour sortir de chez toi sur cette offre offensante,
As-tu donc oublié qu'il faut qu'elle y consente ?
Et crois-tu qu'aisément elle puisse quitter
Le savoureux plaisir de t'y persécuter ?
Bientôt son procureur, pour elle usant sa plume,
De ses prétentions va t'offrir un volume :
Car, grâce au droit reçu chez les Parisiens,
Gens de douce nature, et maris bons chrétiens,
Dans ses prétentions une femme est sans borne
Alcippe, à ce discours je te trouve un peu morne.
Des arbitres, dis-tu, pourront nous accorder.
Des arbitres !... Tu crois l'empêcher de plaider !
Sur ton chagrin déjà contente d'elle-même,
Ce n'est point tous ses droits, c'est le procès qu'elle aime,
Pour elle un bout d'arpent qu'il faudra disputer
Vaut mieux qu'un fief entier acquis sans contester.
Point de procès si vieux qui ne se rajeunisse ;
Avec elle il n'est point de droit qui s'éclaircisse,
Et sur l'art de former un nouvel embarras
Devant elle Rolet mettrait pavillon bas.
Crois-moi, pour la fléchir trouve enfin quelque voie.
Ou je ne réponds pas dans peu qu'on ne te voie
Sous le faix des procès abattu, consterné,
Triste, à pied, sans laquais, maigre, sec, ruiné,
Vingt fois dans ton malheur résolu de te pendre,
Et, pour comble de maux, réduit à la reprendre.

## SATIRE XI.

1698.

### A M. DE VALINCOUR [1].

Oui, l'honneur, Valincour, est chéri dans le monde :
Chacun, pour l'exalter, en paroles abonde ;
A s'en voir revêtu chacun met son bonheur ;
Et tout crie ici-bas : L'honneur ! vive l'honneur !
Entendons discourir, sur les bancs des galères,
Ce forçat abhorré même de ses confrères ;
Il plaint, par un arrêt injustement donné,
L'honneur en sa personne à ramer condamné.
En un mot, parcourons et la mer et la terre ;
Interrogeons marchands, financiers, gens de guerre,
Courtisans, magistrats : chez eux, si je les croi,
L'intérêt ne peut rien, l'honneur seul fait la loi.
Cependant, lorsqu'aux yeux leur portant la lanterne [2],
J'examine au grand jour l'esprit qui les gouverne,
Je n'aperçois partout que folle ambition,
Faiblesse, iniquité, fourbe, corruption,
Que ridicule orgueil de soi-même idolâtre.
Le monde, à mon avis, est comme un grand théâtre,
Où chacun en public, l'un par l'autre abusé,
Souvent à ce qu'il est joue un rôle opposé
Tous les jours on y voit, orné d'un faux visage,
Impudemment le fou représenter le sage ;
L'ignorant s'ériger en savant fastueux,
Et le plus vil faquin trancher du vertueux.
Mais, quelque fol espoir dont leur orgueil les berce,
Bientôt on les connaît, et la vérité perce.
On a beau se farder aux yeux de l'univers :
A la fin sur quelqu'un de nos vices couverts
Le public malin jette un œil inévitable ;
Et bientôt la censure, au regard formidable,
Sait, le crayon en main, marquer nos endroits faux,
Et nous développer avec tous nos défauts.
Du mensonge toujours le vrai demeure maître.
Pour paraître honnête homme, en un mot, il faut l'ê-
Et jamais, quoi qu'il fasse, un mortel ici-bas [tre :
Ne peut aux yeux du monde être ce qu'il n'est pas.
En vain ce misanthrope, aux yeux tristes et sombres,
Veut, par un air riant, en éclaircir les ombres :
Le ris sur son visage est en mauvaise humeur ;
L'agrément fuit ses traits, ses caresses font peur ;
Ses mots les plus flatteurs paraissent des rudesses,
Et la vanité brille en toutes ses bassesses.
Le naturel toujours sort, et sait se montrer :

Vainement on l'arrête, on le force à rentrer ;
Il rompt tout, perce tout, et trouve enfin passage.
Mais loin de mon projet je sens que je m'engage.
Revenons de ce pas à mon texte égaré.
L'honneur partout, disais-je, est du monde admiré ;
Mais l'honneur en effet qu'il faut que l'on admire,
Quel est-il, Valincour ? pourras-tu me le dire ?
L'ambitieux le met souvent à tout brûler ;
L'avare, à voir chez lui le Pactole rouler [1] ;
Un faux brave, à vanter sa prouesse frivole ;
Un vrai fourbe, à jamais ne garder sa parole ;
Ce poëte, à noircir d'insipides papiers ;
Ce marquis, à savoir frauder ses créanciers ;
Un libertin, à rompre et jeûnes et carême ;
Un fou perdu d'honneur, à braver l'honneur même.
L'un d'eux a-t-il raison ? Qui pourrait le penser ? [ser ?
Qu'est-ce donc que l'honneur que tout doit embras-
Est-ce de voir, dis-moi, vanter notre éloquence ;
D'exceller en courage, en adresse, en prudence ;
De voir à notre aspect tout trembler sous les cieux ;
De posséder enfin mille dons précieux ?
Mais avec tous ces dons de l'esprit et de l'âme,
Un roi même souvent peut n'être qu'un infâme,
Qu'un Hérode, un Tibère effroyable à nommer.
Où donc est cet honneur qui seul doit nous charmer ?
Quoi qu'en ses beaux discours Saint-Évremont nous prône [2],
Aujourd'hui j'en croirai Sénèque avant Pétrone.
Dans le monde il n'est rien de beau que l'équité :
Sans elle la valeur, la force, la bonté,
Et toutes les vertus dont s'éblouit la terre,
Ne sont que faux brillants, et que morceaux de verre.
Un injuste guerrier, terreur de l'univers [3],
Qui, sans sujet, courant chez cent peuples divers,
S'en va tout ravager jusqu'aux rives du Gange,
N'est qu'un plus grand voleur que du Terte et Saint-Ange [4].
Du premier des Césars on vante les exploits ;
Mais dans quel tribunal, jugé suivant les lois,
Eût-il pu disculper son injuste manie ?
Qu'on livre son pareil en France à la Reynie [5],
Dans trois jours nous verrons le phénix des guerriers
Laisser sur l'échafaud sa tête et ses lauriers.
C'est d'un roi [6] que l'on tient cette maxime auguste,

---

[1] Boileau parle de M. de Valincour dans la préface de 1701. (Voyez cette préface.)
[2] Allusion au mot de Diogène le Cynique, qui portait une lanterne en plein jour, et qui disait qu'il cherchait un homme. (BOIL.)

[1] Fleuve de Lydie, où l'on trouve de l'or, ainsi que dans plusieurs autres fleuves. (BOIL.)
[2] Saint-Évremont a fait une dissertation dans laquelle il donne la préférence à Pétrone sur Sénèque. (BOIL.) — Charles Marquetel ou Marguastel, de Saint-Denis, seigneur de Saint-Évremont, naquit à Saint-Denis le Guast, près de Coutances, en 1613, mourut à Londres en 1703, et fut enterré dans l'abbaye de Westminster, parmi les rois d'Angleterre. Ses œuvres ont été recueillies en trois volumes in-4°.
[3] Alexandre. (BOIL.)
[4] Fameux voleurs de grands chemins. (BOIL.)
[5] Célèbre lieutenant général de police à Paris. (BOIL.)
[6] Agésilas, roi de Sparte. (BOIL.)

14.

Que jamais on n'est grand qu'autant que l'on est juste.
Rassemblez à la fois Mithridate et Sylla ;
Joignez-y Tamerlan, Genséric, Attila :
Tous ces fiers conquérants, rois, princes, capitaines,
Sont moins grands à mes yeux que ce bourgeois d'Athènes [1]
Qui sut, pour tous exploits, doux, modéré, frugal,
Toujours vers la justice aller d'un pas égal.
 Oui, la justice en nous est la vertu qui brille :
Il faut de ses couleurs qu'ici-bas tout s'habille ;
Dans un mortel chéri tout injuste qu'il est,
C'est quelque air d'équité qui séduit et qui plaît.
A cet unique appas l'âme est vraiment sensible :
Même aux yeux de l'injuste un injuste est horrible,
Et tel qui n'admet point la probité chez lui
Souvent à la rigueur l'exige chez autrui.
Disons plus : il n'est point d'âme livrée au vice
Où l'on ne trouve encor des traces de justice.
Chacun de l'équité ne fait pas son flambeau ;
Tout n'est pas Caumartin, Bignon, ni d'Aguesseau [2] :
Mais jusqu'en ces pays où tout vit de pillage,
Chez l'Arabe et le Scythe, elle est de quelque usage ;
Et du butin acquis en violant les lois,
C'est elle entre eux qui fait le partage et le choix.
 Mais allons voir le vrai jusqu'en sa source même.
Un dévot aux yeux creux, et d'abstinence blême,
S'il n'a point le cœur juste, est affreux devant Dieu.
L'Évangile au chrétien ne dit en aucun lieu :
Sois dévot ; elle [3] dit : Sois doux, simple, équitable.
Car d'un dévot souvent au chrétien véritable
La distance est deux fois plus longue, à mon avis,
Que du pôle antarctique au détroit de Davis [4].
Encor par ce dévot ne crois pas que j'entende
Tartuffe, ou Molinos [5] et sa mystique bande :
J'entends un faux chrétien, mal instruit, mal guidé,
Et qui, de l'Évangile en vain persuadé,
N'en a jamais conçu l'esprit ni la justice ;
Un chrétien qui s'en sert pour disculper le vice ;
Qui toujours près des grands, qu'il prend soin d'abu-
Sur leurs faibles honteux sait les autoriser, [ser,
Et croit pouvoir au ciel, par ses folles maximes,
Avec le sacrement faire entrer tous les crimes.
Des faux dévots pour moi voilà le vrai héros.
 Mais, pour borner enfin tout ce vague propos,
Concluons qu'ici-bas le seul bonheur solide,
C'est de prendre toujours la vérité pour guide ;
De regarder en tout la raison et la loi ;

D'être doux pour tout autre, et rigoureux pour soi ;
D'accomplir tout le bien que le ciel nous inspire ;
Et d'être juste enfin : ce mot seul veut tout dire.
Je doute que le flot des vulgaires humains
A ce discours pourtant donne aisément les mains ;
Et, pour t'en dire ici la raison historique,
Souffre que je l'habille en fable allégorique.
 Sous le bon roi Saturne, ami de la douceur,
L'Honneur, cher Valincour, et l'Équité sa sœur,
De leurs sages conseils éclairant tout le monde,
Régnaient, chéris du ciel, dans une paix profonde.
Tout vivait en commun sous ce couple adoré :
Aucun n'avait d'enclos ni de champ séparé.
La vertu n'était point sujette à l'ostracisme [1],
Ni ne s'appelait point alors un **** [2]. [ments,
L'Honneur, beau par soi-même et sans vains orne-
N'étalait point aux yeux l'or ni les diamants,
Et jamais ne sortant de ses devoirs austères,
Maintenait de sa sœur les règles salutaires.
Mais une fois au ciel par les dieux appelé,
Il demeura longtemps au séjour étoilé.
 Un fourbe cependant, assez haut de corsage,
Et qui lui ressemblait de geste et de visage,
Prend son temps, et partout de hardi suborneur
S'en va chez les humains crier qu'il est l'Honneur ;
Qu'il arrive du ciel, et que, voulant lui-même
Seul porter désormais le faix du diadème,
De lui seul il prétend qu'on reçoive la loi.
A ces discours trompeurs le monde ajoute foi.
L'innocente Équité, honteusement bannie,
Trouve à peine un désert où fuir l'ignominie.
Aussitôt sur un trône éclatant de rubis
L'imposteur monte, orné de superbes habits.
La Hauteur, le Dédain, l'Audace, l'environnent,
Et le Luxe et l'Orgueil de leurs mains le couronnent.
Tout fier il montre alors un front plus sourcilleux :
Et le Mien et le Tien, deux frères pointilleux,
Par son ordre amenant les procès et la guerre,
En tous lieux de ce pas vont partager la terre ;
En tous lieux, sous les noms de *bon droit* et de *tort*,
Vont chez elle établir le seul droit du plus fort.
Le nouveau roi triomphe, et, sur ce droit inique,
Bâtit de vaines lois un code fantastique ;
Avant tout aux mortels prescrit de se venger ;
L'un l'autre au moindre affront les force à s'égorger,
Et dans leur âme, en vain de remords combattue,
Trace en lettres de sang ces deux mots : Meurs ou
Alors, ce fut alors, sous ce vrai Jupiter, [Tue.
Qu'on vit naître ici-bas le noir siècle de fer.

---

[1] Socrate. (BOIL.)
[2] Magistrats célèbres par leurs talens et leurs vertus.
[3] Le mot *Évangile* était alors des deux genres.
[4] Détroit sous le pôle arctique, près de la Nouvelle-Zemble. (BOIL.) — Ce détroit prit le nom de Jean Davis, navigateur anglais, qui, en 1585, tenta le premier de passer de la mer du Nord dans celle du Groenland.
[5] Sur Molinos, voyez la satire précédente.

[1] Loi par laquelle les Athéniens avaient droit de reléguer tel de leurs citoyens qu'ils voulaient. (BOIL.)
[2] Brossette a cru que Boileau avait sous-entendu ici le mot *jansénisme*.

Le frère au même instant s'arma contre le frère ;
Le fils trempa ses mains dans le sang de son père ;
La soif de commander enfanta les tyrans,
Du Tanaïs au Nil porta les conquérants [1] ;
L'ambition passa pour la vertu sublime ;
Le crime heureux fut juste, et cessa d'être crime :
On ne vit plus que haine et que division,
Qu'envie, effroi, tumulte, horreur, confusion.
Le véritable Honneur sur la voûte céleste
Est enfin averti de ce trouble funeste.
Il part sans différer, et, descendu des cieux,
Va partout se montrer dans les terrestres lieux :
Mais il n'y fait plus voir qu'un visage incommode ;
On n'y peut plus souffrir ses vertus hors de mode ;
Et lui-même, traité de fourbe et d'imposteur,
Est contraint de ramper aux pieds du séducteur.
Enfin, las d'essuyer outrage sur outrage,
Il livre les humains à leur triste esclavage ;
S'en va trouver sa sœur, et dès ce même jour
Avec elle s'envole au céleste séjour.
Depuis, toujours ici riche de leur ruine,
Sur les tristes mortels le faux Honneur domine,
Gouverne tout, fait tout, dans ce bas univers ;
Et peut-être est-ce lui qui m'a dicté ces vers.
Mais en fût-il l'auteur, je conclus de sa fable [ble.
Que ce n'est qu'en Dieu seul qu'est l'honneur vérita-

## SATIRE XII.

### 1705.

### AVERTISSEMENT.

Quelque heureux succès qu'aient eu mes ouvrages, j'avais résolu, depuis leur dernière édition, de ne plus rien donner au public ; et quoiqu'à mes heures perdues, il y a environ cinq ans,[2] j'eusse encore fait contre *l'équivoque* une satire que tous ceux à qui je l'ai communiquée ne jugeaient pas inférieure à mes autres écrits, bien loin de la publier, je la tenais soigneusement cachée et je ne croyais pas que, moi vivant, elle dût jamais voir le jour. Ainsi donc, aussi soigneux désormais de me faire oublier que j'avais été autrefois curieux de faire parler de moi, je jouissais, à mes infirmités près, d'une assez grande tranquillité, lorsque tout d'un coup j'ai appris qu'on débitait dans le monde, sous mon nom, quantité de méchants écrits, et entre autres une pièce en vers contre les jésuites[3], également odieuse et insipide, où l'on me faisait, en mon propre nom, dire à toute leur société les injures les plus atroces et les plus grossières. J'avoue que cela m'a donné un très-grand chagrin ; car, bien que tous les gens sensés aient connu

[1] Le Tanaïs est un fleuve du pays des Scythes. (BOIL.)
[2] En 1705. (BOIL.)
[3] Elle est intitulée, *Réponse générale aux RR. PP. Jésuites*, et fait partie du pamphlet, *Boileau aux prises avec les Jésuites*.

sans peine que la pièce n'était point de moi, et qu'il n'y ait que de très-petits esprits qui aient présumé que j'en pouvais être l'auteur, la vérité est pourtant que je n'ai pas regardé comme un médiocre affront de me voir soupçonné, même par des ridicules, d'avoir fait un ouvrage aussi ridicule.

J'ai donc cherché les moyens les plus propres pour me laver de cette infamie ; et, tout bien considéré, je n'ai point trouvé de meilleur expédient que de faire imprimer ma satire contre l'ÉQUIVOQUE ; parce qu'en la lisant, les moins éclairés, même de ces petits esprits, ouvriraient peut-être les yeux, et verraient manifestement le peu de rapport qu'il y a de mon style, même en l'âge où je suis, au style bas et rampant de l'auteur de ce pitoyable écrit. Ajoutez à cela que je pouvais mettre à la tête de ma satire, en la donnant au public, un avertissement en manière de préface, où je me justifierais pleinement, et tirerais tout le monde d'erreur. C'est ce que je fais aujourd'hui ; et j'espère que le peu que je viens de dire produira l'effet que je me suis proposé. Il ne me reste donc plus maintenant qu'à parler de la satire pour laquelle est fait ce discours.

Je l'ai composée par le caprice du monde le plus bizarre, et par une espèce de dépit et de colère poétique, s'il faut ainsi dire, qui me saisit à l'occasion de ce que je vais raconter. Je me promenais dans mon jardin à Auteuil, et rêvais en marchant à un poëme que je voulais faire contre les mauvais critiques de notre siècle. J'en avais même déjà composé quelques vers dont j'étais assez content. Mais voulant continuer, je m'aperçus qu'il y avait dans ces vers une équivoque de langue ; et, m'étant sur-le-champ mis en devoir de la corriger, je n'en pus jamais venir à bout. Cela m'irrita de telle manière, qu'au lieu de m'appliquer davantage à réformer cette équivoque, et de poursuivre mon poëme contre les faux critiques, la folle pensée me vint de faire contre l'équivoque même une satire qui pût me venger de tous les chagrins qu'elle m'a causés depuis que je me mêle d'écrire. Je vis bien que je ne rencontrerais pas de médiocres difficultés à mettre en vers un sujet si sec, et même il s'en présenta d'abord une qui m'arrêta tout court : ce fut de savoir duquel des deux genres, masculin ou féminin, je ferais le mot d'*équivoque*, beaucoup d'habiles écrivains, ainsi que le remarque Vaugelas, le faisant masculin. Je me déterminai pourtant assez vite au féminin, comme au plus usité des deux : et, bien loin que cela empêchât l'exécution de mon projet, je crus que ce ne serait pas une méchante plaisanterie de commencer ma satire par cette difficulté même. C'est ainsi que je m'engageai dans la composition de cet ouvrage. Je croyais d'abord faire tout au plus cinquante ou soixante vers ; mais ensuite les pensées me venant en foule, et les choses que j'avais à reprocher à l'équivoque se multipliant à mes yeux, j'ai poussé ces vers jusqu'à près de trois cent cinquante.

C'est au public maintenant à voir si j'ai bien ou mal réussi. Je n'emploierai point ici, non plus que dans les préfaces de mes autres écrits, mon adresse et ma rhétorique à le prévenir en ma faveur. Tout ce que je puis lui dire, c'est que j'ai travaillé cette pièce avec le même soin que toutes mes autres poésies. Une chose pourtant dont il est bon que les jésuites soient avertis, c'est qu'en attaquant l'équivoque je n'ai pas pris ce mot dans toute l'étroite rigueur de sa signification grammaticale : le mot d'équivoque, en ce sens-là, ne voulant dire qu'une ambiguité de paroles ; mais que je l'ai pris, comme le prend ordinairement le commun des hommes, pour toutes sortes d'ambiguités de sens, de pensées, d'expression, et enfin pour tous ces abus et toutes ces méprises de l'esprit humain qui font qu'il prend souvent une chose pour une autre. Et c'est dans ce sens que j'ai dit que l'idolâtrie avait pris naissance de l'équivoque ; les hommes, à mon avis, ne pouvant pas s'équivoquer plus lourdement que de prendre des pierres, de l'or et du cuivre, pour Dieu. J'ajouterai à cela que la Providence divine, ainsi que je l'établis clairement dans ma satire, n'ayant permis chez eux cet horrible aveuglement qu'en punition de ce que leur premier père avait prêté l'oreille aux promesses du démon, j'ai pu conclure infailliblement que l'idolâtrie est un fruit, ou, pour mieux dire, un véritable enfant de l'équivoque. Je ne vois donc pas qu'on me puisse faire sur cela aucune bonne critique, et surtout ma satire étant un pur jeu d'esprit, où il serait ridicule d'exiger une précision géométrique de pensées et de paroles.

Mais il y a une autre objection plus importante et plus considérable qu'on me fera peut-être, au sujet des propositions de morale relâchée que j'attaque dans la dernière partie de mon ouvrage ; car, ces propositions ayant été, à ce qu'on prétend, avancées par quantité de théologiens, même célèbres, la moquerie que j'en fais peut, dira-t-on, diffamer en quelque sorte ces théologiens, et causer ainsi une espèce de scandale dans l'Église. A cela je réponds, premièrement, qu'il n'y a aucune des propositions que j'attaque qui n'ait été plus d'une fois condamnée par toute l'Église, et tout récemment encore par deux des plus grands papes qui aient depuis longtemps rempli le saint Siége. Je dis en second lieu qu'à l'exemple de ces célèbres vicaires de Jésus-Christ, je n'ai point nommé les auteurs de ces propositions, ni aucun de ces théologiens dont on dit que je puis causer la diffamation, et contre lesquels même j'avoue que je ne puis rien décider, puisque je n'ai point lu ni ne suis d'humeur à lire leurs écrits : ce qui serait pourtant absolument nécessaire pour prononcer sur les accusations que l'on forme contre eux ; leurs accusateurs pouvant les avoir mal entendus, et s'être trompés dans l'intelligence des passages où ils prétendent que sont ces erreurs dont ils les accusent. Je soutiens en troisième lieu qu'il est contre la droite raison que je puisse exciter quelque scandale dans l'Église, en traitant de ridicules des propositions rejetées de toute l'Église, et plus dignes encore, par leur absurdité, d'être sifflées de tous les fidèles, que réfutées sérieusement. C'est ce que je me crois obligé de dire pour me justifier. Que si, après cela, il se trouve encore quelques théologiens qui se figurent qu'en décriant ces propositions j'ai eu en vue de les décrier eux-mêmes, je déclare que cette fausse idée qu'ils ont de moi ne saurait venir que des mauvais artifices de l'équivoque, qui, pour se venger des injures que je lui dis dans ma pièce, s'efforce d'intéresser dans sa cause ces théologiens, en me faisant penser ce que je n'ai pas pensé, et dire ce que je n'ai point dit.

Voilà, ce me semble, bien des paroles, et peut-être trop de paroles employées pour justifier un aussi peu considérable ouvrage qu'est la satire qu'on va voir. Avant néanmoins que de finir, je ne crois pas me pouvoir dispenser d'apprendre aux lecteurs qu'en attaquant, comme je fais dans ma satire, ces erreurs, je ne me suis point fié à mes seules lumières, mais qu'ainsi que je l'ai pratiqué il y a environ dix ans, à l'égard de mon épître de l'Amour de Dieu, j'ai non-seulement consulté sur mon ouvrage tout ce que je connais de plus habiles docteurs, mais que je l'ai donné à examiner au prélat de l'Église qui, par l'étendue de ses connaissances et par l'éminence de sa dignité, est le plus capable et le plus en droit de me prescrire ce que je dois penser sur ces matières ; je veux dire M. le cardinal de Noailles, mon archevêque. J'ajouterai que ce pieux et savant cardinal a eu trois semaines ma satire entre les mains, et qu'à mes instantes prières, après l'avoir lue et relue plus d'une fois, il me l'a enfin rendue en me comblant d'éloges, et m'a assuré qu'il n'y avait trouvé à redire qu'un seul mot, que j'ai corrigé sur-le-champ, et sur lequel je lui ai donné une entière satisfaction. Je me flatte donc qu'avec une approbation si authentique, si sûre et si glorieuse, je puis marcher la tête levée, et dire hardiment des critiques qu'on pourra faire désormais contre la doctrine de mon ouvrage, que ce ne sauraient être que de vaines subtilités d'un tas de misérables sophistes, formés dans l'école du mensonge, et aussi affidés amis de l'équivoque qu'opiniâtres ennemis de Dieu, du bon sens et de la vérité.

---

## SUR L'ÉQUIVOQUE.

Du langage français bizarre hermaphrodite,
De quel genre te faire, équivoque maudite,
Ou maudit? car sans peine aux rimeurs hasardeux
L'usage encor, je crois, laisse le choix des deux [1].
Tu ne me réponds rien. Sors d'ici, fourbe insigne,
Mâle aussi dangereux que femelle maligne,
Qui crois rendre innocents les discours imposteurs ;
Tourment des écrivains, juste effroi des lecteurs ;
Par qui de mots confus sans cesse embarrassée,
Ma plume, en écrivant, cherche en vain ma pensée.
Laisse-moi ; va charmer de tes vains agréments
Les yeux faux et gâtés de tes louches amants ;
Et ne viens point ici de ton ombre grossière
Envelopper mon style, ami de la lumière.
Tu sais bien que jamais chez toi, dans mes discours,
Je n'ai d'un faux brillant emprunté le secours :
Fuis donc. Mais non, demeure ; un démon qui m'inspire
Veut qu'encore une utile et dernière satire,      [pire
De ce pas en mon livre exprimant tes noirceurs,
Se vienne, en nombre pair, joindre à ses onze sœurs ;
Et je sens que ta vue échauffe mon audace.

[1] Le genre de ce mot est fixé aujourd'hui : *Équivoque* est du féminin.

Viens, approche : voyons, malgré l'âge et sa glace,
Si ma muse aujourd'hui, sortant de sa langueur,
Pourra trouver encore un reste de vigueur.
 Mais où tend, dira-t-on, ce projet fantastique?
Ne vaudrait-il pas mieux, dans mes vers, moins caus-
Répandre de tes jeux le sel divertissant, [tique,
Que d'aller contre toi, sur ce ton menaçant,
Pousser jusqu'à l'excès ma critique boutade?
Je ferais mieux, j'entends, d'imiter Benserade ¹.
C'est par lui qu'autrefois, mise en ton plus beau jour,
Tu sus, trompant les yeux du peuple et de la cour,
Leur faire, à la faveur de tes bluettes folles,
Goûter comme bons mots tes quolibets frivoles.
Mais ce n'est plus le temps : le public détrompé
D'un pareil enjouement ne se sent plus frappé.
Tes bons mots, autrefois délices des ruelles,
Approuvés chez les grands, applaudis chez les belles,
Hors de mode aujourd'hui chez nos plus froids ba-
Sont des collets montés et des vertugadins ². [dins,
Le lecteur ne sait plus admirer dans Voiture
De ton froid jeu de mots l'insipide figure.
C'est à regret qu'on voit cet auteur si charmant,
Et pour mille beaux traits vanté si justement,
Chez toi toujours cherchant quelque finesse aiguë,
Présenter au lecteur sa pensée ambiguë,
Et souvent du faux sens d'un proverbe affecté
Faire de son discours la piquante beauté.
 Mais laissons là le tort qu'à ses brillants ouvrages
Fit le plat agrément de tes vains badinages.
Parlons des maux sans fin que ton sens de travers,
Source de toute erreur, sema dans l'univers :
Et, pour les contempler jusque dans leur naissance,
Dès le temps nouveau-né, quand la toute-puissance
D'un mot forma le ciel, l'air, la terre et les flots,
N'est-ce pas toi, voyant le monde à peine éclos,
Qui, par l'éclat trompeur d'une funeste pomme,
Et tes mots ambigus, fis croire au premier homme
Qu'il allait, en goûtant de ce morceau fatal,
Comblé de tout savoir, à Dieu se rendre égal?
Il en fit sur-le-champ la folle expérience.
Mais tout ce qu'il acquit de nouvelle science,
Fut que, triste et honteux de voir sa nudité,
Il sut qu'il n'était plus, grâce à sa vanité,
Qu'un chétif animal pétri d'un peu de terre,
A qui la faim, la soif, partout faisaient la guerre,
Et qui, courant toujours de malheur en malheur,
A la mort arrivait enfin par la douleur.
Oui, de tes noirs complots et de ta triste rage
Le genre humain perdu fut le premier ouvrage :

Et bien que l'homme alors parût si rabaissé,
Par toi contre le ciel un orgueil insensé
Armant de ses neveux la gigantesque engeance,
Dieu résolut enfin, terrible en sa vengeance,
D'abîmer sous les eaux tous ces audacieux.
Mais avant qu'il lâchât les écluses des cieux,
Par un fils de Noé fatalement sauvée,
Tu fus, comme serpent, dans l'arche conservée.
Et d'abord poursuivant tes projets suspendus,
Chez les mortels restants encor tout éperdus,
De nouveau tu semas tes captieux mensonges,
Et remplis leurs esprits de fables et de songes.
Tes voiles offusquant leurs yeux de toutes parts,
Dieu disparut lui-même à leurs troubles regards.
Alors tout ne fut plus que stupide ignorance,
Qu'impiété sans borne en son extravagance :
Puis, de cent dogmes faux la superstition
Répandant l'idolâtre et folle illusion,
Sur la terre en tout lieu disposée à les suivre,
L'art se tailla des dieux d'or, d'argent et de cuivre ;
Et l'artisan lui-même, humblement prosterné
Aux pieds du vain métal par sa main façonné,
Lui demanda les biens, la santé, la sagesse.
Le monde fut rempli de dieux de toute espèce :
On vit le peuple fou qui du Nil boit les eaux
Adorer les serpents, les poissons, les oiseaux ; [ces ;
Aux chiens, aux chats, aux boucs, offrir des sacrifi-
Conjurer l'ail, l'oignon, d'être à ses vœux propices ;
Et croire follement maîtres de ses destins
Ces dieux nés du fumier porté dans ses jardins.
 Bientôt te signalant par mille faux miracles,
Ce fut toi qui partout fis parler les oracles :
C'est par ton double sens dans leurs discours jeté
Qu'ils surent, en mentant, dire la vérité,
Et sans crainte, rendant leurs réponses normandes,
Des peuples et des rois engloutir les offrandes.
 Ainsi, loin du vrai jour par toi toujours conduit,
L'homme ne sortit plus de son épaisse nuit.
Pour mieux tromper ses yeux, ton adroit artifice
Fit à chaque vertu prendre le nom d'un vice ;
Et par toi, de splendeur faussement revêtu,
Chaque vice emprunta le nom d'une vertu.
Par toi l'humilité devint une bassesse ;
La candeur se nomma grossièreté, rudesse ;
Au contraire, l'aveugle et folle ambition
S'appela des grands cœurs la belle passion ;
Du nom de fierté noble on orna l'impudence,
Et la fourbe passa pour exquise prudence :
L'audace brilla seule aux yeux de l'univers ;
Et pour vraiment héros, chez les hommes pervers,
On ne reconnut plus qu'usurpateurs iniques,
Que tyranniques rois censés grands politiques,
Qu'infâmes scélérats à la gloire aspirants.

---

¹ Isaac de Benserade, Benseradde ou Bensserade, fut un des plus beaux esprits de la cour de Louis XIV.
² Anciens ajustements de femme.

Et voleurs revêtus du nom de conquérants.
Mais à quoi s'attacha ta savante malice?
Ce fut surtout à faire ignorer la justice.
Dans les plus claires lois ton ambiguïté
Répandant son adroite et fine obscurité,
Aux yeux embarrassés des juges les plus sages
Tout sens devint douteux, tout mot eut deux visages;
Plus on crut pénétrer, moins on fut éclairci;
Le texte fut souvent par la glose obscurci :
Et, pour comble de maux, à tes raisons frivoles
L'éloquence prêtant l'ornement des paroles,
Tous les jours accablé sous leur commun effort,
Le vrai passa pour faux, et le bon droit eut tort.
Voilà comme, déchu de sa grandeur première,
Concluons, l'homme enfin perdit toute lumière,
Et, par tes yeux trompeurs se figurant tout voir,
Ne vit, ne sut plus rien, ne put plus rien savoir.
De la raison pourtant, par le vrai Dieu guidée,
Il resta quelque trace encor dans la Judée.
Chez les hommes ailleurs sous ton joug gémissants
Vainement on chercha la vertu, le droit sens :
Car qu'est-ce, loin de Dieu, que l'humaine sagesse?
Et Socrate, l'honneur de la profane Grèce,
Qu'était-il en effet, de près examiné,
Qu'un mortel par lui-même au seul mal entraîné[1],
Et, malgré la vertu dont il faisait parade,
Très-équivoque ami du jeune Alcibiade?
Oui, j'ose hardiment l'affirmer contre toi,
Dans le monde idolâtre, asservi sous ta loi,
Par l'humaine raison de clarté dépourvue
L'humble et vraie équité fut à peine entrevue :
Et, par un sage altier, au seul faste attaché,
Le bien même accompli souvent fut un péché.
Pour tirer l'homme enfin de ce désordre extrême,
Il fallut qu'ici-bas Dieu, fait homme lui-même,
Vînt du sein lumineux de l'éternel séjour
De tes dogmes trompeurs dissiper le faux jour.
A l'aspect de ce Dieu les démons disparurent;
Dans Delphes, dans Délos, tes oracles se turent :
Tout marqua, tout sentit sa venue en ces lieux;
L'estropié marcha, l'aveugle ouvrit les yeux.
Mais bientôt contre lui ton audace rebelle,
Chez la nation même à son culte fidèle,
De tous côtés arma tes nombreux sectateurs,
Prêtres, pharisiens, rois, pontifes, docteurs.
C'est par eux que l'on vit la vérité suprême
De mensonge et d'erreur accusée elle-même,
Au tribunal humain le Dieu du ciel traîné,
Et l'auteur de la vie à mourir condamné.

[1] Au lieu de ce vers, l'auteur avait mis celui-ci :
Qu'un mortel, comme un autre, au mal déterminé.
Et c'est le vers que M. le cardinal de Noailles lui fit changer.
Voyez le discours qui précède cette satire. (BOIL.)

Ta fureur toutefois à ce coup fut déçue,
Et pour toi ton audace eut une triste issue.
Dans la nuit du tombeau ce Dieu précipité
Se releva soudain tout brillant de clarté;
Et partout sa doctrine en peu de temps portée
Fut du Gange, et du Nil, et du Tage écoutée;
Des superbes autels à leur gloire dressés
Tes ridicules dieux tombèrent renversés ;
On vit en mille endroits leurs honteuses statues
Pour le plus bas usage utilement fondues,
Et gémir vainement Mars, Jupiter, Vénus,
Urnes, vases, trépieds, vils meubles devenus.
Sans succomber pourtant tu soutins cet orage,
Et, sur l'idolâtrie enfin perdant courage,           [tils
Pour embarrasser l'homme en des nœuds plus sub-
Tu courus chez Satan brouiller de nouveaux fils.
Alors, pour seconder ta triste frénésie,
Arriva de l'enfer ta fille l'Hérésie.
Ce monstre, dès l'enfance à ton école instruit,
De tes leçons bientôt te fit goûter le fruit.
Par lui l'erreur toujours finement apprêtée,
Sortant pleine d'attraits de sa bouche empestée,
De son mortel poison tout courut s'abreuver,
Et l'Église elle-même eut peine à s'en sauver.
Elle-même deux fois, presque toute arienne,
Sentit chez soi trembler la vérité chrétienne,
Lorsque attaquant le Verbe et sa divinité,
D'une syllabe impie un saint mot augmenté[1]
Remplit tous les esprits d'aigreurs si meurtrières,
Et fit de sang chrétien couler tant de rivières.
Le fidèle, au milieu de ces troubles confus,
Quelque temps égaré, ne se reconnut plus ;
Et dans plus d'un aveugle et ténébreux concile
Le mensonge parut vainqueur de l'Évangile.
Mais à quoi bon ici du profond des enfers,
Nouvel historien de tant de maux soufferts,
Rappeler Arius, Valentin et Pélage[2],
Et tous ces fiers démons que toujours d'âge en âge
Dieu, pour faire éclaircir à fond ses vérités,
A permis qu'aux chrétiens l'enfer ait suscités?
Laissons hurler là-bas tous ces damnés antiques,
Et bornons nos regards aux troubles fanatiques
Que ton horrible fille ici sut émouvoir,
Quand Luther et Calvin, remplis de ton savoir,
Et soi-disant choisis pour réformer l'Église,
Vinrent du célibat affranchir la prêtrise,
Et, des vœux les plus saints blâmant l'austérité,
Aux moines las du joug rendre la liberté.
Alors n'admettant plus d'autorité visible,

[1] Les Ariens niaient la consubstantialité du Verbe; et du mot ὁμοούσιος, qui signifie *consubstantiel*, ils avaient fait ὁμοιούσιος, qui est de substance semblable.
[2] Sectaires des premiers siècles de l'Église.

Chacun fut de la foi censé juge infaillible ;
Et, sans être approuvé par le clergé romain,
Tout protestant fut pape, une Bible à la main.
De cette erreur dans peu naquirent plus de sectes
Qu'en automne on ne voit de bourdonnants insectes
Fondre sur les raisins nouvellement mûris,
Ou qu'en toutes saisons sur les murs, à Paris,
On ne voit affichés de recueils d'amourettes,
De vers, de contes bleus, de frivoles sornettes,
Souvent peu recherchés du public nonchalant,
Mais vantés à coup sûr du Mercure galant.
Ce ne fut plus partout que fous anabaptistes,
Qu'orgueilleux puritains, qu'exécrables déistes ;
Le plus vil artisan eut ses dogmes à soi,
Et chaque chrétien fut de différente loi.
La discorde, au milieu de ces sectes altières,
En tout lieu cependant déploya ses bannières ;
Et ta fille, au secours des vains raisonnements
Appelant le ravage et les embrasements,
Fit, en plus d'un pays, aux villes désolées,
Sous l'herbe en vain chercher leurs églises brûlées.
L'Europe fut un champ de massacre et d'horreur :
Et l'orthodoxe même, aveugle en sa fureur,
De tes dogmes trompeurs nourrissant son idée,
Oublia la douceur aux chrétiens commandée ;
Et crut, pour venger Dieu de ses fiers ennemis,
Tout ce que Dieu défend légitime et permis.
Au signal tout à coup donné pour le carnage,
Dans les villes, partout, théâtres de leur rage,
Cent mille faux zélés, le fer en main courants,
Allèrent attaquer leurs amis, leurs parents,
Et, sans distinction, dans tout sein hérétique
Pleins de joie enfoncer un poignard catholique :
Car quel lion, quel tigre, égale en cruauté
Une injuste fureur qu'arme la piété ?
Ces fureurs, jusqu'ici du vain peuple admirées,
Étaient pourtant toujours de l'Église abhorrées ;
Et, dans ton grand crédit pour te bien conserver,
Il fallait que le ciel parût les approuver :
Ce chef-d'œuvre devait couronner ton adresse.
Pour y parvenir donc, ton active souplesse,
Dans l'école abusant tes grossiers écrivains,
Fit croire à leurs esprits ridiculement vains
Qu'un sentiment impie, injuste, abominable,
Par deux ou trois d'entre eux réputé soutenable,
Prenait chez eux un sceau de probabilité
Qui même contre Dieu lui donnait sûreté ;
Et qu'un chrétien pouvait, rempli de confiance,
Même en le condamnant, le suivre en conscience.
C'est sur ce beau principe, admis si follement,
Qu'aussitôt tu posas l'énorme fondement
De la plus dangereuse et terrible morale
Que Lucifer, assis dans sa chaire infernale,

Vomissant contre Dieu ses monstrueux sermons,
Ait jamais enseignée aux novices démons.
Soudain, au grand honneur de l'école païenne,
On entendit prêcher dans l'église chrétienne
Que sous le joug du vice un pécheur abattu
Pouvait, sans aimer Dieu ni même la vertu,
Par la seule frayeur au sacrement unie,
Admis au ciel, jouir de la gloire infinie ;
Et que, les clefs en main, sur ce seul passe-port,
Saint Pierre à tous venants devait ouvrir d'abord.
Ainsi, pour éviter l'éternelle misère
Le vrai zèle aux chrétiens n'étant plus nécessaire,
Tu sus, dirigeant bien en eux l'intention,
De tout crime laver la coupable action.
Bientôt, se parjurer cessa d'être un parjure ;
L'argent à tout denier se prêta sans usure :
Sans simonie, on put, contre un bien temporel,
Hardiment échanger un bien spirituel ;
Du soin d'aider le pauvre on dispensa l'avare ;
Et même chez les rois le superflu fut rare.
C'est alors qu'on trouva, pour sortir d'embarras,
L'art de mentir tout haut en disant vrai tout bas :
C'est alors qu'on apprit qu'avec un peu d'adresse
Sans crime un prêtre peut vendre trois fois sa messe
Pourvu que, laissant là son salut à l'écart,
Lui-même en la disant n'y prenne aucune part :
C'est alors que l'on sut qu'on peut pour une pomme,
Sans blesser la justice, assassiner un homme :
Assassiner ! ah ! non, je parle improprement ;
Mais que, prêt à la perdre, on peut innocemment,
Surtout ne la pouvant sauver d'une autre sorte,
Massacrer le voleur qui fuit et qui l'emporte.
Enfin ce fut alors que, sans se corriger,
Tout pécheur... Mais où vais-je aujourd'hui m'enga-
Veux-je d'un pape illustre[1], armé contre les crimes, [ger ?
A tes yeux mettre ici toute la bulle en rimes ;
Exprimer tes détours burlesquement pieux,
Pour disculper l'impur, le gourmand, l'envieux ;
Tes subtils faux-fuyants pour sauver la mollesse,
Le larcin, le duel, le luxe, la paresse ;
En un mot, faire voir à fond développés
Tous ces dogmes affreux d'anathème frappés,
Que, sans peur débitant tes distinctions folles,
L'erreur encor pourtant maintient dans tes écoles ?
Mais sur ce seul projet soudain puis-je ignorer
A quels nombreux combats il faut me préparer ?
J'entends déjà d'ici tes docteurs frénétiques
Hautement me compter au rang des hérétiques,
M'appeler scélérat, traître, fourbe, imposteur,
Froid plaisant, faux bouffon, vrai calomniateur ;

---

[1] Innocent XI, qui condamna les cinq propositions extraites ou prétendues extraites de Jansénius.

De Pascal, de Wendrok[1], copiste misérable ;
Et, pour tout dire enfin, janséniste exécrable.
J'aurai beau condamner, en tous sens expliqués,
Les cinq dogmes fameux par ta main fabriqués ;
Blâmer de tes docteurs la morale risible :
C'est, selon eux, prêcher un calvinisme horrible ;
C'est nier qu'ici-bas par l'amour appelé
Dieu pour tous les humains voulut être immolé.
  Prévenons tout ce bruit : trop tard, dans le naufrage,
Confus on se repent d'avoir bravé l'orage.
Halte-là donc, ma plume. Et toi, sors de ces lieux,
Monstre, à qui, par un trait des plus capricieux,
Aujourd'hui terminant ma course satirique,
J'ai prêté dans mes vers une âme allégorique.
Fuis, va chercher ailleurs tes patrons bien-aimés,
Dans ces pays par toi rendus si renommés,
Où l'Orne épand ses eaux, et que la Sarthe arrose[1] ;
Ou, si plus sûrement tu veux gagner ta cause,
Porte-la dans Trévoux[2], à ce beau tribunal
Où de nouveaux Midas un sénat monacal,
Tous les mois, appuyé de ta sœur l'Ignorance,
Pour juger Apollon tient, dit-on, sa séance.

[1] C'est sous ce nom qui Nicole publia sa traduction latine des *Provinciales*.

[1] Rivères qui passent par la Normandie. (BOIL.)
[2] Petite ville, près de Lyon, sur les bords de la Saône.

FIN DES SATIRES.

# ÉPITRES.

## ÉPITRE I[1].

### 1669.

### AVERTISSEMENT[2].

Je m'étais persuadé que la fable de l'huître, que j'avais mise à la fin de cette épître au roi, pourrait y délasser agréablement les lecteurs, qu'un sublime trop sérieux peut enfin fatiguer, joint que la correction que j'y avais mise me semblait me mettre à couvert d'une faute dont je faisais voir que je m'apercevais le premier : mais j'avoue qu'il y a eu des personnes de bon sens qui ne l'ont pas approuvé. J'ai néanmoins balancé longtemps si je l'ôterais, parce qu'il y en avait plusieurs qui la louaient avec autant d'excès que les autres la blâmaient; mais enfin je me suis rendu à l'autorité d'un prince[3] non moins considérable par les lumières de son esprit que par le nombre de ses victoires. Comme il m'a déclaré franchement que cette fable, quoique très-bien contée, ne lui semblait pas digne du reste de l'ouvrage, je n'ai point résisté ; j'ai mis une nouvelle fin[4] à ma pièce, et je n'ai pas cru, pour une vingtaine de vers, devoir me brouiller avec le premier capitaine de notre siècle. Au reste, je suis bien aise d'avertir le lecteur qu'il y a quantité de pièces impertinentes qu'on s'efforce de faire courir sous mon nom, et entre autres une satire contre les maltôtes ecclésiastiques[5]. Je ne crains pas que les habiles gens m'attribuent toutes ces pièces, parce que mon style, bon ou mauvais, est aisé à reconnaître ; mais comme le nombre des sots est grand, et qu'ils pourraient aisément s'y méprendre, il est bon de leur faire savoir que, hors les onze pièces qui sont dans ce livre, il n'y a rien de moi entre les mains du public, ni imprimé ni en manuscrit.

---

### AU ROI.

Grand roi, c'est vainement qu'abjurant la satire
Pour toi seul désormais j'avais fait vœu d'écrire.
Dès que je prends la plume, Apollon éperdu

---

[1] Cette épitre fut présentée au roi, par mesdames de Thiange et de Montespan, un an environ après la signature du traité d'Aix-la-Chapelle.
[2] Cet avertissement fut mis en 1672 à la tête de la seconde édition de la première épître.
[3] Condé.
[4] Les quarante derniers vers.
[5] On attribue cette pièce au P. Louis Sanlecque, chanoine de Sainte-Geneviève, et prieur de Garnai, près de Dreux. Cependant elle ne se trouve pas dans le recueil de ses œuvres.

---

Semble me dire : Arrête, insensé ; que fais-tu ?
Sais-tu dans quels périls aujourd'hui tu t'engages?
Cette mer où tu cours est célèbre en naufrages.
Ce n'est pas qu'aisément, comme un autre, à ton [char
Je ne pusse attacher Alexandre et César ;
Qu'aisément je ne pusse, en quelque ode insipide,
T'exalter aux dépens et de Mars et d'Alcide ;
Te livrer le Bosphore, et, d'un vers incivil,
Proposer au sultan de te céder le Nil :
Mais, pour te bien louer, une raison sévère
Me dit qu'il faut sortir de la route vulgaire ;
Qu'après avoir joué tant d'auteurs différents,
Phébus même aurait peur s'il entrait sur les rangs ;
Que par des vers tout neufs, avoués du Parnasse,
Il faut de mes dégoûts justifier l'audace ;
Et, si ma muse enfin n'est égale à mon roi,
Que je prête aux Cotins des armes contre moi.
Est-ce là cet auteur, l'effroi de la Pucelle,
Qui devait des bons vers nous tracer le modèle,
Ce censeur, diront-ils, qui nous réformait tous ?
Quoi ! ce critique affreux n'en sait pas plus que nous ?
N'avons-nous pas cent fois, en faveur de la France,
Comme lui dans nos vers pris Memphis et Byzance,
Sur les bords de l'Euphrate abattu le turban,
Et coupé, pour rimer, les cèdres du Liban ?
De quel front aujourd'hui vient-il sur nos brisées
Se revêtir encor de ces phrases usées ?
Que répondrais-je alors ? Honteux et rebuté,
J'aurais beau me complaire en ma propre beauté,
Et, de mes tristes vers admirateur unique,
Plaindre, en les relisant, l'ignorance publique :
Quelque orgueil en secret dont s'aveugle un auteur,
Il est fâcheux, grand roi, de se voir sans lecteur,
Et d'aller, du récit de ta gloire immortelle,
Habiller chez Francœur[1] le sucre et la cannelle.
Ainsi, craignant toujours un funeste accident,
J'imite de Conrart[2] le silence prudent :

---

[1] Fameux épicier. (Boil.) — Son véritable nom était Claude Julienne, et sa demeure était dans la rue Saint-Honoré, devant la Croix du Trahoir, à l'enseigne du Franc-Cœur. Ce surnom avoit été donné à un de ses ancêtres par Henri III, dont il était le fruitier.
[2] Fameux académicien qui n'a jamais rien écrit. (Boil.) — Valentin Conrart, né en 1603, mort en 1675, peut être regardé comme l'un des fondateurs de l'Académie française. Son cabinet servit, pour ainsi dire, de berceau à cette grande institution.

Je laisse aux plus hardis l'honneur de la carrière,
Et regarde le champ, assis sur la barrière.
  Malgré moi toutefois un mouvement secret
Vient flatter mon esprit, qui se tait à regret.
Quoi! dis-je tout chagrin, dans ma verve infertile,
Des vertus de mon roi spectateur inutile,
Faudra-t-il sur la gloire attendre à m'exercer
Que ma tremblante voix commence à se glacer?
Dans un si beau projet, si ma muse rebelle
N'ose le suivre aux champs de Lille et de Bruxelle,
Sans le chercher aux bords de l'Escaut et du Rhin,
La paix l'offre à mes yeux plus calme et plus serein.
Oui, grand roi, laissons là les sièges, les batailles :
Qu'un autre aille en rimant renverser des murailles ;
Et souvent, sur tes pas marchant sans ton aveu,
S'aille couvrir de sang, de poussière et de feu.
A quoi bon, d'une muse au carnage animée,
Échauffer ta valeur, déjà trop allumée?
Jouissons à loisir du fruit de tes bienfaits,
Et ne nous lassons point des douceurs de la paix.
  Pourquoi ces éléphants, ces armes, ce bagage,
Et ces vaisseaux tout prêts à quitter le rivage?
Disait au roi Pyrrhus un sage confident[1],
Conseiller très-sensé d'un roi très-imprudent.
Je vais, lui dit ce prince, à Rome où l'on m'appelle. —
Quoi faire? — L'assiéger. — L'entreprise est fort belle,
Et digne seulement d'Alexandre ou de vous :
Mais, Rome prise enfin, seigneur, où courons-nous? —
Du reste des Latins la conquête est facile. —
Sans doute, on les peut vaincre : est-ce tout? — La Sicile
De là nous tend les bras, et bientôt sans effort
Syracuse reçoit nos vaisseaux dans son port. —
Bornez-vous là vos pas? — Dès que nous l'aurons prise,
Il ne faut qu'un bon vent, et Carthage est conquise.
Les chemins sont ouverts : qui peut nous arrêter? —
Je vous entends, seigneur, nous allons tout dompter :
Nous allons traverser les sables de Libye,
Asservir en passant l'Égypte, l'Arabie,
Courir de là le Gange en de nouveaux pays,
Faire trembler le Scythe aux bords du Tanaïs,
Et ranger sous nos lois tout ce vaste hémisphère.
Mais, de retour enfin, que prétendez-vous faire? —
Alors, cher Cinéas, victorieux, contents,
Nous pourrons rire à l'aise, et prendre du bon temps.
— Eh! seigneur, dès ce jour, sans sortir de l'Épire,
Du matin jusqu'au soir qui vous défend de rire?
  Le conseil était sage et facile à goûter :
Pyrrhus vivait heureux, s'il eût pu l'écouter.
Mais à l'ambition d'opposer la prudence,
C'est aux prélats de cour prêcher la résidence.
  Ce n'est pas que mon cœur, du travail ennemi,

[1] Plutarque, dans la vie de Pyrrhus. (BOIL.)

Approuve un fainéant sur le trône endormi :
Mais, quelques vains lauriers que promette la guerre,
On peut être héros sans ravager la terre.
Il est plus d'une gloire. En vain aux conquérants
L'erreur, parmi les rois, donne les premiers rangs ;
Entre les grands héros ce sont les plus vulgaires.
Chaque siècle est fécond en heureux téméraires ;
Chaque climat produit des favoris de Mars ;
La Seine a des Bourbons, le Tibre a des Césars :
On a vu mille fois des fanges Méotides
Sortir des conquérants goths, vandales, gépides :
Mais un roi, vraiment roi, qui, sage en ses projets,
Sache en un calme heureux maintenir ses sujets,
Qui du bonheur public ait cimenté sa gloire,
Il faut, pour le trouver, courir toute l'histoire.
La terre compte peu de ces rois bienfaisants ;
Le ciel à les former se prépare longtemps.
Tel fut cet empereur[1] sous qui Rome adorée
Vit renaître les jours de Saturne et de Rhée ;
Qui rendit de son joug l'univers amoureux ;
Qu'on n'alla jamais voir sans revenir heureux ;
Qui soupirait le soir, si sa main fortunée
N'avait par ses bienfaits signalé la journée.
Le cours ne fut pas long d'un empire si doux. [nous?
  Mais où cherché-je ailleurs ce qu'on trouve chez
Grand roi, sans recourir aux histoires antiques,
Ne t'avons-nous pas vu dans les plaines belgiques,
Quand l'ennemi vaincu, désertant ses remparts,
Au devant de ton joug courait de toutes parts,
Toi-même te borner au fort de ta victoire,
Et chercher dans la paix[2] une plus juste gloire?
Ce sont là les exploits que tu dois avouer ;
Et c'est par là, grand roi, que je te veux louer.
Assez d'autres, sans moi, d'un style moins timide,
Suivront au champ de Mars ton courage rapide,
Iront de ta valeur effrayer l'univers,
Et camper devant Dôle[3] au milieu des hivers.
Pour moi, loin des combats, sur un ton moins terri-
Je dirai les exploits de ton règne paisible :   [ble,
Je peindrai les plaisirs en foule renaissants,
Les oppresseurs du peuple à leur tour gémissants.
On verra par quels soins ta sage prévoyance
Au fort de la famine[4] entretint l'abondance :
On verra les abus par ta main réformés,
La licence et l'orgueil en tous lieux réprimés[5] ;
Du débris des traitants ton épargne grossie[6]?

[1] Titus. (BOIL.) — SUET. Vit. Tit. cap. VIII.
[2] La paix de 1668. (BOIL.)
[3] Le roi venait de conquérir la Franche-Comté en plein hiver. (BOIL.)
[4] Ce fut en 1663. (BOIL.)
[5] Plusieurs édits donnés pour réformer le luxe. (BOIL.)
[6] La chambre de justice. (BOIL.)

Des subsides affreux la rigueur adoucie [1];
Le soldat, dans la paix, sage et laborieux [2],
Nos artisans grossiers rendus industrieux [3],
Et nos voisins frustrés de ces tributs serviles
Que payait à leur art le luxe de nos villes.
Tantôt je tracerai tes pompeux bâtiments,
Du loisir d'un héros nobles amusements.
J'entends déjà frémir les deux mers étonnées
De voir leurs flots unis au pied des Pyrénées [4].
Déjà de tous côtés la chicane aux abois
S'enfuit au seul aspect de tes nouvelles lois [5].
Oh! que ta main par là va sauver de pupilles!
Que de savants plaideurs désormais inutiles!
Qui ne sent point l'effet de tes soins généreux?
L'univers sous ton règne a-t-il des malheureux?
Est-il quelque vertu, dans les glaces de l'Ourse,
Ni dans ces lieux brûlés où le jour prend sa source,
Dont la triste indigence ose encore approcher,
Et qu'en foule tes dons d'abord n'aillent chercher [6]?
C'est par toi qu'on va voir les Muses enrichies,
De leur longue disette à jamais affranchies.
Grand roi, poursuis toujours, assure leur repos.
Sans elles un héros n'est pas longtemps héros :
Bientôt, quoi qu'il ait fait, la mort, d'une ombre noi-
Enveloppe avec lui son nom et son histoire. [re,
En vain, pour s'exempter de l'oubli du cercueil,
Achille mit vingt fois tout Ilion en deuil;
En vain, malgré les vents, aux bords de l'Hespérie
Énée enfin porta ses dieux et sa patrie :
Sans le secours des vers, leurs noms tant publiés
Seraient depuis mille ans avec eux oubliés.
Non, à quelques hauts faits que ton destin t'appelle,
Sans le secours soigneux d'une muse fidèle
Pour t'immortaliser tu fais de vains efforts.
Apollon te la doit : ouvre-lui tes trésors.
En poëtes fameux rends nos climats fertiles :
Un Auguste aisément peut faire des Virgiles.
Que d'illustres témoins de ta vaste bonté
Vont pour toi déposer à la postérité!
  Pour moi, qui, sur ton nom déjà brûlant d'écrire,
Sens au bout de ma plume expirer la satire,
Je n'ose de mes vers vanter ici le prix :
Toutefois si quelqu'un de mes faibles écrits
Des ans injurieux peut éviter l'outrage,
Peut-être pour ta gloire aura-t-il son usage.
Et comme tes exploits, étonnant les lecteurs,
Seront à peine crus sur la foi des auteurs,

[1] Les tailles furent diminuées de quatre millions. (Boil.)
[2] Les soldats employés aux travaux publics. (Boil.)
[3] Établissement en France des manufactures. (Boil.)
[4] Le canal de Languedoc. (Boil.)
[5] L'ordonnance de 1667. (Boil.) — Sur la procédure.
[6] Le roi, en 1663, donna des pensions à beaucoup de gens de lettres de toute l'Europe. (Boil.)

Si quelque esprit malin les veut traiter de fables,
On dira quelque jour, pour les rendre croyables :
Boileau, qui dans ses vers pleins de sincérité,
Jadis à tout son siècle a dit la vérité,
Qui mit à tout blâmer son étude et sa gloire,
A pourtant de ce roi parlé comme l'histoire [1].

## ÉPITRE II.

1669.

### A L'ABBÉ DES ROCHES [2].

A quoi bon réveiller mes muses endormies,
Pour tracer aux auteurs des règles ennemies!
Penses-tu qu'aucun d'eux veuille subir mes lois,
Ni suivre une raison qui parle par ma voix?
O le plaisant docteur, qui, sur les pas d'Horace,
Vient prêcher, diront-ils, la réforme au Parnasse!
Nos écrits sont mauvais; les siens valent-ils mieux?
J'entends déjà d'ici Linière furieux [terme,
Qui m'appelle au combat sans prendre un plus long
De l'encre, du papier! dit-il : qu'on nous enferme!
Voyons qui de nous deux, plus aisé dans ses vers,
Aura plus tôt rempli la page et le revers!
Moi donc, qui suis peu fait à ce genre d'escrime,
Je le laisse tout seul verser rime sur rime,
Et, souvent de dépit contre moi s'exerçant,
Punir de mes défauts le papier innocent. [se,
Mais toi, qui ne crains point qu'un rimeur te noircis-
Qu fais-tu cependant seul en ton bénéfice? [tard,
Attends-tu qu'un fermier, payant, quoique un peu
De ton bien pour le moins daigne te faire part?
Vas-tu, grand défenseur des droits de ton église,
De tes moines mutins réprimer l'entreprise?
Crois-moi, dût Auzanet [3] t'assurer du succès,
Abbé, n'entreprends point même un juste procès.
N'imite point ces fous dont la sotte avarice
Va de ses revenus engraisser la justice;
Qui, toujours assignant, et toujours assignés,
Souvent demeurent gueux, de vingt procès gagnés.
Soutenons bien nos droits : sot est celui qui donne.
C'est ainsi devers Caen que tout normand raisonne :
Ce sont là les leçons dont un père manceau
Instruit son fils novice au sortir du berceau.
Mais pour toi, qui, nourri bien en deçà de l'Oise,

[1] Les quarante derniers vers de cette épître commencèrent la fortune de Boileau. Louis XIV, après lui avoir entendu réciter, le combla d'éloges et de faveurs, et lui adressa ce mot heureux : « Je vous louerais davantage si vous ne m'aviez pas tant loué. »
[2] Jean-François-Armand Fumée, abbé des Roches, descendait d'Adam Fumée, premier médecin de Charles VII, et mourut en 1711, âgé d'environ soixante et quinze ans.
[3] Fameux avocat au parlement de Paris. (Boil.)

As sucé la vertu picarde et champenoise,
Non, non, tu n'iras point, ardent bénéficier,
Faire enrouer pour toi Corbin ni le Mazier[1].
Toutefois, si jamais quelque ardeur bilieuse
Allumait dans ton cœur l'humeur litigieuse,
Consulte-moi d'abord, et, pour la réprimer,
Retiens bien la leçon que je te vais rimer. [tre,
 Un jour, dit un auteur, n'importe en quel chapi-
Deux voyageurs à jeun rencontrèrent une huître.
Tous deux la contestaient, lorsque dans leur chemin
La Justice passa, la balance à la main.
Devant elle à grand bruit ils expliquent la chose;
Tous deux avec dépens veulent gagner leur cause.
La Justice, pesant ce droit litigieux,
Demande l'huître, l'ouvre et l'avale à leurs yeux;
Et par ce bel arrêt terminant la bataille :
Tenez, voilà, dit-elle, à chacun une écaille.
Des sottises d'autrui nous vivons au Palais.
Messieurs, l'huître était bonne. Adieu. Vivez en paix[2].

## ÉPITRE III.

### 1673.

### A M. ARNAULD[3],

#### DOCTEUR DE SORBONNE.

Oui, sans peine, aux travers des sophismes de Clau-
Arnauld, des novateurs tu découvres la fraude, [de[4]
Et romps de leurs erreurs les filets captieux.
Mais que sert que ta main leur dessille les yeux,
Si toujours dans leur âme une pudeur rebelle,
Près d'embrasser l'église, au prêche les rappelle?
Non, ne crois pas que Claude, habile à se tromper,
Soit insensible aux traits dont tu le sais frapper;
Mais un démon l'arrête, et, quand ta voix l'attire,
Lui dit : Si tu te rends, sais-tu ce qu'on va dire?
Dans son heureux retour lui montre un faux malheur,
Lui peint de Charenton[5] l'hérétique douleur;
Et, balançant Dieu même en son âme flottante,
Fait mourir dans son cœur la vérité naissante.
Des superbes mortels le plus affreux lien,
N'en doutons point, Arnauld, c'est la honte du bien

[1] Deux autres avocats. (BOIL.) — Jacques Corbin plaida sa première cause à quatorze ans, et remplit d'admiration le parlement.
[2] La Fontaine a traité le même sujet dans sa fable intitulée *l'Huître et les Plaideurs*. Liv. IX, fab. IX.
[3] Antoine Arnauld, que son érudition et ses disgrâces ont rendu fameux, naquit à Paris le 6 février 1612, et mourut à Bruxelles le 8 août 1694.
[4] Il était alors occupé à écrire contre le sieur Claude, ministre de Charenton. (BOIL.)
[5] Lieu près de Paris, où ceux de la R. P. R. avaient un temple. (BOIL.)

Des plus nobles vertus cette adroite ennemie
Peint l'honneur à nos yeux des traits de l'infamie,
Asservit nos esprits sous un joug rigoureux,
Et nous rend l'un de l'autre esclaves malheureux.
Par elle la vertu devient lâche et timide.
Vois-tu ce libertin en public intrépide,
Qui prêche contre un Dieu que dans son âme il croit?
Il irait embrasser la vérité qu'il voit :
Mais de ses faux amis il craint la raillerie,
Et ne brave ainsi Dieu que par poltronnerie.
 C'est là de tous nos maux le fatal fondement.
Des jugements d'autrui nous tremblons follement;
Et, chacun l'un de l'autre adorant les caprices,
Nous cherchons hors de nous nos vertus et nos vices.
Misérables jouets de notre vanité,
Faisons au moins l'aveu de notre infirmité.
A quoi bon, quand la fièvre en nos artères brûle,
Faire de notre mal un secret ridicule?
Le feu sort de vos yeux pétillants et troublés,
Votre pouls inégal marche à pas redoublés;
Quelle fausse pudeur à feindre vous oblige?
Qu'avez-vous? Je n'ai rien. Mais... Je n'ai rien, vous
Répondra ce malade à se taire obstiné. [dis-je,
Mais cependant voilà tout son corps gangrené;
Et la fièvre, demain se rendant la plus forte,
Un bénitier aux pieds va l'étendre à la porte :
Prévenons sagement un si juste malheur.
Le jour fatal est proche, et vient comme un voleur.
Avant qu'à nos erreurs le ciel nous abandonne,
Profitons de l'instant que de grâce il nous donne.
Hâtons-nous; le temps fuit, et nous traîne avec soi :
Le moment où je parle est déjà loin de moi.
 Mais quoi! toujours la honte en esclaves nous lie!
Oui, c'est toi qui nous perds, ridicule folie :
C'est toi qui fis tomber le premier malheureux,
Le jour que, d'un faux bien sottement amoureux,
Et n'osant soupçonner sa femme d'imposture,
Au démon, par pudeur, il vendit la nature.
Hélas! avant ce jour qui perdit ses neveux,
Tous les plaisirs couraient au devant de ses vœux.
La faim aux animaux ne faisait point la guerre :
Le blé, pour se donner, sans peine ouvrant la terre,
N'attendait point qu'un bœuf pressé de l'aiguillon
Traçât à pas tardifs un pénible sillon :
La vigne offrait partout des grappes toujours pleines
Et des ruisseaux de lait serpentaient dans les plaines.
Mais dès ce jour Adam, déchu de son état,
D'un tribut de douleur paya son attentat.
Il fallut qu'au travail son corps rendu docile
Forçât la terre avare à devenir fertile.
Le chardon importun hérissa les guérets;
Le serpent venimeux rampa dans les forêts;
La canicule en feu désola les campagnes;

L'aquilon en fureur gronda sur les montagnes.
Alors pour se couvrir durant l'âpre saison,
Il fallut aux brebis dérober leur toison.
La peste en même temps, la guerre et la famine,
Des malheureux humains jurèrent la ruine.
Mais aucun de ces maux n'égala les rigueurs
Que la mauvaise honte exerça dans les cœurs.
De ce nid à l'instant sortirent tous les vices.
L'avare, des premiers en proie à ses caprices,
Dans un infâme gain mettant l'honnêteté,
Pour toute honte alors compta la pauvreté [1].
L'honneur et la vertu n'osèrent plus paraître;
La piété chercha les déserts et le cloître.
Depuis on n'a point vu de cœur si détaché
Qui par quelque lien ne tînt à ce péché.
Triste et funeste effet du premier de nos crimes!
Moi-même, Arnauld, ici, qui te prêche en ces rimes,
Plus qu'aucun des mortels par la honte abattu,
En vain j'arme contre elle une faible vertu.
Ainsi toujours douteux, chancelant et volage,
A peine du limon où le vice m'engage
J'arrache un pied timide et sors en m'agitant,
Que l'autre m'y reporte et s'embourbe à l'instant.
Car si, comme aujourd'hui, quelque rayon de zèle
Allume dans mon cœur une clarté nouvelle,
Soudain, aux yeux d'autrui s'il faut la confirmer,
D'un geste, d'un regard, je me sens alarmer;
Et, même sur ces vers que je te viens d'écrire,
Je tremble en ce moment de ce que l'on va dire.

## ÉPITRE IV.

### 1672.

### AVERTISSEMENT [2].

Je ne sais si les rangs de ceux qui passèrent le Rhin à la nage devant Tholus sont fort exactement gardés dans le poëme que je donne au public; et je n'en voudrais pas être garant, parce que franchement je n'y étais pas, et que je n'en suis encore que fort médiocrement instruit. Je viens même d'apprendre en ce moment que M. de Soubise [3], dont je ne parle point, est un de ceux qui s'y est le plus signalé. Je m'imagine qu'il en est ainsi de beaucoup d'autres, et j'espère de leur faire justice

[1] Charles-Maurice le Tellier, archevêque de Reims, mort en 1710, à l'âge de soixante-neuf ans, ne concevait pas comment on pouvait vivre sans avoir cent mille écus de rente. Un jour qu'il s'informait de la probité de quelqu'un : « Monsei-« gneur, lui répondit Boileau, il s'en faut de quatre mille livres « de rente qu'il soit homme d'honneur. »
[2] Imprimé en 1672 à la tête de l'épître IV.
[3] François de Rohan, prince de Soubise, passa le Rhin à la nage à la tête des gendarmes de la garde dont il était capitaine-lieutenant. Il mourut dans sa quatre-vingt-unième année.

dans une autre édition. Tout ce que je sais, c'est que ceux dont je fais mention ont passé des premiers. Je ne me déclare donc caution que de l'histoire du fleuve en colère, que j'ai apprise d'une de ses naïades, qui s'est réfugiée dans la Seine. J'aurais bien pu parler aussi de la fameuse rencontre qui suivit le passage : mais je la réserve pour un poëme à part. C'est là que j'espère rendre aux mânes de M. de Longueville [1] l'honneur que tous les écrivains lui doivent, et que je peindrai cette victoire qui fut arrosée du plus illustre sang de l'univers; il faut un peu reprendre haleine pour cela.

## AU ROI.

En vain pour te louer ma muse toujours prête
Vingt fois de la Hollande a tenté la conquête :
Ce pays, où cent murs n'ont pu te résister,
Grand roi, n'est pas en vers si facile à dompter.
Des villes que tu prends les noms durs et barbares
N'offrent de toutes parts que syllabes bizarres ;
Et, l'oreille effrayée, il faut, depuis l'Issel [2],
Pour trouver un beau mot, courir jusqu'au Tessel [3].
Oui, partout de son nom chaque place munie
Tient bon contre le vers, en détruit l'harmonie.
Et qui peut sans frémir aborder Woërden [4]?
Quel vers ne tomberait au seul nom de Heusden [5]?
Qu'elle muse à rimer en tous lieux disposée
Oserait approcher des bords du Zuiderzée [6]?
Comment en vers heureux assiéger Doësbourg,
Zutphen, Wageninghen, Harderwic, Knotzembourg [7]?
Il n'est fort, entre ceux que tu prends par centaines,
Qui ne puisse arrêter un rimeur six semaines :
Et partout sur le Whal, ainsi que sur le Leck [8],
Le vers est en déroute, et le poëte à sec.     [pides,
Encor si tes exploits, moins grands et moins ra-
Laissaient prendre courage à nos muses timides,
Peut-être avec le temps, à force d'y rêver,
Par quelque coup de l'art nous pourrions nous sauver.
Mais, dès qu'on veut tenter cette vaste carrière,
Pégase s'effarouche et recule en arrière;
Mon Apollon s'étonne; et Nimègue [9] est à toi,

[1] Charles Páris de Longueville entra d'abord dans l'état ecclésiastique, qu'il ne tarda pas de quitter pour suivre la carrière des armes. Il périt en 1672 au passage du Rhin, au moment où il allait être élu roi de Pologne.
[2] Rivière des Pays-Bas, qui se jette dans le Zuiderzée, après avoir reçu les eaux du Rhin par le canal de Drusus.
[3] Petite île à l'embouchure du Zuiderzée, et à dix-huit lieues d'Amsterdam.
[4] Ville de Hollande, sur le Rhin.
[5] *Heusden* est près de la Meuse.
[6] Le Zuiderzée, ou mer du Sud, est un grand golfe situé entre les provinces de Frise, d'Over-Issel, de Gueldre et de Hollande.
[7] Villes de Hollande.
[8] Deux branches du Rhin, qui se mêlent avec la Meuse.
[9] Ville considérable, capitale du duché de Gueldre. Elle fut

Que ma muse est encore au camp devant Orsoi [1].
Aujourd'hui toutefois mon zèle m'encourage :
Il faut au moins du Rhin tenter l'heureux passage.
Un trop juste devoir veut que nous l'essayions.
Muses, pour le tracer cherchez tous vos crayons ;
Car, puisque en cet exploit tout paraît incroyable,
Que la vérité pure y ressemble à la fable,
De tous vos ornements vous pouvez l'égayer.
Venez donc ; et surtout gardez bien d'ennuyer :
Vous savez des grands vers les disgrâces tragiques ;
Et souvent on ennuie en termes magnifiques.

Au pied du mont Adule [2], entre mille roseaux,
Le Rhin tranquille et fier du progrès de ses eaux,
Appuyé d'une main sur son urne penchante,
Dormait au bruit flatteur d'une onde naissante :
Lorsqu'un cri, tout à coup suivi de mille cris,
Vient d'un calme si doux retirer ses esprits.
Il se trouble, il regarde, et partout sur ses rives
Il voit fuir à grands pas ses naïades craintives,
Qui toutes accourant vers leur humide roi,
Par un récit affreux redoublent son effroi.
Il apprend qu'un héros, conduit par la victoire,
A de ses bords fameux flétri l'antique gloire ;
Que Rheinberg et Wesel, terrassés en deux jours [3],
D'un joug déjà prochain menacent tout son cours.
Nous l'avons vu, dit l'une, affronter la tempête
De cent foudres d'airain tournés contre sa tête.
Il marche vers Tholus [4], et tes flots en courroux
Au prix de sa fureur sont tranquilles et doux.
Il a de Jupiter la taille et le visage ;
Et, depuis ce Romain dont l'insolent passage
Sur un pont en deux jours [5] trompa tous tes efforts,
Jamais rien de si grand n'a paru sur tes bords.
Le Rhin tremble et frémit à ces tristes nouvelles;
Le feu sort à travers ses humides prunelles.
C'est donc trop peu, dit-il, que l'Escaut en deux mois [6]
Ait appris à couler sous de nouvelles lois ;
Et de mille remparts mon onde environnée
De ces fleuves sans nom suivra la destinée !
Ah ! périssent mes eaux ! ou par d'illustres coups
Montrons qui doit céder des mortels ou de nous.
A ces mots, essuyant sa barbe limoneuse,

Il prend d'un vieux guerrier la figure poudreuse.
Son front cicatrisé rend son air furieux ;
Et l'ardeur du combat étincelle en ses yeux.
En ce moment il part ; et, couvert d'une nue,
Du fameux fort de Schenck prend la route connue.
Là, contemplant son cours, il voit de toutes parts
Ses pâles défenseurs par la frayeur épars :
Il voit cent bataillons qui, loin de se défendre,
Attendent sur des murs l'ennemi pour se rendre.
Confus, il les aborde ; et renforçant sa voix :
Grands arbitres, dit-il, des querelles des rois,
Est-ce ainsi que votre âme, aux périls aguerrie,
Soutient sur ces remparts l'honneur et la patrie [1] ?
Votre ennemi superbe, en cet instant fameux,
Du Rhin, près de Tholus, fend les flots écumeux :
Du moins en vous montrant sur la rive opposée
N'oseriez-vous saisir une victoire aisée ?
Allez, vils combattants, inutiles soldats;
Laissez là ces mousquets trop pesants pour vos bras;
Et, la faux à la main, parmi vos marécages,
Allez couper vos joncs et presser vos laitages ;
Ou, gardant les seuls bords qui vous peuvent couvrir,
Avec moi, de ce pas, venez vaincre ou mourir.

Ce discours d'un guerrier que la colère enflamme
Ressuscite l'honneur déjà mort en leur âme ;
Et, leurs cœurs s'allumant d'un reste de chaleur,
La honte fait en eux l'effet de la valeur.
Ils marchent droit au fleuve, où Louis en personne,
Déjà prêt à passer, instruit, dispose, ordonne.
Par son ordre Gramont [2] le premier dans les flots
S'avance, soutenu des regards du héros ;
Son coursier, écumant sous son maître intrépide,
Nage tout orgueilleux de la main qui le guide.
Revel [3] le suit de près : sous ce chef redouté
Marche des cuirassiers l'escadron indompté.
Mais déjà devant eux une chaleur guerrière
Emporte loin du bord le bouillant Lesdiguière [4],
Vivonne [5], Nantouillet [6], et Coislin, et Salart :
Chacun d'eux au péril veut la première part ;

---

prise le 3 juillet 1672, après six jours de siége. La paix générale y fut conclue en 1678-1679.
[1] Ville du duché de Clèves.
[2] Montagne d'où le Rhin prend sa source. (BOIL.) Le mont Saint-Gothard, que les anciens appelaient *Adula*.
[3] Villes sur le Rhin.
[4] Ou Tolhuys, village sur le Rhin, au-dessous du fort de Schenck. C'est là que s'effectua le passage du fleuve, le 1er juin 1672.
[5] Jules César. (BOIL.) — Il passa deux fois le Rhin pour aller châtier les peuples d'Allemagne qui avaient envoyé du secours aux Gaulois.
[6] En 1667, Louis XIV avait conquis la Flandre espagnole qu'arrose l'Escaut.

[1] Il y avait sur les drapeaux des Hollandais : *Pro honore et patriâ*. (BOIL.)
[2] Monsieur le comte de Guiche. (BOIL.) — « Le comte de « Guiche (fils du maréchal de Gramont) a fait une action dont « le succès le couvre de gloire ; car, si elle eût tourné autre- « ment, il eût été criminel. Il se charge de reconnaître si la « rivière est guéable ; il dit que oui : elle ne l'est pas ; des es- « cadrons entiers passent à la nage, sans se déranger. Il est « vrai qu'il passe le premier : cela ne s'est jamais hasardé ; « cela réussit ; il enveloppe des escadrons et les force à se « rendre, etc. » (Madame DE SÉVIGNÉ, Lett. du 3 juillet 1672.)
[3] Le marquis de Revel, frère du comte de Broglie, reçut trois coups d'épée dans l'action qui suivit le passage du Rhin.
[4] Monsieur le comte de Saux. (BOIL.)
[5] Depuis maréchal de France.
[6] Le chevalier de Nantouillet, ami particulier de l'auteur, ainsi que M. de Vivonne.

Vendôme [1], que soutient l'orgueil de sa naissance,
Au même instant dans l'onde impatient s'élance :
La Salle, Béringhen, Nogent, d'Ambre, Cavois,
Fendent les flots tremblants sous un si noble poids.
Louis, les animant du feu de son courage,
Se plaint de sa grandeur qui l'attache au rivage.
Par ses soins cependant trente légers vaisseaux [2]
D'un tranchant aviron déjà coupent les eaux :
Cent guerriers s'y jetant signalent leur audace.
Le Rhin les voit d'un œil qui porte la menace ;
Il s'avance en courroux. Le plomb vole à l'instant,
Et pleut de toutes parts sur l'escadron flottant.
Du salpêtre en fureur l'air s'échauffe et s'allume,
Et des coups redoublés tout le rivage fume.
Déjà du plomb mortel plus d'un brave est atteint :
Sous les fougueux coursiers l'onde écume et se plaint.
De tant de coups affreux la tempête orageuse
Tient un temps sur les eaux la fortune douteuse ;
Mais Louis d'un regard sait bientôt la fixer :
Le destin à ses yeux n'oserait balancer.
Bientôt avec Gramont courent Mars et Bellone;
Le Rhin à leur aspect d'épouvante frissonne :
Quand, pour nouvelle alarme à ces esprits glacés,
Un bruit s'épand qu'Enghien et Condé sont passés [3] ;
Condé, dont le seul nom fait tomber les murailles,
Force les escadrons et gagne les batailles;
Enghien, de son hymen le seul et digne fruit,
Par lui dès son enfance à la victoire instruit.
L'ennemi renversé fuit et gagne la plaine :
Le dieu lui-même cède au torrent qui l'entraîne,
Et seul, désespéré, pleurant ses vains efforts,
Abandonne à Louis la victoire et ses bords.
Du fleuve ainsi dompté la déroute éclatante
A Wurts [4] jusqu'en son camp va porter l'épouvante :
Wurts, l'espoir du pays, et l'appui de ses murs,
Wurts... Ah! quel nom, grand roi, quel Hector que ce
Sans ce terrible nom, mal né pour les oreilles, [Wurts!
Que j'allais à construire, et sur un desquels même M.
Bientôt on eût vu Schenck dans mes vers emporté,
De ses fameux remparts démentir la fierté [5] :
Bientôt... Mais Wurts s'oppose à l'ardeur qui m'ani-
Finissons, il est temps : aussi bien si la rime [me.

[1] Depuis grand prieur de France. Il n'avait que dix-sept ans alors, et prit à l'ennemi un drapeau et un étendard.
[2] Le roi quand il passa le Rhin, fit amener un très-grand nombre de bateaux de cuivre, qu'on avait été plus de deux mois à construire, et sur un desquels même M. le Prince et M. le Duc passèrent. (BOIL.) — L'inventeur de ces bateaux ou pontons de cuivre se nommait Martinet.
[3] Louis de Bourbon, prince de Condé, fut un des plus grands capitaines de l'Europe, et mourut le 11 décembre 1686. — Henri-Jules de Bourbon, duc d'Enghien, son fils, mourut le 1er avril 1709.
[4] Commandant de l'armée ennemie. (BOIL.)
[5] Ce fort passait, dans le pays, pour imprenable.

Allait mal à propos m'engager dans Arnheim [1],
Je ne sais pour sortir de porte qu'Hildesheim [2].
Oh! que le ciel, soigneux de notre poésie,
Grand roi, ne nous fit-il plus voisins de l'Asie!
Bientôt victorieux de cent peuples altiers,
Tu nous aurais fourni des rimes à milliers.
Il n'est plaine en ces lieux si sèche et si stérile
Qui ne soit en beaux mots partout riche et fertile.
Là, plus d'un bourg fameux par son antique nom,
Vient offrir à l'oreille un agréable son.
Quel plaisir de te suivre aux rives du Scamandre;
D'y trouver d'Ilion la poétique cendre;
De juger si les Grecs, qui brisèrent ses tours,
Firent plus en dix ans que Louis en dix jours!
Mais pourquoi sans raison désespérer ma veine?
Est-il dans l'univers de plage si lointaine
Où ta valeur, grand roi, ne te puisse porter,
Et ne m'offre bientôt des exploits à chanter?
Non, non, ne faisons plus de plaintes inutiles : [les,
Puisque ainsi dans deux mois tu prends quarante vil-
Assuré des beaux vers dont ton bras me répond,
Je t'attends dans deux ans aux bords de l'Hellespont.

## ÉPITRE V.

### 1674.

### A M. DE GUILLERAGUES [3].

Esprit né pour la cour, et maître en l'art de plaire,
Guilleragues, qui sais et parler et te taire,
Apprends-moi si je dois ou me taire, ou parler.
Faut-il dans la satire encor me signaler,
Et, dans ce champ fécond en plaisantes malices,
Faire encore aux auteurs redouter mes caprices?
Jadis, non sans tumulte, on m'y vit éclater,
Quand mon esprit plus jeune, et prompt à s'irriter,
Aspirait moins au nom de discret et de sage ;
Que mes cheveux plus noirs ombrageaient mon vi-
Maintenant, que le temps a mûri mes désirs, [sage :
Que mon âge, amoureux de plus sages plaisirs,
Bientôt s'en va frapper à son neuvième lustre [4],
J'aime mieux mon repos qu'un embarras illustre.
Que d'une égale ardeur mille auteurs animés
Aiguisent contre moi leurs traits envenimés ; [ble :
Que tout, jusqu'à Pinchêne [5], et m'insulte et m'acca-
Aujourd'hui vieux lion je suis doux et traitable;
Je n'arme point contre eux mes ongles émoussés.

[1] Ville du duché de Gueldre.
[2] Petite ville de l'électorat de Trèves.
[3] D'abord premier président à la cour des Aides à Bordeaux, puis secrétaire de la chambre et du cabinet du roi ; il fut ensuite nommé à l'ambassade de Constantinople. Il s'y rendit en 1679, et mourut d'apoplexie quelques années après.
[4] A la quarante et unième année. (BOIL.)
[5] Pinchêne était neveu de Voiture. (BOIL.)

Ainsi que mes beaux jours mes chagrins sont passés :
Je ne sens plus l'aigreur de ma bile première,
Et laisse aux froids rimeurs une libre carrière.
  Ainsi donc, philosophe à la raison soumis,
Mes défauts désormais sont mes seuls ennemis :
C'est l'erreur que je fuis, c'est la vertu que j'aime.
Je songe à me connaître, et me cherche en moi-même.
C'est là l'unique étude ou je veux m'attacher.
Que, l'astrolabe en main, un autre aille chercher
Si le soleil est fixe ou tourne sur son axe,
Si Saturne à nos yeux peut faire un parallaxe;
Que Rohaut [1] vainement sèche pour concevoir
Comment tout étant plein, tout a pu se mouvoir;
Ou que Bernier [2] compose et le sec et l'humide
Des corps ronds et crochus errant parmi le vide :
Pour moi, sur cette mer qu'ici-bas nous courons,
Je songe à me pourvoir d'esquif et d'avirons,
A régler mes désirs, à prévenir l'orage,
Et sauver, s'il se peut, ma raison du naufrage.
  C'est au repos d'esprit que nous aspirons tous;
Mais ce repos heureux se doit chercher en nous.
Un fou rempli d'erreurs, que le trouble accompagne,
Et malade à la ville, ainsi qu'à la campagne,
En vain monte à cheval pour tromper son ennui :
Le chagrin monte en croupe, et galope avec lui.
Que crois-tu qu'Alexandre, en ravageant la terre,
Cherche parmi l'horreur, le tumulte et la guerre?
Possédé d'un ennui qu'il ne saurait dompter,
Il craint d'être à soi-même, et songe à s'éviter.
C'est là ce qui l'emporte aux lieux où naît l'aurore,
Où le Perse est brûlé de l'astre qu'il adore.
  De nos propres malheurs auteurs infortunés,
Nous sommes loin de nous à toute heure entraînés.
A quoi bon ravir l'or au sein du nouveau monde?
Le bonheur tant cherché sur la terre et sur l'onde
Est ici, comme aux lieux où mûrit le coco,
Et se trouve à Paris de même qu'à Cusco [3] :
On ne le tire point des veines du Potose [4].
Qui vit content de rien, possède toute chose.
Mais, sans cesse ignorants de nos propres besoins,
Nous demandons au ciel ce qu'il nous faut le moins.
Oh! que si cet hiver un rhume salutaire,
Guérissant de tous maux mon avare beau-père,
Pouvait, bien confessé, l'étendre en un cercueil,
Et remplir sa maison d'un agréable deuil!
Que mon âme, en ce jour de joie et d'opulence,
D'un superbe convoi plaindrait peu la dépense!

Disait le mois passé, doux, honnête et soumis,
L'héritier affamé de ce riche commis
Qui, pour lui préparer cette douce journée,
Tourmenta quarante ans sa vie infortunée.
La mort vient de saisir le vieillard catarrheux :
Voilà son gendre riche; en est-il plus heureux?
Tout fier du faux éclat de sa vaine richesse,
Déjà nouveau seigneur il vante sa noblesse.
Quoique fils de meunier, encor blanc du moulin,
Il est prêt à fournir ses titres en vélin.
En mille vains projets à toute heure il s'égare :
Le voilà fou, superbe, impertinent, bizarre,
Rêveur, sombre, inquiet, à soi-même ennuyeux.
Il vivrait plus content, si comme ses aïeux,
Dans un habit conforme à sa vraie origine,
Sur le mulet encor il chargeait la farine.
  Mais ce discours n'est pas pour le peuple ignorant,
Que le faste éblouit d'un bonheur apparent.
L'argent, l'argent, dit-on; sans lui tout est stérile :
La vertu sans l'argent n'est qu'un meuble inutile.
L'argent en honnête homme érige un scélérat;
L'argent seul au Palais peut faire un magistrat.
Qu'importe qu'en tous lieux on me traite d'infâme?
Dit ce *fourbe sans foi, sans honneur et sans âme*;
Dans mon coffre, tout plein de rares qualités,
J'ai cent mille vertus en louis bien comptés.
Est-il quelque talent que l'argent ne me donne?
C'est ainsi qu'en son cœur ce financier raisonne.
Mais pour moi, que l'éclat ne saurait décevoir,
Qui mets au rang des biens l'esprit et le savoir,
J'estime autant Patru [1], même dans l'indigence,
Qu'un commis engraissé des malheurs de la France.
Non que je sois du goût de ce sage [2] insensé
Qui, d'un argent commode esclave embarrassé,
Jeta tout dans la mer pour crier : Je suis libre.
De la droite raison je sens mieux l'équilibre :
Mais je tiens qu'ici-bas, sans faire tant d'apprêts,
La vertu se contente et vit à peu de frais.
Pourquoi donc s'égarer en des projets si vagues?
  Ce que j'avance ici, crois-moi, cher Guilleragues,
Ton ami dès l'enfance ainsi l'a pratiqué.
Mon père, soixante ans au travail appliqué,
En mourant me laissa, pour rouler et pour vivre,
Un revenu léger, et son exemple à suivre.
Mais bientôt amoureux d'un plus noble métier,
Fils, frère, oncle, cousin, beau-frère de greffier [3],

---

[1] Fameux cartésien. (BOIL.)
[2] Célèbre voyageur, qui a composé un Abrégé de la philosophie de Gassendi. (BOIL.)
[3] Ville du Pérou. (BOIL.)
[4] Potosi, montagne où sont les mines d'argent les plus riches de l'Amérique. (BOIL.)

[1] Fameux avocat, et un des bons grammairiens de notre siècle. (BOIL.) — Déjà nommé, sat. I, v. 123.
[2] Aristippe fit cette action; et Diogène conseilla à Cratès, philosophe cynique, de faire la même chose. (BOIL.)
[3] *Fils* de Gilles Boileau, greffier du conseil de la grand'-chambre; *frère* de Jérôme Boileau, qui exerça la même charge; *oncle* de Dongois, greffier de l'audience de la grand'-chambre; *cousin* du même Dongois, qui épousa une cousine

Pouvant charger mon bras d'une utile liasse,
J'allai loin du Palais errer sur le Parnasse.
La famille en pâlit, et vit en frémissant
Dans la poudre du greffe un poëte naissant :
On vit avec horreur une muse effrénée
Dormir chez un greffier la grasse matinée.
Dès lors à la richesse il fallut renoncer :
Ne pouvant l'acquérir, j'appris à m'en passer ;
Et surtout redoutant la basse servitude,
La libre vérité fut toute mon étude ;
Dans ce métier, funeste à qui veut s'enrichir,
Qui l'eût cru que pour moi le sort dût se fléchir?
Mais du plus grand des rois la bonté sans limite,
Toujours prête à courir au-devant du mérite,
Crut voir dans ma franchise un mérite inconnu,
Et d'abord de ses dons enfla mon revenu.
La brigue ni l'envie à mon bonheur contraires,
Ni les cris douloureux de mes vains adversaires,
Ne purent dans leur course arrêter ses bienfaits.
C'en est trop : mon bonheur a passé mes souhaits.
Qu'à son gré désormais la Fortune me joue,
On me verra dormir au branle de sa roue.
  Si quelque soin encore agite mon repos,
C'est l'ardeur de louer un si fameux héros.
Ce soin ambitieux me tirant par l'oreille,
La nuit, lorsque je dors, en sursaut me réveille ;
Me dit que ces bienfaits, dont j'ose me vanter,
Par des vers immortels ont dû se mériter.
C'est là le seul chagrin qui trouble encor mon âme.
Mais si, dans le beau feu du zèle qui m'enflamme,
Par un ouvrage enfin des critiques vainqueur,
Je puis sur ce sujet satisfaire mon cœur,
Guilleragues, plains-toi de mon humeur légère,
Si jamais, entraîné d'une ardeur étrangère,
Ou d'un vil intérêt reconnaissant la loi,
Je cherche mon bonheur autre part que chez moi.

## ÉPITRE VI.

### 1667.

### A M. DE LAMOIGNON,

#### AVOCAT GÉNÉRAL [1].

Oui, Lamoignon, je fuis les chagrins de la ville,
Et contre eux la campagne est mon unique asile.
Du lieu qui m'y retient veux-tu voir le tableau?

C'est un petit village [1], ou plutôt un hameau,
Bâti sur le penchant d'un long rang de collines,
D'où l'œil s'égare au loin dans les plaines voisines.
La Seine, au pied des monts que son flot vient laver,
Voit du sein de ses eaux vingt îles s'élever,
Qui, partageant son cours en diverses manières,
D'une rivière seule y forment vingt rivières.
Tous ses bords sont couverts de saules non plantés,
Et de noyers souvent du passant insultés.
Le village au-dessus formé un amphithéâtre :
L'habitant ne connaît ni la chaux ni le plâtre ;
Et dans le roc, qui cède et se coupe aisément,
Chacun sait de sa main creuser son logement.
La maison du seigneur, seule un peu plus ornée,
Se présente au dehors de murs environnée.
Le soleil en naissant la regarde d'abord,
Et le mont la défend des outrages du nord.
  C'est là, cher Lamoignon, que mon esprit tran- [quille
Met à profit les jours que la Parque me file.
Ici dans un vallon bornant tous mes désirs,
J'achète à peu de frais de solides plaisirs.
Tantôt, un livre en main, errant dans les prairies,
J'occupe ma raison d'utiles rêveries :
Tantôt, cherchant la fin d'un vers que je construi,
Je trouve au coin d'un bois le mot qui m'avait fui ;
Quelquefois, aux appas d'un hameçon perfide,
J'amorce en badinant le poisson trop avide ;
Ou d'un plomb qui suit l'œil, et part avec l'éclair,
Je vais faire la guerre aux habitants de l'air.
Une table au retour, propre et non magnifique,
Nous présente un repas agréable et rustique :
Là, sans s'assujettir aux dogmes du Broussain [2],
Tout ce qu'on boit est bon, tout ce qu'on mange est
La maison le fournit, la fermière l'ordonne, [sain ;
Et mieux que Bergerat [3] l'appétit l'assaisonne.
O fortuné séjour ! ô champs aimés des cieux !
Que, pour jamais foulant vos prés délicieux,
Ne puis-je ici fixer ma course vagabonde,
Et connu de vous seuls oublier tout le monde !
  Mais à peine, du sein de vos vallons chéris
Arraché malgré moi, je rentre dans Paris,
Qu'en tous lieux les chagrins m'attendent au passage.
Un cousin, abusant d'un fâcheux parentage,
Veut qu'encor tout poudreux, et sans me débotter,
Chez vingt juges pour lui j'aille solliciter :
Il faut voir de ce pas les plus considérables ;
L'un demeure au Marais, et l'autre aux Incurables.

---

germaine du poëte ; *beau-frère* de Sirmond, greffier du conseil, après Jérôme Boileau.
[1] Chrétien-François de Lamoignon, depuis président à mortier, fils de Guillaume de Lamoignon, premier président du parlement de Paris. (BOIL.) — Il mourut en 1709, à soixante-cinq ans, et eut pour petit-fils le vertueux Malesherbes.

[1] Hautile, petite seigneurie près de la Roche-Guyon, appartenante à mon neveu, l'illustre M. Dongois, greffier en chef du parlement. (BOIL.)
[2] René Brûlart, comte du Broussain, fils de Louis Brûlart et de Madeleine Colbert, était, suivant Ménage, un des *coteaux*. (Voyez la note sur la satire III, page 188.)
[3] Fameux traiteur. (BOIL.)

Je reçois vingt avis qui me glacent d'effroi :
Hier, dit-on, de vous on parla chez le roi,
Et d'attentat horrible on traita la satire. —
Et le roi, que dit-il? — Le roi se prit à rire.
Contre vos derniers vers on est fort en courroux ;
Pradon a mis au jour un livre contre vous ;
Et chez le chapelier du coin de notre place,
Autour d'un caudebec [1] j'en ai lu la préface ;
L'autre jour sur un mot la cour vous condamna ;
Le bruit court qu'avant-hier on vous assassina ;
Un écrit scandaleux sous votre nom se donne ;
D'un pasquin [2] qu'on a fait, au Louvre on vous soupçonne.
Moi ? — Vous : on nous l'a dit dans le Palais-Royal [3].
 Douze ans sont écoulés depuis le jour fatal
Qu'un libraire, imprimant les essais de ma plume,
Donna, pour mon malheur, un trop heureux volume.
Toujours, depuis ce temps, en proie aux sots dis-
-Contre eux la vérité m'est un faible secours. [cours,
Vient-il de la province une satire fade,
D'un plaisant du pays insipide boutade ?
Pour la faire courir on dit qu'elle est de moi :
Et le sot campagnard le croit de bonne foi.
J'ai beau prendre à témoin et la cour et la ville :
Non ; à d'autres, dit-il : on connaît votre style.
Combien de temps ces vers vous ont-ils bien coû-
Ils ne sont point de moi, monsieur, en vérité : [té ? —
Peut-on m'attribuer ces sottises étranges ? —
Ah ! monsieur, vos mépris vous servent de louanges.
 Ainsi, de cent chagrins dans Paris accablé,
Juge si, toujours triste, interrompu, troublé,
Lamoignon, j'ai le temps de courtiser les Muses !
Le monde cependant se rit de mes excuses,
Croit que, pour m'inspirer sur chaque événement,
Apollon doit venir au premier mandement.
 Un bruit court que le roi va tout réduire en poudre,
Et dans Valencienne [4] est entré comme un foudre ;
Que Cambrai [5], des Français l'épouvantable écueil,
A vu tomber enfin ses murs et son orgueil ;
Que devant Saint-Omer, Nassau, par sa défaite,
De Philippe vainqueur [6] rend la gloire complète.
Dieu sait comme les vers chez vous s'en vont couler !
Dit d'abord un ami qui veut me cajoler ;
Et, dans ce temps guerrier, si fécond en Achilles,
Croit que l'on fait les vers comme l'on prend les villes.

[1] Sorte de chapeaux de laine, qui se font à Caudebec en Normandie. (BOIL.)
[2] On appelait alors *pasquin* ce que nous avons depuis nommé *pamphlet*.
[3] Allusion aux nouvellistes qui s'assemblent dans le jardin de ce palais. (BOIL.)
[4] Valenciennes fut prise par le roi en personne, le 17 mars 1677.
[5] Le 17 avril suivant, après vingt jours de siège, Louis XIV se rendit maître de la ville et de la citadelle de Cambrai.
[6] La bataille de Cassel, gagnée par Monsieur, Philippe de France, frère unique du roi, en 1677. (BOIL.)

Mais moi, dont le génie est mort en ce moment,
Je ne sais que répondre à ce vain compliment ;
Et, justement confus de mon peu d'abondance,
Je me fais un chagrin du bonheur de la France.
 Qu'heureux est le mortel qui, du monde ignoré,
Vit content de soi-même en un coin retiré ;
Que l'amour de ce rien qu'on nomme renommée
N'a jamais enivré d'une vaine fumée ;
Qui de sa liberté forme tout son plaisir,
Et ne rend qu'à lui seul compte de son loisir !
Il n'a point à souffrir d'affronts ni d'injustices,
Et du peuple inconstant il brave les caprices.
Mais nous autres faiseurs de livres et d'écrits,
Sur les bords du Permesse aux louanges nourris,
Nous ne saurions briser nos fers et nos entraves,
Du lecteur dédaigneux honorables esclaves.
Du rang où notre esprit une fois s'est fait voir,
Sans un fâcheux éclat nous ne saurions déchoir.
Le public, enrichi du tribut de nos veilles,
Croit qu'on doit ajouter merveilles sur merveilles.
Au comble parvenus, il veut que nous croissions :
Il veut en vieillissant que nous rajeunissions.
Cependant tout décroît : et moi-même à qui l'âge
D'aucune ride encor n'a flétri le visage,
Déjà moins plein de feu, pour animer ma voix
J'ai besoin du silence et de l'ombre des bois :
Ma muse, qui se plaît dans leurs routes perdues,
Ne saurait plus marcher sur le pavé des rues.
Ce n'est que dans ces bois, propres à m'exciter,
Qu'Apollon quelquefois daigne encor m'écouter.
 Ne demande donc plus par quelle humeur sauvage
Tout l'été, loin de toi, demeurant au village,
J'y passe obstinément les ardeurs du Lion [1],
Et ne montre pour Paris si peu de passion.
C'est à toi, Lamoignon, que le rang, la naissance,
Le mérite éclatant, et la haute éloquence,
Appellent dans Paris aux sublimes emplois,
Qu'il sied bien d'y veiller pour le maintien des lois.
Tu dois là tous tes soins au bien de ta patrie :
Tu ne t'en peux bannir que l'orphelin ne crie,
Que l'oppresseur ne montre un front audacieux ;
Et Thémis pour voir clair a besoin de tes yeux.
Mais pour moi, de Paris citoyen inhabile,
Qui ne lui puis fournir qu'un rêveur inutile,
Il me faut du repos, des prés et des forêts.
Laisse-moi donc ici, sous leurs ombrages frais,
Attendre que septembre ait ramené l'automne,
Et que Cérès contente ait fait place à Pomone.
Quand Bacchus comblera de ses nouveaux bienfaits
Le vendangeur ravi de ployer sous le faix,
Aussitôt ton ami, redoutant moins la ville,

[1] Le mois de juillet, pendant lequel le soleil est dans le signe du Lion

T'ira joindre à Paris, pour s'enfuir à Bâville ¹.
Là, dans le seul loisir que Thémis t'a laissé,
Tu me verras souvent à te suivre empressé;
Pour monter à cheval rappelant mon audace,
Apprenti cavalier galoper sur ta trace.
Tantôt sur l'herbe assis, au pied de ces coteaux
Où Polycrène ² épand ses libérales eaux,
Lamoignon, nous irons, libres d'inquiétude,
Discourir des vertus dont tu fais ton étude;
Chercher quels sont les biens véritables ou faux;
Si l'honnête homme en soi doit souffrir des défauts;
Quel chemin le plus droit à la gloire nous guide,
Ou la vaste science, ou la vertu solide.
C'est ainsi que chez toi tu sauras m'attacher.
Heureux si les fâcheux, prompts à nous y chercher,
N'y viennent point semer l'ennuyeuse tristesse!
Car, dans ce grand concours d'hommes de toute es-
Que sans cesse à Bâville attire le devoir, [pèce,
Au lieu de quatre amis qu'on attendait le soir,
Quelquefois de fâcheux arrivent trois volées,
Qui du parc à l'instant assiégent les allées.
Alors sauve qui peut : et quatre fois heureux
Qui sait pour s'échapper quelque antre ignoré d'eux!

## ÉPITRE VII.

1677.

### A RACINE ³.

Que tu sais bien, Racine, à l'aide d'un acteur,
Émouvoir, étonner, ravir un spectateur!
Jamais Iphigénie, en Aulide immolée ⁴,
N'a coûté tant de pleurs à la Grèce assemblée,
Que dans l'heureux spectacle à nos yeux étalé
En a fait, sous son nom, verser la Champmeslé ⁵.
Ne crois pas toutefois, par tes savants ouvrages,
Entraînant tous les cœurs, gagner tous les suffra-
Sitôt que d'Apollon un génie inspiré [ges.
Trouve loin du vulgaire un chemin ignoré,
En cent lieux contre lui les cabales s'amassent;
Ses rivaux obscurcis autour de lui croassent;
Et son trop de lumière, importunant les yeux,

¹ Maison de compagne de M. de Lamoignon. (BOIL.) — C'était une seigneurie considérable, à neuf lieues de Paris, du côté de Châtres et d'Étampes.
² Fontaine à une demi-lieue de Bâville, ainsi nommée par feu M. le président de Lamoignon. (BOIL.)
³ Le plus élégant, le plus harmonieux, le plus parfait de nos poëtes.
Jean Racine naquit à la Ferté-Milon en décembre 1639, et mourut à Paris le 21 avril 1699. Il fut, toute sa vie, lié d'une étroite amitié avec Boileau.
⁴ La première représentation de l'*Iphigénie* de Racine eut lieu au commencement de l'année 1674.
⁵ Célèbre comédienne. (BOIL.)

De ses propres amis lui fait des envieux.
La mort seule ici-bas, en terminant sa vie,
Peut calmer sur son nom l'injustice et l'envie;
Faire au poids du bon sens peser tous ses écrits,
Et donner à ses vers leur légitime prix.
Avant qu'un peu de terre obtenu par prière,
Pour jamais sous la tombe eût enfermé Molière ¹,
Mille de ses beaux traits, aujourd'hui si vantés,
Furent des sots esprits à nos yeux rebutés.
L'ignorance et l'erreur à ses naissantes pièces
En habits de marquis, en robes de comtesses,
Venaient pour diffamer son chef-d'œuvre nouveau,
Et secouaient la tête à l'endroit le plus beau.
Le commandeur voulait la scène plus exacte;
Le vicomte indigné sortait au second acte :
L'un, défenseur zélé des bigots mis en jeu,
Pour prix de ses bons mots le condamnait au feu;
L'autre, fougueux marquis, lui déclarant la guerre,
Voulait venger la cour immolée au parterre.
Mais, sitôt que d'un trait de ses fatales mains
La Parque l'eut rayé du nombre des humains,
On reconnut le prix de sa muse éclipsée.
L'aimable comédie avec lui terrassée,
En vain d'un coup si rude espéra revenir,
Et sur ses brodequins ne put plus se tenir.
Tel fut chez nous le sort du théâtre comique.
Toi donc qui, t'élevant sur la scène tragique,
Suis les pas de Sophocle, et seul de tant d'esprits,
De Corneille vieilli sais consoler Paris ²,
Cesse de t'étonner si l'envie animée,
Attachant à ton nom sa rouille envenimée,
La calomnie en main, quelquefois te poursuit.
En cela, comme en tout, le ciel qui nous conduit,
Racine, fait briller sa profonde sagesse.
Le mérite en repos s'endort dans la paresse;
Mais par les envieux un génie excité
Au comble de son art est mille fois monté :
Plus on veut l'affaiblir, plus il croît et s'élance,
Au Cid persécuté Cinna doit sa naissance;
Et peut-être ta plume aux censeurs de Pyrrhus ³
Doit les plus nobles traits dont tu peignis Burrhus.
Moi-même, dont la gloire ici moins répandue
Des pâles envieux ne blesse point la vue, [mis
Mais qu'une humeur trop libre, un esprit peu sou-
De bonne heure a pourvu d'utiles ennemis,
Je dois plus à leur haine, il faut que je l'avoue,
Qu'au faible et vain talent dont la France me loue.

¹ L'auteur du *Tartufe*, J. B. Poquelin de Molière, mort à Paris le 17 février 1673, à l'âge de cinquante-trois ans; il faillit être privé des honneurs de la sépulture.
² Corneille, alors âgé de soixante et onze ans, venait de donner *Suréna*.
³ L'avocat Subligny avait fait représenter, le 10 mai 1668, sa *Folle Querelle*, parodie d'*Andromaque*.

Leur venin, qui sur moi brûle de s'épancher,
Tous les jours en marchant m'empêche de broncher.
Je songe, à chaque trait que ma plume hasarde,
Que d'un œil dangereux leur troupe me regarde.
Je sais sur leurs avis corriger mes erreurs,
Et je mets à profit leurs malignes fureurs.
Sitôt que sur un vice ils pensent me confondre,
C'est en me guérissant que je sais leur répondre :
Et plus en criminel ils pensent m'ériger,
Plus, croissant en vertu, je songe à me venger.
   Imite mon exemple; et lorsqu'une cabale,
Un flot de vains auteurs follement te ravale,
Profite de leur haine et de leur mauvais sens,
Ris du bruit passager de leurs cris impuissants.
Que peut contre tes vers une ignorance vaine?
Le Parnasse français, ennobli par ta veine,
Contre tous ces complots saura te maintenir,
Et soulever pour toi l'équitable avenir.
Eh! qui, voyant un jour la douleur vertueuse
De Phèdre [1] malgré soi perfide, incestueuse,
D'un si noble travail justement étonné,
Ne bénira d'abord le siècle fortuné
Qui, rendu plus fameux par tes illustres veilles,
Vit naître sous ta main ces pompeuses merveilles?
   Cependant laisse ici gronder quelques censeurs
Qu'aigrissent de tes vers les charmantes douceurs.
Et qu'importe à nos vers que Perrin [2] les admire;
Que l'auteur du Jonas s'empresse pour les lire;
Qu'ils charment de Senlis le poëte idiot [3],
Ou le sec traducteur du français d'Amyot [4] :
Pourvu qu'avec éclat leurs rimes débitées
Soient du peuple, des grands, des provinces goûtées;
Pourvu qu'ils puissent plaire au plus puissant des rois;
Qu'à Chantilli Condé les souffre quelquefois;
Qu'Enghien en soit touché; que Colbert et Vivonne,
Que la Rochefoucauld [5], Marsillac et Pomponne,
Et mille autres qu'ici je ne puis faire entrer,
A leurs traits délicats se laissent pénétrer?
Et plût au ciel encor, pour couronner l'ouvrage,
Que Montausier [6] voulût leur donner son suffrage!

[1] La *Phèdre* de Racine fut représentée le 1ᵉʳ janvier 1677. Pradon fit jouer la sienne le 3 du même mois. La cabale de l'hôtel de Bouillon, malgré ses efforts inouïs, ne put ni faire tomber la première, ni soutenir la dernière.
[2] Il a traduit l'*Énéide*, et a fait le premier opéra qui ait paru en France. (BOIL.)
[3] Linière. (BOIL.)
[4] L'abbé Tallemant. Sa traduction des *Hommes illustres* de Plutarque ne servit qu'à faire ressortir le mérite de celle d'Amyot.
[5] François VI, duc de la Rochefoucauld, auteur des *Maximes morales* et des *Mémoires sur la régence d'Anne d'Autriche.*
— Pour les autres personnages nommés ici, voyez les notes sur l'épître IV.
[6] Charles de Saint-Maur, duc de Montausier, épousa la célèbre Julie d'Angennes, demoiselle de Rambouillet, et mourut en 1690, à l'âge de quatre-vingts ans.

C'est à de tels lecteurs que j'offre mes écrits.
Mais pour un tas grossier de frivoles esprits,
Admirateurs zélés de toute œuvre insipide,
Que, non loin de la place où Brioché [1] préside,
Sans chercher dans les vers ni cadence ni son,
Il s'en aille admirer le savoir de Pradon!

## ÉPITRE VIII.

### 1675.

### AU ROI.

Grand roi, cesse de vaincre [2] ou je cesse d'écrire.
Tu sais bien que mon style est né pour la satire;
Mais mon esprit, contraint de la désavouer,
Sous ton règne étonnant ne veut plus que louer.
Tantôt, dans les ardeurs de ce zèle incommode,
Je songe à mesurer les syllabes d'une ode;
Tantôt, d'une Énéide auteur ambitieux,
Je m'en forme déjà le plan audacieux :
Ainsi, toujours flatté d'une douce manie
Je sens de jour en jour dépérir mon génie ;
Et mes vers, en ce style ennuyeux, sans appas,
Déshonorent ma plume, et ne t'honorent pas.
   Encor si ta valeur, à tout vaincre obstinée,
Nous laissait, pour le moins, respirer une année,
Peut-être mon esprit, prompt à ressusciter,
Du temps qu'il a perdu saurait se racquitter.
Sur tes nombreux défauts, merveilleux à décrire,
Le siècle m'offre encore plus d'un bon mot à dire.
Mais à peine Dinant et Limbourg sont forcés,
Qu'il faut chanter Bouchain et Condé terrassés.
Ton courage, affamé de péril et de gloire,
Court d'exploits en exploits, de victoire en victoire.
Souvent ce qu'un seul jour te voit exécuter
Nous laisse pour un an d'actions à conter.
   Que si quelquefois, las de forcer des murailles,
Le soin de tes sujets te rappelle à Versailles,
Tu viens m'embarrasser de mille autres vertus ;
Te voyant de plus près, je t'admire encor plus.
Dans les nobles douceurs d'un séjour plein de charmes,
Tu n'es pas moins héros qu'au milieu des alarmes :
De ton trône agrandi portant seul tout le faix,
Tu cultives les arts ; tu répands les bienfaits ;
Tu sais récompenser jusqu'aux muses critiques.
Ah! crois-moi, c'en est trop. Nous autres satiriques,
Propres à relever les sottises du temps,
Nous sommes un peu nés pour être mécontents :

[1] Fameux joueur de marionnettes. (BOIL.)
[2] La campagne de 1675 s'était ouverte sous de brillants auspices : Turenne avait obtenu des succès en Alsace, le comte d'Estrades dans les Pays-Bas, Schomberg dans la Catalogne, et Vivonne en Sicile.

Notre muse, souvent paresseuse et stérile,
A besoin, pour marcher, de colère et de bile.
Notre style languit dans un remercîment;
Mais, grand roi, nous savons nous plaindre élégam-
   Oh! que si je vivais sous les règnes sinistres [ment.
De ces rois nés valets de leurs propres ministres¹,
Et qui, jamais en main ne prenant le timon,
Aux exploits de leur temps ne prêtaient que leur nom;
Que, sans les fatiguer d'une louange vaine,
Aisément les bons mots couleraient de ma veine!
Mais toujours sous ton règne il faut se récrier :
Toujours, les yeux au ciel, il faut remercier.
Sans cesse à t'admirer ma critique forcée
N'a plus en écrivant de maligne pensée;
Et mes chagrins, sans fiel et presque évanouis,
Font grâce à tout le siècle en faveur de Louis.
En tous lieux cependant la Pharsale approuvée²,
Sans crainte de mes vers, va la tête levée;
La licence partout règne dans les écrits :
Déjà le mauvais sens, reprenant ses esprits,
Songe à nous redonner des poëmes épiques³,
S'empare des discours mêmes académiques.
Perrin a de ses vers obtenu le pardon;
Et la scène française est en proie à Pradon.
Et moi, sur ce sujet loin d'exercer ma plume,
J'amasse de tes faits le pénible volume⁴ :
Et ma muse, occupée à cet unique emploi,
Ne regarde, n'entend, ne connaît plus que toi.
   Tu le sais bien pourtant, cette ardeur empressée
N'est point en moi l'effet d'une âme intéressée.
Avant que tes bienfaits courussent me chercher,
Mon zèle impatient ne se pouvait cacher :
Je n'admirais que toi. Le plaisir de le dire
Vint m'apprendre à louer au sein de la satire;
Et depuis que tes dons sont venus m'accabler,
Loin de sentir mes vers avec eux redoubler,
Quelquefois, le dirai-je? un remords légitime,
Au fort de mon ardeur, vient refroidir ma rime.
Il me semble, grand roi, dans mes nouveaux écrits,
Que mon encens payé n'est plus du même prix.
J'ai peur que l'univers, qui sait ma récompense,
N'impute mes transports à ma reconnaissance;
Et que par tes présents mon vers décrédité
N'ait moins de poids pour toi dans la postérité.
   Toutefois je sais vaincre un remords qui te blesse.
Si tout ce qui reçoit des fruits de ta largesse

A peindre tes exploits ne doit point s'engager,
Qui d'un si juste soin se pourra donc charger?
Ah! plutôt de nos sons redoublons l'harmonie :
Le zèle à mon esprit tiendra lieu de génie.
Horace, tant de fois dans mes vers imité,
De vapeurs en son temps, comme moi tourmenté,
Pour amortir le feu de sa rate indocile,
Dans l'encre quelquefois s'égayer sa bile :
Mais de la même main qui peignit Tullius¹,
Qui d'affronts immortels couvrit Tigellius²,
Il sut fléchir Glycère, il sut vanter Auguste,
Et marquer sur la lyre une cadence juste.
Suivons les pas fameux d'un si noble écrivain.
A ces mots, quelquefois prenant la lyre en main;
Au récit que pour toi je suis près d'entreprendre,
Je crois voir les rochers accourir pour m'entendre,
Et déjà mon vers coule à flots précipités,
Quand j'entends le lecteur qui me crie : Arrêtez!
Horace eut cent talents; mais la nature avare
Ne vous a rien donné qu'un peu d'humeur bizarre :
Vous passez en audace et Perse et Juvénal;
Mais sur le ton flatteur Pinchêne est votre égal³.
A ce discours, grand roi, que pourrais-je répondre?
Je me sens sur ce point trop facile à confondre;
Et, sans trop relever des reproches si vrais,
Je m'arrête à l'instant, j'admire, et je me tais.

## ÉPITRE IX.
1675.

### AU MARQUIS DE SEIGNELAI⁴.

Dangereux ennemi de tout mauvais flatteur,
Seignelai, c'est en vain qu'un ridicule auteur,
Prêt à porter ton nom de l'Èbre⁵ jusqu'au Gange⁶
Croit te prendre aux filets d'une sotte louange.
Aussitôt ton esprit, prompt à se révolter,
S'échappe, et rompt le piège où l'on veut l'arrêter.
Il n'en est pas ainsi de ces esprits frivoles
Que tout flatteur endort au son de ses paroles;
Qui, dans un vain sonnet placé au rang des dieux,
Se plaisent à fouler l'Olympe radieux,

---

¹ Allusion aux derniers rois de la première race, qui se laissèrent dépouiller de leur autorité par leurs maires du palais.
² La Pharsale de Brébeuf. (BOIL.)
³ *Childebrand* et *Charlemagne*, poëmes qui n'ont point réussi. (BOIL.)
⁴ Il parait que Boileau s'occupait déjà des travaux attachés à la charge d'historiographe du roi, qui lui fut donnée en 1677.

¹ Sénateur romain. César l'exclut du sénat, mais il y rentra après sa mort. (BOIL.)
² Fameux musicien fort chéri d'Auguste. (BOIL.)
³ Pinchêne venait de faire imprimer un livre ayant pour titre : *les Éloges du Roi, des Princes et Princesses de son sang, et de toute sa cour.*
⁴ Jean-Baptiste Colbert, ministre et secrétaire d'État, mort en 1690, fils de Jean-Baptiste Colbert, ministre et secrétaire d'État. (BOIL.) — Le marquis de Seignelai mourut à trente-neuf ans. Il avait succédé au grand Colbert, son père, dans le ministère de la marine.
⁵ Rivière d'Espagne. (BOIL.)
⁶ Rivière des Indes. (BOIL.)

Et, fiers du haut étage où la Serre les loge,
Avalent sans dégoût le plus grossier éloge.
Tu ne te repais point d'encens à si bas prix.
Non que tu sois pourtant de ces rudes esprits
Qui regimbent toujours, quelque main qui les flatte :
Tu souffres la louange adroite et délicate,
Dont la trop forte odeur n'ébranle point les sens.
Mais un auteur, novice à répandre l'encens,
Souvent à son héros, dans un bizarre ouvrage,
Donne de l'encensoir au travers du visage :
Va louer Monterey [1] d'Oudenarde forcé,
Ou vante aux Électeurs Turenne repoussé.
Tout éloge imposteur blesse une âme sincère.
Si, pour faire sa cour à ton illustre père,
Seignelai, quelque auteur, d'un faux zèle emporté,
Au lieu de peindre en lui la noble activité,
La solide vertu, la vaste intelligence,
Le zèle pour son roi, l'ardeur, la vigilance,
La constante équité, l'amour pour les beaux arts,
Lui donnait les vertus d'Alexandre ou de Mars,
Et, pouvant justement l'égaler à Mécène,
Le comparait au fils de Pélée [2] ou d'Alcmène [3],
Ses yeux, d'un tel discours faiblement éblouis,
Bientôt dans ce tableau reconnaîtraient Louis,
Et, glaçant d'un regard la muse et le poëte,
Imposeraient silence à sa verve indiscrète.
Un cœur noble est content de ce qu'il trouve en lui,
Et ne s'applaudit point des qualités d'autrui.
Que me sert en effet qu'un admirateur fade
Vante mon embonpoint, si je me sens malade ;
Si dans cet instant même un feu séditieux
Fait bouillonner mon sang et pétiller mes yeux ?
Rien n'est beau que le vrai : le vrai seul est aimable ;
Il doit régner partout, et même dans la fable :
De toute fiction l'adroite fausseté
Ne tend qu'à faire aux yeux briller la vérité. [ces,
Sais-tu pourquoi mes vers sont lus dans les provin-
Sont recherchés du peuple, et reçus chez les princes ?
Ce n'est pas que leurs sons, agréables, nombreux,
Soient toujours à l'oreille également heureux ;
Qu'en plus d'un lieu le sens n'y gêne la mesure,
Et qu'un mot quelquefois n'y brave la césure :
Mais c'est qu'en eux le vrai, du mensonge vainqueur,
Partout se montre aux yeux, et va saisir le cœur ;
Que le bien et le mal y sont prisés au juste ;
Que jamais un faquin n'y tint un rang auguste ;
Et que mon cœur, toujours conduisant mon esprit,
Ne dit rien aux lecteurs, qu'à soi-même il n'ait dit.
Ma pensée au grand jour partout s'offre et s'expose ;
Et mon vers, bien ou mal, dit toujours quelque chose.

C'est par là quelquefois que ma rime surprend :
C'est là ce que n'ont point Jonas ni Childebrand [1],
Ni tous ces vains amas de frivoles sornettes,
Montre, Miroir d'amour, Amitiés, Amourettes,
Dont le titre souvent est l'unique soutien.
Et qui, parlant beaucoup, ne disent jamais rien.
Mais peut-être, enivré des vapeurs de ma muse,
Moi-même en ma faveur, Seignelai, je m'abuse.
Cessons de nous flatter. Il n'est esprit si droit
Qui ne soit imposteur et faux par quelque endroit :
Sans cesse on prend le masque, et, quittant la nature,
On craint de se montrer sous sa propre figure.
Par là le plus sincère assez souvent déplaît.
Rarement un esprit ose être ce qu'il est.
Vois-tu cet importun que tout le monde évite ;
Cet homme à toujours fuir, qui jamais ne vous quitte ?
Il n'est pas sans esprit : mais, né triste et pesant,
Il veut être folâtre, évaporé, plaisant ;
Il s'est fait de sa joie une loi nécessaire,
Et ne déplaît enfin que pour vouloir trop plaire.
La simplicité plaît sans étude et sans art.
Tout charme en un enfant dont la langue sans fard,
A peine du filet encor débarrassée,
Sait d'un air innocent bégayer sa pensée.
Le faux est toujours fade, ennuyeux, languissant :
Mais la nature est vraie, et d'abord on la sent ;
C'est elle seule en tout qu'on admire et qu'on aime.
Un esprit né chagrin plaît par son chagrin même.
Chacun pris dans son air est agréable en soi ;
Ce n'est que l'air d'autrui qui peut déplaire en moi.
Ce marquis était né doux, commode, agréable :
On vantait en tous lieux son ignorance aimable.
Mais, depuis quelques mois devenu grand docteur,
Il a pris un faux air, une sotte hauteur :
Il ne veut plus parler que de rime et de prose ;
Des auteurs décriés il prend en main la cause ;
Il rit du mauvais goût de tant d'hommes divers,
Et va voir l'opéra seulement pour les vers.
Voulant se redresser, soi-même on s'estropie,
Et d'un original on fait une copie.
L'ignorance vaut mieux qu'un savoir affecté.
Rien n'est beau, je reviens, que par la vérité : [plaire.
C'est par elle qu'on plaît, et qu'on peut longtemps
L'esprit lasse aisément, si le cœur n'est sincère.
En vain par sa grimace un bouffon odieux
A table nous fait rire, et divertit nos yeux :
Ses bons mots ont besoin de farine et de plâtre.
Prenez-le tête à tête, ôtez-lui son théâtre ;
Ce n'est plus qu'un cœur bas, un coquin ténébreux :

[1] Gouverneur des Pays-Bas. (BOIL.)
[2] Achille. (BOIL.)
[3] Hercule. (BOIL.)

[1] Jacques Coras, déjà nommé dans la satire IX, est l'auteur du premier de ces deux mauvais poëmes. *Childebrand* est l'ouvrage d'un sieur de Sainte-Garde.

Son visage essuyé n'a plus rien que d'affreux.
J'aime un esprit aisé qui se montre, qui s'ouvre,
Et qui plaît d'autant plus, que plus il se découvre.
Mais la seule vertu peut souffrir la clarté :
Le vice, toujours sombre, aime l'obscurité ;
Pour paraître au grand jour il faut qu'il se déguise :
C'est lui qui de nos mœurs a banni la franchise.
  Jadis l'homme vivait au travail occupé,
Et, ne trompant jamais, n'était jamais trompé :
On ne connaissait point la ruse et l'imposture ;
Le Normand même alors ignorait le parjure :
Aucun rhéteur encore, arrangeant le discours,
N'avait d'un art menteur enseigné les détours.
Mais sitôt qu'aux humains, faciles à séduire,
L'abondance eut donné le loisir de se nuire,
La mollesse amena la fausse vanité.
Chacun chercha pour plaire un visage emprunté :
Pour éblouir les yeux, la fortune arrogante
Affecta d'étaler une pompe insolente ;
L'or éclata partout sur les riches habits ;
On polit l'émeraude, on tailla le rubis ;
Et la laine et la soie, en cent façons nouvelles,
Apprirent à quitter leurs couleurs naturelles.
La trop courte beauté monta sur des patins :
La coquette tendit ses lacs tous les matins ;
Et, mettant la céruse et le plâtre en usage,
Composa de sa main les fleurs de son visage.
L'ardeur de s'enrichir chassa la bonne foi :
Le courtisan n'eut plus de sentiment à soi.
Tout ne fut plus que fard, qu'erreur, que tromperie :
On vit partout régner la basse flatterie.
Le Parnasse surtout, fécond en imposteurs,
Diffama le papier par ses propos menteurs.
De là vint cet amas d'ouvrages mercenaires,
Stances, odes, sonnets, épîtres liminaires,
Où toujours le héros passe pour sans pareil,
Et, fût-il louche et borgne, est réputé soleil.
  Ne crois pas toutefois, sur ce discours bizarre,
Que, d'un frivole encens malignement avare,
J'en veuille sans raison frustrer tout l'univers.
La louange agréable est l'âme des beaux vers :
Mais je tiens, comme toi, qu'il faut qu'elle soit vraie,
Et que son tour adroit n'ait rien qui nous effraie.
Alors, comme j'ai dit, tu la sais écouter,
Et sans crainte à tes yeux on pourrait t'exalter.
Mais sans t'aller chercher des vertus dans les nues,
Il faudrait peindre en toi des vérités connues ;
Décrire ton esprit ami de la raison ;
Ton ardeur pour ton roi, puisée en ta maison ;
A servir ses desseins ta vigilance heureuse,
Ta probité sincère, utile, officieuse.
Tel, qui hait à se voir peint en de faux portraits,
Sans chagrin voit tracer ses véritables traits.

Condé même, Condé [1], ce héros formidable, [table,
Et, non moins qu'aux Flamands, aux flatteurs redou-
Ne s'offenserait pas si quelque adroit pinceau
Traçait de ses exploits le fidèle tableau ;
Et dans Senef [2] en feu contemplant sa peinture,
Ne désavoûrait pas Malherbe ni Voiture :
Mais malheur au poëte insipide, odieux,
Qui viendrait le glacer d'un éloge ennuyeux !
Il aurait beau crier : « Premier prince du monde !
« Courage sans pareil ! lumière sans seconde [3] ! »
Ses vers, jetés d'abord sans tourner le feuillet,
Iraient dans l'antichambre amuser Pacolet [4].

## ÉPITRE X.

### 1695.

### PRÉFACE [5].

  Je ne sais si les trois nouvelles épîtres que je donne ic au public auront beaucoup d'approbateurs : mais je sais bien que mes censeurs y trouveront abondamment de quoi exercer leur critique ; car tout y est extrêmement hasardé. Dans le premier de ces trois ouvrages, sous prétexte de faire le procès à mes derniers vers, je fais moi-même mon éloge, et n'oublie rien de ce qui peut être dit à mon avantage ; dans le second, je m'entretiens avec mon jardinier de choses très-basses et très-petites ; et dans le troisième, je décide hautement du plus grand et du plus important point de la religion, je veux dire de l'amour de Dieu. J'ouvre donc un beau champ à ces censeurs pour attaquer en moi et le poëte orgueilleux, et le villageois grossier, et le théo logien téméraire. Quelque fortes pourtant que soient leurs attaques, je doute qu'elles ébranlent la ferme résolution que j'ai prise il y a longtemps de ne rien répondre, au moins sur le ton sérieux, à tout ce qu'ils écriront contre moi.
  A quoi bon en effet perdre inutilement du papier ? Si mes épîtres sont mauvaises, tout ce que je dirai ne les fera ti pas trouver bonnes ; et si elles sont bonnes, tout ce qu'ils diront ne les fera pas trouver mauvaises. Le public n'est pas un juge qu'on puisse corriger, ni qui se règle par les passions d'autrui. Tout ce bruit, tous ces écrits qui se font ordinairement contre des ouvrages où l'on court, ne servent qu'à y faire encore plus courir, et à en mieux marquer le mérite. Il est de l'essence d'un bon livre d'avoir des censeurs : et la plus grande disgrâce qui puisse arriver à un écrit qu'on met au jour, ce n'est pas que beaucoup de gens en disent du mal, c'est que personne n'en dise rien.

---

[1]. Louis de Bourbon, prince de Condé, mort en 1686. (BOIL.)
[2] Combat fameux de monseigneur le Prince. (BOIL.)—Livré le 11 août 1674.
[3]. Commencement du poëme de *Charlemagne*. (BOIL.) — Ce poëme, de Louis le Laboureur, était dédié au prince de Condé.
[4] Fameux valet de pied de monsieur le Prince. (BOIL.)
[5] Imprimée en 1695, à la tête des trois dernières épîtres.

Je me garderai donc bien de trouver mauvais qu'on attaque mes trois épîtres. Ce qu'il y a de certain, c'est que je les ai fort travaillées, et principalement celle de l'amour de Dieu, que j'ai retouchée plus d'une fois, et où j'avoue que j'ai employé tout le peu que je puis avoir d'esprit et de lumières. J'avais dessein d'abord de la donner toute seule, les deux autres me paraissant trop frivoles pour être présentées au grand jour de l'impression avec un ouvrage si sérieux : mais des amis très-sensés m'ont fait comprendre que ces deux épîtres, quoique dans le style enjoué, étaient pourtant des épîtres morales, où il n'était rien enseigné que de vertueux ; qu'ainsi étant liées avec l'autre, bien loin de lui nuire, elles pourraient même faire une diversité agréable ; et que d'ailleurs beaucoup d'honnêtes gens souhaitant de les avoir toutes trois ensemble, je ne pouvais pas avec bienséance me dispenser de leur donner une si légère satisfaction. Je me suis rendu à ce sentiment, et on les trouvera rassemblées ici dans un même cahier. Cependant, comme il y a des gens de piété qui peut-être ne se soucieront guère de lire les entretiens que je puis avoir avec mon jardinier et avec mes vers, il est bon de les avertir qu'il y a ordre de leur distribuer à part la dernière, savoir celle qui traite de l'amour de Dieu ; et que non-seulement je ne trouverai pas étrange qu'ils ne lisent que celle-là, mais que je me sens quelquefois moi-même en des dispositions d'esprit où je voudrais de bon cœur n'avoir de ma vie composé que ce seul ouvrage, qui vraisemblablement sera la dernière pièce de poésie qu'on aura de moi, mon génie pour les vers commençant à s'épuiser, et mes emplois historiques ne me laissant guère le temps de m'appliquer à chercher et à ramasser des rimes.

Voilà ce que j'avais à dire aux lecteurs. Avant, néanmoins, que de finir cette préface, il ne sera pas hors de propos, ce me semble, de rassurer des personnes timides, qui, n'ayant pas une fort grande idée de ma capacité en matière de théologie, douteront peut-être que tout ce que j'avance en mon épître soit fort infaillible, et appréhenderont qu'en voulant les conduire je ne les égare. Afin donc qu'elles marchent sûrement, je leur dirai, vanité à part, que j'ai lu plusieurs fois cette épître à un fort grand nombre de docteurs de Sorbonne, de pères de l'Oratoire, et de jésuites très-célèbres, qui tous y ont applaudi, et en ont trouvé la doctrine très-saine et très-pure ; que beaucoup de prélats illustres à qui je l'ai récitée en ont jugé comme eux ; que monseigneur l'évêque de Meaux[1], c'est-à-dire, une des plus grandes lumières qui aient éclairé l'Église dans les derniers siècles, a eu longtemps mon ouvrage entre les mains ; et qu'après l'avoir lu et relu plusieurs fois, il m'a non-seulement donné son approbation, mais a trouvé bon que je le publiasse à tout le monde qu'il me la donnait : enfin, que, *pour mettre le comble à ma gloire,* ce saint archevêque[2], dans le diocèse duquel j'ai le bonheur de me trouver, ce grand prélat, dis-je, aussi éminent en doctrine et en vertus qu'en dignité et en naissance, que le plus grand roi de l'univers, par un choix visiblement inspiré du ciel, a donné à la ville capitale de son royaume, pour assurer l'innocence et pour détruire l'erreur ; monseigneur l'archevêque de Paris, en un mot, a bien daigné aussi examiner soigneusement mon épître, et a eu même la bonté de me donner sur plus d'un endroit des conseils que j'ai suivis, et m'a enfin accordé aussi son approbation, avec des éloges dont je suis également ravi et confus.

[1] Au reste, comme il y a des gens qui ont publié que mon épître n'était qu'une vaine déclamation qui n'attaquait rien de réel, ni qu'aucun homme eût jamais avancé, je veux bien, pour l'intérêt de la vérité, mettre ici la proposition que j'y combats, dans la langue et dans les termes qu'on la soutient en plus d'une école. La voici : « Attritio « ex gehennæ metu sufficit, etiam sine ullâ Dei dilectione, « et sine ullo ad Deum offensum respectu ; quia talis ho- « nesta et supernaturalis est[2]. » C'est cette proposition que j'attaque et que je soutiens fausse, abominable, et plus contraire à la vraie religion que le luthéranisme ni le calvinisme. Cependant je ne crois pas qu'on puisse nier qu'on ne l'ait encore soutenue depuis peu, et qu'on ne l'ait même insérée dans quelques catéchismes en des mots fort approchants des termes latins que je viens de rapporter.

A MES VERS.

J'ai beau vous arrêter, ma remontrance est vaine ;
Allez, partez, mes Vers, dernier fruit de ma veine.
C'est trop languir chez moi dans un obscur séjour :
La prison vous déplaît, vous cherchez le grand jour ;
Et déjà chez Barbin[3] ; ambitieux libelles,
Vous brûlez d'étaler vos feuilles criminelles.
Vains et faibles enfants dans ma vieillesse nés !
Vous croyez, sur les pas de vos heureux aînés,
Voir bientôt vos bons mots, passant du peuple aux [princes,
Charmer également la ville et les provinces,
Et, par le prompt effet d'un sel réjouissant,
Devenir quelquefois proverbes en naissant.
Mais perdez cette erreur dont l'appât vous amorce.
Le temps n'est plus, mes Vers où ma muse en sa force,

---

[1] Jacques-Bénigne Bossuet. (BOIL.)
[2] Louis-Antoine de Noailles, cardinal, archevêque de Paris. (BOIL.)

[1] Ce dernier alinéa a été substitué en 1701 à celui-ci, qui, en 1695, terminait cette préface :
« Je croyais n'avoir plus rien à dire au lecteur ; mais dans le « temps même que cette préface était sous presse, on m'a ap- « porté une misérable épître en vers, que quelque impertinent « a fait imprimer, et qu'on veut faire passer pour mon ouvrage « sur l'amour de Dieu. Je suis donc obligé d'ajouter cet arti- « cle, afin d'avertir que je n'ai fait d'épître sur l'amour de Dieu « que celle qui se trouve ici ; l'autre étant une pièce fausse et « incomplète, composée de quelques vers qu'on m'a dérobés « et de plusieurs qu'on ma ridiculement prêtés, aussi bien que « les notes téméraires qui y sont. »
[2] « L'attrition produite par l'appréhension des peines de « l'enfer est louable, surnaturelle, et par conséquent suffi- « sante, quoique dégagée de tout amour de Dieu et exempte « de la crainte de ce Dieu qu'on a offensé. »
[3] Libraire du Palais. (BOIL.) — Il joue un grand rôle dans le *Lutrin.*

Du Parnasse français formant les nourrissons,
De ses riches couleurs habillait ses leçons,
Quand mon esprit, poussé d'un courroux légitime,
Vint devant la raison plaider contre la rime;
A tout le genre humain sut faire le procès,
Et s'attaqua soi-même avec tant de succès.
Alors il n'était point de lecteur si sauvage
Qui ne se déridât en lisant mon ouvrage,
Et qui, pour s'égayer, souvent, dans ses discours,
D'un mot pris en mes vers n'empruntât le secours.
  Mais aujourd'hui qu'enfin la vieillesse venue,
Sous mes faux [1] cheveux blonds déjà toute chenue,
A jeté sur ma tête, avec ses doigts pesants,
Onze lustres complets, surchargés de trois ans,
Cessez de présumer dans vos folles pensées,
Mes Vers, de voir en foule à vos rimes glacées
Courir, l'argent en main, les lecteurs empressés.
Nos beaux jours sont finis, nos honneurs sont passés;
Dans peu vous allez voir vos froides rêveries
Du public exciter les justes moqueries,
Et leur auteur, jadis à Régnier préféré,
A Pinchêne, à Linière, à Perrin, comparé.
Vous aurez beau crier : « O vieillesse ennemie!
« N'a-t-il donc tant vécu que pour cette infamie? [2] »
Vous n'entendrez partout qu'injurieux brocards,
Et sur vous et sur lui fondre de toutes parts.
  Que veut-il? dira-t-on; quelle fougue indiscrète
Ramène sur les rangs encor ce vain athlète?
Quels pitoyables vers! quel style languissant!
Malheureux, laisse en paix ton cheval vieillissant,
De peur que tout à coup, efflanqué, sans haleine,
Il ne laisse en tombant son maître sur l'arène.
Ainsi s'expliqueront nos censeurs sourcilleux,
Et bientôt vous verrez mille auteurs pointilleux,
Pièce à pièce épluchant vos sons et vos paroles,
Interdire chez vous l'entrée aux hyperboles;
Traiter tout noble mot de terme hasardeux,
Et dans tous vos discours, comme monstres hideux,
Huer la métaphore et la métonymie,
Grands mots que Pradon croit des termes de chimie;
Vous soutenir qu'un lit ne peut être effronté [3];
Que nommer la luxure est une impureté.
En vain contre ce flot d'aversion publique
Vous tiendrez quelque temps ferme sur la boutique;
Vous irez à la fin, honteusement exclus,
Trouver au magasin Pyrame et Régulus [4],
Ou couvrir chez Thierry, d'une feuille encor neuve,
Les méditations de Busée et d'Hayneuve;
Puis, en tristes lambeaux semés dans les marchés,
Souffrir tous les affronts au Jonas reprochés.
  Mais quoi! de ces discours bravant la vaine atta-
Déjà comme les vers de Cinna, d'Andromaque, [que,
Vous croyez à grands pas chez la postérité
Courir, marqués au coin de l'immortalité!
Eh bien! contentez donc l'orgueil qui vous enivre;
Montrez-vous, j'y consens : mais du moins dans mon livre
Commencez par vous joindre à mes premiers écrits.
C'est là qu'à la faveur de vos frères chéris,  [me,
Peut-être enfin soufferts comme enfants de ma plu-
Vous pourrez vous sauver, épars dans le volume.
Que si même un jour le lecteur gracieux,
Amorcé par mon nom, sur vous tourne les yeux,
Pour m'en récompenser, mes Vers, avec usure,
De votre auteur alors faites-lui la peinture :
Et surtout prenez soin d'effacer bien les traits
Dont tant de peintres faux ont flétri mes portraits.
Déposez hardiment qu'au fond cet homme horrible,
Ce censeur qu'ils ont peint si noir et si terrible,
Fut un esprit doux, simple, ami de l'équité,
Qui, cherchant dans ses vers la seule vérité,
Fit, sans être malin, ses plus grandes malices,
Et qu'enfin sa candeur seule a fait tous ses vices.
Dites que, harcelé par les plus vils rimeurs,
Jamais, blessant leurs vers, il n'effleura leurs mœurs :
Libre dans ses discours, mais pourtant toujours sage,
Assez faible de corps, assez doux de visage,
Ni petit, ni trop grand, très-peu voluptueux,
Ami de la vertu plutôt que vertueux.
  Que si quelqu'un, mes Vers, alors vous importune,
Pour savoir mes parents, ma vie et ma fortune,
Contez-lui qu'allié d'assez hauts magistrats,
Fils d'un père greffier, né d'aïeux avocats;
Dès le berceau perdant une fort jeune mère,
Réduit seize ans après à pleurer mon vieux père,
J'allai d'un pas hardi, par moi-même guidé,
Et de mon seul génie en marchant secondé,
Studieux amateur et de Perse et d'Horace,
Assez près de Régnier m'asseoir sur le Parnasse [1];
Que, par un coup du sort au grand jour amené,
Et des bords du Permesse à la cour entraîné,
Je sus, prenant l'essor par des routes nouvelles,
Élever assez haut mes poétiques ailes;
Que ce roi, dont le nom fait trembler tant de rois,
Voulut bien que ma main crayonnât ses exploits;
Que plus d'un grand m'aima jusques à la tendresse;
Que ma vue à Colbert inspirait l'allégresse;
Qu'aujourd'hui même encor, de deux sens affaibli,
Retiré de la cour, et non mis en oubli,
Plus d'un héros, épris des fruits de mon étude,

---

[1] L'auteur avait pris la perruque. (BOIL.).
[2] Vers du Cid. (BOIL.)
[3] Terme de la dixième satire. (BOIL.)
[4] Pièces de théâtre de Pradon. (BOIL.)

[1] Mathurin Régnier précéda Boileau dans le genre satirique. Il était né à Chartres le 21 décembre 1573, et mourut à Rouen le 21 octobre 1613.

Vient quelquefois chez moi[1] goûter la solitude.
Mais des heureux regards de mon astre étonnant
Marquez bien cet effet encor plus surprenant,
Qui dans mon souvenir aura toujours sa place :
Que de tant d'écrivains de l'école d'Ignace[2]
Étant, comme je suis, ami si déclaré,
Ce docteur toutefois si craint, si révéré,
Qui contre eux de sa plume épuisa l'énergie,
Arnauld, le grand Arnauld, fît mon apologie[3].
Sur mon tombeau futur, mes Vers, pour l'énoncer,
Courez en lettres d'or de ce pas vous placer :
Allez, jusqu'où l'aurore en naissant voit l'Hydaspe[4],
Chercher, pour l'y graver, le plus précieux jaspe.
Surtout à mes rivaux sachez bien l'étaler.
   Mais je vous retiens trop. C'est assez vous parler.
Déjà, plein du beau feu qui pour vous le transporte,
Barbin impatient chez moi frappe à la porte : [voix.
Il vient pour vous chercher. C'est lui : j'entends sa
Adieu, mes Vers, adieu, pour la dernière fois.

## ÉPITRE XI.

1695.

### A MON JARDINIER[5].

Laborieux valet du plus commode maître
Qui pour te rendre heureux ici-bas pouvait naître,
Antoine, gouverneur de mon jardin d'Auteuil,
Qui diriges chez moi l'if et le chèvrefeuil,
Et sur mes espaliers, industrieux génie,
Sais si bien exercer l'art de la Quintinie[6] ;
Oh! que de mon esprit triste et mal ordonné,
Ainsi que de ce champ par toi si bien orné,
Ne puis-je faire ôter les ronces, les épines,
Et des défauts sans nombre arracher les racines!
   Mais parle : raisonnons. Quand, du matin au soir,
Chez moi, poussant la bêche, ou portant l'arrosoir,
Tu fais d'un sable aride une terre fertile,
Et rends tout mon jardin à tes lois si docile,
Que dis-tu de m'y voir rêveur, capricieux,
Tantôt baissant le front, tantôt levant les yeux,
Des paroles dans l'air par élans envolées
Effrayer les oiseaux perchés dans mes allées?

Ne soupçonnes-tu point qu'agité du demon
Ainsi que ce cousin[1] des quatre fils Aimon
Dont tu lis quelquefois la merveilleuse histoire,
Je rumine en marchant quelque endroit du grimoire ?
Mais non : tu te souviens qu'au village on t'a dit
Que ton maître est nommé pour coucher par écrit
Les faits d'un roi plus grand en sagesse, en vaillance,
Que Charlemagne aidé des douze pairs de France.
Tu crois qu'il y travaille, et qu'au long de ce mur,
Peut-être en ce moment il prend Mons et Namur.
   Que penserais-tu donc, si l'on t'allait apprendre
Que ce grand chroniqueur des gestes d'Alexandre,
Aujourd'hui méditant un projet tout nouveau,
S'agite, se démène, et s'use le cerveau,
Pour te faire à toi-même en rimes insensées
Un bizarre portrait de ses folles pensées?
Mon maître, dirais-tu, passe pour un docteur ;
Et parle quelquefois mieux qu'un prédicateur :
Sous ces arbres pourtant, de si vaines sornettes
Il n'irait point troubler la paix de ces fauvettes,
S'il lui fallait toujours, comme moi, s'exercer,
Labourer, couper, tondre, aplanir, palisser ;
Et, dans l'eau de ces puits sans relâche tirée,
De ce sable étancher la soif démesurée.
   Antoine, de nous deux tu crois donc, je le voi,
Que le plus occupé dans ce jardin, c'est toi?
Oh! que tu changerais d'avis et de langage,
Si deux jours seulement, libre du jardinage,
Tout à coup devenu poëte et bel esprit,
Tu t'allais engager à polir un écrit
Qui dît, sans s'avilir, les plus petites choses ;
Fît des plus secs chardons des œillets et des roses ;
Et sût, même aux discours de la rusticité,
Donner de l'élégance et de la dignité ; [mes,
Un ouvrage, en un mot, qui, juste en tous ses ter-
Sût plaire à d'Aguesseau[2], sût satisfaire Termes[3] ;
Sût, dis-je, contenter, en paraissant au jour,
Ce qu'ont d'esprits plus fins et la ville et la cour!
Bientôt de ce travail revenu sec et pâle,
Et le teint plus jauni que de vingt ans de hâle,
Tu dirais, reprenant ta pelle et ton râteau :
J'aime mieux mettre encor cent arpents au niveau,
Que d'aller follement, égaré dans les nues,
Me lasser à chercher des visions cornues,
Et, pour lier des mots si mal s'entr'accordants,
Prendre dans ce jardin la lune avec les dents.

---

[1] A Auteuil. (Boil.)
[2] Ignace de Loyola, gentilhomme biscaïen, fonda l'ordre des jésuites en 1540. La France a vu se former dans le sein de cet ordre un grand nombre d'écrivains distingués.
[3] M. Arnauld a fait une dissertation où il me justifie contre mes censeurs. (Boil.)
[4] Fleuve des Indes. (Boil.)
[5] Il se nommait Antoine Riquié.
[6] Célèbre directeur des jardins du Roi. (Boil.)

[1] Maugis. (Boil.) — Cet enchanteur joue un grand rôle dans la *merveilleuse Histoire des quatre fils Aimon*.
[2] Alors avocat général, et maintenant procureur général. (Boil.) — Cette note, comme toutes celles de Boileau qui précèdent, est extraite de l'édition de 1701.
[3] Roger de Pardaillan de Gondrin, marquis de Termes.

Approche donc, et viens; qu'un paresseux t'appren-
Antoine, ce que c'est que fatigue et que peine. [ne ,
L'homme ici-bas, toujours inquiet et gêné,
Est, dans le repos même, au travail condamné.
La fatigue l'y suit. C'est en vain qu'aux poëtes [tes
Les neuf trompeuses Sœurs dans leurs douces retrai-
Promettent du repos sous leurs ombrages frais :
Dans ces tranquilles bois pour eux plantés exprès,
La cadence aussitôt, la rime, la césure,
La riche expression, la nombreuse mesure,
Sorcières dont l'amour sait d'abord les charmer,
De fatigues sans fin viennent les consumer.
Sans cesse poursuivant ces fugitives fées[1],
On voit sous les lauriers haleter les Orphées.
Leur esprit toutefois se plaît dans son tourment,
Et se fait de sa peine un noble amusement.
Mais je ne trouve point de fatigue si rude,
Que l'ennuyeux loisir d'un mortel sans étude,
Qui jamais ne sortant de sa stupidité,
Soutient, dans les langueurs de son oisiveté,
D'une lâche indolence esclave volontaire,
Le pénible fardeau de n'avoir rien à faire.
Vainement offusqué de ses pensers épais,
Loin du trouble et du bruit il croit trouver la paix :
Dans le calme odieux de sa sombre paresse,
Tous les honteux plaisirs, enfants de la mollesse,
Usurpant sur son âme un absolu pouvoir,
De monstrueux désirs le viennent émouvoir,
Irritent de ses sens la fureur endormie,
Et le font le jouet de leur triste infamie.
Puis sur leurs pas soudain arrivent les remords :
Et bientôt avec eux tous les fléaux du corps,
La pierre, la colique et les gouttes cruelles, (qu'elles,
Guenaud, Rainsant, Brayer[2], presque aussi tristes
Chez l'indigne mortel courent tous s'assembler,
De travaux douloureux le viennent accabler;
Sur le duvet d'un lit, théâtre de ses gênes,
Lui font scier des rocs, lui font fendre des chênes,
Et le mettent au point d'envier ton emploi.
Reconnais donc, Antoine, et conclus avec moi
Que la pauvreté mâle, active et vigilante,
Est, parmi les travaux, moins lasse et plus contente
Que la richesse oisive au sein des voluptés.
Je te vais sur cela prouver deux vérités :
L'une, que le travail, aux hommes nécessaire,
Fait leur félicité plutôt que leur misère;
Et l'autre, qu'il n'est point de coupable en repos.
C'est ce qu'il faut ici montrer en peu de mots.
Suis-moi donc. Mais je vois, sur ce début de prône,

[1] Les Muses. (BOIL.)
[2] Fameux médecins. (BOIL.)

Que ta bouche déjà s'ouvre large d'une aune,
Et que, les yeux fermés, tu baisses le menton.
Ma foi, le plus sûr est de finir ce sermon.
Aussi bien j'aperçois ces melons qui t'attendent,
Et ces fleurs qui là-bas entre elles se demandent
S'il est fête au village, et pour quel saint nouveau
On les laisse aujourd'hui si longtemps manquer d'eau.

## ÉPITRE XII.

1695.

### A L'ABBÉ RENAUDOT[1].

Docte abbé, tu dis vrai; l'homme, au crime attaché,
En vain, sans aimer Dieu, croit sortir du péché.
Toutefois, n'en déplaise aux transports frénétiques
Du fougueux moine auteur des troubles germani-
Des tourments de l'enfer la salutaire peur  [ques[2],
N'est pas toujours l'effet d'une noire vapeur
Qui, de remords sans fruit agitant le coupable,
Aux yeux de Dieu le rende encor plus haïssable.
Cette utile frayeur, propre à nous pénétrer,
Vient souvent de la grâce en nous prête d'entrer,
Qui veut dans notre cœur se rendre la plus forte;
Et, pour se faire ouvrir, déjà frappe à la porte.
Si le pécheur, poussé de ce saint mouvement,
Reconnaissant son crime, aspire au sacrement,
Souvent Dieu tout à coup d'un vrai zèle l'enflamme;
Le Saint-Esprit revient habiter dans son âme,
Y convertit enfin les ténèbres en jour,
Et la crainte servile en filial amour.
C'est ainsi que souvent la sagesse suprême
Pour chasser le démon se sert du démon même.
Mais lorsqu'en sa malice un pécheur obstiné,
Des horreurs de l'enfer vainement étonné,
Loin d'aimer, humble fils, son véritable père,
Craint et regarde Dieu comme un tyran sévère,
Au bien qu'il nous promet ne trouve aucun appas,
Et souhaite en son cœur que Dieu ne soit pas :
En vain, la peur sur lui remportant la victoire,
Aux pieds d'un prêtre il court décharger sa mémoire;
Vil esclave toujours sous le joug du péché,
Au démon qu'il redoute il demeure attaché.
L'amour, essentiel à notre pénitence,
Doit être l'heureux fruit de notre repentance.
Non, quoi que l'ignorance enseigne sur ce point,

[1] Eusèbe Renaudot, prieur de Froslay en Bretagne, et de Saint-Christophe de Châteaufort, près de Versailles, mourut à Paris le 1er septembre 1720, âgé de soixante-quatorze ans. Il possédait à fond dix-sept langues, et les parlait presque toutes avec facilité.
[2] Luther. (BOIL.)

Dieu ne fait jamais grâce à qui ne l'aime point.
A le chercher la peur nous dispose et nous aide :
Mais il ne vient jamais, que l'amour ne succède.
Cessez de m'opposer vos discours imposteurs,
Confesseurs insensés, ignorants séducteurs,
Qui, pleins des vains propos que l'erreur vous débite
Vous figurez qu'en vous un pouvoir sans limite
Justifie à coup sûr tout pécheur alarmé,
Et que sans aimer Dieu l'on peut en être aimé.
Quoi donc! cher Renaudot, un chrétien effroyable,
Qui jamais, servant Dieu, n'eut d'objet que le diable,
Pourra, marchant toujours dans des sentiers mau-
Par des formalités gagner le paradis! [dits,
Et parmi les élus, dans la gloire éternelle,
Pour quelques sacrements reçus sans aucun zèle,
Dieu fera voir aux yeux des saints épouvantés
Son ennemi mortel assis à ses côtés !
Peut-on se figurer de si folles chimères ?
On voit pourtant, on voit des docteurs même austères
Qui, les semant partout, s'en vont pieusement
De toute piété saper le fondement ;
Qui, le cœur infecté d'erreurs si criminelles,
Se disent hautement les purs, les vrais fidèles,
Traitant d'abord d'impie et d'hérétique affreux
Quiconque ose pour Dieu se déclarer contre eux.
De leur audace en vain les vrais chrétiens gémissent :
Prêts à la repousser, les plus hardis mollissent,
Et, voyant contre Dieu le diable accrédité,
N'osent qu'en bégayant prêcher la vérité.
Mollirons-nous aussi? Non; sans peur, sur ta trace,
Docte abbé, de ce pas j'irai leur dire en face :
Ouvrez les yeux enfin, aveugles dangereux;
Oui, je vous le soutiens, il serait moins affreux
De ne point reconnaître un Dieu maître du monde,
Et qui règle à son gré le ciel, la terre et l'onde,
Qu'en avouant qu'il est, et qu'il sut tout former,
D'oser dire qu'on peut lui plaire sans l'aimer.
Un si bas, si honteux, si faux christianisme
Ne vaut pas des Platons l'éclairé paganisme;
Et chérir les vrais biens, sans en savoir l'auteur,
Vaut mieux que, sans l'aimer, connaître un créateur.
Expliquons-nous pourtant. Par cette ardeur si sainte,
Que je veux qu'en un cœur amène enfin la crainte,
Je n'entends pas ici ce doux saisissement,
Ces transports pleins de joie et de ravissement
Qui font des bienheureux la juste récompense,
Et qu'un cœur rarement goûte ici par avance.
Dans nous l'amour de Dieu, fécond en saints désirs,
N'y produit pas toujours de sensibles plaisirs.
Souvent le cœur qui l'a ne le sait pas lui-même :
Tel craint de n'aimer pas, qui sincèrement aime ;
Et tel croit au contraire être brûlant d'ardeur,

Qui n'eut jamais pour Dieu que glace et que froideur.
C'est ainsi quelquefois qu'un indolent mystique[1],
Au milieu des péchés tranquille fanatique,
Du plus parfait amour pense avoir l'heureux don,
Et croit posséder Dieu dans les bras du démon.
Voulez-vous donc savoir si la foi dans votre âme
Allume les ardeurs d'une sincère flamme?
Consultez-vous vous-même. A ses règles soumis,
Pardonnez-vous sans peine à tous vos ennemis? [ses?
Combattez-vous vos sens? domptez-vous vos faibles-
Dieu dans le pauvre est-il l'objet de vos largesses?
Enfin dans tous ses points pratiquez-vous sa loi ?
Oui, dites-vous. Allez, vous l'aimez, croyez-moi.
Qui fait exactement ce que ma loi commande,
A pour moi, dit ce Dieu, l'amour que je demande.
Faites-le donc; et, sûr qu'il nous veut sauver tous,
Ne vous alarmez point pour quelques vains dégoûts
Qu'en sa ferveur souvent la plus sainte âme éprouve :
Marchez, courez à lui : qui le cherche le trouve ;
Et plus de votre cœur il paraît s'écarter,
Plus par vos actions songez à l'arrêter.
Mais ne soutenez point cet horrible blasphème,
Qu'un sacrement reçu, qu'un prêtre, que Dieu même,
Quoi que vos faux docteurs osent vous avancer,
De l'amour qu'on lui doit puissent vous dispenser.
Mais s'il faut qu'avant tout, dans une âme chrétienne,
Diront ces grands docteurs, l'amour de Dieu survienne,
Puisque ce seul amour suffit pour nous sauver,
De quoi le sacrement viendra-t-il nous laver?
Sa vertu n'est donc plus qu'une vertu frivole?
Oh! le bel argument digne de leur école!
Quoi! dans l'amour divin en nos cœurs allumé,
Le vœu du sacrement n'est-il pas renfermé?
Un païen converti, qui croit un Dieu suprême,
Peut-il être chrétien qu'il n'aspire au baptême,
Ni le chrétien en pleurs être vraiment touché,
Qu'il ne veuille à l'église avouer son péché?
Du funeste esclavage où le démon nous traîne,
C'est le sacrement seul qui peut rompre la chaîne :
Aussi l'amour divin y court avidement;
Mais lui-même il en est l'âme et le fondement.
Lorsqu'un pécheur, ému d'une humble repentance,
Par les degrés prescrits court à la pénitence,
S'il n'y peut parvenir, Dieu sait les supposer.
Le seul amour manquant ne peut point s'excuser :
C'est par lui que dans nous la grâce fructifie ;
C'est lui qui nous ranime et qui nous vivifie;
Pour nous rejoindre à Dieu, lui seul est le lien ;
Et sans lui, foi, vertus, sacrements, tout n'est rien.
A ces discours pressants que saurait-on répondre?

[1] Quiétistes, dont les erreurs ont été condamnées par les papes Innocent XI et Innocent XII. (BOIL.)

Mais approchez; je veux encor mieux vous confondre,
Docteurs. Dites-moi donc : quand nous sommes absous,
Le Saint-Esprit est-il, ou n'est-il pas en nous?
S'il est en nous, peut-il, n'étant qu'amour lui-même,
Ne nous échauffer point de son amour suprême?
Et s'il n'est pas en nous, Satan toujours vainqueur
Ne demeure-t-il pas maître de notre cœur?
Avouez donc qu'il faut qu'en nous l'amour renaisse :
Et n'allez point, pour fuir la raison qui vous presse,
Donner le nom d'amour au trouble inanimé
Qu'au cœur d'un criminel la peur seule a formé.
L'ardeur qui justifie, et que Dieu nous envoie,
Quoique ici-bas souvent inquiète et sans joie,
Est pourtant cette ardeur, ce même feu d'amour,
Dont brûle un bienheureux en l'éternel séjour.
Dans le fatal instant qui borne notre vie,
Il faut que de ce feu notre âme soit remplie;
Et Dieu, sourd à nos cris s'il ne l'y trouve pas,
Ne l'y rallume plus après notre trépas.
Rendez-vous donc enfin à ces clairs syllogismes;
Et ne prétendez plus, par vos confus sophismes,
Pouvoir encore aux yeux du fidèle éclairé
Cacher l'amour de Dieu, dans l'école égaré.
Apprenez que la gloire où le ciel nous appelle
Un jour des vrais enfants doit couronner le zèle,
Et non les froids remords d'un esclave craintif,
Où crut voir Abéli [1] quelque amour négatif.
   Mais quoi! j'entends déjà plus d'un fier scolastique
Qui, me voyant ici, sur ce ton dogmatique,
En vers audacieux traiter ces points sacrés,
Curieux, me demande où j'ai pris mes degrés;
Et si, pour m'éclairer sur ces sombres matières, [res.
Deux cents auteurs extraits m'ont prêté leurs lumiè-
Non. Mais pour décider que l'homme, qu'un chrétien
Est obligé d'aimer l'unique auteur du bien,
Le Dieu qui le nourrit, le Dieu qui le fit naître,
Qui nous vint par sa mort donner un second être,
Faut-il avoir reçu le bonnet doctoral,
Avoir extrait Gamache, Isambert et du Val [2]?
Dieu dans son livre saint, sans chercher d'autre ou-
Ne l'a-t-il pas écrit lui-même à chaque page? [vrage,
De vains docteurs encore, ô prodige honteux!
Oseront nous en faire un problème douteux ;
Viendront traiter d'erreur digne de l'anathème
L'indispensable loi d'aimer Dieu pour lui-même,
Et, par un dogme faux dans nos jours enfanté,
Des devoirs du chrétien rayer la charité!
   Si j'allais consulter chez eux le moins sévère,
Et lui disais : Un fils doit-il aimer son père?
Ah! peut-on en douter? dirait-il brusquement.
Et quand je leur demande en ce même moment :
L'homme, ouvrage d'un Dieu seul bon et seul aima-
Doit-il aimer ce Dieu, son père véritable? [ble,
Leur plus rigide auteur n'ose le décider,
Et craint, en l'affirmant, de se trop hasarder!
   Je ne m'en puis défendre; il faut que je t'écrive
La figure bizarre, et pourtant assez vive,
Que je sus l'autre jour employer dans son lieu,
Et qui déconcerta ces ennemis de Dieu.
Au sujet d'un écrit qu'on nous venait de lire,
Un d'entre eux m'insulta sur ce que j'osai dire
Qu'il faut, pour être absous d'un crime confessé,
Avoir pour Dieu du moins un amour commencé.
Ce dogme, me dit-il, est un pur calvinisme.
O ciel! me voilà donc dans l'erreur, dans le schisme,
Et partant réprouvé! Mais, poursuivis-je alors,
Quand Dieu viendra juger les vivants et les morts,
Et des humbles agneaux, objets de sa tendresse,
Séparera des boucs la troupe pécheresse,
A tous il nous dira, sévère ou gracieux,
Ce qui nous fit impurs ou justes à ses yeux.
Selon vous donc, à moi réprouvé, bouc infâme :
« Va brûler, dira-t-il, en l'éternelle flamme,
Malheureux qui soutins que l'homme dut m'aimer,
Et qui, sur ce sujet trop prompt à déclamer,
Prétendis qu'il fallait, pour fléchir ma justice,
Que le pécheur, touché de l'horreur de son vice,
De quelque ardeur pour moi sentît les mouvements,
Et gardât le premier de mes commandements! »
Dieu, si je vous en crois, me tiendra ce langage :
Mais à vous, tendre agneau, son plus cher héritage,
Orthodoxe ennemi d'un dogme si blâmé :
« Venez, vous dira-t-il, venez, mon bien-aimé;
Vous qui, dans les détours de vos raisons subtiles,
Embarrassant les mots d'un des plus saints conci-
Avez délivré l'homme, ô l'utile docteur! [les [1],
De l'important fardeau d'aimer son créateur;
Entrez au ciel : venez, comblé de mes louanges,
Du besoin d'aimer Dieu désabuser les anges! »
   A de tels mots, si Dieu pouvait les prononcer,
Pour moi je répondrais, je crois, sans l'offenser :
Oh! que pour vous mon cœur, moins dur et moins farouche,
Seigneur, n'a-t-il hélas! parlé comme ma bouche!
Ce serait ma réponse à ce Dieu fulminant.
Mais vous, de ses douceurs objet fort surprenant,
Je ne sais pas comment, ferme en votre doctrine,
Des ironiques mots de sa bouche divine
Vous pourriez, sans rougeur et sans confusion,

---

[1] Auteur de *la Mouelle théologique*, qui soutient la fausse attrition par les raisons réfutées dans cette épître. (BOIL.)
[2] Ces trois docteurs de Sorbonne vivaient dans le dix-septième siècle.

[1] Le concile de Trente. (BOIL.)

Soutenir l'amertume et la dérision.
　L'audace du docteur, par ce discours frappée,
Demeura sans réplique à ma prosopopée.
Il sortit tout à coup, et, murmurant tout bas
Quelques termes d'aigreur que je n'entendis pas,
S'en alla chez Binsfeld, ou chez Basile Ponce [1],
Sur l'heure à mes raisons chercher une réponse.

[1] Deux défenseurs de la fausse attrition. Le premier était chanoine de Trèves, et l'autre était de l'ordre de saint Augustin. (BOIL.)

FIN DES ÉPITRES.

# L'ART POÉTIQUE.

1669-1674.

## CHANT PREMIER.

C'est en vain qu'au Parnasse un téméraire auteur
Pense de l'art des vers atteindre la hauteur :
S'il ne sent point du ciel l'influence secrète,
Si son astre en naissant ne l'a formé poëte,
Dans son génie étroit il est toujours captif ;
Pour lui Phébus est sourd, et Pégase est rétif.
 O vous donc, qui, brûlant d'une ardeur périlleuse,
Courez du bel esprit[1] la carrière épineuse,
N'allez pas sur des vers sans fruit vous consumer,
Ni prendre pour génie un amour de rimer :
Craignez d'un vain plaisir les trompeuses amorces,
Et consultez longtemps votre esprit et vos forces.
 La nature, fertile en esprits excellents,
Sait entre les auteurs partager les talents :
L'un peut tracer en vers une amoureuse flamme ;
L'autre d'un trait plaisant aiguiser l'épigramme :
Malherbe d'un héros peut vanter les exploits ;
Racan, chanter Philis, les bergers et les bois.
Mais souvent un esprit qui se flatte et qui s'aime
Méconnaît son génie, et s'ignore soi-même :
Ainsi tel[2], autrefois qu'on vit avec Faret[3]
Charbonner de ses vers les murs d'un cabaret,
S'en va mal à propos d'une voix insolente
Chanter du peuple hébreu la fuite triomphante,
Et, poursuivant Moïse au travers des déserts,
Court avec Pharaon se noyer dans les mers.
 Quelque sujet qu'on traite, ou plaisant, ou sublime,
Que toujours le bon sens s'accorde avec la rime :
L'un l'autre vainement ils semblent se haïr ;
La rime est une esclave, et ne doit qu'obéir.
Lorsqu'à la bien chercher d'abord on s'évertue,
L'esprit à la trouver aisément s'habitue ;
Au joug de la raison sans peine elle fléchit,
Et, loin de la gêner, la sert et l'enrichit.
Mais, lorsqu'on la néglige, elle devient rebelle ;
Et pour la rattraper le sens court après elle.
Aimez donc la raison : que toujours vos écrits
Empruntent d'elle seule et leur lustre et leur prix.
 La plupart, emportés d'une fougue insensée, [sée :
Toujours loin du droit sens vont chercher leur pen-
Ils croiraient s'abaisser, dans leurs vers monstrueux,
S'ils pensaient ce qu'un autre a pu penser comme eux.
Évitons ces excès : laissons à l'Italie
De tous ces faux brillants l'éclatante folie.
Tout doit tendre au bon sens : mais pour y parvenir,
Le chemin est glissant et pénible à tenir ;
Pour peu qu'on s'en écarte, aussitôt on se noie.
La raison pour marcher n'a souvent qu'une voie.
 Un auteur quelquefois, trop plein de son objet,
Jamais sans l'épuiser n'abandonne un sujet.
S'il rencontre un palais, il m'en dépeint la face ;
Il me promène après de terrasse en terrasse ;
Ici s'offre un perron ; là règne un corridor ;
Là ce balcon s'enferme en un balustre d'or.
Il compte des plafonds les ronds et les ovales ;
Ce ne sont que festons, ce ne sont qu'astragales[1].
Je saute vingt feuillets pour en trouver la fin,
Et je me sauve à peine au travers du jardin.
Fuyez de ces auteurs l'abondance stérile,
Et ne vous chargez point d'un détail inutile.
Tout ce qu'on dit de trop est fade et rebutant :
L'esprit rassasié le rejette à l'instant.
Qui ne sait se borner ne sut jamais écrire. [pire ;
 Souvent la peur d'un mal nous conduit dans un
Un vers était trop faible, et vous le rendez dur :
J'évite d'être long, et je deviens obscur : [nue :
L'un n'est point trop fardé ; mais sa muse est trop
L'autre a peur de ramper ; il se perd dans la nue.
 Voulez-vous du public mériter les amours ?
Sans cesse en écrivant variez vos discours.
Un style trop égal et toujours uniforme
En vain brille à nos yeux ; il faut qu'il nous endorme.
On lit peu ces auteurs, nés pour nous ennuyer,
Qui toujours sur un ton semblent psalmodier.

---

[1] *Bel esprit.* Ce mot est ici pour *talent, génie* ; il a perdu cette signification.
[2] Saint-Amand, auteur du *Moïse sauvé.* (BOIL.)
[3] Faret, auteur du livre intitulé *l'Honnête homme*, et ami de Saint-Amand. (BOIL.)

[1] Vers de Scudéri. (BOIL.) — Dans son poëme d'*Alaric*, liv. III.

Heureux qui, dans ses vers, sait d'une voix légère
Passer du grave au doux, du plaisant au sévère!
Son livre, aimé du ciel et chéri des lecteurs,
Est souvent chez Barbin entouré d'acheteurs.
Quoi que vous écriviez, évitez la bassesse :
Le style le moins noble a pourtant sa noblesse.
Au mépris du bon sens, le burlesque effronté [1]
Trompa les yeux d'abord, plut par sa nouveauté :
On ne vit plus en vers que pointes triviales;
Le Parnasse parla le langage des halles :
La licence à rimer alors n'eut plus de frein;
Apollon travesti devint un Tabarin [2].
Cette contagion infecta les provinces,
Du clerc et du bourgeois passa jusques aux princes;
Le plus mauvais plaisant eut ses approbateurs;
Et, jusqu'à d'Assouci [3], tout trouva des lecteurs.
Mais de ce style enfin la cour désabusée
Dédaigna de ces vers l'extravagance aisée,
Distingua le naïf du plat et du bouffon,
Et laissa la province admirer le Typhon [4].
Que ce style jamais ne souille votre ouvrage.
Imitons de Marot l'élégant badinage,
Et laissons le burlesque aux plaisants du Pont-Neuf [5].
Mais n'allez point aussi, sur les pas de Brébeuf,
Même en une Pharsale, entasser sur les rives [ves [6]. »
« De morts et de mourants cent montagnes plainti-
Prenez mieux votre ton. Soyez simple avec art,
Sublime sans orgueil, agréable sans fard.
N'offrez rien au lecteur que ce qui peut lui plaire.
Ayez pour la cadence une oreille sévère :
Que toujours dans vos vers le sens coupant les mots
Suspende l'hémistiche, en marque le repos.
Gardez qu'une voyelle à courir trop hâtée
Ne soit d'une voyelle en son chemin heurtée.
Il est un heureux choix de mots harmonieux;
Fuyez des mauvais sons le concours odieux :
Le vers le mieux rempli, la plus noble pensée,
Ne peut plaire à l'esprit quand l'oreille est blessée.
Durant les premiers ans du Parnasse françois,
Le caprice tout seul faisait toutes les lois.
La rime, au bout des mots assemblés sans mesure,
Tenait lieu d'ornements, de nombre et de césure;
Villon sut le premier, dans ces siècles grossiers,
Débrouiller l'art confus de nos vieux romanciers [7].

Marot, bientôt après, fit fleurir les ballades,
Tourna des triolets, rima des mascarades,
A des refrains réglés asservit les rondeaux,
Et montra pour rimer des chemins tout nouveaux.
Ronsard, qui le suivit, par une autre méthode,
Réglant tout, brouilla tout, fit un art à sa mode,
Et toutefois longtemps eut un heureux destin.
Mais sa muse, en français parlant grec et latin,
Vit dans l'âge suivant, par un retour grotesque,
Tomber de ses grands mots le faste pédantesque.
Ce poëte orgueilleux, trébuché de si haut,
Rendit plus retenus Desportes et Bertaut [2].
Enfin Malherbe vint; et, le premier en France,
Fit sentir dans les vers une juste cadence,
D'un mot mis en sa place enseigna le pouvoir,
Et réduisit la muse aux règles du devoir.
Par ce sage écrivain la langue réparée
N'offrit plus rien de rude à l'oreille épurée.
Les stances avec grâce apprirent à tomber,
Et le vers sur le vers n'osa plus enjamber.
Tout reconnut ses lois; et ce guide fidèle
Aux auteurs de ce temps sert encor de modèle.
Marchez donc sur ses pas; aimez sa pureté,
Et de son tour heureux imitez la clarté.
Si le sens de vos vers tarde à se faire entendre,
Mon esprit aussitôt commence à se détendre;
Et, de vos vains discours prompt à se détacher,
Ne suit point un auteur qu'il faut toujours chercher.
Il est certains esprits dont les sombres pensées
Sont d'un nuage épais toujours embarrassées;
Le jour de la raison ne le saurait percer.
Avant donc que d'écrire, apprenez à penser.
Selon que notre idée est plus ou moins obscure,
L'expression la suit, ou moins nette, ou plus pure.
Ce que l'on conçoit bien s'énonce clairement,
Et les mots pour le dire arrivent aisément.
Surtout qu'en vos écrits la langue révérée
Dans vos plus grands excès vous soit toujours sacrée.
En vain vous me frappez d'un son mélodieux,
Si le terme est impropre, ou le tour vicieux :
Mon esprit n'admet point un pompeux barbarisme,
Ni d'un vers ampoulé l'orgueilleux solécisme.
Sans la langue, en un mot, l'auteur le plus divin
Est toujours, quoi qu'il fasse, un méchant écrivain.

[1] Le style burlesque fut extrêmement en vogue, depuis le commencement du dernier siècle jusque vers 1660, qu'il tomba. (BOIL.)
[2] Bouffon grossier, valet de Mondor, charlatan célèbre au commencement du dix-septième siècle.
[3] Pitoyable auteur qui a composé l'*Ovide en belle humeur*. (BOIL.)
[4] Ou *la Gigantomachie*, poëme burlesque de Scarron.
[5] Les vendeurs de mithridate et les joueurs de marionnettes se mettent depuis longtemps sur le Pont-Neuf. (BOIL.)
[6] Vers de Brébeuf. (*Pharsale*, liv. VII.)
[7] La plupart de nos plus anciens romans français sont en vers confus, et sans ordre, comme le Roman de la Rose, et plusieurs autres. (BOIL.)

[1] Philippe Desportes, abbé de Tiron, lecteur de la chambre du roi, conseiller d'État, surnommé, pour la douceur et la facilité de ses vers, le Tibulle français, était né à Chartres. Il mourut à Paris en 1606, la même année que naquit le grand Corneille.
[2] Jean Bertaut naquit à Caen, patrie de Malherbe, et fut successivement premier aumônier de Catherine de Médicis, lecteur de Henri III, et évêque de Séez. Il mourut en 1611, après avoir contribué à la conversion d'Henri IV.

Travaillez à loisir, quelque ordre qui vous presse [1],
Et ne vous piquez point d'une folle vitesse :
Un style si rapide, et qui court en rimant,
Marque moins trop d'esprit que peu de jugement.
J'aime mieux un ruisseau qui, sur la molle arène,
Dans un pré plein de fleurs lentement se promène,
Qu'un torrent débordé qui, d'un cours orageux,
Roule, plein de gravier, sur un terrain fangeux.
Hâtez-vous lentement; et, sans perdre courage,
Vingt fois sur le métier remettez votre ouvrage :
Polissez-le sans cesse et le repolissez;
Ajoutez quelquefois, et souvent effacez.
    C'est peu qu'en un ouvrage où les fautes fourmil-
Des traits d'esprit semés de temps en temps pétillent; [lent
Il faut que chaque chose y soit mise en son lieu :
Que le début, la fin, répondent au milieu;
Que d'un art délicat les pièces assorties
N'y forment qu'un seul tout de diverses parties;
Que jamais du sujet le discours s'écartant
N'aille chercher trop loin quelque mot éclatant.
    Craignez-vous pour vos vers la censure publique?
Soyez-vous à vous-même un sévère critique :
L'ignorance toujours est prête à s'admirer.
Faites-vous des amis prompts à vous censurer;
Qu'ils soient de vos écrits des confidents sincères,
Et de tous vos défauts les zélés adversaires :
Dépouillez devant eux l'arrogance d'auteur.
Mais sachez de l'ami discerner le flatteur :    [joue.
Tel vous semble applaudir, qui vous raille et vous
Aimez qu'on vous conseille, et non pas qu'on vous
Un flatteur aussitôt cherche à se récrier :    [loue.
Chaque vers qu'il entend le fait extasier.
Tout est charmant, divin; aucun mot ne le blesse :
Il trépigne de joie, il pleure de tendresse;
Il vous comble partout d'éloges fastueux.
La vérité n'a point cet air impétueux.
    Un sage ami, toujours rigoureux, inflexible,
Sur vos fautes jamais ne vous laisse paisible :
Il ne pardonne point les endroits négligés,
Il renvoie en leur lieu les vers mal arrangés,
Il réprime des mots l'ambitieuse emphase;
Ici le sens le choque, et plus loin c'est la phrase.
Votre construction semble un peu s'obscurcir :
Ce terme est équivoque, il le faut éclaircir.
C'est ainsi que vous parle un ami véritable.
Mais souvent sur ses vers un auteur intraitable
A les protéger tous se croit intéressé,
Et d'abord prend en main le droit de l'offensé.
De ce vers, direz-vous, l'expression est basse. —
Ah! monsieur, pour ce vers je vous demande grâce,

Répondra-t-il d'abord. — Ce mot me semble froid;
Je le retrancherais. — C'est le plus bel endroit! —
Ce tour ne me plaît pas. — Tout le monde l'admire.
    Ainsi, toujours constant à ne se point dédire,
Qu'un mot dans son ouvrage ait paru vous blesser,
C'est un titre chez lui pour ne point l'effacer.
Cependant, à l'entendre, il chérit la critique :
Vous avez sur ses vers un pouvoir despotique.
Mais tout ce beau discours dont il vient vous flatter
N'est rien qu'un piége adroit pour vous les réciter [1].
Aussitôt il vous quitte; et, content de sa muse,
S'en va chercher ailleurs quelque fat qu'il abuse :
Car souvent il en trouve. Ainsi qu'en sots auteurs,
Notre siècle est fertile en sots admirateurs;
Et, sans ceux que fournit la ville et la province,
Il en est chez le duc, il en est chez le prince.
L'ouvrage le plus plat a, chez les courtisans,
De tout temps rencontré de zélés partisans;
Et, pour finir enfin par un trait de satire,
Un sot trouve toujours un plus sot qui l'admire.

## CHANT II.

Telle qu'une bergère, au plus beau jour de fête,
De superbes rubis ne charge point sa tête,
Et, sans mêler à l'or l'éclat des diamants,
Cueille en un champ voisin ses plus beaux ornements :
Telle, aimable en son air, mais humble dans son style,
Doit éclater sans pompe une élégante idylle.
Son tour simple et naïf n'a rien de fastueux,
Et n'aime point l'orgueil d'un vers présomptueux.
Il faut que sa douceur flatte, chatouille, éveille,
Et jamais de grands mots n'épouvante l'oreille.
    Mais souvent dans ce style un rimeur aux abois
Jette là, de dépit, la flûte et le hautbois;
Et follement pompeux dans sa verve indiscrète,
Au milieu d'une églogue entonne la trompette.
De peur de l'écouter, Pan fuit dans les roseaux;
Et les nymphes d'effroi se cachent sous les eaux.
    Au contraire, cet autre, abject en son langage,
Fait parler ses bergers comme on parle au village.
Ses vers plats et grossiers, dépouillés d'agrément,
Toujours baisent la terre, et rampent tristement :
On dirait que Ronsard, sur ses pipeaux rustiques,
Vient encor fredonner ses idylles gothiques,
Et changer, sans respect de l'oreille et du son,
Lycidas en Pierrot, et Philis en Toinon.
    Entre ces deux excès la route est difficile.
Suivez, pour la trouver, Théocrite et Virgile :
Que leurs tendres écrits, par les Grâces dictés,

---

[1] Scudéri disait toujours, pour s'excuser de travailler si vite, qu'il avait ordre de finir. (BOIL.)

[1] « Quinault n'a voulu se raccommoder avec moi, disait Boi-« leau, que pour me parler de ses vers, et il ne me parle ja-« mais des miens. »

Ne quittent point vos mains, jour et nuit feuilletés.
Seuls, dans leurs doctes vers, ils pourront vous apprendre
Par quel art sans bassesse un auteur peut descendre;
Chanter Flore, les champs, Pomone, les vergers,
Au combat de la flûte animer deux bergers;
Des plaisirs de l'amour vanter la douce amorce;
Changer Narcisse en fleur, couvrir Daphné d'écorce;
Et par quel art encor l'églogue quelquefois
Rend dignes d'un consul la campagne et les bois [1].
Telle est de ce poëme et la force et la grâce.
 D'un ton un peu plus haut, mais pourtant sans au-
La plaintive élégie, en longs habits de deuil, [dace,
Sait, les cheveux épars, gémir sur un cercueil.
Elle peint des amants la joie et la tristesse;
Flatte, menace, irrite, apaise une maîtresse;
Mais, pour bien exprimer ces caprices heureux,
C'est peu d'être poëte, il faut être amoureux.
Je hais ces vains auteurs dont la muse forcée
M'entretient de ses feux, toujours froide et glacée;
Qui s'affligent par art, et, fous de sens rassis,
S'érigent, pour rimer, en amoureux transis. [vaines;
Leurs transports les plus doux ne sont que phrases
Ils ne savent jamais que se charger de chaînes,
Que bénir leur martyre, adorer leur prison,
Et faire quereller les sens et la raison.
Ce n'était pas jadis sur ce ton ridicule
Qu'Amour dictait les vers que soupirait Tibulle;
Ou que du tendre Ovide animant les doux sons,
Il donnait de son art les charmantes leçons.
Il faut que le cœur seul parle dans l'élégie.
 L'ode, avec plus d'éclat, et non moins d'énergie,
Élevant jusqu'au ciel son vol ambitieux,
Entretient dans ses vers commerce avec les dieux.
Aux athlètes dans Pise [2] elle ouvre la barrière,
Chante un vainqueur poudreux au bout de la carrière;
Mène Achille sanglant aux bords du Simoïs.
Ou fait fléchir l'Escaut sous le joug de Louis.
Tantôt, comme une abeille ardente à son ouvrage,
Elle s'en va de fleurs dépouiller le rivage:
Elle peint les festins, les danses et les ris;
Vante un baiser cueilli sur les lèvres d'Iris,
Qui mollement résiste, et, par un doux caprice,
Quelquefois le refuse, afin qu'on le ravisse.
Son style impétueux souvent marche au hasard:
Chez elle un beau désordre est un effet de l'art.
 Loin ces rimeurs craintifs dont l'esprit flegmati-
Garde dans ses fureurs un ordre didactique; [que
Qui, chantant d'un héros les progrès éclatants,
Maigres historiens, suivront l'ordre des temps.
Ils n'osent un moment perdre un sujet de vue:

Pour prendre Dôle, il faut que Lille soit rendue [1],
Et que leur vers, exact ainsi que Mézérai [2],
Ait déjà fait tomber les remparts de Courtrai:
Apollon de son feu leur fut toujours avare.
 On dit, à ce propos, qu'un jour ce dieu bizarre,
Voulant pousser à bout tous les rimeurs françois,
Inventa du sonnet les rigoureuses lois;
Voulut qu'en deux quatrains de mesure pareille,
La rime avec deux sons frappât huit fois l'oreille;
Et qu'ensuite six vers artistement rangés,
Fussent en deux tercets par le sens partagés.
Surtout de ce poëme il bannit la licence;
Lui-même en mesura le nombre et la cadence;
Défendit qu'un vers faible y pût jamais entrer,
Ni qu'un mot déjà mis osât s'y remontrer.
Du reste il l'enrichit d'une beauté suprême:
Un sonnet sans défaut vaut seul un long poëme.
Mais en vain mille auteurs y pensent arriver;
Et cet heureux phénix est encore à trouver.
A peine dans Gombaut, Maynard et Malleville [3],
En peut-on admirer deux ou trois entre mille:
Le reste, aussi peu lu que ceux de Pelletier,
N'a fait de chez Sercy [4] qu'un saut chez l'épicier.
Pour enfermer son sens dans la borne prescrite,
La mesure est toujours trop longue ou trop petite.
 L'épigramme, plus libre en son tour plus borné,
N'est souvent qu'un bon mot de deux rimes orné.
Jadis de nos auteurs les pointes ignorées
Furent de l'Italie en nos vers attirées.
Le vulgaire, ébloui de leur faux agrément,
A ce nouvel appât courut avidement.
La faveur du public excitant leur audace,
Leur nombre impétueux inonda le Parnasse:
Le madrigal d'abord en fut enveloppé;
Le sonnet orgueilleux lui-même en fut frappé;
La tragédie en fit ses plus chères délices;
L'élégie en orna ses douloureux caprices;
Un héros sur la scène eut soin de s'en parer,
Et sans pointe un amant n'osa plus soupirer;
On vit tous les bergers, dans leurs plaintes nouvelles,
Fidèles à la pointe, encor plus qu'à leurs belles:
Chaque mot eut toujours deux visages divers:
La prose la reçut aussi bien que les vers;
L'avocat au Palais en hérissa son style,

---

[1] VIRG. *Egl.* IV. (BOIL.)
[2] Pise, en Élide, où l'on célébrait les jeux Olympiques. (BOIL.)

[1] Lille et Courtrai furent pris en 1667, et Dôle en 1668.
[2] François Eudes ajouta à son nom celui de *Mézeray*, petit hameau de la Basse-Normandie, pour se distinguer de ses frères. Son *Histoire de l'origine des Français*, et son *Abrégé chronologique de l'Histoire de France*, lui donnent une place honorable parmi nos historiens. Il mourut, âgé de soixante-treize ans, le 10 juillet 1683, après avoir exercé la charge d'historiographe du roi.
[3] Beaux esprits du dix-septième siècle.
[4] Libraire du Palais. (BOIL.)

Et le docteur [1] en chaire en sema l'Évangile.
La raison outragée enfin ouvrit les yeux,
La chassa pour jamais des discours sérieux,
Et, dans tous ses écrits la déclarant infâme,
Par grâce lui laissa l'entrée en l'épigramme,
Pourvu que sa finesse, éclatant à propos,
Roulât sur la pensée, et non pas sur les mots.
Ainsi de toutes parts les désordres cessèrent.
Toutefois à la cour les turlupins [2] restèrent,
Insipides plaisants, bouffons infortunés,
D'un jeu de mots grossier partisans surannés.
Ce n'est pas quelquefois qu'une muse un peu fine
Sur un mot, en passant, ne joue et ne badine,
Et d'un sens détourné n'abuse avec succès :
Mais fuyez sur ce point un ridicule excès ;
Et n'allez pas toujours d'une pointe frivole
Aiguiser par la queue une épigramme folle.
 Tout poëme est brillant de sa propre beauté.
Le rondeau, né gaulois, a la naïveté ;
La ballade, asservie à ses vieilles maximes,
Souvent doit tout son lustre au caprice des rimes ;
Le madrigal, plus simple et plus noble en son tour,
Respire la douceur, la tendresse et l'amour.
 L'ardeur de se montrer, et non pas de médire,
Arma la Vérité du vers de la satire.
Lucile le premier osa la faire voir,
Aux vices des Romains présenta le miroir,
Vengea l'humble vertu de la richesse altière,
Et l'honnête homme à pied du faquin en litière.
Horace à cette aigreur mêla son enjouement :
On ne fut plus ni fat ni sot impunément ;
Et malheur à tout nom, qui propre à la censure,
Put entrer dans un vers sans rompre la mesure !
 Perse, en ses vers obscurs, mais serrés et pressants,
Affecta d'enfermer moins de mots que de sens.
Juvénal, élevé dans les cris de l'école,
Poussa jusqu'à l'excès sa mordante hyperbole.
Ses ouvrages, tout pleins d'affreuses vérités,
Étincellent pourtant de sublimes beautés :
Soit que sur un écrit arrivé de Caprée [3]
Il brise de Séjan la statue adorée ;
Soit qu'il fasse au conseil courir les sénateurs [4],
D'un tyran soupçonneux pâles adulateurs ;
Ou que, poussant à bout la luxure latine,
Aux portefaix de Rome il vende Messaline [5].
Ses écrits pleins de feu partout brillent aux yeux.
 De ces maîtres savants disciple ingénieux,

[1] Le petit père André, augustin. (BOIL.)
[2] Nom d'un comédien attaché à l'hôtel de Bourgogne, et dont l'emploi était de divertir les spectateurs par des pointes et des jeux de mots.
[3] Satire x. (BOIL.)
[4] Satire IV. (BOIL.)
[5] Satire VI. (BOIL.)

Régnier seul parmi nous formé sur leurs modèles,
Dans son vieux style encore a des grâces nouvelles.
Heureux, si ses discours, craints du chaste lecteur,
Ne se sentaient des lieux où fréquentait l'auteur ;
Et si, du son hardi de ses rimes cyniques,
Il n'alarmait souvent les oreilles pudiques !
 Le latin, dans les mots, brave l'honnêteté :
Mais le lecteur français veut être respecté ;
Du moindre sens impur la liberté l'outrage,
Si la pudeur des mots n'en adoucit l'image.
Je veux dans la satire un esprit de candeur,
Et fuis un effronté qui prêche la pudeur.
 D'un trait de ce poëme en bons mots si fertile,
Le Français né malin forma le vaudeville ;
Agréable indiscret, qui, conduit par le chant,
Passe de bouche en bouche, et s'accroît en marchant.
La liberté française en ses vers se déploie :
Cet enfant du plaisir veut naître dans la joie.
Toutefois n'allez pas, goguenard dangereux,
Faire Dieu le sujet d'un badinage affreux :
A la fin tous ces jeux que l'athéisme élève,
Conduisent tristement le plaisant à la Grève.
Il faut, même en chansons, du bon sens et de l'art ;
Mais pourtant on a vu le vin et le hasard
Inspirer quelquefois une muse grossière,
Et fournir, sans génie, un couplet à Linière.
Mais pour un vain bonheur qui vous a fait rimer,
Gardez qu'un sot orgueil ne vous vienne enfumer.
Souvent l'auteur altier de quelque chansonnette
Au même instant prend droit de se croire poëte :
Il ne dormira plus qu'il n'ait fait un sonnet ;
Il met tous les matins six impromptus au net ;
Encore est-ce un miracle, en ses vagues furies,
Si bientôt, imprimant ses sottes rêveries,
Il ne se fait graver au-devant du recueil,
Couronné de lauriers par la main de Nanteuil [1].

## CHANT III.

Il n'est point de serpent, ni de monstre odieux,
Qui, par l'art imité, ne puisse plaire aux yeux :
D'un pinceau délicat l'artifice agréable
Du plus affreux objet fait un objet aimable.
Ainsi, pour nous charmer, la tragédie en pleurs
D'Œdipe tout sanglant fit parler les douleurs [2],
D'Oreste parricide exprima les alarmes,
Et, pour nous divertir, nous arracha des larmes.
 Vous donc qui, d'un beau feu pour le théâtre épris,
Venez en vers pompeux y disputer le prix,
Voulez-vous sur la scène étaler des ouvrages,
Où tout Paris en foule apporte ses suffrages,

[1] Fameux graveur. (BOIL.)
[2] Sophocle. (BOIL.)

Et qui, toujours plus beaux, plus ils sont regardés,
Soient au bout de vingt ans encor redemandés?
Que dans tous vos discours la passion émue
Aille chercher le cœur, l'échauffe et le remue.
Si d'un beau mouvement l'agréable fureur
Souvent ne nous remplit d'une douce terreur,
Ou n'excite en notre âme une pitié charmante,
En vain vous étalez une scène savante :
Vos froids raisonnements ne feront qu'attiédir
Un spectateur, toujours paresseux d'applaudir,
Et qui, des vains efforts de votre rhétorique
Justement fatigué, s'endort ou vous critique.
Le secret est d'abord de plaire et de toucher :
Inventez des ressorts qui puissent m'attacher.

Que dès les premiers vers l'action préparée
Sans peine du sujet aplanisse l'entrée.
Je me ris d'un acteur qui, lent à s'exprimer,
De ce qu'il veut, d'abord ne sait pas m'informer ;
Et qui, débrouillant mal une pénible intrigue,
D'un divertissement me fait une fatigue.
J'aimerais mieux encor qu'il déclinât son nom [1],
Et dît : Je suis Oreste, ou bien Agamemnon,
Que d'aller, par un tas de confuses merveilles,
Sans rien dire à l'esprit, étourdir les oreilles :
Le sujet n'est jamais assez tôt expliqué.

Que le lieu de la scène y soit fixe et marqué.
Un rimeur, sans péril, delà les Pyrénées [2],
Sur la scène en un jour renferme des années :
Là souvent le héros d'un spectacle grossier,
Enfant au premier acte, est barbon au dernier.
Mais nous, que la raison à ses règles engage,
Nous voulons qu'avec art l'action se ménage ;
Qu'en un lieu, qu'en un jour, un seul fait accompli
Tienne jusqu'à la fin le théâtre rempli.

Jamais au spectateur n'offrez rien d'incroyable :
Le vrai peut quelquefois n'être pas vraisemblable.
Une merveille absurde est pour moi sans appas :
L'esprit n'est point ému de ce qu'il ne croit pas.
Ce qu'on ne doit point voir, qu'un récit nous l'expose.
Les yeux en le voyant saisiraient mieux la chose ;
Mais il est des objets que l'art judicieux
Doit offrir à l'oreille, et reculer des yeux.

Que le trouble toujours croissant de scène en scène,
A son comble arrivé se débrouille sans peine.
L'esprit ne se sent point plus vivement frappé,
Que lorsqu'en un sujet d'intrigue enveloppé,
D'un secret tout à coup la vérité connue
Change tout, donne à tout une face imprévue.

La tragédie, informe et grossière en naissant,
N'était qu'un simple chœur, où chacun, en dansant,
Et du dieu des raisins entonnant les louanges,
S'efforçait d'attirer de fertiles vendanges.
Là, le vin et la joie éveillant les esprits,
Du plus habile chantre un bouc était le prix.
Thespis fut le premier qui, barbouillé de lie,
Promena par les bourgs [1] cette heureuse folie ;
Et, d'acteurs mal ornés chargeant un tombereau,
Amusa les passants d'un spectacle nouveau.
Eschyle dans le chœur jeta les personnages,
D'un masque plus honnête habilla les visages,
Sur les ais d'un théâtre en public exhaussé,
Fit paraître l'acteur d'un brodequin chaussé [2].
Sophocle enfin, donnant l'essor à son génie,
Accrut encor la pompe, augmenta l'harmonie,
Intéressa le chœur dans toute l'action,
Des vers trop raboteux polit l'expression,
Lui donna chez les Grecs cette hauteur divine [3]
Où jamais n'atteignit la faiblesse latine.

Chez nos dévots aïeux le théâtre abhorré
Fut longtemps dans la France un plaisir ignoré.
De pèlerins, dit-on, une troupe grossière [4]
En public à Paris y monta la première ;
Et, sottement zélée en sa simplicité,
Joua les Saints, la Vierge, et Dieu, par piété.
Le savoir, à la fin, dissipant l'ignorance,
Fit voir de ce projet la dévote imprudence.
On chassa ces docteurs prêchant sans mission ;
On vit renaître Hector, Andromaque, Ilion [5] :
Seulement les acteurs laissant le masque antique [6],
Le violon tint lieu de chœur [7] et de musique.

Bientôt l'amour, fertile en tendres sentiments,
S'empara du théâtre, ainsi que des romans.
De cette passion la sensible peinture
Est, pour aller au cœur, la route la plus sûre.
Peignez donc, j'y consens, les héros amoureux :
Mais ne m'en formez pas des bergers doucereux.
Qu'Achille aime autrement que Tyrcis et Philène ;
N'allez pas d'un Cyrus nous faire un Artamène ;
Et que l'amour, souvent de remords combattu,
Paraisse une faiblesse et non une vertu.

Des héros de roman fuyez les petitesses :
Toutefois aux grands cœurs donnez quelques faibles- [ses.

---

[1] Il y a de pareils exemples dans *Euripide*. (BOIL.)
[2] Voyez Lopez de Véga et Caldéron.

[1] Les bourgs de l'Attique. (BOIL.) — Thespis vivait cinq cents ans environ avant Jésus-Christ.
[2] Eschyle, qui vivait un siècle après Thespis, eut, dans sa vieillesse, Sophocle pour rival. On a souvent comparé Corneille et Racine à ces deux poètes.
[3] Voyez *Quintillien*, liv. X, chap. 1ᵉʳ. (BOIL.)
[4] Leurs pièces sont imprimées. (BOIL.)
[5] Ce ne fut que sous Louis XIII que la tragédie commença à prendre une bonne forme en France. (BOIL.)
[6] Ce masque antique s'appliquait sur le visage de l'acteur, et représentait le personnage que l'on introduisait sur la scène. (BOIL.)
[7] *Esther* et *Athalie* ont montré combien on a perdu en supprimant les chœurs et la musique. (BOIL.).

Achille déplairait, moins bouillant et moins prompt :
J'aime à lui voir verser des pleurs pour un affront.
A ces petits défauts marqués dans sa peinture,
L'esprit avec plaisir reconnaît la nature.
Qu'il soit sur ce modèle en vos écrits tracé :
Qu'Agamemnon soit fier, superbe, intéressé ;
Que pour ses dieux Énée ait un respect austère.
Conservez à chacun son propre caractère.
Des siècles, des pays, étudiez les mœurs :
Les climats font souvent les diverses humeurs.

   Gardez donc de donner, ainsi que dans Clélie,
L'air ni l'esprit français à l'antique Italie,
Et, sous des noms romains faisant notre portrait,
Peindre Caton galant et Brutus dameret.
Dans un roman frivole aisément tout s'excuse ;
C'est assez qu'en courant la fiction amuse ;
Trop de rigueur alors serait hors de saison :
Mais la scène demande une exacte raison ;
L'étroite bienséance y veut être gardée.

   D'un nouveau personnage inventez-vous l'idée ?
Qu'en tout avec soi-même il se montre d'accord,
Et qu'il soit jusqu'au bout tel qu'on l'a vu d'abord.
Souvent, sans y penser, un écrivain qui s'aime
Forme tous ses héros semblables à soi-même :
Tout a l'humeur gasconne en un auteur gascon ;
Calprenède et Juba¹ parlent du même ton.
La nature est en nous plus diverse et plus sage ;
Chaque passion parle un différent langage :
La colère est superbe, et veut des mots altiers ;
L'abattement s'explique en des termes moins fiers.

   Que devant Troie en flamme Hécube désolée
Ne vienne pas pousser une plainte ampoulée,
Ni sans raison décrire en quels affreux pays²
Par sept bouches l'Euxin reçoit le Tanaïs.
Tous ces pompeux amas d'expressions frivoles
Sont d'un déclamateur amoureux des paroles.
Il faut dans la douleur que vous vous abaissiez :
Pour me tirer des pleurs, il faut que vous pleuriez.
Ces grands mots dont alors l'acteur emplit sa bouche
Ne partent point d'un cœur que sa misère touche.

   Le théâtre fertile en censeurs pointilleux,
Chez nous pour se produire est un champ périlleux.
Un auteur n'y fait pas de faciles conquêtes ;
Il trouve à le siffler des bouches toujours prêtes :
Chacun le peut traiter de fat et d'ignorant,
C'est un droit qu'à la porte on achète en entrant.
Il faut qu'en cent façons, pour plaire, il se replie ;
Que tantôt il s'élève et tantôt s'humilie ;
Qu'en nobles sentiments il soit partout fécond ;
Qu'il soit aisé, solide, agréable, profond ;
Que de traits surprenants sans cesse il nous réveille,
Qu'il coure dans ses vers de merveille en merveille,
Et que tout ce qu'il dit, facile à retenir,
De son ouvrage en nous laisse un long souvenir.
Ainsi la tragédie agit, marche et s'explique.

   D'un air plus grand encor la poésie épique,
Dans le vaste récit d'une longue action,
Se soutient par la fable, et vit de fiction.
Là pour nous enchanter tout est mis en usage ;
Tout prend un corps, une âme, un esprit, un visage.
Chaque vertu devient une divinité :
Minerve est la prudence, et Vénus la beauté ;
Ce n'est plus la vapeur qui produit le tonnerre,
C'est Jupiter armé pour effrayer la terre ;
Un orage terrible aux yeux des matelots,
C'est Neptune en courroux qui gourmande les flots.
Écho n'est plus un son qui dans l'air retentisse,
C'est une nymphe en pleurs qui se plaint de Nar-
Ainsi, dans cet amas de nobles fictions, [cisse.
Le poëte s'égaye en mille inventions,
Orne, élève, embellit, agrandit toutes choses,
Et trouve sous sa main des fleurs toujours écloses.
Qu'Énée et ses vaisseaux, par le vent écartés¹,
Soient aux bords africains d'un orage emportés,
Ce n'est qu'une aventure ordinaire et commune,
Qu'un coup peu surprenant des traits de la fortune :
Mais que Junon, constante en son aversion,
Poursuive sur les flots les restes d'Ilion ;
Qu'Éole, en sa faveur, les chassant d'Italie,
Ouvre aux vents mutinés les prisons d'Éolie ;
Que Neptune en courroux, s'élevant sur la mer,
D'un mot calme les flots, mette la paix dans l'air,
Délivre les vaisseaux, des syrtes les arrache :
C'est là ce qui surprend, frappe, saisit, attache.
Sans tous ces ornements, le vers tombe en langueur ;
La poésie est morte² ou rampe sans vigueur ;
Le poëte n'est plus qu'un orateur timide,
Qu'un froid historien d'une fable insipide.

   C'est donc bien vainement que nos auteurs déçus,
Bannissant de leurs vers ces ornements reçus,
Pensent faire agir Dieu, ses saints et ses prophètes,
Comme ces dieux éclos du cerveau des poëtes ;
Mettent à chaque pas le lecteur en enfer ;
N'offrent rien qu'Astaroth, Belzébuth, Lucifer.
De la foi d'un chrétien les mystères terribles
D'ornements égayés ne sont point susceptibles³ :

---

¹ Héros de la *Cléopâtre*. (Boil.) — Roman de la Calprenède, qui vivait au milieu du dix-septième siècle.
² Sénèque le Tragique. (*Troade*, sc. I.) (Boil.)

¹ Voyez l'*Énéide*, liv. I, v. 56-151.
² L'auteur avait en vue Saint Sorlin des Marets, qui a écrit contre la Fable. (Boil.)
³ Ce précepte, l'un des plus importants que Boileau ait tracés, a trouvé, de notre temps, de nombreux contradicteurs ; mais tous leurs efforts n'ont fait que le confirmer.

L'Évangile à l'esprit n'offre de tous côtés
Que pénitence à faire et tourments mérités;
Et de vos fictions le mélange coupable
Même à ses vérités donne l'air de la Fable.
Et quel objet enfin à présenter aux yeux,
Que le diable ¹ toujours hurlant contre les cieux,
Qui de votre héros veut rabaisser la gloire,
Et souvent avec Dieu balance la victoire!
Le Tasse, dira-t-on, l'a fait avec succès.
Je ne veux point ici lui faire son procès :
Mais, quoi que notre siècle à sa gloire publie,
Il n'eût point de son livre illustré l'Italie,
Si son sage héros, toujours en oraison,
N'eût fait que mettre enfin Satan à la raison;
Et si Renaud, Argant, Tancrède et sa maîtresse,
N'eussent de son sujet égayé la tristesse.
Ce n'est pas que j'approuve, en un sujet chrétien,
Un auteur follement idolâtre et païen :
Mais, dans une profane et riante peinture,
De n'oser de la Fable employer la figure;
De chasser les tritons de l'empire des eaux;
D'ôter à Pan sa flûte, aux Parques leurs ciseaux;
D'empêcher que Caron, dans la fatale barque,
Ainsi que le berger ne passe le monarque :
C'est d'un scrupule vain s'alarmer sottement,
Et vouloir aux lecteurs plaire sans agrément.
Bientôt ils défendront de peindre la Prudence,
De donner à Thémis ni bandeau ni balance;
De figurer aux yeux la Guerre au front d'airain,
Ou le Temps qui s'enfuit une horloge à la main;
Et partout des discours, comme une idolâtrie,
Dans leur faux zèle iront chasser l'allégorie.
Laissons-les s'applaudir de leur pieuse erreur :
Mais, pour nous, bannissons une vaine terreur;
Et, fabuleux chrétiens, n'allons point dans nos son-
Du Dieu de vérité faire un dieu de mensonges. [ges,
La Fable offre à l'esprit mille agréments divers :
Là, tous les noms heureux semblent nés pour les
Ulysse, Agamemnon, Oreste, Idoménée,  [vers;
Hélène, Ménélas, Pâris, Hector, Énée.
Oh! le plaisant projet d'un poëte ignorant,
Qui de tant de héros va choisir Childebrand ²!
D'un seul nom quelquefois le son dur ou bizarre
Rend un poëme entier ou burlesque ou barbare.
Voulez-vous longtemps plaire et jamais ne lasser?
Faites choix d'un héros propre à m'intéresser,
En valeur éclatant, en vertus magnifique;
Qu'en lui, jusqu'aux défauts, tout se montre héroïque;
Que ses faits surprenants soient dignes d'être ouïs;

Qu'il soit tel que César, Alexandre ou Louis;
Non tel que Polynice ¹ et son perfide frère.
On s'ennuie aux exploits d'un conquérant vulgaire.
N'offrez point un sujet d'incidents trop chargé.
Le seul courroux d'Achille, avec art ménagé,
Remplit abondamment une Iliade entière :
Souvent trop d'abondance appauvrit la matière :
Soyez vif et pressé dans vos narrations :
Soyez riche et pompeux dans vos descriptions.
C'est là qu'il faut des vers étaler l'élégance :
N'y présentez jamais de basse circonstance.
N'imitez pas ce fou ², qui, décrivant les mers,
Et peignant, au milieu de leurs flots entr'ouverts,
L'Hébreu sauvé du joug de ses injustes maîtres,
Met, pour le voir passer, les poissons aux fenêtres ³;
Peint le petit enfant qui va, saute, revient,
Et joyeux à sa mère offre un caillou qu'il tient.
Sur de trop vains objets c'est arrêter la vue.
Donnez à votre ouvrage une juste étendue.
Que le début soit simple et n'ait rien d'affecté.
N'allez pas dès l'abord, sur Pégase monté,
Crier à vos lecteurs d'une voix de tonnerre :
« Je chante le vainqueur des vainqueurs de la terre ⁴. »
Que produira l'auteur après tous ces grands cris?
La montagne en travail enfante une souris.
Oh! que j'aime bien mieux cet auteur plein d'adresse,
Qui, sans faire d'abord de si haute promesse,
Me dit d'un ton aisé, doux, simple, harmonieux :
« Je chante les combats, et cet homme pieux ⁵,
« Qui, des bords phrygiens conduit dans l'Ausonie,
« Le premier aborda les champs de Lavinie. »
Sa muse en arrivant ne met pas tout en feu,
Et, pour donner beaucoup, ne nous promet que peu;
Bientôt vous la verrez, prodiguant les miracles,
Du destin des Latins prononcer les oracles;
De Styx et d'Achéron peindre les noirs torrents,
Et déjà les Césars dans l'Élysée errants.
De figures sans nombre égayez votre ouvrage;
Que tout y fasse aux yeux une riante image :
On peut être à la fois et pompeux et plaisant :
Et je hais un sublime ennuyeux et pesant.
J'aime mieux Arioste et ses fables comiques,
Que ces auteurs toujours froids et mélancoliques,
Qui dans leur sombre humeur se croiraient faire af-
Si les Grâces jamais leur déridaient le front. [front,
On dirait que pour plaire, instruit par la nature,

---

¹ Voyez le Tasse. (BOIL.)
² *Childebrand* ou *les Sarrasins chassés de France*, est un poëme héroïque de Jacques Carel, sieur de Sainte-Garde, qui n'en publia que les quatre premiers livres, en 1666 et 1670.

¹ Polynice et Étéocle, frères ennemis, auteurs de la guerre de Thèbes. (Voyez *la Thébaïde* de Stace.) (BOIL.)
² Saint-Amand. (BOIL.)
³ Les poissons ébahis les regardent passer.
   *Moïse sauvé*. — (BOIL.)
⁴ *Alaric*, poëme de Scudéri, liv. I. (BOIL.)
⁵ *Æneid.* liv. 1.

Homère ait à Vénus [1] dérobé sa ceinture.
Son livre est d'agréments un fertile trésor :
Tout ce qu'il a touché se convertit en or ;
Tout reçoit dans ses mains une nouvelle grâce ;
Partout il divertit, et jamais il ne lasse.
Une heureuse chaleur anime ses discours :
Il ne s'égare point en de trop longs détours.
Sans garder dans ses vers un ordre méthodique,
Son sujet de soi-même et s'arrange et s'explique ;
Tout, sans faire d'apprêts, s'y prépare aisément ;
Chaque vers, chaque mot court à l'événement.
Aimez donc ses écrits, mais d'un amour sincère :
C'est avoir profité que de savoir s'y plaire.

   Un poëme excellent, où tout marche et se suit,
N'est pas de ces travaux qu'un caprice produit :
Il veut du temps, des soins ; et ce pénible ouvrage
Jamais d'un écolier ne fut l'apprentissage.
Mais souvent parmi nous un poëte sans art,
Qu'un beau feu quelquefois échauffa par hasard,
Enflant d'un vain orgueil son esprit chimérique,
Fièrement prend en main la trompette héroïque :
Sa muse déréglée, en ses vers vagabonds,
Ne s'élève jamais que par sauts et par bonds :
Et son feu, dépourvu de sens et de lecture,
S'éteint à chaque pas, faute de nourriture.
Mais en vain le public, prompt à le mépriser,
De son mérite faux le veut désabuser ;
Lui-même, applaudissant à son maigre génie,
Se donne par ses mains l'encens qu'on lui dénie :
Virgile, au prix de lui, n'a point d'invention ;
Homère n'entend point la noble fiction.
Si contre cet arrêt le siècle se rebelle,
A la postérité d'abord il en appelle :
Mais attendant qu'ici le bon sens de retour
Ramène triomphants ses ouvrages au jour,
Leurs tas au magasin, cachés à la lumière,
Combattent tristement les vers et la poussière.
Laissons-les donc entre eux s'escrimer en repos,
Et, sans nous égarer, suivons notre propos.

   Des succès fortunés du spectacle tragique
Dans Athènes naquit la comédie antique.
Là le Grec, né moqueur, par mille jeux plaisants,
Distilla le venin de ses traits médisants.
Aux accès insolents d'une bouffonne joie
La sagesse, l'esprit, l'honneur, furent en proie.
On vit par le public un poëte avoué
S'enrichir aux dépens du mérite joué ;
Et Socrate par lui dans un chœur de nuées [1],
D'un vil amas de peuple attirer les huées.
Enfin de la licence on arrêta le cours :
Le magistrat des lois emprunta le secours ;

[1] *Iliad.* liv. XIV.
[2] *Les Nuées*, comédie d'Aristophane. (Boil.)

Et, rendant par édit les poëtes plus sages,
Défendit de marquer les noms et les visages.
Le théâtre perdit son antique fureur ;
La comédie apprit à rire sans aigreur,
Sans fiel et sans venin sut instruire et reprendre,
Et plut innocemment dans les vers de Ménandre [1].
Chacun, peint avec art dans ce nouveau miroir,
S'y vit avec plaisir, ou crut ne s'y point voir :
L'avare, des premiers, rit du tableau fidèle
D'un avare souvent tracé sur son modèle ;
Et mille fois un fat, finement exprimé,
Méconnut le portrait sur lui-même formé.

   Que la nature donc soit votre étude unique,
Auteurs qui prétendez aux honneurs du comique.
Quiconque voit bien l'homme, et d'un esprit profond,
De tant de cœurs cachés a pénétré le fond ;
Qui sait bien ce que c'est qu'un prodigue, un avare,
Un honnête homme, un fat, un jaloux, un bizarre,
Sur une scène heureuse il peut les étaler,
Et les faire à nos yeux vivre, agir et parler.
Présentez-en partout les images naïves ;
Que chacun y soit peint des couleurs les plus vives.
La nature, féconde en bizarres portraits,
Dans chaque âme est marquée à de différents traits ;
Un geste la découvre, un rien la fait paraître :
Mais tout esprit n'a pas des yeux pour la connaître.
Le temps, qui change tout, change aussi nos humeurs :
Chaque âge a ses plaisirs, son esprit et ses mœurs.
Un jeune homme, toujours bouillant dans ses capri-
Est prompt à recevoir l'impression des vices ; [ces,
Est vain dans ses discours, volage en ses désirs,
Rétif à la censure, et fou dans les plaisirs.
L'âge viril, plus mûr, inspire un air plus sage ;
Se pousse auprès des grands, s'intrigue, se ménage ;
Contre les coups du sort songe à se maintenir,
Et loin dans le présent regarde l'avenir.
La vieillesse chagrine incessamment amasse ;
Garde, non pas pour soi, les trésors qu'elle entasse,
Marche en tous ses desseins d'un pas lent et glacé,
Toujours plaint le présent et vante le passé ;
Inhabile aux plaisirs dont la jeunesse abuse,
Blâme en eux les douceurs que l'âge lui refuse.

   Ne faites point parler vos acteurs au hasard,
Un vieillard en jeune homme, un jeune homme en
Étudiez la cour et connaissez la ville ; [vieillard.
L'une et l'autre est toujours en modèles fertile.
C'est par là que Molière, illustrant ses écrits,
Peut-être de son art eût remporté le prix,
Si, moins ami du peuple, en ses doctes peintures
Il n'eût pas fait souvent grimacer ses figures,
Quitté, pour le bouffon, l'agréable et le fin,

[1] Ménandre était contemporain d'Alexandre le Grand.

Et sans honte à Térence allié Tabarin ;
Dans ce sac ridicule où Scapin [1] s'enveloppe
Je ne reconnais plus l'auteur du Misanthrope.
  Le comique, ennemi des soupirs et des pleurs,
N'admet point en ses vers de tragiques douleurs ;
Mais son emploi n'est pas d'aller dans une place,
De mots sales et bas charmer la populace :
Il faut que ses acteurs badinent noblement ;
Que son nœud bien formé se dénoue aisément ;
Que l'action, marchant où la raison la guide,
Ne se perde jamais dans une scène vide ;
Que son style humble et doux se relève à propos ;
Que ses discours, partout fertiles en bons mots,
Soient pleins de passions finement maniées,
Et les scènes toujours l'une à l'autre liées.
Aux dépens du bon sens gardez de plaisanter :
Jamais de la nature il ne faut s'écarter.
Contemplez de quel air un père dans Térence [2]
Vient d'un fils amoureux gourmander l'imprudence ;
De quel air cet amant écoute ses leçons,
Et court chez sa maîtresse oublier ces chansons.
Ce n'est pas un portrait, une image semblable ;
C'est un amant, un fils, un père véritable.
  J'aime sur le théâtre un agréable auteur
Qui, sans se diffamer aux yeux du spectateur,
Plaît par la raison seule, et jamais ne la choque ;
Mais pour un faux plaisant, à grossière équivoque,
Qui, pour me divertir, n'a que la saleté,
Qu'il s'en aille, s'il veut, sur deux tréteaux monté,
Amusant le Pont-Neuf de ses sornettes fades,
Aux laquais assemblés jouer ses mascarades.

## CHANT IV.

Dans Florence jadis vivait un médecin [3],
Savant hâbleur, dit-on, et célèbre assassin.
Lui seul y fit longtemps la publique misère :
Là le fils orphelin lui redemande un père ;
Ici le frère pleure un frère empoisonné :
L'un meurt vide de sang, l'autre plein de séné :
Le rhume à son aspect se change en pleurésie,
Et par lui la migraine est bientôt frénésie.
Il quitte enfin la ville, en tous lieux détesté.
De tous ses amis morts un seul ami resté
Le mène en sa maison de superbe structure.
C'était un riche abbé, fou de l'architecture.
Le médecin d'abord semble né dans cet art,
Déjà de bâtiments parle comme Mansard [1] :
D'un salon qu'on élève il condamne la face,
Au vestibule obscur il marque une autre place ;
Approuve l'escalier tourné d'autre façon.
Son ami le conçoit, et mande son maçon :
Le maçon vient, écoute, approuve, et se corrige.
Enfin, pour abréger un si plaisant prodige,
Notre assassin renonce à son art inhumain ;
Et désormais, la règle et l'équerre à la main,
Laissant de Galien la science suspecte,
De méchant médecin devient bon architecte.
  Son exemple est pour nous un précepte excellent :
Soyez plutôt maçon, si c'est votre talent,
Ouvrier estimé dans un art nécessaire,
Qu'écrivain du commun, et poëte vulgaire.
Il est dans tout autre art des degrés différents :
On peut avec honneur remplir les seconds rangs ;
Mais dans l'art dangereux de rimer et d'écrire,
Il n'est point de degrés du médiocre au pire ;
Qui dit froid écrivain, dit détestable auteur.
Boyer [2] est à Pinchêne [3] égal pour le lecteur ;
On ne lit guère plus Rampale et Ménardière [4], [re [8].
Que Maignon [5], du Souhait [6], Corbin [7], et la Morliè-
Un fou du moins fait rire, et peut nous égayer :
Mais un froid écrivain ne sait rien qu'ennuyer.
J'aime mieux Bergerac [9] et sa burlesque audace,
Que ces vers où Motin [10] se morfond et nous glace.
  Ne vous enivrez point des éloges flatteurs
Qu'un amas quelquefois de vains admirateurs
Vous donne en ces réduits, prompts à crier : Mer-
Tel écrit [11] récité se soutint à l'oreille, [veille !

---

[1] Comédie de Molière. (BOIL.)
[2] Voyez Simon, dans *l'Andrienne*; et Démée, dans *les Adelphes*. (BOIL.)
[3] ..... Il y a un médecin à Paris, nommé M. Perrault, très-grand ennemi de la santé et du bon sens ; mais en récompense fort grand ami de M. Quinault. Un mouvement de pitié pour son pays, ou plutôt le peu de gain qu'il faisait dans son métier, lui en fit à la fin embrasser un autre. Il a lu Vitruve, il a fréquenté M. le Vau et M. Ratabon, et s'est enfin jeté dans l'architecture, où l'on prétend qu'en peu d'années il a autant élevé de mauvais bâtiments, à quelque temps de là, j'ai inséré la métamorphose d'un médecin en architecte. (BOIL. *Lettre au maréchal de Vivonne*....... 1676.)

---

[1] Célèbre architecte. Il mourut en 1666, âgé de soixante-neuf ans.
[2] Auteur médiocre. (BOIL.)
[3] Pinchêne a déjà été nommé dans l'épitre VIII.
[4] Rampale et la Ménardière vivaient au milieu du dix-septième siècle.
[5] Maignon a composé un poëme fort long, intitulé l'*Encyclopédie*. (BOIL.)
[6] Du Souhait avait traduit l'*Iliade* en prose. (BOIL.)
[7] Corbin avait traduit la *Bible* mot à mot. (BOIL.)
[8] La Morlière méchant poëte. (BOIL.)
[9] Cyrano de Bergerac, auteur du *Voyage dans la Lune*. (BOIL.)
[10] Pierre Motin, contemporain et ami de Régnier, a laissé quelques poésies, imprimées dans les recueils du temps.
[11] Chapelain. (BOIL.)

Qui, dans l'impression au grand jour se montrant,
Ne soutient pas des yeux le regard pénétrant.
On sait de cent auteurs l'aventure tragique ;
Et Gombauld tant loué garde encor la boutique.
  Écoutez tout le monde, assidu consultant :
Un fat quelquefois ouvre un avis important.
Quelques vers toutefois qu'Apollon vous inspire,
En tous lieux aussitôt ne courez pas les lire,
Gardez-vous d'imiter ce rimeur furieux[1],
Qui, de ses vains écrits lecteur harmonieux,
Aborde en récitant quiconque le salue,
Et poursuit de ses vers les passants dans la rue.
Il n'est temple si saint des anges respecté[2],
Qui soit contre sa muse un lieu de sûreté.
Je vous l'ai déjà dit : aimez qu'on vous censure,
Et, souple à la raison, corrigez sans murmure.
Mais ne vous rendez pas dès qu'un sot vous reprend.
  Souvent dans son orgueil un subtil ignorant
Par d'injustes dégoûts combat toute une pièce,
Blâme des plus beaux vers la noble hardiesse.
On a beau réfuter ses vains raisonnements ;
Son esprit se complaît dans ses faux jugements ;
Et sa faible raison, de clarté dépourvue,
Pense que rien n'échappe à sa débile vue.
Ses conseils sont à craindre ; et si vous les croyez,
Pensant fuir un écueil, souvent vous vous noyez.
  Faites choix d'un censeur solide et salutaire,
Que la raison conduise et le savoir éclaire,
Et dont le crayon sûr d'abord aille chercher
L'endroit que l'on sent faible, et qu'on se veut cacher.
Lui seul éclaircira vos doutes ridicules,
De votre esprit tremblant lèvera les scrupules.
C'est lui qui vous dira par quel transport heureux
Quelquefois dans sa course un esprit vigoureux,
Trop resserré par l'art, sort des règles prescrites,
Et de l'art même apprend à franchir leurs limites.
Mais ce parfait censeur se trouve rarement.
Tel excelle à rimer qui juge sottement :
Tel s'est fait par ses vers distinguer dans la ville,
Qui jamais de Lucain n'a distingué Virgile[3].
  Auteurs, prêtez l'oreille à mes instructions.
Voulez-vous faire aimer vos riches fictions ?
Qu'en savantes leçons votre muse fertile
Partout joigne au plaisant le solide et l'utile.
Un lecteur sage fuit un vain amusement,
Et veut mettre à profit son divertissement. [vrages,
  Que votre âme et vos mœurs, peintes dans vos ou-
N'offrent jamais de vous que de nobles images.
Je ne puis estimer ces dangereux auteurs
Qui de l'honneur, en vers, infâmes déserteurs,
Trahissant la vertu sur un papier coupable,
Aux yeux de leurs lecteurs rendent le vice aimable.
  Je ne suis pas pourtant de ces tristes esprits
Qui, bannissant l'amour de tous chastes écrits,
D'un si riche ornement veulent priver la scène,
Traitent d'empoisonneurs et Rodrigue et Chimène[1].
L'amour le moins honnête exprimé chastement
N'excite point en nous de honteux mouvement.
Didon a beau gémir et m'étaler ses charmes ;
Je condamne sa faute en partageant ses larmes.
Un auteur vertueux, dans ses vers innocents,
Ne corrompt point le cœur en chatouillant les sens ;
Son feu n'allume point de criminelle flamme.
Aimez donc la vertu, nourrissez-en votre âme :
En vain l'esprit est plein d'une noble vigueur ;
Le vers se sent toujours des bassesses du cœur.
  Fuyez surtout, fuyez ces basses jalousies,
Des vulgaires esprits malignes frénésies.
Un sublime écrivain n'en peut être infecté ;
C'est un vice qui suit la médiocrité.
Du mérite éclatant cette sombre rivale
Contre lui chez les grands incessamment cabale,
Et, sur les pieds en vain tâchant de se hausser,
Pour s'égaler à lui cherche à le rabaisser.
Ne descendons jamais dans ces lâches intrigues :
N'allons point à l'honneur par de honteuses brigues.
  Que les vers ne soient pas votre éternel emploi.
Cultivez vos amis, soyez hommes de foi :
C'est peu d'être agréable et charmant dans un livre ;
Il faut savoir encore et converser et vivre.
  Travaillez pour la gloire, et qu'un sordide gain
Ne soit jamais l'objet d'un illustre écrivain.
Je sais qu'un noble esprit peut, sans honte et sans
Tirer de son travail un tribut légitime ;      [crime,
Mais je ne puis souffrir ces auteurs renommés,
Qui, dégoûtés de gloire, et d'argent affamés,
Mettent leur Apollon aux gages d'un libraire,
Et font d'un art divin un métier mercenaire.
  Avant que la raison, s'expliquant par la voix,
Eût instruit les humains, eût enseigné des lois,
Tous les hommes suivaient la grossière nature,
Dispersés dans les bois couraient à la pâture :
La force tenait lieu de droit et d'équité ;
Le meurtre s'exerçait avec impunité.
Mais du discours enfin l'harmonieuse adresse
De ces sauvages mœurs adoucit la rudesse,
Rassembla les humains dans les forêts épars,
Enferma les cités de murs et de remparts,
De l'aspect du supplice effraya l'insolence,

---

[1] Du Perrier. (BOIL.) — Il était né en Provence, et neveu de François du Perrier que Malherbe a immortalisé dans les stances qu'il lui adressa pour le consoler de la mort de sa fille. (BOIL.)
[2] Il récita ses vers à l'auteur malgré lui, dans une église. (BOIL.)
[3] On croit que Boileau a voulu désigner ici le grand Corneille.

[1] Voyez le *Traité de la Comédie* par Nicole.

Et sous l'appui des lois mit la faible innocence.
Cet ordre fut, dit-on, le fruit des premiers vers.
De là sont nés ces bruits reçus dans l'univers,
Qu'aux accents dont Orphée emplit les monts de
Qu'aux accents dont Orphée emplit les monts de Thrace,
Qu'aux accords d'Amphion les pierres se mouvaient,
Et sur les murs thébains en ordre s'élevaient.
L'harmonie en naissant produisit ces miracles.
Depuis, le ciel en vers fit parler les oracles;
Du sein d'un prêtre ému d'une divine horreur,
Apollon par des vers exhala sa fureur.
Bientôt, ressuscitant les héros des vieux âges,
Homère aux grands exploits anima les courages.
Hésiode [1] à son tour, par d'utiles leçons,
Des champs trop paresseux vint hâter les moissons.
En mille écrits fameux la sagesse tracée
Fut, à l'aide des vers, aux mortels annoncée,
Et partout des esprits ses préceptes vainqueurs,
Introduits par l'oreille, entrèrent dans les cœurs.
Pour tant d'heureux bienfaits les Muses révérées
Furent d'un juste encens dans la Grèce honorées;
Et leur art, attirant le culte des mortels,
A sa gloire en cent lieux vit dresser des autels.
Mais enfin, l'indigence amenant la bassesse,
Le Parnasse oublia sa première noblesse,
Un vil amour du gain, infectant les esprits,
De mensonges grossiers souilla tous les écrits;
Et partout, enfantant mille ouvrages frivoles,
Trafiqua du discours et vendit les paroles.
  Ne vous flétrissez point par un vice si bas.
Si l'or seul a pour vous d'invincibles appas,
Fuyez ces lieux charmants qu'arrose le Permesse:
Ce n'est point sur ses bords qu'habite la richesse.
Aux plus savants auteurs, comme aux plus grands guerriers,
Apollon ne promet qu'un nom et des lauriers.
  Mais quoi! dans la disette une muse affamée
Ne peut pas, dira-t-on, subsister de fumée;
Un auteur qui, pressé d'un besoin importun,
Le soir entend crier ses entrailles à jeun,
Goûte peu d'Hélicon les douces promenades:
Horace a bu son soûl quand il voit les Ménades;
Et, libre du souci qui trouble Colletet,
N'attend pas pour dîner le succès d'un sonnet.
  Il est vrai: mais enfin cette affreuse disgrâce
Rarement parmi nous afflige le Parnasse. [arts
Et que craindre en ce siècle, où toujours les beaux

[1] Poëte grec, né à Cumes en Éolide, et contemporain d'Homère. Il est l'auteur d'un poëme sur l'agriculture, que Virgile a imité et surpassé dans ses *Géorgiques*.

D'un astre favorable éprouvent les regards,
Où d'un prince éclairé la sage prévoyance
Fait partout au mérite ignorer l'indigence?
  Muses, dictez sa gloire à tous vos nourrissons:
Son nom vaut mieux pour eux que toutes vos leçons.
Que Corneille, pour lui, rallumant son audace,
Soit encor le Corneille et du Cid et d'Horace:
Que Racine, enfantant des miracles nouveaux,
De ses héros sur lui forme tous les tableaux:
Que de son nom, chanté par la bouche des belles,
Benserade en tous lieux amuse les ruelles:
Que Segrais dans l'églogue en charme les forêts;
Que pour lui l'épigramme aiguise tous ses traits.
Mais quel heureux auteur, dans une autre Énéide,
Aux bords du Rhin tremblant conduira cet Alcide?
Quelle savante lyre au bruit de ses exploits
Fera marcher encor les rochers et les bois;
Chantera le Batave, éperdu dans l'orage,
Soi-même se noyant pour sortir du naufrage,
Dira les bataillons sous Mastricht enterrés,
Dans ces affreux assauts du soleil éclairés?
  Mais, tandis que je parle, une gloire nouvelle
Vers ce vainqueur rapide aux Alpes vous appelle.
Déjà Dôle et Salins [1] sous le joug ont ployé;
Besançon fume encor sous son roc foudroyé.
Où sont ces grands guerriers dont les fatales ligues
Devaient à ce torrent opposer tant de digues?
Est-ce encor en fuyant qu'ils pensent l'arrêter,
Fiers du honteux honneur d'avoir su l'éviter?
Que de remparts détruits! que de villes forcées!
Que de moissons de gloire en courant amassées!
  Auteurs, pour les chanter redoublez vos trans-
Le sujet ne veut pas de vulgaires efforts.  [ports:
  Pour moi, qui, jusqu'ici nourri dans la satire,
N'ose encor manier la trompette et la lyre,
Vous me verrez pourtant, dans ce champ glorieux,
Vous animer du moins de la voix et des yeux;
Vous offrir ces leçons que ma muse au Parnasse
Rapporta, jeune encor, du commerce d'Horace;
Seconder votre ardeur, échauffer vos esprits,
Et vous montrer de loin la couronne et le prix.
Mais aussi pardonnez, si, plein de ce beau zèle,
De tous vos pas fameux observateur fidèle,
Quelquefois du bon or je sépare le faux,
Et des auteurs grossiers j'attaque les défauts:
Censeur un peu fâcheux, mais souvent nécessaire,
Plus enclin à blâmer, que savant à bien faire.

[1] Places de la Franche-Comté prises en plein hiver. (BOIL.)

FIN DE L'ART POÉTIQUE.

# LE LUTRIN,

POËME HÉROÏ-COMIQUE.

## AU LECTEUR.

Je ne ferai point ici comme Arioste [1], qui, quelquefois sur le point de débiter la fable du monde la plus absurde, la garantit vraie d'une vérité reconnue, et l'appuie même de l'autorité de l'archevêque Turpin [2]. Pour moi, je déclare franchement que tout le poëme du Lutrin n'est qu'une pure fiction, et que tout y est inventé, jusqu'au nom même du lieu où l'action se passe. Je l'ai appelé Pourges [3], du nom d'une petite chapelle qui était autrefois proche Montlhéry. C'est pourquoi le lecteur ne doit pas s'étonner que, pour y arriver de Bourgogne, la Nuit prenne le chemin de Paris et de Montlhéry.

C'est une assez bizarre occasion qui a donné lieu à ce poëme. Il n'y a pas longtemps que, dans une assemblée où j'étais, la conversation tomba sur le poëme héroïque. Chacun en parla suivant ses lumières. A l'égard de moi, comme on m'en eut demandé mon avis, je soutins ce que j'ai avancé dans ma poétique, qu'un poëme héroïque, pour être excellent, devait être chargé de peu de matière, et que c'était à l'invention à la soutenir et à l'étendre. La chose fut fort contestée. On s'échauffa beaucoup; mais, après bien des raisons alléguées pour et contre, il arriva ce qui arrive ordinairement en toutes ces sortes de disputes : je veux dire qu'on ne se persuada point l'un l'autre, et que chacun demeura ferme dans son opinion. La chaleur de la dispute étant passée, on parla d'autre chose, et on se mit à rire de la manière dont on s'était échauffé sur une question aussi peu importante que celle-là. On moralisa fort sur la folie des hommes qui passent presque toute leur vie à faire sérieusement de très-grandes bagatelles, et qui se font souvent une affaire considérable d'une chose indifférente. A propos de cela, un provincial raconta un démêlé fameux, qui était arrivé autrefois dans une petite église de sa province, entre le trésorier et le chantre, qui sont les deux premières dignités de cette église, pour savoir si un lutrin serait placé à un endroit ou à un autre. La chose fut trouvée plaisante. Sur cela un des savants de l'assemblée, qui ne pouvait pas oublier sitôt la dispute, me demanda si moi, qui voulais si peu de matière pour un poëme héroïque, j'entreprendrais d'en faire un sur un démêlé aussi peu chargé d'incidents que celui de cette église. J'eus plus tôt dit : Pourquoi non? que je n'eus fait réflexion sur ce qu'il me demandait. Cela fit faire un éclat de rire à la compagnie, et je ne pus m'empêcher de rire comme les autres, ne pensant pas en effet moi-même que je dusse jamais me mettre en état de tenir parole. Néanmoins, le soir, me trouvant de loisir, je rêvai à la chose, et ayant imaginé en général la plaisanterie que le lecteur va voir, j'en fis vingt vers que je montrai à mes amis. Ce commencement les réjouit assez. Le plaisir que je vis qu'ils y prenaient m'en fit faire encore vingt autres : ainsi, de vingt vers en vingt vers, j'ai poussé enfin l'ouvrage à près de neuf cents [1]. Voilà toute l'histoire de la bagatelle que je donne au public. J'aurais bien voulu la lui donner achevée; mais des raisons très-secrètes, dont le lecteur trouvera bon que je ne l'instruise pas, m'en ont empêché. Je ne me serais pourtant pas pressé de le donner imparfait, comme il est, n'eût été les misérables fragments qui en ont couru [2]. C'est un burlesque nouveau, dont je me suis avisé en notre langue : car, au lieu que dans l'autre burlesque, Didon et Énée parlaient comme des harengères et des crocheteurs, dans celui-ci, une horlogère et un horloger [3] parlent comme Didon et Énée. Je ne sais donc si mon poëme aura les qualités propres à satisfaire un lecteur; mais j'ose me flatter qu'il aura au moins l'agrément de la nouveauté, puisque je ne pense pas qu'il y ait d'ouvrage de cette nature en notre langue; la *Défaite des bouts-rimés* de Sarasin étant plutôt une pure allégorie qu'un poëme comme celui-ci.

## AU LECTEUR.

### 1701.

Il serait inutile maintenant de nier que le poëme suivant a été composé à l'occasion d'un différend assez léger, qui s'émut, dans une des plus célèbres églises de Paris, entre le trésorier et le chantre. Mais c'est tout ce qu'il y a

---

[1] On dirait aujourd'hui l'*Arioste*.
[2] Turpin, Tulpin, ou Tilpin, moine de Saint-Denis, puis archevêque de Reims, mourut sur la fin du huitième siècle. Le roman qui porte son nom paraît n'avoir été composé que sur la fin du onzième.
[3] Bourges.

[1] Boileau n'avait encore fait que les quatre premiers chants. Aujourd'hui son poëme a plus de douze cents vers.
[2] Ces fragments avaient été imprimés en 1673, à la suite de la *Réponse au Pain bénit* du sieur de Marigny.
[3] L'auteur leur substitue dans la suite un perruquier et une perruquière.

de vrai. Le reste, depuis le commencement jusqu'à la fin, est une pure fiction; et tous les personnages y sont non-seulement inventés, mais j'ai eu soin même de les faire d'un caractère directement opposé au caractère de ceux qui desservent cette église, dont la plupart, et principalement les chanoines, sont tous gens, non-seulement d'une fort grande probité, mais de beaucoup d'esprit, et entre lesquels il y en a tel à qui je demanderais aussi volontiers son sentiment sur mes ouvrages, qu'à beaucoup de messieurs de l'Académie. Il ne faut donc pas s'étonner si personne n'a été offensé de l'impression de ce poëme, puisqu'il n'y a en effet personne qui y soit véritablement attaqué. Un prodigue ne s'avise guère de s'offenser de voir rire d'un avare, ni un dévot de voir tourner en ridicule un libertin. Je ne dirai point comment je fus engagé à travailler à cette bagatelle sur une espèce de défi qui me fut fait en riant par feu M. le premier président de Lamoignon, qui est celui que j'y peins sous le nom d'Ariste. Ce détail, à mon avis, n'est pas fort nécessaire. Mais je croirais me faire un trop grand tort, si je laissais échapper cette occasion d'apprendre à ceux qui l'ignorent, que ce grand personnage, durant sa vie, m'a honoré de son amitié. Je commençai à le connaitre dans le temps que mes satires faisaient le plus de bruit; et l'accès obligeant qu'il me donna dans son illustre maison fit avantageusement mon apologie contre ceux qui voulaient m'accuser alors de libertinage et de mauvaises mœurs. C'était un homme d'un savoir étonnant et passionné admirateur de tous les bons livres de l'antiquité, et c'est ce qui lui fit plus aisément souffrir mes ouvrages, où il crut entrevoir quelque goût des anciens. Comme sa piété était sincère, elle était aussi fort gaie, et n'avait rien d'embarrassant. Il ne s'effraya point du nom de satire que portaient ces ouvrages, où il ne vit en effet que des vers et des auteurs attaqués. Il me loua même plusieurs fois d'avoir purgé, pour ainsi dire, ce genre de poésie de la saleté qui lui avait été jusqu'alors comme affectée. J'eus donc le bonheur de ne lui être pas désagréable. Il m'appela à tous ses plaisirs et à tous ses divertissements, c'est-à-dire à ses lectures et à ses promenades. Il me favorisa même quelquefois de sa plus étroite confidence, et me fit voir à fond son âme entière. Et que n'y vis-je point! Quel trésor surprenant de probité et de justice! Quel fonds inépuisable de piété et de zèle! Bien que sa vertu jetât un fort grand éclat au dehors, c'était tout autre chose au dedans; et on voyait bien qu'il avait soin d'en tempérer les rayons, pour ne pas blesser les yeux d'un siècle aussi corrompu que le nôtre. Je fus sincèrement épris de tant de qualités admirables; et s'il eut beaucoup de bonne volonté pour moi, j'eus aussi pour lui une très-forte attache. Les soins que je lui rendis ne furent mêlés d'aucune raison d'intérêt mercenaire; et je songeai bien plus à profiter de sa conversation que de son crédit. Il mourut dans le temps que cette amitié était en son plus haut point; et le souvenir de sa perte m'afflige encore tous les jours. Pourquoi faut-il que des hommes si dignes de vivre soient sitôt enlevés du monde, tandis que des misérables et des gens de rien arrivent à une extrême vieillesse! Je ne m'étendrai pas davantage sur un sujet si triste; car je sens bien que si je continuais à en parler, je ne pourrais m'empêcher de mouiller peut-être de larmes la préface d'un ouvrage de pure plaisanterie.

## ARGUMENT.

Le trésorier remplit la première dignité du chapitre dont il est ici parlé, et il officie avec toutes les marques de l'épiscopat. Le chantre remplit la seconde dignité. Il y avait autrefois dans le chœur, à la place de celui-ci, un énorme pupitre ou lutrin, qui le couvrait presque tout entier. Il le fit ôter. Le trésorier voulut le faire remettre. De là arriva une dispute, qui fait le sujet de ce poëme.

## CHANT PREMIER.

Je chante les combats, et ce prélat terrible [1]
Qui, par ses longs travaux et sa force invincible,
Dans une illustre église exerçant son grand cœur,
Fit placer à la fin un lutrin dans le chœur.
C'est en vain que le chantre [2], abusant d'un faux titre,
Deux fois l'en fit ôter par les mains du chapitre :
Ce prélat, sur le banc de son rival altier
Deux fois le reportant, l'en couvrit tout entier.
 Muse, redis-moi donc quelle ardeur de vengeance
De ces hommes sacrés rompit l'intelligence,
Et troubla si longtemps deux célèbres rivaux :
Tant de fiel entre-t-il dans l'âme des dévots?
 Et toi, fameux héros [3], dont la sage entremise
De ce schisme naissant débarrassa l'Église,
Viens d'un regard heureux animer mon projet,
Et garde-toi de rire en ce grave sujet.
 Parmi les deux plaisirs d'une paix fraternelle
Paris voyait fleurir son antique chapelle :
Ses chanoines vermeils et brillants de santé
S'engraissaient d'une longue et sainte oisiveté :
Sans sortir de leurs lits, plus doux que leurs hermines,
Ces pieux fainéants faisaient chanter matines,
Veillaient à bien dîner, et laissaient en leur lieu
A des chantres gagés le soin de louer Dieu;
Quand la Discorde, encor toute noire de crimes,
Sortant des Cordeliers pour aller aux Minimes [4],
Avec cet air hideux qui fait frémir la Paix,

---
[1] Claude Auvry, ancien évêque de Coutances, était alors trésorier de la Sainte-Chapelle. Il avait été camérier (officier de chambre) du cardinal Mazarin.
[2] Jacques Barrin, fils de M. la Galissonnière, maître des requêtes.
[3] M. le premier président de Lamoignon. (BOIL.)
[4] Il y eut de grandes brouilleries dans ces deux couvents à l'occasion de quelques supérieurs qu'on y voulait élire. (BOIL.)

S'arrêta près d'un arbre au pied de son palais.
Là, d'un œil attentif contemplant son empire,
A l'aspect du tumulte elle-même s'admire.
Elle y voit par le coche et d'Évreux et du Mans
Accourir à grands flots ses fidèles Normands :
Elle y voit aborder le marquis, la comtesse,
Le bourgeois, le manant, le clergé, la noblesse;
Et partout des plaideurs les escadrons épars
Faire autour de Thémis flotter ses étendards.
Mais une église seule à ses yeux immobile
Garde au sein du tumulte une assiette tranquille :
Elle seule la brave; elle seule aux procès
De ses paisibles murs veut défendre l'accès.
La Discorde, à l'aspect d'un calme qui l'offense,
Fait siffler ses serpents, s'excite à la vengeance :
Sa bouche se remplit d'un poison odieux,
Et de longs traits de feu lui sortent par les yeux.
« Quoi! dit-elle d'un ton qui fit trembler les vitres,
J'aurais pu jusqu'ici brouiller tous les chapitres,
Diviser Cordeliers, Carmes et Célestins ;
J'aurais fait soutenir un siège aux Augustins ;
Et cette église seule, à mes ordres rebelle,
Nourrira dans son sein une paix éternelle!
Suis-je donc la Discorde? et parmi les mortels,
Qui voudra désormais encenser mes autels¹ ? »
  A ces mots, d'un bonnet couvrant sa tête énorme,
Elle prend d'un vieux chantre et la taille et la forme ;
Elle peint de bourgeons son visage guerrier,
Et s'en va de ce pas trouver le trésorier.
  Dans le réduit obscur d'une alcove enfoncée
S'élève un lit de plume à grands frais amassée :
Quatre rideaux pompeux, par un double contour
En défendent l'entrée à la clarté du jour.
Là, parmi les douceurs d'un tranquille silence,
Règne sur le duvet une heureuse indolence :
C'est là que le prélat, muni d'un déjeûner,
Dormant d'un léger somme attendait le dîner.
La jeunesse en sa fleur brille sur son visage :
Son menton sur son sein descend à double étage;
Et son corps, ramassé dans sa courte grosseur,
Fait gémir les coussins sous sa molle épaisseur.
  La déesse en entrant, qui voit la nappe mise,
Admire un si bel ordre et reconnaît l'Église ;
Et, marchant à grands pas vers le lieu du repos,
Au prélat sommeillant elle adresse ces mots :
  « Tu dors, prélat, tu dors, et là-haut à ta place
Le chantre aux yeux du chœur étale son audace,
Chante les *oremus*, fait des processions,
Et répand à grands flots les bénédictions ! [tre,
Tu dors! Attends-tu donc que, sans bulle et sans ti-
Il te ravisse encor le rochet et la mitre ?

VIRG. lib. I, v. 52. (BOIL.)

Sors de ce lit oiseux qui te tient attaché,
Et renonce au repos, ou bien à l'évêché¹. »
  Elle dit ; et, du vent de sa bouche profane,
Lui souffle avec ces mots l'ardeur de la chicane.
Le prélat se réveille, et plein d'émotion,
Lui donne toutefois la bénédiction.
Tel qu'on voit un taureau qu'une guêpe en furie
A piqué dans les flancs aux dépens de sa vie,
Le superbe animal, agité de tourments,
Exhale sa douleur en longs mugissements :
Tel le fougueux prélat, que ce songe épouvante,
Querelle, en se levant, et laquais et servante,
Et d'un juste courroux rallumant sa vigueur,
Même avant le dîner parle d'aller au chœur.
Le prudent Gilotin², son aumônier fidèle,
En vain par ses conseils sagement le rappelle ;
Lui montre le péril ; que midi va sonner ;
Qu'il va faire, s'il sort, refroidir le dîner.
  « Quelle fureur, dit-il, quel aveugle caprice,
Quand le dîner est prêt, vous appelle à l'office ?
De votre dignité soutenez mieux l'éclat :
Est-ce pour travailler que vous êtes prélat?
A quoi bon ce dégoût et ce zèle inutile ?
Est-il donc pour jeûner quatre-temps ou vigile?
Reprenez vos esprits, et souvenez-vous bien
Qu'un dîner réchauffé ne valut jamais rien. »
  Ainsi dit Gilotin, et ce ministre sage
Sur table, au même instant, fait servir le potage.
Le prélat voit la soupe, et, plein d'un saint respect,
Demeure quelque temps muet à cet aspect.
Il cède, dîne enfin ; mais toujours plus farouche,
Les morceaux, trop hâtés, se pressent dans sa bouche.
Gilotin en gémit, et, sortant de fureur,
Chez tous ses partisans va semer la terreur.
  On voit courir chez lui leurs troupes éperdues,
Comme l'on voit marcher les bataillons de grues³,
Quand le Pygmée⁴ altier, redoublant ses efforts,
De l'Hèbre⁵ ou du Strymon⁶ vient d'occuper les
A l'aspect imprévu de leur foule agréable, [bords.
Le prélat radouci veut se lever de table :
La couleur lui renaît, sa voix change de ton ;

¹ C'est-à-dire au droit d'officier pontificalement aux grandes fêtes de l'année, droit qui avait été accordé par l'antipape Benoît XIII au trésorier, dans la personne de Hugues Boileau, confesseur du roi Charles V, et l'un des ancêtres de notre poète.
² Son véritable nom était Guéronet. Le trésorier lui donna dans la suite la cure de la Sainte-Chapelle.
³ HOMÈRE, *Iliad.* liv. III, v. 6. (BOIL.)
⁴ Les Pygmées n'avaient, suivant la Fable, qu'une coudée de haut; et Pline raconte que ce peuple altier était en guerre continuelle avec les grues, qui le chassèrent de la ville de Gérania.
⁵ Fleuve de Thrace. (BOIL.)
⁶ Fleuve de l'ancienne Thrace, et depuis la Macédoine. (BOIL.)

Il fait par Gilotin rapporter un jambon.
Lui-même le premier, pour honorer la troupe,
D'un vin pur et vermeil il fait remplir sa coupe ;
Il l'avale d'un trait ; et chacun l'imitant,
La cruche au large ventre est vide en un instant.
Sitôt que du nectar la troupe est abreuvée,
On dessert ; et soudain, la nappe étant levée,
Le prélat, d'une voix conforme à son malheur,
Leur confie en ces mots sa trop juste douleur :
« Illustres compagnons de mes longues fatigues,
Qui m'avez soutenu par vos pieuses ligues,
Et par qui, maître enfin d'un chapitre insensé,
Seul à MAGNIFICAT je me vois encensé, [ge ;
Souffrirez-vous toujours qu'un orgueilleux m'outra-
Que le chantre à vos yeux détruise votre ouvrage,
Usurpe tous vos droits, et, s'égalant à moi,
Donne à votre lutrin et le ton et la loi ?
Ce matin même encor, ce n'est point un mensonge,
Une divinité me l'a fait voir en songe ;
L'insolent, s'emparant du fruit de mes travaux,
A prononcé pour moi le BENEDICAT VOS ! [mes. »
Oui, pour mieux m'égorger, il prend mes propres ar-
Le prélat à ces mots verse un torrent de larmes.
Il veut, mais vainement, poursuivre son discours ;
Ses sanglots redoublés en arrêtent le cours.
Le zélé Gilotin, qui prend part à sa gloire,
Pour lui rendre la voix fait apporter à boire ;
Quand Sidrac[1] à qui l'âge allonge le chemin,
Arrive dans la chambre, un bâton à la main.
Ce vieillard dans le chœur a déjà vu quatre âges :
Il sait de tous les temps les différents usages ;
Et son rare savoir, de simple marguillier[2],
L'éleva par degrés au rang de chevecier[3].
A l'aspect du prélat qui tombe en défaillance,
Il devine son mal, il se ride, il s'avance,
Et d'un ton paternel réprimant ses douleurs :
« Laisse au chantre, dit-il, la tristesse et les pleurs,
Prélat ; et, pour sauver tes droits et ton empire,
Écoute seulement ce que le ciel m'inspire.
Vers cet endroit du chœur où le chantre orgueilleux
Montre, assis à ta gauche, un front si sourcilleux ;
Sur ce rang d'ais serrés qui forment sa clôture,
Fut jadis un lutrin d'inégale structure,
Dont les flancs élargis, de leur vaste contour,
Ombrageaient pleinement tous les lieux d'alentour.
Derrière ce lutrin, ainsi qu'au fond d'un antre,
A peine sur son banc on discernait le chantre ;

Tandis qu'à l'autre banc le prélat radieux,
Découvert au grand jour, attirait tous les yeux.
Mais un démon, fatal à cette ample machine,
Soit qu'une main la nuit eût hâté sa ruine,
Soit qu'ainsi de tout temps l'ordonnât le destin,
Fit tomber à nos yeux le pupitre un matin.
J'eus beau prendre le ciel et le chantre à partie ;
Il fallut l'emporter dans notre sacristie,
Où depuis trente hivers, sans gloire enseveli,
Il languit tout poudreux dans un honteux oubli.
Entends-moi donc, prélat. Dès que l'ombre tranquille
Viendra d'un crêpe noir envelopper la ville,
Il faut que trois de nous, sans tumulte et sans bruit,
Partent à la faveur de la naissante nuit,
Et du lutrin rompu réunissant la masse,
Aillent d'un zèle adroit le remettre en sa place.
Si le chantre demain ose le renverser,
Alors de cent arrêts tu le peux terrasser.
Pour soutenir tes droits, que le ciel autorise,
Abîme tout plutôt ; c'est l'esprit de l'Église.
C'est par là qu'un prélat signale sa vigueur.
Ne borne pas ta gloire à prier dans un chœur :
Ces vertus dans Aleth[1] peuvent être en usage ;
Mais dans Paris, plaidons : c'est là notre partage.
Tes bénédictions dans le trouble croissant,
Tu pourras les répandre et par vingt et par cent,
Et, pour braver le chantre en son orgueil extrême,
Les répandre à ses yeux, et le bénir lui-même. »
Ce discours aussitôt frappe tous les esprits ;
Et le prélat charmé l'approuve par des cris.
Il veut que, sur-le-champ, dans la troupe on choisisse
Les trois que Dieu destine à ce pieux office :
Mais chacun prétend part à cet illustre emploi.
« Le sort, dit le prélat, vous servira de loi[2] :
Que l'on tire au billet ceux que l'on doit élire. »
Il dit ; on obéit ; on se presse d'écrire.
Aussitôt trente noms, sur le papier tracés,
Sont au fond d'un bonnet par billets entassés.
Pour tirer ces billets avec moins d'artifice,
Guillaume, enfant de chœur, prête sa main novice :
Son front nouveau tondu, symbole de candeur,
Rougit, en approchant, d'une honnête pudeur.
Cependant le prélat, l'œil au ciel, la main nue,
Bénit trois fois les noms, et trois fois les remue.
Il tourne le bonnet : l'enfant tire ; et Brontin[3]
Est le premier des noms qu'apporte le destin.
Le prélat en conçoit un favorable augure,

---

[1] « Sidrac est le vrai nom d'un vieux chapelain-clerc de « la Sainte-Chapelle, c'est-à-dire, un chantre-musicien, « dont la voix était une taille fort belle : son personnage n'est « point feint. » (Lettre de l'abbé Boileau à Brossette, 12 février 1703.)
[2] C'est celui qui a soin des reliques. (BOIL.)
[3] C'est celui qui a soin des chapes et de la cire. (BOIL.)

[1] Ville du Bas-Languedoc, dont Nicolas Pavillon était alors évêque. Étienne Pavillon, l'un de nos poëtes les plus aimables, était neveu de ce prélat.
[2] HOMÈRE, Iliad. liv. VII, v. 171. (BOIL.)
[3] Son vrai nom était Frontin. Il était prêtre du diocèse de Chartres, et sous-marguillier de la Sainte-Chapelle.

Et ce nom dans la troupe excite un doux murmure.
On se tait; et bientôt on voit paraître au jour
Le nom, le fameux nom du perruquier l'Amour[1].
Ce nouvel Adonis, à la blonde crinière,
Est l'unique soutien d'Anne sa perruquière.
Ils s'adorent l'un l'autre; et ce couple charmant
S'unit longtemps, dit-on, avant le sacrement :
Mais, depuis trois moissons, à leur saint assemblage
L'official a joint le nom de mariage.
Ce perruquier superbe est l'effroi du quartier[2],
Et son courage est peint sur son visage altier.
Un des noms reste encore, et le prélat, par grâce,
Une dernière fois les brouille et les ressasse.
Chacun croit que son nom est le dernier des trois.
Mais que ne dis-tu point, ô puissant porte-croix,
Boirude[3], sacristain, cher appui de ton maître,
Lorsqu'aux yeux du prélat tu vis ton nom paraître!
On dit que ton front jaune, et ton teint sans couleur,
Perdit en ce moment son antique pâleur;
Et que ton corps goutteux, plein d'une ardeur guerriè- [re,
Pour sauter au plancher fit deux pas en arrière.
Chacun bénit tout haut l'arbitre des humains,
Qui remet leur bon droit en de si bonnes mains.
Aussitôt on se lève; et l'assemblée en foule,
Avec un bruit confus, par les portes s'écoule.
Le prélat resté seul calme un peu son dépit,
Et jusques au souper se couche et s'assoupit.

## CHANT II.

Cependant cet oiseau qui prône les merveilles,
Ce monstre composé de bouches et d'oreilles[4],
Qui, sans cesse volant de climats en climats,
Dit partout ce qu'il sait et ce qu'il ne sait pas;
La Renommée enfin, cette prompte courrière,
Va lui dit que son époux, d'un faux zèle conduit,
Pour placer un lutrin doit veiller cette nuit.
A ce triste récit, tremblante, désolée,

Elle accourt, l'œil en feu, la tête échevelée,
Et trop sûre d'un mal qu'on pense lui celer :
« Oses-tu bien encor, traître, dissimuler[1]?
Dit-elle : et ni la foi que ta main m'a donnée,
Ni nos embrassements qu'a suivis l'hyménée,
Ni ton épouse enfin toute prête à périr,
Ne sauraient donc t'ôter cette ardeur de courir!
Perfide! si du moins, à ton devoir fidèle,
Tu veillais pour orner quelque tête nouvelle!
L'espoir d'un juste gain consolant ma langueur
Pourrait de ton absence adoucir la longueur.
Mais quel zèle indiscret, quelle aveugle entreprise
Arme aujourd'hui ton bras en faveur d'une église?
Où vas-tu, cher époux? est-ce que tu me fuis?
As-tu donc oublié tant de si douces nuits?
Quoi! d'un œil sans pitié vois-tu couler mes larmes?
Au nom de nos baisers jadis si pleins de charmes,
Si mon cœur, de tout temps facile à tes désirs,
N'a jamais d'un moment différé tes plaisirs;
Si, pour te prodiguer mes plus tendres caresses,
Je n'ai point exigé ni serments, ni promesses,
Si toi seul à mon lit enfin eus toujours part,
Diffère au moins d'un jour ce funeste départ. »
En achevant ces mots, cette amante enflammée
Sur un placet voisin tombe demi-pâmée.
Son époux s'en émeut, et son cœur éperdu
Entre deux passions demeure suspendu;
Mais enfin rappelant son audace première :
« Ma femme, lui dit-il d'une voix douce et fière,
Je ne veux point nier les solides bienfaits
Dont ton amour prodigue a comblé mes souhaits;
Et le Rhin de ses flots ira grossir la Loire,
Avant que tes faveurs sortent de ma mémoire.
Mais ne présume pas qu'en te donnant ma foi
L'hymen m'ait pour jamais asservi sous ta loi :
Si le ciel en mes mains eût mis ma destinée,
Nous aurions fui tous deux le joug de l'hyménée;
Et, sans nous opposer des devoirs prétendus,
Nous goûterions encor des plaisirs défendus.
Cesse donc à mes yeux d'étaler un vain titre;
Ne m'ôte pas l'honneur d'élever un pupitre;
Et toi-même, donnant un frein à tes désirs,
Raffermis ma vertu qu'ébranlent tes soupirs.
Que te dirai-je enfin? c'est le ciel qui m'appelle.
Une église, un prélat m'engage en sa querelle.
Il faut partir : j'y cours. Dissipe tes douleurs,
Et ne me trouble plus par ces indignes pleurs. »
Il la quitte à ces mots. Son amante effarée
Demeure le teint pâle, et la vue égarée :
La force l'abandonne; et sa bouche, trois fois
Voulant le rappeler, ne trouve plus de voix.

---

[1] Molière a peint le caractère de cet homme dans son *Médecin malgré lui*, à la fin de la première scène, sur ce que M. Despréaux lui en avait dit. (BOIL.) — Didier l'Amour avait sa boutique dans la cour du Palais, sous l'escalier de la Sainte-Chapelle.

[2] Il exerçait une sorte de police dans la cour du Palais : armé d'un long fouet, il en chassait impitoyablement les enfants et les chiens qui venaient y faire du bruit. Mais son courage n'avait pas toujours été renfermé dans une enceinte aussi bornée Pendant les troubles de Paris, le peuple ayant mis le feu aux portes de l'hôtel de ville, l'intrépide Didier se fit jour à travers la populace, et tira de l'hôtel de ville deux ou trois de ses amis, qui y étaient en danger.

[3] François Sirude, sous-marguillier, ou sacristain de la Sainte-Chapelle, portait ordinairement la croix ou la bannière aux processions. Il fut, dans la suite, vicaire de la Sainte-Chapelle.

[4] *Énéid.* liv. IV, v. 173.

[1] *Énéid.* v. 305. (BOIL.)

Elle fuit; et, de pleurs inondant son visage,
Seule pour s'enfermer monte au cinquième étage;
Mais, d'un bouge prochain accourant à ce bruit,
Sa servante Alizon la rattrape, et la suit.
 Les ombres cependant, sur la ville épandues,
Du faîte des maisons descendent dans les rues [1];
Le souper hors du chœur chasse les chapelains,
Et de chantres buvants les cabarets sont pleins.
Le redouté Brontin, que son devoir éveille,
Sort à l'instant, chargé d'une triple bouteille
D'un vin dont Gilotin, qui savait tout prévoir,
Au sortir du conseil eut soin de le pourvoir.
L'odeur d'un jus si doux lui rend le faix moins rude :
Il est bientôt suivi du sacristain Boirude;
Et tous deux, de ce pas, s'en vont avec chaleur
Du trop lent perruquier réveiller la valeur.
« Partons, lui dit Brontin : déjà le jour plus sombre,
Dans les eaux s'éteignant, va faire place à l'ombre.
D'où vient ce noir chagrin que je lis dans tes yeux?
Quoi! le pardon sonnant te retrouve en ces lieux?
Où donc est ce grand cœur dont tantôt l'allégresse
Semblait du jour trop long accuser la paresse?
Marche, et suis-nous du moins où l'honneur nous at-
Le perruquier honteux rougit en l'écoutant. [tend. »
Aussitôt de longs clous il prend une poignée :
Sur son épaule il charge une lourde coignée;
Et derrière son dos, qui tremble sous le poids,
Il attache une scie en forme de carquois :
Il sort au même instant, il se met à leur tête.
A suivre ce grand chef l'un et l'autre s'apprête :
Leur cœur semble allumé d'un zèle tout nouveau;
Brontin tient un maillet, et Boirude un marteau.
La lune, qui du ciel voit leur démarche altière,
Retire en leur faveur sa paisible lumière.
La Discorde en sourit, et, les suivant des yeux,
De joie, en les voyant, pousse un cri dans les cieux.
L'air, qui gémit du cri de l'horrible déesse,
Va jusque dans Cîteaux [2] réveiller la Mollesse.
C'est là qu'en un dortoir elle fait son séjour :
Les Plaisirs nonchalants folâtrent à l'entour;
L'un pétrit dans un coin l'embonpoint des chanoines;
L'autre broie en riant le vermillon des moines :
La Volupté la sert avec des yeux dévots,
Et toujours du jour lui verse des pavots.
Ce soir, plus que jamais, en vain il les redouble.
La Mollesse à ce bruit se réveille, se trouble;
Quand la Nuit, qui déjà va tout envelopper,
D'un funeste récit vient encor la frapper,

Lui conte du prélat l'entreprise nouvelle :
Au pied des murs sacrés d'une sainte chapelle,
Elle a vu trois guerriers, ennemis de la paix,
Marcher à la faveur de ses voiles épais :
La Discorde en ces lieux menace de s'accroître;
Demain avec l'aurore un lutrin va paraître,
Qui doit y soulever un peuple de mutins.
Ainsi le ciel l'écrit au livre des destins.
A ce triste discours, qu'un long soupir achève,
La Mollesse, en pleurant, sur un bras se relève,
Ouvre un œil languissant, et, d'une faible voix,
Laisse tomber ces mots qu'elle interrompt vingt fois :
« O Nuit! que m'as-tu dit? quel démon sur la terre
Souffle dans tous les cœurs la fatigue et la guerre?
Hélas! qu'est devenu ce temps, cet heureux temps,
Où les rois s'honoraient du nom de fainéants,
S'endormaient sur le trône, et, me servant sans honte,
Laissaient leur sceptre aux mains ou d'un maire ou d'un
Aucun soin n'approchait de leur paisible cour : [comte [1]?
On reposait la nuit, on dormait tout le jour. [nes
Seulement au printemps, quand Flore dans les plai-
Faisait taire des vents les bruyantes haleines,
Quatre bœufs attelés, d'un pas tranquille et lent,
Promenaient dans Paris le monarque indolent.
Ce doux siècle n'est plus. Le ciel impitoyable
A placé sur le trône un prince infatigable.
Il brave mes douceurs, il est sourd à ma voix :
Tous les jours il m'éveille au bruit de ses exploits.
Rien ne peut arrêter sa vigilante audace :
L'été n'a point de feux, l'hiver n'a point de glace.
J'entends à son seul nom tous mes sujets frémir.
En vain deux fois la paix a voulu l'endormir;
Loin de moi son courage, entraîné par la gloire,
Ne se plaît qu'à courir de victoire en victoire.
Je me fatiguerais à te tracer le cours
Des outrages cruels qu'il me fait tous les jours.
Je croyais, loin des lieux d'où ce prince m'exile,
Que l'Église du moins m'assurait un asile :
Mais en vain j'espérais y régner sans effroi;
Moines, abbés, prieurs, tout s'arme contre moi.
Par mon exil honteux la Trappe [2] est ennoblie,
J'ai vu dans Saint-Denis la réforme établie;
Le Carme, le Feuillant, s'endurcit aux travaux;
Et la règle déjà se remet dans Clairvaux.
Cîteaux dormait encore, et la Sainte-Chapelle
Conservait du vieux temps l'oisiveté fidèle :
Et voici qu'un lutrin, prêt à tout renverser,
D'un séjour si chéri vient encor me chasser!
O toi! de mon repos compagne aimable et sombre,

---

[1] VIRG. *Églog.* I, v. 84. (BOIL.)
[2] Fameuse abbaye de l'ordre de saint Bernard, située en Bourgogne. Les religieux de Cîteaux n'avaient pas encore embrassé la réforme établie dans quelques maisons de leur ordre.

[1] Sous les rois de la première race, le maire du Palais, *major Palatii*, était le premier officier de la couronne; le comte du Palais, *comes Palatii*, était le second.
[2] Abbaye de saint Bernard, dans laquelle l'abbé Armand Bouthilier de Rancé a mis la réforme. (BOIL.)

A de si noirs forfaits prêteras-tu ton ombre?
Ah! Nuit, si tant de fois, dans les bras de l'amour,
Je t'admis aux plaisirs que je cachais au jour,
Du moins ne permets pas... » La Mollesse oppressée
Dans sa bouche à ce mot sent sa langue glacée;
Et, lasse de parler, succombant sous l'effort,
Soupire, étend les bras, ferme l'œil, et s'endort.

## CHANT III.

Mais la Nuit aussitôt de ses ailes affreuses
Couvre des Bourguignons les campagnes vineuses,
Revole vers Paris, et, hâtant son retour,
Déjà de Montlhéri [1] voit la fameuse tour.
Ses murs, dont le sommet se dérobe à la vue,
Sur la cime d'un roc s'allongent dans la nue,
Et, présentant de loin leur objet ennuyeux,
Du passant qui le fuit semblent suivre les yeux.
Mille oiseaux effrayants, mille corbeaux funèbres,
De ces murs désertés habitent les ténèbres.
Là, depuis trente hivers, un hibou retiré
Trouvait contre le jour un refuge assuré.
Des désastres fameux ce messager fidèle
Sait toujours des malheurs la première nouvelle,
Et, tout prêt d'en semer le présage odieux,
Il attendait la nuit dans ces sauvages lieux.
Aux cris qu'à son abord vers le ciel il envoie,
Il rend tous ses voisins attristés de sa joie.
La plaintive Progné de douleur en frémit,
Et, dans les bois prochains, Philomèle en gémit.
« Suis-moi, » lui dit la Nuit. L'oiseau plein d'allègres-
Reconnaît à ce ton la voix de sa maîtresse. [se
Il la suit : et tous deux, d'un cours précipité,
De Paris à l'instant abordent la cité.
Là, s'élançant d'un vol que le vent favorise,
Ils montent au sommet de la fatale église.
La Nuit baisse la vue, et, du haut du clocher,
Observe les guerriers, les regarde marcher.
Elle voit le barbier qui, d'une main légère,
Tient un verre de vin qui rit dans la fougère;
Et chacun, tour à tour s'inondant de ce jus,
Célébrer, en buvant, Gilotin et Bacchus.
« Ils triomphent! dit-elle; et leur âme abusée
Se promet dans mon ombre une victoire aisée :
Mais allons : il est temps qu'ils connaissent la Nuit. »
  A ces mots, regardant le hibou qui la suit,
Elle perce les murs de la voûte sacrée;
Jusqu'en la sacristie elle s'ouvre une entrée;
Et, dans le ventre creux du pupitre fatal,
Va placer de ce pas le sinistre animal.
Mais les trois champions, pleins de vin et d'audace

Du Palais cependant passent la grande place;
Et, suivant de Bacchus les auspices sacrés,
De l'auguste chapelle ils montent les degrés.
Ils atteignaient déjà le superbe portique
Où Ribou [1] le libraire, au fond de sa boutique,
Sous vingt fidèles clefs garde et tient en dépôt
L'amas toujours entier des écrits de Haynaut [2],
Quand Boirude, qui voit que le péril approche,
Les arrête, et, tirant un fusil de sa poche,
Des veines d'un caillou [3], qu'il frappe au même ins-
Il fait jaillir un feu qui pétille en sortant, [tant,
Et bientôt, au brasier d'une mèche enflammée,
Montre, à l'aide du soufre, une cire allumée.
Cet astre tremblotant, dont le jour les conduit,
Est pour eux un soleil au milieu de la nuit.
Le temple à sa faveur est ouvert par Boirude :
Ils passent de la nef la vaste solitude,
Et dans la sacristie entrant, non sans terreur,
En percent jusqu'au fond la ténébreuse horreur.
  C'est là que du lutrin gît la machine énorme :
La troupe quelque temps en admire la forme.
Mais le barbier, qui tient les moments précieux :
« Ce spectacle n'est pas pour amuser nos yeux,
Dit-il : le temps est cher, portons-le dans le temple;
C'est là qu'il faut demain qu'un prélat le contemple. »
Et d'un bras, à ces mots, qui peut tout ébranler,
Lui-même, se courbant, s'apprête à le rouler.
Mais à peine il le touche, ô prodige incroyable [4] !
Que du pupitre sort une voix effroyable.
Brontin en est ému; le sacristain pâlit :
Le perruquier commence à regretter son lit.
Dans son hardi projet toutefois il s'obstine,
Lorsque des flancs poudreux de la vaste machine
L'oiseau sort en courroux, et, d'un cri menaçant,
Achève d'étonner le barbier frémissant :
De ses ailes dans l'air secouant la poussière,
Dans la main de Boirude il éteint la lumière.
Les guerriers à ce coup demeurent confondus;
Ils regagnent la nef, de frayeur éperdus : [blissent;
Sous leurs corps tremblotants leurs genoux s'affai-
D'une subite horreur leurs cheveux se hérissent;
Et bientôt, au travers des ombres de la nuit,
Le timide escadron se dissipe et s'enfuit.
  Ainsi lorsqu'en un coin, qui leur tient lieu d'asile,
D'écoliers libertins une troupe indocile,
Loin des yeux du préfet au travail assidu,
Va tenir quelquefois un brelan défendu;
Si du veillant Argus la figure effrayante

---

[1] Tour très-haute, à six lieues de Paris, sur le chemin d'Orléans. (BOIL.)

[1] Il avait publié, en 1669, la *Satire des satires*, comédie de Boursault, dirigée contre Boileau.
[2] Déjà nommé dans la satire IX.
[3] VIRG. *Géorg.* liv. I, v. 135; et *Énéid.* liv. I, v. 178. (BOIL.)
[4] *Énéid.* liv. III, v. 39. (BOIL.)

Dans l'ardeur du plaisir à leurs yeux se présente,
Le jeu cesse à l'instant, l'asile est déserté,
Et tout fuit à grands pas le tyran redouté.
    La Discorde, qui voit leur honteuse disgrâce,
Dans les airs cependant tonne, éclate, menace,
Et, malgré la frayeur dont leurs cœurs sont glacés,
S'apprête à réunir ses soldats dispersés.
Aussitôt de Sidrac elle emprunte l'image :
Elle ride son front, allonge son visage,
Sur un bâton noueux laisse courber son corps,
Dont la chicane semble animer les ressorts,
Prend un cierge en sa main, et, d'une voix cassée,
Vient ainsi gourmander la troupe terrassée :
    « Lâches, où fuyez-vous ? quelle peur vous abat ?
Aux cris d'un vil oiseau vous cédez sans combat !
Où sont ces beaux discours jadis si pleins d'audace ?
Craignez-vous d'un hibou l'impuissante grimace ?
Que feriez-vous, hélas ! si quelque exploit nouveau
Chaque jour, comme moi, vous traînait au barreau ;
S'il fallait, sans amis, briguant une audience,
D'un magistrat glacé soutenir la présence,
Ou, d'un nouveau procès hardi solliciteur,
Aborder, sans argent, un clerc de rapporteur ?
Croyez-moi, mes enfants, je vous parle à bon titre :
J'ai moi seul autrefois plaidé tout un chapitre ;
Et le barreau n'a point de monstres si hagards
Dont mon œil n'ait cent fois soutenu les regards.
Tous les jours sans trembler j'assiégeais leurs passa-
L'Église était alors fertile en grands courages : [ges.
Le moindre d'entre nous, sans argent, sans appui¹,
Eût plaidé le prélat, et le chantre avec lui.
Le monde, de qui l'âge avance les ruines,
Ne peut plus enfanter de ces âmes divines :
Mais que vos cœurs, du moins, imitant leurs vertus,
De l'aspect d'un hibou ne soient pas abattus.
Songez quel déshonneur va souiller votre gloire,
Quand le chantre demain entendra sa victoire.
Vous verrez tous les jours le chanoine insolent,
Au seul mot de hibou, vous sourire en parlant.
Votre âme, à ce penser, de colère murmure;
Allez donc de ce pas en prévenir l'injure ;
Méritez les lauriers qui vous sont réservés,
Et ressouvenez-vous quel prélat vous servez.
Mais déjà la fureur dans vos yeux étincelle :
Marchez, courez, volez où l'honneur vous appelle.
Que le prélat, surpris d'un changement si prompt,
Apprenne la vengeance aussitôt que l'affront. »
    En achevant ces mots, la déesse guerrière
De son pied trace en l'air un sillon de lumière,
Rend aux trois champions leur intrépidité,
Et les laisse tout pleins de sa divinité.

¹ *Iliad.* liv. I, *Discours de Nestor*. (BOIL.)

    C'est ainsi, grand Condé, qu'en ce combat célèbre¹
Où ton bras fit trembler le Rhin, l'Escaut et l'Èbre,
Lorsqu'aux plaines de Lens nos bataillons poussés
Furent presque à tes yeux ouverts et renversés,
Ta valeur, arrêtant les troupes fugitives,
Rallia d'un regard leurs cohortes craintives ;
Répandit dans leurs rangs ton esprit belliqueux,
Et força la victoire à te suivre avec eux.
    La colère à l'instant succédant à la crainte,
Ils rallument le feu de leur bougie éteinte.
Ils rentrent ; l'oiseau sort : l'escadron raffermi
Rit du honteux départ d'un si faible ennemi.
Aussitôt dans le chœur la machine emportée
Est sur le banc du chantre à grand bruit remontée.
Ses ais demi-pourris, que l'âge a relâchés,
Sont à coups de maillet unis et rapprochés.
Sous les coups redoublés tous les bancs retentissent :
Les murs en sont émus, les voûtes en mugissent,
Et l'orgue même en pousse un long gémissement.
Que fais-tu, chantre, hélas ! dans ce triste moment ?
Tu dors d'un profond somme, et ton cœur sans alarmes
Ne sait pas qu'on bâtit l'instrument de tes larmes !
Oh ! que si quelque bruit, par un heureux réveil,
T'annonçait du lutrin le funeste appareil ;
Avant que de souffrir qu'on en posât la masse,
Tu viendrais en apôtre expirer dans ta place,
Et, martyr glorieux d'un point d'honneur nouveau,
Offrir ton corps aux clous et ta tête au marteau.
Mais déjà sur ton banc la machine enclavée
Est, durant ton sommeil, à ta honte élevée :
Le sacristain achève en deux coups de rabot,
Et le pupitre enfin tourne sur son pivot.

## CHANT IV.

Les cloches dans les airs, de leurs voix argentines,
Appelaient à grand bruit les chantres à matines,
Quand leur chef², agité d'un sommeil effrayant,
Encor tout en sueur, se réveille en criant.
Aux élans redoublés de sa voix douloureuse,
Tous ses valets tremblants quittent la plume oiseuse :
Le vigilant Girot³ court à lui le premier.
C'est d'un maître si saint le plus digne officier ;
La porte dans le chœur a sa garde est commise :
Valet souple au logis, fier huissier à l'église.
    « Quel chagrin, lui dit-il, trouble votre sommeil ?
Quoi ! voulez-vous au chœur prévenir le soleil ?
Ah ! dormez ; et laissez à des chantres vulgaires

¹ En 1649. (BOIL.) — La bataille de Lens, gagnée par M. le Prince contre les Espagnols et les Allemands, se donna le 10 août 1648.
² Le chantre. (BOIL.)
³ Brunot. Il était fâché que l'auteur ne l'eût pas désigné par son véritable nom.

Le soin d'aller sitôt mériter leurs salaires. »
« Ami, lui dit le chantre encor pâle d'horreur,
N'insulte point, de grâce, à ma juste terreur :
Mêle plutôt ici tes soupirs à mes plaintes,
Et tremble, en écoutant le sujet de mes craintes.
Pour la seconde fois un sommeil gracieux
Avait sous ses pavots appesanti mes yeux,
Quand, l'esprit enivré d'une douce fumée,
J'ai cru remplir au chœur ma place accoutumée.
Là, triomphant aux yeux des chantres impuissants,
Je bénissais le peuple, et j'avalais l'encens,
Lorsque du fond caché de notre sacristie,
Une épaisse nuée à grands flots est sortie,
Qui, s'ouvrant à mes yeux, dans son bleuâtre éclat
M'a fait voir un serpent conduit par le prélat.
Du corps de ce dragon, plein de soufre et de nitre,
Une tête sortait en forme de pupitre,
Dont le triangle affreux, tout hérissé de crins,
Surpassait en grosseur nos plus épais lutrins.
Animé par son guide, en sifflant il s'avance :
Contre moi sur mon banc je le vois qui s'élance.
J'ai crié, mais en vain : et, fuyant sa fureur,
Je me suis réveillé plein de trouble et d'horreur. »
  Le chantre, s'arrêtant à cet endroit funeste,
A ses yeux effrayés laisse dire le reste.
Girot en vain l'assure, et, riant de sa peur,
Nomme sa vision l'effet d'une vapeur :
Le désolé vieillard, qui hait la raillerie,
Lui défend de parler, sort du lit en furie.
On apporte à l'instant ses somptueux habits,
Où sur l'ouate molle éclate le tabis.
D'une longue soutane il endosse la moire,
Prend ses gants violets, les marques de sa gloire,
Et saisit, en pleurant, ce rochet qu'autrefois
Le prélat trop jaloux lui rogna de trois doigts [1].
Aussitôt, d'un bonnet ornant sa tête grise,
Déjà l'aumusse en main il marche vers l'église,
Et, hâtant de ses ans l'importune langueur,
Court, vole, et, le premier, arrive dans le chœur.
  O toi qui, sur ces bords qu'une eau dormante mouil-
Vis combattre autrefois le rat et la grenouille ; [le [2],
Qui, par les traits hardis d'un bizarre pinceau,
Mis l'Italie en feu pour la perte d'un seau [3];
Muse, prête à ma bouche une voix plus sauvage,
Pour chanter le dépit, la colère, la rage,
Que le chantre sentit allumer dans son sang
A l'aspect du pupitre élevé sur son banc.

D'abord pâle et muet, de colère immobile,
A force de douleur, il demeura tranquille :
Mais sa voix, s'échappant au travers des sanglots,
Dans sa bouche à la fin fit passage à ces mots :
« La voilà donc, Girot, cette hydre épouvantable
Que m'a fait voir un songe, hélas! trop véritable!
Je le vois ce dragon tout prêt à m'égorger,
Ce pupitre fatal qui me doit ombrager!
Prélat, que t'ai-je fait? quelle rage envieuse
Rend pour me tourmenter ton âme ingénieuse?
Quoi! même dans ton lit, cruel, entre deux draps,
Ta profane fureur ne se repose pas!
O ciel! quoi! sur mon banc une honteuse masse
Désormais me va faire un cachot de ma place!
Inconnu dans l'église, ignoré dans ce lieu,
Je ne pourrai donc plus être vu que de Dieu!
Ah! plutôt qu'un moment cet affront m'obscurcisse,
Renonçons à l'autel, abandonnons l'office;
Et, sans lasser le ciel par des chants superflus,
Ne voyons plus un chœur où l'on ne nous voit plus.
Sortons... Mais cependant mon ennemi tranquille
Jouira sur son banc de ma rage inutile,
Et verra dans le chœur le pupitre exhaussé
Tourner sur le pivot où sa main l'a placé!
Non, s'il n'est abattu, je ne saurais plus vivre.
A moi, Girot, je veux que mon bras m'en délivre.
Périssons, s'il le faut : mais de ses ais brisés
Entraînons, en mourant, les restes divisés. »
  A ces mots, d'une main par la rage affermie,
Il saisissait déjà la machine ennemie,
Lorsqu'en ce sacré lieu, par un heureux hasard,
Entrent Jean le choriste, et le sonneur Girard [1],
Deux Manceaux renommés, en qui l'expérience
Pour les procès est jointe à la vaste science.
L'un et l'autre aussitôt prend part à son affront ;
Toutefois condamnant un mouvement trop prompt :
« Du lutrin, disent-ils, abattons la machine :
Mais ne nous chargeons pas tout seuls de sa ruine ;
Et que tantôt, aux yeux du chapitre assemblé,
Il soit, sous trente mains, en plein jour accablé. »
  Ces mots des mains du chantre arrachent le pupitre.
« J'y consens, leur dit-il, assemblons le chapitre.
Allez donc de ce pas, par de saints hurlements,
Vous-mêmes appeler les chanoines dormants.
Partez. » Mais ce discours les surprend et les glace.
« Nous! qu'en ce vain projet, pleins d'une folle audace,
Nous allions, dit Girard, la nuit nous engager!
De notre complaisance osez-vous l'exiger? [rues,
Hé! seigneur, quand nos cris pourraient, du fond des

---

[1] Un arrêt du parlement avait condamné le chantre à porter un rochet plus court que celui du trésorier.
[2] Homère a fait *la Guerre des Rats et des Grenouilles*. (BOIL.)
[3] *La Secchia rapita*, poëme italien. (BOIL.) — D'Alexandre Tassoni, natif de Modène, et qui mourut en la même ville en 1635.

[1] Il se noya dans la Seine, victime du pari qu'il avait fait de la passer neuf fois de suite à la nage. Boileau, encore écolier, l'avait vu monter, une bouteille à la main, sur les rebords du toit de la Sainte-Chapelle, et là, en présence de la multitude effrayée, vider d'un trait cette bouteille.

De leurs appartements percer les avenues,
Réveiller ces valets autour d'eux étendus,
De leur sacré repos ministres assidus,
Et pénétrer des lits au bruit inaccessibles,
Pensez-vous, au moment que les ombres paisibles
A ces lits enchanteurs ont su les attacher,
Que la voix d'un mortel les en puisse arracher?
Deux chantres feront-ils, dans l'ardeur de vous plaire,
Ce que depuis trente ans six cloches n'ont pu faire? »
« Ah! je vois bien où tend tout ce discours trompeur,
Reprend le chaud vieillard : le prélat vous fait peur.
Je vous ai vus cent fois, sous sa main bénissante,
Courber servilement une épaule tremblante.
Eh bien! allez ; sous lui fléchissez les genoux :
Je saurai réveiller les chanoines sans vous.
Viens, Girot, seul ami qui me reste fidèle :
Prenons du saint jeudi la bruyante crécelle [1].
Suis-moi. Qu'à son lever le soleil aujourd'hui
Trouve tout le chapitre éveillé devant lui. »
Il dit. Du fond poudreux d'une armoire sacrée
Par les mains de Girot la crécelle est tirée.
Ils sortent à l'instant, et, par d'heureux efforts,
Du lugubre instrument font crier les ressorts.
Pour augmenter l'effroi, la discorde infernale
Monte dans le Palais, entre dans la grand'salle,
Et, du fond de cet antre, au travers de la nuit,
Fait sortir le démon du tumulte et du bruit.
Le quartier alarmé n'a plus d'yeux qui sommeillent ;
Déjà de toutes parts les chanoines s'éveillent :
L'un croit que le tonnerre est tombé sur les toits,
Et que l'église brûle une seconde fois [2] ;
L'autre, encore agité de vapeurs plus funèbres,
Pense être au jeudi saint, croit que l'on dit ténèbres ;
Et déjà tout confus, tenant midi sonné,
En soi-même frémit de n'avoir point dîné.
Ainsi, lorsque tout prêt à briser cent murailles
Louis, la foudre en main, abandonnant Versailles,
Au retour du soleil et des zéphyrs nouveaux,
Fait dans les champs de Mars déployer ses drapeaux ;
Au seul bruit répandu de sa marche étonnante,
Le Danube s'émeut, le Tage s'épouvante,
Bruxelle attend le coup qui la doit foudroyer,
Et le Batave encore est prêt à se noyer.  [se.
Mais en vain dans leurs lits un juste effroi les pres-
Aucun ne laisse encor la plume enchanteresse.
Pour les en arracher Girot s'inquiétant
Va crier qu'au chapitre un repas les attend.
Ce mot dans tous les cœurs répand la vigilance :
Tout s'ébranle, tout sort, tout marche en diligence.
Ils courent au chapitre, et aucun se pressant
Flatte d'un doux espoir son appétit naissant.
Mais, ô d'un déjeuner vaine et frivole attente!
A peine ils sont assis, que, d'une voix dolente,
Le chantre désolé, lamentant son malheur,
Fait mourir l'appétit et naître la douleur.
Le seul chanoine Évrard, d'abstinence incapable,
Ose encor proposer qu'on apporte la table.
Mais il a beau presser, aucun ne lui répond :
Quand, le premier rompant ce silence profond,
Alain [2] tousse, et se lève ; Alain, ce savant homme,
Qui de Bauni [3] vingt fois a lu toute la Somme,
Qui possède Abéli, qui sait tout Raconis [4],
Et même entend, dit-on, le latin d'A Kempis [5].
« N'en doutez point, leur dit ce savant canoniste,
Ce coup part, j'en suis sûr, d'une main janséniste.
Mes yeux en sont témoins : j'ai vu moi-même hier
Entrer chez le prélat le chapelain Garnier [6].
Arnauld, cet hérétique ardent à nous détruire,
Par ce ministre adroit tente de le séduire :
Sans doute il aura lu dans son Saint-Augustin
Qu'autrefois saint Louis érigea ce lutrin [7] ;
Il va nous inonder des torrents de sa plume.
Il faut, pour lui répondre, ouvrir plus d'un volume.
Consultons sur ce point quelque auteur signalé ;
Voyons si des lutrins Bauni n'a point parlé :
Étudions enfin, il en est temps encore ;
Et, pour ce grand projet, tantôt, dès que l'aurore
Rallumera le jour dans l'onde enseveli,
Que chacun prenne en main le moelleux Abéli [8]. »
Ce conseil imprévu de nouveau les étonne :
Surtout le gras Évrard d'épouvante en frissonne.
« Moi, dit-il, qu'à mon âge, écolier tout nouveau,
J'aille pour un lutrin me troubler le cerveau!

---

[1] L'abbé Danse, qui aimait également la bonne chère et la propreté, et qui mourut à Ivri en 1699.
[2] Boileau désigne ici le chanoine Aubery, confesseur de M. de Lamoignon, et qui ne parlait jamais sans avoir préalablement toussé. Son frère, Antoine Aubery, avocat au conseil, est auteur d'une *Histoire générale des cardinaux* ; des *Biographies spéciales des cardinaux de Joyeuse* et *de Richelieu*, et de plusieurs autres ouvrages estimables.
[3] Jésuite, auteur d'un livre intitulé : *la Somme des péchés que l'on peut commettre dans tous les états*, publié en 1634.
[4] Abra de Raconis, évêque de Lavaur, a fait imprimer un grand nombre de volumes. Il était doué d'une extrême facilité, et à l'âge de dix-neuf ans, il professait la philosophie au collège des Grassins.
[5] Thomas A Kempis, chanoine régulier, passe communément pour être l'auteur du livre *de Imitatione Christi*.
[6] Louis le Fournier, chapelain perpétuel de la Sainte-Chapelle, n'avait jamais pris part aux démêlés du chantre et du trésorier ; mais ses liaisons avec Arnauld le faisaient regarder comme un janséniste par le chanoine Aubery.
[7] Le savant Alain fait ici un terrible anachronisme : saint Augustin vivait huit siècles avant saint Louis.
[8] Fameux auteur, qui a fait la *Mouelle Théologique* (*Medulla Theologica*.) (BOIL.)

---

[1] Instrument dont on se sert le jeudi saint, au lieu de cloches. (BOIL.)
[2] Le toit de la Sainte-Chapelle fut brûlé en 1618. (BOIL.) — Suivant Brossette, Boileau confond cet incendie avec celui de la grand'salle du Palais, et c'est en 1630 que le toit de la Sainte-Chapelle fut brûlé.

O le plaisant conseil ! Non, non, songeons à vivre :
Va maigrir, si tu veux, et sécher sur un livre.
Pour moi, je lis la Bible autant que l'Alcoran :
Je sais ce qu'un fermier nous doit rendre par an ;
Sur quelle vigne à Reims nous avons hypothèque [1] :
Vingt muids rangés chez moi font ma bibliothèque.
En plaçant un pupitre on croit nous rabaisser :
Mon bras seul, sans latin, saura le renverser.
Que m'importe qu'Arnauld me condamne ou m'approuve ;
J'abats ce qui me nuit partout où je le trouve :
C'est là mon sentiment. A quoi bon tant d'apprêts ?
Du reste déjeunons, messieurs, et buvons frais. »
Ce discours, que soutient l'embonpoint du visage,
Rétablit l'appétit, réchauffe le courage :
Mais le chantre surtout en paraît rassuré.
« Oui, dit-il, le pupitre a déjà trop duré.
Allons sur sa ruine assurer ma vengeance :
Donnons à ce grand œuvre une heure d'abstinence ;
Et qu'au retour tantôt un ample déjeuner
Longtemps nous tienne à table et s'unisse au dîner. »
Aussitôt il se lève, et la troupe fidèle
Par ces mots attirants sent redoubler son zèle.
Ils marchent droit au chœur d'un pas audacieux,
Et bientôt le lutrin se fait voir à leurs yeux.
A ce terrible objet aucun d'eux ne consulte :
Sur l'ennemi commun ils fondent en tumulte ;
Ils sapent le pivot, qui se défend en vain ;
Chacun sur lui d'un coup veut honorer sa main.
Enfin sous tant d'efforts la machine succombe,
Et son corps entr'ouvert chancelle, éclate et tombe.
Tel sur les monts glacés des farouches Gélons [2]
Tombe un chêne battu des voisins aquilons ;
Ou tel abandonné de ses poutres usées,
Fond enfin un vieux toit sous ses tuiles brisées.
La masse est emportée, et ses ais arrachés
Sont aux yeux des mortels chez le chantre cachés.

## CHANT V [3].

L'aurore cependant, d'un juste effroi troublée,
Des chanoines levés voit la troupe assemblée,
Et contemple longtemps, avec des yeux confus,
Ces visages fleuris qu'elle n'a jamais vus.
Chez Sidrac aussitôt Brontin, d'un pied fidèle,
Du pupitre abattu va porter la nouvelle.
Le vieillard de ses soins bénit l'heureux succès,
Et sur un bois détruit bâtit mille procès.
L'espoir d'un doux tumulte échauffant son courage,

[1] L'abbaye de Saint-Nicaise de Reims était unie au chapitre de la Sainte-Chapelle.
[2] Peuples de Sarmatie, voisins du Borysthène. (BOIL.)
[3] Ce chant et les suivants furent publiés en 1681, sept ans après les premiers.
Le combat des chantres et des chanoines, lu à Colbert au lit de mort, égaya ses derniers instants.

Il ne sent plus le poids ni les glaces de l'âge ;
Et chez le trésorier, de ce pas, à grand bruit,
Vient étaler au jour les crimes de la nuit.
Au récit imprévu de l'horrible insolence,
Le prélat hors du lit impétueux s'élance.
Vainement d'un breuvage à deux mains apporté
Gilotin avant tout le veut voir humecté :
Il veut partir à jeun. Il se peigne, il s'apprête ;
L'ivoire trop hâté deux fois rompt sur sa tête,
Et deux fois de sa main le buis tombe en morceaux :
Tel Hercule filant rompait tous les fuseaux.
Il sort demi-paré. Mais déjà sur sa porte
Il voit de saints guerriers une ardente cohorte,
Qui tous remplis pour lui d'une égale vigueur,
Sont prêts, pour le servir, à déserter le chœur.
Mais le vieillard condamne un projet inutile.
Nos destins sont, dit-il, écrits chez la Sibylle :
Son antre n'est pas loin ; allons la consulter,
Et subissons la loi qu'elle nous va dicter.
Il dit : à ce conseil, où la raison domine,
Sur ses pas au barreau la troupe s'achemine,
Et bientôt, dans le temple, entend, non sans frémir,
De l'antre redouté les soupiraux gémir.
Entre ces vieux appuis dont l'affreuse grand'salle
Soutient l'énorme poids de sa voûte infernale,
Est un pilier fameux [1], des plaideurs respecté,
Et toujours de Normands à midi fréquenté.
Là, sur des tas poudreux de sacs et de pratique,
Hurle tous les matins une Sibylle étique :
On l'appelle Chicane ; et ce monstre odieux
Jamais pour l'équité n'eut d'oreilles ni d'yeux.
La Disette au teint blême, et la triste Famine,
Les Chagrins dévorants, et l'infâme Ruine,
Enfants infortunés de ses raffinements,
Troublent l'air d'alentour de longs gémissements.
Sans cesse feuilletant les lois et la coutume,
Pour consumer autrui, le monstre se consume ;
Et, dévorant maisons, palais, châteaux entiers,
Rend pour des monceaux d'or de vains tas de papiers.
Sous le coupable effort de sa noire insolence,
Thémis a vu cent fois chanceler sa balance.
Incessamment il va de détour en détour :
Comme un hibou, souvent il se dérobe au jour :
Tantôt, les yeux en feu, c'est un lion superbe ;
Tantôt, humble serpent, il se glisse sous l'herbe.
En vain, pour le dompter, le plus juste des rois
Fit régler le chaos des ténébreuses lois :
Ses griffes, vainement par Pussort [2] accourcies,

[1] Le pilier des consultations. (BOIL.)
[2] Monsieur Pussort, conseiller d'État, est celui qui a le plus contribué à faire le Code. (BOIL.) — Par le Code, Boileau entend ici les ordonnances de 1667 et 1670, sur les procédures civile et criminelle.

Se rallongent déjà, toujours d'encre noircies ;
Et ses ruses perçant et digues et remparts,
Par cent brèches déjà rentrent de toutes parts.
  Le vieillard humblement l'aborde et le salue ;
Et faisant, avant tout briller l'or à sa vue :
« Reine des longs procès, dit-il, dont le savoir
Rend la force inutile et les lois sans pouvoir,
Toi pour qui dans le Mans le laboureur moissonne,
Pour qui naissent à Caen tous les fruits de l'automne,
Si, dès mes premiers ans, heurtant tous les mortels,
L'encre a toujours pour moi coulé sur tes autels,
Daigne encor me connaître en ma saison dernière.
D'un prélat qui t'implore exauce la prière.
Un rival orgueilleux, de ma gloire offensé,
A détruit le lutrin par nos mains redressé.
Épuise en sa faveur ta science fatale :
Du Digeste et du Code ouvre-nous le dédale ;
Et montre-nous cet art, connu de tes amis,
Qui, dans ses propres lois, embarrasse Thémis. »
  La Sibylle, à ces mots, déjà hors d'elle-même,
Fait lire sa fureur sur son visage blême,
Et, pleine du démon qui la vient oppresser,
Par ces mots étonnants tâche à le repousser :
  « Chantres, ne craignez plus une audace insensée.
Je vois, je vois au chœur la masse replacée :
Mais il faut des combats. Tel est l'arrêt du sort.
Et surtout évitez un dangereux accord. »
  Là bornant son discours, encor toute écumante,
Elle souffle aux guerriers l'esprit qui la tourmente,
Et dans leurs cœurs brûlants de la soif de plaider
Verse l'amour de nuire, et la peur de céder.
  Pour tracer à loisir une longue requête,
A retourner chez soi leur brigade s'apprête.
Sous leurs pas diligents le chemin disparaît,
Et le pilier, loin d'eux, déjà baisse et décroît.
  Loin du bruit cependant les chanoines à table
Immolent trente mets à leur faim indomptable.
Leur appétit fougueux, par l'objet excité,
Parcourt tous les recoins d'un monstrueux pâté ;
Par le sel irritant la soif est allumée ;
Lorsque d'un pied léger la prompte Renommée,
Semant partout l'effroi, vient au chantre éperdu
Conter l'affreux détail de l'oracle rendu.
Il se lève, enflammé de muscat et de bile,
Et prétend à son tour consulter la Sibylle.
Évrard a beau gémir du repas déserté,
Lui-même est au barreau par le nombre emporté.
Par les détours étroits d'une barrière oblique,
Ils gagnent les degrés, et le perron antique
Où sans cesse, étalant bons et méchants écrits,
Barbin vend aux passants des auteurs à tout prix [1].

[1] Barbin se piquait de savoir vendre des livres, quoique méchants. (BOIL.)

Là le chantre à grand bruit arrive et se fait place,
Dans le fatal instant que, d'une égale audace,
Le prélat et sa troupe, à pas tumultueux,
Descendaient du Palais l'escalier tortueux.
L'un et l'autre rival, s'arrêtant au passage,
Se mesure des yeux, s'observe, s'envisage ;
Une égale fureur anime leurs esprits.
Tels deux fougueux taureaux [1], de jalousie épris,
Auprès d'une génisse, au front large et superbe,
Oubliant tous les jours le pâturage et l'herbe,
A l'aspect l'un de l'autre embrasés, furieux,
Déjà le front baissé, se menacent des yeux.
Mais Évrard, en passant coudoyé par Boirude,
Ne sait point contenir son aigre inquiétude :
Il entre chez Barbin, et, d'un bras irrité,
Saisissant du Cyrus un volume écarté,
Il lance au sacristain le tome épouvantable.
Boirude fuit le coup : le volume effroyable
Lui rase le visage, et, droit dans l'estomac,
Va frapper en sifflant l'infortuné Sidrac ;
Le vieillard, accablé de l'horrible Artamène [2],
Tombe aux pieds du prélat, sans pouls et sans haleine.
Sa troupe le croit mort, et chacun empressé
Se croit frappé du coup dont il le voit blessé.
Aussitôt contre Évrard vingt champions s'élancent ;
Pour soutenir leur choc les chanoines s'avancent.
La Discorde triomphe, et du combat fatal
Par un cri donne en l'air l'effroyable signal.
  Chez le libraire absent tout entre, tout se mêle :
Les livres sur Évrard fondent comme la grêle
Qui, dans un grand jardin, à coups impétueux,
Abat l'honneur naissant des rameaux fructueux.
Chacun s'arme au hasard du livre qu'il rencontre :
L'un tient le Nœud d'Amour, l'autre en saisit la Mon- [tre [3]
L'un prend le seul Jonas qu'on ait vu relié ;
L'autre un Tasse français [4] en naissant oublié.
L'élève de Barbin, commis à la boutique,
Veut en vain s'opposer à leur fureur gothique ;
Les volumes, sans choix à la tête jetés,
Sur le perron poudreux volent de tous côtés.
Là, près d'un Guarini [5] Térence tombe à terre ;
Là Xénophon dans l'air heurte contre un la Serre.
Oh ! que d'écrits obscurs, de livres ignorés,
Furent en ce grand jour de la poudre tirés !
Vous en fûtes tirés, Almérinde et Simandre :
Et toi, rebut du peuple, inconnu Caloandre [6],

[1] VIRGILE, *Géor.* liv. III, v. 21. (BOIL.)
[2] Roman de mademoiselle de Scudéri.
[3] De Bonnecorse. (BOIL.)
[4] Traduction de le Clerc. (BOIL.) — Il ne publia que les cinq premiers chants de la *Jérusalem délivrée*.
[5] Guarini est l'auteur du *Pastor fido*. Il naquit à Ferrare en 1537.
[6] Roman italien traduit par Scudéri. (BOIL.) — L'auteur de

Dans ton repos, dit-on, saisi par Gaillerbois [1],
Tu vis le jour alors pour la première fois.
Chaque coup sur la chair laisse une meurtrissure :
Déjà plus d'un guerrier se plaint d'une blessure.
D'un le Vayer [2] épais Giraut est renversé :
Marineau [3], d'un Brébeuf à l'épaule blessé,
En sent par tout le bras une douleur amère,
Et maudit la Pharsale aux provinces si chère.
D'un Pinchêne in-quarto Dodillon étourdi
A longtemps le teint pâle et le cœur affadi.
Au plus fort du combat, le chapelain Garagne,
Vers le sommet du front atteint d'un Charlemagne [4],
( Des vers de ce poëme effet prodigieux! )
Tout prêt à s'endormir, bâille et ferme les yeux.
A plus d'un combattant la Clélie [5] est fatale :
Girou dix fois par elle éclate et se signale.
Mais tout cède aux efforts du chanoine Fabri.
Ce guerrier, dans l'église aux querelles nourri,
Est robuste de corps, terrible de visage,
Et de l'eau dans son vin n'a jamais su l'usage.
Il terrasse lui seul et Guibert et Grasset,
Et Gorillon la basse, et Grandin le fausset;
Et Gerbais l'agréable, et Guérin l'insipide.
Des chantres désormais la brigade timide
S'écarte, et du Palais regagne les chemins.
Telle, à l'aspect d'un loup, terreur des champs voisins,
Fuit d'agneaux effrayés une troupe bêlante :
Ou tels devant Achille, aux campagnes du Xanthe,
Les Troyens se sauvaient à l'abri de leurs tours;
Quand Brontin à Boirude adresse ce discours :
« Illustre porte-croix, par qui notre bannière
N'a jamais en marchant fait un pas en arrière,
Un chanoine lui seul, triomphant du prélat,
Du rochet à nos yeux ternira-t-il l'éclat?
Non, non : pour te couvrir de sa main redoutable [6],
Accepte de mon corps l'épaisseur favorable.
Viens; et, sous ce rempart, à ce guerrier hautain
Fais voler ce Quinault qui me reste à la main. »
A ces mots, il lui tend le doux et tendre ouvrage.
Le sacristain, bouillant de zèle et de courage,
Le prend, se cache, approche, et, droit entre les yeux,

Frappe du noble écrit l'athlète audacieux.
Mais c'est pour l'ébranler une faible tempête;
Le livre sans vigueur mollit contre sa tête.
Le chanoine les voit, de colère embrasé :
« Attendez, leur dit-il, couple lâche et rusé,
Et jugez si ma main, aux grands exploits novice,
Lance à mes ennemis un livre qui mollisse. »
À ces mots, il saisit un vieil Infortiat [1],
Grossi des visions d'Accurse et d'Alciat [2],
Inutile ramas de gothique écriture,
Dont quatre ais mal unis formaient la couverture,
Entourée à demi d'un vieux parchemin noir,
Où pendait à trois clous un reste de fermoir.
Sur l'ais qui le soutient auprès d'un Avicenne [3],
Deux des plus forts mortels l'ébranleraient à peine :
Le chanoine pourtant l'enlève sans effort,
Et, sur le colosse pâle et déjà demi-mort,
Fait tomber à deux mains l'effroyable tonnerre.
Les guerriers, de ce coup, vont mesurer la terre,
Et, du bois et des clous meurtris et déchirés,
Longtemps, loin du perron, roulent sur les degrés.
Au spectacle étonnant de leur chute imprévue,
Le prélat pousse un cri qui pénètre la nue.
Il maudit dans son cœur le démon des combats,
Et de l'horreur du coup il recule six pas.
Mais bientôt rappelant son antique prouesse,
Il tire du manteau sa dextre vengeresse;
Il part, et, de ses doigts saintement allongés,
Bénit tous les passants, en deux files rangés.
Il sait que l'ennemi, que ce coup va surprendre,
Désormais sur ses pieds ne l'oserait attendre,
Et déjà voit pour lui tout le peuple en courroux
Crier aux combattants : « Profanes, à genoux! »
Le chantre, qui de loin voit approcher l'orage,
Dans son cœur éperdu cherche en vain du courage :
Sa fierté l'abandonne, il tremble, il cède, il fuit.
Le long des sacrés murs sa brigade le suit :
Tout s'écarte à l'instant; mais aucun n'en réchappe;
Partout le doigt vainqueur les suit et les rattrape.
Évrard seul, en un coin prudemment retiré,
Se croyait à couvert de l'insulte sacré :
Mais le prélat vers lui fait une marche adroite :
Il l'observe de l'œil, et, tirant vers la droite,
Tout d'un coup tourne à gauche, et, d'un bras fortuné
Bénit subitement le guerrier consterné [4].

ce roman, qui a fourni à Th. Corneille le sujet de sa tragédie de *Timocrate*, se nommait Jean-Ambroise Marini.

[1] Pierre Tardieu, sieur de Gaillerbois, avait été chanoine de la Sainte-Chapelle; il était frère du lieutenant criminel Tardieu, fameux par son avarice et par sa fin tragique. Voyez la satire x.
[2] François de la Mothe le Vayer, mort en 1672, à l'âge de quatre-vingt-cinq ans, était père de l'abbé le Vayer, à qui Boileau a adressé sa ıv⁰ satire. Ses œuvres ont été recueillies en trois volumes in-folio.
[3] Marineau et Dodillon avaient été chantres de la Sainte-Chapelle. Giraut et Garagne sont deux personnages supposés.
[4] Voyez les notes sur les épit. vııı et ıx.
[5] Roman de mademoiselle de Scudéri.
[6] *Iliade*, liv. VIII, v. 267. (BOIL.)

[1] Livre de droit, d'une grosseur énorme. (BOIL.)
[2] Glossateurs et jurisconsultes célèbres, nés tous deux en Italie, qui vivaient, le premier dans le douzième siècle, le second au commencement du seizième.
[3] Auteur arabe. (BOIL.) — Il a écrit sur la médecine, et ses œuvres forment un volume in-folio.
[4] Un jour que le cardinal de Retz faisait la procession avec son clergé, M. le Prince (le grand Condé), qui était brouillé avec lui, vint à passer, et s'empressa de descendre de sa voi-

Le chanoine, surpris de la foudre mortelle,
Se dresse, et lève en vain une tête rebelle ;
Sur ses genoux tremblants il tombe à cet aspect,
Et donne à la frayeur ce qu'il doit au respect.
 Dans le temple aussitôt le prélat plein de gloire
Va goûter les doux fruits de sa sainte victoire ;
Et de leur vain projet les chanoines punis
S'en retournent chez eux éperdus et bénis.

## CHANT VI.

Tandis que tout conspire à la guerre sacrée,
La Piété sincère, aux Alpes[1] retirée,
Du fond de son désert entend les tristes cris
De ses sujets cachés dans les murs de Paris.
Elle quitte à l'instant sa retraite divine :
La Foi, d'un pas certain, devant elle chemine ;
L'Espérance au front gai l'appuie et la conduit ;
Et la bourse à la main, la Charité la suit.
Vers Paris elle vole, et d'une audace sainte,
Vient aux pieds de Thémis proférer cette plainte :
 « Vierge, effroi des méchants, appui de mes autels,
Qui, la balance en main, règles tous les mortels,
Ne viendrai-je jamais en tes bras salutaires
Que pousser des soupirs, et pleurer mes misères ?
Ce n'est donc pas assez qu'au mépris de tes lois
L'Hypocrisie ait pris et mon nom et ma voix ;
Que sous ce nom sacré, partout ses mains avares
Cherchent à me ravir crosses, mitres, tiares :
Faudra-t-il voir encor cent monstres furieux
Ravager mes États usurpés à tes yeux ?
Dans les temps orageux de mon naissant empire,
Au sortir du baptême on courait au martyre :
Chacun, plein de mon nom, ne respirait que moi :
Le fidèle, attentif aux règles de sa loi,
Fuyant les vanités la dangereuse amorce,
Aux honneurs appelé, n'y montait que par force :
Ces cœurs, que les bourreaux ne faisaient point fré-
A l'offre d'une mitre étaient prêts à gémir ;   [mir,
Et, sans peur des travaux, sur mes traces divines
Couraient chercher le ciel au travers des épines :
Mais, depuis que l'Église eut, aux yeux des mortels,
De son sang en tous lieux cimenté ses autels,
Le calme dangereux succédant aux orages,
Une lâche tiédeur s'empara des courages :
De leur zèle brûlant l'ardeur se ralentit ;
Sous le joug des péchés leur foi s'appesantit :

ture. Le coadjuteur, qui le vit à pied, s'arrêta, tourna brusquement de son côté, affecta de lui donner une grande bénédiction, et, après lui avoir donnée, mit le bonnet à la main, et le salua profondément. (Extrait du *Bolæana*.)
[1] La Grande-Chartreuse. (BOIL.) — Située à quatre lieues de Grenoble. C'est là que saint Bruno, dans le onzième siècle, construisit un oratoire et jeta les fondements de son ordre.

Le moine secoua le cilice et la haire ;
Le chanoine indolent apprit à ne rien faire ;
Le prélat, par la brigue aux honneurs parvenu,
Ne sut plus qu'abuser d'un ample revenu,
Et pour toutes vertus fit, au dos d'un carrosse,
A côté d'une mitre armorier sa crosse.
L'Ambition partout chassa l'Humilité,
Dans la crasse du froc logea la Vanité :
Alors de tous les cœurs l'union fut détruite.
Dans mes cloîtres sacrés la Discorde introduite
Y bâtit de mon bien ses plus sûrs arsenaux,
Traîna tous mes sujets au pied des tribunaux.
En vain à ses fureurs j'opposai mes prières ;
L'insolente, à mes yeux, marcha sous mes bannières.
Pour comble de misère, un tas de faux docteurs
Vint flatter les péchés de discours imposteurs ;
Infectant les esprits d'exécrables maximes,
Voulut faire à Dieu même approuver tous les crimes.
Une servile peur tint lieu de charité ;
Le besoin d'aimer Dieu passa pour nouveauté ;
Et chacun à mes pieds, conservant sa malice,
N'apporta de vertu que l'aveu de son vice.
 « Pour éviter l'affront de ces noirs attentats,
Je vins chercher le calme au séjour des frimas,
Sur ces monts entourés d'une éternelle glace,
Où jamais au printemps les hivers n'ont fait place.
Mais, jusque dans la nuit de mes sacrés déserts,
Le bruit de mes malheurs fait retentir les airs.
Aujourd'hui même encor une voix trop fidèle
M'a d'un triste désastre apporté la nouvelle : [rois[1]
J'apprends que, dans ce temple où le plus saint des
Consacra tout le fruit de ses pieux exploits,
Et signala pour moi sa pompeuse largesse,
L'implacable Discorde et l'infâme Mollesse,
Foulant aux pieds les lois, l'honneur et le devoir,
Usurpent en mon nom le souverain pouvoir.
Souffriras-tu, ma sœur, une action si noire ?
Quoi ! ce temple à ta porte, élevé pour ma gloire,
Où jadis des humains j'attirais tous les vœux,
Sera de leurs combats le théâtre honteux !
Non, non, il faut enfin que ma vengeance éclate :
Assez et trop longtemps l'impunité les flatte.
Prends ton glaive, et, fondant sur ces audacieux,
Viens aux yeux des mortels justifier les cieux. »
 Ainsi parle à sa sœur cette vierge enflammée :
La grâce est dans ses yeux d'un feu pur allumée.
Thémis sans différer lui promet son secours,
La flatte, la rassure et lui tient ce discours :
 « Chère et divine sœur, dont les mains secourables
Ont tant de fois séché les pleurs des misérables,

[1] Saint Louis, fondateur de la Sainte-Chapelle. (BOIL.) — Elle fut consacrée en 1248.

Pourquoi toi-même, en proie à tes vives douleurs,
Cherches-tu sans raison à grossir tes malheurs?
En vain de tes sujets l'ardeur est ralentie :
D'un ciment éternel ton Église est bâtie ;
Et jamais de l'enfer les noirs frémissements
N'en sauraient ébranler les fermes fondements.
Au milieu des combats, des troubles, des querelles,
Ton nom encor chéri vit au sein des fidèles.
Crois-moi : dans ce lieu même où l'on veut t'oppri- [mer,
Le trouble qui t'étonne est facile à calmer ;
Et, pour y rappeler la paix tant désirée,
Je vais t'ouvrir, ma sœur, une route assurée.
Prête-moi donc l'oreille, et retiens tes soupirs.
« Vers ce temple fameux, si cher à tes désirs,
Où le ciel fut pour toi si prodigue en miracles,
Non loin de ce palais où je rends mes oracles,
Est un vaste séjour des mortels révéré,
Et de clients soumis à toute heure entouré.
Là, sous le faix pompeux de ma pourpre honorable,
Veille au soin de ma gloire un homme incomparable [1] :
Ariste, dont le Ciel et Louis ont fait choix
Pour régler ma balance et dispenser mes lois.
Par lui dans le barreau sur mon trône affermie,
Je vois hurler en vain la chicane ennemie :
Par lui la vérité ne craint plus l'imposteur,
Et l'orphelin n'est plus dévoré du tuteur.
Mais pourquoi vainement t'en retracer l'image?
Tu le connais assez : Ariste est ton ouvrage.
C'est toi qui le formas dès ses plus jeunes ans :
Son mérite sans tache est un de tes présents.
Tes divines leçons, avec le lait sucées,
Allumèrent l'ardeur de ses nobles pensées.
Ainsi son cœur, pour toi brûlant d'un si beau feu,
N'en fit point dans le monde un lâche désaveu ;
Et son zèle hardi, toujours prêt à paraître,
N'alla point se cacher dans les ombres d'un cloître.
Va le trouver, ma sœur : à ton auguste nom,
Tout s'ouvrira d'abord en sa sainte maison.
Ton visage est connu de sa noble famille ;
Tout y garde tes lois, enfants, sœur, femme, fille.
Tes yeux d'un seul regard sauront le pénétrer ;
Et, pour obtenir tout, tu n'as qu'à te montrer. »
Là s'arrête Thémis. La Piété charmée
Sent renaître la joie en son âme calmée.
Elle court chez Ariste ; et s'offrant à ses yeux :
« Que me sert, lui dit-elle, Ariste, qu'en tous lieux

Tu signales pour moi ton zèle et ton courage,
Si la Discorde impie à ta porte m'outrage?
Deux puissants ennemis, par elle envenimés,
Dans ces murs, autrefois si saints, si renommés,
A mes sacrés autels font un profane insulte ;
Remplissent tout d'effroi, de trouble et de tumulte.
De leur crime à leurs yeux va-t-en peindre l'horreur :
Sauve-moi, sauve-les de leur propre fureur. »
Elle sort à ces mots. Le héros en prière
Demeure tout couvert de feux et de lumière.
De la céleste fille il reconnaît l'éclat,
Et mande au même instant le chantre et le prélat.
Muse, c'est à ce coup que mon esprit timide
Dans sa course élevée a besoin qu'on le guide, [vaux,
Pour chanter par quels soins, par quels nobles tra-
Un mortel sut fléchir ces superbes rivaux.
Mais plutôt, toi qui fis ce merveilleux ouvrage,
Ariste, c'est à toi d'en instruire notre âge.
Seul, tu peux révéler par quel art tout-puissant
Tu rendis tout à coup le chantre obéissant [1].
Tu sais par quel conseil rassemblant le chapitre,
Lui-même, de sa main reporta le pupitre ;
Et comment le prélat, de ses respects content,
Le fit du banc fatal enlever à l'instant.
Parle donc : c'est à toi d'éclaircir ces merveilles.
Il me suffit, pour moi, d'avoir su, par mes veilles,
Jusqu'au sixième chant pousser ma fiction,
Et fait d'un vain pupitre un second Ilion.
Finissons. Aussi bien, quelque ardeur qui m'inspire,
Quand je songe au héros qui me reste à décrire,
Qu'il faut parler de toi, mon esprit éperdu
Demeure sans parole, interdit, confondu.
Ariste, c'est ainsi qu'en ce sénat illustre
Où Thémis par tes soins reprend son premier lustre,
Quand, la première fois, un athlète nouveau [reau,
Vient combattre en champ clos aux joutes du bar-
Souvent, sans y penser, ton auguste présence
Troublant par trop d'éclat sa timide éloquence,
Le nouveau Cicéron, tremblant, décoloré,
Cherche en vain son discours, sur sa langue égaré :
En vain, pour gagner temps, dans ses transes affreu-
Traîne d'un dernier mot les syllabes honteuses ; [ses,
Il hésite, il bégaye, et le triste orateur
Demeure enfin muet aux yeux du spectateur.

[1] M. de Lamoignon, premier président. (BOIL.) — C'est de lui que Louis XIV a dit : « Si j'avais connu un plus homme de « bien, et un plus digne sujet, je l'aurais choisi. »

[1] Le premier président fit comprendre au trésorier que ce pupitre n'ayant, dans l'origine, été élevé que pour la commodité du chantre, celui-ci ne pouvait être assujetti à le conserver. Toutefois, et par forme de satisfaction, il fit consentir le chantre à laisser replacer ce pupitre devant lui, mais pour un jour seulement.

FIN DU LUTRIN.

# ODES.

## DISCOURS SUR L'ODE.

L'ode suivante a été composée à l'occasion de ces étranges dialogues [1] qui ont paru depuis quelque temps, où tous les plus grands écrivains de l'antiquité sont traités d'esprits médiocres, de gens à être mis en parallèle avec les Chapelains et avec les Cotins, et où, voulant faire honneur à notre siècle, on l'a en quelque sorte diffamé, en faisant voir qu'il s'y trouve des hommes capables d'écrire des choses si peu sensées. Pindare y est des plus maltraités. Comme les beautés de ce poëte sont extrêmement renfermées dans sa langue, l'auteur de ces dialogues, qui vraisemblablement ne sait point de grec, et qui n'a lu Pindare que dans des traductions latines défectueuses, a pris pour galimatias tout ce que la faiblesse de ses lumières ne lui permettait pas de comprendre. Il a surtout traité de ridicules ces endroits merveilleux où le poëte, pour marquer un esprit entièrement hors de soi, rompt quelquefois le dessein formé la suite de son discours, et, afin de mieux entrer dans la raison, sort, s'il faut ainsi parler, de la raison même, évitant avec grand soin cet ordre méthodique et ces exactes liaisons de sens qui ôteraient l'âme à la poésie lyrique. Le censeur dont je parle n'a pas pris garde qu'en attaquant ces nobles hardiesses de Pindare, il donnait lieu de croire qu'il n'a jamais conçu le sublime des psaumes de David, où, s'il est permis de parler de ces saints cantiques à propos de choses si profanes, il y a beaucoup de ces sens rompus, qui servent même quelquefois à en faire sentir la divinité. Ce critique, selon toutes les apparences, n'est pas fort convaincu du précepte que j'ai avancé dans mon art poétique, à propos de l'ode :

Son style impétueux souvent marche au hasard :
Chez elle un beau désordre est un effet de l'art.

Ce précepte effectivement, qui donne pour règle de ne point garder quelquefois de règles, est un mystère de l'art, qu'il n'est pas aisé de faire entendre à un homme sans aucun goût, qui croit que la Clélie et nos opéras sont les modèles du genre sublime; qui trouve Térence fade, Virgile froid, Homère de mauvais sens, et qu'une espèce de bizarrerie d'esprit rend insensible à tout ce qui frappe ordinairement les hommes. Mais ce n'est pas ici le lieu de lui montrer ses erreurs. On le fera peut-être plus à propos un de ces jours dans quelque autre ouvrage [2].

Pour revenir à Pindare, il ne serait pas difficile d'en faire sentir les beautés à des gens qui se seraient un peu familiarisé le grec; mais comme cette langue est aujourd'hui assez ignorée de la plupart des hommes, et qu'il n'est pas possible de leur faire voir Pindare dans Pindare même, j'ai cru que je ne pouvais mieux justifier ce grand poëte, qu'en tâchant de faire une ode en français à sa manière, c'est-à-dire pleine de mouvements et de transports, où l'esprit parût plutôt entraîné du démon de la poésie, que guidé par la raison. C'est le but que je me suis proposé dans l'ode qu'on va voir. J'ai pris pour sujet la prise de Namur, comme la plus grande action de guerre qui se soit faite de nos jours, et comme la matière la plus propre à échauffer l'imagination d'un poëte. J'y ai jeté, autant que j'ai pu, la magnificence des mots, et, à l'exemple des anciens poëtes dithyrambiques, j'y ai employé les figures les plus audacieuses, jusqu'à y faire un astre de la plume blanche que le roi porte ordinairement à son chapeau, et qui est en effet comme une espèce de comète fatale à nos ennemis, qui se jugent perdus dès qu'ils l'aperçoivent. Voilà le dessein de cet ouvrage. Je ne réponds pas d'y avoir réussi, et je ne sais si le public, accoutumé aux sages emportements de Malherbe, s'accommodera de ces saillies et de ces excès pindariques. Mais, supposé que j'y aie échoué, je m'en consolerai du moins par le commencement de cette fameuse ode latine d'Horace : *Pindarum quisquis studet æmulari* [1], etc., où Horace donne assez à entendre que, s'il eût voulu lui-même s'élever à la hauteur de Pindare, il se serait cru en grand hasard de tomber.

Au reste, comme parmi les épigrammes qui sont imprimées à la suite de cette ode on trouvera encore une autre petite ode [2] de ma façon, que je n'avais point jusqu'ici insérée dans mes écrits, je suis bien aise, pour ne me point brouiller avec les Anglais d'aujourd'hui, de faire ici ressouvenir le lecteur que les Anglais que j'attaque dans ce petit poëme, qui est un ouvrage de ma première jeunesse, ce sont les Anglais du temps de Cromwell.

J'ai joint aussi à ces épigrammes un arrêt burlesque donné au Parnasse, que j'ai composé autrefois, afin de prévenir un arrêt très-sérieux, que l'université songeait à obtenir du parlement, contre ceux qui enseigneraient dans les écoles de philosophie d'autres principes que ceux d'Aristote. La plaisanterie y descend un peu bas, et est toute dans les termes de la pratique; mais il fallait qu'elle fût ainsi pour faire son effet, qui fut très-heureux, et

---

[1] *Parallèle des anciens et des modernes*, en forme de dialogue. (BOIL.) — Ouvrage de Perrault, en quatre volumes, dont trois seulement avaient paru quand Boileau composa son ode. Le quatrième ne fut publié que trois ans après, en 1696.
[2] Voyez les *Réflexions critiques* sur Longin.

[1] Lib. IV, od. II.
[2] Nous l'avons placée immédiatement après celle sur la prise de Namur.

obligea, pour ainsi dire, l'université à supprimer la requête qu'elle allait présenter.

> Ridiculum acri
> Fortius ac melius magnas plerumque secat res [1].

## ODE
### SUR LA PRISE DE NAMUR [2].

Quelle docte et sainte ivresse
Aujourd'hui me fait la loi!
Chastes nymphes du Permesse,
N'est-ce pas vous que je voi?
Accourez, troupe savante;
Des sons que ma lyre enfante
Ces arbres sont réjouis.
Marquez-en bien la cadence;
Et vous, vents, faites silence:
Je vais parler de Louis.

Dans ses chansons immortelles,
Comme un aigle audacieux,
Pindare, étendant ses ailes,
Fuit loin des vulgaires yeux.
Mais, ô ma fidèle lyre!
Si, dans l'ardeur qui m'inspire,
Tu peux suivre mes transports,
Les chênes des monts [3] de Thrace
N'ont rien ouï que n'efface
La douceur de tes accords.

Est-ce Apollon et Neptune,
Qui, sur ces rocs sourcilleux,
Ont, compagnons de fortune [4],
Bâti ces murs orgueilleux?
De leur enceinte fameuse
La Sambre, unie à la Meuse,
Défend le fatal abord;
Et, par cent bouches horribles,
L'airain sur ces monts terribles
Vomit le fer et la mort.

Dix mille vaillants Alcides
Les bordant de toutes parts,
D'éclairs au loin homicides
Font pétiller leurs remparts;

Et, dans son sein infidèle,
Partout la terre y recèle
Un feu prêt à s'élancer,
Qui, soudain perçant son gouffre,
Ouvre un sépulcre de soufre
A quiconque ose avancer.

Namur, devant tes murailles
Jadis la Grèce eût, vingt ans,
Sans fruit vu les funérailles
De ses plus fiers combattants.
Quelle effroyable puissance
Aujourd'hui pourtant s'avance,
Prête à foudroyer tes monts!
Quel bruit, quel feu l'environne!
C'est Jupiter en personne,
Ou c'est le vainqueur de Mons [1].

N'en doutons point, c'est lui-même:
Tout brille en lui, tout est roi.
Dans Bruxelles Nassau blême [2]
Commence à trembler pour soi.
En vain il voit le Batave,
Désormais docile esclave,
Rangé sous ses étendards:
En vain au lion belgique
Il voit l'aigle germanique
Uni sous les léopards.

Plein de la frayeur nouvelle
Dont ses sens sont agités,
A son secours il appelle
Les peuples les plus vantés:
Ceux-là viennent du rivage
Où s'enorgueillit le Tage
De l'or qui roule en ses eaux;
Ceux-ci, des champs où la neige
Des marais de la Norvège
Neuf mois couvre les roseaux.

Mais qui fait enfler la Sambre?
Sous les Jumeaux effrayés [3],
Des froids torrents de décembre
Les champs partout sont noyés.
Cérès s'enfuit éplorée
De voir en proie à Borée
Ses guérets d'épis chargés;
Et, sous les urnes fangeuses
Des Hyades orageuses,
Tous ses trésors submergés.

---

[1] Horat. lib. I, sat. X, v. 14.
[2] Cette ode fut composée en 1693, un an environ après la prise de Namur. (Voyez la lettre de Boileau à Racine, du 4 juin 1693.)
[3] Hémus, Rhodope et Pangée. (BOIL.)
[4] Ils s'étaient loués à Laomédon, pour rebâtir les murs de Troie. (BOIL.)

[1] Mons était tombée au pouvoir du Roi l'année précédente.
[2] Guillaume de Nassau, prince d'Orange et roi d'Angleterre.
[3] Le siége se fit au mois de juin, et il tomba durant ce temps-là de furieuses pluies. (BOIL.)

Déployez toutes vos rages,
Princes, vents, peuples, frimas;
Ramassez tous vos nuages,
Rassemblez tous vos soldats :
Malgré vous, Namur en poudre
S'en va tomber sous la foudre
Qui dompta Lille, Courtrai,
Gand la superbe Espagnole,
Saint-Omer, Besançon, Dôle,
Ypres, Maëstricht et Cambrai.

Mes présages s'accomplissent :
Il commence à chanceler;
Sous les coups qui retentissent
Ses murs s'en vont s'écrouler.
Mars en feu, qui les domine,
Souffle à grand bruit leur ruine;
Et les bombes, dans les airs
Allant chercher le tonnerre,
Semblent, tombant sur la terre,
Vouloir s'ouvrir les enfers.

Accourez, Nassau, Bavière [1],
De ces murs l'unique espoir :
A couvert d'une rivière,
Venez, vous pouvez tout voir.
Considérez ces approches :
Voyez grimper sur ces roches
Ces athlètes belliqueux;
Et dans les eaux, dans la flamme,
Louis, à tout donnant l'âme,
Marcher, courir avec eux.

Contemplez dans la tempête
Qui sort de ces boulevards,
La plume [2], qui sur sa tête
Attire tous les regards.
A cet astre [3] redoutable
Toujours un sort favorable
S'attache dans les combats;
Et toujours avec la gloire
Mars amenant la victoire
Vole, et le suit à grands pas.

Grands défenseurs de l'Espagne,
Montrez-vous, il en est temps.
Courage, vers la Méhagne [4],
Voilà vos drapeaux flottants.
Jamais ses ondes craintives

N'ont vu sur leurs faibles rives
Tant de guerriers s'amasser.
Courez donc; qui vous retarde?
Tout l'univers vous regarde :
N'osez-vous la traverser?

Loin de fermer le passage
A vos nombreux bataillons,
Luxembourg a du rivage
Reculé ses pavillons.
Quoi! leur seul aspect vous glace!
Où sont ces chefs pleins d'audace,
Jadis si prompts à marcher,
Qui devaient, de la Tamise
Et de la Drave [1] soumise,
Jusqu'à Paris nous chercher?

Cependant l'effroi redouble
Sur les remparts de Namur :
Son gouverneur, qui se trouble,
S'enfuit sous son dernier mur.
Déjà jusques à ses portes
Je vois monter nos cohortes,
La flamme et le fer en main;
Et sur les monceaux de piques,
De corps morts, de rocs, de briques,
S'ouvrir un large chemin.

C'en est fait : je viens d'entendre
Sur ces rochers éperdus
Battre un signal pour se rendre.
Le feu cesse : ils sont rendus.
Dépouillez votre arrogance,
Fiers ennemis de la France;
Et désormais gracieux,
Allez à Liége, à Bruxelles,
Porter les humbles nouvelles
De Namur pris à vos yeux.

Pour moi, que Phébus anime
De ses transports les plus doux,
Rempli de ce dieu sublime,
Je vais, plus hardi que vous,
Montrer que, sur le Parnasse,
Des bois fréquentés d'Horace
Ma muse dans son déclin
Sait encor les avenues,
Et des sources inconnues
A l'auteur du Saint-Paulin [2].

---

[1] Maximilien II, duc de Bavière.
[2] Le roi porte toujours à l'armée une plume blanche. (BOIL.)
[3] HOMÈRE, *Iliad*. XIX, v. 299, où il dit que l'aigrette d'Achille étincelait comme un astre. (BOIL.)
[4] Rivière près de Namur. (BOIL.)

[1] Rivière qui passe à Belgrade, en Hongrie. (BOIL.)
[2] Poëme héroïque de M. P***. (BOIL.) — Perrault.

# ODE

SUR UN BRUIT QUI COURUT, EN 1656,
QUE CROMWELL ET LES ANGLAIS ALLAIENT FAIRE
LA GUERRE A LA FRANCE[1].

Quoi! ce peuple aveugle en son crime,
Qui, prenant son roi pour victime,
Fit du trône un théâtre affreux,
Pense-t-il que le ciel, complice
D'un si funeste sacrifice,
N'a pour lui ni foudres ni feux?

Déjà sa flotte à pleines voiles,
Malgré les vents et les étoiles,
Veut maîtriser tout l'univers,
Et croit que l'Europe étonnée
A son audace forcenée
Va céder l'empire des mers.

Arme-toi, France; prends la foudre.
C'est à toi de réduire en poudre
Ces sanglants ennemis des lois.
Suis la victoire qui t'appelle,
Et va sur ce peuple rebelle
Venger la querelle des rois.

Jadis on vit ces parricides,
Aidés de nos soldats perfides,
Chez nous, au comble de l'orgueil [1],
Briser tes plus fortes murailles;
Et par le gain de vingt batailles,
Mettre tous tes peuples en deuil.

Mais bientôt le ciel en colère,
Par la main d'une humble bergère [2],
Renversant tous leurs bataillons,
Borna leurs succès et nos peines :
Et leurs corps pourris, dans nos plaines,
N'ont fait qu'engraisser nos sillons.

[1] Je n'avais que dix-huit ans quand je fis cette ode; mais je l'ai raccommodée. (BOIL.)

[1] Pendant le règne de l'infortuné Charles VI.
[2] Jeanne d'Arc.

FIN DES ODES

# ÉPIGRAMMES.

## I.
### A CLIMÈNE.

Tout me fait peine,
Et depuis un jour
Je crois, Climène,
Que j'ai de l'amour.
Cette nouvelle
Vous met en courroux!...
Tout beau, cruelle;
Ce n'est pas pour vous.

## II.
### A UNE DEMOISELLE[1].

Pensant à notre mariage,
Nous nous trompions très-lourdement :
Vous me croyiez fort opulent,
Et je vous croyais sage.

## III.

De six amants contents et non jaloux,
Qui tour à tour servaient madame Claude,
Le moins volage était Jean son époux :
Un jour pourtant, d'humeur un peu trop chaude,
Serrait de près sa servante aux yeux doux,
Lorsqu'un des six lui dit : Que faites-vous ?
Le jeu n'est sûr avec cette ribaude.
Ah! voulez-vous, Jean-Jean, nous gâter tous?

## IV.
### SUR GILLES BOILEAU,
#### FRÈRE AÎNÉ DE L'AUTEUR.

De mon frère, il est vrai, les écrits sont vantés;
Il a cent belles qualités :
Mais il n'a point pour moi d'affection sincère.

[1] Cette épigramme et l'anecdote qui l'a fait naître sont tirées d'une lettre de Desforges-Maillard au président Bouhier, insérée dans *les Amusements du cœur et de l'esprit*, t. XI, pag. 550.

En lui je trouve un excellent auteur,
Un poëte agréable, un très-bon orateur :
Mais je n'y trouve point de frère.

## V.
### CONTRE SAINT-SORLIN.

Dans le palais, hier, Bilain
Voulait gager contre Ménage
Qu'il était faux que Saint-Sorlin
Contre Arnauld eût fait un ouvrage.
Il en a fait, j'en sais le temps,
Dit un des plus fameux libraires.
Attendez... C'est depuis vingt ans.
On en tira cent exemplaires.
C'est beaucoup, dis-je en m'approchant;
La pièce n'est pas si publique.
Il faut compter, dit le marchand;
Tout est encore dans ma boutique.

## VI.
### SUR L'AGÉSILAS DE P. CORNEILLE.

J'ai vu l'Agésilas,
Hélas!

## VII.
### SUR L'ATTILA DU MÊME.

Après l'Agésilas,
Hélas!
Mais après l'Attila,
Holà!

## VIII.
### A MONSIEUR RACINE.

Racine, plains ma destinée!
C'est demain la triste journée
Où le prophète Desmarets,
Armé de cette même foudre
Qui mit le Port-Royal en poudre,

Va me percer de mille traits.
C'en est fait! mon heure est venue.
Non que ma muse, soutenue
De tes judicieux avis,
N'ait assez de quoi le confondre :
Mais, cher ami ; pour lui répondre,
Hélas! il faut lire Clovis[1].

## IX.
### CONTRE LINIÈRE.

Linière apporte de Senlis
Tous les mois trois couplets impies.
A quiconque en veut dans Paris
Il en présente des copies :
Mais ses couplets, tout pleins d'ennui,
Seront brûlés, même avant lui.

## X.
### SUR UNE SATIRE TRÈS-MAUVAISE,

Que l'abbé Cotin avait faite, et qu'il faisait courir sous mon nom.

En vain par mille et mille outrages
Mes ennemis, dans leurs ouvrages,
Ont cru me rendre affreux aux yeux de l'univers.
Cotin, pour décrier mon style,
A pris un chemin plus facile :
C'est de m'attribuer ses vers.

## XI.
### CONTRE LE MÊME.

A quoi bon tant d'efforts, de larmes et de cris,
Cotin, pour faire ôter ton nom de mes ouvrages ?
Si tu veux du public éviter les outrages,
Fais effacer ton nom de tes propres écrits.

## XII.
### CONTRE UN ATHÉE[2].

Alidor, assis[3] dans sa chaise,
Médisant du ciel à son aise,
Peut bien médire aussi de moi.
Je ris de ses discours frivoles :
On sait fort bien que ses paroles
Ne sont pas articles de foi.

[1] Poëme de Desmarets, ennuyeux à la mort. (BOIL.)
[2] Saint-Pavin.
[3] Il était tellement goutteux, qu'il ne pouvait marcher. (B.)

## XIII.
### VERS EN STYLE DE CHAPELAIN,

Pour mettre à la fin de son poëme de la Pucelle.

Maudit soit l'auteur dur, dont l'âpre et rude verve,
Son cerveau tenaillant, rima malgré Minerve ;
Et son lourd marteau martelant le bon sens,
A fait de méchants vers douze fois douze cents[1] !

## XIV.
### VERS, DE MÊME STYLE,

A METTRE EN CHANT.

Droits et roides rochers, dont peu tendre est la cime,
De mon flamboyant cœur l'âpre état vous savez.
Savez aussi, durs bois, par les hivers lavés, [me.
Qu'holocauste est mon cœur pour un front magnani-

## XV.
### LE DÉBITEUR RECONNAISSANT.

Je l'assistai dans l'indigence ;
Il ne me rendit jamais rien.
Mais, quoiqu'il me dût tout son bien,
Sans peine il souffrait ma présence :
Oh! la rare reconnaissance!

## XVI.
### PARODIE DE QUELQUES VERS

DE CHAPELLE.

Tout grand ivrogne du Marais
Fait des vers que l'on ne lit guère,
Il les croit pourtant fort bien faits ;
Et quand il cherche à les mieux faire,
Il les fait encor plus mauvais.

## XVII.
### A MM. PRADON ET BONNECORSE,

Qui firent en même temps paraître contre moi chacun un volume d'injures.

Venez, Pradon et Bonnecorse,
Grands écrivains de même force,
De vos vers recevoir le prix ;
Venez prendre dans mes écrits

[1] La Pucelle a douze livres, chacun de douze cents vers. (BOIL.)

La place que vos noms demandent.
Linière et Perrin vous attendent.

## XVIII.

### SUR LA FONTAINE DE BOURBON,

*Où l'auteur était allé prendre les eaux, et où il trouva un poëte médiocre, qui lui montra des vers de sa façon. Il s'adresse à la fontaine.*

Oui, vous pouvez chasser l'humeur apoplectique,
Rendre le mouvement au corps paralytique,
Et guérir tous les maux les plus invétérés :
Mais quand je lis ces vers par votre onde inspirés,
Il me paraît, admirable fontaine,
Que vous n'eûtes jamais la vertu d'Hippocrène.

## XIX.

### SUR LA MANIÈRE DE RÉCITER DU POETE S*** [1].

Quand j'aperçois sous ce portique
Ce moine au regard fanatique,
Lisant ses vers audacieux,
Faits pour les habitants des cieux [2],
Ouvrir une bouche effroyable,
S'agiter, se tordre les mains,
Il me semble en lui voir le diable
Que Dieu force à louer les saints.

## XX.

### IMITÉE DE CELLE DE MARTIAL,

*Qui commence par* Nuper erat medicus, *etc.* [3]

Paul ce grand médecin, l'effroi de son quartier,
Qui causa plus de maux que la peste et la guerre,
Est curé maintenant, et met les gens en terre :
Il n'a point changé de métier.

## XXI.

### A MONSIEUR P*** [4].

*Sur les livres qu'il a faits contre les anciens.*

Pour quelque vain discours sottement avancé
Contre Homère, Platon, Cicéron ou Virgile,
Caligula partout fut traité d'insensé,
Néron de furieux, Adrien d'imbécile.

[1] Santeuil.
[2] Il a fait des hymnes latines à la louange des saints. (BOIL.)
[3] Lib. I, épig. XLVIII.
[4] Perrault.

Vous donc qui, dans la même erreur,
Avec plus d'ignorance et non moins de fureur,
Attaquez ces héros de la Grèce et de Rome,
P***, fussiez-vous empereur,
Comment voulez-vous qu'on vous nomme ?

## XXII.

### SUR LE MÊME SUJET.

D'où vient que Cicéron, Platon, Virgile, Homère,
Et tous ces grands auteurs que l'univers révère,
Traduits dans vos écrits nous paraissent si sots ?
P***, c'est qu'en prêtant à ces esprits sublimes
Vos façons de parler, vos bassesses, vos rimes,
Vous les faites tous des P***.

## XXIII.

### A MONSIEUR P***.

Le bruit court que Bacchus, Junon, Jupiter, Mars,
Apollon, le dieu des beaux arts ;
Les Ris même, les Jeux, les Grâces et leur mère,
Et tous les dieux enfants d'Homère,
Résolus de venger leur père,
Jettent déjà sur vous de dangereux regards.
P***, craignez enfin quelque triste aventure :
Comment soutiendrez-vous un choc si violent ?
Il est vrai, Visé [1] vous assure
Que vous avez pour vous Mercure ;
Mais c'est le *Mercure galant*.

## XXIV.

### AU MÊME.

Ton oncle, dis-tu, l'assassin
M'a guéri d'une maladie :
La preuve qu'il ne fut jamais mon médecin,
C'est que je suis encor en vie.

## XXV.

### A UN MÉDECIN.

Oui, j'ai dit dans mes vers [2] qu'un célèbre assassin,
Laissant de Galien la science infertile,
D'ignorant médecin devint maçon habile :
Mais de parler de vous je n'eus jamais dessein,
Lubin ; ma muse est trop correcte.

[1] Auteur du *Mercure galant*.
[2] Voyez le commencement du chant IV de l'*Art poétique*.

Vous êtes, je l'avoue, ignorant médecin,
Mais non pas habile architecte.

## XXVI.

SUR CE QU'ON AVAIT LU A L'ACADÉMIE DES VERS
CONTRE HOMÈRE ET VIRGILE.

Clio vint l'autre jour se plaindre au dieu des vers
   Qu'en certain lieu de l'univers
On traitait d'auteurs froids, de poëtes stériles,
   Les Homères et les Virgiles.
Cela ne saurait être; on s'est moqué de vous,
   Reprit Apollon en courroux :
Où peut-on avoir dit une telle infamie?
Est-ce chez les Hurons, chez les Topinambous? —
C'est à Paris. — C'est donc dans l'hôpital des fous? —
Non; c'est au Louvre, en pleine Académie.

## XXVII.

### MÊME SUJET.

J'ai traité de Topinambous
   Tous ces beaux censeurs, je l'avoue,
Qui, de l'antiquité si follement jaloux,   [loue;
Aiment tout ce qu'on hait, blâment tout ce qu'on
   Et l'Académie, entre nous,
   Souffrant chez soi de si grands fous,
   Me semble un peu Topinamboue.

## XXVIII.

### MÊME SUJET.

Ne blâmez pas Perrault de condamner Homère,
   Virgile, Aristote, Platon :
   Il a pour lui monsieur son frère,
G.... N.... Lavau, Caligula, Néron,
Et le gros Charpentier, dit-on.

## XXIX.

PARODIE BURLESQUE DE LA 1<sup>re</sup> ODE DE PINDARE,

A la louange de M. P***[1].

Malgré son fatras obscur,
Souvent Brébeuf étincelle :
Un vers noble, quoique dur,
Peut s'offrir dans la Pucelle.
Mais, ô ma lyre fidèle,

[1] J'avais résolu de parodier l'ode; mais dans ce temps-là nous nous raccommodâmes M. P*** et moi. Ainsi il n'y eut que ce couplet de fait. (BOIL.)

Si du parfait ennuyeux
Tu veux trouver le modèle,
Ne cherche point dans les cieux
D'astre au soleil préférable;
Ni dans la foule innombrable
De tant d'écrivains divers
Chez Coignard rongés des vers,
Un poëte comparable
A l'auteur inimitable[1]
De Peau-d'Ane mis en vers.

## XXX.

### SUR LA RÉCONCILIATION DE L'AUTEUR

ET DE PERRAULT.

Tout le trouble poétique
A Paris s'en va cesser;
Perrault l'antipindarique,
Et Despréaux l'homérique,
Consentent de s'embrasser.
Quelque aigreur qui les anime,
Quand, malgré l'emportement,
Comme eux l'un l'autre on s'estime,
L'accord se fait aisément.
Mon embarras est comment
On pourra finir la guerre
De Pradon et du parterre.

## XXXI.

### CONTRE BOYER ET LA CHAPELLE.

J'approuve que chez vous, messieurs, on examine
Qui du pompeux Corneille ou du tendre Racine
Excita dans Paris plus d'applaudissements :
Mais je voudrais qu'on cherchât tout d'un temps
   ( La question n'est pas moins belle ),
Qui du fade Boyer ou du sec la Chapelle
   Excita plus de sifflements.

## XXXII.

### SUR UNE HARANGUE D'UN MAGISTRAT,

Dans laquelle les procureurs étaient fort maltraités.

Lorsque, dans ce sénat à qui tout rend hommage,
   Vous haranguez en vieux langage,
   Paul, j'aime à vous voir, en fureur,
   Gronder maint et maint procureur;
   Car leurs chicanes sans pareilles

[1] M. P***, dans ce temps-là, avait rimé le conte de Peau-d'Ane. (BOIL.)

Méritent bien ce traitement :
Mais que vous ont fait nos oreilles
Pour les traiter si rudement?

### XXXIII.
#### ÉPITAPHE.

Ci-gît, justement regretté,
Un savant homme sans science,
Un gentilhomme sans naissance,
Un très-bon homme sans bonté.

### XXXIV.
#### SUR UN PORTRAIT DE L'AUTEUR [1].

Ne cherchez point comment s'appelle
L'écrivain peint dans ce tableau :
A l'air dont il regarde et montre la Pucelle,
Qui ne reconnaîtra Boileau?

### XXXV.
#### POUR METTRE AU BAS D'UNE MÉCHANTE GRAVURE QU'ON A FAITE DE MOI.

Du poëte Boileau tu vois ici l'image.
Quoi! c'est là, diras-tu, ce critique achevé !
D'où vient le noir chagrin qu'on lit sur son visage?
C'est de se voir si mal gravé.

### XXXVI.
#### AUX RÉVÉRENDS PÈRES DE *** [2],

Qui m'avaient attaqué dans leurs écrits.

Mes révérends Pères en Dieu,
Et mes confrères en satire,
Dans vos écrits en plus d'un lieu,
Je vois qu'à mes dépens vous affectez de rire :
Mais ne craignez-vous point que, pour rire de vous,
Relisant Juvénal, refeuilletant Horace,
Je ne ranime encor ma satirique audace !
Grands Aristarques de Trévoux,
N'allez point de nouveau faire courir aux armes
Un athlète tout prêt à prendre son congé,
Qui par vos traits malins au combat rengagé,
Peut encor aux rieurs faire verser des larmes.
Apprenez un mot de Régnier,
Notre célèbre devancier :
« Corsaires attaquant corsaires,
Ne font pas, dit-il, leurs affaires [3]. »

[1] Peint par Santerre.
[2] Trévoux.
[3] Vers de Régnier. (BOIL.)

### XXXVII.
#### AUX MÊMES

Sur mon épitre de l'Amour de Dieu.

Non, pour montrer que Dieu veut être aimé de nous,
Je n'ai rien emprunté de Perse ni d'Horace,
Et je n'ai point suivi Juvénal à la trace : [vous,
Car, bien qu'en leurs écrits ces auteurs, mieux que
Attaquent les erreurs dont nos âmes sont ivres,
La nécessité d'aimer Dieu
Ne s'y trouve jamais prêchée en aucun lieu,
Mes Pères, non plus qu'en vos livres.

### XXXVIII.
#### AUX MÊMES,

Sur le livre des *Flagellants*, composé par mon frère le docteur de Sorbonne.

Non, le livre des Flagellants
N'a jamais condamné, lisez-le bien, mes Pères,
Ces rigidités salutaires
Que, pour ravir le ciel, saintement violents,
Exercent sur leur corps tant de chrétiens austères.
Il blâme seulement cet abus odieux
D'étaler et d'offrir aux yeux
Ce que leur doit toujours cacher la bienséance ;
Et combat vivement la fausse piété,
Qui, sous couleur d'éteindre en nous la volupté,
Par l'austérité même et par la pénitence,
Sait allumer le feu de la lubricité.

### XXXIX.
#### L'AMATEUR D'HORLOGES.

Sans cesse autour de six pendules,
De deux montres, de trois cadrans,
Lubin, depuis trente et quatre ans,
Occupe ses soins ridicules :
Mais à ce métier, s'ils vous plaît,
A-t-il acquis quelque science?
Sans doute ; et c'est l'homme de France
Qui sait le mieux l'heure qu'il est.

### XL [1].

Qui ne hait pas tes vers, ridicule Mauroy,
Pourrait bien pour sa peine aimer ceux de Fourcroi.

[1] Rapportée par Brossette, dans ses notes sur la satire III.

FIN DES ÉPIGRAMMES.

# POÉSIES DIVERSES.

## I.
### CHANSON A BOIRE,
*Que je fis au sortir de mon cours de philosophie, à l'âge de dix-sept ans.*

Philosophes rêveurs, qui pensez tout savoir,
Ennemis de Bacchus, rentrez dans le devoir :
Vos esprits s'en font trop accroire.
Allez, vieux fous, allez apprendre à boire.
On est savant quand on boit bien :
Qui ne sait boire ne sait rien.

S'il faut rire ou chanter au milieu d'un festin,
Un docteur est alors au bout de son latin :
Un goinfre en a toute la gloire.
Allez, vieux fous, etc....

## II.
### AUTRE.

Soupirez jour et nuit sans manger et sans boire,
Ne songez qu'à souffrir ;
Aimez, aimez vos maux, et mettez votre gloire
A n'en jamais guérir.
   Cependant nous rirons
   Avecque la bouteille,
   Et dessous la treille
   Nous la chérirons.
Si, sans vous soulager, une aimable cruelle
   Vous retient en prison,
Allez aux durs rochers, aussi sensibles qu'elle,
   En demander raison.
   Cependant nous rirons, etc....

## III.
### VERS A METTRE EN CHANT.

Voici les lieux charmants où mon âme ravie
   Passait à contempler Sylvie
Ces tranquilles moments si doucement perdus.
Que je l'aimais alors, que je la trouvais belle !
Mon cœur, vous soupirez au nom de l'infidèle :
Avez-vous oublié que vous ne l'aimez plus ?

C'est ici que souvent errant dans les prairies,
   Ma main des fleurs les plus chéries
Lui faisait des présents si tendrement reçus.
Que je l'aimais alors ! etc....

## IV.
### CHANSON A BOIRE,
*Faite à Bâville, où était le père Bourdaloue [1].*

Que Bâville me semble aimable,
Quand des magistrats le plus grand
Permet que Bacchus à sa table
Soit notre premier président !

Trois muses, en habit de ville [2],
Y président à ses côtés :
Et ses arrêts par Arbouville [3]
Sont à plein verre exécutés.

Si Bourdaloue un peu sévère
Nous dit : Craignez la volupté !
Escobar, lui dit-on, mon Père,
Nous la permet pour la santé.

Contre ce docteur authentique
Si du jeûne il prend l'intérêt,
Bacchus le déclare hérétique,
Et janséniste, qui pis est.

## V.
### SONNET SUR UNE DE MES PARENTES,
*Qui mourut toute jeune entre les mains d'un charlatan [4].*

Nourri dès le berceau près de la jeune Orante,
Et non moins par le cœur que par le sang lié,

---

[1] Voyez la lettre à Brossette, du 15 juillet 1702.
[2] Boileau avait mis d'abord :

   Chalucet, Hélyot, la Ville.

C'est ainsi que se nommaient ces trois muses.
[3] Gentilhomme, parent de monsieur le premier Président. (BOIL.)
[4] Voyez la lettre à Brossette, du 15 juillet 1702.

A ses jeux innocents enfant associé,
Je goûtais les douceurs d'une amitié charmante :

Quand un faux Esculape, à cervelle ignorante,
A la fin d'un long mal vainement pallié,
Rompant de ses beaux jours le fil trop délié,
Pour jamais me ravit mon aimable parente.

Oh! qu'un si rude coup me fit verser de pleurs!
Bientôt, la plume en main, signalant mes douleurs,
Je demandai raison d'un acte si perfide.

Oui, j'en fis dès quinze ans ma plainte à l'univers;
Et l'ardeur de venger ce barbare homicide
Fut le premier démon qui m'inspira des vers.

## VI.

### MÊME SUJET.

Parmi les doux transports d'une amitié fidèle,
Je voyais près d'Iris couler mes heureux jours;
Iris que j'aime encore, et que j'aimai toujours,
Brûlait des mêmes feux dont je brûlais pour elle :

Quand, par l'ordre du ciel, une fièvre cruelle
M'enleva cet objet de mes tendres amours;
Et, de tous mes plaisirs interrompant le cours,
Me laissa de regrets une suite éternelle.

Ah! qu'un si rude coup étonna mes esprits!
Que je versai de pleurs! que je poussai de cris!
De combien de douleurs ma douleur fut suivie!

Iris, tu fus alors moins à plaindre que moi :
Et, bien qu'un triste sort t'ait fait perdre la vie,
Hélas! en te perdant j'ai perdu plus que toi.

## VII.

### STANCES A M. MOLIÈRE,

Sur sa comédie de *l'École des femmes*[1], que plusieurs
gens frondaient.

En vain mille jaloux esprits,
Molière, osent avec mépris
Censurer ton plus bel ouvrage :
Sa charmante naïveté
S'en va pour jamais, d'âge en âge,
Divertir la postérité.

Que tu ris agréablement!

---

[1] Cette pièce fut représentée pour la première fois vers la fin de 1662.

Que tu badines savamment!
Celui qui sut vaincre Numance[1],
Qui mit Carthage sous sa loi,
Jadis, sous le nom de Térence,
Sut-il mieux badiner que toi?

Ta muse avec utilité
Dit plaisamment la vérité.
Chacun profite à ton école :
Tout en est beau, tout en est bon;
Et ta plus burlesque parole
Vaut souvent un docte sermon.

Laisse gronder tes envieux :
Ils ont beau crier en tous lieux
Qu'en vain tu charmes le vulgaire;
Que tes vers n'ont rien de plaisant :
Si tu savais un peu moins plaire,
Tu ne leur déplairais pas tant.

## VIII.

### ÉPITAPHE DE LA MÈRE DE L'AUTEUR[2].

Épouse d'un mari doux, simple, officieux,
Par la même douceur je sus[3] plaire à ses yeux :
Nous ne sûmes jamais ni railler ni médire.
Passant, ne t'enquiers point si de cette bonté
Tous mes enfants ont hérité;
Lis seulement ces vers, et garde-toi d'écrire.

## IX.

*Vers pour mettre au bas du portail de mon père[4], greffier de la grand'chambre du parlement de Paris.*

Ce greffier doux et pacifique
De ses enfants au sang critique
N'eut point le talent redouté;
Mais, fameux par sa probité,
Reste de l'or du siècle antique,
Sa conduite, dans le Palais
Partout pour exemple citée,
Mieux que sa plume si vantée,
Fit la satire des Rolets.

---

[1] Scipion. (BOIL.)
[2] Anne Denielle mourut en 1637, à l'âge de vingt-trois ans.
[3] C'est elle qui parle. (BOIL.)
[4] Il mourut en 1657, âgé de soixante-treize ans.

## X.
### SUR MON PORTRAIT.

M. le Verrier, mon illustre ami, ayant fait graver mon portrait par Drevet, célèbre graveur, fit mettre au bas de ce portrait quatre vers, où l'on me fait ainsi parler :

Au joug de la raison asservissant la rime,
Et, même en imitant, toujours original,
J'ai su dans mes écrits, docte, enjoué, sublime [1],
Rassembler en moi Perse, Horace et Juvénal.

A QUOI J'AI RÉPONDU PAR CES VERS :

Oui, le Verrier, c'est là mon fidèle portrait ;
  Et le graveur, en chaque trait,
A su très-finement tracer sur mon visage
De tout faux bel esprit l'ennemi redouté :
Mais dans les vers pompeux qu'au bas de cet ouvrage
Tu me fais prononcer avec tant de fierté,
  D'un ami de la vérité
  Qui peut reconnaître l'image ?

## XI.

*Sur le buste de marbre qu'a fait de moi M. Girardon [2], premier sculpteur du roi.*

  Grâce au Phidias de notre âge,
Me voilà sûr de vivre autant que l'univers ;
Et ne connût-on plus ni mon nom ni mes vers,
Dans ce marbre fameux taillé sur mon visage,
De Girardon toujours on vantera l'ouvrage.

## XII.

*Vers pour mettre au bas du portrait de Tavernier, le célèbre voyageur [3].*

De Paris à Dehli [4], du couchant à l'aurore,
Ce fameux voyageur courut plus d'une fois :
De l'Inde et de l'Hydaspe [5] il fréquenta les rois ;
Et sur les bords du Gange on le révère encore.
En tous lieux sa vertu fut son plus sûr appui ;
Et, bien qu'en nos climats de retour aujourd'hui
  En foule à nos yeux il présente
Les plus rares trésors que le soleil enfante [1],
Il n'a rien apporté de si rare que lui.

## XIII.

*Vers faits pour mettre au bas d'un portrait de monseigneur le duc du Maine, alors encore enfant, et dont on avait imprimé un petit volume de lettres, au-devant desquelles ce prince était peint en Apollon, avec une couronne sur la tête.*

  Quel est cet Apollon nouveau,
  Qui, presque au sortir du berceau,
  Vient régner sur notre Parnasse ?
  Qu'il est brillant ! qu'il a de grâce !
Du plus grand des héros je reconnais le fils :
Il est déjà tout plein de l'esprit de son père ;
  Et le feu des yeux de sa mère
  A passé jusqu'en ses écrits.

## XIV.

*Autres pour mettre sous le buste du roi, fait par M. Girardon, l'année [2] que les Allemands prirent Belgrade.*

C'est ce roi si fameux dans la paix, dans la guerre,
Qui seul fait à son gré le destin de la terre.
Tout reconnaît ses lois, ou brigue son appui.
De ses nombreux combats le Rhin frémit encore :
Et l'Europe en cent lieux a vu fuir devant lui
Tous ces héros si fiers, que l'on voit aujourd'hui
Faire fuir l'Ottoman au delà du Bosphore.

## XV.

*Autres pour mettre au bas du portrait de mademoiselle de Lamoignon.*

Aux sublimes vertus nourrie en sa famille,
  Cette admirable et sainte fille
En tous lieux signala son humble piété ;
Jusqu'aux climats [3] où naît et finit la clarté,
Fit ressentir l'effet de ses soins secourables,
Et, jour et nuit pour Dieu pleine d'activité,
Consuma son repos, ses biens et sa santé,
A soulager les maux de tous les misérables.

---

[1] Voyez la lettre à Brossette, du 6 mars 1705.
[2] François Girardon, sculpteur célèbre, né à Troyes en 1628, mort à Paris le 1er septembre 1715, le même jour que Louis XIV.
[3] Né à Paris en 1705, il mourut à Moscou dans sa quatre-vingt-quatrième année. Il entreprenait alors, pour la septième fois, le voyage des Indes.
[4] Ville du royaume des Indes. (BOIL.)
[5] Fleuves du même pays. (BOIL.)

[1] Il était revenu des Indes avec près de trois millions en pierreries. (BOIL.)
[2] (1688).
[3] Mademoiselle de Lamoignon, sœur de M. le premier Président, faisait tenir de l'argent à beaucoup de missionnaires, jusque dans les Indes orientales et occidentales. (BOIL.)

## XVI.

*Autres pour mettre au bas du portrait de M. Hamon[1], médecin.*

Tout brillant de savoir, d'esprit et d'éloquence,
Il courut au désert chercher l'obscurité ;
Aux pauvres consacra ses biens et sa science ;
Et, trente ans dans le jeûne et dans l'austérité,
Fit son unique volupté
Des travaux de la pénitence.

## XVII.

*Autres pour mettre au bas du portrait de M. Racine.*

Du théâtre français l'honneur et la merveille,
Il sut ressusciter Sophocle en ses écrits ;
Et, dans l'art d'enchanter les cœurs et les esprits,
Surpasser Euripide, et balancer Corneille.

## XVIII.

*Autres pour mettre sous le portrait de M. de la Bruyère, au-devant de son livre des Caractères du temps.*

Tout esprit orgueilleux qui s'aime
Par mes leçons[2] se voit guéri,
Et dans mon livre si chéri
Apprend à se haïr soi-même.

## XIX.

### ÉPITAPHE D'ARNAULD[3].

Au pied de cet autel de structure grossière,
Gît sans pompe, enfermé dans une vile bière,
Le plus savant mortel qui jamais ait écrit ;
Arnauld, qui, sur la grâce instruit par Jésus-Christ,
Combattant pour l'Église, a dans l'Église même
Souffert plus d'un outrage et plus d'un anathème.
Plein du feu qu'en son cœur souffla l'Esprit divin,
Il terrassa Pélage, il foudroya Calvin ;
De tous les faux docteurs confondit la morale ;
Mais, pour fruit de son zèle, on l'a vu rebuté,
En cent lieux opprimé par leur noire cabale ;
Errant, pauvre, banni, proscrit, persécuté ;
Et même par sa mort leur fureur mal éteinte
N'aurait jamais laissé ses cendres en repos,
Si Dieu lui-même ici de son ouaille sainte
A ces loups dévorants n'avait caché les os.

[1] Il mourut à Port-Royal, en 1687, âgé de soixante-neuf ans.
[2] C'est lui qui parle. (BOIL.)
[3] Mort à la Haye, le 8 août 1694, et enterré à Bruxelles. Son cœur fut apporté à Port-Royal, à la fin de 1694.

## XX.

### A MADAME LA PRÉSIDENTE ***[1],

*Sur le portrait du P. Bourdaloue, qu'elle m'avait envoyé.*

Du plus grand orateur dont la chaire se vante
M'envoyer le portrait, illustre présidente,
C'est me faire un présent qui vaut mille présents.
J'ai connu Bourdaloue ; et dès mes jeunes ans
Je fis de ses sermons mes plus chères délices.
Mais, lui, de son côté, lisant mes vains caprices,
Des censeurs de T***[2] n'eut point pour moi les yeux
Ma franchise surtout gagna sa bienveillance.
Enfin, après Arnauld, ce fut l'illustre en France
Que j'admirai le plus et qui m'aima le mieux.

## XXI.

### ÉNIGME.

Du repos des humains implacable ennemie[3],
J'ai rendu mille amants envieux de mon sort.
Je me repais de sang, et je trouve ma vie
Dans les bras de celui qui recherche ma mort.

## XXII.

### QUATRAIN.

*Sur un portrait de Rossinante, cheval de don Quichotte.*

Tel fut ce roi des bons chevaux,
Rossinante, la fleur des coursiers d'Ibérie,
Qui, trottant jour et nuit et par monts et par vaux,
Galopa, dit l'histoire, une fois en sa vie.

## XXIII.

*Vers pour mettre au bas de la Macarise de l'abbé d'Aubignac, roman allégorique, où l'on expliquait toute la morale des stoïciens.*

Lâches partisans d'Épicure,
Qui, brûlant d'une flamme impure,
Du portique fameux[4] fuyez l'austérité,
Souffrez qu'enfin la raison vous éclaire.
Ce roman plein de vérité,
Dans la vertu la plus sévère
Vous peut faire aujourd'hui trouver la volupté.

[1] Madame de Lamoignon.
[2] Trévoux.
[3] Une puce (BOIL.)
[4] L'école de Zénon. (BOIL.)

## XXIV.

### LE BUCHERON ET LA MORT,

#### FABLE D'ÉSOPE.

Le dos chargé de bois et le corps tout en eau,
Un pauvre bûcheron, dans l'extrême vieillesse,
Marchait en haletant de peine et de détresse.
Enfin, las de souffrir, jetant là son fardeau,
Plutôt que de s'en voir accablé de nouveau,
Il souhaita la Mort, et cent fois il l'appelle.
La Mort vint à la fin : Que veux-tu? cria-t-elle.
Qui? moi! dit-il alors prompt à se corriger :
Que tu m'aides à me charger.

## XXV.

### IMPROMPTU SUR LA PRISE DE MONS.

#### À MADAME *** [1].

Mons était, dit-on, pucelle
Qu'un roi gardait avec le plus grand soin;
Louis le Grand en eut besoin,
Mons se rendit : vous auriez fait comme elle.

## XXVI.

### SUR HOMÈRE.

Ἡσίοδον μὲν ἐγὼν· ἐχάρασσε δὲ θεῖος Ὅμηρος [2].

*Cantabam quidem ego : scribebat autem dius Homerus.*

Quand la dernière fois, dans le sacré vallon,
La troupe des neuf Sœurs, par l'ordre d'Apollon,
Lut l'Iliade et l'Odyssée;
Chacune à le louer se montrant empressée :
Apprenez un secret qu'ignore l'univers,
Leur dit alors le dieu des vers;
Jadis avec Homère, aux rives du Permesse,
Dans ce bois de lauriers où seul il me suivait,
Je les fis toutes deux, plein d'une douce ivresse.
Je chantais : Homère écrivait.

## XXVII.

### SUR LES TUILERIES.

Agéables jardins, où les Zéphyrs et Flore
Se trouvent tous les jours au lever de l'Aurore;
Lieux charmants qui pouvez, dans vos sombres réduits,
Des plus tristes amants adoucir les ennuis,
Cessez de rappeler, dans mon âme insensée,
De mon premier bonheur la gloire enfin passée.
Ce fut, je m'en souviens, dans cet antique bois
Que Philis m'apparut pour la première fois.
C'est ici que souvent, dissipant mes alarmes,
Elle arrêtait d'un mot mes soupirs et mes larmes;
Et que me regardant d'un œil si gracieux,
Elle m'offrait le ciel ouvert dans ses beaux yeux.
Aujourd'hui cependant, injustes que vous êtes,
Je sais qu'à mes rivaux vous prêtez vos retraites,
Et qu'avec elle assis sur vos tapis de fleurs,
Ils triomphent, contents de mes vaines douleurs.
Allez, jardins dressés par une main fatale,
Tristes enfants de l'art du malheureux Dédale,
Vos bois, jadis pour moi si charmants et si beaux,
Ne sont plus qu'un désert, refuge des corbeaux,
Qu'un séjour infernal, où cent mille vipères,
Tous les jours, en naissant, assassinent leurs mères.

# FRAGMENT
## D'UN PROLOGUE D'OPÉRA.

### AVERTISSEMENT AU LECTEUR.

Madame de M*** [1] et madame de T*** [2] sa sœur, lasses des opéras de Quinault, proposèrent au roi d'en faire faire un par M. Racine, qui s'engagea assez légèrement à leur donner cette satisfaction, ne songeant pas dans ce moment-là à une chose dont il était plusieurs fois convenu avec moi : qu'on ne peut jamais faire un bon opéra, parce que la musique ne saurait narrer; que les passions n'y peuvent être peintes dans toute l'étendue qu'elles demandent; que d'ailleurs elle ne saurait souvent mettre en chant les expressions vraiment sublimes et courageuses. C'est ce que je lui représentai, quand il me déclara son engagement, et il m'avoua que j'avais raison; mais il était trop avancé pour reculer. Il commença dès lors un opéra dont le sujet était la chute de Phaéton. Il en fit même quelques vers qu'il récita au roi, qui en parut content; mais comme M. Racine n'entreprenait cet ouvrage qu'à regret, il me témoigna résolument qu'il ne l'achèverait point que je n'y travaillasse avec lui, et me déclara avant tout qu'il fallait que j'en composasse le prologue. J'eus beau lui représenter mon peu de talent en ces sortes d'ouvrages, et que je n'avais jamais fait de vers d'amourettes; il persista dans sa résolution, et me dit qu'il me le ferait ordonner par le roi. Je songeai donc en moi-même à voir de quoi je serais capable, en cas que je

---

[1] Attribué à Boileau, dans le *Ménagiana*, édition de la Monnaye.
[2] Vers grec de l'*Anthologie*. (BOIL.) — Voyez la lettre de Boileau à Brossette, du 2 août 1703.

[1] Montespan.
[2] Thianges.

fusse absolument obligé de travailler à un ouvrage si opposé à mon génie et à mon inclination. Ainsi, pour m'essayer, je traçai, sans en rien dire à personne, non pas même à M. Racine, le canevas d'un prologue, et j'en composai une première scène. Le sujet de cette scène était une dispute de la Poésie et de la Musique, qui se querellaient sur l'excellence de leur art, et étaient enfin toutes prêtes à se séparer, lorsque tout à coup la déesse des accords, je veux dire l'Harmonie, descendait du ciel avec tous ses charmes et tous ses agréments, et les réconciliait. Elle devait dire ensuite la raison qui la faisait venir sur la terre, qui n'était autre que de divertir le prince de l'univers le plus digne d'être servi, et à qui elle devait le plus, puisque c'était lui qui la maintenait dans la France, où elle régnait en toutes choses. Elle ajoutait ensuite que, pour empêcher que quelque audacieux ne vînt troubler, en s'élevant contre un si grand prince, la gloire dont elle jouissait avec lui, elle voulait que dès aujourd'hui même, sans perdre de temps, on représentât sur la scène la chute de l'ambitieux Phaéton. Aussitôt tous les poètes et tous les musiciens, par son ordre, se retiraient et s'allaient habiller. Voilà le sujet de mon prologue, auquel je travaillai trois ou quatre jours avec un assez grand dégoût, tandis que M. Racine de son côté, avec non moins de dégoût, continuait à disposer le plan de son opéra, sur lequel je lui prodiguais mes conseils. Nous étions occupés à ce misérable travail, dont je ne sais si nous nous serions bien tirés, lorsque tout à coup un heureux incident nous tira d'affaire. L'incident fut que M. Quinault s'étant présenté au roi les larmes aux yeux, et lui ayant remontré l'affront qu'il allait recevoir s'il ne travaillait plus au divertissement de Sa Majesté, le roi, touché de compassion, déclara franchement aux dames dont j'ai parlé qu'il ne pouvait se résoudre à lui donner ce déplaisir : Sic nos servavit Apollo. Nous retournâmes donc, M. Racine et moi, à notre premier emploi, et il ne fut plus mention de notre opéra, dont il ne resta que quelques vers de M. Racine, qu'on n'a point trouvés dans ses papiers après sa mort, et que vraisemblablement il avait supprimés par délicatesse de conscience, à cause qu'il y était parlé d'amour. Pour moi, comme il n'était point question d'amourette dans la scène que j'avais composée, non-seulement je n'ai pas jugé à propos de la supprimer, mais je la donne ici au public, persuadé qu'elle fera plaisir aux lecteurs, qui ne seront peut-être pas fâchés de voir de quelle manière je m'y étais pris pour adoucir l'amertume et la force de ma poésie satirique, et pour me jeter dans le style doucereux. C'est de quoi ils pourront juger par le fragment que je leur présente ici, et que je leur présente avec d'autant plus de confiance, qu'étant fort court, s'il ne les divertit, il ne leur laissera pas du moins le temps de s'ennuyer.

## PROLOGUE.

### LA POÉSIE, LA MUSIQUE.

LA POÉSIE.
Quoi! par de vains accords et des sons impuissants,
Vous croyez exprimer tout ce que je sais dire?
LA MUSIQUE.
Aux doux transports qu'Apollon vous inspire
Je crois pouvoir mêler la douceur de mes chants.
LA POÉSIE.
Oui, vous pouvez au bord d'une fontaine
Avec moi soupirer une amoureuse peine,
Faire gémir Thyrsis, faire plaindre Climène.
Mais, quand je fais parler les héros et les dieux,
Vos chants audacieux
Ne me sauraient prêter qu'une cadence vaine :
Quittez ce soin ambitieux.
LA MUSIQUE.
Je sais l'art d'embellir vos plus rares merveilles.
LA POÉSIE.
On ne veut plus alors entendre votre voix.
LA MUSIQUE.
Pour entendre mes sons, les rochers et les bois
Ont jadis trouvé des oreilles.
LA POÉSIE.
Ah! c'en est trop, ma sœur, il faut nous séparer.
Je vais me retirer :
Nous allons voir sans moi ce que vous saurez faire.
LA MUSIQUE.
Je saurai divertir et plaire;
Et mes chants moins forcés n'en seront que plus doux.
LA POÉSIE.
Eh bien! ma sœur, séparons-nous.
LA MUSIQUE.
Séparons-nous.
LA POÉSIE.
Séparons-nous.
CHŒUR DES POETES ET DES MUSICIENS.
Séparons-nous, séparons-nous.
LA POÉSIE.
Mais quelle puissance inconnue
Malgré moi m'arrête en ces lieux?
LA MUSIQUE.
Quelle divinité sort du sein de la nue?
LA POÉSIE.
Quels chants mélodieux
Font retentir ici leur douceur infinie?
LA MUSIQUE.
Ah! c'est la divine Harmonie
Qui descend des cieux!
LA POÉSIE.
Qu'elle étale à nos yeux
De grâces naturelles!

LA MUSIQUE.
Quel bonheur imprévu la fait ici revoir!
LA POÉSIE ET LA MUSIQUE.
Oublions nos querelles :
Il faut nous accorder pour la bien recevoir.
CHŒUR DES POETES ET DES MUSICIENS.
Oublions nos querelles :
Il faut nous accorder pour la bien recevoir.

## CHAPELAIN DÉCOIFFÉ[1],

PARODIE

DES QUATRE DERNIÈRES SCÈNES DE L'ACTE I,
ET DE LA SECONDE DE L'ACTE II DU CID.

### SCÈNE I.

LA SERRE, CHAPELAIN.

LA SERRE.
Enfin, vous l'emportez! et la faveur du roi
Vous accable de dons qui n'étaient dus qu'à moi.
On voit rouler chez vous tout l'or de la Castille.
CHAPELAIN.
Les trois fois mille francs qu'il met dans ma famille
Témoignent mon mérite, et font connaître assez
Qu'on ne hait pas mes vers pour être un peu forcés.
LA SERRE.           [sommes;
Pour grands que sont les rois, ils sont ce que nous
Ils se trompent en vers comme les autres hommes ;
Et ce choix sert de preuve à tous les courtisans,
Qu'à de méchants auteurs ils font de beaux présents.
CHAPELAIN.
Ne parlons point du choix dont votre esprit s'irrite :
La cabale l'a fait plutôt que le mérite,
Vous choisissant, peut-être on eût pu mieux choisir :
Mais le roi m'a trouvé plus propre à son désir.
A l'honneur qu'il m'a fait ajoutez-en un autre.
Unissons désormais ma cabale à la vôtre.     [quents,
J'ai mes prôneurs aussi, quoiqu'un peu moins fré-
Depuis que mes sonnets ont détrompé les gens.
Si vous me célébrez, je dirai que la Serre
Volume sur volume incessamment desserre :
Je parlerai de vous avec monsieur Colbert;
Et vous éprouverez si mon amitié sert.
Ma nièce même en vous peut rencontrer un gendre.
LA SERRE.
A de plus hauts partis Phlipote peut prétendre!

[1] Voyez la lettre de Boileau à Brossette, du 10 décembre 1701; et le *Ménagiana*, tome I, p. 146. (Edit. de 1715.)

Et le nouvel éclat de cette pension
Lui doit bien mettre au cœur une autre ambition !
Exerce nos rimeurs, et vante notre prince;
Va te faire admirer chez les gens de province;
Fais marcher en tous lieux les rimeurs sous ta loi ;
Sois des flatteurs l'amour, et des railleurs l'effroi :
Joins à ces qualités celle d'une âme vaine,
Montre-leur comme il faut endurcir une veine,
Au métier de Phébus bander tous les ressorts,
Endosser nuit et jour un rouge justaucorps,
Pour avoir de l'encens donner une bataille,
Ne laisser de sa bourse échapper une maille :
Surtout sers-leur d'exemple ; et ressouviens-toi bien
De leur former un style aussi dur que le tien.
CHAPELAIN.
Pour s'instruire d'exemple, en dépit de Linière,
Ils liront seulement ma Jeanne tout entière.
Là, dans un long tissu d'amples narrations,
Ils verront comme il faut berner les nations,
Duper, d'un grave ton, gens de robe et d'armée
Et sur l'erreur des sots bâtir sa renommée.
LA SERRE.
L'exemple de la Serre a bien plus de pouvoir !
Un auteur dans ton livre apprend mal son devoir.
Et qu'a fait après tout ce grand nombre de pages,
Que ne puisse égaler un de mes cent ouvrages?
Si tu fus grand flatteur, je le suis aujourd'hui;
Et ce bras de la presse est le plus ferme appui.
Bilaine et de Sercy sans moi seraient des drilles ;
Mon nom seul au Palais nourrit trente familles; [moi;
Les marchands fermeraient leurs boutiques sans
Et s'ils ne m'avaient plus, il n'auraient plus d'emploi.
Chaque heure, chaque instant fait sortir de ma plume
Cahiers dessus cahiers, volume sur volume.
Mon valet écrivant ce que j'aurais dicté,
Ferait un livre entier, marchant à mon côté ;
Et loin de ces durs vers qu'à mon style on préfère,
Il deviendrait auteur en me regardant faire.
CHAPELAIN.
Tu me parles en vain de ce que je connoi;
Je t'ai vu rimailler et traduire sous moi.
Si j'ai traduit Guzman, si j'ai fait sa préface,
Ton galimatias a bien rempli ma place.
Enfin pour épargner ces discours superflus,
Si je suis grand flatteur, tu l'es et tu le fus.
Tu vois bien cependant qu'en cette concurrence
Un monarque entre nous met de la différence.
LA SERRE.
Ce que je méritais, tu me l'as emporté.
CHAPELAIN.
Qui l'a gagné sur toi l'avait mieux mérité.
LA SERRE.
Qui sait mieux composer en est bien le plus digne.

CHAPELAIN.
En être refusé n'en est pas un bon signe.
LA SERRE.
Tu l'as gagné par brigue étant vieux courtisan.
CHAPELAIN.
L'éclat de mes grands vers fut mon seul partisan.
LA SERRE.
Parlons-en mieux : le roi fait honneur à ton âge.
CHAPELAIN.
Le roi, quand il en fait, le mesure à l'ouvrage.
LA SERRE.
Et par là je devais emporter ces ducats.
CHAPELAIN.
Qui ne les obtient point ne les mérite pas.
LA SERRE.
Ne les mérite pas, moi?
CHAPELAIN.
Toi.
LA SERRE.
Ton insolence,
Téméraire vieillard, aura sa récompense.
(*Il lui arrache sa perruque.*)
CHAPELAIN.
Achève, et prends ma tête après un tel affront,
Le premier dont ma muse a vu rougir son front.
LA SERRE.
Et que penses-tu faire avec tant de faiblesse?
CHAPELAIN.
O dieu! mon Apollon en ce besoin me laisse!
LA SERRE.
Ta perruque est à moi; mais tu serais trop vain,
Si ce sale trophée avait souillé ma main.
Adieu; fais lire au peuple, en dépit de Linière,
De tes fameux travaux l'histoire tout entière :
D'un insolent discours ce juste châtiment
Ne lui servira pas d'un petit ornement.
CHAPELAIN.
Rends-moi donc ma perruque.
LA SERRE.
Elle est trop malhonnête.
De tes lauriers sacrés va te couvrir la tête.
CHAPELAIN.
Rends la calotte, au moins!
LA SERRE.
Va, va, tes cheveux d'ours
Ne pourraient sur ta tête encor durer trois jours.

## SCÈNE II.

CHAPELAIN.

O rage! ô désespoir! ô perruque ma mie!
N'as-tu donc tant vécu que pour cette infamie?
N'as-tu trompé l'espoir de tant de perruquiers,
Que pour voir en un jour flétrir tant de lauriers?
Nouvelle pension fatale à ma calotte!
Précipice élevé qui te jette en la crotte!
Cruel ressouvenir de tes honneurs passés,
Services de vingt ans, en un jour effacés!
Faut-il de ton vieux poil voir triompher la Serre,
Et te mettre crottée, ou te laisser à terre?
La Serre, sois d'un roi maintenant régalé :
Ce haut rang n'admet pas un poëte pelé;
Et ton jaloux orgueil, par cet affront insigne,
Malgré le choix du roi, m'en a su rendre indigne.
Et toi, de mes travaux glorieux instrument,
Mais d'un esprit de glace inutile ornement,
Plume jadis vantée, et qui dans cette offense
M'as servi de parade et non pas de défense,
Va, quitte désormais le dernier des humains;
Passe, pour me venger, en de meilleures mains.
Si Cassaigne a du cœur, et s'il est mon ouvrage,
Voici l'occasion de montrer son courage;
Son esprit est le mien, et le mortel affront
Qui tombe sur mon chef, rejaillit sur son front.

## SCÈNE III.

CHAPELAIN, CASSAIGNE.

CHAPELAIN.
Cassaigne, as-tu du cœur?
CASSAIGNE.
Tout autre que mon maître
L'éprouverait sur l'heure.
CHAPELAIN.
Ah! c'est comme il faut être.
Digne ressentiment à ma douleur bien doux!
Je reconnais ma verve à ce noble courroux.
Ma jeunesse revit en cette ardeur si prompte.
Mon disciple, mon fils, viens réparer ma honte :
Viens me venger.
CASSAIGNE.
De quoi?
CHAPELAIN.
D'un affront si cruel,
Qu'à l'honneur de tous deux il porte un coup mortel :
D'une insulte... Le traître eût payé la perruque
Un quart d'écu du moins, sans mon âge caduque.
Ma plume, que mes doigts ne peuvent soutenir,
Je la remets aux tiens pour écrire et punir.
Va contre un insolent faire un bon gros ouvrage.
C'est dedans l'encre seule qu'on lave un tel outrage :
Rime, ou crève. Au surplus, pour ne te point flatter,
Je te donne à combattre un homme à redouter;

Je l'ai vu tout poudreux au milieu des libraires,
Se faire un beau rempart de deux mille exemplaires.
CASSAIGNE.
Son nom ? c'est perdre temps en discours superflus.
CHAPELAIN.
Donc pour te dire encor quelque chose de plus ;
Plus enflé que Boyer, plus bruyant qu'un tonnerre,
C'est...
CASSAIGNE.
De grâce, achevez.
CHAPELAIN.
Le terrible la Serre.
CASSAIGNE.
Le...
CHAPELAIN.
Ne réplique point, je connais ton fatras ;
Combats sur ma parole, et tu l'emporteras.
Donnant pour des cheveux ma Pucelle en échange,
J'en vais chercher ; barbouille, écris, rime et nous
[venge.

## SCÈNE IV.

CASSAIGNE.

Percé jusques au fond du cœur
D'une insulte imprévue aussi bien que mortelle,
Misérable vengeur d'une sotte querelle,
D'un avare écrivain chétif imitateur,
Je demeure stérile, et ma veine abattue
Inutilement sue.
Si près de voir couronner mon ardeur,
O la peine cruelle !
En cet affront la Serre est le tondeur,
Et le tondu, père de la Pucelle !

Que je sens de rudes combats !
Comme ma pension, mon honneur me tourmente !
Il faut faire un poëme, ou bien perdre une rente :
L'un échauffe mon cœur, l'autre retient mon bras.
Réduit au triste choix ou de trahir mon maître,
Ou d'aller à Bicêtre ;
Des deux côtés mon mal est infini.
O la peine cruelle !
Faut-il laisser un la Serre impuni ?
Faut-il venger l'auteur de la Pucelle ?

Auteur, perruque, honneur, argent,
Impitoyable loi, cruelle tyrannie,
Je vois gloire perdue, ou pension finie.
D'un côté je suis lâche, et de l'autre indigent.
Cher et chétif espoir d'une veine flatteuse,
Et tout ensemble gueuse,
Noir instrument, unique gagne-pain,

Et ma seule ressource,
M'es-tu donné pour venger Chapelain ?
M'es-tu donné pour me couper la bourse ?

Il vaut mieux courir chez Conrart ;
Il peut me conserver ma gloire et ma finance,
Mettant ces deux rivaux en bonne intelligence.
On sait comme en traités excelle ce vieillard.
S'il n'en vient pas à bout, que Sapho la pucelle
Vide notre querelle.
Si pas un d'eux ne me veut secourir,
Et si l'on me ballotte,
Cherchons la Serre, et sans tant discourir,
Traitons du moins, et payons la calotte.

Traiter sans tirer ma raison !
Rechercher un marché si funeste à ma gloire !
Souffrir que Chapelain impute à ma mémoire
D'avoir mal soutenu l'honneur de sa toison !
Respecter un vieux poil, dont mon âme égarée
Voit la perte assurée !
N'écoutons plus ce dessein négligent,
Qui passerait pour crime.
Allons, ma main, du moins sauvons l'argent,
Puisque aussi bien il faut perdre l'estime.

Oui, mon esprit s'était déçu.
Autant que mon honneur, mon intérêt me presse :
Que je meure en rimant ou meure de détresse,
J'aurai mon style dur comme je l'ai reçu.
Je m'accuse déjà de trop de négligence.
Courons à la vengeance :
Et tout honteux d'avoir tant de froideur,
Rimons à tire d'aile,
Puisqu'aujourd'hui la Serre est le tondeur,
Et le tondu, père de la Pucelle.

## SCÈNE V.

CASSAIGNE, LA SERRE.

CASSAIGNE.
A moi, la Serre, un mot.
LA SERRE.
Parle.
CASSAIGNE.
Ote-moi d'un doute :
Connais-tu Chapelain ?
LA SERRE.
Oui.
CASSAIGNE.
Parlons bas ; écoute :
Sais-tu que ce vieillard fut la même vertu,

Et l'effroi des lecteurs de son temps? le sais-tu?
LA SERRE.
Peut-être.
CASSAIGNE.
La froideur qu'en mon style je porte,
Sais-tu que je la tiens de lui seul?
LA SERRE.
Que m'importe?
CASSAIGNE.
A quatre vers d'ici je te le fais savoir.
LA SERRE.
Jeune présomptueux!
CASSAIGNE.
Parle sans t'émouvoir.
Je suis jeune, il est vrai : mais aux âmes bien nées,
La rime n'attend pas le nombre des années.
LA SERRE.
Mais t'attaquer à moi! qui t'a rendu si vain,
Toi qu'on ne vit jamais une plume à la main?
CASSAIGNE.
Mes pareils avec toi sont dignes de combattre;
Et pour leur coup d'essai veulent des Henri quatre.
LA SERRE.
Sais-tu bien qui je suis?
CASSAIGNE.
Oui : tout autre que moi,
En comptant tes écrits, pourrait trembler d'effroi.
Mille et mille papiers dont ta table est couverte,
Semblent porter écrit le destin de ma perte.
J'attaque en téméraire un gigantesque auteur;
Mais j'aurai trop de force ayant assez de cœur.
Je veux venger mon maître, et ta plume indomptable,
Pour ne se point lasser, n'est point infatigable.
LA SERRE.
Ce Phébus, qui paraît au discours que tu tiens,
Souvent par tes écrits se découvrit aux miens;
Et te voyant encor tout frais sorti de classe,
Je disais : Chapelain lui laissera sa place.
Je sais ta pension, et suis ravi de voir
Que ces bons mouvements excitent ton devoir;
Qu'ils te font sans raison mettre rime sur rime,
Étayer d'un pédant l'agonisante estime;
Et que, voulant pour singe un écolier parfait,
Il ne se trompait point au choix qu'il avait fait.
Mais je sens que pour toi ma pitié s'intéresse;
J'admire ton audace, et je plains ta jeunesse :
Ne cherche point à faire un coup d'essai fatal;
Dispense un vieux routier d'un combat inégal.
Trop peu de gain pour moi suivrait cette victoire :
A moins d'un gros volume, on compose sans gloire;
Et j'aurais le regret de voir que tout Paris
Te croirait accablé du poids de mes écrits.

CASSAIGNE.
D'une indigne pitié ton orgueil s'accompagne :
Qui pèle Chapelain craint de tondre Cassaigne!
LA SERRE.
Retire-toi d'ici.
CASSAIGNE.
Hâtons-nous de rimer.
LA SERRE.
Es-tu si prêt d'écrire?
CASSAIGNE.
Es-tu las d'imprimer?
LA SERRE.
Viens, tu fais ton devoir. L'écolier est un traître,
Qui souffre sans cheveux la tête de son maître.

## LA MÉTAMORPHOSE

DE LA

PERRUQUE DE CHAPELAIN EN COMÈTE.

La plaisanterie que l'on va voir est une suite de la parodie précédente. Elle fut imaginée par les mêmes auteurs, à l'occasion de la comète qui parut à la fin de l'année 1664. Ils étaient à table chez M. Hessein, frère de l'illustre madame de la Sablière.

On feignait que Chapelain ayant été décoiffé par la Serre, avait laissé sa perruque à calotte dans le ruisseau, où la Serre l'avait jetée.

Dans un ruisseau bourbeux la calotte enfoncée,
Parmi de vieux chiffons allait être entassée,
Quand Phébus l'aperçut ; et du plus haut des airs
Jetant sur les railleurs un regard de travers,
Quoi ! dit-il, je verrai cette antique calotte
D'un sale chiffonnier remplir l'indigne hotte !

Ici devait être la description de cette fameuse perruque,

Qui, de tous ses travaux la compagne fidèle,
A vu naître Guzman et mourir la Pucelle ;
Et qui de front en front passant à ses neveux,
Devait avoir plus d'ans qu'elle n'eut de cheveux.

Enfin Apollon changeait cette perruque en comète. Je veux, disait ce Dieu, que tous ceux qui naîtront sous ce nouvel astre soient poëtes,

Et qu'ils fassent des vers, même en dépit de moi.

Furetière, l'un des auteurs de la pièce, remarqua pourtant que cette métamorphose manquait de justesse en un point : c'est, dit-il, que les comètes ont des cheveux, et que la perruque de Chapelain est si usée qu'elle n'en a plus. Cette badinerie n'a jamais été achevée.

Chapelain souffrit, dit-on, avec beaucoup de patience, les satires que l'on fit contre sa perruque. On lui a attribué l'épigramme suivante, qui n'est pas de lui :

> Railleurs, en vain vous m'insultez,
> Et la pièce vous emportez ;
> En vain vous découvrez ma nuque :
> J'aime mieux la condition
> D'être défroqué de perruque,
> Que défroqué de pension.

## VERS LATINS.

*In novum Causidicum, rustici lictoris filium* [1].

Dum puer iste fero natus lictore perorat,
Et clamat medio, stante parente, foro ;
Quæris quid sileat circumfusa undique turba ?
 Non stupet ob natum, sed timet illa patrem.

*In Marullum, versibus phaleucis antea malè laudatum* [2].

Nostri quid placeant minus phaleuci,
Jamdudum tacitus, Marulle, quæro,
Quum nec sint stolidi, nec inficeti,
Nec pingui nimium fluant Minervâ.
Tuas sed celebrant, Marulle, laudes :
O versus stolidos et inficetos !

---

### SATIRA [1].

Quid numeris iterum me balbutire latinis
Longe Alpes citra natum de patre Sicambro,
Musa, jubes ? Istuc puero mihi profuit olim,
Verba mihi sævo nuper dictata magistro
Quum pedibus certis conclusa referre docebas.
Utile tunc Smetium manibus sordescere nostris :
Et mihi sæpe udo volvendus pollice Textor
Præbuit adsutis contexere carmina pannis.
Sic Maro, sic Flaccus, sic nostro sæpe Tibullus
Carmine disjecti, vano pueriliter ore
Bullatas nugas sese stupuêre loquentes...

[1] Voyez la lettre à Brossette du 6 octobre 1701.

[1] Voyez la lettre de Boileau à Brossette du 9 avril 1702.
[2] Voyez la même lettre. — C'est de cette épigramme que date la liaison intime de Racine avec Boileau.

FIN DES POÉSIES DIVERSES.

# PIÈCES DIVERSES.

## DISSERTATION

### CRITIQUE

### SUR L'AVENTURE DE JOCONDE

RACONTÉE PAR L'ARIOSTE, PAR LA FONTAINE
ET PAR BOUILLON.

A M. FRANÇOIS LA MOTTE LE VAYER
DE BOUTIGNY.

Monsieur,

Votre gageure est sans doute fort plaisante, et j'ai ri de tout mon cœur de la bonne foi avec laquelle votre ami soutient une opinion aussi peu raisonnable que la sienne. Mais cela ne m'a point du tout surpris : ce n'est pas d'aujourd'hui que les plus méchants ouvrages ont trouvé de sincères protecteurs, et que des opiniâtres ont entrepris de combattre la raison à force ouverte. Et, pour ne vous point citer ici d'exemples du commun, il n'est pas que vous n'ayez ouï parler du goût bizarre de cet empereur[1] qui préféra les écrits d'un je ne sais quel poète aux ouvrages d'Homère, et qui ne voulait pas que tous les hommes ensemble, pendant près de vingt siècles, eussent eu le sens commun.

Le sentiment de votre ami[2] a quelque chose d'aussi monstrueux. Et certainement quand je songe à la chaleur avec laquelle il va, le livre à la main, défendre la Joconde de M. Bouillon, il me semble voir Marfise, dans l'Arioste, puisque Arioste il y a, qui veut faire confesser à tous les chevaliers que cette vieille qu'elle a en croupe est un chef-d'œuvre de beauté. Quoi qu'il en soit, s'il n'y prend garde, son opiniâtreté lui coûtera un peu cher ; et quelque mauvais passe-temps qu'il y ait pour lui à perdre cent pistoles, je le plains encore plus de la perte qu'il va faire de sa réputation dans l'esprit des habiles gens.

Il a raison de dire qu'il n'y a point de comparaison entre les deux ouvrages dont vous êtes en dispute, puisqu'il n'y a point de comparaison entre un conte plaisant et une narration froide, entre une invention fleurie et enjouée et une traduction sèche et triste. Voilà en effet la proportion qui est entre ces deux ouvrages. M. de la Fontaine a pris, à la vérité, son sujet dans l'Arioste ; mais en même temps il s'est rendu maître de sa matière : ce n'est point une copie qu'il ait tirée un trait après l'autre sur l'original ; c'est un original qu'il a formé sur l'idée que l'Arioste lui a fournie. C'est ainsi que Virgile a imité Homère ; Térence, Ménandre ; et le Tasse, Virgile. Au contraire, on peut dire de M. Bouillon que c'est un valet timide, qui n'oserait faire un pas sans le congé de son maître, et qui ne le quitte jamais que quand il ne le peut plus suivre. C'est un traducteur maigre et décharné : les belles fleurs que l'Arioste lui fournit deviennent sèches entre ses mains ; et, à tout moment quittant le français pour s'attacher à l'italien, il n'est ni italien ni français.

Voilà, à mon avis, ce qu'on doit penser sur ces deux pièces. Mais je passe plus avant, et je soutiens que non-seulement la nouvelle de M. de la Fontaine est infiniment meilleure que celle de ce monsieur, mais qu'elle est même plus agréablement contée que celle de l'Arioste. C'est beaucoup dire, sans doute ; et je vois bien que, par là, je vais m'attirer sur les bras tous les amateurs de ce poëte. C'est pourquoi vous trouverez bon que je n'avance pas cette opinion sans l'appuyer de quelques raisons.

Premièrement, je ne vois pas par quelle licence poétique l'Arioste a pu, dans un poëme héroïque et sérieux, mêler une fable et un conte de vieille, pour ainsi dire, aussi burlesque qu'est l'histoire de Joconde. « Je sais bien, dit un poëte, grand
« critique[1], qu'il y a beaucoup de choses permises
« aux poëtes et aux peintres ; qu'ils peuvent quelque-
« fois donner carrière à leur imagination, et qu'il
« ne faut pas toujours les resserrer dans la raison

---

[1] Caligula. (Voyez Suétone, *Vie de Caligula*, § 34.)
[2] Saint-Gilles, qui avait parié pour le *Joconde* de Bouillon.

[1] Horat. *de Arte poet.* v. 9-13.
Pictoribus atque poetis
Quidlibet audendi semper fuit æqua potestas, etc.

« étroite et rigoureuse. Bien loin de leur vouloir
« ravir ce privilége, je le leur accorde pour eux, et
« je le demande pour moi. Ce n'est pas à dire toute-
« fois qu'il leur soit permis pour cela de confondre
« toutes choses, de renfermer dans un même corps
« mille espèces différentes, aussi confuses que les
« rêveries d'un malade; de mêler ensemble des choses
« incompatibles; d'accoupler les oiseaux avec les
« serpents, les tigres avec les agneaux. » Comme
vous voyez, monsieur, ce poëte avait fait le procès
à l'Arioste plus de mille ans avant que l'Arioste
eût écrit. En effet, ce corps composé de mille espèces
différentes, n'est-ce pas proprement l'image du
poëme de *Roland le furieux?* Qu'y a-t-il de plus
grave et de plus héroïque que certains endroits de
ce poëme? Qu'y a-t-il de plus bas et de plus bouffon
que d'autres? Et, sans chercher si loin, peut-on
rien voir de moins sérieux que l'histoire de Joconde
et d'Astolfe? Les aventures de Buscon et de Laza-
rille ont-elles quelque chose de plus extravagant?
Sans mentir, une telle bassesse est bien éloignée du
goût de l'antiquité : et qu'aurait-on dit de Virgile,
bon Dieu! si, à la descente d'Énée en Italie, il lui
avait fait conter par un hôtelier l'histoire de Peau-
d'Ane, ou les contes de ma Mère-l'Oie? je dis les contes de ma Mère-l'Oie, car l'histoire de Joconde n'est
guère d'un autre rang. Que si Homère a été blâmé
dans son Odyssée, qui est pourtant un ouvrage tout
comique, comme l'a remarqué Aristote; si, dis-je,
il a été repris par de fort habiles critiques pour avoir
mêlé dans cet ouvrage l'histoire des compagnons
d'Ulysse changés en pourceaux, comme étant indigne de la majesté de son sujet; que diraient ces
critiques, s'ils voyaient celle de Joconde dans un
poëme héroïque? N'auraient-ils pas raison de s'écrier
que, si cela est reçu, le bon sens ne doit plus avoir
de juridiction sur les ouvrages d'esprit, et qu'il ne
faut plus parler d'art ni de règle? Ainsi, monsieur,
quelque bonne que soit d'ailleurs la Joconde de
l'Arioste, il faut tomber d'accord qu'elle n'est pas
en son lieu.

Mais examinons un peu cette histoire en elle-même.
Sans mentir, j'ai de la peine à souffrir le sérieux
avec lequel l'Arioste écrit un conte si bouffon. Vous
diriez que non-seulement c'est une histoire très-véritable, mais que c'est une chose très-noble et très-
héroïque qu'il va raconter; et certes s'il voulait décrire les exploits d'un Alexandre ou d'un Charlemagne, il ne débuterait pas plus gravement :

Astolfo, re de' Longobardi, quello
A cui lasciò il fratel monaco il regno,
Fu nella giovinezza sua si bello,
Che mai poch' altri giunsero a quel segno

N' avria a fatica un tal fatto a pennello
Apelle, o Zeusi, o se v'è alcun piu degno [1].

Le bon messer Ludovico ne se souvenait pas, ou
plutôt ne se souciait pas du précepte de son Horace,

Versibus exponi tragicis res comica non vult [2].

Cependant il est certain que ce précepte est fondé
sur la pure raison; et que, comme il n'y a rien de plus
froid que de conter une chose grande en style bas,
aussi n'y a-t-il rien de plus ridicule que de raconter
une histoire comique et absurde en termes graves
et sérieux, à moins que ce sérieux ne soit affecté
tout exprès pour rendre la chose encore plus burlesque. Le secret donc, en contant une chose absurde,
est de s'énoncer d'une telle manière que vous fassiez concevoir au lecteur que vous ne croyez pas
vous-même la chose que vous lui contez ; car alors
il aide lui-même à se décevoir, et ne songe qu'à rire
de la plaisanterie agréable d'un auteur qui se joue
et ne lui parle pas tout de bon. Et cela est si véritable, qu'on dit même assez souvent des choses qui
choquent directement la raison, et qui ne laissent
pas néanmoins de passer, à cause qu'elles excitent à
rire. Telle est cette hyperbole d'un ancien poëte comique, pour se moquer d'un homme qui avait une
terre de fort petite étendue : « Il possédait, dit ce
« poëte, une terre à la campagne, qui n'était pas plus
« grande qu'une épître de Lacédémonien. » Y a-t-il
rien, ajoute un autre rhéteur, de plus absurde que
cette pensée? Cependant elle ne laisse pas de passer
pour vraisemblable, parce qu'elle excite à rire. Et
n'est-ce pas, en effet, ce qui a rendu si agréables certaines lettres de Voiture, comme celle du Brochet et
de la Carpe, dont l'invention est absurde d'elle-
même, mais dont il a caché l'absurdité par l'enjouement de sa narration, et par la manière plaisante
dont il dit toutes choses? C'est ce que M. de la Fontaine a observé dans sa nouvelle; il a cru que, dans
un conte comme celui de Joconde, il ne fallait pas
badiner sérieusement. Il rapporte, à la vérité, des
aventures extravagantes; mais il les donne pour
telles; partout il rit et il joue : et si le lecteur veut
lui faire un procès sur le peu de vraisemblance qu'il
y a aux choses qu'il raconte, il ne va pas, comme
l'Arioste, les appuyer par des raisons forcées et
plus absurdes encore que la chose même; mais il
s'en sauve en riant et en se jouant du lecteur, ce qui
est la route qu'on doit tenir en ces rencontres :

Ridiculum acri
Fortius et miliius magnas plerumque secat res [3].

[1] *Orland. Furios.* cant. XXVIII, stan. IV.
[2] HORAT. *de Arte poet.* v. 89.
[3] HORAT. lib. I, sat. X, v. 14.

Ainsi, lorsque Joconde, par exemple, trouve sa femme couchée entre les bras d'un valet, il n'y a pas d'apparence que, dans sa fureur, il n'éclate contre elle, ou du moins contre ce valet. Comment est-ce donc que l'Arioste sauve cela? Il dit que la violence de l'amour ne lui permet pas de faire déplaisir à sa femme :

> Ma dall' amor che porta, al suo dispetto,
> All' ingrata moglie, gli fu interdetto.

Voilà, sans mentir, un amant bien parfait; et Céladon ni Silvandre ne sont jamais parvenus à ce haut degré de perfection. Si je ne me trompe, c'était bien plutôt là une raison, non-seulement pour obliger Joconde à éclater, mais c'en était assez pour lui faire poignarder, dans la rage, sa femme, son valet et soi-même, puisqu'il n'y a point de passion plus tragique et plus violente que la jalousie qui naît d'un extrême amour. Et certainement, si les hommes les plus sages et les plus modérés ne sont pas maîtres d'eux-mêmes dans la chaleur de cette passion, et ne peuvent s'empêcher quelquefois de s'emporter jusqu'à l'excès pour des sujets fort légers, que devait faire un jeune homme comme Joconde, dans le premier accès d'une jalousie aussi bien fondée que la sienne? Était-il en état de garder encore des mesures avec une perfide pour qui il ne pouvait plus avoir que des sentiments d'horreur et de mépris? M. de la Fontaine a bien vu l'absurdité qui s'ensuivait de là; il s'est donc bien gardé de faire Joconde amoureux d'un amour romanesque et extravagant : cela ne servirait de rien; et une passion comme celle-là n'a point de rapport avec le caractère dont Joconde nous est dépeint, ni avec ses aventures amoureuses. Il l'a donc représenté seulement comme un homme persuadé au fond de la vertu et de l'honnêteté de sa femme. Ainsi, quand il vient à reconnaître l'infidélité de cette femme, il peut fort bien, par un sentiment d'honneur, comme le suppose M. de la Fontaine, n'en rien témoigner, puisqu'il n'y a rien qui fasse plus de tort à un homme d'honneur, en ces sortes de rencontres, que l'éclat :

> Tous deux dormaient : dans cet abord Joconde
> Voulut les envoyer dormir en l'autre monde;
>   Mais cependant il n'en fit rien,
>   Et mon avis est qu'il fit bien.
>   Le moins de bruit que l'on peut faire
>     En telle affaire,
>   Est le plus sûr de la moitié.
>   Soit par prudence, ou par pitié,
>   Le Romain ne tua personne.

Que si l'Arioste n'a supposé l'extrême amour de Joconde que pour fonder la maladie et la maigreur qui lui vient ensuite, cela n'était point nécessaire, puisque la seule pensée d'un affront n'est que trop suffisante pour faire tomber malade un homme de cœur. Ajoutez à toutes ces raisons que l'image d'un honnête homme, lâchement trahi par une ingrate qu'il aime, tel que Joconde nous est représenté dans l'Arioste, a quelque chose de tragique, qui ne vaut rien dans un conte pour rire : au lieu que la peinture d'un mari qui se résout à souffrir discrètement les plaisirs de sa femme, comme l'a dépeint M. de la Fontaine, n'a rien que de plaisant et d'agréable; et c'est le sujet ordinaire de nos comédies.

L'Arioste n'a pas mieux réussi dans cet autre endroit où Joconde apprend au roi l'abandonnement de sa femme avec le plus laid monstre de la cour. Il n'est pas vraisemblable que le roi n'en témoigne rien. Que fait donc l'Arioste pour fonder cela? Il dit que Joconde, avant que de découvrir ce secret au roi, le fit jurer sur le Saint-Sacrement ou l'*Agnus Dei* ( ce sont ses termes ) qu'il ne s'en ressentirait point. Ne voilà-t-il pas une invention bien agréable? Et le Saint-Sacrement n'est-il pas là bien placé? Il n'y a que la licence italienne qui puisse mettre une semblable impertinence à couvert; et de pareilles sottises ne se souffrent point en latin ni en français. Mais comment est-ce que l'Arioste sauvera toutes les autres absurdités qui s'ensuivent de là? Où est-ce que Joconde trouve si vite une hostie sacrée pour faire jurer le roi? Et quelle apparence qu'un roi s'engage ainsi légèrement à un simple gentilhomme, par un serment si exécrable? Avouons que M. de la Fontaine s'est bien plus sagement tiré de ce pas par la plaisanterie de Joconde, qui propose au roi, pour le consoler de cet accident, l'exemple des rois et des césars qui avaient souffert un semblable malheur avec une constance tout héroïque; et peut-on en sortir plus agréablement qu'il ne fait par ces vers :

> Mais enfin il le prit en homme de courage,
>   En galant homme; et, pour le fait court,
>   En véritable homme de cour?

Ce trait ne vaut-il pas mieux lui seul que tout le sérieux de l'Arioste? Ce n'est pas pourtant que l'Arioste n'ait cherché le plaisant qu'il a pu; et on peut dire de lui ce que Quintilien dit de Démosthène : *Non displicuisse illi jocos, sed non contigisse;* qu'il ne fuyait pas les bons mots, mais qu'il ne les trouvait pas: car quelquefois, de la plus haute gravité de son style, il tombe dans des bassesses à peine dignes du burlesque. En effet, qu'y a-t-il de plus ridicule que cette longue généalogie qu'il fait du reliquaire que Joconde reçut, en partant, de sa femme? Cette raillerie contre la religion n'est-elle pas bien en son lieu? Que peut-on voir de plus sale que cette métaphore ennuyeuse, prise de l'exercice des chevaux, de laquelle Astolfe et Joconde se servent pour se reprocher l'un à l'autre leur lubricité? Que peut-on imaginer de plus froid que cette équivoque qu'il emploie, à propos du retour de Joconde à Rome? On croyait, dit-il, qu'il était allé à Rome; et il était allé à Corneto :

> Credeano, che da lor si fosse tolto
> Per gire a Roma; e gito era a Corneto.

Si M. de la Fontaine avait mis une semblable sottise dans toute sa pièce, trouverait-il grâce auprès de ses censeurs? et une impertinence de cette force n'aurait-elle pas été capable de décrier tout son ouvrage, quelques beautés qu'il eût eues d'ailleurs? Mais certes il ne fallait pas appréhender cela de lui. Un homme formé, comme je vois bien qu'il l'est, au goût de Térence et de Virgile, ne se laisse pas emporter à ces extravagances italiennes, et ne s'écarte pas ainsi de la route du bon sens. Tout ce qu'il dit est simple et naturel; et ce que j'estime surtout en lui, c'est une certaine naïveté de langage que peu de gens connaissent, et qui fait pourtant tout l'agrément du discours; c'est cette naïveté inimitable qui a été tant estimée dans les écrits d'Horace et de Térence, à laquelle ils se sont étudiés particulièrement, jusqu'à rompre pour cela la mesure de leurs vers, comme a fait M. de la Fontaine en beaucoup d'endroits. En effet, c'est ce *molle* et ce *facetum* qu'Horace a attribué à Virgile, et qu'Apollon ne donne qu'à ses favoris. En voulez-vous des exemples,

> Marié depuis peu : content, je n'en sais rien :
> Sa femme avait de la jeunesse,
> De la beauté, de la délicatesse;
> Il ne tenait qu'à lui qu'il ne s'en trouvât bien.

S'il eût dit simplement que Joconde vivait content avec sa femme, son discours aurait été assez froid; mais par ce doute où il s'embarrasse lui-même, et qui ne veut pourtant dire que la même chose, il enjoue[1] sa narration, et occupe agréablement le lecteur. C'est ainsi qu'il faut juger de ces vers de Virgile dans une de ses églogues, à propos de Médée à qui une fureur d'amour et de jalousie avait fait tuer ses enfants :

> Crudelis mater magis, an puer improbus ille?
> Improbus ille puer, crudelis tu quoque mater[2].

Il en est de même encore de cette réflexion que fait M. de la Fontaine, à propos de la désolation que fait paraître la femme de Joconde quand son mari est prêt à partir :

> Vous autres bonnes gens auriez cru que la dame
> Une heure après eût rendu l'âme;
> Moi qui sais ce que c'est que l'esprit d'une femme, etc.

Je pourrais vous montrer beaucoup d'endroits de la même force, mais cela ne servirait de rien pour convaincre votre ami. Ces sortes de beautés sont de celles qu'il faut sentir, et qui ne se prouvent point. C'est ce je ne sais quoi qui nous charme, et sans lequel la beauté même n'aurait ni grâce ni beauté; mais, après tout, c'est un *je ne sais quoi :* si votre ami est aveugle, je ne m'engage pas à lui faire voir clair ; et c'est aussi pourquoi vous me dispenserez, s'il vous plaît, de répondre à toutes les vaines objections qu'il vous a faites. Ce serait combattre des fantômes qui s'évanouissent d'eux-mêmes; et je n'ai pas entrepris de dissiper toutes les chimères qu'il est d'humeur à se former dans l'esprit.

Mais il y a deux difficultés, dites-vous, qui vous ont été proposées par un fort galant homme, et qui sont capables de vous embarrasser. La première regarde l'endroit où le valet d'hôtellerie trouve le moyen de coucher avec la commune maîtresse d'Astolfe et de Joconde, au milieu de ces deux galants. Cette aventure, dit-on, paraît mieux fondée dans l'original, parce qu'elle se passe dans une hôtellerie, où Astolfe et Joconde viennent d'arriver fraîchement, et d'où ils doivent partir le lendemain; ce qui est une raison suffisante pour obliger ce valet à ne point perdre de temps, et à tenter ce moyen, quelque dangereux qu'il puisse être, pour jouir de sa maîtresse, parce que, s'il laisse échapper cette occasion, il ne pourra plus la recouvrer : au lieu que, dans la nouvelle de M. de la Fontaine, tout ce mystère arrive chez un hôte où Astolfe et Joconde font un assez long séjour. Ainsi ce valet logeant avec celle qu'il aime, et étant avec elle tous les jours, vraisemblablement il pouvait trouver d'autres voies plus sûres pour coucher avec elle que celle dont il se sert.

A cela je réponds que, si ce valet a recours à celle-ci, c'est qu'il n'en peut imaginer de meilleure ; et qu'un gros brutal, tel qu'il nous est représenté par M. de la Fontaine, et tel qu'il devait être en effet pour faire une entreprise comme celle-là, est fort capable de hasarder tout pour se satisfaire, et n'a pas toute la prudence que pourrait avoir un honnête homme. Il y aurait quelque chose à dire, si M. de la Fontaine nous avait représenté comme un amoureux de roman, tel qu'il est dépeint dans l'Arioste, qui n'a pas pris garde que ces paroles de tendresse et de passion qu'il lui met dans la bouche sont fort bonnes pour un Tircis, mais ne conviennent pas trop bien à un muletier. Je soutiens, en second lieu, que la même raison qui, dans l'Arioste, empêche

---

[1] *Enjouer* n'a pas conservé cette signification active; nous dirions, *il égaye.*
[2] *Ecl.* VIII. v. 49.

tout un jour ce valet et cette fille de pouvoir exécuter leur volonté, cette même raison, dis-je, a pu subsister plusieurs jours, et qu'ainsi étant continuellement observés l'un et l'autre par les gens d'Astolfe et de Joconde, et par les autres valets de l'hôtellerie, il n'est pas dans leur pouvoir d'accomplir leur dessein, si ce n'est la nuit. Pourquoi donc, me direz-vous, M. de la Fontaine n'a-t-il point exprimé cela? Je soutiens qu'il n'était point obligé de le faire, parce que cela se suppose aisément de soi-même, et que tout l'article de la narration consiste à ne marquer que les circonstances qui sont absolument nécessaires. Ainsi, par exemple, quand je dis qu'un tel est de retour de Rome, je n'ai que faire de dire qu'il y était allé, puisque cela s'ensuit de là nécessairement. De même, lorsque dans la nouvelle de M. de la Fontaine, la fille dit au valet qu'elle ne lui peut pas accorder sa demande, parce que, si elle le faisait, elle perdrait infailliblement l'anneau qu'Astolfe et Joconde lui avaient promis, il s'ensuit de là infailliblement, qu'elle ne lui pouvait accorder cette demande sans être découverte; autrement, l'anneau n'aurait couru aucun risque.

Qu'était-il donc besoin que M. de la Fontaine allât perdre en paroles inutiles le temps qui est si cher dans une narration? On me dira peut-être que M. de la Fontaine, après tout, n'avait que faire de changer ici l'Arioste. Mais qui ne voit, au contraire, que par là il a évité une absurdité manifeste? c'est à savoir, ce marché qu'Astolfe et Joconde font avec leur hôte, par lequel ce père vend sa fille à beaux deniers comptants. En effet, ce marché n'a-t-il pas quelque chose de choquant, ou plutôt d'horrible? Ajoutez que, dans la nouvelle de M. de la Fontaine, Astolfe et Joconde sont trompés bien plus plaisamment, parce qu'ils regardent tous deux cette fille qu'ils ont abusée comme une jeune innocente à qui ils ont donné, comme il dit :

La première leçon du plaisir amoureux;

au lieu que, dans l'Arioste, c'est une infâme qui va courir le pays avec eux, et qu'ils ne sauraient regarder que comme une abandonnée.

Je viens à la seconde objection. Il n'est pas vraisemblable, vous a-t-on dit, que, quand Astolfe et Joconde prennent résolution de courir ensemble le pays, le roi, dans la douleur où il est, soit le premier qui s'avise d'en faire la proposition; et il semble que l'Arioste ait mieux réussi de la faire faire par Joconde. Je dis que c'est tout le contraire, et qu'il n'y a point d'apparence qu'un simple gentilhomme fasse à un roi une proposition si étrange, que celle d'abandonner son royaume, et d'aller exposer sa personne en des pays éloignés, puisque même la seule pensée en est coupable; au lieu qu'il peut fort bien tomber dans l'esprit d'un roi, qui se voit sensiblement outragé en son honneur, et qui ne saurait plus voir sa femme qu'avec chagrin, d'abandonner sa cour pour quelque temps, afin de s'ôter de devant les yeux un objet qui ne lui peut causer que de l'ennui.

Si je ne me trompe, monsieur, voilà vos doutes assez bien résolus. Ce n'est pas pourtant que de là je veuille inférer que M. de la Fontaine ait sauvé toutes les absurdités qui sont dans l'histoire de Joconde; il y aurait eu de l'absurdité à lui-même d'y penser. Ce serait vouloir extravaguer sagement, puisqu'en effet toute cette histoire n'est autre chose qu'une extravagance assez ingénieuse, continuée depuis un bout jusqu'à l'autre. Ce que j'en dis n'est seulement que pour vous faire voir qu'aux endroits où il s'est écarté de l'Arioste, bien loin d'avoir fait de nouvelles fautes, il a rectifié celles de cet auteur. Après tout, néanmoins, il faut avouer que c'est à l'Arioste qu'il doit sa principale invention. Ce n'est pas que les choses qu'il a ajoutées de lui-même ne puissent entrer en parallèle avec tout ce qu'il y a de plus ingénieux dans l'histoire de Joconde. Telle est l'invention du livre blanc que nos deux aventuriers emportèrent pour mettre les noms de celles qui ne seraient pas rebelles à leurs vœux; car cette badinerie me semble bien aussi agréable que tout le reste du conte. Il n'en faut pas moins dire de cette plaisante contestation qui s'émeut entre Astolfe et Joconde, pour le pucelage de leur commune maîtresse, qui n'était pourtant que les restes d'un valet; mais, monsieur, je ne veux point chicaner mal à propos : donnons, si vous voulez, à l'Arioste toute la gloire de l'invention; ne lui dénions pas le prix qui lui est justement dû pour l'élégance, la netteté, et la brièveté inimitable avec laquelle il dit tant de choses en si peu de mots; ne rabaissons point malicieusement, en faveur de notre nation, le plus ingénieux auteur des derniers siècles : mais que les grâces et les charmes de son esprit ne nous enchantent pas de telle sorte, qu'elles nous empêchent de voir les fautes de jugement qu'il a faites en plusieurs endroits; et quelque harmonie de vers dont il nous frappe l'oreille, confessons que M. de la Fontaine ayant conté plus plaisamment une chose très-plaisante, il a mieux compris l'idée et le caractère de la narration.

Après cela, monsieur, je ne pense pas que vous voulussiez exiger de moi de vous marquer ici exactement tous les défauts qui sont dans la pièce de M. Bouillon. J'aimerais autant être condamné à faire l'analyse exacte d'une chanson du Pont-Neuf par les règles de la poétique d'Aristote. Jamais style ne fut plus vicieux que le sien, et jamais style ne fut plus éloigné de celui de M. de la Fontaine. Ce n'est pas, monsieur, que je veuille faire passer ici l'ouvrage de M. de la Fontaine pour un ouvrage sans défauts; je le tiens assez galant homme pour tomber d'accord lui-même des négligences qui s'y peuvent rencontrer : et où ne s'en rencontre-t-il point? Il suffit, pour moi, que le bon y passe infiniment le mauvais, et c'est assez pour faire un ouvrage excellent :

> Verùm ubi plura nitent in carmine, non ego paucis
> Offendar maculis [1].

Il n'en est pas ainsi de M. Bouillon : c'est un auteur sec et aride; toutes ses expressions sont rudes et forcées; il ne dit jamais rien qui ne puisse être mieux dit : et bien qu'il bronche à chaque ligne, son ouvrage est moins à blâmer pour les fautes qui y sont que pour l'esprit et le génie qui n'y sont pas. Je ne doute point que vos sentiments en cela ne soient d'accord avec les miens. Mais, s'il vous semble que j'aille trop avant, je veux bien, pour l'amour de vous, faire un effort, et en examiner seulement une page.

> Astolphe, roi de Lombardie,
> A qui son frère plein de vie
> Laissa l'empire glorieux,
> Pour se faire religieux,
> Naquit d'une forme si belle,
> Que Zeuxis et le grand Apelle
> De leur docte et fameux pinceau
> N'ont jamais rien fait de si beau.

Que dites-vous de cette longue période? N'est-ce pas bien entendre la manière de conter, qui doit être simple et coupée, que de commencer une narration en vers par un enchaînement de paroles à peine supportable dans l'exorde d'une oraison?

> A qui son frère plein de vie...

*Plein de vie* est une cheville, d'autant plus qu'il n'est pas du texte. M. Bouillon l'a ajouté de sa grâce; car il n'y a point en cela de beauté qui l'y ait contraint.

> Laissa l'empire glorieux...

Ne semble-t-il pas que, selon M. Bouillon, il y a un empire particulier *des glorieux*, comme il y a un empire des Ottomans et des Romains; et qu'il ait dit l'empire glorieux, comme un autre dirait l'empire ottoman? Ou bien il faut tomber d'accord que le mot de *glorieux* en cet endroit-là est une cheville, et une cheville grossière et ridicule.

> Pour se faire religieux...

Cette manière de parler est basse, et nullement poétique.

[1] HORAT. de *Arte poet.* v. 351.

> Naquit d'une forme si belle...

Pourquoi *naquit*? N'y a-t-il pas des gens qui naissent fort beaux, et qui deviennent fort laids dans la suite du temps? Et au contraire n'en voit-on pas qui viennent fort laids au monde, et que l'âge ensuite embellit?

> Que Zeuxis et le grand Apelle...

On peut bien dire qu'Apelle était un grand peintre; mais qui a jamais dit *le grand Appelle*? Cette épithète de *grand* tout simple ne se donne jamais qu'à des conquérants et à nos saints. On peut bien appeler Cicéron le grand orateur; mais il serait ridicule de dire *le grand Cicéron*, et cela aurait quelque chose d'enflé et de puéril. Mais qu'a fait ici le pauvre Zeuxis pour demeurer sans épithète, tandis qu'Apelle est *le grand Apelle*? Sans mentir, il est bien malheureux que la mesure du vers ne l'ait pas permis, car il aurait été du moins *le brave* Zeuxis.

> De leur docte et fameux pinceau
> N'ont jamais rien fait de si beau.

Il a voulu exprimer ici la pensée de l'Arioste, que quand Zeuxis et Apelle auraient épuisé tous leurs efforts pour peindre une beauté, douée de toutes les perfections, cette beauté n'aurait pas égalé celle d'Astolfe. Mais qu'il y a mal réussi! et que cette façon de parler est grossière : « N'ont jamais rien fait de « si beau de leur pinceau! »

> Mais si sa grâce sans pareille...

*Sans pareille* est là une cheville; et le poëte n'a pas pu dire cela d'Astolfe, puisqu'il déclare dans la suite qu'il y avait un homme au monde plus beau que lui; c'est à savoir, Joconde.

> Était du monde la merveille...

Cette transposition ne se peut souffrir.

> Ni les avantages que donne
> Le royal éclat de son sang...

Ne diriez-vous pas que *le sang* des Astolfe de Lombardie est ce qui donne ordinairement de l'éclat? Il fallait dire, « ni les avantages que lui donnait le « royal éclat de son sang. »

> Dans les italiques provinces...

Cette manière de parler sent le poëme épique, où même elle ne serait pas fort bonne, et ne vaut rien du tout dans un conte, où les façons de parler doivent être simples et naturelles.

> Élevaient au-dessus des anges...

Pour parler français, il fallait dire, « Élevaient au-« dessus de ceux des anges. »

Au prix des charmes de son corps.

*De son corps* est dit bassement pour rimer. Il fallait dire *de sa beauté.*

Si jamais il avait vu naître...

*Naître* est maintenant aussi peu nécessaire qu'il l'était tantôt.

Rien qui fût comparable à lui...

Ne voilà-t-il pas un joli vers?

Sire, je crois que le soleil
Ne voit rien qui vous soit pareil,
Si ce n'est mon frère Joconde,
Qui n'a point de pareil au monde.

Le pauvre Bouillon s'est terriblement embarrassé dans ces termes de *pareil* et de *sans pareil*. Il a dit là-bas que la beauté d'Astolfe n'a point de pareille : ici il dit que c'est la beauté de Joconde qui est sans pareille : de là il conclut que la beauté *sans pareille* du roi n'a de *pareille* que la beauté *sans pareille* de Joconde. Mais, sauf l'honneur de l'Arioste, que M. Bouillon a suivi en cet endroit, je trouve ce compliment fort impertinent, puisqu'il n'est pas vraisemblable qu'un courtisan aille de but en blanc dire à un roi qui se pique d'être le plus bel homme de son siècle : « J'ai un frère plus beau que vous. » M. de la Fontaine a bien fait d'éviter cela, et de dire simplement que ce courtisan prit occasion de louer la beauté de son frère, sans l'élever néanmoins au-dessus de celle du roi.

Comme vous voyez, monsieur, il n'y a pas un vers où il n'y ait quelque chose à reprendre, et que Quintilius[1] n'envoyât rebattre sur l'enclume.

Mais en voilà assez ; et quelque résolution que j'aie prise d'examiner la page entière, vous trouverez bon que je me fasse grâce à moi-même, et que je ne passe pas plus avant. Et que serait-ce, bon Dieu! si j'allais rechercher toutes les impertinences de cet ouvrage, les mauvaises façons de parler, les choses froides et platement dites, qui s'y rencontrent partout? Que dirions-nous de ces *murailles* dont les ouvertures *bâillent;* de ces *errements* qu'Astolfe et Joconde suivent *dans les pays flamands?* Suivre des errements! juste ciel! quelle langue est-ce là? Sans mentir, je suis honteux pour M. de la Fontaine de voir qu'il ait pu être mis en parallèle avec un tel auteur ; mais je suis encore plus honteux pour votre ami. Je le trouve bien hardi sans doute d'oser ainsi hasarder cent pistoles, sur la foi de son jugement. S'il n'a point de meilleure caution, et qu'il fasse souvent de semblables gageures, il est au hasard de se ruiner.

[1] HORAT. *de Arte poet.* v. 438.

Voilà, monsieur, la manière d'agir ordinaire des demi-critiques, de ces gens, dis-je, qui, sous l'ombre d'un sens commun tourné pourtant à leur mode, prétendent avoir droit de juger souverainement de toutes choses, corrigent, disposent, réforment, louent, approuvent, condamnent tout au hasard. J'ai peur que votre ami ne soit un peu de ce nombre. Je lui pardonne cette haute estime qu'il fait de la pièce de M. Bouillon; je lui pardonne même d'avoir chargé sa mémoire de toutes les sottises de cet ouvrage : mais je ne lui pardonne pas la confiance avec laquelle il se persuade que tout le monde confirmera son sentiment. Pense-t-il donc que trois des plus galants hommes de France aillent, de gaieté de cœur, se perdre d'estime dans l'esprit des habiles gens, pour lui faire gagner cent pistoles? Et depuis Midas, d'impertinente mémoire, s'est-il trouvé personne qui ait rendu un jugement aussi absurde que celui qu'il attend d'eux?

Mais, monsieur, il me semble qu'il y a assez longtemps que je vous entretiens, et ma lettre pourrait enfin passer pour une dissertation préméditée. Que voulez-vous? C'est que votre gageure me tient au cœur, et j'ai été bien aise de vous justifier à vous-même le droit que vous avez sur les cent pistoles de votre ami. J'espère que cela servira à vous faire voir avec combien de passion je suis, etc.

## AVERTISSEMENT

Mis à la tête des œuvres posthumes de M. B. (Gilles Boileau), de l'Académie française, contrôleur de l'argenterie du roi. Paris, Barbin, 1670, in-12 [1].

---

Je ne doute point que le lecteur ne m'ait quelque obligation du présent que je lui fais des derniers ouvrages d'un homme illustre, que la mort a mis hors d'état de les pouvoir donner lui-même au public. Bien qu'ils n'aient point encore vu le jour, ils ne laissent pas d'être fort connus. La traduction du quatrième livre de l'Énéide a déjà charmé une bonne partie de la cour, par la lecture que l'auteur, de son vivant, a été comme forcé d'en faire en plusieurs réduits célèbres. Elle a mérité l'approbation d'une des plus spirituelles princesses de la terre, et elle a fait dire à un des plus fameux prédicateurs de notre siècle, qu'à ce coup la copie avait surpassé

[1] Nicolas Boileau-Despréaux prit soin de cette édition des œuvres de son frère, et composa cet avertissement au nom du libraire Barbin.

l'original. Cependant il est certain que l'auteur ne s'était pas encore satisfait sur cette traduction, à laquelle il n'avait pas mis la dernière main, non plus qu'à ces autres ouvrages qu'il n'avait pas faits la plupart pour être imprimés, et qui ne l'auraient jamais été, si je n'en eusse fait une espèce de larcin à ceux entre les mains de qui ils étaient tombés. C'est un avis que je suis bien aise de donner en passant à ceux qui y trouveront peut-être des choses plus faibles les unes que les autres. Je crois que le nombre de ces critiques sera fort petit : et j'espère qu'il en sera de ces ouvrages comme de l'Énéide de Virgile, dont Virgile seul est mort mécontent. Voilà tout l'avertissement que j'ai à donner au lecteur. S'il profite comme il doit du don que je lui fais, et s'il sait m'en faire profiter, je me promets de lui donner bientôt une seconde édition de ce livre, plus ample et plus correcte que celle-ci ; et je lui réponds que je n'épargnerai point mes soins et ma diligence pour lui donner une entière satisfaction.

## ARRÊT BURLESQUE

Donné en la grand'chambre du Parnasse, en faveur des maîtres ès arts, médecins et professeurs de l'université de Stagire [1], au pays des Chimères, pour le maintien de la doctrine d'Aristote.

### 1671 — 1675.

Vu par la cour la requête [2] présentée par les régents, maîtres ès arts, docteurs et professeurs de l'université, tant en leurs noms, que comme tuteurs et défenseurs de la doctrine de maître.... Aristote, ancien professeur royal en grec dans le collége du Lycée, et précepteur du feu roi de querelleuse mémoire, Alexandre dit le Grand, acquéreur de l'Asie, Europe, Afrique, et autres lieux; contenant que, depuis quelques années, une inconnue, nommée la Raison, aurait entrepris d'entrer par force dans les écoles de ladite université; et pour cet effet, à l'aide de certains quidams factieux, prenant les surnoms de Gassendistes, Cartésiens, Mallebranchistes, et Pourchotistes, gens sans aveu, se serait mise en état d'en expulser ledit Aristote, ancien et paisible possesseur desdites écoles, contre lequel elle et ses consorts auraient déjà publié plusieurs livres, traités, dissertations et raisonnements diffamatoires, voulant assujettir ledit Aristote à subir devant elle l'examen de sa doctrine, ce qui serait directement opposé aux lois, us et coutumes de ladite université, où ledit Aristote aurait toujours été reconnu pour juge, sans appel et non comptable de ses opinions. Que même, sans l'aveu d'icelui, elle aurait changé et innové plusieurs choses en et au dedans de la nature, ayant ôté au cœur la prérogative d'être le principe des nerfs, que ce philosophe lui avait accordée libéralement et de son bon gré, et laquelle elle aurait cédée et transportée au cerveau. Et ensuite, par une procédure nulle de toute nullité, aurait attribué audit cœur la charge de recevoir le chyle, appartenant ci-devant au foie ; comme aussi de faire voiturer le sang partout le corps, avec plein pouvoir audit sang d'y vaguer, errer et circuler impunément par les veines et artères, n'ayant autre droit ni titre pour faire lesdites vexations, que la seule expérience, dont le témoignage n'a jamais été reçu dans lesdites écoles. Aurait aussi attenté ladite Raison, par une entreprise inouïe, de déloger le feu de la plus haute région du ciel, et prétendu qu'il n'avait là aucun domicile, nonobstant les certificats dudit philosophe, et les visites et descentes faites par lui sur les lieux. Plus, par un attentat et voie de fait énorme contre la faculté de médecine, se serait ingérée de guérir, et aurait, réellement et de fait, guéri quantité de fièvres intermittentes, comme tierces, double-tierces, quartes, triple-quartes, et même continues, avec vin pur, poudre, écorce de quinquina, et autres drogues inconnues audit Aristote, et à Hippocrate son devancier, et ce sans saignée, purgation ni évacuation précédentes : ce qui est non-seulement irrégulier, mais tortionnaire et abusif ; ladite Raison n'ayant jamais été admise ni agrégée au corps de ladite faculté, et ne pouvant par conséquent consulter avec les docteurs d'icelle, ni être consultée par eux, comme elle ne l'a en effet jamais été. Nonobstant quoi, et malgré les plaintes et oppositions réitérées des sieurs Blondel, Courtois, Denyau [1], et autres défenseurs de la bonne doctrine, elle n'aurait pas laissé de se servir toujours desdites drogues, ayant eu la hardiesse de les employer sur les médecins mêmes de ladite faculté, dont plusieurs, au grand scandale des règles, ont été guéris par lesdits remèdes : ce qui est un exemple très-dangereux, et ne peut avoir été

---

[1] Ville de Macédoine, sur la mer Égée, et patrie d'Aristote. (BOIL.)

[2] L'université de Paris avait présenté requête au parlement pour empêcher qu'on n'enseignât la philosophie de Descartes. La requête fut supprimée, et Bernier en fit imprimer une de sa façon. (BOIL.)

[1] Blondel a écrit que le bon effet du quinquina venait des pactes que les Américains avaient faits avec le diable. Courtois, médecin, aimait fort la saignée. Denyau, autre médecin, niait la circulation du sang. (BOIL.)

fait que par mauvaises voies, sortiléges et pactes avec le diable. Et, non contente de ce, aurait entrepris de diffamer et de bannir des écoles de philosophie les *formalités, matérialités, entités, identités, virtualités, eccéités, pétréités, polycarpéités,* et autres êtres imaginaires, tous enfants et ayants cause de défunt maître Jean Scot leur père ; ce qui porterait un préjudice notable, et causerait la totale subversion de la philosophie scolastique, dont elles font tout le mystère, et qui tire d'elles toute sa subsistance, s'il n'y était par la cour pourvu. Vu les libelles intitulés : Physique de Rohault, Logique de Port-Royal, Traités du Quinquina, même l'Adversus Aristoteleos de Gassendi, et autres pièces attachées à ladite requête signée Chicaneau, procureur de ladite université. Ouï le rapport du conseiller commis : tout considéré,

La cour, ayant égard à ladite requête, a maintenu et gardé, maintient et garde ledit Aristote en la pleine et paisible possession et jouissance desdites écoles. Ordonne qu'il sera toujours suivi et enseigné par les régents, docteurs, maîtres ès arts et professeurs de ladite université, sans que pour ce ils soient obligés de le lire, ni de savoir sa langue et ses sentiments. Et sur le fond de sa doctrine, les renvoie à leurs cahiers. Enjoint au cœur de continuer d'être le principe des nerfs ; et à toutes personnes, de quelque condition et profession qu'elles soient, de le croire tel, nonobstant toute expérience à ce contraire. Ordonne pareillement au chyle d'aller droit au foie, sans plus passer par le cœur, et au foie de le recevoir. Fait défense au sang d'être plus vagabond, errer ni circuler dans le corps, sous peine d'être entièrement livré et abandonné à la faculté de médecine. Défend à la Raison et à ses adhérents de plus s'ingérer à l'avenir de guérir les fièvres tierces, double-tierces, quartes, triple-quartes, ni continues, par mauvais moyens et voies de sortiléges, comme vin pur, poudre, écorce de quinquina, et autres drogues non approuvées ni connues des anciens. Et en cas de guérisons irrégulières par icelles drogues, permet aux médecins de ladite faculté de rendre, suivant leur méthode ordinaire, la fièvre aux malades, avec casse, séné, sirops, juleps, et autres remèdes propres à ce, et de remettre lesdits malades en tel et semblable état qu'ils étaient auparavant, pour être ensuite traités selon les règles ; et, s'ils n'en réchappent, conduits du moins en l'autre monde, suffisamment purgés et évacués. Remet les *entités, identités, virtualités, eccéités,* et autres pareilles formules scotistes, en leur bonne fame et renommée. A donné acte aux sieurs Blondel, Courtois et Denyau, de leur opposition au bon sens. A réintégré le feu dans la plus haute région du ciel, suivant et conformément aux descentes faites sur les lieux. Enjoint à tous régents, maîtres ès arts et professeurs, d'enseigner comme ils ont accoutumé, et de se servir, pour raison de ce, de tels raisonnements qu'ils aviseront bon être, et aux répétiteurs hibernois, et autres leurs suppôts, de leur prêter main-forte, et de courir sus aux contrevenants, à peine d'être privés du droit de disputer sur les prolégomènes de la logique. Et à fin qu'à l'avenir il n'y soit contrevenu, a banni à perpétuité la Raison des écoles de ladite université ; lui fait défense d'y entrer, troubler, ni inquiéter ledit Aristote en la possession et jouissance d'icelles, à peine d'être déclarée janséniste et amie des nouveautés. Et à cet effet sera le présent arrêt lu et publié aux Mathurins[1] de Stagire, à la première assemblée qui sera faite pour la procession du rhéteur, et affiché aux portes de tous les colléges du Parnasse, et partout où besoin sera. Fait ce trente-huitième jour d'août mil six cent soixante-quinze.

Collationné avec paraphe.

## REMERCIMENT

A MESSIEURS

### DE L'ACADÉMIE FRANÇAISE.

3 juillet 1684[2].

Messieurs,

L'honneur que je reçois aujourd'hui est quelque chose pour moi de si grand, de si extraordinaire, de si peu attendu, et tant de fortes raisons semblaient devoir pour jamais m'en exclure[3], que, dans le moment même où je vous en fais mes remercîments, je ne sais encore ce que je dois croire. Est-il possible, est-il bien vrai que vous m'ayez en effet jugé digne d'être admis dans cette illustre compagnie, dont le fameux établissement ne fait guère

---

[1] Quand le recteur faisait ses processions, l'université s'assemblait aux Mathurins.
[2] La mort de Colbert, arrivée le 6 septembre 1683, laissait une place vacante à l'Académie française. Mais Boileau ne voulant pas faire les démarches requises les candidats en pareille circonstance, la Fontaine lui fut préféré. Le roi, qui désirait y voir Boileau, offensé de cette préférence, refusa de sanctionner la nomination de la Fontaine, et partit pour faire la campagne de Luxembourg. Cependant M. de Bezons, un des membres de l'Académie, étant mort peu de temps après, Boileau fut nommé, sans l'avoir demandé, et le roi, en approuvant cette nomination, confirma celle de la Fontaine.
[3] L'auteur avait écrit contre plusieurs académiciens. (Boil.)

moins d'honneur à la mémoire du cardinal de Richelieu, que tant de choses merveilleuses qui ont été exécutées sous son ministère? Et que penserait ce grand homme, que penserait ce sage chancelier qui a possédé après lui la dignité de votre protecteur, et après lequel vous avez jugé ne pouvoir choisir d'autre protecteur que le roi même ; que penseraient-ils, dis-je, s'ils me voyaient aujourd'hui entrer dans ce corps si célèbre, l'objet de leurs soins et de leur estime, et où, par les lois qu'ils ont établies, par les maximes qu'ils ont maintenues, personne ne doit être reçu qu'il ne soit d'un mérite sans reproche, d'un esprit hors du commun ; en un mot, semblable à vous ? Mais à qui est-ce encore que je succède dans la place que vous m'y donnez? N'est-ce pas à un homme[1] également considérable et par ses grands emplois et par sa profonde capacité dans les affaires ; qui tenait une des premières places dans le conseil, et qui en tant d'importantes occasions a été honoré de la plus étroite confiance de son prince ; à un magistrat non moins sage qu'éclairé, vigilant, laborieux, et avec lequel, plus je m'examine, moins je me trouve de proportion?

Je sais bien, messieurs, et personne ne l'ignore que, dans le choix que vous faites des hommes propres à remplir les places vacantes de votre savante assemblée, vous n'avez égard ni au rang ni à la dignité ; que la politesse, le savoir, la connaissance des belles-lettres, ouvrent chez vous l'entrée aux honnêtes gens, et que vous ne croyez point remplacer indignement un magistrat du premier ordre, un ministre de la plus haute élévation, en lui substituant un poëte célèbre, un écrivain illustre par ses ouvrages, et qui n'a souvent d'autre dignité que celle que son mérite lui donne sur le Parnasse. Mais, en qualité même d'homme de lettres, que puis-je vous offrir qui soit digne de la grâce dont vous m'honorez? Serait-ce un faible recueil de poésies, qu'une témérité heureuse, et quelque adroite imitation des anciens, ont fait valoir, plutôt que la beauté des pensées, ni la richesse des expressions ! Serait-ce une traduction si éloignée de ces grands chefs-d'œuvre que vous nous donnez tous les jours, et où vous faites si glorieusement revivre les Thucydide, les Xénophon, les Tacite, et tous ces autres célèbres héros de la savante antiquité? Non, messieurs, vous connaissez trop bien la juste valeur des choses, pour payer d'un si grand prix des ouvrages aussi médiocres que les miens, et pour m'offrir de vous-mêmes, s'il faut ainsi dire, sur un si léger fondement, un honneur que la connaissance de mon peu de mérite ne m'a pas laissé seulement la hardiesse de demander.

Quelle est donc la raison qui vous a pu inspirer si heureusement pour moi en cette rencontre ? Je commence à l'entrevoir, et j'ose me flatter que je ne vous ferai point souffrir en la publiant. La bonté qu'a eue le plus grand prince du monde, en voulant bien que je m'employasse avec un de vos plus illustres écrivains à ramasser en un corps le nombre infini de ses actions immortelles ; cette permission, dis-je, qu'il m'a donnée, m'a tenu lieu auprès de vous de toutes les qualités qui me manquent. Elle vous a entièrement déterminés en ma faveur. Oui, messieurs, quelque juste sujet qui dût pour jamais m'interdire l'entrée de votre académie, vous n'avez pas cru qu'il fût de votre équité de souffrir qu'un homme destiné à parler de si grandes choses fût privé de l'utilité de vos leçons, ni instruit en d'autre école qu'en la vôtre. Et en cela vous avez bien fait voir que lorsqu'il s'agit de votre auguste protecteur, quelque autre considération qui vous pût retenir d'ailleurs, votre zèle ne vous laisse plus voir que le seul intérêt de sa gloire.

Permettez pourtant que je vous désabuse, si vous vous êtes persuadés que ce grand prince, en m'accordant cette grâce, ait cru rencontrer en moi un écrivain capable de soutenir en quelque sorte, par la beauté du style et par la magnificence des paroles, la grandeur de ses exploits. C'est à vous messieurs, c'est à des plumes comme les vôtres, qu'il appartient de faire de tels chefs-d'œuvre ; et il n'a jamais conçu de moi une si avantageuse pensée. Mais comme tout ce qui s'est fait sous son règne tient beaucoup du miracle et du prodige, il n'a pas trouvé mauvais qu'au milieu de tant d'écrivains célèbres, qui s'apprêtent à l'envi à peindre ses actions dans tout leur éclat et avec tous les ornements de l'éloquence la plus sublime, un homme sans fard, accusé plutôt de trop de sincérité que de flatterie, contribuât de son travail et de ses conseils à bien mettre au jour, et dans toute la naïveté du style le plus simple, la vérité de ses actions, qui, étant si peu vraisemblables d'elles-mêmes, ont bien plus besoin d'être fidèlement écrites, que fortement exprimées.

En effet, messieurs, lorsque des orateurs et des poëtes, ou des historiens même aussi entreprenants quelquefois que les poëtes et les orateurs, viendront à déployer sur une matière si heureuse toutes les hardiesses de leur art, toute la force de leurs expressions ; quand ils diront de Louis le Grand, à meilleur titre qu'on ne l'a dit d'un fameux capitaine de l'antiquité, qu'il a lui seul fait plus d'exploits que

---

[1] M. de Bezons, conseiller d'État. (BOIL.) — Il a laissé quelques ouvrages dont on trouve le catalogue dans l'Histoire de l'Académie française.

les autres n'en ont lu[1]; qu'il a pris plus de villes que les autres rois n'ont souhaité d'en prendre; quand ils assureront qu'il n'y a point de potentat sûr la terre, quelque ambitieux qu'il puisse être, qui, dans les vœux secrets qu'il fait au ciel, ose lui demander autant de prospérités et de gloire que le ciel en a accordé libéralement à ce prince; quand ils écriront que sa conduite est maîtresse des événements; que la Fortune n'oserait contredire ses desseins; quand ils le peindront à la tête de ses armées, marchant à pas de géant au travers des fleuves et des montagnes, foudroyant les remparts, brisant les rocs, terrassant tout ce qui s'oppose à sa rencontre : ces expressions paraîtront sans doute grandes, riches, nobles, accommodées au sujet; mais, en les admirant, on ne se croira pas obligé d'y ajouter foi; et la vérité, sous ces ornements pompeux, pourra aisément être désavouée ou méconnue.

Mais lorsque des écrivains sans artifice, se contentant de rapporter fidèlement les choses, et avec toute la simplicité de témoins qui déposent, plutôt même que des historiens qui racontent, exposeront bien tout ce qui s'est passé en France depuis la fameuse paix des Pyrénées; tout ce que le roi a fait pour rétablir dans ses États l'ordre, les lois, la discipline; quand ils compteront bien toutes les provinces que dans les guerres suivantes il a ajoutées à son royaume, toutes les villes qu'il a conquises, tous les avantages qu'il a eus, toutes les victoires qu'il a remportées sur ses ennemis : l'Espagne, la Hollande, l'Allemagne, l'Europe entière trop faible contre lui seul ; une guerre toujours féconde en prospérités, une paix encore plus glorieuse; quand, dis-je, des plumes sincères et plus soigneuses de dire vrai que de se faire admirer, articuleront bien tous ces faits dans l'ordre des temps, et accompagnés de leurs véritables circonstances : qui est-ce qui en pourra disconvenir, je ne dis pas de nos voisins, je ne dis pas de nos alliés, je dis de nos ennemis mêmes? Et quand ils n'en voudraient pas tomber d'accord, leurs puissances diminuées, leurs États resserrés dans les bornes les plus étroites; leurs plaintes, leurs jalousies, leurs fureurs, leurs invectives même, ne les en convaincront-ils pas malgré eux? Pourront-ils nier que, l'année même où je parle, ce prince voulant les contraindre d'accepter la paix, qu'il leur offrait pour le bien de la chrétienté, il a tout à coup, et lorsqu'ils le publiaient entièrement épuisé d'argent et de forces;

il a, dis-je, tout à coup fait sortir comme de terre, dans les Pays-Bas, deux armées de quarante mille hommes chacune, et les y a fait subsister abondamment, malgré la disette des fourrages et la sécheresse de la saison? Pourront-ils nier que, tandis qu'avec une de ses armées il faisait assiéger Luxembourg, lui-même avec l'autre, tenant toutes les villes du Hainaut et du Brabant comme bloquées, par cette conduite toute merveilleuse, ou plutôt par une espèce d'enchantement semblable à celui de cette tête si célèbre dans les fables, dont l'aspect convertissait les hommes en rochers, il a rendu les Espagnols immobiles spectateurs de la prise de cette place si importante, où ils avaient mis leur dernière ressource; que, par un effet non moins admirable d'un enchantement si prodigieux, cet opiniâtre ennemi de sa gloire, cet industrieux artisan de ligues et de querelles, qui travaillait depuis si longtemps à remuer contre lui toute l'Europe, s'est trouvé lui-même dans l'impuissance, pour ainsi dire, de se mouvoir, lié de tous côtés, et réduit pour toute vengeance à semer des libelles, à pousser des cris et des injures? Nos ennemis, je le répète, pourront-ils nier toutes ces choses? Pourront-ils pas avouer qu'au temps même que ces merveilles s'exécutaient dans les Pays-Bas, notre armée navale sur la mer Méditerranée, après avoir forcé Alger à demander la paix, faisait sentir à Gênes, par un exemple à jamais terrible, la juste punition de ses insolences et de ses perfidies; ensevelissait sous les ruines de ses palais et de ses maisons cette superbe ville, plus aisée à détruire qu'à humilier? Non, sans doute, nos ennemis n'oseraient démentir des vérités si reconnues, surtout lorsqu'ils les verront écrites avec cet air simple et naïf, et dans ce caractère de sincérité et de vraisemblance, qu'au défaut des autres choses, je ne désespère pas absolument de pouvoir, au moins en partie, fournir à l'histoire.

Mais comme cette simplicité même, tout ennemie qu'elle est de l'ostentation et du faste, a pourtant son art, sa méthode, ses agréments, où pourrais-je mieux puiser cet art et ces agréments que dans la source même de toutes les délicatesses; dans cette académie qui tient depuis si longtemps en sa possession tous les trésors, toutes les richesses de notre langue? C'est donc, messieurs, ce que j'espère aujourd'hui trouver parmi vous, c'est ce que j'y viens étudier, c'est ce que j'y viens apprendre. Heureux si, par mon assiduité à vous cultiver, par mon adresse à vous faire parler sur ces matières; je puis vous engager à ne me rien cacher de vos connaissances et de vos secrets ! Plus heureux encore, si par mes respects et par mes sincères soumissions, je puis

---

[1] Mot fameux de Cicéron en parlant de Pompée : « Plura « bella gessit, quam cæteri legerunt. » ( *Pro lege Manilia.* ) (BOIL.)

parfaitement vous convaincre de l'extrême reconnaissance que j'aurai toute ma vie de l'honneur inespéré que vous m'avez fait !

## DISCOURS
### SUR LE STYLE DES INSCRIPTIONS [1].

Les inscriptions doivent être simples, courtes et familières. La pompe ni la multitude des paroles n'y valent rien, et ne sont point propres au style grave, qui est le vrai style des inscriptions. Il est absurde de faire une déclamation autour d'une médaille ou au bas d'un tableau, surtout lorsqu'il s'agit d'actions comme celles du roi, qui, étant d'elles-mêmes toutes grandes et toutes merveilleuses, n'ont pas besoin d'être exagérées.

Il suffit d'énoncer simplement les choses, pour les faire admirer. « Le passage du Rhin » dit beaucoup plus que « le merveilleux passage du Rhin. » L'épithète de *merveilleux* en cet endroit, bien loin d'augmenter l'action, la diminue, et sent son déclamateur qui veut grossir de petites choses. C'est à l'inscription à dire, « Voilà le passage du Rhin, » et celui qui lit bien saura bien dire sans elle : « Le passage du Rhin est une des plus merveilleuses actions qui aient jamais été faites dans la guerre. » Il le dira même d'autant plus volontiers, que l'inscription ne l'aura pas dit avant lui, les hommes naturellement ne pouvant souffrir qu'on prévienne leur jugement, ni qu'on leur impose la nécessité d'admirer ce qu'ils admireront assez d'eux-mêmes.

D'ailleurs, comme les tableaux de la galerie de Versailles sont des espèces d'emblèmes héroïques des actions du roi, il ne faut dans les règles que mettre au bas du tableau le fait historique qui a donné occasion à l'emblème. Le tableau doit dire le reste, et s'expliquer tout seul. Ainsi, par exemple, lors-qu'on aura mis au bas du premier tableau : « Le « roi prend lui-même la conduite de son royaume, « et se donne tout entier aux affaires, 1661; » il sera aisé de concevoir le dessein du tableau, où l'on voit le roi fort jeune, qui s'éveille au milieu d'une foule de Plaisirs dont il est environné, et qui tenant de la main un timon, s'apprête à suivre la Gloire qui l'appelle, etc.

Au reste, cette simplicité d'inscription est extrêmement du goût des anciens, comme on le peut voir dans les médailles, où ils se contentaient souvent de mettre pour toute explication la date de l'action qui y est figurée, ou le consulat sous lequel elle a été faite, ou tout au plus deux mots qui apprennent le sujet de la médaille.

Il est vrai que la langue latine dans cette simplicité a une noblesse et une énergie [1] qu'il est difficile d'attraper en notre langue : mais si l'on n'y peut atteindre, il faut s'efforcer d'en approcher, et tout du moins ne pas charger nos inscriptions d'un verbiage et d'une enflure de paroles, qui, étant fort mauvaise partout ailleurs, devient surtout insupportable en ces endroits.

Ajoutez à tout cela que ces tableaux étant dans l'appartement du roi, et ayant été faits par son ordre, c'est en quelque sorte le roi lui-même qui parle à ceux qui viennent voir sa galerie. C'est pour ces raisons qu'on a cherché une grande simplicité dans les nouvelles inscipitions, où l'on ne met proprement que le titre et la date, et où l'on a surtout évité le faste et l'ostentation.

## ÉPITAPHE DE RACINE [2].

### 1699.
### D. O. M.

*Hic jacet vir nobilis Joannes Racine, Franciæ thesauris præfectus, regi a secretis atque a cubiculo, nec non unus e quadraginta gallicanæ academiæ viris : qui, postquam profana tragœdiarum argumenta diu cum ingenti hominum admiratione tractasset, musas tandem suas uni Deo consecravit; omnemque ingenii vim in eo laudando contulit, qui solus laude dignus est. Quum eum vitæ negotiorumque rationes multis nobilibus aulæ tenerent addictum, tamen in frequenti hominum consortio omnia pietatis ac religionis officia coluit. A christiano rege Ludovico magno selectus*

---

[1] M. Charpentier, de l'Académie française, ayant composé des inscriptions pleines d'emphase, qui furent mises par ordre du roi au bas des tableaux des victoires de ce prince, peints dans la grande galerie de Versailles par M. le Brun, M. de Louvois, qui succéda à M. Colbert dans la charge de surintendant des bâtiments, fit entendre à Sa Majesté que ces inscriptions déplaisaient fort à tout le monde, et, pour mieux lui montrer que c'était avec raison, me pria de faire sur cela un mot d'écrit qu'il pût montrer au roi; ce que je fis aussitôt. Sa Majesté lut cet écrit avec plaisir, et l'approuva : de sorte que la saison l'appelant à Fontainebleau, il ordonna qu'en son absence on ôtât toutes ces pompeuses déclamations de M. Charpentier, et qu'on y mit les inscriptions simples qui y sont, que nous composâmes presque sur-le-champ, M. Racine et moi, et qui furent approuvées de tout le monde. C'est cet écrit, fait à la prière de M. de Louvois, que je donne ici au public. (BOIL.)

[1] Voyez la lettre de Boileau à Brossette du 15 mai 1705.
[2] Voyez les mémoires de Louis Racine sur la vie de son père. *In fine.*

*una cum familiari ipsius amico fuerat, qui res, eo regnante, præclare ac mirabiliter gestas præscriberet. Huic intentus operi, repente in gravem atque diuturnum morbum implicitus est; tandemque ab hac sede miseriarum in melius domicilium translatus anno ætatis suæ LIX. Qui mortem longiori adhuc intervallo remotam valde horruerat, ejusdem præsentis adspectum placida fronte sustinuit; obiitque spe multo magis et pia in Deum fiducia erectus, quam fractus metu. Ea jactura omnes illius amicos, è quibus nonnulli inter regni primores eminebant, acerbissimo dolore perculit. Manavit etiam ad ipsum regem tanti viri desiderium. Fecit modestia ejus singularis, et præcipua in hanc Portus-Regii domum benevolentia, ut in isto cæmeterio pie magis quam magnifice sepeliri vellet, adeoque testamento cavit, ut corpus suum, juxta piorum hominum, qui hic jacent corpora, humaretur.*

*Tu vero, quicumque es, quem in hanc domum pietas adducit, tuæ ipse mortalitatis ad hunc adspectum recordare, et clarissimam tanti viri memoriam precibus potius quam elogiis prosequere.*

D. O. M.

« Ici repose le corps de messire JEAN RACINE,
« trésorier de France, secrétaire du roi, gentil-
« homme ordinaire de sa chambre, et un des qua-
« rante de l'Académie française : qui, après avoir
« longtemps charmé la France par ses excellentes
« poésies profanes, consacra ses muses à Dieu, et
« les employa uniquement à louer le seul objet di-
« gne de louange. Les raisons indispensables qui
« l'attachaient à la cour, l'empêchèrent de quitter
« le monde; mais elles ne l'empêchèrent pas de s'ac-
« quitter, au milieu du monde, de tous les devoirs
« de la piété et de la religion. Il fut choisi avec un
« de ses amis[1] par le roi Louis le Grand pour ras-
« sembler en un corps d'histoire les merveilles de
« son règne, et il était occupé à ce grand ouvrage,
« lorsque tout à coup il fut attaqué d'une longue
« et cruelle maladie, qui à la fin l'enleva de ce sé-
« jour de misères, en sa cinquante-neuvième année.
« Bien qu'il eût extrêmement redouté la mort lors-
« qu'elle était encore loin de lui, il la vit de près sans
« s'étonner, et mourut beaucoup plus rempli d'espé-
« rance que de crainte, dans une entière résigna-
« tion à la volonté de Dieu. Sa perte toucha sensi-
« blement ses amis, entre lesquels il pouvait comp-
« ter les premières personnes du royaume, et il fut
« regretté du roi même[2]. Son humilité, et l'affec-

[1] Boileau Despréaux.
[2] Voyez la lettre de Boileau du 9 mai 1699.

« tion particulière qu'il eut toujours pour cette
« maison de Port-Royal des Champs, lui firent sou-
« haiter d'être enterré sans aucune pompe dans ce
« cimetière avec les humbles serviteurs de Dieu qui
« y reposent, et auprès desquels il a été mis, selon
« qu'il l'avait ordonné par son testament.

« O toi, qui que tu sois, que la piété attire en ce
« saint lieu, plains dans un si excellent homme la
« triste destinée de tous les mortels; et, quelque
« grande idée que puisse te donner de lui sa répu-
« tation, souviens-toi que ce sont des prières et non
« pas des éloges qu'il te demande ! »

# LES HÉROS DE ROMAN,

DIALOGUE A LA MANIÈRE DE LUCIEN.

## DISCOURS
### SUR CE DIALOGUE.

1710.

Le dialogue qu'on donne ici au public a été composé à l'occasion de cette prodigieuse multitude de romans qui parurent vers le milieu du siècle précédent, et dont voici en peu de mots l'origine. Honoré d'Urfé[1], homme de fort grande qualité dans le Lyonnais, et très-enclin à l'amour, voulant faire valoir un grand nombre de vers qu'il avait composés pour ses maîtresses, et rassembler en un corps plusieurs aventures amoureuses qui lui étaient arrivées, s'avisa d'une invention très-agréable. Il feignit que dans le Forez, petit pays contigu à la Limagne d'Auvergne, il y avait eu, du temps de nos premiers rois[2], une troupe de bergers et de bergères qui habitaient sur les bords de la rivière du Lignon, et qui, assez accommodés des biens de la fortune, ne laissaient pas néanmoins, par un simple amusement, et pour leur seul plaisir, de mener paître eux-mêmes leurs troupeaux. Tous

[1] Comte de Château-Neuf, et marquis de Valromey, était le cinquième des fils de Jacques Ier du nom, seigneur d'Urfé, de la Bastie, et de Saint-Just, chevalier de l'ordre du roi, lieutenant de M. le dauphin, gouverneur et bailli de Forez; et de Renée de Savoie, marquise de Beaugé, et petit-fils de Claude, seigneur d'Urfé, chevalier de l'ordre du roi, gouverneur de la personne, ensuite chef et surintendant de la maison du roi Henri II, gouverneur et bailli de Forez, ambassadeur à Rome et au concile de Trente. Il fut d'abord chevalier de Malte, et fit même ses vœux. Ensuite il épousa Diane de Château-Morand, séparée d'avec son frère pour cause d'impuissance, de laquelle il était amoureux depuis longtemps, et qu'il a désignée dans son roman sous les noms d'*Astrée* et de *Diane*, comme il s'y est caché lui-même sous ceux de *Céladon* et de *Sylvandre*. Il mourut vers l'an 1624, âgé d'environ cinquante-deux ans.
[2] A la fin du cinquième siècle et au commencement du sixième.

ces bergers et toutes ces bergères étant d'un fort grand loisir, l'Amour, comme on le peut penser, et comme il le raconte lui-même, ne tarda guère à les y venir troubler, et produisit quantité d'événements considérables. D'Urfé y fit arriver toutes ses aventures, parmi lesquelles il en mêla beaucoup d'autres, et enchâssa les vers dont j'ai parlé, qui, tout méchants qu'ils étaient, ne laissèrent pas d'être soufferts, et de passer, à la faveur de l'art avec lequel il les mit en œuvre. Car il soutint tout cela d'une narration également vive et fleurie, de fictions très-ingénieuses, et de caractères aussi finement imaginés qu'agréablement variés et bien suivis. Il composa ainsi un roman qui lui acquit beaucoup de réputation, et qui fut fort estimé, même des gens du goût le plus exquis, bien que la morale en fût fort vicieuse, ne prêchant que l'amour et la mollesse, et allant quelquefois jusqu'à blesser un peu la pudeur. Il en fit quatre volumes[1], qu'il intitula *Astrée*[2], du nom de la plus belle de ses bergères : sur ces entrefaites étant mort, Baro son aîné[3], et, selon quelques-uns, son domestique, en composa, sur ses mémoires, un cinquième tome, qui en formait la conclusion, et qui ne fut guère moins bien reçu que les quatre autres volumes. Le grand succès de ce roman échauffa si bien les beaux esprits d'alors, qu'ils en firent à son imitation quantité de semblables, dont il y en avait même de dix et douze volumes : et ce fut quelque temps comme une espèce de débordement sur le Parnasse. On vantait surtout ceux de Gombervielle[4], de la Calprenède, de Desmarets et de Scudéri ; mais ces imitateurs, s'efforçant mal à propos d'enchérir sur leur original, et prétendant ennoblir ses caractères, tombèrent, à mon avis, dans une très-grande puérilité. Car, au lieu de prendre comme lui pour leurs héros des bergers occupés du seul soin de gagner le cœur de leurs maîtresses, ils prirent, pour leur donner cette étrange occupation, non-seulement des princes et des rois, mais les plus fameux capitaines de l'antiquité, qu'ils peignirent pleins du même esprit que ces bergers, ayant, à leur exemple, fait comme une espèce de vœu de ne parler jamais et de n'entendre jamais parler que d'amour. De sorte qu'au lieu que d'Urfé, dans son Astrée, de bergers très-frivoles avait fait des héros de roman considérables, ces auteurs, au contraire, des héros les plus considérables de l'histoire firent des bergers très-frivoles, et quelquefois même des bourgeois[5], encore plus frivoles que ces bergers. Leurs ouvrages néanmoins ne laissèrent pas de trouver un nombre infini d'admirateurs, et eurent longtemps une fort grande vogue. Mais ceux qui s'attirèrent le plus d'applaudissement, ce furent le CYRUS et la CLÉLIE de mademoiselle de Scudéri, sœur de l'auteur du même nom. Cependant non-seulement elle tomba dans la même puérilité, mais elle la poussa encore à un plus grand excès. Si bien qu'au lieu de représenter, comme elle devait, dans la personne de Cyrus, un roi promis par les prophètes, tel qu'il est exprimé dans la Bible ; ou, comme le peint Hérodote, le plus grand conquérant que l'on eût encore vu ; ou enfin tel qu'il est figuré dans Xénophon, qui a fait, aussi bien qu'elle, un roman de la vie de ce prince ; au lieu, dis-je, d'en faire un modèle de toute perfection, elle en composa un *Artamène*, plus fou que tous les *Céladon* et tous les *Sylvandre*[1] ; qui n'est occupé que du seul soin de sa *Mandane*, qui ne fait du matin au soir que lamenter, gémir, et filer le parfait amour. Elle a encore fait pis dans son autre roman, intitulé *Clélie*, où elle représente tous les héros de la république romaine naissante, les Horatius Coclès, les Mutius Scévola, les Clélie, les Lucrèce, les Brutus, encore plus amoureux qu'Artamène, ne s'occupant qu'à tracer des cartes géographiques d'amour[2] ; qu'à se proposer les uns aux autres des questions et des énigmes galantes ; en un mot, qu'à faire tout ce qui paraît le plus opposé au caractère et à la gravité héroïque de ces premiers Romains. Comme j'étais fort jeune dans le temps que tous ces romans, tant ceux de mademoiselle de Scudéri que ceux de la Calprenède, et de tous les autres, faisaient le plus d'éclat, je les lus, ainsi que les lisait tout le monde, avec beaucoup d'admiration, et je les regardai comme des chefs-d'œuvre de notre langue. Mais enfin mes années étant accrues, et la raison m'ayant ouvert les yeux, je reconnus la puérilité de ces ouvrages. Si bien que l'esprit satirique commençant à dominer en moi, je ne me donnai point de repos que je n'eusse fait contre ces romans un dialogue à la manière de Lucien, où j'attaquais non-seulement leur peu de solidité, mais leur afféterie précieuse de langage, leurs conversations vagues et frivoles ; les portraits avantageux faits, à chaque bout de champ, de personnes de très-médiocre beauté, et quelquefois même laides par excès ; et tout ce long verbiage d'amour, qui n'a point de fin. Cependant, comme mademoiselle de Scudéri était alors vivante, je me contentai de composer ce dialogue dans ma tête ; et, bien loin de le faire imprimer, je gagnai même sur moi de ne point l'écrire, et de ne le point laisser voir sur le papier, ne voulant pas donner ce chagrin à une fille qui, après tout, avait beaucoup de mérite, et qui, s'il en faut croire tous ceux qui l'ont connue, nonobstant la mauvaise morale enseignée dans ses romans, avait encore plus de probité et d'honneur que d'esprit. Mais aujourd'hui qu'enfin la mort

---

[1] Le premier parut en 1610 ; le second, dix ans après ; le troisième, quatre ou cinq ans après le second. La quatrième partie était achevée lorsque l'auteur mourut.
[2] C'était Diane de Château-Morand. Voyez les *Éclaircissements* de M. Patru sur l'*Histoire de l'Astrée*, et la *Dissertation* XII de M. Huet.
[3] Balthazar Baro, qui avait été son secrétaire, selon l'auteur de l'*Histoire de l'Académie française*, et qui publia la cinquième partie de l'*Astrée* en 1627, était de Valence en Dauphiné. Il se maria à Paris, et fut gentilhomme de mademoiselle Anne-Marie-Louise d'Orléans, fille de Gaston. Outre le cinquième tome de l'*Astrée*, nous avons de lui plusieurs pièces de théâtre.
[4] Marin le Roi, sieur de Gomberville, auteur du *Polexandre* de la *Cythérée*, et d'*Alcidiane*, mourut le 14 juin 1674, âgé d'environ soixante-quatorze ans. (Voyez le supplément au Nécrologe de Port-Royal.)
[5] Les auteurs de ces romans, sous le nom de ces héros, peignaient quelquefois le caractère de leurs amis particuliers, gens de peu de conséquence. (BOIL.)

[1] Berger du roman de l'*Astrée*.
[2] La carte du pays de Tendre, dans la première partie du roman de *Clélie*.

*l'a rayée du nombre des humains*[1], elle et tous les autres compositeurs de romans, je crois qu'on ne trouvera pas mauvais que je donne au public mon *dialogue*, tel que je l'ai retrouvé dans ma mémoire. Cela me paraît d'autant plus nécessaire, qu'en ma jeunesse, l'ayant récité plusieurs fois dans des compagnies où il se trouvait des gens qui avaient beaucoup de mémoire, ces personnes en ont retenu plusieurs lambeaux dont elles ont ensuite composé un ouvrage qu'on a depuis distribué sous le nom de *Dialogue de M. Despréaux*[2], et qui a été imprimé plusieurs fois dans les pays étrangers ; mais enfin le voici donné de ma main. Je ne sais s'il s'attirera les mêmes applaudissements qu'il s'attirait autrefois dans les fréquents récits que j'étais obligé d'en faire. Car, outre qu'en le récitant je donnais à tous les personnages que j'y introduisais le ton qui leur convenait, ces romans étant alors lus de tout le monde, on concevait aisément la finesse des railleries qui y sont : mais maintenant que les voilà tombés dans l'oubli, et qu'on ne les lit presque plus, je doute que mon Dialogue fasse le même effet. Ce que je sais pourtant à n'en point douter, c'est que tous les gens d'esprit et de véritable vertu me rendront justice, et reconnaîtront sans peine que, sous le voile d'une fiction en apparence extrêmement badine, folle, outrée, où il n'arrive rien qui soit dans la vérité et dans la vraisemblance, je leur donne peut-être ici le moins frivole ouvrage qui soit encore sorti de ma plume.

## LES HÉROS DE ROMAN.

MINOS, *sortant du lieu où il rend la justice, proche le palais de Pluton.*
Maudit soit l'impertinent harangueur qui m'a tenu toute la matinée ! Il s'agissait d'un méchant drap qu'on a dérobé à un savetier en passant le fleuve, et jamais je n'ai tant ouï parler d'Aristote. Il n'y a point de loi qu'il ne m'ait citée.

PLUTON.
Vous voilà bien en colère, Minos !

MINOS.
Ah ! c'est vous, roi des enfers ? Qui vous amène ?

PLUTON.
Je viens ici pour vous en instruire ; mais auparavant, peut-on savoir quel est cet avocat qui vous a si doctement ennuyé ce matin : est-ce que Huot et Martinet sont morts ?

Non, grâce au ciel : mais c'est un jeune mort, qui a été sans doute à leur école. Bien qu'il n'ait dit que des sottises, il n'en a avancé pas une qu'il n'ait appuyée de l'autorité de tous les anciens ; et, quoiqu'il les fît parler de la plus mauvaise grâce du monde, il leur a donné à tous en les citant de la galanterie, de la gentillesse et de la bonne grâce : *Platon dit galamment*[1] *dans son Timée, Sénèque est joli dans son Traité des Bienfaits, Ésope a bonne grâce dans un de ses apologues....*

PLUTON.
Vous me peignez là un maître impertinent ; mais pourquoi le laissiez-vous parler si longtemps ? Que ne lui imposiez-vous silence ?

MINOS.
Silence, lui ? C'est bien un homme qu'on puisse faire taire, quand il a commencé à parler ! J'ai eu beau faire semblant vingt fois de me vouloir lever de mon siége ; j'ai eu beau lui crier : Avocat, concluez, de grâce ; concluez, avocat ! il a été jusqu'au bout, et a tenu à lui seul toute l'audience. Pour moi, je ne vis jamais une telle fureur de parler ; et si ce désordre-là continue, je crois que je serai obligé de quitter la charge.

PLUTON.
Il est vrai que les morts n'ont jamais été si sots qu'aujourd'hui. Il n'est pas venu ici depuis longtemps une ombre qui eût le sens commun ; et sans parler des gens de palais, je ne vois rien de si impertinent que ceux qu'ils nomment gens du monde. Ils parlent tous un certain langage qu'ils appellent galanterie : et quand nous leur témoignons, Proserpine et moi, que cela nous choque, ils nous traitent de bourgeois, et disent que nous ne sommes pas galants. On m'a assuré même que cette pestilente galanterie avait infecté tous les pays infernaux, et même les Champs-Élysées ; de sorte que les héros, et surtout les héroïnes qui les habitent, sont aujourd'hui les plus sottes gens du monde, grâce à certains auteurs qui leur ont appris, dit-on, ce beau langage, et qui en ont fait des amoureux transis. A vous dire le vrai, j'ai bien de la peine à le croire ; j'ai bien de la peine, dis-je, à m'imaginer que les Cyrus et les Alexandre soient devenus tout à coup, comme on me le veut faire entendre, des Tyrsis et des Céladon. Pour m'en éclaircir donc moi-même par mes propres yeux, j'ai donné ordre qu'on fît venir ici aujourd'hui des Champs-Élysées, et de toutes les autres régions de l'enfer, les plus célèbres d'entre ces héros ; et j'ai fait préparer, pour les recevoir, ce grand salon, où vous voyez que sont postés mes gardes : mais où est Rhadamanthe ?

MINOS.
Qui, Rhadamanthe ? Il est allé dans le Tartare

---

[1] Madeleine de Scudéri mourut à Paris, le 2 juin 1701, âgée de quatre-vingt-quinze ans.
[2] Voyez la lettre de Boileau à Brossette du 27 mars 1704.

[1] Manière de parler de ce temps-là, fort commune au barreau. (BOIL.)

pour y voir entrer un lieutenant-criminel [1], nouvellement arrivé de l'autre monde, où il a, dit-on, été, tant qu'il a vécu, aussi célèbre par sa grande capacité dans les affaires de judicature que diffamé par son excessive avarice.

PLUTON.

N'est-ce pas celui qui pensa se faire tuer une seconde fois pour une obole qu'il ne voulut pas payer à Caron en passant le fleuve?

MINOS.

C'est celui-là même. Avez-vous vu sa femme? C'était une chose à peindre que l'entrée qu'elle fit ici. Elle était couverte d'un linceul de satin.

PLUTON.

Comment! de satin! Voilà une grande magnificence!

MINOS.

Au contraire, c'est une épargne; car tout cet accoutrement n'était autre chose que trois thèses cousues ensemble, dont on avait fait présent à son mari en l'autre monde [2]. O la vilaine ombre! Je crains qu'elle n'empeste tout l'enfer. J'ai tous les jours les oreilles rebattues de ses larcins. Elle vola avant-hier la quenouille de Clothon; et c'est elle qui avait dérobé ce drap dont on m'a tant étourdi ce matin, à un savetier qu'elle attendait au passage. De quoi vous êtes-vous avisé de charger les enfers d'une si dangereuse créature?

PLUTON.

Il fallait bien qu'elle suivît son mari. Il n'aurait pas été bien damné sans elle. Mais à propos de Rhadamanthe, le voici lui-même, si je ne me trompe, qui vient à nous. Qu'a-t-il? Il paraît tout effrayé.

RHADAMANTHE.

Puissant roi des enfers, je viens vous avertir qu'il faut songer tout de bon à vous défendre, vous et votre royaume. Il y a un grand parti formé contre vous dans le Tartare. Tous les criminels, résolus de ne vous plus obéir, ont pris les armes. J'ai rencontré là-bas Prométhée avec son vautour sur le poing; Tantale est ivre comme une soupe; Ixion a violé une furie; et Sisyphe, assis sur son rocher, exhorte tous ses voisins à secouer le joug de votre domination.

MINOS.

O les scélérats! Il y a longtemps que je prévoyais ce malheur.

PLUTON.

Ne craignez rien, Minos. Je sais bien le moyen de

---

[1] Le lieutenant criminel Tardieu et sa femme avaient été assassinés à Paris, la même année que je fis ce dialogue, c'est à savoir en 1664. (BOIL.) — (Voyez la sat. x.)
[2] Satire x, v. 324.

les réduire; mais ne perdons point de temps. Qu'on fortifie les avenues; qu'on redouble la garde de mes furies; qu'on arme toutes les milices de l'enfer; qu'on lâche Cerbère. Vous, Rhadamanthe, allez-vous-en dire à Mercure qu'il nous fasse venir l'artillerie de mon frère Jupiter. Cependant vous, Minos, demeurez avec moi. Voyons nos héros, s'ils sont en état de nous aider: j'ai été bien inspiré de les mander aujourd'hui. Mais quel est cet homme qui vient à nous avec son bâton et sa besace? Ah! c'est ce fou de Diogène. Que viens-tu chercher ici?

DIOGÈNE.

J'ai appris la nécessité de vos affaires; et comme votre fidèle sujet, je viens vous offrir mon bâton.

PLUTON.

Nous voilà bien forts avec ton bâton!

DIOGÈNE.

Ne pensez pas vous moquer. Je serai peut-être pas le plus inutile de tous ceux que vous avez envoyé chercher.

PLUTON.

Hé! quoi! Nos héros ne viennent-ils pas?

DIOGÈNE.

Oui, je viens de rencontrer une troupe de fous là-bas: je crois que ce sont eux. Est-ce que vous avez envie de donner le bal?

PLUTON.

Pourquoi le bal?

DIOGÈNE.

C'est qu'ils sont en fort bon équipage pour danser. Ils sont jolis, ma foi; je n'ai jamais rien vu de si damerèt, ni de si galant.

PLUTON.

Tout beau, Diogène: tu te mêles toujours de railler. Je n'aime point les satiriques; et puis ce sont des héros pour lesquels on doit avoir du respect.

DIOGÈNE.

Vous en allez juger vous-même tout à l'heure; car je les vois déjà qui paraissent. Approchez, fameux héros; et vous aussi héroïnes encore plus fameuses, autrefois l'admiration de toute le terre. Voici une belle occasion de vous signaler: venez ici tous en foule.

PLUTON.

Tais-toi. Je veux que chacun vienne l'un après l'autre, accompagné tout au plus de quelqu'un de ses confidents. Mais, avant tout, Minos, passons, vous et moi, dans ce salon que j'ai fait, comme je vous ai dit, préparer pour les recevoir, et où j'ai ordonné qu'on mît nos sièges, avec une balustrade qui nous sépare du reste de l'assemblée. Entrons; bon: voilà tout disposé, ainsi que je le souhaitais.

Suis-nous, Diogène : j'ai besoin de toi pour nous dire le nom des héros qui vont arriver; car, de la manière dont je vois que tu as fait connaissance avec eux, personne ne me peut rendre ce service que toi.

DIOGÈNE.

Je ferai de mon mieux.

PLUTON.

Tiens-toi donc ici près de moi. Vous, gardes, au moment que j'aurai interrogé ceux qui seront entrés, qu'on les fasse passer dans les longues et ténébreuses galeries qui sont adossées à ce salon, et qu'on leur dise d'y aller attendre mes ordres. Assayons-nous. Qui est celui qui vient le premier de tous, nonchalamment appuyé sur son écuyer?

DIOGÈNE.

C'est le grand Cyrus.

PLUTON.

Quoi! ce grand roi qui transféra l'empire des Mèdes aux Perses, qui a tant gagné de batailles? De son temps les hommes venaient ici tous les jours par trente et quarante mille : jamais personne n'y en a tant envoyé.

DIOGÈNE.

Au moins ne l'allez pas appeler Cyrus.

PLUTON.

Pourquoi?

DIOGÈNE.

Ce n'est plus son nom. Il s'appelle maintenant Artamène[1].

PLUTON.

Artamène! Et où a-t-il pêché ce nom-là? Je ne me souviens point de l'avoir jamais lu.

DIOGÈNE.

Je vois bien que vous ne savez pas son histoire.

PLUTON.

Qui? moi? Je sais aussi bien mon Hérodote qu'un autre.

DIOGÈNE.

Oui : mais avec tout cela, diriez-vous bien pourquoi Cyrus a tant conquis de provinces, traversé l'Asie, la Médie, l'Hyrcanie, la Perse, et enfin plus de la moitié du monde?

PLUTON.

Belle demande! c'est que c'était un prince ambitieux, qui voulait que toute la terre lui fût soumise.

DIOGÈNE.

Point du tout : c'est qu'il voulait délivrer sa princesse, qui avait été enlevée.

PLUTON.

Quelle princesse?

DIOGÈNE.

Mandane.

PLUTON.

Mandane?

DIOGÈNE.

Oui. Et savez-vous combien elle a été enlevée de fois?

PLUTON.

Où veux-tu que je l'aille chercher?

DIOGÈNE.

Huit fois.

MINOS.

Voilà une beauté qui a passé par bien des mains!

DIOGÈNE.

Cela est vrai; mais tous ses ravisseurs étaient les scélérats du monde les plus vertueux. Assurément ils n'ont pas osé lui toucher.

PLUTON.

J'en doute. Mais laissons là ce fou de Diogène; il faut parler à Cyrus lui-même. Eh bien! Cyrus, il faut combattre : je vous ai envoyé chercher pour vous donner le commandement de mes troupes. Il ne répond rien! Qu'a-t-il? Vous diriez qu'il ne sait où il est.

CYRUS.

Eh! divine princesse!

PLUTON.

Quoi?

CYRUS.

Ah! injuste Mandane!

PLUTON.

Plaît-il?

CYRUS.

Tu me flattes, trop complaisant Feraulas : es-tu si peu sage que de penser que Mandane, l'illustre Mandane, puisse jamais tourner les yeux sur l'infortuné Artamène? Aimons-la toutefois.... Mais aimerons-nous une cruelle? servirons-nous une insensible? adorerons-nous une inexorable? Oui, Cyrus, il faut aimer une cruelle; oui, Artamène, il faut servir une insensible; oui, fils de Cambyse, il faut adorer l'inexorable fille de Cyaxare.

PLUTON.

Il est fou. Je crois que Diogène a dit vrai.

DIOGÈNE.

Vous voyez bien que vous ne saviez pas son histoire; mais faites approcher son écuyer Feraulas; il ne demande pas mieux que de vous la conter. Il sait par cœur tout ce qui s'est passé dans l'esprit de son maître, et a tenu un registre exact de toutes les paroles que son maître a dites en lui-même depuis

---

[1] *Artamène* ou *le grand Cyrus*, roman de mademoiselle de Scudéri. Paris, 1650, 10 vol. petit in-8°, de douze à treize cents pages chacun.

qu'il est au monde, avec un rouleau de ses lettres, qu'il a toujours dans sa poche. A la vérité vous êtes en danger de bâiller un peu ; car ses narrations ne sont pas fort courtes.

PLUTON.
Oh! j'ai bien le temps de cela!

CYRUS.
Mais, trop engageante personne...

PLUTON.
Quel langage! A-t-on jamais parlé de la sorte? Mais dites-moi, vous, trop pleurant Artamène, est-ce que vous n'avez pas envie de combattre?

CYRUS.
Eh! de grâce, généreux Pluton, souffrez que j'aille entendre l'histoire d'Aglatidas et d'Amestris qu'on me va conter. Rendons ce devoir à deux illustres malheureux. Cependant voici le fidèle Féraulas que je vous laisse, qui vous instruira positivement de l'histoire de ma vie, et de l'impossibilité de mon bonheur.

PLUTON.
Je n'en veux point être instruit, moi. Qu'on me chasse ce grand pleureux.

CYRUS.
Eh, de grâce!

PLUTON.
Si tu ne sors...

CYRUS.
En effet...

PLUTON.
Si tu ne t'en vas...

CYRUS.
En mon particulier...

PLUTON.
Si tu ne te retires... A la fin le voilà dehors. A-t-on jamais vu tant pleurer?

DIOGÈNE.
Vraiment! il n'est pas au bout, puisqu'il n'en est qu'à l'histoire d'Aglatidas et d'Amestris. Il a encore neuf gros tomes à faire ce joli métier.

PLUTON.
Eh bien! qu'il remplisse, s'il veut, cent volumes de ses folies. J'ai d'autres affaires présentement qu'à l'entendre. — Mais quelle est cette femme que je vois qui arrive?

DIOGÈNE.
Ne reconnaissez-vous pas Thomyris?

PLUTON.
Quoi! cette reine sauvage des Massagètes, qui fit plonger la tête de Cyrus dans un vaisseau de sang humain. Celle-ci ne pleurera pas, j'en réponds. Qu'est-ce qu'elle cherche?

THOMYRIS.
Que l'on cherche partout mes tablettes perdues; Mais que sans les ouvrir elles me soient rendues [1].

DIOGÈNE.
Des tablettes! je ne les ai pas, au moins. Ce n'est pas un meuble pour moi que des tablettes ; et l'on prend assez de soin de retenir mes bons mots, sans que j'aie besoin de les recueillir moi-même dans des tablettes.

PLUTON.
Je pense qu'elle ne fera que chercher. Elle a tantôt visité tous les coins et recoins de cette salle. Qu'y avait-il donc de si précieux dans vos tablettes, grande reine?

THOMYRIS.
Un madrigal, que j'ai fait ce matin pour le charmant ennemi que j'aime.

MINOS.
Hélas! qu'elle est doucereuse!

DIOGÈNE.
Je suis fâché que ces tablettes soient perdues. Je serais curieux de voir un madrigal massagète.

PLUTON.
Mais qui est donc ce charmant ennemi qu'elle aime?

DIOGÈNE.
C'est ce même Cyrus qui vient de sortir tout à l'heure.

PLUTON.
Bon! aurait-elle fait égorger l'objet de sa passion?

DIOGÈNE.
Égorger! C'est une erreur dont on a été abusé seulement durant vingt-cinq siècles ; et cela par la faute du gazetier de Scythie, qui répandit mal à propos la nouvelle de sa mort sur un faux bruit. On est détrompé depuis quatorze ou quinze ans.

PLUTON.
Vraiment, je le crois encore. Cependant, soit que le gazetier de Scythie se soit trompé ou non, qu'elle s'en aille dans les galeries chercher, si elle veut, son charmant ennemi, et qu'elle ne s'opiniâtre pas davantage à retrouver des tablettes que vraisemblablement elle a perdues par sa négligence, et que sûrement aucun de nous n'a volées. — Mais quelle est cette voix robuste que j'entends là-bas qui fredonne un air?

DIOGÈNE.
C'est ce grand borgne d'Horatius Coclès, qui chante ici proche, comme m'a dit un de vos gardes,

---

[1] Ce sont les deux premiers vers de la tragédie de *Cyrus*, faite par M. Quinault ; et c'est Thomyris qui ouvre le théâtre par ces deux vers. (BOIL.) — Voyez *Cyrus*, acte I$^{er}$, sc. V.

à un écho qu'il y a trouvé [1], une chanson qu'il a faite pour Clélie.

PLUTON.

Qu'a donc ce fou de Minos, qu'il crève de rire?

MINOS.

Et qui ne rirait? Horatius Coclès chantant à l'écho!

PLUTON.

Il est vrai que la chose est assez nouvelle. Cela est à voir. Qu'on le fasse entrer, et qu'il n'interrompe point pour cela sa chanson, que Minos vraisemblablement sera bien aise d'entendre de plus près.

MINOS.

Assurément.

HORATIUS COCLÈS, *chantant la reprise de la chanson qu'il chante dans Clélie.*

Et Phénisse même publie
Qu'il n'est rien si beau que Clélie.

DIOGÈNE.

Je pense reconnaître l'air. C'est sur le chant de Toinon la belle jardinière [2].

HORATIUS COCLÈS.

Et Phénisse même publie
Qu'il n'est rien si beau que Clélie.

PLUTON.

Quelle est donc cette Phénisse?

DIOGÈNE.

C'est une dame des plus galantes et des plus spirituelles de la ville de Capoue, mais qui a une trop grande opinion de sa beauté, et qu'Horatius Coclès raille, dans cet impromptu de sa façon, dont il a composé aussi le chant, en lui faisant avouer à elle-même que tout cède en beauté à Clélie.

MINOS.

Je n'eusse jamais cru que cet illustre Romain fût si excellent musicien et si habile faiseur d'impromptus. Cependant je vois bien par celui-ci qu'il est maître passé.

PLUTON.

Et moi, je vois bien que, pour s'amuser à de semblables petitesses, il faut qu'il ait entièrement perdu le sens. Hé! Horatius Coclès, vous qui étiez autrefois si déterminé soldat, et qui avez défendu vous seul un pont contre une armée [3], de quoi vous êtes-vous avisé de vous faire berger après votre mort, et qui est le fou ou la folle qui vous ont appris à chanter?

HORATIUS COCLÈS.

Et Phénisse même publie
Qu'il n'est rien si beau que Clélie.

[1] Voyez le tome premier de *Clélie*, p. 18.
[2] Chanson du *Savoyard*, alors à la mode. (BOIL.)
[3] TITE-LIVE, liv. II, c. x.

MINOS.

Il se ravit dans son chant.

PLUTON.

Oh! qu'il s'en aille dans mes galeries chercher, s'il veut, un nouvel écho: qu'on l'emmène.

HORATIUS COCLÈS, *s'en allant, et toujours chantant.*

Et Phénisse même publie
Qu'il n'est rien si beau que Clélie.

PLUTON.

Le fou! le fou! Ne viendra-t-il point à la fin une personne raisonnable?

DIOGÈNE.

Vous allez avoir bien de la satisfaction; car je vois entrer la plus illustre de toutes les dames romaines, cette Clélie qui passa le Tibre à la nage pour se dérober du camp de Porsenna, et dont Horatius Coclès, comme vous venez de le voir, est amoureux.

PLUTON.

J'ai cent fois admiré l'audace de cette fille dans Tite-Live [1]; mais je meurs de peur que Tite-Live n'ait encore menti: qu'en dis-tu, Diogène?

DIOGÈNE.

Écoutez ce qu'elle va vous dire.

CLÉLIE.

Est-il vrai, sage roi des enfers, qu'une troupe de mutins ait osé se soulever contre Pluton, le vertueux Pluton?

PLUTON.

Ah! à la fin nous avons trouvé une personne raisonnable! Oui, ma fille, il est vrai que les criminels dans le Tartare ont pris les armes, et que nous avons envoyé chercher les héros dans les Champs-Élysées et ailleurs, pour nous secourir.

CLÉLIE.

Mais de grâce, seigneur, les rebelles ne songent-ils point à exciter quelque trouble dans le royaume de *Tendre* [2]? Car je serais au désespoir, s'ils étaient seulement postés dans le village de *Petits-Soins*. N'ont-ils point pris *Billets-Doux* ou *Billets-Galants*?

PLUTON.

De quel pays parle-t-elle là? Je ne me souviens point de l'avoir vu dans la carte.

DIOGÈNE.

Il est vrai que Ptolémée n'en a point parlé: mais on a fait depuis peu de nouvelles découvertes. Et puis ne voyez-vous point que c'est du pays de *Galanterie* qu'elle vous parle?

PLUTON.

C'est un pays que je ne connais point.

CLÉLIE.

En effet, l'illustre Diogène raisonne tout à fait

[1] Liv. II, c. XIII.
[2] Voyez *Clélie*, part I, p. 378.

juste. Car il y a trois sortes de Tendres : *Tendre sur Estime, Tendre sur Inclination,* et *Tendre sur Reconnaissance.* Lorsqu'on veut arriver à *Tendre sur Estime*, il faut aller d'abord au village de *Petits-Soins*, etc....

PLUTON.

Je vois bien, la belle fille, que vous savez parfaitement la géographie du royaume de *Tendre;* et qu'à un homme qui vous aimera, vous lui ferez voir bien du pays dans ce royaume. Mais pour moi, qui ne le connais point, et qui ne le veux point connaître, je vous dirai franchement que je ne sais si ces trois villages et ces trois fleuves mènent à *Tendre*, mais qu'il me paraît que c'est le grand chemin des Petites-Maisons.

MINOS.

Ce ne serait pas trop mal fait, non, d'ajouter ce village-là dans la carte de *Tendre.* Je crois que ce sont ces terres inconnues dont on y veut parler.

PLUTON.

Mais vous, tendre mignonne, vous êtes donc aussi amoureuse, à ce que je vois?

CLÉLIE.

Oui, seigneur, *je vous concède* que j'ai pour Aronce une amitié qui tient de l'amour véritable : aussi faut-il avouer que cet admirable fils du roi de Clusium a en toute sa personne je ne sais quoi de si extraordinaire, et de si peu imaginable, qu'à moins que d'avoir une dureté de cœur inconcevable, on ne peut pas s'empêcher d'avoir pour lui une passion tout à fait raisonnable. Car enfin...

PLUTON.

Car enfin, car enfin... je vous dis, moi, que j'ai pour toutes les folles une aversion inexplicable, et que quand le fils du roi de Clusium aurait *un charme inimaginable*, avec votre langage *inconcevable*, vous me feriez plaisir de vous en aller, vous et votre galant, au diable. A la fin, la voilà partie! Quoi! toujours des amoureux? Personne ne s'en sauvera : et un de ces jours nous verrons Lucrèce galante.

DIOGÈNE.

Vous en allez avoir le plaisir tout à l'heure; car voici Lucrèce en personne.

PLUTON.

Ce que j'en disais n'est que pour rire. A Dieu ne plaise que j'aie une si basse pensée de la plus vertueuse personne du monde.

DIOGÈNE.

Ne vous y fiez pas! Je lui trouve l'air bien coquet. Elle a, ma foi, les yeux fripons.

PLUTON.

Je vois bien, Diogène, que tu ne connais pas Lucrèce. Je voudrais que tu l'eusses vue la première fois qu'elle entra ici toute sanglante, et tout échevelée! Elle tenait un poignard à la main; elle avait le regard farouche, et la colère était encore peinte sur son visage, malgré les pâleurs de la mort. Jamais personne n'a porté la chasteté plus loin qu'elle[1]. Mais pour t'en convaincre, il ne faut que lui demander à elle-même ce qu'elle pense de l'amour. Tu verras. Dites-nous donc, Lucrèce, mais expliquez-vous clairement, croyez-vous qu'on doive aimer?

LUCRÈCE, *tenant des tablettes à la main.*

Faut-il absolument sur cela vous rendre une réponse exacte et décisive?

PLUTON.

Oui.

LUCRÈCE.

Tenez : la voilà clairement énoncée dans ces tablettes. Lisez.

PLUTON, *lisant.*

*Toujours. l'on. si. Mais. aimait. d'éternelles. hélas*[2]. *amours. d'aimer. doux. il. point. serait. n'est. Qu'il.* Que veut dire ce galimatias?

LUCRÈCE.

Je vous assure, Pluton, que je n'ai jamais rien dit de mieux, ni de plus clair.

PLUTON.

Je vois bien que vous avez accoutumé de parler fort clairement. Peste soit de la folle! Où a-t-on jamais parlé comme cela? *Point. si. éternelles.* Et où veut-elle que j'aille chercher un OEdipe pour m'expliquer cette énigme?

DIOGÈNE.

Il ne faut pas aller fort loin. En voici un qui entre, et qui est fort propre à vous rendre cet office.

PLUTON.

Qui est-il?

DIOGÈNE.

C'est Brutus; celui qui délivra Rome de la tyrannie des Tarquins.

PLUTON.

Quoi! cet austère Romain, qui fit mourir ses enfants pour avoir conspiré contre leur patrie[3]? lui, expliquer des énigmes? Tu es bien fou, Diogène.

DIOGÈNE.

Je ne suis point fou. Mais Brutus n'est pas non plus cet austère personnage que vous vous imaginez; c'est un esprit naturellement tendre et passionné,

---

[1] TITE-LIVE, liv. I, c. LVIII.
[2] Voyez *Clélie*, part. II, p. 348.
[3] TITE-LIVE, liv. II, c. V.

qui fait de fort jolis vers, et les billets du monde les plus galants.

MINOS.

Il faudrait donc que les paroles de l'énigme fussent écrites, pour les lui montrer.

DIOGÈNE.

Que cela ne vous embarrasse point; il y a longtemps que ces paroles sont écrites sur les tablettes de Brutus. Des héros comme lui sont toujours fournis de tablettes.

PLUTON.

Eh bien, Brutus, nous donnerez-vous l'explication des paroles qui sont sur vos tablettes?

BRUTUS.

Volontiers. Regardez bien. Ne les sont-ce pas là? *Toujours. l'on. si. Mais.* etc.

PLUTON.

Ce les sont là elles-mêmes.

BRUTUS.

Continuez donc de lire. Les paroles suivantes non-seulement vous feront voir que j'ai d'abord conçu la finesse des paroles embrouillées de Lucrèce, mais elles contiennent la réponse précise que j'y ai faite. *Moi. nos. verrez. vous. de. permettez. d'éternelles. jours. qu'on. merveille. peut. amours. d'aimer. voir.*

PLUTON.

Je ne sais pas si ces paroles se répondent juste les unes aux autres; mais je sais bien que ni les unes ni les autres ne s'entendent, et que je ne suis pas d'humeur à faire le moindre effort d'esprit pour les concevoir.

DIOGÈNE.

Je vois bien que c'est à moi de vous expliquer tout ce mystère. Le mystère est que ce sont des paroles transposées; Lucrèce, qui est amoureuse et aimée de Brutus, lui dit, en mots transposés :

Qu'il serait doux d'aimer, si l'on aimait toujours!
Mais, hélas! il n'est point d'éternelles amours;

et Brutus, pour la rassurer, lui dit, en d'autres termes transposés :

Permettez-moi d'aimer, merveille de nos jours :
Vous verrez qu'on peut voir d'éternelles amours.

PLUTON.

Voilà une grosse finesse! Il s'ensuit de là que ce qui se peut dire de beau est dans les dictionnaires : il n'y a que les paroles qui sont transposées! Mais est-il possible que des personnes du mérite de Brutus et de Lucrèce en soient venues à cet excès d'extravagance, de composer de semblables bagatelles?

DIOGÈNE.

C'est pourtant par ces bagatelles qu'ils ont fait connaître l'un et l'autre qu'ils avaient infiniment d'esprit.

PLUTON.

Et c'est par ces bagatelles, moi, que je connais qu'ils ont infiniment de folie. Qu'on les chasse. Pour moi, je ne sais tantôt plus où j'en suis. Lucrèce amoureuse! Lucrèce coquette! et Brutus son galant! Je ne désespère pas un des ces jours de voir Diogène lui-même galant.

DIOGÈNE.

Pourquoi non? Pythagore l'était bien.

PLUTON.

Pythagore était galant?

DIOGÈNE.

Oui, et ce fut de Théano sa fille, formée par lui à la galanterie, ainsi que le raconte le généreux Herminius dans l'histoire de la vie de Brutus; ce fut, dis-je, de Théano que cet illustre Romain apprit ce beau symbole, qu'on a oublié d'ajouter aux autres symboles de Pythagore : *Que c'est à pousser les beaux sentiments pour une maîtresse, et à faire l'amour, que se perfectionne le grand philosophe.*

PLUTON.

J'entends : ce fut de Théano qu'il sut que c'est la folie qui fait la perfection de la sagesse! O l'admirable précepte! Mais laissons là Théano. Quelle est cette précieuse renforcée que je vois qui vient à nous?

DIOGÈNE.

C'est Sapho[1], cette fameuse Lesbienne, qui a inventé les vers saphiques.

PLUTON.

On me l'avait dépeinte si belle! Je la trouve bien laide.

DIOGÈNE.

Il est vrai qu'elle n'a pas le teint fort uni, ni les traits du monde les plus réguliers; mais prenez garde qu'il y a une grande opposition du blanc et du noir de ses yeux, comme elle le dit elle-même dans l'histoire de sa vie.

PLUTON.

Elle se donne là un bizarre agrément, et Cerbère, selon elle, doit donc passer pour beau, puisqu'il a dans les yeux la même opposition.

DIOGÈNE.

Je crois qu'elle vient à vous. Elle a sûrement quelque question à vous faire.

SAPHO.

Je vous supplie, sage Pluton, de m'expliquer fort au long ce que vous pensez de l'amitié, et si vous

---

[1] Mademoiselle de Scudéri paraît ici sous le nom de *Sapho*, qui lui avait été donné par les poëtes de son temps.

croyez qu'elle soit capable de tendresse aussi bien que l'amour. Car ce fut le sujet d'une généreuse conversation que nous eûmes l'autre jour avec le sage Démocède et l'agréable Phaon. De grâce, oubliez donc pour quelque temps le soin de votre personne et de votre État; et, au lieu de cela, songez à me bien définir ce que c'est que cœur tendre, tendresse d'amitié, tendresse d'amour, tendresse d'inclination, et tendresse de passion.

MINOS.

Oh! celle-ci est la plus folle de toutes : elle a la mine d'avoir gâté toutes les autres.

PLUTON.

Mais regardez cette impertinente! C'est bien le temps de résoudre des questions d'amour, que le jour d'une révolte!

DIOGÈNE.

Vous avez pourtant autorité pour le faire ; et tous les jours, les héros que vous venez de voir, sur le point de donner une bataille où il s'agit du tout pour eux, au lieu d'employer le temps à encourager les soldats, et à ranger leurs armées, s'occupent à entendre l'histoire de Timarète ou de Bérélise, dont la plus haute aventure est quelquefois un billet perdu, ou un bracelet égaré.

PLUTON.

Ho bien! s'ils sont fous, je ne veux pas leur ressembler, et principalement à cette *précieuse ridicule*.

SAPHO.

Eh! de grâce, seigneur, défaites-vous de cet air grossier et provincial de l'enfer, et songez à prendre l'air de la belle galanterie de Carthage et de Capoue. A vous dire le vrai, pour décider un point aussi important que celui que je vous propose, je souhaiterais fort que toutes nos généreuses amies et nos illustres amis fussent ici ; mais en leur absence le sage Minos représentera le discret Phaon, et l'enjoué Diogène le galant Ésope.

PLUTON.

Attends, attends, je m'en vais te faire venir ici une personne avec qui lier conversation. Qu'on m'appelle Tisiphone.

SAPHO.

Qui? Tisiphone? Je la connais, et vous ne serez peut-être pas fâché que je vous en fasse voir le portrait que j'ai déjà composé par précaution, dans le dessein où je suis de l'insérer dans quelqu'une des histoires que nous autres faiseurs et faiseuses de romans sommes obligés de raconter à chaque livre de notre roman.

PLUTON.

Le portrait d'une furie! voilà un étrange projet.

DIOGÈNE.

Il n'est pas si étrange que vous pensez. En effet, cette même Sapho que vous voyez a peint dans ses ouvrages beaucoup de ses généreuses amies, qui ne surpassent guère en beauté Tisiphone, et qui néanmoins, à la faveur des mots galants, et des façons de parler élégantes et précieuses qu'elle jette dans leurs peintures, ne laissent pas de passer pour de dignes héroïnes de roman.

MINOS.

Je ne sais si c'est curiosité ou folie, mais je vous avoue que je meurs d'envie de voir un si bizarre portrait.

PLUTON.

Eh bien donc! qu'elle vous le montre, j'y consens. Il faut bien vous contenter. Nous allons voir comment elle s'y prendra pour rendre la plus effroyable des Euménides agréable et gracieuse.

DIOGÈNE.

Ce n'est pas une affaire pour elle, et elle a déjà fait un pareil chef-d'œuvre, en peignant la vertueuse Arricidie. Écoutons donc : car je la vois qui tire le portrait de sa poche.

SAPHO, *lisant*.

[1] L'illustre fille dont j'ai à vous entretenir a en toute sa personne je ne sais quoi de si *furieusement extraordinaire*, et de si *terriblement merveilleux*, que je ne suis pas *médiocrement embarrassée*, quand je songe à vous en tracer le portrait.

MINOS.

Voilà les adverbes *furieusement* et *terriblement* qui sont, à mon avis, bien placés, et tout à fait en leur lieu!

SAPHO, *continue de lire*.

Tisiphone a naturellement la taille fort haute, et passant beaucoup la mesure des personnes de son sexe; mais pourtant si dégagée, si libre, et si bien proportionnée en toutes ses parties, que son énormité même lui sied admirablement bien. Elle a les yeux petits, mais pleins de feu ; vifs, perçants, et bordés d'un certain vermillon qui en relève prodigieusement l'éclat. Ses cheveux sont naturellement bouclés et annelés ; et l'on peut dire que ce sont autant de serpents qui s'entortillent les uns dans les autres et se jouent nonchalamment autour de son visage. Son teint n'a point cette couleur fade et blanchâtre des femmes de Scythie ; mais il tient beaucoup de ce brun mâle et noble que donne le soleil aux Africaines, qu'il favorise le plus près de ses regards. Son sein est composé de deux demiglobes, brûlés par le bout, comme ceux des Ama-

[1] Portrait de mademoiselle de Scudéri elle-même.

zones, et qui, s'éloignant le plus qu'ils peuvent de sa gorge, se vont négligemment et languissamment perdre sous ses deux bras. Tout le reste de son corps est presque composé de la même sorte. Sa démarche est extrêmement noble et fière. Quand il faut se hâter, elle vole plutôt qu'elle ne marche; et je doute qu'Atalante la pût devancer à la course. Au reste, cette vertueuse fille est naturellement ennemie du vice, surtout des grands crimes, qu'elle poursuit partout, un flambeau à la main, et qu'elle ne laisse jamais en repos; secondée en cela par ses deux illustres sœurs, Alecto et Mégère, qui n'en sont pas moins ennemies qu'elle : et l'on peut dire de toutes ces trois sœurs que c'est une *morale vivante*.

DIOGÈNE.

Eh bien! n'est-ce pas là un portrait merveilleux?

PLUTON.

Sans doute; et la laideur y est peinte dans toute sa perfection, pour ne pas dire dans toute sa beauté. Mais c'est assez écouter cette extravagante. Continuons la revue de nos héros; et, sans nous plus donner la peine, comme nous avons fait jusqu'ici, de les interroger l'un après l'autre, puisque les voilà tous reconnus véritablement insensés, contentons-nous de les voir passer devant cette balustrade, et de les conduire exactement de l'œil dans mes galeries, afin que je sois sûr qu'ils y sont. Car je défends d'en laisser sortir aucun, que je n'aie précisément déterminé ce que je veux qu'on en fasse. Qu'on les laisse donc entrer; et qu'ils viennent maintenant tous en foule. En voilà bien, Diogène! Tous ces héros sont-ils connus dans l'histoire?

DIOGÈNE.

Non; il y en a beaucoup de chimériques, mêlés parmi eux.

PLUTON.

Des héros chimériques! et sont-ce des héros?

DIOGÈNE.

Comment! si ce sont des héros! ce sont eux qui ont toujours le haut bout dans les livres, et qui battent infailliblement les autres.

PLUTON.

Nomme-m'en par plaisir quelques-uns.

DIOGÈNE.

Volontiers. Orondate, Spitridate, Alcamène, Mélinte, Britomare, Mérindor, Artaxandre[1], etc.

PLUTON.

Et tous ces héros-là ont-ils fait vœu, comme les autres, de ne jamais s'entretenir que d'amour?

[1] Personnages des romans de la Calprenède et de mademoiselle de Scudéri.

DIOGÈNE.

Cela serait beau qu'ils ne l'eussent pas fait! Et de quel droit se diraient-ils héros, s'ils n'étaient point amoureux? N'est-ce pas l'amour qui fait aujourd'hui la vertu héroïque?

PLUTON.

Quel est ce grand innocent, qui va des derniers, et qui a la mollesse peinte sur le visage? Comment t'appelles-tu?

ASTRATE.

Je m'appelle Astrate[1].

PLUTON.

Que viens-tu chercher ici?

ASTRATE.

Je veux voir la reine.

PLUTON.

Mais admirez cet impertinent! Ne diriez-vous pas que j'ai une reine que je garde ici dans une boîte, et que je montre à tous ceux qui la veulent voir? Qu'es-tu, toi? As-tu jamais été?

ASTRATE.

Oui-dà, j'ai été; et il y a un historien latin qui dit de moi en propres termes : *Astratus vixit;* Astrate a vécu.

PLUTON.

Est-ce là tout ce qu'on trouve de toi dans l'histoire?

ASTRATE.

Oui, et c'est sur ce bel argument qu'on a composé une tragédie intitulée du nom d'*Astrate*, où les passions tragiques sont maniées si adroitement, que les spectateurs y rient à gorge déployée depuis le commencement jusqu'à la fin, tandis que moi j'y pleure toujours, ne pouvant obtenir que l'on m'y montre une reine dont je suis passionnément épris.

PLUTON.

Ho bien! va-t'en dans ces galeries voir si cette reine y est. — Mais quel est ce grand mal bâti de Romain, qui vient après ce chaud amoureux? Peut-on savoir son nom?

OSTORIUS.

Mon nom est Ostorius.

PLUTON.

Je ne me souviens point d'avoir jamais nulle part lu ce nom-là dans l'histoire.

OSTORIUS.

Il y est pourtant : l'abbé de Pure assure qu'il l'y a lu.

PLUTON.

Voilà un merveilleux garant! Mais, dis-moi, ap-

[1] On jouait à l'hôtel de Bourgogne, dans le temps que je fis ce dialogue, l'*Astrate* de Quinault, et l'*Ostorius* de l'abbé de Pure. (BOIL.)

puyé de l'abbé de Pure, comme tu es, as-tu fait quelque figure dans le monde?. T'y a-t-on jamais vu?

OSTORIUS.

Oui-dà; et à la faveur d'une pièce de théâtre que cet abbé a faite de moi, on m'a vu à l'hôtel de Bourgogne<sup>1</sup>.

PLUTON.

Combien de fois?

OSTORIUS.

Eh! une fois.

PLUTON.

Retourne-t'y-en.

OSTORIUS.

Les comédiens ne veulent plus de moi.

PLUTON.

Crois-tu que je m'accommode mieux de toi qu'eux? Allons, déloge d'ici au plus vite, et va te confiner dans mes galeries. Voici encore une héroïne, qui ne se hâte pas trop, ce me semble, de s'en aller : mais je lui pardonne ; car elle me paraît si lourde de sa personne, et si pesamment armée, que je vois bien que c'est la difficulté de marcher, plutôt que la répugnance à m'obéir, qui l'empêche d'aller plus vite. Qui est-elle?

DIOGÈNE.

Pouvez-vous ne pas reconnaître la Pucelle d'Orléans?

PLUTON.

C'est donc là cette vaillante fille qui délivra la France du joug des Anglais?

DIOGÈNE.

C'est elle-même.

PLUTON.

Je lui trouve la physionomie bien plate, et bien peu digne de tout ce qu'on dit d'elle.

DIOGÈNE.

Elle tousse, et s'approche de la balustrade. Écoutons. C'est assurément une harangue qu'elle vous vient faire, et une harangue en vers. Car elle ne parle plus qu'en vers.

PLUTON.

A-t-elle du talent pour la poésie?

DIOGÈNE.

Vous l'allez voir.

LA PUCELLE.

O grand prince, que grand dès cette heure j'appelle,
Il est vrai, le respect sert de bride à mon zèle :
Mais ton illustre aspect me redouble le cœur;
Et, me le redoublant, me redouble la peur.
A ton illustre aspect mon cœur se sollicite,
Et, grimpant contre mont, la dure terre quitte.
Oh! que n'ai-je le ton désormais assez fort
Pour aspirer à toi sans te faire de tort!

<sup>1</sup> Théâtre où l'on jouait autrefois. (BOIL.)

Pour toi puissé-je avoir une mortelle pointe,
Vers où l'épaule gauche à la gorge est conjointe;
Que le coup brisât l'os, et fit pleuvoir le sang
De la tempe, du dos, de l'épaule et du flanc <sup>1</sup>!

PLUTON.

Quelle langue vient-elle de parler?

DIOGÈNE.

Belle demande! française.

PLUTON.

Quoi! c'est du français qu'elle a dit! Je croyais que ce fût du bas-breton, ou de l'allemand. Qui lui a appris cet étrange français-là?

DIOGÈNE.

C'est un poëte <sup>2</sup>, chez qui elle a été en pension quarante ans durant.

PLUTON.

Voilà un poëte qui l'a bien mal élevée.

DIOGÈNE.

Ce n'est pas manque d'avoir été bien payé, et d'avoir exactement touché ses pensions.

PLUTON.

Voilà de l'argent bien mal employé. Hé, Pucelle d'Orléans, pourquoi vous êtes-vous chargé la mémoire de ses grands vilains mots, vous qui ne songiez autrefois qu'à délivrer votre patrie, et qui n'aviez d'objet que la gloire?

LA PUCELLE.

La gloire?

Un seul endroit y mène; et de ce seul endroit
Droite et roide <sup>3</sup>...

PLUTON.

Ah! elle m'écorche les oreilles.

LA PUCELLE.

Droite et roide est la côte et le sentier étroit.

PLUTON.

Quels vers, juste ciel! je n'en puis pas entendre prononcer un, que ma tête ne soit prête à se fendre.

LA PUCELLE.

De flèches toutefois aucune ne l'atteint,
Ou, pourtant l'atteignant, de son sang ne se teint.

PLUTON.

Encore! J'avoue que de toutes les héroïnes qui ont paru en ce lieu, celle-ci me paraît de beaucoup la plus insupportable. Vraiment, elle ne prêche pas la tendresse! Tout en elle n'est que dureté et que sécheresse; et elle me paraît plus propre à glacer l'âme qu'à inspirer l'amour.

DIOGÈNE.

Elle en a pourtant inspiré au vaillant Dunois.

<sup>1</sup> Vers extraits de *la Pucelle*. (BOIL.)
<sup>2</sup> Chapelain.
<sup>3</sup> *La Pucelle*, liv. V.

PLUTON.

Elle, inspirer de l'amour au cœur de Dunois!

DIOGÈNE.

Oui, assurément.

Au grand cœur de Dunois, le plus grand de la terre,
Grand cœur, qui dans lui seul deux grands amours enserre.

Mais il faut savoir quel amour. Dunois s'en explique ainsi lui-même, en un endroit du poëme fait pour cette merveilleuse fille :

Pour ces célestes yeux, pour ce front magnanime,
Je n'ai que du respect, je n'ai que de l'estime :
Je n'en souhaite rien ; et si j'en suis amant,
D'un amour sans désir je l'aime seulement.
Et soit. Consumons-nous d'une flamme si belle :
Brûlons en holocauste aux yeux de la Pucelle [1].

Ne voilà-t-il pas une passion bien exprimée, et le mot d'*holocauste* n'est-il pas tout à fait bien placé dans la bouche d'un guerrier comme Dunois?

PLUTON.

Sans doute; et cette vertueuse guerrière peut innocemment, avec de tels vers, aller tout de ce pas, si elle veut, inspirer un pareil amour à tous les héros qui sont dans ces galeries. Je ne crains pas que cela leur amollisse l'âme. Mais du reste, qu'elle s'en aille; car je tremble qu'elle ne me veuille encore réciter quelques-uns de ses vers, et je ne suis pas résolu de les entendre. La voilà enfin partie! Je ne vois plus ici aucun héros, ce me semble? — Mais non : je me trompe. En voici encore un qui demeure immobile derrière cette porte. Vraisemblablement il n'a pas entendu que je voulais que tout le monde sortît. Le connais-tu, Diogène?

DIOGÈNE.

C'est Pharamond, le premier roi des Français [2].

PLUTON.

Que dit-il? Il parle en lui-même.

PHARAMOND.

Vous le savez bien, divine Rosemonde, que pour vous aimer je n'attendis pas que j'eusse le bonheur de vous connaître; et que c'est sur le seul récit de vos charmes, fait par un de mes rivaux, que je devins si ardemment épris de vous.

PLUTON.

Il semble que celui-ci soit devenu amoureux avant que de voir sa maîtresse.

DIOGÈNE.

Assurément; il ne l'avait point vue.

PLUTON.

Quoi! il est devenu amoureux d'elle sur son portrait?

[1] *La Pucelle*, liv. II.
[2] *Faramond*, ou *l'Histoire de France*, roman de la Calprenède, 7 vol. in-8°, continué et achevé en 5 vol., par Pierre Dortigue de Faumorière.

DIOGÈNE.

Il n'avait pas même vu son portrait.

PLUTON.

Si ce n'est là une vraie folie, je ne sais pas ce qui peut l'être. Mais dites-moi, vous, amoureux Pharamond, n'êtes-vous pas content d'avoir fondé le plus florissant royaume de l'Europe, et de pouvoir compter au rang de vos successeurs le roi qui y règne aujourd'hui? Pourquoi vous êtes-vous allé mal à propos embarrasser l'esprit de la princesse Rosemonde!

PHARAMOMD.

Il est vrai, seigneur. Mais l'amour...

PLUTON.

Ho! l'amour! l'amour! Va exagérer, si tu veux, les injustices de l'amour dans mes galeries. Mais pour moi, le premier qui m'en viendra encore parler, je lui donnerai de mon sceptre tout au travers du visage. En voilà un qui entre. Il faut que je lui casse la tête.

MINOS.

Prenez garde à ce que vous allez faire? Ne voyez-vous pas que c'est Mercure?

PLUTON.

Ah, Mercure! je vous demande pardon. Mais ne venez-vous point aussi me parler d'amour?

MERCURE.

Vous savez bien que je n'ai jamais fait l'amour pour moi-même. La vérité est que je l'ai fait quelquefois pour mon père Jupiter, et qu'en sa faveur autrefois j'endormis si bien le bon Argus, qu'il ne s'est jamais réveillé. Mais je viens vous apporter une bonne nouvelle : c'est qu'à peine l'artillerie que je vous amène a paru, que vos ennemis se sont rangés dans le devoir. Vous n'avez jamais été roi plus paisible de l'enfer que vous l'êtes.

PLUTON.

Divin messager de Jupiter, vous m'avez rendu la vie. Mais, au nom de notre proche parenté, dites-moi, vous qui êtes le dieu de l'éloquence, comment vous avez souffert qu'il se soit glissé dans l'un et dans l'autre monde une si impertinente manière de parler, que celle qui règne aujourd'hui, surtout en ces livres qu'on appelle romans, et comment vous avez permis que les plus grands héros de l'antiquité parlassent ce langage?

MERCURE.

Hélas! Apollon et moi, nous sommes des dieux qu'on n'invoque presque plus, et la plupart des écrivains d'aujourd'hui ne connaissent pour leur véritable patron qu'un certain *Phébus*, qui est bien le plus impertinent personnage qu'on puisse voir. Du reste, je viens vous avertir qu'on vous a joué une pièce.

PLUTON.
Une pièce à moi! Comment?
MERCURE.
Vous croyez que les vrais héros sont venus ici?
PLUTON.
Assurément je le crois, et j'en ai de bonnes preuves, puisque je les tiens encore ici tous renfermés dans les galeries de mon palais.
MERCURE.
Vous sortirez d'erreur, quand je vous dirai que c'est une troupe de faquins, ou plutôt de fantômes chimériques, qui, n'étant que de fades copies de beaucoup de personnages modernes, ont eu pourtant l'audace de prendre le nom des plus grands héros de l'antiquité; mais dont la vie a été fort courte, et qui errent maintenant sur les bords du Cocyte et du Styx. Je m'étonne que vous y ayez été trompé. Ne voyez-vous pas que ces gens-là n'ont nul caractère du héros? Tout ce qui les soutient aux yeux des hommes, c'est un certain oripeau et un faux clinquant de paroles, dont les ont habillés ceux qui ont écrit leur vie, et qu'il n'y a qu'à leur ôter pour les faire paraître tels qu'ils sont. J'ai même amené des Champs-Élysées, en venant ici, un Français pour les reconnaître quand ils seront dépouillés. Car je me persuade que vous consentirez sans peine qu'ils le soient.
PLUTON.
J'y consens si bien, que je veux que sur-le-champ la chose soit ici exécutée. Et pour ne point perdre de temps, gardes, qu'on les fasse de ce pas sortir tous de mes galeries par les portes dérobées, et qu'on les amène tous dans la grande place. Pour nous, allons nous mettre sur le balcon de cette fenêtre basse, d'où nous pourrons les contempler, et leur parler tout à notre aise. Qu'on y porte nos siéges. Mercure, mettez-vous à ma droite; et vous, Minos, à ma gauche: et que Diogène se tienne derrière nous.
MINOS.
Les voilà qui arrivent en foule.
PLUTON.
Y sont-ils tous?
UN GARDE.
On n'en a laissé aucun dans les galeries.
PLUTON.
Accourez donc, vous tous, fidèles exécuteurs de mes volontés, spectres, larves, démons, furies, milices infernales que j'ai fait assembler! Qu'on m'entoure tous ces prétendus héros, et qu'on me les dépouille.
CYRUS.
Quoi! vous ferez dépouiller un conquérant comme moi?

PLUTON.
Hé! de grâce, généreux Cyrus, il faut que vous passiez le pas.
HORATIUS COCLÈS.
Quoi! un Romain comme moi, qui a défendu lui seul un pont contre toutes les forces de Porsenna, vous ne le considérerez pas plus qu'un coupeur de bourses?
PLUTON.
Je m'en vais te faire chanter.
ASTRATE.
Quoi! un galant aussi tendre et aussi passionné que moi, vous le ferez maltraiter?
PLUTON.
Je m'en vais te faire voir la reine. Ah! les voilà dépouillés.
MERCURE.
Où est le Français que j'ai amené?
LE FRANÇAIS.
Me voilà, seigneur. Que souhaitez-vous?
MERCURE.
Tiens, regarde bien tous ces gens-là: les connais-tu?
LE FRANÇAIS.
Si je les connais! Hé! ce sont tous des bourgeois de mon quartier. Bonjour, madame Lucrèce; bonjour, monsieur Brutus; bonjour, mademoiselle Clélie; bonjour, monsieur Horatius Coclès.
PLUTON.
Tu vas voir accommoder tes bourgeois de toutes pièces. Allons, qu'on ne les épargne point, et qu'après qu'ils auront été abondamment fustigés, on me les conduise tous sans différer droit aux bords du fleuve de Léthé[1]. Puis, lorsqu'ils y seront arrivés, qu'on me les jette tous, la tête la première, dans l'endroit du fleuve le plus profond, eux, leurs billets doux, leurs lettres galantes, leurs vers passionnés, avec dire, les monceaux de ridicule papier où sont écrites leurs histoires. Marchez donc, faquins, autrefois si grands héros! Vous voilà arrivés à votre fin, ou, pour mieux dire, au dernier acte de la comédie que vous avez jouée si peu de temps.
CHŒUR DE HÉROS, *s'en allant chargé d'escourgées.*
Ah! la Calprenède! Ah! Scudéri!
PLUTON.
Hé! que ne les tiens-je! que ne les tiens-je! Ce n'est pas tout, Minos: il faut que vous vous en alliez tout de ce pas donner ordre que la même jus-

---

[1] Fleuve de l'oubli. (BOIL.)

tice se fasse sur tous leurs pareils dans les autres provinces de mon royaume.

MINOS.

Je me charge avec plaisir de cette commission.

MERCURE.

Mais voici les véritables héros qui arrivent, et qui demandent à vous entretenir : ne voulez-vous pas qu'on les introduise?

PLUTON.

Je serais ravi de les voir ; mais je suis si fatigué des sottises que m'ont dites tous ces impertinents usurpateurs de leurs noms, que vous trouverez bon qu'avant tout j'aille faire un somme.

# FRAGMENT
## D'UN AUTRE DIALOGUE [1].

APOLLON, HORACE, DES MUSES, DES POETES.

HORACE.

Tout le monde est surpris, grand Apollon, des abus que vous laissez régner sur le Parnasse.

APOLLON.

Et depuis quand, Horace, vous avisez-vous de parler français !

HORACE.

Les Français se mêlent bien de parler latin. Ils estropient quelques-uns de mes vers : ils en font de même à mon ami Virgile; et quand ils ont accroché, je ne sais comment, *disjecti membra poetæ*, ainsi que je parlais autrefois, ils veulent figurer avec nous.

APOLLON.

Je ne comprends rien à vos plaintes : de qui donc me parlez-vous?

HORACE.

Leurs noms me sont inconnus : c'est aux muses de nous les apprendre.

[1] M. Despréaux, dans la préface de son édition de 1684, après avoir parlé de ce qu'il y avait ajouté, dit : « J'avais « dessein d'y joindre aussi quelques dialogues en prose que « j'ai composés. » Il n'a donné dans la suite que le dialogue sur les romans. (C'est celui qu'on vient de lire.) Il en avait composé un autre, pour montrer qu'on ne saurait bien parler, ou du moins s'assurer qu'on parle bien une langue morte. Mais il ne l'a jamais voulu publier, de peur d'offenser plusieurs de nos poëtes latins, qui étaient ses amis et ses traducteurs. Il ne l'a pas même confié au papier. Cependant il m'en récita un jour ce que sa mémoire lui put fournir, et j'allai sur-le-champ écrire ce que j'en avais retenu. Quoique je n'aie conservé ni les grâces de sa diction, ni toute la suite de ses pensées, peut-être ne sera-t-on pas fâché de voir mon extrait, pour juger du tour qu'il avait imaginé. (BROSS.)

APOLLON.

Calliope, dites-moi, qui sont ces gens-là? C'est une chose étrange, que vous les inspiriez, et que je n'en sache rien.

CALLIOPE.

Je vous jure que je n'en ai aucune connaissance. Ma sœur Érato sera peut-être mieux instruite que moi.

ÉRATO.

Toutes les nouvelles que j'en ai, c'est par un pauvre libraire, qui faisait dernièrement retentir notre vallon de cris affreux. Il s'était ruiné à imprimer quelques ouvrages de ces plagiaires, et il venait se plaindre ici de vous et de nous, comme si nous devions répondre de leurs actions, sous prétexte qu'ils se tiennent au pied du Parnasse.

APOLLON.

Le bon homme croit-il que nous sachions ce qui se passe hors de notre enceinte? Mais nous voilà bien embarrassés pour savoir leurs noms. Puisqu'ils ne sont pas loin de nous, faisons-les monter pour un moment. Horace, allez leur ouvrir une des portes.

CALLIOPE.

Si je ne me trompe, leur figure sera réjouissante, ils nous donneront la comédie.

HORACE.

Quelle troupe ! Nous allons être accablés, s'ils entrent tous. Messieurs, doucement : les uns après les autres.

UN POETE, *s'adressant à Apollon.*
*Da, Thymbræ, loqui...*

AUTRE POETE, *à Calliope.*
*Dic mihi, musa, virum...*

TROISIÈME POETE, *à Érato.*
*Nunc age, qui reges, Erato...*

APOLLON.

Laissez vos compliments, et dites-nous d'abord vos noms.

UN POETE.

Menagius.

AUTRE POETE.

Pererius.

TROISIÈME POETE.

Santolius.

APOLLON.

Et ce vieux bouquin que je vois parmi vous, comment s'appelle-t-il?

TEXTOR.

Je me nomme Ravisius Textor [1]. Quoique je sois en la compagnie de ces messieurs, je n'ai pas l'hon-

[1] Jean Tessier, seigneur de Ravisi dans le Nivernois, et professeur de l'université de Paris, a fait un livre intitulé : *Delectus Epithetorum.*

neur d'être poëte ; mais ils veulent m'avoir avec eux, pour leur fournir des épithètes au besoin.

UN POETE.

Latonæ proles divina, Jovisque... Jovisque..
Jovisque... *Heus-tu, Textor !* Jovisque....

TEXTOR.

*Magni...*

LE POETE.

*Non.*

TEXTOR.

*Omnipotentis.*

LE POETE.

*Non, non.*

TEXTOR.

*Bicornis.*

LE POETE.

Bicornis ! *optime.* — Jovisque bicornis.
Latonæ proles divina, Jovisque bicornis.

APOLLON.

Vous avez donc perdu l'esprit ? Vous donnez des cornes à mon père.

LE POETE.

C'est pour finir le vers. J'ai pris la première épithète que Textor m'a donnée.

APOLLON.

Pour finir le vers, fallait-il dire une énorme sottise ? Mais vous, Horace, faites aussi des vers français.

HORACE.

C'est-à-dire qu'il faut que je vous donne aussi une scène à mes dépens, et aux dépens du sens commun ?

APOLLON.

Ce ne sera qu'aux dépens de ces étrangers. Rimez toujours.

HORACE.

Sur quel sujet ? Qu'importe ? Rimons, puisque Apollon l'ordonne. Le sujet viendra après.

Sur la rive du fleuve amassant de l'arène....

UN POÈTE.

Halte-là ; on ne dit point en notre langue sur *la rive* du fleuve, mais sur *le bord* de la rivière ; amasser *de l'arène*, ne se dit pas non plus ; il faut dire, *du sable.*

HORACE.

Vous êtes plaisant ! Est-ce que *rive* et *bord* ne sont pas des mots synonymes, aussi bien que *fleuve* et *rivière ?* Comme si je ne savais pas que dans votre cité de Paris la Seine passe sous le Pont-Nouveau ! Je sais tout cela sur l'extrémité du doigt.

UN POETE.

Quelle pitié ! Je ne conteste pas que toutes vos expressions ne soient françaises ; mais je dis que vous les employez mal. Par exemple, quoique le mot de *cité* soit bon en soi, il ne vaut rien où vous le placez : on dit *la ville de Paris ;* de même on dit *le Pont-Neuf,* et non pas le *Pont-Nouveau ;* savoir une chose *sur le bout du doigt,* et non pas *sur l'extrémité du doigt.*

HORACE.

Puisque je parle si mal votre langue, croyez-vous, messieurs les faiseurs de vers latins, que vous soyez plus habiles dans la nôtre ? Pour vous dire nettement ma pensée, Apollon devrait vous défendre aujourd'hui pour jamais de toucher plume ni papier.

APOLLON.

Comme ils ont fait des vers sans ma permission, ils en feraient encore malgré ma défense. Mais, puisque dans les grands abus il faut des remèdes violents, punissons-les de la manière la plus terrible. Je crois l'avoir trouvée : c'est qu'ils soient obligés désormais à lire exactement les vers les uns des autres. Horace, faites-leur savoir ma volonté.

HORACE.

De la part d'Apollon, il est ordonné, etc.

SANTEUL.

Que je lise le galimatias de du Perrier ? Moi ! je n'en ferai rien : c'est à lui de lire mes vers.

DU PERRIER.

Je veux que Santeul[1] commence par me reconnaître pour son maître ; et après cela je verrai si je puis me résoudre à lire quelque chose de son Phébus.

Ces poètes continuent à se quereller. Ils s'accablent réciproquement d'injures ; et Apollon les fait chasser honteusement du Parnasse.

[1] On écrivait alors indifféremment *Santeul* et *Santeuil.*

FIN DES PIÈCES DIVERSES.

# TRAITÉ DU SUBLIME,

OU

## DU MERVEILLEUX DANS LE DISCOURS,

TRADUIT DU GREC DE LONGIN.

## PRÉFACE.

Ce petit traité, dont je donne la traduction au public [1], est une pièce échappée du naufrage de plusieurs autres livres que Longin avait composés. Encore n'est-elle pas venue à nous tout entière : car, bien que le volume ne soit pas fort gros, il y a plusieurs endroits défectueux ; et nous avons perdu le Traité des Passions, dont l'auteur avait fait un livre à part, qui était comme une suite naturelle de celui-ci. Néanmoins, tout défiguré qu'il est, il nous en reste encore assez pour nous faire concevoir une fort grande idée de son auteur, et pour nous donner un véritable regret de la perte de ses autres ouvrages. Le nombre n'en était pas médiocre. Suidas en compte jusqu'à neuf, dont il ne nous reste plus que des titres assez confus. C'étaient tous ouvrages de critique. Et certainement on ne saurait assez plaindre la perte de ces excellents originaux, qui, à en juger par celui-ci, doivent être autant de chefs-d'œuvre de bon sens, d'érudition, et d'éloquence. Je dis d'éloquence, parce que Longin ne s'est pas contenté, comme Aristote et Hermogène [2], de nous donner des préceptes tout secs et dépouillés d'ornements. Il n'a pas voulu tomber dans le défaut qu'il reproche à Cécilius, qui avait, dit-il, écrit du sublime en style bas. En traitant des beautés de l'élocution, il a employé toutes les finesses de l'élocution. Souvent il fait la figure qu'il enseigne, et, en parlant du sublime, il est lui-même très-sublime. Cependant il fait cela si à propos et avec tant d'art, qu'on ne saurait l'accuser en pas un endroit de sortir du style didactique. C'est ce qui a donné à son livre cette haute réputation qu'il s'est acquise parmi les savants, qui l'ont tous

[1] L'auteur la donna en 1674, dans sa trente-huitième année.
[2] Rhéteur célèbre, de Tarse en Cilicie. Il prononçait, dès l'âge de quinze ans, des discours improvisés avec une si étonnante facilité, que l'empereur Marc-Aurèle voulut aller l'entendre. A seize ans, il publia son excellent ouvrage sur la rhétorique ; mais, à vingt-cinq, il perdit tout à coup la mémoire, et tomba dans un état de stupidité où il végéta jusqu'à un âge fort avancé, n'étant plus que l'ombre de lui-même. (Voyez Belin de Ballu, *Hist. crit. de l'Éloq.* t. II, p. 219.)

regardé comme un des plus précieux restes de l'antiquité sur les matières de rhétorique. Casaubon l'appelle un livre d'or, voulant marquer par là le poids de ce petit ouvrage, qui, malgré sa petitesse, peut être mis en balance avec les plus gros volumes.

Ainsi jamais homme, de son temps même, n'a été plus estimé que Longin. Le philosophe Porphyre, qui avait été son disciple, parle de lui comme d'un prodige. Si on l'en croit, son jugement était la règle du bon sens ; ses décisions en matière d'ouvrages passaient pour des arrêts souverains, et rien n'était bon ou mauvais qu'autant que Longin l'avait approuvé ou blâmé. Eunapius, dans la Vie des Sophistes, passe encore plus avant. Pour exprimer l'estime qu'il fait de Longin, il se laisse emporter à des hyperboles extravagantes, et ne saurait se résoudre à parler en style raisonnable d'un mérite aussi extraordinaire que celui de cet auteur. Mais Longin ne fut pas simplement un critique habile, ce fut un ministre d'État considérable ; et il suffit, pour faire son éloge, de dire qu'il fut considéré de Zénobie, cette fameuse reine des Palmyréniens, qui osa bien se déclarer reine de l'Orient après la mort de son mari Odenat. Elle avait appelé d'abord Longin auprès d'elle pour s'instruire dans la langue grecque : mais de son maître en grec elle en fit un de ses principaux ministres. Ce fut lui qui encouragea cette reine à soutenir la qualité de reine de l'Orient, qui lui rehaussa le cœur dans l'adversité, et qui lui fournit les paroles altières qu'elle écrivit à Aurélian, quand cet empereur la somma de se rendre. Il en coûta la vie à notre auteur ; mais sa mort fut également glorieuse pour lui et honteuse pour Aurélian, dont on peut dire qu'elle a pour jamais flétri la mémoire. Comme cette mort est un des plus fameux incidents de l'histoire de ce temps-là, le lecteur ne sera peut-être pas fâché que je lui rapporte ici ce que Flavius Vopiscus en a écrit. Cet auteur raconte que l'armée de Zénobie et de ses alliés ayant été mise en fuite près de la ville d'Émesse, Aurélian alla mettre le siége devant Palmyre, où cette princesse s'était retirée. Il y trouva plus de résistance qu'il ne s'était imaginé, et qu'il n'en devait attendre vraisemblablement de la résolution d'une femme. Ennuyé de la longueur du siége, il essaya de l'avoir par composition. Il écrivit donc une lettre à Zénobie, dans laquelle il lui offrait la vie et un lieu de retraite, pourvu qu'elle se rendît dans un certain temps. Zénobie, ajoute Vopiscus, répondit à cette lettre avec une fierté plus grande que l'état de ses affaires ne lui permettait. Elle croyait par là donner de la terreur à Aurélian. Voici sa réponse :

*Zénobie, reine de l'Orient, à l'empereur Aurélian* [1].

« Personne jusqu'ici n'a fait une demande pareille à la
« tienne. C'est la vertu, Aurélian, qui doit tout faire dans
« la guerre. Tu me commandes de me remettre entre tes
« mains, comme si tu ne savais pas que Cléopâtre aima
« mieux mourir avec le titre de reine, que de vivre dans
« toute autre dignité. Nous attendons le secours des Perses ;
« les Sarrasins arment pour nous; les Arméniens se sont
« déclarés en notre faveur; une troupe de voleurs dans
« la Syrie a défait ton armée : juge de ce que tu dois atten-
« dre, quand ces forces seront jointes. Tu rabattras de
« cet orgueil avec lequel, comme maître absolu de toutes
« choses, tu m'ordonnes de me rendre. »

Cette lettre, ajoute Vopiscus, donna encore plus de colère que de honte à Aurélian. La ville de Palmyre fut prise peu de jours après, et Zénobie arrêtée comme elle s'enfuyait chez les Perses. Toute l'armée demandait sa mort ; mais Aurélian ne voulut pas déshonorer sa victoire par la mort d'une femme. Il se réserva donc Zénobie pour le triomphe, et se contenta de faire mourir ceux qui l'avaient assistée de leurs conseils. Entre ceux-là, continue cet historien, le philosophe Longin fut extrêmement regretté. Il avait été appelé auprès de cette princesse pour lui enseigner le grec. Aurélian le fit mourir pour avoir écrit la lettre précédente; car, bien qu'elle fût écrite en langue syriaque, on le soupçonnait d'en être l'auteur. L'historien Zosime témoigne que ce fut Zénobie elle-même qui l'en accusa. « Zénobie, dit-il, se voyant arrêtée, rejeta toute
« sa faute sur ses ministres, qui avaient, dit-elle, abusé
« de la faiblesse de son esprit. Elle nomma entre autres
« Longin, celui dont nous avons encore plusieurs écrits
« si utiles. Aurélian ordonna qu'on l'envoyât au supplice.
« Ce grand personnage, poursuit Zosime, souffrit la
« mort avec une constance admirable, jusqu'à consoler
« en mourant ceux que son malheur touchait de pitié et
« d'indignation. »

Par là on peut voir que Longin n'était pas seulement un habile rhéteur, comme Quintilien et comme Hermogène, mais un philosophe digne d'être mis en parallèle avec les Socrate et avec les Caton. Son livre n'a rien qui

[1] En voici le texte original :
« Nemo adhuc præter te, quod poscis, litteris petiit. Virtute
« faciendum est quidquid in rebus bellicis est gerendum. De-
« ditionem meam petis, quasi nescias Cleopatram regniam
« perire maluisse, quam in qualibet vivere dignitate. Nobis
« Persarum auxilia non desunt, quæ jam speramus, pro no-
« bis sunt Saraceni, pro nobis Armenii. Latrones Syri exerci-
« tum tuum, Aureliane, vicerunt : quid igitur, si illa venerit
« manus, quæ undique speratur? pones profecto supercilium,
« quo nunc mihi deditionem, quasi omnifariam victor, im-
« peras. »

démente ce que je dis. Le caractère d'honnête homme y paraît partout : et ses sentiments ont je ne sais quoi qui marque non-seulement un esprit sublime, mais une âme fort élevée au-dessus du commun. Je n'ai donc point de regret d'avoir employé quelques-unes de mes veilles à débrouiller un si excellent ouvrage, que je puis dire n'avoir été entendu jusqu'ici que d'un très-petit nombre de savants. Muret fut le premier qui entreprit de le traduire en latin, à la sollicitation de Manuce; mais il n'acheva pas cet ouvrage, soit parce que les difficultés l'en rebutèrent, ou que la mort le surprit auparavant. Gabriel de Pétra [1], à quelque temps de là, fut plus courageux; et c'est à lui qu'on doit la traduction latine que nous en avons. Il y en a encore deux autres ; mais elles sont si informes et si grossières que ce serait faire trop d'honneur à leurs auteurs que de les nommer. Et même celle de Pétra, qui est infiniment la meilleure, n'est pas fort achevée; car, outre que souvent il parle grec en latin, il y a plusieurs endroits où l'on peut dire qu'il n'a pas fort bien entendu son auteur. Ce n'est pas que je veuille accuser un si savant homme d'ignorance, ni établir ma réputation sur les ruines de la sienne. Je sais ce que c'est que de débrouiller le premier un auteur : et j'avoue d'ailleurs que son ouvrage m'a beaucoup servi, aussi bien que les petites notes de Langbaine [2] et de M. Lefèbvre ; mais je suis bien aise d'excuser, par les fautes de la traduction latine, celles qui pourront m'être échappées dans la française. J'ai pourtant fait tous mes efforts pour la rendre aussi exacte qu'elle pouvait l'être. A dire vrai, je n'y ai pas trouvé de petites difficultés. Il est aisé à un traducteur latin de se tirer d'affaire aux endroits mêmes qu'il n'entend pas. Il n'a qu'à traduire le grec mot pour mot, et à débiter des paroles qu'on peut au moins soupçonner d'être intelligibles. En effet, le lecteur, qui bien souvent n'y conçoit rien, s'en prend plutôt à soi-même qu'à l'ignorance du traducteur. Il n'en est pas ainsi des traductions en langue vulgaire. Tout ce que le lecteur n'entend point s'appelle un galimatias, dont le traducteur tout seul est responsable. On lui impute jusqu'aux fautes de son auteur ; et il faut en bien des endroits qu'il les rectifie, sans néanmoins qu'il ose s'en écarter.

Quelque petit donc que soit le volume de Longin, je ne croirais pas avoir fait un médiocre présent au public, si je lui en avais donné une bonne traduction en notre langue. Je n'y ai point épargné mes soins ni mes peines. Qu'on ne s'attende pas pourtant de trouver ici une version timide et scrupuleuse des paroles de Longin. Bien que je me sois efforcé de ne me point écarter en aucun endroit des règles de la véritable traduction, je me suis pourtant donné une honnête liberté, surtout dans les passages qu'il rapporte. J'ai songé qu'il ne s'agissait pas simplement ici de traduire Longin, mais de donner au public un traité du sublime qui pût être utile. Avec tout cela néanmoins il se trouvera peut-être des gens qui non-seulement n'approu-

[1] Il professait le grec à Lausanne, et vivait au commencement du dix-septième siècle.
[2] Gérard Langbaine, savant anglais, né à Bartonkirke, dans le Westmoreland, en 1608, publia en 1636, à Oxford, une édition de Longin, avec des notes estimées. Il mourut le 10 février 1658.

veront pas ma traduction, mais qui n'épargneront pas même l'original. Je m'attends bien qu'il y en aura plusieurs qui déclineront la juridiction de Longin, qui condamneront ce qu'il approuve, et qui loueront ce qu'il blâme. C'est le traitement qu'on doit attendre de la plupart des juges de notre siècle. Ces hommes accoutumés aux débauches et aux excès des poëtes modernes, et qui, n'admirant que ce qu'ils n'entendent point, ne pensent pas qu'un auteur se soit élevé, s'ils ne l'ont entièrement perdu de vue ; ces petits esprits, dis-je, ne seront pas sans doute fort frappés des hardiesses judicieuses des Homère, des Platon et des Démosthène. Ils chercheront souvent le sublime dans le sublime, et peut-être se moqueront-ils des exclamations que Longin fait quelquefois sur des passages qui, bien que très-sublimes, ne laissent pas que d'être simples et naturels, et qui saisissent plutôt l'âme qu'ils n'éclatent aux yeux. Quelque assurance pourtant que ces messieurs aient de la netteté de leurs lumières, je les prie de considérer que ce n'est pas ici l'ouvrage d'un apprenti que je leur offre, mais le chef-d'œuvre d'un des plus savants critiques de l'antiquité. Que s'ils ne voient pas la beauté de ces passages, cela peut aussitôt venir de la faiblesse de leur vue que du peu d'éclat dont ils brillent. Au pis aller, je leur conseille d'en accuser la traduction, puisqu'il n'est que trop vrai que je n'ai ni atteint ni pu atteindre à la perfection de ces excellents originaux ; et je leur déclare par avance que s'il y a quelques défauts, ils ne sauraient venir que de moi.

Il ne reste plus, pour finir cette préface, que de dire ce que Longin entend par sublime ; car, comme il écrit de cette matière après Cécilius, qui avait presque employé tout son livre à montrer ce que c'est que le sublime, il n'a pas cru devoir rebattre une chose qui n'avait été déjà que trop discutée par un autre. Il faut donc savoir que, par sublime, Longin n'entend pas ce que les orateurs appellent le style sublime, mais cet extraordinaire et ce merveilleux qui frappe dans le discours, et qui fait qu'un ouvrage enlève, ravit, transporte. Le style sublime veut toujours de grands mots ; mais le sublime se peut trouver dans une seule pensée, dans une seule figure, dans un seul tour de paroles. Une chose peut être dans le style sublime, et n'être pourtant pas sublime, c'est-à-dire n'avoir rien d'extraordinaire ni de surprenant. Par exemple : *Le souverain arbitre de la nature d'une seule parole forma la lumière :* voilà qui est dans le style sublime, cela n'est pas néanmoins sublime, parce qu'il n'y a rien là de fort merveilleux, et qu'on ne pût aisément trouver. Mais, *Dieu dit : Que la lumière se fasse ; et la lumière se fit :* ce tour extraordinaire d'expression, qui marque si bien l'obéissance de la créature aux ordres du créateur, est véritablement sublime et a quelque chose de divin. Il faut donc entendre par sublime, dans Longin, l'extraordinaire, le surprenant, et, *comme je l'ai traduit, le merveilleux dans le discours* [1].

J'ai rapporté ces paroles de la Genèse, comme l'expression la plus propre à mettre ma pensée en son jour, et je m'en suis servi d'autant plus volontiers que cette expression est citée avec éloge par Longin même, qui, au milieu des ténèbres du paganisme, n'a pas laissé de reconnaître le divin qu'il y avait dans ces paroles de l'Écriture. Mais que dirons-nous d'un des plus savants hommes de notre siècle [1], qui, éclairé des lumières de l'Évangile, ne s'est pas aperçu de la beauté de cet endroit ; qui a osé, dis-je, avancer, dans un livre qu'il a fait pour démontrer la religion chrétienne, que Longin s'était trompé lorsqu'il avait cru que ces paroles étaient sublimes ? J'ai la satisfaction au moins que des personnes non moins considérables par leur piété que par leur profonde érudition, qui nous ont donné depuis peu la traduction du livre de la Genèse [2], n'ont pas été de l'avis de ce savant homme, et, dans leur préface, entre plusieurs preuves excellentes qu'ils ont apportées pour faire voir que c'est l'Esprit saint qui a dicté ce livre, ont allégué le passage de Longin, pour montrer combien les chrétiens doivent être persuadés d'une vérité si claire, et qu'un païen même a sentie par les seules lumières de la raison.

Au reste, dans le temps qu'on travaillait à cette dernière édition de mon livre, M. Dacier, celui qui nous a depuis peu donné les Odes d'Horace en français, m'a communiqué de petites notes très-savantes qu'il a faites sur Longin, où il a cherché de nouveaux sens inconnus jusqu'ici aux interprètes. J'en ai suivi quelques-unes ; mais comme dans celles où je ne suis pas de son sentiment je puis m'être trompé, il est bon d'en faire ici les lecteurs juges. C'est dans cette vue que je les ai mises à la suite de mes remarques ; M. Dacier n'étant pas seulement un homme de très-grande érudition et d'une critique très-fine, mais d'une politesse d'autant plus estimable, qu'elle accompagne rarement un grand savoir. Il a été disciple du célèbre M. Lefèbvre, père de cette savante fille [3] à qui nous devons la première traduction qui ait encore paru d'Anacréon en français, et qui travaille maintenant à nous faire voir Aristophane, Sophocle et Euripide, en la même langue.

J'ai laissé [4] dans toutes mes autres éditions cette préface telle qu'elle était lorsque je la fis imprimer pour la première fois, il y a plus de vingt ans, et je n'y ai rien ajouté : mais aujourd'hui, comme j'en revoyais les épreuves, et que je les allais renvoyer à l'imprimeur, il m'a paru qu'il ne serait peut-être pas mauvais, pour mieux faire connaître ce que Longin entend par le mot de sublime, de joindre encore ici, au passage que j'ai rapporté de la Bible, quelque autre exemple pris d'ailleurs. En voici un qui s'est présenté assez heureusement à ma mémoire. Il est tiré de l'Horace de M. Corneille. Dans cette tragédie, dont les trois premiers actes sont, à mon avis, le chef-d'œuvre de cet illustre écrivain, une femme qui avait été présente au combat des trois Horaces, mais qui s'était retirée un peu

---

[1] Ici se terminait la préface de la première édition, publiée en 1674. Ce qui suit fut ajouté en 1683.

[1] Le célèbre Huet.
[2] Le Maître de Saci, et autres écrivains de Port-Royal.
[3] Mademoiselle Lefèbvre, depuis madame Dacier. Elle avait déjà publié, à cette époque, *Callimaque*, *Florus*, *Dictys de Crète*, *Darès, le Phrygien*, *Aurelius Victor*, avec de savants commentaires, et sa traduction des poésies d'*Anacréon* et de *Sapho*. Elle s'occupait de celle des *Nuées* et du *Plutus d'Aristophane*, qu'elle donna en 1684 : mais il ne paraît pas qu'elle ait jamais songé à rien traduire d'Euripide et de Sophocle.
[4] Ceci fut ajouté dans l'édition de 1701.

trop tôt, et n'en avait pas vu la fin, vient mal à propos annoncer au vieil Horace leur père, que deux de ses fils ont été tués, et que le troisième, ne se voyant plus en état de résister, s'est enfui. Alors ce vieux Romain, possédé de l'amour de sa patrie, sans s'amuser à pleurer la perte de ses deux fils, morts si glorieusement, ne s'afflige que de la fuite honteuse du dernier, qui a, dit-il, par une si lâche action, imprimé un opprobre éternel au nom d'Horace. Et leur sœur, qui était là présente, lui ayant dit :

Que vouliez-vous qu'il fît contre trois ?

il répond brusquement :

Qu'il mourût.

Voilà de fort petites paroles ; cependant il n'y a personne qui ne sente la grandeur héroïque qui est renfermée dans ce mot, *qu'il mourût*, qui est d'autant plus sublime, qu'il est simple et naturel, et que par là on voit que c'est du fond du cœur que parle ce vieux héros, et dans les transports d'une colère vraiment romaine. De fait, la chose aurait beaucoup perdu de sa force, si, au lieu de *Qu'il mourût*, il avait dit, *Qu'il suivît l'exemple de ses deux frères* ; ou *Qu'il sacrifiât sa vie à l'intérêt et à la gloire de son pays*. Ainsi c'est la simplicité même de ce mot qui en fait la grandeur. Ce sont là de ces choses que Longin appelle sublimes, et qu'il aurait beaucoup plus admirées dans Corneille, s'il avait vécu du temps de Corneille, que ces grands mots dont Ptolémée remplit sa bouche au commencement de *la Mort de Pompée*, pour exagérer les vaines circonstances d'une déroute qu'il n'a point vue [1].

## CHAPITRE I.

Servant de préface à tout l'ouvrage.

Vous savez bien, mon cher Térentianus [2], que lorsque nous lûmes ensemble le petit traité que Cécilius [3] a fait du sublime, nous trouvâmes que la bassesse de son style [4] répondait assez mal à la dignité de son sujet ; que les principaux points de cette matière n'y étaient pas touchés, et qu'en un mot, cet ouvrage ne pouvait pas apporter un grand profit aux lecteurs, qui est néanmoins le but où doit tendre tout homme qui veut écrire. D'ailleurs, quand on traite d'un art, il y a deux choses à quoi il se faut toujours étudier. La première est de bien faire entendre son sujet ; la seconde, que je tiens au fond la principale, consiste à montrer comment et par quels moyens ce que nous enseignons se peut acquérir. Cécilius s'est fort attaché à l'une de ces deux choses : car il s'efforce de montrer par une infinité de paroles ce que c'est que le grand et le sublime, comme si c'était un point fort ignoré ; mais il ne dit rien des moyens qui peuvent porter l'esprit à ce grand et à ce sublime. Il passe cela, je ne sais pourquoi, comme une chose absolument inutile. Après tout, cet auteur peut-être n'est-il pas tant à reprendre pour ses fautes, qu'à louer pour son travail et pour le dessein qu'il a eu de bien faire [1]. Toutefois, puisque vous voulez que j'écrive aussi du sublime, voyons, pour l'amour de vous, si nous n'avons point fait sur cette matière quelque observation raisonnable, et dont les orateurs [2] puissent tirer quelque sorte d'utilité.

Mais c'est à la charge, mon cher Térentianus, que nous reverrons ensemble exactement mon ouvrage, et que vous m'en direz votre sentiment avec cette sincérité que nous devons naturellement à nos amis ; car, comme un sage [3] dit fort bien : Si nous avons quelque voie pour nous rendre semblables aux dieux, c'est de faire du bien et de dire la vérité.

Au reste, comme c'est à vous que j'écris, c'est-à-dire, à un homme instruit de toutes les belles connaissances [4], je ne m'arrêterai point sur beaucoup de choses qu'il m'eût fallu établir avant que d'entrer en matière, pour montrer que le sublime est en effet ce qui forme l'excellence et la souveraine perfection du discours ; que c'est par lui que les grands

---

[1] Voyez les Remarques de Voltaire sur cette première scène de la tragédie de *Pompée*.
[2] Le grec porte, « mon cher Posthumius Térentianus : » mais j'ai retranché Posthumius ; le nom de Térentianus n'étant déjà que trop long. Au reste, on ne sait pas trop qui était ce Térentianus. Ce qu'il y a de constant, c'est que c'était un Latin, comme son nom le fait assez connaître, et comme Longin le témoigne lui-même dans le chapitre x. (BOIL.)
[3] C'était un rhéteur sicilien. Il vivait sous Auguste, et était contemporain de Denys d'Halicarnasse, avec qui il fut lié même d'une amitié assez étroite. (BOIL.)
[4] C'est ainsi qu'il faut entendre ταπεινότερον. Je ne me souviens point d'avoir jamais vu ce mot employé dans le sens que lui veut donner M. Dacier ; et quand il s'en trouverait quelque exemple, il faudrait toujours, à mon avis, revenir au sens le plus naturel, qui est celui que je lui ai donné. Car, pour ce qui est des paroles qui suivent, τῆς ὅλης ὑποθέσεως, cela veut dire que *son style est partout inférieur à son sujet*, y ayant beaucoup d'exemples en grec de ces adjectifs mis pour l'adverbe. (BOIL.)

[1] Il faut prendre le mot d'ἐπίνοια, comme il est pris en beaucoup d'endroits, pour une simple pensée. Cécilius n'est pas tant à blâmer pour ses propres défauts, qu'à louer pour la pensée qu'il a eue, pour le dessein qu'il a eu de bien faire. Il se prend aussi quelquefois pour *invention* ; mais il ne s'agit pas d'invention dans un traité de rhétorique : c'est de la raison et du bon sens dont il est besoin. (BOIL.)
[2] Le grec porte, ἀνδράσι πολιτικοῖς, *viris politicis*, c'est-à-dire, les orateurs, en tant qu'ils sont opposés aux déclamateurs, et à ceux qui font des discours de simple ostentation. Ceux qui ont lu Hermogène savent ce que c'est que πολιτικὸς λόγος, qui veut proprement dire un style d'usage, et propre aux affaires, à la différence du style des déclamateurs, qui n'est qu'un style d'apparat, où souvent l'on sort de la nature pour éblouir les yeux. L'auteur donc, par *viros politicos*, entend ceux qui mettent en pratique *sermonem politicum*. (BOIL.)
[3] Pythagore. (BOIL.)
[4] Je n'ai point exprimé φίλτατον, parce qu'il me semble tout à fait inutile en cet endroit. (BOIL.)

poëtes et les écrivains les plus fameux ont remporté le prix, et rempli toute la postérité du bruit de leur gloire [1].

Car il ne persuade pas proprement, mais il ravit, il transporte, et produit en nous une certaine admiration, mêlée d'étonnement et de surprise, qui est tout autre chose que de plaire seulement, ou de persuader. Nous pouvons dire à l'égard de la persuasion que, pour l'ordinaire, elle n'a sur nous qu'autant de puissance que nous voulons. Il n'en est pas ainsi du sublime. Il donne au discours une certaine vigueur noble [2], une force invincible qui enlève l'âme de quiconque nous écoute. Il ne suffit pas d'un endroit ou deux dans un ouvrage, pour vous faire remarquer la finesse de l'invention, la beauté de l'économie et de la disposition; c'est avec peine que cette justesse se fait remarquer par toute la suite même du discours. Mais quand le sublime vient à éclater où il faut, il renverse tout, comme un foudre, et présente d'abord toutes les forces de l'orateur ramassées ensemble. Mais ce que je dis ici, et tout ce que je pourrais dire de semblable, serait inutile pour vous, qui savez ces choses par expérience, et qui m'en feriez, au besoin, à moi-même des leçons.

## CHAPITRE II.

#### S'il y a un art particulier du sublime; et des trois vices qui lui sont opposés.

Il faut voir d'abord s'il y a un art particulier du sublime; car il se trouve des gens qui s'imaginent que c'est une erreur de le vouloir réduire en art et d'en donner des préceptes. Le sublime, disent-ils, naît avec nous, et ne s'apprend point. Le seul art pour y parvenir, c'est d'y être né; et même, à ce qu'ils prétendent, il y a des ouvrages que la nature doit produire toute seule : la contrainte des préceptes ne fait que les affaiblir, et leur donner une certaine sécheresse qui les rend maigres et décharnés; mais je soutiens qu'à bien prendre les choses, on verra clairement tout le contraire.

Et, à dire vrai, quoique la nature ne se montre jamais plus libre que dans les discours sublimes et pathétiques, il est pourtant aisé de reconnaître qu'elle ne se laisse pas conduire au hasard, et qu'elle n'est pas absolument ennemie de l'art et des règles. J'avoue que, dans toutes nos productions, il la faut toujours supposer comme la base, le principe et le premier fondement. Mais aussi il est certain que notre esprit a besoin d'une méthode pour lui enseigner à ne dire que ce qu'il faut, et à le dire en son lieu; et que cette méthode peut beaucoup contribuer à nous acquérir la parfaite habitude du sublime : car, comme les vaisseaux [1] sont en danger de périr lorsqu'on les abandonne à leur seule légèreté, et qu'on ne sait pas leur donner la charge et le poids qu'ils doivent avoir, il en est ainsi du sublime, si on l'abandonne à la seule impétuosité d'une nature ignorante et téméraire. Notre esprit assez souvent n'a pas moins besoin de bride que d'éperon. Démosthène dit en quelque endroit que le plus grand bien qui puisse nous arriver dans la vie, c'est d'être heureux; mais qu'il y en a encore un autre qui n'est pas moindre, et sans lequel ce premier ne saurait subsister, qui est de savoir se conduire avec prudence. « Nous en pouvons dire autant [2] à l'égard

---

[1] Gérard Langbaine, qui a fait de petites notes très-savantes sur Longin, prétend qu'il y a ici une faute, et qu'au lieu de περιέβαλον εὐκλείαις τὸν αἰῶνα, il faut mettre ὑπερέβαλον εὐκλείαις. Ainsi, dans son sens, il faudrait traduire : *ont porté leur gloire au delà de leurs siècles.* Mais il se trompe; περιέβαλον veut dire *ont embrassé, ont rempli toute la postérité de l'étendue de leur gloire.* Et quand on voudrait même entendre ce passage à sa manière, il ne faudrait point faire pour cela de correction, puisque περιέβαλον signifie quelquefois ὑπερέβαλον, comme on le voit dans ce vers d'Homère :

Ἴστε γὰρ ὅσσον ἐμοὶ ἀρετῇ περιβάλλετον ἵπποι.

IL. XXIII, v. 276.

(BOIL.)

[2] Je ne sais pourquoi M. Lefèbvre veut changer cet endroit, qui, à mon avis, s'entend fort bien, sans mettre πάντως au lieu de παντός, *surmonte tous ceux qui l'écoutent, se mette au-dessus de tous ceux qui l'écoutent.* (BOIL.)

[1] Il faut suppléer au grec, ou sous-entendre πλοῖα, qui veut dire des vaisseaux de charge, καὶ ὡς ἐπικινδυνότερα αὐτὰ πλοῖα, etc. et expliquer ἀνερμάτιστα dans le sens de M. Lefèbvre et de Suidas, *des vaisseaux qui flottent, manque de sable et de gravier, dans le fond, qui les soutienne, et leur donne le poids qu'ils doivent avoir; auxquels on n'a pas donné le lest;* autrement, il n'y a point de sens. (BOIL.)

[2] J'ai suppléé la reddition de la comparaison, qui manque en cet endroit dans l'original.... *Telles sont ces pensées\**, etc. Il y a ici une lacune considérable. L'auteur, après avoir montré qu'on peut donner des règles du sublime, commençait à traiter des vices qui lui sont opposés, et, entre autres, du style enflé, qui n'est autre chose que le style trop poussé. Il en faisait voir l'extravagance par ces vers de je ne sais quel poëte tragique, dont il reste encore ici quatre vers. Mais comme ces vers étaient déjà fort galimatias d'eux-mêmes, au rapport de Longin, ils le sont devenus encore bien davantage par la perte de ceux qui les précédaient. J'ai donc cru que le plus court était de les passer, n'y ayant dans ces quatre vers qu'un des trois mots que l'auteur raille dans la suite. En voilà pourtant le sens confusément (c'est quelque Capanée qui parle dans une tragédie) : *Et qu'ils arrêtent le passage d'un je ne sais quel longs flots de la fournaise. Car si je trouve le maître de la maison seul, alors, d'un seul torrent de flamme entortillé, j'embraserai la maison, et la réduirai tout en cendre; mais cette noble musique ne s'est pas encore fait ouïr.* J'ai suivi ici l'interprétation de Langbaine. Comme cette tragédie est perdue, on peut donner à ce passage le sens qu'on voudra; mais je doute qu'on attrape le vrai sens. Voyez les notes de M. Dacier. (BOIL.)

\* L'auteur avait parlé du style enflé, et citait à propos de cela les sottises d'un poëte tragique, dont voici quelques restes. (BOIL.)

« du discours. La nature est ce qu'il y a de plus né-
« cessaire pour arriver au grand : cependant, si
« l'art ne prend soin de la conduire, c'est une aveu-
« gle qui ne sait où elle va.... »

Telles sont ces pensées : *Les torrents entortillés de flammes; Vomir contre le ciel; Faire de Borée son joueur de flûte :* et toutes les autres façons de parler dont cette pièce est pleine; car elles ne sont pas grandes et tragiques, mais enflées et extravagantes. Toutes ces phrases ainsi embarrassées de vaines imaginations troublent et gâtent plus un discours, qu'elles ne servent à l'élever; de sorte qu'à les regarder de près et au grand jour, ce qui paraissait d'abord si terrible devient tout à coup sot et ridicule. Que si c'est un défaut insupportable dans la tragédie, qui est naturellement pompeuse et magnifique, que de s'enfler mal à propos, à plus forte raison doit-il être condamné dans le discours ordinaire. De là vient qu'on s'est raillé de Gorgias, pour avoir appelé Xerxès le Jupiter des Perses, et les vautours, des sépulcres animés [1]. On n'a pas été plus indulgent pour Callisthène, qui, en certains endroits de ses écrits, ne s'élève pas proprement, mais se guinde si haut qu'on le perd de vue. De tous ceux-là pourtant je n'en vois point de si enflé que Clitarque. Cet auteur n'a que du vent et de l'écorce; il ressemble à un homme qui, pour me servir des termes de Sophocle, « ouvre une grande bouche « pour souffler dans une petite flûte [2]. » Il faut faire le même jugement d'Amphicrate, d'Hégésias,

[1] Hermogène va plus loin, et trouve celui qui a dit cette pensée digne des sépulcres dont il parle. Cependant je doute qu'elle déplût aux poëtes de notre siècle, et elle ne serait pas en effet si condamnable dans les vers. (BOIL.) — (Voyez Lucrèce, liv. V, v. 291 ; et Lucien, *dial.* VI.)

[2] J'ai traduit ainsi φορβειᾶς δ' ἄτερ, afin de rendre la chose intelligible. Pour expliquer ce que veut dire φορβειᾶ, il faut savoir que la flûte, chez les anciens, était fort différente de la flûte d'aujourd'hui ; car on en tirait un son bien plus éclatant, et pareil au son de la trompette : *tubæque æmula*, dit Horace. Il fallait donc, pour en jouer, employer une bien plus grande force d'haleine, et par conséquent, s'enfler extrêmement les joues, qui était une chose désagréable à la vue. Ce fut en effet ce qui en dégoûta Minerve et Alcibiade. Pour obvier à cette difformité, ils imaginèrent une espèce de lanière ou courroie qui s'appliquait sur la bouche, et se liait derrière la tête, ayant au milieu un petit trou, par où l'on embouchait la flûte. Plutarque prétend que Marsyas en fut l'inventeur. Ils appelaient cette lanière φορβειᾶν, et elle faisait deux différents effets; car, outre qu'en serrant les joues elle les empêchait de s'enfler, elle donnait bien plus de force à l'haleine, qui, étant repoussée, sortait avec plus d'impétuosité et d'agrément. L'auteur donc, pour exprimer un poëte enflé, qui souffle et se démène sans faire de bruit, le compare à un homme qui joue de la flûte sans cette lanière. Mais comme cela n'a point de rapport à la flûte d'aujourd'hui, puisqu'à peine on serre les lèvres quand on en joue, j'ai cru qu'il valait mieux mettre une pensée équivalente, pourvu qu'elle ne s'éloignât point trop de la chose, afin que le lecteur, qui ne se soucie pas fort des antiquailles, puisse passer, sans être obligé, pour m'entendre, d'avoir recours aux remarques. (BOIL.)

et de Matris. Ceux-ci quelquefois s'imaginant qu'ils sont épris d'un enthousiasme et d'une fureur divine, au lieu de tonner, comme ils pensent, ne font que niaiser et badiner comme des enfants.

Et certainement, en matière d'éloquence, il n'y a rien de plus difficile à éviter que l'enflure : car, comme en toutes choses naturellement nous cherchons le grand, et que nous craignons surtout d'être accusés de sécheresse ou de peu de force, il arrive, je ne sais comment, que la plupart tombent dans ce vice, fondés sur cette maxime commune :

Dans un noble projet on tombe noblement.

Cependant il est certain que l'enflure n'est pas moins vicieuse dans le discours que dans les corps. Elle n'a que de faux dehors et une apparence trompeuse; mais au dedans elle est creuse et vide, et fait quelquefois un effet tout contraire au grand; car, comme on dit fort bien, « il n'y a rien de plus sec « qu'un hydropique. »

Au reste, le défaut du style enflé, c'est de vouloir aller au delà du grand. Il en est tout au contraire du puéril; car il n'y a rien de si bas, de si petit, ni de si opposé à la noblesse du discours.

Qu'est-ce donc que puérilité? Ce n'est visiblement autre chose qu'une pensée d'écolier, qui, pour être trop recherchée, devient froide. C'est le vice où tombent ceux qui veulent toujours dire quelque chose d'extraordinaire et de brillant, mais surtout ceux qui cherchent avec tant de soin le plaisant et l'agréable; parce qu'à la fin, pour s'attacher trop au style figuré, ils tombent dans une sotte affectation.

Il y a encore un troisième défaut opposé au grand, qui regarde le pathétique. Théodore l'appelle une fureur hors de saison, lorsqu'on s'échauffe mal à propos, ou qu'on s'emporte avec excès, quand le sujet ne permet que de s'échauffer médiocrement. En effet, on voit très-souvent des orateurs qui, comme s'ils étaient ivres, se laissent emporter à des passions qui ne conviennent point à leur sujet, mais qui leur sont propres, et qu'ils ont apportées de l'école; si bien que, comme on n'est point touché de ce qu'ils disent, ils se rendent à la fin odieux et insupportables; c'est ce qui arrive nécessairement à ceux qui s'emportent et se débattent mal à propos devant des gens qui ne sont point du tout émus. Mais nous parlerons en un autre endroit de ce qui concerne les passions.

## CHAPITRE III.

*Du style froid.*

Pour ce qui est de ce froid ou puéril dont nous parlions, Timée en est tout plein. Cet auteur est assez habile homme d'ailleurs; il ne manque pas quelquefois par le grand et le sublime : il sait beaucoup, et dit même les choses d'assez bon sens [1] : si ce n'est qu'il est enclin naturellement à reprendre les vices des autres, quoique aveugle pour ses propres défauts, et si curieux au reste d'étaler de nouvelles pensées, que cela le fait tomber assez souvent dans la dernière puérilité. Je me contenterai d'en donner ici un ou deux exemples, parce que Cécilius en a déjà rapporté un assez grand nombre. En voulant louer Alexandre le Grand : « Il a, dit-il, conquis toute l'Asie en moins de temps qu'Isocrate n'en a employé à composer son panégyrique [2]. » Voilà, sans mentir, une comparaison admirable d'Alexandre le Grand avec un rhéteur [3]! Par cette raison, Timée, il s'ensuivra que les Lacédémoniens le doivent céder à Isocrate, puisqu'ils furent trente ans à prendre la ville de Messène, et que celui-ci n'en mit que dix à faire son panégyrique.

Mais à propos des Athéniens qui étaient prisonniers de guerre dans la Sicile, de quelle exclamation penseriez-vous qu'il se serve? Il dit que c'était une « punition du Ciel, à cause de leur impiété envers « le dieu Hermès, autrement Mercure, et pour « avoir mutilé ses statues : vu principalement qu'il « y avait un des chefs de l'armée ennemie qui tirait « son nom d'Hermès [4] de père en fils, savoir Hermocrate, fils d'Hermon. » Sans mentir, mon cher Térentianus, je m'étonne qu'il n'ait dit aussi de Denys le Tyran, que les dieux permirent qu'il fût chassé de son royaume par Dion et par Héraclide, à cause de son peu de respect à l'égard de Dion et d'Héraclès, c'est-à-dire de Jupiter et d'Hercule.

Mais pourquoi m'arrêter après Timée? Ces héros de l'antiquité, je veux dire Xénophon et Platon, sortis de l'école de Socrate, s'oublient bien quelquefois eux-mêmes, jusqu'à laisser échapper dans leurs écrits des choses basses et puériles. Par exemple, ce premier, dans le livre qu'il a écrit de la république des Lacédémoniens : « On ne les entend, dit-« il, non plus parler que si c'étaient des pierres. Ils « ne tournent non plus les yeux que s'ils étaient de « bronze. Enfin vous diriez qu'ils ont plus de pu-« deur que ces parties de l'œil [1] que nous appelons « en grec du nom de vierge. » C'était à Amphicrate, et non pas à Xénophon, d'appeler les prunelles, des vierges pleines de pudeur. Quelle pensée, bon Dieu! parce que le mot de CORÉ, qui signifie en grec la prunelle de l'œil, signifie une vierge, de vouloir que toutes les prunelles universellement soient des vierges pleines de modestie; vu qu'il n'y a peut-être point d'endroit sur nous où l'impudence éclate plus que dans les yeux! Et c'est pourquoi Homère, pour exprimer un impudent : « Homme chargé de vin, « dit-il, qui as l'impudence d'un chien dans les « yeux [2].... » Cependant Timée n'a pu voir une si froide pensée dans Xénophon sans la revendiquer comme un vol [3] qui lui avait été fait par cet auteur. Voici donc comme il l'emploie dans la Vie d'Agathocle. « N'est-ce pas une chose étrange qu'il ait ravi « sa propre cousine qui venait d'être mariée à un « autre; qu'il l'ait, dis-je, ravie le lendemain même « de ses noces? car qui est-ce qui eût voulu faire cela, « s'il eût eu des vierges aux yeux, et non pas des pru-« nelles impudiques? » Mais que dirons-nous de Platon, quoique divin d'ailleurs, qui, voulant parler de ces tablettes de bois de cyprès où l'on devait écrire les actes publics, use de cette pensée : « Ayant « écrit toutes ces choses, ils poseront dans les tem-« ples ces monuments de cyprès [4]? » Et ailleurs, à

---

[1] Ἐπινοητικὸς veut dire un homme qui imagine, qui pense sur toutes choses ce qu'il faut penser; et c'est proprement ce qu'on appelle un homme de bon sens. (BOIL.)

[2] Le grec porte : « à composer son panégyrique pour la guerre « contre les Perses. » Mais si je l'avais traduit de la sorte, on croirait qu'il s'agirait ici d'un autre panégyrique, que du *panégyrique d'Isocrate*, qui est un mot consacré en notre langue (BOIL.)

[3] Il y a dans le grec « du Macédonien avec un sophiste. » A l'égard du Macédonien, il fallait que ce mot eût quelque grâce en grec, et qu'on appelât ainsi Alexandre par excellence, comme nous appelons Cicéron *l'orateur romain*; mais *le Macédonien*, en français, pour *Alexandre*, serait ridicule. Pour le mot de sophiste, il signifie bien plutôt en grec un rhéteur qu'un sophiste, qui en français ne peut jamais être pris en bonne part, et signifie toujours un homme qui trompe par de fausses raisons, qui fait des sophismes, *cavillatorem*; au lieu qu'en grec, c'est souvent un nom honorable. (BOIL.)

[4] Le grec porte qu'*on tirait son nom du dieu qu'on avait offensé*; mais j'ai mis *d'Hermès*, afin qu'on vît mieux le jeu de mots. Quoi que puisse dire M. Dacier, je suis de l'avis de Langbaine, et ne crois point que ὡς ἀπὸ τοῦ παρανομηθέντος ἦν veuille dire autre chose que *qui tirait son nom de père en fils du dieu qu'on avait offensé*. (BOIL.)

[1] Ce passage est corrompu dans tous les exemplaires que nous avons de Xénophon, où l'on a mis θαλάμοις pour ὀφθαλμοῖς, faute d'avoir entendu l'équivoque de κόρη. Cela fait voir qu'il ne faut pas aisément changer le texte d'un auteur. (BOIL.)

[2] *Iliad.* liv. I, v. 225.

[3] C'est ainsi qu'il faut entendre ὡς φωρίου τινὸς ἐφαπτόμενος, et non pas *sans lui en faire une espèce de vol, tanquàm furtum quoddam attingens*; car cela aurait bien moins de sel. (BOIL.)

[4] Le froid de ce mot consiste dans le terme de *monument* mis avec *cyprès*. C'est comme si on disait, à propos des registres du parlement : « Ils poseront dans le greffe *ces monuments* « *de parchemin*. » M. Dacier se trompe fort sur cet endroit. (BOIL.) — Le passage dont il s'agit ici se trouve dans le *Traité des lois*, liv. V.

propos des murs « : Pour ce qui est des murs, dit-il, Mégillus, je suis de l'avis de Sparte[1], de les lais-« ser dormir à terre, et de ne les point fait lever ? »
Il y a quelque chose d'aussi ridicule dans Hérodote, quand il appelle les belles femmes *le mal des yeux*[2]. Ceci néanmoins semble en quelque façon pardonnable à l'endroit où il est, parce que ce sont des barbares qui le disent dans le vin et dans la débauche; mais ces personnes n'excusent pas la bassesse de la chose, et il ne fallait pas, pour rapporter un méchant mot, se mettre au hasard de déplaire à toute la postérité.

## CHAPITRE IV.

### De l'origine du style froid.

Toutes ces affectations cependant, si basses et si puériles, ne viennent que d'une seule cause, c'est à savoir de ce qu'on cherche trop la nouveauté dans les pensées, qui est la manie surtout des écrivains d'aujourd'hui. Car du même endroit que vient le bien, assez souvent vient aussi le mal. Ainsi voyons-nous que ce qui contribue le plus en de certaines occasions à embellir nos ouvrages; ce qui fait, dis-je, la beauté, la grandeur, les grâces de l'élocution, cela même, en d'autres rencontres, est quelquefois cause du contraire, comme on le peut aisément reconnaître dans les *Hyperboles*, et dans ces autres figures qu'on appelle *Pluriels*. En effet, nous montrerons dans la suite combien il est dangereux de s'en servir. Il faut donc voir maintenant comment nous pourrons éviter ces vices qui se glissent quelquefois dans le sublime. Or nous en viendrons à bout sans doute, si nous acquérons d'abord une connaissance nette et distincte du véritable sublime, et si nous apprenons à en bien juger, ce qui n'est pas une chose peu difficile; puisque enfin, de savoir bien juger du fort et du faible d'un discours, ce ne peut être que l'effet d'un long usage, et le dernier fruit, pour ainsi dire, d'une étude consommée. Mais par avance, voici peut-être un chemin pour y parvenir.

[1] Il n'y avait point de murailles à Sparte. (BOIL.)
[2] Ce sont des ambassadeurs persans qui le disent dans Hérodote (liv. V, c. 18), chez le roi de Macédoine Amyntas. Cependant Plutarque l'attribue à Alexandre le Grand, et le met au rang des Apophthegmes de ce prince. Si cela est, il fallait qu'Alexandre l'eût pris à Hérodote. Je suis pourtant du sentiment de Longin, et je trouve le mot froid, dans la bouche même d'Alexandre. (BOIL.)

## CHAPITRE V.

### Des moyens en général pour connaître le sublime.

Il faut savoir, mon cher Térentianus, que, dans la vie ordinaire, on ne peut point dire qu'une chose ait rien de grand, quand le mépris qu'on fait de cette chose tient lui-même du grand. Telles sont les richesses, les dignités, les honneurs, les empires, et tous ces autres biens en apparence, qui n'ont qu'un certain faste au dehors, et qui ne passeront jamais pour de véritables biens dans l'esprit d'un sage : puisqu'au contraire ce n'est pas un petit avantage que de les pouvoir mépriser. D'où vient aussi qu'on admire beaucoup moins ceux qui les possèdent que ceux qui, les pouvant posséder, les rejettent par une pure grandeur d'âme.

Nous devons faire le même jugement à l'égard des ouvrages des poëtes et des orateurs. Je veux dire, qu'il faut bien se donner de garde d'y prendre pour sublime une certaine apparence de grandeur, bâtie ordinairement sur de grands mots assemblés au hasard, et qui n'est à la bien examiner qu'une vaine enflure de paroles, plus digne en effet de mépris que d'admiration. Car tout ce qui est véritablement sublime a cela de propre quand on l'écoute, qu'il élève l'âme, et lui fait concevoir une plus haute opinion d'elle-même, la remplissant de joie et de je ne sais quel noble orgueil, comme si c'était elle qui eût produit les choses qu'elle vient simplement d'entendre[1].

Quand donc un homme de bon sens et habile en ces matières nous récitera quelque endroit d'un ouvrage, si, après avoir ouï cet endroit plusieurs fois, nous ne sentons point qu'il nous élève l'âme, et nous laisse dans l'esprit une idée qui soit même au-dessus de ce que nous venons d'entendre; mais si au contraire, en le regardant avec attention, nous trouvons qu'il tombe et ne se soutienne pas, il n'y a point là de grand, puisque enfin ce n'est qu'un son de paroles, qui frappe simplement l'oreille, et dont il ne demeure rien dans l'esprit. La marque infaillible du sublime, c'est quand nous sentons qu'un discours nous laisse beaucoup à penser[2], qu'il fait d'abord un effet sur nous, auquel il est bien difficile, pour ne pas dire impossible, de résister; et qu'ensuite le souve-

[1] Le prince de Condé entendant lire cet endroit, s'écria : « Voilà le sublime ! voilà son véritable caractère ! »
[2] Οὗ πολλὴ μὲν ἀναθεώρησις, *dont la contemplation est fort étendue, qui nous remplit d'une grande idée*. A l'égard de κατεξανάστησις, il est vrai que ce mot ne se rencontre nulle part dans les auteurs grecs; mais le sens que je lui donne est celui, à mon avis, qui lui convient le mieux; et lorsque je puis trouver un sens au mot d'un auteur, je n'aime point à corriger le texte. (BOIL.)

nir nous en dure et ne s'efface qu'avec peine. En un mot, figurez-vous qu'une chose est véritablement sublime, quand vous voyez qu'elle plaît universellement, et dans toutes ses parties. Car lorsqu'en un grand nombre de personnes différentes de profession et d'âge, et qui n'ont aucun rapport ni d'humeurs, ni d'inclinations, tout le monde vient à être frappé également de quelque endroit d'un discours[1], ce jugement et cette approbation uniforme de tant d'esprits si discordants d'ailleurs, est une preuve certaine et indubitable qu'il y a là du merveilleux et du grand.

## CHAPITRE VI.

### Des cinq sources du grand.

Il y a, pour ainsi dire, cinq sources principales du sublime : mais ces cinq sources présupposent, comme pour fondement commun, *une faculté de bien parler;* sans quoi tout le reste n'est rien.

Cela posé, la première et la plus considérable est *une certaine élévation d'esprit, qui nous fait penser heureusement les choses,* comme nous l'avons déjà montré dans nos commentaires sur Xénophon.

La seconde consiste dans le *pathétique* : j'entends par *pathétique* cet enthousiasme et cette véhémence naturelle qui touche et qui émeut. Au reste, à l'égard de ces deux premières, elles doivent presque tout à la nature ; il faut qu'elles naissent en nous, au lieu que les autres dépendent de l'art en partie.

La troisième n'est autre chose que les *figures tournées d'une certaine manière.* Or les figures sont de deux sortes : les figures de pensée, et les figures de diction.

Nous mettons pour la quatrième *la noblesse de l'expression,* qui a deux parties : le choix des mots, et la diction élégante et figurée.

Pour la cinquième, qui est celle, à proprement parler, qui produit le grand, et qui renferme en soi toutes les autres, c'est *la composition et l'arrangement des paroles dans toute leur magnificence et leur dignité.*

Examinons maintenant ce qu'il y a de remarquable dans chacune de ces espèces en particulier ; mais nous avertirons en passant que Cécilius en a oublié quelques-unes, et entre autres le pathétique. Et certainement, s'il l'a fait pour avoir cru que le sublime et le pathétique naturellement n'allaient jamais l'un sans l'autre, et ne faisaient qu'un, il se trompe,

[1] Λόγων ἕν τι, c'est ainsi que tous les interprètes de Longin ont joint ces mots. M. Dacier les arrange d'une autre sorte : mais je doute qu'il ait raison. (BOIL.)

puisqu'il y a des passions qui n'ont rien de grand, et qui ont même quelque chose de bas, comme l'affliction, la peur, la tristesse ; et qu'au contraire il se rencontre quantité de choses grandes et sublimes, où il n'entre point de passion. Tel est entre autres ce que dit Homère avec tant de hardiesse, en parlant des Aloïdes[1] :

Pour détrôner les dieux, leur vaste ambition
Entreprit d'entasser Ossa sur Pélion.

Ce qui suit est encore bien plus fort.

Ils l'eussent fait sans doute, etc.

Et dans la prose, les panégyriques, et tous ces discours qui ne se font que pour l'ostentation, ont partout du grand et du sublime, bien qu'il n'y entre point de passion pour l'ordinaire. De sorte que même entre les orateurs, ceux-là communément sont les moins propres pour le panégyrique, qui sont les plus pathétiques ; et au contraire ceux qui réussissent le mieux dans le panégyrique s'entendent assez mal à toucher les passions.

Que si Cécilius s'est imaginé que le pathétique en général ne contribuait point au grand, et qu'il était par conséquent inutile d'en parler, il ne s'abuse pas moins. Car j'ose dire qu'il n'y a peut-être rien qui relève davantage un discours qu'un beau mouvement, et une passion poussée à propos. En effet, c'est comme une espèce d'enthousiasme et de fureur noble, qui anime l'oraison, et qui lui donne un feu et une vigueur toute divine.

## CHAPITRE VII.

### De la sublimité dans les pensées.

Bien que des cinq parties dont j'ai parlé, la première et la plus considérable, je veux dire cette *élévation d'esprit naturelle,* soit plutôt un présent du ciel qu'une qualité qui se puisse acquérir, nous devons, autant qu'il nous est possible, nourrir notre esprit au grand, et le tenir toujours plein et enflé, pour ainsi dire, d'une certaine fierté noble et généreuse.

Que si on demande comme il s'y faut prendre,

[1] C'étaient des géants qui croissaient tous les ans d'une coudée en largeur, et d'une aune en longueur. Ils n'avaient pas encore quinze ans, lorsqu'ils se mirent en état d'escalader le ciel. Ils se tuèrent l'un l'autre, par l'adresse de Diane. *Odyss.* l. XI, v. 310. Aloeus était fils de Titan et de la Terre. Sa femme s'appelait Iphimédie ; elle fut violée par Neptune, dont elle eut deux enfants, Otus et Éphialte, qui furent appelés Aloïdes, à cause qu'ils furent nourris et élevés chez Aloeus, comme ses enfants. Virgile en a parlé dans le livre sixième de l'*Énéide,* v. 582.

Illic et Aloïdas geminos immania vidi
Corpora. (BOIL.)

j'ai déjà écrit ailleurs que cette élévation d'esprit était une image de la grandeur d'âme : et c'est pourquoi nous admirons quelquefois la seule pensée d'un homme, encore qu'il ne parle point, à cause de cette grandeur de courage que nous voyons. Par exemple, le silence d'Ajax aux enfers, dans l'Odyssée[1]; car ce silence a je ne sais quoi de plus grand que tout ce qu'il aurait pu dire.

La première qualité donc qu'il faut supposer en un véritable orateur, c'est qu'il n'ait point l'esprit rampant. En effet, il n'est pas possible qu'un homme qui n'a toute sa vie que des sentiments et des inclinations basses et serviles, puisse jamais rien produire qui soit merveilleux, ni digne de la postérité. Il n'y a vraisemblablement que ceux qui ont de hautes et de solides pensées, qui puissent faire des discours élevés ; et c'est particulièrement aux grands hommes qu'il échappe de dire des choses extraordinaires. Voyez, par exemple[2], ce que répondit Alexandre, quand Darius lui offrit la moitié de l'Asie avec sa fille en mariage. *Pour moi*, lui disait Parménion, *si j'étais Alexandre, j'accepterais ces offres. Et moi aussi*, répliqua ce prince, *si j'étais Parménion.* N'est-il pas vrai qu'il fallait être Alexandre pour faire cette réponse ?

Et c'est en cette partie qu'a principalement excellé Homère, dont les pensées sont toutes sublimes : comme on le peut voir dans la description de la déesse Discorde, qui a, dit-il,

La tête dans les cieux, et les pieds sur la terre[3].

Car on peut dire que cette grandeur qu'il lui donne est moins la mesure de la Discorde que de la capacité et de l'élévation de l'esprit d'Homère. Hésiode a mis un vers bien différent de celui-ci dans son *Bouclier*, s'il est vrai que ce poëme soit de lui, quand il dit, à propos de la déesse des ténèbres :

Une puante humeur lui coulait des narines[4].

En effet, il ne rend pas proprement cette déesse terrible, mais odieuse et dégoûtante. Au contraire, voyez quelle majesté Homère donne aux dieux :

Autant qu'un homme, assis au rivage des mers[5],
Voit d'un roc élevé d'espace dans les airs :
Autant des immortels les coursiers intrépides
En franchissent d'un saut, etc.

Il mesure l'étendue de leur saut à celle de l'univers. Qui est-ce donc qui ne s'écrierait avec raison, en voyant la magnificence de cette hyperbole, que si les chevaux des dieux voulaient faire un second saut, ils ne trouveraient pas assez d'espace dans le monde ? Ces peintures aussi qu'il fait du combat des dieux, ont quelque chose de fort grand, quand il dit :

Le ciel en retentit, et l'Olympe en trembla[1].

Et ailleurs :

L'enfer s'émeut au bruit de Neptune en furie[2].
Pluton sort de son trône, il pâlit, il s'écrie,
Il a peur que ce dieu, dans cet affreux séjour,
D'un coup de son trident ne fasse entrer le jour ;
Et, par le centre ouvert de la terre ébranlée,
Ne fasse voir du Styx la rive désolée ;
Ne découvre aux vivants cet empire odieux,
Abhorré des mortels, et craint même des dieux.

Voyez-vous, mon cher Térentianus, la terre ouverte jusqu'en son centre, l'enfer prêt à paraître, et toute la machine du monde sur le point d'être détruite et renversée, pour montrer que, dans ce combat, le ciel, les enfers, les choses mortelles et immortelles, tout enfin combattait avec les dieux, et qu'il n'y avait rien dans la nature qui ne fût en danger ? Mais il faut prendre toutes ces pensées dans un sens allégorique ; autrement elles ont je ne sais quoi d'affreux, d'impie et de peu convenable à la majesté des dieux. Et pour moi, lorsque je vois dans Homère les plaies, les ligues, les supplices, les larmes, les emprisonnements des dieux, et tous ces autres accidents où ils tombent sans cesse, il me semble qu'il s'est efforcé, autant qu'il a pu, de faire des dieux de ces hommes qui furent au siège de Troie ; et qu'au contraire, des dieux mêmes il en a fait des hommes. Encore les fait-il de pire condition : car à l'égard de nous, quand nous sommes malheureux, au moins avons-nous la mort, qui est comme un port assuré pour sortir de nos misères : au lieu qu'en représentant les dieux de cette sorte, il ne les rend pas proprement immortels, mais éternellement misérables.

Il a donc bien mieux réussi, lorsqu'il nous a peint un dieu tel qu'il est dans toute sa majesté et sa grandeur, et sans mélange des choses terrestres comme dans cet endroit qui a été remarqué par plusieurs avant moi, où il dit, en parlant de Neptune :

Neptune ainsi marchant dans ces vastes campagnes[3],
Fait trembler sous ses pieds et forêts et montagnes.

Et dans un autre endroit :

Il attèle son char, et, montant fièrement[4],
Lui fait fendre les flots de l'humide élément.

---

[1] C'est dans le onzième livre de l'*Odyssée*, v. 511, où Ulysse fait des soumissions à Ajax ; mais Ajax ne daigne pas lui répondre. (BOIL.)
[2] Tout ceci jusqu'à « cette grandeur qu'il lui donne, » etc. est suppléé au texte grec, qui est défectueux en cet endroit. (BOIL.)
[3] *Iliad.* liv. IV, v. 443.
[4] Vers 267.
[5] *Iliad.* liv. V, v. 770. (BOIL.)

[1] *Iliad.* liv. XXI, v. 388.
[2] *Ibid.* liv. XX, v. 61. (BOIL.)
[3] *Ibid.* liv. XIII, v. 18. (BOIL.)
[4] *Ibid.* liv. V, v. 25. (BOIL.)

Dès qu'on le voit marcher sur ces liquides plaines,
D'aise on entend sauter les pesantes baleines.
L'eau frémit sous le dieu qui lui donne la loi [1],
Et semble avec plaisir reconnaître son roi.
Cependant le char vole, etc.

Ainsi le législateur des Juifs, qui n'était pas un homme ordinaire, ayant fort bien conçu la grandeur et la puissance de Dieu, l'a exprimée dans toute sa dignité, au commencement de ses lois, par ces paroles, *Dieu dit : Que la lumière se fasse, et la lumière se fit ; Que la terre se fasse, la terre fut faite.*

Je pense, mon cher Térentianus, que vous ne serez pas fâché que je vous rapporte encore ici un passage de ce poëte, quand il parle des hommes, afin de vous faire voir combien Homère est héroïque lui-même en peignant le caractère d'un héros. Une épaisse obscurité avait couvert tout d'un coup l'armée des Grecs, et les empêchait de combattre. En cet endroit, Ajax, ne sachant plus quelle résolution prendre, s'écrie :

Grand dieu, chasse la nuit qui nous couvre les yeux,
Et combats contre nous à la clarté des cieux [2].

Voilà les véritables sentiments d'un guerrier tel qu'Ajax. Il ne demande pas la vie ! un héros n'était pas capable de cette bassesse : mais comme il ne voit point d'occasion de signaler son courage au milieu de l'obscurité, il se fâche de ne point combattre : il demande donc en hâte que le jour paraisse, pour faire au moins une fin digne de son grand cœur, quand il devrait avoir à combattre Jupiter même. En effet, Homère, en cet endroit, est comme un vent favorable qui seconde l'ardeur des combattants. Car il ne se remue pas avec moins de violence, que s'il était épris aussi de fureur.

Tel que Mars en courroux au milieu des batailles [3] :
Ou comme on voit un feu, jetant partout l'horreur,
Au travers des forêts promener sa fureur.
De colère il écume, etc.

Mais je vous prie de remarquer, pour plusieurs raisons, combien il est affaibli dans son *Odyssée*, où il fait voir en effet que c'est le propre d'un grand esprit, lorsqu'il commence à vieillir et à décliner, de se plaire aux contes et aux fables. Car, qu'il ait composé l'Odyssée depuis l'Iliade, j'en pourrais donner plusieurs preuves. Et premièrement il est certain qu'il y a quantité de choses dans l'Odyssée, qui ne sont que la suite des malheurs qu'on lit dans l'Iliade, et qu'il a transportées dans ce dernier ouvrage, comme autant d'épisodes de la guerre de Troie. Ajoutez que les accidents [1] qui arrivent dans l'Iliade sont déplorés souvent par les héros de l'Odyssée, comme des malheurs connus et arrivés il y a déjà longtemps. Et c'est pourquoi l'Odyssée n'est, à proprement parler, que l'épilogue de l'Iliade.

Là gît le grand Ajax, et l'invincible Achille ;
Là de ses ans Patrocle a vu borner le cours ;
Là mon fils, mon cher fils a terminé ses jours [2].

De là vient, à mon avis, que comme Homère a composé son Iliade durant que son esprit était en sa plus grande vigueur, tout le corps de son ouvrage est dramatique et plein d'action ; au lieu que la meilleure partie de l'*Odyssée* se passe en narrations, qui est le génie de la vieillesse ; tellement qu'on le peut comparer, dans ce dernier ouvrage, au soleil quand il se couche, qui a toujours sa même grandeur, mais qui n'a plus tant d'ardeur ni de force. En effet, il ne parle plus du même ton ; on n'y voit plus ce sublime de l'Iliade, qui marche partout d'un pas égal, sans que jamais il s'arrête ni se repose. On n'y remarque point cette foule de mouvements et de passions entassées les unes sur les autres. Il n'a plus cette même force ; et, s'il faut ainsi parler, cette même volubilité de discours, si propre pour l'action, et mêlée de tant d'images naïves des choses. Nous pouvons dire que c'est le reflux de son esprit, qui, comme un grand océan, se retire et déserte ses rivages. A tout propos il s'égare dans des imaginations [3] et des fables incroyables. Je n'ai pas oublié pourtant les descriptions des tempêtes qu'il fait, les aventures qui arrivent à Ulysse chez Polyphème, et quelques autres endroits qui sont sans doute fort beaux. Mais cette vieillesse dans Homère, après tout, c'est la vieillesse d'Homère : joint qu'en tous

---

[1] Il y a dans le grec, que « l'eau, en voyant Neptune, se « ridait, et semblait sourire de joie. » Mais cela serait trop dur en notre langue. Au reste, j'ai cru que, « l'eau reconnaît, son roi, » serait quelque chose de plus sublime que de mettre comme il y a dans le grec, que « les baleines reconnaissent leur roi. » J'ai tâché, dans les passages qui sont rapportés d'Homère, à enchérir sur lui, plutôt que de le suivre trop scrupuleusement à la piste. (BOIL.)

[2] *Iliad.* liv. XVII, v. 645. — Il y a dans Homère : « Et « après cela, fais-nous périr si tu veux à la clarté des cieux. » Mais cela aurait été faible en notre langue, et n'aurait pas si bien mis en jour la remarque de Longin, que, *et combats contre nous*, etc. Ajoutez que de dire à Jupiter : *Combats contre nous*, c'est presque la même chose que *fais-nous périr*, puisque dans un combat contre Jupiter, on ne saurait éviter de périr. (BOIL.)

[3] *Iliad.* liv. XV, v. 560. (BOIL.)

[1] La remarque de M. Dacier sur cet endroit est fort savante et fort subtile ; mais je m'en tiens toujours à mon sens. (BOIL.) — Voyez ci-après les notes de M. Dacier.

[2] Ce sont des paroles de Nestor dans l'*Odyssée*, liv. III, v. 109. (BOIL.)

[3] Voilà, à mon avis, le véritable sens de πλάνος. Car pour ce qui est de dire qu'il n'y a pas d'apparence que Longin ait accusé Homère de tant d'absurdités, cela n'est pas vrai, puisque à quelques lignes de là il entre même dans le détail de ces absurdités. Au reste, quand il dit, *des fables incroyables*, il n'entend point des fables qui ne sont point vraisemblables ; mais des fables qui ne sont point vraisemblablement contées, comme la disette d'Ulysse, qui fut dix jours sans manger. (BOIL.)

ces endroits-là il y a beaucoup plus de fable et de narration que d'action.

Je me suis étendu là-dessus, comme j'ai déjà dit, afin de vous faire voir que les génies naturellement les plus élevés tombent quelquefois dans la badinerie, quand la force de leur esprit vient à s'éteindre. Dans ce rang on doit mettre ce qu'il dit du sac où Éole enferma les vents, et des compagnons d'Ulysse changés par Circé en pourceaux, que Zoïle appelle de *petits cochons larmoyants*. Il en est de même des colombes qui nourrirent Jupiter comme un pigeon, de la disette d'Ulysse, qui fut dix jours sans manger après son naufrage, et de toutes ces absurdités qu'il conte du meurtre des amants de Pénélope. Car tout ce qu'on peut dire à l'avantage de ces fictions, c'est que ce sont d'assez beaux songes, et, si vous voulez, des songes de Jupiter même. Ce qui m'a encore obligé à parler de l'Odyssée, c'est pour vous montrer que les grands poëtes et les écrivains célèbres, quand leur esprit manque de vigueur pour le pathétique, s'amusent ordinairement à peindre les mœurs. C'est ce que fait Homère quand il décrit la vie que menaient les amants de Pénélope dans la maison d'Ulysse. En effet, toute cette description est proprement une espèce de comédie, où les différents caractères des hommes sont peints.

## CHAPITRE VIII.

De la sublimité qui se tire des circonstances.

Voyons si nous n'avons point encore quelque autre moyen par où nous puissions rendre un discours sublime. Je dis donc que, comme naturellement rien n'arrive au monde qui ne soit toujours accompagné de certaines circonstances, ce sera un secret infaillible pour arriver au grand, si nous savons faire à propos le choix des plus considérables, et si en les liant bien ensemble nous en formons comme un corps. Car d'un côté ce choix, et de l'autre cet amas de circonstances choisies, attachent fortement l'esprit.

Ainsi, quand Sapho veut exprimer les fureurs de l'amour, elle ramasse de tous côtés les accidents qui suivent et qui accompagnent en effet cette passion. Mais où son adresse paraît principalement, c'est à choisir de tous ces accidents ceux qui marquent davantage l'excès et la violence de l'amour, et à bien lier tout cela ensemble.

Heureux qui, près de toi, pour toi seule soupire;
Qui jouit du plaisir de t'entendre parler;
Qui te voit quelquefois doucement lui sourire!
Les dieux dans son bonheur peuvent-ils l'égaler?

Je sens de veine en veine une subtile flamme
Courir par tout mon corps sitôt que je te vois;

Et dans les doux transports où s'égare mon âme,
Je ne saurais trouver de langue ni de voix.

Un nuage confus se répand sur ma vue;
Je n'entends plus; je tombe en de douces langueurs,
Et, pâle [1], sans haleine, interdite, éperdue,
Un frisson me saisit [2], je tombe, je me meurs.

Mais quand on n'a plus rien, il faut tout hasarder, etc.

N'admirez-vous point comment elle ramasse toutes ces choses, l'âme, le corps, l'ouïe, la langue, la vue, la couleur, comme si c'étaient autant de personnes différentes et prêtes à expirer? Voyez de combien de mouvements contraires elle est agitée. Elle gèle, elle brûle, elle est folle, elle est sage; ou elle est entièrement hors d'elle-même [3], ou elle va mourir. En un mot, on dirait qu'elle n'est pas éprise d'une simple passion, mais que son âme est un rendez-vous de toutes les passions. Et c'est en effet ce qui arrive à ceux qui aiment. Vous voyez donc bien, comme j'ai déjà dit, que ce qui fait la principale beauté de son discours, ce sont toutes ces grandes circonstances marquées à propos et ramassées avec choix. Ainsi quand Homère veut faire la description d'une tempête, il a soin d'exprimer tout ce qui peut arriver de plus affreux dans une tempête; car, par exemple, l'auteur [4] du poëme des *Arimaspiens* [5] pense dire des choses fort étonnantes, quand il s'écrie:

O prodige étonnant! ô fureur incroyable!
Des hommes insensés, sur de frêles vaisseaux,
S'en vont loin de la terre habiter sur les eaux;
Et suivant sur la mer une route incertaine,
Courent chercher bien loin le travail et la peine:
Ils ne goûtent jamais de paisible repos,
Ils ont les yeux au ciel, et l'esprit sur les flots;
Et les bras étendus, les entrailles émues,
Ils font souvent aux dieux des prières perdues.

Cependant il n'y a personne, comme je pense, qui ne voie bien que ce discours est en effet plus fardé et plus fleuri que grand et sublime. Voyons donc comment fait Homère, et considérons cet endroit entre plusieurs autres:

Comme l'on voit les flots soulevés par l'orage [6],

---

[1] Le grec ajoute, *comme l'herbe*; mais cela ne se dit point en français. (BOIL.)
[2] Il y a dans le grec, *une sueur froide;* mais le mot de *sueur* en français ne peut jamais être agréable, et laisse une vilaine idée à l'esprit. (BOIL.)
[3] C'est ainsi que j'ai traduit φοβεῖται, et c'est ainsi qu'il le faut entendre, comme je le prouverai aisément, s'il est nécessaire. Horace, qui est amoureux des hellénismes, emploie le mot de *metus* en ce même sens dans l'ode *Bacchum in remotis*, quand il dit : *Evoë recenti mens trepidat metu;* car cela veut dire, « Je suis encore plein de la sainte horreur du « dieu qui m'a transporté. » (BOIL.)
[4] Aristée. (BOIL.)
[5] C'étaient des peuples de Scythie. (BOIL.)
[6] *Iliade*, liv. XV, v. 624. (BOIL.)

Fondre sur un vaisseau qui s'oppose à leur rage ;
Le vent avec fureur dans les voiles frémit ;
La mer blanchit d'écume, et l'air au loin gémit ;
Le matelot troublé, que son art abandonne,
Croit voir dans chaque flot la mort qui l'environne.

Aratus a tâché d'enchérir sur ce dernier vers, en disant :

Un bois mince et léger les défend de la mort.

Mais en fardant ainsi cette pensée, il l'a rendue basse et fleurie, de terrible qu'elle était. Et puis renfermant tout le péril dans ces mots,

Un bois mince et léger les défend de la mort,

il l'éloigne et le diminue plutôt qu'il ne l'augmente. Mais Homère ne met pas pour une seule fois devant les yeux le danger où se trouvent les matelots ; il les représente, comme en un tableau, sur le point d'être submergés à tous les flots qui s'élèvent, et imprime jusque dans ses mots [1] et ses syllabes l'image du péril. Archiloque ne s'est point servi d'autre artifice dans la description de son naufrage, non plus que Démosthène dans cet endroit où il décrit le trouble des Athéniens, à la nouvelle de la prise d'Élatée, quand il dit : *Il était déjà fort tard*, etc. [2]. Car ils n'ont fait tous deux que trier, pour ainsi dire, et ramasser soigneusement les grandes circonstances, prenant garde à ne point insérer dans leurs discours des particularités basses et superflues, ou qui sentissent l'école. En effet, de trop s'arrêter aux petites choses, cela gâte tout : et c'est comme du moellon ou des plâtres qu'on aurait arrangés et comme entassés les uns sur les autres, pour élever un bâtiment.

## CHAPITRE IX.

De l'Amplification.

Entre les moyens dont nous avons parlé, qui contribuent au sublime, il faut aussi donner rang à ce qu'ils appellent *amplification*. Car quand la nature des sujets qu'on traite, ou des causes qu'on plaide, demande des périodes plus étendues et composées de plus de membres, on peut s'élever par degrés, de telle sorte qu'un mot enchérisse toujours sur l'autre. Et cette adresse peut beaucoup servir, ou pour traiter quelque lieu d'un discours, ou pour exagérer, ou pour confirmer, ou pour mettre en jour un fait, ou pour manier une passion. En effet, l'amplification se peut diviser en un nombre infini d'espèces : mais l'orateur doit savoir que pas une de ces espèces n'est parfaite de soi, s'il n'y a du grand et du sublime, si ce n'est lorsqu'on cherche à émouvoir la pitié, ou que l'on veut ravaler le prix de quelque chose. Partout ailleurs, si vous ôtez à l'amplification ce qu'il y a de grand, vous lui arrachez, pour ainsi dire, l'âme du corps. En un mot, dès que cet appui vient à lui manquer, elle languit, et n'a plus ni force ni mouvement. Maintenant, pour plus grande netteté, disons en peu de mots la différence qu'il y a de cette partie à celle dont nous avons parlé dans le chapitre précédent, et qui, comme j'ai dit, n'est autre chose qu'un amas de circonstances choisies, que l'on réunit ensemble : et voyons par où l'amplification en général diffère du grand et du sublime.

## CHAPITRE X.

Ce que c'est qu'Amplification.

Je ne saurais approuver la définition que lui donnent les maîtres de l'art. L'amplification, disent-ils, est un *Discours qui augmente et qui agrandit les choses*. Car cette définition peut convenir tout de même au sublime, au pathétique et aux figures, puisqu'elles donnent toutes au discours je ne sais quel caractère de grandeur. Il y a pourtant bien de la différence. Et premièrement, le sublime consiste dans la hauteur et l'élévation ; au lieu que l'amplification consiste aussi dans la multitude des paroles. C'est pourquoi le sublime se trouve quelquefois dans une simple pensée : mais l'amplification ne subsiste

---

[1] Il y a dans le grec, « et joignant par force ensemble des « prépositions qui naturellement n'entrent point dans une « même composition, ὑπ' ἐκ θανάτοιο, par cette violence « qu'il leur fait, il donne à son vers le mouvement même de « la tempête, et exprime admirablement la passion ; car, par « la rudesse de ces syllabes qui se heurtent l'une l'autre, il « imprime jusque dans ses mots l'image du péril, ὑπ' ἐκ θα- « νάτοιο φέρονται. Mais j'ai passé tout cela, parce qu'il est « entièrement attaché à langue grecque. (BOIL.)

[2] L'auteur n'a pas rapporté tout le passage, parce qu'il est un peu long. Il est tiré de l'oraison pour Ctésiphon. Le voici : « Il était déjà fort tard, lorsqu'un courrier vint apporter au « Prytanée la nouvelle que la ville d'Élatée était prise. Les « magistrats, qui soupaient dans ce moment, quittent aussitôt « la table. Les uns vont dans la place publique ; ils en chas- « sent les marchands, et, pour les obliger de se retirer, ils « brûlent les pieux des boutiques où ils étaient. Les autres « envoient avertir les officiers de l'armée ; on fait venir le hé- « raut public. Toute la ville est pleine de tumulte. Le lende- « main, dès le point du jour, les magistrats assemblent le sé- « nat. Cependant, Messieurs, vous couriez de toutes parts « dans la place publique ; et le sénat n'avait encore rien ordon- « né, que toute la peuple était déjà assis. Dès que les sénateurs « furent entrés, les magistrats firent leur rapport. On entend le « courrier. Il confirme la nouvelle. Alors le héraut commence à « crier : Quelqu'un veut-il haranguer le peuple? mais per- « sonne ne lui répond. Il a beau répéter la même chose « plusieurs fois, aucun ne se lève ; tous les officiers, tous les « orateurs étant présents aux yeux de la commune patrie, « dont on entendait la voix crier : N'y a-t-il personne qui ait « un conseil à me donner pour mon salut ? » (BOIL.)

que dans la pompe et dans l'abondance. L'amplification donc, pour en donner ici une idée générale, « est un accroissement de paroles, que l'on peut ti-« rer de toutes les circonstances particulières des « choses, et de tous les lieux de l'oraison, qui rem-« plit le discours et le fortifie, en appuyant sur ce « qu'on a déjà dit. » Ainsi elle diffère de la preuve, en ce qu'on emploie celle-ci pour prouver la question, au lieu que l'amplification ne sert qu'à étendre et à exagérer [1]....

La même différence, à mon avis, est entre Démosthène et Cicéron pour le grand et le sublime, autant que nous autres Grecs pouvons juger des ouvrages d'un auteur latin. En effet, Démosthène est grand en ce qu'il est serré et concis; et Cicéron au contraire en ce qu'il est diffus et étendu. On peut comparer ce premier, à cause de la violence, de la rapidité, de la force et de la véhémence avec laquelle il ravage, pour ainsi dire, et emporte tout, à une tempête, et à un foudre. Pour Cicéron, on peut dire, à mon avis, que, comme un grand embrasement, il dévore et consume tout ce qu'il rencontre, avec un feu qui ne s'éteint point, qu'il répand diversement dans ses ouvrages, et qui, à mesure qu'il s'avance, prend toujours de nouvelles forces. Mais vous pouvez mieux juger de cela que moi. Au reste, le sublime de Démosthène vaut sans doute bien mieux dans les exagérations fortes et dans les violentes passions, quand il faut, pour ainsi dire, étonner l'auditeur. Au contraire, l'abondance est meilleure, lorsqu'on veut, si j'ose me servir de ces termes, répandre une rosée agréable [2] dans les esprits. Et certainement un discours diffus est bien plus propre pour les lieux communs, les péroraisons, les digressions, et généralement pour tous ces discours qui se font dans le genre démonstratif. Il en est de même pour les histoires, les traités de physique, et plusieurs autres semblables matières.

## CHAPITRE XI.

### De l'Imitation.

Pour retourner à notre discours, Platon, dont le style ne laisse pas d'être fort élevé, bien qu'il coule sans être rapide et sans faire de bruit, nous a donné une idée de ce style, que vous ne pouvez ignorer, si vous avez lu les livres de sa *République*. « Ces « hommes malheureux, *dit-il quelque part* [1], qui ne « savent ce que c'est que de sagesse ni de vertu, et « qui sont continuellement plongés dans les festins « et dans la débauche, vont toujours de pis en pis, « et errent enfin toute leur vie. La vérité n'a point « pour eux d'attraits ni de charmes : ils n'ont jamais « levé les yeux pour la regarder; en un mot, ils « n'ont jamais goûté de pur ni de solide plaisir. Ils « sont comme des bêtes qui regardent toujours en « bas, et qui sont courbées vers la terre. Ils ne son-« gent qu'à manger et à repaître, qu'à satisfaire leurs « passions brutales; et dans l'ardeur de les rassa-« sier, ils regimbent, ils égratignent, ils se battent « à coups d'ongles et de cornes de fer, et périssent « à la fin par leur gourmandise insatiable. »

Au reste, ce philosophe nous a encore enseigné un autre chemin, si nous ne voulons point le négliger, qui nous peut conduire au sublime. Quel est ce chemin? C'est l'imitation et l'émulation des poëtes et des écrivains illustres qui ont vécu avant nous. Car c'est le but que nous devons toujours nous mettre devant les yeux.

Et certainement il s'en voit beaucoup que l'esprit d'autrui ravit hors d'eux-mêmes, comme on dit qu'une sainte fureur saisit la prêtresse d'Apollon sur le sacré trépied. Car on tient qu'il y a une ouverture en terre, d'où sort un souffle, une vapeur toute céleste, qui la remplit sur-le-champ d'une vertu divine, et lui fait prononcer des oracles. De même, ces grandes beautés que nous remarquons dans les ouvrages des anciens, sont comme autant de sources sacrées, d'où il s'élève des vapeurs heureuses qui se répandent dans l'âme de leurs imitateurs, et animent les esprits même naturellement les moins échauffés : si bien que dans ce moment ils sont comme ravis et emportés de l'enthousiasme d'autrui. Ainsi voyons-nous qu'Hérodote, et avant lui Stésichore et Archiloque, ont été grands imitateurs d'Homère. Platon néanmoins est celui de tous qui l'a le plus imité; car

---

[1] Cet endroit est fort défectueux. L'auteur, après avoir fait quelques remarques encore sur l'*Amplification*, venait ensuite à comparer deux orateurs dont on ne peut pas deviner les noms : il reste même dans le texte trois ou quatre lignes de cette comparaison, que j'ai supprimées dans la traduction, parce que cela aurait embarrassé le lecteur, et aurait été inutile, puisqu'on ne sait point qui sont ceux dont l'auteur parle. Voici pourtant les paroles qui en restent : « Celui-ci est plus « abondant et plus riche. On peut comparer son éloquence « à une grande mer qui occupe beaucoup d'espace, et se répand « en plusieurs endroits. L'un, à mon avis, est bien plus pa-« thétique, et a bien plus de feu et d'éclat. L'autre, demeurant « toujours dans une certaine gravité pompeuse, n'est pas froid « à la vérité, mais n'a pas aussi tant d'activité ni de mouve-« ment » Le traducteur latin a cru que ces paroles regardaient Cicéron et Démosthène; mais, à mon avis, il se trompe. (BOIL.)

[2] M. Lefèbvre et M. Dacier donnent à ce passage une interprétation fort subtile : mais je ne suis point de leur avis, et je rends ici le mot de καταντλῆσαι dans son sens le plus naturel, *arroser, rafraîchir*, qui est le propre du style abondant opposé au *style sec*. (BOIL.)

---

[1] *Dialogue* IX, p. 586, édition de H. Estienne. (BOIL.)

il a puisé dans ce poëte, comme dans une vive source, dont il a détourné un nombre infini de ruisseaux, et j'en donnerais des exemples, si Ammonius n'en avait déjà rapporté plusieurs [1].

Au reste, on ne doit point regarder cela comme un larcin, mais comme une belle idée qu'il a eue, et qu'il s'est formée sur les mœurs, l'invention et les ouvrages d'autrui. En effet, jamais, à mon avis, il n'eût mêlé tant de si grandes choses dans ses traités de philosophie, passant, comme il fait, du simple discours à des expressions et à des matières poétiques, s'il ne fût venu, pour ainsi dire, comme un nouvel athlète, disputer de toute sa force le prix d'Homère, c'est-à-dire, à celui qui avait déjà reçu les applaudissements de tout le monde. Car bien qu'il ne le fasse peut-être qu'avec un peu trop d'ardeur, et, comme on dit, les armes à la main, cela ne laisse pas néanmoins de lui servir beaucoup, puisqu'enfin, selon Hésiode,

La noble jalousie est utile aux mortels.

Et n'est-ce pas en effet quelque chose de bien glorieux et bien digne d'une âme noble, que de combattre pour l'honneur et le prix de la victoire, avec ceux qui nous ont précédés, puisque dans ces sortes de combat on peut même être vaincu sans honte?

## CHAPITRE XII.

### De la manière d'imiter.

Toutes les fois donc que nous voulons travailler à un ouvrage qui demande du grand et du sublime, il est bon de faire cette réflexion : Comment est-ce qu'Homère aurait dit cela? Qu'auraient fait Platon, Démosthène, ou Thucydide même, s'il est question d'histoire, pour écrire ceci en style sublime? Car ces grands hommes que nous nous proposons à imiter, se présentent de la sorte à notre imagination, nous servent comme de flambeau, et nous élèvent l'âme presque aussi haut que l'idée que nous avons conçue de leur génie, surtout si nous nous imprimons bien ceci en nous-mêmes : Que penseraient Homère ou Démosthène de ce que je dis, s'ils m'écoutaient, et quel jugement feraient-ils de moi? En effet, nous ne croirons pas avoir un médiocre prix à disputer, si nous pouvons nous figurer que nous allons, mais sérieusement, rendre compte de nos écrits devant un si célèbre tribunal, et sur un théâtre où nous avons de tels héros pour juges et pour témoins. Mais un motif encore plus puissant pour nous exciter,

c'est de songer au jugement que toute la postérité fera de nos écrits. Car si un homme, dans la défiance de ce jugement [1], a peur, pour ainsi dire, d'avoir dit quelque chose qui vive plus que lui; son esprit ne saurait jamais rien produire que des avortons aveugles et imparfaits, et il ne se donnera jamais la peine d'achever des ouvrages qu'il ne fait point pour passer jusqu'à la dernière postérité.

## CHAPITRE XIII.

### Des Images.

Ces *images*, que d'autres appellent *peintures*, ou *fictions*, sont aussi d'un grand artifice pour donner du poids, de la magnificence et de la force au discours. Ce mot d'*image* se prend en général pour toute pensée propre à produire une expression, et qui fait une peinture à l'esprit de quelque manière que ce soit. Mais il se prend encore dans un sens plus particulier et plus resserré, pour ces discours que l'on fait, « lorsque par un enthousiasme et un « mouvement extraordinaire de l'âme, il semble que « nous voyons les choses dont nous parlons, et « quand nous les mettons devant les yeux de ceux « qui écoutent. »

Au reste, vous devez savoir que les *images*, dans la rhétorique, ont tout un autre usage que parmi les poëtes. En effet, le but qu'on s'y propose dans la poésie, c'est l'étonnement et la surprise; au lieu que dans la prose, c'est de bien peindre les choses et de les faire voir clairement. Il y a pourtant cela de commun, qu'on tend à émouvoir en l'une et en l'autre rencontre.

Mère cruelle, arrête, éloigne de mes yeux
Ces filles de l'enfer, ces spectres odieux!
Ils viennent : je les vois : mon supplice s'apprête.
Quels horribles serpents leur sifflent sur la tête [2]!

Et ailleurs :

Où fuirai-je? Elle vient. Je la vois. Je suis mort [3].

Le poëte en cet endroit ne voyait pas les furies : cependant il en fait une image si naïve, qu'il les fait presque voir aux auditeurs. Et véritablement je ne saurais pas bien dire si Euripide est aussi heureux à exprimer les autres passions : mais pour ce qui regarde l'amour et la fureur, c'est à quoi il s'est

---

[1] Il y a dans le grec, εἰ μὴ τὰ ὑπ' Ἰνδοὺς καὶ οἱ περὶ Ἀμμένιον. Mais cet endroit vraisemblablement est corrompu. Car quel rapport peuvent avoir les Indiens au sujet dont il s'agit ici?

[1] C'est ainsi qu'il faut entendre ce passage. Le sens que lui donne M. Dacier s'accommode assez bien au grec : mais il fait dire une chose de mauvais sens à Longin, puisqu'il n'est point vrai qu'un homme qui se défie que ses ouvrages aillent à la postérité, ne produira jamais rien qui en soit digne, et qu'au contraire cette défiance même lui fera faire des efforts pour mettre ses ouvrages en état d'y passer avec éloge. (BOIL.)
[2] Paroles d'Euripide, dans son *Oreste*, v. 255. (BOIL.)
[3] Euripide, *Iphigénie en Tauride*, v. 290. (BOIL.)

étudié particulièrement, et il y a fort bien réussi. Et même en d'autres rencontres il ne manque pas quelquefois de hardiesse à peindre les choses. Car bien que son esprit de lui-même ne soit pas porté au grand, il corrige son naturel, et le force d'être tragique et relevé, principalement dans les grands sujets ; de sorte qu'on lui peut appliquer ces vers du poëte :

> A l'aspect du péril, au combat il s'anime ;
> Et le poil hérissé, les yeux étincelants[1] ;
> De sa queue il se bat les côtés et les flancs[2].

Comme on le peut remarquer dans cet endroit, où le soleil parle ainsi à Phaéton, en lui mettant entre les mains les rênes de ses chevaux :

> Prends garde qu'une ardeur trop funeste à ta vie
> Ne t'emporte au-dessus de l'aride Libye.
> Là, jamais d'aucune eau le sillon arrosé
> Ne rafraîchit mon char dans sa course embrasé[3].

Et dans ces vers suivants :

> Aussitôt devant toi s'offriront sept étoiles :
> Dresse par là ta course, et suis le droit chemin.
> Phaéton, à ces mots, prend les rênes en main ;
> De ses chevaux ailés il bat les flancs agiles,
> Les coursiers du soleil à sa voix sont dociles.
> Ils vont : le char s'éloigne, et, plus prompt qu'un éclair,
> Pénètre en un moment les vastes champs de l'air.
> Le père cependant, plein d'un trouble funeste,
> Le voit rouler de loin sur la plaine céleste ;
> Lui montre encor sa route, et, du plus haut des cieux[4],
> Le suit, autant qu'il peut, de la voix et des yeux.
> Va par là, lui dit-il ; reviens, détourne, arrête.

Ne diriez-vous pas que l'âme du poëte monte sur le char avec Phaéton, qu'elle partage tous ses périls, et qu'elle vole dans l'air avec les chevaux ? car s'il ne les suivait pas dans les cieux, s'il n'assistait à tout ce qui s'y passe, pourrait-il peindre la chose comme il fait ? Il en est de même de l'endroit de sa Cassandre[5] qui commence par

> Mais, ô braves Troyens, etc.

Eschyle a quelquefois aussi des hardiesses et des imaginations tout à fait nobles et héroïques, comme on le peut voir dans sa tragédie intitulée *Les Sept devant Thèbes*[6], où un courrier venant apporter à Étéocle la nouvelle de ces sept chefs, qui avaient tous impitoyablement juré, pour ainsi dire, leur propre mort, s'explique ainsi :

> Sur un bouclier noir sept chefs impitoyables
> Épouvantent les dieux de serments effroyables.
> Près d'un taureau mourant qu'ils viennent d'égorger,
> Tous, la main dans le sang, jurent de se venger.
> Ils en jurent la Peur, le dieu Mars et Bellone.

Au reste, bien que ce poëte, pour vouloir trop s'élever, tombe assez souvent dans des pensées rudes, grossières et mal polies, Euripide néanmoins, par une noble émulation, s'expose quelquefois aux mêmes périls. Par exemple, dans Eschyle, le palais de Lycurgue est ému, et entre en fureur à la vue de Bacchus :

> Le palais en fureur mugit à son aspect[1].

Euripide emploie cette même pensée d'une autre manière, en l'adoucissant néanmoins :

> La montagne à leurs cris répond en mugissant.

Sophocle n'est pas moins excellent à peindre les choses, comme on le peut voir dans la description qu'il nous a laissée d'OEdipe mourant, et s'ensevelissant lui-même au milieu d'une tempête prodigieuse : et dans cet autre endroit, où il dépeint l'apparition d'Achille sur son tombeau, dans le moment que les Grecs allaient lever l'ancre. Je doute néanmoins, pour cette apparition, que jamais personne en ait fait une description plus vive que Simonide. Mais nous n'aurions jamais fait, si nous voulions étaler ici tous les exemples que nous pourrions rapporter à ce propos.

Pour retourner à ce que nous disions, les *images* dans la poésie sont pleines ordinairement d'accidents fabuleux et qui passent toute sorte de croyance ; au lieu que dans la rhétorique le beau des *images* c'est de représenter la chose comme elle s'est passée, et telle qu'elle est dans la vérité. Car une invention poétique et fabuleuse, dans une oraison, traîne nécessairement avec soi des digressions grossières et hors de propos, et tombe dans une extrême absurdité. C'est pourtant ce que cherchent aujourd'hui nos orateurs ; ils voient quelquefois les furies, ces grands orateurs, aussi bien que les poëtes tragiques ; et les bonnes gens ne prennent pas garde que lorsque Oreste dit dans Euripide :

> Toi, qui dans les enfers me veux précipiter[2],
> Déesse, cesse enfin de me persécuter,

il ne s'imagine voir toutes ces choses, que parce qu'il n'est pas dans son bon sens. Quel est donc l'effet des *images* dans la rhétorique ? C'est qu'outre plusieurs

---

[1] J'ai ajouté ce vers, que j'ai pris dans le texte d'Homère. (BOIL.)
[2] *Iliad.* liv. XX, v. 170. (BOIL.)
[3] Euripide, dans son *Phaéton*, tragédie perdue. (BOIL.)
[4] Le grec porte, « au-dessus de la Canicule : ὄπισθε νῶτα « Σειρίου βεβώς, ἵππευε ; le Soleil à cheval mona au-dessus de « la Canicule. » Je ne vois pas pourquoi Rutgersius, ni M. Lefèbvre, veulent changer cet endroit, puisqu'il est fort clair, et ne veut dire autre chose, sinon que le soleil monta au-dessus de la Canicule, c'est-à-dire dans le centre du ciel, où les astrologues tiennent que cet astre est placé, et comme j'ai mis, « au « plus haut des cieux, » pour voir marcher Phaéton, et que de là lui criait encore : « Va par là, reviens, détourne, etc. » (BOIL.)
[5] Pièce perdue. (BOIL.)
[6] Vers 42. (BOIL.)

[1] *Lycurgue*, tragédie perdue. (BOIL.)
[2] *Oreste*, tragédie, v. 264. (BOIL.)

autres propriétés, elles ont cela, qu'elles animent et échauffent le discours, si bien qu'étant mêlées avec art dans les preuves, elles ne persuadent pas seulement, mais elles domptent, pour ainsi dire, elles soumettent l'auditeur. « Si un homme, dit un « orateur, a entendu un grand bruit devant le palais, « et qu'un autre en même temps vienne annoncer « que les prisons sont ouvertes et que les prison- « niers de guerre se sauvent, il n'y a point de vieil- « lard si chargé d'années, ni de jeune homme si « indifférent, qui ne coure de toute sa force au se- « cours. Que si quelqu'un, sur ces entrefaites, leur « montre l'auteur de ce désordre, c'est fait de ce « malheureux : il faut qu'il périsse sur-le-champ, « et on ne lui donne pas le temps de parler. »
Hypéride s'est servi de cet artifice dans l'oraison où il rend compte de l'ordonnance qu'il fit faire, après la défaite de Chéronée, qu'on donnerait la liberté aux esclaves. « Ce n'est point, dit-il, un ora- « teur qui a fait passer cette loi ; c'est la bataille, « c'est la défaite de Chéronée. » Au même temps qu'il prouve la chose par raison, il fait une *image*, et par cette proposition qu'il avance, il fait plus que persuader et que prouver. Car comme en toutes choses on s'arrête naturellement à ce qui brille et éclate davantage, l'esprit de l'auditeur est aisément entraîné par cette image qu'on lui présente au milieu d'un raisonnement, et qui, lui frappant l'imagination, l'empêche d'examiner de si près la force des preuves, à cause de ce grand éclat dont elle couvre et environne le discours. Au reste, il n'est pas extraordinaire que cela fasse cet effet en nous, puisqu'il est certain que de deux corps mêlés ensemble, celui qui a le plus de force attire toujours à soi la vertu et la puissance de l'autre. Mais c'est assez parlé de cette sublimité qui consiste dans les pensées, et qui vient, comme j'ai dit, ou de *la grandeur d'âme*, ou de *l'imitation*, ou de *l'imagination*.

## CHAPITRE XIV.

### Des Figures, et premièrement de l'Apostrophe.

Il faut maintenant parler des figures, pour suivre l'ordre que nous nous sommes prescrit. Car, comme j'ai dit, elles ne font pas une des moindres parties du sublime, lorsqu'on leur donne le tour qu'elles doivent avoir. Mais ce serait un ouvrage de trop longue haleine, pour ne pas dire infini, si nous voulions faire ici une exacte recherche de toutes les figures qui peuvent avoir place dans le discours. C'est pourquoi nous nous contenterons d'en parcourir quelques-unes des principales, je veux dire celles qui contribuent le plus au sublime, seulement afin de faire voir que nous n'avançons rien que de vrai. Démosthène veut justifier sa conduite, et prouver aux Athéniens qu'ils n'ont point failli en livrant bataille à Philippe. Quel était l'air naturel d'énoncer la chose? « Vous n'avez point failli, pouvait-il dire, « messieurs, en combattant au péril de vos vies pour « la liberté et le salut de toute la Grèce : et vous en « avez des exemples qu'on ne saurait démentir. Car « on ne peut pas dire que ces grands hommes aient « failli, qui ont combattu pour la même cause dans « les plaines de Marathon, à Salamine, et devant « Platée. » Mais il en use bien d'une autre sorte, et tout d'un coup, comme s'il était inspiré d'un dieu, et possédé de l'esprit d'Apollon même, il s'écrie [1] en jurant par ces vaillants défenseurs de la Grèce : « Non, messieurs, non, vous n'avez point failli : « j'en jure par les mânes de ces grands hommes qui « ont combattu pour la même cause dans les plaines « de Marathon. » Par cette seule forme de serment, que j'appellerai ici *Apostrophe*, il déifie ces anciens citoyens dont il parle, et montre en effet qu'il faut regarder tous ceux qui meurent de la sorte comme autant de dieux, par le nom desquels on doit jurer. Il inspire à ses juges l'esprit et les sentiments de ces illustres morts ; et changeant l'air naturel de la preuve en cette grande et pathétique manière d'affirmer par des serments si extraordinaires, si nouveaux et si dignes de foi, il fait entrer dans l'âme de ses auditeurs comme une espèce de contre-poison et d'antidote, qui en chasse toutes les mauvaises impressions. Il leur élève le courage par des louanges. En un mot, il leur fait concevoir qu'ils ne doivent pas moins s'estimer de la bataille qu'ils ont perdue contre Philippe que des victoires qu'ils ont remportées à Marathon et à Salamine ; et par tous ces différents moyens, renfermés dans une seule figure, il les entraîne dans son parti. Il y en a pourtant qui prétendent que l'original de ce serment se trouve dans Eupolis, quand il dit :

On ne me verra plus affligé de leur joie :
J'en jure mon combat aux champs de Marathon..

Mais il n'y a pas grande finesse à jurer simplement. Il faut voir où, comment, en quelle occasion, et pourquoi on le fait. Or, dans le passage de ce poëte, il n'y a rien autre chose qu'un simple serment. Car il parle aux Athéniens heureux, et dans un temps où ils n'avaient pas besoin de consolation. Ajoutez que dans ce serment il ne jure pas, comme Démosthène, par des hommes qu'il rende immortels, et ne songe point à faire naître dans l'âme des Athéniens des sentiments dignes de la vertu de leurs

[1] *De coronâ*, p. 343, édit. Basil. (BOIL.)

ancêtres : vu qu'au lieu de jurer par le nom de ceux qui avaient combattu, il s'amuse à jurer par une chose inanimée, telle qu'est un combat. Au contraire, dans Démosthène ce serment est fait directement pour rendre le courage aux Athéniens vaincus, et pour empêcher qu'ils ne regardassent dorénavant comme un malheur la bataille de Chéronée. De sorte que, comme j'ai déjà dit, dans cette seule figure il leur prouve par raison qu'ils n'ont point failli; il leur en fournit un exemple, il le leur confirme par des serments; il fait leur éloge, il les exhorte à la guerre.

Mais comme on pouvait répondre à notre orateur : Il s'agit de la bataille que nous avons perdue contre Philippe, durant que vous maniez les affaires de la république, et vous jurez par les victoires que nos ancêtres ont remportées. Afin donc de marcher sûrement, il a soin de régler ses paroles, et n'emploie que celles qui lui sont avantageuses, faisant voir que même dans les plus grands emportements il faut être sobre et retenu. En parlant donc de ces victoires de leurs ancêtres, il dit : « Ceux qui ont combattu par terre à Marathon, et « par mer à Salamine; ceux qui ont donné bataille « près d'Artémise et de Platée. » Il se garde bien de dire, *ceux qui ont vaincu.* Il a soin de taire l'événement, qui avait été aussi heureux en toutes ces batailles que funeste à Chéronée, et prévient même l'auditeur, en poursuivant ainsi : « Tous ceux, « ô Eschine! qui sont péris en ces rencontres ont « été enterrés aux dépens de la république, et non « pas seulement ceux dont la fortune a secondé la « valeur. »

## CHAPITRE XV.

Que les figures ont besoin du sublime pour les soutenir.

Il ne faut pas oublier ici une réflexion que j'ai faite, et que je vais vous expliquer en peu de mots. C'est que, si les figures naturellement soutiennent le sublime, le sublime de son côté soutient merveilleusement les figures; mais où et comment, c'est ce qu'il faut dire.

En premier lieu, il est certain qu'un discours où les figures sont employées toutes seules est de soi-même suspect d'adresse, d'artifice, et de tromperie, principalement lorsqu'on parle devant un juge souverain, et surtout si ce juge est un grand seigneur, comme un tyran, un roi, ou un général d'armée. Car il conçoit en lui-même une certaine indignation contre l'orateur, et ne saurait souffrir qu'un chétif rhétoricien entreprenne de le tromper, comme un enfant, par de grossières finesses. Il est même à craindre quelquefois que, prenant tout cet artifice pour une espèce de mépris, il ne s'effarouche entièrement : et bien qu'il retienne sa colère, et se laisse un peu amollir aux charmes du discours, il a toujours une forte répugnance à croire ce qu'on lui dit. C'est pourquoi il n'y a point de figure plus excellente que celle qui est tout à fait cachée, et lorsqu'on ne reconnaît point que c'est une figure. Or il n'y a point de secours ni de remède plus merveilleux pour l'empêcher de paraître que le sublime et le pathétique; parce que l'art, ainsi renfermé au milieu de quelque chose de grand et d'éclatant, a tout ce qui lui manquait, et n'est plus suspect d'aucune tromperie. Je ne vous en saurais donner un meilleur exemple que celui que j'ai déjà rapporté : « J'en jure « par les mânes de ces grands hommes, » etc. Comment est-ce que l'orateur a caché la figure dont il se sert? N'est-il pas aisé de reconnaître que c'est par l'éclat même de sa pensée? Car comme les moindres lumières s'évanouissent quand le soleil vient à éclairer, de même toutes ces subtilités de rhétorique disparaissent à la vue de cette grandeur qui les environne de tous côtés. La même chose, à peu près, arrive dans la peinture. En effet, que l'on colore plusieurs choses, également tracées sur un même plan, et qu'on y mette le jour et les ombres, il est certain que ce qui se présentera d'abord à la vue, ce sera le lumineux, à cause de son grand éclat, qui fait qu'il semble sortir hors du tableau, et s'approcher en quelque façon de nous. Ainsi le sublime et le pathétique, soit par une affinité naturelle qu'ils ont avec les mouvements de notre âme, soit à cause de leur brillant, paraissent davantage, et semblent toucher de plus près notre esprit que les figures dont ils cachent l'art, et qu'ils mettent comme à couvert.

## CHAPITRE XVI.

Des interrogations.

Que dirai-je des demandes et des interrogations? car qui peut nier que ces sortes de figures ne donnent beaucoup plus de mouvement, d'action et de force au discours? « Ne voulez-vous jamais faire « autre chose, dit Démosthène [1] aux Athéniens, « qu'aller par la ville vous demander les uns aux « autres : Que dit-on de nouveau? Eh que peut-on « vous apprendre de plus nouveau que ce que vous « voyez? Un homme de Macédoine se rend maître « des Athéniens, et fait la loi à toute la Grèce. « Philippe est-il mort? dira l'un. Non, répondra

[1] *Première Philippique*, p. 15, édit. de Bâle. (BOIL.)

« l'autre, il n'est que malade. Hé que vous importe, « messieurs, qu'il vive ou qu'il meure? Quand le Ciel « vous en aurait délivrés, vous vous feriez bientôt « vous-mêmes un autre Philippe. » Et ailleurs : « Em« barquons-nous pour la Macédoine. Mais où abor« derons-nous, dira quelqu'un, malgré Philippe? La « guerre même, messieurs, nous découvrira par où « Philippe est facile à vaincre. » S'il eût dit la chose simplement, son discours n'eût point répondu à la majesté de l'affaire dont il parlait : au lieu que par cette divine et violente manière de se faire des interrogations et de se répondre sur-le-champ à soi-même, comme si c'était une autre personne, non-seulement il rend ce qu'il dit plus grand et plus fort, mais plus plausible et plus vraisemblable. Le pathétique ne fait jamais plus d'effet que lorsqu'il semble que l'orateur ne le recherche pas, mais que c'est l'occasion qui le fait naître. Or il n'y a rien qui imite mieux la passion que ces sortes d'interrogations et de réponses. Car ceux qu'on interroge sentent naturellement une certaine émotion, qui fait que sur-le-champ ils se précipitent de répondre, et de dire ce qu'ils savent de vrai, avant même qu'on ait achevé de les interroger. Si bien que par cette figure l'auditeur est adroitement trompé, et prend les discours les plus médités pour des choses dites sur l'heure et dans la chaleur [1]....

Il n'y a rien encore qui donne plus de mouvement au discours que d'en ôter les liaisons [2]. En effet, un discours que rien ne lie et n'embarrasse marche et coule de soi-même, et il s'en faut peu qu'il n'aille quelquefois plus vite que la pensée même de l'orateur. « Ayant approché leurs boucliers les uns des « autres, dit Xénophon [3], ils reculaient, ils com« battaient, ils tuaient, ils mouraient ensemble. » Il en est de même de ces paroles d'Euryloque à Ulysse dans Homère.

Nous avons, par ton ordre, à pas précipités,
Parcouru de ce bois les sentiers écartés;
Nous avons, dans le fond d'une sombre vallée,
Découvert de Circé la maison reculée [5].

[1] Le grec ajoute : « Il y a encore un autre moyen : car on le « peut voir dans ce passage d'Hérodote, qui est extrêmement « sublime. » Mais je n'ai pas cru devoir mettre ces paroles en cet endroit, qui est fort défectueux, puisqu'elles ne forment aucun sens, et ne serviraient qu'à embarrasser le lecteur. (BOIL.)
[2] J'ai suppléé cela au texte, parce que le sens y conduit de lui-même. (BOIL.)
[3] Xénoph. *Hist. gr.* liv. IV, p. 519, édition de Leuncla. (BOIL.)
[4] Tous les exemplaires de Longin mettent ici des étoiles, comme si l'endroit était défectueux; mais ils se trompent. La remarque de Longin est fort juste, et ne regarde que ces deux périodes sans conjonction : « Nous avons par ton ordre, » etc. Et ensuite : « Nous avons, dans le fond, » etc. (BOIL.)
[5] *Odyss.* liv X, v. 251. (BOIL.)

Car ces périodes ainsi coupées, et prononcées néanmoins avec précipitation, sont les marques d'une vive douleur, qui l'empêche en même temps et le force de parler [1]. C'est ainsi qu'Homère sait ôter où il faut, les liaisons du discours.

## CHAPITRE XVII.

### Du mélange des figures.

Il n'y a encore rien de plus fort pour émouvoir que de ramasser ensemble plusieurs figures. Car deux ou trois figures ainsi mêlées entrent par ce moyen dans une espèce de société, se communiquent les unes aux autres de la force, des grâces et de l'ornement, comme on le peut voir dans ce passage de l'oraison de Démosthène contre Midias, où en même temps il ôte les liaisons de son discours et mêle ensemble les figures de répétition et de description. « Car tout homme, dit cet orateur [2], qui « en outrage un autre fait beaucoup de choses du « geste, des yeux, de la voix, que celui qui a été « outragé ne saurait peindre dans un récit. » Et de peur que dans la suite son discours ne vînt à se relâcher, sachant bien que l'ordre appartient à un esprit rassis, et qu'au contraire le désordre est la marque de la passion, qui n'est en effet elle-même qu'un trouble et une émotion de l'âme, il poursuit dans la même diversité de figures : « Tantôt il le « frappe comme ennemi, tantôt pour lui faire in« sulte, tantôt avec les poings, tantôt au visage [3]. » Par cette violence de paroles ainsi entassées les unes sur les autres, l'orateur ne touche et ne remue pas moins puissamment ses juges que s'ils le voyaient frapper en leur présence. Il revient à la charge, et poursuit, comme une tempête : « Ces affronts émeu« vent, ces affronts transportent un homme de cœur, « et qui n'est point accoutumé aux injures. On ne « saurait exprimer par des paroles l'énormité d'une « telle action [4]. » Par ce changement continuel, il conserve partout le caractère de ces figures turbulentes : tellement que dans son ordre il y a un désordre; et au contraire, dans son désordre il y a un ordre merveilleux. Pour preuve de ce que je dis, mettez, par plaisir, les conjonctions à ce passage, comme font les disciples d'Isocrate : « Et certainement il ne « faut pas oublier que celui qui en outrage un autre

[1] La restitution de M. Lefèvre est fort bonne, συνδιωκούσις, et non pas συνδιωκούσις. J'en avais fait la remarque avant lui. (BOIL.)
[2] *Contre Midias*, p. 395, édit. de Bâle. (BOIL.)
[3] *Ibid.* (BOIL.)
[4] *Ibid.* (BOIL.)

« fait beaucoup de choses, premièrement par le
« geste, ensuite par les yeux, et enfin par la voix
« même, » etc.... Car en égalant et aplanissant
ainsi toutes choses par le moyen des liaisons, vous
verrez que, d'un pathétique fort et violent, vous
tomberez dans une petite affétérie de langage qui
n'aura ni pointe ni aiguillon ; et que toute la force
de votre discours s'éteindra aussitôt d'elle-même.
Et comme il est certain que si on liait le corps d'un
homme qui court, on lui ferait perdre toute sa
force, de même si vous allez embarrasser une
passion de ces liaisons et de ces particules inutiles,
elle les souffre avec peine ; vous lui ôtez la liberté
de sa course, et cette impétuosité qui la faisait marcher avec la même violence qu'un trait lancé par
une machine.

## CHAPITRE XVIII.

### Des hyperbates.

Il faut donner rang aux hyperbates. L'hyperbate
n'est autre chose que « la transposition des pensées
« ou des paroles dans l'ordre et la suite d'un dis-
« cours. » Et cette figure porte avec soi le caractère véritable d'une passion forte et violente. En
effet, voyez tous ceux qui sont émus de colère, de
frayeur, de dépit, de jalousie, ou de quelque autre
passion que ce soit, car il y en a tant que l'on n'en
sait pas le nombre : leur esprit est dans une agitation continuelle. A peine ont-ils formé un dessein,
qu'ils en conçoivent aussitôt un autre ; et au milieu
de celui-ci, s'en proposant encore de nouveaux,
où il n'y a ni raison ni rapport, ils reviennent
souvent à leur première résolution. La passion en
eux est comme un vent léger et inconstant, qui les
entraîne et les fait tourner sans cesse de côté et
d'autre ; si bien que, dans ce flux et ce reflux perpétuel de sentiments opposés, ils changent à tous
moments de pensée et de langage, et ne gardent ni
ordre ni suite dans leurs discours.

Les habiles écrivains, pour imiter ces mouvements de la nature, se servent des hyperbates. Et
à dire vrai, l'art n'est jamais dans un plus haut
degré de perfection que lorsqu'il ressemble si fort à
la nature qu'on le prend pour la nature même : et
au contraire la nature ne réussit jamais mieux que
quand l'art est caché.

Nous voyons un bel exemple de cette transposition dans Hérodote[1], où Denis Phocéen parle ainsi
aux Ioniens : « En effet, nos affaires sont réduites
« à la dernière extrémité, messieurs. Il faut nécessairement que nous soyons libres, ou esclaves,
« et esclaves misérables. Si donc vous voulez éviter
« les malheurs qui vous menacent, il faut, sans
« différer, embrasser le travail et la fatigue, et
« acheter votre liberté par la défaite de vos enne-
« mis. » S'il eût voulu suivre l'ordre naturel, voici
comme il eût parlé : « Messieurs, il est maintenant
« temps d'embrasser le travail et la fatigue. Car
« enfin nos affaires sont réduites à la dernière ex-
« trémité, » etc. Premièrement donc, il transpose
ce mot *messieurs*, et ne l'insère qu'immédiatement
après leur avoir jeté la frayeur dans l'âme, comme
si la grandeur du péril lui avait fait oublier la civilité qu'on doit à ceux à qui l'on parle en commençant
un discours. Ensuite il renverse l'ordre des pensées.
Car avant que de les exhorter au travail, qui est
pourtant son but, il leur donne la raison qui les y
doit porter : *En effet, nos affaires sont réduites à
la dernière extrémité*, afin qu'il ne semble pas que
ce soit un discours étudié qu'il leur apporte, mais
que c'est la passion qui le force à parler sur-le-champ. Thucydide a aussi des hyperbates fort remarquables, et s'entend admirablement à transporter les choses qui semblent unies du lien le plus
naturel, et qu'on dirait ne pouvoir être séparées.

Démosthène est en cela bien plus retenu que lui.
En effet, pour Thucydide jamais personne ne les
a répandues avec plus de profusion, et on peut
dire qu'il en soûle ses lecteurs. Car, dans la passion
qu'il a de faire paraître que tout ce qu'il dit est dit
sur-le-champ, il traîne sans cesse l'auditeur par les
dangereux détours de ses longues transpositions.
Assez souvent donc il suspend sa première pensée,
comme s'il affectait tout exprès le désordre : et,
entremêlant au milieu de son discours plusieurs
choses différentes, qu'il va quelquefois chercher
même hors de son sujet, il met la frayeur dans
l'âme de l'auditeur, qui croit que tout ce discours
va tomber, et l'intéresse malgré lui dans le péril où
il pense voir l'orateur. Puis tout d'un coup, et lorsqu'on ne s'y attendait plus, disant à propos ce qu'il
y avait si longtemps qu'on cherchait, par cette
transposition également hardie et dangereuse, il
touche bien davantage que s'il eût gardé un ordre
dans ses paroles. Il y a tant d'exemples de ce que je
dis, que je me dispenserai d'en rapporter.

---

[1] *Hérodote*, liv. VI, p. 338, édit. de Francfort. (BOIL.)

## CHAPITRE XIX.

#### Du changement de nombre.

Il ne faut pas moins dire de ce qu'on appelle *diversité de cas, collections, renversements, gradations*, et de toutes ces autres figures, qui, étant, comme vous savez, extrêmement fortes et véhémentes, peuvent beaucoup servir par conséquent à orner le discours, et contribuent en toutes manières au grand et au pathétique. Que dirai-je des changements de cas, de temps, de personnes, de nombre et de genre? En effet, qui ne voit combien toutes ces choses sont propres à diversifier et à ranimer l'expression? Par exemple, pour ce qui regarde le changement de nombre, ces singuliers, dont la terminaison est singulière, mais qui ont pourtant, à les bien prendre, la force et la vertu des pluriels :

> Aussitôt un grand peuple accourant sur le port,
> Ils firent de leurs cris retentir le rivage [1].

Et ces singuliers sont d'autant plus dignes de remarque, qu'il n'y a rien quelquefois de plus magnifique que les pluriels. Car la multitude qu'ils renferment leur donne du son et de l'emphase. Tels sont ces pluriels qui sortent de la bouche d'OEdipe dans Sophocle [2] :

> Hymen, funeste hymen, tu m'as donné la vie;
> Mais dans ces mêmes flancs, où je fus enfermé,
> Tu fais rentrer ce sang dont tu m'avais formé.
> Et par là tu produis et des fils et des pères,
> Des frères, des maris, des femmes et des mères,
> Et tout ce que du sort la maligne fureur
> Fit jamais voir au jour et de honte et d'horreur.

Tous ces différents noms ne veulent dire qu'une seule personne, c'est à savoir OEdipe d'une part, et sa mère Jocaste de l'autre. Cependant, par le moyen de ce nombre ainsi répandu et multiplié en divers pluriels, il multiplie en quelque façon les infortunes d'OEdipe. C'est par un même pléonasme qu'un poëte a dit :

> On voit les Sarpédons et les Hectors paraître.

Il en faut dire autant de ce passage de Platon [3], à propos des Athéniens, que j'ai rapporté ailleurs : « Ce ne sont point des Pélops, des Cadmus, des « Égyptes, des Danaüs, ni des hommes nés bar- « bares, qui demeurent avec nous. Nous sommes « tous Grecs, éloignés du commerce et de la fré- « quentation des nations étrangères, qui habitons « une même ville, » etc.

En effet, tous ces pluriels, ainsi ramassés ensemble, nous font concevoir une bien plus grande idée des choses. Mais il faut prendre garde à ne faire cela que bien à propos, dans les endroits où il faut amplifier, ou multiplier, ou exagérer; et dans la passion, c'est-à-dire quand le sujet est susceptible d'une de ces choses, ou de plusieurs. Car d'attacher partout ces cymbales et ces sonnettes, cela sentirait trop son sophiste.

## CHAPITRE XX.

#### Des pluriels réduits en singuliers.

On peut aussi tout au contraire réduire les pluriels en singuliers; et cela a quelque chose de fort grand : *Tout le Péloponèse*, dit Démosthène [1], *était alors divisé en factions*. Il en est de même de ce passage d'Hérodote [2] : *Phryniçus faisant représenter sa tragédie intitulée* la Prise de Milet, *tout le théâtre se fondit en larmes* [3]. Car, de ramasser ainsi plusieurs choses en une, cela donne plus de corps au discours. Au reste, je tiens que, pour l'ordinaire, c'est une même raison qui fait valoir ces deux différentes figures. En effet, soit qu'en changeant les singuliers en pluriels, d'une seule chose vous en fassiez plusieurs; soit qu'en ramassant des pluriels dans un seul nom singulier qui sonne agréablement à l'oreille, de plusieurs choses vous n'en fassiez qu'une, ce changement imprévu marque la passion.

## CHAPITRE XXI.

#### Du changement de temps.

Il en est de même du changement de temps, lorsqu'on parle d'une chose passée, comme si elle se faisait présentement, parce qu'alors ce n'est plus une narration que vous faites, c'est une action qui se passe à l'heure même. « Un soldat, dit Xénophon [4], « étant tombé sous le cheval de Cyrus, et étant foulé « aux pieds de ce cheval, il lui donne un coup d'é- « pée dans le ventre. Le cheval blessé se démène et « secoue son maître. Cyrus tombe. » Cette figure est fort fréquente dans Thucydide.

---

[1] Quoi qu'en veuille dire M. Lefèbvre, il y a ici deux vers; et la remarque de Langbaine me paraît juste. Car je ne vois pas pourquoi, en mettant θύνον, il est absolument nécessaire de mettre καί. (BOIL.)
[2] *OEdipe tyran*, v. 1417. (BOIL.)
[3] PLATON, *Menexenus*, t. II, p. 245, édit. de H. Estienne. (BOIL.)

[1] *De Coronâ*, p. 315, édit. Basil. (BOIL.)
[2] *Hérodote*, liv. VI, p. 341, édit. Francfort. (BOIL.)
[3] Il y a dans le grec οἱ θεώμενοι. C'est une faute. Il faut mettre, comme il y a dans Hérodote, θέατρον; autrement Longin n'aurait su ce qu'il voulait dire. (BOIL.)
[4] *Inst. de Cyrus*, liv. VII, p. 178, édit. de Leuncl. (BOIL.)

## CHAPITRE XXII.

#### Du changement de personnes.

Le changement de personnes n'est pas moins pathétique. Car il fait que l'auditeur assez souvent se croit voir lui-même au milieu du péril :

> Vous diriez, à les voir pleins d'une ardeur si belle,
> Qu'ils retrouvent toujours une vigueur nouvelle ;
> Que rien ne les saurait ni vaincre ni lasser,
> Et que leur long combat ne fait que commencer [1].

Et dans Aratus :

> Ne t'embarque jamais durant ce triste mois.

Cela se voit encore dans Hérodote [2] : « A la sortie « de la ville d'Éléphantine, dit cet historien, du côté « qui va en montant, vous rencontrez d'abord une « colline.... De là vous descendez dans une plaine. « Quand vous l'avez traversée, vous pouvez vous « embarquer tout de nouveau, et en douze jours arriver « river à une grande ville qu'on appelle Méroé. » Voyez-vous, mon cher Térentianus, comme il prend votre esprit avec lui, et le conduit dans tous ces différents pays, vous faisant plutôt voir qu'entendre ? Toutes ces choses ainsi pratiquées à propos, arrêtent l'auditeur, et lui tiennent l'esprit attaché sur l'action présente, principalement lorsqu'on ne s'adresse pas à plusieurs en général, mais à un seul en particulier :

> Tu ne saurais connaître au fort de la mêlée,
> Quel parti suit le fils du courageux Tydée [3].

Car en réveillant ainsi l'auditeur par ces apostrophes, vous le rendez plus ému, plus attentif, et plus plein de la chose dont vous parlez.

## CHAPITRE XXIII.

#### Des transitions imprévues.

Il arrive aussi quelquefois qu'un écrivain, parlant de quelqu'un, tout d'un coup se met à sa place, et joue son personnage. Et cette figure marque l'impétuosité de la passion.

> Mais Hector, qui les voit épars sur le rivage,
> Leur commande à grands cris de quitter le pillage,
> D'aller droit aux vaisseaux sur les Grecs se jeter :
> Car quiconque mes yeux verront s'en écarter,
> Aussitôt dans son sang je cours laver sa honte [4].

Le poëte retient la narration pour soi, comme celle qui lui est propre, et met tout d'un coup, et sans en avertir, cette menace précipitée dans la bouche de ce guerrier bouillant et furieux. En effet, son discours aurait langui, s'il y eût entremêlé : *Hector dit alors de telles ou semblables paroles.* Au lieu que, par cette transition imprévue, il prévient le lecteur, et la transition est faite avant que le poëte même ait songé qu'il la faisait. Le véritable lieu donc où l'on doit user de cette figure, c'est quand le temps presse, et que l'occasion qui se présente ne permet pas de différer ; lorsque sur-le-champ il faut passer d'une personne à une autre, comme chez Hécatée [1] : « Ce héraut ayant assez pesé [2] la conséquence de « toutes ces choses, il commande aux descendants « des Héraclides de se retirer : Je ne puis plus rien « pour vous, non plus que si je n'étais plus au monde. « Vous êtes perdus, et vous me forcerez bientôt « moi-même d'aller chercher une retraite chez quel- « que autre peuple. » Démosthène [3], dans son oraison contre Aristogiton, a encore employé cette figure d'une manière différente de celle-ci, mais extrêmement forte et pathétique. « Et il ne se trouvera per- « sonne entre vous, dit cet orateur, qui ait du res- « sentiment et de l'indignation de voir un impudent, « un infâme, violer insolemment les choses les plus « saintes ! Un scélérat, dis-je, qui.... O le plus mé- « chant de tous les hommes ! rien n'aura pu arrêter « ton audace effrénée ? Je ne dis pas ces portes, je « ne dis pas ces barreaux, qu'un autre pouvait rom- « pre comme toi. » Il laisse là sa pensée imparfaite, la colère le tenant comme suspendu et partagé sur un mot entre deux différentes personnes ; *qui.... O le plus méchant de tous les hommes !* Et ensuite tournant tout d'un coup contre Aristogiton ce même discours, qu'il semblait avoir laissé là, il touche bien davantage, et fait une bien plus forte impression. Il en est de même de cet emportement de Pénélope, dans Homère, quand elle voit entrer chez elle un héraut de la part de ses amants.

> De mes fâcheux amants ministre injurieux,
> Héraut, que cherches-tu ? qui t'amène en ces lieux ?
> Y viens-tu, de la part de cette troupe avare,
> Ordonner qu'à l'instant le festin se prépare ?
> Fasse le juste ciel, avançant leur trépas,
> Que ce repas pour eux soit le dernier repas !
> Lâches, qui pleins d'orgueil et faibles de courage,

---

[1] *Iliad.* liv. XV, v. 697.
[2] Liv. II, p. 100, édit. de Francfort. (Boil.)
[3] *Iliad.* liv. V, v. 85. (Boil.)
[4] *Ibid.* liv. XV, v. 346. (Boil.)

[1] Livre perdu. (Boil.)
[2] M. Lefèvre et M. Dacier donnent un autre sens à ce passage d'Hécatée, et font même une restitution sur ὡς μὴ ὤν, dont ils changent ainsi l'accent ὡς μή ὤν ; prétendant que c'est un ionisme, pour ὡς μὴ οὖν. Peut-être, ont-ils raison, mais peut-être qu'ils se trompent, puisqu'on ne sait de quoi il s'agit en cet endroit, le livre d'Hécatée étant perdu. En attendant donc que ce livre soit retrouvé, j'ai cru que le plus sûr était de suivre le sens de Gabriel de Pétra et des autres interprètes, sans y changer ni accent ni virgule. (Boil.)
[3] Page 494, édit. de Bâle. (Boil.)

Consumez de son fils le fertile héritage,
Vos pères autrefois ne vous ont-ils point dit
Quel homme était Ulysse [1] ? etc.

## CHAPITRE XXIV.

### De la périphrase.

Il n'y a personne, comme je crois, qui puisse douter que la périphrase ne soit encore d'un grand usage dans le sublime. Car, comme dans la musique le son principal devient plus agréable à l'oreille lorsqu'il est accompagné des différentes parties qui lui répondent [2], de même la périphrase, tournant autour du mot propre, forme souvent, par rapport avec lui, une consonnance et une harmonie fort belle dans le discours, surtout lorsqu'elle n'a rien de discordant ou d'enflé, mais que toutes choses y sont dans un juste tempérament. Platon [3] nous en forme un bel exemple au commencement de son oraison funèbre : « Enfin, dit-il, nous leur avons « rendu les derniers devoirs, et maintenant ils achè- « vent ce fatal voyage, et ils s'en vont tout glorieux « de la magnificence avec laquelle toute la ville en gé- « néral, et leurs parents en particulier, les ont con- « duits hors de ce monde. » Premièrement, il appelle la mort *ce fatal voyage*. Ensuite il parle des derniers devoirs qu'on avait rendus aux morts, comme d'une pompe publique, que leur pays leur avait préparée exprès pour les conduire hors de cette vie. Dirons-nous que toutes ces choses ne contribuent que médiocrement à relever cette pensée? Avouons plutôt que, par le moyen de cette périphrase, mélodieusement répandue dans le discours, d'une diction toute simple il a fait une espèce de concert et d'harmonie. De même Xénophon [4] : « Vous regardez le travail « comme le seul guide qui vous peut conduire à une « vie heureuse et plaisante. Au reste, votre âme est « ornée de la plus belle qualité que puissent jamais « posséder des hommes nés pour la guerre ; c'est « qu'il n'y a rien qui vous touche plus sensiblement « que la louange. » Au lieu de dire : « Vous vous adon- « nez au travail, » il use de cette circonlocution : « Vous regardez le travail comme le seul guide qui « vous peut conduire à une vie heureuse. » Et, étendant ainsi toutes choses, il rend sa pensée plus grande, et relève beaucoup cet éloge. Cette périphrase d'Hérodote [1] me semble encore inimitable : « La déesse Vénus, pour châtier l'insolence des Scy- « thes qui avaient pillé son temple, leur envoya une « maladie qui les rendait femmes [2]. »

Au reste, il n'y a rien dont l'usage s'étende plus loin que la périphrase, pourvu qu'on ne la répande pas partout sans choix et sans mesure. Car aussitôt elle languit, et a je ne sais quoi de niais et de grossier. Et c'est pourquoi Platon, qui est toujours figuré dans ses expressions, et quelquefois même un peu mal à propos au jugement de quelques-uns, a été raillé pour avoir dit dans ses Lois [3] : « Il ne faut « point souffrir que les richesses d'or et d'argent « prennent pied, ni habitent dans une ville. » S'il eût voulu, poursuivent-ils, interdire la possession du bétail, assurément qu'il aurait dit par la même raison *les richesses de bœufs et de moutons*.

Mais ce que nous avons dit en général suffit pour faire voir l'usage des figures, à l'égard du grand et du sublime. Car il est certain qu'elles rendent toutes le discours plus animé et plus pathétique. Or le pathétique participe du sublime autant que le sublime [4] participe du beau et de l'agréable.

## CHAPITRE XXV.

### Du choix des mots.

Puisque la pensée et la phrase s'expliquent ordinairement l'une par l'autre, voyons si nous n'avons point encore quelque chose à remarquer dans cette partie du discours qui regarde l'expression. Or, que le choix des grands mots et des termes propres soit d'une merveilleuse vertu pour attacher et pour émouvoir, c'est ce que personne n'ignore, et sur quoi par conséquent il serait inutile de s'arrêter. En effet, il n'y a peut-être rien d'où les orateurs, et tous les écrivains en général qui s'étudient au sublime, tirent

---

[1] *Odyss.* liv. IV, v. 681. (Boil.)
[2] C'est ainsi qu'il faut entendre παραφώνων, ces mots φθόγγοι παράφωνοι ne voulant dire autre chose que les parties faites sur le sujet ; et il n'y a rien qui convienne mieux à la périphrase, qui n'est autre chose qu'un assemblage de mots qui répondent différemment au mot propre, et par le moyen desquels (comme l'auteur le dit dans la suite d'une diction toute simple) on fait une espèce de concert et d'harmonie. Voilà le sens le plus naturel qu'on puisse donner à ce passage. Car je ne suis pas de l'avis de ces modernes qui ne veulent pas que, dans la musique des anciens, dont on nous raconte des effets si prodigieux, il y ait eu des parties, puisque sans parties il ne peut y avoir d'harmonie. Je m'en rapporte pourtant aux savants en musique, et je n'ai pas assez de connaissance de cet art pour décider souverainement là-dessus. (Boil.)
[3] *Menexenus*, p. 236, édit. de H. Estienne. (Boil.)
[4] *Inst. de Cyrus*, liv. I, p. 24, édit. de Leuncl. (Boil.)

[1] Liv. I, p. 45, sect. 105, édit. de Francfort. (Boil.)
[2] Les fit devenir impuissants. — Ce passsage a fort exercé jusques ici les savants, et entre autres M. Costar et M. de Girac, l'un prétendant que θήλεια νοῦσος signifiait une maladie qui rendit les Scythes efféminés ; l'autre, que cela voulait dire que Vénus leur envoya des hémorroïdes. Mais il parait incontestablement, par un passage d'Hippocrate, que le vrai sens est qu'elle les rendit impuissants ; puisqu'en l'expliquant des deux autres manières, la périphrase d'Hérodote serait plutôt une obscure énigme qu'une agréable circonlocution. (Boil.)
[3] Liv. V, p. 741 et 742, édit. de H. Estienne. (Boil.)
[4] *Le moral*, selon l'ancien manuscrit. (Boil.)

plus de grandeur, d'élégance, de netteté, de poids, de force et de vigueur pour leurs ouvrages, que du choix des paroles. C'est par elles que toutes ces beautés éclatent dans le discours, comme dans un riche tableau, et elles donnent aux choses une espèce d'âme et de vie. Enfin les beaux mots sont, à vrai dire, la lumière propre et naturelle de nos pensées. Il faut prendre garde néanmoins à ne pas faire parade partout d'une vaine enflure de paroles. Car d'exprimer une chose basse en termes grands et magnifiques, c'est tout de même que si vous appliquiez un grand masque de théâtre sur le visage d'un petit enfant : si ce n'est à la vérité dans la poésie [1].... Cela se peut voir encore [2] dans un passage de Théopompus, que Cécilius blâme, je ne sais pourquoi, et qui me semble au contraire fort à louer pour sa justesse, et parce qu'il dit beaucoup. « Philippe, dit « cet historien, boit sans peine les affronts que la « nécessité de ses affaires l'oblige de souffrir. » En effet, un discours tout simple exprimera quelquefois mieux la chose que toute la pompe et tout l'ornement, comme on le voit tous les jours dans les affaires de la vie. Ajoutez qu'une chose énoncée d'une façon ordinaire se fait aussi plus aisément croire. Ainsi, en parlant d'un homme qui, pour s'agrandir, souffre sans peine, et même avec plaisir, des indignités, ces termes *boire des affronts*, me semblent signifier beaucoup. Il en est de même de cette expression d'Hérodote [3] : « Cléomène étant devenu « furieux, il prit un couteau dont il se hacha la « chair en petits morceaux; et s'étant ainsi déchi- « queté lui-même, il mourut. » Et ailleurs [4] : « Py- « thès, demeurant toujours dans le vaisseau, ne « cessa point de combattre qu'il n'eût été haché en « pièces. » Car ces expressions marquent un homme qui dit bonnement les choses, et qui n'y entend point de finesse, et renferment néanmoins en elles un sens qui n'a rien de grossier ni de trivial.

## CHAPITRE XXVI.

### Des métaphores.

Pour ce qui est du nombre des métaphores, Cécilius semble être de l'avis de ceux qui n'en souffrent pas plus de deux ou trois au plus, pour exprimer une seule chose. Mais Démosthène [1] nous doit encore ici servir de règle. Cet orateur nous fait voir qu'il y a des occasions où l'on en peut employer plusieurs à la fois, quand les passions, comme un torrent rapide, les entraînent avec elles nécessairement et en foule. « Ces hommes malheureux, dit-il quelque « part, ces lâches flatteurs, ces furies de la républi- « que, ont cruellement déchiré leur patrie. Ce sont « eux qui dans la débauche ont autrefois vendu à Phi- « lippe notre liberté [2], et qui la vendent encore aujour- « d'hui à Alexandre ; qui, mesurant, dis-je, tout leur « bonheur aux sales plaisirs de leur ventre, à leurs « infâmes débordements, ont renversé toutes les « bornes de l'honneur, et détruit parmi nous cette « règle, où les anciens Grecs faisaient consister « toute leur félicité, de ne souffrir point de maître. » Par cette foule de métaphores prononcées dans la colère, l'orateur ferme entièrement la bouche à ces traîtres. Néanmoins Aristote et Théophraste, pour excuser l'audace de ces figures, pensent qu'il est bon d'y apporter ces adoucissements : « Pour ainsi « dire, pour parler ainsi, si j'ose me servir de ces « termes, pour m'expliquer un peu plus hardiment. » En effet, ajoutent-ils, l'excuse est un remède contre les hardiesses du discours, et je suis bien de leur avis. Mais je soutiens pourtant toujours ce que j'ai déjà dit, que le remède le plus naturel contre l'abondance et la hardiesse, soit des métaphores, soit des autres figures, c'est de ne les employer qu'à propos, je veux dire dans les grandes passions et dans le sublime. Car comme le sublime et le pathétique, par leur violence et leur impétuosité, emportent naturellement et entraînent tout avec eux, ils demandent nécessairement des expressions fortes; et ne laissent pas le temps à l'auditeur de s'amuser à chicaner le nombre des métaphores, parce qu'en ce moment il est épris d'une commune fureur avec celui qui parle.

Et même pour les lieux communs et les descriptions, il n'y a rien quelquefois qui exprime mieux les choses qu'une foule de métaphores continuées. C'est par elles que nous voyons dans Xénophon une description si pompeuse de l'édifice du corps humain. Platon [3] néanmoins en a fait la peinture d'une manière encore plus divine. Ce dernier appelle la tête *une citadelle*. Il dit que le cou est *un isthme*,

---

[1] L'auteur, après avoir montré combien les grands mots sont impertinents dans le style simple, faisait voir que les termes simples avaient place quelquefois dans le style noble (BOIL.).
[2] Il y a avant ceci dans le grec, ὑπτιώτατον καὶ γόνιμον τόδ' Ἀνακρέοντος; οὐκέτι Θρηικίης ἐπιστρέφομαι ; mais je n'ai point exprimé ces paroles, où il y a assurément de l'erreur; le mot ὑπτιώτατον n'étant point grec ; et, du reste, que peuvent dire ces mots : « Cette fécondité d'Anacréon ? Je ne me soucie « plus de la Thracienne ? » (BOIL.).
[3] Liv. VI, p. 358, édit. de Francfort. (BOIL.)
[4] Liv. VII, p. 444. (BOIL.)

---

[1] *De Coronâ*, p. 354, édit. de Bâle. (BOIL.)
[2] Il y a dans le grec προπεπωκότες, comme qui dirait « ont bu notre liberté à la santé de Philippe. » Chacun sait ce que veut dire προπίνειν en grec, mais on ne le peut pas exprimer par un mot français. (BOIL.)
[3] Dans le *Timée*, p. 69 et suivantes, édit. de H. Estienne. (BOIL.)

22.

*qui a été mis entre elle et la poitrine.* Que les vertèbres sont *comme des gonds sur lesquels elle tourne.* Que la volupté est *l'amorce de tous les malheurs qui arrivent aux hommes.* Que la langue est *le juge des saveurs.* Que le cœur est *la source des veines, la fontaine du sang qui de là se porte avec rapidité dans toutes les autres parties; et qu'il est disposé comme une forteresse gardée de tous côtés.* Il appelle les pores *des rues étroites.* « Les dieux, pour-
« suit-il, voulant soutenir le battement du cœur,
« que la vue inopinée des choses terribles, ou le
« mouvement de la colère, qui est de feu, lui cau-
« sent ordinairement, ils ont mis sous lui le poumon,
« dont la substance est molle, et n'a point de sang :
« mais ayant par dedans de petits trous en forme
« d'éponge, il sert au cœur comme d'oreiller, afin
« que quand la colère est enflammée, il ne soit
« point troublé dans ses fonctions. » Il appelle la partie concupiscible, *l'appartement de la femme;* et la partie irascible, *l'appartement de l'homme.* Il dit que « la rate est la cuisine des intestins; et
« qu'étant pleine des ordures du foie, elle s'enfle,
« et devient bouffie. Ensuite, continue-t-il, les
« dieux couvrirent toutes ces parties de chair, qui
« leur sert comme de rempart et de défense contre
« les injures du chaud et du froid, et contre tous
« les autres accidents. Elle est, ajoute-t-il, comme
« une laine molle et ramassée, qui entoure douce-
« ment le corps. » Il dit que « le sang est la pâture de
« la chair. Et afin, poursuit-il, que toutes les par-
« ties pussent recevoir l'aliment, ils y ont creusé,
« comme dans un jardin, plusieurs canaux, afin
« que les ruisseaux des veines sortant du cœur
« comme de leur source, pussent couler dans ces
« étroits conduits du corps humain. » Au reste, quand la mort arrive, il dit que « les organes se dénouent
« comme les cordages d'un vaisseau, et qu'ils lais-
« sent l'âme en liberté. » Il y en a encore une infinité d'autres ensuite de la même force; mais ce que nous avons dit suffit pour faire voir combien toutes ces figures sont sublimes d'elles-mêmes; combien, dis-je, les métaphores servent au grand, et de quel usage elles peuvent être dans les endroits pathétiques et dans les descriptions.

Or, que ces figures, ainsi que toutes les autres élégances du discours, portent toujours les choses dans l'excès, c'est ce que l'on remarque assez sans que je le dise. Et c'est pourquoi Platon même [1] n'a pas été peu blâmé de ce que souvent, comme par une fureur de discours, il se laisse emporter à des métaphores dures et excessives, et à une vaine pompe allégorique. « On ne concevra pas aisément,
« dit-il en un endroit, qu'il en doit être de même
« d'une ville comme d'un vase, où le vin qu'on
« verse, et qui est d'abord bouillant et furieux,
« tout d'un coup entrant en société avec une autre
« divinité sobre qui le châtie, devient doux et bon
« à boire. » D'appeler l'eau *une divinité sobre,* et de se servir du terme *châtier* pour tempérer : en un mot, de s'étudier si fort à ces petites finesses, cela sent, disent-ils, son poëte, qui n'est pas lui-même trop sobre. Et c'est peut-être ce qui a donné sujet à Cécilius de décider si hardiment, dans ses commentaires sur Lysias, que Lysias valait mieux en tout que Platon, poussé par deux sentiments aussi peu raisonnables l'un que l'autre : car, bien qu'il aimât Lysias plus que soi-même, il haïssait encore plus Platon qu'il n'aimait Lysias; si bien que porté de ces deux mouvements, et par un esprit de contradiction, il a avancé plusieurs choses de ces deux auteurs, qui ne sont pas des décisions si souveraines qu'il s'imagine. De fait, accusant Platon d'être tombé en plusieurs endroits, il parle de l'autre comme d'un auteur achevé, et qui n'a point de défauts, ce qui, bien loin d'être vrai, n'a pas même une ombre de vraisemblance. Et en effet, où trouverons-nous un écrivain qui ne pèche jamais, et où il n'y ait rien à reprendre?

## CHAPITRE XXVII.

### Si l'on doit préférer le médiocre parfait au sublime qui a quelques défauts.

Peut-être ne sera-t-il pas hors de propos d'examiner ici cette question en général, savoir : lequel vaut mieux, soit dans la prose, soit dans la poésie, d'un sublime qui a quelques défauts, ou d'une médiocrité parfaite et saine en toutes ses parties, qui ne tombe et ne se dément point; et ensuite lequel, à juger équitablement des choses, doit emporter le prix de deux ouvrages dont l'un a un plus grand nombre de beautés, mais l'autre va plus au grand et au sublime : car ces questions étant naturelles à notre sujet, il faut nécessairement les résoudre. Premièrement donc je tiens pour moi qu'une grandeur au-dessus de l'ordinaire n'a point naturellement la pureté du médiocre. En effet, dans un discours si poli et si limé, il faut craindre la bassesse; et il en est de même du sublime que d'une richesse immense, où l'on ne peut pas prendre garde à tout de si près, et où il faut, malgré qu'on en ait, négliger quelque chose. Au contraire il est presque impossible, pour l'ordinaire, qu'un esprit bas et mé-

---

[1] *Des Lois,* liv. XI, p. 773, édit. de H. Estienne. (Boil.)

diocre fasse des fautes : car, comme il ne se hasarde et ne s'élève jamais, il demeure toujours en sûreté; au lieu que le grand de soi-même, et par sa propre grandeur, est glissant et dangereux. Je n'ignore pas pourtant qu'on me peut objecter d'ailleurs que naturellement nous jugeons des ouvrages des hommes par ce qu'ils ont de pire, et que le souvenir des fautes qu'on y remarque dure toujours, et ne s'efface jamais : au lieu que ce qui est beau passe vite, et s'écoule bientôt de notre esprit. Mais bien que j'aie remarqué plusieurs fautes dans Homère et dans tous les plus célèbres auteurs, et que je sois peut-être l'homme du monde à qui elles plaisent le moins, j'estime, après tout, que ce sont des fautes dont ils ne se sont pas souciés, et qu'on ne peut appeler proprement fautes, mais qu'on doit simplement regarder comme des méprises et de petites négligences qui leur sont échappées, parce que leur esprit, qui ne s'étudiait qu'au grand, ne pouvait pas s'arrêter aux petites choses. En un mot, je maintiens que le sublime, bien qu'il ne se soutienne pas également partout, quand ce ne serait qu'à cause de sa grandeur, l'emporte sur tout le reste. En effet, Appollonius, par exemple, celui qui a composé le poème des Argonautes, ne tombe jamais; et dans Théocrite, ôtez quelques endroits où il sort un peu du caractère de l'églogue, il n'y a rien qui ne soit heureusement imaginé. Cependant aimeriez-vous mieux être Appollonius ou Théocrite, qu'Homère? L'Érigone d'Ératosthène est un poème où il n'y a rien à reprendre. Direz-vous pour cela qu'Ératosthène est plus grand poëte qu'Archiloque, qui se brouille, à la vérité, et manque d'ordre et d'économie en plusieurs endroits de ses écrits, mais qui ne tombe dans ce défaut qu'à cause de cet esprit divin dont il est entraîné, et qu'il ne saurait régler comme il veut? Et même pour le lyrique, chosiiriez-vous plutôt d'être Bacchylide que Pindare; ou pour la tragédie, Ion, ce poëte de Chio, que Sophocle? En effet, ceux-là ne font jamais de faux pas, et n'ont rien qui ne soit écrit avec beaucoup d'élégance et d'agrément. Il n'en est pas ainsi de Pindare et de Sophocle; car au milieu de leur plus grande violence, durant qu'ils tonnent et foudroient, pour ainsi dire, souvent leur ardeur vient mal à propos à s'éteindre, et ils tombent malheureusement. Et toutefois y a-t-il homme de bon sens qui daignât comparer tous les ouvrages d'Ion ensemble au seul OEdipe de Sophocle?

## CHAPITRE XXVIII.

### Comparaison d'Hypéride et de Démosthène.

Que si au reste l'on doit juger du mérite d'un ouvrage par le nombre plutôt que par la qualité et l'excellence de ses beautés, il s'ensuivra qu'Hypéride doit être entièrement préféré à Démosthène. En effet, outre qu'il est plus harmonieux, il a bien plus de parties d'orateur, qu'il possède presque toutes en un degré éminent; semblable à ces athlètes qui réussissent aux cinq sortes d'exercices, et qui n'étant les premiers en pas un de ces exercices, passent en tous l'ordinaire et le commun. En effet, il a imité Démosthène en tout ce que Démosthène a de beau, excepté pourtant dans la composition et l'arrangement des paroles. Il joint à cela les douceurs et les grâces de Lysias. Il sait adoucir où il faut la rudesse et la simplicité du discours, et ne dit pas toutes les choses d'un même air comme Démosthène. Il excelle à peindre les mœurs. Son style a, dans sa naïveté, une certaine douceur agréable et fleurie. Il y a dans ses ouvrages un nombre infini de choses plaisamment dites. Sa manière de rire et de se moquer est fine, et a quelque chose de noble. Il a une facilité merveilleuse à manier l'ironie. Ses railleries ne sont point froides ni recherchées, comme celles de ces faux imitateurs du style attique, mais vives et pressantes. Il est adroit à éluder les objections qu'on lui fait, et à les rendre ridicules en les amplifiant. Il a beaucoup de plaisant et de comique, et est tout plein de jeux et de certaines pointes d'esprit qui frappent toujours où il vise. Au reste, il assaisonne toutes ces choses d'un tour et d'une grâce inimitables. Il est né pour toucher et émouvoir la pitié. Il est étendu dans ses narrations fabuleuses. Il a une flexibilité admirable pour les digressions; il se détourne, il reprend haleine où il veut, comme on le peut voir dans ces fables qu'il conte de Latone. Il a fait une oraison funèbre qui est écrite avec tant de pompe et d'ornement, que je ne sais si pas un autre l'a jamais égalé en cela.

Au contraire, Démosthène ne s'entend pas fort bien à peindre les mœurs. Il n'est point étendu dans son style. Il a quelque chose de dur, et n'a ni pompe ni ostentation. En un mot, il n'a presque aucune des parties dont nous venons de parler. S'il s'efforce d'être plaisant, il se rend ridicule plutôt qu'il ne fait rire, et s'éloigne d'autant plus du plaisant, qu'il tâche d'en approcher. Cependant, parce qu'à mon avis toutes les beautés, qui sont en foule dans Hypéride, n'ont rien de grand; qu'on y voit, pour ainsi dire, un orateur toujours à jeun, et une langueur d'esprit qui n'échauffe, qui ne remue point l'âme, personne n a jamais été fort transporté de la lecture de ses ouvrages; au lieu que Démosthène[1] ayant ramassé en soi toutes les qualités d'un orateur véritablement né au sublime, et entièrement perfectionné par l'étude, ce ton de majesté et de grandeur, ces mouvements animés, cette fertilité, cette adresse, cette promptitude, et, ce qu'on doit surtout estimer en lui, cette force et cette véhémence dont jamais personne n'a su approcher; par toutes ces divines qualités, que je regarde en effet comme autant de rares présents qu'il avait reçus des dieux, et qu'il ne m'est pas permis d'appeler des qualités humaines, il a effacé tout ce qu'il y a eu d'orateurs célèbres dans tous les siècles, les laissant comme abattus et éblouis, pour ainsi dire, de ses tonnerres et de ses éclairs; car dans les parties où il excelle, il est tellement élevé au-dessus d'eux, qu'il répare entièrement par là celles qui lui manquent. Et certainement il est plus aisé d'envisager fixement, et les yeux ouverts, les foudres qui tombent du ciel, que de n'être point ému des violentes passions qui règnent en foule dans ses ouvrages.

## CHAPITRE XXIX.

De Platon et de Lysias, et de l'excellence de l'esprit humain.

Pour ce qui est de Platon, comme j'ai dit, il y a bien de la différence; car il surpasse Lysias, nonseulement par l'excellence, mais aussi par le nombre de ses beautés. Je dis plus : c'est que Platon n'est pas tant au-dessus de Lysias par un plus grand nombre de beautés, que Lysias est au-dessous de Platon par un plus grand nombre de fautes.

Qu'est-ce donc qui a porté ces esprits divins à mépriser cette exacte et scrupuleuse délicatesse, pour ne chercher que le sublime dans leurs écrits? En voici une raison : c'est que la nature n'a point regardé l'homme comme un animal de basse et de vile condition; mais elle lui a donné la vie et l'a fait venir au monde comme dans une grande assemblée, pour être spectateur de toutes les choses qui s'y passent; elle l'a, dis-je, introduit dans cette lice comme un courageux athlète qui ne doit respirer que la gloire. C'est pourquoi elle a engendré d'abord en nos âmes une passion invincible pour tout ce qui nous paraît de plus grand et de plus divin. Aussi voyons-nous que le monde entier ne suffit pas à la vaste étendue de l'esprit de l'homme. Nos pensées vont souvent plus loin que les cieux, et pénètrent au delà de ces bornes qui environnent et qui terminent toutes choses.

Et certainement si quelqu'un fait un peu de réflexion sur un homme dont la vie n'ait rien eu dans tout son cours que de grand et d'illustre, il peut connaître par là à quoi nous sommes nés. Ainsi nous n'admirons pas naturellement de petits ruisseaux, bien que l'eau en soit claire et transparente, et utile même pour notre usage; mais nous sommes véritablement surpris quand nous regardons le Danube, le Nil, le Rhin et l'Océan surtout. Nous ne sommes pas fort étonnés de voir une petite flamme que nous avons allumée conserver long-temps sa lumière pure; mais nous sommes frappés d'admiration quand nous contemplons ces feux qui s'allument quelquefois dans le ciel, bien que pour l'ordinaire ils s'évanouissent en naissant; et nous ne trouvons rien de plus étonnant dans la nature que ces fournaises du mont Etna, qui quelquefois jettent du profond de ses abîmes

Des pierres, des rochers et des fleuves de flammes[1].

De tout cela il faut conclure que ce qui est utile et même nécessaire aux hommes, souvent n'a rien de merveilleux, comme étant aisé à acquérir; mais que tout ce qui est extraordinaire est admirable et surprenant.

## CHAPITRE XXX.

Que les fautes dans le sublime se peuvent excuser.

A l'égard donc des grands orateurs en qui le sublime et le merveilleux se rencontrent joints avec l'utile et le nécessaire, il faut avouer que, encore que ceux dont nous parlions n'aient point été exempts de fautes, ils avaient néanmoins quelque chose de surnaturel et de divin. En effet, d'exceller dans toutes les autres parties, cela n'a rien qui passe la portée de l'homme; mais le sublime nous élève presque aussi haut que Dieu. Tout ce qu'on gagne à ne point faire de fautes, c'est qu'on ne peut être repris; mais le grand se fait admirer. Que vous dirai-je enfin? un seul de ces beaux traits et de ces pensées sublimes qui sont dans les ouvrages de ces excellents auteurs, peut payer tous leurs défauts. Je dis bien plus : c'est que si quelqu'un ramassait ensemble toutes les fautes qui sont dans Homère, dans Démosthène, dans Platon, et dans tous ces célèbres héros, elles ne feraient pas la moindre ni la millième partie des bonnes choses qu'ils ont dites. C'est pourquoi l'envie n'a pas empêché qu'on ne leur ait donné le

---

[1] Je n'ai point exprimé ἔνθεν et ἐνθένδε, de peur de trop embarrasser la période. (Boil.)

[1] Pind. *Pyth.* I, p. 254, édit. de Benoist. (Boil.)

prix dans tous les siècles, et personne jusqu'ici n'a été en état de leur enlever ce prix, qu'ils conservent encore aujourd'hui, et que vraisemblablement ils conserveront toujours,

Tant qu'on verra les eaux dans les plaines courir,
Et les bois dépouillés au printemps refleurir [1].

On me dira peut-être qu'un colosse qui a quelques défauts n'est pas plus à estimer qu'une petite statue achevée, comme, par exemple, le soldat de Polyclète [2]. A cela je réponds que, dans les ouvrages de l'art, c'est le travail et l'achèvement que l'on considère; au lieu que, dans les ouvrages de la nature, c'est le sublime et le prodigieux. Or, discourir, c'est une opération naturelle à l'homme. Ajoutez que, dans une statue, on ne cherche que le rapport et la ressemblance; mais dans le discours on veut, comme j'ai dit, le surnaturel et le divin. Cependant, pour ne nous point éloigner de ce que nous avons établi d'abord, comme c'est le devoir de l'art d'empêcher que l'on ne tombe, et qu'il est bien difficile qu'une haute élévation à la longue se soutienne, et garde toujours un ton égal, il faut que l'art vienne au secours de la nature, parce qu'en effet c'est leur parfaite alliance qui fait la souveraine perfection. Voilà ce que nous avons cru être obligé de dire sur les questions qui se sont présentées. Nous laissons pourtant à chacun son jugement libre et entier.

## CHAPITRE XXXI.

Des paraboles, des comparaisons et des hyperboles.

Pour retourner à notre discours, les paraboles et les comparaisons approchent fort des métaphores, et ne diffèrent d'elles qu'en un seul point [3]....

Telle est cette hyperbole : *Supposé que votre esprit soit dans votre tête, et que vous ne le fouliez pas sous vos talons* [4]. C'est pourquoi il faut bien prendre garde jusqu'où toutes ces figures peuvent être poussées, parce que assez souvent, pour vouloir porter trop haut une hyperbole, *on la détruit*. C'est comme une corde d'arc, qui, pour être trop tendue, se relâche, et cela fait quelquefois un effet tout contraire à ce que nous cherchons.

Ainsi Isocrate dans son panégyrique [5], par une sotte ambition de ne vouloir rien dire qu'avec emphase, est tombé, je ne sais comment, dans une faute de petit écolier. Son dessein, dans ce panégyrique, c'est de faire voir que les Athéniens ont rendu plus de services à la Grèce que ceux de Lacédémone; et voici par où il débute : « Puisque le discours « a naturellement la vertu de rendre les choses « grandes petites, et les petites grandes; qu'il sait « donner les grâces de la nouveauté aux choses les « plus vieilles, et qu'il fait paraître vieilles celles « qui sont nouvellement faites. » Est-ce ainsi, dira quelqu'un, ô Isocrate! que vous allez changer toutes choses à l'égard des Lacédémoniens et des Athéniens? En faisant de cette sorte l'éloge du discours, il fait proprement un exorde pour exhorter ses auditeurs à ne rien croire de ce qu'il leur va dire.

C'est pourquoi il faut supposer, à l'égard des hyperboles, ce que nous avons dit pour toutes les figures en général, que celles-là sont les meilleures qui sont entièrement cachées, et qu'on ne prend point pour des hyperboles. Pour cela donc, il faut avoir soin que ce soit toujours la passion qui les fasse produire au milieu de quelque grande circonstance, comme, par exemple, l'hyperbole de Thucydide [1] à propos des Athéniens qui périrent dans la Sicile: « Les Siciliens étant descendus en ce lieu, ils y « firent un grand carnage, de ceux surtout qui s'é- « taient jetés dans le fleuve. L'eau fut en un moment « corrompue du sang de ces misérables, et néan- « moins, toute bourbeuse et toute sanglante qu'elle « était, ils se battaient pour en boire. »

Il est assez peu croyable que des hommes boivent du sang et de la boue, et se battent même pour en boire, et toutefois la grandeur de la passion, au milieu de cette étrange circonstance, ne laisse pas de donner une apparence de raison à la chose. Il en est de même de ce que dit Hérodote [2] de ces Lacédémoniens qui combattirent au pas des Thermopyles: « Ils se défendirent encore quelque temps [3]

---

[1] Épitaphe pour Midas, p. 534, II° vol. d'Hom. édit. des Elzevirs. (Boil.)
[2] Le Doryphore, petite statue. (Boil.)
[3] Cet endroit est fort défectueux, et ce que l'auteur avait dit de ces figures manque tout entier. (Boil.)
[4] Démosth. ou Hégésippe, de Haloneso, p. 34 , édit. de Bâle. (Boil.)
[5] Page. 42, édit. de H. Estienne. (Boil.)

[1] Liv, VII, p. 55, édit. de H. Estienne. (Boil.)
[2] Liv. VII. p. 458, édit. de Francfort. (Boil.)
[3] Ce passage est fort clair. Cependant c'est une chose surprenante qu'il n'ait été entendu ni de Laurent Valle, qui a traduit Hérodote, ni des traducteurs de Longin, ni de ceux qui ont fait des notes sur cet auteur : tout cela, faute d'avoir pris garde que le verbe κατχόω veut quelquefois dire *enterrer*. Il faut voir les peines que se donne M. Lefèvre pour restituer ce passage, auquel, après bien du changement, il ne saurait trouver de sens qui s'accommode à Longin, prétendant que le texte d'Hérodote était corrompu dès le temps de notre rhéteur, et que cette beauté qu'un si savant critique y remarque est l'ouvrage d'un mauvais copiste qui a mêlé des paroles qui n'y étaient point. Je ne m'arrêterai point à réfuter un discours si peu vraisemblable. Le sens que j'ai trouvé est si clair et si infaillible, qu'il dit tout, et l'on ne saurait excuser le savant M. Dacier de ce qu'il dit contre Longin et contre moi dans sa note sur ce passage, que par le zèle plus pieux

« en ce lieu avec les armes qui leur restaient, et « avec les mains et les dents, jusqu'à ce que les « barbares, tirant toujours, les eussent comme en-« sevelis sous leurs traits. » Que dites-vous de cette hyperbole? Quelle apparence que des hommes se défendent avec les mains et les dents contre des gens armés, et que tant de personnes soient ensevelies sous les traits de leurs ennemis? Cela ne laisse pas néanmoins d'avoir de la vraisemblance, parce que la chose ne semble pas recherchée pour l'hyperbole, mais que l'hyperbole semble naître du sujet même. En effet, pour ne me point départir de ce que j'ai dit, un remède infaillible pour empêcher que les hardiesses ne choquent, c'est de ne les employer que dans la passion et aux endroits à peu près qui semblent les demander. Cela est si vrai que, dans le comique, on dit des choses qui sont absurdes d'elles-mêmes, et qui ne laissent pas toutefois de passer pour vraisemblables, à cause qu'elles émeuvent la passion, je veux dire qu'elles excitent à rire. En effet le rire est une passion de l'âme, causée par le plaisir. Tel est ce trait d'un poëte comique[1] : « Il possédait une terre à la campagne, « qui n'était pas plus grande qu'une épître de Lacé-« démonien[2]. »

Au reste, on se peut servir de l'hyperbole, aussi bien pour diminuer les choses que pour les agrandir; car l'exagération est propre à ces deux différents effets, et le *diasyrme*[3], qui est une espèce d'hyperbole, n'est, à le bien prendre, que l'exagération d'une chose basse et ridicule.

## CHAPITRE XXXII.

### De l'arrangement des paroles.

Des cinq parties qui produisent le grand, comme nous avons supposé d'abord, il resté encore la cinquième à examiner; c'est à savoir, la composition et l'arrangement des paroles. Mais, comme nous avons déjà donné deux volumes de cette matière, où nous avons suffisamment expliqué tout ce qu'une longue spéculation nous en a pu apprendre, nous nous contenterons de dire ici ce que nous jugeons absolument nécessaire à notre sujet : comme, par exemple, que l'harmonie n'est pas simplement un agrément que la nature a mis dans la voix de l'homme[4], pour persuader et pour inspirer le plaisir;

mais que, dans les instruments même inanimés, c'est un moyen merveilleux pour élever le courage, et pour émouvoir les passions[1].

Et de vrai, ne voyons-nous pas que le son des flûtes émeut l'âme de ceux qui l'écoutent, et les remplit de fureur, comme s'ils étaient hors d'eux-mêmes; que, leur imprimant dans l'oreille le mouvement de sa cadence, il les contraint de la suivre, et d'y conformer en quelque sorte le mouvement de leur corps? Et non-seulement le son des flûtes, mais presque tout ce qu'il y a de différents sons au monde, comme, par exemple, ceux de la lyre, font cet effet : car bien qu'ils ne signifient rien d'eux-mêmes, néanmoins, par ces changements de tons qui s'entrechoquent les uns les autres, et par le mélange de leurs accords, souvent, comme nous voyons, ils causent à l'âme un transport et un ravissement admirable. Cependant ce ne sont que des images et de simples imitations de la voix, qui ne disent et ne persuadent rien; n'étant, s'il faut parler ainsi, que des sons bâtards, et non point, comme j'ai dit, des effets de la nature de l'homme. Que ne dirons-nous donc point de la composition, qui est, en effet, comme l'harmonie du discours, dont l'usage est naturel à l'homme, qui ne frappe pas simplement l'oreille, mais l'esprit; qui remue tout à la fois tant de différentes sortes de noms, de pensées, de choses, tant de beautés et d'élégances, avec lesquelles notre âme a une espèce de liaison et d'affinité; qui, par le mélange et la diversité des sons, insinue dans les esprits, inspire à ceux qui écoutent, les passions même de l'orateur, et qui bâtit, sur ce sublime amas de paroles, ce grand et ce merveilleux que nous cherchons? Pouvons-nous, dis-je, nier qu'elle ne contribue beaucoup à la grandeur, à la majesté, à la magnificence du discours, et à toutes ces autres beautés qu'elle renferme en soi; et qu'ayant un empire absolu sur les esprits, elle ne puisse en tout temps les ravir et les enlever? Il y aurait de la folie à douter d'une vérité si uni-

---

que raisonnable, qu'il a eu de défendre le père de son illustre épouse. (BOIL.)
[1] Voyez *Strabon*, liv. I, p. 36, édit. de Paris. (BOIL.)
[2] J'ai suivi la restitution de Casaubon. (BOIL.)
[3] Διασυρμός. (BOIL.)
[4] Les traducteurs n'ont point, à mon avis, conçu ce pas-

sage, qui sûrement doit être entendu dans mon sens, comme la suite du chapitre le fait assez connaître. Ἐνέργημα veut dire *un effet*, et non pas *un moyen* : *n'est pas simplement un effet de la nature de l'homme*. (BOIL.)
[1] Il y a dans le grec μετ' ἐλευθερίας καὶ πάθους : c'est ainsi qu'il faut lire; et non point ἔτι ἐλευθερίας, etc. Ces paroles veulent dire : « qu'il est merveilleux de voir des instruments « inanimés avoir en eux un charme pour émouvoir les pas-« sions, et pour inspirer la noblesse de courage. » Car c'est ainsi qu'il faut entendre ἐλευθερία. En effet, il est certain que la trompette, qui est un instrument, sert à réveiller le courage dans la guerre. J'ai ajouté le mot d'*inanimés* pour éclaircir la pensée de l'auteur, qui est un peu obscure en cet endroit. Ὄργανον, absolument pris, veut dire toutes sortes d'instruments musicaux et inanimés, comme le prouve fort bien Henri Estienne. (BOIL.)

versellement reconnue, et l'expérience en fait foi [1].

Au reste il en est de même des discours que des corps, qui doivent ordinairement leur principale excellence à l'assemblage et à la juste proportion de leurs membres : de sorte même qu'encore qu'un membre séparé de l'autre n'ait rien en soi de remarquable, tous ensemble ne laissent pas de faire un corps parfait. Ainsi les parties du sublime étant divisées, le sublime se dissipe entièrement : au lieu que venant à ne former qu'un corps par l'assemblage qu'on en fait, et par cette liaison harmonieuse qui les joint, le seul tour de la période leur donne du son et de l'emphase. C'est pourquoi on peut comparer le sublime dans les périodes à un festin par écot, auquel plusieurs ont contribué. Jusquelà qu'on voit beaucoup de poëtes et d'écrivains qui, n'étant point nés au sublime, n'en ont jamais manqué néanmoins ; bien que pour l'ordinaire ils se servissent de façons de parler basses, communes et fort peu élégantes. En effet, ils se soutiennent par ce seul arrangement de paroles, qui leur enfle et grossit en quelque sorte la voix : si bien qu'on ne remarque point leur bassesse. Philiste est de ce nombre. Tel est aussi Aristophane en quelques endroits, et Euripide en plusieurs, comme nous l'avons déjà suffisamment montré. Ainsi, quand Hercule dans cet auteur, après avoir tué ses enfants, dit :

Tant de maux à la fois sont entrés dans mon âme,
Que je n'y puis loger de nouvelles douleurs [1],

cette pensée est fort triviale. Cependant il la rend noble par le moyen de ce tour, qui a quelque chose de musical et d'harmonieux. Et certainement, pour peu que vous renversiez l'ordre de sa période, vous verrez manifestement combien Euripide est plus heureux dans l'arrangement de ses paroles que dans le sens de ses pensées. De même, dans sa tragédie intitulée *Dircé traînée par un taureau* :

Il tourne aux environs dans sa route incertaine ;
Et, courant en tous lieux où sa rage le mène,
Traîne après soi la femme, et l'arbre, et le rocher [2].

Cette pensée est fort noble à la vérité ; mais il faut avouer que ce qui lui donne plus de force, c'est cette harmonie qui n'est point précipitée, ni emportée comme une masse pesante, mais dont les paroles se soutiennent les unes les autres, et où il y a plusieurs pauses. En effet, ces pauses sont comme autant de fondements solides sur lesquels son discours s'appuie et s'élève.

## CHAPITRE XXXIII.

### De la mesure des périodes.

Au contraire, il n'y a rien qui rabaisse davantage le sublime que ces nombres rompus, et qui se prononcent vite, tels que sont les pyrrhiques, les trochées et les dichorées, qui ne sont bons que pour la danse. En effet, toutes ces sortes de pieds et de mesures n'ont qu'une certaine mignardise et un petit agrément, qui a toujours le même tour, et qui n'émeut point l'âme. Ce que j'y trouve de pire, c'est que comme nous voyons que naturellement ceux à qui l'on chante un air ne s'arrêtent point au sens des paroles, et sont entraînés par le chant, de même ces paroles mesurées n'inspirent point à l'esprit les passions qui doivent naître du discours, et impriment simplement dans l'oreille le mouvement de la cadence. Si bien que, comme l'auditeur prévoit d'ordinaire cette chute qui doit arriver, il va au devant de celui qui parle, et le prévient, marquant, comme en une danse, la chute avant qu'elle arrive.

C'est encore un vice qui affaiblit beaucoup le discours, quand les périodes sont arrangées avec trop de soin, ou quand les membres en sont trop courts, et ont trop de syllabes brèves, étant d'ailleurs comme joints et attachés ensemble avec des clous aux endroits où ils se désunissent. Il n'en faut pas

---

[1] L'auteur justifie ici sa pensée par une période de Démosthène*, dont il fait voir l'harmonie et la beauté. Mais, comme ce qu'il en dit est entièrement attaché à la langue grecque, j'ai cru qu'il valait mieux le passer dans la traduction, et le renvoyer aux remarques, pour ne point effrayer ceux qui ne savent point le grec. En voici donc l'explication : « Ainsi « cette pensée que Démosthène ajoute après la lecture de son « décret paraît fort sublime, et en effet merveilleuse. Ce « décret, dit-il, a fait évanouir le péril qui environnait cette « ville, ὥσπερ νέφος, comme un nuage qui se dissipe lui-même. Τοῦτο τὸ « ψήφισμα τὸν τότε τῇ πόλει περιστάντα κίνδυνον παρελθεῖν, « ἐποίησεν, ὥσπερ νέφος. Mais il faut avouer que l'harmonie de « la période ne cède point à la beauté de la pensée ; car elle va « toujours de trois en trois temps, comme si c'étaient tous dacty-« les, qui sont les pieds les plus nobles et les plus propres au « sublime : et c'est pourquoi le vers héroïque, qui est le plus « beau de tous les vers, en est composé. En effet, si vous ôtez « un mot de sa place, comme si vous mettiez Τοῦτο τὸ ψή-« φισμα, ὥσπερ νέφος ἐποίησε τὸν τότε κίνδυνον παρελθεῖν, « ou si vous en retranchez une seule syllabe, comme, ἐποίησε « παρελθεῖν ὡς νέφος, vous connaîtrez aisément combien l'har-« monie contribue au sublime ; car ces paroles, ὥσπερ νέφος, « s'appuyant sur la première syllabe qui est longue, se pro-« noncent à quatre reprises. De sorte que, si vous en ôtez « une syllabe, le retranchement fait que la période est « tronquée. Que si au contraire vous en ajoutez une, comme, « παρελθεῖν ἐποίησεν ὡσπερεὶ νέφος, c'est bien le même sens ; « mais ce n'est pas la même cadence, parce que la période « s'arrêtant trop longtemps sur les dernières syllabes, le « sublime, qui était auparavant serré, se relâche et s'affai-« blit. » (BOIL.)

* *De Coronâ*, p. 340, édit. de Bâle.

---

[1] *Hercule furieux*, v. 1245. (BOIL.)
[2] *Dircé*, ou *Antiope*, tragédie perdue. Voyez les *Fragments* de M. Barnès, p. 519. (BOIL.)

moins dire des périodes qui sont trop coupées. Car il n'y a rien qui estropie davantage le sublime que de le vouloir comprendre dans un trop petit espace. Quand je défends néanmoins de trop couper les périodes, je n'entends pas parler de celles qui ont leur juste étendue, mais de celles qui sont trop petites, et comme mutilées. En effet, de trop couper son style, cela arrête l'esprit ; au lieu que de le diviser en périodes, cela conduit le lecteur. Mais le contraire en même temps apparaît des périodes trop longues. Et toutes ces paroles recherchées pour allonger mal à propos un discours sont mortes et languissantes.

## CHAPITRE XXXIV.

### De la bassesse des termes.

Une des choses encore qui avilit autant le discours, c'est la bassesse des termes. Ainsi nous voyons dans Hérodote[1] une description de tempête, qui est divine pour le sens; mais il y a mêlé des mots extrêmement bas, comme quand il dit : « La « mer commençant à bruire[2]. » Le mauvais son de ce mot *bruire* fait perdre à sa pensée une partie de ce qu'elle avait de grand. « Le vent, dit-il en un « autre endroit, les ballotta fort ; et ceux qui furent « dispersés par la tempête, firent une fin peu agréa- « ble. » Ce mot *ballotter* est bas, et l'épithète de *peu agréable* n'est point propre pour exprimer un accident comme celui-là.

De même l'historien Théopompus a fait une peinture de la descente du roi de Perse dans l'Égypte, qui est miraculeuse d'ailleurs[3] : mais il a tout gâté par la bassesse des mots qu'il y mêle. « Y a-t-il une « ville, dit cet historien, et une nation dans l'Asie, « qui n'ait envoyé des ambassadeurs au roi? Y a-t- « il rien de beau et de précieux qui croisse ou qui se « fabrique en ces pays, dont on ne lui ait fait des pré- « sents? Combien de tapis et de vestes magnifi- « ques, les unes rouges, les autres blanches, et les « autres historiées de couleurs? Combien de tentes « dorées et garnies de toutes les choses nécessaires « pour la vie? Combien de robes et de lits somp- « tueux? Combien de vases d'or et d'argent enrichis de « pierres précieuses, ou artistement travaillés? Ajou- « tez à cela un nombre infini d'armes étrangères et

« à la grecque; une foule incroyable de bêtes de « voiture, et d'animaux destinés pour les sacrifices ; « des boisseaux remplis de toutes les choses pro- « pres pour réjouir le goût[1] ; des armoires et des « sacs pleins de papier, et de plusieurs ustensiles; « et une si grande quantité de viandes salées de « toutes sortes d'animaux, que ceux qui les voyaient « de loin, pensaient que ce fussent des collines qui « s'élevassent de terre. »

De la plus haute élévation, il tombe dans la dernière bassesse, à l'endroit justement où il devait le plus s'élever. Car mêlant mal à propos dans la pompeuse description de cet appareil, des boisseaux, des ragoûts et sacs, il semble qu'il fasse la peinture d'une cuisine. Et comme si quelqu'un avait toutes ces choses à arranger, et que parmi des tentes et des vases d'or, au milieu de l'argent et des diamants, il mît en parade des sacs et des boisseaux, cela ferait un vilain effet à la vue : il en est de même des mots bas dans le discours ; et ce sont comme autant de taches et de marques honteuses qui flétrissent l'expression. Il n'avait qu'à détourner un peu la chose, et dire en général, à propos de ces montagnes de viandes salées, et du reste de cet appareil : Qu'on envoya au roi des chameaux et plusieurs bêtes de voiture chargées de toutes les choses nécessaires pour la bonne chère et pour le plaisir ; ou des monceaux de viandes les plus exquises, et tout ce qu'on saurait imaginer de plus ragoûtant et de plus délicieux : ou, si vous voulez, tout ce que les officiers de table et de cuisine pouvaient souhaiter de meilleur pour la bouche de leur maître. Car il ne faut pas d'un discours fort élevé passer à des choses basses et de nulle considération, à moins qu'on n'y soit forcé par une nécessité bien pressante. Il faut que les paroles répondent à la majesté des choses dont on traite ; et il est bon en cela d'imiter la nature, qui en formant l'homme, n'a point exposé à la vue ces parties qu'il n'est pas honnête de nommer, et par où le corps se purge : mais, pour me servir des termes de Xénophon[2], « a caché et « détourné ces égouts le plus loin qu'il lui a été pos- « sible, de peur que la beauté de l'animal n'en fût « souillée. » Mais il n'est pas besoin d'examiner de si près toutes les choses qui rabaissent le discours. En effet, puisque nous avons montré ce qui sert à l'élever et l'ennoblir, il est aisé de juger qu'ordinairement le contraire est ce qui l'avilit et le fait ramper.

---

[1] Liv. VII, p. 446 et 448, édit. de Francfort. (BOIL.)
[2] Il y a dans le grec *commençant à bouillonner*, ζεσάσης ; mais le mot de *bouillonner* n'a point de mauvais son en notre langue, et au contraire agréable à l'oreille. Je me suis donc servi du mot *bruire*, qui est bas, et qui exprime le bruit que fait l'eau quand elle commence à bouillonner. (BOIL.)
[3] Livre perdu. (BOIL.)

[1] Voyez *Athénée*, liv. II, p. 67, édit. de Lyon. (BOIL.)
[2] Liv. I des *Mémorables*, p. 726, édit. de Leuncl. (BOIL.)

## CHAPITRE XXXV.

### Des causes de la décadence des esprits.

Il ne reste plus, mon cher Térentianus, qu'une chose à examiner. C'est la question que fit il y a quelques jours un philosophe. Car il est bon de l'éclaircir ; et je veux bien, pour votre satisfaction particulière, l'ajouter encore à ce traité.

Je ne saurais assez m'étonner, me disait ce philosophe, non plus que beaucoup d'autres, d'où vient que, dans notre siècle, il se trouve assez d'orateurs qui savent manier un raisonnement, et qui ont même le style oratoire ; qu'il s'en voit, dis-je, plusieurs qui ont de la vivacité, de la netteté, et surtout de l'agrément dans leurs discours ; mais qu'il s'en rencontre si peu qui puissent s'élever fort haut dans le sublime : tant la stérilité maintenant est grande parmi les esprits ! N'est-ce point, poursuivait-il, ce qu'on dit ordinairement, que c'est le gouvernement populaire qui nourrit et forme les grands génies, puisque enfin jusqu'ici tout ce qu'il y a presque eu d'orateurs habiles ont fleuri et sont morts avec lui ? En effet, ajoutait-il, il n'y a peut-être rien qui élève davantage l'âme des grands hommes que la liberté, ni qui excite et réveille plus puissamment en nous ce sentiment naturel qui nous porte à l'émulation, et cette noble ardeur de se voir élevé au-dessus des autres. Ajoutez que les prix qui se proposent dans les républiques aiguisent, pour ainsi dire, et achèvent de polir l'esprit des orateurs, leur faisant cultiver avec soin les talents qu'ils ont reçus de la nature. Tellement qu'on voit briller dans leurs discours la liberté de leur pays.

Mais nous, continuait-il, qui avons appris dès nos premières années à souffrir le joug d'une domination légitime, qui avons été comme enveloppés par les coutumes et les façons de faire de la monarchie, lorsque nous avions encore l'imagination tendre et capable de toutes sortes d'impressions ; en un mot, qui n'avons jamais goûté de cette vive et féconde source de l'éloquence, je veux dire de la liberté : ce qui arrive ordinairement de nous, c'est que nous nous rendons de grands et magnifiques flatteurs. C'est pourquoi il estimait, disait-il, qu'un homme même né dans la servitude était capable des autres sciences : mais que nul esclave ne pouvait jamais être orateur. Car un esprit, continua-t-il, abattu et comme dompté par l'accoutumance au joug, n'oserait plus s'enhardir à rien. Tout ce qu'il avait de vigueur s'évapore de soi-même, et il demeure toujours comme en prison. En un mot, pour me servir des termes d'Homère [1],

Le même jour qui met un homme libre aux fers
Lui ravit la moitié de sa vertu première.

De même donc que, si ce qu'on dit est vrai, ces boîtes où l'on renferme les Pygmées, vulgairement appelés Nains, les empêchent non-seulement de croître, mais les rendent même plus petits, par le moyen de cette bande dont on leur entoure le corps : ainsi la servitude, je dis la servitude la plus justement établie, est une espèce de prison où l'âme décroît et se rapetisse en quelque sorte. Je sais bien qu'il est fort aisé à l'homme, et que c'est son naturel, de blâmer toujours les choses présentes : mais prenez garde que [2].... Et certainement, poursuivis-je, si les délices d'une trop longue paix sont capables de corrompre les plus belles âmes, cette guerre sans fin, qui trouble depuis si longtemps toute la terre, n'est pas un moindre obstacle à nos désirs.

Ajoutez à cela ces passions qui assiégent continuellement notre vie, et qui portent dans notre âme la confusion et le désordre. En effet, continuai-je, c'est le désir des richesses dont nous sommes tous malades par excès ; c'est l'amour des plaisirs, qui, à bien parler, nous jette dans la servitude, et, pour mieux dire, nous traîne dans le précipice où tous nos talents sont comme engloutis. Il n'y a point de passion plus basse que l'avarice ; il n'y a point de vice plus infâme que la volupté. Je ne vois donc pas comment ceux qui font si grand cas des richesses, et qui s'en font comme une espèce de divinité, pourraient être atteints de cette maladie sans recevoir en même temps avec elle tous les maux dont elle est naturellement accompagnée. Et certainement la profusion, et les autres mauvaises habitudes, suivent de près les richesses excessives : elles marchent, pour ainsi dire, sur leurs pas, et par leur moyen, elles ouvrent les portes des villes et des maisons ; elles y entrent, et elles s'y établissent. Mais à peine y ont-elles séjourné quelque temps, qu'elles y *font leur nid,* suivant la pensée des sages, et travaillent à se multiplier. Voyez donc ce qu'elles y produisent. Elles y engendrent le faste et la mollesse, qui ne sont point des enfants bâtards, mais leurs vraies et légitimes productions. Que si nous

---

[1] *Odyss.* liv. XVII, v. 322. (BOIL.)
[2] Il y a beaucoup de choses qui manquent en cet endroit : après plusieurs autres raisons de la décadence des esprits qu'apportait ce philosophe introduit ici par Longin, notre auteur vraisemblablement reprenait la parole, et en établissait de nouvelles causes : c'est à savoir la guerre, qui était alors par toute la terre, et l'amour du luxe, comme la suite le fait assez connaître. (BOIL.)

laissons une fois croître en nous ces dignes enfants des richesses, ils y auront bientôt fait éclore l'insolence, le déréglement, l'effronterie, et tous ces autres impitoyables tyrans de l'âme.

Sitôt donc qu'un homme, oubliant le soin de la vertu, n'a plus d'admiration que pour les choses frivoles et périssables, il faut de nécessité que tout ce que nous avons dit arrive en lui : il ne saurait plus lever les yeux pour regarder au-dessus de soi, ni rien dire qui passe le commun : il se fait en peu de temps une corruption générale dans toute son âme. Tout ce qu'il avait de noble et de grand se flétrit et se sèche de soi-même, et n'attire plus que le mépris.

Et comme il n'est pas possible qu'un juge qu'on a corrompu juge sainement et sans passion de ce qui est juste et honnête, parcequ'un esprit qui s'est laissé gagner aux présents ne connaît de juste et d'honnête que ce qui lui est utile, comment voudrions-nous que dans ce temps, où la corruption règne sur les mœurs et sur les esprits de tous les hommes, où nous ne songeons qu'à attraper la succession de celui-ci, qu'à tendre des piéges à cet autre pour nous faire écrire dans son testament, qu'à tirer un infâme gain de toutes choses, vendant pour cela jusqu'à notre âme, misérables esclaves de nos propres passions; comment, dis-je, se pourrait-il faire que, dans cette contagion générale, il se trouvât un homme sain de jugement et libre de passion, qui n'étant point aveuglé ni séduit par l'amour du gain, pût discerner ce qui est véritablement grand et digne de la postérité? En un mot, étant tous faits de la manière que j'ai dit, ne vaut-il pas mieux qu'un autre nous commande, que de demeurer en notre propre puissance, de peur que cette rage insatiable d'acquérir, comme un furieux qui a rompu ses fers, et qui se jette sur ceux qui l'environnent, n'aille porter le feu aux quatre coins de la terre? Enfin, lui dis-je, c'est l'amour du luxe qui est cause de cette fainéantise où tous les esprits, excepté un petit nombre, croupissent aujourd'hui. En effet, si nous étudions quelquefois, on peut dire que c'est comme des gens qui relèvent de maladie, pour le plaisir, et pour avoir lieu de nous vanter, et non point par une noble émulation, et pour en tirer quelque profit louable et solide. Mais c'est assez parlé là-dessus. Venons maintenant aux passions, dont nous avons promis de faire un traité à part. Car, à mon avis, elles ne sont pas un des moindres ornements du discours, surtout pour ce qui regarde le sublime.

# RÉFLEXIONS CRITIQUES[1]

### SUR QUELQUES PASSAGES

## DU RHÉTEUR LONGIN,

Où, par occasion, on répond à plusieurs objections de monsieur P***[2], contre Homère et contre Pindare, et, tout nouvellement, à la dissertation de monsieur Leclerc contre Longin, et à quelques critiques faites contre monsieur Racine.

## RÉFLEXION I.

« Mais c'est à la charge, mon cher Térentianus, que nous re-
« verrons ensemble exactement mon ouvrage, et que vous
« m'en direz votre sentiment avec cette sincérité que nous
« devons naturellement à nos amis. »
*Paroles de Longin*, chap. i.

Longin nous donne ici, par son exemple, un des plus importants préceptes de la rhétorique, qui est de consulter nos amis sur nos ouvrages, et de les accoutumer de bonne heure à ne nous point flatter. Horace et Quintilien nous donnent le même conseil en plusieurs endroits; et Vaugelas[3], le plus sage, à mon avis, des écrivains de notre langue, confesse que c'est à cette salutaire pratique qu'il doit ce qu'il y a de meilleur dans ses écrits. Nous avons beau être éclairés par nous-mêmes : les yeux d'autrui voient toujours plus loin que nous dans nos défauts; et un esprit médiocre fera quelquefois apercevoir le plus habile homme d'une méprise qu'il ne voyait pas. On dit que Malherbe consultait sur ses vers jusqu'à l'oreille de sa servante; et je me souviens que Molière m'a montré aussi plusieurs fois une vieille

[1] Dans l'édition de 1713 ces Réflexions précèdent le *Traité du Sublime*, et sont accompagnées de l'*Avis aux lecteurs* suivant :
« On a jugé à propos de mettre ces Réflexions avant la traduction du sublime de Longin, parce qu'elles n'en sont point une suite, faisant elles-mêmes un corps de critique à part, qui n'a souvent aucun rapport avec cette traduction, et que d'ailleurs, si on les avait mises à la suite de Longin on les aurait pu confondre avec les notes grammaticales qui y sont, et qu'il n'y a ordinairement que les savants qui lisent; au lieu que ces Réflexions sont propres à être lues de tout le monde, et même les femmes; témoin plusieurs dames de mérite qui les ont lues avec un très-grand plaisir, ainsi qu'elles me l'ont assuré elles-mêmes. »
[2] Perrault.
[3] *Claude Favre*, seigneur de *Vaugelas*, baron de Péroges, et l'un des premiers membres de l'Académie française, était de Bourg en Bresse, aussi bien que son père Antoine Favre, premier président du sénat de Chambéri, mort en 1637. Vaugelas fut longtemps gentilhomme ordinaire, et puis chambellan de M. Gaston. Sur la fin de sa vie, il fut gouverneur des enfants du prince Thomas de Savoie. Il a conservé un rang distingué parmi nos grammairiens; et l'on ne peut nier qu'il n'ait rendu de grands services à notre langue, quoiqu'il se soit souvent trompé dans ses *Remarques*. Sa traduction de Quinte-

servante[1] qu'il avait chez lui, à qui il lisait, disait-il, quelquefois ses comédies; et il m'assurait que, lorsque des endroits de plaisanterie ne l'avaient point frappée, il les corrigeait, parce qu'il avait plusieurs fois éprouvé sur son théâtre que ces endroits n'y réussissaient point. Ces exemples sont un peu singuliers; et je ne voudrais pas conseiller à tout le monde de les imiter. Ce qui est de certain, c'est que nous ne saurions trop consulter nos amis.

Il paraît néanmoins que M. P*** n'est pas de ce sentiment. S'il croyait ses amis, on ne les verrait pas tous les jours dans le monde nous dire, comme ils font : « M. P*** est de mes amis, et c'est un fort
« honnête homme; je ne sais pas comment il s'est
« allé mettre en tête de heurter si lourdement la
« raison, en attaquant dans ses Parallèles tout ce
« qu'il y a de livres anciens estimés et estimables.
« Veut-il persuader à tous les hommes que depuis
« deux mille ans ils n'ont pas eu le sens commun?
« Cela fait pitié. Aussi se garde-t-il bien de nous
« montrer ses ouvrages. Je souhaiterais qu'il se
« trouvât quelque honnête homme qui lui voulût
« sur cela charitablement ouvrir les yeux. »

Je veux bien être cet homme charitable. M. P*** m'a prié de si bonne grâce lui-même de lui montrer ses erreurs, qu'en vérité je ferais conscience de ne lui pas donner sur cela quelque satisfaction. J'espère donc de lui en faire voir plus d'une dans le cours de ces remarques. C'est la moindre chose que je lui dois, pour reconnaître les grands services que feu monsieur son frère le médecin [2] m'a, dit-il, rendus, en me guérissant de deux grandes maladies. Il est certain pourtant que monsieur son frère ne fut jamais mon médecin. Il est vrai que, lorsque j'étais encore tout jeune, étant tombé malade d'une fièvre assez peu dangereuse, une de mes parentes, chez qui je logeais, et dont il était médecin, me l'amena, et qu'il fut appelé deux ou trois fois en consultation par le médecin qui avait soin de moi. Depuis, c'est-à-dire trois ans après, cette même parente me l'amena une seconde fois, et m'en força de le consulter sur une difficulté de respirer que j'avais alors, et que j'ai encore. Il me tâta le pouls, et me trouva la fièvre, que sûrement je n'avais point. Cependant il me conseilla de me faire saigner du pied, remède assez bizarre pour l'asthme dont j'étais menacé. Je fus toutefois assez fou pour faire son ordonnance dès le soir même. Ce qui arriva de cela, c'est que ma difficulté de respirer ne diminua point; et que, le lendemain, ayant marché mal à propos, le pied m'enfla de telle sorte, que j'en fus trois semaines dans le lit. C'est là toute la cure qu'il m'a jamais faite, que je prie Dieu de lui pardonner en l'autre monde [1].

Je n'entendis plus parler de lui depuis cette belle consultation, sinon lorsque mes Satires parurent, qu'il me revint de tous côtés que, sans que j'en aie jamais pu savoir la raison, il se déchaînait à outrance contre moi, ne m'accusant pas simplement d'avoir écrit contre les auteurs, mais d'avoir glissé dans mes ouvrages des choses dangereuses, et qui regardaient l'État. Je n'appréhendais guère ces calomnies, mes satires n'attaquant que les méchants livres, et étant toutes pleines des louanges du roi, et ces louanges mêmes en faisant le plus bel ornement. Je fis néanmoins avertir monsieur le médecin qu'il prît garde à parler avec un peu plus de retenue; mais cela ne servit qu'à l'aigrir encore davantage. Je m'en plaignis même alors à monsieur son frère l'académicien, qui ne me jugea pas digne de réponse. J'avoue que c'est ce qui me fit faire dans mon Art poétique [2] la métamorphose du médecin de Florence en architecte; vengeance assez médiocre de toutes les infamies que ce médecin avait dites de moi. Je ne nierai pas cependant qu'il ne fût homme de très-grand mérite, et fort savant, surtout dans les matières de physique. Messieurs de l'Académie des sciences néanmoins ne conviennent pas tous de l'excellence de sa traduction de Vitruve, ni de toutes les choses avantageuses que monsieur son frère rapporte de lui. Je puis même nommer un des plus célèbres de l'Académie d'architecture [3], qui s'offre de lui faire voir, quand il voudra, papier sur table, que c'est le dessin du fameux monsieur le Vau [4] qu'on a suivi dans la façade du Louvre; et qu'il n'est point vrai que ni ce grand ouvrage d'architecture, ni l'Observatoire, ni l'arc de triomphe, soient des ouvrages d'un médecin de la faculté. C'est une querelle que je leur laisse démêler entre eux, et où je déclare que je ne prends aucun intérêt; mes vœux même, si j'en fais quelques-uns, étant pour le médecin. Ce qu'il y a de vrai, c'est que ce médecin était

---

Curce a longtemps passé pour la plus parfaite des traductions françaises. Vaugelas mourut à la fin de 1649, ou au commencement de 1650, âgé d'environ soixante-cinq ans.

[1] Nommée *la Forêt*. Un jour Molière, pour éprouver le goût de cette servante, lui lut quelques scènes d'une pièce qu'il disait être de lui, mais qui était du comédien Brécourt. La servante ne prit point le change, et après avoir ouï quelques mots elle soutint que son maître n'avait pas fait cet ouvrage. (BROSSETTE.)

[2] Claude Perrault, de l'Académie des sciences.

---

[1] Claude Perrault était mort en 1688, cinq ans avant la publication des premières *Réflexions*.

[2] Chant IV, v. 1 et suiv.

[3] M. d'Orbay. (BOIL.) — Il était Parisien, élève de le Vau, et mourut en 1689.

[4] Louis le Vau, premier architecte du roi, a eu la direction des bâtiments royaux depuis l'année 1653 jusqu'en 1670.

de même goût que monsieur son frère sur les anciens, et qu'il avait pris en haine, aussi bien que lui, tout ce qu'il y a de grands personnages dans l'antiquité. On assure que ce fut lui qui composa cette belle défense de l'opéra d'Alceste, où, voulant tourner Euripide en ridicule, il fit ces étranges bévues que monsieur Racine a si bien relevées dans la préface de son Iphigénie. C'est donc de lui, et d'un autre frère [1] encore qu'ils avaient, grand ennemi comme eux de Platon, d'Euripide et de tous autres bons auteurs, que j'ai voulu parler quand j'ai dit qu'il y avait de la bizarrerie d'esprit dans leur famille [2], que je reconnais d'ailleurs pour une famille pleine d'honnêtes gens, et où il y en a même plusieurs, je crois, qui souffrent Homère et Virgile.

On me pardonnera si je prends encore ici l'occasion de désabuser le public d'une autre fausseté que M. P*** a avancée dans la lettre bourgeoise qu'il m'a écrite, et qu'il a fait imprimer, où il prétend qu'il a autrefois beaucoup servi à un de mes frères [3] auprès de monsieur Colbert, pour lui faire avoir l'agrément de la charge de contrôleur de l'argenterie. Il allègue pour preuve que mon frère, depuis qu'il eut cette charge, venait tous les ans lui rendre une visite, qu'il appelait de devoir, et non pas d'amitié. C'est une vanité dont il est aisé de faire voir le mensonge, puisque mon frère mourut dans l'année qu'il obtint cette charge, qu'il n'a possédée, comme tout le monde le sait, que quatre mois; et que même, en considération de ce qu'il n'en avait point joui, mon autre frère [4], pour qui nous obtînmes l'agrément de la même charge, ne paya point le marc d'or, qui montait à une somme assez considérable. Je suis honteux de conter de si petites choses au public; mais mes amis m'ont fait entendre que, ces reproches de M. P*** regardant l'honneur, j'étais obligé d'en faire voir la fausseté.

## RÉFLEXION II.

« Notre esprit, même dans le sublime, a besoin d'une méthode
« pour lui enseigner à ne dire que ce qu'il faut et à le dire
« en son lieu. »
*Paroles de Longin*, chap. II.

Cela est si vrai, que le sublime hors de son lieu non-seulement n'est pas une belle chose, mais devient quelquefois une grande puérilité. C'est ce qui est arrivé à Scudéri [5] dès le commencement de son poëme d'Alaric, lorsqu'il dit :

[1] Pierre Perrault.
[2] Voyez le *Discours sur l'Ode*.
[3] Gilles Boileau.
[4] Pierre Boileau de Puimorin.
[5] Voyez l'*Art poétique*, ch. III.

Je chante le vainqueur des vainqueurs de la terre.

Ce vers est assez noble, et est peut-être le mieux tourné de tout son ouvrage; mais il est ridicule de crier si haut, et de promettre de si grandes choses dès le premier vers. Virgile aurait bien pu dire, en commençant son Énéide : « Je chante ce fameux hé-
« ros fondateur d'un empire qui s'est rendu maître
« de toute la terre. » On peut croire qu'un aussi grand maître que lui aurait aisément trouvé des expressions pour mettre cette pensée en son jour; mais cela aurait senti son déclamateur. Il s'est contenté de dire : « Je chante cet homme rempli de piété,
« qui, après bien des travaux, aborda en Italie. » Un exorde doit être simple et sans affectation. Cela est aussi vrai dans la poésie que dans les discours oratoires, parce que c'est une règle fondée sur la nature, qui est la même partout; et la comparaison du frontispice d'un palais, que M. P*** allègue pour [1] défendre ce vers d'Alaric, n'est point juste. Le frontispice d'un palais doit être orné, je l'avoue; mais l'exorde n'est point le frontispice d'un poëme. C'est plutôt une avenue, une avant-cour, qui y conduit, et d'où on le découvre. Le frontispice fait une partie essentielle du palais, et on ne le saurait ôter qu'on n'en détruise toute la symétrie. Mais un poëme subsistera fort bien sans exorde; et même nos romans, qui sont des espèces de poëmes, n'ont point d'exorde.

Il est donc certain qu'un exorde ne doit point trop promettre, et c'est sur quoi j'ai attaqué le vers d'Alaric, à l'exemple d'Horace, qui a aussi attaqué dans le même sens le début du poëme d'un Scudéri de son temps, qui commençait par :

*Fortunam Priami cantabo, et nobile bellum.*

« Je chanterai les diverses fortunes de Priam, et toute la
« noble Guerre de Troie. »

Car le poëte, par ce début, promettait plus que l'Iliade et l'Odyssée ensemble. Il est vrai que, par occasion, Horace se moque aussi fort plaisamment de l'épouvantable ouverture de bouche qui se fait en prononçant ce futur *cantabo*; mais au fond, c'est de trop promettre qu'il accuse ce vers. On voit donc où se réduit la critique de M. P***, qui suppose que j'ai accusé le vers d'Alaric d'être mal tourné, et qui n'a entendu ni Horace, ni moi. Au reste, avant que de finir cette remarque, il trouvera bon que je lui apprenne qu'il n'est pas vrai que l'*a* de *cano*, dans *arma virumque cano*, se doive prononcer comme l'*a* de *cantabo*; et que c'est une erreur qu'il a sucée dans le collége, où l'on a cette mauvaise méthode

[1] *Parallèles des Anciens et des Modernes*, t. III, p. 267.

de prononcer les brèves, dans les dissyllabes latins, comme si c'étaient des longues. Mais c'est un abus qui n'empêche pas le bon mot d'Horace : car il a écrit pour des Latins, qui savaient prononcer leur langue, et non pas pour des Français.

## RÉFLEXION III.

« Il était enclin naturellement à reprendre les vices des autres
« quoique aveugle pour ses propres défauts. »
*Paroles de Longin*, chap. III.

Il n'y a rien de plus insupportable qu'un auteur médiocre qui, ne voyant point ses propres défauts, veut trouver des défauts dans tous les plus habiles écrivains : mais c'est encore bien pis, lorsque, accusant ces écrivains de fautes qu'ils n'ont point faites, il fait lui-même des fautes, et tombe dans des ignorances grossières. C'est ce qui était arrivé quelquefois à Timée, et ce qui arrive toujours à M. P***. Il commence la censure qu'il fait d'Homère par la chose du monde la plus fausse[1], qui est que beaucoup d'excellents critiques soutiennent qu'il n'y a jamais eu au monde un homme nommé Homère, qui ait composé l'Iliade et l'Odyssée ; et que ces deux poëmes ne sont qu'une collection de plusieurs petits poëmes de différents auteurs, qu'on a joints ensemble. Il n'est point vrai que jamais personne ait avancé, au moins sur le papier, une pareille extravagance ; et Élien, que M. P*** cite pour son garant, dit positivement le contraire, comme nous le ferons voir dans la suite de cette remarque.

Tous ces *excellents critiques* donc se réduisent à feu M. l'abbé d'Aubignac, qui avait, à ce que prétend M. P***, préparé des mémoires pour prouver ce beau paradoxe. J'ai connu M. l'abbé d'Aubignac : il était homme de beaucoup de mérite, et fort habile en matière de poétique, bien qu'il sût médiocrement le grec. Je suis sûr qu'il n'a jamais conçu un si étrange dessein, à moins qu'il ne l'ait conçu les dernières années de sa vie, où l'on sait qu'il était tombé en une espèce d'enfance. Il savait trop qu'il n'y eut jamais deux poëmes si bien suivis et si bien liés que l'Iliade et l'Odyssée, ni où le même génie éclate davantage partout, comme tous ceux qui les ont lus en conviennent. M. P*** prétend néanmoins qu'il y a de fortes conjectures pour appuyer le prétendu paradoxe de cet abbé ; et ces *fortes conjectures* se réduisent à deux, dont l'une est qu'on ne sait point la ville qui a donné naissance à Homère ; l'autre est que ses ouvrages s'appellent rhapsodies, mot qui veut dire un amas de chansons *cousues* ensemble :

[1] *Parallèles*, t. III, p. 2 et suiv. (BOIL.)

d'où il conclut que les ouvrages d'Homère sont des pièces ramassées de différents auteurs, jamais aucun poëte n'ayant intitulé, dit-il, ses ouvrages, rhapsodies. Voilà d'étranges preuves ! Car, pour le premier point, combien n'avons-nous pas d'écrits fort célèbres, qu'on ne soupçonne point d'être faits par plusieurs écrivains différents, bien qu'on ne sache point les villes où sont nés les auteurs, ni même le temps où ils vivaient ! témoin Quinte-Curce, Pétrone, etc. A l'égard du mot de rhapsodies, on étonnerait peut-être bien M. P***, si on lui faisait voir que ce mot ne vient point de ῥάπτειν, qui signifie *joindre*, *coudre ensemble ;* mais de ῥάϐδος, qui veut dire une branche ; et que les livres de l'Iliade et de l'Odyssée ont été ainsi appelés parce qu'il y avait autrefois des gens qui les chantaient, une branche de laurier à la main, et qu'on appelait, à cause de cela, les *chantres de la branche*, ῥαϐδῳδούς.

La plus commune opinion pourtant est que ce mot vient de ῥάπτειν ᾠδὰς, et que *rhapsodie* veut dire un amas de vers d'Homère qu'on chantait, y ayant des gens qui gagnaient leur vie à les chanter, et non pas à les composer, comme notre censeur se le veut bizarrement persuader. Il n'y a qu'à lire sur cela Eustathius. Il n'est donc pas surprenant qu'aucun autre poëte qu'Homère n'ait intitulé ses vers rhapsodies, parce qu'il n'y a jamais eu proprement que les vers d'Homère qu'on ait chantés de la sorte. Il paraît néanmoins que ceux qui, dans la suite, ont fait de ces parodies qu'on appelait *centons* d'Homère[1], ont aussi nommé ces centons *rhapsodies ;* et c'est peut-être ce qui a rendu le mot de rhapsodie odieux en français, où il veut dire un amas de méchantes pièces recousues. Je viens maintenant au passage d'Élien, que cite M. P*** ; et, afin qu'en faisant voir sa méprise et sa mauvaise foi sur ce passage, il ne m'accuse pas, à son ordinaire, de lui imposer, je vais rapporter ses propres mots. Les voici[2] : « Élien, dont le témoignage n'est pas frivole, dit formellement[3] que l'opinion des anciens
« critiques était qu'Homère n'avait jamais composé
« l'Iliade et l'Odyssée que par morceaux, sans unité
« de dessein ; et qu'il n'avait point donné d'autres
« noms à ces diverses parties, qu'il avait composées
« sans ordre et sans arrangement dans la chaleur
« de son imagination, que les noms des matières
« dont il traitait : qu'il avait intitulé la Colère d'A-
« chille, le chant qui a été le premier livre de l'Iliade ;
« le Dénombrement des vaisseaux, celui qui est de-

[1] Ὁμηρόκεντρα. (BOIL.)
[2] *Parallèles* de M. P***, t. III. (BOIL.)
[3] Voyez *Élien*, V. H. XIII, ch. XIV.

« venu le second livre ; le Combat de Pâris et de Mé-
« nélas, celui dont on a fait le troisième ; et ainsi
« des autres. Il ajoute que Lycurgue de Lacédémone
« fut le premier qui apporta d'Ionie dans la Grèce
« ces diverses parties séparées les unes des autres ;
« et que ce fut Pisistrate qui les arrangea comme je
« viens de dire, et qui fit les deux poëmes de l'Iliade
« et de l'Odyssée, en la manière que nous les voyons
« aujourd'hui, de ving-quatre livres chacun, en
« l'honneur des vingt-quatre lettres de l'alphabet. »
A en juger par la hauteur dont M. P*** étale ici
toute cette belle érudition, pourrait-on soupçonner
qu'il n'y a rien de tout cela dans Élien ? Cependant il
est très-véritable qu'il n'y en a pas un mot, Élien ne
disant autre chose, sinon que les œuvres d'Homère,
qu'on avait complétées en Ionie, ayant couru d'a-
bord par pièces détachées dans la Grèce, où on les
chantait sous différents titres, elles furent enfin
apportées tout entières d'Ionie par Lycurgue, et
données au public par Pisistrate, qui les revit. Mais,
pour faire voir que je dis vrai, il faut rapporter ici
les propres termes d'Élien : « Les poésies d'Homère,
« dit cet auteur [1], courant d'abord en Grèce par piè-
« ces détachées, étaient chantées chez les anciens
« Grecs sous de certains titres qu'ils leur donnaient.
« L'une s'appelait *le Combat proche des vaisseaux ;*
« l'autre, *Dolon surpris ;* l'autre, *la valeur d'Aga-*
« *memnon ;* l'autre, *le Dénombrement des vais-*
« *seaux ;* l'autre, *la Patroclée ;* l'autre, *le corps*
« *d'Hector racheté ;* l'autre, *les Combats faits en*
« *l'honneur de Patrocle ;* l'autre, *les Serments vio-*
« *lés.* C'est ainsi à peu près que se distribuait l'I-
« liade. Il en était de même des parties de l'Odyssée :
« l'une s'appelait *le Voyage à Pyle ;* l'autre, *le Pas-*
« *sage à Lacédémone ; l'antre de Calypso ; le Vais-*
« *seau ; la Fable d'Alcinoüs ; le Cyclope, la Des-*
« *cente aux Enfers ; les Bains de Circé ; le Meurtre*
« *des amants de Pénélope ; la visite rendue à Laërte*
« *dans son champ,* etc. Lycurgue, Lacédémonien,
« fut le premier qui, venant d'Ionie, apporta assez
« tard en Grèce toutes les œuvres complètes d'Ho-
« mère ; et Pisistrate, les ayant ramassées ensemble
« dans un volume, fut celui qui donna au public
« l'Iliade et l'Odyssée, en l'état que nous les avons. »
Y a-t-il là un seul mot dans le sens que lui donne
M. P***? Où Élien dit-il formellement que l'opinion
des anciens critiques était qu'Homère n'avait composé l'Iliade et l'Odyssée que par morceaux, et qu'il
n'avait point donné d'autres noms à ces diverses
parties, qu'il avait composées sans ordre et sans
arrangement dans la chaleur de son imagination,
que les noms des matières dont il traitait ? Est-il
seulement là parlé de ce qu'a fait ou pensé Homère
en composant ses ouvrages ? Et tout ce qu'Élien
avance ne regarde-t-il pas simplement ceux qui chantaient en Grèce les poésies de ce divin poëte, et qui
en savaient par cœur beaucoup de pièces détachées,
auxquelles ils donnaient les noms qu'il leur plaisait,
ces pièces y étant toutes longtemps même avant
l'arrivée de Lycurgue ? Où est-il parlé que Pisistrate
fit l'Iliade et l'Odyssée ? Il est vrai que le traducteur
latin a mis *confecit.* Mais, outre que *confecit* en
cet endroit ne veut point dire *fit,* mais *rama ssa,*
cela est fort mal traduit ; et il y a dans le grec ἀπέφηνε,
qui signifie « les montra, les fit voir au public. »
Enfin, bien loin de faire tort à la gloire d'Homère,
y a-t-il rien de plus honorable pour lui que ce passage d'Élien, où l'on voit que les ouvrages de ce
grand poëte avaient d'abord couru en Grèce dans la
bouche de tous les hommes, qui en faisaient leurs
délices, et se les apprenaient les uns aux autres ; et
qu'ensuite ils furent donnés complets au public par
un des plus galants hommes de son siècle, je veux
dire par Pisistrate, celui qui se rendit maître d'A-
thènes ? Eustathius cite encore, outre Pisistrate,
deux des plus fameux grammairiens d'alors [1], qui
contribuèrent, dit-il, à ce travail ; de sorte qu'il n'y
a peut-être point d'ouvrages de l'antiquité qu'on
soit si sûr d'avoir complets et en bon ordre que
l'Iliade et l'Odyssée. Ainsi voilà plus de vingt bévues que M. P*** a faites sur le seul passage d'Élien.
Cependant c'est sur ce passage qu'il fonde toutes
les absurdités qu'il dit d'Homère. Prenant de là occasion de traiter de haut en bas l'un des meilleurs
livres de poétique qui, du consentement de tous
les honnêtes gens, aient été faits en notre langue,
c'est à savoir le Traité du poëme épique du père
le Bossu, et où ce savant religieux fait si bien voir
l'unité, la beauté et l'admirable construction des
poëmes de l'Iliade, de l'Odyssée et de l'Énéide, M.
P***, sans se donner la peine de réfuter toutes les
choses solides que ce père a écrites sur ce sujet, se
contente de le traiter d'homme à chimères et à visions creuses. On me permettra d'interrompre ici
ma remarque pour lui demander de quel droit il parle
avec ce mépris d'un auteur approuvé de tout le
monde, lui qui trouve si mauvais que je me sois
moqué de Chapelain et de Cotin, c'est-à-dire de deux
auteurs universellement décriés. Ne se souvient-il
point que le père le Bossu est un auteur moderne,
et un auteur moderne excellent ? Assurément il s'en
souvient, et c'est vraisemblablement ce qui le lui

---

[1] Livre XIII des *Histoires diverses,* chap. XIV. (BOIL.)

[1] Aristarque et Zénodote, *Eustath.* préf. p. 5. (BOIL.)

rend insupportable; car ce n'est pas simplement aux anciens qu'en veut M. P\*\*\*, c'est à tout ce qu'il y a jamais eu d'écrivains d'un mérite élevé dans tous les siècles, et même dans le nôtre; n'ayant d'autre but que de placer, s'il lui était possible, sur le trône des belles-lettres, ses chers amis, les auteurs médiocres, afin d'y trouver sa place avec eux. C'est dans cette vue qu'en son dernier dialogue il a fait cette belle apologie de Chapelain, poëte à la vérité un peu dur dans ses expressions, et dont il ne fait point, dit-il, son héros, mais qu'il trouve pourtant beaucoup plus sensé qu'Homère et que Virgile, et qu'il met du moins au même rang que le Tasse, affectant de parler de la *Jérusalem délivrée* et de *la Pucelle* comme de deux ouvrages modernes qui ont la même cause à soutenir contre les poëmes anciens.

Que s'il loue en quelques endroits Malherbe, Racan, Molière et Corneille, et s'il les met au-dessus de tous les anciens, qui ne voit que ce n'est qu'afin de les mieux avilir dans la suite, et pour rendre plus complet le triomphe de M. Quinault, qu'il met beaucoup au-dessus d'eux, et « qui est, dit-il en propres « termes, le plus grand poëte que la France ait jamais eu, pour le lyrique et pour le dramatique ? » Je ne veux point ici offenser la mémoire de monsieur Quinault, qui, malgré tous nos démêlés poétiques, est mort mon ami. Il avait, je l'avoue, beaucoup d'esprit, et un talent tout particulier pour faire des vers bons à mettre en chant : mais ces vers n'étaient pas d'une grande force, ni d'une grande élévation, et c'était leur faiblesse même qui les rendait d'autant plus propres pour le musicien, auquel ils doivent leur principale gloire, puisqu'il n'y a en effet, de tous ses ouvrages, que les opéras qui soient recherchés. Encore est-il bon que les notes de musique les accompagnent, car pour les autres pièces de théâtre, qu'il a faites en fort grand nombre, il y a longtemps qu'on ne les joue plus, et on ne se souvient pas même qu'elles aient été faites.

Du reste, il est certain que monsieur Quinault était un très-honnête homme, et si modeste, que je suis persuadé que, s'il était encore en vie, il ne serait guère moins choqué des louanges outrées que lui donne ici M. P\*\*\*, que des traits qui sont contre lui dans mes satires. Mais, pour revenir à Homère, on trouvera bon, puisque je suis en train, qu'avant que de finir cette remarque je fasse encore voir ici cinq énormes bévues que notre censeur a faites en sept ou huit pages, voulant reprendre ce grand poëte.

La première est à la page 72, où il le raille d'avoir, par une ridicule observation anatomique, écrit, dit-il, dans le quatrième livre de l'Iliade, que Ménélas avait les talons à l'extrémité des jambes. C'est ainsi qu'avec son agrément ordinaire il traduit un endroit très-sensé et très-naturel d'Homère, où le poëte, à propos du sang qui sortait de la blessure de Ménélas, ayant apporté la comparaison de l'ivoire qu'une femme de Carie a teint en couleur de pourpre : « De même, dit-il, Ménélas, ta cuisse et ta « jambe, jusqu'à l'extrémité du talon, furent alors » teintes de ton sang. »

Τοῖοί τοι, Μενέλαε, μιάνθην αἵματι μηροὶ
Εὐφυέες, κνῆμαί τ' ἠδὲ σφυρὰ κάλ' ὑπένερθεν[1].

Talia tibi Menelae, foedata sunt cruore femora
Solida, tibiæ, talique pulchri, infrà.

Est-ce là dire anatomiquement que Ménélas avait les talons à *l'extrémité des jambes*? et le censeur est-il excusable de n'avoir pas au moins vu, dans la version latine, que l'adverbe *infrà* ne se construisait pas avec *talus*, mais avec *fœdata sunt*? Si M. P\*\*\* veut voir de ces ridicules observations anatomiques, il ne faut pas qu'il aille feuilleter l'Iliade; il faut qu'il relise *la Pucelle*. C'est là qu'il en pourra trouver un bon nombre, et entre autres celle-ci, où son cher M. Chapelain met au rang des agréments de la belle Agnès, qu'elle avait les doigts inégaux; ce qu'il exprime en ces jolis termes :

On voit hors des deux bouts de ses deux courtes manches
Sortir à découvert deux mains longues et blanches,
Dont les doigts inégaux, mais tout ronds et menus,
Imitent l'embonpoint des bras ronds et charnus.

La seconde bévue est à la page suivante, où notre censeur accuse Homère de n'avoir point su les arts; et cela, pour avoir dit, dans le troisième livre de l'Odyssée [2], que le fondeur que Nestor fit venir pour dorer les cornes du taureau qu'il voulait sacrifier, vint avec son enclume, son marteau et ses tenailles. A-t-on besoin, dit M. P\*\*\*, d'enclume ni de marteau pour dorer? Il est bon premièrement de lui apprendre qu'il n'est point parlé là d'un fondeur, mais d'un forgeron [3]; et que ce forgeron, qui était en même temps et le fondeur et le batteur d'or de la ville de Pyle, ne venait pas seulement pour dorer les cornes du taureau, mais pour battre l'or dont il les devait dorer, et que c'est pour cela qu'il avait apporté ses instruments, comme le poëte le dit en propres termes : Οἷσίν τε χρυσὸν εἰργάζετο, *instrumenta quibus aurum elaborabat*. Il paraît même que ce fut Nestor qui lui fournit l'or qu'il battit. Il est vrai qu'il n'avait pas besoin pour cela d'une fort grosse enclume : aussi celle qu'il apporta était-elle

[1] Vers 146. (BOIL.)
[2] Vers 425 et suiv. (BOIL.)
[3] Χαλκεύς. (BOIL.)

si petite qu'Homère assure qu'il la tenait entre ses mains. Ainsi on voit qu'Homère a parfaitement entendu l'art dont il parlait. Mais comment justifierons-nous M. P***, cet homme d'un si grand goût, et si habile en toutes sortes d'arts, ainsi qu'il s'en vante lui-même dans la lettre qu'il m'a écrite; comment, dis-je, l'excuserons-nous d'être encore à apprendre que les feuilles d'or dont on se sert pour dorer ne sont que de l'or extrêmement battu?

La troisième bévue est encore plus ridicule. Elle est à la même page 24, où il traite notre poëte de grossier d'avoir fait dire à Ulysse par la princesse Nausicaa, dans l'Odyssée [1], qu'elle « n'approuvait « point qu'une fille couchât avec un homme avant « que de l'avoir épousé. » Si le mot grec qu'il explique de la sorte voulait dire en cet endroit *coucher*, la chose serait encore bien plus ridicule que ne dit notre critique, puisque ce mot est joint en cet endroit à un pluriel, et qu'ainsi la princesse Nausicaa dirait qu'elle « n'approuve point qu'une fille couche « avec plusieurs hommes avant que d'être mariée. » Cependant c'est une chose très-honnête et pleine de pudeur qu'elle dit ici à Ulysse : car dans le dessein qu'elle a de l'introduire à la cour du roi son père, elle lui fait entendre qu'elle va devant préparer toutes choses; mais qu'il ne faut pas qu'on la voie entrer avec lui dans la ville, à cause des Phéaques, peuple fort médisant, qui ne manqueraient pas d'en faire de mauvais discours, ajoutant qu'elle n'approuverait pas elle-même la conduite d'une fille qui, sans le congé de son père et de sa mère, fréquenterait des hommes avant que d'être mariée. C'est ainsi que tous les interprètes ont expliqué en cet endroit les mots ἀνδράσι μίσγεσθαι, *viris misceatur*, y en ayant même qui ont mis à la marge du texte grec, pour prévenir les P*** : « Gardez-vous bien de « croire que μίσγεσθαι en cet endroit veuille dire « coucher. » En effet, ce mot est presque employé partout, dans l'Iliade et dans l'Odyssée, pour dire fréquenter; et il ne veut dire coucher avec quelqu'un, que lorsque la suite naturelle du discours, quelque autre mot qu'on y joint, et la qualité de la personne qui parle ou dont on parle, le déterminent infailliblement à cette signification, qu'il ne peut jamais avoir dans la bouche d'une princesse aussi sage et aussi honnête qu'est représentée Nausicaa.

Ajoutez l'étrange absurdité qui s'ensuivrait de son discours, s'il pouvait être pris ici dans ce sens, puisqu'elle conviendrait en quelque sorte, par son raisonnement, qu'une femme mariée peut coucher honnêtement avec tous les hommes qu'il lui plaira.

[1] Livre VI, v. 288. (BOIL.)

Il en est de même de μίσγεσθαι en grec que des mots *cognoscere* et *commisceri* dans le langage de l'Écriture, qui ne signifient d'eux-mêmes que *connaître* et *se mêler*, et qui ne veulent dire figurément *coucher* que selon l'endroit où on les applique; si bien que toute la grossièreté prétendue du mot d'Homère appartient entièrement à notre censeur, qui salit tout ce qu'il touche, et qui n'attaque les auteurs anciens que sur des interprétations fausses, qu'il se forge à sa fantaisie, sans savoir leur langue, et que personne ne leur a jamais données.

La quatrième bévue est aussi sur un passage de l'Odyssée [1]. Eumée, dans le quinzième livre de ce poëme, raconte qu'il est né dans une petite île appelée Syros [2], qui est au couchant de l'île d'Ortygie [3]. Ce qu'il explique par ces mots :

Ὀρτυγίας καθύπερθεν, ὅθι τροπαὶ ἠελίοιο.

*Ortygia desuper, quâ parte sunt conversiones solis.*

« Petite île située au-dessus d'Ortygie, du côté que le soleil « se couche. »

Il n'y a jamais eu de difficulté sur ce passage : tous les interprètes l'expliquent de la sorte; et Eustathius même apporte des exemples où il fait voir que le verbe τρέπεται, d'où vient τροπαί, est employé dans Homère pour dire que le soleil se couche. Cela est confirmé par Hesychius, qui explique le terme de τροπαὶ par celui de δύσεις, mot qui signifie incontestablement le couchant. Il est vrai qu'il y a un vieux commentateur qui a mis dans une petite note qu'Homère, par ces mots, a voulu aussi marquer « qu'il « y avait dans cette île un antre où l'on faisait voir « les tours ou conversions du soleil. » On ne sait pas trop bien ce qu'a voulu dire par là ce commentateur, aussi obscur qu'Homère est clair. Mais ce qu'il y a de certain, c'est que ni lui ni pas un autre n'ont jamais prétendu qu'Homère ait voulu dire que l'île de Syros était située sous le tropique; et que l'on n'a jamais attaqué ni défendu ce grand poëte sur cette erreur, parce qu'on ne la lui a jamais imputée. Le seul M. P***, qui, comme je l'ai montré par tant de preuves, ne sait point de grec, et qui sait si peu la géographie que, dans un de ses ouvrages, il a mis le fleuve de Méandre [4], et par conséquent la Phrygie et Troie, dans la Grèce; le seul M. P***, dis-je, vient, sur l'idée chimérique qu'il s'est mise dans l'esprit, et peut-être sur quelque misérable note d'un pédant, accuser un poëte regardé par tous les anciens géographes comme le père de la géographie, d'avoir

[1] Livre O, v. 403. (BOIL.) -- XV.
[2] Ile de l'Archipel, du nombre des Cyclades.
[3] Cyclade, nommée depuis *Délos*. (BOIL.)
[4] Fleuve de la Phrygie. (BOIL.)

mis l'île de Syros et la mer Méditerranée sous le tropique; faute qu'un petit écolier n'aurait pas faite : et non-seulement il l'en accuse, mais il suppose que c'est une chose reconnue de tout le monde, et que les interprètes ont tâché en vain de sauver en expliquant, dit-il, ce passage du cadran que Phérécyde, qui vivait trois cents ans depuis Homère, avait fait dans l'île de Syros ; quoique Eustathius, le seul commentateur qui a bien entendu Homère, ne dise rien de cette interprétation, qui ne peut avoir été donnée à Homère que par quelque commentateur de Diogène Laërce[1], lequel commentateur je ne connais point. Voilà les belles preuves par où notre censeur prétend faire voir qu'Homère ne savait point les arts; et qui ne font voir autre chose, sinon que M. P*** ne sait point de grec, qu'il entend médiocrement le latin, et ne connaît lui-même en aucune sorte les arts.

Il a fait les autres bévues pour n'avoir pas entendu le grec; mais il est tombé dans la cinquième erreur, pour n'avoir pas entendu le latin; la voici : «Ulysse, « dans l'Odyssée[2], est, dit-il, reconnu par son chien, « qui ne l'avait point vu depuis vingt ans. Cependant Pline assure que les chiens ne passent jamais « quinze ans. » M. P*** sur cela fait le procès à Homère, comme ayant infailliblement tort d'avoir fait vivre un chien vingt ans, Pline assurant que les chiens n'en peuvent vivre que quinze. Il me permettra de lui dire que c'est condamner un peu légèrement Homère, puisque non-seulement Aristote, ainsi qu'il l'avoue lui-même, mais tous les naturalistes modernes, comme Jonston, Aldrovande etc., assurent qu'il y a des chiens qui vivent vingt années; que même je pourrais lui citer des exemples, dans notre siècle[3], de chiens qui en ont vécu jusqu'à vingt-deux ; et qu'enfin Pline, quoique écrivain admirable, a été convaincu, comme chacun sait, de s'être trompé plus d'une fois sur les choses de la nature : au lieu qu'Homère, avant les dialogues de M. P***, n'a jamais été même accusé sur ce point d'aucune erreur. Mais, quoi ! M. P*** est résolu de ne croire aujourd'hui que Pline, pour lequel il est, dit-il, prêt à parier. Il faut donc le satisfaire, et lui apporter l'autorité de Pline lui-même, qu'il n'a point lu ou qu'il n'a point entendu, et qui dit positivement la même chose qu'Aristote et tous les autres naturalistes : c'est à savoir que les chiens ne vivent ordinairement que quinze ans, mais qu'il y en a quelquefois qui vont jusqu'à vingt. Voici ses termes[1] :

Vivunt Laconici (canes) annis denis... cætera genera, quindecim annos, aliquando viginti.

« Cette espèce de chiens, qu'on appelle *chiens de Laconie*,
« ne vivent que dix ans... toutes les autres espèces de chiens
« vivent ordinairement quinze ans, et vont quelquefois jusqu'à
« vingt. »

Qui pourrait croire que notre censeur, voulant, sur l'autorité de Pline, accuser d'erreur un aussi grand personnage qu'Homère, ne se donne pas la peine de lire le passage de Pline, ou de se le faire expliquer; et qu'ensuite de tout ce grand nombre de bévues, entassées les unes sur les autres dans un si petit nombre de pages, il ait la hardiesse de conclure, comme il a fait, « qu'il ne trouve point d'in-
« convénient, ce sont ses termes, qu'Homère, qui
« est mauvais astronome et mauvais géographe, ne
« soit pas bon naturaliste[2]? » Y a-t-il un homme sensé qui, lisant ces absurdités, dites avec tant de hauteur dans les dialogues de M. P***, puisse s'empêcher de jeter de colère le livre, et de dire comme Démiphon dans Térence[3] :

Ipsum gestio
Dari mi in conspectum?

Je ferais un gros volume, si je voulais lui montrer toutes les autres bévues qui sont dans les sept ou huit pages que je viens d'examiner, y en ayant presque encore un aussi grand nombre que je passe, et que peut-être je lui ferai voir dans la première édition de mon livre, si je vois que les hommes daignent jeter les yeux sur ces éruditions grecques, et lire les remarques faites sur un livre que personne ne lit.

## RÉFLEXION IV.

« C'est ce qu'on peut voir dans la description de la déesse Dis-
« corde, qui a, dit-il ,

« La tête dans les cieux et les pieds sur la terre[4]. »
*Paroles de Longin*, chap. VII.

Virgile a traduit ce vers presque mot pour mot dans le quatrième livre de l'Énéide[5], appliquant à la Renommée ce qu'Homère dit de la Discorde :

Ingrediturque solo et caput inter nubila condit.

---

[1] *Diogène Laërce* de l'édition de M. Ménage, p. 76 du texte et p. 68 des observations. (BOIL.)
[2] Livre XVII, v. 300 et suiv. (BOIL.)
[3] C'est le roi lui-même qui fournit cet exemple à notre auteur. Sa Majesté s'informant du sujet de la dispute de M. Despréaux avec M. Perrault, M. le marquis de Termes en expliqua les principaux chefs au roi, et lui dit, entre autres choses, que M. Perrault soutenait, contre le témoignage d'Homère, que les chiens ne vivaient pas jusqu'à vingt ans : « Perrault se « trompe, dit le roi; j'ai un chien qui a vécu vingt-trois « ans. » (BROSSETTE.)

[1] PLINE, *Histor. nat.* lib. X. (BOIL.)
[2] *Parallèles*, t. II.
[3] *Phorm.* acte I, sc. VI, v. 30. (BOIL.)
[4] *Iliad.* liv. IV, v. 443. (BOIL.)
[5] Vers 117. Et en parlant d'Orion, auquel il compare Mézence, liv. X, v. 767.

Un si beau vers imité par Virgile, et admiré par Longin, n'a pas été néanmoins à couvert de la critique de M. P***, qui trouve cette hyperbole outrée[1], et la met au rang des contes de Peau-d'Ane. Il n'a pas pris garde que, même dans le discours ordinaire, il nous échappe tous les jours des hyperboles plus fortes que celle-là, qui ne dit au fond que ce qui est très-véritable: c'est à savoir que la Discorde règne partout sur la terre, et même dans le ciel entre les dieux, c'est-à-dire entre les dieux d'Homère. Ce n'est donc point la description d'un géant, comme le prétend notre censeur, que fait ici Homère; c'est une allégorie très-juste; et, bien qu'il fasse de la Discorde un personnage, c'est un personnage allégorique qui ne choque point, de quelque taille qu'il le fasse, parce qu'on le regarde comme une idée et une imagination de l'esprit, et non point comme un être matériel subsistant dans la nature. Ainsi cette expression du psaume: « J'ai vu l'impie élevé comme un cèdre du Liban[2], » ne veut pas dire que l'impie était un géant grand comme un cèdre du Liban; cela signifie que l'impie était au faîte des grandeurs humaines: et M. Racine est fort bien entré dans la pensée du Psalmiste par ces deux vers de son Esther qui ont du rapport au vers d'Homère:

Pareil au cèdre, il cachait dans les cieux
Son front audacieux[3].

Il est donc aisé de justifier les paroles avantageuses que Longin dit du vers d'Homère sur la Discorde. La vérité est pourtant que ces paroles ne sont point de Longin, puisque c'est moi qui, à l'imitation de Gabriel de Pétra, les lui ai en partie prêtées, le grec en cet endroit étant fort défectueux, et même le vers d'Homère n'y étant point rapporté. C'est ce que M. P*** n'a eu garde de voir, parce qu'il n'a jamais lu Longin, selon toutes les apparences, que dans ma traduction. Ainsi, pensant contredire Longin, il a fait mieux qu'il ne pensait, puisque c'est moi qu'il a contredit. Mais, en m'attaquant, il ne saurait nier qu'il n'ait aussi attaqué Homère, et surtout Virgile, qu'il avait tellement dans l'esprit, quand il a blâmé ce vers sur la Discorde, que, dans son discours, au lieu de *la Discorde*, il a écrit, sans y penser, *la Renommée*.

C'est donc d'elle qu'il fait cette belle critique[4]: « Que l'exagération du poëte en cet endroit ne sau-

[1] *Parallèles*, t. III, p. 119. (BOIL..)
[2] Psal. XXXVI, v. 35. « Vidi impium superexaltatum, et elevatum sicut cedros Libani. » (BOIL.)
[3] Acte III, scène dernière.
[4] *Parallèles*, t. III, p. 118. (BOIL..)

« rait faire une idée bien nette. Pourquoi? C'est, « ajoute-t-il, que, tant qu'on pourra voir la tête « de la Renommée, sa tête ne sera point dans le « ciel; et que si sa tête est dans le ciel, on ne sait « pas trop bien ce que l'on voit. » O l'admirable raisonnement! mais où est-ce qu'Homère et Virgile disent qu'on voit la tête de la Discorde ou de la Renommée? Et afin qu'elle ait la tête dans le ciel, qu'importe que l'on l'y voie, ou qu'on ne l'y voie pas? N'est-ce pas ici le poëte qui parle, et qui est supposé voir tout ce qui se passe, même dans le ciel, sans que pour cela les yeux des autres hommes le découvrent? En vérité, j'ai peur que les lecteurs ne rougissent pour moi de me voir réfuter de si étranges raisonnements. Notre censeur attaque ensuite une autre hyperbole d'Homère, à propos des chevaux des dieux; mais, comme ce qu'il dit contre cette hyperbole n'est qu'une fade plaisanterie, le peu que je viens de dire contre l'objection précédente suffira, je crois, pour répondre à toutes les deux.

## RÉFLEXION V.

« Il en est de même de ces compagnons d'Ulysse changés en
« pourceaux[1], que Zoïle appelle de petits cochons lar-
« moyants. »
*Paroles de Longin*, chap. VIII.

Il paraît, par ce passage de Longin, que Zoïle, aussi bien que M. P***, s'était égayé à faire des railleries sur Homère: car cette plaisanterie des petits cochons larmoyants a assez de rapport avec les comparaisons à longue queue que notre critique moderne reproche à ce grand poëte. Et puisque, dans notre siècle, la liberté que Zoïle s'était donnée de parler sans respect des plus grands écrivains de l'antiquité se met aujourd'hui à la mode parmi beaucoup de petits esprits, aussi ignorants qu'orgueilleux et pleins d'eux-mêmes, il ne sera pas hors de propos de leur faire voir ici de quelle manière cette liberté a réussi autrefois à ce rhéteur, homme fort savant, ainsi que le témoigne Denys d'Halicarnasse, et à qui je ne vois pas qu'on puisse rien reprocher sur les mœurs, puisqu'il fut toute sa vie très-pauvre, et que, malgré l'animosité que ses critiques sur Homère et sur Platon avaient excitées contre lui, on ne l'a jamais accusé d'autre crime que de ces critiques mêmes, et d'un peu de misanthropie.

Il faut donc premièrement voir ce que dit de lui Vitruve, le célèbre architecte; car c'est lui qui en parle le plus au long; et, afin que M. P*** ne m'ac-

[1] *Odyss.* liv. X, v. 239 et suiv. (BOIL..)

cuse pas d'altérer le texte de cet auteur, je mettrai ici les mots mêmes de M. son frère le médecin, qui nous a donné Vitruve en français. « Quelques an-
« nées après ( c'est Vitruve qui parle dans la traduc-
« tion de ce médecin ), Zoïle, qui se faisait appeler
« le fléau d'Homère, vint de Macédoine à Alexan-
« drie et présenta au roi les livres qu'il avait com-
« posés contre l'Iliade et contre l'Odyssée. Ptolé-
« mée, indigné que l'on attaquât si insolemment
« le père de tous les poëtes, et que l'on maltraitât
« ainsi celui que tous les savants reconnaissent pour
« leur maître, dont toute la terre admirait les
« écrits, et qui n'était pas là présent pour se dé-
« fendre, ne fit point de réponse. Cependant Zoïle
« ayant longtemps attendu, et étant pressé de la
« nécessité, fit supplier le roi de lui donner quel-
« que chose. A quoi l'on dit qu'il fit cette réponse :
« Que puisque Homère, depuis mille ans qu'il y
« avait qu'il était mort, avait nourri plusieurs
« milliers de personnes, Zoïle devait bien avoir
« l'industrie de se nourrir, non-seulement lui, mais
« plusieurs autres encore, lui qui faisait profession
« d'être beaucoup plus savant qu'Homère. Sa mort
« se raconte diversement. Les uns disent que Pto-
« lémée le fit mettre en croix; d'autres, qu'il fut
« lapidé; et d'autres, qu'il fut brûlé tout vif à
« Smyrne. Mais, de quelque façon que cela soit,
« il est certain qu'il a bien mérité cette punition,
« puisqu'on ne la peut pas mériter pour un crime
« plus odieux qu'est celui de reprendre un écrivain
« qui n'est pas en état de rendre raison de ce qu'il
« a écrit. »

Je ne conçois pas comment M. P*** le médecin, qui pensait d'Homère et de Platon à peu près les mêmes choses que M. son frère et que Zoïle, a pu aller jusqu'au bout en traduisant ce passage. La vérité est qu'il l'a adouci autant qu'il lui a été possible, tâchant d'insinuer que ce n'étaient que les savants; c'est-à-dire, au langage de MM. P***, les pédants, qui admiraient les ouvrages d'Homère; car dans le texte latin il n'y a pas un seul mot qui revienne au mot de savant; et, à l'endroit où M. le médecin traduit, « celui que tous les savants re-
« connaissent pour leur maître, » il y a, « celui
« que tous ceux qui aiment les belles-lettres recon-
« naissent pour leur chef. » En effet, bien qu'Homère ait su beaucoup de choses, il n'a jamais passé pour le maître des savants [1]. Ptolémée ne dit point non plus à Zoïle dans le texte latin, « qu'il devait
« bien avoir l'industrie de se nourrir, lui qui faisait
« profession d'être beaucoup plus savant qu'Ho-
« mère. » Il y a, « lui qui se vantait d'avoir plus

[1] « Philologiæ omnis ducem. » (BOIL.)

« d'esprit qu'Homère [1]. » D'ailleurs Vitruve ne dit pas simplement « que Zoïle présenta ses livres « contre Homère à Ptolémée, mais qu'il les lui ré-
« cita [2] : » ce qui est bien plus fort, et qui fait voir que ce prince les blâmait avec connaissance de cause.

M. le médecin ne s'est pas contenté de ces adoucissements; il a fait une note, où il s'efforce d'insinuer qu'on a prêté ici beaucoup de choses à Vitruve : et cela fondé sur ce que c'est un raisonnement indigne de Vitruve, de dire qu'on ne puisse reprendre un écrivain qui n'est pas en état de rendre raison de ce qu'il a écrit ; et que, par cette raison, ce serait un crime digne du feu que de reprendre quelque chose dans les écrits que Zoïle a faits contre Homère, si on les avait à présent. Je réponds premièrement que, dans le latin, il n'y a pas simplement, *reprendre un écrivain*, mais *citer* [3], *appeler en jugement des écrivains*, c'est-à-dire les attaquer dans les formes sur tous leurs ouvrages ; que, d'ailleurs, par ces écrivains, Vitruve n'entend pas des écrivains ordinaires, mais des écrivains qui ont été l'admiration de tous les siècles, tels que Platon et Homère, dont nous devons présumer, quand nous trouvons quelque chose à redire dans leurs écrits, que, s'ils étaient là présents pour se défendre, nous serions tout étonnés que c'est nous qui nous trompons; qu'ainsi il n'y a point de parité avec Zoïle, homme décrié dans tous les siècles, et dont les ouvrages n'ont pas même eu la gloire que, grâce à mes remarques, vont avoir les écrits de M. P***, qui est qu'on leur ait répondu quelque chose.

Mais, pour achever le portrait de cet homme, il est bon de mettre aussi en cet endroit ce qu'en a écrit l'auteur que M. P*** cite le plus volontiers; c'est à savoir Élien. C'est au livre XI de ses *Histoires diverses*, chapitre X : « Zoïle, celui qui a
« écrit contre Homère, contre Platon et contre
« plusieurs autres grands personnages, était d'Am-
« phipolis [4], et fut disciple de ce Polycrate qui a
« fait un discours en forme d'accusation contre So-
« crate. Il fut appelé le chien de la rhétorique.
« Voici à peu près sa figure : Il avait une grande
« barbe qui lui descendait sur le menton, mais nul
« poil à la tête, qu'il se rasait jusqu'au cuir. Son
« manteau lui pendait ordinairement sur ses ge-
« noux. Il aimait à mal parler de tout, et ne se
« plaisait qu'à contredire. En un mot, il n'y eut ja-
« mais d'homme si hargneux que ce misérable. Un

[1] « Qui meliori ingenio se profiteretur. » (BOIL.)
[2] « Regi recitavit. » (BOIL.)
[3] « Qui citat eos quorum, » etc. (BOIL.)
[4] Ville de Thrace. (BOIL.) — Suidas la place dans la Macédoine.

« très-savant homme lui ayant demandé un jour
« pourquoi il s'acharnait de la sorte à dire du mal
« de tous les grands écrivains : *C'est*, répliqua-t-il,
« *que je voudrais bien leur en faire, mais je n'en*
« *puis venir à bout.* »

Je n'aurais jamais fait, si je voulais ramasser ici toutes les injures qui lui ont été dites dans l'antiquité, où il était partout connu sous le nom du vil esclave de Thrace. On prétend que ce fut l'envie qui l'engagea à écrire contre Homère, et que c'est ce qui a fait que tous les envieux ont été depuis appelés du nom de zoïles, témoin ces deux vers d'Ovide [1] :

> Ingenium magni livor detrectat Homeri :
> Quisquis es, ex illo, Zoïle, nomen habes.

Je rapporte ici tout exprès ce passage, afin de faire voir à M. P*** qu'il peut fort bien arriver, quoi qu'il en puisse dire, qu'un auteur vivant soit jaloux d'un écrivain mort plusieurs siècles avant lui. Et, en effet, je connais plus d'un demi-savant qui rougit lorsqu'on loue devant lui avec un peu d'excès ou Cicéron ou Démosthène, prétendant qu'on lui fait tort.

Mais, pour ne me point écarter de Zoïle, j'ai cherché plusieurs fois en moi-même ce qui a pu attirer contre lui cette animosité et ce déluge d'injures ; car il n'est pas le seul qui ait fait des critiques sur Homère et sur Platon. Longin, dans ce traité même, comme nous le voyons, en a fait plusieurs ; et Denys d'Halicarnasse n'a pas plus épargné Platon que lui. Cependant on ne voit point que ces critiques aient excité contre eux l'indignation des hommes. D'où vient cela ? En voici la raison, si je ne me trompe. C'est qu'outre que leurs critiques sont fort sensées, il paraît visiblement qu'ils ne les font point pour rabaisser la gloire de ces grands hommes, mais pour établir la vérité de quelque précepte important ; qu'au-fond, bien loin de disconvenir du mérite de ces héros ( c'est ainsi qu'ils les appellent ), ils *nous* font partout comprendre, même en les critiquant, qu'ils les reconnaissent pour leurs maîtres en l'art de parler, et pour les seuls modèles que doit suivre tout homme qui veut écrire ; que, s'ils nous y découvrent quelques taches, ils nous y font voir en même temps un nombre infini de beautés : tellement qu'on sort de la lecture de leurs critiques convaincu de la justesse d'esprit du censeur, et encore plus de la grandeur du génie de l'écrivain censuré. Ajoutez qu'en faisant ces critiques ils s'énoncent toujours avec tant d'égards, de modestie et de circonspection, qu'il n'est pas possible de leur en vouloir du mal.

Il n'en était pas ainsi de Zoïle, homme fort atrabilaire, et extrêmement rempli de la bonne opinion de lui-même ; car, autant que nous en pouvons juger par quelques fragments qui nous restent de ses critiques, et par ce que les auteurs nous en disent, il avait directement entrepris de rabaisser les ouvrages d'Homère et de Platon, en les mettant l'un et l'autre au-dessous des plus vulgaires écrivains. Il traitait les fables de l'Iliade et de l'Odyssée de contes de vieille, appelant Homère un diseur de sornettes [r]. Il faisait de fades plaisanteries des plus beaux endroits de ces deux poëmes ; et tout cela avec une hauteur si pédantesque, qu'elle révoltait tout le monde contre lui. Ce fut, à mon avis, ce qui lui attira cette horrible diffamation, et qui lui fit faire une fin si tragique.

Mais, à propos de hauteur pédantesque, peut-être ne sera-t-il pas mauvais d'expliquer ici ce que j'ai voulu dire par là, et ce que c'est proprement qu'un pédant ; car il me semble que M. P*** ne conçoit pas trop bien toute l'étendue de ce mot. En effet, si l'on en doit juger par tout ce qu'il insinue dans ses dialogues, un pédant, selon lui, est un savant nourri dans un collége, et rempli de grec et de latin ; qui admire aveuglément tous les auteurs anciens ; qui ne croit pas qu'on puisse faire de nouvelles découvertes dans la nature, ni aller plus loin qu'Aristote, Épicure, Hippocrate, Pline ; qui croirait faire une espèce d'impiété s'il avait trouvé quelque chose à redire dans Virgile ; qui ne trouve pas simplement Térence un joli auteur, mais le comble de toute perfection ; qui ne se pique point de politesse ; qui non-seulement ne blâme jamais aucun auteur ancien, mais qui respecte surtout les auteurs que peu de gens lisent, comme Jason, Barthole, Lycophron, Macrobe, etc.

Voilà l'idée du pédant qu'il paraît que M. P*** s'est formée. Il serait donc bien surpris si on lui disait qu'un pédant est presque tout le contraire de ce tableau ; qu'un pédant est un homme plein de lui-même ; qui, avec un médiocre savoir, décide hardiment de toutes choses ; qui se vante sans cesse d'avoir fait de nouvelles découvertes ; qui traite de haut en bas Aristote, Épicure, Hippocrate, Pline ; qui blâme tous les auteurs anciens ; qui publie que Jason et Barthole étaient deux ignorants ; Macrobe, un écolier ; qui trouve, à la vérité, quelques endroits passables dans Virgile, mais qui y trouve aussi beaucoup d'endroits *dignes d'être sifflés* ; qui croit à peine Térence digne du nom de *joli* ; qui, au milieu de tout cela, se pique surtout de politesse ; qui

---

[1] *Remed. amor.* v. 365.

[r] Φιλόμυθον. (BOIL.)

tient que la plupart des anciens n'ont *ni ordre ni économie* dans leurs discours; en un mot, qui compte pour rien de heurter sur cela le sentiment de tous les hommes.

M. P\*\*\* me dira peut-être que ce n'est point là le véritable caractère d'un pédant. Il faut pourtant lui montrer que c'est le portrait qu'en fait le célèbre Régnier, c'est-à-dire le poëte français qui, du consentement de tout le monde, a le mieux connu, avant Molière, les mœurs et le caractère des hommes. C'est dans sa dixième satire, où décrivant cet énorme pédant qui, dit-il,

> Faisait par son savoir, comme il faisait entendre,
> La figue sur le nez au pédant d'Alexandre,

il lui donne ensuite ces sentiments :

> Qu'il a, pour enseigner, une belle manière :
> Qu'en son globe il a vu la matière première :
> Qu'Épicure est ivrogne; Hippocrate un bourreau :
> Que Barthole et Jason ignorent le barreau :
> Que Virgile est passable, encor qu'en quelques pages
> Il méritât au Louvre être sifflé des pages :
> Que Pline est inégal; Térence un peu joli :
> Mais surtout il estime un langage poli.
> Ainsi sur chaque auteur il trouve de quoi mordre.
> L'un n'a point de raison, et l'autre n'a point d'ordre :
> L'un avorte avant temps des œuvres qu'il conçoit.
> Souvent il prend Macrobe et lui donne le fouet, etc.

Je laisse à M. P\*\*\* le soin de faire l'application de cette peinture, et de juger qui Régnier a décrit par ces vers; ou un homme de l'université, qui a un sincère respect pour tous les grands écrivains de l'antiquité, et qui en inspire autant qu'il peut l'estime à la jeunesse qu'il instruit; ou un auteur présomptueux, qui traite tous les anciens d'ignorants, de grossiers, de visionnaires, d'insensés, et qui, étant déjà avancé en âge, emploie le reste de ses jours et s'occupe uniquement à contredire le sentiment de tous les hommes.

## RÉFLEXION VI.

« En effet, de trop s'arrêter aux petites choses, cela gâte tout. »
*Paroles de Longin*, chap. viii.

Il n'y a rien de plus vrai, surtout dans les vers; et c'est un des grands défauts de Saint-Amant. Ce poëte avait assez de génie pour les ouvrages de débauche et de satire outrée; et il a même quelquefois des boutades assez heureuses dans le sérieux : mais il gâte tout par les basses circonstances qu'il y mêle. C'est ce qu'on peut voir dans son ode intitulée *la Solitude*, qui est son meilleur ouvrage, où, parmi un fort grand nombre d'images très-agréables, il vient présenter mal à propos aux yeux les choses du monde les plus affreuses; des crapauds et des limaçons qui bavent, le squelette d'un pendu, etc.

> Là branle le squelette horrible
> D'un pauvre amant qui se pendit.

Il est surtout bizarrement tombé dans ce défaut en son *Moïse sauvé*, à l'endroit du passage de la mer Rouge : au lieu de s'étendre sur tant de grandes circonstances qu'un sujet si majestueux lui présentait, il perd le temps à peindre le petit enfant qui *va, saute, revient*, et, ramassant une coquille, la va montrer à sa mère; et met en quelque sorte, comme j'ai dit dans ma poétique, les poissons aux fenêtres, par ces deux vers :

> Et là, près des remparts que l'œil peut transpercer,
> Les poissons ébahis les regardent passer.

Il n'y a que M. P\*\*\* au monde qui puisse ne pas sentir le comique qu'il y a dans ces deux vers, où il semble en effet que les poissons aient loué des fenêtres pour voir passer le peuple hébreu. Cela est d'autant plus ridicule que les poissons ne voient presque rien au travers de l'eau, et ont les yeux placés d'une telle manière, qu'il était bien difficile, quand ils auraient eu la tête hors de ces remparts, qu'ils pussent bien découvrir cette marche. M. P\*\*\* prétend néanmoins justifier ces deux vers; mais c'est par des raisons si peu sensées, qu'en vérité je croirais abuser du papier si je l'employais à y répondre. Je me contenterai donc de le renvoyer à la comparaison que Longin rapporte ici d'Homère. Il y pourra voir l'adresse de ce grand poëte à choisir et à ramasser les grandes circonstances. Je doute pourtant qu'il convienne de cette vérité; car il en veut surtout aux comparaisons d'Homère, et il en fait le principal objet de ses plaisanteries dans son dernier dialogue. On me demandera peut-être ce que c'est que ces plaisanteries, M. P\*\*\* n'étant pas en réputation d'être fort plaisant : et, comme vraisemblablement on n'ira pas les chercher dans l'original, je veux bien, pour la curiosité des lecteurs, en rapporter ici quelques traits. Mais pour cela il faut commencer par faire entendre ce que c'est que les dialogues de M. P\*\*\*.

C'est une conversation qui se passe entre trois personnages dont le premier, grand ennemi des anciens, et surtout de Platon, est M. P\*\*\* lui-même, comme il le déclare dans sa préface. Il s'y donne le nom d'*abbé* : et je ne sais pas trop pourquoi il a pris ce titre ecclésiastique, puisqu'il n'est parlé dans ce dialogue que de choses très-profanes, que les romans y sont loués par excès, et que l'opéra y est regardé comme le comble de la perfection où la poésie pouvait arriver en notre langue. Le second de ces personnages est un *chevalier* admirateur de M. l'abbé, qui est là comme son Tabarin pour appuyer ses décisions, et qui le contredit même quelquefois à dessein, pour le mieux faire valoir. M. P\*\*\* ne s'offensera pas sans doute de ce nom de Tabarin que je donne ici à son chevalier, puisque ce chevalier lui-même déclare en un endroit qu'il estime plus les dialogues de Mondor et de Tabarin que ceux de Platon. Enfin, le troisième de ces personnages, qui est beaucoup le plus sot des trois, est un *président* protecteur des anciens, qui les entend encore moins que *l'abbé* ni que le *chevalier*, qui ne saurait souvent répondre aux objections du monde les plus frivoles, et qui défend quelquefois si sottement la raison, qu'elle devient plus ridicule dans sa bouche que le mauvais sens. En un mot, il est là comme le faquin de la comédie, pour recevoir toutes les nasardes. Ce sont là les acteurs de la pièce. Il faut maintenant les voir en action.

M. l'abbé, par exemple, déclare en un endroit qu'il n'approuve point ces comparaisons d'Homère où le poëte, non content de dire précisément ce qui sert à la comparaison, s'étend sur quelque circonstance historique de la chose dont il est parlé; comme lorsqu'il compare la cuisse de Ménélas blessé à de l'ivoire teint en pourpre par une femme de Méonie ou de Carie, etc. Cette femme de Méonie ou de Carie déplaît à M. l'abbé, et il ne saurait souffrir ces sortes de comparaisons *à longue queue;* mot agréable qui est d'abord admiré par M. le chevalier, lequel prend de là occasion de raconter quantité de jolies choses qu'il dit aussi à la campagne, l'année dernière, à propos de ces comparaisons à longue queue.

Ces plaisanteries étonnent un peu M. le président, qui sent bien la finesse qu'il y a dans ce mot de longue queue. Il se met pourtant à la fin en devoir de répondre. La chose n'était pas sans doute fort malaisée, puisqu'il n'avait qu'à dire ce que tout homme qui sait les éléments de la réthorique aurait dit d'abord : que les comparaisons, dans les odes et dans les poèmes épiques, ne sont pas simplement mises pour éclaircir et pour orner le discours, mais pour amuser et pour délasser l'esprit du lecteur, en le détachant de temps en temps du principal sujet, et le promenant sur d'autres images agréables à l'esprit : que c'est en cela qu'a principalement excellé Homère, dont non-seulement toutes les comparaisons, mais tous les discours sont pleins d'images de la nature si vraies et si variées, qu'étant toujours le même il est néanmoins toujours différent, instruisant sans cesse le lecteur, et lui faisant observer, dans les objets mêmes qu'il a tous les jours devant les yeux, des choses qu'il ne s'avisait pas d'y remarquer : que c'est une vérité universellement reconnue qu'il n'est point nécessaire, en matière de poésie, que les points de la comparaison se répondent si juste les uns aux autres; qu'il suffit d'un rapport général, et qu'une trop grande exactitude sentirait son rhéteur.

C'est ce qu'un homme sensé aurait pu dire sans peine à M. l'abbé et à M. le chevalier; mais ce n'est pas ainsi que raisonne M. le président. Il commence par avouer sincèrement que nos poëtes se feraient moquer d'eux s'ils mettaient dans leurs poèmes de ces comparaisons étendues, et n'excuse Homère que parce qu'il avait le goût oriental, qui était, dit-il, le goût de sa nation. Là-dessus il explique ce que c'est que le goût des Orientaux, qui, à cause du feu de leur imagination et de la vivacité de leur esprit, veulent toujours, poursuit-il, qu'on leur dise deux choses à la fois, et ne sauraient souffrir un seul sens dans un discours; au lieu que, nous autres Européens, nous nous contentons d'un seul sens, et sommes bien aises qu'on ne nous dise qu'une seule chose à la fois. Belles observations que M. le président a faites dans la nature, et qu'il a faites tout seul! puisqu'il est très-faux que les Orientaux aient plus de vivacité d'esprit que les Européens et surtout que les Français, qui sont fameux par tout pays pour leur conception vive et prompte ; le style figuré qui règne aujourd'hui dans l'Asie Mineure et dans les pays voisins, et qui n'y régnait point autrefois, ne venant que de l'irruption des Arabes et des autres nations barbares qui, peu de temps après Héraclius, inondèrent ces pays et y portèrent, avec leur langue et avec leur religion, ces manières de parler ampoulées. En effet, on ne voit point que les Pères grecs de l'Orient, comme saint Justin, saint Basile, saint Chrysostôme, saint Grégoire de Nazianze, et tant d'autres, aient jamais pris ce style dans leurs écrits; et ni Hérodote, ni Denys d'Halicarnasse, ni Lucien, ni Josèphe, ni Philon le Juif, ni aucun auteur grec, n'a jamais parlé ce langage.

Mais pour revenir aux comparaisons à longue queue, M. le président rappelle toutes ses forces pour renverser ce mot, qui fait tout le fort de l'argument de M. l'abbé, et répond enfin que, comme dans les cérémonies on trouverait à redire aux queues des princesses si elles ne traînaient jusqu'à terre, de même les comparaisons, dans le poëme épique, seraient blâmables si elles n'avaient des queues fort traînantes. Voilà peut-être une des plus extravagantes réponses qui aient jamais été faites; car quel rapport ont les comparaisons à des princesses? Cependant M. le chevalier, qui jusqu'alors n'avait rien approuvé de tout ce que le président avait dit, est ébloui de la solidité de cette réponse, et commence à avoir peur pour M. l'abbé, qui, frappé aussi du grand sens de ce discours, s'en tire pourtant avec assez de peine, en avouant, contre son premier sentiment, qu'à la vérité on peut donner de longues queues aux comparaisons, mais soutenant qu'il faut, ainsi qu'aux robes des princesses, que ces queues soient de même étoffe que la robe, ce qui manque, dit-il, aux comparaisons d'Homère, où les queues sont de deux étoffes différentes : de sorte que, s'il arrivait qu'en France, comme cela peut fort bien arriver, la mode vînt de coudre des queues de différentes étoffes aux robes des princesses, voilà le président qui aurait entièrement cause gagnée sur les comparaisons. C'est ainsi que ces trois messieurs manient entre eux la raison humaine : l'un faisant toujours l'objection qu'il ne doit point faire ; l'autre approuvant ce qu'il ne doit point approuver ; et l'autre répondant ce qu'il ne doit point répondre.

Que si le président a eu ici quelque avantage sur l'abbé, celui-ci a bientôt sa revanche, à propos d'un autre endroit d'Homère. Cet endroit est dans le douzième livre de l'Odyssée[1], où Homère, selon la traduction de M. P***, raconte « qu'Ulysse étant porté « sur son mât brisé vers la Charybde, justement « dans le temps que l'eau s'élevait, et craignant de « tomber au fond quand l'eau viendrait à redescen- « dre, il se prit à un figuier sauvage qui sortait du « haut du rocher, où il s'attacha comme une chauve- « souris, et où il attendit, ainsi suspendu, que son « mât, qui était allé à fond, revînt sur l'eau ; » ajoutant que, lorsqu'il le vit revenir, « il fut aussi aise « qu'un juge qui se lève de dessus son siége pour aller « dîner après avoir jugé plusieurs procès. » M. l'abbé insulte fort à M. le président sur cette comparaison bizarre du juge qui va dîner ; et voyant le président embarrassé, « Est-ce, ajoute-t-il, que je ne traduis « pas fidèlement le texte d'Homère ? » ce que ce grand défenseur des anciens n'oserait nier. Aussitôt M. le chevalier revient à la charge ; et, sur ce que le président répond que le poëte donne à tout cela un tour si agréable qu'on ne peut pas n'en être point charmé : « Vous vous moquez, poursuit le chevalier ; « dès le moment qu'Homère, tout Homère qu'il est, « veut trouver de la ressemblance entre un homme « qui se réjouit de voir son mât revenir sur l'eau, et « un juge qui se lève pour aller dîner après avoir « jugé plusieurs procès, il ne saurait dire qu'une « impertinence. »

Voilà donc le pauvre président fort accablé ; et cela faute d'avoir su que M. l'abbé fait ici une des plus énormes bévues qui aient jamais été faites, prenant une date pour une comparaison. Car il n'y a en effet aucune comparaison en cet endroit d'Homère. Ulysse raconte que, « voyant le mât et la quille « de son vaisseau, sur lesquels il s'était sauvé, qui « s'engloutissaient dans la Charybde, il s'accrocha, « comme un oiseau de nuit, à un grand figuier qui « pendait là d'un rocher, et qu'il y demeura long- « temps attaché, dans l'espérance que le reflux ve- « nant, la Charybde pourrait enfin revomir les dé- « bris de son vaisseau ; qu'en effet ce qu'il avait prévu « arriva, et qu'environ vers l'heure qu'un magistrat, « ayant rendu la justice, quitte sa séance pour al- « ler prendre sa réfection, c'est-à-dire environ sur « les trois heures après midi, ces débris parurent « hors de la Charybde, et qu'il se remit dessus. » Cette date est d'autant plus juste, qu'Eustathius assure que c'est le temps d'un des reflux de la Charybde, qui en a trois en vingt-quatre heures ; et qu'autrefois en Grèce on datait ordinairement les heures de la journée par le temps où les magistrats entraient au conseil, par celui où ils y demeuraient et par celui où ils en sortaient. Cet endroit n'a jamais été entendu autrement par aucun interprète, et le traducteur latin l'a fort bien rendu. Par là on peut voir à qui appartient l'impertinence de la comparaison prétendue, ou à Homère qui ne l'a point faite, ou à M. l'abbé, qui la lui fait faire si mal à propos.

Mais, avant que de quitter la conversation de ces trois messieurs, M. l'abbé trouvera bon que je ne donne pas les mains à la réponse décisive qu'il fait à M. le chevalier, qui lui avait dit : « Mais, à propos de « comparaisons, on dit qu'Homère compare Ulysse « qui se tourne dans son lit, au boudin qu'on rôtit « sur le gril. » A quoi M. l'abbé répond, « Cela est « vrai ; » et à quoi je réponds, Cela est si faux que, même le mot grec qui veut dire *boudin* n'était point encore inventé du temps d'Homère, où il n'y avait ni boudins ni ragoûts. La vérité est que, dans le vingtième livre de l'Odyssée[1], il compare Ulysse qui se tourne çà et là dans son lit, brûlant d'impatience de *se soûler*, comme dit Eustathius, *du sang des amants de Pénélope*, à un homme affamé qui s'agite pour faire cuire sur un grand feu le ventre sanglant et plein de graisse d'un animal dont il brûle de se rassasier, le tournant sans cesse de côté et d'autre.

En effet, tout le monde sait que le ventre de certains animaux, chez les anciens, était un de leurs plus délicieux mets ; que le *sumen*, c'est-à-dire le

---

[1] Vers 420 et suiv. (BOIL.)

[1] Vers 25 et suiv. (BOIL.)

ventre de la truie, parmi les Romains, était vanté par excellence, et défendu même, par une ancienne loi censorienne, comme trop voluptueux. Ces mots, *plein de sang et de graisse*, qu'Homère a mis en parlant du ventre des animaux, et qui sont si vrais de cette partie du corps, ont donné occasion à un misérable traducteur, qui a mis autrefois l'Odyssée en français, de se figurer qu'Homère parlait là de *boudin*, parce que le boudin de pourceau se fait communément avec du sang et de la graisse; et il l'a ainsi sottement rendu dans la traduction. C'est sur la foi de ce traducteur que quelques ignorants, et M. l'abbé du dialogue, ont cru qu'Homère comparait Ulysse à un boudin, quoique ni le grec ni le latin n'en disent rien, et que jamais aucun commentateur n'ait fait cette ridicule bévue. Cela montre bien les étranges inconvénients qui arrivent à ceux qui veulent parler d'une langue qu'ils ne savent point.

## RÉFLEXION VII.

« Il faut songer au jugement que toute la postérité fera de nos
« écrits. »
*Paroles de Longin*, chap. xii.

Il n'y a en effet que l'approbation de la postérité qui puisse établir le vrai mérite des ouvrages. Quelque éclat qu'ait fait un écrivain durant sa vie, quelques éloges qu'il ait reçus, on ne peut pas pour cela infailliblement conclure que ses ouvrages soient excellents. De faux brillants, la nouveauté du style, un tour d'esprit qui était à la mode, peuvent les avoir fait valoir; et il arrivera peut-être que, dans le siècle suivant, on ouvrira les yeux, et que l'on méprisera ce que l'on a admiré. Nous en avons un bel exemple dans Ronsard et dans ses imitateurs, comme du Bellay, du Bartas, Desportes, qui, dans le siècle précédent ont été l'admiration de tout le monde, et qui aujourd'hui ne trouvent pas même de lecteurs.

La même chose était arrivée, chez les Romains, à Nævius, à Livius et à Ennius, qui, du temps d'Horace, comme nous l'apprenons de ce poëte, trouvaient encore beaucoup de gens qui les admiraient, mais qui à la fin furent entièrement décriés. Et il ne faut point s'imaginer que la chute de ces auteurs, tant les français que les latins, soit venue de ce que les langues de leur pays ont changé : elle n'est venue que de ce qu'ils n'avaient point attrapé dans ces langues le point de solidité et de perfection qui est nécessaire pour faire durer et pour faire à jamais priser des ouvrages. En effet, la langue *latine*, par exemple, qu'ont écrite Cicéron et Virgile, était déjà fort changée du temps de Quintilien, et encore plus du temps d'Aulu-Gelle : cependant Cicéron et Virgile y étaient encore plus estimés que de leur temps même, parce qu'ils avaient comme fixé la langue par leurs écrits, ayant atteint le point de perfection que j'ai dit.

Ce n'est donc point la vieillesse des mots et des expressions, dans Ronsard, qui a décrié Ronsard; c'est qu'on s'est aperçu tout d'un coup que les beautés qu'on y croyait voir n'étaient point des beautés, ce que Bertaut, Malherbe, de Lingendes [1] et Racan, qui vinrent après lui, contribuèrent beaucoup à faire connaître, ayant attrapé dans le genre sérieux le vrai génie de la langue française, qui, bien loin d'être en son point de maturité du temps de Ronsard, comme Pasquier se l'était persuadé faussement, n'était pas même encore sortie de sa première enfance. Au contraire, le vrai tour de l'épigramme, du rondeau et des épîtres naïves, ayant été trouvé, même avant Ronsard, par Marot, par Saint-Gelais [2] et par d'autres, non-seulement leurs ouvrages en ce genre ne sont point tombés dans le mépris, mais ils sont encore aujourd'hui généralement estimés; jusque-là même que, pour trouver l'air naïf en français, on a encore quelquefois recours à leur style; et c'est ce qui a si bien réussi au célèbre M. de la Fontaine. Concluons donc qu'il n'y a qu'une longue suite d'années qui puisse établir la valeur et le vrai mérite d'un ouvrage.

Mais lorsque des écrivains ont été admirés durant un fort grand nombre de siècles, et n'ont été méprisés que par quelques gens de goût bizarre (car il se trouve toujours des goûts dépravés), alors non-seulement il y a de la témérité, mais il y a de la folie, à vouloir douter du mérite de ces écrivains. Que si vous ne voyez point les beautés de leurs écrits, il ne faut pas conclure qu'elles n'y sont point, mais que vous êtes aveugle, et que vous n'avez point de goût. Le gros des hommes, à la longue, ne se trompe point sur les ouvrages d'esprit. Il n'est plus question, à l'heure qu'il est, de savoir si Homère, Platon, Cicéron, Virgile, sont des hommes merveilleux; c'est une chose sans contestation, puisque vingt siècles en sont convenus; il s'agit de savoir en quoi consiste ce merveilleux qui les a fait admirer de

---

[1] Jean de Lingendes, proche parent du P. Claude de Lingendes, jésuite, et de Jean de Lingendes, évêque de Mâcon, l'un et l'autre célèbres prédicateurs, était né, comme eux, à Moulins. Il se fit un nom par ses poésies, dont le mérite consiste principalement dans la douceur et la facilité. Le plus estimé de ses ouvrages est son élégie sur l'exil d'Ovide, imitation libre de l'élégie latine d'Ange Politien sur le même sujet. Il mourut en 1616.

[2] Meslin de Saint-Gelais, natif d'Angoulême, était, dit-on, fils naturel d'Octavien de Saint-Gelais, évêque de cette ville, et poëte célèbre au quinzième siècle.

tant de siècles; et il faut trouver moyen de le voir, ou renoncer aux belles-lettres, auxquelles vous devez croire que vous n'avez ni goût ni génie, puisque vous ne sentez point ce qu'ont senti tous les hommes.

Quand je dis cela néanmoins, je suppose que vous sachiez la langue de ces auteurs; car si vous ne la savez point, et si vous ne vous l'êtes point familiarisée, je ne vous blâmerai pas de n'en point voir les beautés : je vous blâmerai seulement d'en parler. Et c'est en quoi on ne saurait trop condamner M. P***, qui, ne sachant point la langue d'Homère, vient hardiment lui faire son procès sur les bassesses de ses traducteurs, et dire au genre humain, qui a admiré les ouvrages de ce grand poëte durant tant de siècles : Vous avez admiré des sottises. C'est à peu près la même chose qu'un aveugle-né qui s'en irait crier par toutes les rues : Messieurs, je sais que le soleil que vous voyez vous paraît fort beau ; mais moi, qui ne l'ai jamais vu, je vous déclare qu'il est fort laid.

Mais, pour revenir à ce que je disais, puisque c'est la postérité seule qui met le véritable prix aux ouvrages, il ne faut pas, quelque admirable que vous paraisse un écrivain moderne, le mettre aisément en parallèle avec ces écrivains admirés durant un si grand nombre de siècles, puisqu'il n'est pas même sûr que ses ouvrages passent avec gloire au siècle suivant. En effet, sans aller chercher des exemples éloignés, combien n'avons-nous point vu d'auteurs admirés dans notre siècle, dont la gloire est déchue en très-peu d'années! dans quelle estime n'ont point été, il y a trente ans, les ouvrages de Balzac! on ne parlait pas de lui simplement comme du plus éloquent homme de son siècle, mais comme du seul éloquent. Il a effectivement des qualités merveilleuses. On peut dire que jamais personne n'a mieux su sa langue que lui, et n'a mieux entendu la propriété des mots et la juste mesure des périodes : c'est une louange que tout le monde lui donne encore. Mais on s'est aperçu tout d'un coup que l'art où il s'est employé toute sa vie était l'art qu'il savait le moins, je veux dire l'art de faire une lettre; car, bien que les siennes soient toutes pleines d'esprit et de choses admirablement dites, on y remarque partout les deux vices les plus opposés au genre épistolaire, c'est à savoir l'affectation et l'enflure et on ne peut plus lui pardonner ce soin vicieux qu'il a de dire toutes choses autrement que ne le disent les autres hommes. De sorte que tous les jours on rétorque contre lui ce même vers que Maynard a fait autrefois à sa louange,

Il n'est point de mortel qui parle comme lui.

Il y a pourtant encore des gens qui le lisent; mais il n'y a plus personne qui ose imiter son style, ceux qui l'ont fait s'étant rendus la risée de tout le monde.

Mais pour chercher un exemple encore plus illustre que celui de Balzac, Corneille est celui de tous nos poëtes qui a fait le plus d'éclat en notre temps; et on ne croyait pas qu'il pût jamais y avoir en France un poëte digne de lui être égalé. Il n'y en a point en effet qui ait plus d'élévation de génie, ni qui ait plus composé. Tout son mérite pourtant, à l'heure qu'il est, ayant été mis par le temps comme dans un creuset, se réduit à huit ou neuf pièces de théâtre qu'on admire, et qui sont, s'il faut ainsi parler, comme le midi de sa poésie, dont l'orient et l'occident n'ont rien valu. Encore, dans ce petit nombre de bonnes pièces, outre les fautes de langue qui y sont assez fréquentes, on commence à s'apercevoir de beaucoup d'endroits de déclamation qu'on n'y voyait point autrefois. Ainsi, non-seulement on ne trouve point mauvais qu'on lui compare aujourd'hui M. Racine, mais il se trouve même quantité de gens qui le lui préfèrent. La postérité jugera qui vaut le mieux des deux ; car je suis persuadé que les écrits de l'un et de l'autre passeront aux siècles suivants. Mais jusque-là ni l'un ni l'autre ne doit être mis en parallèle avec Euripide et avec Sophocle, puisque leurs ouvrages n'ont point encore le sceau qu'ont les ouvrages d'Euripide et de Sophocle, je veux dire l'approbation de plusieurs siècles.

Au reste il ne faut pas s'imaginer que, dans ce nombre d'écrivains approuvés de tous les siècles, je veuille ici comprendre ces auteurs, à la vérité anciens, mais qui ne se sont acquis qu'une médiocre estime, comme Lycophron, Nonnus, Silius Italicus, l'auteur des tragédies attribuées à Sénèque, et plusieurs autres, à qui on peut non-seulement comparer, mais à qui on peut, à mon avis, justement préférer beaucoup d'écrivains modernes. Je n'admets dans ce haut rang que ce petit nombre d'écrivains merveilleux dont le nom seul fait l'éloge, comme Homère, Platon, Cicéron, Virgile, etc. Et je ne règle point l'estime que je fais d'eux par le temps qu'il y a que leurs ouvrages durent, mais par le temps qu'il y a qu'on les admire. C'est de quoi il est bon d'avertir beaucoup de gens qui pourraient mal à propos croire ce que veut insinuer notre censeur, qu'on ne loue les anciens que parce qu'ils sont anciens, et qu'on ne blâme les modernes que parce qu'ils sont modernes ; ce qui n'est point du tout véritable, y ayant beaucoup d'anciens qu'on n'admire point, et beaucoup de modernes que tout le monde loue. L'antiquité d'un écrivain n'est pas un titre certain de son mérite; mais l'antique et constante admiration qu'on a toujours eue pour ses ouvrages est une preuve sûre et infaillible qu'on les doit admirer.

## RÉFLEXION VIII.

« Il n'en est pas ainsi de Pindare et de Sophocle; car, au mi-
« lieu de leur plus grande violence, durant qu'ils tonnent
« et foudroient pour ainsi dire, souvent leur ardeur vient à
« s'éteindre; et ils tombent malheureusement. »
*Paroles de Longin*, chap. XXVII.

Longin donne ici assez à entendre qu'il avait trouvé des choses à redire dans Pindare. Et dans quel auteur n'en trouve-t-on point? Mais en même temps il déclare que ces fautes qu'il y a remarquées ne peuvent point être appelées proprement fautes, et que ce ne sont que de petites négligences où Pindare est tombé à cause de cet esprit divin dont il est entraîné, et qu'il n'était pas en sa puissance de régler comme il voulait. C'est ainsi que le plus grand et le plus sévère de tous les critiques grecs parle de Pindare, même en le censurant.

Ce n'est pas là le langage de M. P***, homme qui sûrement ne sait point de grec. Selon lui [1], Pindare non-seulement est plein de véritables fautes, mais c'est un auteur qui n'a aucune beauté, un diseur de galimatias impénétrable, que jamais personne n'a pu comprendre, et dont Horace s'est moqué quand il a dit que c'était un poëte inimitable. En un mot, c'est un écrivain sans mérite, qui n'est estimé que d'un certain nombre de savants, qui le lisent sans le concevoir, et qui ne s'attachent qu'à recueillir quelques misérables sentences dont il a semé ses ouvrages. Voilà ce qu'il juge à propos d'avancer sans preuve dans le dernier de ses dialogues. Il est vrai que, dans un autre de ses dialogues, il vient à la preuve devant madame la présidente Morinet, et prétend montrer que le commencement de la première ode de ce grand poëte ne s'entend point. C'est ce qu'il prouve admirablement par la traduction qu'il en a faite; car il faut avouer que si Pindare s'était énoncé comme lui, la Serre ni Richesource ne l'emporteraient pas sur Pindare pour le galimatias et pour la bassesse.

On sera donc assez surpris ici de voir que cette bassesse et ce galimatias appartiennent entièrement à M. P***, qui, en traduisant Pindare, n'a entendu ni le grec, ni le latin, ni le français. C'est ce qu'il est aisé de prouver. Mais pour cela il faut savoir que Pindare vivait peu de temps après Pythagore, Thalès et Anaxagore, fameux philosophes naturalistes, et qui avaient enseigné la physique avec un fort grand succès. L'opinion de Thalès, qui mettait l'eau pour le principe des choses, était surtout célèbre. Empédocle, sicilien, qui vivait du temps de Pindare même, et qui avait été disciple d'Anaxagore, avait encore poussé la chose plus loin qu'eux, et non-seulement avait pénétré fort avant dans la connaissance de la nature, mais il avait fait ce que Lucrèce a fait depuis à son imitation, je veux dire qu'il avait mis toute la physique en vers. On a perdu son poëme. On sait pourtant que ce poëme commençait par l'éloge des quatre éléments, et vraisemblablement il n'y avait pas oublié la formation de l'or et des autres métaux. Cet ouvrage s'était rendu si fameux dans la Grèce, qu'il y avait fait regarder son auteur comme une espèce de divinité.

Pindare, venant donc à composer sa première ode olympique à la louange d'Hiéron, roi de Sicile, qui avait remporté le prix de la course des chevaux, débute par la chose du monde la plus simple et la plus naturelle, qui est que, s'il voulait chanter les merveilles de la nature, il chanterait, à l'imitation d'Empédocle, sicilien, l'eau et l'or, comme les deux plus excellentes choses du monde; mais que, s'étant consacré à chanter les actions des hommes, il va chanter le combat olympique, puisque c'est en effet ce que les hommes font de plus grand; et que de dire qu'il y ait quelque autre combat aussi excellent que le combat olympique, c'est prétendre qu'il y a dans le ciel quelque autre astre aussi lumineux que le soleil. Voilà la pensée de Pindare mise dans son ordre naturel, et tel qu'un rhéteur le pourrait dire dans une exacte prose. Voici comme Pindare l'énonce en poëte : « Il n'y a rien de si excel-
« lent que l'eau; il n'y a rien de plus éclatant que
« l'or, et il se distingue entre toutes les autres su-
« perbes richesses, comme un feu qui brille dans la
« nuit! Mais, ô mon esprit ! puisque [1] c'est des com-
« bats que tu veux chanter, ne va point te figurer ni
« que dans les vastes déserts du ciel, quand il fait
« jour [2], on puisse voir quelque autre astre aussi lu-
« mineux que le soleil, ni que sur la terre nous puis-
« sions dire qu'il y ait quelque autre combat aussi
« excellent que le combat olympique.

Pindare est presque ici traduit mot pour mot, et je ne lui ai prêté que le mot de *sur la terre*, que le sens amène si naturellement, qu'en vérité il n'y a qu'un homme qui ne sait ce que c'est que traduire

---

[1] *Parallèles*, t. I et III. (BOIL.)

[1] La particule εἰ veut aussi bien dire en cet endroit PUISQUE et COMME, que SI; et c'est ce que Benoît a fort bien montré dans l'ode III, où ces mots ἄριστον, etc. sont répétés. (BOIL.)

[2] Le traducteur latin n'a pas bien rendu cet endroit, μηκέτι σκόπει ἄλλο φαεινὸν ἄστρον; *ne contempleris aliud visibile astrum*, qui doivent s'expliquer dans mon sens : *Ne puta quod videatur aliud astrum*; « Ne te figure point qu'on puisse voir un autre astre, » etc. (BOIL.)

qui puisse me chicaner là-dessus. Je ne prétends donc pas, dans une traduction si littérale, avoir fait sentir toute la force de l'original, dont la beauté consiste principalement dans le nombre, l'arrangement et la magnificence des paroles. Cependant quelle majesté et quelle noblesse un homme de bon sens n'y peut-il pas remarquer, même dans la sécheresse de ma traduction! Que de grandes images présentées d'abord, l'eau, l'or, le feu, le soleil! Que de sublimes figures ensemble, la métaphore, l'apostrophe, la métonymie! Quel tour et quelle agréable circonduction de paroles! Cette expression, « les « vastes déserts du ciel, quand il fait jour, » est peut-être une des plus grandes choses qui aient jamais été dites en poésie. En effet, qui n'a point remarqué de quel nombre infini d'étoiles le ciel paraît peuplé durant la nuit, et quelle vaste solitude c'est, au contraire, dès que le soleil vient à se montrer? De sorte que, par le seul début de cette ode, on commence à concevoir tout ce qu'Horace a voulu faire entendre quand il a dit (liv. IV, od. II) que « Pindare est comme un grand fleuve qui marche à « flots bouillonnants; et que de sa bouche, comme « d'une source profonde, il sort une immensité de « richesses et de belles choses : »

Fervet, immensusque ruit profundo
Pindarus ore.

Examinons maintenant la traduction de M. P***. La voici : « L'eau est très-bonne, à la vérité; et l'or, « qui brille comme le feu durant la nuit, éclate mer-« veilleusement parmi les richesses qui rendent « l'homme superbe. Mais, mon esprit, si tu désires « chanter des combats, ne *contemples* point d'autre « astre plus lumineux que le soleil pendant le jour, « dans le vague de l'air : car nous ne saurions chan-« ter des combats plus illustres que les combats « olympiques. » Peut-on jamais voir un plus plat galimatias? « L'eau est très-bonne, à la vérité, » est une manière de parler familière et comique, qui ne répond point à la majesté de Pindare. Le mot d'ἄ-ριστον ne veut pas simplement dire en grec *bon*, *mais merveilleux, divin, excellent entre les choses excellentes*. On dira fort bien en grec qu'Alexandre et Jules César étaient ἄριστοι : traduira-t-on qu'ils étaient de *bonnes gens*? D'ailleurs le nom de *bonne eau* en français tombe dans le bas, à cause que cette façon de parler s'emploie dans des usages bas et populaires : *à l'enseigne de la bonne eau, à la bonne eau-de-vie*. Le mot d'*à la vérité* en cet endroit est encore plus familier et plus ridicule, et n'est point dans le grec, où le μὲν et le δὲ sont comme des espèces d'enclitiques qui ne servent qu'à soutenir la versification. « Et l'or qui brille[1]. » Il n'y a point d'*et* dans le grec, et *qui* n'y est point non plus. « Éclate « merveilleusement parmi les richesses. » *Merveilleusement* est burlesque en cet endroit. Il n'est point dans le grec, et se sent de l'ironie que M. P*** a dans l'esprit, et qu'il tâche de prêter même aux paroles de Pindare en le traduisant. « Qui rendent « l'homme superbe. » Cela n'est point dans Pindare, qui donne l'épithète de *superbe* aux richesses mêmes, ce qui est une figure très-belle; au lieu que dans la traduction, n'y ayant point de figure, il n'y a plus par conséquent de poésie. « Mais, mon esprit, » etc. C'est ici où M. P*** achève de perdre la tramontane; et, comme il n'a entendu aucun mot de cet endroit où j'ai fait voir un sens si noble, si majestueux et si clair, on me dispensera d'en faire l'analyse.

Je me contenterai de lui demander dans quel lexicon, dans quel dictionnaire ancien ou moderne, il a jamais trouvé que μηδὲ en grec, ou *ne* en latin, voulût dire *car*. Cependant c'est ce *car* qui fait ici toute la confusion du raisonnement qu'il veut attribuer à Pindare. Ne sait-il pas qu'en toute langue, mettez un *car* mal à propos, il n'y a point de raisonnement qui ne devienne absurde. Que je dise, par exemple : « Il n'y a rien de si clair que le com-« mencement de la première ode de Pindare, et « M. P*** ne l'a point entendu, » voilà parler très-juste; mais si je dis : « Il n'y a rien de si clair que le « commencement de la première ode de Pindare, « *car* M. P*** ne l'a point entendu, » c'est fort mal argumenté, parce que d'un fait très-véritable je fais une raison très-fausse, et qu'il est fort indifférent, pour faire qu'une chose soit claire ou obscure, que M. P*** l'entende ou ne l'entende point.

Je ne m'étendrai pas davantage à lui faire connaître une faute qu'il n'est pas possible que lui-même ne sente. J'oserai seulement l'avertir que, lorsqu'on veut critiquer d'aussi grands hommes qu'Homère et que Pindare, il faut avoir du moins les premières teintures de la grammaire; et qu'il peut fort bien arriver que l'auteur le plus habile devienne un auteur de mauvais sens entre les mains d'un traducteur ignorant, qui ne l'entend point, et qui ne sait pas même quelquefois que *ne* ne veut point dire *car*.

Après avoir ainsi convaincu M. P*** sur le grec et le latin, il trouvera bon que je l'avertisse aussi qu'il y a une grossière faute de français dans ces mots de sa traduction : « Mais, mon esprit, ne *con-« temples* point, » etc. et que *contemple*, à l'impé-

---

[1] S'il y avait *l'or qui brille* dans le grec, cela ferait un solécisme, car il faudrait que αἰθόμενον fût l'adjectif de χρυσός. (Boil..)

ratif, n'a point d's. Je lui conseille donc de renvoyer cet s au mot de *casuite*, qu'il écrit toujours ainsi, quoiqu'on doive toujours écrire et prononcer *casuiste*. Cet s, je l'avoue, y est un peu plus nécessaire qu'au pluriel du mot d'*opéra*; car bien que j'aie toujours entendu prononcer des *opéras*, comme on dit des *factums* et des *totons*, je ne voudrais pas assurer qu'on le doive écrire, et je pourrais bien m'être trompé en l'écrivant de la sorte.

## RÉFLEXION IX.

« Les mots bas sont comme autant de marques honteuses qui
« flétrissent l'expression. »

*Paroles de Longin*, chap. XXXV.

Cette remarque est vraie dans toutes les langues. Il n'y a rien qui avilisse davantage un discours que les mots bas. On souffrira plutôt, généralement parlant, une pensée basse exprimée en termes nobles, que la pensée la plus noble exprimée en termes bas. La raison de cela est que tout le monde ne peut pas juger de la justesse et de la force d'une pensée; mais qu'il n'y a presque personne, surtout dans les langues vivantes, qui ne sente la bassesse des mots. Cependant il y a peu d'écrivains qui ne tombent quelquefois dans ce vice. Longin, comme nous voyons ici, accuse Hérodote, c'est-à-dire le plus poli de tous les historiens grecs, d'avoir laissé échapper des mots bas dans son histoire. On en reproche à Tite-Live, à Salluste et à Virgile.

N'est-ce donc pas une chose fort surprenante, qu'on n'ait jamais fait sur cela aucun reproche à Homère, bien qu'il ait composé deux poëmes, chacun plus gros que l'Énéide, et qu'il n'y ait point d'écrivain qui descende quelquefois dans un plus grand détail que lui, ni qui dise si volontiers les petites choses, ne se servant jamais que de termes nobles, ou employant les termes les moins relevés avec tant d'art et d'industrie, comme remarque Denys d'Halicarnasse, qu'il les rend nobles et harmonieux? Et certainement s'il y avait eu quelque reproche à lui faire sur la bassesse des mots, Longin ne l'aurait pas vraisemblablement plus épargné ici qu'Hérodote. On voit donc par là le peu de sens de ces critiques modernes qui veulent juger du grec sans savoir de grec, et qui, ne lisant Homère que dans des traductions latines très-basses, ou dans des traductions françaises encore plus rampantes, imputent à Homère les bassesses de ses traducteurs, et l'accusent de ce qu'en parlant grec il n'a pas assez noblement parlé latin ou français. Ces messieurs doivent savoir que les mots des langues ne répondent pas toujours juste les uns aux autres, et qu'un terme grec très-noble ne peut souvent être exprimé en français que par un terme très-bas. Cela se voit par le mot d'*asinus* en latin, et d'*âne* en français, qui sont de la dernière bassesse dans l'une et dans l'autre de ces langues, quoique le mot qui signifie cet animal n'ait rien de bas en grec ni en hébreu, où on le voit employé dans les endroits même les plus magnifiques. Il en est de même du mot de *mulet* et de plusieurs autres.

En effet, les langues ont chacune leur bizarrerie: mais la française est principalement capricieuse sur les mots; et, bien qu'elle soit riche en beaux termes sur de certains sujets, il y en a beaucoup où elle est fort pauvre, et il y a un très-grand nombre de petites choses qu'elle ne saurait dire noblement. Ainsi, par exemple, bien que dans les endroits plus sublimes elle nomme, sans s'avilir, un mouton, une chèvre, une brebis, elle ne saurait, sans se diffamer, dans un style un peu élevé, nommer un veau, une truie, un cochon. Le mot de *génisse* en français est fort beau, surtout dans une églogue; *vache* ne s'y peut pas souffrir. *Pasteur* et *berger* y sont du plus bel usage; *gardeur de pourceaux* ou *gardeur de bœufs* y seraient horribles. Cependant il n'y a peut-être pas dans le grec deux plus beaux mots que συβώτης et βουκόλος, qui répondent à ces deux mots français; et c'est pourquoi Virgile a intitulé ses églogues de ce doux nom de *Bucoliques*, qui veut pourtant dire en notre langue, à la lettre, les *entretiens des bouviers* ou *des gardeurs de bœufs*.

Je pourrais rapporter encore ici un nombre infini de pareils exemples; mais, au lieu de plaindre en cela le malheur de notre langue, prendrons-nous le parti d'accuser Homère et Virgile de bassesse, pour n'avoir pas prévu que ces termes, quoique si nobles et si doux à l'oreille en leur langue, seraient bas et grossiers, étant traduits un jour en français? Voilà en effet le principe sur lequel M. P*** fait le procès à Homère: il ne se contente pas de le condamner sur les basses traductions qu'on a faites en latin; pour plus grande sûreté, il traduit lui-même ce latin en français, et, avec ce beau talent qu'il a de dire bassement toutes choses, il fait si bien, que, racontant le sujet de l'Odyssée, il fait, d'un des plus nobles sujets qui aient été jamais traités, un ouvrage aussi burlesque que l'*Ovide en belle humeur*[1].

Il change ce sage vieillard qui avait soin des troupeaux d'Ulysse en un vilain *porcher*. Aux endroits où Homère dit que « la nuit couvrait la terre de « son ombre et cachait le chemin aux voyageurs, » il traduit que « l'on commençait *à ne voir goutte*

[1] Version burlesque des Métamorphoses d'Ovide.

*dans les rues.* » Au lieu de la magnifique chaussure dont Télémaque lie ses pieds délicats, il lui fait mettre ses *beaux souliers* de parade. A l'endroit où Homère, pour marquer la propreté de la maison de Nestor, dit que « ce fameux vieillard s'assit de« vant sa porte sur des pierres fort polies, et qui « reluisaient comme si on les avait frottées de quel« que huile précieuse, » il met que « Nestor s'alla « asseoir sur des pierres luisantes *comme de l'on-« guent.* » Il explique partout le mot de *sus*, qui est fort noble en grec, par le mot de *cochon* ou de *pourceau*, qui est de la dernière bassesse en français. Au lieu qu'Agamemnon dit « qu'Égisthe le fit « assassiner dans son palais comme un taureau qu'on « égorge dans une étable, » il met dans la bouche d'Agamemnon cette manière de parler basse, « Égis« the me fit *assommer comme un bœuf.* » Au lieu de dire, comme porte le grec, « qu'Ulysse, voyant « son vaisseau fracassé et son mât renversé d'un « coup de tonnerre, il lia ensemble, du mieux qu'il « put, ce mât avec son reste de vaisseau, et s'assit dessus, » il fait dire à Ulysse « qu'il se mit *à cheval* « *sur son mât.* » C'est en cet endroit qu'il fait cette énorme bévue que nous avons remarquée ailleurs dans nos observations.

Il dit encore sur ce sujet cent autres bassesses de la même force, exprimant en style rampant et bourgeois les mœurs des hommes de cet ancien siècle qu'Hésiode appelle le siècle des héros, où l'on ne connaissait point la mollesse et les délices, où l'on se servait, où l'on s'habillait soi-même, et qui se sentait encore par là du siècle d'or. M. P*** triomphe à nous faire voir combien cette simplicité est éloignée de notre mollesse et de notre luxe, qu'il regarde comme un des grands présents que Dieu ait faits aux hommes, et qui sont pourtant l'origine de tous les vices, ainsi que Longin le fait voir dans son dernier chapitre, où il traite de la décadence des esprits, qu'il attribue principalement à ce luxe et à cette mollesse.

M. P*** ne fait pas réflexion que les dieux et les déesses, dans les fables n'en sont pas moins agréables, quoiqu'ils n'aient ni estafiers, ni valets de chambre, ni dames d'atours, et qu'ils aillent souvent tout nus; qu'enfin le luxe est venu d'Asie en Europe, et que c'est des nations barbares qu'il est descendu chez des nations polies, où il a tout perdu; et où, plus dangereux fléau que la peste ni que la guerre, il a, comme dit Juvénal[1], vengé l'univers vaincu, en pervertissant les vainqueurs :

Sævior armis<br>Luxuria incubuit, victumque ulciscitur orbem.

[1] Satire VI, v. 292.

J'aurais beaucoup de choses à dire sur ce sujet; mais il faut les réserver pour un autre endroit, et je ne veux parler ici que de la bassesse des mots. M. P*** en trouve beaucoup dans les épithètes d'Homère, qu'il accuse d'être souvent superflues. Il ne sait pas sans doute ce que sait tout homme un peu versé dans le grec, que, comme en Grèce autrefois le fils ne portait point le nom du père, il est rare, même dans la prose, qu'on y nomme un homme sans lui donner une épithète qui le distingue, en disant ou le nom de son père, ou son pays, ou son talent, ou son défaut : Alexandre fils de Philippe, Alcibiade fils de Clinias, Hérodote d'Halicarnasse, Clément Alexandrin, Polyclète le sculpteur, Diogène le Cynique, Denys le Tyran, etc. Homère donc, écrivant dans le génie de sa langue, ne s'est pas contenté de donner à ses dieux et à ses héros ces noms de distinction qu'on leur donnait dans la prose, mais il leur en a composé de doux et d'harmonieux, qui marquent leur principal caractère. Ainsi par l'épithète de *léger à la course*[1], qu'il donne à Achille, il a marqué l'impétuosité d'un jeune homme. Voulant exprimer la prudence dans Minerve, il l'appelle la *déesse aux yeux fins*[2]. Au contraire, pour peindre la majesté dans Junon, il la nomme la *déesse aux yeux grands et ouverts*[3]; et ainsi des autres.

Il ne faut donc pas regarder ces épithètes qu'il leur donne comme de simples épithètes, mais comme des espèces de surnoms qui les font connaître. Et on n'a jamais trouvé mauvais qu'on répétât ces épithètes, parce que ce sont, comme je viens de dire, des espèces de surnoms. Virgile est entré dans ce goût grec, quand il a répété tant de fois dans l'Énéide *pius Æneas* et *pater Æneas*, qui sont comme les surnoms d'Énée. Et c'est pourquoi on lui a objecté fort mal à propos qu'Énée se loue lui-même, quand il dit, *Sum pius Æneas*, « Je suis le pieux Énée, » parce qu'il ne fait proprement que dire son nom. Il ne faut donc pas trouver étrange qu'Homère donne de ces sortes d'épithètes à ses héros, en des occasions qui n'ont aucun rapport à ces épithètes, puisque cela se fait souvent même en français, où nous donnons le nom de saint à nos saints, en des rencontres où il s'agit de toute autre chose que de leur sainteté; comme quand nous disons que saint Paul gardait les manteaux de ceux qui lapidaient saint Étienne.

Tous les plus habiles critiques avouent que ces épithètes sont admirables dans Homère, et que c'est une des principales richesses de sa poésie. Notre

[1] Πόδας ὠκύς.
[2] Γλαυκῶπις.
[3] Βοῶπις.

censeur cependant les trouve basses, et, afin de prouver ce qu'il dit, non-seulement il les traduit bassement, mais il les traduit selon leur racine et leur étymologie; et, au lieu, par exemple, de traduire Junon aux yeux *grands et ouverts*, qui est ce que porte le mot Βοῶπις, il le traduit, selon sa racine, « Junon *aux yeux de bœuf.* » Il ne sait pas qu'en français même, il y a des dérivés et des composés qui sont fort beaux, dont le nom primitif est fort bas, comme on le voit dans les mots de *petiller* et *reculer*. Je ne saurais m'empêcher de rapporter, à propos de cela, l'exemple d'un maître de rhétorique sous lequel j'ai étudié [1], et qui sûrement ne m'a pas inspiré l'admiration d'Homère, puisqu'il en était presque aussi grand ennemi que M. P***. Il nous faisait traduire l'oraison pour Milon ; et à un endroit où Cicéron dit, *Obduruerat et percalluerat respublica*, « La république s'était endurcie et était « devenue comme insensible, » les écoliers étant un peu embarrassés sur *percalluerat*, qui dit presque la même chose qu'*obduruerat*, notre régent nous fit attendre quelque temps son explication ; et, enfin, ayant défié plusieurs fois messieurs de l'Académie, et surtout M. d'Ablancourt [2], à qui il en voulait, de venir traduire ce mot : *Percallere*, dit-il gravement, vient du *cal* et du *durillon* que les hommes contractent aux pieds; et de là il conclut qu'il fallait traduire, *Obduruerat et percalluerat respublica*, « La « république s'était endurcie et avait *contracté un* « *durillon.* » Voilà à peu près la manière de traduire de M. P***, et c'est sur de pareilles traductions qu'il veut qu'on juge de tous les poëtes et de tous les orateurs de l'antiquité; jusque-là qu'il nous avertit qu'il doit donner un de ces jours un nouveau volume de parallèles, où il a, dit-il, mis en prose française les plus beaux endroits des poëtes grecs et latins, afin de les apposer à d'autres beaux endroits des poëtes modernes qu'il met aussi en prose; secret admirable qu'il a trouvé pour les rendre ridicules les uns et les autres, et surtout les anciens, quand il les aura habillés des impropriétés et des bassesses de sa traduction !

[1] La Place, professeur de rhétorique au collége de Beauvais, recteur de l'université en 1650.
[2] Nicolas Perrot, sieur d'Ablancourt, né le 5 avril 1606, prêta le serment d'avocat en 1624 ; abjura en 1629 la religion calviniste, dans laquelle son père l'avait fait élever ; y rentra cinq ou six ans après; fut reçu, n'étant âgé que de trente et un ans, à l'Académie française, et se laissa mourir de faim au château d'Ablancourt, près de Vitry le Français, en Champagne, le 17 novembre 1664.

## CONCLUSION.

Voilà un léger échantillon du nombre infini de fautes que M. P*** a commises en voulant attaquer les défauts des anciens. Je n'ai mis ici que celles qui regardent Homère et Pindare : encore n'y en ai-je mis qu'une très-petite partie, et selon que les paroles de Longin m'en ont donné l'occasion ; car, si je voulais ramasser toutes celles qu'il a faites sur le seul Homère, il faudrait un très-gros volume. Et que serait-ce donc, si j'allais lui faire voir ses puérilités sur la langue grecque et sur la langue latine, ses ignorances sur Platon, sur Démosthène, sur Cicéron, sur Horace, sur Térence, sur Virgile, etc.; les fausses interprétations qu'il leur donne, les solécismes qu'il leur fait faire, la bassesse et le galimatias qu'il leur prête ? J'aurais besoin pour cela d'un loisir qui me manque.

Je ne réponds pas néanmoins, comme j'ai déjà dit, que, dans les éditions de mon livre qui pourront suivre celle-ci, je ne lui découvre encore quelques-unes de ses erreurs, et que je ne me fasse peut-être repentir de n'avoir pas mieux profité du passage de Quintilien [1] qu'on a allégué autrefois si à propos à un de ses frères [2], sur un pareil sujet. Le voici :

Modeste tamen et circumspecto judicio de tantis viris pronunciandum est, ne, quod plerisque accidit, damnent quæ non intelligunt.

« Il faut parler avec beaucoup de modestie et de circons- « pection de ces grands hommes, de peur qu'il ne vous arrive « ce qui est arrivé à plusieurs, de blâmer ce que vous n'en- « tendez pas. »

M. P*** me répondra peut-être ce qu'il m'a déjà répondu, qu'il a gardé cette modestie, et qu'il n'est point vrai qu'il ait parlé de ces grands hommes avec le mépris que je lui reproche ; mais il n'avance si hardiment cette fausseté que parce qu'il suppose, et avec raison, que personne ne lit ses dialogues : car de quel front pourrait-il la soutenir à des gens qui auraient seulement lu ce qu'il dit d'Homère ?

Il est vrai pourtant que, comme il ne se soucie point de se contredire, il commence ses invectives contre ce grand poëte par avouer qu'Homère est peut-être le plus vaste et le plus bel esprit qui ait jamais été. Mais on peut dire que ces louanges forcées qu'il lui donne sont comme les fleurs dont il couronne la victime qu'il va immoler à son mauvais sens, n'y ayant point d'infamies qu'il ne lui dise dans la suite, l'accusant d'avoir fait ses deux poë-

[1] Liv. X, chap. I.
[2] Pierre Perrault. — Voyez Racine, dans la préface de son *Iphigénie*.

mes sans dessein, sans vue, sans conduite. Il va même jusqu'à cet excès d'absurdité de soutenir qu'il n'y a jamais eu d'Homère; que ce n'est point un seul homme qui a fait l'Iliade et l'Odyssée, mais plusieurs pauvres aveugles qui allaient, dit-il, de maison en maison réciter pour de l'argent de petits poëmes qu'ils composaient au hasard, et que c'est de ces poëmes qu'on a fait ce qu'on appelle les ouvrages d'Homère. C'est ainsi que, de son autorité privée, il métamorphose tout à coup ce vaste et bel esprit en une multitude de misérables gueux. Ensuite il emploie la moitié de son livre à prouver, Dieu sait comment, qu'il n'y a dans les ouvrages de ce grand homme ni ordre, ni raison, ni économie, ni suite, ni bienséance, ni noblesse de mœurs; que tout y est plein de bassesses, de chevilles, d'expressions grossières, qu'il est mauvais géographe, mauvais astronome, mauvais naturaliste : finissant enfin toute cette critique par ces belles paroles qu'il fait dire à son chevalier : « Il faut que Dieu ne fasse « pas grand cas de la réputation de bel esprit, « puisqu'il permet que ces titres soient donnés, « préférablement au reste du genre humain, à deux « hommes comme Platon et Homère : à un philo-« sophe qui a des visions si bizarres, et à un poëte « qui dit tant de choses si peu sensées. » A quoi monsieur l'abbé du dialogue donne les mains en ne contredisant point, et se contentant de passer à la critique de Virgile.

C'est là ce que M. P\*\*\* appelle parler avec retenue d'Homère, et trouver, comme Horace, que ce grand poëte s'endort quelquefois. Cependant comment peut-il se plaindre que je l'accuse à faux d'avoir dit qu'Homère était de mauvais sens? Que signifient donc ces paroles : « Un poëte qui dit tant de choses « *si peu sensées?* » Croit-il s'être suffisamment justifié de toutes ses absurdités, en soutenant hardiment, comme il a fait, qu'Érasme et le chancelier Bacon ont parlé avec aussi peu de respect que lui des anciens? ce qui est absolument faux de l'un et de l'autre, et surtout d'Érasme, l'un des plus grands admirateurs de l'antiquité : car, bien que cet excellent homme se soit moqué avec raison de ces scrupuleux grammairiens qui n'admettent d'autre latinité que celle de Cicéron, et qui ne croient pas qu'un mot soit latin s'il n'est dans cet orateur, jamais homme, au fond, n'a rendu plus de justice aux bons écrivains de l'antiquité, et à Cicéron même, qu'Érasme.

M. P\*\*\* ne saurait donc plus s'appuyer que sur le seul exemple de Jules Scaliger; et il faut avouer qu'il l'allègue avec un peu plus de fondement. En effet, dans le dessein que cet orgueilleux savant s'était proposé, comme il le déclare lui-même, de dresser des autels à Virgile, il a parlé d'Homère d'une manière un peu profane. Mais, outre que ce n'est que par rapport à Virgile, et dans un livre qu'il appelle *hypercritique*, voulant témoigner par là qu'il y passe toutes les bornes de la critique ordinaire, il est certain que ce livre n'a pas fait d'honneur à son auteur, Dieu ayant permis que ce savant homme soit devenu alors un M. P\*\*\*, et soit tombé dans des ignorances si grossières, qu'elles lui ont attiré la risée de tous les gens de lettres, et de son propre fils même.

Au reste, afin que notre censeur ne s'imagine pas que je sois le seul qui aie trouvé ses dialogues si étranges et qui aie paru si sérieusement choqué de l'ignorante audace avec laquelle il y décide de tout ce qu'il y a de plus révéré dans les lettres, je ne saurais, ce me semble, mieux finir ces remarques sur les anciens, qu'en rapportant le mot d'un très-grand prince[1] d'aujourd'hui, non moins admirable par les lumières de son esprit, et par l'étendue de ses connaissances dans les lettres, que par son extrême valeur et par sa prodigieuse capacité dans la guerre, où il s'est rendu le charme des officiers et des soldats, et où, quoique encore fort jeune, il s'est déjà signalé par quantité d'actions dignes des plus expérimentés capitaines. Ce prince, qui, à l'exemple du fameux prince de Condé, son oncle paternel, lit tout, jusqu'aux ouvrages de M. P\*\*\*, ayant en effet lu son dernier dialogue, et en paraissant fort indigné, comme quelqu'un eut pris la liberté de lui demander ce que c'était donc que cet ouvrage pour lequel il témoignait un si grand mépris : « C'est un livre, dit-il, où tout ce que vous avez « jamais ouï louer au monde est blâmé, et où tout « ce que vous avez jamais entendu blâmer est loué. »

## RÉFLEXION X,

OU

### RÉFUTATION

D'UNE DISSERTATION DE M. LE CLERC

CONTRE LONGIN.

« Ainsi le législateur des Juifs, qui n'était pas un homme « ordinaire, ayant fort bien conçu la puissance et la gran-« deur de Dieu, l'a exprimée dans toute sa dignité au « commencement de ses lois, par ces paroles : *Dieu dit :* « *Que la lumière se fasse; et elle se fit : Que la terre se* « *fasse; et la terre fut faite.* »
  *Paroles de Longin*, chap. VI.

Lorsque je fis imprimer pour la première fois, il

---

[1] Le prince de Conti, François-Louis de Bourbon, né le 30 avril 1664, et mort à Paris le 22 février 1709.

y a environ trente-six ans, la traduction que j'avais faite du Traité du Sublime de Longin, je crus qu'il serait bon, pour empêcher qu'on ne se méprît sur ce mot de *sublime*, de mettre dans ma préface ces mots qui y sont encore, et qui, par la suite du temps, ne s'y sont trouvés que trop nécessaires : « Il faut « savoir que par *sublime* Longin n'entend pas ce que « les orateurs appellent le style sublime, mais cet « extraordinaire et ce merveilleux qui fait qu'un ou- « vrage enlève, ravit, transporte. Le style sublime « veut toujours de grands mots, mais le sublime « se peut trouver dans une seule pensée, dans une « seule figure, dans un seul tour de paroles. Une « chose peut être dans le style sublime, et n'être « pourtant pas sublime. Par exemple : le souverain « Arbitre de la nature d'une seule parole forma la « lumière. Voilà qui est dans le style sublime ; cela « n'est pas néanmoins sublime, parce qu'il n'y a « rien là de fort merveilleux, et qu'on ne pût aisément « trouver. Mais *Dieu dit : Que la lumière se fasse ;* « *et la lumière se fit :* ce tour extraordinaire d'ex- « pression, qui marque si bien l'obéissance de la « créature aux ordres du Créateur, est véritablement « sublime, et a quelque chose de divin. Il faut donc « entendre par sublime, dans Longin, l'extraordi- « naire, le surprenant, et, comme je l'ai traduit, « le merveilleux dans le discours. »

Cette précaution, prise si à propos, fut approuvée de tout le monde, mais principalement des hommes vraiment remplis de l'amour de l'Écriture sainte ; et je ne croyais pas que je dusse avoir jamais besoin d'en faire l'apologie. A quelque temps de là, ma surprise ne fut pas médiocre lorsqu'on me montra dans un livre qui avait pour titre DÉMONSTRATION ÉVANGÉLIQUE ; composée par le célèbre M. Huet, alors sous-précepteur de monseigneur le dauphin, un endroit où non-seulement il n'était pas de mon avis, mais où il soutenait hautement que Longin s'était trompé lorsqu'il s'était persuadé qu'il y avait du sublime dans ces paroles : *Dieu dit*, etc. J'avoue que j'eus de la peine à digérer que l'on traitât avec cette hauteur le plus fameux et le plus savant critique de l'antiquité ; de sorte qu'en une nouvelle édition qui se fit quelques mois après de mes ouvrages, je ne pus m'empêcher d'ajouter dans ma préface ces mots : « J'ai rapporté ces paroles de la Genèse, comme « l'expression la plus propre à mettre ma pensée en « jour ; et je m'en suis servi d'autant plus volontiers, « que cette expression est citée avec éloge par Lon- « gin même, qui, au milieu des ténèbres du paga- « nisme, n'a pas laissé de reconnaître le divin qu'il « y avait dans ces paroles de l'Écriture. Mais que « dirons-nous d'un des plus savants hommes de no- « tre siècle, qui, éclairé des lumières de l'Evangile, « ne s'est pas aperçu de la beauté de cet endroit ; qui « a osé, dis-je, avancer, dans un livre qu'il a fait « pour démontrer la religion chrétienne, que Longin « s'était trompé lorsqu'il avait cru que ces paroles « étaient sublimes ? »

Comme ce reproche était un peu fort, et, je l'avoue même, un peu trop fort, je m'attendais à voir bientôt paraître une réplique très-vive de la part de M. Huet, nommé environ dans ce temps-là à l'évêché d'Avranches ; et je me préparais à y répondre le moins mal et le plus modestement qu'il me serait possible. Mais ; soit que ce savant prélat eût changé d'avis, soit qu'il dédaignât d'entrer en lice avec un aussi vulgaire antagoniste que moi, il se tint dans le silence. Notre démêlé parut éteint, et je n'entendis parler de rien jusqu'en 1709, qu'un de mes amis me fit voir dans un dixième tome de la *Bibliothèque choisie* de M. le Clerc, fameux protestant de Genève réfugié en Hollande, un chapitre de plus de vingt-cinq pages où ce protestant nous réfute très-impérieusement, Longin et moi, et nous traite tous deux d'aveugles et de petits esprits, d'avoir cru qu'il y avait là quelque sublimité. L'occasion qu'il prend pour nous faire après coup cette insulte, c'est une prétendue lettre du savant M. Huet, aujourd'hui ancien évêque d'Avranches, qui lui est, dit-il, tombée entre les mains, et que, pour mieux nous foudroyer, il transcrit tout entière ; y joignant néanmoins, afin de la mieux faire valoir, plusieurs remarques de sa façon, presque aussi longues que la lettre même ; de sorte que ce sont comme deux espèces de dissertations ramassées ensemble, dont il fait un seul ouvrage.

Bien que ces deux dissertations soient écrites avec assez d'amertume et d'aigreur, je fus médiocrement ému en les lisant, parce que les raisons m'en parurent extrêmement faibles ; que M. le Clerc, dans ce long verbiage qu'il étale, n'entame pas, pour ainsi dire, la question ; et que tout ce qu'il y avance, ne vient que d'une équivoque sur le mot de sublime, qu'il confond avec le style sublime, et qu'il croit entièrement opposé au style simple. J'étais en quelque sorte résolu de n'y rien répondre ; cependant mes libraires depuis quelque temps, à force d'importunités, m'ayant enfin fait consentir à une nouvelle édition de mes ouvrages, il m'a semblé que cette édition serait défectueuse si je n'y donnais quelque signe de vie sur les attaques d'un si célèbre adversaire. Je me suis donc enfin déterminé à y répondre ; et il m'a paru que le meilleur parti que je pouvais prendre, c'était d'ajouter aux neuf réflexions que j'ai déjà faites sur Longin, et où je crois avoir assez bien confondu M. P\*\*\*, une dixième réflexion où je répondrais aux deux dissertations nouvellement publiées contre moi. C'est ce que je vais exécuter ici ; mais, comme ce n'est point M. Huet qui a fait imprimer lui-même la lettre qu'on lui attribue, et que cet illustre prélat ne m'en a point parlé dans l'Académie française, où j'ai l'honneur d'être son confrère, et où je le vois quelquefois, M. le Clerc permettra que je ne me propose d'adversaire que M. le Clerc ; et que par là je m'épargne le chagrin d'avoir à écrire contre un aussi grand prélat que M. Huet, dont, en qualité de chrétien, je respecte fort la dignité ; et dont, en qualité d'homme de lettres, j'honore extrêmement le mérite et le grand savoir. Ainsi c'est au seul M. le Clerc que je vais parler ; et il trouvera bon que je le fasse en ces termes :

Vous croyez donc, monsieur, et vous le croyez de bonne foi, qu'il n'y a point de sublime dans ces paroles de la Genèse : *Dieu dit : Que la lumière se fasse ; et la lumière se fit.* A cela je pourrais vous répondre en général, sans entrer dans une plus grande discussion, que le sublime n'est pas proprement une chose qui se prouve et qui se démontre ; mais que c'est un merveilleux qui saisit, qui frappe, et qui se fait sentir. Ainsi personne ne pouvant entendre prononcer un peu majestueusement ces paroles : *Que la lumière se fasse,* etc. sans que cela excite en lui une certaine élévation d'âme qui lui fait plaisir, il n'est plus question de savoir s'il y a du sublime dans ces paroles, puisqu'il y en a indubitablement. S'il se trouve quelque homme bizarre qui n'y en trouve point, il ne faut pas chercher des raisons pour lui montrer qu'il y en a, mais se borner à le plaindre de son peu de conception et de son peu de goût, qui l'empêche de sentir ce que tout le monde sent d'abord. C'est là, monsieur, ce que je pourrais me contenter de vous dire ; et je suis persuadé que tout ce qu'il y a de gens sensés avoueraient que, par ce peu de mots, je vous aurais répondu tout ce qu'il fallait vous répondre.

Mais puisque l'honnêteté nous oblige de ne pas refuser nos lumières à notre prochain, pour le tirer d'une erreur où il est tombé, je veux bien descendre dans un plus grand détail, et ne point épargner le peu de connaissance que je puis avoir du sublime, pour vous tirer de l'aveuglement où vous vous êtes jeté vous-même par trop de confiance en votre grande et hautaine érudition.

Avant que d'aller plus loin, souffrez, monsieur, que je vous demande comment il se peut faire qu'un aussi habile homme que vous, voulant écrire contre un endroit de ma préface aussi considérable que l'est celui que vous attaquez, ne se soit pas donné la peine de lire cet endroit, auquel il ne paraît pas même que vous ayez fait aucune attention ; car, si vous l'aviez lu, si vous l'aviez examiné un peu de près, me diriez-vous, comme vous faites, pour montrer que ces paroles : *Dieu dit,* etc. n'ont rien de sublime, qu'elles ne sont point dans le style sublime, sur ce qu'il n'y a point de grands mots, et qu'elles sont énoncées avec une très-grande simplicité ? N'avais-je pas prévenu votre objection, en assurant, comme je l'assure dans cette même préface, que par sublime, en cet endroit, Longin n'entend pas ce que nous appelons le style sublime, mais cet extraordinaire et ce merveilleux qui se trouve souvent dans les paroles les plus simples, et dont la simplicité même fait quelquefois la sublimité ? ce que vous avez si peu compris, que même, à quelques pages de là, bien loin de convenir qu'il y a du sublime dans les paroles que Moïse fait prononcer à Dieu au commencement de la Genèse, vous prétendez que si Moïse avait mis là du sublime, il aurait péché contre toutes les règles de l'art, qui veut qu'un commencement soit simple et sans affectation. Ce qui est très-véritable, mais ce qui ne dit nullement qu'il ne doit point y avoir de sublime, le sublime n'étant point opposé au simple, et n'y ayant rien quelquefois de plus sublime que le simple même, ainsi que je vous l'ai déjà fait voir, et dont, si vous doutez encore, je m'en vais vous convaincre par quatre ou cinq exemples auxquels je vous défie de répondre. Je ne les chercherai pas loin. Longin m'en fournit lui-même d'abord un admirable dans le chapitre d'où j'ai tiré cette dixième réflexion ; car y traitant du sublime qui vient de la grandeur de la pensée, après avoir établi qu'il n'y a proprement que les grands hommes à qui il échappe de dire des choses grandes et extraordinaires : « Voyez, par exemple, ajoute-t-il, ce « que répondit Alexandre quand Darius lui fit offrir « la moitié de l'Asie, avec sa fille en mariage. Pour « moi, lui disait Parménion, si j'étais Alexandre, « j'accepterais ces offres. Et moi aussi, répliqua « ce prince, si j'étais Parménion. » Sont-ce là de grandes paroles ? Peut-on rien dire de plus naturel, de plus simple et de moins affecté que ce mot ? Alexandre ouvre-t-il une grande bouche pour le dire ? Et cependant ne faut-il pas tomber d'accord que toute la grandeur de l'âme d'Alexandre s'y fait voir ? Il faut à cet exemple en joindre un autre de même nature, que j'ai allégué dans la préface de ma dernière édition de Longin ; et je le vais rapporter dans les mêmes termes qu'il y est énoncé, afin que l'on voie mieux que je n'ai point parlé en l'air quand j'ai dit que M. le Clerc, voulant combattre ma préface, ne s'est pas donné la peine de la lire. Voici en effet mes paroles : Dans la tragédie d'Horace du fameux Pierre Corneille [1], une femme qui avait été présente au combat des trois Horaces contre les trois Curiaces, mais qui s'était retirée trop tôt, et qui n'en avait pas vu la fin, vient mal à propos annoncer au vieil Horace leur père que deux de ses fils ont été tués, et que le troisième, ne se voyant plus en état de résister, s'est enfui. Alors ce vieux Romain, possédé de l'amour de sa patrie, sans s'amuser à pleurer la perte de ses deux fils morts si glorieusement, ne s'afflige que de la fuite honteuse du dernier, qui a, dit-il, par une si lâche action, imprimé un opprobre éternel au nom d'Horace : et leur sœur, qui était là présente, lui ayant dit :

Que vouliez-vous qu'il fît contre trois ?

il répond brusquement :

Qu'il mourût.

Voilà des termes fort simples ; cependant il n'y a personne qui ne sente la grandeur qu'il y a dans ces trois syllabes, *qu'il mourût;* sentiment d'autant plus sublime, qu'il est simple et naturel, et que par là on voit que ce héros parle du fond du cœur, et dans les transports d'une colère vraiment romaine. La chose, effectivement, aurait perdu de sa force si au lieu de dire, *qu'il mourût*, il avait dit : « Qu'il sui-« vît l'exemple de ses deux frères ; » ou, « qu'il sa-« crifiât sa vie à l'intérêt et à la gloire de son pays. » Ainsi c'est la simplicité même de ce mot qui en fait voir la grandeur. N'avais-je pas, monsieur, en faisant cette remarque, battu en ruine votre objection, même avant que vous l'eussiez faite ? et ne prouvais-je pas visiblement que le sublime se trouve quelquefois dans la manière de parler la plus simple ? Vous me répondrez peut-être que cet exemple est singulier, et qu'on n'en peut pas montrer beaucoup de pareils. En voici pourtant encore un que je trouve à l'ouverture du livre, dans la Médée [2] du même Corneille, où cette fameuse enchanteresse, se vantant que, seule et abandonnée comme elle est de tout le monde, elle trouvera pourtant bien moyen de se venger de tous ses ennemis, Nérine, sa confidente, lui dit :

Perdez l'aveugle erreur dont vous êtes séduite,
Pour voir en quel état le sort vous a réduite :
Votre pays vous hait, votre époux est sans foi.
Contre tant d'ennemis que vous reste-t-il ?

A quoi Médée répond :

Moi.

Moi, dis-je, et c'est assez.

[1] Acte III, sc. VI. (BOIL.)
[2] Acte I, sc. IV. (BOIL.)

Peut-on nier qu'il n'y ait du sublime, et du sublime le plus relevé, dans ce monosyllabe, *moi?* Qu'est-ce donc qui frappe dans ce passage, sinon la fierté audacieuse de cette magicienne, et la confiance qu'elle a dans son art ? Vous voyez, monsieur, que ce n'est point le style sublime, ni par conséquent les grands mots, qui font toujours le sublime dans le discours, et que ni Longin ni moi ne l'avons jamais prétendu. Ce qui est si vrai par rapport à lui, qu'en son Traité du Sublime, parmi beaucoup de passages qu'il rapporte pour montrer ce que c'est qu'il entend par sublime, il ne s'en trouve pas plus de cinq ou six où les grands mots fassent partie du sublime. Au contraire, il y en a un nombre considérable où tout est composé de paroles fort simples et fort ordinaires ; comme, par exemple, cet endroit de Démosthène, si estimé et si admiré de tout le monde, où cet orateur gourmande ainsi les Athéniens : « Ne voulez-« vous jamais faire autre chose qu'aller par la ville « vous demander les uns aux autres : Que dit-on « de nouveau ? Eh que peut-on vous apprendre de « plus nouveau que ce que vous voyez ? Un homme « de Macédoine se rend maître des Athéniens, et « fait la loi à toute la Grèce. Philippe est-il mort? « dira l'un. Non, répondra l'autre, il n'est que « malade. Hé! que vous importe, messieurs, qu'il « vive ou qu'il meure ? quand le ciel vous en aurait « délivrés, vous vous feriez bientôt vous-mêmes « un autre Philippe. » Y a-t-il rien de plus simple et de moins enflé que ces demandes et ces interrogations ? Cependant qui est-ce qui n'en sent point le sublime ? Vous, peut-être, monsieur, parce que vous n'y voyez point de grands mots, ni de ces *ambitiosa ornamenta* en quoi vous le faites consister, et en quoi il consiste si peu, qu'il n'y a rien même qui rende le discours plus froid et plus languissant que les grands mots mis hors de leur place. Ne dites donc plus, comme vous faites en plusieurs endroits de votre dissertation, que la preuve qu'il n'y a point de sublime dans le style de la Bible, c'est que tout y est dit sans exagération et avec beaucoup de simplicité, puisque c'est cette simplicité même qui en fait la sublimité. Les grands mots, selon les habiles connaisseurs, *font en effet si peu l'essence entière du sublime*, qu'il y a même dans les bons écrivains des endroits sublimes dont la grandeur vient de la petitesse énergique des paroles, comme on peut le voir dans ce passage d'Hérodote, qui est cité par Longin : « Cléomène étant de-« venu furieux, il prit un couteau dont il se hacha « la chair en petits morceaux ; et s'étant ainsi dé-« chiqueté lui-même, il mourut : » car on ne peut guère assembler de mots plus bas et plus petits que ceux-ci, « se hacher la chair en morceaux, et se déchiqueter soi-même. » On y sent toutefois une certaine force énergique qui, marquant l'horreur de la chose qui y est énoncée, a je ne sais quoi de sublime.

Mais voilà assez d'exemples cités pour vous montrer que le simple et le sublime dans le discours ne sont nullement opposés. Examinons maintenant les paroles qui font le sujet de notre contestation, et, pour en mieux juger, considérons-les jointes et liées avec celles qui les précèdent. Les voici : « Au com-« mencement, dit Moïse, Dieu créa le ciel et la « terre. La terre était informe et toute nue. Les té-« nèbres couvraient la face de l'abîme, et l'esprit « de Dieu était porté sur les eaux. » Peut-on rien voir, dites-vous, de plus simple que ce début? Il est fort simple, je l'avoue, à la réserve pourtant de ces mots : « Et l'esprit de Dieu était porté sur les eaux, » qui ont quelque chose de magnifique, et dont l'obscurité élégante et majestueuse nous fait concevoir beaucoup de choses au delà de ce qu'elles semblent dire. Mais ce n'est pas de quoi il s'agit ici. Passons aux paroles suivantes, puisque ce sont celles dont il est question. Moïse, ayant ainsi expliqué dans une narration également courte, simple et noble, les merveilles de la création, songe aussitôt à faire connaître aux hommes l'auteur de ces merveilles. Pour cela donc, ce grand prophète n'ignorant pas que le meilleur moyen de faire connaître les personnages qu'on introduit, c'est de les faire agir, il met d'abord Dieu en action, et le fait parler. Et que lui fait-il dire? Une chose ordinaire, peut-être? Non ; mais ce qui s'est jamais dit de plus grand, ce qui se peut dire de plus grand, et ce qu'il n'y a jamais eu que Dieu seul qui ait pu dire : *Que la lumière se fasse*. Puis tout à coup, pour montrer qu'afin qu'une chose soit faite il suffit que Dieu veuille qu'elle se fasse, il ajoute avec une rapidité qui donne à ces paroles mêmes une âme et une vie : *et la lumière se fit,* montrant par là qu'au moment que Dieu parle tout s'agite, tout s'émeut, tout obéit. Vous me répondrez peut-être ce que vous me répondez dans la prétendue lettre de M. Huet, que vous ne voyez pas ce qu'il y a de sublime dans cette manière de parler : *Que la lumière se fasse*, etc. puisqu'elle est, dites-vous, très-familière et très-commune dans la langue hébraïque, qui la rebat à chaque bout de champ. En effet, ajoutez-vous, si je disais : « Quand je sortis, je dis à mes gens : Suivez-moi, « et ils me suivirent. Je priai mon ami de me prêter « son cheval, et il me le prêta, » pourrait-on soutenir que j'ai dit là quelque chose de sublime? Non, sans doute, parce que cela serait dit dans une occasion très-frivole, à propos de choses très-petites. Mais est-il possible, monsieur, qu'avec tout le savoir que vous avez, vous soyez encore à apprendre ce que n'ignore pas le moindre apprenti rhétoricien, que, pour bien juger du beau, du sublime, du merveilleux dans le discours, il ne faut pas simplement regarder la chose qu'on dit, mais la personne qui la dit, la manière dont on la dit, et l'occasion où on la dit ; enfin, qu'il faut regarder, *non quid sit, sed quo loco sit?* Qui est-ce, en effet, qui peut nier qu'une chose dite en un endroit paraîtra basse et petite ; et que la même chose, dite en un autre endroit, deviendra grande, noble, sublime, et plus que sublime? Qu'un homme, par exemple, qui montre à danser, dise à un jeune garçon qu'il instruit : Allez par là, revenez, détournez, arrêtez : cela est très-puéril, et paraît même ridicule à raconter. Mais que le soleil, voyant son fils Phaéton qui s'égare dans les cieux sur un char dont, à la folle témérité de vouloir conduire, crie de loin à ce fils à peu près les mêmes ou de semblables paroles, cela devient très-noble et très-sublime, comme on le peut reconnaître dans ces vers d'Euripide, rapportés par Longin :

Le père cependant, plein d'un trouble funeste,
Le voit rouler de loin sur la plaine céleste ;
Lui montre encor sa route, et du plus haut des cieux
Le suit autant qu'il peut de la voix et des yeux :
Va par là, lui dit-il, reviens, détourne, arrête.

Je pourrais vous citer encore cent autres exemples pareils, et il s'en présente à moi de tous les côtés. Je ne saurais pourtant, à mon avis, vous en alléguer un plus convaincant ni plus démonstratif que celui même sur lequel nous sommes en dispute. En effet, qu'un maître dise à son valet : « Apportez-« moi mon manteau ; » puis qu'on ajoute : « et son « valet lui apporta son manteau : » cela est très-petit, je ne dis pas seulement en langue hébraïque, où vous prétendez que ces manières de parler sont ordinaires, mais encore en toute langue. Au contraire, que, dans une occasion aussi grande qu'est la création du monde, Dieu dise : *Que la lumière se fasse,* puis qu'on ajoute : *et la lumière fut faite :* cela est non-seulement sublime, mais d'autant plus sublime que les termes en étant fort simples et pris du langage ordinaire, ils nous font comprendre admirablement, et mieux que tous les plus grands mots, qu'il ne coûte pas plus à Dieu de faire la lumière, le ciel et la terre, qu'à un maître de dire à son valet : « Apportez-moi mon manteau. » D'où vient donc que cela ne vous frappe point ? Je vais vous le dire : c'est que n'y voyant point de grands mots ni d'ornements pompeux, et, prévenu comme vous l'êtes que le style simple n'est point susceptible de sublime, vous croyez qu'il ne peut y avoir là de vraie sublimité.

Mais c'est assez vous pousser sur cette méprise, qu'il n'est pas possible, à l'heure qu'il est, que vous ne reconnaissiez. Venons maintenant à vos autres preuves; car tout à coup retournant à la charge comme maître passé en l'art oratoire, pour mieux nous confondre, Longin et moi, et nous accabler sans ressource, vous vous mettez en devoir de nous apprendre à l'un et à l'autre ce que c'est que sublime. Il y en a, dites-vous, quatre sortes : le sublime des termes, le sublime du tour de l'expression, le sublime des pensées et le sublime des choses. Je pourrais aisément vous embarrasser sur cette division, et sur les définitions qu'ensuite vous nous donnez de vos quatre sublimes, ces divisions et ces définitions n'étant pas si correctes ni si exactes que vous vous le figurez. Je veux bien néanmoins aujourd'hui, pour ne point perdre de temps, les admettre toutes sans aucune restriction. Permettez-moi seulement de vous dire qu'après celle du sublime des choses, vous avancez la proposition du monde la moins soutenable et la plus grossière. Car après avoir supposé, comme vous le supposez très-solidement, et comme il n'y a personne qui n'en convienne avec vous, que les grandes choses sont grandes en elles-mêmes et par elles-mêmes, et qu'elles se font admirer indépendamment de l'art oratoire; tout d'un coup, prenant le change, vous soutenez que, pour être mises en œuvre dans un discours, elles n'ont besoin d'aucun génie ni d'aucune adresse; et qu'un homme, quelque ignorant et quelque grossier qu'il soit ( ce sont vos termes ), s'il rapporte une grande chose sans en rien dérober à la connaissance de l'auditeur, pourra avec justice être estimé éloquent et sublime. Il est vrai que vous ajoutez : « Non pas de ce sublime « dont parle ici Longin. » Je ne sais pas ce que vous voulez dire par ces mots, que vous nous expliquerez quand il vous plaira.

Quoi qu'il en soit, il s'ensuit de votre raisonnement que, pour être bon historien ( ô la belle découverte! ) il ne faut point d'autre talent que celui que Démétrius Phaléréus attribue au peintre Nicias, qui était de choisir toujours de grands sujets. Cependant ne paraît-il pas, au contraire, que, pour bien raconter une grande chose, il faut beaucoup plus d'esprit et de talent que pour en raconter une médiocre? En effet, monsieur, de quelque bonne foi que soit votre homme ignorant et grossier, trouvera-t-il pour cela aisément des paroles dignes de son sujet? saura-t-il même les construire? Je dis construire, car cela n'est pas si aisé qu'on s'imagine.

Cet homme enfin, fût-il bon grammairien, saura-t-il pour cela, racontant un fait merveilleux, jeter dans son discours toute la netteté, la délicatesse, la majesté, et, ce qui est encore plus considérable, toute la simplicité nécessaire à une bonne narration? Saura-t-il choisir les grandes circonstances? saura-t-il rejeter les superflues? En décrivant le passage de la mer Rouge, ne s'amusera-t-il point, comme le poëte dont je parle dans mon Art poétique, à peindre le petit enfant

Qui va, saute, revient,
Et, joyeux, à sa mère offre un caillou qu'il tient?

— En un mot, saura-t-il, comme Moïse, dire tout ce qu'il faut, et ne dire que ce qu'il faut? Je vois que cette objection vous embarrasse. Avec tout cela, néanmoins, répondrez-vous : On ne me persuadera jamais que Moïse, en écrivant la Bible, ait songé à tous ces agréments et à toutes ces petites finesses de l'école : car c'est ainsi que vous appelez toutes les grandes figures de l'art oratoire. Assurément Moïse n'y a point pensé; mais l'esprit divin qui l'inspirait y a pensé pour lui, et les y a mises en œuvre avec d'autant plus d'art qu'on ne s'aperçoit point qu'il y ait aucun art; car on n'y remarque point de faux ornements, et rien ne s'y sent de l'enflure et de la vaine pompe des déclamateurs, plus opposée quelquefois au vrai sublime, que la bassesse même des mots les plus abjects; mais tout y est plein de sens, de raison et de majesté. De sorte que le livre de Moïse est en même temps le plus éloquent, le plus sublime et le plus simple de tous les livres. Il faut convenir pourtant que ce fut cette simplicité, quoique si admirable, jointe à quelques mots latins un peu barbares de la Vulgate, qui dégoûtèrent saint Augustin, avant sa conversion, de la lecture de ce divin livre, dont néanmoins depuis, l'ayant regardé de plus près et avec des yeux plus éclairés, il fit le plus grand objet de son admiration, et sa perpétuelle lecture.

Mais c'est assez nous arrêter sur la considération de votre nouvel orateur. Reprenons le fil de notre discours, et voyons où vous en voulez venir par la supposition de vos quatre sublimes. Auquel de ces quatre genres, dites-vous, prétend-on attribuer le sublime que Longin a cru voir dans le passage de la Genèse? est-ce au sublime des mots? mais sur quoi fonder cette prétention, puisqu'il n'y a pas dans ce passage un seul grand mot? Sera-ce au sublime de l'expression? l'expression en est très-ordinaire, et d'un usage très-commun et très-familier, surtout dans la langue hébraïque, qui la répète sans cesse. Le donnera-t-on au sublime des pensées? mais, bien loin d'y avoir là aucune sublimité de pensée, il n'y a pas même de pensée. On ne peut, concluez-vous, l'attribuer qu'au sublime des choses, auquel Longin ne trouvera pas son compte, puisque l'art ni le discours n'ont aucune part à ce sublime. Voilà donc, par votre belle et savante démonstration, les premières paroles de Dieu, dans la Genèse, entièrement dépossédées du sublime que tous les hommes jusqu'ici avaient cru y voir; et le commencement de la Bible reconnu froid, sec et sans nulle grandeur! Regardez pourtant comme les manières de juger sont différentes; puisque, si l'on me fait les mêmes interrogations que vous vous faites à vous-même; et si l'on me demande quel genre de sublime se trouve dans le passage dont nous disputons, je ne répondrai pas qu'il y en a un des quatre que vous rapportez : je dirai que tous les quatre y sont dans leur plus haut degré de perfection.

En effet, pour en venir à la preuve, et pour commencer par le premier genre, bien qu'il n'y ait pas dans le passage de la Genèse des mots grands ni ampoulés, les termes que le prophète y emploie, quoique simples, étant nobles, majestueux, convenables au sujet, ils ne laissent pas d'être sublimes, et si sublimes, que vous n'en sauriez suppléer d'autres, que le discours n'en soit considérablement affaibli : comme si, par exemple, au lieu de ces mots : *Dieu dit : Que la lumière se fasse; et la lumière se fit,* vous mettiez : « Le souverain Maître de toutes cho- « ses commanda à la lumière de se former; et en « même temps ce merveilleux ouvrage qu'on appelle « lumière se trouva formé : » quelle petitesse ne sentira-t-on point dans ces grands mots, vis-à-vis de ceux-ci : *Dieu dit : Que la lumière se fasse?* etc. A l'égard du second genre, je veux dire du sublime du tour de l'expression, où peut-on voir un tour d'expression plus sublime que celui de ces paroles: *Dieu dit : Que la lumière se fasse; et la lumière se fit,* dont la douceur majestueuse, même dans les traductions grecques, latines et françaises, frappe si agréablement l'oreille de tout homme qui a quelque délicatesse et quelque goût? Quel effet donc ne feraient-elles point si elles étaient prononcées dans leur langue originale, par une bouche qui les pût prononcer, et écoutées par des oreilles qui les sussent entendre? Pour ce qui est de ce que vous avancez, au sujet du sublime des pensées, que, bien loin qu'il y ait dans le passage qu'admire Longin aucune sublimité de pensée, il n'y a pas même de pensée, il faut que votre bon sens vous ait abandonné, quand vous avez parlé de cette manière. Quoi! monsieur, le dessein que Dieu prend, immédiatement après avoir créé le ciel et la terre, car c'est Dieu qui parle en cet endroit; la pensée, dis-je qu'il conçoit de faire la lumière, ne vous paraît pas une pensée! Et qu'est-ce donc que pensée, si ce n'en est là une des plus sublimes qui pouvaient, si en parlant de Dieu il est permis de se servir de ces termes, qui pouvaient, dis-je, venir à Dieu lui-même? pensée qui était d'autant plus nécessaire, que, si elle ne fût venue à Dieu, l'ouvrage de la création restait imparfait, et la terre demeurait informe et vide, *terra autem erat inanis et vacua.* Confessez donc, monsieur, que les trois premiers genres de votre sublime sont excellemment renfermés dans le passage de Moïse. Pour le sublime des choses, je ne vous en dis rien, puisque vous reconnaissez vous-même qu'il s'agit dans ce passage de la plus grande chose qui puisse être faite, et qui ait jamais été faite. Je ne sais si je me trompe, mais il me semble que j'ai assez exactement répondu à toutes vos objections, tirées des quatre sublimes.

N'attendez pas, monsieur, que je réponde ici avec la même exactitude à tous les vagues raisonnements et à toutes les vaines déclamations que vous me faites dans la suite de votre long discours, et principalement dans le dernier article de la lettre attribuée à M. l'évêque d'Avranches, où, vous expliquant d'une manière embarrassée, vous donnez lieu aux lecteurs de penser que vous êtes persuadé que Moïse et tous les prophètes, en publiant les louanges de Dieu, au lieu de relever sa grandeur, l'ont, ce sont vos propres termes, en quelque sorte avili et déshonoré : tout cela faute d'avoir assez bien démêlé une équivoque très-grossière et dont, pour être parfaitement éclairci, il ne faut que se ressouvenir d'un principe avoué de tout le monde, qui est qu'une chose sublime aux yeux des hommes n'est pas pour cela sublime aux yeux de Dieu, devant lequel il n'y a de vraiment sublime que Dieu lui-même; qu'ainsi toutes ces manières figurées que les prophètes et les écrivains sacrés emploient pour l'exalter, lorsqu'ils lui donnent un visage, des yeux, des oreilles; lorsqu'ils le font marcher, courir, s'asseoir; lorsqu'ils le représentent porté sur l'aile des vents, lorsqu'ils lui donnent à lui-même des ailes; lorsqu'ils lui prêtent leurs expressions, leurs actions, leurs passions, et mille autres choses semblables, toutes ces choses sont fort petites devant Dieu, qui les souffre néanmoins et les agrée, parce qu'il sait bien que la faiblesse humaine ne le saurait louer autrement. En même temps il faut reconnaître que ces mêmes choses, présentées aux yeux des hommes avec des figures et des paroles telles que celles de Moïse et des autres prophètes, non-seulement ne sont pas basses, mais encore qu'elles deviennent nobles, grandes, merveilleuses, et dignes en quelque façon de la majesté divine. D'où il s'ensuit que vos réflexions sur la petitesse de nos idées devant Dieu sont ici très-mal placées, et que votre critique sur les paroles de la Genèse est fort peu raisonnable, puisque c'est de ce sublime, présenté aux yeux des hommes, que Longin a voulu et dû parler lorsqu'il a dit que Moïse a parfaitement conçu la puissance de Dieu au commencement de ses lois, et qu'il l'a exprimée dans toute sa dignité par ces paroles, *Dieu dit,* etc.

Croyez-moi donc, monsieur, ouvrez les yeux. Ne vous opiniâtrez pas davantage à défendre contre Moïse, contre Longin et contre toute la terre, une cause aussi odieuse que la vôtre, et qui ne saurait se soutenir que par des équivoques et par de fausses subtilités. Lisez l'Écriture sainte avec un peu moins de confiance en vos propres lumières, et défaites-vous de cette hauteur calviniste et socinienne qui vous fait croire qu'il y va de votre honneur d'empêcher qu'on admire trop légèrement le début d'un livre dont vous êtes obligé d'avouer vous-même qu'on doit adorer tous les mots et toutes les syllabes; et qu'on peut bien ne pas assez admirer, mais qu'on ne saurait trop admirer. Je ne vous en dirai pas davantage. Aussi bien il est temps de finir cette dixième réflexion, déjà même un peu trop longue, et que je ne croyais pas devoir pousser si loin.

Avant que de la terminer, néanmoins, il me semble que je ne dois pas laisser sans réplique une objection assez raisonnable que vous me faites au commencement de votre dissertation, et que j'ai laissée à part pour y répondre à la fin de mon discours. Vous me demandez, dans cette objection, d'où vient que, dans ma traduction du passage de la Genèse cité par Longin, je n'ai point exprimé ce monosyllabe τι, *quoi?* puisqu'il est dans le texte de Longin, où il n'y a pas seulement, *Dieu dit : Que la lumière se fasse;* mais, *Dieu dit : Quoi? Que la lumière se fasse.* A cela je réponds, en premier lieu, que sûrement ce monosyllabe n'est point de Moïse, et appartient entièrement à Longin, qui, pour préparer la grandeur de la chose que Dieu va exprimer, après ces paroles, *Dieu dit,* se fait à soi-même cette interrogation, *Quoi?* puis ajoute tout d'un coup, *Que la lumière se fasse.* Je dis, en second lieu, que je n'ai point exprimé ce *Quoi?* parce qu'à mon avis il n'aurait point eu de grâce en français, et que non-seulement il aurait un peu gâté les paroles de l'Écriture, mais qu'il aurait pu donner occasion à quelques savants comme vous de prétendre mal à propos, comme cela est effectivement arrivé, que Longin n'avait pas lu le passage de la Genèse, dans ce qu'on appelle la Bible des Septante, mais dans quelque autre version où le texte était corrompu. Je n'ai pas eu le même scrupule pour ces autres paroles que le même Longin insère encore dans le texte, lorsqu'à ces termes, *Que la lumière se fasse,* il ajoute, *Que la terre se fasse; et la terre fut faite :* parce que cela ne gâte rien, et qu'il est dit par une surabondance d'admiration que tout le monde sent. Ce qu'il y a de vrai pourtant, c'est que, dans les règles, je devais avoir fait il y a longtemps cette note que je fais aujourd'hui, qui manque, je l'avoue, à ma traduction. Mais enfin la voilà faite.

## RÉFLEXION XI.

« Néanmoins Aristote et Théophraste, afin d'excuser l'audace
« de ces figures, pensent qu'il est bon d'y apporter ces adou-
« cissements : *Pour ainsi dire; si j'ose me servir de ces*
« *termes; pour m'expliquer plus hardiment,* etc. »
*Paroles de Longin,* chap. XXVI.

Le conseil de ces deux philosophes est excellent, mais il n'a d'usage que dans la prose; car ces excuses sont rarement souffertes dans la poésie, où elles auraient quelque chose de sec et de languissant, parce que la poésie porte son excuse avec soi. De sorte qu'à mon avis, pour bien juger si une figure dans les vers n'est point trop hardie, il est bon de la mettre en prose avec quelqu'un de ces adoucissements; puisque en effet si, à la faveur de cet adoucissement, elle n'a plus rien qui choque, elle ne doit point choquer dans les vers, destituée même de cet adoucissement.

M. de la Motte, mon confrère à l'Académie française, n'a donc pas raison en son Traité de l'Ode [1], lorsqu'il accuse l'illustre M. Racine de s'être exprimé avec trop de hardiesse dans sa tragédie de Phèdre, où le gouverneur d'Hippolyte, faisant la peinture du monstre effroyable que Neptune avait envoyé pour effrayer les chevaux de ce jeune et malheureux prince, se sert de cette hyperbole :

Le flot qui l'apporta recule épouvanté;

puisqu'il n'y a personne qui ne soit obligé de tomber d'accord que cette hyperbole passerait même dans la prose, à la faveur d'un *pour ainsi dire,* où d'un *si j'ose ainsi parler.*

D'ailleurs Longin, ensuite du passage que je viens de rapporter ici, ajoute des paroles qui justifient, encore mieux que tout ce que j'ai dit, les vers dont il est question. Les voici : « L'excuse,
« selon le sentiment de ces deux célèbres philosophes,

[1] Voyez ce traité imprimé, à la tête de différentes éditions des odes de la Motte, sous le titre de *Discours sur la poésie en général, et sur l'ode en particulier.*

« est un remède infaillible contre les trop grandes « hardiesses du discours; et je suis bien de leur « avis : mais je soutiens pourtant toujours ce que « j'ai déjà avancé, que le remède le plus naturel « contre l'abondance et l'audace des métaphores, « c'est de ne les employer que bien à propos, je « veux dire dans le sublime et dans les grandes passions. » En effet, si ce que dit là Longin est vrai, M. Racine a entièrement cause gagnée : pouvait-il employer la hardiesse de sa métaphore dans une circonstance plus considérable et plus sublime que dans l'effroyable arrivée de ce monstre, ni au milieu d'une passion plus vive que celle qu'il donne à cet infortuné gouverneur d'Hippolyte, qu'il représente plein d'une horreur et d'une consternation que, par son récit, il communique en quelque sorte aux spectateurs mêmes; de sorte que, par l'émotion qu'il leur cause, il ne les laisse pas en état de songer à le chicaner sur l'audace de sa figure? Aussi a-t-on remarqué que, toutes les fois qu'on joue la tragédie de Phèdre, bien loin qu'on paraisse choqué de ce vers :

Le flot qui l'apporta recule épouvanté,

on y fait une espèce d'acclamation ; marque incontestable qu'il y a là du vrai sublime, au moins si l'on doit croire ce qu'atteste Longin en plusieurs endroits, et surtout à la fin de son cinquième chapitre, par ces paroles : « Car, lorsque en un grand « nombre de personnes différentes de profession et « d'âge, et qui n'ont aucun rapport ni d'humeurs « ni d'inclinations, tout le monde vient à être frappé « également de quelque endroit d'un discours, ce « jugement et cette approbation uniforme de tant « d'esprits si discordants d'ailleurs est une preuve « certaine et indubitable qu'il y a là du merveilleux « et du grand. »

M. de la Motte néanmoins paraît fort éloigné de ces sentiments, puisque, oubliant les acclamations que je suis sûr qu'il a plusieurs fois lui-même, aussi bien que moi, entendu faire dans les représentations de Phèdre, au vers qu'il attaque, il ose avancer qu'on ne peut souffrir ce vers, alléguant, pour une des raisons qui empêchent qu'on ne l'approuve, la raison même qui le fait le plus approuver, je veux dire l'accablement de douleur où est Théramène. On est choqué, dit-il, de voir un homme accablé de douleur, comme est Théramène, si attentif à sa description, et si recherché dans ses termes. M. de la Motte nous expliquera, quand il le jugera à propos, ce que veulent dire ces mots, « si attentif à sa description, « et si recherché dans ses termes; » puisqu'il n'y a en effet dans le vers de M. Racine aucun terme qui

ne soit fort commun et fort usité. Que s'il a voulu par là simplement accuser d'affectation et de trop de hardiesse la figure par laquelle Théramène donne un sentiment de frayeur au flot même qui a jeté sur le rivage le monstre envoyé par Neptune, son objection est encore bien moins raisonnable, puisqu'il n'y a point de figure plus ordinaire dans la poésie que de personnifier les choses inanimées, et de leur donner du sentiment, de la vie et des passions. M. de la Motte me répondra peut-être que cela est vrai quand c'est le poëte qui parle, parce qu'il est supposé épris de fureur; mais qu'il n'en est pas de même des personnages qu'on fait parler. J'avoue que ces personnages ne sont pas d'ordinaire supposés épris de fureur; mais ils peuvent l'être d'une autre passion, telle qu'est celle de Théramène, qui ne leur fera pas dire des choses moins fortes et moins exagérées que celles que pourrait dire un poëte en fureur. Ainsi Énée, dans l'accablement de douleur où il est au commencement du second livre de l'Énéide, lorsqu'il raconte la misérable fin de sa patrie, ne cède pas en audace d'expression à Virgile même; jusque-là que se comparant à un grand arbre que des laboureurs s'efforcent d'abattre à coups de cognée, il ne se contente pas de prêter de la colère à cet arbre, mais il lui fait faire des menaces à ces laboureurs. « L'arbre indigné, dit-il, les menace en « branlant sa tête chevelue, »

Illa usque minatur,
Et tremefacta comam concusso vertice nutat.

Je pourrais rapporter ici un nombre infini d'exemples, et dire encore mille choses de semblable force sur ce sujet; mais en voilà assez, ce me semble, pour dessiller les yeux de M. de la Motte, et pour le faire ressouvenir que, lorsqu'un endroit d'un discours frappe tout le monde, il ne faut pas chercher des raisons, ou plutôt de vaines subtilités, pour s'empêcher d'en être frappé, mais faire si bien que nous trouvions nous-mêmes les raisons pourquoi il nous frappe. Je n'en dirai pas davantage pour cette fois. Cependant, afin qu'on puisse mieux prononcer sur tout ce que j'ai avancé ici en faveur de M. Racine, je crois qu'il ne sera pas mauvais, avant que de finir cette onzième réflexion, de rapporter l'endroit tout entier du récit dont il s'agit. Le voici :

Cependant sur le dos de la plaine liquide
S'élève à gros bouillons une montagne humide :
L'onde approche, se brise, et vomit à nos yeux,
Parmi des flots d'écume, un monstre furieux.
Son front large est armé de cornes menaçantes,
Tout son corps est couvert d'écailles jaunissantes ;
Indomptable taureau, dragon impétueux,
Sa croupe se recourbe en replis tortueux :
Ses longs mugissements font trembler le rivage ;

> Le ciel avec horreur voit ce monstre sauvage;
> La terre s'en émeut, l'air en est infecté :
> *Le flot qui l'apporta recule épouvanté.*
> Etc.

> Refluit que exterritus amnis [1].

## RÉFLEXION XII.

« Car tout ce qui est véritablement sublime a cela de propre,
« quand on l'écoute, qu'il élève l'âme, et lui fait concevoir
« une plus haute opinion d'elle-même, la remplissant de
« joie, et de je ne sais quel noble orgueil, comme si c'était
« elle qui eût produit les choses qu'elle vient simplement
« d'entendre. »
*Paroles de Longin*, chap. v.

Voilà une très-belle description du sublime, et d'autant plus belle qu'elle est elle-même très-sublime. Mais ce n'est qu'une description; et il ne paraît pas que Longin ait songé dans tout son traité à en donner une définition exacte. La raison est qu'il écrivait après Cécilius, qui, comme il le dit lui-même, avait employé tout son livre à définir et à montrer ce que c'est que le sublime. Mais le livre de Cécilius étant perdu, je crois qu'on ne trouvera pas mauvais qu'au défaut de Longin j'en hasarde ici une de ma façon, qui au moins en donne une imparfaite idée. Voici donc comme je crois qu'on le peut définir : « Le sublime est une certaine force de « discours propre à élever et à ravir l'âme, et qui « provient ou de la grandeur de la pensée et de la « noblesse du sentiment, ou de la magnificence des « paroles, ou du tour harmonieux, vif et animé « de l'expression; c'est-à-dire d'une de ces choses; « regardée séparément; ou, ce qui fait le parfait « sublime, de ces trois choses jointes ensemble. »

Il semble que, dans les règles, je devrais donner des exemples de chacune de ces trois choses; mais il y en a un si grand nombre de rapportés dans le traité de Longin et dans ma dixième Réflexion, que je crois que je ferai mieux d'y renvoyer le lecteur, afin qu'il choisisse lui-même ceux qui lui plairont davantage. Je ne crois pas cependant que je puisse me dispenser d'en proposer quelqu'un où toutes ces trois choses se trouvent parfaitement ramassées; car il n'y en a pas un fort grand nombre. M. Racine pourtant m'en offre un admirable dans la première scène de son *Athalie*, où Abner, un des principaux officiers de la cour de Juda, représente à Joad, le grand prêtre, la fureur où est Athalie contre lui et contre tous les lévites, ajoutant qu'il ne croit pas que cette orgueilleuse princesse diffère encore long-temps à venir *attaquer Dieu jusqu'en son sanc-*

[1] *Æneid.* liv. VIII, v. 240. (Boil.)

*tuaire*. A quoi ce grand prêtre, sans s'émouvoir, répond :

> Celui qui met un frein à la fureur des flots
> Sait aussi des méchants arrêter les complots.
> Soumis avec respect à sa volonté sainte,
> Je crains Dieu, cher Abner, et n'ai point d'autre crainte.

En effet, tout ce qu'il peut y avoir de sublime paraît rassemblé dans ces quatre vers; la grandeur de la pensée, la noblesse du sentiment, la magnificence des paroles et l'harmonie de l'expression, si heureusement terminée par ce dernier vers:

> Je crains Dieu, cher Abner, etc.

D'où je conclus que c'est avec très-peu de fondement que les admirateurs outrés de M. Corneille veulent insinuer que M. Racine lui est beaucoup inférieur pour le sublime; puisque, sans apporter ici quantité d'autres preuves que je pourrais donner du contraire, il ne me paraît pas que toute cette grandeur de vertu romaine, tant vantée, que ce premier a si bien exprimée dans plusieurs de ses pièces, et qui a fait son excessive réputation, soit au-dessus de l'intrépidité plus qu'héroïque et de la parfaite confiance en Dieu de ce véritablement pieux, grand, sage et courageux Israélite.

## LETTRE A M. PERRAULT,

### DE L'ACADÉMIE FRANÇAISE [1].

MONSIEUR,

Puisque le public a été instruit de notre démêlé, il est bon de lui apprendre aussi notre réconciliation, et de ne lui pas laisser ignorer qu'il en a été de notre querelle sur le Parnasse comme de ces duels d'autrefois, que la prudence du roi a si sagement réprimés, où après s'être battu à outrance, et s'être quelquefois cruellement blessé l'un l'autre, on s'embrassait et on devenait sincèrement amis. Notre duel grammatical s'est même terminé encore plus noblement; et je puis dire, si j'ose vous citer Homère, que nous avons fait comme Ajax et Hector dans l'Iliade, qui aussitôt après leur long combat, en présence des Grecs et des Troyens, se comblent d'honnêtetés et se font des présents. En effet, monsieur, notre dispute n'était pas encore bien finie, que vous m'avez fait l'honneur de m'envoyer vos ouvrages, et que j'ai eu soin qu'on vous portât les miens. Nous avons d'autant mieux imité ces deux

[1] Cette lettre, écrite en 1700, et insérée dans l'édition que l'auteur donna l'année suivante, fixe le véritable point de la controverse sur les anciens et les modernes.

## LETTRE A M. PERRAULT.

héros du poëme qui vous plaît si peu, qu'en nous faisant ces civilités nous sommes demeurés, comme eux, chacun dans notre même parti et dans nos mêmes sentiments, c'est-à-dire, vous toujours bien résolu de ne point trop estimer Homère ni Virgile, et moi toujours leur passionné admirateur. Voilà de quoi il est bon que le public soit informé ; et c'était pour commencer à le lui faire entendre que, peu de temps après notre réconciliation, je composai une épigramme qui a couru et que vraisemblablement vous avez vue. La voici :

> Tout le trouble poétique
> A Paris s'en va cesser :
> Perrault l'anti-pindarique
> Et Despréaux l'homérique
> Consentent de s'embrasser.
> Quelque aigreur qui les anime,
> Quand, malgré l'emportement,
> Comme eux l'un l'autre on s'estime,
> L'accord se fait aisément.
> Mon embarras est comment
> On pourra finir la guerre
> De Pradon et du parterre.

Vous pouvez reconnaître, monsieur, par ces vers où j'ai exprimé sincèrement ma pensée, la différence que j'ai toujours faite de vous et de ce poëte de théâtre, dont j'ai mis le nom en œuvre pour égayer la fin de mon épigramme. Aussi était-ce l'homme du monde qui vous ressemblait le moins.

Mais maintenant que nous voilà bien remis, et qu'il ne reste plus entre nous aucun levain d'animosité ni d'aigreur, oserais-je, comme votre ami, vous demander ce qui a pu, depuis si longtemps, vous irriter et vous porter à écrire contre tous les plus célèbres écrivains de l'antiquité ? Est-ce le peu de cas qu'il vous a paru que l'on faisait parmi nous des bons auteurs modernes ? Mais où avez-vous vu qu'on les méprisât ? Dans quel siècle a-t-on plus volontiers applaudi aux bons livres naissants que dans le nôtre ? Quels éloges n'y a-t-on point donnés aux ouvrages de M. Descartes, de M. Arnauld, de M. Nicole, et de tant d'autres admirables philosophes et théologiens que la France a produits depuis soixante ans, et qui sont en si grand nombre, qu'on pourrait faire un petit volume de la seule liste de leurs écrits ? Mais pour ne nous arrêter ici qu'aux seuls auteurs qui nous touchent vous et moi de plus près, je veux dire aux poëtes, quelle gloire ne s'y sont point acquise les Malherbe, les Racan, les Maynard ? Avec quels battements de mains n'y a-t-on point reçu les ouvrages de Voiture, de Sarrazin et de la Fontaine ? Quels honneurs n'y a-t-on point, pour ainsi dire, rendus à M. de Corneille et à M. Racine ? et qui est-ce qui n'a point admiré les comédies de Molière ? Vous-même, monsieur, pouvez-vous vous plaindre qu'on n'y ait pas rendu justice à votre Dialogue de l'Amour et de l'Amitié ; à votre Poëme sur la Peinture, à votre Épître sur M. de la Quintinie, et à tant d'autres excellentes pièces de votre façon ? On n'y a pas véritablement fort estimé nos poëmes héroïques : mais a-t-on eu tort ? et ne confessez-vous pas vous-même, en quelque endroit de vos Parallèles, que le meilleur de ces poëmes [1] est si dur et si forcé, qu'il n'est pas possible de le lire ?

Quel est donc le motif qui vous a tant fait crier contre les anciens ? Est-ce la peur qu'on ne se gâtât en les imitant ? Mais pouvez-vous nier que ce ne soit au contraire à cette imitation-là même que nos plus grands poëtes sont redevables du succès de leurs écrits ? Pouvez-vous nier que ce ne soit dans Tite-Live, dans Dion Cassius, dans Plutarque, dans Lucain et dans Sénèque, que M. de Corneille a pris ses plus beaux traits, a puisé ces grandes idées qui lui ont fait inventer un nouveau genre de tragédie, inconnu à Aristote ? Car c'est sur ce pied, à mon avis, qu'on doit regarder quantité de ses plus belles pièces de théâtre, où, se mettant au-dessus des règles de ce philosophe, il n'a point songé, comme les poëtes de l'ancienne tragédie, à émouvoir la pitié et la terreur, mais à exciter dans l'âme des spectateurs, par la sublimité des pensées, et par la beauté des sentiments, une certaine admiration, dont plusieurs personnes, et les jeunes gens surtout, s'accommodent souvent beaucoup mieux que des véritables passions tragiques. Enfin, monsieur, pour finir cette période un peu longue, et pour ne me point écarter de mon sujet, pouvez-vous ne pas convenir que ce sont Sophocle et Euripide qui ont formé M. Racine ? Pouvez-vous ne pas avouer que c'est dans Plaute et dans Térence que Molière a appris les plus grandes finesses de son art ?

D'où a pu donc venir votre chaleur contre les anciens ? Je commence, si je ne m'abuse, à l'apercevoir. Vous avez vraisemblablement rencontré, il y a longtemps, dans le monde, quelques-uns de ces faux savants, tels que le président de vos dialogues, qui ne s'étudient qu'à enrichir leur mémoire, et qui, n'ayant d'ailleurs ni esprit, ni jugement, ni goût, n'estiment les anciens que parce qu'ils sont anciens ; ne pensent pas que la raison puisse parler une autre langue que la grecque ou la latine, et condamnent d'abord tout ouvrage en langue vulgaire, sur ce fondement seul, qu'il est en langue vulgaire. Ces ridicules admirateurs de l'antiquité vous ont révolté contre tout ce que l'antiquité a de plus merveilleux : vous n'avez pu vous résoudre d'être du sentiment de gens si dé-

---

[1] *La Pucelle.*

raisonnables, dans la chose même où ils avaient raison. Voilà, selon toutes les apparences, ce qui vous a fait faire vos Parallèles. Vous vous êtes persuadé qu'avec l'esprit que vous avez, et que ces gens-là n'ont point; avec quelques arguments spécieux, vous déconcerteriez aisément la vaine habileté de ces faibles antagonistes; et vous y avez si bien réussi, que, si je ne me fusse mis de la partie, le champ de bataille, s'il faut ainsi parler, vous demeurait, ces faux savants n'ayant pu, et les vrais savants, par une hauteur un peu trop affectée, n'ayant pas daigné vous répondre. Permettez-moi cependant de vous faire ressouvenir que ce n'est point à l'approbation des faux ni des vrais savants que les grands écrivains de l'antiquité doivent leur gloire, mais à la constante et unanime admiration de ce qu'il y a eu dans tous les siècles d'hommes sensés et délicats, entre lesquels on compte plus d'un Alexandre et plus d'un César. Permettez-moi de vous représenter qu'aujourd'hui même encore ce ne sont point, comme vous vous le figurez, les Schrevélius, les Peraredus, les Menagius, ni, pour me servir des termes de Molière, les savants en *us*, qui goûtent davantage Homère, Horace, Cicéron, Virgile. Ceux que j'ai toujours vus le plus frappés de la lecture des écrits de ces grands personnages, ce sont des esprits du premier ordre; ce sont des hommes de la plus haute élévation. Que s'il fallait nécessairement vous en citer ici quelques-uns, je vous étonnerais peut-être par les noms illustres que je mettrais sur le papier; et vous y trouveriez non-seulement des Lamoignon, des d'Aguesseau, des Troisville [1], mais des Condé, des Conti, et des Turenne.

Ne pourrait-on point donc, monsieur, aussi galant homme que vous l'êtes, vous réunir de sentiments avec tant de si galants hommes? Oui, sans doute, on le peut; et nous ne sommes pas même, vous et moi, si éloignés d'opinion que vous pensez. En effet, qu'est-ce que vous avez voulu établir par tant de poëmes, de dialogues et de dissertations sur les anciens et sur les modernes? Je ne sais si j'ai bien pris votre pensée; mais la voici, ce me semble : Votre dessein est de montrer que pour la connaissance surtout des beaux-arts, et pour le mérite de belles-lettres, notre siècle, ou, pour mieux parler, le siècle de Louis le Grand, est non-seulement comparable, mais supérieur à tous les plus fameux siècles de l'antiquité, et même au siècle d'Auguste. Vous allez donc être bien étonné, quand je vous dirai que je suis sur cela entièrement de votre avis; et que même, si mes infirmités et mes emplois m'en laissaient le loisir, je m'offrirais volontiers de prouver comme vous cette proposition, la plume à la main. A la vérité, j'emploierais beaucoup d'autres raisons que les vôtres, car chacun a sa manière de raisonner; et je prendrais des précautions et des mesures que vous n'avez point prises.

Je n'opposerais donc pas, comme vous avez fait, notre nation et notre siècle seuls à toutes les autres nations et à tous les autres siècles joints ensemble; l'entreprise, à mon sens, n'est pas soutenable. J'examinerais chaque nation et chaque siècle l'un après l'autre; et après avoir mûrement pesé en quoi ils sont au-dessus de nous, et en quoi nous les surpassons, je suis fort trompé si je ne prouvais invinciblement que l'avantage est de notre côté. Ainsi, quand je viendrais au siècle d'Auguste, je commencerais par avouer sincèrement que nous n'avons point de poëtes héroïques ni d'orateurs que nous puissions comparer aux Virgile et aux Cicéron. Je conviendrais que nos plus habiles historiens sont petits devant les Tite-Live et les Salluste. Je passerais condamnation sur la satire et sur l'élégie; quoiqu'il y ait des satires de Régnier admirables, et des élégies de Voiture, de Sarrazin et de la comtesse de la Suze [1], d'un agrément infini. Mais en même temps je ferais voir que, pour la tragédie, nous sommes beaucoup supérieurs aux Latins, qui ne sauraient opposer à tant d'excellentes pièces tragiques que nous avons en notre langue, que quelques déclamations plus pompeuses que raisonnables d'un prétendu Sénèque, et un peu de bruit qu'ont fait en leur temps le Thyeste de Varius et la Médée d'Ovide. Je ferais voir que, bien loin qu'ils aient eu dans ce siècle-là des poëtes comiques meilleurs que les nôtres, ils n'en ont pas eu un seul dont le nom ait mérité qu'on s'en souvînt : les Plaute, les Cécilius et les Térence étant morts dans le siècle précédent. Je montrerais que, si pour l'ode nous n'avons point d'auteurs si parfaits qu'Horace, qui est leur seul poëte lyrique, nous en avons néanmoins un assez grand nombre qui ne lui sont guère inférieurs en délicatesse de langue et en justesse d'expression, et dont tous les ouvrages mis ensemble ne feraient peut-être pas dans la balance un poids de mérite moins considérable que les cinq livres d'odes qui nous restent de ce grand

---

[1] Henri-Joseph de Pyre, comte de Troisville ou Téville, ayant quitté la profession des armes en 1667, vécut ensuite dans la retraite, et s'y appliqua uniquement à l'étude et à la piété. Il mourut à Paris, au mois d'août 1708, âgé de soixante-six ans.

[1] Henriette de Coligny, comtesse de la Suze, célèbre, dans son temps, par son esprit et par ses élégies, se fit catholique parce que son mari était huguenot, et s'en sépara, afin, disait la reine Christine, de ne voir son mari dans ce monde-ci, ni dans l'autre. Elle mourut en 1673.

poëte. Je montrerais qu'il y a des genres de poésie où non-seulement les Latins ne nous ont point surpassés, mais qu'ils n'ont pas même connus : comme, par exemple, ces poëmes en prose que nous appelons *romans*, et dont nous avons chez nous des modèles qu'on ne saurait trop estimer ; à la morale près, qui y est fort vicieuse et qui en rend la lecture dangereuse aux jeunes personnes. Je soutiendrais hardiment qu'à prendre le siècle d'Auguste dans sa plus grande étendue, c'est-à-dire depuis Cicéron jusqu'à Corneille Tacite, on ne saurait pas trouver parmi les Latins un seul philosophe qu'on puisse mettre pour la physique en parallèle avec Descartes, ni même avec Gassendi. Je prouverais que, pour le grand savoir et la multiplicité de connaissances, leur Varron et leur Pline, qui sont leurs plus doctes écrivains, paraîtraient de médiocres savants devant nos Bignon, nos Scaliger, nos Saumaise, nos père Sirmond, et nos père Petau [1]. Je triompherais avec vous du peu d'étendue de leurs lumières sur l'astronomie, sur la géographie et sur la navigation. Je les défierais de me citer, à l'exception du seul Vitruve, qui est même plutôt un bon docteur d'architecture qu'un excellent architecte ; je les défierais, dis-je, de me nommer un seul habile architecte, un seul habile sculpteur, un seul habile peintre latin, ceux qui ont fait du bruit à Rome dans tous ces arts étant des Grecs d'Europe et d'Asie, qui venaient pratiquer chez les Latins des arts que les Latins, pour ainsi dire, ne connaissaient point, au lieu que toute la terre aujourd'hui est pleine de la réputation et des ouvrages de nos Poussin [2], de nos Lebrun, de nos Girardon et de nos Mansard. Je pourrais ajouter encore à cela beaucoup d'autres choses ; mais ce que j'ai dit est suffisant, je crois, pour vous faire entendre comment je me tirerais d'affaire à l'égard du siècle d'Auguste. Que si de la comparaison des gens de lettres et des illustres artisans il fallait passer à celle des héros et des grands princes, peut-être en sortirais-je avec encore plus de succès. Je suis bien sûr au moins que je ne serais pas fort embarrassé à montrer que l'Auguste des Latins ne l'emporte pas sur l'Auguste des Français. Par tout ce que je viens de dire, vous voyez, monsieur, qu'à proprement parler nous ne sommes point d'avis différent sur l'estime qu'on doit faire de notre nation et de notre siècle, mais que nous sommes différemment de même avis. Aussi n'est-ce point votre sentiment que j'ai attaqué dans vos Parallèles, mais la manière hautaine et méprisante dont votre abbé et votre chevalier y traitent des écrivains pour qui, même en les blâmant, on ne saurait, à mon avis, marquer trop d'estime, de respect et d'admiration. Il ne reste donc plus maintenant, pour assurer notre accord, et pour étouffer entre nous toute semence de dispute, que de nous guérir l'un et l'autre, vous, d'un penchant un peu trop fort à rabaisser les bons écrivains de l'antiquité ; et moi, d'une inclination un peu trop violente à blâmer les méchants et même les médiocres auteurs de notre siècle. C'est à quoi nous devons sérieusement nous appliquer ; mais quand nous n'en pourrions venir à bout, je vous réponds que, de mon côté, cela ne troublera point notre réconciliation ; et que, pourvu que vous ne me forciez point à lire le Clovis ni la Pucelle, je vous laisserai tout à votre aise critiquer l'Iliade et l'Énéide ; me contentant de les admirer, sans vous demander pour elles cette espèce de culte tendant à l'adoration, que vous vous plaignez, en quelqu'un de vos poëmes [1], qu'on veut exiger de vous, et que Stace semble en effet avoir eu pour l'Énéide, quand il se dit à lui-même :

Nec tu divinam Æneida tenta :
Sed longe sequere, et vestigia semper adora [2].

Voilà, monsieur, ce que je suis bien aise que le public sache ; et c'est pour l'en instruire à fond que je me donne l'honneur de vous écrire aujourd'hui cette lettre, que j'aurai soin de faire imprimer dans la nouvelle édition qu'on fait en grand et en petit de mes ouvrages. J'aurais bien voulu pouvoir adoucir en cette nouvelle édition quelques railleries un peu fortes qui me sont échappées dans mes réflexions sur Longin ; mais il m'a paru que cela serait inutile, à cause des deux éditions qui l'ont précédée, auxquelles on ne manquerait pas de recourir, aussi bien qu'aux fausses éditions qu'on en pourra faire dans les pays étrangers, où il y a de l'apparence qu'on prendra soin de mettre les choses en l'état qu'elles étaient d'abord. J'ai cru donc que le meilleur moyen d'en corriger la petite malignité, c'était de vous marquer ici, comme je viens de le faire, mes vrais sentiments pour vous. J'espère que

---

[1] Jérôme Bignon, enfant d'honneur du dauphin, depuis Louis XIII, fut successivement avocat au parlement, avocat général au grand conseil, enfin avocat général au parlement, conseiller d'État et grand maître de la Bibliothèque du Roi, mourut en 1556, âgé de soixante-six ans.
Les deux Scaliger, Claude Saumaise, le P. Sirmond et le P. Petau, ont rendu de grands services aux lettres, et fait preuve d'une érudition immense dans les nombreux ouvrages qu'ils ont publiés.
[2] Nicolas Poussin, né aux Andelys en 1594, mourut à Rome en 1665. — Charles Lebrun, premier peintre du roi, naquit à Paris en 1618 ; il y mourut le 12 de janvier 1690. — François Girardon, excellent sculpteur, né à Troyes en 1627, mourut à Paris le 1er septembre 1715.

[1] Dans son poëme intitulé *le Siècle de Louis le Grand.*
[2] *Thébaïd.* XII, v. 826.

vous serez content de mon procédé, et que vous ne vous choquerez pas même de la liberté que je me suis donnée de faire imprimer dans cette dernière édition la lettre que l'illustre M. Arnauld vous a écrite au sujet de ma dixième satire.

Car, outre que cette lettre a déjà été rendue publique dans deux recueils des ouvrages de ce grand homme, je vous prie, monsieur, de faire réflexion que, dans la préface de votre Apologie des femmes, contre laquelle cet ouvrage me défend, vous ne me reprochez pas seulement des fautes de raisonnement et de grammaire; mais que vous m'accusez d'avoir dit des mots sales, d'avoir glissé beaucoup d'impuretés, et d'avoir fait des médisances. Je vous supplie, dis-je, de considérer que ces reproches regardant l'honneur, ce serait en quelque sorte reconnaître qu'ils sont vrais que de les passer sous silence; qu'ainsi je ne pouvais pas honnêtement me dispenser de m'en disculper moi-même dans ma nouvelle édition, ou d'y insérer une lettre qui m'en disculpe si honorablement. Ajoutez que cette lettre est écrite avec tant d'honnêteté et d'égards, pour celui même contre qui elle est écrite, qu'un honnête homme, à mon avis, ne saurait s'en offenser. J'ose donc me flatter, je le répète, que vous la verrez sans chagrin; et que, comme j'avoue franchement que le dépit de me voir critiqué dans vos dialogues m'a fait dire des choses qu'il serait mieux de n'avoir point dites, vous confesserez aussi que le déplaisir d'être attaqué dans ma dixième satire vous y a fait voir des médisances et des saletés qui n'y sont point. Du reste, je vous prie de croire que je vous estime comme je dois, et que je ne vous regarde pas simplement comme un très-bel esprit, mais comme un des hommes de France qui a le plus de probité et d'honneur.

Je suis, monsieur,

Votre, etc.

# REMARQUES DE M. DACIER

### SUR LE TRAITÉ DU SUBLIME.

## PRÉFACE.

De tous les auteurs grecs, il n'y en a point de plus difficiles à traduire que les rhéteurs, surtout quand on débrouille le premier leurs ouvrages. Cela n'a pas empêché que M. Despréaux, en nous donnant Longin en français, ne nous ait donné une des plus belles traductions que nous ayons en notre langue. Il a non-seulement pris la naïveté et la simplicité du style didactique de cet excellent auteur, il en a même si bien attrapé le sublime, qu'il fait valoir aussi heureusement que lui toutes les grandes figures dont il traite, et qu'il emploie en les expliquant. Comme j'avais étudié ce rhéteur avec soin, je fis quelques découvertes en le relisant sur la traduction, et je trouvai de nouveaux sens dont les interprètes ne s'étaient point avisés. Je me crus obligé de les communiquer à M. Despréaux. J'allai donc chez lui, quoique je n'eusse pas l'avantage de le connaître. Il ne reçut pas mes critiques en auteur, mais en homme d'esprit et en galant homme : il convint de quelques endroits, nous disputâmes longtemps sur d'autres; mais, dans ces endroits mêmes dont il ne tombait pas d'accord, il ne laissa pas de faire quelque estime de mes remarques, et il me témoigna que, si je voulais, il les ferait imprimer avec les siennes dans une seconde édition. C'est ce qu'il fait aujourd'hui. Mais, de peur de grossir son livre, j'ai abrégé le plus qu'il m'a été possible, et j'ai tâché de m'expliquer en peu de mots. Il ne s'agit ici que de trouver la vérité; et, comme M. Despréaux consent que, si j'ai raison, l'on suive mes remarques, je serai ravi que, s'il a mieux trouvé le sens de Longin, on laisse mes remarques pour s'attacher à sa traduction, que je prendrais moi-même pour modèle, si j'avais entrepris de traduire un ancien rhéteur.

## CHAPITRE I.

(Quand nous lûmes ensemble le petit traité que Cécilius a fait du sublime, nous trouvâmes que la bassesse de son style répondait assez mal à la dignité de son sujet.) C'est le sens que tous les interprètes ont donné à ce passage : mais, comme le sublime n'est point nécessaire à un rhéteur pour nous donner des règles de cet art, il me semble que Longin n'a pu parler ici de cette prétendue bassesse du style de Cécilius. Il lui reproche seulement deux choses : la première, que son livre est beaucoup plus petit que son sujet; que ce livre ne contient pas toute sa matière : et la seconde, qu'il n'en a pas même touché les principaux points : συγγραμμάτιον ταπεινότερον ἐφάνη τῆς ὅλης ὑποθέσεως, ne peut pas signifier, à mon avis, « le style de ce « livre est trop bas, » mais, « ce livre est plus petit « que son sujet, » ou « trop petit pour tout son su- « jet. » Le seul mot ὅλης le détermine entièrement : et d'ailleurs on trouvera des exemples de ταπεινότερον pris dans ce même sens. Longin, en disant que Cécilius n'avait exécuté qu'une partie de ce grand dessein, fait voir ce qui l'oblige d'écrire après lui sur le même sujet.

( Cet auteur peut-être n'est-il pas tant à reprendre pour ses fautes qu'à louer pour son travail, et pour le dessein qu'il a eu de bien faire.) Dans le texte il y a deux mots, ἐπίνοια et σπουδή. M. Despréaux ne s'est attaché qu'à exprimer toute la force du dernier; mais il semble que cela n'explique pas assez la pensée de Longin, qui dit que « Cécilius n'est peut-être pas « tant à blâmer pour ses défauts qu'il est à louer pour « son invention, et pour le dessein qu'il a eu de bien « faire : » ἐπίνοια signifie *dessein, invention;* et par ce seul mot Longin a voulu nous apprendre que Cécilius était le premier qui eût entrepris d'écrire du sublime.

(Il donne au discours une certaine vigueur noble, une force invincible qui enlève l'âme de quiconque nous écoute.) Tous les interprètes ont traduit de même ; mais je crois qu'ils se sont éloignés de la pensée de Longin, et qu'ils n'ont point du tout suivi la figure qu'il emploie si heureusement. Τὰ ὑπερφυᾶ προσφέροντα βίαν est ce qu'Horace dirait *adhibere vim;* au lieu de παντός, il faut πάντως avec un oméga, comme M. Lefèbvre l'a remarqué. Πάντως ἐπάνω τοῦ ἀκροωμένου καθίσταται est une métaphore prise du mariage, et pareille à celle dont Anacréon s'est servi, σὺ δ' οὐκ ἄχεις οὐκ εἰδὼς ὅτι τῆς ἐμῆς ψυχῆς ἡνιοχεύεις ; « mais tu n'as point d'oreilles, et tu « ne sais point que tu es le maître de mon cœur. » Longin dit donc : « Il n'en est pas ainsi du sublime; « par un effort auquel on ne peut résister, il se rend « entièrement maître de l'auditeur. »

(Quand le sublime vient à éclater.) Notre langue n'a que ce mot *éclater* pour exprimer le mot ἐξενεχθέν, qui est emprunté de la tempête, et qui donne une idée merveilleuse, à peu près comme ce mot de Virgile, *abrupti nubibus ignes.* Longin a voulu donner une image de la foudre, que l'on voit plutôt tomber que partir.

## CHAPITRE II.

(Telles sont ces pensées, etc.) Dans la lacune suivante, Longin rapportait un passage d'un poète tragique dont il ne reste que cinq vers. M. Despréaux les a rejetés dans ses Remarques, et il les a expliqués comme tous les autres interprètes ; mais je crois que le dernier vers aurait dû être traduit ainsi : « Né « viens-je pas de vous donner maintenant une agréa- « ble musique? » Ce n'est pas quelque Capanée, mais Borée qui parle et qui s'applaudit pour les grands vers qu'il a récités.

(Toutes ces phrases ainsi embarrassées de vaines imaginations troublent et gâtent plus un discours.) M. Despréaux a suivi ici tous les exemplaires, où il y a τεθόλωται γὰρ τῇ φράσει, du verbe θολόω, qui signifie *gâter, barbouiller, obscurcir :* mais cela ne me paraît pas assez fort pour la pensée de Longin, qui avait écrit sans doute τετύλωται, comme je l'ai vu ailleurs. De cette manière le mot *gâter* me semble trop général, et il ne détermine point assez le vice que ces phrases ainsi embarrassées causent ou apportent au discours : au lieu que Longin, en se servant de ce mot, en marque précisément ce défaut : car il dit que « ces phrases et ces imaginations vaines, bien « loin d'élever et d'agrandir un discours, le trou- « blent et le rendent dur. » Et c'est ce que j'aurais voulu faire entendre, puisque l'on ne saurait être trop scrupuleux ni trop exact lorsqu'il s'agit de donner une idée nette et distincte des vices ou des vertus du discours.

(Je n'en vois pas de si enflé que Clitarque.) Ce jugement de Longin est fort juste ; et, pour le confirmer, il ne faut que rapporter un passage de ce Clitarque, qui dit d'une guêpe : κατανέμεται τὴν ὀρεινήν, εἰσίπταται δὲ εἰς τὰς κοίλας δρῦς, « elle paît sur les « montagnes, et vole dans les creux des chênes. » Car en parlant ainsi de ce petit animal, comme s'il parlait du lion de Némée, ou du sanglier d'Érymanthe, il donne une image qui est en même temps et désagréable et froide ; et il tombe manifestement dans le vice que Longin lui a reproché.

(Elle n'a que de faux dehors.) Tous les interprètes ont suivi ici la leçon corrompue de ἀναληθεῖς, *faux,* pour ἀναλθεῖς, comme M. Lefèbvre a corrigé, qui se dit proprement de ceux qui ne qui ne peuvent croître ; et, dans ce dernier sens, le passage est très-difficile à traduire en notre langue. Longin dit : « Cependant il est certain que l'enflure dans le dis- « cours, aussi bien que dans le corps, n'est qu'une « tumeur vide et un défaut de force pour s'élever, « qui fait quelquefois, » etc. Dans les anciens, on trouvera plusieurs passages où ἀναλήθεις a été mal pris pour ἀναλθεῖς.

(Pour s'attacher trop au style figuré, ils tombent dans une sotte affectation.) Longin dit d'une manière plus forte, et par une figure : « Ils échouent dans le « style figuré, et se perdent dans une affectation ri- « dicule. »

## CHAPITRE III.

(Il fait beaucoup, et dit même les choses d'assez bon sens.) Longin dit de Timée, πολυΐστωρ καὶ ἐπινοητικός. Mais ce dernier mot ne me paraît pas pouvoir signifier un homme « qui dit les choses d'assez bon sens ; » et il me semble qu'il veut bien plutôt dire un homme « qui a de l'imagination, » etc. Et c'est le caractère de Timée. Dans ces deux mots, Longin n'a fait que traduire ce que Cicéron a dit de cet auteur dans le second livre de son ORATEUR, *rerum copia et sententiarum varietate abundantissimus.* Πολυΐστωρ répond à *rerum copia,* et ἐπινοητικὸς à *sententiarum varietate.*

(Qu'Isocrate n'en a employe a composer son Panégyrique.) J'aurais mieux aimé traduire, « qu'Iso- « crate n'en a employé à composer le Panégyrique. » Car le mot *son* m'a semblé faire ici une équivoque, comme si c'était le Panégyrique d'Alexandre. Ce Panégyrique fut fait pour exhorter Philippe à faire la guerre aux Perses; cependant les interprètes latins s'y sont trompés, et ils ont expliqué ce passage comme si ce discours d'Isocrate avait été l'éloge de Philippe pour avoir déjà vaincu les Perses.

(Puisqu'ils furent trente ans à prendre la ville de Messène.) Longin parle ici de cette expédition des Lacédémoniens qui fut la cause de la naissance des Parthéniens, dont j'ai expliqué l'histoire dans Horace. Cette guerre ne dura que vingt ans; c'est pourquoi, comme M. Lefèbvre l'a fort bien remarqué, il faut nécessairement corriger le texte de Longin, où les copistes ont mis un λ qui signifie *trente*, pour un κ qui ne marque que *vingt*. M. Lefèbvre ne s'est pas amusé à le prouver : mais voici un passage de Tyrtée qui confirme la chose fort clairement :

Ἄμφω τώδ' ἐμάχοντ' ἐννεακαιδέκαδ' ἔτη
Νωλεμέως αἰεὶ ταλασίφρονα θυμὸν ἔχοντες
Αἰχμηταὶ πατέρων ἡμητέρων πατέρες·
Εἰκοστῷ δ' οἱ μὲν κατὰ πίονα ἔργα λιπόντες,
Φεῦγον Ἰθωμαίων ἐκ μεγάλων ὀρέων.

« Nos braves aïeux assiégèrent pendant dix-neuf « ans, sans aucun relâche, la ville de Messène, et à « la vingtième année les Messéniens quittèrent leur « citadelle d'Ithome. » Les Lacédémoniens eurent encore d'autres guerres avec les Messéniens; mais elles ne furent pas si longues.

(Parce qu'il y avait un des chefs de l'armée ennemie, qui tirait son nom d'Hermès de père en fils, savoir Hermocrate, fils d'Hermon.) Cela n'explique point, à mon avis, la pensée de Timée, qui dit : « Parce qu'il y avait un des chefs de l'armée enne- « mie, savoir, Hermocrate, fils d'Hermon, qui des- « cendait en droite ligne de celui qu'ils avaient si « maltraité. » Timée avait pris la généalogie de ce général des Syracusains dans les Tables qui étaient gardées dans le temple de Jupiter Olympien, près de Syracuse, et qui furent surprises par les Athéniens au commencement de cette guerre, comme cela est expliqué au long par Plutarque dans la Vie de Nicias. Thucydide parle de cette mutilation des statues de Mercure; et il dit qu'elles furent toutes mutilées, tant celles qui étaient dans les temples, que celles qui étaient à l'entrée des maisons des particuliers.

(S'il n'eût eu des vierges aux yeux, et non pas des prunelles impudiques.) L'opposition qui est dans le texte entre κόρας et πόρνας n'est pas dans la traduction, entre *vierges* et *prunelles impudiques* : cependant comme c'est l'opposition qui fait le ridicule que Longin a trouvé dans ce passage de Timée, j'aurais voulu la conserver et traduire, « s'il eût eu des « vierges aux yeux, et non pas des courtisanes. »

(Ayant écrit toutes ces choses, ils poseront dans les temples ces monuments de cyprès.) De la manière dont M. Despréaux a traduit ce passage, je n'y trouve plus le ridicule que Longin a voulu nous y faire remarquer : car pourquoi *des tablettes de cyprès* ne pourraient-elles pas être appelées *des monuments de cyprès*? Platon dit : « Ils poseront dans les tem- « ples ces mémoires de cyprès. » Et ce sont ces mémoires de cyprès que Longin blâme avec raison : car en grec comme en notre langue on dit fort bien *des mémoires;* mais le ridicule est d'y joindre la matière, et de dire *des mémoires de cyprès.*

(Il y a quelque chose d'aussi ridicule dans Hérodote, quand il appelle les belles femmes le mal des yeux.) Ce passage d'Hérodote est dans le cinquième livre; et si l'on prend la peine de le lire, je m'assure que l'on trouvera ce jugement de Longin un peu trop sévère : car les Perses, dont Hérodote rapporte ce mot, n'appelaient point en général les belles femmes *le mal des yeux;* ils parlaient de ces femmes qu'Amyntas avait fait entrer dans la chambre du festin, et qu'il avait placées vis-à-vis d'eux, de manière qu'ils ne pouvaient que les regarder. Ces barbares qui n'étaient pas gens à se contenter de cela, se plaignirent à Amyntas, et lui dirent qu'il ne fallait point faire venir ces femmes, où qu'après les avoir fait venir il devait les faire asseoir à leurs côtés, et non pas vis-à-vis pour leur faire mal aux yeux. Il me semble que cela change un peu l'espèce. Dans le reste, il est certain que Longin a eu raison de condamner cette figure. Beaucoup de Grecs déclineront pourtant ici sa juridiction, sur ce que de fort bons auteurs ont dit beaucoup de choses semblables. Ovide en est plein. Dans Plutarque, un homme appelle un beau garçon « la fièvre de son fils. » Térence a dit, *tuos mores morbum illi esse scio.* Et pour donner des exemples plus conformes à celui dont il s'agit, un Grec a appelé les fleurs ἑορτὴν ὄψεως, *la fête de la vue*, et la verdure, πανήγυριν ὀφθαλμῶν.

(Parce que ce sont des barbares qui le disent dans le vin et la débauche.) Longin rapporte deux choses qui peuvent en quelque façon excuser Hérodote d'avoir appelé les belles femmes *le mal des yeux :* la première, que ce sont des barbares qui le disent; et la seconde, qu'ils le disent dans le vin et dans la débauche. En les joignant, on n'en fait qu'une, et il me semble que cela affaiblit en quelque manière la pensée de Longin; qui a écrit « parce que ce sont des « barbares qui le disent, et qui le disent même dans « le vin et dans la débauche. »

## CHAPITRE V.

( La marque infaillible du sublime, c'est quand nous sentons qu'un discours laisse beaucoup à penser, etc. ) Si Longin avait défini de cette manière le sublime, il me semble que la définition serait vicieuse, parce qu'elle pourrait convenir aussi à d'autres choses qui sont fort éloignées du sublime. M. Despréaux a traduit ce passage comme tous les autres interprètes. Mais je crois qu'ils ont confondu le mot κατεξανάστησις avec κατεξανάστασις. Il y a pourtant bien de la différence entre l'un et l'autre. Il est vrai que le κατεξανάστησις de Longin ne se trouve point ailleurs. Hésychius marque seulement ἀνάστημα, ὕψωμα. Or ἀνάστημα est la même chose qu'ἀνάστησις, d'où ἐξανάστησις et κατεξανάστησις ont été formés. Κατεξανάστησις n'est donc ici qu'αὔξεσις, *augmentum*; ce passage est très-important, et il me paraît que Longin a voulu dire : « Le véritable « sublime est celui auquel, quoi que l'on médite, « il est difficile ou plutôt impossible de rien ajou- « ter, qui se conserve dans notre mémoire, et qui « n'en peut être qu'à peine effacé. »

( Car lorsqu'en un grand nombre de personnes différentes de profession et d'âge, et qui n'ont aucun rapport, etc. ) C'est l'explication que tous les interprètes ont donnée à ce passage; mais il me semble qu'ils ont beaucoup ôté de la force et du raisonnement de Longin, pour avoir joint λόγων ἕν τι, qui doivent être séparés. Λόγων n'est point ici *le discours,* mais *le langage;* Longin dit : « Car lorsqu'en « un grand nombre de personnes dont les inclina- « tions, l'âge, l'humeur, la profession et le langage « sont différents, tout le monde vient à être frappé « également d'un même endroit, ce jugement, » etc. Je ne doute pas que ce ne soit le véritable sens. En effet, comme chaque nation dans sa langue a une manière de dire les choses, et même de les imaginer, qui lui est propre, il est constant qu'en ce genre ce qui plaira en même temps à des personnes de langage différent, aura véritablement ce merveilleux et ce sublime.

## CHAPITRE VI.

( Mais ces cinq sources présupposent comme pour fondement commun. ) Longin dit : « Mais ces cinq « sources présupposent comme pour fond, comme « pour lit commun, la faculté de bien parler. » M. Despréaux n'a pas voulu suivre la figure, sans doute de peur de tomber dans l'affectation.

## CHAPITRE VII.

( Et le tenir toujours plein, pour ainsi dire, d'une certaine fierté noble, etc.) Il me semble que le mot *plein* et le mot *enflé* ne demandent pas cette modification, *pour ainsi dire :* nous disons tous les jours, « c'est un esprit plein de fierté, cet homme est enflé « d'orgueil. » Mais la figure dont Longin s'est servi la demandait nécessairement. J'aurais voulu la conserver et traduire, « et le tenir toujours, pour ainsi « dire, gros d'une fierté noble et généreuse. »

( Quand il a dit à propos de la déesse des ténèbres. ) Je ne sais pas pourquoi les interprètes d'Hésiode et de Longin ont voulu que Ἀχλύς soit ici la déesse des ténèbres. C'est sans doute la Tristesse, comme M. Lefèvre l'a remarqué. Voici le portrait qu'Hésiode en fait dans le Bouclier, au vers 294 : « La Tristesse se tenait près de là toute baignée de « pleurs, pâle, sèche, défaite, les genoux fort gros « et les ongles fort longs. Ses narines étaient une « fontaine d'humeurs, le sang coulait de ses joues, « elle grinçait les dents, et couvrait ses épaules de « poussière. » Il serait bien difficile que cela pût convenir à la déesse des ténèbres. Lorsque Hésychius a marqué ἀχλύμενος, λυπούμενος, il a fait assez voir que ἀχλύς peut fort bien être prise pour λύπη, *tristesse.* Dans ce même chapitre, Longin s'est servi de ἀχλὺς pour dire *les ténèbres, une épaisse obscurité;* et c'est peut-être ce qui a trompé les interprètes.

( Ajoutez que les accidents qui arrivent dans l'Iliade sont déplorés souvent par les héros de l'Odyssée. ) Je ne crois point que Longin ait voulu dire que les accidents qui arrivent dans l'Iliade sont déplorés par les héros de l'Odyssée. Mais il dit : « Ajoutez « qu'Homère rapporte dans l'Odyssée des plaintes « et des lamentations, comme connues dès long- « temps à ses héros. » Longin a égard ici à ces chansons qu'Homère fait chanter dans l'Odyssée sur les malheurs des Grecs et sur toutes les peines qu'ils avaient eues dans ce long siége. On n'a qu'à lire le livre VIII.

( Nous pouvons dire que c'est le reflux de son esprit, etc.) Les interprètes n'ont point rendu toute la pensée de Longin, qui, à mon avis, n'aura eu garde de dire d'Homère qu'il s'égare dans des imaginations et des fables incroyables. M. Lefèvre est le premier qui ait connu la beauté de ce passage; car c'est lui qui a découvert que le grec était défectueux, et qu'après ἀμπώτιδες il fallait suppléer οὕτω ὁ παρ'

Ὁμήρῳ. Dans ce sens-là, on peut traduire ainsi ce passage : « Mais, comme l'Océan est toujours grand, « quoiqu'il se soit retiré de ses rivages, et qu'il se « soit resserré dans ses bornes, Homère aussi, « après avoir quitté l'Iliade, ne laisse pas d'être « grand dans les narrations même incroyables et « fabuleuses de l'Odyssée. »

( Je n'ai pas oublié pourtant les descriptions de tempêtes. ) De la manière dont M. Despréaux a traduit ce passage, il semble que Longin, en parlant de ces narrations incroyables et fabuleuses de l'Odyssée, n'y comprenne point ces tempêtes et ces aventures d'Ulysse avec le Cyclope : et c'est tout le contraire, si je ne me trompe; car Longin dit : « Quand je vous parle de ces narrations incroyables « et fabuleuses, vous pouvez bien croire que je n'ai « pas oublié ces tempêtes de l'Odyssée, ni tout ce « qu'on y lit du Cyclope, ni quelques autres en- « droits, » etc. Et ce sont ces endroits mêmes qu'Horace appelle *Speciosa miracula*.

( Il en est de même des colombes qui nourrirent Jupiter. ) Le passage d'Homère est dans le douzième livre de l'Odyssée, vers 62 :

. . . . . . . . . . . οὐ δὲ πέλειαι
Τρήρωνες, καί τ' ἀμβροσίην Διὶ πατρὶ φέρουσιν.

« Ni les timides colombes qui portent l'ambroisie à « Jupiter. » Les anciens ont fort parlé de cette fiction d'Homère, sur laquelle Alexandre consulta Aristote et Chiron. On peut voir Athénée, livre II, page 490. Longin la traite de songe; mais peut-être Longin n'était-il pas si savant dans l'antiquité qu'il était bon critique. Homère avait pris ceci des Phéniciens, qui appelaient presque de la même manière une colombe et une prêtresse; ainsi, quand ils disaient que des colombes nourrissaient Jupiter, ils parlaient des prêtres et des prêtresses qui lui offraient des sacrifices que l'on a toujours appelés *la viande des dieux*. On doit expliquer de la même manière la fable des colombes de Dodone et de Jupiter Ammon.

## CHAPITRE VIII.

( Mais que son âme est un rendez-vous de toutes les passions.) Notre langue ne saurait bien dire cela d'une autre manière : cependant il est certain que le mot *rendez-vous* n'exprime pas toute la force du mot grec σύνοδος, qui ne signifie pas seulement *assemblée*, mais *choc, combat*; et Longin lui donne ici toute cette étendue, car il dit que « Sapho a ra- « massé et uni toutes ces circonstances, pour faire « paraître, non pas une seule passion, mais une « assemblée de toutes les passions qui s'entre-cho- « quent, » etc.

( Archiloque ne s'est point servi d'autre artifice dans la description de son naufrage. ) Je sais bien que, par *naufrage*, M. Despréaux a entendu le naufrage qu'Archiloque avait décrit, etc.; néanmoins comme le mot *son* fait une équivoque, et que l'on pourrait croire qu'Archiloque lui-même aurait fait le naufrage dont il a parlé, j'aurais voulu traduire *dans la description du naufrage*. Archiloque avait décrit le naufrage de son beau-frère.

## CHAPITRE X.

( Pour Cicéron, etc. ) Longin, en conservant l'idée des embrasements qui semblent quelquefois ne se ralentir que pour éclater avec plus de violence, définit très-bien le caractère de Cicéron, qui conserve toujours un certain feu, mais qui le ranime en certains endroits, et lorsqu'il semble qu'il va s'éteindre.

( Au contraire, l'abondance est meilleure lorsqu'on veut, si j'ose me servir de ces termes, répandre une rosée agréable dans les esprits. ) Outre que cette expression, *répandre une rosée*, ne répond pas bien à l'abondance dont il est ici question, il me semble qu'elle obscurcit la pensée de Longin, qui oppose ici καταντλῆσαι à ἐκπλῆξαι, et qui, après avoir dit que « le sublime concis de Démosthène « doit être employé lorsqu'il faut entièrement éton- « ner l'auditeur, » ajoute, « qu'on doit se servir de « cette riche abondance de Cicéron, lorsqu'il faut « l'adoucir. » Ce καταντλῆσαι est emprunté de la médecine; il signifie proprement *fovere, fomenter, adoucir*; et cette idée est venue à Longin du mot ἐκπλῆξαι. Le sublime concis est pour frapper; mais cette heureuse abondance est pour guérir les coups que ce sublime a portés. De cette manière, Longin explique fort bien les deux genres de discours que les anciens rhéteurs ont établis, dont l'un, qui est pour toucher et pour frapper, est appelé proprement *oratio vehemens*; et l'autre, qui est pour adoucir, *oratio lenis*.

## CHAPITRE XI.

( Et j'en donnerais des exemples, si Ammonius n'en avait déjà rapporté de singuliers. ) Τὰ ἐπ' εἴδους, comme M. Lefèvre a corrigé.

( En effet, jamais, à mon avis. ) Il me semble que cette période n'exprime pas toutes les beautés de l'original, et qu'elle s'éloigne de l'idée de Longin, qui dit : « En effet, Platon semble n'avoir entassé

« de si grandes choses dans ses traités de philoso-
« phie, et ne s'être jeté si souvent dans des expres-
« sions et dans des matières poétiques, que pour
« disputer de toute sa force le prix à Homère,
« comme un nouvel athlète à celui qui a déjà reçu
« toutes les acclamations, et qui a été l'admiration
« de tout le monde. » Cela conserve l'image que
Longin a voulu donner des combats des athlètes; et
c'est cette image qui fait la plus grande beauté de
ce passage.

## CHAPITRE XII.

( En effet, nous ne croirons pas avoir un médiocre prix à disputer. ) Le mot grec ἀγώνισμα ne signifie point ici, à mon avis, *prix*, mais *spectacle*. Longin dit : « En effet, de nous figurer que nous allons
« rendre compte de tous nos écrits devant un si
« célèbre tribunal, et sur un théâtre où nous avons
« de tels héros pour juges ou pour témoins, ce sera
« un spectacle bien propre à nous animer. » Thucydide s'est servi plus d'une fois de ce mot dans le même sens. Je me rapporterai que ce passage du livre VII : Ὁ γὰρ Γύλιππος καλὸν τὸ ἀγώνισμα ἐνόμιζεν οἷ εἶναι, ἐπὶ τοῖς ἄλλοις καὶ τοὺς ἀντιστρατήγους κομίσαι Λακεδαιμονίους : « Gylippe estimait que ce se-
« rait un spectacle bien glorieux pour lui, de mener
« comme en triomphe les deux généraux des enne-
« mis qu'il avait pris dans le combat. » Il parle de Nicias et de Démosthène, chefs des Athéniens.

( Car si un homme, dans la défiance de ce jugement, a peur, pour ainsi dire, d'avoir dit quelque chose qui vive plus que lui, etc. ) A mon avis, aucun interprète n'est entré ici dans le sens de Longin, qui n'a jamais eu cette pensée qu'un homme, dans la défiance de ce jugement, pourra avoir peur d'avoir dit quelque chose qui vive plus que lui, ni même qu'il ne se donnera pas la peine d'achever ses ouvrages; au contraire, il veut faire entendre que cette crainte ou ce découragement le mettra en état de ne pouvoir rien faire de beau, ni qui lui survive, quand il travaillerait sans cesse, et qu'il ferait les plus grands efforts : « car si un homme, dit-il, après
« avoir envisagé ce jugement, tombe d'abord dans
« la crainte de ne pouvoir rien produire qui lui sur-
« vive, il est impossible que les conceptions de son
« esprit ne soient pas aveugles et imparfaites, et
« qu'elles n'avortent, pour ainsi dire, sans pouvoir
« jamais parvenir à la dernière postérité. » Un homme qui écrit doit avoir une noble hardiesse, ne se contenter pas d'écrire pour son siècle, mais envisager toute la postérité. Cette idée lui élèvera l'âme, et animera ses conceptions; au lieu que si, dès le moment que cette postérité se présentera à son esprit, il tombe dans la crainte de ne pouvoir rien faire qui soit digne d'elle, ce découragement et ce désespoir lui feront perdre toute sa force, et, quelque peine qu'il se donne, ses écrits ne seront jamais que des avortons. C'est manifestement la doctrine de Longin, qui n'a garde pourtant d'autoriser par là une confiance aveugle et téméraire, comme il serait facile de le prouver.

## CHAPITRE XIII.

( Prends garde qu'une ardeur trop funeste à ta vie. ) Je trouve quelque chose de noble et de beau dans le tour de ces quatre vers; il me semble pourtant que lorsque le Soleil dit, « au-dessus de la Li-
« bye, le sillon, n'étant point arrosé d'eau, n'a
« jamais rafraîchi mon char, » il parle plutôt comme un homme qui pousse son char à travers champs, que comme un dieu qui éclaire la terre. M. Despréaux a suivi ici tous les autres interprètes qui ont expliqué ce passage de la même manière; mais je crois qu'ils se sont fort éloignés de la pensée d'Euripide, qui dit : « Marche, et ne te laisse point em-
« porter dans l'air de Libye, qui, n'ayant aucun
« mélange d'humidité, laissera tomber ton char. »
C'était l'opinion des anciens, qu'un mélange humide fait la force et la solidité de l'air : mais ce n'est pas ici le lieu de parler de leurs principes de physique.

( Le palais en fureur mugit à son aspect.) Le mot *mugir* ne me paraît pas assez fort pour exprimer seul le ἐντουσιᾶν et le βαχχεύειν d'Eschyle; car ils ne signifient pas seulement *mugir*, mais *se remuer avec agitation, avec violence*. Quoique ce soit une folie de vouloir faire un vers après M. Despréaux, je ne laisserai pas de dire que celui d'Eschyle serait peut-être mieux de cette manière pour le sens :

Du palais en fureur les combles ébranlés
Tremblent en mugissant.

Et celui d'Euripide,

La montagne s'ébranle, et répond à leurs cris.

( Les images dans la poésie sont pleines ordinairement d'accidents fabuleux.) C'est le sens que tous les interprètes ont donné à ce passage; mais je ne crois pas que c'ait été la pensée de Longin : car il n'est pas vrai que dans la poésie les images soient ordinairement pleines d'accidents; elles n'ont en cela rien qui ne leur soit commun avec les images de la rhétorique. Longin dit simplement que, « dans
« la poésie, les images sont poussées à un excès fa-
« buleux, et qui passent toute sorte de créance. »

25.

( Ce n'est point, dit-il, un orateur qui a fait passer cette loi, c'est la bataille, c'est la défaite de Chéronée. ) Pour conserver l'image que Longin a voulu faire remarquer dans ce passage d'Hypéride, je crois qu'il aurait fallu traduire : « Ce n'est point, dit-il, « un orateur qui a écrit cette loi, c'est la bataille, « c'est la défaite de Chéronée. » Car c'est en cela que consiste l'image : « La bataille a écrit cette loi. » Au lieu qu'en disant, « la bataille a fait passer cette « loi, » on ne conserve plus l'image, ou elle est au moins fort peu sensible : c'était même chez les Grecs le terme propre, « écrire une loi, une ordonnance, « un édit, » etc. M. Despréaux a évité cette expression, « écrire une loi, » parce qu'elle n'est pas française dans ce sens-là ; mais il aurait pu mettre, « ce « n'est pas un orateur qui a fait cette loi, » etc. Hypéride avait ordonné qu'on donnerait le droit de bourgeoisie à tous les habitants d'Athènes indifféremment, la liberté aux esclaves, et qu'on enverrait au Pyrée les femmes et les enfants. Plutarque parle de cette ordonnance dans la Vie d'Hypéride ; et il cite même un passage qui n'est pourtant pas celui dont il est question. Il est vrai que le même passage, rapporté par Longin, est cité fort différemment par Démétrius Phaléréus : « Ce n'est pas « moi, dit-il, qui ai écrit cette loi, c'est la guerre « qui l'a écrite avec l'épée d'Alexandre. » Mais pour moi, je suis persuadé que ces derniers mots, « qui « l'a écrite avec la javeline d'Alexandre, » Ἀλεξάνδρου δόρατι γράφων, ne sont point d'Hypéride ; ils sont apparemment de quelqu'un qui aura cru ajouter quelque chose à la pensée de cet orateur, et l'embellir même en expliquant par une espèce de pointe le mot πόλεμος ἔγραψεν, « la guerre qui a écrit ; » et je m'assure que tout cela paraîtra à tous ceux qui ne se laissent point éblouir par de faux brillants.

## CHAPITRE XIV.

( Mais il n'y a pas grande finesse à jurer simplement : il faut voir où, comment, en quelle occasion, et pourquoi on le fait. ) Ce jugement est admirable, et Longin dit plus lui seul que tous les autres rhéteurs qui ont examiné le passage de Démosthène. Quintilien avait pourtant bien vu que les serments sont ridicules, si l'on n'a l'adresse de les employer aussi heureusement que cet orateur ; mais il n'avait point fait sentir tous les défauts que Longin nous explique si clairement dans le seul examen qu'il fait de ce serment d'Eupolis. On peut voir deux endroits de Quintilien dans le chapitre II du livre IX.

## CHAPITRE XV.

( Et ne saurait souffrir qu'un chétif rhétoricien entreprenne de le tromper comme un enfant par de grossières finesses. ) Il me semble que ces deux expressions, « chétif rhétoricien, et finesses grossières, » ne peuvent s'accorder avec ces charmes du discours dont il est parlé six lignes plus bas. Longin dit, « et ne saurait souffrir qu'un simple rhétori« cien, » τεχνίτης ῥήτωρ, « entreprenne de le tromper « comme un enfant par de petites finesses, » σχημα- τίοις.

## CHAPITRE XVIII.

( Si donc vous voulez éviter les malheurs qui vous menacent. ) Tous les interprètes d'Hérodote et ceux de Longin ont expliqué ce passage comme M. Despréaux, mais ils n'ont pas pris garde que le verbe grec ἐνδέχεσθαι ne peut pas signifier éviter, mais prendre ; et que ταλαιπωρία n'est pas plus souvent employé pour misère, calamité, que pour travail, peine. Hérodote oppose manifestement ταλαιπωρίας ἐνδέχεσθαι, prendre de la peine, n'appréhender point la fatigue, à μαλακίη διαχρῆσθαι, être lâche, paresseux ; et il dit : « Si donc vous voulez ne point « appréhender la peine et la fatigue, commencez « dès ce moment à travailler, et après la défaite « de vos ennemis vous serez libres. » Ce que je dis paraîtra plus clairement, si on prend la peine de lire le passage dans le VI° livre d'Hérodote, à la section 11.

## CHAPITRE XIX.

( Car d'attacher partout ces cymbales et ces sonnettes, cela sentirait trop son sophiste. ) Les anciens avaient accoutumé de mettre des sonnettes aux harnois de leurs chevaux dans les occasions extraordinaires, c'est-à-dire les jours où l'on faisait des revues et des tournois ; il paraît même, par un passage d'Eschyle, qu'on en garnissait les boucliers tout autour : c'est de cette coutume que dépend l'intelligence de ce passage de Longin, qui veut dire que, comme un homme qui mettrait ces sonnettes tous les jours serait pris pour un charlatan, un orateur qui emploierait partout ces pluriels passerait pour un sophiste.

## CHAPITRE XXIII.

(Ce héraut ayant assez pesé la conséquence de toutes ces choses, il commande aux descendants des Héraclides de se retirer.) Ce passage d'Hécatée a été expliqué de la même manière par tous les interprètes ; mais ce n'est guère la coutume qu'un héraut pèse la conséquence des ordres qu'il a reçus ; ce n'est point aussi la pensée de cet historien. M. Lefèbvre avait fort bien vu que ταῦτα δεινὰ ποιούμενος ne signifie point du tout *pesant la conséquence de ces choses*, mais *étant bien fâché de ces choses*, comme mille exemples en font foi, ὧν n'est point ici un participe, mais ὧν pour οὖν dans le style d'Ionie, qui était celui de cet auteur ; c'est-à-dire que ὡς μὴ ὦν ne signifie point *comme si je n'étais point au monde*, mais *afin donc ;* et cela dépend de la suite. Voici le passage en entier : « Le héraut, bien fâché « de l'ordre qu'il avait reçu, fait commandement « aux descendants des Héraclides de se retirer. Je ne « saurais vous aider ; afin donc que vous ne péris- « siez entièrement, et que vous ne m'enveloppiez « point dans votre ruine en me faisant exiler, par- « tez, retirez-vous chez quelque autre peuple. »

## CHAPITRE XXIV.

( La déesse Vénus, pour châtier l'insolence des Scythes, qui avaient pillé son temple, leur envoya la maladie des femmes. ) Par cette maladie des femmes, tous les interprètes ont entendu les hémorrhoïdes ; mais il me semble qu'Hérodote aurait eu tort de n'attribuer qu'aux femmes ce qui est aussi commun aux hommes, et que la périphrase dont il s'est servi ne serait pas fort juste. Ce passage a embarrassé beaucoup de gens, et Voiture n'en a pas été seul en peine. Pour moi, je suis persuadé que la plupart, pour avoir voulu trop finasser, ne sont point entrés dans la pensée d'Hérodote, qui n'entend point d'autre maladie que celle qui est particulière aux femmes. C'est en cela aussi que sa périphrase paraît admirable à Longin, parce que cet auteur avait plusieurs autres manières de circonlocution, mais qui auraient été toutes ou rudes ou malhonnêtes ; au lieu que celle qu'il a choisie est très-propre, et ne choque point. En effet, le mot νοῦσος, *maladie*, n'a rien de grossier, et ne donne aucune idée sale : on peut encore ajouter, pour faire paraître davantage la délicatesse d'Hérodote en cet endroit, qu'il n'a pas dit νοῦσον γυναικῶν, *la maladie des femmes*, mais par l'adjectif θήλειαν νοῦσον, *la maladie féminine*, ce qui est beaucoup plus doux dans le grec, et n'a point du tout de grâce dans notre langue, où il ne peut être souffert.

## CHAPITRE XXVI.

( Le remède le plus naturel contre l'abondance et la hardiesse des métaphores, soit des autres figures, c'est de ne les employer qu'à propos, etc. ) J'aimerais mieux traduire : « Mais je soutiens tou- « jours que l'abondance et la hardiesse des métapho- « res, comme je l'ai déjà dit, les figures employées « à propos, les passions véhémentes, et le grand, « sont les plus naturels adoucissements du sublime. » Longin veut dire que, pour excuser la hardiesse du discours dans le sublime, on n'a pas besoin de ces conditions, *pour ainsi dire, si je l'ose dire*, etc., et qu'il suffit que les métaphores soient fréquentes et hardies, que les figures soient employées à propos, que les passions soient fortes, et que tout enfin soit noble et grand.

( Il dit que la rate est la cuisine des intestins. ) Le passage de Longin est corrompu, et ceux qui le liront avec attention en tomberont sans doute d'accord ; car la rate ne peut jamais être appelée raisonnablement *la cuisine des intestins*, et ce qui suit détruit manifestement cette métaphore. Longin avait écrit, comme Platon, ἐκμαγεῖον, et non pas μαγειρεῖον. On peut voir le passage tout du long dans le Timée, à la page 72 du tome III de l'édition de Serranus. Ἐκμαγεῖον signifie proprement χειρόμακτρον, *une serviette à essuyer les mains*. Platon dit que « Dieu a placé la rate au voisinage du foie, afin « qu'elle lui serve comme de torchon, *si j'ose me « servir de ce terme,* et qu'elle le tienne toujours « propre et net ; c'est pourquoi, lorsque, dans une « maladie, le foie est environné d'ordures, la rate, « qui est une substance creuse, molle, et qui n'a « point de sang, le nettoie, et prend elle-même « toutes ces ordures : d'où vient qu'elle s'enfle et « devient bouffie ; comme, au contraire, après que « le corps est purgé, elle se désenfle, et retourne « à son premier état. » Je m'étonne que personne ne se soit aperçu de cette faute dans Longin, et qu'on ne l'ait corrigée sur le texte même de Platon, et sur le témoignage de Pollux, qui cite ce passage dans le chapitre IV du livre II.

(De fait, accusant Platon d'être tombé en plusieurs endroits, il parle de l'autre comme d'un auteur achevé, etc.) Il me semble que cela n'explique pas assez la pensée de Longin, qui dit : « En effet, il « préfère à Platon, qui est tombé en beaucoup « d'endroits ; il lui préfère, dis-je, Lysias, comme un « orateur achevé, et qui n'a point de défauts, » etc.

## CHAPITRE XXVII.

(Et dans Théocrite, ôtez quelques endroits où il sort un peu du caractère de l'églogue, il n'y a rien qui ne soit heureusement imaginé.) Les anciens ont remarqué que la simplicité de Théocrite était très-heureuse dans les Bucoliques ; cependant il est certain, comme Longin l'a fort bien vu, qu'il y a quelques endroits qui ne suivent pas bien la même idée, et qui s'éloignent fort de cette simplicité. On verra un jour, dans les commentaires que j'ai faits sur ce poëte, les endroits que Longin me paraît avoir entendus.

(Mais qui ne tombe dans ce défaut qu'à cause de cet esprit divin dont il est entraîné, et qu'il ne saurait régler comme il veut.) Longin dit en général : « mais qui ne tombe dans ce défaut qu'à cause « de cet esprit divin dont il est entraîné, et qu'il est « bien difficile de régler. »

## CHAPITRE XXVIII.

(Outre qu'il est plus harmonieux, il a bien plus de parties d'orateur, qu'il possède presque toutes en un degré éminent.) Longin, à mon avis, n'a garde de dire d'Hypéride qu'il possède presque toutes les parties d'orateur en un degré éminent : il dit seulement qu'il a plus de parties d'orateur que Démosthène, et que dans toutes ces parties « il « est presque éminent; qu'il les possède toutes en « un degré presque éminent, » καὶ σχεδὸν ὕπακρος ἐν πᾶσιν.

(Semblable à ces athlètes qui réussissent aux cinq sortes d'exercices, et qui, n'étant les premiers en pas un de ces exercices, passent en tous l'ordinaire et le commun.) De la manière que ce passage est traduit, Longin ne place Hypéride qu'au-dessus de l'ordinaire et du commun, ce qui est fort éloigné de sa pensée. A mon avis, M. Despréaux et les autres interprètes n'ont pas bien pris ni le sens ni les paroles de ce rhéteur; ἰδιῶται ne signifie point ici *des gens du vulgaire et du commun*, comme ils l'ont cru, mais des gens qui se mêlent des mêmes exercices : d'où vient qu'Hésychius a fort bien marqué ἰδιώ- τας ὁπλίτας ; je traduirais : « semblable à un athlète « que l'on appelle *pentathle*, qui véritablement est « vaincu par tous les autres athlètes dans tous les « combats qu'il entreprend, mais qui est au-dessus « de tous ceux qui s'attachent comme lui à cinq sor- « tes d'exercices. » Ainsi la pensée de Longin est fort belle, de dire que si l'on doit juger du mérite par le nombre des vertus, plutôt que par leur excellence, et que l'on commette Hypéride avec Démosthène comme deux pentathles qui combattent dans cinq sortes d'exercices, le premier sera beaucoup au-dessus de l'autre ; au lieu que si l'on juge des deux par un seul endroit, celui-ci l'emportera de bien loin sur le premier : comme un athlète qui ne se mêle que de la course ou de la lutte, vient facilement à bout d'un pentathle qui a quitté ses compagnons pour courir ou pour lutter contre lui. C'est tout ce que je puis dire sur ce passage, qui était assurément très-difficile, et qui n'avait peut-être point encore été entendu. M. Lefèbvre avait bien vu que c'était une imitation d'un passage de Platon dans le dialogue intitulé Ἐρασταί; mais il ne s'était pas donné la peine de l'expliquer.

(Il joint à cela les douceurs et les grâces de Lysias.) Pour ne se tromper pas à ce passage, il faut savoir qu'il y a deux sortes de grâces : les unes majestueuses et graves, qui sont propres aux poëtes ; et les autres simples et semblables aux railleries de la comédie. Ces dernières entrent dans la composition du style poli, que les rhéteurs ont appelé γλαφυρὸν λόγον; et c'était là les grâces de Lysias, qui, au jugement de Denys d'Halicarnasse, excellait dans ce style poli : c'est pourquoi Cicéron l'appelle *venustissimum oratorem*. Voici un exemple des grâces de ce charmant orateur. En parlant un jour contre Eschine, qui était amoureux d'une vieille : « Il aime, dit-il, une femme dont il est plus facile « de compter les dents que les doigts. » C'est par cette raison que Démétrius a mis les grâces de Lysias dans le même rang que celles de Sophron, qui faisait des mimes.

(On y voit, pour ainsi dire, un orateur toujours à jeun.) Je ne sais si cette expression exprime bien la pensée de Longin. Il y a dans le grec καρδίας νήφοντος, et par là ce rhéteur a entendu un orateur *toujours égal et modéré;* car νήφειν est opposé à μαίνεσθαι, *être furieux*. M. Despréaux a cru conserver la même idée, parce qu'un orateur véritablement sublime ressemble en quelque manière à un homme qui est échauffé par le vin.

## CHAPITRE XXIX.

(Que Lysias est au-dessous de Platon par un plus grand nombre de fautes.) Le jugement que Longin fait ici de Lysias s'accorde fort bien avec ce qu'il a dit à la fin du chapitre XXVI, pour faire voir que Cécilius avait eu tort de croire que Lysias fût sans défaut; mais il s'accorde fort bien aussi avec tout ce que les anciens ont écrit de cet orateur. On n'a qu'à voir un passage remarquable dans le livre DE OPTIMO GENERE ORATORUM, où Cicéron parle et juge en même temps des orateurs qu'on doit se proposer pour modèle.

## CHAPITRE XXX.

(A l'égard donc des grands orateurs en qui le sublime et le merveilleux se rencontre joint avec l'utile et le nécessaire, etc.) Le texte grec est entièrement corrompu en cet endroit, comme M. Lefèbvre l'a fort bien remarqué : il me semble pourtant que le sens que M. Despréaux en a tiré ne s'accorde pas bien avec celui de Longin. En effet, ce rhéteur venant de dire, à la fin du chapitre précédent, qu'il est aisé d'acquérir l'utile et le nécessaire, qui n'ont rien de grand ni de merveilleux, il ne me paraît pas possible qu'il joigne ici ce merveilleux avec ce nécessaire et cet utile. Cela étant, je crois que la restitution de ce passage n'est pas si difficile que l'a cru M. Lefèbvre ; et, quoique ce savant homme ait désespéré d'y arriver sans le secours de quelque manuscrit, je ne laisserai pas de dire ici ma pensée. Il y a dans le texte ἐφ' ὧν οὐκ ἔτ' ἔξω τῆς χρείας, etc. ; je ne doute point que Longin n'eût écrit, ἐφ' ὧν οὐ δῆτ' ἔσω τῆς χρείας καὶ ὠφελείας πίπτει τὸ μέγεθος, etc. c'est-à-dire : « A l'égard donc « des grands orateurs en qui se trouve ce sublime « et ce merveilleux, qui n'est point resserré dans « les bornes de l'utile et du nécessaire, il faut « avouer, » etc. Si l'on prend la peine de lire ce chapitre et le précédent, j'espère que l'on trouvera cette restitution très-vraisemblable et très-bien fondée.

## CHAPITRE XXXI.

(Les paraboles et les comparaisons approchent fort des métaphores, et ne diffèrent d'elles qu'en un seul point....) Ce que Longin disait ici de la différence qu'il y a des paraboles et des comparaisons aux métaphores, est entièrement perdu; mais on en peut fort bien suppléer le sens par Aristote, qui dit, comme Longin, qu'elles ne diffèrent qu'en une chose : c'est en la seule énonciation : par exemple, quand Platon dit que « la tête est une citadelle, » on en fera une métaphore dont on fera aisément une comparaison en disant que « la tête est comme une citadelle. » Il manque encore après cela quelque chose de ce que Longin disait de la juste borne des hyperboles, et jusqu'où il est permis de les pousser. La suite et le passage de Démosthène, ou plutôt d'Hégésippe son collègue, font assez comprendre quelle était sa pensée. Il est certain que les hyperboles sont dangereuses ; et, comme Aristote l'a fort bien remarqué, elles ne sont presque jamais supportables que dans la colère et dans la passion.

(Telle est cette hyperbole : Supposé que votre esprit soit dans votre tête, et que vous ne le fouliez pas sous vos talons.) C'est dans l'oraison *de Halo eso*, que l'on attribue vulgairement à Démosthène, quoiqu'elle soit d'Hégésippe son collègue. Longin cite ce passage sans doute pour en condamner l'hyperbole, qui est en effet très-vicieuse; car *un esprit foulé sous les talons* est une chose bien étrange. Cependant Hermogène n'a pas laissé de la louer. Mais ce n'est pas seulement par ce passage que l'on peut voir que le jugement de Longin est souvent plus sûr que celui d'Hermogène et de tous les autres rhéteurs.

(Les Siciliens étant descendus en ce lieu, etc.) Ce passage est pris du septième livre. Thucydide parle ici des Athéniens, qui, en se retirant sous la conduite de Nicias, furent attrapés par l'armée de Gylippe et par les troupes des Siciliens près du fleuve Asinarus, aux environs de la ville *Neetum*; mais dans le texte, au lieu de dire *les Siciliens étant descendus*, il faut, *les Lacédémoniens étant descendus*. Thucydide écrit αἵ τε Πελοποννήσιοι ἐπικαταβάντες, et non pas αἵ τε γὰρ Συρακούσιοι, comme il y a dans Longin. Par ces *Péloponésiens*, Thucydide entend les troupes de Lacédémone conduites par Gylippe ; et il est certain que, dans cette occasion, les Siciliens tiraient sur Nicias de dessus les bords du fleuve, qui étaient hauts et escarpés : les seules troupes de Gylippe descendirent dans le fleuve, et y firent tout ce carnage des Athéniens.

(Ils se défendirent encore quelque temps en ce lieu avec les armes qui leur restaient, et avec les mains et les dents, jusqu'à ce que les barbares, tirant toujours, les eussent comme ensevelis sous leurs traits.) M. Despréaux a expliqué ce passage au pied de la lettre, comme il est dans Longin; et il assure, dans sa remarque, qu'il n'a point été entendu ni par les interprètes d'Hérodote, ni par ceux de Longin, et que M. Lefèbvre, après bien du changement, n'y a su trouver de sens. Nous allons voir si l'explication qu'il lui a donnée lui-même est aussi sûre et aussi infaillible qu'il l'a cru. Hérodote parle de ceux qui au détroit des Thermopyles, après s'être retranchés sur un petit poste élevé, soutinrent tout l'effort des Perses, jusqu'à ce qu'ils furent accablés et comme ensevelis sous leurs traits. Comment peut-on donc concevoir que des gens postés et retranchés sur une hauteur se défendent avec les dents contre des ennemis qui tirent toujours, et qui ne les attaquent que de loin? M. Lefèbvre, à qui cela n'a pas paru possible, a mieux aimé suivre toutes les éditions de cet historien, où ce passage est ponctué d'une autre manière, et comme je le mets ici : ἐν τούτῳ σφέας τῷ χώρῳ ἀλεξομένους μαχαίρῃσι τῇσιν αὐτέων, ταὶ ἐτύγ- χανον ἔτι περιεοῦσαι, καὶ χερσὶ καὶ στόμασι κατέχωσαν οἱ βάρβαροι βαλλόντες; et au lieu de χερσὶ καὶ στόμασι, il a cru qu'il fallait corriger χερμαδίοις καὶ δόρασι, en le rapportant à κατέχωσαν; « comme ils se défendaient « encore dans le même lieu avec les épées qui leur « restaient, les barbares les accablèrent de pierres « et de traits. » Je trouve pourtant plus vraisemblable qu'Hérodote avait écrit, λάεσι καὶ δόρασι; il avait sans doute en vue ce vers d'Homère, du III° livre de l'Iliade :

ἰοῖσίν τε τιτυσκόμενοι λάεσσι τ' ἔβαλλον.

« Ils les chargeaient à coups de pierres et de traits. » La corruption de λάεσι en χερσὶ étant très-facile. Quoi qu'il en soit, on ne peut pas douter que ce ne soit le véritable sens : et ce qu'Hérodote ajoute le prouve visiblement. On peut voir l'endroit dans la section 225 du livre VII. D'ailleurs Diodore, qui a décrit ce combat, dit que les Perses environnèrent les Lacédémoniens, et qu'en les attaquant de loin ils les percèrent tous à coups de flèches et de traits. A toutes ces raisons, M. Despréaux ne saurait opposer que l'autorité de Longin, qui a écrit et entendu ce passage de la même manière dont il l'a traduit. Mais je réponds, comme M. Lefèbvre, que, dès le temps même de Longin, ce passage pouvait être corrompu; que Longin était homme, et que par conséquent il a pu faillir aussi bien que Démosthène, Platon et tous ces grands héros de l'antiquité, qui ne nous ont donné des marques qu'ils étaient hommes, que par quelques fautes et par leur mort. Si on veut encore se donner la peine d'examiner ce passage, on cherchera, si je l'ose dire, Longin dans Longin même. En effet, il ne rapporte ce passage que pour faire voir la beauté de cette hyperbole : « des hommes se défendent avec les dents contre des « gens armés; » et cependant cette hyperbole est puérile, puisque lorsqu'un homme a approché son ennemi, et qu'il l'a saisi au corps, comme il faut nécessairement en venir aux prises pour employer les dents, il lui a rendu ses armes inutiles, ou même plutôt incommodes. De plus, ceci : « des hommes « se défendent avec les dents contre des gens ar- « més, » ne présuppose pas que les uns ne puissent être armés comme les autres; et ainsi la pensée de Longin est froide, parce qu'il n'y a point d'opposition sensible entre des gens qui se défendent avec les dents, et des hommes qui combattent armés. Je n'ajouterai plus que cette seule raison : c'est que, si l'on suit la pensée de Longin, il y aura encore une fausseté dans Hérodote, puisque les historiens remarquent que les barbares étaient armés à la légère avec de petits boucliers, et qu'ils étaient par conséquent exposés aux coups des Lacédémoniens, quand ils approchaient des retranchements, au lieu que ceux-ci étaient bien armés, serrés en peloton et tout couverts de leurs larges boucliers.

(Et que tant de personnes soient ensevelies sous les traits de leurs ennemis.) Les Grecs dont parle ici Hérodote étaient en fort petit nombre : Longin n'a donc pu écrire, *et que tant de personnes, etc*. D'ailleurs, de la manière que cela est écrit, il semble que Longin trouve cette métaphore excessive, plutôt à cause du nombre des personnes qui sont ensevelies sous les traits, qu'à cause de la chose même; et cela n'est point, car au contraire Longin dit clairement : « Quelle hyperbole, combattre avec les dents « contre des gens armés! et celle-ci encore, être « accablé sous les traits! Cela ne laisse pas néan- « moins, » etc.

## CHAPITRE XXXII.

(Que l'harmonie n'est pas simplement un agrément que la nature a mis dans la voix de l'homme pour persuader et pour inspirer le plaisir, mais que, dans les instruments même inanimés, etc.) M. Despréaux assure, dans ses remarques, que ce passage doit être entendu comme il l'a expliqué; mais je ne suis pas de son avis, et je trouve qu'il s'est éloigné de Longin en prenant le mot grec *organum* pour un instrument, comme une flûte, une lyre, au lieu de le prendre pour un *organe*, comme nous disons, pour *une cause, un moyen*. Longin dit clairement : « L'harmonie n'est pas seulement un moyen naturel « à l'homme pour persuader et pour inspirer le « plaisir, mais encore un organe, un instrument « merveilleux, pour élever le courage et pour « émouvoir les passions. » C'est, à mon avis, le véritable sens de ce passage; Longin vient ensuite aux exemples de l'harmonie de la flûte et de la lyre, quoique ces organes pour émouvoir et pour persuader n'approchent point des moyens qui sont propres et naturels à l'homme, etc.

(Cependant ce ne sont que des images et de simples imitations de la voix, qui ne disent et ne persuadent rien.) Longin, à mon sens, n'a garde de dire que les instruments, comme la trompette, la lyre, la flûte, *ne disent et ne persuadent rien*. Il dit : « Cependant ces images et ces imitations ne « sont que des organes bâtards pour persuader, et « n'approchent point du tout de ces moyens qui, « comme j'ai déjà dit, sont propres et naturels à « l'homme. » Longin veut dire que l'harmonie qui se tire des différents sons d'un instrument, comme de la lyre ou de la flûte, n'est qu'une faible image de celle qui se forme par les différents sons et par la différente flexion de la voix; et que cette dernière harmonie, qui est naturelle à l'homme, a beaucoup plus de force que l'autre pour persuader et pour émouvoir. C'est ce qu'il serait fort aisé de prouver par des exemples.

(Et l'expérience en fait foi....) Longin rapporte, après ceci, un passage de Démosthène, que M. Despréaux a rejeté dans ses remarques, parce qu'il est entièrement attaché à la langue grecque; le voici : Τοῦτο τὸ ψήφισμα τὸν τότε τῇ πόλει περιστάντα κίνδυνον παρελθεῖν ἐποίησεν ὥσπερ νέφος. Comme ce rhéteur assure que l'harmonie de la période ne cède point à la beauté de la pensée, parce qu'elle est toute composée de nombres dactyliques, je crois qu'il ne sera pas inutile d'expliquer ici cette harmonie et ces nombres, vu même que le passage de Longin est un de ceux que l'on peut traduire fort bien au pied de la lettre, sans entendre la pensée de Longin, et sans connaître la beauté du passage de Démosthène. Je vais donc tâcher d'en donner au lecteur une intelligence nette et distincte, et, pour cet effet, je distribuerai d'abord la période de Démosthène dans ses nombres dactyliques, comme Longin les a entendus.

[ Τοῦτο τὸ ] ψήφισμα ] τὸν τότε ] τῇ πόλει ] περιστάν ] τα ] κίνδυνον ] παρελθεῖν ] ἐποίη ] σεν ] ὥσπερ νέφος. ] Voilà neuf nombres dactyliques en tout. Avant que de passer plus avant, il est bon de remarquer que beaucoup de gens ont fort mal entendu ces nombres dactyliques pour les avoir confondus avec les mètres ou les pieds que l'on appelle dactyles. Il y a pourtant bien de la différence. Pour le nombre dactylique, on n'a égard qu'au temps et à la prononciation; et pour le dactyle, on a égard à l'ordre et à la position des lettres; de sorte qu'un même mot peut être un nombre dactylique sans être pourtant un dactyle, comme cela paraît par [ψήφισμα] τῇ πόλει] παρελθεῖν.] Mais revenons à notre passage. Il n'y a plus que trois difficultés qui se présentent : la première, que ces nombres devant être de quatre temps, d'un long qui en vaut deux, et de deux courts, le second nombre de période ψήφισμα, le quatrième, cinquième, et quelques autres, paraissent en avoir cinq, parce que dans ψήφισμα la première syllabe étant longue, en vaut deux; la seconde étant aussi longue, en vaut deux autres; et la troisième brève, un, etc. A cela je réponds que, dans les rythmes ou nombres, comme je l'ai déjà dit, on n'a égard qu'au temps et à la voyelle, et qu'ainsi φις est aussi bref que μα. C'est ce qui paraîtra clairement par ce seul exemple de Quintilien, qui dit que la seconde syllabe d'*agrestis* est brève. La seconde difficulté naît de ce précepte de Quintilien, qui dit, dans le chapitre IV du livre IX, que « quand la période com-
« mence par une sorte de rythme ou de nombre,
« elle doit continuer dans le même rythme jusqu'à
« la fin. » Or, dans cette période de Démosthène, le nombre semble changer, puisque tantôt les longues et tantôt les brèves sont les premières; mais le même Quintilien ne laisse aucun doute là-dessus, si l'on prend garde à ce qu'il a dit auparavant, qu'il « est indifférent au rythme dactylique d'avoir les
« deux premières ou les deux dernières brèves, parce
« que l'on n'a égard qu'aux temps, et à ce que
« son élévation soit de même nombre que sa posi-
« tion. » Enfin, la troisième et dernière difficulté vient du dernier rythme ὥσπερ νέφος que Longin fait de quatre syllabes, et par conséquent de cinq temps, quoique Longin assure qu'il se mesure par quatre. Je réponds que ce nombre ne laisse pas d'être dactylique comme les autres, parce que le temps de la dernière syllabe est superflu et compté pour rien, comme les syllabes qu'on trouve de trop dans les vers qui de là sont appelés *hypermètres*. On n'a qu'à écouter Quintilien : « Les rythmes reçoivent plus fa-
« cilement des temps superflus; quoique la même
« chose arrive aussi quelquefois aux mètres. » Cela suffit pour éclaircir la période de Démosthène et la pensée de Longin. J'ajouterai pourtant encore que Démétrius Phaléréus cite ce même passage de Démosthène, et qu'au lieu de περιστάντα il a lu ἐπιόντα; ce qui fait le même effet pour le nombre.

( Philiste est de ce nombre.) Le nom du poëte est corrompu dans Longin; il faut lire *Philiscus*, et non pas *Philistus*. C'était un poëte comique; mais on ne saurait dire précisément en quel temps il a vécu.

## CHAPITRE XXXIII.

( De même, ces paroles mesurées n'inspirent point à l'esprit les passions qui doivent naître du discours, etc.) Longin dit : « De même, quand les périodes
« sont si mesurées, l'auditeur n'est point touché
« du discours; il n'est attentif qu'au nombre et à
« l'harmonie; jusque-là que, prévoyant les cadences
« qui doivent suivre, et battant toujours la mesure
« comme en une danse, il prévient même l'orateur,
« et marque la chute avant qu'elle arrive. » Au reste, ce que Longin dit ici est pris tout entier de la rhétorique d'Aristote; et il peut nous servir fort utilement à corriger l'endroit même d'où il a été tiré. Aristote, après avoir parlé des périodes mesurées,

ajoute : τὸ μὲν γὰρ ἀπίθανον, πεπλᾶσται γὰρ δοκεῖ καὶ ἅμα... ἐξίστησι, προσέχειν γὰρ ποιεῖ τῷ ὁμοίῳ πότε πάλιν ἥξει...... ὥσπερ οὗ τῶν κηρύκων προλαμβάνουσι τὰ παιδία, τὸ, τίνα αἱρεῖται ἐπὶ τρόπον ὁ ἀπελευθερούμενος, Κλέωνα. Dans la première lacune, il faut suppléer assurément καὶ ἅμα τοὺς ἀκούοντας ἐξίστησι; et dans la seconde, après ἥξει, ajouter ὁ καὶ φθάνοντες προαποδίδουσι ὥσπερ οὖν, etc.; et après ἀπελευθερούμενος il faut un point interrogatif. Mais c'est ce qui paraîtra beaucoup mieux par cette traduction : « Ces périodes mesu- « rées ne persuadent point ; car, outre qu'elles pa- « raissent étudiées, elles détournent l'auditeur et « le rendent attentif seulement au nombre et aux « chutes, qu'il marque même par avance, comme « on voit les enfants se hâter de répondre Cléon, « avant que les huissiers aient achevé de crier : Qui « est le patron que veut prendre l'affranchi? » Le savant Victorius est le seul qui ait soupçonné que ce passage d'Aristote était corrompu ; mais il n'a pas voulu chercher les moyens de le corriger.

### CHAPITRE XXXIV.

( Des armoires et des sacs pleins de papier.) Théopompus n'a point dit « des sacs pleins de papier, » car ce papier n'était point dans les sacs ; mais il dit « des armoires, des sacs, des rames de papier, » etc. ; et, par ce papier, il entend du gros papier pour envelopper les drogues et les épiceries dont il a parlé.

( La nature a caché et détourné ces égouts le plus loin qu'il lui a été possible, de peur que la beauté de l'animal n'en fût souillée. ) La nature savait fort bien que si elle exposait en vue ces parties qu'il n'est pas honnête de nommer, la beauté de l'homme en serait souillée; mais de la manière que M. Despréaux a traduit ce passage, il semble que la nature ait eu quelque espèce de doute si cette beauté en serait souillée, ou si elle ne le serait point; car c'est, à mon avis, l'idée que donnent ces mots *de peur que*, etc. ; cela déguise en quelque manière la pensée de Xénophon, qui dit : « La nature a caché et dé- « tourné ces égouts le plus loin qu'il lui a été pos- « sible, pour ne point souiller la beauté de l'ani- « mal. »

### CHAPITRE XXXV.

( Tellement qu'on voit briller dans leurs discours la liberté de leur pays. ) Longin dit : « Tellement « qu'on voit briller dans leurs discours la même li- « berté que dans leurs actions. » Il veut dire que, comme ces gens-là sont les maîtres d'eux-mêmes, leur esprit, accoutumé à cet empire et à cette indépendance, ne produit rien qui ne porte des marques de cette liberté, qui est le but principal de toutes leurs actions, et qui les entretient toujours dans le mouvement. Cela méritait d'être bien éclairci : car c'est ce qui fonde en partie la réponse de Longin, comme nous l'allons voir dans la seconde remarque, après celle-ci.

( Qui avons été comme enveloppés par les coutumes, et par les façons de faire de la monarchie. ) « Être enveloppé par les coutumes, » me paraît obscur : il semble même que cette expression dit tout autre chose que ce que Longin a prétendu. Il y a dans le grec, « qui avons été comme emmaillotés, » etc. ; mais comme cela n'est pas français, j'aurais voulu traduire, pour approcher de l'idée de Longin, « qui « avons comme sucé avec le lait les coutumes, » etc.

( Les rendent même plus petits par le moyen de cette bande dont on leur entoure le corps. ) Par cette bande, Longin entend sans doute ces bandelettes dont on emmaillotait les pygmées depuis la tête jusques aux pieds. Ces bandelettes étaient à peu près comme celles dont les filles se servaient pour empêcher leur gorge de croître. C'est pourquoi Térence appelle ces filles *vincto pectore*, ce qui répond fort bien au mot grec δεσμὸς que Longin emploie ici, et qui signifie *bande*, *ligature*. Encore aujourd'ui, en beaucoup d'endroits de l'Europe, les femmes mettent en usage ces bandes pour avoir les pieds petits.

( Je sais bien qu'il est fort aisé à l'homme, et que c'est son naturel, etc. ) M. Despréaux suit ici tous les interprètes qui attribuent encore ceci au philosophe qui parle à Longin. Mais je suis persuadé que ce sont les paroles de Longin, qui interrompt en cet endroit le philosophe, et commence à lui répondre. Je crois même que, dans la lacune suivante, il ne manque pas tant de choses qu'on a cru ; et peut-être n'est-il pas si difficile d'en suppléer le sens. Je ne pense pas que Longin n'ait écrit : « Je sais bien, « lui répondis-je alors, qu'il est fort aisé à l'homme, « et que c'est même son naturel, de blâmer les cho- « ses présentes. Mais prenez-y bien garde, ce n'est « point la monarchie qui est cause de la décadence « des esprits; et les délices d'une longue paix ne « contribuent pas tant à corrompre les grandes âmes « que cette guerre sans fin qui trouble depuis si « longtemps toute la terre, et qui oppose des obs- « tacles insurmontables à nos plus généreuses incli- « nations. » C'est assurément le véritable sens de ce passage, et il serait aisé de le prouver par l'histoire même du siècle de Longin. De cette manière, ce rhéteur répond fort bien aux deux objections du philosophe, dont l'une est, que le gouvernement monarchique causait la grande stérilité qui était alors dans les esprits ; et l'autre, que, dans les républiques, l'émulation et l'amour de la liberté entretenaient les républicains dans un mouvement continuel qui élevait leur courage, qui aiguisait leur esprit, et qui leur inspirait cette grandeur et cette noblesse dont les hommes véritablement libres sont seuls capables.

(Où nous ne songeons qu'à attraper la succession de celui-ci.) Le grec dit quelque chose de plus atroce : « où l'on ne songe qu'à hâter la mort de celui-ci, » etc. ἀλλότριαι θῆραι θανάτων. Il a égard aux moyens dont on se servait alors pour avancer la mort de ceux dont on attendait la succession ; on voit assez d'exemples de cette horrible coutume dans les satires des anciens.

# REMARQUES DE M. BOIVIN

### SUR LE TRAITÉ DU SUBLIME.

Le roi a dans sa bibliothèque un manuscrit [1] de sept à huit cents ans, où le Traité du Sublime de Longin se trouve à la suite des problèmes d'Aristote. Il me serait aisé de prouver que cet exemplaire est original par rapport à tous ceux qui nous restent aujourd'hui. Mais je n'entre point présentement dans un détail que je réserve pour une remarque particulière sur le chapitre VII. J'avertis seulement ceux qui voudront se donner la peine de lire les notes suivantes, qu'elles sont pour la plupart appuyées sur l'ancien manuscrit. Il fournit lui seul un grand nombre de leçons, que Vossius a autrefois recueillies, et que Tollius a publiées. Il ne me reste à remarquer qu'un petit nombre de choses, auxquelles il me semble qu'on n'a pas encore fait attention.

## CHAPITRE I.

Le partage des chapitres n'est point de Longin. Les chiffres qui en sont la distinction ont été ajoutés d'une main récente dans l'ancien manuscrit. A l'égard des arguments ou sommaires, il n'y en a qu'un très-petit nombre, qui même ne conviennent pas avec ceux que nous avons dans les imprimés. Après cela il ne faut pas s'étonner si les imprimés ne s'accordent pas entre eux, en ce qui regarde la division et les arguments des chapitres.

(La bassesse de son style.) Longin se sert partout du mot ταπεινὸς dans le sens que lui donne M. Despréaux. Ce qu'il dit dans le chapitre VII, en parlant d'Ajax, οὐ γὰρ ζῆν εὔχεται. ἦν γὰρ τὸ αἴτημα τοῦ ἥρωος ταπεινότερον [1], est fort semblable pour la construction à ce qu'il dit ici, τὸ συγγραμμάτιον ταπεινότερον ἐφάνη τῆς ὕλης ὑποθέσεως. Voyez aussi les chapitres II, VI, XXVII, XXIX, XXXII, XXXIV, etc.

## CHAPITRE II.

(Car comme les vaisseaux sont en danger.) Les conjonctions ὡς et οὕτω, usitées dans les comparaisons, le mot ἀνερμάτιστα, et quelques autres termes métaphoriques, ont fait croire aux interprètes, qu'il y avait une comparaison en cet endroit. M. Despréaux a bien senti qu'elle était défectueuse. « Il « faut, dit-il, suppléer au grec ou sous-entendre « πλοῖα, qui veut dire des vaisseaux de charge.... « Autrement il n'y a point de sens. » Pour moi, je crois qu'il ne faut point chercher ici de comparaison. La conjonction οὕτω, qui en était pour ainsi dire le caractère, ne se trouve ni dans l'ancien manuscrit, ni dans l'édition de Robortellus. L'autre conjonction, qui est ὡς, ne signifie pas *comme*, en cet endroit, mais *que*. Cela posé, le raisonnement de Longin est très-clair, si on veut se donner la peine de le suivre. En voici toute la suite : « Quelques-uns s'imaginent « que c'est une erreur de croire que le sublime puisse « être réduit en art. Mais je soutiens que l'on sera « convaincu du contraire, si on considère que la na- « ture, quelque liberté qu'elle se donne ordinaire- « ment dans les passions et dans les grands mouve- « ments, ne marche pas tout à fait au hasard ; que, « dans toutes nos productions, il la faut supposer « comme la base, le principe et le premier fonde- « ment ; mais que notre esprit a besoin d'une mé- « thode, pour lui enseigner à ne dire que ce qu'il « faut, et à le dire en son lieu ; et qu'enfin ( c'est ici « qu'il y a dans le grec καὶ ὡς, pour καὶ ὅτι, dont « Longin s'est servi plus haut, et qu'il n'a pas voulu « répéter ) le grand, de soi-même et par sa propre « grandeur, est glissant et dangereux lorsqu'il n'est « pas soutenu et affermi par les règles de l'art, et « qu'on l'abandonne à l'impétuosité d'une nature « ignorante et téméraire. » On se passe très-bien de sa comparaison, qui ne servait qu'à embrouiller la phrase. Il faut seulement sous-entendre εἰ ἐπισκέψαιτό τις, qui est six ou sept lignes plus haut, et faire ainsi la construction, καὶ (εἰ ἐπισκέψαιτό τις) ὡς ἐπικινδυνότερα ; et si l'on considère, « que le grand, » etc. Ἐπικινδυνότερα αὐτὰ ἐφ' ἑαυτῶν τὰ μεγάλα est précisé-

---

[1] C'est-à-dire : « Il ne demande pas la vie ; un héros n'était « pas capable de cette bassesse. »

ment la même chose que τὰ μεγάλα ἐπισφαλῆ δι' αὐτὸ τὸ μέγεθος qu'on lit dans le chapitre XXVII, et que M. Despréaux a traduit ainsi : « Le grand, de soi-« même et par sa propre grandeur, est glissant et « dangereux. »

Ἀνερμάτιστα et ἀστήρικτα sont des termes métaphoriques, qui, dans le sens propre, conviennent à de grands bâtiments, mais qui, pris figurément, peuvent très-bien s'appliquer à tout ce qui est grand, même aux ouvrages d'esprit.

( Nous en pouvons dire autant à l'égard du discours. La nature, etc. ) Il manque en cet endroit deux feuillets entiers dans l'ancien manuscrit : c'est ce qui a fait la lacune suivante. Je ne sais par quel hasard les cinq ou six lignes que Tollius a eues d'un manuscrit du Vatican, et qui se trouvent aussi dans un manuscrit [1] du roi, transposées et confondues avec un fragment des problèmes d'Aristote, ont pu être conservées. Il y a apparence que quelqu'un ayant rencontré un morceau des deux feuillets égarés de l'ancien manuscrit, ou les deux feuillets entiers, mais gâtés, n'aura pu copier que ces cinq ou six lignes.

A la fin de ce petit supplément, dont le public est redevable à Tollius, je crois qu'il faut lire ἡγήσαιτο, et non pas κομίσαιτο, qui ne me paraît pas faire un sens raisonnable. Le manuscrit du roi, où se trouve ce même supplément, n'a que σαιτο de la première main : κομί est d'une main plus récente.

Cela me fait soupçonner que, dans l'ancien manuscrit, le mot était à demi effacé, et que quelques-uns ont cru mal à propos qu'il devait y avoir κομίσαιτο.

( Dans un noble projet on tombe noblement. ) Il y a dans l'ancien manuscrit, μεγάλῳ ἀπολισθαίνειν ὅμως εὐγενὲς ἁμάρτημα. Les copistes ont voulu faire un vers, mais ce vers n'a ni césure, ni quantité. On ne trouvera point dans les poëtes grecs d'exemple d'un ïambe qui commence par deux anapestes. Il y a donc apparence que ce qu'on a pris jusqu'ici pour un vers est plutôt un proverbe, ou une sentence tirée des écrits de quelque philosophe. Μεγάλῳ ἀπολισθαίνειν, ὅμως εὐγενὲς ἁμάρτημα, est la même chose que s'il y avait, μεγάλῳ ἀπολισθαίνειν ἁμάρτημα μὲν, ὅμως δὲ εὐγενὲς ἁμάρτημα, « tomber en une « faute, mais en une faute noble, à celui qui est « grand, » c'est-à-dire « qui se montre grand dans « la chute même, ou qui ne tombe que parce qu'il « est grand. » C'est à peu près dans ce sens que M. Corneille a dit :

Il est beau de mourir maître de l'univers.

[1] N° 3171.

## CHAPITRE III.

( Enfin vous diriez qu'ils ont plus de pudeur. ) Isidore de Peluse dit dans une de ses lettres : αἱ κόραι, αἱ εἴσω τῶν ὀφθαλμῶν, καθάπερ παρθένοι ἐν θαλάμοις, ἱδρυμέναι, καὶ τοῖς βλεφάροις καθάπερ παραπετάσμασι κεκαλυμμέναι : « les prunelles placées au dedans des « yeux comme des vierges dans la chambre nup-« tiale, et cachées sous les paupières comme sous « des voiles. » Ces paroles mettent la pensée de Xénophon dans tout son jour.

## CHAPITRE VII.

( Voyez, par exemple, ce que répondit Alexandre, quand Darius.... ) Il manque en cet endroit plusieurs feuillets. Cependant Gabriel de Pétra a cru qu'il n'y manquait que trois ou quatre lignes. Il les a suppléées. M. Lefèbvre de Saumur approuve fort sa restitution, qui, en effet, est très-ingénieuse, mais fausse en ce qu'elle suppose que la réponse d'Alexandre à Parménion doit précéder immédiatement l'endroit d'Homère, dont elle était éloignée de douze pages raisonnablement grandes.

Il est donc important de savoir précisément combien il manque dans tous les endroits défectueux, pour ne pas faire à l'avenir de pareilles suppositions.

Il a six grandes lacunes dans le Traité du Sublime [1]. Les chapitres où elles se trouvent sont le II, le VII, le X, le XVI, le XXV et le XXXI. Elles sont non-seulement dans tous les imprimés, mais aussi dans tous les manuscrits. Les copistes ont eu soin, pour la plupart, d'avertir combien il manque dans chaque endroit : mais, jusqu'ici, les commentateurs n'ont eu égard à ces sortes d'avertissements qu'autant qu'ils l'ont jugé à propos ; l'autorité des copistes n'étant pas d'un grand poids auprès de ceux qui la trouvent opposée à d'heureuses conjectures.

L'ancien manuscrit de la Bibliothèque du roi a cela de singulier, qu'il nous apprend la mesure juste de ce que nous avons perdu. Les cahiers y sont cotés jusqu'au nombre de trente. Les cotes, ou signatures, sont de même antiquité que le texte. Les vingt-trois premiers cahiers, qui contiennent les problèmes d'Aristote, sont tous de huit feuillets chacun. A l'égard des sept derniers, qui appartiennent au Sublime de Longin, le premier, le troisième, le quatrième et le sixième, cotés [2] 24, 26, 27 et 29, sont de six feuillets, ayant perdu chacun les deux feuillets du

[1] Selon l'édition de M. Despréaux.
[2] Κδ. κστ. κζ. κθ.

milieu. C'est ce qui a fait la première, la troisième, la quatrième et la sixième lacune des imprimés et des autres manuscrits. Le second cahier manque entièrement : mais, comme il en restait encore deux feuillets dans le temps que les premières copies ont été faites, il ne manque en cet endroit, dans les autres manuscrits et dans les imprimés, que la valeur de six feuillets. C'est ce qui a fait la seconde lacune, que Gabriel de Pétra a prétendu remplir de trois ou quatre lignes. Le cinquième cahier, coté 28 [1], n'est que de quatre feuillets; les quatre du milieu sont perdus : c'est la cinquième lacune. La septième n'est que de trois feuillets continus, et remplis jusqu'à la dernière ligne de la dernière page. On examinera ailleurs s'il y a quelque chose de perdu en cet endroit.

De tout cela il s'ensuit qu'entre les six lacunes spécifiées, les moindres sont de quatre pages, dont le vide ne pourra jamais être rempli par de simples conjectures. Il s'ensuit de plus que le manuscrit du roi est original par rapport à tous ceux qui nous restent aujourd'hui, puisqu'on y découvre l'origine et la véritable cause de leur imperfection.

## CHAPITRE VIII.

### ODE DE SAPHO.

Cette ode, dont Catulle a traduit les trois premières strophes, et que Longin nous a conservée, était sans doute une des plus belles de Sapho; mais comme elle a passé par les mains des copistes et des critiques, elle a beaucoup souffert des uns et des autres. Il est vrai qu'elle est très-mal conçue dans l'ancien manuscrit du roi, il n'y a ni distinction de vers, ni ponctuation, ni orthographe : cependant on aurait peut-être mieux fait de la laisser telle qu'on l'y avait trouvée, que de la changer entièrement, comme l'on a fait. On en a ôté presque tous les éolismes; on a retranché, ajouté, changé, transposé; enfin on s'est donné toute sorte de libertés. Isaac Vossius, qui avait vu les manuscrits, s'est aperçu le premier du peu d'exactitude de ceux qui avaient avant lui corrigé cette pièce. Voici comme il en parle dans ses notes sur Catulle : *Sed ipsam nunc Lesbiam Musam loquentem audiamus; cujus Odam relictam nobis Longini beneficio, emendatam adscribemus. Nam certè in hâc corrigendâ viri docti operam lusére.* Après cela, il donne l'ode telle qu'il l'a rétablie. Vossius pouvait lui-même s'écarter moins qu'il n'a fait de l'ancien manuscrit. Examinons ses corrections vers pour vers.

[1] Κη.

Vers 1. Il y a dans l'ancien manuscrit μοι. Vossius a préféré Foi, parce qu'il l'a trouvé dans la grammaire d'Apollonius [1].

(Ἀδὺ φωνούσας. Voss.) ἀδύφων Σαίς. Manuscr. Peut-être doit-on lire ἀδὺ φωνοίσας, éoliquement; ou plutôt, ἀδὺ φωνῆσαι σ', *dulce loqui te :* d'autant plus que γελαίς, qui suit, est aussi à l'infinitif.

(Vers 5. ἰμερόεν. Voss.) ἰμερόεν avec un esprit doux, éoliquement. Manuscr.

(Τό μοι τάν. Voss.) τὸ μὴ ἐμάν. Manuscr. Je crois qu'il faut lire, τό μοι ἐμάν, en ne faisant qu'une syllabe de μοι ἐ, comme on le peut [2]; si l'on n'aime mieux, τὸ μοι'μάν, qui est la même chose.

(Vers 7. βροχέας. Voss.) βροχέως. Manuscr. Si l'on dit bien βροχέας éoliquement, pour βραχέας, on pourra dire aussi βροχέως pour βραχέως. Le sens n'en sera pas moins beau.

(Vers 8. οὐδὲν ἔθ' ἥκει. Voss.) οὐδὲν ἔτ' εἴκει. Manuscr. Les Éoliens changent l'esprit âpre en l'esprit doux. Εἴκει est pour ἵκει, autrefois usité.

(Vers 9. ἀλλὰ καμμεῦ γλῶσσα σέσιγε. Voss.) ἀλλὰ κἂν μὲν γλῶσσα ἔαγε. Manuscr. Il ne fallait rien changer que κἂν μέν. Car γλῶσσα ἔαγε se dit fort bien pour signifier *lingua fracta est*, et s'accorde avec la mesure du vers. A l'égard d'ἀλλὰ κἂν μὲν, peut-être faut-il lire, ἀλλ' ἀκὰν μὲν, *sed tacitè quidem*, ou ἀλλὰ καμμὲν, pour ἀλλὰ κατὰ μέν.

(Vers 11 et 12. οὐδὲν ὄρημι, βομβεύ—σιν δ' ἀκοαί Foi. Voss.) οὐδὲν ὄρημη ἐπιρομβεῖσι δ' ἄκουε. Manuscr. Je crois qu'il faut lire οὐδὲν [3] ὄρεμ' ἐπιρρόμ—βευσι δ' ἀκουαί. On appelait ῥόμβος un instrument d'airain dont se servaient les enchanteurs et les prêtres de Cybèle.

ῥόμβῳ καὶ τυπάνῳ ῥείνη Φρύγες ἱδάσκονται.

« Les Phryiens se rendent propice la déesse Rhéa « par le son du tambour et du rhombe, » dit Apollonius le Rhodien. Théocrite en parle aussi dans la Pharmaceutrie [4]. De ce mot ῥόμβος s'est formé le verbe ἐπιρομβεῦ, qui signifie *résonner, rendre un son semblable à celui du rhombe*. Ce verbe, ainsi que beaucoup d'autres, ne se trouve point dans les dictionnaires.

Ἀκουαί est la même chose qu'ἀκοαί. Ἀκουή pour ἀκοή se trouve plus d'une fois dans Homère.

(Vers 14. χλωροτέρη δὲ πούας. Voss.) χλωροθέρα δὲ ποίας. Manuscr.

(Vers 15 et 16. τεθνάκην δ' ὀλίγῳ πιδεῦσα Φαίνομαι

[1] Qui cite l'ode.
[2] Par la figure nommée συνίζησις.
[3] Ou ὄρημ'.
[4] Τὸ χαλκίον ὡς τάχος ἄχει et χ' ὡς δινεῖθ' ὅδε ῥόμβος ὁ χάλκεος.

ἀλλά. Voss.) τεθνάκην δ' ὀλίγω πιδεύσην Φαίνομαι. Ἀλλά. MANUSCR. C'est ainsi qu'il faut lire, à ce qu'il me paraît, en ajoutant seulement une apostrophe après ὀλίγω, et un accent aigu sur la pénultième de πιδεύσην. Le sens est *à moriendo parùm abfore videor*. ὀλίγω 'πιδεύσην pour ὀλίγου ἐπιδεύσειν, ou ἐπιδεήσειν.

Vossius fait finir l'ode par φαίνομαι ἀλλά. L'ancien manuscrit, après φαίνομαι, ajoute ἀλλὰ παντόλματον ἐπεὶ καὶ πένητα οὐ [1] θαυμάζοις : par où il paraît que l'ode, telle que nous l'avons, n'est pas entière. Tollius, qui a inséré dans le texte de son édition presque toutes les corrections de Vossius, n'a pas omis, comme lui, le commencement de la cinquième strophe. Mais, pour en faire un vers correct, il lit ἀλλὰ πᾶν τολματὸν, ἐπεὶ πένητα. De cette manière il emploie le mot ἈΛΛᾺ deux fois de suite, et retranche καὶ après ἐπεί. Pour ce qui est de οὐ θαυμάζοις, il l'ôte à Sapho, et le donne à Longin, en lisant θαυμάζεις, au lieu de θαυμάζοις. Il propose, dans ses notes, beaucoup d'autres leçons. Pour moi, je crois qu'il est bon de s'en tenir, le plus qu'on pourra, à l'ancien manuscrit, qui est original par rapport à tous les autres, comme on l'a fait voir dans la note précédente.

Au reste il faut avouer que toutes ces diversités de leçons ne changent pas beaucoup au sens, que M. Despréaux a admirablement bien exprimé.

[1] Peut-être pour οὔ τι θαυμάζοις.

FIN DU TRAITÉ DU SUBLIME.

# LETTRES DE BOILEAU.

### 1. — A M. DE BRIENNE[1].

C'est très-philosophiquement, et non point chrétiennement, que les vers me paraissent une folie; je ne l'ai point entendu d'une autre manière. Ainsi c'est vainement que votre berger en soutane, je veux dire M. de Maucroix, déplore la perte du *Lutrin* dans l'églogue dont vous me parlez. Je le récitai encore hier chez M. le premier président[2]; et si quelque raison me le fait jamais déchirer, ce ne sera point la dévotion, qu'il ne choque en aucune manière; mais le peu d'estime que j'en fais, aussi bien que de tous mes autres ouvrages, qui me semblent des bagatelles assez inutiles. Vous me direz peut-être que je suis donc maintenant dans un grand excès d'humilité. Point du tout : jamais je ne fus plus orgueilleux; car si je fais peu de cas de mes ouvrages, j'en fais encore bien moins de tous ceux de nos poëtes d'aujourd'hui, dont je ne puis plus lire ni entendre pas un, fût-il à ma louange. Voulez-vous que je vous parle franchement? c'est cette raison qui a en partie suspendu l'ardeur que j'avais de vous voir et de jouir de votre agréable conversation, parce que je sentais bien qu'il la faudrait acheter par une longue audience de vers, très-beaux sans doute, mais dont je ne me soucie point. Jugez donc si c'est une raison pour m'engager à vous aller voir, que le récit que vous demandez. J'irai pourtant, si je puis, aujourd'hui, mais à la charge que nous ne réciterons point de vers ni l'un ni l'autre, que vous ne m'ayez dit auparavant toutes les raisons que vous avez pour la poésie, et moi toutes celles que j'ai contre.

Je suis avec toutes sortes de respect et de soumission, monsieur, votre, etc.

DESPRÉAUX.

### 2. — AU COMTE DE BUSSY-RABUTIN.

Paris, 25 mai 1673.

MONSIEUR,

J'avoue que j'ai été inquiet du bruit qui a couru que vous aviez écrit une lettre par laquelle vous me déchiriez, moi et l'épître que j'ai écrite au roi sur la campagne de Hollande; car, outre le juste chagrin que j'avais de me voir maltraiter par l'homme du monde que j'estime et que j'admire le plus, j'avais de la peine à digérer le plaisir que cela allait faire à mes ennemis. Je n'en ai pourtant jamais été bien persuadé. Eh! le moyen de croire que l'homme de la cour qui a le plus d'esprit pût entrer dans les intérêts de l'abbé Cotin, et se résoudre à avoir raison même avec lui? La lettre que vous avez écrite à M. le comte de Limoges a achevé de me désabuser; et je vois bien que tout ce bruit n'a été qu'un artifice très-ridicule de mes très-ridicules ennemis. Mais, quelque mauvais dessein qu'ils aient eu contre moi, je leur en ai de l'obligation, puisque c'est ce qui m'a attiré les paroles obligeantes que vous avez écrites sur mon sujet. Je vous supplie de croire que je sens cet honneur comme je dois, et que je suis, etc.

### 3. — RÉPONSE DE BUSSY-RABUTIN.

Chaseu, 30 mai 1673.

Je ne saurais assez dignement répondre à votre lettre, monsieur : elle est si pleine d'honnêtetés et de louanges, que j'en suis confus. Je vous dirai seulement que je n'ai rien vu de votre façon que je n'aie trouvé très-beau et très-naturel, et que j'ai remarqué dans vos ouvrages un air d'honnête homme que j'ai encore estimé plus que tout le reste. C'est ce qui m'a fait souhaiter d'avoir commerce avec vous; et puisque l'occasion s'en présente aujourd'hui, je vous en demande la continuation et votre amitié, vous assurant de la mienne. Pour mon estime, vous n'en devez pas douter, puisque vos ennemis mêmes vous l'accordent dans leur cœur, s'ils ne sont pas les plus sottes gens du monde.

### BILLET ÉCRIT DE LA MAIN DE COLBERT.

Le roi m'a ordonné, monsieur, de vous accorder un privilége pour votre *Art poétique*, aussitôt que je l'aurai lu. Ne manquez donc pas de me l'apporter au plus tôt.

COLBERT.

---

[1] Louis-Henri de Loménie, comte de Brienne.
[2] M. de Lamoignon.

## 4. — REMERCIMENT DE BOILEAU.

Monseigneur,

Je vois bien que c'est à vos bons offices que je suis redevable du privilége que Sa Majesté veut bien avoir la bonté de m'accorder. J'étais tout consolé du refus[1] qu'on en avait fait à mon libraire ; car c'était lui seul qui l'avait sollicité, étant très-éveillé pour ses intérêts, et sachant fort bien que je n'étais point homme à tirer tribut de mes ouvrages. C'était donc à lui de s'affliger d'être déchu d'une petite espérance de gain, quoique assez incertaine à mon avis, dès qu'il la fondait sur le grand débit d'ouvrages tels que les miens. Pour moi, je me trouvais fort content qu'on m'eût soulagé du fardeau de l'impression et de l'incertitude des jugements du public, n'ayant garde de murmurer du refus d'un privilége qui me laissait celui de jouir paisiblement de toute ma paresse. Cependant, monseigneur, puisque vous daignez vous intéresser si obligeamment pour moi, j'aurai l'honneur de vous porter mon *Art poétique* aussitôt qu'il sera achevé, non point pour obtenir un privilége dont je ne me soucie point, mais pour soumettre mon ouvrage aux lumières d'un aussi grand personnage que vous êtes. Je suis, etc.

## 5. — AU DUC DE VIVONNE,

SUR SON ENTRÉE DANS LE PHARE DE MESSINE[2].

Paris, 4 juin 1675.

Monseigneur,

Savez-vous bien qu'un des plus sûrs moyens pour empêcher un homme d'être plaisant, c'est de lui dire : Je veux que vous le soyez ? Depuis que vous m'avez défendu le sérieux, je ne me suis jamais senti si grave, et je ne parle plus que par sentences. Et d'ailleurs votre dernière action a quelque chose de si grand, qu'en vérité je ferais conscience de vous en écrire autrement qu'en style héroïque. Cependant je ne saurais me résoudre à ne vous pas obéir en tout ce que vous m'ordonnez. Ainsi, dans l'humeur où je me trouve, je tremble également de vous fatiguer par un sérieux fade, ou de vous ennuyer par une méchante plaisanterie. Enfin mon Apollon m'a secouru ce matin, et, dans le temps que j'y pensais le moins, m'a fait trouver sur mon chevet deux lettres qui, au défaut de la mienne, pourront peut-être vous amuser agréablement. Elles sont datées des Champs-Élysées : l'une est de Balzac, et l'autre de Voiture, qui, tous deux, charmés du récit de votre dernier combat, vous écrivent de l'autre monde pour vous en féliciter.

Voici celle de Balzac, vous la reconnaîtrez aisément à son style qui ne saurait dire simplement les choses, ni descendre de sa hauteur.

Aux Champs-Élysées, le 2 juin[1] 1675.

Monseigneur,

« Le bruit de vos actions ressuscite les morts. Il
« réveille des gens endormis depuis trente années,
« et condamnés à un sommeil éternel. Il fait parler
« le silence même. La belle, l'éclatante, la glorieuse
« conquête que vous avez faite sur les ennemis de
« la France ! Vous avez redonné le pain à une ville
« qui a accoutumé de le fournir à toutes les autres.
« Vous avez nourri la mère nourrice de l'Italie. Les
« tonnerres de cette flotte qui vous fermait les ave-
« nues de son port, n'ont fait que saluer votre en-
« trée. Sa résistance ne vous a pas arrêté plus long-
« temps qu'une réception un peu trop civile. Bien
« loin d'empêcher la rapidité de votre course, elle
« n'a pas seulement interrompu l'ordre de votre
« marche. Vous avez contraint à sa vue le Sud et le
« Nord de vous obéir. Sans châtier la mer comme
« Xerxès[2], vous l'avez rendue disciplinable. Vous
« avez plus fait encore : vous avez rendu l'Espagnol
« humble. Après cela, que ne peut-on point dire
« de vous ? Non, la nature, je dis la nature encore
« jeune, et du temps qu'elle produisait les Alexan-
« dre et les César, n'a rien produit de si grand que
« sous le règne de Louis quatorzième. Elle a donné
« aux Français, sur son déclin, ce que Rome n'a
« pas obtenu d'elle dans sa plus grande maturité.
« Elle a fait voir au monde dans votre siècle, en
« corps et en âme, cette valeur parfaite dont on
« avait à peine entrevu l'idée dans les romans et
« dans les poëmes héroïques. N'en déplaise à un de
« vos poëtes[3], il n'a pas raison d'écrire qu'au delà
« du Cocyte le mérite n'est plus connu. Le vôtre,
« monseigneur, est vanté ici d'une commune voix

---

[1] Le privilége n'avait point été *refusé* ; au contraire, il avait été scellé à l'instant, sur la seule demande du libraire Barbin : mais quelques intrigues de Pellisson et de Montausier en avaient suspendu l'expédition. (*Bolœana*, n° XI.)

[2] M. le duc de Vivonne, qui commandait alors l'armée navale, manda à l'auteur qu'il le priait de lui écrire quelque chose qui le consolât des mauvaises harangues qu'il était obligé d'entendre. C'est ce qui donna lieu à l'auteur de composer ces lettres. (Boil.)

[1] Le 9 février 1675, le duc de Vivonne, avec une flotte de douze vaisseaux, attaqua celle des Espagnols, forte de vingt vaisseaux et de seize galères, la dispersa, et rouvrit ainsi le port de Messine. Ce brillant succès lui valut le bâton de maréchal de France.

[2] Hérodote, liv. VII. Juvénal, sat. x, v. 173.

[3] Voiture avait dit, dans son épître au grand Condé :

Au delà des bords du Cocyte
Il n'est plus parlé de mérite.

« des deux côtés du Styx. Il fait sans cesse ressou-
« venir de vous dans le séjour même de l'oubli. Il
« trouve des partisans zélés dans le pays de l'Indif-
« férence. Il met l'Achéron dans les intérêts de la
« Seine. Disons plus, il n'y a point d'ombre parmi
« nous, si prévenue des principes du Portique, si
« endurcie dans l'école de Zénon, si fortifiée contre
« la joie et contre la douleur, qui n'entende vos
« louanges avec plaisir, et qui ne batte des mains,
« qui ne crie miracle au moment que l'on vous
« nomme, et qui ne soit prête de dire avec votre
« Malherbe :

>     A la fin c'est trop de silence
>     En si beau sujet de parler [1].

« Pour moi, monseigneur, qui vous conçois en-
« core beaucoup mieux, je vous médite sans cesse
« dans mon repos ; je m'occupe tout entier de votre
« idée dans les longues heures de notre loisir ; je crie
« continuellement, le grand personnage ! et si je
« souhaite de revivre, c'est moins pour revoir la lu-
« mière, que pour jouir de la souveraine félicité de
« vous entretenir, et de vous dire de bouche avec
« combien de respect je suis, de toute l'étendue de
« mon âme, monseigneur, votre très-humble et très-
« obéissant serviteur,
                                « BALZAC. »

Je ne sais, monseigneur, si ces violentes exagérations vous plairont, et si vous ne trouverez point que
le style de Balzac s'est un peu corrompu dans l'autre monde. Quoi qu'il en soit, jamais, à mon avis,
il n'a prodigué ses hyperboles plus à propos. C'est
à vous d'en juger ; mais auparavant lisez, je vous
prie, la lettre de Voiture.

                    Aux Champs-Élysées, le 2 juin.
MONSEIGNEUR,
« Bien que nous autres morts ne prenions pas
« grand intérêt aux affaires des vivants, et ne soyons
« pas trop portés à rire, je ne saurais pourtant m'em-
« pêcher de me réjouir des grandes choses que vous
« faites au-dessus de notre tête. Sérieusement, votre
« dernier combat fait un bruit de diable aux enfers :
« il s'est fait entendre dans un lieu où l'on n'entend
« pas Dieu tonner, et a fait connaître votre gloire
« dans un pays où l'on ne connaît point le soleil. Il
« est venu ici un bon nombre d'Espagnols qui y
« étaient, et qui nous en ont appris le détail. Je ne
« sais pas pourquoi on veut faire passer les gens de
« leur nation pour fanfarons : ce sont, je vous assure,
« de fort bonnes gens ; et le roi, depuis quelque
« temps, nous les envoie ici fort humbles et fort
« honnêtes. Sans mentir, monseigneur, vous avez
« bien fait des vôtres depuis peu ! A voir de quel air
« vous courez la mer Méditerranée, il semble qu'elle
« vous appartienne tout entière. Il n'y a pas à l'heure
« qu'il est, dans toute son étendue, un seul corsaire
« en sûreté ; et, pour peu que cela dure, je ne vois
« pas de quoi vous voulez que Tunis et Alger sub-
« sistent. Nous avons ici les César, les Pompée et les
« Alexandre : ils trouvent tous que vous avez assez
« attrapé leur air dans votre manière de combattre ;
« surtout César vous trouve très-César. Il n'y a pas
« jusqu'aux Alaric, aux Genséric, aux Théodoric, et
« à tous ces autres conquérants en ic, qui ne par-
« lent fort bien de votre action ; et, dans le Tartare
« même, je ne sais si ce lieu vous est connu, il n'y
« a point de diable, monseigneur, qui ne confesse
« ingénument qu'à la tête d'une armée vous êtes
« beaucoup plus diable que lui. C'est une vérité dont
« vos ennemis tombent d'accord. Néanmoins, à voir
« le bien que vous avez fait à Messine, j'estime, pour
« moi, que vous tenez plus de l'ange que du diable,
« hors que les anges ont la taille un peu plus légère
« que vous [1], et n'ont point le bras en écharpe [2].
« Raillerie à part, l'enfer est extrêmement déchaîné
« en votre faveur. On ne trouve qu'une chose à redire
« à votre conduite : c'est le peu de soin que vous
« prenez quelquefois de votre vie. On vous aime as-
« sez en ce pays-ci pour souhaiter de ne vous y point
« voir. Croyez-moi, monseigneur : je l'ai déjà dit en
« l'autre monde,

>     . . . . . C'est fort peu de chose
>     Qu'un demi-dieu quand il est mort [3].

« Il n'est rien tel que d'être vivant. Et pour moi
« qui sais maintenant par expérience ce que c'est
« que de ne plus être, je fais ici la meilleure conte-
« nance que je puis ; mais, à ne vous rien celer, je
« meurs d'envie de retourner au monde, ne fût-ce
« que pour avoir le plaisir de vous y voir. Dans le
« dessein même que j'ai de faire ce voyage, j'ai déjà
« envoyé plusieurs fois chercher les parties de mon
« corps pour les rassembler ; mais je n'ai jamais pu
« ravoir mon cœur que j'avais laissé en partant à ces
« sept maîtresses que je servais, comme vous savez,

---

[1] C'est le début d'une ode adressée par Malherbe au duc de Bellegarde, grand écuyer de France.

[1] Le roi disait un jour au duc de Vivonne : « Vous grossissez à vue d'œil ; vous ne faites point d'exercice. Ah ! Sire, répondit-il, c'est une médisance ; il n'y a pas de jour que je ne fasse au moins trois fois le tour de monsieur, » en montrant le duc d'Aumont, qui n'était pas moins gros que lui.
[2] Dans l'action qui suit le passage du Rhin, il reçut une blessure grave à l'épaule gauche, et depuis il eut toujours le bras en écharpe.
[3] Voiture, dans l'épître citée.

« si fidèlement toutes sept à la fois. Pour mon es-
« prit, à moins que vous ne l'ayez, on m'a assuré
« qu'il n'était plus dans le monde. A vous dire le
« vrai, je vous soupçonne un peu d'en avoir au
« moins l'enjouement ; car on m'a rapporté ici qua-
« tre ou cinq mots de votre façon que je voudrais de
« tout mon cœur avoir dits, et pour lesquels je don-
« nerais volontiers le panégyrique de Pline et deux
« de mes meilleures lettres. Supposé donc que vous
« l'ayez, je vous prie de me le renvoyer au plus tôt ;
« car, en vérité, vous ne sauriez croire quelle in-
« commodité c'est que de n'avoir pas tout son esprit ;
« surtout lorsqu'on écrit à un homme comme vous.
« C'est ce qui fait que mon style aujourd'hui est
« tout changé. Sans cela vous me verriez encore
« rire, comme autrefois, avec mon compère le Bro-
« chet ; et je ne serais pas réduit à finir ma lettre
« trivialement, comme je fais, en vous disant que
« je suis, monseigneur, votre très-humble et très-
« obéissant serviteur,
                    « VOITURE. »

Voilà les deux lettres telles que je les ai reçues.
Je vous les envoie écrites de ma main, parce que
vous auriez eu trop de peine à lire les caractères de
l'autre monde, si je vous les avais envoyées en original. N'allez donc pas vous figurer, monseigneur,
que ce soit ici un pur jeu d'esprit et une imitation
du style de ces deux écrivains. Vous savez bien que
Balzac et Voiture sont deux hommes inimitables.
Quand il serait vrai pourtant que j'aurais eu recours
à cette invention pour vous divertir, aurais-je si
grand tort? et ne devrait-on pas au contraire m'estimer d'avoir trouvé cette adresse, pour vous faire
lire des louanges que vous n'auriez jamais souffertes
autrement? En un mot, pourrais-je mieux faire
voir, avec quelle sincérité et quel respect je suis, etc.

## 6. — AU MÊME, A MESSINE.

.... 1676.

MONSEIGNEUR,

Sans une maladie très-violente qui m'a tourmenté
pendant quatre mois, et qui m'a mis très-longtemps
dans un état moins glorieux à la vérité, mais presque aussi périlleux que celui où vous êtes tous les
jours, vous ne vous plaindriez pas de ma paresse.
Avant ce temps-là je me suis donné l'honneur de
vous écrire plusieurs fois ; et si vous n'avez pas reçu
mes lettres, c'est la faute de vos courriers, et non
pas la mienne. Quoi qu'il en soit, me voilà guéri ; je
suis en état de réparer mes fautes, si j'en ai commis quelques-unes ; et j'espère que cette lettre-ci
prendra une route plus sûre que les autres. Mais
dites-moi, monseigneur, sur quel ton faut-il maintenant vous parler? Je savais assez bien autrefois
de quel air il fallait écrire à MONSEIGNEUR DE VI-
VONNE, GÉNÉRAL DES GALÈRES DE FRANCE ; mais
oserait-on se familiariser de même avec le libérateur
de Messine, le vainqueur de Ruyter, le destructeur
de la flotte espagnole? Seriez-vous le premier héros
qu'une extrême prospérité ne pût énorgueillir? Êtes-
vous encore ce même grand seigneur qui venait
souper chez un misérable poëte : et y porteriez-vous
sans honte vos nouveaux lauriers au second et au
troisième étage? Non, non, monseigneur, je n'o-
serais plus me flatter de cet honneur. Ce serait
assez pour moi que vous fussiez de retour à Paris ;
et je me tiendrais trop heureux de pouvoir grossir
les pelotons de peuple qui s'amasseraient dans les
rues pour vous voir passer. Mais je n'oserais pas
même espérer cette joie : vous vous êtes si fort habitué à gagner des batailles, que vous ne voulez plus
faire d'autre métier ; il n'y a pas moyen de vous tirer
de la Sicile. Cela accommode fort toute la France ;
mais cela ne m'accommode point du tout. Quelque
belles que soient vos victoires, je n'en saurais être
content, puisqu'elles vous rendent d'autant plus
nécessaire au pays où vous êtes, et qu'en avançant
vos conquêtes elles reculent votre retour. Tout
passionné que je suis pour votre gloire, je chéris
encore plus votre personne et j'aimerais encore
mieux vous entendre parler ici de Chapelain et de
Quinault, que d'entendre la Renommée parler si
avantageusement de vous. Et puis, monseigneur,
combien pensez-vous que votre protection m'est nécessaire en ce pays, dans les démêlés que j'ai incessamment sur le Parnasse? Il faut que je vous en
conte un, pour vous faire voir que je ne mens pas.
Vous saurez donc, monseigneur, qu'il y a un médecin à Paris, nommé M. P\*\*\*[1], très-grand ennemi de
la santé et du bon sens, mais en récompense fort
grand ami de M. Quinault. Un mouvement de pitié
pour son pays, ou plutôt le peu de gain qu'il faisait
dans son métier, lui en a fait à la fin embrasser
un autre. Il a lu Vitruve, il a fréquenté M. le Vau
et M. Ratabon[2], et s'est enfin jeté dans l'architecture, où l'on prétend qu'en peu d'années il a autant élevé de mauvais bâtiments, qu'étant médecin
il avait ruiné de bonnes santés. Ce nouvel architecte,
qui veut se mêler aussi de poésie, m'a pris en haine
sur le peu d'estime que je faisais des ouvrages de
son cher Quinault. Sur cela, il s'est déchaîné contre

[1] Claude Perrault.
[2] Architectes célèbres.

moi dans le monde; je l'ai souffert quelque temps avec assez de modération, mais enfin la bile satirique n'a pu se contenir; si bien que, dans le quatrième chant de ma poétique, à quelque temps de là, j'ai inséré la métamorphose d'un médecin en architecte. Vous l'y avez peut-être vue; elle finit ainsi :

> Notre assassin renonce à son art inhumain [1];
> Et, désormais la règle et l'équerre à la main,
> Laissant de Galien la science suspecte,
> De méchant médecin devient bon architecte.

Il n'avait pourtant pas sujet de s'offenser, puisque je parle d'un médecin de Florence, et que d'ailleurs il n'est pas le premier médecin qui, dans Paris, ait quitté sa robe pour la truelle [2]. Ajoutez que, si en qualité de médecin il avait raison de se fâcher, vous m'avouerez qu'en qualité d'architecte il me devait des remercîments. Il ne me remercia pas pourtant; au contraire, comme il a un frère [3] chez M. Colbert, et qu'il est lui-même employé dans les bâtiments du roi, il cria fort hautement contre ma hardiesse; jusque-là que mes amis eurent peur que cela ne me fît une affaire auprès de cet illustre ministre. Je me rendis donc à leurs remontrances; et, pour raccommoder toutes choses, je fis une réparation sincère au médecin, par l'épigramme que vous allez voir :

> Oui, j'ai dit dans mes vers qu'un célèbre assassin,
> Laissant de Galien la science infertile,
> D'ignorant médecin devint maçon habile.
> Mais de parler de vous je n'eus jamais dessein :
> Lubin, ma muse est trop correcte.
> Vous êtes, je l'avoue, ignorant médecin,
> Mais non pas habile architecte.

Cependant regardez, monseigneur, comme les esprits des hommes sont faits; cette réparation, bien loin d'apaiser l'architecte, l'irrita encore davantage. Il gronda, il se plaignit, il me menaça de me faire ôter ma pension. A tout cela je répondis que je craignais ses remèdes et non pas ses menaces. Le dénoûment de l'affaire est que j'ai touché ma pension; que l'architecte s'est brouillé auprès de M. Colbert; et que si Dieu ne regarde en pitié son peuple, notre homme va se rejeter dans la médecine. Mais, monseigneur, je vous entretiens là d'étranges bagatelles. Il est temps, ce me semble, de vous dire que je suis, avec toute sorte de zèle et de respect, monseigneur, votre, etc.

[1] *Art poétique*, chant IV, v. 21.
[2] Louis Savot, médecin du roi, mort à Paris en 1640, traducteur du traité de Galien sur la saignée, négligea aussi sa profession pour se livrer à l'architecture.
[3] Charles Perrault.

## 7. — AU BARON DE WALEF.

MONSIEUR,

Si l'histoire ne m'avait point tiré du métier de la poésie, je ne me sens point si épuisé que je ne trouvasse des rimes pour répondre à une aussi obligeante épître que celle que vous m'avez adressée : ce serait par des vers que j'aurais répondu à d'aussi excellents vers que les vôtres; je vous aurais rendu figure pour figure, exagération pour exagération; et en vous mettant peut-être au-dessus d'Apollon et des Muses, je vous aurais fait voir que l'on ne me met pas impunément au-dessus des Orphée et des Amphion. Mais, puisque la poésie m'est en quelque sorte interdite, trouvez bon, monsieur, que je vous assure, en prose très-simple, mais très-sincère, que vos vers m'ont paru merveilleux; que j'y trouve de la force et de l'élégance, et que je ne conçois pas comment un homme nourri dans le pays de Liége a pu deviner tous les mystères de notre langue.

Vous me faites entendre, monsieur, que c'est moi qui vous ai inspiré : si cela est, je suis dans mes inspirations beaucoup plus heureux pour vous que pour moi-même, puisque je vous ai donné ce que je n'ai jamais eu. Je ne sais si Horace et Juvénal ont eu des disciples pareils à vous; mais quelque mérite qu'ils aient d'ailleurs, voilà un endroit où je les surpasse.

J'aurai toute ma vie une obligation très-sensible à M. le marquis de Dangeau de m'avoir procuré l'honneur de votre connaissance; il ne tiendra qu'à vous que cette connaissance se convertisse en une étroite amitié, puisque personne n'est plus parfaitement que moi, monsieur, votre, etc.

## 8. — RACINE A BOILEAU.

18 décembre....

Puisque vous allez demain à la cour, je vous prie d'y porter les papiers ci-joints : vous savez ce que c'est. J'avais eu dessein de faire, comme on me le demandait, des remarques sur les endroits qui me paraîtraient en avoir besoin; mais comme il fallait les raisonner, ce qui aurait rendu l'ouvrage un peu long, je n'ai pas eu la résolution d'achever ce que j'avais commencé; et j'ai cru que j'aurais plus tôt fait d'entreprendre une traduction nouvelle. J'ai traduit jusqu'au discours du médecin exclusivement. Il dit à la vérité de très-belles choses, mais il ne les explique point assez; et notre siècle, qui n'est pas si philosophe que celui de Platon, demanderait que l'on mît ces mêmes choses dans un plus grand jour. Quoi qu'il en soit, mon essai suffira pour montrer à madame de Fontevrault que j'avais à cœur de lui obéir. Il est vrai que le mois où nous sommes m'a fait souvenir de l'ancienne fête des Saturnales, pendant laquelle les serviteurs prenaient avec leurs maîtres des libertés qu'ils n'auraient pas prises dans un autre temps. Ma conduite ne ressemble pas trop mal à celle-là. Je me mets sans façon à côté de madame de Fontevrault ; je prends des airs de maître, je m'accommode sans scrupule de ses termes et de ses phrases ; je les rejette quand bon me semble. Mais, monsieur, la fête ne durera pas toujours : les Saturnales passeront, et l'illustre dame reprendra sur son serviteur l'autorité qui lui est acquise. J'y aurai peu de mérite en tout sens : car il faut convenir que son style est admirable ; il a une douceur que nous autres hommes n'attrapons point ; et si j'avais continué à refondre son ouvrage, vraisemblablement je l'aurais gâté. Elle a traduit le discours d'Alcibiade, par où finit le Banquet de Platon ; elle l'a rectifié, je l'avoue, par un choix d'expressions fines et délicates qui sauvent en partie la grossièreté des idées. Mais avec tout cela, je crois que le mieux est de le supprimer ; outre qu'il est scandaleux, il est inutile : car ce sont les louanges non de l'amour, dont il s'agit dans ce dialogue, mais de Socrate, qui n'y est introduit que comme un des interlocuteurs. Voilà, monsieur, le canevas de ce que je vous supplie de vouloir dire pour moi à madame de Fontevrault. Assurez-la qu'enrhumé au point où je le suis depuis trois semaines, je suis au désespoir de ne point aller moi-même lui rendre ces papiers ; et si par hasard elle demande que j'achève de traduire l'ouvrage, n'oubliez rien pour me délivrer de cette corvée. Adieu, bon voyage, et donnez-moi de vos nouvelles, dès que vous serez de retour.

### 9. — A RACINE.

#### Auteuil, le 19 mai 1687.

Je voudrais bien vous pouvoir mander que ma voix est revenue, mais la vérité est qu'elle est au même état que vous l'avez laissée, et qu'elle n'est haussée ni baissée d'un ton. Rien ne la peut faire revenir ; mon ânesse y a perdu son latin, aussi bien que tous les médecins. La différence qu'il y a entre eux et elle, c'est que son lait m'a engraissé, et que leurs remèdes me dessèchent. Ainsi, mon cher monsieur, me voilà aussi muet et aussi chagrin que jamais. J'aurais bon besoin de votre vertu, et surtout de votre vertu chrétienne, pour me consoler ; mais je n'ai pas été élevé, comme vous, dans le sanctuaire de la piété[1] ; et, à mon avis, une vertu ordinaire ne saurait que blanchir contre un aussi juste sujet de s'affliger qu'est le mien. Il me faut de la grâce, et de la grâce *augustinienne* la plus *efficace*, pour m'empêcher de me désespérer ; car je doute que la grâce *molinienne* la plus *suffisante* suffise pour me soutenir dans l'abattement où je suis. Vous ne sauriez vous imaginer à quel excès va cet abattement, et quel mépris il m'inspire pour toutes les choses de la terre, sans néanmoins (ce qui est de fâcheux) m'inspirer un assez grand goût des choses du ciel. Quelque insensible pourtant qu'il m'ait rendu pour tout ce qui se passe ici-bas, je ne suis pas encore indifférent pour la gloire du roi. Vous me ferez donc plaisir de me mander quelques particularités de son voyage[1], puisque tous ses pas sont historiques, et qu'il ne fait rien qui ne soit digne, pour ainsi dire, d'être raconté à tous les siècles. Je vous aurai aussi beaucoup d'obligation si vous voulez en même temps m'écrire des nouvelles de votre santé. Je meurs de peur que votre mal de gorge ne soit aussi persévérant que mon mal de poitrine. Si cela est, je n'ai plus d'espérance d'être heureux, ni par autrui ni par moi-même. On me vient de dire que Furetière a été à l'extrémité, et que, par l'avis de son confesseur, il a envoyé quérir tous les académiciens offensés dans son factum, et qu'il leur a fait une amende honorable dans les formes, mais qu'il se porte mieux maintenant[2]. J'aurai soin de m'éclaircir de la chose, et je vous en manderai le détail. Le père Souvenin[3] a dîné aujourd'hui chez moi, et m'a fort prié de vous faire ses recommandations. Je vous les fais donc ; et, en récompense, je vous conjure de bien faire les miennes au cher M. Félix[4]. Pourquoi faut-il que je ne sois pas avec lui et avec vous, et que je n'aie pas du moins une voix pour crier encore contre la fortune, qui m'a envié ce bonheur ? Dites bien aussi à M. le marquis de Termes, que je songe à lui dans mon infortune ; et qu'encore que je sache assez combien les gens de la cour sont peu touchés des malheurs d'autrui, je le tiens assez galant homme pour me plaindre. Maximilien[5] m'est venu voir à Auteuil, et m'a lu quelque chose de son Théophraste. C'est un fort honnête homme, et à qui il ne manquerait rien, si la nature l'avait fait aussi agréable qu'il a envie de l'être. Du reste, il a de l'esprit, du savoir et du

---

[1] A Port-Royal.

[1] Louis XIV était parti le 10 mai 1687, avec un nombreux cortége, pour aller visiter les fortifications de Luxembourg, qui s'était rendu trois ans auparavant, le 4 juin 1684, au maréchal de Créqui, après vingt-quatre jours de tranchée ouverte.
[2] Il mourut le 14 mai de l'année suivante.
[3] Chanoine régulier de Sainte-Geneviève, parent de Racine.
[4] Charles-François Félix de Tassy avait succédé à son père dans la charge de premier chirurgien du roi, en 1676.
[5] La Bruyère.

mérite. Je vous donne le bonsoir et suis tout à vous.

## 10. — RACINE A BOILEAU.

Luxembourg, 24 mai 1687.

Votre lettre m'aurait fait beaucoup plus de plaisir si les nouvelles de votre santé eussent été un peu meilleures. Je vis M. Dodart [1] comme je venais de la recevoir, et la lui montrai. Il m'assura que vous n'aviez aucun lieu de vous mettre dans l'esprit que votre voix ne reviendra point, et me cita même quantité de gens qui sont sortis fort heureusement d'un semblable accident. Mais, sur toutes choses, il vous recommande de ne point faire d'effort pour parler, et, s'il se peut, de n'avoir commerce qu'avec des gens d'une oreille fort subtile, ou qui vous entendent à demi-mot. Il croit que le sirop d'abricot vous est fort bon, et qu'il en faut prendre quelquefois de pur, et très-souvent de mêlé avec de l'eau, en l'avalant lentement et goutte à goutte; ne point boire trop frais, ni de vin que fort trempé; du reste vous tenir l'esprit toujours gai. Voilà à peu près le conseil que M. Menjot me donnait autrefois [2]. M. Dodart approuve beaucoup votre lait d'ânesse, mais beaucoup plus encore ce que vous dites de la vertu moliniste. Il ne la croit nullement propre à votre mal, et assure même qu'elle y serait très-nuisible. Il m'ordonne presque toujours les mêmes choses pour mon mal de gorge, qui va toujours son même train; et il me conseille un régime qui peut-être me pourra guérir dans deux ans, mais qui infailliblement me rendra dans deux mois de la taille dont vous voyez qu'est M. Dodart lui-même [3]. M Félix était présent à toutes ces ordonnances, qu'il a fort approuvées; et il a aussi demandé des remèdes pour sa santé, se croyant le plus malade de nous trois. Je vous ai mandé qu'il avait visité la boucherie de Châlons. Il est, à l'heure que je vous parle, au marché, où il m'a dit qu'il avait rencontré ce matin des écrevisses de fort bonne mine.

Le voyage est prolongé de trois jours, et on demeurera ici jusqu'à lundi prochain. Le prétexte est la rougeole de M. le comte de Toulouse [4]; mais le vrai est apparemment que le roi a pris goût à sa conquête, et qu'il n'est pas fâché de l'examiner tout à loisir. Il a déjà considéré toutes les fortifications l'une après l'autre, est entré jusque dans les contre-mines du chemin couvert, qui sont fort belles, et surtout a été fort aise de voir ces fameuses redoutes entre les deux chemins couverts, lesquelles ont tant donné de peine à M. de Vauban. Aujourd'hui le roi va examiner la circonvallation, c'est-à-dire faire un tour de sept ou huit lieues. Je ne vous fais point le détail de tout ce qui m'a paru ici de merveilleux; qu'il vous suffise que je vous en rendrai bon compte quand nous nous verrons, et que je vous ferai peut-être concevoir les choses comme si vous y aviez été. M. de Vauban a été ravi de me voir, et, ne pouvant pas venir avec moi, m'a donné un ingénieur qui m'a mené partout. Il m'a aussi abouché avec M. d'Espagne, gouverneur de Thionville, qui se signala tant à Saint-Godard [1], et qui m'a fait souvenir qu'il avait souvent bu avec moi à l'auberge de M. Poignant [2]; et que nous étions, Poignant et moi, fort agréables avec feu M. de Bernage, évêque de Grasse. Sérieusement, ce M. d'Espagne est un fort galant homme, et il m'a paru un grand air de vérité dans tout ce qu'il m'a dit de ce combat de Saint-Godard. Mais, mon cher monsieur, cela ne s'accorde ni avec M. de Montecuculli, ni avec M. de Bissy, ni avec M. de la Feuillade, et je vois bien que la vérité qu'on nous demande tant est bien plus difficile à trouver qu'à écrire. J'ai vu aussi M. de Charvil, qui était intendant à Gigeri [3]. Celui-ci sait apparemment la vérité, mais il se serre les lèvres tant qu'il peut de peur de la dire; et j'ai eu à peu près la même peine à lui tirer quelques mots de la bouche, que Trivelin en avait à entirer de Scaramouche, *musicien bègue*. M. de Gourville [4] arriva hier, et tout en arrivant me demanda de vos nouvelles. Je ne finirais point si je vous nommais tous les gens qui m'en demandent tous les jours avec amitié. M. de Chevreuse [5], entre autres, M. de Noailles [6], monseigneur le Prince [7], que je devrais nommer le premier; surtout M. Moreau notre ami [8],

---

[1] Denis Dodart, professeur de pharmacie, conseiller médecin de Louis XIV, et membre de l'Académie des sciences; né à Paris en 1634, et mort dans la même ville, le 5 novembre 1707.
[2] Racine aimait à raconter le trait de ce médecin, qui lui ayant défendu de boire du vin, de manger de la viande, de lire et de s'appliquer à la moindre chose, ajouta : « Du reste, réjouissez-vous. »
[3] Il était d'une maigreur extrême.
[4] Louis-Alexandre de Bourbon, comte de Toulouse, né le 6 juin 1678, mort en 1737; troisième enfant mâle de Louis XIV et de madame de Montespan.

[1] Saint-Gothard.
[2] Ancien capitaine de dragons. La Fontaine passe pour avoir voulu se battre en duel avec lui.
[3] Les Français s'étaient, le 22 juillet 1664, emparés de la ville de Gigeri, près d'Alger, sous la conduite du chevalier de Charvil.
[4] Jean Hérault de Gourville, dont on a des mémoires, mort en 1705.
[5] Charles-Honoré d'Albert, fils du duc de Luynes et gendre de Colbert.
[6] Anne-Jules, duc de Noailles, qui depuis fut maréchal de France.
[7] Il avait pris ce nom depuis la mort de son père, le grand Condé, arrivée l'année précédente.
[8] Chirurgien ordinaire du roi. Il mourut en 1693.

et M. Roze[1] : ce dernier avec des expressions fortes, vigoureuses, et qu'on voit bien en vérité qui partent du cœur. Je fis hier grand plaisir à M. de Termes[2] de lui dire le souvenir que vous aviez de lui. M. l'archevêque d'Embrun[3] est ici, toujours mettant le roi en bonne humeur; M. de Reims[4], M. le président de Mesmes[5], M. le cardinal de Furstemberg[6]; enfin plus de gens trois fois qu'à Versailles, la presse dans les rues comme à Bouguenon[7], une infinité d'Allemands et d'Allemandes qui veulent... (voir le roi).

### 11. — A RACINE.

Auteuil, le 26 mai 1687.

Je ne me suis point hâté de vous répondre, parce que je n'avais rien à vous mander que ce que je vous avais déjà écrit dans ma dernière lettre. Les choses sont changées depuis. J'ai quitté au bout de cinq semaines le lait d'ânesse, parce que non-seulement il ne me rendait point la voix, mais qu'il commençait à m'ôter la santé, en me donnant des dégoûts et des espèces d'émotions tirant à fièvre. Tout ce que vous a dit M. Dodart est fort raisonnable, et je veux croire sur sa parole que tout ira bien; mais, entre nous, je doute que ni lui, ni personne, connaisse bien ma maladie, ni mon tempérament. Quand je fus attaqué de la difficulté de respirer, il y a vingt-cinq ans, tous les médecins m'assuraient que cela s'en irait, et se moquaient de moi quand je témoignais douter du contraire. Cependant cela ne s'est point en allé, et j'en fus encore hier incommodé considérablement. Je sens que cette difficulté de respirer est au même endroit que ma difficulté de parler, et que c'est un poids fort extérieur que j'ai sur la poitrine, qui les cause l'une et l'autre. Dieu veuille qu'elles n'aient pas fait une société inséparable! Je ne vois que des gens qui prétendent avoir eu le même mal que moi, et qui en ont été guéris; mais, outre que je ne sais au fond s'ils disent vrai, ce sont pour la plupart des femmes ou de jeunes gens qui n'ont point de rapport avec un homme de cinquante ans; et d'ailleurs, si je suis original en quelque chose, c'est en infirmités, puisque mes maladies ne ressemblent jamais à celles des autres. Avec tout ce que je vous dis, je ne me couche point que je n'espère le lendemain m'éveiller avec une voix sonore; et quelquefois même, après mon réveil, je demeure longtemps sans parler pour m'entretenir dans mon espérance. Ce qui est de vrai, c'est qu'il n'y a point de nuit que je ne recouvre la voix en songe; mais je reconnais bien ensuite que tous les songes, quoi qu'en dise Homère, ne viennent pas de Jupiter, ou il faut que Jupiter soit un grand menteur. Cependant je mène une vie fort chagrine et fort peu propre aux conseils de M. Dodart, d'autant plus que je n'oserais m'appliquer fortement à aucune chose, et qu'il ne me sort rien du cerveau qui ne me tombe sur la poitrine, et qui ne me ruine encore plus la voix. Je suis bien aise que votre mal de gorge vous laisse au moins plus de liberté, et ne vous empêche pas de contempler les merveilles qui se font à Luxembourg[1]. Vous avez raison d'estimer comme vous faites M. de Vauban[2]. C'est un des hommes de notre siècle, à mon avis, qui a le plus prodigieux mérite; et, pour vous dire en un mot ce que je pense de lui, je crois qu'il y a plus d'un maréchal de France qui, quand il le rencontre, rougit de se voir maréchal de France. Vous avez fait une grande acquisition en l'amitié de M. d'Espagne, et c'est ce qui me fait encore plus déplorer la perte de ma voix, puisque c'est vraisemblablement ce qui m'a fait aussi manquer cette acquisition. J'écris à M. de Flamarens. Je veux croire que notre cher Félix est le plus malade de nous trois; mais, si ce que vous me mandez est véritable, l'affliction qu'il en a est une affliction *à la puimorine*[3], je veux dire fort dévorante, et qui ne lui a pas fait perdre la mémoire des soles et des longes de veau. Faites-lui bien mes baisemains, aussi bien qu'à M. de Termes, à M. de Nyert[4] et à M. Moreau. Adieu, mon cher monsieur, aimez-moi toujours, et croyez que je vous rendrai bien la pareille.

### 12. — AU MÊME.

Bourbon, le 21 juillet 1687.

Depuis ma dernière lettre, j'ai été saigné, pur-

---

[1] Toussaint Roze, président au parlement, secrétaire de la chambre et du cabinet du roi, l'un des quarante de l'Académie française.
[2] Roger de Pardaillan de Gondrin, marquis de Termes, ami particulier de Boileau.
[3] Charles Brulart de Genlis, qui a occupé ce siège pendant quarante-six ans.
[4] Charles-Maurice le Tellier, frère de Louvois.
[5] Jean-Jacques de Mesmes, de l'Académie française. Il mourut l'année suivante.
[6] Guillaume Egon, prince de Furstemberg, évêque de Strasbourg. Il avait été fait cardinal l'année précédente.
[7] Ou Saar-Bockenheim, petite ville du comté de Saar-Werden, dans ce qu'on appelait la Lorraine allemande, et qui est aujourd'hui comprise dans le département de la Moselle.

[1] On fortifiait alors cette place, dont le roi s'était rendu maître en 1684.
[2] Sébastien le Prestre, seigneur de Vauban, maréchal de France en 1703, mort en 1707. Fontenelle a dit de lui : « C'é-« tait un Romain qu'il semblait que notre siècle eût dérobé « aux plus heureux temps de la république. »
[3] Pierre Boileau de Puimorin, frère de Despréaux, aimait les plaisirs de la table.
[4] Premier valet de chambre du roi. C'est à lui que la Fontaine adressa son *épître sur l'opéra*.

gé, etc. Il ne me manque plus aucune des formalités prétendues nécessaires pour prendre les eaux. La médecine que j'ai prise aujourd'hui m'a fait, à ce qu'on dit, tous les biens du monde ; car elle m'a fait tomber quatre ou cinq fois en faiblesse, et m'a mis en tel état qu'à peine je puis me soutenir. C'est demain que se doit commencer le grand chef-d'œuvre; je veux dire que demain je dois commencer à prendre des eaux. M. Bourdier, mon médecin, me remplit toujours de grandes espérances; il n'est pas de l'avis de M. Fagon [1] pour le bain, et cite même des exemples de gens, non-seulement qui n'ont pas recouvré la voix, mais qui l'ont même perdue pour s'être baignés. Du reste on ne peut pas faire plus d'estime de M. Fagon qu'il en fait, et il le regarde comme l'Esculape de ce temps. J'ai fait connaissance avec deux ou trois malades qui valent bien des gens en santé. J'en ai trouvé un même avec qui j'ai étudié autrefois, et qui est fort galant homme. Ce ne sera pas une petite affaire pour moi que la prise des eaux, qui sont, dit-on, fort endormantes, et avec lesquelles néanmoins il faut absolument s'empêcher de dormir : ce sera un noviciat terrible; mais que ne fait-on pas pour contredire M. Charpentier?

Je n'ai point encore eu de temps pour me remettre à l'étude, parce que j'ai été assez occupé des remèdes, pendant lesquels on m'a défendu surtout l'application. Les eaux, dit-on, me donneront plus de loisir; et, pourvu que je ne m'endorme point, on me laisse toute liberté de lire, et même de composer. Il y a ici un trésorier de la Sainte-Chapelle, grand ami de M. de Lamoignon, qui me vient voir fort souvent; il est homme de beaucoup d'esprit; et s'il n'a pas la main si prompte à répandre les bénédictions que le fameux M. de Coutances [2], il a en récompense beaucoup plus de lettres et de solidité. Je suis toujours fort affligé de ne vous point voir ; mais franchement le séjour de Bourbon ne m'a point paru, jusqu'à présent, si horrible que je me l'étais imaginé : j'ai un jardin pour me promener ; et je m'étais préparé à une si grande inquiétude, que je n'en ai pas la moitié de ce que j'en croyais avoir. Celui qui doit porter cette lettre à Moulins me presse fort : c'est ce fait que je me hâte de vous dire que je n'ai pas mieux conçu combien je vous aime que depuis notre triste séparation. Mes recommandations au cher M. Félix ; et je vous supplie, quand même je l'aurais oublié dans quelqu'une de mes lettres, de supposer toujours que je vous ai parlé de lui, parce que mon cœur l'a fait, si ma main ne l'a pas écrit. Je vous embrasse de tout mon cœur.

## 13. — RACINE A BOILEAU.

Paris, 25 juillet 1687.

Je commençais à m'ennuyer beaucoup de ne point recevoir de vos nouvelles, et je ne savais même que répondre à quantité de gens qui m'en demandaient. Le roi, il y a trois jours, me demanda à son dîner comment allait votre extinction de voix : je lui dis que vous étiez à Bourbon. MONSIEUR prit aussitôt la parole, et me fit là-dessus force questions, aussi bien que MADAME [1] ; et vous fîtes l'entretien de plus de la moitié du dîner. Je me trouvai le lendemain sur le chemin de M. de Louvois, qui me parla aussi de vous, mais avec beaucoup de bonté, et me disant en propres mots qu'il était très-fâché que cela durât si longtemps. Je ne vous dis rien de mille autres qui me parlent tous les jours de vous ; et quoique j'espère que vous retrouverez bientôt votre voix tout entière, vous n'en aurez jamais assez pour suffire à tous les remercîments que vous aurez à faire.

Je me suis laissé débaucher par M. Félix pour aller demain avec le roi à Maintenon : c'est un voyage de quatre jours. M. de Termes nous mène dans son carrosse ; et j'ai aussi débauché M. Hessein pour faire le quatrième. Il se plaint toujours beaucoup de ses vapeurs, et je vois bien qu'il espère se soulager par quelque dispute de longue haleine [2] ; mais je ne suis guère en état de lui donner contentement, ma trouvant assez incommodé de ma gorge dès que j'ai parlé un peu de suite. Cela va pourtant mieux que quand vous êtes parti, mais je ne suis pas encore hors d'affaire : ce qui m'embarrasse, c'est que M. Fagon et plusieurs autres médecins très-habiles m'avaient ordonné, comme vous savez, de boire beaucoup d'eau de Sainte-Reine et des tisanes de chicorée; et j'ai trouvé chez M. Nicole un médecin qui me paraît fort sensé, qui m'a dit qu'il connaissait mon mal à fond ; qu'il en a guéri plusieurs gens en sa vie, et que je ne guérirais jamais tant que je boirais de l'eau ou de la tisane; que le seul moyen de sortir d'affaire était de ne boire que pour la seule nécessité ; et tout au plus pour détremper les aliments dans l'estomac. Il a appuyé cela de quelques raisonnements qui m'ont paru assez solides. Ce qui

---

[1] Gui Crescent Fagon, médecin des enfants de France. Le roi le nomma son premier médecin en 1693.
[2] Claude Auvry, ancien évêque de Coutances, était trésorier de la Sainte-Chapelle lors de la querelle qui fut l'occasion du poème du Lutrin.

[1] Élisabeth-Charlotte de Bavière, seconde femme de MONSIEUR, et mère du duc d'Orléans.
[2] M. Hessein (secrétaire du roi), leur ami commun et frère de madame de la Sablière, avait beaucoup d'esprit et de lettres ; mais il aimait à disputer et à contredire. (L. R.)

est arrivé de là, c'est que présentement je n'exécute ni son ordonnance ni celle de M. Fagon : je ne me noie plus d'eau comme je faisais, je bois à ma soif; et vous jugez bien que par le temps qu'il fait on a toujours soif; c'est-à-dire, à vous parler franchement, que je me suis remis dans mon train de vie ordinaire, et je m'en trouve assez bien. Le même médecin m'a assuré que, si les eaux de Bourbon ne vous guérissaient pas, il vous guérirait infailliblement. Il m'a cité l'exemple d'un chantre de Notre-Dame (je crois que c'était une basse) à qui un rhume avait fait perdre entièrement la voix depuis six mois, et il était sur le point de se retirer; le médecin que je vous dis l'entreprit, et avec une tisane d'une herbe qu'on appelle, je crois, *erysimum*, il le tira d'affaire en trois semaines; en telle sorte que, non-seulement il parle, mais il chante très-bien, et a la voix aussi forte qu'il l'ait jamais eue. Ce chantre a, dit-il, plus de quarante ans. J'ai conté la chose aux médecins de la cour : ils avouent que cette plante d'*erysimum* est très-bonne pour la poitrine; mais ils disent qu'ils ne lui croient pas la vertu que dit mon médecin. C'est le même qui a deviné le mal de M. Nicole : il s'appelle M. Morin [1], et il est à mademoiselle de Guise [2]. M. Fagon en fait un fort grand cas. J'espère que vous n'aurez pas besoin de lui; mais cela est toujours bon à savoir; et si le malheur voulait que les eaux ne fissent pas tout l'effet que vous souhaitez, voilà encore une assez bonne consolation que je vous donne. Je ne vous manderai point cette fois-ci d'autres nouvelles que celles qui regardent votre santé et la mienne. Je vous dirai seulement que j'ai encore mes deux chevaux sur la litière. J'ai [3]....

## 14. — A RACINE.

Bourbon, le 29 juillet 1687.

Votre lettre m'a tiré d'un fort grand embarras; car je doutais que vous eussiez reçu celle que je vous avais écrite, et dont la réponse est arrivée fort tard à Bourbon. Si la perte de ma voix ne m'avait fort guéri de la vanité, j'aurais été très-sensible à tout ce que vous m'avez mandé de l'honneur que m'a fait le plus grand prince de la terre, en vous demandant des nouvelles de ma santé; mais l'impuissance où ma maladie me met de répondre par mon travail à toutes les bontés qu'il me témoigne me fait un sujet de chagrin de ce qui devrait faire toute ma joie. Les eaux jusqu'ici m'ont fait un fort grand bien, suivant toutes les règles, puisque je les rends de reste, et qu'elles m'ont, pour ainsi dire, tout fait sortir du corps, excepté la maladie pour laquelle je les prends. M. Bourdier, mon médecin, soutient pourtant que j'ai la voix plus forte que quand je suis arrivé; et M. Baudière, mon apothicaire, qui est encore meilleur juge que lui, puisqu'il est sourd, prétend aussi la même chose; mais pour moi je suis persuadé qu'ils me flattent, ou plutôt qu'ils se flattent eux-mêmes, et, à ce que je puis reconnaître en moi, je tiens que les eaux me soulageront plutôt la difficulté de respirer que la difficulté de parler. Quoi qu'il en soit, j'irai jusqu'au bout, et je ne donnerai point occasion à M. Fagon et à M. Félix de dire que je me suis impatienté. Au pis aller, nous essayerons cet hiver l'*erysimum* : mon médecin et mon apothicaire, à qui j'ai montré l'endroit de votre lettre où vous parlez de cette plante, ont témoigné tous deux en faire grand cas; mais M. Bourdier prétend qu'elle ne peut rendre la voix qu'à des gens qui ont le gosier attaqué, et non pas à un homme comme moi, qui a tous les muscles embarrassés. Peut-être que si j'avais le gosier malade, prétendrait-il que l'*erysimum* ne saurait guérir que ceux qui ont la poitrine attaquée. Le bon de l'affaire est qu'il persiste toujours dans la pensée que les eaux de Bourbon me rendront bientôt la voix; si cela arrive, ce sera à moi, mon cher monsieur, à vous consoler, puisque, de la manière dont vous me parlez de votre mal de gorge, je doute qu'il puisse être guéri sitôt, surtout si vous vous engagez en de longs voyages avec M. Hessein. Mais laissez-moi faire : si la voix me revient, j'espère vous soulager dans les disputes que vous aurez avec lui, sauf à la perdre encore une seconde fois pour vous rendre cet office. Je vous prie pourtant de lui faire bien des amitiés de ma part, et de lui faire entendre que ses contradictions me seront toujours beaucoup plus agréables que les complaisances et les applaudissements fades des amateurs de beaux esprits. Il s'est trouvé ici parmi les capucins un de ces amateurs qui a fait des vers à ma louange. J'admire ce que c'est que des hommes : *Vanitas et omnia vanitas* [1]. Cette sentence ne m'a jamais paru si vraie qu'en fréquentant ces bons et crasseux pères. Je suis bien fâché que vous ne soyez point encore habitué à Auteuil, où

Ipsi te fontes, ipsa hæc arbusta vocabant [2];

---

[1] Il était de l'Académie des sciences, et son éloge est un des premiers de ceux qu'a faits M. de Fontenelle. (L. R.)
[2] Marie de Lorraine.
[3] Le reste du manuscrit est supprimé.

[1] *Eccles.* cap. I, v. 2.
[2] VIRG. *Églog.* I, v. 40.

c'est-à-dire où mes deux puits [1] et mes abricotiers vous appellent.

Vous faites très-bien d'aller à Maintenon avec une compagnie aussi agréable que celle dont vous me parlez, puisque vous y trouverez votre utilité et votre plaisir.

*Omne tulit punctum* [2].....

Je n'ai pu deviner la critique que vous peut faire M. l'abbé Tallemant [3] sur l'endroit de l'épitaphe que vous m'avez marqué. N'est-ce point qu'il prétend que ces termes, *il fut nommé*, semblent dire que le roi Louis XIII a tenu M. le Tellier sur les fonts de baptême; ou bien que c'est mal dit, que le roi le choisit pour remplir la charge, etc. parce que c'est la charge qui a rempli M. le Tellier, non pas M. le Tellier qui a rempli la charge; par la même raison que c'est la ville qui entoure les fossés, et non pas les fossés qui entourent la ville? C'est à vous à m'expliquer cette énigme.

Faites bien, je vous prie, nos baisemains au père Bouhours et à tous mes amis, quand vous les rencontrerez; mais surtout témoignez bien à M. Nicole la profonde vénération que j'ai pour son mérite et pour la simplicité de ses mœurs; encore plus admirable que son mérite. Vous ne me parlez point de l'épitaphe de mademoiselle de Lamoignon [4].

Voilà, ce me semble, une assez longue lettre pour un homme à qui on défend les longues applications, et qu'on presse d'ailleurs de donner cette lettre pour la porter à Moulins. J'ai appris par la gazette que M. l'abbé de Choisy était agréé à l'Académie. Voici encore une voix que je vous envoie pour lui, si les trente-neuf ne suffisaient pas. Adieu; aimez-moi toujours, et croyez que je n'aime rien plus que vous. Je passe ici le temps, *sic ut quimus, quando, ut volumus, non possum.* Adieu, encore une fois; dites à ma sœur et à M. Manchon [5] que je ne manquerai pas de leur écrire par la première commodité. J'ai écrit à M. Marchand.

---

[1] Il n'avait pas d'autres eaux dans cette petite maison, dont il faisait ses délices. (L. R.)
[2] HORACE. *Art poét.* v. 343.
[3] Il s'agit ici de Paul Tallemant : il ne faut point le confondre avec François Tallemant son cousin, auteur d'une traduction des Vies de Plutarque, et que Boileau a désigné dans ce vers :

Ou le sec traducteur du français d'Amyot.
ÉPIT. VII, v. 90.

[4] Morte le 14 avril précédent, dans sa soixante-dix-huitième année.
[5] M. Manchon, beau-frère de Despréaux, était commissaire des guerres.

## 15. — A M*** MANCHON, SA SŒUR.

*Bourbon, 31 juillet 1687.*

C'est aujourd'hui le dixième jour que je prends les eaux, et pour vous dire l'effet qu'elles ont produit en moi, elles m'ont causé de fort grandes lassitudes dans les jambes, excité des envies de dormir, et produit beaucoup d'effets qui ont contenté de reste les médecins, mais qui ont jusqu'ici très-peu satisfait le malade, puisque je demeure toujours sans voix, avec très-peu d'appétit, et une assez grande faiblesse de corps, quoiqu'on m'eût dit d'abord qu'à peine j'aurais goûté des eaux, que je me trouverais tout renouvelé, et avec plus de force et de vigueur qu'à l'âge de vingt-cinq ans. Voilà au vrai, ma chère sœur, l'état où je me trouve, et si je n'avais fait provision, en partant, d'un peu de piété et de vertu, je vous avoue que je serais fort désolé; mais je vois bien que c'est Dieu qui m'éprouve, et je ne sais même si je lui dois demander de me rendre la voix, puisqu'il ne me l'a peut-être ôtée que pour mon bien, et pour m'empêcher d'en abuser. Ainsi je m'en vais regarder dorénavant les eaux et les médecines que j'avalerai comme des pénitences qui me sont imposées, plutôt que comme des remèdes qui doivent produire ma santé corporelle; et certainement je doute que je puisse mieux faire voir que je suis résigné à la volonté de Dieu qu'en me soumettant au joug de la médecine, qui est ici toute la même qu'à Paris, excepté que les médecins y sont un peu plus appliqués à leurs malades, et pensent au moins à leurs maladies dans le temps qu'ils sont avec eux. Je ne nierai pas pourtant que les eaux ne m'aient déjà fait du bien, puisque ayant eu cette nuit la respiration fort embarrassée, ce matin, aussitôt après avoir pris mes eaux, je me suis trouvé fort dégagé. Il faut donc aller jusqu'au bout; et, si je ne puis guérir, ne pas donner du moins occasion aux hommes de dire que je n'ai pas fait ce qu'il fallait pour me guérir. J'ai lié, depuis que je suis ici, une très-étroite connaissance avec monsieur l'abbé de Sales, trésorier de la Sainte-Chapelle de Bourbon. Je ne sais comment je pourrai reconnaître les bontés qu'il a pour moi. Il me tient lieu ici de frères, de parents et d'amis, par les soins qu'il prend de tout ce qui me regarde. C'est un ami intime de M. de Lamoignon (*fils du premier président*) [1], et qui serait assurément digne trésorier de la Sainte-Chapelle de Paris.

Il est arrivé ici depuis cinq ou six jours un pau-

---

[1] Il était alors avocat général au parlement de Paris.

vre homme paralytique de la moitié du corps, avec une recommandation de madame de Montespan pour être reçu à la charité qu'on y a établie. La recommandation était écrite et signée par madame de Jussac[1], et j'ai attesté aux maîtres et aux dames de la charité qu'il ne venait point à fausses enseignes; mais ni cette recommandation ni toutes mes prières ne les ont pu obliger à le recevoir. Ils ont pris pour prétexte que la charité ne devait s'ouvrir qu'à la fin du mois prochain. Je me suis réduit à leur demander seulement qu'ils le logeassent, et que du reste je ferais toute la dépense qu'il faudrait pour le nourrir et pour le faire panser; mais ils m'ont encore impitoyablement refusé cela. De sorte qu'à la fin, ne pouvant me résoudre à le voir peut-être mourir sur le pavé, je lui ai fait donner une chambre dans la maison que j'occupe, où il est traité et servi comme moi. Il y a peut-être dans ce que je vous dis là une petite vanité parisienne. Je vous prie de le faire savoir à M. Racine, afin que, dans l'occasion, il témoigne à M. et à madame de Jussac que leur nom n'a pas peu contribué en cette rencontre à exciter ma pitié. Je suis tout à vous.

### 16 — RACINE A BOILEAU.

*Paris, 4 août 1687.*

Je suis ravi des bonnes espérances que l'on continue de vous donner et du soulagement que vous ressentez déjà à votre poitrine. Je ne doute pas que la difficulté de parler ne soit encore plus aisée à guérir que la difficulté de respirer. Je n'ai point encore vu M. Fagon depuis que j'ai reçu de vos nouvelles; oui bien M. Daquin[2], qui trouve fort étrange que vous ne vous soyez pas mis entre les mains de M. des Trapières : il est même bien en peine qui peut vous avoir adressé à M. Bourdier. Je jugeai à propos, tant il était en colère, de ne lui pas dire un mot de M. Fagon.

J'ai fait le voyage de Maintenon, et je suis fort content des ouvrages que j'y ai vus; ils sont prodigieux, et dignes, en vérité, de la magnificence du roi. Il y en a encore, dit-on, pour deux ans. Les arcades qui doivent joindre les deux montagnes vis-à-vis Maintenon sont presque faites. Il y en a quarante-huit; elles sont bâties pour l'éternité. Je voudrais qu'on eût autant d'eau à faire passer dessus qu'elles sont capables d'en porter. Il y a là plus de trente mille hommes qui travaillent, tous gens bien faits, et qui, si la guerre recommence, remueront plus volontiers la terre devant quelque place sur la frontière que dans les plaines de Beauce.

J'eus l'honneur de voir madame de Maintenon, avec qui je fus une bonne partie d'une après-dînée; et elle me témoigna même que ce temps-là ne lui avait pas duré. Elle est toujours la même que vous l'avez vue, pleine d'esprit, de raison, de piété et de beaucoup de bonté pour nous. Elle me demanda des nouvelles de notre travail; je lui dis que votre indisposition et la mienne, mon voyage à Luxembourg et votre voyage à Bourbon, nous avaient un peu reculés, mais que nous ne perdions cependant pas notre temps[1].

A propos de Luxembourg, je viens de recevoir un plan de la place et des attaques, et cela dans la dernière exactitude. Je viens aussi tout à l'heure de recevoir une lettre de Versailles, où l'on me mande une nouvelle fort surprenante et fort affligeante pour vous et pour moi; c'est la mort de notre ami M. de Saint-Laurent[2], qui a été emporté d'un seul accès de colique néphrétique, à quoi il n'avait jamais été sujet en sa vie. Je ne crois pas qu'excepté MADAME on en soit fort affligé au Palais-Royal : les voilà débarrassés d'un homme de bien.

Je laisse volontiers à la gazette à vous parler de M. l'abbé de Choisy. Il fut reçu sans opposition[3]; il avait pris tous les devants qu'il fallait auprès des gens qui auraient pu lui faire de la peine. Il fera, le jour de Saint-Louis, sa harangue qu'il m'a montrée; il y a quelques endroits d'esprit. Je lui ai fait ôter quelques fautes de jugement. M. Bergeret fera la réponse. Je crois qu'il y aura plus de jugement[4].

Je suis bien aise que vous n'ayez pas conçu la critique de M. l'abbé Tallemant : c'est signe qu'elle ne vaut rien. La critique tombait sur ces mots : *Il en commença les fonctions.* Il prétendait qu'il fallait dire nécessairement : *Il commença à en faire les fonctions.* Le père Bouhours ne les devina point, non plus que vous; et quand je lui dis la difficulté, il s'en moqua. Je donnai l'épitaphe de mademoiselle de Lamoignon à M. de la Cha-

---

[1] Dame attachée à madame de Montespan.
[2] Premier médecin du roi. Fagon lui succéda dans cette charge en 1693.

---

[1] Ils ne le perdaient pas; mais les grands morceaux qu'ils avaient faits ont été brûlés dans l'incendie arrivé chez M. de Valincourt. (L. R.)
[2] Homme d'une grande piété, précepteur du jeune duc de Chartres, depuis M. le duc d'Orléans (1701), régent (1715). Une lettre suivante fera connaître les regrets du jeune prince et sa douleur de cette mort. (L. R.)
[3] Le 25 août 1687, à la place du duc de Saint-Aignan.
[4] Jean-Louis Bergeret, ancien avocat général au parlement de Metz, secrétaire de la chambre et du cabinet du roi, et premier commis des affaires étrangères, sous M. Colbert de Croissy.

pelle [1], en l'état que nous étions convenus à Montgeron ; je n'en ai pas ouï parler depuis.

M. Hessein n'a point changé ; nous fûmes cinq jours ensemble. Il fut fort doux dans les quatre premiers jours, et eut beaucoup de complaisance pour M. de Termes, qui ne l'avait jamais vu, et qui était charmé de sa douceur. Le dernier jour, M. Hessein ne lui laissa pas passer un mot sans le contredire ; et même quand il nous voyait fatigués et endormis, il avançait malicieusement quelque paradoxe qu'il savait bien qu'on ne lui laisserait point passer. En un mot, il eut contentement : non-seulement on disputa, mais on se querella, et on se sépara sans avoir trop d'envie de se revoir de plus de huit jours. Il me sembla que M. de Termes avait toujours raison ; il lui sembla aussi la même chose de moi. M. Félix témoigna un peu plus de bonté pour M. Hessein, et aima mieux nous gronder tous que de se résoudre à le condamner. Voilà comment s'est passé le voyage. Mon mal de gorge est beaucoup diminué, Dieu merci ; mais il n'est pas encore fini ; il me reste de temps en temps quelques âcretés vers la luette, mais cela ne dure point ; quoi qu'il en soit, je n'y fais plus rien. Mes chevaux marcheront demain pour la première fois depuis votre départ. Celui qui avait le farcin est, dit-on, entièrement guéri ; je n'ose encore trop vous l'assurer. M. Marchand me vint voir il y a trois jours, un peu fâché de ce que vous n'avez pas pris à Bourbon le logis qu'il vous avait dit. Il doit mener à Auteuil sa fille, qui est sortie de religion, pour lui faire prendre l'air. Cela ne m'empêchera pas d'y aller passer des après-dînées, et même d'y aller dîner avec lui. Adieu, mon cher monsieur ; mandez-moi au plus tôt que vous parlez : c'est la meilleure nouvelle que je puisse recevoir en ma vie.

17. — RACINE A BOILEAU.

Paris, 8 août 1687.

Madame Manchon vint avant-hier me chercher, fort alarmée d'une lettre que vous lui avez écrite, et qui est en effet bien différente de celle que j'ai reçue de vous. J'aurais déjà été à Versailles pour entretenir M. Fagon ; mais le roi est à Marly depuis quatre jours, et n'en reviendra que demain au soir : ainsi je n'irai qu'après demain matin, et je vous manderai exactement tout ce qu'il m'aura dit. Cependant je me flatte que ce dégoût et cette lassitude dont vous vous plaignez n'auront point de suite, et que c'est seulement un effet que les eaux doivent produire quand l'estomac n'y est pas encore accoutumé ; que si elles continuent à vous faire mal, vous savez que tout le monde vous dit en partant, qu'il fallait les quitter en ce cas, ou tout du moins les interrompre. Si par malheur elles ne vous guérissent pas, il n'y a point lieu encore de vous décourager, et vous ne seriez pas le premier qui, n'ayant pas été guéri sur les lieux, s'est trouvé guéri étant de retour chez lui. En tous cas, le sirop d'*erysimum* n'est point assurément une vision. M. Dodart, à qui j'en parlai il y a trois jours, me dit et m'assura en conscience que ce M. Morin, qui m'a parlé de ce remède, est sans doute le plus habile médecin qui soit dans Paris, et le moins charlatan. Il est constant que, pour moi, je me trouve infiniment mieux depuis que, par son conseil, j'ai renoncé à tout ce lavage d'eaux qu'on m'avait ordonnées, et qui m'avaient presque gâté entièrement l'estomac sans me guérir mon mal de gorge. Je prierai aussi M. de Jussac d'écrire à madame sa femme, à Fontevrault, et de lui mander l'embarras de ce pauvre paralytique, qui était sans vous sur le pavé.

M. de Saint-Laurent est mort d'une colique de *miserere*, et non point d'un accès de néphrétique, comme je vous avais mandé. Sa mort a été fort chrétienne, et même aussi singulière que le reste de sa vie. Il ne confia qu'à M. de Chartres qu'il se trouvait mal, et qu'il allait s'enfermer dans une chambre pour se reposer, conjurant instamment ce jeune prince de ne point dire où il était, parce qu'il ne voulait voir personne. En le quittant il alla faire ses dévotions : c'était un dimanche, et on dit qu'il les faisait tous les dimanches ; puis il s'enferma dans une chambre jusqu'à trois heures après midi, que M. de Chartres, étant en inquiétude de sa santé, déclara où il était. Tancret y fut, qui le trouva tout habillé sur un lit, souffrant apparemment beaucoup, et néanmoins fort tranquille. Tancret ne lui trouva point de pouls ; mais M. de Saint-Laurent lui dit que cela l'étonnât point ; qu'il était vieux, et qu'il n'avait pas naturellement le pouls fort élevé. Il voulut être saigné, et il ne vint point de sang. Peu de temps après, il se mit sur son séant, puis dit à son valet de le pencher un peu sur son chevet ; et aussitôt ses pieds se mirent à trépigner contre le plancher, et il expira dans le moment même. On trouva dans sa bourse un billet par lequel il déclarait où l'on trouverait son testament. Je crois qu'il donne tout son bien aux pauvres. Voilà comme il est mort ; et voici qui fait, ce me semble, assez bien son éloge : vous savez qu'il n'avait presque point d'autres soins

---

[1] Henri de Bessé ou Besset, sieur de la Chapelle-Milon, avait épousé Charlotte Dongois, fille d'une sœur de Despréaux.

auprès de M. de Chartres[1] que de l'empêcher de manger des friandises; qu'il l'empêchait le plus qu'il pouvait d'aller aux comédies et aux opéras; et il vous a conté lui-même toutes les rebuffades qu'il lui a fallu essuyer pour cela, et comment toute la maison de Monsieur était déchaînée contre lui, gouverneur[2], sous-précepteur[3], valets de chambre. Cependant on a été plus de deux jours sans oser apprendre sa mort à ce même M. de Chartres; et quand Monsieur enfin la lui a annoncée, il a jeté des cris effroyables, se jetant, non point sur son lit, mais sur le lit de M. de Saint-Laurent, qui était encore dans sa chambre, et l'appelant à haute voix comme s'il eût encore été en vie : tant la vertu, quand elle est vraie, a de force pour se faire aimer! Je suis assuré que cela vous fera plaisir, non-seulement pour la mémoire de M. de Saint-Laurent, mais même pour M. de Chartres. Dieu veuille qu'il persiste longtemps dans de pareils sentiments! Il me semble que je n'ai point d'autres nouvelles à vous mander.

M. le duc de Roannès[4] est venu ce matin pour me parler de sa rivière, et pour me prier d'en parler. Je lui ai demandé s'il ne savait rien de nouveau; il m'a dit que non; et il faut bien, puisqu'il ne sait point de nouvelles, qu'il n'y en ait point, car il en sait toujours plus qu'il n'y en a. On dit seulement que M. de Lorraine a passé la Drave, et les Turcs la Save : ainsi il n'y a point de rivière qui les sépare; tant pis apparemment pour les Turcs; je les trouve merveilleusement accoutumés à être battus[5]. La nouvelle qui fait ici le plus de bruit, c'est l'embarras des comédiens, qui sont obligés de déloger de la rue Guénégaud, à cause que messieurs de Sorbonne, en acceptant le collège des Quatre-Nations, ont demandé, pour première condition, qu'on les éloignât de ce collège. Ils ont déjà marchandé des places dans cinq ou six endroits; mais, partout où ils vont, c'est merveille d'entendre comme les curés crient. Le curé de Saint-Germain l'Auxerrois a déjà obtenu qu'ils ne seraient point à l'hôtel de Sourdis, parce que de leur théâtre on aurait entendu tout à plein les orgues, et de l'église on aurait parfaitement bien entendu les violons; enfin ils en sont à la rue de Savoie, dans la paroisse de Saint-André. Le curé a été aussi au roi lui représenter qu'il n'y a tantôt plus dans la paroisse que des auberges et des coquetiers; si les comédiens y viennent, que son église sera déserte. Les Grands-Augustins ont aussi été au roi, et le père Lembrochons, provincial, a porté la parole; mais on prétend que les comédiens on dit à Sa Majesté que ces mêmes Augustins, qui ne veulent point les avoir pour voisins, sont fort assidus spectateurs de la comédie, et qu'ils ont voulu même vendre à la troupe des maisons qui leur appartiennent dans la rue d'Anjou, pour y bâtir un théâtre, et que le marché serait déjà conclu, si le lieu eût été plus commode. M. de Louvois a ordonné à M. de la Chapelle de lui envoyer le plan du lieu où ils veulent bâtir dans la rue de Savoie. Ainsi on attend ce que M. de Louvois décidera. Cependant l'alarme est grande dans le quartier : tous les bourgeois, qui sont gens de palais, trouvent fort étrange qu'on vienne leur embarrasser leurs rues. M. Billard surtout[1], qui se trouvera vis-à-vis de la porte du parterre, crie fort haut; et quand on lui a voulu dire qu'il en aurait plus de commodité pour s'aller divertir quelquefois, il a répondu fort tragiquement : *Je ne veux point me divertir.* Adieu, monsieur; je fais moi-même ce que je puis pour vous divertir, quoique j'aie le cœur fort triste depuis la lettre que vous avez écrite à madame votre sœur. Si vous croyez que je puisse vous être bon à quelque chose à Bourbon, n'en faites point de façon; mandez-le-moi : je volerai pour vous aller voir.

### 18. — A RACINE.

Bourbon, le 9 août 1687.

Je vous demande pardon du gros paquet que je vous envoie; mais M. Bourdier, mon médecin, a cru qu'il était de son devoir d'écrire à M. Fagon sur ma maladie. Je lui ai dit qu'il fallait que M. Dodart vît aussi la chose : ainsi nous sommes convenus de vous adresser sa relation. Je vous envoie un compliment pour M. de la Bruyère.

J'ai été sensiblement affligé de la mort de M. de Saint-Laurent. Franchement, notre siècle se dégarnit fort de gens de mérite et de vertu; et sans ceux qu'on a étouffés sous prétexte de jansénisme, en voilà un grand nombre que la mort a enlevés depuis peu. Je plains fort le pauvre M. de Sainctot[2].

---

[1] Depuis duc d'Orléans et régent du royaume : alors âgé de douze ans.
[2] Le duc de Chartres eut successivement quatre gouverneurs dans l'espace de six années : les maréchaux de Navailles et d'Estrades, le duc de la Vieuville et le marquis d'Arcy, chevalier des ordres.
[3] Le gouverneur était alors le duc de la Vieuville, et le sous-précepteur, le trop fameux abbé Dubois.
[4] François d'Aubusson, duc de Roannès, second maréchal de la Feuillade, élevé ce grade éminent le 2 février 1724, mourut à Marly le 29 janvier 1725.
[5] Ils le furent de nouveau le 12 août de cette même année.

[1] Germain Billard, avocat renommé. Il avait marié une de ses filles à Jérôme Bignon, qui fut prévôt des marchands de la ville de Paris en 1708; l'autre à Louis Chauvelin, père du garde des sceaux.
[2] Maître des cérémonies.

Je ne vous dirai point en quel état est ma poitrine, puisque mon médecin vous en écrit tout le détail; ce que je puis vous dire, c'est que ma maladie est de ces sortes de choses *quæ non recipiunt magis et minùs*, puisque je suis environ au même état que j'étais lorsque je suis arrivé. On me dit cependant toujours, comme à Paris, que cela reviendra; et c'est ce qui me désespère, cela ne revenant point. Si je savais que je dusse être sans voix toute ma vie, je m'affligerais sans doute; mais je prendrais ma résolution, et je serais peut-être moins malheureux que dans un état d'incertitude qui ne me permet pas de me fixer, et qui me laisse toujours comme un coupable qui attend le jugement de son procès. Je m'efforce cependant de traîner ici ma misérable vie du mieux que je puis, avec un abbé, très-honnête homme, qui est trésorier d'une sainte chapelle; mon médecin et mon apothicaire. Je passe le temps avec eux à peu près comme D. Quixotte le passait, *en un lugar de la Mancha*, avec son curé, son barbier, et le bachelier Samson Carrasco. J'ai aussi une servante : il me manque une nièce; mais de tous ces gens-là, celui qui joue le mieux son personnage, c'est moi, qui suis presque aussi fou que lui, et qui ne dirais guère moins de sottises, si je pouvais me faire entendre.

Je n'ai point été surpris de ce que vous m'avez mandé de M. Hessein :

Naturam expelles furca, tamen usque recurret ¹.

Il a d'ailleurs de très-bonnes qualités; mais, à mon avis, puisque je suis sur la citation de D. Quixotte, il n'est pas mauvais de garder avec lui les mêmes mesures qu'avec Cardenio. Comme il veut toujours contredire, il ne serait pas mauvais de le mettre avec cet homme que vous savez de notre assemblée, qui ne dit jamais rien qu'on ne doive contredire ² ; ils seraient merveilleux ensemble.

J'ai déjà formé mon plan pour l'année 1667 ³, où je vois de quoi ouvrir un beau champ à l'esprit; mais, à ne vous rien déguiser, il ne faut pas que vous fassiez un grand fond sur moi, tant que j'aurai tous les matins à prendre douze verres d'eau, qu'il coûte encore plus à rendre qu'à avaler, et qui vous laissent tout étourdi le reste du jour, sans qu'il vous soit permis de sommeiller un moment. Je ferai pourtant du mieux que je pourrai, et j'espère que Dieu m'aidera.

Vous faites bien de cultiver madame de Maintenon; jamais personne ne fut si digne qu'elle du poste qu'elle occupe, et c'est la seule vertu où je n'aie point encore remarqué de défaut. L'estime qu'elle a pour vous est une marque de son bon goût. Pour moi, je ne me compte pas au rang des choses vivantes :

Vox quoque Mœrim
Jam fugit ipsa : lupi Mœrim vidêre priores ¹.

### 19. — RACINE A BOILEAU.

Paris, 13 août 1687.

Je ne vous écrirai aujourd'hui que deux mots; car, outre qu'il est extrêmement tard, je reviens chez moi pénétré de frayeur et de déplaisir. Je sors de chez le pauvre M. Hessein, que j'ai laissé à l'extrémité ; je doute qu'à moins d'un miracle je le retrouve demain en vie. Je vous conterai sa maladie une autre fois, et je ne vous parlerai maintenant que de ce qui vous regarde. Vous êtes un peu cruel à mon égard, de me laisser si longtemps dans l'horrible inquiétude où vous avez bien dû juger que votre lettre à madame votre sœur me pouvait jeter. J'ai vu M. Fagon, qui, sur le récit que je lui ai fait de ce qui est dans cette lettre, a jugé qu'il fallait sur-le-champ quitter vos eaux. Il dit que leur effet naturel est d'ouvrir l'appétit, bien loin de l'ôter; il croit même qu'à l'heure qu'il est vous les aurez interrompues, parce qu'on n'en prend jamais plus de vingt jours de suite. Si vous vous en êtes trouvé considérablement bien, il est d'avis qu'après les avoir laissées pour quelque temps, vous les recommenciez ; si elles ne vous ont fait aucun bien, il croit qu'il les faut quitter entièrement. Le roi me demanda hier au soir si vous étiez revenu; je lui ai répondu que non, et que les eaux jusqu'ici ne vous avaient pas fort soulagé. Il me dit ces propres mots : « Il fera mieux de se « remettre à son train de vie ordinaire, la voix lui « reviendra lorsqu'il y pensera le moins. » Tout le monde est charmé de la bonté que Sa Majesté a témoignée pour vous en parlant ainsi, et tout le monde est d'avis que, pour votre santé, vous ferez bien de revenir. M. Félix est de cet avis; le premier médecin et M. Moreau en sont entièrement. M. du Tartre ² croit qu'absolument les eaux de Bourbon ne sont pas bonnes pour votre poitrine, et que vos lassitudes en sont une marque. Tout cela, mon cher monsieur, m'a donné une furieuse envie de vous voir de retour. On dit que vous trouverez de

---

¹ HORACE, liv. I, *épit.* x, v. 24.
² Charpentier.
³ Il parle de l'histoire du roi, dont ils étaient tous deux continuellement occupés. ( L. R. )

¹ VIRGILE, *Égl.* IX, v. 53.
² Chirurgien juré du parlement de Paris; dans la suite, chirurgien ordinaire du roi.

petits remèdes innocents qui vous rendront infailliblement la voix, et qu'elle reviendra d'elle-même quand vous ne feriez rien. M. le maréchal de Bellefonds m'enseigna hier un remède dont il dit qu'il a vu plusieurs gens guéris d'une extinction de voix ; c'est de laisser fondre dans sa bouche un peu de myrrhe, la plus transparente qu'on puisse trouver ; d'autres se sont guéris avec la simple eau de poulet ; sans compter l'*erysimum* : enfin, tout d'une voix, tout le monde vous conseille de revenir. Je n'ai jamais vu une santé plus généralement souhaitée que la vôtre. Venez donc, je vous en conjure, et, à moins que vous n'ayez déjà un commencement de voix qui vous donne des assurances que vous achèverez de guérir à Bourbon, ne perdez pas un moment de temps pour vous redonner à vos amis, et à moi surtout, qui suis inconsolable de vous voir si loin de moi, et d'être des semaines entières sans savoir si vous êtes en santé ou non. Plus je vois décroître le nombre de mes amis, plus je deviens sensible au peu qui m'en reste ; et il me semble, à vous parler franchement, qu'il ne me reste presque plus que vous. Adieu ; je crains de m'attendrir follement en m'arrêtant trop sur cette réflexion. Madame Manchon pense toutes les mêmes choses que moi, et est véritablement inquiète sur votre santé.

### 20. — A RACINE.

Moulins, le 13 août 1687.

Mon médecin a jugé à propos de me laisser reposer deux jours, et j'ai pris ce temps pour venir voir Moulins, où j'arrivai hier au matin, et d'où je m'en dois retourner aujourd'hui au soir. C'est une ville très-marchande et très-peuplée, et qui n'est pas indigne d'avoir un trésorier de France comme vous[1]. Un M. de Chamblain, ami de M. l'abbé de Sales, qui y est venu avec moi, m'y donna hier à souper fort magnifiquement. Il se dit grand ami de M. de Poignant, et connaît fort votre nom, aussi bien que tout le monde de cette ville, qui s'honore fort d'avoir un magistrat de votre force, et qui lui est si peu à charge[2]. Je vous ai envoyé par le dernier ordinaire une très-longue déduction de ma maladie, que M. Bourdier, mon médecin, écrit à M. Fagon : ainsi, vous en devez être instruit à l'heure qu'il est parfaitement. Je vous dirai pourtant que dans cette relation il ne parle point de la lassitude de jambes et du peu d'appétit ; si bien que tout le profit que j'ai fait jusqu'ici à boire des eaux, selon lui, *consiste à un éclaircissement de teint*, que le hâle du voyage m'avait jauni plutôt que la maladie, car vous savez bien qu'en partant de Paris je n'avais pas le visage très-mauvais : et je ne vois pas qu'à Moulins, où je suis, on me félicite fort présentement de mon embonpoint. Si j'ai écrit une lettre si triste à ma sœur, cela ne vient point de ce que je me *sente* beaucoup plus mal qu'à Paris, puisqu'à vous dire le vrai, tout le bien et tout le mal mis ensemble, je suis environ au même état que quand je partis ; mais dans le chagrin de ne point guérir, ou à quelquefois des moments où la mélancolie redouble, et je lui ai écrit dans un de ces moments. Peut-être dans une autre lettre verra-t-elle que je ris. Le chagrin est comme une fièvre qui a ses redoublements et ses suspensions.

La mort de M. de Saint-Laurent est tout à fait édifiante ; il me paraît qu'il a fini avec toute l'audace d'un philosophe et toute l'humilité d'un chrétien. Je suis persuadé qu'il y a des saints canonisés qui n'étaient pas plus saints que lui : on le verra un jour, selon toutes les apparences, dans les litanies. Mon embarras est seulement comment on l'appellera, et si on lui dira simplement saint Laurent, ou saint Saint-Laurent. Je n'admire pas seulement M. de Chartres, mais je l'aime, j'en suis fou. Je ne sais pas ce qu'il sera dans la suite ; mais je sais bien que l'enfance d'Alexandre ni de Constantin n'a jamais promis de si grandes choses que la sienne ; et on pourrait beaucoup plus justement faire de lui les prophéties que Virgile, à mon avis, avait faites assez à la légère du fils de Polion.

Dans le temps que je vous écris ceci, M. Amiot[1] vient d'entrer dans ma chambre ; il a précipité, dit-il, son retour à Bourbon pour me venir rendre service. Il m'a dit qu'il avait vu, avant que de partir, M. Fagon, et qu'ils persistaient l'un et l'autre dans la pensée du demi-bain, quoi qu'en puissent dire MM. Bourdier et Baudière : c'est une affaire qui se décidera demain à Bourbon. A vous dire le vrai, mon cher monsieur, c'est quelque chose d'assez fâcheux, que de se voir ainsi le jouet d'une science très-conjecturale, et où l'un dit blanc et l'autre noir : car les deux derniers ne soutiennent pas seulement que le bain n'est pas bon à mon mal ; mais ils prétendent qu'il y va de la vie, et citent sur cela des exemples funestes. Mais enfin me voilà livré à la médecine, et il n'est plus temps de reculer. Ainsi, ce

---

[1] « M. de Colbert, dit Louis Racine, le fit favoriser d'une « charge de trésorier de France au bureau des finances de « Moulins, qui était tombée aux parties casuelles. » (*Mémoires sur la vie de Jean Racine.*)
[2] Parce qu'il n'y allait jamais. (L. R.)

[1] Médecin de Bourbon, qui, un mois après, donna ses soins à madame de Sévigné.

que je demande à Dieu, ce n'est pas qu'il me rende la voix, mais qu'il me donne la vertu et la piété de M. de Saint-Laurent, ou de M. Nicole, ou même la vôtre, puisque avec cela on se moque des périls. S'il y a quelque malheur dont on puisse se réjouir, c'est, à mon avis, de celui des comédiens; si on continue à les traiter comme on fait, il faudra qu'ils s'aillent établir entre la Villette et la porte Saint-Martin; encore ne sais-je s'ils n'auront point sur les bras le curé de Saint-Laurent. Je vous ai une obligation infinie du soin que vous prenez d'entretenir un misérable comme moi. L'offre que vous me faites de venir à Bourbon est tout à fait héroïque et obligeante; mais il n'est pas nécessaire que vous veniez vous enterrer inutilement dans le plus vilain lieu du monde; et le chagrin que vous auriez infailliblement de vous y voir ne ferait qu'augmenter celui que j'ai d'y être. Vous m'êtes plus nécessaire à Paris qu'ici, et j'aime encore mieux ne vous point voir, que de vous voir triste et affligé. Adieu, mon cher monsieur; mes recommandations à M. Félix, à M. de Termes, et à tous nos autres amis.

## 21. — RACINE A BOILEAU.

Paris, 17 août 1687.

J'allai hier au soir à Versailles, et j'y allai tout exprès pour voir M. Fagon et lui donner la consultation de M. Bourdier. Je la lus auparavant avec M. Félix, et je la trouvai très-savante, dépeignant votre tempérament et votre mal en termes très-énergiques, j'y croyais trouver en quelque page :

Numero deus impare gaudet [1].

M. Fagon me dit que, du moment qu'il s'agissait de la vie, et qu'elle pouvait être en compromis, il s'étonnait qu'on mît en question si vous prendriez le demi-bain. Il en écrira à M. Bourdier ; cependant il m'a chargé de vous écrire au plus vite de ne point vous baigner, et même, si les eaux vous ont incommodé, de les quitter entièrement, et de vous en revenir. Je vous avais déjà mandé son avis là-dessus, et il y persiste toujours. Tout le monde crie que vous devriez revenir : médecins, chirurgiens, hommes, femmes. Je vous avais mandé qu'il fallait un miracle pour sauver M. Hessein ; il est sauvé, et c'est votre bon ami le quinquina qui a fait ce miracle. L'émétique l'avait mis à la mort : M. Fagon arriva fort à propos, qui, le croyant à demi-mort, ordonna au plus vite le quinquina. Il est présentement sans fièvre ; je l'ai même tantôt fait rire jusqu'à la convulsion, en lui montrant l'endroit de votre lettre où vous parlez en bachelier du curé et du barbier. Vous dites qu'il vous manque une nièce; voudriez-vous qu'on vous envoyât mademoiselle Despréaux [1] ? Je m'en vais ce soir à Marly. M. Félix a demandé permission au roi pour moi, et j'y demeurerai jusqu'à mercredi prochain.

M. le duc de Charost [2] m'a tantôt demandé de vos nouvelles, d'un ton de voix que je vous souhaiterais de tout mon cœur. Quantité de gens de nos amis sont malades, entre autres M. le duc de Chevreuse et M. de Chamlai [3] : tous deux ont la fièvre doubletierce. M. de Chamlai a déjà pris le quinquina ; M. de Chevreuse le prendra au premier jour. On ne voit à la cour que des gens qui ont le ventre plein de quinquina. Si cela ne vous excite pas à y revenir, je ne sais plus ce qui vous peut en donner envie. M. Hessein ne l'a point voulu prendre des apothicaires, mais de la propre main de Smith. J'ai vu ce Smith chez lui ; il a le visage vermeil et boutonné, et a bien plus l'air d'un maître cabaretier que d'un médecin. M. Hessein dit qu'il n'a jamais rien bu de plus agréable, et qu'à chaque fois qu'il en prend, il sent la vie descendre dans son estomac. Adieu, mon cher monsieur; je commencerai et finirai toutes mes lettres en vous disant de vous hâter de revenir.

## 22. — A RACINE.

Bourbon, ce 19 août 1687.

Vous pouvez juger, monsieur, combien j'ai été frappé de la funeste nouvelle que vous m'avez mandée de notre pauvre ami [4]. En quelque état pitoyable néanmoins que vous l'ayez laissé, je ne saurais m'empêcher d'avoir quelque rayon d'espérance, tant que vous ne m'aurez point écrit, Il est mort ; et je me flatte même qu'au premier ordinaire j'apprendrai qu'il est hors de danger. A dire le vrai, j'ai bon besoin de me flatter ainsi, surtout aujourd'hui que j'ai pris une médecine qui m'a fait tomber quatre fois en faiblesse, et qui m'a jeté dans un abattement dont même les plus agréables nouvelles ne seraient pas capables de me relever. Je vous avoue pourtant que si quelque chose pouvait me rendre la santé et la joie, ce serait la bonté qu'a Sa Majesté de s'en-

---

[1] VIRGILE, Ecl. VIII, v. 75.

[1] Fille de Jérôme Boileau, le greffier, mort en 1679. Sa femme était de l'humeur la plus bizarre, et la fille ressemblait à la mère, qui a fourni au poëte plusieurs traits de sa satire contre les femmes.
[2] Armand de Béthune, duc de Charost ; gendre du surintendant Fouquet.
[3] « Chamlai avait toujours passé pour le meilleur maréchal « des logis d'une armée. »
[4] M. Hessein.

quérir de moi toutes les fois que vous vous présentez devant lui. Il ne saurait guère rien arriver de plus glorieux, je ne dis pas à un misérable comme moi, mais à tout ce qu'il y a de gens plus considérables à la cour; et je gage qu'il y en a plus de vingt d'entre eux qui, à l'heure qu'il est, envient ma bonne fortune, et qui voudraient avoir perdu la voix, et même la parole, à ce prix. Je ne manquerai pas, avant qu'il soit peu, de profiter du bon avis qu'un si grand prince me donne, sauf à désobliger M. Bourdier, mon médecin, et M. Baudière mon apothicaire, qui prétendent maintenir, contre lui, que les eaux de Bourbon sont admirables pour rendre la voix; mais je m'imagine qu'ils réussiront dans cette entreprise à peu près comme toutes les puissances de l'Europe ont réussi à *lui empêcher* de prendre Luxembourg et tant d'autres villes. Pour moi, je suis persuadé qu'il fait bon suivre ses ordonnances, en fait même de médecine. J'accepte l'augure qu'il m'a donné, en vous disant que la voix me reviendrait lorsque j'y penserais le moins. Un prince qui a exécuté tant de choses miraculeuses est vraisemblablement inspiré du ciel, et toutes les choses qu'il dit sont des oracles. D'ailleurs j'ai encore un remède à essayer, où j'ai grande espérance, qui est de me présenter à son passage dès que je serai de retour; car je crois que l'envie que j'aurai de lui témoigner ma joie et ma reconnaissance me fera trouver de la voix, et peut-être même des paroles éloquentes. Cependant je vous dirai que je suis aussi muet que jamais, quoique inondé d'eaux et de remèdes. Nous attendons la réponse de M. Fagon sur la relation que M. Bourdier lui a envoyée. Jusque-là, je ne puis rien vous dire sur mon départ. On me fait toujours espérer ici une guérison prochaine, et nous devons tenter le demi-bain, supposé que M. Fagon persiste toujours dans l'opinion qu'il me peut être utile. Après cela, je prendrai mon parti.

Vous ne sauriez croire combien je vous suis obligé de la tendresse que vous m'avez témoignée dans votre dernière lettre : les larmes m'en sont presque venues aux yeux; et, quelque résolution que j'eusse faite de quitter le monde, supposé que la voix ne me revînt point, cela m'a entièrement fait changer d'avis; c'est-à-dire, en un mot, que je me sens capable de quitter toutes choses, hormis vous. Adieu, mon cher monsieur : excusez si je ne vous écris pas une plus longue lettre; franchement je suis fort abattu. Je n'ai point d'appétit; je traîne les jambes plutôt que je ne marche; je n'oserais dormir, et je suis toujours accablé de sommeil. Je me flatte pourtant encore de l'espérance que les eaux de Bourbon me guériront. M. Amiot est homme d'esprit, et me rassure fort. Il se fait une affaire très-sérieuse de me guérir, aussi bien que les autres médecins. Je n'ai jamais vu de gens si affectionnés à leur malade, et je crois qu'il n'y en a pas un d'entre eux qui ne donnât quelque chose de sa santé pour me rendre la mienne. Outre leur affection, il y va de leur intérêt, parce que ma maladie fait grand bruit dans Bourbon. Cependant ils ne sont point d'accord, et M. Bourdier lève toujours des yeux très-tristes au ciel quand on parle de bain. Quoi qu'il en soit, je leur suis obligé de leurs soins et de leur bonne volonté; et quand vous m'écrirez, je vous prie de me dire quelque chose qui marque que je parle bien d'eux.

M. de la Chapelle m'a écrit une lettre fort obligeante, et m'envoie plusieurs inscriptions sur lesquelles il me prie de dire mon avis. Elles me paraissent toutes fort spirituelles; mais je ne saurais pas lui mander, pour cette fois, ce que j'y trouve à redire : ce sera pour le premier ordinaire. M. Boursault [1], que je croyais mort, me vint voir il y a cinq à six jours, et m'apparut le soir assez subitement. Il me dit qu'il s'était détourné de trois grandes lieues du chemin de Mont-Luçon, où il allait, et où il est habitué, pour avoir le bonheur de me saluer. Il me fit offre de toutes choses, d'argent, de commodités, de chevaux. Je lui répondis avec les mêmes honnêtetés, et voulus le retenir pour le lendemain à dîner; mais il me dit qu'il était obligé de s'en aller dès le grand matin : ainsi nous nous séparâmes amis à outrance. A propos d'amis, mes baisemains, je vous prie, à tous nos amis communs. Dites bien à M. Quinault [2] que je lui suis infiniment obligé de son souvenir, et des choses obligeantes qu'il a écrites de moi à M. l'abbé de Sales. Vous pouvez l'assurer que je le compte présentement au rang de mes meilleurs amis, et de ceux dont j'estime le plus le cœur et l'esprit. Ne vous étonnez pas si vous recevez quelquefois mes lettres un peu tard, parce que la poste n'est point à Bourbon, et que souvent, faute de gens pour envoyer à Moulins, on perd un ordinaire. Au nom de Dieu, mandez-moi avant toutes choses des nouvelles de M. Hessein.

[1] Boursault était alors receveur des fermes à Mont-Luçon, d'où, à l'occasion de son emploi, il écrivit une lettre assez connue. Boileau l'avait attaqué dans ses satires. Boursault, pour s'en venger, fit imprimer contre lui une comédie intitulée *Satire des satires*. Cependant, quand il sut Boileau malade à Bourbon, il alla le voir, et lui offrit sa bourse. Boileau, sensible à ce trait de générosité, ôta dans la suite, de ses satires, le nom de Boursault. (L. R.)

[2] Cet endroit doit détromper ceux qui croient que Boileau a toujours été l'ennemi de Quinault. (L. R).

## 23. — A RACINE.

Bourbon, le 23 août 1687.

On me vient avertir que la poste est de ce soir à Bourbon; c'est ce qui fait que je prends la plume à l'heure qu'il est, c'est-à-dire à dix heures du soir, qui est une heure fort extraordinaire aux malades de Bourbon, pour vous dire que, malgré les tragiques remontrances de M. Bourdier, je me suis mis aujourd'hui dans le demi-bain, par le conseil de M. Amiot, et même de M. des Trapières, que j'ai appelé au conseil. Je n'y ai été qu'une heure; cependant j'en suis sorti beaucoup en meilleur état que je n'y étais entré, c'est-à-dire la poitrine beaucoup plus dégagée, les jambes plus légères, l'esprit plus gai : et même mon laquais m'ayant demandé quelque chose, je lui ai répondu un *non* à pleine voix, qui l'a surpris lui-même, aussi bien qu'une servante qui était dans la chambre; et pour moi, j'ai cru l'avoir prononcé par enchantement. Il est vrai que je n'ai pu depuis rattraper ce ton-là; mais, comme vous voyez, monsieur, c'en est assez pour me remettre le cœur au ventre, puisque c'est une preuve que ma voix n'est pas entièrement perdue, et que le bain m'est très-bon. Je m'en vais piquer de ce côté-là, et je vous manderai le succès. Je ne sais pas pourquoi M. Fagon a molli si aisément sur les objections très-superstitieuses de M. Bourdier. Il y a tantôt six mois que je n'ai eu de véritable joie que ce soir. Adieu, mon cher monsieur; je dors en vous écrivant. Conservez-moi votre amitié, et croyez que si je recouvre la voix, je l'emploierai à publier à toute la terre la reconnaissance que j'ai des bontés que vous avez pour moi, et qui ont encore accru de beaucoup la véritable estime et la sincère amitié que j'avais pour vous. J'ai été ravi, charmé, enchanté du succès du quinquina; et ce qu'il a fait sur notre ami Hessein m'engage encore plus dans ses intérêts que la guérison de ma fièvre double-tierce.

## 24. — RACINE A BOILEAU.

Paris, 24 août 1687.

Je vous dirai, avant toutes choses, que M. Hessein, excepté quelque petit reste de faiblesse, est entièrement hors d'affaire, et ne prendra plus que huit jours du quinquina, à moins qu'il n'en prenne pour son plaisir; car la chose devient à la mode, et on commencera bientôt, à la fin des repas, à le servir comme le café et le chocolat. L'autre jour, à Marly, MONSEIGNEUR, après un fort grand déjeuner avec madame la princesse de Conti [1] et d'autres dames, en envoya querir deux bouteilles chez les apothicaires du roi, et en but le premier un grand verre; ce qui fut suivi par toute la compagnie, qui, trois heures après, n'en dîna que mieux; il me semble même que cela leur avait donné un plus grand air de gaieté ce jour-là; et, à ce même dîner, je contai au roi votre embarras entre vos deux médecins, et la consultation très-savante de M. Bourdier. Le roi eut la bonté de me demander ce qu'on vous répondait là-dessus, et s'il y avait à délibérer. « Oh! « pour moi, s'écria naturellement madame la prin- « cesse de Conti, qui était à la table à côté de Sa « Majesté, j'aimerais mieux ne parler de trente ans, « que d'exposer ainsi ma vie pour recouvrer la pa- « role. » Le roi, qui venait de faire la guerre à MONSEIGNEUR sur sa débauche de quinquina, lui demanda s'il ne voudrait point aussi tâter des eaux de Bourbon. Vous ne sauriez croire combien cette maison de Marly est agréable; la cour y est, ce me semble, tout autre qu'à Versailles. Il y a peu de gens, et le roi nomme tous ceux qui l'y doivent suivre. Ainsi, tous ceux qui y sont se trouvant fort honorés d'y être, y sont aussi de fort bonne humeur. Le roi même y est fort libre et fort caressant. On dirait qu'à Versailles il est tout entier aux affaires; et qu'à Marly il est tout à lui et à son plaisir. Il m'a fait l'honneur plusieurs fois de me parler, et j'en suis sorti à mon ordinaire, c'est-à-dire fort charmé de lui, et au désespoir contre moi : car je ne me trouve jamais si peu d'esprit que dans ces moments où j'aurais le plus d'envie d'en avoir.

Du reste, je suis devenu riche de bons mémoires [1]. J'y ai entretenu tout à mon aise les gens qui pouvaient me dire le plus de choses de la campagne de Lille. J'eus même l'honneur de demander cinq ou six éclaircissements à M. de Louvois, qui me parla avec beaucoup de bonté. Vous savez sa manière, et comme toutes ses paroles sont pleines de droit sens et vont au fait. En un mot, j'en sortis très-savant et très-content. Il me dit que, tout autant de difficultés que nous aurions, il nous écouterait avec plaisir. Les questions que je lui fis regardaient Charleroi et Douai. J'étais en peine pourquoi on alla d'abord à Charleroi, et si on avait déjà nouvelle que les Espagnols l'eussent rasé : car, en voulant écrire, je me suis trouvé arrêté tout à coup, et par cette difficulté, et par beaucoup d'autres que je vous dirai. Vous ne

---

[1] Anne Marie de Bourbon, dite mademoiselle de Blois, fille de Louis XIV et de madame de la Vallière, avait épousé le prince de Conti. Elle eut la douleur de voir mourir son époux, le 9 novembre 1685 des suites de la petite vérole, qu'elle lui avait communiquée.

[1] Il ne perdait aucune occasion de rassembler des mémoires pour l'histoire du roi. (L. R.)

me trouverez peut-être, à cause de cela, guère plus avancé que vous, c'est-à-dire beaucoup d'idées et peu d'écriture. Franchement, je vous trouve fort à dire et dans mon travail et dans mes plaisirs. Une heure de conversation m'était d'un grand secours pour l'un et d'un grand accroissement pour les autres.

Je viens de recevoir une lettre de vous. Je ne doute pas que vous n'ayez présentement reçu celle où je vous mandais l'avis de M. Fagon; et que M. Bourdier n'ait reçu des nouvelles de M. Fagon même, qui ne serviront pas peu à le confirmer dans son avis. Tout ce que vous m'écrivez de votre peu d'appétit et de votre abattement est très considérable, et marque toujours, de plus en plus, que les eaux ne vous conviennent point. M. Fagon ne manquera pas de me répéter encore qu'il les faut quitter, et les quitter au plus vite; car, je vous l'ai mandé, il prétend que leur effet naturel est d'ouvrir l'appétit et de rendre les forces. Quand elles font le contraire, il y faut renoncer.

Je ne doute pas que vous ne vous remettiez bientôt en chemin pour revenir. Je suis persuadé comme vous que la joie de revoir un prince qui témoigne tant de bonté pour vous, vous fera plus de bien que tous les remèdes. M. Roze m'avait déjà dit de vous mander de sa part qu'après Dieu, le roi était le plus grand médecin du monde; et je fus même fort édifié que M. Roze voulût bien mettre Dieu avant le roi. Je commence à soupçonner qu'il pourrait bien être en effet dans la dévotion. M. Nicole a donné depuis deux jours au public deux tomes de *Réflexions sur les épîtres et sur les évangiles*, qui me semblent encore plus forts et plus édifiants que tout ce qu'il a fait. Je ne vous les envoie pas, parce que j'espère que vous serez bientôt de retour, et vous les trouverez infailliblement chez vous. Il n'a encore travaillé que sur la moitié des épîtres et des évangiles de l'année; j'espère qu'il achèvera le reste, pourvu qu'il plaise à Dieu et au révérend père de la Chaise de lui laisser encore un an de vie.

Il n'y a point de nouvelles de Hongrie que celles qui sont dans la gazette. M. de Lorraine, en passant la Drave, a fait, ce me semble, une entreprise de fort grand éclat et fort inutile. Cette expédition a bien l'air de celle qu'on fit pour secourir Philisbourg. Il a trouvé au delà de la rivière un bois, et au delà de ce bois les ennemis retranchés jusqu'aux dents. M. de Termes est du nombre de ceux que je vous ai mandé qui avaient l'estomac farci de quinquina. Croyez-vous que le quinquina, qui vous a sauvé la vie, ne vous rendrait point la voix? Il devrait du moins vous être plus favorable qu'à un autre, vous qui vous êtes enroué tant de fois à le louer. Les comédiens, qui vous font si peu de pitié, sont pourtant toujours sur le pavé; et je crains, comme vous, qu'ils ne soient obligés de s'aller établir auprès des vignes de feu monsieur votre père[1] : ce serait un digne théâtre pour les œuvres de M. Pradon, j'allais ajouter de M. Boursault; mais je suis trop touché des honnêtetés que vous avez tout nouvellement reçues de lui. Je ferai tantôt à M. Quinault celles que vous me mandez de lui faire. Il me semble que vous avancez furieusement dans le chemin de la perfection. Voilà bien des gens à qui vous avez pardonné!

On m'a dit, chez madame votre sœur, que M. Marchand partait lundi prochain pour Bourbon :

Hei! vereor ne quid Andria adportet mali[2].

Franchement, j'appréhende un peu qu'il ne vous retienne. Il aime fort son plaisir. Cependant je suis assuré que M. Bourdier même vous dira de vous en aller. Le bien que les eaux vous pourraient faire est peut-être fait : elles auront mis votre poitrine en bon train. Les remèdes ne font pas toujours sur-le-champ leur plein effet; et mille gens, qui étaient allés à Bourbon pour des faiblesses de jambes, n'ont commencé à bien marcher que lorsqu'ils ont été de retour chez eux. Adieu, mon cher monsieur; vous me demandez pardon de m'avoir écrit une lettre trop courte, et vous avez raison de le demander; et moi, je vous le demande d'en avoir écrit une trop longue, et j'ai peut-être aussi raison.

## 25. — A RACINE.

Bourbon, le 28 août 1687.

Je ne m'étonne point, monsieur, que madame la princesse de Conti soit dans le sentiment où elle est. Quand elle aurait perdu la voix, il lui resterait encore un million de charmes pour se consoler de cette perte; elle serait encore la plus parfaite chose que la nature ait produite depuis longtemps. Il n'en est pas ainsi d'un misérable qui a besoin de sa voix pour être souffert des hommes, et qui a quelquefois à disputer contre M. Charpentier. Quand ce ne serait que cette dernière raison, il doit risquer quelque chose; et la vie n'est pas d'un si grand prix qu'il ne la puisse hasarder pour se mettre en état d'interrompre un tel parleur. J'ai donc tenté l'aventure du demi-bain avec toute l'audace imaginable : mes valets faisant lire leur frayeur sur leurs visages, et

---

[1] Le père de Boileau possédait des vignes du côté de Pantin, près du lieu où l'on transportait les immondices de Paris.
[2] Térence, *Andrienne*, act. 1, sc. 1, v. 45.

M. Bourdier s'étant retiré pour n'être point témoin d'une entreprise si téméraire. A vous dire vrai, cette aventure à été un peu semblable à celle des *maillotins* dans Don Quichotte : je veux dire qu'après bien des alarmes, il s'est trouvé qu'il n'y avait qu'à rire, puisque non-seulement le bain ne m'a point augmenté la fluxion sur la poitrine, mais qu'il me l'a même fort soulagée; et que, s'il ne m'a rendu la voix, il m'a du moins en partie rendu la santé. Je ne l'ai encore essayé que quatre fois, et M. Amiot prétend le pousser jusqu'à dix; après quoi, si la voix ne me revient, il m'assure qu'il me donnera mon congé. Je conçois un fort grand plaisir à vous revoir et à vous embrasser; mais vous ne sauriez croire pourtant tout ce qui se présente d'affreux à mon esprit, quand je songe qu'il me faudra peut-être repasser muet par ces hôtelleries, et revenir sans voix dans ces mêmes lieux où l'on m' avait tant de fois assuré que les eaux de Bourbon me guériraient infailliblement. Il n'y a que Dieu et vos consolations qui me puissent soutenir dans une si juste occasion de désespoir.

J'ai été fort frappé de l'agréable débauche de Monseigneur chez madame la princesse de Conti : mais ne songe-t-il point à l'insulte qu'il a faite par là à tous messieurs de la faculté? Passe pour avaler le quinquina sans avoir la fièvre ; mais de le prendre sans s'être préalablement fait saigner et purger, c'est une chose qui crie vengeance, et il y a une espèce d'effronterie à ne se point trouver mal après un tel attentat contre toutes les règles de la médecine. Si Monseigneur et toute sa compagnie avaient, avant tout, pris une dose de séné dans quelque sirop convenable, cela lui aurait à la vérité coûté quelques tranchées, et l'aurait mis, lui et tous les autres, hors d'état de dîner : mais il y aurait eu au moins quelques formes gardées; et M. Bachot[1] aurait trouvé le trait galant. Au lieu que de la manière dont la chose s'est faite, cela ne saurait jamais être approuvé que des gens de cour et du monde, et non point des véritables disciples d'Hippocrate, gens à barbe vénérable, et qui ne verront point assurément ce qu'il peut y avoir de plaisant à cela. Que si personne n'en a été malade, ils vous répondront qu'il y a eu du sortilége; et en effet, monsieur, de la manière dont vous me peignez Marly, c'est un véritable lieu d'enchantement. Je ne doute point que les fées n'y habitent. En un mot, tout ce qui s'y dit et tout ce qui s'y fait me paraît enchanté; mais surtout les discours du maître du château ont quelque chose de fort ensorcelant, et ont un charme qui se fait sentir jusqu'à Bourbon. De quelque pitoyable manière que vous m'ayez conté la disgrâce des comédiens, je n'ai pu m'empêcher d'en rire. Mais dites-moi, monsieur, supposé qu'ils aillent habiter où je vous ai dit, croyez-vous qu'ils boivent du vin du cru ? Ce ne serait pas une mauvaise pénitence à proposer à M. de Champmeslé, pour tant de bouteilles de vin de Champagne qu'il a bues, vous savez aux dépens de qui. Vous avez raison de dire qu'ils auront là un merveilleux théâtre pour jouer les pièces de M. Pradon; et d'ailleurs ils y auront une commodité; c'est que quand le souffleur aura oublié d'apporter la copie de ses ouvrages, il en retrouvera infailliblement une bonne partie dans les précieux dépôts qu'on apporte tous les matins en cet endroit. M. Fagon n'a point écrit à M. Bourdier. Faites bien des compliments pour moi à M. Roze. Les gens de son tempérament sont de fort dangereux ennemis; mais il n'y a point aussi de plus chauds amis, et je sais qu'il a de l'amitié pour moi. Je vous félicite des conversations fructueuses que vous avez eues avec M. de Louvois, d'autant plus que j'aurai part à votre récolte. Ne craignez point que M. Marchand m'arrête à Bourbon. Quelque amitié que j'aie pour lui, il n'entre point en balance avec vous, et *l'Andrienne n'apportera aucun mal*[1]. Je meurs d'envie de voir les Réflexions de M. Nicole, et je m'imagine que c'est Dieu qui me prépare ce livre à Paris, pour me consoler de mon infortune. J'ai fort ri de la raillerie que vous me faites sur les gens à qui j'ai pardonné. Cependant savez-vous bien qu'il y a à cela plus de mérite que vous ne croyez, si le proverbe italien est vrai, que *Chi offende non perdona*[2]?

L'action de M. de Lorraine ne me paraît point si inutile qu'on se veut imaginer, puisque rien ne peut mieux confirmer l'assurance de ses troupes que de voir que les Turcs n'ont osé sortir de leurs retranchements, ni même donner sur son arrière-garde dans sa retraite : et il faut en effet que ce soient de grands coquins, pour l'avoir ainsi laissé repasser la Drave. Croyez-moi, ils seront battus; et la retraite de M. de Lorraine a plus de rapport à la retraite de César, quand il décampa devant Pompée, qu'à l'affaire de Philisbourg. Quand vous verrez M. Hessein, faites-le ressouvenir que nous sommes frères en quinquina, puisqu'il nous a sauvé la vie à l'un et à l'autre. Vous pensez vous moquer, mais je ne sais pas si je n'en essayerai point pour le

---

[1] Apothicaire.

[1] Allusion au vers de Térence cité par Racine dans la lettre précédente.
[2] Il avoue qu'il les a offensés. (L. R.)

recouvrement de ma voix. Adieu, mon cher monsieur; aimez-moi toujours, et croyez qu'il n'y a rien au monde que j'aime plus que vous. Je ne sais où vous vous êtes mis en tête que vous m'aviez écrit une longue lettre, car je n'en ai jamais trouvé une si courte.

## 26. — AU MÊME.

*Bourbon, le 2 septembre 1687.*

Ne vous étonnez pas, monsieur, si vous ne recevez pas des réponses à vos lettres aussi promptement que peut-être vous souhaitez, parce que la poste est fort irrégulière à Bourbon, et qu'on ne sait pas trop bien quand il faut écrire. Je commence à songer à ma retraite. Voilà tantôt la dixième fois que je me baigne; et, à ne vous rien celer, ma voix est tout au même état que quand je suis arrivé. Le monosyllabe que j'ai prononcé n'a été qu'un effet de ces petits tons que vous savez qui m'échappent quelquefois quand j'ai beaucoup parlé, et mes valets ont été un peu trop prompts à crier miracle. La vérité est pourtant que le bain m'a renforcé les jambes et fortifié la poitrine; mais pour ma voix, ni le bain, ni la boisson des eaux, ne m'ont de rien servi. Il faut donc s'en aller de Bourbon aussi muet que j'y suis arrivé. Je ne saurais vous dire quand je partirai; je prendrai brusquement mon parti, et Dieu veuille que le déplaisir ne me tue pas en chemin! Tout ce que je vous puis dire, c'est que jamais exilé n'a quitté son pays avec tant d'affliction que je retournerai au mien. Je vous dirai encore plus: c'est que, sans votre considération, je ne crois pas que j'eusse jamais revu Paris, où je ne connais aucun autre plaisir que celui de vous revoir. Je suis bien fâché de la juste inquiétude que vous donne la fièvre de monsieur votre jeune fils[1]. J'espère que cela ne sera rien; mais si quelque chose me fait craindre pour lui, c'est le nombre des bonnes qualités qu'il a, puisque je n'ai jamais vu d'enfant de son âge si accompli en toutes choses. M. Marchand est arrivé ici samedi. J'ai été bien aise de le voir; mais je ne tarderai guère à le quitter. Nous faisons notre ménage ensemble. Il est toujours aussi bon et aussi méchant que jamais. J'ai su par lui tout ce qu'il y a de mal à Bourbon, dont je ne savais pas un mot à son arrivée. Votre relation de l'affaire de Hongrie m'a fait un très-grand plaisir, et m'a fait comprendre en très-peu de mots ce que les plus longues relations ne m'auraient peut-être pas appris. Je l'ai débitée à tout Bourbon, où il n'y avait qu'une relation d'un commis de M. Jacques[1], où, après avoir parlé du grand vizir, on ajoutait, entre autres choses, que *ledit vizir voulant réparer le grief qui lui avait été fait*, etc. Tout le reste était de ce style. Adieu, mon cher monsieur; aimez-moi toujours, et croyez que vous seul êtes ma consolation.

Je vous écrirai en partant de Bourbon, et vous aurez de mes nouvelles en chemin. Je ne sais pas trop le parti que je prendrai à Paris. Tous mes livres sont à Auteuil, où je ne puis plus désormais aller les hivers. J'ai résolu de prendre un logement pour moi seul[2]. Je suis las franchement d'entendre le tintamare des nourrices et des servantes. Je n'ai qu'une chambre et point de meubles au cloître[3]. Tout ceci soit dit entre nous; mais cependant je vous prie de me mander votre avis. N'ayant point de voix, il me faut du moins de la tranquillité. Je suis las de me sacrifier au plaisir et à la commodité d'autrui. Il n'est pas vrai que je ne puisse bien vivre et tenir seul ménage : ceux qui le croient se trompent grossièrement. D'ailleurs je prétends désormais mener un genre de vie dont tout le monde ne s'accommodera pas. J'avais pris des mesures que j'aurais exécutées, si ma voix ne s'était point éteinte. Dieu ne l'a pas voulu. J'ai honte de moi-même, et je rougis des larmes que je répands en vous écrivant ces derniers mots.

## 27. — RACINE A BOILEAU.

*Paris, 5 septembre 1687.*

J'avais destiné cette après-dînée à vous écrire fort au long; mais

Un cousin, abusant d'un fâcheux parentage[4]

est venu malheureusement me voir, et il ne fait que de sortir de chez moi. Je ne vous écris donc que pour vous dire que je reçus avant-hier une lettre de vous. Le P. Bouhours et le P. Rapin étaient dans mon cabinet quand je la reçus. Je leur en fis la lecture en la décachetant, et je leur en fis un fort grand plaisir. Je regardais pourtant de loin, à mesure que je la lisais, s'il n'y avait rien dedans qui fût trop janséniste. Je vis vers la fin le nom de M. Nicole, et je sautai bravement, ou, pour mieux dire, lâchement, par-dessus. Je n'osai m'exposer à troubler la grande joie et même les éclats de rire que leur cau-

---

[1] J. B. Racine, fils aîné; il était alors âgé de neuf ans.

[1] Entrepreneur de la fourniture des vivres dans l'armée du duc de Lorraine.
[2] Il demeurait alors chez M. Dongois, son neveu, et avait envie de vivre seul. (L. R.)
[3] Au cloître Notre-Dame, chez l'abbé de Dreux, conseiller au parlement et chanoine de l'église de Paris.
[4] Épître VI.

sèrent plusieurs choses fort plaisantes que vous me mandiez. Nous aurions été tous trois les plus contents du monde, si nous eussions trouvé à la fin de votre lettre que vous parliez à votre ordinaire, comme nous trouvions que vous écriviez avec le même esprit que vous avez toujours eu. Ils sont, je vous assure, tous deux fort de vos amis, et même de fort bonnes gens. Nous avions été le matin entendre le P. de Villiers, qui faisait l'oraison funèbre de monsieur le Prince, grand-père de monsieur le Prince d'aujourd'hui. Il y a joint les louanges du dernier mort, et il s'est enfoncé jusqu'au cou dans le combat de Saint-Antoine; Dieu sait combien judicieusement! En vérité, il a beaucoup d'esprit, mais il aurait bien besoin de se laisser conduire. J'annonçai au P. Bouhours un nouveau livre qui excita fort sa curiosité: ce sont les *Remarques de M. de Vaugelas, avec les notes de Thomas Corneille.* Cela est ainsi affiché dans Paris depuis quatre jours. Auriez-vous jamais cru voir ensemble M. de Vaugelas et M. de Corneille le jeune, donnant des règles sur la langue [1] ?

J'eusse bien voulu vous pouvoir mander que M. de Louvois est guéri, en vous mandant qu'il a été malade; mais ma femme, qui vient de voir madame de la Chapelle [2], m'apprend qu'il a encore de la fièvre. Elle était d'abord comme continue, et même assez grande; elle n'est présentement qu'intermittente; et c'est encore une des obligations que nous avons au quinquina. J'espère que je vous manderai lundi qu'il est absolument guéri. Outre l'intérêt du roi et celui du public, nous avons, vous et moi, un intérêt très-particulier à lui souhaiter une longue santé. On ne peut pas nous témoigner plus de bonté qu'il nous en témoigne; et vous ne sauriez croire avec quelle amitié il m'a toujours demandé de vos nouvelles. Bonsoir, mon cher monsieur; je salue de tout mon cœur M. Marchand. Je vous écrirai plus au long lundi. Mon fils est guéri.

## BILLET A M. DE LAMOIGNON,

AVOCAT GÉNÉRAL.

A Paris, lundi [3].

M. Racine est présentement tout occupé à finir sa pièce, qui sera vraisemblablement achevée cette semaine. Il vous prie donc, monsieur, de remettre à la semaine qui vient le récit que vous souhaitez qu'il fasse à madame de Lamoignon et au P. de la Rue. Pour Auteuil, il ne tiendra qu'à vous de l'honorer, quand il vous plaira, de votre présence. Je serais bien aise néanmoins que vous le vissiez dans tout son éclat, c'est-à-dire avec un soleil digne du mois de juin, et non pas dans une journée de pluies et de frimas, comme celle d'aujourd'hui. Je suis votre très-humble et très-obéissant serviteur.

DESPRÉAUX.

## 28. — RACINE ET BOILEAU AU MARÉCHAL DUC DE LUXEMBOURG.

FÉLICITATION SUR LA VICTOIRE DE FLEURUS [1].

A Paris, 8 juillet 1690.

Au milieu des louanges et des compliments que vous recevez de tous côtés pour le grand service que vous venez de rendre à la France, trouvez bon, monseigneur, qu'on vous remercie aussi du grand bien que vous avez fait à l'histoire, et du soin que vous prenez de l'enrichir. Personne jusqu'ici n'y a travaillé avec plus de succès que vous, et la bataille que vous venez de gagner fera sans doute un de ses plus magnifiques ornements. Jamais il n'y en eut de si propre à être racontée, et tout s'y rencontre à la fois, la grandeur de la querelle, l'animosité des deux partis, l'audace et la multitude des combattants, une résistance de plus de six heures, un carnage horrible, et enfin une déroute entière des ennemis. Jugez donc quel agrément c'est pour les historiens d'avoir de telles choses à écrire, surtout quand ces historiens peuvent espérer d'en apprendre de votre bouche même le détail. C'est de quoi nous osons nous flatter; mais laissant là l'histoire à part, sérieusement, monseigneur, il n'y a point de gens qui soient si véritablement touchés que nous de l'heureuse victoire que vous avez remportée. Car, sans compter l'intérêt général que nous y prenons avec tout le royaume, figurez-vous quelle est notre joie d'entendre publier partout que nos affaires son rétablies, toutes les mesures des ennemis rompues, la France, pour ainsi dire, sauvée; et de songer que le héros qui a fait tous ces miracles est ce même homme d'un commerce si agréable, qui nous honore de son amitié, et qui nous donna à dîner le

---

[1] Vaugelas était mort en 1649.
[2] Nièce de Boileau; c'est d'elle qu'il s'agit dans la lettre de Racine, du 4 août 1687.
[3] Ce billet paraît avoir été écrit ou en 1688 au sujet d'*Esther*, ou en 1690 au sujet d'*Athalie*. Il possédait depuis 1685 sa maison d'Auteuil, où il désirait recevoir M. de Lamoignon.

[1] Remportée le 1ᵉʳ juillet 1690 par le maréchal de Luxembourg, sur le prince de Valdeck.

jour que le roi lui donna le commandement de ses armées. Nous sommes avec un profond respect, monseigneur, vos très-humbles et très-obéissants serviteurs.

RACINE, DESPRÉAUX.

## 29. — A RACINE.

Paris, 25 mars 1691.

Je ne voyais proprement que vous pendant que vous étiez à Paris, et depuis que vous n'y êtes plus, je ne vois plus, pour ainsi dire, personne. N'attendez donc pas que je vous rende nouvelles pour nouvelles, puisque je n'en sais aucune. D'ailleurs, il n'est guère fait mention à Paris présentement que du siége de Mons, dont je ne crois pas vous devoir instruire. Les particularités que vous m'en avez mandées m'ont fait un fort grand plaisir. Je vous avoue pourtant que je ne saurais digérer que le roi s'expose comme il fait. C'est une mauvaise habitude qu'il a prise, dont il devrait se guérir; et cela ne s'accorde pas avec cette haute prudence qu'il fait paraître dans toutes ses autres actions. Est-il possible qu'un prince qui prend si bien ses mesures pour assiéger Mons, en prenne si peu pour la conservation de sa propre personne? Je sais bien qu'il a pour lui l'exemple des Alexandre et des César, qui s'exposaient de la sorte; mais avaient-ils raison de le faire? Je doute qu'il ait lu ce vers d'Horace :

Decipit exemplar vitiis imitabile <sup>1</sup>.

Je suis ravi d'apprendre que vous êtes dans un couvent, en même cellule que M. de Cavoie <sup>2</sup>; car, bien que le logement soit un peu étroit, je m'imagine qu'on n'y garde pas trop étroitement les règles, et qu'on n'y fait pas la lecture pendant le dîner, si ce n'est peut-être de lettres pareilles à la mienne. Je vous dis bien en partant que je ne vous plaignais plus, puisque vous faisiez le voyage avec un homme tel que lui, auprès duquel on trouve toutes sortes de commodités, et dont la compagnie pourrait consoler de toutes sortes d'incommodités. Et puis, je vois bien qu'à l'heure qu'il est, vous êtes un soldat parfaitement aguerri contre les périls et contre la fatigue. Je vois bien, dis-je, que vous allez recouvrer votre honneur à Mons; et que toutes les mauvaises plaisanteries du voyage de Gand ne tomberont plus que sur moi <sup>3</sup>. M. de Cavoie a déjà assez bien commencé à m'y préparer. Dieu veuille seulement que je les puisse entendre, au hasard même d'y mal répondre! Mais, à ne vous rien celer, non-seulement mon mal ne finit point, mais je doute même qu'il guérisse. En récompense, me voilà fort bien guéri d'ambition et de vanité. Et, en vérité, je ne sais si cette guérison-là ne vaut pas bien l'autre, puisqu'à mesure que les honneurs et les biens me fuient, il me semble que la tranquillité me vient. J'ai été une fois à notre assemblée depuis votre départ. M. de la Chapelle ne manqua pas, comme vous vous le figurez bien, de proposer d'abord une médaille sur le siége de Mons : et j'en imaginai une sur....

## 30. — RACINE A BOILEAU.

Au camp devant Mons, 3 avril 1691.

On nous avait trop tôt mandé la prise de l'ouvrage à cornes : il ne fut attaqué pour la première fois qu'avant hier. Encore fut-il abandonné un moment après par les grenadiers du régiment des Gardes, qui s'épouvantèrent mal à propos, et que leurs officiers ne purent retenir, même en leur présentant l'épée nue, comme pour les percer. Le lendemain, qui était hier, sur les neuf heures du matin, on recommença une autre attaque avec beaucoup plus de précaution que la précédente. On choisit pour cela huit compagnies de grenadiers, tant du régiment du Roi, que d'autres régiments, qui tous méprisent fort les soldats des Gardes, qu'ils appellent des *Pierrots*. On commanda aussi cent cinquante mousquetaires des deux compagnies pour soutenir les grenadiers. L'attaque se fit avec une vigueur extraordinaire, et dura trois bons quarts d'heure; car les ennemis se défendirent en fort braves gens, et quelques-uns d'entre eux se colletèrent même avec quelques-uns de nos officiers. Mais comment auraient-ils pu faire? Pendant qu'ils étaient aux mains, tout notre canon tirait sans discontinuer sur les deux demi-lunes qui devaient les couvrir, et d'où, malgré cette tempête de canon, on ne laissa pourtant pas de faire un feu épouvantable. Nos bombes tombaient aussi à tous moments sur ces demi-lunes, et semblaient les renverser sens dessus dessous. Enfin, nos gens demeurèrent les maîtres, et s'établirent de manière qu'on n'a pas même osé les inquiéter. Nous y avons bien perdu deux cents hommes, entre autres huit ou dix mousquetaires, du nombre desquels était le fils de M. le prince de Courtenai <sup>1</sup>, qui a été trouvé mort dans la palissade de la demi-lune; car quelques

---

<sup>1</sup> Liv. I, ép. XIX, v. 17.
<sup>2</sup> Louis d'Oger, marquis de Cavoie, était originaire de Picardie, grand maréchal des logis de la maison du roi, et très-lié avec Racine.
<sup>3</sup> Voyez les *Mémoires* de Louis Racine.

<sup>1</sup> Louis Gaston, fils aîné de Louis-Charles, prince de Courtenai, n'avait guère que vingt ans lorsqu'il fut tué.

mousquetaires poussèrent jusque dans cette demi-lune, malgré la défense expresse de M. de Vauban et de M. de Maupertuis ¹, croyant faire sans doute la même chose qu'à Valenciennes. Ils furent obligés de revenir fort vite sur leurs pas ; et c'est là que la plupart furent tués ou blessés. Les grenadiers, à ce que dit M. de Maupertuis lui-même, ont été aussi braves que les mousquetaires. De huit capitaines, il y en a eu sept tués ou blessés. J'ai retenu cinq ou six actions ou paroles de simples grenadiers, dignes d'avoir place dans l'histoire ; et je vous les dirai quand nous nous reverrons. M. de Châteauvillain, fils de M. le grand trésorier de Pologne ², était à tout, et est un des hommes de l'armée le plus estimé. La Chesnaye ³ a aussi fort bien fait. Je vous les nomme tous deux, parce que vous les connaissez particulièrement ; mais je ne puis vous dire assez de bien du premier, qui joint beaucoup d'esprit à une fort grande valeur. Je voyais toute l'attaque fort à mon aise, d'un peu loin à la vérité ; mais j'avais de fort bonnes lunettes, que je ne pouvais presque tenir fermes, tant le cœur me battait à voir tant de si braves gens dans le péril. On fit une suspension pour retirer les morts de part et d'autre. On trouva de nos mousquetaires morts dans le chemin couvert de la demi-lune. Deux mousquetaires blessés s'étaient couchés parmi ces morts, de peur d'être achevés : ils se levèrent tout à coup sur leurs pieds, pour s'en revenir avec les morts qu'on remportait ; mais les ennemis prétendirent qu'ayant été trouvés sur le terrain, ils devaient demeurer prisonniers. Notre officier ne put pas en disconvenir, mais il voulut au moins donner de l'argent aux Espagnols, afin de faire traiter ces deux mousquetaires. Les Espagnols répondirent : « Ils seront mieux traités parmi nous que parmi vous, « et nous avons de l'argent plus qu'il n'en faut pour « nous et pour eux. » Le gouverneur fut un peu plus incivil ; car M. de Luxembourg lui ayant envoyé une lettre par un tambour pour s'informer si le chevalier d'Estrades ⁴, qui s'est trouvé perdu, n'était point du nombre des prisonniers qui ont été faits dans ces deux actions, le gouverneur ne voulut ni lire la lettre, ni voir le tambour.

On a pris aujourd'hui deux manières de paysans, qui étaient sortis de la ville avec des lettres pour M. de Castanaga ¹. Ces lettres portaient que la place ne pouvait plus tenir que cinq ou six jours. En récompense, comme le roi regardait de la tranchée tirer nos batteries cette après-dînée, un homme, qui apparemment était quelque officier ennemi, déguisé en soldat avec un simple habit gris, est sorti, à la vue du roi, de notre tranchée ; et, traversant jusqu'à une demi-lune des ennemis, s'est jeté dedans, et on a vu deux des ennemis venir au-devant de lui pour le recevoir. J'étais aussi dans la tranchée dans ce temps-là, et je l'ai conduit de l'œil jusque dans la demi-lune. Tout le monde a été surpris au dernier point de son impudence ; mais vraisemblablement il n'empêchera pas la place d'être prise dans cinq ou six jours ². Toute la demi-lune est presque éboulée, et les remparts de ce côté-là ne tiennent plus à rien : on n'a jamais vu un tel feu d'artillerie. Quoique je vous dise que j'ai été dans la tranchée, n'allez pas croire que j'aie été dans aucun péril : les ennemis ne tiraient plus de ce côté-là, et nous étions tous, ou appuyés sur le parapet, ou debout sur le revers de la tranchée ; mais j'ai couru d'autres périls, que je vous conterai en riant quand nous serons de retour.

Je suis comme vous, tout consolé de la réception de Fontenelle. M. Roze partit, fâché de voir, dit-il, l'Académie *in pejus ruere*. Il vous fait ses baisemains avec des expressions très-fortes, à son ordinaire. M. de Cavoie, et quantité de nos communs amis, m'ont chargé aussi de vous en faire. Voilà, ce me semble, une assez longue lettre ; mais j'ai les pieds chauds, et je n'ai guère de plus grand plaisir que de causer avec vous. Je crois que le nez a saigné au prince d'Orange, et il n'est tantôt plus fait mention de lui. Vous me ferez un extrême plaisir de m'écrire, quand cela vous fera aussi quelque plaisir. Je vous prie de faire mes baisemains à M. de la Chapelle. Ayez la bonté de mander à ma femme que vous avez reçu de mes nouvelles.

J'ai oublié de vous dire que, pendant que j'étais sur le mont Pagnotte à regarder l'attaque, le R. P. de la Chaise était dans la tranchée, et même fort près de l'attaque, pour la voir plus distinctement. J'en parlais hier au soir à son frère ³, qui me dit tout naturellement : « Il se fera tuer un de ces jours. » Ne dites rien de cela à personne ; car on croirait la chose inventée, et elle est très-vraie et très-sérieuse.

---

¹ Louis de Melun, marquis de Maupertuis, capitaine de la première compagnie de mousquetaires, mort en 1721, sans postérité, à l'âge de quatre vingt-six ans.
² Le comte de Morstein, grand trésorier de Pologne, s'était établi en France, où il avait acquis le comté de Châteauvillain.
³ On lit dans le *Journal de Dangeau*, que la Chesnaye eut un cheval tué sous lui, entre le roi et le comte de Toulouse.
⁴ Gabriel-Joseph, second fils du maréchal d'Estrades, fut tué le 3 août de l'année suivante, au combat de Steinkerque.

¹ Gouverneur de Bruxelles.
² Elle le fut en effet le 9 avril 1691, six jours après la date de cette lettre.
³ Le comte de la Chaise, capitaine de la porte du roi.

## 81.

### ANTOINE ARNAULD, DOCTEUR DE SORBONNE, A BOILEAU,

QUI LUI AVAIT ENVOYÉ LA TRAGÉDIE D'ATHALIE.

De Bruxelles, ce 10 avril 1691.

Ce ne sont pas les scrupules du P. Massillon qui ont été cause que j'ai tant différé à vous écrire de l'Athalie, pour remercier l'auteur du présent qu'il m'en a fait. Je l'ai reçue tard, et l'ai lue aussitôt deux ou trois fois avec une grande satisfaction; mais j'ai depuis été si fort occupé, que je n'ai pas cru me pouvoir détourner pour quoi que ce soit; à quoi ont succédé des empêchements d'écrire qui venaient d'autres causes. Si j'avais plus de loisir, je vous marquerais plus au long ce que j'ai trouvé dans cette pièce qui me la fait admirer. Le sujet y est traité avec un art merveilleux, les caractères bien soutenus, les vers nobles et naturels. Ce qu'on y fait dire aux gens de bien inspire du respect pour la religion et pour la vertu; et ce que l'on fait dire aux méchants n'empêche point qu'on n'ait de l'horreur de leur malice; en quoi je trouve que beaucoup de poëtes sont blâmables, mettant tout leur esprit à faire parler leurs personnages d'une manière qui peut rendre leur cause si bonne, qu'on est plus porté à approuver ou à excuser les plus méchantes actions, qu'à en avoir de la haine. Mais comme il est bien difficile que deux enfants du même père soient si également parfaits, qu'il n'ait pas plus d'inclination pour l'un que pour l'autre, je voudrais bien savoir laquelle de ses deux pièces votre voisin aime davantage. Mais, pour moi, je vous dirai franchement que les charmes de la cadette n'ont pu m'empêcher de donner la préférence à l'aînée[1]. J'en ai beaucoup de raisons, dont la principale est que j'y trouve beaucoup plus de choses très-édifiantes et très-capables d'inspirer de la piété. Je suis tout à vous.

## 32. — RACINE A BOILEAU.

Versailles, ce mardi 8 avril 1692.

Madame de Maintenon m'a dit ce matin que le roi avait réglé notre pension[2] à quatre mille francs pour moi, et à deux mille francs pour vous: cela s'entend, sans y comprendre notre pension de gens de lettres. Je l'ai fort remercié pour vous et pour moi. Je viens aussi tout à l'heure de remercier le roi. Il m'a paru qu'il avait quelque peine qu'il y eût de la diminution; mais je lui ai dit que nous étions trop contents. J'ai plus appuyé encore sur vous que sur moi, et j'ai dit au roi que vous prendriez la liberté de lui écrire pour le remercier, n'osant pas lui venir donner la peine d'élever sa voix[1] pour vous parler. J'ai dit en propres paroles : « Sire, il a plus « d'esprit que jamais, plus de zèle pour Votre Majesté, « et plus d'envie de travailler pour votre gloire. » Vous voyez enfin que les choses ont été réglées comme vous l'avez souhaité vous-même. Je ne laisse pas d'avoir une vraie peine de ce qu'il semble que je gagne à cela plus que vous[2]; mais outre les dépenses et les fatigues des voyages, dont je suis assez aise que vous soyez délivré, je vous connais si noble et si plein d'amitié, que je suis assuré que vous souhaiteriez de bon cœur que je fusse encore mieux traité. Je serai très-content si vous l'êtes en effet. J'espère vous revoir bientôt. Je demeure ici pour voir de quelle manière la chose doit tourner; car on ne m'a point encore dit si c'est par un brevet, ou si c'est à l'ordinaire sur la cassette. Je suis entièrement à vous. Il n'y a rien de nouveau ici. On ne parle que du voyage[3], et tout le monde n'est occupé que de ses équipages.

Je vous conseille d'écrire quatre lignes au roi, et autant à madame de Maintenon, qui assurément s'intéresse toujours avec beaucoup d'amitié à tout ce qui vous touche. Envoyez-moi vos lettres par la poste, ou par votre jardinier, comme vous le jugerez à propos.

## 33. — A RACINE.

Paris, 9 avril 1692.

Êtes-vous fou avec vos compliments? Ne savez-vous pas bien que c'est moi qui ai, pour ainsi dire, prescrit la chose de la manière qu'elle s'est faite. Et pouvez-vous douter que je ne sois parfaitement content d'une affaire où l'on m'accorde tout ce que je demande? Tout va le mieux du monde, et je suis encore plus réjoui pour vous que pour moi-même.

Je vous envoie deux lettres, que j'écris, suivant vos conseils, l'une au roi, l'autre à madame de Maintenon. Je les ai écrites sans faire de brouillon, et je n'ai point ici de conseil : ainsi, je vous prie

---

[1] Esther.
[2] D'historiographes.

[1] Boileau commençait à devenir un peu sourd. (L. R.)
[2] Que ce scrupule est devenu rare parmi les gens de lettres! (ID.)
[3] Le voyage de Flandre : il eut lieu le mois suivant, et le roi y fut suivi de toute sa cour. Le siège et la prise de Namur en présence de cent mille hommes, commandés par le prince d'Orange et l'électeur de Bavière, furent les événements les plus remarquables de cette campagne.

d'examiner si elles sont en état d'être données, afin que je les réforme, si vous ne les trouvez pas bien. Je vous les envoie pour cela toutes décachetées; et, supposé que vous trouviez à propos de les présenter, prenez la peine d'y mettre votre cachet. Je verrai aujourd'hui madame Racine pour la féliciter. Je vous donne le bonjour, et suis tout à vous. Je ne reçus votre lettre qu'hier tout au soir, et je vous envoie mes trois lettres à huit heures par la poste. Voilà, ce me semble, une assez grande diligence pour le plus paresseux de tous les hommes.

### 34. — RACINE A BOILEAU.

*Versailles, 11 avril 1692.*

Je vous renvoie vos deux lettres avec mes remarques, dont vous ferez tel usage qu'il vous plaira. Tâchez de me les renvoyer avant six heures, ou, pour mieux dire, avant cinq heures et demie du soir, afin que je les puisse donner avant que le roi entre chez madame de Maintenon. J'ai trouvé que *la trompette et les sourds* étaient trop joués [1], et qu'il ne fallait point trop appuyer sur votre incommodité, moins encore chercher de l'esprit sur ce sujet. Du reste, les lettres seront fort bien, et il n'en faut pas davantage. Je m'assure que vous donnerez un meilleur tour aux choses que j'ai ajoutées. Je ne veux point faire attendre votre jardinier.

Je n'ai point encore de nouvelles de la manière dont notre affaire sera tournée. M. de Chevreuse veut que je le laisse achever ce qu'il a commencé, et dit que nous nous en trouverons bien. Je vous conseille de lui écrire un mot à votre loisir. On ne peut pas avoir plus d'amitié qu'il en a pour vous.

### 35. — RACINE AU MÊME.

*Versailles, 11 avril 1692.*

Vos deux lettres sont à merveille, et je les donnerai tantôt. M. de Pontchartrain oublia de parler hier, et ne peut parler que dimanche; mais j'en fus bien aise, parce que M. de Chevreuse aura le temps de le voir. M. de Pontchartrain me parla de notre autre pension, et de la *petite académie*, mais avec une bonté incroyable, en me disant que, dans un autre temps, il prétend bien faire d'autres choses pour vous et pour moi.

Je ne crois pas aller à Auteuil : ainsi, ne m'y attendez point. Je ne crois pas même aller à Paris encore demain; et, en ce cas, je vous prie de tout mon cœur de faire bien mes excuses à M. de Pontchartain [1], que j'ai une extrême impatience de revoir. Madame sa mère me demanda hier fort obligeamment si nous n'allions pas toujours chez lui; je lui dis que c'était bien notre dessein de recommencer à y aller.

J'envoie à Paris pour un volume de M. de Noailles, que mon laquais prétend avoir rapporté chez lui; et qu'on n'y trouve point. Cela me désole. Je vous prie de lui dire si vous ne croyez point l'avoir chez vous. Je vous donne le bonjour.

### 36. — RACINE AU MÊME.

*Au camp de Gévries, 21 mai 1692.*

Il faut que j'aime M. Vigan [2] autant que je fais pour ne lui pas vouloir beaucoup de mal du contre-temps dont il a été cause. Si je n'avais pas eu des embarras, tels que vous pouvez vous imaginer, je vous aurais été chercher à Auteuil. Je ne vous ai pas écrit pendant le chemin, parce que j'étais chagrin au dernier point d'un vilain clou qui m'est venu au menton, qui m'a fait de fort grandes douleurs, jusqu'à me donner la fièvre deux jours et deux nuits. Il est percé, Dieu merci, et il ne me reste plus qu'un emplâtre qui me défigure, et dont je me consolerais volontiers, sans toutes les questions importunes que cela m'attire à tout moment.

Le roi fit hier la revue de son armée et de celle de M. de Luxembourg. C'était assurément le plus grand spectacle qu'on ait vu depuis plusieurs siècles. Je ne me souviens point que les Romains en aient vu un tel; car leurs armées n'ont guère passé, ce me semble, quarante, ou tout au plus cinquante mille hommes; et il y avait hier six vingt mille hommes ensemble sur quatre lignes. Comptez qu'à la rigueur il n'y avait pas là-dessus trois mille hommes à rabattre. Je commençai à onze heures du matin à marcher; j'allai toujours au grand pas de mon cheval, et je ne finis qu'à huit heures du soir; enfin on était deux heures à aller du bout d'une ligne à l'autre. Mais, si on n'a jamais vu tant de troupes ensemble, assurez-vous que jamais on n'en a vu de si belles. Je vous rendrais un fort bon compte des deux lignes de l'armée du roi et de la première de M. de Luxembourg; mais quant à la seconde ligne, je ne vous en puis parler que sur la foi d'autrui. J'étais si las, si ébloui de voir briller

---

[1] Boileau avait apparemment fait sur la surdité quelque plaisanterie, qui ne plut pas à l'ami dont il faisait son juge. (L.R.)

C'est le fils du précédent, reçu en survivance de son père au mois de décembre 1693.
[2] Il habitait Versailles; et c'est chez lui que Racine plaça son fils aîné lorsqu'il travaillait dans les bureaux de M. de Torci, ministre des affaires étrangères.

des épées et des mousquets; si étourdi d'entendre des tambours, des trompettes et des timbales, qu'en vérité je me laissais conduire par mon cheval, sans plus avoir d'attention à rien; et j'eusse voulu de tout mon cœur que tous les gens que je voyais eussent été chacun dans leur chaumière ou dans leur maison, avec leurs femmes et leurs enfants, et moi, dans ma rue des Maçons avec ma famille [1]. Vous avez peut-être trouvé dans les poëmes épiques les revues d'armées fort longues et fort ennuyeuses; mais celle-ci m'a paru tout autrement longue, et même, pardonnez-moi cette espèce de blasphème, plus lassante que celle de la Pucelle. J'étais, au retour, à peu près dans le même état que nous étions, vous et moi, dans la cour de l'abbaye de Saint-Amand [2]. A cela près, je ne fus jamais si charmé et si étonné que je fus de voir une puissance si formidable. Vous jugez bien que tout cela nous prépare de belles matières. On m'a donné un ordre de bataille des deux armées. Je vous l'aurais volontiers envoyé, mais il y en a ici mille copies; et je ne doute pas qu'il n'y en ait bientôt autant à Paris. Nous sommes ici campés le long de la Trouille, à deux lieues de Mons. M. de Luxembourg est campé près de Binche, partie sur le ruisseau qui passe aux Estives, et partie sur la Haisne, où ce ruisseau tombe. Son armée est de soixante-six bataillons et de deux cent-neuf escadrons; celle du roi, de quarante-six bataillons et de quatre-vingt-dix escadrons. Vous voyez par là que celle de M. de Luxembourg occupait bien plus de terrain que celle du roi. Son quartier général, j'entends celui de M. de Luxembourg, est à Thieusies. Vous trouverez tous ces villages dans la carte. L'une et l'autre se mettent en marche demain. Je pourrai bien n'être pas en état de vous écrire de cinq ou six jours : c'est pourquoi je vous écris aujourd'hui une si longue lettre. Ne trouvez point étrange le peu d'ordre que vous y trouverez : je vous écris au bout d'une table environnée de gens qui raisonnent de nouvelles, et qui veulent à tous moments que j'entre dans la conversation. Il vint hier de Bruxelles un rendu, qui dit que le prince d'Orange assemblait quelques troupes à Auderleck, qui en est à trois quarts de lieue. On demanda au rendu ce qu'on disait à Bruxelles. Il répondit qu'on y était fort en repos, parce qu'on était persuadé qu'il n'y avait à Mons qu'un camp volant, que le roi n'était point en Flandre, et que M. de Luxembourg était en Italie.

Je ne vous dis rien de la marine; vous êtes à la source, et nous ne savons qu'après vous. Vraisemblablement j'aurai bientôt de plus grandes choses à vous mander qu'une revue, quelque grande et quelque magnifique qu'elle ait été. M. de Cavoie vous baise les mains. Je ne sais ce que je ferais sans lui; il faudrait en vérité que je renonçasse aux voyages, et au plaisir de voir tout ce que je vois. M. de Luxembourg, dès le premier jour que nous arrivâmes, envoya dans notre écurie un des plus commodes chevaux de la sienne, pour m'en servir pendant la campagne. Vous n'avez jamais vu un homme de cette bonté et de cette magnificence : il est encore plus à ses amis, et plus aimable à la tête de sa formidable armée, qu'il n'est à Paris et à Versailles. Je vous nommerais au contraire certaines gens qui ne sont pas reconnaissables dans ce pays-ci, et qui, tout embarrassés de la figure qu'ils y font, sont à peu près comme vous dépeigniez le pauvre M. Jannart [1], quand il commençait une courante [2]. Adieu, mon cher monsieur; voilà bien du verbiage, mais je vous écris au courant de ma plume, et me laisse entraîner au plaisir que j'ai de causer avec vous comme si j'étais dans vos allées d'Auteuil. Je vous prie de vous souvenir de moi dans la *petite académie*, et d'assurer M. de Pontchartrain [3] de mes très-humbles respects. Faites aussi mille compliments pour moi à M. de la Chapelle. Je prévois qu'il y aura bientôt matière à des types plus magnifiques qu'il n'en a encore imaginé. Écrivez-moi le plus souvent que vous pourrez, et forcez votre paresse. Pendant que j'essuie de longues marches et des campements fort incommodes, serez-vous fort à plaindre quand vous n'aurez que la fatigue d'écrire des lettres bien à votre aise dans votre cabinet ?

### 37. — RACINE AU MÊME.

*Du camp de Gévries, 22 mai 1692.*

Comme j'étais fort interrompu hier en vous écrivant, je fis une grande faute dans ma lettre, dont je ne m'aperçus que lorsqu'on l'eut portée à la poste. Au lieu de vous dire que le quartier princi-

---

[1] Racine, lors de son mariage, demeurait rue Saint-André-des-Arts, au coin de la rue de l'Éperon. En 1686, il prit un logement rue des Maçons, près la Sorbonne; et, en 1693, il occupa la maison rue des Marais, faubourg Saint-Germain, dans laquelle il est mort.
[2] Près de Tournai, pendant la campagne de 1678.

[1] Oncle de madame de la Fontaine, enveloppé dans la disgrâce du surintendant Fouquet, dont il était le substitut dans la charge de procureur général, et exilé à Limoges en 1663.
[2] Boileau était fort bon mime, et savait parfaitement imiter la démarche, le geste et même la voix de ceux qu'il voulait contrefaire.
[3] Louis Phelypeaux, comte de Pontchartrain, fut nommé ministre et secrétaire d'État en 1690, et chancelier en 1699. Il mourut en 1727, âgé de quatre-vingt-cinq ans.

pal de M. de Luxembourg était aux hautes Estives, je vous marquai qu'il était à Thieusies, qui est un village à plus de trois ou quatre lieues de là, et où il devait aller camper en partant des Estives, ce qu'on m'avait dit : on parlait même de cela autour de moi pendant que j'écrivais. J'ai donc cru que je vous ferais plaisir de vous détromper, et qu'il valait mieux qu'il vous en coûtât un petit port de lettre, que quelque grosse gageure où vous pourriez vous engager mal à propos, ou contre M. de la Chapelle, ou contre M. Hessein. J'ai surtout pâli, quand j'ai songé au terrible inconvénient qui arriverait si ce dernier avait quelque avantage sur vous ; car je me souviens du bois qu'il mettait à la droite opiniâtrement, malgré tous les serments et toute la raison de M. de Guilleragues [1], qui en pensa devenir fou. Dieu vous garde d'avoir jamais tort contre un tel homme ! Je monte en carrosse pour aller à Mons, où M. de Vauban m'a promis de me faire voir les nouveaux ouvrages qu'il y a faits. J'y allai l'autre jour dans ce même dessein : mais je souffrais alors tant de mal, que je ne songeai qu'à m'en revenir au plus vite.

### 38. — RACINE AU MÊME.

*Au camp devant Namur, 3 juin 1692.*

J'ai été si troublé depuis huit jours de la petite vérole de mon fils, que j'appréhendais qui ne fût fort dangereuse, que je n'ai pas eu le courage de vous mander aucunes nouvelles. Le siége a bien avancé durant ce temps-là, et nous sommes à l'heure qu'il est au corps de la place. Il n'a point fallu pour cela détourner la Meuse, comme vous m'écriviez qu'on le disait à Paris, ce qui serait une étrange entreprise ; on n'a pas même eu besoin d'appeler les mousquetaires, ni d'exposer beaucoup de braves gens. M. de Vauban, avec son canon et ses bombes, a fait lui seul toute l'expédition. Il a trouvé des hauteurs en deçà et au delà de la Meuse, où il a placé ses batteries. Il a conduit sa principale tranchée dans un terrain assez resserré, entre des hauteurs et une espèce d'étang d'un côté, et la Meuse de l'autre. En trois jours il a poussé son travail jusqu'à un petit ruisseau qui coule au pied de la contrescarpe, et s'est rendu maître d'une petite contre-garde revêtue qui était en deçà de la contrescarpe ; et de là, en moins de seize heures, a emporté tout le chemin couvert, qui était garni de plusieurs rangs de palissades, a comblé un fossé large de dix toises et profond de huit pieds, et s'est logé dans une demi-lune qui était

[1] C'est à lui que Boileau a adressé sa V⁰ épître.

au-devant de la courtine, entre un demi-bastion qui est sur le bord de la Meuse à la gauche des assiégeants, et un bastion qui est à leur droite : en telle sorte que cette place si terrible, en un mot, Namur, a vu tous ses dehors emportés dans le peu de temps que je vous ai dit, sans qu'il en ait coûté au roi plus de trente hommes. Ne croyez pas pour cela qu'on ait eu affaire à des poltrons : tous ceux de nos gens qui ont été à ces attaques sont étonnés du courage des assiégés. Mais vous jugerez de l'effet terrible du canon et des bombes, quand je vous dirai, sur le rapport d'un officier espagnol qui fut pris hier dans les dehors, que notre artillerie leur a tué en deux jours douze cents hommes. Imaginez-vous trois batteries qui se croisent et tirent continuellement sur les pauvres gens qui sont vus d'en haut et de revers, et qui ne peuvent pas trouver un seul coin où ils soient en sûreté. On dit qu'on a trouvé les dehors tout pleins de corps dont le canon a emporté les têtes comme si on les avait coupées avec des sabres.

Cela n'empêche pas que plusieurs de nos gens n'aient fait des actions de grande valeur. Les grenadiers du régiment des gardes françaises et ceux des gardes suisses se sont entre autres extrêmement distingués. On raconte plusieurs actions particulières, que je vous redirai quelque jour, et que vous entendrez avec plaisir ; mais en voici une que je ne puis différer de vous dire, et que j'ai ouï conter au roi même. Un soldat du régiment des fusiliers, qui travaillait à la tranchée, y avait apporté un gabion ; un coup de canon vint qui emporta son gabion ; aussitôt il en alla poser à la même place un autre, qui fut sur-le-champ emporté par un autre coup de canon. Le soldat, sans rien dire, en prit un troisième, et l'alla poser ; un troisième coup de canon emporta ce troisième gabion. Alors le soldat rebuté se tint en repos ; mais son officier lui commanda de ne point laisser cet endroit sans gabion. Le soldat dit : « J'irai, mais j'y serai tué. » Il y alla, et, en posant son quatrième gabion, eut le bras fracassé d'un coup de canon. Il revint soutenant son bras avec l'autre bras, et se contenta de dire à son officier : « Je l'avais bien dit. » Il fallut lui couper le bras, qui ne tenait presque à rien. Il souffrit cela sans desserrer les dents ; et, après l'opération, dit froidement : « Je suis donc hors d'état de travailler ; c'est maintenant au roi à me nourrir. » Je crois que vous me pardonnerez le peu d'ordre de cette narration ; mais assurez-vous qu'elle est fort vraie. M. de Cavoie me presse d'achever ma lettre. Je vous dirai donc en deux mots, pour l'achever, qu'apparemment la ville sera prise en deux jours. Il y a déjà une grande brèche au bastion, et même un officier vient, dit-on, d'y monter avec deux ou trois soldats, et s'en est revenu, parce qu'il n'était point suivi, et qu'il n'y avait encore aucun ordre pour cela. Vous jugez bien que ce bastion ne tiendra guère; après quoi il n'y a plus que la vieille enceinte de la ville, où les assiégés ne nous attendront pas; mais vraisemblablement la garnison laissera faire la capitulation aux bourgeois, et se retirera dans le château, qui ne fait pas plus de peur à M. de Vauban que la ville. M. le prince d'Orange n'a point encore marché, et pourra bien marcher trop tard. Nous attendons avec impatience des nouvelles de la mer.

Je ne suis point surpris de tout ce que vous me mandez du gouverneur, qui m'a fait déserter votre assemblée à son pupille [1]. J'ai ri de bon cœur de l'embarras où vous êtes sur le rang où vous devez placer M. de Richesource [2]. Ce que vous dites des esprits médiocres est fort vrai, et m'a frappé, il y a longtemps, dans votre Poétique [3]. M. de Cavoie vous fait mille baisemains, et M. Roze aussi, qui m'a confié les grands dégoûts qu'il avait de l'Académie, jusqu'à méditer même d'y faire retrancher les jetons, s'il n'était, dit-il, retenu par la charité. Croyez-vous que les jetons durent beaucoup, s'il ne tient qu'à la charité de M. Roze qu'ils ne soient retranchés? Adieu, monsieur; je vous conseille d'écrire un mot à monsieur le contrôleur général lui-même (M. de Pontchartrain), pour le prier de vous faire mettre sur l'état de distribution; et cela sera fait aussitôt. Vous êtes pourtant en fort bonnes mains, puisque M. de Bie a promis de vous faire payer. C'est le plus honnête homme qui se soit jamais mêlé de finances. Mes compliments à M. de la Chapelle.

### 39. — RACINE AU MÊME.

*Au camp près de Namur, 15 juin 1692.*

Je ne vous ai point écrit sur l'attaque d'avant-hier; je suis accablé des lettres qu'il me faut écrire à des gens beaucoup moins raisonnables que vous, et à qui il faut faire des réponses bien malgré moi. Je crois que vous n'aurez pas manqué de relations.

Ainsi, sans entrer dans des détails ennuyeux, je vous manderai succinctement ce qui m'a le plus frappé dans cette action. Comme la garnison est au moins de six mille hommes, le roi avait pris de fort grandes précautions pour ne pas manquer son entreprise. Il s'agissait de leur enlever une redoute et un retranchement de plus de quatre cents toises de long, d'où il sera fort facile de foudroyer le reste de leurs ouvrages, cette redoute étant au plus haut de la montagne, et par conséquent pouvant commander aux ouvrages à cornes qui couvrent le château de ce côté-là. Ainsi le roi, outre les sept bataillons de tranchée, avait commandé deux cents de ses mousquetaires, cent cinquante grenadiers à cheval et quatorze compagnies d'autres grenadiers, avec mille ou douze cents travailleurs, pour le logement qu'on voulait faire; et, pour mieux intimider les ennemis, il fit paraître tout à coup sur la hauteur la brigade de son régiment, qui est encore composée de six bataillons. Il était là en personne à la tête de son régiment, et donnait ses ordres à la demi-portée du mousquet. Il avait seulement devant lui trois gabions, que le comte de Fiesque [1], qui était son aide de camp de jour, avait fait poser pour le couvrir; mais ces gabions, presque tous pleins de pierres, étaient la plus dangereuse défense du monde : car un seul coup de canon qui eût donné dedans aurait fait un beau massacre de tous ceux qui étaient derrière. Néanmoins un de ces gabions sauva peut-être la vie au roi, ou à MONSEIGNEUR, ou à MONSIEUR, qui tous deux étaient à ses côtés; car il rompit le coup d'une balle de mousquet qui venait droit au roi, et qui, en se détournant un peu, ne fit qu'une contusion au bras de M. le comte de Toulouse [2], qui était, pour ainsi dire, dans les jambes du roi.

Mais, pour revenir à l'attaque, elle se fit dans un ordre merveilleux. Il n'y eut pas jusqu'aux mousquetaires qui ne firent pas un pas plus qu'on ne leur avait commandé. A la vérité, M. de Maupertuis, qui marchait à leur tête, leur avait déclaré que, si quelqu'un osait passer devant lui, il le tuerait. Il n'y en eut qu'un seul qui, ayant osé désobéir et passer devant lui, il le porta par terre de deux coups de sa pertuisane, qui ne le blessèrent pourtant point. On a fort loué la sagesse de M. de Maupertuis; mais il faut dire aussi deux traits de M. de Vauban, que je suis assuré qui vous plairont. Comme il connaît la chaleur du soldat dans ces sortes d'attaques, il leur avait dit : « Mes enfants, on ne « vous défend pas de poursuivre les ennemis quand

---

[1] Le duc de Chartres était fort assidu aux assemblées de l'Académie. Le marquis d'Arcy, son gouverneur, qui voulait lui donner une éducation toute militaire, ne lui permit plus d'assister à ces assemblées. (L. R.)
[2] Jean de Sourdière de Richesource donnait des leçons publiques sur l'éloquence, dans une chambre qu'il occupait place Dauphine. Il a publié ses leçons, sous le titre de *Conférences oratoires*, et a fait un ouvrage critique, intitulé *le Camouflet des auteurs*. Ce Richesource avait été le maître d'éloquence de Fléchier. (L. R.)
[3] Chant IV, v. 111.

[1] Jean-Louis, comte de Lavagne et de Fiesque.
[2] Ce prince venait d'atteindre sa quatorzième année.

« ils s'enfuiront; mais je ne veux pas que vous al-
« liez vous faire échiner mal à propos sur la con-
« trescarpe de leurs autres ouvrages. Je retiens donc
« à mes côtés cinq tambours pour vous rappeler
« quand il sera temps. Dès que vous les entendrez,
« ne manquez pas de revenir chacun à vos postes. »
Cela fut fait comme il l'avait concerté. Voilà pour
la première précaution. Voici la seconde. Comme
le retranchement qu'on attaquait avait un fort
grand front, il fit mettre sur notre tranchée des espèces de jalons, vis-à-vis desquels chaque corps devait attaquer et se loger pour éviter la confusion; et
la chose réussit à merveille. Les ennemis ne soutinrent point, et n'attendirent pas même nos gens : ils
s'enfuirent après qu'ils eurent fait une seule décharge,
et ne tirèrent plus que de leurs ouvrages à cornes.
On en tua bien quatre ou cinq cents; entre autres
un capitaine espagnol, fils d'un grand d'Espagne,
qu'on nomme le comte de Lémos. Celui qui le tua
était un des grenadiers à cheval, nommé *Sans-Raison*. Voilà un vrai nom de grenadier. L'Espagnol
lui demanda quartier, et lui promit cent pistoles,
lui montrant même sa bourse, où il y en avait
trente-cinq. Le grenadier, qui venait de voir tuer
le lieutenant de sa compagnie, qui était un fort
brave homme, ne voulut point faire de quartier, et
tua son Espagnol. Les ennemis envoyèrent demander le corps, qui leur fut rendu; et le grenadier *Sans-
Raison* rendit aussi les trente-cinq pistoles qu'il
avait prises au mort, en disant : « Tenez, voilà son
« argent, dont je ne veux point; les grenadiers ne
« mettent la main sur les gens que pour les tuer. »
Vous ne trouverez point peut-être ces détails dans
les relations que vous lirez, et je m'assure que vous
les aimerez bien autant qu'une supputation exacte
du nom des bataillons et de chaque compagnie des
gens détachés, ce que M. l'abbé de Dangeau ne
manquerait pas de rechercher très-curieusement.

Je vous ai parlé du lieutenant de la compagnie des
grenadiers qui fut tué, et dont *Sans-Raison* vengea
la mort. Vous ne serez peut-être pas fâché de savoir
qu'on lui trouva un cilice sur le corps. Il était d'une
piété singulière, et avait même fait ses dévotions le
jour d'auparavant. Respecté de toute l'armée pour
sa valeur, accompagnée d'une douceur et d'une sagesse merveilleuse, le roi l'estimait beaucoup, et a
dit, après sa mort, que c'était un homme qui pouvait prétendre à tout. Il s'appelait Roquevert. Croyez-
vous que frère Roquevert ne valait pas bien frère
Muce? Et si M. de la Trappe l'avait connu, aurait-
il mis dans la vie de frère Muce que les grenadiers
font profession d'être les plus grands scélérats du
monde? Effectivement, on dit que, dans cette compagnie, il y a des gens fort réglés. Pour moi, je n'entends guère de messe dans le camp qui ne soit servie
par quelque mousquetaire, et où il n'y en ait quelqu'un qui communie, et cela de la manière du monde
la plus édifiante.

Je ne vous dis rien de la quantité de gens qui reçurent des coups de mousquet ou des contusions tout
auprès du roi : tout le monde le sait, et je crois que
tout le monde en frémit. M. le Duc[1] était lieutenant
général du jour, et y fit à la Condé, c'est tout dire.
Monsieur le Prince, dès qu'il vit que l'action allait
commencer, ne put s'empêcher de courir à la tranchée et de se mettre à la tête de tout. En voilà bien
assez pour un jour.

Je ne puis pourtant finir sans vous dire un mot de
M. de Luxembourg. Il est toujours vis-à-vis des ennemis, la Méhaigne entre deux, qu'on ne croit pas
qu'ils osent passer. On lui amena avant-hier un officier espagnol, qu'un de nos partis avait pris, et qui
s'était fort bien battu. M. de Luxembourg, lui trouvant de l'esprit, lui dit : « Vous autres Espagnols,
« je sais que vous faites la guerre en honnêtes gens,
« et je la veux faire avec vous de même. » Ensuite
il le fit dîner avec lui, puis lui fit voir toute son
armée. Après quoi il le congédia, en lui disant :
« Je vous rends votre liberté; allez trouver M. le
« prince d'Orange, et dites-lui ce que vous avez vu. »
On a su aussi, par un rendu, qu'un de nos soldats
s'étant allé rendre aux ennemis, le prince d'Orange
lui demanda pourquoi il avait quitté l'armée de
M. de Luxembourg : « C'est, lui dit le soldat,
« qu'on y meurt de faim; mais, avec tout cela, ne
« passez pas la rivière, car assurément ils vous bat-
« tront. »

Le roi envoya hier six mille sacs d'avoine et cinq
cents bœufs à l'armée de M. de Luxembourg; et,
quoi qu'ait dit le déserteur, je puis vous assurer
qu'on y est fort gai, et qu'il s'en faut bien qu'on y
meure de faim. Le général a été trois jours sans
monter à cheval, passant le jour à jouer dans sa
tente.

Le roi a eu nouvelle aujourd'hui que le baron de
Serclas, avec cinq ou six mille chevaux de l'armée
du prince d'Orange, avait passé la Meuse à Huy,
comme pour venir inquiéter le quartier de M. de
Boufflers. Le roi prend ses mesures pour le bien
recevoir.

Adieu, monsieur. Je vous manderai une autrefois
des nouvelles de la vie que je mène, puisque vous en
voulez savoir. Faites, je vous prie, part de cette
lettre à M. de la Chapelle, si vous trouvez qu'elle

---

[1] Louis III de Bourbon, fils de monsieur le Prince et petit-
fils du grand Condé.

en vaille la peine. Vous me ferez même beaucoup de plaisir de l'envoyer à ma femme, quand vous l'aurez lue; car je n'ai pas le temps de lui écrire, et cela pourra la réjouir elle et mon fils.

On est fort content de M. de Bonrepaux [1]. J'ai écrit à M. de Pontchartrain le fils par le conseil de M. de la Chapelle. Une page de compliments m'a plus coûté cinq cents fois que les huit pages que je vous viens d'écrire. Adieu, monsieur. Je vous envie bien votre beau temps d'Auteuil, car il fait ici le plus horrible temps du monde.

Je vous ai vu rire assez volontiers de ce que le vin fait quelquefois faire aux ivrognes. Hier un boulet de canon emporta la tête d'un de nos Suisses dans la tranchée. Un autre Suisse, son camarade, qui était auprès, se mit à rire de toute sa force, en disant : « Oh! oh! cela est plaisant ; il reviendra sans « tête dans le camp. »

On a fait aujourd'hui trente prisonniers de l'armée du prince d'Orange, et ils ont été pris par un parti de M. de Luxembourg. Voici la disposition de l'armée des ennemis : M. de Bavière à la droite avec des Brandebourgs et autres Allemands; M. de Valdeck est au corps de bataille avec les Hollandais ; et le prince d'Orange, avec les Anglais, est à la gauche.

J'oubliais de vous dire que, quand M. le comte de Toulouse reçut le coup de mousquet, on entendit le bruit de la balle ; et le roi demanda si quelqu'un était blessé. « Il me semble, dit en souriant « le jeune prince, que quelque chose m'a touché. » Cependant la contusion était assez grosse, et j'ai vu la balle sur le galon de la manche, qui était tout noirci comme si le feu y avait passé. Adieu, monsieur. Je ne saurais me résoudre à finir quand je suis avec vous.

En fermant ma lettre, j'apprends que la présidente Barentin, qui avait épousé M. de Cormaillon, ingénieur, a été pillée par un parti de Charleroi. Ils lui ont pris ses chevaux de carrosse et sa cassette, et l'ont laissée dans le chemin à pied [2]. Elle venait pour être auprès de son mari, qui avait été blessé. Il est mort.

### 40. — RACINE AU MÊME.

Au camp près de Namur, 24 juin 1692.

Je laisse à M. de Valincour [3] le soin de vous écrire la prise du château neuf. Voici seulement quelques circonstances qu'il oubliera peut-être dans sa relation.

Ce château neuf est appelé autrement le *Fort-Guillaume*, parce que c'est le prince d'Orange qui ordonna l'année passée de le faire construire, et qui avança pour cela dix mille écus de son argent. C'est un grand ouvrage à cornes, avec quelques redans dans le milieu de la courtine, selon que le terrain le demandait. Il est situé de telle sorte que, plus on en approche, moins on le découvre ; et depuis huit ou dix jours que notre canon le battait, il n'y avait fait qu'une très-petite brèche à passer deux hommes, et il n'y avait pas une palissade du chemin couvert qui fût rompue. M. de Vauban a admiré lui-même la beauté de cet ouvrage. L'ingénieur qui l'a tracé, et qui a conduit tout ce qu'on y a fait, est un Hollandais nommé Cohorn. Il s'était enfermé dedans pour la défendre, et y avait même fait creuser sa fosse, disant qu'il s'y voulait enterrer. Il en sortit hier, avec la garnison, blessé d'un éclat de bombe. M. de Vauban a eu la curiosité de le voir, et, après lui avoir donné beaucoup de louanges, lui a demandé s'il jugeait qu'on eût pu l'attaquer mieux qu'on n'a fait. L'autre fit réponse que, si on l'eût attaqué dans les formes ordinaires, et en conduisant une tranchée devant la courtine et les demi-bastions, il se serait encore défendu plus de quinze jours, et qu'il nous en aurait coûté bien du monde; mais que, de la manière dont on l'avait embrassé de toutes parts, il avait fallu se rendre. La vérité est que notre tranchée est quelque chose de prodigieux, embrassant à la fois plusieurs montagnes et plusieurs vallées avec une infinité de détours et de retours, autant presque qu'il y a de rues à Paris.

Les gens de la cour commençaient déjà à s'ennuyer de voir si longtemps remuer la terre ; mais enfin il s'est trouvé que, dès que nous avons attaqué la contrescarpe, les ennemis, qui craignaient d'être coupés, ont abandonné dans l'instant tout le chemin couvert ; et, voyant dans leur ouvrage vingt de nos grenadiers, qui avaient grimpé par un petit endroit où on ne pouvait monter qu'un à un, ils ont aussitôt battu la chamade. Ils étaient encore quinze cents hommes, tous gens bien faits s'il y en a au monde. Le principal officier qui les commandait, nommé M. de Vimbergue, est âgé de près de quatre-vingts ans. Comme il était d'ailleurs fort incommodé des fatigues qu'il a souffertes depuis quinze jours, et qu'il ne pouvait plus marcher, il s'était fait porter sur la petite brèche que notre canon avait faite, résolu d'y mourir l'épée à la main. C'est lui qui a fait la capitulation; il y a fait mettre qu'il lui

---

[1] François Dusson de Bonrepaux servait alors en qualité de lieutenant général des armées navales.
[2] La présidente de Barentin, remariée à M. de Damas de Cormaillon, aïeule de la marquise de Louvois (Anne de Souvré), avait alors soixante-cinq ans.
[3] Boileau lui a adressé sa XIe satire.

serait permis d'entrer dans le vieux château, pour s'y défendre encore jusqu'à la fin du siége. Vous voyez par là à quelles gens nous avons affaire, et que l'art et les précautions de M. de Vauban ne sont pas inutiles pour épargner bien des braves gens qui s'iraient faire tuer mal à propos. C'était encore M. le Duc qui était lieutenant général de jour; et voici la troisième affaire qui passe par ses mains. Je voudrais que vous eussiez pu entendre de quelle manière aisée, et même avec quel esprit, il m'a bien voulu raconter une partie de ce que je vous mande; les réponses qu'il fit aux officiers qui le vinrent trouver pour capituler; et comme, en leur faisant mille honnêtetés, il ne laissait pas de les intimider. On a trouvé le chemin couvert tout plein de corps morts, sans tous ceux qui étaient à demi enterrés dans l'ouvrage. Nos bombes ne les laissaient pas respirer : ils voyaient sauter à tout moment en l'air leurs camarades, leurs valets, leur pain, leur vin; ils étaient si las de se jeter par terre, comme on fait quand il tombe une bombe, que les uns se tenaient debout, au hasard de ce qui en pourrait arriver; les autres avaient creusé de petites niches dans des retranchements qu'ils avaient faits dans le milieu de l'ouvrage, et s'y tenaient plaqués tout le jour. Ils n'avaient d'eau que celle d'un petit trou qu'ils avaient creusé en terre, et ont passé ainsi quinze jours entiers.

Le vieux château est composé de quatre autres forts, l'un derrière l'autre, et va toujours en s'étrécissant, en telle sorte que celui des forts qui est à l'extrémité de la montagne ne paraît pas pouvoir contenir trois cents hommes. Vous jugez bien quel fracas y feront nos bombes. Heureusement nous ne craignons pas d'en manquer sitôt. On en trouva hier chez les révérends pères jésuites de Namur douze cent soixante toutes chargées, avec leurs amorces. Les bons pères gardaient précieusement ce beau dépôt, sans en rien dire, espérant vraisemblablement de les rendre aux Espagnols, au cas qu'on nous fît lever le siége[1]. Ils paraissaient pourtant les plus contents du monde d'être au roi; et ils me dirent à moi-même, d'un air riant et ouvert, qu'ils lui étaient trop obligés de les avoir délivrés de ces maudits protestants qui étaient en garnison à Namur, et qui avaient fait un prêche de leurs écoles. Le roi a envoyé le père recteur à Dôle; mais le père de la Chaise dit lui-même que le roi est trop bon, et que les supérieurs de leur compagnie seront plus sévères que lui. Adieu, monsieur, ne me citez point. J'écrirai demain à M. de Milon[1], qui m'a mandé, comme vous, le crachement de sang de M. de la Chapelle. J'espère que cela n'aura point de suites; je vous assure que j'en suis sensiblement affligé.

J'oubliais de vous dire que je vis passer les deux otages que ceux du dedans de l'ouvrage à cornes envoyaient au roi. L'un avait le bras en écharpe; l'autre la mâchoire à demi emportée, avec la tête bandée d'une écharpe noire. Le dernier est un chevalier de Malte. Je vis aussi huit prisonniers qu'on amenait du chemin couvert; ils faisaient horreur. L'un avait un coup de baïonnette dans le côté; un autre, un coup de mousquet dans la bouche; les six autres avaient le visage et les mains toutes brûlées du feu qui avait pris à la poudre qu'ils avaient dans leurs havresacs.

## 41. — RACINE AU MÊME.

Fontainebleau, 3 octobre 1692.

Votre ancien laquais, dont j'ai oublié le nom, m'a fait grand plaisir ce matin en m'apprenant de vos nouvelles. A ce que je vois, vous êtes dans une fort grande solitude à Auteuil, et vous n'en partez point. Est-il possible que vous puissiez être si longtemps seul, et ne point faire du tout de vers? Je m'attends qu'à mon retour je trouverai votre *Satire des femmes* entièrement achevée. Pour moi, il s'en faut bien que je sois aussi solitaire que vous. M. de Cavoie a voulu encore à toute force que je logeasse chez lui, et il ne m'a pas été possible d'obtenir de lui que je fisse tendre un lit dans votre maison, où je n'aurais pas été si magnifiquement que chez lui, mais j'y aurais été plus tranquillement et avec plus de liberté.

Cependant elle n'a été marquée pour personne, au grand déplaisir des gens qui s'en étaient emparés les autres années. Notre ami M. Félix y a mis son carrosse et ses chevaux, et les miens n'y ont pas même trouvé place; mais tout cela s'est passé avec mon agrément et sous mon bon plaisir. J'ai mis mes chevaux à l'hôtel de Cavoie, qui en est tout proche. M. de Cavoie a permis aussi à M. de Bonrepaux de faire sa cuisine chez vous. Votre concierge, voyant que les chambres demeuraient vides, en a meublé *quelqu'une*, et l'a louée. On a mis sur la porte qu'elle était à vendre, et j'ai dit qu'on m'adressât ceux qui la viendraient voir; mais on ne m'a encore envoyé personne. Je supçonne que le concierge, se trouvant fort bien d'y louer des chambres, serait assez

---

[1] Saint-Simon, après avoir rapporté ce fait avec toutes ses circonstances, ajoute : « Comme c'étaient des jésuites, il n'en fut rien. »

[1] Frère aîné de M. de la Chapelle, qui mourut l'année suivante.

aise que la maison ne se vendît point. J'ai conseillé à M. Félix de l'acheter, et je vois bien que je le ferai aller jusqu'à 4,000 fr. Je crois que vous ne feriez pas trop mal d'en tirer cet argent ; et je crains que, si le voyage se passe sans que le marché soit conclu, M. Félix, ni personne, n'y songe plus jusqu'à l'autre année. Mandez-moi là-dessus vos sentiments ; je ferai le reste.

On reçut hier de bonnes nouvelles d'Allemagne. M. le maréchal de Lorges ayant fait assiéger par un détachement de son armée une petite ville nommée Pforzheim[1], entre Philisbourg et Dourlach, les Allemands ont voulu s'avancer pour la secourir. Il a eu avis qu'un corps de quarante escadrons avait pris les devants, et n'était qu'à une lieue et demie de lui, ayant devant eux un ruisseau assez difficile à passer. La ville a été prise dès le premier jour, et cinq cents hommes qui étaient dedans ont été faits prisonniers de guerre.

Le lendemain M. de Lorges a marché avec toute son armée sur ces quarante escadrons que je vous ai dits, et a fait d'abord passer le ruisseau à seize de ses escadrons, soutenus du reste de la cavalerie. Les ennemis, voyant qu'on allait à eux avec cette vigueur, s'en sont fuis à vau-de-route[2], abandonnant leurs tentes et leur bagage, qui a été pillé. On leur a pris deux pièces de canon, deux paires de timbales et neuf étendards, quantité d'officiers, entre autres leur général, qui est oncle de M. de Wirtemberg et administrateur de ce duché ; un général major de Bavière et plus de treize cents cavaliers. Ils en ont eu près de neuf cents tués sur la place. Il ne nous en a coûté qu'un maréchal des logis, un cavalier, et six dragons. M. de Lorges a abandonné au pillage la ville de Pforzheim et une autre petite ville auprès de laquelle étaient campés les ennemis. Ç'a été, comme vous voyez, une déroute ; et il n'y a pas eu, à proprement parler, aucun coup de tiré de leur part : tout ce qu'on a pris et tué, ç'a été en les poursuivant.

Le prince d'Orange est parti pour la Hollande. Son armée s'est rapprochée de Gand, et apparemment se séparera bientôt. M. de Luxembourg me mande qu'il est en parfaite santé. Le roi se porte à merveille.

### 42. — RACINE AU MÊME.

Fontainebleau, 6 octobre 1692.

J'ai parlé à M. de Pontchartrain, le conseiller, du garçon qui vous a servi ; et M. le comte de Fiesque, à ma prière, lui en a parlé aussi. Il m'a dit qu'il ferait son possible pour le placer, mais qu'il prétendait que vous lui en écrivissiez vous-même, au lieu de lui faire écrire par un autre. Ainsi je vous conseille de forcer votre paresse, et de m'envoyer une lettre pour lui, ou bien de lui écrire par la poste.

J'ai déjà fait naître à madame de Maintenon une grande envie de voir de quelle manière vous parlez de Saint-Cyr[1]. Elle a paru fort touchée de ce que vous aviez eu même la pensée d'en parler ; et cela lui donne occasion de dire mille biens de vous. Pour moi, j'ai une extrême impatience de voir ce que vous me dites que vous m'enverrez. Je n'en ferai part qu'à ceux que vous voudrez, à personne même si vous le souhaitez. Je crois pourtant qu'il sera très-bon que madame de Maintenon voie ce que vous avez imaginé pour sa maison. Ne vous mettez pas en peine : je le lirai du ton qu'il faut, et je ne ferai point de tort à vos vers.

Je n'ai point vu M. Félix depuis que j'ai reçu votre lettre. Au cas que vous ne trouviez point les 5,000 francs, ce que je crois très-difficile, je vous conseille de louer votre maison ; mais il faudra pour cela que je vous trouve des gens qui prennent soin de vous trouver des locataires : car je doute que ceux qui logent soient bien propres à vous trouver des marchands, leur intérêt étant de demeurer seuls dans cette maison, et d'empêcher qu'on ne les en vienne déposséder.

Il n'y a ici aucune nouvelle. L'armée de M. de Luxembourg commence à se séparer, et la cavalerie entre dans des quartiers de fourrages. Quelques gens voulaient hier que le duc de Savoie pensât à assiéger Nice, à l'aide des galères d'Espagne ; mais le comte d'Estrées ne tardera guère à donner la chasse aux galères et aux vaisseaux espagnols, et doit arriver incessamment vers les côtes d'Italie. Le roi grossit de quarante bataillons son armée de Piémont pour l'année prochaine, et je ne doute pas qu'il ne tire une rude vengeance des pays de M. de Savoie.

Mon fils m'a écrit une assez jolie lettre sur le plaisir qu'il a eu de vous aller voir, et sur une conversation qu'il a eue avec vous. Je vous suis plus obligé que vous ne le sauriez dire de vouloir bien vous amuser avec lui. Le plaisir qu'il prend d'être avec vous me donne assez bonne opinion de lui ; et, s'il est jamais assez heureux pour vous entendre parler de temps en temps, je suis persuadé qu'avec l'admiration dont il est prévenu cela lui fera le plus grand bien du monde. J'espère que cet hiver vous voudrez bien

---

[1] M. de Lorges prit Pforzheim le 16 septembre 1692, et défit les Allemands le 17.
[2] Vieille expression. On dirait aujourd'hui : « Se sont enfuis en désordre. »

[1] Satire x, v. 364.

faire chez moi de petits dîners dont je prétends tirer tant d'avantages. M. de Cavoie vous fait ses compliments. J'appris hier la mort du pauvre abbé de Saint-Réal[1].

### 43. — A RACINE.

*Auteuil, le 7 octobre 1692.*

Je vous écrivis avant-hier si à la hâte, que je ne sais si vous aurez bien conçu ce que je vous écrivais : c'est ce qui m'oblige à vous récrire aujourd'hui. Madame Racine vient d'arriver chez moi, qui s'engage à vous faire tenir ma lettre. L'action de M. de Lorges est très-grande et très-belle, et j'ai déjà reçu une lettre de M. l'abbé Renaudot[2], qui me mande que M. de Pontchartrain veut qu'on travaille au plus tôt à faire une médaille pour cette action. Je crois que cela occupe déjà fort M. de la Chapelle; mais, pour moi, je crois qu'il sera assez temps d'y penser vers la saint Martin.

Je ne saurais assez vous remercier du soin que vous prenez de notre maison de Fontainebleau. Je n'ai point encore vu sur cela personne de notre famille; mais, autant que j'en puis juger, tout le monde trouvera assez mauvais que celui qui l'habite prétende en profiter à nos dépens. C'est une étrange chose qu'un bien en commun : chacun en laisse le soin à son compagnon; ainsi personne n'y soigne, et il demeure au pillage.

Je vous mandais, le dernier jour, que j'ai travaillé à la *Satire des femmes* pendant huit jours : cela est véritable; mais il est vrai aussi que ma fougue poétique est passée presque aussi vite qu'elle est venue, et que je n'y pense plus à l'heure qu'il est. Je crois que, lorsque j'aurai tout amassé, il y aura bien cent vers nouveaux d'ajoutés; mais je ne sais si je n'en ôterai pas bien vingt-cinq ou trente de la description du lieutenant et de la lieutenante criminelle. C'est un ouvrage qui me tue par la multitude des transitions, qui sont, à mon sens, le plus difficile chef-d'œuvre de la poésie. Comme je m'imagine que vous avez quelque impatience d'en voir quelque chose, je veux bien vous en transcrire ici vingt ou trente vers : mais c'est à la charge que, foi d'honnête homme, vous ne les montrerez à âme vivante, parce que je veux être absolument maître d'en faire ce que je voudrai; et que, d'ailleurs, je ne sais s'ils sont en l'état où ils demeureront. Mais, afin que vous en puissiez voir la suite, je vais vous mettre

---

[1] César Vichard, abbé de Saint-Réal, auteur de la *Conjuration de Venise* et de celle des *Gracques*, fut un de nos plus habiles prosateurs. Il mourut en 1692.
[2] Boileau lui a adressé son épître XII.

la fin de l'histoire de la lieutenante, de la manière que je l'ai achevée :

> Mais peut-être j'invente une fable frivole.
> *Soutiens* donc tout Paris, qui, prenant la parole,
> Sur ce sujet encor de bons témoins pourvu,
> Tout prêt à le prouver, te dira : Je l'ai vu.
> Vingt ans j'ai vu ce couple uni d'un même vice
> A tous mes habitants montrer que l'avarice
> Peut faire dans les biens trouver la pauvreté,
> Et nous réduire à pis que la mendicité.
> *Deux* voleurs qui, chez eux, pleins d'espérance entrèrent
> *Enfin un beau matin tous deux les massacrèrent;*
> Digne et funeste fruit du nœud le plus affreux
> Dont l'hymen ait jamais uni deux malheureux !
> Ce récit passe un peu l'ordinaire mesure;
> Mais un exemple enfin si digne de censure
> Peut-il dans la satire occuper moins de mots ?
> Chacun sait son métier; suivons notre propos.
> Nouveau prédicateur aujourd'hui, je l'avoue,
> *Vrai disciple* ou plutôt singe de Bourdaloue,
> Je me plais à remplir mes sermons de portraits.
> En voilà déjà trois, peints d'assez heureux traits :
> *La louve, la coquette et la parfaite* avare.
> Il y faut joindre encor la revêche bizarre,
> Qui sans cesse, d'un ton par la colère aigri,
> Gronde, choque, dément, contredit un mari;
> *Qui dans tous ses discours par quolibets s'exprime,*
> *A toujours dans la bouche un proverbe, une rime;*
> Et d'un roulement d'yeux aussitôt applaudit
> Au mot aigrement fou qu'au hasard elle a dit.
> Il n'est point de repos ni de paix avec elle :
> Son mariage n'est qu'une longue querelle.
> Laisse-t-elle un moment respirer son époux,
> Ses valets sont d'abord l'objet de son courroux;
> Et, sur le ton grondeur lorsqu'elle hit harangue,
> Il faut voir de quels mots elle enrichit la langue.
> Ma plume, ici traçant ces mots par alphabet,
> Pourrait d'un nouveau tome augmenter Richelet.
> Tu crains peu d'essuyer cette étrange furie :
> En trop bon lieu, dis-tu, ton épouse nourrie
> Jamais de tels discours ne te rendra martyr.
> Mais, eût-elle sucé la raison dans Saint-Cyr,
> Crois-tu que d'une fille humble, honnête, charmante,
> L'hymen n'ait jamais fait de femme extravagante ?
> Combien n'a-t-on pas vu de *Philis* aux doux yeux,
> Avant le mariage anges si gracieux,
> Tout à coup se changeant en bourgeoises sauvages,
> Vrais démons, apporter l'enfer dans leurs ménages,
> Et, découvrant l'orgueil de leurs rudes esprits,
> Sous leur fontange altière asservir leurs maris[1] !

En voilà plus que je ne vous avais promis. Mandez-moi ce que vous y aurez trouvé de fautes plus grossières.

J'ai envoyé des pêches à madame de Caylus[2], qui les a reçues, dit-on, avec de grandes marques de joie. Je vous donne le bonsoir, et suis tout à vous.

### 44. — RACINE A BOILEAU.

*Au Quesnoy, 30 mai 1693.*

Le roi fait demain ses dévotions. Je parlai hier de

---

[1] Tout ce qui est en caractères italiques a depuis été changé par l'auteur. (Voyez sa satire x.)
[2] Nièce de madame de Maintenon.

monsieur le doyen [1] au père de la Chaise; il me dit qu'il avait reçu votre lettre, me demanda des nouvelles de votre santé, et m'assura qu'il était fort de vos amis et de toute la famille. J'ai parlé ce matin à madame de Maintenon, et je lui ai même donné une lettre que je lui avais écrite sur ce sujet, la mieux tournée que j'ai pu, afin qu'elle la pût lire au roi. M. de Chamlai, de son côté, proteste qu'il a déjà fait merveilles, et qu'il a parlé de monsieur le doyen comme de l'homme du monde qu'il estimait le plus, et qui méritait le mieux les grâces de Sa Majesté. Il promet qu'il reviendra encore ce soir à la charge. Je l'ai échauffé de tout mon possible, et l'ai assuré de votre reconnaissance et de celle de monsieur le doyen et de MM. Dongois [2]. Voilà, mon cher monsieur, où la chose en est. Le reste est entre les mains du bon Dieu, qui peut-être inspirera le roi en notre faveur. Nous en saurons demain davantage.

Quant à nos ordonnances, M. de Pontchartrain me promit qu'il nous les ferait payer aussitôt après le départ du roi. C'est à vous de faire vos sollicitations, soit par M. de Pontchartrain le fils, soit par M. l'abbé Bignon [3]. Croyez-vous que vous fissiez mal d'aller vous-même une fois chez lui? Il est bien intentionné; la somme est petite; enfin, on m'assure qu'il faut presser, et qu'il n'y a pas un moment à perdre. Quand vous aurez arraché cela de lui, il ne vous en voudra que plus de bien. Il faudrait aussi voir ou faire voir M. de Bie, qui est le meilleur homme du monde, et qui le ferait souvenir de vous quand il ferait l'état de distribution.

Au reste, j'ai été obligé de dire ici, le mieux que j'ai pu, quelques-uns des vers de votre satire à monsieur le Prince : *nosti hominem*. Il ne parle plus d'autre chose, et il me les a redemandés plus de dix fois. M. le prince de Conti voudrait bien que vous m'envoyassiez l'histoire du lieutenant criminel, dont il est surtout charmé. Monsieur le Prince et lui ne font que redire les deux vers :

*La mule et les chevaux au marché s'envolèrent;*
*Deux grands laquais, à jeun, sur le soir s'en allèrent.*

Je vous conseille de m'envoyer tout cet endroit, et quelques autres morceaux détachés, si vous pouvez : assurez-vous qu'ils ne sortiront point de mes mains. Monsieur le Prince n'est pas moins touché de ce que j'ai pu retenir de votre ode. Je ne suis point surpris de la prière que M. de Pontchartrain le fils vous

[1] Jacques Boileau, frère de Despréaux, doyen de la cathédrale de Sens.
[2] L'abbé Dongois, et Antoine Dongois, greffier de la grand'-chambre du parlement de Paris, neveux de Despréaux et frères de madame de la Chapelle.
[3] Jean-Paul Bignon, neveu de M. de Pontchartrain.

a faite en faveur de Fontenelle. Je savais bien qu'il avait beaucoup d'inclination pour lui; et c'est pour cela même que M. de la Loubère [1] n'en a guère; mais enfin vous avez très-bien répondu; et pour peu que Fontenelle se reconnaisse, je vous conseillerais aussi de lui faire grâce. Mais, à dire vrai, il est bien tard, et la stance a fait un furieux progrès.

Je n'ai pas le temps d'écrire ce matin à M. de la Chapelle. Ayez la bonté de lui dire que tout ce qu'il a imaginé, et vous aussi, sur l'ordre de Saint-Louis, me paraît fort beau; mais que, pour moi, je voudrais simplement mettre pour type la croix même de Saint-Louis, et la légende *Ordo militaris* [1], etc. Chercherons-nous toujours de l'esprit dans les choses qui en demandent le moins? Je vous écris tout ceci avec une rapidité épouvantable, de peur que la poste ne soit partie.

Il fait le plus beau temps du monde. Le roi, qui a eu une fluxion sur la gorge, se porte bien : aussi nous serons bientôt en campagne. Je vous écrirai plus à loisir, avant que de sortir du Quesnoy.

### 45. — RACINE AU MÊME.

Au Quesnoy, le 31 mai au soir 1693.

Vous verrez, par la lettre que j'écrivis à M. l'abbé Dongois, les obligations que vous avez à Sa Majesté. Monsieur le doyen est chanoine de la Sainte-Chapelle, et est bien mieux encore que je n'avais demandé. Madame de Maintenon m'a chargé de vous faire ses baisemains. Elle mérite bien que vous lui fassiez quelque remercîment, ou du moins que vous fassiez d'elle une mention honorable qui la distingue de tout son sexe, comme en effet elle en est distinguée de toute manière.

Je suis content au dernier point de M. de Chamlai; et il faut absolument que vous lui écriviez, aussi bien qu'au père de la Chaise, qui a très-bien servi monsieur le doyen.

Tout le monde m'a chargé ici de vous faire ses compliments, entre autres M. de Cavoie et M. de Sérignan. M. le prince de Conti même m'a témoigné prendre beaucoup de part à votre joie.

Nous partons mardi pour aller camper sous Mons. Le roi se mettra à la tête de l'armée de M. de Boufflers; M. de Luxembourg, avec la sienne, nous côtoiera de fort près. Le roi envoie les dames à Mau-

[1] L'Académie le reçut pour plaire à M. de Pontchartrain ; ce qui fit dit à Chaulieu :

*C'est un impôt que Pontchartrain*
*Veut mettre sur l'Académie.*

[1] L'ordre militaire de Saint-Louis fut institué le 10 mai 1693.

beuge : ainsi nous voilà à la veille de grandes nouvelles. Je vous donne le bonsoir, et suis entièrement à vous.

Songez à nos ordonnances. Prenez aussi la peine de recommander à M. Dongois le petit Mercier, valet de chambre de madame de Maintenon. Il voudrait avoir pour commissaire, pour la conclusion de son affaire, M. l'abbé Brunet ou M. l'abbé Petit [1]. Si cela se peut faire dans les règles, et sans blesser la conscience, il faudrait tâcher de lui faire avoir ce qu'il demande.

### 46. — A RACINE.

Juin 1693.

Je sors de notre assemblée des Inscriptions, où j'ai été principalement pour parler à M. de Tourreil [2]; mais il ne s'y est point trouvé : il s'était chargé de parler de nos ordonnances à M. de Pontchartrain le père, et il m'en devait rendre compte aujourd'hui. J'enverrai demain savoir s'il est malade, et pourquoi il n'est pas venu. Cependant M. l'abbé Renaudot m'a promis aussi d'agir très-fortement auprès du même ministre. Cet abbé doit venir dîner jeudi avec moi à Auteuil, et me raconter tout ce qu'il aura fait : ainsi il ne se perdra point de temps.

Madame Racine me fit l'honneur de souper dimanche chez moi, avec toute votre petite et agréable famille. Cela se passa fort gaiement, mon rhume étant presque entièrement guéri. Je n'ai jamais vu une si belle journée. J'entretins fort monsieur votre fils, qui, à mon sens, croît toujours en mérite et en esprit. Il me montra une traduction qu'il a faite d'une harangue de Tite-Live, et j'en fus fort content. Je crois non-seulement qu'il sera habile pour les lettres, mais qu'il aura la conversation agréable, parce qu'en effet il pense beaucoup ; et qu'il conçoit fort vivement tout ce qu'on lui dit. Je ne saurais trouver de termes assez forts pour vous remercier des mouvements que vous vous donnez pour monsieur le doyen de Sens ; et, quand l'affaire ne réussirait point, je vous puis assurer que je n'oublierai jamais la sensible obligation que je vous ai.

Vous m'avez fort surpris en me mandant l'empressement qu'ont deux des plus grands princes de la terre pour voir des ouvrages que je n'ai pas achevés [1]. En vérité, mon cher monsieur, je tremble qu'ils ne se soient trop aisément laissé prévenir en ma faveur : car, pour vous dire sincèrement ce qui se passe en moi au sujet de ces derniers ouvrages, il y a des moments où je crois n'avoir rien fait de mieux ; mais il y en a aussi beaucoup où je n'en suis point du tout content, et ou je fais résolution de ne les jamais laisser imprimer. Oh ! qu'heureux est M. Charpentier, qui, raillé, et mettons quelquefois bafoué, sur les siens, se maintient toujours parfaitement tranquille, et demeure invinciblement persuadé de l'excellence de son esprit ! Il a tantôt apporté à l'Académie une médaille de très-mauvais goût ; et avant que de la laisser lire, il a commencé par en faire l'éloge. Il s'est mis par avance en colère sur ce qu'on y trouverait à redire, déclarant pourtant que, quelques critiques qu'on y pût faire, il saurait bien ce qu'il devait penser là-dessus, et qu'il n'en resterait pas moins convaincu qu'elle était parfaitement bonne. Il a en effet tenu parole, et, tout le monde l'ayant généralement désapprouvée, il a querellé tout le monde, il a rougi et s'est emporté ; mais il s'en est allé satisfait de lui-même. Je n'ai point, je l'avoue, cette force d'âme : et si des gens un peu sensés s'opiniâtraient de dessein formé à blâmer la meilleure chose que j'aie écrite, je leur résisterais d'abord avec assez de chaleur ; mais je sens bien que peu de temps après je conclurais contre moi, et que je me dégoûterais de mon ouvrage. Ne vous étonnez donc point si je ne vous envoie point encore par cet ordinaire les vers que vous me demandez, puisque je n'oserais presque me les présenter à moi-même sur le papier. Je vous dirai pourtant que j'ai en quelque sorte achevé l'*ode sur Namur*, à quelques vers près, où je n'ai point encore attrapé l'expression que je cherche. Je vous l'enverrai un de ces jours ; mais c'est à la charge que vous la tiendrez secrète, et que vous n'en lirez rien à personne que je ne l'aie entièrement corrigée sur vos avis.

Il n'est bruit ici que des grandes choses que le roi va faire ; et, à vous dire le vrai, jamais commencement de campagne n'eut un meilleur air. J'ai bien vu dans les livres des exemples de grandes félicités; mais au prix de la fortune du roi, à mon sens, tout est malheur. Ce qui m'embarrasse, c'est qu'ayant épuisé pour Namur toutes les hyperboles et toutes les hardiesses de notre langue, où trouverai-je des expressions pour le louer, s'il vient à faire quelque chose de plus grand que la prise de cette ville ? Je sais bien ce que je ferai : je garderai le silence et vous

---

[1] Conseillers clercs.
[2] Jacques de Tourreil, de l'Académie française et de celle des inscriptions et belles-lettres, né à Toulouse en 1656, mort en 1714. Ce fut lui qui présenta au roi la première édition du Dictionnaire de l'Académie. Il composa à cette occasion *trente-deux compliments*, « tous convenables, dit l'abbé Fleury, et « tous différents les uns des autres, prononcés avec une li- « berté et une grâce merveilleuses. » (Disc. prononcé le 20 décembre 1714, à la réception de l'abbé Massieu.)

[1] La satire x *contre les femmes*, et l'ode *sur la prise de Namur*.

laisserai parler. C'est le meilleur parti que je puisse prendre :

Spectatus satis, et donatus jam rude.... [1].

Je vous prie de bien témoigner à M. de Chamlai combien je lui suis obligé des offices qu'il rend à mon frère[2] ; je vois bien que la fortune n'est pas capable de l'aveugler et qu'il voit toujours ses amis avec les mêmes yeux qu'auparavant. Adieu, mon cher monsieur ; soyez bien persuadé que je vous aime et que je vous estime infiniment. Dans le temps que j'allais finir cette lettre, M. l'abbé Dongois est entré dans ma chambre avec le petit mot de lettre que vous écrivez à madame Racine, et où vous mandez l'heureux, surprenant, incroyable succès de votre négociation. Que vous dirai-je là-dessus ? Cela demande une lettre tout entière, que je vous écrirai demain. Cependant souvenez-vous de l'état de Pamphile, à la fin de l'Andrienne :

Nunc est, quum me interfici patiar [3].

Voilà à peu près mon état. Adieu encore un coup, mon cher, illustrissime, effectif, ou puisque la passoin permet quelquefois d'inventer des mots, mon *effectissime* ami.

### 47. — AU MÊME.

Paris, ce 4 juin 1693.

Je vous écrivis hier au soir une assez longue lettre, et qui était toute remplie du chagrin que j'avais alors, causé par un tempérament sombre qui me dominait, et par un reste de maladie ; mais je vous en écris une aujourd'hui toute pleine de la joie que m'a causé l'agréable nouvelle que j'ai reçue. Je ne saurais exprimer l'allégresse qu'elle a excitée dans toute ma famille : elle a fait changer de caractère à tout le monde. M. Dongois le greffier est présentement un homme jovial et folâtre ; M. l'abbé Dongois, un bouffon et un badin. Enfin, il n'y a personne qui ne se signale par des témoignages extraordinaires de plaisir et de satisfaction, et par des louanges et des exclamations sans fin sur votre bonté, votre générosité, votre amitié, etc. A mon sens néanmoins, celui qui doit être le plus satisfait, c'est vous, et le contentement que vous devez avoir en vous-même d'avoir obligé si efficacement dans cette affaire tant de personnes qui vous estiment et qui vous honorent depuis si longtemps, est un plaisir d'autant plus agréable, qu'il ne procède que de la vertu, et que les âmes du commun ne sauraient ni se l'attirer, ni le sentir. Tout ce que j'ai à vous prier maintenant, c'est de me mander les démarches que vous croyez qu'il faut que je fasse à l'égard du roi et du P. de la Chaise ; et non-seulement s'il faut, mais à peu près ce qu'il faut que je leur écrive. M. le doyen de Sens ne sait encore rien de ce qu'on a fait pour lui. Jugez de sa surprise, quand il apprendra tout d'un coup le bien imprévu et excessif que vous lui avez fait ! Ce que j'admire le plus, c'est la félicité de la circonstance, qui a fait que, demandant pour lui la moindre de toutes les chanoinies de la Sainte-Chapelle, nous lui avons obtenu la meilleure, après celle de M. l'abbé d'Ense. *O factum bene !* Vous pouvez compter que vous aurez désormais en lui un homme qui disputera avec moi de zèle et d'amitié pour vous.

J'avais résolu de ne vous envoyer la suite de mon ODE SUR NAMUR que quand je l'aurais mise en état de n'avoir plus besoin que de vos corrections ; mais en vérité vous m'avez fait trop de plaisir, pour ne pas satisfaire sur-le-champ la curiosité que vous avez peut-être conçue de la voir. Ce que je vous prie, c'est de ne la montrer à personne, et de ne la point épargner. J'y ai hasardé des choses fort neuves, jusqu'à parler de la plume blanche que le roi a sur son chapeau ; mais, à mon avis, pour trouver des expressions nouvelles en vers, il faut parler de choses qui n'aient point été dites en vers. Vous en jugerez, sauf à tout changer, si cela vous déplaît [1]. L'ode sera de dix-huit stances [2]. Cela fait cent quatre-vingts vers. Je ne croyais pas aller si loin. Voici ce que vous n'avez point vu. Je vais le mettre sur l'autre feuillet :

### IX.

Déployez toutes vos rages,
Princes, vents, peuples, frimas ;
Ramassez tous vos nuages,
Rassemblez tous vos soldats.
Malgré vous, Namur en poudre
S'en va tomber sous la foudre
Qui dompta Lille, Courtrai,
Gand, la *constante* Espagnole,
*Luxembourg*, Besançon, Dôle,
Ypres, Mastricht et Cambrai.

Mes présages s'accomplissent,
Il commence à chanceler.
*Je vois ses murs qui frémissent,*
*Déjà prêts* à s'écrouler.

---

[1] HORACE, liv. I, épît. 1, v. 2.
[2] Jacques Boileau désirait obtenir un canonicat de la Sainte-Chapelle de Paris.
[3] Boileau confond ici *l'Eunuque* avec *l'Andrienne*, et *Pamphile* avec *Chérée*. (Voyez la première pièce, acte III, sc. VI.)

[1] On apprend par ces lettres, et par celle dans laquelle mon père lui demande son avis sur un de ses cantiques spirituels, de quelle manière ces deux amis se consultaient mutuellement sur leurs ouvrages. (L. R.)
[2] Elle se trouve réduite à dix-sept, par la suppression de celle contre Fontenelle.

Mars en feu, qui les domine,
*De loin souffle* leur ruine;
Et les bombes dans les airs,
Allant chercher le tonnerre,
Semblent tombant sur la terre,
Vouloir s'ouvrir les enfers.

### XI.

*Approchez, troupes altières,
Qu'unit un même devoir :
A couvert de ces rivières,*
Venez, vous pouvez tout voir.
*Contemplez bien* ces approches;
*Voyez détacher* ces roches,
*Voyez ouvrir ce terrain ;*
Et dans les eaux, dans la flamme,
Louis à tout donnant l'âme,
Marcher *tranquille et serein.*

### XII.

*Voyez, dans cette tempête,
Partout se montrer aux yeux*
La plume qui *ceint* sa tête
*D'un cercle si glorieux.
A sa blancheur remarquable
Toujours un sort favorable
S'attache dans les combats;*
Et toujours avec la gloire
Mars *et sa* sœur la Victoire
*Suivent cet astre* à grands pas.

### XIII.

Grands défenseurs de l'Espagne,
*Accourez tous, il* est temps.
*Mais déjà* vers la Méhagne
*Je vois* vos drapeaux flottants.
Jamais ses ondes craintives
N'ont vu sur leurs faibles rives
Tant de guerriers s'amasser.
*Marchez* donc, *troupe héroïque :
Au delà de ce Granique
Que tardez-vous d'avancer ?*

### XIV.

Loin de fermer le passage
A vos nombreux bataillons,
Luxembourg a du rivage
Reculé ses pavillons.
*Eh quoi! son* aspect vous glace !
Où sont ces chefs pleins d'audace,
Jadis si prompts à marcher,
Qui devaient, de la Tamise
Et de la Drave soumise,
Jusqu'à Paris nous chercher?

### XV.

Cependant l'effroi redouble
Sur les remparts de Namur :
Son gouverneur qui *se trouble,*
S'enfuit sous son dernier mur.
Déjà jusques à ses portes
Je vois *nos fières* cohortes
*S'ouvrir un large chemin ;*
Et sur *des* monceaux de piques
De corps morts, de rocs, de briques,
*Monter le sabre à la main.*

### XVI.

C'en est fait, je viens d'entendre,
Sur *les remparts* éperdus,
Battre un signal pour se rendre :
Le feu cesse; ils sont rendus.
*Rappelez votre constance,*
Fiers ennemis de la France;
Et désormais gracieux,
Allez à Liége, à Bruxelles,
Porter les humbles nouvelles
De Namur pris à vos yeux.

### XVII.

Pour moi, que Phébus anime
De ses transports les plus doux,
Rempli de ce dieu sublime,
Je vais, plus hardi que vous,
Montrer que sur le Parnasse,
Des *bois fréquentés* d'Horace
Ma muse, *sur son déclin,*
Sait encor les avenues,
Et des sources inconnues
A l'auteur de Saint-Paulin ¹.

Je vous demande pardon de la peine que vous aurez peut-être à déchiffrer tout ceci, que je vous ai écrit sur un papier qui boit. Je vous le récrirais bien ; mais il est près de midi, et j'ai peur que la poste ne parte. Ce sera pour une autre fois. Je vous embrasse de tout mon cœur.

### 48. — AU MÊME.

Paris, le 9 juin 1693.

Je vous écrivis hier, avec toute la chaleur qu'inspire une méchante nouvelle, le refus que fait l'abbé de Paris de se démettre de sa chanoinie. Ainsi, vous jugerez bien par ma lettre que ce ne sont pas, à l'heure qu'il est, des remercîments que je médite, puisque je suis même honteux de ceux que j'ai déja faits. A vous dire le vrai, le contre-temps est fâcheux ; et quand je songe aux chagrins qu'il m'a déjà causés, je voudrais presque n'avoir jamais pensé à ce bénéfice pour mon frère. Je n'aurais pas la douleur de voir que vous vous soyez peut-être donné tant de peine si inutilement. Ne croyez pas toutefois, quoi qu'il puisse arriver, que cela diminue en moi le sentiment des obligations que je vous ai. Je sens bien qu'il n'y a qu'une étoile bizarre et infortunée qui pût empêcher le succès d'une affaire si bien conduite, et où vous avez également signalé votre prudence et votre amitié.

Je vous ai mandé, par ma dernière lettre, ce que M. de Pontchartrain avait répondu à M. l'abbé Renaudot touchant nos ordonnances. Comme il a fait

¹ Tout ce qui est en caractères italiques a été depuis changé par l'auteur.

de la distinction entre les raisons que vous aviez de le presser, et celles que j'avais d'attendre, je m'en vais ce matin chez madame Racine, et je lui conseillerai de porter votre ordonnance à M. de Bie à part; je ne doute point qu'elle ne touche au plus tôt son argent. Pour moi, j'attendrai sans peine la commodité de M. de Pontchartrain : je n'ai rien qui me presse, et je vois bien que cela viendra. J'oubliai hier de vous mander que M. de Pontchartrain, en même temps qu'il parla de nos ordonnances à M. l'abbé Renaudot, le chargea de me féliciter sur la chanoinie de mon frère.

Je ne doute point, monsieur, que vous ne soyez à la veille de quelque grand et heureux événement; et, si je ne me trompe, le roi va faire la plus triomphante campagne qu'il ait jamais faite. Il fera grand plaisir à M. de la Chapelle, qui, si nous l'en voulions croire, nous engagerait déjà à imaginer une médaille sur la prise de Bruxelles, dont je suis persuadé qu'il a déjà fait le type en lui-même. Vous m'avez fort réjoui de me mander la part qu'a madame de Maintenon dans notre affaire. Je ne manquerai pas de me donner l'honneur de lui écrire; mais il faut auparavant que notre embarras soit éclairci, et que je sache s'il faut parler sur le ton gai ou sur le ton triste. Voici la quatrième lettre que vous devez avoir reçue de moi depuis six jours.

Trouvez bon que je vous prie encore ici de ne rien montrer à personne du fragment informe que je vous ai envoyé, et qui est tout plein de négligences d'un ouvrage qui n'est point encore digéré. Le mot de *voir* y est répété partout jusqu'au dégoût. La stance

Grands défenseurs de l'Espagne, etc.

rebat celle qui dit :

Approchez troupes altières, etc.

Celle sur la plume blanche du roi est encore un peu en maillot; et je ne sais si je la laisserai, avec

Mars *et sa sœur* la Victoire.

J'ai déjà retouché à tout cela ; mais je ne veux point l'achever que je n'aie reçu vos remarques, qui sûrement m'éclaireront encore l'esprit : après quoi je vous enverrai l'ouvrage complet. Mandez-moi si vous croyez que je doive parler de M. de Luxembourg. Vous n'ignorez pas combien notre maître est chatouilleux sur les gens qu'on associe à ses louanges. Cependant j'ai suivi mon inclination. Adieu, mon cher monsieur; croyez qu'heureux ou malheureux, gratifié ou non gratifié, payé ou non payé, je serai toujours tout à vous.

## 49. — RACINE A BOILEAU.

Gembloux[1], 9 juin 1695.

J'avais commencé une grande lettre où je prétendais vous dire mon sentiment sur quelques endroits des stances que vous m'avez envoyées; mais comme j'aurai le plaisir de vous revoir bientôt, puisque nous nous en retournons à Paris, j'aime mieux attendre à vous dire de vive voix tout ce que j'avais à vous mander. Je vous dirai seulement, en un mot, que les stances m'ont paru très-belles et très-dignes de celles qui les précèdent, à quelque peu de répétitions près, dont vous vous êtes aperçu vous-même.

Le roi fait un grand détachement de ses armées, et l'envoie en Allemagne avec MONSEIGNEUR. Il a jugé qu'il fallait profiter de ce côté-là d'un commencement de campagne qui paraît si favorable, d'autant plus que le prince d'Orange s'opiniâtrant à demeurer sous de grosses places et derrière des canaux et des rivières, la guerre aurait pu devenir ici fort lente, et peut-être moins utile que ce qu'on peut faire au delà du Rhin.

Nous allons demain coucher à Namur. M. de Luxembourg demeure en ce pays-ci avec une armée capable non-seulement de faire tête aux ennemis, mais même de leur donner beaucoup d'embarras. Adieu, mon cher monsieur ; je me fais grand plaisir de vous embrasser bientôt.

M. de Chamlai a parlé depuis moi au père de la Chaise, qui lui a dit les mêmes choses qu'il m'a dites : que tout ira bien, et qu'il n'y a qu'à le laisser faire. M. de Chamlai n'a point encore reçu de vos nouvelles; mais il compte sur votre amitié. Tous les gens de mes amis qui connaissent le père de la Chaise, et la manière dont s'est passée l'affaire de monsieur le doyen, m'assurent tous que nous devons avoir l'esprit en repos.

## 50. — A RACINE.

Paris, 13 juin 1695.

Je ne suis revenu que ce matin d'Auteuil, où j'ai été passer durant quatre jours la mauvaise humeur que m'avait donnée le bizarre contre-temps qui nous est arrivé dans l'affaire de la chanoinie. J'ai reçu, en arrivant à Paris, votre dernière lettre, qui m'a fort consolé, aussi bien que celle que vous avez écrite à M. l'abbé Dongois.

J'ai été fort surpris d'apprendre que M. de Chamlai n'avait point encore reçu le compliment que je lui ai envoyé sur-le-champ, et qui a été porté à la

[1] Petite ville du Brabant.

poste en même temps que la lettre que j'ai écrite au R. P. de la Chaise. Je lui en écris un nouveau, afin qu'il ne me soupçonne pas de paresse dans une occasion où il m'a si bien marqué et sa bonté pour moi, et sa diligence à obliger mon frère ; mais de peur d'une nouvelle méprise, je vous l'envoie, ce compliment, empaqueté dans ma lettre, afin que vous le lui rendiez en main propre.

Je ne saurais vous exprimer la joie que j'ai du retour du roi. La nouvelle bonté que Sa Majesté m'a témoignée, en accordant à mon frère le bénéfice que nous demandons, a encore augmenté le zèle et la passion très-sincère que j'ai pour elle. Je suis ravi de voir que sa sacrée personne ne sera point en danger cette campagne ; et, gloire pour gloire, il me semble que les lauriers sont aussi bons à cueillir sur le Rhin et sur le Danube, que sur l'Escaut et sur la Meuse. Je ne vous parle point du plaisir que j'aurai à vous embrasser plus tôt que je ne croyais : car cela s'en va sans dire.

Vous avez bien fait de ne point envoyer par écrit vos remarques sur mes stances, et d'attendre à m'en entretenir que vous soyez de retour, puisque, pour en bien juger, il faut que je vous aie communiqué auparavant les différentes manières dont je les puis tourner, et les retranchements ou les augmentations que j'y puis faire.

Je vous prie de bien témoigner au R. P. de la Chaise l'extrême reconnaissance que j'ai de toutes ses bontés. Nous devons encore aller lundi prochain, M. Dongois et moi, prendre madame Racine, pour la mener avec nous chez M. de Bie, qui ne doit être revenu de la campagne que ce jour-là. J'ai fait ma sollicitation pour vous à M. l'abbé Bignon. Il m'a dit que c'était une chose un peu difficile, à l'heure qu'il est, d'être payé au trésor royal. Je lui ai représenté que vous étiez actuellement dans le service, et que vous étiez au même droit que les soldats et les autres officiers du roi. Il m'a avoué que je disais vrai, et s'est chargé d'en parler très-fortement à M. de Pontchartrain. Il me doit rendre réponse aujourd'hui à notre assemblée.

Adieu le type de M. de la Chapelle sur Bruxelles[1]. Il était pourtant imaginé fort heureusement et fort à propos ; mais, à mon sens, les médailles prophétiques dépendent un peu du hasard, et ne sont pas toujours sûres de réussir. Nous voilà revenus à Heidelberg[2]. Je propose pour mot : *Heidelberga deleta* ; et nous verrons ce soir si on l'acceptera, ou les deux vers latins que propose M. Charpentier, et qu'il trouve d'un goût merveilleux pour la médaille. Les voici :

Servare potui : perdere an possim rogas[1] ?

Or, comment cela vient à Heidelberg, c'est à vous à le deviner ; car ni moi, ni même je crois M. Charpentier, n'en savons rien.

Je ne vous parle presque point, comme vous voyez, de notre chagrin sur la chanoinie, parce que vos lettres m'ont rassuré, et que d'ailleurs il n'y a point de chagrin qui tienne contre le bonheur que vous me faites espérer de vous revoir bientôt ici de retour. Adieu, mon cher monsieur : aimez-moi toujours, et croyez qu'il n'y a personne qui vous honore et vous révère plus que moi.

51. — AU MÊME.

Paris, jeudi au soir, 18 juin 1693.

Je ne saurais, mon cher monsieur, vous exprimer ma surprise, et quoique j'eusse les plus grandes espérances du monde, je ne laissais pas encore de me défier de la fortune de monsieur le doyen. C'est vous qui avez tout fait, puisque c'est à vous que nous devons l'heureuse protection de madame de Maintenon. Tout mon embarras maintenant est de savoir comment je m'acquitterai de tant d'obligations que je vous ai. Je vous écris ceci de chez M. Dongois le greffier, qui est sincèrement transporté de joie, aussi bien que toute notre famille ; et de l'humeur dont je vous connais, je suis sûr que vous seriez ravi vous-même de voir combien d'un seul coup vous avez fait d'heureux[2]. Adieu, mon cher monsieur, croyez qu'il n'y a personne qui vous aime plus sincèrement, ni par plus de raisons que moi. Témoignez bien à M. de Cavoie la joie que j'ai de sa joie[3], et à M. de Luxembourg mes profonds respects. Je vous donne le bonsoir, et suis, autant que je le dois, tout à vous.

Je viens d'envoyer chez madame Racine.

52. — RACINE A BOILEAU.

Versailles, 9 juillet 1693.

Je vais aujourd'hui à Marly, où le roi demeurera

---

[1] Cette ville n'avait point été prise.
[2] Le maréchal de Lorges s'en était emparé le 21 mai précédent.

[1] Vers de la *Médée* d'Ovide, conservé par Quintilien, liv. VIII, c. v. Boileau ne rapporte que l'un des deux vers proposés par Charpentier.
[2] Lorsque l'abbé Boileau alla remercier Louis XIV du canonicat qu'il lui avait accordé, ce prince lui dit : « Monsieur, « c'est une place qui était due à votre mérite aussi bien qu'aux « prières de votre frère, qui nous a tant réjouis » (*Bolæana*, n° CXII.)
[3] Le marquis de Cavoie se flattait alors de l'espoir d'obtenir le cordon bleu.

près d'un mois : mais je ferai de temps en temps quelques voyages à Paris, et je choisirai les jours de la *petite académie*. Cependant je suis bien fâché que vous ne m'ayez pas donné votre ode : j'aurais peut-être trouvé quelque occasion de la lire au roi. Je vous conseille même de me l'envoyer. Il n'y a pas plus de deux lieues d'Auteuil à Marly. Votre laquais n'aura qu'à me demander et me chercher dans l'appartement de M. Félix. Je vous prie de renvoyer mon fils à sa mère : j'appréhende que votre grande bonté ne vous coûte un peu trop d'incommodité. Je suis entièrement à vous.

## 53. — RACINE AU MÊME.

*Marly, 6 août au matin 1693.*

Je ferai vos présents ce matin[1]. Je ne sais pas bien encore quand je vous reverrai, parce qu'on attend à toute heure des nouvelles d'Allemagne. La victoire de M. de Luxembourg est bien plus grande que nous ne pensions, et nous n'en savions pas la moitié[2]. Le roi reçoit tous les jours des lettres de Bruxelles et de mille autres endroits, par où il apprend que les ennemis n'avaient pas une troupe ensemble le lendemain de la bataille; presque toute l'infanterie qui restait avait jeté ses armes. Les troupes hollandaises se sont la plupart enfuies jusqu'en Hollande. Le prince d'Orange, qui pensa être pris après avoir fait des merveilles, coucha le soir, lui huitième, avec M. de Bavière[3], chez un curé près de Loo. Nous avions pris vingt-cinq ou trente drapeaux, cinquante-cinq étendards, soixante-seize pièces de canon, huit mortiers, neuf pontons, sans tout ce qui est tombé dans la rivière. Si nos chevaux, qui n'avaient point mangé depuis deux fois vingt-quatre heures, eussent pu marcher, il ne resterait pas un corps de troupes aux ennemis.

Tout en vous écrivant, il me vient en pensée de vous envoyer deux lettres, une de Bruxelles, l'autre de Vilvorde, et un récit du combat général, qui me fut dicté hier au soir par M. d'Albergotti[4]. Croyez que c'est comme si M. de Luxembourg l'avait dicté lui-même. Je ne sais si vous le pourrez lire; car en écrivant j'étais accablé de sommeil, à peu près comme était M. de Puimorin en écrivant ce bel arrêt sous M. Dongois[5]. Le roi est transporté de joie, et tous les ministres, de la grandeur de cette action.

Vous me feriez un fort grand plaisir, quand vous aurez lu tout cela, de l'envoyer bien cacheté, avec cette même lettre que je vous écris, à M. l'abbé Renaudot[1], afin qu'il ne tombe point dans l'inconvénient de l'année passée. Je suis assuré qu'il vous en aura obligation. Il pourra distribuer une partie des choses que je vous envoie en plusieurs articles, tantôt sous celui de Bruxelles, tantôt sous celui de Landefermé, où M. de Luxembourg campa le 31 juillet, à demi-lieue du champ de bataille; tantôt même sous l'article de Malines ou de Vilvorde.

Il saura d'ailleurs les actions des principaux particuliers, comme que M. de Chartres chargea trois ou quatre fois à la tête de divers escadrons, et fut débarrassé des ennemis, ayant blessé de sa main l'un d'eux qui le voulait emmener; le pauvre Vacoigne, tué à son côté; M. d'Arcy, son gouverneur, tombé aux pieds de ses chevaux, le sien ayant été blessé; la Bertière, son sous-gouverneur, aussi blessé. M. le prince de Conti chargea aussi plusieurs fois, tantôt avec la cavalerie, tantôt avec l'infanterie et regagna pour la troisième fois le fameux village de Nerwinde, qui donne le nom à la bataille, et reçut sur la tête un coup de sabre d'un des ennemis, qu'il tua sur-le-champ. M. le Duc chargea de même, regagna une seconde fois le village à la tête de l'infanterie, et combattit encore à la tête de plusieurs escadrons. M. de Luxembourg était, dit-on, quelque chose de plus qu'humain, volant partout, et même s'opiniâtrant à continuer les attaques dans le temps que les plus braves étaient rebutés; menant en personne les bataillons et les escadrons à la charge. M. de Montmorency, son fils aîné, après avoir combattu plusieurs fois à la tête de sa brigade de cavalerie, reçut un coup de mousquet, dans le temps qu'il se mettait au-devant de son père pour le couvrir d'une décharge horrible que les ennemis firent sur lui. Monsieur le comte[2] son frère a été blessé à la jambe; M. de la Roche-Guyon[3], au pied; et tous autres que sait M. l'abbé : M. le maréchal de Joyeuse blessé aussi à la cuisse, et retournant au combat après sa blessure. M. le maréchal de Ville-

---

[1] L'ode *sur la prise de Namur* venait d'être imprimée; et Racine s'était chargé d'en distribuer des exemplaires à la cour.
[2] La victoire de Nerwinde, remportée le 29 juillet 1693.
[3] Maximilien-Emmanuel, frère de la dauphine morte en 1690.
[4] Alors colonel du régiment de Royal-Italien.
[5] M. Dongois étant obligé de passer la nuit à dresser le dispositif d'un arrêt d'ordre, le dictait à M. de Puimorin, frère de Boileau, et M. de Puimorin écrivait si promptement, que M. Dongois était étonné que ce jeune homme eût tant de dispositions pour la pratique. Après avoir dicté pendant deux heures, il voulut lire l'arrêt, et trouva que le jeune Puimorin n'avait écrit que le dernier mot de chaque phrase. (*Mém. de Louis Racine sur la vie de son père.*)

[1] Directeur de la Gazette.
[2] Le comte de Luxe, Paul-Sigismond, troisième fils du maréchal de Luxembourg. Cette blessure le força de renoncer à l'état militaire.
[3] François de la Rochefoucauld, duc de la Roche-Guyon, petit-fils de l'auteur des *Maximes*, et gendre du ministre Louvois.

roi entra dans les lignes ou retranchements, à la tête de la maison du roi.

Nous avons quatorze cents prisonniers, entre lesquels cent soixante-cinq officiers, plusieurs officiers généraux, dont on aura sans doute donné les noms. On croit le pauvre Ruvigny tué, on a ses étendards; et ce fut à la tête de son régiment de Français que le prince d'Orange chargea nos escadrons, en renversa quelques-uns, et enfin fut renversé lui-même. Le lieutenant colonel de ce régiment, qui fut pris, dit à ceux qui le prenaient, en leur montrant de loin le prince d'Orange: « Tenez, messieurs, voilà celui « qu'il vous fallait prendre. » Je conjure M. l'abbé Renaudot, quand il aura fait son usage de tout ceci, de bien recacheter et cette lettre et mes mémoires, et de les renvoyer chez moi.

Voici encore quelques particularités. Plusieurs généraux des ennemis étaient d'avis de repasser d'abord la rivière. Le prince d'Orange ne voulut pas; l'électeur de Bavière dit qu'il fallait au contraire rompre tous les ponts, et qu'ils tenaient à ce coup les Français. Le lendemain du combat, M. de Luxembourg a envoyé à Tirlemont, où il était resté plusieurs officiers ennemis blessés, entre autres le comte de Solms, général de l'infanterie, qui s'est fait couper la jambe. M. de Luxembourg, au lieu de les faire transporter en cet état, s'est contenté de leur parole, et leur a fait offrir toutes sortes de rafraîchissements. « Quelle nation est la vôtre » s'écria le comte de Solms, en parlant au chevalier de Rozel : « vous « vous battez comme des lions, et vous traitez les « vaincus comme s'ils étaient vos meilleurs amis. » Les ennemis commencent à publier que la poudre leur manqua tout à coup, voulant par là excuser leur défaite. Ils ont tiré plus de neuf mille coups de canon, et nous quelque cinq ou six mille.

Je fais mille compliments à M. l'abbé Renaudot; et j'exciterai ce matin M. de Croissy à empêcher, s'il peut, le malheureux *Mercure galant*[1] de défigurer notre victoire.

Il y avait sept lieues du camp d'où M. de Luxembourg partit jusqu'à Nerwinde. Les ennemis avaient cinquante-cinq bataillons et cent soixante escadrons.

## 54. — RACINE AU MÊME.

1693.

Denys d'Halicarnasse, pour montrer que la beauté du style consiste principalement dans l'arrangement des mots, cite un endroit de l'Odyssée, où, Ulysse et Eumée étant sur le point de se mettre à table pour déjeuner, Télémaque arrive tout à coup dans la maison d'Eumée. Les chiens, qui le sentent approcher, n'aboient point, mais remuent la queue; ce qui fait voir à Ulysse que c'est quelqu'un de connaissance qui est sur le point d'arriver. Denys d'Halicarnasse, ayant rapporté tout cet endroit, fait cette réflexion : Que ce n'est point le choix des mots qui en fait l'agrément, la plupart de ceux qui y sont employés étant, dit-il, très-vils et très-bas, εὐτελεστάτων τε καὶ ταπεινοτάτων, mots qui sont toujours dans la bouche des moindres laboureurs et des moindres artisans, et qui ne laissent pas de charmer par la manière dont le poëte a eu soin de les arranger. En lisant cet endroit, je me suis souvenu que, dans une de vos nouvelles remarques[1], vous avancez que jamais on n'a dit qu'Homère ait employé un seul mot bas. C'est à vous de voir si cette remarque de Denys d'Halicarnasse n'est point contraire à la vôtre, et s'il n'est point à craindre qu'on ne vienne vous chicaner là-dessus. Prenez la peine de lire toute la réflexion de Denys d'Halicarnasse, qui m'a paru très-belle et merveilleusement exprimée; c'est dans son traité περὶ συντέσεως ὀνομάτων, à la troisième page.

J'ai fait réflexion aussi qu'au lieu de dire que le mot d'*âne* est en grec un mot très-noble, vous pourriez vous contenter de dire que c'est un mot *qui n'a rien de bas*[2], et qui est comme celui de cerf, de cheval, de brebis, etc.; le *très-noble* me paraît un peu trop fort.

Tout ce traité de Denys d'Halicarnasse, dont je viens de vous parler, et que je relus hier tout entier avec un grand plaisir, me fit souvenir de l'extrême impertinence de M. Perrault, qui avance que le tour des paroles ne fait rien pour l'éloquence, et qu'on ne doit regarder qu'au sens; et c'est pourquoi il prétend qu'on peut mieux juger d'un auteur par son traducteur, quelque mauvais qu'il soit, que par la lecture de l'auteur même. Je ne me souviens point que vous ayez relevé cette extravagance, qui vous donnerait pourtant beau jeu pour le tourner en ridicule.

Pour le mot de μιγεῖσθαι, qui signifie quelquefois cohabiter avec une femme ou avec un homme, et souvent converser simplement, voici des exemples tirés de l'Écriture. Dieu dit à Jérusalem, dans Ézéchiel : *Congregabo tibi amatores tuos, cum quibus commista es*, etc.[3] Dans le prophète Daniel, les deux vieillards, racontant comme ils ont surpris Su-

---

[1] Dirigé alors par de Visé et Thomas Corneille.

[1] Voyez la *Réflexion* IX sur Longin.
[2] Boileau adopta cette correction.
[3] Chapitre XVI, v. 37.

zanne en adultère, disent, parlant d'elle et du jeune homme qu'ils prétendent qui était avec elle : *Vidimus eos pariter commisceri*[1]. Ils disent aussi à Suzanne : *Assentire nobis, et commiscere nobiscum*[2]. Voilà *commisceri* dans le premier sens. Voici des exemples du second sens. Saint Paul dit aux Corinthiens : *Ne commisceamini fornicariis* : « N'ayez point de commerce avec les fornicateurs. » Et, expliquant ce qu'il a voulu dire par là, il dit qu'il n'entend point parler des fornicateurs qui sont parmi les gentils ; « autrement, ajoute-t-il, il faudrait re-
« noncer à vivre avec les hommes ; mais quand je vous
« ai mandé de n'avoir point de commerce avec les
« fornicateurs, *non commisceri*, j'ai entendu parler
« de ceux qui se pourraient trouver parmi les fidèles ;
« et non-seulement avec les fornicateurs, mais en-
« core avec les avares et les usurpateurs du bien
« d'autrui, etc.[3] » Il en est de même du mot *cognoscere*, qui se trouve dans ces deux sens en mille endroits de l'Écriture.

Encore un coup, je me passerais de la fausse érudition de Tussanus[4], qui est trop clairement démentie par l'endroit des servantes de Pénélope. M. Perrault ne peut-il pas avoir quelque ami grec, qui lui fournisse des mémoires ?

### 55.

ANTOINE ARNAULD, DOCTEUR DE SORBONNE,

### A CHARLES PERRAULT.

De Bruxelles, 5 mai 1694.

Vous pouvez être surpris, monsieur, de ce que j'ai tant différé à vous faire réponse, ayant à vous remercier de votre présent, et de la manière honnête dont vous me faites souvenir de l'affection que vous m'avez toujours témoignée, vous et messieurs vos frères, depuis que j'ai le bien de vous connaître. Je n'ai pu lire votre lettre sans m'y trouver obligé ; mais, pour vous parler franchement, la lecture que je fis ensuite de la préface de votre Apologie des femmes me jeta dans un grand embarras, et me fit trouver cette réponse plus difficile que je ne pensais. En voici la raison.

Tout le monde sait que M. Despréaux est de mes meilleurs amis, et qu'il m'a rendu des témoignages d'estime et d'amitié en toutes sortes de temps. Un de mes amis m'avait envoyé sa dernière satire. Je témoignai à cet ami la satisfaction que j'en avais eue, et lui marquai en particulier que ce que j'en estimais le plus, par rapport à la morale, c'était la manière si ingénieuse et si vive dont il avait représenté les mauvais effets que pouvaient produire dans les jeunes personnes les opéras et les romans. Mais comme je ne puis m'empêcher de parler à cœur ouvert à mes amis, je ne lui dissimulai pas que j'aurais souhaité qu'il n'y eût point parlé de l'auteur de Saint-Paulin[1]. Cela a été écrit avant que j'eusse rien su de l'*Apologie des femmes*, que je n'ai reçue qu'un mois après. J'ai fort approuvé ce que vous y dites en faveur des pères et mères qui portent leurs enfants à embrasser l'état du mariage par des motifs honnêtes et chrétiens ; et j'y ai trouvé beaucoup de douceur et d'agrément dans les vers.

Mais ayant rencontré dans la préface diverses choses que je ne pouvais approuver sans blesser ma conscience, cela me jeta dans l'inquiétude de ce que j'avais à faire. Enfin, je me suis déterminé à vous marquer à vous-même quatre ou cinq points qui m'y ont fait le plus de peine, dans l'espérance que vous ne trouverez pas mauvais que j'agisse à votre égard avec cette naïve et cordiale sincérité que les chrétiens doivent pratiquer envers leurs amis.

La première chose que je n'ai pu approuver, c'est que vous ayez attribué à votre adversaire cette proposition générale : « que l'on ne peut manquer en
« suivant l'exemple des anciens, » et que vous ayez conclu « que, parce que Horace et Juvénal ont dé-
« clamé contre les femmes d'une manière scanda-
« leuse, il avait pensé qu'il était en droit de faire la
« même chose. » Vous l'accusez donc d'avoir déclamé contre les femmes d'une manière scandaleuse ; et en des termes qui blessent la pudeur, et de s'être cru en droit de le faire à l'exemple d'Horace et de Juvénal ; mais bien loin de cela, il déclare positivement le contraire : car, après avoir dit dans sa préface « qu'il n'appréhende pas que les femmes
« s'offensent de sa satire, » il ajoute « qu'une chose
« au moins dont il est certain qu'elles le loueront,
« c'est d'avoir trouvé moyen, dans une matière
« aussi délicate que celle qu'il y traitait, de ne pas
« laisser échapper un seul mot qui pût blesser le
« moins du monde la pudeur. » C'est ce que vous-même, monsieur, avez rapporté de lui dans votre préface, et ce que vous prétendez avoir réfuté par ces paroles : « Quelle erreur ! Est-ce que des héros
« *à voix luxurieuse*, des *morales lubriques*, des
« *rendez-vous chez la Cornu*, et les *plaisirs de*

---

[1] Chapitre XIII, v. 38.
[2] Chapitre XIII, v. 20.
[3] *Épître* 1 aux *Corinth.* chap. v, v. 9 et 10.
[4] Jacques Toussaint, nommé par François 1er à la chaire de langue grecque au Collége Royal, en 1532, a publié, sous le nom de *Tussanus*, un *Lexicon græco-latinum*.

[1] Poëme héroïque publié par Charles Perrault en 1688.

« *l'enfer* qu'on goûte *en paradis*, peuvent se pré-
« senter à l'esprit sans y faire des images dont la
« pudeur est offensée? »

Je vous avoue, monsieur, que j'ai été extrêmement surpris de vous voir soutenir une accusation de cette nature contre l'auteur de la satire, avec si peu de fondement : car il n'est point vrai que les termes que vous rapportez soient des termes déshonnêtes, et qui blessent la pudeur; et la raison que vous en donnez ne le prouve point. S'il était vrai que la pudeur fût offensée de tous les termes qui peuvent présenter à notre esprit certaines choses dans la matière de la pureté, vous l'auriez bien offensée vous-même, quand vous avez dit que « les
« anciens poëtes enseignaient divers moyens pour
« se passer du mariage, qui sont des crimes parmi
« les chrétiens, et des crimes abominables. » Car y a-t-il rien de plus horrible et de plus infâme, que ce que ces mots de *crimes abominables* présentent à l'esprit? Ce n'est donc point par là qu'on doit juger si un mot est déshonnête ou non.

On peut voir sur cela une lettre de Cicéron à Papirius Pætus [1], qui commence par ces mots : *Amo verecundiam, tu potiùs libertatem loquendi* ( car c'est ainsi qu'il faut lire, et non pas *amo verecundiam, vel potiùs libertatem loquendi*, qui est une faute visible qui se trouve presque dans toutes les éditions de Cicéron ). Il y traite fort au long cette question, sur laquelle les philosophes étaient partagés : s'il y a des paroles qu'on doive regarder comme malhonnêtes et dont la modestie ne permette pas que l'on se serve. Il dit que les stoïciens niaient qu'il y en eût; il rapporte leurs raisons. Ils disaient que l'obscénité, pour parler ainsi, ne pouvait être que dans les mots ou dans les choses; qu'elle n'était point dans les mots, puisque plusieurs mots étant équivoques, et ayant diverses significations, ils ne passaient point pour déshonnêtes selon une de leurs significations, dont il apporte plusieurs exemples; qu'elle n'était point aussi dans les choses, parce que la même chose pouvant être signifiée par plusieurs façons de parler, il y en avait quelques-unes dont les personnes les plus modestes ne faisaient point de difficulté de se servir : comme, dit-il, personne ne se blessait d'entendre dire *virginem me quondam invitam is per vim violat*, au lieu que si on se fût servi d'un autre mot que Cicéron laisse sous-entendu, et qu'il n'a eu garde d'écrire : *nemo*, dit-il, *tulisset;* personne ne l'aurait pu souffrir.

Il est donc constant, selon tous les philosophes

[1] Livre IX, épît. XXII.

et les stoïciens mêmes, que les hommes sont convenus que la même chose étant exprimée par de certains mots, elle ne blesserait pas la pudeur, et qu'étant exprimée par d'autres, elle la blesserait. Car les stoïciens mêmes demeuraient d'accord de cette sorte de convention; mais la croyant déraisonnable, ils soutenaient qu'on n'était point obligé de la suivre. Ce qui leur faisait dire : *Nihil esse obscænum nec in verbo nec in re,* et que le sage appelait chaque chose par son nom.

Mais comme cette opinion des stoïciens est insoutenable, et qu'elle est contraire à saint Paul, qui met entre les vices *turpiloquium*, les mots sales, il faut nécessairement reconnaître que la même chose peut être exprimée par de certains termes qui seraient fort déshonnêtes; mais qu'elle peut aussi être exprimée par de certains termes qui ne le sont point du tout, au jugement de toutes les personnes raisonnables. Que si on veut en savoir la raison, que Cicéron n'a point donnée, on peut voir ce qui en a été écrit dans l'*Art de penser,* première partie, chapitre 13.

Mais sans nous arrêter à cette raison, il est certain que, dans toutes les langues policées, car je ne sais pas s'il en est de même des langues sauvages, il y a de certains termes que l'usage a voulu qui fussent regardés comme déshonnêtes, et dont on ne pourrait se servir sans blesser la pudeur, et qu'il y en a d'autres qui, signifiant la même chose ou les mêmes actions, mais d'une manière moins grossière, et, pour ainsi dire, plus voilée, n'étaient point censés déshonnêtes. Et il fallait bien que cela fût ainsi : car si certaines choses qui font rougir, quand on les exprime trop grossièrement, ne pouvaient être signifiées par d'autres termes dont la pudeur n'est point offensée, il y a de certains vices dont on n'aurait point pu parler, quelque nécessité qu'on en eût, pour en donner de l'horreur, et pour les faire éviter.

Cela étant donc certain, comment n'avez-vous point vu que les termes que vous avez repris ne passeront jamais pour déshonnêtes? Les premiers sont les *voix luxurieuses et la morale lubrique* de l'opéra. Ce que l'on peut dire de ces mots, *luxurieuse* et *lubrique,* est qu'ils sont un peu vieux : ce qui n'empêche pas qu'ils ne puissent trouver place dans une satire; mais il est inouï qu'ils aient jamais été pris pour des mots déshonnêtes et qui blessent la pudeur. Si cela était, aurait-on laissé le mot de *luxurieux* dans les commandements de Dieu que l'on apprend aux enfants? Les *rendez-vous chez la Cornu* sont assurément de vilaines choses pour les personnes qui les donnent. C'est aussi dans cette vue que l'auteur de la satire en a parlé, pour les faire détester. Mais quelle raison aurait-on de vouloir que cette expression soit malhonnête? Est-ce qu'il aurait mieux valu nommer le métier de la Cornu par son propre nom? C'est au contraire ce qu'on n'aurait pu faire sans blesser un peu la pudeur. Il en est de même des *plaisirs de l'enfer goûtés en paradis*; et je ne vois pas que ce que vous en dites soit bien fondé. *C'est*, dites-vous, *une expression fort obscure*. Un peu d'obscurité ne sied pas mal dans ces matières; mais il n'y en a point ici que les gens d'esprit ne développent sans peine. Il ne faut que lire ce qui précède dans la satire, qui est la fin de la fausse dévote :

> Voilà le digne fruit des soins de son docteur.
> Encore est-ce beaucoup, si ce guide imposteur,
> Par les chemins fleuris d'un charmant quiétisme
> Tout à coup l'amenant au vrai molinosisme,
> Il ne lui fait bientôt, aidé de Lucifer,
> Goûter en paradis les plaisirs de l'enfer.

N'est-il pas louable d'avoir cherché les plus noires couleurs qu'il a pu pour donner de l'horreur d'un si détestable abus, dont on a vu depuis peu de si terribles exemples? On voit assez que ce qu'il a entendu par ce que nous venons de rapporter est le crime d'un directeur hypocrite qui, aidé du démon, fait goûter des plaisirs criminels, dignes de l'enfer, à une malheureuse qu'il aurait feint de conduire en paradis. « Mais, dites-vous, on ne peut creuser « cette pensée que l'imagination ne se salisse effroya- « blement. » Si creuser une pensée de cette nature, c'est s'en former dans l'imagination une image sale, quoi qu'on n'en eût donné aucun sujet, tant pis pour ceux qui, comme vous dites, creuseraient celle-ci. Car ces sortes de pensées revêtues de termes honnêtes, comme elles le sont dans la satire, ne présentent rien proprement à l'imagination, mais seulement à l'esprit, afin d'inspirer de l'aversion pour la chose dont on parle; ce qui, bien loin de porter au vice, est un puissant moyen d'en détourner. Il n'est donc pas vrai qu'on ne puisse lire cet endroit de la satire sans que l'imagination en soit salie, à moins qu'on ne l'ait fort gâtée par une habitude vicieuse d'imaginer ce que l'on doit seulement connaître pour le fuir, selon cette belle parole de Tertullien, si ma mémoire ne me trompe : *Spiritualia nequitiæ non amicâ conscientiâ, sed inimicâ scientiâ novimus.*

Cela me fait souvenir de la scrupuleuse pudeur du P. Bouhours, qui s'est avisé de condamner tous les traducteurs du Nouveau Testament, pour avoir traduit *Abraham genuit Isaac, Abraham engendra Isaac*; parce, dit-il, que ce mot *engendra* salit l'imagination. Comme si le mot latin *genuit* donnait une autre idée que le mot *engendrer* en français. Les personnes sages et modestes ne font point de ces sortes de réflexions, qui banniraient de notre langue une infinité de mots, comme celui de *concevoir*, d'*user du mariage*, *de consommer le mariage*, et plusieurs autres. Et ce serait aussi en vain que les Hébreux loueraient la chasteté de la langue sainte dans ces façons de parler : *Adam connut sa femme, et elle enfanta Caïn.* Car ne peut-on pas dire qu'on ne peut creuser ce mot *connaître sa femme*, que l'imagination n'en soit salie? Saint Paul a-t-il eu cette crainte, quand il a parlé en ces termes, dans la première épître aux Corinthiens, chap. VI : « Ne savez-vous pas, dit-il, que vos « corps sont les membres de Jésus-Christ? Arra- « cherai-je donc à Jésus-Christ ses propres membres « pour en faire les membres d'une prostituée? A Dieu « ne plaise! Ne savez-vous pas que celui qui se joint « à une prostituée devient un même corps avec elle? « Car ceux qui étaient deux ne seront plus qu'une « même chair, dit l'Écriture; mais celui qui demeure « attaché au Seigneur est un même esprit avec lui. « Fuyez la fornication. » Qui peut douter que ces paroles ne présentent à l'esprit des choses qui feraient rougir, si elles étaient exprimées en certains termes que l'honnêteté ne souffre point? Mais outre que les termes dont l'apôtre se sert sont d'une nature à ne point blesser la pudeur, l'idée qu'on en peut prendre est accompagnée d'une idée d'exécration qui non-seulement empêche que la pudeur n'en soit offensée, mais qui fait de plus que les chrétiens conçoivent une grande horreur du vice dont cet apôtre a voulu détourner les fidèles. Mais veut-on savoir ce qui peut être un sujet de scandale aux faibles? C'est quand un faux délicat leur fait appréhender une saleté d'imagination, où personne avant lui n'en avait trouvé; car il est cause par là qu'ils pensent à quoi ils n'auraient point pensé, si on les avait laissés dans leur simplicité. Vous voyez donc, monsieur, que vous n'avez pas eu sujet de reprocher à votre adversaire qu'il avait eu tort de se vanter « qu'il ne lui était pas échappé un seul mot qui pût « blesser le moins du monde la pudeur. »

La seconde chose qui m'a fait beaucoup de peine, monsieur, c'est que vous blâmiez dans votre préface les endroits de la satire qui m'avaient paru les plus beaux, les plus édifiants, et les plus capables de contribuer aux bonnes mœurs et à l'honnêteté publique. J'en rapporterai deux ou trois exemples. J'ai été charmé, je vous l'avoue, de ces vers de la page sixième :

> L'épouse que tu prends, sans tache en sa conduite,
> Aux vertus, m'a-t-on dit, dans Port-Royal instruite,

Aux lois de son devoir règle tous ses désirs ;
Mais qui peut l'assurer qu'invincible aux plaisirs,
Chez toi, dans une vie ouverte à la licence,
Elle conservera sa première innocence?
Par toi-même bientôt conduite à l'Opéra,
De quel air penses-tu que la sainte verra
D'un spectacle enchanteur la pompe harmonieuse,
Ces danses, ces héros à voix luxurieuse ;
Entendra ces discours sur l'amour seul roulants ;
Ces doucereux Renauds, ces insensés Rolands,
Saura d'eux qu'à l'amour, comme au seul Dieu suprême,
On doit immoler tout, jusqu'à la vertu même ;
Qu'on ne saurait trop tôt se laisser enflammer ;
Qu'on n'a reçu du ciel un cœur que pour aimer ;
Et tous ces lieux communs de morale lubrique,
Que Lully réchauffa des sons de sa musique?
Mais de quels mouvements dans son cœur excités
Sentira-t-elle alors tous ses sens agités !

On trouvera quelque chose de semblable dans un livre imprimé il y a dix ans : car on y fait voir, par l'autorité des païens mêmes, combien c'est une chose pernicieuse de faire un dieu de l'amour, et d'inspirer aux jeunes personnes qu'il n'y a rien de plus doux que d'aimer. Permettez-moi, monsieur, de rapporter ici ce qui est dit dans ce livre qui est assez rare : « Peut-on avoir un peu de zèle pour le salut « des âmes, qu'on ne déplore le mal que font, dans « l'esprit d'une infinité de personnes, les romans, « les comédies et les opéras? Ce n'est pas qu'on « n'ait soin présentement de n'y rien mettre qui « soit grossièrement déshonnête; mais c'est qu'on « s'y étudie à faire paraître l'amour comme la chose « du monde la plus charmante et la plus douce. Il « n'en faut pas davantage pour donner une grande « pente à cette malheureuse passion. Ce qui fait « souvent de si grandes plaies, qu'il faut une grâce « bien extraordinaire pour en guérir. Les païens « mêmes ont reconnu combien cela pouvait causer « de désordre dans les mœurs. Car Cicéron ayant « rapporté les vers d'une comédie où il est dit que « l'amour est le plus grand des dieux (ce qui ne se « dit que trop dans celles de ce temps-ci), il s'écrie « avec raison : « O la belle réformatrice des mœurs « que la poésie, qui nous fait une divinité de l'a- « mour, qui est une source de tant de folies et de « déréglements honteux! Mais il n'est pas étonnant « de lire telles choses dans une comédie, puisque « nous n'en aurions aucune si nous n'approuvions « ces désordres : *de comœdia loquor, quæ, si hæc* « *flagitia non approbaremus, nulla esset omnino*[1]. »
Mais ce qu'il y a de particulier dans l'auteur de la satire, et en quoi il est le plus louable, c'est d'avoir représenté avec tant d'esprit et de force le ravage que peuvent faire dans les bonnes mœurs les vers de l'Opéra, qui roulent tous sur l'amour, chantés sur des airs qu'il a eu grande raison d'appeler *luxurieux*, puisqu'on ne saurait s'en imaginer de plus propres à enflammer les passions, et à faire entrer dans les cœurs la *morale lubrique* des vers; et, ce qu'il y a de pis, c'est que le poison de ces chansons lascives ne se termine pas au lieu où se jouent ces pièces, mais se répand par toute la France, où une infinité de gens s'appliquent à les apprendre par cœur, et se font un plaisir de les chanter partout où ils se trouvent.

Cependant, monsieur, bien loin de reconnaître le service que l'auteur de la satire a rendu par là au public, vous voudriez faire croire que c'est pour donner un coup de dent à M. Quinault, auteur de ces vers d'opéra, qu'il en a parlé si mal, et c'est dans cet endroit-là même que vous avez cru avoir trouvé des mots déshonnêtes dont la pudeur est offensée.

Ce qui m'a aussi beaucoup plu dans la satire, c'est ce qu'il dit contre les mauvais effets de la lecture des romans. Trouvez bon, monsieur, que je le rapporte encore ici :

Supposons toutefois qu'encor fidèle et pure
Sa vertu de ce choc revienne sans blessure :
Bientôt dans ce grand monde, où tu vas l'entraîner,
Au milieu des écueils qui vont l'environner,
Crois-tu que, toujours ferme aux bords du précipice,
Elle pourra marcher sans que le pied lui glisse ;
Que, toujours insensible aux discours enchanteurs
D'un idolâtre amas de jeunes séducteurs,
Sa sagesse jamais ne deviendra folie?
D'abord tu la verras, ainsi que dans Clélie,
Recevant ses amants sous le doux nom d'amis,
S'en tenir avec eux aux petits soins permis ;
Puis bientôt, en grande eau sur le fleuve de Tendre,
Naviguer à souhait, tout dire et tout entendre.
Et ne présume pas que Vénus ou Satan
Souffre qu'elle en demeure aux termes du roman :
Dans le crime il suffit qu'une fois on débute,
Une chute toujours attire une autre chute :
L'honneur est comme une île escarpée et sans bords ;
On n'y peut plus rentrer dès qu'on en est dehors.

Peut-on mieux représenter le mal que sont capables de faire les romans les plus estimés, et par quels degrés insensibles ils peuvent mener les jeunes gens qui s'en laissent empoisonner, bien loin au delà *des termes du roman*, et jusqu'aux derniers désordres ? Mais parce qu'on y a nommé la CLÉLIE, il n'y a presque rien dont vous fassiez un plus grand crime à l'auteur de la satire. « Combien, dites-vous, a-t-on « été indigné de voir continuer son acharnement sur « la Clélie! L'estime qu'on a toujours faite de cet « ouvrage, et l'extrême vénération qu'on a toujours « eue pour l'illustre personne[1] qui l'a composé, ont « fait soulever tout le monde contre une attaque si

---

[1] *Tusculanes*, liv. IV, § XXXII.

[1] Madeleine de Scudéri.

« souvent et si inutilement répétée. Il paraît bien « que le vrai mérite est bien plutôt une raison pour « avoir place dans ses satires, qu'une raison d'en « être exempt. »

Il ne s'agit point, monsieur, du mérite de la personne qui a composé la Clélie, ni de l'estime qu'on a faite de cet ouvrage. Il en a pu mériter pour l'esprit, pour la politesse, pour l'agrément des inventions, pour les caractères bien suivis, et pour les autres choses qui rendent agréable à tant de personnes la lecture des romans. Que ce soit, si vous voulez, le plus beau de tous les romans; mais enfin c'est un roman : c'est tout dire. Le caractère de ces pièces est de rouler sur l'amour, et d'en donner des leçons d'une manière ingénieuse, et qui soit d'autant mieux reçue, qu'on en écarte plus en apparence tout ce qui pourrait paraître de trop grossièrement contraire à la pureté. C'est par là qu'on va insensiblement jusqu'au bord du précipice, s'imaginant qu'on n'y tombera pas, quoiqu'on y soit déjà à demi tombé par le plaisir qu'on a pris à se remplir l'esprit et le cœur de la doucereuse morale qui s'enseigne au *pays de Tendre*. Vous pouvez dire, tant qu'il vous plaira, que cet ouvrage est en vénération à tout le monde; mais voici deux faits dont je suis très-bien informé. Le premier est que feu madame la princesse de Conti et madame de Longueville, ayant su que M. Despréaux avait fait une pièce en prose[1] contre les romans, où la Clélie n'était pas épargnée, comme ces princesses connaissaient mieux que personne combien ces lectures sont dangereuses, elles lui firent dire qu'elles seraient bien aises de la voir. Il la leur récita; il en furent tellement satisfaites, qu'elles témoignèrent souhaiter beaucoup qu'elle fût imprimée; mais il s'en excusa, pour ne pas s'attirer sur les bras de nouveaux ennemis.

L'autre fait est qu'un abbé de grand mérite, et qui n'avait pas moins de piété que de lumières, se résolut de lire la Clélie, pour en juger avec connaissance de cause; et le jugement qu'il en porta fut le même que celui de ces deux princesses. Plus on estime l'illustre personne à qui on attribue cet ouvrage, plus on est porté à croire qu'elle n'est pas à cette heure d'un autre sentiment que ces princesses, et qu'elle a un vrai repentir de ce qu'elle a fait autrefois, lorsqu'elle était moins éclairée. Tous les amis de M. de Gomberville, qui avait aussi beaucoup de mérite, et qui a été un des premiers académiciens, savent que ç'a été sa disposition à l'égard de son Polexandre; et qu'il eût voulu, si cela eût été possible, l'avoir effacé de ses larmes. Supposé que Dieu ait fait la même grâce à la personne que l'on dit auteur de la Clélie, c'est lui faire peu d'honneur que de la représenter comme tellement attachée à ce qu'elle a écrit autrefois, qu'elle ne puisse souffrir qu'on y reprenne ce que les règles de la piété chrétienne y font trouver de répréhensible.

Enfin, monsieur, j'ai fort estimé, je vous l'avoue, ce qui est dit dans la satire contre un misérable directeur qui ferait passer sa dévote du quiétisme au vrai molinosisme; et nous avons déjà vu que c'est un des endroits où vous avez trouvé le plus à redire. Je vous supplie, monsieur, de faire sur cela de sérieuses réflexions.

Vous dites à l'entrée de votre préface que, dans cette dispute entre vous et M. Despréaux, « il s'agit « non-seulement de la défense de la vérité, mais « encore des bonnes mœurs et de l'honnêteté pu-« blique. » Permettez-moi, monsieur, de vous demander si vous n'avez pas sujet de craindre que ceux qui compareront ces trois endroits de la satire avec ceux que vous y opposez, ne soient portés à juger que c'est plutôt de son côté que du vôtre qu'est la défense des bonnes mœurs et de l'honnêteté publique. Car ils voient du côté de la satire, 1° une très-juste et très-chrétienne condamnation des vers de l'Opéra, soutenus par les airs efféminés de Lully; 2° les pernicieux effets des romans, représentés avec une force capable de porter les pères et les mères qui ont quelque crainte de Dieu à ne les pas laisser entre les mains de leurs enfants; 3° le paradis, le démon et l'enfer, mis en œuvre pour faire avoir plus d'horreur d'une abominable profanation des choses saintes. Voilà, diront-ils, comme la satire de M. Despréaux est contraire aux bonnes mœurs et à l'honnêteté publique.

Ils verront d'autre part dans votre préface, 1° ces mêmes vers de l'Opéra jugés si bons, ou au moins si innocents, qu'il y a selon vous, monsieur, sujet de croire qu'ils n'ont été blâmés par M. Despréaux que pour donner un coup de dent à M. Quinault, qui en est l'auteur; 2° un si grand zèle pour la défense de la Clélie, qu'il n'y a guère de chose que vous blâmiez plus fortement dans l'auteur de la satire, que de n'avoir pas eu pour cet ouvrage assez de respect et de vénération; 3° un injuste reproche que vous lui faites d'avoir offensé la pudeur, pour avoir eu soin de bien faire sentir l'énormité du crime d'un faux directeur. En vérité, monsieur, je ne sais si vous avez lieu de croire que ce qu'on jugerait sur cela pût vous être favorable.

Ce que vous dites de plus fort contre M. Despréaux paraît appuyé sur un fondement bien faible·

---

[1] *Les Héros de roman.*

Vous prétendez que sa satire est contraire aux bonnes mœurs ; et vous n'en donnez pour preuve que ces deux endroits. Le premier est ce qu'il dit en badinant avec son ami :

> Quelle joie...................
> ............................
> De voir autour de soi croître dans sa maison
> De petits citoyens dont on croit être père !

L'autre est dans la page suivante, où il ne fait encore que rire :

> On peut trouver encor quelques femmes fidèles,
> Sans doute ; et dans Paris, si je sais bien compter,
> Il en est jusqu'à trois que je pourrais citer.

Vous dites sur le premier, « qu'il fait entendre « par là qu'un homme n'est guère fin ni guère ins- « truit des choses du monde, quand il croit que « ses enfants sont ses enfants ; » et vous dites sur le second, « qu'il fait aussi entendre que, selon son cal- « cul et le raisonnement qui en résulte, nous som- « mes presque tous des enfants illégitimes. »

Plus une accusation est atroce, plus on doit éviter de s'y engager, à moins qu'on n'ait de bonnes preuves. Or, c'en est une assurément fort atroce, d'imputer à l'auteur de la satire d'avoir fait entendre « qu'un homme n'est guère fin quand il croit que « les enfants de sa femme sont ses enfants, et qu'il « n'y a que trois femmes de bien dans une ville où « il y en a plus de deux cent mille. » Cependant, monsieur, vous ne donnez pour preuve de ces étranges accusations que les deux endroits que j'ai rapportés. Mais il vous était aisé de remarquer que l'auteur de la satire a clairement fait entendre qu'il n'a parlé qu'en riant dans ces endroits, et surtout dans le dernier ; car il n'entre dans le sérieux qu'à l'endroit où il fait parler Alcippe en faveur du mariage, qui commence par ces vers :

> Jeune, autrefois par vous dans le monde conduit,
> J'ai trop bien profité, pour n'être pas instruit
> A quels discours malins le mariage expose ;
> .............................

et finit par ceux-ci, qui contiennent une vérité que les païens n'ont point connue, et que saint Paul nous a enseignée, *qui se non continet, nubat, melius est nubere, quam uri* :

> L'hyménée est un joug ; et c'est ce qui m'en plaît.
> L'homme en ses passions, toujours errant sans guide,
> A besoin qu'on lui mette et le mors et la bride ;
> Son pouvoir malheureux ne sert qu'à le gêner ;
> Et pour le rendre libre, il le faut enchaîner.

Que répond le poëte à cela ? Le contredit-il ? le réfute-t-il ? Il l'approuve au contraire en ces termes :

> Ha, bon ! voilà parler en docte janséniste,
> Alcippe ; et sur ce point, si savamment touché,
> Desmares, dans Saint-Roch, n'aurait pas mieux prêché.

Et c'est ensuite qu'il témoigne qu'il va parler sérieusement et sans raillerie :

> Mais, c'est trop t'insulter ; quittons la raillerie ;
> Parlons sans hyperbole et sans plaisanterie.

Peut-on plus expressément marquer que ce qu'il avait dit auparavant de ces trois femmes fidèles dans Paris n'était que pour rire ? Des hyperboles si outrées ne se disent qu'en badinant. Et vous-même, monsieur, voudriez-vous qu'on vous crût, quand vous dites « que pour deux ou trois femmes dont le « crime est avéré, on ne doit pas les condamner « toutes ? »

De bonne foi, croyez-vous qu'il n'y en ait guère davantage dans Paris qui soient diffamées par leur mauvaise vie ? Mais une preuve évidente que l'auteur de la satire n'a pas cru qu'il y eût si peu de femmes fidèles, c'est que dans une vingtaine de portraits qu'il en fait, il n'y a que les deux premiers qui aient pour leur caractère l'infidélité ; si ce n'est que, dans celui de la fausse dévote, il dit seulement que son directeur pourrait l'y précipiter.

Pour ce qui est de ces termes :

> ......... Dont on croit être père,

il n'est pas vrai qu'ils fassent entendre « qu'un mari « n'est guère fin ni guère instruit des choses du « monde, quand il croit que ses enfants sont ses en- « fants : » car outre que l'auteur parle là en badinant, ils ne disent au fond que ce qui est marqué par cette règle de droit : *pater est, quem nuptiæ demonstrant* ; c'est-à-dire que le mari doit être regardé comme le père des enfants nés dans son mariage, quoique cela ne soit pas toujours vrai. Mais cela fait-il qu'un mari doive croire, à moins que de passer pour *peu fin*, et pour *peu instruit des choses du monde*, qu'il n'est pas le père des enfants de sa femme ? C'est tout le contraire ; car, à moins qu'il n'en eût des preuves certaines, il ne pourrait croire qu'il ne l'est pas, sans faire un jugement téméraire très-criminel contre son épouse.

Cependant, monsieur, comme c'est de ces deux endroits que vous avez pris sujet de faire passer la satire de M. Despréaux pour une déclamation contre le mariage, et qui blessait l'honnêteté et les bonnes mœurs, jugez si vous l'avez pu faire sans blesser vous-même la justice et la charité.

Je trouve dans votre préface deux endroits très-propres à justifier la satire, quoique ce soit en la blâmant. L'un est ce que vous dites en la page 5, « que tout homme qui compose une satire doit avoir « pour but d'inspirer une bonne morale, et qu'on « ne peut, sans faire tort à M. Despréaux, présumer

« qu'il n'a pas eu ce dessein. » L'autre est la réponse que vous faites à ce qu'il avait dit à la fin de la préface de sa satire, « que les femmes ne seront pas plus « choquées des prédications qu'il leur fait dans cette « satire contre leurs défauts, que des satires que les « prédicateurs font tous les jours en chaire contre « ces mêmes défauts. »

Vous avouez qu'on peut comparer les satires avec les prédications, et qu'il est de la nature de toutes les deux de combattre les vices; mais que ce ne doit être qu'en général, sans nommer les personnes. Or, M. Despréaux n'a point nommé les personnes en qui les vices qu'il décrit se rencontraient; et on ne peut nier que les vices qu'il a combattus ne soient de véritables vices. On le peut donc louer avec raison d'avoir travaillé à inspirer une bonne morale, puisque c'en est une partie de donner de l'horreur des vices, et d'en faire voir le ridicule; ce qui souvent est plus capable que les discours sérieux d'en détourner plusieurs personnes, selon cette parole d'un ancien :

. . . . . . . . . . . . . . . . Ridiculum acri
Fortius et melius magnas plerumque secat res [1].

Et ce serait en vain qu'on objecterait qu'il ne s'est point contenté, dans son quatrième portrait, de combattre l'avarice en général, l'ayant appliquée à deux personnes connues : car ne les ayant point nommées, il n'a rien appris au public qu'il ne sût déjà. Or, comme ce serait porter trop loin cette prétendue règle de ne point nommer les personnes, que de vouloir qu'il fût interdit aux prédicateurs de se servir quelquefois d'histoires connues de tout le monde, pour porter plus efficacement leurs auditeurs à fuir de certains vices; ce serait aussi en abuser, que d'étendre cette interdiction jusqu'aux auteurs des satires.

Ce n'est point aussi comme vous le prenez. Vous prétendez que M. Despréaux a encore nommé les personnes dans cette dernière satire, et d'une manière qui a déplu aux plus enclins à la médisance; et toute la preuve que vous en donnez est qu'il a fait revenir sur les rangs Chapelain, Cotin, Pradon, Coras, et plusieurs autres : « ce qui est, dites-vous, « la chose du monde la plus ennuyeuse et la plus « dégoûtante. » Pardonnez-moi, si je vous dis que vous ne prouvez point du tout par là ce que vous aviez à prouver. Car il s'agissait de savoir si M. Despréaux n'avait pas contribué à inspirer une bonne morale, en blâmant dans sa satire les mêmes défauts que les prédicateurs blâment dans leurs sermons. Vous aviez répondu que, pour inspirer une bonne morale, soit par les satires, soit par les sermons, on doit combattre les vices en général, sans nommer les personnes. Il fallait donc montrer que l'auteur de la satire avait nommé les femmes dont il combattait les défauts. Or, Chapelain, Cotin, Pradon, Coras ne sont pas des noms de femmes, mais de poëtes. Ils ne sont donc pas propres à montrer que M. Despréaux, combattant différents vices de femmes, ce que vous avouez lui avoir été permis, se serait rendu coupable de médisance, en nommant des femmes particulières à qui il les aurait attribués.

Voilà donc M. Despréaux justifié, selon vous-même, sur le sujet des femmes, qui est le capital de sa satire. Je veux bien cependant examiner avec vous s'il est coupable de médisance à l'égard des poëtes.

C'est ce que je vous avoue ne pouvoir comprendre. Car tout le monde a cru jusqu'ici qu'un auteur pouvait écrire contre un auteur, remarquant les défauts qu'il croyait avoir trouvés dans ses ouvrages, sans passer pour médisant, pourvu qu'il agisse de bonne foi, sans lui imposer et sans le chicaner, lors surtout qu'il ne reprend que de véritables défauts.

Quand, par exemple, le P. Goulu, général des Feuillants, publia, il y a plus de soixante ans, deux volumes contre les lettres de M. de Balzac, qui faisaient grand bruit dans le monde, le public s'en divertit. Les uns prenaient parti pour Balzac, les autres pour le Feuillant; mais personne ne s'avisa de l'accuser de médisance; et on ne fit point non plus de reproche à Javersac, qui avait écrit contre l'un et contre l'autre. Les guerres entre les auteurs passent pour innocentes, quand elles ne s'attachent qu'à la critique de ce qui regarde la littérature, la grammaire, la poésie, l'éloquence, et que l'on n'y mêle point de calomnies et d'injures personnelles. Or, que fait autre chose M. Despréaux, à l'égard de tous les poëtes qu'il a nommés dans ses satires, Chapelain, Cotin, Pradon, Coras, et autres, sinon d'en dire son jugement, et d'avertir le public que ce ne sont pas des modèles à imiter? ce qui peut être de quelque utilité pour faire éviter leurs défauts, et peut contribuer même à la gloire de la nation, à qui les ouvrages d'esprit font honneur, quand ils sont bien faits; comme, au contraire, ç'a été un déshonneur à la France d'avoir fait tant d'estime des pitoyables poésies de Ronsard.

Celui dont M. Despréaux a le plus parlé, c'est M. Chapelain; mais qu'en a-t-il dit? Il en rend lui-même compte au public dans sa neuvième satire :

[1] Hor. liv. I, sat. x, v. 14.

« Il a tort, dira l'un; pourquoi faut-il qu'il nomme?
« Attaquer Chapelain! ah! c'est un si bon homme!
« Balzac en fait l'éloge en cent endroits divers.
« Il est vrai, s'il m'eût cru, qu'il n'eût point fait de vers.
« Il se tue à rimer : que n'écrit-il en prose? »
Voilà ce que l'on dit; et que dis-je autre chose?
En blâmant ses écrits, ai-je d'un style affreux
Distillé sur sa vie un venin dangereux?
Ma muse, en l'attaquant, charitable et discrète,
Sait de l'homme d'honneur distinguer le poëte.
Qu'on vante en lui la foi, l'honneur, la probité;
Qu'on prise sa candeur et sa civilité ;
Qu'il soit doux, complaisant, officieux, sincère;
On le veut, j'y souscris, et suis prêt de me taire.
Mais que pour un modèle on montre ses écrits ;
Qu'il soit le mieux renté de tous les beaux esprits;
Comme roi des auteurs qu'on l'élève à l'empire,
Ma bile alors s'échauffe , et je brûle d'écrire.

Cependant, monsieur, vous ne pouvez pas douter que ce ne soit être médisant, que de taxer de médisance celui qui n'en serait pas coupable. Or, si on prétendait que M. Despréaux s'en fût rendu coupable, en disant que M. Chapelain, quoique d'ailleurs honnête, civil et officieux, n'était pas un fort bon poëte, il lui serait bien aisé de confondre ceux qui lui feraient ce reproche; il n'aurait qu'à leur faire lire ces vers de ce grand poëte sur la belle Agnès :

On voit hors des deux bouts de ses deux courtes manches
Sortir à découvert deux mains longues et blanches,
Dont les doigts inégaux, mais tout ronds et menus,
Imitent l'embonpoint des bras ronds et charnus.

Enfin, monsieur, je ne comprends pas comment vous n'avez point appréhendé qu'on ne vous appliquât ce que vous dites de M. Despréaux dans vos vers [1] : « qu'il croit avoir droit de maltraiter dans « ses satires ce qu'il lui plaît, et que la raison a beau « lui crier sans cesse que l'équité naturelle nous dé-« fend de faire à autrui ce que nous ne voudrions « pas qui nous soit fait à nous-mêmes : cette voix ne « l'émeut point. » Car si vous le trouvez blâmable d'avoir fait passer la Pucelle et le Jonas pour de méchants poëmes, pourquoi ne le seriez-vous pas d'avoir parlé avec tant de mépris de son ode pindarique, qui paraît avoir été si estimée, que trois des meilleurs poëtes [2] latins de ce temps ont bien voulu prendre la peine d'en faire chacun une ode latine? Je ne vous en dis pas davantage. Vous ne voudriez pas sans doute, contre la défense que Dieu en fait, avoir deux poids et deux mesures.

Je vous supplie, monsieur, de ne pas trouver mauvais qu'un homme de mon âge vous donne ce dernier avis en vrai ami.

On doit avoir du respect pour le jugement du public; et quand il s'est déclaré hautement pour un auteur ou pour un ouvrage, on ne peut guère le combattre de front et le contredire ouvertement, qu'on ne s'expose à en être maltraité. Les vains efforts du cardinal de Richelieu contre le Cid en sont un grand exemple; et on ne peut rien voir de plus heureusement exprimé que ce qu'en dit votre adversaire :

En vain contre le Cid un ministre se ligue,
Tout Paris pour Chimène a les yeux de Rodrigue;
L'Académie en corps a beau le censurer,
Le public révolté s'obstine à l'admirer.

Jugez par là, monsieur, de ce que vous devez espérer du mépris que vous tâchez d'inspirer pour les ouvrages de M. Despréaux, dans votre préface. Vous n'ignorez pas combien ce qu'il a mis au jour a été bien reçu dans le monde, à la cour, à Paris, dans les provinces, et même dans tous les pays étrangers où l'on entend le français. Il n'est pas moins certain que tous les bons connaisseurs trouvent le même esprit, le même art et les mêmes agréments dans ses autres pièces que dans ses satires. Je ne sais donc, monsieur, comment vous vous êtes pu promettre qu'on ne serait point choqué de vous en voir parler d'une manière si opposée au jugement du public. Avez-vous cru que, supposant sans raison que tout ce que l'on dit librement des défauts de quelque poëte doit être pris pour médisance, on applaudirait à ce que vous dites : « que ce ne sont que ces mé-« disances qui ont fait rechercher ses ouvrages avec « tant d'empressement; qu'il va toujours terre à terre, « comme un corbeau qui va de charogne en charo-« gne; que tant qu'il ne fera que des satires comme « celles qu'il nous a données, Horace et Juvénal « viendront toujours revendiquer plus de la moitié « des bonnes choses qu'il y aura mises; que Cha-« pelain, Quinault, Cassagne, et les autres qu'il y « aura nommés, prétendront aussi qu'une partie « de l'agrément qu'on y trouve viendra de la célé-« brité de leurs noms, qu'on se plaît d'y voir tour-« nés en ridicule; que la malignité du cœur hu-« main, qui aime tant la médisance et la calomnie, « parce qu'elles élèvent secrètement celui qui lit au-« dessus de ceux qu'elles rabaissent, dira toujours « que c'est elle qui fait trouver tant de plaisir dans « les OEuvres de M. Despréaux, etc.? »

Vous reconnaissez donc, monsieur, que tant de gens qui lisent les ouvrages de M. Despréaux les lisent avec grand plaisir. Comment n'avez-vous donc pas vu que de dire, comme vous faites, que ce qui fait trouver ce plaisir est la malignité du cœur humain, qui aime la médisance et la calomnie, c'est attribuer cette méchante disposition à tout ce qu'il y a de gens d'esprit à la cour et à Paris?

---
[1] Arnauld a voulu dire : « dans votre préface. »
[2] Rollin, Lenglet et Saint-Remy.

Enfin, vous devez attendre qu'ils ne seront pas moins choqués du peu de cas que vous faites de leur jugement, lorsque vous prétendez que M. Despréaux a si peu réussi, quand il a voulu traiter des sujets d'un autre genre que ceux de la satire, qu'il pourrait y avoir de la malice à lui conseiller de travailler à d'autres ouvrages.

Il y a d'autres choses dans votre préface que je voudrais que vous n'eussiez point écrites; mais celles-là suffisent pour m'acquitter de la promesse que je vous ai faite, d'abord de vous parler avec la sincérité d'un ami chrétien, qui est sensiblement touché de voir cette division entre deux personnes qui font tous deux profession de l'aimer. Que ne donnerais-je pas pour être en état de travailler à leur réconciliation plus heureusement que les gens d'honneur que vous m'apprenez n'y avoir pas réussi! Mais mon éloignement ne m'en laisse guère le moyen. Tout ce que je puis faire, monsieur, est de demander à Dieu qu'il vous donne à l'un et à l'autre cet esprit de charité et de paix, qui est la marque la plus assurée des vrais chrétiens. Il est bien difficile que, dans ces contestations, on ne commette de part et d'autre des fautes, dont on est obligé de demander pardon à Dieu. Mais le moyen le plus efficace que nous *avons* de l'obtenir, c'est de pratiquer ce que l'apôtre nous recommande : « de nous supporter les « uns les autres, chacun remettant à son frère le « sujet de plainte qu'il pourrait avoir contre lui, et « nous entre-pardonnant, comme le Seigneur nous « a pardonnés. » On ne trouve point d'obstacle à entrer dans des sentiments d'union et de paix, lorsqu'on est dans cette disposition : car l'amour-propre ne règne point où règne la charité; et il n'y a que l'amour-propre qui nous rende pénible la connaissance de nos fautes, quand la raison nous les fait apercevoir. Que chacun de vous s'applique cela à soi-même, et vous serez bientôt bons amis. J'en prie Dieu de tout mon cœur, et suis très-sincèrement, monsieur, etc. [1].

## 56.
### AU DOCTEUR DE SORBONNE
### ANTOINE ARNAULD.

Juin 1694.

Je ne saurais, monsieur, assez vous témoigner ma reconnaissance de la bonté que vous avez eue de vouloir bien permettre qu'on me montrât la lettre que vous avez écrite à M. Perrault sur ma dernière satire. Je n'ai jamais rien lu qui m'ait fait un si grand plaisir; et, quelques injures que ce galant homme m'ait dites, je ne saurais plus lui en vouloir de mal, puisqu'elles m'ont attiré une si honorable apologie. Jamais cause ne fut si bien défendue que la mienne. Tout m'a charmé, ravi, édifié dans votre lettre; mais ce qui m'y a touché davantage, c'est cette confiance si bien fondée avec laquelle vous y déclarez que vous me croyez sincèrement votre ami. N'en doutez point, monsieur, je le suis; et c'est une qualité dont je me glorifie tous les jours en présence de vos plus grands ennemis. Il y a des jésuites qui me font l'honneur de m'estimer, et que j'estime et honore aussi beaucoup. Ils me viennent voir dans ma solitude d'Auteuil, et ils y séjournent même quelquefois. Je les reçois le mieux que je puis; mais la première convention que je fais avec eux, c'est qu'il me sera permis dans nos entretiens de vous louer à outrance. J'abuse souvent de cette permission, et l'écho des murailles de mon jardin a retenti plus d'une fois de nos contestations sur votre sujet. La vérité est pourtant qu'ils tombent sans peine d'accord de la grandeur de votre génie et de l'étendue de vos connaissances; mais je leur soutiens, moi, que ce sont là vos moindres qualités; et que ce qu'il y a de plus estimable en vous, c'est la droiture de votre esprit, la candeur de votre âme et la pureté de vos intentions. C'est alors que se font les grands cris; car je ne démords point sur cet article, non plus que sur celui des Lettres au Provincial, que, sans examiner qui des deux partis au fond a droit ou tort, je leur vante toujours comme le plus parfait ouvrage de prose qui soit en notre langue. Nous en venons quelquefois jusqu'à des paroles assez aigres. A la fin, néanmoins, tout se tourne en plaisanterie : *ridendo dicere verum quid vetat?* Ou, quand je les vois trop fâchés, je me jette sur les louanges du R. P. de la Chaise, que je révère de bonne foi, et à qui j'ai en effet tout récemment encore une très-grande obligation, puisque c'est en partie à ses bons offices que je dois la chanoinie de la Sainte-Chapelle de Paris que j'ai obtenue de Sa Majesté pour mon frère le doyen de Sens. Mais, monsieur, pour revenir à votre lettre, je ne sais pas pourquoi les amis de M. Perrault refusent de la lui montrer. Jamais ouvrage ne fut plus propre à lui ouvrir les yeux et à lui inspirer l'esprit de paix et d'humilité, dont il a besoin aussi bien que moi. Une preuve de ce que je dis, c'est qu'à mon égard, à peine en ai-je eu fait la lecture, que, frappé des salutaires leçons que vous nous y faites à l'un et à l'autre, je lui ai envoyé dire qu'il ne tiendrait qu'à

---
[1] Boileau, fier d'une pareille lettre, s'écriait dans l'enthousiasme de sa reconnaissance :

Arnauld, le grand Arnauld, fit mon apologie.

lui que nous ne fussions bons amis ; que s'il voulait demeurer en paix sur mon sujet, je m'engageais à ne plus rien écrire dont il pût se choquer, et lui ai même fait entendre que je le laisserais tout à son aise faire, s'il voulait, un monde renversé du Parnasse, en y plaçant les Chapelains et les Cotins au-dessus des Horaces et des Virgiles. Ce sont les paroles que M. Racine et M. l'abbé Tallemant lui ont portées de ma part. Il n'a point voulu entendre à cet accord, et a exigé de moi, avant toutes choses, pour ses ouvrages une estime et une admiration que franchement je ne lui saurais promettre, sans trahir la raison et ma conscience. Ainsi, nous voilà plus brouillés que jamais, au grand contentement des rieurs, qui étaient déjà fort affligés du bruit qui courait de notre réconciliation. Je ne doute point que cela ne vous fasse beaucoup de peine ; mais pour vous montrer que ce n'est pas de moi que la rupture est venue, c'est qu'en quelque lieu que vous soyez, je vous déclare, monsieur, que vous n'avez qu'à me mander ce que vous souhaitez que je fasse pour parvenir à un accord, et je l'exécuterai ponctuellement, sachant bien que vous ne me prescrirez rien que de juste et de raisonnable.

Je ne mets qu'une condition au traité que je ferai ; mais c'est une condition *sine quâ non*. Cette condition est que votre lettre verra le jour, et qu'on ne me privera point, en la supprimant, du plus grand honneur que j'aie reçu en ma vie. Obtenez cela de vous et de lui, et je lui donne sur tout le reste la carte blanche : car pour tout ce qui regarde l'estime qu'il veut que je fasse de ses écrits, je vous prie, monsieur, d'examiner vous-même ce que je puis faire là-dessus. Voici une liste des principaux ouvrages qu'on veut que j'admire. Je suis fort trompé si vous en avez jamais lu aucun.

Le conte de Peau-d'Ane et l'Histoire de la femme au nez de boudin, mis en vers par M. Perrault, de l'Académie française.
La Métamorphose d'Orante en miroir.
L'Amour Godenot.
Le Labyrinthe de Versailles, ou les maximes d'amour et de galanterie, tirées des fables d'Ésope.
Élégie à Iris.
La procession de sainte Geneviève.
Parallèle des anciens et des modernes, où l'on voit la poésie portée à son plus haut point de perfection dans les opéras de M. Quinault.
Saint-Paulin, poëme héroïque.
Réflexions sur Pindare, où l'on enseigne l'art de ne point entendre ce grand poëte.

Je ris, monsieur, en vous écrivant cette liste, et je crois que vous aurez de la peine à vous empêcher aussi de rire en la lisant. Cependant je vous supplie de croire que l'offre que je vous fais est très-sérieuse, et que je tiendrai exactement ma parole. Mais, soit que l'accommodement se fasse ou non, je vous réponds, puisque vous prenez si grand intérêt à la mémoire de feu M. Perrault le médecin, qu'à la première édition qui paraîtra de mon livre, il y aura dans la préface un article exprès en faveur de ce médecin, qui sûrement n'a point fait la façade du Louvre, ni l'Observatoire, ni l'Arc de triomphe, comme on le prouvera dans peu démonstrativement ; mais qui au fond était un homme de beaucoup de mérite, grand physicien, et, ce que j'estime encore plus que tout cela, qui avait l'honneur d'être votre ami [1].

Je doute même, quelque mine que je fasse du contraire, qu'il m'arrive jamais de prendre de nouveau la plume pour écrire contre M. Perrault l'académicien, puisque cela n'est plus nécessaire. En effet, pour ce qui est de ses écrits contre les anciens, beaucoup de ses amis sont persuadés que je n'ai déjà que trop employé de papier, dans mes Réflexions sur Longin, à réfuter des ouvrages si pleins d'ignorance et si indignes d'être réfutés. Et pour ce qui regarde ses critiques sur mes mœurs et sur mes ouvrages, le seul bruit, ajoutent-ils, qui a couru que vous aviez pris mon parti contre lui, est suffisant pour me mettre à couvert de ses invectives. J'avoue qu'ils ont raison. La vérité est pourtant que, pour rendre ma gloire complète, il faudrait que votre lettre fût publiée. Que ne ferais-je point pour en obtenir de vous le consentement ? Faut-il se dédire de tout ce que j'ai écrit contre M. Perrault ? faut-il se mettre à genoux devant lui ? faut-il lire tout Saint-Paulin ? vous n'avez qu'à dire : rien ne me sera difficile. Je suis avec beaucoup de respect, etc.

57. — RACINE A BOILEAU.

Fontainebleau, 28 septembre 1694.

Je suppose que vous êtes de retour de votre voyage, afin que vous puissiez bientôt m'envoyer vos avis sur un nouveau cantique que j'ai fait depuis que je suis ici, et que je ne crois pas qui soit suivi d'aucun

---

[1] Ceci est relatif au passage suivant d'une lettre d'Arnauld, insérée dans les *Mémoires sur la vie de Jean Racine* : « On « dit (première réflexion critique sur Longin), sur la foi « d'un célèbre architecte, que la façade du Louvre n'est pas « de lui (Claude Perrault), mais du sieur le Vau ; et que ni « l'Arc de triomphe ni l'Observatoire ne sont pas l'ouvrage « d'un médecin de la faculté. Cela ne me paraît avoir aucune « vraisemblance, bien loin d'être vrai.... Je ne crois pas, de « plus, qu'il soit permis d'ôter à un homme de mérite, sur « un ouï-dire, l'honneur d'avoir fait ces ouvrages. » (*Œuvres de Louis Racine*, t. V, p. 150.)

autre. Ceux que Moreau[1] a mis en musique ont extrêmement plu : il est ici, et le roi doit les lui entendre chanter au premier jour. Prenez la peine de lire le cinquième chapitre de la Sagesse, d'où ces derniers vers ont été tirés : je ne les donnerai point qu'ils n'aient passé par vos mains ; mais vous me ferez plaisir de me les renvoyer le plus tôt que vous pourrez. Je voudrais bien qu'on ne m'eût point engagé dans un embarras de cette nature ; mais j'espère m'en tirer, en substituant à ma place ce M. Bardou, que vous avez vu à Paris [2].

Vous savez bien, sans doute, que les Allemands ont repassé le Rhin, et même avec quelque espèce de honte. On dit qu'on leur a tué ou pris sept à huit cents hommes, et qu'ils ont abandonné trois pièces de canon.

Il est venu une lettre à MADAME, par laquelle on lui mande que le Rhin s'était débordé tout à coup, et que près de quatre mille Allemands ont été noyés ; mais, au moment que je vous écris, le roi n'a point encore reçu de confirmation de cette nouvelle [3].

On dit que milord Barclay est devant Calais pour le bombarder. M. le maréchal de Villeroi s'est jeté dedans. Voilà toutes les nouvelles de la guerre. Si vous voulez, je vous en dirai d'autres de moindre conséquence.

M. de Tourreil est venu ici présenter le Dictionnaire de l'Académie au roi et à la reine d'Angleterre, à MONSEIGNEUR et aux ministres. Il a partout accompagné son présent d'un compliment, et on m'a assuré qu'il avait très-bien réussi partout. Pendant qu'on présentait ainsi le Dictionnaire de l'Académie, j'ai appris que Léers, libraire d'Amsterdam, avait aussi présenté au roi et aux ministres une nouvelle édition du Dictionnaire de Furetière, qui a été très-bien reçue. C'est M. de Croissy et M. de Pomponne qui ont présenté Léers au roi. Cela a paru un assez bizarre contre-temps pour le Dictionnaire de l'Académie, qui me paraît n'avoir pas tant de partisans que l'autre. J'avais dit plusieurs fois à M. Thierry [4] qu'il aurait dû faire quelques pas pour ce dernier dictionnaire ; et il ne lui aurait pas été difficile d'en avoir le privilège : peut-être même il ne le serait pas encore. Ne parlez qu'à lui seul de ce que je vous mande là-dessus.

On commence à dire que le voyage de Fontainebleau pourra être abrégé de huit ou dix jours, à cause que le roi y est fort incommodé de la goutte.

Il en est au lit depuis trois ou quatre jours ; il ne souffre pas pourtant beaucoup, Dieu merci, et il n'est arrêté au lit que par la faiblesse qu'il a encore aux jambes.

Il me paraît, par les lettres de ma femme, que mon fils a grande envie de vous aller voir à Auteuil. J'en serai fort aise, pourvu qu'il ne vous embarrasse point du tout. Je prendrai en même temps la liberté de vous prier de tout mon cœur de l'exhorter à travailler sérieusement, et à se mettre en état de vivre en honnête homme. Je voudrais bien qu'il n'eût pas l'esprit autant dissipé qu'il l'a, par l'envie démesurée qu'il témoigne de voir des opéras et des comédies. Je prendrai là-dessus vos avis, quand j'aurai l'honneur de vous voir ; et cependant je vous supplie de ne pas lui témoigner le moins du monde que je vous aie fait aucune mention de lui. Je vous demande pardon de toutes les peines que je vous donne, et suis entièrement à vous.

## 58. — RACINE AU MÊME.

Fontainebleau, 3 octobre 1694.

Je vous suis bien obligé de la promptitude avec laquelle vous m'avez fait réponse. Comme je suppose que vous n'avez pas perdu les vers que je vous ai envoyés [1], je vais vous dire mon sentiment sur vos difficultés, et en même temps vous communiquer plusieurs changements que j'avais déjà faits de moi-même : car vous savez qu'un homme qui compose fait souvent son thème en plusieurs façons.

. . . . . . . . . . . . . . . . .
Quand, par une fin soudaine,
Détrompés d'une ombre vaine,
Qui passe et ne revient plus....

J'ai choisi ce tour, parce qu'il est conforme au texte, qui parle de la fin imprévue des réprouvés ; et je voudrais bien que cela fût bon, et que vous pussiez passer et approuver

. . . . . . Par une fin soudaine,

qui dit précisément la même chose. Voici comme j'avais mis d'abord :

Quand, déchus d'un bien frivole,
Qui comme l'ombre s'envole,
Et ne revient jamais plus....

Mais ce *jamais* me paraît un peu mis pour remplir le vers ; au lieu que

Qui passe et ne revient plus,

me semblait assez plein et assez vif. D'ailleurs, j'ai mis à la troisième stance [2] :

---

[1] L'auteur de la musique des chœurs d'*Esther* et d'*Athalie*. Racine le cite avec éloge dans la préface d'Esther.
[2] Poëte fort médiocre, qui a inséré des poésies dans les recueils du temps.
[3] Elle était fausse.
[4] Libraire de la Fontaine, de Racine, et de Despréaux.

[1] Le cantique II, *sur le bonheur des justes et sur le malheur des réprouvés*.
[2] Actuellement la quatrième.

Pour trouver un bien fragile;

et c'est la même chose que

....... Un bien frivole.

Ainsi, tâchez de vous accoutumer à la première manière, ou trouvez quelque autre chose qui vous satisfasse. Dans la seconde stance[1] :

> Misérables que nous sommes,
> Où s'égaraient nos esprits?

*Infortunés* m'était venu le premier; mais le mot de *misérables*, que j'ai employé dans Phèdre[2], à qui je l'ai mis dans la bouche, et que l'on a trouvé assez bien, m'a paru avoir de la force en le mettant aussi dans la bouche des réprouvés, qui s'humilient et se condamnent eux-mêmes[3]. Pour le second vers, j'avais mis :

> Diront-ils avec des cris...

Mais j'ai cru qu'on pouvait leur faire tenir tout ce discours sans mettre *diront-ils*; et qu'il suffisait de mettre à la fin :

> Ainsi, d'une voix plaintive;

et le reste, par où on fait entendre que tout ce qui précède est le discours des réprouvés. Je crois qu'il y en a des exemples dans les odes d'Horace.

> Et voilà que triomphants....

Je me suis laissé entraîner au texte : *Ecce quomodò computati sunt inter filios Dei!* et j'ai cru que ce tour marquait mieux la passion; car j'aurais pu mettre :

> Et maintenant triomphants....

Dans la troisième stance :

> ................
> Qui nous montrait la carrière
> De la bienheureuse paix.

On dit *la carrière de la gloire, la carrière de l'honneur*; c'est-à-dire *par où on court à la gloire à l'honneur*. Voyez si l'on ne pourrait pas dire de même *la carrière de la bienheureuse paix*; on dit même *la carrière de la vertu*. Du reste, je ne devine pas comment je le pourrais mieux dire. Il reste la quatrième stance. J'avais d'abord mis le mot de *repentance*; mais, outre qu'on ne dirait pas bien les remords de la repentance, au lieu qu'on dit les remords de la pénitence, ce mot de *pénitence*, en le joignant avec *tardive*, est assez consacré dans la langue de l'Écriture, *serò pœnitentiam agentes*. On

---

[1] Cette strophe est la troisième.
[2] Acte IV, sc. vi.
[3] Tous ces changements n'ont pas été définitivement adoptés par Racine. La disposition du texte a également subi quelque modifications.

dit *la pénitence d'Antiochus*, pour dire *une pénitence tardive et inutile*; on dit aussi dans ce sens *la pénitence des damnés*. Pour la fin de cette stance, je l'avais changée deux heures après que ma lettre fut partie. Voici la stance entière :

> Ainsi, d'une voix plaintive,
> Exprimera ses remords.
> La pénitence tardive
> Des inconsolables morts.
> Ce qui faisait leurs délices,
> Seigneur, fera leurs supplices;
> Et par une égale loi,
> Les saints trouveront des charmes
> Dans le souvenir des larmes
> Qu'ils versent ici pour toi.

Je vous conjure de m'envoyer votre sentiment sur tout ceci. J'ai dit franchement que j'attendais votre critique, avant que de donner mes vers au musicien : et je l'ai dit à madame de Maintenon, qui a pris de là occasion de me parler de vous avec beaucoup d'amitié.

Le roi a entendu chanter les deux autres cantiques, et a été fort content de M. Moreau, à qui nous espérons que cela pourra faire du bien[1].

Il n'y a rien ici de nouveau. Le roi a toujours la goutte, et en est au lit. Une partie des princes sont revenus de l'armée; les autres arriveront demain ou après demain.

Je vous félicite du beau temps que nous avons ici : car je crois que vous l'avez aussi à Auteuil, et que vous en jouissez plus tranquillement que nous ne faisons ici. Je suis entièrement à vous.

La harangue de M. l'abbé Boileau[2] a été trouvée très-mauvaise en ce pays-ci. M. de Niert[3] prétend que Richesource en est mort de douleur. Je ne sais pas si la douleur est bien vraie, mais la mort est très-véritable.

## 59. — A MAUCROIX.

29 avril 1695.

Les choses hors de vraisemblance qu'on m'a dites de M. de la Fontaine sont à peu près celles que vous avez devinées; je veux dire que ce sont ces haires, ces cilices, et ces disciplines dont on m'a assuré qu'il affligeait fréquemment son corps, et qui m'ont paru d'autant plus incroyables de notre défunt ami[4]; que jamais rien, à mon avis, ne fut plus éloigné de son caractère que ces mortifications. Mais quoi! la grâce

---

[1] Louis XIV dit à cette occasion : « Racine, cela est beau, « mais bien terrible. »
[2] Charles Boileau, abbé de Beaulieu, membre de l'Académie française, prédicateur. Il ne faut pas le confondre avec l'abbé Boileau, frère de Boileau Despréaux.
[3] François de Niert, seigneur de Gambais, premier valet de chambre ordinaire du roi, mort en 1719.
[4] La Fontaine était mort le 13 avril 1695.

de Dieu ne se borne pas à des changements ordinaires, et c'est quelquefois de véritables métamorphoses qu'elle fait. Elle ne paraît pas s'être répandue de la même sorte sur le pauvre M. Cassandre, qui est mort tel qu'il a vécu, c'est à savoir très-misanthrope, et non-seulement haïssant les hommes, mais ayant même assez de peine à se réconcilier avec Dieu, à qui, disait-il, si le rapport qu'on m'a fait est véritable, il n'avait nulle obligation. Qui eût cru que, de ces deux hommes, c'était M. de la Fontaine qui était le vase d'élection? Voilà, monsieur, de quoi augmenter les réflexions sages et chrétiennes que vous me faites dans votre lettre, et qui me paraissent partir d'un cœur sincèrement persuadé de ce qu'il dit.

Pour venir à vos ouvrages, j'ai déjà commencé à conférer le dialogue des orateurs avec le latin [1]. Ce que j'en ai vu me paraît extrêmement bien. La langue y est parfaitement écrite. Il n'y a rien de gêné, et tout y paraît libre et original. Il y a pourtant des endroits où je ne conviens pas du sens que vous avez suivi. J'en ai marqué quelques-uns avec du crayon, et vous y trouverez ces marques quand on vous les renverra. Si j'ai le temps, je vous expliquerai mes objections; car je doute sans cela que vous les puissiez bien comprendre. En voici une que par avance je vais vous écrire, parce qu'elle me paraît plus de conséquence que les autres. C'est à la page 6 de votre manuscrit, où vous traduisez :

Minimum inter tot ac tanta locum obtinent imagines ac tituli et statuæ, quæ neque ipsa tamen neglingantur :

« Au prix de ces talents si estimables, qu'est-ce que la noblesse et la naissance, qui pourtant ne sont pas méprisées? »

Il ne s'agit point, à mon sens, dans cet endroit, de la noblesse ni de la naissance; mais des images, des inscriptions et des statues, qu'on faisait faire souvent à l'honneur des orateurs, et qu'on leur envoyait chez eux. Juvénal parle (sat. VII, v. 124) d'un avocat de son temps qui prenait beaucoup plus d'argent que les autres, à cause qu'il en avait une équestre [2]. Sans rapporter ici toutes les preuves que je vous pourrais alléguer, Maternus lui-même, dans votre dialogue, fait entendre clairement la même chose lorsqu'il dit que « ces statues et ces images se sont « emparées malgré lui de sa maison. »

Æra et imagines, quæ, etiam me nolente, in domum meam irruperunt.

Excusez, monsieur, la liberté que je prends de vous

[1] Attribué par les uns à Tacite, par d'autres à Quintilien.
[2]     Æmilio dabitur quantum petet....
   . . . . Hujus enim stat currus æneus; alti
   Quadrijuges in vestibulis, etc.

dire si sincèrement mon avis. Mais ce serait dommage qu'un aussi bel ouvrage que le vôtre eût de ces taches où les savants s'arrêtent, et qui pourraient donner occasion de le ravaler. Et puis vous m'avez donné tout pouvoir de vous dire mon sentiment.

Je suis bien aise que mon goût se rencontre si conforme au vôtre dans tout ce que je vous ai dit de nos auteurs, et je suis persuadé aussi bien que vous que M. Godeau est un poëte fort estimable. Il me semble pourtant qu'on peut dire de lui ce que Longin dit d'Hypéride [1], qu'il est toujours à jeun, et qu'il n'a rien qui remue ni qui échauffe; en un mot, qu'il n'a point cette force de style et cette vivacité d'expression qu'on cherche dans les ouvrages, et qui les font durer. Je ne sais point s'il passera à la postérité : mais il faudra pour cela qu'il ressuscite, puisqu'on peut dire qu'il est déjà mort, n'étant presque plus maintenant lu de personne. Il n'en est pas ainsi de Malherbe, qui croît de réputation à mesure qu'il s'éloigne de son siècle. La vérité est pourtant, et c'était le sentiment de notre cher ami Patru, que la nature ne l'avait pas fait grand poëte; mais il corrige ce défaut par son esprit et par son travail : car personne n'a plus travaillé ses ouvrages que lui, comme il paraît assez par le petit nombre de pièces qu'il a faites. Notre langue veut être extrêmement travaillée. Racan avait plus de génie que lui; mais il est plus négligé, et songe trop à le copier. Il excelle surtout, à mon avis, à dire les petites choses; et c'est en quoi il ressemble mieux aux anciens, que j'admire surtout par cet endroit. Plus les choses sont sèches et malaisées à dire en vers, plus elles frappent quand elles sont dites noblement, et avec cette élégance qui fait proprement la poésie. Je me souviens que M. de la Fontaine m'a dit plus d'une fois que les deux vers de mes ouvrages qu'il estimait davantage, c'étaient ceux où je loue le roi d'avoir établi la manufacture des points de France, à la place des points de Venise. Les voici; c'est dans la première épître à Sa Majesté :

Et nos voisins frustrés de ces tributs serviles
Que payait à leur art le luxe de nos villes.

Virgile et Horace sont divins en cela, aussi bien qu'Homère. C'est tout le contraire de nos poëtes, qui ne disent que des choses vagues, que d'autres ont déjà dites avant eux, et dont les expressions sont trouvées. Quand ils sortent de là, ils ne sauraient plus s'exprimer, et ils tombent dans une sécheresse qui est encore pire que leurs larcins. Pour moi, je ne sais pas si j'y ai réussi; mais quand je fais des

[1] Traité du sublime, chap. XXVIII.

vers, je songe toujours à dire ce qui ne s'est point encore dit en notre langue.

C'est ce que j'ai principalement affecté dans une nouvelle épître [1], que j'ai faite à propos de toutes les critiques qu'on a imprimées contre ma dernière satire. J'y compte tout ce que j'ai fait depuis que je suis au monde ; j'y rapporte mes défauts, mon âge, mes inclinations, mes mœurs ; j'y dis de quel père et de quelle mère je suis né ; j'y marque les degrés de ma fortune, comment j'ai été à la cour, comment j'en suis sorti, les incommodités qui me sont survenues, les ouvrages que j'ai faits. Ce sont bien de petites choses dites en assez peu de mots, puisque la pièce n'a pas plus de cent trente vers. Elle n'a pas encore vu le jour, et je ne l'ai pas même encore écrite ; mais il me paraît que tous ceux à qui je l'ai récitée en sont aussi frappés que d'aucun autre de mes ouvrages. Croiriez-vous, monsieur, qu'un des endroits où ils se récrient le plus, c'est un endroit qui ne dit autre chose, sinon qu'aujourd'hui que j'ai cinquante-sept ans, je ne dois plus prétendre à l'approbation publique ? Cela est dit en quatre vers, que je veux bien vous écrire ici, afin que vous me mandiez si vous les approuvez :

>Mais aujourd'hui qu'enfin la vieillesse venue,
>Sous mes faux cheveux blonds déjà toute chenue,
>A jeté sur ma tête, avec ses doigts pesants,
>Onze lustres complets surchargés de deux [2] ans.

Il me semble que la perruque est assez heureusement frondée dans ces quatre vers. Mais, monsieur, à propos des petites choses qu'on doit dire en vers, il me paraît qu'en voilà beaucoup que je vous dis en prose, et que le plaisir que j'ai à vous parler de moi me fait assez mal à propos oublier à vous parler de vous. J'espère que vous excuserez un poëte nouvellement délivré d'un ouvrage. Il n'est pas possible qu'il s'empêche d'en parler, soit à droit, soit à tort.

Je reviens aux pièces que vous m'avez mises entre les mains. Il n'y en a pas une qui ne soit très-digne d'être imprimée. Je n'ai point vu les traductions des traités *de la Vieillesse* et *de l'Amitié*, qu'a faites aussi bien que vous le dévot dont vous vous plaignez [3] ; tout ce que je sais, c'est qu'il a eu la hardiesse, pour ne pas dire l'impudence, de retraduire les Confessions de saint Augustin après messieurs de Port-Royal ; et qu'étant autrefois leur humble et rampant écolier, il s'était tout à coup voulu ériger en maître. Il a fait une préface au-devant de sa traduction des Sermons de saint Augustin, qui, quoique assez bien écrite, est un chef-d'œuvre d'impertinence et de mauvais sens. M. Arnauld, un peu avant que de mourir, a fait contre cette préface une dissertation qui est imprimée. Je ne sais si on vous l'a envoyée ; mais je suis sûr que si vous l'avez lue, vous convenez avec moi qu'il ne s'est rien fait en notre langue de plus beau ni de plus fort sur les matières de rhétorique. C'est ainsi que toute la cour et toute la ville en ont jugé, et jamais ouvrage n'a été mieux réfuté que la préface du dévot. Tout le monde voudrait qu'il fût en vie, pour voir ce qu'il dirait en se voyant si bien foudroyé. Cette dissertation est le pénultième ouvrage de M. Arnauld, et j'ai l'honneur que c'est par mes louanges que ce grand personnage a fini, puisque la lettre qu'il a écrite sur mon sujet à M. Perrault est son dernier écrit. Vous savez sans doute ce que c'est que cette lettre qui me fait un si grand honneur ; et M. le Verrier en a une copie qu'il pourra vous faire tenir quand vous voudrez, supposé qu'il ne vous l'ait pas déjà envoyée. Il est surprenant qu'un homme dans l'extrême vieillesse ait conservé toute cette vigueur d'esprit et de mémoire qui paraît dans ces deux écrits, qu'il n'a fait pourtant que dicter, la faiblesse de sa vue ne lui permettant plus d'écrire lui-même.

Il me semble, monsieur, que voilà une longue lettre. Mais quoi ? le loisir que je me suis trouvé aujourd'hui à Auteuil m'a comme transporté à Reims, où je me suis imaginé que je vous entretenais dans votre jardin, et que je vous revoyais encore, comme autrefois [1], avec tous ces chers amis que nous avons perdus, et qui ont disparu *velut somnium surgentis* [2]. Je n'espère plus de m'y revoir. Mais, vous, monsieur, est-ce que nous ne vous reverrons plus à Paris ? et n'avez-vous point quelque curiosité de voir ma solitude d'Auteuil ? Que j'aurais de plaisir à vous y embrasser, et à déposer entre vos mains le chagrin que me donne tous les jours le mauvais goût de la plupart de nos académiciens ! gens assez comparables aux Hurons et aux Topinamboux, comme vous savez bien que je l'ai déjà avancé dans mon épigramme :

>Clio vint, l'autre jour, se plaindre au dieu des vers
>  Qu'en certain lieu de l'univers
>On traitait d'auteurs froids, de poëtes stériles,
>  Les Homères et les Virgiles.
>Cela ne saurait être ; on s'est moqué de vous,
>  Reprit Apollon en courroux :
>Où peut-on avoir dit une telle infamie ?
>Est-ce chez les Hurons, chez les Topinamboux ?

---

[1] La xe.
[2] L'auteur mit *de trois ans*, quand il fit imprimer l'épître x. (BROSS.)
[3] Philippe Goibaud Dubois, de l'Académie française, mort en 1694.

[1] Quand Boileau accompagna Louis XIV en Alsace, il passa par Reims, en 1681.
[2] Psaume LXXII, v. 20. *Somnium surgentium.*

— C'est à Paris. — C'est donc dans l'hôpital des fous?
— Non, c'est au Louvre, en pleine académie !

J'ai supprimé cette épigramme, et ne l'ai point mise dans mes ouvrages, parce qu'au bout du compte je suis de l'académie, et qu'il n'est pas honnête de diffamer un corps dont on est. Je n'ai même jamais montré à personne une badinerie que je fis ensuite, pour m'excuser de cette épigramme. Je vais la mettre ici pour vous divertir; mais c'est à la charge que vous me garderez le secret, et que ni vous ne la retiendrez par cœur, ni ne la montrerez à personne.

> J'ai traité de Topinamboux
> Tous ces beaux censeurs, je l'avoue,
> Qui, de l'antiquité si follement jaloux,
> Aiment tout ce qu'on hait, blâment tout ce qu'on loue ;
> Et l'Académie, entre nous,
> Souffrant chez soi de si grands fous,
> Me semble un peu Topinamboue.

C'est une folie, comme vous voyez; mais je vous la donne pour telle. Adieu, monsieur; je vous embrasse de tout mon cœur, et suis entièrement à vous.

## 60. — RACINE A BOILEAU.

Compiègne, 4 mai 1695.

Monsieur Desgranges [1] m'a dit qu'il avait fait signer hier nos ordonnances, et qu'on les ferait viser par le roi après-demain; qu'ensuite il les enverrait à M. Dongois, de qui vous les pourrez retirer. Je vous prie de me garder la mienne jusqu'à mon retour. Il n'y a point ici de nouvelles. Quelques gens veulent que le siége de Casal soit levé ; mais la chose est fort douteuse, et on n'en sait rien de certain [2].

Six armateurs de Saint-Malo ont pris dix-sept vaisseaux d'une flotte marchande des ennemis, et un vaisseau de guerre de soixante pièces de canon. Le roi est en parfaite santé, et ses troupes merveilleuses [3].

Quelque horreur que vous ayez pour les méchants vers, je vous exhorte à lire Judith, et surtout la préface, dont je vous prie de me mander votre sentiment. Jamais je n'ai rien vu de si méprisé que tout cela l'est en ce pays-ci; et toutes vos prédictions sont accomplies [4]. Adieu, monsieur; je suis entièrement à vous. Je crains de m'être trompé en vous disant qu'on enverrait nos ordonnances à M. Dongois, et je crois que c'est à M. de Bie, chez qui M. Desgranges m'a dit que M. Dongois n'aurait qu'à envoyer samedi prochain.

## 61. RÉPONSE DE MAUCROIX A BOILEAU.

23 mai 1695.

J'ai différé quelque temps à vous répondre, monsieur. C'est moins par négligence que par discrétion : il ne faut pas sans cesse interrompre vos études ou votre repos.

Mais au lieu de commencer par les remercîments que je vous dois, souffrez que je vous fasse des reproches. Pourquoi me demander que j'excuse *la liberté que vous prenez de me dire si sincèrement votre avis?* Vous ne sauriez, je vous jure, me faire plus de plaisir. Autant de coups de crayon sur mes ouvrages, autant d'obligations que vous vous acquérez sur moi. Mais cela, monsieur, c'est la pure vérité. Je conviens de bonne foi que je ne suis point entré dans le sens de l'auteur sur ces mots : *imagines ac tituli et statuæ*. Au cas que ma traduction s'imprime, non-seulement je profiterai de votre correction, mais j'avertirai le public qu'elle vient de vous, si vous l'agréez; et par là je me ferai honneur, car on verra du moins que je suis un peu de vos amis. Il y a encore bien du dialogue beaucoup d'autres endroits que je n'ai pas rendus scrupuleusement en notre langue, parce qu'il aurait fallu des notes pour les faire entendre à la plupart des lecteurs, qui ne sont point instruits des coutumes de l'antiquité, et qui sont cependant bien aises qu'on leur épargne la peine de se rabattre sur des notes. Vous savez d'ailleurs que le texte de cet ouvrage est fort corrompu; la lettre y est souvent défectueuse : comment donc le traduire si littéralement?

Venons à M. Godeau. Je tombe d'accord qu'il écrivait avec beaucoup de facilité, disons avec trop de facilité; il faisait deux et trois cents vers, comme dit Horace, *stans pede in uno*. Ce n'est pas ainsi que se font les bons vers; je m'en rapporte volontiers à votre expérience. Néanmoins, parmi les vers négligés de M. Godeau, il y en a de beaux qui lui échappent. Par exemple, lorsqu'il dit à Virgile, en lui parlant de ses Géorgiques :

> Soit que d'un coutre d'or tu fendes les guérets ;

ne trouvez-vous pas que ce vers-là est heureux? Mais pour vous dire la vérité, dès notre jeunesse même nous nous sommes aperçus que M. Godeau ne varie point assez. La plupart de ses ouvrages sont comme

---

[1] Premier commis au ministère des finances, et maître des cérémonies.
[2] Casal fut rendu le 11 juillet au duc de Savoie, par M. de Crenan.
[3] Duguay-Trouin faisait alors respecter le pavillon français.
[4] Boileau disait à son ami Heissein, partisan de la tragédie de *Judith* : « Je l'attends sur le papier. » En effet, dès que Boyer l'eut fait imprimer, elle perdit toute la réputation qu'elle devait au jeu de la célèbre Champmeslé.

des logographes, car il commence toujours par exprimer les circonstances d'une chose, et puis il y joint le mot. On ne voit point d'autre figure dans son *benedicite*, dans son *laudate* et dans ses cantiques. A l'égard de Malherbe et de Racan, selon moi, vous en jugez très-bien, et comme toute ma vie j'en ai entendu juger aux plus habiles. Ce que notre ami la Fontaine vous a dit sur les deux vers qu'il estimait le plus dans vos ouvrages, il me l'a dit aussi; et je ne sais pas même si je ne lui ai point dit cela le premier : je n'en voudrais pas répondre. Du reste, j'ai bien reconnu, il y a longtemps, que vous ne dites point les choses comme les autres. Vous ne vous laissez pas gourmander, s'il faut ainsi dire, par la rime. C'est, à mon avis, l'écueil de notre versification, et je suis persuadé que c'est par là que les Grecs et les Latins ont un si grand avantage sur nous. Quand ils avaient fait un vers, ce vers demeurait; mais pour nous ce n'est rien que de faire un vers, il en faut faire deux, et que le second ne paraisse pas fait pour tenir compagnie au premier.

L'endroit de votre dernière épître, dont vous me régalez, me fait souhaiter le reste avec une extrême impatience. J'aime bien cette *vieillesse qui est venue sous vos cheveux blonds*; et si tout le reste est de la sorte, vous pourrez dire comme Malherbe : « Les « puissantes faveurs dont Parnasse m'honore, non « loin de mon berceau, commencèrent leur cours; je « les possédai jeune, et les possède encore à la fin « de mes jours [1]. » Ne trouvez-vous pas plaisant que j'écrive des vers comme si c'était de la prose? Racan n'écrivait pas autrement ses poésies.

J'ai lu la dissertation de M. Arnauld sur la préface du dévot. Je suis fâché, en la lisant, de n'être pas un peu plus vindicatif que je ne suis; car j'aurais eu bien du plaisir à voir tirer de si belle force les oreilles à mon homme. Qu'aurait-il pu répondre à tant de bonnes raisons, qui détruisent son ridicule système d'éloquence? Faites-moi la grâce de m'envoyer cette lettre que M. Arnauld écrit à M. Perrault, et où il parle de vous comme toute la France en doit parler. M. Perrault est un galant homme, qui entend raison sur tout, excepté sur les modernes. Depuis qu'il a épousé leur parti, il s'aveugle même sur le mérite des modernes qui défendent les anciens. Notre siècle, il est vrai, a produit de très-grands hommes en toutes sortes d'arts et de sciences. La magnanimité des Romains se retrouve tout entière dans Corneille, et il y a beaucoup de scènes dans Molière qui déconcerteraient la gravité du plus sévère des stoïques; mais nous ne sommes pas contents de ces louanges, et, à moins de mettre les anciens sous nos pieds, nous ne croyons pas être assez élevés. Quand nous en serions nous-mêmes les juges, nous devrions avoir honte de prononcer en notre faveur. C'est de la postérité qu'il faut attendre un jugement décisif; et il y a certainement peu de nos écrivains qui, comme vous, monsieur, ne doivent pas craindre de paraître un jour devant son tribunal.

Pour moi et les traducteurs mes confrères, c'est inutilement que nous le craindrions. Vous m'avez dit plus d'une fois que la traduction n'a jamais mené personne à l'immortalité. Mettant la main à la conscience, je crois aussi que j'aurais tort d'y prétendre. Je ne m'en flatte point : *Oportet unumquemque de mortalitate aut de immortalitate suâ cogitare.* Ce mot de Pline le jeune me paraît une des meilleures choses qu'il ait dites. Pour écrire, il me faudrait un grand fonds de science et peu de paresse. Je suis fort paresseux et je ne sais pas beaucoup. La traduction répare tout cela : mon auteur est savant pour moi, les matières sont toutes digérées; l'invention et la disposition ne me regardent pas; je n'ai qu'à m'énoncer. Un avantage que je trouve encore dans la traduction, et dont tout le monde ne s'avise point, c'est qu'elle nous fait connaître parfaitement un auteur; elle nous le fait voir tout nu, si j'ose parler ainsi; le traducteur découvre toutes ses beautés et tous ses défauts. Je n'ai jamais si bien connu Cicéron que je fais présentement; et si j'étais aussi hardi que les critiques de son siècle, j'oserais peut-être comme eux lui reprocher en quelques endroits un peu de verbiage; mais il ne m'appartient pas de parler avec si peu de respect d'un si grand orateur. Je vous avoue pourtant que si la fortune m'eût fixé à Paris, je me serais hasardé à composer une histoire de quelqu'un de nos rois; mais je me trouve dans un lieu où l'on manque de tous les secours nécessaires à un écrivain : ainsi, j'ai été contraint de me borner à la traduction. Je ne saurais m'en repentir, si j'ai le bonheur de vous plaire un peu. Aimez-moi toujours, je vous supplie; et assurez le très-cher M. Racine que je serai éternellement son humble serviteur, aussi bien que le vôtre.

## 62. — RACINE A BOILEAU.

*Versailles, 4 avril 1696.*

Je suis très-obligé au père Bouhours de toutes les honnêtetés qu'il vous a prié de me faire de sa part et de la part de sa compagnie. Je n'avais point encore entendu parler de la harangue de leur régent

---

[1] *Ode à Louis* XIII. Voyez les œuvres de Malherbe, liv. I<sup>er</sup>, ode IX, sta. 36.

de troisième; et comme ma conscience ne me reproche rien à l'égard des jésuites, je vous avoue que j'ai été un peu surpris d'apprendre que l'on m'eût déclaré la guerre chez eux. Vraisemblablement ce bon régent est du nombre de ceux qui m'ont très-faussement attribué la traduction du *Santolius pœnitens*[1]; et il s'est cru engagé d'honneur à me rendre injures pour injures. Si j'étais capable de lui vouloir quelque mal, et de me réjouir de la forte réprimande que le père Bouhours dit qu'on lui a faite, ce serait sans doute pour m'avoir soupçonné d'être l'auteur d'un pareil ouvrage : car pour mes tragédies, je les abandonne volontiers à sa critique. Il y a longtemps que Dieu m'a fait la grâce d'être assez peu sensible au bien et au mal que l'on en peut dire, et de ne me mettre en peine que du compte que j'aurai à lui en rendre quelque jour.

Ainsi, monsieur, vous pouvez assurer le père Bouhours et tous les jésuites de votre connaissance que, bien loin d'être fâché contre le régent qui a tant déclamé contre mes pièces de théâtre, peu s'en faut que je ne le remercie d'avoir prêché une si bonne morale dans leur collége, et d'avoir donné lieu à sa compagnie de marquer tant de chaleur pour mes intérêts; et qu'enfin, quand l'offense qu'il m'a voulu faire serait plus grande, je l'oublierais avec la même facilité, en considération de tant d'autres pères dont j'honore le mérite, et surtout en considération du R. P. de la Chaise, qui me témoigne tous les jours mille bontés, et à qui je sacrifierais bien d'autres injures. Je suis, etc.

### 63.

Réponse à la lettre que S. Exc. M. le comte d'Ériceyra m'a écrite de Lisbonne, en m'envoyant la traduction de mon *Art poétique*, faite par lui en vers portugais.

1697.

MONSIEUR,

Bien que mes ouvrages aient fait de l'éclat dans le monde, je n'en ai point conçu une trop haute opinion de moi-même; et si les louanges qu'on m'a données m'ont flatté assez agréablement, elles ne m'ont pourtant point aveuglé. Mais j'avoue que la traduction que votre excellence a bien daigné faire de mon ART POÉTIQUE, et les éloges dont elle l'a accompagnée en me l'envoyant, m'ont donné un véritable orgueil. Il ne m'a plus été possible de me croire un homme ordinaire, en me voyant si extraordinairement honoré; et il m'a paru que, d'avoir un traducteur de votre capacité et de votre élévation, était pour moi un titre de mérite, qui me distinguait de tous les écrivains de notre siècle. Je n'ai qu'une connaissance très-imparfaite de votre langue, et je n'en ai fait aucune étude particulière. J'ai pourtant assez bien entendu votre traduction pour m'y admirer moi-même, et pour me trouver beaucoup plus habile écrivain en portugais qu'en français. En effet, vous enrichissez toutes mes pensées en les exprimant. Tout ce que vous maniez se change en or, et les cailloux même, s'il faut ainsi parler, deviennent des pierres précieuses entre vos mains. Jugez après cela si vous devez exiger de moi que je vous marque les endroits où vous pouvez vous être un peu écarté de mon sens. Quand, à la place de mes pensées, vous m'auriez, sans y prendre garde, prêté quelques-unes des vôtres, bien loin de m'employer à les faire ôter, je songerais à profiter de votre méprise, et je les adopterais sur-le-champ pour me faire honneur; mais vous ne me mettez nulle part à cette épreuve. Tout est également juste, exact, fidèle dans votre traduction; et bien que vous m'y ayez fort embelli, je ne laisse pas de m'y reconnaître partout. Ne dites donc plus, monsieur, que vous craignez de ne m'avoir pas assez bien entendu. Dites-moi plutôt comment vous avez fait pour m'entendre si bien, et pour apercevoir dans mon ouvrage jusqu'à des finesses que je croyais ne pouvoir être senties que par des gens nés en France, et nourris à la cour de Louis le Grand. Je vois bien que vous n'êtes étranger en aucun pays, et que par l'étendue de vos connaissances vous êtes de toutes les cours et de toutes les nations. La lettre et les vers français que vous m'avez fait l'honneur de m'écrire en sont un bon témoignage. On n'y voit rien d'étranger que votre nom, et il n'y a point en France d'homme de bon goût qui ne voulût les avoir faits. Je les ai montrés à plusieurs de nos meilleurs écrivains. Il n'y en a pas un qui n'en ait été extrêmement frappé, et qui ne m'ait fait comprendre que, s'il avait reçu de vous de pareilles louanges, il vous aurait déjà récrit des volumes de prose et de vers. Que penserez-vous donc de moi, de me contenter d'y répondre par une simple lettre de compliment? Ne m'accuserez-vous point d'être ou méconnaissant ou grossier? Non, monsieur, je ne suis ni l'un ni l'autre; mais franchement je ne fais pas des vers, ni même de la prose, quand je veux. Apollon est pour moi un dieu bizarre, qui ne me donne pas comme à vous audience à toutes les heures : il faut que j'attende les moments favorables. J'aurai soin d'en profiter dès que je les trouverai;

---

[1] Elle était de Boivin le jeune, « qui fut si charmé de cette méprise, dit Louis Racine, qu'il adressa à mon père une petite pièce de vers fort ingénieuse, par laquelle il le priait de laisser quelque temps le public dans l'erreur. » (*Mémoires sur la vie de Jean Racine*.)

et il y a bien du malheur, si je ne meurs enfin quitte d'une partie de vos éloges. Ce que je vous puis dire par avance, c'est qu'à la première édition de mes ouvrages, je ne manquerai pas d'y insérer votre traduction et que je ne perdrai aucune occasion de faire savoir à toute la terre que c'est des extrémités de notre continent, et d'aussi loin que les colonnes d'Hercule, que me sont venues les louanges dont je m'applaudis davantage, et l'ouvrage dont je me sens le plus honoré. Je suis avec un très-grand respect, de Votre Excellence, le très-humble, etc.

## 64. — A RACINE.

*Auteuil, mercredi, 1697.*

Je crois que vous serez bien aise d'être instruit de ce qui s'est passé dans la visite que nous avons, suivant votre conseil, rendue ce matin, mon frère le docteur de Sorbonne et moi, au R. P. de la Chaise. Nous sommes arrivés chez lui sur les neuf heures; et sitôt qu'on lui a dit notre nom, il nous a fait entrer. Il nous a reçus avec beaucoup d'agrément, m'a interrogé fort obligeamment sur l'état de ma santé, et a paru fort content de ce que je lui ai dit que mon incommodité ( *un asthme* ) n'augmentait point. Ensuite il a fait apporter des chaises, s'est mis tout proche de moi, afin que je le pusse mieux entendre ( *la voix du P. la Chaise était faible, et Despréaux entendait avec peine*); et aussitôt entrant en matière, m'a dit que vous lui aviez lu un ouvrage de ma façon, où il y avait beaucoup de bonnes choses; mais que la matière que j'y traitais était une matière fort délicate, et qui demandait beaucoup de savoir; qu'il avait autrefois enseigné la théologie (*à Lyon*), et qu'ainsi il devait être instruit de cette matière à fond; qu'il fallait faire une grande différence de l'amour *affectif,* d'avec l'amour *effectif;* que ce dernier était absolument nécessaire, et entrait dans l'attrition; au lieu que l'amour affectif venait de la contrition parfaite; et qu'ainsi il justifiait par lui-même le pécheur, mais que l'amour effectif n'avait d'effet qu'avec l'absolution du prêtre. Enfin, il nous a débité en très-bons termes tout ce que beaucoup d'habiles auteurs scholastiques ont écrit sur ce sujet, sans pourtant dire, comme quelques-uns d'eux, que l'amour de Dieu, absolument parlant, n'est point nécessaire pour la justification du pécheur. Mon frère applaudissait à chaque mot qu'il disait, paraissant être enchanté de sa doctrine, et encore plus de sa manière de l'énoncer. Pour moi, je suis demeuré dans le silence. Enfin, lorsqu'il a cessé de parler, je lui ai dit que j'avais été fort surpris qu'on m'eût prêté des charités auprès de lui, et qu'on lui eût donné à entendre que j'avais fait un ouvrage contre les jésuites; ajoutant que ce serait une chose bien étrange, si soutenir qu'on doit aimer Dieu s'appelait écrire contre les jésuites; que mon frère avait apporté avec lui vingt passages de dix ou douze de leurs plus fameux écrivains, qui soutenaient, en termes beaucoup plus forts que ceux de mon épître, que, pour être justifié, il faut indispensablement aimer Dieu; qu'enfin j'avais si peu songé à écrire contre les jésuites, que les premiers à qui j'avais lu mon ouvrage, c'était six jésuites des plus célèbres, qui m'avaient tous dit qu'un chrétien ne pouvait pas avoir d'autres sentiments sur l'amour de Dieu que ceux que j'énonçais dans mes vers. J'ai ajouté ensuite que depuis peu j'avais eu l'honneur de réciter mon ouvrage à monseigneur l'archevêque de Paris (M. de Noailles), et à monseigneur l'évêque de Meaux (Bossuet), qui en avaient tous deux paru, pour ainsi dire, transportés; qu'avec tout cela, néanmoins, si Sa Révérence croyait mon ouvrage périlleux, je venais présentement pour le lui lire, afin qu'il m'instruisît de mes fautes. Enfin, je lui ai fait le même compliment que je fis à monseigneur l'archevêque, lorsque j'eus l'honneur de le lui réciter, qui était que je ne venais pas pour être loué, mais pour être jugé; que je le priais donc de me prêter une vive attention, et de trouver bon même que je lui répétasse beaucoup d'endroits. Il a fort approuvé ma proposition, et je lui ai lu mon épître très-posément, jetant au reste dans ma lecture toute la force et tout l'agrément que j'ai pu. J'oubliais de vous avertir que je lui ai auparavant dit encore une particularité qui l'a assez agréablement surpris : c'est à savoir que je prétendais n'avoir proprement fait autre chose dans mon ouvrage que mettre en vers la doctrine qu'il venait de nous débiter; et je l'ai assuré que j'étais persuadé que lui-même n'en disconviendrait pas. Mais, pour en revenir au récit de ma pièce, croiriez-vous, monsieur, que la chose est arrivée comme je l'avais prophétisé, et qu'à la réserve de deux petits scrupules qu'il vous a dits, et qu'il nous a répétés, qui lui étaient venus au sujet de ma hardiesse à traiter en vers une matière si délicate, il n'a fait d'ailleurs que s'écrier : « *Pulchrè ! benè! rectè!* Cela est vrai, cela est in-
« dubitable; voilà qui est merveilleux; il faut lire
« cela au roi; répétez-moi encore cet endroit. Est-ce
« là ce que M. Racine m'a lu ? » Il a été surtout extrêmement frappé de ces vers que vous lui aviez passés, et que je lui ai récités avec toute l'énergie dont je suis capable :

Cependant on ne voit que docteurs, même austères,

Qui, les semant partout, s'en vont pieusement
De toute piété saper le fondement, etc.

Il est vrai que je me suis heureusement avisé d'insérer dans mon épître huit vers que vous n'avez point approuvés, et que mon frère juge très à propos de rétablir. Les voici; c'est ensuite de ce vers :

Oui, dites-vous. Allez, vous l'aimez, croyez-moi.

« Qui fait exactement ce que ma loi commande
« A pour moi, dit ce Dieu, l'amour que je demande. »
Faites-le donc; et, sûr qu'il nous veut sauver tous,
Ne vous alarmez point pour quelques vains dégoûts
Qu'en sa ferveur souvent la plus sainte âme éprouve.
Marchez, courez à lui; qui le cherche le trouve;
Et plus de votre cœur il paraît s'écarter,
Plus par vos actions songez à l'arrêter.

Il m'a fait redire trois fois ces huit vers. Mais je ne saurais vous exprimer avec quelle joie, quels éclats de rire, il a entendu la prosopopée de la fin. En un mot, j'ai si bien échauffé le révérend père, que, sans une visite que dans ce temps-là monsieur son frère lui est venu rendre, il ne nous laissait point partir que je ne lui eusse récité aussi les deux autres nouvelles épîtres[1] de ma façon que vous avez lues au roi. Encore ne nous a-t-il *laissé* partir qu'à la charge que nous l'irions voir à sa maison de campagne[2], et il s'est chargé de nous faire avertir du jour où nous l'y pourrions trouver seul. Vous voyez donc, monsieur, que, si je ne suis pas bon poëte, il faut que je sois bon récitateur.

Après avoir quitté le P. de la Chaise, nous avons été voir le P. Gaillard[3], à qui j'ai aussi, comme vous pouvez penser, récité l'épître. Je ne vous dirai point les louanges excessives qu'il m'a données. Il m'a traité d'homme inspiré de Dieu, et m'a dit qu'il n'y avait que des coquins qui pussent contredire mon opinion. Je l'ai fait ressouvenir du petit théologien avec qui j'eus une prise devant lui chez M. de Lamoignon. Il m'a dit que ce théologien était le dernier des hommes; que si sa société avait à être fâchée, ce n'était pas de mon ouvrage, mais de ce que des gens osaient dire que cet ouvrage était fait contre les jésuites. Je vous écris tout ceci à dix heures du soir, au courant de la plume. Je vous prie de retirer la copie que vous avez mise entre les mains de madame de Maintenon, afin que je lui en donne une autre, où l'ouvrage soit dans l'état où il doit demeurer. Je vous embrasse de tout mon cœur, et suis tout à vous.

## 65. — RACINE A BOILEAU.

Fontainebleau, 8 octobre 1697.

Je vous demande pardon si j'ai été si longtemps sans vous faire réponse; mais j'ai voulu avant toutes choses prendre un temps favorable pour recommander M. Manchon[1] à M. de Barbezieux[2]. Je l'ai fait; et il m'a fort assuré qu'il ferait son possible pour me témoigner la considération qu'il avait pour vous et pour moi. Il m'a paru que le nom de M. Manchon lui était assez inconnu, et je me suis rappelé alors qu'il avait un autre nom dont je ne me ressouvenais point du tout. J'ai eu recours à M. de la Chapelle[3], qui m'a fait un mémoire que je présenterai à M. de Barbezieux, dès que je le verrai. Je lui ai dit que M. l'abbé de Louvois[4] voudrait bien joindre ses prières aux nôtres, et je crois qu'il n'y aura point de mal qu'il lui en écrive un mot.

Je suis bien aise que vous ayez donné votre épître[5] à M. de Meaux (*Bossuet*), et que M. de Paris[6] soit disposé à vous donner une approbation authentique. Vous serez surpris quand je vous dirai que je n'ai point encore rencontré M. de Meaux, quoiqu'il soit ici; mais je ne vais guère aux heures où il va chez le roi, c'est-à-dire au lever et au coucher : d'ailleurs la pluie presque continuelle empêche qu'on ne se promène dans les cours et dans les jardins, qui sont les endroits où l'on a coutume de se rencontrer. Je sais seulement qu'il a présenté au roi l'ordonnance de M. l'archevêque de Reims[7] contre les jésuites : elle m'a paru très-forte, et il y explique très-nettement la doctrine de Molina avant de la condamner. Voilà, ce me semble, un rude coup pour les jésuites. Il y a bien des gens qui commencent à croire que leur crédit est fort baissé, puisqu'on les attaque si ouvertement. Au lieu que c'était à eux qu'on donnait autrefois les privilèges pour écrire tout ce qu'ils voulaient, ils sont maintenant réduits à se défendre

---

[1] L'épître à ses vers, et celle à son jardinier.
[2] Mont-Louis, maison à une demi-lieue de Paris, appartenante aux jésuites de la rue Saint-Antoine. Le P. de la Chaise, qui l'avait fort embellie, y passait ordinairement toutes les semaines deux ou trois jours. (BROSS.) — Mont-Louis est aujourd'hui le cimetière du P. de la Chaise.
[3] Honoré Gaillard, né à Aix en Provence, s'était fait une grande réputation par ses sermons. Il fut recteur du collège de Paris, puis supérieur de la maison professe. Il mourut à Paris, le 11 juin 1727, dans la quatre-vingt-seizième année de son âge, après soixante-neuf ans de profession religieuse.

[1] Beau-frère de Boileau; il était commissaire des guerres.
[2] A l'âge de vingt-trois ans, le marquis de Barbezieux avait succédé à son père, le marquis de Louvois, ministre de la guerre.
[3] Fils d'une nièce de Boileau : il était alors premier commis de la maison du roi.
[4] Camille le Tellier, né en 1675, frère du ministre Barbezieux, était bibliothécaire du roi. Lorsque le régent le nomma au siège de Clermont, ses infirmités ne lui permirent pas de l'accepter : Massillon, son ancien ami, lui succéda comme évêque et comme membre de l'Académie française.
[5] *Sur l'amour de Dieu.*
[6] Louis-Antoine de Noailles, archevêque de Paris.
[7] Charles-Maurice le Tellier, frère de Louvois, rendit son ordonnance le 15 juillet 1697.

que par de petits libelles anonymes, pendant que les censures des évêques pleuvent de tous côtés sur eux. Votre épître ne contribuera pas à les consoler, et il me semble que vous n'avez rien perdu pour attendre, et qu'elle paraîtra fort à propos.

On a eu nouvelle aujourd'hui que M. le prince de Conti[1] était arrivé en Pologne; mais on n'en sait pas davantage, n'y ayant point encore de courrier qui soit venu de sa part. M. l'abbé Renaudot vous en dira plus que je ne saurais vous en écrire.

Je n'ai pas fort avancé le mémoire[2] dont vous me parlez. Je crains même d'être entré dans des détails qui l'allongeront beaucoup plus que je ne croyais. D'ailleurs, vous savez la dissipation de ce pays-ci.

Pour m'achever, j'ai ma seconde fille à Melun, qui prendra l'habit dans huit jours. J'ai fait deux voyages pour essayer de la détourner de cette résolution, ou du moins pour obtenir d'elle qu'elle différât encore six mois; mais je l'ai trouvée inébranlable. Je souhaite qu'elle se trouve aussi heureuse dans ce nouvel état qu'elle a eu d'empressement pour y entrer. Monsieur l'archevêque de Sens[3] s'est offert de venir faire la cérémonie, et je n'ai pas osé refuser un tel honneur. J'ai écrit à M. l'abbé Boileau[4] pour le prier d'y prêcher, et il a l'honnêteté de vouloir bien partir exprès de Versailles en poste, pour me donner cette satisfaction. Vous jugez que tout cela cause assez d'embarras à un homme qui s'embarrasse aussi aisément que moi. Plaignez-moi un peu dans votre profond loisir d'Auteuil, et excusez si je n'ai pas été plus exact à vous mander des nouvelles. La paix en a fourni d'assez considérables, et qui nous donneront assez de matière pour nous entretenir, quand j'aurai l'honneur de vous revoir. Ce sera au plus tard dans quinze jours; car je partirai deux ou trois jours avant le départ du roi. Je suis entièrement à vous.

### 66. — RACINE AU MÊME.

Paris, lundi 20 janvier 1698.

J'ai reçu une lettre de la mère abbesse de Port-Royal[1], qui me charge de vous faire mille remercîments de vos épîtres que je lui ai envoyées de votre part. On y est charmé et de l'épître de l'*Amour de Dieu*, et de la manière dont vous parlez de M. Arnauld; on voudrait même que ces épîtres fussent imprimées en plus petit volume[2]. Ma fille aînée, à qui je les ai aussi envoyées, a été transportée de joie de ce que vous vous souvenez encore d'elle. Je pars en ce moment pour Versailles, d'où je ne reviendrai que samedi. J'ai laissé à ma femme ma quittance pour recevoir ma pension d'homme de lettres. Je vous prie de l'avertir du jour que vous irez chez M. Gruyn[3]; elle vous ira prendre, et vous mènera dans son carrosse. J'ai eu des nouvelles de mon fils par M. l'archevêque de Cambrai, qui me mande qu'il l'a vu à Cambrai jeudi dernier, et qu'il a été fort content de l'entretien qu'il a eu avec lui[4]. Je suis à vous de tout mon cœur.

### 67[5].

### LA MARQUISE DE VILLETTE AU MÊME.

.....1698.

M. le marquis d'Aubeterre, qui a passé ici, m'a dit, monsieur, que vous lui aviez parlé de notre ancienne amitié; et il m'a rappelé des souvenirs qui vous vaudront un quarteau de fenouillette : c'est le présent le plus magnifique que je vous puisse faire d'un ermitage tel que celui-ci[6]. J'avais résolu, l'hiver passé, d'aller vous surprendre dans le vôtre, et d'y rendre M. de Villette témoin de notre tendresse. Ma mauvaise santé m'empêcha d'exécuter ce projet; j'espère qu'il ne sera que différé. En attendant, si vous nous jugiez dignes de lire vos derniers ouvrages, et que vous voulussiez nous les envoyer, je trouverais mon pauvre petit présent plus que payé. Notre ami M. Racine sait notre adresse, quoiqu'il ne s'en serve point; mais vous êtes tous si dévots, que je ne suis point étonnée de vous perdre de vue. Cependant je ne vous estime et ne vous honore pas moins. Je suis, monsieur, votre très-humble, etc.

MARSILLY DE VILLETTE.

---

[1] François-Louis de Bourbon-Conti, né en 1664, mort en 1709. Massillon fit son oraison funèbre; et J. B. Rousseau déplora dans une belle ode (liv. II, ode x) cette mort prématurée, objet des regrets universels.
[2] Racine rédigeait alors un mémoire dans les intérêts temporels des religieuses de Port-Royal des Champs, sur la demande de sa tante, qui était supérieure de cette maison.
[3] Hardouin de la Hoguette, neveu de Péréfixe. Ce prélat avait eu la délicatesse, en 1685, de refuser le cordon bleu, parce qu'il lui manquait un degré. Il suivait l'exemple donné par Fabert en 1661, et fut imité par Catinat en 1705.
[4] Prédicateur fort médiocre, s'il faut en juger par l'épigramme suivante : Comme quelqu'un s'étonnait devant Racine des applaudissements que la *Judith* de Boyer avait d'abord obtenus, « les sifflets, dit l'auteur d'*Athalie*, étaient à la cour aux sermons de l'abbé Boileau. »

[1] La mère Agnès-Sainte-Thècle Racine, sa tante.
[2] Ce sont les trois dernières.
[3] L'un des trois trésoriers des deniers royaux.
[4] Le fils aîné de Racine avait reçu de M. de Torcy, ministre des affaires étrangères, une mission près de M. de Bonrepaux, ambassadeur de France à la Haye.
[5] Je rapporte cette lettre à cause du témoignage rendu à la piété des deux poëtes. (*Louis Racine.*)
[6] Marsilly, petit village près de Nogent-sur-Seine, département de l'Aube.

## 68. — RÉPONSE DE BOILEAU.

......1698.

Je ne sais pas comment vous l'entendez, madame; mais pensez-vous qu'un homme qui, comme je vous l'ai déjà dit, a eu autrefois pour vous, sans que vous en sussiez rien, et du temps que vous n'étiez encore que mademoiselle de Marsilly [1], des sentiments qui allaient bien au delà de l'estime et de la simple admiration, puisse recevoir de vous une lettre pleine de douceurs, sans que ces sentiments se renouvellent? Cependant, non-seulement vous m'écrivez des paroles obligeantes, vous y joignez les effets. Vous me faites des présents magnifiques; et, comme si ce n'était pas assez de m'avoir ravi tous les autres sens, vous m'attaquez encore par le goût, et m'envoyez une caisse pleine des plus exquises liqueurs. En vérité, madame, j'aurais bon besoin de cette insensibilité chrétienne dont vous nous croyez remplis, M. Racine et moi, pour résister à ces douceurs; car, pour me soutenir contre vous, il ne faut pas moins que Dieu même. Ma raison toute seule a pourtant gagné le dessus. Elle m'a fait concevoir ce que vous êtes et ce que je suis; et m'a si bien fait rentrer dans mon néant qu'enfin toute ma passion s'est tournée en purs sentiments d'estime et de reconnaissance; de sorte qu'au lieu d'amant impertinent que je commençais à devenir, je me suis trouvé tout à coup ami très-sincère et très-respectueux. Permettez donc, madame, qu'en cette qualité je vous dise qu'on ne peut pas être plus touché que je le suis de toutes vos bontés et de votre somptueux présent; qu'à mon avis néanmoins, il fallait garder sur cela les mesures que j'avais prises avec M. le marquis d'Aubeterre [2]; et que de payer le port de la caisse est une galanterie plus que romanesque, et dont vous ne sauriez trouver d'autorité dans Cassandre, dans Cléopâtre, ni dans la Clélie. Tout ce que je puis donc faire, madame, pour répondre à votre magnifique galanterie, c'est de vous payer en monnaie poétique, en vous envoyant mes trois dernières épîtres et tous mes autres ouvrages bien reliés. Vous les recevrez peu de temps après l'arrivée de cette lettre. Je suis avec toute la reconnaissance et tout le respect que je dois, etc.

[1] N. Deschamps de Marsilly, née en 1679. Elle était fille de M. de Marsilly, tué au combat de Leuze, et seconde femme de M. le marquis de Villette, neveu de madame de Maintenon. Après la mort de ce marquis, elle épousa le fameux vicomte de Bolingbroke, qu'elle suivit à Londres, où elle mourut en 1750; milord Bolingbroke mourut l'année suivante.
[2] D'Esparbez de Lussan, marquis d'Aubeterre.

## 69. — A M. DE LA CHAPELLE.

Paris, 8 janvier 1699.

Je vous ai bien de l'obligation, mon cher neveu [1], de votre souvenir; mais depuis quand avez-vous oublié notre ancienne familiarité, et de quel front venez-vous le prendre avec moi sur un ton si respectueux? Pensez-vous que j'aie oublié :

Sed si te colo, Sexte, non amabo [2];

et n'appréhendez-vous point que j'en conclue que vous êtes dans la même disposition d'esprit envers moi que Martial était envers Sextus? Au nom de Dieu, quand vous me ferez la faveur de m'écrire, soyez moins mon neveu, et soyez davantage mon ami. Gardons, vous et moi, nos respects pour l'illustre M. de Maurepas [3]. C'est en écrivant à des personnes de son élévation qu'il faut se servir des termes que vous me prodiguez. Je vous prie donc de lui bien témoigner que j'ai pour lui toute l'estime et tout le respect que je dois, et que c'est sur l'honneur de sa protection que je fonde une des plus sûres espérances de ma tranquillité en ce monde. J'ose me flatter de le voir encore une fois en ma vie à Auteuil; et c'est ce qui me fait attendre avec plus d'impatience le retour de mon ami le soleil. Adieu, mon cher neveu; aimez-moi toujours, et croyez que je suis encore plus cette année que l'autre....

## 70. — BROSSETTE A BOILEAU.

Lyon, 10 mars 1699.

Monsieur,

Je suis arrivé à Lyon depuis quinze jours. Si j'avais pu suivre mon inclination, je n'aurais pas tardé si longtemps à vous écrire, mais mon retour en cette ville a été suivi d'un si grand nombre d'occupations, qu'il m'a été impossible de faire ce que je souhaitais le plus, et dont je devais le moins me dispenser. D'ailleurs, je voulais avant toutes choses m'acquitter de la promesse que je vous avais faite, monsieur, de vous envoyer le procès-verbal des ordonnances; et, comme je vous tiens parole aujourd'hui, je me trouve en état de paraître devant vous avec plus de confiance.

Vous trouverez dans le même paquet un livre d'une espèce bien différente : c'est l'ouvrage ridicule d'un auteur très-ridicule [4]. Son livre est chargé

[1] M de la Chapelle était petit-neveu de Boileau, et fut un de ses légataires.
[2] Mart. liv. II, épig. LV.
[3] Phélippeaux, comte de Maurepas, secrétaire d'État, fils du chancelier de Pontchartrain.
[4] Le *Lutrigot*, poëme heroï-comique du sieur Bonnecorse. Il avait été imprimé pour la première fois en 1686.

de tant d'impertinences, que je compte bien qu'il vous fera rire plutôt que de vous affliger. J'ai eu l'honneur de vous dire à Paris que, l'année dernière, un libraire de Lyon, à qui l'auteur avait envoyé son manuscrit, me l'avait apporté pour savoir s'il ferait bien de l'imprimer; mais que je l'en avais détourné, en lui faisant voir que l'ouvrage ne valait rien. Il renvoya donc le manuscrit à Bonnecorse, qui a pris le parti, dit-on, de le faire imprimer à Marseille, et qui en a fait apporter à Lyon quelques exemplaires :

> Mais son livre inconnu sèche dans la poussière[1] ;

et l'exemplaire que je vous envoie est infailliblement le seul qui aura le bonheur d'aller à Paris.

On vient de m'apporter la bordure que j'ai fait faire au portrait[2] dont vous m'avez fait présent, et vous voilà placé dans le plus bel endroit de mon cabinet. Je ne doute pas que vous n'en fussiez content si vous pouviez le voir; mais vous le seriez bien davantage si vous étiez témoin de l'empressement qu'ont tous les honnêtes gens de vous venir rendre visite chez moi. Chacun tâche de renchérir sur vos louanges; il n'est pas même jusqu'à nos poètes qui n'aient travaillé sur ce sujet. Voici quatre vers de la façon d'un de nos amis :

> Vous qui voulez savoir quel est le personnage
> Représenté dans ce tableau,
> Approchez-en un sot ouvrage,
> Vous connaîtrez que c'est Boileau.

Enfin, monsieur, chacun veut avoir quelque part à l'honneur de vous louer. Pour moi qui ai sur eux l'avantage de vous connaître plus particulièrement, j'ai aussi celui de vous honorer avec plus de respect, et, si j'ose le dire, de vous aimer avec plus de tendresse. Je suis, monsieur, votre très-humble, etc.

### 71. — A BROSSETTE.

Paris, 25 mars 1699.

La maladie de M. Racine, qui est encore en fort grand danger, a été cause, monsieur, que j'ai tardé quelques jours à vous faire réponse. Je vous assure pourtant que j'ai reçu votre lettre avec fort grand plaisir. Mais pour le livre de M. de Bonnecorse, il ne m'a ni affligé ni réjoui. J'admire sa mauvaise humeur contre moi, mais que lui a fait la pauvre Terpsichore, pour la faire une muse de plus mauvais goût que ses autres sœurs? Je le trouve bien hardi d'envoyer un si mauvais ouvrage à Lyon ; ne sait-il pas

[1] Le Jonas inconnu sèche dans la poussière.
Satire IX.

[2] Cizeron-Rival croit que ce portrait, peint par Santerre, était, en 1770, dans la bibliothèque des Augustins de Saint-Vincent, à Lyon.

que c'est la ville où l'on obligeait les méchants écrivains à effacer eux-mêmes leurs écrits avec la langue[1]? n'a-t-il point peur que cette mode ne se renouvelle contre lui, et ne le fasse *pâlir :*

> Ut Lugdunensem rhetor dicturus ad aram[2]?

Je suis bien aise que mon tableau y excite la curiosité de tant d'honnêtes gens ; et je vois bien qu'il reste encore chez vous beaucoup de cet ancien esprit qui y faisait haïr les méchants auteurs, jusqu'à les punir du dernier supplice. C'est vraisemblablement ce qui a donné de moi une idée si avantageuse. L'épigramme qu'on a faite pour mettre au bas de ce tableau est fort jolie. Je doute pourtant que mon portrait donnât signe de vie dès qu'on lui présenterait un sot ouvrage, et l'hyperbole est un peu forte. Ne serait-il point mieux de mettre, suivant ce qui est représenté dans cette peinture :

> Ne cherchez point comment s'appelle
> L'écrivain peint dans ce tableau :
> A l'air dont il regarde et montre la Pucelle,
> Qui ne reconnaîtrait Boileau ?

Je vous écris tout ceci, monsieur, au courant de la plume; mais si vous voulez que nous entretenions commerce ensemble, trouvez bon, s'il vous plaît, que je ne me fatigue point, *et hanc veniam petimusque damusque vicissim ;* et surtout évitons les cérémonies, et ces grands espaces de papier vides d'écriture à toutes les pages, et ne me donnez point, par les termes respectueux dont vous m'accablez, occasion de vous dire :

> Vis te, Sexte, coli; volebam amare.

En un mot, monsieur, mettez-moi en droit, par la première lettre que vous me ferez l'honneur de m'écrire, de n'être plus obligé de dire si respectueusement que je suis...

### 72. — BROSSETTE A BOILEAU.

Lyon, 16 avril 1699.

Monsieur,

Je ne doute pas que la maladie de M. Racine ne vous ait fort occupé et fort affligé. La nouvelle que j'avais eue de cette maladie m'avait aussi donné de

[1] Dans le temple, depuis l'abbaye d'*Ainay*, à Lyon. « C'est là que les Grecs fugitifs établirent une école de sagesse, que, par attachement pour leur patrie, ils appelèrent *Athenas*, nom que l'on reconnaît encore dans *Athanacum* ou *Athenatum*, mal francisé dans celui d'*Ainay*. C'est là que Caligula établit ensuite ces disputes bizarres où les auteurs qui manquaient le prix étaient condamnés à effacer leurs écrits avec la langue, ou à être châtiés à coups de verges, ou même jetés dans le Rhône. » Aimé Guillon, *Lyon, tel qu'il était*, etc. p. 23.

[2] Juvénal, sat. I, v. 44.

la crainte et de la douleur; car je ne puis manquer de prendre beaucoup d'intérêt à la santé de ce grand homme, avec qui vous êtes lié par une amitié si ancienne et si intime : d'ailleurs vous avez été témoin quelquefois des bontés qu'il m'a témoignées à votre considération. Je crois pouvoir à présent vous féliciter de son rétablissement, et je m'en réjouis avec vous, comme je ferai de tous les plaisirs qui vous arriveront.

L'épigramme que vous m'avez envoyée pour servir d'inscription à votre portrait, est telle que je la pouvais souhaiter. J'en ai fait un bon usage, car je l'ai fait écrire en lettres d'or sur un cartouche, ménagé dans les ornements de sculpture qui sont au haut du cadre; et j'ai fait écrire au cartouche d'en bas ces six vers de votre épître X, accommodés au sujet :

Tu peux voir dans ces traits qu'au fond cet homme horrible,
Ce censeur, qu'on a cru si noir et si terrible,
Fut un esprit doux, simple, ami de l'équité;
Qui, cherchant dans ses vers la seule vérité,
Fit, sans être malin, ses plus grandes malices;
Et sa candeur fit tous ses vices.

Nous avons vu ici des premiers la bulle de condamnation de M. de Cambrai[1]. Aussi ne vous en parlerai-je pas comme d'une chose nouvelle; c'est seulement pour vous envoyer ces petits vers[2], que sans doute vous ne savez pas :

En vain pour son système un grand prélat s'obstine,
Il le verra toujours contredit, traversé :
Un siècle où l'intérêt domine,
Ne saurait goûter la doctrine
De l'amour désintéressé.

Vous voyez, monsieur, que je commence à me servir de la liberté que vous m'accordez d'entrer en commerce avec vous; mais je vous avoue que j'agirais bien contre mon intention, s'il arrivait que ce commerce vous causât le moindre embarras : *Tu poteris salve atque vale brevitate parata scribere sæpe mihi.* Voilà, monsieur, tout ce que j'ose vous demander. Je suis, avec la soumission la plus tendre et la plus respectueuse, monsieur, votre très-humble, etc.

### 73. — A M. DE PONTCHARTRAIN LE FILS,

COMTE DE MAUREPAS.

......1699.

Quelque affligé que je sois, monseigneur, la douleur ne m'a pas encore rendu si stupide que je ne sente, comme je dois, l'extrême honneur que vous m'avez fait en m'écrivant d'une manière si obligeante[1] sur la mort de mon illustre ami. Vous avez parfaitement tracé son éloge en très-peu de mots, et je doute que l'écrivain qui sera reçu en sa place à l'Académie le fasse mieux en beaucoup de périodes. N'attendez pas cependant, monseigneur, de moi sur cela une réponse digne de votre obligeante lettre. Il me reste assez de raison pour comprendre ce que je vous dois; mais non pas assez de liberté d'esprit pour vous exprimer ma reconnaissance; et tout ce que je puis faire, c'est de vous assurer que je suis avec un très-grand zèle et un très-grand respect, -monseigneur, etc.

Permettez pourtant que j'ajoute encore ce peu de mots, pour vous dire que c'est sur M. de Valincour qu'il m'a semblé que tous les académiciens tournent les yeux pour remplir la place de M. Racine; et j'espère que vous voudrez bien l'appuyer de votre crédit[2], puisque c'est l'homme du monde le plus digne de lui succéder, et le plus propre à ne lui point faire un fade panégyrique[3].

### 74. — A BROSSETTE.

Paris, 9 mai 1699.

Vous vous figurez bien, monsieur, que, dans l'affliction et dans l'accablement d'affaires où je suis, je n'ai guère le temps d'écrire de longues lettres. J'espère donc que vous me pardonnerez si je ne vous écris qu'un mot, et seulement pour vous instruire de ce que vous me demandez. Je ne suis point encore à Auteuil, parce que mes affaires et ma santé, qui est fort altérée, ne me permettent pas d'y aller respirer l'air, qui est encore très-froid, malgré la saison avancée, et dont ma poitrine ne s'accommode pas. J'ai pourtant été à Versailles, où j'ai vu madame de Maintenon, et le roi ensuite, qui m'a comblé de bonnes paroles : ainsi me voilà plus historiographe que jamais. Sa Majesté m'a parlé de M. Racine d'une manière à donner envie aux courtisans de mourir, s'ils croyaient qu'elle parlât d'eux de la sorte après leur mort. Cependant cela m'a très-peu consolé de la perte de cet illustre ami, qui n'en est pas moins mort, quoique regretté du plus grand roi de l'univers[4].

---

[1] Le pape Innocent XII condamna, le 12 mars 1699, le livre de Fénelon, intitulé : *Explication des maximes des saints;* mais la soumission de ce prélat fut un véritable triomphe pour lui.

[2] Ils sont de François Gacon, qui se faisait nommer le poëte *sans fard.*

[1] Racine mourut le 21 avril 1699.

[2] Il lui succéda en effet, et fut reçu le 27 juin, à la grande satisfaction de Boileau, qui l'estimait infiniment.

[3] M. de Pontchartrain le fils, secrétaire d'État en survivance, avait les académies dans son département.

[4] « Après la mort de M. Racine, M. Despréaux vint à la cour « proposer au roi M. de Valincour pour être son associé à l'his-« toire. Du plus loin que le roi aperçut le satirique, il lui cria :

Pour mon affaire de la noblesse, je l'ai gagnée avec éloge, du vivant même de M. Racine, et j'en ai l'arrêt en bonne forme, qui me déclare noble de quatre cents ans [1]. M. de Pommereu, président de l'assemblée, fit en ma présence, l'assemblée tenante, une réprimande à l'avocat des traitants, et lui dit ces propres mots : « Le roi veut bien que vous poursuiviez les faux nobles de son royaume; mais il ne vous a pas pour cela donné permission d'inquiéter des gens d'une noblesse aussi avérée que sont ceux dont nous venons d'examiner les titres. Que cela ne vous arrive plus. » Je ne sais si M. Perrachon [2] a de meilleures preuves de sa noblesse que cela; et je ne vois pas qu'il les ait rapportées dans son livre [3]. Adieu, monsieur; croyez que je suis affectueusement....

### 75. BROSSETTE A BOILEAU.

Lyon, 6 juin 1699.

Monsieur,

La dernière lettre que vous m'avez fait l'honneur de m'écrire m'a enfin appris la confirmation de votre noblesse. La joie que m'a causée cette lettre obligeante ne pouvait être augmentée que par une nouvelle aussi agréable que celle que vous me donnez. Mais, monsieur, permettez-moi de vous dire que, par là vous me mettez en droit de vous demander une copie de votre arrêt, et une suite de votre généalogie, depuis Jean Boileau, en 1372, jusqu'à nous. Vous avez eu la complaisance de me le promettre, et j'ose espérer que vous ne me le refuserez pas, parce que vous connaissez l'empressement que j'ai d'être instruit particulièrement de tout ce qui vous regarde. Quand ces titres ne serviraient pas à ma propre satisfaction, ils ne seraient pas inutiles pour l'usage que j'en veux faire; car enfin, monsieur, il faut que je vous fasse confidence de toutes mes folies. J'ai résolu de répondre à toutes les critiques qu'on a faites de vos ouvrages, suivant le plan, la manière, et, s'il se peut, le style dont M. Arnauld s'est servi pour défendre votre satire x, dans sa lettre à M. Perrault. Que direz-vous, monsieur, de mon entreprise? J'en connais toute la témérité, ou du moins l'inutilité. Je sais que vos ouvrages sont infiniment au-dessus des atteintes

« Despréaux, nous avons beaucoup perdu, vous et moi, à la « mort de Racine. — Tout ce qui me console, Sire, repartit « M. Despréaux, c'est que mon ami a fait une fin très-chré-« tienne et très-courageuse, quoiqu'il craignît extrêmement « la mort. — Oui, oui, répliqua le roi, je m'en souviens : c'é-« tait vous qui étiez le brave au siége de Gand. » (*Bolæana*, n° XIII.)
[1] Cet arrêt fut rendu le 19 avril 1699.
[2] Avocat à Lyon.
[3] Intitulé : *Le faux Satirique puni*; dirigé contre Gacon.

que la jalouse ignorance a essayé de leur donner : ils se soutiennent assez par eux-mêmes, et vous vous ferez toujours assez admirer sans le secours d'un apologiste tel que moi. Mais cependant, monsieur, la matière est si belle, et votre défense est si facile, que je sens bien que j'aurai toutes les peines du monde à résister à une tentation si glorieuse. C'est pour cela que je ramasse depuis longtemps, avec beaucoup de soin, tous les mémoires qui peuvent m'aider pour ce dessein; et les éclaircissements que vous avez eu la bonté de me donner sur vos ouvrages me serviront de principal ornement.

Je viens à votre dernière lettre, parce qu'elle a donné lieu à une rencontre dont je suis bien aise de vous informer. Quand je reçus votre lettre, M. Perrachon se trouva chez moi, où il vient quelquefois me débiter ses visions pédantesques. Comme je sais qu'il se déclare contre vous dans toutes les compagnies où il le peut faire, quand il ne craint pas les *releveurs*, je fus bien aise de lui lire l'endroit où vous me parlez de sa prétendue noblesse, qu'il nous réduit à croire simplement sur sa bonne foi. Il fut un peu surpris de se trouver dans cette lettre; mais il n'osa pas, en ma présence, faire paraître sa burlesque vivacité. Il se contenta de dire, qu'apparemment vous vouliez faire entendre que votre noblesse était aussi bien établie que la sienne, mais que peut-être l'on vous avait fait quelque grâce.

Vous jugez bien qu'étant instruit comme je l'étais, je ne demeurai pas sans réplique : je lui dis tout ce que j'avais vu de votre généalogie bien suivie et bien prouvée; je lui fis voir les *Mémoires de Miraulmont* [1], que je tiens, comme vous savez, de M. l'abbé Dongois, dans les endroits où il est parlé de Jean Boileau, p. 38, et de Henri Boileau, p. 226. Je lui confirmai ce témoignage par un autre, que j'ai découvert depuis peu, dans l'*Histoire chronologique de la chancellerie*, par Taissereau, imprimée chez Lepetit, en 1676. Je lui fis lire dans cette histoire, p. 21, que « le roi Jean fit une ordonnance « pour la restriction de ses secrétaires et notaires, » laquelle se trouve au mémorial D., qui est en la chambre des comptes; commençant en l'an 1359, et finissant en 1381, au fol. 25 v°, dont s'ensuit l'extrait : « Ci-dessous sont les noms des secrétaires « et notaires ordenés et retenus pour nous servir, « lesquels suivront continuellement de présent, etc. « Martin de Mellon, etc. Jean Boileau. » (C'est le même dont parle Miraulmont); et à la fin : « Et en « signe que cette présente ordonnance procède de « notre propre conscience, nous avons fait sceller ce

[1] *Sur l'origine du parlement*, Paris, 1612.

« rôle de notre scel secret ; » et dans la p. 16 de la même histoire, il paraît que « le nommé Jean Boi- « leau est des notaires du roi examinés et trouvés « suffisants par le parlement, pour écrire et faire « lettres en français et en latin, le 26 jour d'août « 1342. Extrait du registre du mémorial B., com- « mençant en 1330, fol. 176, » où l'on voit encore que lesdites lettres furent envoyées par le roi en la chambre des comptes, le 21 septembre 1343.

M. Perrachon ne put démentir des témoignages si authentiques ; mais il ne voulut pas céder l'ancienneté de la noblesse ; car *il se retrancha dans le torre de' Perrachoni*, qui, selon lui, sont plus anciennes que tout cela. Je lui répondis froidement que c'étaient là de grands titres à produire dans un procès ; et je lui citai en même temps un des couplets de la chanson dont je vous ai parlé autrefois, et qu'on avait faite ici dès que son livre parut :

> Or, pour vous prouver ma noblesse,
> Il ne faut que voir en Piémont
> Deux tours, qui malgré leur vieillesse,
> Y portent encore mon nom, etc.

Je vais vous dire un mot du livre que vous trouverez dans ce paquet ; il contient deux petits poëmes latins, l'un sur l'aimant (*magnes*), et l'autre sur le café (*faba arabica*)[1]. La versification en est douce et nombreuse, les descriptions en sont vives, et les peintures qu'il fait sont très-naturelles. Ce qui a donné lieu au poëme de l'aimant est le cabinet de M. de Puget[2], qui est un excellent philosophe, et le plus savant magnétiste que nous ayons. L'auteur de ces poëmes est le père Fellon, jésuite fort spirituel, et qui est bien de mes amis. Je suis, etc.

## 76. — A BROSSETTE.

*Paris, 22 juillet 1699.*

J'ai été, monsieur, si occupé depuis votre longue et pourtant trop courte lettre, que je n'ai pu vous faire plus tôt réponse. Plût à Dieu que je pusse aussi bien prouver à M. Perrachon le mérite de mes ouvrages, que la noblesse et l'antiquité de mes pères ! Je doute qu'alors il pût préférer même ses écrits aux miens. Je ne vous envoie point néanmoins, pour ce voyage, la copie de mon arrêt, parce qu'il est trop gros, le greffier qui l'a dressé ayant pris soin d'y énoncer toutes les preuves que j'alléguais, et cela fait plus de trente rôles en parchemin d'écriture as-

---

[1] Ces deux poëmes se trouvent dans un recueil intitulé *Poemata didascalica*.
[2] Louis de Puget, ou du Puget, né à Lyon en 1629, mort le 16 décembre 1709 ; l'un des plus savants physiciens de son temps. — Thomas-Bernard Fellon, jésuite, a été l'un des premiers membres de l'Académie de Lyon.

sez minutée. Cependant, si vous persistez dans l'envie de l'avoir, je vous le ferai tenir au premier jour. Vous m'avez fort réjoui avec *le torre de' Perrachoni*. Je crois que M. Perrachon ne ferait pas mal de se tenir sur le haut d'une de ces tours, avec une lunette à longue vue, pour voir s'il ne découvrira point quelqu'un qui aille à Lyon ou à Paris acheter ses livres ; car je ne crois pas qu'il en ait vu jusqu'ici. Je suis bien aise qu'un homme comme vous entreprenne mon apologie ; mais les livres qu'on a faits contre moi sont si peu connus, qu'en vérité je ne sais s'ils méritent aucune réponse. Oserais-je vous dire que le dessein que vous aviez pris de faire des remarques sur mes ouvrages est bien aussi bon, et que ce serait le moyen d'en faire une imperceptible apologie qui vaudrait bien une apologie en forme. Je vous laisse pourtant le maître de faire tout ce que vous jugerez à propos. Je sais assez bien donner conseil aux autres sur ce qui les concerne ; mais pour ce qui me regarde, je m'en rapporte toujours aux conseils d'autrui. Les vers latins que vous m'avez envoyés sont très-élégants et très-particuliers ; ils m'ont réconcilié avec les poëtes latins modernes, dont vous savez que je fais une médiocre estime, dans la prévention où je suis qu'on ne saurait bien écrire que sa propre langue. Vos couplets de chanson me paraissent fort jolis, et il paraît bien que vous parlez votre propre et naturelle langue ; car, comme vous savez bien, c'est au français qu'appartient le vaudeville, et c'est dans ce genre-là principalement que notre langue l'emporte sur la grecque et sur la latine. Voilà la quatrième lettre que j'écris ce matin ; c'est beaucoup pour un paresseux accablé d'un million d'affaires. Ainsi, trouvez bon que je vous dise tout court que je suis très-cordialement, monsieur, etc.

## 77. — AU MÊME.

*Auteuil, 15 août 1699.*

Si vous comprenez bien, monsieur, quel embarras c'est à un homme de lettres qui a des livres, des bijoux et des tableaux, que d'avoir à déménager, vous ne trouverez pas étrange que je sois demeuré si longtemps sans faire réponse à votre dernière lettre. Eh ! le moyen de se ressouvenir de son devoir, au milieu d'une foule de maçons, de menuisiers et de crocheteurs, qu'il faut sans cesse gronder, réprimander, instruire, etc. ? Il y a tantôt trois semaines que je fais cet importun métier, et je n'en suis pas encore dehors. Ainsi, bien loin de croire que vous ayez raison de vous plaindre, je prétends même que je dois être plaint, et qu'il faut que je vous aime beaucoup pour trouver, comme je fais aujourd'hui, le temps de vous faire mes remercîments sur toutes les douceurs que vous m'écrivez, et sur tous les présents que vous me faites. Vous me direz peut-être que ce discours n'est que l'artifice d'un homme qui a tort, et qui le premier fait un procès aux autres, afin qu'on n'ait pas le temps de lui faire le sien. Peut-être cela est-il véritable. Je vous assure pourtant qu'on ne peut pas être plus touché que je le suis de toutes vos bontés ; et que, s'il y a en moi de la paresse, il n'y a assurément point de méconnaissance. D'ailleurs je m'attendais à vous écrire quand j'aurais reçu votre thé, qui n'est point encore venu, non plus que le livre dont vous me parlez dans une autre de vos lettres.

Mais est-ce une promesse ou une menace que vous me faites, quand vous me mandez qu'au premier jour vous m'enverrez le livre de M. Perrachon [1] ?

Di magni, horribilem et sacrum libellum [2] ?

Savez-vous que si vous vous y jouez, je cours sur-le-champ chez Coignard ou chez Ribou, et que là, *Cotinos, Peraltos, Pradonos, et omnia colligam venena, atque hoc te munere remunerabo,* de la même manière que Catulle prétendait récompenser son ami, en lui envoyant *Metios, Suffenos, et Varios ?* Voilà, monsieur, de quoi je vous régalerai, au lieu de la copie que je vous ai promise de mon arrêt sur la noblesse. La vérité est pourtant que j'ai donné ordre de la faire, et que vous l'aurez au premier ordinaire, supposé que vous ne m'exposiez pas à la lecture du livre de M. Perrachon.

Je suis bien aise que vous suiviez votre premier dessein sur l'ouvrage que vous méditez. L'apologie met un lecteur sur ses gardes, au lieu que le commentaire lui ôte toute défiance. Votre devise sur ma noblesse [3] et sur mes ouvrages est fort spirituelle, et il ne lui manque que d'être un peu plus vraie. Mais à quoi songez-vous de me proposer d'en faire une pour la ville de Lyon [4] ? Ai-je le temps de cela ? et de quoi m'aviserais-je d'aller sur le marché d'un aussi bon ouvrier que vous ? Est-ce à un Béotien d'aller enseigner dans Lacédémone à dire des bons mots ? C'est donc, monsieur, de cette proposition que je me plains, et non pas de vos lettres qui ne sauraient jamais que me divertir très-agréablement,

[1] Contre Gacon.
[2] Catulle, à Calvus Licinius, qui avait choisi les *Saturnales* pour lui envoyer les vers des plus mauvais poëtes du temps. *Carm.* XIV, v. 12.
[3] « *Dopo il fuoco, più bello.* » C'est ce qu'on dit de l'or éprouvé au creuset.
[4] Brossette lui avait demandé une devise pour les jetons que la ville de Lyon faisait frapper tous les ans.

pourvu que vous me laissiez la liberté, quand je déménage, de tarder quelquefois à y répondre. Je suis avec beaucoup de reconnaissance, etc.

## 78. — A M. DE PONTCHARTRAIN LE FILS,

### COMTE DE MAUREPAS.

Paris.... 1699.

Puisque vous daignez bien prendre quelquefois part à mes afflictions, trouvez bon, monseigneur, que je prenne part à votre joie, et que je ne sois pas des derniers à vous féliciter sur la justice que le roi a rendue au mérite de monseigneur votre père, en le choisissant pour remplir la première dignité de son royaume. Jamais choix n'a été plus applaudi, ni n'a excité une réjouissance plus universelle, surtout parmi les honnêtes gens. Il n'y en a pas un qui ne se trouve gratifié en la personne de monseigneur de Pontchartrain, et qui, par son élévation, ne se croie en quelque sorte lui-même accru de considération et d'estime. Pour moi qui, outre les raisons du bien public, ai encore par rapport à vous des raisons particulières et si sensibles d'être charmé de ce choix, jugez quelle doit être ma satisfaction ! Mais, monseigneur, ce nouveau titre de grandeur qui entre dans votre maison, vous laissera-t-il le même que vous avez toujours été ? Puis-je espérer de trouver dans le fils d'un chancelier de même ami tendre et officieux que je trouvais dans le fils d'un contrôleur général des finances ? Et Auteuil oserait-il se flatter de vous voir encore chez moi faire de ces repas

....... *Sine aulæis et ostro,*

que Mécénas faisait avec le bon Horace [1] ? Pourquoi non ? Vous n'êtes pas moins galant homme que Mécénas, et je ne vous suis pas moins dévoué qu'Horace l'était à ce premier ministre d'Auguste. Je m'en vais donc tout préparer pour cela à votre retour de Fontainebleau. Ne craignez point pourtant, monseigneur, que je m'oublie : à quelque familiarité que vous descendiez avec moi, je me souviendrai toujours avec quel respect je suis et je dois être....

## 79.

### LE COMTE DE MAUREPAS A BOILEAU.

Paris... 1699.

Vous avez grande raison, monsieur, de croire que vous trouverez dans le fils d'un chancelier le même

[1] Liv. III, ode XXIX, v. 15.

ami que vous avez trouvé dans le fils d'un contrôleur général [1] ; et je puis vous assurer que vous ne me verrez jamais changer de sentiment pour vous. Mais, le croiriez-vous, monsieur ? ce n'est point ce génie sublime, cet auteur des satires, que je prise en vous ; c'est cette candeur et cette simplicité heureuses que vous avez su joindre à tout l'esprit imaginable, et qui vous fait aimer de vos ennemis mêmes.

*Quanquam urat fulgore suo, qui prægravat artes
Infra se positas* [2] . . . . . . . . . . .

Je reçois avec beaucoup de sensibilité le compliment que vous me faites sur la nouvelle dignité de mon père, et j'attends avec impatience le moment fortuné où je pourrai me dérober pour aller à Auteuil,

*Fastidiosam deserens copiam*, etc. [3].

Je suis tout à vous du meilleur de mon cœur.
PONTCHARTRAIN.

## 80. — A M. DE LA CHAPELLE.

Paris, 9 novembre 1699.

Je crois, monsieur mon cher neveu, que je ne ferai plus que solliciter monseigneur de Pontchartrain et vous. Voici encore un placet que je vous envoie, et que je vous prie de lui présenter de ma part ; et bien qu'il vienne le dernier, j'ose vous prier de l'appuyer encore plus fortement que l'autre, parce que j'y prends encore plus d'intérêt, et qu'il s'agit d'obliger un de mes meilleurs amis. Que si monseigneur de Pontchartrain vient à rire, comme il en aura raison sans doute, de ce que je prends ainsi les gens de marine sous ma protection, je vous supplie de lui dire que, m'étant fait un si grand nombre d'ennemis sur la terre, il ne doit pas trouver étrange que je songe à me faire des amis sur la mer, surtout puisqu'elle est de son département. Recevez bien celui qui vous présentera ce billet, qui a peut-être une meilleure recommandation que la mienne auprès de vous, puisqu'il vous porte une lettre de M. de Bâville [4]. Je suis, monsieur mon neveu....

---

[1] Avant d'être chancelier, M. de Pontchartrain le père était contrôleur général des finances depuis 1689, et secrétaire d'État de la marine depuis 1690. Il eut pour successeur M. de Chamillard dans la première place ; et son fils le remplaça dans la seconde, dont il avait la survivance.
[2] HORACE, épître I, v. 13, liv. II.
[3] *Id.* ode XXIX, v. 9, liv. III.
[4] Lamoignon de Bâville, intendant de Languedoc, fils du premier président.

## 81. — A BROSSETTE.

Paris, 10 novembre 1699.

Je suis fort honteux, monsieur, d'avoir été si longtemps à vous remercier de vos magnifiques présents et à répondre à vos lettres, plus agréables encore pour moi que vos présents ; mais, si vous saviez le prodigieux accablement d'affaires que m'a laissé la mort de M. Racine, vous me pardonneriez sans peine, et vous verriez bien que je n'ai presque point de temps à donner à mon plaisir, c'est-à-dire à vous entretenir et à vous écrire. J'ai lu votre préface du livre des *Conférences*, et elle me semble très-bien, à quelque manière de parler près, que je vous y marquerai à mon premier loisir.

Vous m'avez fait un fort grand plaisir en m'envoyant le Télémaque de M. de Cambrai. Je l'avais pourtant déjà lu. Il y a de l'agrément dans ce livre, et une imitation de l'*Odyssée* que j'approuve fort. L'avidité avec laquelle on le lit fait bien voir que, si on traduisait Homère en beaux mots, *il ferait l'effet qu'il doit faire, et qu'il a toujours fait*. Je souhaiterais que M. de Cambrai eût rendu son Mentor un peu moins prédicateur, et que la morale fût répandue dans son ouvrage un peu plus imperceptiblement et avec plus d'art. Homère est plus instructif que lui ; mais ses instructions ne paraissent point préceptes, et résultent de l'action du roman, plutôt que des discours qu'on y étale. Ulysse, par ce qu'il fait, nous enseigne mieux ce qu'il faut faire, que partout ce que lui ni Minerve disent. La vérité est pourtant que le Mentor du Télémaque dit de fort bonnes choses, quoique un peu hardies, et qu'enfin M. de Cambrai me paraît beaucoup meilleur poëte que théologien. De sorte que si, par son livre des *Maximes*, il me semble très-peu comparable à saint Augustin, je le trouve, par son roman, digne d'être mis en parallèle avec Héliodore [1]. Je doute néanmoins qu'il fût d'humeur, comme ce dernier, à quitter sa mitre pour son roman. Aussi, vraisemblablement, le revenu de l'évêque Héliodore n'approchait guère du revenu de l'archevêque de Cambrai. Mais, monsieur, il me semble que, pour un paresseux aussi affairé que je suis, je vous entretiens là de choses assez peu nécessaires. Trouvez bon que je ne vous en dise pas davantage, et pardonnez-moi les ratures que je fais à chaque bout de champ dans mes lettres, qui m'embarrasseraient fort, s'il fallait que je les récrivisse. Je suis sincèrement, etc.

---

[1] Évêque de Tricca en Thessalie, et auteur des *Éthiopiques* ou les *Amours de Théagène et de Chariclée*.

## 82. — A M. DE LA CHAPELLE.

*Paris, 3 janvier 1700.*

Je vous ai bien de l'obligation, mon très-cher neveu, de votre souvenir et de l'agréable flatterie que vous m'avez écrite au commencement de l'année. On ne peut pas plus agréablement louer un oncle, que de lui dire que *l'on le* regarde comme une espèce de père; car il n'y a ordinairement rien de moins père qu'un oncle. Vous n'ignorez pas ce que veut dire en latin : *Ne sis patruus mihi, et patruus patruissimus.* Vous avez grande raison de ne me point mettre au rang de ces oncles trop oncles, et je n'ai pour vous que des sentiments qui tirent droit au paternel. Je suis bien aise de la bonne opinion que M. le Baron[1] a de moi; et j'ai trouvé son compliment à M. le comte d'Ayen[2] très-joli et très-spirituel. Il est dans le goût des compliments de Molière; c'est-à-dire que la satire y est adroitement mêlée à la flatterie, afin que l'une fasse passer l'autre. J'y ai trouvé seulement un peu à dire qu'il y mette les sots poëtes si proches d'Apollon. La racaille poétique dont il parle est logée au pied et dans les marais du mont *Parnassien,* où elle rampe avec les grenouilles et avec l'abbé de Pure; et Apollon est logé tout au haut avec les Muses et avec Corneille, Racine, Molière, etc. Jamais méchant auteur n'y arriva, et quand quelqu'un en veut approcher, *musæ furcillis præcipitem ejiciunt.* Adieu, mon très-cher neveu; témoignez bien à M. le Baron que je fais de lui le cas que je dois, et croyez que je suis cette année, encore plus que les précédentes, entièrement à vous.

## 83. — A BROSSETTE.

*Paris, 5 février 1700.*

Il est arrivé, monsieur, ce que vous avez prévu, et vos présents sont arrivés deux jours devant vos lettres. Cela a causé quelque petite méprise, mais cela n'a pourtant fait aucun mal, et chacun a reçu ce qui lui appartenait. M. de Lamoignon m'a écrit une lettre pour me prier de vous faire ses remercîments, et M. Dongois et M. Gilbert[3] m'ont assuré qu'ils vous feraient au premier jour le leur. Je ne sais si cela pourra un peu distraire la juste affliction où vous êtes. Je la conçois telle qu'elle doit être, quoique je n'en aie jamais éprouvé une pareille; ma mère, comme mes vers vous l'ont vraisemblablement appris, étant morte que je n'étais encore qu'au berceau. Tout ce que j'ai à vous conseiller, c'est de vous rassasier de larmes. Je ne saurais approuver cette orgueilleuse indolence des stoïciens qui rejettent follement ces secours innocents que le nature envoie aux affligés, je veux dire les cris et les pleurs. Ne point pleurer d'*une* mère ne s'appelle pas de la fermeté et du courage, cela s'appelle de la dureté et de la barbarie. Il y a bien de la différence entre se désespérer et se plaindre. Le désespoir brave et accuse Dieu; mais la plainte lui demande des consolations. Voilà, monsieur, de quelle manière je vous exhorte à vous affliger, c'est-à-dire en vous consolant, et en ne prétendant pas que Dieu fasse pour vous une loi particulière qui vous exempte de la nécessité à laquelle il a condamné tous les enfants, qui est de voir mourir leurs pères et mères. Cependant soyez bien persuadé que je vous estime infiniment, et que si je ne vous écris pas aussi souvent que je devrais, ce n'est pas manque de reconnaissance, mais manque de cet esprit de vigilance et d'exactitude que Dieu donne rarement aux poëtes, surtout lorsqu'ils sont historiographes. Je suis avec beaucoup de respect et de sincérité....

## 84. — BROSSETTE A BOILEAU.

*Lyon, 6 mars 1700.*

Monsieur,

Votre dernière lettre a suivi de si près celle que j'avais eu l'honneur de vous écrire, que vous avez tort, ce me semble, de vous reprocher votre peu d'exactitude. Quand vous dites que si vous n'écrivez pas souvent, c'est manque de cet esprit de vigilance et d'exactitude que Dieu accorde rarement aux poëtes, surtout quand ils sont historiographes, c'est rejeter la cause de votre paresse sur votre tempérament et sur vos occupations glorieuses. Néanmoins vous avez passé par-dessus ces raisons en ma faveur; et, pour cela seul, je vous devrais des remercîments très-sincères, quand votre lettre ne serait pas d'ailleurs aussi belle, et aussi obligeante, et aussi touchante qu'elle l'est. Je vous assure que je n'ai point trouvé d'adoucissement si efficace à la douleur que me cause la mort de ma mère.

M. de Lamoignon ne s'est pas contenté des remercîments que vous m'avez faits de sa part : il a pris la peine de m'écrire lui-même, aussi bien que M. Dongois et M. Gilbert.

Il y a quelque temps que j'eus occasion de voir en cette ville M. de Bonnecorse, de Marseille. Je lui parlai de son *Lutrigot,* et il ne me put dire que de fort mauvaises raisons pour justifier la conduite

---

[1] Le célèbre comédien Baron. Boileau affecte de l'appeler ici *le Baron,* par allusion sans doute à l'importance risible qu'il se donnait dans le monde.
[2] Depuis le maréchal duc de Noailles.
[3] M. Gilbert, président aux enquêtes, avait épousé mademoiselle Dongois, petite-nièce de Boileau.

qu'il a tenue à votre égard. Il me dit, entre autres choses, qu'étant à Paris, il pria M. Bernier, qu'il m'a cité comme votre ami, et qui a fait l'abrégé de Gassendi, d'apprendre de vous-même quel sujet vous avait obligé de mettre dans vos satires *la Montre*, qui est un ouvrage de Bonnecorse; et que, suivant le rapport que lui fit M. Bernier, vous aviez répondu, pour toute raison, que vous aviez été bien modéré de ne dire de *la Montre* que ce que vous en aviez dit. Bonnecorse me parut être encore sensible à la fierté de cette réponse, qui était en effet plus piquante que ce que vous aviez dit de cet ouvrage.

Je finirais ici ma lettre, si je ne voulais vous prier de me donner l'éclaircissement d'un fait qui est rapporté par M. Boursault, dans une de ses lettres. Il dit qu'un abbé, s'entretenant un jour avec vous, se déclara hautement contre la pluralité des bénéfices, et protesta que, s'il pouvait obtenir une abbaye, ne fût-elle que de mille écus, elle fixerait son ambition, sans qu'aucun autre bénéfice pût jamais le tenter. Cependant il obtint une abbaye de sept mille livres, et quelque temps après plusieurs autres bénéfices successivement; sur quoi vous dites un jour à cet abbé : « Qu'est devenu ce temps de candeur et d'in-« nocence, monsieur l'abbé, où vous trouviez la « multiplicité des bénéfices si dangereuse? — Ah! « monsieur, vous répondit-il, si vous saviez que cela « est bon pour vivre! — Je ne doute point, lui répli-« quâtes-vous, que cela ne soit bon pour vivre ; mais « pour mourir, monsieur l'abbé, pour mourir! » Je voudrais bien savoir la vérité de ce fait et le nom de cet abbé, dans l'envie que j'ai de ne rien ignorer de tout ce qui vous regarde, supposé néanmoins que vous n'ayez aucune raison pour me le cacher.

Quelque résolution que je prenne de ne vous pas faire de si longues lettres, je l'oublie toujours quand j'ai la plume à la main. Je vous en demande pardon ; mais c'est mon cœur qui m'entraîne vers vous, et qui me fait abandonner au plaisir de vous entretenir. L'on ne peut rien ajouter à la tendre et parfaite soumission avec laquelle je suis....

### 85. — A BROSSETTE.

1er avril 1700.

C'est une chose très-dangereuse, monsieur, d'être aussi facile que vous l'êtes à pardonner à vos amis leurs fautes. Cela leur en fait encore faire de nouvelles, et ce sont les louanges que vous avez données à ma négligence, dans votre dernière lettre, qui m'ont rendu encore plus négligent à vous faire réponse. Je vous assure pourtant que cela ne vient point en moi de manque d'amitié ni de reconnaissance; mais je suis paresseux. Tel j'ai vécu, et tel je mourrai ; mais je n'en mourrai pas moins votre ami.

Ainsi, laissant là toutes les excuses bonnes ou mauvaises que je pourrais vous faire, je vous dirai que je n'ai aucun *mal-talent* contre M. de Bonnecorse du beau poëme qu'il a imaginé contre moi. Il semble qu'il ait pris à tâche, dans ce poëme, d'attaquer tous les traits les plus vifs de mes ouvrages; et le plaisant de l'affaire est que, sans montrer en quoi ces traits pèchent, il se figure qu'il suffit de les rapporter pour en dégoûter les hommes. Il m'accuse surtout d'avoir, dans le Lutrin, exagéré en grands mots de petites choses pour les rendre ridicules ; et il fait lui-même, pour me rendre ridicule, la chose dont il m'accuse. Il ne voit pas que, par une conséquence infaillible, si le Lutrin est une impertinente imagination, le Lutrigot est encore plus impertinent, puisque ce n'est que la même chose plus mal exécutée. Du reste, on ne saurait m'élever plus haut qu'il ne le fait, puisqu'il me donne pour suivants et pour admirateurs passionnés les deux plus beaux esprits de notre siècle, je veux dire M. Racine et M. Chapelle[1]. Il n'a pas trop bien profité de la lecture de ma première préface, et de l'avis que j'y donne aux auteurs attaqués dans mon livre, d'attendre, pour écrire contre moi, que leur colère soit passée. S'il avait laissé passer la sienne, il aurait vu que de traiter de haut en bas un auteur approuvé du public, c'est traiter de haut en bas le public même ; et que me mettre à califourchon sur le Lutrin, c'est y mettre tout ce qu'il y a de gens sensés ; et M. Brossette lui-même, qui me fait l'honneur

Meas esse aliquid putare nugas [2].

Je ne me souviens pas d'avoir jamais parlé de M. de Bonnecorse à M. Bernier, et je ne connaissais point le nom de Bonnecorse, quand j'ai parlé de *la Montre* dans mon épître à M. de Seignelai. Je puis dire même que je ne connaissais point *la Montre d'amour*, que j'avais seulement entrevue chez M. Barbin, et dont le titre m'avait paru très-frivole, aussi bien que ceux de quantité d'autres ouvrages de galanterie moderne, dont je ne lis jamais que le premier feuillet.

Mais voilà, monsieur, assez parlé de M. de Bon-

---

[1] Boileau disait de Chapelle qu'il avait certainement beaucoup de feu et bien du goût, tant pour écrire que pour juger; mais qu'à son *Voyage* près, qu'il estimait une pièce excellente, rien de Chapelle n'avait frappé les véritables connaisseurs. (*Bolæana*, n° LXXIII.) C'était dicter d'avance le jugement de la postérité.
[2] Catulle à Cornélius Népos, en lui dédiant le recueil de ses poésies. (*Carm.* I, v. 4.)

necorse ; venons à M. Boursault, qui est, à mon sens, de tous les auteurs que j'ai critiqués, celui qui a le plus de mérite. Le livre où il rapporte de moi le mot *dont est* question, ne m'est point encore tombé entre les mains ; la vérité est que j'ai en effet dit ce mot autrefois, et que c'est à M. l'abbé Dangeau[1], *à qui* je l'ai dit à Saint-Germain. Il en fut un peu confus ; mais il n'en garda pas moins ses bénéfices, et je crois que même aujourd'hui il en accepterait volontiers encore d'autres, au hasard de mourir moins content qu'il n'aurait vécu. J'ai fait vos compliments à tous ces messieurs que vous avez honorés de vos présents, et ils m'ont paru aussi satisfaits de vos honnêtetés que de votre recueil, dont ils font pourtant beaucoup d'estime. Je suis très-sincèrement....

### 86. — AU MÊME.

Auteuil, le 2 juin 1700.

Vous excusez, monsieur, si aisément mes fautes, que je ne crains presque plus de faillir, et que je ne me crois pas même obligé de vous faire des excuses d'avoir été si longtemps sans me donner l'honneur de vous écrire. J'en aurais pourtant d'assez bonnes à vous alléguer, puisqu'il est certain que j'ai été malade assez longtemps, et que j'ai eu plusieurs affaires plus *occupantes* mêmes que la maladie.

Enfin m'en voilà sorti, et je puis vous parler. Je vous dirai donc, monsieur, que j'ai reçu votre dernier présent avant votre dernière lettre, et que j'avais même lu votre livre avant que de l'avoir reçu. J'ai été pleinement convaincu de la noblesse de messieurs les avocats de Lyon, par les preuves qui y sont très-bien énoncées, et encore plus par la noblesse du cœur que je remarque en vos actions, et en vos libéralités, qui sont sans fin.

Je suis ravi de l'académie qui se forme en votre ville. Elle n'aura pas grand peine à surpasser en mérite celle de Paris, qui n'est maintenant composée, à deux ou trois hommes près, que de gens du plus vulgaire mérite, et qui ne sont grands que dans leur propre imagination. C'est tout dire qu'on y opine du bonnet contre Homère et Virgile, et surtout contre le bon sens, comme contre un ancien, beaucoup plus ancien qu'Homère et Virgile. Ces messieurs y examinent présentement l'*Aristippe* de Balzac ; et tout cet examen se réduit à lui faire quelques misérables critiques sur la langue, qui est juste l'endroit par où cet auteur ne pèche point. Du reste, il n'y est parlé ni de ses bonnes ni de ses méchantes qualités. Ainsi, monsieur, si dans la vôtre il y a plusieurs gens de votre force, je suis persuadé que dans peu ce sera à l'Académie de Lyon qu'on appellera des jugements de l'Académie de Paris. Pardonnez-moi ce petit trait de satire, et croyez que c'est de la manière du monde la plus sincère que je suis....

### 87. — AU MÊME.

Paris, 3 juillet 1700.

Je sais bien, monsieur, que ma lettre devrait commencer à l'ordinaire par des excuses de ce que j'ai été si longtemps à vous écrire; mais depuis que nous sommes en commerce ensemble, vous m'avez si bien accoutumé à recevoir le pardon de mes négligences, que je crois même pouvoir aujourd'hui impunément négliger de vous le demander. Ainsi, laissant là tous les compliments, je vous dirai donc, avec la même confiance que si j'avais répondu sur-le-champ à votre dernière lettre, qu'on ne peut pas vous être plus obligé que je ne le suis de toutes vos bontés, et du soin que vous voulez bien prendre de m'enrichir, en m'admettant dans votre loterie; mais qu'ayant mis à plus de cent loteries depuis que je me connais, et n'ayant jamais eu aucun billet approchant du noir, je ne suis plus d'humeur à acheter de petits morceaux de papier blanc un louis d'or la pièce. Ce n'est pas que je me défie de la fidélité de messieurs les directeurs de l'hôpital de votre illustre ville, qui sont tous, à ce qu'on m'a dit, des gens de la trempe d'Aristide et de Phocion : mais je me défie fort de la fortune, qui ne m'a pas jusqu'ici paru trop bien intentionnée pour les gens de lettres, et à qui je demande maintenant, non pas qu'elle me donne, mais qu'elle ne m'ôte rien.

Croiriez-vous, monsieur, que vous ne m'avez pas fait plaisir en me mandant le pitoyable état où est à cette heure votre pauvre gentilhomme à la tour antique[1] ? Après tout, quoique méchant auteur, c'est un fort bon homme, et qui n'a jamais fait de mal à personne, non pas même à ceux contre lesquels il a écrit.

Vous ne m'avez, ce me semble, rien dit dans votre dernière lettre de votre nouvelle académie. En quel état est-elle ? Celle de Paris a enfin abandonné l'examen de l'Aristippe de Balzac, comme ne jugeant pas Balzac digne d'être examiné par une compagnie comme elle. Voilà une furieuse ignominie pour un

---

[1] Louis de Courcillon de Dangeau, de l'Académie française, né en 1643, mort en 1723, frère de celui à qui la satire V est adressée. Son mérite personnel, et le nom qu'il s'était fait parmi les gens de lettres, et comme leur ami, et comme leur défenseur, lui ouvrirent les portes de l'Académie française.

[1] Perrachon.

auteur qui a été, il n'y a pas quarante ans, les délices de la France. A mon avis, pourtant, il n'est pas si méprisable que cette compagnie se l'imagine, et elle aurait peut-être de la peine à trouver, à l'heure qu'il est, des gens dans son assemblée qui le vaillent : car quoique ses beautés soient vicieuses, ce sont néanmoins des beautés ; au lieu que la plupart des auteurs de ce temps pèchent moins pour avoir des défauts, que pour n'avoir rien de bon. Mandez-moi ce que pense votre académie là-dessus. Excusez mes *pataraffes* et mes ratures, et croyez que je suis très-véritablement....

M. Chanut[1], avec qui j'ai dîné aujourd'hui chez moi, et bu à votre santé, me charge de vous faire ici ses recommandations. Ne vous lassez point d'être aussi diligent que je suis paresseux, et croyez que vos lettres me feront un très-grand plaisir.

## 88. — AU MÊME.

Auteuil, 12 juillet 1700.

Je vous écris d'Auteuil, où je suis résidant à l'heure qu'il est ; ainsi je ne puis pas revoir votre précédente lettre que j'ai laissée à Paris, et je ne me ressouviens pas trop bien de ce que vous me demandiez sur l'*Historia flagellantium*[2]. Je ne tarderai pas à y aller, et aussitôt je m'acquitterai de ce que vous souhaitez.

Pour ce qui est de la loterie, je vous ai fait réponse par la lettre que vous devez avoir reçue de moi, et vous y ai marqué le peu d'inclination que j'ai maintenant à donner rien au hasard de la fortune, qui, à mon avis, n'a déjà que trop de puissance sur nous, sans que nous allions encore lui donner de nouveaux avantages en lui portant notre argent. Si vous jugez néanmoins qu'on souhaite fort à Lyon que je mette à cette loterie, je suis trop obligé à votre ville pour lui refuser cette satisfaction ; et vous pourrez y mettre quatre ou cinq pistoles pour moi, que je vous rendrai par la première voie que vous me marquerez. Je les regarderai comme données à Dieu et à l'hôpital.

Je voudrais bien pouvoir trouver de nouveaux termes pour vous remercier du nouveau présent que vous m'avez fait ; mais vous m'en avez déjà fait tant d'autres, que je ne sais plus comment varier la phrase.

Il paraît ici une traduction en vers du premier livre de l'Iliade d'Homère, qui, je crois, va donner cause gagnée à M. Perrault.

[1] Avocat, chargé à Paris des affaires de la ville de Lyon.
[2] Ouvrage de l'abbé Boileau, frère de Despréaux.

Di magni, horribilem et sacrum libellum[1] !

Je crois qu'en la mettant dans les seaux pour rafraîchir le vin, elle pourra suppléer au manque de glace qu'il y a cette année. En voilà le troisième ou le quatrième vers ; c'est au sujet de la colère d'Achille :

Et qui, funeste aux Grecs, fit périr par le fer
Tant de héros. Ainsi l'a voulu Jupiter.

Ne voilà-t-il pas Homère un joli garçon ? Cette traduction est cependant de M. l'abbé Régnier-Desmarets, de l'Académie française, qui la donne au public, dit-il, pour faire voir Homère dans toute sa force[2]. Avant que de l'imprimer, il me l'apporta manuscrite pour l'examiner, et il m'en lut quelques vers. Comme je les trouvai extrêmement plats, je lui dis qu'il n'avait point rendu ce feu et ce sublime qu'Homère respirait partout, et que j'avais tâché d'exprimer dans tous les passages que j'ai traduits d'Homère. Je lui citai pour exemple ces vers qui sont cités par Longin :

L'enfer s'émeut au bruit de Neptune en furie ;
Pluton sort de son trône, il pâlit, il s'écrie, etc.

M. l'abbé Régnier me dit alors qu'il n'y avait point de page, dans sa traduction d'Homère, qui ne contînt plusieurs vers de la même force et de la même élévation que ceux-là, et qu'il me priait de corriger le reste. « Ah ! monsieur, lui répondis-je, après cela je
« n'ai plus rien à vous dire. Corriger de pareils vers !
« cela ne se peut corriger qu'avec la bouteille à l'en-
« cre, etc. »

On me vient querir pour aller à un rendez-vous que j'ai donné. Ainsi vous trouverez bon que je me hâte de vous dire qu'on ne peut pas être plus que je le suis....

## 89. — AU MÊME.

Paris, 29 juillet 1700.

Vous permettrez, monsieur, qu'à mon ordinaire j'abuse de votre bonté, et que je me contente de répondre en Lacédémonien à vos longues, mais pourtant très-courtes et très-agréables lettres. Je suis bien aise que vous m'ayez associé à votre charitable et pécunieuse loterie ; mais vous me ferez plaisir d'envoyer querir au plus tôt les cinq pistoles que vous y avez mises en mon nom, parce qu'au moment que je les aurai payées, j'oublierai même que je les ai eues dans ma bourse, et je dirai avec Catulle :

Et quod vides periisse, perditum ducas[3] ;

[1] CATULLE, *Carm.* XIV, v. 12.
[2] Tout ce qui suit, jusqu'à la fin de l'alinéa, manque dans les éditions de Despréaux. Nous l'avons extrait des *Récréations littéraires*, par M. C. R. (Cizeron-Rival), 1765, p. 189.
[3] CATULLE, *Carm.* VIII, v. 2.

si l'on peut appeler perdu ce que l'on donne à Dieu.

Je suis charmé du récit que vous me faites de votre assemblée académique, et j'attends avec grande impatience le poëme sur la *Musique*[1], qui ne saurait être que merveilleux, s'il est de la force des deux que j'ai déjà lus [2]. Faites bien mes compliments à tous vos illustres confrères, et dites-leur que c'est à des lecteurs comme eux que j'offre mes écrits,

........ Doliturus, si placeant spe
Deterius nostra [3]. ............

. On travaille actuellement à une nouvelle édition de mes ouvrages; je ne manquerai pas de vous l'envoyer sitôt qu'elle sera faite. Adieu, mon cher monsieur; pardonnez mon laconisme à la multitude d'affaires dont je suis chargé, et croyez que c'est du meilleur de mon cœur que je suis....

90. — AU MÊME.

Paris, 8 septembre 1700.

Je souhaiterais que ce fût par oubli que vous eussiez tardé à me répondre, parce que votre négligence serait une autorité pour la mienne, et que je pourrais vous dire : *Tu igitur unus es ex nostris*. J'ai reçu vos quatre billets de loterie. Vous m'avez fait grand plaisir d'associer mon nom avec le vôtre, et il me semble que c'est déjà un commencement de fortune qui vaut mon argent. On ne peut être plus touché que je le suis des bontés qu'on a pour moi dans votre illustre ville. Témoignez bien à vos messieurs la reconnaissance que j'en ai, et assurez-les que, bien qu'il n'y ait pas peut-être d'homme en France si parisien que moi, je me regarde néanmoins comme un habitant de Lyon, et par la pension que j'y touche, et par les honnêtetés que j'en reçois.

L'édition dont vous me parlez dans votre lettre est déjà commencée, et j'en ai revu ce matin la sixième feuille. Toutes choses y seront dans l'ordre que vous souhaitez. L'édition en grand sera magnifique, et on fait présentement trois nouvelles planches pour mettre au Lutrin dans la petite, où il y aura une estampe à chaque chant. Le *Faux honneur* y fera la onzième satire, et j'espère qu'elle ne vous paraîtra pas plus mauvaise que lorsque je vous en récitai les premiers vers. J'y parle de mon procès sur la noblesse d'une manière assez noble, et qui pourtant ne donnera aucune occasion de m'accuser d'orgueil. Pour les autres ouvrages que j'ajouterai, je ne puis vous en rendre compte présentement, parce que je ne le sais pas encore trop bien moi-même.

Vos remarques sur l'Iliade de M. l'abbé Régnier sont merveilleuses; et on ne peut pas avoir mieux conçu que vous avez fait toute la platitude de son style. Est-il possible qu'il ait pu ne point s'affadir lui-même en faisant une si fade traduction? Oh! que voilà Homère en bonnes mains? Les vers que vous m'en avez transcrits [1] m'ont fait ressouvenir de ces deux vers de M. Perrin, qui commence ainsi sa traduction du second livre de l'Énéide : pour rendre :

« Conticuere omnes, intentique ora tenebant : »

Chacun se tut alors, et l'esprit rappelé
Tenait la bouche close et le regard collé.

Voilà, si je ne me trompe, le modèle sur lequel s'est forcé M. l'abbé Régnier, aussi bien que sur ces deux vers de la Pucelle :

O grand cœur de Dunois, le plus grand de la terre,
Grand cœur, qui dans lui seul deux grands amours enserre.

Je suis bien fâché de la mort de M. Perrachon : mais je ne saurais lui faire d'autre épitaphe que ces quatre vers de Gombauld :

Colas est mort de maladie;
Tu veux que je plaigne son sort :
Que diable veux-tu que j'en die?
Colas vivait, Colas est mort.

Adieu, monsieur; aimez-moi toujours, et croyez que je suis parfaitement....

91. — BROSSETTE A BOILEAU.

Lyon, 20 septembre 1700.

MONSIEUR,

L'attention obligeante avec laquelle vous avez la bonté de m'écrire depuis quelque temps commence à me faire perdre tout le mérite de mon exactitude. Vous ne voulez rien me devoir en cette rencontre; et quoique vous ayez tant d'autres avantages sur moi, vous m'enviez encore celui d'être plus diligent que vous. Ne vous embarrassez point de me faire tenir l'argent que j'ai mis pour vous à notre loterie,

---

[1] Ce poëme latin du père Fellon n'a pas été publié; mais le recueil déjà cité (*Poemata didascalica*) en renferme un sur le même sujet, par le P. Lefèbvre, t. I, p. 230.
[2] Sur l'*Aimant* et sur le *Café*.
[3] HORACE, liv. I, sat. X, v. 89.

[1] Dans sa lettre du 1ᵉʳ septembre. Les voici :

L'arc et la trousse au dos, son mouvement rapide
Fait craqueter les traits dans sa trousse homicide.
........................
Consultons un devin, un prêtre, un interprète
Des songes. Car souvent ............
........................
Car je prétends pas de nos travaux soufferts
Seul n'avoir aucun prix; et le mien je le perds.
........................
Par ses beaux cheveux blonds, la déesse guerrière,
Visible pour lui seul, le saisit par derrière.
........................
Il faudrait que je fusse, interrompit Achille,
Bien indigne, bien lâche et d'une âme bien vile,
Pour le céder. Commande aux autres à ton gré;
A moi, non : car jamais je ne t'obéirai. ........

parce que je compte beaucoup sur votre bonheur; et j'espère que nous y ferons fortune. En ce cas-là, ce sera moi qui vous enverrai de l'argent.

Nous attendons avec impatience l'édition de vos ouvrages, avec les pièces nouvelles que vous y ajouterez. Je m'en fais une grande idée sur l'ordre que vous y mettez, et sur les ornements de gravure dont vous la faites embellir. Puisque vous y faites graver des planches nouvelles, je voudrais bien que vous fissiez changer le dessin de celle qui est au Traité du Sublime, dans laquelle il me paraît que la figure de l'orateur (c'est sans doute Périclès) qui déclame devant tout ce peuple, n'a pas un air assez grand ni assez majestueux pour donner une belle idée de cette éloquence sublime et victorieuse. La vivacité de cet orateur est très-bien marquée par la foudre dont il est armé; mais il faudrait, ce me semble, que ce feu parût un peu plus dans la disposition, dans l'attitude et dans les avantages qu'on devrait lui donner sur les personnes qui l'écoutent attentivement. L'effet surprenant de son discours doit aussi être exprimé sur le visage et dans le maintien des auditeurs. Enfin, il me paraît en général qu'il n'y a pas assez de feu, ni assez de vie, s'il est permis de parler ainsi, dans le dessin de cette estampe, non plus que dans la plupart des autres qui sont dans votre livre. J'en excepte pourtant les trois planches du Lutrin, et surtout celle du troisième chant, qui est mieux exécutée que les autres. Voilà mes réflexions, monsieur, et c'est à vous à les rectifier. Je ne saurais assez vous exprimer l'empressement que cette édition excite parmi ceux de nos citoyens qui ont du goût et de la délicatesse.

On se divertit ici de la traduction de l'Iliade par M. Régnier. Je ne mets aucune différence entre cette traduction et la Pucelle de Chapelain. Outre les deux vers que vous m'avez cités de ce dernier poëme, aviez-vous remarqué ceux-ci, qui sont au milieu du cinquième livre?

> Du sourcilleux château la ceinture terrible
> Borde un roc escarpé, hautain, inaccessible,
> Où mène un endroit seul; et de ce seul endroit
> Droite et roide est la côte, et le sentier étroit.

Dites-moi, je vous prie, monsieur, si ce ne sont pas ces quatre vers qui ont servi de modèle pour faire ceux-ci, qui sont si fameux?

> Droits et roides rochers, dont peu tendre est la cime,
> De mon flamboyant cœur l'âpre état vous savez;
> Savez aussi, durs bois, par les hivers lavés,
> Qu'holocauste est mon cœur pour un front magnanime.

Après une si belle et si naturelle imitation, je n'oserais vous parler des vers de l'abbé Perrin, qui, pour tourner *procumbit humi bos*[1], dit brusquement: *Et tombe à bas le bœuf;* mais tous ces gens-là n'étaient que des apprentis en comparaison de l'auteur du poëme que je vous envoie avec cette lettre. Il n'y a pas à choisir dans le poëme de la *Magdeleine*[2]; tout y est égal, c'est un original incomparable. Je souhaiterais que vous ne l'eussiez pas encore vu, afin qu'il eût pour vous le charme de la nouveauté, outre celui du ridicule; c'est du vrai burlesque sérieux. En parcourant ce livre, avant que de vous l'envoyer, *dupliciter delectatus sum*, comme dit Cicéron, *et quòd ipse risi, et quòd intellexi te jam posse ridere*[3].

Aimez-moi toujours un peu, je vous prie, et croyez que j'ai pour vous la tendresse la plus respectueuse. Je suis, etc.

## 92. — A BROSSETTE.

Paris, 6 décembre 1700.

Je suis ressuscité, monsieur, mais je ne suis pas guéri; et il m'est resté une petite toux qui ne me promet rien de bon. La vérité est pourtant que je ne laisse pas de me remettre, et ce que ce n'est pas tant la maladie qui m'a empêché de répondre sur-le-champ à vos deux lettres, que l'occupation que me donnent les deux éditions qu'on fait tout à la fois en grand et en petit de mes ouvrages, et qui seront achevées, je crois, avant le carême. J'ai envoyé sur-le-champ votre lettre cachetée à M. de Lamoignon; mais en la cachetant, je n'ai pas songé que vous me priiez de la lire, et je ne l'ai en effet point lue : ainsi je ne puis pas vous donner conseil sur votre préface. Cela est fort ridicule à moi; mais il faut que vous excusiez tout d'un poëte convalescent et employé à faire réimprimer ses poésies. Du reste, vous verrez mon exactitude par la prompte réponse qu'il vous a faite, et que vous trouverez dans le même paquet que celui de ma lettre.

Je ne suis pas fort en peine du temps où se tirera votre loterie, et je ne suis pas assez fou pour me persuader qu'en quatre coups j'amènerai rafle de six. Ce qui m'embarrasse, c'est comment je vous ferai tenir les quatre pistoles que je vous dois, et que j'aurais bien voulu vous donner avant que la loterie fût tirée, c'est-à-dire avant que je les eusse perdues; faites-moi donc la faveur de me mander ce qu'il faut faire pour cela. Adieu, monsieur; trouvez bon que,

---

[1] VIRGILE, *Énéid.* V, v. 482.
[2] *La Magdeleine au désert de la Sainte-Baume en Provence*, poëme spirituel et chrétien, par le P. Pierre de Saint-Louis, religieux carme.
[3] Épître. xx, liv. IX, à Papirius Petus.

pour profiter de vos bons conseils grecs et français, je ne m'engage point dans une plus longue lettre, et que je me contente de vous dire très-laconiquement et très-sincèrement que je suis....

### 93. — AU MÊME.

Paris, 18 janvier 1701.

Un nombre infini de chagrins, des restes de maladies, beaucoup d'affaires, et ma nouvelle édition, sont cause que j'ai tardé si longtemps à faire réponse à votre dernière lettre. Je vous assure pourtant, monsieur, que ce n'est pas faute de l'avoir lue avec beaucoup de plaisir. J'admire la solidité que vous jetez dans vos conférences académiques, et je vois bien qu'il s'y agit d'autre chose que de savoir s'il faut dire : *Il a extrêmement d'esprit*, ou *il a extrêmement de l'esprit*. Il n'y a rien de plus joli que votre remarque sur le dieu Cneph, et je ne saurais assez vous remercier de cette autorité que vous me donnez pour la métamorphose de la plume du roi en astre.

Je me doute bien que votre loterie est tirée à l'heure qu'il est, et je ne doute point qu'elle n'ait été pour moi la même que toutes celles où j'ai mis jusqu'à cette heure, c'est-à-dire très-dénuée de bons billets, dont je ne me souviens point d'avoir jamais vu aucun. Ainsi, vous pouvez bien juger que je n'aurai pas grand'peine à me consoler d'une chose dont je me suis déjà consolé tant de fois. Prenez donc la peine de m'envoyer quérir les quatre pistoles perdues, et que je regarde pourtant comme mises à profit, puisqu'elles m'ont procuré l'honneur de recevoir de vos nouvelles. Je suis avec toute la reconnaissance que je dois, etc.

### 94. — AU MÊME.

Paris, 20 mars 1701.

Il me semble, monsieur, qu'il y a assez longtemps que nous sommes amis, pour n'être plus l'un avec l'autre à ces termes de respect que vous me prodiguez dans votre dernière lettre. Par quel procédé ridicule puis-je me les être attirés, et suis-je à votre égard ce *Sextus* de Martial, à qui il disait :

Vis te, Sexte coli; volebam amare?

Je serais bien fâché, monsieur, que vous en usassiez avec moi de la sorte, et je ne me consolerais pas aisément de la métamorphose d'un ami aussi commode et aussi obligeant que vous, en un courtisan respectueux. Ainsi, monsieur, sans vous rendre compliments pour compliments, trouvez bon que je vous dise très-familièrement que si j'ai été si longtemps à répondre à vos dernières lettres, c'est que j'ai été malade et incommodé, et que je le suis encore; que c'est ce qui fait que je ne vous écris que ce mot, pour vous faire ressouvenir de la passion avec laquelle je suis, etc.

### 95. — L'ABBÉ TALLEMANT A BOILEAU [1].

Le 3 mai 1701.

J'ai reçu avec joie le beau présent que vous m'avez fait de vos ouvrages, et je l'ai d'abord regardé comme une marque de votre estime et de votre amitié. Je m'étais flatté de cet avantage de tout temps, ayant eu des amis illustres, communs avec vous, et ayant vécu ensemble en société académique depuis plus de vingt années; mais en relisant vos admirables écrits, j'ai été cruellement détrompé par des corrections et des additions qui ne peuvent avoir été faites sans que vous ayez songé à l'intérêt que j'y pouvais prendre. J'aurais passé sous silence le premier de ces endroits, dont je me sens blessé, s'il s'était trouvé seul, quoique en vérité la circonstance rende la chose un peu dure à digérer. Voici les vers de vos précédentes éditions :

Les vers ne souffrent point de médiocre auteur;
Ses écrits en tous lieux sont l'effroi du lecteur;
Contre eux dans le Palais les boutiques murmurent,
Et les ais chez Billaine à regret les endurent.
ART.-POÉT. chant IV.

Qui croirait que de si beaux vers eussent demandé quelque correction? cependant la voici :

Qui dit froid écrivain dit détestable auteur :
Boyer est à Pinchêne égal pour le lecteur.
. . . . . . . . . . . . . . . . . . . . . . . . .

Je vous laisse vous-même, monsieur, juge entre les vers que vous ôtez, et ceux que vous mettez en leur place. Voilà donc le pauvre Boyer, quatre ou cinq ans après sa mort, mis par vous au nombre des auteurs détestables, puisque, selon vous,

Il n'est point de degré du médiocre au pire.

Cependant, sans vous contester son mérite, vous savez qu'il a toujours demeuré, et est mort dans notre maison; maison assez aimée des gens de lettres. Je méritais peut-être bien tout seul que vous laissassiez son ombre en repos.

Venons à l'autre changement; voici les vers de vos précédentes éditions :

---

[1] Je voudrais avoir pu trouver la réponse de Boileau à cette lettre, qui montre combien il est dangereux d'attaquer les auteurs. Un trait satirique sur Boyer et sur une très-mauvaise traduction de Plutarque ne paraît pas criminel. Voici cependant des plaintes faites amèrement et poliment. (LOUIS RACINE.)

Et qu'importe à nos vers que Perrin les admire,
Que l'auteur du Jonas s'empresse pour les lire,
Pourvu qu'ils sachent plaire au plus puissant des rois?
Epître VII, à Racine.

Voici l'addition :

Qu'ils charment de Senlis le poëte idiot,
Ou le sec traducteur du français d'Amiot.
. . . . . . . . . . . . . . . . . . . . . . .

Qui ne voit que ces deux vers vous ont beaucoup coûté, et que vous ne les avez ajoutés que pour déshonorer un homme, en le notant d'une ignorance dont personne ne l'a accusé? je me souviens que sur ce vers que vous n'avez point voulu perdre, et qu'un petit ressentiment mal fondé vous avait fait faire, feu madame de la Sablière et quelques autres personnes vous prièrent de le supprimer, et que vous le promîtes. Il ne restait donc plus que moi, qu'il ne vous importait guère de fâcher. Car comment voulez-vous que j'explique cette addition? Je ne veux pas débattre les décisions de vos docteurs, mais je sais qu'en bonne loi de l'Évangile il n'est pas permis de fâcher personne, et moins encore un ami, pour un bon mot. Je ne soutiendrai pas non plus la traduction que vous blâmez, et qui est pourtant à la septième édition [1]. Je vous dirai seulement que ce traducteur porte un nom que vous pouviez épargner, quand ce n'eût été que pour l'amour de moi. Je ne me plaindrai à personne; cette lettre est écrite à plume courante. J'ai voulu seulement vous décharger mon cœur; et je ne veux pas d'autre vengeance de vous que le reproche secret que vous vous ferez, malgré que vous en ayez, d'avoir contristé de gaieté de cœur un homme avec qui vous avez toujours vécu en amitié, et qui n'en est peut-être pas indigne, non plus que de votre estime. Je vous prie cependant d'être persuadé que, malgré le déplaisir que vous m'avez fait, je suis très-chrétiennement, c'est-à-dire très-sincèrement et sans détour, votre très-humble, etc.

## 96. — A BROSSETTE.

Paris, 16 mai 1701.

Je me sens si coupable envers vous, monsieur, et j'ai tant de pardons à vous demander, que vous trouverez bon que je ne vous en demande aucun, et que je me contente de vous dire ce que disait le bon-homme Horace à son ami Lollius : « Vous avez acheté
« en moi, par vos bontés et par vos présents, un
« serviteur très-imparfait et très-peu propre à s'ac-
« quitter des devoirs de la vie civile; mais enfin
« vous l'avez acheté, et il le faut garder tel qu'il
« est. »

Prudens emisti vitiosum; dicta tibi est lex [1].

Mes excuses ainsi faites, je vous dirai, monsieur, que j'ai lu avec grand plaisir l'exacte relation que vous m'avez envoyée de la réception de nos deux jeunes princes [2] dans votre illustre ville, et que je ne l'aurais pas, à mon sens, mieux vue, cette réception, quand j'aurais été à la meilleure fenêtre de votre hôtel de ville. L'excessive dépense qu'on y a faite m'a paru d'autant plus belle, que j'ai bien reconnu par là qu'on ne sera pas fort embarrassé chez vous de payer la capitation [3]. J'en suis fort aise, et je crois qu'on n'en est pas moins joyeux à la cour.

Votre tableau des effets de l'aimant m'a été rendu fort fidèlement, et en très-bon état; et j'en ai fait un des plus beaux et des plus utiles ornements de mon cabinet :

Omne tulit punctum qui miscuit utile dulci [4].

Si votre académie produit souvent de pareils ouvrages, je doute fort que la nôtre, avec tout cet amas de proverbes qu'elle a entassés dans son dictionnaire, puisse lui être mise en parallèle, ni me fasse mieux concevoir à la lettre A, ce que c'est que la vertu de l'aimant, que je l'ai conçu par votre tableau [5].

Je suis bien aise que vous soyez content de ma dernière édition. Elle réussit assez bien ici, et, contre mon attente, elle trouve beaucoup plus d'acheteurs que de censeurs. Elle va bientôt paraître en petit, en deux volumes, que je me donnerai l'honneur de vous envoyer. J'espère, par ce présent, adoucir un peu le juste ressentiment que vous devez avoir de mes négligences, et vous faire concevoir à quel point, quoique très-paresseux, je suis, etc.

Faites-moi la faveur de m'écrire au plus tôt en quelles mains vous voulez que je remette les trois pistoles que vous savez. Elles m'importunent dans

---

[1] Ce qui fait grand honneur à Plutarque. Cette traduction est de Paul Tallemant, proche parent de celui qui a écrit cette lettre, et qui était comme lui de l'Académie française. (L. R.) — Louis Racine, à qui l'on doit la publicité de cette lettre, se méprend ici. Le traducteur d'Amiot est François Tallemant, et celui qui a écrit à Despréaux est Paul Tallemant.

[1] HORACE, liv. II, épît. II, v. 18.
[2] Les ducs de Bourgogne et de Berri, petits-fils de Louis XIV, venaient d'accompagner jusqu'aux limites de son royaume le duc d'Anjou leur frère, qui allait régner en Espagne sous le nom de Philippe V.
[3] Créée sous Louis XIV, en 1695, supprimée quelque temps après, et rétablie en 1701, la capitation fut définitivement remplacée, vers la fin du dernier siècle, par l'impôt personnel.
[4] HORACE, Art. poét. v. 342.
[5] L'estampe qui représentait la machine inventée par M. de Puget, pour les expériences magnétiques.

ma cassette, où je les ai mises à part, et où, en les voyant, je me dis sans peine tous les jours :

<small>Quod vides periisse, perditum ducas [1].</small>

## 97. — AU MÊME.

<small>Paris, 10 juillet 1701.</small>

Je différais, monsieur, à vous écrire jusqu'à ce que l'édition de mes ouvrages fût faite en petit, afin de vous l'envoyer en même temps avec l'argent que je vous dois ; mais comme cette édition est plus lente à achever que je ne croyais, et qu'elle ne saurait être encore prête de huit ou dix jours, j'ai cru que vous auriez assez sujet de vous plaindre si j'attendais qu'elle parût pour vous remercier des lettres obligeantes que vous m'avez fait l'honneur de m'écrire, et pour vous donner satisfaction sur la chose dont vous souhaitez d'être éclairci. Je vous dirai donc, monsieur, qu'il y a environ quatre ans que M. le comte d'Ériceyra [2] m'envoya la traduction en portugais de ma Poétique, avec une lettre très-obligeante, et des vers français à ma louange ; que je sais assez bien l'espagnol, mais que je n'entends point le portugais, qui est fort différent du castillan, et qu'ainsi c'est sur le rapport d'autrui que j'ai loué sa traduction ; mais que les gens instruits de cette langue, à qui j'ai montré cet ouvrage, m'ont assuré qu'il était merveilleux. Au reste, M. d'Ériceyra est un seigneur des plus qualifiés du Portugal, et a une mère qui est, dit-on, un prodige de mérite. On m'a montré des lettres françaises de sa façon, où il n'est pas possible de rien voir qui sente l'étranger. Ce qui m'a plu davantage et de la mère et du fils, c'est qu'ils ne me paraissent, ni l'un ni l'autre, entêtés des pointes et des faux brillants de leur pays, et qu'il ne paraît point que leur soleil leur ait trop échauffé la cervelle. Je vous en dirai davantage dans les lettres que je vous écrirai en vous envoyant ma petite édition, et peut-être vous enverrai-je aussi les vers français qu'il m'a écrits.

Mille remercîments à M. de Puget de ses présents et de ses honnêtetés. Cependant permettez-moi de vous dire que je romprai tout commerce avec vous, si je vois plus dans vos lettres ce grand vilain mot de Monsieur, au haut de la page, avec quatre grands doigts entre eux. Sommes-nous des ambassadeurs, pour nous traiter avec ces circonspections, et ne suffit-il pas entre nous de *si vales, benè est; ego*

---

[1] Vers de Catulle, déjà cité.
[2] François-Xavier de Ménésès, comte d'Ériceyra, né en 1673, mort en 1743, âgé de soixante-dix ans. Il n'était pas grand seigneur avec les savants, dit Cizeron-Rival ; il n'était qu'homme de lettres, aisé, poli et communicatif.

*quidem valeo ?* Du reste, soyez bien persuadé qu'on ne peut être plus que je le suis, etc.

## 98. — A L'ABBÉ BIGNON,

### CONSEILLER D'ÉTAT [1].

. . . . . .

Il n'y a rien, monsieur, de plus poli ni de plus obligeant que la lettre que je viens de recevoir de votre part ; et bien que je ne convienne en aucune sorte des éloges que vous m'y donnez, je n'ai pas laissé de les lire avec un plaisir très-sensible, n'y ayant rien de plus agréable que d'être loué, même sans fondement, par l'homme du monde le plus louable, et qui a le plus de mérite. Vous pouvez, monsieur, nommer pour mon élève [2] non-seulement un homme d'aussi grande capacité que M. Bourdelin [3], mais qui il vous plaira, et je me déterminerai toujours plutôt par votre choix que par le mien. Je suis bien aise, monsieur, que vous excusiez si facilement l'impuissance où me mettent mes infirmités d'assister à vos savantes assemblées. Tout ce que je vous demande pour mettre le comble à vos bontés, c'est de vouloir bien témoigner à tout le monde que si je suis si inutilement de l'Académie des médailles, il est bien vrai aussi que je n'en veux recevoir aucun profit pécuniaire. Du reste, monsieur, je vous prie d'être bien persuadé que c'est sincèrement et avec un très-grand respect que je suis....

## 99. — A M. DE PONTCHARTRAIN LE FILS,

### COMTE DE MAUREPAS.

<small>Paris, mardi, cinq heures du soir....</small>

MONSEIGNEUR,.

Mon neveu m'ayant écrit que vous seriez bien aise que je vous rendisse compte moi-même de ce qui se serait passé à l'Académie des médailles le jour de ma réception, j'ai saisi avec joie cette occasion de vous marquer mon obéissance. Je vous dirai donc, monseigneur, que j'y ai été reçu aujourd'hui avec un applaudissement général, et que l'on m'y a accablé d'honneurs, de caresses et de bonnes paroles. J'y

---

[1] Jean-Paul Bignon, né à Paris le 19 septembre 1662, mort le 14 mars 1743, était petit-fils du célèbre Jérôme Bignon, et neveu de M. de Pontchartrain. Après la mort de l'abbé de Louvois, ayant obtenu la charge de bibliothécaire du roi, dont son père et son grand-père avaient été revêtus, il enrichit de plus de 60,000 volumes le dépôt qui lui était confié.
[2] L'Académie des inscriptions était alors composée de quarante académiciens, dix honoraires, dix pensionnaires, dix associés et dix élèves.
[3] François Bourdelin, né en 1668, mort en 1717, fut successivement secrétaire d'ambassade en Danemark, conseiller au châtelet et gentilhomme ordinaire.

ai renouvelé connaissance avec monseigneur le duc d'Aumont[1], que j'avais eu l'honneur de fréquenter autrefois à la cour. On a commencé par y lire un ouvrage fort savant, mais assez fastidieux, et on s'est fort doctement ennuyé; mais ensuite on en a examiné un autre beaucoup plus agréable, et dont la lecture a assez attiré d'attention. C'était une dissertation sur l'origine du mot de *médaille*. Comme on a fait approcher de moi celui qui la lisait, j'ai été en état de l'entendre et d'en parler[2] : c'est ce que j'ai fait jusqu'à l'affectation, sachant bien que cela vous plairait. D'autres en ont dit aussi leur sentiment avec beaucoup de politesse et d'érudition, et je n'ai plus vu aucune bouche s'ouvrir pour bâiller. On a reçu ensuite trois élèves, et j'ai nommé M. Bourdelin pour le mien. Voilà, monseigneur, ce qui s'est passé de plus mémorable dans cette célèbre cérémonie, *cujus pars magna fui*. Tout ce que je puis vous dire, c'est que je ne doute point que votre établissement ne réussisse dans la suite ; et il ne faut point s'étonner s'il y a maintenant quelques gens qui le désapprouvent, car tout ce qui est nouveau, quoique excellent, ne manque jamais d'être contredit ; et quelles sottises ne dit-on point de l'Académie française, lorsque le cardinal de Richelieu la fit fonder ! Tout ce que je souhaiterais, monseigneur, c'est que tout le monde fût content dans la métallique. Cela tient à bien peu de chose, et si vous vouliez bien me permettre de négocier pour cela ,je suis persuadé que tous vos pensionnaires seraient bientôt aussi satisfaits que moi. Je vous écris ceci, comme vous l'avez souhaité, très à la hâte, à la sortie de notre assemblée, et suis avec un très-grand respect, etc.

### 100. — A BROSSETTE.

Paris, 13 septembre 1701.

J'ai remis, monsieur, entre les mains de M. Robustel[3] les trois pistoles dont il est question entre nous, et il m'en a donné une quittance par laquelle il se charge de les faire tenir au sieur Boudet, libraire à Lyon. Il me reste un scrupule, c'est que je ne sais point si les trois pistoles que vous avez mises pour moi ne sont point trois pistoles d'or. Faites-moi la faveur de me le mander, parce que, si cela est, j'aurai soin de vous envoyer le supplément[4]. Je voudrais bien pouvoir vous envoyer aussi les vers français que M. le comte d'Ériceyra a faits à ma louange; mais je les ai égarés dans la multitude infinie de mes paperasses, et il faudra que le hasard me les fasse retrouver.

Je dois bien savoir que M. de Vittemant[1] porte mon livre au roi d'Espagne, puisque c'est moi qui le lui ai fait remettre entre les mains, pour le présenter à Sa Majesté Catholique de ma part. On m'a dit que madame la duchesse de Bourgogne le lui a envoyé aussi en grand, et magnifiquement relié. Vous ne me parlez plus de votre académie de Lyon. On en a fait ici une nouvelle des inscriptions, dont on veut que je sois, et que je touche pension, quoique cela ne soit point véritable. Mais c'est un mystère qui serait bien long à vous expliquer, et qui ne peut pas être compris dans une petite lettre d'affaire, laquelle commençant par une quittance, devrait finir par : *autre chose n'ai à vous mander, sinon que je suis*, etc.

### 101. — AU MÊME.

Paris, 6 octobre 1701.

Je ne vous ferai point d'excuses, monsieur, de ce que j'ai été si longtemps à vous faire réponse. Vous m'avez si bien autorisé dans mes négligences, par votre facilité à me les pardonner, que je ne crois pas même avoir besoin de les avouer. Ainsi, monsieur, je vous dirai, avec la même confiance que si je vous avais répondu sur-le-champ, que je suis bien fâché de ne pouvoir pas vous envoyer les vers français de M. le comte d'Ériceyra, parce qu'il me faudrait, pour les trouver, feuilleter tous mes papiers, qui ne sont pas en petit nombre, et que d'ailleurs je ne trouve pas ces vers assez bons pour permettre qu'on les rende publics. C'est une étrange entreprise que d'écrire une langue étrangère, quand nous n'avons point fréquenté avec les naturels du pays ; et je suis assuré que si Térence et Cicéron revenaient au monde, ils riraient à gorge déployée des ouvrages latins des Fernel, des Sannazar et des Muret[2]. Il y a pourtant beaucoup d'esprit dans les vers français de l'illustre Portugais dont il est question ; mais franchement il y a beaucoup de portugais, de même qu'il y a beaucoup de français dans tous les vers la-

---

[1] Premier gentilhomme de la chambre du roi, et ambassadeur extraordinaire en Angleterre.
[2] Boileau commençait à entendre difficilement.
[3] Ami de Brossette.
[4] C'est-à-dire sept livres dix sous, la pistole d'or valant autant que le vieux louis, porté depuis quelques années à douze livres dix sous, au lieu de dix livres tournois.

[1] L'abbé Vittemant, professeur de philosophie au collége de Beauvais, et recteur de l'université, avait été choisi par le roi pour élever les enfants de France, et spécialement attaché au duc d'Anjou. Ce prince, étant devenu roi d'Espagne, demanda l'abbé Vittemant au roi, qui lui permit d'aller rejoindre son auguste élève.
[2] Trois célèbres écrivains latins des quinzième et seizième siècles. Muret, par l'élégante correction de sa prose, et Sannazar par son beau poëme *de Partu Virginis*, sont assez généralement connus: Fernel l'est beaucoup moins, parce qu'il n'a écrit que sur la médecine et les mathématiques.

tins des poëtes français qui écrivent en latin aujourd'hui.

Vous me ferez plaisir de parler de cela dans votre académie, et d'y agiter cette question : *Si on peut bien écrire dans une langue morte*. J'ai commencé autrefois sur cette question un dialogue assez plaisant, et je ne sais si je vous en ai parlé à Paris dans les longs entretiens que nous avons eus ensemble. Ne croyez pas pourtant que je veuille par là blâmer les vers latins que vous m'avez envoyés d'un de vos illustres académiciens. Je les ai trouvés fort beaux, et dignes de Vida et de Sannazar, mais non pas d'Horace et de Virgile : et quel moyen d'égaler ces grands hommes dans une langue dont nous ne savons pas même la prononciation? Qui croirait, si Cicéron ne nous l'avait appris, que le mot de *videre* est d'un très-dangereux usage, et que ce serait une saleté horrible de dire *quum nos vidissemus* ? Comment savoir en quelles occasions dans le latin le substantif doit passer devant l'adjectif, ou l'adjectif devant le substantif? Cependant imaginez-vous quelle absurdité ce serait en français de dire, *mon neuf habit*, au lieu de *mon habit neuf*, ou *mon blanc bonnet*, au lieu de *mon bonnet blanc*, quoique le proverbe dise que c'est la même chose. Je vous écris ceci afin de donner matière à votre académie de s'exercer. Faites-moi la faveur de m'écrire le résultat de sa conférence sur cet article, et croyez que c'est très-affectueusement que je suis....

## 102. — AU MÊME.

Paris, 10 décembre 1701.

Je pourrais, monsieur, vous alléguer d'assez bonnes excuses du long temps que j'ai été sans vous écrire, et vous dire que j'ai eu durant ce temps-là affaires, procès et maladies; mais je suis si sûr de mon pardon, que je ne crois pas même nécessaire de vous le demander. Ainsi, pour répondre à la dernière lettre que vous m'avez fait l'honneur de m'écrire, je vous dirai que je l'ai reçue avec les deux ouvrages qui y étaient enfermés. J'ai aussitôt examiné ces deux ouvrages, et je vous avoue que j'en ai été très-peu satisfait.

Celui qui porte le titre de l'*Esprit des cours* vient d'un auteur qui a, selon moi, plus de malin-vouloir que d'esprit, et qui parle souvent de ce qu'il ne sait point[1]. C'est un mauvais imitateur du gazetier de Hollande, et qui croit que c'est bien parler, que de parler mal de toutes choses.

[1] Cet auteur méprisable, et justement méprisé, était Nicolas Gueudeville, moine français réfugié en Hollande. Il fit du *Télémaque* une critique plus méprisée encore que ses autres ouvrages.

A l'égard du *Chapelain décoiffé*, c'est une pièce où je vous confesse que M. Racine et moi avons eu quelque part; mais nous n'y avons jamais travaillé qu'à table, et le verre à la main. Il n'a pas été proprement fait *currente calamo*, mais *currente lagena*, et nous n'en avons jamais écrit un seul mot. Il n'était point comme celui que vous m'avez envoyé, qui a été vraisemblablement composé après coup par des gens qui avaient retenu quelques-unes de nos pensées, mais qui y ont mêlé des bassesses insupportables. Je n'y ai reconnu de moi que ce trait :

Mille et mille papiers dont ta table est couverte
Semblent porter écrit le destin de ma perte.

Et celui-ci :

En cet affront la Serre est le tondeur.
Et le tondu, père de la Pucelle.

Celui qui avait le plus de part à cette pièce, c'était Furetière, et c'est de lui :

O perruque ma mie !
N'as-tu donc tant vécu que pour cette infamie ?

Voilà, monsieur, toutes les lumières que je puis vous donner sur cet ouvrage, qui n'est ni de moi, ni digne de moi. Je vous prie donc de bien détromper ceux qui me l'attribuent. Je vous le renvoie par cet ordinaire.

J'attends la décision de vos messieurs sur la prononciation du latin, et je ne vous cacherai point qu'ayant proposé ma question à l'Académie des médailles, il a été décidé tout d'une voix que nous ne le savions point prononcer ; et que, s'il revenait au monde un *civis latinus* du temps d'Auguste, il rirait à gorge déployée en entendant un Français parler latin; et lui demanderait peut-être : Quelle langue parlez-vous là? Au reste, à propos de l'Académie des médailles, je suis bien aise de vous avertir qu'il n'est point vrai que j'en sois ni pensionnaire ni directeur; et que je suis tout au plus, quoi qu'en dise l'écrit que vous avez vu, un volontaire qui y va quand il veut, mais qui ne touche pour cela aucun argent. Je vous éclaircirai tout ce mystère, si j'ai jamais l'honneur de vous voir à Paris. Cependant faites-moi la faveur de m'aimer toujours, et de croire que, tout négligent que je suis, je ne laisse pas d'être très-cordialement....

## 103. — AU MÊME.

Paris, 29 décembre 1701.

Voici la première lettre où je ne vous ferai point d'excuses, monsieur, puisque je réponds à celle que vous m'avez fait l'honneur de m'écrire deux jours après que je l'ai reçue. Je ne vois pas sur quoi votre savant peut fonder l'explication forcée qu'il donne au vers d'Homère, puisque Phérécyde vivait près de deux cents ans après Homère, et qu'il n'y a pas d'apparence qu'Homère ait parlé d'un cadran qui n'était pas de son temps. Je n'ai jamais rien lu de Bochart; et s'il est vrai qu'il soutienne une explication si extravagante, cela ne me donne pas une grande envie de le lire. Je ne fais pas grande estime de tous ces savantasses qui croient se distinguer des autres interprètes en donnant un sens nouveau et recherché aux endroits les plus clairs et les plus faciles; et c'est d'eux qu'on peut dire :

Faciunt næ intelligendo ut nihil intelligant[1].

Pour ce qui est des chiens qui ont vécu plus de vingt-deux ans, je vous en citerai un garant dont je doute que M. Perrault lui-même ose contester le témoignage : c'est Louis le Grand, roi de France et de Navarre, qui en a eu un qui a vécu jusqu'à vingt-trois ans. Tout ce que M. Perrault peut dire, c'est que ce prince est accoutumé aux miracles et à des événements qui n'arrivent qu'à lui seul, et qu'ainsi ce qui lui est arrivé ne peut pas être tiré à conséquence pour les autres hommes; mais je n'aurai pas de peine à lui prouver que, dans notre famille même, j'ai eu un oncle, qui n'était pas un homme fort miraculeux, lequel a nourri vingt-quatre années une espèce de bichon qu'il avait.

Je ne vous parle point de ce que c'est que la place que j'occupe dans l'Académie des inscriptions. Il y a tant de choses à dire là-dessus, que j'aime mieux sur cela *silere, quam pauca dicere*. J'ai été fort fâché de la mort de M. Chanut. Je vous prie de bien faire ma cour à M. Bronod[2], que, sur votre récit, je brûle déjà de connaître. Je suis....

## 104. — AU MÊME.

*Paris, 9 avril 1702.*

Je réponds, monsieur, sur-le-champ à votre dernière lettre, de peur qu'il ne m'arrive ce qui m'est arrivé déjà plusieurs fois depuis six mois, qui est d'avoir toujours envie de vous écrire, et de ne vous écrire point pourtant, par une misérable indolence dont je ne saurais franchement vous dire la raison, sinon que, pour me servir des termes de saint Paul, je fais souvent le mal que je ne veux pas, et que je ne fais pas le bien que je veux. Mais sans perdre le temps en vaines excuses, puisque je trouve sous ma main deux de vos lettres, je m'en vais répondre à quelques interrogations que vous m'y faites.

Je vous dirai donc premièrement que les deux épigrammes latines dont vous désirez savoir le mystère ont été faites dans ma première jeunesse, et presque au sortir du collège, lorsque mon père me fit recevoir avocat, c'est-à-dire à l'âge de dix-neuf ans. Celui que j'attaque dans la première de ces épigrammes était un jeune avocat, fils d'un huissier, nommé Herbinot. Cet avocat est mort conseiller de la cour des aides. Son père était fort riche, et le fils assurément n'a pas mangé son bien, car il passait pour grand ménager. A l'égard de l'autre épigramme, elle regarde M. de Brienne, jadis secrétaire d'État, qui est mort fou et enfermé. Il était alors dans la folie de faire des vers latins, et surtout des vers phaleuces; et comme sa dignité dans ce temps-là le rendait considérable, je ne pus refuser à la prière de mon frère, aujourd'hui chanoine de la Sainte-Chapelle, qui était souvent visité de lui, et qui m'engagea à faire des vers phaleuces à la louange de ce fou qualifié, car il était déjà fou. J'en fis donc, et il les lui montra; mais comme c'était la première fois que je m'étais exercé dans ce genre de vers, ils ne furent pas trouvés fort bons, et ils ne l'étaient point en effet : si bien que, dans le dépit où j'étais d'avoir si mal réussi, je composai l'épigramme dont il est question, et montrai par là qu'il ne faut pas légèrement irriter *genus irritabile vatum*[1] ; et que, comme a fort bien dit Juvénal en latin, *facit indignatio versum*[2] ; ou, comme je l'ai assez médiocrement dit en français :

La colère suffit, et vaut un Apollon[3].

Pour l'épigramme à la louange du roman allégorique, elle regarde feu M. l'abbé d'Aubignac, qui a composé *la Pratique du théâtre*, et qui avait alors beaucoup de réputation. Ce roman allégorique, qui était de son invention, s'appelait *Macarise*, et il prétendait que toute la philosophie stoïcienne y était renfermée. La vérité est qu'il n'eut aucun succès, et qu'il

Ne fit de chez Sercy qu'un saut chez l'épicier[4].

Je fis l'épigramme pour être mise au-devant de ce livre, avec quantité d'autres ouvrages que l'auteur avait, à l'ancienne mode, exigés de ses amis pour le faire valoir; mais heureusement je lui portai l'épigramme trop tard, et elle ne fut point mise : Dieu

---

[1] TÉRENCE, *prologue de l'Andrienne*, v. 17.
[2] Avocat au conseil, chargé à Paris des affaires de la ville de Lyon, après la mort de M. Chanut.

[1] HORACE, liv. II, épît. II, v. 102.
[2] JUVÉNAL, sat. I, v. 79.
[3] Satire I, v. 144.
[4] *Art poétique*, chant II, v. 100.

en soit loué! Vous voilà, ce me semble, monsieur, bien éclairci de vos difficultés.

Pour ce qui est de votre M. Samuel Bochart, je n'ai jamais rien lu de lui, et ce que vous m'en dites ne me donne pas grande envie de le lire; car il me paraît que c'est un savantasse beaucoup plus plein de lecture que de raison; et je crois qu'il en est de son explication du vers d'Homère comme de celles de M. Dacier sur

Atavis edite regibus[1] :

ou sur l'ode :

O navis, referent in mare te novi, etc.

ou sur le passage de Thucydide rapporté par Longin, à propos des Lacédémoniens qui combattaient au pas des Thermopyles[2]. Je ne saurais dire à propos de pareilles explications, que ce que dit Térence :

Faciunt næ intelligendo ut nihil intelligant.

Adieu, mon cher monsieur; excusez mes *pataraffes*, et croyez que je suis sincèrement....

J'oubliais de vous parler des vers latins. Ils sont très-bons et très-latins, à l'exception d'un *nequii* qui est au premier vers, et de la dureté duquel je ne saurais m'accommoder. Il me semble que je ne saurais mieux vous payer de votre présent qu'en vous envoyant ce petit compliment *catullien*, que m'a fait un régent de seconde du collége de Beauvais, qui avait déjà fait une ode latine très-jolie pour moi, et en considération de laquelle je lui avais fait présent de mon livre.

## 105. — AU COMTE DE REVEL [3],

LIEUTENANT GÉNÉRAL DES ARMÉES DU ROI.

Paris, 17 avil 1702.

Vous ne sauriez vous imaginer, monsieur, combien je vous suis obligé de la bonté que vous avez eue de m'envoyer votre relation du combat de Crémone [4]. Elle a éclairci toutes mes difficultés, et elle m'a confirmé dans la pensée où j'ai toujours été que les belles actions ne sont jamais mieux racontées que par ceux mêmes qui les ont faites. C'est proprement à César qu'il appartient d'écrire les exploits de César. Mais, à propos de votre action, que vous dirai-je, sinon que je n'en ai jamais vu de pareilles que dans les romans? Encore faut-il que ce soient des romans de chevalerie, où l'auteur a beaucoup plus songé au merveilleux qu'au vraisemblable. Je ne suis point surpris du remercîment honorable que vous en a fait Sa Majesté Catholique. Eh! quels remercîments ne vous doit point un prince à qui, en sauvant une seule ville, vous sauvez les deux plus riches diamants de sa couronne, je veux dire le Milanais et le royaume de Naples! Mais si les rois et les princes publient si hautement vos louanges, le peuple ici n'est pas moins déclaré en votre faveur. Le roi vous a donné le cordon bleu; mais il n'y a point de petit bourgeois à Paris qui ne vous donne en son cœur le bâton de maréchal de France, et qui ne soit persuadé comme moi que vous ne tarderez guère à en être honoré.

Avant donc que vous l'ayez, et que nous soyons réduits par une indispensable bienséance à vous appeler MONSEIGNEUR, trouvez bon, monsieur, que je vous parle encore aujourd'hui sur le ton familier auquel vous m'aviez autrefois accoutumé chez la célèbre Champmeslé. Vous étiez alors assez épris d'elle, et je doute que vous en fussiez rigoureusement traité. Permettez-moi cependant de vous dire que de toutes les maîtresses que vous avez aimées, celle, à mon avis, dont vous avez le plus sujet de vous louer, c'est la gloire, puisqu'elle vous a toujours comblé de ses faveurs, et qu'elle ne vous a jamais trahi : car je ne voudrais pas jurer que les autres vous aient gardé la même fidélité. Continuez donc à la suivre, et soyez bien persuadé que je suis, avec toute l'estime et tout le respect que je dois, etc.

## 106. — A BROSSETTE.

Paris, 15 juillet 1702.

Vous êtes un homme merveilleux, monsieur; c'est moi qui suis coupable, et coupable par excès, envers vous; cependant c'est vous qui m'écrivez des excuses. J'ai manqué à répondre à trois de vos lettres, et, au lieu de me quereller, vous me dites des douceurs à outrance; vous m'envoyez des présents, et, si je vous en crois, je suis en droit de me plaindre. Je vois bien ce que c'est; vous lisez dans mon cœur, et comme vous y voyez bien les remords que j'ai d'avoir été si peu exact à votre égard, vous êtes bien aise de m'en délivrer, en me persuadant que

---

[1] HORACE, liv. I, od. I et XIV.
[2] *Traité du sublime*, chap. XXXI. Le passage que cite Longin est tiré d'Hérodote, liv. VIII.
[3] Charles-Amédée de Broglio, comte de Revel, est connu par des actions d'éclat, mais personne ne sut jamais moins les faire valoir. Madame de Sévigné lui rend ce témoignage dans plusieurs de ses lettres.
[4] La campagne de 1701 s'ouvrit par la surprise de Crémone, le 1er février, au moyen de trois cents hommes que le prince Eugène y introduisit par un égout. Le maréchal de Villeroi, qui s'était vanté de faire *danser le rigaudon* à ce prince, ainsi qu'aux princes de Commercy et de Vaudemont, pendant le carnaval de Venise, fut fait prisonnier. Le comte de Revel et le marquis de Praslin ayant fait brûler le pont par où devait passer le secours sans lequel le prince Eugène ne pouvait garder cette conquête, il fut obligé d'abandonner la ville le soir même du jour où il y était entré.

vous avez été aussi très-négligent de votre côté. Vous ne songez pas néanmoins que par là vous m'autorisez à ne vous écrire que lorsque la fantaisie m'en prend, et à couronner mes fautes par de nouvelles fautes. Aujourd'hui pourtant je n'en commettrai pas une si lourde que de tarder à vous remercier du présent que vous m'avez fait du livre de votre illustre ami. Je vous réponds que je le lirai exactement, et que je vous en rendrai le compte que je dois. Il m'est fort honorable qu'un si savant homme souhaite d'avoir mon suffrage. Vous le pouvez assurer que je le lui donnerai dans peu avec grand plaisir, et que ce suffrage sera alors d'un bien plus grand poids qu'il n'est maintenant, puisque j'aurai lu son livre, et que je serai par conséquent beaucoup plus habile que je ne le suis.

Pour ce qui est des particularités dont vous me demandez l'éclaircissement, je vous dirai que le sonnet a été fait sur une de mes nièces qui était à peu près du même âge que moi, et que le charlatan était un fameux médecin de la faculté. Elle était sœur de M. Dongois, greffier, et avait beaucoup d'esprit. J'ai composé ce sonnet dans le temps de ma plus grande force poétique, en partie pour montrer qu'on peut parler d'amitié en vers aussi bien que d'amour; et que les choses innocentes s'y peuvent aussi bien exprimer que toutes les maximes odieuses de la morale lubrique des opéras. A l'égard de l'épigramme à Climène, c'est un ouvrage de ma première jeunesse, et un caprice imaginé pour dire quelque chose de nouveau. Pour la chanson, elle a été effectivement faite à Bâville, dans le temps des noces de M. Bâville, aujourd'hui intendant de Languedoc. Les trois muses étaient madame de Chalucet, mère de madame de Bâville; une madame Hélyot, espèce de bourgeoise renforcée qui avait acquis une assez grande familiarité avec monsieur le premier président, dont elle était voisine à Paris, et qui avait une terre assez proche de Bâville; la troisième était une madame de la Ville, femme d'un fameux traitant, pour laquelle M. de Lamoignon, aujourd'hui président au mortier, avait alors quelque inclination. Celle-ci ayant chanté à table une chanson à boire dont l'air était fort joli, mais les paroles très-méchantes, tous les conviés, et le P. Bourdaloue entre autres, qui était de la noce aussi bien que le P. Rapin, m'exhortèrent à y faire de nouvelles paroles; et je leur rapportai le lendemain les quatre couplets dont il était question. Ils réussirent fort, à la réserve des deux derniers, qui firent un peu refrogner le P. Bourdaloue. Pour le P. Rapin, il entendit raillerie, et obligea même le P. Bourdaloue à l'entendre aussi [1]. Voilà tous vos mystères débrouillés. Au lieu de

Trois muses en habit de ville,

il y avait :

Chalucet, Hélyot, la Ville.

M. d'Arbouville, qui vient après, était un gentilhomme parent de monsieur le premier président; il buvait volontiers à plein verre.

On ne m'a pas fort accablé d'éloges sur le sonnet de ma parente; cependant, monsieur, oserais-je vous dire que c'est une des choses de ma façon dont je m'applaudis le plus, et que je ne crois pas avoir rien dit de plus gracieux que :

A ses jeux innocents enfant associé,

et

Rompant de ses beaux jours le fil trop délié,

et

Fut le premier démon qui m'inspira des vers?

C'est à vous à en juger. Je suis, etc...

### 107. — AU MÊME.

Paris, 7 janvier 1703.

J'attendais, monsieur, à vous remercier lorsque j'aurais reçu vos magnifiques présents, afin de vous répondre en des termes proportionnés à la grandeur de vos fromages; mais le messager ayant dit à Planson [2] qu'ils ne pouvaient encore arriver de longtemps, je n'ai pas cru devoir différer davantage à vous en faire mes remercîments. Je vous dirai donc par avance, qu'en comblant ainsi de vos dons l'auteur que vous avez entrepris de commenter, vous ne jouez pas simplement le personnage de Servius et d'Asconius Pædianus [3], mais de Mécénas et du cardinal de Richelieu; et peut-être aurais-je refusé de les prendre, si heureusement je ne me fusse ressouvenu d'avoir lu dans un auteur ancien qu'il n'y a pas quelquefois moins de beauté d'âme à recevoir de bonne grâce des présents, qu'à en faire.

Cependant, pour commencer à vous payer dans la monnaie que vous souhaitez, je vous répondrai sur l'éclaircissement que vous me demandez au sujet de la *Clélie*, que c'est effectivement une très-grande absurdité à la demoiselle auteur de cet ouvrage [4], d'avoir choisi le plus grave siècle de la république romaine pour y peindre les caractères de nos Français; car on prétend qu'il n'y a pas dans

---

[1] En effet, le P. Bourdaloue avait pris d'abord très-sérieusement cette plaisanterie, et dans sa colère il avait dit au P. Rapin : « Si M. Despréaux me chante, je le prêcherai. » — « Ce n'eût vraisemblablement pas été, ajoute d'Alembert, « dans un sermon *sur le pardon des injures*. »
[2] Domestique de Boileau.
[3] Deux commentateurs célèbres, l'un de Virgile, l'autre de Cicéron.
[4] Magdeleine de Scudéri, morte le 2 juin 1701.

ce livre un seul Romain ni une seule Romaine qui ne soit copié sur le modèle de quelque bourgeois ou de quelque bourgeoise de son quartier. On en donnait autrefois une clef qui a couru [1]; mais je ne me suis jamais soucié de l'avoir. Tout ce que je sais, c'est que le généreux *Herminius*, c'était M. Pellisson; l'agréable *Scaurus*, c'était Scarron; le galant *Amilcar*, Sarasin, etc.... Le plaisant de l'affaire est que nos poëtes de théâtre dans plusieurs pièces, ont imité cette folie, comme on le peut voir dans *la Mort de Cyrus* du célèbre M. Quinault, où Thomyris entre sur le théâtre cherchant de tous côtés, et dit ces deux beaux vers :

> Que l'on cherche partout mes tablettes perdues,
> Et que sans les ouvrir elles me soient rendues.

Voilà un étrange meuble pour une reine des Massagettes [2], que des tablettes dans un temps où je ne sais si l'art d'écrire était inventé! Je vous en écrirai davantage sur ce sujet, dès que vos présents seront arrivés. Cependant croyez que c'est du fond du cœur que je suis, etc.

### 108. — AU MÊME.

Il y a huit jours, monsieur, que j'ai reçu votre magnifique présent, et j'ai été tout ce temps là à chercher des paroles pour vous en remercier dignement, sans en pouvoir trouver. En effet, à un homme qui fait de tels présents, ce n'est point des lettres familières et de simples compliments un peu ornés, ce sont des épîtres *liminaires* du plus haut style qu'il faut écrire, et où les comparaisons du soleil soient prodiguées. Balzac aurait été merveilleux pour cela, si vous lui en aviez envoyé de pareils; et il aurait peut-être égalé la grosseur de vos fromages par la hauteur de ses hyperboles. Il vous aurait dit que ces fromages avaient été faits du lait de la chèvre céleste, ou de celui de la vache Io; que votre jambon était un membre détaché du sanglier d'Érymanthe : mais pour moi qui vais un peu plus terre à terre, vous trouverez bon que je me contente de vous dire que vous vous moquez de m'envoyer tant de choses à la fois; que si honnêtement j'avais pu les refuser, vos présents seraient retournés à Lyon; que cependant je ne laisse pas d'en avoir toute la reconnaissance que je dois, et qu'on ne peut être plus que je le suis, etc.

[1] Cette clef se trouve dans le *grand Dictionnaire historique des précieuses*, par le sieur de Somaize, 2 vol. in-12, 1661. Il ne faut pas confondre cet écrivain avec le commentateur Saumaise.
[2] Anciens peuples féroces de la Scythie asiatique, dont le pays s'appelle aujourd'hui le Turquestan.

*P. S.* Pour vos *Mémoires de la république des lettres*, franchement ils sont bien inférieurs au jambon et aux fromages; et l'auteur y est si grossièrement partial, que je ne saurais trouver aucun goût dans ses ouvrages, quoique bien écrits.

### 109. — L'ABBÉ BOILEAU,

FRÈRE DE DESPRÉAUX,

A BROSSETTE.

Paris, 12 février 1703.

MONSIEUR,

J'ai bien à vous demander pardon d'avoir été si longtemps à faire réponse à l'obligeante lettre que vous m'avez fait l'honneur de m'écrire, du 20 janvier dernier. Une maladie assez longue et assez fastidieuse m'a contraint de faire cette faute, que je vous prie d'oublier; et, pour satisfaire exactement aux demandes que vous me faites, je vous dirai, suivant la perquisition que j'ai faite de l'affaire dont vous me parlez :

1º Que ce fut en 1667 que le procès touchant le Lutrin commença entre le chantre et le trésorier de la Sainte-Chapelle. Le chantre se nommait M. l'abbé Barrin, homme de qualité distingué dans l'épée et dans la robe; et le trésorier se nommait Claude Auvri, évêque de Coutances en Normandie. Il avait été camérier du cardinal Mazarin, et c'est ce qui avait fait sa fortune. C'était un homme assez réglé dans ses mœurs, d'ailleurs fort ignorant, et d'un mérite au-dessous du médiocre. Le dernier de juillet 1667, il s'avisa de faire mettre un pupitre devant le stal [1] premier du côté gauche, que le chantre fit ôter à force ouverte, prétendant qu'il n'y avait jamais été. La cause fut retenue aux requêtes du Palais, et, après plusieurs procédures, elle fut assoupie par feu M. le premier président de Lamoignon;

2º Que Sidrac est un vrai nom d'un vieux chapelain-clerc de la Sainte-Chapelle, c'est-à-dire un chantre musicien dont la voix était une taille fort belle; son personnage n'est point feint;

3º L'abbaye de Saint-Nicaise de Reims, qui vaut 16,000 livres de revenu à la Sainte-Chapelle, ayant été unie par le roi Louis XIII, du temps du cardinal de Richelieu, chaque chanoine doit avoir tous les ans un muid de vin de Reims; mais cela s'apprécie, et on emploie cet argent aux dépenses nécessaires de la Sainte-Chapelle. Cette abbaye fut unie à la Sainte-Chapelle les dernières années du

[1] *Stalle* était autrefois masculin.

ministère du cardinal de Richelieu, pour suppléer au revenu qu'on lui ôta des régales des évêchés, que le roi donna aux évêques nommés, et dont une partie est distraite pour de nouveaux convertis. Comme les vendanges font un des principaux revenus de cette abbaye, le capitulant avait raison de dire : « Je sais sur quelle vigne nous avons hypo- « thèque. »

Voilà, ce me semble, l'éclaircissement que je puis donner aux questions que vous avez pris la peine de me faire. Si vous en avez quelques autres, j'espère que j'y satisferai plus promptement qu'à celles-ci, profitant toujours avec plaisir des occasions que vous me ferez naître pour mériter l'honneur de votre amitié, et vous assurer que personne n'est avec plus d'estime, d'attachement et de passion que moi, monsieur, votre très-humble, etc.

BOILEAU.

## 110. — A BROSSETTE.

Paris, 4 mars 1703.

Je trouvai hier mon frère le chanoine de la Sainte-Chapelle, qui vous écrivait une lettre avec laquelle il prétendait vous envoyer la requête présentée par le chantre Barrin, au sujet du pupitre mis sur son banc. Cela me couvrit de confusion, en me faisant ressouvenir du long temps qu'il y a que je ne vous ai donné aucun signe de vie par mes lettres. En effet, c'est une chose étrange que tout le monde étant empressé à vous répondre, celui-là seul qui a plus de raison de l'être ne le soit point. Il me semble cependant que c'est votre faute, puisque c'est votre trop grande facilité à me pardonner mes négligences qui me rend négligent. Mais quoi ! bien loin de m'accuser de mon peu de soin, peu s'en faut que vous ne vous excusiez de votre trop d'exactitude. Encore ne vous bornez-vous pas aux seules excuses, mais vous les accompagnez de jambons, de fromages, qui feraient tout excuser, quand même vous auriez tort. Pour tâcher donc à réparer un peu mes fautes passées, voici les vers que vous demandez, faits sur ce vers de l'Anthologie, car il y est tout seul :

Ἤειδον μὲν ἐγὼν, ἐχάρασσε δὲ θεῖος Ὅμηρος;

Quand la dernière fois, dans le sacré vallon,
La troupe des neuf Sœurs, par l'ordre d'Apollon,
Lut l'Iliade et l'Odyssée,
Chacune à les louer se montrant empressée :
De leur auteur, dit-il, apprenez le vrai nom [1] :
Jadis avec Homère, aux rives du Permesse,
Dans ce bois de lauriers, où seul il me suivait,

[1] Ce vers a été remplacé par ceux-ci :
Apprenez un secret qu'ignore l'univers,
Leur dit alors le dieu des vers.

Je les fis toutes deux : plein d'une douce ivresse,
Je chantais, Homère écrivait.

J'ai été obligé de mettre ainsi la chose, parce que autrement elle ne serait pas amenée. Charpentier l'a exprimée en ces termes :

Quand Apollon vit le volume
Qui sous le nom d'Homère enchantait l'univers ;
Je me souviens, dit-il, que j'ai dicté ces vers,
Et qu'Homère tenait la plume.

Cela est assez concis et assez bien tourné ; mais, à mon sens, *le volume* est un mot fort bas en cet endroit ; et je n'aime point ce mot de palais : *tenait la plume.*

Pour ce qui est des lettres que vous me sollicitez de vous envoyer, je ne saurais encore sur cela vous donner satisfaction, parce qu'il faut que je les retouche avant que de les mettre entre les mains d'un homme aussi éclairé que vous. Je les ai écrites, la plupart, avec la même rapidité que je vous écris celle-ci, sans savoir souvent où j'allais. M. Racine me récrivait de même, et il faudrait aussi revoir les siennes. Cela demande beaucoup de temps. D'ailleurs, il y a dedans quelques secrets que je ne crois pas devoir être confiés à un tiers. Adieu, monsieur ; aimez-moi toujours, et soyez persuadé que je suis, avec toute l'affection que je dois, etc.

## 111. — A M. DE LA CHAPELLE,

### A VERSAILLES.

Paris, 13 mars 1703.

Je vous renvoie, mon très-cher neveu, votre papier avec les changements bons ou mauvais que j'y ai faits. Vous n'avez qu'à vous en servir comme vous jugerez à propos. Il me semble surtout qu'il faut prendre garde à l'article de Vigo, qui est délicat à traiter. J'y ai mis ce qui m'est venu sur-le-champ. Le neveu de M. de Château-Renaud, qui m'a apporté votre lettre, me paraît un très-galant homme, et je vous prie de lui témoigner combien je suis plein de lui. C'est lui qui a mis à la marge les petits anachronismes de l'histoire de M. son oncle. Je ne sais si ce que j'ai changé les rectifie assez bien, parce que je ne suis pas fort dressé au style des lettres ou des ordonnances royales, ou plutôt *royaux ;* car tel est le plaisir de ces lettres et de ces ordonnances, de vouloir être *masculins,* dérogeant en cela à toutes les règles de la grammaire. Que si, en travaillant sur un sujet si peu de mon genre, je vous ai fait un petit plaisir, je vous supplie en récompense de m'en faire un fort grand ; c'est de vouloir bien témoigner de ma part à monseigneur de Pontchartrain la part que je prends aux *intérêts* du fils de M. Cartigny, nouvel acquéreur d'une charge de commissaire de la marine. Je le prie de se ressouvenir que c'est le père de ce commissaire qui m'a donné le premier la connaissance de monseigneur de Pontchartrain; et que c'est lui qui a accompagné à Auteuil cet illustre ministre d'État, la première fois qu'il me fit l'honneur de m'y venir voir, et que je lui donnai ce fameux repas qui me coûta huit livres dix sous. Je vous conjure, mon très-cher neveu, de lui vouloir bien représenter tout cela, et que la sollicitation que je lui fais n'est point de ces sollicitations mendiées auxquelles il suffit de répondre *Je verrai*. Du reste, soyez bien persuadé que c'est du fond du cœur que je suis, etc.

### 112. — BROSSETTE A BOILEAU.

Lyon, 4 avril 1703.

Monsieur,

Votre dernière lettre me fut remise avec celle que monsieur votre frère prit la peine de m'écrire, en m'envoyant la sentence des requêtes du Palais, rendue au sujet du fameux et immortel Lutrin. Cette sentence m'a fait beaucoup de plaisir, et elle ne me sera pas inutile dans le dessein que j'ai sur vos ouvrages. J'ai remercié monsieur votre frère de son attention obligeante, en lui faisant réponse au sujet d'un livre qu'il me demandait, et que j'ai eu bien de la peine à trouver. La paraphrase que vous avez faite du vers de l'Anthologie sur l'Iliade et l'Odyssée a toute la dignité et toute la grandeur qui lui convient :

Je chantais, Homère écrivait.

La brièveté et la noblesse de cette expression récompensent bien ce que le reste de l'épigramme peut avoir autant de prolixe. Ne pourrait-on point tourner ainsi en latin le vers grec de l'Anthologie :

Hæc ego dum canerem, socius scribebat Homerus?

A l'égard de vos lettres à M. Racine, et de celles que cet illustre ami vous a écrites, vous en userez comme il vous plaira. Vous savez bien que je ne voudrais pas vous faire une mauvaise demande; mais vous devez être persuadé que je recevrai toujours avec beaucoup de joie toutes les pièces que vous trouverez à propos de me confier, et je n'en ferai jamais que l'usage qu'il vous plaira me prescrire.

Une personne qui estime infiniment et vous et vos ouvrages m'a fait remarquer qu'en parlant du passage du Rhin par Jules César, vous dites :

Et depuis ce Romain, dont l'insolent passage,
Sur un pont, en deux jours, trompa tous les efforts....

Cependant César employa *dix jours*, et non pas *deux jours*, à faire construire ce pont, sur lequel il fit passer son armée en Allemagne. C'est lui-même qui le dit dans ses Commentaires, liv. IV, chap. ii. Plutarque appuie fort sur la même circonstance; et Jules César parle d'un autre passage qu'il fit environ deux années après, sans marquer le temps qu'il y employa, liv. VI. Cette différence ne fait aucun tort à votre vers, où vous pouvez mettre également *dix jours* au lieu de *deux*.

J'ai cru que vous ne seriez pas fâché de cette observation, qui dans le fond est assez indifférente, mais qui marque un peu plus d'exactitude dans le fait historique. Cette circonstance tourne même à la gloire du roi, qui a fait en un moment ce que le plus grand capitaine de l'empire romain n'a pu faire qu'en dix jours, et avec le secours d'un pont. Je suis, etc.

### 113. — A BROSSETTE.

Paris, 8 avril 1703.

Vous ne m'accuserez pas, monsieur, pour cette fois, d'avoir été peu diligent à vous répondre, puisque je vous écris sur-le-champ. Je suis ravi que mon frère vous ait si bien satisfait sur vos demandes, et vous ait si bien démontré que la fiction du Lutrin est fondée sur une chose très-véritable. On aurait de la peine à faire voir que l'Iliade est aussi bien appuyée, puisqu'il y a encore des gens aujourd'hui qui nient que jamais Troie ait été prise, et qui doutent que Darès ni Dictys de Crète en soient des témoins fort sûrs, puisque leurs ouvrages n'ont paru que du temps de Néron, et ne sont vraisemblablement que de nouvelles fictions imaginées sur la fiction d'Homère. Il faudrait, pour le bien attester, nous rapporter quelque sentence donnée en faveur de Neptune et d'Apollon, pour obliger Laomédon à payer à ses deux *compagnons de fortune* le prix qu'il leur avait promis pour la construction des murailles de Troie.

Je ne mérite pas les louanges que vous me donnez au sujet du vers de l'Anthologie. Permettez-moi pourtant de vous dire que vous vous abusez un peu quand vous croyez que j'aie fait, ni voulu faire une paraphrase de ce vers, qui est même plus court dans ma copie que dans l'original, puisque j'en ai retranché l'épithète oisive de θεῖος, et que j'ai dit simplement Homère et non point *le divin* Homère. La vérité est que j'y ai joint une petite narration assez vive, sans quoi la pensée n'est point dans son jour; que, si cette narration vous paraît prolixe, il serait aisé d'y donner remède, puisqu'il n'y aurait qu'à mettre à la place de la narration les paroles qu'on trouve en prose dans le recueil de l'Anthologie, au-dessus du vers ; les voici : *Paroles que disait Apollon au sujet des ouvrages d'Homère :*

Je chantais, Homère écrivait.

Il me paraît que c'est l'auteur même de ce vers qui les y a mises, n'ayant pu y joindre une narration qui l'amenât ; et c'est à quoi j'ai cru devoir suppléer dans ma traduction, sans aucun dessein de paraphraser un vers qui n'est excellent que par sa brièveté ; car il me semble que l'expédient dont s'est servi ce poëte a un peu de rapport à ces vieilles tapisseries où l'on écrivait au-dessus de la tête des personnages : *C'est un homme, c'est un cheval,* etc. Du reste, pour la narration, que vous trouvez prolixe, je ne vois pas qu'on puisse accuser de prolixité une chose qui est dite en vers en aussi peu de paroles qu'on la pourrait dire en prose. Il est vrai que cette narration est de huit vers : mais ces huit vers ne disent que ce qu'il faut précisément dire ; et s'il y en a un qui s'étende sur quelque inutilité, vous n'avez qu'à me le marquer, parce que je le retrancherai sur-le-champ. Ce ne sont pas huit bons vers qui sont longs, ce sont deux méchants vers qui le sont quelquefois à outrance : *Sed tu disticha longa facis,* dit Martial [1].

J'ai bien de la joie que ce galant homme dont vous me parlez prenne goût à mes ouvrages :

C'est à de tels lecteurs que j'offre mes écrits [2].

Il me fait plaisir même de daigner bien prendre, en les lisant, *animum censoris honesti.* Oserais-je vous dire que vous ni lui n'avez point entendu ma pensée au sujet de Jules César ? Je n'ai jamais voulu dire que César n'ait mis que deux jours à ramasser et lier ensemble les matériaux dont il fit construire le pont sur lequel il passa le Rhin. Il n'est question dans mes vers que du temps qu'il mit à faire passer ses troupes sur ce pont ; et je ne sais même s'il y employa deux jours. Le roi, quand il passa le Rhin, fit amener un très-grand nombre de bateaux de cuivre qu'on avait été plus de deux mois à construire, et sur un desquels même monsieur le Prince et monsieur le Duc passèrent ; mais qu'est-ce que cela fait à la rapidité avec laquelle toutes ses troupes traversèrent le fleuve, puisqu'il est certain que toute son armée passa, comme celle de Jules César, avec tout son bagage, en moins de deux jours? Voilà ce que veut dire le vers :

Sur un pont', en deux jours, trompa tous tes efforts....

En effet, quel sens autrement pourrait-on donner à ces mots : *trompa tous tes efforts?* Le Rhin pouvait-il s'efforcer à détruire le pont que faisait construire Jules César, lorsque les bateaux étaient encore sur le chantier? Il faudrait pour cela qu'il se fût débordé ; encore aurait-il été pris pour dupe, si César avait mis ses ateliers sur une hauteur. Vous voyez donc bien, monsieur, qu'il faut laisser *deux jours,* parce que si je mettais *dix jours* cela serait fort ridicule ; et je donnerais au lecteur une idée absurde de César, en disant comme une grande chose qu'il avait employé dix jours à faire passer une armée de 30,000 hommes, donnant ainsi par là tout le temps aux Allemands qu'il leur fallait pour s'opposer à son passage. Ajoutez que ces façons de parler, *en deux jours, en trois jours,* ne veulent dire que *très-promptement, en moins de rien.* Voilà, je crois, monsieur, de quoi contenter votre critique et celle de monsieur votre ami. Vous me ferez plaisir de m'en faire beaucoup de pareilles, parce que cela donne occasion, comme vous voyez, à écrire des dissertations assez curieuses. Faites-moi cependant la grâce d'excuser les ratures de celle-ci, parce que ce ne serait jamais fait s'il fallait récrire mes lettres. Je vous aurai bien de l'obligation si vous en usez de même dans les vôtres, et surtout si vous voulez bien rayer ces grands MONSIEUR que vous mettez à tous vos commencements : *volo amari, non coli.* Je suis avec beaucoup de respect, etc.

## 114. — BROSSETTE A BOILEAU.

Lyon, 15 mai 1703.

MONSIEUR,

Il y a quatre ou cinq jours que j'écrivis à monsieur votre frère, en lui envoyant un livre qu'il m'avait demandé. J'aurais eu l'honneur de vous écrire en même temps, s'il m'avait été possible ; mais je n'avais pas assez de temps pour cela, ni assez de résolution : car vous êtes un homme avec qui il faut prendre tous ses avantages ; encore n'est-on pas assuré de rien gagner. Je croyais vous avoir fait, dans ma précédente lettre, les objections les plus raisonnables, les plus judicieuses du monde ; cependant vous me faites voir que je me suis trompé, et je suis obligé d'en convenir. Franchement, monsieur, c'est une chose mortifiante que d'avoir affaire à un homme qui a toujours raison. Je conviens donc que j'ai eu tort de confondre votre petite narration avec le vers de l'Anthologie :

---

[1] Liv. VII, épigr. LXXVII.
[2] Épître VII, à Racine, v. 101.

Je chantais, Homère écrivait;

qui fait, pour ainsi dire, le corps de l'épigramme, tandis que les vers précédents n'en sont que le préambule, ou l'introduction qui prépare la pensée.

Pour ce qui est du passsge de Jules César sur le Rhin, rien n'est plus juste ni plus convaincant que les réflexions dont vous me faites part; il n'y a pas moyen d'y résister. Mais, puisque vous m'invitez, monsieur, à vous envoyer mes petites observations, et que vous me témoignez qu'elles vous font plaisir, je me hasarde encore à vous parler de la remarque que vous avez faite de ces deux vers du Lutrin, au sujet de la guêpe :

> Tel qu'on voit un taureau, qu'une guêpe en furie
> A piqué dans les flancs, aux dépens de sa vie....
> Chant I.

Vous savez, monsieur, que j'ai eu l'honneur de vous dire à Paris que je croyais que cette application ne pouvait convenir qu'à l'abeille, et non point à la guêpe. Tous les naturalistes conviennent que l'abeille meurt après avoir piqué. Aristote, *Histoire des animaux*, liv. III, chap. XII; et liv. IX, chap. LXIV. Virgile, au liv. IV des *Géorgiques*, v. 232 :

> ....... Et spicula cæca relinquunt
> Adfixæ venis, animasque in vulnere ponunt.

Pline, liv. XI de l'*Hist. Nat.* chap. XIX : « Aculeum « apibus natura dedit ventri consertum : ad unum « ictum hoc infixo, quidam eas statim emori putant. « Aliqui non nisi in tantum adacto, ut intestini « quidpiam sequatur... est in exemplis equos ab iis « occisos. » Scaliger raconte, à ce sujet, qu'un soldat français étant dans la Calabre, et ayant courroucé des abeilles, pour avoir pris leur miel, elles tuèrent ce soldat et son cheval.

Je sais par mon expérience que l'aiguillon des abeilles demeure dans la piqûre, parce qu'il est recourbé et tourné en crochet vers la pointe, à peu près comme un hameçon, ou comme ces flèches barbelées de l'une desquelles Quinte-Curce dit qu'Alexandre fut blessé dans la ville des Oxydraques, liv. IX, chap. V; mais à l'égard des guêpes, leur aiguillon est tout droit et uni comme la pointe d'une aiguille ; ce qui fait qu'il sort aussi facilement qu'il est entré. Il en est de même des autres insectes ailés et piquants, comme les bourdons et les frelons. Pline, en parlant des guêpes, dans le chap. XXIV du même livre, ne dit rien de leur aiguillon ni de la manière dont elles s'en servent; par où il semble les mettre à cet égard dans le rang des insectes volants qui peuvent piquer sans s'incommoder eux-mêmes. A moins qu'on ne dise de ceux-ci ce que le même auteur, liv. XXIX, chap. XXIII, dit des serpents et des autres reptiles venimeux, qu'ils ne peuvent nuire qu'une fois, et qu'ils meurent eux-mêmes après avoir jeté leur venin.

Voilà mes observations, que je vous prie d'examiner et de corriger. Je les fais, non pas *animo censoris*, mais avec toute la docilité et la soumission d'un homme qui veut s'instruire de bonne foi; car je pense de vous ce qu'un de nos jurisconsultes, savant et poli, a dit d'un grand homme de son temps : « Familiare ejus colloquium nunquam advertenti « inane otiosumque est. » Je l'ai éprouvé moi-même, en mettant toujours à profit les moments précieux que j'ai passés auprès de vous. Je suis, etc.

## 115. — A BROSSETTE.

*Paris, 28 mai 1703.*

J'arrive à Paris, d'Auteuil où je suis maintenant habitué, et où j'ai laissé votre dernière lettre que j'y ai reçue. Ainsi je vous écris, monsieur, sans l'avoir devant les yeux. Je me souviens bien pourtant que vous y attaquez fortement ce que je dis, dans mon Lutrin, de la guêpe qui meurt du coup dont elle pique son ennemi. Vous prétendez que je lui donne ce qui n'appartient qu'aux abeilles, qui *vitam in vulnere ponunt;* mais je ne vois pas pourquoi vous voulez qu'il n'en soit pas de même de la guêpe, qui est une espèce d'abeille bâtarde, que de la véritable abeille, puisque personne sur cela n'a jamais dit le contraire, et que jamais on n'a fait à mon vers l'objection que vous lui faites. Je ne vous cacherai point pourtant que je ne crois cette prétendue mort vraie ni de l'abeille ni de la guêpe, et que tout cela n'est, à mon avis, qu'un discours populaire dont il n'y a aucune certitude : mais il ne faut pas d'autre autorité à un poëte pour embellir son expression. Il en faut croire le bruit public sur les abeilles et les guêpes, comme sur le chant mélodieux des cygnes en mourant, et sur l'unité et la renaissance du phénix.

Je ne vous écris que ce mot, parce que je suis pressé de sortir pour une affaire de conséquence, et que d'ailleurs je suis dans une extrême affliction de la mort de M. Félix, premier chirurgien du roi, qui était, comme vous savez, un de mes meilleurs et de mes plus anciens amis. Je vous prie de bien témoigner à M. Perrichon combien je l'estime, et je l'honore, et de me ménager dans son cœur, aussi bien que dans le vôtre le remplacement d'une perte aussi considérable que celle que je viens de faire. Je vous donne le bonjour, et je suis avec un très-grand respect, etc.

*P. S.* Au nom de Dieu, ôtez de vos lettres ce

Monsieur, haut exhaussé, ou j'en mettrai dans les miennes un encore plus haut.

### 116. — AU MÊME.

*3 juillet 1703.*

J'ai été, monsieur, si chargé d'affaires depuis quelque temps, et occupé de tant de chagrins étrangers et domestiques, que je n'ai pas eu le loisir de faire l'affaire qui m'est le plus agréable, je veux dire de vous écrire et de m'entretenir avec vous.

La mort de M. Félix m'a d'autant plus douloureusement touché, que c'est lui, pour ainsi dire, qui s'est tué lui-même en se voulant sonder pour une rétention d'urine qu'il avait. Nous nous étions connus dès nos plus jeunes ans: Il était un des premiers qui avait battu des mains à mes naissantes folies, et qui avait pris mon parti à la cour contre M. le duc de Montausier. Il a été universellement regretté; et avec raison, puisqu'il n'y a jamais eu d'homme plus obligeant, plus magnifique et plus noble de cœur.

Pour ce qui est de M. Perrault, je ne vous ai point parlé de sa mort, parce que franchement je n'y ai point pris d'autre intérêt que celui qu'on prend à la mort de tous les honnêtes gens. Il n'avait pas trop bien reçu la lettre que je lui ai adressée dans ma dernière édition, et je doute qu'il en fût content. J'ai pourtant été au service que lui a fait dire l'Académie, et monsieur son fils m'a assuré qu'en mourant il l'avait chargé de me faire de sa part de grandes honnêtetés, et de m'assurer qu'il mourait mon serviteur. Sa mort a fait recevoir un assez grand affront à l'Académie, qui avait élu, pour remplir sa place d'académicien, M. de Lamoignon votre ami; mais M. de Lamoignon a nettement refusé cet honneur. Je ne sais si ce n'est point par la peur d'avoir à louer l'ennemi de Cicéron et de Virgile. L'Académie, pour laver un peu sur cela son ignominie, a élu au lieu de lui, très-prudemment, monsieur le coadjuteur de Strasbourg, qui en a témoigné une fort grande reconnaissance, et qui se prépare à venir faire son compliment. Je n'ai pas l'honneur de le connaître; mais c'est un prince de beaucoup de réputation, et qui a déjà brillé dans la Sorbonne, dont il est docteur. J'espère qu'il tempérera ses paroles en faisant l'éloge de M. Perrault, et que les amateurs des bons livres n'auront point sujet de s'écrier :

*O sœclum insipiens et inficetum*[1] !

Je mets au rang de ces amateurs M. de Puget, et j'ose me flatter que Dieu n'enlèvera pas sitôt de la terre un homme de ce mérite et de cette capacité.

Je viens maintenant à vos critiques sur mes ouvrages. Je ne sais pas sur quoi se peuvent fonder ceux qui veulent conserver le solécisme qui est dans ce vers :

*Que votre âme et vos mœurs peints dans tous vos ouvrages....*

M. Gibert, du collège des Quatre-Nations, est le premier qui m'a fait apercevoir de cette faute depuis ma dernière édition. Dès qu'il me la montra, j'en convins sur-le-champ avec d'autant plus de facilité, qu'il n'y a, pour la réformer, qu'à mettre, comme vous dites fort bien :

*Que votre âme et vos mœurs peintes dans vos ouvrages....*

ou :

*Que votre esprit, vos mœurs, peints dans tous vos ouvrages..*

Mais pourrez-vous bien concevoir ce que je vais vous dire, qui est pourtant très-véritable, que cette faute, si aisée à apercevoir, n'a pourtant été aperçue de moi ni de personne avant M. Gibert, depuis plus de trente ans qu'il y a que mes ouvrages ont été imprimés pour la première fois; que M. Patru, c'est-à-dire le Quintilius de notre siècle, qui revit exactement ma poétique, ne s'en avisa point; et que dans tout ce flot d'ennemis qui a écrit contre moi, et qui m'a chicané jusqu'aux points et aux virgules, il ne s'en est point rencontré un seul qui l'ait remarquée? cela vient, je crois, de ce que le mot de *mœurs* ayant une terminaison masculine, on ne fait point réflexion qu'il est féminin. Cela fait bien voir qu'il faut non-seulement montrer ses ouvrages à beaucoup de gens avant que de les faire imprimer, mais que même après qu'ils sont imprimés, il faut s'enquérir scrupuleusement des critiques qu'on y fait.

Oserais-je vous dire, monsieur, que, si vous avez été fort juste sur l'observation de ce solécisme, il n'en est pas de même de votre correction de l'épigramme de l'Anthologie? et avec qui, bon Dieu ! y associez-vous mon style? Avec le style de Charpentier : *Jungentur jam tigres equis.* Est-il possible que vous n'ayez pas vu que le sens de l'épigramme est, que c'est Apollon, c'est-à-dire le génie seul, qui, dans une espèce d'enthousiasme et d'ivresse, a produit l'Iliade et l'Odyssée; que c'est lui qui les a faits, et non pas simplement dictés; et que, lorsque Homère les écrivait, à peine Apollon savait qu'Homère était là? Ne concevez-vous pas, monsieur, que c'est le mot d'*ivresse* qui sauve tout, et qui fait voir pourquoi Apollon avait tant tardé à dire aux neuf Sœurs qu'il était l'auteur de ces deux ouvrages, qu'il se souvenait à peine d'avoir faits? d'ailleurs, quel air,

---

[1] Catulle, *Carm.* XLIII, v. 8.

dans l'épigramme, de la manière dont vous la tournez, donnez-vous à Apollon, qui est supposé lisant cet ouvrage dans son cabinet, et se disant à lui-même : *C'est moi qui ai dicté ces vers?* Au lieu que, dans mon épigramme, il est au milieu des Muses, à qui il déclare qu'elles ne se trompent pas dans l'admiration qu'elles ont de ces deux grands chefs-d'œuvre, puisque c'est lui qui les a composés dans une chaleur qui ne lui permettait pas d'écrire, et qu'Homère les avait recueillis. Mais me voilà à la fin de la page, ainsi, monsieur, trouvez bon que je vous dise brusquement que je suis....

## 117. — AU MÊME.

Auteuil, 2 août 1703.

Feu M. Patru, mon illustre ami, était non-seulement un critique très-habile, mais un très-violent hypercritique, et en réputation de si grande rigidité, qu'il me souvient que, lorsque M. Racine me faisait sur des endroits de mes ouvrages quelque observation un peu trop subtile, comme cela lui arrivait quelquefois, au lieu de lui dire le proverbe latin : *Ne sis patruus mihi,* « n'ayez point pour moi la sévérité d'un oncle; » je lui disais : *Ne sis Patru mihi,* « n'ayez point pour moi la sévérité de Patru! » Je pourrais vous le dire à bien meilleur titre qu'à lui, puisque toutes vos lettres, depuis quelque temps, ne sont que des critiques de mes vers, où vous allez jusqu'à l'excès du raffinement. Vous avez reçu de moi une petite narration en rimes, que j'ai composée à la sollicitation de M. le Verrier, pour amener un vers de l'Anthologie; et tous ceux, à commencer par lui, à qui je l'ai communiquée, en ont été très-satisfaits. Cependant, bien loin d'en être content, vous me faites concevoir qu'elle ne vaut rien; et, sans me dire ce que vous y trouvez de défectueux, vous allez chercher dans M. Charpentier, c'est-à-dire dans les étables d'Augias, de quoi la rectifier. Ensuite vous vous avisez de trouver une équivoque dans un vers où il n'y en a jamais eu. En effet, où peut-il y en avoir dans cette façon de parler :

Approuve l'escalier tourné d'autre façon ;

et qui est-ce qui n'entend pas d'abord que le médecin architecte approuve l'escalier, moyennant qu'il soit tourné d'une autre manière? Cela n'est-il pas préparé par le vers précédent :

Au vestibule obscur il marque une autre place ?

Il est vrai que, dans la rigueur et dans les étroites règles de la construction, il faudrait dire : *Au vestibule obscur il marque une autre place que celle qu'on lui veut donner, et approuve l'escalier tourné d'une autre manière qu'il n'est.* Mais cela se sous-entend sans peine; et où en serait un poëte si on ne lui passait, je ne dis pas une fois, mais vingt fois dans un ouvrage, ces *subaudi?* Où en serait M. Racine si on lui allait chicaner ce beau vers que dit Hermione à Pyrrhus, dans l'*Andromaque* [1] :

Je t'aimais inconstant, qu'eussé-je fait fidèle?

qui dit si bien, et avec une vitesse heureuse : *Je t'aimais lorsque tu étais inconstant; qu'eussé-je fait, si tu avais été fidèle?* Ces sortes de petites licences de construction non-seulement ne sont pas des fautes, mais sont même assez souvent un des plus grands charmes de la poésie, principalement dans la narration, où il n'y a point de temps à perdre. Ce sont des espèces de latinismes dans la poésie française, qui n'ont pas moins d'agrément que les hellénismes dans la poésie latine. Jusqu'ici cependant, monsieur, vous n'avez été que trop scrupuleux et trop rigide; mais où étaient vos lumières quand vous avez douté si ce temple fameux dont parle Thémis dans le Lutrin, est Notre-Dame, ou la Sainte-Chapelle? Est-il possible que vous n'ayez pas vu que ce temple qu'elle désigne à la Piété est ce même temple dont la Piété vient de lui parler quelques vers auparavant avec tant d'emphase, et où est arrivée la querelle du Lutrin?

J'apprends que dans ce temple où le plus saint des rois
Consacra tout le fruit de ses pieux exploits,
Et signala pour moi sa pompeuse largesse,
L'implacable Discorde, etc.

Chant VI.

Comment voulez-vous que le lecteur aille songer à Notre-Dame, qui n'a point été bâtie par saint Louis, et qui est si éloignée du Palais, y ayant entre elle et le Palais plus de douze fameuses églises, et principalement la célèbre paroisse de Saint-Barthélemy, qui en est beaucoup plus proche? Permettez-moi de vous dire que de se faire ces objections, c'est se chicaner soi-même mal à propos, et ne vouloir pas voir clair en plein midi. Je ne vous parle point de la difficulté que vous me faites sur ce vers :

Que votre esprit, vos mœurs, peints dans tous vos ouvrages...

puisqu'il m'est fort indifférent que vous mettiez celui-là, ou

Que votre âme et vos mœurs peintes dans vos ouvrages...

Il n'est pas vrai pourtant que la construction grammaticale ne soit pas dans le premier de ces deux vers, où la noblesse du genre masculin l'emporte, et qu'on ne puisse fort bien dire en français : *Mars et les Grâces étaient peints dans ce tableau.* On peut pourtant dire aussi *étaient peintes; mais peints* est

[1] Acte V, sc. v.

le plus régulier : et pour ce qui est de ce que vous prétendez qu'il s'agit à de l'*âme* et non de l'*esprit*, trouvez bon que je vous fasse ressouvenir que le mot d'*esprit*, joint avec le mot de *mœurs*, signifie aussi l'âme, et qu'un esprit bas, sordide, trigaud, etc. veut dire la même chose qu'une âme basse, sordide, etc.... Avouez donc, monsieur, que dans toutes ces critiques vous vous montrez un peu trop subtil, et que vous êtes à mon égard en cela *Patru patruissimus*. Mais je commence à m'apercevoir que je suis moi-même bien peu subtil, de ne pas reconnaître que vous les avez faites pour m'exciter à parler, et qu'il n'était pas nécessaire d'y répondre sérieusement. Que voulez-vous? Un auteur est toujours un auteur, surtout quand on le blesse dans une partie aussi sensible que ses ouvrages imprimés : mais laissons-les là.

Je ne saurais bien vous dire pourquoi M. de Lamoignon n'a point accepté la place qu'on lui voulait donner dans l'Académie. Il m'a mandé qu'il ne pouvait pas se résoudre à louer M. Perrault, auquel on le faisait succéder, et dont, selon les règles, il aurait été obligé de faire l'éloge dans sa harangue; mais c'est une plaisanterie. Quoi qu'il en soit, l'Académie, à mon avis, a suffisamment réparé cet affront, en élisant à sa place monsieur le coadjuteur de Strasbourg, prince d'un très-grand mérite et d'une très-grande condition, qui en a témoigné une très-grande reconnaissance, jusqu'à aller rendre exactement visite à ceux qui lui ont donné leur voix *solatia victis*. Je suis ravi qu'un petit mot dans ma dernière lettre ait un peu contribué au rétablissement de la santé de l'illustre M. de Puget. Si mes paroles ont cette vertu magique, je ne m'en applaudirai pas moins que si elles avaient le pouvoir de faire descendre la lune du ciel, et sortir du tombeau *manes responsa daturos*. Je vous conjure donc d'employer aussi mes paroles à me conserver toujours dans le souvenir de M. Perrichon. J'ai reçu une lettre de M. de Mervezin presque en même temps qu'on m'a rendu la vôtre. Il est homme de mérite, et m'a paru plus que content de votre bonne réception. Je suis, etc.

*P. S.* Comme vous ne sauriez goûter mon épigramme de l'Anthologie en français, j'ai cru vous devoir envoyer la traduction qu'en a faite en grec l'illustre et savant M. Boivin. Elle est écrite de sa main, avec quelques vers français qu'il a imités des vers grecs d'un ancien père de l'Église, et qui sont au dos de l'épigramme. Vous jugerez, monsieur, de son double mérite. Il prétend citer quelque jour cette épigramme dans quelques notes savantes, et la faire passer pour un original tiré d'un manuscrit de la bibliothèque du roi, dont il est gardien. Je ne sais s'il fera cette folie; mais combien pensez-vous que nous ayons peut-être d'ouvrages donnés de la sorte?

## 118. — AU MÊME.

Auteuil, 29 septembre 1703.

J'ai été, monsieur, si accablé d'affaires depuis quelque temps, que je n'ai pas eu le loisir de faire la chose qui m'est la plus agréable, je veux dire de m'entretenir avec vous. Je m'en serais même encore dispensé aujourd'hui, si tout d'un coup, en relisant votre dernière lettre que j'ai trouvée sur ma table, je n'eusse fait réflexion que vous imputeriez peut-être mon silence au chagrin que vous croyez que j'ai conçu de vos critiques. Je vous assure pourtant que je n'en ai eu aucun, et que j'ai été d'autant moins capable d'en avoir, que j'ai bien vu, comme je vous l'ai, ce me semble, témoigné, que vous ne me les faisiez qu'afin de vous divertir et de me faire parler. J'ai trouvé un peu étrange, je l'avoue, que vous me voulussiez mettre en société de style avec Charpentier, l'un des hommes du monde avec lequel je m'accordais le moins, et qui toute sa vie, à mon sens, et même en sa vieillesse, eut le style le plus écolier : mais cela n'a point fait que je vous aie voulu aucun mal. Et qu'ai-je fait effectivement, à propos de vos censures, autre chose que vous comparer à M. Patru et à M. Racine? Est-ce que la comparaison vous déplaît?

Pour vous montrer même combien je suis éloigné de me choquer de vos critiques, je m'en vais ici vous écrire une énigme que j'ai faite à l'âge de dix-sept ans, et qui est pour ainsi dire mon premier ouvrage. Je l'avais oubliée, et je m'en souvins le dernier jour en allant voir une maison que mon père avait au pied de Montmartre [1], où je composai ce bel ouvrage. Je vous l'envoie afin que vous l'examiniez à la rigueur; mais, pour me venger de votre sévérité, je ne vous dirai le mot de l'énigme que la première fois que je vous écrirai, afin de me venger de la peine que vous me ferez en la censurant, par la peine que vous aurez à la deviner. La voici :

> Du repos des humains implacable ennemie,
> J'ai rendu mille amants envieux de mon sort :
> Je me repais de sang, et je trouve ma vie
> Dans les bras de celui qui recherche ma mort.

Tout ce que je puis vous dire par avance, c'est que j'ai tâché de répondre par la magnificence de mes paroles à la grandeur du monstre que je voulais exprimer. Adieu, mon cher monsieur; aimez-moi

---

[1] A Clignancourt.

toujours, et croyez que je suis, avec tout le respect et la sincérité que je dois....

119. — AU MÊME.

Paris, 7 novembre 1703.

Je ne vous ai point écrit, monsieur, depuis longtemps, parce que j'ai été un peu malade et fort accablé d'affaires. Vous êtes un véritable Œdipe pour deviner les énigmes; et si les couronnes se donnaient aujourd'hui à ceux qui en pénètrent le sens, je suis sûr que vous ne tarderiez pas à vous voir roi de quelque bonne et grande ville. Mais, si vous avez très-bien reconnu que c'était la *puce* que j'ai voulu peindre dans mes quatre vers, vous n'avez pas moins bien deviné, quand vous avez cru que je ne digérerais pas fort aisément l'insulte ironique que m'ont *fait* de gaieté de cœur, et sans que je leur en aie donné aucun sujet, messieurs les journalistes de Trévoux. Comme j'ai fait profession jusqu'ici de ne me point plaindre de ceux qui m'attaquent, et que je les ai toujours rendus complaignants, j'ai cru en devoir encore user de même en cette occasion, et je les ai d'abord servis d'une épigramme, ou plutôt d'une petite épître en seize vers, où je leur ai marqué ma reconnaissance sur leur fade raillerie. Je ne saurais vous dire avec combien d'applaudissements cette épître a été reçue de tout le monde; et j'ai fort bien reconnu par là que non-seulement je ne suis pas haï du public, mais qu'ils lui sont fort odieux. Je m'imagine que vous avez grande envie de voir ce petit ouvrage, et il n'est pas juste de retarder votre curiosité. Le voici :

AUX RÉVÉRENDS PÈRES AUTEURS DU JOURNAL
DE TRÉVOUX.

Mes révérends pères en Dieu,
Et mes confrères en satire,
Dans vos écrits, en plus d'un lieu,
Je vois qu'à mes dépens vous affectez de rire;
Mais ne craignez-vous point que, pour rire de vous,
Relisant Juvénal, refeuilletant Horace,
Je ne ranime encor ma satirique audace?
 Grands aristarques de Trévoux,
N'allez de nouveau faire courir aux armes
Un athlète tout prêt à prendre son congé,
Qui, par vos traits malins au combat rengagé,
Peut encore aux rieurs faire verser des larmes.
 Apprenez un mot de Régnier,
 Notre célèbre devancier :
« Corsaires attaquant corsaires
« Ne font pas, dit-il, leurs affaires. »

Au reste, comme ils ne m'ont pas attaqué seul, et qu'ils ont traité très-indignement mon frère, au sujet du livre des Flagellants, je me suis cru obligé de le défendre contre la mauvaise foi avec laquelle ils l'accusent, eux et M. Thiers [1], d'avoir attaqué la discipline en général, quoiqu'il n'en reprenne que le mauvais usage; c'est ce que je fais voir par l'épigramme suivante, qui court aussi déjà le monde :

AUX PÈRES JOURNALISTES DE TRÉVOUX.

Non, le livre des Flagellants
 N'a jamais condamné, lisez-le bien, mes pères,
 Ces rigidités salutaires
Que, pour ravir le ciel saintement violents,
Exercent sur leurs corps tant de chrétiens austères.
Il blâme seulement cet abus odieux
 D'étaler et d'offrir aux yeux
Ce que leur doit toujours cacher la bienséance :
Et combat vivement la fausse piété,
 Qui, sous couleur d'éteindre en nous la volupté
Par l'austérité même et par la pénitence
Sait allumer le feu de la lubricité.

Cette épigramme n'est pas si bonne que la précédente. Elle dit pourtant assez bien ce que je veux dire, et défend parfaitement mon frère de la chose dont on l'accuse. Je ne sais pas ce que messieurs les journalistes répondront à cela; mais, s'ils m'en croient, ils profiteront du bon avis que je leur donne par la bouche de Régnier, notre commun ami. Je n'ai pas vu jusqu'ici que ceux qui ont pris à tâche de me décrier y aient réussi. Ainsi je leur puis dire avec Horace :

Nec quisquam noceat cupido mihi pacis! at ille
Qui me commorit (melius non tangere, clamo),
Flebit, et insignis tota cantabitur urbe [2].

Ce qu'il y a de certain, c'est que tout le tort est de leur côté. La vérité est que je me déclare dans mes ouvrages ami de M. Arnauld, mais en même temps je me déclare aussi ami *des écrivains de l'école d'Ignace*, et partant je suis tout au plus un *molinojanséniste*. C'est ce que je vous prie de bien faire entendre à vos illustres amis les jésuites de Lyon, que je ne confondrai jamais avec ceux de Trévoux, quoiqu'on me veuille faire entendre que tous les jésuites sont un corps homogène; et que qui remue une des parties de ce corps remue toutes les autres; mais c'est de quoi je ne suis point encore parfaitement convaincu. Quoi qu'il en soit, il ne s'agit point en notre querelle d'aucun point de théologie : et je ne sais point comment messieurs de Trévoux pourront me faire janséniste pour avoir soutenu qu'on ne doit point étaler aux yeux ce que leur doit toujours cacher la bienséance. Ce *que je* vous prie surtout, c'est de bien faire ressouvenir M. Perrichon de la sincère estime que j'ai pour lui. Je suis....

---

[1] Jean-Baptiste Thiers, théologien, né à Chartres en 1636, mort en 1703, a composé, outre la critique dont parle Despréaux, les Traités des superstitions, des perruques, des cloches, etc.
[2] Liv. II, sat. I, v. 44.

## 120. — A M. ***.

.... ,

Comme je n'avais point eu de vos nouvelles, monsieur, je me suis engagé à une autre partie que celle que vous m'avez proposée. Pour les épigrammes, il n'y a plus de mesures à garder, puisque, grâce à l'indiscrétion, ou plutôt à l'envie de me faire valoir, de notre illustre ami, elles sont maintenant dans les mains de tout le monde. D'ailleurs on n'y fait plus actuellement que des critiques que je ne sens point, et qui sont par conséquent mauvaises ; car à quoi je reconnais une bonne critique, c'est quand je la sens, et qu'elle m'attaque par l'endroit dont je me défiais. C'est alors que je songe tout de bon à corriger, regardant celui qui la fait comme un excellent connaisseur, et tel que le censeur que je propose dans mon Art poétique en ces termes :

Faites choix d'un censeur solide et salutaire,
Que la raison conduise, et le savoir éclaire ;
Et dont le crayon sûr d'abord aille chercher
L'endroit que l'on sent faible, et qu'on se veut cacher.
Chant IV.

Du reste, je m'inquiète peu de toutes ces frivoles objections qui se font contre les bons ouvrages naissants. Cela ne dure guère, et l'on est tout étonné souvent que l'endroit que l'on condamnait *devient* le plus estimé. Cela est arrivé sur ces deux vers de la satire des femmes :

Et tous ces lieux communs de morale lubrique
Que Lulli réchauffa des sons de sa musique...

contre lesquels on se déchaîna d'abord, et qui passent aujourd'hui pour les meilleurs de la pièce. Il en arrivera de même, croyez-moi, du mot de *lubricité* dans mon épigramme sur le livre des Flagellants ; car je ne crois pas avoir jamais fait quatre vers plus sonores que ceux-ci :

Et ne saurait souffrir la fausse piété,
Qui, sous couleur d'éteindre en nous la volupté,
Par l'austérité même et par la pénitence,
Sait allumer le feu de la lubricité.

Cependant M. de Termes ne s'accommode pas, dites-vous, du mot de lubricité. Eh bien ! qu'il en cherche un autre. Mais moi ; pourquoi ôterais-je un mot qui est dans tous les dictionnaires au rang des mots les plus usités? Où en serait-on, si l'on voulait contenter tout le monde?

Quid dem? Quid non dem? Renuis tu quod jubet alter [1].

Tout le monde juge, et personne ne sait juger. Il en est de même que de la manière de lire. Il n'y a personne qui ne croie lire admirablement, et il n'y a presque point de bons lecteurs. Je suis votre très-humble, etc.

## 121. — A BROSSETTE.

Paris, 7 décembre 1703.

J'ai tardé jusqu'à l'heure qu'il est, monsieur, à vous écrire, parce que j'attendais pour le faire que messieurs de Trévoux eussent répondu à mes épigrammes dans leur nouveau volume, afin de voir et de vous mander si j'avais la guerre ou non avec ces bons pères ; mais étant demeurés dans le silence à mon égard, voilà toutes nos querelles finies, et vous pouvez assurer messieurs les jésuites de Lyon que je ne dirai plus rien contre aucun de leur compagnie, dans laquelle, quoique extrêmement ami de la mémoire de M. Arnauld, j'ai encore d'illustres amis, et entre autres le P. de la Chaise, le P. Bourdaloue et le P. Gaillard ; car pour ce qui regarde le démêlé sur la grâce, c'est sur quoi je n'ai point pris parti, étant tantôt d'un sentiment, et tantôt d'un autre ; de sorte que, m'étant quelquefois couché janséniste tirant au calviniste, je suis tout étonné que je me réveille moliniste approchant du pélagien. Ainsi, sans les condamner ni les uns ni les autres, je m'écrie avec saint Augustin : *O altitudo sapientiæ*! mais, après avoir quelquefois en moi-même traduit ces paroles par : *Oh! que Dieu est sage!* j'ajoute aussi en même temps : *Oh! que les hommes sont fous!* Je m'imagine que vous entendez bien pourquoi cette dernière exclamation, et que vous n'y comprenez pas un petit nombre de volumes.

Mais pour répondre maintenant à la question que vous me faites sur la prononciation du mot de *Trévoux*, et s'il faut un accent sur la pénultième, je vous dirai que c'est vous qui avez entièrement raison, et que ma faute vient de ce que je n'avais jamais entendu prononcer le nom de cette ville, avant les journaux de messieurs de Trévoux. Trouvez bon que je ne vous écrive rien davantage cet ordinaire, parce que le retour de M. de Valincour de l'armée navale m'a surchargé d'occupations. Aimez-moi toujours, croyez que je vous rends la pareille, et soyez bien persuadé que je suis très-passionnément...

## 122. — A M. LE VERRIER [1].

.... 1703.

N'êtes-vous plus fâché, monsieur, du peu de complaisance que j'eus hier pour vous? Non sans doute,

---

[1] HORACE, liv. II, ép. II, v. 63.

[1] Le même qui acheta la maison de Boileau à Auteuil. « Vous « y serez toujours chez vous, lui disait le Verrier ; et j'exige « que vous y conserviez une chambre, et que vous veniez sou- « vent l'habiter. » Quelques jours après la vente, Boileau y re-

vous ne l'êtes plus; et je suis persuadé qu'à l'heure qu'il est vous goûtez toutes mes raisons. Supposé pourtant que votre colère dure encore, je m'offre d'aller aujourd'hui chez vous à midi et demi vous prouver, le verre à la main, par plus d'un argument en forme, qu'un homme comme moi n'est point obligé de préférer son plaisir à sa santé, ni de demeurer à souper, même avec la meilleure compagnie du monde, quand il sent que cela le pourrait incommoder, et quand il a pour s'en excuser soixante et six raisons aussi bonnes et aussi valables que celles que la vieillesse avec ses doigts pesants m'a jetées sur la tête. Et, pour commencer ma preuve, je vous dirai ces vers d'Horace à Mécénas :

Quam mihi das ægro, dabis ægrotare timenti,
Mæcenas, veniam [1].

En cas donc que vous vouliez que j'achève ma démonstration, mandez-moi

Si validus, si lætus eris, si denique posces [2].

Autrement, ordonnez qu'on ne m'ouvre point chez vous. J'aime encore mieux n'y point entrer que d'y être mal reçu. Au reste, j'ai soigneusement relu votre plainte contre les Tuileries, et j'y ai trouvé des vers si bien tournés, que, franchement, en les lisant je n'ai pu me défendre d'un moment de jalousie poétique contre vous; de sorte qu'en la remaniant j'ai plutôt songé à vous surpasser qu'à vous réformer. C'est cette jalousie qui m'a fait mettre la pièce en l'état où vous l'allez voir. Prenez la peine de la lire.

#### PLAINTE CONTRE LES TUILERIES.

Agréables jardins, où les Zéphyrs et Flore
Se trouvent tous les jours au lever de l'aurore;
Lieux charmants qui pouvez dans vos sombres réduits
Des plus tristes amants adoucir les ennuis,
Cessez de rappeler dans mon âme insensée
De mon premier bonheur la gloire enfin passée.
Ce fut, je m'en souviens, dans cet antique bois
Que Philis m'apparut pour la première fois;
C'est ici que souvent, dissipant mes alarmes,
Elle arrêtait d'un mot mes soupirs et mes larmes;
Et que, me regardant d'un œil si gracieux,
Elle m'offrait le ciel ouvert dans ses beaux yeux.
Aujourd'hui cependant, injustes que vous êtes,
Je sais qu'à mes rivaux vous prêtez vos retraites,
Et qu'avec elle assis sur vos tapis de fleurs,
Ils triomphent, contents de mes vaines douleurs.
Allez, jardins dressés par une main fatale,
Tristes enfants de l'art du malheureux Dédale,
Vos bois, jadis pour moi si charmants et si beaux,

tourne en effet, entre dans le jardin; et n'y trouvant plus un berceau qu'il aimait, il appelle Antoine: « Qu'est devenu mon « berceau? — Abattu par l'ordre de M. le Verrier. — Je ne suis « plus le maître ici; qu'y viens-je faire? » Et il remonta à l'instant même en voiture. Ce fut son dernier voyage à Auteuil.

[1] Liv. I, épît. VII, v. 4.
[2] Liv. I, épît. XIII, v. 3.

Ne sont plus qu'un désert, refuge des corbeaux,
Qu'un séjour infernal, où cent mille vipères
Tous les jours en naissant assassinent leurs mères.

Je ne sais, monsieur, si dans tout cela vous reconnaîtrez votre ouvrage, et si vous vous accommoderez des nouvelles pensées que je vous prête. Quoi qu'en soit, faites-en tel usage que vous jugerez à propos; car, pour moi, je vous déclare que je n'y travaillerai pas davantage. Je ne vous cacherai pas même que j'ai une espèce de confusion d'avoir, par une molle complaisance pour vous, employé quelques heures à un ouvrage de cette nature, et d'être moi-même tombé dans le ridicule dont j'accuse les autres, et dont je me suis si bien moqué par ces vers de la satire à mon Esprit :

Faudra-t-il de sang-froid, et sans être amoureux,
Pour quelque Iris en l'air faire le langoureux,
Lui prodiguer les noms de Soleil et d'Aurore,
Et toujours bien mangeant, mourir par métaphore [1] ?

Ce qu'il y a de sûr, c'est que je ne retomberai plus dans une pareille faiblesse, et que c'est à ces vers d'amourettes, bien plus justement qu'à ceux de ma pénultième épître, qu'aujourd'hui je dis très-sérieusement :

Adieu, mes vers, adieu pour la dernière fois.

Du reste, je suis parfaitement votre, etc.

### 123. — A BROSSETTE.

Paris, 25 janvier 1704.

Ce n'est pas, monsieur, à un homme qui a tort à se plaindre d'un homme qui a raison. Cependant vous trouverez bon que je ne m'assujettisse pas aujourd'hui à cette règle, et que, tout coupable que je suis de négligence à votre égard, je ne laisse pas de me plaindre de votre peu de diligence depuis quelque temps à m'écrire. Quoi! monsieur, laisser passer tout le mois de janvier sans me souhaiter, du moins par un billet, la bonne année? Cela se peut-il souffrir? Vous me direz que j'ai bien laissé passer le mois de novembre et celui de décembre pour répondre à deux lettres que j'ai reçues de vous, mais doit-on se régler sur un paresseux de ma force, et pouvez-vous vous dire un homme exact, si vous ne l'êtes que deux fois plus que moi? Sérieusement, je suis fort en peine de n'avoir point eu depuis très-longtemps de vos nouvelles. Auriez-vous été indisposé? C'est ce que j'appréhenderais le plus. Faites-moi donc la grâce de me rassurer sur ce point, et de me dire pourquoi dans votre dernière lettre vous ne parlez point de mon accommodement avec messieurs de Trévoux. Cet accommodement est main-

[1] Satire IX.

tenant complet, et le P. Gaillard est venu, de la part de messieurs les jésuites de Paris, témoigner à mon frère le chanoine qu'on avait fort lavé la tête à ces aristarques indiscrets, qui assurément ne diraient plus rien contre moi.... Je suis avec beaucoup de sincérité et de reconnaissance....

### 124. — AU MÊME.

*Auteuil.... 1704.*

Vous êtes, monsieur, l'ami du monde le plus commode pour un paresseux comme moi, puisque, dans le temps même que je ne sais comment vous demander pardon de ma négligence, vous me faites vous-même des excuses, et vous déclarez le négligent de nous deux ; je n'ai pourtant pas oublié que c'est moi qui ai manqué à répondre à plusieurs de vos lettres, et, entre autres, à celles où vous m'assurez que vous avez vu à Lyon mon dialogue des romans imprimé. Je ne sais pas même comment j'ai pu tarder si longtemps à vous détromper de cette erreur, ce dialogue n'ayant jamais été écrit, et ce que vous avez lu ne pouvant sûrement être un ouvrage de moi. La vérité est que, l'ayant autrefois composé dans ma tête, je le récitai à plusieurs personnes qui en furent frappées, et qui en retinrent quantité de bons mots. C'est de quoi on a vraisemblablement fabriqué l'ouvrage dont vous me parlez ; et je soupçonne fort M. le marquis de Sévigné [1] d'en être le principal auteur, car c'est lui qui en a retenu le plus de choses. Mais tout cela, encore un coup, n'est point mon dialogue, et vous en conviendrez vous-même, si vous venez à Paris, quand je vous en réciterai des endroits. J'ai jugé à propos de ne les point donner au public pour des raisons très-légitimes, et que je suis persuadé que vous approuverez ; mais cela n'empêche pas que je ne le retrouve encore fort bien dans ma mémoire quand je voudrai un peu y rêver, et que je vous en dise assez pour enrichir votre commentaire sur mes ouvrages.

Je suis bien aise que mon frère vous ait écrit le détail de notre accommodement avec messieurs de Trévoux. Je n'ai pas eu de peine à donner les mains à cet accord.

Aujourd'hui vieux lion, je suis doux et traitable [2].

Et d'ailleurs, quoique passionné admirateur de l'illustre M. Arnauld, je ne laisse pas d'estimer infiniment le corps des jésuites, regardant la querelle qu'ils ont eue avec lui sur Jansénius comme une vraie dispute de mots, où l'on ne se querelle que parce qu'on ne s'entend point, et où l'on est hérétique de part et d'autre. Adieu, mon cher monsieur ; faites bien mes compliments à M. Perrichon et à tous nos autres illustres amis de l'hôtel de ville de Lyon, et croyez qu'on ne peut être avec plus de sincérité et de respect que je le suis....

### 125. — J. B. ROUSSEAU A BOILEAU.

Vous me dites, monsieur, la dernière fois que j'eus l'honneur de vous voir, que vous n'aviez point l'édition qui a été faite en Hollande, de votre dialogue sur les romans. J'en ai cherché un exemplaire, que j'ai fait copier par un homme véritablement qui serait excellent pour écrire sous un ministre les secrets de l'État. J'ai corrigé du mieux que j'ai pu les fautes de ce rare copiste, et je souhaite que vous persistiez dans le dessein de corriger celles qui appartiennent aux personnes qui ont fait imprimer l'ouvrage même. Tel qu'il est, je ne connais personne qui n'eût été frappé des plaisanteries ingénieuses qui y sont répandues. Il n'y a que vous au monde qui soyez capable de faire sentir, dans un aussi petit nombre de pages, tout le ridicule d'une infinité prodigieuse de gros volumes ; et on ne croira jamais que vous ayez pu mieux faire, à moins que vous ne fassiez voir la pièce telle que vous l'avez composée [1]. Vous ne devez point refuser cette satisfaction au public. Je suis, etc.

### 126. — A BROSSETTE.

*Auteuil, 15 juin 1704.*

Je suis bien honteux, monsieur, d'avoir été si longtemps sans répondre à vos obligeantes lettres. Cependant je ne laisse pas d'être fâché d'avoir d'aussi bonnes excuses que celles que j'ai à vous en faire : car, outre que j'ai été extrêmement incommodé d'un mal de poitrine qui non-seulement ne me permettait pas d'écrire, mais qui ne me laissait pas même l'usage de la respiration, la suppression subite qui s'est faite des greffiers de la grand'chambre, et qui va mettre une de mes nièces à l'hôpital, avec son mari et ses trois enfants, m'a jeté dans une consternation qui n'excuse que trop justement mon silence. Je ne vous entretiendrai point du détail de cette affaire. Tout ce que je puis vous dire, c'est que les prospérités de la France coûtent cher au greffe, et que, si cela continue, j'ai bien peur que les trois quarts du royaume ne s'en aillent à l'hôpital couronnés de lauriers. Il faut pourtant tout espérer de Dieu et de la prudence du roi.

---

[1] Fils de la célèbre marquise de Sévigné.
[2] Épître V.

[1] Ce fut ce qui l'obligea à donner lui-même ce dialogue. (L. R.)

Vous m'avez fait plaisir de me mander les miracles du jésuite Romeville. Je ne sais pas s'il a ressuscité des morts et fait marcher des paralytiques; mais le plus grand miracle, à mon avis, qu'il pourrait faire, ce serait de convenir que M. Arnauld était le plus grand personnage et le plus vénérable chrétien qui ait paru depuis longtemps dans l'Église, et de désavouer les exécrables maximes de tous les nouveaux casuistes. Alors je lui crierais : *Hosanna in excelsis! beatus qui venit in nomine Domini!*

J'ai bien de la joie que vous vous érigiez en auteur par un aussi bon et aussi utile ouvrage que celui dont vous m'avez envoyé le titre. J'ai naturellement peu d'inclination pour la science du droit civil, et il m'a paru, étant jeune et voulant l'étudier, que la raison qu'on y cultivait n'était point la raison humaine et celle qu'on appelle bon sens, mais une raison particulière, fondée sur une multitude de lois qui se contredisent les unes les autres, et où l'on se remplit la mémoire sans se perfectionner l'esprit. Je me souviens même que dans ce temps-là je fis sur ce sujet des vers latins qui commençaient par

O mille nexibus non desinentium
   Fecunda rixarum parens!
Quid intricatis juribus jura impedis?

J'ai oublié le reste. Il m'est pourtant encore demeuré dans la mémoire que j'y comparais les lois du Digeste aux dents du dragon que sema Cadmus, et dont il naissait des gens armés qui se tuaient les uns les autres. La lecture du livre de M. Domat [1] m'a fait changer d'avis, et m'a fait voir dans cette science une raison que je n'y avais point vue jusque-là. C'était un homme admirable. Je ne suis donc point surpris qu'il vous ait si bien distingué, tout jeune que vous étiez [2]. Vous me faites grand honneur de me comparer à lui, et de mettre en parallèle un misérable faiseur de satires avec le restaurateur de la raison dans la jurisprudence. On m'a dit qu'on le cite déjà tout haut dans les plaidoiries, comme Balde et Cujas [3], et on a raison : car, à mon sens, il vaut mieux qu'eux. Je vous en dirais davantage; mais permettez que, dans le chagrin où je suis, je me hâte de vous assurer que je suis, etc.

[1] Le *Traité sur les lois civiles, dans leur ordre naturel*.
[2] Brossette étudiait en droit à Paris, en 1691, avec les deux fils de Domat.
[3] Deux jurisconsultes célèbres.

127. — A M. DE LA CHAPELLE.

Paris, 10 juillet 1704.

J'ai reçu, mon très-cher et très-exact neveu, mon ordonnance. Elle est en très-bonne forme; mais plût à Dieu que vous la pussiez aussi bien faire payer que vous la savez faire expédier! Il y a tantôt dix mois que je suis à solliciter le payement de la précédente, et qu'on répond au trésor royal : *Il n'y a point d'argent*, sans même me faire espérer qu'il y en aura. Si cela dure, je vois bien qu'au lieu de louis d'or je vais amasser dans mon coffre quantité de beaux modèles de lettres financières, et qui pourront être de quelque utilité à ceux à qui je voudrai les prêter pour les copier. Voilà les fruits de la guerre [1] :

Impius hæc tam culta novalia miles habebit [2] !

Je vous donne le bonjour, et suis passionnément....

ÉPITRE

ADRESSÉE A DESPRÉAUX PAR HAMILTON [3],
QUI NE S'ÉTAIT POINT NOMMÉ.

De Maintenon, 1704.

Des bords de la rivière d'Eure,
Lieux où, pour orner la nature,
L'art fît jadis quelque fracas;
De ces lieux, aujourd'hui brillants de mille appas,
  Gens qui n'estiment point Voiture
  M'ont engagé dans l'embarras
  D'un nouveau genre d'écriture
  Dont vous ferez fort peu de cas,
  Et que l'écrivain du *Mercure*,
Pour grossir le recueil de ses galants fatras,
  Trouverait d'un style trop bas :
  On veut que je vous prouve en rime,
  Moi qui n'en suis qu'à l'alphabet,
Que pour ces lieux charmants où chacun vous estime
Vous devez pour un temps et quitter le sublime,

[1] Louis XIV soutenait sur plusieurs points de l'Europe une guerre formidable pour maintenir sur le trône d'Espagne Philippe V, son petit-fils. Les craintes de Despréaux étaient loin d'être exagérées : la France n'eut pas seulement à regretter des succès ruineux, qu'il offrit bientôt qu'une longue suite de revers. Le poëte qui avait chanté ses conquêtes mourut avec la douleur de la voir épuisée, et réduite à proposer vainement les conditions d'une paix humiliante.
[2] Virgile, égl. I, v. 71.
[3] Connu dans les lettres par ses *Mémoires de Grammont*. « C'est de tous les livres frivoles, dit la Harpe, le plus agréa-
« ble et le plus ingénieux ; c'est l'ouvrage d'un esprit léger et
« fin, accoutumé, malgré la corruption des cours, à ne connaître
« d'autre vice que le ridicule ; à couvrir les plus mauvaises
« mœurs d'un vernis d'élégance ; à rapporter tout au plaisir et
« à la gaieté...... L'art de raconter les choses de manière à les
« faire valoir beaucoup y est dans sa perfection. »

Et vous arracher à *Babet*[1].
En vain je m'en défends; on ne veut point d'excuse :
Écrivez, me dit-on; peut-on être en défaut,
Quand du gentil Voiture on révère la muse
Et les prologues de Quinault?
Révolté contre l'ironie,
Je soutiens par dépit, en termes absolus,
Que j'aime l'auteur d'*Uranie*[2]
Jusque dans ses *lanturelus*[3];
Que ses rondeaux sont au-dessus
De la taurique Iphigénie[4],
Et des vacarmes rebattus
Que vient faire dans sa manie
La belle-fille d'Égyptus[5].
Mais par ce discours inutile
Ayant attiré leur courroux,
D'une manière plus docile
Je leur dis : A quoi songez-vous?
L'art de rimer, pour moi, fut toujours un mystère :
Et, dans nos efforts superflus,
Inspirez-moi les vers que je ne sais point faire,
Ou permettez-moi de me taire,
Sans prendre, en dépit de Phébus,
Une route si téméraire;
Assez d'idylles, de rébus,
De bouts-rimés et d'impromptus
Excitent partout sa colère.
Est-il pour vous si nécessaire
De renchérir sur ces abus?
Ce n'est qu'aux lieux où l'indolence
Dans la retraite et dans l'aisance,
Ignore jusqu'aux moindres maux;
Ce n'est qu'aux lieux où, dans un plein repos,
Le jugement et l'élégance,
Du bon goût tenant la balance,
Pèsent le choix de tous les mots;
Ce n'est enfin que parmi ces coteaux
Où Phébus à longs traits répand son influence,
Que l'harmonieuse cadence
Fait naître la rime à propos;
Et cet art n'a de résidence
Que chez l'illustre Despréaux.
Chez nous, chétifs rimeurs, le dieu des vers, de glace,
N'échauffe qu'en pointe de vin,
Ou bien quand un couplet malin

Peint quelque Iris à triste face;
Mais sur Auteuil, comme au Parnasse,
Il épanche son feu divin.
C'est là que près de lui tient la première place
Cet élève fameux qui chanta le Lutrin,
Qui le premier ouvrit tous les trésors d'Horace,
Qui des replis obscurs du grec et du latin
Démêla Juvénal, développa Longin,
Déguisé sous l'ignoble crasse
Des traducteurs de chez Barbin.
Tels chantres ont le goût trop fin
Pour espérer qu'ils fassent grâce
A des vers qui sont de la classe
Des madrigaux de Trissotin.
Nous donc qu'un même sort menace,
Pour éviter même disgrâce,
A nos sornettes mettons fin :
Notre Pégase est un roussin
Que la moindre traite embarrasse,
Et qui, bronchant dès la préface,
Est rétif à moitié chemin.

### 128. — AU COMTE DE GRAMMONT[1].

A Paris, ce 13 octobre 1704.

Je ne sais pas, monseigneur, comme vous l'entendez; mais il me semble que c'est le poëte qui doit écrire de belles lettres au duc et pair, et non point le duc et pair au poëte. D'où vient donc que vous avez songé à m'en écrire une? Est-ce que vous vouliez m'apprendre mon métier, et que vous pensiez savoir mieux que moi où il faut placer les belles figures et les comparaisons du soleil? La vérité est cependant que votre plume à mieux fait que vous, en non-seulement ne s'est point guindée pour me dire de belles choses, mais, en me disant des choses très-badines, m'a autorisé à vous en dire de pareilles; c'est de quoi je m'accommode fort, et dont je saurai très-bien user. Oserai-je néanmoins vous dire que votre lettre, en me réjouissant fort, m'a pourtant chagriné, puisque je vous croyais entièrement guéri, et que c'est par elle que j'ai appris que vous étiez encore sous la conduite d'Esculape? Oh! le fâcheux dieu! Il ne parle jamais que de sobriété et d'abstinences; et nous autres beaux esprits, quoique ses frères en Apollon, nous ne le pouvons plus souffrir, surtout depuis qu'il n'a plus voulu entreprendre de guérir messieurs de... de la folie de juger des ouvrages. Je le tiens de la faculté : je lui pardonne pourtant volontiers la défense qu'il vous a faite de m'écrire de belles lettres, mais non

---

[1] La gouvernante de Despréaux.
[2] Le sonnet de Voiture pour *Uranie*.
[3] *Lanturlu*, qui est le véritable mot, est un refrain de chanson. Voiture s'en est servi d'une manière assez heureuse dans des couplets sur les affaires du temps, pendant la régence d'Anne d'Autriche.
[4] *Oreste et Pylade*, tragédie de la Grange-Chancel, représentée le 11 décembre 1697.
[5] L'*Hypermnestre* de Riupeirous, jouée pour la première fois le 1ᵉʳ avril 1704.

[1] Le héros des *Mémoires* dont nous venons de parler.

pas de m'écrire, comme vous faites, tout ce qui vient au bout de la plume, et surtout de m'assurer que madame de N.... et madame de Q.... me font l'honneur de se souvenir de moi. Cela ne s'appelle point *magno conatu magnas nugas*, puisque c'est au contraire une chose très-aisée à dire, et qui me fait un plaisir très-sérieux.

Mais, monseigneur, à propos de belles choses, quel est donc le nouvel habitant de Maintenon qui m'a écrit la lettre en vers que vous m'avez fait l'honneur de m'envoyer ?

Quis novus hic *vestris* successit sedibus hospes [1] ?

Je n'ai pas l'honneur de le connaître ; mais, supposé qu'il y ait chez vous beaucoup de pareils habitants, je ne doute point que les Muses n'abandonnent dans peu les rives du Permesse, pour s'aller habituer aux bords de la rivière d'Eure. Il a raison de soutenir le parti de Voiture, puisqu'il lui ressemble beaucoup, et qu'en le défendant il défend sa propre cause, au pointes près, dont je ne le vois pas fort amoureux. J'ose vous prier, monseigneur, de lui bien témoigner l'estime que je fais de lui, et la reconnaissance que j'ai de l'estime qu'il fait de moi. Mais de quoi je vous conjure encore davantage, c'est de bien marquer à madame de N.... et à madame de Q.... la sincère vénération que j'ai pour elles, et de croire qu'il n'y a personne qui soit avec plus de sincérité et de respect que moi, monseigneur, votre très-humble, etc.

### 129. — A BROSSETTE.

*Paris, 13 décembre 1704.*

Je suis si coupable, monsieur, à votre égard, que je sens bien que, si je voulais faire mon apologie, il me faudrait plus d'une fois relire mon Aristote et mon Quintilien, et y chercher des figures propres à bien mettre en jour un procès et une maladie que j'ai eus, et qui m'ont empêché de répondre aux lettres obligeantes et judicieuses que vous m'avez fait l'honneur de m'écrire ; mais, comme je suis sûr de mon pardon, je crois que je ferai mieux de ne me point amuser à ces vains artifices, et de vous dire, comme si rien n'était, après vous avoir avoué ma faute, que je suis confus des bontés que vous me marquez dans votre dernière lettre. J'admire la délicatesse de votre conscience, et le soin que vous prenez de m'y fournir des armes contre vous-même, au sujet de la critique que vous m'avez faite sur la piqûre de la guêpe. Je n'avais garde de me servir de ces armes, puisque franchement je ne savais rien,

[1] *Énéid.* liv. IV, v. 10.

avant votre lettre, du fait que vous m'y apprenez. Je suis ravi que ce soit à M. de Puget que je doive ma disculpation, et je vous prie de le bien marquer dans votre commentaire sur le Lutrin ; mais surtout je vous conjure de bien témoigner à cet excellent homme l'estime que je fais de lui et de ses découvertes dans la physique. Je vois bien qu'il a en vous un merveilleux disciple ; mais dites-moi comment vous faites pour passer si aisément de l'étude de la nature à l'étude de la jurisprudence, et pour être en même temps si digne sectateur de M. de Puget et de M. Domat ?

Il n'y a rien de plus savant et de plus utile que votre livre sur *les titres du droit civil et du droit canonique* ; et bien que j'aie naturellement, comme je vous l'ai déjà dit, une répugnance à l'étude du droit, je n'ai pas laissé de lire plusieurs endroits de votre ouvrage avec beaucoup de satisfaction. Vous m'avez fait un grand plaisir de me l'envoyer, et je voudrais bien vous pouvoir faire un présent de ma façon qui pût, en quelque sorte, égaler le prix de votre livre ; mais cela n'étant pas possible, je crois que vous voudrez bien vous contenter de deux épigrammes nouvelles que j'ai composées dans quelques moments de loisir. Ne les regardez pas avec des yeux trop rigoureux, et songez qu'elles sont d'un homme de soixante-sept ans. Les voici :

#### ÉPIGRAMME

SUR UN HOMME QUI PASSAIT SA VIE A CONTEMPLER SES HORLOGES.

Sans cesse autour de six pendules,
De deux montres, de trois cadrans,
Lubin, depuis trente et quatre ans,
Occupe ses soins ridicules.
Mais à ce métier, s'il vous plaît,
A-t-il acquis quelque science ?
Sans doute ; et c'est l'homme de France
Qui sait le mieux l'heure qu'il est.

#### AUTRE A M. LE VERRIER,

SUR LES VERS DE SA FAÇON QU'IL A FAIT METTRE AU BAS DE MON PORTRAIT, GRAVÉ PAR DREVET.

Oui, le Verrier, c'est là mon fidèle portrait,
   Et l'on y voit à chaque trait
L'ennemi des Cotins tracé sur mon visage ;
Mais dans les vers altiers qu'au bas de cet ouvrage,
   Trop enclin à me rehausser,
Sur un ton si pompeux tu me fais prononcer,
Qui de l'ami du vrai reconnaîtra l'image ?

Voilà, monsieur, deux diamants du temple que je vous envoie pour un livre plein de solidité et de richesses. Vous en ferez tel usage que vous jugerez à propos; et même, si vous voulez, un très-indigne usage. Cependant je vous prie de croire que c'est du fond du cœur que je suis à outrance, etc.

## 130. — AU MÊME.

*Paris, 12 janvier 1705.*

Je vous envoie, monsieur, le portrait dont il est question. M. le Verrier, qui vous en fait présent, voulait l'accompagner d'une lettre de compliment de sa main; mais dans le temps qu'il l'écrivait, on l'a envoyé chercher de la part de M. Desmarets [1], et je me suis chargé de l'excuser envers vous. Il m'a assuré pourtant qu'il vous écrirait au premier jour par la poste. Ainsi sa lettre arrivera peut-être avant celle-ci, que je vous envoie par la voie que vous m'avez marquée. Il y a des gens qui trouvent que le portrait me ressemble beaucoup; mais il y en a bien aussi qui n'y trouvent point de ressemblance. Pour moi, je ne saurais qu'en dire; car je ne me connais pas trop bien, et je ne consulte pas trop souvent mon miroir. Il y a encore un autre portrait de moi, gravé par un ouvrier dont je ne sais pas le nom, et qui me ressemble moins qu'au grand Mogol. Il me fait extrêmement *rechigneux* [2]; et comme il n'y a pas de vers au bas, j'ai fait ceux-ci pour y mettre :

Du célèbre Boileau tu vois ici l'image.
Quoi! c'est là, diras-tu, ce critique achevé?
D'où vient le noir chagrin qu'on lit sur son visage?
    C'est de se voir si mal gravé.

Je ne sais si le graveur sera content de ces vers; mais je sais qu'il ne saurait en être plus mécontent que je le suis de sa gravure. Je vous donne le bonjour, et suis très-parfaitement, etc.

Témoignez bien à M. Perrichon à quel point je suis glorieux de son souvenir.

## 131. — AU COMTE HAMILTON.

*Paris, le 8 février 1705.*

Je ne devais dans les règles, monsieur, répondre à votre obligeante lettre qu'en vous renvoyant l'agréable manuscrit que vous m'avez fait remettre entre les mains; mais ne me sentant pas disposé à m'en dessaisir, j'ai cru que je ne pouvais pas différer davantage à vous en faire mes remercîments, et à vous dire que je l'ai lu avec un plaisir extrême; tout m'y ayant paru également fin, spirituel, agréable et ingénieux. Enfin je n'y ai rien trouvé à redire que de n'être pas assez long; cela ne me paraît pas un défaut dans un ouvrage de cette nature, où il faut montrer un air libre et affecter même quelquefois, à mon avis, un peu de négligence. Cependant monsieur, comme dans l'endroit de ce manuscrit où vous parlez de moi magnifiquement, vous prétendez que si j'entreprenais de louer M. le comte de Grammont, je courrais risque en le flattant de le dévisager, trouvez bon que je transcrive ici huit vers qui me sont échappés ce matin, en faisant réflexion sur la vigueur d'esprit que cet illustre comte conserve toujours, et que j'admire d'autant plus qu'étant encore fort loin de son âge, je sens le peu de génie que j'ai pu avoir autrefois entièrement diminué et tirant à sa fin. C'est sur cela que je me suis récrié :

Fait d'un plus pur limon, Grammont à son printemps
N'a point vu succéder l'hiver de la vieillesse ;
La cour le voit encor brillant, plein de noblesse,
    Dire les plus fins mots du temps,
    Effacer ses rivaux auprès d'une maîtresse.
Sa course n'est au fond qu'une longue jeunesse,
Qu'il a déjà poussée à deux fois quarante ans [1].

Je vous supplie, monsieur, de me mander s'il est *égratigné* dans ces vers, et de croire que je suis, avec toute la sincérité et le respect que je dois, monsieur, votre très-humble et très-obéissant serviteur.

## 132. — A BROSSETTE.

*6 mars 1705.*

Je ne m'étendrai point ici, monsieur, en longues excuses du long temps que j'ai été à répondre à vos obligeantes lettres, puisqu'il n'est que trop vrai qu'un très-fâcheux rhume que j'ai eu, accompagné même de quelque fièvre, m'a entièrement mis hors d'état, depuis trois semaines, de faire ce que j'aime le mieux à faire, je veux dire de vous écrire. Me voilà entièrement rétabli, et je vais m'acquitter d'une partie de mon devoir.

Je suis fort aise que votre illustre physicien, à l'aide de son microscope, ait trouvé de quoi justifier le vers du Lutrin que vous attaquiez, et qu'il ait rendu à la guêpe son honneur : car, bien qu'elle soit un peu décriée parmi les hommes, on doit rendre justice à ses ennemis, et reconnaître le mérite de ceux même qui nous persécutent. Je vous prie donc de faire bien des remercîments de ma part à M. de Puget, et de lui bien marquer l'estime que je fais des excellentes qualités de son esprit, qui n'ont pas besoin, comme celles de la guêpe, du microscope pour être vues.

Vous faites, à mon avis, trop de cas des deux épigrammes que je vous ai envoyées, et *surtout* de celle à M. le Verrier, qui n'est qu'un petit compliment très-simple, que je me suis cru obligé de lui faire

---

[1] Élève et neveu de Colbert, Desmarets occupait alors l'une des deux charges de directeurs des finances, créées en 1701.
[2] On dit aujourd'hui *rechigné*.

[1] Le comte de Grammont mourut à quatre-vingt-six ans, le 10 janvier 1707.

pour empêcher qu'on ne me crût auteur des quatre vers qui sont au bas de mon portrait, et qui sont beaucoup meilleurs que mes épigrammes, n'y ayant rien surtout de plus juste que ces deux vers :

J'ai su dans mes écrits, docte, enjoué, sublime,
Rassembler en moi Perse, Horace et Juvénal.

Supposé que cela fût vrai; *docte* répondant admirablement à Perse, *enjoué* à Horace et *sublime* à Juvénal. Il les avait faits d'abord indirects, et de la manière dont vous me faites voir que vous avez prétendu les rajuster; mais cela les rendait froids, et c'est par le conseil de gens très-habiles qu'il les mit en style direct : la prosopopée ayant une grâce qui les anime, et une fanfaronnade même, pour ainsi dire, qui a son agrément.

Vous ne me dites rien des quatre vers que j'ai faits pour l'autre infâme gravure dont je vous ai parlé. Est-ce que vous les trouveriez mauvais? Ils ont pourtant réjoui tous ceux à qui je les ai dits. Mais, pour vous satisfaire sur l'histoire que vous me demandez de l'épigramme de Lubin, je vous dirai que Lubin est un de mes parents qui est mort il y a plus de vingt ans et qui avait la folie que j'y attaque. Il était secrétaire du roi, et s'appelait M. Targas. J'avais dit, lui vivant, le mot dont j'ai composé le sel de mon épigramme, qui n'a été faite qu'environ depuis deux mois, chez moi, à Auteuil, où couchait l'abbé de Châteauneuf[1]. Je m'étais ressouvenu le soir, en conversant avec lui, du mot dont il est question; il l'avait trouvé fort plaisant, et sur cela nous étions convenus l'un et l'autre qu'avant tout, pour faire une bonne épigramme, il fallait dire en conversation le mot qu'on y voulait mettre à la fin, et voir s'il frapperait. Celui-ci donc l'ayant frappé, je le lui rapportai le lendemain au matin construit en épigramme, telle que je vous l'ai envoyée. Voilà l'histoire.

Le monument antique que vous m'avez fait tenir est fort beau et fort vrai. Mon dessein était de le porter moi-même à l'Académie des inscriptions; mais j'ai su qu'il y avait déjà longtemps qu'il y était, et que les académiciens mêmes s'étaient déjà fort exercés sur cette excellente relique de l'antiquité. Je ne sais pas pourquoi vous me faites une querelle d'Allemand sur la prééminence qu'a eue autrefois Lyon au-dessus de Paris. Est-ce que Paris a jamais nié que, du temps de César, non-seulement Lyon, mais Marseille, Sens, Melun, ne fussent beaucoup plus considérables que Paris? Et qu'est-ce que de cela Lyon saurait conclure contre Paris, sinon ce vers du Cid :

Vous êtes aujourd'hui ce qu'autrefois je fus[1]?

Je vous conjure bien de marquer à M. de Mezzabarba[2], dans les lettres que vous lui écrirez, le cas que je fais de sa personne et de son mérite. Je ne sais si vous avez vu la traduction qu'il a faite de mon ode sur Namur. Je ne vous dirai pas qu'il y est plus moi-même que moi-même; mais je vous dirai hardiment que, bien que j'aie surtout songé à y prendre l'esprit de Pindare, M. de Mezzabarba y est beaucoup plus Pindare que moi. Si vous n'avez pas encore reçu de lettre de M. le Verrier, cela ne vient que de ma faute, et du peu de soin que j'ai eu de le faire ressouvenir, comme je devais, de vous écrire; mais je vais dîner aujourd'hui chez lui, et je réparerai ma négligence. Vous pouvez vous assurer d'avoir au premier jour, un compliment de sa façon. Adieu, mon illustre monsieur; croyez que c'est très-sincèrement que je suis, etc.

Souffrez que je fasse ici en particulier, et hors d'œuvre, mon compliment à M. Perrichon.

### 133. — AU MÊME.

..... 1705.

Je suis si coupable envers vous, monsieur, que, si je voulais me disculper de toutes mes négligences, il faudrait que j'y employasse toutes mes lettres, et je ne vous pourrais parler d'autre chose. Il me semble donc que le mieux est de vous renvoyer à mes excuses précédentes, puisque je n'en ai point de nouvelles à vous alléguer, et de vous prier de suppléer, par la violence de votre amitié, à la faiblesse de mes raisons. Cela étant, je vous dirai que j'ai été ravi d'apprendre, par votre dernière lettre, l'honorable distribution que vous avez faite des estampes de Drevet. La vérité est que vous devriez les avoir reçues de ma main; mais je crois vous avoir déjà écrit que je ne les donnais à personne, à cause des vers fastueux que M. le Verrier a fait graver au bas, et dont je paraîtrais tacitement approuver l'ouverte flatterie, si j'en faisais des présents en mon nom. Cependant il n'est pas possible de n'être point bien aise qu'elles soient entre les mains de M. de Puget et de M. Perrichon, et qu'elles leur donnent occasion de se ressouvenir de l'homme du monde qui les estime et les honore le plus. Pour ce qui est de monsieur le prévôt des marchands de Lyon, je ne saurais croire qu'il

---

[1] L'abbé de Châteauneuf, parrain de Voltaire, est assez connu par ses liaisons avec Ninon de Lenclos : il devrait l'être davantage par l'agréable dialogue qu'il composa pour elle sur la musique des anciens.

[1] Acte I, sc. VI.
[2] L'abbé de Mezzabarba, membre de la congrégation des Somasques, et professeur de rhétorique à Brescia, à Pavie et à Turin.

souhaite de voir un portrait aussi peu digne de sa vue que le mien. La vérité est pourtant que je souhaite fort qu'il le souhaite, puisqu'il n'y a point d'homme dont j'aie entendu dire tant de bien que de cet illustre magistrat, et qu'on ne peut être honnête homme sans désirer d'être estimé d'un aussi excellent homme que lui. M. le Verrier m'a assuré qu'il vous enverrait encore deux de mes portraits par la voie que vous m'avez mandé; et vous les pourrez donner à qui vous jugerez à propos. M. de Puget me fait bien de l'honneur de me mettre en regard, pour me servir de vos termes, avec M. Pascal. Rien ne me saurait être plus agréable que de me voir mis en parallèle avec un si merveilleux génie; mais tout ce que nous avons de semblable, comme il l'a fort bien remarqué M. de Puget dans ses jolis vers, c'est l'inclination à la satire, *si l'on doit donner le nom de satires à des lettres aussi instructives et aussi chrétiennes que celles de M. Pascal.*

Je viens maintenant à l'extrême honneur que la ville de Lyon me fait en me demandant mon sentiment sur l'inscription nouvelle qu'elle veut qui soit mise dans son hôtel de ville, au sujet du passage de nosseigneurs les princes en 1701 : et je n'aurai pas grand'peine à me déterminer là-dessus, puisque je suis entièrement déclaré pour la langue latine, qui est extrêmement propre, à mon avis, pour les inscriptions, à cause de ses ablatifs absolus, au lieu que la langue française, en de pareilles occasions, traîne et languit par ses gérondifs incommodes, et par ses verbes auxiliaires, où elle est indispensablement assujettie, et qui sont toujours les mêmes. Ajoutez qu'ayant besoin pour plaire d'être soutenue, elle n'admet point cette simplicité majestueuse du latin, et, pour peu qu'on l'orne, donne dans un certain phébus qui la rend sotte et fade. En effet, monsieur, voyez, par exemple, qu'elle comparaison il y aurait entre ces mots qui viennent au bout de la plume : *Regiâ familiâ urbem invisente,* et ceux-ci : *La royale famille étant venue voir la ville.* Avec tout cela néanmoins peut-être que je me trompe, et je me rendrai volontiers sur cela à l'avis de ceux qui me demandent mon avis. Cependant je vous prie de bien témoigner mes respects à messieurs de la ville de Lyon, et de leur bien marquer que je ne perdrai jamais l'occasion de célébrer une ville qui a été pour ainsi dire, par ses pensions, la mère nourrice de mes muses naissantes, et chez qui autrefois, comme je l'ai déjà dit dans un endroit de mes ouvrages, on obligeait les méchants auteurs d'effacer eux-mêmes leurs écrits avec la langue. Du reste, croyez qu'on ne peut être plus que je le suis, etc.

Vous recevrez dans peu une recommandation de moi pour un valet de chambre que vous connaissez, et dont franchement j'ai été indispensablement obligé de me défaire.

## 134. — AU MÊME.

Paris, 20 novembre 1705.

Je suis si coupable envers vous, monsieur, que le mieux que je puisse faire, à mon avis, c'est d'avouer sincèrement ma faute, et de vous en demander un pardon que, grâce à votre aveugle bonté pour moi, je suis en quelque façon sûr d'obtenir. Je ne vous ferai donc point d'excuse de mon silence depuis six mois. J'en pourrais pourtant alléguer de très-mauvaises, dont la principale est un misérable ouvrage[1] que je n'ai pu m'empêcher de composer de nouveau, et qui m'a emporté toutes les heures de mon plus agréable loisir, c'est-à-dire tout le temps que je pouvais m'entretenir par écrit avec vous. M'en voilà quitte enfin, et il est achevé.

Ainsi, monsieur, trouvez bon que je revienne à vous comme si de rien n'était, et que je vous dise avec la même confiance que si j'avais exactement répondu à toutes vos lettres, qu'il n'y a point de jeune homme dans mon esprit au-dessus de M. Dugas; que je le trouve également poli, spirituel, savant; et que si quelque chose peut me donner bonne opinion de moi-même, c'est l'estime, quoique assez mal fondée, qu'il témoigne, aussi bien que vous, faire de mes ouvrages. Il m'est venu voir deux fois à Auteuil; et bien que nos conversations aient été fort longues, elles m'ont paru fort courtes. Je lui ai donné un assez méchant dîner avec M. Bronod, et cela ne s'est point passé, comme vous pouvez bien vous l'imaginer, sans boire plus d'une fois à votre santé. Il m'a marqué une estime particulière pour vous; et j'ai encore mis cette estime au rang de ses grandes perfections. Mais que voulez-vous dire avec vos termes de *parfaite reconnaissance* et d'*attachement respectueux,* qu'il se pique, dites-vous, d'avoir pour moi? Au nom de Dieu, monsieur, qu'il change tous ces sentiments en sentiment de bonté et d'amitié. M. Dugas est un homme à qui on doit du respect, et non pas qui en doive aux autres; et d'ailleurs, vous vous souvenez bien de l'épigramme de Martial :

Sed si te colo, Sexte, non amabo.

Que serait-ce donc si M. Dugas en allait user de la sorte, et comment pourrais-je m'en consoler? Voilà, monsieur, tout ce que j'ai à vous dire cette fois pour vous marquer ma rentrée dans mon devoir.

---

[1] La satire XII, sur l'Équivoque.

Je ne manquerai pas au premier jour de vous écrire une lettre dans les formes, où je vous dirai le sujet et les plus essentielles particularités de mon nouvel ouvrage, que je vous prierai pourtant de tenir secrètes. Cependant je vous supplie de demeurer bien persuadé que, tout nonchalant que je suis, je ne laisse pas d'être, plus que personne au monde, etc.

### 135. — AU MÊME.

*Paris, 12 mars 1700.*

Vous accusez à grand tort M. Dugas du peu de soin que j'ai eu depuis si longtemps à répondre à vos obligeantes lettres. Il est homme, au contraire, qui n'a rien oublié pour augmenter en moi l'estime particulière que j'ai toujours eue pour vous, et pour m'engager à vous écrire souvent. Ainsi je puis vous assurer que tout le mal ne vient que de ma négligence, qui est en moi comme une fièvre intermittente, qui dure quelquefois des années entières, et que le quinquina de l'amitié et du devoir ne saurait guérir. Que voulez-vous, monsieur? Je ne puis pas me rebâtir moi-même; et tout ce que je puis faire, c'est de convenir de mon crime.

Je vous dirai pourtant qu'il ne me serait pas difficile de trouver de méchantes raisons pour le pallier, puisqu'il n'est pas imaginable combien depuis très-longtemps je me suis trouvé occupé de la méchante affaire que je me suis faite par ma satire contre l'*équivoque*, qui est l'ouvrage que je vous avais promis de vous communiquer. A peine a-t-elle été composée, que, l'ayant récitée dans quelques compagnies, elle a fait un bruit auquel je ne m'attendais point, la plupart de ceux qui l'ont entendue ayant publié et publiant encore, je ne sais pas sur quoi fondé, que c'est mon chef-d'œuvre. Mais ce qui a encore bien augmenté le bruit, c'est que dans le cours de l'ouvrage j'attaque cinq ou six des méchantes maximes que le pape Innocent XI a condamnées; car, bien que ces maximes soient horribles, et que, non plus que ce pape, je n'en désigne point les auteurs, messieurs les jésuites de Paris, à qui on a dit quelques endroits qu'on a retenus, ont pris cela pour eux, et ont fait concevoir que d'attaquer l'équivoque, c'était les attaquer dans la plus sensible partie de leur doctrine. J'ai eu beau crier que je n'en voulais à personne qu'à l'équivoque même, c'est-à-dire au démon, qui seul, comme je l'avoue dans ma pièce, a pu dire *qu'on n'est point obligé d'aimer Dieu; qu'on peut prêter sans usure son argent à tout denier; que tuer un homme pour une pomme n'est point un mal,* etc.: ces messieurs ont déclaré qu'ils étaient dans les intérêts du démon, et sur cela, m'ont menacé de me perdre, moi, ma famille et tous mes amis. Leurs cris n'ont pourtant pas empêché que monseigneur le cardinal de Noailles, mon archevêque, et monseigneur le chancelier[1], à qui j'ai lu ma pièce, m'aient jeté tous deux à la tête leur approbation, et le privilége pour la faire imprimer si je voulais; mais vous savez bien que naturellement je ne me presse pas d'imprimer, et qu'ainsi je pourrai bien la garder dans mon cabinet jusqu'à ce qu'on fasse une nouvelle édition de mon livre. On en sait pourtant plusieurs lambeaux; mais ce sont des lambeaux, et j'ai résolu de ne la plus dire qu'à des gens qui ne la retiendront pas. La vérité est qu'à la fin de ma satire j'attaque directement messieurs les journalistes de Trévoux, qui, depuis mon accommodement m'ont encore insulté en trois ou quatre endroits de leur journal; mais ce que je leur dis ne regarde ni les propositions, ni la religion; et d'ailleurs je prétends, au lieu de leur nom, ne mettre dans l'impression que des étoiles, quoiqu'ils n'aient pas eu la même circonspection à mon égard. Je vous dis tout ceci, monsieur, sous le sceau du secret que je vous prie de me garder. Mais, pour revenir à ce que je vous disais, vous voyez bien, monsieur, que j'ai eu assez d'affaires à Paris pour me faire oublier celles que j'ai à Lyon.

Parlons maintenant des choses que vous voulez savoir de moi. Ma réponse au P. Bourdaloue est très-juste et très-véritable; mais voici mes termes:
« Je vous l'avoue, mon père; mais pourtant si vous
« voulez venir avec moi aux Petites-Maisons, je
« m'offre de vous y fournir dix prédicateurs contre
« un poëte, et vous ne verrez à toutes les loges que
« des mains qui sortent des fenêtres, et qui divisent
« leurs discours en trois points. »

J'ai su autrefois le nom de l'auteur du rondeau dont vous me parlez, et j'ai vu l'auteur lui-même. C'était un homme qui, je crois, est mort, et qui n'était pas homme de lettres. Le rondeau pourtant est joli. Il accusait des gens du métier de se l'être attribué mal à propos, et de lui avoir fait un vol. Peut-être au premier jour je me ressouviendrai de son nom, et je vous l'écrirai. Entendons-nous toutefois: dans le rondeau dont je vous parle, il n'y avait point: *Où s'enivre Boileau.* Ainsi j'ai peur que nous ne prenions le change.

Pour ce qui est de *la Vie de Molière*, franchement ce n'est pas un ouvrage qui mérite qu'on en parle. Il est fait par un homme[2] qui ne savait rien de la vie de Molière, et il se trompe dans tout, ne sachant pas même les faits que tout le monde sait.

---

[1] M. de Pontchartrain le père.
[2] Grimarest.

Pour les odes de M. de la Motte, quelqu'un, ce me semble, me les a montrées; mais je ne m'en ressouviens pas assez pour en dire mon avis. Il me semble, monsieur, que cette fois vous ne vous plaindrez pas de moi, puisque je vous écris une assez longue lettre, et qu'il ne me reste guère que ce qu'il faut pour vous assurer que, tout négligent et tout paresseux que je suis, je ne laisse pas d'être un de vos plus affectionnés amis, et que je suis parfaitement....

Mes recommandations à M. Dugas, et à tous nos illustres amis et protecteurs.

## 236. — AU MÊME.

*Paris, 15 juillet 1706.*

Une des raisons, monsieur, qui m'empêche souvent de répondre à vos obligeantes lettres, c'est la nécessité où je me trouve, grâce à ma négligence ordinaire, de les commencer toujours par des excuses de ma négligence. Cette considération me fait tomber la plume des mains; et dans la confusion où je suis, je prends le parti de ne vous point écrire, plutôt que de vous écrire toujours la même chose. Je vous dirai pourtant qu'à l'égard de vos deux dernières lettres à cette raison ordinaire que je pourrais vous alléguer, il s'en est encore joint une autre beaucoup plus valable et plus fâcheuse, je veux dire un rhume effroyable qui me tourmente depuis un mois, et pour lequel on me défend surtout les efforts d'esprit. Quelque défense pourtant qu'on m'ait faite, je ne saurais m'empêcher de m'acquitter aujourd'hui de mon devoir, et de vous dire, mais sans nul effort d'esprit, que l'illustre ami qui m'a apporté de votre part l'excellent livre de M. de Puget est un très-galant homme. J'ai eu le bonheur de l'entretenir une heure durant, et il m'a paru très-digne de l'estime et de l'amitié que vous avez pour lui. Pour M. de Puget, que vous saurais-je dire, sinon que jamais personne n'a fait mieux voir combien, dans les objets même les plus finis, les merveilles de Dieu sont infinies, et combien ses plus petits ouvrages sont grands? Je vous prie de lui témoigner de ma part à quel point je l'honore et le révère. J'ai lu son livre plus d'une fois. J'admire combien vous êtes d'hommes merveilleux dans Lyon. Je doute qu'il y en ait dans Paris de meilleur goût et de plus fin discernement. Faites-moi la faveur de leur bien marquer à tous mes respects, et la gloire que je me fais d'avoir quelque part à leur estime.

On dit que vous allez bientôt avoir dans votre ville le fameux maréchal de Villeroi. Il y a beaucoup de gens ici qui lui donnent du dos sur sa dernière action [1], et véritablement elle est malheureuse; mais je m'offre pourtant de faire voir, quand on voudra, que la bataille de Ramillies est en tout semblable à la bataille de Pharsale; et qu'ainsi quand M. de Villeroi ne serait pas un César, il peut pourtant fort bien demeurer un Pompée [2].

Parlons maintenant de votre mariage. A mon avis, vous ne pouviez rien faire de plus judicieux. Quoique j'aie composé, *animi gratiâ*, une satire contre les méchantes femmes, je suis pourtant du sentiment d'Alcippe, et je tiens comme lui :

... Que, pour être heureux sous ce joug salutaire,
Tout dépend, en un mot, du bon choix qu'on sait faire [3].

Il ne faut point prendre les poëtes à la lettre. Aujourd'hui c'est chez eux la fête du célibat, demain c'est la fête du mariage. Aujourd'hui l'homme est le plus sot de tous les animaux; demain c'est le seul animal capable de justice, et en cela semblable à Dieu. Ainsi, monsieur, je vous conjure de bien marquer à madame votre épouse la part que je prends à l'heureux choix que vous avez fait.

Pardonnez à mon rhume si je ne vous écris pas une plus longue lettre, et croyez qu'on ne peut être avec plus de passion que je le suis....

## 137. — AU DUC DE NOAILLES.

*A Paris, 30 juillet 1706.*

Je ne *scay* pas, monseigneur, sur quoi fondé vous *voulés* qu'il y *ayt* de l'*équivoque* dans le zèle et dans la sincère estime que *j'ay* toujours *faict* profession d'avoir pour vous. *Avés*-vous donc oublié que *vostre* cher poëte n'a jamais été accusé de dissimulation, *et qu'enfin sa candeur* (c'est lui-*mesme* qui le dit dans une de ses *épistres*) *seule a fait tous ses vices* [4]? Vous me faites concevoir que ce qui vous a donné cette mauvaise opinion de moi, c'est le peu de soin que *j'ay* eu depuis *vostre* départ de vous mander des nouvelles de mon dernier ouvrage. Mais, tout de bon, monseigneur, *croiés*-vous qu'au milieu des grandes choses dont vous *estiés* occupé devant Barcelone, parmi le bruit des canons, des bombes et des carcasses, mes muses dussent vous aller demander audience pour vous entretenir de mon *démeslé* avec l'équivoque, et pour *sçavoir* de vous si je devais l'appeler maudit ou maudite? Je veux

---
[1] La bataille de Ramillies en Flandre, perdue le 23 mai 1706, jour de la Pentecôte.
[2] Quand Villeroi reparut pour la première fois devant Louis XIV, après cette désastreuse journée qui rendit les alliés maîtres de toute la Flandre, le roi, au lieu de lui faire des reproches, lui dit seulement : « Monsieur le maréchal, on n'est « pas heureux à notre âge! »
[3] Satire x.
[4] Épître x, v. 86.

bien pourtant avoir failli ; et puisque, *mesme* encore aujourd'hui, vous *voulés* résolûment que je vous rende compte de cette dernière pièce de ma façon, je vous dirai que je l'*ay* achevée immédiatement après *vostre* départ ; que je l'*ay* ensuite récitée à plusieurs personnes de mérite, qui lui ont donné des éloges auxquels je ne m'attendais pas ; que monseigneur le cardinal de Noailles surtout en a paru satisfait, et m'a *mesme* en quelque sorte offert son approbation pour la faire imprimer ; mais que, comme j'ai attaqué à force ouverte la morale des méchants casuistes, et que j'*ay* bien prévu *l'éclat* que cela allait faire, je n'*ay* pas jugé à propos *meam senectutem horum sollicitare amentiâ*, et de m'attirer peut-*estre* avec eux sur les bras toutes les furies de l'enfer, et, ce qui est encore pis, toutes les calomnies de.... vous m'*entendés* bien, monseigneur. Ainsi j'*ay* pris le parti d'enfermer mon ouvrage, qui vraisemblablement ne verra le jour qu'après ma mort. Peut-*estre* que ce sera bientôt. Dieu veuille que ce soit fort tard ! Cependant je ne manquerai pas, dès que vous serez à Paris, de vous le porter pour vous en faire la lecture. Voilà l'histoire au vrai de ce que vous désiriez *sçavoir ;* mais c'est assez parler de moi.

Parlons maintenant de vous. C'est avec un extrême plaisir que j'entends tout le monde ici vous rendre justice sur l'affaire de Barcelone, où l'on prétend que tout aurait bien été, si on avait aussi bien fini que vous *avés* bien commencé. Il n'y a personne qui ne loue le roi de vous avoir *faict* lieutenant général ; et des gens sensés *mesme* croient que, pour le bien des affaires, il n'*eust* pas été mauvais de vous élever encore à un plus haut rang. Au reste, c'est à qui vantera le plus l'audace avec laquelle vous *avés* monté la tranchée, à peine encore guéri de la petite vérole, et approché d'assez près les ennemis, pour leur communiquer *vostre* mal, qui, comme vous *savés*, s'excite souvent par la peur. Tout cela, monseigneur, me donnerait presque l'envie de faire ici *vostre* éloge dans les formes ; mais comme il me reste très-peu de papier, et que le panégyrique n'est pas trop mon talent, *trouvés* bon que je me hâte *plustôt* de vous dire que je suis, avec un très-grand respect, monseigneur, votre très-humble et très-obéissant serviteur,

DESPRÉAUX.

138[1]. — M. LE VERRIER AU MÊME.

Paris, ce 30 juillet 1706.

J'ai été ravi, monseigneur, d'apprendre de vos

[1] Quoique cette lettre ne soit pas adressée à Despréaux, elle nouvelles ; et sans un courrier de M. Amelot, qui me dit qu'il vous avait vu partir de Madrid, et que vous aviez passé à Pampelune huit jours avant lui, j'aurais été dans une peine extrême. Il me semble, monseigneur, qu'il vaut mieux être en Roussillon qu'en Espagne.

M. de Berwick[1] envoya un courrier qui arriva avant-hier à Marly. Il a fort envie de livrer combat aux ennemis ; mais il mande que son infanterie est très-faible. M. Orry me dit hier à l'Estang qu'il la rétablirait bientôt sur les lieux. Il est venu ici chercher de l'argent ; le roi lui a donné deux millions en billets de monnaie. La question est de les convertir en espèces : ce change coûte 17 pour 100 ; en sorte que de mille francs de billets de monnaie, on n'en retire que huit cent trente francs en argent. On a déjà envoyé par des courriers une partie de ces deux millions.

Les ennemis se sont enfin déterminés, monseigneur, à faire le siége de Menin[2] ; ils ont quinze mille paysans qui travaillent à faire leurs lignes. Je ne sais ce que deviendra le siége de Turin : car M. le prince Eugène a fait passer le Pô à dix mille hommes de ses troupes. Pour la flotte des Hollandais, elle est sortie de la Manche ; on ne sait où elle va, ni quel incendie elle veut faire, mais on assure qu'elle porte quatre-vingt mille flambeaux. Je n'en dirai pas d'avantage, monseigneur, sur une matière dont je suis persuadé que vous savez d'ailleurs plus de nouvelles que je n'en puis savoir. Je vais donc me retrancher à vous entretenir d'une autre guerre dont je suis parfaitement instruit.

Il s'agissait, monseigneur, de remplir la place qui vaquait à l'Académie par la mort de M. l'abbé Testu. J'ai vu dix-huit voix assurées pour M. de Mimeure,

devait trouver place dans sa correspondance. On y apprend beaucoup de particularités sur l'élection du marquis de Saint-Aulaire à l'Académie française ; élection qui est l'objet de la lettre suivante, l'une des principales du recueil.

[1] Jacques Fitz-James, duc de Berwick, né le 21 août 1670. Il était fils de Jacques, duc d'York, depuis roi d'Angleterre, et d'Arabella Churchill, sœur du fameux duc de Marlborough ; et telle fut, dit Montesquieu, l'étoile de cette maison de Churchill, qu'il en sortit deux hommes, dont l'un, dans le même temps, fut destiné à ébranler, et l'autre à soutenir les deux plus grandes monarchies de l'Europe. Berwick avait à peine dix-huit ans, lorsque le roi son père, réduit à se réfugier en France, le chargea d'aller demander un asile à la cour de Versailles. Après la mort de ce prince à Saint-Germain, il se fit naturaliser Français. En 1706, Louis XIV lui donna le bâton de maréchal, et l'envoya pour la seconde fois en Espagne, afin d'y rétablir les affaires de Philippe V, qui étaient dans un état déplorable. L'événement confirma les espérances que le monarque avait conçues de son génie militaire. Sa nouvelle patrie lui dut beaucoup d'autres succès, et le perdit au siége de Philisbourg, où il fut tué d'un coup de canon, le 12 juillet 1734.

[2] Menin, l'une des places que nous perdîmes dans les Pays-Bas, à la suite de la bataille de Ramillies.

qui n'a point fait la moindre démarche pour les avoir, et qui n'en sait encore rien. Deux dames, extrêmement de ses amies, l'ont empêché d'être élu : l'une, c'est madame Croissy, qui s'est mis en tête, à la prière de madame de Lambert, de faire élire M. le marquis de Saint-Aulaire; l'autre, c'est madame de Ferriol, que j'ai toujours vue soumise à madame de Croissy, comme une de ses filles, et qui cependant n'a rien oublié pour faire tomber cette place à M. l'abbé Dubos, auteur du manifeste de M. de Bavière. Il n'eut hier'que trois voix, et M. de Saint-Aulaire fut élu. Je vous laisse à penser, monseigneur, quel est le triomphe de madame de Croissy.

Pour M. de Mimeure, ses meilleurs amis ont été obligés de le sacrifier; d'autres se sont absentés de l'Académie, et de ce nombre sont M. d'Avranches [1], M. de Malezieu [2], M. l'abbé Geneste [3] et M. Dacier. Mais M. Despréaux, en vrai républicain, ne s'est point absenté; il est allé courageusement à l'Académie; il a représenté avec beaucoup de chaleur que tout était perdu, puisqu'il n'y avait plus que la brigue des femmes qui mît des académiciens à la place de ceux qui mouraient. Enfin il a lu tout haut des vers de M. de Saint-Aulaire qu'on lui avait donnés de sa part; il a représenté que, dès sa première jeunesse, sa bile s'était échauffée contre les mauvais poëtes; que c'était ce qui l'avait porté à écrire contre les Chapelains, les Cotins, les Pelletiers et tant d'autres qui étaient les héros du Parnasse, en comparaison de M. de Saint-Aulaire, à qui l'on ne devait pas donner le nom d'Anacréon, parce que c'est un vieillard qui invoque la Mollesse de le venir réchauffer sur la fin de ses jours. Ainsi M. Despréaux, à la vue de tout le monde, donna une boule noire à M. de Saint-Aulaire, et nomma lui seul M. de Mimeure. Voilà, monseigneur, des témoignages qu'il y a encore de vrais Romains sur la terre; et à l'avenir vous prendrez la peine de ne plus appeler M. Despréaux votre cher poëte, mais votre cher Caton.

Puisque je vous en ai tant dit sur cette matière, il faut, monseigneur, que je rende mon histoire complète, d'autant plus que les moindres circonstances ne laissent pas que d'avoir leur agrément à deux cents lieues de Paris. Ce sont MM. de Dangeau qui étaient à la tête du parti de Dubos. M. le Duc était aussi d'abord pour lui, et M. le prince de Conti pour M. de Saint-Aulaire. Il y a quelques jours que, se promenant avec M. de Torci [1], M. de Dangeau les aborda. Le prince lui dit : « Je ne vous connais « plus; car le Dangeau d'aujourd'hui n'est point le « Dangeau d'autrefois. » Celui-ci, fort surpris, pria instamment qu'on lui expliquât cette énigme. « Comment, reprit le prince, M. de Dangeau est « pour un homme qui a manqué à un ministre, « contre un homme qui a loué le roi! Encore un « coup, je n'y connais plus rien. » C'est que M. de Saint-Aulaire a fait un panégyrique du roi, et que M. Dubos avait promis à M. de Torci d'aller à Venise avec M. l'abbé de Pomponne.

Pour les gens ameutés par M. le prince de Conti, ils ne sont point trouvés à l'élection; et dès que M. le Duc a su qu'il s'agissait de M. de Mimeure, il a écrit une lettre à un académicien, avec ordre de la lire à l'Académie, par laquelle il mandait qu'il se désistait de ses premières sollicitations, pour les tourner tout entières en faveur de M. de Mimeure, qui était un des hommes du monde qu'il aimait et qu'il estimait le plus. Madame de Montespan, d'un autre côté, a tellement lavé la tête à M. d'Avranches, qui s'était engagé à M. de Dangeau pour M. Dubos, qu'il n'a osé se trouver à l'élection. Vous connaissez, monseigneur, son art de parler; elle lui demandait de quel front il irait porter son suffrage contre son élève [2], et comment il oserait après cela se présenter devant MONSEIGNEUR, quoiqu'il ne se fût point déclaré, parce que M. de Mimeure, à qui il offrait de faire parler de sa part à l'Académie, l'avait supplié de n'en rien faire. Je ne finirais point, si je voulais tout conter.

En voilà assez, et peut-être trop. Je vais donc parler d'autre chose. M. l'abbé de Polignac a fait un poëme qui contient six livres, et qui est intitulé *l'Anti-Lucrèce*. Je n'en ai entendu que le premier livre; mais je puis vous assurer que cela suffit pour voir que cet ouvrage est tout brillant d'esprit et de feu de poésie. C'est le sentiment de M. le procureur général [3], de MM. Despréaux, de Valincour, Boivin, de M. l'abbé de Châteauneuf et de M. et madame Dacier. Le poëme est écrit en latin.

Je suis, avec toute sorte d'attachement et de respect, monseigneur, votre très-humble, etc.

*P. S.* Je veux, monseigneur, être aussi fidèle que long historien : M. le duc de Coislin s'est aussi absenté.

---

[1] Huet, évêque d'Avranches.
[2] Malezieu avait été précepteur du duc du Maine, et fut désigné au roi par madame de Maintenon pour enseigner les mathématiques au duc de Bourgogne.
[3] Auteur des tragédies de *Zélonide, Polymnestor, Joseph et Pénélope*. Cette dernière est restée longtemps au théâtre.

[1] Jean-Baptiste Colbert, marquis de Torci, administra le département des affaires étrangères à la mort de son père, M. de Croissy.
[2] M. de Mimeure avait été admis aux leçons que Huet donnait au fils de Louis XIV.
[3] D'Aguesseau.

### 139. — AU MARQUIS MIMEURE [1].

A Paris, 4 août 1706.

Ce n'est point, monsieur, un faux bruit, c'est une vérité très-constante, que, dans la dernière assemblée qui se tint au Louvre pour l'élection d'un académicien, je vous donnai ma voix, et je vous la donnai avec d'autant plus de raison, que vous ne l'aviez point briguée, et que c'était votre seul mérite qui m'avait engagé dans vos intérêts. Je n'étais pas pourtant le premier à qui la pensée de vous élire était venue; il y avait un bon nombre d'académiciens qui me paraissaient dans la même disposition que moi. Mais je fus fort surpris, en arrivant dans l'assemblée, de les trouver tous changés en faveur d'un M. de Saint-Aulaire [2], homme disait-on de fort grande réputation, mais dont le nom pourtant, avant cette affaire, n'était pas venu jusqu'à moi. Je leur témoignai mon étonnement avec assez d'amertume; mais ils me firent entendre, d'un air assez pitoyable, qu'ils étaient liés. Comme la brigue de M. de Saint-Aulaire n'était pas médiocre, plusieurs gens de conséquence m'avaient écrit en faveur de cet aspirant à la dignité académique; mais par malheur pour lui, dans l'intention de me faire mieux concevoir son mérite, on m'avait envoyé un poëme de sa façon, très-mal versifié, où, en termes assez confus, il conjure la Volupté de venir prendre soin de lui pendant sa vieillesse, et de réchauffer les restes glacés de sa concupiscence : voilà en effet le but où il tend dans ce beau poëme. Quelque bien qu'on m'eût dit de lui, j'avoue que je ne pus m'empêcher d'entrer dans une vraie colère contre son ouvrage. Je le portai à l'Académie, où je le laissai lire à qui voulut; et quelqu'un s'étant mis en devoir de le défendre, je jouai le vrai personnage du misanthrope dans Molière, ou plutôt j'y jouai mon propre personnage; le chagrin de ce misanthrope contre les méchants vers ayant été, comme Molière me l'a confessé plusieurs fois lui-même, copié sur mon modèle. Ensuite on procéda à l'élection par billets; et bien que je fusse le seul qui écrivis votre nom dans mon billet, je puis dire que je fus le seul qui ne parus point honteux et déconcerté [3].

Voilà, monsieur, au vrai toute l'histoire de ce qui s'est passé à votre occasion à l'Académie. Je ne vous en fais pas un plus grand détail, parce que M. le Verrier m'a dit qu'il vous en avait déjà écrit fort au long. Tout ce que je puis vous dire, c'est que dans tout ce que j'ai fait, je n'ai songé qu'à procurer l'avantage de la compagnie, et rendre justice au mérite. Cependant je vois que par là je me suis fait une fort grande affaire, non-seulement avec M. de Saint-Aulaire, mais avec vous, et que je suis plutôt l'objet de vos reproches que de vos remercîments. Vous vous plaignez surtout du hasard où je vous exposais, en vous nommant académicien, à faire une mauvaise harangue. Je suis persuadé que vous ne la pouviez faire que fort bonne; mais quand même elle aurait été mauvaise, n'aviez-vous pas un nombre infini d'illustres exemples pour vous consoler? Et est-ce la première méchante affaire dont vous seriez sorti glorieusement? Vous dites qu'en vous j'ai prétendu donner un bretteur à l'Académie. Oui, sans doute; mais un bretteur à la manière de César et d'Alexandre. Hé quoi! avez-vous oublié que le bonhomme Horace avait été colonel d'une légion, et n'était pas revenu comme vous d'une grande défaite?

Cum fracta virtus, et minaces
Turpe solum tetigere mento [1].

Cependant dans quelle académie n'aurait-il point été reçu, supposé qu'il n'eût point eu pour concurrent M. de Saint-Aulaire? Enfin, monsieur, vous me faites concevoir que je vous ai en quelque sorte compromis par trop de zèle, puisque vous n'avez eu pour vous que ma seule voix. Mais si j'ose ici faire le fanfaron, prétendez-vous que ma seule voix non briguée ne vaille pas vingt voix mendiées bassement? Et de quel droit prétendez-vous qu'il ne soit pas permis à un censeur, soit à droit, soit à tort, installé depuis longtemps sur le Parnasse comme moi, de rendre sans votre congé justice à vos bonnes qualités, et de vous donner son suffrage sur une place qu'il croit que vous méritez? Ainsi, monsieur, demeurons bons amis; et surtout pardonnez-moi

---

[1] Jacques-Louis Valon, marquis de Mimeure, lieutenant général des armées du roi, né à Dijon le 19 novembre 1659; mort le 3 mars 1719.

[2] François-Joseph de Beaupoil, marquis de Saint-Aulaire, lieutenant général au gouvernement de Limousin, mort le 17 décembre 1742, à près de cent ans; d'autres disent à cent deux.

[3] Monchesnai raconte ainsi cette anecdote : « Le jour que l'é-
« lection devait être faite, il (Despréaux) se transporta exprès
« à l'Académie pour donner sa boule noire. Quelques acadé-
« miciens lui ayant remontré que le marquis était un homme

« de qualité qui méritât qu'on eût pour lui des égards : — Je
« ne lui conteste pas, dit-il, ses titres de noblesse, mais ses
« titres du Parnasse; et je le soutiens non-seulement mauvais
« poëte, mais poëte de mauvaises mœurs. —Mais, reprit l'abbé
« Abeille, monsieur le marquis n'écrit pas comme un auteur
« de profession ; il se borne à faire de petits vers comme Ana-
« créon. — Comme Anacréon! repartit le satirique; et l'avez-
« vous lu, vous qui en parlez? Savez-vous bien, monsieur,
« qu'Horace, tout Horace qu'il était, se croyait un très-petit
« compagnon auprès d'Anacréon? Eh bien donc, monsieur, si
« vous estimez tant les vers de votre monsieur le marquis,
« vous me ferez un très-grand honneur de mépriser les miens. »
(Boloeana, n° LIII.)

[1] HOR. liv. II, ode VII, v. 11-12.

les ratures qui sont dans ma lettre, puisqu'elle me coûterait trop à récrire, et que je ne sais si je pourrais venir à bout de la mettre au net. Du reste, croyez qu'il n'y a personne qui vous estime plus que moi, et que je suis très-affectueusement votre très-humble, etc.

Nous avons déjà bu plusieurs fois à votre santé dans l'illustre auberge où l'on boit si souvent *gratis*[1], comme vous savez.

### 140. — A BROSSETTE.

30 septembre 1706.

Je suis à Auteuil, monsieur, où je n'ai pas votre première lettre. Ainsi vous trouverez bon que je me contente de répondre à votre seconde, que je viens de recevoir. Vous me faites grand honneur de me consulter sur une question de physique, étant comme je suis assez ignorant physicien. Je veux croire que votre moine bénédictin est au contraire fort habile dans cette science; mais, si cela est, je vois bien qu'on peut être en même temps naturaliste très-pénétrant et très-maudit dialecticien, car j'ai lu un livre de lui sur la rhétorique, où, à mon avis, tout ce qu'il peut y avoir au monde de mauvais sens est rassemblé[2]. Vous pouvez donc bien penser que, sur l'effet de la nature que vous me proposez, je penche à être bien plutôt de votre sentiment que du sien.

Mais laissons là le bénédictin, et parlons de M. de Puget. Quelque attaché qu'il soit à la recherche des choses naturelles, je suis ravi qu'il ne dédaigne pas entièrement le badinage de la poésie, et qu'il daigne bien quelquefois descendre jusqu'à jouer avec les Muses. Ses vers m'ont paru fort polis et fort bien tournés. Oserais-je pourtant vous dire qu'il n'est pas entré parfaitement dans la pensée d'Horace, qui dans la strophe dont il est question, ne parle point de la fermeté du sage des philosophes, mais d'un grand personnage, ami du bon droit et de la justice, à qui la chute du ciel même ne ferait pas faire un faux pas contre l'honneur et contre la vertu? Aussi est-ce Hercule et Pollux que le poëte cite en cet endroit, et non pas Socrate et Zénon. Il n'est donc pas vrai que ce vertueux soit si difficile à trouver que se le veut persuader M. de Puget, puisque, sans compter les martyrs du christianisme, il y a un nombre infini d'exemples, dans le paganisme même, de gens qui ont mieux aimé mourir que de faire une lâcheté. Enfin, je suis persuadé que M. de Puget lui-même, si on le voulait forcer, par exemple, à rendre un faux témoignage, se trouverait le *justus et tenax vir* d'Horace. Pardonnez-moi, monsieur, si je vous parle avec cette sincérité de l'ouvrage d'un homme que j'honore et j'estime infiniment, et faites-lui bien des amitiés de ma part.

Venons maintenant à votre *Homme à la baguette*[1]. En vérité, mon cher monsieur, je ne saurais vous cacher que je ne puis concevoir comment un aussi galant homme que vous a pu donner dans un panneau si grossier, que d'écouter un misérable dont la fourbe a été si entièrement découverte[2], et qui ne trouverait pas même présentement à Paris des enfants et des nourrices qui daignassent l'entendre. C'était au siècle de Dagobert et de Charles-Martel qu'on croyait de pareils imposteurs, mais sous le règne de Louis le Grand, peut-on prêter l'oreille à de pareilles chimères, et n'est-ce point que depuis quelque temps, avec nos victoires et nos conquêtes, notre bon sens s'est aussi en allé? Tout cela m'attriste; et pour ne pas vous affliger aussi, trouvez bon que je me hâte de vous dire que je suis très-parfaitement, monsieur, etc.

*P. S.* Je ferai réponse, dès que je serai à Paris, à votre première lettre. Mes recommandations, s'il vous plaît, à tous vos illustres magistrats. Il n'est parlé ici que de méchantes nouvelles, et on avoue maintenant que bien d'autres généraux que M. le maréchal de Villeroi pouvaient être battus.

Je suis charmé de M. Osio[3], qui m'a fait l'honneur de me revenir voir.

### 141. — AU MÊME.

Paris, 2 décembre. 1706.

Je ne vous ferai point, monsieur, d'excuses de ma négligence, parce que je n'en ai point de bonnes à vous faire, et je me contenterai de vous dire que j'ai vu, avec beaucoup de reconnaissance, dans votre dernière lettre, la charité que vous avez pour mon misérable valet. Il m'a servi plus de quinze années, et c'est un assez bon homme. Je croyais qu'il

---

[1] Ce devait être la maison du financier le Verrier, puisque Despréaux à cette époque n'en fréquentait point d'autre.
[2] Boileau confond ici le bénédictin François Lamy avec le P. Bernard Lami, de l'Oratoire, auteur d'un Traité de rhétorique justement estimé.

[1] Jacques Aymard, paysan de Saint-Véran, en Dauphiné, département de l'Isère, où il mourut en 1708.
[2] Frappé des récits qui lui venaient de toutes parts sur les nombreux prodiges opérés par Jacques Aymard, le prince Henri-Jules de Bourbon-Condé voulut voir l'auteur de tant de merveilles. Il fit venir Aymard à Paris, où la vertu de sa baguette fut aussitôt mise à l'épreuve : mais elle prit des pierres pour de l'argent, elle indiqua de l'argent dans un lieu où il n'y en avait pas; en un mot, elle opéra avec si peu de succès, qu'elle perdit en un moment tout son crédit. Cette espèce de charlatanisme s'est néanmoins renouvelé depuis.
[3] Avocat de Lyon.

dût me fermer les yeux; mais une malheureuse femme qu'il a épousée, sans m'en rien dire, a corrompu en lui toutes ses bonnes qualités, et m'a obligé, par des raisons indispensables, et que vous approuveriez vous-même si vous les saviez, de m'en défaire. Vous me ferez plaisir de le servir en ce que vous pourrez; mais, au nom de Dieu, que ce soit sans vous incommoder, et ne le donnez pas pour impeccable.

Le mot qu'il vous a rapporté de moi est vrai; mais il ne vous en a pas dit un encore moins mauvais que je dis à Sa Majesté, en la quittant à la sortie de cette dispute; car tout le monde qui était là, paraissant étonné de ce que j'avais osé disputer contre le roi : « Cela est assez beau, lui dis-je, que de toute « l'Europe je sois le seul qui résiste à Votre Majesté. » Il y a aussi quelque chose de véritable dans ce qu'on vous a raconté de notre conversation sur le mot de *gros*; mais on l'a gâtée, en voulant l'embellir. Tout ce qu'il y a de vrai, c'est que le roi parlant fort contre la folie de ceux qui suppléaient partout le mot de *gros* à celui de *grand* : « Je ne sais pas, lui dis-« je, comment ces messieurs l'entendent; mais il me « semble pourtant qu'il y a bien de la différence « entre Louis le Gros et Louis le Grand. » Cela fit assez agréablement ma cour, aussi bien que les deux autres mots, qui furent dits dans un temps qui leur convenait, je veux dire dans le temps de nos triomphes, et qui ne seraient pas si bons aujourd'hui, où, à mon sens, on n'a que trop appris à nous résister. Vous voilà, monsieur, assez bien éclairci, je crois, sur vos deux questions, et je vous satisferais aussi sur celles que vous m'avez faites dans vos deux autres lettres précédentes, si je les avais ici; mais franchement je les ai laissées à Auteuil. Ainsi il faut attendre que je les aie rapportées pour vous donner pleine satisfaction. J'y ferai pour cela bientôt un tour; car l'hiver ni les pluies n'empêchent pas qu'on n'y puisse aller comme en plein été. Cependant je vous prie de croire qu'on ne peut être avec plus de sincérité et de reconnaissance que je le suis, etc.

Dans le temps que j'allais fermer cette lettre, je me suis ressouvenu que vous seriez peut-être bien aise de savoir le sujet de la dispute que j'eus avec Sa Majesté. Je vous dirai donc que c'était à propos du mot *rebrousser chemin*, que le roi prétendait mauvais, et que je maintenais bon par l'autorité de tous nos meilleurs auteurs qui s'en étaient servis, et entre autres Vaugelas et d'Ablancourt. Tous les courtisans qui étaient là m'abandonnèrent, et M. Racine tout le premier. Cependant je demeure encore dans mon sentiment, et je le soutiendrai encore hardiment contre vous, qui avez la mine de n'être pas de mon avis, et de m'abandonner comme tous les autres.

142. — AU MÊME.

Paris, 20 janvier 1707.

Il y a, monsieur, aujourd'hui près de deux mois que je fis sur mon propre escalier une chute que je puis appeler heureuse, puisque je suis en vie. Cela n'a pas empêché néanmoins que je n'aie été sur le grabat plus de six semaines, à cause d'une très-douloureuse entorse, jointe à plusieurs autres maux qu'elle m'avait causés, etc....

143. — AU MÊME.

Paris, 12 mars 1707.

Il n'y a point, monsieur, d'amitié plus commode que la vôtre. Dans le temps que je ne saurais trouver aucune bonne excuse d'avoir été si longtemps à répondre à vos obligeantes lettres, c'est vous qui me demandez pardon d'avoir manqué quelques ordinaires à m'écrire, et qui me mettez en droit de vous faire des reproches. Je ne vous en ferai pourtant point, et je me contenterai de vous dire, avec la même confiance que si je n'avais point tort, qu'on ne peut être plus touché que je le suis de la constance que vous témoignez à aimer un homme si peu digne de toutes vos bontés que moi; et que, s'il y a quelque chose qui me puisse faire corriger de mes négligences, c'est votre facilité à me les pardonner. Cela étant, je vous dirai, sans m'étendre en de plus longs compliments, que si l'ouvrage dont vous me parlez, qui a été fait à l'occasion de mon démêlé avec messieurs de Trévoux, est celui qu'on m'a montré, et où l'on met en jeu mon frère avec moi, c'est bien le plus sot, le plus impertinent et le plus ridicule ouvrage qui ait jamais été fait; et qu'il ne saurait sortir que de la main de quelque misérable cuistre de collège qui ne nous connaît ni l'un ni l'autre. Le misérable m'y attribue une satire où il me fait rimer *épargner* avec *dernier*. Il nous donne à l'un et à l'autre pour confident un M. de la Ronville, qui ne nous a pas seulement vus, je crois, passer dans les rues. En un mot, le diable y est.

Pour ce qui est de l'épigramme contre M. et madame Dacier, je ne sais ce que c'est, et ils sont tous deux mes amis. Peut-être est-ce une épigramme où l'on veut faire entendre que madame Dacier est celle qui porte le grand chapeau dans les ouvrages qu'ils font ensemble, et qui y a la principale part. Supposé que cela soit, je vous dirai que je l'ai vue, et qu'elle m'a paru très-abominable. On l'attribue pourtant à M l'abbé Tallemant.

> Quand Dacier et sa femme engendrent de leurs corps,
> Et que de ce beau couple il naît enfants, alors
>    Madame Dacier est la mère;
> Mais quand ils engendrent d'esprit,
> Et font des enfants par écrit,
>    Madame Dacier est le père.

Pour ce qui est de l'épigramme à l'occasion du petit de Beauchâteau, j'étais à peine sorti du collége quand elle fut composée par un frère aîné que j'avais [1], et qui a été de l'Académie française. Elle passa pour fort jolie, parce que c'était une raillerie assez ingénieuse de la mauvaise manière de réciter de Beauchâteau le père, qui était un exécrable comédien, et qui passait pour tel. Il fut pourtant assez sot pour la faire imprimer dans le prétendu recueil des ouvrages de son fils, qui n'était qu'un amas de misérables madrigaux qu'on attribuait à ce fils, et que de fades auteurs, qui fréquentaient le père, avaient composés. Tout ce que je puis vous dire de la destinée de ce célèbre enfant, c'est qu'il fut un fameux fripon, et que, ne pouvant subsister en France, il passa en Angleterre, où il abjura la religion catholique, et où il y est mort il y a plus de vingt ans, ministre de la religion prétendue réformée. Trouvez bon, monsieur, qu'un convalescent, comme je suis encore, ne vous en dise pas davantage pour aujourd'hui, et que je me contente de vous assurer que je suis, etc.

## 144. — AU MÊME.

Paris, 14 mai 1707.

Je ne vous fais point d'excuses, monsieur, d'avoir été si longtemps sans vous écrire, parce que je suis las de commencer toujours mes lettres par le même compliment, et que d'ailleurs je suis si accoutumé à faillir, qu'il me semble qu'on ne me doit plus demander raison de mes fautes. Il y a pourtant quatre ou cinq jours que je me ressouvins de mon devoir, et que m'en allant à Auteuil pour m'y établir, je portai avec moi votre dissertation sur le tombeau des deux *Amandus* ou Amants, à dessein d'y faire une exacte réponse, mais le froid m'en chassa dès le lendemain; et le pis est que j'y laissai cette dissertation. Cependant je ne saurais me résoudre à tarder davantage à vous dire au moins en général ce que j'en pense, qui est que j'ai trouvé vos réflexions fort justes. Le monument néanmoins ne me semble pas de fort grand goût, et a une pesanteur, à mon avis, tirant au gothique. Quoi qu'il en soit, messieurs de Lyon sont fort louables du soin qu'ils ont de conserver jusqu'aux médiocres ouvrages de la respectable antiquité. Pour votre inscription, elle est, à mon avis, très-bonne et très-latine, et je n'y ai trouvé à redire que le mot *reparari*, qui ne veut point dire, à mon sens, dans la bonne latinité, être *réparé*, mais être *racheté :*

Vina, Syra reparata merce [1].

*Instaurari*, selon moi, sera beaucoup meilleur, car *restaurari* ne vaut rien non plus. Ainsi, je mettrais in alium locum transferri et instaurari [2] curaverunt, etc. Je vous écris tout cela de mémoire, et peut-être, quand je serai de retour à Auteuil, et que j'aurai votre papier devant moi, vous manderai-je quelque chose de plus particulier.

Pour ma satire sur l'*Équivoque*, tout ce que je puis vous en dire maintenant, c'est qu'on va faire une nouvelle édition de mes ouvrages, où, selon toutes les apparences, je l'insèrerai, et que, bien que j'y attaque à face ouverte tous les mauvais casuistes, je ne crains point que les jésuites s'en offensent, puisqu'ils y seront même loués, à messieurs de Trévoux près, que je n'y nommerai point, quoiqu'ils m'aient attaqué par mes propres noms et surnoms. Mais quoi!

Aujourd'hui vieux lion, je suis doux et traitable [3].

Adieu, mon illustre monsieur; aimez-moi toujours, et croyez que je suis très-affectueusement, etc.

## 145. — AU MÊME.

Auteuil, 2 août 1707.

Je ne saurais, monsieur, assez-vous marquer la honte que j'ai d'avoir été si longtemps à répondre à vos agréables lettres; mais, grâce à votre bonté, je suis si sûr de mon pardon, que je ne sais pas même si pour l'obtenir je suis obligé de le demander. La vérité est pourtant que j'ai été malade, et que je ne suis pas encore bien guéri de plusieurs infirmités que j'ai eues depuis six mois, et qui ne m'ont que trop bien prouvé que j'ai soixante et dix ans.

Mais venons à votre dernière lettre, ou plutôt à votre dernière dissertation. J'avoue que *restituere* est le vrai mot des médailles, pour dire qu'on a rétabli un ouvrage qui tombait en ruine; mais je ne sais si on peut se servir de ce mot pour un ouvrage qu'on transporte ailleurs, et c'est ce qui a fait que je vous ai proposé le mot *d'instaurare*, qui est un mot très-reçu dans la bonne latinité; car pour le

---

[1] Gilles Boileau.

[1] HORACE, liv. I, ode XXXI, v. 12.
[2] Le ville de Lyon adopta la leçon proposée par Boileau; mais le projet n'eut pas de suite.
[3] Épitre v.

mot de *restaurare*, il me paraît du Bas-Empire. A mon avis, néanmoins, *restituere* ne gâtera rien, et vous pouvez choisir.

Je suis ravi que messieurs de l'hôtel de ville de Lyon aient si bonne opinion de moi, et que mes ouvrages puissent paraître sans crainte *Lugdunensem ad aram*. Le public et mes libraires surtout me pressent fort d'en donner une nouvelle édition in-4°, et je vous réponds, si je me résous à leur complaire, qu'elle sera du caractère que vous souhaitez ; mais franchement aujourd'hui je fuis autant le bruit que je l'ai cherché autrefois ; et je sens bien que les additions que j'y mettrai ne sauraient manquer d'en exciter beaucoup. J'ai pourtant mis ma satire contre l'Équivoque, adressée à l'équivoque même, en état de paraître aux yeux même des plus relâchés jésuites, sans qu'ils s'en puissent le moins du monde offenser. Et, pour vous en donner ici par avance une preuve, je vous dirai qu'après y avoir attaqué assez finement les plus affreuses propositions des mauvais casuistes, et celles surtout qui sont condamnées par le pape Innocent XI, voici comme je me reprends :

Enfin ce fut alors que, sans se corriger,
Tout pécheur... Mais où vais-je aujourd'hui m'engager ?
Veux-je ici, rassemblant un corps de tes maximes,
Donner Soto, Bannez, Diana, mis en rimes;
Exprimer tes détours burlesquement pieux,
Pour disculper l'impur, le gourmand, l'envieux ;
Tes subtils faux-fuyants pour sauver la mollesse,
Le larcin, le duel, le luxe, la paresse ;
En un mot, faire voir à fond développés,
Tous ces dogmes affreux d'anathèmes frappés,
Qu'en chaire tous les jours, combattant ton audace,
Blâment plus haut que moi les vrais enfants d'Ignace, etc. ?

Je vous écris ce petit échantillon, afin de vous faire concevoir ce que c'est à peu près que la pièce. Je vous prie de ne le confier à personne, et de croire que je suis à outrance, etc.

146. — A M. DE LOSME DE MONCHESNAL,

SUR LA COMÉDIE.

Septembre 1707.

Puisque vous vous détachez de l'intérêt du ramoneur, je ne vois pas, monsieur, que vous ayez aucun sujet de vous plaindre de moi, pour avoir écrit que je ne pouvais juger à la hâte d'ouvrages comme les vôtres, et surtout à l'égard de la question que vous entamez sur la tragédie et sur la comédie, que je vous ai avoué néanmoins que vous traitiez avec beaucoup d'esprit ; car, puisqu'il faut vous dire le vrai, autant que je puis me ressouvenir de votre dernière pièce, vous prenez le change, et vous y confondez la comédienne avec la comédie, que, dans mes rai- sonnements avec le P. Massillon, j'ai, comme vous savez, exactement séparées.

Du reste, vous y avancez une maxime qui n'est pas, ce me semble, soutenable ; c'est à savoir qu'une chose qui peut produire quelquefois de mauvais effets dans des esprits vicieux, quoique non vicieuse d'elle-même, doit être absolument défendue, quoiqu'elle puisse d'ailleurs servir au délassement et à l'instruction des hommes. Si cela est, il ne sera plus permis de peindre dans les églises des vierges Maries, ni des Suzannes, ni des Madeleines agréables de visage, puisqu'il peut fort bien arriver que leur aspect excite la concupiscence d'un esprit corrompu. La vertu convertit tout en bien, et le vice tout en mal. Si votre maxime est reçue, il ne faudra plus non-seulement voir représenter ni comédie, ni tragédie, mais il n'en faudra plus lire aucune : il ne faudra plus lire ni Virgile, ni Théocrite, ni Térence, ni Sophocle, ni Homère ; et voilà ce que demandait Julien l'Apostat, et qui lui attira cette épouvantable diffamation de la part des Pères de l'Église. Croyez-moi, monsieur, attaquez nos tragédies et nos comédies, puisqu'elles sont ordinairement fort vicieuses : mais n'attaquez point la tragédie et la comédie en général, puisqu'elles sont d'elles-mêmes indifférentes, comme le sonnet et les odes, et qu'elles ont quelquefois rectifié l'homme plus que les meilleures prédications : et, pour vous en donner un exemple admirable, je vous dirai qu'un grand prince, qui avait dansé à plusieurs ballets, ayant vu jouer le *Britannicus* de M. Racine, où la fureur de Néron à monter sur le théâtre est si bien attaquée, il ne dansa plus à aucun ballet, non pas même au temps du carnaval. Il n'est pas concevable de combien de mauvaises choses la comédie a guéri les hommes capables d'être guéris : car j'avoue qu'il y en a que tout rend malades. Enfin, monsieur, je vous soutiens, quoi qu'en dise le P. Massillon, que le poëme dramatique est une poésie indifférente de soi-même, et qui n'est mauvaise que par le mauvais usage qu'on en fait. Je soutiens que l'amour, exprimé chastement dans cette poésie, non-seulement n'inspire point l'amour, mais peut beaucoup contribuer à guérir de l'amour les esprits bien faits, pourvu qu'on n'y répande point d'images ni de sentiments voluptueux ; que s'il y a quelqu'un qui ne laisse pas, malgré cette précaution, de s'y corrompre, la faute vient de lui, et non pas de la comédie. Du reste, je vous abandonne le comédien et la plupart de nos poëtes, et même M. Racine en plusieurs de ses pièces. Enfin, monsieur, souvenez-vous que l'amour d'Hérode pour Mariamne, dans Josèphe, est peint avec tous les traits les plus sensibles de la vérité. Cependant quel est le fou qui a jamais, pour cela, défendu la lecture de Josèphe? Je vous barbouille tout ce canevas de dissertation, afin de vous montrer que ce n'est pas sans raison que j'ai trouvé à redire à votre raisonnement. J'avoue cependant que votre satire est pleine de vers bien trouvés. Si vous voulez répondre à mes objections, prenez la peine de le faire de bouche, parce que autrement cela traînerait à l'infini : mais surtout, trêve aux louanges ; je ne les mérite point, et n'en veux point. J'aime qu'on me lise, et non qu'on me loue. Je suis, etc.

### 147. — A BROSSETTE.

Paris, 24 novembre 1707.

Je ne vous cacherai point, monsieur, que j'ai été attaqué depuis plus de quatre mois d'un tournoiement de tête qui ne m'a pas permis de m'appliquer à rien, ni même à répondre à des lettres aussi obligeantes que les vôtres. J'avais prié M. Falconnet, qui me vint voir, il y a assez longtemps, de votre part, à Auteuil, de vous mander mon incommodité, et il s'en était chargé; mais je vois bien qu'il n'a pas jugé la chose assez importante pour vous l'écrire, et j'en suis bien aise, puisqu'il est médecin et qu'il n'a pas mauvaise opinion de ma maladie. Il m'a paru homme de savoir et de beaucoup d'esprit. Grâces à Dieu, me voilà en quelque sorte guéri, et je ne me ressens plus de mon mal, si ce n'est en marchant qu'il me prend quelquefois de petits tournoiements que j'attribue plutôt à mes soixante-dix années que j'ai entendu sonner le jour de la Toussaint, qu'à aucune maladie. Je ne me sens pas encore si bien remis, que j'ose m'engager à vous écrire une longue lettre.

Permettez, monsieur, que je me contente de répondre très-succinctement à ce que vous me demandez. Je vous dirai donc que, pour le livre du P. Jean Barnès, je n'en ai point besoin, puisque je sais assez de mal de l'*équivoque*, sans qu'on m'en apprenne rien de nouveau, et que j'ai même peur d'en avoir déjà trop dit.

Pour ce qui est du prétendu bon mot qu'on m'attribue sur M. Racine, il est entièrement faux, et sûrement de la fabrique de quelque provincial, qui ne sait pas même ce que nous avons fait, M. Racine et moi. Et où diable M. Racine a-t-il jamais rien composé qui regarde Atys, ni surtout Bertaud, dont je suis sûr qu'il n'avait jamais ouï parler?

Pour ce qui est du sonnet, la vérité est que je le fis presque à la sortie du collége, pour une de mes nièces, environ du même âge que moi, et qui mourut entre les mains d'un charlatan de la faculté de médecine, âgée de dix-huit ans. Je ne le donnai alors à personne, et je ne sais pas par quelle fatalité il vous est tombé entre les mains, après plus de cinquante ans que je le composai. Les vers en sont assez bien tournés, et je ne les désavouerais pas même encore aujourd'hui, n'était une certaine tendresse tirant à l'amour qui y est marquée, qui ne convient point à un oncle pour sa nièce, et qui y convient d'autant moins que jamais amitié ne fut plus pure ni plus innocente que la nôtre. Mais quoi! je croyais alors que la poésie ne pouvait parler que d'amour. C'est pour réparer cette faute, et pour montrer qu'on peut parler en vers même de l'amitié enfantine, que j'ai composé, il y a environ quinze ou seize ans, le seul sonnet qui est dans mes ouvrages, et qui commence par :

Nourri dès le berceau près de la jeune Orante, etc.

Vous voilà, je crois, monsieur, bien éclairci. Il n'y a point de fautes dans la copie du sonnet, sinon qu'au lieu de :

Parmi les doux excès,

il faut :

Parmi les doux transports;

et au lieu de :

Ha! qu'un si rude coup...

il faut :

Ah! qu'un si rude coup....

Pour ce qui est des traductions latines que vous voulez que je vous envoie, il y en a un si grand nombre, qu'il faudrait que la poste eût un cheval exprès pour les porter toutes ; et je ne saurais vous les faire tenir, que vous ne m'enseigniez un moyen. Adieu, mon cher monsieur; croyez que je suis plus que jamais, etc.

### 148. — AU MÊME.

Paris, 6 décembre 1707.

Le croiriez-vous, monsieur? Si j'ai tardé si longtemps à vous remercier de votre magnifique présent, cela ne vient ni de ma négligence, ni de mes tournoiements de tête dont je suis presque entièrement guéri. Tout le mal ne procède que de mon cocher, qui, ayant reçu en mon absence la lettre que vous me faisiez l'honneur de m'écrire, l'a gardée très-poétiquement douze jours entiers dans la poche de son justaucorps, et ne me l'a donnée qu'hier au soir ; de sorte que j'ai reçu votre présent sans savoir presque d'où il me venait. J'en ai pourtant goûté un grand plaisir, et je crois pouvoir vous dire, sans me tromper, qu'il ne s'est jamais mangé de meilleurs fromages à la table ni des Broussin ni des Bellenave ; et pour preuve de ce que je dis, c'est que je n'ai pu me défendre d'en donner trois à M. le Verrier, qui en est amoureux, et qui les met au-dessus des parmesans. Jugez donc si vos souhaits sont accomplis! Je ne le crois guère inférieur aux *Coteaux* pour la délicatesse du goût. Je ne lui ai point encore montré votre lettre, qui assurément le réjouira fort.

Je commence à être un peu en peine, connaissant votre exactitude, de ce que je n'ai point encore reçu de réponse à la lettre que je me suis donné l'honneur de vous écrire le mois passé. Auriez-vous aussi à Lyon quelque cocher ou quelque laquais poëte qui l'eût gardée dans sa poche?

Je vous y marquais, je crois, ou plutôt je ne vous y marquais point, la joie que j'ai que vous ne désapprouviez point les traductions latines qu'on fait de mes ouvrages. Il y en a plus de six nouvellement imprimées, qui ont toutes leur mérite. En voici la liste : la satire du Festin, le premier chant du Lutrin, l'épître de l'Amour de Dieu, l'épître à M. de Lamoignon, la satire de l'Homme, le cinquième chant du Lutrin, et une infinité d'autres qui ne sont point imprimées, et qu'on m'a données écrites à la main. Ainsi, monsieur, me voilà poëte latin confirmé dans toute l'université.

Mais, à propos de latin, permettez-moi, monsieur, de vous dire que je ne saurais approuver ce que vous me mandez, ce me semble, dans une de vos lettres précédentes, « que vous ne sauriez souffrir qu'Ho-
« race dans ses satires et dans ses épîtres soit si
« négligé. » Jamais homme ne fut moins négligé qu'Horace; et vous avez pris pour négligence vraisemblablement de certains traits où, pour attraper la naïveté de la nature, il paraît de dessein formé se rabaisser, mais qui sont d'une élégance qui vaut mieux quelquefois que toute la pompe de Juvénal. Je vous en dirais davantage, mais je sens que ma tête commence à s'engager. Permettez donc que je m'arrête, et que je me contente de vous dire que je suis....

### 149. — A DESTOUCHES,

SECRÉTAIRE DE Mgr L'AMBASSADEUR DE FRANCE EN SUISSE[1],

A SOLEURE.

Paris, 26 décembre 1707.

Si j'étais en parfaite santé, vous n'auriez pas de moi, monsieur, une courte réplique. Je tâcherais,

[1] M. le marquis de Puisieulx.

en répondant fort au long à vos magnifiques compliments, de vous faire voir que je sais rendre hyperboles pour hyperboles, et qu'on ne m'écrit pas impunément des lettres aussi spirituelles et aussi polies que la vôtre; mais l'âge et mes infirmités ne permettent plus ces excès à ma plume. Trouvez bon, monsieur, que, sans faire assaut d'esprit avec vous, je me contente de vous assurer que j'ai senti, comme je dois, vos honnêtetés, et que j'ai lu avec un fort grand plaisir l'ouvrage que vous m'avez fait l'honneur de m'envoyer. J'y ai trouvé en effet beaucoup de génie et de feu, et surtout des sentiments de religion, que je crois d'autant plus estimables, qu'ils sont sincères, et qu'il me paraît que vous écrivez ce que vous pensez. Cependant, monsieur, puisque vous souhaitez que je vous écrive avec cette liberté satirique que je me suis acquise, soit à droit, soit à tort, sur le Parnasse, depuis très-longtemps, je ne vous cacherai point que j'ai remarqué dans votre ouvrage de petites négligences, dont il y a apparence que vous vous êtes aperçu aussi bien que moi, mais que vous n'avez pas jugé à propos de réformer, et que pourtant je ne saurais vous passer. Car comment vous passer deux *hiatus* aussi insupportables que sont ceux qui paraissent dans les mots d'*essuient* et d'*envoie*, de la manière dont vous les employez? Comment souffrir qu'un aussi galant homme que vous fasse rimer *terre* à *colère*? Comment?... Mais je m'aperçois qu'au lieu des remercîments que je vous dois, je vais ici vous inonder de critiques très-mauvaises peut-être. Le mieux donc est de m'arrêter, et de finir en vous exhortant de continuer dans le bon dessein que vous avez de vous élever sur la montagne au double sommet, et d'y cueillir les infaillibles lauriers qui vous y attendent. Je suis avec beaucoup de reconnaissance....

### 150. — A BROSSETTE.

Paris, 27 avril 1708.

Je voudrais bien, monsieur, n'avoir que de mauvaises raisons à vous dire du long temps que j'ai été sans vous donner de mes nouvelles. Je n'aurais qu'à les habiller de termes obligeants, et je suis assuré que votre bonté pour moi vous les ferait trouver bonnes; mais la vérité est que j'ai été depuis trois mois attaqué d'une infinité de maux, qui ont enfin abouti à une espèce d'hydropisie, dont je ne me suis tiré que par le secours du *médecin hollandais*[1]. Enfin, me voilà, si je l'en crois, hors d'affaire; et le premier usage que j'ai cru devoir faire de ma santé,

[1] Adrien Helvétius. Le trop célèbre auteur *de l'Esprit* était son petit-fils.

c'est de vous avertir, comme je fais, que je suis vivant, et que le ciel vous conserve encore en moi, dans Paris, l'homme du monde qui vous aime et vous honore le plus.. Je suis avec toute sorte de reconnaissance....

### 151. — AU MÊME.

Paris 16 juin 1708.

Je ne vous ferai point d'excuses, monsieur, de ce que j'ai été si longtemps sans faire réponse à vos deux dernières lettres, puisque c'est par ordre du médecin que je me suis empêché d'écrire, et que c'est lui qui m'a défendu de faire aucun effort d'esprit (même agréable), jusqu'à ce que ma santé fût entièrement confirmée. Mais enfin me voilà presque tout à fait en état de réparer mes négligences, et il n'y a plus de traces en moi de l'*aquosus albo corpore languor* [1]. Quelquefois, même à l'heure qu'il est, je me persuade que je suis encore ce même ennemi des méchants vers qui a enrichi le libraire Thierry, et il me semble que soixante et dix ans n'ont pas encore tellement appesanti ma plume, que je ne fisse avec succès une satire contre l'hydropisie, aussi bien que contre l'équivoque. Je doute néanmoins que celle que j'ai composée contre ce dernier monstre voie le jour avant ma mort, parce que je fuis autant aujourd'hui de faire parler de moi, que j'en ai été avide autrefois. La vérité est pourtant que je l'ai mise par écrit, qu'elle ne sera point perdue, et que si vous venez à Paris, comme vous me le promettez, je vous la lirai autant de fois que vous le souhaiterez.

Mais, à propos de ce voyage, savez-vous bien que vous êtes obligé de le faire en conscience, puisque c'est un des meilleurs moyens de me rendre ma santé, qui ne saurait être mieux affermie que par le plaisir de voir un homme que j'estime et que j'honore autant que vous ? Je vous prie donc de faire trouver bon à madame votre chère épouse que vous vous sépariez pour cela deux ou trois mois d'elle, sauf à racquitter, au retour de votre voyage, le temps perdu.

Je ne vous parle point ici de M. Vaginai, ni de tous vos autres célèbres magistrats, parce qu'il faudrait un volume pour vous dire tout le bien que je pense d'eux, et que je n'oserais encore vous écrire qu'un billet, que je cacherai même à Helvétius. Vous ne sauriez manquer de réussir auprès de M. Coustard, qui n'a fait graver mon portrait que pour le donner à des gens comme vous. Adieu, mon cher monsieur; aimez-moi toujours, et croyez que je suis très-sincèrement....

### 152. — BROSSETTE A BOILEAU.

Lyon, 26 juin 1708.

De toutes les lettres que vous m'avez fait l'honneur de m'écrire, monsieur, il n'en est aucune qui m'ait fait plus de plaisir que celle que je viens de recevoir. Non-seulement vous m'y donnez des assurances du rétablissement de votre santé, mais encore vous m'en donnez des preuves sensibles par un certain air de gaieté et de contentement qui est répandu dans votre lettre, et qui s'est communiqué à mon cœur, par la conformité de mes sentiments avec les vôtres. Quand l'envie que j'ai de vous aller voir ne serait pas aussi forte qu'elle l'est, vous me l'auriez donnée par l'invitation que vous m'en faites. Si l'entier affermissement de votre santé dépendait de mon voyage, comme votre politesse vous le fait dire, soyez assuré, monsieur, que je l'entreprendrais dès ce moment, malgré quelques affaires indispensables qui me retiennent ici ; mais je compte qu'elles seront finies dans peu de temps, et rien ne pourra m'empêcher d'aller jouir bientôt de votre présence et de votre entretien.

Je vous envoie une nouvelle traduction en vers latins de votre satire sixième. L'auteur de cette traduction est le P. du Treuil de l'Oratoire ; il demeure à Soissons, et est frère de M. du Treuil, qui a eu l'honneur de vous voir quelquefois de ma part. Cette traduction m'a paru exacte, à quelques endroits près ; et pour la versification, elle n'est pas des plus mauvaises. Quand vous m'écrirez, vous aurez la bonté de m'en dire votre sentiment.

Toute la ville de Lyon a été depuis quelques jours dans un mouvement qui ne lui est pas ordinaire. Le duc de Savoie [1] nous menaçait de ses approches ; et nous avons travaillé pour notre sûreté intérieure, tandis que M. le maréchal de Villars [2] travaillait au dehors pour notre défense. Ce maréchal nous envoya, il y a dix jours, M. de Dillon [3] et M. de Saint-Patern [4], pour reconnaître l'état et

---

[1] Horace, liv. II, ode II, v. 15-16.

[1] Victor-Amédée II, né en 1666, mort en 1732 ; il était père de la duchesse de Bourgogne, mère de Louis XV.
[2] Louis-Claude, duc de Villars, qui prit le nom d'Hector, maréchal en 1702, eut la gloire de conclure la paix avec le prince Eugène, à Rastadt, en 1714. Il fut président du conseil de guerre en 1715, représenta le connétable au sacre de Louis XV en 1722, et mourut à Turin, le 17 juin 1734, ne regrettant d'autre honneur que celui de périr sur un champ de bataille.
[3] Arthur, comte de Dillon, né en Irlande, en 1670, suivit la fortune de Jacques II, et mourut en 1733, dans le château royal de Saint-Germain en Laye.
[4] Le marquis de Saint Patern, lieutenant général des armées du roi.

les forces de Lyon. Comme la garde de cette ville est confiée aux habitants, M. de Dillon les fit passer en revue dans notre grande et magnifique place de Bellecour; et il fut surpris de voir des bourgeois qui ne faisaient pas trop mal sous les armes. Aussi sont-ils accoutumés à les manier; car tous les soirs la bourgeoisie, divisée par quartiers, fait la garde en plusieurs endroits de la ville.

Depuis ce temps-là on a doublé et triplé les gardes; on répare et l'on augmente les fortifications; on remplit les magasins; enfin, tout est mis en pratique pour nous garantir de surprise et d'insulte. Cependant il y a lieu de croire que toutes nos précautions nous ont moins servi que notre bonne fortune; car le duc de Savoie, qui voulait venir à nous par la Tarantaise et par la Savoie, s'en retourne sur ses pas, sans avoir même passé l'Isère. M. le maréchal de Villars le suit d'assez près. Il a mandé à M. de Dillon de s'en retourner, parce qu'il doit joindre le duc de Savoie; et peut-être sont-ils en présence dans le moment que je vous écris. Je suis, monsieur, votre très-humble, etc.

### 153. — A BROSSETTE.

Paris, 7 août 1708.

Vous avez raison, monsieur, je vous l'avoue, d'être surpris du peu de soin que j'ai de répondre à vos obligeantes lettres; mais je crois que votre étonnement cessera quand je vous dirai que je suis, depuis trois mois, malade d'un tournoiement de tête qui ne me permet pas les plus légères fonctions d'esprit; et que c'est par ordonnance du médecin, c'est-à-dire du *médecin hollandais*, que je ne vous écris point. Aujourd'hui pourtant il n'y a médecin qui tienne, et je vous dirai, sauf le respect qu'on doit à Hippocrate, que j'ai lu l'ouvrage que vous m'avez envoyé, et que j'y ai trouvé beaucoup de latinité et d'agrément. La satire qui y est traduite est la sixième en rang dans mes écrits; mais la vérité est que c'est mon premier ouvrage, puisque je l'avais originairement insérée dans l'Adieu de Damon à Paris, et que c'est par le conseil de mes amis que j'en ai depuis fait une pièce à part contre les embarras des rues, qui m'ont paru une chose assez chagrinante pour mériter une satire entière.

Je voudrais bien vous pouvoir envoyer toutes les traductions qui ont été faites de mes autres ouvrages, et dont la plupart sont imprimées; mais je serais bien en peine à l'heure qu'il est de les trouver, parce que j'en ai fait présent, à mesure qu'on me les a données, à ceux qui me les demandaient. Je vois bien que dans peu il n'y aura pas une de mes pièces qui ne soit traduite; car le feu y est dans l'université. J'aurai soin de les amasser pour vous; mais il faut pour cela que ma tête se fixe, et que j'aie permission d'Helvétius. En effet, je doute même qu'il me pardonne de vous avoir écrit aujourd'hui, sans son congé, ce long billet. J'y ajouterai encore que j'ai pâli à la lecture de ce que vous m'avez mandé du péril où s'est trouvée notre chère ville de Lyon. Vous savez bien l'intérêt que j'ai à sa conservation. Je vous dirai pourtant que, dans la frayeur que j'ai eue, j'ai beaucoup moins songé à moi qu'à vous et à tous nos illustres amis. Grâces à Dieu et à la bravoure de vos habitants, nous voilà en sûreté, et on ne verra point entrer dans la seconde ville du royaume *l'infidèle Savoyard*. Ce n'est point moi qui l'appelle ainsi, mais Horace, qui l'a baptisé de ce nom, il y a tantôt deux mille ans, dans l'ode, *At ô Deorum*, etc. :

Rebusque novis infidelis Allobrox [1].

Mais voilà assez braver le médecin. Permettez, monsieur, que je finisse, et que je vous dise que je suis avec plus de reconnaissance que jamais....

### 154. — AU MÊME.

Paris, 9 octobre 1708.

Je suis surchargé, monsieur, d'incommodités et de maladies, et les médecins ne me défendent rien tant que l'application. O la sotte chose que la vieillesse! Aujourd'hui cependant il n'y a défense qui tienne; et dussé-je violer toutes les règles de la faculté, il faut que je réponde à votre dernière lettre.

Vous me demandez dans cette lettre comment je crois qu'on doit traduire *Meteora orationis*. A cela je vous répondrai que, pour vous bien satisfaire sur votre question, il faudrait avoir lu le livre de M. Samuel Werenfels [2], afin de bien concevoir ce qu'il entend par là lui-même, ce mot étant fort vague, et ne voulant dire autre chose qu'un galimatias à perte de vue. Pour moi, quand j'ai traduit dans Longin ces mots, οὐχ ὑψηλὰ, ἀλλὰ μετέωρα, qu'il dit, ce me semble, de l'historien Callisthène, je me suis servi d'une circonlocution, et j'ai traduit que Callisthène ne s'élève pas proprement, mais se guinde si haut qu'on le perd de vue; la langue française, à mon avis, n'ayant point de mot qui réponde juste au

---

[1] Ce vers n'est point dans l'ode v du livre V d'Horace, *At ô Deorum*, etc. dans laquelle il n'est pas question des Allobroges, mais de sortiléges. Il se trouve dans l'ode XVI, v. 8, du même livre, *Altera jam teritur*, etc.

Novisque rebus infidelis Allobrox.

[2] Son principal ouvrage a pour titre *De Logomachiis eruditorum*.

μετέωρα des Grecs, qui est à la vérité une espèce d'enflure, mais une espèce d'enflure particulière que le mot *enflure* n'exprime pas assez, et qui regarde plus la pensée que les mots. La Pharsale de Brébeuf, à mon avis, est le livre où vous pouvez le plus trouver d'exemples de ces μετέωρα. Je me souviens d'avoir lu dans un poëte italien[1], à propos de deux guerriers qui joutaient l'un contre l'autre, que les éclats de leurs lances volèrent si haut, qu'ils allèrent jusqu'à la région du feu, où ils s'allumèrent et tombèrent en cendre sur terre. Voilà un parfait modèle du style μετέωρα. Du reste, il peut y avoir de l'enflure qui ne soit point μετέωρα, comme par exemple ce que Démétrius Phaleræus rapporte d'un historien qui, en parlant du ruisseau de Télèbe, rivière grande comme celle des Gobelins, se servait de ces termes : « Ce fleuve descend à grands flots des « monts Lauriciens, et de là va se précipiter dans « la mer, proche, etc...... » Ne diriez-vous pas, ajoute Démétrius, qu'il parle du Nil ou du Danube? C'est là de la véritable enflure, mais il n'y a point là de μετέωρον. Je vous rapporterais cent exemples pareils; mais, comme je vous viens de dire, il faut avoir lu l'ouvrage de M. Samuel Werenfels, pour vous parler juste sur ce point; et vous n'en aurez pas davantage pour cette fois, parce que je sens qu'une chaleur effroyable de poitrine que j'ai, et qui est causée par les glaces de la vieillesse, commence à redoubler. Permettez donc que je me borne à ce court billet, et soyez bien persuadé que toutes vos lettres me font grand plaisir, quoique j'y réponde si peu exactement.

O mihi præteritos referat si Jupiter annos[2] !

quelles longues lettres n'auriez-vous pas à essuyer ! Je vous donne le bonjour, et suis parfaitement....

## 155. — AU MÊME.

Paris, 7 janvier 1709.

Vous êtes, monsieur, l'ami du monde le plus commode, et avec lequel on peut le plus impunément faillir. Dans le temps que je m'épuise à chercher vainement dans mon esprit des raisons pour excuser ma négligence à votre égard, c'est vous-même qui vous déclarez le négligent; et peu s'en faut que vous ne me demandiez pardon de tous mes crimes. Je vois bien ce que c'est : vous me regardez comme un malade qu'il ne faut point chagriner, et vous ne vous trompez pas, monsieur; je suis malade, et vraiment malade. La viellesse m'accable de tous côtés. L'ouïe me manque, ma vue s'éteint, je n'ai plus de jambes, et je ne saurais plus monter ni descendre qu'appuyé sur les bras d'autrui. Enfin, je ne suis plus rien de ce que j'étais; et, pour comble de misère, il me reste un malheureux souvenir de ce que j'ai été. Aujourd'hui pourtant il faut que je fasse encore le jeune, et que je réponde à deux objections que vous me faites dans quelques-unes des lettres que vous m'avez écrites l'année précédente. Je les ai relues ce matin, et il ne sera pas dit que je n'y aie rien répliqué.

La première est sur la musique, dont j'ai eu tort, dites-vous, de ne pas employer les termes dans la description que Longin fait de la périphrase[1]. Mais est-il possible que vous me fassiez cette objection, après ce que vous avez lu dans mes remarques, où je dis en propres termes que ce que dit Longin peut signifier *les parties faites sur le sujet*, mais que je ne décide pas néanmoins, parce qu'il n'est pas sûr que les anciens connussent dans la musique ce que nous appelons *les parties* ; que je penchais cependant vers l'affirmative, mais que je laissais aux habiles en musique à décider si le *son principal* veut dire le *sujet*. Ajoutez que, par la manière dont j'ai traduit, tout le monde m'entend ; au lieu que, si j'avais mis les termes de l'art, il n'y aurait que les musiciens proprement qui m'eussent bien entendu.

L'autre objection est sur ce vers de ma Poétique :

De Styx et d'Achéron peindre les noirs torrents.

Vous croyez que

Du Styx, de l'Achéron, peindre les noirs torrents

serait mieux. Permettez-moi de vous dire que vous avez en cela l'oreille un peu prosaïque, et qu'un homme vraiment poëte ne me fera jamais cette difficulté, parce que *de Styx et d'Achéron* est beaucoup plus soutenu que *du Styx et de l'Achéron*. Sur *les bords fameux de Seine et de Loire* sera bien plus noble dans un vers que *sur les bords fameux de la Seine et de la Loire*. Mais ces agréments sont des mystères qu'Apollon n'enseigne qu'à ceux qui sont véritablement initiés dans son art.

Je viens maintenant à votre dernière lettre. Vous m'y proposez une question qui a, dites-vous, agité beaucoup de gens habiles dans votre ville, et qui pourtant, à mon avis, ne souffre point de contestation; car, qu'est-ce que l'ouïe au prix de la vue ! Vivre, et voir le jour, font deux synonymes. Les yeux au défaut des oreilles entendent; mais les oreilles ne voient point. J'ai vu un homme sourd de

---

[1] Le Tassoni, dans la *Seccia rapita*, cant. IX, st. XVIII.
[2] *Énéide*, VIII, v. 560.

[1] *Traité du sublime*, chap. XXIV.

naissance à qui, par la vue, on faisait entendre jusqu'aux mystères de la Trinité. Mais, monsieur, il me semble que, pour un vieillard malade, je m'engage dans de grands raisonnements.

Le meilleur est, je crois, de me borner ici à vous remercier de vos présents. Je les partagerai ce matin avec M. le Verrier, chez qui je vais dîner; et je vous réponds que votre santé y sera célébrée. Mille remercîments à madame votre chère et illustre épouse, de la bonté qu'elle a de se souvenir de moi.

J'ai, sur le peu que vous m'en avez dit, une idée d'elle qui passe de beaucoup les Pénélope et les Lucrèce. Il ne me reste plus qu'à vous demander pardon de la précipitation avec laquelle je vous écris, et qui est cause d'un nombre infini de ratures, que je ne sais si vous pourrez débrouiller. Mais quoi! je serais perdu s'il fallait récrire mes lettres, et il arriverait fort bien que je ne vous écrirais plus. Le moindre travail me tue, et même, dans le moment que je vous parle, il me vient de prendre un tournoiement de tête qui ne me laisse que le temps de vous dire que je vous aime et vous respecte plus que jamais, et que je suis parfaitement, etc.

### 156. — AU MÊME.

Paris, 15 mai 1709.

Je voudrais bien, monsieur, n'avoir que de mauvaises excuses à vous faire du long temps que j'ai été sans répondre à vos obligeantes lettres, puisque, de l'humeur dont je vous vois, vous ne laisseriez pas de les trouver bonnes; mais la vérité est que mes tournoiements de tête continuent toujours; que je ne puis plus monter ni descendre que soutenu par un valet; que ma mémoire finit, que mon esprit m'abandonne; et qu'enfin j'ai quatre-vingts ans à soixante-onze. Cependant je vous supplie de croire que j'ai toujours pour vous la même estime, et que je reçois toujours vos lettres avec grand plaisir.

Je ne saurais assez vous admirer, vous et vos confrères académiciens, de la liberté d'esprit que vous conservez au milieu des malheurs publics; et je suis ravi que vous vous appliquiez plutôt à parler *des funérailles des anciens*, qu'à faire les funérailles de la félicité publique, morte en France depuis plus de quatre ans. Cela s'appelle être philosophe, et marcher sur les pas d'Archimède, qu'on trouva faisant une démonstration géométrique dans le temps qu'on prenait d'assaut la ville de Syracuse, où il était enfermé. Nous nous sentons à Paris de la famine[1], aussi bien que vous, et il n'y a point de jour de marché où la cherté du pain n'y excite quelque sé-

dition; mais on peut dire qu'il n'y a pas moins de philosophie que chez vous, puisqu'il n'y a point de semaine où l'on ne joue trois fois l'opéra, avec une fort grande abondance de monde, et que jamais il n'y eut tant de plaisirs, de promenades et de divertissements.

Mais laissons là la joie et la misère publique, et venons aux questions que vous me faites dans votre dernière lettre.... Pour ce qui est du livre *de Meteoris orationis*, je vous dirai que je l'ai reçu et presque lu tout entier. Il est assez bien écrit. Ce que j'y ai trouvé à redire, c'est qu'il représente *Meteora orationis* comme un terme reçu chez les rhéteurs, pour dire *les excès du discours*; et cependant ce n'est qu'une figure, à mon avis, hasardée par Longin, pour exprimer *le style guindé*. Aussi ne l'ai-je pas rendu par un mot exprès; mais je me suis contenté de dire du rhéteur que Longin accuse: « ne s'élève pas proprement; mais il se guinde si « haut, qu'on le perd de vue. » Adieu, mon illustre monsieur; pardonnez mes ratures, et la précipitation avec laquelle je vous écris : et prenez-vous-en à l'obligation où je me trouve de ne me point fatiguer l'esprit, et de ne pas irriter mes tournoiements de tête. Du reste, soyez bien persuadé que je suis avec plus de passion que jamais....

Je vous conjure instamment de faire de nouveau mes recommandations à tous vos illustres magistrats, et de leur bien marquer le respect que j'ai pour eux.

### 157. — AU MÊME.

Paris, 21 mai 1709.

Vous m'avez fait un plaisir infini, monsieur, de me mander avec quelle ardeur M. Perrichon prend mes intérêts vis-à-vis messieurs du consulat. Je vois bien qu'il ne compte pas pour un médiocre avantage un peu de mérite qu'il croit voir en moi, et qu'il ne regarde pas comme indigne d'être aimé des honnêtes gens, l'ennemi déclaré des méchants auteurs. Je vous prie de le bien charger de remercîments de ma part, et de le bien assurer que si Dieu rallume encore en moi quelques étincelles de santé, je les emploierai à faire voir dans mes dernières poésies la reconnaissance que j'ai de toutes ses bontés, aussi bien que de celles de tous vos autres illustres magistrats, en qui je reconnais l'esprit de ces fameux ancêtres, devant qui pâlissait

*Lugdunensem rhetor dicturus ad aram*[1].

Mais à quoi je destine principalement ma poésie expirante, c'est à témoigner à toute la postérité les

---

[1] Le rigoureux hiver de 1709 causa une famine générale.

[1] JUVÉNAL, sat. I, v. 44.

obligations particulières que je vous ai. J'espère que l'envie de m'acquitter en cela de mon devoir me tiendra lieu d'un nouvel Apollon ; mais, en attendant, trouvez bon que je me repose, et que je ne vous en dise pas même davantage pour cette fois. Au surplus, croyez qu'on ne peut être plus sincèrement et plus fortement que je le suis, etc.

### 158. — BROSSETTE A BOILEAU.

Lyon, ce 24 juin 1709.

Je crois, monsieur, que vous ne faites pas mal d'accepter l'offre qui vous a été faite par M. Bronod, et d'attendre quelque temps pour recevoir l'entier payement de votre rente. Par ce moyen, vous êtes bien éloigné de l'inconvénient que vous aviez d'abord appréhendé, puisqu'au lieu d'être incertain si l'on vous payerait votre demi-année, vous voyez que la ville de Lyon, cette bonne mère, vous fait par avance le payement de l'année entière. C'est une distinction que vous méritez bien, vous, monsieur, qui êtes le plus illustre et le plus cher de tous ses nourrissons. Oserais-je m'applaudir d'avoir pu contribuer au succès d'une chose qui vous fait quelque plaisir ? Les occasions me manqueront souvent, elles me manqueront peut-être toujours ; mais le zèle et la bonne volonté ne me manqueront jamais. Les promesses flatteuses que vous me faites, pour marquer votre reconnaissance valent mieux cent fois que mes services les plus signalés.

Souviens-toi qu'en mon cœur tes écrits firent naître
L'ambitieux désir de voir et de connaître
L'arbitre, le censeur du Parnasse françois,
Le digne historien du plus grand de nos rois.
Je te vis, je t'aimai. Mon heureuse jeunesse,
Boileau, ne déplut point à ta sage vieillesse.
Tu souffris que j'allasse écouter tes leçons ;
Tu daignas m'enrichir de tes doctes moissons ;
Tu m'instruisis à fond de tes divins ouvrages,
Et tes écrits pour moi n'eurent plus de nuages.
Tu fis plus : secondant ma curieuse ardeur,
Tu commis à ma foi les secrets de ton cœur,
Souvent tu m'entretins de tes mœurs, de ta vie,
Des puissants ennemis que t'opposa l'envie,
Des honneurs éclatants où tu fus appelé,
Tes chagrins, tes plaisirs tout me fut révélé.
Mon esprit, enchanté de toutes ces merveilles,
Occupait tout entier mes avides oreilles ;
Et, dans les traits naïfs de ce vivant tableau,
Je vis à découvert l'âme du grand Boileau.
Mais, dans quelque haut rang que ta muse te mette,
Je vis l'homme d'honneur au-dessus du poëte.
O toi ! qui peux transmettre à la postérité
Des vers marqués au coin de l'immortalité ;
Toi qui, dans tes écrits chantés sur le Parnasse,
Es moins l'imitateur que le rival d'Horace ;
Toi dont le dieu des vers prend le ton et la voix
Pour régler son empire et dispenser ses lois,
Vois le comble de gloire où mon esprit aspire !
Quand tu dis qu'Apollon en ma faveur t'inspire,
Boileau, tu me promets un honneur éternel :
Le moindre de tes vers peut me rendre immortel.

Fais qu'un long avenir de mon nom s'entretienne ;
Qu'il connaisse ma gloire, en admirant la tienne ;
Et que ma renommée, emplissant l'univers,
Puisse aller aussi loin que le bruit de tes vers.

J'ai l'honneur d'être, monsieur, etc.

### 159.

### LE RÉVÉREND PÈRE LE TELLIER [1],

CONFESSEUR DU ROI,

AU PÈRE THOULIER [2],

JÉSUITE.

Mont-Louis, ce 12 août 1709.

Paix en J. C.

D'autres jésuites que vous, mon révérend père, m'ont dit aussi que M. Despréaux désavouait les vers que l'on fait courir sous son nom contre nous. Mais ces discours, tenus en particulier, n'empêchent point que le public ne continue à les lui attribuer ; et nos ennemis, qui répandent ces vers avec empressement, lui en font honneur dans le monde. Ce n'est point nous qu'il est besoin de tromper, soit parce que M. Despréaux n'a point d'intérêt de ménager les jésuites, soit qu'ils croient qu'une telle pièce est plus capable de lui faire tort qu'à eux dans l'esprit des honnêtes gens. C'est le public et le roi qu'il a intérêt de détromper ; et il sait bien les moyens de le faire quand il le voudra, s'il croit qu'il y aille de son honneur. S'il ne le faisait pas, il donnerait lieu à ceux qui ne l'aiment point de dire qu'il a bien voulu avoir auprès de nos ennemis le mérite d'avoir fait ces vers-là, sans avoir auprès de nous la témérité de les avoir faits. Je suis de tout mon cœur, mon cher père, votre, etc. en N. S.

Le TELLIER, J.

### 160. — LE PÈRE THOULIER A BOILEAU.

Le 15 août 1709.

Je vous ai promis, monsieur, de vous apprendre ce qui se passerait à l'occasion des vers qui courent à Paris sous votre nom. Ils ont été montrés au R. P. le Tellier ; et aussitôt que j'en ai été averti, je lui ai écrit que, non content de les désavouer, vous m'aviez fait paraître une estime très-sincère pour notre compagnie, et toute la vivacité imaginable

[1] Michel le Tellier, né auprès de Vire en 1643, mort en 1719 à la Flèche, où l'avait relégué le régent, fut un des premiers collaborateurs des *Mémoires de Trévoux*.
[2] Connu depuis sous le nom de l'abbé d'Olivet. Il était alors préfet au collège de Louis le Grand. C'est un des hommes qui ont rendu les plus grands services à la langue française.

contre l'imposteur qui a emprunté votre nom pour nous insulter.

Voici à quoi se réduit la réponse qu'il m'a faite, et dans les propres termes qu'il emploie : « Ce n'est « point nous, c'est le public et le roi même que « M. Despréaux a intérêt de détromper ; et il sait « bien les moyens de le faire quand il le voudra. Ses « discours, tenus en particulier, n'empêchent point « que le public ne continue à lui attribuer ces vers ; « et nos ennemis, qui les répandent avec empres-« sement, lui en font honneur dans le monde. »

J'ai cru, monsieur, vous devoir fidèlement rapporter ce qu'il y a d'essentiel dans cette lettre du P. le Tellier, pour vous marquer en même temps et mon zèle et ma sincérité. J'irai demain à Versailles pour une affaire qui ne m'y retiendra qu'une heure ou deux ; je lui répéterai plus au long ce que je lui ai écrit. Vous savez que les ignorants et nos ennemis ne sont pas en petit nombre : les uns croient que vous avez fait les vers dont il s'agit, et les autres voudraient le persuader. Jugeriez-vous à propos de faire sur ce sujet quelque lettre, ou quelque chose de semblable, qu'on pût rendre publique, si ces sortes de bruits continuent? Au reste, cet expédient vient de moi seul, et je vous le propose sans façon, parce que je m'imagine que la droiture de mon intention excuse la liberté que je prends. Qu'on vous attribue de mauvaises pièces, et que les jésuites soient attaqués et calomniés, en tout cela il n'y a rien de nouveau ; mais il est fâcheux, et pour vous et pour les jésuites, qu'on emploie hautement votre nom pour flétrir avec plus de succès un corps où votre mérite est si bien reconnu, et où vous avez toujours eu tant d'amis. Je fais gloire d'en augmenter le nombre, et je suis avec un parfait dévouement, monsieur, votre très-humble, etc.

THOULIER, J.

161.

RÉPONSE AU RÉVÉREND PÈRE THOULIER.

Paris, 13 août 1709.

Je vous avoue, mon très-révérend père, que je suis fort scandalisé qu'il me faille une attestation par écrit pour désabuser le public, et surtout d'aussi bons connaisseurs que les révérends pères jésuites, que j'aie fait un ouvrage aussi impertinent que la fade épître en vers dont vous me parlez. Je m'en vais pourtant vous donner cette attestation, puisque vous le voulez, dans ce billet, où je vous déclare qu'il ne s'est jamais rien fait de plus mauvais, ni de plus sottement injurieux que cette grossière boutade de quelque cuistre de l'université, et que, si je l'avais faite, je me mettrais moi-même au-dessous des Coras, des Pelletier et des Cotin. J'ajouterai à cette déclaration que je n'aurai jamais aucune estime pour ceux qui, ayant lu mes ouvrages, m'ont pu soupçonner d'avoir fait cette puérile pièce, fussent-ils jésuites. Je vous en dirais bien davantage si je n'étais pas malade, et si j'en avais la permission de mon médecin. Je vous donne le bonjour, et suis parfaitement, mon révérend père, votre, etc.

RÉPONSE GÉNÉRALE
AUX RÉVÉRENDS PÈRES JÉSUITES,
FAUSSEMENT ATTRIBUÉE A BOILEAU.

Grands et fameux auteurs, dont la docte critique
Se donne sur mes vers un pouvoir despotique,
Vous tremblez que, lassé de suivre Juvénal,
Je ne devienne enfin le singe de Pascal?
Non, sur un tel sujet, ne craignez rien, mes pères;
Mes veilles désormais me sont un peu trop chères,
Pour les perdre à montrer aux peuples abusés
Sous des peaux de brebis vos tigres déguisés :
Assez de votre estime on revient de soi-même.
Jadis à votre égard notre erreur fut extrême ;
Mais on n'ignore plus les discours effrontés
Qu'à Sanchez Belzébut en personne a dictés ;
Que Châtel, Ravaillac, gens dévoués aux crimes,
Avaient puisé chez vous ces damnables maximes :
« Qu'à qui veut simplement perdre ses ennemis,
« Tout, hormis la vengeance, est louable et permis. »
Mais pourquoi recourir aux histoires antiques?
Nos jours n'offrent-ils pas mille faits tyranniques?
Dans l'honneur, dans les biens des docteurs outragés;
Les Chinois dans l'erreur par vous seuls replongés ;
De Brest par vos fureurs l'église profanée ;
De prêtres une troupe éperdue, étonnée,
D'une plainte frivole attendant le succès,
Et déchue à la fin d'un trop juste procès,
Dans leurs pieux desseins des vierges traversées,
De leurs propres foyers comme infâmes chassées ;
Arnauld, toujours en butte à votre ardent courroux ;
Tout cela, sans mes vers, parle trop contre vous.
Sur un si beau sujet pour écrire avec grâce,
Ma muse n'a besoin de Pascal ni d'Horace;
Et, pour vous décrier chez la postérité,
Un auteur n'a besoin que de sincérité.
De la mienne déjà l'on commence à se plaindre ;
Mais vous la connaissez, et vous deviez la craindre,
Sans me forcer à rompre un silence obstiné
Où par discrétion je m'étais condamné.
Que de lâches auteurs craignent vos injustices :
A couvert de ma foi, je ris de vos caprices ;
Et sous ce boulevard, où j'ai su me placer,
Vos traits empoisonnés ne sauraient me percer.

Profitez, s'il se peut, d'un exemple fidèle;
Vous devez avoir su l'aventure d'Entelle[1].
Plus sages désormais, songez à *m'épargner :*
Ou sinon rira bien qui rira le *dernier.*

### 162. — A BROSSETTE.

Paris, 21 août 1709.

Deux jours après que j'eus reçu votre lettre du 24 juin, monsieur, je tombai malade d'une fluxion sur la poitrine et d'une fièvre continue assez violente, qui m'a tenu au lit tout le mois de juillet, et dont je ne suis relevé que depuis trois jours. Voilà ce qui m'a empêché de répondre à vos obligeantes lettres, et non point le peu de cas que j'aie fait de vos vers, qui m'ont paru très-beaux, et où je n'ai trouvé à redire que l'excès des louanges que vous m'y donnez. Dès que je serai un peu rétabli, je ne manquerai pas de vous faire une ample réponse et un très-exact remercîment; mais en attendant, je vous prie de vous contenter de ce mot de lettre, que je vous écris malgré l'expresse défense de mon médecin.... Je suis, avec une extrême reconnaissance,...

### 163. — AU MÊME.

Paris, 6 octobre 1709.

Il faut, monsieur, que vous n'ayez pas reçu une lettre que je me suis donné l'honneur de vous écrire, il y a environ deux mois, où je vous mandais que je sortais d'une très-longue et très-fâcheuse maladie, qui m'avait tenu au lit plus de trois semaines, et dont il m'était resté des incommodités qui me mettaient hors d'état de répondre à vos précédentes lettres. Depuis ce temps-là, j'en ai encore reçu deux de votre part qui ne marquent pas même que vous ayez su que je fusse indisposé. Ainsi je vois bien qu'il y a du malentendu dans notre commerce....
Ce qui me fâche le plus de cette méprise, c'est que dans ma lettre je vous parlais, comme je dois, des vers que vous avez faits en mon honneur, et sur lesquels vous devez être content, puisque je les ai trouvés fort obligeants et très-spirituels. La lettre dont je vous parle était fort courte, et vous trouverez bon que celle-ci le soit aussi, parce que je ne suis pas si bien guéri, qu'il ne me reste encore des pesanteurs et des tournoiements de tête, qui ne me permettent pas de faire des efforts d'esprit. O la triste chose que soixante-douze ans! A la première renaissance de santé qui me viendra, je ne manquerai pas pourtant de répondre à toutes vos curieuses questions, etc..... Je suis autant que jamais.

[1] *Énéide*, V, v. 392 et suiv.

### 164. — AU PÈRE THOULIER[1].

Paris, 13 décembre 1709.

Vous m'avez fait un très-grand plaisir de m'envoyer la lettre que j'ai écrite à M. Maucroix ; car, comme elle a été écrite fort à la hâte, et, comme on dit, *currente calamo,* il y a des négligences d'expression qu'il sera bon de corriger. Vous faites fort bien, au reste, de ne point insérer dans votre copie la fin de cette lettre, *parce que cela me pourrait faire des affaires avec l'Académie,* et qu'il est bon de ne point réveiller les anciennes querelles.

J'oubliais à [2] vous dire qu'il est vrai que mes libraires me pressent fort de donner une nouvelle édition de mes ouvrages; mais je n'y suis nullement disposé, évitant de faire parler de moi, et fuyant le bruit avec autant de soin que je l'ai cherché autrefois. Je vous en dirai davantage la première fois que j'aurai le bonheur de vous voir. Ce ne saurait être trop tôt. Faites-moi donc la grâce de me mander quand vous voulez que je vous envoie mon carrosse, il sera sans faute à la porte de votre collège à l'heure que vous me marquerez. Le droit du jeu pourtant serait que j'allasse moi-même vous dire tout cela chez vous ; mais, comme je ne saurais presque plus marcher qu'on ne me soutienne, et qu'il faut monter les degrés de votre escalier pour avoir le plaisir de vous entretenir, je crois que le meilleur est de vous voir chez moi. Adieu, mon très-révérend père ; croyez que je sens, comme je dois, les bontés que vous avez pour moi; et que je ne donne pas une petite place entre tant d'excellents hommes de votre société que j'ai eus pour amis, et qui m'ont fait l'honneur, comme vous, de m'aimer un peu, sans s'effrayer de l'estime très-bien fondée que j'avais pour M. Arnauld et pour quelques personnes de Port-Royal, ne m'étant jamais mêlé des querelles de la grâce.

### 165. — AU MÊME.

Paris, 4 avril 1710.

Il n'y a point, mon révérend père, à se plaindre du hasard. Peut-être a-t-il bien fait ; car j'avais répandu fort à la hâte sur le papier les corrections que je vous ai envoyées, et je suis persuadé que j'en aurais rétracté plusieurs dans les entretiens que je prétendais sur cela avoir avec vous. Ainsi, laissant toutes ces corrections, bonnes ou mauvaises, trouvez bon que je me contente de vous remercier de

[1] L'abbé d'Olivet.
[2] Malherbe n'a jamais parlé différemment ; et cette façon de parler s'est longtemps conservée dans le style familier.

votre agréable présent. Je ne manquerai pas de porter à M. le Verrier, chez qui je vais aujourd'hui dîner, le volume dont vous m'avez chargé pour lui. Il meurt d'envie de vous donner à dîner, et il faut que nous prenions jour pour cela. Adieu, mon illustre père. Aimez-moi toujours, et croyez que je ne perdrai jamais la mémoire du service considérable que vous m'avez rendu, en contribuant si bien à détromper les hommes de l'horrible affront qu'on voulait me faire, en m'attribuant le plus plat et le plus monstrueux libelle qui ait jamais été fait. Je vous embrasse de tout mon cœur, et suis très-parfaitement....

### 166. — A BROSSETTE.

Paris, 14 juin 1710.

Quelque coupable, monsieur, que je vous puisse paraître d'avoir été si longtemps sans répondre à vos fréquentes et obligeantes lettres, je n'aurais que trop de raisons à vous dire pour me disculper, si je voulais vous réciter le nombre infini d'infirmités et de maladies qui me sont venues accabler depuis quelque temps.

*Quorum si nomina quæras,*
*Promptiùs expediam quot amaverit Hippia mœchos*, etc.

Mais je me suis aperçu, dans une de vos lettres, que vous n'aimez point à entendre parler de maladies; et moi je sens bien, par l'abattement et par l'affliction où cela me jette, que je ne saurais parler d'autre chose; et pour vous montrer que cela est très-véritable, je vous dirai que je ne marche plus que soutenu par deux valets; qu'en me promenant, même dans ma chambre, je suis quelquefois au hasard de tomber, par des étourdissements qui me prennent; que je ne saurais m'appliquer le moins du monde à quelque chose d'important, qu'il ne me prenne un mal de cœur tirant à défaillance. Cependant je n'ai pas laissé de lire tout au long l'églogue que vous m'avez envoyée de votre excellent P. Bimet; je l'ai trouvée très-Virgilienne. Ainsi, quand je serais le personnage affreux qu'il s'est figuré de moi, vous pouvez l'assurer qu'il n'a rien à craindre de moi, qui ai toujours honoré les gens de mérite comme lui, et qui ai été et suis encore aujourd'hui ami de tant d'hommes illustres de sa société. En voilà assez, monsieur, et je sens déjà que le mal de cœur me veut reprendre. Permettez donc que je me hâte de vous dire que je suis, plus violemment que jamais, etc.

### 167. — L'ABBÉ BOILEAU AU MÊME.

..... Mars 1711.

Je ne suis nullement en état, monsieur, de faire une réponse aussi ample que je devrais à l'obligeante lettre qui vient de m'être rendue de votre part, du 24 de ce mois. L'affliction que j'ai dans le cœur de la perte que j'ai faite de mon frère, dont j'étais l'aîné de presque deux ans, ne me laisse pas la tête assez libre pour satisfaire, comme je voudrais, à ce devoir.

Permettez-moi donc, monsieur, de vous dire seulement que sa mort a été très-chrétienne, et qu'il a donné la plus grande partie de ses biens aux pauvres. Il est passé en l'autre vie à dix heures du soir, le 11 de ce mois, âgé de soixante-quatorze ans et quatre mois, étant né le premier de novembre 1636. Il avait été baptisé dans la Sainte-Chapelle royale du Palais, où il est enterré avec ses parents, dans le tombeau de notre famille; plusieurs desquels ont été chanoines et trésoriers de la Sainte-Chapelle.

Je vous écrirai davantage, quand Dieu voudra que je sois plus en état de vous entretenir que je ne suis présentement. Je ferai tout ce qui dépendra de moi pour vous donner satisfaction sur les papiers que vous me faites l'honneur de me marquer que vous désirez; je ne crois pas que rien m'échappe, la volonté de mon frère ayant été de me faire l'exécuteur de son testament. Je mettrai à part tout ce qui pourra vous convenir, comme lettres et autres ouvrages que j'aurai soin de vous envoyer. Trouvez bon, monsieur, qu'en son nom et au mien je vous embrasse de tout mon cœur, étant avec toute la reconnaissance que je dois, et l'attachement possible, etc.

FIN DES ŒUVRES DE BOILEAU.

# OEUVRES
POÉTIQUES
## DE J. B. ROUSSEAU.

### NOTICE
### SUR J. B. ROUSSEAU,
PAR AMAR.

J. B. Rousseau naquit à Paris le 16 avril 1670. Son père, qui jouissait, dans son humble profession [1], d'une aisance honnête et d'une grande réputation de probité, eut l'ambition, très-louable dans son principe, de faire de ses deux fils quelque chose de mieux que d'obscurs artisans; et l'événement ne trompa point son attente. L'un d'eux fut un de nos grands poëtes; et l'autre, un bon religieux, qui joignait de l'instruction et des lumières aux vertus de son état [2]. Mais Jean-Baptiste surtout ne tarda pas à justifier la prédilection paternelle par l'éclat de ses débuts, qui annonçaient aux Muses françaises un nouveau soutien, et au siècle de Louis XIV un digne héritier de sa gloire littéraire.

Ce grand siècle finissait : Molière, la Fontaine, Racine, n'étaient plus, et Boileau, chargé d'ans et d'infirmités, ne pouvait guère plus qu'animer encore *de la voix et des yeux* les jeunes athlètes qui se présentaient dans la carrière. Mais déjà ses hautes leçons commençaient à perdre de leur autorité sur les esprits : de nouvelles mœurs s'introduisaient, et, à leur suite, des idées nouvelles en littérature, comme dans tout le reste.

Cependant un homme se présentait pour défendre les vieilles traditions, combattre les doctrines nouvelles, et poser, en quelque sorte, la borne qui devait marquer, pour l'avenir, le passage du dix-septième au dix-huitième siècle. Cet homme fut J. B. ROUSSEAU, qui mérita ainsi l'honneur classique d'être immédiatement cité à la suite des écrivains qui ont porté le plus haut la gloire des lettres françaises. Nourri d'excellentes études, et formé à l'école de nos grands maîtres, ses premiers essais furent et devaient être la satire du goût de son siècle, et des écrivains de son temps; et ce sont eux qu'il serait peut-être juste d'accuser, en partie, de cet irrésistible penchant à la satire, qui causa les premiers malheurs de Rousseau, et devint, jusqu'à la fin de sa vie littéraire, le cachet distinctif de son talent. Si l'on ajoute à cette malheureuse tendance vers un genre si déplorable de célébrité, l'irascibilité de l'amour-propre et l'indomptable fierté du caractère, on s'expliquera facilement les imprudences réelles de Jean-Baptiste, et les calomnies dont elles fournirent le prétexte, mais jamais l'excuse, à ses nombreux ennemis.

On l'accusa d'abord de rougir lâchement d'une naissance qui n'avait de honteux que le préjugé qui la flétrissait. On alla jusqu'à imaginer une scène théâtrale, que l'on plaçait au foyer même de la Comédie, après l'une des représentations du *Flatteur*, et dans laquelle on représentait le respectable père de Rousseau publiquement méconnu, et repoussé des bras de son fils avec tous les signes du mépris. Voilà de la calomnie, sans doute, mais les plus zélés partisans de Rousseau, ceux qui l'ont défendu avec le plus de constance et de chaleur, ne peuvent s'empêcher de convenir qu'il avait, à cet égard, *un faible*, dont il n'a jamais pu se défendre complètement, et qu'il porta même, si l'on en croit ses ennemis, jusqu'à vouloir changer de nom [1]. Comprenait-il donc si peu la véritable gloire; et était-il si difficile de concilier à la fois ce qu'il devait à la nature, et aux convenances de la hiérarchie sociale, qui a posé des limites que l'on ne franchit jamais impunément? Le grand tort de Rousseau est de n'avoir point calculé la position douteuse où le plaçaient son éducation et ses talents, qui l'attiraient sans cesse vers les hautes classes de la société; et sa naissance, qui le faisait à chaque instant, et malgré lui, retomber vers les plus basses. Le plus sûr, en pareil cas, est de laisser faire au génie, et de rester tranquille où le destin nous a mis d'abord : c'est le parti que prend et que conseille la sagesse. Je sais qu'il est une sorte d'orgueil à se vanter de l'humilité de son origine, comme une vanité sotte à s'enorgueillir du hasard d'une naissance illustre : mais comme l'homme supérieur, tel que Rousseau, ne doit être ni assez sot pour se trouver humilié d'un hasard, ni assez vain pour se targuer d'un autre, il doit renoncer à cette existence équivoque; rester ce qu'il est, et se bien persuader qu'il perd

---

[1] Il était cordonnier.
[2] Il fut connu à Paris, sous le nom du PÈRE LÉON, par son talent pour la prédication.

[1] Rousseau prit, en effet, un moment le nom de *Richer* : mais ce fut lors de son voyage à Paris, en 1738; voyage où tout lui commandait le plus strict incognito. C'est ainsi que la calomnie dénature les faits, quand elle ne les invente pas.

en dignité réelle tout ce qu'il cherche à gagner en considération d'emprunt. Jamais homme ne l'a mieux su et ne l'a plus exemplairement pratiqué qu'Horace. Parvenu par son génie et ses qualités personnelles au plus haut point de faveur où puisse s'élever jamais un homme de lettres auprès des grands, avec quelle noble franchise il s'exprime[1] sur sa naissance, sur ses premières années! Quel éloge touchant de son excellent père, et des soins qu'il s'était donnés pour procurer à son fils une éducation qui lui valait alors l'amitié de Mécène, les bienfaits et la protection d'Auguste[2]! Quelle leçon pour Rousseau! La Motte, qui avait de toutes les sortes d'esprit, et possédait éminemment celui de se conduire dans le monde; la Motte, issu comme Rousseau d'un rang obscur[3], savait le faire oublier aux autres, en ne l'oubliant jamais lui-même. Il s'en ressouvenait surtout, en adressant à Rousseau ces belles stances sur *le Mérite personnel* :

> On ne se choisit point son père :
> Par un reproche populaire
> Le sage n'est point abattu :
> Oui, quoi que le vulgaire pense,
> Rousseau, la plus vile naissance
> Donne du lustre à la vertu.
>
> . . . . . . . . . . . . . . . . .
>
> Que j'aime à voir le sage Horace,
> Satisfait, content de sa race,
> Quoique du sang des affranchis!
> Mais je ne vois qu'avec colère
> Ce fils tremblant au nom d'un père,
> Qui n'a de tache que ce fils.

La fausse position où Rousseau s'était placé dans le monde devait avoir, et eut sur son caractère et sur ses ouvrages l'influence inévitable des circonstances. Pour peu que l'on se rappelle quel était alors en France l'état moral de la société, on concevra sans peine qu'un jeune poëte, ami des plaisirs, et avide de renommée, devait naturellement s'efforcer de plaire à ceux qui promettaient la fortune et donnaient le plaisir : amuser les uns de ses épigrammes licencieuses, et édifier les autres de ses odes sacrées. C'étaient souvent, d'ailleurs, les mêmes personnages : il n'y avait de changé que le masque du rôle et le lieu de la scène. Lors donc qu'on lui a reproché d'avoir été alternativement

> *Pétrone* à la ville,
> Et *David* à la cour,

on a fait la satire du temps, beaucoup plus que la critique du poëte. Il n'en est pas moins inexcusable, aux yeux de la saine morale, de s'être ainsi joué de son propre talent. Au reste, il en fut assez puni par les sarcasmes des uns quand il s'éloigna d'eux, et par le mépris des autres, lorsqu'il sembla revenir de bonne foi aux principes religieux. Il était trop tard; et l'on ne voulut pas croire à la conversion du poëte accusé de *la Moïsade*.[4]

Il n'est guère de jeunes poëtes que ne séduise l'amorce des succès dramatiques : Rousseau s'y laissa surprendre, et donna sa première pièce, *le Café*, en 1694. Il n'avait alors que vingt-trois ans : c'est l'âge de la témérité; mais elle ne fut point heureuse, quoiqu'elle ne hasardât ici qu'un petit acte en prose. La pièce n'eut aucun succès, et n'a jamais reparu au théâtre. Ce premier échec l'éloigna pour quelque temps de la scène française; et ce fut pendant cet intervalle qu'il donna à l'Opéra *Jason*, ou *la Toison d'or*; et l'année suivante, *Vénus et Adonis*. Une plaisanterie du prince de Conti sauva cette dernière pièce de l'affront de n'être pas même écoutée jusqu'à la fin[1]. *La Toison d'or* n'avait pas été plus heureuse; et Rousseau renonça à la scène lyrique, pour reparaître, en 1696, sur le Théâtre-Français, par la comédie du *Flatteur*, en cinq actes, et alors en prose. L'absence totale d'action et d'intrigue, la nullité des rôles secondaires, et le défaut d'unité dans le personnage principal, qui est tour à tour l'*Imposteur*, le *Tracassier* et même l'*Escroc*, tout ce qu'on veut enfin, excepté *le Flatteur* ; tant de vices réunis ne pouvaient garantir à cette pièce de bien brillantes destinées : son succès fort équivoque se réduisit à dix représentations, médiocrement suivies; et les reprises, nous disent les historiens du *Théâtre-Français*[2], « ont toujours été reçues *avec beaucoup d'indifférence* de la « part des spectateurs. » Moins heureux encore quatre ans après (en décembre 1700), *le Capricieux* acheva de convaincre le public, et devait convaincre d'abord Rousseau lui-même, que la carrière du théâtre n'était point celle où l'appelait son génie, et qu'il y tentait infructueusement des pas, qui jusqu'alors n'avaient été marqués que par des chutes. Mais ce n'est point ainsi que raisonne et calcule l'amour-propre; et il suffit de lire la préface de la pièce, pour voir que Rousseau était bien persuadé qu'il avait fait une bonne pièce, et que tout le tort se trouvait du côté de ceux qui l'avaient jugée mauvaise. Tout son ressentiment se tourna d'abord contre les habitués du café LAURENT[3]; et ces habitués étaient la Motte, Crébillon, Saurin, etc. c'est-à-dire tout ce que la littérature, les sciences et les arts offraient alors de plus recommandable. Rousseau y était plus craint que désiré, et il le savait. Il n'en fallut pas davantage pour voir, dans cette paisible réunion d'amis que rassemblaient des goûts communs, le foyer conspirateur d'où s'était élancé l'orage qui venait de fondre sur *le Capricieux*. Le succès éclatant de l'opéra d'*Hésione*, concurremment donné avec la comédie de Rousseau[4], venait encore aigrir avec amertume les fâcheux souvenirs de *Jason* et d'*Adonis*, si mal reçus dans leur temps. Telle fut la déplorable origine des torts et de tous les malheurs de Jean-Baptiste.

La musique de *Campra* avait mis à la mode quelques

---

[1] Liv. I, sat. vi.

[2] . . . . . Meis contentus, honestos
Fascibus, et sellis nolim mihi sumere.

[3] Il était fils d'un chapelier.

[4] Titon du Tillet l'attribue à un nommé *Lourdet*. (PARNASSE FRANÇAIS.)

---

[1] La cour voulait se retirer après le troisième acte : le prince la retint, en disant qu'il leur revenait, au cinquième, une hure de sanglier, *qui ne serait peut-être pas mauvaise*.

[2] Tome XIV, p. 32.

[3] Ainsi appelé du nom de la dame *Laurent*, qui tenait cet établissement rue Dauphine. C'est l'un des premiers de ce genre, ouverts à Paris.

[4] Le 21 décembre 1700.

couplets du prologue de ce même opéra d'*Hésione*; celui-ci, entre autres, était dans toutes les bouches :

> Que l'amant qui devient heureux
> En devienne encore plus fidèle ;
> Que toujours dans les mêmes nœuds
> Il trouve une douceur nouvelle ;
> Que les soupirs et les langueurs
> Puissent seuls fléchir les rigueurs
> De la beauté la plus sévère ;
> Que l'amant comblé de faveurs,
> Sache les goûter et les taire.

Il parut, sans doute, plaisant à Rousseau de tourner leurs propres armes contre les auteurs mêmes de l'opéra ; et il parodia de la manière suivante le couplet que l'on vient de lire :

> Que jamais de son chant glacé
> *Colasse* ne nous refroidisse [1];
> Que *Campra* soit bientôt chassé,
> Qu'il retourne à son bénéfice [2].

On ne voit encore là que le dépit chagrin d'un poëte humilié de ses revers, jaloux d'une gloire rivale, et qui s'en prend à la fois au musicien complice de sa chute, et à l'artiste plus heureux qu'un grand succès venait de signaler. Mais l'indignation commence, la plume tombe des mains, lorsqu'on lit ensuite :

> Que le bourreau, par son valet,
> Fasse un jour serrer le sifflet
> De Bérin et de sa séquelle ;
> Que Pécourt[3], qui fait le ballet,
> Ait le fouet au pied de l'échelle.

Cet infâme couplet, germe empoisonné de tous ceux qui le suivirent, circula bientôt répandu dans le café ; et l'imprudence de Rousseau, qui le récita lui-même à l'honnête *Duché*, ne laissa aucun doute sur l'auteur déjà présumé. *Boindin* se chargea de la réponse ; la voici :

> Tu le prends sur un ton nouveau ;
> Ta façon d'écrire est fort belle !
> Tu nous viens parler de bourreau,
> De valet, de fouet et d'échelle :
> La Grève est ton sacré vallon ;
> Maître André[4] te sert d'Apollon,
> Pour rimer avec tant de grâce ;
> Mais je crains qu'un jour Montfaucon
> Ne te tienne lieu de Parnasse.

On juge bien qu'une guerre commencée avec de pareilles armes, et sous de tels auspices, devait être une guerre d'extinction pour l'un des deux partis. Peu de jours s'é-coulèrent, et le café se vit inondé de nouveaux couplets, dans lesquels Saurin, la Motte, Boindin, et quelques autres, étaient personnellement outragés. Un cri général s'éleva, et ce cri accusait Rousseau, qui ne s'en défendit que par sa disparition subite du café ; et par quelques désaveux partiels, lorsque le hasard le mettait involontairement en présence de l'un ou l'autre des intéressés. Il n'est pas démontré, d'ailleurs, que ces premiers couplets fussent tous de lui ; mais il eût été difficile de ne pas le reconnaître, à la tournure vive et piquante, à la verve

---
[1] Il avait fait la musique de *Jason*.
[2] Campra était maître de chapelle de l'église de Paris.
[3] Il dansait dans les ballets d'*Hésione*.
[4] L'exécuteur des jugements criminels.

énergiquement satirique du plus grand nombre. Les choses cependant en restèrent là pour cette fois ; et je crois bien que c'est là aussi que se bornent les torts de Rousseau, dans cette scandaleuse et trop mémorable affaire. Mais la vengeance sommeillait, et n'attendait, pour agir avec éclat, qu'une nouvelle imprudence de Rousseau. Dix années s'étaient écoulées, lorsque le concours des circonstances sembla amener enfin, au commencement de 1710, l'occasion si impatiemment désirée.

La Motte briguait à l'Académie française la place restée vacante par la mort de Thomas Corneille : Rousseau, de son côté, se flattait de l'obtenir, et présentait en effet des titres littéraires bien plus solidement établis que ceux de son concurrent. Mais la douceur et l'amabilité de la Motte lui avaient fait de nombreux partisans ; et, toutes choses d'ailleurs égales, il est de l'intérêt des compagnies littéraires de n'admettre dans leur composition aucun élément de trouble et de discorde. Il ne fallut rien moins que le désir hautement manifesté de Louis XIV, pour faire recevoir Boileau, dont les satires sont des jeux d'enfants, comparées aux épigrammes et surtout aux couplets de Rousseau. Il s'agissait donc de l'exclure, à la fois, et de l'Académie, et de la pension que la mort prochaine de ce même Boileau devait bientôt laisser à la disposition de la cour. Il y avait donc là *double profit à faire* pour les ennemis de notre poëte : *leur bien premièrement ; et puis le mal d'autrui*. Je dis *leur bien*, car il était à peu près arrangé que la Motte et Saurin partageraient entre eux la pension de Despréaux : ainsi Rousseau se trouverait en même temps frustré, et des honneurs académiques, et de l'honorable salaire de ses travaux.

Le plus sûr moyen de faire réussir un plan aussi bien concerté, et probablement arrêté depuis longtemps, n'était pas seulement de réveiller le souvenir et l'impression des premiers *couplets*, mais d'en fabriquer de nouveaux, et de les charger de tant d'infamies, de tant d'imputations horribles, que la Grève et le fatal poteau pussent seuls faire justice de leur abominable auteur : c'est ce qui arriva. Mais par qui fut conçu cet infernal projet ? par qui fut ourdie cette trame ténébreuse ? C'est ici que s'épaissit de plus en plus l'obscurité qui enveloppe encore ce grand mystère d'iniquité. Simple historien, rapportons les faits.

Les 2 et 3 février, c'est-à-dire peu de jours avant l'élection définitive de la Motte [1], les *nouveaux couplets* furent colportés par des inconnus, tant au café Laurent que chez les particuliers les plus indignement outragés par le nouvel Arétin. C'étaient, en général, les mêmes personnes qui figuraient déjà dans les précédents, mais signalées ici par des traits plus cyniques encore que les premiers. On eut soin, pour susciter à Rousseau des ennemis plus puissants et plus dangereux que ne le sont communément les gens de lettres, d'attaquer dans leur honneur, et dans leurs relations domestiques, des hommes d'un nom et d'un rang distingués. Personnellement maltraité les gens de l'un d'entre eux, au sortir de l'Opéra, Rousseau porta plainte, et fut attaqué lui-même en calomnie. Il en résulta une première procédure, à la suite de laquelle l'accusé

---
[1] Il fut reçu et prononça son discours de réception le 10 février 1710.

obtint de la grand'chambre un arrêt de décharge, rendu sur les conclusions de M. de Lamoignon. Ce n'était point assez : publiquement diffamé, Rousseau voulait une réparation solennelle et juridique. Il fit tant, qu'il parvint à découvrir le colporteur des couplets, et à tirer de lui l'aveu de la personne qui lui avait remis le fatal paquet : c'était Saurin. Fort de cette découverte, et se croyant suffisamment éclairé par ce premier trait de lumière, il se porta l'accusateur de Saurin, qui eût infailliblement succombé dans l'attaque, si Rousseau, emporté trop loin par le ressentiment, et mal dirigé par son avocat, n'eût persisté à poursuivre comme auteur des couplets celui qu'il venait à peu près de convaincre seulement de les avoir distribués. C'est ainsi que son imprudence rendit à son adversaire son audace et ses forces ; et qu'accablé par le défaut de preuves, il succomba à son tour sous le poids de l'accusation trop légèrement intentée contre un autre. Un arrêt du parlement, rendu par contumace le 7 avril 1712, déclara J. B. Rousseau « atteint et convaincu d'avoir composé et distribué *des vers impurs, satiriques et diffamatoires*, et fait de *mauvaises pratiques* pour faire réussir l'accusation *calomnieuse* intentée contre Joseph Saurin, etc. ; *pour réparation de quoi*, ledit Rousseau *est banni à perpétuité du royaume*, etc.» Ce jugement fut attaché, le 7 mai suivant, à un poteau en place de Grève, par l'exécuteur des sentences criminelles.

Telle fut l'issue de cette déplorable et ténébreuse affaire, sur laquelle le temps n'a pas encore répandu et ne répandra probablement jamais une lumière satisfaisante [1]. Non, jamais on n'expliquera ce problème historique, jamais on ne connaîtra le véritable auteur de ces infamies ; mais il est consolant, au moins, de pouvoir en absoudre la mémoire d'un poëte célèbre, et d'un savant qui a fait honneur à la France, pour en rejeter le mépris et l'horreur « sur quelque méchant obscur, dit M. Auger [2], « quelque ami du scandale et du trouble, qui se sera fait « un affreux plaisir de lancer furtivement ce brandon de « discorde au milieu d'hommes déjà désunis, et aigris les « uns contre les autres ; et qui, caché dans l'ombre, les « aura vus avec une joie infernale s'accuser tour à tour du « crime commis par son bras. »

Rousseau, qui avait prévenu son arrêt dès 1711, en s'exilant volontairement de son pays, se retira d'abord en Suisse, où il reçut de l'ambassadeur français, le comte du Luc, l'accueil le plus distingué ; et l'honorable intimité qui s'établit dès lors entre l'illustre banni et son noble protecteur n'eut de terme que la mort du comte, en 1740. Le premier soin de Rousseau, en arrivant à Soleure, fut d'opposer une édition de ses ouvrages avoués aux recueils scandaleux que la malignité publiait sous son nom, et dans lesquels les convenances du goût n'étaient pas plus ménagées que le respect pour la religion et les mœurs. Cette édition de Soleure, qui ne se recommande d'ailleurs ni par la beauté du papier, ni par l'élégance typographique, a cela du moins de précieux, qu'on la peut considérer comme la limite posée par Rousseau lui-même entre sa vie passée et la carrière nouvelle que lui traçait la leçon du malheur ; entre les égarements de sa jeunesse et le retour sincère aux principes de l'ordre moral. Le comte du Luc ayant passé quelques années après (en 1715) de l'ambassade de Suisse à celle d'Autriche, Rousseau le suivit à Vienne. Il y trouva, dans le prince Eugène, le plus zélé, comme le plus illustre des protecteurs ; et ce prince, justement mécontent de la France à laquelle il avait été si fatal, mit peut-être quelque orgueil à honorer celui qu'elle flétrissait, à recueillir avec distinction le proscrit qu'elle rejetait de son sein.

La fatalité qui poursuivait Rousseau lui fit rencontrer à Vienne, dans le comte de Bonneval, un de ces génies inquiets et turbulents qui attirent et entraînent bientôt de gré ou de force tout ce qui leur approche, dans le tourbillon qui les emporte eux-mêmes. Une malheureuse querelle s'étant élevée entre le comte aventurier et un favori du prince, Rousseau prit, avec une chaleur au moins indiscrète, le parti de son ami contre son auguste bienfaiteur, et fut accusé, non sans quelque vraisemblance, de couplets injurieux contre une femme, alors aimée du prince Eugène. La disgrâce de Bonneval devait entraîner celle de Rousseau : mais toujours grand, toujours généreux, le prince se borna à éloigner de lui le poëte imprudent ; et il l'envoya à Bruxelles, avec l'espoir d'un emploi considérable ; espoir qui néanmoins ne s'est jamais réalisé.

Cependant Rousseau avait conservé en France des amis chauds et puissants, à la tête desquels on distinguait le baron de Breteuil. Ils agirent si efficacement en sa faveur, que des lettres de rappel lui furent expédiées en février 1716.

Mais ce n'était point une grâce, c'était une justice solennellement rendue, que demandait Rousseau : « J'aime « bien la France (écrivait-il au baron de Breteuil) ; mais « j'aime encore mieux mon honneur et la vérité. Quelque « destinée que l'avenir me prépare, je dirai comme Phi- « lippe de Comines : Dieu m'afflige, il a ses raisons ; mais je « préférerai toujours la condition d'être malheureux avec « courage, à celle d'être heureux avec infamie. — Je vous « conjure instamment... de supprimer les lettres que « vous avez obtenues, dont je rends mille respectueuses « grâces à ceux qui me les ont accordées, *mais dont je ne « suis pas homme à me servir.* » Tel est le langage ferme et noble à la fois de Rousseau avec des protecteurs puissants. Voici celui qu'il tenait, dans les mêmes circonstances, au plus dévoué, au plus généreux des amis. — « Il ne « s'agit point pour moi de retourner en France, mais de con- « fondre l'imposture qui m'a noirci, et de me mettre en « état de paraître devant les hommes, comme je paraîtrai

---

[1] Un mémoire manuscrit cité dans l'Éloge historique de la Motte (mis en tête de *l'Esprit de la Motte*, 1 vol. in-12. — Paris, 1767), rapporte l'anecdote suivante :
En 1746 ou 1747, mourut, dans le voisinage de Boindin, un homme dont le nom, dit l'auteur, m'est absolument échappé. Il avait été très-répandu dans le grand monde, et faisait agréablement des chansons et des vers de société. Feu M. le curé de Saint-Sulpice (Languet) l'assista lui-même à la mort ; et ce fut par le conseil de ce curé que, lorsqu'il fut administré, cet homme, en présence de personnes d'honneur, s'avoua *l'auteur des couplets* en question, et témoigna son repentir *de les avoir composés*.
[2] *Essai biographique et critique*, placé à la tête de la jolie édition in-32 des *Œuvres poétiques* de J. B. Rousseau, publiée par M. Lefèvre.

« un jour devant Dieu. Tout autre plan serait me désho-
« norer, et *je souffrirai plutôt la mort* que d'y acquies-
« cer. C'est ainsi que j'ai toujours parlé et pensé; et c'est
« ainsi que je penserai et parlerai toute ma vie [1]. Je ne sais
si je me trompe; mais il me semble qu'il faut être bien fort
de son innocence et de l'estime de ceux qui la connaissent,
pour parler avec cette assurance; et quand on songe que
ce langage a été celui de Rousseau pendant plus de trente
ans; que dans ces moments même où, prêt à comparaître
devant celui pour qui rien n'est caché, l'homme n'a plus
rien à dissimuler, Rousseau a protesté de son innocence
dans son testament, et en présence des saints mystères
de la religion, il ne faut plus voir en lui qu'un monstre
d'hypocrisie et de scélératesse, ou l'une des plus grandes
victimes de l'injustice des hommes. Il n'y a pas de milieu,
ou plutôt il ne reste aucun doute; et celui qui emporta dans
la tombe l'amitié, l'estime et les regrets des PP. Bougeant,
Brumoi, Tournemine, de Louis Racine, du sage Rollin,
et de Lefranc de Pompignan, ne fut ni un fourbe ni un hypocrite, ne fut point enfin l'auteur des derniers couplets.

Mais s'il est glorieux pour Rousseau que les honorables
noms qu'on vient de lire figurent dans la liste de ses défenseurs, il est extrêmement fâcheux, pour l'honneur des
lettres françaises, de trouver, pendant soixante ans, Voltaire à la tête de ses ennemis; et que le suffrage authentique,
mais plus obscur, des Racine et des Rollin ne balance que
faiblement les trop nombreux témoignages de la haine active, infatigable, que l'auteur de *la Henriade* avait vouée
à celui des Odes et des Cantates [2]. N'oublions pas cependant que se trouvant à Bruxelles peu de temps après la
mort de notre grand lyrique, et lorsque *Séguy* ouvrait une
souscription pour ses Œuvres, Voltaire s'empressa de souscrire *pour deux exemplaires*, et écrivit à l'éditeur une
lettre très-remarquable sous plus d'un rapport. Il y regarde comme *un malheur* d'avoir été au rang des ennemis
de Rousseau; il avoue même que cette inimitié *a beaucoup
pesé à son cœur*; mais ce qu'il a *appris de lui* à Bruxelles
a banni de ce cœur *tout ressentiment*, et n'a laissé ses yeux
*ouverts qu'à son mérite* [3].

Quinze ans après, et lorsqu'il publia *le Siècle de
Louis XIV*, ayant élevé quelques doutes sur le véritable
auteur des couplets, sans toutefois en accuser Saurin [4], le
fils de ce dernier s'en plaignit dans une lettre à Voltaire, qui
lui répondit, entre autres, ces paroles remarquables :
« Vous devez sentir *de quel poids* est le testament de mort
« du *malheureux* Rousseau! Il faut vous ouvrir mon cœur :
« je ne voudrais pas, moi, à ma mort, avoir à me repro-
« cher d'avoir accusé *un innocent*.... Je mourrais avec
« bien de l'amertume, si je m'étais joint, *malgré ma con-
« science*, aux cris *de la calomnie* [5], etc. »

[1] Lettre à M. Boutet, 30 mars 1716.
[2] Voyez tome V, p. 197 de notre édition complète, la lettre
du 22 mai 1736, dans laquelle Rousseau expose avec une rare
candeur l'origine de ses rapports avec Voltaire, et la cause de
la *longue inimitié* qui ne tarda pas à les diviser.
[3] Lettre à M. Séguy; *Bruxelles*, 29 septembre 1741.
[4] Voyez la liste des écrivains, article LA MOTTE.
[5] Cette lettre a été publiée, pour la première fois, en 1820,
dans le recueil de *Pièces inédites* de Voltaire; Paris, P. Didot
l'aîné.

Telle était donc la réputation de probité et d'honneur
dont jouissait Rousseau, que le bruit public force Voltaire
lui-même à cette espèce de rétractation, qui ne détruit
point, il est vrai, mais qui doit nécessairement affaiblir,
auprès des bons esprits, l'impression journellement renouvelée des atteintes portées à sa mémoire.

Pressé par ses amis, fatigué d'un séjour de plus de vingt
ans sous un ciel étranger, et dans un climat contraire à sa
santé, Rousseau sollicita, en 1738, ces mêmes lettres de
rappel qu'il avait d'abord si noblement refusées. Ses ennemis prévalurent, et les lettres ne furent point accordées.
Mais le désir, toujours si impérieux dans un cœur français, de revoir sa patrie, l'emporta sur toute autre considération; et il fit, à la fin de cette même année, le voyage
de Paris *incognito*. L'autorité, qui s'était montrée sourde
à ses réclamations, ferma les yeux sur cette violation de
l'arrêt qui le bannissait à *perpétuité* : elle ne rechercha point
Rousseau; mais il repartit peu de temps après, avec la
certitude désespérante qu'il avait revu la France et ses
amis pour la dernière fois. De retour à Bruxelles, il ne fit
plus que languir pendant les deux années qui suivirent ce
malheureux voyage, et il succomba enfin à ses infirmités
et à ses chagrins, le 17 mars 1741, à l'âge de soixante-
onze ans. Lefranc de Pompignan a consacré à sa mémoire
l'une des plus belles odes dont s'honore la poésie française;
et Piron, cette épitaphe si connue :

Ci-gît l'illustre et malheureux Rousseau.
Le Brabant fut sa tombe et Paris son berceau.
Voici l'abrégé de sa vie,
Qui fut trop longue de moitié :
Il fut trente ans digne d'envie,
Et trente ans digne de pitié.

Ce que le poëte dit ici de l'homme peut en quelque sorte
s'appliquer également à l'écrivain; et si la plus belle *moitié* de ses ouvrages n'a en effet que trop excité *l'envie*, on
peut dire aussi que les derniers font naître un sentiment
douloureux de *pitié* pour un grand talent tombé de si haut,
et devenu si différent de lui-même! Rien ne surpasse dans
notre langue la richesse et l'éclat des belles *Odes* de Rousseau; la grâce et l'élégance harmonieuse de ses *Cantates*,
genre nouveau, dont la création lui appartient, et dans
lequel il est resté sans rival, quoiqu'il ait eu des imitateurs. Aucun poëte, si l'on excepte Racine, n'a tourné l'*É-
pigramme* avec plus de finesse et d'esprit, et n'en a fait
sortir le trait satirique avec une plus piquante justesse :
celles même que la décence est en droit de lui reprocher
sont irréprochables aux yeux du goût.

Il n'en est pas ainsi des *Épîtres* et des *Allégories*, quoiqu'il ne soit pas impossible néanmoins d'y retrouver de
temps en temps les inspirations du poëte, et le talent même
de l'écrivain : mais ce ne sont plus que les pâles étincelles
d'un feu qui s'éteint, et qui perce difficilement une épaisse
fumée. Son *théâtre*, à l'exception du *Flatteur*, ne sou-
tiendrait pas l'examen de la critique. Il est même assez
remarquable que Rousseau, qui avait le génie si éminemment satirique, n'ait que si rarement trouvé le vers comique; et que le plus grand des lyriques modernes n'ait jamais rien entendu à la coupe ni au style d'un opéra. Pour
résumer enfin ce que nous venons de dire sur J. B. Rous-

seau, considéré dans sa personne et dans ses écrits, répétons avec le judicieux auteur de l'*Essai* déjà cité : « Pardonnons à ses fautes, en songeant à ses infortunes ; excusons ses mauvais écrits, en faveur des bons : ou plutôt ne voyons que sa gloire, n'envisageons que ses chefs-d'œuvre, et plaçons-le, sans balancer, parmi le petit nombre d'hommes nés pour l'illustration de leur pays, et pour les délices de la postérité. »

## PRÉFACE DE L'AUTEUR [1].

Loin de me piquer de ne devoir rien qu'à moi-même, j'ai toujours cru, avec Longin, que l'un des plus sûrs chemins pour arriver au sublime était l'imitation des écrivains illustres qui ont vécu avant nous, puisqu'en effet rien n'est si propre à nous élever l'âme, et à la remplir de cette chaleur qui produit les grandes choses, que l'admiration dont nous nous sentons saisis à la vue des ouvrages de ces grands hommes. C'est pourquoi, si je n'ai pas réussi dans les odes que j'ai tirées de David, je ne dois en accuser que la faiblesse de mon génie ; car je suis obligé d'avouer que si j'ai jamais senti ce que c'est qu'enthousiasme, ç'a été principalement en travaillant à ces mêmes cantiques, que je donne ici à la tête de mes ouvrages.

Je leur ai donné le titre d'*Odes sacrées*, à l'exemple de Racan : celui de traduction ne me paraissant pas convenir à une imitation aussi libre que la mienne, qui d'un autre côté ne s'écarte pas assez de son original, pour mériter le nom de paraphrase. Et d'ailleurs si on a de l'ode l'idée qu'on en doit avoir, et si on la considère non pas comme un assemblage de jolies pensées, rédigées par chapitres, mais comme le véritable champ du sublime et du pathétique, qui sont les deux grands ressorts de la poésie, il faut convenir que nul ouvrage ne mérite si bien le nom d'odes que les psaumes de David. Car où peut-on trouver ailleurs rien de plus divin, ni où l'inspiration se fasse mieux sentir ; rien, dis-je, de plus propre à enlever l'esprit et en même temps à remuer le cœur ? Quelle abondance d'images ! quelle variété de figures ! quelle hauteur d'expression ! quelle foule de grandes choses, dites, s'il se peut, d'une manière encore plus grande ! Ce n'est donc pas sans raison que tous les hommes ont admiré ces précieux restes de l'antiquité profane, où l'on entrevoit quelques traits de cette lumière et de cette majesté qui éclate dans les Cantiques sacrés ; et, quelques beaux raisonnements qu'on puisse étaler, on ne détruira pas cette admiration, tant qu'on n'aura à leur opposer que des amplifications de collége, jetées toutes pour ainsi dire dans le même moule, et où tout se ressemble, parce que tout y est dit du même ton et exprimé de la même manière : semblables à ces figures qui ont un nom particulier parmi les peintres, et qui n'étant touchées qu'avec une seule couleur ne peuvent jamais avoir une véritable beauté, parce que l'âme de la peinture leur manque : je veux dire le coloris.

Je me suis attaché sur toutes choses à éviter cette monotonie dans mes odes du second livre, que j'ai variées à l'exemple d'Horace, sur lequel j'ai tâché de me former, comme lui-même s'était formé sur les anciens lyriques. Ce second livre est suivi d'une autre espèce d'odes toutes nouvelles parmi nous, mais dont il serait aisé de trouver des exemples dans l'antiquité. Les Italiens les nomment *Cantate*, parce qu'elles sont particulièrement affectées au chant. Ils ont coutume de les partager en trois récits, coupés par autant d'airs de mouvement ; ce qui les oblige à diversifier les mesures de leurs strophes, dont les vers sont tantôt plus longs et tantôt plus courts, comme dans les chœurs des anciennes tragédies, et dans la plupart des odes de Pindare. J'avais entendu quelques-unes de ces *Cantate*, et cela me donna envie d'essayer si on ne pourrait point, à l'imitation des Grecs, réconcilier l'ode avec le chant. Mais comme je n'avais point d'autre modèle que les Italiens, à qui il arrive souvent, aussi bien qu'à nous autres Français, de sacrifier à la commodité des musiciens, je m'aperçus, après en avoir fait quelques-unes, que je perdais du côté des vers ce que je gagnais du côté de la musique ; et que je ne ferais rien qui vaille, tant que je me contenterais d'entasser des phrases poétiques, sans dessein ni sans liaison. C'est ce qui me fit venir la pensée de donner une forme à ces petits poëmes, en les renfermant dans une allégorie exacte, dont les récits fissent le corps, et les airs chantants, l'âme ou l'application. Je choisis parmi les fables anciennes celles que je crus les plus propres à mon dessein ; car toute histoire fabuleuse n'est pas propre à être allégoriée, et cette manière me réussit assez pour donner envie à plusieurs auteurs de travailler sur le même plan. De savoir si ce plan est le meilleur que j'eusse pu choisir, c'est ce qu'il ne me convient pas de décider, parce qu'en matière de nouveauté, rien n'est si trompeur qu'une première vogue, et qu'il n'y a jamais que le temps qui puisse apprécier leur mérite, et le réduire à sa juste valeur.

Quant à mes Épîtres, je les ai travaillées avec la même application que mes autres ouvrages, et j'y ai même donné d'autant plus de soin, qu'ayant à y parler de moi en plusieurs endroits, il fallait relever en quelque sorte la petitesse de la matière par les agréments de la diction. On pourra voir, par quelques-unes de ces pièces qui sont faites il y a plusieurs années, que ce n'est pas d'aujourd'hui que je suis en butte aux noirceurs de ces honnêtes messieurs dont je parle au commencement de cette préface, et que je sais, il y a longtemps, de quoi ils sont capables. Du reste, je me suis assujetti dans ces Épîtres, aussi bien que dans les Allégories et les Épigrammes qui suivent, à une mesure de vers qui avait été assez négligée pendant tout le siècle passé, et qui est pourtant la plus convenable de toutes, au style naïf et à la narration : ce qu'il me serait aisé de prouver, si je ne craignais d'ennuyer le lecteur par un détail d'observations dont il n'a que faire. Ce n'est pas que je prétende par là que toutes les grâces de ce style, dont Marot nous a laissé un si excellent modèle, soient uniquement renfermées dans la mesure de ses vers, et dans

---

[1] Cette Préface est un extrait de celle qui se trouve à la tête de l'édition des *Œuvres complètes* de J. B. ROUSSEAU ; *Paris, Lefèvre*, 1820 ; 5 vol. in-8°.

le langage de son temps. Ce serait rendre très-aisée une chose très-difficile. Mais il est certain qu'avec le génie qui ne s'acquiert point, cette espèce de mécanique, dont l'usage est facile à acquérir, contribue fort à l'élégance d'un ouvrage; et que c'est souvent la contrainte apparente de la mesure et de l'arrangement des rimes, qui donne au style cet air de liberté que n'ont point les vers les plus libres, et les plus faciles à faire.

Voilà ce que j'avais à dire en général sur les ouvrages qui composent cette édition. J'y ai ajouté à la fin quelques poésies de différents caractères, qui n'ont pu trouver leur place dans le rang des autres, et qui toutes ensemble font un recueil complet de tout ce que j'ai jamais fait de vers un peu supportables, pendant que je m'en suis mêlé. J'en excepte toujours ceux que j'ai dit, aussi bien qu'une petite allégorie qui a eu le sort des autres pièces que je n'ai point données, c'est-à-dire de courir le monde malgré moi; et toute différente de ce que je l'ai faite, il y a plus de quinze ans. Je l'avais intitulée *le Masque de Laverne*, qui est le seul titre qu'elle puisse avoir, et je proteste ici que celui qu'on a substitué à la place n'est point de mon invention, et n'a été imaginé que par les ennemis d'une personne avec qui j'étais brouillé en ce temps-là, et qui certainement ne ressemble en aucune façon au fantôme qui y est dépeint. C'est la seule raison qui m'empêche de la faire imprimer, quelque intérêt que je pusse avoir à la faire paraître comme elle est effectivement. Mais je croirais me faire tort, si je laissais échapper cette occasion de rendre justice au mérite d'un homme qui, depuis dix ans, m'a non-seulement donné toutes les marques d'une réconciliation parfaite, mais qui, dans un temps où la plupart de ceux qui se disaient mes amis on cru qu'il était du bon air de se liguer contre moi, s'est comporté à mon égard d'une manière si noble, si ferme et si généreuse, que je me sens obligé de le regarder toute ma vie, non pas simplement comme un très-galant homme, mais comme un des plus rares et des plus vertueux amis qu'il y ait au monde[1]. *Qui enim utraque in re, gravem, constantem, stabilem se in amicitia præstiterit, hunc ex maximo raro hominum genere judicare debemus, et pene divino*[2].

[1] Quoi qu'en dise ici Rousseau, cette allégorie du *Masque de Laverne*, et celle qu'il intitula *l'Opéra de Naples*, ayant été réimprimées, avec ou sans son consentement, dans les diverses éditions de ses OEuvres publiées, soit en France, soit ailleurs, depuis 1726, nous n'avons pas cru devoir les exclure de celle-ci.

[2] Cicéron, *de Amicitia*.

# ODES.

## LIVRE PREMIER.

### ODE I,

TIRÉE DU PSAUME XIV.

CARACTÈRE DE L'HOMME JUSTE.

Seigneur, dans ta Gloire adorable
Quel mortel est digne d'entrer [1] ?
Qui pourra, grand Dieu, pénétrer
Ce sanctuaire impénétrable,
Où tes saints inclinés, d'un œil respectueux,
Contemplent de ton front l'éclat majestueux ?

Ce sera celui qui du vice [2]
Évite le sentier impur ;
Qui marche d'un pas ferme et sûr
Dans le chemin de la justice ;
Attentif et fidèle à distinguer sa voix,
Intrépide et sévère à maintenir ses lois.

Ce sera celui dont la bouche
Rend hommage à la vérité,
Qui, sous un air d'humanité,
Ne cache point un cœur farouche [3] :
Et qui, par des discours faux et calomnieux,
Jamais à la vertu n'a fait baisser les yeux :

Celui devant qui le superbe,
Enflé d'une vaine splendeur,
Paraît plus bas, dans sa grandeur,
Que l'insecte caché sous l'herbe ;
Qui, bravant du méchant le faste couronné,
Honore la vertu du juste infortuné :

Celui, dis-je, dont les promesses
Sont un gage toujours certain :

Celui qui d'un infâme gain [1]
Ne sait point grossir ses richesses :
Celui qui, sur les dons du coupable puissant,
N'a jamais décidé du sort de l'innocent.

Qui marchera dans cette voie,
Comblé d'un éternel bonheur,
Un jour des élus du Seigneur
Partagera la sainte joie ;
Et les frémissements de l'Enfer irrité
Ne pourront faire obstacle à sa félicité.

### ODE II,

TIRÉE DU PSAUME XVIII.

MOUVEMENTS D'UNE AME QUI S'ÉLÈVE A LA CONNAISSANCE DE DIEU PAR LA CONTEMPLATION DE SES OUVRAGES.

Les cieux instruisent la terre
A révérer leur auteur :
Tout ce que leur globe enserre
Célèbre un Dieu créateur.
Quel plus sublime cantique
Que ce concert magnifique
De tous les célestes corps ?
Quelle grandeur infinie !
Quelle divine harmonie
Résulte de leurs accords !

De sa puissance immortelle
Tout parle, tout nous instruit ;
Le jour au jour la révèle,
La nuit l'annonce à la nuit [2].
Ce grand et superbe ouvrage
N'est point pour l'homme un langage
Obscur et mystérieux [3] :

---

[1] « *Domine quis habitabit in tabernaculo tuo ? aut quis requiescet in monte sancto tuo ?* » Ps. XIV.
[2] « *Qui ingreditur sine macula, et operatur justitiam.* » Ibid.
[3] « *Qui loquitur veritatem in corde suo... et opprobrium non accepit adversus proximos suos.* » Ibid.

[1] « *Qui pecuniam suam non dedit ad usuram, et munera super innocentem non accepit.* » Ps. XIV.
[2] « *Dies diei eructat verbum, et nox nocti indicat scientiam.* » Ps. XVIII.
Racine avait déjà dit avec une énergique précision :

Le jour annonce au jour sa gloire et sa puissance.

[3] « *Non sunt loquelæ neque sermones, quorum non audiantur voces eorum.* » Ps. XVIII.

Son admirable structure
Est la voix de la nature,
Qui se fait entendre aux yeux [1].

Dans une éclatante voûte
Il a placé, de ses mains,
Ce soleil qui dans sa route
Éclaire tous les humains.
Environné de lumière,
Cet astre ouvre sa carrière [2]
Comme un époux glorieux
Qui, dès l'aube matinale,
De sa couche nuptiale
Sort brillant et radieux [3].

L'univers, à sa présence,
Semble sortir du néant.
Il prend sa course, il s'avance
Comme un superbe géant.
Bientôt sa marche féconde
Embrasse le tour du monde
Dans le cercle qu'il décrit,
Et, par sa chaleur puissante,
La nature languissante
Se ranime et se nourrit.

O que tes œuvres sont belles,
Grand Dieu ! quels sont tes bienfaits !
Que ceux qui te sont fidèles
Sous ton joug trouvent d'attraits !
Ta crainte inspire la joie ;
Elle assure notre voie ;
Elle nous rend triomphants ;
Elle éclaire la jeunesse,
Et fait briller la sagesse
Dans les plus faibles enfants [4].

Soutiens ma foi chancelante,
Dieu puissant ; inspire-moi
Cette crainte vigilante
Qui fait pratiquer ta loi.
Loi sainte, loi désirable,
Ta richesse est préférable
A la richesse de l'or ;
Et ta douceur est pareille
Au miel dont la jeune abeille
Compose son cher trésor [1].

Mais, sans tes clartés sacrées [2],
Qui peut connaître, Seigneur,
Les faiblesses égarées
Dans les replis de son cœur ?
Prête-moi tes feux propices :
Viens m'aider à fuir les vices
Qui s'attachent à mes pas ;
Viens consumer par ta flamme
Ceux que je vois dans mon âme,
Et ceux que je n'y vois pas.

Si de leur triste esclavage
Tu viens dégager mes sens,
Si tu détruis leur ouvrage,
Mes jours seront innocents.
J'irai puiser sur ta trace
Dans les sources de ta grâce ;
Et, de ses eaux abreuvé,
Ma gloire fera connaître
Que le Dieu qui m'a fait naître
Est le Dieu qui m'a sauvé.

## ODE III,

TIRÉE DU PSAUME XLVIII.

SUR L'AVEUGLEMENT DES HOMMES DU SIÈCLE.

Qu'aux accents de ma voix la terre se réveille [3] !
Rois, soyez attentifs ; peuples, ouvrez l'oreille !
Que l'univers se taise, et m'écoute parler.
Mes chants vont seconder les accords de ma lyre :
L'esprit saint me pénètre, il m'échauffe ; il m'inspire [4]
Les grandes vérités que je vais révéler.

---

[1] Un ancien commentateur des Psaumes avait dit, en parlant de ce concert sublime de la nature entière généralement entendu d'un bout de l'univers à l'autre, *inscriptus est omnium oculis*. Peut-être est-ce là ce qui a donné à Rousseau l'idée heureuse, et si noblement hardie d'une *voix qui se fait entendre aux yeux*.

[2] *Cet astre ouvre sa carrière* est d'une dureté d'autant plus choquante qu'elle est à contre-sens de l'image que le poëte veut rendre. Peut-être préférerait-on la leçon de l'édition de Hollande :

Il entre dans sa carrière.

[3] « *Tanquam sponsus procedens de thalamo suo.* » Ps. XVIII.
[4] « *Sapientiam præstans parvulis.* » Ibid.

J. B. ROUSSEAU.

[1] « *Dulciora super mel et favum.* » Ps. XVIII.
[2] *Mais sans tes clartés sacrées*, etc. Il était difficile de rendre plus heureusement le sens et l'expression du texte : *Delicta quis intelligit ?* « Les surprises faites à l'ignorance par la « bonne foi. »
[3] « *Audite hæc, omnes gentes ; auribus percipite, omnes qui habitatis orbem.* » Ps. XLVIII.
Racine avait déjà dit, *Athalie*, acte III, sc. VII :

Cieux, écoutez ma voix ! terre, prête l'oreille !

Rien de plus imposant, de plus majestueux que ce début prophétique. — Horace débute comme Rousseau, dans les leçons qu'il donne à la jeunesse romaine :

. . . . *Carmina non prius*
*Audita Musarum sacerdos*
*Virginibus puerisque canto.*
Liv. III, ode I.

[4] *L'esprit saint me pénètre*, etc. Racine, à l'endroit cité :

Mais d'où vient que mon cœur frémit d'un saint effroi !
Est-ce l'esprit divin qui s'empare de moi !

L'homme en sa propre force a mis sa confiance ;
Ivre de ses grandeurs et de son opulence,
L'éclat de sa fortune enfle sa vanité.
Mais, ô moment terrible, ô jour épouvantable,
Où la mort saisira ce fortuné coupable,
Tout chargé des liens de son iniquité [1] !

Que deviendront alors, répondez, grands du monde,
Que deviendront ces biens où votre espoir se fonde,
Et dont vous étalez l'orgueilleuse moisson ?
Sujets, amis, parents, tout deviendra stérile ;
Et, dans ce jour fatal, l'homme à l'homme inutile
Ne payera point à Dieu le prix de sa rançon [2].

Vous avez vu tomber les plus illustres têtes ;
Et vous pourriez encore, insensés que vous êtes,
Ignorer le tribut que l'on doit à la mort !
Non, non, tout doit franchir ce terrible passage :
Le riche et l'indigent, l'imprudent et le sage,
Sujets à même loi, subissent même sort.

D'avides étrangers, transportés d'allégresse,
Engloutissent déjà toute cette richesse,
Ces terres, ces palais, de vos noms ennoblis.
Et que vous reste-t-il en ces moments suprêmes ?
Un sépulcre funèbre, où vos noms, où vous-mêmes
Dans l'éternelle nuit serez ensevelis [3].

Les hommes, éblouis de leurs honneurs frivoles,
Et de leurs vains flatteurs écoutant les paroles,
Ont de ces vérités perdu le souvenir :
Pareils aux animaux farouches et stupides,
Les lois de leur instinct sont leurs uniques guides ;
Et pour eux le présent paraît sans avenir.

Un précipice affreux devant eux se présente ;
Mais toujours leur raison, soumise et complaisante,
Au-devant de leurs yeux met un voile imposteur.
Sous leurs pas cependant s'ouvrent les noirs abîmes,
Où la cruelle mort, les prenant pour victimes,
Frappe ces vils troupeaux dont elle est le pasteur [4].

Là s'anéantiront ces titres magnifiques,
Ce pouvoir usurpé, ces ressorts politiques,
Dont le juste autrefois sentit le poids fatal :

C'est lui-même, il m'échauffe ; il parle ; mes yeux s'ouvrent,
Et les siècles obscurs devant moi se découvrent.

[1] *Tout chargé des liens de son iniquité.* Ce n'est pas seulement une très-belle image ; c'est une grande pensée morale, revêtue de tout ce que l'expression poétique a pu ajouter à son énergie.
[2] « *Fratrem redimens non redimet vir : nec dabit Deo propitiationem pro eo.* » Ps. XLVIII.
[3] « *Et sepulchra eorum domus illorum in æternum.* »
[4] Imitation sublime du Psalmiste : « *Sicut oves in inferno positi sunt : mors depascet eos.* » Ps. XLVIII.

Ce qui fit leur bonheur deviendra leur torture ;
Et Dieu, de sa justice apaisant le murmure,
Livrera ces méchants au pouvoir infernal.

Justes, ne craignez point le vain pouvoir des hommes;
Quelque élevés qu'ils soient, ils sont ce que nous sommes :
Si vous êtes mortels, ils le sont comme vous.
Nous avons beau vanter nos grandeurs passagères,
Il faut mêler sa cendre aux cendres de ses pères,
Et c'est le même Dieu qui nous jugera tous.

## ODE IV,

TIRÉE DU PSAUME LVII.

CONTRE LES HYPOCRITES.

Si la loi du Seigneur vous touche,
Si le mensonge vous fait peur,
Si la justice en votre cœur
Règne aussi bien qu'en votre bouche [1] ;
Parlez, fils des hommes : pourquoi
Faut-il qu'une haine farouche
Préside aux jugements que vous lancez sur moi ?

C'est vous de qui les mains impures
Trament le tissu détesté
Qui fait trébucher l'équité
Dans le piége des impostures ;
Lâches, aux cabales vendus,
Artisans de fourbes obscures,
Habiles seulement à noircir les vertus.

L'hypocrite, en fraudes fertile,
Dès l'enfance est pétri de fard :
Il sait colorer avec art
Le fiel que sa bouche distille ;
Et la morsure du serpent
Est moins aiguë et moins subtile
Que le venin caché que sa langue répand [2].

En vain le sage les conseille,
Ils sont inflexibles et sourds ;
Leur cœur s'assoupit aux discours
De l'équité qui les réveille :
Plus insensibles et plus froids
Que l'aspic, qui ferme l'oreille
Aux sons mélodieux d'une touchante voix [3].

[1] « *Si vere utique justitiam loquimini, recte judicite, filii hominum.* » Ps. LVII.
[2] « *Furor illis secundum similitudinem serpentis : sicut aspidis surdæ et obturantis aures suas.* » Ps. LVII.
[3] *Aux sons mélodieux*, etc. Ce n'est pas précisément le sens de l'original. Il s'agit du sage enchanteur, *incantantis sapienter*, dont la voix puissante sait charmer et adoucir la langue même de l'aspic.

Mais de ces langues diffamantes
Dieu saura venger l'innocent.
Je le verrai, ce Dieu puissant,
Foudroyer leurs têtes fumantes.
Il vaincra ces lions ardents,
Et dans leurs gueules écumantes
Il plongera sa main, et brisera leurs dents [1].

Ainsi que la vague rapide
D'un torrent qui roule à grand bruit
Se dissipe et s'évanouit
Dans le sein de la terre humide;
Ou comme l'airain enflammé
Fait fondre la cire fluide
Qui bouillonne à l'aspect du brasier allumé [2] :

Ainsi leurs grandeurs éclipsées
S'anéantiront à nos yeux;
Ainsi la justice des cieux
Confondra leurs lâches pensées.
Leurs dards deviendront impuissants,
Et de leurs pointes émoussées
Ne pénétreront plus le sein des innocents.

Avant que leurs tiges célèbres
Puissent pousser des rejetons,
Eux-mêmes, tristes avortons,
Seront cachés dans les ténèbres;
Et leur sort deviendra pareil
Au sort de ces oiseaux funèbres [3]
Qui n'osent soutenir les regards du soleil.

C'est alors que de leur disgrâce
Les justes riront à leur tour [4] :
C'est alors que viendra le jour
De punir leur superbe audace;
Et que, sans paraître inhumains,
Nous pourrons extirper leur race,
Et laver dans leur sang nos innocentes mains [5].

[1] « *Deus conteret dentes eorum in ore ipsorum.* »
[2] Cette dernière comparaison est littéralement traduite, et avec un rare bonheur, du texte sacré : *Sicut cera quæ fluit, auferentur*, etc.
[3] *Au sort de ces oiseaux funèbres,* etc. *Funèbre,* pour *sinistre, de mauvais augure* : c'est l'effet pour la cause; c'est, pour le signe, la chose signifiée.
[4] « *Lætabitur justus, quum viderit vindictam : manus suas lavabit in sanguine peccatoris.* Ps. LVII.
[5] *Et laver dans leur sang,* etc. Racine avait dit bien plus énergiquement encore, *Athalie,* acte IV, sc. III, en parlant de *ces fameux lévites,* qui,

De leurs plus chers parents *saintement homicides,*
Consacrèrent leurs mains dans le sang des perfides.

*Consacrer* est ici la pensée de la religion et le mot de la poésie.

Ceux qui verront cette vengeance
Pourront dire avec vérité
Que l'injustice et l'équité
Tour à tour ont leur récompense;
Et qu'il est un Dieu dans les cieux
Dont le bras soutient l'innocence,
Et confond des méchants l'orgueil ambitieux.

## ODE V,

### TIRÉE DU PSAUME LXXI.

IDÉE DE LA VÉRITABLE GRANDEUR DES ROIS [1].

O Dieu! qui, par un choix propice,
Daignâtes élire entre tous
Un homme qui fût parmi nous
L'oracle de votre justice,
Inspirez à ce jeune roi [2],
Avec l'amour de votre loi
Et l'horreur de la violence,
Cette clairvoyante équité
Qui de la fausse vraisemblance
Sait discerner la vérité.

Que par des jugements sévères
Sa voix assure l'innocent :
Que de son peuple gémissant
Sa main soulage les misères :
Que jamais le mensonge obscur
Des pas de l'homme libre et pur
N'ose à ses yeux souiller la trace;
Et que le vice fastueux
Ne soit point assis à la place
Du mérite humble et vertueux.

Ainsi du plus haut des montagnes [3]
La paix et tous les dons des cieux,
Comme un fleuve délicieux,
Viendront arroser nos campagnes.
Son règne à ses peuples chéris
Sera ce qu'aux champs défleuris
Est l'eau que le ciel leur envoie;
Et, tant que luira le soleil,
L'homme, plein d'une sainte joie,
Le bénira dès son réveil.

[1] Cette pièce, composée dans l'extrême jeunesse de Louis XV, époque où le talent de Rousseau était dans toute sa force, emprunte un nouvel intérêt de la circonstance et du rapprochement que l'on en peut faire avec le discours du grand prêtre Joad, dans *Athalie,* acte IV, sc. III; allusion qui, indépendamment du mérite de ce magnifique ouvrage, contribua si puissamment, en 1716, au succès d'un chef-d'œuvre jusqu'alors si peu apprécié.
[2] « *Deus judicium tuum regi da, et justitiam tuam filio regis : judicare populum tuum in justitia,* etc. » Ps. LXXI.
[3] « *Suscipiant montes pacem populo, et colles justitiam.* »

Son trône deviendra l'asile
De l'orphelin persécuté :
Son équitable austérité
Soutiendra le faible pupille.
Le pauvre, sous ce défenseur,
Ne craindra plus que l'oppresseur
Lui ravisse son héritage;
Et le champ qu'il aura semé
Ne deviendra plus le partage
De l'usurpateur affamé.

Ses dons, versés avec justice,
Du pâle calomniateur
Ni du servile adulateur
Ne nourriront point l'avarice [1];
Pour eux son front sera glacé.
Le zèle désintéressé,
Seul digne de sa confidence,
Fera renaître pour jamais
Les délices et l'abondance,
Inséparables de la paix [2].

Alors sa juste renommée,
Répandue au delà des mers,
Jusqu'aux deux bouts de l'univers
Avec éclat sera semée :
Ses ennemis humiliés
Mettront leur orgueil à ses pieds [3];
Et, des plus éloignés rivages,
Les rois, frappés de sa grandeur,
Viendront par de riches hommages
Briguer sa puissante faveur.

Ils diront : Voilà le modèle
Que doivent suivre tous les rois;
C'est de la sainteté des lois
Le protecteur le plus fidèle.
L'ambitieux immodéré,
Et des eaux du siècle enivré [4],
N'ose paraître en sa présence :
Mais l'humble ressent son appui;
Et les larmes de l'innocence [5]
Sont précieuses devant lui.

[1] *Humiliabit calumniatorem.*
[2] *Orietur in diebus ejus justitia et abundantia pacis.*
[3] *Mettront leur orgueil à ses pieds.* C'est traduire bien heureusement ces mots du texte : *Inimici ejus terram lingent.* « Ses ennemis baiseront la poussière de ses pieds. »
[4] *Les eaux du siècle,* pour dire les attraits du luxe, la séduction des plaisirs du siècle, etc., sont une de ces expressions familières aux écrivains sacrés, et qu'il faut religieusement conserver en traitant ces sortes de sujets : Racine n'y manque jamais.
[5] Cette belle expression est empruntée de Racine, qui avait dit :

Et les larmes du juste, implorant son appui,
Sont précieuses devant lui.

De ses triomphantes années
Le temps respectera le cours;
Et d'un long ordre d'heureux jours
Ses vertus seront couronnées.
Ses vaisseaux, par les vents poussés,
Vogueront des climats glacés
Aux bords de l'ardente Libye :
La mer enrichira ses ports;
Et pour lui l'heureuse Arabie
Épuisera tous ses trésors [1].

Tel qu'on voit la tête chenue
D'un chêne, autrefois arbrisseau,
Égaler le plus haut rameau
Du cèdre caché dans la nue :
Tel, croissant toujours en grandeur,
Il égalera la splendeur
Du potentat le plus superbe;
Et ses redoutables sujets
Se multiplieront comme l'herbe [2]
Autour des humides marais.

Qu'il vive, et que dans leur mémoire
Les rois lui dressent des autels :
Que les cœurs de tous les mortels
Soient les monuments de sa gloire!
Et vous, ô maître des humains,
Qui de vos bienfaisantes mains
Formez les monarques célèbres,
Montrez-vous à tout l'univers,
Et daignez chasser les ténèbres
Dont nos faibles yeux sont couverts.

## ODE VI,

### TIRÉE DU PSAUME XC.

QUE RIEN NE PEUT TROUBLER LA TRANQUILLITÉ
DE CEUX QUI S'ASSURENT EN DIEU.

Celui qui mettra sa vie
Sous la garde du Très-Haut
Repoussera de l'envie
Le plus dangereux assaut [3].
Il dira : Dieu redoutable,
C'est dans ta force indomptable
Que mon espoir est remis :
Mes jours sont ta propre cause;

[1] *Reges Tharsis, et insulæ munera offerent: reges Arabum et Saba dona adducent.* Ps. LXXI.
[2] *Se multiplieront comme l'herbe,* etc. Littéralement traduit du Psalmiste : *Florebunt de civitate sicut fænum terræ.*
[3] *Qui habitat in adjutorio altissimi, in protectione cœli commorabitur.* Ps. XC.

Et c'est toi seul que j'oppose
A mes jaloux ennemis.

Pour moi, dans ce seul asile,
Par ses secours tout-puissants,
Je brave l'orgueil stérile
De mes rivaux frémissants:
En vain leur fureur m'assiége:
Sa justice rompt le piége [1]
De ces chasseurs obstinés;
Elle confond leur adresse,
Et garantit ma faiblesse
De leurs dards empoisonnés.

O toi, que ces cœurs féroces
Comblent de crainte et d'ennui,
Contre leurs complots atroces
Ne cherche point d'autre appui.
Que sa vérité propice
Soit contre leur artifice
Ton plus invincible mur [2] :
Que son aile tutélaire
Contre leur âpre colère
Soit ton rempart le plus sûr.

Ainsi, méprisant l'atteinte
De leurs traits les plus perçants,
Du froid poison de la crainte [3]
Tu verras tes jours exempts;
Soit que le jour sur la terre
Vienne éclairer de la guerre
Les implacables fureurs;
Ou soit que la nuit obscure
Répande dans la nature
Ses ténébreuses horreurs.

Mais que vois-je! quels abîmes
S'entr'ouvrent autour de moi!
Quel déluge de victimes [4]
S'offre à mes yeux pleins d'effroi!
Quelle épouvantable image
De morts, de sang, de carnage,
Frappe mes regards tremblants!
Et quels glaives invisibles
Percent de coups si terribles
Ces corps pâles et sanglants!

Mon cœur, sois en assurance;
Dieu se souvient de ta foi;
Les fléaux de sa vengeance
N'approcheront point de toi.
Le juste est invulnérable :
De son bonheur immuable
Les anges sont les garants;
Et toujours leurs mains propices
A travers les précipices
Conduisent ses pas errants [1].

Dans les routes ambiguës
Du bois le moins fréquenté,
Parmi les ronces aiguës,
Il chemine en liberté;
Nul obstacle ne l'arrête :
Ses pieds écrasent la tête
Du dragon et de l'aspic;
Il affronte avec courage
La dent du lion sauvage,
Et les yeux du basilic.

Si quelques vaines faiblesses
Troublent ses jours triomphants,
Il se souvient des promesses
Que Dieu fait à ses enfants.
A celui qui m'est fidèle,
Dit la Sagesse éternelle,
J'assurerai mes secours;
Je raffermirai sa voie,
Et dans des torrents de joie
Je ferai couler ses jours.

Dans ses fortunes diverses
Je viendrai toujours à lui;
Je serai dans ses traverses
Son inséparable appui :
Je le comblerai d'années [2]
Paisibles et fortunées;
Je bénirai ses desseins :
Il vivra dans ma mémoire,

---

[1] *Quoniam ipse liberavit me de laqueo venantium.* Ibid.
[2] *Scuto circumdabit te veritas ejus.*
[3] Le poëte-roi est bien plus riche, bien plus abondant ici que son imitateur, pour l'ordinaire si heureux : « *Non timebis a timore nocturno; a sagitta volante in die, a negotio perambulante in tenebris, ab incursu et dæmonio meridiano.* » Ps. XC.
[4] *Cadent a latere tuo mille, et decem millia a dextris tuis.* Ps. XC. Comparons avec cette strophe le morceau suivant de Racine : la meilleure manière de juger de la perfection du style est de comparer entre eux les maîtres dans cet art difficile.
   Quel carnage de toutes parts!
   On égorge à la fois les enfants; les vieillards,
       Et la sœur et le frère,
       Et la fille et la mère,
   Le fils dans les bras de son père.
   Que de corps entassés, que de membres épars
       Privés de sépulture!
   Grand Dieu, tes saints sont la pâture
   Des tigres et des léopards!
                    ESTHER, acte I, sc. v.

[1] *Quoniam angelis suis mandavit de te, ut custodiant te in omnibus viis tuis.* Ps. XC.
[2] *Je le comblerai d'années.* Cela est bien faible, en comparaison de l'original : *Longitudine dierum replebo eum.*

Et partagera la gloire
Que je réserve à mes saints.

## ODE VII,

TIRÉE DU PSAUME CXIX.

CONTRE LES CALOMNIATEURS.

Dans ces jours destinés aux larmes,
Où mes ennemis en fureur
Aiguisaient contre moi les armes
De l'imposture et de l'erreur,
Lorsqu'une coupable licence
Empoisonnait mon innocence,
Le Seigneur fut mon seul recours [1] ;
J'implorai sa toute-puissance,
Et sa main vint à mon secours.

O Dieu, qui punis les outrages
Que reçoit l'humble vérité,
Venge-toi! détruis les ouvrages
De ces lèvres d'iniquité ;
Et confonds cet homme parjure,
Dont la bouche non moins impure
Publie avec légèreté
Les mensonges que l'imposture
Invente avec malignité.

Quel rempart, quelle autre barrière
Pourra défendre l'innocent
Contre la fraude meurtrière
De l'impie adroit et puissant?
Sa langue aux feintes préparée [2]
Ressemble à la flèche acérée
Qui part et frappe en un moment :
C'est un feu léger dès l'entrée,
Que suit un long embrasement.

Hélas! dans quel climat sauvage
Ai-je si longtemps habité [3]!
Quel exil! quel affreux rivage!
Quels asiles d'impiété!
Cédar, où la fourbe et l'envie
Contre ma vertu poursuivie
Se déchaînèrent si longtemps,
A quels maux ont livré ma vie
Tes sacriléges habitants!

J'ignorais la trame invisible
De leurs pernicieux forfaits ;
Je vivais tranquille et paisible
Chez les ennemis de la paix [1] :
Et lorsque exempt d'inquiétude
Je faisais mon unique étude
De ce qui pouvait les flatter,
Leur détestable ingratitude
S'armait pour me persécuter.

## ODE VIII,

TIRÉE DU PSAUME CXLIII.

IMAGE DU BONHEUR TEMPOREL DES MÉCHANTS.

Béni soit le Dieu des armées
Qui donne la force à mon bras,
Et par qui mes mains sont formées
Dans l'art pénible des combats [2] !
De sa clémence inépuisable
Le secours prompt et favorable
A fini mes oppressions :
En lui j'ai trouvé mon asile ;
Et par lui d'un peuple indocile
J'ai dissipé les factions.

Qui suis-je, vile créature!
Qui suis-je, Seigneur! et pourquoi
Le souverain de la nature
S'abaisse-t-il jusques à moi?
L'homme, en sa course passagère [3],
N'est rien qu'une vapeur légère
Que le soleil fait dissiper :
Sa clarté n'est qu'une nuit sombre ;
Et ses jours passent comme une ombre,
Que l'œil suit et voit échapper.

Mais quoi! les périls qui m'obsèdent
Ne sont point encore passés!
De nouveaux ennemis succèdent
A mes ennemis terrassés!
Grand Dieu! c'est toi que je réclame :
Lève ton bras, lance ta flamme,
Abaisse la hauteur des cieux [4] ;

[1] *Domine, libera animam meam a labiis iniquis, a lingua dolosa.* Ps. CXIX.
[2] *Sagittæ potentis acutæ, cum carbonibus desolatoriis.* Ps. CXIX.
[3] *Heu! mihi, quia incolatus meus prolongatus est! habitavi cum habitantibus Cedar!* Ibid.

[1] *Cum his qui oderunt pacem eram pacificus.*
[2] *Qui docet manus meas ad prælium, et digitos meos ad bellum.* Ps. CXLIII.
[3] *Homo vanitati similis factus est! dies ejus sicut umbra prætereunt.* Ps. CXLIII.
[4] Cette image sublime des cieux qui *s'abaissent* est empruntée de ce même psaume : *Inclina cœlos tuos, et descende.* Racine s'en était emparé le premier :

Et vous, sous sa majesté sainte,
Cieux, abaissez-vous!

Et viens sur leur voûte enflammée,
D'une main de foudres armée [1],
Frapper ces monts audacieux.

Objet de mes humbles cantiques,
Seigneur, je t'adresse ma voix :
Toi dont les promesses antiques
Furent toujours l'espoir des rois;
Toi, de qui les secours propices
A travers tant de précipices
M'ont toujours garanti d'effroi;
Conserve aujourd'hui ton ouvrage,
Et daigne détourner l'orage
Qui s'apprête à fondre sur moi.

Arrête cet affreux déluge
Dont les flots vont me submerger :
Sois mon vengeur, sois mon refuge
Contre les fils de l'étranger :
Venge-toi d'un peuple infidèle
De qui la bouche criminelle
Ne s'ouvre qu'à l'impiété,
Et dont la main, vouée au crime [2],
Ne connaît rien de légitime
Que le meurtre et l'iniquité.

Ces hommes, qui n'ont point encore
Éprouvé la main du Seigneur,
Se flattent que Dieu les ignore,
Et s'enivrent de leur bonheur.
Leur postérité florissante [3],
Ainsi qu'une tige naissante,
Croît et s'élève sous leurs yeux :
Leurs filles couronnent leurs têtes [4]

De tout ce qu'en nos jours de fêtes
Nous portons de plus précieux.

De leurs grains les granges sont pleines.
Leurs celliers regorgent de fruits :
Leurs troupeaux, tout chargés de laines,
Sont incessamment reproduits :
Pour eux la fertile rosée,
Tombant sur la terre embrasée,
Rafraîchit son sein altéré;
Et pour eux le flambeau du monde
Nourrit d'une chaleur féconde
Le germe en ses flancs resserré.

Le calme règne dans leurs villes;
Nul bruit n'interrompt leur sommeil :
On ne voit point leurs toits fragiles
Ouverts aux rayons du soleil.
C'est ainsi qu'ils passent leur âge.
Heureux, disent-ils, le rivage
Où l'on jouit d'un tel bonheur!
Qu'ils restent dans leur rêverie :
Heureuse la seule patrie
Où l'on adore le Seigneur [1] !

## ODE IX,

### TIRÉE DU PSAUME CXLV.

**FAIBLESSE DES HOMMES, GRANDEUR DE DIEU.**

Mon âme, louez le Seigneur;
Rendez un légitime honneur
A l'objet éternel de vos justes louanges.
Oui, mon Dieu, je veux désormais
Partager la gloire des anges,
Et consacrer ma vie à chanter vos bienfaits.

Renonçons au stérile appui [2]
Des grands qu'on implore aujourd'hui;
Ne fondons point sur eux une espérance folle :
Leur pompe, indigne de nos vœux,
N'est qu'un simulacre frivole;
Et les solides biens ne dépendent pas d'eux.

Comme nous esclaves du sort,
Comme nous, jouets de la mort,
La terre engloutira leurs grandeurs insensées;
Et périront en même jour
Ces vastes et hautes pensées
Qu'adorent maintenant ceux qui leur font la cour.

---

[1] *D'une main de foudres armée*, etc. Qu'il y a loin de cette paraphrase à l'énergique concision, à l'image frappante du texte! *Tange montes, et fumigabunt.* « Touchez seulement les montagnes et elles s'embraseront. »

[2] *Dextera eorum, dextera iniquitatis.*

[3] Rien de plus riant, de plus gracieux, que les images employées dans l'original pour rendre ces mêmes idées. « *Quorum filii, sicut novellæ plantationes in juventute sua : filiæ eorum compositæ; circumornatæ ut similitudo templi.* » C'est le style oriental dans toute la naïveté de sa richesse.

[4] *Leurs filles couronnent leurs têtes*, etc. Les mêmes idées, puisées aux mêmes sources, mais encore plus heureusement exprimées, se retrouvent dans ce bel endroit de l'un des chœurs d'*Esther*. Il s'agit du bonheur passager de l'impie.

> Tous ses jours paraissent charmants,
>   L'or éclate en ses vêtements;
> Son orgueil est sans borne, ainsi que sa richesse :
> Jamais l'air n'est troublé de ses gémissements;
> Il s'endort, il s'éveille au bruit des instruments :
>   Son cœur nage dans la mollesse.
>   Pour comble de prospérité,
> Il espère revivre en sa postérité,
> Et d'enfants à sa table une riante troupe
> Semble boire avec lui la joie à pleine coupe.

---

[1] *Beatus populus, cujus Dominus Deus ejus!* Ps. CXLIII.
[2] *Nolite confidere in principibus; in filiis hominum, in quibus non est salus.* Ps. CXLV.

Dieu seul doit faire notre espoir ;
Dieu, de qui l'immortel pouvoir
Fit sortir du néant le ciel, la terre et l'onde ;
Et qui, tranquille au haut des airs,
Anima d'une voix féconde
Tous les êtres semés dans ce vaste univers.

Heureux qui du ciel occupé,
Et d'un faux éclat détrompé,
Met de bonne heure en lui toute son espérance !
Il protége la vérité,
Et saura prendre la défense
Du juste que l'impie aura persécuté.

C'est le Seigneur qui nous nourrit ;
C'est le Seigneur qui nous guérit :
Il prévient nos besoins ; il adoucit nos gênes ;
Il assure nos pas craintifs ;
Il délie, il brise nos chaînes ;
Et nos tyrans par lui deviennent nos captifs.

Il offre au timide étranger
Un bras prompt à le protéger :
Et l'orphelin en lui retrouve un second père :
De la veuve il devient l'époux ;
Et par un châtiment sévère
Il confond les pécheurs conjurés contre nous.

Les jours des rois sont dans sa main ;
Leur règne est un règne incertain,
Dont le doigt du Seigneur a marqué les limites :
Mais de son règne illimité
Les bornes ne seront prescrites
Ni par la fin des temps, ni par l'éternité.

## ODE X,

TIRÉE DU CANTIQUE D'ÉZÉCHIAS.

POUR UNE PERSONNE CONVALESCENTE.

J'ai vu mes tristes journées [1]
Décliner vers leur penchant ;
Au midi de mes années
Je touchais à mon couchant :
La mort déployant ses ailes,
Couvrait d'ombres éternelles
La clarté dont je jouis ;
Et, dans cette nuit funeste,
Je cherchais en vain le reste
De mes jours évanouis.

Grand Dieu ! votre main réclame
Les dons que j'en ai reçus ;
Elle vient couper la trame
Des jours qu'elle m'a tissus :
Mon dernier soleil se lève,
Et votre souffle m'enlève
De la terre des vivants,
Comme la feuille séchée,
Qui de sa tige arrachée,
Devient le jouet des vents.

Comme un lion plein de rage [1],
Le mal a brisé mes os ;
Le tombeau m'ouvre un passage
Dans ses lugubres cachots.
Victime faible et tremblante,
A cette image sanglante
Je soupire nuit et jour ;
Et, dans ma crainte mortelle,
Je suis comme l'hirondelle
Sous les griffes du vautour [2].

Ainsi, de cris et d'alarmes
Mon mal semblait se nourrir ;
Et mes yeux, noyés de larmes,
Étaient lassés de s'ouvrir.
Je disais à la nuit sombre :
O nuit, tu vas dans ton ombre
M'ensevelir pour toujours !
Je redisais à l'aurore :
Le jour que tu fais éclore
Est le dernier de mes jours !

Mon âme est dans les ténèbres,
Mes sens sont glacés d'effroi :
Écoutez mes cris funèbres,
Dieu juste : répondez-moi.
Mais enfin sa main propice
A comblé le précipice
Qui s'entr'ouvrait sous mes pas :
Son secours me fortifie,
Et me fait trouver la vie
Dans les horreurs du trépas.

Seigneur, il faut que la terre
Connaisse en moi vos bienfaits :
Vous ne m'avez fait la guerre
Que pour me donner la paix.
Heureux l'homme à qui la grâce
Départ ce don efficace,

---

[1] « *Ego dixi : In dimidio dierum meorum vado ad portas inferi.—Quæsivi residuum annorum meorum.* » Is. XXXVIII, 9, sqq.

[1] *Quasi leo sic contrivit ossa mea.* Is. XXXVIII.
[2] *Sicut pullus hirundinis, sic clamabo ; meditabor ut columba.* Is. XXXVIII.

Puisé dans ses saints trésors :
Et qui, rallumant sa flamme,
Trouve la santé de l'âme
Dans les souffrances du corps !
C'est pour sauver la mémoire
De vos immortels secours;

C'est pour vous, pour votre gloire,
Que vous prolongez nos jours.
Non, non, vos bontés sacrées
Ne seront point célébrées
Dans l'horreur des monuments [1] :
La mort, aveugle et muette,
Ne sera point l'interprète
De vos saints commandements.

Mais ceux qui de sa menace,
Comme moi, sont rachetés,
Annonceront à leur race
Vos célestes vérités.
J'irai, Seigneur, dans vos temples
Réchauffer par mes exemples
Les mortels les plus glacés,
Et, vous offrant mon hommage,
Leur montrer l'unique usage
Des jours que vous leur laissez.

## ODE XI,

### TIRÉE DU PSAUME XLIX.

SUR LES DISPOSITIONS QUE L'HOMME DOIT
APPORTER A LA PRIÈRE.

Le roi des cieux et de la terre
Descend au milieu des éclairs [2] :
Sa voix, comme un bruyant tonnerre,
S'est fait entendre dans les airs.
Dieux mortels, c'est vous qu'il appelle!
Il tient la balance éternelle
Qui doit peser tous les humains :
Dans ses yeux la flamme étincelle,
Et le glaive brille en ses mains.

Ministres de ses lois augustes,
Esprits divins qui le servez,
Assemblez la troupe des justes
Que les œuvres ont éprouvés ;
Et de ses serviteurs utiles
Séparez les âmes serviles

[1] *Quia non infernus confitebitur tibi, neque mors laudabit te.* Is. XXXVIII.
[2] *Ignis in conspectu ejus exardescet : et in circuitu ejus tempestas valida.* Ps. XLIX.

Dont le zèle, oisif en sa foi [1],
Par des holocaustes stériles
A cru satisfaire à la loi [2],

Allez, saintes Intelligences,
Exécuter ses volontés :
Tandis qu'à servir ses vengeances
Les cieux et la terre invités,
Par des prodiges innombrables
Apprendront à ces misérables
Que le jour fatal est venu,
Qui fera connaître aux coupables
Le juge qu'ils ont méconnu.

Écoutez ce juge sévère,
Hommes charnels, écoutez tous :
Quand je viendrai dans ma colère
Lancer mes jugements sur vous,
Vous m'alléguerez les victimes
Que sur mes autels légitimes
Chaque jour vous sacrifiez ;
Mais ne pensez pas que vos crimes
Par là puissent être expiés.

Que m'importent vos sacrifices,
Vos offrandes et vos troupeaux ?
Dieu boit-il le sang des génisses [3] ?
Mange-t-il la chair des taureaux ?
Ignorez-vous que son empire
Embrasse tout ce qui respire
Et sur la terre et dans les mers ;
Et que son souffle seul inspire
L'âme à tout ce vaste univers [4] ?

Offrez, à l'exemple des anges,
A ce Dieu votre unique appui,

[1] *Le zèle, oisif en sa foi.* C'est la pensée, si bien rendue par Racine, *Athalie*, acte I, sc. I :

La foi qui n'agit point, est-ce une foi sincère?

[2] *Non accipiam de domo tua vitulos, neque de gregibus tuis hircos.* Ps. XLIX.
[3] *Que m'importent vos sacrifices ?* Racine avait dit avec bien plus de noblesse encore, et en traduisant ce même verset du Psalmiste :

Quel fruit me revient-il de tous vos sacrifices?
Ai-je besoin du sang des *boucs* et des *génisses*?

Et par un effet de cet art qui n'a été donné qu'à lui et à Boileau, il a su ennoblir l'un des mots les plus ignobles de la langue et lui prêter même une certaine dignité.
[4] *Inspirer l'âme* est une heureuse hardiesse d'expression C'est celle même de Virgile, quand il nous peint Alecton inspirant à la reine Amate son âme infernale :

Vipeream inspirans animam...... Æn. VII, 381.

Et *l'âme de tout ce vaste univers* est encore à Virgile :

Mens agitat molem, et magno se corpore miscet. VI, 727.

Un sacrifice de louanges,
Le seul qui soit digne de lui.
Chantez, d'une voix ferme et sûre,
De cet auteur de la nature
Les bienfaits toujours renaissants :
Mais sachez qu'une main impure
Peut souiller le plus pur encens.

Il a dit à l'homme profane :
Oses-tu, pécheur criminel,
D'un Dieu dont la loi te condamne
Chanter le pouvoir éternel ;
Toi qui, courant à ta ruine,
Fus toujours sourd à ma doctrine,
Et, malgré mes secours puissants,
Rejetant toute discipline,
N'as pris conseil que de tes sens ?

Si tu voyais un adultère [1],
C'était lui que tu consultais :
Tu respirais le caractère
Du voleur que tu fréquentais.
Ta bouche abondait en malice ;
Et ton cœur, pétri d'artifice,
Contre ton frère encouragé,
S'applaudissait du précipice
Où ta fraude l'avait plongé.

Contre une impiété si noire
Mes foudres furent sans emploi ;
Et voilà ce qui t'a fait croire
Que ton Dieu pensait comme toi [2] :
Mais apprends, homme détestable,
Que ma justice formidable
Ne se laisse point prévenir,
Et n'en est pas moins redoutable,
Pour être tardive à punir.

Pensez-y donc, âmes grossières ;
Commencez par régler vos mœurs.
Moins de faste dans vos prières,
Plus d'innocence dans vos cœurs.
Sans une âme légitimée
Par la pratique confirmée
De mes préceptes immortels,
Votre encens n'est qu'une fumée
Qui déshonore mes autels.

[1] *Si videbas furem, currebas cum eo, et cum adulteris portionem tuam ponebas.* Ps. XLIX.
[2] *Existimasti, inique, quod ero tui similis : arguam te, et statuam contra faciem tuam. »* Ps. XLIX.

## ODE XII,

TIRÉE DU PSAUME LXXII.

INQUIÉTUDES DE L'AME SUR LES VOIES DE LA PROVIDENCE.

Que la simplicité d'une vertu paisible
Est sûre d'être heureuse en suivant le Seigneur !
Dessillez-vous, mes yeux ; console-toi, mon cœur :
Les voiles sont levés ; sa conduite est visible
  Sur le juste et sur le pécheur.

Pardonne, Dieu puissant, pardonne à ma faiblesse !
A l'aspect des méchants, confus, épouvanté [1],
Le trouble m'a saisi, mes pas ont hésité ;
Mon zèle m'a trahi, Seigneur, je le confesse,
  En voyant leur prospérité [2].

Cette mer d'abondance, où leur âme se noie,
Ne craint ni les écueils ni les vents rigoureux :
Ils ne partagent point nos fléaux douloureux ;
Ils marchent sur les fleurs, ils nagent dans la joie :
  Le sort n'ose changer pour eux.

Voilà donc d'où leur vient cette audace intrépide
Qui n'a jamais connu craintes ni repentirs !
Enveloppés d'orgueil, engraissés de plaisirs,
Enivrés de bonheur, ils ne prennent pour guide
  Que leurs plus insensés désirs.

Leur bouche ne vomit qu'injures, que blasphèmes,
Et leur cœur ne nourrit que pensers vicieux :
Ils affrontent la terre, ils attaquent les cieux [3],
Et n'élèvent leurs voix que pour vanter eux-mêmes
  Leurs forfaits les plus audacieux.

De là, je l'avoûrai, naissait ma défiance.
Si sur tous les mortels Dieu tient les yeux ouverts,
Comment, sans les punir, voit-il ces cœurs pervers ?
Et s'il ne les voit point, comment peut sa science
  Embrasser tout cet univers ?

Tandis qu'un peuple entier les suit et les adore,
Prêt à sacrifier ses jours mêmes aux leurs,
Accablé de mépris, consumé de douleurs,
Je n'ouvre plus mes yeux aux rayons de l'aurore
  Que pour faire place à mes pleurs.

[1] *A l'aspect des méchants, confus, épouvanté,* etc. C'est le début fameux des invectives de Claudien contre Rufin :
  *Sæpe mihi dubiam traxit sententia mentem,* etc.
[2] *Zelavi super iniquos, pacem peccatorum videns.* Ps. LXXII.
[3] *Posuerunt in cœlum os suum ; et lingua eorum transivit in terra.* Ps. LXXI.

Ah ! c'est donc vainement qu'à ces âmes parjures
J'ai toujours refusé l'encens que je te doi !
C'est donc en vain, Seigneur, que, m'attachant à toi,
Je n'ai jamais lavé mes mains simples et pures
    Qu'avec ceux qui suivent ta loi [1] !

C'était en ces discours que s'exhalait ma plainte :
Mais, ô coupable erreur ! ô transports indiscrets !
Quand je parlais ainsi, j'ignorais tes secrets ;
J'offensais tes élus ; et je portais atteinte
    A l'équité de tes décrets.

Je croyais pénétrer tes jugements augustes ;
Mais, grand Dieu, mes efforts ont toujours été vains,
Jusqu'à ce qu'éclairé du flambeau de tes saints,
J'ai reconnu la fin qu'à ces hommes injustes
    Réservent tes puissantes mains.

J'ai vu que leurs honneurs, leur gloire, leur richesse,
Ne sont que des filets tendus à leur orgueil [2] ;
Que le port n'est pour eux qu'un véritable écueil ;
Et que ces lits pompeux où s'endort leur mollesse
    Ne couvrent qu'un affreux cercueil.

Comment tant de grandeur s'est-elle évanouie ?
Qu'est devenu l'éclat de ce vaste appareil ?
Quoi ! leur clarté s'éteint aux clartés du soleil !
Dans un sommeil profond ils ont passé leur vie ;
    Et la mort a fait leur réveil !

Insensé que j'étais, de ne pas voir leur chute
Dans l'abus criminel de tes dons tout-puissants !
De ma faible raison j'écoutais les accents ;
Et ma raison n'était que l'instinct d'une brute,
    Qui ne juge que par les sens.

Cependant, ô mon Dieu ! soutenu de ta grâce,
Conduit par ta lumière, appuyé sur ton bras,
J'ai conservé ma foi dans ces rudes combats :
Mes pieds ont chancelé ; mais enfin de ta trace
    Je n'ai point écarté mes pas.

Puis-je assez exalter l'adorable clémence
Du Dieu qui m'a sauvé d'un si mortel danger !
Sa main contre moi-même a su me protéger ;
Et son divin amour m'offre un bonheur immense,
    Pour un mal faible et passager.

Que me reste-t-il donc à chérir sur la terre [3] ?
Et qu'ai-je à désirer au céleste séjour ?

La nuit qui me couvrait cède aux clartés du jour :
Mon esprit ni mes sens ne me font plus la guerre ;
    Tout est absorbé par l'amour.

Car enfin, je le vois, le bras de sa justice,
Quoique lent à fapper, se tient toujours levé
Sur ces hommes charnels dont l'esprit dépravé
Ose à de faux objets offrir le sacrifice
    D'un cœur pour lui seul réservé.

Laissons-les s'abîmer sous leurs propres ruines [1].
Ne plaçons qu'en Dieu seul nos vœux et notre espoir :
Faisons-nous de l'aimer un éternel devoir ;
Et publions partout les merveilles divines
    De son infaillible pouvoir.

## ODE XIII,

TIRÉE DU PSAUME XCIII.

QUE LA JUSTICE DIVINE EST PRÉSENTE A TOUTES NOS ACTIONS.

Paraissez, roi des rois ; venez, juge suprême,
    Faire éclater votre courroux
    Contre l'orgueil et le blasphème
    De l'impie armé contre vous.
Le Dieu de l'univers est le Dieu des vengeances ;
Le pouvoir et le droit de punir les offenses
    N'appartient qu'à ce Dieu jaloux.

Jusques à quand, Seigneur, souffrirez-vous l'ivresse [2]
    De ces superbes criminels,
    De qui la malice transgresse
    Vos ordres les plus solennels,
Et dont l'impiété barbare et tyrannique
Au crime ajoute encor le mépris ironique
    De vos préceptes éternels ?

Ils ont sur votre peuple exercé leur furie ;
    Ils n'ont pensé qu'à l'affliger :
    Ils ont semé dans leur patrie
    L'horreur, le trouble et le danger :
Ils ont de l'orphelin envahi l'héritage ;
Et leur main sanguinaire a déployé sa rage
    Sur la veuve et sur l'étranger.

Ne songeons, ont-ils dit, quelque prix qu'il en coûte,
    Qu'à nous ménager d'heureux jours :
    Du haut de la céleste voûte

---

[1]. *Ergo sine causa justificavi cor meum, et lavi inter innocentes manus meas.* Ps. LXXI.
[2] *Verumtamen propter dolos posuisti eis : dejecisti eos dum allevarentur.* Ibid.
[3] *Quid enim mihi est in cœlo ? et a te quid volui super terram ?* Ps. LXXII.

[1] *Quia ecce qui elongant se a te peribunt.* Ps. LXXII.
[2] Il y a plus de mouvement encore et de chaleur dans l'original : *Usquequo peccatores, Domine, usquequo peccatores gloriabuntur.* Ps. XCIII.

Dieu n'entendra pas nos discours :
Nos offenses par lui ne seront point punies ;
Il ne les verra point, et de nos tyrannies
    Il n'arrêtera pas le cours [1].

Quel charme vous séduit, quel démon vous conseille,
    Hommes imbéciles et fous?
    Celui qui forma votre oreille
    Sera sans oreilles pour vous !
Celui qui fit vos yeux ne verra point vos crimes [2] !
Et celui qui punit les rois les plus sublimes
    Pour vous seuls retiendra ses coups !

Il voit, n'en doutez plus, il entend toute chose ;
    Il lit jusqu'au fond de vos cœurs.
    L'artifice en vain se propose
    D'éluder ses arrêts vengeurs ;
Rien n'échappe aux regards de ce juge sévère :
Le repentir lui seul peut calmer sa colère,
    Et fléchir ses justes rigueurs.

Ouvrez, ouvrez les yeux, et laissez-vous conduire
    Aux divins rayons de sa foi.
    Heureux celui qu'il daigne instruire
    Dans la science de sa loi !
C'est l'asile du juste ; et la simple innocence
Y trouve son repos, tandis que la licence
    N'y trouve qu'un sujet d'effroi.

Qui me garantira des assauts de l'envie?
    Sa fureur n'a pu s'attendrir.
    Si vous n'aviez sauvé ma vie,
    Grand Dieu, j'étais près de périr [3].
Je vous ai dit : Seigneur, ma mort est infaillible,
Je succombe! Aussitôt votre bras invincible
    S'est armé pour me secourir.

Non, non, c'est vainement qu'une main sacrilége
    Contre moi décoche ses traits ;
    Votre trône n'est point un siége
    Souillé par d'injustes décrets :
Vous ne ressemblez point à ces rois implacables
Qui ne font exercer leurs lois impraticables
    Que pour accabler leurs sujets.

Toujours à vos élus l'envieuse malice
    Tendra ses filets captieux :
    Mais toujours votre loi propice

Confondra les audacieux.
Vous anéantirez ceux qui nous font la guerre ;
Et si l'impiété nous juge sur la terre,
    Vous la jugerez dans les cieux.

## ODE XIV,

TIRÉE DU PSAUME XCVI,

ET APPLIQUÉE AU JUGEMENT DERNIER [1].

MISÈRE DES RÉPROUVÉS, FÉLICITÉ DES ÉLUS.

    Peuples, élevez vos concerts,
Poussez des cris de joie et des chants de victoire ;
    Voici le roi de l'univers
Qui vient faire éclater son triomphe et sa gloire.

    La justice et la vérité
Servent de fondements à son trône terrible ;
    Une profonde obscurité
Au regard des humains le rend inaccessible [2].

    Les éclairs, les feux dévorants,
Font luire devant lui leur flamme étincelante ;
    Et ses ennemis expirants
Tombent de toutes parts sous sa foudre brûlante.

    Pleine d'horreur et de respect [3],
La terre a tressailli sur ses voûtes brisées :
    Les monts, fondus à son aspect,
S'écoulent dans le sein des ondes embrasées.

    De ses jugements redoutés
La trompette céleste a porté le message,
    Et dans les airs épouvantés
En ces terribles mots sa voix s'ouvre un passage :

---

[1] *Et dixerunt : Non videbit Dominus, nec intelleget Deus Jacob.* Ps. XCII.
[2] *Qui plantavit aurem non audiet? aut qui finxit oculum non considerat?* Ibid.
[3] *Nisi quia Dominus adjuvit me, paulo minus habitasset in inferno anima mea.* Ibid.

[1] Ce beau et grand sujet devait inspirer la lyre du poëte, comme il avait tenté le pinceau de plus d'un grand peintre. Il est fâcheux que le poids de la matière ait excédé les forces de la plupart de ceux qui s'en étaient chargés. Si l'on en excepte deux ou trois strophes, dont une entre autres est admirable, la pièce de Rousseau ne s'élève pas à la hauteur du sujet. Lefranc, qui a pris, dans ses *Cantiques* et dans ses *Prophéties*, un rang si distingué sur notre Parnasse sacré, est resté au-dessous de son talent dans l'*Hymne sur le Jugement dernier* ; et l'on n'a retenu de l'ode de *Gilbert* que trois vers, reconnus, il est vrai, et proclamés *admirables*, par la Harpe lui-même. Les voici :

L'Éternel a brisé son tonnerre inutile ;
Et d'ailes et de faux dépouillé désormais,
Sur les mondes détruits le Temps dort immobile.

[2] *Nubes et caligo in circuitu ejus ; justitia et judicium correctio sedis ejus.* Ps. XCVI.
[3] Voilà cette belle strophe dont j'ai parlé, et qui offre de plus le mérite de la difficulté vaincue. Le texte disait : *Montes sicut cera fluxerunt a facie Domini.* « A l'aspect du Seigneur, les montagnes se sont écoulées comme la cire ; » et le poëte, ayant déjà fort bien rendu cette comparaison dans l'ode IV, avait à lutter ici contre lui-même. Il était impossible de sortir plus glorieusement du combat.

Soyez à jamais confondus,
Adorateurs impurs de profanes idoles,
Vous qui, par des vœux défendus,
Invoquez de vos mains les ouvrages frivoles.

Ministres de mes volontés,
Anges, servez contre eux ma fureur vengeresse.
Vous, mortels que j'ai rachetés,
Redoublez, à ma voix, vos concerts d'allégresse.

C'est moi qui, du plus haut des cieux,
Du monde que j'ai fait règle les destinées :
C'est moi qui brise ses faux dieux,
Misérables jouets des vents et des années.

Par ma présence raffermis,
Méprisez du méchant la haine et l'artifice :
L'ennemi de vos ennemis
A détourné sur eux les traits de leur malice.

Conduits par mes vives clartés,
Vous n'avez écouté que mes lois adorables :
Jouissez des félicités
Qu'ont mérité pour vous mes bontés secourables.

Venez donc, venez en ce jour
Signaler de vos cœurs l'humble reconnaissance ;
Et, par un respect plein d'amour,
Sanctifiez en moi votre réjouissance.

## ODE XV,

### TIRÉE DU PSAUME CXXIX [1].

#### SENTIMENTS DE PÉNITENCE.

Pressé de l'ennui qui m'accable,
Jusqu'à ton trône redoutable
J'ai porté mes cris gémissants :
Seigneur, entends ma voix plaintive,
Et prête une oreille attentive
Au bruit de mes tristes accents.

Si dans le jour de tes vengeances
Tu considères mes offenses,

Grand Dieu, quel sera mon appui?
C'est à toi seul que je m'adresse ;
Et c'est en ta sainte promesse
Que mon cœur espère aujourd'hui.

Oui, je m'assure en ta clémence.
Si, toujours plein de ta puissance,
Mon zèle a soutenu ta loi,
Dieu juste, sois-moi favorable,
Et jette un regard secourable
Sur ce cœur qui se fie en toi.

Dès que paraîtra la lumière,
Jusqu'au temps où de sa carrière
La nuit recommence le cours,
Plein de l'espoir que tu demandes,
Je t'adresserai mes offrandes,
Et j'implorerai ton secours.

Heureux ! puisque de nos souffrances
Par l'objet de nos espérances
Nous devons être rachetés,
Et qu'il nous permet de prétendre
Qu'un jour sa bonté doit s'étendre
Sur toutes nos iniquités.

## ODE XVI,

### TIRÉE DU PSAUME LXXV,

#### ET APPLIQUÉE A LA DERNIÈRE GUERRE DES TURCS.

Le Seigneur est connu dans nos climats paisibles :
Il habite avec nous ; et ses secours visibles
Ont de son peuple heureux prévenu les souhaits.
Ce Dieu, de ses faveurs nous comblant à toute heure,
    A fait de sa demeure
    La demeure de paix.

Du haut de la montagne où sa grandeur réside,
Il a brisé la lance et l'épée homicide [1]
Sur qui l'impiété fondait son ferme appui.
Le sang des étrangers a fait fumer la terre ;
    Et le feu de la guerre
    S'est éteint devant lui.

Une affreuse clarté dans les airs répandue
A jeté la frayeur dans leur troupe éperdue :
Par l'effroi de la mort ils se sont dissipés ;
Et l'éclat foudroyant des lumières célestes
    A dispersé leurs restes
    Aux glaives échappés.

---

[1] Nous avons, sur le mérite de cette pièce, un témoignage qui ne saurait être suspect ; c'est celui de Rousseau lui-même. « Il faut que je sois bien hardi (écrit-il à Duché, 19 novembre 1696) pour vous faire part d'une *mauvaise imitation* que j'ai faite du *De profundis*. Je ne m'excuserai point sur la simplicité de ce psaume, peu susceptible des hardiesses de la poésie, ni sur le peu de temps qui me fut donné pour le faire, n'y ayant employé au plus qu'*une demi-heure :* j'aurai plus tôt fait de vous demander *indulgence plénière* pour ce petit ouvrage, que j'aurais pu mieux faire si on m'avait donné plus de temps. »

[1] *Ibi confregit potentias arcum, scutum, gladium et bellum.* Ps. LXXV.

Insensés, qui, remplis d'une vapeur légère,
Ne prenez pour conseil qu'une ombre mensongère
Qui vous peint des trésors chimériques et vains,
Le réveil suit de près vos trompeuses ivresses;
    Et toutes vos richesses
    S'écoulent de vos mains.

L'ambition guidait vos escadrons rapides;
Vous dévoriez déjà, dans vos courses avides,
Toutes les régions qu'éclaire le soleil :
Mais le Seigneur se lève; il parle, et sa menace
    Convertit votre audace
    En un morne sommeil [1].

O Dieu, que ton pouvoir est grand et redoutable [2]!
Qui pourra se cacher au trait inévitable
Dont tu poursuis l'impie au jour de ta fureur?
A punir les méchants ta colère fidèle
    Fait marcher devant elle
    La mort et la terreur.

Contre ces inhumains tes jugements augustes
S'élèvent pour sauver les humbles et les justes
Dont le cœur devant toi s'abaisse avec respect.
Ta justice paraît de feux étincelante;
    Et la terre tremblante
    S'arrête à son aspect.

Mais ceux pour qui ton bras opère ces miracles
N'en cueilleront le fruit qu'en suivant tes oracles,
En bénissant ton nom, en pratiquant ta loi.
Quel encens est plus pur qu'un si saint exercice!
    Quel autre sacrifice
    Serait digne de toi!

Ce sont là les présents, grand Dieu! que tu demandes.
Peuples, ce ne sont point vos pompeuses offrandes
Qui le peuvent payer de ses dons immortels :
C'est par une humble loi, c'est par un amour tendre,
    Que l'homme peut prétendre
    D'honorer ses autels.

Venez donc adorer le Dieu saint et terrible
Qui vous a délivrés par sa force invincible
Du joug que vous avez redouté tant de fois;
Qui d'un souffle détruit l'orgueilleuse licence,
    Relève l'innocence,
    Et terrasse les rois.

[1] *Dormierunt somnum suum, et nihil invenerunt omnes viri divitiarum in manibus suis.* Ps. LXXV.
[2] *Tu terribilis es, et quis resistet tibi?* Ibid.

## ODE XVII,

TIRÉE DU PSAUME XLV.

CONFIANCE DE L'HOMME JUSTE DANS LA PROTECTION DE DIEU.

Puisque notre Dieu favorable
Nous assure de son secours,
Il n'est plus de revers capable
De troubler la paix de nos jours :
Et si la nature fragile
Était à ses derniers moments,
Nous la verrions d'un œil tranquille
S'écrouler dans ses fondements [1].

Par les ravages du tonnerre
Nous verrions nos champs moissonnés,
Et des entrailles de la terre
Les plus hauts monts déracinés;
Nos yeux verraient leur masse aride,
Transportée au milieu des airs,
Tomber d'une chute rapide
Dans le vaste gouffre des mers.

Les remparts de la cité sainte
Nous sont un refuge assuré;
Dieu lui-même dans son enceinte
A marqué son séjour sacré;
Une onde pure et délectable [2]
Arrose avec légèreté
Le tabernacle redoutable
Où repose sa majesté.

Les nations à main armée
Couvraient nos fertiles sillons;
On a vu les champs d'Idumée
Inondés de leurs bataillons :
Le Seigneur parle, et l'infidèle
Tremble pour ses propres États;
Il flotte, il se trouble, il chancelle,
Et la terre fuit sous ses pas.

[1] *Et si la nature fragile,* etc. C'est l'imperturbable constance du sage si énergiquement caractérisée par Horace, liv. III, ode III.
    Si fractus illabatur orbis,
    Impavidum ferient ruinæ.

L'original sacré avait dit avec sa sublime et noble simplicité : *Non timebimus dum turbabitur terra, et transferentur montes in cor maris.* La strophe suivante est une riche paraphrase de cette dernière idée des *montagnes reportées au sein des mers.*

[2] *Fluminis impetus lætificat civitatem Dei : sanctificavit tabernaculum suum Altissimus.* Ps. XLV.

Venez, nations arrogantes,
Peuples vains, et voisins jaloux,
Voir les merveilles éclatantes
Que sa main opère pour nous[1].
Que pourront vos ligues formées
Contre le bonheur de nos jours,
Quand le bras du Dieu des armées
S'armera pour notre secours?

Par lui ces troupes infernales,
A qui nos champs furent ouverts,
Iront de leurs flammes fatales
Embraser un autre univers;
Sa foudre prompte à nous défendre
Des méchants et de leurs complots,
Mettra leurs boucliers en cendre,
Et brisera leurs javelots[2].

Arrête, peuple impie, arrête,
Je suis ton Dieu, ton souverain;
Mon bras est levé sur ta tête,
Les feux vengeurs sont dans ma main!
Vois le ciel, vois la terre et l'onde,
Remplis de mon immensité;
Et, dans tous les climats du monde,
Mon nom des peuples exalté.

Toi, pour qui l'ardente victoire
Marche d'un pas obéissant,
Seigneur, combats pour notre gloire,
Protége ton peuple innocent :
Et fais que notre humble patrie,
Jouissant d'un calme promis,
Confonde à jamais la furie
De nos superbes ennemis.

## CANTIQUE,

### TIRÉ DU PSAUME XLVII.

ACTIONS DE GRACES POUR LES BIENFAITS QU'ON A REÇUS DE DIEU.

La gloire du Seigneur, sa grandeur immortelle
De l'univers entier doit occuper le zèle :
Mais sur tous les humains qui vivent sous ses lois,
Le peuple de Sion doit signaler sa voix.

Sion, montagne auguste et sainte,
Formidable aux audacieux,
Sion, séjour délicieux,
C'est ton heureuse enceinte
Qui renferme le Dieu de la terre et des cieux[1].

O murs! ô séjour plein de gloire,
Mont sacré, notre unique espoir,
Où Dieu fait régner la victoire,
Et manifeste son pouvoir !

Cent rois, ligués entre eux pour nous livrer la guerre,
Étaient venus sur nous fondre de toutes parts.
Ils ont vu nos sacrés remparts :
Leur aspect foudroyant, tel qu'un affreux tonnerre,
Les a précipités au centre de la terre.

Le Seigneur dans leur camp a semé la terreur[2] :
Il parle, et nous voyons leurs trônes mis en poudre,
Leurs chefs aveuglés par l'erreur,
Leurs soldats consternés d'horreur,
Leurs vaisseaux submergés ou brisés par la foudre;
Monuments éternels de sa juste fureur.

Rien ne saurait troubler les lois inviolables
Qui fondent le bonheur de la sainte cité :
Seigneur, toi-même en as jeté
Les fondements inébranlables[3].
Au pied de tes autels humblement prosternés,
Nos vœux par ta clémence ont été couronnés.

Des lieux chéris où le jour prend naissance,
Jusqu'aux climats où finit sa splendeur,
Tout l'univers révère ta puissance,
Tous les mortels adorent ta grandeur.

Publions les bienfaits, célébrons la justice
Du souverain de l'univers :
Que le bruit de nos chants vole au delà des mers;
Qu'avec nous la terre s'unisse;
Que nos voix pénètrent les airs :
Élevons jusqu'à lui nos cœurs et nos concerts.

Vous, filles de Sion, florissante jeunesse,
Joignez-vous à nos chants sacrés;
Formez des pas et des sons d'allégresse
Autour de ces murs révérés.
Venez offrir des vœux pleins de tendresse
Au Seigneur que vous adorez.

Peuple, de qui l'appui sur sa bonté se fonde,

---

[1] *Venite, et videte opera Domini, quæ posuit prodigia super terram.* Ps. XLV.
[2] *Arcum conteret, et confringet arma; et scuta comburet igni.* Ibid.

[1] *Fundatur exultatione universæ terræ mons Sion, latera Aquilonis, civitas regis magni.* Ps. XLVII.
[2] *Ipsi videntes sic admirati sunt, conturbati sunt, commoti sunt : tremor apprehendit eos. — In spiritu vehementi conteres naves Tharsis.* Ibid.
[3] *Deus fundavit eam in æternum.* Ibid.

Allez dans tous les coins du monde
A son nom glorieux élever des autels ;
Les siècles à venir béniront votre zèle,
Et de ses bienfaits immortels
L'Éternel comblera votre race fidèle.

Marquons-lui notre amour par des vœux éclatants :
C'est notre Dieu, c'est notre père,
C'est le roi que Sion révère.
De son règne éternel les glorieux instants
Dureront au delà des siècles et des temps.

### ÉPODE,

TIRÉE PRINCIPALEMENT DES LIVRES DE SALOMON,
ET EN PARTIE DE QUELQUES AUTRES ENDROITS DE L'ÉCRITURE
ET DES PRIÈRES DE L'ÉGLISE.

#### PREMIÈRE PARTIE.

Vains mortels, que du monde endort la folle ivresse,
Écoutez, il est temps, la voix de la sagesse :
Heureux, et seul heureux qui s'attache au Seigneur !
Pour trouver le repos, le bonheur et la joie,
Il n'est qu'un seul chemin, c'est de suivre sa voie
Dans la simplicité du cœur.

Le temps fuit, dites-vous ; c'est lui qui nous convie
A saisir promptement les douceurs de la vie :
L'avenir est douteux, le présent est certain ;
Dans la rapidité d'une course bornée
Sommes-nous assez sûrs de notre destinée,
Pour la mettre au lendemain [1] ?

Notre esprit n'est qu'un souffle, une ombre passa-
Et le corps qu'il anime, une cendre légère   [gère ;
Dont la mort chaque jour prouve l'infirmité ;
Étouffés tôt ou tard dans ses bras invincibles,
Nous serons tous alors, cadavres insensibles,
Comme n'ayant jamais été.

Songeons donc à jouir de nos belles années :
Les roses d'aujourd'hui demain seront fanées [2],
Des biens de l'étranger cimentons nos plaisirs ;
Et du riche orphelin persécutant l'enfance,

[1] *Dans la rapidité d'une course bornée, etc.* Racine avait déjà imité ce passage dans un chœur d'*Athalie* :

> Rions, chantons, dit cette troupe impie ;
> De fleurs en fleurs, de plaisirs en plaisirs
> Promenons nos désirs.
> Sur l'avenir, insensé qui se fie !
> De nos ans passagers le nombre est incertain.
> Hâtons-nous aujourd'hui de jouir de la vie :
> Qui sait si nous serons demain ?

[2] Salomon avait dit non moins poétiquement : *Coronemus nos rosis, antequam marcescant.*

Contentons, aux dépens du vieillard sans défense,
Nos insatiables désirs.

Guéris de tout remords contraire à nos maximes
Nous ne connaîtrons plus ni d'excès ni de crimes ;
De tout scrupule vain nous bannirons l'effroi ;
Soutenus de puissance, assistés d'artifice,
Notre seul intérêt fera notre justice,
Et notre force, notre loi.

Assiégeons l'innocent ; qu'il tremble à notre appro-
Ses regards sont pour nous un éternel reproche ; [che.
De sa faiblesse même il se fait un appui ;
Il traite nos succès de fureur tyrannique :
Dieu, dit-il, est son père et son refuge unique ;
Il ne veut connaître que lui.

Voyons s'il est vraiment celui qu'il se dit être :
S'il est fils de ce Dieu, comme il veut le paraître,
Au secours de son fils ce Dieu doit accourir ;
Essayons-en l'effet, consommons notre ouvrage,
Et sachons quelles mains au bord de son naufrage
Pourront l'empêcher de périr.

Ce sont là les discours, ce sont là les pensées
De ces âmes de chair, victimes insensées
De l'ange séducteur qui leur donne la mort.   [ple,
Qu'ils combattent sous lui, qu'ils suivent son exem-
Et qu'à lui seul voués le zèle de son temple
Soit l'espoir de leur dernier sort !

#### DEUXIÈME PARTIE.

Cependant les âmes qu'excite
Le ciel à pratiquer sa loi,
Verront triompher le mérite
De leur constance et de leur foi :
Dans le sein d'un Dieu favorable,
Un bonheur à jamais durable
Sera le prix de leurs combats ;
Et de la mort inexorable
Le fer ensanglanté ne les touchera pas.

Dieu, comme l'or dans la fournaise,
Les éprouvera dans les ennuis ;
Mais leur patience l'apaise ;
Les jours viennent après les nuits :
Il a supputé les années
De ceux dont les mains acharnées
Nous ont si longtemps affligés ;
Il règle enfin nos destinées,
Et nos juges par lui sont eux-mêmes jugés.

Justes, qui fîtes ma conquête

Par vos larmes et vos travaux,
Il est temps, dit-il, que j'arrête
L'insolence de vos rivaux;
Parmi les célestes milices
Venez prendre part aux délices
De mes combattants épurés;
Tandis qu'aux éternels supplices,
Des soldats du démon les jours seront livrés.

Assez la superbe licence
Arma leur lâche impiété;
Assez j'ai vu votre innocence
En proie à leur férocité :
Vengeons notre propre querelle;
Couvrons cette troupe rebelle
D'horreur et de confusion;
Et que la gloire du fidèle
Consomme le malheur de la rébellion.

Et vous à qui ma voix divine
Dicte ses ordres absolus,
Anges, c'est vous que je destine
Au service de mes élus;
Allez, et dissipant la nue
Qui malgré leur foi reconnue,
Me dérobe à leurs yeux amis,
Faites-les jouir dans ma vue
Des biens illimités que je leur ai promis.

Voici, voici le jour propice
Où le Dieu pour qui j'ai souffert
Va me tirer du précipice
Que le démon m'avait ouvert.
De l'imposture et de l'envie,
Contre ma vertu poursuivie,
Les traits ne seront plus lancés :
Et les soins mortels de ma vie
De l'immortalité seront récompensés.

Loin de cette terre funeste
Transporté sur l'aile des vents,
La main d'un ministre céleste
M'ouvre la terre des vivants
Près des saints j'y prendrai ma place :
J'y ressentirai de la grâce
L'intarissable écoulement;
Et, voyant mon Dieu face à face,
L'éternité pour moi ne sera qu'un moment.

Qui m'affranchira de l'empire
Du monde où je suis enchaîné?
De la délivrance où j'aspire,
Quand viendra le jour fortuné?
Quand pourrai-je, rompant les charmes

Où ce triste vallon de larmes
De ma vie endort les instants,
Trouver la fin de mes alarmes,
Et le commencement du bonheur que j'attends?

Quand pourrai-je dire à l'impie :
Tremble, lâche, frémis d'effroi :
De ton Dieu la haine assoupie
Est prête à s'éveiller sur toi :
Dans ta criminelle carrière
Tu ne mis jamais de barrière
Entre sa crainte et tes fureurs;
Puisse mon heureuse prière
D'un châtiment trop dû t'épargner les horreurs!

Puisse en moi la ferveur extrême
D'une sainte compassion,
Des offenseurs du Dieu que j'aime
Opérer la conversion!
De ces vengeances redoutables
Puissent mes ardeurs véritables
Adoucir la sévère loi;
Et pour mes ennemis coupables
Obtenir le pardon que j'en obtins pour moi!

Seigneur, ta puissance invincible
N'a rien d'égal que ta bonté;
Le miracle le moins possible
N'est qu'un jeu de ta volonté :
Tu peux de ta lumière auguste
Éclairer les yeux de l'injuste,
Rendre saint un cœur dépravé;
En cèdre transformer l'arbuste,
Et faire un vase élu d'un vase réprouvé.

Grand Dieu, daigne sur ton esclave
Jeter un regard paternel :
Confonds le crime qui te brave,
Mais épargne le criminel;
Et s'il te faut un sacrifice,
Si de ta suprême justice
L'honneur doit être réparé,
Venge-toi seulement du vice
En le chassant des cœurs dont il s'est emparé.

C'est alors que de ma victoire
J'obtiendrai les fruits les plus doux,
En chantant avec eux la gloire
Du Dieu qui nous a sauvés tous.
Agréable et sainte harmonie!
Pour moi quelle joie infinie,
Quelle gloire, de voir un jour
Leur troupe avec moi réunie
Dans les mêmes concerts et dans le même amour!

Pendant qu'ils vivent sur la terre,
Prépare du moins leur fierté,
Par la crainte de ton tonnerre,
A ce bien pour eux souhaité;
Et les retirant des abîmes
Où dans des nœuds illégitimes
Languit leur courage abattu,
Fais que l'image de leurs crimes
Introduise en leurs cœurs celle de la vertu.

### TROISIÈME PARTIE.

Tel, après le long orage
Dont un fleuve débordé
A désolé le rivage
Par sa colère inondé,
L'effort des vagues profondes
Engloutissait dans les ondes
Bergers, cabanes, troupeaux;
Et, submergeant les campagnes,
Sur le sommet des montagnes
Faisait flotter les vaisseaux.

Mais la planète brillante
Qui perce tout de ses traits,
Dans la nature tremblante
A déjà remis la paix :
L'onde, en son lit écoulée,
A la terre consolée
Rend ses premières couleurs ;
Et d'une fraîcheur utile
Pénétrant son sein fertile,
En augmente les chaleurs.

Tel fera dans leurs pensées
Germer un amour constant,
De leurs offenses passées
Le souvenir pénitent.
Ils diront : Dieu des fidèles,
Dans nos ténèbres mortelles
Tu nous a fait voir le jour ;
Éternise dans nos âmes
Ces sacrés torrents de flammes,
Source du divin amour.

Ton souffle, qui sut produire
L'âme pour l'éternité,
Peut faire en elle reluire
Sa première pureté.
De rien tu créas le monde :
D'un mot de ta voix féconde[1]

Naquit ce vaste univers;
Tu parlas, il reçut l'être :
Parle; un instant verra naître
Cent autres mondes divers.

Tu donnes à la matière
L'âme et la légèreté;
Tu fais naître la lumière
Du sein de l'obscurité;
Sans toi, la puissance humaine
N'est qu'ignorance hautaine,
Trouble et frivole entretien :
En toi seul, cause des causes,
Seigneur, je vois toutes choses;
Hors de toi, je ne vois rien.

A quoi vous sert tant d'étude,
Qu'à nourrir le fol orgueil
Où votre béatitude
Trouva son premier écueil?
Grands hommes, sages célèbres,
Vos éclairs dans les ténèbres
Ne font que vous égarer :
Dieu seul connaît ses ouvrages;
L'homme, entouré de nuages,
N'est fait que pour l'honorer.

Curiosité funeste,
C'est ton attrait criminel
Qui du royaume céleste
Chassa le premier mortel.
Non content de son essence,
Et d'avoir en sa puissance
Tout ce qu'il pouvait avoir,
L'ingrat voulut, dieu lui-même,
Partager du Dieu suprême
La science et le pouvoir.

A ces hautes espérances
Du changement de son sort,
Succédèrent les souffrances,
L'aveuglement et la mort;
Et pour fermer tout asile
A son espoir indocile,
Bientôt l'ange dans les airs,
Sentinelle vigilante,
De l'épée étincelante
Fit reluire les éclairs.

---

[1] *D'un mot de ta voix féconde, etc.* Cette strophe en rappelle une sublime de Racine, dans son quatrième cantique :

    O Sagesse ! ta parole
    Fit éclore l'univers ;
    Posa sur un double pôle
    La terre au milieu des airs !
    Tu dis ; et les cieux parurent,
    Et tous les astres coururent
    Dans leur ordre se placer, etc.

Rousseau lui-même n'a rien de plus beau dans ses plus belles odes.

QUATRIÈME PARTIE.

Mais de cet homme, exclu de son premier partage,
La gloire est réservée à de plus hauts destins,
Quand son Sauveur viendra d'un nouvel héritage
    Lui frayer les chemins.

Dieu, pour lui s'unissant à la nature humaine
Et partageant sa chair et ses infirmités,
Se chargera pour lui du poids et de la peine
    De ses iniquités.

Ce Dieu médiateur, fils, image du père,
Le Verbe, descendu de son trône éternel,
Des flancs immaculés d'une mortelle mère
    Voudra naître mortel.

Pécheur, tu trouveras en lui ta délivrance;
Et sa main, te fermant les portes de l'enfer,
Te fera perdre alors de ta juste souffrance
    Le souvenir amer.

Ève règne à son tour, du dragon triomphante;
L'esclave de la mort produit son Rédempteur;
Et, fille du Très-Haut, la créature enfante
    Son propre Créateur.

O Vierge, qui du ciel assures la conquête,
Gage sacré des dons que sur terre il répand,
Tes pieds victorieux écraseront la tête
    De l'horrible serpent.

Les saints après ta mort t'ouvriront leurs demeures,
Nouvel astre du jour pour le ciel se levant;
Que dis-je, après ta mort? se peut-il que tu meures,
    Mère du Dieu vivant?

Non, tu ne mourras point; les régions sublimes
Vivante t'admettront dans ton auguste rang;
Et telle qu'au grand jour où, pour laver nos crimes,
    Ton fils versa son sang.

Dans ce séjour de gloire où les divines flammes
Font d'illustres élus de tous ses citoyens,
Daigne prier ce fils qu'il délivre nos âmes
    Des terrestres liens.

Obtiens de sa pitié, protectrice immortelle,
Qu'il renouvelle en nous les larmes, les sanglots
De ce roi pénitent dont la douleur fidèle
    S'exhalait en ces mots :

O monarque éternel, Seigneur, Dieu de nos pères,
Dieu des cieux, de la terre et de tout l'univers;
Vous dont la voix soumet à ses ordres sévères
    Et les vents et les mers!

Tout respecte, tout craint votre majesté sainte;
Vos lois règnent partout, rien n'ose les trahir :
Moi seul j'ai pu, Seigneur, résister à la crainte
    De vous désobéir.

J'ai péché : j'ai suivi la lueur vaine et sombre
Des charmes séduisants du monde et de la chair;
Et mes nombreux forfaits ont surpassé le nombre
    Des sables de la mer.

Mais enfin votre amour, à qui tout amour cède,
Surpasse encor l'excès des désordres humains :
Où le délit abonde, abonde le remède :
    Je l'attends de vos mains.

Quelle que soit, Seigneur, la chaîne déplorable
Où depuis si longtemps je languis arrêté,
Quel espoir ne doit inspirer au coupable
    Votre immense bonté?

Au bonheur de ses saints elle n'est point bornée :
Si vous êtes le Dieu de vos heureux amis,
Vous ne l'êtes pas moins de l'âme infortunée,
    Et des pécheurs soumis.

Vierge, flambeau du ciel, dont les démons farouches
Craignent la sainte flamme et les rayons vainqueurs,
De ces humbles accents fais retentir nos bouches,
    Grave-les dans nos cœurs;

Afin qu'aux légions à ton Dieu consacrées,
Nous puissions, réunis sous ton puissant appui,
Lui présenter un jour, victimes épurées,
    Des vœux dignes de lui.

FIN DES POÉSIES SACRÉES.

# LIVRE SECOND.

## ODE I.

SUR LA NAISSANCE DE MONSEIGNEUR

### LE DUC DE BRETAGNE[1].

Descends de la double colline [2],
Nymphe dont le fils amoureux [3]

---

[1] Louis, duc de Bretagne, fils du duc de Bourgogne : né en 1705, il mourut en 1712, vingt jours après son père, qui n'en avait survécu que six à la duchesse son épouse.
[2] *Descends de la double colline*, etc. C'est le début de la belle ode d'Horace, liv. III, ode IV :

Descende cœlo, etc.

[3] Orphée, fils d'Æagre et de Calliope. (Voyez les *Métamor-*

Du sombre époux de Proserpine
Sut fléchir le cœur rigoureux :
Viens servir l'ardeur qui m'inspire ;
Déesse, prête-moi ta lyre,
Ou celle de ce Grec vanté
Dont, par le superbe Alexandre,
Au milieu de Thèbes en cendre,
Le séjour fut seul respecté [1].

Quel dieu propice nous ramène
L'espoir que nous avions perdu?
Un fils de Thétis ou d'Alcmène
Par le ciel nous est-il rendu?
N'en doutons point : le ciel sensible
Veut réparer le coup terrible
Qui nous fit verser tant de pleurs.
Hâtez-vous, ô chaste Lucine!
Jamais plus illustre origine
Ne fut digne de nos faveurs.

Peuples, voici le premier gage
Des biens qui vous sont préparés :
Cet enfant est l'heureux présage
Du repos que vous désirez.
Les premiers instants de sa vie,
De la discorde et de l'envie
Verront éteindre le flambeau :
Il renversera leurs trophées ;
Et leurs couleuvres étouffées
Seront les jeux de son berceau [2].

Ainsi durant la nuit obscure,
De Vénus l'étoile nous luit ;
Favorable et brillant augure
De l'éclat du jour qui la suit :
Ainsi, dans le fort des tempêtes,
Nous voyons briller sur nos têtes
Ces feux amis des matelots [3],

Présages de la paix profonde
Que le dieu qui règne sur l'onde
Va rendre à l'empire des flots.

Quel monstre de carnage avide
S'est emparé de l'univers?
Quelle impitoyable Euménide
De ses feux infecte les airs?
Quel dieu souffle en tous lieux la guerre [1],
Et semble à dépeupler la terre
Exciter nos sanglantes mains?
Mégère, des enfers bannie,
Est-elle aujourd'hui le génie
Qui préside au sort des humains?

Arrête, furie implacable ;
Le ciel veut calmer ses rigueurs!
Les feux d'une haine coupable
N'ont que trop embrasé nos cœurs.
Aimable Paix, vierge sacrée,
Descends de la voûte azurée ;
Viens voir tes temples relevés,
Et ramène au sein de nos villes
Ces dieux bienfaisants et tranquilles
Que nos crimes ont soulevés.

Mais quel souffle divin m'enflamme?
D'où naît cette soudaine horreur?
Un dieu vient échauffer mon âme
D'une prophétique fureur.
Loin d'ici, profane vulgaire!
Apollon m'inspire et m'éclaire ;
C'est lui : je le vois, je le sens,
Mon cœur cède à sa violence :
Mortels, respectez sa présence,
Prêtez l'oreille à mes accents.

Les temps prédits par la Sibylle
A leur terme sont parvenus [2] :
Nous touchons au règne tranquille
Du vieux Saturne et de Janus :
Voici la saison désirée,
Où Thémis et sa sœur Astrée,

---

*phoses* d'Ovide, liv. X et XI ; et surtout l'admirable épisode qui termine le quatrième livre des *Géorgiques*.

[1] *Le séjour fut seul respecté.* L'inscription placée, par l'ordre même du vainqueur, sur la maison de Pindare, ne fait mention, il est vrai, que de l'asile du poète ( τὴν στέγην μὴ καίετε ) : mais plusieurs témoignages se réunissent pour affirmer qu'Alexandre épargna généreusement tout ce qui se trouvait encore à Thèbes de la postérité de Pindare.

[2] Déjanire rappelle ironiquement à Hercule, son infidèle époux, cet exploit de sa première enfance, dans l'épître qu'elle lui adresse, *Héroïd.* IX, v. 21-22 :

Tene ferunt geminos pressisse tenaciter angues,
    Quum tener in cunis Jam Jove dignus eras?

Théocrite en a fait le sujet d'une de ses plus belles idylles dans le genre héroïque : c'est la XXIVe. (Voyez aussi Pindare, *Nem.* I, 59 et suiv.

[3] Castor et Pollux, placés par Jupiter au rang des constellations, sous le nom des *Gémeaux*.

Quorum simul alba nautis
Stella refulsit,

Defluit saxis agitatus humor :
Considunt venti, fugiuntque nubes ;
Et minax, qua sic voluere, ponto
    Unda recumbit.
                        HOR. I, XII.

Le même poète les appelle ailleurs *lucida sidera*, I, III.

[1] *Quel dieu souffle en tous lieux la guerre?* Imité de ces beaux vers des *Géorgiques*, liv. I, v. 509.

Hinc movet Euphrates, illinc Germania bellum, etc.

[2] VIRGILE, églogue IV, v. 4 et suiv.

Ultima Cumæi venit jam carminis ætas.
. . . . . . . . . . . . . . . . . . . . . . . .
Jam redit et Virgo, redeunt Saturnia regna, etc.

Rétablissant leurs saints autels,
Vont ramener ces jours insignes,
Où nos vertus nous rendaient dignes
Du commerce des immortels.

Où suis-je? quel nouveau miracle
Tient encor mes sens enchantés?
Quel vaste, quel pompeux spectacle
Frappe mes yeux épouvantés?
Un nouveau monde vient d'éclore [1] :
L'univers se reforme encore
Dans les abîmes du chaos;
Et pour réparer ses ruines,
Je vois des demeures divines
Descendre un peuple de héros.

Les éléments cessent leur guerre;
Les cieux ont repris leur azur;
Un feu sacré purge la terre
De tout ce qu'elle avait d'impur
On ne craint plus l'herbe mortelle,
Et le crocodile infidèle [2]
Du Nil ne trouble plus les eaux :
Les lions dépouillent leur rage,
Et dans le même pâturage
Bondissent avec les troupeaux [3].

C'est ainsi que la main des Parques
Va nous filer ce siècle heureux,
Qui du plus sage des monarques
Doit couronner les justes vœux.
Espérons des jours plus paisibles :
Les dieux ne sont point inflexibles,
Puisqu'ils punissent nos forfaits.
Dans leurs rigueurs les plus austères
Souvent leurs fléaux salutaires
Sont un gage de leurs bienfaits.

Le ciel, dans une nuit profonde,
Se plaît à nous cacher ses lois.
Les rois sont les maîtres du monde;
Les dieux sont les maîtres des rois.
Valeur, activité, prudence,
Des décrets de leur providence
Rien ne change l'ordre arrêté;
Et leur règle, constante et sûre,

Fait seule ici-bas la mesure
Des biens et de l'adversité.

Mais que fais-tu, Muse insensée?
Où tend ce vol ambitieux?
Oses-tu porter ta pensée
Jusque dans le conseil des dieux?
Réprime une ardeur périlleuse :
Ne vas point d'une aile orgueilleuse,
Chercher ta perte dans les airs,
Et, par des routes inconnues
Suivant Icare au haut des nues,
Crains de tomber au fond des mers.

Si pourtant quelque esprit timide,
Du Pinde ignorant les détours,
Opposait les règles d'Euclide
Au désordre de mes discours;
Qu'il sache qu'autrefois Virgile
Fit, même aux Muses de Sicile [1],
Approuver de pareils transports;
Et qu'enfin cet heureux délire
Peut seul des maîtres de la lyre
Immortaliser les accords.

## II.

### A M. L'ABBÉ COURTIN [2].

Abbé chéri des neuf Sœurs,
Qui, dans ta philosophie,
Sais faire entrer les douceurs
Du commerce de la vie :
Tandis qu'en nombres impairs
Je te trace ici les vers
Que m'a dictés mon caprice,
Que fais-tu dans ces déserts
Qu'enferme ton bénéfice?

Vas-tu, dès l'aube du jour,
Secondé d'un plomb rapide,
Ensanglanter le retour
De quelque lièvre timide?
Ou, chez tes moines tondus,
A t'ennuyer assidus,
Cherches-tu quelques vieux titres
Qui, dans ton Trésor perdus [3],
Se retrouvent sur leurs vitres?

---

[1] *Ecce ego creo cœlos novos et terram novam, et non erunt in memoria priora.* Isa. LXV, 17.

[2] *Et le crocodile infidèle*, etc. Allusion aussi juste qu'ingénieuse aux poisons divers qui commençaient dès lors à *troubler*, à corrompre toutes les sources de la morale, et par conséquent de la félicité publique.

[3] Nec magnos metuent armenta leones.
VIRG. égl. IV, v. 4 et suiv.

Voyez Isaïe, ch. XI, v. 16 et suiv.

[1] Allusion au début de la IV<sup>e</sup> églogue de Virgile :
Sicelides Musæ, paulo majora canamus!

[2] C'était un de ces bons Épicuriens dont le grand prieur avait composé la cour singulière qu'il rassemblait au Temple.

[3] Le *Trésor* était l'endroit où les corps religieux et les *chapitres* des cathédrales conservaient le précieux dépôt des titres

Mais non, je te connais mieux :
Tu sais trop bien que le sage
De son loisir studieux
Doit faire un plus noble usage;
Et, justement enchanté
De la belle antiquité,
Chercher dans son sein fertile
La solide volupté,
Le vrai, l'honnête, et l'utile.

Toutefois de ton esprit
Bannis l'erreur générale
Qui jadis en maint écrit
Plaça la saine morale :
On abuse de son nom.
Le chantre d'Agamemnon
Sut nous tracer dans son livre,
Mieux que Chrysippe et Zénon [1],
Quel chemin nous devons suivre.

Homère adoucit mes mœurs
Par ses riantes images;
Sénèque aigrit mes humeurs
Par ses préceptes sauvages.
En vain, d'un ton de rhéteur,
Épictète à son lecteur
Prêche le bonheur suprême :
J'y trouve un consolateur
Plus affligé que moi-même [2].

Dans son flegme simulé
Je découvre sa colère;
J'y vois un homme accablé
Sous le poids de sa misère :
Et, dans tous ces beaux discours
Fabriqués durant le cours
De sa fortune maudite,
Vous reconnaissez toujours
L'esclave d'Épaphrodite [3].

Mais je vois déjà d'ici
Frémir tout le Zénonisme,
D'entendre traiter ainsi
Un des saints du paganisme.
Pardon ; mais, en vérité,
Mon Apollon révolté
Lui devait ce témoignage
Pour l'ennui que m'a coûté
Son insupportable ouvrage.

De tout semblable pédant
Le commerce communique
Je ne sais quoi de mordant,
De farouche et de cynique.
O le plaisant avertin [1]
D'un fou du pays latin
Qui se travaille et se gêne
Pour devenir à la fin
Sage comme Diogène !

Je ne prends point pour vertu
Les noirs accès de tristesse
D'un loup-garou revêtu
Des habits de la sagesse :
Plus légère que le vent,
Elle fuit d'un faux savant
La sombre mélancolie,
Et se sauve bien souvent
Dans les bras de la folie.

La vertu du vieux Caton [2],
Chez les Romains tant prônée,
Était souvent, nous dit-on,
De Falerne enluminée.
Toujours ces sages hagards,
Maigres, hideux et blafards,
Sont souillés de quelque opprobre [3];
Et du premier des Césars
L'assassin fut homme sobre.

---

de leur fondation, les chartres, les reliquaires et autres objets dont la piété de nos rois a enrichi ces établissements.

[1] *Mieux que Chrysippe, etc.* Horace l'avait déjà dit dans sa belle épître à Lollius :

> Quid turpe, quid utile, quid non,
> Plenius ac melius Chrysippo et Crantore dicit.

[2] Non, Épictète n'est pas *affligé*, et l'on sait que sa conduite fut aussi ferme que sa doctrine. Mais il défend à l'homme de s'affliger jamais, et c'est à peu près comme s'il lui défendait d'être malade. (LA HARPE.)

[3] Épaphrodite était affranchi de Néron, et l'un de ses gardes particuliers, homme grossier, stupide et de mauvaises mœurs. Il s'amusait un jour à tordre la jambe d'Épictète, son esclave : « Vous me la casserez, » dit celui-ci ; et l'événement justifia la prédiction. « Je vous l'avais bien dit. » ajouta tranquillement le philosophe. Épictète mourut l'an de Rome 902, 150 de l'ère vulgaire.

[1] *Avertin*, vieux mot que le dictionnaire de l'Académie définit maladie d'esprit qui rend opiniâtre, emporté, furieux. C'est, suivant Lavaux, un terme de médecine vétérinaire, et il désigne une maladie qui attaque les bêtes à cornes. « Quand elles en sont atteintes, elles tournent, sautent, cessent de manger, bronchent, et ont la tête et les pieds dans une grande chaleur. » En français trivial, *vertigo*, du verbe latin *vertere*.

[2] *La vertu du vieux Caton*, etc. Horace, liv. III, ode XXI :

> Narratur et prisci Catonis
> Sæpe mero caluisse virtus.

Mais la vertu *enluminée de Falerne* n'appartient qu'au poète français ; et c'est un trait charmant qui méritait d'être remarqué.

[3] « C'est abuser d'un mot de César, qui était fort juste. Il ne craignait, disait-il, que les gens d'un aspect sombre et d'un visage austère : il avait raison. Cet extérieur est la marque d'un caractère capable de résolutions fortes et inébranlables, tel qu'était celui de Brutus. » (LA HARPE.)

Dieu bénisse nos dévots,
Leur âme est vraiment loyale!
Mais jadis les grands pivots
De la ligue anti-royale,
Les Lincestres, les Aubris [1],
Qui contre les deux Henris
Prêchaient tant la populace,
S'occupaient peu des écrits
D'Anacréon et d'Horace.

Crois-moi, fais de leurs chansons
Ta plus importante étude,
A leurs aimables leçons
Consacre ta solitude ;
Et par Sonning rappelé [2]
Sur ce rivage émaillé
Où Neuilly borde la Seine,
Reviens au vin d'Auvilé
Mêler les eaux d'Hippocrène.

### III.

### A M. DE CAUMARTIN [3],

CONSEILLER D'ÉTAT, ET INTENDANT DES FINANCES [4].

Digne et noble héritier des premières vertus

---

[1] « Ce rapprochement n'est pas tolérable. Que peut-il y avoir de commun entre Brutus et les curés de Saint-Barthélemy et de Saint-André des Arcs, prédicateurs de la Ligue? Il y a une logique secrète, dont il ne faut jamais s'écarter, dans quelque sujet que ce soit, à plus forte raison dans les stances morales. » ( LA HARPE. )

[2] *Et par Sonning rappelé, etc.* C'est le même auquel l'abbé Courtin disait *en vers,* si l'on en croit Voltaire, épître à la Harpe :

Adieu :
Faites mes compliments à l'abbé de Chaulieu.

Mais Voltaire ajoutait *en prose :*

Enfant de l'harmonie,
Présente mon hommage à Vénus Uranie.

C'est-à-dire à madame la duchesse de Choiseul.

[3] Urbin-Louis Lefèvre de Caumartin, mort sous-doyen du conseil le 2 septembre 1720, âgé de soixante-sept ans. C'est le respectable vieillard auquel les Français sont redevables peut-être du seul poème épique dont leur littérature puisse s'honorer jusqu'ici. Plein des grands souvenirs du siècle de Louis XIV, et pénétré d'un attachement aussi vif que profond pour la mémoire de Henri IV et de Sully, M. de Caumartin ne cessait de les reproduire dans ses conversations. L'enthousiasme qui l'animait, en parlant de ces grands hommes, échauffa l'imagination du jeune Arouet : l'idée de *la Henriade* fut conçue, et l'exécution commencée, sous les yeux mêmes de M. de Caumartin, dans son château de Saint-Aignan, près de Fontainebleau.

[4] Dans l'édition de Soleure, 1712, cette ode est adressée à M. Rouillé du Coudray, conseiller d'État, ci-devant directeur des finances, et l'un des premiers bienfaiteurs de Rousseau. Dans celle de Londres, publiée onze ans après et toujours par Rousseau lui-même, on lit à M. D. C. ce qui laissait du moins hésiter le lecteur entre *du Coudray* et *de Caumartin.* Mais plus de doute, plus d'équivoque, en 1743 ; et ce dernier nom a pour jamais remplacé le premier, comme *Mornay* a exilé *Sully* de la Henriade.

---

Qu'on adora jadis sous l'empire de Rhée ;
Vous qui dans le palais de l'aveugle Plutus
Osâtes introduire Astrée ;

Fils d'un père fameux, qui, même à nos frondeurs [1],
Par sa dextérité fit respecter son zèle ;
Et, nouvel Atticus, sut captiver les cœurs
En demeurant sujet fidèle ;

Renoncez pour un temps aux travaux de Thémis
Venez voir ces coteaux enrichis de verdure,
Et ces bois paternels où l'art, humble et soumis,
Laisse encor régner la nature.

Les Hyades, Vertumne, et l'humide Orion,
Sur la terre embrasée ont versé leurs largesses ;
Et Bacchus, échappé des fureurs du Lion,
Songe à vous tenir ses promesses.

O rivages chéris, vallons aimés des cieux,
D'où jamais n'approcha la tristesse importune,
Et dont le possesseur tranquille et glorieux
Ne rougit point de sa fortune!

Trop heureux qui, du champ par ses pères laissé,
Peut parcourir au loin les limites antiques,
Sans redouter les cris de l'orphelin chassé
Du sein de ses dieux domestiques [2] !

Sous des lambris dorés l'injuste ravisseur
Entretient le vautour dont il est la victime.
Combien peu de mortels connaissent la douceur
D'un bonheur pur et légitime!

Jouissez en repos de ce lieu fortuné ;
Le calme et l'innocence y tiennent leur empire,
Et des soucis affreux le souffle empoisonné
N'y corrompt point l'air qu'on respire.

Pan, Diane, Apollon, les Faunes, les Sylvains,
Peuplent ici vos bois, vos vergers, vos montagnes.
La ville est le séjour des profanes humains :
Les dieux règnent dans les campagnes.

C'est là que l'homme apprend leurs mystères secrets,
Et que, contre le sort munissant sa faiblesse
Il jouit de lui-même, et s'abreuve à longs traits
Dans les sources de la sagesse.

---

[1] Il s'agit de Louis-François Lefèvre de Caumartin, qui fut l'ami du cardinal de Retz, son conseil, son agent même pendant la guerre de la Fronde, où il joua un rôle assez important.

[2] On sait, mais il n'est pas inutile de rappeler avec quel charme Horace avait rendu ces mêmes idées dans sa deuxième épode :

Beatus ille, qui procul negotiis,
Ut prisca gens mortalium,
Paterna rura bobus exercet suis, etc.

C'est là que ce romain, dont l'éloquente voix
D'un joug presque certain sauva sa république [1],
Fortifiait son cœur dans l'étude des lois
    Et du Lycée et du Portique.

Libre des soins publics qui le faisaient rêver,
Sa main du consulat laissait aller les rênes ;
Et, courant à Tuscule [2], il allait cultiver
    Les fruits de l'école d'Athènes.

## IV.
### A M. D'USSÉ [3].

Esprit né pour servir d'exemple
Aux cœurs de la vertu frappés,
Qui sans guide as pu de son temple
Franchir les chemins escarpés,
Cher d'Ussé, quelle inquiétude
Te fait une triste habitude
Des ennuis et de ta douleur ?
Et, ministre de ton supplice,
Pourquoi par un sombre caprice
Veux-tu seconder ton bonheur ?

Chasse cet ennui volontaire
Qui tient ton esprit dans les fers,
Et que dans une âme vulgaire
Jette l'épreuve des revers ;
Fais tête au malheur qui t'opprime :
Qu'une espérance légitime
Te munisse contre le sort.
L'air siffle, une horrible tempête
Aujourd'hui gronde sur ta tête ;
Demain tu seras dans le port.

Toujours la mer n'est pas en butte
Aux ravages des aquilons ;
Toujours les torrents par leur chute
Ne désolent pas nos vallons.
Les disgrâces désespérées,
Et de nul espoir tempérées,

Sont affreuses à soutenir ;
Mais leur charge est moins importune,
Lorsqu'on gémit d'une infortune
Qu'on espère de voir finir.

Un jour, le souci qui te ronge,
En un doux repos transformé,
Ne sera plus pour toi qu'un songe
Que le réveil aura calmé :
Espère donc avec courage.
Si le pilote craint l'orage
Quand Neptune enchaîne les flots,
L'espoir du calme le rassure,
Quand les vents et la nue obscure
Glacent le cœur des matelots.

Je sais qu'il est permis au sage,
Par les disgrâces combattu,
De souhaiter pour apanage
La fortune après la vertu.
Mais, dans un bonheur sans mélange,
Souvent cette vertu se change
En une honteuse langueur :
Autour de l'aveugle richesse
Marchent l'orgueil et la rudesse,
Que suit la dureté du cœur.

Non que ta sagesse, endormie
Au temps de tes prospérités,
Eût besoin d'être raffermie
Par de dures fatalités ;
Ni que ta vertu peu fidèle
Eût jamais choisi pour modèle
Ce fou superbe et ténébreux,
Qui, gonflé d'une fierté basse,
N'a jamais eu d'autre disgrâce
Que de n'être point malheureux.

Mais si les maux et la tristesse
Nous sont des secours superflus
Quand des bornes de la sagesse
Les biens ne nous ont point exclus ;
Ils nous font trouver plus charmante
Notre félicité présente,
Comparée au malheur passé ;
Et leur influence tragique
Réveille un bonheur léthargique
Que rien n'a jamais traversé.

Ainsi que le cours des années
Se forme des jours et des nuits,
Le cercle de nos destinées
Est marqué de joie et d'ennuis.
Le ciel, par un ordre équitable,

---

[1] *D'un joug presque certain*, etc. La conspiration de Catilina, découverte et déjouée en même temps par la vigilance et la fermeté de Cicéron.

[2] Allusion aux ouvrages philosophiques de Cicéron, et en particulier à ses admirables *Tusculanes*, l'un des derniers et des plus beaux fruits du loisir forcé auquel le malheur des temps condamnait ce grand citoyen.

[3] M. d'Ussé, à qui Rousseau adresse cette ode, était, à ce qu'il paraît par la correspondance du poète, un homme aimable, spirituel, d'un talent souple et flexible, qui s'exerçait à la fois et avec succès dans plus d'un genre de poésie. Mais ce qui vaut bien mieux encore, il était homme d'honneur, et se montra ami courageux. Il venait probablement d'éprouver quelque revers, auquel il n'opposait pas la constance que lui conseille ici le poète.

Rend l'un à l'autre profitable;
Et, dans ses inégalités,
Souvent sa sagesse suprême
Sait tirer notre bonheur même
Du sein de nos calamités.

Pourquoi d'une plainte importune
Fatiguer vainement les airs?
Aux jeux cruels de la fortune
Tout est soumis dans l'univers.
Jupiter fit l'homme semblable
A ces deux jumeaux que la Fable
Plaça jadis au rang des dieux :
Couple de déités bizarres,
Tantôt habitants du Ténare,
Et tantôt citoyens des cieux.

Ainsi de douceurs en supplices
Elle nous promène à son gré.
Le seul remède à ses caprices,
C'est de s'y tenir préparé;
De la voir du même visage,
Qu'une courtisane volage
Indigne de nos moindres soins;
Qui nous trahit par imprudence,
Et qui revient, par inconstance,
Lorsque nous y pensons le moins.

## V.
### A M. DUCHÉ[1],

Dans le temps qu'il travaillait à la tragédie de *Débora*.

Tandis que, dans la solitude
Où le destin m'a confiné,
J'endors par la douce habitude
D'une oisive et facile étude
L'ennui dont je suis lutiné;

Un sublime essor te ramène
A la cour des sœurs d'Apollon;
Et bientôt avec Melpomène
Tu vas d'un nouveau phénomène
Eclairer le sacré vallon.

O que ne puis-je, sur les ailes
Dont Dédale fut possesseur,
Voler aux lieux où tu m'appelles,

Et de tes chansons immortelles
Partager l'aimable douceur!

Mais une invincible contrainte,
Malgré moi, fixe ici mes pas.
Tu sais quel est ce labyrinthe,
Et que, pour aller à Corinthe,
Le désir seul ne suffit pas[1].

Toutefois les froides soirées
Commencent d'abréger le jour :
Vertumne a changé ses livrées;
Et nos campagnes labourées
Me flattent d'un prochain retour.

Déjà le départ des Pléiades
A fait retirer les nochers;
Et déjà les tristes Hyades
Forcent les frileuses Dryades
De chercher l'abri des rochers.

Le volage amant de Clytie
Ne caresse plus nos climats;
Et bientôt des monts de Scythie
Le fougueux époux d'Orythie
Va nous ramener les frimas.

Ainsi, dès que le Sagittaire
Viendra rendre nos champs déserts,
J'irai, secret dépositaire,
Près de ton foyer solitaire,
Jouir de tes savants concerts.

En attendant, puissent leurs charmes,
Apaisant le mal qui t'aigrit,
Dissiper tes vaines alarmes,
Et tarir la source des larmes
D'une épouse qui te chérit!

Je sais que la fièvre et l'automne
Pourraient mettre Hercule aux abois;
Mais, si ma conjecture est bonne,
La fièvre dont ton cœur frissonne
Est la plus fâcheuse des trois.

## VI.
### A LA FORTUNE[2].

Fortune, dont la main couronne[3]
Les forfaits les plus inouïs,

---

[1] A l'exemple de Racine, mais non avec le même succès, Duché avait composé pour Saint-Cyr quelques tragédies tirées de l'Ecriture sainte. Celle de *Débora*, à l'occasion de laquelle Rousseau lui adresse ces *stances*, n'est pas à beaucoup près la meilleure; mais *Absalon* offre des beautés d'un ordre vraiment supérieur. Duché était né en 1668, et mourut en 1704. Il était de l'Académie des inscriptions et belles-lettres.

[1] C'est la traduction du proverbe cité par Horace, ép. XVIII, liv. I, v. 37 :

Non cuivis homini contingit adire Corinthum.

Il était fondé sur l'extrême difficulté que présentaient les abords du port de Corinthe.

[2] Cette ode fut d'abord intitulée : *Sur les conquérants.*

[3] Ce début a quelque chose de noble et d'imposant, qui an-

Du faux éclat qui t'environne
Serons-nous toujours éblouis?
Jusques à quand, trompeuse idole
D'un culte honteux et frivole
Honorerons-nous tes autels?
Verra-t-on toujours tes caprices
Consacrés par les sacrifices
Et par l'hommage des mortels?

Le peuple, dans ton moindre ouvrage
Adorant la prospérité,
Te nomme grandeur de courage,
Valeur, prudence, fermeté :
Du titre de vertu suprême
Il dépouille la vertu même,
Pour le vice que tu chéris;
Et toujours ses fausses maximes
Érigent en héros sublimes
Tes plus coupables favoris.

Mais, de quelque superbe titre [1]
Dont ces héros soient revêtus,
Prenons la raison pour arbitre,
Et cherchons en eux leurs vertus.
Je n'y trouve qu'extravagance,
Faiblesse, injustice, arrogance,
Trahisons, fureurs, cruautés :
Étrange vertu, qui se forme
Souvent de l'assemblage énorme
Des vices les plus détestés!

Apprends que la seule sagesse
Peut faire les héros parfaits;
Qu'elle voit toute la bassesse
De ceux que ta faveur a faits;
Qu'elle n'adopte point la gloire
Qui naît d'une injuste victoire
Que le sort remporte pour eux;
Et que, devant ses yeux stoïques,
Leurs vertus les plus héroïques
Ne sont que des crimes heureux.

Quoi! Rome et l'Italie en cendre
Me feront honorer Sylla [1] !
J'admirerai dans Alexandre
Ce que j'abhorre en Attila!
J'appellerai vertu guerrière
Une vaillance meurtrière
Qui dans mon sang trempe ses mains!
Et je pourrai forcer ma bouche
A louer un héros farouche,
Né pour le malheur des humains!

Quels traits me présentent vos fastes,
Impitoyables conquérants?
Des vœux outrés, des projets vastes,
Des rois vaincus par des tyrans,
Des murs que la flamme ravage,
Des vainqueurs fumants de carnage,
Un peuple au fer abandonné,
Des mères pâles et sanglantes,
Arrachant leurs filles tremblantes
Des bras d'un soldat effréné.

Juges insensés que nous sommes,
Nous admirons de tels exploits!
Est-ce donc le malheur des hommes
Qui fait la vertu des grands rois?
Leur gloire, féconde en ruines,
Sans le meurtre et sans les rapines
Ne saurait-elle subsister?
Images des dieux sur la terre,
Est-ce par des coups de tonnerre
Que leur grandeur doit éclater?

Mais je veux que dans les alarmes
Réside le solide honneur :
Quel vainqueur ne doit qu'à ses armes
Ses triomphes et son bonheur?
Tel qu'on nous vante dans l'histoire,
Doit peut-être toute sa gloire
A la honte de son rival :
L'inexpérience indocile
Du compagnon de Paul-Émile [2]
Fit tout le succès d'Annibal.

---

nonce il est vrai, plus de raison que d'enthousiasme, et une marche plus méthodiquement sentencieuse que lyrique. Mais c'était le but et le plan de l'auteur. Horace, en traitant ce même sujet, liv. I, ode XXXV; et Pindare en l'esquissant à grands traits, au commencement de sa douzième olympique, n'avaient laissé à leurs successeurs que son côté moral à envisager; et c'est le parti que prit Rousseau.

[1] Indépendamment du prosaïsme de cette formule, *mais quelque superbe titre*, etc. l'exactitude grammaticale doit relever ici une faute de français, *de quelque... dont;* il fallait rigoureusement :

   *Que ces héros soient revêtus*

et l'éditeur de Hollande a donné la bonne leçon.

[1] « Non vraiment, dit Vauvenargues, *l'Italie en cendre* ne peut faire *honorer* Sylla : mais ce qui doit, je crois, le faire respecter avec justice, c'est ce génie supérieur et puissant qui vainquit le génie de Rome; qui lui fit défier dans sa vieillesse les ressentiments de ce même peuple qu'il avait soumis, et qui sut toujours subjuguer, par les bienfaits ou par la force, le courage ailleurs indomptable de ses ennemis. » Il ne s'agit ici ni du génie de Sylla, ni des grandes qualités d'Alexandre, mais des maux que leur ambition et leur exemple ont faits au monde; et le poète philosophe a pu, sous ce rapport, les comparer avec Attila.

[2] C. Terentius Varron. (*Voyez* Tite-Live, XXII, 41, 44, 45.)
« Il n'est pas vrai, dit la Harpe, qu'Annibal doive *toute sa gloire* à la honte de Varron : il profita de ses fautes, et c'est

Quel est donc le héros solide
Dont la gloire ne soit qu'à lui?
C'est un roi que l'équité guide,
Et dont les vertus sont l'appui;
Qui, prenant Titus pour modèle,
Du bonheur d'un peuple fidèle
Fait le plus cher de ses souhaits;
Qui fuit la basse flatterie;
Et qui, père de sa patrie,
Compte ses jours par ses bienfaits.

Vous, chez qui la guerrière audace
Tient lieu de toutes les vertus,
Concevez Socrate à la place
Du fier meurtrier de Clitus;
Vous verrez un roi respectable,
Humain, généreux, équitable,
Un roi digne de vos autels :
Mais, à la place de Socrate,
Le fameux vainqueur de l'Euphrate
Sera le dernier des mortels.

Héros cruels et sanguinaires,
Cessez de vous enorgueillir
De ces lauriers imaginaires
Que Bellone vous fit cueillir.
En vain le destructeur rapide
De Marc-Antoine et de Lépide [1]
Remplissait l'univers d'horreurs :
Il n'eût point eu le nom d'Auguste,
Sans cet empire heureux et juste
Qui fit oublier ses fureurs.

Montrez-nous, guerriers magnanimes,
Votre vertu dans tout son jour :
Voyons comment vos cœurs sublimes
Du sort soutiendront le retour.
Tant que sa faveur vous seconde,
Vous êtes les maîtres du monde,
Votre gloire nous éblouit;
Mais, au moindre revers funeste,
Le masque tombe, et l'homme reste,
Et le héros s'évanouit.

L'effort d'une vertu commune
Suffit pour faire un conquérant :
Celui qui dompte la fortune
Mérite seul le nom de grand.

Il perd sa volage assistance,
Sans rien perdre de la constance
Dont il vit ses honneurs accrus;
Et sa grande âme ne s'altère
Ni des triomphes de Tibère [1],
Ni des disgrâces de Varus.

La joie imprudente et légère
Chez lui ne trouve point d'accès;
Et sa crainte active modère
L'ivresse des heureux succès.
Si la fortune le traverse,
Sa constante vertu s'exerce
Dans ces obstacles passagers.
Le bonheur peut avoir son terme;
Mais la sagesse est toujours ferme,
Et les destins toujours légers.

En vain une fière déesse
D'Énée a résolu la mort :
Ton secours, puissante Sagesse,
Triomphe des dieux et du sort.
Par toi Rome, après son naufrage,
Jusque dans les murs de Carthage
Vengea le sang de ses guerriers;
Et, suivant tes divines traces,
Vit au plus fort de ses disgrâces
Changer ses cyprès en lauriers.

## VII.

### A UNE JEUNE VEUVE.

Quel respect imaginaire
Pour les cendres d'un époux
Vous rend vous-même contraire
A vos destins les plus doux?
Quand sa course fut bornée
Par la fatale journée
Qui le mit dans le tombeau,
Pensez-vous que l'Hyménée
N'ait pas éteint son flambeau?

Pourquoi ces sombres ténèbres

---

une partie du talent militaire; mais Fabius, qui n'en commit point, n'eut aucun avantage sur lui; et il battit Marcellus, qui en savait plus que Varron. »

[1] Octave, dont la politique habile sut bientôt s'affranchir de ses deux collègues au triumvirat, en rendant l'un à sa nullité, et en triomphant de l'autre à la bataille d'Actium.

[1] Velleius Paterculus, liv. II, chap. 122, loue beaucoup la modération de Tibère, qui se contenta de triompher trois fois, quoique les exploits de sa jeunesse lui eussent mérité d'obtenir sept fois cet honneur. Il avait été chargé par Auguste de diriger de concert avec Drusus, son frère, l'expédition contre les Germains. —*Ni des disgrâces de Varus.* Une mort prématurée ayant enlevé Drusus à son armée, il fut remplacé par Varus dont le caractère altier et cruel ne tarda pas à aigrir à la fois et les peuples vaincus et ses propres soldats. Il se laissa attirer par Arminius dans des défilés, où les trois légions qu'il commandait furent taillées en pièces. Il se tua de désespoir, et un barbare envoya sa tête à Rome. *Paterculus*, II, chap. CXVII.

Dans ce lugubre réduit?
Pourquoi ces clartés funèbres,
Plus affreuses que la nuit?
Dé ces noirs objets troublée,
Triste, et sans cesse immolée
A de frivoles égards,
Ferez-vous d'un mausolée
Le plaisir de vos regards?

Voyez les Grâces fidèles
Malgré vous suivre vos pas,
Et voltiger autour d'elles
L'Amour, qui vous tend les bras.
Voyez ce dieu plein de charmes,
Qui vous dit, les yeux en larmes :
Pourquoi ces soins superflus?
Pourquoi ces cris, ces alarmes?
Ton époux ne t'entend plus.

A sa triste destinée
C'est trop donner de regrets :
Par les larmes d'une année
Ses mânes sont satisfaits.
De la célèbre matrone,
Que l'antiquité nous prône,
N'imitez point le dégoût;
Ou, pour l'honneur de Pétrone,
Imitez-la jusqu'au bout.

Les chroniques les plus amples
Des veuves des premiers temps,
Nous fournissent peu d'exemples
D'Artémises de vingt ans.
Plus leur douleur est illustre,
Et plus elle sert de lustre
A leur amoureux essor :
Andromaque, en moins d'un lustre,
Remplaça deux fois Hector [1].

De la veuve de Sichée
L'histoire vous a fait peur :
Didon mourut attachée
Au char d'un amant trompeur ;
Mais l'imprudence mortelle
N'eut à se plaindre que d'elle ;
Ce fut sa faute, en un mot :
A quoi songeait cette belle,
De prendre un amant dévot?

Pouvait-elle mieux attendre

De ce pieux voyageur,
Qui, fuyant sa ville en cendre
Et le fer du Grec vengeur,
Chargé des dieux de Pergame,
Ravit son père à la flamme,
Tenant son fils par la main,
Sans prendre garde à sa femme [1],
Qui se perdit en chemin?

Sous un plus heureux auspice,
La déesse des amours
Veut qu'un nouveau sacrifice
Lui consacre vos beaux jours :
Déjà le bûcher s'allume,
L'autel brille, l'encens fume,
La victime s'embellit,
L'amour même la consume,
Le mystère s'accomplit.

Tout conspire à l'allégresse
De cet instant solennel :
Une riante jeunesse
Folâtre autour de l'autel;
Les Grâces à demi nues
A ces danses ingénues
Mêlent de tendres accents ;
Et, sur un trône de nues,
Vénus reçoit votre encens.

## VIII.

### A M. L'ABBÉ DE CHAULIEU [2].

Tant qu'a duré l'influence
D'un astre propice et doux,
Malgré moi, de ton absence
J'ai supporté les dégoûts.

Je disais : Je lui pardonne

---

[1] En épousant d'abord Pyrrhus, et bientôt après Hélénus, lorsque le fils d'Achille eut été tué par Oreste. Virg. Enéid. liv. III, v. 325 et suiv.

[1] Allusion à cet endroit du second livre de l'*Énéide* où Créuse, qui accompagnait son époux et son fils dans leur fuite, *se perd* en effet tout à coup *en chemin.*

    Fatone erepta Creusa
Substitit, erravitne via, seu lassa resedit,
Incertum. Lib. II, v. 738.

[2] Il mérita par son genre de vie, et par quelques-unes de ses productions, le surnom d'*Anacréon du Temple.* C'est lui que Voltaire disait dans le *Temple du Goût:*

    Sa vive imagination
Prodiguait dans sa douce ivresse
Des beautés sans correction,
Qui choquaient un peu la justesse,
Et respiraient la passion.

Ses stances sur *la Retraite* et sur *la Goutte*, celles surtout sur *la Solitude de Fontenay*, ont suffi pour lui faire, et lui conserveront la réputation de premier des poëtes négligés. — Né en 1639; mort en 1720.

De préférer les beautés
De Palès et de Pomone
Au tumulte des cités :

Ainsi l'amant de Glycère,
Épris d'un repos obscur,
Cherchait l'ombre solitaire
Des rivages de Tibur [1].

Mais aujourd'hui qu'en nos plaines
Le chien brûlant de Procris [2]
De Flore aux douces haleines
Dessèche les dons chéris,

Veux-tu d'un astre perfide
Risquer les âpres chaleurs,
Et dans ton jardin aride
Sécher ainsi que tes fleurs?

Crois-moi, suis plutôt l'exemple
De tes amis casaniers;
Et reviens goûter, au Temple [3],
L'ombre de tes marronniers.

Dans ce salon pacifique,
Où président les neuf Sœurs,
Un loisir philosophique
T'offre encor d'autres douceurs :

Là, nous trouverons sans peine
Avec toi, le verre en main,
L'homme après qui Diogène
Courut si longtemps en vain ;

Et, dans la douce allégresse
Dont tu sais nous abreuver,
Nous puiserons la sagesse,
Qu'il chercha sans la trouver.

## IX.

### A M. LE MARQUIS DE LA FARE [4].

Dans la route que je me trace,
La Fare, daigne m'éclairer,

Toi qui dans les sentiers d'Horace
Marches sans jamais t'égarer ;
Qui, par les leçons d'Aristippe,
De la sagesse de Chrysippe
As su corriger l'âpreté,
Et, telle qu'aux beaux jours d'Astrée,
Nous montrer la vertu parée
Des attraits de la volupté.

Ce feu sacré que Prométhée [1]
Osa dérober dans les cieux,
La raison à l'homme apportée,
Le rend presque semblable aux dieux.
Se pourrait-il, sage la Fare,
Qu'un présent si noble et si rare
De nos maux devînt l'instrument,
Et qu'une lumière divine
Pût jamais être l'origine
D'un déplorable aveuglement?

Lorsqu'à l'époux de Pénélope
Minerve accorde son secours,
Les Lestrigons et le Cyclope [2]
Ont beau s'armer contre ses jours :
Aidé de cette intelligence,
Il triomphe de la vengeance
De Neptune en vain courroucé;
Par elle il brave les caresses
Des Sirènes enchanteresses,
Et les breuvages de Circé.

De la vertu qui nous conserve,
C'est le symbolique tableau :
Chaque mortel a sa Minerve
Qui doit lui servir de flambeau.
Mais cette déité propice
Marchait toujours devant Ulysse,

---

[1] Horace ne perd aucune occasion de vanter les charmes de cette retraite ; et c'est le plus souvent par l'épithète de *vacuum* qu'il se plaît à la désigner :

Sed vacuum Tibur placet, aut imbelle Tarentum.
Epist. vii, lib. I, v. 45.

ce que Rousseau rend assez bien ici par *l'ombre solitaire*.
[2] Procris était l'épouse de Céphale. (Voyez leur histoire agréablement racontée par Ovide, *Métamorph.* vii, v. 694, et *Art. Amat.* iii, 686.) — *Le chien de Procris* indique ici les chaleurs de la canicule.
[3] *Goûter l'ombre*, etc. C'était peut-être la seule manière de rendre la belle expression de Virgile : *Frigus captabis opacum.* Églog. I, v. 53.
[4] Charles-Auguste de Laugère, marquis de la Fare, né

en 1644, mort en 1712, fut d'abord sous-lieutenant des gendarmes du Dauphin, ensuite capitaine des gardes de *Monsieur*, frère de Louis XIV ; enfin capitaine des gardes du duc d'Orléans, régent. Les sentiments d'estime et d'amitié que Rousseau lui avait inspirés ne se démentirent point, dans le temps même où la calomnie et les persécutions poursuivaient notre malheureux poëte jusque chez l'étranger. La Fare lui adressait, à Soleure, l'épître qui commence par ces vers :

Reçois avec plaisir l'épître
De ton ami ressuscité,
Cher Rousseau, qui se sent flatté
D'être par toi sur le registre
De ceux dont la fidélité
A le mieux mérité ce titre, etc.

[1] *Ce feu sacré que Prométhée.... La raison*, etc. Ce ne fut pas là précisément l'objet de Prométhée, en dérobant une étincelle du feu céleste (voyez Hésiode, *les Travaux et les Jours*, v. 47, édit. de Brunck); mais il était impossible de donner à la raison une origine plus noble et plus poétique.
[2] *Les Lestrigons et le Cyclope*, etc. (Voyez les livres IX et X de *l'Odyssée*.)

Lui servant de guide ou d'appui ;
Au lieu que, par l'homme conduite
Elle ne va plus qu'à sa suite,
Et se précipite avec lui.

Loin que la raison nous éclaire,
Et conduise nos actions,
Nous avons trouvé l'art d'en faire
L'orateur de nos passions :
C'est un sophiste qui nous joue,
Un vil complaisant qui se loue
A tous les fous de l'univers,
Qui, s'habillant du nom de sages,
La tiennent sans cesse à leurs gages
Pour autoriser leurs travers.

C'est elle qui nous fait accroire
Que tout cède à notre pouvoir ;
Qui nourrit notre folle gloire
De l'ivresse d'un faux savoir ;
Qui, par cent nouveaux stratagèmes,
Nous masquant sans cesse à nous-mêmes,
Parmi les vices nous endort,
Du furieux fait un Achille,
Du fourbe un politique habile,
Et de l'athée un esprit fort.

Mais vous, mortels, qui dans le monde
Croyant tenir les premiers rangs,
Plaignez l'ignorance profonde
De tant de peuples différents ;
Qui confondez avec la brute
Ce Huron caché sous sa hutte,
Au seul instinct presque réduit,
Parlez : Quel est le moins barbare,
D'une raison qui vous égare,
Ou d'un instinct qui le conduit ?

La nature, en trésors fertile,
Lui fait abondamment trouver
Tout ce qui lui peut être utile,
Soigneuse de le conserver.
Content du partage modeste
Qu'il tient de la bonté céleste,
Il vit sans trouble et sans ennui ;
Et si son climat lui refuse
Quelques biens dont l'Europe abuse,
Ce ne sont plus des biens pour lui.

Couché dans un antre rustique,
Du nord il brave la rigueur ;
Et notre luxe asiatique
N'a point énervé sa vigueur :
Il ne regrette point la perte
De ces arts dont la découverte
A l'homme a coûté tant de soins,
Et qui devenus nécessaires,
N'ont fait qu'augmenter nos misères,
En multipliant nos besoins.

Il méprise la vaine étude
D'un philosophe pointilleux,
Qui, nageant dans l'incertitude,
Vante son savoir merveilleux :
Il ne veut d'autre connaissance
Que ce que la Toute-Puissance
A bien voulu nous en donner ;
Et sait qu'elle créa les sages
Pour profiter de ses ouvrages,
Et non pour les examiner.

Ainsi, d'une erreur dangereuse
Il n'avale point le poison ;
Et notre clarté ténébreuse
N'a point offusqué sa raison.
Il ne se tend point à lui-même
Le piége d'un adroit système,
Pour se cacher la vérité :
Le crime à ses yeux paraît crime,
Et jamais rien d'illégitime
Chez lui n'a pris l'air d'équité.

Maintenant, fertiles contrées,
Sages mortels, peuples heureux,
Des nations hyperborées
Plaignez l'aveuglement affreux :
Vous qui, dans la vaine noblesse,
Dans les honneurs, dans la mollesse,
Fixez la gloire et les plaisirs ;
Vous de qui l'infâme avarice
Promène au gré de son caprice
Les insatiables désirs.

Oui, c'est toi, monstre détestable,
Superbe tyran des humains,
Qui seul du bonheur véritable
A l'homme as fermé les chemins.
Pour apaiser sa soif ardente,
La terre en trésors abondante,
Ferait germer l'or sous ses pas :
Il brûle d'un feu sans remède ;
Moins riche de ce qu'il possède
Que pauvre de ce qu'il n'a pas [1].

---

[1] Scilicet improbæ
Crescunt divitiæ ; tamen
Curtæ nescio quid semper abest rei.
HOR. liv. III, ode XXIV.

Ah! si d'une pauvreté dure
Nous cherchons à nous affranchir,
Rapprochons-nous de la nature,
Qui seule peut nous enrichir.
Forçons de funestes obstacles;
Réservons pour nos tabernacles [1]
Cet or, ces rubis, ces métaux :
Ou dans le sein des mers avides
Jetons ces richesses perfides,
L'unique élément de nos maux.

Ce sont là les vrais sacrifices
Par qui nous pouvons étouffer
Les semences de tous les vices
Qu'on voit ici-bas triompher.
Otez l'intérêt de la terre,
Vous en exilerez la guerre,
L'honneur rentrera dans ses droits :
Et, plus justes que nous ne sommes
Nous verrons régner chez les hommes
Les mœurs à la place des lois.

Surtout réprimons les saillies
De notre curiosité,
Source de toutes nos folies,
Mère de notre vanité.
Nous errons dans d'épaisses ombres,
Où souvent nos lumières sombres
Ne servent qu'à nous éblouir :
Soyons ce que nous devons être,
Et ne perdons point à connaître
Des jours destinés à jouir [2].

## X.

SUR LA MORT DE S. A. S. MONSEIGNEUR

### LE PRINCE DE CONTI [3].

Peuples, dont la douleur, aux larmes obstinée,
De ce prince chéri déplore le trépas,

Approchez, et voyez quelle est la destinée
　　Des grandeurs d'ici-bas.

Conti n'est plus. O ciel! ses vertus, son courage,
La sublime valeur, le zèle pour son roi,
N'ont pu le garantir, au milieu de son âge,
　　De la commune loi.

Il n'est plus; et les dieux, en des temps si funestes,
N'ont fait que le montrer aux regards des mortels [1].
Soumettons-nous. Allons porter ses tristes restes
　　Au pied de leurs autels.

Élevons à sa cendre un monument célèbre :
Que le jour de la nuit emprunte les couleurs.
Soupirons, gémissons sur ce tombeau funèbre
　　Arrosé de nos pleurs.

Mais que dis-je? Ah! plutôt à sa vertu suprême
Consacrons un hommage et plus noble et plus doux.
Ce héros n'est point mort; le plus beau de lui-même
　　Vit encor parmi nous.

Ce qu'il eut de mortel s'éclipse à notre vue;
Mais de ses actions le visible flambeau,
Son nom, sa renommée en cent lieux répandue,
　　Triomphent du tombeau.

En dépit de la mort, l'image de son âme,
Ses talents, ses vertus, vivantes dans nos cœurs,
Y peignent ce héros avec des traits de flamme,
　　De la Parque vainqueurs.

Steinkerque, où sa valeur rappela la victoire,
Nerwinde, où ses efforts guidèrent nos exploits,
Éternisent sa vie, aussi bien que la gloire
　　De l'empire françois.

Ne murmurons donc plus contre les destinées
Qui livrent sa jeunesse au ciseau d'Atropos;
Et ne mesurons point au nombre des années
　　La course des héros.

Pour qui compte les jours d'une vie inutile,
L'âge du vieux Priam passe celui d'Hector :

---

[1] Vel nos in Capitolium...
　Vel nos in mare proximum
　Gemmas et lapides, aurum et inutile,
　　Summi materiam mali,
　Mittamus.
　　　HOR. liv. III, ode XXIV.

[2] On peut compter cette ode parmi les meilleures de ce genre (l'*Ode morale*). C'est un lieu commun, il est vrai; mais le style est en général d'une précision énergique, malgré quelques faiblesses; et si les idées ne sont pas toujours exactement vraies pour la raison, qui considère les objets sous toutes les faces, elles le sont assez pour la poésie, qui peut, comme l'éloquence, ne les présenter que sous un seul aspect. (LA HARPE.)

[3] François-Louis, prince de la Roche-sur-Yon, fils d'Armand de Bourbon, prince de Conti, et neveu du grand Condé. Élevé sous les yeux d'un tel oncle, le jeune prince se passionna fa-cilement pour la gloire, et chercha de bonne heure l'occasion d'en acquérir. Mais n'ayant pu obtenir l'emploi qu'il sollicitait à l'armée, il offrit ses services à l'empereur, alors en guerre avec les Turcs. De retour en France, il fit avec distinction les campagnes de Gran, de Steinkerque et de Nerwinde. Élu roi de Pologne en 1697, il fut écarté du trône par le parti qui y portait Auguste, électeur de Saxe. Né en 1664, il mourut le 22 février 1709, au moment où il allait obtenir le commandement de l'armée de Flandre.

[1] *N'ont fait que le montrer*, etc. C'est le vers de Virgile au sujet du jeune Marcellus. *Énéide*, VI, v. 869 :

　　Ostendent terris hunc tantum fata!

Pour qui compte les faits, les ans du jeune Achille
L'égalent à Nestor.

Voici, voici le temps où, libres de contrainte,
Nos voix peuvent pour lui signaler leurs accents ;
Je puis à mon héros, sans bassesse et sans crainte,
    Prodiguer mon encens.

Muses, préparez-lui votre plus riche offrande ;
Placez son nom fameux entre les plus grands noms.
Rien ne peut plus faner l'immortelle guirlande
    Dont nous le couronnons.

Oui, cher prince, ta mort de tant de pleurs suivie,
Met le comble aux grandeurs dont tu fus revêtu ;
Et sauve des écueils d'une plus longue vie
    Ta gloire et ta vertu.

Au faîte des honneurs, un vainqueur indomptable
Voit souvent ses lauriers se flétrir dans ses mains.
La mort, la seule mort met le sceau véritable
    Aux grandeurs des humains.

Combien avons-nous vu d'éloges unanimes
Condamnés, démentis par un honteux retour !
Et combien de héros glorieux, magnanimes,
    Ont vécu trop d'un jour !

Du Midi jusqu'à l'Ourse on vantait ce monarque,[1]
Qui remplit tout le Nord de tumulte et de sang :
Il fuit ; sa gloire tombe, et le Destin lui marque
    Son véritable rang.

Ce n'est plus ce héros guidé par la victoire,
Par qui tous les guerriers allaient être effacés :
C'est un nouveau Pyrrhus, qui va grossir l'histoire
    Des fameux insensés.

Ainsi, de ses bienfaits la fortune se venge.
Mortels, défions-nous d'un sort toujours heureux ;
Et de nos ennemis songeons que la louange
    Est le plus dangereux [2].

Jadis tous les humains errant à l'aventure[3],

A leur sauvage instinct vivaient abandonnés,
Satisfaits d'assouvir de l'aveugle nature
    Les besoins effrénés :

La raison, fléchissant leurs humeurs indociles,
De la société vint former les liens,
Et bientôt rassembla sous de communs asiles
    Les premiers citoyens.

Pour assurer entre eux la paix et l'innocence,
Les lois firent alors éclater leur pouvoir ;
Sur des tables d'airain l'audace et la licence [1]
    Apprirent leur devoir.

Mais il fallait encor, pour étonner le crime,
Toujours contre les lois prompt à se révolter,
Que des chefs, revêtus d'un pouvoir légitime,
    Les fissent respecter.

Ainsi, pour le maintien de ces lois salutaires,
Du peuple entre vos mains le pouvoir fut remis,
Rois ; vous fûtes élus sacrés dépositaires
    Du glaive de Thémis.

Puisse en vous la vertu faire luire sans cesse
De la Divinité les rayons glorieux !
Partagez ces tributs d'amour et de tendresse
    Que nous offrons aux dieux.

Mais chassez loin de vous la basse flatterie,
Qui, cherchant à souiller la bonté de vos mœurs,
Par cent détours obscurs s'ouvre avec industrie
    La porte de vos cœurs.

Le pauvre est à couvert de ses ruses obliques :
Orgueilleuse, elle suit la pourpre et les faisceaux ;
Serpent contagieux, qui des sources publiques
    Empoisonne les eaux.

Craignez que de sa voix les trompeuses délices
N'assoupissent enfin votre faible raison ;
De cette enchanteresse osez, nouveaux Ulysses,
    Rejeter le poison.

---

[1] Charles XII, roi de Suède.
[2] Ici se terminait d'abord l'ode sur la mort du prince de Conti, et le poète semblait avoir en effet rempli tout son sujet. Je ne sais s'il n'eût pas mieux fait de s'en tenir à sa première idée, et de rendre à la pièce suivante son véritable titre : *Ode aux rois, sur leurs flatteurs*.
[3] *Jadis tous les humains*, etc. Malgré les efforts du poëte pour fondre ensemble ces deux sujets, quoiqu'il ait pris soin de nous dire d'avance :

  Je puis à mon héros, sans bassesse et sans crainte,
    Prodiguer mon encens ;

et un peu plus loin :

  Combien avons-nous vu d'éloges unanimes
    Condamnés, démentis, etc. ;

ce n'en est pas moins un accessoire, qui se détache trop sensiblement du fond du tableau ; c'est une froide digression, et non pas un écart lyrique.

[1] *Sur des tables d'airain... apprirent leur devoir*, rend assez bien l'idée et la belle expression d'Ovide :

  Verba minantia fixo
  Ære legebantur.
        *Metam.* I, v. 91.

Némésis vous observe, et frémit des blasphèmes
Dont rougit à vos yeux l'aimable Vérité :
N'attirez point sur vous, trop épris de vous-mêmes,
    Sa terrible équité.

C'est elle dont les yeux, certains, inévitables,
Percent tous les replis de nos cœurs insensés ;
Et nous lui répondons des éloges coupables
    Qui nous sont adressés.

Des châtiments du ciel implacable ministre,
De l'équité trahie elle venge les droits ;
Et voici les arrêts dont sa bouche sinistre
    Épouvante les rois :

« Écoutez et tremblez, idoles de la terre !
« D'un encens usurpé Jupiter est jaloux :
« Vos flatteurs dans ses mains allument le tonnerre
    « Qui s'élève sur vous.

« Il détruira leur culte : il brisera l'image
« A qui sacrifiaient ces faux adorateurs :
« Et punira sur vous le détestable hommage
    « De vos adulateurs.

« Moi, je préparerai les vengeances célestes ;
« Je livrerai vos jours au démon de l'orgueil,
« Qui, par vos propres mains, de vos grandeurs fu-
    « Creusera le cercueil.     [nestes

« Vous n'écouterez plus la voix de la sagesse,
« Et dans tous vos conseils l'aveugle vanité,
« L'esprit d'enchantement, de vertige et d'ivresse,
    « Tiendra lieu de clarté.

« Sous les noms spécieux de zèle et de justice,
« Vous vous déguiserez les plus noirs attentats ;
« Vous couvrirez de fleurs les bords du précipice
    « Qui s'ouvre sous vos pas.

« Mais enfin votre chute, à vos yeux déguisée,
« Aura ces mêmes yeux pour tristes spectateurs,
« Et votre abaissement servira de risée
    « A vos propres flatteurs. »

De cet oracle affreux tu n'as point à te plaindre,
Cher prince ; ton éclat n'a point su t'abuser :
Ennemi des flatteurs, à force de les craindre,
    Tu sus les mépriser.

Aussi la Renommée, en publiant ta gloire,
Ne sera point soumise à ces fameux revers ;
Les dieux t'ont laissé vivre assez pour ta mémoire,
    Trop peu pour l'univers!

J. B. ROUSSEAU.

## XI.

### A PHILOMÈLE.

Pourquoi, plaintive Philomèle,
Songer encore à vos malheurs,
Quand, pour apaiser vos douleurs,
Tout cherche à vous montrer son zèle ?

L'univers, à votre retour,
Semble renaître pour vous plaire ;
Les Dryades à votre amour
Prêtent leur ombre solitaire.

Loin de vous l'Aquilon fougueux
Souffle sa piquante froidure ;
La terre reprend sa verdure ;
Le ciel brille des plus beaux feux.

Pour vous l'amante de Céphale
Enrichit Flore de ses pleurs ;
La Zéphyr cueille sur les fleurs
Les parfums que la terre exhale.

Pour entendre vos doux accents,
Les oiseaux cessent leur ramage ;
Et le chasseur le plus sauvage
Respecte vos jours innocents.

Cependant votre âme, attendrie
Par un douloureux souvenir,
Des malheurs d'une sœur chérie [1]
Semble toujours s'entretenir.

Hélas ! que mes tristes pensées
M'offrent des maux bien plus cuisants !
Vous pleurez des peines passées,
Je pleure des ennuis présents ;

Et quand la nature attentive
Cherche à calmer vos déplaisirs,
Il faut même que je me prive
De la douceur de mes soupirs.

## XII.

FAITE EN ANGLETERRE [2],

### POUR MADAME LA D.... DE N....

SUR LE GAIN D'UN PROCÈS INTENTÉ CONTRE
SON MARIAGE.

Quels nouveaux concerts d'allégresse
Retentissent de toutes parts !

[1] *Voyez* Ovide, *Métam.* VI, Fab. IX et X.
[2] Lors, probablement, du séjour que Rousseau y fit en 1721, pour l'impression de ses ouvrages.

Quelle lumineuse déesse
Attire ici tous les regards!
C'est Thémis qui vient de descendre;
Thémis empressée à défendre
L'honneur de son sexe outragé,
Et qui, sur l'Envie étouffée,
Vient dresser un juste trophée
Au mérite qu'elle a vengé.

Par la Nature et la Fortune
Tous nos destins sont balancés;
Mais toujours les bienfaits de l'une
Par l'autre ont été traversés.
O déesses! une mortelle
Seule à votre longue querelle
Fit succéder d'heureux accords :
Vous voulûtes, à sa naissance,
Signaler votre intelligence,
En la comblant de vos trésors.

Mais que vois-je? la noire Envie,
Agitant ses serpents affreux,
Pour ternir l'éclat de sa vie,
Sort de son antre ténébreux.
L'Avarice lui sert de guide;
La Malice, au souris perfide,
L'Imposture, aux yeux effrontés,
De l'Enfer filles inflexibles [1],
Secouant leurs flambeaux horribles,
Marchent sans ordre à ses côtés.

L'Innocence, fière et tranquille,
Voit leurs complots sans s'ébranler,
Et croit que leur fureur stérile
En vains éclats va s'exhaler.
Mais son espérance est trompée;
De Thémis, ailleurs occupée,
Les secours étaient différés;
Et, par l'impunité plus fortes,
Leur audace frappait aux portes
Des tribunaux les plus sacrés.

Enfin, divinité brillante,
Par toi leur orgueil est détruit,
Et ta lumière étincelante
Dissipe cette affreuse nuit.
Déjà leur troupe confondue,
A ton aspect tombe éperdue!
Leur espoir meurt anéanti;
Et le noir démon du mensonge
Fuit, disparaît, et se replonge
Dans l'ombre dont il est sorti.

Quitte ces vêtements funèbres,
Fille du ciel, noble Pudeur :
La lumière sort des ténèbres,
Reprends ta première splendeur.
De cette divine mortelle,
Dont tu fus la guide éternelle,
Les lois ont été le soutien.
Reviens, de festons couronnée,
Et de palmes environnée,
Chanter son triomphe et le tien.

Assez la Fraude et l'Injustice,
Que sa gloire avait su blesser,
Dans les piéges de l'artifice
Ont tâché de l'embarrasser.
Fuyez, Jalousie obstinée;
De votre haleine empoisonnée,
Cessez d'offusquer ses vertus :
Regardez la Haine impuissante,
Et la Discorde gémissante,
Monstres sous ses pieds abattus.

Pour chanter leur joie et sa gloire,
Combien d'immortelles chansons
Les chastes filles de Mémoire
Vont dicter à leurs nourrissons!
Oh! qu'après la triste froidure
Nos yeux, amis de la verdure,
Sont enchantés de son retour!
Qu'après les frayeurs du naufrage,
On oublie aisément l'orage
Qui cède à l'éclat d'un beau jour!

Tel souvent un nuage sombre,
Du sein de la terre exhalé,
Tient sous l'épaisseur de son ombre
Le céleste flambeau voilé.
La nature en est consternée,
Flore languit abandonnée,
Philomèle n'a plus de sons;
Et, tremblante à ce noir présage,
Cérès pleure l'affreux ravage
Qui vient menacer ses moissons.

Mais bientôt vengeant leur injure,
Je vois mille traits enflammés
Qui percent la prison obscure
Qui les retenait enfermés.
Le ciel de toutes parts s'allume;
L'air s'échauffe, la terre fume,
Le nuage crève et pâlit;
Et, dans un gouffre de lumière,
Sa vapeur humide et grossière
Se dissipe et s'ensevelit.

---

[1] Nesclaque humanis precibus mansuescere corda.
Virg. Georg. iv, 470.

## XIII.

### SUR UN COMMENCEMENT D'ANNÉE.

L'astre qui partage les jours,
Et qui nous prête sa lumière,
Vient de terminer sa carrière,
Et commencer un nouveau cours.

Avec une vitesse extrême
Nous avons vu l'an s'écouler;
Celui-ci passera de même,
Sans qu'on puisse le rappeler.

Tout finit; tout est, sans remède,
Aux lois du temps assujetti;
Et, par l'instant qui lui succède,
Chaque instant est anéanti [1].

La plus brillante des journées
Passe pour ne plus revenir;
La plus fertile des années
N'a commencé que pour finir.

En vain, par les murs qu'on achève,
On tâche à s'immortaliser;
La vanité qui les élève
Ne saurait les éterniser.

La même loi, partout suivie,
Nous soumet tous au même sort :
Le premier moment de la vie
Est le premier pas vers la mort.

Pourquoi donc, en si peu d'espace,
De tant de soins m'embarrasser?
Pourquoi perdre le jour qui passe,
Pour un autre qui doit passer?

Si tel est le destin des hommes,
Qu'un moment peut les voir finir;
Vivons pour l'instant où nous sommes,
Et non pour l'instant à venir.

Cet homme est vraiment déplorable,
Qui, de la fortune amoureux,
Se rend lui-même misérable,
En travaillant pour être heureux.

Dans des illusions flatteuses
Il consume ses plus beaux ans;
A des espérances douteuses
Il immole des biens présents.

Insensés! votre âme se livre
A de tumultueux projets;
Vous mourrez, sans avoir jamais
Pu trouver le moment de vivre.

De l'erreur qui vous a séduits
Je ne prétends pas me repaître;
Ma vie est l'instant où je suis,
Et non l'instant où je dois être.

Je songe aux jours que j'ai passés,
Sans les regretter, ni m'en plaindre :
Je vois ceux qui me sont laissés,
Sans les désirer, ni les craindre.

Ne laissons point évanouir
Des biens mis en notre puissance;
Et que l'attente d'en jouir
N'étouffe point leur jouissance.

Le moment passé n'est plus rien;
L'avenir peut ne jamais être :
Le présent est l'unique bien
Dont l'homme soit vraiment le maître.

## XIV [1].

### IMITÉE D'HORACE :

*Lydia, dic, per omnes, etc.*

.ET

*Quis multâ gracilis te puer in rosâ.*

Quel charme, beauté dangereuse,
Assoupit ton nouveau Pâris?
Dans quelle oisiveté honteuse
De tes yeux la douceur flatteuse
A-t-elle plongé ses esprits?

Pourquoi ce guerrier inutile [2]
Cherche-t-il l'ombre et le repos?
D'où vient que, déjà vieil Achille,
Il suit le modèle stérile
De l'enfance de ce héros?

---

[1] Dies truditur die. (HOR.)

[1] Cette pièce, qui ne se trouve dans aucune des éditions publiées ou préparées du vivant de Rousseau, en avait été exclue par lui-même, à cause de l'application calomnieuse, que l'on en faisait à madame de Fériol et au maréchal d'Huxelles. C'est lui qui nous l'apprend dans une lettre, datée de Soleure, 8 octobre 1712.

[2] *Pourquoi ce guerrier inutile, etc.* HOR. liv. 1, ode VIII :

Cur apricum
Oderit campum, patiens pulveris atque solis?
. . . . . . . . . . . . . . . . . . . . . . . . . .
Quid latet, ut marinæ
Filium dicunt Thetidis sub lacrymosa Trojæ funera? etc.

En proie au plaisir qui l'enchante,
Il laisse endormir sa raison ;
Et, de la coupe séduisante
Que le fol amour lui présente,
Il boit à longs traits le poison.

Ton accueil, qui le sollicite,
Le nourrit dans ce doux état.
Oh! qu'il est beau de voir écrite
La mollesse d'un Sybarite
Sur le front brûlé d'un soldat !

De ces langueurs efféminées
Il recevra bientôt le prix :
Et déjà ses mains basanées,
Aux palmes de Mars destinées,
Cueillent les myrtes de Cypris.

Mais qu'il connaît peu quel orage [1]
Suivra ce calme suborneur!
Qu'il va regretter le rivage!
Que je plains le triste naufrage
Que lui prépare son bonheur,

Quand les vents, maintenant paisibles,
Enfleront la mer en courroux ;
Quand pour lui les dieux inflexibles
Changeront en des nuits horribles
Des jours qu'il a trouvés si doux!

Insensé qui sur tes promesses
Croit pouvoir fonder son appui,
Sans songer que mêmes tendresses,
Mêmes serments, mêmes caresses
Trompèrent un autre avant lui.

L'Amour a marqué son supplice :
Je vois cet amant irrité,
Des dieux accusant l'injustice,
Détestant son lâche caprice,
Déplorer sa fidélité ;

Tandis qu'au mépris de ses larmes,
Oubliant qu'il sait se venger,
Tu mets tes attraits sous les armes,
Pour profiter des nouveaux charmes
De quelque autre amant passager.

[1] *Mais qu'il connaît peu quel orage.* HORACE, livre I, ode v :

>   Heu! quoties fidem,
> Mutatosque deos flebit, et aspera
> Nigris æquora ventis, etc.

## LIVRE TROISIÈME.

### ODE I.

#### A M. LE COMTE DU LUC [1],

ALORS AMBASSADEUR DE FRANCE EN SUISSE, ET PLÉNIPOTENTIAIRE A LA PAIX DE BADE.

Tel que le vieux pasteur des troupeaux de Neptune,
Protée à qui le Ciel, père de la Fortune,
　Ne cache aucuns secrets,
Sous diverse figure, arbre, flamme, fontaine [2],
S'efforce d'échapper à la vue incertaine
　Des mortels indiscrets ;

Ou tel que d'Apollon le ministre terrible,
Impatient du dieu dont le souffle invincible [3]
　Agite tous ses sens,
Le regard furieux, la tête échevelée [4],
Du temple fait mugir la demeure ébranlée
　Par ses cris impuissants :

Tel, aux premiers accès d'une sainte manie,
Mon esprit alarmé redoute du génie
　L'assaut victorieux ;
Il s'étonne, il combat l'ardeur qui le possède,
Et voudrait secouer du démon qui l'obsède [5]
　Le joug impérieux.

Mais sitôt que, cédant à la fureur divine,
Il reconnaît enfin du dieu qui le domine
　Les souveraines lois ;

[1] C'est Pindare qui a fourni à Rousseau l'idée première et le dessein général de cette ode (Pyth. III) ; mais l'imitateur, je ne crains pas de le dire, est resté supérieur au modèle, abstraction faite toutefois de la différence des deux langues ; et, sous ce rapport même, il est plus glorieux encore pour le poëte français d'avoir créé une langue digne de Pindare, que pour Pindare lui-même de s'être habilement servi de la sienne.

[2]   Aut acrem flammæ sonitum dabit, atque ita vinclis
　Excidet, aut in aquas tenues dilapsus abibit.
　　　　　　　　　　　*Georg.* IV, 409, 10.

[3] *Impatient du dieu.* Heureuse hardiesse d'expression, littéralement empruntée de Virgile, *Énéid.* VI, 77 :

　At Phœbi nondum patiens immanis in antro
　Bacchatur vates.

[4] *Le regard furieux, la tête échevelée,* etc. Ibid. 47 :

　Non vultus, non color unus,
　Non comtæ mansere comæ ; sed pectus anhelum,
　Et rabie fera corda tument.

[5] *Et voudrait secouer,* etc. C'est encore la prêtresse de Virgile, en proie à la fureur du dieu qui l'inspire, et dont elle cherche vainement à secouer *le joug impérieux* :

　. . . . . . Magnum si pectore possit
　Excussisse deum. *Æneid.* VI, 78.

Alors, tout pénétré de sa vertu suprême,
Ce n'est plus un mortel, c'est Apollon lui-même
 Qui parle par ma voix [1].

Je n'ai point l'heureux don de ces esprits faciles,
Pour qui les doctes Sœurs, caressantes, dociles,
 Ouvrent tous leurs trésors ;
Et qui, dans la douceur d'un tranquille délire,
N'éprouvèrent jamais, en maniant la lyre,
 Ni fureurs ni transports.

Des veilles, des travaux, un faible cœur s'étonne :
Apprenons toutefois que le fils de Latone,
 Dont nous suivons la cour,
Ne nous vend qu'à ce prix ces traits de vive flamme,
Et ces ailes de feu qui ravissent une âme
 Au céleste séjour.

C'est par là qu'autrefois d'un prophète fidèle [2]
L'esprit, s'affranchissant de sa chaîne mortelle
 Par un puissant effort,
S'élançait dans les airs comme un aigle intrépide ;
Et jusque chez les dieux allait, d'un vol rapide,
 Interroger le sort.

C'est par là qu'un mortel, forçant les rives sombres [3],
Au superbe tyran qui règne sur les ombres
 Fit respecter sa voix.
Heureux, si, trop épris d'une beauté rendue,
Par un excès d'amour il ne l'eût point perdue
 Une seconde fois !

Telle était de Phébus la vertu souveraine,
Tandis qu'il fréquentait les bords de l'Hippocrène
 Et les sacrés vallons.
Mais ce n'est plus le temps, depuis que l'Avarice,
Le Mensonge flatteur, l'Orgueil et le Caprice,
 Sont nos seuls Apollons.

Ah! si ce dieu sublime, échauffant mon génie,
Ressuscitait pour moi de l'antique harmonie
 Les magiques accords ;
Si je pouvais du ciel franchir les vastes routes,
Ou percer par mes chants les infernales voûtes
 De l'empire des morts ;

Je n'irais point, des dieux profanant la retraite,
Dérober au Destin, téméraire interprète,
 Ses augustes secrets :
Je n'irais point chercher une amante ravie,
Et, la lyre à la main, redemander sa vie
 Au gendre de Cérès.

Enflammé d'une ardeur plus noble et moins stérile,
J'irais, j'irais pour vous, ô mon illustre asile,
 O mon fidèle espoir !
Implorer aux enfers ces trois fières déesses
Que jamais jusqu'ici nos vœux ni nos promesses
 N'ont su l'art d'émouvoir.

« Puissantes déités, qui peuplez cette rive [1],
Préparez, leur dirais-je, une oreille attentive
 Au bruit de mes concerts :
Puissent-ils amollir vos superbes courages
En faveur d'un héros digne des premiers âges
 Du naissant univers !

Non, jamais sous les yeux de l'auguste Cybèle
La terre ne fit naître un plus parfait modèle
 Entre les dieux mortels ;
Et jamais la vertu n'a, dans un siècle avare,
D'un plus riche parfum, ni d'un encens plus rare,
 Vu fumer ses autels.

C'est lui, c'est le pouvoir de cet heureux génie,
Qui soutient l'équité contre la tyrannie
 D'un astre injurieux.
L'aimable Vérité, fugitive, importune,
N'a trouvé qu'en lui seul sa gloire, sa fortune,
 Sa patrie et ses dieux.

Corrigez donc pour lui vos rigoureux usages ;
Prenez tous les fuseaux qui, pour les plus longs âges,
 Tournent entre vos mains.
C'est à vous que du Styx les dieux inexorables
Ont confié les jours, hélas ! trop peu durables,
 Des fragiles humains.

Si ces dieux, dont un jour tout doit être la proie,
Se montrent trop jaloux de la fatale soie
 Que vous leur redevez,
Ne délibérez plus, tranchez mes destinées,
Et renouez leur fil à celui des années
 Que vous lui réservez.

Ainsi daigne le ciel, toujours pur et tranquille,
Verser sur tous les jours que votre main nous file

---

[1] ...... Majorque videri,
Nec mortale sonans.
   VIRG. Æneid. VI. 49.

[2] *C'est par là qu'autrefois d'un prophète fidèle*, etc. C'est le *vates*, le μάντις des anciens ; et il serait absurde de supposer au poëte l'intention de parler ici d'un *prophète*, dans l'acception religieuse que nous donnons aujourd'hui à ce mot.

[3] L'exemple d'Orphée est bien choisi, et plus heureusement encore mis en œuvre ; mais il fallait être bien sûr de sa lyre, pour l'opposer à celle d'Orphée, et en attendre surtout les mêmes prodiges.

[1] *Puissantes déités*, etc. « La prière du poëte est si touchante, le chant de ses vers si mélodieux, qu'il paraît être véritablement ce même Orphée qu'il veut imiter. » (LA HARPE.)

Un regard amoureux!
Et puissent les mortels amis de l'innocence
Mériter tous les soins que votre vigilance
Daigne prendre pour eux! »

C'est ainsi qu'au delà de la fatale barque,
Mes chants adouciraient de l'orgueilleuse Parque
L'impitoyable loi ;
Lachésis apprendrait à devenir sensible ;
Et le double ciseau de sa sœur inflexible
Tomberait devant moi.

Une santé dès lors florissante, éternelle,
Vous ferait recueillir d'une automne nouvelle
Les nombreuses moissons :
Le ciel ne serait plus fatigué de nos larmes;
Et je verrais enfin de mes froides alarmes
Fondre tous les glaçons.

Mais une dure loi, des dieux même suivie,
Ordonne que le cours de la plus belle vie
Soit mêlé de travaux :
Un partage inégal ne leur fut jamais libre :
Et leur main tient toujours dans un juste équilibre
Tous nos biens et nos maux.

Ils ont sur vous, ces dieux, épuisé leur largesse :
C'est d'eux que vous tenez la raison, la sagesse,
Les sublimes talents ;
Vous tenez d'eux enfin cette magnificence
Qui seule sait donner à la haute naissance
De solides brillants.

C'en était trop, hélas! et leur tendresse avare,
Vous refusant un bien dont la douceur répare
Tous les maux amassés,
Prit sur votre santé, par un décret funeste,
Le salaire des dons qu'à votre âme céleste
Elle avait dispensés.

Le ciel nous vend toujours les biens qu'il nous prodigue :
Vainement un mortel se plaint, et le fatigue
De ses cris superflus :
L'âme d'un vrai héros tranquille, courageuse,
Sait comme il faut souffrir d'une vie orageuse
Le flux et le reflux.

Il sait, et c'est par là qu'un grand cœur se console,
Que son nom ne craint rien ni des fureurs d'Éole,
Ni des flots inconstants ;
Et que, s'il est mortel, son immortelle gloire
Bravera, dans le sein des filles de Mémoire,
Et la mort et le temps.

Tandis qu'entre des mains à sa gloire attentives,
La France confira de ses saintes archives

Le dépôt solennel,
L'avenir y verra le fruit de vos journées,
Et vos heureux destins unis aux destinées
D'un empire éternel.

Il saura par quels soins, tandis qu'à force ouverte
L'Europe conjurée armait pour notre perte
Mille peuples fougueux,
Sur des bords étrangers votre illustre assistance
Sut ménager pour nous les cœurs et la constance
D'un peuple belliqueux.

Il saura quel génie, au fort de nos tempêtes,
Arrêta, malgré nous, dans leurs vastes conquêtes
Nos ennemis hautains;
Et que vos seuls conseils, déconcertant leurs princes,
Guidèrent au secours de deux riches provinces
Nos guerriers incertains.

Mais quel peintre fameux, par de savantes veilles
Consacrant aux humains de tant d'autres merveilles
L'immortel souvenir,
Pourra suivre le fil d'une histoire si belle,
Et laisser un tableau digne des mains d'Apelle
Aux siècles à venir?

Que ne puis-je franchir cette longue barrière !
Mais, peu propre aux efforts d'une noble carrière,
Je vais jusqu'où je puis ;
Et semblable à l'abeille en nos jardins éclose [1],
De différentes fleurs j'assemble et je compose
Le miel que je produis.

Sans cesse, en divers lieux errant à l'aventure,
Des spectacles nouveaux que m'offre la nature
Mes yeux sont égayés ;
Et, tantôt dans les bois, tantôt dans les prairies,
Je promène toujours mes douces rêveries
Loin des chemins frayés.

Celui qui, se livrant à des guides vulgaires,
Ne détourne jamais des routes populaires
Ses pas infructueux,
Marche plus sûrement dans une humble campagne,
Que ceux qui, plus hardis, percent de la montagne
Les sentiers tortueux.

Toutefois c'est ainsi que nos maîtres célèbres

---

[1] *Et, semblable à l'abeille*, etc. HORACE, liv. IV, ode II.

> Ego, apis matinæ
> More modoque,
> Grata carpentis thyma per laborem
> Plurimum, circa nemus, uvidique
> Tiburis ripas, operosa parvus
> Carmina fingo.

Ont dérobé leurs noms aux épaisses ténèbres
De leur antiquité ;
Et ce n'est qu'en suivant leur périlleux exemple,
Que nous pouvons, comme eux, arriver jusqu'au tem-
De l'immortalité [1].   [ple

## II.

A S. A. S. MONSEIGNEUR LE PRINCE

### EUGÈNE DE SAVOIE [2].

Est-ce une illusion soudaine
Qui trompe mes regards surpris ?
Est-ce un songe dont l'ombre vaine
Trouble mes timides esprits ?
Quelle est cette déesse énorme,
Ou plutôt ce monstre difforme
Tout couvert d'oreilles et d'yeux,
Dont la voix ressemble au tonnerre,
Et qui, des pieds touchant la terre,
Cache sa tête dans les cieux ?

C'est l'inconstante Renommée,
Qui, sans cesse les yeux ouverts,
Fait sa revue accoutumée
Dans tous les coins de l'univers [3].
Toujours vaine, toujours errante,
Et messagère indifférente
Des vérités et de l'erreur,
Sa voix, en merveilles féconde,
Va chez tous les peuples du monde
Semer le bruit et la terreur.

Quelle est cette troupe sans nombre
D'amants autour d'elle assidus,
Qui viennent en foule à son ombre
Rendre leurs hommages perdus ?
La Vanité, qui les enivre,
Sans relâche s'obstine à suivre
L'éclat dont elle les séduit ;
Mais bientôt leur âme orgueilleuse
Voit sa lumière frauduleuse
Changée en éternelle nuit.

O toi, qui, sans lui rendre hommage,
Et sans redouter son pouvoir,
Sus toujours de cette volage
Fixer les soins et le devoir,
Héros, des héros le modèle,
Était-ce pour cette infidèle
Qu'on t'a vu, cherchant les hasards,
Braver mille morts toujours prêtes,
Et dans les feux et les tempêtes
Défier la fureur de Mars ?

Non, non : ses lueurs passagères
N'ont jamais ébloui tes sens ;
A des déités moins légères
Ta main prodigue son encens :
Ami de la gloire solide,
Mais de la vérité rigide
Encor plus vivement épris,
Sous ses drapeaux seuls tu te ranges,
Et ce ne sont point les louanges,
C'est la vertu, que tu chéris.

Tu méprises l'orgueil frivole
De tous ces héros imposteurs
Dont la fausse gloire s'envole
Avec la voix de leurs flatteurs :
Tu sais que l'Équité sévère
A cent fois du haut de leur sphère
Précipité ces vains guerriers ;
Et qu'elle est l'unique déesse
Dont l'incorruptible sagesse
Puisse éterniser tes lauriers.

Ce vieillard qui d'un vol agile
Fuit sans jamais être arrêté,
Le Temps, cette image mobile
De l'immobile éternité,
A peine du sein des ténèbres
Fait éclore les faits célèbres,
Qu'il les replonge dans la nuit :
Auteur de tout ce qui doit être,
Il détruit tout ce qu'il fait naître,
A mesure qu'il le produit.

Mais la déesse de Mémoire,
Favorable aux noms éclatants,

---

[1] « Notre poésie lyrique a pu traiter de plus grands sujets et offrir de plus grandes idées : mais pour l'ensemble et pour le style, je ne connais rien dans notre langue de supérieur à cette ode. » (LA HARPE.)

[2] François de Savoie, devenu si célèbre sous le nom de PRINCE EUGÈNE, né à Paris le 18 octobre 1663, était fils d'Eugène Maurice, comte de Soissons et petit-fils du duc de Savoie Charles-Emmanuel Ier, et d'Olympe Mancini, nièce du cardinal Mazarin. Destiné d'abord à l'état ecclésiastique, on l'appela longtemps *le petit abbé* : mais rendu, par la mort de son père, à la liberté de ses goûts, il embrassa la profession des armes, et demanda un régiment à Louis XIV. Le régiment ne fut point accordé, et ce refus piqua si vivement le jeune prince, qu'il alla sur-le-champ offrir ses services à l'empereur d'Allemagne ; ils furent acceptés, et il ne cessa dès lors de combattre la France avec toute la supériorité du talent militaire, et l'infatigable activité d'un ressentiment qui n'eut de terme que celui de sa vie. Il mourut à Vienne le 21 avril 1736, âgé de soixante-onze ans. Il fut le plus grand général de son temps, puisqu'il précéda Frédéric II : mais il est fâcheux pour nous que l'histoire de ses succès ne soit le plus souvent que celle de nos revers et de nos désastres.

[3]   Totumque inquirit in orbem.
                                        OVID.

Soulève l'équitable histoire
Contre l'iniquité du temps ;
Et dans le registre des âges
Consacrant les nobles images
Que la gloire lui vient offrir,
Sans cesse en cet auguste livre
Notre souvenir voit revivre
Ce que nos yeux ont vu périr.

C'est là que sa main immortelle,
Mieux que la déesse aux cent voix,
Saura, dans un tableau fidèle,
Immortaliser tes exploits :
L'avenir, faisant son étude
De cette vaste multitude
D'incroyables événements,
Dans leurs vérités authentiques,
Des fables les plus fantastiques
Retrouvera les fondements.

Tous ces traits incompréhensibles,
Par les fictions ennoblis,
Dans l'ordre des choses possibles
Par là se verront rétablis.
Chez nos neveux moins incrédules,
Les vrais Césars, les faux Hercules,
Seront mis en même degré,
Et tout ce qu'on dit à leur gloire,
Et qu'on admire sans le croire,
Sera cru sans être admiré.

Guéris d'une vaine surprise,
Ils recevront, sans être émus,
Les faits du petit-fils d'Acrise [1],
Et tous les travaux de Cadmus :
Ni le monstre du labyrinthe,
Ni la triple chimère éteinte,
N'étonneront plus la raison ;
Et l'esprit avoûra sans honte
Tout ce que la Grèce raconte
Des merveilles du fils d'Éson.

Et pourquoi traiter de prestiges
Les aventures de Colchos ?
Les dieux n'ont-ils fait des prodiges
Que dans Thèbes ou dans Argos ?
Que peuvent opposer les fables
Aux prodiges inconcevables
Qui, de nos jours exécutés,
Ont cent fois dans la Germanie,
Chez le Belge, dans l'Ausonie,
Frappé nos yeux épouvantés ?

Mais ici ma lyre impuissante
N'ose seconder mes efforts :
Une voix fière et menaçante
Tout à coup glace mes transports.
Arrête, insensé ! me dit-elle ;
Ne va point d'une main mortelle
Toucher un laurier immortel :
Arrête ; et, dans ta folle audace,
Crains de reconnaître la trace
Du sang dont fume ton autel.

Le terrible dieu de la guerre,
Bellone, et la fière Atropos,
N'ont que trop effrayé la terre
Des triomphes de ton héros.
Ces dieux, ta patrie elle-même,
Rendront à sa valeur suprême
D'assez authentiques tributs.
Admirateur plus légitime,
Garde tes vers et ton estime
Pour de plus tranquilles vertus.

Ce n'est point d'un amas funeste
De massacres et de débris
Qu'une vertu pure et céleste
Tire son véritable prix.
Un héros, qui de la victoire
Emprunte son unique gloire,
N'est héros que quelques moments ;
Et, pour l'être toute sa vie,
Il doit opposer à l'envie
De plus paisibles monuments.

En vain ses exploits mémorables
Étonnent les plus fiers vainqueurs :
Les seules conquêtes durables
Sont celles qu'on fait sur les cœurs.
Un tyran cruel et sauvage,
Dans les feux et dans le ravage
N'acquiert qu'un honneur criminel :
Un vainqueur qui sait toujours l'être,
Dans les cœurs dont il se rend maître
S'élève un trophée éternel.

C'est par cette illustre conquête,
Mieux encor que par ses travaux,
Que ton prince [1] élève sa tête
Au-dessus de tous ses rivaux ;
Grand par tout ce que l'on admire,
Mais plus encor, j'ose le dire,
Par cette héroïque bonté,
Et par cet abord plein de grâce,

---

[1] Persée, fils de Danaé, qui était fille d'Acrisius.
  Ovid. *Métam.* IV et V.

[1] L'empereur Charles VI.

Qui des premiers âges retrace
L'adorable simplicité.

Il sait qu'en ce vaste intervalle
Où les destins nous ont placés,
D'une fierté qui les ravale
Les mortels sont toujours blessés ;
Que la grandeur, fière et hautaine,
N'attire souvent que leur haine,
Lorsqu'elle ne fait rien pour eux ;
Et que, tandis qu'elle subsiste,
Le parfait bonheur ne consiste
Qu'à rendre les hommes heureux.

Les dieux même, éternels arbitres
Du sort des fragiles mortels,
N'exigent qu'à ces mêmes titres
Nos offrandes et nos autels.
C'est leur puissance qu'on implore :
Mais c'est leur bonté qu'on adore
Dans le bien qu'ils font aux humains ;
Et, sans cette bonté fertile,
Leur foudre, souvent inutile,
Gronderait en vain dans leurs mains.

Prince, suis toujours les exemples
De ces dieux dont tu tiens le jour :
Avant de mériter nos temples,
Ils ont mérité notre amour.
Tu le sais, l'aveugle fortune
Peut faire d'une âme commune
Un héros partout admiré :
La seule vertu, profitable,
Généreuse, tendre, équitable,
Peut faire un héros adoré.

Ce potentat toujours auguste,
Maître de tant de potentats,
Dont la main si ferme et si juste
Conduit tant de vastes États,
Deviendra la gloire des princes,
Lorsqu'en ses nombreuses provinces,
Rassemblant les plaisirs épars,
Sous sa féconde providence
Tu feras fleurir l'abondance,
Les délices, et les beaux-arts.

Seconde les heureux auspices
D'un monarque si renommé :
Déjà, par tes secours propices,
Janus voit son temple fermé.
Puisse ta gloire toujours pure
A toute la race future
Servir de modèle et de loi ;

Et ton intégrité profonde
Être à jamais l'amour du monde,
Comme ton bras en fut l'effroi !

## III.

### A M. LE COMTE DE BONNEVAL[1],

LIEUTENANT GÉNÉRAL DES ARMÉES DE L'EMPEREUR.

Le soleil, dont la violence
Nous a fait languir si longtemps,
Arme de feux moins éclatants
Les rayons que son char nous lance ;
Et, plus paisible dans son cours,
Laisse la céleste balance[2]
Arbitre des nuits et des jours.

L'Aurore, désormais stérile
Pour la divinité des fleurs,
De l'heureux tribut de ses pleurs
Enrichit un dieu plus utile ;
Et sur tous les coteaux voisins
On voit briller l'ambre fertile
Dont elle dore nos raisins.

C'est dans cette saison si belle
Que Bacchus prépare à nos yeux
De son triomphe glorieux
La pompe la plus solennelle :
Il vient de ses divines mains
Sceller l'alliance éternelle
Qu'il a faite avec les humains.

Autour de son char diaphane
Les Ris, voltigeant dans les airs,
Des soins qui troublent l'univers
Écartent la troupe profane :

[1] Après avoir servi quelque temps avec distinction sous *Catinat* et *Vendôme*, quelques mécontentements engagèrent le comte de Bonneval à quitter la France, pour passer au service de l'empereur. La guerre ayant été déclarée au Grand Seigneur, le transfuge français partagea les succès du prince Eugène contre les Turcs, et donna entre autres, à la bataille de *Peterwaradin*, des preuves signalées de valeur, qui l'élevèrent au grade de lieutenant feld-maréchal. Mais les talents du comte de Bonneval étaient accompagnés de présomption, d'indiscrétion et d'une légèreté satirique, ou d'une franchise déplacée, qui lui firent insensiblement perdre l'amitié du prince, et le précipitèrent ensuite dans des démarches si inconsidérées, qu'il fut obligé de se sauver d'abord à Venise, et de là en Turquie, où il prit le turban en 1720, sous le nom d'Achmet Pacha, et se signala plus d'une fois dans la guerre contre les Impériaux, terminée par la paix de Belgrade. Il songeait, dit-on, à s'enfuir à Rome, et à rentrer au service de France, lorsqu'il mourut le 22 mars 1747, à l'âge de soixante-douze ans.

[2] *Laisse la céleste balance*, etc. VIRG. *Georg.* I, 208 :

Libra die somnique pares ubi fecerit horas.

Tel, sur des bords inhabités [1],
Il vint de la triste Ariane
Calmer les esprits agités.

Les Satyres tout hors d'haleine
Conduisant les Nymphes des bois,
Au son du fifre et du hautbois
Dansent par troupes dans la plaine,
Tandis que les Sylvains lassés
Portent l'immobile Silène
Sur leurs thyrses entrelacés.

Leur plus vive ardeur se déploie
Autour de ce dieu belliqueux :
Cher comte, partage avec eux
L'allégresse qu'il leur envoie;
Et, plein d'une douce chaleur,
Montre-toi rival de leur joie,
Comme tu l'es de sa valeur.

Prends part à la juste louange
De ce dieu si cher aux guerriers,
Qui, couvert de mille lauriers
Moissonnés jusqu'aux bords du Gange,
A trouvé mille fois plus grand
D'être le dieu de la vendange,
Que de n'être qu'un conquérant.

De ses Ménades révoltées
Craignons l'impétueux courroux;
Tu sais jusqu'où ce dieu jaloux
Porte ses fureurs irritées,
Et quelles tragiques horreurs
Des Lycurgues et des Penthées [2]
Payèrent les folles erreurs.

C'est lui qui, des fils de la terre
Châtiant la rébellion,
Sous la forme d'un fier lion
Vengea le maître du tonnerre;
Et par lui les os de Rhécus
Furent brisés, comme le verre,
Aux yeux de ses frères vaincus.

Ici, par l'aimable Paresse
Ce fameux vainqueur désarmé,
Ne se montre plus enflammé

[1] *Sur des bords inhabités.* L'île de Naxos, où gémissait Ariane, abandonnée par Thésée.
[2] *Des Lycurgues et des Penthées*, etc. Lycurgue, roi de Thrace, ayant repoussé le culte de Bacchus, et chassé le dieu lui-même de ses États, fut massacré par ses propres sujets, auxquels il avait interdit l'usage du vin pendant son règne. Penthée expia plus cruellement encore un tort semblable : il périt, mis en pièces par les Bacchantes, à la tête desquelles se trouvait Agavé sa mère.

Que des feux d'une douce ivresse;
Et, cherchant de plus doux combats.
Dans le temple de l'Allégresse
Il s'offre à conduire nos pas.

Là sous une voûte sacrée,
Peinte des plus riches couleurs,
Ses prêtres, couronnant de fleurs
La victime pour toi parée,
Bientôt sur un autel divin
Feront couler, à ton entrée,
Des ruisseaux de lait et de vin.

Reçois ce nectar adorable
Versé par la main des Plaisirs;
Et laisse, au gré de leur désirs,
Par cette liqueur favorable
Remplir tes esprits et tes yeux
De cette joie inaltérable
Qui rend l'homme semblable aux dieux.

Par elle, en toutes ses disgrâces,
Un cœur d'audace revêtu
Sait asservir à sa vertu
Les ennuis qui suivent ses traces;
Et, tranquille jusqu'à la mort,
Conjurer toutes les menaces
Des dieux, et des rois, et du sort.

Par elle, bravant la puissance [1]
De son implacable démon,
Le vaillant fils de Télamon,
Banni des lieux de sa naissance,
Au fort de ses calamités
Rendit le calme et l'espérance
A ses compagnons rebutés [2].

« Amis, la volage Fortune
N'a, dit-il, nuls droits sur mon cœur;
Je prétends, malgré sa rigueur,
Fixer votre course importune :
Passons ce jour dans les festins [3];
Demain les Zéphyrs et Neptune
Ordonneront de nos destins. »

[1] Teucer, fils de Télamon, roi de Salamine, et d'Hésione, fille de Laomédon, fut un des poursuivants d'Hélène, et alla en conséquence au siège de Troie, où il se distingua par sa valeur. Son père ayant refusé, à son retour, de le recevoir dans ses États, il se retira dans l'île de Chypre, où il bâtit une Salamine nouvelle.

[2]     Teucer Salamina, patremque
    Quum fugeret, tamen uda Lyæo
    Tempora populea fertur vinxisse corona,
    Sic tristes affatus amicos.
        HOR. liv. I, ode VII.

[3]     Nunc vino pellite curas :
    Cras ingens iterabimus æquor.
        HOR. liv. I, ode VII.

C'est sur cet illustre modèle
Qu'à toi-même toujours égal,
Tu sus, loin de ton lieu natal,
Triompher d'un astre infidèle ;
Et, sous un ciel moins rigoureux,
D'une Salamine nouvelle [1]
Jeter les fondements heureux.

Une douleur pusillanime
Touche peu les dieux immortels ;
On aborde en vain leurs autels,
Sans un cœur ferme et magnanime :
Quand nous venons les implorer,
C'est par une joie unanime
Que nous devons les honorer.

Telle est l'allégresse rustique
De ces vendangeurs altérés,
Qu'on voit, à leurs yeux égarés,
Saisis d'une ivresse mystique ;
Et qui, saintement furieux,
Retracent de l'orgie antique
L'emportement mystérieux.

Tandis que toute la campagne
Retentit de leur doux transport,
Allons travailler à l'accord
Du Tokaie [2] avec le Champagne ;
Et, près de tes Lares assis,
Des vins de rive et de montagne
Juger le procès indécis.

Les juges, à ton arrivée,
Se trouveront tous assemblés ;
La soif qui les tient désolés
Brûle de se voir abreuvée ;
Et leur appétit importun,
A deux heures de relevée,
S'étonne d'être encore à jeun.

## IV.

IMITÉE DE LA VII<sup>e</sup> ÉPODE D'HORACE.

### AUX SUISSES,

DURANT LEUR GUERRE CIVILE [3].

Où courez-vous, cruels ? Quel démon parricide
Arme vos sacriléges bras ?

---

[1] Allusion aux révolutions fréquentes de situation, et même de domicile, arrivées dans le cours de la vie inquiète et agitée du comté de Bonneval.
[2] *Tokai*, bourg de la Haute-Hongrie, célèbre par ses excellents vins.
[3] Entre les cantons protestants et catholiques, et à laquelle

Pour qui destinez-vous l'appareil homicide
De tant d'armes et de soldats ?

Allez-vous réparer la honte encor nouvelle
De vos passages violés ?
Êtes-vous résolus à venger la querelle
De vos ancêtres immolés ?

Non, vous voulez venger votre ennemi lui-même,
Et faire voir aux fiers Germains
Leurs antiques rivaux, dans leur fureur extrême,
Égorgés de leurs propres mains :

Tigres, plus acharnés que le lion sauvage,
Qui malgré sa férocité,
Dans un autre lion respectant son image,
Dépouille pour lui sa fierté.

Mais parlez ; répondez : quels feux illégitimes
Allument en vous ce transport ? [mes,
Est-ce un aveugle instinct ? Sont-ce vos propres cri-
Ou la fatale loi du sort ?

Ils demeurent sans voix. Que devient leur audace ?
Je vois leurs visages pâlir :
Le trouble les saisit, l'étonnement les glace.
Ah ! vos destins vont s'accomplir.

Vos pères ont péché : vous en portez la peine ;
Et Dieu, sur votre nation,
Veut des profanateurs de sa loi souveraine
Expier la rébellion.

## V.

### AUX PRINCES CHRÉTIENS,

SUR L'ARMEMENT DES TURCS CONTRE LA RÉPUBLIQUE DE VENISE, EN 1715.

Ce n'est donc point assez que ce peuple perfide,
De la sainte Cité profanateur stupide,
Ait dans tout l'Orient porté ses étendards ;
Et, paisible tyran de la Grèce abattue,
Partage à notre vue
La plus belle moitié du trône des Césars ?

Déjà, pour réveiller sa fureur assoupie,
L'interprète effréné de son prophète impie
Lui promet d'asservir l'Italie à sa loi ;
Et déjà son orgueil, plein de cette assurance,
Renverse en espérance
Le siége de l'empire et celui de la Foi.

mit fin le traité d'Araw, conclu en 1712, par l'entremise du comte du Luc.

A l'aspect des vaisseaux que vomit le Bosphore,
Sous un nouveau Xerxès, Thétis croit voir encore
Au travers de ses flots promener les forêts;
Et le nombreux amas de lances hérissées
    Contre le ciel dressées
Égale les épis qui dorent nos guérets.

Princes, que pensez-vous à ces apprêts terribles?
Attendez-vous encor, spectateurs insensibles,
Quels seront les décrets de l'aveugle Destin,
Comme en ce jour affreux où, dans le sang noyée,
    Byzance foudroyée
Vit périr sous ses murs le dernier Constantin [1]?

O honte! ô de l'Europe infamie éternelle!
Un peuple de brigands, sous un chef infidèle,
De ses plus saints remparts détruit la sûreté;
Et le Mensonge impur tranquillement repose
    Où le grand Théodose
Fit régner si longtemps l'auguste Vérité.

Jadis, dans leur fureur non encor ralentie,
Ces esclaves chassés des marais de Scythie
Portèrent chez le Parthe et la mort et l'effroi;
Et bientôt des Persans, ravisseurs moins barbares,
    Leurs conducteurs avares
Reçurent à la fois et le sceptre et la loi.

Dès lors, courant toujours de victoire en victoire,
Des califes, déchus de leur antique gloire,
Le redoutable empire entre eux fut partagé;
Des bords de l'Hellespont aux rives de l'Euphrate,
    Par cette race ingrate
Tout fut en même temps soumis ou ravagé.

Mais sitôt que leurs mains, en ruines fécondes,
Osèrent, du Jourdain souillant les saintes ondes,
Profaner le tombeau du fils de l'Éternel,
L'Occident, réveillé par ce coup de tonnerre,
    Arma toute la terre,
Pour laver ce forfait dans leur sang criminel.

En vain à cette ardeur si bouillante et si vive,
La folle Ambition, la Prudence craintive,
Prétendaient opposer leurs conseils spécieux :
Chacun comprit alors, mieux qu'au siècle où nous
    Que l'intérêt des hommes [sommes,
Ne doit point balancer la querelle des cieux.

Comme un torrent fougueux, qui, du haut des monta-
Précipitant ses eaux traîne dans les campagnes [gnes
Arbres, rochers, troupeaux, par son cours empor-
Ainsi de Godefroi [1] les légions guerrières [tés :
    Forcèrent les barrières
Que l'Asie opposait à leurs bras indomptés.

La Palestine enfin, après tant de ravages,
Vit fuir ses ennemis, comme on voit les nuages
Dans le vague des airs fuir devant l'Aquilon;
Et des vents du Midi la dévorante haleine
    N'a consumé qu'à peine [calon [2].
Leurs ossements blanchis dans les champs d'As-

De ses temples détruits et cachés sous les herbes
Sion vit relever les portiques superbes,
De notre délivrance augustes monuments;
Et d'un nouveau David la valeur noble et sainte
    Semblait dans leur enceinte
D'un royaume éternel jeter les fondements.

Mais chez ses successeurs la Discorde insolente,
Allumant le flambeau d'une guerre sanglante,
Énerva leur puissance en corrompant leurs mœurs;
Et le ciel irrité, ressuscitant l'audace
    D'une coupable race,
Se servit des vaincus pour punir les vainqueurs.

Rois, symboles mortels de la grandeur céleste,
C'est à vous de prévoir dans leur chute funeste
De vos divisions les fruits infortunés :
Assez et trop longtemps, implacables Achilles,
    Vos discordes civiles
De morts ont assouvi les enfers étonnés.

Tandis que de vos mains déchirant vos entrailles,
Dans nos champs, engraissés de tant de funérailles,
Vous semiez le carnage, et le trouble, et l'horreur,
L'infidèle, tranquille au milieu des alarmes,
    Forgeait ces mêmes armes
Qu'aujourd'hui contre vous aiguise sa fureur.

Enfin l'heureuse Paix, de l'Amitié suivie,
A réuni les cœurs séparés par l'Envie,
Et banni loin de nous la crainte et le danger :
Paisible dans son champ, le laboureur moissonne;
    Et les dons de l'automne
Ne sont plus profanés par le fer étranger.

Mais ce calme si doux que le ciel vous renvoie,
N'est point le calme oisif d'une indolente joie

---

[1] Il s'agit de Constantin Dracosès, dernier empereur de Constantinople, qui répandit tant d'éclat et un si vif intérêt sur la dernière journée de l'empire romain d'Orient.

[1] Godefroi de Bouillon, le héros de la *Jérusalem délivrée*.
[2] *Ascalon*, une des cinq satrapies des Philistins, entre Azoth et Gaza, sur les bords de la Méditerranée : prise par Baudouin I, comte de Flandre, et devenu roi de Jérusalem, elle ne s'est point relevée de ses ruines. Hérode le Grand y était né.

Où s'endort la vertu des plus fameux guerriers :
Le démon des combats souffle encor sur vos têtes,
Et de justes conquêtes
Vous offrent à cueillir de plus nobles lauriers.

Il est temps de venger votre commune injure ;
Éteignez dans le sang d'un ennemi parjure,
Du nom que vous portez l'opprobre injurieux ;
Et sous leurs braves chefs assemblant vos cohortes,
Allez briser les portes
D'un empire usurpé sur vos faibles aïeux.

Vous n'êtes plus au temps de ces craintes serviles
Qu'imprimaient dans le sein des peuples imbéciles
De cruels ravisseurs à leur perte animés.
L'aigle de Jupiter, ministre de la foudre,
A cent fois mis en poudre
Ces géants orgueilleux contre le ciel armés.

Belgrade, assujettie à leur joug tyrannique,
Renversa leur croissant du haut de ses remparts ;
Et de Salankemen[1] les plaines infectées
Sont encore humectées
Du sang de leurs soldats sur la poussière épars.

Sous le fer abattus, consumés dans la flamme,
Leur monarque insensé, le désespoir dans l'âme,
Pour la dernière fois osa tenter le sort ;
Déjà, de sa fureur barbare émissaires,
Ses nombreux janissaires
Portaient de toutes parts la terreur et la mort.

Arrêtez, troupe lâche et de pillage avide :
D'un Hercule naissant la valeur intrépide
Va bientôt démentir vos projets forcenés ;
Et, sur vos corps sanglants se traçant un passage,
Faire l'apprentissage
Des triomphes fameux qui lui sont destinés.

Le Tybisque, effrayé de la digue profonde
De tant de bataillons entassés dans son onde,
De ses flots enchaînés interrompt le cours ;
Et le fier Ottoman[2], sans drapeaux et sans suite,
Précipitant sa fuite,
Borna toute sa gloire au salut des ses jours.

C'en est assez, dit-il ; retournons sur nos traces :
Faibles et vils troupeaux, après tant de disgrâces,
N'irritons plus en vain de superbes lions ;
Un prince nous poursuit, dont le fatal génie,
Dans cette ignominie,
De notre antique gloire éteint tous les rayons.

Par une prompte paix, tant de fois profanée,
Conjurons la victoire à le suivre obstinée :
Prévenons du destin les revers éclatants,
Et sur d'autres climats détournons les tempêtes
Qui, déjà toutes prêtes,
Menacent d'écraser l'empire des Sultans.

## VI.

### A MALHERBE,

CONTRE LES DÉTRACTEURS DE L'ANTIQUITÉ[1].

Si du tranquille Parnasse
Les habitants renommés
Y gardent encor leur place
Lorsque leurs yeux sont fermés ;
Et si, contre l'apparence,
Notre farouche ignorance
Et nos insolents propos
Dans ces demeures sacrées
De leurs âmes épurées
Troublent encore le repos ;

Que dis-tu, sage Malherbe,
De voir tes maîtres proscrits
Par une foule superbe
De fanatiques esprits,
Et dans ta propre patrie
Renaître la barbarie
De ces temps d'infirmité,
Dont ton immortelle veine
Jadis avec tant de peine
Dissipa l'obscurité ?

Peux-tu, malgré tant d'hommages,
D'encens, d'honneurs et d'autels,
Voir mutiler les images
De tous ces morts immortels,
Qui, jusqu'au siècle où nous sommes,
Ont fait chez les plus grands hommes
Naître les plus doux transports,
Et dont les divins génies
De tes doctes symphonies
Ont formé tous les accords ?

Animé par leurs exemples,
Soutenu par leurs leçons,

---

[1] Ville de la Hongrie, dans l'Esclavonie, sur la rive droite du Danube. Elle est célèbre par la bataille qu'y gagna, en 1691, le prince de Bade contre les Turcs. C'est à quoi le poëte fait allusion dans ce vers.
[2] Mustapha II.

[1] Composée en 1715, dans le fort de la querelle élevée entre la Motte et madame Dacier sur la prééminence des anciens et des modernes.

Tu fis retentir nos temples
De tes célestes chansons.
Sur la montagne thébaine
Ta lyre fière et hautaine
Consacra l'illustre sort
D'un roi vainqueur de l'envie [1],
Vraiment roi pendant sa vie,
Vraiment grand après sa mort.

Maintenant ton ombre heureuse,
Au comble de ses désirs,
De leur troupe généreuse
Partage tous les plaisirs.
Dans ces bocages tranquilles,
Peuplés de myrtes fertiles
Et de lauriers toujours verts,
Tu mêles ta voix hardie
A la douce mélodie
De leurs sublimes concerts.

Là, d'un dieu fier et barbare
Orphée adoucit les lois;
Ici le divin Pindare
Charme l'oreille des rois.
Dans tes douces promenades,
Tu vois les folles Ménades
Rire autour d'Anacréon,
Et les Nymphes, plus modestes,
Gémir des ardeurs funestes
De l'amante de Phaon.

A la source d'Hippocrène
Homère, ouvrant ses rameaux,
S'élève comme un vieux chêne
Entre de jeunes ormeaux :
Les savantes immortelles,
Tous les jours, de fleurs nouvelles
Ont soin de parer son front ;
Et par leur commun suffrage
Avec elles il partage
Le sceptre du double mont.

Ainsi les chastes déesses,
Dans ces bois verts et fleuris,
Comblent de justes largesses
Leurs antiques favoris.
Mais pourquoi leur docte lyre
Prendrait-elle un moindre empire
Sur les esprits des neuf Sœurs,
Si de son pouvoir suprême,

Pluton, Cerbère lui-même,
Ont pu sentir les douceurs?

Quelle est donc votre manie,
Censeurs dont la vanité
De ces rois de l'harmonie
Dégrade la majesté ;
Et qui, par un double crime,
Contre l'Olympe sublime
Lançant vos traits venimeux,
Osez, dignes du tonnerre,
Attaquer ce que la terre
Eut jamais de plus fameux ?

Impitoyables Zoïles,
Plus sourds que le noir Pluton,
Souvenez-vous, âmes viles,
Du sort de l'affreux Python :
Chez les filles de Mémoire
Allez apprendre l'histoire
De ce serpent abhorré,
Dont l'haleine détestée,
De sa vapeur empestée
Souilla leur séjour sacré.

Lorsque la terrestre masse
Du déluge eut bu les eaux,
Il effraya le Parnasse
Par des prodiges nouveaux.
Le ciel vit ce monstre impie,
Né de la fange croupie
Au pied du mont Pélion,
Souffler son infecte rage
Contre le naissant ouvrage
Des mains de Deucalion.

Mais le bras sûr et terrible
Du dieu qui donne le jour,
Lava dans son sang horrible
L'honneur du docte séjour.
Bientôt de la Thessalie,
Par sa dépouille ennoblie,
Les champs en furent baignés ;
Et du Céphise rapide
Son corps affreux et livide
Grossit les flots indignés.

De l'écume empoisonnée
De ce reptile fatal,
Sur la terre profanée
Naquit un germe infernal ;
Et de là naissent les sectes
De tous ces sales insectes,
De qui le souffle envieux

[1] Henri IV. — Le chef-d'œuvre peut-être de Malherbe, et l'un des plus beaux monuments de notre langue, dans le genre lyrique, est l'ode que lui inspira l'attentat commis le 19 décembre 1605, sur la personne de ce prince, si *roi en effet pendant sa vie*, et si *grand après sa mort*.

Ose, d'un venin critique,
Noircir de la Grèce antique
Les célestes demi-dieux.

A peine, sur de vains titres,
Intrus au sacré vallon,
Ils s'érigent en arbitres
Des oracles d'Apollon :
Sans cesse dans les ténèbres
Insultant les morts célèbres,
Ils sont comme ces corbeaux
De qui la troupe affamée,
Toujours de rage animée,
Croasse autour des tombeaux.

Cependant, à les entendre,
Leurs ramages sont si doux,
Qu'aux bords mêmes du Méandre
Le cygne en serait jaloux ;
Et quoique en vain ils allument
L'encens dont ils se parfument
Dans leurs chants étudiés,
Souvent de ceux qu'ils admirent,
Lâches flatteurs, ils attirent
Les éloges mendiés.

Une louange équitable,
Dont l'honneur seul est le but,
Du mérite véritable
Est le plus juste tribut :
Un esprit noble et sublime,
Nourri de gloire et d'estime,
Sent redoubler ses chaleurs,
Comme une tige élevée,
D'une onde pure abreuvée,
Voit multiplier ses fleurs.

Mais cette flatteuse amorce
D'un hommage qu'on croit dû,
Souvent prête même force
Au vice qu'à la vertu.
De la céleste rosée
La terre fertilisée,
Quand les frimas ont cessé,
Fait également éclore
Et les doux parfums de Flore
Et les poisons de Circé.

Cieux, gardez vos eaux fécondes
Pour le myrte aimé des dieux ;
Ne prodiguez plus vos ondes
A cet if contagieux :
Et vous, enfants des nuages,
Vents, ministres des orages,

Venez, fiers tyrans du Nord,
De vos brûlantes froidures
Sécher ces feuilles impures
Dont l'ombre donne la mort.

## VII.

### A S. A. M. LE COMTE DE ZINZINDORF,

CHANCELIER DE LA COUR IMPÉRIALE [1].

L'hiver, qui si longtemps a fait blanchir nos plaines [2],
N'enchaîne plus le cours des paisibles ruisseaux ;
Et les jeunes zéphyrs de leurs chaudes haleines
    Ont fondu l'écorce des eaux.

Les troupeaux ont quitté leurs cabanes rustiques,
Le laboureur commence à lever ses guérets :
Les arbres vont bientôt de leurs têtes antiques
    Ombrager les vertes forêts.

Déjà la terre s'ouvre, et nous voyons éclore
Les prémices heureux de ses dons bienfaisants :
Cérès vient à pas lents, à la suite de Flore,
    Contempler ses nouveaux présents.

De leurs douces chansons, instruits par la nature,
Mille tendres oiseaux font résonner les airs ;
Et les Nymphes des bois, dépouillant leur ceinture,
    Dansent au bruit de leurs concerts.

Des objets si charmants, un séjour si tranquille,
La verdure, les fleurs, les ruisseaux, les beaux jours,
Tout invite le sage à chercher un asile
    Contre le tumulte des cours.

Mais vous, à qui Minerve et les filles d'Astrée
Ont confié le sort des terrestres humains,
Vous, qui n'osez quitter la balance sacrée
    Dont Thémis a chargé vos mains ;

Ministre de la paix qui gouvernez les rênes
D'un empire puissant autant que glorieux,
Vous ne pouvez longtemps vous dérober aux chaînes
    De vos emplois laborieux.

---

[1] Composée en 1716, et probablement pendant le voyage que fit Rousseau avec le comte de Zinzindorf dans ses terres de Moravie. — *Lettre à Brossette*, 30 septembre 1716.

[2] *L'hiver qui si longtemps*, etc. Ces quatre premières strophes sont une imitation fort libre, et en général peu heureuse, de l'ode IV du premier livre d'Horace : *Solvitur acris hiems*. Voltaire s'est fort égayé, surtout[*], aux dépens des *chaudes haleines des zéphyrs*, qui *fondent l'écorce des eaux*. Il y a en effet de la recherche, de la bizarrerie même dans cette expression ; et ce n'est point en parlant ce langage que l'on se fait ouvrir les portes du *Temple du Goût*. Mais à combien de titres un poëte tel que Rousseau ne devait-il pas, à son nom seul, les voir s'ouvrir devant lui !

[*] Dans *le Temple du Goût*.

Bientôt l'État, privé d'une de ses colonnes,
Se plaindrait d'un repos qui trahirait le sien;
L'orphelin vous crîrait : Hélas! tu m'abandonnes!
 Je perds mon plus ferme soutien!

Vous irez donc revoir, mais pour peu de journées,
Ces fertiles jardins, ces rivages si doux,
Que la nature et l'art, de leurs mains fortunées,
 Prennent soin d'embellir pour vous.

Dans ces immenses lieux dont le sort vous fit maître,
Vous verrez le soleil, cultivant leurs trésors,
Se lever le matin, et le soir disparaître,
 Sans sortir de leurs riches bords.

Tantôt vous tracerez la course de votre onde;
Tantôt, d'un fer courbé dirigeant vos ormeaux,
Vous ferez remonter leur séve vagabonde
 Dans de plus utiles rameaux.

Souvent, d'un plomb subtil que le salpêtre embrase,
Vous irez insulter le sanglier glouton,
Ou, nouveau Jupiter, faire aux oiseaux du Phase
 Subir le sort de Phaéton.

O doux amusements! ô charme inconcevable
A ceux que du grand monde éblouit le chaos!
Solitaires vallons, retraite inviolable
 De l'innocence et du repos :

Délices des aïeux d'une épouse adorée,
Qui réunit l'éclat de toutes leurs splendeurs,
Et dans qui la vertu, par les grâces parée,
 Brille au-dessus de leurs grandeurs!

Arbres verts et fleuris, bois paisibles et sombres,
A votre possesseur si doux et si charmants,
Puissiez-vous ne durer que pour prêter vos ombres
 A ses nobles délassements!

Mais la loi du devoir, qui lui parle sans cesse,
Va bientôt l'enlever à ses heureux loisirs;
Il n'écoutera plus que la voix qui le presse
 De s'arracher à vos plaisirs.

Bientôt vous le verrez, renonçant à lui-même,
Reprendre les liens dont il est échappé;
Toujours de l'intérêt d'un monarque qu'il aime,
 Toujours de sa gloire occupé.

Allez, illustre appui de ses vastes provinces,
Allez; mais revenez, de leur amour épris,
Organe des décrets du plus sage des princes,
 Veiller sur ses peuples chéris.

C'est pour eux qu'autrefois, loin de votre patrie,
Consacré de bonne heure à de nobles travaux,
Vous fîtes admirer votre heureuse industrie
 A ses plus illustres rivaux.

La France vit briller votre zèle intrépide
Contre le feu naissant de nos derniers débats :
Le Batave vous vit opposer votre égide
 Au cruel démon des combats.

Vos vœux sont satisfaits : la Discorde et la Guerre
N'osent plus rallumer leurs tragiques flambeaux;
Et les dieux apaisés redonnent à la terre
 Des jours plus sereins et plus beaux.

Ce chef de tant d'États [1], à qui le ciel dispense
Tant de riches trésors, tant de fameux bienfaits,
A déjà de ces dieux reçu la récompense
 De sa tendresse pour la paix.

Il a vu naître enfin de son épouse aimée [2]
Un gage précieux de sa fécondité,
Et qui va désormais de l'Europe charmée
 Affermir la tranquillité.

Arbitre tout-puissant d'un empire invincible,
Plus maître encor du cœur de ses sujets heureux,
Qu'a-t-il à désirer, qu'un usage paisible
 Des jours qu'il a reçus pour eux?

Non, non, il n'ira point, après tant de tempêtes,
Ressusciter encor d'antiques différends :
Il sait trop que souvent les plus belles conquêtes
 Sont la perte des conquérants.

Si toutefois l'ardeur de son noble courage
L'engageait quelque jour au delà de ses droits,
Écoutez la leçon d'un Socrate sauvage
 Faite au plus puissant de nos rois [3],

Pour la troisième fois, du superbe Versailles
Il faisait agrandir le parc délicieux;
Un peuple harassé de ses vastes murailles
 Creusait le contour spacieux.

Un seul, contre un vieux chêne appuyé sans mot dire,
Semblait à ce travail ne prendre aucune part :
« A quoi rêves-tu là? » dit le prince. — « Hélas! sire,
 Répond le champêtre vieillard,

Pardonnez : je songeais que de votre héritage
Vous avez beau vouloir élargir les confins;

---

[1] L'empereur Charles VI.
[2] Élisabeth-Christine de Brunswick-Wolfenbutel, mère de l'illustre Marie-Thérèse.
[3] Louis XIV.

Quand vous l'agrandiriez trente fois davantage,
Vous aurez toujours des voisins. »

## VIII.

POUR SON ALTESSE MONSEIGNEUR

### LE PRINCE DE VENDOME,

SUR SON RETOUR DE L'ILE DE MALTE, EN 1715.

Après que cette île guerrière,
Si fatale aux fiers Ottomans [1],
Eut mis sa puissante barrière
A couvert de leurs armements ;
Vendôme, qui, par sa prudence,
Y sut établir l'abondance,
Et pourvoir à tous ses besoins,
Voulut céder aux destinées
Qui réservaient à ses années
D'autres climats et d'autres soins.

Mais dès que la céleste voûte
Fut ouverte au jour radieux
Qui devait éclairer la route
De ce héros ami des dieux,
Du fond de ses grottes profondes
Neptune éleva sur les ondes
Son char de Tritons entouré ;
Et ce dieu prenant la parole,
Aux superbes enfants d'Éole
Adressa cet ordre sacré :

« Allez, tyrans impitoyables
Qui désolez tout l'univers,
De vos tempêtes effroyables
Troubler ailleurs le sein des mers :
Sur les eaux qui baignent l'Afrique,
C'est au Vulturne pacifique [2]
Que j'ai destiné votre emploi ;
Partez, et que votre furie,
Jusqu'à la dernière Hespérie,
Respecte et subisse sa loi.

Mais vous, aimables Néréides,
Songez au sang du grand Henri [3],
Lorsque nos campagnes humides
Porteront ce prince chéri ;
Aplanissez l'onde orageuse ;
Secondez l'ardeur courageuse
De ses fidèles matelots :
Venez, et d'une main agile [1]
Soutenez son vaisseau fragile
Quand il roulera sur mes flots.

Ce n'est pas la première grâce
Qu'il obtient de notre secours ;
Dès l'enfance, sa jeune audace
Osa vous confier ses jours :
C'est vous qui, sur ce moite empire,
Au gré du volage Zéphire,
Conduisiez au port son vaisseau,
Lorsqu'il vint, plein d'un si beau zèle,
Au secours de l'île où Cybèle
Sauva Jupiter au berceau [2].

Dès lors, quels périls, quelle gloire [3]
N'ont point signalé son grand cœur ?
Ils font le plus beau de l'histoire
D'un héros en tous lieux vainqueur,
D'un frère [4].... Mais le ciel, avare
De ce don si cher et si rare,
L'a trop tôt repris aux humains.
C'est à vous seuls de l'en absoudre,
Trônes ébranlés par sa foudre,
Sceptres raffermis par ses mains.

Non moins grand, non moins intrépide,
On le vit, aux yeux de son roi,
Traverser un fleuve rapide,
Et glacer ses rives d'effroi :
Tel que d'une ardeur sanguinaire
Un jeune aiglon, loin de son aire
Emporté plus prompt qu'un éclair,
Fond sur tout ce qui se présente,

---

[1] *Venez, et d'une main agile, etc.* C'est le tableau déjà tracé par Virgile, *Énéid.* I, 148 :

Cymothoe, simul et Triton adnixus, acuto
Detrudunt naves scopulo ; levat ipse tridenti, etc.

[2] Le grand prieur avait accompagné, dans sa jeunesse, le duc de Beaufort à l'expédition de Candie, la Crète des anciens, célèbre par ses cent villes, et surtout par la naissance de Jupiter, sauvé, comme l'on sait, de la fureur de son père par le zèle des Corybantes, prêtres de Cybèle.

[3] *Dès lors, quels périls, quelle gloire, etc.* Tout ceci n'était pas un vain compliment : le prince de Vendôme avait suivi Louis XIV, en 1672, à la conquête de la Hollande, et donné des preuves éclatantes de bravoure aux sièges de Maestricht, de Valenciennes et de Cambrai ; aux affaires de Fleurus et de la Marsaille, où il fut même assez dangereusement blessé.

[4] *D'un frère*.... Louis-Joseph, duc de Vendôme, qui fit avec succès les guerres d'Italie, vainquit le prince Eugène, servit ensuite en Flandre, et ramena Philippe V à Madrid. — Mort à Tignaros en 1712, âgé de cinquante-huit ans.

---

[1] Les Turcs ayant menacé Malte en 1715, le prince de Vendôme vola à son secours, et fut nommé généralissime des troupes ; mais le siège n'ayant point eu lieu, le prince revint en France au mois d'octobre de la même année.

[2] *C'est au Vulturne pacifique, etc.* — *Obstrictis aliis, præter Iapyga.* HORACE, I, ode III.

[3] Le grand-père du prince auquel cette ode est adressée, César de Vendôme, était fils de Henri IV et de Gabrielle d'Estrées.

J. B. ROUSSEAU.

Et d'un cri jette l'épouvante
Chez tous les habitants de l'air.

Bientôt sa valeur souveraine,
Moins rebelle aux leçons de l'art,
Dans l'école du grand Turenne
Apprit à fixer le hasard.
C'est dans cette source fertile
Que son courage plus utile,
De sa gloire unique artisan,
Acquit cette hauteur suprême
Qu'admira Bellone elle-même
Dans les campagnes d'Orbassan [1].

Est-il quelque guerre fameuse
Dont il n'ait partagé le poids?
Le Rhin, le Pô, l'Èbre, la Meuse,
Tour à tour ont vu ses exploits.
France, tandis que tes armées
De ses yeux furent animées,
Mars n'osa jamais les trahir;
Et la fortune permanente,
A son étoile dominante
Fit toujours gloire d'obéir.

Mais quand de lâches artifices [2]
T'eurent enlevé cet appui,
Tes destins, jadis si propices
S'exilèrent tous avec lui:
Un Dieu plus puissant que tes armes
Frappa de paniques alarmes
Tes plus intrépides guerriers:
Et sur tes frontières célèbres
Tu ne vis que cyprès funèbres
Succéder à tous tes lauriers.

O détestable Calomnie,
Fille de l'obscure Fureur,
Compagne de la Zizanie,
Et mère de l'aveugle Erreur!
C'est toi dont la langue aiguisée
De l'austère fils de Thésée
Osa déchirer les vertus;
C'est par toi qu'une épouse indigne
Arma contre un héros insigne
La crédulité de Prétus [3].

Dans la nuit et dans le silence
Tu conduis tes coups ténébreux
Du masque de la vraisemblance

[1] Petite ville du Piémont, entre Turin et Pignerol.
[2] Allusion à la disgrâce qu'éprouva le prince de Vendôme, en 1702, pour ne s'être point trouvé à la bataille de Cassano.
[3] Voyez l'*Iliade*, VI, 156 et suiv.

Tu couvres ton visage affreux
Tu divises, du désespères,
Les amis, les époux, les frères:
Tu n'épargnes pas les autels;
Et ta fureur envenimée,
Contre les plus grands noms armée,
Ne fait grâce qu'aux vils mortels.

Voilà de tes agents sinistres
Quels sont les exploits odieux.
Mais enfin ces lâches ministres
Épuisent la bonté des dieux:
En vain, chéris de la fortune,
Ils cachent leur crainte importune,
Enveloppés dans leur orgueil:
Le remords déchire leur âme,
Et la honte qui les diffame
Les suit jusque dans le cercueil.

Vous rentrerez, monstres perfides [1],
Dans la foule où vous êtes nés:
Aux vengeances des Euménides
Vos jours seront abandonnés:
Vous verrez, pour comble de rage [2],
Ce prince, après un vain orage,
Paraître en sa première fleur,
Et, sous une heureuse puissance,
Jouir des droits que la naissance
Ajoute encore à sa valeur.

Mais déjà ses humides voiles
Flottent dans mes vastes déserts;
Le soleil, vainqueur des étoiles,
Monte sur le trône des airs.
Hâtez-vous, filles de Nérée;
Allez sur la plaine azurée
Joindre vos Tritons dispersés:
Il est temps de servir mon zèle:
Allez, Vendôme vous appelle;
Neptune parle: obéissez. »

Il dit: et la mer, qui s'entr'ouvre,
Déjà fait fait briller à ses yeux,

[1] *Vous rentrerez... dans la foule où vous êtes nés.* J'ai comparé entre elles les meilleures éditions de Rousseau, à commencer par celle de Bruxelles, publiée peu de temps après la mort de l'auteur; et j'ai trouvé partout, *dans la foule*. Est-ce en effet la véritable leçon; est-ce une faute originelle, reproduite d'éditions en éditions, sur la foi de la première; et le poëte n'aurait-il pas écrit, *dans la nuit*, ou *dans la fange?*
[2] *Vous verrez, pour comble de rage*, etc. C'est ce qui arriva, en effet, lors de l'expédition projetée pour délivrer l'île de Malte: mais ce fut le dernier effort de son zèle; et de retour à Paris, il ne songea plus qu'à s'abandonner aux doux loisirs d'une cour dont les Chaulieu, les Voltaire, etc. faisaient, par leur esprit, les délices et l'ornement. Il s'était démis du grand prieuré, en 1719, et mourut le 24 janvier 1727, à soixante-douze ans.

De son palais qu'elle découvre,
L'or et le cristal précieux;
Cependant la nef vagabonde,
Au milieu des nymphes de l'onde
Vogue d'un cours précipité;
Telle qu'on voit rouler sur l'herbe
Un char triomphant et superbe,
Loin de la barrière emporté.

Enfin, d'un prince que j'adore
Les dieux sont devenus l'appui :
Il revient éclairer encore
Une cour plus digne de lui.
Déjà, d'un nouveau phénomène
L'heureuse influence y ramène
Les jours d'Astrée et de Thémis :
Les vertus n'y sont plus en proie
A l'avare et brutale joie
De leurs insolents ennemis.

Un instinct né chez tous les hommes [1],
Et chez tous les hommes égal,
Nous force tous tant que nous sommes
D'aimer notre séjour natal;
Toutefois, quels que puissent être
Pour les lieux qui nous ont vu naître
Ces mouvements respectueux,
La vertu ne sera point née
Pour voir sa gloire profanée
Par le vice présomptueux.

Ulysse, après vingt ans d'absence,
De disgrâces et de travaux,
Dans le pays de sa naissance
Vit finir le cours de ses maux.
Mais il eût trouvé moins pénible
De mourir à la cour paisible
Du généreux Alcinoüs,
Que de vivre dans sa patrie,
Toujours en proie à la furie
D'Eurymaque ou d'Antinoüs [2].

[1] *Un instinct né chez tous les hommes*, etc. C'est la pensée d'Ovide, *de Pont.* I, *Élég.* III, 35 :
> Nescio qua natale solum dulcedine cunctos
> Ducit, et immemores non sinit esse sui..

[2] Deux prétendants à la main de Pénélope. Voyez l'ODYSSÉE *passim*.

## IX.

### A S. E. M. GRIMANI [1],

AMBASSADEUR DE VENISE A LA COUR DE VIENNE,

SUR LE DÉPART DES TROUPES IMPÉRIALES POUR LA CAMPAGNE DE 1716, EN HONGRIE.

Ils partent, ces cœurs magnanimes,
Ces guerriers, dont les noms chéris
Vont être pour jamais écrits
Entre les noms les plus sublimes :
Ils vont en de nouveaux climats
Chercher de nouvelles victimes
Au terrible dieu des combats.

A leurs légions indomptables
Bellone inspire sa fureur;
Le bruit, l'épouvante et l'horreur
Devancent leurs flots redoutables;
Et la mort remet dans leurs mains
Ces tonnerres épouvantables
Dont elle écrase les humains.

Un héros tout brillant de gloire [2]
Les conduit vers ces mêmes bords
Où jadis ses premiers efforts
Ont éternisé sa mémoire.
Sous ses pas naît la Liberté;
Devant lui vole la Victoire,
Et Pallas marche à son côté.

O dieux! quel favorable augure
Pour ces généreux fils de Mars!
J'entends déjà de toutes parts
L'air frémir de leur doux murmure;
Je vois, sous leur chef applaudi,
Le Nord venger avec usure
Toutes les pertes du Midi.

Quel triomphe pour ta patrie,
Et pour toi quel illustre honneur,
Ministre né pour le bonheur
De cette mère si chérie,
Toi de qui l'amour généreux,
Toi de qui la sage industrie,
Ménagea ces secours heureux!

[1] C'est le même qui se trouva doge de Venise à l'époque où la guerre pour la succession d'Autriche était allumée contre Marie-Thérèse, dans la moitié de l'Europe. Venise persista seule dans une stricte neutralité, et n'éprouva d'autres calamités, que quelques désordres, inévitables au milieu des troupes dont elle était entourée.

[2] Le prince Eugène.

Cent fois nous avons vu ton zèle
Porter les pleurs de ses enfants
Jusque sous les yeux triomphants
Du prince qui s'arme pour elle,
Et qui, plein d'estime pour toi,
Attire encor dans ta querelle
Cent princes soumis à sa loi.

C'est ainsi que du jeune Atride
On vit l'éloquente douleur
Intéresser dans son malheur
Les Grecs assemblés en Aulide;
Et d'une noble ambition
Armer leur colère intrépide
Pour la conquête d'Ilion.

En vain l'inflexible Neptune
Leur oppose un calme odieux;
En vain l'interprète des dieux
Fait parler sa crainte importune:
Leur invincible fermeté
Lasse enfin l'injuste fortune,
Les vents, et Neptune irrité.

La constance est le seul remède
Aux obstacles du sort jaloux;
Tôt ou tard, attendris pour nous,
Les dieux nous accordent leur aide;
Mais ils veulent être implorés,
Et leur résistance ne cède
Qu'à nos efforts réitérés.

Ce ne fût qu'après dix années [1]
D'épreuve et de travaux constants,
Que ces glorieux combattants
Triomphèrent des destinées;
Et que, loin des bords phrygiens,
Ils emmenèrent enchaînées
Les veuves des héros troyens.

## X.

### PALINODIE [2].

Celui dont la balance équitable et sévère
Sait peser l'homme au poids de la réalité,
En payant son tribut aux vertus qu'il révère,
Peut braver les regards de la postérité.

Des éloges trompeurs, qu'arrache la fortune,
Il craint peu le reproche et la confusion;
Et, trop sûr d'étouffer cette amorce commune,
Il combat seulement sa propre illusion.

J'en atteste les dieux: l'intérêt ni la crainte
N'ont jamais, dans mes mains, infecté mon encens;
Mon unique ennemi fut la fatale empreinte
Que l'aveugle amitié fit jadis sur mes sens.

C'est à vous, séducteurs, que ce discours s'adresse;
A vous, héros honteux de mes premiers écrits:
Comment avez-vous pu, séduisant ma tendresse,
Fasciner si longtemps mes yeux et mes esprits?

Hélas! j'aimais en vous un or faux et perfide
Par le creuset du temps en vapeur converti;
Je croyais admirer une vertu solide,
Et j'admirai l'orgueil en vertu travesti.

Ce crédit, ce pouvoir, pour qui seuls on vous aime,
Me présentaient en vain leurs côtés les plus doux:
Vous ne l'ignorez pas; détaché de moi-même,
Ce n'était que vous seuls que je cherchais en vous.

Mais vous vouliez des cœurs voués à l'esclavage,
Par l'espoir enchaînés, par la crainte soumis;
Et de la vérité redoutant l'œil sauvage,
Vous cherchiez des valets, et non pas des amis.

Vos yeux, importunés de la sinistre vue
D'un partisan grossier de la sincérité,
Ont enfin préféré la laideur toute nue
Aux voiles contraignants de la fausse beauté.

Voilà quel fut mon crime, et ce qui me transforme
En aspic effroyable, en serpent monstrueux.
Un mortel pénétrer, quel attentat énorme,
Dans les replis sacrés de nos cœurs tortueux!

Que son exemple apprenne à ne plus nous déplaire:
Qu'il périsse à jamais, cet Icare odieux;
Ce profane Actéon, de qui l'œil téméraire
Souille de ses regards la retraite des dieux!

Ainsi parla bientôt votre haine ombrageuse;
Et dès lors l'imposture, accourant au secours,
Excita par vos cris la tempête orageuse
De cent foudres mortels lancés contre mes jours.

---

[1] *Ce ne fut qu'après dix années*, etc.

Post certas hiemes uret Achaicus
Ignis Iliacas domos.
HORACE, liv. I, ode XV.

[2] Cette pièce fut composée dans la noble et généreuse intention de s'élever contre ce honteux débordement d'injures et de calomnies qui poursuivaient alors la mémoire de Louis XIV, à peine au tombeau. Mais, tout en condamnant cette coupable licence, Rousseau ne perd pas l'occasion de rétracter lui-même les éloges qu'il avait prodigués à quelques patrons, devenus indignes, selon lui, de cette honorable distinction.

Je n'en fus point surpris : je connais vos maximes.
Hé! comment échapper à vos traits médisants,
Quand ceux dont vous tenez tous vos titres sublimes,
Quand vos rois au tombeau n'en peuvent être exempts!

Ce monarque fameux, qui, de ses mains prodigues,
D'honneurs non mérités vous combla tant de fois,
Les yeux à peine éteints, voit par vos lâches brigues
Diffamer ses vertus et détester ses lois.

Tandis qu'il a vécu, c'était l'ange céleste [1],
Le dieu conservateur du peuple et des autels.
C'en est fait; il n'est plus : c'est un tyran funeste,
Le fléau de la terre et l'effroi des mortels.

On ne gémira plus sous cet injuste maître :
Les dieux ont pris pitié de ses tristes sujets.
La paix va refleurir : les beaux jours vont renaître;
Vous allez réparer tous les maux qu'il a faits.

Quoi! ne craignez-vous point, à ce discours horrible,
Les reproches affreux de son ombre en courroux?
Ne la voyez-vous pas, furieuse et terrible,
Du séjour de la mort s'élever contre vous?

Le feu de la colère en ses yeux étincelle.
Elle vient; elle parle. Où fuir? où vous cacher?
« Tremblez, lâches, tremblez : reconnaissez, dit-elle
Celui que sans frémir vous n'osiez approcher :

Traîtres, c'est donc ainsi qu'outrageant ma mémoire,
Vous osez me punir de mes propres bontés?
Je n'ai donc sur vos jours répandu tant de gloire
Que pour accréditer vos infidélités?

Répondez-moi, parlez. Sous quels fameux auspices
Occupez-vous le rang où l'on vous voit assis?
Quelles rares vertus, quels exploits, quels services,
Ont pu fléchir pour vous les destins endurcis?

Sans moi, sans mes bienfaits, dans une foule obscure,
Vos noms seraient encor cachés et confondus :
J'ai vaincu ma raison, j'ai forcé la nature,
Pour vous charger de biens qui ne vous sont pas dus.

Ah! je connaissais peu vos retours ordinaires :
Sur vos seuls intérêts vous réglez vos transports.

[1] *Tandis qu'il a vécu, etc.* « Nous avons vu, dit Voltaire, ce même peuple, qui, en 1686, avait demandé au ciel avec larmes la guérison de son roi malade, suivre son convoi funèbre *avec des démonstrations bien différentes.* » Siècle de Louis XIV, chap. xxviii. — Mais il est juste d'observer que ce délire impie ne fut pas celui du peuple français; et que Lyon, Montpellier et d'autres villes érigeaient des statues à ce grand monarque, tandis qu'une poignée de misérables insultait à ses vénérables restes.

Vous croyez ne pouvoir, courtisans mercenaires,
Honorer les vivants sans déchirer les morts.

Connaissez mieux, ingrats, le prince magnanime [1]
Qui reçoit aujourd'hui votre hommage suspect :
Voulez-vous mériter ses dons et son estime?
Secondez ses travaux, imitez son respect.

Craignez surtout, craignez la honte et les disgrâces
Qu'attire enfin l'abus d'un injuste pouvoir :
Craignez les dieux vengeurs, qui, déjà sur vos traces,
Conduisent les remords, enfants du désespoir.

Nous avons vu des jours plus sereins que les vôtres,
D'orages imprévus sinistres précurseurs : [tres;
Les grandeurs ont leur cours. Vous succédez à d'au-
Mais d'autres, quelque jour seront vos successeurs. »

C'est ainsi que ce roi vous parle et vous conseille :
Mais ses discours sont vains, vous ne l'écoutez pas.
La voix de la sagesse offense votre oreille :
Le mensonge trompeur a bien d'autres appas!

Un favori superbe, enflé de son mérite,
Ne voit point ses défauts dans le miroir d'autrui,
Et ne peut rien sentir que l'odeur favorite
De l'encens fastueux qui brûle devant lui :

Il n'entend que le son des flatteuses paroles;
Toute autre mélodie interrompt son repos.
Il faut, pour le charmer, que les Muses frivoles
L'exaltent aux dépens des dieux et des héros.

C'est alors qu'ébloui par un si doux prestige,
De tous les dons du ciel il se croit revêtu.
Regardez-moi, mortels, vous voyez un prodige
D'honneur, de probité, de gloire et de vertu.

Dites, dites plutôt, âme farouche et dure :
Je suis un imposteur tout gangrené d'orgueil;
Un cadavre couvert de pourpre et de dorure,
Et tout rongé des vers au fond de son cercueil.

Sous un masque éclatant, je me cache à moi-même
De mon visage affreux la livide maigreur;
Et, trompé le premier, ma volupté suprême
Est de faire partout respecter mon erreur.

Mais, malgré ce respect, toujours, je le confesse,
La triste vérité vient affliger mes yeux;
Et ce dragon fatal, qui me poursuit sans cesse,
Change mes plus beaux jours en des jours ennuyeux.

[1] Le duc d'Orléans, régent du royaume.

Par ce sincère aveu, vous ferez disparaître
L'idolâtre concours de tous vos corrupteurs.
Ne vous admirant plus, vous deviendrez peut-être
Plus dignes de trouver de vrais admirateurs.

On peut mettre à profit un légitime hommage,
Lorsque l'on tient sur soi les yeux toujours ouverts;
Et le plus insensé commence d'être sage [1],
Dès l'instant qu'il commence à sentir son travers.

## XI.

### SUR LA BATAILLE DE PETERWARADIN [2].

Ainsi le glaive fidèle
De l'ange exterminateur
Plongea dans l'ombre éternelle
Un peuple profanateur,
Quand l'Assyrien terrible
Vit dans une nuit horrible
Tous ses soldats égorgés,
De la fidèle Judée,
Par ses armes obsédée,
Couvrir les champs saccagés.

Où sont ces fils de la terre
Dont les fières légions
Devaient allumer la guerre
Au sein de nos régions?
La nuit les vit rassemblées,
Le jour les voit écoulées,
Comme de faibles ruisseaux
Qui, gonflés par quelque orage,
Viennent inonder la plage
Qui doit engloutir leurs eaux.

Déjà ces monstres sauvages,
Qu'arma l'infidélité,
Marchaient le long des rivages
Du Danube épouvanté:
Leur chef, guidé par l'audace,
Avait épuisé la Thrace
D'armes et de combattants,
Et des bornes de l'Asie
Jusqu'à la double Mésie
Conduit leurs drapeaux flottants.

A ce déluge barbare
D'effroyables bataillons,
L'infatigable Tartare
Joint encor ses pavillons.
C'en est fait: leur insolence
Peut rompre enfin le silence;
L'effroi ne les retient plus:
Ils peuvent, sans nulle crainte,
D'une paix trompeuse et feinte
Briser les nœuds superflus.

C'est en vain qu'à votre vue
Un guerrier, par sa valeur,
De leur attaque imprévue
A repoussé la chaleur:
C'est peu qu'après leur défaite,
Sa triomphante retraite,
Sur nos confins envahis,
Ait, avec sa renommée,
Consacré dans leur armée
La honte de leurs spahis.

Ils s'aigrissent par leurs pertes;
Et déjà de toutes parts
Nos campagnes sont couvertes
De leurs escadrons épars.
Venez, troupe meurtrière;
La nuit qui, dans sa carrière,
Fuit à pas précipités,
Va bientôt laisser éclore
De votre dernière aurore
Les foudroyantes clartés.

Un prince dont le génie
Fait le destin des combats,
Veut de votre tyrannie
Purger enfin nos États;
Il tient cette même foudre
Qui vous fit mordre la poudre
En ce jour si glorieux,
Où, par vingt mille victimes,
La mort expia les crimes
De vos funestes aïeux.

Hé quoi! votre ardeur glacée
Délibère à son aspect?
Ah! la saison est passée
D'un orgueil si circonspect.
En vain de lâches tranchées
Couvrent vos têtes cachées,
Eugène est près d'avancer;

---

[1] *Et le plus insensé commence d'être sage*, etc. C'est la pensée d'Horace, liv. I, épître I, v. 41:

Virtus est vitium fugere, et sapientia prima
Stultitia caruisse.

Et épître II, v. 40, de ce même livre:

Dimidium facti, qui cœpit, habet, sapere aude:
Incipe.

[2] Peterwaradin, ou Petri-Waradin, ville de la Basse-Hongrie, célèbre par la victoire que le prince Eugène y remporta, le 5 août 1716, sur les Turcs, commandés par le grand vizir Ali, favori d'Achmet III.

Il vient, il marche en personne ;
Le jour fuit, la charge sonne,
Le combat va commencer.

Wirtemberg, sous sa conduite,
A la tête de nos rangs,
Déjà certain de leur fuite,
Attaque leurs premiers flancs.
Merci, qu'un même ordre enflamme,
Parmi les feux et la flamme
Qui tonnent aux environs,
Force, dissipe, renverse,
Détruit tout ce qui traverse
L'effort de ses escadrons.

Nos soldats, dans la tempête,
Par cet exemple affermis,
Sans crainte exposent leur tête
A tous les feux ennemis ;
Et chacun, malgré l'orage,
Suivant d'un même courage
Le chef présent en tous lieux,
Plein de joie et d'espérance,
Combat avec l'assurance
De triompher à ses yeux.

De quelle ardeur redoublée
Mille intrépides guerriers
Viennent-ils dans la mêlée
Chercher de sanglants lauriers ?
O héros ! à qui la gloire
D'une si belle victoire
Doit son plus ferme soutien,
Que ne puis-je, dans ces rimes,
Consacrant vos noms sublimes,
Immortaliser le mien !

Mais quel désordre incroyable,
Parmi ces corps séparés,
Grossit la nue effroyable
Des ennemis rassurés ?
Près de leur moment suprême,
Ils osent, en fuyant même,
Tenter de nouveaux exploits :
Le désespoir les excite,
Et la crainte ressuscite
Leur espérance aux abois.

Quel est ce nouvel Alcide [1]
Qui, seul, entouré de morts,
De cette foule homicide
Arrête tous les efforts ?
A peine un fer détestable
Ouvre son flanc redoutable,
Son sang est déjà payé ;
Et son ennemi, qui tombe,
De sa troupe qui succombe
Voit fuir le reste effrayé.

Eugène a fait ce miracle :
Tout se rallie à sa voix :
L'infidèle, à ce spectacle,
Recule encore une fois.
Aremberg, dont le courage
De ces monstres pleins de rage
Soutient le dernier effort,
D'un air que Bellone avoue,
Les poursuit, et les dévoue
Au triomphe de la mort.

Tout fuit, tout cède à nos armes :
Le vizir, percé de coups,
Va, dans Belgrade en alarmes,
Rendre son âme en courroux.
Le champ s'ouvre ; et ses richesses,
Le fruit des vastes largesses
De cent peuples asservis,
Dans cette nouvelle Troie
Vont être aujourd'hui la proie
De nos soldats assouvis.

Rendons au Dieu des armées
Nos honneurs les plus touchants :
Que ces voûtes parfumées
Retentissent de nos chants ;
Et lorsque envers sa puissance
Notre humble reconnaissance
Aura rempli ce devoir,
Marchons, pleins d'un nouveau zèle,
A la victoire nouvelle
Qui flatte encor notre espoir.

Temeswar [1], de nos conquêtes
Deux fois le fatal écueil,
Sous nos foudres toutes prêtes
Va voir tomber son orgueil :
Par toi seul, prince invincible,
Ce rempart inaccessible
Pouvait être renversé ;
Va, par son illustre attaque,
Rompre les fers du Valaque
Et du Hongrois oppressé.

[1] Le comte de Bonneval. La victoire fut due en grande partie à son activité, et à la résistance que son régiment opposa à l'effort d'un corps nombreux de janissaires. Il fut blessé au bas-ventre d'un coup de lance, qui l'obligea de porter un bandage de fer le reste de sa vie.

[1] Ville de Hongrie, reprise en 1716, sur les Turcs, par le prince Eugène.

Et toi qui [1], suivant les traces
Du premier de tes aïeux [2],
Éprouves, par tant de grâces,
La bienveillance des cieux,
Monarque aussi grand que juste,
Reconnais le prix auguste
Dont le monarque des rois
Paye avec tant de clémence
Ta piété, ta constance,
Et ton zèle pour ses lois.

## LIVRE QUATRIÈME.

### ODE I.

#### A L'EMPEREUR [3],

APRÈS LA CONCLUSION DE LA QUADRUPLE-
ALLIANCE.

Dans sa carrière féconde
Le soleil, sortant des eaux,
Couvre d'une nuit profonde
Tous les célestes flambeaux
Entre les causes premières,
Tout cède aux vives lumières
Du feu créé pour les dieux;
Et des dons que nous étale
La richesse orientale,
L'or est le plus radieux.

Telle, ô prince magnanime!
Ta lumineuse clarté
Offusque l'éclat sublime
De toute autre majesté.
Dans un roi d'un sang illustre
Nous admirons le haut lustre
Du premier de ses États :
En toi la royauté même
Honore le diadème
Du premier des potentats.

Mais dis-nous quelle est la source
De cette auguste splendeur,
Qui du Midi jusqu'à l'Ourse
Fait révérer ta grandeur :
Est-ce cette antique race [1]
D'aïeux dont tu tiens la place
Sur le trône des Romains ?
Est-ce cet amas de princes,
De peuples et de provinces,
Dont le sort est dans tes mains ?

Du vaste empire des Mages
Les fastueux héritiers
S'applaudissaient des hommages
De mille peuples altiers :
Du rivage de l'aurore
Jusqu'au delà du Bosphore
Ils faisaient craindre leurs lois;
Et, de l'univers arbitres,
Ajoutaient à tous leurs titres,
Le titre de rois des rois.

Cependant la Grèce unie
Avait déjà sur leurs fronts
Imprimé l'ignominie
De mille sanglants affronts,
Quand la colère céleste
Fit naître, en son sein funeste
A ces tyrans amollis,
Celui dont la main superbe
Devait enterrer sous l'herbe
Les murs de Persépolis.

Non, non, la servile crainte
De cent peuples différents
Ne mit jamais hors d'atteinte
La gloire des conquérants :
Les lauriers les plus fertiles,
Sans l'art de les rendre utiles,
Leur sont vainement promis ;
Et leur puissance n'est stable
Qu'autant qu'elle est profitable
Aux peuples qu'ils ont soumis.

C'est cette sainte maxime
Qui, contre tous les revers,
T'affermira sur la cime
Des grandeurs de l'univers :
Tes sujets, pleins d'allégresse,

---

[1] L'empereur Charles VI. Ce petit compliment épisodique, adressé à l'empereur d'Allemagne, vient bien mal à propos glacer l'enthousiasme du poëte. En général, cette ode magnifique ne se termine pas, à beaucoup près, aussi heureusement qu'elle avait commencé.
[2] Rodolphe de Habsbourg.
[3] Charles VI, second fils de Léopold I*er*, et père de l'illustre Marie-Thérèse, né le 1*er* octobre 1695. La *Quadruple-Alliance* dont il s'agit ici fut signée à Londres, le 2 août 1718, entre l'Allemagne, la France, la Grande-Bretagne et la Hollande : son objet était de s'opposer aux vues ambitieuses du cardinal Alberoni, dont la politique dirigeait alors le cabinet de Madrid ; et son résultat fut d'enlever à l'Espagne la Sicile et la Sardaigne, érigées dès lors en monarchie en faveur du duc de Savoie. Charles mourut à Vienne le 20 octobre 1740.

[1] La maison d'Autriche.

Des marques de ta tendresse
Feront leur seul entretien;
Et leur amour secourable
De ta puissance durable
Sera l'éternel soutien.

Ton invincible courage,
Signalé dans tous les temps,
Fonda le pénible ouvrage
De tes destins éclatants :
C'est lui qui de la Fortune,
De Bellone et de Neptune
Bravant les légèretés,
Dans leurs épreuves diverses
T'a conduit par les traverses
Au sein des prospérités.

Déjà l'horrible tourmente
De cent tonnerres épars,
De Barcelone fumante[1]
Avait brisé les remparts ;
Et bientôt, si ta constance
N'eût armé la résistance
De ses braves combattants,
Tes rivaux sur ses murailles
Auraient fait les funérailles
De ses derniers habitants.

En vain, pour sauver ta tête,
La mer t'offrait sur ses eaux,
A ton secours toute prête,
L'asile de ses vaisseaux :
A tes amis plus fidèle,
Tu voulus, malgré leur zèle,
Vaincre ou mourir avec eux ;
Et ta vertu, toujours ferme,
Les protégea jusqu'au terme
De leurs travaux belliqueux.

Mais sur le trône indomptable
Où commandaient tes aïeux,
Quel objet épouvantable
S'offrit encore à tes yeux,
Quand l'implacable furie,
Qui sur ta triste patrie
Déployait ses cruautés,
Vint jusqu'en ta capitale
Souffler la vapeur fatale
De ses venins empestés?

Dans sa course dévorante[2]

Rien n'arrêtait ce torrent !
L'épouse tombait mourante
Sur son époux expirant :
Le fils aux bras de son père,
La fille au sein de sa mère
S'arrachait avec horreur ;
Et la Mort, livide et blême,
Remplissait ton palais même
De sa brûlante fureur.

Tu pouvais braver la foudre
Sous un ciel moins dangereux;
Mais rien ne put te résoudre
A quitter des malheureux.
Rois, qui bornez vos tendresses,
Dans ces publiques détresses,
Au soin de vous épargner,
Apprenez, à cette marque,
Qu'un prince n'est point monarque
Pour vivre, mais pour régner.

Oui, j'ose encor le redire,
Cette illustre fermeté
Est de ton solide empire
L'appui le plus redouté :
C'est elle qui déconcerte
L'envie obscure et couverte
De tes faibles ennemis ;
C'est elle dont l'influence
Fait l'indomptable défense
De tes sujets affermis.

De leur ardeur aguerrie
Par son exemple éternel,
Tu laissas dans l'Ibérie
Un monument solennel,
Quand, sur les rives de l'Èbre
Cherchant le laurier célèbre
A ta valeur réservé,
Tes yeux devant Saragosse[1]
Virent tomber le colosse
Contre ta gloire élevé.

Fléau de la tyrannie
Des Thraces ambitieux,
N'a-t-on pas vu ton génie,
Toujours protégé des cieux,
Montrer à ces fiers esclaves
Que les efforts les plus braves
Et les plus inespérés,
Deviennent bientôt possibles

[1] Barcelone fut assiégée en 1704 par Philippe V, et défendue par Charles VI, alors archiduc d'Autriche.
[2] Les Allemands avaient rapporté la peste chez eux, à leur retour de leurs campagnes de Hongrie contre les Turcs.

[1] La bataille de Saragosse, gagnée en 1710 contre les troupes de Philippe V, par Staremberg, général de l'empereur.

A des guerriers invincibles
Par tes ordres inspirés ?

Mais une vertu plus rare
Chez les héros de nos jours,
Dans tes voisins te prépare
Encor de nouveaux secours :
C'est cette épreuve avérée
Et cent fois réitérée
De ton équitable foi;
Vertu sans qui tout le reste
N'est souvent qu'un don funeste
Au bonheur du plus grand roi.

Vous qui, dans l'indépendance
Des nœuds les plus respectés,
Masquez du nom de prudence
Toutes vos duplicités,
Infidèles politiques,
Qui nous cachez vos pratiques
Sous tant de voiles épais,
Cessez de troubler la terre;
Moins terribles dans la guerre,
Que sinistres dans la paix.

En vain sur les artifices
Et le faux déguisement,
De vos frêles édifices
Vous posez le fondement :
Contre vos sourdes intrigues
Bientôt de plus justes ligues
Joignent vos voisins nombreux;
Et leur vengeance unanime
Vous plonge enfin dans l'abîme
Que vous creusâtes pour eux.

C'est en suivant cette voie,
Que tes ennemis flattés
Deviendront la juste proie
De leurs complots avortés;
Tandis qu'aux yeux du ciel même
Par ton équité suprême
Justifiant tes exploits,
Les premiers princes du monde
Armeront la terre et l'onde
Pour le maintien de tes droits.

Ils savent que ta justice,
Sourde aux vaines passions,
Est la seule directrice
De toutes tes actions;
Et que la vigueur austère
De ton sage ministère,
Toujours inspiré par toi,

Inaccessible aux faiblesses,
Lui fait des moindres promesses
Une inviolable loi.

Ainsi jamais ni la crainte,
Ni les soupçons épineux,
D'une alliance si sainte
Ne pourront troubler les nœuds;
Et cette amitié durable,
Qui d'un repos désirable
Fonde en eux le ferme espoir,
Leur rendra toujours sacrée
L'incorruptible durée
De ton suprême pouvoir.

## II.

### AU PRINCE EUGÈNE,

APRÈS LA PAIX DE PASSAROWITZ[1].

Les cruels oppresseurs de l'Asie indignée,
Qui, violant la foi d'une paix dédaignée,
Forgeaient déjà les fers qu'ils nous avaient promis,
De leur coupable sang ont lavé cette injure,
  Et payé leur parjure
De trois vastes États par nos armes soumis.

Deux fois l'Europe a vu leur brutale furie,
De trois cent mille bras armant la barbarie,
Faire voler la mort au milieu de nos rangs;
Et deux fois on a vu leurs corps sans sépulture
  Devenir la pâture
Des corbeaux affamés et des loups dévorants.

O vous qui, combattant sous les heureux auspices
D'un monarque, du ciel l'amour et les délices,
Avez rempli leurs champs de carnage et de morts;
Vous, par qui le Danube, affranchi de sa chaîne[2],
  Peut désormais sans peine
Du Tage débordé réprimer les efforts;

Prince, n'est-il pas temps, après tant de fatigues,
De goûter un repos que les destins prodigues,
Pour prix de vos exploits, accordent aux humains?
N'osez-vous profiter de vos travaux sans nombre,
  Et vous asseoir à l'ombre
Des paisibles lauriers moissonnés par vos mains ?

Non, ce serait en vain que la paix renaissante

---

[1] Petite ville de la Servie, où les Impériaux et les Turcs signèrent, en 1718, le traité qui donna lieu à cette ode.
[2] *Vous, par qui le Danube, affranchi de sa chaîne, etc.* Il s'agit de la guerre relative à la succession au trône d'Espagne, disputé par la France et l'Autriche.

Rendrait à nos cités leur pompe florissante,
Si ses charmes flatteurs vous pouvaient éblouir :
Son bonheur, sa durée impose à votre zèle
    Une charge nouvelle;
Et vous êtes le seul qui n'osez en jouir.

Mais quel heureux génie, au milieu de vos veilles,
Vous rend encore épris des savantes merveilles [1]
Qui firent de tout temps l'objet de votre amour?
Pouvez-vous des neuf Sœurs concilier les charmes
    Avec le bruit des armes,
Le poids du ministère, et les soins de la cour?

Vous le pouvez, sans doute; et cet accord illustre,
Peu connu des héros sans éloge et sans lustre,
Fut toujours réservé pour les héros fameux :
C'est aux grands hommes seuls à sentir le mérite
    D'un art qui ressuscite
L'héroïque vertu des grands hommes comme eux.

Leurs hauts faits peuvent seuls enflammer le génie
De ces enfants chéris du dieu de l'harmonie,
Dont l'immortelle voix se consacre aux guerriers :
Une gloire commune, un même honneur anime
    Leur tendresse unanime;
Et leur front fut toujours ceint des mêmes lauriers.

Entre tous les mortels que l'univers voit naître,
Peu doivent aux aïeux dont ils tiennent leur être
Le respect de la terre et la faveur des rois :
Deux moyens seulement d'illustrer leur naissance
    Sont mis en leur puissance :
Les sublimes talents, et les fameux exploits.

C'est par là qu'au travers de la foule importune,
Tant d'hommes renommés, malgré leur infortune,
Se sont fait un destin illustre et glorieux;
Et que leurs noms, vainqueurs de la nuit la plus
    Ont su dissiper l'ombre    [sombre,
Dont les obscurcissait le sort injurieux.

Dans l'enfance du monde encor tendre et fragile,
Quand le souffle des dieux eut animé l'argile
Dont les premiers humains avaient été pétris,
Leurs rangs n'étaient marqués d'aucune différence,
    Et nulle préférence
Ne distinguait encor leur mérite et leur prix.

Mais ceux qui, pénétrés de cette ardeur divine,
Sentirent les premiers leur sublime origine,

[1] *Vous rend encore épris des savantes merveilles.* Le prince Eugène avait rassemblé dans ses nombreuses expéditions une collection immense d'objets de sciences, d'arts, de livres et de manuscrits précieux; mais il est probable qu'il ne prit jamais le temps de les examiner; il n'est pas même bien démontré qu'il fût en état de les apprécier.

S'élevèrent bientôt par un vol généreux;
Et ce céleste feu dont ils tenaient la vie,
    Leur fit naître l'envie
D'éclairer l'univers, et de le rendre heureux.

De là ces arts divins, en tant de biens fertiles;
De là ces saintes lois, dont les règles utiles,
Firent chérir la paix, honorer les autels;
Et de là ce respect des peuples du vieil âge,
    Dont le pieux hommage
Plaça leurs bienfaiteurs au rang des immortels.

Les dieux dans leur séjour reçurent ces grands hommes,
Le reste, confondus dans la foule où nous sommes,
Jouissaient des travaux de leurs sages aïeux;
Lorsque l'Ambition, la Discorde et la Guerre,
    Vils enfants de la terre
Vinrent troubler la paix de ces enfants des dieux.

Alors, pour soutenir la débile innocence,
Pour réprimer l'audace, et dompter la licence,
Il fallut à la gloire immoler le repos :
Les veilles, les combats, les travaux mémorables,
    Les périls honorables,
Furent l'unique emploi des rois et des héros.

Mais combien de grands noms, couverts d'ombres funèbres,
Sans les écrits divins qui les rendent célèbres
Dans l'éternel oubli languiraient inconnus!
Il n'est rien que le temps n'absorbe et ne dévore;
    Et les faits qu'on ignore
Sont bien peu différents des faits non avenus.

Non, non, sans le secours des filles de Mémoire,
Vous vous flattez en vain, partisans de la gloire,
D'assurer à vos noms un heureux souvenir :
Si la main des neuf Sœurs ne pare vos trophées,
    Vos vertus étouffées
N'éclaireront jamais les yeux de l'avenir.

Vous arrosez le champ de ces Nymphes sublimes,
Mais vous savez aussi que vos faits magnanimes
Ont besoin des lauriers cueillis dans leur vallon :
Ne cherchons points ailleurs la cause sympathique
    De l'alliance antique
Des favoris de Mars avec ceux d'Apollon

Ce n'est point chez ce dieu qu'habite la Fortune :
Son art, peu profitable à la vertu commune,
Au vice, qui le craint, fut toujours odieux :
Il n'appartient qu'à ceux que leurs vertus suprêmes
    Égalent aux dieux mêmes,
De savoir estimer le langage des dieux.

Vous, qu'ils ont pénétré de leur plus vive flamme,

Vous, qui leur ressemblez par tous les dons de l'âme,
Non moins que par l'éclat de vos faits lumineux,
Ne désavouez point une muse fidèle,
    Et souffrez que son zèle
Puisse honorer en vous ce qu'elle admire en eux.

Souffrez qu'à vos neveux elle laisse une image
De ce qu'ont de plus grand l'héroïque courage,
L'inébranlable foi, l'honneur, la probité,
Et mille autres vertus, qui, mieux que vos victoires,
    Feront de nos histoires
Le modèle éternel de la postérité.

Cependant, occupé de soins plus pacifiques,
Achevez d'embellir ces jardins magnifiques,
De vos travaux guerriers nobles délassements :
Et rendez-nous encor, par vos doctes largesses,
    Les savantes richesses
Que vit périr l'Égypte en ses embrasements.

Dans nos arts florissants quelle adresse pompeuse,
Dans nos doctes écrits quelle beauté trompeuse,
Peuvent se dérober à vos vives clartés ?
Et, dans l'obscurité des plus sombres retraites,
    Quelles vertus secrètes,
Quel mérite timide échappe à vos bontés ?

Je n'en ressens que trop l'influence féconde :
Tandis que votre bras faisait le sort du monde,
Vos bienfaits ont daigné descendre jusqu'à moi,
Et me rendre, peut-être à moi seul, chérissable,
    La gloire périssable
Des stériles travaux qui font tout mon emploi.

C'est ainsi qu'au milieu des palmes les plus belles,
Le vainqueur généreux du Granique et d'Arbelles
Cultivait les talents, honorait le savoir ;
Et, de Chérile même excusant la manie [1],
    Au défaut du génie,
Récompensait en lui le désir d'en avoir.

### III.

### A L'IMPÉRATRICE AMÉLIE [2].

Muse qui, des vrais Alcées [3]
Soutenant l'activité,
A leurs captives pensées
Fais trouver la liberté,
Viens à ma timide verve,
Que le froid repos énerve,
Redonner un feu nouveau,
Et délivre ma Minerve [1]
Des prisons de mon cerveau.

Si la céleste puissance,
Pour l'honneur de ses autels,
Voulait rendre l'innocence
Aux infortunés mortels ;
Et si l'aimable Cybèle
Sur cette terre infidèle
Daignait redescendre encor,
Pour faire vivre avec elle
Les vertus de l'âge d'or ;

Quels organes, quels ministres
Dignes d'obtenir son choix,
Pourraient, en ces temps sinistres,
Nous faire entendre sa voix ?
Seraient-ce ces doctes mages,
Des peuples de tous les âges,
Réformateurs consacrés,
Bien moins pour les rendre sages
Que pour en être honorés ?

Mais les divines merveilles
Qui font chérir leurs leçons,
Dans nos superbes oreilles,
N'exciteraient que des sons :
Quel siècle plus mémorable
Vit d'un glaive secourable
Le vice mieux combattu ?
Et quel siècle misérable
Vit régner moins de vertu ?

L'éloquence des paroles
N'est que l'art ingénieux
D'amuser nos sens frivoles
Par des tours harmonieux :
Pour rendre un peuple traitable,
Vertueux, simple, équitable,
Ami du ciel et des lois,

---

[1] *Et, de Chérile même, etc.* Chérile était un méchant poète grec, qui suivait Alexandre dans toutes ses expéditions, pour les célébrer en mauvais vers. Horace ne pouvait, dit-il, s'empêcher de rire, quand il trouvait par hasard, dans ce Chérile, deux ou trois endroits passables. (*Art. poet.* 358.)

    Quem bis terque bonum cum risu miror.

[2] Amélie, fille du duc Jean-Frédéric de Hanovre, et femme de l'empereur Joseph Ier.

[3] *Muse qui, des vrais Alcées, etc.* Alcée, poète lyrique grec de l'île de Lesbos. Il s'était rendu formidable aux tyrans par l'âcreté mordante de sa muse ; *Alcæi minaces camœnæ.* (HORACE.) Alcée avait composé des odes, des épigrammes, des satires, etc. — Il ne nous reste de tout cela que quelques fragments, conservés par Suidas et par Athénée.

[1] *Et délivre ma Minerve des prisons de mon cerveau.* Allusion ingénieuse et toute poétique à l'enfantement mystérieux de la pensée, qu'un de nos poètes modernes a si bien caractérisée, en disant :

    Du front de Jupiter c'est Minerve élancée !

L'éloquence véritable
Est l'exemple des grands rois.

C'est ce langage visible
Dans nos vrais législateurs,
Qui fait la règle infaillible
Des peuples imitateurs.
Contre une loi qui nous gêne
La nature se déchaîne,
Et cherche à se révolter;
Mais l'exemple nous entraîne,
Et nous force à l'imiter.

En vous, en votre sagesse,
De ce principe constant
Je vois, auguste princesse,
Un témoignage éclatant;
Et, dans la splendeur divine
De ces vertus qu'illumine
Tout l'éclat du plus grand jour,
Je reconnais l'origine
Des vertus de votre cour.

La bonté qui brille en elle
De ses charmes les plus doux
Est une image de celle
Qu'elle voit briller en vous;
Et, par vous seule enrichie,
Sa politesse, affranchie
Des moindres obscurités,
Est la lueur réfléchie
De vos sublimes clartés.

Et quel âge si fertile,
Quel règne si renommé
Vit d'un éclat plus utile
Le diadème animé?
Quelle piété profonde,
Quelle lumière féconde,
En nobles instructions,
Du premier trône du monde
Rehaussa mieux les rayons?

Des héros de ses écoles
La Grèce a beau se targuer;
La pompe de leurs paroles
Ne m'apprend qu'à distinguer
De l'autorité puissante
D'une sagesse agissante
Qui règne sur mes esprits,
La sagesse languissante
Que j'honore en leurs écrits.

Non, non, la philosophie
En vain se fait exalter;

On n'écoute que la vie
De ceux qu'on doit imiter :
Vous seuls, ô divine race!
Grands rois, qui tenez la place
Des rois au ciel retirés,
Pouvez consacrer la trace
De leurs exemples sacrés!

Pendant la courte durée
De cet âge radieux
Qui vit la terre honorée
De la présence des dieux,
L'homme, instruit par l'habitude,
Marchant avec certitude
Dans leurs sentiers lumineux,
Imitait, sans autre étude,
Ce qu'il admirait en eux.

Dans l'innocence première
Affermi par ce pouvoir,
Chacun puisait sa lumière
Aux sources du vrai savoir;
Et, dans ce céleste livre,
Des leçons qu'il devait suivre
Toujours prêt à se nourrir,
Préférait l'art de bien vivre
A l'art de bien discourir.

Mais dès que ces heureux guides,
Transportés loin de nos yeux,
Sur l'aile des vents rapides
S'envolèrent vers les cieux,
La science opiniâtre,
De son mérite idolâtre,
Vint au milieu des clameurs
Édifier son théâtre
Sur la ruine des mœurs.

Dès lors, avec l'assurance
De s'attirer nos tributs,
La fastueuse éloquence
Prit la place des vertus :
L'art forma leur caractère ;
Et de la sagesse austère
L'aimable simplicité
Ne devint plus qu'un mystère
Par l'amour-propre inventé.

Dépouillez donc votre écorce,
Philosophes sourcilleux;
Et, pour nous prouver la force
De vos secours merveilleux,
Montrez-nous, depuis Pandore,
Tous les vices qu'on abhorre

En terre mieux établis,
Qu'aux siècles que l'on honore
Du nom de siècles polis.

Avant que, dans l'Italie,
Sous de sinistres aspects,
La vertu se fût polie
Par le mélange des Grecs,
La foi, l'honneur, la constance,
L'intrépide résistance
Dans les plus mortels dangers,
Y régnaient, sans l'assistance
Des préceptes étrangers.

Mais, malgré l'exemple antique,
Elle laissa dans son sein
Des disciples du Portique
Glisser le premier essaim;
Rome, en les voyant paraître,
Cessa de se reconnaître,
Dans ses tristes rejetons;
Et le même âge vit naître
Les Gracques et les Catons.

## IV.

### AU ROI DE LA GRANDE-BRETAGNE[1].

Tandis que l'Europe étonnée
Voit ses peuples les plus puissants
Traîner dans les besoins pressants
Une importune destinée,
Grand roi, loin de ton peuple heureux,
Quel dieu propice et généreux,
Détournant ces tristes nuages,
Semble pour lui seul désormais
Réserver tous les avantages
De la victoire et de la paix?

Quelle inconcevable puissance
Fait fleurir sa gloire au dehors?
Quel amas d'immenses trésors
Dans son sein nourrit l'abondance?
La Tamise, reine des eaux,
Voit ses innombrables vaisseaux
Porter sa loi dans les deux mondes,
Et forcer jusqu'au dieu des mers
D'enrichir ses rives fécondes
Des tributs de tout l'univers.

De cette pompeuse largesse

Ici tout partage le prix;
A l'aspect de ces murs chéris,
La pauvreté devient richesse.
Dieux! quel déluge d'habitants
Y brave depuis si longtemps
L'indigence, ailleurs si commune!
Quel prodige, encore une fois,
Semble y faire de la fortune
L'exécutrice de ses lois?

Peuples, vous devez le connaître :
Ce comble de félicité
N'est dû qu'à la sage équité
Du meilleur roi qu'on ait vu naître.
De vos biens, comme de vos maux,
Les gouvernements inégaux
Ont toujours été la semence :
Vos rois sont, dans la main des dieux,
Les instruments de la clémence
Ou de la colère des cieux.

Oui, grand prince, j'ose le dire,
Tes sujets, de biens si comblés,
Languiraient peut-être accablés
Sous le joug de tout autre empire :
Le ciel, jaloux de leur grandeur,
Pour en assurer la splendeur
Leur devait un maître équitable[1],
Qui préférât leurs libertés
A la justice incontestable
De ses droits les plus respectés.

Mais, grand roi, de ces droits sublimes
Le sacrifice généreux
T'assure d'autres droits sur eux,
Bien plus forts et plus légitimes :
Les faveurs qu'ils tiennent de toi
Sont des ressources de leur foi
Toujours prêtes pour ta défense,
Qui leur font chérir leur devoir,
Et qui n'augmentent leur puissance
Que pour affermir ton pouvoir.

Un roi qui ravit par contrainte
Ce que l'amour doit accorder,
Et qui, content de commander,
Ne veut régner que par la crainte,

---

[1] George II, né le 30 octobre 1685; mort subitement le 25 octobre 1760, dans la soixante-quinzième année de son âge, et la trente-troisième de son règne.

[1] *Leur devait un maître équitable*, etc. « Si ses talents dans « le conseil, dit le biographe de George II, n'égalaient pas « ceux de son père, il avait sur lui beaucoup d'autres avanta- « ges, et particulièrement celui d'avoir su se concilier, avant « de monter sur le trône, l'estime et l'affection de ses sujets.... « Sa conduite décente, pendant la malheureuse mésintelli- « gence qui eut lieu entre lui et son père, ne contribua pas « peu à augmenter sa popularité. »

En vain fier de ses hauts projets,
Croit, en abaissant ses sujets,
Relever son pouvoir suprême :
Entouré d'esclaves soumis,
Tôt ou tard il devient lui-même
Esclave de ses ennemis.

Combien plus sage et plus habile
Est celui qui, par ses faveurs,
Songe à s'élever dans les cœurs
Un trône durable et tranquille ;
Qui ne connaît point d'autres biens
Que ceux que ses vrais citoyens
De sa bonté peuvent attendre,
Et qui, prompt à les discerner,
N'ouvre les mains que pour répandre,
Et ne reçoit que pour donner !

Noble et généreuse industrie
Source de toutes les vertus,
Des Antonins et des Titus,
D'un vrai père de la patrie !
Hélas ! par ce titre fameux
Peu de princes ont su comme eux
S'affranchir de la main des Parques ;
Mais ce nom si rare, grand roi,
Qui jamais d'entre les monarques
S'en rendit plus digne que toi ?

Qui jamais vit le diadème
Armer contre ses ennemis
Un vengeur aux lois plus soumis,
Et plus détaché de soi-même ?
La sûreté de tes États
Peut bien, contre quelques ingrats,
Changer ta clémence en justice,
Mais ce mouvement étranger
Redevient clémence propice
Quand tu n'as plus qu'à te venger.

Et c'est cette clémence auguste
Qui souvent de l'autorité
Établit mieux la sûreté
Que la vengeance la plus juste :
Ainsi le plus grand des Romains,
De ses ennemis inhumains
Confondant les noirs artifices,
Trouva l'art de se faire aimer
De ceux que l'horreur des supplices
N'avait encor pu désarmer.

Que peut contre toi l'impuissance
De quelques faibles mécontents
Qui sur l'infortune des temps

Fondent leur dernière espérance ;
Lorsque, contre leurs vains souhaits,
Tu réunis par tes bienfaits
La cour, les villes, les provinces ;
Et lorsque, aidés de ton soutien,
Les plus grands rois, les plus grands princes,
Trouvent leur repos dans le tien ?

Jusqu'à toi toujours désunie,
L'Europe, par tes soins heureux,
Voit ses chefs les plus généreux
Inspirés du même génie :
Ils ont vu par ta bonne foi,
De leurs peuples troublés d'effroi
La crainte heureusement déçue,
Et déracinée à jamais
La haine si souvent reçue
En survivance de la paix.

Poursuis, monarque magnanime !
Achève de leur inspirer
Le désir de persévérer
Dans cette concorde unanime :
Commande à ta propre valeur
D'éteindre en toi cette chaleur
Qu'allume ton goût pour la gloire ;
Et donne au repos des humains
Tous les lauriers que la victoire
Offre à tes invincibles mains.

Mais vous, peuples à sa puissance
Associés par tant de droits,
Songez que de toutes vos lois
La plus sainte est l'obéissance :
Craignez le zèle séducteur
Qui, sous le prétexte flatteur
D'une liberté plus durable,
Plonge souvent, sans le vouloir,
Dans le chaos inséparable
De l'abus d'un trop grand pouvoir.

Athènes, l'honneur de la Grèce,
Et, comme vous, reine des mers,
Eût toujours rempli l'univers
De sa gloire et de sa sagesse ;
Mais son peuple, trop peu soumis,
Ne put, dans les termes permis,
Contenir se puissance extrême ;
Et, trahi par la vanité,
Trouva dans sa liberté même¹
La perte de sa liberté.

¹ *Trouva dans sa liberté même la perte de sa liberté.* C'est la pensée de Lucain. *Pharsal.* III, 145 :
   Libertas populi... libertate perit.

## V.

### AU ROI DE POLOGNE[1],

SUR LES VŒUX QUE LES PEUPLES DE SAXE FAISAIENT POUR LE RETOUR DE SA MAJESTÉ.

C'est trop longtemps, grand roi, différer ta promesse,
Et d'un peuple qui t'aime épuiser les désirs ;
Reviens, de ta patrie en proie à la tristesse,
    Calmer les déplaisirs.

Elle attend ton retour comme une tendre épouse
Attend son jeune époux absent depuis un an[2],
Et que retient encor sur son onde jalouse
    L'infidèle Océan.

Plongée, à ton départ, dans une nuit obscure,
Ses yeux n'ont vu lever que de tristes soleils !
Rends-lui, par ta présence, une clarté plus pure[3],
    Et des jours plus vermeils.

Mais non, je vois l'erreur du zèle qui m'anime ;
Ta patrie est partout, grand roi, je le sais bien,
Où peut de tes États le bonheur légitime
    Exiger ton soutien.

Les peuples nés aux bords que la Vistule arrose
Sont, par adoption, devenus tes enfants ;
Tu leur dois compte enfin (le devoir te l'impose)
    De tes jours triomphants.

N'ont-ils pas vu ton bras, au milieu des alarmes,
Même avant qu'à ta loi leur choix les eût soumis,
Faire jadis l'essai de ses premières armes
    Contre leurs ennemis ?

[1] Frédéric-Auguste II, électeur de Saxe et roi de Pologne, né à Dresde le 12 mai 1670 ; mort à Varsovie le 1er février 1733. On cite de lui des mots pleins de bonté et de sagesse. « J'ai été établi de Dieu, disait-il, pour protéger mes sujets, sans exception, et pour les maintenir dans leurs priviléges, conformément aux lois du royaume. »

[2] *Elle attend ton retour comme une tendre épouse*, etc. Cette comparaison, pleine de grâce et de sensibilité, est encore empruntée d'Horace, qui la devait lui-même à Homère, *Odyssée*, liv. XVI, v. 17 ; avec cette différence cependant que, dans Horace, la patrie implorant le retour d'Auguste, est comparée à une mère inquiète sur l'absence trop prolongée d'un fils chéri, que les vents jaloux ont ravi à sa tendresse :

> Ut mater juvenem, quem Notus invide
> Flatu Carpathii trans maris æquora
> Cunctantem spatio longius annuo
>     Dulci distinet a domo,
> Votis omnibusque, et precibus vocat,
> Curvo nec faciem litore demovet ;
> Sic desideriis, etc.

[3] *Rends-lui, par ta présence, une clarté plus pure*, etc. Autre imitation d'Horace :

> ... Vultus ubi tuus
> Affulsit populo, gratior it dies,
> Et soles melius nitent.

Cent fois d'une puissance impie et sacrilége
Leurs yeux t'ont vu braver les feux, les javelots ;
Et, le fer à la main, briguer le privilége
    De mourir en héros.

Ce n'est pas que le feu de ta valeur altière
N'eût pour premier objet la gloire et les lauriers ;
Tu ne cherchais alors qu'à t'ouvrir la barrière
    Du temple des guerriers.

En mille autres combats, sous l'œil de la Victoire,
Des plus affreux dangers affrontant le concours,
Tu semblais ne vouloir assurer ta mémoire
    Qu'aux dépens de tes jours.

Telle est de tes pareils l'ardeur héréditaire[1] ;
Ils savent qu'un héros, par son rang exalté,
Ne doit qu'à la vertu ce que doit le vulgaire
    A la nécessité.

Mais le ciel protégeait une si belle vie ;
Il voulait voir sur toi ses desseins accomplis,
Et par toi relever au sein de ta patrie
    Ses honneurs abolis.

Un royaume fameux, fondé par tes ancêtres,
Devait mettre en tes mains la suprême grandeur,
Et ses peuples par toi voir de leurs premiers maîtres
    Revivre la splendeur.

En vain le Nord frémit, et fait gronder l'orage
Qui sur eux tout à coup va fondre avec effroi :
Le ciel t'offre un péril digne de ton courage ;
    Mais il combat pour toi.

Ce superbe ennemi des princes de la terre[2],
Contre eux, contre leurs droits, si fièrement armé,
Tombe, et meurt foudroyé par le même tonnerre
    Qu'il avait allumé.

Tu règnes cependant ; et tes sujets tranquilles
Vivent, sous ton appui, dans un calme profond,
A couvert des larcins et des courses agiles
    Du Scythe vagabond.

Les troupeaux rassurés broutent l'herbe sauvage[3] ;

[1] *Telle est de tes pareils l'ardeur héréditaire*, etc. L'éloge était mérité ; et l'on sait tout ce qu'Auguste II eut de combats à livrer, d'intrigues et de ressorts à faire mouvoir, pour se maintenir sur le trône chancelant de la Pologne. Il n'en fut pas de même de son successeur, qui, malgré ses malheurs et la droiture de ses intentions, a laissé une mémoire peu recommandable.

[2] *Ce superbe ennemi*, etc. Le roi de Suède, Charles XII, tué le 30 novembre 1718, au siége de Fréderickshall.

[3] *Les troupeaux rassurés*, etc. Horace, dans l'ode déjà citée, et que Rousseau rappelle fréquemment ici :

> Tutus bos etenim rura perambulat :

Le laboureur content cultive ses guérets;
Le voyageur est libre, et sans peur du pillage
    Traverse les forêts.

Le peuple ne craint plus de tyran qui l'opprime;
Le faible est soulagé, l'orgueilleux abattu;
La force craint la loi; la peine suit le crime;
    Le prix suit la vertu.

Grand roi, si le bonheur d'un royaume paisible
Fait la félicité d'un prince généreux,
Quel héros couronné, quel monarque invincible
    Fut jamais plus heureux?

Quelle alliance enfin plus noble et plus sacrée,
Éternisant ta gloire en ta postérité,
Pouvait mieux affermir l'infaillible durée
    De ta prospérité?

Ce sont là les faveurs dont la bonté céleste
A payé ton retour au culte fortuné [1]
Que tes pères, séduits par un guide funeste,
    Avaient abandonné.

N'en doute point, grand roi: c'est l'Arbitre suprême
Qui, pour mieux t'élever, voulut t'assujettir,
Et qui couronne en toi les faveurs que lui-même
    Daigna te départir.

C'est ainsi qu'autrefois dans les eaux de sa grâce
Des fiers héros saxons il lava les forfaits,
Afin de faire un jour éclater sur leur race
    Sa gloire et ses bienfaits.

L'empire fut le prix de leur obéissance [2]:
Il choisit les Othons, et voulut, par leurs mains,
Du joug des Albérics et des fers de Crescence
    Affranchir les Romains.

Dès lors (que ne peut point un exemple sublime
Transmis des souverains au reste des mortels!)
L'univers vit partout un encens légitime
    Fumer sur ses autels.

Des héros de leur sang la piété soumise
Triompha six cents ans avec le même éclat,
Sans jamais séparer l'étendard de l'Église
    Des drapeaux de l'État.

    Nutrit rura Ceres, etc . . . . . . .
    . . . . . . . . . . . . . . . . . . . . . .
    Culpam pœna premit comes.

[1] *A payé ton retour au culte fortuné*, etc. L'électeur de Saxe avait abjuré le luthéranisme et embrassé la croyance religieuse des Polonais.
[2] *L'empire fut le prix*, etc. Othon I<sup>er</sup>, duc de Saxe, fut créé empereur des Romains en 936, âgé seulement de quatorze ans.

J. B. ROUSSEAU.

Rome enfin ne voyait dans ces augustes princes
Que des fils généreux qui, fermes dans sa loi,
Maintenaient la splendeur de leurs vastes provinces
    Par celle de la foi.

O siècles lumineux! votre clarté célèbre
Devait-elle à leurs yeux dérober son flambeau?
Fallait-il que la nuit vînt d'un voile funèbre
    Couvrir un jour si beau?

L'héritier de leur nom, l'héritier de leur gloire [1],
Ose applaudir, que dis-je? ose appuyer l'erreur,
Et d'un vil apostat, l'opprobre de l'histoire,
    Adopter la fureur.

L'auguste Vérité le voit s'armer contre elle;
Et, sous le nom du ciel combattant pour l'enfer,
Tout le Nord révolté soutenir sa querelle
    Par la flamme et le fer.

Ah! c'en est trop! je cède à ma douleur amère;
Retirons-nous, dit-elle, en de plus doux climats,
Et cherchons des enfants qui du sang de leur mère
    Ne souillent point leurs bras.

Fils ingrat, c'est par toi que mon malheur s'achève;
Tu détruis mon pouvoir, mais le tien va finir:
Un Dieu vengeur te suit: tremble! son bras se lève
    Tout prêt à te punir.

Je vois, je vois le trône où ta fureur s'exerce
Tomber sur tes neveux de sa chute écrasés,
Comme un chêne orgueilleux que l'orage renverse
    Sur ses rameaux brisés [2].

Mais sur ce tronc aride une branche élevée
Doit un jour réparer ses débris éclatants,
Par mes mains et pour moi nourrie et conservée
    Jusqu'à la fin des temps.

Rejeton fortuné de cette tige illustre,
Un prince aimé des cieux rentrera sous mes lois;
Et mes autels détruits reprendront tout le lustre
    Qu'ils eurent autrefois.

Je régnerai par lui sur des peuples rebelles;
Il régnera par moi sur des peuples soumis;
Et j'anéantirai les complots infidèles
    De tous leurs ennemis.

[1] *L'héritier de leur nom... ose appuyer l'erreur.* La réforme de Luther, embrassée avec chaleur, dès son origine, par les électeurs de Saxe et de Brandebourg.
[2] La branche aînée de la maison de Saxe fut dépossédée de l'électorat en 1547, pour cause de luthéranisme.

Peuples vraiment heureux ! veuillent les destinées
De son empire aimable éterniser le cours ;
Et, pour votre bonheur, prolonger ses années
 Aux dépens de vos jours !

Puisse l'auguste fils qui marche sur ses traces [1],
Et que le ciel lui-même a pris soin d'éclairer,
Conserver à jamais les vertus et les grâces
 Qui le font adorer !

Digne fruit d'une race en héros si féconde,
Puisse-t-il égaler leur gloire et leurs exploits,
Et devenir, comme eux, les délices du monde,
 Et l'exemple des rois !

## VI.

### SUR LES DIVINITÉS POÉTIQUES.

C'est vous encor que je réclame,
Muses, dont les accords hardis
Dans les sens les plus engourdis
Versent cette céleste flamme
Qui dissipe leur sombre nuit,
Et qui, flambeau sacré de l'âme,
L'éclaire, l'échauffe et l'instruit.

Nymphes, à qui le ciel indique
Ses mystères les plus secrets,
Je viens chercher dans vos forêts
L'origine et la source antique
De ces dieux, fantômes charmants,
De votre verve prophétique
Indisputables éléments.

Je la vois, c'est l'ombre d'Alcée
Qui me la découvre à l'instant,
Et qui déjà, d'un œil content,
Dévoile à ma vue empressée
Ces déités d'adoption,
Synonymes de la pensée,
Symboles de l'abstraction.

C'est lui ; la foule qui l'admire
Voit encore, au son de ses vers,
Fuir ces tyrans de l'univers

---

[1] *Puisse l'auguste fils*, etc. Présage heureux, que l'événement ne justifia point. Auguste III ne marcha qu'en apparence sur les traces de son père, ne prit de lui que ses goûts ruineux, et abandonna tous les soins du gouvernement à un favori assez adroit pour que ce monarque, jaloux de son autorité comme le sont tous les princes incapables de gouverner, crût toujours l'exercer lui-même. Successivement chassé de son électorat, et forcé d'abandonner la Pologne, il revint s'ensevelir à Dresde dans la plus profonde inaction, et mourut d'un violent accès de goutte, le 5 octobre 1763.

Dont il extermina l'empire :
Mais déjà, sur de nouveaux tons,
Je l'entends accorder sa lyre ;
Il s'approche, il parle : écoutons.

Des sociétés temporelles
Le premier lien est la voix,
Qu'en divers sons l'homme, à son choix,
Modifie et fléchit pour elles ;
Signes communs et naturels,
Où les âmes incorporelles
Se tracent aux sens corporels.

Mais, pour peindre à l'intelligence
Leurs immatériels objets,
Ces signes, à l'erreur sujets,
Ont besoin de son indulgence ;
Et, dans leurs secours impuissants,
Nous sentons toujours l'indigence
Du ministère de nos sens.

Le fameux chantre d'Ionie
Trouva dans ses tableaux heureux
Le secret d'établir entre eux
Une mutuelle harmonie :
Et ce commerce leur apprit
L'art inventé par Uranie
De peindre l'esprit à l'esprit.

Sur la scène incompréhensible
De cet interprète des dieux,
Tout sentiment s'exprime aux yeux,
Tout devient image sensible ;
Et, par un magique pouvoir,
Tout semble prendre un corps visible,
Vivre, parler et se mouvoir.

Oui, c'est toi, peintre inestimable,
Trompette d'Achille et d'Hector,
Par qui de l'heureux siècle d'or
L'homme entend le langage aimable,
Et voit, dans la variété
Des portraits menteurs de la Fable,
Les rayons de la vérité.

Il voit l'arbitre du tonnerre
Réglant le sort par ses arrêts ;
Il voit sous les yeux de Cérès
Croître les trésors de la terre ;
Il reconnaît le dieu des mers
A ces sons qui calment la guerre
Qu'Éole excitait dans les airs.

Si dans un combat homicide
Le devoir engage ses jours,

Pallas, volant à son secours,
Vient le couvrir de son égide;
S'il se voue au maintien des lois,
C'est Thémis qui lui sert de guide,
Et qui l'assiste en ses emplois.

Plus heureux, si son cœur n'aspire
Qu'aux douceurs de la liberté,
Astrée est la divinité
Qui lui fait chérir son empire :
S'il s'élève au sacré vallon,
Son enthousiasme est la lyre
Qu'il reçoit des mains d'Apollon.

Ainsi consacrant le système
De la sublime fiction,
Homère, nouvel Amphion,
Change, par la vertu suprême
De ses accords doux et savants,
Nos destins, nos passions même,
En êtres réels et vivants.

Ce n'est plus l'homme qui, pour plaire,
Étale ses dons ingénus ;
Ce sont les Grâces, c'est Vénus,
Sa divinité tutélaire :
La sagesse qui brille en lui,
C'est Minerve dont l'œil l'éclaire,
Et dont le bras lui sert d'appui.

L'ardente et fougueuse Bellone
Arme son courage aveuglé :
Les frayeurs dont il est troublé
Sont le flambeau de Tisiphone :
Sa colère est Mars en fureur;
Et ses remords sont la Gorgone
Dont l'aspect le glace d'horreur.

Le pinceau même d'un Apelle
Peut, dans les temples les plus saints,
Attacher les yeux des humains
A l'objet d'un culte fidèle,
Et peindre sans témérité,
Sous une apparence mortelle,
La divine immortalité.

Vous donc, réformateurs austères
De nos priviléges sacrés ;
Et vous, non encore éclairés
Sur nos symboliques mystères,
Éloignez-vous, pâles censeurs,
De ces retraites solitaires
Qu'habitent les neuf doctes Sœurs.

Ne venez point, sur un rivage
Consacré par leur plus bel art,
Porter un aveugle regard :
Et loin d'elles tout triste sage
Qui, voilé d'un sombre maintien,
Sans avoir appris leur langage,
Veut jouir de leur entretien!

Ici l'ombre impose silence
Aux doctes accents de sa voix :
Et déjà dans le fond des bois,
Impétueuse, elle s'élance ;
Tandis que je cherche des sons
Dignes d'atteindre à l'excellence
De ses immortelles leçons.

## VII.

### SUR LE DEVOIR ET LE SORT DES GRANDS HOMMES.

Nous honorons du nom de sage
Celui qui, content de son sort,
Et loin des vents et de l'orage
Goûtant les délices du port,
Sait, au milieu de l'abondance,
Dans une noble indépendance
Trouver la gloire et le repos ;
Mais cette sagesse tranquille,
Vertu dans un mortel stérile,
N'est point vertu dans un héros.

Pour jouir d'une paix chérie
Les cieux ne nous l'ont point prêté;
Il est comptable à sa patrie
Des dons qu'il tient de leur bonté :
Cette influence souveraine
N'est pour lui qu'une illustre chaîne
Qui l'attache au bonheur d'autrui ;
Tous les brillants qui l'embellissent,
Tous les talents qui l'ennoblissent,
Sont en lui, mais non pas à lui.

Il sait, et c'est un avantage
Peu connu de ses vains rivaux,
Que son véritable partage
Sont les veilles et les travaux ;
Que sur tous les êtres du monde
Des dieux la sagesse profonde
Étend ses regards généreux
Et qu'éclos de leurs mains fertiles,
Les uns naissent pour être utiles,
Les autres pour n'être qu'heureux.

Ainsi, victime préparée

Pour le bonheur du genre humain,
Victime non moins consacrée
A l'empire du souverain,
Soit sur la mer, soit sur la terre,
Soit dans la paix, soit dans la guerre,
D'une foi mâle revêtu,
Son prince, dont il est l'organe,
Sa propre vertu le condamne
A s'immoler à sa vertu.

La dépendance est le salaire
Des présents que nous font les cieux :
Un roi parle; il faut, pour lui plaire,
Quitter sa patrie et ses dieux :
Héros guerriers, héros paisibles,
Il faut à ses lois invincibles
Asservir vos talents vainqueurs.
Partez, volez, âmes viriles;
Courez lui soumettre les villes,
Allez lui conquérir les cœurs.

Toutefois si de votre zèle
Vous voulez recevoir le prix,
Revenez : l'absence infidèle
Enfante peu de favoris :
Les récompenses les plus dues
Sont souvent des dettes perdues
Pour qui tarde à les répéter ;
Et, sur l'absent qui les mérite,
Le présent qui les sollicite
Est toujours sûr de l'emporter

Le mérite oublié du maître,
Et souvent même dédaigné,
Ne se fait jamais bien connaître
Dans un point de vue éloigné :
En vain, sous d'illustres auspices
Produirait-il de ses services
Le témoignage glorieux ;
Sa présence est le seul langage
Qui puisse en assurer le gage :
Les rois ont le cœur dans les yeux.

C'est à ces astres vénérables
D'illuminer ses actions ;
C'est de leurs rayons favorables
Qu'il doit tirer tous ses rayons ;
Bientôt leur céleste influence
Va le combler d'une affluence
De biens, de gloire et de splendeurs ;
Et, l'éclairant d'un nouveau lustre,
Porter sa destinée illustre
Au plus haut sommet des grandeurs.

Installé dans le rang sublime
Où l'ont placé leurs justes lois,
Il peut d'un pouvoir légitime
Exercer les plus vastes droits ;
Il peut, pour foudroyer le vice,
De la force et de la justice
Réunir le double soutien ;
Il peut enfin, fidèle oracle,
Faire trouver sans nul obstacle
Le bonheur public dans le sien.

Mais si jamais un noir orage,
Longtemps suspendu dans son cours,
Fait sur lui crever le nuage
Élevé durant ses beaux jours ;
C'est alors que, libre de crainte,
Le dépit que masquait la feinte
Se change en mortelles fureurs,
Et que l'Envie empoisonnée,
Par l'impunité déchaînée,
Dépouille toutes ses terreurs.

Sa gloire aussitôt obscurcie,
Vaine ombre d'un jour éclipsé,
Disparaît souillée et noircie
Par le mensonge intéressé ;
Canal impur, qui, dans leurs courses
Infectant les plus belles sources,
Change en erreur la vérité,
L'industrie en extravagance,
La grandeur d'âme en arrogance,
Et le zèle en témérité.

Tout fuit, tout cherche un nouveau maître ;
Ses complaisants les plus flatteurs
Sont les premiers qu'on voit paraître
Entre ses prudents déserteurs :
En vain ses qualités suprêmes
Forcent les témoignages mêmes
A l'équité les moins soumis ;
En vain par ses bontés célèbres
Cent noms sont sortis des ténèbres :
Les malheureux n'ont point d'amis.

O vous! que la bonne fortune
Maintient à l'abri des revers,
De la terre charge importune,
Peuple inutile à l'univers,
Au sein de la béatitude,
Bornez-vous ; fixez votre étude
Aux choix des plaisirs les plus doux ;
Et, dans l'oisive nonchalance
De votre paisible opulence,
Ne songez qu'à vivre pour vous :

Tandis que le zèle héroïque,
Esclave de sa dignité,
A la félicité publique
Consacrera sa liberté,
Ou, perdu dans la foule obscure,
Et d'une vie ingrate et dure
Traînant les soucis épineux,
Verra, sans murmure et sans peine,
De la prospérité hautaine
Briller le faste dédaigneux.

## VIII.

### A LA PAIX.

O Paix ! tranquille Paix ! secourable immortelle,
Fille de l'harmonie et mère des plaisirs,
Que fais-tu dans les cieux, tandis que de Cybèle
Les sujets désolés t'adressent leurs soupirs ?

Si, par l'ambition de la terre bannie,
Tu crois devoir ta haine à tes profanateurs,
Que t'a fait l'innocence, injustement punie
De l'inhumanité de ses persécuteurs ?

Équitable déesse, entends nos voix plaintives :
Vois ces champs ravagés, vois ces temples brûlants,
Ces peuples éplorés, ces mères fugitives,
Et ces enfants meurtris entre leurs bras sanglants.

De quels débordements de sang et de carnage
La terre a-t-elle vu ses flancs plus engraissés ?
Et quel fleuve jamais vit border son rivage
D'un plus horrible amas de mourants entassés ?

Telle autour d'Ilion la mort livide et blême
Moissonnait les guerriers de Phrygie et d'Argos,
Dans ces combats affreux où le dieu Mars lui-même
De son sang immortel vit bouillonner les flots.

D'un cri pareil au bruit d'une armée invincible
Qui s'avance au signal d'un combat furieux,
Il ébranla du ciel la voûte inaccessible,
Et vint porter sa plainte au monarque des dieux.

Mais le grand Jupiter, dont la présence auguste
Fait rentrer d'un coup d'œil l'audace en son devoir,
Interrompant la voix de ce guerrier injuste,
En ces mots foudroyants confondit son espoir :

« Va, tyran des mortels, dieu barbare et funeste [1],
Va faire retentir tes regrets loin de moi ;

De tous les habitants de l'Olympe céleste
Nul n'est à mes regards plus odieux que toi [1].

Tigre à qui la pitié ne peut se faire entendre,
Tu n'aimes que le meurtre et les embrasements :
Les remparts abattus, les palais mis en cendres,
Sont de ta cruauté les plus doux monuments.

La frayeur et la mort vont sans cesse à ta suite,
Monstre nourri de sang, cœur abreuvé de fiel,
Plus digne de régner sur les bords du Cocyte,
Que de tenir ta place entre les dieux du ciel.

Ah ! lorsque ton orgueil languissait dans les chaînes
Où les fils d'Aloüs te faisaient soupirer,
Pourquoi, trop peu sensible aux misères humaines,
Mercure, malgré moi, vint-il t'en délivrer ?

La Discorde, dès lors avec toi détrônée,
Eût été pour toujours reléguée aux enfers ;
Et l'altière Bellone, au repos condamnée,
N'eût jamais exilé la Paix de l'univers.

La Paix, l'aimable Paix, fait bénir son empire ;
Le bien de ses sujets fait son soin le plus cher :
Et toi, fils de Junon, c'est elle qui t'inspire
La fureur de régner par la flamme et le fer. »

Chaste Paix, c'est ainsi que le maître du monde
Du fier Mars et de toi sait discerner le prix :
Ton sceptre rend la terre en délices féconde,
Le sien ne fait régner que les pleurs et les cris.

Pourquoi donc aux malheurs de la terre affligée
Refuser le secours de tes divines mains ?
Pourquoi, du roi des cieux chérie et protégée,
Céder à ton rival l'empire des humains ?

Je t'entends : c'est en vain que nos vœux unanimes
De l'Olympe irrité conjurent le courroux ;
Avant que sa justice ait expié nos crimes,
Il ne t'est pas permis d'habiter parmi nous.

Et quel siècle jamais mérita mieux sa haine ?
Quel âge plus fécond en Titans orgueilleux ?
En quel temps a-t-on vu l'impiété hautaine
Lever contre le ciel un front plus sourcilleux ?

La peur de ses arrêts n'est plus qu'une faiblesse :
Le blasphème s'érige en noble liberté ;
La fraude au double front, en prudente sagesse,
Et le mépris des lois en magnanimité.

---

[1] *Va, tyran des mortels, etc.* Homère, au cinquième livre de l'*Iliade*, v. 890 et suiv.

[1] Littéralement traduit d'Horace, à l'endroit cité :
Ἔχθιστος δέ μοί ἐσσι θεῶν, οἳ Ὄλυμπον ἔχουσιν·
Αἰεὶ γάρ τοι ἔρις τε φίλη, πόλεμοί τε, μάχαι τε.

Voilà, peuples, voilà ce qui sur vos provinces
Du ciel inexorable attire la rigueur ;
Voilà le dieu fatal qui met à tant de princes
La foudre dans les mains, la haine dans le cœur.

Des douceurs de la paix, des horreurs de la guerre,
Un ordre indépendant détermine le choix :
C'est le courroux des rois qui fait armer la terre ;
C'est le courroux des dieux qui fait armer les rois.

C'est par eux que sur nous la suprême vengeance
Exerce les fléaux de sa sévérité,
Lorsque après une longue et stérile indulgence
Nos crimes ont du ciel épuisé la bonté.

Grands dieux ! si la rigueur de vos coups légitimes
N'est point encor lassée après tant de malheurs ;
Si tant de sang versé, tant d'illustres victimes,
N'ont point fait de nos yeux couler assez de pleurs ;

Inspirez-nous du moins ce repentir sincère,
Cette douleur soumise, et ces humbles regrets,
Dont l'hommage peut seul, en ces temps de colère,
Fléchir l'austérité de vos justes décrets.

Échauffez notre zèle, attendrissez nos âmes,
Élevez nos esprits au céleste séjour,
Et remplissez nos cœurs de ces ardentes flammes
Qu'allument le devoir, le respect et l'amour.

Un monarque vainqueur, arbitre de la guerre,
Arbitre du destin de ses plus fiers rivaux,
N'attend que ce moment pour poser son tonnerre,
Et pour faire cesser la rigueur de nos maux.

Que dis-je ? ce moment de jour en jour s'avance :
Les dieux sont adoucis, nos vœux sont exaucés ;
D'un ministre adoré l'heureuse providence [1]
Veille à notre salut : il vit ; c'en est assez.

Peuples, c'est par lui seul que Bellone asservie
Va se voir enchaîner d'un éternel lien :
C'est à notre bonheur qu'il consacre sa vie ;
C'est à votre repos qu'il immole le sien.

Reviens donc, il est temps que son vœu se consomme,
Reviens, divine Paix, en recueillir le fruit :
Sur ton char lumineux fais monter ce grand homme,
Et laisse-toi conduire au dieu qui le conduit.

Ainsi, du ciel calmé rappelant la tendresse,
Puissions-nous voir changer par ses dons souverains
Nos peines en plaisirs, nos pleurs en allégresse,
Et nos obscures nuits en jours purs et sereins !

## IX.

### A M. LE COMTE DE LANNOY,

GOUVERNEUR DE BRUXELLES.

SUR UNE MALADIE DE L'AUTEUR, CAUSÉE PAR UNE ATTAQUE DE PARALYSIE, EN 1738.

Celui qui des cœurs sensibles
Cherche à devenir vainqueur,
Doit, pour les rendre flexibles,
Consulter son propre cœur ;
C'est notre plus sûr arbitre :
Les dieux ne sont qu'à ce titre
De nos offrandes jaloux :
Si Jupiter veut qu'on l'aime,
C'est qu'il nous prévient lui-même
Par l'amour qu'il a pour nous.

C'est cette noble industrie,
Comte, qui, par tant de nœuds,
T'attache dans ta patrie
Tous les cœurs et tous les vœux :
Rappelle dans ta pensée,
A la nouvelle annoncée
Du dernier prix de ta foi,
Tous ces torrents de tendresse
Dont la publique allégresse
Signala son feu pour toi.

En moi-même, ô preuve insigne !
Jusqu'où n'a point éclaté
D'un caractère si digne
L'intarissable bonté !
Dans le calme, dans l'orage,
Toujours même témoignage,
Surtout dans ces tristes jours,
Dont la lumière effacée
De ma planète éclipsée
Me fait sentir le décours.

Malheureux l'homme qui fonde
L'avenir sur le présent,
Et qu'endort au sein de l'onde
Un zéphire séduisant !
Jamais l'adverse fortune,
Ma surveillante importune,
Ne parut plus loin de moi ;
Et jamais aux doux mensonges
Des plus agréables songes,
Je ne prêtai tant de foi.

---

[1] *D'un ministre adoré*, etc. Le cardinal de Fleury qui, après avoir conduit, avec sa prudence ordinaire, la guerre de 1723 à 1736, venait de la terminer glorieusement par le traité qui valut le royaume de Naples et de Sicile à D. Carlos, et à la France la cession à perpétuité du duché de Lorraine.

C'est dans ces routes fleuries
Où mes volages esprits
Promenaient leurs rêveries,
D'un charme trompeur épris,
Que, contre moi révoltée,
L'impatiente Adrastée[1],
Némésis, avait caché,
Vengeresse impitoyable,
Le précipice effroyable
Où mes pas ont trébuché.

Tel qu'un arbre stable et ferme,
Quand l'hiver par sa rigueur
De la séve qu'il renferme
A refroidi la vigueur;
S'il perd l'utile assistance
Des appuis dont la constance
Soutient ses bras relâchés,
Sa tête altière et hautaine
Cachera bientôt l'arène
Sous ses rameaux desséchés :

Tel, quand le secours robuste
Dont mon corps est étayé
En laisse à mon sang aduste
Régir la faible moitié,
L'autre moitié, qui succombe,
Hésite, chancelle, tombe,
Et sent que, malgré l'effort
Que sa vertu fait renaître,
Le plus faible est toujours maître,
Et triomphe du plus fort.

Par mes désirs prévenue,
Près de mon lit douloureux
Déjà la Mort est venue
Asseoir son squelette affreux;
Et le regard homicide
De son cortége perfide,
Porte à son dernier degré
L'excès, toujours plus terrible,
D'un accablement horrible,
Par l'insomnie ulcéré.

Quelle vapeur vous enivre,
Mortels qui, chéris du sort,
Ne désirez que de vivre,
Et ne craignez que la mort?
Souvent, malgré leurs promesses,

[1] *L'impatiente Adrastée*, etc. Fille de Jupiter et de la Nécessité. Spécialement chargée de la vengeance des dieux, son infatigable activité poursuivait le coupable, et ne manquait jamais de l'atteindre. La mythologie égyptienne la plaçait dans une région plus élevée que la lune, et d'où elle observait les actions des hommes.

Vos dignités, vos richesses,
Affligent leurs possesseurs :
Pour les âmes généreuses,
Du vrai bonheur amoureuses,
La mort même a ses douceurs.

On a beau se plaindre d'elle,
Quelque horreur que l'on en ait;
Les guerriers la trouvent belle
Quand elle vient d'un seul trait
Les frapper à l'improviste :
Mais, juste ciel! qu'elle est triste,
Et quel rigoureux travail,
Quand ses approches moins vives,
Par des pertes successives
Nous détruisent en détail!

Près de ma dernière aurore,
En vain dit-on que les cieux
De quelques beaux jours encore
Pourront éclairer mes yeux :
O promesse imaginaire!
Quel emploi pourrais-je faire,
Soleil, céleste flambeau,
De ta lumière suprême,
Quand la moitié de moi-même
Est déjà dans le tombeau?

Achève donc ton ouvrage,
Viens, ô favorable Mort,
De ce caduc assemblage
Rompre le fragile accord!
Par ce coup où je t'invite,
Permets que mon corps s'acquitte
De ce qu'il doit au cercueil ;
Et que mon âme y révoque
Cette constance équivoque
Dont la douleur est l'écueil.

Ainsi, parmi les ténèbres,
Les yeux vainement fermés,
Dans mille pensers funèbres
Mes sens étaient abîmés;
Lorsque d'une voix amie
Mon oreille raffermie
Crut reconnaître les sons :
C'était l'ombre de Malherbe,
Qui sur sa lyre superbe
Vint m'adresser ces leçons :

« Sous quelles inquiétudes,
Ami, te vois-je abattu?
Que t'ont servi nos études?
Qu'as-tu fait de ta vertu,

Toi qui, disciple d'Horace,
Par les nymphes du Parnasse
Dès ton jeune âge nourri,
Semblais sur ces espérances
Contre toutes les souffrances
T'être fait un sûr abri?

Ignores-tu donc encore
Que tous les fléaux tirés
De la boîte de Pandore
Se sont du monde emparés:
Que l'ordre de la nature
Soumet la pourpre et la bure
Aux mêmes sujets de pleurs;
Et que, tout fiers que nous sommes,
Nous naissons tous, faibles hommes,
Tributaires des douleurs?

Prétendais-tu que les Parques
Dussent, filant tes instants,
Signaler des mêmes marques
Ton hiver et ton printemps?
Quel dieu te rend si plausible
La jouissance impossible
D'un privilége inouï,
Réservé pour l'empyrée,
Et dont pendant leur durée
Jamais mortels n'ont joui?

En recevant l'existence
Que le ciel nous daigne offrir,
Nous recevons la sentence
Qui nous condamne à souffrir:
A sa vigueur naturelle
En vain notre corps appelle
De ce décret hasardeux;
Notre âme subordonnée,
Par les soucis dominée,
Paye assez pour tous les deux.

Quelle fièvre plus cruelle
Que ses mortels déplaisirs,
Quand la fortune infidèle
Vient traverser ses désirs?
En tout pays, à tout âge,
La douleur est son partage
Jusqu'à l'heure du trépas:
Dans le sein des grandeurs même,
Le sceptre et le diadème
Ne l'en affranchissent pas.

Que dirai-je du supplice
Où l'exposent tous les jours
L'imposture et la malice

Que farde l'art du discours,
Quand elle voit à sa place
L'Hypocrisie et l'Audace
Triompher de leurs larcins;
Et la timide Innocence,
Sans ressource et sans défense,
Livrée à ses assassins?

Si donc, par des lois certaines,
L'âme et le corps, son rempart,
Ont leurs plaisirs et leurs peines,
Leurs biens et leurs maux à part;
N'est-ce pas une fortune,
Quand d'une charge commune
Deux moitiés portent le faix,
Que la moindre le réclame;
Et que du bonheur de l'âme
Le corps seul fasse les frais?

L'espérance consolante
D'un plus heureux avenir,
De ta douleur accablante
Doit chasser le souvenir:
C'était le dernier désastre
Que de ton malheureux astre
Exigeait l'inimitié:
Calme ton âme inquiète;
Némésis est satisfaite,
Et ton tribut est payé. »

## X.

### A LA POSTÉRITÉ [1].

Déesse des héros, qu'adorent en idée
Tant d'illustres amants dont l'ardeur hasardée
Ne consacre qu'à toi ses vœux et ses efforts;
Toi qu'ils ne verront point, que nul n'a jamais vue,

[1] Réduit, ou plutôt condamné à la triste nécessité de parler de lui, et de réclamer auprès de la postérité la tardive justice que ne lui avaient point rendue ses contemporains, Rousseau le fait ici avec cette noblesse, cette dignité tranquille, qui n'abandonnent jamais l'homme sûr de son innocence, et opposant sa propre estime au jugement d'un siècle séduit par l'apparence, ou corrompu par la malignité. Ce ne sont plus ici de ces violentes déclamations, de ces satires personnelles échappées aux premiers transports de la passion; c'est l'épanchement d'une âme honnête, douloureusement oppressée, et qui dépose, dans cette espèce de *testament* moral, ses derniers chagrins et ses dernières pensées. Ce serait, à en croire les compilateurs d'anecdotes controuvées, de cette pièce même que daterait la longue et scandaleuse inimitié qui divisa Voltaire et Rousseau. Elle ne fut que trop réelle; mais il lui faut chercher d'autres causes qu'une épigramme *. Au surplus, l'événement a complétement trompé la prédiction; et l'ode est, comme l'on voit, arrivée *à son adresse*.

* Sur le seul titre de la pièce, A LA POSTÉRITÉ, Voltaire dit : *Cela n'ira pas à son adresse.*

Et dont pour les vivants la faveur suspendue
  Ne s'accorde qu'aux morts ;

Vierge non encor née, en qui tout doit renaître
Quand le temps dévoilé viendra te donner l'être,
Laisse-moi dans ces vers te tracer mes malheurs ;
Et ne refuse pas, arbitre vénérable,
Un regard généreux au récit déplorable
  De mes longues douleurs.

Le ciel, qui me créa sous le plus dur auspice,
Me donna pour tout bien l'amour de la justice,
Un génie ennemi de tout art suborneur,
Une pauvreté fière, une mâle franchise,
Instruite à détester toute fortune acquise
  Aux dépens de l'honneur.

Infortuné trésor ! importune largesse !
Sans le superbe appui de l'heureuse richesse,
Quel cœur impunément peut naître généreux ?
Et l'aride vertu, limitée en soi-même,
Que sert-elle, qu'à rendre un malheureux qui l'aime
  Encor plus malheureux ?

Craintive, dépendante, et toujours poursuivie
Par la malignité, l'intérêt et l'envie,
Quel espoir de bonheur lui peut être permis,
Si pour avoir la paix, il faut qu'elle s'abaisse
A toujours se contraindre, et courtiser sans cesse
  Jusqu'à ses ennemis ?

Je n'ai que trop appris qu'en ce monde où nous sommes,
Pour souverain mérite on ne demande aux hommes
Qu'un vice complaisant, de grâces revêtu ;
Et que, des ennemis que l'amour-propre inspire,
Les plus envenimés sont ceux que nous attire
  L'inflexible vertu.

C'est cet amour du vrai, ce zèle antipathique
Contre tout faux brillant, tout éclat sophistique,
Où l'orgueil frauduleux va chercher ses atours,
Qui lui seul suscita cette foule perverse
D'ennemis forcenés, dont la rage traverse
  Le repos de mes jours.

« Écartons, ont-ils dit, ce censeur intraitable
Que des plus beaux dehors l'attrait inévitable
Ne fit jamais gauchir contre la vérité ;
Détruisons un témoin qu'on ne saurait séduire ;
Et, pour la garantir, perdons ce qui peut nuire
  A notre vanité.

Inventons un venin dont la vapeur infâme,
En soulevant l'esprit, pénètre jusqu'à l'âme ;

Et sous son nom connu répandons ce poison :
N'épargnons contre lui mensonge ni parjure ;
Chez le peuple troublé, la fureur et l'injure
  Tiendront lieu de raison. »

Imposteurs effrontés, c'est par cette souplesse
Que j'ai vu tant de fois votre scélératesse
Jusque chez mes amis me chercher des censeurs ;
Et, des yeux les plus purs bravant le témoignage,
Défigurer mes traits, et souiller mon visage
  De vos propres noirceurs.

Toutefois au milieu de l'horrible tempête
Dont, malgré ma candeur, pour écraser ma tête,
L'autorité séduite arma leurs passions ;
La chaste Vérité prit en main ma défense,
Et fit luire en tout temps sur ma faible innocence
  L'éclat de ses rayons.

Aussi marchant toujours sur mes antiques traces,
Combien n'ai-je pas vu dans mes longues disgrâces
D'illustres amitiés consoler mes ennuis [1],
Constamment honoré de leur noble suffrage,
Sans employer d'autre art que le fidèle usage
  D'être ce que je suis !

Telle est sur nous du ciel la sage providence,
Qui bornant à ces traits l'effet de sa vengeance,
D'un plus âpre tourment m'épargnait les horreurs :
Pouvait-elle acquitter, par une moindre voie,
La dette des excès d'une jeunesse en proie
  A de folles erreurs ?

Objets de sa bonté, même dans sa colère,
Enfants toujours chéris de cette tendre mère,
Ce qui nous semble un fruit de son inimitié
N'est en nous que le prix d'une vie infidèle,
Châtiment maternel, qui n'est jamais en elle
  Qu'un effet de pitié.

Révérons sa justice, adorons sa clémence,
Qui, jusque dans les maux que sa main nous dispense,
Nous présente un moyen d'expier nos forfaits ;
Et qui nous imposant ces peines salutaires,
Nous donne en même temps les secours nécessaires
  Pour en porter le faix.

Juste Postérité, qui me feras connaître
Si mon nom vit encor quand tu viendras à naître,
Donne-moi pour exemple à l'homme infortuné
Qui, courbé sous le poids de son malheur extrême,

---

[1] Le comte du Luc, le prince Eugène, le duc d'Aremberg, etc.; et parmi les gens de lettres, L. Racine, Rollin, les PP. Brumoy et de Tournemine, Lefranc de Pompignan, etc.

Pour asile dernier n'a que l'asile même
    Dont il fut détourné.

Dis-lui qu'en mes écrits il contemple l'image
D'un mortel qui, du monde embrassant l'esclavage,
Trouva, cherchant le bien, le mal qu'il haïssait,
Et qui, dans ce trompeur et fatal labyrinthe,
De son miel le plus pur vit composer l'absinthe
    Que l'erreur lui versait.

Heureux encor pourtant, même dans son naufrage,
Que le ciel l'ait toujours assisté d'un courage
Qui de son seul devoir fit sa suprême loi ;
Des vils tempéraments combattant la mollesse,
Sans s'exposer jamais par la moindre faiblesse
    A rougir devant toi !

Voilà quel fut celui qui t'adresse sa plainte :
Victime abandonnée à l'envieuse feinte,
De sa seule innocence en vain accompagné ;
Toujours persécuté, mais toujours calme et ferme,
Et, surchargé de jours, n'aspirant plus qu'au terme
    A leur nombre assigné.

Le pinceau de Zeuxis, rival de la nature [1],
A souvent de ses traits ébauché la peinture ;
Mais du sage lecteur les équitables yeux,
Libres de préjugés, de colère et d'envie,
Verront que ses écrits, vrai tableau de sa vie,
    Le peignent encor mieux [2].

## STANCES

### SUR L'AFFECTATION DU STYLE [3].

Que dis-tu, naïf Saint-Amand,
Du goût de nos odes hautaines ?

[1] *Le pinceau de Zeuxis*. Jacques-André-Joseph *Aved*, peintre qui se fit, de son temps, un certain nom dans le genre du *portrait*. Il fut l'intime ami de Rousseau, et le lui prouva dans des circonstances difficiles. — Né à Douai, en 1702; mort à Paris, en 1766.
[2] C'est le vers de Martial que Rousseau désirait que l'on plaçât, et qui fut mis en effet au bas de son portrait :
    Certior in nostro carmine vultus erit
        Liv. VII, épig. 83.
[3] Cette pièce, l'un des premiers essais de l'auteur, avait été conservée par Louis Racine, qui l'envoya à Brossette, en 1741, non *comme belle*, dit-il, *mais comme curieuse*. Nous sommes à cet égard de l'avis de Racine, et comme lui nous pensons également que, quand un homme *a été aussi loin*, on est bien aise de voir *d'où il est parti*. C'est ce qui nous a engagés à placer immédiatement ces stances à côté de l'*ode à la Postérité*. C'est en fixant ainsi les deux points extrêmes de la carrière, que l'on peut donner une idée plus juste de l'athlète qui l'a parcourue.

Il est perdu, ce ton charmant
Sur lequel tu chantais les tiennes.
Ce ne sont plus que mots pompeux,
Que labyrinthe ténébreux
De phrases qu'on veut que j'entende.
De grâce, viens ; redonne-moi
Cet heureux ton, mort avec toi :
Mon siècle, hélas ! te redemande.

Ennuyés de tant de liqueurs,
De vins fumeux, de bonne chère ;
Désormais, plus sobres buveurs,
Nous soupirons après l'eau claire.
Beau ruisseau, sur tes bords assis,
Je viens de mes sens obscurcis
Dissiper la vapeur impure.
Loin d'ici tout page ou valet,
Ma main sera mon gobelet :
Rien n'approche de la nature.

Ne donnons pas un plus long cours
A cette utile métaphore :
Mon siècle n'a que trop recours
A ce voile qu'on double encore.
D'où nous vient ce style tendu ?
Est-ce un crime d'être entendu ?
Pourquoi cette contrainte extrême ?
Est-ce ceci ?... non, c'est cela...
Et de quoi disputez-vous là ?
L'auteur ne le sait pas lui-même.

Le Français n'aurait-il donc plus
Cet air aisé qu'il tient des Grâces,
Et que tous nos voisins perclus
N'imitent que par des grimaces ?
Il est encor, cet air charmant,
Dans le geste et l'habillement ;
Tout en nous encor le respire :
Mais, témoin nos derniers écrits,
Cet air n'est plus dans nos esprits.
Que je suis honteux de le dire !

Il n'est plus de ces tours heureux
Faits tout exprès pour la pensée,
Où, telle qu'une étoile aux cieux,
Elle étincelait enchâssée.
Jadis couchés près d'Apollon,
Sur les fleurs du sacré vallon,
Nos poètes enfantaient leurs rimes :
Aujourd'hui, le cothurne au pied,
Ce n'est plus que sur son trépied
Qu'ils prononcent leurs vers sublimes.

Chaque vers est un trait d'esprit

Que le mien croit d'abord entendre.
Je relis le céleste écrit,
Et je ne puis plus le comprendre.
J'y cherche l'éclair que j'ai vu,
Ou, pour mieux dire, que j'ai cru
Voir luire à travers le nuage.
C'est l'effet des fausses lueurs :
Tout est dans l'esprit des lecteurs,
Tandis que rien n'est dans l'ouvrage.

Nouvel écueil non moins fatal,
Où brisent nos rimeurs célèbres,
L'obscurité n'est pas leur mal,
Leur sens s'offre assez sans ténèbres.
Mais de mots nerveux et forcés,
Toujours leurs vers encuirassés
Disent plus qu'ils ne doivent dire :
Vains et communs dans leurs propos,
Ils marchent armés de grands mots,
Que la sotte ignorance admire.

Leur Apollon toujours grondeur
Met en pièces tout ce qu'il touche.
Son chagrin est pis que fureur,
Et son rire même est farouche.
S'il soupire pour quelque Iris,
Ses soupirs, d'orages nourris,
Sont autant d'éclats de tonnerre ;
Et dans sa bouche le hautbois
Épouvante le dieu des bois,
Et sa flûte appelle la guerre.

Fuyez ces terribles rimeurs,
Jeunes Nymphes, Grâces fidèles :
Vous êtes le charme des cœurs ;
Mais vous n'êtes pas assez belles.
De vos attraits trop délicats
Ils ne sentent point les appas ;
Le faux grand pique seul leur verve.
Peignent-ils l'Amour : c'est Pluton :
La tendre Vénus est Junon,
Et Chloris, l'austère Minerve.

Des excès ennemis du beau
L'affectation est la mère.
Toujours avides du nouveau,
Nous gâtons tout pour trop bien faire.
Tyrans de notre propre esprit,
Jamais rien n'est assez bien dit,
S'il n'est mieux dit qu'on ne doit dire.
Sages arbitres de nos vers,
Proscrivez ces vices divers,
En couronnant cette satire.

FIN DES ODES.

# CANTATES.

## CANTATE I.

### DIANE.

A peine le soleil, au fond des antres sombres,
Avait du haut des cieux précipité les ombres,
Quand la chaste Diane, à travers les forêts,
    Aperçut un lieu solitaire
Où le fils de Vénus et les dieux de Cythère
    Dormaient sous un ombrage frais :
Surprise, elle s'arrête; et sa prompte colère
S'exhale en ce discours, qu'elle adresse tout bas
A ces dieux endormis, qui ne l'entendent pas :

    Vous par qui tant de misérables
    Gémissent sous d'indignes fers,
    Dormez, Amours inexorables,
    Laissez respirer l'univers.

    Profitons de la nuit profonde
    Dont le sommeil couvre leurs yeux ;
    Assurons le repos au monde,
    En brisant leurs traits odieux.

    Vous, par qui tant de misérables
    Gémissent sous d'indignes fers,
    Dormez, Amours inexorables,
    Laissez respirer l'univers.

A ces mots elle approche; et ses nymphes timides,
Portant sans bruit leurs pas vers ces dieux homicides,
D'une tremblante main saisissent leurs carquois;
Et bientôt du débris de leurs flèches perfides
    Sèment les plaines et les bois.

[1] « On dirait que Rousseau s'est plu à réserver, pour ses *Cantates*, toute la flexibilité de son beau talent. Il s'y montre tout à la fois pur, élégant, harmonieux, passionné ; et se venge bien du reproche qu'on lui a fait quelquefois de manquer de sentiment dans ses odes ; ses seules cantates suffiraient pour le placer au plus haut rang, parce qu'il y développe toutes les qualités qui font le grand poète : l'invention, le coloris, la grâce et les artifices du style, portés au plus haut période. » (LE BRUN.) — La Harpe regarde ces mêmes cantates comme des *morceaux achevés*. « C'est là, dit-il, qu'il paraît avoir eu le plus de souplesse et de flexibilité : il sait choisir ses sujets, les diversifier et les remplir. Ce sont des morceaux peu étendus, mais *finis*. »

Tous les dieux des forêts, des fleuves, des montagnes,
Viennent féliciter leurs heureuses compagnes,
Et de leurs ennemis bravant les vains efforts,
    Expriment ainsi leurs transports :

    Quel bonheur ! quelle victoire !
    Quel triomphe ! quelle gloire !
    Les Amours sont désarmés.

    Jeunes cœurs, rompez vos chaînes :
    Cessons de craindre les peines
    Dont nous étions alarmés.

    Quel bonheur ! quelle victoire !
    Quel triomphe ! quelle gloire !
    Les Amours sont désarmés.

L'Amour s'éveille au bruit de ces chants d'allégresse;
    Mais quels objets lui sont offerts !
    Quel réveil ! dieux ! quelle tristesse,
Quand de ses dards brisés il voit les champs couverts !
« Un trait me reste encor dans ce désordre extrême :
« Perfides, votre exemple instruira l'univers. »

Il parle : le trait vole, et, traversant les airs,
    Va percer Diane elle-même :
    Juste, mais trop cruel revers,
Qui signale, grand dieu, ta vengeance suprême !

    Respectons l'Amour
    Tandis qu'il sommeille ;
    Et craignons qu'un jour
    Ce dieu ne s'éveille.

    En vain nous romprons
    Tous les traits qu'il darde,
    Si nous ignorons
    Le trait qu'il nous garde.

    Respectons l'Amour
    Tandis qu'il sommeille ;
    Et craignons qu'un jour
    Ce Dieu ne s'éveille.

## II.

### ADONIS.

Le dieu Mars et Vénus, blessés des mêmes traits,
  Goûtaient les biens les plus parfaits,
Qu'aux cœurs bien enflammés le tendre Amour ap-
  Mais ce dieu superbe et jaloux, [prête;
D'un œil de conquérant regardant sa conquête,
Fit bientôt aux plaisirs succéder les dégoûts.

  Un cœur jaloux ne fait paraître
  Que des feux qui le font haïr;
  Et, pour être toujours le maître,
  L'amant doit toujours obéir.

  L'Amour ne va point sans les Grâces;
  On n'arrache point ses faveurs;
  L'emportement ni les menaces
  Ne font point le lien des cœurs.

  Un cœur jaloux ne fait paraître
  Que des feux qui le font haïr;
  Et, pour être toujours le maître,
  L'amant doit toujours obéir.

La déesse déjà ne craint plus son absence;
Et, cessant de l'aimer sans s'en apercevoir,
Fait atteler son char, pleine d'impatience,
Et vole vers les bords soumis à son pouvoir [1].
Là ses jours coulaient sans alarmes,
Lorsqu'un jeune chasseur se présente à ses yeux :
Elle croit voir son fils : il en a tous les charmes;
Jamais rien de plus beau ne parut sous les cieux [2];
Et le vainqueur de l'Inde était moins gracieux,
Le jour que d'Ariane il vint sécher les larmes.

  La froide Naïade
  Sort pour l'admirer;
  La jeune Dryade
  Cherche à l'attirer.
  Faune, d'un sourire,

  Approuve leur choix :
  Le jaloux Satyre
  Fuit au fond des bois;

[1] Dans l'Idalie; c'est là que les poëtes ont placé la scène des amours de Vénus et d'Adonis.
[2] *Jamais rien de plus beau, etc.* Voici sous quels traits Ovide nous le présente à l'instant même de sa naissance, MÉTAM. X, V. 515 :

  Laudaret faciem Livor quoque. Qualia namque
  Corpora nudorum tabula pinguntur Amorum,
  Talis erat : sed, ne faciat discrimina cultus,
  Aut huic adde leves, aut illis deme pharetras.

  Et Pan, qui soupire,
  Brise son hautbois.

Il aborde en tremblant la charmante déesse :
  La timide pudeur relève ses appas :
  Les Grâces, les Ris, la Jeunesse,
  Marchent au devant de ses pas;
Et du plus haut des airs, l'Amour avec adresse,
Fait partir, à l'instant, le trait dont il les blesse.
  Que désormais Mars en fureur
  Gronde, menace, tonne, éclate;
Amants, profitez tous de sa jalouse erreur.
Des feux trop violents font souvent une ingrate :
On oublie aisément un amour qui fait peur,
  En faveur d'un amour qui flatte.

  Que le soin de charmer
  Soit votre unique affaire;
  Songez que l'art d'aimer,
  N'est que celui de plaire.

  Voulez-vous dans vos feux
  Trouver des biens durables?
  Soyez moins amoureux;
  Devenez plus aimables.

  Que le soin de charmer
  Soit votre unique affaire;
  Songez que l'art d'aimer
  N'est que celui de plaire.

## III.

### LE TRIOMPHE DE L'AMOUR.

  Filles du Dieu de l'univers,
Muses, que je me plais dans vos douces retraites!
Que ces rivages frais, que ces bois toujours verts
Sont propres à charmer les âmes inquiètes!
  Quel cœur n'oublîrait ses tourments
  Au murmure flatteur de cette onde tranquille?
  Qui pourrait résister aux doux ravissements
  Qu'excite votre voix fertile?
  Non, ce n'est qu'en ces lieux charmants
Que le parfait bonheur a choisi son asile.

  Heureux qui de vos doux plaisirs
  Goûte la douceur toujours pure!
  Il triomphe des vains désirs,
  Et n'obéit qu'à la nature.

  Il partage avec les héros
  La gloire qui les environne;
  Et le puissant dieu de Délos
  D'un même laurier les couronne.

Heureux qui de vos doux plaisirs
Goûte la douceur toujours pure!
Il triomphe des vains désirs,
Et n'obéit qu'à la nature.

Mais que vois-je, grands dieux! quels magiques ef-
Changent la face de ces bords! [forts
Quelles danses! quels jeux! quels concerts d'allégres-
Les Grâces, les Plaisirs, les Ris et la Jeunesse, [se!
Se rassemblent de toutes parts.
Quel songe me transporte au-dessus du tonnerre?
Je ne reconnais point la terre
Au spectacle enchanteur qui frappe mes regards.

    Est-ce la cour suprême
    Du souverain des dieux?
    Ou Vénus elle-même
    Descend-elle des cieux?

    Les compagnes de Flore
    Parfument ces côteaux,
    Une nouvelle Aurore
    Semble sortir des eaux;
    Et l'Olympe se dore
    De ses feux les plus beaux.

    Est-ce la cour suprême
    Du souverain des dieux?
    Ou Vénus elle-même
    Descend-elle des cieux?

Nymphes, quel est ce dieu qui reçoit votre homma-
Pourquoi cet arc et ce bandeau? [ge?
Quel charme en le voyant, quel prodige nouveau
De mes sens interdits me dérobe l'usage?
Il s'approche, il me tend une innocente main:
    Venez, cher tyran de mon âme;
    Venez, je vous fuirais en vain;
Et je vous reconnais à ces traits pleins de flamme
    Que vous allumez dans mon sein.

Adieu, Muses, adieu : je renonce à l'envie
De mériter les biens dont vous m'avez flatté;
    Je renonce à ma liberté :
Sous de trop douces lois mon âme est asservie;
Et je suis plus heureux dans ma captivité,
    Que je ne le fus de ma vie
Dans le triste bonheur dont j'étais enchanté.

## IV.

### L'HYMEN.

Ce fut vers cette rive, où Junon adorée
Des peuples de Sidon reçoit les vœux offerts,
Que la divine Cythérée
Pour la première fois parut dans l'univers.
Jamais beauté plus admirée
Ne brilla sur les vastes mers.

Les Tritons, rassemblés de mille endroits divers,
Autour d'elle flottaient sur l'onde tempérée;
    Et les filles du vieux Nérée
Faisaient devant son char retentir ces concerts :

    Qu'Éole en ses gouffres enchaîne
    Les vents, ennemis des beaux jours;
    Qu'il dompte leur bruyante haleine,
    Et ne permette qu'aux Amours
    De voler sur l'humide plaine.

    Dieux du ciel, venez en ces lieux
    Admirer un objet si rare :
    Avouez que, même à vos yeux,
    Les beautés dont la mer se pare
    Effacent les beautés des cieux.

    Qu'Éole en ses gouffres enchaîne
    Les vents, ennemis des beaux jours;
    Qu'il dompte leur bruyante haleine,
    Et ne permette qu'aux Amours
    De voler sur l'humide plaine.

Jalouse de l'éclat de ces honneurs nouveaux,
Amphitrite se cache au plus profond des eaux,
Cependant Palémon conduisait l'immortelle
Vers cette île enchantée où tendaient ses souhaits;
Et c'est là que la terre, à sa gloire fidèle,
Met le comble aux honneurs qu'ont reçus ses attraits.

    L'amant de l'Aurore
    Des yeux qu'il adore
    Perd le souvenir :
    La timide Flore
    Craint de perdre encore
    Son jeune Zéphyr :
    De sa grâce extrême
    Minerve elle-même
    Reconnaît le prix;
    Et par sa surprise
    Junon autorise
    Le choix de Pâris.

    Frappés de l'éclat de ses yeux,
Neptune, Jupiter, que dis-je? tous les dieux
    En font l'objet de leurs conquêtes;
Ils vont tous de l'Hymen implorer les faveurs.
Les faveurs de l'Hymen! aveugles que vous êtes,
L'Hymen est-il donc fait pour assortir les cœurs?

Jupiter était roi du monde;
Neptune commandait sur l'onde;
Mars avait pour partage un courage indompté;
Mercure, la jeunesse; Apollon, la beauté.

Si de ces dieux l'Amour eût été le refuge,
Entre eux du moins son choix se serait déclaré :
Mais ils prirent l'Hymen pour juge,
Et Vulcain se vit préféré.

Hymen, quand le sort t'outrage,
Ne t'en prends point à l'amour :
De son plus doux héritage
Tu t'enrichis chaque jour;
Souffre que de ton partage
Il s'enrichisse à son tour.

Souvent, par un juste échange,
Il t'enlève tes sujets :
Tu lui fais un crime étrange
De quelques larcins secrets;
Mais c'est ainsi qu'il se venge
Des larcins que tu lui fais.

### V.
#### AMYMONE [1].

Sur les rives d'Argos, près de ces bords arides
Où la mer vient briser ses flots impérieux,
La plus jeune des Danaïdes,
Amymone, implorait l'assistance des dieux :
Un Faune poursuivait cette belle craintive [2];
Et levant ses mains vers les cieux :
Neptune, disait-elle, entends ma voix plaintive,
Sauve-moi des transports d'un amant furieux.

A l'innocence poursuivie,
Grand dieu, daigne offrir ton secours;
Protége ma gloire et ma vie
Contre de coupables amours.

Hélas! ma prière inutile
Se perdra-t-elle dans les airs?
Ne me reste-t-il plus d'asile
Que le vaste abîme des mers?

A l'innocence poursuivie,
Grand dieu, daigne offrir ton secours;
Protége ma gloire et ma vie
Contre de coupables amours.

La Danaïde en pleurs faisait ainsi sa plainte,
Lorsque le dieu des eaux vint dissiper sa crainte;
Il s'avance, entouré d'une superbe cour :
Tel, jadis, il parut aux regards d'Amphitrite,
Quand il fit marcher à sa suite
L'Hyménée et le dieu d'amour.
Le Faune, à son aspect, s'éloigne du rivage;
Et Neptune, enchanté, surpris,
L'amour peint dans les yeux, adresse ce langage
A l'objet dont il est épris :

Triomphez, belle princesse,
Des amants audacieux :
Ne cédez qu'à la tendresse
De qui sait aimer le mieux.

Heureux le cœur qui vous aime,
S'il était aimé de vous!
Dans les bras de Vénus même,
Mars en deviendrait jaloux.

Triomphez, belle princesse,
Des amants audacieux :
Ne cédez qu'à la tendresse
De qui sait aimer le mieux.

Qu'il est facile aux dieux de séduire une belle [1]!
Tout parlait en faveur de Neptune amoureux,
L'éclat d'une cour immortelle,
Le mérite récent d'un secours généreux.
Dieux! quel secours! Amour, ce sont là de tes jeux.
Quel Satyre eût été plus à craindre pour elle?
Thétis, en rougissant, détourna ses regards;
Doris se replongea dans ses grottes humides,
Et, par cette leçon, apprit aux Néréides
A fuir de semblables hasards.

Tous les amants savent feindre;
Nymphes, craignez leurs appas :
Le péril le plus à craindre
Est celui qu'on ne craint pas.

L'audace d'un téméraire
Est aisée à surmonter :
C'est l'amant qui sait nous plaire
Que nous devons redouter.

---

[1] Aussi coupable que ses sœurs, et souillée, comme elles, du sang de son jeune époux, Amymone eut du moins le mérite de se repentir; et les dieux, la jugeant assez punie par ses propres remords, l'exemptèrent seule du supplice auquel les autres Danaïdes furent condamnées dans les enfers.
[2] *Un Faune poursuivait*, etc. Elle l'avait, dit-on, blessé d'une flèche, en voulant tirer sur un cerf; ce qui motive la poursuite et la vengeance du Faune.

[1] *Qu'il est facile aux dieux de séduire une belle!* Neptune la séduisit en effet, et eut d'elle un fils, Nauplius, qui fut roi d'Eubée, et père du fameux Palamèdes, si injustement sacrifié, pendant le siége de Troie, au ressentiment du vindicatif Ulysse.

Tous les amants savent feindre
Nymphes, craignez leurs appas :
Le péril le plus à craindre
Est celui qu'on ne craint pas.

## VI.

### THÉTIS.

Près de l'humide empire où Vénus prit naissance,
Dans un bois consacré par le malheur d'Atys [1],
Le Sommeil et l'Amour, tous deux d'intelligence,
A l'amoureux Pélée avaient livré Thétis [2].
Qu'eût fait Minerve même, en cet état réduite?
Mais, dans l'art de Protée en sa jeunesse instruite [3],
Elle sut éluder un amant furieux :
D'une ardente lionne elle prend l'apparence [4].
Il s'émeut, et, tandis qu'il songe à sa défense,
La Nymphe en rugissant, se dérobe à ses yeux.

Où fuyez-vous, déesse inexorable,
Cruel lion de carnage altéré?
Que craignez-vous d'un amant misérable,
Que vos rigueurs ont déjà déchiré?

Il ne craint point une mort rigoureuse;
Il s'offre à vous sans armes, sans secours;
Et votre fuite est pour lui plus affreuse
Que les lions, les tigres et les ours.

Où fuyez-vous, déesse inexorable,
Cruel lion de carnage altéré?
Que craignez-vous d'un amant misérable,
Que vos rigueurs ont déjà déchiré?

---

[1] *Par le malheur d'Atys.* On sait ce qui arriva à ce jeune berger phrygien, pour avoir indiscrètement violé, en épousant la nymphe *Sangaride*, le serment de chasteté qu'il avait fait à Cybèle. Cette étrange catastrophe a fourni à Catulle le sujet d'un beau poëme, et à notre Quinault, l'un de ses meilleurs opéras.

[2] *A l'amoureux Pélée*, etc. Jupiter et Neptune avaient formé d'abord quelques projets sur Thétis; mais ayant appris qu'il naîtrait d'elle un fils qui serait plus grand que son père, ils renoncèrent à leurs prétentions, et cédèrent la belle Nymphe à Pélée, fils d'Éaque. OVIDE, *Métam.* liv. XI, v. 221.

[3] *Mais, dans l'art de Protée*, etc. Ovide, au même endroit, v. 241 et suivants :

Quod nisi venisses, variatis sæpe figuris,
Ad solitas artes, auso foret ille potitus :
Sed modo tu volucris : volucrem tamen ille tenebat;
Nunc gravis arbor eras : hærebat in arbore Peleus.

[4] *D'une ardente lionne elle prend l'apparence.* Rousseau ne fait guère ici que traduire Ovide :

Tertia forma fuit maculosæ tigridis : illa
Territus Æacides a corpore brachia solvit.

Mais ce qui n'est point dans Ovide, ce qui appartient en propre au poëte français, c'est le trait admirable qui termine le tableau :

La Nymphe, en rugissant, se dérobe à ses yeux.

---

Ce héros malheureux exprimait en ces mots
Sa honte et sa douleur extrême,
Quand tout à coup, du fond des flots [1],
Protée apparaissant lui-même :
Que fais-tu, lui dit-il, faible et timide amant?
Pourquoi troubler les airs de plaintes éternelles?
Est-ce d'aujourd'hui que les belles
Ont recours au déguisement!
Répare ton erreur. La Nymphe qui te charme
Va rentrer dans le sein des mers;
Attends-la sur ces bords; mais que rien ne t'alarme,
Et songe que tu dois Achille à l'univers [2].

Le guerrier qui délibère
Fait mal sa cour au dieu Mars :
L'amant ne triomphe guère,
S'il n'affronte les hasards.

Quand le péril nous étonne,
N'importunons point les dieux :
Vénus, ainsi que Bellone,
Aime les audacieux.

Le guerrier qui délibère
Fait mal sa cour au dieu Mars :
L'amant ne triomphe guère,
S'il n'affronte les hasards.

Pélée, à ce discours, portant au loin sa vue,
Voit paraître l'objet qui le tient sous ses lois :
Heureux que, pour lui seul, l'occasion perdue
Renaisse une seconde fois!
Le cœur plein d'une noble audace,
Il vole à la déesse; il l'approche, il l'embrasse.
Thétis veut se défendre; et, d'un prompt change-
Employant la ruse ordinaire,                [ment
Redevient, à ses yeux, lion, tigre, panthère :
Vains objets, qui ne font qu'irriter son amant.

Ses désirs ont vaincu sa crainte :
Il la retient toujours d'un bras victorieux;
Et, lasse de combattre, elle est enfin contrainte [3]

---

[1] *Quand tout à coup, du fond des flots*, etc.

Donec Carpathius, medio de gurgite, vates :
Æacida, dixit, thalamis potiere petitis.
Tu modo, quum gelido soptia quiescet in antro,
Ignaram laqueis, vincloque innecte tenaci.
Nec te decipiat centum mentita figuras;
Sed preme quidquid erit, dum, quod fuit ante, reformet.
OVIDE, *Métam.* lib. XI, v. 249 et suiv.

[2] *Et songe que tu dois Achille à l'univers.* C'est encore à Ovide que Rousseau est redevable de ce beau vers :

Confessam amplectitur heros;
Et potitur votis, ingentique implet Achille.
*Ibid.* v. 263.

[3] *Elle est enfin contrainte de reprendre sa forme*, etc. :

Tum demum ingemuit : Neque, ait, sine numine vincis :
Exhibita estque Thetis.
OVID. *Ibid.* v. 263.

De reprendre sa forme et d'obéir aux dieux.
Amants, si jamais quelque belle,
Changée en lionne cruelle,
S'efforce à vous faire trembler,
Moquez-vous d'une image feinte;
C'est un fantôme que sa crainte
Vous présente pour vous troubler.
Elle veut, en prenant l'image
D'un tigre ou d'un lion sauvage,
Effrayer les jeunes Amours;
Mais, après un effort extrême,
Elle redevient elle-même,
Et ces dieux triomphent toujours.

## VII.

### CIRCÉ [1].

Sur un rocher désert, l'effroi de la nature,
Dont l'aride sommet semble toucher les cieux,
Circé, pâle, interdite, et la mort dans les yeux,
Pleurait sa funeste aventure.
Là, ses yeux errants sur les flots,
D'Ulysse fugitif semblaient suivre la trace.
Elle croit voir encor son volage héros;
Et, cette illusion soulageant sa disgrâce,
Elle le rappelle en ces mots,
Qu'interrompent cent fois ses pleurs et ses sanglots :

Cruel auteur des troubles de mon âme,
Que la pitié retarde un peu tes pas :
Tourne un moment tes yeux sur ces climats;
Et, si ce n'est pour partager ma flamme,
Reviens du moins pour hâter mon trépas.

Ce triste cœur, devenu ta victime,
Chérit encor l'amour qui l'a surpris;
Amour fatal! ta haine en est le prix :
Tant de tendresse, ô dieux! est-elle un crime,
Pour mériter de si cruels mépris?

Cruel auteur des troubles de mon âme,
Que la pitié retarde un peu tes pas :
Tourne un moment tes yeux sur ces climats;
Et, si ce n'est pour partager ma flamme,
Reviens du moins pour hâter mon trépas.

C'est ainsi qu'en regrets sa douleur se déclare;

Mais bientôt, de son art employant le secours,
Pour rappeler l'objet de ses tristes amours,
Elle invoque à grands cris tous les dieux du Ténare,
Les Parques, Némésis, Cerbère, Phlégéton,
Et l'inflexible Hécate, et l'horrible Alecton.
Sur un autel sanglant l'affreux bûcher s'allume,
La foudre dévorante aussitôt le consume;
Mille noires vapeurs obscurcissent le jour;
Les astres de la nuit interrompent leur course;
Les fleuves étonnés remontent vers leur source;
Et Pluton même tremble en son obscur séjour.

Sa voix redoutable
Trouble les enfers;
Un bruit formidable
Gronde dans les airs;
Un voile effroyable
Couvre l'univers;
La terre tremblante
Frémit de terreur;
L'onde turbulente
Mugit de fureur;
La lune sanglante
Recule d'horreur.

Dans le sein de la mort ses noirs enchantements
Vont troubler le repos des ombres;
Les mânes effrayés quittent leurs monuments;
L'air retentit au loin de leurs longs hurlements;
Et les vents, échappés de leurs cavernes sombres,
Mêlent à leurs clameurs d'horribles sifflements.
Inutiles efforts! amante infortunée,
D'un dieu plus fort que toi dépend ta destinée :
Tu peux faire trembler la terre sous tes pas,
Des enfers déchaînés allumer la colère;
Mais tes fureurs ne feront pas
Ce que tes attraits n'ont pu faire [1].

Ce n'est point par effort qu'on aime,
L'Amour est jaloux de ses droits;
Il ne dépend que de lui-même,
On ne l'obtient que par son choix.
Tout reconnaît sa loi suprême,
Lui seul ne connaît point de lois.

Dans les champs que l'hiver désole,
Flore vient rétablir sa cour;
L'Alcyon fuit devant Éole;
Éole le fuit à son tour :

---

[1] « La cantate de *Circé* est un morceau à part; elle a toute l'élévation des plus belles odes de Rousseau, avec plus de variété : c'est un des chefs-d'œuvre de la poésie française. La course du poëte n'est pas longue; mais il la fournit d'un élan qui rappelle celui des chevaux de Neptune, dont Homère a dit qu'en trois pas ils atteignaient aux bornes du monde. » (LA HARPE.)

[1] Quid tibi profuerunt, Circe, Perseides herbæ,
    Quum sua Neritias abstulit aura rates?
  Vertere quæ poteras homines in mille figuras,
    Non poteras animi vertere jura tui.
        OVID. *Remed. Amor.* v. 263 et suiv.

Mais sitôt que l'Amour s'envole,
Il ne connaît plus de retour.

## VIII.

### CÉPHALE[1].

La nuit d'un voile obscur couvrait encor les airs,
Et la seule Diane éclairait l'univers,
 Quand de la rive orientale,
L'Aurore, dont l'Amour avance le réveil,
 Vint trouver le jeune Céphale,
Qui reposait encor dans le sein du sommeil.
Elle approche, elle hésite, elle craint, elle admire;
 La surprise enchaîne ses sens;
Et l'amour du héros, pour qui son cœur soupire,
A sa timide voix arrache ces accents :

 Vous qui parcourez cette plaine[2],
 Ruisseaux, coulez plus lentement;
 Oiseaux, chantez plus doucement;
 Zéphyrs, retenez votre haleine.

 Respectez un jeune chasseur
 Las d'une course violente;
 Et du doux repos qui l'enchante,
 Laissez-lui goûter la douceur.

 Vous, qui parcourez cette plaine,
 Ruisseaux, coulez plus lentement;
 Oiseaux, chantez plus doucement;
 Zéphyrs, retenez votre haleine.

Mais, que dis-je? où m'emporte une aveugle tendresse?
Lâche amant, est-ce là cette délicatesse
 Dont s'enorgueillit ton amour?
Viens-je donc en ces lieux te servir de trophée?
 Est-ce dans les bras de Morphée
Que l'on doit d'une amante attendre le retour?

Il en est temps encore,
Céphale, ouvre les yeux :
 Le jour plus radieux
Va commencer d'éclore,
Et le flambeau des cieux
Va faire fuir l'Aurore.
Il en est temps encore,
Céphale, ouvre les yeux.

Elle dit, et le dieu qui répand la lumière,
De son char argenté lançant ses premiers feux,
Vint ouvrir, mais trop tard, la tranquille paupière
D'un amant à la fois heureux et malheureux.
Il s'éveille, il regarde, il la voit, il l'appelle :
 Mais, ô cris, ô pleurs superflus !
Elle fuit, et ne laisse à sa douleur mortelle
Que l'image d'un bien qu'il ne possède plus.
Ainsi l'Amour punit une froide indolence :
Méritons ses faveurs par notre vigilance.

 N'attendons jamais le jour;
 Veillons quand l'Aurore veille :
 Le moment où l'on sommeille
 N'est pas celui de l'Amour.

 Comme un Zéphyr qui s'envole,
 L'heure de Vénus s'enfuit,
 Et ne laisse pour tout fruit
 Qu'un regret triste et frivole.

 N'attendons jamais le jour;
 Veillons, quand l'Aurore veille :
 Le moment où l'on sommeille,
 N'est pas celui de l'Amour.

## IX.

### BACCHUS.

C'est toi, divin Bacchus, dont je chante la gloire[1] :
Nymphes, faites silence, écoutez mes concerts.
 Qu'un autre apprenne à l'univers
Du fier vainqueur d'Hector la glorieuse histoire;
 Qu'il ressuscite, dans ses vers,
Des enfants de Pélops l'odieuse mémoire :
Puissant dieu des raisins, digne objet de nos vœux,
 C'est à toi seul que je me livre;

---

[1] Apollodore, liv. III, chap. xv, distingue deux personnages mythologiques, connus sous le nom de *Céphale*; l'un fut le mari de cette Procris, dont Ovide a chanté les amours et les malheurs, *Métam.* liv. VII. Tous deux furent aimés de l'Aurore; mais l'époux de Procris ne voulut point lui sacrifier ses premiers feux, et l'on sait la vengeance cruelle qu'elle en tira. Celui dont il s'agit ici était fils de Mercure et de Hersé; il eut de l'Aurore un fils nommé Tithon.

[2] *Vous qui parcourez cette plaine*, etc. Ces stances délicieuses, où le sentiment de la chose est dans le nombre même et l'harmonie du vers, rappellent le sommeil d'*Issé*, et la charmante cantatille d'Apollon.

 Vous, ruisseaux amoureux de cette aimable plaine,
 Coulez si lentement, et murmurez si bas,
  Qu'Issé ne vous entende pas!
 Zéphyrs, remplissez l'air d'une fraîcheur nouvelle;
  Et vous, Échos! dormez comme elle!

Ces vers sont de la Motte, aussi supérieur à Rousseau dans l'*opéra*, que ce dernier l'est à la Motte dans tous les autres genres lyriques.

[1] *C'est toi, divin Bacchus, etc.* Voilà bien le dithyrambe ancien, dans toute sa fougue pindarique, et respirant d'un bout à l'autre l'ivresse désordonnée du dieu qui l'inspire. Les modernes ne connaissaient guère que de nom un genre de poésie naturellement très-répandu chez des peuples où Bacchus avait un culte public : il était réservé au prince de nos lyriques d'en donner aux Français l'idée et le modèle à la fois, dans cette ode magnifique.

De pampres, de festons, couronnant mes cheveux,
En tous lieux je prétends te suivre;
C'est pour toi seul que je veux vivre
Parmi les festins et les jeux.

 Des dons les plus rares
 Tu combles les cieux;
 C'est toi qui prépares
 Le nectar des dieux.

 La céleste troupe,
 Dans ce jus vanté,
 Boit à pleine coupe
 L'immortalité.

 Tu prêtes des armes
 Au dieu des combats ;
 Vénus sans tes charmes
 Perdrait ses appas.

 Du fier Polyphème
 Tu domptes les sens ;
 Et Phébus lui-même
 Te doit ses accents.

Mais quels transports involontaires
Saisissent tout à coup mon esprit agité?
Sur quel vallon sacré, dans quels bois solitaires
Suis-je en ce moment transporté ?
Bacchus à mes regards dévoile ses mystères.
Un mouvement confus de joie et de terreur
 M'échauffe d'une sainte audace ;
 Et les Ménades en fureur
N'ont rien vu de pareil dans les antres de Thrace.

 Descendez, mère d'Amour ;
 Venez embellir la fête
 Du dieu qui fit la conquête
 Des climats où naît le jour.
 Descendez, mère d'Amour ;
 Mars trop longtemps vous arrête.

 Déjà le jeune Sylvain,
 Ivre d'amour et de vin,
 Poursuit Doris dans la plaine ;
 Et les Nymphes des forêts,
 D'un jus pétillant et frais
 Arrosent le vieux Silène.

 Descendez, mère d'Amour ;
 Venez embellir la fête
 Du dieu qui fit la conquête
 Des climats où naît le jour,
 Descendez mère d'Amour ;
 Mars trop longtemps vous arrête.

Profanes, fuyez de ces lieux ! [pire.
Je cède aux mouvements que ce grand jour m'ins-
Fidèles sectateurs du plus charmant des dieux,
Ordonnez le festin, apportez-moi ma lyre :
Célébrons entre nous un jour si glorieux.
Mais, parmi les transports d'un aimable délire,
Éloignons loin d'ici ces bruits séditieux
 Qu'une aveugle vapeur attire :
 Laissons aux Scythes inhumains [1]
Mêler dans leurs banquets le meurtre et le carnage :
 Les dards du Centaure sauvage
Ne doivent point souiller nos innocentes mains.

 Bannissons l'affreuse Bellone
 De l'innocence des repas :
 Les Satyres, Bacchus, et Faune,
 Détestent l'horreur des combats.

 Malheur aux mortels sanguinaires,
 Qui, par de tragiques forfaits,
 Ensanglantent les doux mystères
 D'un dieu qui préside à la paix !

 Bannissons l'affreuse Bellone
 De l'innocence des repas :
 Les Satyres, Bacchus et Faune,
 Détestent l'horreur des combats.

Veut-on que je fasse la guerre ?
Suivez-moi, mes amis ; accourez, combattez.
Remplissons cette coupe, entourons-nous de lierre.
Bacchantes, prêtez-moi vos thyrses redoutés.
Que d'athlètes soumis ! que de rivaux par terre !
O fils de Jupiter, nous ressentons enfin
 Ton assistance souveraine :
Je ne vois que buveurs étendus sur l'arène,
 Qui nagent dans des flots de vin.

 Triomphe ! victoire !
 Honneur à Bacchus !
 Publions sa gloire.
 Triomphe ! victoire !
 Buvons aux vaincus.

 Bruyante trompette,
 Secondez nos voix,
 Sonnez leur défaite :

---

[1] *Laissons aux Scythes inhumains*, etc. Imitation d'Horace, liv. I, ode XXVII :

 Natis in usum lætitiæ scythis
 Pugnare Thracum est. Tollite barbarum
  Morem, verecundumque Bacchum
   Sanguineis prohibete rixis.

Les stances qui suivent ne sont que le développement poétique de cette pensée d'Horace.

Bruyante trompette,
Chantez nos exploits.

Triomphe! victoire!
Honneur à Bacchus!
Publions sa gloire.
Triomphe! victoire!
Buvons aux vaincus.

## X.

## LES FORGES DE LEMNOS.

Dans ces antres fameux, où Vulcain nuit et jour
Forge de Jupiter les foudroyantes armes,
Vénus faisait remplir le carquois de l'Amour.
Les Grâces, les Plaisirs lui prêtaient tous leurs char-
Et son époux, couvert de feux étincelants,    [mes;
Animait en ces mots les Cyclopes brûlants :

Travaillons, Vénus nous l'ordonne;
Excitons ces feux allumés :
Déchaînons ces vents enfermés;
Que la flamme nous environne :

Que l'airain écume et bouillonne;
Que mille dards en soient formés :
Que sous nos marteaux enflammés
A grand bruit l'enclume résonne.

Travaillons, Vénus nous l'ordonne;
Excitons ces feux allumés:
Déchaînons ces vents enfermés;
Que la flamme nous environne.

C'est ainsi que Vulcain, par l'amour excité,
Armait contre lui-même une épouse volage;
Quand le dieu Mars, encore tout fumant de carnage,
Arrive, l'œil en feu, le bras ensanglanté :
Que faites-vous, dit-il, de ces armes fragiles,
Fils de Junon, et vous, Chalybes assemblés ?
Est-ce pour amuser des enfants inutiles,
Que cet antre gémit de vos coups redoublés ?

Hâtez-vous de réduire en poudre
Ce fruit de vos travaux honteux :
Renoncez à forger la foudre,
Ou quittez ces frivoles jeux.

Mais, tandis qu'il s'emporte en des fureurs si vaines,
Il se sent tout à coup frappé d'un trait vengeur.
Quel changement! quel feu répandu dans ses veines,
Couvre son front guerrier de honte et de rougeur !
Il veut parler ; sa voix sur ses lèvres expire :
Il lève au ciel les yeux, il se trouble, il soupire;

Toute sa fierté cède; et ses regards confus,
Par les yeux de l'Amour arrêtés au passage,
Achèvent de faire naufrage
Contre un sourire de Vénus.

Fiers vainqueurs de la terre,
Cédez à votre tour :
Le vrai dieu de la guerre
Est le dieu de l'amour.

N'offensez point sa gloire;
Gardez de l'irriter :
C'est perdre la victoire,
Que de la disputer.

Fiers vainqueurs de la terre,
Cédez à votre tour :
Le vrai dieu de la guerre
Est le dieu de l'amour.

## XI.

## LES FILETS DE VULCAIN [1].

Le Soleil adorait la reine de Paphos,
Et disputait à Mars le cœur de l'immortelle,
Lorsqu'un coup du destin, fatal à son repos,
Du bonheur d'un rival le fit témoin fidèle.

Confus, désespéré, jaloux,
Il court pour se venger d'un si cruel outrage :
Mais au milieu de son courroux
Une secrète voix lui tenait ce langage :

Où portes-tu tes pas?
Étouffe ta colère,
Et ne t'aveugle pas
Quand la raison t'éclaire.

Tous ces efforts jaloux [2]
Qu'excite une infidèle,
La vengent mieux de nous
Qu'ils ne nous vengent d'elle.

---

[1] Rien de plus connu que la fable qui fait le sujet de cette cantate; et, comme dit Ovide, qui l'a racontée deux fois (*Métam.* IV, v. 169 et suiv.; *Art d'aimer*, II, 561),

Fabula narratur toto notissima cœlo.

Homère, le premier, l'a placée dans l'*Odyssée*, VIII, 267; et c'est le chantre Démodocus qui en égaye le festin où le roi des Phéaciens a invité Ulysse. Il n'y a dans le vieux poëte ni moins de grâce ni moins d'esprit, que dans ses ingénieux imitateurs.

[2] *Tous ces efforts jaloux*, etc. Tel est le texte de toutes les éditions que j'ai sous les yeux : mais ne serait-ce point encore là une faute de la nature de celles que nous avons eu déjà occasion de relever? et n'est-il pas plus probable que Rousseau (dont l'écriture d'ailleurs était très-difficile à lire) avait mis *transports*, qui était ici l'expression rigoureusement commandée par la pensée?

CANTATES.

Ainsi, loin de punir
L'ingrate qui t'offense,
Tâche d'en obtenir
Le prix de ton silence [1].

Fais-lui payer ta foi,
Presse, prie, intimide :
L'amour sera pour toi,
Si la raison te guide.

Faible raison, hélas! le dieu, plein de fureur,
Chez l'époux de Vénus va souffler la terreur.
Dans un réduit obscur, ignoré, solitaire,
Ses yeux, ses yeux ont vu [2]... ce qu'il ne peut plus taire.
A ce discours, Vulcain, de rage possédé,
N'aspire qu'à confondre une épouse perfide.
Malheureux! mais l'hymen fut toujours mal guidé,
  Quand il prit le courroux pour guide.
  Autour de ce réduit heureux,
Théâtre où les Amours célèbrent leur victoire,
Il dispose avec art d'imperceptibles nœuds [3];
Piége où doit expirer leur honneur et sa gloire.

Craignez, amants trop heureux,
Votre félicité même:
Plus un bonheur est extrême,
Et plus il est dangereux.

Le dieu qui vous fait aimer
Vous enivre de ses charmes :
Mais d'un amour sans alarmes
On doit toujours s'alarmer.

Craignez, amants trop heureux,
Votre félicité même :
Plus un bonheur est extrême,
Et plus il est dangereux.

Victimes de leur négligence,
Mars et Vénus surpris sont la fable des cieux.
  Déjà, tout fier de sa vengeance,
Vulcain, à ce spectacle, appelle tous les dieux.
Déjà sur cet objet leur troupe se partage;

[1] Pete munus ab illa,
Et tibi, si taceas, quod dare possit, habet.
OVID. *Ars. amat.* II, 575.

[2] *Ses yeux, ses yeux ont vu... ce qu'il ne peut plus taire.*
Il s'exprime plus clairement encore dans Ovide, *Métam.*
liv. IV, v. 174.
  Furta tori, furtique locum monstravit.

[3] *Il dispose avec art d'imperceptibles nœuds.* Tout ce qui suit est fidèlement emprunté du poëte latin :
  Extemplo graciles ex ære catenas,
Retiaque, et laqueos, quæ lumina fallere possint
Elimat.

Quand tout à coup Momus court à ce dieu peu sage,
Et d'un laurier burlesque orne son triste front.
  Tout l'Olympe éclata de rire;
Et Vulcain, essuyant mille traits de satire,
S'enfuit, et dans Lemnos fut cacher son affront.

Heureux qui se rend maître
D'un stérile courroux!
C'est être heureux époux,
Que de feindre de l'être;
Et plus on est jaloux,
Moins on doit le paraître.

Vénus sait se contraindre :
Elle fuit le grand jour.
De sa paisible cour
L'Hymen doit peu se plaindre;
Et ce n'est point l'Amour,
C'est Momus qu'il doit craindre.

## XII.

### LES BAINS DE TOMERI [1].

POUR S. A. S. MADAME LA DUCHESSE DOUAIRIÈRE.

Quel spectacle pompeux orne ce bord tranquille!
  Diane, avec toute sa cour,
  Vient-elle y chercher un asile
  Contre les feux du dieu du jour?
  Pour voir ces déités nouvelles,
Le Soleil tient encor ses coursiers arrêtés :
La Nymphe qui préside à ces bords enchantés
  Épuise ses regards sur elles,
Et rassemble, en ces mots, ses compagnes fidèles,
  Pour rendre hommage à leurs beautés :

Venez voir votre souveraine,
Nymphes, sortez de vos roseaux :
C'est Thétis qui vient sur la Seine
Goûter la fraîcheur de mes eaux.

Coulez, coulez, eaux fugitives;
Et vous, oiseaux, quittez les bois;
Chantez, sur ces aimables rives,
Chantez l'honneur que je reçois.

Venez voir votre souveraine,
Nymphes, sortez de vos roseaux :
C'est Thétis qui vient sur la Seine
Goûter la fraîcheur de mes eaux.

Nouvelles déités qui flottez sur mes ondes,

[1] Village sur la Seine, à deux lieues de Fontainebleau.

Que d'attraits inconnus vous offrez à mes yeux!
Jamais dans ses grottes profondes
Amphitrite n'a vu rien de si précieux.
Mais n'en rougissez pas : dans cette cour charmante
La déesse qui vous conduit
Brille, comme au milieu des astres de la nuit,
Du jeune Endymion on voit briller l'amante.
Quel cœur résisterait à des attraits si doux?
Naïades, approchez : Tritons, éloignez-vous.

Vous qui rendez Flore immortelle,
Rassemblez-vous, tendres Zéphyrs :
Une divinité plus belle
Est réservée à vos soupirs.

Venez sur mes humides plaines
Caresser ces jeunes beautés;
Venez de vos douces haleines
Échauffer mes flots argentés.

Vous qui rendez Flore immortelle,
Rassemblez-vous, tendres Zéphyrs :
Une divinité plus belle
Est réservée à vos soupirs.

Et vous, dont le pouvoir s'étend sur tout le monde,
Amours, si les attraits de la fille des mers
Ont pu vous attirer sur l'onde,
Accourez sur ma rive, et traversez les airs :
Une Vénus nouvelle exige votre hommage;
Et bientôt vous verrez que celle de Paphos
Lui cède autant que mon rivage
Le cède aux vastes bords de l'empire des flots.

Tendres Amours, accourez tous;
Venez, volez, troupe immortelle :
La beauté languirait sans vous,
Et vous expireriez sans elle.

S'il est vrai que le dieu d'amour
A la beauté doit sa naissance,
La beauté, par un doux retour,
Doit à l'Amour seul sa puissance.

Tendres Amours, accourez tous;
Venez, volez, troupe immortelle :
La beauté languirait sans vous,
Et vous expireriez sans elle.

## XIII.

### CONTRE L'HIVER.

Arbres dépouillés de verdure,
Malheureux cadavres des bois,

Que devient aujourd'hui cette riche parure
Dont je fus charmé tant de fois?
Je cherche vainement, dans cette triste plaine,
Les oiseaux, les zéphirs, les ruisseaux argentés :
Les oiseaux sont sans voix, les zéphyrs sans haleine,
Et les ruisseaux dans leurs cours arrêtés.
Les aquilons fougueux règnent seuls sur la terre;
Et mille horribles sifflements
Sont les trompettes de la guerre
Que leur fureur déclare à tous les éléments.

Le soleil, qui voit l'insolence
De ces tyrans audacieux,
N'ose étaler en leur présence
L'or de ses rayons précieux.

La crainte a glacé son courage,
Il est sans force et sans vigueur;
Et la pâleur sur son visage
Peint sa tristesse et sa langueur.

Le soleil, qui voit l'insolence
De ces tyrans audacieux,
N'ose étaler en leur présence
L'or de ses rayons précieux.

Du tribut que la mer reçoit de nos fontaines,
Indignés et jaloux, leur souffle mutiné
Tient les fleuves chargés de chaînes,
Et soulève contre eux l'Océan déchaîné.
L'orme est brisé, le cèdre tombe,
Sous leurs efforts impérieux;
Et les saules couchés, étalant leurs ruines,
Semblent baisser leur tête et lever leurs racines
Pour implorer la vengeance des cieux.

Bois paisibles et sombres,
Qui prodiguiez vos ombres
Aux larcins amoureux,
Expiez tous vos crimes,
Malheureuses victimes
D'un hiver rigoureux;

Tandis qu'assis à table,
Dans un réduit aimable,
Sans soins et sans amour,
Près d'un ami fidèle,
De la saison nouvelle
J'attendrai le retour.

## XIV.

### POUR L'HIVER.

Vous dont le pinceau téméraire
Représente l'hiver sous l'image vulgaire

D'un vieillard faible et languissant,
Peintres injurieux, redoutez la colère
De ce dieu terrible et puissant :
Sa vengeance est inexorable,
Son pouvoir jusqu'aux cieux sait porter la terreur ;
Les efforts des Titans n'ont rien de comparable
　Au moindre effet de sa fureur.

　Plus fort que le fils d'Alcmène,
　Il met les fleuves aux fers ;
　Le seul vent de son haleine
　Fait trembler tout l'univers.

Il déchaîne sur la terre
Les aquilons furieux :
Il arrête le tonnerre
Dans la main du roi des dieux.

　Plus fort que le fils d'Alcmène,
　Il met les fleuves aux fers ;
　Le seul vent de son haleine
　Fait trembler tout l'univers.

Mais si sa force est redoutable,
Sa joie est encor plus aimable :
C'est le père des doux loisirs ;
Il réunit les cœurs, il bannit les soupirs,
Il invite aux festins, il anime la scène :
Les plus belles saisons sont des saisons de peine ;
La sienne est celle des plaisirs.
Flore peut se vanter des fleurs qu'elle nous donne ;
Cérès, des biens qu'elle produit ;
Bacchus peut s'applaudir des trésors de l'automne :
Mais l'hiver, l'hiver seul en recueille le fruit.

　Les dieux du ciel et de l'onde,
　Le soleil, la terre, et l'air,
　Tout travaille dans le monde
　Au triomphe de l'hiver.

C'est son pouvoir qui rassemble
Bacchus, l'Amour et les Jeux :
Ces dieux ne règnent ensemble
Que quand il règne avec eux.

　Les dieux du ciel et de l'onde,
　Le soleil, la terre et l'air,
　Tout travaille dans le monde
　Au triomphe de l'hiver.

## XV.
### CALISTO [1].

Déesse des forêts, à vos pieds je m'engage
A mépriser l'amour, à détester ses feux.
Puissé-je devenir, si je trahis mes vœux,
Des objets de ces bois l'objet le plus sauvage [1] !
Calisto, ce fut-là ton serment ; mais, hélas !
Ta fatale beauté ne le confirmait pas [2].

　O beauté, partage funeste,
　A tous les autres préféré,
　Vous êtes du courroux céleste
　Le gage le plus assuré !

　Mille embûches toujours certaines
　Semblent conjurer vos malheurs :
　La volupté forme vos chaînes,
　Votre orgueil les couvre de fleurs.

　O beauté, partage funeste,
　A tous les autres préféré,
　Vous êtes du courroux céleste
　Le gage le plus assuré !

En vain mille mortels avaient brûlé pour elle ;
Sa constante vertu lui fut toujours fidèle.
Mais qui peut, dieux cruels, braver votre pouvoir ?
Jupiter sous les traits de Diane elle-même [3],
　Séduit enfin cette nymphe qu'il aime,
Et la force à trahir ses vœux et son devoir.

　Feux illégitimes,
　Trompeuse douceur,
　Dans quels noirs abîmes
　Plongez-vous mon cœur ?

　La sombre tristesse
　Toujours me poursuit :
　La crainte me presse,
　Le repos me fuit.

　Feux illégitimes,
　Trompeuse douceur,
　Dans quels noirs abîmes
　Plongez-vous mon cœur ?

C'en est fait ; et déjà la sévère Diane [4]

[1] C'est encore au fécond, à l'ingénieux Ovide que nous sommes redevables de cette cantate. Il a traité deux fois la fable de Caliste. (*Métam.* liv. II, v. 409 ; et *Poëme des Fastes*, II, v. 156.)
[1] *L'objet le plus sauvage.* Allusion anticipée à sa métamorphose en ourse.
[2] *Ta fatale beauté ne le confirmait pas.* Littéralement traduit d'Ovide :
　　Fœdera servasset, si non formosa fuisset.
[3] *Jupiter, sous les traits de Diane elle-même*, etc. OVIDE, *Métam.*
　　Protinus induitur faciem cultumque Dianæ.
[4] 　　Dubitanti vestis adempta est :
　　Qua posita, nudo patuit cum corpore crimen.
　　　　　　　　　MÉTAM. II, 462.

A reconnu le fruit d'un malheureux amour.
Sors de mes yeux, objet profane[1] !
Ne souille plus, dit-elle, un si chaste séjour;
Transformée en ourse effroyable,
Va cacher dans les bois ta honte et tes plaisirs :
Sous cette forme épouvantable,
Que Jupiter, s'il veut, t'offre encor ses soupirs[2].

    Vous qui dans l'esclavage
    Tenez le cœur des dieux,
    Craignez toujours l'hommage
    Qu'ils rendent à vos yeux.

    Aux douceurs du mystère
    Le calme est attaché :
    Ce que la gloire éclaire
    N'est pas longtemps caché.

    Vous qui dans l'esclavage
    Tenez le cœur des dieux,
    Craignez toujours l'hommage
    Qu'ils rendent à vos yeux.

## XVI.

### L'AMOUR DÉVOILÉ.

Ne me reprochez plus tous les maux que j'ai faits,
Disait le dieu d'Amour aux Nymphes des forêts :
Si j'ai rendu tant de cœurs misérables,
De tant d'heureux mortels si j'ai troublé la paix,
Et si tout l'univers se plaint de mes forfaits,
    Les destins seuls en sont coupables :
Ils m'ont voilé les yeux par d'injustes arrêts;
Et je ne saurais voir sur qui tombent mes traits.

    Dans une obscurité profonde,
    Je porte au hasard mon flambeau :
    Otez à l'Amour son bandeau,
    Vous rendrez le repos au monde.

    Les mortels, d'une ardeur extrême,
    M'ont choisi pour leur commander :
    Mais comment puis-je les guider?
    Je ne puis me guider moi-même.

    Dans une obscurité profonde,
    Je porte au hasard mon flambeau :
    Otez à l'Amour son bandeau,
    Vous rendrez le repos au monde.

Ainsi parlait l'Amour. Mais quel heureux effort
    Pouvait accomplir ce miracle?
C'est à vous, belle Iris, c'est à vous que le sort
Permettait de lever cet invincible obstacle :
Un Dieu jouit par vous de la clarté du jour;
Mais dans vos yeux, ô ciel! quelle clarté nouvelle
    S'offrit aux regards de l'Amour!
Surpris en vous voyant si charmante et si belle,
Il vous donna dès lors une foi solennelle
D'abandonner pour vous et Vénus et sa cour.

    L'Amour a quitté sa mère
    Pour se soumettre à vos lois :
    Il ne vit que pour vous plaire;
    Et la reine de Cythère
    N'ose condamner son choix.

    Les Grâces et la Jeunesse
    Vous parent de mille fleurs,
    Et peignent votre sagesse
    Des plus riantes couleurs.

    L'Amour a quitté sa mère
    Pour se soumettre à vos lois :
    Il ne vit que pour vous plaire;
    Et la reine de Cythère
    N'ose condamner son choix.

Goûtez, mortels, goûtez les heureux avantages
Qui depuis si longtemps vous étaient inconnus.
L'Amour est sans bandeau; que de maux prévenus!
Et pour vous, jeunes cœurs, quels fortunés présages!

    Iris a dessillé les yeux
    Du dieu qui régit la nature;
    Amour, tes traits victorieux
    Ne partent plus à l'aventure.

    On ne voit plus d'amant rebelle,
    Ni de cœurs lassés de leurs fers :
    Les yeux de l'Amour sont ouverts;
    Il n'en blesse plus que pour elle.

## XVII.

### L'AMANT HEUREUX.

L'absence m'a fait voir la honte de mon choix.
Et je romps la prison où sous de dures lois
    Gémissait mon âme captive.

---

[1] *Sors de mes yeux, objet profane!*
    Cui dea : virgineos, perjura Lycaoni, cœtus
    Desere; nec castas pollue, dixit, aquas.
                      FAST. II, 173.

[2] *Que Jupiter, s'il veut, t'offre encor ses soupirs.*
    Utque feræ vidit turpes in pellice vultus;
    Hujus in amplexus Jupiter, inquit, eat.
                      FAST. II, 179.

Mais mon cœur vainement est rentré dans ses droits ;
Je n'ai pu retrouver ma raison fugitive,
Qu'en la perdant une seconde fois.

 Amour, tu finis mes peines,
 Et mes yeux se sont ouverts :
 Mais, pour soulager mes chaînes,
 Faut-il me donner des fers ?

 Mon cœur sauvé de l'orage,
 N'en est que plus agité ;
 Et je sors de l'esclavage,
 Sans trouver la liberté.

 Amour, tu finis mes peines,
 Et mes yeux se sont ouverts :
 Mais, pour soulager mes chaînes,
 Faut-il me donner des fers ?

Mais, que dis-je, insensé ? Je m'abuse moi-même ;
Ce ne sont point des fers que je romps en ce jour :
Non, jusqu'à ce moment je n'ai point eu d'amour ;
C'est la première fois que j'aime.

 Un feu séditieux
 Brûle au fond de mon âme,
 Et d'une humide flamme
 Fait pétiller mes yeux.
 D'un poison que j'ignore
 Mon sang est allumé,
 Et des feux du Centaure,
 Hercule consumé,
 Languissait moins encore
 Que mon cœur enflammé.

Toutefois, au milieu de ma douleur profonde,
Je vous rends grâce, ô Dieux ! du trouble de mes sens ;
Et quand votre colère, en cruauté féconde,
M'accablerait de maux encore plus pressants,
Vous ne sauriez m'ôter l'amour que je ressens ;
Et c'est sur cet amour que mon bonheur se fonde.

 Aimable souffrance,
 Charmantes langueurs,
 Votre violence
 Fait la récompense
 Des sensibles cœurs.

 La beauté nouvelle
 Dont je suis la loi,
 Me rendra fidèle :
 Je vivrai pour elle
 Bien plus que pour moi.

 Aimable souffrance,
 Charmantes langueurs,
 Votre violence
 Fait la récompense
 Des sensibles cœurs.

## XVIII.
### SUR UN ARBRISSEAU.

Jeune et tendre arbrisseau, l'espoir de mon verger,
Fertile nourrisson de Vertumne et de Flore [1],
Des faveurs de l'hiver redoutez le danger ;
Et retenez vos fleurs qui se pressent d'éclore,
Séduites par l'éclat d'un beau jour passager.

 Imitez la sage Anémone [2] ;
 Craignez Borée et ses retours :
 Attendez que Flore et Pomone
 Vous puissent prêter leur secours.

 Philomèle est toujours muette :
 Progné craint de nouveaux frissons ;
 Et la timide violette
 Se cache encor sous les gazons.

 Imitez la sage Anémone ;
 Craignez Borée et ses retours :
 Attendez que Flore et Pomone
 Vous puissent prêter leur secours.

 Soleil, père de la nature,
Viens répandre en ces lieux tes fécondes chaleurs :
Dissipe les frimas, écarte la froidure
 Qui brûle nos fruits et nos fleurs.
 Cérès, pleine d'impatience,
N'attend que ton retour pour enrichir nos bords ;
 Et sur ta fertile présence
Bacchus fonde l'espoir de ses nouveaux trésors.

 Les lieux d'où tu prends ta course,
 Virent ses premiers combats ;
 Mais loin des climats de l'Ourse
 Il porta toujours ses pas.

 Quand les amours favorables
 Voulurent le rendre heureux,
 Ce fut sur des bords aimables
 Qu'échauffaient tes plus doux feux.

---

[1] *Fertile nourrisson.* C'est-à-dire, dont la précoce fertilité est le fruit des tendres soins que Flore et Vertumne ont pris et continuent de prendre de sa faiblesse.

[2] *Imitez la sage Anémone*, etc. Celle des jardins, qui ne fleurit que vers le mois de mai ou de juin. Il ne faut pas la confondre avec l'anémone des champs, ainsi nommée (ἄνεμος), selon Pline, parce qu'elle ne s'épanouit qu'au souffle du vent. Ovide la fait naître du sang d'Adonis. *Métam.* x, v. 728.

## XIX.

(A DEUX VOIX.)

## JUPITER ET EUROPE[1].

EUROPE.

Quel prodige mystérieux!
O ciel! qu'est devenu ce monstre audacieux,
Dont le perfide effort en ce lieu m'a conduite!
Un mortel s'offre seul à ma vue interdite :
Mais, que dis-je, un mortel? Europe, ouvre les yeux,
Au changement soudain que tu vois en ces lieux,
A l'éclat qui te frappe, au trouble qui t'agite,
Peux-tu méconnaître les dieux?

JUPITER.

Rendez le calme, Europe, à votre âme étonnée.
Oui, le maître des dieux vient s'offrir à vos fers :
De vous seule aujourd'hui dépend la destinée
Du dieu de qui dépend celle de l'univers.
    Partagez les feux et la gloire
    D'un cœur charmé de vos beautés :
    Que le dieu que vous soumettez
    Applaudisse à votre victoire.

EUROPE.

O gloire qui m'alarme autant qu'elle m'enchante!
Gloire qui fait déjà trembler mon cœur jaloux!
Plus votre rang m'élève, et plus il m'épouvante.
Ah! les dieux sont-ils faits pour aimer comme nous?
    Faut-il que la crainte me glace,
    Lorsque l'amour veut m'enflammer?
    Mon cœur est fait pour vous aimer ;
    Mais votre grandeur l'embarrasse.
    Lorsque l'amour veut m'enflammer,
    Faut-il que la crainte me glace?

JUPITER.

Quoi! victime d'un rang que le sort m'a donné,
A vivre sans désirs je serais condamné?
J'ignorerais l'amour et ses vives tendresses!
Laissez aux dieux du moins la sensibilité!
L'honneur d'être immortel serait trop acheté,
S'il nous défendait les faiblesses.

EUROPE.

Auprès des dieux, hélas! quel moyen d'arriver
A cette égalité qui forme un amour tendre?
Un mortel jusqu'aux dieux ne saurait s'élever?
Un dieu jusqu'aux mortels veut rarement descendre.

JUPITER.

Non, non, ne craignez pas de vous laisser toucher :
L'amour fait disparaître une gloire importune.

TOUS DEUX ENSEMBLE.

Non, non, ne craignez pas de vous laisser toucher :
L'Amour fait disparaître une gloire importune.
    C'est à l'Amour de rapprocher
    Ce que sépare la Fortune.

JUPITER.

    Venez partager avec moi
Cet honneur qu'en naissant j'ai reçu de Cybèle.
    Pour premier gage de ma foi,
Recevez aujourd'hui le titre d'immortelle.

EUROPE.

Ah! ne me privez point de l'unique secours
    Où je pourrais avoir recours,
Si votre cœur pour moi se lassait d'être tendre.
    Vous dire que je crains votre légèreté,
    N'est-ce pas assez faire entendre
    Que je crains l'immortalité?

JUPITER.

Non, rien n'affaiblira l'ardeur dont je vous aime :
J'en jure par l'Amour, j'en jure par vous-même.
    Puisse expirer l'astre brillant du jour,
    Avant que ma tendresse expire!
    Puissé-je voir la fin de mon empire,
    Avant la fin de mon amour!

TOUS DEUX.

Que de notre bonheur l'Amour soit seul le maître!
Qu'à jamais notre encens brûle sur ses autels!
    Puissent nos feux être immortels!
    Comme le dieu qui les fit naître!

## XX.

### SUR UN BAISER[1].

Par un baiser ravi sur les lèvres d'Iris,
De ma fidèle ardeur j'ai dérobé le prix ;
Mais ce plaisir charmant a passé comme un songe ;

---

[1] Cette pièce est la seule qui nous puisse donner une idée juste de la cantate italienne. En empruntant à cette riche et belle littérature un genre de poésie nouveau pour nous, Rousseau se réserva le droit du génie, celui d'une invention nouvelle, dans une chose déjà imaginée par d'autres. Il réduisit en tableaux ce que l'abondance italienne avait étendu en dialogues, divisés quelquefois en plusieurs scènes. C'était mieux connaître l'esprit français, pour qui les meilleures productions cessent bientôt d'être bonnes, pour peu qu'elles le soient trop longtemps.

[1] Ce n'était d'abord qu'un simple *madrigal* de six vers ; et l'auteur n'aurait dû changer ni le titre, ni la destination de cette petite pièce.
Au surplus, il est juste d'observer que ces dernières cantates, celle d'*Europe* exceptée, ont été constamment *rejetées* par l'auteur, dans les éditions de ses œuvres, faites ou préparées de son vivant ; mais nous n'avons pas dû les écarter de celle que nous offrons aujourd'hui au public.

Ainsi je doute encore de ma félicité : [songe ;
Mon bonheur fut trop grand pour n'être qu'un men-
Mais il dura trop peu pour une vérité.

 Amour, ceux que tu captives
 Souffrent des maux trop cruels ;
 Leurs douceurs sont fugitives,
 Et leurs tourments éternels.

 Après de mortelles peines,
 Tu feins de combler nos vœux ;
 Mais tes rigueurs sont certaines,
 Et tes plaisirs sont douteux.

 Amour, ceux que tu captives
 Souffrent des maux trop cruels ;
 Leurs douceurs sont fugitives,
 Et leurs tourments éternels.

Qui peut donc m'affranchir de cette inquiétude
 Qui rend mon bonheur incertain ?
Iris, guérissez-moi d'une peine si rude :
 Le remède est en votre main.

 Si sur cette bouche adorable,
 Que Vénus prit soin d'embellir,
 Je pouvais encore cueillir
 Quelque autre faveur plus durable !
 Cette douce félicité
 Fixerait mon âme incertaine ;
 Et je ne serais plus en peine
 Si c'est mensonge ou vérité.

FIN DES CANTATES.

# ÉPITRES.

## LIVRE PREMIER.

### ÉPITRE I.

### AUX MUSES.

Filles du ciel, chastes et doctes Fées,
Qui, des héros consacrant les trophées,
Garantissez du naufrage des temps
Les noms fameux et les faits éclatants ;
Des vrais lauriers sages dispensatrices,
Muses ! jadis mes premières nourrices,
De qui le sein me fit, presque en naissant,
Téter un lait plus doux que nourrissant ;
Je vous écris, non pour vous rendre hommage
D'un vain talent que dès mon plus jeune âge
A cultivé votre amour maternel,
Mais pour vous dire un adieu solennel.
— Quel compliment ! quelle brusque incartade !
Me direz-vous : d'où vient cette boutade ?
De quoi se plaint ton esprit ulcéré ?
N'est-ce pas toi qui, sur ce mont sacré,
Si périlleux à qui veut s'y produire,
Vins nous prier de vouloir te conduire,
Nous demander, par des vœux assidus,
Des dons souvent sans succès attendus,
Et, loin encor des sommets du Parnasse,
Sur le coteau briguer une humble place ?
Ton rang enfin y fut marqué par nous ;
Et si ce rang, à ton chagrin jaloux
Paraît trop bas, près des places superbes
Des Sarrasins, des Racans, des Malherbes [1] ;

[1] Jean-François SARRASIN, poëte français fort estimé de son temps, loué en plus d'un endroit par Boileau lui-même, et à peu près inconnu aujourd'hui. Il y a cependant de fort belles choses dans son ode à *Calliope*, sur la bataille de Lens, et de très-bonnes plaisanteries dans son poëme de *Dulot vaincu*, ou *la défaite des Bouts-rimés*. Son ouvrage le plus considérable en prose est *la Conspiration de Walstein*. Il était né en 1603, et mourut, en 1654, du chagrin d'avoir déplu au prince de Conti, dont il était secrétaire. — Honorat DE BEUIL, marquis DE RACAN, a conservé un peu plus de célébrité ; et quoique l'on ne s'écrie plus avec Boileau :

Que Racan, dans l'églogue, en charme les forêts,

on cite encore ses *Bergeries*. Né en 1589, mort en 1670. — *Voyez*, sur MALHERBE, la note 1 de l'ode VI du troisième livre.

Contente-toi de médiocrité,
Et songe au moins au peu qu'il t'a coûté :
A peine encore as-tu compté six lustres.
Tâche à monter du moindre aux plus illustres :
Dans ton été ce n'est point un affront
D'être arrivé sur le penchant du mont ;
Tandis qu'on voit tant d'aspirants timides,
Marchant toujours sans boussole et sans guides,
Par des sentiers durs, pénibles et longs,
A soixante ans ramper dans les vallons.
Ose franchir des bornes importunes :
Va, cours tenter des routes moins communes,
Et cherche enfin, par des travaux constants,
A mériter.... — Muses, je vous entends :
Vous m'offririez le laurier d'Euripide,
Si, comme lui, dans quelque roche aride,
Pour recueillir mon esprit dissipé,
J'allais chercher un sépulcre escarpé ;
Si je pouvais, sublime misanthrope,
Fuir les humains pour suivre Calliope ;
A tous plaisirs constamment renoncer ;
Le jour écrire, et la nuit effacer,
Sécher six mois sur les strophes d'une ode ;
Et, de moi-même Aristarque incommode [1],
A vous poursuivre épuiser mes chaleurs,
Pour vous ravir quelqu'une de ces fleurs
Qu'à pleines mains, pour tant d'autres avares,
Vous prodiguez aux Chaulieux, aux la Fares.
Non, non, jamais, de vos dons trop épris,
Je n'obtiendrai vos lauriers à ce prix :
J'abjurerais et Phébus et Minerve,
Si, possédé d'une importune verve,
Il me fallait, pour de douteux succès,
Passer ma vie en d'éternels accès ;
Toujours troublé de fureurs convulsives,
De mon plancher ébranler les solives ;
Et rejetant toute société,
Écrire en sage, et vivre en hébété.
Si quelquefois je cours chercher votre aide,
C'est moins par choix que ce n'est par remède.
La solitude est mon plus grand effroi :

[1] ARISTARQUE, célèbre grammairien de Samos, fut l'un des savants chargés par Ptolémée de publier l'*Iliade* et l'*Odyssée* d'Homère. Il fit preuve, dans cette importante révision, d'une critique si sage et si judicieuse, que son nom a toujours désigné depuis un censeur juste, profond et éclairé.

Je crains l'ennui d'être seul avec moi ;
Et j'ai trouvé ce faible stratagème
Pour m'éviter, fugitif de moi-même.
De là sont nés ces écrits bigarrés,
Fous, sérieux, profanes et sacrés,
Où je dépeins, non des mœurs trop volages,
Mais seulement les diverses images
Qui m'ont frappé, selon les temps divers
Où mon ennui m'a fait chercher des vers.

Vous me direz qu'au moins pour ce service
A vos bienfaits je dois quelque justice ;
Que c'est par vous qu'à vingt ans parvenu,
Né comme Horace[1], aux hommes inconnu,
Bien moins que lui signalé sur la scène,
J'ai cependant trouvé plus d'un Mécène ;
Que par votre aide, à la cour moins caché[2],
Souffert des grands, quelquefois recherché,
J'ai, par bonheur, esquivé le naufrage
Du ridicule où jette l'étalage
Du nom d'auteur, surtout en ce temps-ci.
Oui, j'en conviens ; mais c'est par vous aussi
Que sont venus mes ennuis, mes tortures,
Tous ces complots, ces lâches impostures,
Ces noirs tissus que m'ont vingt fois tramés
De vils rimeurs contre moi gendarmés ;
Car il n'est point de fou mélancolique
Plus effréné qu'un auteur famélique,
Qui, sur les quais, sans avoir été lu,
Voit expirer son livre vermoulu :
Et par malheur, si dans cette furie
A ses chagrins se joint la raillerie
De quelque auteur d'opprobres moins couvert,
Tout l'Océan, cent vœux à saint Hubert[3],
Ne feraient rien sur la rage canine
Que ce mépris dans son cœur enracine.
Dès ce moment, par cent fausses rumeurs,
Son noir venin se répand sur vos mœurs.
Gardez-vous bien de cet homme caustique,
S'écrira-t-il ; fuyez ce frénétique :
Dans ses brocards aucun n'est ménagé ;
C'est un serpent, un diable, un enragé
Que rien n'apaise, et qui dans ses blasphèmes
Déchire tout, jusqu'à ses amis mêmes[4].
Vous allez être inondé de chansons :

Que je vous plains ! — Mais nous le connaissons ;
Ce n'est point là du tout son caractère :
Il est fidèle, équitable, sincère ;
De sa vertu Vauban même fait cas :
Il s'y connaît. — Ne vous y fiez pas !
C'est un matois ; il fait le bon apôtre :
Il paraît doux et civil comme un autre ;
Mais, dans le fond, c'est le plus noir esprit !...
Voilà comment sa haine vous flétrit ;
Voilà les coups que le traître vous porte.
Si par bonheur cette imposture avorte,
Bientôt son fiel, fécond en trahisons,
Fera courir de maisons en maisons,
Mille placards qui vous chargent de crimes,
Lettres d'avis, libelles anonymes,
Recours grossier, et toujours sans effet,
Mais des brouillons l'ordinaire alphabet ;
Et priez Dieu qu'il préserve la ville
De tout bon mot, satire, ou vaudeville,
Et de tous vers sous le manteau portés ;
Car à coup sûr ils vous seront prêtés.
Si leur secours manque à votre adversaire,
Dans le besoin lui-même en saura faire,
Fabriquera vingt infâmes couplets,
Tels qu'au milieu des plus grossiers valets
A les chanter Linière[1] aurait eu honte,
Et qui seront écrits sur votre compte.
Dans les cafés, dans les plus vils réduits,
Il prendra soin de semer ses faux bruits,
Vous décrira comme un monstre indomptable,
Aux rois, aux grands, à l'État redoutable ;
Et séduira peut-être en quelque point
Son sot ami, qui ne vous connaît point.
O fol amour d'une vaine fumée !
Fruit dangereux d'un peu de renommée !
Muses, voilà les chagrins, les dégoûts,
Que vos présents.... — Halte-là, direz-vous :
Tous ces discours, ces cris que du Parnasse
Fait retentir l'obscure populace,
Dont sans raison tu conçois tant d'effroi,
Qui les excite ? est-ce nous ? est-ce toi ?
C'est par nos soins que ton esprit docile,
Prenant pour guide et Térence et Virgile,
Dans leur école a de bonne heure appris
A distinguer des solides écrits
Ces vains amas d'antithèses pointues,
D'expressions flasques et rebattues,
Dont nous voyons tant d'auteurs admirés
Farcir leurs vers, du badaud révérés :

---

[1] Non ego me claro natum patre, non ego circum
Me Satureiano vectari rura caballo ;
Sed, quod eram, narro, etc.
HORAT. Serm. I, Sat. VI, 58.

[2] Dans sa jeunesse, et lorsqu'il y suivait le directeur général Rouillé du Coudray.

[3] Allusion aux remèdes que l'on emploie, au saint que l'on invoque contre l'hydrophobie.

[4] . . . . . . . . . . Dummodo risum
Excutiat sibi, non hic cuiquam parcet amico.
HORAT. I, Sat. IV, 33.

[1] On l'appelait communément l'*Athée de Senlis*, et n'avait, disait-on, de l'esprit que contre Dieu. Il tournait passablement une épigramme ; il en fit contre Despréaux, qui le lui rendit bien. Voyez *Épît.* VII, 89. *Art poét.* II, 194.

Voilà tout l'art, voilà tous les mystères
Que t'ont appris nos leçons salutaires.
Mais ces leçons t'ont-elles engagé
A brocarder un auteur affligé,
Assez puni de l'orgueil qui l'enivre,
Et du malheur d'avoir fait un sot livre
Par le chagrin d'entendre huer ses vers
Et de se voir tout vif rongé de vers?
Est-il permis de braver sur l'échelle
Un patient jugé par la Tournelle?
Laissons-le pendre au moins sans l'insulter!
— Vous dites vrai; mais comment l'éviter?
Dès qu'un ouvrage a commencé de naître,
Soit qu'au théâtre il se soit fait connaître,
Soit que son titre orne les carrefours,
Chacun en parle, au moins deux ou trois jours;
Et si quelqu'un, sa sentence passée,
M'en vient à moi demander ma pensée :
Que dites-vous de ces vers chevillés,
De ces discours obscurs, entortillés?
Il faut parler. Que répondre? que faire?
Les admirer? — Non. — Et quoi donc? — Te taire.
— Fort bien : l'avis est sensé; grand merci :
Je me tairai : mais faites taire aussi
Paris, la cour, les loges, le parterre,
Tous ces sifflets plus craints que le tonnerre,
Ces cris enfin d'un peuple mutiné,
Dont mon vilain se voit assassiné.
— Laisse crier, et retiens ta critique,
Répondez-vous : la censure publique
Peut sur un fat s'exercer tout au long;
Mais toi, sois sage, et te tais. — Comment donc?
Quand de ses vers un grimaud nous poignarde,
Chacun pourra lui donner sa nasarde,
L'appeler buffle et stupide achevé;
Et moi, pour être avec vous élevé,
Je ne pourrai, sans faire un sacrilége,
Me prévaloir d'un faible privilége
Que vous laissez aux derniers des humains?
S'il est ainsi, je vous baise les mains,
Muses; gardez vos faveurs pour quelque autre.
Ne perdons plus ni mon temps ni le vôtre
Dans ces débats où nous nous égayons.
Tenez, voilà vos pinceaux, vos crayons :
Reprenez tout. J'abandonne sans peine
Votre Hélicon, vos bois, votre Hippocrène,
Vos vains lauriers, d'épine enveloppés,
Et que la foudre a si souvent frappés!
Car aussi bien, quel est le grand salaire
D'un écrivain au-dessus du vulgaire :
Quel fruit revient aux plus rares esprits
De tant de soins à polir leurs écrits,
A rejeter les beautés hors de place,

Mettre d'accord la force avec la grâce,
Trouver aux mots leur véritable tour,
D'un double sens démêler le faux jour,
Fuir les longueurs, éviter les redites,
Bannir enfin tous ces mots parasites
Qui, malgré vous, dans le style glissés,
Rentrent toujours, quoique toujours chassés?
Quel est le prix d'une étude si dure?
Le plus souvent une injuste censure,
Ou, tout au plus, quelque léger regard
D'un courtisan, qui vous loue au hasard,
Et qui peut-être avec plus d'énergie
S'en va prôner quelque fade élégie.
Et quel honneur peut espérer de moins
Un écrivain libre de tous ces soins,
Que rien n'arrête, et qui, sûr de se plaire,
Fait sans travail tous les vers qu'il veut faire?
Il est bien vrai qu'à l'oubli condamnés,
Ses vers souvent sont des enfants mort-nés :
Mais chacun l'aime, et nul ne s'en défie;
A ses talents aucun ne porte envie :
Il a sa place entre les beaux esprits ;
Fait des sonnets, des bouquets pour Iris;
Quelquefois même aux bons mots s'abandonne,
Mais doucement, et sans blesser personne;
Toujours discret, et toujours bien disant,
Et sur le tout aux belles complaisant.
Que si jamais, pour faire une œuvre en forme,
Sur l'Hélicon Phébus permet qu'il dorme [1],
Voilà d'abord tous ces chers confidents,
De son mérite admirateurs ardents,
Qui, par cantons, répandus dans la ville,
Pour l'élever dégraderont Virgile;
Car il n'est point d'auteur si désolé,
Qui dans Paris n'ait un parti zélé;
Rien n'est moins rare : *Un sot*, dit la satire,
*Trouve toujours un plus sot qui l'admire.*
A ce propos, on raconte qu'un jour
Certain oison, gibier de basse-cour,
De son confrère exaltant le haut grade,
D'un ton flatteur lui disait : Camarade,
Plus je vous vois, et plus je suis surpris
Que vos talents ne soient pas plus chéris;
Et que le cygne, animal inutile,
Ait si longtemps charmé l'homme imbécile.
En vérité, c'est être bien Gaulois
De tant prôner sa ridicule voix!
Car, sans vouloir faire ici d'invective,
Si vous avez quelque prérogative,
C'est l'art du chant, dans lequel vous primez :

[1] Nec fonte labra prolui caballino,
Nec in bicipiti somniasse Parnasso
Memini, ut repente sic poeta prodirem.
PERSE, *Prolog.*

# ÉPITRES, LIVRE I.

Je m'en rapporte à nos oisons charmés,
Quand sur le ton de Pindare et d'Horace [1],
Votre gosier lyriquement croasse.
Laissons là l'homme et ses sottes raisons;
Mais croyons-en nos cousins les oisons.
Chantez un peu. Déjà d'aise saisie,
La basse-cour se pâme et s'extasie.
A ce discours notre oiseau, tout gaillard,
Perce le ciel de son cri nasillard;
Et tout d'abord oubliant leur mangeaille,
Vous eussiez vu canards, dindons, poulaille,
De toutes parts accourir, l'entourer,
Battre de l'aile, applaudir, admirer;
Vanter la voix dont Nature le doue,
Et faire nargue au cygne de Mantoue.
Le chant fini, le pindarique oison,
Se rengorgeant, rentre dans la maison,
Tout orgueilleux d'avoir, par son ramage,
Du poulailler mérité le suffrage.
  Ainsi, souvent par la brigue porté,
Un sot rimeur voit son nom exalté.
Je sais qu'enfin ses lauriers chimériques
Ont tôt ou tard leurs ans climatériques;
La mode passe, et l'homme ouvre les yeux.
Mais supposons qu'un sort capricieux
Fasse tomber ses grandeurs ruinées,
Il a du moins joui quelques années
Du même honneur qu'avec un pareil art
Au bon vieux temps sut extorquer Ronsard [2];
Et quand la mort vient nous rendre visite,
Achille est-il plus heureux que Thersite?
  Tous ces discours sont fort beaux, direz-vous;
Mais revenons. Parle, et confesse-nous
Qu'en tes écrits un peu trop de licence
A certains bruits a pu donner naissance :
Que ton courroux bien vite est allumé;
Et que le ciel en naissant t'a formé,
Aux moindres traits que sur toi l'on décoche,
Un peu malin! — Moi! d'où vient ce reproche?
Où sont-ils donc, puisqu'il faut tout peser,
Ces traits malins dont on peut m'accuser?
Celui qui mord ses amis en cachette [3],

Qui rit tout bas des lardons qu'on leur jette,
Chez qui, pour vrai, le faux est publié,
Ou qui révèle un secret confié,
Voilà votre homme, et c'est sans injustice
Que vous pouvez le taxer de malice;
Car des noirceurs le sucre envenimé
D'un pareil nom doit être diffamé,
Et non le sel d'un riant badinage,
De la candeur ordinaire partage.
Si quelquefois, comme on voit tous les jours,
Un homme à table exerce ses discours
Sur quelque intrigue ou conte de la ville,
Qui, bien souvent, n'est pas mot d'Évangile,
Et qui pourtant touche à l'honneur des gens,
En cas pareil pour lui plus indulgents;
Pour peu qu'au gré de la troupe charmée,
De quelque esprit l'histoire soit semée,
Notre conteur passera pour plaisant,
Pour galant homme, et point pour médisant :
Et moi, vexé par vingt bouches impures
Je n'aurai pu repousser les injures
De deux ou trois que je n'ai point nommés,
Et qui, déjà du public diffamés,
Sont reconnus à leur ignominie,
Plutôt qu'aux vers qu'enfanta mon génie!
Que si d'un seul légèrement frappé,
En badinant le nom m'est échappé,
Est-ce un forfait à décrier ma veine?
Et dites-moi : Quand jadis la Fontaine,
De son pays l'homme le moins mordant
Et le plus doux, mais homme cependant,
De ses bons mots sur plus d'une matière,
Contre Lulli, Quinault et Furetière,
Fit rejaillir l'enjoûment bilieux,
Fut-il traité d'auteur calomnieux?
  Tout vrai poëte est semblable à l'abeille :
C'est pour nous seuls que l'aurore l'éveille,
Et qu'elle amasse, au milieu des chaleurs,
Ce miel si doux tiré du suc des fleurs;
Mais la nature, au moment qu'on l'offense,
Lui fit présent d'un dard pour sa défense;
D'un aiguillon qui, prompt à la venger,
Cuit plus d'un jour à qui l'ose outrager.
  J'entends d'ici, Muses, votre réponse :
Tous ces arrêts que la haine prononce,
Ces vains propos exhalés dans les airs,
Ne sont qu'un rien près d'un écrit en vers :
L'ouvrage reste, et le discours s'envole [1].
Plus d'une fois ta piquante hyperbole
A tes censeurs a su donner leur fait :

---

[1] Toute cette tirade est dirigée contre la Motte, dont les odes jouissaient alors d'une réputation que la postérité n'a point confirmée.

[2] Pierre DE RONSARD, né en 1625, mort en 1685, eut, de son vivant, une si grande réputation, que mal écrire en français c'était, selon un proverbe du temps, donner un soufflet à Ronsard :

Mais sa muse, en français, parlant grec et latin,
Vit dans l'âge suivant, par un retour grotesque,
Tomber de ses grands mots le faste pédantesque.
*Art. poét.* I, 126.

[3] . . . . . . . *Absentem qui rodit amicum,*
*Qui non defendit, alio culpante; solutos*
*Qui captat risus hominum, famamque dicacis;*

Fingere qui non visa potest; commissa tacere
Qui nequit : hic niger est ; hunc tu, Romane, caveto.
HORAT. *Serm.* I, *Sat.* VI. 81.

[1] . . . . . . . *Nescit vox missa reverti.* (HOR.)

Mais contre toi, réponds-nous, qu'ont-ils fait?
— Ce qu'ils ont fait! demandez aux fruitières,
De leurs écrits prodigues héritières.
Oui, contre moi, vous qui me censurez,
Vous les avez mille fois inspirés.
— Nous! Point du tout : à tort tu nous accuses.
Si contre toi, sans consulter les Muses,
Ils ont écrit quelques vers discourtois,
C'est malgré nous qu'ils sont faits.—Je le crois :
Passons. Eh bien! si leur troupe futile
N'a contre toi qu'une rage inutile,
Poursuivez-vous, qu'un courroux sans pouvoir,
Que crains-tu tant? et que peux-tu prévoir?
— Ce que je crains? Vous allez le connaître,
Dans un seul mot de Despréaux mon maître :
« Vos ennemis prônent de tous côtés,
« Lui disait-on, que vous les redoutez;
« Que vous craignez leur vaste compagnie...
« — Ils ont raison ; je crains la calomnie, »
Répondit-il. Et quel ravage affreux
N'excite point ce monstre ténébreux,
A qui l'Envie, au regard homicide,
Met dans les mains son flambeau parricide;
Mais dont le front est peint avec tout l'art
Que peut fournir le mensonge et le fard?
Le faux Soupçon, lui consacrant ses veilles,
Pour l'écouter ouvre ses deux oreilles ;
Et l'Ignorance, avec des yeux distraits,
Sur son rapport prononce nos arrêts.
Voilà quels sont les infidèles juges
A qui la Fraude, heureuse en subterfuges,
Fait avaler son poison infernal ;
Et tous les jours, devant leur tribunal,
Par les cheveux l'innocence traînée,
Sans se défendre est d'abord condamnée.
Votre ennemi passe en vain pour menteur.
« Messieurs, » disait un fameux délateur
Aux courtisans de Philippe son maître,
« Quelque grossier qu'un mensonge puisse être,
« Ne craignez rien, calomniez toujours :
« Quand l'accusé confondrait vos discours,
« La plaie est faite; et, quoiqu'il en guérisse,
« On en verra du moins la cicatrice. »
Où donc aller? quel mur, quel triple airain
Nous sauvera d'une invisible main?
Est-il mortel qui s'en puisse défendre? [dre,
—Sans doute.—Et qui?—L'homme qui sait atten-
Concluez-vous. Vainement l'art obscur
Sur la vertu jette son voile impur ;
La vérité tôt ou tard se relève,
Le rayon perce, et le nuage crève.
Sois de toi-même un sévère inspecteur,
Et ne crains rien. Quant à ce peuple auteur,

Dont tu n'as pu prévenir la disgrâce,
Nous leur dirons, nous mettant à ta place :
Or çà, messieurs, plus d'animosité;
Faisons la paix, et signons un traité :
Depuis longtemps je souffre vos murmures,
Vos cris aigus, vos chaleurs, vos injures,
Sans qu'en mes vers nul de vous énoncé
Ait eu sujet de se croire offensé.
Je ferai plus : continuez d'écrire,
Je vous promets de ne vous jamais lire,
De n'outrager ni vous ni votre esprit,
Et d'oublier que vous ayez écrit,
Pourvu qu'enfin, plus modérés, plus sages,
A votre tour vous cessiez vos outrages ;
Que vous daigniez parler, ou moins, ou mieux,
Des mœurs d'un homme éloigné de vos yeux;
Et n'insulter, épargnant ma personne,
Qu'à mes écrits, que je vous abandonne.
Cela s'entend, et c'est parler d'accord :
Y souscris-tu? — Muses, je le veux fort.
Dès ce moment j'approuve et ratifie
Ce grand traité, que je leur signifie.
Mais, par hasard, si ce palliatif
N'opère rien sur leur esprit rétif,
Si leur babil, si leur bruit continue?...
— Alors tu peux, sans plus de retenue,
Les démasquer, et rabattre leurs coups;
Et si tu crois avoir besoin de nous,
Pour réprimer leurs langues médisantes,
Nous t'aiderons. Tu peux, par ces présentes,
De notre part le leur faire savoir.
— Suffit. Adieu, Muses, jusqu'au revoir.

## II.

SUR L'AMOUR [1].

### A MADAME D'USSÉ [2].

Du faux encens dédaigneuse ennemie,
Qui dans le vrai par l'exemple affermie,
Savez si bien de tout éloge plat
Distinguer l'art d'un pinceau délicat;
Sage Uranie, en qui le don de plaire
Est joint au don de haïr le vulgaire,
De démêler, libre en vos sentiments,
L'illusion de ses faux jugements,
Et d'abhorrer ces louanges guindées

---

[1] Dans quelques éditions : *Sur le véritable Amour*. Dans d'autres : *L'Amour platonique*.
[2] Voltaire a célébré également la beauté, l'esprit et les grâces naturelles de madame d'Ussé. *Voyez* la jolie pièce qui commence par ces vers :

L'art dit un jour à la nature, etc.

# ÉPITRES, LIVRE I.

Qui n'ont d'appui que ses folles idées :
Si quelque auteur, pour vous faire sa cour,
S'imaginant avoir pris un beau tour,
Vous décrivait, dans ses peintures sèches,
Le dieu d'amour, son carquois et ses flèches,
De la raison ennemi langoureux,
Et de nos sens enchanteur doucereux,
Vous déployant ces lieux communs postiches
Dont l'opéra brode ses hémistiches,
Sur ce tableau frivolement conçu,
Probablement il serait mal reçu
De vous chanter, en rimes indiscrètes,
« Que cet Amour ne se plaît qu'où vous êtes ;
« Qu'il règne en vous, qu'il suit partout vos pas ;
« Et qu'il languit où l'on ne vous voit pas. »
Mais si quelqu'un, plus sage et plus habile,
Vous dépeignait, d'un crayon moins stérile,
Ce même Amour, non tel qu'on nous le feint,
Mais en effet tel qu'il doit être peint :
Tel qu'autrefois l'ont vu les premiers sages,
Lorsqu'au Parnasse attirant leurs hommages,
Ce dieu, par eux de guirlandes orné,
Fut de la Grèce en triomphe amené :
Si, poursuivant cette noble peinture,
Il vous traçait, d'une main libre et sûre,
Ces vifs rayons, ces sublimes ardeurs,
Ce feu divin qu'il répand dans les cœurs,
Dont la splendeur les éclaire et les guide
Dans les sentiers de la gloire solide,
Vous faisant voir, assis à son côté,
L'Honneur, la Paix, la Vertu, l'Équité :
Peut-être alors, à le bannir moins prompte,
Vous souffririez, sans rougeur et sans honte,
Que ce dieu vînt embellir votre cour.
Connaissez donc ce que c'est que l'Amour ;
Et, désormais l'âme débarrassée
Des préjugés d'une troupe insensée,
Qui ne le peint que sous de faux portraits,
Gardons-nous bien d'en juger sur leurs traits,
De le confondre avec ce dieu frivole
De qui l'erreur nous a fait une idole,
Et qui n'épand que des feux criminels.
Ces deux rivaux, ennemis éternels,
L'un fils du Ciel, l'autre né de la Terre,
Se font entre eux une immortelle guerre,
Plus signalés par leur division,
Que les héros de Grèce et d'Ilion.
Quelqu'un peut-être, à ce début mystique,
Va me traiter de cerveau fanatique ;
Et me voyant, monté sur ce haut ton,
Traiter l'amour en style de Platon,
M'objectera qu'une jeune héroïne
Mériterait un peu moins de doctrine :

Mais, sans répondre à ce langage vain,
Laissons-le en paix, son Cyrus[1] à la main,
De nos raisons l'âme peu combattue,
Du dieu d'Ovide encenser la statue,
Et poursuivons nos propos commencés.
Jadis, sans choix, les humains dispersés,
Troupe féroce et nourrie au carnage,
Du seul instinct suivaient la loi sauvage,
Se renfermaient dans les antres cachés,
Allaient, errants au gré de la nature,
Avec les ours disputer la pâture.
De ce chaos l'Amour réparateur
Fut de leurs lois le premier fondateur :
Il sut fléchir leurs humeurs indociles,
Les réunit dans l'enceinte des villes ;
Des premiers arts leur donna les leçons ;
Leur enseigna l'usage des moissons ;
Chez eux logea l'Amitié secourable,
Avec la Paix, sa sœur inséparable ;
Et, devant tout, dans les terrestres lieux,
Fit respecter l'autorité des dieux.
Tel fut ici le siècle de Cybèle :
Mais à ce Dieu la Terre, enfin rebelle,
Se rebuta d'une si douce loi,
Et de ses mains voulut se faire un roi.
Tout aussitôt, évoqué par la Haine,
Sort de ses flancs un monstre à forme humaine,
Reste dernier de ces cruels Typhons,
Jadis formés dans ses gouffres profonds.
D'un faible enfant il a le front timide :
Dans ses yeux brille une douceur perfide :
Nouveau Protée, à tout heure, en tous lieux,
Sous un faux masque il abuse nos yeux.
D'abord voilé d'une crainte ingénue,
Humble captif, il rampe, il s'insinue :
Puis tout à coup, impérieux vainqueur,
Porte le trouble et l'effroi dans le cœur.
Les Trahisons, la noire Tyrannie,
Le Désespoir, la Peur, l'Ignominie,
Et le Tumulte au regard effaré,
Suivent son char, de Soupçons entouré.
Ce fut sur lui que la Terre ennemie
De sa révolte appuya l'infamie.
Bientôt, séduits par ses trompeurs appas,
Des flots d'humains marchèrent sur ses pas.
L'Amour, par lui dépouillé de puissance,
Remonte au ciel, séjour de sa naissance ;
Et las de voir l'homme sourd à sa voix,
Il l'abandonne à son malheureux choix.
Alors, enflé d'une nouvelle audace,
L'usurpateur prend son nom et sa place ;

---

[1] *Le Cyrus*, roman de mademoiselle de Scudéry. *Voyez* le dialogue satirique de Boileau, intitulé *les Héros de roman.*

Et, sous ce nom, l'Erreur de toutes parts
Fait ici-bas flotter ses étendards.
C'est de ce temps que nous vîmes éclore
Tous les malheurs imputés à Pandore.
La Jalousie, allumant ses flambeaux,
Creusa dès lors mille horribles tombeaux,
Et des forfaits de plus d'une Médée
Plus d'un climat vit sa rive inondée.
On vit régner les Désirs effrénés,
Qui, secondés des Plaisirs forcenés,
Mirent au jour Monstres et Minotaures,
Satyres, Sphinx, Égypans et Centaures.
Un siècle, à l'autre enviant ses fureurs,
Imagina de nouvelles horreurs :
Chaque âge vit augmenter nos misères,
Et nos aïeux, plus méchants que leurs pères,
Mirent au jour des fils plus méchants qu'eux,
Bientôt suivis par de pires neveux [1].
Enfin le ciel, touché de nos disgrâces,
Se résolut d'en effacer les traces,
Et tous les dieux convinrent que l'Amour
Fût renvoyé dans ce mortel séjour.
 Chacun s'en forme un agréable augure.
Le seul Amour, l'Amour seul en murmure.
Qu'a-t-il commis ? Pourquoi, seul immolé,
D'entre les dieux sera-t-il exilé !
Quittera-t-il ces demeures heureuses,
Ces régions pures et lumineuses,
Séjour brillant de gloire et de clarté,
Lieux consacrés à la Félicité,
Aux doux Plaisirs, enfants de l'Innocence,
Plaisirs qu'échauffe et nourrit sa présence,
Vifs sans tumulte, éternels sans ennui,
Et que les dieux ne tiennent que de lui?
« Quoi ! disait-il, de l'empire céleste
« J'irai descendre en un séjour funeste,
« Où l'Injustice étale un front serein,
« Où les mortels, au visage d'airain,
« De mon fantôme escortant les bannières,
« De l'Innocence ont rompu les barrières!
« Et qui d'entre eux voudra suivre mes pas ? ».
 Amour, Amour, ne vous alarmez pas,
Venez à moi : je connais un asile
Dont les Vertus ont fait leur domicile :
Un sûr rempart, un lieu de qui jamais
Vos ennemis ne troubleront la paix.
Celui qui règne en ce séjour propice
En a banni le coupable Artifice,
La Perfidie au coup d'œil concerté,

Et la Malice, au sourire emprunté.
Toujours du vrai sa bouche tributaire,
De l'équité porta le caractère,
Nourri, formé par les neuf doctes Sœurs,
Ami des arts, épris de leurs douceurs,
Le dieu du Pinde, et la sage Minerve
De leurs trésors l'ont comblé sans réserve.
Dans ce réduit, des Muses habité,
Préside encore une divinité ;
Car la beauté dont les dieux l'ont ornée,
D'un moindre nom serait trop profanée.
Un doux accueil, un modeste enjoûment
Prête à ses traits un nouvel agrément.
D'enfants ailés une troupe fidèle,
Plaisirs, Amours, voltigent autour d'elle,
Et, sans effort près d'elle retenus,
Pour la servir ont oublié Vénus.
Non, non, Amour : ce n'est point à Cythère,
Ni dans ces bois qu'Amathonte révère,
Qu'il faut chercher et les Jeux et les Ris :
Si vous voulez de vos frères chéris
Revoir un jour la troupe réunie,
N'hésitez point : volez chez Uranie.
 Mais à qui vais-je étaler ces propos ?
Puis-je penser qu'un dieu, qui du chaos
Débarrassa cette machine ronde ;
Qui voit, qui meut tous les êtres du monde,
De ses ressorts et l'âme et l'instrument,
Puisse ignorer son plus riche ornement?
Déjà, porté sur les ailes d'Éole,
Du haut des cieux je le vois qui s'envole,
Plus glorieux d'obéir en sa cour,
Que de régner au céleste séjour.
Conservez bien, généreuse Uranie,
Ce Dieu puissant, ce céleste génie,
Ame du monde, auteur de tous les biens,
Par qui, brisant les terrestres liens,
D'un vol hardi nos âmes élancées,
Jusques au ciel élèvent leurs pensées.
Sans sa beauté, sans ses dons précieux,
La vertu même est moins belle à nos yeux.
Il la produit sous d'heureux caractères,
La dépouillant de ces rides sévères,
De qui l'aspect, effrayant les mortels,
Leur fait souvent déserter ses autels.
De son flambeau les flammes immortelles
Jettent en nous ces vives étincelles
Dont autrefois les héros embrasés,
Malgré la mort, se sont éternisés.
Cette chaleur si prompte et si rapide
Sut échauffer un Thésée, un Alcide ;
Arma leurs bras pour calmer l'univers,
Et pour venger l'Équité mise aux fers.

---

[1] Horace, liv. III, ode vi.
  Ætas parentum, pejor avis, tulit
  Nos nequiores, mox daturos
  Progeniem vitiosiorem.

Telle est l'ardeur dont ce Dieu nous enflamme :
Tel est le feu qu'il alluma dans l'âme
De ce héros aux triomphes instruit,
Dont vous tenez la clarté qui nous luit [1].
C'est cet Amour, ambitieux de gloire,
Qui, tant de fois consacrant sa mémoire,
Lui fit braver les feux et le trépas,
Lui fit chercher la guerre et les combats;
De Jupiter conduisant le tonnerre,
Aux fiers Géants faire mordre la terre;
Et foudroyant leurs plus forts boulevarts,
Les écraser sous leurs propres remparts.
Quelle plus noble et plus vaste industrie
Porta plus loin l'amour de la patrie?
Et quels travaux ont rendu plus parfaits
L'art de la guerre et les arts de la paix?
Vous le savez, légions qu'il adore;
Vous le saurez, peuples plus chers encore,
Si quelque jour un loisir plus heureux
Laisse un champ libre à ses plans généreux [2].
Puisse-t-il voir ses nombreuses années
Toujours de gloire et d'honneur couronnées!
Et, quand la Paix reviendra parmi nous,
Se réserver à des travaux plus doux,
Non moins héros sous l'empire de Rhée!
Que quand la terre à Bellone est livrée!

### III.

### A CLÉMENT MAROT [3].

Ami Marot, l'honneur de mon pupitre,
Mon premier maître, acceptez cette épître,
Que vous écrit un humble nourrisson
Qui sur Parnasse a pris votre écusson,
Et qui jadis, en maint genre d'escrime,
Vint chez vous seul étudier la rime.
Par vous en France, épîtres, triolets,
Rondeaux, chansons, ballades, virelais,
Gente épigramme et plaisante satire,
Ont pris naissance; en sorte qu'on peut dire :
De Prométhée hommes sont émanés,
Et de Marot joyeux contes sont nés.
Par quoi, sitôt qu'en mon adolescence
J'eus avec vous commencé connaissance,
Mon odorat, par vos vers éveillé,

Des autres vers plus ne fut chatouillé;
Et n'eus repos, jeunesse est téméraire!
Que ne m'eussiez adopté pour confrère.
Bien est-il vrai que, par le temps mûri,
D'autres leçons mon esprit s'est nourri;
Écrits divers ont exercé ma plume.
Mais c'est tout un. Soit raison, soit coutume,
Mon nom par vous est encore connu,
Dont bien et mal m'est ensemble advenu :
Bien, par trouver l'art de m'être fait lire;
Mal, pour avoir des sots excité l'ire,
L'ire des sots et des esprits malins;
Car qui dit sots, dit à malice enclins.
Et cherchez bien de Paris jusqu'à Rome,
Onc ne verrez sot qui soit honnête homme.
Je le soutiens : justice et vérité
N'habitent point en cerveau mal monté.
Du vieux Zénon l'antique confrérie
Disait tout vice être issu d'ânerie :
Non que toujours sottise, de son chef,
Forme dessein de vous porter méchef [1];
Mais folle erreur, d'ignorance complice,
Fait même effet, et supplée à malice.
Bien le savez, Clément, mon ami cher :
Sotte ignorance et jugement léger
Vous ont jadis, on le voit par vos œuvres,
Fait avaler anguilles et couleuvres [2];
Des novateurs complice vous nommant,
Ou votre honneur en public diffamant,
Soit par blasons [3] plus mordants que vipère,
Soit par mensonge, en vous faisant le père
De tous ces vers bâtards et supposés
Dont les parents sont toujours déguisés.
Et moi chétif, de vos suivants le moindre,
Combien de fois, las! me suis-je vu poindre
De traits pareils! Non qu'on m'ait imputé
D'avoir jamais nouveautés adopté [4] :
Des gens dévots que j'estime et respecte,
Ainsi que vous, je n'ai honni la secte
Qu'en général, sans aucun désigner :
Et fîtes mal de les égratigner,
Vous qui craigniez, disiez-vous, la bourrée [5];

---

[1] Madame la marquise d'Ussé était fille du maréchal de Vauban.
[2] Le maréchal de Vauban consacrait les loisirs de la paix à des ouvrages utiles, tels que *l'attaque et la défense des places; la dîme royale*, etc. On lui a toutefois disputé ce dernier ouvrage.
[3] Clément MAROT, fils d'un père célèbre par son talent pour la poésie, né à Cahors, en 1495.

[1] *Méchef :* accident, malheur, infortune.
[2] La protection de la reine de Navarre et de François I<sup>er</sup>, dont Marot était valet de chambre, eut de la peine à soustraire leur poète favori au supplice qu'il avait encouru pour des vers *impies* et *licencieux*.
[3] *Blason :* du vieux mot *blasonner;* louer, flatter, amadouer, blâmer; dire du bien ou du mal, chapitrer.
[4] Il s'agit ici des *nouveautés* en matière religieuse, pour lesquelles Clément Marot témoignait un zèle qui lui fut plus d'une fois fatal.
[5] Le fagot, le bûcher : supplice ordinaire des hérétiques, à l'époque de Marot, et auquel lui-même ne se déroba qu'en se retirant tantôt à Venise, tantôt à Genève, et enfin à Tu-

Car ces menins de la cour éthérée
Sont tous doués d'un appétit strident
De se venger, quand ils sentent la dent ;
Et fussiez-vous un saint plus angélique,
Plus éminent et plus apostolique
Que saint Thomas ; s'ils en trouvent moyen,
Ils vous-feront, le tout pour votre bien,
Comme autrefois au bon Savonarole[1],
Que pour le ciel la séraphique école
Fit griller vif en feu clair et vermeil,
Dont il mourut par faute d'appareil.
Eux exceptés, des bons esprits l'estime
M'a, comme vous, des sots rendu victime :
Car de quels noms plus doux et plus musqués
Puis-je appeler tant d'esprits disloqués ?
Comment nommer ce froid énergumène
Qui, d'Hélicon chassé par Melpomène
Me défigure en ses vers ostrogoths,
Comme il a fait rois et princes d'Argos[2] ?
Comment nommer cet écumeur insigne
Qui, des prisons sorti moins blanc qu'un cygne,
Vient des neuf Sœurs la fontaine infecter,
Et de sa griffe Apollon molester ?
Et ce trio de louves surannées
Qui, tour à tour, à me mordre acharnées,
Dans leur fureur semblent s'entre-prêter
L'unique dent qui leur a pu rester ?
Et cet athée au teint blême, à l'œil triste,
Qui de Servet s'est fait évangéliste ;
Et qui, sifflant Moïse et saint Matthieu,
Parle de moi comme il parle de Dieu ?
Comment enfin nommer cette vermine
De chiffonniers de la double colline,
Qui tous les jours, en dépit d'Apollon,
Dans les bourbiers de son sacré vallon
Vont ramassant l'ordure la plus sale,
Pour en lever boutique de scandale
Contre tous ceux qui sont assez sensés
Pour mépriser leurs vers rapetassés !
  Tout beau, l'ami, ceci passe sottise,
Me direz-vous ; et ta plume baptise
De noms trop doux gens de tel acabit :
Ce sont trop bien maroufles que Dieu fit.
— Maroufles? Soit. Je ne veux vous dédire :
Passons le mot. Mais je soutiens mon dire :
C'est qu'en eux tous malice est seulement

rin, où il mourut en 1544, dans un état voisin de l'indigence.
[1] Moine italien du quinzième siècle. Excommunié par le pape Alexandre VI, le fameux Roderic Borgia, parce qu'il déclamait contre les abus de l'Église romaine et les désordres de son clergé ; il fut poursuivi comme hérétique, et brûlé en cette qualité, le 23 mai 1498.
[2] Rousseau désigne successivement ici Crébillon, de Brie, Saurin le géomètre, et les dames de Lauvancourt.

Vice d'esprit, et mauvais jugement.
De tout le bien sagesse est le principe ;
De tout le mal sottise est le vrai type ;
Et si parfois on vous dit qu'un vaurien
A de l'esprit, examinez-le bien,
Vous trouverez qu'il n'en a que le casque,
Et vous direz : C'est un sot sous le masque.
En fait d'esprit nous errons trop souvent :
De feu grégeois, de fumée et de vent,
Presque toujours l'homme se préoccupe,
Et sur ce point est imposteur ou dupe.
Qu'ainsi ne soit. Un fat apprivoisé,
Dont l'éloquence est un babil aisé,
Et qui, doué du talent de Thersite,
Parle de tout, sûr de sa réussite,
Content, joyeux, hardi, sans jugement,
Fait du beau monde à Paris l'ornement :
Du plus sévère il réchauffe le flegme :
Ses quolibets passent pour apophthegme,
Ses lieux communs sont propos réfléchis.
S'il conte un fait, la dame du logis
De ses bons mots pâme sur son assiette,
Et le laquais en rit sous sa serviette.
Lors chacun crie : O l'esprit éminent !
Et moi, je dis : Peste l'impertinent !
Et ne me chault que sa voix théâtrale
M'ait de Sénèque épuisé la morale :
A sa vertu je n'ai plus grande foi
Qu'à son esprit. Pourquoi cela ? — Pourquoi ?
Qu'est-ce qu'esprit ? Raison assaisonnée.
Par ce mot seul la dispute est bornée.
Qui dit esprit, dit sel de la raison :
Donc sur deux points roule mon oraison :
Raison sans sel est fade nourriture ;
Sel sans raison n'est solide pâture :
De tous les deux se forme esprit parfait ;
De l'un sans l'autre, un monstre contrefait.
Or, quel vrai bien d'un monstre peut-il naître ?
Sans la raison, puis-je vertu connaître ?
Et, sans le sel dont il faut l'apprêter,
Puis-je vertu faire aux autres goûter ?
  Mais rarement à ces hautes matières
Le peuple ignare élève ses lumières.
Fausse lueur ses faibles yeux déçoit,
Dont il avient que tous les jours on voit
Du nom d'esprit fatuité dotée,
Et de vertu sottise étiquetée.
Car, Dieu merci! dans ce siècle falot,
Nul n'est en tout si bien traité qu'un sot :
Peuple d'amis autour de lui fourmille ;
Secrets, dépôts, intérêts de famille,
Tout se confie à ce génie exquis :
Son conseil même en affaire est requis ;

Soupçons de lui seraient vrais sacriléges :
Bref, qui voudrait nombrer ses priviléges
Aurait plus tôt calculé tous les morts
Que dans Paris Finot [1] et ses consorts,
Dont par respect je tais ici l'éloge,
Ont insérés dans les martyrologes.
Mais un esprit solide, illuminé,
Du monde entier semble être ennemi né :
L'homme friand de haute renommée
Craint tout rieur qui pèse sa fumée :
Et ne pouvant son faible vous cacher,
Le vôtre, au moins, il tâche d'éplucher.
Pour décrier vos lumières suspectes,
Il vous suscite un tourbillon d'insectes
Qui, pour vous mettre à leur petit niveau,
Vous font sur tout quelque procès nouveau.
Que si par vers et par joyeux langage
Votre Apollon s'est tiré hors de page,
Miséricorde! où fuir? où vous sauver?
Vous allez voir, en dussiez-vous crever,
Mille idiots érigés en Saumaises,
Vous faire auteur des plus viles fadaises.
Dès qu'en sa tête un stupide enjoué,
Ayant en vain son cerveau secoué
Pour dégourdir sa pesante Minerve,
Aura forgé quelques couplets sans verve,
Ou quelques vers platement effrontés;
Tout aussitôt ces subtils hébétés
Iront corner votre nom par la ville,
Disant : C'est lui, messieurs; voilà son style!
Et ce faux bruit, tant soit-il insensé,
Ne manquera d'être encor ressassé
Par cent grimauds rampant sur le Parnasse,
Peuple maudit et malheureuse race,
Que votre los fait dessécher d'ennui,
Et qui maigrit de l'embonpoint d'autrui.
O triste emploi que celui de la rime!
En tout autre art, même sans qu'on y prime,
Devant ses pairs on est interrogé :
Par Cassini [2] l'astronome est jugé;
Homberg [3] peut seul évoquer le chimiste;
Et Duverney [4] citer l'anatomiste.

Mais, dans les vers, tous s'estiment docteurs :
Bourgeois, pédants, écoliers, colporteurs,
Petits abbés, qu'une verve insipide
Fait barboter dans l'onde Aganippide,
Sont nos Varrons, nos Murets, nos Daciers,
Et d'Hélicon seigneurs hauts justiciers.
Hé! mes amis, un peu moins de superbe!
Vous avez lu quelque ode de Malherbe?
Soit. Richelet [1] jadis en raccourci
Vous a de l'art les règles dégrossi?
Je le veux bien. Vous avez sur la scène
En vers bouffis fait hurler Melpomène?
C'est un grand point! mais ce n'est pas assez :
Ce métier-ci n'est ce que vous pensez;
Minerve à tous ne départ ses largesses :
Tous savent l'art, peu savent ses finesses;
Et croyez-moi, je n'en parle à travers,
Le jeu d'échecs ressemble au jeu des vers :
Savoir la marche est chose très-unie;
Jouer le jeu, c'est le fruit du génie :
Je dis le fruit du génie achevé
Par longue étude et travail cultivé.
Donc si Phébus ses échecs vous adjuge,
Pour bien juger, consultez tout bon juge;
Pour bien jouer, hantez les bons joueurs :
Surtout, craignez le poison des loueurs;
Accostez-vous de fidèles critiques;
Fouillez, puisez dans les sources antiques;
Lisez les Grecs, savourez les Latins;
Je ne dis tous, car Rome a ses Cotins.
J'entends tous ceux qui, d'une aile assurée,
Quittant la terre, ont atteint l'empyrée.
Là, trouverez en tout genre d'écrits
De quoi former vos goûts et vos esprits;
Car chacun d'eux a sa beauté précise,
Qui le distingue et forme sa devise.
Le grand Virgile enseigne à ses bergers
L'art d'emboucher les chalumeaux légers;
Au laboureur, par des leçons utiles,
Fait de Cérès hâter les dons fertiles;
Puis tout à coup, la trompette à la main,
Dit les combats du fondateur romain,
Ses longs travaux couronnés de victoire,
Et des Césars prophétise la gloire.
Ovide, en vers doux et mélodieux,
Sut débrouiller l'histoire de ses dieux;

[1] Ce médecin Finot jouissait, à la fin du dix-septième siècle, d'une assez grande réputation, et d'une faveur plus grande encore; ce qui lui attira plus d'une fois les épigrammes des bons et des mauvais plaisants de son temps. — Né à Béziers, en 1637; mort à Paris, en 1709.

[2] Jean-Jacques Cassini, fils et successeur de Jean-Dominique, né à Paris, en 1677, et mort d'une chute, en 1756. — Il a enrichi l'astronomie d'un grand nombre de découvertes. C'est à son fils (César-François Cassini de Thury) que l'on est redevable de la carte de France, connue sous le nom de *Carte de Cassini*.

[3] Chimiste célèbre, né à Batavia, en 1652; mort à Paris, le 24 septembre 1715.

[4] Cet illustre anatomiste était né à Feurs, en Forez, en 1648; il fut membre de l'Académie des sciences, professeur au Jardin du roi, et choisi pour donner des leçons d'anatomie au Dauphin, fils de Louis XIV. — Mort à Paris, en 1730.

[1] César-Pierre Richelet, avocat au Parlement, né en Champagne, en 1631, mort en 1698. On a de lui 1° *Dictionnaire de la Langue française ancienne et moderne;* 2° *Dictionnaire des Rimes;* 3° un Recueil, avec notes, *des plus belles Lettres des meilleurs auteurs français;* 4° *Histoire de la Floride*, traduite de l'espagnol, de Garcias Lasso de la Véga.

Trop indulgent au feu de son génie;
Mais varié, tendre, plein d'harmonie,
Savant, utile, ingénieux, profond,
Riche, en un mot, s'il était moins fécond.
  Non moins brillant, quoique sans étincelle,
Le seul Horace en tous genres excelle :
De Cythérée exalte les faveurs,
Chante les dieux, les héros, les buveurs;
Des sots auteurs berne les vers ineptes,
Nous instruisant par gracieux préceptes,
Et par sermons de joie antidotés.
Catulle, en grâce et naïves beautés,
Avant Marot mérita la couronne;
Et suis marri que le poivre assaisonne
Un peu trop fort ses petits madrigaux.
Tibulle enfin, sur patins inégaux
Faisant marcher la boiteuse Élégie,
De Cupidon traite à fond la magie.
Voilà les chefs qu'il vous faut consulter,
Lire, relire, apprendre, méditer :
Lors votre goût, conduisant votre oreille,
Ne prendra plus le bourdon pour l'abeille,
Ni les fredons du chantre Cordouan
Pour les vrais airs du cygne Mantouan.
Ceci soit dit : fermons la parenthèse.
  Or vous dirai, pour reprendre ma thèse,
Ami Marot, que je vous sais bon gré
D'avoir les sots en vos vers dénigré,
Et de n'y voir mis au-dessus des anges
Ceux qui pouvaient démentir vos louanges;
Car si quelqu'un chez vous est exalté,
Il l'est encor chez la postérité;
En quoi surtout a gagné mon suffrage
Votre haut sens et vertueux courage.
Et si d'ailleurs ne vous ai bien suivi,
En ce du moins votre amour m'a servi,
Que mes écrits, monuments de mon âme,
De lâcheté n'ont encouru le blâme;
Que l'intérêt ne les a conseillés,
Ni moins encor le mensonge souillés.
Non qu'à louer gens de tout caractère
Je n'eusse pu prêter mon ministère;
Et comme un autre, adulateur soumis,
A prix d'honneur m'acquérir des amis.
Mais au vrai seul ma muse intéressée
N'a jamais pu rimer que ma pensée;
Puis mon Plutarque, épluchant les héros,
En fait souvent de si petits zéros,
Qu'en le lisant on perd presque l'envie
De les louer, du moins pendant leur vie;
Car, fussent-ils en sagesse, en valeur,
Des demi-dieux, il ne faut qu'un malheur!
Tant que son âme à son corps est soumise,

Un demi-dieu peut faire une sottise;
Et tout d'un temps ses éloges vantés
Se convertir en contre-vérités.
Puis vous voilà, messieurs les faiseurs d'odes,
Jolis mignons, ainsi que vos pagodes!
  Quant est de moi, je n'ai pris tel essor.
J'ai peu loué : j'eusse mieux fait encor
De louer moins, non que pincer sans rire
Soit de mon goût; je tiens qu'en fait d'écrire
Le meilleur est de rire sans pincer.
Nous ne devons les vices caresser :
Mais d'autre part il ne faut les reprendre
Trop aigrement. Les hommes, à tout prendre,
Ne sont méchants que parce qu'ils sont fous :
Ce sont enfants moins dignes de courroux
Que de risée : aussi notre Uranie
N'est, grâce au ciel, triste ni rembrunie.
Je m'en rapporte à tout lecteur benin;
Et gens sensés craindront plus le venin
D'un fade auteur, qui dans ses vers en prose
A tous venants distille son eau rose,
Toujours de sucre et d'anis saupoudré.
Fiez-vous-y! ce rimeur si sucré
Devient amer, quand le cerveau lui tinte,
Plus qu'aloès ni jus de coloquinte.
Bref, je ne puis d'un babil importun
Flatter les gens. Mais, me dira quelqu'un,
Si flatterie en vos rimes n'éclate,
Ce n'est jeu sûr pour trouver qui vous flatte.
Soit : aussi bien je n'aime les flatteurs,
Ni n'écris point pour les admirateurs.
Puis, je ne sais, tous ces vers qu'on admire
Ont un malheur : c'est qu'on ne les peut lire.
Et franchement, quoique plus censuré
J'aime encor mieux être lu qu'admiré.

## IV.

### A M. LE COMTE DE ***.

Comte, pour qui, terminant tous délais,
Avec vertu fortune a fait la paix,
Jaçois [1] qu'en vous gloire et haute naissance
Soit alliée à titre et puissance;
Que de splendeur et d'honneurs mérités
Votre maison luise de tous côtés;
Si toutefois ne sont-ce ces bluettes
Qui vous ont mis en l'estime où vous êtes;
Car ce n'est pas l'or qui sur nous reluit
Qui nous acquiert renommée et bon bruit.
Que j'aie un livre ou semblable écriture,

---

[1] *Jaçois* : quoique, bien que; du vieux provençal *jhacia, jhaciaaïsso*. ROQUEFORT.

Il ne me chault de belle couverture,
Riches fermoirs, et dehors non communs,
Si le dedans sont discours importuns,
Vieux pot-pourri de prose délabrée,
Vers de ruelle, ou telle autre denrée.
Donc, qui met l'homme en estime et crédit?
Richesse d'âme, et culture d'esprit :
Puis joignez-y revenus honorables,
Biens de fortune, et titres désirables;
Je le veux bien, cela n'y fait nul mal :
Mais le premier est le point capital,
C'est lui sans plus, et c'est par là, beau sire,
Que moi chétif vous prise et vous admire.
En vous ai vu, par un merveilleux cas,
Unis et joints Virgile et Mécénas :
De l'un avez la grâce et la faconde;
De l'autre, accueil et douceur sans seconde :
En prose et vers êtes passé docteur,
Et récitez trop mieux qu'un orateur.
Ce n'est le tout : car en chant harmonique
Non-moins primez, qu'en rime poétique;
Et savez los de bon poétiqueur,
Aussi l'avez de bon harmoniqueur.
Toujours chez vous abonde compagnie
D'esprits divins, de suivants d'Uranie :
Toujours y sont cistres mélodieux,
Gentils harpeurs, et ménestrels joyeux;
Et de leur art bien savez les rubriques.
Même on m'a dit qu'aux rives Séquaniques
N'a pas longtemps sonniez telle chanson,
Qu'hôtes des bois accoururent au son;
Si qu'eussiez vu sauter jeunes Dryades,
Et de leur lit sortir blanches Naïades,
Et se disaient : Oh! qu'il chansonne bien!
Serait-ce point Apollon Delphien?
Venez, voyez, tant a beau le visage,
Doux le regard, et noble le corsage!
C'est il¹, sans faute. Et Nymphes d'admirer,
Et les Sylvains entre eux de murmurer :
« Cettui-ci vient pour nos Nymphes séduire,
« Se disaient-ils, et les pourrait induire
« A quelque mal, avec son chant mignon :
« Frères, jetons en l'eau le compagnon. »
Lors le dieu Pan, remuant les narines,
Cria tout haut des montagnes voisines,
De son ami voyant le mauvais pas :
Ventre de bouc! qu'ai-je entendu là-bas?
Rentrez, coquins. — Les forêts en tremblèrent,
Faunes cornus vers leurs troncs s'envolèrent,
Où tout craintifs furent se retirer,
Et du depuis n'ont osé se montrer.

¹ *Il*, lui, du latin *ille*.

Voilà comment le bon fils de Mercure
Vous préserva de sinistre aventure.
Nymphes et dieux sur vous veillent ici :
Bien savent-ils, et le savons aussi,
Que votre vie acquise et conservée
Est pour le bien des mortels réservée;
Non des mortels de mérite indigents,
Mais des mortels de vertus réfulgents.
Or, remplissez vos hautes destinées :
Que tous vos ans soient brillantes années;
Et cependant, nous autres gens de bien
A notre emploi ne manquerons en rien,
Vous admirant, non pas dans le silence,
Mais par beaux vers et pièces d'éloquence;
Tant que puissions une œuvre concevoir,
Digne de vous et de notre vouloir!

V.

A M. LE COMTE DU LUC,

ALORS AMBASSADEUR DE FRANCE EN SUISSE.

Ministre né pour soutenir la gloire
Du plus grand roi que vante notre histoire,
Et pour transmettre aux yeux des nations
De sa vertu les plus nobles rayons :
Depuis longtemps sur ce bord helvétique
J'admire en vous le pouvoir sympathique
De la raison, lorsque la dignité
Sait de ses traits tempérer la fierté,
Et retenir, par la douceur des charmes;
Les cœurs conquis par la force des armes :
Car, après tout, c'est peu de posséder
L'art de convaincre : il faut persuader.

Le cœur encor saignant de ses blessures,
Dans vos discours, même dans vos censures,
Un peuple fier chérit tout à la fois
Sa liberté, sa patrie, et ses lois;
Et de là vient que son âme attentive
Vole au-devant du joug qui la captive;
Et que l'esprit, adorant son vainqueur,
Prévient en eux les révoltes du cœur.

Mais croyez-vous, pour quitter le haut style,
Qu'à vos leçons il soit aussi facile
De réveiller dans son obscurité
L'esprit quinteux d'un rimeur dérouté,
Qui du sommeil d'une oisive sagesse
Depuis trois ans goûte en paix la mollesse;
Et, détrompé des frivoles douceurs
Dont on s'enivre en suivant les neuf Sœurs,
Conçoit enfin que le seul bien suprême
Est de tout fuir, pour se chercher soi-même?

Oui, dites-vous : un ténébreux oubli
Est du néant le portrait accompli.
Sur le sommet d'une montagne aride
Est un vieux temple, où la gloire solide
Tient son séjour ; et par divers chemins
Vers ce seul but tendent tous les humains
En tout pays, en tout siècle, à tout âge,
Du plus haut rang jusqu'au plus bas étage,
Princes, guerriers, ministres, courtisans,
Prélats, docteurs, gens de robe, artisans,
Chacun, dans l'ordre où le destin le range,
Veut du public mériter la louange :
Tout homme enfin brûle d'être estimé,
Et n'est heureux, qu'autant qu'il est aimé.
Fort bien : je sais que le désir frivole
De notre vie est la grande boussole ;
Et que souvent nous faisons tous nos soins
De plaire à ceux que nous prisons le moins.
Mais, sans chercher si le devoir du sage
Est de combattre ou de suivre l'usage,
Vous êtes-vous, seigneur, imaginé
Le cœur humain de près examiné,
En y portant le compas de l'équerre,
Que l'amitié par l'estime s'acquière ?
De grands talents font toujours un grand nom.
Oui, j'y consens : mais beaucoup d'amis, non.
De sa grandeur César fut la victime ;
Et pour trouver Tendresse sur Estime[1],
Il faut chercher, au pays des romans,
Un lieu proscrit, même chez les amants.
Je dis bien plus : aux vertus de Socrate
Réunissez les dons de Mithridate ;
Soyez orné de cent talents divers ;
De vos hauts faits remplissez l'univers ;
Ayez vingt fois, armé pour la patrie,
Fait en vous seul admirer l'industrie,
L'art, la valeur d'un parfait général ;
D'un vrai héros, sage, heureux, libéral,
Ajoutez-y l'air, le port, la démarche,
Et des aïeux célèbres depuis l'arche :
Plus vous croirez pouvoir à si haut prix
Vous acquérir les cœurs et les esprits,
Plus vous aurez à combattre la rage
De cent rivaux que votre gloire outrage,
Et qui, toujours vous trouvant sur leurs pas,
Craignent en vous les vertus qu'ils n'ont pas.
Telle est du cœur la perverse nature.
« Je ne hais point ces gens, » disait Voiture[2],

Sur le propos d'un fameux cardinal,
« Dont par le monde on dit un peu de mal :
« Si sur la terre aucun ne vous croit digne
« D'être haï, c'est un fort mauvais signe. »
Mais, dira-on, n'est-il point de vertu
Franche d'atteinte, en ce siècle tortu,
Point de talent à couvert de l'envie ?
Pardonnez-moi : j'en connais dans la vie
Un qui met l'homme en pleine sûreté :
Et quel est-il ? La médiocrité.
Quelque pétri que l'on soit de malice,
On veut paraître ami de la justice ;
Et pour montrer qu'on a le sens commun,
Encor faut-il qu'on approuve quelqu'un :
Joint à cela que la simple machine
Vers quelque objet toujours nous détermine.
Mais pour jouir d'un caprice si doux,
Faites si bien, qu'on ne remarque en vous
Que ce qu'il faut pour donner le courage
De vous louer, et non pour faire ombrage :
Ou tenez-vous parfaitement certain
D'avoir affaire à tout le genre humain.
C'est bien avant pousser le paradoxe ;
Et ce discours serait plus orthodoxe,
Je l'avoûrai, si mes réflexions
Se renfermaient dans les professions.
Le trop d'éclat peut blesser l'œil superbe
D'un concurrent, et c'est le vieux proverbe :
Le forgeron médit du forgeron ;
L'homme de cœur est haï du poltron :
Flore[1] déplaît à la vieille coquette,
Et le rimeur porte envie au poëte.
Mais voilà tout ; et sans être insensé,
Me direz-vous, on n'a jamais pensé
Que, par exemple, un barbet d'Hippocrène
Puisse envier Alexandre ou Turenne.
Excepté ceux qui font même métier,
Chez tout le reste on trouve bon quartier.
Ainsi je veux qu'en faisant sa carrière,
Notre vertu trouve quelque barrière :
Ce sont peut-être un, deux ou trois rivaux,
Importunés de nos heureux travaux ;
Tandis qu'en nous un juge incontestable
Sait respecter la gloire véritable ;
Car le public.... — Le public, dites-vous ?
— Oui, le public, en dépit des jaloux,
Hausse la voix, et venge le mérite
Des attentats de l'Envie hypocrite.
— Bon ! Justement. C'est sur de tels discours

---

[1] Allusion à la carte du pays de *Tendre*, dans le roman de *Clélie*, où l'on distingue, en effet, Tendre sur *Estime*, sur *Inclination*, sur *Reconnaissance*. Ce sont trois rivières, figurées sur cette étrange carte.
[2] Vincent Voiture, de l'Académie française, né à Amiens, en 1598 ; mort à Paris, en 1648.

[1] Courtisane célèbre, dont le grand Pompée fut passionnément épris dans sa jeunesse. Elle était si belle, que son portrait fut placé dans le temple de Castor et de Pollux. Juvénal fait mention (*satire* II, 49) d'une autre courtisane du même nom.

Que les plus fins s'embarquent tous les jours.
Mais ce public, l'objet de leurs caresses,
Les pousse-t-il aux honneurs, aux richesses?
Sur cet appui sont-ils bien affermis
Contre les traits de leurs fiers ennemis?
« Je ne crains point leur haine conjurée :
« La voix du peuple est pour moi déclarée;
« Je le sers bien. » C'est parler comme il faut:
Dormez en paix : vous apprendrez bientôt
Ce que l'on gagne à servir un tel maître ;
Et l'inconstant vous punira peut-être
Avant six mois, si ce n'est aujourd'hui,
De tout le bien que vous faites pour lui.
« Quiconque a mis, dit un auteur antique,
« Son seul espoir dans l'amitié publique,
« Vit rarement sans trouble et sans chagrin,
« Et n'a jamais fait une heureuse fin [1]. »
Non qu'à ses yeux on soit sûr de déplaire,
Dès qu'on est né vertueux : au contraire.
Mais que lui sert de trouver des appas
Dans la vertu, s'il ne la connaît pas;
Si tous les jours son aveugle ignorance
Lui fait quitter le vrai pour l'apparence;
Et si son zèle, indiscret, éventé,
Fait pis encor que la malignité?
Examinons dans les plus grandes choses
Ses mouvements, leurs effets, et leurs causes.
  Un moine vain, factieux, impudent,
Sort de son cloître; et, d'un faux zèle ardent,
Déjà s'apprête à duper cent provinces.
Il monte en chaire; écoutons : « Tremblez, princes!
« Tremblez, chrétiens! depuis douze cents ans,
« Vous n'avez eu foi, piété, ni sens :
« Dieu n'a pour vous pris une chair fragile,
« Et de son sang scellé son Évangile,
« Qu'afin de tendre, en ces siècles troublés,
« Un nouveau piége aux hommes aveuglés;
« Et de l'Église, en tout ce long espace,
« Il n'est resté ni vestige, ni trace.
« Suivez-moi donc; et pour la relever,
« Pour la servir, enfin pour vous sauver,
« Portez partout vos fureurs téméraires.
« Abreuvez-vous dans le sang de vos frères :
« Faites trembler le trône de vos rois ;
« Foulez aux pieds la nature, les lois,
« La piété, le devoir, la patrie :
« Allez. » Il dit. Tout s'émeut, tout s'écrie.
Le peuple court aux armes, aux flambeaux;
Temples, autels, simulacres, tombeaux,
En un instant tout n'est plus dans les villes

Qu'un vain monceau de pierres inutiles,
Tristes témoins des brutales fureurs
Dont ce discours a rempli tous les cœurs.
  En peu de mots, voilà le protocole
De ce public, notre superbe idole.
Veut-on encor quelque autre échantillon
De ce droit sens qui lui sert d'aiguillon?
Faut-il ici, rappelant tous ses crimes,
Lui confronter cent héros magnanimes
Qu'a su noircir son souffle venimeux,
Des rois puissants, des ministres fameux,
Dont à jamais le temps et la mémoire
Consacreront les vertus et la gloire?
Mais à quoi bon retracer dans mes vers
Le déshonneur de nos aïeux pervers ?
Laissons périr dans une nuit profonde
Ces noms affreux et de Ligue et de Fronde,
Qu'a replongés dans l'oubli ténébreux
L'ange d'un prince aussi sage qu'heureux.
Parlons-en mieux : ces horreurs excitées
Ne peuvent être au public imputées :
La seule voix de cinq ou six mutins
Entretenait nos troubles intestins,
Et rassemblait, sous ces odieux titres,
Un noir concours d'implacables bélîtres [1],
Parmi lesquels se trouvaient, j'en conviens,
Enveloppés quelques vrais citoyens,
Qui naviguaient sur cette mer profane,
Au gré des flots et de la tramontane [2].
  Oui, je sais bien qu'on peut le disculper
Sur son penchant à se laisser tromper :
Qu'il fut toujours la dupe des rebelles;
Et que, malgré tant d'épreuves cruelles,
Il ne lui faut qu'un chétif mandarin [3],
Pour faire encor crier : Au Mazarin!
Mais c'est de là que je tiens pour maxime,
Que qui bâtit sur sa volage estime
Sa sûreté, son bonheur, son appui,
Est, s'il se peut, encor plus fou que lui;
Et qu'un troisième enfin qui ne s'applique
Qu'à consulter l'autorité publique,
Et qui prétend que tout est éclairci,
Quand il a dit : « Le public juge ainsi;
« Je crois en lui comme à tous les apôtres, »
Est de beaucoup plus fou que les deux autres.
  Car de quel droit à ses vains jugements

---

[1] *Bélitre*, de l'allemand *bettler*, un mendiant, un gueux.
[2] C'est proprement le nom de l'étoile polaire, en tant qu'elle dirige sur mer la course des vaisseaux. De là l'expression familière *perdre la tramontane*, en parlant d'un homme qui se trouble, qui ne sait plus ce qu'il fait ni ce qu'il dit.
[3] Un chef tant soit peu distingué de la populace, par une supériorité quelconque, dont il abuse bientôt, pour la conduire à son gré.

---

[1] C'est la réflexion de Pausanias (*Attique*, chap. VIII), au sujet de Démosthène, livré par un certain Archias, de Thurium, à la vengeance d'Antipater.

Prétendrait-on lier mes sentiments,
Si, devant lui, le merveilleux des fables
Tient toujours lieu des faits les plus palpables;
Et si sa haine ou ses affections
N'ont pour garants que les impressions
Du premier grand, qui, suivant son caprice,
Veut ou vous perdre, ou vous rendre service?
Un homme en place, et caractérisé
Par un pouvoir qui lui rend tout aisé,
Fait, au mépris de tous tant que nous sommes,
Son favori du plus affreux des hommes,
D'un imposteur, d'un fourbe invétéré :
C'en est assez. Il faut, bon gré, mal gré,
Fût-il vingt fois plus larron que Sisyphe[1],
Et plus damné qu'Hérode, ni Caïphe,
Le respecter comme un héros d'honneur,
Si l'on ne veut déplaire à monseigneur,
Et s'attirer la fureur inflexible
D'une cabale à qui tout est possible.

Non, non : qui veut sagement procéder,
Passé trente ans, ne doit plus décider :
Car, en un mot, le vulgaire stupide
Ne suit jamais que le plus mauvais guide,
Et ne voit rien qu'à travers les faux jours
D'un verre obscur, qui le trompe toujours.
D'un œil confus, il cherche, il développe
Quelques objets; tournez le télescope :
Ce qui d'abord lui parut un géant,
Semble à ses yeux rentrer dans le néant.

J'en conclus donc que notre vrai salaire
Doit se borner au plaisir de bien faire;
Et qu'à l'écart laissant là les humains,
Le sage doit se payer par ses mains.
Toute vertu qui veut être admirée,
De quelque vice est toujours bigarrée :
Et quand par elle on songe à s'élever,
D'un peu de fard il faut l'enjoliver.
Sans vermillon, sans clinquant, sans affiche,
Le saint tout nu se morfond dans sa niche :
On veut le voir paré de ses habits,
Tout brillant d'or, tout chargé de rubis.
Du peuple alors le zèle s'évertue :
Mais il lui faut décorer sa statue.
Sans l'éblouir on ne peut l'éclairer,
Et qui l'instruit doit le savoir leurrer.

Voulez-vous donc gagner sa bienveillance,
Et dérober à la nuit du silence
Ces riches dons, ces talents précieux,
Dont en naissant vous ont doué les cieux?

Ce n'est pas tout de briller par vos œuvres,
Il faut encor des ressorts, des manœuvres,
Des partisans chez le sexe dévot,
Une cabale, un théâtre; en un mot,
Tout l'attirail des petites adresses
Qui du public captivent les tendresses.
Alors partout vous verrez les mortels
Faire fumer l'encens sur vos autels;
Et, vous offrant leurs vœux et leurs hommages,
De fleurs sans nombre égayer vos images.
Mais, en échange, adieu tranquillité,
Adieu plaisirs, repos et liberté!
C'est peu d'avoir illustré votre vie
Par le trépas du dragon de l'envie :
Nouveau Cadmus[1], il faut, au champ de Mars,
Attaquer seul cent escadrons épars
Que contre vous la terre fait éclore.
Ce n'est pas tout : il faut combattre encore
Mille ennemis invisibles, cachés,
A votre char en public attachés,
Mais en secret armés pour votre perte;
Et qui, brûlant d'une rage couverte,
Creusent sous main le gouffre ténébreux
Qui doit bientôt, sous des débris affreux,
Ensevelir jusqu'à vos derniers restes :
Monstres cruels, et d'autant plus funestes,
Qu'il n'est poison souvent moins redouté,
Que le venin d'un fourbe velouté,
Qui, vous cachant sa malice imprévue,
Et d'un faux zèle offusquant votre vue,
Du voile obscur d'une paisible nuit,
Couvre l'abîme où sa main vous conduit.
O Jupiter! écarte ce nuage,
Et daigne au moins éclairer mon naufrage!
Mes ennemis ne me font point de peur;
Je ne crains rien que mon ami trompeur.

Mais quoi! faut-il qu'une crainte futile
Rende le sage à son siècle inutile?
On sait assez les contre-temps divers
Que la vertu souffre en cet univers.
Des imposteurs on connaît la souplesse,
Et du public la maligne faiblesse,
Qui, sur les mers où vous vous engagez,
Faisant siffler le vent des préjugés,
Voit sans pitié flotter votre fortune
A la merci d'Éole et de Neptune.
Mais quand ces dieux armeraient contre vous
L'onde, la terre et les cieux en courroux;
Il est des dieux plus doux, plus équitables,
Qui, vous sauvant de leurs mains redoutables,
Sauront pourvoir à votre sûreté

---

[1] Sisyphe, fils d'Éole et d'Énarète, est célèbre dans l'antiquité mythologique par ses brigandages, et par les cruautés qu'il exerçait envers les malheureux voyageurs, après les avoir dépouillés.

[1] *Voyez* Ovide, *Métamorph.* liv. III, v. 59 et suiv.

Contre les flots de la malignité.
Soit : je veux bien en accepter l'augure;
Et j'avoûrai, pour parler sans figure,
Que par hasard nous voyons quelquefois
Les gens de bien faire entendre leur voix,
Quand du public les fougues méprisées
Sont, par le temps, à peu près apaisées.
Mais s'il s'agit de tenter quelque effort,
De partager vos périls, votre sort,
De repousser la brigue par la brigue,
Ou de forger les ressorts d'une intrigue;
Cherchez ailleurs. Le plus petit vaurien
En fera plus que tous vos gens de bien :
Son zèle actif peut vous rendre service;
La vigilance est la vertu du vice :
Au lieu souvent que vos amis discrets,
Pour vous servir n'ont que de vains regrets.
Rendez-leur donc un devoir légitime;
Efforcez-vous d'acquérir leur estime;
Immolez tout à leur noble amitié,
Afin qu'un jour leur oisive pitié,
Par les douceurs d'une tendre homélie,
Puisse enchanter votre mélancolie!
Mais toutefois, illustres mécontents,
En déclamant contre les mœurs du temps,
Souvenez-vous que c'est une sottise
De trop parler des honneurs qu'on méprise;
Que qui s'érige en censeur de la cour
Doit, avant tout, la quitter sans retour;
Et qu'il n'est point de spectacle plus fade,
Que les éclats d'un chagrin rétrograde.
Ce mot d'avis peut, je crois, terminer
Le long sermon que je viens d'entonner;
Et pour quitter la morgue cathédrale[1],
Souffrez, seigneur, qu'ici de ma morale
J'ose égayer la sèche vérité,
D'un dernier trait de la Fable emprunté.

Aux premiers temps de sa métamorphose[2],
Pour Philomèle, à peine encore éclose,
Les lieux déserts, les paisibles forêts,
Furent longtemps un séjour sans attraits;
Et de sa sœur non encor séparée,
Du sort d'Itys, des fureurs de Térée,
Par des accents du ciel même chéris,
Elle instruisait les peuples attendris.
D'un monstre obscur le courroux indocile
Lui fit, dit-on, déserter cet asile.
Dans les horreurs d'une profonde nuit,
Par l'imposture Ascalaphe conduit,
Vole, et bientôt de ses clameurs perfides
S'en va troubler les folles Piérides[1],
Peuple léger, inquiet, envieux,
Qu'un vain babil rend partout odieux.
« Quoi! vous dormez, troupe lâche et muette,
« Et vous souffrez qu'une voix indiscrète
« Au genre humain, jusqu'ici dans l'erreur,
« De vos pareils découvre la fureur!
« Le crime affreux d'un époux sanguinaire
« Fait de ses chants le sujet ordinaire :
« Attendez-vous que les mêmes concerts
« De vos forfaits instruisent l'univers? »
Ces mots, hurlés dans le monstre nocturne,
Font éclater leur dépit taciturne.
Déjà l'Aurore au visage riant
Avait rouvert les portes d'Orient;
Et Philomèle, exerçant son ramage,
Au jour naissant venait de rendre hommage;
Quand tout à coup mille cris menaçants
Glacent sa voix, intimident ses sens :
A chaque instant redoublent les injures,
Les aigres sons, les enroués murmures.
Point de secours à sa triste douleur!
Que faire? hélas! en vain dans son malheur
Elle eut recours à la troupe mortelle :
Nul n'accourut. « C'en est assez, dit-elle,
« Adieu, cités; adieu, pompeuses cours;
« Adieu, mortels. Je quitte pour toujours
« Vos vains honneurs, vos plaisirs chimériques;
« Et loin de vous, chez les ours pacifiques,
« Je vais chercher, dans mon obscurité,
« Moins de grandeur, et plus de sûreté. »

## VI.

### A M. LE BARON DE BRETEUIL[2].

Illustre appui d'une muse agitée,
Morte trois ans, et puis ressuscitée
Par le pouvoir de ce sage enchanteur,
De mon naufrage heureux réparateur,
Par qui ma barque errante et vagabonde
Fut dérobée au caprice de l'onde;
Puisque sa loi, que je dois respecter,
Sur l'Hélicon m'oblige à remonter,
Daignez, de grâce, à votre heure commode,
Vous qui vivez aux sources de la mode,

---

[1] Le ton pédantesque d'un professeur dans sa chaire.
[2] *Voyez* les *Métamorphoses d'Ovide*, VI, 669; et surtout la jolie fable de la Fontaine, *Philomèle et Progné*, liv. III, fab. XV.

[1] *Voyez* dans Ovide, v. 300, la métamorphose des filles de Piérus, changées en pies, pour avoir follement disputé aux Muses le prix du chant.
[2] Introducteur des ambassadeurs, et père de cette marquise du Châlet, si célèbre par ses liaisons avec Voltaire, et ses succès dans un genre d'études qui n'est pas communément celui des dames, mais qu'elle savait fort bien concilier avec les goûts, les occupations et les agréments de son sexe.

Me dire un mot du style et des écrits
Qui sont en vogue aujourd'hui dans Paris :
Car vous savez qu'un air de mode impose
A nos Français, plus que toute autre chose,
Et que par là le plus mince oripeau
Se vend parfois mieux que l'or le plus beau.
J'ai vu le temps, mais, Dieu merci! tout passe,
Que Calliope au sommet du Parnasse,
Chaperonnée en burlesque docteur,
Ne savait plus qu'étourdir l'auditeur
D'un vain ramas de sentences usées,
Qui de l'Olympe excitant les nausées,
Faisaient souvent, en dépit de ses sœurs,
Transir de froid jusqu'aux applaudisseurs.
Nous avons vu, presque durant deux lustres,
Le Pinde en proie à de petits illustres,
Qui, traduisant Sénèque en madrigaux,
Et rebattant des sons toujours égaux,
Fous de sang-froid, s'écriaient : « Je m'égare;
« Pardon, messieurs, j'imite trop Pindare[1]; »
Et suppliaient le lecteur morfondu
De faire grâce à leur feu prétendu.
Comme eux alors, apprenti philosophe,
Sur le papier nivelant chaque strophe,
J'aurais bien pu du bonnet doctoral
Embéguiner mon Apollon moral,
Et rassembler sous quelques jolis titres
Mes froids dizains rédigés en chapitres;
Puis grain à grain tous mes vers enfilés,
Bien arrondis et bien intitulés,
Faire servir votre nom d'épisode,
Et vous offrir, sous le pompeux nom d'ode,
A la faveur d'un éloge écourté,
De mes sermons l'ennuyeuse beauté.
Mais mon génie a toujours, je l'avoue,
Fui ce faux air dont le bourgeois s'engoue,
Et ne sait point, prêcheur fastidieux,
D'un sot lecteur éblouissant les yeux,
Analyser une vérité fade,
Qui fait vomir ceux qu'elle persuade,
Et qui, traînant toujours le même accord,
Nous instruit moins qu'elle ne nous endort.
Je sais que l'art doit pour fin générale
Se proposer l'instructive morale :
A ce précepte avec eux je me rends ;
Mais je soutiens, et j'en ai pour garants
La Grèce entière et l'empire d'Auguste,

Que tout auteur mâle, hardi, robuste,
Doit de ses vers bannir l'instruction,
Ou, comme Homère, instruire en action.
Sur le Parnasse ainsi que dans la chaire,
C'est peu d'instruire, il doit instruire et plaire[1] :
Remuer l'âme est son premier devoir,
Et l'art des vers n'est que l'art d'émouvoir.
Non que souvent on ne puisse avec grâce,
En badinant, corriger comme Horace[2] :
La vérité demande un peu de sel,
Et l'enjoûment est son air naturel :
La joie au moins marque une âme sincère.
J'approuve même un style plus sévère,
Lorsque le choix d'un sujet important
Peut arrêter le lecteur inconstant.
Mais si jamais nulle ardeur pathétique
N'échauffe en vous le flegme dogmatique;
Si votre feu sous la cendre enterré
Me montre un cœur faiblement pénétré
Des vérités que votre bouche exprime;
Vous avez beau forger rime sur rime,
Et m'étaler ces petits traits fleuris
Dont vous charmez les frivoles esprits,
Vous ne sauriez, avec ce beau système,
Me faire un cœur plus tendre que vous-même;
Et je ne vois, dans votre air emprunté,
Qu'un charlatan sur ses tréteaux monté,
Qui, pour duper une foule grossière,
Lui jette aux yeux une vaine poussière;
Et qui toujours, sans âme et sans vigueur,
Parle à l'esprit, et ne dit rien au cœur.
Vous donc qui, fiers de vos faibles trophées,
Croyez voler plus haut que les Orphées,
Qui disputez à l'Hercule gaulois[3]
L'art d'enchaîner les peuples et les rois,
Ce n'est pas tout d'agencer des paroles,
Et de souffler de froides hyperboles,
Il faut sentir : il faut savoir élever
Aux vérités que vous voulez prouver.
Votre cœur seul doit être votre guide :
Ce n'est qu'en lui que notre esprit réside,
Et tout mortel qui porte un cœur gâté
N'a jamais eu qu'un esprit frelaté.
De nos travaux c'est là tout le mystère,
Et tout lecteur, à ce seul caractère,
Distinguera, d'un fat présomptueux,

---

[1] Ce vers, devenu proverbe, est une allusion satirique à l'ode de la Motte intitulée l'*Enthousiasme*, dans laquelle le poëte, pour répondre au reproche qu'on lui faisait de manquer de feu et d'audace, imite ou croit imiter le désordre impétueux de Pindare; et ensuite imaginant avoir prouvé qu'il était sublime, quand il voulait l'être, se fait conseiller par Polymnie de reprendre l'allure tranquille et réglée de la raison.

[1] Non satis est pulchra esse poemata : dulcia sunto. Hor.
[2] Omne vafer vitium ridenti Flaccus amico
Tangit, et admissus circum præcordia ludit.
Pers. sat. I.
[3] Les Gaulois faisaient d'Hercule le dieu de l'éloquence, et le représentaient traînant après soi une grande multitude d'hommes, qu'il tenait tous attachés par les oreilles, avec des chaînes d'or.

L'auteur solide et l'homme vertueux.
　Votre sagesse, encor mieux que mes rimes,
Depuis longtemps vous dicta ces maximes,
Illustre ami, dont le cœur épuré
S'est au vrai seul de tout temps consacré,
Et de qui l'œil perçant, inévitable,
Au faux brillant fut toujours redoutable.
　Vous le savez : dès mes plus jeunes ans,
Quand ma raison luttant contre mes sens,
Dans les éclairs de ma verve première
Faisait à peine entrevoir sa lumière,
Sous vos drapeaux dans le monde enrôlé,
Des vieux auteurs admirateur zélé,
J'avais déjà senti leur douce amorce ;
Et j'essayais d'en pénétrer l'écorce,
De démêler leurs cœurs de leurs esprits,
Et de trouver l'auteur dans ses écrits :
Je vis bientôt, instruit par leur lecture,
Que tout leur art partait de la nature ;
Que ces beautés, ces charmes si touchants,
Dont le pouvoir m'attachait à vos chants,
Venaient bien moins, héros que je respecte
Malgré l'orgueil de la moderne secte,
Des vérités que vous nous exprimez,
Que du beau feu dont vous les animez.
　Je compris donc qu'aux œuvres du génie,
Où la raison s'unit à l'harmonie,
L'âme toujours a la première part,
Et que le cœur ne pense point par art ;
Que tout auteur qui veut, sans perdre haleine,
Boire à longs traits aux sources d'Hippocrène,
Doit s'imposer l'indispensable loi
De s'éprouver, de descendre chez soi,
Et d'y chercher ces semences de flamme
Dont le vrai seul doit embraser notre âme ;
Sans quoi jamais le plus fier écrivain
Ne peut atteindre à cet essor divin,
A ces transports, à cette noble ivresse
Des écrivains de la savante Grèce.
　Je sais combien mes débiles talents
Sont au-dessous de leurs dons excellents :
Mais si l'ardeur d'entrer dans leur carrière
M'a du Parnasse entr'ouvert la barrière ;
Si quelquefois à leurs sons ravissants
J'ai su mêler mes timides accents,
Ma muse au moins, d'elle-même excitée,
Avec mon cœur fut toujours concertée ;
L'amour du vrai me fit lui seul auteur,
Et la vertu fut mon premier docteur.
　Car par ce mot, expliquons-nous, de grâce,
Je n'entends point l'extatique grimace
D'un faux béat, qui, le front vers les cieux,
Aux chérubins fait partout les doux yeux ;
Et presque sûr d'être le saint qu'il joue,
Ne parle à Dieu qu'en lui faisant la moue.
A cette bouche, à ces yeux contrefaits,
De la vertu je connais peu les traits ;
Encore moins à la fausse encolure
De ce pédant forcé dans son allure,
Chez qui l'honneur, tout fier d'un faux dehors,
N'est qu'une étude, un mystère du corps,
Et dont la morgue, en douceurs travestie,
Prend chez l'orgueil toute sa modestie :
Vous le verriez bientôt se démasquer,
Si l'amour-propre en lui pouvait manquer.
L'humble vertu n'est point ce qui l'enchante ;
D'un vain parfum c'est l'odeur qui le tente :
Mais la vertu, souveraine des sens,
Ne cherche point les parfums ni l'encens ;
Et cet orgueil, cet ami des louanges,
Antique auteur de la chute des anges,
Né dans le sein de leur frère insensé,
Longtemps avant l'univers commencé,
Donna naissance à tous les autres vices,
Et fut lui seul père de ses complices.
　Où donc est-elle, où faut-il la chercher,
Cette vertu qui semble se cacher,
Cette vertu franche de tout sophisme,
Fille du ciel, mère de l'héroïsme,
Qui dans le cœur fait germer les esprits,
Et donne l'âme aux sublimes écrits ?
Sans nous tracer des routes incertaines,
Nous l'apprendrons de l'oracle [1] d'Athènes :
Son vrai séjour est chez la Vérité.
Nul n'est sur terre exempt d'infirmité.
Un hypocrite, honnête homme à sa guise,
D'un faux vernis la farde et la déguise ;
Mais l'homme épris du véritable honneur
N'emprunte rien d'un éclat suborneur ;
Et, peu content d'une vaine fumée,
Veut de lui seul tenir sa renommée.
Il ne sait point, par un manége bas,
Faire admirer en lui ce qu'il n'a pas :
Ami du jour, c'est sa clarté qu'il aime ;
Rien ne le couvre ; et ses faiblesses même
(Car chacun porte avec soi son levain)
De ses vertus sont un gage certain.
D'extérieur, il est vrai, dépourvue,
Sa probité frappera peu la vue :
Toute blancheur cède à l'éclat du fard,
Et la nature éblouit moins que l'art.
Les yeux surtout du vulgaire imbécile
Sont peu touchés d'un air simple et facile.
Près d'un tartufe arrogant, fastueux,
L'homme sincère, uniment vertueux,

[1] Socrate. Platon, *Rép.* liv. VI. Sénèque, épit. LXXI.

Ne paraîtra, quelque ardeur qui l'inspire,
Qu'un indévot, un mondain, c'est tout dire,
De qui le cœur est fort mal dirigé
Et le salut grandement négligé.
Mais celui-là porte un air bien plus sage!
Sa gravité, ses gestes, son visage,
Tout marque en lui la perle des Catons.
Il ne rit point; il pèse tous ses tons;
Il parle peu, mais il dit des miracles;
Ses préjugés sont presque des oracles :
Aussi jamais il ne douta de rien!
Et c'est pourquoi ce grand homme de bien
Est toujours juste : il le fait bien paraître. [tre.
. Comment? — Comment! c'est qu'il décide en maî-
— Bien répondu! rien n'est mieux discuté.
— Mais attendons le jour de vérité,
Lorsque celui qui juge les justices
Viendra compter nos vertus et nos vices :
La brigue alors, le crédit, les égards,
Disparaîtront au feu de ses regards;
Et sa justice, incorruptible et prompte,
Nous fera voir, peut-être à notre honte,
Cet homme libre au rang de ses élus,
Et ce dévot de leur partage exclus.
C'est en ce jour que la vertu ternie
Pourra sans peur citer la calomnie,
Et que mes yeux, par les siens affermis,
Feront trembler mes lâches ennemis.
Heureux pourtant, heureux à son approche,
Si je pouvais me cacher le reproche
D'avoir moi-même été jusqu'aujourd'hui
Juste envers eux, criminel envers lui,
Et plus sensible au désir de leur plaire
En faisant bien, qu'au plaisir de bien faire!
Car, je l'avoue, et j'en suis bien payé!
J'ai des humains trop chéri l'amitié :
Longtemps séduit par de vains artifices,
A cette idole offrant mes sacrifices,
Je crus pouvoir, trop prompt à me flatter,
Trouver en eux de quoi les respecter.
Mais, de plus près observant leurs vestiges,
Je sus enfin démêler les prestiges,
Dont l'amour-propre, en eux toujours vainqueur,
Surprend les yeux pour imposer au cœur.
Peu m'ont donné le plaisir équitable
D'aimer en eux la vertu véritable;
Peu m'ont aussi vu briguer la faveur
Qu'obtient des grands une aveugle ferveur.
Leur bonté seule éveilla ma paresse;
Et, courtisan de ma seule tendresse,
Sans intérêt, j'ai cherché, j'ai trouvé,
Ce peu d'amis, dont le cœur éprouvé,
Malgré l'effort de la jalouse envie,

Fera toujours le charme de ma vie.
Que n'ai-je pu, de vos plaisirs épris
Tendre amitié, dont je sens tout le prix,
Dans une joie et si douce et si pure,
Vivre oublié de toute la nature!
Mais, malgré moi, trop et trop peu connu,
J'ai cru du moins, de mes mœurs soutenu,
Entre vos bras conjurer la tempête
Que l'imposture élevait sur ma tête :
Faible rempart, abri toujours peu sûr
Pour tout esprit libre, sincère et pur.
Que ne sait point amadouer le crime,
Et racheter, par une feinte estime,
Les trahisons qu'au vice provoqué
Dicte la peur de se voir démasqué!
Car tout l'enfer n'égale point la rage
D'un furieux que la crainte encourage,
Et dont les yeux inquiets, alarmés,
Veillent toujours, tandis que vous dormez.
« Je puis dormir avec toute licence, »
Dit la tranquille et sincère Innocence :
« J'ai des amis sages, dignes de foi,
« Dont l'équité peut répondre pour moi :
« Leur amitié, que l'honneur seul enflamme,
« A toujours lu dans le fond de mon âme;
« Jamais près d'eux je ne me suis contraint.
« Que craindre donc? » Qui? celui qui vous craint,
Ce noir brigand, ce corsaire farouche,
Dont le portrait souillerait votre bouche;
Cet imposteur, honteux même à nommer,
Que par mépris vous n'osez diffamer.
Vous prétendez couler des jours paisibles,
Et prévenir tous ces traits invisibles
Qui, contre vous lancés à tout propos,
Ont si longtemps troublé votre repos ?
Commencez donc par changer votre style;
Et sans offrir un hommage inutile
A des amis trop doux, trop généreux
Pour devenir ennemis dangereux,
Attachez-vous à ceux dont la furie
D'aucun remords ne peut être attendrie;
A ces vautours de la société,
Qui, comme l'eau, boivent l'iniquité,
Et dont le cœur, farouche, atrabilaire,
Immole tout au plaisir de mal faire :
Monstres pétris et de boue et de sang,
Que Tisiphone a nourris dans son flanc;
Dont la malice, injuste et forcenée,
Se fait un jeu de notre destinée;
Du monde entier en secret abhorrés,
Mais en public par crainte révérés;
Et de qui l'œil, digne de Polyphème,
Fait frissonner, fait fuir la vertu même.

Voilà les saints que vous devez aimer,
Craindre, servir, applaudir, réclamer.
Si vous voulez, sans trouble et sans scandale,
Jouir des droits acquis à leur cabale.
Quoi! direz-vous, pour ces hommes de fer,
Abandonner ce qu'on a de plus cher?
A l'intérêt immoler la justice,
Et renier la vertu pour le vice?
Non : je ne puis aux démons odieux
Offrir l'encens que je ne dois qu'aux dieux.
— Vous ne pouvez? Faites donc votre compte
De devenir bientôt, pour votre honte,
L'unique objet de toutes leurs noirceurs.
Préparez-vous à voir ces oppresseurs,
Dans les accès de leur rage ennemie,
Vous barbouiller de leur propre infamie;
Et contre vous, par ce chemin tortu,
Intéresser le vice et la vertu.
Heureux encor, si leur complot funeste,
Vous dépouillant du seul bien qui vous reste,
Ne force un jour vos asiles cachés!
Et si vos dieux, par l'enfer débauchés,
Pleins des vapeurs dont l'erreur les enivre,
Ne prennent point leurs traits pour vous poursui- [vre!]
Car le motif d'une aveugle équité
Jamais ne manque à l'infidélité;
Et l'on sait trop jusqu'où va l'assurance
D'un zèle faux conduit par l'ignorance!
Mais je ne sais si les plus durs revers
Qui d'un mortel puissent être soufferts,
Si des destins la rigueur inflexible,
Si la mort même a rien de plus sensible,
Que la douleur de se voir opprimé
D'un ennemi que nous avons aimé.

## LIVRE SECOND.

### ÉPITRE I.

#### A M. LE COMTE DE ***.

Héros issu de l'illustre origine
De ces héros que, dans la Palestine,
On vit jadis, sur les pas de nos rois,
Faire arborer les étendards françois,
Descendu d'eux, si digne d'en descendre;
Quel noble goût, quel penchant doux et tendre,
Juge éclairé, protecteur glorieux,
Sur Apollon vous fait baisser les yeux,
Dans un pays, dans un temps où les Muses,
De tout accueil, de toute grâce exclues,
Ne trouvent plus dans la fière grandeur
Qu'austérité, mépris, haine ou froideur?
De cet amour qu'en vous elles font naître,
Le vrai principe est facile à connaître :
Les cœurs, vraiment par les Muses charmés,
Furent toujours les cœurs vraiment formés
Pour s'illustrer, respectables modèles,
Par des vertus et des faits dignes d'elles.
Moi-même ici leur élève imparfait,
Pour tout mérite abreuvé de leur lait,
De leurs leçons auditeur inutile,
Et de Malherbe imitateur futile,
Triste jouet et des ans et du sort,
Sans facultés, fortune, ni support,
Quel autre droit, quel titre légitime,
Dans votre cœur m'eût acquis cette estime,
Qu'une héroïque et sublime pitié
Daigne honorer du titre d'amitié?
Inestimable et charmante conquête,
Qui, me jetant au port par la tempête,
M'a fait trouver, dans mes adversités,
Repos, honneur, joie, et félicités!
Je sais qu'il est des bontés naturelles
Dont l'œil s'éveille au besoin qu'on a d'elles;
Et que chez vous tout mérite opprimé
Est assuré de plaire et d'être aimé.
Le plus beau droit des vertus malheureuses
Est la faveur des âmes généreuses;
De l'amitié la noble impression,
Y naît toujours de la compassion;
Mais, comme vous, quel cœur vraiment sensible
A la pitié veut se rendre accessible,
Et, pénétré d'un sentiment si beau,
De l'amitié s'imposer le fardeau?
Car à quels soins, à quels travaux austères
N'exposent point les devoirs volontaires
De l'amitié sacrée? Et quels liens
Sont plus pesants, plus étroits que les siens?
Que de vertus! Quel pénible assemblage
D'activité, de sang-froid, de courage,
Dans un ami fidèle, intelligent,
Simple, modeste, et sans faste obligeant!
Mais, qu'il est d'une trempe si rare,
Combien, hélas! qui d'un zèle bizarre,
Pour vous d'abord follement embarqués,
Se font honneur de leurs succès manqués;
Et, s'aveuglant sur leurs fautes extrêmes,
A vos dépens s'en consolent eux-mêmes!
Amis de Job, l'un sur vos torts divers
Inépuisable en reproches amers,
Se met en frais, dogmatiste sévère,
De longs sermons dont vous n'avez que faire;

Substituant ce pédantesque soin
A ces secours dont vous auriez besoin :
L'autre, attentif à ne rien entreprendre
Où sa hauteur risque trop de descendre,
Soigneux surtout de ne point alarmer
Vos ennemis prompts à se gendarmer,
Entre eux et vous flottant dans le silence,
Maintient en paix sa discrète indolence ;
Content de soi, s'il peut, sur ses grands dieux,
Vous protester qu'il n'a pu faire mieux :
Voilà quels sont vos protecteurs fidèles,
De l'amitié vénérables modèles.
Il faut pourtant, le choix est délicat,
Être leur dupe, ou passer pour ingrat :
Tant l'amitié, même la plus frivole,
Fait respecter le beau nom qu'elle vole !
Que m'a servi d'aller chercher près d'eux,
Sur leur parole, un succès hasardeux ?
Je n'ai trouvé que caresses trompeuses,
Illusions, apparences pompeuses ;
Le vice orné d'un beau déguisement,
Et la vertu partout également
Hors de crédit ; les petits dans leur sphère
Faisant le mal, les grands le laissant faire :
Assez de cœurs prodigues en bienfaits,
Indifférents et loin de vos souhaits,
Prostitués à tous, en tout rencontre,
Et généreux seulement pour la montre.
Impertinente et sotte humanité !
Zèle orgueilleux et sans réalité !
C'est peu pour moi de voir exempt de blâme
L'ami banal qui, pour vous tout de flamme,
Se met en quatre, et tente tous moyens
Pour vous servir et vous plaire en des riens ;
Mais dès qu'il faut, en affaire réelle,
Rompre la lance et signaler son zèle,
Au pied du mur ce Don Quichotte altier
Chancelle, hésite ; et demande quartier.
Qu'il soit d'ailleurs doux, complaisant, facile ;
Mais vertueux, non, s'il m'est inutile :
Ce n'est qu'un cœur, languissant, abattu,
Bon par faiblesse, et non point par vertu.
. . . . . . . . . . . . . . . . . . .
. . . . . . . . . . . . . . . . . . .
Mais s'il échoue, ou vous sert sottement,
Préparez-vous à le voir hautement,
Les yeux bouffis d'une fierté nouvelle,
S'en prendre à vous de son peu de cervelle,
Vous reléguer aux Petites-Maisons.
Et n'allez pas, rétif à ses raisons,
Vous aviser de ne point y souscrire ;
Car quelle audace oserait contredire,
Pour disculper l'ingrate vérité,

D'un riche sot l'infaillibilité ?
La décisive et hautaine sagesse
Est annexée à la folle richesse :
Midas, jugeant le frère des neuf Sœurs,
Transmit son droit à tous ses successeurs.
Que si le ciel sur ces sujets indignes
Voulut verser ses dons les plus insignes,
Consolons-nous, le ciel fait toujours bien ;
La raison veut que chacun ait le sien ;
Et la fortune, exacte, impartiale,
En ce point seul tient sa balance égale ;
Que ne pouvant rendre selon ses vœux
Un sot habile, elle le rend heureux.
. . . . . . . . . . . . . . . . .
. . . . . . . . . . . . . . . . .
. . . . . . . . . . . . . . . . .
Mais après tout, ô mon Mécène unique !
De cette gloire, aliment chimérique,
Honneur aride et toujours disputé,
Quel avantage aurais-je remporté,
Si d'un grand roi par vous la grâce acquise
N'eût constaté cette gloire indécise,
Et décoré par ses dons glorieux
De mon exil le reproche odieux ?
En vous sans doute une si noble idée
Fut par le ciel conduite et secondée,
Dirait ici, consacrant la grandeur
De vos pareils, cet ami[1] dont l'ardeur
Rapporte au ciel tout acte méritoire,
Toute vertu, toute solide gloire.
Il parle à vous, grands hommes ; écoutez :
Dans vos bienfaits si justement vantés,
Si votre cœur ne consulte et n'écoute
Que son penchant, vous êtes grands, sans doute ;
Mais ce motif, grand et noble en effet,
Suppose encore un motif plus parfait :
Les actions par le ciel inspirées
Ne sont qu'au ciel dignement référées :
Le vrai grand homme est celui que je vois
De sa grandeur faire hommage à la foi.
Le paganisme, à dire vrai, réclame
D'autres héros ; mais peut-être en leur âme
Par leurs vertus ces illustres païens,
Sans le savoir, étaient déjà chrétiens.
Devant l'auteur du sincère héroïsme,
Toute vertu tient au christianisme ;
Toute vertu, par ses ordres constants,
Comme tout vice, est payée en son temps.
Et que sait-on si ces rayons de gloire
Dont les couvrit l'éclatante victoire,

[1] M. Rollin.

Si ces lauriers à leur valeur acquis,
Si ces États par leurs armes conquis,
Dons où sur eux la divine Sagesse
Fit éclater son immense largesse,
Ne furent pas le loyer mérité
D'un seul bienfait payé par sa bonté?
Prix temporel, récompense présente
D'une action pieuse, bienfaisante,
Au gré du ciel pratiquée, et souvent
Faite par eux vingt ans auparavant.
 Ainsi, quand même à l'espoir du salaire
Nous bornerions tout motif de bien faire,
Faisons le bien par ce motif commun,
Sûrs du centuple, et de mille pour un.
Rien ne se perd, toute œuvre fructifie;
Tout se retrouve en l'une ou l'autre vie.
Non toutefois qu'à ces félicités
Les dons du ciel se trouvent limités;
Qu'ainsi ne soit : leur salutaire usage
Du prix céleste est souvent le présage;
Ces biens mortels, cette faveur du sort,
Sont un zéphyr qui nous conduit au port.
L'ami du ciel, en terre heureux d'avance,
Ne doit qu'au ciel borner sa récompense;
Mais ce ciel même, objet de ses désirs,
Ne l'exclut pas des vertueux plaisirs :
Et pourrait-il, dans son pèlerinage,
Se proposer un plus noble partage
Que le bonheur de devenir l'appui
De ceux qui font le voyage avec lui?
 A quelle enseigne, à quelle auguste marque
Distingue-t-on la grandeur d'un monarque?
Est-ce à l'éclat de son front radieux?
Est-ce aux éclairs qui partent de ses yeux?
Est-ce au pouvoir de désoler la terre
Par le ravage et les feux de la guerre?
Non, ce n'est point à ces traits dangereux,
Mais au pouvoir de faire des heureux.
C'est par cet art qu'un citoyen paisible,
Qu'un cœur humain, généreux et sensible,
Par les bienfaits qui partent de ses mains,
Se rend, sans crime, égal aux souverains;
Et sur les cœurs, dont sa bonté sublime
Fit la conquête et captiva l'estime,
Peut établir par une douce loi
Sa monarchie, et dire : Je suis roi!
Vivez, régnez sur tout ce qui qui vous aime;
Et, dans ce règne avoué du ciel même,
Aimez toujours, monarque florissant,
De vos sujets le plus obéissant.

## II.
### AU R. P. BRUMOY [1].

Oui, cher Brumoy, ton immortel ouvrage
Va désormais dissiper le nuage
Où parmi nous le théâtre avili
Depuis trente ans semble être enseveli,
Et, l'éclairant de ta propre lumière,
Lui rendre enfin sa dignité première.
De ses débris zélé restaurateur,
Et chez les Grecs hardi navigateur,
Toi seul as su, dans ta pénible course,
De ses beautés nous déterrer la source,
Et démêler les détours sinueux
De ce dédale oblique et tortueux,
Ouvert jadis par la sœur de Thalie
Aux seuls auteurs du Cid et d'Athalie;
Mais après eux, hélas! abandonné
Au goût pervers d'un siècle efféminé,
Qui, ne prenant pour conseil et pour guide
Que des leçons de Tibulle et d'Ovide,
Et n'estimant dignes d'être applaudis
Que les héros par l'amour affadis [2],
Nous a produit cette foule incommode
D'auteurs glacés, qui, séduits par la mode,
N'exposent plus à nos yeux fatigués
Que des romans en vers dialogués;
Et d'un fatras de rimes accolées
Assaisonnant leurs fadeurs ampoulées,
Semblent vouloir, par d'immuables lois,
Borner tout l'art du théâtre françois
A commenter dans leurs scènes dolentes
Du doux Quinault les pandectes galantes.
 Mais de ce style efflanqué, sans vigueur,
J'aime encore mieux l'insipide langueur,
Que l'emphatique et burlesque étalage
D'un faux sublime enté sur l'assemblage
De ces grands mots, clinquant de l'oraison,
Enflés de vent, et vides de raison,
Dont le concours discordant et barbare
N'est qu'un vain bruit, une sotte fanfare;
Et qui, par force et sans choix enrôlés,
Hurlent d'effroi de se voir accouplés.
Ce n'est pourtant que sur ces balivernes

---

[1] Pierre Brumoy naquit à Rouen en 1688, et mourut à Paris en 1742. C'est l'un des hommes qui a le plus contribué à l'illustration littéraire des jésuites, par l'objet et le nombre de ses ouvrages. Le plus important de tous, celui du moins qui n'a pas cessé de jouir d'une célébrité classique, c'est sa traduction du *Théâtre des Grecs*, complétée depuis, et sensiblement améliorée par les travaux successifs des savants qui en ont donné de nouvelles éditions.

[2] L'auteur désigne évidemment ici la Grange-Chancel et Campistron, dont les tragédies ne sont, en effet, que d'insipides *romans*, *dialogués* en vers plus insipides encore.

Qu'un fol essaim d'Euripides modernes,
Creux au dédans, boursouflés au dehors,
S'est mis en droit, prodiguant ses accords,
D'importuner de sa voix imbécile
Et le théâtre, et la cour, et la ville.
 Quoi ! diras-tu, ce privilége exquis
D'un vœu commun leur serait-il acquis?
Le goût public aurait-il par mégarde
Reçu sa loi du leur? — Dieu nous en garde!
Il est encor des juges éclairés,
Des esprits sains et des yeux épurés,
Pour discerner, par un choix équitable,
L'or de billon d'avec l'or véritable;
N'en doutons point : mais à parler sans fard,
Leur petit nombre extrait et mis à part,
Que reste-il ? qu'un tas de vains critiques,
D'esprits légers, de cerveaux fantastiques,
Du faux mérite orateurs dominants,
Fades loueurs, censeurs impertinents,
Comptant pour rien justesse, ordre, harmonie;
Et confondant sous le nom de génie
Tout mot nouveau, tout trait alambiqué,
Tout sentiment abstrait, sophistiqué,
Toute morale insipide et glacée,
Toute subtile et frivole pensée ;
Du sens commun déclarés ennemis,
Et de l'esprit adorateurs soumis :
Car c'est l'esprit qui surtout ensorcelle
Nos raisonneurs à petite cervelle,
Lynx dans le rien, taupes dans le réel,
Dont l'œil aigu, perçant, surnaturel,
Voyant à plein mille taches pour une
Dans le soleil, n'en voit point dans la lune.
 Voilà quel est le tribunal prudent
De nos prévôts du Pinde! Cependant,
Si devant eux commençant sa carrière,
D'un jeune auteur la muse aventurière
Vient à s'ouvrir quelque obligeant accès,
Et peut enfin, par un heureux succès,
Dans les rayons de ces grands météores,
Faire briller ses débiles phosphores,
Dieu sait l'orgueil où, prompt à se flatter,
Notre étourdi va se précipiter!
C'était d'abord un aspirant timide ;
C'est maintenant un docteur intrépide ;
Et non content d'inonder tout Paris
D'un océan de perfides écrits,
Et d'étouffer ses libraires crédules
Sous des monceaux de papiers ridicules,
Tels qu'on pourrait, si la cour des neuf Sœurs
Pour la police avait ses assesseurs,
Ses sanhédrins et ses aréopages,
Le brûler vif dans ses propres ouvrages :

En ses accès, je ne vous réponds pas
Qu'ayant déjà mis le bon sens à bas,
Il n'entreprenne avec la même audace
De renverser tout l'ordre du Parnasse,
Et que la rime, attaquée en son fort,
De la raison n'éprouve aussi le sort.
Et pourquoi non? N'a-t-il pas ses Alcides ?
Et, sans compter tant d'illustres stupides,
Tant d'aigrefins sur le Parnasse errants,
Et tant d'abbés doctement ignorants,
Pour s'épauler d'un garant moins indigne,
Ne peut-il pas citer l'exemple insigne
D'un nourrisson du Parnasse avoué [1],
Qui quelquefois dans son style enjoué
Sut accorder, quoique avec retenue,
Quelque licence à sa muse ingénue ?
Oui, j'en conviens ; mais pour t'humilier,
Apprends de moi, sourcilleux écolier,
Que ce qu'on souffre, encore qu'avec peine,
Dans un Voiture ou dans un la Fontaine,
Ne peut passer, malgré tes beaux discours,
Dans les essais d'un rimeur de deux jours [2] :
Que la licence humble, abjecte et soumise,
Au rang des lois ne saurait être admise ;
Qu'un sage auteur qui veut se faire un nom
Peut en user, mais en abuser, non ;
Et que jamais, quelque appui qu'on lui prête,
Mauvais rimeur n'a fait un bon poëte.
Que la Fontaine ait dans son art, je le veux bien,
De quelque règle étendu le lien :
Pour abolir toute loi prononcée,
En est-ce assez de l'avoir transgressée ?
Et puis d'ailleurs, par où t'es-tu flatté
Qu'en l'imitant par son mauvais côté,
Tu tireras de ta chétive muse
Tout l'excellent qui lui tient lieu d'excuse ?
Trouveras-tu, raisonnons de sang-froid,
Dans les tiroirs de ton génie étroit
Ces grands pinceaux dont sa main, toujours sûre,
Peignit si bien les traits de la nature ?
Sauras-tu, dis-je, ayant bien consulté
Son coloris et sa naïveté,
Dans tes tableaux, sous cent nouvelles faces,
Nous présenter toujours les mêmes grâces ;
Et comme lui, par cet art enchanteur,

[1] Brossette prétend qu'il s'agit ici de Gresset, déjà connu alors par le *Vert-Vert*, que Rousseau appelait *le plus agréable badinage que nous ayons dans notre langue*; mais Brosse tte se trompe, et tout le reste prouve assez que ce *nourrisson, du Parnasse avoué*, n'est autre que la Fontaine.
[2] Ce *rimeur de deux jours* avait fait alors *la Henriade*, *Œdipe*, *Alzire*, *Mérope*, *Mahomet* : mais il avait donné *le Temple du Goût*, et venait de publier l'*Épître sur la Calomnie*, où Rousseau est encore plus maltraité qu'il ne maltraite ici Voltaire.

Trouver la clef de l'âme du lecteur?
Bon! dira-t-il; le plaisant parallèle!
Le bel emploi pour ma lyre immortelle!
Outre qu'il est d'un maître tel que moi
De ne connaître autre guide que soi,
De s'éloigner des routes anciennes;
Et de n'avoir de règles que les siennes;
J'ai pris un vol qui m'élève au-dessus
De la nature et des communs abus;
Et le bon sens, la justesse et la rime,
Dégraderaient mon tragique sublime.

Si ce n'est là sa réponse, du moins
C'est sa pensée; et j'en ai pour témoins
Ces vers bouffis où sa muse hydropique
Nous développe, en style magnifique,
Tout le phébus qu'on reproche à Brébeuf[1],
Enguenillé des rimes du Pont-Neuf.
Déjà tout fier de son propre suffrage,
En plein théâtre étalant son plumage,
Il se panade, et voit le ciel ouvert
Dans son azur au grand jour découvert.
Et par hasard si quelque astre propice
Vient s'en mêler, et fait entrer en lice,
Pour l'appuyer, quelque étourneau titré,
Quelque veau d'or par Plutus illustré,
Ou quelque fée, autrefois sœur professe
Dans Amathonte, aujourd'hui mère abbesse;
Incontinent vous l'allez voir s'enfler
De tout le vent que peut faire souffler
Dans les fourneaux d'une tête échauffée,
Fatuité sur sottise greffée.
Ouvrez les yeux, ignorants sectateurs
De mes grossiers et vils compétiteurs.
Ils tirent tous leur lumière débile
Des vains secours d'une étude stérile.
Pour moi, l'éclat dont je brille aujourd'hui
Vient de moi seul, je ne tiens rien d'autrui:
Mon Apollon ne règle point sa note
Sur le clavier d'Horace et d'Aristote:
Sophocle, Eschyle, Homère, ni Platon,
Ne m'ont jamais rien appris. — Vraiment non!
On le voit bien: mais ce qu'on voit encore,
C'est que vos fleurs n'ont vécu qu'une aurore,
Que votre éclat n'est qu'un feu de la nuit
Qui disparaît dès que le soleil luit;
Et qu'un seul jour, détruisant vos chimères,
Détruit aussi vos lauriers éphémères.
Car si jamais, de ses erreurs absous,
L'œil du public vient à s'ouvrir sur vous,
Tel, dont jadis les faveurs obtenues
Par vanité vous portaient jusqu'aux nues,
Par vanité mettra tous ses ébats
A vous coiffer du bonnet de Midas,
Et devant lui votre gloire ternie
Ne sera plus qu'un objet d'ironie.

Voilà le sort et le fatal écueil
Où tôt ou tard vient échouer l'orgueil
De tous ces nains, petits géants précoces,
Que leurs flatteurs érigent en colosses,
Mais qu'à la fin le bon sens fait rentrer
Dans le néant dont on les sut tirer.
Dans le néant! dira quelqu'un peut-être;
Pourquoi vouloir anéantir leur être?
Lorsqu'un auteur, du public abjuré,
Voit contre lui tout bon vent déclaré,
Il peut ailleurs, dirigeant sa boussole,
Tenter encor le caprice d'Éole:
Dans la tribune achalander son art,
De la questure arborer l'étendard,
Ou, chez un grand, par qui tout se gouverne,
Briguer le rang d'important subalterne.
Oui-dà: je sais qu'un mérite commun,
Par cent moyens, si ce n'est assez d'un,
Peut s'élever au rang qu'on lui dénie:
Je sais de plus que le même génie
Qui dans un art sut nous faire exceller,
Peut dans tout autre encor nous signaler:
Mais une fois que la fureur d'écrire
A, par malheur, établi son empire
Dans le cerveau d'un rimeur aveuglé,
Vide de sens, et de soi-même enflé,
C'est une gale, un ulcère tenace,
Qui de son sang corrompt toute la masse,
Endort son âme, et lui rend ennuyeux
Tout exercice honnête et sérieux.
Jouet oisif de son talent futile,
N'en attendez rien de bon et d'utile;
Séduit surtout, et gâté chaque jour
Par l'amidon des parfumeurs de cour.
Car c'est vous seuls, excusez ma franchise,
Messieurs les grands, par qui s'immortalise
Dans son esprit l'incurable travers
Qui l'abrutit dans l'amour de ses vers.
A votre rang mesurant vos louanges,
Il croit parler la langue des archanges:
Ce don céleste est un sacré dépôt
Dont il doit compte au public; et bientôt

---

[1] Guillaume de Brébeuf, né en Basse-Normandie, mourut en 1661, âgé de quarante-trois ans. On prétend que ce fut dans l'intervalle des accès de la fièvre opiniâtre qui le conduisit au tombeau, qu'il composa la plupart de ses ouvrages. Le plus célèbre est sa traduction en vers de *la Pharsale* de Lucain. Boileau l'a jugée, quand il a dit:

> Malgré son fatras obscur,
> Souvent Brébeuf étincelle.

Le traducteur de Lucain était neveu du P. de Brébeuf, jésuite, un des premiers martyrs de la foi dans les déserts du Canada.

Nous l'allons voir au sommet du Parnasse,
A chaque auteur distribuant sa place [1],
Dicter de là ses dogmes étourdis,
Et faire en loi passer tous ses édits,
Homologués, selon sa fantaisie,
Au tribunal de votre courtoisie.
Car pour le peu que quelque trait saillant,
Quelque antithèse, ou quelque mot brillant,
D'un vain éclair de lumière imprévue
Vienne éblouir votre débile vue,
C'en est assez : tout le reste va bien.
Le mot fait tout, la chose ne fait rien ;
C'est un oracle, un héros, un modèle.
Modèle, soit : mais le public rebelle,
Examinant votre petit héros
Sur son mérite, et non sur vos grands mots,
Dévoile enfin tout son charlatanisme ;
Et ce public, fléau du pédantisme,
N'épargne pas, quand l'écrit est jugé,
Le protecteur plus que le protégé.
Il vous apprend qu'un ignorant suffrage
N'est pas moins sot qu'un ignorant ouvrage ;
Que les grands airs et le ton emphasé
Au sens commun n'ont jamais imposé;
Qu'un courtisan, qu'un magistrat habile,
Qu'un guerrier même, un Hector, un Achille [2],
En fait de goût n'est pas plus compétent
Qu'en fait de guerre un auteur éclatant :
Mais que l'orgueil qu'un mérite suprême
Peut excuser, devient la fadeur même
Dans le babil d'un petit triolet
De marmousets, pédants à poil follet,
Qui, sans savoir, sans règles, sans principes,
Du bel esprit se font les prototypes,
Tranchent sur tout, et veulent à tout prix
Nous enseigner ce qu'ils n'ont point appris.
C'est la leçon que vous fait la critique :
Et pour vous faire un tableau dramatique
Des contre-temps et du sort déplaisant
A quoi s'expose un esprit suffisant,
Qui, soutenu du vent de sa chimère,
Pour s'élever sort de son atmosphère,
Je finirai ce propos ingénu
Par le récit d'un conte assez connu,
Qu'au bon vieux temps, d'un crayon moins profane,
Messer Louis [3] mit en rime toscane.
   Un noble fut dans Venise estimé,
Qui, général de l'État proclamé,

[1] Allusion au *Temple du Goût*.
[2] Le maréchal Louis-Hector de Villars, l'un des plus illustres et des plus zélés partisans de Voltaire. — Tel est le malheur de la haine, dit à ce sujet la Harpe : voilà où elle nous conduit, à insulter un héros, pour attaquer un grand écrivain !
[3] L'Arioste.

Abandonnant et gondole et chaloupe,
En terre ferme alla joindre sa troupe,
Et fièrement sur un cheval danois
Se fit grimper, pour la première fois.
A peine assis sur le coursier sublime,
Des éperons coup sur coup il s'escrime ;
Puis, le voyant saillir un peu trop fort,
Retire à lui la bride avec effort.
Dans ce conflit, sans ralentir son zèle,
Notre écuyer voltigeait sur la selle,
Faisant servir à ses vœux incertains,
Tantôt la botte, et tantôt les deux mains ;
Tant qu'à la fin l'affligé Bucéphale,
Qui, saccadé par la bride fatale,
Se sent encor diffamer les côtés
Par deux talons de pointes ergotés,
Las de porter un si rude Alexandre,
Et ne sachant des deux auquel entendre,
De l'éperon qui le presse d'aller,
Ou du bridon qui le fait reculer,
Prend son parti, saute, bondit, s'anime,
Se dresse, et jette à bas l'illustrissime,
Homme et cheval roulants sur les cailloux,
Cheval dessus, et monseigneur dessous.
Ah ! dit-il lors, mon malheur sert d'école
A tout galant qui, né pour la gondole,
S'expose à mettre un pied dans l'étrier !
Chacun doit faire ici-bas son métier.

## III.

### A THALIE.

Si je voulais, ambitieux critique,
Réduire en art la comédie antique,
Et débrouiller ses mystères divers,
J'adresserais ma prière et mes vers
A ce génie, autrefois par Térence
Émancipé, non loin de son enfance ;
Puis, tout à coup de son domaine exclus,
Évanoui trois cents lustres et plus.
Mais aujourd'hui que l'art d'un nouveau maître [1],
Le plus fameux que la scène ait vu naître,
De ce génie abattu de langueur
A rajeuni la force et la vigueur ;
Pour expliquer les lois qu'il a tracées,
Partout, hélas ! déjà presque effacées,
Et pour venger leur empire abjuré,
De quel flambeau pourrais-je être éclairé,
Que des rayons de la muse elle-même
Qui de son art lui traça le système,
Et l'inspirant, lui sut tout à la fois

[1] Molière.

Faire connaître et pratiquer ses lois?
C'est donc à vous, ô divine Thalie!
A m'enseigner comment s'est rétablie,
Sous un mortel guidé par votre main,
L'intégrité du théâtre romain;
Et par quel sort jaloux de notre gloire,
De vos leçons bannissant la mémoire,
Tout de nouveau nous le faisons rentrer
Dans le chaos dont il sut le tirer.
De ce progrès, de cette décadence,
L'effet certain s'offre avec évidence :
Tâchons ici d'en marquer, s'il se peut,
Le vrai principe et l'invisible nœud.

Tout institut, tout art, toute police
Subordonnée au pouvoir du caprice,
Doit être aussi conséquemment pour tous
Subordonnée à nos différents goûts.
Mais ces goûts la dissemblance extrême,
A le bien prendre, est un faible problème;
Et, quoi qu'on dise, on n'en saurait jamais
Compter que deux : l'un bon, l'autre mauvais.
Par des talents que le travail cultive,
A ce premier pas à pas on arrive;
Et le public, que sa bonté prévient,
Pour quelque temps s'y fixe et s'y maintient :
Mais éblouis enfin par l'étincelle
De quelque mode inconnue et nouvelle,
L'ennui du beau nous fait aimer le laid,
Et préférer le moindre au plus parfait.

Par les Romains, chez les Grecs empruntée,
L'architecture au plus haut point portée,
Fait admirer encor dans ses débris
Son goût docile à ses maîtres chéris :
Elle sut même enchérir sur leurs grâces;
Mais ce ne fut qu'en marchant sur leurs traces,
Et sans risquer ses pas aventurés
Dans des sentiers de leur route égarés.
Ainsi par eux s'élevant sur eux-même,
Elle eût toujours joui du rang suprême
Et des honneurs à ses travaux acquis,
Si ce fléau des arts les plus exquis,
Ce corrupteur des sages disciplines,
Cet ennemi des plus pures doctrines,
L'orgueil aveugle, et l'amour entêté
Du changement et de la nouveauté,
Lui présentant ses perfides amorces,
N'eût par degrés miné toutes ses forces,
Et d'un corps mâle et d'embonpoint orné,
Fait un squelette aride et décharné.
On vit dès lors son arrogance énorme
Fronder le goût de l'antique uniforme :
Toujours même art, mêmes dimensions,
Mêmes contours, mêmes proportions;
Temples, palais, places, maisons privées,
Frises, frontons, colonnes élevées
Sur même plan et sur même niveau;
Et nul dessin, nul agrément nouveau.
Affranchissons de cette tyrannie,
Il en est temps, notre libre génie.
Cette façade, y compris chaque flanc,
A, dites-vous, cent colonnes de rang?
Varions-la : distinguons-les entre elles
Par cent hauteurs, par cent formes nouvelles.
Ce grand portail d'ornement dégarni,
Plus ouvragé, paraîtra moins uni.
Cet ordre est simple et tout d'une parure?
Entassons-y figure sur figure.
Ce mur avance? il le faut enfoncer.
Ce toit s'élève? il le faut rabaisser.
Il faut enfin, dans sa pédanterie,
Laisser vieillir la froide symétrie.
Par ce moyen, loin d'être imitateurs,
Nous deviendrons d'illustres inventeurs.

Cette peinture est l'image historique
Des changements de la muse comique.
Telle, en ce siècle, aux nouveautés enclin,
Fut sa fortune, et tel est son déclin.
De son génie, éteint avec les grâces,
Il ne restait ni vestiges ni traces,
Avant qu'Armand [1], heureux à tout tenter,
Eût entrepris de le ressusciter.
Mais ce génie, alors en son enfance,
Dans son berceau, dépourvu d'assistance,
Faute d'un maître habile à l'essayer [2],
N'avait encore appris qu'à bégayer;
Lorsque, assisté de Térence et de Plaute,
Molière vint, dont la voix ferme et haute
Lui fit d'abord, par de justes leçons,
Articuler et distinguer ses sons.
Bientôt après sur ses avis fidèles,
S'apprivoisant avec ces grands modèles,
Et dans leur lice instruit à s'exercer,
Il apprit d'eux l'art de les devancer :
Sous ce grand homme, enfin, la comédie
Sut arriver, justement applaudie,
A ce point fixe où l'art doit aboutir,
Et dont, sans risque, il ne peut plus sortir.
Ce fut alors que la scène féconde
Devint l'école et le miroir du monde,
Et que chacun, loin d'en être choqué,
Fit son plaisir de s'y voir démasqué.

[1] Le cardinal de Richelieu.
[2] Ce maître *habile* et qui*essaya* heureusement le génie de la comédie, se rencontra néanmoins dans le grand Corneille, qui eut la gloire de donner à la France sa première comédie, *le Menteur*, comme il lui avait offert dans *le Cid*, le premier modèle de la vraie tragédie.

. Là, le marquis, figuré sans emblème,
Fut le premier à rire de lui-même;
Et le bourgeois apprit sans nul regret
A se moquer de son propre portrait.
Le sot savant, la docte extravagante,
La précieuse et la prude arrogante,
Le faux dévot, l'avare, le jaloux,
Le médecin, le malade, enfin tous,
Chez une muse en passe-temps fertile
Vinrent chercher un passe-temps utile.
Les beaux discours, les grands raisonnements,
Les lieux communs, et les beaux sentiments
Furent bannis de son joyeux domaine,
Et renvoyés à sa sœur Melpomène :
Bref, sur un trône au seul rire affecté,
Le rire seul eut droit d'être exalté.
   C'est par cet art qu'elle charma la ville,
Et que, toujours renfermée en son style,
A la cour même, où surtout elle plut,
Elle atteignit son véritable but;
Quand tout à coup la licence fantasque,
Levant sur elle un poignard bergamasque,
Vint à nos yeux, de ses membres hachés,
Éparpiller les lambeaux détachés;
Et sur la scène, ô honte du Parnasse!
Ressusciter le vieux monstre d'Horace.
Mais non : la muse était en sûreté,
Et son nom seul pouvait être insulté.
Que peut contre elle un fantôme stérile,
De l'Italie engeance puérile?
Ce n'est pas lui de qui l'effort jaloux,
Nymphe immortelle, est à craindre pour vous!
Ce que je crains, c'est ce funeste guide,
Cet enchanteur, de nouveautés avide,
Qui, ne pensant qu'à vous assassiner,
Du grand chemin cherche à vous détourner,
Et vous conduit à votre sépulture
Par des sentiers de fleurs et de verdure[1].
C'est lui qui masque et déguise en phébus
Vos traits naïfs et vos vrais attributs :
C'est lui chez qui votre joie ingénue
Languit captive, et presque méconnue
Dans ces atours recherchés et fleuris
Qui semblent faits pour les seuls beaux esprits,
Et dont tout l'art qu'en bâillant on admire,
Arrache à peine un froid et vain sourire :
Enfin c'est lui qui de vent vous nourrit,
Et qui, toujours courant après l'esprit,
De Malebranche élève fanatique,
Met en crédit ce jargon dogmatique,

Ces arguments, ces doctes rituels,
Ces entretiens fins et spirituels,
Ces sentiments que la muse tragique,
Non sans raison, réclame et revendique,
Et dans lesquels un acteur charlatan
Du cœur humain nous décrit le roman.
Hé, ventrebleu! pédagogue infidèle,
Décris-nous-en l'histoire naturelle,
Dirait celui par qui l'homme au sonnet
Est renvoyé tout plat au cabinet[1];
Expose-nous ses délires frivoles
En actions, et non pas en paroles,
Et ne viens plus m'embrouiller le cerveau
De ton sublime, aussi triste que beau.
L'art n'est point fait pour tracer des modèles,
Mais pour fournir des exemples fidèles
Du ridicule, et des abus divers
Où tombe l'homme, en proie à ses travers.
Quand tel qu'il est on me l'a fait paraître,
Je me figure assez quel je dois être,
Sans qu'il me faille affliger en public
D'un froid sermon passé par l'alambic.
Loin tout rimeur enflé de beaux passages,
Qui, sur lui seul moulant ses personnages,
Veut qu'ils aient tous autant d'esprit que lui,
Et ne nous peint que soi-même en autrui!
Je puis du moins admettre une folie
Qui sert de cure à ma mélancolie,
Et m'égayer dans le jeu naturel
D'un Trivelin, qui se donne pour tel :
Mais un bouffon, qui lorsque je veux rire,
Fait le sophiste, et prétend que j'admire
Son beau langage et sa subtilité!
A dire vrai, le bon sens révolté
Perd patience à ce babil mystique,
Et s'accommode encor moins d'un comique
Dont la froideur tient la joie en échec,
Que d'un tragique où l'œil demeure à sec.
   Quoi! dira-t-on, l'esprit, à votre compte,
Ne peut donc plus servir qu'à notre honte?
C'est un faussaire, un prévaricateur,
De toute règle éternel infracteur,
Et qu'Apollon, suivant votre hypothèse,
Devrait chasser du Pinde? — A Dieu ne plaise!
Je sais trop bien qu'un si riche ornement
Est de notre art le premier instrument,
Et que l'esprit, l'esprit seul, peut, sans doute,
Aux grands succès se frayer une route.
Ce que j'attaque est l'emploi vicieux
Que nous faisons de ce présent des cieux.
Son plus beau feu se convertit en glace,

---

[1] Marivaux, la Chaussée, et Destouches lui-même, sont tour à tour, et collectivement ici, l'objet des traits satiriques du poète.

[1] Voyez le *Misanthrope*, acte I, sc. II.

Dès qu'une fois il luit hors de sa place;
Et rien enfin n'est plus froid qu'un écrit
Où l'esprit brille aux dépens de l'esprit.
Au haut des airs le vol de ma pensée
Peut m'élever ; mais, sans le caducée
De la raison, cet essor ne me sert
Qu'à prolonger une erreur qui me perd.
Comme un coursier, que le voyageur ivre
A détourné du chemin qu'il doit suivre ;
Plus il est prompt, diligent, et soudain ,
Plus il s'éloigne et se fatigue en vain.
  N'allons donc plus, déserteurs de nos pères,
Sacrifier à nos propres chimères ;
Et, sans risquer un honteux démenti,
Tenons-nous-en, c'est le plus sûr parti,
Au droit chemin tracé par nos ancêtres.
Tel, méprisant l'exemple de ses maîtres,
Dans son idée en croit être plus grand,
Qui, dans le fond, n'en est que différent.
Au suc exquis d'un aliment solide
Pourquoi mêler notre sel insipide ?
Si le génie en nous se fait sentir,
Et de prison se prépare à sortir,
Laissons agir son naturel aimable,
Sans absorber ce qu'il a d'estimable
Dans une mer de frivoles langueurs ;
Dans ce fatras de morale sans mœurs,
De vérités froides et déplacées,
De mots nouveaux, et de fades pensées,
Qui font briller tant d'auteurs importuns,
Toujours loués des connaisseurs communs,
Et, qui pis est, loués par l'endroit même
Qui du bon sens mérite l'anathème !
Car tout novice, en disant ce qu'il faut,
Ne croit jamais s'élever assez haut ;
C'est en disant ce qu'il ne doit pas dire ,
Qu'il s'éblouit, se délecte et s'admire ;
Dans ses écarts non moins présomptueux
Qu'un indigent superbe et fastueux,
Qui, se laissant manquer du nécessaire ,
Du superflu fait son unique affaire.
  A nos auteurs, ce n'est point, entre nous,
L'esprit qui manque ; ils en ont presque tous :
Mais je voudrais, dans ces nouveaux adeptes,
Voir une humeur moins rétive aux préceptes
Qui du théâtre ont établi la loi.
Ils en auraient mieux profité que moi !
Mais, tout compté, je crois, Dieu me pardonne !
Que si j'étais pourvu, moi qui raisonne,
D'autant d'esprit qu'ils en ont en effet,
Je ferais mieux peut-être qu'ils n'ont fait.
Encore un mot à ces esprits sévères,
Qui, du beau style orateurs somnifères,

M'allégueront peut-être avec hauteur
L'autorité de cet illustre auteur
Qui, « dans le sac où Scapin s'enveloppe,
« Ne trouve plus l'auteur du *Misanthrope*[1]. »
Non, il ne put l'y trouver, j'en convien :
Mais ce grand juge y retrouva fort bien
Le Grec fameux[2] qui sut en personnages
Faire jadis changer jusqu'aux nuages,
Un chœur d'oiseaux en peuple révéré,
Et Plutus même en Argus éclairé.
Aristophane, aussi bien que Ménandre,
Charmait les Grecs assemblés pour l'entendre ;
Et Raphaël peignit, sans déroger,
Plus d'une fois maint grotesque léger.
Ce n'est point là flétrir ses premiers rôles,
C'est de l'esprit embrasser les deux pôles :
Par deux chemins c'est tendre au même but,
Et s'illustrer par un double attribut.
  Songez-y donc, chers enfants d'une muse
Qui cherche à rire, et que la joie amuse :
Depuis cent ans, deux théâtres chéris
Sont consacrés, l'un aux pleurs, l'autre aux ris :
Sans les confondre, il faut tâcher d'y plaire ;
Si toutefois vous n'aimez pas mieux faire
(Pour distinguer votre savoir profond)
Rire au premier, et pleurer au second.

## IV.

### A M. ROLLIN[3].

Docte héritier des trésors de la Grèce,
Qui le premier, par une heureuse adresse,
Sus dans l'histoire associer le ton
De Thucydide à la voix de Platon ;
Sage Rollin, quel esprit sympathique
T'a pu guider dans ce siècle critique,
Pour échapper à tant d'essaims divers
D'âpres censeurs qui peuplent l'univers ?
Toujours croissant de volume en volume,
Quel bon génie a dirigé ta plume ?
Par quel bonheur enfin, ou par quel art,

---

[1] Dans ce sac ridicule où Scapin s'enveloppe,
Je ne reconnais plus l'auteur du *Misanthrope*.
                          BOIL. *Art Poét* III, 399.

[2] Aristophane, dans ses comédies des *Nuées*, des *Oiseaux*, et de *Plutus*.

[3] L'un des hommes qui a le plus honoré l'instruction publique en France, et a laissé peut-être la mémoire la plus universellement respectée. Mais c'est à l'auteur de l'*Histoire ancienne* et de l'*Histoire romaine* que Rousseau s'adresse particulièrement ici. Cet excellent homme, ce bienfaiteur de tous les âges et de tous les lieux, puisqu'il enseigna et fit aimer la vertu, était né en 1661, et mourut en 1741. — Rousseau devait la connaissance de Rollin à l'abbé d'Asfeld, et cultiva cette honorable liaison jusqu'à sa mort.

As-tu forcé le volage hasard,
L'aveugle erreur, la chicane insensée,
L'orgueil jaloux, l'envie intéressée,
De te laisser en pleine sûreté
Jouir vivant de ta postérité;
Et de changer, pour toi seul, sans mélange,
Leurs cris d'angoisse en concerts de louange?

Tout écrivain, vulgaire ou non commun,
N'a proprement que de deux objets l'un :
Ou d'éclairer par un travail utile,
Ou d'attacher par l'agrément du style;
Car, sans cela, quel auteur, quel écrit
Peut par les yeux percer jusqu'à l'esprit?
Mais cet esprit lui-même en tant d'étages
Se subdivise à l'égard des ouvrages,
Que du public tel charme la moitié,
Qui très-souvent à l'autre fait pitié.
Du sénateur la gravité s'offense
D'un agrément dépourvu de substance¹;
Le courtisan se trouve effarouché
D'un sérieux d'agrément détaché.
Tous les lecteurs ont leurs goûts, leurs manies :
Quel auteur donc peut fixer leurs génies?
Celui-là seul qui, formant le projet
De réunir et l'un et l'autre objet,
Sait rendre à tous l'utile délectable,
Et l'attrayant, utile et profitable.
Voilà le centre et l'immuable point
Où toute ligne aboutit et se joint.
Or, ce grand but, ce point mathématique,
C'est le vrai seul, le vrai qui nous l'indique :
Tout, hors de lui, n'est que futilité,
Et tout en lui devient sublimité.

Sur cette règle, ami, le moindre OEdipe
Peut deviner la source et le principe
De ce succès qui, pour toi, parmi nous,
Accorde, unit et fixe tous les goûts.
La vérité simple, naïve et pure,
Partout marquée au coin de la nature,
Dans ton histoire offre un sublime essai,
Où tout est beau, parce que tout est vrai :
Non d'un vrai sec et crûment historique,
Mais de ce vrai moral et théorique,
Qui, nous montrant les hommes tels qu'ils sont,
De notre cœur nous découvre le fond,
Nous peint en eux nos propres injustices,
Et nous fait voir la vertu dans leurs vices.
C'est un théâtre, un spectacle nouveau,
Où tous les morts sortant de leur tombeau,
Viennent encor sur une scène illustre

Centuriæ seniorum agitant expertia frugis :
Celsi prætereunt austera poemata Rhamnes.
— HORAT. *Ars poet.* 341.

Se présenter à nous dans leur vrai lustre;
Et du public, dépouillé d'intérêt,
Humbles acteurs attendre leur arrêt.
Là, retraçant leurs faiblesses passées,
Leurs actions, leurs discours, leurs pensées,
A chaque état ils reviennent dicter
Ce qu'il faut fuir, ce qu'il faut imiter;
Ce que chacun, suivant ce qu'il peut être,
Doit pratiquer, voir, entendre, connaître;
Et leur exemple, en diverses façons,
Donnant à tous les plus nobles leçons,
Rois, magistrats, législateurs suprêmes,
Princes, guerriers, simples citoyens mêmes,
Dans ce sincère et fidèle miroir,
Peuvent apprendre et lire leur devoir.

Ne pense pas pourtant qu'en ce langage
Je vienne ici, préconiseur peu sage,
Tenter ton zèle humble, religieux,
Par un encens à toi-même odieux;
Rassure-toi : non, j'ose te le dire,
Ce n'est pas toi, cher Rollin, que j'admire;
J'admire en toi, plus justement épris,
L'auteur divin qui parle en tes écrits,
Qui par ta main retraçant ses miracles,
Qui, par ta voix expliquant ses oracles,
T'a librement, et pour prix de ta foi,
Daigné choisir pour ce sublime emploi,
Mais qui pouvait sur tout autre, en ta place,
Faire à son choix tomber la même grâce,
Et jusqu'à moi la laisser parvenir,
S'il m'eût jugé digne de l'obtenir.
Il a voulu montrer, par le suffrage
Dont sa faveur couronne ton ouvrage,
Quelle distance il met entre celui
Qui, comme toi, ne se cherche qu'en lui,
Et tout esprit qu'aveugle la fumée
De ce grand rien qu'on nomme renommée;
Fantôme errant, qui, nourri par le bruit,
Fuit qui le cherche, et cherche qui le fuit :
Mais qui du sort enfant illégitime,
Et quelquefois misérable victime,
N'est rien en soi qu'un être mensonger,
Une ombre vaine, accident passager,
Qui suit le corps, bien souvent le précède,
Et bien souvent l'accourcit où l'excède.
C'est lui pourtant, lui dont tous les mortels
Viennent en foule encenser les autels!
C'est cette idole à qui tout sacrifie,
A qui, durant tout le cours de leur vie,
Grands et petits, follement empressés,
Offrent leurs vœux, souvent mal exaucés.
Non que l'espoir d'un succès équitable
Dans son objet ait rien de condamnable,

Ni que le cœur doive s'y refuser,
Quand le principe est de s'y proposer
Du roi des rois la gloire souveraine,
Ou du prochain l'utilité certaine.
　Mais si l'amour d'un chatouilleux encens
Enivre seul notre esprit et nos sens ;
Si, rejetant la véritable gloire,
Nous nous bornons à l'honneur illusoire
De fasciner par nos faibles clartés
D'un vain public les yeux débilités,
Sans consulter par d'utiles prières
L'unique auteur de toutes les lumières :
En quelque rang que le ciel nous ait mis,
Petits ou grands, ne soyons pas surpris
Qu'au lieu d'encens, le dégoût populaire,
De notre orgueil devienne le salaire,
Ou que du moins nos succès éclatants
Soient traversés par tous les contre-temps
Dont l'ignorance ou l'envie hypocrite
Troublent toujours tout aveugle mérite
Qui, n'écoutant, n'envisageant que soi,
Borne à lui seul son objet et sa loi.
　C'est là peut-être, ami, je le confesse
(Car c'est ainsi que l'orgueil nous abaisse)
Ce qui du ciel irritant le courroux,
M'a suscité tant d'ennemis jaloux,
Qu'une brutale et lâche calomnie
Acharne encore sur ma vertu ternie,
Et qui toujours dans leurs propres couleurs
Cherchent la mienne, et mes traits dans les leurs.
Triste loyer! châtiment lamentable
D'un amour-propre, il est vrai, plus traitable,
Et de vapeurs moins qu'un autre enivré,
Mais dans soi-même encor trop concentré ;
Et ne cherchant, dans ses vains exercices,
Qu'à contenter ses volages caprices.
Quelques efforts qu'ait autrefois tenté
De leur courroux l'âpre malignité,
Pour infecter l'air pur que je respire,
J'ai su tirer au moins, ou, pour mieux dire,
Le ciel m'a fait tirer par ses secours
Un double fruit de leurs affreux discours :
L'un d'entrevoir, que dis-je? de connaître
Dans ce fléau la justice d'un maître,
Qui ne tolère en eux des traits si faux,
Que pour punir en nous de vrais défauts ;
L'autre, d'apprendre à ne leur plus répondre,
Que par des mœurs dignes de les confondre ;
A les laisser croupir dans le mépris
Dont le public les a déjà flétris ;
A fuir enfin toute escrime inégale,
Qui d'eux à nous remplirait l'intervalle :
Car le danger de se voir insulté

N'est pas restreint à la difficulté
De réfuter les fables romancières
De ces fripiers d'impostures grossières,
Dont le venin, non moins fade qu'amer,
Se fait vomir comme l'eau de la mer.
Il est aisé d'arrêter leurs vacarmes,
Et de les vaincre avec leurs propres armes :
Ce n'est pas là le danger capital :
Le vrai péril est le piége fatal
Que leur noirceur tend à notre innocence,
Pour l'engager dans la même licence,
Pour la changer en colère, en aigreur,
En médisance, en chicane, en fureur :
Nous réduisant enfin, pour tout sommaire,
A n'avoir plus nul reproche à leur faire,
Dès qu'envers nous leurs crimes personnels
Nous ont rendus envers eux criminels.
　Qu'arrive-t-il de ces lâches batailles,
De ces défis, embûches, représailles ?
C'est qu'en croyant par l'effort de nos coups
Nous venger d'eux, nous les vengeons de nous ;
Qu'en travaillant sur de si faux modèles,
Nous devenons leurs copistes fidèles,
Donnant comme eux, ridicules héros,
A nos dépens la comédie aux sots ;
En leur montrant, bassement avilie,
Notre sagesse habillée en folie.
Le bel honneur, d'attrouper les passants
Au bruit honteux de nos cris indécents !
Quelle pitié de prendre ainsi le change !
N'allons donc point, pour blâme ou pour louange,
Dépayser des talents estimés,
Et du public peut-être réclamés,
En détournant leur légitime usage
A des emplois indignes d'un vrai sage ;
Et nous vengeant par de plus nobles traits,
Songeons au fruit qu'à de bien moindres frais
Peut retirer un solide mérite
Des ennemis que le sort lui suscite.
Tous ces travaux dont il est combattu
Sont l'aliment qui nourrit sa vertu.
Dans le repos elle s'endort sans peine :
Mais les assauts la tiennent en haleine ;
Un ennemi, dit un célèbre auteur,
Est un soigneux et docte précepteur ;
Fâcheux parfois, mais toujours salutaire,
Et qui nous sert sans gage ni salaire,
Dans ses leçons plus utile cent fois,
Que ces amis dont la timide voix
Craint d'éveiller notre esprit qui sommeille,
Par des accents trop durs à notre oreille.
A qui des deux en effet m'adresser,
Dans les besoins dont je me sens presser ?

Est-ce au flatteur qui me loue et m'encense ?
Est-ce à l'ami qui me tait ce qu'il pense ?
Par tous les deux séduit au même point,
Mon ennemi seul ne me trompe point.
Du faible ami dépouillant la mollesse,
Du vil flatteur dédaignant la souplesse,
Son émétique est un breuvage heureux,
Souvent utile, et jamais dangereux :
Car si celui dont la main le prépare,
D'empoisonneur porte déjà la tare,
Qu'ai-je à risquer ? De son venin chétif,
Son venin même est le préservatif.
S'il m'a taxé d'une infirmité feinte,
La vérité, du même coup atteinte,
Saura bientôt trouver plus d'un moyen
Pour rétablir son crédit et le mien.
Mais, par malheur, si du mal véritable
Il trouve en moi le signe indubitable ;
S'il m'avertit, par ses cris pointilleux,
D'un vrai levain, d'un ferment périlleux,
Qui de mon sang altère la substance ;
Alors sa haine, et la noire constance
Dont me poursuit son courroux effronté,
Sans qu'il y songe, avancent ma santé.
C'est une épée, un glaive favorable,
Qui, dans ses mains malgré lui secourable,
M'ouvrant le flanc, pour abréger mon sort,
Perce l'abcès qui me donnait la mort.
Si je guéris, l'intention contraire
De l'assassin ne fait rien à l'affaire :
De son forfait toute l'utilité
Reste à moi seul, à lui l'iniquité.

C'est donc à l'homme envers la Providence
Une bien folle et bien haute imprudence,
D'attribuer à son inimitié
Ce qui souvent n'est dû qu'à sa pitié.
Ces contre-temps, ces tristes aventures,
Sont bien plutôt d'heureuses conjonctures
Dont le concours l'assiste et le soutient,
Non comme il veut, mais comme il lui convient.
L'Être suprême, en ses lois adorables,
Par des ressorts toujours impénétrables,
Fait, quand il veut, des maux les plus outrés
Naître les biens les plus inespérés.
A quel propos vouloir donc par caprice
Intervertir l'ordre de sa justice,
Et la tenter par d'aveugles regrets,
Ou par des vœux encor plus indiscrets ?
Oh ! si du ciel la bonté légitime
Daignait, enfin, du malheur qui m'opprime
Faire cesser le cours injurieux ;
Si son flambeau dessillant tous les yeux,
A ma vertu si longtemps poursuivie,

Rendait l'éclat dont l'implacable envie,
Sous l'épaisseur de ses brouillards obscurs,
Offusque encor les rayons les plus purs !
Cette prière innocente et soumise,
Je l'avoûrai, peut vous être permise ;
Vous en avez légitimé l'ardeur
Par votre vie et par votre candeur ;
Votre innocence inflexible et robuste
N'a point plié sous un pouvoir injuste,
Votre devoir est rempli ; tout va bien :
Soyez en paix ; le ciel fera le sien.
Il a voulu se réserver la gloire
De son triomphe et de votre victoire,
Et prévenir en vous la vanité
Qu'en votre cœur eût peut-être excité
Une facile et prompte réussite,
Attribuée à votre seul mérite ;
Vous épargnant ainsi le dur fardeau
Et les rigueurs d'un châtiment nouveau.

Dans nos souhaits, aveugles que nous sommes
Nous ignorons le vrai bonheur des hommes :
Nous le bornons aux fragiles honneurs,
Aux vanités, aux plaisirs suborneurs ;
A captiver l'estime populaire ;
A rassembler tout ce qui peut nous plaire ;
A nous tirer du rang de nos égaux ;
A surmonter enfin tous nos rivaux.
Bonheur fatal ! dangereuse fortune,
Et que le ciel que souvent importune
L'avidité de nos trompeurs désirs,
Dans sa colère accorde à nos soupirs.
Ce n'est jamais qu'au moment de sa chute,
Que notre orgueil voit du rang qu'il dispute
La redoutable et profonde hauteur.
Ce courtisan qu'enivre un vent flatteur
Vient d'obtenir, par sa brigue funeste,
La place due au mérite modeste :
Pour l'exalter tout semble réuni ;
Il est content. — Dites qu'il est puni.
Il lui fallait cette place éclairée,
Pour mettre en jour sa misère ignorée.
N'allons donc plus, par de folles ferveurs,
Prescrire au ciel ses dons et ses faveurs :
Demandons-lui la prudence équitable,
La piété sincère, charitable ;
Demandons-lui sa grâce et son amour ;
Et, s'il devait nous arriver un jour
De fatiguer sa facile indulgence
Par d'autres vœux, pourvoyons-nous d'avance
D'assez de zèle et d'assez de vertus,
Pour devenir dignes de ses refus [1].

[1] Telle était encore, en 1736, la force des préventions élevées contre Rousseau depuis plus de vingt-cinq ans, que le sage, le

## V[1].

### A M. L. RACINE.

De nos erreurs, tu le sais, cher Racine,
La déplorable et funeste origine
N'est pas toujours, comme on veut l'assurer,
Dans notre esprit facile à s'égarer ;
Et sa fierté, dépendante et captive,
N'en fut jamais la source primitive :
C'est le cœur seul, le cœur qui le conduit,
Et qui toujours l'éclaire ou le séduit.
S'il prend son vol vers la céleste voûte,
L'esprit docile y vole sur sa route ;
Si de la terre il suit les faux appas,
L'esprit servile y rampe sur ses pas.
L'esprit enfin, l'esprit je le répète,
N'est que du cœur l'esclave ou l'interprète ;
Et c'est pourquoi tes divins précurseurs,
De nos autels antiques défenseurs,
Sur lui toujours se sont fait une gloire
De signaler leur première victoire.
Oui, cher Racine, et pour n'en point douter,
Chacun en soi n'a qu'à se consulter.
Celui qui veut de mon esprit rebelle
Dompter, comme eux, la révolte infidèle,
Pour parvenir à s'en rendre vainqueur,
Doit commencer par soumettre mon cœur ;
Et, plein du feu de ton illustre père,
Me préparer un chemin nécessaire
Aux vérités qu'Esther va me tracer,
Par les soupirs qu'elle me fait pousser.
C'est par cet art que l'auteur de la Grâce,
Versant sur toi sa lumière efficace,
Daigna d'abord, certain de son succès,
Toucher mon cœur dans tes premiers essais,
Et qu'aujourd'hui consommant son ouvrage,
Et secondant ta force et ton courage,
Il brise enfin le funeste cercueil
Où mon esprit retranchait son orgueil,
Et grave en lui les derniers caractères
Qui de ma foi consacrent les mystères.
Quelle vertu, quels charmes tout puissants
A son empire asservissent mes sens ?
Et quelle voix céleste et triomphante
Parle à mon cœur, le pénètre, l'enchante,
C'est Dieu : c'est lui, dont les traits glorieux
De leur éclat frappent enfin mes yeux.
Je vois, j'entends, je crois : ma raison même
N'écoute plus que l'oracle suprême.
Qu'attends-tu donc, toi dont l'œil éclairé
Des vérités dont il m'a pénétré,
Toi dont les chants, non moins doux que sublimes,
Se sont ouvert tous les divins abîmes
Où sa grandeur se plaît à se voiler ;
Qu'attends-tu, dis-je, à nous les révéler,
Ces vérités qui nous la font connaître?
Et que sais-tu s'il ne te fit point naître
Pour ramener ses sujets non soumis,
Ou consoler du moins ses vrais amis?
Dans quelle nuit, hélas ! plus déplorable
Pourrait briller sa lumière adorable,
Que dans ces jours où l'ange ténébreux
Offusque tout de ses brouillards affreux ;
Où, franchissant le stérile domaine
Donné pour borne à la sagesse humaine,
De vils mortels jusqu'au plus haut des cieux
Osent lever un front audacieux ;
Où nous voyons enfin l'osé-je dire ?
La vérité soumise à leur empire ;
Ses feux éteints dans leur sombre fanal,
Et Dieu cité devant leur tribunal ?
Car ce n'est plus le temps où la licence
Daignait encor copier l'innocence,
Et nous voiler ses excès monstrueux
Sous un bandeau modeste et vertueux.
Quelque mépris, quelque horreur que mérite
L'art séducteur de l'infâme hypocrite,
Toujours pourtant, du scandale ennemi,
Dans ses dehors il se montre affermi ;
Et, plus prudent que souvent nous ne sommes,
S'il ne craint Dieu respecte au moins les hommes.
Mais en ce siècle, à la révolte ouvert,
L'impiété marche à front découvert :
Rien ne l'étonne, et le crime rebelle
N'a point d'appui plus intrépide qu'elle.
Sous ses drapeaux, sous ses fiers étendards,
L'œil assuré, courent de toutes parts
Ces légions, ces bruyantes armées
D'esprits subtils, d'ingénieux pygmées,
Qui, sur des monts d'arguments entassés,
Contre le ciel burlesquement haussés
De jour en jour, superbes Encelades,

---

respectable Rollin, ne reçut cette honorable épître qu'avec une sorte de défiance, et mêla dans ses remerciments (lettre du 10 mars) je ne sais quoi d'aigre et de chagrin qui affligea sensiblement Rousseau. Mais le bon recteur ne tarda pas à se le reprocher ; et, mieux instruit, il s'efforça, dans les lettres suivantes, de réparer ce qu'il appelle lui-même une *imprudence*, une *indiscrétion*. Quel exemple que celui de Rollin, *suppliant* son ami de *jeter sa lettre au feu*, et d'oublier tout ce qu'elle contenait de *téméraire* et d'*injuste!* ( Lettre du 29 mai.)

[1] Cette épître, composée en 1738, et inspirée par la lecture du poème de *la Religion*, devait paraître avec ce bel ouvrage, si digne du nom de Racine ; mais le poème lui-même ayant été arrêté à l'impression, l'épître de Rousseau éprouva les mêmes difficultés : ce qu'il attribue (lettre à M. Boutet, du 27 mars) à la manière dont il s'exprime sur *les petits esprits forts*, « dont la secte, dit-il, *pullule* aujourd'hui si horriblement en France, que, devant qu'il soit peu, *si Dieu n'y met la main*, on verra un royaume *tout chrétien, sans christianisme.* »

Vont redoublant leurs folles escalades,
Et jusqu'au sein de la Divinité
Portant la guerre avec impunité,
Viendront bientôt, sans scrupule et sans honte,
De ses arrêts lui faire rendre compte;
Et déjà même, arbitres de sa loi,
Tiennent en main, pour écraser la foi,
De leur raison les foudres toutes prêtes.
  Y songez-vous, insensés que vous êtes!
Votre raison, qui n'a jamais flotté
Que dans le trouble et dans l'obscurité,
Et qui, rampant à peine sur la terre,
Veut s'élever au-dessus du tonnerre,
Au moindre écueil qu'elle trouve ici-bas,
Bronche, trébuche et tombe à chaque pas :
Et vous voulez, fiers de cette étincelle,
Chicaner Dieu sur ce qu'il lui révèle !
Cessez, cessez héritage des vers
D'interroger l'auteur de l'univers :
Ne comptez plus avec ses lois suprêmes;
Comptez plutôt, comptez avec vous-mêmes;
Interrogez vos mœurs, vos passions,
Et feuilletons un peu vos actions.
  Chez des amis vantés pour leur sagesse
Avons-nous vu briller votre jeunesse ?
Vous a-t-on vus, dans leur choix enfermés,
Et de leurs mains à la vertu formés,
Chérir comme eux la paisible innocence,
Vaincre la haine, étouffer la vengeance;
Faire la guerre aux vices insensés,
A l'amour-propre, aux vœux intéressés;
Dompter l'orgueil, la colère, l'envie,
La volupté, des repentirs suivie ?
Vous a-t-on vus, dans vos divers emplois,
Au taux marqué par l'équité des lois
De vos trésors mesurer la récolte,
Et de vos sens apaiser la révolte?
S'il est ainsi, parlez; je le veux bien.
Mais non : j'ai vu, ne dissimulons rien,
Dans votre vie au grand jour exposée,
Une conduite, hélas ! bien opposée :
Une jeunesse en proie aux vains désirs,
Aux vanités, aux coupables plaisirs.
Un fol essaim de beautés effrénées,
A la mollesse, au luxe abandonnées,
De faux amis, d'insipides flatteurs,
Furent d'abord vos sages précepteurs;
Bientôt après, sur leurs doctes maximes,
En gentillesse érigeant tous les crimes,
Je vous ai vus, à titre de bel air,
Diviniser des idoles de chair,
Et mettre au rang des belles aventures
Sur leur pudeur vos victoires impures;

Je vous ai vus, esclaves de vos sens,
Fouler aux pieds les droits les plus puissants,
Compter pour rien toutes vos injustices,
Immoler tout à vos moindres caprices,
A votre haine, à vos affections,
A la fureur de vos préventions;
Vouloir enfin, par vos désordres mêmes,
Justifier vos désordres extrêmes;
Et sans rougir, enflés par le succès,
Vous honorer de vos propres excès.
  Mais, au milieu d'un si gracieux songe,
Ce ver caché, ce remords qui nous ronge,
Jusqu'au plus fort de vos dérèglements,
Vous exposait à de trop durs tourments :
Il a fallu, parlons sans nulle feinte,
Pour l'étouffer, étouffer toute crainte,
Tout sentiment d'un fâcheux avenir;
D'un Dieu vengeur chasser le souvenir;
Poser en fait, qu'au corps subordonnée,
L'âme avec lui meurt ainsi qu'elle est née :
Passer enfin, de l'endurcissement
De votre cœur, au plein soulèvement
De votre esprit : car tout libertinage
Marche avec ordre, et son vrai personnage
Est de glisser par degrés son poison
Des sens au cœur, du cœur à la raison.
De là sont nés, modernes Aristippes,
Ces merveilleux et commodes principes
Qui, vous bornant aux voluptés du corps,
Bornent aussi votre âme et ses efforts
A contenter l'agréable imposture
Des appétits qu'excite la nature.
De là sont nés, Épicures nouveaux,
Ces plans fameux, ces systèmes si beaux,
Qui, dirigeant sur votre prud'hommie,
Du monde entier toute l'économie,
Vous ont appris que ce grand univers
N'est composé que d'un concours divers
De corps muets, d'insensibles atomes,
Qui par leur choc forment tous ces fantômes
Que détermine et conduit le hasard,
Sans que le ciel y prenne aucune part.
  Vous voilà donc rassurés et paisibles !
Et désormais, au trouble inaccessibles,
Vos jours sereins, tant qu'ils pourront durer,
A tous vos vœux n'ont plus qu'à se livrer.
Mais c'est trop peu : de si belles lumières
Luiraient en vain pour vos seules paupières;
Et vous devez, si ce n'est par bonté,
En faire part, du moins par vanité,
A ces amis si zélés, si dociles,
A ces beautés si tendres, si faciles,
Dont les vertus, conformes à vos mœurs,

ÉPITRES, LIVRE II.

Vous ont d'avance assujetti les cœurs.
C'est devant eux que vos langues disertes
Pourront prêcher ces rares découvertes,
Dont vous avez enrichi vos esprits :
C'est à leurs yeux que vos doctes écrits
Feront briller ces subtiles fadaises,
Ces arguments émaillés d'antithèses,
Ces riens pompeux, avec art enchâssés
Dans d'autres riens, fièrement énoncés,
Où la raison la plus spéculative,
Non plus que vous, ne voit ni fond ni rive.
Que tardez-vous ? Ces tendres nourrissons
Déjà du cœur dévorent vos leçons.
Ils comprendront d'abord, comme vous-mêmes,
Tous vos secrets, vos dogmes, vos problèmes;
Et, comme vous, bientôt même affermis
Dans la carrière où vous les aurez mis,
Vous les verrez, glorieux néophytes,
Faire à leur tour de nouveaux prosélytes ;
Leur enseigner que l'esprit et le corps,
Bien qu'agités par différents ressorts,
Doivent pourtant toute leur harmonie
A la matière éternelle, infinie,
Dont s'est formé ce merveilleux essaim
D'êtres divers émanés de son sein ;
Que ces grands mots d'âme, d'intelligence,
D'esprit céleste, et d'éternelle essence,
Sont de beaux noms forgés pour exprimer
Ce qu'on ne peut comprendre ni nommer,
Et qu'en un mot, notre pensée altière
N'est rien au fond que la seule matière
Organisée en nous pour concevoir,
Comme elle l'est pour sentir et pour voir :
D'où nous pouvons conclure, sans rien craindre,
Qu'au présent seul l'homme doit se restreindre;
Qu'il vit et meurt tout entier; et qu'enfin
Il est lui seul son principe et sa fin.
Voilà le terme où, sur votre parole,
Et sur la foi de votre illustre école,
Doit s'arrêter dans notre entendement
Toute recherche et tout raisonnement :
Car, de vouloir combattre les mystères
Où notre foi puise ses caractères,
C'est, dites-vous, grêler sur les roseaux.
Est-il encor d'assez faibles cerveaux,
Pour adopter ces contes apocryphes,
Du monachisme obscurs hiéroglyphes ?
Tous ces objets de la crédulité,
Dont s'infatue un mystique entêté,
Pouvaient jadis abuser des Cyrilles,
Des Augustins, des Léons, des Basiles!
Mais quant à vous, grands hommes, grands esprits,
C'est par un noble et généreux mépris

Qu'il vous convient d'extirper ces chimères,
Épouvantail d'enfants et de grand'mères.
Car aussi bien, par où se figurer,
Poursuivez-vous, de pouvoir pénétrer
Dans ce qui n'est à l'homme vénérable,
Qu'à force d'être à l'homme impénétrable ?
Quel fil nouveau, quel jour fidèle et sûr
Nous guiderait dans ce dédale obscur ?
Suivre à tâtons une si sombre route,
C'est s'égarer, c'est se perdre.— Oui, sans doute,
C'est s'égarer, j'en conviens avec vous,
Que de prétendre, avec un cœur dissous
Dans le néant des vanités du monde,
Dans les faux biens dont sa misère abonde,
Dans la mollesse et la corruption,
Dans l'arrogance et la présomption,
Vous élever aux vérités sublimes
Qu'ont jusqu'ici démenti vos maximes.
Non, ce n'est point dans ces obscurités
Qu'on doit chercher les célestes clartés.
Mais voulez-vous, par des routes plus sûres,
Vous élancer vers ces clartés si pures
Dont autrefois, dont encore aujourd'hui
Tant de héros, l'inébranlable appui
Des vérités par le ciel révélées,
Font adorer les traces dévoilées,
Et tous les jours, pleins d'une sainte ardeur,
Dans leurs écrits consacrent la splendeur ?
Faites comme eux : commencez votre course
Par les chercher dans leur première source;
C'est la vertu, dont le flambeau divin
Vous en peut seul indiquer le chemin.
Domptez vos cœurs, brisez vos nœuds funestes;
Devenez doux, simples, chastes, modestes ;
Approchez-vous avec humilité
Du sanctuaire où gît la vérité ;
C'est le trésor où votre espoir s'arrête.
Mais, croyez-moi, son heureuse conquête
N'est point le prix d'un travail orgueilleux,
Ni d'un savoir superbe et pointilleux.
Pour le trouver, ce trésor adorable,
Du vrai bonheur principe inséparable,
Il faut se mettre en règle, et commencer
Par asservir, détruire, terrasser,
Dans notre cœur nos penchants indociles ;
Par écarter ces recherches futiles
Où nous conduit l'attrait impérieux
De nos désirs follement curieux ;
Par fuir enfin ces amorces perverses,
Ces amitiés, ces profanes commerces,
Ces doux liens que la vertu proscrit,
Charme du cœur, et poison de l'esprit.
Dès qu'une fois le zèle et la prière

Auront pour vous franchi cette barrière,
N'en doutez point, l'auguste vérité
Sur vous bientôt répandra sa clarté.
Mais, direz-vous, ce triomphe héroïque
N'est qu'une idée, un songe platonique.
Quoi! gourmander toutes nos voluptés?
Anéantir jusqu'à nos volontés?
Tyranniser des passions si belles?
Répudier des amis si fidèles?
Vouloir de l'homme un tel détachement,
C'est abolir en lui tout sentiment ;
C'est condamner son âme à la torture ;
C'est, en un mot, révolter la nature,
Et nous prescrire un effort incertain,
Supérieur à tout effort humain.
Vous le croyez : mais, malgré tant d'obstacles,
Dieu, tous les jours, fait de plus grands miracles;
Il peut changer nos glaçons en bûchers,
Briser la pierre, et fondre les rochers.
Tel aujourd'hui, dégagé de sa chaîne,
N'écoute plus que sa voix souveraine,
Et de lui seul faisant son entretien,
Voit tout en lui, hors de lui ne voit rien ;
Qui, comme vous commençant sa carrière,
Ferma longtemps les yeux à la lumière ;
Et qui peut-être envers ce Dieu jaloux
Fut autrefois plus coupable que vous!
Pour toi, rempli de sa splendeur divine,
Toi qui, rival et fils du grand Racine [1],
As fait revivre en tes premiers élans
Sa piété, non moins que ses talents,
Je l'avoûrai, quelques rayons de flamme,
Que par avance eût versés dans mon âme
La vérité qui brille en tes écrits,
J'en eusse été peut-être moins épris,
Si de tes vers la chatouilleuse amorce
N'eût secondé sa puissance et ta force,
Et si mon cœur, attendri par tes sons,
A mon esprit n'eût dicté ses leçons [2].

[1] Louis Racine joignait à de grands talents une rare modestie. On sait qu'il s'était fait peindre les œuvres de son père à la main, et les yeux fixés sur ce vers d'Hippolyte :

Et moi, fils inconnu d'un si glorieux père!

[2] Louis Racine répondit à Rousseau par une épître où l'on retrouve tout le talent et les nobles pensées de l'auteur des poëmes de la Grâce et de la Religion. On y remarque surtout le passage suivant, sur l'unité des principes moraux, dont nous avons déjà fait honneur et hommage aux grands écrivains du siècle de Louis XIV :

O France, riche alors en âmes si parfaites!
Oui, la religion captivait les poëtes.
Faut-il s'en étonner? L'honneur, la bonne foi,
L'austère probité fut leur première loi.
Dans leurs écrits charmants, auteurs inimitables,
Et dans un doux commerce, hommes toujours aimables,
Colbert, à double titre épuisant ses faveurs,
Récompensait en eux le talent et les mœurs.
.........................................
Vertueux citoyens, amis tendres, leur zèle
Fit régner, même entre eux, une paix éternelle :
Leur estime sincère en était le lien.
Qu'aisément, cher Rousseau, l'honnête homme est chrétien! etc.

## VI.

### A M. DE BONNEVAL [1].

Depuis le jour où le triste Hippocrate
S'est asservi ma vieillesse automate,
Et qu'à jamais ses ordres odieux
Ont interdit toute étude à mes yeux,
Cher Bonneval, ton commerce magique
Réveille seul la froideur léthargique
Du sombre ennui que tes lettres et toi
Par la lecture écartent de chez moi :
J'y puise encor dans les sources stoïques
Où s'abreuvaient nos oracles antiques.
De sentiments j'y vois un cœur orné,
Et de bon sens l'esprit assaisonné;
J'y reconnais leur profonde sagesse
Dans l'art surtout d'instruire la jeunesse
A ne chercher le chemin du bonheur
Que dans celui du véritable honneur;
A mépriser l'éclat et le faux lustre
De la grandeur que le nom seul illustre.
Car, je l'avoue, et tout ce que je vois
En tout pays, en tout âge, en fait foi :
Pour s'attirer le tribut unanime
D'une sincère et générale estime,
Les hauts degrés, la naissance et les biens,
Sont les plus prompts et les plus sûrs moyens ;
Mais, sans mérite, un si beau privilége
N'est qu'un filet, un invisible piége,
Que la fortune et nos mauvais démons
Le plus souvent tendent aux plus grands noms.
Les dignités n'exigent à leur suite
Que le respect; l'estime est gratuite :
Pour l'obtenir, il faut la mériter;
Pour l'acquérir, on la doit acheter.
Qui ne fait rien pour cet honneur insigne,
Plus il est grand, plus il s'en montre indigne.
Votre noblesse, enfant de la grandeur,
Est un flambeau rayonnant de splendeur,
Qui, s'il n'épand ses lumières propices

[1] Quel est le Bonneval auquel s'adresse cette épître sur l'Éducation? Il n'est guère vraisemblable que ce soit ce comte fameux qui avait, depuis dix-huit ans, déjà échangé le chapeau contre le turban, et était revêtu, chez les Turcs, de la charge de topigi-bachi, sous le nom d'Achmet-Pacha, avec la dignité de pacha à trois queues. A cette époque d'ailleurs (1738), il avait partagé la disgrâce du grand visir Ali, et était exilé dans un pachalic, à l'extrémité de la mer Noire. Il est donc plus probable que le poëte s'adresse ici au marquis de Bonneval, frère du précédent, et qui était resté fidèle à son prince, à ses devoirs et à son pays.

Sur vos vertus, éclaire tous vos vices.
Voulez-vous donc, honorables vainqueurs,
Vous asservir notre estime et nos cœurs?
Proposez-vous pour règle favorite
De distinguer le vrai du faux mérite;
Et, ce pas fait, songez, pour second point,
En soumettant par des efforts extrêmes
La vanité qui nous cache à nous-mêmes;
En consultant ce qu'on doit consulter,
En imitant ce qu'on doit imiter,
Des passions réprimant l'incendie,
Et subjuguant la paresse engourdie,
Lâche tyran, qui n'entraîne après lui
Que l'ignorance et le stupide ennui.                [les
Grands de nos jours, cherchez donc vos modè-
Chez des amis éclairés et fidèles,
De qui le nom, l'exemple et les conseils,
Puissent servir de phare à vos pareils;
Aimez en eux, quoi qu'elle vous prescrive,
La vérité simple, pure, et naïve;
Et loin de vous chassez tout corrupteur,
Tout complaisant, tout stérile flatteur,
Qui le premier en secret prêt à rire
De vos excès et de votre délire,
Approbateur folâtre et décevant,
Vous y replonge encore plus avant.
De l'honnête homme en qui le vrai réside,
La flatterie inhumaine et perfide
Est l'éternelle et capitale horreur.
Quelque dégoût que l'orgueilleuse erreur
Puisse donner de ses fières maximes,
Ce sont pourtant ces fiertés magnanimes
Qui du public, ami de la vigueur,
Gagnent pour lui le respect et le cœur.
La Vérité, soutenant sa querelle,
Combat pour lui, comme il combat pour elle,
En l'honorant dans ses âpres discours.
Assurez-vous aussi de son secours;
Et, sans chercher une amitié solide
Dans un mérite indulgent et timide,
Attachez-vous, jaloux d'être honorés;
Aux seuls drapeaux du public révérés.
« Mon fils, disait un maréchal illustre [1],
« Vous achevez votre troisième lustre,
« Mais, pour pouvoir noblement figurer
« Dans la carrière où vous allez entrer,
« Souvenez-vous, quoi que le cœur vous dise,
« De ne former jamais nulle hantise
« Qu'avec des gens dans le monde approuvés,
« Chez des amis sages et cultivés.
« Appliquez-vous surtout, c'est le grand livre,
« A vous former dans l'art de savoir vivre :
« Dans ce qu'enseigne un commerce épuré,
« L'esprit toujours trouve un fond assuré.
« Quant au surplus, suivez votre génie;
« Mais ne marchez qu'en bonne compagnie.
« Souvenez-vous que de toute action
« L'autorité fait l'estimation.
« J'aime mieux voir en compagnie exquise
« Mon fils au bal, qu'en mauvaise à l'église.
« Je ne veux point d'un jeune homme occupé
« Faire un pédant, un docte anticipé,
« Afin qu'un jour l'épée ou bien la crosse
« Trouvent un sot dans un Caton précoce :
« Mais je prétends qu'un cavalier bien né
« En sache assez pour n'être point berné
« Par l'impudence et l'air de dictature
« Des charlatans de la littérature.
« Si quelque goût par bonheur vous a lui
« Pour la lecture, étudiez celui
« D'un ami sage, et qui puisse vous dire
« Quand, et comment, et quoi vous devez lire.
« Mille savants, jeunes, ne savaient rien;
« Mais qui sait mal n'apprendra jamais bien.
« Que vos devoirs soient votre grande étude.
« Tel, pour tout fruit de sa sollicitude,
« Ternit son lustre en voulant trop briller,
« Et se dessèche, à force de s'enfler.
« Toute science enfin, toute industrie
« Qui ne tend point au bien de la patrie,
« Ne saurait rendre un mortel orgueilleux
« Que ridicule, au lieu de merveilleux.
« Avec raison le sens commun rejette
« L'homme d'État qui veut être poète,
« Et plus encor ce magistrat flûteur
« Qui de Blavet se fait émulateur;
« Et, malgré lui, confus de sa misère
« De se sentir ignorant dans sa sphère,
« Ne songe pas que c'est encor l'outrer
« Que de savoir ce qu'il doit ignorer.
« Fuyez surtout ces esprits téméraires,
« Ces écumeurs de dogmes arbitraires,
« Qu'on voit, tout fiers de leur corruption,
« Alambiquer toute religion :
« Du pyrrhonisme aplanissant les routes,
« En arguments habiller tous leurs doutes,
« Et, convertir, subtils sophistiqueurs,
« Leur ignorance en principes vainqueurs.
« Il ne vous faut que des sages dociles,
« Aimés du ciel, et sur la terre utiles,
« Qui, de l'honneur louablement jaloux,
« Puissent répondre et pour eux et pour vous :
« Quand vous aurez pour vous la voix des sages,
« Les fous bientôt y joindront leurs suffrages. »

---

[1] Le duc de la Feuillade; créé maréchal de France en 1675, mort en septembre 1691.

De ces leçons que le bon sens dicta,
Qu'arriva-t-il ? Le fils en profita[1] :
Des ses talents la beauté soutenue
D'un choix d'amis de vertu reconnue,
Lui fit braver, dès ses jours les plus verts,
Tous les dangers à la jeunesse offerts ;
Le préserva de ces haines qu'attire
La dédaigneuse èt mordante satire :
Toujours affable, et jamais refrogné,
Et quant aux mœurs, sagement éloigné
Dans tous les temps, même en son plus jeune âge,
Du cagotisme et du libertinage.
Aussi bientôt d'un soin officieux,
La Renommée, ouvrant sur lui les yeux,
Prit la trompette, et, de sa voix féconde
Fit tout à coup, sur la scène du monde,
A ses vertus prendre un air de hauteur
Qui l'y plaça comme premier acteur ;
Et vit enfin tous les rayons du père
Illuminer une tête si chère.
Image simple, emblème familier,
Qui, concluant pour le particulier,
Peut pour le prince également conclure,
Et lui montrer, tout au moins en figure,
D'un grand renom quel est le vrai chemin ;
Qu'un guide sage y conduit, et qu'enfin,
De la vertu par l'exemple formée,
Naît la solide et stable renommée.

[1] Louis, duc de la Feuillade, né en 1673, fut aussi fait maréchal de France en 1724 ; mort, sans postérité, en 1725.

FIN DES ÉPÎTRES.

# ALLÉGORIES.

## LIVRE PREMIER.

### ALLÉGORIE I.

#### TORTICOLIS[1].

C'est de tout temps, que l'erreur adorée
Au genre humain semble être consacrée,
Et que du faux les prestiges subtils
Ont fait des dieux des monstres les plus vils.
Le Nil, fécond en chimères mystiques,
A vu jadis ses peuples fanatiques,
Fous sectateurs de prêtres mensongers,
Chercher des dieux jusqu'en leurs potagers ;
Pleins de respect, aller dans les gouttières
Offrir aux chats leur encens, leurs prières ;
Et, pour surcroît, joindre à ces dieux hagards
Singes, limiers, crocodiles, renards.
Épris encor d'un zèle plus profane,
L'Inde aujourd'hui voit l'orgueilleux Brachmane
Déifier, brutalement zélé,
Le diable même, en bronze ciselé.
Mais à quoi bon de l'humaine chimère
Chercher si loin une preuve étrangère ?
Pourquoi redire en des termes nouveaux
Ce qu'ont écrit Juvénal[2], Despréaux ?
Du Talapoin la demeure idolâtre
De nos erreurs n'est pas le seul théâtre :
Chaque climat, ainsi que l'Indien,
A ses faux dieux, et l'Europe a le sien.
De cette idole, à qui tout est possible,
Je connais trop le courroux inflexible ;
Je sais combien elle hait ses portraits ;
Mais, s'il me faut en adoucir les traits,
Tâchons au moins, dans un tour historique,
D'en crayonner l'image allégorique.
Osons, du Tasse empruntant le pinceau,
Du sombre empire égayer le tableau,
Et des portraits du hardi Michel-Ange
Renouveler le fantasque mélange.
Des fictions la vive liberté
Peint souvent mieux la fière vérité,
Que ne ferait la froideur monacale
D'une lugubre et pesante morale.
  Lorsque le ciel, par nos maux adouci,
A l'univers, dans sa chaîne endurci,
Ayant rendu sa liberté première,
Sur les humains eut versé sa lumière,
On dit qu'un jour le roi des noirs climats
Fit de l'Enfer convoquer les États[1].
L'ordre donné, la séance réglée,
Et des démons la troupe rassemblée,
Furent assis les sombres députés,
Selon leur ordre, emplois, et dignités,
Au premier rang le ministre Asmodée,
Et Belzébut à la face échaudée,
Et Bélial ; puis les diables mineurs,
Juges, préfets, intendants, gouverneurs,
Représentant le tiers état du gouffre.
Alors, assis sur un trône de soufre,
Lucifer tousse, et faisant un signal,
Tint ce discours au sénat infernal :
« Suppôts d'Enfer, redoutables génies,
Qui chaque jour peuplez mes colonies,
Du noir abîme éternels citoyens,
Et de ma fourche invincibles soutiens,
Écoutez-moi. Depuis l'utile trame
Que contre Adam le serpent et la femme
Surent ourdir pour le mettre en nos fers,
Tous les mortels dévolus aux Enfers,
Humbles vassaux condamnés à nos chaînes,
Venaient en foule accroître nos domaines.
Leur long calcul lassait mes intendants :
On s'étouffait dans mes cachots ardents ;
J'élargissais chaque jour nos frontières,
Et le charbon manquait à mes chaudières.
Quels noirs complots, quels ressorts inconnus,
Font aujourd'hui tarir mes revenus ?

---

[1] C'est l'Hypocrisie que le poëte désigne par ce nom, qui veut dire *cou tors*, ou *cou de travers*.
[2] JUVÉNAL, sat. XV, I :

Quis nescit, Volusi Bithynice, qualia demens
Ægyptus portenta colat ? Crocodilon adorat
Pars hæc : illa pavet saturam serpentibus Ibin.
. . . . . . . . . . . . . . . . . . . . . . . . . . .
O sanctas gentes, quibus hæc nascuntur in hortis
Numina ! etc.

J. B. ROUSSEAU.

[1] Voyez le quatrième chant de *la Jérusalem délivrée*.

Depuis un mois, assemblant mes ministres,
J'ai feuilleté mes journaux, mes registres,
De jour en jour l'Enfer perd de ses droits ;
Le diable oisif y souffle dans ses doigts.
On s'y morfond ; et ma cour décrépite
Aux vieux damnés va se trouver réduite.
Parlez : d'où vient ce terrible fléau,
Par qui périt un royaume si beau ? »
Ainsi parla le ténébreux pontife.
Chacun se tut. Alors, levant la griffe,
Leviathan, chancelier de l'Enfer,
Prit la parole, et dit à Lucifer :
« Prince enfumé des âmes criminelles,
Ignores-tu que des lois éternelles
Avaient prescrit le temps de ton pouvoir ?
Il est venu ce temps : ô désespoir !
Du haut du ciel une fille divine
Est descendue ; et, jurant ta ruine,
A, malgré nous, aux humains opprimés
Ouvert les cieux tant de siècles fermés.
La connais-tu, cette fille indomptée ?
Tremblez, démons : son nom est Philothée [1],
*Amour de Dieu.* » Lucifer, frémissant,
Pâlit d'horreur à ce nom tout puissant.
« Sortez, dit-il : je connais ma rivale ;
C'en est assez. « La brigade infernale
Fuit à ces mots, et le tyran des morts
Court de sa fille implorer les efforts.

Près de ce gouffre horrible, épouvantable,
Lieu de douleurs, où le triste coupable
Parmi des flots de bitume enflammé
Brûle à jamais, sans être consumé ;
Séjour de cris et de plaintes funèbres,
Est l'antre impur des anges de ténèbres ;
École antique, où dictant ses leçons,
Le noir Satan forme ses nourrissons.
Tous les démons qui président aux vices
Sous ce recteur y font leurs exercices.
Lui seul les dresse ; et ces monstres divers,
Qui, répandus dans le triste univers,
Ont envahi l'empire sublunaire,
Sont tous sortis de ce noir séminaire :
Tel est l'emploi de ces esprits affreux.
Mais Lucifer, pour les unir entre eux,
Ayant réglé leur rang hiérarchique,
Mit à leur tête une furie étique :
Monstre qui, seul de tous ces faux démons,
A réuni les exécrables dons.
Humble au dehors, modeste en son langage,
L'austère honneur est peint sur son visage.
Dans ses discours règnent l'humanité,
La bonne foi, la candeur, l'équité.
Un miel flatteur sur ses lèvres distille ;
Sa cruauté paraît douce et tranquille ;
Ses vœux au ciel semblent tous adressés ;
Sa vanité marche les yeux baissés ;
Le zèle ardent masque ses injustices ;
Et sa mollesse endosse les cilices.
Jadis la Fraude et l'Orgueil fastueux
Mirent au jour cet être monstrueux ;
Et, se voyant sans espoir de famille,
Le vieux Satan l'adopta pour sa fille.
On dit qu'alors tout l'Enfer s'assembla,
Et que par choix le conseil l'appela
Torticolis ! figure symbolique
De son col tors et de sa tête oblique.

Satan l'aborde, et lui parle en ces mots :
« Fille d'Enfer, si dans mes noirs cachots
Tu tins toujours la plus illustre place ;
Si la Fureur, la Vengeance, l'Audace,
La Jalousie, et ses tragiques sœurs,
T'ont fait sucer leur lait et leurs noirceurs ;
Souffriras-tu qu'une rivale altière
Du genre humain devienne l'héritière ?
Que Philothée, insultant aux enfers,
De mes captifs ose briser les fers ?
Réveille-toi ! venge notre infamie :
Cours détrôner ma superbe ennemie.
Sers mon courroux, ma fille ; et montre-toi
Le digne appui d'un père tel que moi. »
A ce discours, l'infernale harpie
Frémit de rage ; et, sur sa tête impie
Faisant siffler ses serpents furieux,
Prend son essor vers les terrestres lieux.
O jours ! ô temps féconds en saints modèles,
Où tous les cœurs équitables, fidèles,
Ne connaissaient de biens purs et parfaits
Que l'amitié, la justice, et la paix !
Où le vieillard mourait dans l'innocence ;
Où l'opulent signalait sa puissance
Plus par ses dons que par ses revenus :
Siècles heureux, qu'êtes-vous devenus ?
Le pauvre alors contemplait sa misère
Sans nul effroi ; le riche était son frère.
La Convoitise était un monstre affreux.
Sur les débris du faible malheureux
Le plus avare eût tremblé de s'accroître :
La Charité même régnait au cloître.
Torticolis et ses mensonges vains,
Étaient alors ignorés des humains ;
Mais l'univers, martyr de son audace.
A son abord changea bientôt de face ;
Et par degrés ce monstre accrédité
Chassa bientôt et Zèle et Charité.

[1] Des deux mots grecs Φίλος et θεός.

Elle eut dans peu trouvé son domicile,
Et commençant par le plus difficile,
Ses premiers soins, au sortir des Enfers,
Furent d'aller de déserts en déserts
Empoisonner ces pieux solitaires,
Des dons du ciel, premiers dépositaires.
« Par quelle erreur, cénobites obscurs,
Livrés en proie aux travaux les plus durs,
Vivre enterrés au fond d'une chaumière,
Loin des humains et loin de la lumière?
Le ciel, ce ciel l'objet de vos amours,
Est-il donc fait pour l'homme ou pour les ours?
Venez, venez vous montrer dans les villes :
Ne laissez pas vos vertus inutiles;
Et, par l'exemple instruisant les mondains,
Allez peupler les cieux de nouveaux saints. »
Elle assembla sa première milice.
Mais c'était peu de ces faibles essais;
Son cœur aspire à de plus hauts succès.
Déjà l'on voit les chefs du sacerdoce
D'elle acheter et la mitre et la crosse :
Des biens du siècle avares moissonneurs,
Suivre à grands flots ses drapeaux suborneurs;
Et sur l'autel, au pied du sanctuaire,
Ne portant plus qu'un zèle mercenaire,
Faire servir l'arche d'humilité
De marchepied à leur cupidité.
Dès ce moment, plus d'amour paternelle,
Plus de devoirs, plus d'ardeur, plus de zèle :
Dans leurs pasteurs, les troupeaux innocents
Ne trouvent plus que des loups ravissants.
La Vérité, du commerce est chassée;
L'Équité fuit, honteuse et délaissée;
Et l'Intérêt, de son nom revêtu,
Sous l'étendard de la fausse vertu,
Attire enfin à la fille infernale
Tous les sujets qu'avait eus sa rivale.
Torticolis, voyant tous les mortels
De Philothée abjurer les autels,
Le front paré d'un riche diadème,
Prend son manteau, son sceptre et son nom même:
« Venez à moi, venez, peuples chéris!
Je tiens les clefs du céleste lambris;
C'est moi qui suis cette vierge sacrée,
Fille du ciel, des anges adorée.
Voyez ce teint pâle et mortifié,
Ces yeux roulants, ce front sanctifié;
Cette ferveur, dont les aigres censures
N'épargnent pas les vertus les plus pures;
Ces fiers sourcils, de la joie offensés,
Et ces soupirs en public élancés :
C'est moi, vous dis-je. » A cette fausse pompe
Chacun la croit; elle-même s'y trompe :

Et, se croyant vrai rejeton des cieux,
Sur les humains baisse à peine les yeux.
Tristes captifs, misérables esclaves,
Nés pour porter mon joug et mes entraves :
Leurs noms, leurs droits, leurs libertés, leurs biens,
Tout est à moi; leurs États sont les miens.
La voix du ciel, qui pour moi se déclare,
M'a commandé d'usurper la tiare,
D'assujettir l'univers sous mes lois,
Et de donner des fers mêmes aux rois.
Je puis sur eux faire éclater la foudre,
Les condamner, les punir, les absoudre;
De leurs États disposer à mon gré;
Les dépouiller de leur bandeau sacré;
De leurs sujets armant les mains impures,
Sanctifier leurs fureurs, leurs parjures;
Et par devoir forcer tous les humains
A violer les devoirs les plus saints.
Tel est l'orgueil de ce monstre sauvage ;
L'ambition est son premier partage.
Cent fois la terre a vu, non sans horreur,
Tout ce que peut Tisiphone en fureur
Imaginer d'affreuses tragédies :
Meurtres, poisons, ravages, incendies,
Pères, enfants, l'un par l'autre immolés,
Pour assouvir ses désirs déréglés.
Surtout l'objet des traits de sa vengeance
Est la vertu, dont la splendeur l'offense.
Qui lui refuse un idolâtre encens
Se livre en proie à ses glaives perçants;
Toute vertu doit être sa vassale.
Mais, pour servir sa dévote cabale,
Il n'est ressorts, intrigues, ni détours,
Dont sa chaleur n'emprunte les secours.
Jamais la Fable et ses burlesques gloses
N'ont approché de ses métamorphoses.
Il n'est faquin si vil, si délabré,
Qui, par son art, ne soit transfiguré;
Et qui, changeant sa mandille [1] en simarre,
Ne puisse atteindre au poste le plus rare.
Il n'est poltron, si connu par le dos,
Qu'elle n'érige en superbe héros.
Un tabarin, mordant, caustique, et rustre,
Devient par elle un sénateur illustre;
Et d'un pédant barbouillé de latin,
Elle fabrique un nouvel Augustin.
Ainsi de biens et d'honneurs sans limites
Torticolis comble ses prosélytes.

[1] Espèce de casaque, autrefois à l'usage des laquais : témoin ce vers de Boileau :

Et l'eût-on vu porter la *mandille* à Paris.

Cette casaque se composait de trois pièces, dont l'une pendait sur le dos, et les deux autres sur les épaules.

Heureux encor, si ses illusions
N'enfantaient point d'autres confusions ;
Et si, du moins ses prestiges magiques
Étaient bornés aux seuls êtres physiques !
Mais l'univers n'a rien de si sacré,
Qu'elle ne farde et n'habille à son gré.
On ne sait plus, grâce à ses artifices,
Comment sont faits les vertus ni les vices.
Tout n'est plus rien que problèmes, détours,
Subtilités, sophismes, vains discours ;
Et le plus fin doute, en ce trouble étrange,
Si l'ange est diable, ou si le diable est ange.
Démentez-moi, vous, ses chers favoris,
Lâches flatteurs au mensonge aguerris,
Qui, chez les grands étalant vos maximes,
Leur enseignez l'art de pécher sans crimes ;
Ou qui, cachant vos désirs vicieux
Sous des dehors saintement spécieux,
Par la vertu d'un coup d'œil sophistique
Changez le plomb en or philosophique :
Si vous l'osez, dis-je, démentez-moi !
Mais bien plutôt parlez de bonne foi ;
Et confessez que la nature humaine
Doit tous ses maux à votre infâme reine ;
Que sa fureur presque à tous les humains
Du ciel ouvert a fermé les chemins ;
Et qu'à la fin, de son trône sublime
Ayant chassé leur reine légitime,
L'homme, affranchi du tribut des Enfers,
Par elle seule est rentré dans ses fers.

## II.
## LA VOLIÈRE.

Qui voudra voir cigognes attroupées
Doit naviguer sur l'Hèbre thracien ;
Qui veut savoir où sont poules jaspées
Visitera le bord numidien ;
Qui se fera d'Hymette citoyen
Verra foison d'abeilles et de ruches ;
Et voyageant au pays indien,
L'air trouvera tout peuplé de perruches :
Car en ses lois Nature a limité
A chaque espèce un climat affecté.
Mais si quelqu'un de l'espèce emplumée,
Qu'on nomme Amours, a curiosité,
Paris tout seul doit être visité :
Ville ne sais de tant d'Amours semée.
Pour ce seul point croirais qu'on l'a nommée
Paris sans pair. Or, sans obscurité,
Expliquons-nous. C'est qu'en cette cité,
De cent palais, de cent hôtels fournie,
Est un hôtel entre tous exalté,

Non pour loger richesse et vanité,
Lambris dorés, peinture bien finie,
Lits de brocard, ou telle autre manie ;
Mais pour loger la nymphe Vaubanie[1],
En qui reluit gentillesse, beauté,
Noblesse d'âme, hilarieux [2] génie,
Et don d'esprit, par-dessus l'or vanté.
En ce lieu donc Amours de tout plumage,
De tout pays, de tout poil, de tout âge,
Des bords de l'Elbe et des rives du Tage,
De toutes parts viennent se rallier,
Tels que pigeons volant au colombier.
Il en arrive et de France et d'Espagne,
Et d'Italie et du nord d'Allemagne.
Ceux-là petits, mais alertes et vifs ;
Ceux-ci plus grands, mais lourds, froids et massifs ;
Et ce qui plus l'attention réveille,
Quand vous voyez ces petits enfançons,
C'est qu'ils sont tous différents à merveille ;
Car il en vient de toutes les façons :
Amours pimpants, frisques[3], et beaux garçons ;
Petits Amours à face rechignée,
Amours marquis et de haute lignée ;
Amours d'épée, Amours de cabinet,
Amours de robe et portant le bonnet
( D'iceux pourtant est petite poignée ) ;
Tous vont chez elle employer la journée.
Amours barbons y font même leurs cours
De vieux dictons, logique et beaux discours
Tout hérissés : enfin toute l'année,
Dimanche ou non, s'y tient foire d'Amours.
Comme l'on voit, en l'automne première,
Feuilles à tas dans l'Ardenne pleuvoir,
Ou bien oiseaux voler par fourmilière
Sur un grand pin, qui leur sert de dortoir :
Ainsi voit-on du matin jusqu'au soir
Petits Amours, oiseaux de sa volière,
Pleuvoir en foule en ce gentil manoir ;
Et fait bon voir, attroupés autour d'elle,
Tous ces oiseaux leur plumage étaler,
Se rengorger, piaffer [4], caracoler,
Toujours sifflant chanson et ritornelle,
Et petits airs, langage de ruelle ;
Puis jeux badins, volatile nouvelle,
De gentillesse avec eux disputer,

---

[1] Madame d'Ussé, fille du maréchal de Vauban. (Voyez l'épître II du premier livre.)
[2] Gai, jovial, du latin *hilaris*.
[3] *Frisque*, pour joli, gentil. Il n'est plus usité, et a toujours appartenu au style burlesque.
[4] *Piaffer*, terme de vieux langage, pour crier, se vanter, faire du bruit et de l'éclat. C'est aujourd'hui un terme de manège : il se dit d'un cheval qui, en marchant, lève les jambes de devant fort haut, et les replace presque au même endroit, avec précipitation.

Voler soupirs, et petits soins trotter
Par le logis, or' fretillant de l'aile,
Or' de la queue, or' des pieds tricoter,
Danser, baller, tripudier ¹, sauter.
Oncques ne fit le vrai Polichinelle
Semblables tours. Ainsi dans la maison
Joyeusetés, farces, badineries,
Inventions, et telles drôleries,
Hiver, été, sont toujours de saison :
Momus lui-même, avec ses momeries ²,
Ne nous rendrait à rire plus enclins :
Car en tout temps ces petits Trivelins
Vont inventant nouvelles singeries,
Et prend la nymphe, au visage vermeil,
A leurs ébats passe-temps nonpareil.

Mais, après tout, un point me scandalise,
Et suis honteux, s'il faut que je le dise,
De voir comment ces pauvres insensés,
Qui, pour l'honneur d'être ses domestiques,
Ont laissé là leurs meilleures pratiques,
De leur travail sont mal récompensés !
Car ne croyez qu'ils aient gros apanages :
Ainsi y sont tous très-chichement payés,
Ne gagnant rien, fors quelques arrérages
De mots dorés, ou tels menus suffrages,
Et les croit-on encor salariés
Trop grassement ! maints la servent sans gages :
Maints, la servant, sont bafoués, honnis,
Moqués, bernés, traités comme Zanis ³ :
Pour tout guerdon ⁴ on les pille, on les tance,
Et quelquefois soufflets d'entrer en danse ;
Mieux aimerais être esclave à Tunis.
Partant, Amours, qui n'avez point de nids,
Cherchez ailleurs ; mal sûr est cet hospice :
Dehors sont beaux et beau le frontispice ;
Mais le dedans, autre est la question !
Je m'en irai si l'on me fait outrage,
Me direz-vous. Hé ! pauvre alérion ⁵,
Quand une fois on est en cette cage,
On n'en sort plus : c'est l'antre du lion.
Pour échapper de si forte bastille,
Vous chercheriez en vain porte ou guichet ;
Tout votre effort serait pure vétille.
Plus fins que vous sont pris au trébuchet.

¹ *Tripudier*, du latin *tripudiare*, sauter et frapper du pied la terre en cadence.
² Plaisanteries inventées à dessein pour faire rire ou pour tromper quelqu'un ; affectation ridicule d'un sentiment qu'on n'a pas : du grec μῶμος, railleur, moqueur ; d'où *Momus*.
³ *Zani*, personnage bouffon de la comédie italienne.
⁴ Salaire, récompense : de l'italien *guerdone*, tiré lui-même du grec κέρδος.
⁵ *Alérion*, nom vulgaire du martinet noir ; ici, un oiseau en général.

III.

LA LITURGIE DE CYTHÈRE.

Le dieu d'Amour en faisant sa visite,
Comme doit faire un pasteur bien appris,
Voulut revoir sa ville favorite,
Et terminer sa course dans Paris.
Là, contemplant le progrès de ses flammes,
Il jette l'œil sur son petit troupeau,
Joyeux, refait, séjourné ¹, gras et beau,
Et reconnaît toutes ces bonnes âmes
Qu'il instruisit au sortir du berceau ;
Mais au milieu de ses saintes ouailles,
Il est surpris de voir une beauté
Qu'il ignorait, et qui dans nos murailles
A depuis peu son séjour transporté.
De toutes parts autour de l'inconnue
Il voit tomber comme grêle menue
Moisson de cœurs, sur la terre jonchés,
Et des dieux même à son char attachés.
« Ouais ! qu'est ceci ? dit l'enfant de Cythère ;
Ce jeune objet, plus vermeil que corail,
A notre loi voudrait-il se soustraire ?
Oh ! par Vénus, nous verrons cette affaire. »
Si s'en retourne aux cieux dans son sérail,
En ruminant comment il pourra faire
Pour attirer la brebis au bercail.
Or, il avint que la Nymphe, en goguettes,
Et ne sachant, comme on dit, rien de rien,
En disputant sur certaines sornettes,
Que quelques-uns appuyaient mal ou bien,
Fit de sa bouche échapper par fortune
Un certain mot... Comment dire ceci ?
Un mot... Ce mot que le dévot Neptune
N'acheva pas ² ; vous m'entendez d'ici.
La belle alors de rougeurs infinies
Se colora ; mais du plus haut des cieux
Amour l'ouït, et cria tout joyeux :
« Bon, la voilà qui dit nos litanies !
Elle est à nous : voilà les propres mots
Que de tout temps dame Vénus ma mère
A consacrés à ce joyeux mystère,
Que l'on célèbre à Cythère, à Paphos.
Jeune beauté, par qui je vois reluire
D'un feu nouveau mes antiques autels,
Je veux toujours te protéger, t'instruire :
Je t'apprendrai de quel ton il faut dire
Ces autres mots graves et solennels

¹ *Séjourné*, qui a pris du repos et de l'embonpoint : peu usité, même dans le style familier, auquel il appartient.
² Allusion un peu forcée, et plus qu'allégorique, au fameux *Quos ego !...* de Neptune, dans l'*Énéide*.

Qui sont marqués dans mes saints rituels;
Et si déjà le pouvoir de tes armes
Force des dieux à te faire la cour,
Que ne doit-on attendre de tes charmes,
Quand tu seras instruite par l'Amour? »

## IV.

### ÉCLAIRCISSEMENTS DE L'AUTEUR

#### SUR L'ALLÉGORIE SUIVANTE.

Cette pièce fut composée au mois de décembre de l'année 1713. Les prophéties allégoriques de Merlin semblaient alors toucher d'assez près à leur accomplissement; et le prince qui en fait le sujet [1] n'avait pas d'autre nom que celui de roi dans le pays où je suis né : mais comme les choses ont pris maintenant une face très-différente, peut-être n'aurais-je point songé à publier un ouvrage qui ne saurait plus être du goût de tout le monde, si ce même ouvrage n'avait déjà été rendu public par les copies qui en ont couru dans le temps qu'il fut fait. Je le donne ici tel qu'il est, persuadé qu'il y a encore plus de honte à désavouer ce qu'on a une fois écrit, que de prudence à s'en dédire.

Le reproche qu'on peut me faire d'avoir mal deviné m'est commun avec tous ceux qui jugeaient alors comme moi; et je ne pense pas qu'on puisse m'en faire d'autres, n'étant jusqu'à présent lié par aucun engagement contraire à mes premières idées; et mon principal soin ayant été, comme on le peut voir, d'éviter tout ce qui peut blesser le respect dû aux puissances, et en particulier à une nation composée de tant de personnes également recommandables par l'élévation de leur courage et la profondeur de leur génie.

(ROUSSEAU.)

## LA GROTTE DE MERLIN [2].

Cette île noble, antique, et renommée,
Qui de Neptune à tel point fut aimée [3],
Qu'un de ses fils voulut s'y renfermer,
Et de son nom Albion la nommer,
Mainte merveille en son sein fait reluire,
Qu'en ces vers-ci je ne prétends déduire,
Par le menu, les chroniqueurs passés
En leurs recueils les déduisant assez.
Pour le présent, suffit d'en citer une,
Une sans plus; mais qui peut mieux qu'aucune
Passer pour rare, et que je garantis
Sur le rapport de ces recueils gentils.
Ce sont ces rocs, autrement gonds de pierre,
Qu'on voit semés en cette noble terre,
Tout à travers d'un champ vert et fleuri,
Que gens du lieu nomment Sarisbery;
Et que Merlin jadis par son génie
Fit transporter des Marches d'Hybernie :
Car tels rochers ne sauraient bonnement
Se trouver là, fors par enchantement.
Or, notez qu'entre ces roches nues,
Qui par magie en ce lieu sont venues,
S'en trouvent sept, trois de chacune part,
Une au-dessus; le tout fait par tel art,
Qu'il représente une porte effective,
Porte vraiment bien faite et bien naïve;
Mais c'est le tout : car qui voudrait y voir
Tours ou châtels, doit ailleurs se pourvoir;
Et ne sait-on encor pour quel office
Ce haut portail est là sans édifice.
Mais ces secrets arcanes et sacrés,
Ja ne sont faits pour être pénétrés,
Fors de ceux-là, que vaillance autorise
A pourchasser vertueuse entreprise :
L'épée au poing, fendant jusqu'aux talons
Traîtres géants, Endriaques félons,
Tant que par eux soit mis hors de servage
Quelque empereur ou roi de franc lignage.
Entre ceux-là furent prisés jadis
Agésilan, Florisel [1], Amadis,
Et maints encor, de qui Dieu par sa grâce
Jusqu'en nos jours a conservé la race :
Témoin cettui que je vais publier,
Sage entre tous et discret chevalier,
Qui mérita par sa force invincible,
D'être introduit dans la grotte invisible;
Et que l'on tient issu selon la chair,
De Palmerin, le chevalier sans pair [2].
Icelui preux vers les roches décrites [3]
Allait chantant les vertus et mérites
Du prince Artus [4], des bons tant regretté;
Et récitait, sur son luth argenté,

---

[1] Il s'agit de Jacques III, frère de la reine Anne, et si connu dans l'Europe sous le nom de *Chevalier Saint-Georges*, ou du *Prétendant*. (ÉDIT.)

[2] J'ai changé le titre de *Roches de Salisbury*, sous lequel cette allégorie a été d'abord donnée dans le monde. Ces roches passent pour une des merveilles de l'Angleterre : on les appelle *Gonds* ou *Portes de pierre*, comme je l'ai marqué plus bas; parce qu'il s'en trouve en effet quelques-unes qui ont la figure d'une porte. La Fable veut que Merlin les ait transportées d'Irlande au lieu où elles sont : c'est ce qui m'a donné l'idée de placer en cet endroit la grotte de cet enchanteur. (R.)

[3] La tradition fabuleuse veut qu'un fils de Neptune, appelé Albion, ait le premier régné dans l'île de Bretagne, à laquelle il donna son nom. (R.)

[1] Ce sont deux chevaliers très-célèbres, dans le douzième tome du roman des *Amadis*. (R.)

[2] Le roman de *Palmerin d'Angleterre* est assez connu. (Voyez l'éloge que Michel Cervantes en fait dans le premier volume de *Don Quichotte*. (R.)

[3] Il est aisé de voir de qui j'entends parler, pour peu qu'on ait de connaissance de l'histoire du temps. (R.)

[4] Le roi Artus (ou Arthur) est le Charlemagne des Anglais et le grand héros de leurs romans, comme celui-ci l'a été des nôtres. On peut voir dans Lancelot du Lac une partie des

## ALLÉGORIES, LIVRE I.

Ce lui plaintif : « O rives britanniques !
« O roi, dompteur des Saxons tyranniques,
« Si, comme on dit, par don surnaturel,
« Tu dois revoir ce monde temporel,
« Et revenir chasser hors de nos terres
« Rébellions, débats, troubles et guerres,
« Que tardes-tu ? viens revoir ton palais !
« Viens de prison tirer la douce Paix,
« Qui las, hélas ! désolée et chétive,
« Chez Faction languit toujours captive [1]. »
Ainsi chantait le chevalier dolent.
Lors lui sembla qu'une voix, l'appelant
Par son vrai nom, lui parla de la sorte :
« Si les esprits qui gardent cette porte,
« En paraissant, n'effarouchent tes yeux,
« Tu peux entrer. » Le paladin joyeux,
A qui frayeur n'entra jamais dans l'âme,
Prend son écu, se commande à sa dame,
Approche, arrive ; et démons de hurler,
De tempêter, crier, siffler, voler,
Mais pour néant : car sans crainte ni doute,
Le champion poursuit toujours sa route.
Si qu'eussiez vu tous ces diables cadets,
Larves, Lutins, Lémures, Farfadets,
Spectres volants, Ténébrions, Génies,
En moins de rien cesser leurs litanies,
Et s'éclipser à tout leur carillon,
Comme étourneaux devant l'émerillon.
Eux départis, ô merveille imprévue !
La terre s'ouvre, et ne s'offre à la vue
Qu'un antre sombre, enfumé, caverneux,
Où d'un brandon l'éclat fuligineux [2]
Semble éclairer par ses lueurs funèbres
L'affreux manoir du prince des ténèbres.
A la clarté du flambeau stygial,
Par cent degrés le chevalier loyal
Descend au creux de la spélonque [3] obscure,
Et trouve enfin, pour l'histoire conclure,
Un huis fermé, qui s'ouvre sur l'instant,
Et lui découvre un palais éclatant :
Palais, non pas, mais grotte émerveillable,
Telle que l'œil n'en vit onc de semblable :
Et que jamais sage n'obtint pour don,
Telle demeure, hormis Apollidon [1].
Car c'est illec [2] que la troupe des Gnomes,
Dominateurs des terrestres royaumes,
A rassemblé, pour leur prince honorer,
Tout ce qui peut son séjour décorer;
Ambre, corail, ivoire, marguerites [3],
Perles, saphirs, jacinthes, chrysolites,
Riches métaux, azur corinthien,
Jaspe, porphyre et marbre phrygien,
Sans oublier mainte fine escarboucle,
Et diamants proprement mis en boucle
Tout à l'entour, de qui l'éclat riant
Pâlir ferait le soleil d'Orient.
Or, entendez qu'en ce lieu de lumière,
Où l'art encor surmonte la matière,
Brille surtout, de rubis étoilé,
Un siége d'or finement ciselé,
Où reposait le très-noble prophète,
Qui cette grotte a choisi pour retraite,
Et fut jadis, sous le roi Pendragon [4],
Des enchanteurs clamé [5] le parangon [6],
Bien paraissait être icelui prud'homme,
Prince de ceux que sages on renomme [7],
Tant à le voir semblait homme de bien,
Vieillard honnête et de noble maintien !
Si qu'eux, voyant seulement son visage,
Eussent pour chef accepté cettui sage,
Qui tout à l'heure en son séant dressé,
Ayant trois fois éternué, toussé,
Les yeux luisants comme deux girandoles,
Au damoisel adressa ces paroles :
« Je suis Merlin, qu'en vulgaire sermon
Vos vieux conteurs prêchent né du démon [8],
Attribuant, par malice grossière,
L'extraction des enfants de lumière
A la vertu de cet esprit vilain,

---

merveilles que la fable a ajoutées à l'histoire pour illustrer ce prince : elle prétend même qu'il n'est point mort, qu'il n'a fait que disparaître, et qu'il doit venir un jour régner encore une fois sur l'Angleterre, et y ramener le siècle d'or. Ce qui est de vrai, c'est que son règne fut très-glorieux, et qu'il défit les Saxons en beaucoup de combats. J'ai cru que le style que j'ai choisi m'autorisait à faire descendre de ce héros le prince dont je parle ; d'autant mieux que cette imagination est assez vraisemblablement fondée sur l'histoire, comme on le verra dans la suite. (R.)
— Arthur vivait au commencement du sixième siècle. L'écrivain qui a mis le plus de soin à éclaircir son histoire, Withaker, dérive son nom de *Arth-uir* ou souverain des Silures. Il fut enterré à Glassembury ; et son tombeau, découvert en 1189 sous le règne de Henri II, était décoré d'une petite croix de plomb, sur laquelle on lisait ces mots : *Hic jacet inclytus rex Arturius, in insula Avalonia.* (ÉDIT.)

[1] On entend assez que je veux parler des deux fameux partis qui divisent aujourd'hui l'Angleterre. (R.)
[2] *Fuligineux* : du latin *fuligo*, noir, couleur de suie.
[3] Du latin *spelunca*, une caverne.

[1] Voyez la description du palais d'Apollidon, dans le second et le quatrième livre des *Amadis*. (R.)
[2] *Illec*, là, *illic*.
[3] *Marguerites*, des perles : *margaritæ*.
[4] Utter Pendragon était le père du roi Artus ; et Merlin vivait dans le cinquième siècle, sous ces deux rois, et sous Vortiger, leur prédécesseur. (R.)
[5] *Clamé*, nommé, proclamé.
[6] *Le parangon*, le modèle, le patron.
[7] Merlin est le plus ancien, aussi bien que le plus considérable, de tous les enchanteurs dont les romans fassent mention. (R.)
[8] On a dit que Merlin était né d'un démon incube et d'une princesse anglaise, religieuse à Kaer-Merlin. (R.)

Qui de l'Enfer fut créé châtelain.
J'ai visité là-haut vos colonies,
Suivant les us de nous autres génies,
Et fus longtemps prophète en Albion,
Dont je plorai l'inique oppression,
Quand Vortiger [1] dans le sein britannique
Eut attiré le serpent teutonique [2].
O mon pays? ô Bretons redoutés!
Défiez-vous des peuples allaités
Loin de vos bords! fuyez leur parentage;
Car c'est d'iceux qu'est né votre esclavage.
Je disparus en ce conflit amer ;
Et par mon art transportai d'outre-mer
Les hauts rochers qui servent de barrière
A cette grotte, où, bornant ma carrière,
Démogorgon [3], notre roi souverain,
M'a fait seigneur du peuple souterrain.
C'est cette gent dont l'esprit tutélaire [4]
Va parcourant votre monde polaire,
Où je l'envoie en invisibles corps
Examiner les troubles et discords,
Qui par l'engin du père d'impostures
Vont affligeant mortelles créatures.
Par eux adonc m'ont été rapportés
Tous vos débats, maux et calamités,
Qui, par révolte et ruses infernales,
Ont affolé vos provinces natales,
Si que la paix oncques n'y peut mûrir,
Tant qu'y verrez iniquité fleurir ;
Car ne croyez pouvoir par artifice
Paix rétablir, sans l'aide de justice.
Par quoi d'abord détruire vous convient
L'enchantement où Fraude la détient,
Fraude, sans qui rebelle Félonie
N'eût engendré superbe Tyrannie,
Et Faction, mère de tous les maux
Qui sont sortis des paluds [5] infernaux.
Or puisque en toi n'est encore effacée
La souvenance et mémoire passée
Du prince Artus, la merveille des rois,
Je veux du sort t'interpréter les lois,
Et t'expliquer les divins caractères
Qui sont enclos au livre des mystères. »
Ces mots finis, le vieillard s'arrêta,
Puis se signant, quelques mots marmotta
En feuilletant son grand antiphonaire,
Où, par comment [1] et glose interlinaire,
Se touche au doigt et se montre éclairci
Tout l'avenir ; lors poursuivit ainsi :
« Ce brave Artus, de qui l'ardente épée
Au sang germain tant de fois fut trempée,
De ses hauts faits le monde récréant,
Usurpateurs eût mis tous à néant,
Si d'Atropos la colère félonne
N'eût d'Albion renversé la colonne.
Ah! male mort, tes larronnesses mains
Nous l'ont tollu [2], le plus grand des humains!
Et rien n'y font ceux-là, dont le bon zèle
Dans les hauts cieux, comme Énoch, le recèle;
D'où quelque jour, à les ouïr narrer,
Il reviendra son pays bienheurer.
Tous ces rébus d'antiques prophéties
Ne sont qu'amas de vieilles facéties,
Dont le droit sens et mystère caché
Est, sans emblème, en ce livre épluché.
« De ce bon roi l'héroïque lignée [3];
Au fond des bois réduite et consignée,
Donna longtemps aux fidèles Gallois
Chefs souverains et magnanimes rois;
Tant qu'une sœur de ces généreux princes [4]
Dont le Germain détenait les provinces,
Le grand Walter en ses flancs enfanta,
Qui leur vrai sang chez les Pictes porta.
Ici d'Artus la tige est mi-partie
Entre les rois de l'antique Scotie;
Puis se rejoint dans le sang bien-aimé [5]
Du bon Henri, le Sage surnommé,
Qui, s'unissant à la royale race
Du preux Walter, fait revivre la trace

[1] Ce fut ce prince qui attira les Saxons en Angleterre; et on prétend que Merlin lui fit voir par ses enchantements que ces nouveaux venus lui ôteraient la couronne et la vie. (R.)
[2] Les Anglo-Saxons, qui usurpèrent la Grande-Bretagne, venaient de la Basse-Germanie, où ils habitaient le long des bords de l'Elbe et du Weser, autrefois la demeure des Cimbres et des Teutons. (R.)
[3] Démogorgon est le prince des génies et des fées. Voyez ce qu'en dit Aristote dans son quarante-sixième chant. (R.)
[4] Les visions de la cabale et de la Fable moderne ne sont qu'une extension vicieuse des principes de la philosophie des anciens, et de la religion même, qui reconnaît, entre Dieu et l'homme, des intelligences moyennes, lesquelles observent tout ce qui se fait sur la terre, et examinent toutes les actions des hommes. (R.)
[5] Paluds, marais : paludes.

[1] Comment, commentaire : commentum.
[2] Tollu, enlevé : du verbe latin tollere.
[3] Tout ce qui suit est fondé sur la vérité de l'histoire. Les descendants d'Artus, poursuivis par les Saxons, se réfugièrent dans les montagnes du pays de Galles, où ils fondèrent un huitième royaume, indépendant des sept autres, qui partageaient l'Angleterre sous la domination saxonne. (R.)
[4] Vers le milieu du onzième siècle, Fléante, fils de Banco, s'étant réfugié dans le royaume de Galles, pendant que le tyran Machet régnait en Écosse, y épousa la sœur du roi, et en eut le fameux Walter ou Gaultier, premier des Stwarts, de qui sont descendus les rois qui ont régné depuis en Écosse et en Angleterre. (R.)
[5] Henri VII, surnommé le Sage, était petit-fils d'Aventider, seigneur du pays de Galles, issu par Cadovallare des souverains qui avaient régné sur cette principauté, depuis que les descendants d'Artus s'y furent retirés. Marguerite, fille de Henri, épousa Jacques IV, roi d'Écosse; et c'est en vertu de cette alliance que les Stwarts ont hérité de la couronne d'Angleterre. (R.)

## ALLÉGORIES, LIVRE I.

Des rois bretons, dans la douce union
De l'Albanie[1] au règne d'Albion[2].
Or, entends-moi. Quoique maint docte livre
Conte qu'un jour Artus doive revivre
Pour les destins de votre île amender,
Si ne devez ce discours regarder
Que comme un type, ou sermon prophétique,
Qui vous décrit l'avénement mystique
D'un jeune roi de son sang descendu,
Qui, par justice à son peuple rendu,
Doit extirper discordes intestines,
Guerres, débats, scandales, et rapines;
Si que pourrez par lui revoir encor
En Albion triompher l'âge d'or,
Et retourner prospérité, richesse,
Dilection, paix, amour et liesse.
Il, de vos bords en naissant disparu,
Terres et mers dès l'enfance a couru,
Et s'est appris, par épreuve importune,
A supporter l'une et l'autre fortune,
Afin qu'un jour, par son exemple instruit
De tout le mal qu'iniquité produit,
Justice et droit à tous il sache rendre,
Aider le faible, et l'opprimé défendre.
La noble fée et le sage devin
Qui de ce prince ont, par vouloir divin,
Jusqu'à ce jour régi la destinée,
Ja dès longtemps sa naissance ont ornée,
L'une, des dons qui le corps font chérir;
L'autre, de ceux qui font l'âme fleurir :
Tant qu'à le voir nul presque ne peut dire
Lequel en lui plus de tendresse inspire,
Grâce ou vertu, ne qui réussit mieux
A l'admirer, ou le cœur, ou les yeux.
Déjà le Dieu qui des combats décide
De près a vu comment ce jeune Alcide
Sait manier les instruments de Mars,
Écus, hauberts, lances, et braquemarts,
Et mépriser, dans le champ des batailles,
Repos oisif, périls, et funérailles;
Dont aisément se peut imaginer
Comme en son temps il saura gouverner
Ses ennemis, si quelqu'un s'en escrime :
Non pas les siens; car son cœur magnanime
Ne connaîtra pour ses vrais ennemis
Que ceux du peuple en sa garde remis.
Aussi dans peu ce peuple réfractaire

Réparera sa coulpe[1] involontaire;
Et pour bientôt faction enterrer,
Le jeune roi n'aura qu'à se montrer.
Car quel esprit, tant soit-il intraitable
Et for-issu[2] du manoir délectable
D'entendement pourrait, à son aspect,
N'être saisi d'amour et de respect?
Est-il lion, tigre ou serpent d'Afrique,
Qui, contemplant le regard héroïque,
Le noble éclat, et la douce fierté
Qui, sur ce front rempli de majesté,
Marque si bien ce qu'il est et doit être,
Ne s'amollît et ne connût son maître?
Partant, croyez qu'encontre ses regards
Point ne tiendront les gentils léopards[3]
(Point n'y tiendraient ogres anthropophages),
Tous seront bons, tous seront beaux et sages :
Antiques mœurs il ressuscitera,
Gloire et vertu tromper il fera.
Que dirai plus! il fermera le temple
Du vieux Janus; et sera son exemple,
Des bons l'amour, et des méchants l'effroi.
Finalement ce légitime roi
Fera partout fleurir paix et justice :
Justice et paix, mères de tout délice,
Sans qui richesse, honneur, prospérité,
Font plus de mal que honte et pauvreté.
Alors banquets et festins domestiques,
Danses, chansons, épinices[4] rustiques,
Tournois, béhourds[5], et tous autres ébats
Retourneront francs de noise et débats,
Et durera cette joie établie
En Albion, jusqu'au retour d'Élie.
O de tout bien principe et fondement!
O lors en terre, et non point autrement,
Repos, douceur, allégresse, innocence,
Déduit, soulas, désirs, et jouissance!
Levez vos cœurs et tendez vos esprits,
Peuples heureux, à ces ordres prescrits
Par le vouloir de la fée immortelle,
Qui vos destins a pris en sa tutelle. »
A tant se tut le vieillard nonpareil.
Lors s'inclina le chevalier vermeil,
Qui, méditant, en extase profonde,
Ce grand oracle et mystère, où se fonde
Tout gentil cœur ami de son devoir,
Fut transféré par magique pouvoir
Dans le palais de la haute pairie[6],

---

[1] C'est ainsi que l'Écosse est souvent nommée par les anciens auteurs. L'Albanie n'est plus qu'une province particulière, avec le titre de duché, qui a été quelquefois donné aux fils aînés des rois d'Écosse. (R.)

[2] On sait que le mot de règne, en vieux langage, se prend souvent pour royaume, comme regnum en latin. (R.)

[1]. Coulpe, faute : culpa.
[2] For-issu, sorti : composé de l'adverbe foras, et du vieux verbe français issir, qui signifiait sortir.
[3] Ce sont les armes d'Angleterre. (R.)
[4] Chants de victoire.
[5] Béhourd, combat, exercice guerrier.
[6] La chambre haute ou la chambre des pairs. Le chevalier

Palais où gît tout l'art de faérie,
Comme celui qui fait par sa splendeur
De toute l'île admirer la grandeur;
Mais qui pourtant, quoiqu'il joigne et rassemble
De ce climat les sages tous ensemble,
Si ne reluit et n'a d'éclat en soi,
Que par le trône et les yeux de leur roi [1].

## V.

### MIDAS [2].

Du dieu Plutus tâchez d'être chéri,
Des autres dieux vous serez favori;
Le coup est sûr. Mais si l'impertinence
Par supplément se joint à la finance,
Malaisément tromperez-vous les yeux
Du genre humain, plus malin que les dieux :
Car le brillant d'une fortune illustre
A vos défauts sert de phare et de lustre,
Et de ces dieux la faveur, entre nous,
N'est fort souvent qu'un piége pour les fous.

A ce sujet il faut que je rapporte
L'exemple antique ou moderne, il n'importe,
D'un Phrygien riche et bien emplumé,
Mais de son temps le fou le plus pommé.
Plus d'un Calot, fameux dans la Phrygie,
S'est égayé sur sa plate effigie,
Et nul encor n'a manqué son portrait.
Il est partout figuré trait pour trait :
L'air affairé, le regard sombre et fixe,
La barbe rare, et le menton prolixe;
Un large nez de boutons diapré,
De petits yeux, un crâne fort serré;
Le pied rentrant, la jambe circonflexe,
Le ventre en pointe, et l'échine convexe;
Quatre cheveux flottant sur son chignon :
Voilà quel est en bref le compagnon.
Au demeurant, assez haut de stature,

dont il est parlé est un des pairs que la reine Anne créa dans les deux dernières années de son règne. (R.)

[1] Il faut presque deviner l'intention du poëte, qui est de caractériser ici l'accord et l'action des trois pouvoirs, base fondamentale de la constitution anglaise. Voici comme Voltaire avait rendu ces mêmes idées :

> Aux murs de Westminster, on voit paraître ensemble
> Trois pouvoirs, étonnés du nœud qui les rassemble :
> Les députés du peuple, et les grands, et le roi,
> Divisés d'intérêts, réunis par la loi;
> Tous trois membres sacrés de ce corps invincible,
> Dangereux à lui-même, à ses voisins terrible.
> *Henriade*, ch. I.

Il faut en convenir, si toutes les allégories de Rousseau ressemblaient à celle-ci, elles justifieraient complétement le jugement sévère qu'en portent la Harpe et M. Auger.

[2] On ignore quel est l'homme de finances que désigne cette allégorie satirique.

Large de croupe, épais de fourniture,
Flanqué de chair, gabionné de lard;
Tel, en un mot, que la nature et l'art,
En maçonnant les remparts de son âme,
Songèrent plus au fourreau qu'à la lame;
Trop négligents à polir les ressorts
De son esprit, plus charnu que son corps.
Bien est-il vrai qu'ils mirent à sa suite
Deux assistants chargés de sa conduite,
Dont les bons soins lui firent concevoir
Qu'il savait tout, même sans rien savoir.
L'un fut l'Orgueil, champion d'Ignorance,
Grand ferrailleur, et brave à toute outrance;
Et l'autre fut l'Opiniâtreté,
Dame d'atour de la Stupidité.

Or, je ne sais si notre destinée
Par quelque étoile est sans nous dominée;
Ou si les sots, pour venir à leurs fins,
Ont des secrets inconnus aux plus fins;
Mais le fait est que, sans travail ni peine,
Il plut au dieu, nourrisson de Silène,
Qui, pour tenter peut-être sa vertu,
Lui dit : « Garçon, que me demandes-tu? »
Un honnête homme aurait dit la sagesse;
Notre galant demanda la richesse.
Il devint riche, et fit de beaux statuts
Pour gouverner les trésors de Plutus,
Les divisant en deux portioncules,
Dont la première entrait dans ses locules [1],
Et le restant s'administrait si bien,
Qu'en fin de compte on ne trouvait plus rien :
Car, sous couleur d'apaiser les murmures,
Et de venger les torts et les injures,
Les vexateurs, ainsi que les vexés,
Furent, sans rire, également pincés.
Il les fauchait de la même faucille,
Les étrillait avec la même étrille,
Frappant sur eux comme sur seigle vert,
Sûr de son fait, et bien clos et couvert,
En qualité d'écumeur titulaire
Des écumeurs du menu populaire.

Le voilà donc de trésors regorgeant,
Roulant sur l'or, vautré sur son argent,
Gonflé d'orgueil, boursoufflé d'insolence,
Et se mirant dans sa vaste opulence;
Palais pompeux, ameublements exquis,
Terres, châteaux sur l'orphelin conquis;
Chez ses amis, un vrai roi de théâtre;
Chez les Phrynés, agréable et folâtre;
Toujours prodigue, et jamais épuisé,
Par conséquent d'un chacun courtisé.

[1] *Locules*, bourses à mettre l'argent : du latin *loculi*.

Environné de clients mercenaires,
D'admirateurs, amis imaginaires,
Qui, tout le jour lui baisant le genou,
Surent le rendre enfin tout à fait fou.
L'un de son corps vanté l'air héroïque;
L'autre, les dons de son âme angélique.
Pour l'achever, un maniveau [1] d'auteurs
Vient l'étourdir de concerts séducteurs.
A le chanter lui-même il les anime :
Allons, faquins, il me faut du sublime!
Et violons aussitôt de ronfler,
Voix de glapir, chalumeaux de s'enfler.
Tout le fretin des petits dieux terrestres
Forme pour lui mille petits orchèstres :
On n'entend plus que chants et triolets.
Faunes, Sylvains, prennent leurs flageolets;
Leur chef lui-même à le chanter s'occupe.
Mais qui l'eût cru? Phébus en est la dupe.
Le grand Phébus, le divin Apollon,
Pour ce falot monta son violon.
Il fit bien plus : il eut la déférence
De l'établir juge de préférence
Entre sa lyre et les grossiers pipeaux
Du dieu lascif qui préside aux troupeaux.
Il s'en croit digne, et d'un ton de coq d'Inde,
Ça commençons, dit-il au dieu du Pinde.
Phébus commence; et devant ce limier,
La lyre en main prélude le premier [2].
A ses accords les chênes reverdissent,
A ceux de Pan, leurs feuilles se flétrissent :
Mais par Midas, malgré ce préjugé,
Au dieu cornu le prix fut adjugé.
Le châtiment tomba sur ses oreilles [3],
Qui, tout à coup s'allongeant à merveilles,
Par leur figure et leur mobilité,
Servent d'enseigne à sa fatuité.
Depuis ce temps, leur ridicule signe,
Pour tel qu'il est, le note et le désigne.
Grands et petits, par un rire excessif,
Rendent hommage à son esprit massif :
Brocards sur lui tombent, Dieu sait la joie!
Chacun le court, chacun se le renvoie,
Comme un chevreuil traqué dans les taillis,
Et mieux lardé qu'un lapin de Senlis.

[1] Petit plateau d'osier, vulgairement appelé *éventaire*, et que portent, appliqué devant elles, les revendeuses de fruits et de légumes. *Maniveau*, se prend aussi pour le contenu de l'*éventaire*.

[2] . . . . . . . . Tum stamina docto
Pollice sollicitat, quorum dulcedine captus
Pana jubet Tmolus citharæ submittere cannas, etc.
OVIDE, *Metam.* XI, v. 169.

[3] . . . . . . . Partem damnatur in unam,
Induiturque aures lente gradientis aselli.
*Ibid.* v. 178.

Mais ce mépris du profane vulgaire
Ne trouble point son repos : au contraire,
Il s'extasie; il admire les dieux
Dans les talents, dans l'esprit radieux
Qu'il a reçu de leur grâce infinie;
Et s'il savait que le premier génie
De l'univers fût de mort menacé,
Son testament d'abord serait dressé.
Le pis de tout, c'est qu'avec son air buffle
Il porte un cœur aussi noir qu'une truffle [1] :
Bas et rampant, quand tout ne va pas bien;
Fier et hardi, dès qu'il ne craint plus rien :
Se retranchant sur ses prééminences,
Sur son crédit, enfin sur ses finances;
Et, convaincu que le monde ébranlé
Pourrait tomber, sans qu'il fût accablé [2].
Je n'en crois rien. C'est chose très-commune
Qu'un grand revers! La maligne Fortune
Sut attraper au fond de son palais
L'heureux Crésus, à qui Dieu fasse paix.
Il la soutint en homme de courage :
Devenant pauvre, il devint homme sage,
Et corrigea dans les calamités
Le fol abus de ses prospérités [3].
L'exemple est dur, et l'avarice en gronde :
Mais les Midas semés en ce bas monde
Feraient beaucoup pour eux et pour autrui,
S'ils devenaient malheureux comme lui!

## VI.

### LE TEMPS.

Que par amour, frétillante déesse,
Comme Vénus, ou telle autre jeunesse,
Coure les champs, je le conçois très-bien :
Age le veut, dignité n'y fait rien.
Mais voir Cybèle, honorable matrone,
Mère des dieux, descendre de son trône
Pour un garçon; je la respecte fort,
C'est mon devoir : mais je crois qu'elle a tort.
Aussi le crut son vieil mari Saturne,
Prince du Temps, qui dans l'ombre nocturne
La découvrit (le Temps découvre tout)
Avec Atys, autrement que debout.
Grand altercas [4], grand bruit dans le ménage!
L'amant s'enfuit; le dieu mugit de rage :

[1] De l'italien *tartuffolo*.

[2] Si fractus illabatur orbis,
Impavidum ferient ruinæ. (HORAT.)

[3] Voyez HÉRODOTE, liv. I, chap. XXVI et suiv.

[4] *Altercas*, la même chose qu'*altercation*; mais il n'est plus usité que dans le style badin ou *marotique*.

Ah, safranière! ah, vieille lourpidon [1]!
De ma franchise est-ce là le guerdon [2]?
Mais d'autre part, sur ses ergots haussée,
Cybèle crie et hurle en insensée,
Tant et si bien, que l'époux déplaisant
Demeura court. Cupidon là présent
A leur requête en arbitre s'érige,
Peu sagement; car, en fait de litige
Et de procès entre femme et mari,
Perrin Dandin perd toujours le pari.
Un tiers ne doit entrer dans leurs sornettes :
Tirésias en perdit ses lunettes.
Le bon Amour, comme il est quelquefois
Impertinent, et sans égard aux lois
De chasteté ni de foi d'hyménée,
Sans hésiter donna cause gagnée
A la déesse, et le dieu suranné
Se vit encore aux dépens condamné.
Pauvres maris! tel est votre salaire.
   Le bon vieillard fut fâché : mais qu'y faire?
En appeler? Il eût perdu l'appel.
Il fit bien mieux, et son bonheur fut tel,
Qu'en peu de mois, par le seul privilége
De dieu du Temps, sans autre sortilége,
Il se vengea très-magnifiquement
De tous les trois; et fit premièrement,
Qu'Atys, lassé de sa sempiternelle,
Un beau matin fut prendre congé d'elle,
La régalant, pour dernier paroli,
D'un beau sermon *de fuga sæculi* [3] :
Dont il advint que la vieille lamproie
D'un fer tranchant le priva de sa joie [4],
Et le rendit, au défaut du pourpoint,
Un Origène [5] accompli de tout point.
   — « Je suis déjà vengé de mes parties,
Dit le vieillard, et les voilà loties
A mon souhait; le juge aura son tour. »
   Et dit et fait : le maupiteux [6] Amour
Depuis alors, sans espoir d'allégeance,
Du dieu chronique a senti la vengeance,

Toujours vexé sans trêve ni demi :
En quelque lieu qu'il se trouve affermi,
Pour bien qu'il soit, il faut changer de gîte,
Et sans tarder : car, s'il ne part bien vite,
Le Temps le suce, et le rend si chétif,
Que fort souvent, pour tout confortatif,
On vous le met dehors à l'improviste,
Nu comme un ver, et gueux comme un chimiste.
Vingt fois Amour a demandé repos;
Toujours le Temps a dit : *Nescio vos.*
Il est écrit qu'au cieux, comme sur terre,
Qu'Amour et Temps seront toujours en guerre,
Et ne verront, de trente jubilés,
Par bon accord finir leurs démêlés.
   Mais tous ces tours ne sont que bagatelle,
Près de celui qu'il a joué chez celle
Que j'aimais tant. Oncques ne vit séjour
Où tant se plut le joli dieu d'Amour.
Las! rien ne sert que je le dissimule :
Ce beau soleil n'est plus qu'un crépuscule.
Ses yeux charnus ont perdu leur clarté;
Son sein flétri prêche l'humilité :
Bref, ce n'est plus qu'un corps de demi-toise,
Ratatiné dans sa taille chinoise :
Et le faux dieu du Temps s'en est saisi,
Pour l'enlaidir en diable cramoisi.
Le pauvre Amour, quelque temps par morale,
A tenu bon; mais en somme finale,
Il s'est enfui, pied chaussé, l'autre nu :
Et Dieu sait, las! ce qu'il est devenu.

## VII.

### L'OPÉRA DE NAPLES [1].

Quand le Seigneur vit que l'Esprit immonde,
Par l'Opéra séduisant tous esprits,
Était plus fort que dogmes ni qu'écrits,
Et dans l'abîme entraînait tout le monde,
Il résolut d'abolir un lieu tel,
Source de vices et de péché mortel;
Et se servant même du ministère
De Satanas, de tout péché le père,
Dans un cachot mit le déterminé,
Cachot de chair, et dans un corps tanné
Vous l'emboîta, puis lui mit sur l'échine
Manteau d'abbé : bref, l'accoutra si bien,

---

[1] Vieille débauchée. Voilà qui gâte tout! le poëte avait si heureusement débuté! mais que ne défigureraient pas de pareilles expressions, empruntées du dictionnaire de la canaille?

[2] La récompense : nous l'avons déjà vu.

[3] Sur la fuite du temps.

[4] Voyez le beau poëme de Catulle sur Atys et Cybèle, *Carm.* LXIII.

[5] Origène, célèbre écrivain ecclésiastique, né à Alexandrie, en Égypte. Le désir de prévenir les calomnies répandues contre ses mœurs, et un passage, dit-on, de l'Écriture mal interprété, lui firent exercer sur lui-même une coupable mutilation. Il souffrit pour la foi dans la persécution de Dèce, et mourut à Tyr, dans sa soixante-neuvième année. Deux savants bénédictins, D. Vincent, oncle et neveu, ont recueilli les œuvres d'Origène en quatre volumes in-folio.

[6] *Maupiteux*, impitoyable.

[1] Cette allégorie, d'abord intitulée *la Picade*, semble avoir donné à Voltaire l'idée de sa *Crépinade*, satire également odieuse, et dans laquelle il retourne contre Rousseau les armes que lui-même emploie ici contre ses ennemis. Tout le crime de ce pauvre abbé Pic était d'avoir donné à l'Opéra le ballet des *Saisons*, la *Naissance de Vénus*, et *Aricie*, un peu moins malheureux que *Jason*, *Vénus et Adonis*, mais aussi complétement oubliés aujourd'hui.

Que de ce troc nul ne soupçonna rien,
Et que chacun le crut homme à la mine.
Or, voilà donc le diable en sa machine,
Enveloppé d'organes tant épais,
Que diable aucun si sot ne fut jamais.
Dans cet état s'en va trouver Manchine [1] :
Car Dieu l'avait sur terre mis exprès
Pour le dessein que vous verrez après.
Manchine est là, qui lui dit : Versifie
Pour mon théâtre. Ainsi fit le vilain :
Versifia, chatouillé par le gain.
Mais admirez en ceci, je vous prie,
Combien profonds sont les ordres du ciel!
Car l'Opéra, ce temple d'Uriel,
Où s'attroupaient tant de femmes coquettes,
Où se tramaient tant d'intrigues secrètes,
Est depuis lors plus vide et moins hanté
Qu'un lazaret, de scorbut infecté.

## VIII.
### LE MASQUE DE LAVERNE [2].

Près d'un palais dont Naples fut ornée
Par un édile à veste satinée,
Il est un lieu de mimes habité,
Et de badauds en tout temps fréquenté ;
Où pour réaux, ducatons et pistoles,
Sont trafiqués doux sons et caprioles.
Là plus d'un chantre à cet effet renté
Vient en public prêcher l'impureté.
Là, sous l'argent, le brocard, la dorure,
Gît l'impudence, et brille la luxure ;
Et sont illec reçus grands et petits
A marchander des crimes à tout prix.
Le directeur de ce bureau de joie
Est un ribaud des plus francs qu'il se voie,
Pipeur, escroc, sycophante, menteur,
Fléau des bons, des méchants protecteur ;
Ne connaissant foi, loi, dieux, ni déesses,
Fors celle-là qui préside aux souplesses,
Au vol furtif, aux fourbes en un mot.
A cette sainte il fut longtemps dévot,
La célébrait par gentilles chapelles,
Par menus dons, robes neuves, chandelles,
Finalement tant au soir qu'au matin
Lui récitait d'un ton de théatin
Cette oraison : « O Laverne sacrée [3]!

[1] Francine, alors directeur de l'Opéra de Paris.
[2] Le peu de succès des opéras de Rousseau ayant déterminé le directeur Francine à s'adresser à d'autres poëtes, il composa et publia cette satire, sous le titre de *la Francinade*.
[3] . . . . . . . Pulchra Laverna,
Da mihi fallere : da justo sanctoque videri !
Noctem peccatis, et fraudibus objice nubem.
HORAT. lib. I, *Ep.* XVI, v. 60.

« O des larrons déesse révérée!
« Toi, qu'à Bayeux implore le Normand,
« Apprends-moi l'art de tromper dextrement.
« Fais qu'à fourber nul fourbe ne me passe,
« Et qu'en fourbant, honneur et los j'amasse ;
« Si, qu'exerçant mon talent de vaurien,
« Je sois tenu pour un homme de bien.
« O ma patrone! ô ma dive concierge !
« Je te promets, outre le don d'un cierge,
« De te fonder, si tu me condescens,
« Tous les matins un déjeuner d'encens. »
Tels vœux faisait : car de belles promesses
Le faux glouton fait volontiers largesses.
Il en fit tant, qu'enfin par une nuit
A ses regards la sainte se produit,
Lui montre un masque, et l'étend sur sa face.
O rare effet! ô merveille efficace!
Au même instant, orgueil, déloyauté,
Outrecuidance, et sotte vanité,
Astuce enfin, et fraude au regard louche,
Vices hideux, distillants sur sa bouche,
Peints dans ses yeux, et sur son front gravés,
Comme poussière en furent enlevés.
Tout au moyen de la sainte fallace [1]
Nous disparut ; et vit-on à leur place
Front découvert, doux accueil, beau maintien,
Honnête abord, et joyeux entretien.
Que dirai plus? Voilà mon bon apôtre,
Par beaux semblants trompant l'un, pillant l'autre,
Du bien d'autrui devenu gras à lard.
Qu'arrive-t-il? Sitôt que le paillard
Voit son vaisseau poussé d'un vent propice,
Il méconnaît d'abord sa bienfaitrice.
Nulle chandelle à la divinité,
Nul brin d'encens, rien ne fut présenté,
Rien ne parut. Car entre tous ses vices
L'ingratitude, et l'oubli des services
Tient le haut bout : c'est son lot affecté,
Comme au faucon l'est la légèreté,
La course aux cerfs, le venin aux vipères,
A l'ours la force, et la rage aux panthères.
Or, de l'oubli de telle impiété
Ne se piqua la noire déité.
Trop bien s'en fut, de dépit possédée,
Prendre Mégère à la face ridée,
Et Némésis, germaine de Pluton,
Et Tisiphone, et la fière Alecton ;
Et de ce pas s'en vont les damoiselles
Trouver le sire, à qui visites telles,
Comme croyez, ne plurent autrement.
Lors le troupeau saisit le garnement,

[1] *Fallace*, tromperie : *fallacia*.

Qui, par raisons et par art oratoire,
Pensa d'abord fléchir la bande noire.
Les fières sœurs le laissèrent prêcher,
Aux bras du lit l'allèrent attacher,
De leurs serpents la peau lui flagellèrent,
De leurs flambeaux les sourcils lui brûlèrent ;
Et tout leur soûl l'ayant berné, hué,
Croquignolé, soufflété, conspué,
Pour dernier trait, son masque lui reprirent,
Et le visage à nu lui découvrirent,
Dont maintenant ses vices démasqués
Sont de chacun clairement remarqués ;
Et n'est aucun, depuis cette aventure,
Qui de ses mœurs et perverse nature
Ne soit instruit, si qu'un simple estafier
Ne s'y voudrait d'une épingle affier.
Par quoi privé du don de gabatine [1],
Son gagne-pain, l'espoir de sa cuisine,
Du créancier sans cesse muguetté [2],
Et du sergent le plus souvent guetté,
La peur le suit, et lui semble à toute heure
Voir les archers investir sa demeure,
Et leur exempt transférer sa maison
A l'hôpital, ou bien à la prison.

## LIVRE SECOND.

### ALLÉGORIE I.

#### SOPHRONYME.

Dieux souverains des demeures profondes [3]
Que le Cocyte arrose de ses ondes ;
Pâles tyrans de ces lieux abhorrés
Que l'œil du jour n'a jamais éclairés,
Chaos, Érèbe, Euménides, Gorgones,
Styx, Achéron, Parques et Tisiphones !
Terrible Mort, effroi de l'univers ;
Et si Pluton souffre encore aux enfers
Quelque puissance aux mortels plus fatale,
Que tardez-vous ? Venez, troupe infernale !
Puisque le ciel a remis en vos mains
Le châtiment des coupables humains ;

[1] Du talent de tromper, d'abuser par de fausses promesses. Ce mot vient de *gab* et *gaber*, qui se disaient autrefois pour *moquerie* et *se moquer*.
[2] *Muguetté* : de l'ancien verbe *muguetter*, qui signifiait figurément rechercher, épier l'occasion de se rendre maître d'une chose que l'on désire. C'est dans ce dernier sens que Rousseau l'emploie ici.
[3] Dii, quibus imperium est animarum, umbræque silentes ;
Et Chaos, et Phlegeton, loca nocte silentia late, etc.
VIRG. *Æneid.* VI, v. 264.

Venez plonger leur race criminelle
Dans les horreurs de la nuit éternelle.
Car ce n'est plus ce temps, cet heureux temps,
Qui de la terre a vu les habitants
Faire fleurir, sous l'empire de Rhée,
Les saintes lois de Thémis et d'Astrée !
Ces déités, loin des terrestres lieux,
Avaient déjà pris leur vol vers les cieux ;
Et dès longtemps, par l'Envie exilée,
Dans les déserts la Vertu désolée,
Loin des cités rebelles à sa loi,
Avait caché la Justice et la Foi :
Lorsque le dieu qui lance le tonnerre
Prit, par pitié, le sceptre de la Terre,
Et vint enfin, terrible en sa fureur,
A la licence opposer la terreur.
Alors du moins à la triste Innocence
Ce dieu permit l'espoir de la vengeance ;
Et ses carreaux, sur le crime éprouvés,
Ne furent point impunément bravés.
Vous le savez, orgueilleux Salmonées,
Porphyrions, Eurytes, Capanées !
Mais aujourd'hui ses foudres émoussés,
Au gré des vents sur la terre poussés,
Loin de servir les vengeances célestes,
Frappent souvent de leurs flammes funestes
Les temples même [1], où ce dieu languissant
Reçoit encor les vœux de l'innocent.
L'humble Vertu, fugitive et tremblante,
Implore en vain sa justice indolente.
La Vérité, sans secours, sans appui,
N'ose élever sa voix jusques à lui :
Son cœur pour elle est devenu de glace ;
Et cependant le Mensonge et l'Audace
Jusqu'à ses yeux stérilement ouverts,
Le bras levé, gourmandent l'univers.
O justes dieux ! qui sur les rives sombres
Faites trembler tout le peuple des ombres :
Puisque le ciel n'a plus de tribunaux,
Ouvrez, ouvrez vos gouffres infernaux ;
Faites sortir de vos brûlants abimes
Ces feux vengeurs, allumés pour les crimes ;
Anticipez les tourments éternels
Que le Tartare apprête aux criminels ;
Et prévenez, par de nouveaux spectacles,
Ce feu du ciel prédit par tant d'oracles,
Dont à la fin l'univers enflammé
Doit être un jour détruit et consumé [2].

[1] In sua templa furit. . . . . . . . . .
LUC. *Phars* I, v. 155.
[2] Esse quoque in fatis reminiscitur affore tempus,
Quo mare, quo tellus, correptaque regia cœli
Ardeat.
OVID. *Metam.* I, v. 256.

Ainsi, non loin de ces rives fécondes
Où l'Aar épand ses libérales ondes,
Au fond d'un bois, dont le nom révéré
Au jeune Atys est encor consacré,
Les yeux au ciel, le triste Sophronyme
Injuriait le destin qui l'opprime.
Il était seul. Ces asiles secrets
Ne souffrent point de témoins indiscrets.
Les Zéphyrs même, écartés dans la plaine,
Faisaient au loin murmurer leur haleine;
Et du soleil les regards curieux
En respectaient l'abord mystérieux :
Quand tout à coup ( ô merveille insensible
A tout esprit qui du monde invisible
Ne connaît point les célestes ressorts,
Et qui ne voit que par les yeux du corps! )
Une lumière éclatante, imprévue,
Frappe, saisit, épouvante sa vue :
Ces noirs cyprès, à la nuit consacrés,
Semblent noyés dans les flots azurés
D'un océan de clartés immortelles,
D'où, soutenu par le vent de ses ailes,
Un jeune dieu prend son vol jusqu'à lui.
Car ce grand nom de tout temps fût celui
De ces esprits de nature éthérée,
Qui, revêtus de substance aérée,
Daignent souvent aux terrestres mortels
Communiquer les secrets éternels.
Telle, en ces bois voisins des murs d'Élise [1],
Vénus surprend les yeux du fils d'Anchise;
Et tel Ulysse, au fort de ses malheurs,
Voit par Minerve apaiser ses douleurs [2].

« C'est trop longtemps, lui dit l'esprit céleste,
Nous fatiguer d'un reproche funeste,
Et ravaler, par des discours ingrats,
L'ordre éternel que tu ne connais pas.
O vils mortels, qui nous livrez la guerre!
Esprits rampants et courbés vers la terre,
Hommes charnels, levez, levez les yeux,
Et contemplez dans les décrets des dieux
De vos destins les immuables causes :
Entends-moi donc, et plains-toi si tu l'oses.

« Cet univers, dont l'immense grandeur
Enferme tout en sa vaste rondeur;
Ces éléments de la sphère du monde,
Le feu léger, l'air, et la terre, et l'onde,
Dont le mélange, en des cieux différents,
Fait subsister tant de globes errants :
Cette âme enfin dans leurs corps répandue,
Qui fait mouvoir leur masse suspendue,
Et pour descendre aux spectacles offerts

[1] *Énéide*, liv. I, v. 318.
[2] *Odyssée*, liv. XIII.

Et sur la terre et dans le sein des mers,
Ces doctes jeux de la sage Nature,
Ces animaux de diverse structure,
L'homme, en un mot, le seul être ici-bas
Doué d'une âme exempte du trépas;
Tout cet amas d'éclatantes merveilles,
Dont le récit étonne tes oreilles,
Ne fut jamais l'ouvrage de ces dieux
Subordonnés au monarque des cieux,
Et dont l'erreur, appuyant les faux titres,
De l'univers fit jadis les arbitres.
Dans le néant, dont vous êtes sortis,
Tous ont été, comme vous, engloutis [1],
Quoique immortels, ils ont commencé d'être;
Quoique puissants, ils révèrent un maître,
Source de vie et d'éternels bienfaits,
Qui fit tout naître et ne naquit jamais.
Par sa vertu tout se meut, tout opère;
Il est lui seul, et son fils, et son père [2].
Les yeux du corps jamais n'ont su le voir :
L'œil de l'esprit ne peut le concevoir.
L'amour lui seul, l'amour a la puissance
De s'élever à sa divine essence,
Et de percer la sainte obscurité
Qui le dérobe à notre infirmité.
Tel est cet Être, invisible, ineffable,
Ame de l'âme, éternel, immuable,
Qui de nos jours règle tous les instants,
Et dont la voix créa l'être et le temps.

« Mais lorsque enfin sa parole féconde
Eut enfanté la matière du monde,
Quand de l'accord des éléments divers
Il eut formé ce brillant univers,
Et varié la pompe sans égale
Des ornements que la nature étale :
Alors, prodigue en miracles nouveaux,
Pour animer tous ces riants tableaux,
Il produisit les invisibles causes
Dont la vertu pénètre toutes choses;
Et mit en eux ces ressorts ignorés,
A l'étendue unis, incorporés,
Qui, procréant en elle un second être,
La font mouvoir, vivre, sentir, renaître.
Mais ce concours de principes mouvants
Qui donnent l'âme à tant d'êtres vivants;
Cette chaleur agissante, invisible,

[1] Timée de Locres, *de l'Ame du monde*. (Voyez la traduction de le Batteux.)
[2] « Centre de toutes les perfections, source intarissable de l'intelligence et de l'être, avant qu'il eût fait l'univers, avant qu'il eût déployé sa puissance au dehors, il était; car il n'a point eu de commencement : il était en lui-même, il existait dans les profondeurs de l'éternité. » Plat. dans le *Cratyle* et dans le *Timée*.

De la matière esprit indivisible,
Et dont le corps est la base et l'appui,
Fut condamnée à périr avec lui.
 « Il fallut donc, ô Sagesse profonde
Que ton pouvoir créât un nouveau monde,
De la matière et des sens dégagé,
D'intelligence et d'amour partagé,
Qui, de ta gloire incorruptible image,
Sût dans son être admirer ton ouvrage;
Et, pour toi seul uniquement élu,
Prît sur les corps un empire absolu.
Dans ce dessein ta lumière suprême
Fit avant tout éclore d'elle-même
Ces purs esprits, ombres de sa splendeur,
Nés pour connaître et chanter ta grandeur.
Ce fut ainsi qu'exerçant sa puissance,
Ta volonté créa l'intelligence.
L'homme et les dieux de ton souffle animés,
Du même esprit diversement formés,
Furent doués, par ta bonté fertile,
D'une chaleur plus vive ou moins subtile,
Selon les corps, ou plus vifs, ou plus lents,
Qui de leur feu retardent les élans.
Par ces degrés de lumière inégale,
Tu sus remplir le vide et l'intervalle
Qui se trouvait, ô magnifique roi!
De l'homme aux dieux, et des dieux jusqu'à toi;
Et dans cette œuvre éclatante, immortelle,
Ayant comblé ton idée éternelle,
Tu fis du ciel la demeure des dieux,
Et tu mis l'homme en ces terrestres lieux,
Comme le terme et l'équateur sensible
De l'univers invisible et visible.
 « Apprenez donc, vains mortels que séduit
Ce faible éclair de raison qui vous luit;
Apprenez tous que dans l'ordre des êtres,
Si, parmi ceux dont le ciel vous fit maîtres,
Votre noblesse a pris le premier pas,
Vous ne tenez que le rang le plus bas
Entre tous ceux que l'arbitre suprême
Voulut créer semblables à lui-même;
Et que sur vous d'irrévocables droits
Les font régner, selon les mêmes lois
Qu'aux animaux soumis à votre empire
Votre puissance est en droit de prescrire.
 « Car dès le jour que naquit l'univers,
Après avoir assemblé dans les airs
Ces légions célestes, épurées,
Du nom de dieux sur la terre honorées,
L'Être suprême, en ces mots paternels,
Leur annonça ses ordres solennels :

« O vous, esprits, que ma toute-puissance
« A revêtus d'une immortelle essence,
« Sachez quel est le glorieux emploi
« Que vous prescrit mon éternelle loi.
« Je vous choisis pour instruire la terre
« Des volontés du maître du tonnerre;
« Et vous serez chez les frêles humains
« De mes décrets ministres souverains.
« Chacun de vous, à son devoir fidèle,
« De chacun d'eux embrassant la tutelle,
« Sera chargé de lui servir d'appui,
« De le conduire, et d'agir avec lui,
« Non en suivant ses passions brutales,
« Mais selon l'ordre et les lois générales
« Dont j'ai réglé l'invariable cours,
« Et que je veux maintenir pour toujours.
« Souvenez-vous, interprètes sincères,
« De leur donner les secours nécessaires
« Pour pratiquer les lois de l'équité,
« Et pour chérir en moi la vérité;
« Afin qu'un jour, la mort frappant leurs têtes,
« Ils soient admis dans le rang où vous êtes :
« Ou que celui qui méprise vos soins
« De son forfait ait vos yeux pour témoins,
« Quand vous serez appelés l'un et l'autre
« Au tribunal de son juge et du vôtre. »
 Ainsi parla le souverain des cieux.
Vous donc, mortels, qui censurez les dieux,
Quand les arrêts de leur lente justice
Ne suivent pas votre aveugle caprice,
Cessez, cessez, orgueilleux scrutateurs,
D'en accuser vos sacrés conducteurs.
Ne jugez point l'obscure Providence
Suivant les lois de l'humaine prudence;
Et sans vouloir de ses décrets profonds
Sonder en vain les abîmes sans fonds,
Contentez-vous, admirateurs modestes,
D'apprendre ici que les esprits célestes
Ne sont point faits pour consulter vos vœux,
Mais pour vous luire, et pour vous rendre heureux;
Que ce bonheur, l'objet de votre envie,
N'est point le fruit des douceurs de la vie;
Que les travaux, les pénibles vertus,
Par des sentiers escarpés, peu battus,
Seules ont droit de diriger vos âmes
Vers le séjour des immortelles flammes;
Et qu'en un mot, ce désordre apparent,
Dont ici-bas le chaos vous surprend,
Est un nuage, un voile nécessaire,
Qui, confondant votre orgueil téméraire,
Cache à vos yeux, de ténèbres couverts
L'ordre réglé qui régit l'univers [1].

[1] Voyez le *Timée* de Platon.

[1] Ainsi, c'est dans Platon que Pope avait puisé le germe si

Vous concevrez ces merveilles cachées,
Quand de vos sens vos âmes détachées
Auront enfin dans le séjour des dieux
Repris leurs droits et leur rang glorieux.
Vous connaîtrez qu'à la gloire où nous sommes,
L'humble Vertu peut élever les hommes,
Lorsque la Mort, allumant leur flambeau,
A démoli leur terrestre tombeau.
« Moi-même, avant que mon âme exilée
Dans sa patrie eût été rappelée,
Faible mortel, je naquis d'Ariston ;
Et chez les Grecs, sous le nom de Platon,
Déjà rempli d'une flamme divine,
Je publiai cette sainte doctrine.
Je leur appris à respecter la main
Et les arrêts d'un juge souverain,
Qui quelquefois permet à la licence
De triompher de la faible innocence,
Pour aveugler l'orgueilleux abruti
Ou réveiller le juste relenti :
Que c'est ainsi que ses lois équitables
A ses desseins font servir les coupables ;
Mais qu'à la fin, si leur iniquité
Fut l'instrument de sa sévérité,
Leur faux triomphe et leurs vaines délices
Sont tôt ou tard celui de leurs supplices.
Je leur appris que le Ciel outragé
Ne s'adoucit qu'après qu'il est vengé ;
Que les ennuis, le trouble et les souffrances
Sont réservés pour les moindres offenses,
Dont l'homme, épris d'une sincère ardeur,
Peut sur la terre effacer la laideur ;
Mais que le crime, ami de la fortune,
Libre du joug d'une crainte importune,
N'est expié, dans les grands criminels,
Que par l'horreur des tourments éternels,
Dont à jamais en ses cavernes sombres
L'Enfer punit les infidèles ombres.
Là, sans retour, dans les fers, dans les feux,
Sont tourmentés tous les monstres affreux
Dont le venin, préparé par l'Envie,
Osa noircir la Vertu poursuivie.
Là, sont plongés les juges transgresseurs,
De l'innocence infâmes oppresseurs,
Qui, profanant un pouvoir légitime,
Se sont voués à protéger le crime,
Et dont l'orgueil, aveugle en sa fureur,

Par l'impudence a consacré l'erreur.
Tous ceux enfin qui, pour couvrir leur rage,
De la justice ont emprunté l'image,
Et qui, cachés sous un voile pieux,
A leur vengeance ont fait servir les cieux,
Sont à leur tour, dans ces gouffres funestes,
Le juste objet des vengeances célestes.
Faites donc trêve à vos cris indiscrets ;
Et, plus soumis aux éternels décrets,
Sachez enfin, créatures mortelles,
Que tout l'éclat des grandeurs temporelles
N'est qu'un faux bien, dont le Ciel irrité
Punit souvent l'aveugle impiété ;
Et que toujours les maux qu'il vous dispense
Sont des effets de sa juste clémence. »
Ces mots finis, plus prompt que les éclairs,
Le jeune dieu s'éclipsa dans les airs ;
Et le mortel, tout plein de sa lumière,
Ayant repris sa fermeté première,
Depuis ce jour, insensible aux douleurs,
Attend en paix la fin de ses malheurs.
Héros toujours présent à ma pensée,
Prince[1], dont l'âme, aux vertus exercée,
Fit de ces dieux, dont vous tenez le jour,
Le plus doux charme et le plus tendre amour ;
Ce fut le soin d'assurer votre gloire,
Qui, dans les champs où règne la victoire,
Leur fit sans cesse attacher à vos pas
L'heureux démon qui préside aux combats.
Ces mêmes dieux embrasèrent votre âme
De ce beau feu, de cette noble flamme
Qui, tant de fois, au prix de votre sang,
Justifia l'honneur de votre rang.
Mais cette ardeur, ce courage d'Achille,
N'égale point le courage tranquille
Qui, si longtemps de vos destins vainqueur,
A su contre eux munir votre grand cœur ;
Et qui, bravant leur attaque importune,
A vos vertus asservit la fortune.
D'un vrai héros, d'un mortel généreux,
Prince, c'est là l'effort le plus heureux ;
Et c'est un don que les dieux tutélaires
N'accordent point aux héros populaires.
De leurs faveurs le glorieux trésor
Vous fut ouvert : ils vous l'ouvrent encor.
C'est à leurs soins, c'est à leur assistance,
Que vous devez cette rare constance,
Ce noble calme, et cette illustre paix
Qui de l'envie affronte tous les traits ;
Présent du Ciel, grandeur vraiment solide,
Et mieux vertu que les vertus d'Alcide.

admirablement développé dans son *Essai sur l'homme*, et qui se trouve renfermé dans ce vers, qui est le précis de tout l'ouvrage :

All partial evil is a general good.
Tout mal particulier est un bien général.

[1] Voyez, dans les *Pensées de Platon*, le morceau intitulé : *Her l'Arménien*, ou *l'Autre vie*.

J. B. ROUSSEAU.

[1] Le prince Eugène.

Ainsi, guidés par de plus doux penchants,
Consolons-nous du bonheur des méchants ;
De leur fureur tôt ou tard les victimes,
Ils auront beau voir triompher leurs crimes,
Leur vain succès, leur triomphe n'est rien [1] :
S'il est des dieux, nos affaires vont bien.

## II.
### LE JUGEMENT DE PLUTON.

Quand les humains, dépouillés de leurs marques,
Viennent s'inscrire au registre des Parques,
Et, réservés à des destins nouveaux,
De l'Achéron boire les froides eaux :
De leur prison leurs âmes dégagées,
Après la mort sont encore ombragées
D'un corps nouveau, qui de leurs premiers corps
Retient toujours la forme et les dehors,
Mais qui n'est plus qu'une image subtile,
Un faible voile au mensonge inutile,
Dont tous les fils transparents, entr'ouverts,
Laissent voir l'âme et ses replis divers.
Si la vertu fut jadis son partage,
Elle y paraît dans tout son avantage ;
Mais si le crime a souillé sa candeur,
Il brille aussi dans toute sa laideur.
Les mouvements, les secrètes pensées,
Les actions présentes et passées,
Tout s'y découvre, et rien n'échappe aux yeux.
O privilége aux mortels précieux,
Si Prométhée, à l'homme plus fidèle,
En le créant, eût suivi ce modèle !
Mais des enfers le monarque jaloux
Ne souffre point un partage si doux.
Juge éternel de tous tant que nous sommes,
Le seul Pluton lit dans le cœur des hommes.
C'est le plus grand, le plus beau de ses droits ;
Et c'est par là qu'il prévint autrefois
Un grand désordre, et peut-être le pire
De tous les maux soufferts dans son empire.

Depuis longtemps par l'âge appesanti,
Dans le repos ce vieux prince abruti,
A ses flatteurs, comme tant d'autres princes,
Laissait régir ses obscures provinces.
Entretenu dans son stupide ennui
Par une cour aussi morne que lui,
Vous eussiez cru qu'une vapeur magique
Eût assoupi son âme léthargique ;
Quand tout à coup ranimant sa vigueur :
« C'est trop, dit-il, oui, c'est trop de langueur.

Assez longtemps une lâche mollesse
A de mon rang démenti la noblesse.
Suis-je donc roi, pour croupir enchanté
Dans l'indolence et dans l'oisiveté ?
Quoi ! sous son nom, le monarque des Mânes
Verra régner des ministres profanes,
Du bien public ravisseurs affamés,
Ivres du sang des peuples opprimés,
Et qui, tyrans de mes royaumes sombres,
Semblent formés pour dégraisser les ombres ?
Non, non ; je veux reprendre enfin mes droits,
Voir par mes yeux, et parler par ma voix.
De ce pas même il faut que je visite
Tous les États qu'entoure de Cocyte.
Partons. » Il dit : l'Enfer frémit d'effroi.
Les noires Sœurs marchant devant leur roi,
A la clarté de leurs torches funèbres
Marquent sa route au travers des ténèbres.
Son char s'éloigne ; et des vastes enfers
Ayant franchi les lugubres déserts,
Arrive enfin dans le séjour tranquille
Du doux repos inviolable asile,
Où les mortels de Jupiter chéris
De leurs vertus vont recevoir le prix,
Lorsque Atropos, à ses lois asservie,
Tranche le fil de leur mortelle vie.
Un ciel plus pur, des astres plus sereins [1],
Furent créés pour ces champs souterrains.
Ils ont aussi leur soleil, leurs étoiles
La nuit pour eux n'a point de tristes voiles ;
Dans des forêts de lauriers toujours verts [2],
Sur des gazons de fleurs toujours couverts,
Parmi les jeux, ces ombres fortunées
Coulent en paix leurs saintes destinées.
Là, dans les nœuds d'un amour fraternel,
Elles goûtaient un bonheur éternel,
Lorsqu'aux enfers non encore affaiblies,
Les saintes lois par les dieux établies
Distribuaient aux morts épouvantés
Les châtiments ou les dons mérités.
La vertu seule aux âmes généreuses
Ouvrait alors ces demeures heureuses ;
Mais à la fin Rhadamante et Minos,
Las du travail, et voués au repos,
Ayant remis la balance infernale
Entre les mains d'une troupe vénale
D'ombres sans nom, de citoyens obscurs,
Tout se vendait sous ces juges impurs.
Leur tribunal, autrefois si rigide,

---

[1] . . . . . . . . . Tolluntur in altum,
Ut lapsu graviore ruant.
CLAUD. *In Rufin* I, v. 122.

[1] Largior hic campos æther et lumine vestit
Purpureo ; solemque suum, sua sidera norunt.
*Æneid.* VI, v. 640.
[2] Inter odoratum lauri nemus. . . . . . .
*Ibid.* VI, v. 658.

N'était plus rien qu'une banque sordide ;
Et l'équité, leur ayant dit adieu,
Dans les enfers n'avait ni feu, ni lieu.
 Pluton aborde en cette île chérie.
Mais ce n'est plus la tranquille patrie
Des purs esprits, des mortels glorieux,
Dont les travaux, du temps victorieux,
De l'avenir perçant la nuit profonde,
Ont fait l'honneur et l'exemple du monde.
 Dans ces beaux lieux aux seuls héros promis,
Il cherche en vain ses antiques amis,
Ceux qui jadis par des lois équitables
Ont adouci des peuples intraitables,
Ou qui, cherchant la guerre et les hasards,
Pour leur pays sont morts au champ de Mars [1].
Il cherche en vain tous ceux dont la mémoire
S'est consacrée au temple de la Gloire
Par des écrits après eux admirés,
Ou par des arts avant eux ignorés.
 Quel changement ! quelle horreur pour sa vue !
Il ne voit plus qu'une foule imprévue
De charlatans, de héros inconnus,
Par la cabale en ces lieux soutenus ;
De courtisans dévorés par l'envie,
De vils flatteurs flattés pendant leur vie,
D'ambitieux d'un faux honneur frappés,
Et d'imposteurs au Tartare échappés.
Ceux-là, cherchant leur gloire dans leurs crimes
Pour maintenir des droits illégitimes,
Brigands réels sous le nom de héros,
Du monde entier ont troublé le repos :
Ceux-ci, payés de leur zèle hypocrite
Par mille biens obtenus sans mérite,
Ont de leurs rois, par un plus lâche orgueil,
Trahi la cendre et souillé le cercueil.
Comment décrire et nombrer les intrigues,
Les noirs complots, les monstrueuses ligues
Qui, dans ce lieu d'innocence et de paix,
Ont par la brigue introduit les forfaits ?
L'un, trafiquant sa couche aliénée,
A sa fortune a vendu l'hyménée ;
L'autre, abjurant ses amis malheureux,
Ne s'est haussé qu'en s'élevant contre eux ;
Ce flagorneur doucereux et perfide,
Du faux mérite encenseur insipide,
Pour avoir su le vice fétoyer,
De son miel fade a reçu le loyer.
Ce monstre enfin, plus noir qu'une momie,
Chargé d'opprobre et couvert d'infamie,
A trouvé l'art, aveuglant ses censeurs,
De se blanchir, à force de noirceurs.

[1] Hic manus, ob patriam pugnando vulnera passi.
         VI, v. 660.

 A ces objets, à ce spectacle infâme,
Le dieu qui voit dans les plis de leur âme
De tant d'excès l'inconcevable horreur :
« Ah ! c'en est trop ; je cède à ma fureur ;
Vengeons, dit-il, la gloire de mon trône.
Venez, Mégère, Alecton, Tisiphone !
Venez punir l'attentat odieux
De ces Typhons, masqués en demi-dieux.
Changez leur joie en supplices terribles ;
Ouvrez pour eux vos cavernes horribles ;
Et, par des feux trop longtemps retardés,
Justifiez mes arrêts éludés.
Vous subirez, ombres abominables,
La peine due au bonheur des coupables.
Mais avant tout, du sénat infernal
Examinons l'insolent tribunal :
Je veux savoir quels honteux artifices
Dans l'Élysée ont installé les vices.
Guerre mortelle à ces juges pervers :
Et soient, comme eux, au plus creux des enfers
Précipités, tous ceux dont la licence
A confondu le crime et l'innocence. »
 Dans un recoin des royaumes obscurs,
Non loin du Styx, se présentent les murs
D'un vieux palais tout peuplé d'ombres noires,
Qui, dans ce lieu tenant leurs auditoires,
A tous les morts jugés par leur scrutin
Font acheter les arrêts du destin.
Au centre ouvert de ce fameux dédale,
Séjour sacré du trouble et du scandale,
S'offre d'abord un portique enfumé,
De la Discorde asile renommé,
Où chaque jour, sous ses lois enrôlées,
Viennent mugir les ombres désolées
Qu'attire en foule en ce triste manoir
La froide crainte ou le douteux espoir.
Tout à l'entour sont les sombres cavernes
Des noirs Griffons, écumeurs subalternes,
Par qui les morts, dépouillés et séduits,
Sont à grands frais au sénat introduits.
Par les détours de cent routes obscures
On entre enfin sous ces voûtes impures,
Où des enfers l'Aréopage assis
Fait retentir ses oracles concis.
Un long tableau des misères publiques
Fait l'ornement de leurs murs symboliques :
Les sénateurs y lisent en tout temps
De leur emploi les devoirs importants.
La Calomnie et l'infâme Parjure,
L'Impiété, le Blasphème, l'Injure,
Légitimés en cet antre hideux,
Incessamment frémissent autour d'eux :
L'aveugle Erreur à leurs côtés préside ;

Et par leur voix le Mensonge y décide.
C'est dans ce gouffre à l'audace frayé,
Que le monarque, interdit, effrayé,
Voit, de la pourpre insolemment parée,
L'Iniquité pompeuse et révérée,
De la Justice usurpant le pouvoir,
Fouler aux pieds les lois et le devoir.
Il voit placés au rang le plus sublime
Des malheureux élevés dans le crime,
Enfants impurs de pères diffamés,
Qui du limon dont ils furent formés
Ne sont sortis que par le brigandage,
L'exaction, le vol et le pillage ;
Par leurs forfaits illustrés et connus,
Et par l'opprobre aux honneurs parvenus.
Voilà des Dieux les arbitres augustes,
Les protecteurs toujours saints, toujours justes
De l'équité confiée en leurs mains !
C'est devant eux que les pâles humains
Doivent répondre à la fin de leur course,
Pour être absous ou punis sans ressource !
Le bien, le mal, également prisés,
Le vrai, le faux avec art déguisés,
Par le censeur de la troupe damnée,
Sont mis au fond d'une urne empoisonnée,
Où, par l'effort de son subtil savoir,
Tout noir blanchit, et tout blanc devient noir.
Ce fier démon, l'effroi de l'innocence,
Au nom du dieu, prend de tout connaissance ;
Porte sur tout ses regards ambigus,
Et des enfers est le public Argus.
D'un zèle ardent sa fureur prétextée
Dans ses excès est toujours respectée.
Sa haine aveugle est un amour du bien ;
Son fade orgueil est un grave maintien ;
Son impudence, une noble franchise ;
Et sa malice, une sagesse exquise.
Pluton l'observe, en son parquet assis,
Tout entouré de parchemins noircis.
« O des enfers la plus damnable peste,
Dit le monarque, et d'autant plus funeste,
Qu'une hypocrite et trompeuse douceur
De ses forfaits cache à tous la noirceur !
Déchiffre-nous ces pancartes difformes :
Voyons, voyons les jugements énormes
Dont tu salis tes papiers clandestins.
Lisons ! « Il lit : *Oracles des Destins*.
« Voici les noms et les gestes insignes
« Des criminels qui nous ont paru dignes
« De recevoir, à fond examinés,
« De nos faveurs les gages fortunés.
« Leurs lâchetés ont fait rougir la terre ;
« Ils ont cent fois mérité le tonnerre,

« Mais à la cour ils étaient les plus forts,
« Ils gouvernaient Plutus et ses trésors :
« Ce dieu sur nous a versé sa rosée ;
« C'en est assez. Conclu pour l'Élysée.
« Voici tous ceux qui, fidèles aux lois,
« Du devoir seul ont écouté la voix.
« D'impureté leurs âmes préservées
« Sont aux enfers sans reproche arrivées ;
« Mais ils n'avaient, pour toute sûreté,
« Que l'innocence et la simple équité ;
« Ou, tout au plus, le mérite bizarre
« De leurs vertus. Renvoyés au Tartare. »
« Quoi, scélérats ! quoi, monstres insolents !
Poursuit le dieu, les yeux étincelants ;
C'est donc ainsi, traîtres, qu'en mon absence,
Vous exercez mes droits et ma puissance ?
Je verrai donc par vos noirs attentats
Bouleverser l'ordre de mes États ?
Ah ! Némésis, jadis si vigilante,
Mais aujourd'hui déesse nonchalante,
Pourquoi, pourquoi me cacher si longtemps
L'impiété de ces nouveaux Titans ?
J'aurais d'abord, exterminant leur race,
Par leur supplice arrêté leur audace ;
Et leurs forfaits, au comble parvenus,
Seraient déjà punis où prévenus. »
« Roi des enfers, monarque inaccessible,
Répond alors la déesse inflexible,
Si les excès dont tu te prends à moi
Te sont cachés, n'en accuse que toi.
Quel cri perçant, quelle voix formidable
Peut aborder un trône inabordable,
Où de flatteurs le prince environné,
Par leurs douceurs nuit et jour suborné,
N'est attentif qu'à bannir et distraire
Tous les objets qui pourraient lui déplaire ?
La Vérité viendra-t-elle à ses yeux
Offrir en vain son visage ennuyeux,
Et l'affliger, au milieu de sa gloire,
Par des récits qu'il ne voudra pas croire ?
Mais, à vrai dire, un mal plus dangereux
A pris racine en ce royaume affreux ;
Et tu le sais : sous l'heureux ministère
Du vieux Éaque et de Minos son frère,
De Jupiter tous deux, fils adorés,
Et tous deux rois sur la terre honorés,
La vertu seule et la haute naissance
Étaient en droit de régir ta balance.
Car quel emploi requiert plus de splendeur,
De dignité, de gloire, et de grandeur,
Que le pouvoir de rendre ses semblables,
Par un seul mot, heureux ou misérables ?
Chacun alors, maintenu dans ses droits,

Était pesé suivant son propre poids :
Point de retour, point de ruse subtile ,
Point de présents. Autre temps, autre style.
Tout est changé, depuis que l'équité
Fut dévolue à la vénalité.
Un vil amas d'ombres intéressées,
Parmi le peuple au hasard ramassées,
Souilla bientôt d'un air contagieux
Le tribunal de ces enfants des dieux,
Et crut avoir, en payant leur office,
Acquis le droit de vendre la justice.
Tout triomphant de ce titre usurpé,
Leur noir essaim, d'un sot orgueil pipé,
Ose oublier sa première bassesse,
Et contester un pouvoir qui les blesse
Aux demi-dieux, dont le suprême rang
N'est dû qu'aux droits du mérite et du sang.
Pour attendrir cette troupe barbare,
De son bon droit vainement on se pare :
Si l'équité n'emprunte le secours
De quelque intrigue, ils sont muets et sourds;
Nulle vertu n'émeut leur cœur farouche.
Il faut, il faut pour leur ouvrir la bouche,
Que l'intérêt ou les suggestions
Fassent parler ces noirs Amphictyons.
Que si quelqu'un, plus juste et plus fidèle,
Pour l'équité montre encor quelque zèle,
Ce vain gloseur, tristement rebuté,
Fait bande à part, et n'est point écouté.
Tel est l'esprit de leur cour infernale.
« Entends-moi donc. Veux-tu de leur cabale
Punir enfin les complots turbulents,
Et garantir tes États chancelants
De toute injuste et maligne entreprise?
Fais appeler le juge de Cambyse [1] ;
Il est ici, cet esprit malheureux.
Tes yeux verront dans son supplice affreux
De ma justice un témoin sans reproche.
— Oui, je le veux, dit Pluton : qu'il approche.»
À ce discours, un cadavre souillé,
Couvert de sang, et de chair dépouillé,
S'offre à sa vue, et d'une horreur soudaine
Fait frissonner la troupe souterraine.
Pluton le voit ; et de couleur changé :
« Quel est ton nom? — Sizame l'affligé.
— Ta qualité? — Juge, indigne de l'être.
— Et ton pays? — La Perse m'a vu naître.
— Mais qui t'a mis en ce tragique état?
— Ce fut le roi : ce juste potentat
Me fit subir cette peine équitable;
Et, pour laisser un monument capable
D'intimider tout ministre vénal,

[1] Voyez HÉRODOTE, liv. III. — JUSTIN, liv. I, chap. IX.

Fit de ma chair couvrir le tribunal
Où, par mes mains, la justice vendue
Après ma mort devait être rendue.
« — C'en est assez, reprit le dieu content :
Par cet exemple, à mon peuple important,
Faisons trembler l'audace et l'injustice ;
Même forfait requiert même supplice.
Marchez, démons, et vous, fille d'Enfer,
Exécutez sur ces âmes de fer
Une sentence à leurs crimes trop due ;
Et que leur peau, sur ces bancs étendue,
À l'avenir consacrant leurs noirceurs,
Serve de siége à tous leurs successeurs. »

### III.

### LA MOROSOPHIE [1].

À contempler le monde et ses richesses,
Et ces amas de fécondes largesses,
Que, jour et nuit, la mère des humains
Sur ses enfants répand à pleines mains ;
Qui ne croirait que la tendre Nature,
En pétrissant l'homme sa créature,
Ne l'a tiré du néant ténébreux
Que pour le rendre infiniment heureux ?
Mais, d'autre part, ces fléaux innombrables
Accumulés sur nos jours misérables,
Tristes mortels, nous font regarder tous
Comme l'objet de son plus noir courroux.
D'où peut venir ce mélange adultère
D'adversités, dont l'influence altère
Les plus beaux dons de la terre et des cieux ?
L'antiquité nous mit devant les yeux
De ce torrent la source emblématique,
En nous peignant cette femme mystique [2],
Fille des dieux, chef-d'œuvre de Vulcain,
À qui le Ciel, prodiguant par leur main
Tous les présents dont l'Olympe s'honore,
Fit mériter le beau nom de Pandore.
L'urne fatale où les afflictions,
Les durs travaux, les malédictions,
Jusqu'à ce temps des humains ignorées,
Avaient été par les dieux resserrées,
Pour le malheur des mortels douloureux,
Fut confiée à ses soins dangereux.
Fatal désir de voir et de connaître !
Elle l'ouvrit et la terre en vit naître
Dans un instant tous les fléaux divers
Qui, depuis lors, inondent l'univers.

[1] La folle sagesse, le vain désir de tout savoir, de tout connaître : du grec μωρός, fou, insensé; et σοφία, la sagesse.
[2] PANDORE. Voyez HÉSIODE, dans le poëme des *Travaux et des Jours*; et l'imitation de cette ingénieuse allégorie, par Voltaire, *Questions encyclopédiques*, art. *Épopée*.

Quelle que soit, ou vraie ou figurée,
De ce revers l'histoire aventurée,
N'en doutons point : la curiosité
Fut le canal de notre adversité.
  Mais de ce mal déterrons la racine,
Et remontons à la vraie origine
De tant d'ennuis, dont le triste concours
De notre vie empoisonne les jours.
  Avant que l'air, les eaux, et la lumière [1],
Ensevelis dans la masse première,
Fussent éclos, par un ordre immortel,
Des vastes flancs de l'abîme éternel,
Tout n'était rien. La nature enchaînée,
Oisive et morte avant que d'être née [2],
Sans mouvement, sans forme, sans vigueur,
N'était qu'un corps abattu de langueur;
Un sombre amas de principes stériles,
De l'existence éléments immobiles.
Dans ce chaos ( ainsi par nos aïeux
Fut appelé ce désordre odieux),
En pleine paix, sur son trône affermie,
Régna longtemps la Discorde ennemie,
Jusques au jour pompeux et florissant
Qui donna l'être à l'univers naissant;
Quand l'Harmonie, architecte du monde,
Développant dans cette nuit profonde
Les éléments pêle-mêle diffus,
Vint débrouiller leur mélange confus;
Et, variant leurs formes assorties,
De ce grand tout animer les parties.
Le ciel reçut en son vaste contour
Les feux brillants de la nuit et du jour :
L'air moins subtil assembla les nuages,
Poussa les vents, excita les orages [3];
L'eau vagabonde, en ses flots inconstants
Mit à couvert ses muets habitants [4];
La terre enfin, cette tendre nourrice,
De tous nos biens sage modératrice,
Inépuisable en principes féconds,
Fut arrondie, et tourna sur ses gonds,
Pour recevoir la céleste influence
Des doux présents que son sein nous dispense.
  Ainsi des dieux le suprême vouloir
De l'Harmonie établit le pouvoir.
Elle éteignit par ce sublime exorde
Le règne obscur de l'affreuse Discorde;

Mais cet essai de ses soins généreux
Eût été peu, si son empire heureux
N'eût consommé l'ouvrage de la terre,
Par le bonheur des êtres qu'elle enserre.
Aux mêmes lois elle les soumit tous :
Le faible agneau ne craignit point les loups,
Et sans péril il vit paître sur l'herbe
Le tigre et l'ours près du lion superbe.
Entretenus par les mêmes accords,
Tous les mortels ne formèrent qu'un corps,
Vivifié par la force infinie
D'un même esprit et d'un même génie,
Et dirigé par les mêmes concerts,
Dont la cadence anime l'univers.
  Par le secours de cette intelligence,
Riches sans biens, pauvres sans indigence,
Ils vivaient tous également heureux,
Et la nature était riche pour eux.
Toute la terre était leur héritage [1],
L'égalité faisait tout leur partage.
Chacun était son juge et son roi;
Et l'amitié, la candeur, et la foi,
Exerçaient seules, en ce temps d'innocence,
Les droits sacrés de la toute-puissance.
Tel fut le règne à la terre si doux,
Que l'Harmonie exerça parmi nous.
Du vrai bonheur nous fûmes les symboles,
Tandis qu'exempt de passions frivoles,
Le genre humain dans les sages plaisirs
Sut contenir ses modestes désirs.
  Mais cependant la Discorde chassée,
Chez les mortels furtivement glissée,
Comme un serpent se cachait sous les fleurs;
Et par l'esprit empoisonnait les cœurs.
Chacun déjà s'interrogeant soi-même,
De l'univers épluchait le système.
Comment s'est fait tout ce que nous voyons?
Pourquoi ce ciel, ces astres, ces rayons?
Quelle vertu dans la terre enfermée
Produit ces biens dont on la voit semée?
Quelle chaleur fait mûrir ses moissons,
Et rajeunir ses arbres, ses buissons?
Mais ces hivers, dont la triste froidure
Gerce nos fruits, jaunit notre verdure,
Que servent-ils? et que servent ces jours
Tous inégaux, tantôt longs, tantôt courts [2]?
Ah! que la terre en serait bien plus belle,
Si du printemps la douceur éternelle

---

[1] Ante mare et terras, etc.
    OVID. *Metam.* I.
[2] Nec quicquam, nisi pondus iners.
    OVID. *Ibid.*
[3] Illic et nebulas, illic consistere nubes
    Jussit..................
    OVID. *Ibid.*
[4] Cesserunt nitidis habitandæ piscibus undæ.
    OVID. *Ibid.*

[1] In medium quærebant : ipsaque tellus
    Omnia liberius, nullo poscente, ferebat.
    VIRG. *Georg.* I, v. 127-28.
[2] Quid tantum Oceano properent se tingere soles
    Hiberni, vel quæ tardis mora noctibus obstet.
    VIRG. *Georg.* II, v. 481-82.

Faisait régner des jours toujours réglés !
Ainsi parlaient ces mortels aveuglés,
Qui, pleins d'eux-mêmes, et sortant des limites
Par la nature à leur être prescrites,
Osaient sonder, scrutateurs criminels,
La profondeur des secrets éternels.
Folle raison, lumière déplorable,
Qui n'insinue à l'homme misérable
Que le mépris d'une simplicité
Si nécessaire à sa félicité !
Par ce succès la Discorde amorcée
Conçut dès lors l'orgueilleuse pensée
D'exterminer l'Harmonie et ses lois ;
Et rassemblant, à sa fatale voix,
Ces insensés prêts à lui rendre hommage,
Prit la parole, et leur tint ce langage :
« Eh quoi, mortels, c'est donc assez pour vous
De contenter vos appétits jaloux ;
Et le bonheur des animaux sauvages
Sera le seul de tous vos avantages?
Car dans quel sens êtes-vous plus heureux ?
Comme pour vous, le monde est fait pour eux.
Mêmes désirs, mêmes soins vous inspirent ;
Vous respirez le même air qu'ils respirent ;
L'astre du jour comme vous les chérit ;
Et, comme vous, la terre les nourrit.
Répondez donc : Quel bien, quelle opulence
De votre rang peut fonder l'excellence?
Notre raison, direz-vous. J'en conviens :
C'est le plus grand, le plus doux de vos biens.
Mais ce trésor, cette flamme sacrée,
Quelle lumière en avez-vous tirée?
L'invention de quelques arts dictés
Par l'embarras de vos nécessités.
La faim cruelle inventa la culture
Des champs marqués pour votre nourriture :
Vous ne devez qu'aux rigueurs des saisons
L'art d'élever vos paisibles maisons ;
Et le besoin d'un commerce facile
A rendu l'onde à vos rames docile.
Votre raison ne vous a rien appris,
Qu'à captiver l'essor de vos esprits,
A regarder cet univers sensible
Comme l'objet d'une étude impossible ;
Ou, tout au plus, en voyant ses attraits,
A respecter les dieux qui les ont faits.
Mais si ces dieux, auteurs de tant de choses,
Avaient voulu vous en cacher les causes,
Vous auraient-ils inspiré ces élans,
Ce feu divin, ces désirs vigilants,
Et cette ardeur d'apprendre et de connaître,
Qui constitue et distingue votre être?
Souffrez qu'enfin vos yeux soient dessillés,
Et servez-vous des feux dont vous brillez.
Pour seconder en vous un si beau zèle ;
J'amène ici ma compagne fidèle :
Morosophie est son titre adopté,
Et son vrai nom, la Curiosité.
Recevez-la. Sa lumière divine
Vous apprendra votre vraie origine.
Vous connaîtrez le principe et la fin
De toute chose, et vous serez enfin,
En lui rendant vos soins et votre hommage,
Pareils aux dieux, dont vous êtes l'image. »
  A ce discours qui charme les humains,
Tout applaudit de la voix et des mains.
Morosophie, en tous lieux approuvée,
Et sur un trône en public élevée,
Dicte de là ses oracles menteurs,
Ses arguments, ses secrets imposteurs ;
Et, dans le monde, inondé d'aphorismes,
De questions, de doutes, de sophismes,
A la sagesse on vit en un clin d'œil
Substituer la folie et l'orgueil.
Mais pour servir sa perfide maîtresse,
Le grand secret de sa trompeuse adresse
Fut de remplir les hommes divisés
De sentiments l'un à l'autre opposés ;
D'embarrasser leurs esprits téméraires
D'opinions et de dogmes contraires ;
Et d'ennoblir du nom de vérités
Ce fol amas de contrariétés.
  De cette mer agitée, incertaine,
Sortit alors la Dispute hautaine,
Les yeux ardents, le visage enflammé,
Et le regard de colère allumé :
Monstre hargneux, superbe, acariâtre,
Qui, de soi-même orateur idolâtre,
Combat toujours, ne recule jamais,
Et dont les cris épouvantent la paix.
D'elle bientôt naquirent les scandales,
Les factions, les brigues, les cabales.
A son erreur chacun assujetti
Ne songea plus qu'à former son parti,
Pour s'appuyer de la foule et du zèle
Des défenseurs de sa secte nouvelle ;
Et les mortels, sous divers concurrents,
Suivirent tous des drapeaux différents.
En cet état, il n'était plus possible
Que cette race orgueilleuse, inflexible,
Vécût longtemps sous une même loi.
Ainsi chacun ne songeant plus qu'à soi,
On eut besoin, pour prévenir les guerres,
De recourir au partage des terres ;
Et d'un seul peuple on vit, dans l'univers,
Naître en un jour mille peuples divers.

Ce fut ainsi que la folle Sagesse,
Chez les humains souveraine maîtresse,
Les séparant d'intérêts et de biens,
De l'amitié rompit tous les liens.
Mais, des trésors dont la terre est chargée,
La jouissance avec eux partagée
Leur fit sentir mille besoins affreux.
Il fallut donc qu'ils convinssent entre eux
D'un bien commun, dont l'utile mélange
Des autres biens facilitât l'échange ;
Et l'or, jadis sous la terre caché [1],
L'or, de ses flancs par leurs mains détaché,
Fut, par leur choix et leur commun suffrage,
Destiné seul à ce commun usage.
Mais, avec lui, sortit du même sein
De tous nos maux le véritable essaim :
L'insatiable et honteuse Avarice,
Du genre humain pâle dominatrice,
Chez lui reçue avec tous ses enfants,
Rendit partout les vices triomphants.
Sous l'étendard de cette reine impure,
Les trahisons, le larcin, le parjure,
Le meurtre même, et le fer, et le feu,
Tout fut permis, tout ne devint qu'un jeu.
L'Intérêt seul fut le dieu de la terre :
Il fit la paix, il déclara la guerre ;
Pour se détruire arma tous les mortels,
Et des dieux même attaqua les autels.
Pour mieux encore établir son empire
Morosophie inventa l'art d'écrire,
Des longs procès instrument éternel,
Et du mensonge organe criminel ;
Par qui la Fraude, en prestiges fertile,
Sème en tous lieux sa doctrine subtile,
Et chez le peuple, ami des nouveautés,
Change en erreurs toutes les vérités.
Mille autres arts, encor plus détestables,
Furent le fruit de ses soins redoutables ;
Et d'eux naquit, à ses ordres soumis,
Le plus mortel de tous nos ennemis,
Le Luxe, ami de l'oisive Mollesse,
Qui, parmi nous signalant sa souplesse,
Introduisit par cent divers canaux
La pauvreté, le plus dur de nos maux.
Ainsi l'aimable et divine Harmonie
De tous les cœurs par degrés fut bannie :
Mais, en partant pour remonter aux cieux,
Elle voulut, dans ses derniers adieux,
De sa bonté pour la race mortelle
Laisser encore une marque nouvelle :

*Quasque recondiderat, stygiisque admoverat umbris,
Effodiuntur opes, irritamenta malorum.*
*Metam.* I, v. 130.

« Si vos esprits étaient moins prévenus,
Et si vos maux vous étaient mieux connus,
J'aurais, dit-elle, encore quelque espérance
De réussir à votre délivrance !
Mais la Discorde, éblouissant vos yeux,
Vous a rendu son joug trop précieux,
Pour me flatter que vos clartés premières
Puissent renaître à mes faibles lumières,
Et présumer qu'une seconde fois
L'affreux chaos se débrouille à ma voix.
Pour être heureux vous reçûtes la vie,
Et ce bonheur fit ma plus chère envie :
Aux immortels j'osai ravir pour vous
Ce feu du ciel dont ils sont si jaloux,
Cette raison dont la splendeur divine
Vous fait sentir votre vraie origine.
Qu'avez-vous fait d'un partage si doux ?
C'est elle, hélas ! qui vous a perdus tous.
Par votre orgueil, corrompue, altérée,
Dans votre cœur elle a donné l'entrée
Aux vanités, aux folles visions,
Germe éternel de vos divisions ;
Et, s'échappant du cercle des idées
A vos besoins par les dieux accordées,
Elle a porté ses regards élevés
Jusqu'aux secrets pour eux seuls réservés.
Funeste essor, malheureuse chimère,
Qui vous ravale au-dessous de la sphère
Des animaux les plus défectueux,
D'autant plus vils que, plus présomptueux,
Vous ne suivez, au lieu de la nature,
Qu'une ombre vaine, une fausse peinture ;
Et qu'à vos yeux, trompés par cet écueil,
Votre misère est un sujet d'orgueil.
Adieu. Je pars, de vos cœurs exilée,
Et sans espoir de m'y voir rappelée.
Mais ma pitié ne peut vous voir périr ;
Et si mes soins n'ont pu vous secourir,
Si mon pouvoir sur tout ce qui respire
N'a pu sur vous conserver son empire,
Pour vous du moins j'entretiendrai toujours
L'ordre constant et l'immuable cours
Qu'à l'univers, en lui donnant naissance,
Sut imposer ma suprême puissance.
Vous jouirez toujours par mes bienfaits
De tous les dons que le Ciel vous a faits ;
Et cette terre, à vos vœux si facile,
Sera pour vous un éternel asile,
Jusqu'au moment, prévu par vos aïeux,
Qui confondra la terre avec les cieux,
Lorsque la flamme, en ravages féconde,
Viendra saper les fondements du monde,
Pour reproduire, en ses vastes tombeaux,

De nouveaux cieux et des hommes nouveaux. »
Ainsi parla l'immortelle déesse ;
Et dès l'instant, fidèle à sa promesse,
Elle quitta ce terrestre séjour,
Et prit son vol vers la céleste cour.
Depuis ce temps, la Discorde sauvage
Vit les humains nés pour son esclavage,
De l'Harmonie oubliant les concerts,
Courir en foule au-devant de ses fers ;
Et, désormais maîtresse de la terre,
Y fit régner, au mépris du tonnerre,
Vengeur tardif de nos impiétés,
Tous les malheurs par le vice enfantés.

## IV.

### MINERVE.

Faibles humains, si fiers de vos grandeurs,
De votre sort vantez moins les splendeurs.
Des immortels si vous êtes l'ouvrage,
Les animaux ont le même avantage :
La même main qui forma votre corps,
De leur machine assembla les accords.
Ainsi sur eux l'honneur de la naissance
N'eût jamais dû fonder votre puissance,
Si la raison, par un secours heureux,
N'eût établi votre empire sur eux ;
Et, soumettant la force à la faiblesse,
De votre rang distingué la noblesse.
Mais ce rayon, parmi vous si vanté,
N'est rien en soi qu'ombre et qu'obscurité.
L'usage seul en fait un bien suprême ;
Et cet usage est la sagesse même ;
Le plus divin, le plus beau, le plus doux
De tous les biens, mais qui n'est point en vous :
Des dieux du ciel c'est le grand héritage.
Les animaux ont l'instinct pour partage ;
De sa raison l'homme est plus glorieux ;
Mais la sagesse est la raison des dieux.
Sans ses clartés, la nôtre dégradée
Est toujours faible, et toujours mal guidée ;
Et, par malheur, nul n'obtient son secours
Que rarement, et jamais pour toujours.
La main des dieux la donne et la retire,
Selon les lois qu'elle veut se prescrire ;
Mais nul ne peut compter sur ses conseils,
Ni plus longtemps, ni plus que ses pareils ;
Et c'est pourquoi, dans l'enfance du monde,
Lorsque le Ciel, par sa vertu féconde,
Eût fait sortir l'univers de ses flancs,
Le vieux Saturne, aîné de ses enfants,
Ayant connu qu'étant tels que nous sommes

L'homme n'est point né pour régir les hommes,
Donna la terre, indigente d'appui,
A gouverner à des dieux comme lui.
Cet ordre heureux fit régner la justice,
Et fut pour nous l'époque et le solstice
Du vrai bonheur qui, depuis ces beaux jours,
Fut de la terre exilé pour toujours,
Quand Jupiter, usurpateur sévère,
Changeant les lois prescrites par son père,
Pour maintenir son empire odieux,
Mit les humains à la place des dieux.
De tous nos maux ce mal ourdit la trame.
Le premier règne était celui de l'âme :
Mais le nouveau fut le règne des sens ;
Et son auteur, des mortels trop puissants
Faisant par là germer l'orgueil suprême,
Les trahit tous, et se trahit lui-même :
Car les géants, fiers d'avoir de leurs mains
Forgé des fers au reste des humains,
Et de se voir par la force et la guerre
Vainqueurs du monde et tyrans de la terre,
A Jupiter, par de nouveaux excès,
Firent encor redouter leurs succès ;
Et leur orgueil s'élevant une route
Pour le détruire, ils l'eussent fait sans doute,
Si tous les dieux, par lui-même bannis,
Pour le sauver ne s'étaient réunis,
Et renversant les masses entassées,
Par ces ingrats jusqu'aux cieux exhaussées,
N'eussent enfin sous ces monts embrasés
Enseveli leurs restes écrasés.
Le haut Olympe, en ses antres humides,
Vit bouillonner le sang des Aloïdes [1] :
Sous Pélion, Mimas fut abîmé ;
Et, dans le creux de son gouffre enflammé,
Le mont voisin de l'amante d'Alphée [2]
S'ébranle encore aux fureurs de Typhée.
Mais votre cœur, facile à s'irriter,
Dieux outragés, ne put se contenter
D'une pénible et douteuse victoire,
Où le péril fut plus grand que la gloire.
Des immortels le redoutable roi,
Jupiter même, avait pâli d'effroi ;
Et ce monarque, aussi puissant que juste,
Vous assemblant devant son trône auguste,
En ce discours, conforme à vos souhaits,
Vous fit à tous entendre ses décrets :
« Enfants du ciel, assemblée immortelle,
Dont le courage intrépide et fidèle

[1] Othus et Ephialte, fils de Neptune et d'Iphimédie : ils furent nommés *Aloïdes*, parce que le géant Aloeus, le mari de leur mère, se chargea du soin de les élever. *Voyez* Homère, *Iliade*, liv. V.
[2] Le mont Etna.

Contre l'effort d'un complot insolent
Vient d'affermir mon trône chancelant :
Par vos efforts, soutenus du tonnerre,
Les attentats des enfants de la terre
Viennent enfin de retomber sur eux;
Et les horreurs d'un châtiment affreux
Ont expié l'audace forcenée
Contre les cieux si longtemps mutinée.
Mais un affront par les dieux enduré,
Bien que puni, n'est jamais réparé;
Et je ne puis mettre en oubli l'injure
Faite à mon rang par leur race parjure,
Qu'en m'éloignant d'un séjour détesté,
Théâtre impur de leur impiété.
Suivez-moi donc : venez troupe choisie,
Goûter en paix la céleste ambroisie,
Loin d'une terre importune à nos yeux ;
Et chez le Ciel, père commun des dieux,
Allons chercher dans un plus noble étage
Notre demeure et notre vrai partage. »
À ce discours, chacun fait éclater
Son allégresse; et, sans plus consulter,
Tout ce grand cœur qu'un même zèle anime
A se rejoindre à son auteur sublime,
Part, vole, arrive; et, semblable à l'éclair,
Ayant franchi les vastes champs de l'air,
Au firmament, demeure pacifique
Du dieu des cieux, reprend sa place antique.
Le ciel les voit inclinés devant lui ;
Et d'un souris, garant de son appui,
Rendant le calme à leur âme incertaine :
« Je sais, dit-il, quel motif vous amène ;
Et je consens à régler entre vous
Le grand partage où vous aspirez tous.
Dans mes États, comme aîné de ma race,
Saturne aura la plus illustre place :
Un vaste globe, élevé jusqu'à moi,
Est le séjour dont je l'ai nommé roi.
Entre les dieux nés pour lui rendre hommage,
Trois seulement auront leur apanage;
Le reste, en cercle autour de lui placés,
A le servir ministres empressés,
Lui formeront une cour sans égale,
Digne d'un dieu que ma faveur signale.
Au second rang, Jupiter et sa cour,
Plus loin de moi, mais plus voisins du jour,
Établiront leur règne et leur puissance;
Et près de lui, postés pour sa défense,
Quatre grands dieux, marchant sous ses drapeaux,
Lui serviront de garde et de flambeaux.
Mars et Vénus, et Mercure son frère,
Iront, comme eux, régir chacun leur sphère.
Phébus enfin, de mes feux éclairé,

Phébus, l'honneur de l'Olympe sacré,
Ira sur vous, sur la nature entière,
Dans le soleil répandre sa lumière.
Telle est, pour vous, la faveur de mes lois :
Jouissez-en. Partez. Mais toutefois,
En vous donnant de si pompeux domaines,
Ne croyez pas que j'adopte vos haines,
Ni que je veuille au gré de vos chagrins
Abandonner la terre à ses destins.
Aux dieux créés les passions permises
Sont devant moi tremblantes et soumises,
Le Ciel, auteur de tant d'êtres semés,
N'obéit point aux sens qu'il a formés.
Je prétends donc que l'unique déesse
Qui, sous mes lois, préside à la sagesse,
Minerve, dis-je, appui de mes autels,
Au lieu de vous, reste près des mortels,
Pour éclairer de ses vives lumières
L'obscurité de leurs faibles paupières.
Allez, ma fille, allez chez les humains
Faire observer mes ordres souverains.
Guidez leurs pas; soutenez leur faiblesse;
Dans leurs esprits versez votre richesse ;
Daignez enfin, dans les terrestres lieux,
Leur tenir lieu de tous les autres dieux.
Ils trouveront en vous leur bien solide :
Nul dieu ne manque où Minerve réside. »
Il dit : Minerve, attentive à sa voix,
Sans répliquer, se soumet à ses lois :
Vient sur la terre; et, cherchant un asile
Où ses clartés puissent la rendre utile
Au bien commun de tous ses habitants,
Choisit la cour de ces rois éclatants,
Race des dieux, que le Ciel, par sa grâce,
Voulut choisir pour régner en sa place.
Dans ces conseils, dont les directions
Font le destin de tant de nations,
Elle s'avance, et cherchant à leur luire :
« Je viens, dit-elle, ici-bas vous instruire
A rendre heureux tous les peuples divers,
Qui sous vos lois remplissent l'univers.
Vous apprendrez, sous mes ordres suprêmes
A les régir, à vous régir vous-mêmes.
Je suis Minerve : écoutez mes leçons.
Quoi! vous fuyez, et méprisez mes sons!
Ah! je le vois; la Politique injuste
A déjà pris chez vous ma place auguste!
Hélas! mortels, je pleure votre sort.
L'autorité n'est point de mon ressort;
Et je ne puis de mes célestes flammes,
Malgré vous-mêmes, illuminer vos âmes.
Allons chercher au séjour de Thémis
D'autres mortels plus doux et plus soumis. »

Mais, juste ciel! quelle Gorgone horrible
Tient son empire en cet antre terrible!
C'est la Chicane : autour d'elle assemblés,
De sa fureur cent ministres zélés
Viennent tous d'elle apprendre la science
De devenir fourbes en conscience,
Doux sans douceur, justes sans équité,
Et scélérats avec intégrité.
Fuyez, déesse, un gouffre si profane,
De l'injustice abominable organe!
Votre sagesse, ô divine Pallas!
Ne doit point être où l'équité n'est pas.
Chez les humains cherchez d'autres asiles;
Et dans des lieux plus nobles, plus tranquilles,
Allez trouver ces sages épurés,
De vos rayons par l'étude éclairés,
Qui, dans le sein de la philosophie,
A vous chercher ont consumé leur vie :
Mortels divins, qui, n'aspirant qu'à vous,
Méritent seuls vos regards les plus doux.
    Minerve y court; mais, ô soin inutile!
De ses vapeurs la Chimère subtile,
Reine absolue, avait déjà surpris
Ces vains mortels d'illusions nourris;
Qui, sur la foi de leurs faibles systèmes,
Connaissant tout, sans se connaître eux-mêmes,
Cherchent hors d'eux, privés des vrais secours,
La Vérité, qui les fuira toujours.
    Ainsi, partout, dans les cours, dans les villes,
Ne trouvant plus que des âmes serviles,
De faibles cœurs, esclaves enchantés
Des passions, leurs seules déités,
L'humble Minerve, au bout de sa carrière,
Choisit enfin, pour retraite dernière,
Ces lieux divins, ces temples fortunés,
A la Sagesse asiles destinés,
Où chaque jour du Ciel même son père,
Portant sur eux l'auguste caractère,
De ses autels les ministres sacrés
Viennent dicter ses ordres révérés.
Mais elle y voit l'Ambition perfide
Fouler aux pieds la Piété timide :
La Piété, son unique soutien,
Sans qui vertus, sagesse, tout n'est rien.
    Après ce coup, la retraite céleste
Est désormais la seule qui lui reste.
Le Ciel lui-même approuve son dessein :
« Venez, ma fille, et rentrez dans mon sein;
Soyez, dit-il, ma compagne éternelle.
L'homme a trahi ma bonté paternelle;
Il a rendu mes bienfaits superflus!
Mais, c'en est fait : il n'en jouira plus.
Tous les mortels ont mérité ma haine;

Et si jamais ma bonté souveraine
Sur quelqu'un d'eux daigne répandre encor
De vos clartés le précieux trésor,
Je veux, du moins, que ce rayon de gloire
Ne soit pour lui qu'un secours transitoire;
Et qu'il n'en ait, au gré de ma bonté,
Que l'usufruit, sans la propriété. »

## V.
## LA VÉRITÉ.

Au pied du mont où le fils de Latone
Tient son empire, et du haut de son trône
Dicte à ses sœurs les savantes leçons
Qui de leurs voix régissent tous les sons,
La main du Temps creusa les voûtes sombres
D'un antre noir, séjour des tristes ombres,
Où l'œil du monde est sans cesse éclipsé,
Et que les vents n'ont jamais caressé [1].
Là, de serpents nourrie et dévorée [2],
Veille l'Envie, honteuse et retirée,
Monstre ennemi des mortels et du jour,
Qui de soi-même est l'éternel vautour;
Et qui, traînant une vie abattue,
Ne s'entretient que du fiel qui le tue.
Ses yeux cavés, troubles, et clignotants [3],
De feux obscurs sont chargés en tout temps :
Au lieu de sang, dans ses veines circule
Un froid poison qui les gèle et les brûle,
Et qui, de là porté dans tout son corps,
En fait mouvoir les horribles ressorts :
Son front jaloux et ses lèvres éteintes
Sont le séjour des soucis et des craintes;
Sur son visage habite la pâleur [4],
Et dans son sein triomphe la douleur,
Qui, sans relâche, à son âme infectée
Fait éprouver le sort de Prométhée.
    Mais tous les maux dont sa rage s'aigrit
N'égalent point le mal qu'elle souffrit,
Lorsqu'au milieu des nymphes du Parnasse
L'humble Vertu, venant prendre sa place
Le front couvert des lauriers d'Apollon,
Parut au haut de leur double vallon.
« Quoi! dans des lieux où j'ai reçu naissance,
Où, de tout temps, j'exerce ma puissance,
Une étrangère, au mépris de mes droits

---

[1] ...... Sôle carens, non ulli pervia vento.
    Ovid. *Metam.* II, v. 762.
[2] ........ Carpitque et carpitur una.
    Ibid. v. 781.
[3] Nusquam recta acies : livent rubigine dentes :
    Pectora felle virent; lingua est suffusa veneno.
    Ibid. v. 776.
[4] Pallor in ore sedet. ..........
    Ibid. v. 775.

Viendra régner, et m'imposer des lois !
Ah! renonçons au titre d'immortelle,
Et périssons, ou vengeons-nous, » dit-elle.
De sa caverne elle sort à l'instant;
Et, de sanglots le cœur tout palpitant,
Devant la Fraude impie et meurtrière
Hurle en ces mots sa dolente prière :
« Ma chère sœur (car dans ses flancs hideux
L'obscure Nuit nous forma toutes deux),
Ton ennemie, insultant à nos haines,
Va pour jamais nous charger de ses chaînes,
Si tu ne viens par d'infaillibles coups
Prêter main-forte à mon faible courroux,
Par ton maintien si tranquille et si sage,
Par la douceur de ton humble langage,
Par ton sourire et par tes yeux dévots ;
Enfin, ma sœur, pour finir en deux mots,
Par ce poignard qui, sous ta vaste robe,
A tous les yeux se cache et se dérobe.
Du temps qui vole employons les moments ;
Joins ton adresse à mes ressentiments ;
Et prévenons, par notre heureuse audace,
Le déshonneur du coup qui nous menace.
— A te servir je cours me préparer, »
Reprend la Fraude. Et sans plus différer,
La nuit éclose, elle assemble autour d'elle
Les Trahisons, sa légion fidèle,
Et le Mensonge aux regards effrontés,
Et le Désordre aux bras ensanglantés,
Qui, secondés du Silence timide,
Volent au temple où la Vertu réside.
Dans un désert éloigné des mortels,
D'un peu d'encens offert sur ses autels,
Et des douceurs de son humble retraite,
Elle vivait contente et satisfaite.
Là, pour défense et pour divinité,
Elle n'avait que sa sécurité :
L'aimable Joie à ses règles soumise ;
La Liberté, l'innocente Franchise,
L'Honneur enfin, partisan du grand jour,
Faisaient eux seuls et sa garde et sa cour.
En cet état, imprudente, endormie,
Contre les traits de sa noire ennemie
Sur quel secours appuyer son espoir ?
On prévient mal ce qu'on n'a su prévoir.
Bientôt l'effort de la troupe infernale
Sans nul péril contre elle se signale.
Pour tout appui, ses compagnes en pleurs
Avec ses cris confondent leurs douleurs.
On lui ravit encor tout ce qu'elle aime,
On les dissipe, on la chasse elle-même.
De son bandeau, de ses voiles sacrés,
Ses oppresseurs pompeusement parés,

Chez les humains courant de place en place ;
Font en tous lieux respecter leur grimace.
Mais c'est trop peu de cette seule erreur
Pour assouvir leur maligne fureur :
De ses habits par leurs mains dépouillée,
Des leurs encore elle se voit souillée ;
Et l'univers, simple et peu soupçonneux,
Les hait en elle, et la chérit en eux.
Ainsi partout, solitaire, bannie,
Traînant sa peine et son ignominie,
De tant de dons il ne lui reste plus
Que la constance et des vœux superflus.
Alors la Fraude, encor plus enflammée,
S'en va trouver la folle Renommée,
Le plus léger de ces oiseaux pervers,
De qui la voix afflige l'univers.
« Obéis-moi : pars, vole, lui dit-elle ;
Cours en tous lieux chez la race mortelle
Envenimer les esprits et les cœurs
Contre l'objet de mes chagrins vengeurs.
Va : devant toi marchera mon génie. »
A ce discours, l'infâme Calomnie,
Peinte des traits de l'Ingénuité,
Remplit l'oiseau de son souffle empesté ;
Et de concert ces deux monstres agiles
Vont de leurs cris épouvanter les villes.
L'étonnement, le trouble, les clameurs,
Le bruit confus, les secrètes rumeurs,
Les faux soupçons, et les plaintes amères
Du peuple, ami des absurdes chimères,
Étourdissant l'esprit et la raison,
Lui font, sans peine, avaler le poison ;
Et la Vertu, victime de l'Envie,
Abandonnée, errante, poursuivie,
Sans nul espoir à ses malheurs permis,
Éprouve enfin, qu'entre les ennemis
Que l'intérêt ou la colère inspire,
Les plus cruels sont ceux qu'elle s'attire.
Mais à l'excès ce désordre porté
Réveille enfin la juste Vérité.
Du haut des cieux, découvrant les cabales
Et les forfaits de ses sombres rivales,
L'œil enflammé, le dépit dans le sein,
Elle descend, son miroir à la main.
De ses attraits l'éclatant assemblage
Se montre à tous, sans ombre et sans nuage :
D'un vol léger la Victoire la suit,
Le Jour l'éclaire, et le Temps la conduit.
« Disparaissez, dit la vierge céleste,
Voiles trompeurs, ajustement funeste,
Dont si longtemps le Crime déguisé
Trompa les yeux du vulgaire abusé :
Dans son vrai jour, de sa troupe suivie,

Laissez enfin reparaître l'Envie;
Et de ce monstre impur et détesté,
Ne cachez plus l'affreuse nudité.
Voici le temps, fantômes détestables,
De vous montrer sous vos traits véritables;
Dépouillez-vous de vos faux ornements!
Et toi, reprends tes premiers vêtements,
Humble Vertu; tes honteux adversaires
S'offrent déjà sous leurs vrais caractères :
Pour achever d'abattre leurs soutiens
Il en est temps, produis-toi sous les tiens.
Tous les objets veulent qu'on les compare ;
A l'œuvre enfin l'ouvrier se déclare.
Relève-toi. Tous ceux dont la raison
Est le vrai guide et l'unique horizon,
Par une illustre et glorieuse estime,
Te vengeront de la haine du Crime.
Par eux bientôt, sur sa tête fanés,
Reverdiront tes lauriers fortunés;
Et tes rivaux, perdant leur avantage,
N'oseront plus te prêter leur visage.
Mais de ton sort l'infaillible bonheur
Sera surtout l'inestimable honneur
D'avoir su plaire à ce prince adorable [1],
A ce héros généreux, secourable,
Le plus zélé de mes adorateurs,
Et le plus grand de tous tes protecteurs.
Sous cet appui, ton triomphe est facile,
Noble Vertu; son cœur est ton asile.
C'est dans ce temple où la noble Candeur,
La Dignité, la solide Grandeur,
La Foi constante, et l'Équité suprême,
La Vérité, je me nomme moi-même,

[1] Le prince Eugène.

Viennent t'offrir un tribut immortel,
Et nuit et jour encensent ton autel.
C'est là qu'on trouve, au milieu des alarmes,
Une âme libre et sourde au bruit des armes,
Toujours active et toujours en repos,
Et l'homme encor plus grand que le héros.
A ces couleurs tu dois le reconnaître :
Ce trait suffit. Le temps viendra peut-être
Où je pourrai te peindre ses exploits,
Ses ennemis terrassés tant de fois,
Ce long amas de palmes entassées
Sur les débris de cent villes forcées,
Ses grands destins, et ceux de tant d'États,
Le fruit certain de tant d'heureux combats.
Dans ce moment, quelle vaste carrière
Vient de s'ouvrir à sa valeur guerrière!
Ce fier rempart du trône des sultans,
Qui, défendu par vingt mille Titans [1],
Semblait devoir braver Jupiter même,
Rend son hommage au sacré diadème
Du potentat [2] le plus chéri des cieux,
Dont l'univers ait rendu grâce aux dieux.
Pour son secours, cette Numance altière
A vu l'Europe armer l'Asie entière.
Vain appareil d'un impuissant effort!
Leurs légions, victimes de la mort,
D'un sang impur ont arrosé les herbes;
Tout meurt ou fuit; et leurs restes superbes
Vont annoncer au Bosphore incertain
Sa délivrance et son bonheur prochain. »

[1] Allusion au siége et à la prise de Belgrade, par le prince Eugène, en 1716.
[2] L'empereur d'Allemagne, Charles VI. — Né en 1685, mort en 1740.

FIN DES ALLÉGORIES.

# ÉPIGRAMMES.

## LIVRE PREMIER.

### ÉPIGRAMME I.

Le dieu des vers sur les bords du Permesse
Aux deux Vénus m'a fait offrir des vœux :
L'une à mes yeux fit briller la sagesse ;
L'autre les ris, l'enjouement, et les jeux.
Lors il me dit : Choisis l'une des deux ;
Leurs attributs Platon te fera lire.
Docte Apollon, dis-je au dieu de la lyre,
Les séparer, c'est avilir leur prix :
Laissez-moi donc toutes deux les élire :
L'une pour moi, l'autre pour mes écrits.

### II.

Ce traître Amour prit à Vénus sa mère
Certain bijou pour donner à Psyché ;
Puis dans les yeux de celle qui m'est chère,
S'enfuit tout droit, se croyant bien caché.
Lors je lui dis : Te voilà mal niché,
Petit larron ! cherche une autre retraite ;
Celle du cœur sera bien plus secrète.
Vraiment, dit-il, ami, c'est m'obliger ;
Et, pour payer ton amitié discrète,
C'est dans le tien que je me veux loger.

### III.

Prêt à descendre au manoir ténébreux,
Jà de Caron j'entrevoyais la barque,
Quand de Thémire un baiser amoureux
Me rendit l'âme, et vint frauder la Parque.
Lors de son livre Eacus me démarque,
Et le nocher tout seul l'onde passa.
Tout seul ? Je faux : mon âme traversa
Le fleuve noir ; mais Thémire, Thémire
En ce baiser dans mes veines glissa
Part de la sienne, avec quoi je respire.

### IV.

Le bon vieillard [1] qui brûla pour Bathylle,
Par amour seul était ragaillardi :
Aussi n'est-il de chaleur plus subtile
Pour réchauffer un vieillard engourdi.
Pour moi qui suis dans l'ardeur du midi,
Merveille n'est que son flambeau me brûle ;
Mais quand du soir viendra le crépuscule,
Temps où le cœur languit inanimé,
Du moins, Amour, fais-moi bailler cédule
D'aimer encor, même sans être aimé.

### V.

Quels sont ces traits qui font craindre Caliste
Plus qu'on ne craint Diane au fond des bois ?
Quel est ce feu qui brûle à l'improviste,
Ravage tout, et met tout aux abois ?
Serait-ce feu Saint-Elme, ou feu grégeois ?
Nenni. Ce sont flèches, ou je m'abuse.
Encore moins. C'est donc feu d'arquebuse ?
Non. Et quoi donc ? Ce sont regards coquets,
Jeux de prunelle en qui flamme est incluse,
Qui brûle mieux qu'arquebuse et mousquets.

### VI.

Sur ses vieux jours la déesse Vénus
S'est retirée en un saint monastère ;
Et de ses biens propres et revenus,
Ainsi que vous m'a nommé légataire.
Or, de ce legs, signé devant notaire,
L'exécuteur fut l'aîné de ses fils.
Mais le matois n'en prit point son avis,
Et se laissa corrompre par vos charmes.
Il vous donna les plaisirs et les ris,
Et m'a laissé les soucis et les larmes.

### VII.

Soucis cuisants au partir de Caliste
Jà commençaient à me supplicier,
Quand Cupidon, qui me vit pâle et triste,

---

[1] Anacréon.

Me dit : Ami, pourquoi te soucier?
Lors m'envoya, pour me solacier,
Tout son cortége et celui de sa mère,
Songes plaisants et joyeuse chimère,
Qui, m'enseignant à rapprocher les temps,
Me font jouir, malgré l'absence amère,
Des biens passés, et de ceux que j'attends.

## VIII.

Je veux avoir, et je l'aimerai bien,
Maîtresse libre et de façon gentille,
Qui soit joyeuse et de plaisant maintien,
De rien n'ait cure, et sans cesse frétille;
Qui, sans raison, toujours cause et babille,
Et n'ait de livre autre que son miroir :
Car ne trouver, pour s'ébattre le soir,
Qu'une matrone honnête, prude, et sage,
En vérité ce n'est maîtresse avoir;
C'est prendre femme, et vivre en son ménage.

## IX.

Certain huissier, étant à l'audience,
Criait toujours : Paix-là! messieurs; paix-là!
Tant qu'à la fin tombant en défaillance,
Son teint pâlit, et sa gorge s'enfla.
On court à lui. Qu'est-ce ci? Qu'est-ce là?
Maître Perrin! à l'aide! il agonise!
Bessière [1] vient : on le phlébotomise [2].
Fors ouvrant l'œil clair comme un basilic :
Voilà, messieurs, dit-il sortant de crise,
Ce que l'on gagne à parler en public!

## X.

Sur leurs santés un bourgeois et sa femme
Interrogeaient l'opérateur Barri ;
Lequel leur dit : Pour vous guérir, madame,
Baume plus sûr n'est que votre mari.
Puis se tournant vers l'époux amaigri :
Pour vous, dit-il, femme vous est mortelle.
Las! dit alors l'époux à sa femelle,
Puisque autrement ne pouvons nous guérir,
Que faire donc? Je n'en sais rien, dit-elle;
Mais, par saint Jean, je ne veux point mourir.

## XI.

Elle a, dit-on, cette bouche et ces yeux
Par qui d'Amour Psyché devint maîtresse;
Elle a d'Hébé le souris gracieux,
La taille libre, et l'air d'une déesse.
Que dirai plus? On vante sa sagesse;
Elle est polie et de doux entretien,
Connaît le monde, écrit et parle bien,
Et de la cour sait tout le formulaire.
Finalement il ne lui manque rien,
Fors un seul point.—Et quoi?—Le don de plaire.

## XII.

Près de sa mort une vieille incrédule
Rendait un moine interdit et perclus :
Ma chère fille, une simple formule
D'acte de foi! quatre mots, et rien plus.
Je ne saurais. Mon Dieu, dit le reclus,
Inspirez-moi! Ça, voudriez-vous être
Persuadée? Oui : je voudrais connaître,
Toucher au doigt, sentir la vérité.
Eh bien, courage! allons, reprit le prêtre,
Offrez à Dieu votre incrédulité.

## XIII.

Certain ivrogne, après maint long repas,
Tomba malade. Un docteur galénique
Fut appelé. Je trouve ici deux cas,
Fièvre adurante, et soif plus que cynique.
Or, Hippocras tient pour méthode unique,
Qu'il faut guérir la soif premièrement.
Lors le fiévreux lui dit : Maître Clément,
Ce premier point n'est le plus nécessaire :
Guérissez-moi ma fièvre seulement;
Et, pour ma soif, ce sera mon affaire.

## XIV.

Ce monde-ci n'est qu'une œuvre comique
Où chacun fait ses rôles différents.
Là, sur la scène, en habit dramatique,
Brillent prélats, ministres, conquérants.
Pour nous, vil peuple, assis aux derniers rangs,
Troupe futile et des grands rebutée,
Par nous d'en bas la pièce est écoutée,
Mais nous payons, utiles spectateurs ;
Et, quand la farce est mal représentée,
Pour notre argent nous sifflons les acteurs.

---

[1] Fameux chirurgien.
[2] C'est le terme de l'art (du grec φλέψ, la veine, et τέμνω je coupe), pour dire on le saigne.

## XV.

### A UN PIED-PLAT [1]

QUI FAISAIT COURIR DE FAUX BRUITS CONTRE MOI.

Vil imposteur, je vois ce qui te flatte :
Tu crois peut-être aigrir mon Apollon,
Par tes discours; et, nouvel Érostrate,
A prix d'honneur, tu veux te faire un nom?
Dans ce dessein tu sèmes, ce dit-on,
D'un faux récit la maligne imposture.
Mais dans mes vers, malgré ta conjecture,
Jamais ton nom ne sera proféré ;
Et j'aime mieux endurer une injure,
Que d'illustrer un faquin ignoré.

## XVI.

Par passe-temps un cardinal oyait
Lire les vers de Psyché, comédie;
Et les oyant, pleurait et larmoyait,
Tant qu'eussiez dit que c'était maladie.
Quoi! monseigneur, à cette rapsodie,
Lui dit quelqu'un, tant nous semblez touché;
Et l'autre jour, au martyre prêché
De saint Laurent, parûtes si paisible!
Ho! ho! dit-il; tudieu! cette Psyché
Est de l'histoire, et l'autre est de la Bible.

## XVII.

### CONTRE UN VOLEUR MÉDISANT [2].

Lorsque je vois ce moderne Sisyphe
Nous aboyer, je trouve qu'il fait bien :
Mieux vaut encor porter l'hiéroglyphe
D'impertinent, que celui de vaurien.
Il est sauvé, s'il peut trouver moyen
Qu'au rang des sots Phébus l'immatricule;
Et semble dire : Auteurs, à qui Catulle
De badiner transmit l'invention,
Par charité, rendez-moi ridicule,
Pour rétablir ma réputation!

## XVIII.

Certain curé, grand enterreur de morts,
Au chœur assis récitait le service.
Certain frater, grand disséqueur de corps,
Tout vis-à-vis chantait aussi l'office.

Pour un procès tous deux étant émus,
De maudissons lardaient leurs *orémus*.
Hom! disait l'un, jamais n'entonnerai-je
Un *requiem* sur cet opérateur?
Dieu paternel! dit l'autre, quand pourrai-je
A mon plaisir disséquer ce pasteur?

## XIX.

### POUR MADAME D'USSÉ,

ÉTANT A LA CHASSE.

Quand sur Bayard, par bois ou sur montagne,
A giboyer vous prenez vos ébats,
Dieux des forêts d'abord sont en campagne,
Et vont en troupe admirer vos appas.
Amis Sylvains, ne vous y fiez pas ;
Car ses regards font souvent pires niches
Que feu ni fer; et cœurs, en tel pourchas,
Risquent du moins autant que cerfs et biches.

## XX.

### POUR LA MÊME,

ÉTANT A LA REPRÉSENTATION DE L'OPÉRA D'ALCIDE [1].

Non, ce n'est point la robe de Nessus
Qui consuma l'amoureux fils d'Alcmène :
Ce fut le feu de cent baisers reçus,
Qui dans son sang coulait de veine en veine.
Il en mourut; et la nature humaine
En fit un dieu que l'on chante aujourd'hui.
Que de mortels, si vous vouliez, Climène,
Mériteraient d'être dieux comme lui!

## XXI.

### SUR LA MÊME,

QUI S'OCCUPAIT A FILER.

Ce ne sont plus les trois Sœurs de la Fable
Qui, de nos jours, font tourner le fuseau :
Une déesse, aux mortels plus affable,
Leur a ravi le fatal écheveau.
Mais notre sort n'en sera pas plus beau
D'être filé par ses mains fortunées :
L'Amour, hélas! armé de leur ciseau,
Mieux qu'Atropos tranchera nos années.

---

[1] Gacon.
[2] Contre Saurin, qui avait attaqué dans un journal l'*Anacréon* de la Fosse.

[1] Opéra de Campistron, musique de Marais et de Louis Lulli, troisième fils de Jean-Baptiste; représenté à Paris le 3 février 1693, et repris ensuite sous le titre de *la Mort d'Alcide*.

## XXII.
### A LA MÊME.

Céphale un soir devait s'entretenir
Avec l'Aurore, au retour de la chasse :
Il vous rencontre; et de son souvenir
En vous voyant, le rendez-vous s'efface.
Qui n'eût pas fait même chose en sa place?
J'eusse failli comme lui sur ce point.
Mais le pauvret (mal tient qui trop embrasse)
Perdit l'Aurore, et ne vous gagna point.

## XXIII.

Entre Racine et l'aîné des Corneilles,
Les Chrysogons se font modérateurs.
L'un, à leur gré, passe les sept merveilles ;
L'autre ne plaît qu'aux versificateurs.
Or, maintenant, veillez, graves auteurs,
Mordez vos doigts, ramez comme corsaires,
Pour mériter de pareils protecteurs,
Ou pour trouver de pareils adversaires.

## XXIV.

Un maquignon de la ville du Mans
Chez son évêque était venu conclure
Certain marché de chevaux bas-normands,
Que l'homme saint louait outre mesure.
Vois-tu ces crins? vois-tu cette encolure?
Pour chevaux turcs on les vendit au roi.
Turcs, monseigneur? A d'autres! Je vous jure
Qu'ils sont chrétiens, ainsi que vous et moi.

## XXV.

Un magister, s'empressant d'étouffer
Quelque rumeur parmi la populace,
D'un coup dans l'œil se fit apostropher
Dont il tomba, faisant laide grimace.
Lors un frater s'écria : Place! place!
J'ai pour ce mal un baume souverain.
Perdrai-je l'œil? lui dit messer Pancrace.
Non, mon ami; je le tiens dans ma main.

## XXVI.

Ne vous fiez, bachelettes rusées,
A ce galant qui vous vient épier,
Et que j'ai vu dans nos Champs Élysées[1]
Se promener, grave comme un chapier.

[1] Promenade de Paris.

Car, bien qu'il ait poil noir, teint de pourpier[1],
Échine large, et poitrine velue,
Si sais-je bien qu'Amour en son clapier
Onc n'eut lapin de si mince value.

## XXVII.

Le teint jauni comme feuilles d'automne,
Et n'invoquant autre dieu qu'Atropos,
Amour s'en vint, qui me la baillant bonne :
Tais-toi, dit-il, tu trouveras repos.
Je me suis tu, croyant sur ce propos
De ses mignons aller grossir la liste.
Mais c'est pitié ! Loin que ce dieu m'assiste,
En me taisant, mon mal devient plus fort.
J'entends, Amour : vous êtes bon sophiste;
J'aurai repos, oui, quand je serai mort.

## XXVIII.
### SUR UNE ODE
COMPOSÉE PAR UN MISÉRABLE POÈTE SATIRIQUE[2],

À LA LOUANGE DE M. DE CATINAT.

O Catinat! quelle voix enrhumée
De te chanter ose usurper l'emploi!
Mieux te vaudrait perdre ta renommée,
Que los cueillir de si chétif aloi.
Honni seras, ainsi que je prévoi,
Par cet écrit. Et n'y sais, à vrai dire,
Remède aucun, sinon que contre toi
Le même auteur écrive une satire.

## XXIX.
### SUR LE DIALOGUE DE PLATON,
INTITULÉ LE BANQUET.

Lorsqu'à Pluton le messager Mercure
Eut apporté le *Banquet de Platon*,
Il fit venir le maître d'Épicure,
Et lui dit : Tiens, lis-moi ce rogaton.
Lors Démocrite, abusé par le ton,
Lut cet écrit, le croyant d'un sophiste.

[1] Frais et vermeil.
[2] Gacon. Voici sa réponse à l'épigramme de Rousseau.

> Je conviens, Catinat, qu'en louant ta victoire,
> J'ai pu faire des vers peu dignes de ta gloire;
> Mais si Rousseau te déchirait
> (Car quelle est la vertu qui n'ait senti le trait
> De la rage qui le dévore?)
> La chose autrement tournerait ;
> Ma louange te déshonore :
> Sa satire t'honorerait.

Qui fut penaut? Ce fut le bon Pluton;
Car son rieur devint panégyriste.

### XXX.

De haut savoir Phébus ne m'a doté,
Mais des neuf Sœurs je sais toucher la lyre;
Grosse chevance oncques ne m'a tenté,
Mais peu de biens ont de quoi me suffire.
Amour me tint longtemps sous son empire :
J'ai retrouvé repos et liberté;
Mais ce bien là, certes, je le puis dire,
Si c'en est un, je l'ai bien acheté!

# LIVRE DEUXIÈME.

## ÉPIGRAMME I.

Quand, pour ravoir son épouse Eurydice,
Le bon Orphée alla jusqu'aux enfers,
L'étonnement d'un si rare caprice
En fit cesser tous les tourments divers.
On admira, bien plus que ses concerts,
D'un tel amour la bizarre saillie;
Et Pluton même, embarrassé du choix,
La lui rendit pour prix de sa folie,
Puis la retint en faveur de sa voix.

### II.

Deux grands Amours, fripons de même race,
S'étaient nichés dans les yeux de Doris :
Un tiers survint, qui leur a dit : De grâce,
Recevez-moi! le reste est déjà pris.
Tant pis pour toi, dirent ces mal appris,
Qui tout à l'heure en deux ou trois bourrades
Le firent choir sur un sein de cristal.
Lors il leur dit : Grand merci! camarades;
Vous êtes bien : moi, je ne suis pas mal.

### III.

#### SUR M<sup>me</sup> LA DUCHESSE DE BOURGOGNE.

Entrez, Amours, votre reine s'éveille.
Venez, mortels, admirer ses attraits :
Déjà l'enfant qui près d'elle sommeille
De sa toilette a rangé les apprêts.
Mais gardez-vous d'approcher de trop près!
Car ce fripon, caché dans sa coiffure,
De temps en temps décoche certains traits
Dont le trépas guérit seul la blessure.

### IV.

De ce bonnet, façonné de ma main,
Je te fais don, me dit un jour ma belle :
Sache qu'il n'est roi ni prince romain
Qui n'enviât faveur si solennelle.
Malheur plutôt, dis-je, à toute cervelle
Que vous coiffez : le grand diable s'y met.
Va, va, j'en coiffe assez d'autres, dit-elle,
Sans leur donner ni toque ni bonnet.

### V.

Qui vous aimant, ô fantasque beauté,
Veut obtenir amitié réciproque,
Y parviendra par mépris affecté,
Mieux que par soins ni gracieux colloque :
Car je connais votre cœur équivoque;
Respect le cabre, amour ne l'adoucit;
Et ressemblez à l'œuf cuit dans sa coque :
Plus on l'échauffe, et plus se rendurcit.

### VI.

Ce pauvre époux me fait grande pitié,
Incessamment son diable le promène :
Au moindre mot que nous dit sa moitié,
Il se tourmente, il sue, il se démène:
Fait-elle un pas; le voilà hors d'haleine :
Il cherche, il rôde, il court deçà, delà.
Hé! mon ami, ne prends point tant de peine :
Tu serais bien dupé sans tout cela.

### VII.

#### POUR UNE DAME
##### NOUVELLEMENT MARIÉE.

Seigneur Hymen, comment l'entendez-vous?
Disait l'aîné des enfants de Cythère.
De cet objet, qui semble fait pour nous,
Pensez-vous seul être dépositaire?
Non, dit l'Hymen, encor qu'à ne rien taire
Pour mon profit vous soyez peu zélé.
Hé! mon ami, reprit l'enfant ailé,
Conserve-nous, ainsi que ta prunelle :
Quand une fois l'Amour s'est envolé,
Le pauvre Hymen ne bat plus que d'une aile.

### VIII.

Jean s'est lié par conjugal serment
A son Alix, si longtemps recherchée.

Mais, quatre mois après le sacrement,
D'un fruit de neuf elle s'est dépêchée.
Jean se lamente ; Alix est bien fâchée :
Mais le public varie à leur égard.
L'un dit qu'Alix est trop tôt accouchée,
L'autre que Jean s'est marié trop tard.

## IX.

J'ai depuis peu vu ta femme nouvelle,
Qui m'a paru si modeste en son air,
Si bien en point, si discrète, si belle,
L'esprit si doux, le ton de voix si clair,
Bref, si parfaite et d'esprit et de chair,
Que, si le ciel m'en donnait trois de même,
J'en rendrais deux au grand diable d'enfer,
Pour l'engager à prendre la troisième.

## X.

Certain marquis, fameux par le grand bruit
Qu'il s'est donné d'homme à bonne fortune,
Se plaint partout que des voleurs de nuit
En son logis sont entrés sur la brune.
Ils m'ont tout pris, bagues, joyaux, pécune ;
Mais ce que plus je regrette, entre nous,
C'est une recueil d'amoureux billets doux
De cent beautés, dont mon cœur fit capture.
Seigneur marquis, j'en suis fâché pour vous ;
Car ces coquins connaîtront l'écriture.

## XI.

Le vieux Ronsard, ayant pris ses besicles,
Pour faire fête au Parnasse assemblé,
Lisait tout haut ces odes par articles [1]
Dont le public vient d'être régalé.
Ouais ! qu'est-ce ci ? dit tout à l'heure Horace,
En s'adressant au maître du Parnasse :
Ces odes-là frisent bien le Perrault !
Lors Apollon, bâillant à bouche close :
Messieurs, dit-il, je n'y vois qu'un défaut,
C'est que l'auteur les devait faire en prose [2].

## XII.

Le traducteur qui rima l'Iliade [3],

De douze chants prétendit l'abréger :
Mais par son style, aussi triste que fade,
De douze en six il a su l'allonger.
Or le lecteur, qui se sent affliger,
Le donne au diable, et dit, perdant haleine :
Hé ! finissez, rimeur à la douzaine !
Vos abrégés sont longs au dernier point.
Ami lecteur, vous voilà bien en peine ;
Rendons-les courts en ne les lisant point.

## XIII.

Houdart n'en veut qu'à la raison sublime
Qui dans Homère enchante les lecteurs ;
Mais Arouet veut encor de la rime [1]
Désabuser le peuple des auteurs.
Ces deux rivaux, érigés en docteurs,
De poésie ont fait un nouveau code ;
Et, bannissant toute règle incommode,
Vont produisant ouvrages à foison,
Où nous voyons que, pour être à la mode,
Il faut n'avoir ni rime ni raison.

## XIV.

Léger de queue, et de ruses chargé,
Maître Renard se proposait pour règle :
Léger d'étude, et d'orgueil engorgé,
Maître Houdart se croit un petit aigle.
Oyez-le bien : vous toucherez au doigt
Que l'Iliade est un conte plus froid
Que Cendrillon, Peau-d'Ane, ou Barbe-Bleue.
Maître Houdart, peut-être on vous croirait ;
Mais par malheur vous n'avez point de queue !

## XV.

Depuis trente ans un vieux berger normand [2]
Aux beaux esprits s'est donné pour modèle ;
Il leur enseigne à traiter galamment
Les grands sujets en style de ruelle.
Ce n'est le tout : chez l'espèce femelle
Il brille encor, malgré son poil grison ;
Et n'est caillette en honnête maison
Qui ne se pâme à sa douce faconde.
En vérité, caillettes ont raison ;
C'est le pédant le plus joli du monde.

---

[1] Rousseau les appelle ailleurs, et avec la même justesse, de froids *dizains* rédigés par chapitres.
[2] Le trait est d'autant meilleur ici, qu'il frappe plus juste, et que l'on connaît le système de la Motte en faveur des odes, et même des tragédies *en prose*.
[3] Allusion à la traduction abrégée de l'*Iliade*, en vers français, par la Motte-Houdart.

[1] Voltaire, en effet, avait sur la rime des principes très-relâchés ; Delille, au contraire, s'en proclamait le *Janséniste*.
[2] Bernard de Fontenelle, né à Rouen en 1658 ; mort à Paris le 29 janvier 1757, âgé de près de cent ans. Il ne s'agit ici que de ses églogues, très-dignes en effet de cette épigramme. Mais il a, comme savant et comme littérateur, d'autres titres à l'estime de la postérité.

## XVI[1].

Par trop bien boire, un curé de Bourgogne
De son pauvre œil se trouvait déferré.
Un docteur vient : Voici de la besogne
Pour plus d'un jour. Je patienterai.
Çà, vous boirez.... Eh bien! soit, je boirai.
Quatre grands mois.... Plutôt douze, mon maître.
Cette tisanne. A moi? reprit le prêtre.
*Vade retro.* Guérir par le poison!
Non, par ma soif! Perdons une fenêtre,
Puisqu'il le faut; mais sauvons la maison.

## XVII.

### A UN CRITIQUE MODERNE[2].

Après avoir bien sué pour entendre
Vos longs discours doctement superflus,
On est d'abord tout surpris de comprendre
Que l'on n'a rien compris, ni vous non plus.
Monsieur l'abbé, dont les tons absolus
Seraient fort bons pour un petit monarque,
Vous croyez être au moins notre Aristarque!
Mais apprenez, et retenez-le bien,
Que qui sait mal (vous en êtes la marque)
Est ignorant plus que qui ne sait rien.

## XVIII.

A son portrait certain rimeur braillard
Dans un logis se faisait reconnaître;
Car l'ouvrier le fit avec tel art,
Qu'on bâillait même en le voyant paraître.
Ha! le voilà! c'est lui! dit un vieux reître,
Et rien ne manque à ce visage-là
Que la parole. Ami, reprit le maître,
Il n'en est pas plus mauvais pour cela.

## XIX.

Un vieil abbé sur certains droits de fief
Fut consulter un juge de Garonne,
Lequel lui dit : Portez votre grief
Chez quelque sage et discrète personne :
Conseillez-vous au Palais, en Sorbonne :
Puis, quand vos cas seront bien décidés,
Accordez-vous, si votre affaire est bonne;
Si votre cause est mauvaise, plaidez.

## XX.

Trois choses sont que j'admire à part moi :
La probité d'un homme de finance,
La piété d'un confesseur du roi,
Un riche abbé pratiquant l'abstinence.
Pourtant, malgré toute leur dissonance,
Je puis encor ces trois points concevoir :
Mais pour le quart, je m'y perds, plus j'y pense.
Et quel est-il? L'orgueil d'un manteau noir[1].

## XXI.

L'homme créé par le fils de Japet
N'eut qu'un seul corps, mâle ensemble et femelle.
Mais Jupiter, de ce tout si parfait,
Fit deux moitiés, et rompit le modèle.
Voilà d'où vient qu'à sa moitié jumelle
Chacun de nous brûle d'être rejoint.
Le cœur nous dit : Ah! la voilà! c'est elle!
Mais à l'épreuve, hélas! ce ne l'est point.

## XXII.

Avec les gens de la cour de Minerve
Désirez-vous d'entretenir la paix;
Louez les bons, pourtant avec réserve;
Mais gardez-vous d'offenser les mauvais,
On ne doit point, pour semblables méfaits,
En purgatoire aller chercher quittance;
Car il est sûr qu'on ne mourut jamais
Sans en avoir fait double pénitence.

## XXIII.

Si de Noé l'un des enfants, maudit,
De son Seigneur perdit la sauvegarde,
Ce ne fut point pour avoir, comme on dit,
Surpris son père en posture gaillarde :
Mais c'est qu'ayant fait cacher sa guimbarde
Au fond de l'arche, en guise de relais,
Il en tira cette espèce bâtarde
Qu'on nomme gens de robe et de Palais.

---

[1] Imitée de Martial, liv. VI, *ép.* LXXVIII.

AD AULUM.

Potor nobilis, Aule, lumine uno
Luscus Phryx erat, alteroque lippus.
Huic heras medicus : Bibas caveto;
Vinum si biberis, nihil videbis.
Ridens Phryx oculo, Valebis, inquit.
Misceri sibi protinus deunces,
Sed crebros jubet. Exitum requiris?
Vinum Phryx; oculus bibit venenum.

La supériorité de l'imitateur français est incontestable.

[2] L'abbé d'Olivet qui n'avait point approuvé la comédie des *Aïeux chimériques.*

[1] Il désigne les Jésuites, qui n'aimaient pas plus Rousseau qu'ils n'en étaient aimés.

## XXIV.

Monsieur l'abbé, vous n'ignorez de rien ;
Et ne vis onc mémoire si féconde.
Vous pérorez toujours, et toujours bien,
Sans qu'on vous prie, et sans qu'on vous réponde.
Mais le malheur, c'est que votre faconde
Nous apprend tout, et n'apprend rien de nous.
Je veux mourir, si pour tout l'or du monde
Je voudrais être aussi savant que vous.

## XXV.

Ami, crois-moi : cache bien à la cour
Les grands talents qu'avec toi l'on vit naître ;
C'est le moyen d'y devenir un jour
Puissant seigneur, et favori peut-être.
Et favori? qu'est cela? C'est un être
Qui ne connaît rien de froid ni de chaud,
Et qui se rend précieux à son maître,
Par ce qu'il coûte, et non par ce qu'il vaut.

## XXVI.

Tout plein de soi, de tout le reste vide,
Le petit homme étale son savoir,
Jase de tout, glose, interrompt, décide,
Et sans rien veut toujours en avoir ;
Car son babil, qu'on ne peut concevoir,
Tient toujours prêts contes bleus à vous dire,
Ou froids dictons, que pourtant il admire.
Et de là vient que l'archigodenot [1]
Depuis trente ans que seul il se fait rire
N'a jamais su faire rire qu'un sot.

## XXVII.

Doctes héros de la secte moderne,
Comblés d'honneurs, et de gloire enfumés,
Défiez-vous du temps qui tout gouverne ;
Craignez du sort les jeux accoutumés.
Combien d'auteurs, plus que vous renommés,
Des ans jaloux ont éprouvé l'outrage!
Non que n'ayez tout l'esprit en partage
Qu'on peut avoir ; on vous passe ce point.
Mais savez-vous qui fait vivre un ouvrage?
C'est le génie ; et vous ne l'avez point.

## XXVIII.

Gacon, rimailleur subalterne [2],
Vante Person le barbouilleur ;
Et Person, peintre de taverne,
Prône Gacon le rimailleur.
Or, en cela certain railleur
Trouve qu'ils sont tous deux fort sages :
Car sans Gacon et ses ouvrages,
Qui jamais eût vanté Person?
Et sans Person et ses suffrages,
Qui jamais eût prôné Gacon?

## XXIX.

### AUX JOURNALISTES DE TRÉVOUX.

Petits auteurs d'un fort mauvais journal,
Qui d'Apollon vous croyez les apôtres,
Pour Dieu! tâchez d'écrire un peu moins mal ;
Ou taisez-vous sur les écrits des autres.
Vous vous tuez à chercher dans les nôtres
De quoi blâmer, et l'y trouvez très-bien :
Nous, au rebours, nous cherchons dans les vôtres
De quoi louer, et nous n'y trouvons rien.

## XXX.

### AUX MÊMES.

Grands reviseurs, courage, escrimez-vous :
Apprêtez-moi bien du fil à retordre.
Plus je verrai fumer votre courroux,
Plus je rirai ; car j'aime le désordre.
Et, je l'avoue, un auteur qui sait mordre,
En m'approuvant, peut me rendre joyeux :
Mais le venin de ceux du dernier ordre
Est un parfum que j'aime cent fois mieux.

## XXXI.

### SUR LES TRAGÉDIES DU SIEUR***

Cachez-vous, Lycophrons antiques et modernes,
Vous qu'enfanta le Pinde au fond de ses cavernes
Pour servir de modèle au style boursouflé.
Retirez-vous, Ronsard, Baïf, Garnier, la Serre ;
Et respectez les vers d'un rimeur [1] plus enflé
Que Rampale, Brébeuf, Boyer, ni Longepierre.

---

[1] *Archigodenot.* Un maître sot, tout fait pour servir à tout le monde de jouet et de risée.

[2] Ces deux personnages réels sont désignés, dans les éditions précédentes, par les noms de *Griphon* et de *Siphon*. Gacon, traducteur insipide d'Anacréon, et auteur d'un libelle scandaleusement satirique, intitulé l'*Anti-Rousseau*, à peu près ignoré aujourd'hui.

[1] Ce *rimeur* n'était autre que Crébillon, que l'auteur d'*Électre*, de *Rhadamiste et Zénobie*.

# LIVRE TROISIÈME.

## ÉPIGRAMME I.

Est-on héros pour avoir mis aux chaînes
Un peuple ou deux? Tibère eut cet honneur.
Est-on héros en signalant ses haines
Par la vengeance? Octave eut ce bonheur.
Est-on héros en régnant par la peur?
Séjan fit tout trembler, jusqu'à son maître.
Mais de son ire éteindre le salpêtre,
Savoir se vaincre, et réprimer les flots
De son orgueil, c'est ce que j'appelle être
Grand par soi-même, et voilà mon héros.

## II.
### A M. LE DUC DE BOURGOGNE.

Mars et l'Amour, au jour de votre fête,
De même ardeur pour vous se sont épris;
L'un de lauriers ornera votre tête,
L'autre y joindra ses myrtes favoris.
Jeune héros, l'un et l'autre ont leur prix :
Mars fut toujours ami de Cythérée.
Vous trouverez les myrtes plus fleuris,
Et les lauriers de plus longue durée.

## III.
### A MADAME D'USSÉ.
#### LES DEUX DONS.

Les Dieux jadis vous firent pour tributs
Deux de leurs dons d'excellente nature :
L'un avait nom Ceinture de Vénus,
Et l'autre était la Bourse de Mercure.
Lors Apollon dit, par forme d'augure :
De celle-ci largesse elle fera;
De l'autre, non; car jamais créature
De son vivant ne la possèdera.

## IV.
### LES SOUHAITS.

Être l'Amour quelquefois je désire :
Non pour régner sur la terre et les cieux;
Car je ne veux régner que sur Thémire;
Seule elle vaut les mortels et les Dieux :
Non pour avoir le bandeau sur les yeux;
Car de tout point Thémire m'est fidèle :
Non pour jouir d'une gloire immortelle;
Car à ses jours survivre je ne veux :
Mais seulement pour épuiser sur elle
Du dieu d'Amour et les traits et les feux.

## V.
### A M. ROUILLÉ.

Myrtes d'Amour, pampres du dieu de l'Inde,
Ne sont moissons dont je sois fort chargé;
En qualité de citoyen du Pinde,
Le laurier seul est le seul bien que j'ai.
Bien qu'en soyez noblement partagé,
Ne dédaignez pourtant notre guirlande;
Car ce laurier dont je vous fais offrande
Ressemble assez aux faveurs d'une Iris.
Ce don, commun, devient de contrebande :
Mais est-il rare; il vaut encore son prix.

## VI.
### A L'ABBÉ DE CHAULIEU [1].

Maître Vincent [2], ce grand faiseur de lettres,
Si bien que vous n'eût su prosaïser.
Maître Clément [3], ce grand faiseur de mètres,
Si doucement n'eût su poétiser :
Phébus adonc va se désabuser
De son amour pour la docte fontaine;
Et connaîtra que, pour bons vers puiser,
Vin champenois vaut mieux qu'eau d'Hippocrène.

## VII.
### CONTRE MONTFORT.

Dans une troupe avec choix ramassée
On produisit certains vers languissants :
Chacun les lut, on en dit sa pensée;
Mais sur l'auteur on était en suspens,
Lorsque Montfort présenta son visage :
Et l'embarras fut terminé d'abord;
Car par Montfort on reconnut l'ouvrage,
Et par l'ouvrage on reconnut Montfort.

---

[1] C'est à tort que dans la plupart des éditions cette épigramme est adressée à M. d'Ussé; le dernier vers ne laisse aucun doute sur sa véritable destination.
[2] Voiture.
[3] Marot.

## VIII.
### CONTRE UN MARGUILLIER.

J'avais frondé le culte et les mystères
Dont à la Chine on s'est embarrassé ;
Et Brisacier[1], dans ses lettres austères,
Me paraissait justement courroucé.
Mais, quand je vois sire Alain encensé,
Je suis forcé d'abjurer mes paroles,
Et de souscrire à l'hommage insensé
Que les Chinois rendent à leurs idoles.

## IX.
### CONTRE LONGEPIERRE[2].

Longepierre le translateur,
De l'antiquité zélateur,
Imite les premiers fidèles,
Qui combattaient jusqu'au trépas
Pour des vérités immortelles
Qu'eux-mêmes ne comprenaient pas.

## X.
### CONTRE LE MÊME.

A voir Perrault et Longepierre
Chacun de son parti vouloir régler le pas,
Ne dirait-on pas d'une guerre
Dont le sort est remis aux soins de deux goujats?

## XI.
### SUR L'AVENTURE DE L'ÉVÊQUE DE NIMES,
#### QUI S'ÉTAIT SAUVÉ PAR LA FENÊTRE
#### POUR ÉCHAPPER A SES CRÉANCIERS.

Pour éviter des Juifs la fureur et la rage,
  Paul, dans la ville de Damas,
  Descend de la fenêtre en bas :
  La Parisière, en homme sage,
  Pour éviter ses créanciers,
  En fit autant ces jours derniers.
  Dans un siècle tel que le nôtre
  On doit être surpris, je crois,
  Qu'un de nos prélats une fois
Ait su prendre sur lui d'imiter un apôtre.

## XII[1].

Pour disculper ses œuvres insipides,
Danchet[2] accuse et le froid et le chaud ;
Le froid dit-il, fit choir mes *Héraclides*,
Et la chaleur fit tomber mon *Lourdaud*.
Mais le public, qui n'est point en défaut,
Et dont le sens s'accorde avec le nôtre,
Dit à cela : Taisez-vous, grand nigaud :
C'est le froid seul qui fit choir l'un et l'autre.

## XIII.

Un gros garçon qui crève de santé,
Mais qui de sens a bien moins qu'une buse,
De m'attaquer a la témérité
En médisant de ma gentille muse ;
De ce pourtant ne me chaulx, et l'excuse ;
Car, demandant à gens de grand renom
S'il peut mon los m'ôter par telle ruse,
Ils m'ont tous dit assurément que non.

## XIV.

Paul, de qui la vraie épithète
Est celle d'ennuyeux parfait,
Veut encor devenir poëte,
Pour être plus sûr de son fait.
Sire Paul, je crois, en effet,
Que cette voie est la plus sûre :
Mais vous eussiez encor mieux fait
De laisser agir la nature.

## XV.
### CONTE DU POGGE[3].

Un fat, partant pour un voyage,

---

[1] Jacques-Charles de Brisacier, supérieur des Missions étrangères pendant soixante et dix ans. Il eut beaucoup de part aux écrits publiés contre les Jésuites, dans l'affaire des *Cérémonies chinoises*. Mort en 1736, âgé de quatre-vingt-quatorze ans.

[2] Hilaire-Bernard de Roqueleyne, seigneur de Longepierre, *comprenait* très-bien les beautés des poëtes grecs, mais ne les rendait pas de même en français. On a de lui des traductions d'Anacréon, de Théocrite, de Bion, et de Moschus, en assez mauvais vers, mais dont les notes prouvent une érudition profonde et variée. Sa tragédie de *Médée* a des beautés qui l'ont maintenue au théâtre. — Né en 1658, mort en 1727.

[1] Cette épigramme fut dirigée d'abord contre de Brie, auteur, comme Danchet, d'une tragédie des *Héraclides*, et d'une comédie intitulée *le Lourdaud*. Ces pièces ont été jouées, mais non imprimées. On a encore de de Brie un roman du *Duc de Guise*, surnommé *le Balafré*; réimprimé pour la dernière fois en 1714.

[2] Auteur de quatre tragédies, *Cyrus*, *les Héraclides*, *les Tyndarides*, et *Nitétis*; et de douze opéras, dont le meilleur et le plus tristement célèbre est celui d'*Hésiode* (mis en musique par Campra, et représenté en 1700), puisque son prologue fournit le canevas et l'air des *couplets* qui perdirent Rousseau. Les *Héraclides* furent joués en décembre 1719.

[3] Poggion Bracciolini, qu'on nomme *le Pogge*, auteur satirique, Florentin ; né en 1380, mort en 1459.

Dit qu'il mettrait dix mille francs
Pour connaître un peu par usage
Le monde avec ses habitants.
Ce projet peut vous être utile,
Reprit un rieur ingénu :
Mais metttez-en encor dix mille,
Pour ne point en être connu.

## XVI.

### A PRADON,

QUI AVAIT FAIT UNE SATIRE PLEINE D'INVECTIVES
CONTRE DESPRÉAUX.

Au nom de Dieu! Pradon, pourquoi ce grand courroux
Qui contre Despréaux exhale tant d'injures?
Il m'a berné, me direz-vous :
Je veux le diffamer chez les races futures.
Hé! croyez-moi ; laissez d'inutiles projets.
Quand vous réussiriez à ternir sa mémoire,
Vous n'avanceriez rien pour votre propre gloire,
Et le grand Scipion[1] sera toujours mauvais.

## XVII.

En son lit une demoiselle
Attendait l'instant de sa mort :
Un capucin brûlant de zèle,
Lui dépêchait son passeport;
Puis il lui dit pour réconfort :
Consolez-vous, âme fidèle;
La vierge est là qui vous appelle
Dans la sainte Jérusalem :
Dites trois fois, pour l'amour d'elle,
*Domine, salvum fac regem.*

## XVIII.

Tu dis qu'il faut brûler mon livre :
Hélas! le pauvre enfant ne demandait qu'à vivre.
Les tiens auront un meilleur sort;
Ils mourront de leur belle mort.

## XIX.

### SUR LES FABLES DE LA MOTTE[2].

Quand le graveur Gilot et le poëte Houdart,
Pour illustrer la Fable auront mis tout leur art,
C'est une vérité très-sûre
Que le poëte Houdart et le graveur Gilot,
En fait de vers et de gravure,
Nous feront regretter la Fontaine et Calot[1].

## XX.

### SUR LE MÊME SUJET[2].

Dans les fables de la Fontaine
Tout est naïf, simple, et sans fard;
On n'y sent ni travail ni peine,
Et le facile en fait tout l'art :
En un mot, dans ce froid ouvrage,
Dépourvu d'esprit et de sel,
Chaque animal tient un langage
Trop conforme à son naturel.
Dans la Motte-Houdart, au contraire,
Quadrupède, insecte, poisson,
Tout prend un noble caractère,
Et s'exprime du même ton.
Enfin, par son sublime organe
Les animaux parlent si bien,
Que dans Houdart souvent un âne
Est un académicien.

## XXI.

Deux gens de bien, tels que Vire en produit,
S'entre-plaidaient sur la fausse cédule
Faite par l'un, dans son art tant instruit,
Que de Thémis il bravait la férule.
Or, de cet art se targuant sans scrupule,
Se trouvant seuls sur l'huis du rapporteur :
Signes-tu mieux? vois, disait le porteur :
T'inscrire en faux serait vaine défense.
M'inscrire en faux? reprit le débiteur;
Tant ne suis sot : tiens, voilà ta quittance.

## XXII.

Quand vous vous efforcez à plaire,

---

[1] Rousseau confond ici *Scipion l'Africain*, tragédie de Pradon, représentée en 1697, avec *le grand Scipion*, autre tragédie d'un certain de Prade, auteur de deux autres pièces, *Annibal*, et *Silanus*, tout aussi inconnues que son *grand Scipion*.

[2] Cette épigramme avait été communiquée à Rousseau par Brossette, qui la soupçonnait du même atelier (ce sont ses termes) que la suivante, c'est-à-dire de la façon de Chaulieu. Rousseau n'y fit aucun changement.

[1] Le trait est d'autant meilleur, que Claude Gillot (et non pas Gilot) a beaucoup mieux réussi dans les compositions burlesques et originales que dans les études sérieuses; il eut cependant un mérite, celui de former Vatteau. Il était né à Langres en 1673, et mourut à Paris, en 1722. — Comme la Fontaine, Jacques Calot était l'homme de la nature ; et il y avait aussi loin de lui à Gillot, que de la Fontaine à la Motte.

[2] Cette épigramme n'est point de Rousseau, qui l'attribuait lui-même à Chaulieu. Voyez sa lettre à Brossette, 25 janvier 1718. Il se contenta d'y faire quelques légers changements, afin de la rendre, disait-il, *plus légère*.

On croit voir l'âne contrefaire
Le petit chien vif et coquet;
Et si vous vous contentiez d'être
Un sot, tel que Dieu vous a fait,
On craindrait moins de vous connaître.

## XXIII.

Ci-gît l'auteur d'un gros livre
Plus embrouillé que savant.
Après sa mort il crut vivre,
Et mourut dès son vivant.

## XXIV.

Ci-dessous gît monsieur l'abbé Courtois,
Qui mainte dame en son temps coqueta,
Et par la ville envoya maintes fois
De billets doux plus d'un duplicata.
Jean, son valet, qui très-bien l'assista,
Souvent par jour en porta plus de dix;
Mais de réponse onc il n'en rapporta.
Or prions Dieu qu'il leur doint paradis.

## XXV.

Sous ce tombeau gît un pauvre écuyer,
Qui tout en eau sortant d'un jeu de paume,
En attendant qu'on le vînt essuyer,
De Bellegarde¹ ouvrit un premier tome.
Las! en un rien tout son sang fut glacé.
Dieu fasse paix au pauvre trépassé!

## XXVI.

### A M. LE COMTE D'ŒTTINGUER.

De tes lectures assidues,
Ami, crois-moi, pour quelques jours
Tâche d'interrompre le cours;
Car, pour peu que tu continues,
Je crains, à te parler sans fard,
Que la mort sévère et chagrine,
Jugeant peut-être à tout hasard
De ton âge par ta doctrine,
Ne te prenne pour un vieillard.

## XXVII.

### A M. T....

Ami T...., sais-tu pourquoi

¹ Auteur fécond, infatigable traducteur d'une foule d'ouvrages de piété, de morale, et de littérature, également oubliés aujourd'hui. L'abbé de Bellegarde était né dans le diocèse de Nantes en 1648, et mourut à Paris en 1734.

On te fuit comme la chouette?
Non. Que peut-on reprendre en moi?
Rien, sinon d'être un peu trop poëte.
Car quelle rage, en bonne foi!
Toujours réciter, toujours lire!
Point de paix dedans ni dehors;
Tu me talonnes quand je sors,
Tu m'attends quand je me retire,
Tu me poursuis jusques au bain.
Je lis, tu m'étourdis l'oreille;
J'écris, tu m'arrêtes la main;
Je dors, ton fausset me réveille;
A l'église je veux prier,
Ton démon me fait renier.
Bref, sur moi partout il s'acharne,
Et si je t'enferme au grenier,
Tu récites par la lucarne¹.
Trop déplorable infirmité!
En veux-tu voir l'énormité?
Bon homme, ingénu, serviable,
Tu te fais haïr comme un diable
Avecque toute ta bonté.

## XXVIII.

Toi qui places impudemment
Le froid Pic² au haut du Parnasse,
Puisses-tu pour ton châtiment,
Admirer les airs de Colasse!

## XXIX.

Chrysologue³ toujours opine;
C'est le vrai Grec de Juvénal:
Tout ouvrage, toute doctrine
Ressortit à son tribunal.
Faut-il disputer de physique;

¹ Horace, *Poét.* v. 474 et suiv.; et Boileau, après lui, *Art poét.* ch. IV, v. 53, s'étaient déjà moqués de cette fureur de réciter, partage ordinaire des poètes les plus médiocres. Il s'agit, dans les vers de Boileau, de Charles du Perrier, le fils probablement de celui auquel Malherbe avait adressé les stances fameuses:

Ta douleur, du Perrier, etc.

² Très-froid auteur, en effet, d'un opéra intitulé *la Naissance de Vénus*, dont Colasse avait fait la musique, et qui fut représenté en 1696. Colasse succéda immédiatement à Lulli, mais ne le remplaça pas. Campistron, Fontenelle, la Motte, lui fournirent la plupart des ouvrages qu'il mit en musique. — Né à Reims en 1649, mort à Paris en 1709, dans l'indigence, et dans un état voisin de l'aliénation.

³ L'abbé Bignon, un des plus zélés protecteurs que les lettres aient jamais eus en France. Nommé bibliothécaire du roi en 1718, il a sensiblement contribué à la splendeur dont a joui depuis la bibliothèque royale. L'abbé Bignon était membre de l'Académie française et de celle des inscriptions. — Né en 1662, mort en 1743.

Chrysologue est physicien.
Voulez-vous parler de musique;
Chrysologue est musicien.
Que n'est-il point? Docte critique,
Grand poëte, bon scolastique,
Astronome, grammairien.
Est-ce tout: Il est politique,
Jurisconsulte, historien,
Platoniste, cartésien,
Sophiste, rhéteur, empirique.
Chrysologue est tout, et n'est rien.

## XXX.

### JUSTIFICATION

DE LA PRÉCÉDENTE ÉPIGRAMME,

A UN IMPORTANT DE COUR QUI S'EN FAISAIT L'APPLICATION.

Bien que votre ton suffisant
Prête un beau champ à la satire,
Ne vous alarmez pas, beau sire;
Ce n'est point vous, quant à présent,
Que ma muse a voulu décrire.
Et qui donc? Je vais vous le dire :
C'est un prêtre mal décidé,
Moitié robe, moitié soutane,
Moitié dévot, moitié profane,
Savant jusqu'à l'A B C D,
Et galant jusqu'à la tisane.
Le reconnaissez-vous? Selon.
C'est celui qui, sous Apollon,
Prend soin des haras du Parnasse,
Et qui fait provigner la race
Des bidets du sacré vallon.
Le reconnaissez-vous mieux? Non.
Ouais! pourtant sans que je le nomme,
Il faut que vous le deviniez.
C'est l'aîné des abbés noyés.
Oh! oh! j'y suis. Ce trait peint l'homme
Depuis la tête jusqu'aux pieds.


FIN DES ÉPIGRAMMES.

# POÉSIES DIVERSES.

### ÉPITHALAME.

De votre fête, Hymen, voici le jour :
N'oubliez pas d'en avertir l'Amour.

Quand Jupiter, pour complaire à Cybèle,
Eut pris congé du joyeux célibat,
Il épousa, malgré la parentelle,
Sa sœur Junon, par maximes d'État.
Noces jamais ne firent tel éclat :
Jamais Hymen ne se fit tant de fête.
Mais au milieu du céleste apparat,
Vénus, dit-on, criait à pleine tête :

De votre fête, Hymen, voici le jour :
N'oubliez pas d'en avertir l'Amour.

Vénus parlait en déesse sensée.
Hymen agit en dieu très-imprudent :
L'enfant ailé sortit de sa pensée ;
Dont contre lui l'Amour eut une dent.
Et de là vint que, de colère ardent,
Le petit dieu toujours lui fit la guerre,
L'angariant[1], le vexant, l'excédant
En cent façons, et chassant sur sa terre.

De votre fête, Hymen, voici le jour :
N'oubliez pas d'en avertir l'Amour.

Malheur, dit-on, est bon à quelque chose.
Le blond Hymen maudissait son destin :
Et même Amour, qui jamais ne repose,
Lui déroba sa torche un beau matin.
Le pauvre dieu pleura, fit le lutin.
Amour est tendre, et n'a point de rancune :
Tiens, lui dit-il, ne sois plus si mutin ;
Voilà mon arc : va-t'en chercher fortune.

De votre fête Hymen, voici le jour :
N'oubliez pas d'en avertir l'Amour.

Hymen d'abord se met en sentinelle,
Ajuste l'arc, et bientôt aperçoit

Venir à lui jeune et gente pucelle,
Et bachelier propre à galant exploit.
Hymen tira, mais si juste et si droit,
Que Cupidon même ne s'en put taire.
Ho ! ho ! dit-il, le compère est adroit ;
C'est bien visé ! je n'eusse pu mieux faire.

Amour, Hymen, vous voilà bien remis :
Mais, s'il se peut, soyez longtemps amis.

Or, voilà donc, par les mains d'Hyménée,
D'un trait d'Amour deux jeunes cœurs blessés.
J'ai vu ce dieu, de fleurs la tête ornée,
Les brodequins de perles rehaussés,
Le front modeste, et les regards baissés,
En robe blanche il marchait à la fête,
Et conduisant ces amants empressés,
Il étendait son voile sur leur tête.

Amour, Hymen, vous voilà bien remis :
Mais, s'il se peut, soyez longtemps amis.

Que faisaient lors les enfants de Cythère ?
Ils soulageaient l'Hymen en ses emplois.
L'un de flambeaux éclairait le mystère,
L'autre du dieu dictait les chastes lois.
Ceux-ci faisaient résonner le hautbois,
Ceux-là dansaient pavane[1] façonnée :
Et tous chantaient en chœur à haute voix :
Hymen, Amour ! Amour, ô Hyménée !

Amour, Hymen, vous voilà bien remis :
Mais, s'il se peut, soyez longtemps amis.

Enfin finale, après maintes orgies,
Au benoît lit le couple fut conduit.
Le bon Hymen, éteignant les bougies,
Leur dit : Enfants, bon soir et bonne nuit !
Lors Cupidon s'empara du réduit.
Puis maints Amours de rire et de s'ébattre,
Se rigolant, menant joyeux déduit[2],
Et jusqu'au jour faisant le diable à quatre.

[1] *L'angariant*, le contrariant.

[1] *Pavane*, sorte d'ancienne danse grave et sérieuse.
[2] *Se rigolant*, du verbe *rigoler* ou *rigouler*, s'en donner à cœur joie, outre mesure. *Genio indulgere*. — *Déduit*, qu'il eût fallu écrire *déduyt*, passe-temps agréable.

Amour, Hymen, vous voilà bien remis :
Mais, s'il se peut, soyez longtemps amis.

Par tel moyen, entre ces deux illustres
L'accord fut fait, et le traité conclu.
Jeunes époux, faites que de vingt lustres
Traité si doux point ne soit résolu ;
Et puissiez-vous, devant l'an révolu,
Tant opérer, que d'une aimable mère
Naisse un beau jour quelque petit joufflu,
Digne des vœux de l'aïeul et du père !

## ÉGLOGUE[1].

### PALÉMON, DAPHNIS.

#### PALÉMON.

Quels lieux t'ont retenu caché depuis deux jours,
Daphnis ? nous avons cru te perdre pour toujours :
Chacun fuit, disions-nous, ces champêtres asiles ;
Nos hameaux sont déserts, et nos champs inutiles.

#### DAPHNIS.

O mon cher Palémon, ne t'en étonne pas ;
Ces lieux pour nos bergers ont perdu leurs appas.
La ville a tout séduit, et sa magnificence
Nous fait de jour en jour haïr notre innocence.
Je l'ai vue à la fin, cette grande cité :
Quel éclat ! mais, hélas ! quelle captivité !
Cependant nous courons, fuyant la solitude,
Dans ces murs chaque jour briguer la servitude.
Sous de riches lambris, qui ne sont point à nous,
Devant ses habitants nous ployons les genoux.
J'ai vu même près d'eux nos bergers, nos bergères,
Affecter, je l'ai vu, leurs modes étrangères,
Contrefaire leur geste, imiter leurs chansons,
Et de nos vieux pasteurs mépriser les leçons.
Qui l'eût cru ? de nos champs l'agréable peinture,
Ces fertiles coteaux où se plaît la nature,
Le frais de ces gazons, l'ombre de ces ormeaux,
Nos rustiques ébats, nos tendres chalumeaux,
Les troupeaux, les forêts, les prés, les pâturages,
Sont pour eux désormais de trop viles images.
Ils savent seulement chanter sur leur hautbois
Je ne sais quel Amour, inconnu dans nos bois ;
Tissu de mots brillants, où leur esprit se joue,
Badinage affecté que le cœur désavoue.
Enfin, te le dirai-je ? ô mon cher Palémon,
Nos bergers n'ont plus rien de berger que le nom.

#### PALÉMON.

Et pourquoi retenir encor ce nom champêtre ?
S'ils ne sont plus bergers, pourquoi veulent-ils l'être ?
Le lion n'est point fait pour tracer les sillons,
Ni l'aigle pour voler dans les humbles vallons.
Voit-on le paon superbe, oubliant son plumage,
De la simple fauvette affecter le ramage ;
L'amarante emprunter la couleur du gazon,
Et le loup des brebis revêtir la toison ?

#### DAPHNIS.

Oh ! si jamais le Ciel, à nos vœux plus facile,
Faisait revivre ici ce berger de Sicile [1]
Qui le premier, chantant les bois et les vergers,
Au combat de la flûte instruisit les bergers !
Ou celui qui sauva des fureurs de Bellone [2]
Ses troupeaux trop voisins de la triste Crémone [3] !
Tous deux pleins de douceur, admirables tous deux,
Soit que de deux pasteurs ils décrivent les jeux,
Soit que de Thestylis l'amoureuse folie
Ressuscite en leurs vers l'art de la Thessalie [4] ;
Quel dieu sur leurs doux sons formera notre voix ?
Ne reverrons-nous plus paraître dans nos bois
Les Faunes, les Sylvains, les Nymphes, les Dryades,
Les Silènes tardifs, les humides Naïades,
Et le dieu Pan lui-même, au bruit de nos chansons,
Danser au milieu d'eux à l'ombre des buissons ?

#### PALÉMON.

Que faire, cher Daphnis ? Nos regrets ni nos plain-
Ne rendront pas la vie à leurs cendres éteintes. [tes
Mais toi, disciple heureux de ces maîtres vantés,
J'ai vu que de tes sons nous étions enchantés,
Quand sous tes doigts légers l'air trouvant un passage
Exprimait les accents dont ils traçaient l'image :
Les Muses t'avouaient, et de leurs favoris
Ménalque eût osé seul te disputer le prix.

#### DAPHNIS.

Il l'aurait disputé contre Apollon lui-même [5] !
Mais le soin de sa voix fait son plaisir suprême.
Quant à moi, qui me borne à de moindres succès,
Quelque gloire pourtant a suivi mes essais ;
Et même nos pasteurs, mais je suis peu crédule [6],
M'ont quelquefois à lui préféré sans scrupule.

#### PALÉMON.

J'aime ces vers qu'un soir tu me dis à l'écart [7].

---

[1] Ce n'était point assez pour Rousseau de s'être moqué avec esprit du *vieux berger normand*, il voulut encore ramener, par son exemple, les bons esprits dans la route dont Fontenelle s'était si prodigieusement écarté. Ce fut dans ce dessein qu'il composa cette églogue, où l'on reconnaît à chaque vers le poëte rempli de la lecture et pénétré de l'esprit de Virgile.

[1] Théocrite.
[2] Virgile.
[3] *Mantua, væ ! miseræ nimium vicina Cremonæ !*
   VIRG. *Ecl.* IX, v. 28.
[4] Théocrite, *idylle* II ; VIRGILE, *ecl.* VIII.
[5] *Quid, si idem certet Phœbum superare canendo ?*
   *Ecl.* V, v. 9.
[6] . . . . . . . . . . Me quoque dicunt
   Vatem pastores ; sed non ego credulus illis.
   *Ecl.* IX, v. 34.
[7] *Quid, quæ te pura solum sub nocte canentem*
   *Audieram ?* . . . . . . . . . . . *Ibid.* v. 44.

Ce n'est qu'une chanson simple et presque sans art ;
Mais les timides fleurs qui se cachent sous l'herbe
Ont leur prix aussi bien que le pavot superbe.
De grâce, cher Daphnis, tâche à t'en souvenir.
### DAPHNIS.
Je m'en souviens ; elle est aisée à retenir :
« L'ardente Canicule a tari nos fontaines ;
« L'Aurore de ses pleurs n'arrose plus nos plaines ;
« On voit l'herbe mourir dans tous les champs voisins[1] ;
« Le rosier est sans fleurs, le pampre sans raisins.
« Qui rend ainsi la terre aride et languissante?
« Faut-il le demander? Célimène est absente. »
### PALÉMON.
Et ceux que tu chantais, je m'en suis souvenu,
Quand nous vîmes passer ce berger inconnu : [ges ;
« J'ai conduit mon troupeau dans les plus gras herba-
« Cependant il languit parmi les pâturages.
« J'ai trop bravé l'Amour ; l'Amour, pour se venger[2],
« Fait périr à la fois et moutons et berger. »
### DAPHNIS.
La suite vaut bien mieux, et ne fut pas perdue :
Notre importun s'enfuit dès qu'il l'eut entendue.
« L'Amour est dangereux ; mais ce n'est point l'Amour
« Qui fait que mon troupeau se détruit chaque jour :
« C'est ce berger malin, dont l'œil sombre m'alarme[3],
« Qui, sans doute, sur nous a jeté quelque charme. »
### PALÉMON.
Tu m'en fais souvenir. Oh! qu'il fut étonné!
Je crois que de longtemps il ne t'a pardonné.
Mais si j'osais encor te faire une prière!
Te souvient-il du jour que dans cette bruyère
Tu chantais, en goûtant la fraîcheur du matin,
Ces beaux vers, imités du grand pasteur latin :
« Revenez, revenez aimable Galatée? »
Jamais chanson ne fut à l'air mieux ajustée. [pé!
Dieux! comme en l'écoutant tout mon cœur fut frap-
J'ai retenu le chant, les vers m'ont échappé[4].
### DAPHNIS.
Voyons. Depuis ce temps je ne l'ai point chantée.
« Revenez, revenez, aimable Galatée[5],
« Déjà d'un vert naissant nos arbres sont parés ;
« Les fleurs de leur émail enrichissent nos prés.
« Qui peut vous retenir loin de ces doux rivages?
« Avez-vous oublié nos jardins, nos bocages?
« Ah! ne méprisez point leurs champêtres attraits,

---
[1] Aret ager ; vitio moriens sitit aeris herba.
  *Ecl.* VII, v. 57.
[2] Idem amor exitio est pecori, pecorisque magistro.
  *Ecl.* III, v. 101.
[3] Nescio quis teneros oculus mihi fascinat agnos.
  *Ibid.* v. 103.
[4] Numeros memini, si verba tenerem.
  *Ecl.* IX, v. 45.
[5] Huc hades, o Galatæa ! quis est nam ludus in undis?
  *Ibid.* v. 39.

« Revenez! les dieux même ont aimé les forêts[1].
« Le timide bélier se plaît dans les campagnes.
« Le chevreuil dans les bois, l'ourse dans les montagnes.
« Pour moi (de notre instinct nous suivons tous les lois)[2],
« Je me plais seulement aux lieux où je vous vois. »
### PALÉMON.
Est-ce tout? Je me trompe, ou tu m'en fis entendre
D'autres, que même alors tu promis de m'apprendre.
### DAPHNIS.
Il est vrai ; mais, berger, chaque chose a son cours.
Autrefois à chanter j'aurais passé les jours[3].
Tout change. Maintenant les guerrières trompettes
Font taire les hautbois et les humbles musettes :
Quelle oreille, endurcie à leur bruit éclatant,
Voudrait à nos chansons accorder un instant?
Les accents les plus doux des cygnes du Méandre
A peine trouveraient quelqu'un pour les entendre.
Finissons : aussi bien le soleil s'obscurcit,
Du côté du midi le nuage grossit,
Et des jeunes tilleuls qui bordent ces fontaines
Le vent semble agiter les ombres incertaines.
Adieu : les moissonneurs regagnent le hameau,
Et Lycas a déjà ramené son troupeau.

## ÉLISE,
### ÉGLOGUE HÉROÏQUE,
#### POUR L'IMPÉRATRICE,
##### A SON RETOUR DES BAINS DE CARLSBAD EN BOHÊME.

Faites trêve, bergers, au chant de vos musettes :
Pour les tons élevés elles ne sont point faites.
Si vos seuls chalumeaux doivent régner ici,
Remettez-les aux dieux ; ils l'ordonnent ainsi.
Et pourquoi refuser aux déités champêtres
Un présent que leurs mains ont fait à vos ancêtres?
Les plaines, les coteaux, les forêts, les vergers,
Sont les séjours des dieux ainsi que des bergers.
Commençons. Si nos bois chantent une immortelle,
Rendons au moins nos bois et nos chants dignes d'elle.
  Par l'ordre d'Égérie en mortel transformé,
Fidèle sans espoir, content sans être aimé,
Quand sous les traits d'Élise une nouvelle Astrée
Vint des peuples de l'Elbe éclairer la contrée,
Pan, le dieu des forêts (que ne peut point l'Amour),
Sous l'habit d'un chasseur avait suivi sa cour.

---
[1] ........ Habitarunt Di quoque sylvas.
  *Ecl.* II, v. 60.
[2] ........ Trahit sua quemque voluptas.
  *Ibid.* v. 65.
[3] Omnia fert ætas, animum quoque : sæpe ego longos
  Cantando puerum memini me condere soles :
  Nunc oblita mihi tot carmina. ........
  *Ecl.* IX, v. 51.

Il revint : mais, à peine ébranlés dans la nue,
Les chênes d'Hercynie annoncent sa venue,
Que la nymphe, brûlant d'un désir curieux :
« Eh bien ! l'auguste Élise approche de ces lieux :
Dieu des bois, dites-nous, dites, que doit-on croire
De tout ce qu'on entend publier à sa gloire ?
Parlez : l'onde se tait, les airs sont en repos. »
Elle dit ; et le dieu lui répond en ces mots : [me,
« O nymphe, qu'à jamais, pour augmenter ma flam-
L'amour soit dans vos yeux, la vertu dans votre âme !
La déesse aux cent voix ne nous a point flattés :
Tout ce que nous savons de nos félicités, [ture,
Quand nos premiers sujets, sans travail, sans cul-
Recevaient tout des mains de la seule nature ;
Tout ce qu'ont vu nos yeux, quand Cybèle et Cérès
Faisaient, jeunes encore, admirer leurs attraits,
N'approche point, non, non, n'en soyez point sur-
Ni de notre bonheur, ni des charmes d'Élise. [prise,
Depuis qu'elle a paru dans ces heureux climats,
Sa vue a de nos champs écarté les frimas :
Les forêts ont repris une beauté nouvelle ;
Les cieux sont plus sereins, et la terre plus belle.
Ce que les clairs ruisseaux sont aux humides prés,
La céleste rosée aux jardins altérés,
Les vignes aux coteaux, les arbres aux montagnes,
Les fruits mûrs aux vergers, les épis aux campagnes,
De cet astre vivant les regards bien aimés
Le sont, n'en doutez point, à ses peuples charmés.
Leur bonheur semble naître et fleurir sur ses traces :
Chaque mot de sa bouche est dicté par les Grâces.
Noble affabilité, charme toujours vainqueur,
Il n'appartient qu'à vous de triompher du cœur.
La fière majesté vainement en murmure :
Pour captiver les cœurs, il faut qu'on les rassure.
Et quelle âme n'est point saisie à son aspect,
D'étonnement, d'amour, de joie, et de respect !
Soit que du haut du trône, où cent peuples l'adorent,
Elle verse sur eux les faveurs qu'ils implorent ;
Soit qu'à travers les bois et les âpres buissons,
Elle fasse la guerre aux tyrans des moissons ;
J'ai vu, l'œil du dieu Pan n'est point un œil profane,
Les nymphes de Palès, les nymphes de Diane,
Et la troupe de Flore, et celle des Zéphyrs,
De nos humbles pasteurs partager les plaisirs,
Et former avec eux un précieux mélange
De chansons d'allégresse et de cris de louanges.
J'ai vu la nymphe Écho porter ces doux concerts
Sur les monts chevelus, sur les rochers déserts.
Non, cette majesté n'est point d'une mortelle :
Nous la reconnaissons, c'est Diane, c'est elle ;
Voilà ses yeux, ses traits, sa modeste fierté :
Dans son air, dans son port, tout est divinité.
Ah ! vivez ; ah ! régnez, déité secourable !

Jetez sur votre peuple un regard favorable ;
Recevez nos tributs ; exaucez nos souhaits ;
Faites régner sur nous l'abondance et la paix.
Tant que le cerf vivra dans les forêts profondes,
L'abeille dans les airs, le poisson dans les ondes,
Votre nom, vos bienfaits, source de nos ardeurs,
Vivront, toujours chéris, dans le fond de nos cœurs.
Voilà quel est de tous le sincère langage.
Je vous en dis beaucoup : j'en ai vu davantage. »
Ainsi parla le dieu des pasteurs et des bois.
La nymphe à ce discours joignit ainsi sa voix : [tre,
« Votre récit charmant est pour moi, dieu champê-
Ce qu'est au voyageur l'aurore qu'il voit naître,
Ou ce qu'aux animaux, de la soif tourmentés,
Est la douce fraîcheur des ruisseaux argentés.
Élise est dans mon cœur dès sa plus tendre enfance ;
J'étais moi-même aux cieux le jour de sa naissance,
Quand les dieux immortels, au milieu des festins,
Par la joie assemblés réglèrent ses destins.
De l'Olympe éternel les barrières s'ouvrirent,
Des nuages errants les voiles s'éclaircirent ;
Et Jupiter, assis sur le trône des airs,
Ce dieu qui d'un clin d'œil ébranle l'univers,
Et dont les autres dieux ne sont que l'humble escorte,
Leur imposa silence, et parla de la sorte : [plis :
« Écoutez, dieux du ciel ! Les temps sont accom-
« Élise vient de naître, et nos vœux sont remplis.
« Voici le jour heureux marqué des destinées
« Pour un ordre nouveau de siècles et d'années,
« Où Thémis et Vesta, relevant leurs autels,
« Doivent ressusciter le bonheur des mortels.
« Chez eux vont expirer la Discorde et la Guerre.
« Un printemps éternel régnera sur la terre :
« Les arbres émaillés des plus riches couleurs
« Porteront en tout temps et des fruits et des fleurs ;
« Les blés naîtront au sein des stériles arènes,
« Et le miel coulera de l'écorce des chênes.
« Ces temps, sous Jupiter non encore éprouvés,
« Aux heureux jours d'Élise ont été réservés.
« Faites donc à sa gloire éclater votre zèle. [le. »
« Elle est digne de vous, montrez-vous dignes d'el-
« Il dit ; et tous les dieux, l'un de l'autre jaloux [1],
Lui firent à l'envi leurs présents les plus doux.
Cybèle lui donna cette bonté féconde,
Qui cherche son bonheur dans le bonheur du monde.
Minerve dans ses yeux mit sa noble pudeur,
Versa dans son esprit l'équitable candeur,
La prudence discrète, éclairée, et sincère,
Et le discernement, aux rois si nécessaire.
La mère des Amours, des Grâces, et des Ris,

[1] Imitation éloignée d'Hésiode. Voyez le poème des *Travaux et des Jours*, v. 63 et suiv.

A ces divins présents donna le dernier prix, [ble,
Et dans ses moindres traits mit un charme invinci-
Qui seul à ses vertus peut rendre tout possible.
Que vous dirai-je enfin? Chaque divinité
Voulut de ses tributs enrichir sa beauté.
Junon seule restait. « Quoi! pour cette princesse,
« Dit-elle, tout l'Olympe à mes yeux s'intéresse;
« Les dons pleuvent sur elle : et, parmi tant de biens,
« Je n'ai pu faire, ô ciel! compter encor les miens!
« Moi, l'épouse et la sœur du maître du tonnerre,
« Moi, la reine des dieux, du ciel et de la terre!
« Ah! périsse ma gloire! ou faisons voir à tous
« Que ces dieux si puissants ne sont rien près de nous.
« Qu'ils viennent à mes dons comparer leurs largesses.
« Je veux lui prodiguer mes grandeurs, mes richesses :
« Je veux que son pouvoir dans les terrestres lieux
« Soit égal au pouvoir de Junon dans les cieux.
« C'est par moi que l'Hymen, dès ses jeunes années,
« Unira ses destins aux grandes destinées
« D'un Alcide nouveau [1], dont le bras fortuné
« De monstres purgera l'univers étonné;
« Il verra les deux mers flotter sous son empire;
« Et, malgré cent rivaux que la Discorde inspire,
« Pacifique vainqueur, il étendra ses lois
« Sur cent peuples fameux, soumis par ses exploits.
Ainsi parla Junon ; et ses divins présages
Furent dès lors écrits dans le livre des âges. »
  C'est ainsi qu'Égérie, encourageant sa voix,
S'entretenait d'Élise avec le dieu des bois.
Les oiseaux attentifs cessèrent leurs ramages;
Le zéphyr oublia d'agiter les feuillages;
Et les troupeaux, épris de leurs concerts touchants,
Négligeant la pâture, écoutèrent leurs chants.

## IDYLLE.

Échappé du tumulte et du bruit de la ville,
Muse, je te retrouve en ce champêtre asile,
Où, dans la liberté que tu m'y fais choisir,
Tu viens me demander compte de mon loisir.
Il est vrai qu'avec toi dans ces plaines fleuries,
J'entretiens quelquefois mes douces rêveries;
Mais pardonne aujourd'hui, si des charmes plus doux
T'enlèvent un tribut dont ces bords sont jaloux.
J'y vois de toutes parts, prodigue en ses largesses,
Cybèle à pleines mains répandre ses richesses;
De ses bienfaits nouveaux ces arbres sont parés;
D'une herbe verdoyante elle couvre nos prés.
Cérès suit son exemple, et de ses dons propices,
Sous la même couleur déguise les prémices.
Et Bacchus, cultivant ses thyrses reverdis,
N'ose encore à nos yeux étaler ses rubis.

[1] Joseph I<sup>er</sup>, empereur d'Autriche.

L'émail riche et brillant que nos champs font éclore
N'est encor réservé qu'au triomphe de Flore,
Soit par reconnaissance et pour prix des présents
Dont sa main de Cybèle orna les jeunes ans;
Ou soit que le zéphyr, par quelque heureuse adresse,
Ait obtenu ce don de la bonne déesse;
Car ce dieu caressant plaît par ses privautés,
Et se donne souvent d'heureuses libertés.
On lui pardonne tout, caprices, inconstance.
Aujourd'hui même encor, si j'en crois l'apparence,
Deux jeunes déités, objets de ses soupirs,
Partagent à la fois ses soins et ses plaisirs ; [ne-
Et, pour cacher le fruit d'un amour qu'on soupçon-
Sous les habits de Flore il déguise Pomone.
C'est à ces doux objets que mes yeux sont ouverts.
Ici l'airain bruyant n'ébranle point les airs :
De la sœur de Progné la voix flatteuse et tendre
Dans ces paisibles lieux seule se fait entendre.
Heureux si bien souvent ses accords enchanteurs
Ne réveillaient l'Amour assoupi dans les cœurs!
A sa voix les amants renouvellent leurs plaintes,
Ils sentent ranimer leurs désirs et leurs craintes.
L'un, outré du mépris qu'on fait de ses amours,
Appelle vainement la mort à son secours;
L'autre, témoin des feux d'une infidèle amante,
Exhale en vains serments sa colère impuissante.
Qui pourrait épuiser les songes déréglés, [blés,
Les fantômes trompeurs dont leurs sens sont trou-
Quand le sang, allumé d'un feu qui l'empoisonne,
Au retour du printemps dans leurs veines bouillonne?
Jadis nos sens, plus vifs dans la saison des fleurs,
Se sentaient excités par les mêmes chaleurs;
Mais de trente printemps la sagesse escortée
De jour en jour s'oppose à leur fougue indomptée :
Pour ceux de qui l'été fait mûrir la raison,
Le printemps et l'hiver sont la même saison.

## LETTRE A M. DE LA FOSSE,

### POÈTE TRAGIQUE [1],

ÉCRITE DE ROUEN, OÙ L'AUTEUR ATTENDAIT UN VAISSEAU POUR PASSER EN ANGLETERRE.

Depuis que nous prîmes congé
Du réduit assez mal rangé
Où votre muse pythonisse
Évoque les ombres d'Ulysse,
De Thésée et de Manlius,

[1] La seule de ses tragédies qui soit restée au théâtre, *Manlius Capitolinus*, fut représentée, pour la première fois, en 1698. La Fosse avait en outre composé *Thésée*, *Corésus*, *Polixène*, et traduit, ou plutôt parodié Anacréon en vers ridicules; mais il y a, dans son *Manlius*, des beautés d'un ordre supérieur.

Comme l'auteur d'Héraclius
Faisait jadis celles d'Horace,
De Rodrigue et de Curiace,
J'ai quatre mauvais jours passé.
Sans, je vous jure, avoir pensé
(Dussiez-vous me croire un stupide)
Qu'il fût au monde un Euripide.
Toutefois je me souviens bien
De notre dernier entretien,
Que je terminai par vous dire
Que j'aurais soin de vous écrire.
Je vous écris donc ; et voici
De mon voyage un raccourci.
 L'aube avait bruni les étoiles,
Et la nuit repliait ses voiles,
Lorsque je quittai mon chevet
Pour m'acheminer chez Blavet.
Un carrosse sexagénaire
D'abord s'offre à mon luminaire,
Attelé de six chevaux blancs,
Dont les côtes, à travers flancs,
A supputer peu difficiles,
Marquaient qu'ils jeûnaient les vigiles
*Et le carême entièrement.*
J'entre ; et dans le même moment
Je vois arriver en deux bandes
Trois Normands et quatre Normandes,
Avec qui, pauvre infortuné,
J'étais à rouler destiné.
On s'assemble, chacun se place.
Sous le poids de l'horrible masse
Déjà les pavés sont broyés :
Les fouets hâtifs sont déployés,
Qui de cent diverses manières
Donnent à l'air les étrivières.
Un jeune esprit aérien,
Trop voisin de nous pour son bien,
En reçut un coup sur le râble,
Qui lui fit faire un cri de diable :
Car, si vous n'en êtes instruit,
Le son qu'un coup de fouet produit
(N'en déplaise aux doctes pancartes
Et des Rohault et des Descartes)
Vient beaucoup moins de l'air froissé,
Que de quelque Sylphe fessé,
Qui, des humains cherchant l'approche,
En reçoit bien souvent taloche,
Puis va criant comme un perdu.
Nos coursiers, ce bruit entendu,
Connaissant la verge ennemie,
Rappellent leur force endormie ;
Ils tirent : nous les excitons,
Le cocher jure ; nous partons.

Nous poursuivions notre aventure
Lorsque l'infernale voiture,
Après environ trente pas,
Nous renversa de haut en bas.
Horrible fut la culebute !
Mais voici le pis de la chute :
Les chevaux, malgré le cocher,
S'obstinent à vouloir marcher.
En vain le moderne Hippolyte
S'oppose à leur fougue subite :
Sans doute, *en ce désordre affreux* [1],
*Un dieu pressait leurs flancs poudreux.*
A la fin leur fureur s'arrête ;
Et moi, non sans bosse à la tête,
Avec quelque secours d'autrui,
Je sors de mon maudit étui.
 Par cet événement tragique
Je mettrai fin à ma chronique ;
Et, de peur de vous ennuyer,
Je supprime un volume entier
D'aventures longues à dire,
Et plus longues encore à lire.
Vous saurez seulement qu'enfin
J'arrivai, dimanche matin,
A Rouen, séjour du sophisme,
Accompagné d'un rhumatisme,
Qui me tient tout le dos perclus
Et me rend les bras superflus.
En ce fâcheux état, beau sire,
Je ne laisse de vous écrire,
Et me crois de tous maux guéri
Au moment que je vous écri ;
Car en nul endroit du royaume
Il n'est cataplasme ni baume
Qui pût me faire autant de bien
Que cette espèce d'entretien.
A tant, seigneur, je vous souhaite
Longue vie et santé parfaite,
Et toujours ample déjeuné
Des lauriers de Melpomené ;
Tandis que pour sortir de France
Prenant mes maux en patience,
J'attends entre quatre rideaux
Le plus paresseux des vaisseaux.

---

[1] Parodie de ces beaux vers du récit de Théramène, dans *Phèdre*, acte V :

Et même on a cru voir, dans ce désordre affreux,
Un dieu qui d'aiguillons pressait leurs flancs poudreux.

## LETTRE A M. DUCHÉ,

QUI LUI AVAIT ENVOYÉ DES VERS QU'IL AVAIT
FAITS ÉTANT MALADE.

Est-ce la fièvre, est-ce Apollon,
Qui t'inspire ces sons attiques,
Dignes d'être écoutés sur le sacré vallon?
Non, ce ne sont point là des songes fantastiques
Qu'enfante en ses vapeurs un cerveau déréglé,
De spectres, de lutins, et de monstres troublé.
Mais cependant, ami, quelle peur enfantine
Te fait désapprouver cette écorce divine
Dont l'atlantique bord fit présent aux humains?
Quoi! toujours résister aux dons de la nature;
Mépriser la santé que tu tiens dans tes mains,
Et de tes maux par choix te rendre la pâture!
Prends-y garde: crois-moi, le péril est pressant.
La fièvre est comme un loup cruel et ravissant
Qui vers les antres sourds traîne un agneau timide,
Et, des coups de sa queue hâtant ses pas rétifs,
Devance le berger et le dogue intrépide
Qu'appellent au secours ses bêlements plaintifs;
Bientôt le ravisseur, tout palpitant de joie,
Au fond d'un bois obscur dévorera sa proie.
Préviens un sort si triste, et par de prompts efforts
Dissipe cette humeur pesante et léthargique,
Qui peut-être pourrait, par quelque fin tragique,
Que sais-je? dévorer et l'esprit et le corps.

## LETTRE
### DE L'ABBÉ DE CHAULIEU
#### A ROUSSEAU,

SUR LA DIRECTION QUE M. DE CHAMILLARD LUI AVAIT DONNÉE
DANS LES FINANCES, EN 1707.

Qu'avec plaisir du Parnasse
Je te vois descendre au bureau!
Dans un an qu'il fera beau
Voir le nourrisson d'Horace
Dresser état et bordereau,
Et tirer de place en place!
Mon amitié depuis longtemps
Ne voit qu'avec impatience
Qu'il ne manque à tes agréments,
Rousseau, qu'un peu plus d'abondance.
Mais il est honteux à la France
Que ton esprit et tes talents
Ne la doivent qu'à la finance.
. . . . . . . . . . . . . . . . . . . .
Jouis, quoi qu'il en soit, de ta félicité:
J. B. ROUSSEAU.

. . . . . . . . . . . . . . . . . . . .
Ne te dérobe pas à ton oisiveté;
Et souviens-toi que la richesse
Que donne l'assiduité
Ne vaut pas la sainte paresse
Qu'un sage libertin professe
Avec joyeuse pauvreté:
Ainsi, sans changer de maxime,
Suis exactement le régime,
Où la Fare et moi t'avons mis.
Fais lever matin tes commis;
Pour toi, passe les nuits à table,
Entre Bacchus et tes amis.
Sans quitter ce train que tu pris,
Moins utile que délectable,
Tu verras pourtant de louis
Une quantité raisonnable,
Faire d'un poëte aimable
Un Bourvalais à juste prix [1].
Dans cette douce espérance
Qu'en conçoit déjà mon cœur,
Adieu, monsieur le directeur,
Non directeur de conscience,
Dont je suis bien moins serviteur,
Que d'un directeur de finance, etc.

## RÉPONSE DE ROUSSEAU
### A L'ABBÉ DE CHAULIEU.

Par tes conseils et ton exemple,
Ce que j'ai de vertu fut trop bien cimenté,
Cher abbé: dans la pureté
Des innocents banquets du Temple,
De raison et de fermeté
J'ai fait une moisson trop ample,
Pour être jamais infecté
D'une sordide avidité.
Quelle honte, bon Dieu! quel scandale au Parnasse,
De voir l'un de ses candidats
Employer la plume d'Horace
A liquider un compte, ou dresser des états!
J'ai vu, dirait Marot en faisant la grimace,
J'ai vu l'élève de Clio
*Sedentem in telonio*:
Je l'ai vu calculer, nombrer, chiffrer, rabattre,
Et d'un produit au denier quatre
Discourir mieux qu'Amonio.
Dure, dure plutôt l'honorable indigence

[1] Paul Poisson, depuis sieur de Bourvalais, fit sous le ministère et par la protection de M. de Pontchartrain, une fortune aussi rapide que brillante, qui lui attira, suivant l'usage, des ennemis, des épigrammes et des persécutions. — Mort en 1719.

Dont j'ai si longtemps essayé !
Je sais quel est le prix d'une honnête abondance
Que suit la joie et l'innocence :
Et qu'un philosophe, étayé
D'un peu de richesse et d'aisance,
Dans le chemin de sapience
Marche plus ferme de moitié.
Mais j'aime mieux un sage à pié,
Content de son indépendance,
Qu'un riche indignement noyé
Dans une servile opulence ;
Qui, sacrifiant tout, honneur, joie, amitié,
Au soin d'augmenter sa finance,
Est lui-même sacrifié
A des biens dont jamais il n'a la jouissance.
Nourri par Apollon, cultivé par tes soins,
Cher abbé, ne crains pas que je me tympanise
Par l'odieuse convoitise
D'un bien plus grand que mes besoins.
Une âme libre et dégagée
Des préjugés contagieux,
Une fortune un peu rangée,
Un corps sain, un esprit joyeux,
Et quelque prose mélangée
De vers badins ou sérieux,
Me feront trouver l'apogée
De la félicité des dieux.
C'est par ces maximes, qu'ignore
Tout riche, Juif, Arabe, ou More,
Que j'ai su plaire dès longtemps
A des protecteurs que j'honore ;
Et c'est ainsi que je prétends
Trouver l'art de leur plaire encore.
C'est dans ce bon esprit gaulois
Que le gentil maître François
Appelle Pantagruélisme,
Qu'à Neuilly, la Fare et Sonnin
Puisent cet enjouement badin
Qui compose leur atticisme.
Abbé, c'est là le catéchisme
Que les Muses m'ont enseigné ;
Et voilà le vrai quiétisme
Que Rome n'a point condamné.

## A M. TITON DU TILLET,

SUR LES POÉSIES DE M. DESFORGES-MAILLARD.

J'admire, cher Titon, le riche monument [1]
Qui signale si bien ton goût pour l'harmonie ;
Mais je prise encor plus ton noble attachement
Pour cet estimable génie

[1] Le Parnasse français, exécuté en bronze.

Qui, sous un nom d'emprunt autrefois si charmant [1],
Sous le sien se produit encor plus dignement.
Vis donc ; et, rassemblant sous ton aile héroïque
D'un tel ordre d'esprits le précieux essaim,
Ajoute à ton Parnasse un trésor plus certain,
Un Parnasse vivant, monument anthentique,
Préférable en richesse à tout l'or du Mexique,
Et plus durable que l'airain.

## VERS

ENVOYÉS A M<sup>me</sup> LA COMTESSE DE B***,

LE JOUR DE SA NAISSANCE.

Ce n'est pas d'aujourd'hui que messieurs les poëtes
Sont en possession de penser de travers.
La rime quelquefois couvre bien des sornettes.
Mais de prétendre dans leurs vers
Que de Vénus l'Amour ait tiré sa naissance,
L'Amour, à qui les dieux doivent tous leur essence,
Qui du chaos lui-même a tiré l'univers,
C'est pousser trop loin la licence.
Un jour ce dieu, piqué de leurs propos légers,
Dit : Je veux les guérir de cette extravagance ;
Et je prétends à cet effet
Former une beauté que tout le monde adore,
Qui soit à leur Vénus semblable trait pour trait,
Et même plus aimable encore.
Aussitôt dit, aussitôt fait,
Et dans le même instant naquit Éléonore.
Dès que l'on vit briller ses yeux,
Tous les dieux, de Paphos délogeant sans trompette,
S'en vinrent habiter ces lieux ;
Et même les Amours plièrent la toilette
Avec ce que leur mère eut de plus précieux.
Sa rivale en a fait emplette.
Les cœurs, à ce qu'on dit, ne s'en trouvent pas mieux ;
Et la pauvre Vénus n'a plus d'autre parure
Que quelques vieux manteaux pendus à son crochet,
Ou quelque mauvaise guipure
Qu'elle ramasse à l'aventure
Dans les opéras de Danchet.

[1] M. Desforges-Maillard avait d'abord publié ses poésies sous le nom de mademoiselle Malcrais de la Vigne ; ce qui trompa presque tous les gens de lettres, et Voltaire lui-même. Heureuse méprise, qui nous a valu *la Métromanie !*

# VERS

### A M. ***, INTENDANT DES FINANCES,

#### POUR MADAME ***,

##### QUI LUI RECOMMANDAIT LE PLACET D'UN DE SES AMIS.

Ministre aussi sage qu'affable,
    Aussi généreux qu'équitable,
Par qui le dieu Plutus, de Paris exilé,
    Doit être, ou jamais, rappelé :
Recevez ce placet que ma main vous présente;
    Et d'une dextre bienfaisante
    Mettez au bas ces mots exquis :
*Soit fait ainsi qu'il est requis,*

    La justice vous le conseille,
    Par pitié pour le suppliant.
On sait que vous savez accorder à merveille,
Et l'intérêt du prince, et celui du client.
    Mais peut-être m'allez-vous dire
    Que j'en parle bien aisément,
Et que ces mots qu'ici je vous presse d'écrire,
    Ne se prodiguent pas si libéralement.
Sans doute, et je sais bien, moi toute la première,
    Qu'on ne ferait telle prière
Où je ne voudrais pas dire en termes précis :
*Soit fait ainsi qu'il est requis.*

Au sexe féminin sied bien la négative;
Et quoique les beautés, surtout en ce temps-ci,
Négligent quelquefois cette prérogative,
    L'ordre veut néanmoins que cela soit ainsi :
    Mais chez vous, c'est tout le contraire.
    Ministre tant qu'il vous plaira,
    Quand notre sexe vous prîra,
L'ordre veut qu'aussitôt, prompt à le satisfaire,
Le ministre réponde, ainsi que le marquis,
*Soit fait ainsi qu'il est requis.*

# VERS

### ENVOYÉS A UNE DEMOISELLE,

#### LE JOUR DE SAINT DENIS, SA FÊTE.

Vous imitez fort mal, soit dit sans vous déplaire,
La charité fervente et le zèle exemplaire
    Du saint et célèbre patron
    Dont on vous a donné le nom.
Nos climats à sa gloire ont servi de théâtre;
Son zèle y renversa le culte des païens :
    Mais vos yeux font plus d'idolâtres
    Qu'il ne fit jamais de chrétiens :

    Et j'admire la Providence
D'avoir en divers temps placé votre naissance;
Car si l'on vous eût vus vivant en même lieu,
On eût perdu l'esprit de ses soins charitables :
    Vous eussiez fait donner aux diables
    Tous ceux qu'il fit donner à Dieu.

# VERS ALLÉGORIQUES

### ENVOYÉS A M. LE DUC DE BOURGOGNE,

##### DANS UN MOUCHOIR DE GAZE QUI AVAIT SERVI A ESSUYER QUELQUES LARMES ÉCHAPPÉES A M<sup>me</sup> LA DUCHESSE DE BOURGOGNE, AU RÉCIT DE L'AFFAIRE DE NIMÈGUE.

Amour, voulant lever un régiment,
Battait la caisse autour de ses domaines.
Soins et soupirs étaient ses capitaines;
Dards et brandons faisaient son armement.
Un étendard lui manquait seulement.
Il le cherchait, quand notre jeune Alcide,
    Victorieux du Batave timide,
Lui dit : Amour, obéis à mes lois;
Va de ma part trouver Adélaïde;
Entretiens-là de mes premiers exploits :
Cours à ses pieds en remettre l'hommage;
Vole, et reviens. Le dieu fait son message.
En lui parlant il voit couler soudain
Des pleurs mêlés de tendresse et de joie,
Prix du vainqueur, qu'une soigneuse main
Va recueillir dans un drapeau de soie.
Amour sourit, et, le mettant à part,
Bon! bon! dit-il, voilà mon étendard.
Sous ce drapeau, caporaux ni gendarmes,
Tours ni remparts, rien ne m'arrêtera;
Et, par hasard, quand il me manquera,
J'ai ma ressource en ces yeux pleins de charmes :
Notre héros souvent leur donnera
Sujets nouveaux à de pareilles larmes.

# LES MÉTAMORPHOSES

### DE VERSAILLES.

En ce pays métamorphose a lieu.
Dames de cour quittent formes humaines;
Et le pouvoir de quelque nouveau dieu
Les rend dauphins ou gentilles baleines.
Notre princesse a même sort, dit-on :
Elle y paraît sous la forme empruntée,
Non d'Amphion, mais bien de Galatée,
Qui, sur dauphin ou baleine portée,
Parcourt l'empire où nage le Triton.
C'est elle-même : on ne peut s'y méprendre,
A cette taille, à cette majesté,

A cette grâce, à cet air noble et tendre
Plus beau cent fois encor que la beauté.
Bien est-il vrai qu'il manque à l'immortelle,
Pour achever en tout le parallèle,
Un point sans plus. Et quoi? C'est son Acis,
Qui pour complaire à divine donzelle
Aux yeux hagards, que Bellone on appelle,
S'en est allé courir pour le pays.
Mais cet Acis, voici bien autre chose
(En ce pays tout est métamorphose),
Est à son tour bravement déguisé ;
Du fils d'Alcmène, en son adolescence,
Acis a pris si bien la ressemblance,
Qu'Ovide même y serait abusé.
Or pour cela ne croyez pas, déesse,
L'avoir perdu ; mais voici la finesse :
Un négromant m'en a conté le cas.
Le destin veut, par un ordre sévère,
Qu'il soit toujours, soit dit sans vous déplaire,
Acis ici, mais Hercule là-bas.
Je vous découvre en deux mots le mystère :
Amour, je crois, ne m'en dédira pas.

## SONNET

IMITÉ D'UNE ÉPIGRAMME DE L'ANTHOLOGIE[1].

### A M. LE MARQUIS DE LA FARE.

L'autre jour la cour de Parnasse
Fit assembler tous ses bureaux,
Pour juger, au rapport d'Horace,
Du prix de certains vers nouveaux.

Après maint arrêt toujours juste
Contre mille ouvrages divers,
Enfin le courtisan d'Auguste
Fit rapport de vos derniers vers.

Aussitôt le dieu du Permesse
Lui dit : Connais-tu cette pièce?
Je la fis en ce même endroit;

L'Amour avait montré ma lyre,
Sa mère écoutait sans mot dire ;
Je chantais, la Fare écrivait.

## AUTRE SONNET

### A UN BEL ESPRIT, GRAND PARLEUR.

Monsieur l'auteur, que Dieu confonde!
Vous êtes un maudit bavard :

[1] *Voyez* l'épigramme XXXIX de Boileau.

Jamais on n'ennuya son monde
Avec tant d'esprit et tant d'art.

Je vous estime et vous honore :
Mais les ennuyeux tels que vous,
Eussiez-vous plus d'esprit encore,
Sont la pire espèce de tous.

Qu'un sot afflige nos oreilles,
Passe encor, ce n'est pas merveilles ;
Le don d'ennuyer est son lot :

Mais Dieu préserve mon ouïe
D'un homme d'esprit qui m'ennuie!
J'aimerais cent fois mieux un sot.

## LEÇON D'AMOUR.

Arrêtez, jeune bergère,
Je suis un amant sincère.
Un amant vous fait-il peur?
Je n'ai qu'un mot à vous dire ;
Et tout ce que je désire,
C'est de vous tirer d'erreur.

Le temps vous poursuit sans cesse ;
L'éclat de votre jeunesse
Sera bientôt effacé ;
Le temps détruit toutes choses,
Et l'on ne voit plus de roses
Quand le printemps est passé.

Les plus sombres nuits finissent,
Leurs ombres s'évanouissent,
Et rendent bientôt le jour ;
Mais quand l'aimable jeunesse
A fait place à la vieillesse,
Elle ignore le retour.

L'éclat des fleurs naturelles
Fait l'ornement de nos belles :
On prise leur nouveauté;
Mais au bout d'une journée,
Cette heureuse destinée
Finit avec leur beauté.

Vos attraits, belle Sylvie,
Ne mettront point votre vie
Hors des atteintes du sort;
Il vous promène sans cesse
Du bel âge à la vieillesse,
De la vieillesse à la mort.

Ainsi soyez moins volage,
Et puisque avec le bel âge

Le plaisir passe et s'enfuit,
Quittez votre indifférence;
La nuit à grands pas s'avance,
Profitez du jour qui luit.

Un peu de tendre folie
Fait d'une fille jolie
Le plaisir et le bonheur;
Et dans le déclin de l'âge,
Un dehors fier et sauvage
Lui rend la gloire et l'honneur.

Par cette leçon fidèle,
Tircis pressait une belle
D'avoir pitié de son mal.
Son discours la rendit sage;
Mais elle n'en fit usage
Qu'au profit de son rival.

## SONNET.

Jadis matelot renforcé,
Puis général par l'écritoire,
Roc poignarde son auditoire,
Sur ses deux grands pieds plats haussé.

Quand rois et cours ont bien passé
Par sa langue diffamatoire,
Roc de son éternelle histoire
Reprend le propos commencé.

Il est vrai que son ton de cuistre,
Pour un tiercelet de ministre,
Paraît un peu trop emphasé;

Mais il faut lui rendre justice :
C'est la politesse d'un Suisse
En Hollande civilisé.

## AUTRE SONNET.

Laissons la raison et la rime
Aux mécaniques écrivains;
Faisons-nous un nouveau sublime
Inconnu des autres humains.

Intéressons dans notre estime
Quelques esprits légers et vains,
Dont la voix et l'exemple anime
Les sots à nous battre des mains.

Par là croissant en renommée,
Chez la postérité charmée
Nos noms braveront le trépas.

Fort bien! voilà la bonne route :
Vos noms y parviendront sans doute;
Mais vos vers n'y parviendront pas.

## FABLE.

### LE ROSSIGNOL ET LA GRENOUILLE.

CONTRE CEUX QUI PUBLIENT LEURS PROPRES ÉCRITS SOUS LE NOM D'AUTRUI.

Un rossignol contait sa peine
Aux tendres habitants des bois.
La grenouille, envieuse et vaine,
Voulut contrefaire sa voix.

Mes sœurs, écoutez-moi, dit-elle,
C'est moi qui suis le rossignol.
Vous allez voir comme j'excelle
Dans le bécarre et le bémol.

Aussitôt la bête aquatique,
Du fond de son petit thorax,
Leur chanta, pour toute musique,
Brre ke ke kex, koax, koax [1].

Ses compagnes criaient merveilles;
Et toujours, fière comme Ajax,
Elle cornait à leurs oreilles,
Brre ke ke kex, koax, koax.

Une d'elles, un peu plus sage,
Lui dit : Votre chant est fort beau;
Mais montrez-nous votre plumage,
Et volez sur ce jeune ormeau.

Ma commère, l'eau qui me mouille
M'empêche d'élever mon vol.
Eh bien! demeurez donc grenouille,
Et laissez là le rossignol.

## AUTRE FABLE.

Jadis en l'Inde occidentale
Régnait un lion si clément,
Que jamais vice ni scandale
Chez lui ne reçut châtiment.

Sa bénignité sans seconde
Tournait tout en bien chez autrui;
Il était bon pour tout le monde,
Tout le monde était bon pour lui.

---

[1] *Voyez* le chœur des *Grenouilles*, dans la pièce de ce nom. ARISTOPH. v. 211 et suiv.

Par hasard, en certain voyage,
Il fit rencontre d'un vieil ours,
Grand philosophe, mais sauvage,
Et mal poli dans son discours.

Viens à ma cour, dit le cacique;
Tu seras servi comme un roi.
Trop d'honneur! reprit le rustique;
Mais vous n'êtes pas né pour moi.

Tout n'est qu'un dans votre service,
Soit qu'on marche droit ou tortu.
Qui ne hait point assez le vice
N'aime point assez la vertu.

### AUTRE FABLE [1].

Un jour un villageois, sur son âne affourché,
Trouva par un ruisseau son passage bouché.
Tandis que pour le prendre un batelier s'apprête,
Il approche du bord, saute en bas de sa bête,
S'embarque le premier, et sur le pont tremblant
Tire par son licou l'animal nonchalant.
Le grison, qui des flots redoute le caprice,
Tire de son côté, fait le pas d'écrevisse;
Et, du maître essoufflé déconcertant l'effort,
Lutteur victorieux, demeure sur le bord.
Enfin, tout épuisé d'haleine et de courage,
L'homme change d'avis, redescend au rivage,
Prend l'âne par la queue, et tire de son mieux.
L'animal aussitôt s'échappe furieux;
Et du bras qui le tient forçant la violence,
D'un saut précipité dans le bateau s'élance.

### FABLE D'ÉSOPE.

Le malheur vainement à la mort nous dispose :
On la brave de loin; de près c'est autre chose.
Un pauvre bûcheron, de peine atténué,
Chargé d'ans et d'ennuis, de force dénué,
Jetant bas son fardeau, maudissait ses souffrances,
Et mettait dans la mort toutes ses espérances.
Il l'appelle : elle vient. Que veux-tu, villageois?
Ah! dit-il, viens m'aider à recharger mon bois.

### RONDEAU.

En manteau court, en perruque tapée,
Poudré, paré, beau comme Déiopée,
Enluminé d'un jaune vermillon,
Monsieur l'abbé [2] vif comme un papillon,
Jappe des vers qu'il prit à la pipée.

Phébus, voyant sa mine constipée,

[1] Cette fable se trouve dans la préface du *Capricieux*.
[2] C'est ce même abbé de Courtin auquel s'adresse l'*ode* II du second livre.

Dit : Quelle est donc cette muse éclopée
Qui vient chez nous racler du violon
En manteau court?

C'est, dit Thalie, à son rouge trompée,
Apparemment quelque jeune Napée,
Qui court en masque au bas de ce vallon.
Vous vous moquez, lui répond Apollon;
C'est tout au plus une vieille poupée
En manteau court.

### AUTRE RONDEAU.

Au bas du célèbre vallon
Où règne le docte Apollon,
Certain rimailleur de village
Fait le procès au badinage
D'un des successeurs de Villon.

Fait-il bien ou mal? C'est selon.
Mais ses vers, dignes du billon,
Sont pires qu'un vin de lignage
Au bas.

Si l'on connaissait ce brouillon,
On pourrait lui mettre un bâillon
Et corriger son bredouillage;
Mais pour un sot il est fort sage,
De n'avoir pas écrit son nom
Au bas.

### VAUDEVILLE.

Le traducteur Dandinière,
Tous les matins,
Va voir dans leur cimetière
Grecs et Latins,
Pour leur rendre ses respects.
Vivent les Grecs!

Si le style bucolique
L'a dénigré [1],
Il veut, par le dramatique,
Être tiré
Du rang des auteurs abjects.
Vivent les Grecs!

Vormes lui fait ses recrues
D'admirateurs.
Il va criant par les rues :
Chers auditeurs,
Voilà des vers bien corrects.
Vivent les Grecs!

[1] Allusion au recueil d'idylles publié par Longepierre, en 1697.

Il a fait un coup de maître
  Des plus heureux :
Car, pour les faire paraître
  Forts et nerveux,
Il les a faits durs et secs.
  Vivent les Grecs!

L'auteur lui-même proteste
  Qu'ils sont charmants;
Et, comme il est fort modeste,
  Ses jugements
Ne sauraient être suspects.
  Vivent les Grecs!

Écrivains du bas étage,
  Venez en bref
Pour faire devant l'image
  De votre chef
Cinq ou six salamecs.
  Vivent les Grecs!

## VERS

POUR METTRE AU BAS DU PORTRAIT

### DE M. DESPRÉAUX.

La vérité par lui démasqua l'artifice;
Le faux dans ses écrits partout fut combattu :
Mais toujours au mérite il sut rendre justice;
Et ses vers furent moins la satire du vice
Que l'éloge de la vertu.

## VERS

POUR METTRE AU BAS DU PORTRAIT

### DU CÉLÈBRE COMÉDIEN BARON.

Du vrai, du pathétique, il a fixé le ton :
De son art enchanteur l'illusion divine
Prêtait un nouveau lustre aux beautés de Racine,
  Un voile aux défauts de Pradon.

## ÉPITAPHE DE J. B. ROUSSEAU,

FAITE PAR LUI-MÊME.

De cet auteur, noirci d'un crayon si malin,
Passant, veux-tu savoir quel fut le caractère?
Il avait pour amis, d'Ussé, Brumoy, Rollin;
Pour ennemis, Gacon, Lenglet[1], Saurin, Voltaire.

[1] L'abbé Lenglet-Dufresnoy.

FIN DES ŒUVRES POÉTIQUES DE J. B. ROUSSEAU.

# TABLE DES MATIÈRES

CONTENUES DANS CE VOLUME.

## OEUVRES CHOISIES DE MALHERBE.

| | | Pag. |
|---|---|---|
| | Préface de l'Éditeur. | 1 |
| | Vie de Malherbe. | 2 |
| | Supplément à la Vie de Malherbe. | 12 |

### POÉSIES.

### LIVRE I. — ODES.

| | | |
|---|---|---|
| I. | Au roi, sur la prise de Marseille. | 15 |
| II. | — sur le même sujet. | 16 |
| III. | A la reine, pour sa bienvenue en France. | ib. |
| IV. | Sur l'attentat commis en la personne du roi, le 19 décembre 1605. | 20 |
| V. | Au roi, sur l'heureux succès du voyage de Sédan. | 22 |
| VI. | A M. le duc de Bellegarde, grand écuyer de France. | 25 |
| VII. | A la reine, sur les heureux succès de sa régence. | 28 |
| VIII. | A la reine, pendant sa régence. | 30 |
| IX. | Pour le roi, allant châtier la rébellion des Rochellois, etc. | 33 |
| X. | A M. de la Garde, au sujet de son Histoire Sainte. | 36 |

### LIVRE II. — STANCES.

| | | |
|---|---|---|
| I. | Si des maux renaissants avec ma patience. | 37 |
| II. | Les larmes de saint Pierre, imitées du Tansille. Au roi. | 38 |
| III. | Pour M. de Montpensier, à Madame, devant son mariage. | 43 |
| IV. | Victoire de la constance. | 44 |
| V. | Dessein de quitter une dame qui ne le contentait que de promesses. | ib. |
| VI. | Consolations à Carité, sur la mort de son mari. | 45 |
| VII. | Consolations à M. du Perrier. | 46 |
| VIII. | Prosopopée d'Ostende. | 47 |
| IX. | Paraphrase du psaume VIII. | 48 |
| X. | Pour les pairs de France, assaillants au combat de barrière. | ib. |

| | | pag. |
|---|---|---|
| XI. | Prière pour le roi Henri le Grand, allant en Limosin. | 49 |
| XII. | Aux dames, pour les demi-dieux marins conduits par Neptune. | 51 |
| XIII. | Pour M. le duc de Bellegarde. | ib. |
| XIV. | Pour la vicomtesse d'Auchy. | 52 |
| XV. | Sur l'éloignement prochain de la comtesse de la Roche. | 53 |
| XVI. | A madame la princesse de Conti. | ib. |
| XVII. | La Renommée au roi Henri le Grand, dans le ballet de la reine. | 54 |
| XVIII. | Pour Henri le Grand. | 55 |
| XIX | Sur le même sujet. | 56 |
| XX | Alcandre plaint la captivité de sa maîtresse. | 57 |
| XXI. | Pour Alcandre, au retour d'Orante à Fontainebleau. | 58 |
| XXII. | Plainte sur une absence. | ib. |
| XXIII. | Ballet de madame. De petites nymphes, qui mènent l'Amour prisonnier au roi. | 60 |
| XXIV. | Vers funèbres sur la mort de Henri le Grand. | ib. |
| XXV. | A la reine, mère du roi, pendant sa régence. | 61 |
| XXVI. | Les Sibylles, sur la fête des alliances de France et d'Espagne. | 62 |
| XXVII. | Paraphrase du psaume CXXVIII. | 63 |
| XXVIII. | Récit d'un berger au ballet de Madame, princesse d'Espagne. | 64 |
| XXIX. | Sur le mariage du roi et de la reine. | 65 |
| XXX. | Sur la guérison de Chrysante. | 66 |
| XXXI. | Enfin ma patience et les soins que j'ai pris. | ib. |
| XXXII. | Louez Dieu par toute la terre. | 67 |
| XXXIII. | Consolations à M. le premier président de Verdun, sur la mort de sa femme. | ib. |
| XXXIV. | Pour monseigneur le comte de Soissons. | 68 |
| XXXV. | Pour une mascarade. | 69 |
| XXXVI. | Quoi donc! ma lâcheté sera si criminelle. | ib. |
| XXXVII. | Paraphrase du psaume CXLV. | 70 |

### LIVRE III. — CHANSONS.

| | | |
|---|---|---|
| I. | Qu'autres que vous soient désirées. | ib. |
| II. | Sur le départ de la vicomtesse d'Auchy. | 71 |
| III. | Pour Henri le Grand, sur la dernière absence de la princesse de Condé. | ib. |
| IV. | Sus, debout, la merveille des belles. | 72 |

# TABLE DES MATIÈRES.

| | | Pag. |
|---|---|---|
| V. | Chantée au ballet du triomphe de Pallas. | 72 |
| VI. | Pour M. le duc de Bellegarde. | 73 |
| VII. | Pour le même. | ib. |
| VIII. | Rodante. | 74 |
| IX. | C'est faussement qu'on estime. | ib. |
| X. | Est-ce à jamais, folle espérance. | 75 |

## LIVRE IV. — SONNETS.

| | | |
|---|---|---|
| I. | A Rabel, peintre, sur un livre de fleurs. | ib. |
| II. | A madame la princesse douairière Charlotte de la Trimouille. | 76 |
| III. | Au roi. | ib. |
| IV. | Au roi. | ib. |
| V. | A M. de Flurance, sur son livre de l'art d'embellir. | ib. |
| VI. | Sur l'absence de la vicomtesse d'Auchy. | 77 |
| VII. | Pour la même. | ib. |
| VIII. | Pour la même. | ib. |
| IX. | Fait à Fontainebleau sur l'absence de la même. | 78 |
| X. | Sur le même sujet. | ib. |
| XI. | A la même. | ib. |
| XII. | Au roi. | ib. |
| XIII. | A monseigneur le dauphin, depuis Louis XIII. | 79 |
| XIV. | Épitaphe de mademoiselle de Conti, Marie de Bourbon. | ib. |
| XV. | Au roi, pour le premier ballet de monseigneur le Dauphin. | ib. |
| XVI. | A la reine, sur la mort de monseigneur le duc d'Orléans, son second fils. | ib. |
| XVII. | Épitaphe du même. | 80 |
| XVIII. | A M. du Maine, sur ses œuvres spirituelles. | ib. |
| XIX. | A la reine. | ib. |
| XX. | Épitaphe de la femme de M. Puget, qui fut dans la suite évêque de Marseille. | ib. |
| XXI. | A madame la princesse de Conti. | 81 |
| XXII. | Au roi, après la guerre de 1621 et 1622, contre les huguenots. | ib. |
| XXIII. | A monseigneur le duc d'Orléans. | ib. |
| XXIV. | A M. le cardinal de Richelieu. | ib. |
| XXV. | Au roi. | 82 |
| XXVI. | A M. le marquis de la Vieuville, surintendant des finances. | ib. |
| XXVII. | Pour le cardinal de Richelieu. | ib. |
| XXVIII. | Sur la mort de son fils. | ib. |
| XXIX. | Sur la mort d'un gentilhomme qui fut assassiné. | 83 |

## LIVRE V. — POÉSIES DIVERSES ET FRAGMENTS.

| | | |
|---|---|---|
| I. | Sur le portrait d'Étienne Pasquier, etc. | ib. |
| II. | Aux ombres de Damon. Fragments. | ib. |
| III. | Sur mademoiselle Marie de Bourbon. | 84 |
| IV. | Fragment de chanson. | 85 |

| | | Pag. |
|---|---|---|
| V. | Sur la Pucelle d'Orléans, brûlée par les Anglais. | 85 |
| VI. | Sur ce que la statue érigée en l'honneur de la Pucelle était sans inscription. | ib. |
| VII. | Au nom de M. Puget, pour servir de dédicace à l'épitaphe de sa femme. | ib. |
| VIII. | Fragment. — Ames pleines de vent que la rage a blessées. | ib. |
| IX. | Allez à la malheure, allez, âmes tragiques. | ib. |
| X. | O toi, qui d'un clin d'œil sur la terre et sur l'onde. | ib. |
| XI. | Pour mettre au devant des heures de Caliste. | 86 |
| XII. | Sur le même sujet. | ib. |
| XIII. | Fragment. — Va-t'en à la malheure, excrément de la terre. | ib. |
| XIV. | Pour mettre au devant des poëmes du sieur de Lortigues, provençal. | ib. |
| XV. | Sur une image de sainte Catherine. | ib. |
| XVI. | Imitation de Martial. | 86 |
| XVII | Quatrain mis au devant du livre de Jean du Pré. | 87 |
| XVIII. | Épigramme pour servir d'épitaphe à un grand. | ib. |
| XIX. | Pour le portrait de Cassandre, maîtresse de Ronsard. | ib. |
| XX. | Fragment. Et maintenant encore, en cet âge penchant. | ib. |
| XXI. | Fragment — A M. le cardinal de Richelieu. | ib. |
| XXII. | Inscription pour la fontaine de l'hôtel de Rambouillet. | 88 |
| XXIII. | Fragment sur la prise de la Rochelle. | ib. |
| XXIV. | Fragment. — Elle était jusqu'au nombril. | ib. |
| XXV. | Épigramme. — Tu dis, Colin, de tous côtés. | ib. |
| XXVI. | Épitaphe d'un gentilhomme. | ib. |
| XXVII. | — de M. d'Is. | ib. |
| XXVIII. | A M. Colletet, sur la mort de sa sœur. | ib. |
| XXIX. | Fragment. — Tantôt nos navires, braves. | 89 |
| XXX. | Fragment d'une ode pour le roi. | ib. |
| XXXI. | Fragment d'une ode. Invective contre les Mignons de Henri III. | ib. |

## LETTRES CHOISIES.

| | | |
|---|---|---|
| 1. | — A M. l'évêque d'Évreux. | 90 |
| 2. | — A M. de Termes. | ib. |
| 3. | — Au même. | 92 |
| 4. | — A madame de Termes. | ib. |
| 5. | — A M. ***. | ib. |
| 6. | — A madame la marquise de Montlort. | 93 |
| 7. | — A M. de Crillon. | 94 |
| 8. | — A M***. | ib. |
| 9. | — A M***. | 95 |
| 10. | — A M***. | ib. |
| 11. | — A M***. | ib. |
| 12. | — A M***. | 96 |

# TABLE DES MATIÈRES.

| | | Pag. |
|---|---|---|
| 13. | — A M ***. | 96 |
| 14. | — A M ***. | 97 |
| 15. | — A Madame la princesse de Conti. | ib. |
| 16. | — A M. de Mentin. | 103 |
| 17. | — A sa sœur. | 106 |
| 18. | — A M. Coeffeteau, évêque de Marseille. | 107 |
| 19. | — A M. le maréchal de Bassompierre. | ib. |
| 20. | — A M. de Racan. | 108 |
| 21. | — Au même. | 109 |
| 22. | — Au même. | 110 |
| 23. | — Au même. | 111 |
| 24. | — Au même. | 112 |
| 25. | — Au même. | 113 |
| 26. | — A monseigneur le cardinal de Richelieu. | ib. |
| 27. | — A M. l'évêque de Mende. | 114 |
| 28. | — A M. de Balzac. | ib. |
| 29. | — A M. de Bouillon Malherbe. | 116 |
| 30. | — Au même. | 117 |
| 31. | — Au même. | ib. |
| 32. | — Au même. | ib. |
| 33. | — Au même. | 118 |
| 34. | — Au même. | ib. |
| 35. | — Au même. | ib. |
| 36. | — Au même. | 119 |
| 37. | — Au même. | 120 |
| 38. | — Au même. | ib. |
| 39. | — Au même. | 121 |
| 40. | — Au même. | ib. |
| 41. | — Au même. | 122 |
| 42. | — Au même. | ib. |
| 43. | — Au même. | 123 |
| 44. | — Au même. | 124 |
| 45. | — Au même. | ib. |
| 46. | — Au même. | 125 |
| 47. | — A M. de Colomby. | 126 |
| 48. | — Au roi Louis XIII, à l'occasion de la mort de son fils, qui fut tué en duel. | 127 |
| Lettres et fragments de la correspondance de Malherbe avec M. de Peiresc. | | 129 |
| Observations critiques sur Tite-Live. | | 158 |
| Pensées traduites ou imitées de Sénèque. | | 160 |

## OEUVRES DE BOILEAU.

| | Pag. |
|---|---|
| Notice sur Boileau. | 167 |
| Préfaces de Boileau. | 173 |
| Discours au roi. | 180 |

### SATIRES.

| | | Pag. |
|---|---|---|
| Discours sur la Satire. | | 182 |
| I. | Damon, ce grand auteur dont la muse fertile. | 183 |
| II. | A Molière. | 185 |
| III. | Quel sujet inconnu vous trouble et vous altère? | 187 |
| IV. | A l'abbé le Vayer. | 190 |
| V. | Au marquis de Dangeau. | 191 |
| VI. | Qui frappe l'air, bon Dieu! de ces lugubres cris? | 193 |
| VII. | Muse, changeons de style, et quittons la satire. | 194 |
| VIII. | A M. M. (Morel), docteur de Sorbonne. | 195 |
| IX. | A son Esprit. | 199 |
| | Au lecteur. | 202 |
| X. | Les Femmes. | 203 |
| XI. | A M. de Valincour. | 211 |
| | Avertissement sur la satire XII. | 213 |
| XII. | Sur l'Équivoque. | 214 |

### ÉPITRES.

| | | Pag. |
|---|---|---|
| | Avertissement sur l'épître I. | 219 |
| I. | Au roi. | ib. |
| II. | A l'abbé des Roches. | 221 |
| III. | A Antoine Arnauld. | 222 |
| | Avertissement. | 223 |
| IV. | Au roi. | ib. |
| V. | A M. de Guilleragues. | 225 |
| VI. | A M. de Lamoignon. | 227 |
| VII. | A Racine. | 229 |
| VIII. | Au roi. | 230 |
| IX. | Au marquis de Seignelai. | 231 |
| | Préface. | 233 |
| X. | A mes vers. | 234 |
| XI. | A mon jardinier. | 236 |
| XII. | A l'abbé Renaudot. | 237 |
| L'Art poétique. | | 242 |
| Le Lutrin. | | 253 |
| Au Lecteur. | | ib. |
| Avis au Lecteur. | | ib. |

### ODES.

| | Pag. |
|---|---|
| Discours sur l'Ode. | 268 |
| Ode sur la prise de Namur. | 269 |
| Ode sur un bruit qui courut, en 1656, que Cromwell et les Anglais allaient faire la guerre à la France. | 271 |

### ÉPIGRAMMES.

| | | Pag. |
|---|---|---|
| I. | A Climène. | 272 |
| II. | A une demoiselle. | ib. |
| III. | Sur madame Claude, et Jean, son époux. | ib. |
| IV. | Sur Gilles Boileau, frère aîné de l'auteur. | ib. |
| V. | Contre Saint-Sorlin. | ib. |
| VI. | Sur l'Agésilas de P. Corneille. | ib. |
| VII. | Sur l'Attila du même. | ib. |
| VIII. | A Racine. | ib. |
| IX. | Contre Linière. | 273 |
| X. | Sur une satire de l'abbé Cotin. | ib. |
| XI. | Contre le même. | ib. |
| XII. | Contre un athée. | ib. |
| XIII. | Vers en style de Chapelain, pour mettre à la fin de son poëme de la Pucelle. | ib. |
| XIV. | Vers de même style à mettre en chant. | ib. |
| XV. | Le Débiteur reconnaissant. | ib. |

## TABLE DES MATIÈRES.

| | | Pag. |
|---|---|---|
| XVI. | Parodie de quelques vers de Chapelle. | 273 |
| XVII. | A Pradon et Bonnecorse. | ib. |
| XVIII. | Sur la fontaine de Bourbon. | 274 |
| XIX. | Sur la manière de réciter du poëte Santeuil. | ib. |
| XX. | Imitée de Martial. | ib. |
| XXI. | A Perrault, sur les livres qu'il a faits contre les anciens. | ib. |
| XXII. | Sur le même sujet. | ib. |
| XXIII. | A Perrault. | ib. |
| XXIV. | Au même. | ib. |
| XXV. | A un médecin. | ib. |
| XXVI. | Sur ce qu'on avait lu à l'Académie des vers contre Homère et Virgile. | 275 |
| XXVII. | Même sujet. | ib. |
| XXVIII. | Même sujet. | ib. |
| XXIX. | Parodie burlesque de la première ode de Pindare, à la louange de Perrault. | ib. |
| XXX. | Sur la réconciliation de l'auteur et de Perrault. | ib. |
| XXXI. | Contre Boyer et la Chapelle. | ib. |
| XXXII. | Sur une harangue d'un magistrat, dans laquelle les procureurs étaient fort maltraités. | ib. |
| XXXIII. | Épitaphe. | 276 |
| XXXIV. | Sur un portrait de l'auteur. | ib. |
| XXXV. | Pour mettre au bas d'une gravure. | ib. |
| XXXVI. | Aux révérends pères de Trévoux. | ib. |
| XXXVII. | Aux mêmes. | ib. |
| XXXVIII. | Aux mêmes, sur le livre des Flagellants. | ib. |
| XXXIX. | L'Amateur d'horloges. | ib. |
| XL. | Sur Maucroy. | ib. |

### POÉSIES DIVERSES.

| | | |
|---|---|---|
| I. | Chanson à boire. | 277 |
| II. | Autre. | ib. |
| III. | Vers à mettre en chant. | ib. |
| IV. | Chanson à boire, faite à Bâville, où était le Père Bourdaloue. | ib. |
| V. | Sonnet sur une des parentes de l'auteur, qui mourut toute jeune entre les mains d'un charlatan. | ib. |
| VI. | Même sujet. | 278 |
| VII. | Stances à Molière, sur sa comédie de l'École des Femmes. | ib. |
| VIII. | Épitaphe de la mère de l'auteur. | ib. |
| IX. | Vers à mettre au bas du portrait du père de l'auteur. | ib. |
| X. | Sur le portrait de l'auteur. | 279 |
| XI. | Sur son buste, fait par Girardon. | ib. |
| XII. | Vers pour mettre au bas du portrait de Tavernier. | ib. |
| XIII. | Vers faits pour mettre au bas d'un portrait de monseigneur le duc du Maine. | ib. |
| XIV. | Autres pour mettre sous le buste du roi, fait par Girardon. | ib. |

| | | Pag. |
|---|---|---|
| XV. | Autres pour mettre au bas du portrait de mademoiselle de Lamoignon. | 279 |
| XVI. | Autres pour mettre au bas du portrait de M. Hamon, médecin. | 280 |
| XVII. | Autres pour mettre au bas du portrait de Racine. | ib. |
| XVIII. | Autres pour mettre sous le portrait de la Bruyère, au devant de son livre des Caractères du temps. | ib. |
| XIX. | Épitaphe d'Arnauld. | ib. |
| XX. | A madame la présidente***, sur le portrait du P. Bourdaloue. | ib. |
| XXI. | Énigme. | ib. |
| XXII. | Quatrain sur un portrait de Rossinante, cheval de don Quichotte. | ib. |
| XXIII. | Vers pour mettre au bas de LA MACARISE de l'abbé d'Aubignac. | ib. |
| XXIV. | Le Bûcheron et la Mort, fable. | 281 |
| XXV. | Impromptu sur la prise de Mons. | ib. |
| XXVI. | Sur Homère. | ib. |
| XXVII. | sur les Tuileries. | ib. |

| | |
|---|---|
| Avertissement au Lecteur. | ib. |
| Fragment d'un prologue d'opéra. | 282 |
| Chapelain décoiffé, parodie. | 283 |
| La Métamorphose de la perruque de Chapelain en comète. | 286 |
| Vers latins. | 287 |

### PIÈCES DIVERSES.

| | |
|---|---|
| Dissertation sur Joconde. | 288 |
| Avertissement mis à la tête des œuvres posthumes de M. B. (Gilles Boileau). | 294 |
| Arrêt burlesque. | 295 |
| Remercîment à MM. de l'Académie Française. | 296 |
| Discours sur le style des Inscriptions. | 299 |
| Épitaphe de Jean Racine. | ib. |
| Discours sur le dialogue suivant. | 300 |
| Les Héros de roman, dialogue à la manière de Lucien. | 302 |
| Fragment de dialogue. | 314 |

### TRAITÉ DU SUBLIME.

| | | |
|---|---|---|
| Préface. | | 316 |
| CHAP. 1er. | Servant de préface à l'ouvrage. | 319 |
| — II. | S'il y a un art particulier du sublime, et des trois vices qui lui sont opposés. | 320 |
| — III. | Du style froid. | 322 |
| — IV. | De l'origine du style froid. | 323 |
| — V. | Des moyens en général pour connaître le sublime. | ib. |
| — VI. | Des cinq sources du grand. | 324 |
| — VII. | De la sublimité dans les pensées. | ib. |
| — VIII. | De la sublimité qui se tire des circonstances. | 327 |
| — IX. | De l'amplification. | 328 |

# TABLE DES MATIÈRES.

| | | Pag. |
|---|---|---|
| — X. | Ce que c'est qu'amplification. | 328 |
| — XI. | De l'imitation. | 329 |
| — XII. | De la manière d'imiter. | 330 |
| — XIII. | Des images. | ib. |
| — XIV. | Des figures, et premièrement de l'apostrophe. | 332 |
| — XV. | Que les figures ont besoin du sublime pour les soutenir. | 333 |
| — XVI. | Des interrogations. | 334 |
| — XVII. | Du mélange des figures. | ib. |
| — XVIII. | Des hyperbates. | 335 |
| — XIX. | Du changement de nombre. | 336 |
| — XX. | Des pluriels réduits en singuliers. | ib. |
| — XXI. | Du changement de temps. | ib. |
| — XXII. | Du changement de personnes. | 337 |
| — XXIII. | Des transitions imprévues. | ib. |
| — XXIV. | De la périphrase. | 338 |
| — XXV. | Du choix des mots. | ib. |
| — XXVI. | Des métaphores. | 339 |
| — XXVII. | Si l'on doit préférer le médiocre parfait au sublime qui a quelques défauts. | 340 |
| — XXVIII. | Comparaison d'Hypéride et de Démosthène. | 341 |
| — XXIX. | De Platon, de Lysias, et de l'excellence de l'esprit humain. | 342 |
| — XXX. | Que les fautes dans le sublime se peuvent excuser. | ib. |
| — XXXI. | Des paraboles, des comparaisons, et des hyperboles. | 343 |
| — XXXII. | De l'arrangement des paroles. | 344 |
| — XXXIII. | De la mesure des périodes. | 345 |
| — XXXIV. | De la bassesse des termes. | 346 |
| — XXXV. | Des causes de la décadence des esprits. | 347 |

Réflexions critiques sur quelques passages de Longin. 348
Lettre à M. Perrault sur le même sujet. 378

**REMARQUES DE MM. DACIER ET BOIVIN.**

| | |
|---|---|
| Préface de M. Dacier. | 382 |
| Remarques de M. Dacier. | ib. |
| Remarques de M. Boivin. | 395 |

## LETTRES.

| | | |
|---|---|---|
| 1. | — De Boileau à M. de Brienne. | 399 |
| 2. | — Au comte de Bussy-Rabutin. | ib. |
| 3. | — Réponse de Bussy-Rabutin. | ib. |
| | Billet écrit de la main de Colbert. | ib. |
| 4. | — Remerciment de Boileau. | 400 |
| 5. | — Au duc de Vivonne, sur son entrée dans le phare de Messine. | ib. |
| 6. | — Au même, à Messine. | 402 |
| 7. | — Au baron de Walef. | 403 |
| 8. | — Racine à Boileau. | ib. |
| 9. | — A Racine. | 404 |
| 10. | — Racine à Boileau. | 405 |
| 11. | — A Racine. | 406 |
| 12. | — Au même. | ib. |
| 13. | — Racine à Boileau. | 407 |
| 14. | — A Racine. | 408 |
| 15. | — A madame Manchon, sa sœur. | 409 |
| 16. | — Racine à Boileau. | 410 |
| 17. | — Racine à Boileau. | 411 |
| 18. | — A Racine. | 412 |
| 19. | — Racine à Boileau. | 413 |
| 20. | — A Racine. | 414 |
| 21. | — Racine à Boileau. | 415 |
| 22. | — A Racine. | ib. |
| 23. | — A Racine. | 417 |
| 24. | — Racine à Boileau. | ib. |
| 25. | — A Racine. | 418 |
| 26. | — Au même. | 420 |
| 27. | — Racine à Boileau. | ib. |
| | Billet à M. de Lamoignon, avocat général. | 421 |
| 28. | — Racine et Boileau au maréchal duc de Luxembourg. | ib. |
| 29. | — A Racine. | 422 |
| 30. | — Racine à Boileau. | ib. |
| 31. | — Antoine Arnauld, docteur de Sorbonne, à Boileau, qui lui avait envoyé la tragédie d'Athalie. | 424 |
| 32. | — Racine à Boileau. | ib. |
| 33. | — A Racine. | ib. |
| 34. | — Racine à Boileau. | 425 |
| 35. | — Racine au même. | ib. |
| 36. | — Racine au même. | ib. |
| 37. | — Racine au même. | 426 |
| 38. | — Racine au même. | 427 |
| 39. | — Racine au même. | 428 |
| 40. | — Racine au même. | 430 |
| 41. | — Racine au même. | 431 |
| 42. | — Racine au même. | 432 |
| 43. | — A Racine. | 433 |
| 44. | — Racine à Boileau. | ib. |
| 45. | — Racine au même. | 434 |
| 46. | — A Racine. | 435 |
| 47. | — Au même. | 436 |
| 48. | — Au même. | 437 |
| 49. | — Racine à Boileau. | 438 |
| 50. | — A Racine. | ib. |
| 51. | — Au même. | 439 |
| 52. | — Racine à Boileau. | ib. |
| 53. | — Racine au même. | 440 |
| 54. | — Racine au même. | 441 |
| 55. | — Antoine Arnauld, docteur de Sorbonne à Charles Perrault. | 442 |
| 56. | — Au docteur de Sorbonne Antoine Arnauld. | 450 |
| 57. | — Racine à Boileau. | 451 |
| 58. | — Racine au même. | 452 |
| 59. | — A Maucroix. | 453 |
| 60. | — Racine à Boileau. | 456 |
| 61. | — Réponse de Maucroix à Boileau. | ib. |
| 62. | — Racine à Boileau. | 457 |

## TABLE DES MATIÈRES.

| | Pag. |
|---|---|
| 63. — Réponse à la lettre que Son Exellence M. le comte d'Ériceyra m'a écrite de Lisbonne, en m'envoyant la traduction de mon Art poétique, faite par lui en vers portugais. | 458 |
| 64. — A Racine. | 459 |
| 65. — Racine à Boileau. | 460 |
| 66. — Racine au même. | 461 |
| 67. — La marquise de Villette au même. | ib. |
| 68. — Réponse de Boileau. | 462 |
| 69. — A M. de la Chapelle. | ib. |
| 70. — Brossette à Boileau. | ib. |
| 71. — A Brossette. | 463 |
| 72. — Brossette à Boileau. | ib. |
| 73. — A M. de Pontchartrain le fils, comte de Maurepas. | 464 |
| 74. — A Brossette. | ib. |
| 75. — Brossette à Boileau. | 465 |
| 76. — A Brossette. | 466 |
| 77. — Au même. | ib. |
| 78. — A M. de Pontchartrain le fils, comte de Maurepas. | 467 |
| 79. — Le comte de Maurepas à Boileau. | ib. |
| 80. — A M. de la Chapelle. | 468 |
| 81. — A Brossette. | ib. |
| 82. — A M. de la Chapelle. | 469 |
| 83. — A Brossette. | ib. |
| 84. — Brossette à Boileau. | ib. |
| 85. — A Brossette. | 470 |
| 86. — Au même. | 471 |
| 87. — Au même. | ib. |
| 88. — Au même. | 472 |
| 89. — Au même. | ib. |
| 90. — Au même. | 473 |
| 91. — Brossette à Boileau. | ib. |
| 92. — A Brossette. | 474 |
| 93. — Au même. | 475 |
| 94. — Au même. | ib. |
| 95. — L'abbé Tallemant à Boileau. | ib. |
| 96. — A Brossette. | 476 |
| 97. — Au même. | 477 |
| 98. — A l'abbé Bignon, conseiller d'État. | ib. |
| 99. — A M. de Pontchartrain le fils, comte de Maurepas. | ib. |
| 100. — Brossette. | 478 |
| 101. — Au même. | ib. |
| 102. — Au même. | 479 |
| 103. — Au même. | ib. |
| 104. — Au même. | 480 |
| 105. — Au comte de Revel, lieutenant général des armées du roi. | 481 |
| 106. — A Brossette. | ib. |
| 107. — Au même. | 482 |
| 108. — Au même. | 483 |
| 109. — L'abbé Boileau, frère de Despréaux, à Brossette. | ib. |
| 110. — A Brossette. | 484 |
| 111. — A M. de la Chapelle, à Versailles. | ib. |
| 112. — Brossette à Boileau. | 485 |

| | Pag. |
|---|---|
| 113. — A Brossette. | ib. |
| 114. — Brossette à Boileau. | 486 |
| 115. — A Brossette. | 487 |
| 116. — Au même. | 488 |
| 117. — Au même. | 489 |
| 118. — Au même. | 490 |
| 119. — Au même. | 491 |
| 120. — A M. *** | 492 |
| 121. — A Brossette. | ib. |
| 122. — A M. le Verrier. | ib. |
| 123. — A Brossette. | 493 |
| 124. — Au même. | 494 |
| 125. — Jean-Baptiste Rousseau à Boileau. | ib. |
| 126. — A Brossette. | ib. |
| 127. — A M. de la Chapelle. | 495 |
| Épître adressée à Despréaux par Hamilton, qui ne s'était point nommé. | ib. |
| 128. — Au comte de Grammont. | 496 |
| 129. — A Brossette. | 497 |
| 130. — Au même. | 498 |
| 131. — Au comte Hamilton. | ib. |
| 132. — A Brossette. | ib. |
| 133. — Au même. | 499 |
| 134. — Au même. | 500 |
| 135. — Au même. | 501 |
| 136. — Au même. | 502 |
| 137. — Au duc de Noailles. | ib. |
| 138. — M. le Verrier au même. | 503 |
| 139. — Au marquis de Mimeure. | 505 |
| 140. — A Brossette. | 506 |
| 141. — Au même. | ib. |
| 142. — Au même. | 507 |
| 143. — Au même. | ib. |
| 144. — Au même. | 408 |
| 145. — Au même. | ib. |
| 146. — A M. de Losme de Monchesnal, sur la comédie. | 509 |
| 147. — A Brossette. | 510 |
| 148. — Au même. | ib. |
| 149. — A Destouches. | 511 |
| 150. — A Brossette. | ib. |
| 151. — Au même. | 512 |
| 152. — Brossette à Boileau. | ib. |
| 153. — A Brossette. | 513 |
| 154. — Au même. | ib. |
| 155. — Au même. | 514 |
| 156. — Au même. | 515 |
| 157. — Au même. | ib. |
| 158. — Brossette à Boileau. | 516 |
| 159. — Le père le Tellier au père Thoulier. | ib. |
| 160. — Le père Thoulier à Boileau. | ib. |
| 161. — Réponse de Boileau. | 517 |
| Réponse générale aux R. P. jésuites. | ib. |
| 162. — A Brossette. | 518 |
| 163. — Au même. | ib. |
| 164. — Au père Thoulier. | ib. |
| 165. — Au même. | ib. |
| 166. — A Brossette. | 519 |
| 167. — L'abbé Boileau au même. | ib. |

# TABLE DES MATIÈRES.

## OEUVRES DE J. B. ROUSSEAU.

|  |  | Pag. |
|---|---|---|
| Notice sur J. B. Rousseau. | | 520 |
| Préface. | | 526 |

### ODES.

#### LIVRE PREMIER.

| I. | Caractère de l'homme juste. | 528 |
|---|---|---|
| II. | Mouvement d'une âme qui s'élève à la connaissance de Dieu, etc. | ib. |
| III. | Sur l'aveuglement des hommes du siècle. | 529 |
| IV. | Contre les hypocrites. | 530 |
| V. | Idée de la véritable grandeur des rois. | 531 |
| VI. | Que rien ne peut troubler la tranquillité de ceux qui s'assurent en Dieu. | 532 |
| VII. | Contre les calomniateurs. | 534 |
| VIII. | Image du bonheur temporel des méchants. | ib. |
| IX. | Faiblesse des hommes ; grandeur de Dieu. | 535 |
| X. | Pour une personne convalescente. | 536 |
| XI. | Sur les dispositions que l'homme doit apporter à la prière. | 537 |
| XII. | Inquiétudes de l'âme sur les voies de la Providence. | 538 |
| XIII. | Que la justice divine est présente à toutes nos actions. | 539 |
| XIV. | Misère des réprouvés ; félicité des élus. | 540 |
| XV. | Sentiments de pénitence. | 541 |
| XVI. | Appliquée à la dernière guerre des Turcs. | ib. |
| XVII. | Confiance de l'homme juste dans la protection de Dieu. | 542 |

#### CANTIQUE.

| Actions de grâces pour les bienfaits qu'on a reçus de Dieu. | 543 |
|---|---|

#### ÉPODE.

| Première partie. | 544 |
|---|---|
| Deuxième partie. | ib. |
| Troisième partie. | 546 |
| Quatrième partie. | ib. |

#### LIVRE SECOND.

| I. | Sur la naissance de monseigneur le duc de Bretagne. | 547 |
|---|---|---|
| II. | A M. l'abbé Courtin. | 549 |
| III. | A M. de Caumartin. | 551 |
| IV. | A M. d'Ussé. | 552 |
| V. | A M. Duché. | 553 |
| VI. | A la Fortune. | ib. |
| VII. | A une jeune veuve. | 555 |
| VIII. | A M. l'abbé de Chaulieu. | 556 |
| IX. | A M. le marquis de la Fare. | 557 |
| X. | Sur la mort de S. A. S. monseigneur le prince de Conti. | 559 |
| XI. | A Philomèle. | 561 |
| XII. | Pour madame la D.... de N.... sur le gain d'un procès. | ib. |
| XIII. | Sur un commencement d'année. | 563 |

| | | Pag. |
|---|---|---|
| XIV. | Imitée d'Horace. | 563 |

#### LIVRE TROISIÈME.

| I. | A M. le comte du Luc. | 564 |
|---|---|---|
| II. | A S. A. S. monseigneur le prince Eugène de Savoie. | 567 |
| III. | A M. le comte de Bonneval. | 569 |
| IV. | Aux Suisses, durant leur guerre civile. | 571 |
| V. | Aux princes chrétiens, sur l'armement des Turcs contre la république de Venise, en 1715. | ib. |
| VI. | A Malherbe, contre les détracteurs de l'antiquité. | 573 |
| VII. | A S. A. M. le comte de Zinzindorf. | 575 |
| VIII. | Pour S. A. monseigneur le prince de Vendôme, sur son retour de l'île de Malte, en 1715. | 577 |
| IX. | A S. E. M. de Grimani, sur le départ des troupes impériales pour la campagne de 1716, en Hongrie. | 579 |
| X. | Palinodie. | 580 |
| XI. | Sur la bataille de Peterwaradin. | 582 |

#### LIVRE QUATRIÈME.

| I. | A l'empereur, après la conclusion de la quadruple alliance. | 584 |
|---|---|---|
| II. | Au prince Eugène, après la paix de Passarowitz. | 586 |
| III. | A l'impératrice Amélie. | 588 |
| IV. | Au roi de la Grande-Bretagne. | 590 |
| V. | Au roi de Pologne. | 592 |
| VI. | Sur les divinités poétiques. | 594 |
| VII. | Sur le devoir et le sort des grands hommes. | 595 |
| VIII. | A la Paix. | 597 |
| IX. | A M. le comte de Lannoy, sur une maladie de l'auteur. | 598 |
| X. | A la Postérité. | 600 |
| Stances sur l'affectation du style. | | 602 |

### CANTATES.

| I. | Diane. | 604 |
|---|---|---|
| II. | Adonis. | 605 |
| III. | Le triomphe de l'Amour. | ib. |
| IV. | L'Hymen. | 606 |
| V. | Amymone. | 607 |
| VI. | Thétis. | 608 |
| VII. | Circé. | 609 |
| VIII. | Céphale. | 610 |
| IX. | Bacchus. | ib. |
| X. | Les Forges de Lemnos. | 612 |
| XI. | Les Filets de Vulcain. | ib. |
| XII. | Les Bains de Tomeri. | 613 |
| XIII. | Contre l'Hiver. | 614 |
| XIV. | Pour l'Hiver. | ib. |
| XV. | Calisto. | 615 |
| XVI. | L'Amour dévoilé. | 616 |
| XVII. | L'Amant heureux. | ib. |
| XVIII. | Sur un arbrisseau. | 617 |

# TABLE DES MATIÈRES.

| | | Pag. |
|---|---|---|
| XIX. | Jupiter et Europe. | 618 |
| XX. | Sur un baiser. | ib. |

## ÉPITRES.

### LIVRE PREMIER.

| | | |
|---|---|---|
| I. | Aux Muses. | 620 |
| II. | Sur l'Amour. A madame d'Ussé. | 625 |
| III. | A Clément Marot. | 627 |
| IV. | A M. le comte de ***. | 630 |
| V. | A M. le comte du Luc, alors ambassadeur de France en Suisse. | 631 |
| VI. | A M. le baron de Breteuil. | 635 |

### LIVRE SECOND.

| | | |
|---|---|---|
| I. | A M. le comte de ***. | 639 |
| II. | Au R. P. Brumoy. | 641 |
| III. | A Thalie. | 644 |
| IV. | A M. Rollin. | 647 |
| V. | A M. L. Racine. | 651 |
| VI. | A M. de Bonneval. | 654 |

## ALLÉGORIES.

### LIVRE PREMIER.

| | | |
|---|---|---|
| I. | Torticolis. | 657 |
| II. | La Volière. | 660 |
| III. | La Liturgie de Cythère. | 661 |
| | Éclaircissements de l'auteur sur l'allégorie suivante. | 662 |
| IV. | La Grotte de Merlin. | ib. |
| V. | Midas. | 666 |
| VI. | Le Temps. | 667 |
| VII. | L'Opéra de Naples. | 668 |
| VIII. | Le Masque de Laverne. | 669 |

### LIVRE SECOND.

| | | |
|---|---|---|
| I. | Sophronyme. | 670 |
| II. | Le Jugement de Pluton. | 674 |
| III. | La Morosophie. | 677 |
| IV. | Minerve. | 681 |
| V. | La Vérité. | 683 |

## ÉPIGRAMMES.

### LIVRE PREMIER.

| | | |
|---|---|---|
| I. | Le dieu des vers sur les bords du Permesse. | 686 |
| II. | Ce traître Amour prit à Vénus sa mère. | ib. |
| III. | Prêt à descendre au manoir ténébreux. | ib. |
| IV | Le bon vieillard qui brûla pour Bathylle. | ib. |
| V | Quels sont ces traits qui font craindre Caliste. | ib. |
| VI. | Sur ses vieux jours la déesse Vénus. | 686 |
| VII. | Soucis cuisants au partir de Caliste. | ib. |
| VIII. | Je veux avoir, et je l'aimerai bien. | 687 |
| IX. | Certain huissier, étant à l'audience. | ib. |
| X. | Sur leurs santés un bourgeois et sa femme. | ib. |
| XI. | Elle a, dit-on, cette bouche et ces yeux. | ib. |
| XII. | Près de sa mort une vieille incrédule. | ib. |
| XIII. | Certain ivrogne, après maint long repas | ib. |
| XIV. | Ce monde-ci n'est qu'une œuvre comique. | ib. |
| XV. | A un Pied-Plat qui faisait courir de faux bruits contre moi. | 688 |
| XVI. | Par passe-temps un cardinal oyait. | ib. |
| XVII. | Contre un Voleur médisant. | ib. |
| XVIII. | Certain curé, grand enterreur de morts. | ib. |
| XIX. | Pour madame d'Ussé, étant à la chasse. | ib. |
| XX. | Pour la même, étant à la représentation de l'opéra d'Alcide. | ib. |
| XXI. | Sur la même, qui s'occupait à filer. | ib. |
| XXII. | A la même. | 689 |
| XXIII. | Entre Racine et l'aîné des Corneilles. | ib. |
| XXIV. | Un maquignon de la ville du Mans. | ib. |
| XXV. | Un magister, s'empressant d'étouffer. | ib. |
| XXVI. | Ne vous fiez, bachelettes rusées. | ib. |
| XXVII. | Le teint jauni comme feuilles d'automne. | ib. |
| XXVIII. | Sur une Ode composée par un misérable poëte satirique, à la louange de M. de Catinat. | ib. |
| XXIX. | Sur le Dialogue de Platon intitulé le Banquet. | ib. |
| XXX. | De haut savoir Phébus ne m'a doté. | 690 |

### LIVRE SECOND.

| | | |
|---|---|---|
| I. | Quand, pour ravoir son épouse Eurydice. | ib. |
| II. | Deux grands Amours, fripons de même race. | ib. |
| III. | Sur madame la duchesse de Bourgogne. | ib. |
| IV. | De ce bonnet, façonné de ma main. | ib. |
| V. | Qui vous aimant, ô fantasque beauté. | ib. |
| VI. | Ce pauvre époux me fait grande pitié. | ib. |
| VII. | Pour une dame nouvellement mariée. | ib. |
| VIII. | Jean s'est lié par conjugal serment. | ib. |
| IX. | J'ai depuis peu vu ta femme nouvelle. | 691 |
| X. | Certain marquis, fameux par le grand bruit. | ib. |
| XI. | Le vieux Ronsard, ayant pris ses besicles. | ib. |
| XII. | Le traducteur qui rima l'Iliade. | ib. |
| XIII. | Houdart n'en veut qu'à la raison sublime. | ib. |
| XIV. | Léger de queue, et de ruses chargé. | ib. |
| XV. | Depuis trente ans un vieux berger normand. | ib. |
| XVI. | Par trop bien boire, un curé de Bourgogne. | 692 |
| XVII. | A un Critique moderne. | ib. |
| XVIII. | A son portrait certain rimeur braillard. | ib. |
| XIX. | Un vieil abbé sur certains droits de fief. | ib. |
| XX. | Trois choses sont que j'admire à part moi. | ib. |
| XXI. | L'homme créé par le fils de Japet. | ib. |
| XXII. | Avec les gens de la cour de Minerve. | ib. |
| XXIII. | Si de Noé l'un des enfants, maudit. | ib. |

| | | Pag. |
|---|---|---|
| XXIV. | Monsieur l'abbé, vous n'ignorez de rien. | 693 |
| XXV. | Ami, crois-moi : cache bien à la cour. | ib. |
| XXVI. | Tout plein de soi, de tout le reste vide. | ib. |
| XXVII. | Doctes héros de la secte moderne. | ib. |
| XXVIII. | Gacon, rimailleur subalterne. | ib. |
| XXIX. | Aux Journalistes de Trévoux. | ib. |
| XXX. | Aux mêmes. | ib. |
| XXXI. | Sur les Tragédies du sieur ***. | ib. |

## LIVRE TROISIÈME.

| | | |
|---|---|---|
| I. | Est-on héros pour avoir mis aux chaînes. | 694 |
| II. | A M. le duc de Bourgogne. | ib. |
| III. | A madame d'Ussé. Les deux Dons. | ib. |
| IV. | Les Souhaits. | ib. |
| V. | A M. Rouillé. | ib. |
| VI. | A l'abbé de Chaulieu. | ib. |
| VII. | Contre Montfort. | ib. |
| VIII. | Contre un Marguillier. | 695 |
| IX. | Contre Longepierre. | ib. |
| X. | Contre le même. | ib. |
| XI. | Sur l'aventure de l'évêque de Nîmes, qui s'était sauvé par la fenêtre pour échapper à ses créanciers. | ib. |
| XII. | Pour disculper ses œuvres insipides. | ib. |
| XIII. | Un gros garçon qui crève de santé. | ib. |
| XIV. | Paul, de qui la vraie épithète. | ib. |
| XV. | Conte du Pogge. | ib. |
| XVI. | A Pradon, qui avait fait une satire pleine d'invectives contre Despréaux. | 696 |
| XVII. | En son lit une damoiselle. | ib. |
| XVIII. | Tu dis qu'il faut brûler mon livre. | ib. |
| XIX. | Sur les Fables de la Motte. | ib. |
| XX. | Sur le même sujet. | ib. |
| XXI. | Deux gens de bien, tels que Vire en produit. | ib. |
| XXII. | Quand vous vous efforcez de plaire. | ib. |
| XXIII. | Ci-gît l'auteur d'un gros livre. | 697 |
| XXIV. | Ci-dessous gît monsieur l'abbé Courtois. | ib. |
| XXV. | Sous ce tombeau gît un pauvre écuyer. | ib. |
| XXVI. | A M. le comte d'Œttinguer. | ib. |
| XXVII. | A M. T.... | ib. |
| XXVIII. | Toi qui places impudemment. | ib. |
| XXIX. | Chrysologue toujours opine. | ib. |
| XXX. | Justification de la précédente épigramme, à un important de cour qui s'en faisait l'application. | 698 |

## POÉSIES DIVERSES.

| | Pag. |
|---|---|
| Épithalame. | 699 |
| Églogue. Palémon, Daphnis. | 700 |
| Élise, églogue héroïque, pour l'impératrice, à son retour des bains de Carlsbad en Bohême. | 701 |
| Idylle. | 703 |
| Lettre à M. de la Fosse, poëte tragique, écrite de Rouen, où l'auteur attendait un vaisseau pour passer en Angleterre. | ib. |
| Lettre à M. Duché, qui lui avait envoyé des vers qu'il avait faits étant malade. | 705 |
| Lettre de l'abbé de Chaulieu à Rousseau, sur la direction que M. de Chamillard lui avait donnée dans les finances, en 1707. | ib. |
| Réponse de Rousseau à l'abbé de Chaulieu. | ib. |
| A M. Titon du Tillet, sur les poésies de M. Desforges-Maillard. | 706 |
| Vers envoyés à madame la comtesse de B***, le jour de sa naissance. | ib. |
| Vers à M. ***, intendant des finances, pour madame ***, qui lui recommandait le placet d'un de ses amis. | 707 |
| Vers envoyés à une demoiselle le jour de Saint-Denis, sa fête. | ib. |
| Vers allégoriques, envoyés à M. le duc de Bourgogne dans un mouchoir de gaze qui avait servi à essuyer quelques larmes échappées à madame la duchesse de Bourgogne, au récit de l'affaire de Nimègue. | ib. |
| Les Métamorphoses de Versailles. | ib. |
| Sonnet imité d'une épigramme de l'Anthologie. A M. le marquis de la Fare. | 708 |
| Sonnet à un bel esprit, grand parleur. | ib. |
| Leçon d'Amour. | ib. |
| Sonnet. | 709 |
| Autre Sonnet. | ib. |
| Fable. Le Rossignol et la Grenouille. Contre ceux qui publient leurs propres écrits sous le nom d'autrui. | ib. |
| Autre Fable. | ib. |
| Autre Fable. | ib. |
| Fable d'Ésope. | 710 |
| Rondeau. | ib. |
| Autre Rondeau. | ib. |
| Vaudeville. | ib. |
| Vers pour mettre au bas du portrait de M. Despréaux. | 711 |
| Vers pour mettre au bas du portrait du célèbre comédien Baron. | ib. |
| Épitaphe de J. B. Rousseau, faite par lui-même. | ib. |

FIN DE LA TABLE DES MATIÈRES.